הקדמה

מילון זה מיועד לקורא הזקוק למילון אנגלי-עברי מעודכן ורב-ערכים, ועם זאת קל ונוח לטילטול. ואכן המגמה בעריכת המילון הייתה לכלול בו ערכים שימושיים רבים, ובהם גם ביטויים ומונחים חדשים שאינם נמצאים בכל מילון אנגלי-עברי שיצא לאור עד כה, ובד בבד לשמור על גודלו הקומפאקטי.

חידוש חשוב מהווים כללי ההגייה של השפה האנגלית המובאים להלן. כללים אלה מקשרים בין כתיב המילה והגייתה; והשולט בהם רוכש לעצמו נכס רב-חשיבות. מאחר שעל רקע כללים אלה, ואגב קריאה מרובה, הוא עשוי לנחש את הגייתן הנכונה של מילים רבות באנגלית.

תוכן העניינים CONTENTS

קיצורים וראשי תיבות ABBREVIATIONS

adj. = adjective
adv. = adverb
conj. = conjunction
interj. = interjection
n. = noun
p = past tense & past participle
pl. = plural
pp = past participle
pt = past tense
pfx. = prefix
prep. = preposition
pron. = pronoun
sfx. = suffix
v. = verb
*** (asterisk) = slang or colloquialism**

כללי הגייה של השפה האנגלית (במבטא אמריקני)

א. מבוא

כללי ההגייה הבאים מקשרים בין כתיב המלה והגייתה. כלומר, על פי כללים אלה ניתן בדרך כלל לבטא נכונה את המלה בלי להיעזר בתעתיק היגוי. ראוי להדגיש שכללי ההגייה של השפה האנגלית הם רבים ומסובכים, ומהווים נושא לחיבור מקיף. כאן נביא רק את העיקריים שבהם, שרצוי שהקורא יכיר אותם. נציין גם שכללים אלה חלים אומנם על מרבית המלים באנגלית, אבל לא על כולן; ובמילון יובא תעתיק היגוי לכל מלה החורגת מהם.

כללים אלה יפים ברובם גם להגייה הבריטית, אך לשם תיאום עם המילון הובאה ההגייה האמריקנית. ההבדל בין שתי ההגיות הוא בקבוצות הכוללות מלים כגון: tune, hurry, advance, ask.

מילון
אנגלי - עברי
עדכני

בעריכת

שמעון זילברמן

עם כללי הגייה
של השפה האנגלית

THE UP-TO-DATE

ENGLISH - HEBREW DICTIONARY

COMPILED BY
SHIMON ZILBERMAN

With Rules of Pronunciation
of the English Language

ZILBERMAN'S DICTIONARIES

ISBN-978-965-90918-1-2
THE NEW COMPREHENSIVE DICTIONARY
ENGLISH-HEBREW / HEBREW-ENGLISH
89,000 ENTRIES

ISBN-965-222-862-1
THE UP-TO-DATE DICTIONARY
ENGLISH-HEBREW / HEBREW-ENGLISH
82,000 ENTRIES

ISBN-965-222-778-1
THE COMPACT UP-TO-DATE DICTIONARY
ENGLISH-HEBREW / HEBREW-ENGLISH
55,000 ENTRIES

ISBN-965-222-779-X
THE UP-TO-DATE
HEBREW-ENGLISH DICTIONARY
27,000 ENTRIES

zilpub@walla.co.il

Published by Zilberman
P.O.B. 6119 Jerusalem
Tel./Fax 02-6524928
Printed in Israel

ב. הגדרות

עיצורים ותנועות

באלפבית האנגלי ישנם 20 עיצורים (consonants) ו-6 תנועות (vowels).

העיצורים הם:
b, c, d, f, g, h, j, k, l, m, n, p, q, r, s, t, v, w, x, z.

התנועות הן: a, e, i, o, u, y.

האותיות y ו-w נקראות גם חצאי-תנועות (semivowels), ומשמשות לפעמים כעיצורים ולפעמים כתנועות.

האות e בבואה בסוף מלה ואינה מבוטאת נקראת e סופית (final e), ובכללי ההגייה הבאים לא תיחשב כתנועה. דוגמאות:
face, make, smile, home, fire.

הברות

כל מלה אנגלית מורכבת מהברות (syllables). למשל, המלה table מורכבת מההברות ta-ble; המלה picture מורכבת מההברות pic-ture; המלה yesterday מורכבת מההברות yes-ter-day.

אלפי מלים באנגלית הן בנות הברה אחת בלבד. דוגמאות:
I, you, strange, down.

הברה סגורה והברה פתוחה

הברה המסתיימת בעיצור נקראת הברה סגורה (closed syllable). למשל, ההברה pic במלה picture היא הברה סגורה, כי היא מסתיימת בעיצור c.

הברה המסתיימת בתנועה נקראת הברה פתוחה (open syllable). למשל, ההברה ta במלה table היא הברה פתוחה, כי היא מסתיימת בתנועה a.

הברות מוטעמות

הברות מסויימות במלה מבוטאות ביתר הדגשה מן האחרות. הברות אלה נקראות הברות מוטעמות (stressed syllables). סימן ההטעמה העבה (ʹ) בא במילון מיד אחרי ההברה המוטעמת בהטעמה ראשית; סימן ההטעמה הדק (ʹ) בא מיד אחרי ההברה המוטעמת בהטעמה מישנית.

למשל, במלה yesterday באים סימני ההטעמה אחרי ההברות המוטעמות, כך: yes'terday'.

מלה בת הברה אחת, דינה כדין הברה מוטעמת, ונראה אותה כאילו סימן ההטעמה בא מיד אחריה. דוגמאות: I, go, spring, strange.

בכללים הבאים, הברה מוטעמת פירושה הברה בעלת הטעמה ראשית או מישנית.

צלילים

האותיות השונות מייצגות צלילים (sounds) של השפה האנגלית. נבחין בשני סוגי צלילים:

צלילים עיצוריים (consonant sounds) המיוצגים בדרך כלל על-ידי העיצורים; וצלילים תנועיים (vowel sounds) המיוצגים בדרך כלל על-ידי התנועות.

ואולם, לא כל עיצור מייצג תמיד צליל עיצורי קבוע; ולא כל תנועה מייצגת תמיד צליל תנועי קבוע. למשל, העיצור c מייצג צליל עיצורי שונה במלים car ו-face. והתנועה u מייצגת צליל תנועי שונה במלים but ו-put. מכאן, שלא נוכל תמיד לדעת את הגיית המלה על פי הכתיב שלה בלבד. לפיכך אנו בונים מערכת סמלים של הצלילים השונים, ומשכתבים את המלה בסמלים אלה, כדי שנדע לבטא אותה נכונה. אנו משתמשים במערכת הסמלים הבאה:

סמלי הצלילים התנועיים

01. (a) as in glad (glad)
02. (e) as in red (red)
03. (i) as in sing (sing)
04. (o) as in hot (hot)
05. (u) as in sun (sun)
06. (oo) as in foot (foot)
07. (ā) as in make (māk)
08. (ē) as in see (sē)
09. (ī) as in smile (smīl)
10. (ō) as in hope (hōp)
11. (ū) as in few (fū)
12. (o͞o) as in fool (fo͞ol)
13. (ä) as in car (kär)
14. (ô) as in all (ôl)
15. (ou) as in now (nou)
16. (oi) as in boy (boi)
17. (û) as in bird (bûrd)
18. (ə) as in about (əbout′)

סמלי הצלילים העיצוריים

01. (b) as in boy (boi)
02. (ch) as in chair (chār)
03. (d) as in glad (glad)
04. (dh) as in that (dhat)
05. (f) as in find (fīnd)
06. (g) as in go (gō)
07. (h) as in hat (hat)
08. (j) as in jam (jam)
09. (k) as in king (king)
10. (l) as in light (līt)
11. (m) as in man (man)
12. (n) as in sun (sun)
13. (ng) as in king (king)
14. (p) as in play (plā)
15. (r) as in rain (rān)
16. (s) as in sit (sit)
17. (sh) as in shine (shīn)
18. (t) as in tell (tel)
19. (th) as in thing (thing)
20. (v) as in love (luv)
21. (w) as in win (win)
22. (y) as in yes (yes)
23. (z) as in zero (zēr′ō)
24. (zh) as in pleasure (plezh′ər)

תנועה קצרה ותנועה ארוכה

הצלילים התנועיים מ-01 עד 06, דהיינו (a, e, i, o, u, oo) נקראים תנועות קצרות (short vowels).

הצלילים התנועיים מ-07 עד 12, דהיינו (ā, ē, ī, ō, ū, o͞o) נקראים תנועות ארוכות (long vowels).

תעתיק היגוי

על פי מערכת הסמלים דלעיל, משוכתבות המלים הבאות כך:
car (kär), face (fās), put (poot), but (but).
שיכתוב המלה בסמלים פונטיים כנ״ל, נקרא תעתיק היגוי (phonetic transcription).
ראוי לציין כי סמל פונטי כנ״ל עשוי לציין וריאציות שונות במעט זו מזו של הצליל שאותו הוא מייצג.

ג. כללי ההגייה

בכללי ההגייה הבאים, **C** מייצג עיצור, ו-**V** מייצג תנועה.
הערה: מתוך הדוגמאות ניתן להבין אם **C** כולל גם את העיצור r, מאחר שלפעמים יש לעיצור זה כללים משלו.

1. כללי הצלילים העיצוריים

1.01 **C** = (**C**)
כלומר, כל עיצור מבוטא בהתאם לסמל הזהה לו. דוגמאות:
book (book), hot (hot), wait (wāt), base (bās), star (stär).

1.02 2**C** = (**C**)
כלומר, עיצור כפול מבוטא כעיצור יחיד. דוגמאות:
press (pres), bot′tle (bot′əl), odd (od), acclaim′ (əklām′), ar′row (ar′ō).

1.03 c = (k)
כלומר, העיצור c מבוטא (k). דוגמאות:
act (akt), car (kär), cry (krī), cool (kōōl), cup (kup).

1.04 ce, ci, cy = (s)
כלומר, העיצור c בבואו לפני e או i או y מבוטא (s). דוגמאות:
face (fās), bi′cycle (bī′sikəl), cit′y (sit′i), ac′id (as′id).

1.05 cce, cci, ccy = (ks)
כלומר, העיצור הכפול cc בבואו לפני e או i או y מבוטא (ks). דוגמאות:
ac′cident (ak′sidənt), success′ (səkses′), ac′cent′ (ak′sent′), flac′cid (flak′sid).

1.06 ck, c(k) = (k)
כלומר, הצירוף ck, או הצירוף c ועיצור בעל צליל (k), מבוטאים (k). דוגמאות:
back (bak), acquire′ (əkwīr′), acquaint′ (əkwānt′).

1.07 sce, sci, scy = (s)
כלומר, הצירוף sc בבואו לפני e או i או y מבוטא (s). דוגמאות:
sci′ence (sī′əns), ab′scess′ (ab′ses′), scythe (sīdh), cres′cent (kres′ənt).

1.08 ch, tch = (ch)
כלומר, הצירופים ch ו-tch מבוטאים (ch). דוגמאות:
chair (chār), catch (kach), itch (ich), watch (woch), each (ēch), arch (ärch).

1.09 ge, gi, gy = (j)
כלומר, העיצור g בבואו לפני e או i או y מבוטא (j). דוגמאות:
age (āj), gi′ant (jī′ənt), gyp′sy (jip′si), philol′ogy (filol′əji), gem (jem).

1.10 dg, dj, = (j)
כלומר, הצירופים dg ו-dj מבוטאים (j). דוגמאות:
edge (ej), adjust′ (əjust′), fledg′ling (flej′ling), judge (juj), adja′cent (əjā′sənt).

1.11 gge, ggi, ggy = (g)
כלומר, העיצור הכפול gg גם בבואו לפני e או i או y מבוטא (g).
דוגמאות: dag′ger (dag′ər), bag′gy (bag′i), rig′ging (rig′ing), rug′ged (rug′id).

1.12 n(g), n(k) = (ng)
כלומר, הצירוף n ועיצור בעל צליל (g) או הצירוף n ועיצור בעל צליל (k) מבוטאים (ng). דוגמאות:
king (king), drink (dringk), un′cle (ung′kəl), anx′ious (angk′shəs), van′quish (vang′kwish).
הערה: במילון לא יינתן תעתיק היגוי ליד מלה החורגת מכלל זה. למשל, המלה uncom′mon הגייתה (unkom′ən) ולא (ungkom′ən).

1.13 ph = (f)
כלומר, הצירוף ph מבוטא (f). דוגמאות:
el′ephant (el′əfənt), pho′to (fō′tō), al′pha (al′fə).

1.14 qu = (kw)
כלומר, הצירוף qu מבוטא (kw). דוגמאות:
liq′uid (lik′wid), queen (kwēn), e′qual (ēk′wəl), square (skwār).

1.15 sh = (sh)
כלומר, הצירוף sh מבוטא (sh). דוגמאות:
shut (shut), brush (brush), shine (shīn), shop (shop).

1.16 th = (th)

כלומר, הצירוף th מבוטא (th). דוגמאות:
thing (thing), meth′od (meth′əd), oath (ōth), south (south), path (path).

1.17 wh = (w, hw)

כלומר, הצירוף wh מבוטא (w) או (hw). דוגמאות:
when (wen, hwen), why (wī, hwī), while (wīl, hwīl), whisper (wis′pər, hwis′pər).

1.171 wr = (r)

כלומר, הצירוף wr מבוטא (r). דוגמאות:
write (rīt), wrong (rông), wrap (rap).

1.18 x = (ks)

כלומר, האות x מבוטאת (ks). דוגמאות:
box (boks), ax (aks), six (siks).

1.19 y- = (y)

כלומר, האות y בבואה בתחילת המלה או בתחילת המרכיב השני של מלה מורכבת מבוטאת (y). דוגמאות:
yes (yes), court′yard′ (kôrt′yärd′).

1.20 kn = (n-)

כלומר, הצירוף kn בבואו בתחילת המלה מבוטא (n). דוגמאות:
know (nō), knee (nē), knot (not).

2. כללי הצלילים התנועיים

2.01 unstressed a, e, o, u = (ə)

כלומר, האותיות ,a, e, o, u בבואן בהברה לא מוטעמת, מבוטאות (ə).
דוגמאות: about′ (əbout′), les′son (les′ən), o′pen (ō′pən), cir′cus (sûr′kəs).

הצליל (ə) נקרא שווא schwa (shwä), והוא מיוצג במילונים אנגלים ע״י e הפוכה. schwa היא מלה שאולה מעברית.

2.02 unstressed i, y = (i)

כלומר, האותיות ,i, y בבואן בהברה לא מוטעמת, מבוטאות (i).
דוגמאות: ar′ticle (är′tikəl), bi′cycle (bī′sikəl).

הערה: בהברה לא מוטעמת ובסוף מלה, הסמל (i) מייצג לפעמים גם צליל זהה ל- (ē) ולפעמים גם צליל זהה ל- (ə). לדוגמה:
abil′ity (əbil′iti, əbil′ətē).

2.03 unstressed ia, ie, io, iu = (iə, yə)
כלל זה נובע משני הכללים הקודמים. כלומר הצירופים ia, ie, io, iu, בבואם בהברה לא מוטעמת, מבוטאים (iə) או (yə). דוגמאות:
pe′riod (pēr′iəd), la′bial (lā′biəl), me′dium (mē′diəm), colo′nial (kəlō′niəl), id′iot (id′iət), famil′iar (fəmil′yər), au′dience (ô′diəns), al′ien (āl′yən), mil′lion (mil′yən), bril′liant (bril′yənt).

3.01 a**C′** = (a**C′**)
כלומר, האות a בבואה בהברה מוטעמת וסגורה, מבוטאת (a).
דוגמאות:
man (man), gam′ble (gam′bəl), ask (ask), hand (hand).

3.02 e**C′** = (e**C′**)
כלומר, האות e בבואה בהברה מוטעמת וסגורה, מבוטאת (e).
דוגמאות:
pen (pen), attempt′ (ətempt′), sev′eral (sev′ərəl).

3.03 i**C′**, y**C′** = (i**C′**)
כלומר, האותיות i ו- y בבואן בהברה מוטעמת וסגורה, מבוטאות (i).
דוגמאות:
sit (sit), sim′ple (sim′pəl), admit′ (admit′), sys′tem (sis′təm), sym′pathy (sim′pəthi), lynch (linch).

3.04 o**C′** = (o**C′**)
כלומר, האות o בבואה בהברה מוטעמת וסגורה, מבוטאת (o).
דוגמאות: hot (hot), shock (shok), bot′tle (bot′əl).

3.05 u**C′** = (u**C′**)
כלומר, האות u בבואה בהברה מוטעמת וסגורה, מבוטאת (u).
דוגמאות: but (but), ug′ly (ug′li), bunch (bunch), sun (sun).

3.06 oo**C′** = (oo**C′**)
כלומר, הצירוף oo בבואו בהברה מוטעמת וסגורה, מבוטא (oo).
דוגמאות: look (look), foot (foot), boor (boor), poor (poor), wood (wood), good (good), stood (stood).

3.99 **VC′** or oo**C′** = (short vowel)
כלומר לסיכום, תנועה או הצירוף oo בבואם בהברה מוטעמת וסגורה, תנועתם קצרה.

4.01 a′ = (ā′)
כלומר, האות a בבואה בהברה מוטעמת ופתוחה, מבוטאת (ā).
דוגמאות:
ba′by (bā′bi), ta′ble (tā′bəl), la′zy (lā′zi), la′dy (lā′di).

4.02 e′ = (ē′)
כלומר, האות e בבואה בהברה מוטעמת ופתוחה, מבוטאת (ē).
דוגמאות:
se′cret (sē′krit), le′gal (lē′gəl), he′ro (hēr′ō),
se′rious (sēr′iəs), ze′ro (zēr′ō), e′ven (ē′vən).

4.03 i′, y′ = (ī′)
כלומר, האותיות i ו- y בבואן בהברה מוטעמת ופתוחה, מבוטאות (ī).
דוגמאות:
li′on (lī′ən), si′lent (sī′lənt), bī′cycle (bī′sikəl),
I (ī), my (mī), sat′isfy′ (sat′isfī′), ty′rant (tī′rənt).

4.04 o′ = (ō′)
כלומר, האות o בבואה בהברה מוטעמת ופתוחה, מבוטאת (ō).
דוגמאות: o′pen (ō′pən), to′tal (tō′təl), ago′ (əgō′).

4.05 u′ = (ū′)
כלומר, האות u בבואה בהברה מוטעמת ופתוחה, מבוטאת (ū).
(הערה: לפני האות r הצליל מתקצר ל-(yoo)). דוגמאות:
fu′ture (fū′chər), u′sual (ū′zho͞oəl),
confu′sion (kənfū′zhən), mu′tual (mū′cho͞oəl),
cu′rious (kyoor′iəs), fu′ry (fyoor′i).

4.051 (ch)u′, (d)u′, (j)u′, (l)u′, (n)u′, (r)u′,
(s)u′, (sh)u′, (t)u′, (th)u′, (z)u′, = (o͞o′)
כלומר, האות u בבואה בהברה מוטעמת ופתוחה, ולאחר אחד מן
הצלילים העיצוריים דלעיל, מבוטאת (o͞o).
(הערה: לפני האות r הצליל מתקצר ל-(oo)). דוגמאות:
stu′dent (sto͞od′ənt), ju′ry (joor′i), nu′meral (no͞o′mərəl),
du′rable (door′əbəl), ru′by (ro͞o′bi), tu′nic (to͞o′nik),
lu′rid (loo′rid), matu′rity (məchoor′iti),
su′per (so͞o′pər), Zu′lu (zo͞o′lo͞o).

4.06 oo′ = (o͞o′)
כלומר, הצירוף oo בבואו בהברה מוטעמת ופתוחה, מבוטא (o͞o).
דוגמאות: too (to͞o), poo′dle (po͞o′dəl), coo (ko͞o).

4.99 **V′** or oo′ = (long vowel)
כלומר לסיכום, תנועה או הצירוף oo בבואם בהברה מוטעמת ופתוחה,
תנועתם ארוכה.

5.01 a**C**e = (ā**C**)
כלומר, האות a בבואה לפני עיצור יחיד ו- e סופית, מבוטאת (ā).
דוגמאות:
make (māk), face (fās), dare (dār), declare′ (diklār′).

5.02 eCe = (ēC)
כלומר, האות e בבואה לפני עיצור יחיד ו- e סופית, מבוטאת (ē).
דוגמאות:
complete′ (kəmplēt′), eve (ēv), here (hēr), severe′ (səvēr′).

5.03 iCe, yCe = (īC)
כלומר, האותיות i ו- y בבואן לפני עיצור יחיד ו- e סופית, מבוטאות (ī).
side (sīd), price (prīs), admire′ (admīr′), :דוגמאות
em′pire (em′pīr), style (stīl), type (tīp), tyre (tīr).

5.04 oCe = (ōC)
כלומר, האות o בבואה לפני עיצור יחיד ו- e סופית, מבוטאת (ō).
bone (bōn), home (hōm). :דוגמאות

5.05 uCe = (ūC)
כלומר, האות u בבואה לפני עיצור יחיד ו- e סופית, מבוטאת (ū).
(הערה: לפני האות r הצליל מתקצר ל-(yoo)). דוגמאות:
cute (kūt), refuse′ (rifūz′), pure (pyoor), huge (hūj).

5.051 (ch)uCe, (d)uCe, (j)uCe, (l)uCe, (n)uCe, (r)uCe, (s)uCe, (sh)uCe, (t)uCe, (th)uCe, (z)uCe, = (o͞oC)
כלומר, האות u בבואה לפני עיצור יחיד ו- e סופית ולאחר אחד מן הצלילים העיצוריים דלעיל, מבוטאת (o͞o).
(הערה: לפני האות r הצליל מתקצר ל-(oo)). דוגמאות:
reduce′ (rido͞os′), tune (to͞on), rude (ro͞od), June (jo͞on), lure (loor), assume′ (əso͞om′), resume′ (rizo͞om′), sure (shoor), nude (no͞od), chute (sho͞ot).

5.06 ooCe = (o͞oC)
כלומר, הצירוף oo בבואו לפני עיצור יחיד ו- e סופית, מבוטא (o͞o).
choose (cho͞oz), ooze (o͞oz), groove (gro͞ov). :דוגמאות

5.99 VCe or ooCe = (long vowel)
כלומר לסיכום, תנועה או הצירוף oo בבואם לפני עיצור יחיד ו- e סופית (גם בהברה לא מוטעמת), תנועתם ארוכה.

6.01 aCCe′ = (aC′)
כלומר, האות a בבואה בהברה מוטעמת לפני שני עיצורים ו- e סופית, מבוטאת (a). דוגמאות:
lapse (laps), valve (valv), advance′ (ədvans′).

6.02 eCCe′ = (eC′)
כלומר, האות e בבואה בהברה מוטעמת לפני שני עיצורים ו- e סופית, מבוטאת (e). דוגמאות:
defense′ (difens′), edge (ej).

6.03 i**CC**e′, y**CC**e′ = (i**C**′)

כלומר, האותיות i ו- y בבואן בהברה מוטעמת לפני שני עיצורים ו- e סופית, מבוטאות (i). דוגמאות: bridge (brij), since (sins).

6.04 o**CC**e′ = (o**C**′)

כלומר, האות o בבואה בהברה מוטעמת לפני שני עיצורים ו- e סופית, מבוטאת (o). דוגמאות: lodge (loj), revolve′ (rivolv′).

6.05 u**CC**e′ = (u**C**′)

כלומר, האות u בבואה בהברה מוטעמת לפני שני עיצורים ו- e סופית, מבוטאת (u). דוגמאות: judge (juj), repulse′ (ripuls′).

6.99 **VCC**e′ = (short vowel)

כלומר לסיכום, תנועה הבאה בהברה מוטעמת לפני שני עיצורים ו- e סופית, היא קצרה.

7.01 ar′, ar′**C**, ar**C**e′ = (är′)

כלומר, הצירוף ar בהברה מוטעמת, בבואו בסוף מלה או לפני עיצור, מבוטא (är). דוגמאות: mar′ket (mär′kit), ar′ticle (är′tikəl), car (kär), charm (chärm), large (lärj), starve (stärv).

7.02 ar′**V**, ar′r = (ar′)

כלומר, הצירוף ar בהברה מוטעמת, בבואו לפני תנועה או לפני האות r, מבוטא (ar). דוגמאות: bar′on (bar′ən), ar′id (ar′id), nar′row (nar′ō), car′ry (kar′i), mar′ry (mar′i).

8.01 er′, er′**C**, er**C**e′ = (ûr′)

כלומר, הצירוף er בהברה מוטעמת, בבואו בסוף מלה או לפני עיצור, מבוטא (ûr). דוגמאות: per′son (pûr′sən), cer′tain (sûr′tən), her (hûr), verb (vûrb), nerve (nûrv), deserve′ (dizûrv).

8.02 er′**V**, er′r = (er′)

כלומר, הצירוף er בהברה מוטעמת, בבואו לפני תנועה או לפני האות r, מבוטא (er). דוגמאות: ver′y (ver′i), ter′ror (ter′ər), cer′emo′ny (ser′əmō′ni), ter′rible (ter′ibəl).

9.01 ir′, ir′**C**, ir**C**e′, yr′, yr′**C**, yr**C**e′ = (ûr′)

כלומר, הצירופים ir ו-yr בהברה מוטעמת, בבואם בסוף מלה או לפני עיצור, מבוטאים (ûr). דוגמאות: first (fûrst), dirt′y (dûr′ti), sir (sûr), bird (bûrd), dirge (dûrj), myr′tle (mûr′təl).

9.02 ir′V, ir′r, yr′V, yr′r = (ir′)

כלומר, הצירופים ir ו-yr בהברה מוטעמת, בבואם לפני תנועה או לפני האות r, מבוטאים (ir). דוגמאות:, spir′it (spir′it), Syr′ia (sir′iə), mir′acle (mir′əkəl), pyr′amid′ (pir′əmid′) mir′ror (mir′ər).

10.01 ur′, ur′r, ur′**C**, ur**C**e′ = (ûr′)
כלומר, הצירוף ur בבואו בהברה מוטעמת מבוטא (ûr). דוגמאות:
fur (fûr), turn (tûrn), mur′der (mûr′dər), tur′tle (tûrt′əl), nurse (nûrs), curve (kûrv), bur′row (bûr′ō), hur′ry (hûr′i).

11.01 or′, or′**C**, or**C**e′ = (ôr′)
כלומר, הצירוף or בבואו בהברה מוטעמת, בסוף מלה או לפני עיצור, מבוטא (ôr). דוגמאות: abhor′ (əbhôr′), por′ter (pôr′tər), sort (sôrt), tor′ture (tôr′chər), force (fôrs), horse (hôrs).

11.02 or′**V**, or′r, ore′ = (or′, ōr′, ôr′)
כלומר, הצירוף or בבואו בהברה מוטעמת, לפני תנועה או לפני האות r, או לפני e סופית, מבוטא (or) או (ōr) או (ôr). דוגמאות:
sor′ry (sor′i, sôr′i), more (mōr, môr), or′igin (or′ijin, ôr′ijin).

3. הגיית צירופי תנועות

12.01 ai, ay = (ā)
כלומר, הצירופים ai ו- ay מבוטאים (ā). דוגמאות:
rain (rān), day (dā), air (ār).

12.02 au, aw = (ô)
כלומר, הצירופים au ו- aw מבוטאים (ô). דוגמאות:
cau′tion (kô′shən), law (lô).

12.03 ee, ea = (ē)
כלומר, הצירופים ea ו- ee מבוטאים (ē). דוגמאות:
sea (sē), near (nēr), see (sē), beer (bēr).

12.04 oa = (ō)
כלומר, הצירוף oa מבוטא (ō). דוגמאות:
boat (bōt), coast (kōst), board (bōrd, bôrd).

12.05 ou, ow = (ou)
כלומר, הצירופים ou ו- ow מבוטאים (ou). דוגמאות:
round (round), flour (flour), now (nou).

12.06 oi, oy = (oi)
כלומר, הצירופים oi ו- oy מבוטאים (oi). דוגמאות:
boil (boil), boy (boi).

4. הגיית סיומות

13.01 -**C**le = (-**C**əl)
כלומר, עיצור ו-le בסוף מלה, מבוטאים (-**C**əl). דוגמאות:
a′ble (ā′bəl), bot′tle (bot′əl).

13.02 unstressed -age = (-ij)
כלומר, age בסוף מלה, בהברה לא מוטעמת, מבוטא (-ij). דוגמאות:
man′age (man′ij), vil′lage (vil′ij).

13.021 unstressed -ate (noun, adjective) = (-it)
כלומר, ate בסוף מלה, בהברה לא מוטעמת, במלה המציינת שם או תואר, מבוטא (-it). דוגמאות:
del′icate (del′ikit), mod′erate (mod′ərit), sen′ate (sen′it).
אבל במלה המציינת פועל, או בהברה מוטעמת, ההגייה היא (-āt).
דוגמאות: mod′erate′ (mod′ərāt′), date (dāt), va′cate (vā′kāt).

13.03 -ey, -ie = (-i)
כלומר, ey- או ie- בסוף מלה, מבוטאים (-i). דוגמאות:
mon′ey (mun′i), kid′die (kid′i).

13.04 -ous = (-əs)
כלומר, ous- בסוף מלה, מבוטא (-əs). דוגמאות:
nerv′ous (nûr′vəs), se′rious (sēr′iəs).

13.05 -ism = (-iz′əm)
כלומר, ism- בסוף מלה, מבוטא (-iz′əm). דוגמאות:
re′alism′ (rē′əliz′əm), so′cialism′ (sō′shəliz′əm).

13.06 -tion, -sion = (-shən)
כלומר, tion- או sion- בסוף מלה, מבוטאים (-shən). דוגמאות:
ac′tion (ak′shən), na′tion (nā′shən), ten′sion (ten′shən), mis′sion (mish′ən), posses′sion (pəzesh′ən).

(13.061) -**V**′sion = (-zhən)
כלומר, sion- בסוף מלה אחרי תנועה, מבוטא (-zhən). דוגמאות:
intru′sion (introo͞′zhən), adhe′sion (adhē′zhən), occa′sion (əkā′zhən), divi′sion (divizh′ən), explo′sion (iksplō′zhən).

13.07 -ight = (-īt)
כלומר, ight- בסוף מלה, מבוטא (-īt). דוגמאות:
night (nīt), right (rīt).

13.08 -ign = (-īn)
כלומר, ign- בסוף מלה, מבוטא (īn-). דוגמאות:
align′ (əlīn′), sign (sīn).

13.09 -o = (-ō)
כלומר, o- בסוף מלה, (גם בהברה לא מוטעמת), מבוטא (ō-).
דוגמאות: al′so (ôl′sō), pota′to (pətā′tō).

13.10 -ture = (-chər)
כלומר, ture- בסוף מלה, מבוטא (chər). דוגמאות:
pic′ture (pik′chər), adven′ture (adven′chər).

13.101 -some = (-səm)
כלומר, some- בסוף מלה, מבוטא (səm). דוגמאות:
troublesome (trub′əlsəm), lonesome (lōn′səm).

13.11 -tive = (-tiv)
כלומר, tive- בסוף מלה, מבוטא (tiv). דוגמאות:
ac′tive (ak′tiv), na′tive (nā′tiv).

13.12 -sive = (-siv)
כלומר, sive- בסוף מלה, מבוטא (siv). דוגמאות:
expen′sive (ikspen′siv), pas′sive (pas′iv).

13.13 -cial, -sial, -tial = (-shəl)
כלומר, cial, -sial, -tial- בסוף מלה, מבוטאים (shəl). דוגמאות:
so′cial (sō′shəl), ini′tial (inish′əl),
con′trover′sial (kon′trəvûr′shəl).

(13.14) -tual = (-cho͞oəl)
כלומר, tual- בסוף מלה, מבוטא (cho͞oəl). דוגמאות:
ac′tual (ak′cho͞oəl), mu′tual (mū′cho͞oəl).

(13.15) -all = (-ôl)
כלומר, all- בסוף מלה, מבוטא (ôl). דוגמאות: all (ôl), call (kôl).

(13.151) -cean, -cian, -sian, -tian = (-shən)
כלומר, הסופיות דלעיל מבוטאות (shən). דוגמאות:
o′cean (ō′shən), physi′cian (fizish′ən),
di′eti′tian (dī′ətish′ən), Rus′sian (rush′ən).

(13.152) -ceous, -cious, -tious = (-shəs)
כלומר, הסופיות דלעיל מבוטאות (shəs). דוגמאות:
av′ari′cious (av′ərish′əs), herba′ceous (hûrbā′shəs),
nutri′tious (no͞otrish′shəs).

13.16 -s = (-z)

כלומר, הסופית (-s) מבוטאת (z). דוגמאות:
num′bers (num′bərz), odds (odz).

13.17 (f)s, (k)s, (p)s, (t)s, (th)s = (-s)

כלומר, הסופית (-s) בבואה אחרי אחד הצלילים העיצוריים דלעיל, מבוטאת (s). דוגמאות:
cats (kats), books (books), lips (lips).

13.18 (ch)s, (j)s, (s)s, (sh)s, (z)s, (zh)s = (-iz)

כלומר, הסופית (-s) בבואה אחרי אחד הצלילים העיצוריים דלעיל, מבוטאת (iz). דוגמאות:
pushes (poosh′iz), horses (hôrs′iz), judges (juj′iz),
roses (rōz′iz), ashes (ash′iz).

13.19 -ed = (-d)

כלומר, הסופית (-ed) מבוטאת (d). דוגמאות:
tried (trīd), aban′doned (əban′dənd).

13.20 (d)ed, (t)ed = (-id)

כלומר, הסופית (-ed) בבואה אחרי אחד הצלילים העיצוריים דלעיל, מבוטאת (id). דוגמאות:
pointed (poin′tid), needed (nē′did).

13.21 (ch)ed, (f)ed, (k)ed, (p)ed, (s)ed, (sh)ed, (th)ed = (-t)

כלומר, הסופית (-ed) בבואה אחרי אחד הצלילים העיצוריים דלעיל, מבוטאת (t). דוגמאות:
polished (pol′isht), watched (wocht), possessed (pəzest′),
marked (markt), faced (fāst),
stuffed (stuft), shaped (shāpt).

5. הגיית מלה עם סופית

סופיות אינן משנות בדרך כלל את הגיית המלה השורשית. כלומר, הסופיות המצורפות למלה, מותירות בדרך כלל את הגיית המלה הראשית בעינה (כולל ההברות המוטעמות), והשינוי היחידי הוא הצמדת ההגייה של הסופית למלה. דוגמאות:
abatement, (əbāt′mənt), cheerful (chēr′fəl),
gracefully (grās′fəli), bottomless (bot′əmləs).

6. הגיית מלה מורכבת

השפה האנגלית עשירה במלים מורכבות. מלה מורכבת (compound word) היא מלה המורכבת משתי מלים או יותר. מלה מורכבת כתובה לפעמים כמלה אחת, לפעמים כמלה מוקפת (דהיינו כשתי מלים או יותר המחוברות במקף), ולפעמים כמלים נפרדות. דוגמאות:
sunshine, drive-in, post card.

בדרך כלל, במלה מורכבת הכתובה כמלה אחת, באה ההטעמה הראשית על המרכיב הראשון של המלה, וההטעמה המישנית באה על המרכיב השני שלה. לדוגמה: shoestring (shōō′string′).

כללי ההגייה והמילון

כללי ההגייה שהובאו לעיל חלים כאמור על רוב המלים באנגלית, אבל לא על כולן. לפיכך לא ניתן במילון תעתיק היגוי לכל מלה, אלא רק למלה שהגייתה (כולה או מקצתה) חורגת מכללים אלו. למשל במלה son ניתן תעתיק היגוי (sun), שלא נבטא (son) בהתאם לכללים.

הכללים בכללי ההגייה המוקפים בסוגריים, הם אלה שלגביהם ניתן תעתיק היגוי במילון, למרות האמור לעיל.

הנקודה הבין-הברתית

הנקודה הבין-הברתית (•) באה לפעמים מיד אחרי הברות בלתי-מוטעמות, כדי לציין שהגיית האותיות a, e, o, u, בהברות אלה אינה שוואית (כפי שניתן להסיק מכלל 2.01 #). כלומר, למרות שההברה אינה מוטעמת, הגיית הצליל התנועי שבה זהה להגיית הצליל בהברה מוטעמת, בהתאם לכללי הגיית הצלילים התנועיים. דוגמאות:
am•bas′sador (ambas′ədər), (ולא əmbas′ədər)
ho•tel′ (hōtel′), (ולא hətel′)

כמו כן משמשת הנקודה הבין-הברתית כדלהלן:

1. e• = (i)

כלומר, כאשר הנקודה באה אחרי האות e הגייתה (i). דוגמאות:
re•turn′ (ritûrn′), be•have′ (bihāv′).

2. u• = (yə)

כלומר, כאשר הנקודה באה אחרי האות u הגייתה (yə). דוגמאות:
ar′gu•ment, (är′gyəmənt), pop′u•lar (pop′yələr).

לפעמים תבוא הנקודה לשם הבהרת משמעות המלה. דוגמאות:
in•es′timable, dis•com′fort.

יש לציין שבמילון זה, הנקודה הבין-הברתית אינה מציינת בהכרח את החלוקה המקובלת של המלה להברות, אלא מהווה אך ורק מכשיר-עזר להגייה נכונה של המלה.

באנגלית - הצורה השנייה של העבר (The Past Tense) של פוֹעַל רגיל (regular verb) והצורה השלישית שלו (The Past Participle) הן בדרך כלל זהות, ומסתיימות ב-ed- ע״י הוספת ed- או d- לצורה הבסיסית (The Infinitive) של הַפּוֹעַל. לדוגמה: act, acted; love, loved. פוֹעַל המסתיים בעיצור ו-y אחריו, ה-y משתנה ל-ied-. לדוגמה, cry, cried (לעומת play, played). פוֹעַל, שהברתו האחרונה מוטעמת, המסתיים בעיצור, תנועה אחת ועיצור אחד, מוכפל בו העיצור האחרון לפני ה-ed-. לדוגמה, commit, committed; stop, stopped; (לעומת open, opened). להלן רשימת הפעלים החורגים מכללים אלו:

Verb	Past tense	Past participle
abide	abode, abided	abode, abided
arise	arose	arisen
awake	awoke, awaked	awoken, awaked
be	was, were	been
bear	bore	borne, (born נולד)
beat	beat	beaten
become	became	become
befall	befell	befallen
begin	began	begun
behold	beheld	beheld
bend	bent	bent
bereave	bereaved, bereft	bereaved, bereft
beseech	besought	besought
beset	beset	beset
bet	bet, betted	bet, betted
bid	bid, bade	bid, bidden
bide	bided, bode	bided
bind	bound	bound
bite	bit	bitten
bleed	bled	bled
bless	blessed, blest	blessed, blest
blow	blew	blown
break	broke	broken
breed	bred	bred
bring	brought	brought
broadcast	broadcast	broadcast
build	built	built
burn	burnt, burned	burnt, burned
burst	burst	burst
buy	bought	bought
cast	cast	cast
catch	caught	caught
chide	chided	chidden, chid
choose	chose	chosen

Verb	Past tense	Past participle
cleave	clove, cleft	cloven, cleft
cling	clung	clung
come	came	come
cost	cost	cost
creep	crept	crept
cut	cut	cut
deal	dealt	dealt
deep-freeze	deep-froze	deep-frozen
dig	dug	dug
dive	dived, dove	dived
do	did	done
draw	drew	drawn
dream	dreamed, dreamt	dreamed, dreamt
drink	drank	drunk
drive	drove	driven
dwell	dwelt, dwelled	dwelt, dwelled
eat	ate	eaten
fall	fell	fallen
feed	fed	fed
feel	felt	felt
fight	fought	fought
find	found	found
flee	fled	fled
fling	flung	flung
fly	flew	flown
forbear	forbore	forborne
forbid	forbad, forbade	forbidden
forecast	forecast, forecasted	forecast, forecasted
foreknow	foreknew	foreknown
foresee	foresaw	foreseen
foretell	foretold	foretold
forget	forgot	forgotten
forgive	forgave	forgiven
forsake	forsook	forsaken
forswear	forswore	forsworn
freeze	froze	frozen
gainsay	gainsaid	gainsaid
get	got	got, gotten
gild	gilded, gilt	gilded, gilt
gird	girded, girt	girded, girt
give	gave	given
go	went	gone
grind	ground	ground

Verb	Past tense	Past participle
grow	grew	grown
hamstring	hamstrung, hamstringed	hamstrung, hamstringed
hang (לתלות אדם)	hanged	hanged
hang (לתלות חפץ)	hung	hung
have	had	had
hear	heard	heard
heave	heaved, hove	heaved, hove
hew	hewed	hewed, hewn
hide	hid	hidden, hid
hit	hit	hit
hold	held	held
hurt	hurt	hurt
inlay	inlaid	inlaid
keep	kept	kept
kneel	knelt, kneeled	knelt, kneeled
knit	knitted, knit	knitted, knit
know	knew	known
lay	laid	laid
lead	led	led
lean	leaned, leant	leaned, leant
leap	leaped, leapt	leaped, leapt
learn	learned, learnt	learned, learnt
leave	left	left
lend	lent	lent
let	let	let
lie (לשכב)	lay	lain
lie (לשקר)	lied	lied
light	lit, lighted	lit, lighted
lose	lost	lost
make	made	made
mean	meant	meant
meet	met	met
miscast	miscast	miscast
misdeal	misdealt	misdealt
misgive	misgave	misgiven
mislay	mislaid	mislaid
mislead	misled	misled
misread	misread	misread
misspell	misspelled, misspelt	misspelled, misspelt
misspend	misspent	misspent
mistake	mistook	mistaken

Verb	Past tense	Past participle
misunderstand	misunderstood	misunderstood
mow	mowed	mowed, mown
outbid	outbid, outbade	outbid, outbidden
outdo	outdid	outdone
outgrow	outgrew	outgrown
outrun	outran	outrun
outshine	outshone	outshone
overbear	overbore	overborne
overcome	overcame	overcome
overdo	overdid	overdone
overhang	overhung	overhung
overhear	overheard	overheard
overlay	overlaid	overlaid
override	overrode	overridden
overrun	overran	overrun
oversee	oversaw	overseen
oversleep	overslept	overslept
overtake	overtook	overtaken
overthrow	overthrew	overthrown
partake	partook	partaken
pay	paid	paid
plead	pled, pleaded	pled, pleaded
prove	proved	proven, proved
put	put	put
read	read	read
rebind	rebound	rebound
rebuild	rebuilt	rebuilt
redo	redid	redone
remake	remade	remade
rend	rent	rent
repay	repaid	repaid
reset	reset	reset
retell	retold	retold
rewind	rewound	rewound
rewrite	rewrote	rewritten
rid	rid, ridded	rid, ridded
ride	rode	ridden
ring	rang	rung
rise	rose	risen
run	ran	run
saw	sawed	sawn, sawed
say	said	said

Verb	Past tense	Past participle
see	saw	seen
seek	sought	sought
sell	sold	sold
send	sent	sent
set	set	set
sew	sewed	sewn, sewed
shake	shook	shaken
shave	shaved	shaved, shaven
shear	sheared	shorn, sheared
shed	shed	shed
shine (לזרוח)	shone	shone
shine (לצחצח)	shined	shined
shoe	shod	shod
shoot	shot	shot
show	showed	shown, showed
shrink	shrank, shrunk	shrunk
shrive	shrove, shrived	shriven, shrived
shut	shut	shut
sing	sang	sung
sink	sank	sunk
sit	sat	sat
slay	slew	slain
sleep	slept	slept
slide	slid	slid
sling	slung	slung
slink	slunk	slunk
slit	slit	slit
smell	smelt, smelled	smelt, smelled
smite	smote	smitten
sow	sowed	sown, sowed
speak	spoke	spoken
speed	sped, speeded	sped, speeded
spell	spelt, spelled	spelt, spelled
spend	spent	spent
spill	spilt, spilled	spilt, spilled
spin	spun, span	spun
spit	spat, spit	spat, spit
split	split	split
spoil	spoilt, spoiled	spoilt, spoiled
spread	spread	spread
spring	sprang, sprung	sprung
stand	stood	stood
steal	stole	stolen

Verb	Past tense	Past participle
stick	stuck	stuck
sting	stung	stung
stink	stank, stunk	stunk
strew	strewed	strewn, strewed
stride	strode	stridden
strike	struck	struck
string	strung	strung
strive	strove, strived	striven, strived
swear	swore	sworn
sweep	swept	swept
swell	swelled	swollen, swelled
swim	swam	swum
swing	swung	swung
take	took	taken
teach	taught	taught
tear	tore	torn
tell	told	told
think	thought	thought
thrive	throve, thrived	thriven, thrived
throw	threw	thrown
thrust	thrust	thrust
tread	trod	trodden
unbend	unbent	unbent
undergo	underwent	undergone
understand	understood	understood
undertake	undertook	undertaken
undo	undid	undone
unwind	unwound	unwound
uphold	upheld	upheld
upset	upset	upset
wake	woke, waked	woken, waked
waylay	waylaid	waylaid
wear	wore	worn
weave	wove	woven
wed	wedded, wed	wedded, wed
weep	wept	wept
win	won	won
wind	winded, wound	winded, wound
withdraw	withdrew	withdrawn
withhold	withheld	withheld
withstand	withstood	withstood
wring	wrung	wrung
write	wrote	written

צורות הריבוי (במילים שכיחות)

REGULAR AND IRREGULAR PLURALS

צורת הריבוי של שמות עצם (nouns) היא על-ידי הוספת הסופית "s" למילה. גם כאשר המילה מסתיימת ב- "e" סופית "final e" (ראה עמוד 5 לעיל). דוגמאות:
"hand - hands, יד - ידיים"; "word - words, מילה - מילים";
"verb - verbs, פוֹעַל - פעלים"; "judge - judges,
שופט - שופטים"; "time - times, זמן - זמנים".

כאשר המילה מסתיימת בעיצור (ראה עמוד 5 לעיל) ולאחריו "y", ה-"y" משתנה ל-"ies". דוגמאות:
"lady - ladies, גברת - נשים"; "body - bodies, גוף - גופות";
"ability - abilities, יכולת - יכולות".

כאשר המילה מסתיימת בתנועה (ראה עמוד 5 לעיל) ולאחריה "y", ה-"y" נשארת. דוגמאות:
"day - days, יום - ימים"; "way - ways, דרך - דרכים";
"boys - boy, ילד - ילדים", "play - plays, מִשְׂחָק - מִשְׂחָקִים";
"monkeys - monkey, קוף - קופים".

כאשר המילה מסתיימת ב- "s", או ב- "sh", או ב- "ss", או ב-"z", או ב-"x", או ב- "ch", מתווספת הסופית "es" למילה. דוגמאות:
"box - boxes, תיבה - תיבות"; "church - churches,
כנסייה - כנסיות"; "campus - campuses, קמפוס - קמפוסים";
"success - successes, הצלחה - הצלחות".

במילים המסתיימות ב- "f", ישנן כאלה אשר בצורת הריבוי שלהן מתווספת הסופית "s" כרגיל. דוגמאות:
"belief - beliefs, אמונה - אמונות";
"chiefs - chief, מנהיג - מנהיגים";
וישנן כאלה אשר בצורת הריבוי שלהן משתנה הסופית "s", ל-"ves". דוגמאות:
"half - halves, חצי - חצאים"; "leaf - leaves, עלה - עלים";
וישנן כאלה אשר שתי הצורות דלעיל מופיעות אצלן באותה מילה - דהיינו: או שבצורת הריבוי שלהן מתווספת הסופית "s" כרגיל, או שהאות "f" משתנה אצלן ל-"ves". דוגמאות:
"hoof - hoofs or hooves, פרסה - פרסות";
"scarf - scarfs or scarves, צעיף - צעיפים".

צורות הריבוי (במילים שכיחות) - המשך

REGULAR AND IRREGULAR PLURALS

במילים המסתיימות ב- "o", מתווספת בצורת הריבוי שלהן הסופית "es". דוגמאות:
"tomato - tomatoes, עגבנייה - עגבניות";
"potato - potatoes, תפוח אדמה - תפוחי אדמה";
"hero - heroes, גיבור - גיבורים".

כאשר המילה מסתיימת בתנועה ולאחריה "o", וכן במילים שנוצרו ע"י קיצור, מתווספת רק הסופית "s". דוגמאות:
"radio - radios, מקלט רדיו - מקלטי רדיו";
"kilo - kilos, קילוגרם - קילוגרמים".

חריגים - IRREGULAR PLURALS

במילים הבאות צורת הריבוי היא חריגה:
"man - men, איש - אנשים";
"woman - women, אישה - נשים";
"child - children, ילד - ילדים";
"mouse - mice, עכבר - עכברים";
"louse - lice, כינה - כינים";
"criterion - criteria (or criterions), קריטריון - קריטריונים";
"curriculum - curricula (or curriculums),
- תוכנית לימודים - תוכניות לימודים";
"phenomenon - phenomena, גאון - גאונים";
"bacterium - bacteria, חיידק - חיידקים";
"emphasis - emphases, הדגשה - הדגשות";
"medium - media (or mediums), אמצעי - אמצעים";
"species - species, מין - מינים (לא משתנה)";
"fish - fish (or fishes), דג - דגים";
"fez - fezzes, תרבוש - תרבושים";
"sheep - sheep, כבש - כבשים (לא משתנה)".

דרגת היותר ודרגת המופלג

COMPARATIVE AND SUPERLATIVE FORMS

דרגת היותר (או ההשוואה) - Comparative Form, ודרגת המופלג - Superlative Form, של תואר השם או תואר הפועל (adjective or adverb), להלן "תואר", נוצרות על ידי הוספת המילה "more" או "most" לפני התואר, או על ידי הוספת הסופיות "er" או "est" לתואר.

1. תואר בעל הברה אחת.
במילה בת הברה אחת (ראה עמוד 5 לעיל) (one syllable word)
נוצר ה-Comparative Form על ידי הוספת הסופית "er" למילה,
וה- Superlative Form על ידי הוספת הסופית "est" למילה.
דוגמאות:
"long, longer, longest - ארוך, יותר ארוך, הכי ארוך".
"old, older, oldest - ישן, יותר ישן, הכי ישן".
"fast, faster, fastest - מהר, יותר מהר, הכי מהר".
"hard, harder, hardest
- באופן קשה, באופן קשה יותר, באופן הקשה ביותר".
כאשר התואר מסתיים ב- e סופית "final e" (ראה עמוד 5 לעיל) נוספות למילה הסופיות "r" ו- "st" בלבד.
דוגמאות: "wide, wider, widest - רחב, יותר רחב, הכי רחב".
"large, larger, largest - גדול, יותר גדול, הכי גדול".
כאשר התואר מסתיים בעיצור (consonant) (ראה עמוד 5 לעיל) ו-y אחריו, ה-y משתנה ל-"ier" ב- Comparative Form, ול- "iest" ב- Superlative Form.
לדוגמה, "dry, drier, driest - יבש, יותר יבש, היבש ביותר".
(לעומת "gay, gayer, gayest - עליז, יותר עליז, הכי עליז".)
כאשר התואר מסתיים בעיצור, תנועה אחת (ראה עמוד 5 לעיל) ועיצור אחד בלבד, מוכפל בו העיצור האחרון לפני ה- "er" או ה- "est".
דוגמאות: "hot, hotter, hottest - חם, יותר חם, הכי חם",
"big, bigger, biggest - גדול, יותר גדול, הכי גדול",
(לעומת "strong, stronger, strongest - חזק, יותר חזק, הכי חזק",
"cold, colder, coldest - קר, יותר קר, הכי קר".)

2. תואר בעל שתי הברות.
ברוב התארים בעלי שתי הברות נוצר ה- Comparative Form על ידי הוספת המילה "more" לתואר, וה- Superlative Form על ידי הוספת המילה "most" לתואר. דוגמאות:
"thoughtful, more thoughtful, most thoughtful -
מתחשב, מתחשב יותר, הכי מתחשב".

דרגת היותר ודרגת המופלג (המשך)

COMPARATIVE AND SUPERLATIVE FORMS

"boring, more boring, most boring -
משעמם, יותר משעמם, הכי משעמם".
"careful, more careful, most careful -
זהיר, יותר זהיר, הכי זהיר".
בתואר בעל שתי הברות המסתיים ב- "y", ה-y משתנה ל-"ier"
ב- Comparative Form, ול- "iest" ב- Superlative Form.
דוגמאות:
"happy, happier, happiest - מאושר, יותר מאושר, הכי מאושר".
"busy, busier, busiest - עסוק, יותר עסוק, הכי עסוק".
"funny, funnier, funniest - מצחיק, יותר מצחיק, הכי מצחיק".
תארים בעלי שתי הברות מקבלים לפעמים את שתי הצורות דלעיל
באותה מילה גם ב- Comparative Form וגם ב- Superlative Form.
דוגמאות: simple, simpler (or more simple), simplest
(or most simple)" - פשוט, יותר פשוט, הכי פשוט".
"quiet, quieter (or more quiet), quietest
(or most quiet)" - שקט, יותר שקט, הכי שקט".
"lazy, lazier (or more lazy) laziest
(or most lazy)" - עצל, יותר עצל, הכי עצל".

3. תואר בעל שלוש הברות ויותר.
בתארים בעלי שלוש הברות או יותר נוצר ה- Comparative Form
על ידי הוספת המילה "more" לתואר, וה- Superlative Form
על ידי הוספת המילה "most" לתואר. דוגמאות:
"important, more important, most important
- חשוב, יותר חשוב, הכי חשוב".
"delicious, more delicious ,most delicious
- טעים, יותר טעים, הכי טעים".
"expensive, more expensive ,most expensive
- יקר, יותר יקר, הכי יקר".

4. חריגים.
בתארים הבאים ה- Comparative Form וה- Superlative Form הם:
"bad, worse, worst - רע, יותר רע, הכי רע".
"far, farther (or further), farthest (or furthest)
- רחוק, יותר רחוק, הכי רחוק".
"good, better, best - טוב, יותר טוב, הכי טוב".
"little, less, least - מעט, פחות, הכי מעט".
"many, more, most - הרבה, יותר, הכי הרבה".

אנגלית בריטית ואנגלית אמריקנית
BRITISH AND AMERICAN ENGLISH

להלן ההבדל בהגדרות בין האנגלית הבריטית והאנגלית האמריקנית (במילים שכיחות)

אנגלית בריטית	אנגלית אמריקנית	הערך
cheque	**check**	המחאה
grey	**gray**	אפור
autumn	**fall**	סתיו
aubergine	**eggplant**	חציל
lift	**elevator**	מעלית
pavement	**sidewalk**	מדרכה
trousers	**pants**	מכנסיים
tap	**faucet**	ברז
dummy	**pacifier**	מוצץ
curtain	**drape**	מסך, וילון
biscuit	**cookie**	ביסקוויט
rubber	**eraser**	מוחק
plough	**plow**	מחרשה
ladder	**run**	רכבת (בגרב)
lariat	**lasso**	פלצור
gear lever	**gear shift**	מוט הילוכים
draught	**draft**	רוח פרצים
draughtboard	**checkerboard**	לוח דמקה

כתיב בריטי וכתיב אמריקני
BRITISH AND AMERICAN SPELLING

להלן קבוצות המלים העיקריות שבהן ישנו הבדל בין הכתיב האמריקני והבריטי:

הכתיב הבריטי	הכתיב האמריקני	כתיב בריטי	כתיב אמריקני
colour	**color**	**-our**	**-or**
honour	**honor**		
centre	**center**	**-er**	**-re**
theatre	**theater**		
traveller	**traveler**	**-ll-**	**-l-**
cancellation	**cancelation**		
skilful	**skillful**	**-l-**	**-ll-**
wilful	**willful**		
licence	**license**	**-ence**	**-ense**
defence	**defense**		
abridgement	**abridgment**	**-gement**	**-gment**
judgement	**judgment**		
anaemia	**anemia**	**-ae-**	**-e-**
aeon	**eon**		
apologise	**apologize**	**-ise**	**-ize**
capitalise	**capitalize**		

AFFIXES מוּסָפִיּוֹת

מוּסָפִית (affix) הִיא הֲבָרָה הַנּוֹסֶפֶת לְמִלָּה וְאַגַּב כָּךְ מְשַׁנָּה אֶת מַשְׁמָעוּתָהּ. הֲבָרָה הַנּוֹסֶפֶת בִּתְחִלַּת הַמִּלָּה נִקְרֵאת תְּחִלִּית (prefix); הֲבָרָה הַנּוֹסֶפֶת בְּסוֹף הַמִּלָּה נִקְרֵאת סוֹפִית (suffix).
הַמּוּסָפִיּוֹת דִּלְהַלָּן הֵן מִן הַשְּׁכִיחוֹת בְּיוֹתֵר בְּאַנְגְּלִית.

-able, -ible *sfx.* (לִיצִירַת תּוֹאַר-הַשֵּׁם: בַּר-, יָכוֹל, נִתָּן לְ-)
eat (מִלַּת-שׁוֹרֶשׁ) אָכַל
eatable אָכִיל, בַּר אֲכִילָה
resist (מִלַּת-שׁוֹרֶשׁ) עָמַד בִּפְנֵי
resistible שֶׁנִּתָּן לַעֲמוֹד בְּפָנָיו
-ance, -ence *sfx.* (לִיצִירַת שֵׁם-עֶצֶם: פְּעוּלָּה, תּוֹצָאָה, מַצָּב)
appear (מִלַּת-שׁוֹרֶשׁ) הוֹפִיעַ
appearance הוֹפָעָה
confide (מִלַּת-שׁוֹרֶשׁ) סִפֵּר בְּסוֹד
confidence אֵמוּן, סוֹדִיּוּת
co- *pfx.* עִם, יַחַד, בְּצֵרוּף
operate (מִלַּת-שׁוֹרֶשׁ) פָּעַל
cooperate שִׁתֵּף פְּעוּלָּה
de- *pfx.* הָפַךְ, שָׁלַל, בִּטֵּל, סִלֵּק
populate (מִלַּת-שׁוֹרֶשׁ) אִכְלֵס
depopulate צִמְצֵם הָאוּכְלוּסִין
dis- *pfx.* אִי-; לֹא; שָׁלַל, בִּטֵּל
belief (מִלַּת-שׁוֹרֶשׁ) אֱמוּנָה
disbelief חוֹסֶר אֵמוּן
-ess *sfx.* (לְצִיּוּן מִין נְקֵבָה)
lion (מִלַּת-שׁוֹרֶשׁ) אַרְיֵה
lioness לְבִיאָה
-ful *sfx.* (לִיצִירַת תּוֹאַר הַשֵּׁם, וְשֵׁם-עֶצֶם: מָלֵא; רַב-; שֶׁל; בַּעַל; נוֹטֶה לְ-; מְאוּפְיָן בְּ-; מְלוֹא)
help (מִלַּת-שׁוֹרֶשׁ) עָזַר
helpful עוֹזֵר
in-, il-, im-, ir- *pfx.* חוֹסֶר, אִי-; לֹא; בְּלֹא; שָׁלַל, בִּטֵּל
correct (מִלַּת-שׁוֹרֶשׁ) נָכוֹן
incorrect לֹא נָכוֹן, מוּטְעֶה
legal (מִלַּת-שׁוֹרֶשׁ) חוּקִי
illegal לֹא חוּקִי, בִּלְתִּי לֵיגָלִי
possible (מִלַּת-שׁוֹרֶשׁ) אֶפְשָׁרִי
impossible בִּלְתִּי אֶפְשָׁרִי
relevant (מִלַּת-שׁוֹרֶשׁ) רֶלֶוַנְטִי
irrelevant לֹא רֶלֶוַנְטִי
-less *sfx.* בְּלִי, חֲסַר-, נְטוּל
hope (מִלַּת-שׁוֹרֶשׁ) תִּקְוָה
hopeless חֲסַר תִּקְוָה
-ly *sfx.* (לִיצִירַת תּוֹאַר הַפּוֹעַל: בְּאוֹפֶן, בְּצוּרָה)
quick (מִלַּת-שׁוֹרֶשׁ) מָהִיר
quickly בְּאוֹפֶן מָהִיר, בִּמְהִירוּת
mis- *pfx.* אִי-; לֹא; גָּרוּעַ, לֹא טוֹב, לֹא נָכוֹן, מוּטְעֶה, לֹא נְכוֹנָה
conduct (מִלַּת-שׁוֹרֶשׁ) הִתְנַהֲגוּת
misconduct הִתְנַהֲגוּת רָעָה
-ness *sfx.* (לִיצִירַת שֵׁם-עֶצֶם: מַצָּב, מַעֲמָד, פְּעוּלָּה, טִיב, תְּכוּנָה)
kind (מִלַּת-שׁוֹרֶשׁ) אָדִיב
kindness טוּב לֵב, אֲדִיבוּת
pre- *pfx.* קֹדֶם, לִפְנֵי, טְרוֹם
war (מִלַּת-שׁוֹרֶשׁ) מִלְחָמָה
prewar קֹדֶם-מִלְחַמְתִּי
re- *pfx.* שׁוּב, שֵׁנִית, מֵחָדָשׁ
decorate (מִלַּת-שׁוֹרֶשׁ) קִשֵּׁט
redecorate קִשֵּׁט מֵחָדָשׁ
-sion, -tion *sfx.* (לִיצִירַת שֵׁם-עֶצֶם: פְּעוּלָּה, תַּהֲלִיךְ, תּוֹצָאָה, מַצָּב)
invade (מִלַּת-שׁוֹרֶשׁ) פָּלַשׁ
invasion פְּלִישָׁה
correct (מִלַּת-שׁוֹרֶשׁ) תִּקֵּן
correction תִּקּוּן
un- *pfx.* אִי-; לֹא; שָׁלַל, הָפַךְ
afraid (מִלַּת-שׁוֹרֶשׁ) פּוֹחֵד
unafraid לֹא פּוֹחֵד

A

A (האות הראשונה בא״ב האנגלי) א׳
- from A to Z מא׳ ועד ת׳, הכול

a (ā, ə) *adj&prep.* אחד, כל אחד
- many a man אנשים רבים
- twice a day פעמיים בכל יום

A *n.* לה (צליל)
A-1, A-one מצוין, סוג א׳
aback′ *adv.* אחורנית, לאחור
- taken aback מופתע, נדהם

ab′acus *n.* חשבונייה (מחשבון)
aban′don *v.* לנטוש, להפקיר, לוותר על
- abandoned all hope אמר נואש

abandon *n.* התפרקות, התרת רסן
abandoned *adj.* מופקר; מושחת
abandonment *n.* נטישה, הפקרה
abase′ *v.* להשפיל, לבזות
abash′ *v.* להביך, לבלבל
abashed *adj.* נבוך, מבולבל
abate′ *v.* להפחית, להקטין; לשכוך, לפוג; לחסל, לשים קץ ל-
abatement *n.* הפחתה, הקטנה; הנחה; חיסול
ab′attoir′ (-twär) *n.* בית מטבחיים
ab′bacy *n.* נְזִירוּת
ab′be (-bā) *n.* כומר; ראש מִנְזָר
ab′bess *n.* נזירה ראשית
ab′bey *n.* מִנְזָר; כנסייה
ab′bot *n.* ראש מִנְזר
abbre′viate′ *v.* לקצר, לנטרק
abbre′via′tion *n.* קיצור; ראשי-תיבות
ABC *n.* הא״ב; יסודות, עקרונות
ab′dicate′ *v.* להתפטר; לוותר על
ab′dica′tion *n.* התפטרות; ויתור
ab′domen *n.* בטן, כרס; גחון
ab·dom′inal *adj.* של הבטן
ab·duct′ *v.* לחטוף (אדם)
ab·duc′tion *n.* חטיפה
aber′rant *adj.* סוטה
ab′erra′tion *n.* סטייה; ליקוי
abet′ *v.* לעזור, לסייע, לעודד, להסית
- aid and abet לסייע (בביצוע פשע)

abetter, abettor *n.* עוזר, מסייע
abey′ance (-bā′-) *n.* דחייה, השעיה, אי-הפעלה, חוסר-תקפות
- in abeyance תלוי ועומד, לא בשימוש, מוקפא, מושעה

abhor′ *v.* לתעב, לסלוד מ-
abhor′rence *n.* תיעוב; תועבה
abhor′rent *adj.* נתעב, מתועב
abide′ *v.* להישאר; לגור; לחכות ל-
- abide by לקיים, לפעול לפי; לעמוד ב-; לשאת ב-
- cannot abide her לא סובל אותה
- law-abiding שומר חוק

abi′ding *adj.* נצחי, תמידי
abil′ity *n.* יכולת; כישרון
ab′ject′ *adj.* אומלל; נבזה, שפל
ab·jec′tion *n.* השפלה
ab′jura′tion *n.* התכחשות
ab·jure′ *v.* להישבע לוותר על, להתכחש, לכפור ב-, להתנער מ-
ab·late′ *v.* להסיר בניתוח, לקטוע
ab·la′tion *n.* קטיעה, כריתה
ablaze′ *adj.* בוער, לוהט
a′ble *adj.* יכול, מסוגל; כשרוני
able-bodied *adj.* חסון, בריא
ablu′tion *n.* רחיצה; טבילה
a′bly *adv.* בכישרון
ab′ne·gate′ לוותר על, להקריב
ab′ne·ga′tion *n.* הקרבה עצמית
- self-abnegation הקרבה עצמית

ab·nor′mal *adj.* לא-תקין, אנורמלי
ab′nor·mal′ity *n.* אי-נורמליות
aboard′ *adv.* על הרכבת/המטוס וכו׳
- all aboard! עלו! (לרכבת וכו׳)

abode′ *n.* דירה, מגורים, בית
- no fixed abode ללא מגורים קבועים

abode = p of abide
abol′ish *v.* לבטל, לחסל
ab′oli′tion (-li-) *n.* ביטול, חיסול
A-bomb (ā′bom′) *n.* פצצת אטום
abom′inable *adj.* נתעב; *גרוע, רע
abom′inate′ *v.* לתעב, לשנוא
abom′ina′tion *n.* תיעוב; תועבה
ab′orig′inal *adj&n.* קדמון
ab′orig′ine (-jini) *n.* תושב קדמון, יליד, אבוריג׳ין
abort′ *v.* להפיל (עוּבָּר); להפסיק; לבטל; להיכשל
abor′tion *n.* הפלה; נֵפֶל, מפלצת; כישלון, תוכנית-נפל
abortionist *n.* מְבַצֵּעַ-הפלות
abor′tive *adj.* כושל, שעלה בתוהו
abound′ *v.* להיות מלא, לשרוץ
about′ *adv&prep.* מסביב;

בסביבה; אחורנית; בערך, כמעט; קרוב ל-; על-אודות, ליד
- about time סוף סוף, הגיע הזמן
- about to עומד ל-, מתכוון ל-
- bring about לגרום, להביא
- come about לקרות, להתרחש
- how/what about? מה דעתך ש-?
- isn't about to *לא מתכוון כלל ל-
- up and about קם, מסתובב
about-face/about-turn *n&v.* פנייה לאחור; תפנית; לפנות אחורה
above′ (-buv′) *adv&adj.* למעלה, ממעל, לעיל
- from above מלמעלה
- the above הנ"ל, דלעיל
above *prep.* מעל ל-, יותר מ-
- above all מעל לכול, יותר מכול
- above oneself יוצא מגדרו; מתנשא
- above par מעל השווי
- the lecture was above me ההרצאה נשגבה מבינתי
aboveboard *adj.* גלוי, כן, הוגן
above-mentioned *adj.* הנ"ל
above-named *adj.* הנ"ל
ab′racadab′ra *n.* אברקדברה, הבלים
abrade′ *v.* לגרד, לשפשף, לשרוט
abra′sion (-zhən) *n.* שפשוף
abra′sive *adj.* משפשף; שורט; מחוספס, מְגָרֶה; גס
abrasive *n.* חומר שפשוף/ממרט
abreast′ (-rest) *adv.* זה בצד זה
- abreast of the times מעודכן
abridge′ *v.* לקצר; לצמצם
abridgement *n.* קיצור
abroad′ (-rôd) *adv.* בכל מקום; בחוץ; בחוץ לארץ
- from abroad מחוץ לארץ
ab′rogate′ *v.* לבטל, לחסל
ab′roga′tion *n.* ביטול, חיסול
abrupt′ *adj.* פתאומי; תלול; מקוטע, מחוסר-קשר; לא אדיב, גס
abruptly *adv.* בפתאומיות; בגסות
ab′scess′ *n.* מורסה, פצע מוגלתי
abscessed *adj.* מוגלתי
ab•scis′sa *n.* אבסציסה
ab•scis′sion (-si′zhən) *n.* קטיעה
ab•scond′ *v.* לברוח בחשאי, להתחמק
ab′seil (-sāl) *v&n.* להשתלשל בחבל; סנפלינג; ירידה בחבל
ab′sence *n.* היעדרות, חוסר, העדר
- absence of malice חוסר כוונת זדון
absence of mind היסח-הדעת
ab′sent *adj.* נעדר; מהורהר
ab•sent′ (oneself) *v.* להיעדר, להתרחק, להיפקד
ab′sentee′ *n.* נעדר, נפקד
ab′sently *n.* בהיסח הדעת
absent-minded *adj.* שקוע במחשבות
absent-mindedly *adv.* בפיזור נפש
absent-mindedness *n.* פיזור נפש
absent without leave נפקד
ab′sinth *n.* אבסינת (משקה חריף)
ab′solute′ *adj.* מוחלט, אבסולוטי
absolutely *adv.* בהחלט, לגמרי
ab′solu′tion *n.* מחילה, כפרה
ab′solu′tism′ *n.* רודנות
ab•solve′ (-z-) *v.* לפטור, לשחרר, למחול
ab•sorb′ *v.* לספוג, לקלוט
- absorbed in שקוע ב-, מתעמק ב-
absorbent *adj.* סופגני
absorbing *adj.* מעניין, מרתק
ab•sorp′tion *n.* ספיגה; השתקעות, התעמקות; (בפיסיקה) בליעה
- Ministry of Absorption משרד הקְליטה
ab•stain′ *v.* להימנע, להינזר, להדיר עצמו; להתנזר (מאלכוהול)
ab•ste′mious *adj.* מסתפק במועט
ab•sten′tion *n.* הימנעות
ab′stinence *n.* הינזרות, פרישות
ab′stinent *adj.* מתנזר (מתענוגות)
ab′stract′ *adj.* אבסטרקטי, מופשט
- in the abstract כללית, תיאורטית
ab′stract′ *n.* תמצית, תקציר
ab′stract′ *v.* לתמצת, לקצר
ab•stract′ *v.* להוציא, להפריד; *לגנוב, לסחוב
ab•stract′ed *adj.* שקוע במחשבות
abstractedly *adv.* בהיסח-הדעת
ab•strac′tion *n.* הפשטה; מופשָטוּת; אבסטרקציה; היסח-הדעת
ab•struse′ *adj.* עמוק, סתום, קשה
ab•surd′ *adj.* אבסורדי, מגוחך
ab•surd′ity *n.* אבסורד, שטות
abun′dance *n.* עושר, שפע
abun′dant *adj.* עשיר, מלא
abundantly *adv.* בשפע; הרבה
abuse′ (-s) *n.* שימוש לרעה; התעללות; שחיתות; גידופים
- animal abuse התעללות בבע"ח

- child abuse ניצול מיני של ילדים
abuse′ (-z) *v.* להשתמש לרעה ב-, לנצל; להתעלל ב-; לגדף, לנאץ
abu′sive *adj.* גס, מגדף
abut′ *v.* לגבול ב-, להיות סמוך
abut′ment *n.* יַרְכָּה (תומכת בגשר)
abut′ter *n.* גובל, בר מיצרא
abys′mal (-z-) *adj.* תהומי
abyss′ *n.* תהום
AC זרם חילופין
a/c חשבון
aca′cia (-shə) *n.* שיטה (עץ)
ac′adem′ic *adj.* אקדמי, לא מעשי; של לימודים; של אקדמיה
academic *n.* אקדמאי, מלומד
acad′emy *n.* אקדמיה, מדרשה
acan′thus *n.* קוציץ (צמח קוצני)
a cappel′la (ä k-) *adv.* אַקַפֶּלָה, מושר ללא ליווי כלי נגינה
a•cau′dal *adj.* חסר-זנב
ac•cede′ *v.* להסכים, להיענות ל-; להיכנס לתפקיד; להצטרף להסכם
ac•cel′erate′ *v.* להאיץ; להגביר מהירות
ac•cel′era′tion *n.* תאוצה
ac•cel′era′tor *n.* דוושת-הדלק
- particle accelerator מאיץ חלקיקים
accel′erom′eter *n.* מד תאוצה
ac′cent′ *n.* הטעמה, נגינה; מִבְטָא, ניב
- put accent on לשים דגש על
accent *v.* להדגיש, להבליט
ac•cen′tuate′ (-chōōāt) *v.* להדגיש
ac•cen′tua′tion (-chōōā′-) *n.* הדגשה
ac•cept′ *v.* לקבל, להסכים, להיענות ל-; לקבל שטר
ac•cep′tabil′ity *n.* התקבלות
acceptable *adj.* מתקבל; קביל; רצוי
acceptance *n.* קבלה, התקבלות; קיבול
accepted *adj.* מקובל, מוסכם
ac′cess′ *n&v.* גישה; כניסה; התפרצות, התקף; לאחזר, לגשת ל-
- easy of access נוח לגישה
ac•ces′sary *n.* עוזר (לדבר פשע)
ac•ces′sibil′ity *n.* נגישות; פתיחות
ac•ces′sible *adj.* נגיש, ניתן להשיגו; בר-שכנוע; פתוח
ac•ces′sion *n.* כניסה לתפקיד, הגעה; היענות; תוספת

ac•ces′sory *n.* אביזר; עוזר (לדבר פשע)
access road כביש גישה
access time זמן גישה
ac′cidence *n.* תורת הנטיות
ac′cident *n.* תאונה, תקלה, תקרית
- accidents will happen אין להימלט מתאונות, לא לעולם חוסן
- by accident במקרה
- road accident תאונת דרכים
- without accident ללא כל פגע
ac′ciden′tal *adj.* מקרי, לא צפוי
accidental *n.* סימנית (במוזיקה)
accidentally *adv.* במקרה
accident insurance ביטוח תאונות
accident-prone *adj.* מוּעד לתאונות
acclaim′ *v.* להלל, להרעיף שבחים על; להריע ל-; להכריז עליו כ-
acclaim *n.* תשואות, שבחים
acclaimed *adj.* מהולל, משובח
ac′clama′tion *n.* תרועות, קריאות הידד; תשואות
ac′climate′ *v.* לסגל; להתאקלם
ac′clima′tion *n.* התאקלמות
accli′matize′ *v.* לסגל; להתאקלם
accliv′ity *n.* מַעֲלֶה, שיפוע
ac′colade′ *n.* תהילה, שבח
accom′modate′ *v.* לאכסן, לארח; להכיל מקום; לעשות טובה/שירות; להסתגל; לסגל; להתאים; לתת
- accommodated party הצד המוטב
- accommodating party הצד המיטיב
accommodating *adj.* נוח, אדיב
accom′moda′tion *n.* דיור, אכסון; התאמה; סיגול; טובה, חסד; פשרה, הסדר; הלוואה; נוחות; נוחיות
- accommodation road כביש גישה
accommodation bill שטר טובה
accom′paniment (-kum-) *n.* ליווי
accom′panist (-kum-) *n.* מְלַוֶּה
accom′pany (-kum-) *v.* לְלַוּוֹת; לצרף
accom′plice (-lis) *n.* שותף לפשע
accom′plish *v.* לבצע, להשלים
accomplished *adj.* מושלם; מומחה
accomplished fact עובדה מוגמרת
accomplishment *n.* ביצוע, הגשמה; מַעֲלָה, סגולה
- easy of accomplishment קל לביצוע

accord′ *v.* לתת, להעניק; להתאים, לעלות בקנה אחד עם
accord *n.* הסכם, הסדר; התאמה
- in accord with עולה בקנה אחד עם
- of one's own accord מרצונו הטוב
- with one accord פה אחד
accord′ance *n.* התאמה, תיאום
- in accordance with בהתאם ל-
accord′ing *adv.* לפי, בהתאם ל-
- according as כפי, תלוי ב-
- according to בהתאם ל-, לפי
accordingly *adv.* לכן; בהתאם
accor′dion *n.* אקורדיון, מפוחית-יד
accost′ (-kôst) *v.* לפנות, לגשת אל
account′ *n.* תיאור, דו"ח; הסבר; חישוב, חשבון, חשיבות
- accounts payable חשבונות זכאים
- accounts receivable חשבונות חייבים
- bring/call him to account לדרוש ממנו הסבר, להענישו, לנזוף בו
- by all accounts לכל הדעות
- give a good account of oneself להוכיח את עצמו
- leave out of account לא להביא בחשבון, לשכוח
- not on any account בשום פנים לא
- of no account חסר-חשיבות
- on account על החשבון
- on account of בגלל, עֵקֶב
- on his account למענו, בגללו
- on no account בשום פנים לא
- on one's own account למען עצמו
- on this account על כן, משום כך
- put it down to one's account לזקוף זאת לחשבונו
- put it to good account לנצל יפה
- settle an account לסלק חשבון
- take account of להתחשב ב-
- take into account להביא בחשבון
account *v.* לחשוב, להתייחס ל-
- account for להסביר; למסור דו"ח; להרוג, לצוד
account′abil′ity *n.* אחריות
accountable *adj.* אחראי, חייב הסבר
account′ancy *n.* חשבונאות
account′ant *n.* רואה חשבון
accountant general חשב כללי
accounting *n.* ניהול חשבונות
accou′ter (-ko͞o-) *v.* לצייד, להלביש
accou′terments (-ko͞o-) *n-pl.* חֲגוֹר

accred′it *v.* לאשר, להכיר ב-; לייחס ל-; למנות שגריר, להסמיך
accredited *adj.* מוסמך, מקובל, מואמן; מיופה כוח
accre′tion *n.* גדילה, צמיחה; התלכדות; תוספת
accru′al *n.* הצטברות
accrue′ (-ro͞o) *v.* להצטבר, לגדול
acct. = account חשבון
accu′mu·late′ (-′ch-) *n.* לצבור; להצטבר
accu′mu·la′tion *n.* צבירה; הצטברות; דחיסה; ערימה
accu′mu·la′tive *adj.* מצטבר
accu′mu·la′tor *n.* מצבר; אוגר
ac′cu·racy *n.* דייקנות
ac′cu·rate *adj.* מדויק
accurately *adv.* במדויק, בדייקנות
accurs′ed, accurst′ *adj.* ארור
ac′cu·sa′tion (-z-) *n.* האשמה
accu′sative (-z-) *n.* (בדקדוק) יחס הפעול, יחסת-את, אקוזטיב
accu′sato′ry (-z-) *adj.* מאשים
accuse′ (-z) *v.* להאשים
- the accused הנאשם, הנאשמים
accus′tom *v.* להרגיל
accustomed *adj.* רגיל, מורגל
AC/DC זרם חילופין וזרם ישר; *דו-מיני
ace *adj.* אס (קלף); *אלוף, מומחה
- ace in the hole "קלף בשרוול"
- play one's ace לשחק על הקלף הנכון
- within an ace of על סף, קרוב
ac′erbate′ *v.* להחמיץ; להציק
acer′bic *adj.* חריף, מריר, בוטה
acer′bity *n.* חריפות, מרירות
ace′tic *adj.* של חומץ, חמוץ
ac′etone′ *n.* אצטון
ache (āk) *v&n.* לכאוב, לחוש כאב; להשתוקק, להתגעגע; כאב
achievable *adj.* בר-ביצוע
achieve′ (-chēv) *v.* לבצע, להשלים; להשיג
achievement *n.* הישג; מִבְצָע
Achilles' heel (əkil′ēz-) עקב-אכילס, נקודת תורפה
ach′romat′ic (-k-) *adj.* נטול-צבע
a′chy (-ki) *adj.* כואב, סובל כאבים
ac′id *adj.* חמוץ, חריף; חד, שנון
acid *n.* חומצה; *ל.ס.ד.
acid drops סוכריות חמוצות

acid′ic *adj.* חומצי, חומצתי
acid′ify′ *v.* להחמיץ
acid′ity *n.* חומציות
ac′ido′sis *n.* חַמֶּצֶת (מחלה)
acid test מִבחן מכריע וסופי
acid′ulate′ (-sij′-) *v.* להחמיץ, לעשות חמצמץ
acid′ulous (-j′-) *adj.* חמצמץ; מר, חריף
ack′-ack′ *n.* *נ.מ., נגד מטוסים
ac·knowl′edge (-nol′ij) *v.* להכיר ב-, להודות ב-; להודות על; לאשר קבלת-; לנופף לשלום
acknowledged *adj.* מוּכָּר, מקובל
acknowledgement *n.* הודאה; הכרה; תודה, אות תודה; אישור
ac′me (-mi) *n.* שיא, פִּסגה
ac′ne (-ni) *n.* חזזית, פצעי בגרות
ac′olyte′ *n.* עוזר (לכומר)
ac′onite′ *n.* אקוניטון (תרופה)
a′corn′ *n.* אִצטרובל, בלוט
acous′tic (-ko͞o-) *adj.* אקוסטי, קולי, שמיעותי
acoustics *n.* אקוסטיקה, תורת הקול; תנאי השמיעה, סגולות האולם
acquaint′ *v.* להכיר, להציג, ליידע
- acquaint oneself with להכיר, ללמוד
acquaintance *n.* היכרות, ידיעה; מַכָּר
acquaintanceship *n.* חוג מכרים
acquainted *adj.* יודע, מודע ל-; מכיר
- get acquainted להכיר, להתוודע
ac′quiesce′ (ak′wies′) *v.* לקבל, לא לערער, להסכים
acquiescence *n.* הסכמה
acquiescent *adj.* מסכים
acquire′ *v.* לרכוש, להשיג
- acquired taste טעם נרכש
acquirement *n.* רכישה
ac′quisi′tion (-zi-) *n.* רכישה; נכס
acquis′itive (-z-) *adj.* רכושני, אוהב לרכוש, צוֹרֵך, אוגר
acquit′ *v.* לשחרר, לְזַכּוֹת, לפטור
- acquit oneself להתנהג
acquit′tal *n.* שִׁחרור, זיכוי
Acre (ä′kər) *n.* עַכּוֹ
a′cre (ā′kər) *n.* אקר (מידת שטח)
ac′rid *adj.* חריף, מר
ac′rimo′nious *adj.* חריף, מר
ac′rimo′ny *n.* חריפות, מרירות

ac′robat′ *n.* לוליין, אקרובט
ac′robat′ic *adj.* אקרובטי
ac′robat′ics *n.* אקרובטיקה
ac′ronym′ *n.* נוטריקון, ראשי תיבות
across′ (-rôs) *prep.* על-פני, מֵעֵבֶר ל-, לרוחב, בהצטלבות עם
across *adv.* מצד לצד; לעבר השני; בעבר השני; מאוזן
- across from מול
across-the-board מקיף, כולל
acry′lic *n.* אקרילן
act *n.* מעשה, פעולה, אקט; חוק; מערכה במחזה; הופעה, אירוע, מוצג
- Acts ספר מעשי השליחים
- act of God מעשה-אל, כוח עליון
- get in on the act לקפוץ על העגלה, להשתתף בעסק
- get one's act together לשנס מותניו, לקחת את עצמו בידיים
- in the act of בשעת מעשה
- put on an act להתנהג במלאכותיות
act *v.* לפעול, לבצע; לשחק במחזה, למלא תפקיד; להעמיד פנים
- act as לפעול כ-, לשמש כ-
- act out להוציא לפועל; לבטא (מחשבות) בתנועות וכו׳
- act up *להציק, לפעול שלא כשורה, להשתובב, להשתולל
- act upon/on לפעול לפי; לפעול על
acting *adj&n.* ממלא מקום; של מִשְׂחָק; מִשְׂחָק, אמנות הַמִּשְׂחָק
ac′tion *n.* פעולה, מעשה, פעילות; אקשן; תנועה; תביעה, תובענה; קרב, מלחמה
- bring an action לפתוח בהליכים
- out of action יצא מכלל פעולה
- put it in action להפעילו
- see action להשתתף בקרב
- take action לנקוט פעולה
- take legal action לפתוח בהליכים
actionable *adj.* בר-תביעה
action group קבוצת פעולה
action point נקודה לפעולה
action replay הילוך חוזר
action stations עמדות קרב
ac′tivate′ *v.* להפעיל
ac′tiva′tion *n.* הפעלה
ac′tive *adj.* פעיל, אקטיבי, נמרץ
- active voice בניין פעיל
active duty/service שירות פעיל
ac′tivism′ *n.* אקטיביזם, פעלתנות

ac′tivist *n.* אקטיביסט
ac·tiv′ity *n.* פעילות, פעלתנות
ac′tor *n.* שחקן
ac′tress *n.* שחקנית
ac′tual (-chōōəl) *adj.* ממשי, בפועל
ac′tual′ity (-chōōal-) *n.* ממשות, אקטואליות; עובדה, מציאות
ac′tualize′ (-chōōəl-) *v.* לממש
actually *adv.* לאמיתו של דבר, למעשה
ac′tuar′y (-chōōeri) *n.* אקטואר, שמאי
ac′tuate′ (-chōōāt) *v.* להפעיל, להניע
acu′ity *n.* חריפות, חדות החושים
acu′men *n.* חריפות השכל, פיקחות
ac′u·punc′ture *n.* ריפוי במחטים
acute′ *adj.* חד, חריף; רציני, חמור
- acute accent תג (מעל אות)
- acute angle זווית חדה
ad *n.* מודעה
A.D. = anno Domini לספירה
ad′age *n.* פתגם, מימרה
ada′gio (-dä′jō) *n.* אדאג׳ו, באיטיות
Ad′am *n.* אדם הראשון
- the old Adam יצר הרע
ad′amant *adj.* קשה, עקשן, נחוש
Adam's apple פיקת-הגרגרת
adapt′ *v.* לְעַבֵּד, לסגל, להתאים
adap′tabil′ity *n.* סגילות, הסתגלות
adaptable *adj.* סגיל, מתאקלם
ad′apta′tion *n.* עיבוד, סיגול
adap′ter, adap′tor *n.* מַתְאֵם, מעבד
ADC שָׁלִישׁ צבאי; ממיר מאנלוגי לספרתי
add *v.* להוסיף; לחבר, לסכם
- add in לכלול
- add together לחבר, לסכם
- add up לסכם; *להתקבל על הדעת
- add up to להסתכם ב-, להתפרש כ-
added *adj.* נוסף, מוסף, מחובר, מסוכם
added value ערך מוסף
addend′ *n.* (בחשבון) מחובר
adden′da *n-pl.* תוספות, מילואים
adden′dum *n.* תוספת, נספח
ad′der *n.* אפעה (נחש)
addict′ *v.* לגרום להתמכרות
- addicted to מתמכר ל-, מכור ל-
ad′dict *n.* מתמכר (לסמים), מכור
addic′tion *n.* התמכרות
addic′tive *adj.* (סם) ממכר
addi′tion (-di-) *n.* חיבור; תוספת
- in addition to נוסף על
additional *adj.* נוסף
ad′ditive *n.* תוספת, תוסף
ad′dle *v.* להתבלבל; לבלבל
addle-brained *adj.* מבולבל
add-on *n.* תוסף
address′ *v.* לפנות ל-, לדבר אל; לְמַעֵן, לכתוב מען; להפנות
- address oneself to להתמסר ל-
address *n.* נאום, הרצאה; כתובת, מען; צורת התבטאות, התנהגות
- addresses חיזורים
- form of address צורת פנייה
ad′dress·ee′ *n.* נמען
adduce′ *v.* להביא (הוכחה, דוגמה)
ad′eni′tis *n.* דלקת הבלוטות
ad′enoid′al *adj.* של פוליפים
ad′enoids *n-pl.* פוליפים
adept′ *adj&n.* מומחה, מיומן
ad′equacy *n.* התאמה, הלימות
ad′equate *adj.* מספיק, מתאים
ad·here′ *v.* להידבק; לדבוק ב-, לדגול, לקיים
adherence *n.* הידבקות; נאמנות
adherent *n.* חסיד, תומך
ad·he′sion (-zhən) *n.* דבקות, קשירות; תמיכה; הסתרכות
ad·he′sive *adj.* דביק
adhesive *n.* דֶּבֶק
adhesive tape אִספלנית
adhib′it *v.* לצרף; לתת (תרופה)
ad hoc′ אד הוק, לשם כך, לזה; (ועדה) מיוחדת, ספציפית
ad hom′inem לאדם, קשור לאדם מסוים, פונה לרגש ולא לשכל
ad in′fini′tum עד אין קץ
ad in′terim בינתיים, לעת עתה
ad′ipose′ (-ōs′) *interj.* שומני, של שוּמָן
ad′ipos′ity *n.* שוּמָן, שמנוניות
ad′it *n.* כניסה, מבוא
adj. = adjective *n.* תואר השם
adja′cency *n.* קִרבה
adja′cent *adj.* סמוך, קרוב, צמוד
ad′jective (-jik-) *n.* תואר השם
adjoin′ *v.* להיות סמוך ל-; לנגוע
adjoining *adj.* גובל ב-, סמוך
adjourn′ (əjûrn′) *v.* לדחות, לנעול (ישיבה); לעבור (למקום אחר)
adjournment *n.* נעילה, דחייה
adjudge′ *v.* לפסוק, לחרוץ משפט

adju'dicate' *v.* לפסוק, לקבוע
adju'dica'tion *n.* פסיקה, קביעה
ad'junct' *n.* תוספת, נספח
ad'jura'tion *n.* הפצרה, התחננות
adjure' *v.* להפציר ב-; להשביע (עד)
adjust' *v.* להתאים, לסגל, לכוונן; להתקין; להסדיר, ליישב
adjustable *adj.* מתכוונן
adjuster *n.* קובע; מסדיר, מיישב; מתאם
adjustment *n.* כִּוונון; התאמה; תיקון; יישוב-תביעה; כווננת
ad'jutant *n.* שָׁלִיש צבאי; עוזר
ad'-lib' *v.* *לאלתר
ad-lib *adj.* *מאולתר, ללא הכנה
ad lib *adv.* *חופשית, ללא הגבלה
ad li'tem לתביעה משפטית
ad'man' *n.* *פרסומאי
ad'mass' *n.* ההמון, הציבור
ad·min'ister *v.* לנהל, לפקח על; לתת, לספק; להוציא לפועל
- administer an oath להשביע
- administer the law להפעיל החוק
- administer to לדאוג ל-, לשרת
ad·min'istra'tion *n.* ניהול, מִנהל; אמרכלות, אדמיניסטרציה; הממשל; מתן, סיפוק, הענקה
ad·min'istra'tive *adj.* מִנהלי
ad·min'istra'tor *n.* אדמיניסטרטור, מנהל, אמרכל, מוציא לפועל
ad'mirable *adj.* נפלא, מצוין
ad'miral *n.* אדמירל
ad'miralty *n.* אדמירליות
ad'mira'tion *n.* התפעלות; הערצה
ad·mire' *v.* להתפעל מ-, להעריץ
admirer *n.* מעריץ, מאהב
ad·mis'sibil'ity *n.* קבילות
ad·mis'sible *adj.* קביל; מתקבל
ad·mis'sion *n.* כניסה, הכנסה; רשות כניסה, דמי כניסה; הודאה
ad·mit' *v.* להכניס, לקבל; להתיר להיכנס; להודות
- admit of להותיר מקום, לאפשר, לקבל
ad·mit'tance *n.* כניסה; הכנסה
admittedly *adv.* יש להודות
ad·mix' *v.* לערבב; להתערבב
ad·mix'ture *n.* תערובת; תוספת
ad·mon'ish *v.* להזהיר, לנזוף
ad'moni'tion (-ni-) *n.* אזהרה
ad·mon'ito'ry *adj.* מזהיר, מתרה
ad nau'se·am (-zi-) עד לזרא

ado (-dōō') *n.* מהומה, התרגשות
- without more ado בלי רעש, ללא שהיות מיותרות, בלי הכנות מרובות
ad'oles'cence *n.* בַּחֲרוּת, התבגרות
ad'oles'cent *adj&n.* מתבגר, נער, נערה
adopt' *v.* לאמץ, לקבל
adop'tion *adj.* אימוץ
adop'tive *adj.* (הורה) מְאַמֵּץ
ador'able *adj.* חמוד, מקסים; נערץ
ad'ora'tion *n.* הערצה, אהבה
adore' *v.* להעריץ, לסגוד; *לאהוב
adoring *adj.* מלא הערצה, סוגד
adorn' *v.* לקשט, לייפות
adornment *n.* קישוט; תכשיט
ADP עיבוד נתונים אוטומטי
ad per·so'nam' לאדם, אישי
ad rem' לעצם העניין
adre'nal *adj.* של בלוטות הכליות
adren'alin *n.* אדרנלין (הורמון)
adrift' *adv.* נסחף הנה והנה
- turn adrift לגרש (מהבית)
adroit' *adj.* זריז, פיקח, מוכשר
adsorb' *v.* לספוח
adsorp'tion *n.* ספיחה
ad'ulate' (aj'-) *v.* להחניף ל-
ad'ula'tion (aj'-) *n.* חנופה
adult' *adj&n.* בוגר, מבוגר, בגיר
adul'terate' *v.* לפגום, למהול, לזייף
adul'tera'tion *n.* פגימה, מהילה
adul'terer *n.* נואף
adul'teress *n.* נואפת
adul'terous *adj.* של ניאוף, נאפופי
adul'tery *n.* ניאוף
adulthood *n.* בגרות
ad'umbrate' *v.* לשרטט, לתאר
ad'umbra'tion *n.* שרטוט, תיאור
adv. = adverb *n.* תואר הפועל
ad valor'em ביחס לערך
ad·vance' *v.* להתקדם; לקדם, להקדים, להחיש, לתת מקדמה; לייקר; להתייקר
- advance the date להקדים התאריך
advance *n.* התקדמות; מקדמה; קידום
- advances חיזורים, פניות
- in advance מראש, בראש, לפני
advance *adj.* מוקדם; קדומני
- advance party כיתת חלוץ
advanced *adj.* מתקדם; מודרני
advance guard חֵיל חלוץ
advance man חלוץ, מכין ביקור

advancement *n.* קידום; התקדמות
ad•van′tage *n.* יתרון, רווח, תועלת
- be to his advantage להועיל לו
- take advantage of לנצל
- to advantage באופן הטוב ביותר
advantage *v.* להועיל ל-, לעזור ל-
ad′vanta′geous (-′jəs) *adj.* יתרוני
ad′vent′ *n.* כניסה, הופעה, ביאה
Advent *n.* התגלות ישו
ad′venti′tious (-tish′əs) *n.* מקרי, לא צפוי
adven′ture *n.* הרפתקה, סיכון
adventurer *n.* הרפתקן
adventuress *n.* הרפתקנית
adven′turous (-ch-) *adj.* הרפתקני
ad′verb′ *n.* תואר הפועל
ad•ver′bial *adj.* של תואר הפועל
ad′versar′y (-seri) *n.* יריב, אויב, מתנגד
ad′verse′ *adj.* נגדי, מנוגד, עוֹיֵן
adver′sity *n.* מצוקה, צרה
ad•vert′ *v.* לרמוז, להתייחס ל-
ad′vert′ *n.* *מודעה (בעיתון)
ad′vertise′ (-z) *v.* לפרסם (מודעה)
- advertise for לבקש בעזרת מודעה
ad′vertise′ment (-tīz′m-) *n.* מודעה, פרסום
advertising *n.* פרסום
ad•vice′ *n.* עצה, ייעוץ
ad•vi′sabil′ity (-z-) *n.* כדאיות
ad•vi′sable (-z-) *adj.* רצוי, מומלץ
ad•vise′ (-z) *v.* לייעץ; להודיע
advised *adj.* מְכוּוָן, שקול, מחושב
- ill-advised לא נבון, לא פיקחי
- well-advised נבון, פיקחי
advisedly *adv.* בשיקול דעת, בכוונה
adviser *n.* מייעץ, יועץ
advi′sory (-z-) *adj.* מייעץ
ad′vocacy *n.* תמיכה, סניגוריה, הגנה
ad′vocate *n.* פרקליט, עורך-דין; תומך, חסיד
ad′vocate′ *v.* לתמוך ב-, לדגול ב-
adz, adze *n.* קרדום (להקצעת עץ)
ae′gis (ē′-) *n.* חסות, מחסה
- under the aegis of בחסות-
ae′on (ē′-) *n.* תקופה, עידן
a′erate′ *v.* לאוורר, להכניס גז
a′era′tion *n.* אִוורור
aer′ial (ār-) *adj.* אווירי, גזי
aerial *n.* אנטנה, מְשׂוֹשָׂה

aerie, aery (ār′i) *n.* קן-נשרים
aero- (תחילית) אווירי
aer′obat′ics (ār-) *n.* אווירובטיקה, להטוטי-טיסה
aerob′ic (ār-) *adj.* אירובי, אווירני
aer′odrome′ (ār-) *n.* שדה-תעופה
aer′o•dy•nam′ics (ār-) *n.* אווירודינמיקה, תנועת האוויר
aer′ogramme′ (ār-) *n.* איגרת אוויר
aer′onau′tics (ār-) *n.* נווטות, טַיִס, אווירונוטיקה
aer′oplane′ (ār-) *n.* אווירון
aer′osol′ (ār′əsôl′) *n.* מזלף, מרסס
aer′o•space′ (ār-) *n.* חלל, אטמוספירה
aes′thete′ (es-) *n.* בעל טעם
aesthet′ic (es-) *adj.* אסתטי, נאה
aesthet′ics (es-) *n.* אסתטיקה, תורת היופי
ae′tiol′ogy (ē′-) *n.* אטיולוגיה, תורת הסיבות (במחלות)
afar′ *adv.* רחוק, במרחק
- from afar ממרחקים
af′fabil′ity *n.* אדיבות, חביבות
af′fable *adj.* אדיב, נוח, חביב
affair′ *n.* עניין, עסק; דבר, משהו; מאורע; פרשה; פרשת אהבים, רומן
- a wonderful affair *משהו נפלא
- have an affair לנהל רומן
- love affair רומן, פרשת אהבים
- mind your own affairs אל תתערב
- that is my affair זה ענייני
affair of honor דו-קרב
affect′ *v.* להעמיד פנים; לחבב, לאהוב להשתמש ב-, לעשות רושם
affect *v.* להשפיע על, לנגוע ללב, לזעזע; (לגבי מחלה) לתקוף
af′fecta′tion *n.* העמדת פנים
affected *adj.* מזויף, מלאכותי; נגוע
affecting *adj.* נוגע ללב, מְרַגֵּש
affec′tion *n.* חיבה; מחלה, מיחוש
affec′tionate (-′shən-) *adj.* אוהב
- yours affectionately שלך באהבה
affi′ance *v.* לארס
af′fida′vit *n.* תצהיר
affil′iate′ *v.* לצרף, לסנף; להתחבר
affil′ia′tion *n.* צירוף; הסתנפות
affiliation order צו בית-משפט (לקביעת אבהות ומתן מזונות)
affin′ity *n.* דמיון; קִרבה; חיבה; משיכה

affirm′ *v.* לאשר, לטעון, להצהיר
af′firma′tion (-fər-) *n.* הצהרה; הן צדק
affirm′ative *adj&n.* חיובי, כן, הן; מחייב (הצעה); חיוב
affirmative action אפליה מתקנת
affix′ *v.* לצרף, להדביק, להוסיף
af′fix *n.* מוספית, טפולה
affla′tus *n.* השראה, דחיפה
afflict′ *v.* לייסר, לצער, להציק
afflic′tion *n.* סֵבֶל, צרה, מכאוב
af′fluence (-lōōəns) *n.* עושר, שפע
af′fluent (-lōōənt) *adj.* עשיר, שופע
affluent *n.* יובל-מים, פלג
afford′ *v.* לתת, לספק, להעניק
- can afford יכול להרשות לעצמו
affor′est *v.* לייער, לשתול עצים
affran′chise (-z) *v.* לשחרר (משעבוד)
affray′ *n.* תגרה, קטטה, מהומה
affront′ (-unt) *v.* להעליב, לפגוע
affront *n.* פגיעה, עלבון
af′iciona′do (-fisyənä′-) *n.* אוהד מושבע, חסיד
afield′ (-fēld) *adv.* רחוק, הרחק
- far afield רחוק, הרחק
afloat′ *adj.* צף; בים, על המים; מוצף; נפוץ, מתהלך; נחלץ ממצוקה
afoot′ *adj.* מתהלך; בהכנה, בפעולה, מתרחש, "מתבשל"
afore′ *prep.* לפני
aforementioned *adj.* הנאמר לעיל
aforesaid *adj.* הנאמר לעיל, הנ"ל
aforethought *adj.* במחשבה תחילה
a′ for′tio′ri′ על אחת כמה וכמה
afoul′ *adj.* מסתבך, מתנגש
- run afoul of להסתבך עם, להתנגש
afraid′ *adj.* פוחד, חושש
- I'm afraid that חוששני ש-
afresh′ *adv.* מחדש, עוד פעם
Af′rican *n&adj.* אפריקני
Af′ro *n.* תסרוקת מקורזלת
Af′ro *adj.* של אפריקה, אפריקני
aft *adv.* לכיוון ירכתי הספינה
af′ter *prep.* אחרי, אחר-, מאחורי; בסגנון, על-פי; על-אודות
- a man after my own heart איש כלבבי
- after all ככלות הכול; למרות כול
- they are after him הם מחפשים אותו
- time after time תכופות, שוב ושוב
after *conj.* לאחר ש-, אחרי ש-
after *adj.* הבא, שלאחר מכן, האחורני
- in after years בשנים שלאחר מכן
- the after deck הסיפון האחורי
after *adv.* אחרי כן
- ever after מאז, מני אז
- soon after מיד לאחר מכן
afterbirth *n.* שִׁלְיָה
aftercare *n.* טיפול עוקב, שיקום
aftereffect *n.* תוצאה נדחית
afterglow *n.* דמדומי חמה
afterlife *n.* העולם הבא
af′termath′ *n.* תוצאה, תולדה
- in the aftermath of אחרי
aftermost *adj.* אחורי ביותר
af′ternoon′ (-nōōn) *n.* אחר-הצהריים
afternoons *adv.* מדי יום אחה"צ
afters *n-pl.* לִפְתָּן, קינוח סעודה
aftershave *n.* אפטרשייב
aftertaste *n.* טעם לוואי
afterthought *n.* מחשבה שנייה
af′terwards (-z) *adv.* לאחר מכן
afterworld *n.* העולם הבא
again′ (-gen) *adv.* עוד פעם, שוב; זאת ועוד, ברם
- again and again שוב ושוב
- as much again פי שניים, כפליים
- be oneself again לשוב לאיתנו
- come again *חזור, מה אמרת?
- now and again מדי פעם
- off again on again הפכפך
- then again מאידך, ואפשר ש-
- time and again שוב ושוב
against′ (-genst) *prep.* מול; נגד; לקראת, מפני; על-, ליד-, כלפי-
- over against מול
- save against old age לחסוך לקראת זִקְנָה
- sit against the wall לשבת ליד הקיר
- up against it במצב ביש, במצוקה
agape′ *adj.* פעור-פה
ag′ate *n.* אכטיס, בָּרֶקֶת
age *n.* גיל; זִקְנָה; תקופה, דור
- act your age! התנהג כמבוגר!
- age of consent גיל ההסכמה
- ages *עידן ועידנים, תקופה ארוכה
- come of age להגיע לבגרות
- over/under age זקן/צעיר מדיי

age *v.* להזקין
age bracket מסגרת גילאים, שנתונים
a′ged *adj.* זקן, בא בימים
- the aged הזקנים, הישישים
aged (ājd) *adj.* בן-, שגילו-
- aged wine יין ישן, יין משומר
age group קבוצת גילאים, שנתונים
ageing, aging *n.* הזדקנות
age′ism, ag′ism (ā′jizəm′) *n.* אפליית זקנים
ageless *adj.* נצחי, לא מזקין
age-long *adj.* מדורי-דורות, עתיק
a′gency *n.* סוכנות, משרד, לשכה
- by the agency of באמצעות, בהשפעת
agen′da *n.* סדר היום, אג׳נדה
a′gent *n.* סוכן, נציג; כוח, גורם; חומר
- free agent שחקן חופשי/משוחרר
agent provoc′ateur′ (-toor′) סוכן בולשת, סוכן שתול
age-old *adj.* עתיק, מאז ומעולם
agglom′erate *adj.* מגובב, צבור
agglom′erate′ *v.* לצבור; להצטבר
agglom′era′tion *n.* ערימה, גיבוב
agglu′tinate′ *v.* להדביק, לאחד
agglu′tina′tion *n.* התלכדות; צירוף, תַּדְבִּיק, מִדְבָּק; צימות
aggran′dize *v.* להגדיל, להרחיב
ag′gravate′ *v.* להרע, לקלקל, להחריף, להחמיר; *להרגיז, להציק
ag′grava′tion *n.* החמרה, החרפה
ag′gregate *n.* סך הכול; צירוף, גוש; תערובת, אגרגט, תלכיד
- in the aggregate בכללו, בסך הכול
ag′gregate′ *v.* לצבור; להסתכם ב-
ag′grega′tion *n.* קיבוץ, התקבצות
aggres′sion *n.* התגרות, חרחור ריב
aggres′sive *adj.* אגרסיבי, תוקפני, מתגרה; בעל-יזמה, שאינו נרתע
aggres′sor *n.* תוקפן, מחרחר מלחמה
aggrieve′ (-rēv) *v.* לצער, להעליב, להציק; לקפח
aggrieved *adj.* ממורמר
aghast′ (-gast) *adj.* נבעת, מזועזע
ag′ile (aj′əl) *adj.* קל, זריז, מהיר
agil′ity *n.* קלות, זריזות
ag′itate′ *v.* להטריד, להדאיג; לעורר גלים, לנענע; להתסיס; לנהל תעמולה
ag′ita′tion *n.* חרדה, דאגה; נענוע; תסיסה; תעמולה
ag′ita′tor *n.* תעמלן
AGM אסיפה כללית שנתית
ag·nos′tic *n&adj.* אגנוסטי, כּוֹפֵר
ago′ *adv.* בעבר; לפני כן
- how long ago? לפני כמה זמן? מתי?
- long ago לפני זמן רב
agog′ *adj.* מתלהב, נרגש
ag′onize′ *v.* להתייסר, לסבול קשות
agonized *adj.* מיוסר
agonizing *adj.* גורם ייסורים
ag′ony *n.* ייסורים; גסיסה
agony column טור ייעוץ
ag′ora′ (ägərä′) *n.* אגורה
ag′orapho′bia *n.* בעת-חוץ
agra′rian *adj.* אגרארי, חַקְלָאִי
agree′ *v.* להסכים; לחיות בשלום; להתאים, לתאום, להלום
- agree with להתאים ל-, לעלות בקנה אחד עם; להיות יפה לבריאותו
agree′able *adj.* נעים; מסכים
agreeably *adv.* בסיפוק, בהנאה
agreed *adj.* מוסכם
agree′ment *n.* תמימות דעים, הסכמה; הסכם; התאמה, הרמוניה
ag′ricul′tural (-′ch-) *adj.* חַקְלָאִי
ag′ricul′ture *n.* חקלאות
agron′omy *n.* אגרונומיה, חקלאות
aground′ *adv.* על שרטון
ah (ä) *interj.* אה! (קריאה)
aha′ (ähä′) *interj.* אהה! (קריאה)
ahead′ (-hed) *adv.* קדימה, לפנים, בראש; מראש
- ahead of לפני
- get ahead להתקדם; להצליח
- get ahead of לחלוף על פני
- go ahead להתקדם; להמשיך
- look ahead להסתכל קדימה
ahem′ *interj.* המ..., ביטוי סתמי
AI בינה מלאכותית, תבונת מכונה; הזרעה מלאכותית
aid *v.* לעזור, לסייע ל-
- aid and abet לסייע (בביצוע פשע)
aid *n.* עזרה, סיוע, אמצעי-עזר, עֵזֶר
- first aid עזרה ראשונה
- legal aid סיוע משפטי
- what is this in aid of? לשם מה זה?
aide *n.* שָׁלִיש, עוזר
aide-de-camp′ *n.* שָׁלִיש צבאי
aide-memoire (ād′māmwär′) *n.*

תזכורת; עוזר לזיכרון
aidman *n.* חובש קרבי
AIDS, Aids (ādz) *n.* איידס
aigret(te)′ *n.* תכשיט-נוצות (על הראש)
ail *v.* להכאיב, להציק; לחלות
- what ails you? מה כואב לך?
ai′leron′ *n.* מאזנת (של מטוס)
ail′ing *adj.* חולני; במצב גרוע
ail′ment *n.* חולי, מחלה
aim *v.* לכוון; להתכוון; לשאוף, לתכנן
aim *n.* מטרה, כוונה, שאיפה; יעד
- take aim at לכוון לעבר-
aimless *n.* חסר מטרה, נטול תכלית
ain't = am not, is not, has not
air *n.* אוויר; רוח; אווירה, הופעה, מַראֶה; מנגינה
- airs and graces התנהגות מעושה
- by air בדרך האוויר, באוויר
- clear the air לטהר את האווירה
- give oneself airs להתנפח, להתרברב, "לעשות רוח"
- go off the air להפסיק השידור
- in the air נפוץ, רוֹוֵחַ, מתהלך, מורגש; תלוי ועומד, לא מוכרע; חשוף, גלוי
- melt into thin air להתנדף כעשן
- on the air משודר (ברדיו)
- put on airs להתנפח, "לעשות רוח"
- take the air לטייל; להתחיל בשידור
- up in the air תלוי ועומד; רוגֵז, נרגש
- walks on air הוא ברקיע השביעי
air *v.* לאוורר, לייבש; לנפנף, להבליט; להביע, לבטא
air bag כרית אוויר (במכונית)
airbase *n.* בסיס אווירי
airbed *n.* מזרן אוויר
airborne *adj.* מוטס; טס, בטיסה
airbrake *n.* מעצור אוויר
airbrush *n.* מרסס צבע
airbus *n.* מטוס נוסעים
air-conditioned *adj.* ממוזג
air-conditioner *n.* מזגן
air-conditioning *n.* מיזוג אוויר
air-cool *v.* לאוורר, לצנן (מנוע)
aircraft *n.* מטוס; מטוסים
aircraft carrier נושאת מטוסים
aircrew *n.* צוות אוויר
air cushion כרית אוויר
air cushion vehicle רחפה

airdrome *n.* שדה תעופה
airdrop *n.* הצנחה (ממטוסים)
air′er *n.* מְתקן אִוורור
airfare *n.* דמי טיסה
airfield *n.* שדה תעופה
airflow *n.* זרם אוויר
airforce *n.* חיל אוויר
air-frame *n.* שלד-המטוס
air gun רובה-אוויר
air hammer פטיש אוויר
airhead *n.* ראש אוויר, בסיס נחיתה בשטח אויב; *טיפש, ראש כרוב
airhostess *n.* דיילת
airily *adv.* בעליזות, בקלילות
airing *n.* אִוורור, הבעה בפומבי
airing cupboard ארון ייבוש
airlane *n.* נתיב אוויר
airless *adj.* מחניק, דחוס
airletter *n.* איגרת אוויר
airlift *n.* רכבת אווירית
airline *n.* חברת תעופה
airliner *n.* מטוס נוסעים
airlock *n.* תא אטים; סתימה בצינור
airmail *n.* דואר אוויר
airman *n.* טייס, איש-צוות
air mattress מזרן אוויר
air-minded *adj.* חובב תעופה
airplane *n.* מטוס, אווירון
airpocket *n.* כיס אוויר
airport *n.* נמל תעופה
air raid התקפה אווירית, הפצצה
air-screw *n.* מדחף
airshaft *n.* פתח-אוויר, ארובה
airship *n.* ספינת-אוויר
airshow *n.* מפגן אווירי
airsick *adj.* חולה טיסה
airspace *n.* חלל האוויר, שמי המדינה
air speed מהירות אווירית
airstrip *n.* מסלול הַמרְאָה
air terminal טרמינל, מסוף
airtight *adj.* אטים, לא חדיר; משכנע
- airtight alibi אליבי מוצק
airtime *n.* זמן שידור, זמן אוויר
air-to-air *adj.* (טיל) אוויר-אוויר
air-to-ground *adj.* אוויר-קרקע
airway *n.* נתיב אוויר
airwoman *n.* טייסת
airworthy *adj.* כשיר לטיסה
airy *adj.* מְאוּוְרָר, אוורירי; ריק, נבוב, שִטחי; עליז, קליל

airy-fairy *adj.* *לא מעשי, דמיוני, טיפשי
aisle (īl) *n.* מעבר (בין שורות)
- roll in the aisles להתגלגל מצחוק
- walk down the aisle להתחתן
aitch-bone *n.* עצם האחוריים
ajar′ *adj.* (דלת) פתוחה במקצת
aka *adj.* ששמו גם, ידוע גם כ-, מְכוּנֶה
akim′bo *adv.* (ידיים) על המותניים
akin′ *adj.* דומה, קרוב
a la (ä lä) *prep.* באופן, בנוסח, בסגנון
al′abas′ter *n.* בהט
a la carte (ä′ləkärt′) לפי התפריט, כל מנה לחוד
alack′ *interj.* אהה!
alac′rity *n.* נכונות, להיטות
a la mode′ (ä-) לפי האופנה; מוגש עם גלידה
alarm′ *n.* אזעקה; פעמון-אזעקה; חרדה
- take alarm להיתקף חרדה
alarm *v.* להחריד, להפחיד
alarm clock שעון מעורר
alarming *adj.* מעורר חרדה
alarmist *n.* זורע בהלה
alas′ *interj.* חבל!, אהה!
alb *n.* גלימת כומר (לבנה)
al′batross′ *n.* אלבטרוס (עוף ים)
al•be′it (ôl-) *conj.* אם כי
al•bi′no *n.* לבקן, אלביניסט
al′bum *n.* אלבום; תקליט אריך-נגן
al•bu′min *n.* אלבומין; חלבון
al′chemist (-k-) *n.* אלכימאי
al′chemy (-k-) *n.* אלכימיה
al′cohol′ (-hôl) *n.* אלכוהול, כוהל
al′cohol′ic (-hôl-) *adj&n.* אלכוהולי; שתיין
al′coholism′ (-hôl-) *n.* כהלת, אלכוהוליזם
al′cove′ *n.* חדרון, גומחה, פינה
al′der (ôl-) *n.* אלמון (עץ)
al′derman (ôl-) *n.* חבר מועצת העירייה
ale *n.* שיכר, בירה
alehouse *n.* מִסבאה
alert′ *adj.* דרוך, עירני, זריז, מהיר
alert *n.* אזעקה, אתראה, כוננות
- on the alert על המשמר, בכוננות
alert *v.* להתריע, להזהיר
alex′ia *n.* עוורון-מילים

al•fal′fa *n.* אספסת (צמח)
al•fres′co *adj.* בחוץ, באוויר הצח
al′gae (-jē) *n-pl.* אצות
al′gebra *n.* אלגברה
al′gebra′ic *adj.* אלגברי
al′gorithm *n.* אלגוריתם, תהליך פתרון בעיה
a′lias *n&adv.* שם נוסף, כינוי
- Tom alias Bob טום הנקרא גם בוב
al′ibi′ *n.* אליבי; *תירוץ, אמתלה
a′lien *n.* זָר, נכרי; חייזר, חוצן
alien *adj.* זָר, שונה, מנוגד, סותר
a′lienable *adj.* בר העברה (רכוש)
a′lienate′ *v.* להרחיק, לגרום ניכור; להעביר בעלות, להחרים, להפקיע
a′liena′tion *n.* הרחקה; ניכור; העברת בעלות, הפקעה; שיגעון
a′lienist *n.* פסיכיאטר
alight′ *v.* לרדת (מסוס, מאוטובוס)
- alight on לנחות על; להיתקל ב-
alight *adj.* דולק, לוהט, בוער
align′ (əlīn′) *v.* להסתדר בשורה, ליישר; להיערך; להתייצב לצד-
alignment *n.* יישור; היערכות; מערך
alike′ *adj.* דומה, שווה, דומים
alike *adv.* באופן דומה
al′imen′tary *adj.* עיכולי, מזוני
alimentary canal צינור העיכול
al′imenta′tion *n.* הזנה
al′imo′ny *n.* (דמי) מזונות
alive′ *adj.* בחיים; חי; פעיל, עירני
- alive and kicking חי, חי ובועט
- alive to ער ל-, מודע ל-
- alive with שורץ, רוחש, מלא
al′kali′ *n.* אלקאלי, בסיס
all (ôl) *adj.* כול, הכול, כולם; כל כולו
- I'm all ears "כולי אוזן"
- of all people דווקא הוא!
- on all fours על ארבע
- with all speed במרב המהירות
all *adv.* כליל, לגמרי
- 2 all 2:2 (תוצאת תיקו)
- all alone לבדו, בעצמו
- all along במשך כל הזמן
- all but כמעט
- all for *בעד, תומך בהתלהבות ב-
- all in *עייף, "מת", "סחוט"
- all of 1000 1000 טבין ותקילין
- all of a tremble כולו רועד
- all one to היינו הך ל-

- all over נגמר, נסתיים, תם; בכל מקום; בכל רמ"ח אבריו
- all over the world בכל העולם
- all right; בסדר, בריא ושלם; נכון, כן; *ללא כל ספק
- all the more הרבה יותר
- all the same אף על פי כן
- all the same to היינו הך ל-
- all the sooner מהר יותר
- all there "בסדר גמור", פיקח
- all told בסך הכול
- all up חסל, נגמר, זה הסוף
- not all there "לא בסדר", מטומטם

all *pron.* הכול, כולם
- above all מעל לכול
- after all אחרי ככלות הכול
- all in all בסך הכול, בסיכום
- all of כל אחד מ-, הכול, כולם
- all very well, but הכול טוב ויפה, אבל
- for all על אף, למרות
- for all I know למיטב ידיעתי
- go all out לפעול במאמץ מרבי
- he is all in all to her הוא "הכול" בשבילה
- in all בסך הכול
- not at all לגמרי לא, "אין בעד מה" (כתשובה על "תודה")
- not so bad as all that לא רע עד כדי כך
- once and for all אחת ולתמיד
- one's all כל רכושו, כל היקר לו

Al'lah (-lə) *n.* אלוהים, אללה
allay' *v.* לשכך, להפיג, להרגיע
all clear ארגעה, צפירת ארגעה
al'lega'tion *n.* הצהרה, טענה, אמירה; חשד
allege' (-lej') *v.* להצהיר, לטעון
alleged *adj.* החשוד, כפי שאומרים, שהוא כביכול, כאילו
allegedly *adv.* לפי ההאשמות, כביכול
alle'giance (-jəns) *n.* נאמנות
al'legor'ical *adj.* אלגורי, מְשָׁלִי
al'legorize' *v.* להמשיל משל
al'lego'ry *n.* משל, אלגוריה
al'legret'to *n.* אלגרטו
alleg'ro *n.* אלגרו, עירני
al'lelu'ia (-yə) *interj.* הללויה!
all-embracing *adj.* מקיף, חובק עולם
aller'gic *adj.* אלרגי, רגיש
al'lergy *n.* אלרגיה, רגישות, רַגֶּשֶׁת
alle'viate' *v.* להקל, להפחית, לשכך
alle'via'tion *n.* הקלה, הפחתה
al'ley *n.* סִמטה, מִשעול
- blind alley מבוי סתום
- down one's alley *לטעמו

alley cat *לא צנועה, מתמסרת
alleyway *n.* סִמטה, מִשעול
alli'ance *n.* ברית, התקשרות
allied' (-līd') *adj.* בעל ברית; קשור, קרוב
al'liga'tor *n.* תנין; עור תנין
all-important *adj.* רב-חשיבות
all-in *adj.* כולל, מקיף; (היאבקות) חופשית
all-inclusive *adj.* כולל הכול
allit'era'tion *n.* אליטרציה (שוויון צלילים בראשי מלים סמוכות)
al'locate' *v.* להקציב, להקצות
al'loca'tion *n.* הקצבה; מנה
allot' *v.* להקציב, להקצות
allotment *n.* הקצאה; חלק, מנה; חלקת אדמה (מוחכרת)
all-out *adj.* כולל, שלם, כללי
allow' *v.* להרשות; לתת, להקציב; להודות, לקבל
- allow for לקחת בחשבון, לאפשר
- allow of לאפשר, לקבל

allowable *adj.* מותר, חוקי
allowance *n.* קצובה, מענק, דמי כיס; הנחה, הפחתה
- make allowances for להתחשב ב-

alloy' *n.* סגסוגת, מסג, נתך
alloy *v.* לסגסג; לפגום, לקלקל
all-powerful *adj.* כול-יכול, רב-כוח
all-purpose *adj.* רב-תכליתי
all-round *adj.* רב-צדדי
all-rounder *n.* ספורטאי רב-צדדי
all'spice' (ôl-) *n.* פִּלְפֵּל אנגלי
all-star *adj.* עם גדולי הכוכבים
all-terrain vehicle (ATV) *n.* רכב כל-שטח, טרקטורון
all-time *adj.* שבכל הזמנים
- all-time high שיא חדש

allude' *v.* לרמוז, להזכיר
allure' *v.* למשוך, לפתות, לשבות לב
allure *n.* משיכה, קסם
allurement *n.* משיכה, פיתוי
allu'sion (-zhən) *n.* רמז, רמיזה
allu'sive *adj.* מרמז, רומז
allu'vial *n.* של סחף, אלוביאלי
ally' *v.* להתקשר, לבוא בברית;

לאחד
- ally itself with לבוא בברית עם
ally *n.* בעל ברית, תומך, מסייע
al′ma ma′ter (-mät-) *n.* אלמה מאטר, בית הספר (לגבי בוגריו); הימנון ביה״ס
al′manac′ (ôl-) *n.* אלמנך, לוח שנה, שנתון
al·might′y (ôl-) *adj.* כול-יכול
- the Almighty אלוהים
al′mond (ä′m-) *n.* שקד; שקדייה
almond-eyed *adj.* בעל עיניים שקדיות
al′moner *n.* עובד סוציאלי
almost (ôl′mōst) *adv.* כמעט
alms (ämz) *n-pl.* נדבה, צדקה
almshouse *n.* בית מחסה
al′oe (-lō) *n.* אלווי (צמח-נוי)
aloft′ (əlôft′) *adv.* למעלה, גבוה
alone′ *adv&adj.* לבד, לבדו; יחיד
- let alone קל וחומר
- let me alone הנח לי!
- let well alone הנח לו כפי שהוא
- stands alone יחיד במינו, אין מושלו
along′ (əlông′) *prep.* לאורך-
- along here לכאן, לכיוון זה
along *adv.* (להדגשת פעולה) הלאה, קדימה; בחברת, יחד
- along with בצירוף, יחד עם
- come along בוא!, הצטרף!
alongside *adv&prep.* לצד, על-יד
aloof′ (əlo͞of′) *adv.* במרחק, בנפרד
- keep aloof from להתרחק מ-
aloof *adj.* צונן, לא ידידותי
aloofness *n.* ריחוק, התבדלות
aloud′ *adv.* בקול, בקול רם
alp *n.* הר גבוה
al·pac′a *n.* אלפקה, גמל-הצאן
al′pha *n.* אלפא, אָלֶף, ראשון
- alpha and omega האלף והתיו
al′phabet′ *n.* אלף-בית, הא״ב
al′phabet′ical *adj.* אלפביתי
al′pine *adj.* של הרים, הררי
Al′pinist *n.* אלפיניסט, טפסן
already (ôlred′i) *adv.* כבר
alright′ = all right (ôl-)
al′so (ôl-) *adv.* גם, גם כן
also-ran *n.* נכשל (בתחרות, בבחירות)
al′tar (ôl-) *n.* מִזְבֵּחַ
- lead to the altar להתחתן
al′ter *n.* לשנות; להשתנות
alterable *adj.* בר-שינוי
al′tera′tion (ôl-) *n.* שינוי, תיקון
al′terca′tion (ôl-) *n.* ריב, ויכוח
al′ter e′go האני האחר; ידיד-נפש
al′ternate′ (ôl-) *v.* לבוא לסירוגין, להתחלף; להחליף, לסדר זה אחר זה
al′ternate (ôl-) *adj.* בא לסירוגין, סירוגי, כל שני, חליפות; מתחלף
- alternate days כל יומיים
alternating current זרם חילופין
al′terna′tion (ôl-) *n.* התחלפות
alter′native (ôl-) *n.* ברירה, חלופה, אלטרנטיבה
alternative *adj.* אלטרנטיבי, חילופי
alternatively *adv.* לחלופין
al′terna′tor (ôl-) *n.* מחולל זרם חילופין
altho (ôldhō′) *conj.* אף על פי ש-
although (ôldhō′) *conj.* אף על פי ש-
al·tim′eter *n.* מד-גובה, מד-רום
al′titude′ *n.* גובה, רום
al′to *n.* אלט (קול)
al′togeth′er (ôl′təgedh′ər) *adv.* לגמרי; בסיכום, בסך הכול
- in the altogether ערום, מעורטל
al′tru·ism′ (-tro͞o-) *n.* אלטרואיזם, זולתנות
al′tru·ist (-tro͞o-) *n.* אלטרואיסט
alu′minum *n.* אלומיניום, חמרן
alum′na *n.* בוגרת (של בית ספר)
alum′ni′ *n-pl.* בוגרי בית ספר
alum′nus *n.* בוגר (של בית ספר)
al·ve′olar *n.* עיצור שיני
always (ôl′wāz) *adv.* תמיד
Alzheimer (alts′hī-) *n.* אלצהיימר
A.M. לפני הצהריים
am, I am, I'm אני, הנני
amal′gam *n.* מסג; אמאלגאמה
amal′gamate′ *v.* למזג; להתמזג
amal′gama′tion *n.* איגוד
aman′u·en′sis (-nū-) *n.* לבלר
am′aryl′lis *n.* נרקיס
amass′ *v.* לצבור, לאגור, לערום
am′ateur (-choor) *n&adj.* חובב
amateurish *adj.* חובבני, דל, טירוני
am′ato′ry *n.* אוהב, עורג, חושק
amaze′ *v.* להדהים, להפתיע
amazement *n.* תדהמה
amazing *adj.* מדהים, כביר

am′azon *n.* אמזונה, גיבורה
am·bas′sador *n.* שגריר, נציג
am′ber *n.* עִנְבָּר; חום-צהבהב
am′bidex′trous *adj.* דו-ידי, שולט בשתי ידיו
am′bience *n.* אווירה, סביבה
am′bient *adj.* אופף, מקיף; רגוע
am·bigu′ity *n.* אי-בהירות, עִרפול
am·big′u·ous (-gūəs) *adj.* מעורפל
am′bit *n.* תחום, גבול
am·bi′tion (-bi-) *n.* אמביציה, שאיפה
am·bi′tious (-bish′əs) *adj.* שאפתני; דורש מאמץ
am·biv′alence *n.* דו-ערכיות, קיום רגשות מנוגדים, אמביוואלנטיות
am·biv′alent *adj.* דו-ערכי, אמביוואלנטי
am′ble *v.* לפסוע לאט, לצעוד קלות
amble *n.* טפיפה, פסיעה איטית
am·bro′sia (-zhə) *n.* לֶחֶם-האלים, מאכל תאווה; ריח ניחוח, אמברוסיה
am′bu·lance *n.* אמבולנס
am′bu·lato′ry *adj.* של הליכה; מתהלך
am′buscade′ *n.* מארב
am′bush (-boosh) *n.* מארב
ambush *v.* לארוב
ame′ba *n.* אמבה, חילופית
ame′bic *adj.* של אמבה, אמבי
ame′liorate′ *v.* לשפר; להשתפר
ame′liora′tion *n.* שיפור, טיוב
a′men′ *interj.* אמן!
ame′nable *adj.* מקבל מרות, ממושמע, נוח; מושפע בקלות
- amenable to כפוף ל-; אחראי כלפי
amend′ *v.* לשפר; להשתפר; לתקן
amendment *n.* תיקון, שינוי
amends′ *n-pl.* פיצויים
- make amends לפצות, לכפר
amen′ity *n.* נוחות, נעימות
- amenities דברים נעימים; גינונים נאים; תנאים נוחים; שירותים
Am′era′sian (-shən) *n.* אמריקני אסייתי
amerce′ *v.* להעניש
Amer′ican *adj&n.* אמריקני
Amer′icanism′ *n.* אמריקניות
Amer′icanize′ *v.* להפוך לאמריקני
am′ethyst *n.* אחלמה (אבן יקרה)
Am·har′ic *n.* אמהרית, אתיופית
a′miabil′ity *n.* חביבות, ידידותיות
a′miable *adj.* חביב, נעים
am′icable *adj.* ידידותי
amid′, amidst′ *prep.* בתוך, בין
amid′ships′ *adv.* באמצע האונייה
amig′o (-mē′-) *n.* *חבר, אמיגו
amir′ (-mir) *n.* אמיר (מוסלמי)
amiss′ *adv.* לא כשורה, לא בסדר
- take it amiss להיעלב מכך
am′ity *n.* ידידות, יחסי ידידות
am′me′ter *n.* מד-אמפר
am′mo *n.* *תחמושת
ammo′nia *n.* אמוניה, אמוניאק
am′monite′ *n.* אמוניט (רכיכה מאובנת)
am′mu·ni′tion (-ni-) *n.* תחמושת
am·ne′sia (-zhə) *n.* שיכחון, אמנסיה, מחלת השִכחה, נשיון
am′nesty *n.* חנינה, המתקת עונש
am′niocente′sis *n.* בדיקת מי שפיר
am′nion *n.* שפיר, קרום השליה
am′niote *adj.* מתפתח בתוך שפיר
am′niot′ic *adj.* של השפיר
amniotic fluid מי שפיר
amoeba (əmē′bə) *n.* אמבה
amok′, amuck′ *adv.* אמוק, טירוף
among′ (-mung) *prep.* בתוך, בין
- among themselves בינם לבין עצמם
amongst′ (-mungst) *prep.* בתוך
a·mor′al *adj.* חסר מוסריות
am′orous *adj.* אוהב, של אהבה
amor′phous *adj.* נטול צורה, אמורפי
am′ortiza′tion *n.* בלאי, פְּחָת
am′ortize′ *v.* לסלק חוב (בתשלומים)
amount′ *n.* סכום, כמות
amount *v.* להסתכם, להיות שווה ל-
amour′ (-moor) *n.* פרשת אהבה
amour propre (-prop′rə) כבוד עצמי
am′pere *n.* אמפר (יחידת זרם)
am′persand′ = (&) *n.* סימן החיבור, אמפרסנד
am·phet′amine (-min) *n.* אמפטמין
am·phib′ian *n.* דוחַי, כלי-טיס אמפיבי, רכב אמפיבי
am·phib′ious *adj.* אמפיבי
am′phithe′ater *n.* אמפיתיאטרון
am′phora *n.* כד, אגרטל, אמפורה
am′ple *adj.* גדול, מְרוּוָח; הרבה

am′plifica′tion *n.* הגדלה, הגברה
am′plifi′er *n.* מגבר
am′plify′ *v.* להגדיל; להאריך, להוסיף פרטים; להגביר עוצמת זרם
am′plitude′ *n.* גוֹדֶל; שפע, שִׁפְעָה; מִשְׂרַעַת, אמפליטודה
amply *adv.* הרבה, בשפע
am′poule′ (-pūl) *n.* אמפולה
am′pule *n.* אמפולה; שפופרת קטנה
am′pu·tate′ *v.* לקטוע (איבר/גפה)
am′pu·ta′tion *n.* כריתה, קטיעה
am′pu·tee′ (-pyoo-) *n.* גידם, קיטע
amuck′, run amuck להתרוצץ אחוז אמוק (בתאוות-רצח)
am′u·let *n.* קָמֵעַ
amuse′ (-z) *v.* לבדר; להצחיק
amusement *n.* בידור; שעשוע
amusement arcade אולם שעשועים
amusement park גן שעשועים
an = a (an, ən) *adj.* אחד
anach′ronism′ (-k-) *n.* אנכרוניזם, טעות בזמן, דבר שנתיישן
anach′ronis′tic (-k-) *adj.* לא בעיתו
an′acon′da *n.* אנקונדה (נחש)
anae- see ane-
an′agram′ *n.* אנגרם, היפוך-אותיות (יצירת מילה מאותיות מילה אחרת)
a′nal *adj.* של פי הטבעת, אנאלי
an′alec′ta *n-pl.* לקט ספרותי, אנתולוגיה
an′alge′sia *n.* חוסר כאב
an′alge′sic *n.* משכך כאבים
an′alog′ical *adj.* אנלוגי
anal′ogize′ *v.* להקיש, להשוות
anal′ogous *adj.* דומה, מקביל
an′alogue′ (-lôg) *n.* דומה, מקביל
anal′ogy *n.* אנלוגיה, השוואה, היקש, הקבלה
anal′ysis *n.* ניתוח, בדיקה, אנליזה; פסיכואנליזה
an′alyst *n.* נתחן, מנתח, בודק; פסיכואנליטיקן
an′alyt′ical *adj.* ניתוחי, נתחני, אנליטי, ביקורתי
an′alyze′ *v.* לנתח; לעשות אנליזה
an′apest′ *n.* אנפסט, משפיל
an·ar′chic (-k-) *adj.* אנרכי, מופקר
an′archism′ (-k-) *n.* אנרכיזם
an′archist (-k-) *n.* אנרכיסט
an′archy (-k-) *n.* אנרכיה, הפקרות
anath′ema *n.* נידוי, חרם; תועבה
anath′ematize′ *v.* לקלל; לנדות
an′atom′ical *adj.* אנטומי
anat′omist *n.* עוסק באנטומיה
anat′omy *n.* אנטומיה, מבנה הגוף
an′ces′tor *n.* אב קדמון
an·ces′tral *adj.* של אבות קדומים
an′ces′try *n.* מוצא, ייחוס, שושלת
an′chor (-k-) *n.* עוֹגֶן; מחסה
- at anchor בעגינה, עוֹגֵן
- cast/drop anchor להשליך עוגן
- come to anchor להטיל עוגן
- ride at anchor לעגון
- weigh anchor להרים עוגן
anchor *v.* לעגון, להטיל עוגן; לְעַגֵּן
an′chorage (-k-) *n.* מעגן, עגינה
an′chorite′ (-k-) *n.* נזיר
anchorman *n.* קריין רצף, מגיש; רץ אחרון
an′cho·vy *n.* עפיין (דגיג), אנשובי
an′cient (ān′shənt) *adj.* עתיק
- the ancients הקדמונים
an′cillar′y (-leri) *adj.* מסייע, מְשַׁנִי, טפל
and (and, ənd, ən) *conj.* ו-, גם
- and all "והכול", וכולי
- and how! ועוד איך!, בהחלט!
- and/or ו/או
andan′te (ändän′ti) *n.* אנדנטה, מתון, הליכי
and′i′ron (-ī′ərn) *n.* מוט, מַצְלֶה, סורג, סריג, סבכה
an·drog′ynous *adj.* דו-מיני, אנדרוגני
and′roid *n.* רובוט (דמוי אדם)
an′ecdote′ *n.* אנקדוטה, מעשייה
ane′mia *n.* אנמיה, מיעוט-דם
ane′mic *adj.* אנמי, חסר-דם
an′emom′eter *n.* מד-רוח
anem′one (-məni) *n.* כלנית
anent′ *prep.* באשר ל-
an′esthe′sia (-zhə) *n.* הרדמה, אִלְחוּשׁ; אַלְחוּשׁ, העדר תחושה
an′esthet′ic *n.* מאלחש (סם)
anes′thetist *n.* מאלחש (רופא)
anes′thetize′ *v.* להרדים, לאלחש
anew′ (ənōō′) *adv.* שוב, מחדש
an′gel (ān′-) *n.* מלאך
an·gel′ic *adj.* מלאכי, טהור, יפה
an′gelus *n.* אנגלוס (תפילה נוצרית)
an′ger (-g-) *n.* כעס, חימה

anger *v.* להרגיז, להכעיס
an·gi'na pec'toris תעוקת הלב
an'gle *n.* זווית; נקודת מבט
angle *v.* להטות, לזוות, להצדיד
- angle the report לסלף את הדו"ח
angle *v.* להשליך חכה
- angle for לנסות להשיג בתחבולות
Ang'lican *adj.* אנגליקני
Ang'licism' *n.* ביטוי אנגלי
ang'licize' *v.* לאנגל; להפוך לאנגלי
angling *n.* דַיִג (בחכה)
Ang'lo (תחילית) אנגלי, בריטי
Ang'lophile' *n.* חובב אנגלים
Ang'lophobe' *n.* שונא אנגלים
Ang'lo-Sax'on *n.* אנגלו-סקסי
an·go'ra *n.* אנגורה, צמר אנגורה
an'gry *adj.* כועס, זועם, סוער
angst *n.* חרדה (לעתיד האנושות)
an'guish (-gwish) *n.* ייסורים, חרדה
anguished *adj.* סובל, מתייסר
an'gu·lar *adj.* זוויתי; שעצמותיו בולטות, גרמי; קשה, נוקשה
an'imad'ver'sion (-zhən) *n.* ביקורת
an'imad'vert' *v.* לבקר, להעיר
an'imal *n.* בעל-חיים, חיה
animal *adj.* חייתי, גשמי, בשרי
an'imal'cule' *n.* חיידק
animal husbandry גידול בהמות
an'imalism' *n.* חייתיות, בהמיות
animal spirits מרץ, רעננות
an'imate *adj.* חי, מלא חיים
an'imate' *v.* לעורר, להחיות; להמריץ
animated cartoon סרט מצויר
an'ima'tion *n.* חיות, עירנות; אנימציה, הנפשה
an'imos'ity *n.* טינה, איבה
an'imus *n.* טינה, איבה, עוינות
an'ise (-nis) *n.* כמנון, אכרוע, אניס
an'iseed' זרעי אניס
an'kle *n.* קרסול
an'klet *n.* עכס, אצעדת-קרסול
an'nalist *n.* היסטוריון
an'nals *n-pl.* תולדות, היסטוריה
anneal' *v.* לחשל, לקשח
an'nex' *n.* תוספת; אגף בבניין
annex' *v.* לספח, לחבר
an'nex·a'tion *n.* סיפוח, חיבור
anni'hilate' (-'əl-) *v.* להשמיד
anni'hila'tion (-'əl-) *n.* השמדה

an'niver'sary *n.* יום השנה
an'no Dom'ini' = A.D. לספירת הנוצרים, לספירה
an'notate' *v.* לפרש, להוסיף הערות
an'nota'tion *n.* פירוש
announce' *v.* להודיע, להכריז
announcement *n.* הודעה, מודעה
announcer *n.* קריין
annoy' *v.* להציק, להטריד, להרגיז
annoyance *n.* הטרדה; מְטָרֵד
an'nu·al (-nūəl) *adj.* שנתי
annual *n.* שנתון; חד-שנתי (צמח)
annu'ity *n.* קצבה שנתית, אנונה
annul' *v.* לבטל, לחסל
an'nu·lar *adj.* טבעתי
annulment *n.* ביטול, חיסול
annun'ciate' *v.* להכריז
Annun'cia'tion *n.* חג הבשורה
an'ode *n.* אנוד, אלקטרוד חיובי
an'odyne' *n&adj.* מרגיע, משכך
anoint' *v.* למשוח (בשמן)
anointment *n.* משיחה
anom'alous *adj.* חורג, אנומלי
anom'aly *n.* סטייה, אנומליה, זרות
anon' *adv.* מיד, בקרוב
- ever and anon מדי פעם
anon = anonymous
an'onym'ity *n.* אלמוניות
anon'ymous *adj.* אנונימי, אלמוני
anoph'eles' (-lēz) *n.* אנופלס (יתוש)
an'orak' *n.* מעיל רוח, דובון
an'orec'tic *adj.* אנורקסי
an'orex'ia (ner·vo'sa) *n.* פחד מהשמנה, אנורקסיה, הרעבה עצמית
anoth'er (-nudh-) *adj&pron.* נוסף, אחר, שונה, שני, עוד
- one another זה את זה
an'swer (-sər) *n.* תשובה, פתרון
- in answer to בתשובה ל-
answer *v.* להשיב, לענות ל-, לענות על-; לספק, להלום את, להתאים
- answer a purpose להתאים למטרה
- answer back לענות בחוצפה
- answer for להיות אחראי ל-, לערוב ל-, לשלם בעד
- answer to להתאים ל-, להלום את
answerable *adj.* אחראי, חייב הסבר
answering machine *n.* מזכירה אלקטרונית, משיבון
answerphone *n.* מזכירה

אלקטרונית, משיבון
ant *n.* נמלה
an·tag′onism′ *n.* ניגוד, איבה
an·tag′onist *n.* יריב, מתנגד חריף
an·tag′onis′tic *adj.* מתנגד
an·tag′onize′ *v.* להשניא, להרגיז
ant·arc′tic *adj.* אנטארקטי
Ant′arc′tica *n.* אנטרקטיקה
ant bear דוב הנמלים
an′te (-ti) *n&v.* כסף הימורים (מושלש); להמר; לשלם חלקו
ante (תחילית) לפני
an′tece′dence *n.* עדיפות, בכורה
an′tece′dent *adj.* בא לפני, קוֹדֵם
antecedent *n.* מקרה קודם; שם קודם
- antecedents אבות, ייחוס, מוצא
an′te·cham′ber (-chām-) *n.* פרוזדור, מבוא
an′te·date′ *v.* להקדים תאריך; לקרות לפני, לקדום ל-
an′te·dilu′vian *adj.* לפני המבול
an′telope′ *n.* אנטילופה (צבי)
an′te·na′tal *adj.* לפני הלידה
antenatal clinic מרפאת נשים
an·ten′na *n.* משושה, אנטנה; משוש, מַחוש
an′te·penul′timate *adj.* השלישי מהסוף
an·te′rior *adj.* קודם, בא לפני
an′te·room′ *n.* פרוזדור
an′them *n.* הימנון
an′ther *n.* מאבק (של פרח)
an′thol′ogy *n.* מקראה, אנתולוגיה, קובץ, לקט
an′thracite′ *n.* אנתרציט, פחם-אבן
an′thrax′ *n.* גחלת, אַנתרַקס
an′thropoid′ *adj.* דומה לאדם (קוף)
an′thropol′ogy *n.* אנתרופולוגיה
an′thropomor′phism′ *n.* אינוש
anti- (תחילית) אנטי, נגד-
an′ti-air′craft′ *adj.* נגד מטוסים
an′tibi·ot′ic *n.* אנטיביוטיקה
an′tibod′y *n.* נוגדן
an′tic *n.* תעלול; תנועה מצחיקה
an·tic′ipate′ *v.* לְצַפּוֹת ל-, לחזות; להטרים, להקדים, להזדרז ולהקדים
an·tic′ipa′tion *n.* ציפייה; הטרמה
an·tic′ipato′ry *adj.* מקדים, נעשה מראש, מוטרם
an′ticler′ical *adj.* אנטיקלריקלי
an′ticli′max′ *n.* נפילה (ממצב רציני למצב מגוחך), אנטיקלימקס
anti-clockwise *adj.* נגד מהלך מחוגי השעון
an′tidepres′sant *n.* נגד דיכאון
an′tidote′ *n.* תרופה; נגד רעלי
an′tifreeze′ *n.* נגד הקפאה
an′tigen′ *n.* אנטיגן, מייצר נוגדנים
anti-hero *n.* אנטי-גיבור
an′tilock′ *adj.* (בלימה) ללא נעילה
an′tilog′arithm′ (-ridh′əm) *n.* אנטילוגאריתם (במתמטיקה)
an′timacas′sar *n.* מפית (נגד זיעה)
an′timat′ter אנטי חומר
anti-nuke נגד שימוש גרעיני
an·tip′athet′ic *adj.* שונא, סולד
an·tip′athy *n.* אנטיפתיה, סלידה
an′tiper′sonnel′ *adj.* (פצצה) נגד אנשים
an′tiper′spirant *adj.* נגד הזעה
an·tip′odes′ (-dēz) *n-pl.* אנטיפודים, שתי נקודות נגדיות על כדור הארץ, אוסטרליה וניו-זילנד
an′tiqua′rian *adj.* של עתיקות
an′tiquar′y (-kweri) *n.* עוסק בעתיקות
an′tiqua′ted *adj.* מיושן
an·tique′ (-tēk) *n&adj.* (חפץ) עתיק
an·tiq′uity *n.* ימי-קדם, קדמונות
- antiquities שרידים, עתיקות
an′tirrhi′num (-rī-) *n.* לוע-הארי
an′ti-Sem′ite *n.* אנטישמי
an′ti-Semit′ic *adj.* אנטישמי
an′ti-Sem′itism′ *n.* אנטישמיות
an′tisep′tic *n.* מונע זיהום, מְחַטֵא
an′tiso′cial *adj.* לא חברותי
an·tith′esis *n.* ניגוד, אנטיתיזה
an′tithet′ic *adj.* מנוגד
an′titox′in *n.* רעלן נגדי
an′titrust′ *n.* הגבלים עסקיים
antitrust commissioner ממונה על הגבלים עסקיים
an′tivi′rus *n.* אנטי-וירוס
ant′ler *n.* קרן-הצבי
an′tonym′ *n.* אנטונים, מילה נגדית
a′nus *n.* פי-הטבעת
an′vil (-vəl) *n.* סדן
anx·i′ety (angzī-) *n.* חרדה, דאגה; תשוקה, רצון עז
anx′ious (angk′shəs) *adj.* חרד, דואג; מדאיג; משתוקק

any (en′i) *adj&pron&adv.* איזשהו, כל, שום, מישהו; במידה כלשהי, בכלל
- at any rate בכל אופן
- if any אם בכלל
- in any case בכל מיקרה
- not any more כבר לא
anybody *pron.* מישהו; כל אדם
- anybody's guess *דבר לא ודאי
anyhow *adv.* איכשהו, בדרך כלשהי; בכל זאת, בכל אופן
anyone *pron.* מישהו; כל אחד
anyplace *adv.* בכל מקום שהוא
anything *n.* משהו; שום דבר, כל דבר
- anything but כלל לא
- as anything *"כמו כלום", מאוד
- if anything אם כבר, אם בכלל
- like anything *מאוד, מהר, חזק
anyway *adv.* בכל אופן, בכל זאת
anywhere *adv.* בכל מקום שהוא, איפשהו
a·or′ta *n.* אב העורקים, אבעורק
apace′ *adv.* במהירות
ap′anage *n.* צירוף טיבעי, לוואי טיבעי; נכסים, רכוש
apart′ *adv.* במרחק, בנפרד, לחוד, הצידה; במרחק-מה; לחתיכות
- apart from חוץ מ-; מלבד
- joking apart צחוק בצד
- keep apart from להתרחק מ-
- know them apart להבחין ביניהם
- set apart לייחד, להבדיל, להפריש
- take apart לפרק לחלקים
- tell apart להבחין
- worlds apart עולמות שונים
apart′heid (-′hāt) *n.* אפרטהייד
apart′ment *n.* חדר; דירה
- apartments מערכת חדרים
apartment house בית דירות
ap′athet′ic *adj.* אדיש, אפאתי
ap′athy *n.* אדישות, אפאתיה
ape *n.* קוף, קוף-אדם; חקיין
ape *v.* לחקות
ape′rient *n.* משלשל, סם שילשול
aper′itif′ (äper′itēf′) *n.* משקה מְתָאֲבֵן, אפריטיף
ap′erture *n.* פתח, חור
a′pex′ *n.* שיא, פיסגה, קודקוד
apha′sia (-zhə) *n.* אפזיה, שיכחת הלשון
a′phid, a′phis *n.* כנימה (חרק קטן)
aph′orism′ *n.* מימרה, פיתגם
aph′rodis′iac′ (-z-) *n.* סם מעורר תאווה, אפרודיזיאק
a′piarist *n.* כוורן, בעל מיכוורת
a′piar′y (-eri) *n.* כוורת, מיכוורת
a′picul′ture *n.* כוורנות
apiece′ (-pēs) *adv.* כל/לכל אחד
ap′ish (āp′-) *adj.* קופי, מחקה
aplomb′ (-lom) *n.* ביטחון עצמי
ap′nea (-nēə) *n.* דום נשימה
apnoea (-nē′ə) *n.* דום נשימה
apoc′alypse′ *n.* אפוקליפסה, חזון אחרית-הימים
apoc′alyp′tic *adj.* אפוקליפטי
Apoc′rypha *n-pl.* הספרים החיצוניים, אפוקריפים
apoc′ryphal *adj.* מפוקפק, מזוייף
ap′odic′tic *adj.* בדוק, בר הוכחה
ap′ogee′ *n.* אפוג'י (הנקודה הרחוקה ביותר במסלול הירח)
a′polit′ical *adj.* לא פוליטי
apol′oget′ic *adj.* מתנצל, מצטדק
apologetics *n.* אפולוגטיקה, סניגוריה
ap′olo′gia *n.* אפולוגיה, סניגוריה, הגנה על דיעות
apol′ogist *n.* סניגור, דוגל ב-
apol′ogize′ *v.* להתנצל
apol′ogy *n.* התנצלות; סניגוריה, לימוד זכות, הסבר; *תחליף זול
ap′oplec′tic *adj.* של שבץ, *סמוק-פנים, מתלקח
ap′oplex′y *n.* שיתוק פתאומי, שבץ
apos′tasy *n.* כפירה, בגידה
apos′tate *n&adj.* מומר, בוגד
a pos′te·rio′ri (ā-) בדיעבד, אפוסטריורי
apos′tle (-səl) *n.* מנהיג, מבשר; אפוסטול, שליח ישו
ap′ostol′ic *adj.* של האפיפיור
apos′trophe′ (-trəfē) *n.* גרש, (′); קריאה מליצית ("האזינו השמים!")
apos′trophize′ *v.* לקרוא, לפנות אל
apoth′ecar′y (-keri) *n.* רוקח
ap′othegm′ (-them) *n.* פיתגם
ap′othe′osis *n.* האלהה, אפותיאוזה; מופת, אידיאל
appall′ (-pôl) *v.* להפחיד, להחריד
appalling *adj.* מפחיד, מזעזע
appanage = apanage
ap′parat′us *n.* כלי, מיתקן; מערכת; מנגנון

appar′el *n.* לבוש, תילבושת
apparel *v.* ללבוש, להתלבש
appar′ent *adj.* ברור, גלוי; מדומה, שלכאורה, שכביכול
apparently *adv.* אין ספק ש-, ברור ש-; נראה ש-, לכאורה, למראית עין
ap′pari′tion (-ri-) *n.* הופעה (של רוח, שד); רוח רפאים
appeal′ *v.* לבקש, להתחנן, לפנות אל; למשוך, לרתק, לעניין; לערער
- appeal to force להשתמש בכוח
appeal *n.* פנייה, בקשה, תחנונים; עניין, משיכה; עירעור, ערר
appealing *adj.* מתחנן; מושך, מעניין, מרתק
appear′ *v.* להופיע; להיראות
- it appears that נראה ש-
appearance *n.* הופעה, מַרְאֶה, רושם
- in appearance לפי מראהו, כלפי חוץ
- keep up appearances להיראות כעשיר, לנהוג בשיגרתיות, להסתיר האמת, לעשות רושם
- make an appearance להופיע
- to all appearances ככל הנראה
appease′ (-z) *v.* לשכך, לפייס
appeasement *n.* פיוס, הרגעה
appel′lant *adj&n.* מערער
appel′late *adj.* של עירעורים
ap′pella′tion *n.* כינוי, תואר
append′ *v.* להוסיף, לצרף
append′age *n.* תוספת; נספח
ap′pendec′tomy *n.* ניתוח התוספתן
appen′dici′tis *n.* דלקת התוספתן
appen′dix *n.* נספח; תוספתן
ap′pertain′ *v.* להיות קשור ל-, להשתייך
ap′petite′ *n.* תיאבון, חשק
ap′peti′zer *n.* מגרה תיאבון, מְתַאֲבֵן
ap′peti′zing *adj.* מעורר תיאבון
applaud′ *v.* למחוא כף; להריע; לשבח
applause′ (-z) *n.* תשואות; שבחים
ap′ple *n.* תפוח, תפוח-עץ
- apple of discord סלע המחלוקת
- the apple of my eye אישון עיני
- upset his apple cart לסכל את תוכניותיו
apple-jack *n.* שיכר-תפוחים
apple-pie *n.* פשטידת-תפוחים
apple-pie order סדר מופתי
applesauce *n.* רסק תפוחים; *שטויות
appli′ance *n.* מכשיר, כלי, מיתקן
ap′plicable *adj.* מתאים, הולם, ישים
ap′plicant *n.* פונה, מועמד
ap′plica′tion *n.* פנייה, בקשה; התאמה, יישום, החלה, שימוש; הנחה; רטייה; תרופה; ריכוז, שקדנות, התמדה
application form טופס בקשה
applied′ (-plīd′) *adj.* שימושי, מעשי
ap′plique′ (-kā′) *n.* אפליקציה, קישוט-בד
apply′ *v.* לפנות, לבקש; להתייחס; ליישם, להחיל, להפעיל; לשים על-
- apply one's mind לרכז מחשבתו
- apply oneself to להתרכז ב-
appoint′ *v.* לקבוע, לייעד; לְמַנוֹת, לבחור, להרכיב
- well appointed מצוייד, מרוהט היטב
appointee′ מינוי, שמינו אותו
appointment *n.* קביעה; ראיון, פגישה; מישרה; מינוי
- appointments ריהוט, קבועות
appor′tion *v.* לחלק, להקצות
ap′posite (-zit) *adj.* הולם, קולע
ap′posi′tion (-zi-) *n.* תמורה, אפוזיציה
apprais′al (-z-) *n.* הערכה, אומדן
appraise′ (-z) *v.* להעריך, לאמוד
appre′ciable (-′shəb-) *adj.* נִיכָּר
appre′ciate′ (-′sh-) *v.* להעריך, להוקיר; לעלות בערכו; להתייקר
appre′cia′tion (-′shi-) *n.* הערכה; התייקרות
appre′ciative (-′shət-) *adj.* מעריך
ap′pre•hend′ *v.* לעצור, לתפוס; להבין; לחשוש
ap′pre•hen′sion *n.* מעצר, עצירה; תפיסה, הבנה; חשש, דאגה
ap′pre•hen′sive *adj.* דואג, חושש
appren′tice (-tis) *n.* חניך, שוליה
apprentice *v.* לעשות לשולייה
apprenticeship *n.* חֲנִיכוּת
apprise′ (-z) *v.* להודיע
ap′pro, on appro = on approval
approach′ *n.* התקרבות, גישה, דרך
- easy of approach נוח לגישה, נגיש

- make approaches to לחזור אחרי
approach *v.* להתקרב, לגשת; לִפנוֹת
approachable *adj.* נגיש
ap'proba'tion *n.* אישור, הסכמה
appro'priate *adj.* מתאים, הולם
appro'priate' *v.* להקצות, להקציב; לגנוב, ליטול בלי רשות
appro'pria'tion *n.* הקצבה
approv'al (-rōōv-) *n.* אישור; דיעה חיובית
- on approval על תנאי, לבדיקה
approve' (-rōōv) *v.* להסכים, לאשר
- approve of לחייב, להתייחס באהדה
approved school מוסד לעבריינים
approvingly *adv.* באהדה, בחיוב
approx'imate *adj.* קרוב, כמעט, משוער
approx'imate' *v.* להתקרב
approx'ima'tion *n.* התקרבות, הערכה
appur'tenance *n.* אביזר; זכות צמודה לבעלות על נכס
ap'ricot' *n.* מישמש; עץ המישמש
A'pril *n.* אפריל
April Fool קורבן 1 באפריל
a prio'ri (ā-) שמלכתחילה, אפריורי
a'pron *n.* סינר, סינור; קדמת-הבימה; מישטח-מטוסים
- tied to mother's apron-strings כרוך אחרי סינר אימו
ap'ropos' (-pō') *adv.* הולם, לעניין, קולע למטרה; אגב, א-פרופו
apropos of *prep.* בנוגע ל-, באשר
apse *n.* גומחה מקומרת (במיזרח הכנסייה), אכסדרה מקושתת
apt *adj.* מהיר-תפיסה; קולע, מתאים
- apt to נוטה ל-, עלול ל-
ap'titude' *n.* כישרון, כושר
aq'ualung' *n.* אקוואלונג, מיתקן נשימה, מכל צלילה
aq'uamarine' (-rēn) *n.* תרשיש (אבן טובה); ירוק-כחלחל
aq'uaplane' *n&v.* קרש-החלקה, מיגלש סקי-מים; להחליק במיגלש-מים
aqua'rium *n.* אקווריום
Aqua'rius *n.* מזל דלי
aquat'ic *adj.* מימי, של מים
aq'ueduct' *n.* מוביל-מים, תעלה, אובל
aq'ue·ous *adj.* מימי, של מים
aq'uiline' *adj.* נישרי, של נשר
Ar'ab *n.* ערבי
ar'abesque' (-besk') *n.* ערבסקה
Ara'bian *adj.* ערבי
Ar'abic *adj&n.* ערבי; ערבית
ar'able *adj.* ראוי לעיבוד, בר-חרישה
arach'nid (-k-) *n.* משפחת העכבישים
ar'biter *n.* בורר, פוסק, מתווך, שליט
ar'bitrable *adj.* ניתן לבוררות
ar·bit'rament *n.* בוררות, החלטה
ar'bitrar'y (-reri) *adj.* שרירותי
ar'bitrate' *v.* לשמש כבורר, לתווך; למסור לבוררות
ar'bitra'tion *n.* בוררות, תיווך
ar'bitra'tor *n.* בורר, מתווך
ar'bor *n.* מקום מוצל, סוכה
ar·bo're·al *adj.* של עצים, עצי
ar'bore'tum *n.* גן בוטני, משתלת עצים
arc *n.* קשת, קשת המעגל
ar·cade' *n.* מיקמרת, מעבר מקומר, מיקשת
Ar·ca'dian *adj.* פשוט, כפרי, ארקדי
ar·cane' *adj.* סודי, מיסתורי
ar·ca'num *n.* סוד; תרופת פלא
arch *n.* קשת, קימור, שער מקומר, קימרון
arch *v.* לקשת, לקמר; להתקמר
arch *adj.* ערמומי, שובבי; ראשי
arch- (תחילית) ראשי, רב-
ar'chae·olog'ical (-ki-) *adj.* ארכיאולוגי
ar'chae·ol'ogist (-ki-) *n.* ארכיאולוג
ar'chae·ol'ogy (-ki-) *n.* ארכיאולוגיה
ar·cha'ic (-k-) *adj.* עתיק, ארכאי
ar'cha·ism' (-k-) *n.* ארכאיזם
arch'an'gel (-kān-) *n.* מלאך ראשי
arch·bish'op *n.* ארכיבישוף
arch·dea'con *n.* סגן בישוף
arch·en'emy *n.* אויב ראשי; השטן
ar'che·ol'ogy (-k-) *n.* ארכיאולוגיה
arch'er *n.* קַשָּׁת, תופס קשת
arch'ery *n.* קַשָּׁתוּת
ar'che·ty'pal (-k-) *adj.* אבטיפוסי

ar′che•type′ (-k-) *n.* אבטיפוס
ar′chipel′ago′ (-k-) *n.* ארכיפלג, קבוצת איים קטנים
ar′chitect′ (-k-) *n.* אדריכל
ar′chitec′tural (-kitek′ch-) *adj.* אדריכלי, ארכיטקטי
ar′chitec′ture (-k-) *n.* אדריכלות
ar′chives (-kīvz) *n-pl.* גנזך
ar′chivist (-k-) *n.* ארכיבר
arch′way′ *n.* מעבר מקומר
arc lamp קשת-וולטה, קשת-פחם
arc′tic *adj.* ארקטי, של הקוטב הצפוני
ar′dent *adj.* נלהב, מלא התלהבות
ar′dor *n.* להט, התלהבות
ar′duous (-′jōōəs) *adj.* קשה, מפרך
are (är) *n.* אר, 100 מ"ר
are, you are (är) אתה, אתם, הינך
ar′e•a (ār′iə) *n.* שטח; איזור
area code *n.* איזור חיוג, קידומת
are′na *n.* זירה
aren't = are not, am not (ärnt)
ar′gent *n&adj.* כסף; כסוף
Ar′genti′na (-tē′-) *n.* ארגנטינה
Ar′gentin′e•an *adj.* ארגנטיני
ar′gon′ *n.* ארגון (יסוד כימי)
ar′got *n.* ארגו, שפת הגנבים
ar′gu•able (-gū-) *adj.* בר-ויכוח
ar′gue (-gū) *v.* להתווכח; לטעון; לנמק; להוכיח
- argue him into להשפיע על, לשדל
- argue him out of לשכנעו לבל, להניאו מ-
ar′gu•ment *n.* ויכוח; טיעון; נימוק, טעם; תקציר; ארגומנט
ar′gu•men•ta′tion *n.* הנמקה
ar′gu•men′tative *adj.* פולמוסי
ar′gy-bar′gy *n.* ויכוח, מהומה, התנצחות*
a′ria (ä-) *n.* אַרְיָה (שיר)
ar′id *adj.* יבש, צחיח
arid′ity *n.* יובש, צחיחות
Aries (ār′ēz) *n.* מזל טלה
aright′ *adv.* כיאות, כראוי
arise′ (-z) *v.* להתהוות; להתעורר
- arise from לנבוע מ-
ar′istoc′racy *n.* אריסטוקרטיה
aris′tocrat′ *n.* אריסטוקרט
aris′tocrat′ic *adj.* אריסטוקרטי
arith′metic′ *n.* חשבון, אריתמטיקה
ar′ithmet′ical *adj.* חשבוני
arithmetical progression טור חשבוני
arith′meti′cian (-tish′ən) *n.* מומחה בחשבון
ark *n.* תיבה, תיבת-נוח
Ark of the Covenant ארון-הברית
arm *n.* זרוע, יד; שרוול; ענף
- air arm זרוע אווירית, חיל אוויר
- an arm and a leg סכום הגון*
- arm in arm שלובי זרוע
- as long as your arm ארוך ביותר*
- baby in arms תינוק בחיתוליו
- keep at arm's length להתרחק מ-
- with open arms בזרועות פתוחות
arm *v.* לחמש, לצייד; להצטייד
ar•ma′da (-mä-) *n.* צי, ארמדה
ar′madil′lo *n.* ארמדיל
ar′mament *n.* חימוש
- armaments ציוד, כוחות צבא
ar′mature *n.* עוגן (של מנוע חשמלי)
armband *n.* סרט-שרוול
armchair *n.* כורסה
- armchair critic מבקר-כורסה, מתרווח על כורסתו ומותח ביקורת
armed *adj.* מזוין, מצוייד
armed forces הכוחות המזויינים
armed services השירותים המזויינים
Ar•me′nia *n.* ארמניה
arm′ful′ (-fool) *n.* מלוא הזרוע
arm-hole *n.* חור השרוול (בבגד)
ar′mistice (-tis) *n.* שביתת נשק
arm′let *n.* צמיד, סרט שרוול
ar•moire′ (-mwär′) *n.* ארון
ar′mor *n.* שיריון; חיל שיריון
armored *adj.* משוריין
armored car *n.* שיריונית
ar′morer *n.* נַשָּׁק, יצרן נשק
ar•mo′rial *adj.* של מגן
armor plate שיריון
armor-plated *adj.* משוריין
ar′mory *n.* נשקייה; מחסן נשק
arm′pit′ *n.* בית השחי
armrest *n.* משענת זרוע, משענת יד
arms *n-pl.* נשק, כלי-מלחמה
- bear arms לשאת נשק, לשרת בצבא
- lay down one's arms להניח את נישקו
- take up arms להתכונן לקרב
- under arms מזוין, נכון לקרב
- up in arms מתקומם
arms race מירוץ החימוש
arm twisting לחץ פיסי/מוסרי

arm wrestling הורדת ידיים
ar'my *n.* צבא; מחנה, ארמיה
army corps גַיִס (צבאי)
aro'ma *n.* ריח נעים; ארומה
ar'omat'ic *adj.* ריחני, ניחוחי
arose' = pt of arise (-z)
around' *adv.* סביב, מסביב; בסביבות
- be around להסתובב, להיות בסביבה
- has been around סייר בעולם
- turn around לפנות לאחור
- up and around קם, מסתובב
around *prep.* מסביב ל-, קרוב ל-
- go/get around לעקוף, להערים על
arouse' (-z) *v.* לעורר, להעיר
ar'rack *n.* ערק, ארק, יי"ש
arraign' (ərān') *v.* להעמיד לדין, להאשים
arraignment *n.* האשמה
arrange' (ərānj') *v.* לסדר; לתכנן; ליישב, להסדיר; לעשות תסדיר, לעבד
arrangement *n.* סידור; הסדר; תסדיר, עיבוד מוסיקלי
ar'rant *adj.* מובהק, גמור
ar'ras *n.* שטיח-קיר
array' *v.* לערוך, להציב במערך; להלביש
array *n.* תצוגה; כוח, מערך; בגדים
arrears' *n-pl.* פיגורים
arrest' *v.* לעצור, לעכב; לרתק
arrest *n.* מעצר, מאסר
- cardiac arrest דום לב
- under arrest במעצר
arrester hook אונקל-בלימה
arresting *adj.* מעניין, מרתק
arrest of judgement עיכוב הליכים
arri'val *n.* הגעה, כניסה, הופעה
- new arrival בא, אורח; *נולד, תינוק
arrive' *v.* להגיע, לבוא; להיוולד; להצליח, להגיע למשהו
- arrive at להגיע ל-
ar'rogance *n.* יהירות
ar'rogant *adj.* יהיר; מתנשא
ar'rogate' *v.* לתבוע, ליטול (שלא כדין); לייחס (שלא בצדק)
ar'roga'tion *n.* תביעה (שלא כדין)
ar'row (-ō) *n.* חץ
arrowhead *n.* ראש חץ
arse *n.* *ישבן, תחת
arsehole *n.* *פי הטבעת; אידיוט
ar'senal *n.* מחסן-נשק
ar'senic *n.* זרניך, ארסן
ar'son *n.* הצתה בזדון
art *n.* אמנות
- arts מדעי הרוח
- the fine arts האמנויות היפות
art, thou art = you are אתה, הינך
ar•te'rial *adj.* עורקי, של עורק
ar•te'rio•sclero'sis *n.* טרשת
ar'tery *n.* עורק; כביש עורקי
ar•te'sian well (-zhən) באר ארטזית
art'ful *adj.* פיקחי; ערמומי
ar•thri'tis *n.* דלקת המיפרקים
ar'tichoke' *n.* קינרס, חרשף, ארטישוק
ar'ticle *n.* פריט, חפץ; מאמר, סעיף
- articles חוזה, חוזה חֲנִיכוּת
- definite article = the
- indefinite article = a, an
- leading article מאמר ראשי
article *v.* לקשור ע"י חוזה
articled clerk מתמחה, סטאז'ר
ar•tic'u•late *adj.* מחותך, ברור; מתבטא בבהירות; מחובר במיפרקים
ar•tic'u•late' *v.* לדבר ברורות, לבטא בבהירות; לחבר במיפרקים
ar•tic'u•la'tion *n.* חיתוך הדיבור, הבעה, הגייה, ביטוי; מיפרק
ar'tifact' *n.* כלי קדום; חפץ שימושי, מכשיר, מוצר מלאכותי
ar'tifice (-fis) *n.* תחבולה, מומחיות
ar•tif'icer *n.* מומחה, אומן, מכונאי
ar'tifi'cial (-fi-) *adj.* מלאכותי
artificial insemination הזרעה מלאכותית
artificial intelligence בינה מלאכותית
artificial respiration הנשמה מלאכותית
ar•til'lery *n.* ארטילריה, חיל תותחנים, תותחנות
ar'tisan (-z-) *n.* אוּמָן, פועל מיומן
art'ist *n.* אמן, צייר; שחקן, ארטיסט
ar•tiste' (-tēst) *n.* אמן, שחקן
ar•tis'tic *adj.* אמנותי, שחקני
ar'tistry *n.* כישרון אמנותי
artless *adj.* טבעי, פשוט, תמים
artwork *n.* איורים
art'y *adj.* שוחר אמנות כביכול

ar′um *n.* לוף (צמח בר)
Ar′yan (ā-) *adj.* ארי, הודו-אירופי
as (az, əz) *adv&conj.* כ-, כמו, כפי ש-; כש-; מכיוון ש-; אף-על-פי-ש-; באותה מידה
- as against לעומת, בהשוואה ל-
- as for, as to באשר ל-
- as from החל מ-, מתאריך-
- as good as dead חשוב כמת
- as good as one's word מקיים הבטחתו
- as if, as though כאילו, כמו
- as is *כמות שהוא, כפי שהוא
- as it is במציאות, למעשה
- as it were כביכול, כאילו
- as long as כל עוד, כל זמן ש-, בתנאי ש-, מכיוון ש-
- as much כך, בדומה לכך
- as of החל מ-, מתאריך-; עד
- as opposed to בניגוד ל-
- as regards באשר ל-, לפי, בהתאם
- as soon as מיד כש-, אך
- as soon as possible בהקדם האפשרי
- as to בנוגע, לגבי; לפי, בהתאם ל-
- as well גם כן
- as well as וגם, וכמו כן
- as yet עד עתה, עד כה
- as... as... כמו, כפי
- so as to כדי ל-, באופן ש-
- such as כגון
a.s.a.p. *adv.* בהקדם האפשרי
as·bes′tos *n.* אזבסט
ascend′ *v.* לטפס, לעלות על; להתרומם
ascend′ancy *n.* שליטה, עליונות
ascend′ant *adj.* מתרומם, עולה
- in the ascendant עולה, שולט
ascend′ency *n.* שליטה, עליונות
ascend′ent *adj.* מתרומם, עולה
ascen′sion *n.* עלייה, התרוממות
ascent′ *n.* טיפוס; התרוממות; מַעֲלֶה
as′certain′ *v.* לוודא, לאמת, לברר
ascertainable *adj.* שאפשר לוודאו
ascet′ic *adj&n.* פרוש, סגפן
ascet′icism′ *n.* סגפנות
ASCII אסקי (תווי מחשב)
ascor′bic acid ויטמין סי
ascribe′ *v.* לייחס ל-, לתלות ב-
ascrip′tion *n.* ייחוס, שיוך
a·sep′sis *n.* חוסר-אלח, ניקיון
a·sep′tic *adj.* נקי, לא מזוהם
a·sex′ual (-kshōōəl) *adj.* חסר-מין
a·sex′ual′ity (-kshōōal-) *n.* אי-מיניות
ash *n.* אפר, רמץ; מֵילָה (עץ)
- ashes אפר, אפר הגוף
ashamed′ (əshāmd′) *adj.* מתבייש, נכלם
ash-bin, ash-can *n.* פח אשפה
ash′en *adj.* חיוור, אפור
ashore′ *adv.* לחוף, על החוף
ash-tray *n.* מאפרה
Ash Wednesday יום א' של לנט
ash′y *adj.* אפור, אפרורי, חיוור
Asia (ā′zhə) *n.* אסיה
A′sian (-shən) *adj.* אסייתי
aside′ *adv.* הצידה, בצד, לצד
- aside from חוץ מ-, מלבד
- joking aside צחוק בצד
- lay/put aside להניח, לשים בצד
- set aside לבטל; להפריש, להקצות
aside *n.* הערה צדדית (של שחקן)
as′inine′ *adj.* חמורי; *טיפשי
ask *v.* לשאול, לבקש, לדרוש
- ask after לשאול לשלומו, להתעניין ב-
- ask for it להזמין לעצמו צרות
- ask her out להזמינה לצאת עימו
- ask him in להזמינו להיכנס
- ask over/round להזמין לביקור
- for the asking רק תבקש, לכל דורש
askance′ *adv.* בחוסר אמון
askew′ (-kū) *adv.* באלכסון, בנטייה
asking price המחיר הנדרש
asleep′ *adj.* ישן, נרדם
- fall asleep להירדם
asp *n.* אפעה (נחש)
aspar′agus *n.* אספרגוס
as′pect′ *n.* מַרְאֶה, הופעה, חזות; כיוון, צד; נקודת-ראות, פן, זווית, אספקט, היבט, בחינה
as′pen *n.* צפצפה (עץ)
asper′ity *n.* גסות, קשיחות; קושי
- asperities מלים קשות; תנאים קשים
asperse′ *v.* להשמיץ, להלעיז
asper′sion (-zhən) *n.* דיבה, השמצה
- cast aspersion on להטיל דופי ב-
as′phalt (-fôlt) *n&v.* אספלט, חימר, כופר; לכסות באספלט
as′phodel′ *n.* עירית (צמח, פרח)

as•phyx′ia *n.* חנק, מחנק
as•phyx′iate′ *v.* לחנוק; להיחנק
as•phyx′ia′tion *n.* חנק, מחנק
as′pic *n.* קריש, מיקפא
as′pirant *n.* שאפתן
as′pirate′ *v.* לבטא הא בנשיפה
as′pira′tion *n.* שאיפה
aspire′ *v.* לשאוף
as′pirin *n.* אספירין
ass *n.* חמור; טיפש; *ישבן
- make an ass of oneself "להתנהג כמו חמור"
assail′ *v.* להסתער, להתקיף
assailant *n.* מתקיף, מתנפל
assas′sin *n.* רוצח, מתנקש
assas′sinate′ *v.* לרצוח, להתנקש
assas′sina′tion *n.* התנקשות, רצח
assault′ *n.* התקפה, התנפלות
assault *v.* להתנפל, להתקיף
assault and battery תקיפת אדם
assault course מסלול מכשולים
assay′ *n.* בחינה (של מתכת)
assay *v.* לבדוק, לבחון; לנסות
assem′blage *n.* איסוף, אוסף; הרכבה
assem′ble *v.* לאסוף; להתאסף; להרכיב
assemb′ler *n.* אוסף, מרכיב, מסדר, אסמבלר (שפת מחשב)
assem′bly *n.* ציבור, אסיפה; הרכבה, בנייה; בית-מחוקקים
assembly line שיטת הסרט הנע
assemblyman *n.* חבר בית המחוקקים
assembly room אולם מסיבות
assent′ *n.* הסכמה, אישור
- by common assent בהסכמה כללית
- with one assent פה אחד
assent *v.* להסכים
assert′ *v.* לטעון, להצהיר, להביע; להגן על, לעמוד על
- assert oneself להפגין סמכותיות; לדחוק עצמו, להתבלט
asser′tion *n.* טענה, עמידה בתוקף
asser′tive *adj.* תקיף, דעתן
assertiveness *n.* תקיפות, דעתנות
assess′ *v.* להעריך, לאמוד
assessment *n.* הערכה, שומה
assessor *n.* שמאי, מעריך, יועץ
as′set′ *n.* נכס, רכוש
assev′erate′ *v.* לטעון בתוקף, להצהיר
as′sidu′ity *n.* שקדנות, התמדה
assid′uous (-j′o͞oəs) *adj.* שקדן
assign′ (əsīn′) *v.* להקצות; למנות, לקבוע; לתת; להעביר (רכוש), להמחות; לייחס
assignable *adj.* שניתן לייחסו ל-
as′signa′tion *n.* פגישה
assignment *n.* הקצאה; משימה, תפקיד; המחאה
assim′ilate′ *v.* להטמיע; להיטמע, להתבולל; לספוג, לעכל; להתעכל
- assimilate to להשוות ל-, להתאים
assim′ila′tion *n.* טמיעה, התמזגות
assist′ *v.* לעזור, לסייע ל-
assis′tance *n.* עזרה, סיוע, עזר
assis′tant *n.* עוזר, אסיסטנט, סַיָּע
assize′ *n.* ישיבת בית-דין
asso′ciate *n.* שותף, חבר
asso′ciate′ *v.* לקשר, לאחד; להתאחד; להתחבר, להתרועע
- associate oneself with להצטרף ל-, להיות שותף ל-
asso′cia′tion *n.* איגוד; התחברות; קשרים; אסוציאציה, זיכרה, הֶחבֵּר
association football כדורגל
as′sonance *n.* חרוז-תנועה
assort′ *v.* לסווג, למיין
assorted *adj.* מְגוּוָן, מעורב
- ill-assorted לא מתאימים
- well-assorted הולמים זה את זה
assort′ment *n.* מיגוון, מיבחר
assuage′ (əswāj′) *v.* להרגיע, לשכך
assume′ *v.* להניח, לקבוע הנחה; ליטול, לקחת, לתפוס; ללבוש ארשת-
- assume office להיכנס לתפקיד
- assuming (that) אם נניח ש-
assuming *adj.* מתייהר
assump′tion *n.* הנחה, השערה; נטילה, תפיסה; ארשת, הופעה מטעה
assur′ance (əshoor-) *n.* הבטחה; אמונה; ביטחון עצמי; ביטוח
- make assurance doubly sure להסיר כל ספק
assure′ (əshoor′) *v.* להבטיח; לבטח
assured *adj.* ודאי; בטוח בעצמו
assuredly *adv.* בלי ספק, בביטחה
as′ter *n.* אֲסתֵּר (צמח, פרח)
as′terisk′ *n.* כוכבית, כוכבון, (*)
astern′ *adv.* לאחורי האונייה; מאחור

as′teroid′ *n.* אסטרואיד, בן-כוכב
asthma (az′mə) *n.* קצרת, אסתמה
asthmat′ic (azm-) *adj.* אסתמטי
astig′matism′ *n.* אסטיגמאטיות (ליקוי ראייה)
astir′ *adj.* נרגש, רוגש; ער
aston′ish *v.* להדהים
astonishment *n.* תדהמה
astound′ *v.* להדהים
as′tral *adj.* כוכבי, של הכוכבים
astray′ *adv.* שלא בדרך הנכונה
- be led astray להתדרדר, להתקלקל
astride′ *adv&prep.* ברגליים מפושקות, כשרגליו משני צידי-
astrin′gency *n.* חומרה, קפדנות
astrin′gent *n.* מְכַוֵּץ, עוצר דימום
astringent *adj.* מחמיר, חמור, קפדן
as′trogate′ *v.* לנסוע בחלל
astrol′oger *n.* איצטגנין, אסטרולוג
astrol′ogy *n.* אסטרולוגיה
as′tronaut′ *n.* אסטרונאוט,
astron′omer *n.* אסטרונום, תּוֹכֵן
as′tronom′ical *adj.* אסטרונומי
astron′omy *n.* אסטרונומיה
as′tro·phys′ics (-z-) *n.* אסטרופיסיקה
astute′ *adj.* פיקח, חריף
asun′der *adv.* לחלקים, לחתיכות, בנפרד, הרחק זה מזה
- drive/force asunder להפריד
asy′lum *n.* מיקלט, מחסה; בי״ח לחולי רוח
a′symmet′ric *adj.* חסר-סימטריה
a·sym′metry *n.* חוסר-סימטריה
at *prep.* ב-, על, מ-, ליד, אצל; בשעה; לקראת, כלפי; במחיר, תמורת; בכיוון
- at 20 בגיל 20
- at a stroke ״במכה אחת״
- at a word למישמע מלה אחת
- at all בכלל
- at best לכל היותר
- at first בתחילה, בהתחלה
- at home מסיבה ביתית
- at last סוף סוף
- at least לפחות
- at once מיד
- at times לפעמים
- be at it לעסוק בכך
at′avism′ *n.* אטביזם, תורשתיות, סבל-הירושה
at′avis′tic *adj.* אטביסטי, תורשתי

atax′ia *n.* אי שליטה בשרירים
ate = pt of eat
at′elier′ (-lyā′) *n.* סטודיו, אולפן
a′the·ism′ *n.* אתיאיזם, כפירה
a′the·ist *n.* אתיאיסט, כּוֹפֵר
a′the·is′tic *adj.* אתיאיסטי
Ath′ens (-z) *n.* אתונה
ath′lete *n.* אתלט
athlete's foot פטרת הרגליים
ath·let′ic *adj.* אתלטי
ath·let′ics *n.* אתלטיקה
at′las אטלס, מפון
at′mosphere′ *n.* אטמוספירה; אווירה
at′mospher′ic *adj.* אטמוספירי
at′oll (-tôl) *n.* אטול, אי טבעתי
at′om *n.* אטום; שמץ
atom′ic *adj.* אטומי, של אטום, גרעיני
atomic bomb פיצצת אטום
atomic pile כור גרעיני
at′omize′ *v.* לרסס; להפריד לאטומים
atomizer *n.* מרסס
a·to′nal *adj.* (במוסיקה) אטונלי
atone′ *v.* לכפר, לפייס
atonement *n.* כיפור
- Day of Atonement יום כיפור
atop′ *prep.* על, מעל ל-
at′rabil′ious *adj.* מר-נפש, מלנכולי
atro′cious (-shəs) *adj.* אכזרי; רע
atroc′ity *n.* אכזריות; זוועה
at′rophy *n.* התנוונות, דילדול
atrophy *v.* לנוון; להתנוון
attach′ *interj.* לחבר, להדק; לספח; להוסיף; לעקל; להתחבר
- attach importance לייחס חשיבות
- attached to אוהב, קשור; מצורף, מסופח
- no guilt attaches to you אינך אשם
at′tache′ (-təshā′) *n.* ניספח (צבאי)
attache case תיק ג׳יימס בונד
attachment *n.* סיפוח; אביזר, קביע; חיבה, משיכה; עיקול
attack′ *v.* להתקיף, לתקוף
attack *n.* התקפה, התקף; פתיחה, גישה
attain′ *v.* להגיע ל-, להגשים, להשיג
attainable *adj.* ניתן להשיגו
attain′der *n.* הפקעת נכסים וזכויות
attainment *n.* הגשמה; כישרון

attaint′ *v.* לשלול זכויות
at′tar *n.* שמן פרחים, ורדינון
attempt′ *v.* לנסות, להשתדל
attempt *n.* ניסיון, השתדלות
- attempt on his life התנקשות בחייו
attend′ *v.* לבקר ב-, לנכוח, להיות נוכח; ללוות; לשרת, לטפל ב-, לדאוג
- attend to להקדיש תשומת-לב ל-
attend′ance *n.* טיפול, שירות
- in attendance בטיפול, מטפל
- large attendance קהל גדול
attend′ant *adj.* נוכח, נלווה, מצוי
- attendant circumstances התנאים הנוכחיים
attendant *n.* משרת, מלווה, סדרן
atten′tion *n.* תשומת-לב, הקשבה; התחשבות; דום! הקשב! (במיסדר)
- Attention, Mr. X לידי מר איקס
- call attention להסב תשומת-לב
- pay attention להקדיש תשומת-לב
atten′tive *adj.* מקשיב, מתרכז; אדיב, מסור, דואג ל-
atten′u·ate′ (-nūāt) *v.* להחליש, להפחית (חוזק); להקליש, להדליל
attest′ *v.* להצהיר, להשביע; להצהיר בשבועה; לאשר, להוכיח
- attest to להוכיח, להעיד על
at′testa′tion *n.* עדות בשבועה
attested *adj.* מאושר, בדוק
at′tic *n.* עליית-גג
attire′ *v&n.* להלביש; בגדים, לבוש
at′titude′ *n.* עמדה, יחס; עמידה
attn. = attention
attor′ney (-tûr′-) *n.* פרקליט
- letter of attorney ייפוי כוח
- power of attorney ייפוי כוח
- state attorney פרקליט מדינה
attorney general תובע כללי; יועץ משפטי (לממשלה); שר המשפטים
attract′ *v.* למשוך
attrac′tion *n.* משיכה, אטרקציה
attrac′tive *adj.* מושך, מקסים
attrib′u·table *adj.* ניתן לייחסו ל-
attrib′ute *v.* לייחס ל-, לזקוף ל-
at′tribute′ *n.* סגולה, תכונה, אופי
at′tribu′tion *n.* ייחוס; תכונה
attrib′u·tive adjective תואר הבא לפני השם
attri′tion (-ri-) *n.* שחיקה, שיפשוף, התשה
- war of attrition מלחמת התשה
attune′ *v.* להתאים, לסגל, לכוון
a·typ′ical *adj.* לא רגיל, לא טיפוסי
au′bergine′ (ō′bərzhin′) *n.* חציל
au′burn *adj.* (שיער) ערמוני
auc′tion *n.* מכירה פומבית
auction *v.* למכור במכירה פומבית
auc′tioneer′ (-shən-) *n.* כָּרוֹז
auda′cious (-shəs) *adj.* נועז; חצוף
audac′ity *n.* הרהבה; חוצפה
au′dibil′ity *n.* שמיעות
au′dible *adj.* שמיע, נשמע
au′dience *n.* קהל; חוג קוראים, צופים; ראיון (עם אישיות חשובה)
au′dio′ *adj.* של שמיעה, שמיעתי
audio frequency תדר שמע
au′diom′eter *n.* אודיומטר, מד-שמע
audio-visual *adj.* חזותי-שמיעתי, אורקולי, ראי-קולי
au′dit *n.* ביקורת חשבונות
audit *v.* לבקר חשבונות
audi′tion (-di-) *n.* מיבחן (לשחקן), אודישן; שמיעה
audition *v.* לערוך מיבחן (לשחקן)
au′ditor *n.* מבקר חשבונות; שומע
au′dito′rium *n.* אולם, אודיטוריום
au′dito′ry *adj.* שמיעתי
au fait (ōfā′) *adj.* בקי, מתמצא
au fond (ōfon′) ביסודו של דבר
au′ger (-g-) *n.* מקדח
aught (ôt) *n.* משהו, כלום; *אפס
- for aught I care עד כמה שזה נוגע לי
- for aught I know למיטב ידיעתי
augment′ *v.* להגדיל; להתרבות
aug′menta′tion *n.* גידול, תוספת
au′gur *v.* לנבא, לבשר
- augur ill for להיות סימן רע ל-
augur *n.* מגיד עתידות, אבגור
au′gu·ry *n.* נבואה, סימן לעתיד
august′ *adj.* מעורר כבוד, אצילי
Au′gust *n.* אוגוסט
aunt (ant) *n.* דודה
Aunt Sally מטרה ללעג
aun′ty, aun′tie (an-) *n.* *דודה
au pair′ (ō-) עוזרת, מטפלת
au′ra *n.* אווירה, הילה
au′ral *adj.* של האוזן, שמיעתי
au′re·ole′ *n.* הילה, נוגה
au revoir′ (ō rəvwär′) להתראות!
au′ricle *n.* אוזן; פרוזדור הלב,

אוזנית
auric′u·lar *adj.* של האוזן; שמיעתי
aurif′erous *adj.* מכיל זהב
auro′ra *n.* אורורה, זוהר קוטבי
aus′culta′tion *n.* האזנה (רפואית)
aus′pices (-pisēz) *n-pl.* חסות
- under favorable auspices בסימן הצלחה
- under the auspices of בחסות-
auspi′cious (-pish′əs) *adj.* מצליח; מבשר טוב, מבטיח
Aus′sie *n.* *אוסטרלי
austere′ *adj.* מחמיר, קפדני; צנוע
auster′ity *n.* חומרה; צנע; פשטות
- austerities סיגופים, צומות
Austra′lia *n.* אוסטרליה
Aus′tria *n.* אוסטריה
au′tar·chy (-ki) *n.* שילטון מוחלט
au′tar·ky *n.* אוטרקיה, משק עצמאי
authen′tic *adj.* אמיתי, אמין, אותנטי
authen′ticate′ *v.* לאשר; לוודא
authen′tica′tion *n.* אישור, וידוא
au′then·tic′ity *n.* אמיתיות
au′thor *n.* מחבר, סופר; יוצר
au′thoress *n.* סופרת; יוצרת
author′ita′rian *adj&n.* דוגל ברודנות; רודני, סמכותי
authoritarianism *n.* סמכותיות
author′ita′tive *adj.* מוסמך, מהימן; תקיף, מצווה, מרותי, סמכותי
author′ity *n.* סמכות, מרות; רָשוּת, שלטון; אישור; מקור, בר-סמכא
- the authorities השלטונות
au′thoriza′tion *n.* אישור, הרשאה
au′thorize′ *v.* לאשר, להסמיך
authorship *n.* מְחַבְּרוּת; סוֹפְרוּת
au′tism′ *n.* אוטיסם (מחלה)
autis′tic *adj.* אוטיסטי
au′to *n.* מכונית, אוטו
auto (תחילית) עצמי, אוטו-
au′to·bi′ograph′ical *adj.* אוטוביוגרפי
au′to·bi·og′raphy *n.* אוטוביוגרפיה
auto-changer *n.* מחלף תקליטים אוטומטי
autoc′racy *n.* רודנות, אוטוקרטיה
au′tocrat′ *n.* רודן, שליט יחיד
au′tocue′ (-kū) *n.* מקראה לקריין טלויזיה, טלפרומפטר
au′to-da-fe′ (-fā′) *n.* אוטודפה
au′to·e·rot′icism′ *n.* אוננות
au′tograph′ *n.* אוטוגרף
autograph *v.* לחתום אוטוגרף
au′tomat′ *n.* אוטומט מכירות
au′tomate′ *v.* למכן
au′tomat′ic *adj.* אוטומטי
automatic *n.* רובה אוטומטי
au′toma′tion *n.* מיכון, אוטומציה
autom′aton *n.* אוטומט, רובוט
au′tomobile′ (-bēl) *n.* מכונית
automo′tive *adj.* קשור לרכב
auton′omous *adj.* אוטונומי
auton′omy *n.* אוטונומיה, עצמאות
autopilot *n.* טייס אוטומטי
au′top′sy *n.* אוטופסיה, ניתוח שלאחר המוות; ניתוח ביקורתי
au′to·sugges′tion (-səgjes′chən) *n.* אוטוסוגסטיה, השאה עצמית
au′tumn (-təm) *n.* סתיו
autum′nal *adj.* סתווי, של סתיו
auxil′iary (ôgzil′əri) *n.* עוזר
- auxiliaries ליגיון זרים
avail′ *v.* להועיל, לעזור
- avail oneself of לנצל
avail *n.* תועלת, יתרון, רווח
- of no avail ללא הועיל, לשווא
- of what avail? מה-בצע?
avail′abil′ity *n.* זמינות
avail′able *adj.* ישיג, ניתן להשיגו, זמין, פנוי; שימושי, בר-תוקף
av′alanche′ (-lanch) *n.* מפולת; מבול
avant′-garde′ *n.* חלוץ, אוונגארד, מתקדם
av′arice (-ris) *n.* אהבת בצע
av′ari′cious (-rish′əs) *adj.* רודף בצע
avast′ *interj.* עצור! (קריאה)
avaunt′ *interj.* לך! כלך לך!
Ave. = avenue
avenge′ *v.* לנקום
- avenge oneself on להתנקם ב-
av′enue′ (-nōō) *n.* שדירה; אמצעי
aver′ *v.* לטעון, להצהיר
av′erage *n&adj.* ממוצע; רגיל
- on the average בממוצע
average *v.* למצע, לחשב הממוצע
averse′ *adj.* מתנגד, סולד
aver′sion (-zhən) *n.* סלידה, שינאה
- my pet aversion הדבר השנוא עלי במיוחד
- take an aversion לרחוש שינאה

avert′ *v.* למנוע, להפנות הצידה, להסב
a′vian *adj.* של עופות
avian flu שפעת העופות
a′viar′y (-vieri) *n.* כלוב עופות
a′via′tion *n.* תעופה, אוויראות
a′via′tor *n.* טַיָּס
av′id *adj.* לָהוּט, שואף
avid′ity *n.* להיטות
a′vion′ics *n.* אלקטרוניקת התעופה
a·vit′amino′sis *n.* חוסר ויטמינים
av′izan′dum *n.* פרק זמן לעיון
av′oca′do (-kä-) *n.* אבוקדו
av′oca′tion *n.* תחביב, הובי
avoid′ *v.* להימנע מ-, להתחמק מ-
avoidable *adj.* מניע, ניתן למניעה
avoidance *n.* הימנעות, התחמקות
- tax avoidance התחמקות ממס
avouch′ *v.* לערוב; להכריז
avow′ *v.* להצהיר, להודות ב-
avowal *n.* הצהרה, הודאה
avowed *adj.* מוצהר, מוכרז
- avowed enemy אויב מושבע
avowedly *adv.* בגלוי, בהודאה
avul′sion *n.* הפרדה, ניתוק, סחף פתאומי
avun′cu·lar *adj.* של דוד, דומה לְדוד
await′ (əw-) *v.* לחכות
awake′ (əw-) *v.* לעורר; להתעורר
awake *adj.* עֵר, מודע ל-
awa′ken (əw-) *v.* לעורר
- awaken him to להחדיר לתודעתו
awakening *n.* התעוררות
- rude awakening יקיצה מרה, אכזבה
award′ (əwôrd′) *v.* לפסוק, להעניק
award *n.* פרס, מענק; תשלום; פסק-בוררות
aware′ (əwâr′) *adj.* עירני; מכיר, יודע, מודע ל-
awareness *n.* מוּדָעוּת, הכרה
awash′ (əwôsh′) *adj.* מוצף מים
away′ (əwā′) *adv.* הלאה, במקום אחר, במרחק, הרחק; בכיוון אחר; בלי הרף
- 2 miles away במרחק 2 מילים
- away back *לפני זמן רב
- away match מישחק חוץ
- away with him! סלקוהו!
- do away with להיפטר מ-, לחסל
- far and away מאוד, בהרבה
- keep him away from להרחיקו מ-
- look away להסב עיניו מ-
- out and away במידה רבה, בהחלט
- right/straight away מיד, תיכף
- run away לברוח
- take it away הרחק זאת
- work away לעבוד בלי הרף
awe (ô) *n.* פחד, יראת-כבוד
- stand in awe לרחוש יראת כבוד
awe *v.* לעורר יראת כבוד בלב-
awe-inspiring *adj.* מעורר יראת-כבוד
awe′some (ô′səm) *adj.* נורא
awe-stricken *adj.* אחוז-פחד
awe-struck *adj.* הלום-אימה
aw′ful *adj.* מפחיד, איום; *"נורא"
awfully *adv.* *נורא, מאוד
- awfully nice נורא נחמד
awhile (əwīl′) *adv.* זמן-מה; לרגע
awk′ward *adj.* לא נוח; מגושם, לא-יוצלח; ביש, מביך
- awkward customer אגוז קשה
- the awkward age גיל ההתבגרות
awl *n.* מרצע
awn *n.* מלען, זקן השיבולים
aw′ning *n.* סוכך, גנוגנת, גגון
awoke′ = p of awake (əw-)
AWOL נפקד, נעדר
awry (ərī′) *adv.* במעוקם, לא כשורה
ax *n&v.* גרזן; לקצץ; לפטר
- apply the ax to לקצץ ב-
- give the ax לפטר, לשלח
- got the ax *פוטר מעבודתו
- has an ax to grind יש לו עניין אישי בכך
axe = ax (aks)
ax′es = pl of axis (-sēz)
axil′la *n.* בית השחי
ax′iom *n.* אקסיומה, אמיתה
ax′iomat′ic *adj.* ברור מאליו, אקסיומאטי
ax′is *n.* ציר, ציר הסימטריה
- the earth's axis ציר כדור הארץ
ax′le *n.* סרן, ציר
ax′on *n.* ציר העצב
aye, ay (ī) *adv.* כן, הן
- aye, aye, sir! כן, אדוני!
- for aye לעולם, לעד
- the ayes have it הרוב בעד
az′imuth *n.* אזימות, זווית האופק
azure (azh′ər) *adj&n.* תכול; תכלת

B

B סי (צליל)
- B flat סי במול
b & b *n.* לינה וארוחת בוקר
BA = Bachelor of Arts ב"א
baa (bä) *n&v.* פעייה; לפעות
Bab′bitt *n.* גשמי, צר אופק
bab′ble *n&v.* מילמול; פיכפוך; למלמל
babbler *n.* פטפטן, מגלה סודות
babe *n.* תינוק; נאיבי; *מותק
- babe in the woods מגשש באפילה
Ba′bel *n.* רעש, המולה; בבל
baboon′ (-ōōn) *n.* בבון (קוף)
ba′by *n&v.* תינוק; זעיר; *בחורה, מותק; לפנק
- baby car מכונית קטנה
- carry/hold the baby להיתקע עם הבעיה, לשאת באחריות
baby boom פצצת תינוקות, זינוק בילודה, בייבי בום
baby carriage עגלת תינוק
baby carrot גזר גמדי
baby face פני תינוק
baby grand פסנתר קטן
babyhood *n.* ינקות, יַלדוּת, טַפּוּת
babyish *adj.* ילדותי, תינוקי
Bab′ylo′nia *n.* בבל
baby-minder מטפלת בתינוקות
baby-sit *v.* לשמש כשמרטף
baby-sitter *n.* שמרטף, בייבי-סיטר
baby-talk *n.* מילמול תינוק
baby tooth שן חלב
bac′carat′ (-rä) *n.* בקרה (מישחק)
bac′chanal′ (bak′ən-) *n.* הולל, פרוע; הילולה, אורגייה, פריצות
baccy (bak′i) *n.* *טבק
bach′elor *n.* רווק; בעל תואר ב"א
Bachelor of Arts ב"א (תואר)
bachelor's degree תואר ב"א
bacil′lus *n.* חיידק, מתג, באצילוס
back *n.* גב, צד אחורי; מיסעד הכיסא; מגן (בכדורגל); קצה, סוף
- at one's back מאחוריו, תומך בו
- at the back of מאחורי-
- back to back גב אל גב
- behind his back מאחורי גבו
- break his back להעבידו בפרך
- get off his back "לרדת ממנו"
- get one's back up להתרגז
- glad to see the back of him שמח להיפטר ממנו
- on his back מציק לו, "יורד עליו"
- on one's back חולה, שוכב
- put his back up להרגיזו
- put one's back into להתמסר ל-
- turn one's back on לפנות עורף ל-
- with one's back to the wall בגבו אל הקיר
back *v.* להוליך אחורה; לנוע לאחור; לתמוך ב-, לְגַבּוֹת; להמר על
- back a bill להסב שטר
- back away לסגת, להירתע
- back down/off לוותר, לסגת מ-
- back out להתחמק מ-, לסגת
- back up לתמוך, לתת גיבוי; לְגַבּוֹת; לנוע לאחור; לסתום, לחסום
- back water לסגת
back *adj.* אחורי, אחורני, מפרעי
- be back לחזור, לשוב
back *adv.* אחורה, בחזרה, שוב; לעיל, לפנים, בעבר
- (in) back of *מאחורי
- back and forth הלוך ושוב
- get back at לגמול, להחזיר
- go back on להפר; לבגוד
backache *n.* כאב גב
backbench *n.* ספסל אחורי
back′bite′ *v.* לרכל על, להלעיז
backboard *n.* (בכדורסל) לוח הסל
backbone *n.* חוט-שידרה
- to the backbone עד לשד עצמותיו
backbreaking *adj.* מפרך, קשה
backchat *n.* חוצפה, תשובה גסה
backcloth *n.* תפאורה אחורית
backcomb *v.* לנפח שיער
back′date′ *v.* להחיל למפרע
back door *n.* כניסה אחורית
backdoor *adj.* חשאי, סודי, עקיף
backdrop *n.* תפאורת-רקע
backer *n.* תומך, מממן; מהמר
backfield *n.* השחקנים האחוריים
backfire *n.* התפוצצות לפני זמנה
backfire *v.* להתפוצץ לפני זמנו; להשתבש; לפעול כבומראנג
back-formation *n.* תצורה לאחור
back′gam′mon *n.* שש-בש
background *n.* רֶקַע
backhand *n.* (בטניס) חבטה גבית
backhanded *adj.* בגב-היד, גבית

- backhanded compliment מחמאה מפוקפקת
backing *n.* תמיכה, תימוכין, גיבוי; תומכים; ליווי מוסיקלי
backlash *n.* רתיעה לאחור; תנועה נגדית, מגמה נגדית
backlog *n.* הצטברות, פיגורים
backmost *adj.* אחורי, האחורני
backnumber *n.* עיתון ישן; *מיושן,
backpack *n.* תרמיל גב
backpacker *n.* תרמילאי
back passage רקטום, פי-הטבעת
backpedal *v.* לדווש לאחור; לסגת
backrest *n.* מיסעד, משענת גב
backroom boys מדעני החדר האחורי, חיילים אלמונים
back seat מעמד מישני; מושב אחורי
back-seat driver נהג המושב האחורי, נוסע המשיא עצות לנהג
backside *n.* *ישבן, עכוז
backslash *n.* קו נטוי הפוך, (\)
backslide *v.* להתדרדר
backspace *n&v.* מקש ההחזרה; להחזיר (הסמן)
backstage *n.* אחורי הקלעים
backstairs *adj.* סודי, חשאי, עקיף
- backstairs talk רכילות
back-stay *n.* חבל אחורי (בספינה)
back street רחוב אחורי, רחוב צדדי
backstroke *n.* שחיית גב
back talk חוצפה, עזות
backtrack *v.* לסגת, לחזור בו
back′up′ *n.* תחליף, גיבוי, רזרבה
backward *adj.* פונה לאחור, מפגר, לא מתקדם; ביישן, מהסס
backward(s) *adv.* אחורה
- bend over backwards להתאמץ מאוד
- know it backwards לדעת זאת יפה
- backwards and forwards הנה והנה
backwash *n.* זרימה לאחור (של מים); תוצאת-לוואי
backwater *n.* מים עומדים; פיגור, מקום מנותק
backwoods *n-pl.* שממה, מקום נידח
backyard *n.* חצר אחורית
ba′con *n.* קותל חזיר
- bring home the bacon *לפרנס משפחה; להצליח במשימה

- save one's bacon *להינצל בנס
bac·te′ria *n-pl.* בקטריות, חיידקים
bac·te′rial *adj.* של בקטריות
bac·te′riol′ogy *n.* בקטריולוגיה
bad *adj.* רע, גרוע, מזיק, חולה; רציני; חָמוּר
- bad business עסק ביש
- bad coin מטבע מזוייף
- bad egg/hat/lot/type *טיפוס רע
- bad form לא נימוסי
- bad lands קרקעות בור
- bad leg רגל כואבת
- bad name שם רע, כינוי גנאי
- bad shot ניחוש לא קולע
- bad word מלה גסה
- be taken bad להרגיש רע, לחלות
- feel bad about it להצטער על כך
- go bad להתקלקל
- go from bad to worse להתדרדר
- in a bad temper רוגז, כועס
- in a bad way במצב חמור, בצרה
- in bad faith בהונאה, בלי הגינות
- in bad with *בצרות עם
- not (half) bad לא רע, בסדר
- too bad *חבל, אני מצטער
- with bad grace מתוך אי רצון
bad *n.* רוע, רע
- go (to the) bad להתקלקל
- in bad בצרה, במצוקה
- the bad הרעים, הרשעים
- to the bad בחובה, בהפסד
bad blood איבה, טינה, *דם רע
bad debt חוב אבוד, חוב מסופק
bad′dy *n.* *רע, רשע
bade = pt of bid
badge *n.* תג, סמל, אות
badg′er *n.* גירית, פרוות הגירית
badger *v.* להציק, להטריד, לנדנד
bad′inage′ (-näzh′) *n.* ליגלוג
badly *adv.* בצורה גרועה; מאוד
- badly in need of זקוק מאוד ל-
badly-off *adj.* עני, דל
bad′min′ton *n.* נוצית (מישחק)
bad-mouth *v.* *להשמיץ, להלעיז
bad news *נודניק, דבר מטריד
bad-tempered *adj.* רגזן
baf′fle *v.* להביך, לבלבל; לסכל
baffle *n.* וסת-זרם, לוח ויסות
bafflement *n.* מבוכה, בילבול
bag *n.* תיק, ילקוט, ארנק, שקית
- bag and baggage עם כל חפציו
- bag of bones גל עצמות, כחוש

- bag of waters break ירידת מים
- bags מיכנסיים רחבים
- bags of *הרבה, "המון"
- in the bag *מונח בכיס, מובטח
- left holding the bag נושא באשמה או באחריות; *סידרו אותו
- the whole bag of tricks *הכול
bag *v.* לשים בילקוט; להרוג, לצוד; *לתפוס, "לסחוב"; להיות תלוי כשק
bag'atelle' *n.* זוטה, בגטלה
ba'gel (-g-) *n.* כעך, בייגל'ה
bag'gage *n.* מיטען, מיזווד, חבילות, ציוד צבאי; *נערה שובבה
bag'gy *adj.* תלוי ברפיון
bag'pipe' *n.* חמת חלילים
bah (bä) *interj.* בה! (קריאת בוז)
Baha'i *n.* בהאי
bail *n&v.* ערבות; שחרור בערבות; מוטית (להחזקת נייר)
- bail out לשחרר בערבות; לרוקן ממים; לצנוח ממטוס; לחלץ ממצוקה
- go bail לערוב, להפקיד ערבות
- jump/skip bail לברוח, לערוק
- out on bail משוחרר בערבות
bail'ee' *n.* נאמן, שומר, אפיטרופוס
bai'ley *n.* חומה חיצונית
Bailey bridge גשר ביילי
bai'liff *n.* פקיד בית המשפט, פקיד הוצאה לפועל; מנהל אחוזה
bailment *n.* הפקדה (בידי נאמן)
bailor *n.* מפקיד (בידי נאמן)
bailout *n.* חילוץ ממצוקה
bait *n.* פיתיון, פיתוי
- rise to the bait לבלוע הפיתיון
bait *v.* לשים פיתיון; להציק, להרגיז
baize *n.* בייז (אריג צמר עבה)
bake *v.* לאפות; להקשות בחימום; להתחמם, להשתזף
- half-baked טיפש, טיפשי
Ba'kelite' *n.* בקליט
baker *n.* אופה, פועל מאפייה
- baker's dozen שלושה-עשר, 13
ba'kery *n.* מַאֲפִיָּה
baking-hot *adj.* לוהט, חם מאוד
baking pan תבנית אפייה
baking pot סיר פלא
baking powder אבקת אפייה
baking soda סודה לשתייה
bak'sheesh *n.* בקשיש, נדבה
bal'ance *n.* מאזניים; שיווי-מישקל; יציבות; מאזן; יתרה

- favorable balance מאזן חיובי
- hold the balance להיות לשון המאזניים (בפרלמנט)
- in the balance על כף המאזניים
- lose one's balance לאבד שיווי המישקל
- off balance מתמוטט, לא יציב
- on balance בהתחשב בכול
- strike a balance לפשר, למצוא את שביל הזהב; למצוא היתרה
balance *v.* לשקול, להשוות, לאזן; להתאזן; לקזז; להתקזז
balance beam קורה (בהתעמלות)
balanced *adj.* מאוזן, יציב, שקול
balanced diet דיאטה מאוזנת
balance of payments מאזן התשלומים
balance of power מאזן הכוחות
balance of terror מאזן אימה
balance of trade מאזן מיסחרי
balance sheet מאזן
bal'cony *n.* מירפסת; יציע
bald (bôld) *adj.* קירח; גלוי, פשוט
bal'derdash' (bôl-) *n.* שטויות
bald-head *n.* קירח
baldly *adv.* בגלוי, גלויות
bal'dric (bôl-) *n.* חגורה (לחרב)
bale *n&v.* חבילה, צרור; לארוז
baleful (bāl'fəl) *adj.* רע, מלא שנאה
balk (bôk) *n.* קורה, מוט; מעצור
balk *v.* לסרב להתקדם, להסס, לעצור, להירתע; לעמוד בדרכו, לסכל
balky *adj.* עקשן, עוצר
ball (bôl) *n.* כדור, כדור מישחק
- balls *שטויות; אשכים
- keep the ball rolling לתת לכדור להתגלגל, להמשיך את הפעילות
- on the ball עירני, יעיל, מוכשר
- play ball *לשתף פעולה
- three balls סימן המשכונאי
ball *v.* להתכדר, להתעגל
ball *n.* נשף ריקודים
- have a ball *לעשות חיים
- open the ball לפתוח בפעולה
bal'lad *n.* בלדה, שיר
bal'last *n&v.* זבורית; חצץ; יציבות; למלא בזבורית
ball bearing מיסב כדוריות
ballboy, -girl *n.* אוסף/אוספת כדורים
ball-cock *n.* מצוף (של מיכל), צף
ball-dress *n.* שימלת-נשף

bal′leri′na (-rē′-) *n.* בלרינה
bal′let (-lā) *n.* בלט, מחול
ballet-dancer *n.* רקדן בלט
ball game מישחק כדור; *דבר, סיפור
ballis′tic *adj.* בליסטי
ballistics *n.* בליסטיקה
ball′ocks (bôl-) *n.* *שטויות; אשכים
balloon′ (-ōōn) *n.* כדור פורח; בלון
balloon *v.* להתנפח
bal′lot *n.* הצבעה חשאית; פתק הצבעה; מספר הקולות; זכות הצבעה
ballot *v.* לערוך הצבעה; להגריל
ballot box קלפי
ballot paper פתק הצבעה
ballpark *n&adj.* מגרש בייסבול; קרוב, בערך
ball point pen עט כדורי
ballroom *n.* אולם ריקודים
bal′ly = bloody *adv.* *לעזאזל
bal′lyhoo′ *n.* *פרסומת רעשנית
balm (bäm) *n.* תרופה מרגיעה, צרי
balmy *adj.* נעים, ריחני; *שוטה
balo′ney *n.* שטויות
bal′sam (bôl-) *n.* בלסמון, בושם
bal′uster *n.* עמוד-מעקה
bal′ustrade′ *n.* מעקה, בלוסטראדה
bam·bi′no (-bē′-) *n.* תינוק, ילד
bam·boo′ *n.* במבוק, חיזרן
bam·boo′zle *v.* *לרמות, לבלבל
ban *v&n.* לאסור, להחרים; איסור; נידוי
banal′ *adj.* באנאלי, נדוש, שיגרתי
banal′ity *n.* באנאליות, שיגרתיות
banan′a *n.* בננה, מוז
- go bananas *להשתגע, להתלקח
banana skin קליפת בננה, מקור צרות, שגיאה
banana spilt ליפתן בננה
band *n.* רצועה, פס, סרט; קבוצה, כנופייה; תיזמורת; להקה
band *v.* לשים רצועה על
- band together להתאחד
band′age *n.* תחבושת, רטייה
bandage *v.* לחבוש (פצע)
band-aid *n.* אגד מידבק; פתרון זמני
ban·dan′na *n.* מיטפחת ציבעונית
b and b לינה וארוחת-בוקר
bandbox *n.* תיבת כובעים (לאישה)
- out of a bandbox מצוחצח, מטופח
ban·deau′ (-dō) *n.* סרט (לשיער)
ban′dit *n.* שודד, גזלן
ban′ditry *n.* שוד, גזל
bandmaster *n.* מנצח תזמורת
ban′doleer′ *n.* פונדה, חגורה
bandsman *n.* חבר תזמורת
bandstand *n.* בימת התזמורת
bandwagon *n.* קרון התזמורת
- jump on the bandwagon לקפוץ על העגלה
ban′dy *v.* להחליף (מלים, מכות)
- bandied about נושא לרכילות
- bandy about להעביר מאיש לאיש
bandy *adj.* (בעל רגליים) עקומות
bane *n.* הרס, קללה; ארס
- rat's bane רעל-עכברים
baneful *adj.* רע, ממאיר, הרסני
bang *v.* להלום, לדפוק, להרעיש
- bang into להיתקל ב-
- bang up *לקלקל; לפצוע
bang *n.* חבטה, קול נפץ, טריקה
- go over with a bang להצליח
bang *adv.* בדיוק, ממש, ברעש
- bang off *מיד
- bang on *נכון, בדיוק
- go bang להתפוצץ; *להיכשל
bang *n&v.* (לעשות) פוני
bang′er (-g-) *n.* *נקניק; זיקוק-נפץ; מכונית מרופטת, גרוטה
ban′gle *n.* צמיד, אצעדה
bang-up *adj.* *מצויין, יפה, מוצלח
ban′ish *v.* להגלות, לגרש; לסלק
banishment *n.* גירוש, גלות
ban′ister *n.* מעקה-מדרגות
ban′jo *n.* בנג'ו (כלי נגינה)
bank *n.* גדה, שפה; שיפוע, תל, ערימה (של עננים, שלג)
bank *v.* לטוס בשיפוע; לנסוע בהטייה
- bank up להיערם; לערום (שלג, עפר); לסכור נהר; להאיט בעירת אש
bank *n.* בנק, קופה; שורת קלידים; בנקאי, של בנק
bank *v.* להפקיד (כספים) בבנק
- bank on לסמוך על
bank bill שטר בנקאי
bank-book *n.* פינקס-הפקדות
banker *n.* בנקאי, קופאי
banker's order פקודת-קבע
bank holiday יום פגרה (בבנקים)
banking *n.* בנקאות
bank note בנקנוט, שטר כסף

bankroll *n&v.* מזומנים, משאבים פיננסיים; לממן
bank′rupt′ *n.* פושט רגל
- go bankrupt לפשוט רגל
bankrupt *v.* לגרום לפשיטת רגל
bankrupt *adj.* חסר-, נעדר-, נטול-
bank′rupt′cy *n.* פשיטת-רגל
ban′ner *n.* דגל, נס, כרזה
- banner headline כותרת ענקית
- under the banner of בסיסמת, כשעל דיגלו חרות-
banner *adj.* מצויין, כביר
ban′nock *n.* לחם ביתי, עוגה ביתית
banns *n-pl.* הודעת נישואין
ban′quet *n.* מסיבה, סעודה, מישתה
banquet *v.* לערוך מסיבה ל-; להסב
ban′tam *n.* בנטם (תרנגול)
bantam weight מישקל תרנגול
ban′ter *v.* להתלוצץ, להתבדח
banter *n.* לצון, התבדחות
ba′o·bab′ *n.* באובב (עץ)
bap′tism′ *n.* טבילה, הטבלה
- baptism of fire טבילת אש
Bap′tist *n.* בפטיסט
bap·tize′ *v.* להטביל לנצרות
bar *n.* מוט; בריח; מחסום; מחיצה, תא; שירטון; עיטור; פס; רף; בר, מיסבאה, דלפק; לישכת עורכי הדין; תיבה (במוסיקה)
- bar of chocolate טבלת שוקולדה
- bar of public opinion חוות דעת הציבור, דעת הקהל כשופט
- bar of soap חתיכת סבון
- be called to the bar לקבל תואר עורך-דין
- behind bars מאחורי סורג ובריח
- the bar פרקליטות; מחיצת השופטים
- the prisoner at the bar הנאשם
bar *v.* לסגור, לנעול, לחסום; לאסור, לשלול; לסמן בפסים
bar *prep.* חוץ מ-, זולת, בר
- bar none ללא יוצא מהכלל
barb *n.* חוד, קרס; עקיצה
- trade barbs להחליף עקיצות
bar·ba′rian *n.* פרא; ברברי
bar·bar′ic *adj.* ברברי
bar′barism′ *n.* ברבריות, ברבריזם
bar·bar′ity *n.* ברבריות
bar′barize′ *v.* להפכו לברברי
bar′barous *adj.* ברברי, פראי
bar′be·cue′ (-kū) *n.* פיקניק-צלי, ברבקיו; מנגל; מחתה, אסכלה
barbecue *v.* לצלות (על מחתה)
barbed (bärbd) *adj.* בעל חוד, עוקץ
barbed wire תיל דוקרני
barbed-wire fence גדר תיל
bar′ber *n.* סַפָּר
bar′bican *n.* מיגדל מבוצר
bar·bit′urate (-bich-) *n.* תרופת הרגעה
bar′carole′ *n.* ברקרולה, שיר
bar chart/graph תרשים עמודות
bar code ברקוד
bard *n.* משורר
- the Bard שקספיר
bar·dol′atry *n.* הערצת שקספיר
bare *adj.* חשוף, ערום, גלוי, ריק; מצומצם; בקושי, גרידא
- lay bare לחשוף, להציג לראווה
- with bare hands בידיו בלבד
bare *v.* לחשוף, לגלות
- bare one's head להוריד כובעו
- bare one's heart לשפוך ליבו
bareback *adv.* ללא אוכף
barebacked *adj.* חסר-אוכף
barefaced *adj.* נועז, חוצפני
barefoot *adj.* יחף
bareheaded *adj.* גלוי-ראש
bare-legged *adj.* ללא גרביים
barely *adv.* אך; בקושי, בצימצום
barf *v&n.* *להקיא; הקאה
bar′fly′ *n.* *מבקר במסבאות
bar′gain (-gən) *n.* עיסקה; הסכם; קנייה, "עסק טוב", "מציאה"
- a bargain's a bargain עסק זה עסק
- bad bargain מיקח טעות
- drive a (hard) bargain להתמקח
- into the bargain נוסף על כך
- it's a bargain עשינו עסק
- strike a bargain להגיע להסכם
bargain *v.* להתמקח; להגיע להסכם
- bargain away למכור, להקריב
- bargain for לשער ש-, לצפות ל-
bargain hunter מחפש מציאות
bargaining chip קלף מיקוח
bargaining position עמדת-מיקוח
bargain price מחיר מציאה
barge *n.* דוברה, סירה, אַרְבָּה
barge *v.* לנוע בכבדות
- barge in להיתקל, להידחף, להתפרץ
- barge into להיתקל ב-; להתפרץ ל-
bar·gee′ *n.* ממונה על סירה

barge pole משוט, כלונס
bar′itone′ *n.* בריטון (קול)
bar′ium *n.* בריום (מתכת)
bark *n.* קליפת עץ
bark *v.* לקלף; להוריד עור, לפצוע
bark *n.* נביחה; קול ירי; שיעול
bark *v.* לנבוח; לצעוק
- bark up the wrong tree לטעות בכתובת
bark *n.* סירת מיפרשים
barker *n.* נַבְחָן; כָּרוֹז, קורא לקהל להיכנס לחנות; *אקדח
bar′ley *n.* שעורה
barley-corn *n.* גרגר-שעורה; שיכר
barley sugar סוכר-שעורה (ממתק)
barm *n.* שמרים
barmaid *n.* מלצרית, מוזגת
barman מלצר, מוזג, בארמן
bar mitz′vah (-və) בר מיצווה
bar′my *adj.* *טיפש, טיפשי
barn *n.* אסם, ממגורה; בניין גס
- barn door *מטרה גדולה ובולטת
bar′nacle *n.* ספחת; נצמד לאונייה
barn dance מחול כפרי
barn′storm′ *v.* לבקר בערי השדה
barn-yard *n.* חצר-משק
bar′ograph′ *n.* רשם-לחץ
barom′eter *n.* ברומטר, מד-כובד
bar′omet′ric *adj.* ברומטרי
bar′on *n.* ברון, רוזן; איל-הון
baroness *n.* ברונית, רוזנת
bar′onet *n.* בארונט, אציל
bar′onetcy *n.* מעמד הבארונט
baro′nial *adj.* של ברון, אצילי
bar′ony *n.* מעמד הברון, ברונות
baroque′ (-rōk) *n.* בארוק (סגנון)
barque (bärk) *n.* סירה, דוברה
bar′rack *v.* לצעוק בוז
bar′racks *n-pl.* קסרקטין, בניין גס
bar′rage *n.* סכר (בנהר)
barrage′ (-räzh′) *n.* מסך-אש; מטר-אש
- barrage of questions מטר-שאלות
barrage *v.* להמטיר (שאלות) על
barred (bärd) *adj.* מוברח, נעול, סגור; מפוספס
bar′rel *n&v.* חבית; קנה-רובה, קנה-אקדח; מכל גלילי; לשים בחבית; *לנוע מהר, לדהור
- over a barrel במצב ביש, בדילמה
barrelled beer בירה מהחבית
barrel organ תיבת נגינה

bar′ren *adj.* עקר, לא פורה
bar′ricade′ *n.* בריקדה, מיתרס
barricade *v.* לחסום; לכלוא
bar′rier *n.* מחסום, סייג
barrier cream משחת עור
bar′ring (bär-) *prep.* פרט ל-
bar′rister *n.* פרקליט, עורך דין
barroom *n.* בר, מיסבאה
bar′row (-ō) *n.* עגלת-יד; מריצה; עגלת-רוכלים; תל, גבעה
barrow boy רוכל (בעל עגלה)
bar sinister ממזרוּת
bartender *n.* מוזג; מלצר
bar′ter *n.* סחר-חליפין
barter *v.* להחליף, לעסוק בחליפין
- barter away למכור, להחליף, להקריב
basalt′ (-sôlt) *n.* בזלת, בַּשָּׁנִית
base *n&v.* בסיס; תחנה; לבסס
- base on/upon לבסס על
- get to first base להצליח בצעד הראשון, להתחיל ברגל ימין
- off base *טועה לחלוטין; לא מוכן
base *adj.* שפל, נבזה
- base coin מטבע מזויף
- base metal מתכת פשוטה
baseball *n.* בייסבול, כדור-בסיס
baseboard *n.* פנל, שיפולת
based *adj.* מבוסס על, נמצא ב-
- land-based יבשתי
baseless *adj.* חסר-בסיס, ללא יסוד
base′ment (bās′-) *n.* קומת-מרתף
bases = pl of basis (bā′sēz)
bash *n&v.* מהלומה; להכות
- have a bash at *לנסות כוחו ב-
bash′ful *adj.* ביישן, נבוך
ba′sic *adj.* בסיסי, יסודי
- basic law חוק יסוד
basically *adv.* ביסודו של דבר
bas′il (-zəl) *n.* ריחן (תבלין)
basil′ica *n.* בסיליקה (אולם)
bas′ilisk′ *adj.* (מבט) קטלני
ba′sin *n.* כיור, קערה; אגן; ביקעה
ba′sis *n.* בסיס, יסוד
bask *v.* להתחמם, ליהנות
- bask in his approval למצוא חן בעיניו, לזכות באהדתו
bas′ket *n.* סל, טנא
basketball *n.* כדורסל
basketwork *n.* קליעת-סלים; סלים
bass (bas) *n.* אוקונוס (דג)
bass (bās) *n.* בס, קול בס

bass clef מפתח בס
bas'sinet' *n.* עריסת תינוק, סל-קל
ba'ssist *n.* בסיסט
bassoon' (-ōōn) *n.* בסון, פגוט
bast *n.* לכש, רפייה
bas'tard *n&adj.* ממזר; מזוייף
bas'tardize' *v.* להשפיל; לזייף
bas'tardy *n.* ממזרות, מעמד הממזר
baste (bāst) *v.* להכליב; לצקת רוטב על, להטפיח; להלקות, להכות
bas'tion (-'chən) *n.* מצודה, תבנון
bat *n.* מחבט; *מטקה; מחזיק המחבט; עטלף
- at full bat *במהירות רבה
- go to bat for לעזור, לתמוך, להגן
- has bats in the belfry *מטורף
- off one's own bat *בלי עזרה
bat *v.* להכות; למצמץ, לקרוץ
- not bat an eyelid לא להניד עפעף
batch *n.* קבוצה, אוסף, צרור, אצווה
bate *v.* להפחית
- with bated breath בנשימה עצורה
bath *n.* אמבטיה; מרחץ
- take a bath להתרחץ, להתאמבט
bath *v.* לעשות אמבטיה
Bath chair כיסא גלגלים
bathe (bādh) *v.* לרחוץ; להרטיב
- bathed in light מוצף אור
- bathed in sweat ספוג זיעה
bathe *n.* רחיצה, טבילה
ba'ther (-dh-) *n.* מתרחץ, טובל
bathhouse *n.* בית-מרחץ
ba'thing (-dh-) *n.* רחיצה, רחצה
bathing costume/suit בגד ים
ba'thos' *n.* נפילה (בסיפור) מהרציני למגוחך, אנטיקלימקס
bathrobe *n.* גלימת רחצה
bathroom *n.* אמבטיה; שירותים
bathtub *n.* אמבטיה
bath'ysphere' *n.* תא-צלילה
bat'ik *n.* הדפס בטיק (על בדים)
batiste' (-tēst) *n.* בטיסט, בד דק
bat'man *n.* משרת פרטי, עוזר אישי
baton' *n.* שרביט, אַלָּה
baton round כדור גומי
bats *adj.* *מטורף, מוזר
batsman *n.* תופס המחבט
battal'ion *n.* גדוד, בטליון
bat'ten *n.* קרש, לוח
batten *v.* להשמין (ע"ח הזולת)
- batten down להדק בקרשים, לסגור
bat'ter *v.* להלום, להכות, להרוס
- battered hat כובע מרופט
batter *n.* מחזיק המחבט
batter *n.* תערובת לאפייה, תבליל
battered wife אישה מוכה
battering ram איל-ברזל
bat'tery *n.* סוללה; מצבר; גונדה; מערכת
battery hens עופות לול
bat'tle *n.* קרב, מלחמה; ניצחון
- give battle להילחם
- half the battle מחצית הדרך
battle *v.* להילחם
battle-ax *n.* *אישה שתלטנית
battle-cruiser *n.* סיירת (ספינה)
battle-cry *n.* סיסמת קרב, קריאת קרב
battle-dress *n.* מדי-חייל, בטלדרס, חליצה, מותנית
battlefield *n.* שדה-קרב, זירה
battleground *n.* שדה-קרב
battlements *n-pl.* גג-החומה, חומה מאושנבת (לירייה)
battle royal קרב עז
battleship *n.* אוניית-קרב
bat'ty *adj.* *מטורף, מוזר
bau'ble *n.* תכשיט זול/צעקני
baulk = balk
bawd *n.* בעלת בית בושת
baw'dy *n&adj.* ניבול פה; גס
bawl *v.* לצווח, לצעוק, לבכות
- bawl out *לנזוף, לגעור
bay *n&adj.* מיפרץ; דפנה, עץ דפנה; תא, מדור, אגף; נביחה (של כלב ציד); (סוס) חום-אדמדם
- bays זרי-דפנה
- at bay מותקף, בין המיצרים, דפון
- bring to bay ללחוץ אל הקיר
- hold at bay להרחיק, למנוע התקרבות
bay *v.* לנבוח (בשעת ציד)
- bay at the moon *לדבר אל הקיר, "לצעוק חי וקיים"
bay leaves עלי-דפנה
bay'onet *n.* כידון
bayonet *v.* לדקור בכידון
bay window חלון בולט, מרפסת זגוגה
bazaar' (-zär) *n.* בזאר, יריד, שוק
bazoo'ka *n.* בזוקה
B.C. לפני הספירה
be *v.* להיות, להימצא, להתקיים
- his wife to-be אישתו לעתיד

- if I were/were I אילו הייתי
- let him be הנח לו!
- the be-all and end-all הדבר החשוב ביותר, העיקר
- there is ישנו, קיים
beach *n.* חוף ים, שפת הים
beach *v.* להעלות סירה אל החוף
beach buggy מכונית חופים
beach bunny *נערת חוף
beachcomber *n.* גל ארוך; סורק חופים, מחפש מציאות
beachhead *n.* ראש חוף (בפלישה)
beachwear *n.* בגדי ים, בגדי חוף
bea'con *n.* משואה, אור; מיגדלור
bead *n.* חרוז; טיפה, אגל
- beads מחרוזת, ענק
- draw a bead on לכוון אל, להתקיף
- tell one's beads להתפלל
beading *n.* לוח מעוטר (בחרוזים)
bea'dle *n.* לַוָאי; עוזר, שַמָש
bead'y *adj.* (עיניים) קטנות ונוצצות
bea'gle *n.* כלב-ציד
beagling *n.* ציד-ארנבות
beak *n.* מקור, חרטום; *אף, חוטם
beak *n.* *שופט שלום, מנהל בי"ס
bea'ker *n.* ספל, גביע
beam *n.* קורה, מוט, אסל, יצול
- broad in the beam *רחב, שמן
beam *n.* קרן-אור/-רדיו; חיוך קורן
- off the beam לא בכיוון הנכון
- on one's beam ends דחוק בכסף
- on the beam בכיוון הנכון
beam *v.* להאיר, לקרון; להקרין
bean *n.* שעועית, פול, קיטנית
- full of beans *עירני, תוסס
- old bean! *ידידי! אחא!
- spill the beans *לפלוט סוד/מידע
- without a bean *ללא פרוטה
beanfeast *n.* *מסיבה
beanpole *n.* מקל תומך לצמח; גבוה
beanstalk *n.* גבעול השעועית
bear (bār) *n.* דוב; גס, קשוח; ספסר-מניות, מוריד שערים
bear *v.* לשאת, להוביל, לתמוך, לסבול; ללדת; להניב
- bear a hand להושיט יד, לעזור
- bear away לזכות (בפרס)
- bear down לגבור על; ללחוץ; להתאמץ
- bear down on להתקדם במהירות ל-
- bear hard on להכביד על
- bear hatred לנטור טינה
- bear in mind לזכור, לחרות במוחו
- bear interest לשאת ריבית
- bear love לרחוש אהבה
- bear on להתייחס ל-, להשפיע על
- bear oneself להתנהג
- bear out לאשר, לאמת; לתמוך ב-
- bear right/left לפנות ימינה/שמאלה
- bear signs of לשאת סימנים של
- bear up לסבול, לעמוד ב-; להחזיק
- bear with להתייחס בסבלנות
- bear witness להעיד
- can't bear him לא סובל אותו
- in full bearing מניב פירות
- it won't bear repeating לא נאה לחזור על זאת
- will bear watching כדאי לשים עליו עין
bearable *adj.* נסבל, שאפשר לשאתו
beard *n.* זָקָן; מלענים
beard *v.* להתנגד, להתייצב מול
bearded *adj.* בעל זָקָן, מזוקן
bearded vulture פֶּרֶס
bearer *n.* מוכ"ז; נושא; מניב פרי
bear'ing (bār-) *n.* התנהגות, הופעה, קשר, יחס; התייחסות; סבילה; מיסב
- bearings התמצאות, כיוון
- beyond bearing בלתי נסבל
- lose one's bearings לאבוד
bearish *adj.* דובי, גס; (שוק) יורד
bear market שוק מוכרים
bearskin *n.* עור-דוב; כובע פרווה
beast *n.* חיה, בהמה
beastly *adj.* נתעב, גרוע; חייתי
beastly *adv.* *מאוד מאוד, נורא
beast of burden בהמת-משא
beast of prey חיית-טרף
beat *v.* להכות, לגבור על; לְרַקֵעַ
- beat a retreat לסגת, לחזור
- beat a way לכבוש דרך
- beat about לחפש, להתאמץ למצוא
- beat about the bush להתקרב בעקיפין אל הנושא; להתחמק
- beat down להוריד מחיר, להתמקח
- beat hollow *להביס, לעלות על
- beat in לשבור (בחבטות)
- beat it! הסתלק!
- beat off להדוף
- beat out להשמיע בתיפוף, לתופף;

לכבות אש ברקיעת רגליים וכ׳
- beat the record לשבור את השיא
- beat time (במוסיקה) להקיש בקצב
- beat up להכות קשות; לטרוף ביצה
- he beat me to it הוא הקדימני
- it beats me נבצר ממני להבין
- that beats everything זה עולה על הכל
- to beat the band *במהירות; ברעש
beat *n.* מכה, דפיקה; מיקצב, קצבה, פעמה; מסלול, מקוף, נתיב קבוע
- off one's beat *בשטח זר לו
beat *adj.* *עייף, סחוט; של ביטניק
beaten *adj.* (מתכת) מרוקעת; (דרך) כבושה, סלולה; מוכה, מובס
- go off the beaten track לסטות מהדרך הרגילה
beater *n.* מחבט; מקצף-ביצים
be'atif'ic *adj.* מבורך, מאושר
be·at'ifica'tion *n.* קידוש המת
be·at'ify' *v.* (בכנסייה) לקדש מת
beating *n.* מלקות, הכאה; תבוסה
be·at'itude' *n.* ברכה, אושר רב
beat'nik *n.* ביטניק
beat-up *adj.* *מוכה, מרופט
beau (bō) *n.* מחזר, מאהב
beau ideal כליל היופי
beau monde עולם האופנה
beau'te·ous (bū'-) *adj.* יפהפה
beau·ti'cian (būtish'ən) *n.* בעל סלון-יופי, יפאי; קוסמטיקאית
beau'tiful (bū'-) *adj.* יפה, יפהפה
beau'tify' (bū'-) *v.* לייפות
beau'ty (bū'-) *n.* יופי; יפהפיה
beauty parlor/salon/shop סלון-יופי
beauty queen מלכת-יופי
beauty sleep שינה קלה, נימנום
beauty spot נקודת חן
bea'ver *n&v.* ביבר, בונה; פרוות-בונה; שיריון-סנטר
- beaver (away) *לעבוד קשה
be·calm' (-käm) *v.* לעצור, להרגיע
becalmed *adj.* (ספינה) לא נעה
be·came' = pt of become
be·cause' (-z) *conj.* מכיוון ש-
- because of בגלל, מחמת
beck *n.* רמז, סימן, אות; פלג, נחל
- at his beck and call מוכן לשרתו
beck'on *v.* לרמוז, לאותת
be·cloud' *v.* להעיב, להאפיל; לבלבל
be·come' (-kum') *v.* להיות, להיעשות, להפוך; להיות יאה ל-
- become of לקרות ל-, לעלות בגורלו
becoming *adj.* יאה, הולם, נאה
bed *n.* מיטה; קרקעית; שיכבה; ערוגה; בסיס, מישטח
- bed and board לינה ואוכל, תמיכה
- die in one's bed למות מוות טבעי
- go to bed ללכת לישון, לשכב
- make the bed להציע את המיטה
- out of bed on the wrong side קם על צד שמאל
- take to one's bed ליפול למישכב
bed *v.* לשתול בערוגה; לקבוע, לנעוץ
- bed down לספק כלי מיטה; לשכב
be·daub' *v.* ללכלך בבוץ, להכפיש
bedbug *n.* פישפש
bedclothes *n-pl.* כלי-מיטה
bedding *n.* כלי-מיטה; מצע
be·deck' *v.* לייפות, לקשט
be·dev'il *v.* להביך, לבלבל; להציק
bedevilment *n.* בילבול
be·dew' (-dōō') *v.* ללחלח, להרעיף
bedewed *adj.* מכוסה טיפות, לח
bedfellow *n.* שותף למיטה; ידיד
be·dim' *v.* לעמעם, לטשטש
bed'lam *n.* מהומה; בית-משוגעים
bed linen ליבני-מיטה
bed'ouin (-ōōin) *n.* בדווי, נווד
bedpan *n.* עביט, סיר-חולה
bedpost *n.* רגל המיטה
- between you, me, and the bedpost בינינו לבין עצמנו
be·drag'gle *v.* ללכלך, להכפיש
bedridden *adj.* מרותק למיטתו
bedrock *n.* יסוד; סלע-אדמה; עובדות היסוד
bedroll שק שינה, כלי-מיטה
bedroom *n.* חדר-שינה
bedside *n.* צד המיטה, ליד המיטה
bed'sit'ter *n.* חדר מגורים
bedsore *n.* פצע שכיבה, פצע לחץ
bedspread *n.* כיסוי-מיטה
bedstead (-sted) *n.* שלד המיטה
bedtime *n.* שעת שינה
bee *n.* דבורה; אסיפה; תחרות
- has a bee in his bonnet הוא משוגע לדבר, *יש לו ג׳וק בראש
beech *n.* בּוּק, אשור (עץ)
bee-eater *n.* שרקרק (ציפור)
beef *n.* בשר-בקר; שרירים, כוח
- beeves שוורים מפוטמים (לאכילה)
beef *v.* *להתלונן, להתאונן

- beef up להחזק, להגביר
beefburger *n.* קציצת בשר
beefcake *n.* *גברים שריריים
beef cattle בקר-שחיטה
beefsteak *n.* סטייק בשר, אומצה
beefy *adj.* חסון, שרירי
bee′hive′ *n.* כוורת; מקום שוקק
beekeeper *n.* כוורן
bee-line *n.* קו ישר
- make a beeline for לצעוד היישר
been = pp of be (bin)
- he has been to- הוא ביקר ב-
beep *n.* צליל חוזר, ביפ
beeper *n.* ביפר, איתורית, זימונית
beer *n.* בירה, שיכר, בקבוק בירה
- small beer *קל-ערך, קוטל קנים
beer belly/gut *כרס משתיית בירה
Beershe′ba (bir-) *n.* באר שבע
beery *adj.* כמו בירה, של שיכר
beeswax *n.* דונג דבורים
beet *n.* סלק
bee′tle *n.* חיפושית; פטיש, קורנס
beetle *v.* להיות תלוי ממעל, לבלוט
- beetle off *הסתלק!
beetle-browed *adj.* בעל גבות עבות
beetroot *n.* סלק
beetroot soup חמיצה
beeves = pl of beef (bēvz)
be•fall′ (-fôl) *v.* לקרות, להתרחש, לעלות בגורלו
be•fit′ *v.* להתאים, להלום את
befitting *adj.* מתאים, נאות, הולם
be•fogged′ (-fôgd) *adj.* מבולבל
be•fore′ *adv.* לפני כן, בעבר, לפנים
- long before זמן רב לפני כן
- the day before אתמול, ביום שעבר
before *conj.* לפני ש-, בטרם
before *prep.* לפני-
- before long בקרוב, תוך זמן קצר
- before tax לפני מס, ברוטו
- carry all before him לנחול הצלחה
beforehand *adv&adj.* מראש, לפני המועד; מהיר, מקדים, פזיז
be•foul′ *v.* ללכלך, להשמיץ
be•friend′ (-rend) *v.* להתיידד עם
be•fud′dle *v.* להדהים, לבלבל
beg *v.* לבקש, להתחנן; לפשוט יד
- I beg to אבקש ל-, ברצוני ל-
- I beg to differ אבקש לחלוק על כך
- beg off לבקש שיחרור; לשחרר
- beg the difficulties להתעלם מן הקשיים
- beg the question להתעלם מן הבעיה, להניח שהנושא הוסדר
- go begging אין קופצים עליו
be•gan′ = pt of begin
be•get′ (-g-) *v.* להוליד; לגרום
beg′gar *n.* קבצן, שנורר; *ברנש
beggar *v.* לרושש, להרוס
- beggar description אין לתאר זאת
beggarly *adj.* דל, עלוב; נבזה
beggary *n.* דלות, עוני
be•gin′ (-g-) *v.* להתחיל, לפתוח ב-
- to begin with קודם כול
beginner *n.* מתחיל
beginning *n.* התחלה, ראשית
be•gird′ (-g-) *v.* להקיף
be•gone′ (-gôn) *interj.* הסתלק!
be•go′nia *n.* בגוניה (צמח-נוי)
be•got′ = p of beget
be•got′ten = pp of beget
be•grime′ *v.* לטנף, ללכלך
be•grudge′ *v.* לקנא ב-, לא לפרגן, להיות צר-עין ב-; לתת באי-רצון
be•guile′ (-gīl) *v.* לרמות, לפתות; לבלות, לבדר; להקסים
be•gun′ = pp of begin
be•half′ (-haf) *n.* תועלת
- on behalf of לטובת-, למען-, בשם-
- on his behalf בשמו, למענו
be•have′ *v.* להתנהג, לפעול
- behave yourself התנהג יפה
- well-behaved מנומס, מתנהג יפה
be•hav′ior (-hāv′yər) *n.* התנהגות
- be on one's best behavior להשתדל מאוד להתנהג יפה
- put him on his best behavior להתרות בו שיתנהג יפה
behaviorism *n.* התנהגותנות
be•head′ (-hed) *v.* לערוף
be•held′ = p of behold
be•hest′ *n.* פקודה; בקשה
be•hind′ (-hīnd) *prep.* מאחורי
- behind the scenes מאחורי הקלעים
- behind the times מיושן, מפגר
behind *adv.* מאחור, בפיגור
- be behind לפגר
- fall behind לפגר, לא להשיג
- put behind להשליך מאחורי גוו
behind *n.* *ישבן, אחוריים
behindhand *adj.* מפגר, בפיגור
be•hold′ (-hōld) *v.* לראות, להביט
be•hold′en (-hōl-) *adj.* אסיר-תודה

be·hoove′ *v.* להיות חובה על
- it behooves you חובה עליך
beige (bāzh) *n.* בז׳, צבע בז׳
be′ing *n&adj.* קיום; ישות
- call into being ליצור, לברוא
- come into being להיווצר
- for the time being בינתיים
- human being יצור אנוש, אדם
- in being קיים, ישנו
be·jew′el (-jōō′-) *v.* לקשט, לייפות
be·la′bor *v.* להכות, להתקיף
- belabor a point להאריך מדי, לדוש
be·la′ted *adj.* משתהה, מאחר
be·lay′ *v.* לקשור בחבל, להדק
belaying-pin *n.* יתד לקשירת חבל
belch *v.* לגהק; לפלוט
belch *n.* גיהוק, פליטה (של עשן)
bel′dam *n.* מירשעת, אישה זקנה
be·lea′guer (-gər) *v.* לכתר, להקיף; לצער, לגרום צרות
bel′fry *n.* מיגדל פעמון
Belgian *n.* בלגי
Bel′gium (-jəm) *n.* בלגיה
be·lie′ (-lī) *v.* להסוות, להסתיר, להכזיב, לאכזב
be·lief′ (-lēf) *n.* אמונה; דת
- beyond belief לא יאומן
- to the best of my belief למיטב ידיעתי, לפי הערכתי
believable *adj.* אמין, מהימן
be·lieve′ (-lēv) *v.* להאמין
- believe one's ears להאמין למישמע אוזניו
- make believe להעמיד פנים, לדמות
believer *n.* מאמין, חסיד
be·lit′tle *v.* להמעיט, לזלזל ב-
bell *n&v.* פעמון, צילצול פעמון
- bell the cat להסתכן למען הזולת
- bell, book and candle קללה, חרם
- ring a bell *להזכיר, לצלצל
- sound as a bell בריא, במצב מצוין
- with bells on *בלהיטות
bel′ladon′na *n.* בלדונה (צמח)
bell-bottoms *n.* מיכנסי-פעמון
bellboy *n.* משרת, שליח (במלון)
belle *n.* יפהפיה
belles-lettres (bel′let′rə) *n.* ספרות יפה, בלטריסטיקה
bellflower *n.* פעמונית (צמח)
bell′hop′ *n.* משרת, שליח (במלון)
bel′licose′ *adj.* תוקפני, שש לקרב
bel′licos′ity *n.* מילחמתיות

-bellied *adj.* בעל כרס-
- big-bellied כרסתני
bellig′erency *n.* לוחמות, קרביות
bellig′erent *adj.* לוחם, מלחמתי
bel′low (-ō) *v.* לצווח, לשאוג
bel′lows (-ōz) *n.* מפוח
- a pair of bellows מפוח
bell-push *n.* כפתור-פעמון
bell′weth′er (-dh-) *n.* מוביל, מנהיג; משכוכית
bel′ly *n.* כרס, בטן, קיבה
belly *v.* לנפח; להתנפח, לבלוט
bellyache *n.* כאב בטן
bellyache *v.* *להתאונן, לרטון
bellybutton *n.* *טבור
belly dancer רקדנית בטן
bellyful (-fool) *n.* מלוא הכרס
bellyland *v.* לנחות על גחונו
belly laugh צחוק רם, צחוק עמוק
be·long′ (-lông) *v.* להיות מתאים ל-/מקומו ב-/חבר ב-
- belong to להיות שייך ל-
belongings *n-pl.* נכסים, חפצים
be·loved′ (-luvd) *adj.* אהוב, יקר
be·lov′ed (-luv′id) *n.* אהוב
be·low′ (-ō) *adv.* למטה; להלן
- here below על הארץ
below *prep.* למטה מ-, מתחת ל-
belt *n.* חגורה, רצועה; איזור
- green belt חגורת-ירק
- hit below the belt להכות מתחת לחגורה
- tighten the belt להדק את החגורה
- under one's belt בקיבתו; באמתחתו
belt *v.* לחגור; להלקות, להכות; לרוץ, למהר
- belt out *לשיר בקול רם
- belt up! שקט! שתוק!
belted *adj.* חגור, בעל חגורה
belting *n.* הלקאה; חגורות, רצועות
be·moan′ *v.* לקונן על
be·mused′ (-mūzd) *adj.* מבולבל
bench *n.* ספסל; שופט, שופטים; כיסא השופט; שולחן-מלאכה
bencher *n.* שופט
benchmark *n.* סימן מדידה, אמת מידה, דוגמה, נקודת התייחסות
bench warrant פקודת מעצר
bend *n.* פנייה, עיקום; קשר
- round the bend *משוגע, מטורף
- the bends מחלת האמודאים

bend *v.* לכופף; להתכופף, לרכון; לנטות; לכוון; להיכנע; לכפות
- bend a bow לדרוך קשת
- bend one's mind להתרכז ב-
- bend the knee לכרוע ברך
- on bended knees בכריעת ברך
bender *n.* *הילולה, חינגה; הומו
be•neath′ *adv.* למטה, מלמטה
beneath *prep.* למטה מ-, מתחת ל-
- beneath notice ראוי להתעלם מכך
- it's beneath you to הרי זה למטה מכבודך ל-
ben′edict′ *n.* חתן, רווק שהתחתן
Ben′edic′tine (-tin) *n.* נזיר בנדיקטי; בנדיקטין, ליקר
ben′edic′tion *n.* ברכה, תפילה
ben′efac′tion *n.* גמילות חסד, נדבה
ben′efac′tor *n.* גומל חסד, תורם
ben′efac′tress *n.* גומלת חסד
ben′efice (-fis) *n.* נכסי כנסייה, מקור פרנסה (לכומר)
benef′icence *n.* גמילות חסד
benef′icent *adj.* גומל חסד
ben′efi′cial (-fi-) *adj.* מועיל, מהנה
ben′efic′iar′y (-shieri) *n.* בעל קיצבה, נהנה; מוטב
ben′efit *n.* טובה, יתרון, רווח, תועלת; סיוע; קיצבה, גימלה
- benefit match תחרות שהכנסותיה קודש לצדקה
- for the benefit of לטובת, למען
- have the benefit of the doubt ליהנות מן הספק
benefit *v.* להועיל; ליהנות, להרוויח
benev′olence *n.* נדיבות לב
benev′olent *adj.* נדיב-לב, רחב-לב
be•night′ed *adj.* שרוי בחשיכה
be•nign′ (-nīn) *adj.* נדיב לב; נעים, נוח; (מחלה) לא מסוכנת, שפיר
be•nig′nant *adj.* נעים, נוח
be•nig′nity *n.* נדיבות-לב, חסד
ben′ison *n.* ברכה
bent *adj.* מעוקם; *מושחת; מטורף; הומו
- bent on נחוש בדעתו ל-
bent *n.* נטייה, כישרון טבעי
bent = p of bend
be•numbed′ (-numd′) *adj.* קהוי
ben′zine (-zin) *n.* בנזין
be•queath′ *v.* להוריש, להנחיל
be•quest′ *n.* ירושה, עיזבון
be•rate′ *v.* לנזוף, לגעור

be•reave′ *v.* לשכל, לאבד, לשלול
- bereaved father אב שכול
bereavement *n.* שיכול, שְׁכוֹל
be•reft′ *adj.* חסר-, נטול-, נעדר-
beret′ (-rā′) *n.* כומתה, כובע, ברט
berg *n.* קרחון
ber′iber′i *n.* ברי-ברי (מחלה)
berk *n.* *טיפש, מטומטם
ber′ry *n.* עינב, גרגר; פול-קפה
berserk′ *adj.* אחוז-חימה, כועס
berth *n.* מיטה (ברכבת); מעגן; *מישרה, עבודה
- give a wide berth להתרחק מ-
berth *v.* לאכסן; לעגון; להעגין
ber′yl *n.* תרשיש (אבן טובה)
be•seech′ *v.* להתחנן, להפציר ב-
be•seem′ *v.* להתאים, להלום את
- it ill beseems you לא יאה לך
be•set′ *v.* לכתר, להתקיף; להטריד
besetting *adj.* מטריד, אינו מרפה
be•side′ *prep.* אצל, ליד, על-יד; בהשוואה ל-, לעומת
- beside oneself יוצא מגדרו
- beside the point לא שייך לנושא
besides *adv&prep.* נוסף לכך; נוסף ל-
be•siege′ (-sēj) *v.* לכתר, להקיף; להציק
be•smear′ *v.* ללכלך, להכפיש
be•smirch′ *v.* ללכלך, להכתים
be′som (-z-) *n.* מטאטא
be•sot′ted *adj.* שיכור, מבולבל
be•sought′ = p of beseech (-sôt)
be•spat′ter *v.* ללכלך, להכפיש
be•speak′ *v.* להראות, להעיד על
be•spec′tacled (-kəld) *adj.* ממושקף
be•spoke′ (= p of bespeak) מוזמן מראש
bespoke tailor תופר לפי הזמנה
best *adj.* הטוב ביותר
- the best part of רוב, מרבית
best *adv.* באופן הטוב ביותר, הכי
- as best he could כמיטב יכולתו
- had best מוטב ש-, טוב היה אילו
best *n.* הטוב ביותר, מיטב
- all for the best יסתיים בטוב
- all the best! שלום! כל טוב!
- at best לכל היותר; "מכסימום"
- at one's best בשיא כושרו
- get the best of לגבור על, לנצח
- in one's best בבגדיו הנאים

- make the best of להפיק את מירב התועלת מן-, לקבל ברוח טובה
- to the best of one's ability כמיטב יכולתו
best *v.* לגבור על, להביס
bes′tial (-′chəl) *adj.* אכזרי, חייתי
bes′tial′ity (-′ch-) *n.* חייתיות
bes′tiar′y (-′chieri) *n.* סיפורי חיות
be·stir′ *v.* לעורר לפעולה, להזדרז
- bestir oneself להזיז עצמו, לפעול
best man שושבין
be·stow′ (-ō) *v.* לתת, להעניק
bestowal *n.* מתן, הענקה
be·strew′ (-rōō) *v.* לפזר, לזרות
be·stride′ *v.* לעמוד/לשבת בפישוק
best seller *n.* רב-מכר
bet *v.* להתערב, להמר
- I bet *אני בטוח, אני מתערב ש-
- you bet *בוודאי, אין ספק
bet *n.* התערבות, הימור
beta (bā′tə) *n.* ביתא (אות)
be·take′ *v.* ללכת
- betake oneself ללכת, לפנות
bete noire (bātnwär′) *n.* תועבה
beth′el *n.* בית תפילה, בית-אל
be·think′ *v.* לחשוב, להיזכר
Beth′le·hem′ *n.* בית לחם
be·tide′ *v.* לקרות, להתרחש
- woe betide you אוי לך
be·times′ (-tīmz) *adv.* בהקדם
be·to′ken *v.* לנבא, לבשר; לסמן
be·tray′ *v.* לבגוד ב-; למסור, לגלות סוד, להסגיר, להעיד על
betrayal *n.* בגידה; הסגרה
be·troth′ (-rōdh) *v.* לארס
betrothal *n.* אירוסין
betrothed *adj.* מאורס; ארוסה
bet′ter *adj.* טוב יותר
- better than יותר מ-, רב מ-
- better than one's word מקיים יותר מכפי שהבטיח
- go one better לעלות על
- little better than כמעט, ממש
- no better than she should be אינה צנועה ביותר
- one's better half אישתו, פלג-גופו
- the better part of רוב, מרבית
better *adv.* (באופן) טוב יותר
- better off במצב יותר טוב
- had better כדאי, מוטב ש-
- think better of להעריכו יותר; לשקול שנית בדבר, להחליט אחרת
better *n.* דבר (או אדם) יותר טוב
- for better or worse בכל הנסיבות
- for the better (שינוי) לטובה
- get the better of לגבור על
- one's betters הגדולים ממנו
better *v.* לשפר, לתקן
betterment *n.* שיפור, השבחה
bet′tor *n.* מתערב, מהמר
be·tween′ *prep.* בין
- between them יחד, במשותף
- between you and me בינינו לבין עצמנו
- come between them להפריד ביניהם
- no love lost between them אין אהבה שורה ביניהם
- nothing to choose between- אין הבדל בין-
between *adv.* באמצע, בין השניים
- far between רחוקים, נדירים
- in between בתוך, באמצע
be·twixt′ and between במצב ביניים, לא זה ולא זה
bev′el *n.* שיפוע; קצה משופע, מדר
bevel *v.* לשפע קצה, להמדיר
bev′erage *n.* משקה
bev′y *n.* קבוצה, להקת ציפורים
be·wail′ *v.* לקונן, לבכות
be·ware′ *v.* להישמר, להיזהר
be·wil′der *v.* לבלבל, להביך
bewilderment *n.* מבוכה, תדהמה
be·witch′ *v.* לכשף; להקסים
be·yond′ *prep.* מעבר ל-, למעלה מ-
- beyond a reasonable doubt מעל לכל ספק סביר
- beyond all praise משובח ביותר
- beyond measure לאין שיעור
- beyond repair לא ניתן לתיקון
- beyond that מלבד זאת, נוסף לכך
- it's beyond me זה נשגב מבינתי
beyond *adv.* הלאה, יותר רחוק
- the beyond העולם הבא
b.f. לעמוד הבא; *טיפש גמור
bi- (תחילית) פעמיים בכל-, דו-
bi·an′nu·al (-nūəl) *adj.* חצי-שנתי
bi′as *n.* נטייה, דיעה קדומה, נטאי; משוא פנים
- on the bias בקו אלכסוני
bias *v.* להטות דיעה, לשחד, להשפיע
biased *adj.* בעל דיעה קדומה
bib *n.* סינר, לבובית, חפי
Bi′ble *n.* תנ"ך, כתבי הקודש

bib′lical *adj.* תנכ״י, מיקראי
bib′liog′rapher *n.* ביבליוגרף, ספרן
bib′liograph′ical *adj.* ביבליוגרפי
bib′liog′raphy *n.* ביבליוגרפיה
bib′liophile′ *n.* חובב ספרים
bib′u·lous *adj.* שתיין
bi·cam′eral *adj.* בעל שני בתי מחוקקים
bi·car′bonate *n.* סודה לשתייה
bi′cen·ten′ary *n.* יום השנה ה-200
bi′cen·ten′nial *adj.* פעם ב-200 שנה
bi′ceps′ *n.* קיבורת, שריר הזרוע
bick′er *v.* לריב, להתקוטט
bi′con·cave′ *adj.* קעור משני צדדיו
bi′con·vex′ *adj.* קמור משני צדדיו
bi′cycle *n.* אופניים
bicycle *v.* לרכוב על אופניים
bid *v.* להציע מחיר; להשתדל לרכוש; לצוות, לבקש, להזמין; לברך, לאחל
- bid for לחזר אחרי, להשתדל לרכוש
- bid up להעלות את המחיר
- bids fair to יש רושם ש-, נראה ש-
bid *n.* הצעת מחיר, מיכרז; מאמץ, ניסיון; הצעה (בקלפים)
bid′dable *adj.* צייתן, מציית
bidder *n.* מציע מחיר במיכרז
bidding *n.* פקודה; הצעת מחיר
bide *v.* לחכות, להישאר
- bide one's time לחכות לשעת כושר
bidet′ (-dā′) *n.* אסלת-רחצה, בידה
bi·en′nial *adj.* דו-שנתי
bier (bir) *n.* מיטת מת, ארון מת
biff *v&n.* *להכות; מכה, חבטה
bi·fo′cal *adj.* דו-מוקדי
- bifocals משקפיים דו-מוקדיים
bi′furcate′ *v.* להסתעף לשניים
bi′furcate *adj.* ממוזלג
bi′furca′tion *n.* הסתעפות, מיסעף
big *adj.* גדול, מבוגר, חשוב; *מפורסם
- big deal! *האומנם?! (בזילזול)
- big with child הרה, בהיריון
- have big ideas לשאוף לגדולות
- make a big deal of לעשות ״עניין״ מ-
- talk big *להתפאר, להתרברב
- too big for one's boots *שחצן
big′amist *n.* ביגמיסט
big′amous *adj.* של ביגמיה
big′amy *n.* ביגמיה, נישואים כפולים
Big Bang המפץ הגדול
big brother האח הגדול, המנהיג
big dipper הדובה הגדולה; רכבת (בפארק)
big game חיות גדולות (לציד)
big head *n.* *שחצן, רברבן, מנופח
big-hearted *adj.* נדיב, רחב-לב
bight *n.* מיפרץ; עניבה, לולאה
big mouth פה גדול, פה מפטפט
big name בעל שם, מפורסם
big noise *אישיות, תותח כבד
big′ot *n.* קנאי, קנאי חשוך
big′oted *adj.* קנאי, דוגמטי
big′otry *n.* קנאות עיוורת
big shot *אדם חשוב, אישיות
big time חשוב; פרסום, הצלחה
big top אוהל קירקס
big wheel גלגל ענק; *אישיות
big′wig′ *n.* *אדם חשוב, אישיות
bi′jou (bē′zhōō) *n.* תכשיט, אבן חן
bike *n&v.* * (לרכוב על) אופניים
biki′ni (-kē′-) *n.* ביקיני
bi·lat′eral *adj.* דו-צדדי, הדדי
bil′ber′ry *n.* אוכמנית
bile *n.* מרה; מרירות, רגזנות
bilge *n.* שיפולי האונייה, מי-שיפוליים; *שטויות, זבל
bi·ling′ual (-gwəl) *adj.* דו-לשוני
bil′ious *adj.* סובל מעודף מרה; רגזן
bil′iru′bin *n.* בילירובין (צבען)
bilk *v.* לרמות, להתחמק מתשלום
bill *n.* מקור, חרטום; לְשׁוֹן יַבָּשָׁה
bill *n.* חשבון (לתשלום); מודעה; הצעת חוק; שטר, תעודה
- bill of exchange שטר חליפין
- bill of fare תפריט (במיסעדה)
- bill of lading שטר מיטען
- bill of sale שטר מכר
- bills payable שטרות לפירעון
- bills receivable שטרות לקבל
- fill the bill לעשות כפי הנדרש
- foot the bill לשלם, לפרוע
- top the bill להוביל (ברשימה)
bill *v.* להגיש חשבון; לפרסם במודעות, להכריז, להודיע
- bill and coo להתעלס, להתנשק
billboard *n.* לוח מודעות
bil′let *n.* מגורי-חייל; *מישרה, ג׳וב
billet *v.* לשכן חייל (בבית פרטי)
billet-doux (bil′ādōō′) *n.* מכתב אהבה
bill′fold′ (-fōld) *n.* ארנק, תיק

billhook *n.* גרזן כפוף-להב
bil′liards (-lyərdz) *n.* ביליארד
bil′liard table שולחן ביליארד
bil′lingsgate′ (-z-) *n.* לשון גסה
bil′lion *n.* ביליון, מיליארד
bil′lionaire′ (-yəner′) *n.* מיליארדר
bil′lionth *n.* מיליארדית; ביליונית
bil′low (-ō) *n.* גל, נחשול
billow *v.* להתנחשל, להתאבך
billowy *adj.* גלי, מתרומם כנחשול
billposter *n.* מדביק מודעות
billsticker *n.* מדביק מודעות
bil′ly *n.* כלי (להרתחת מים); אלת-שוטר
billy goat תיש
bil′ly-o′, like billy-o *בעוצמה רבה, מהר מאוד, הרבה וכו׳
bi′metal′lic *adj.* דו-מתכתי
bi•met′allism *n.* דו-מתכתיות
bi•month′ly (-mun-) *adj.* דו-חודשי
bin *n.* ארגז, תיבה
bi′nary *adj.* של שניים, כפול, בינארי, שניוני, זוגי
bind (bīnd) *v.* לקשור, לכבול; לכפות, לחייב; לכרוך; להקשות, לגבש; לעצר מעיים
- bind oneself to להתחייב ל-
- bind over לחייב את הנאשם ל-
- bind the edges לקשט השוליים, להדק הקצוות לבל ייפרמו
- bind up a wound לחבוש פצע
- bind up the hair לצנוף השיער
bind *n.* *מטרד, צרה; *קנוקנת
binder *n.* כורך ספרים; כורכן, תיק; מאלמת (לקצירה); מלט, חומר מצמיד; זיכרון דברים
bindery *n.* כריכייה
binding *n.* כריכה; רצועת שוליים
binding *adj.* מחייב, קושר, כובל
bindweed (bīnd′-) *n.* חבלבל
bine *n.* קנוקנת (של צמח מטפס)
binge *n.* *הילולה
bin′go *n.* בינגו
bin liner שקית אשפה, שקית זבל
bin′nacle *n.* קופסת המצפן
binoc′u•lars *n-pl.* מישקפת
bi•no′mial *n.* (במתימטיקה) בינום
bi′o•chem′istry (-k-) *n.* ביוכימיה
bi′o•feed′back′ *n.* משוב ביולוגי
bi•og′rapher *n.* ביוגרף
bi′ograph′ical *adj.* ביוגרפי
bi•og′raphy *n.* ביוגרפיה
bi′olog′ical *adj.* ביולוגי
biological warfare לוחמה ביולוגית
bi•ol′ogist *n.* ביולוג
bi•ol′ogy *n.* ביולוגיה
bi′o•lu•mines′cence *n.* זהירה ביולוגית
bi′o•mechan′ics (-k-) *n.* ביו-מכניקה
bi•on′ic *n.* ביוני
bi′o•phys′ics (-z-) *n.* ביופיסיקה
bi′op′sy *n.* ביופסיה, בדיקה מן החי
bi′o•rhythm′ (-ridh′əm) *n.* ביוריתמוס, שעון ביולוגי
bi′o•tech•nol′ogy (-tek-) *n.* ביוטכנולוגיה
bi•par′tisan (-z-) *adj.* דו-מפלגתי
bi•par′tite′ *adj.* דו-צדדי
bi′ped′ *n.* הולך על שתיים, דו-רגלי
birch *n.* ליבנה, מקל ליבנה; תירזה
birch *v.* להלקות במקל ליבנה
bird *n.* ציפור, עוף; *ברנש, בחורה
- bird's-eye view מראה ממעוף הציפור; סקירה כללית
- birds of a feather דומים זה לזה
- do bird *לשבת בבית סוהר
- early bird משכים קום, בא מוקדם
- for the birds *טיפשי, חסר-ערך
- get the bird להתקבל בשריקות בוז
bird-brained *מוח של אפרוח
bird fancier חובב ציפורים
bird′ie *n.* ציפור, ציפורית
birdlime *n.* דבק ללכידת ציפורים
bird of paradise ציפור-עדן
bird of passage ציפור נודדת
bird of prey עוף טורף, דורס
biret′ta *n.* כומתה (של כמרים)
bi′ro *n.* עט כדורי
birth *n.* לידה, שעת הלידה, ילודה; מוצא, מקור, ייחוס
- by birth מלידה
- give birth to ללדת, ליצור
birth control פיקוח על הילודה
birthday *n.* יום הולדת
- birthday suit עירום מלא
birthmark *n.* כתם לידה
birth pangs צירי לידה
birthrate *n.* שיעור הילודה
birthright *n.* זכות מלידה
bis′cuit (-kət) *n.* ביסקוויט, אפיפית, תופין, מרקוע, עוגייה; חום-בהיר

bi′sect′ *v.* לחתוך, לחצות
bi′sec′tion *n.* חצייה, חיתוך
bi′sec′tor *n.* חוצה זווית
bi·sex′ual (-kshōōəl) *adj.* דו-מיני
bish′op *n.* הגמון; רץ (בשחמט)
bis′muth (-z-) *n.* ביסמות (מתכת)
bi′son *n.* ביזון, בופאלו, תאו
bisque (bisk) *n.* מרק (סמיך)
bis′tro (bēs′-) *n.* בר, ביסטרו
bit *n.* מתג (בפי הסוס); מקדח
- take the bit between its teeth להתפרע; לנקוט פעולה נמרצת
bit *n.* משהו, קצת, חתיכה; מטבע קטן; ביט
- 2 bits 25 סנט
- a bit (of) קצת, במידה מסוימת
- a bit at a time בהדרגה
- a nice bit חתיכה הגונה
- bit by bit בהדרגה
- bits and pieces חפצים שונים
- do one's bit לתרום את חלקו
- every bit לגמרי, הכול
- not a bit (of it) לגמרי לא
- to bits לחתיכות, לרסיסים
bit = p of bite
bitch *n.* כלבה
bitch *v.* *להתאונן, להתמרמר
bitchy *adj.* *מתמרמר, מנבל פיו
bite *v.* לנשוך, לעקוץ; להכאיב; לבלוע פיתיון; להיצמד, להיתפס
- bite back לרסן; לאטום שפתיו
- bite his head off *לדבר בגסות
- bite off לנגוס
- bite one's lips לנשוך שפתיו
- bite the dust *ליפול חלל
- bitten with להוט אחרי, אחוז-
- something to bite on עניין לענות בו, משהו להתעסק עמו
bite *n.* נשיכה, נגיסה, עקיצה, הכשת נחש; בליעת פיתיון; חריפות; אחיזה
- a bite to eat משהו לאכול
biting *adj.* חד, שנון, עוקצני
bit′ten = pp of bite
bit′ter *adj.* מריר, מר; (קור) עז
- to the bitter end עד הסוף המר
bitter *n.* בירה מרה (משקה)
- bitters משקה מר
bit′tern *n.* אנפה
bittersweet *adj.* (שוקולד) מריר
bit′ty *adj.* *זעיר; עשוי טלאים
bitu′men *n.* אספלט, ביטומן
bitu′minous *adj.* ביטומני

bi′valve′ *n.* צידפה (דו-קשוותית)
biv′ouac′ (-vōōak) *n&v.* (לחנות ב-) מחנה ארעי ללא אוהלים
bi·week′ly *adj.* דו-שבועי
bi·year′ly *adj.* דו-שנתי; חצי שנתי
biz *n.* *ביזנס, עסק
bizarre′ (-zär) *adj.* משונה, מוזר
blab *v.* לפטפט, לגלות סוד
blab′ber *v.* לפטפט, לגלות סוד
blabbermouth *n.* פטפטן
black *adj&n.* שחור, כושי; קודר
- black and blue כולו פצע וחבורה
- black and white שחור על גבי לבן, בכתב; (שידור ב-) שחור-לבן
- black in the face סמוק (מזעם)
- black look מבט זועם
- black tidings בשורות מרות
- dressed in black לבוש שחורים
- go black להתערפל, להיטשטש
- in the black (חשבון בנק) בזכות
- look black לבשר עתיד קודר
black *v.* להשחיר; להחרים
- black out לאפל, להטיל איפול; לכבות האורות; להתעלף
black′amoor′ *n.* כושי, שחור
black art כישוף, כשפים
blackball *v.* להצביע נגד (צירוף חבר חדש למועדון)
black belt חגורה שחורה
blackberry *n.* אוכמנית
blackbird *n.* שַׁחֲרוּר; כושי חטוף
blackboard *n.* לוח (של כיתה)
blackcurrant *n.* עינבי-שועל
black economy כלכלה שחורה
blacken *v.* להשחיר; להשמיץ
black eye פנס (מסביב לעין)
black-eyed pea לוביה
blackguard (blag′ərd) *n.* נָבָל
blackguardly *adj.* גס, נבזה
blackhead *n.* חטטית (בעור)
blackhearted *adj.* רע-לב, אכזר
black hole חור שחור (בחלל)
black ice/frost כפור (על הכביש)
blacking *n.* משחת-נעליים שחורה
blackjack *n.* עשרים ואחת (מישחק); אלה כבדה (נשק קר)
black lead *n.* גרפיט
blackleg *n.* מפר שביתה; רמאי
blackleg *v.* להפר שביתה
blacklist *n.* רשימה שחורה
blacklist *v.* לכלול ברשימה שחורה
blackly *adv.* בזעם, בעצב, ברוע-לב

black magic כשפים, מאגיה שחורה
blackmail *n.* סחיטה, סחטנות
blackmail *v.* לסחוט (כספים)
Black Mari'a *מכונית אסירים
black market שוק שחור
Black Mass פולחן השטן
blackout *n.* האפלה, איפול; כיבוי אורות; עלטה; איבוד ההכרה
black pudding נקניק (שחור)
black sheep כיבשה שחורה, בן סורר
blacksmith *n.* נַפָּח, מפרזל סוסים
black spot מקום מועד לתאונות
black tie תלבושת חגיגית
black vulture עוזנייה
black widow אלמנה שחורה
blad'der *n.* שלפוחית (השתן); פנימון
blade *n.* להב, חורפה; סכין-גילוח; עלה ארוך; כף (של משוט/מדחף)
blah (blä) *n.* *הבלים, בלה-בלה
blame *v.* להאשים, להטיל אשמה על
- is to blame אשם, אחראי
blame *n.* אשמה, אחריות, גינוי
- bear the blame לשאת באחריות
- lay the blame להטיל את האשמה
blameless *adj.* לא אשם, חף מפשע
blameworthy *adj.* ראוי לגינוי
blanch *v.* להחוויר; להלבין צמחים; לקלף שקדים; לחלוט, לשלוק
blancmange (bləmänj') *n.* רפרפת
bland *adj.* נעים, נוח, רך, עדין; שיטחי; אדיש; משעמם
blan'dish *v.* להחניף
blandishment *n.* חנופה, שידולים
blank *adj.* ריק, חלק, חסר-הבעה; משעמם; מוחלט
- blank look מבט בוהה
- come up against a blank wall להיתקל בקיר אטום
blank *n.* חלל ריק; טופס ריק; תורף; כדור סרק
- draw a blank להעלות חרס בידו
blank cartridge כדור סרק
blank check צ'ק ריק; יד חופשית
blan'ket *n.* שמיכה, כיסוי, מעטה
- wet blanket אדם המשרה דיכאון
blanket *adj.* כולל, מקיף
blanket *v.* לכסות
blank verse שירה ללא חרוזים
blare *n.* רעש, תרועת חצוצרה
blare *v.* לנגן ברעש, לשאוג, להרעיש

blar'ney *n.* חנופה, חנפנות
blase (blazā') *adj.* עייף מתענוגות
blas·pheme' *v.* לחרף; לנאץ
blas'phemous *adj.* מחרף; מנאץ
blas'phemy *n.* חילול השם, חירוף
blast *n.* זרם-אוויר; הדף-אוויר; פיצוץ, התפוצצות; צפירה, שריקה
- at full blast במלוא הקיטור, במרץ
blast *v.* לפוצץ; להפציץ; לקלקל, להרוס; לשדוף; לגעור, לגנות
- blast it! לעזאזל!
- blast off להמריא, לזנק; לגעור
blasted *adj.* ארור
- blasted hopes תיקוות מנופצות
blast furnace כור היתוך
blast-off *n.* זינוק (של חללית)
bla'tant *adj.* קולני, גס, חסר-בושה, בוטה
blath'er (-dh-) *n.* שטויות
blaze *n.* להבה, שריפה; אור מבהיק; התפרצות זעם, התלקחות
- go to blazes! לך לעזאזל!
- like blazes *במרץ; כמו משוגע
blaze *v.* לבעור, להתלקח; להבהיק; לפרסם
- be blazed להתנוסס, להתפרסם
- blaze a trail לסמן נתיב; לבצע דבר לראשונה, להיות חלוץ
- blaze away לירות בלי הרף
blaze *n.* כתם לבן (בראש הסוס)
bla'zer *n.* מעיל ספורטיבי, בלייזר
blazing *adj.* בוער, בולט, גס
bla'zon *n.* שיריון, מָגֵן
blazon *v.* לקשט, לייפות; לפרסם
bla'zonry *n.* תצוגה מרהיבה
bleach *n&v.* חומר מלבין; להלבין
bleach'ers *n-pl.* ספסלי הצופים
bleaching powder אבקת הלבנה
bleak *adj.* קר, עגום; חשוף
bleak *n.* לַבְנוּן (דג)
blear'y *adj.* מטושטש-ראייה, עמום
bleary-eyed *adj.* מטושטש-ראייה
bleat *n&v.* פעייה; לפעות (כבש)
bled = p of bleed
bleed *v.* לדמם, לאבד דם; להקיז דם; לסחוט כספים
- my hearts bleeds ליבי שותת דם
bleeder *n.* המופילי, סובל מדממת
bleeding *n&adj.* דימום; *ארור
bleeding heart יפה נפש, רך לבב
bleep *n.* בליפ (צליל)
bleep *v.* להפיק צליל כנ"ל

- bleep out למחוק (ע"י בליפ)
bleep'er *n.* איתורית, זימונית
blem'ish *n.* דופי, פגם, ליקוי
blemish *v.* לפגום, להטיל דופי ב-
blench *v.* להירתע בפחד, להתחלחל
blend *v.* לערבל, למהול; להתמזג
blend *n.* תערובת, מימזג
blender *n.* ממרס, בלנדר, ממחה
bless *v.* לברך, לקדש
- bless me! I'm blest! חי נפשי!
- bless you! לבריאות (למתעטש)
- blessed with ניחן, נתברך ב-
bless'ed *adj.* מבורך, קדוש; *ארור
blessedness *n.* אושר
- single blessedness רווקות
Blessed Sacrament הלחם הקדוש
blessing *n.* ברכה, מזל, טובה
- a blessing in disguise תקלה שברכה טמונה בה
- ask a blessing לברך ברכת המזון
bleth'er (-dh-) *v&n.* (לדבר) שטויות
blew = pt of blow (bloo)
blight *n.* שידפון, הרס, פגע
blight *v.* להקמיל, לקלקל, להרוס
blighter *n.* *ברנש, טיפוס רע
bli'mey *interj.* *חי נפשי!
blimp *n.* ספינת אוויר
blind (blīnd) *adj.* עיוור; אטום ל-
- blind drunk שיכור כלוט, שתוי
- blind haste פזיזות, חיפזון
- turn a blind eye to להתעלם מ-
blind *v.* לעוור, לסנוור
blind *n.* וילון (משתלשל); מסווה, הטעייה, רמאות; מארב
blind alley מבוי סתום
blind corner סיבוב סמוי, פנייה של שדה-ראייה מוגבל
blind date פגישה עיוורת
blind'er (blīnd'-) *n.* *הילולה; ביצוע מצוין
- blinders סכי-עיניים
blind flying טיסה עיוורת
blindfold *v.* לקשור העיניים
blindfold *adj.* בעיניים קשורות
blinding *adj.* מעוור, מסנוור; *נורא
blind man's buff מישחק ה"תופסת" בעיניים קשורות
blindness *n.* עיוורון
blind spot הכתם העיוור (בעין); חוסר-הבנה מוחלט
blind turning סיבוב סמוי, פנייה בעלת שדה-ראייה מוגבל
blink *v.* למצמץ, לקרוץ; להבהב
- blink the fact להתעלם מן העובדה
- blinked first מיצמץ ראשון
- didn't blink לא הניד עפעף
blink *n.* מיצמוץ, היבהוב
- on the blink *לא פועל כשורה
blink'er *n.* נורת-היבהוב; סך-עיניים
blinkered *adj.* שעיניו טחו מראות
blinking *adj.* *ארור
blip *n.* כתם על מסך המכ"מ
bliss *n.* אושר, שימחה
blissful *adj.* מאושר
blis'ter *n&v.* בועה, אבעבועה, כווייה; לגרום לבועות, להתכסות בועות
blis'tering *adj.* זועף, פוגעני
blister pack אריזת בועה
blithe (blīdh) *adj.* עליז
blith'ering (-dh-) *adj.* (פטפטן) גמור
blithesome *adj.* עליז
blitz *n.* התקפת-בזק, בליץ
blitz *v.* להפציץ תוך התקפת בזק
bliz'zard *n.* סופת-שלג עזה
bloat'ed *adj.* נפוח, מנופח, מתנפח
bloat'er *n.* דג מלוח מעושן
blob *n&v.* טיפה, גוש, כתם; להתיז
bloc *n.* גוש פוליטי, בלוק
- en bloc במיכלול אחד, אן-בלוק
block *n.* גוש; בלוק; אימום, גלופה; סתימה, מחסום; גרדום; *ראש
- on the block למכירה
- traffic block פקק תנועה
block *v.* לחסום, להכשיל, לעכב, לסכל
- block in/out לתכנן בצורה כללית
block·ade' *n.* הסגר ימי, מצור
- raise a blockade להסיר המצור
- run a blockade לחמוק ממצור
blockade *v.* להטיל מצור על
block'age *n.* עיכוב, מיכשול, סתימה
block and tackle גלגלת (מכשיר)
blockbuster *n.* פצצה אדירה; להיט, רב-מכר
blocked account חשבון חסום
blockhead *n.* טיפש
blockhouse *n.* מצודה, תבצור
block letters אותיות דפוס
bloke *n.* *אדם, ברנש

blond *adj&n.* בלונדיני, בהירני
blonde *adj&n.* בלונדינית
blood (blud) *n.* דם, קירבת-דם
- blood-and-thunder stories סיפורי הרפתקאות
- flesh and blood בשר ודם
- fresh blood דם חדש, כוח חדש
- let blood להקיז דם
- make his blood boil להרתיח דמו
- make his blood run cold להפחידו, להקפיא דמו
- of the blood מגזע המלוכה
- runs in his blood טבוע בדמו
blood *v.* להקיז דם
- be blooded לטעום לראשונה (דם)
blood bank בנק דם
blood-bath *n.* מרחץ דמים
blood count ספירת דם
bloodcurdling *adj.* מקפיא דם
blood donor תורם דם
blooded *adj.* בעל דם-
- cold-blooded (רצח) בדם קר
blood feud מילחמת מישפחות
blood group סוג דם
blood heat חום הגוף (של האדם)
bloodhound *n.* כלב גישוש
bloodless *adj.* ללא שפיכות דמים; חיוור, אדיש, חסר-דם
bloodletting *n.* הקזת דם
blood lust תאוות רצח
blood money כסף לביצוע רצח
blood poisoning הרעלת דם
blood pressure לחץ דם
blood red אדום כדם
blood relation/relative שאר בשר
blood sample דגימת דם
bloodshed *n.* שפיכות דמים
bloodshot *adj.* (עיניים) אדומות
blood sport הריגת חיות, צַיִד
bloodstained *adj.* מוכתם בדם
bloodstock *n.* סוסים גיזעיים
bloodstream *n.* מחזור-הדם
bloodsucker *n.* עלוקה, סחטן
blood test בדיקת דם
bloodthirsty *adj.* צמא-דם
blood transfusion *n.* עירוי דם
blood vessel כלי דם, עורק, וריד
bloody *adj.* שותת דם; *ארור
- not bloody likely! לא ולא
bloody-minded *adj.* רע-לב, אכזר
bloom (bloom) *n.* פרח, פריחה, זוהר; אבקה, דוק (המכסה פירות בשלים)
- take the bloom off לקלקל, לפגום
bloom *v.* לפרוח, ללבלב; לקרון
bloo'mer *v.* *טעות גסה
- bloomers אברקי/תחתוני אישה
bloo'ming *adj.* *ארור, מוחלט
bloop'er *n.* *טעות גסה/אומללה
blos'som *n.* פרח, פרחים, פריחה
blossom *v.* להוציא פרחים, לפרוח
blot *n.* כתם, רבב, פגם
blot *v.* להכתים; לספוג בנייר סופג
- blot one's copybook להכתים שמו
- blot out להסתיר; למחוק, להשמיד
blotch *n.* כתם, כתם-דיו
blot'ter *n.* מספג, נייר סופג; פינקס
blotting paper נייר סופג
blot'to *adj.* *שיכור, שתוי
blouse *n.* חולצה; מעיל
blow (blō) *v.* לנשב, לנשוף; לנפח; להתנפנף; להתנשם; לשרוק; לפוצץ; להתפוצץ; להתפרץ; לבזבז כסף
- I'll be blowed תיפח רוחי!
- blow 500 NIS "לשרוף" 500 ש"ח
- blow back (לגבי גאז) להתפוצץ
- blow great guns לסעור, לגעוש
- blow hot and cold להיות הפכפך
- blow in להופיע פתאום, להתפרץ
- blow it *לקלקל, לפשל
- blow it! לעזאזל!
- blow off *להוציא אוויר, להפליץ
- blow off steam להתפרק, לשחרר מרץ
- blow one's nose לגרוף את החוטם
- blow one's top *להתפרץ בזעם
- blow out לְכַבּוֹת; להיכבות; לפוצץ; להתפוצץ
- blow over להיפסק; להישכח
- blow town להסתלק לפתע מהעיר
- blow up לנפח; להתנפח; לפוצץ; להתפוצץ; להתפרץ; *לנזוף קשות
- blow up a picture להגדיל תמונה
- the fuse blew הנתיך נשרף
blow *n.* משב אוויר, נשיפה
blow *v.* לפרוח, ללבלב
blow *n.* מהלומה, זעזוע, הלם
- at one blow במכה אחת
- blow-by-blow מפורט, צעד-צעד
- come to blows להתחיל להתקוטט
- get a blow in להנחית מכה
- strike a blow for להיאבק בעד
- without a blow ללא צורך להיאבק
blow dry ייבוש במייבש שיער
blow-dry *v.* לייבש במייבש שיער

blow-dryer *n.* מייבש שיער
blower *n.* מפוח; מנפח; *טלפון
blowhard *n.* *רברבן, מנופח
blowhole *n.* נחיר-הלוויתן; פתח-אוויר (במינהרה, בקרח צף)
blowlamp *n.* מבער-הלחמה
blown (blōn) *adj.* חסר-נשימה
blown = pp of blow (blōn)
blowout *n.* התפוצצות; פנצ'ר, תקר, נתיך שרוף; *סעודה; *תבוסה
blowpipe/-gun *n.* רובה-נשיפה
blowtorch *n.* מבער-הלחמה
blow-up *n.* התפוצצות; התפרצות זעם; תמונה מוגדלת
blowy *adj.* קריר, מנושב
blow'zy *adj.* סמוק-פנים; פרועת-מראה
blub'ber *n.* שומן לווייתן; ייבוב
blubber *v.* לבכות, לייבב
- blubber out לדבר בבכי, לבכבך
bludg'eon (-jən) *n.* מקל, אלה
bludgeon *v.* להכות באלה כבדה
- bludgeon into לאלצו במכות ל-
blue (bloo) *n&adj.* כחול, תכלת; עצוב
- once in a blue moon פעם ביובל
- out of the blue "משום מקום"
- shout blue murder לצרוח, לצעוק
blue *v.* לצבוע בכחול, לכחל
bluebag *n.* כוחל-כביסה
bluebell *n.* פעמונית (פרח)
blueberry *n.* אוכמנית
blue-blooded *adj.* אציל, כחול-דם
bluebottle *n.* זבוב-הבשר
blue chip מניה יקרה
bluecoat *n.* שוטר (במדים)
blue-collar *adj.* של פועלים שחורים, של צווארון כחול
blue-eyed boy *בחור חביב
blue film סרט מין, סרט כחול
bluejacket *n.* ימאי
blue law חוק כחול (שומר מוסר)
blue-pencil *v.* לצנזר, למחוק
blueprint *n.* שירטוט, העתק-שמש
blue ribbon עיטור (למנצח)
blues *n-pl.* בלוז (מוסיקה); *עצבות
blue stocking אינטליגנטית
bluff *n.* צוק, שן-סלע
bluff *adj.* קשוח וגם לבבי, גלוי-לב, פשוט, עליז; בעל חזית רחבה ותלולה
bluff *v.* לרמות, לבלף, להתעות
- bluff it out להיחלץ מתיסבוכת
bluff *n.* בלוף, רמאות
- call his bluff לא להיבהל ממנו
bluf'fer *n.* רמאי, בלופר
blu'ish *adj.* כחלחל
blun'der *n.* שגיאה גסה
blunder *v.* לשגות גסות; לנוע הנה והנה, לגשש באפלה
- blunder on להיתקל במיקרה ב-
blunt *adj.* קהה; גלוי, פשוט, בוטה
blunt *v.* להקהות, לפגום בחודו
bluntly *adv.* בצורה גלויה, בפשטות
blur *v.* ללכלך; לטשטש; לעמעם
blur *n.* כתם, טישטוש, ליכלוך
blurb *n.* תיאור קצר (של ספר)
blurt *v.* לגלות, לפלוט (סוד)
blush *v.* להסמיק; להתבייש
blush *n.* סומק, אודם
- at first blush ממבט ראשון
- put to the blush לבייש, להביך
blush'er *n.* סומק
blus'ter *v.* לסעור, לגעוש, לצעוק; לדבר בגאווה, "לעשות רוח"
bluster *n.* שאון-הגלים, המיית רוח עזה; רברבנות, איומים קולניים
blustery *adj.* סוער, מנשב בעוצמה
BO ריח הגוף; קוּפּה
bo'a *n.* חנק (נחש חונק), בואה
- feather boa סודר (לצוואר)
boar *n.* חזיר בר; חזיר זכר
board *n.* קרש, לוח; שולחן; מועצת המנהלים, דיקרטוריון; ועדה; ארוחות, אוכל; דף-כריכה
- above board בגלוי, מעל לשולחן
- across the board כולל, מקיף
- go by the board להיכשל, להיפסק
- on board באונייה, במטוס וכ'
- sweep the board לגרוף כל הקופה
- take on board לשקול (רעיון)
- the boards קרשי הבימה
board *v.* לכסות בקרשים; לעלות על (הרכבת וכ'); לאכסן; להתגורר
- board out לאכול בחוץ
boarder *n.* מתאכסן; פנימאי
board game מישחק לוח
boarding *n.* מיבנה-קרשים; כיסוי-לוחות; איכסון; התגוררות
boarding house פנסיון
boarding school פנימייה
boardroom *n.* חדר המנהלים
board-wages *n-pl.* תוספת ארוחות
boardwalk *n.* טיילת (בחוף הים)
boast *v.* להתפאר, להתגאות ב-

boast *n.* התרברבות, גאווה
- it's my boast גאוותי על כך
boastful *adj.* מתפאר, יהיר
boat *n.* סירה; קערה (דמויית-סירה)
- in the same boat בסירה אחת
- rock the boat להחמיר את המצב, להפריע, לטלטל את הסירה
- take to the boats להימלט בסירות
boat *v.* לשייט בסירה
boat′er *n.* מיגבעת-קש
boat hook אונקל הסירה
boat-house *n.* בית סירות
boatman *n.* סיראי, משכיר סירות
boat people פליטי סירות
boat race תחרות-שַיִט
boatswain (bō′sən) *n.* מפקח ראשי באונייה; רב-מלחים
boat train רכבת-סירה
bob *n.* תיספורת קצרה; התנועעות; קידה, מיכרוע; * (בעבר) שילינג
bob *v.* לעשות תיספורת קצרה; לנוע מעלה ומטה; לקוד קידה
- bob up להופיע, לעלות, לצוף
bob′bin *n.* סליל-חוטים, אשווה
bob′bish *adj.* *עליז, במצב מצוין
bob′ble *n.* פון-פון, כדורון צמר, כישלון, טעות, פשלה
bob′by *n.* *שוטר
bobby pin סיכת שיער
bobby socks גרבי נערה
bobby sox′er *גילאית טיפש-עשרה
bobsled, bobsleigh *n.* מיגררה, שלגית
bobtail *n.* סוס (או כלב) קצוץ-זנב
- the rag-tag and bobtail האספסוף
bod *n.* *ברנש, גוף
bode *v.* להוות סימן ל-, לבשר
- bode ill for להוות סימן רע ל-
- bode well for לבשר טוב, להבטיח
bode = pt of bide
bodge *v.* *לקלקל, לפשל
bod′ice (-dis) *n.* לסוטה, חלק השימלה העליון
bodice-ripping *adj.* רומנטי, מגרה
bod′ied (-dēd) *adj.* בעל גוף-
- big-bodied גדל-גוף
bodily *adj.* גופני, של הגוף, גשמי
bodily *adv.* לגמרי, בשלמותו, כאיש אחד; אישית, בעצמו
bo′ding *n.* הרגשה של רעה קרבה
bod′kin *n.* מחט עבה; מרצע
bod′y *n.* גוף; גוויה; אדם; גוש; מרכב, גוף המכונית
- in a body כאיש אחד, הכל יחד
- keep body and soul together להישאר בחיים, לחיות איכשהו
- over my dead body על גופתי המתה
- wine of good body יין חזק
body blow *מהלומה, אכזבה
body-building פיתוח הגוף
bodyguard *n.* שומר-ראש
body language שפת הגוף
body odor ריח הגוף
body politic מדינה
body search חיפוש על הגוף
body-servant *n.* משרת אישי
bodywork *n.* גוף המכונית (מבחוץ)
bof′fin *n.* *מדען
bog *n&v.* בִּצָה; *בית-כיסא
- bog down לשקוע בבוץ; להיתקע
bo′gey (-g-) *n.* (בגולף) בוגי, הישג
bogey, bogie, bogy (bō′gi) *n.* עֲגָלָה; מערכת גלגלים; דחליל, שֵד
bog′gle *v.* להסס; להירתע, להזדעזע
bog′gy *adj.* טובעני, ביצתי
bo′gus *adj.* מזוייף, מלאכותי
bo·he′mian *n&adj.* איש בוהמה
boil *n.* פורונקל, סימטה, נפיחות
boil *v.* לרתוח; להרתיח, לבשל
- boil away להמשיך לרתוח; להתאדות
- boil down להפחית ע"י רתיחה; לצמצם, לתמצת; להתרכז, להסתכם
- boil over לגלוש, לגלוש ל-
- keep the pot boiling להרוויח כדי מחייתו, להתקיים
boil *n.* הרתחה, נקודת רתיחה
- be on the boil לרתוח
- come to the boil להתחיל לרתוח
boil′er *n.* דוד-חימום, מרתח, בוילר
boiler suit סרבל-עבודה
boiling hot *חם מאוד, לוהט
bois′terous *adj.* סוער, רועש; קולני
bold (bōld) *adj.* אמיץ, נועז; חצוף, חסר-בושה; בולט, ברור; (אות) עבה
- as bold as brass במצח נחושה
- make bold to להעז, לההין
- make bold with להשתמש בחופשיות
boldface *n.* אותיות עבות ושחורות
boldfaced *adj.* נועז
bole *n.* גזע עץ
bo·le′ro (-lā′-) *n.* בולרו (ריקוד

ספרדי); מעיל קצר, אפודה
boll *n.* תרמיל (של כותנה, צמח)
bol'lard *n.* עמוד
bol'locks *n.* *שטויות; אשכים
bolo'ney *n.* *שטויות
Bol'shevik *n.* בולשביק
bol'shy *n.* *מתמרד, אנטי מימסדי
bol'ster (bōl-) *n&v.* כר (למראשות המיטה); לחזק, לתמוך
bolt (bōlt) *n.* בריח; בורג; ברק, חזיז; חץ; גליל-בד; מנוסה, בריחה
- as a bolt from the blue כרעם ביום בהיר
- make a bolt for it לברוח
- shoot one's last bolt לעשות מאמץ אחרון
- sit bolt upright לשבת בזקיפות
bolt *v.* להבריג, להבריח; להינעל; לנוס, לברוח; לבלוע מהר; לנפות
- bolt a party לערוק ממפלגה
- bolt in לכלוא
bolt-hole *n.* מיפלט, מחסה
bo'lus *n.* גלולה גדולה; מזון לעוס
bomb (bom) *n.* פצצה; להפציץ
- bomb out לגרש בפצצות
- bomb up להטעין מטוס בפצצות
- like a bomb *מוצלח, ממש פצצה
bom·bard' *v.* להפגיז, להמטיר
bom'bardier' (-dir) *n.* תותחן, מפציץ
bombardment *n.* הפגזה; הפצצה
bom'bast' *n.* מליצות נבובות
bom·bas'tic *adj.* מנופח, נמלץ
bomb bay תא פצצות במטוס
bomb disposal squad יחידה לסילוק פצצות
bomber *n.* (מטוס) מפציץ
- suicide bomber מתאבד (בפיגוע)
bombproof *adj.* חסין פצצות
bombshell *n.* פצצה; זעזוע, הלם
bombsight *n.* כוונת-פצצות
bomb-site *n.* שטח שנהרס בפצצות
bo'na fide מהימן, בלי רמאות; בונה פידה, בתום לב
bo'na fi'des (-diz) *n-pl.* תום לב
bonan'za *n.* מיכרה-זהב, מזל
bon'bon' *n.* סוכרייה, ממתק
bonce *n.* *ראש
bond *n.* קשר, התחייבות, התקשרות; אחיזה, תפיסה; איגרת חוב
- bonds כבלים, אזיקים
- enter into a bond with לעשות הסכם עם
- his word is as good as his bond מבטיח ומקיים, עומד בדיבורו
- in bond (סחורה) במחסן ערובה
bond *v.* לאחסן במחסן ערובה; להדביק; להידבק
bond'age *n.* עבדות, שיעבוד
bonded *adj.* מופקד במחסן-ערובה
bonded warehouse מחסן ערובה
bondholder *n.* בעל איגרת חוב
bondman *n.* משועבד, עבד
bone *n.* עצם
- all skin and bone גל עצמות
- bone of contention סלע המחלוקת
- cut to the bone לקצץ ככל האפשר
- has a bone to pick with him יש לו סיבה לריב עמו
- in one's bones בעצמות, בדם
- make no bones about it לא להסס
- to the bone עד העצם, לגמרי
- will not make old bones לא יאריך ימים
bone *v.* להוציא את העצמות מ-, לגרם
- bone up *לשקוד על לימודיו
bone china חרסינת עצמות
boned *adj.* בעל עצמות; מגורם
- big-boned רחב-גרם
- boned meat בשר מגורם
bone-dry *adj.* יבש כעצם
bone-head *n.* *טיפש
bone-idle *n.* בטלן ללא תקנה
bone-lazy *n.* עצלן ללא תקנה
bone marrow מֵחַ עצם
bone marrow transplant השתלת מח עצם
bone-meal *n.* אבקת עצמות
bo'ner *n.* *טעות גסה
bone-setter *n.* מרפא שברים (בגוף)
bone-shaker *n.* *מכונית טלטלנית
bon'fire' *n.* מדורה
- make a bonfire of להיפטר מ-
bon'homie' (-nəmē') *n.* לבביות
boni'to (-nē'-) *n.* פלמודה (דג)
bon'kers (-z) *adj.* *משוגע, מטורף
bon mot (bōnmō') *n.* אימרה שנונה
bon'net *n.* כובע; חיפת המנוע
bon'ny *adj.* נעים, נאה, בריא
bonsai *n.* בונסאי (עצי נוי)
bo'nus *n.* בונוס, הטבה

- cost-of-living bonus תוספת יוקר
- no claims bonus הטבת העדר תביעה
bon vivant/viveur (-vä′/-vû′) אוהב חיים, הוללן, בעל טעם טוב
bo′ny *adj.* כחוש; מלא עצמות, גרמי
boo *n&v.* בוז!; לצעוק בוז
- can't say boo to a goose פחדן
boob (bōōb) *v.* (לעשות) שגיאה טיפשית; *טיפש
- boobs *שדיים
boob, boo′by *n.* טיפש
booby hatch בית חולי רוח
booby prize פרס לאחרון בתחרות
booby trap פצצה ממולכדת
booby-trap *v.* למלכד
boo′dle *n.* *שוחד, מתת
boo′hoo′ *v.* לבכות, לייבב
book *n.* ספר, פינקס; חבילה, צרור; ליברית, תמליל; רשימת ההימורים
- books ספרים, פינקסי העסק
- bring to book לדרוש הסבר, להעניש
- closed book ספר חתום, נושא סתום
- in my good books חביב עלי
- make a book on לנהל הימורים
- one for the books *בלתי רגיל
- suit one's books להלום את תוכניותיו
- take a leaf out of his book לקחת דוגמה ממנו
- throw the book at להחמיר בדינו
book *v.* להזמין; להסדיר; להירשם; לרשום; להאשים, להגיש תלונה
- book in להירשם (כאורח במלון)
- book up להזמין (כרטיס) מראש
- booked up מלא, אין מקום, תפוס
bookable *adj.* שאפשר להזמינו מראש
bookbindery *n.* כריכייה
bookcase *n.* כוננית ספרים
book club מועדון הספר
book-end *n.* מאחוזת ספרים
book′ie *n.* *סוכן הימורים
booking *n.* הזמנת מקומות מראש
booking clerk מוכר כרטיסים
booking office קוּפָּה; משרד נסיעות
bookish *adj.* ספרותי
bookkeeper *n.* מנהל חשבונות
bookkeeping *n.* הנהלת חשבונות
book′let *n.* ספרון, חוברת
bookmaker *n.* סוכן הימורים
bookmark *n.* סימנייה (של ספר)
book′mo•bile′ (-bēl) *n.* ספרייה ניידת
book of words תמליל, ליברית
bookseller *n.* מוכר ספרים
bookshelf *n.* מדף ספרים
bookshop *n.* חנות ספרים
bookstall *n.* חנות ספרים (קטנה)
bookstore *n.* חנות ספרים
book token תלוש לקניית ספרים
bookwork *n.* למידה בספרים
bookworm *n.* תולעת ספרים
boom (bōōm) *n.* רעש, שאון, בום
boom *v.* לרעום, להרעיש, להדהד
- boom out להרעים בקול
boom *n.* שיגשוג מהיר (של עסק)
boom *v.* להצליח; להתפרסם
boom *n.* מנור (בספינה); זרוע המיקרופון; שרשרת-קורות בנהר
- derrick boom זרוע העגורן
boo′merang′ *n.* בומראנג
boomerang *v.* לפעול כבומראנג
boom town עיר משגשגת
boon (bōōn) *n.* יתרון, ברכה, נוחיות
- ask a boon לבקש טובה
boon companion חבר עליז
boor *n.* גס, חסר נימוס
boorish *adj.* גס, חסר נימוס
boost (bōōst) *v.* לתת דחיפה, להעלות, להרים; להלל, להפליג בשבחים
boost *n.* דחיפה, הרמה, עידוד
booster *n.* תומך, חסיד; מגביר (עוצמה, לחץ); תזריק נוסף
boot (bōōt) *n.* מגף, נעל; *בעיטה; *פיטורין; תא המיטען (במכונית)
- die with one's boots on למות מוות לא טיבעי, למות בעודו עובד
- give the boot *לפטר, לבעוט
- his heart's in his boots נפל ליבו
- lick his boots ללקק לו, להתחנף
- put the boot in לבעוט
- to boot נוסף על כך, גם כן
- too big for one's boots יהיר
boot *v.* לבעוט; *לפטר
- it boots not to לא כדאי ל-
bootblack *n.* מצחצח נעליים
booted *adj.* נעול מגפיים, ממוגף
boo′tee *n.* נעל תינוק (מצמר)
booth (bōōth) *n.* תא טלפון; ביתן
- polling booth תא הקלפי
bootlace *n.* שרוך-מגף, רצועת מגף

bootleg *v.* להבריח משקאות
bootleg *adj.* (משקאות) לא חוקיים
bootlegger *n.* מבריח משקאות
bootless *adj.* חסר תועלת, מיותר
boots *n.* משרת במלון
boo′ty *n.* שלל-מלחמה, ביזה
booze *v.* *לשתות לשכרה, להשתכר
booze *n.* *משקה חריף
- go on the booze *לשתות לשכרה
boo′zer *n.* *שתיין; *מיסבאה
booze-up *n.* *הילולה, מישתה
boozy *adj.* שתיין; של שתייה
bop *n.* *מכה; בופ (ריקוד)
bop *v.* *לרקוד; להכות קלות
bo·peep′ *n.* "קוקו" (מישחק)
borac′ic acid חומצת-בור
Bor·deaux′ (-dō) *n.* (יין) בורדו
bor·del′lo *n.* בית בושת
bor′der *n.* גבול; קצה, שפה
border *v.* לגבול ב-, לעשות שפה ל-
- border on לגבול ב-; לשכון ליד
borderer *n.* תושב סְפָר
border guard police = מג"ב משמר הגבול
borderland *n.* איזור הגבול/הספר
borderline *n.* קו הגבול
- borderline case מיקרה גבולי
bore *v.* לקדוח; להתקדם, לנוע
- bore one's way לפלס דרכו
bore *n.* חור; קֳדַח, חלל הקנה
bore *n.* גל גבוה, נחשול
bore *n.* אדם משעמם, דבר לא נעים
bore *v.* לשעמם
bore = pt of bear
boredom *n.* שיעמום
borehole *n.* חור (בקידוח)
bor′ic acid חומצת בור
boring *adj.* משעמם
born *adj.* נולד, נוצר, מלידה
- born and bred נולד וגדל
- born leader מנהיג מלידה
- born of נוצר מ-, פרי-
- in all my born days כל ימי חיי
born = pp of bear נולד
borne = pp of bear נישא
- borne in on חודר להכרה, מתחוור
bo′ron′ *n.* בור (יסוד כימי)
borough (bûr′ō) *n.* עיר; רובע
bor′row (-ō) *v.* לשאול, לְלוות; לגנוב; להעתיק
borrower *n.* שואל, לווה
borrowing *n.* שאילה, נטילה

borscht (-rsht) *n.* חמיצה, סילקנית
bor′stal *n.* מוסד לעבריינים
bosh *n.* *שטויות
bos′ky *adj.* מכוסה עצים, מלא שיחים
bo's'n (bō′sən) *n.* מפקח ראשי באונייה; רב-מלחים
bos′om (booz′-) *n.* חֵיק
- bosom friend ידיד נפש
bosomy *adj.* בעלת חזה שופע
boss (bôs) *n.* *בוס, אדון, מעביד
boss *v.* לנהל, לשלוט
- boss him around לרדות בו
boss *n.* תבליט, קישוט, פיתוח
- make a boss shot *לפספס
boss-eyed *adj.* *פוזל
bossy *adj.* שתלטן, רודני
bo′sun = boatswain
botan′ical *adj.* בוטאני
bot′anist *n.* בוטאניקן
bot′anize′ *v.* לעסוק במחקר צמחים
bot′any *n.* בוטאניקה, תורת הצומח
botch *v.* לקלקל, לתקן באופן רע
botch *n.* עבודה גרועה, קילקול
botcher *n.* בטלן, חושם, לא-יוצלח
both (bōth) *adj&pron.* שניהם
- both he and she שניהם, הוא וגם היא
- both of them שניהם
both′er (-dh-) *v.* להציק, להטריד, להדאיג; לטרוח, לדאוג
- bother one's head about לדאוג
- bother! לעזאזל! לכל הרוחות!
- cannot be bothered לא יטרח ל-
bother *n.* טירחה, מיטרד, צרה
both′era′tion (-dh′-) *interj.* לעזאזל
bothersome *adj.* מציק; טורדן
bot′tle *n.* בקבוק
- hit the bottle *לשתות לשכרה
- the bottle משקה חריף; חלב-בקבוק
bottle *v.* למלא בקבוקים ב-
- bottle out *לא לבצע, לסגת
- bottle up לרסן, לעצור (רגשות)
bottled *adj.* נתון במכלים; עצור, מרוסן; לכוד; *שתוי
bottle-fed *adj.* ניזון מחלב-בקבוק
bottle green ירוק כהה
bottle-neck *n.* צוואר הבקבוק
bot′tom *n&v.* תחתית, יסוד; ישבן; מושב; ספינה; הילוך ראשון
- I'll bet my bottom dollar אתערב

איתך ש-, אני בטוח ש-
- at bottom ביסודו, בתוך תוכו
- at the bottom of גרם ל-, מאחורי
- bottom out להגיע לנקודת השפל
- bottom up הפוך
- bottoms up! *לחיים!
- from the bottom of my heart מקרב ליבי
- get to the bottom of להגיע לשורשי ה-
- hit bottom להגיע לשפל המדרגה
- knock the bottom out of להשמיט את הקרקע מתחת ל-
- the bottom of קצה, סוף-
bottom drawer חפצי הכלה
bottomless *adj.* עמוק, תהומי
bottom line השורה התחתונה
bot'ulism' (-ch-) *n.* הרעלת מזון
boudoir (bōō'dwär) *n.* חדר-אישה
bouffant (bōōfänt') *adj.* (שיער) מנופח
bou'gainvil'le•a (bōōgən-) *n.* בוגנוויליאה (צמח נוי)
bough (bou) *n.* ענף
bought = p of buy (bôt)
bouillon (bōō'yon) *n.* מרק דליל
boul'der (bōl'-) *n.* סלע, אבן
boule (bōōl) *n.* בול (מישחק)
boule (bōōl'i) *n.* בית מחוקקים, סֶנָט
boul'evard' (bool'-) *n.* שדירה
bounce *v.* לקפוץ, לקפץ; להקפיץ; לזנק; להתפרץ; לנענע; להתנענע
- bounce back להתאושש
- the check bounced *השק חזר
bounce *n.* ניתור; התרברבות
- give the bounce *לפטר, להעיף
- on the bounce בשעת מעופו
bouncer *n.* סדרן (ההודף מתפרעים)
bouncing *adj.* חסון, שופע בריאות
bouncy *adj.* מלא חיים, קפיצי
bound *adj.* בדרך ל-, פניו מועדות ל-
bound *v.* לקפוץ, לנתר, לדלג
bound *adj.* חייב, מוכרח; ודאי, בטוח; קשור, כרוך
- I'll be bound! חי נפשי!
- bound up in שקוע ראשו ורובו ב-
- bound up with כרוך ב-, תלוי ב-
bound *n.* קפיצה, ניתור
- by leaps and bounds במהירות
bound *n.* תחום, גבול
- out of bounds מחוץ לתחום
- within the bounds of בתחום
bound *v.* לתחום תחום, לגבול ב-
bound = p of bind
bound'ary *n.* גבול; תחום
bound'en duty חובה מצפונית
bound'er *n.* *חסר-נימוס
boundless *adj.* ללא גבול, עצום
boun'te•ous *adj.* נדיב לב; שופע
boun'tiful *adj.* נדיב לב; שופע
boun'ty *n.* נדיבות-לב; מענק, פרס
bouquet' (bōōkā') *n.* צרור פרחים; ריח יין נעים; מחמאה, דברי שבח
bour'bon (bûr'-) *n.* בורבון, ויסקי
bourgeois (boorzhwä') *n&adj.* בורגני, רכושני
bourse (boors) *n.* בורסה
bout *n.* תקופת פעילות; התקף מחלה, בולמוס; תחרות
boutique (bōōtēk') *n.* בוטיק
bo'vine *adj.* כמו שור או פרה
bov'ver *n.* *אלימות, פירחחות
bow (bō) *n.* קשת; קשתנית; קשת בענן; קשר, לולאה, עניבה; יצול-המישקפיים
- draw the long bow להגזים
- have two strings to one's bow לשמור באמתחתו כמה תוכניות
bow (bō) *v.* לנגן בקשתנית
bow (bou) *n.* קידה, קידת נימוסין
- make one's bow להופיע לראשונה
- take a bow להחוות קידה
bow (bou) *v.* לקוד, להשתחוות, להתכופף; לכופף; להביע תוך קידה
- bow and scrape להתרפס
- bow him in להכניסו בקידה
- bow him out ללוותו החוצה בקידה
- bow out *להסתלק; להתפטר
- bow the knee/neck להיכנע
- bow to להיכנע, לציית, לקבל
- bowed with age שבע-ימים
bow (bou) *n.* חרטום הספינה
bowd'lerize' *v.* למחוק, לצנזר
bowel movement פעולת מעיים
bow'els *n-pl.* מעיים, קרביים, בטן
bow'er *n.* מעון קיץ, מקום מוצל; חדר אישה פרטי
bow'ing (bō'-) *n.* נגינה בקשתנית
bowl (bōl) *n.* קערה, דבר דמוי-קערה; אמפיתיאטרון; *הילולה; כדור (בכדורת)
- bowls כדורת (מישחק)
bowl *v.* לשחק כדורת; לזרוק כדור
- bowl along להחליק, להתגלגל

- bowl over להפיל; לבלבל; להדהים
bow-legged *n.* עקום-רגליים
bow legs רגליים עיקלות, רגלי או
bow′ler (bō′-) *n.* מיגבעת
bowler *n.* מגלגל הכדור (בכדורת)
bow′line′ (bō′-) *n.* קשר, לולאה
bowl′ing (bōl′-) *n.* כדורת (מישחק)
bowling alley אולם כדורת
bowling green מיגרש כדורת
bowman *n.* תופס קשת, קַשָּׁת
bowshot *n.* מטחווי קשת
bow′sprit′ *n.* מוט החרטום
bow tie (bō′-) עניבת פרפר
bow window (bō′-) חלון קמור
bow′-wow′ *n&interj.* *כלב
box *n.* סטירה; ארגז, מכת אגרוף; קופסה; תא; *טלוויזיה
- in a box בצרות, במצב ביש
box *v.* להתאגרף; לשים בארגזים
- box his ears לסטור על אוזנו
- box in/up לכלוא במקום צר
- box off להפריד, לשים לחוד
- box the compass לעשות תפנית מלאה
box, boxwood *n.* תאשור (עץ), בּוֹק
box camera מצלמה
boxcar *n.* קרון-מיטען סגור
boxer *n.* בוקסר (כלב); מתאגרף
boxer shorts תחתוני בוקסר, מכנסונים
boxful (-fool) *n.* מלוא הארגז
boxing *n.* איגרוף
Boxing Day יום השי (חג אנגלי)
boxing glove כיפפת איגרוף
box kite עפיפון-תיבה
box number מספר תא (במודעה)
box office משרד כרטיסים; קוּפָּה
box-office success הצלחה קופתית
boy *n.* נער, בן, בחור; משרת
- boy! *או! (קריאה)
boy′cott′ *v.* להחרים, להטיל חרם
boycott *n.* חרם, החרמה
boyfriend *n.* ידיד, חבר קבוע
boyhood *n.* נַעֲרוּת, נעורים
boyish *adj.* נערי; ילדותי
boy scout צופה
bo′zo *n.* *טיפש, אידיוט
Br. = Brother, British
bra (brä) *n.* חזייה
brace *v.* להדק, לחזק, להצמיד
- brace oneself להתאזר באומץ לקראת
- brace up להתחזק, לחזק רוחו
brace *n.* מישען, מיתמך, מהדק, מחזק; חבל מיפרש
- braces כתפיות, כתפות; מיתקן ליישור השיניים, גשר; סוגריים
brace *n.* זוג, צמד; זוגות, צמדים
brace and bit מקדחת-יד
brace′let (brās′l-) *n.* צמיד
- bracelets *אזיקים
bracing *adj.* מחזק, מבריא, מרענן
brack′en *n.* שרך (צמח)
brack′et *n.* מישען, זווית (להחזקת מדף); סיווג, סוג, קבוצה, מיסגרת
- brackets סוגריים; מדרגות (מס)
bracket *v.* לשים בסוגריים; לכלול באותה קבוצה
brack′ish *adj.* מלחלח, מלוח מעט
bract *n.* חפה, עלעל
brad *n.* מסמר קטן, מסמרון
brad′awl′ *n.* מרצע קטן
brag *v.* להתפאר, להתרברב
brag′gart *n.* רברבן
Brah′min (brä-) *n.* ברהמין, כוהן הודי
braid *v&n.* לקלוע (צמה/חלה); לקשט בסרט; צמה, מיקלעת; סרט
braille *n.* כתב ברייל
brain *n.* מוח; שכל
- beat/rack one's brain(s) ״לשבור את הראש״, להתאמץ לחשוב
- blow out one's brains להתאבד בירייה; *לעמול
- brains מוח-בהמה (לאכילה); שכל
- has it on the brain הדבר בראש מעייניו
- pick his brains לנצל את שיכלו
brain *v.* לרוצץ גולגולת, להרוג
brainchild *n.* רעיון מקורי, אמצאה
brain-dead *adj.* מת מוות מוחי; *רפה שכל
brain death מוות מוחי
brain drain בריחת מוחות
brain-fag *n.* עייפות-המוח
brain fever דלקת המוח
brain hemorrhage דימום מוחי
brainless *n.* טיפש, רפה-שכל
brainpan *n.* גולגולת
brain stem גזע המוח
brain-storm *n.* השראת פתע, רעיון מבריק; התקפת עצבים
brain-teaser *n.* חידה; בעייה קשה
brain trust טרסט מוחות

brain-wash *v.* לעשות שטיפת-מוח
brain-washing *n.* שטיפת-מוח
brain-wave *n.* *רעיון מבריק
brainy *adj.* פיקח, בעל מוח
braise (-z) *v.* לטגן (לאט), לכמר
brake *n.* בֶּלֶם, מעצור; סבך, איזור שיחים; כירכרה
- put the brakes on לבלום את
brake *v.* לבלום, לעצור
brake disc דיסק הבלם
brake drum תוף הבלם
brake fluid נוזל בלמים
brake lining/pad רפידת הבלם
brake shoe סנדל הבלם
bram'ble *n.* אטד, סנה
bran *n.* סובין
branch *n.* ענף; סניף, זרוע
branch *v.* להסתעף, להתפצל
- branch out להרחיב שטח הפעילויות
branch line קו (רכבת) מסתעף
brand *n.* סימן מסחרי, סוג; מותג; אוד; אות קלון, ברזל מלובן
- a brand from the burning אוד מוצל מאש
brand *v.* לסמן בברזל מלובן; להותיר רישום; להוקיע; למתג
bran'dish *v.* לנופף, לנפנף
brand name שם מותג
brand-new *adj.* חדש בתכלית
bran'dy *n.* ברנדי; יין שרף
brandy snap/ball מִינֵי-מתיקה
brash *adj.* חצוף, מחוצף; פזיז, נועז
brass *n.* פליז; כלי-פליז; כלי-נשיפה; לוח-זיכרון; *כסף; חוצפה
- get down to brass tacks *לרדת לעובדות היסוד
- top brass *הקצונה הגבוהה
bras'sard' *n.* סרט שרוול
brass band תיזמורת כלי נשיפה
brassed off *adj.* *עייף, נשבר לו
bras'serie' *n.* מיסעדה, מיסבאה
brass hat *קצין בכיר
brassiere (brəzir') *n.* חזייה
brass knuckles אגרופנים (לידיים)
brass plate שלט (על דלת), לוחית
brassy *adj.* פליזי; חצוף
brat *n.* ילד (רע)
brava'do (-vä'-) *n.* העזה, הרהבה
brave *adj.* אמיץ, נועז; נאה, יפה
brave *n.* לוחם אינדיאני
brave *v.* להתייצב מול, להתריס
- brave it out לעבור (המשבר) בעוז
bra'very *n.* אומץ לב
bra'vo (-rä'-) *n.* הידד! בראבו!
bravu'ra *n.* ביצוע מעולה
brawl *n.* מריבה, קטטה
brawl *v.* להתקוטט; להשתפך ברעש
brawler *n.* מתקוטט; איש מדון
brawn *n.* שרירים, כוח; בשר-חזיר
brawny *adj.* שרירי, חזק
bray *n&v.* נעירת חמור; לנעור
braze *v.* להלחים; לצפות בפליז
bra'zen *adj&v.* פליזי, מתכתי; חצוף
- brazen it out לנהוג בעזות מצח
bra'zier (-zhər) *n.* מחתת-גחלים
breach *n.* הפרה; עבירה; פירצה
- stand in the breach לעמוד בפרץ
- throw oneself into the breach לאוץ לעזרה
breach *v.* לפרוץ, לעשות פירצה ב-
breach of faith הפרת אמון, מעילה
breach of promise הפרת הבטחה
breach of the peace הפרת הסדר
bread (bred) *n.* לחם, מזון; *כסף
- bread and butter לחם בחמאה
- break bread with להסב אל שולחן
- earn one's bread להרוויח את לחמו
- one's daily bread לחם חוקו
- take the bread out of his mouth לגזול את לחם חוקו
- the side the bread is buttered היכן להפיק תועלת
bread and butter *פרנסה
bread-and-butter *adj.* חומרי, חיוני
- bread and butter note מכתב תודה
breadbasket *n.* *קיבה, בטן
bread bin ארגז לחם
breadboard *n.* קרש-בציעה (ללחם)
breadcrumbs *n-pl.* פירורי-לחם
breadline *n.* תור ללחם
- on the breadline עני
breadth (bredth) *n.* רוחב, מרחב, מישור; רוחב לב, רחבות-אופק
breadthways, -wise *adv.* לרוחבו, מול צידו הרחב
breadwinner *n.* מפרנס
break (brāk) *v.* לשבור; להישבר; לנתק; להינתק; להפר; לפרוץ; להפסיק, לבטל

- as day breaks עם עלות השחר
- break a horse לאלף סוס
- break a way לפלס דרך
- break an officer להוריד קצין בדרגה
- break away לברוח; להינתק
- break camp לפרק מחנה, לארוז
- break cover לברוח ממקום מחסה
- break down להרוס; להישבר, להתמוטט; לפרק, למיין, לסווג
- break even לסיים בלי רווח
- break faith with למעול באמון
- break forth להתפרץ
- break his back להעבידו בפרך
- break his heart לשבור את ליבו
- break in לפרוץ פנימה; לאלף
- break in on להתפרץ, להפריע ל-
- break into לפרוץ ב-, לפרוץ ל-
- break into a run לפתוח בריצה
- break loose/free לברוח; להינתק
- break new ground לגלות נצורות, לחקור ארץ לא נודעת
- break of להגמילו מ-
- break off להפסיק, לנתק; להינתק
- break one's neck להרוג את עצמו*
- break open לפרוץ; להתפצח
- break out לפרוץ, להופיע; לברוח
- break out in להתכסות ב- (זיעה)
- break prison לברוח מן הכלא
- break short לסיים טרם זמנו
- break step לצעוד בלי קצב אחיד
- break the bank לגרוף כל הקופה
- break the news לפרסם הידיעה; לבשר
- break the skin לפצוע את העור
- break the soil לתחח את האדמה
- break through להבקיע, להפציע; לעשות פריצת דרך, להצליח
- break up לפרק; להתפרק; לשבור; להיהרס; לפזר; להתפזר, להיפרד
- break wind לפלוט נפיחה
- break with להיפרד מ-, להינתק מ-
- his voice broke קולו התחלף
- the ball broke הכדור שינה כיוון
- the frost broke הכפור חלף
- the storm broke הסערה פרצה

break *n.* שבר, פירצה, הפסקה; שינוי, שינוי כיוון; *הזדמנות, צ'אנס
- a bad break *שגיאה; הערה אומללה
- a lucky break הצלחה
- break of day/dawn עלות השחר

- make a break for לנסות לברוח

breakable *adj.* שביר; עלול להישבר
breakage *n.* שֶבֶר; נזקי שבירה
breakaway *n.* ניתוק; פילוג; פלג
breakdancing *n.* ריקוד ברייקדנס
breakdown *n.* קילקול; התמוטטות; ניתוח, פירוט
breaker *n.* מישבר, גל גדול, נחשול
break′fast (brek′-) *n&v.* ארוחת בוקר; לאכול ארוחת בוקר
break-in *n.* פריצה (לדירה)
breaking and entering פריצה לבית
breakneck *adj.* מסוכן, מהיר מאוד
breakout *n.* בריחה
breakthrough *n.* הבקעה; פריצת דרך
breakup *n.* התפרקות, התמוטטות
breakwater *n.* שובר-גלים; מזח
bream *n.* אברומה (דג)
breast (brest) *n.* חזה, שד, שדיים; חיק
- a troubled breast לב דואג
- make a clean breast of להתוודות

breast *v.* להיאבק עם, להתייצב מול; לדחוף בחזה, לגעת בחזהו ב-
breast cancer סרטן השד
breast-fed *adj.* ניזון מחלב-אם
breastplate *n.* שיריון חזה
breaststroke *n.* שחיית חזה
breastwork *n.* סוללה, קיר מגן
breath (breth) *n.* נשימה; אוויר, רוח קלה; סימן קל, רמז, שמץ
- bad breath ריח רע (מהפה), באשת
- below/under one's breath בלחש
- breath of life נשמת-חייו
- catch one's breath לעצור נשימתו; לנשום, לנוח
- draw/take breath לנשום, לנוח
- get one's breath לנשום כרגיל, לנוח
- hold one's breath לעצור נשימתו
- in the same breath בנשימה אחת
- long breath נשימה ארוכה
- lose one's breath להתנשם
- out of breath חסר נשימה
- take his breath away להדהימו
- waste one's breath לשחת דבריו

breath′aly′ser (breth-z-) *n.* מד שיכרות (למדידת שיכרותו של נהג)
breathe (brēdh) *v.* לנשום, לנשוף; ללחוש, לפלוט; להוציא, להפיח
- breathe a word להוציא הגה

- breathe again/easily/freely לנשום לרווחה
- breathe down his neck לנשוף בעורפו
- breathe in/out לנשום/לנשוף
- breathed his last נפח נפשו
breath′er (-dh-) *n.* הפסקה קצרה
breath′ing (-dh-) *n.* נשימה
breathing space הפסקה, מנוחה
breathless *adj.* חסר-נשימה, מתנשם; עוצר נשימה, מותח
breathtaking *adj.* עוצר נשימה
breath test בדיקת אלכוהול
bred = p of breed
breech *n.* מיכנס (בכלי ירייה)
breech birth/delivery לידת עכוז
breeches *n-pl.* מיכנסיים
breeches buoy מיכנסי-הצלה
breech-loader ניטען במיכנס
breed *v.* לפרות, להתרבות; לגדל חיות; לחנך, לטפח; ליצור, לגרום
- well-bred מחונך, מנומס
breed *n.* גזע, מין
breeder *n.* מְגַדֵל, עוסק בגידול חיות
breeding *n.* גידול; חינוך; נימוס
breeze *n.* רוח קלה, בריזה; *ריב
- in a breeze *בקלות, בנקל
- shoot the breeze *לנהל שיחה קלה
breeze *v.* *לנוע, לחלוף, לעבור
breezy *adj.* אוורירי, מנושב; עליז
breth′ren (-dh-) *n-pl.* אחים
breve *n.* סימן התנועה הקצרה
brevet′ *n.* העלאה בדרגה (ללא שכר)
brevet rank דרגת כבוד
brev′ity *n.* קיצור, קוֹצֶר
brew (broo) *v.* לבשל שיכר, לחלוט תה; לתכנן, לרקום מזימה; להתהוות
brew *n.* בישול; חליטה; סוג שיכר
brewer *n.* מבשל שיכר
brew′ery (broo′-) *n.* מיבשלת שיכר
bribable *adj.* שחיד, בר-שיחוד
bribe *n&v.* שוחד; לשחד
bri′bery *n.* מתן שוחד, לקיחת שוחד
bric′-a-brac′ *n.* חפצי נוי קטנים
brick *n&v.* לבינה; קובייה; *איש אדיב
- brick up/over לאטום בלבינים
- drop a brick *לפגוע, להעליב
- like a ton of bricks במחץ רב
- make bricks without straw לעבוד בפרך, לעמול בחינם
- run head against brick wall להטיח ראשו בכותל
brickbat *n.* חתיכת לבינה; ביקורת חריפה, התקפה מוחצת
bricklayer *n.* בנאי, מניח לבינים
brickwork *n.* מיבנה-לבינים
brickyard *n.* בית חרושת ללבינים
bri′dal *adj.* של כלה, של חתונה
bride *n.* כלה, ארוסה
bridegroom *n.* חתן, ארוס
bridesmaid *n.* שושבינה
bridge *n.* גשר; גישרה; גישרית
bridge *v.* לגשר, לבנות גשר מעל-
- bridge over להתגבר על; לתת הלוואת-גישור
bridge *n.* ברידג׳ (מישחק)
bridgehead *n.* ראש-גשר
bridgework *n.* גשר-שיניים
bridging loan הלוואת גישור
bri′dle *n.* רסן, מושכות
bridle *v.* לשים רסן על, לרסן; לזקוף ראש (בגאווה, בכעס, בבוז)
bridle path/road שביל-סוסים
brief (brēf) *adj.* קצר, תמציתי, מהיר
- brief and to the point קצר ולעניין
- in brief/briefly בקיצור, בקצרה
brief *n.* תקציר, תיק, תידרוך; הוראות, תחום פעולה; טיעון
- briefs תחתונים קצרים וצמודים
- hold a brief for לטעון בעד, להגן
- hold no brief for לא לתמוך ב-
brief *v.* לתדרך; לדווח, למסור
briefcase *n.* תיק (למיסמכים)
briefing *n.* תדריך, תידרוך
bri′er, bri′ar *n.* קוץ, חוח, עצבונית
brig *n.* דו-תורנית; תא-מעצר
brigade′ *n.* בריגאדה, חטיבה; גדוד
brig′adier′ (-dir) *n.* בריגדיר, תת-אלוף
brigadier general תת-ניצב; תת-אלוף
brig′and *n.* שודד, גזלן
brig′andage *n.* שוד; גזילה
brig′antine′ (-tin) *n.* דו-תורנית
bright *adj.* בהיר; מבריק, פיקח, שנון, מזהיר; עליז, זוהר, קורן
- bright and early השכם בבוקר
- bright future עתיד ורוד
- look on the bright side להיות אופטימי
brighten *v.* להתבהר; להאיר, להבהיר

brill *n.* פוטית (דג שטוח)
brill *adj.* *מבריק, מעולה
bril'liance *n.* זוֹהַר, הברקה
bril'liancy *n.* זוֹהַר, הברקה
bril'liant *adj.* מבהיק; מבריק
brim *n.* שפה, קצה; אוגן, תיתורה
brim *v.* להיות מלא עד גדותיו
- brim over להיות מלא, לגלוש
brimful (-fool) *adj.* מלא, שופע
brim'stone' *n.* גופרית
brin'dled (-dəld) *adj.* מנומר
brine *n.* מי-מלח (לשימור מזון)
bring *v.* להביא
- bring about להביא, לגרום ל-
- bring an action להגיש תביעה
- bring around לאושש, לרפא; לשכנע לשנות עמדה
- bring back להחזיר
- bring down להפיל, להוריד; להנמיך קומתו; לדכא, לדכדך
- bring down the house לשלהב את קהל הצופים
- bring down trouble on להמיט שואה על
- bring forth ללדת, להוליד
- bring forward להגיש, להציע, להמציא; להקדים; להעביר מדף לדף
- bring him low להשפילו
- bring in להכניס, להגיש; לעצור לחקירה; להוציא פסק דין
- bring into force ליישם, להפעיל
- bring off להגשים, לבצע; להציל
- bring on לגרום; לעזור להתפתחות
- bring out להוציא; להוציא לאור; לחשוף; להשבית; לדובב
- bring over לשכנעו לשנות עמדתו
- bring round לעוררו מעלפונו; לשכנעו לשנות דעתו; לשנות כיוון
- bring through להציל, לחלץ
- bring to לעוררו מעילפון; לעצור
- bring to bear לרכז כוח, ללחוץ
- bring to light להוציא לאור
- bring to mind להזכיר
- bring together להפגיש
- bring under לדכא, להכניע; לכלול
- bring up לגדל, לחנך; להעלות; להביא, להגיש; לעצור, לאסור
- bring up short לעצור פתאום
- bring up the rear להיות המאסף
- bring upon oneself להמיט על עצמו
bring-and-buy sale יריד צדקה

brink *n.* שפה, גדה, קצה
- on the brink of על סף-
brinkmanship *n.* מדיניות ההליכה על חבל דק
bri'ny *adj.* מלוח
- the briny הים, האוקיינוס
brioche (briōsh') *n.* עוגייה
brisk *adj.* מהיר, פעיל, ער; מרענן
bris'ket *n.* עטין, דד; בשר חזה
bris'tle (-səl) *n.* זיף, שיער קשה
bristle *v.* להסתמר, לסמור; לזעוף
- bristle with להיות מלא ב-, לשפוע
bristly *adj.* מכוסה זיפים, זיפי
Brit *n.* בריטי
Brit'ain (-tən) *n.* בריטניה
britch'es *n-pl.* מיכנסיים
Brit'ish *adj.* בריטי
Brit'on *n.* בריטי
brit'tle *adj.* שביר, פריך; רגיש
broach *v.* לפתוח בקבוק; לנקב חבית; להעלות נושא
broad (brôd) *adj.* רחב, כללי, מקיף; מובהק, גלוי, ברור; סובלני, ליברלי
- as broad as it is long היינו הך
- broad hint רמז שקוף
- broad jokes בדיחות גסות
- broad jump קפיצת-רוחק
- in broad daylight לאור היום
broad *n.* רוחב; *אישה, בחורה
broad bean פול (קיטנית)
broad-brush *adj.* כללי, מקיף
broadcast *v.* לשדר (ברדיו); לפרסם
broadcast *n.* שידור, תוכנית
broadcasting *n.* שידור
Broad Church הכנסייה הליברלית
broadcloth *n.* בד עבה משובח
broaden *v.* להרחיב; להתרחב
broadly *adv.* כללית, באופן רחב
- broadly speaking כללית, בלי להיכנס לפרטים
broadminded *adj.* רחב-אופק
broadsheet *n.* גיליון, עלון
broadside *n.* צידון, צד הספינה; מטח תותחי הצידון; התקפה מוחצת
bro·cade' *n.* ריקמה (בחוטי זהב)
brocade *v.* לרקום (בחוטי זהב)
broc'coli *n.* ברוקולי
bro·chure' (-shoor') *n.* חוברת
broil *v.* לצלות; להיצלות; ללהוט
broil *n.* קטטה, מריבה
broiler *n.* אסכלה, מיתקן-צלייה; עוף לצלייה; איש ריב; *יום לוהט

broke *adj.* *חסר-כול, מרושש
- flat/stone broke *הרוס, מרושש
- go broke *להתרושש
- go for broke *לעשות מאמץ עליון
broke = pt of break
bro′ken = pp of break
broken *adj.* שבור, הרוס, רצוץ
- broken ground אדמה סלעית/גבנונית
- broken sleep שינה מקוטעת
broken-down *adj.* שבור, רעוע
brokenhearted *adj.* שבור-לב
broken home משפחה הרוסה
broken reed משענת קנה רצוץ
bro′ker *n.* תווכן, מתווך, ברוקר; כונס נכסים
bro′kerage *n.* דמי תיווך
brol′ly *n.* *מיטרייה
bro′mide *n.* ברומיד; הערה נדושה
bro′mine (-min) *n.* בְּרוֹם
bron′chi (-kī) *n-pl.* סימפונות
bron′chial (-k-) *adj.* של הסימפונות
bron•chi′tis (-k-) *n.* דלקת הסימפונות, ברונכיטיס
bronze *n.* ארד, ברונזה; כלי-ברונזה
bronze *v.* לצבוע בגון הארד, לשזף
Bronze Age תקופת הברונזה/הארד
bronze medal מדליית ארד
brooch (brōch) *n.* מכבנה, סיכת-נוי
brood (brōōd) *v.* לדגור; לדאוג
- brood over לדגור על (בעייה)
brood *n.* מידגר, אפרוחים; קבוצה
brooder *n.* דוגר, דוגרת
brood hen תרנגולת רבייה
broody *adj.* דוגרנית; מודאג
brook *n.* נחל קטן, פלג, פלגלג
brook *v.* לשאת, לסבול
broom (brōōm) *n&v.* מטאטא; רותם (שיח); לטאטא, לנקות
- a new broom "מטאטא חדש"
broomrape *n.* עלקת
broomstick *n.* מקל המטאטא
Bros. = Brothers
broth *n.* מרק, מרק-בשר
broth′el *n.* בית בושת
broth′er (brudh-) *n.* אח
- brother doctor רופא עמית
- brothers in arms חברים לנשק
- oh brother! אוי, אבוי
brotherhood *n.* אחווה, אגודה
brother-in-law *n.* גִיס
brotherly *adj.* כמו אח, ידידותי
brought = p of bring (brôt)
brouhaha (brōōhä′hä) *n.* *בלגן
brow *n.* מצח; ראש גבעה, ראש צוק
- brows, eyebrows גבות (העיניים)
- knit one's brows להזעיף מיצחו
browbeat *v.* להפחיד (במבט)
brown *n&adj.* חום, שחום
- in a brown study שקוע במחשבות
brown *v.* להשחים, להזהיב
- browned off *נשבר לו, נמאס לו
brown bread לחם שחור
brown′ie *n.* שדון טוב, רוח; חברה בתנועת-צופים, צוֹפָה; עוגיית שוקולד
brownish, browny *adj.* שחמחם
brown nosing *חנפנות, לקקנות
brownstone *n.* אבן חומה (לבנייה)
browse (-z) *n.* מירעה; ריפרוף, עיון
browse *v.* לרעות; לרפרף בספרים
bru′in *n.* דוב
bruise (brōōz) *v.* להכות, לחבול, לפגוע; להיפגע, להתנפח
bruise *n.* חבלה, חבורה, תפיחה
bruiser *n.* בירון, איש-זרוע
bruit (brōōt) *v.* להפיץ (ידיעה)
brunch *n.* בְּרָאנץ', ארוחת בוקר מאוחרת
bru•nette′ (brōō-) *adj&n.* שחומת-עור; שחרחור
brunt *n.* כובד, מחץ (ההתקפה)
brush *n.* מיברשת, מיכחול; הברשה; תיגרה, מגע; זנב-השועל
brush *v.* להבריש, לצחצח; לנגוע, לשפשף, להתחכך ב-, לחלוף, לעבור
- brush aside להתעלם מ-
- brush away לסלק; להתעלם מ-
- brush him off לדחותו, לסלקו
- brush off להיעלם תוך הברשה
- brush up ללטש את ידיעותיו
brush *n.* שיחים, חורשה
brush-off *n.* *דחייה, סירוב; התעלמות
brush-up *n.* ריענון הידיעות
brushwood *n.* שיחים; ענפים כרותים
brushwork *n.* סיגנון-ציור
brusque (brusk) *adj.* פיתאומי, מהיר; נוקשה, גס, בוטה
Brus′sels sprout כרוב הניצנים
bru′tal *adj.* אכזרי, ברוטאלי
bru•tal′ity (brōō-) *n.* אכזריות
bru′talize′ *v.* לבהם, להפכו לאכזר

brute *n.* חיה, בהמה; אכזר, פרא
bru′tish *adj.* אכזרי, פראי, גס
BS = Bachelor of Science
bub′ble *n.* בועה, בלון; בעבוע
bubble *v.* להעלות בועות, לבעבע
- bubble over להיות מלא, לשפוע
bubble and squeak כרוב ותפוחי אדמה מטוגנים
bubble bath קצף אמבטיה; אמבטיית קצף
bubble gum גומי-לעיסה (מתנפח)
bubbly *adj.* מלא בועות, תוסס
bubbly *n.* *שמפניה
buc′caneer′ *n.* שודד-ים
buck *n.* צבי; שפן (זכר); *דולר
- pass the buck להטיל האחריות על הזולת
- quick buck *רווח קל/מהיר
buck *v.* לקפוץ, לקפץ, להפיל רוכב; להתנגד ל-; לעודד רוחו
- buck up לעודד; להתעודד; להזדרז
buckboard *n.* כירכרה
buck′et *n.* דלי
- kick the bucket למות
bucket *v.* לרכוב במהירות, לנסוע בטילטולים; לרדת בשפע (גשם)
bucketful (-fool) *n.* מלוא הדלי
bucket seat כיסא (קעור)
bucket-shop בורסת ספקולנטים
buck′le *n.* אבזם; בליטה, כיפוף
buckle *v.* לאבזם, להדק, לחגור, לרכוס; לעקם; להתעקם; להיכנע
- buckle down to לשנס מותניו
buck′ler *n.* מגן; שיריון קטן
buck′ram *n.* אריג קשה/גס
buck•shee′ *adv&n.* חינם; באקשיש
buckshot *n.* כדור-עופרת כבד
buckskin *n.* עור צבי
bucktooth *n.* שן בולטת (קידמית)
buckwheat *n.* כוסמת
bu•col′ic (bū-) *adj.* כפרי
bucolics *n-pl.* שירי רועים
bud *n.* ניצן, נבט; *ברנש
- in bud מעלה ניצנים, מנץ
- nip in the bud לקטוף באיבו
bud *v.* להנץ, להוציא ניצנים
Bud′dhism′ (bood′iz′əm) *n.* בודהיזם
budding *adj.* מתחיל להתפתח, עולה
bud′dy *n.* *חבר, ידיד, ברנש
budge *v.* להזיז; לזוז
budg′et *n.* תקציב
budget *v.* לתקצב, להכין תקציב
budgetary *adj.* תקציבי, של תקציב
buff *n&v.* עור-פרה; צהוב-בהיר; חסיד, אוהד, מעריץ; ללטש, להבריק
- in the buff ערום, מעורטל
- strip to the buff להתפשט לגמרי
buf′falo′ *n.* בופאלו, תאו, ביזון
buf′fer *n.* סופג זעזוע, מַנְחֵת
- old buffer *זקן שוטה
buffer state מדינת חיץ
buf′fet *n.* מהלומה, מכה
buf′fet *v.* להלום, להכות; להיאבק
buffet′ (bəfā′) *n.* מיזנון
buffet car קרון מיסעדה
buffoon′ (-ōōn) *n.* ליצן, מוקיון
- play the buffoon להשתטות, לבדח
buffoonery *n.* ליצנות
bug *n.* פישפש, חרק; *חיידק, נגיף; קילקול; מיקרופון שתול
- big bug *אדם חשוב, אישיות
bug *v.* *לשתול מיקרופון; להציק
bug′aboo′, bugbear *n.* מיפלצת, דחליל
bug-eyed *adj.* פעור-עיניים
bug′ger *n.* עושה מעשה סדום; *ברנש, דבר
- bugger all *כלום, שום דבר
bugger *v.* לעשות מעשה סדום
- bugger around *להתעסק (עם)
- bugger off! *הסתלק! התחפף!
buggery *n.* מעשה סדום
bug′gy *n.* כירכרה; עגלה; עגלת תינוק
bughouse *n.* *בית-משוגעים
bu′gle *n.* חצוצרה
- bugles חרוזים (תפורים על שימלה)
bu′gler *n.* חצוצרן
buhl (bōōl) *n.* בול (רהיטים)
build (bild) *v.* לבנות, ליצור
- build a fire under להמריץ לפעולה
- build him up להאדיר שמו, להללו
- build in(to) לקבוע, להרכיב, להכליל
- build on לבסס על, לבנות על
- build up לבנות, לפתח; להתפתח, לגדול, להתרבות
build *n.* צורה, מיבנה הגוף
builder *n.* בנאי, בונה; קבלן
building *n.* בניין; הקמת בניינים
building blocks נידבכים

building site אתר בנייה
build-up *n.* גידול; יצירת תדמית
built = p of build (bilt)
built-in *adj.* מורכב, קבוע, מובנה
built-up *adj.* מכוסה בניינים, בנוי
Bukharan *adj.* בוכרי
bulb *n.* נורת חשמל; פקעת, בולבוס
bul'bous *adj.* פקעתי, בולבוסי
bul'bul' (bool'bool) *n.* בולבול
bulge *n.* בליטה; גידול ארעי
bulge *v.* לבלוט; להתנפח
bulim'ia (ner•vo'sa) (boo-) *n.* בולימיה (מחלה), אכילה והקאה
bulk *n&v.* נפח, גודל; גוף גדול
- break bulk להתחיל לפרוק מיטען
- bulk large לשחק תפקיד חשוב
- in bulk בציבורת, בצובר, בתיפזורת
- the bulk of מרבית, חלק הארי
bulky *adj.* בעל נפח, גדול, מגושם
bull (bool) *n.* שור, פר; פיל; *שוטר; *שטויות; מעלה שערי המניות
- a bull market שוק מניות גואה
- bull in a china shop פיל בחנות חרסינה
- shoot the bull *לשוחח
bull *v.* לגרום לעליית המחירים
bull *n.* בולה, איגרת-האפיפיור
bull *n.* (בצבא) קפדנות, טירטור
bulldog *n.* בולדוג (כלב)
bulldog clip תפס קפיצי (לניירות)
bull'doze' (bool-) *v.* להפחיד; ליישר בדחפור, לדחוף כבדחפור
bull'doz'er (bool'dōz-) *n.* דחפור
bul'let (bool-) *n.* כדור; קליע
- bite the bullet לסבול באומץ
bullet-headed *adj.* עגלגל-ראש
bul'letin (bool-) *n.* בולטין, עלון
bulletin board לוח-מודעות
bulletproof *adj.* חסין קליעים
bulletproof vest שכפ"ץ, איפוד מגן
bullfight *n.* מלחמת שוורים
bullfighter *n.* לוחם שוורים
bullheaded *adj.* קשה-עורף
bul'lion (bool-) *n.* מטיל-זהב; מטיל-כסף
bull'ish (bool-) *adj.* כמו שור; (שוק) גואה
bullnecked *adj.* בעל צוואר עבה
bul'lock (bool-) *n.* שור, פר מסורס
bullring *n.* זירת מלחמת שוורים
bull's-eye *n.* בול, מרכז המטרה, אישון; סוכרייה; פתח עגול

bull'shit' (bool'-) *n.* *שטויות
bul'ly (bool-) *n.* רודן, בריון
bully *v.* להציק, להפחיד
bully *adj.* *מצויין, מוצלח, יפה
bully beef בשר משומר
bul'rush' (bool-) *n.* אגמון
bul'wark (bool-) *n.* מיבצר, מעוז
- bulwarks קיר-מגן
bum *n&v.* *בטלן, קבצן; ישבן; לשנורר
- bum about להתבטל
- go on the bum להתבטל
bum *adj.* *גרוע, חסר ערך
bum'bag' *n.* *כיס חגורה, פאוץ'
bum'ble *v.* *למלמל, לקשקש
bumblebee *n.* דבורה גדולה
bum'bling *adj.* *בטלן, מפשל
bum'boat' *n.* סירת אספקה
bumf *n.* *ניירות; נייר טואלט
bump *v.* לחבוט; להכות; להתנגש ב-; להיטלטל, לנוע בטילטולים
- bump into לפגוש, להיתקל ב-
- bump off *לרצוח, לחסל
- bump up להעלות, להרים, להגדיל
bump *n.* חבטה; בליטה, נפיחות
bump *adv.* בקול חבטה, טרח!
bump'er *n.* (במכונית) פגוש; כוס מלאה; דבר גדוש ומלא
- bumper crop יבול מבורך
bumper-to-bumper *adj.* פגוש אל פגוש, בטור ארוך
bumph *n.* *ניירות; נייר טואלט
bump'kin *n.* מגושם, גמלוני
bump'tious (-shəs) *adj.* מתנשא; בטוח בעצמו
bumpy *adj.* בעל גבשושיות; טלטלני
bun *n.* לחמנייה מתוקה; צמה מצונפת
bunch *n.* אשכול, צרור; *קבוצה
- best of the bunch *טוב מכולם
bunch *v.* לאגד; להתקבץ; להתקפל
bun'dle *n.* אגודה, חבילה
bundle *v.* לארוז, לדחוס בעירבוביה
- bundle off לסלקו בלי שהיות
- bundle up להתעטף בלבוש חם
bung *n.* פקק, מגופה
bung *v.* *לדחוף, לזרוק, להשליך
- bung up לסתום, לפקוק
bun'galow' (-ō) *n.* בונגאלו
bun'gee jumping קפיצת בנג'י
bunghole *n.* פי-החבית
bun'gle *n&v.* מלאכה גרועה,

כישלון, פשלה; לקלקל, לפשל
bun′ion *n.* תפיחה (בבוהן הרגל)
bunk *n.* מיטה צרה, דרגש
bunk *n&v.* *שטויות; בריחה
- do a bunk/bunk off *לברוח
bunk beds מיטות דו-קומתיות
bun′ker *n.* בונקר, מיקלט, מלינה; מחסן-פחם
bunkhouse *n.* מעונות פועלים
bun′kum *n.* *שטויות
bun′ny *n.* שפן, ארנבת
bunny girl *שפנפנה
bunt′ing *n.* קישוטי רחוב
buoy (boi) *n.* מצוף; מיתקן-הצלה
buoy *v.* להציף, להחזיק במצב ציפה; לתמוך, לרומם, לעודד
- buoy up לרומם רוחו, לעודד
buoy′ancy (boi′-) *n.* כושר ציפה, נטייה לצוף; כושר התאוששות
buoy′ant (boi′-) *adj.* צף, מציף; עליז, קליל
bur, burr *n.* תרמיל-צמח דביק; ספחת
bur′ble *v.* לבעבע, לפכפך; לפטפט
bur′den *n.* משא, נטל; כושר-קיבול, טונאז'; פיזמון; *נושא מרכזי
- burden of proof נטל ההוכחה
burden *v.* להעמיס, להטעין, להכביד
burdensome *adj.* כבד, מעיק
bu′reau (-rō) *n.* ארון מגרות; שולחן כתיבה; מישרד, לישכה
bu·reauc′racy (byoorok′-) *n.* ביורוקרטיה; ניירת, מישרדנות
bu′reaucrat′ic (-rək-) *adj.* ביורוקרטי, מישרדני, פקידותי
burg *n.* *עיר
bur′geon (-jən) *v.* ללבלב, להתפתח
bur′gess *n.* אזרח, אזרח עיר
bur′gher (-g-) *n.* אזרח עיר
bur′glar *n.* גנב, פורץ
burglar alarm מזעק נגד פריצה
bur′glarize′ *v.* לפרוץ, לחטוף
burglar-proof *adj.* חסין פריצות
bur′glary *n.* פריצה, גניבה
bur′gle *v.* לגנוב, לחטוף; לפרוץ
Bur′gundy *n.* יין בורגונדי
bur′ial (ber′-) *n.* קבורה
burke *v.* להשתיק, למנוע
bur′lap′ *n.* אריג גס
burlesque′ (-lesk) *n&v.* גחכה, בורלסקה, פארודיה; לעשות פארודיה על

bur′ly *adj.* חזק, מוצק
burn *v.* לבעור, לחרוך, לצרוב, לשרוף; להישרף; להשתוקק
- burn away להוסיף לבעור; להישרף
- burn down להישרף כליל
- burn into לקעקע, לצרוב, לחרות
- burn low לדעוך, לבעור באש קטנה
- burn one's boats/bridges לשרוף את הגשרים מאחוריו
- burn one's fingers להיכוות ברותחין
- burn oneself out להרוס את עצמו
- burn out לדעוך, להישרף; לשרוף
- burn the midnight oil לעשות לילות כימים
- burn up להשתלהב; לבער; להישרף; לשרוף; להרגיז, להרתיח
- burn up the road לשרוף את הכביש, לנהוג במהירות
- has money to burn לא חסר לו כסף
burn *n.* כוויה; בעירה
burner *n.* צורב; מבער, ברנר
- on the back (front) burner מקבל תשומת-לב מעטה (רבה)
burning *adj.* בוער, צורב
bur′nish *v.* להבריק, לצחצח
burnoose′ *n.* בורנס (גלימה ערבית)
burnt = p of burn
burnt offering קורבן; *אוכל שרוף
burp *v&n.* לגהק; להגהיק (תינוק); גיהוק
burr *n.* זימזום ארוך, רעש מכונות; הגיית ריש גרונית
burr drill מקדח שיניים
bur′row (bûr′ō) *n.* מאורה, שוחה
burrow *v.* לחפור; לחקור; לנבור; להטמין; להסתתר, להתחפר
bur′sar *n.* גיזבר, קופאי; מילגאי
bursary *n.* קופה; גיזברות; מילגה
burst *v.* לפרוץ; להתפרץ; לשבור; להישבר; לנפץ; להתפוצץ, להתפקע
- be bursting to לא יכול להתאפק
- burst at the seams להתפקע
- burst in on להתפרץ, להופיע לפתע
- burst into לפרוץ/לפתוח/לגעות ב-
- burst into sight להיגלות לפתע
- burst open להיפצח; לפרוץ בכוח
- burst out/forth להתפרץ ב-, לצעוק
- burst upon להופיע לפתע, להיגלות
burst *n.* התפרצות; צרור יריות; פיצוץ

bur′then = burden (-dh-)
bur′ton, gone for a burton *נעדר, נפל חלל
bur′y (ber′i) *v.* לקבור; להטמין
- buried in thoughts שקוע במחשבות
- bury the hatchet להניח נשקו
burying-ground *n.* בית-קברות
bus *n.* אוטובוס; *מכונית, מטוס
- miss the bus להחמיץ את ההזדמנות
bus *v.* לנסוע/להסיע באוטובוס
bus′boy *n.* מנקה שולחנות
bus′by (-z-) *n.* כובע פרווה
bus conductor כרטיסן
bush (boosh) *n.* שיח; יער בראשית
- beat about the bush לדבר בעקיפין על הנושא; להתחמק מהבעיה
- beat the bushes לחפש בכל מקום
bushed (boosht) *adj.* *עייף, סחוט
bush′el (boosh-) *n.* בושל, 8 גלונים
- hide one's light under a bushel להצטנע, לנהוג ענווה
bushwhacker *n.* *שוכן יערות
bushy *adj.* סבוך, עבות, עבה
business (biz′nəs) *n.* עסק, עסקים; עניין; (בתיאטרון) תנועות, הבעות
- I mean business אני מתכוון לכך
- business as usual עסקים כרגיל
- business end *הקצה החד והמסוכן
- business is business עסק זה עסק
- do the business לעשות את הדרוש
- get down to business לגשת לעניין
- got the business *קיבל מנה הגונה
- has no business to אין לו שום זכות/סיבה ל-
- in the business of עסוק ב-; מתכוון ל-
- it is his business to חובתו ל-
- like nobody's business *בלתי רגיל
- make it one's business להתחייב
- mind your own business אל תתערב בענייני הזולת
- no business of yours לא עיסקך
- on business לרגל עסקיו
business administration מינהל עסקים
business card כרטיס עסק/ביקור
business hours שעות העבודה
business-like *adj.* מעשי, יעיל, שיטתי, ענייני
businessman *n.* איש עסקים
business owner בעל עסק
business studies מינהל עסקים
businesswoman *n.* אשת עסקים
busk *v.* לנגן ברחוב (לתרומות)
bus′ker *n.* נגן רחוב, אמן נודד
bus′kin *n.* מגף; סנדל יווני
bus lane נתיב אוטובוסים
busman *n.* נהג אוטובוס
- busman's holiday חופשת-הנהג
bus shelter תחנת אוטובוס
bus station תחנה מרכזית
bus stop תחנת אוטובוסים
bust *n.* פסל-חזה, פרוטומה; היקף החזה; שדיים; *מאסר; כישלון חרוץ
- go bust *להיכשל
- go on the bust *להתהולל
bust *v.* לשבור; להישבר; לעצור, לאסור; לפשוט על; להוריד בדרגה
- bust up לקלקל, להרוס; לריב
bus′ter *n.* הורס, מפוצץ, משמיד
buster *n.* *בחור, חָבֵר, ברנש
bust′ier *n.* חולצה צמודה
bus′tle (-səl) *v.* להקים רעש, להתרוצץ, למהר
bustle *n.* המולה, פעילות, תכונה
bustle *n.* כרית (מתחת לשימלה)
bust-up *n.* *קטטה; התפרקות
busy (biz′i) *adj&v.* עסוק, עסוק ב-, טרוד, מלא פעילות
- busy oneself with להתעסק ב-
- the line is busy הקו תפוס
busybody *n.* מתערב בעסקי הזולת
but *conj&prep&adv.* אבל, אך, אלא, כי-אם, ברם; מבלי ש-, בלא ש-; חוץ מ-
- I cannot (choose) but go אין לי (ברירה) אלא ללכת
- I cannot help but go אני נאלץ ללכת
- I never go there but I see him אני רואהו כל אימת שאני הולך לשם
- but for אלמלא, לולא
- but good *היטב היטב, כדבעי
- but that אלא ש-
- but then מאידך, ברם
but *pron&v&n.* שלא-, אשר איננו-
- but me no buts בלי "אבל"!
- not a man but loves her אין גבר שלא אוהב אותה
butch (booch) *n.* אישה גברית

butch′er (booch-) *n.* שוחט, קַצָב, בעל איטליז; רוצח
butcher *v.* לשחוט, לרצוח
butchery *n.* שחיטה, קצבות; קטל
but′ler *n.* ראש המשרתים
butt *v.* לנגוח, לחבוט ראשו; להיתקל
- butt in להפריע, להתפרץ
butt *n.* מטרה (במיטווח); מטרה ללעג, קורבן; נגיחה; ישבן; קצה, קת-רובה; בדל-סיגריה; חבית גדולה
but′ter *n.* חמאה; למרוח בחמאה
- butter up להחניף
butter bean שעועית
buttercup *n.* נורית (צמח, פרח)
butterfat *n.* זיבדה, שמנת
butterfingers *n.* בטלן, לא יוצלח
butterfly *n.* פרפר; שחיית פרפר
- butterflies in his stomach פרפרים בבטן, כאב-בטן (ממתח)
butterfly stroke שחיית פרפר
buttermilk *n.* חובצה, חלב-חמאה
butterscotch *n.* ממתק-חמאה
but′tery *n.* מיזנון (למכירת מזון)
but′tock *n.* עכוז, שת, אחור
- the buttocks האחוריים, הישבן
but′ton *n.* כפתור, לחיץ, מתג; פיטרייה צעירה
- a hot button נושא חם, נושא שנוי במחלוקת
- buttons נער, משרת, שליח
- on the button במקום, קולע
button *v.* לרכוס, לכפתר; להירכס
- button down *לאמת, לוודא, לסדר
- button up לכפתר; *לסגור עיסקה
- button up! בלום פיך!
buttoned-up *adj.* מתכפתר, מסתגר; מבוצע בהצלחה
buttonhole *n.* לולאה, איבקת הכפתור; פרח (הנעוץ בבגד)
buttonhole *v.* לתפוס בבִיגדו, לאלצו להקשיב
buttonhook *n.* פורפן (לכפתורים)
but′tress *n.* מיתמך, תומך, מישען
buttress *v.* לחזק, לתמוך
but′ty *n.* סנדוויץ׳, כריך, פרוסה בחמאה, סירה נגררת, *חבר, ידיד
bux′om *adj.* שמנמנה, יפה, נאה
buy (bī) *v.* לקנות
- buy in לקנות מלאי של-; (במכירה פומבית) לקנות סחורתו שלו
- buy it *להיהרג, להירצח
- buy off/over לשחד, לקנות
- buy out לקנות הכל; לקנות זכותו
- buy time *להרוויח זמן
- buy up לקנות הכל
buy *n.* קנייה, "מציאה"
buyer *n.* קונה, קניין
buyers' market שוק הקונים (זול)
buying power כוח קנייה
buzz *v.* לזמזם; לתסוס; לרחוש, לרעוש; להנמיך טוס
- buzz off! *הסתלק! עוף מכאן!
buzz *n.* זימזום; המולה; *צילצול
buz′zard *n.* איה, עַקָב (עוף דורס)
buzzer *n.* זמזם, מיתקן-זימזום
buzzword *n.* מלה פופולרית, שפה טכנית, סיסמה
by *prep&adv.* ע"י; אצל, קרוב ל-; ב-; דרך, בעד; עד ל-, לפני; לפי
- 3 by 4 על 4 3 (כגון חדר)
- by 2 o'clock לא יאוחר מ-2
- by air/bus במטוס/באוטובוס
- by and by עוד מעט, תיכף
- by and large כללית, בדרך כלל
- by day/night בשעות היום/הלילה
- by oneself לבדו, בעצמו
- by the bye/by the way דרך אגב
- by the dozen/thousand בכמויות
- come by! קפוץ אלי הבייתה!
- day by day יום יום
- go by לעבור, לחלוף
- has it by him נמצא לידו
- lay/put by להניח בצד, לחסוך
- pay by the hour לשלם לפי שעות
- stand by him לתמוך בו
bye-bye (bī′bī′) *שלום! להתראות!
- go to bye-byes *לשכב לישון
by-election *n.* בחירות מישנה
bygone *adj.* שעבר, שחלף
- let bygones be bygones מה שהיה היה, שכח את העבר
by-law *n.* חוק-עזר עירוני
by-line *n.* שורת מישנה
by-pass *n.* כביש עוקף; מעקף; ניתוח מעקפים
by-pass *v.* לעקוף, להתעלם מ-
by-path/way *n.* דרך צדדית
by-play *n.* מישחק צדדי
by-product *n.* תוצר לוואי
byre *n.* רפת
by-road *n.* רחוב צדדי
by-stander *n.* משקיף, עומד קרוב
byte *n.* בית (במחשבים), בייט
by-word *n.* פיתגם, שנינה; שם-דבר

C

C דו (צליל); סנט; מאה; צלזיוס
- C major דו מז׳ור
c, ca = circa בערך בשנת-
C.A. = chartered accountant
cab *n.* מונית; כירכרה; תא-הנהג, קבינה
cabal′ *n.* קנוניה; קבוצת קושרים
cab′ala *n.* קבלה
cab′aret′ (-rā′) *n.* קאבארט
cab′bage *n.* כרוב
cab′by, cab′bie *n.* *נהג מונית
cab-driver *n.* נהג מונית
cab′in *n.* ביתן, תא, קבינה
cabin boy נער, משרת
cabin class מחלקה שנייה (באונייה)
cabin cruiser סירת תאים
cab′inet *n.* ארון, שידה; חדרון; קאבינט, ממשלה; לישכה
- filing cabinet תיקייה
cabinetmaker *n.* נגר
ca′ble *n.* כבל, כבל תת-ימי; מיברק
cable *v.* להבריק, לשלוח מיברק
cable car רכבל
cablegram *n.* מיברק
cable length מידה ימית (720 רגל)
cable railway רכבל
cable TV טלוויזיה בכבלים
caboo′dle *n.* *בכול מכול כול
caboose′ *n.* מיטבח (באוניה); קרון-הצוות
cab rank, cab stand תחנת מוניות
cab′riolet′ (-lā′) *n.* כירכרה; מכונית בעלת גג מתקפל
caca′o *n.* קקאו
cache (kash) *n&v.* מחבוא, מטמון, סליק; להחביא, להטמין
cachet (-shā′) *n.* חותמת, סימן מיוחד; עמדה גבוהה; קפסולת, כמוסה
cachou (-shōō′) *n.* סוכרייה
cack-handed *adj.* *איטר; מגושם
cack′le *n&v.* קירקור; צחוק רם; פיטפוט; לקרקר, לצחקק, לפטפט
cacog′raphy *n.* כתב-יד/איות גרוע
cacoph′onous *adj.* צורמני
cacoph′ony *n.* קקופוניה, תצרום
cac′tus *n.* קקטוס, צבר
cad *n.* גס, חסר-נימוס
cadav′er *n.* גופה, גווייה
cadav′erous *adj.* חיוור, כמו מת
cad′die, cad′dy *n.* נושא המקלות
cad′dish *adj.* גס, לא-נימוסי
cad′dy *n.* קופסת-תה
ca′dence *n.* מיקצב, קֶצֶב; תינח
caden′za *n.* קדנצה, תינח
cadet′ *n.* צוער, חניך; קאדט, שוחר, בן צעיר
cadet corps גדנ״ע (בבריטניה)
cadge *v&n.* לבקש נדבה, לנדנד
- on the cadge *מבקש נדבות
cadger *n.* קבצן, מבקש נדבות
cad′i *n.* קאדי, שופט מוסלמי
cad′re (kä′drə) *n.* מיסגרת, סגל, צוות מצומצם; גרעין צבאי, קאדר
Caesa′re·an section (siz-) ניתוח קיסרי, לידת-חתך
caesura (sizoor′ə) *n.* אתנחתא, צזורה, מיפסק
cafe (kəfā′) *n.* בית-קפה
cafe au-lait (kəfā′ōlā′) קפה בחלב
caf′ete′ria *n.* קפטריה, מיסעדה
caff *n.* *בית-קפה
caf′feine′ (-fēn) *n.* קפאין
caf′tan *n.* גלימה, קַפְטָן
cage *n.* כלוב; מחנה שבויים; מעלית
cage *v.* לכלוא, לשים בכלוב
cage′y (kā′ji) *adj.* *זהיר, סודי, מסתגר
cagily *adv.* *בזהירות
cagoule′ (-gōōl) *n.* מעיל גשם
ca′gy *adj.* *זהיר, סודי, מסתגר
cahoots′ (-hōōts) *n.* שותפות
- in cahoots ״יד אחת״
Cain, raise Cain להפוך עולמות
cairn *n.* מצבת-זיכרון, גַּלְעֵד
Cai′ro (kī-) *n.* קהיר
cais′son *n.* קרון תחמושת; תא צלילה
cai′tiff *n.* נבזה; מוג-לב
cajole′ *v.* לפתות, לשדל, לרמות
cajo′lery *n.* פיתוי, דברי חלקות
cake *n.* עוגה, לביבה, פשטידה; חתיכה
- a piece of cake *דבר קל, מישחק ילדים
- a slice of the cake, חתיכה מהעוגה, שיתוף ברווח
- cake of soap חתיכת סבון
- cakes and ale שימחה, הילולה

- have one's cake and eat it ליהנות משני העולמות
- sell like hot cakes להיחטף כמו לחמניות טריות
- took the cake *עבר כל גבול
cake *v.* לכסות, למרוח; להתקרש
Cal קלוריה; קליפורניה
cal′abash′ *n.* דלעת
cal′aboose′ *n.* *כלא, בית סוהר
calam′itous *adj.* ממיט שואה
calam′ity *n.* אסון, שואה
cal′cifica′tion *n.* הסתיידות
cal′cify′ *v.* להסתייד; להקשות בסיד
cal′cina′tion *n.* שריפה, בעירה
cal′cine *v.* לשרוף לאפר; להישרף
cal′cium *n.* סידן
cal′cu·lable *adj.* ניתן לחישוב
cal′cu·late′ *v.* לחשב, להעריך, לתכנן; לשער, להאמין
- calculate on לסמוך על
calculated *adj.* מחושב, מתוכנן
- calculated insult עלבון מְכוּוָן
calculating *adj.* ערמומי, זהיר
cal′cu·la′tion *n.* חישוב; שיקול; תחשיב
cal′cu·la′tor *n.* מכונת חישוב
cal′cu·lus *n.* חשבון; אבן (בכליות)
cal′dron (kôl-) *n.* יוֹרָה, קדירה
cal′endar *n.* לוח-שנה; לוח זמנים; רשימת תיקים לדיון
calendar month חודש חמה
cal′ender *n.* מעגילה, זיירה
calender *v.* לגהץ (במעגילה)
cal′ends *n-pl.* ראש חודש (ברומא)
- on the Greek calends לעולם לא
calf (kaf) *n.* עגל; פילון; עור-עגל
- with calf (פרה) מעוברת
calf *n.* סובך, בשר-השוק
calf-length *adj.* מגיע מתחת לברך
calf-love *n.* רומן ילדותי
calf skin עור-עגל
cal′iber *n.* קוטר פנימי; טיב, איכות, שיעור-קומה, קליבר
cal′ibrate′ *v.* למדוד את הקוטר, לכייל, להתאים מספרי מידות, לְשַנֵת
cal′ibra′tion *n.* כיול, קליברציה
cal′ico′ *n.* בד-כותנה
ca′lif, ca′liph *n.* כליף מוסלמי
cal′ipers *n-pl.* מחוגה (למדידה); לוחות-מתכת (לרגלי נכה)
ca′liphate′ *n.* כליפות
cal′isthen′ics *n-pl.* התעמלות

calk (kôk) *n.* פרסה (מונעת החלקה)
calk *v.* להתקין פרסה (כנ"ל)
calk = caulk
call (kôl) *v.* לצעוק; לקרוא; להזמין; לטלפן; להעיר; לבוא, לבקר; לעצור בתחנה
- call a halt to להפסיק, לאסור
- call a strike להכריז על שביתה
- call attention להסב תשומת לב
- call away להסיח דעת
- call by לבקר, "לקפוץ אל"
- call down להתפלל, להזמין; לנזוף
- call for לדרוש, להצריך, לחייב; לבקר, לאסוף, לבוא אצל
- call forth לעורר, להפעיל
- call him down *לנזוף, לגעור בו
- call in לדרוש, לתבוע בחזרה
- call in doubt להטיל ספק
- call in question לפקפק ב-
- call into being ליצור, לברוא
- call it 50 NIS "לגמור" על 50 ש"ח
- call names לכנות כינויי גנאי
- call off לבטל, להפסיק, להרחיק
- call on לבקר; להזמין, לקרוא
- call out לצעוק; להזעיק; להשבית
- call the shots/tune להיות בשליטה
- call to mind להיזכר
- call to order לקרוא לסדר
- call up לטלפן; להיזכר ב-; להזכיר; להזמין; לגייס
- call upon לבקר; להזמין, לקרוא
call *n.* קריאה; ביקור; צילצול; הזמנה; תביעה; צורך; החלטת השופט; דרישת תשלום
- at call, on call מוכן ומזומן; עם דרישה ראשונה
- call of nature צורך לעשיית צרכים
- no call אין סיבה, אין צורך
- pay a call לערוך ביקור; *להשתין
- within call כמטחווי קריאה, קרוב
cal′la *n.* קלה (צמח)
callable *adj.* לפירעון עם הדרישה
call box תא טלפון
call-boy *n.* נער-משרת (בתיאטרון)
caller *n.* מבקר, עורך ביקור
call-girl *n.* נערת-טלפון
callig′raphy *n.* כתיבה תמה, כְּתָב
calling *n.* מישלח-יד; שאיפה
calling card כרטים ביקור
calling down נזיפה, גערה
cal′lipers = calipers
cal′listhen′ics *n.* התעמלות

call loan, call money הלוואה שיש לפרעה עם דרישה ראשונה
callos′ity *n.* יבלת (בעור)
cal′lous *adj.* קשוח; יבלני, מיובל
cal′low (-ō) *adj.* צעיר, חסר-ניסיון; חסר-נוצות
call sign אות התחנה
call-up *n.* גיוס, צו-קריאה
cal′lus *n.* יבלת (בעור)
call waiting שיחה ממתינה
calm (käm) *adj.* שָׁקֵט, שליו, רגוע
calm *n.* שֶׁקֶט, שלווה; העדר-רוח
calm *v.* להרגיע, להשקיט
- calm down להרגיע; להירגע
cal′orie, cal′ory *n.* קלוריה, חומית
cal′orif′ic *adj.* יוצר חום
calum′niate′ *v.* להלעיז; להעליל
calum′nious *adj.* מעליל, משמיץ
cal′umny *n.* דיבה; עלילה
Cal′vary *n.* תבליט הצליבה; סֵבֶל
calve (kav) *v.* להמליט עגל
calves = pl of calf (kavz)
Cal′vinism′ *n.* קלוויניזם
calyp′so *n.* קליפסו (שיר)
ca′lyx *n.* גביע (של פרח)
cam *n.* פיקה, גל, בליטה (בגלגל)
cam′arad′erie *n.* ידידות, אחווה
cam′ber *n.* שיפוע, קימור קל
camber *v.* לקמר, לקשת; להתקמר
ca′mbric *n.* אריג כותנה
cam′cord′er *n.* מצלמת וידיאו
came = pt of come
cam′el *n.* גמל; מיבדוק; חום-צהבהב
camel-hair *n.* שְׂעַר-גמל
camel′lia (-mē′l-) *n.* קמליה (פרח)
Cam′embert′ (-bār) *n.* גבינת קאממבר
cam′e·o′ *n.* קמיע; תכשיט; סקיצה; תפקיד קצר
cam′era *n.* מצלמה, מסרטה
- in camera בדלתיים סגורות
cameraman *n.* צַלָּם
camerawork *n.* טכניקת הצילום
cam′i-knickers (-minik-) *n-pl.* תחתונית, מיצרפת
cam′isole′ *n.* תחתונית, כותונת
cam′omile′ *n.* בבונג
cam′ouflage′ (-′əfläzh) *n.* הסוואה
camouflage *v.* להסוות
camp *n.* מחנה
- break/strike camp לפרק מחנה
camp *v.* להקים מחנה, לחנות
- camp out לגור/לישון במחנה
- go camping לצאת למחנה
camp *adj&v.* *מיושן, מגוחך; הומו, נשי
- camp it up *לשחק בצורה מעושה
- high camp *הופעה שטותית מעושה
cam·paign′ (-pān) *n.* מערכה, מיבצע
campaign *v.* לנהל מסע, להשתתף במיבצע, לעשות תעמולה
campaigner *n.* לוחם, תעמלן
cam′pani′le (-nē′li) *n.* מיגדל פעמון
cam·pan′u·la *n.* פעמונית (פרח)
camp bed מיטה מתקפלת
camp chair כיסא מתקפל
camper *n.* חונה; מחנאי; מכונית-נופש
campfire *n.* מדורת-קומזיץ
camp follower בן-לוויה, רוכל, מספק שירות לחיילים, זונה
campground *n.* אתר-מחנאות; שטח לכינוס דתי
cam′phor *n.* קמפור
cam′phora′ted *adj.* מכיל קמפור
camphor ball כדור נפטלין
camping *n.* קמפינג, מחנאות
cam′pion *n.* ציפורנית (צמח)
camp meeting כינוס דתי
campsite *n.* אתר המחנה
camp-stool *n.* כיסא מתקפל
cam′pus *n.* קמפוס, קריה
cam′shaft′ *n.* גל הפיקות
can *n.* קופסה, פחית; *בית-סוהר; *בית שימוש
- can of worms תיבת פנדורה
- carry the can *לשאת באשמה
- in the can * (סרט) מוכן להקרנה
can *v.* לשמר (מזון) בפחית
can *v.* יכול ל-, עשוי ל-, רשאי ל-
- you can't go אסור לך ללכת
Ca′naan (-nən) *n.* כנען
Ca′naanite′ (-nən-) *n.* כנעני
Cana′dian *n&adj.* קנדי
canal′ *n.* תעלה; צינור
can′aliza′tion *n.* תיעול
can′alize′ *v.* לתעל; להפנות
can′ape′ (-nəpā) *n.* פרוסונת מרוחה
canard′ *n.* סיפור בדים
cana′ry (-ner′i) *n.* ציפור-שיר; זמרת; צהוב-בהיר; יין לבן מתוק
canas′ta *n.* קנסטה (מישחק קלפים)

can′can′ *n.* קנקן (ריקוד)
can′cel *v.* לבטל, לחסל, למחוק, לקזז
- cancel out למחוק; לצמצם מישוואה
can′cella′tion *n.* ביטול; מחיקה
can′cer *n.* סרטן
- Tropic of Cancer חוג הסרטן
Cancer *n.* מזל סרטן
can′cerous *adj.* סרטני, ממאיר
cancer stick *סיגרייה
can′dela *n.* נר (יחידת-הארה)
can′delab′rum (-lä-) *n.* מנורה
can′did *adj.* גלוי-לב, ישר
can′didacy *n.* מועמדות
can′didate *n.* מועמד; נִבְחָן
can′didature *n.* מועמדות
candid camera מצלמה נסתרת
candidly *adv.* בגילוי-לב, גלויות
candied *adj.* מְסוּכָּר, מתובל בסוכר
- candied words דברי-חלקות
can′dle *n.* נר
- burn the candle at both ends לבזבז מרץ רב, לעבוד בלי הרף
- can't hold a candle to לא מגיע עד קרסוליו, אין להשוותו ל-
- game is not worth the candle חבל על המאמץ
candleholder *n.* פמוט
candlelight *n.* אור-הנר
Candlemas *n.* חג נוצרי (2 בפברואר)
candlepower *n.* נר (יחידת הארה)
candlestick *n.* פמוט
candlewick *n.* פתילה; קישוט בחוטים
can-do *adj.* נחוש לבצע, החלטי
can′dor *n.* הגינות; גילוי לב
can′dy *n.* סוכרייה, ממתק
candy *v.* לבשל בסוכר; להתגבש
candyfloss *n.* צמר-גפן מתוק
cane *n.* קנה, מקל; חיזרן
- get the cane לספוג מלקות
cane *v.* להלקות
cane sugar סוכר מקנה-סוכר
ca′nine *adj.* כמו כלב, כלבי
canine tooth ניב (שן)
can′ister *n.* קופסה; פצצה; מדוכה
can′ker *n.* איכל, פצע; הרס, סרטן
canker *v.* להשחית, לקלקל; להיפגע
can′kerous *adj.* ממאיר, סרטני
can′nabis *n.* קנבוס, חשיש, מריחואנה
canned *adj.* משומר; *שיכור
canned music מוסיקה מוקלטת
can′nery *n.* בית-חרושת לשימורים
can′nibal *n.* קניבל, אוכל-אדם
can′nibalism′ *n.* קניבליות
can′nibalis′tic *adj.* קניבלי
can′nibalize′ *v.* לנצל חלקי מכונה (לתיקונים), להשתמש בחלפים
can′non *n.* תותח
cannon *v.* להפגיז; להתנגש ב-
can′nonade′ *n.* הרעשה, הפגזה
cannon-ball *n.* פגז
cannon fodder בשר-תותחים
cannot = can not לא יכול
- cannot (choose) but חייב ל-
- cannot help but נאלץ ל-
can′nu·la *n.* צינורית, צנתר
can′nu·late′ *n.* לצנתר
can′ny *adj.* ערמומי, זהיר
canoe (-nōō′) *n.* בּוּצִית, קאנו (סירה)
canoe *v.* לשוט בבוצית
canoeist *n.* משיט בוצית
can′on *n.* קאנון, חוקת הכנסייה; קריטריון, עיקרון; רשימת הקדושים; כתבי הקודש; כומר
canon′ical *adj&n.* קאנוני
- canonicals ביגדי כמורה
can′oniza′tion *n.* קנוניזציה, קידוש
can′onize′ *v.* לקדש, לעשות לקדוש
canon law חוקת הכנסייה
canoo′dle *v.* *להתגפף, להתחבק
can-opener *n.* פותחן קופסאות
can′opy *n.* אפיריון, חופה, כיפה; גג זחיח של תא-הטייס
canst, thou canst אתה יכול
cant *n.* צביעות, התחסדות; ז'רגון
- thieves' cant עגת-הגנבים
cant *n.* שיפוע, נטייה; תנועת-פתע
cant *v.* לשפע, להטות, להפוך
can't = cannot (kant)
Can′tab′ *adj.* של קיימבריג'
can′taloupe′ (-lōp) *n.* סוג מֶלון
can·tan′kerous *adj.* רגזן, איש-ריב
canta′ta (-tä′tə) *n.* קנטטה
can·teen′ *n.* קנטינה, שקם; מערכת כלי-אוכל, סכו"ם; מימייה
can′ter *n.* דהירה קלה, דהרור
- win at a canter לנצח בקלות
canter *v.* לדהור דהירה קלה, לדהרר
can′ticle *n.* שיר, הימנון

Canticles שיר השירים
can′tile′ver *n.* מוט תומך, תומכה
can′to *n.* פרק בפואמה, קאנטו
can′ton *n.* קנטון, מחוז (בשווייץ)
can·ton′ment *n.* מחנה צבאי
can′tor *n.* חזן; מנצח על מקהלה
can′vas *n.* אריג גס; ברזנט; ציור שמן
- under canvas באוהלים; במיפרשים פרושים
can′vass *v.* לנהל תעמולה, לחזור אחרי קולות; לדון, לשקול
canvass *n.* ניהול תעמולה, דיון
can′yon (-yən) *n.* קַניוֹן, ערוץ
caou′tchouc (kou′chook) *n.* קאוצ'וק (צֶמֶג)
cap *n.* כובע, כיפה; פקק, מיכסה; "קפצון"; פיקה; טבעת; אות גדולה
- cap in hand בהכנעה, בהתרפסות
- if the cap fits אם הוא סבור שהכוונה אליו - יהי כן
- put on one's thinking cap לחשוב בהתעמקות
- set her cap at ניסתה לכבוש ליבו
cap *v.* לשים כובע על, להכתיר; לעלות על, להצליח יותר
- cap a joke לספר בדיחה יותר טובה
ca′pabil′ity *n.* כישרון, יכולת; כוח
- capabilities סגולות, פוטנציה
- nuclear capabilities כוח גרעיני
ca′pable *adj.* מוכשר, כישרוני
- capable of מסוגל; ניתן ל-
capa′cious (-shəs) *adj.* מְרוּוָח
capac′itor *n.* קבל (באלקטרוניקה)
capac′ity *n.* קיבולת, יכולת, קליטה, הבנה; מעמד, תפקיד; כושר, כשרות
- beyond his capacity למעלה מהבנתו
- filled to capacity מלא עד אפס מקום
- in his capacity as בתוקף תפקידו
- within his capacity בתחום הבנתו
cap and bells תילבושת הליצן
cap′-a-pie′ (-pē) מכף רגל ועד ראש
capar′ison *n.* כיסוי מקושט לסוס
caparison *v.* להלביש, לקשט (סוס)
cape *n.* שיכמייה; כֵּף, לְשוֹן-יַבָּשָׁה
ca′per *n.* צָלָף (שיח-בר)
caper *n.* קפיצה, ניתור; *תעלול
- cut a caper לכרכר; להשתטות
caper *v.* לקפץ, לכרכר, לקפצץ
ca′pias *n.* צו מעצר

cap′illar′ity *n.* נימיות
cap′illar′y (-leri) *n.* נימה
cap′ital *n.* בירה; הון, רכוש, קַפִּיטָל; כותרת העמוד; אות גדולה
- fixed capital רכוש קבוע
- make capital of לנצל
- risk/venture capital הון סיכון
- share capital הון מניות
capital *adj.* דינו מוות; ראשי; *מצויין
- capital importance חשיבות עליונה
- with a capital A בא' רבתי
capital crime/case עבירה שדינה מוות
capital expenditure הוצאות הון
capital gains ריווחי הון
cap′italism′ *n.* רכושנות, קפיטליזם
cap′italist *n.* רכושן
cap′italis′tic *adj.* רכושני
cap′italiza′tion *n.* היוון
cap′italize′ *v.* להוון, לממן; לכתוב באותיות גדולות; להפיק תועלת
- capitalize on לנצל (שגיאת יריב)
capital letter אות גדולה
capital levy מס רכוש
capital market שוק ההון
capital punishment עונש מוות
capital stock הון מניות
cap′ita, per capita לראש, לגולגולת
cap′ita′tion *n.* מס גולגולת
capit′ulate′ (-ch′-) *v.* להיכנע
capit′ula′tion (-ch′-) *n.* כניעה
- capitulations הסכם לשמירת זכויות האזרחים הזרים
ca′pon *n.* תרנגול מסורס (מפוטם)
cap′pucci′no (-poochē′-) *n.* קפוצ'ינו
capricc′io (-prich′iō) *n.* קפריצ'ו
caprice′ (-rēs) *n.* קפריזה, גחמה, עיקשות, חפציות, ציפרונות; קפריצ'ו
capri′cious (-shəs) *adj.* קפריזי, הפכפך, גחמני
Cap′ricorn′ *n.* מזל גדי
- Tropic of Capricorn חוג הגדי
cap′riole′ *n&v.* קפיצה; קפיצה ובעיטה של סוס מאולף; להקפיץ סוס
Capris′ (-rēz′) *n-pl.* מכנסי קפרי, מכנסי נשים צמודים
cap′sicum *n.* פילפלת (צמח)
capsizal *n.* התהפכות

cap•size′ *v.* להפוך; להתהפך
cap sleeve שרוול (כתף) קצר
cap′stan *n.* כנן (למשיכת ספינות)
cap′sule (-səl) *n.* קפסולת, גלולה, כמוסה, הֶלְקֵט, מִכְסֶה; תא-חללית
cap′tain (-tən) *n.* סרן, מפקד, רב-חובל, מנהיג, ראש-קבוצה
captain *v.* לפקד, להנהיג
cap′taincy (-tən-) *n.* מנהיגות; ראשות-קבוצה
cap′tion *n.* כותרת, מילות-הסבר; כותרת מיסמך; כיתוב, כתובית
cap′tious (-shəs) *adj.* קטנוני, חטטני
cap′tivate′ *v.* להקסים, לכבוש לב
cap′tiva′tion *n.* הקסמה, קסם
cap′tive *n&adj.* שבוי, אסיר; בשבי
- captive audience ציבור שבוי
- captive balloon בלון קשור לקרקע
- hold him captive להחזיקו בשבי
cap•tiv′ity *n.* שבי; מאסר
cap′tor *n.* לוכד, שבאי, שובה
cap′ture *v.* לשבות, ללכוד, לתפוס
capture *n.* תפיסה, לכידה; שבוי
car *n.* מכונית; קרון-רכבת; מעלית
carafe (-raf′) *n.* בקבוק, לגין, כד
car′amel *n.* שזף-סוכר, קאראמל
car′apace′ *n.* שיריון הצב
car′at *n.* קאראט (יחידת משקל)
car′avan′ *n.* שיירה; קרון-מגורים, קארוואן, מעונוע
caravanning *n.* בילוי חופשה בקרון
car′avan′sary *n.* פונדק
car′away′ (-′əwā) *n.* כרוויה (צמח)
carb = carburettor
car′bide *n.* קרביד
car′bine *n.* קרבין (רובה)
car′bo•hy′drate *n.* פחמימה
- carbohydrates מזון עמילני
car•bol′ic acid *n.* חומצת קרבול
car bomb מכונית תופת
car′bon *n.* פחמן; פחם; העתק
car′bona′ted *adj.* מוגז
- carbonated water מי-סודה
carbon black אבקת פחם
carbon copy העתק
carbon dioxide פחמן דו-חמצני
car•bon′ic acid חומצה פחמתית
car′bonif′erous *adj.* מכיל פחם
car′boniza′tion *n.* פיחמון
car′bonize′ *v.* לפחם, לפחמן
carbon monoxide פחמן חד-חמצני
carbon paper נייר פחם
car′boy′ *n.* בקבוק (גדול)
car′bun′cle *n.* גחלית, פורונקל, קרבונקול; אבן יקרה
car′bure′tor (-rā-) *n.* מאייד, קרבוראטור
car′buret′tor *n.* מאייד, קרבוראטור
car′cass *n.* גווייה; שלד; *גוף
car•cin′ogen *n.* גורם סרטן, מְסַרְטֵן
car′cino′ma *n.* סרטן
card *n.* כרטיס, גלוייה; קלף; תוכנייה; *ברנש מצחיק
- a card up one's sleeve תוכנית באמתחתו, קלף בשרוול
- a sure/safe card קלף בטוח
- cards, playing cards קלפים
- house of cards בניין קלפים
- in the cards עלול לקרות, אפשרי
- one's best card הקלף החזק שלו
- play one's cards well לנהוג בפיקחות, לתמרן יפה
card *n.* מסרק, מסרקה, מנפטה
card *v.* לסרוק, לנפט, לנפץ
car′damom *n.* הל, קרדמון
cardboard *n.* קרטון, ניורת
cardboard city איזור חסרי בית
card-carrying member חבר מלא
card game מישחק קלפים
cardholder *n.* בעל כרטיס אשראי
car′diac′ *adj.* של הלב
cardiac arrest דום לב
cardiac insufficiency אי ספיקת לב
car′digan *n.* אפודת צמר, מיקטורה
car′dinal *adj.* יסודי, ראשי, עיקרי
cardinal *n.* חשמן; אודם, אדום
cardinal number מיספר יסודי
cardinal points נקודות המצפן היסודיות
card index כרטסת
car′diogram′ *n.* רישמת לב
car′diol′ogist *n.* רופא לב, קרדיולוג
car′diol′ogy *n.* רפואת הלב, קרדיולוגיה
cardphone *n.* טלפון טלכרט
cardpunch *n.* מנקב-כרטיסים
card-sharper *n.* רמאי-קלפים
card vote הצבעת נציגים
care *n.* דאגה, תשומת-לב; זהירות; טיפול, פיקוח, השגחה

- care of, c/o גר אצל, שכתובתו
- have a care! היזהר!
- take care להיזהר
- take care of לטפל ב-
- take into care להכניס למוסד
care *v.* לדאוג; לחפוץ, לְרצוֹת
- I couldn't care less לא מעניין אותי
- I don't care לא איכפת לי
- I don't care to איני חפץ ל-
- care for לטפל ב-; לאהוב, לחבב
- for all I care מצידי, לא איכפת לי
- not care a damn לא איכפת כלל
careen′ *v.* להטות (אונייה) על הצד; לנטות; לנוע במהירות ובטילטולים
career′ *n.* קריירה; מיקצוע; ריצה, מהירות, דהירה
- at full career במהירות רבה
career *adj.* מיקצועי; של קריירה
career *v.* להתרוצץ, לדהור במהירות
careerist *n.* קרייריסט, תכליתן
carefree *adj.* חסר-דאגות, עליז
careful (kār′fool) *adj.* זהיר; קפדני, מדוקדק
caregiver *n.* מטפל
care label תווית הוראות
careless *adj.* לא זהיר, רשלני; לא דואג, עליז, לא איכפת לו, אדיש
carer *n.* מטפל
caress′ *n.* לטיפה, נשיקה
caress *v.* ללטף, לנשק, לחבק
car′et *n.* סימן ההשמטה (בהגהה)
caretaker *n.* משגיח, ממונה, שָרָת, שַמָש
caretaker government ממשלת מעבר
careworn *adj.* אכול-דאגות
carfare *n.* דמי נסיעה
car′go *n.* מיטען, משא
car′icature *n.* קריקטורה
caricature *v.* לעשות קריקטורה מ-
caricaturist *n.* קריקטוריסטן
car′ies (kār′ēz) *n.* עששת, ריקבון
car′illon *n.* נגינת פעמונים
caring *adj.* אדיב, דואג; מטפל
car′ious (kār′-) *adj.* (שן) רקובה
car′jack′ *v.* לחטוף מכונית
carjacking *n.* חטיפת מכונית
Car′melite′ *n.* כרמילי (נזיר)
car′mine *n.* ארגמן, כרמין
car′nage *n.* שחיטה, טבח, קטל
car′nal *adj.* בשרי, חושני, גופני
- carnal knowledge יחסי מין

car•na′tion *n.* ציפורן (פרח); ורוד
car′nival *n.* קרנבל
car′nivore′ *n.* חיה טורפת, טורף
car•niv′orous *adj.* אוכל בשר
car′ob *n.* חרוב (עץ)
car′ol *n.* שיר עליז; שיר הלל
carol *v.* לשיר, לזמר, להלל
carou′sal (-z-) *n.* הילולה, מישתה
carouse′ (-z) *v.* לשתות, להתהולל
car′ousel′ (-rəs-) *n.* סחרחרה, קרוסלה
carp *v.* לחטט, להטיל דופי; להתאונן
carp *n.* קרפיון, קרפיונים
car′pal *adj.* של שורש כף-היד
car park חניון
car′penter *n.* נגר
car′pentry *n.* נגרות
car′pet *n.* שטיח, מרבד
- call on the carpet לנזוף
- sweep under the carpet לטאטא אל מתחת לשטיח
carpet *v.* לכסות בשטיח; *לנזוף ב-
carpetbagger *n.* צפוני (בארה"ב) שהיגר לדרום לעשות רווחים; מועמד פוליטי במחוז זר; אופורטוניסט
carpet bombing הפצצה כבדה
carpeting *n.* חומר לשטיחים
carpet-knight *n.* חייל-שוקולדה
carpet slipper נעל בית
carpet sweeper מנקה שטיחים
car phone טלפון מכונית
carping *adj.* חטטני, מחפש פגמים
car pool הסכם הסעה הדדי
carport *n.* מיגרש-חנייה, סיככת מכונית
car′pus *n.* שורש היד, מיפרק כף היד
car′rel *n.* מדור-עיון (בסיפרייה)
car′riage (-rij) *n.* עגלה, כירכרה; קרון-רכבת; הובלה; גרר מכונת-כתיבה; כן-תותח
- carriage forward הובלה על המקבל
- carriage paid דמי-הובלה שולמו
carriage *n.* הופעה, הילוך, הליכה
carriage and pair כירכרה
carriage trade העשירים
carriageway *n.* כביש
- dual carriageway כביש רחב
carrier *n.* סַבָּל, נושא, חברת-הובלה; נַשָּא, נושא מחלות; נושאת-מטוסים; משאית
carrier bag שקית קניות

carrier pigeon יונת דואר
car′rion *n.* נבילה, פגר
car′rot *n.* גזר
- the stick and the carrot שיטת המקל והגזר
carroty *adj.* דומה לגזר; אדום-תָּפוּז
car′rousel′ (-rəs-) *n.* סחרחרה, קרוסלה
car′ry *v.* לשאת; להעביר; להמשיך, להאריך; לכבוש בסערה; להינשא למרחקים; לנהוג, להתנהג; לשדר
- carried his point נימוקיו שיכנעו
- carry 1 מעבירים 1 (בחיבור)
- carry all before him להצליח יפה
- carry away לשלהב, לסחוף
- carry back להחזיר (לזמן עבר)
- carry conviction לשכנע
- carry forward להעביר לדף הבא
- carry him through לחלצו
- carry interest לשאת ריבית
- carry off לזכות ב-, להצליח, לבצע יפה; לגרום מוות
- carry on לנהל; להמשיך; לנהל רומן; להתנהג באופן מוזר; להשתולל
- carry oneself להתנהג (בהילוך וכ׳)
- carry out/through לבצע, להגשים
- carry over להימשך; להישאר; להעביר
- carry the ball לבצע הדבר הקשה
- carry the day לנחול הצלחה
- carry too far לעבור הגבול, להגזים
- carry weight להיות בעל משקל
- my voice carries קולי נשמע רחוק
- the cow's carrying הפרה מעוברת
- the law (was) carried החוק נתקבל
- to be carrying on with בינתיים
carry *n.* טווח-תותח; נשיאה; הובלת סירות ביבשה
carryall *n.* תרמיל, סל
carry-cot *n.* סל-קל (לתינוק)
carrying charge תשלום נוסף על קנייה במזומנים
carryings-on *n-pl.* *אירועים, התרחשויות מוזרות
carry-on *n.* שקית, תרמיל קטן; *רעש, המולה; שובבנות; רומן
carry-over *n.* העברה מדף לדף; עסקים דחויים; השפעת-לוואי
carsick *adj.* חולה נסיעה
cart *n.* עגלה, קרון
- in the cart *במצב ביש
- put the cart before the horse להקדים את המאוחר
cart *v.* להעביר בעגלה; *לסחוב
- cart away/off לגרור, להעביר
cart′age *n.* (דמי) הובלה בעגלה
carte blanche (-blänsh) *n.* יד חופשית
car·tel′ *n.* קרטל, איגוד
car′ter *n.* עגלון
Car·te′sian (-zyən) *adj.* קרטזיאני, של דקארט
carthorse *n.* סוס עבודה
car′tilage *n.* סחוס, חסחוס
car′tilag′inous *adj.* סחוסי
car·tog′rapher *n.* מפאי, קרטוגרף
car·tog′raphy *n.* מיפוי, מפאות
car′toman′cy *n.* קרטומניה, הגדת עתידות בקלפים
car′ton *n.* קופסת קרטון
car·toon′ (-o͞on) *n.* קריקטורה
- animated cartoon סרט מצוייר
cartoonist *n.* קריקטוריסטן
car′tridge *n.* כדור, תרמיל; קסטה; סליל-מצלמה; מחסנית; מילוי-עט
cartridge belt פונדה
cartridge paper נייר לבן עבה
cart track/road דרך עפר
cartwheel *n.* קפיצת גילגול הצידה
- turn cartwheels להתגלגל הצידה
carve *v.* לפסל, לגלף; לחתוך, לפרוס
- carve out להשיג (במאמץ רב)
carver *n.* סכין (לבשר); גלף
carving *n.* גילוף, תגליף
carving knife סכין (לבשר)
car′yat′id *n.* עמוד (בדמות אישה)
cas·cade′ *n&v.* מפל-מים; דבר דמוי גל (שיער גולש, חצאית); שרשרת, סידרה; ליפול כמפל-מים
cas·car′a *n.* סם משלשל
case *n.* מיקרה, מצב; עניין; תיק, מישפט; טענה, נימוק; יחסה
- as the case may be בהתאם למצב
- borderline case מיקרה גבולי
- case in point דוגמה, הוכחה
- in any case בכל מיקרה
- in case פן, למיקרה של
- in case of במיקרה ש-, אם
- in no case בשום מיקרה
- in the case of בנוגע ל-
- in this case במיקרה זה
- is it the case that? הנכון ש-?
- it's not the case אין זה כך

- just in case על כל מיקרה
- make one's case להוכיח צידקתו
- make out a case for לטעון לטובת
- such being the case הואיל וכך
case *n&v.* תיבה, קופסה; נרתיק, מיסגרת; לארוז, לשים בתיבה
- lower case אותיות קטנות
- upper case אותיות גדולות
casebook *n.* יומן מיקרים
case-hardened *adj.* קשוח, מחושל
case history תיק (של חולה)
ca′se·in *n.* קזיאין, חלבון החלב
case law דיני פסקים; דינים מבוססים על תקדימים
caseload *n.* עומס תיקים, מקרים לטיפול
case′ment (kās′-) *n.* חלון-צירים
ca′se·ous *adj.* של קזיאין, גביני
case study חקר המיקרה, ניתוח המצב
casework *n.* עבודה סוציאלית, חקר הרקע
caseworker *n.* עובד סוציאלי
cash *n.* כסף, מזומנים
- cash on delivery תשלום עם המסירה
- cash price המחיר במזומן
- out of cash חסר-מזומנים
- ready cash מזומנים
cash *v.* להחליף במזומנים, לפדות
- cash and carry שלם וקח
- cash in להחליף במזומנים; *למות
- cash in on לנצל, להפיק תועלת מ-
cashable *adj.* זמין
cash basis בסיס מזומנים
cash box כספת
cash card כרטיס כספומט
cash cow *פרה חולבת, עסק מכניס
cash crop גידולי קרקע למכירה
cash desk דלפק הקופה
cash dispenser בנקומט, מנפק כסף
cash down תשלום בעת הקנייה
cash′ew (-yōō) *n.* קשיו (אגוז)
cash flow תזרים מזומנים
cash·ier′ (-shir) *n.* קופאי
cashier *v.* לסלק, להדיח, לפטר
cash′mere *n.* צמר קשמיר
cash point מנפק כסף, כספומט
cash register קופה רושמת
ca′sing *n.* כיסוי, מיסגרת, עטיפת-מגן
casi′no (-sē′-) *n.* קאזינו

cask *n.* חבית
cas′ket *n.* תיבה; ארון מתים
casque (kask) *n.* קסדה
cas′serole′ *n.* אילפס, קדירה; תבשיל
cassette′ *n.* קסטה, קלטת, מחסנית
cassette player רשמקול, טייפ
cassette recorder רשמקול, טייפ
cas′sock *n.* גלימה
cas′sowar′y (-səweri) *n.* קזואר
cast *v.* להטיל, להשליך; לגבש; לעצב, לצקת; ללהק, לשבץ בתפקיד; לחשב
- cast a vote להצביע
- cast about/around לחפש; לחשוב
- cast accounts לחשב, לחבר
- cast ashore להטיל לחוף
- cast aside לזנוח, לנטוש
- cast doubts להטיל ספיקות
- cast down מדוכדך; להעציב, לדכא
- cast loose להרפות; להתנתק
- cast lots להפיל גורלות
- cast off להשליך, לנטוש; להתיר (סירה); לסיים את הסריגה
- cast on להעלות עיניים על המסרגה
- cast one's eyes over להסתכל ב-
- cast out לגרש
- cast up לחשב, לחבר; לכוון כלפי מעלה
- cast your bread upon the waters שלח לחמך על פני המים
cast *n.* השלכה, הטלה; צוות שחקנים (מלוהק); צורה, דמות; גבס (תחבושת); פזילה
cas′tanets′ *n-pl.* ערמוניות
castaway *n.* ניצול (של ספינה)
caste *n.* כת, מעמד חברתי
- lose caste לרדת בדרגה
cas′tella′ted *adj.* בנוי כמיבצר
cas′ter = castor
caster sugar סוכר דק
cas′tigate′ *v.* להעניש, לבקר קשות
cas′tiga′tion *n.* ענישה חמורה
casting *n.* השלכה; יציקה, עיצוב; ליהוק
casting vote קול מכריע (של יו"ר)
cast iron ברזל יציקה, יצקת
cast-iron *adj.* כברזל, קשה, חזק
cas′tle (-səl) *n&v.* טירה, ארמון, מצודה; צריח; להצריח
- castle doctrine ביתו של האדם הוא מיבצרו
- castles in Spain/in the air

מיגדלים פורחים באוויר, חלום באספמיא
cast-off *adj.* מושלך, משומש
cast-offs *n-pl.* בגדים משומשים
cas′tor *n.* גלגילון (מתחת לרהיט); מַבְזֵק (למלח, פילפל)
castor oil *n.* שמן קיק
castor sugar סוכר דק
cas′trate *v.* לסרס, לעקר
cas·tra′tion *n.* סירוס, עיקור
cas′ual (-zhōōəl) *adj&n.* מיקרי; שיטחי, לא מתחשב; ארעי, לא קבוע
- casual worker עובד לא קבוע/ארעי
- casuals בגדים/נעליים ליום-יום
cas′ualty (-zhōōəl-) *n.* תאונה; נפגע, נעדר, חלל
casualty department/ward חדר-חירום לנפגעים
cas′uist (-zhōōist) *n.* פלפלן
cas′uis′tic (-zhōōist-) *adj.* פלפלני
cas′uistry (-zhōōis-) *n.* התפלפלות, פלפלנות
ca′sus bel′li (-lī) עילה למלחמה, קאזוס בלי
cat *n.* חתול, חתולה; *טרקטור; שוט
- cat and dog life חיי-מריבות
- let the cat out of the bag לגלות סוד
- like a cat on a hot tin roof, עצבני, מתוח
- not room to swing a cat מקום צר
- rains cats and dogs ניתך גשם עז
- wait for the cat to jump לראות איך ייפול דבר
cat′aclysm′ (-liz′əm) *n.* מהפך, קאטאקליזם; רעידת-אדמה; שואה
cat′aclys′mic (-z-) *adj.* קאטאקליסטי, מהפכני
cat′acomb′ (-kōm) *n.* מערת-קברים, כוך, קאטאקומבה
cat′afalque′ (-falk) *n.* בימת-המת
cat′alep′sy *n.* קטלפסיה, שיתוק
cat′alog′, -logue′ (-lôg) *n&v.* קטלוג; לקטלג, לרשום בקטלוג
catal′ysis *n.* קטליז, זירוז
cat′alyst *n.* קטליזטור, מדרבן, זָרָז
cat′alyt′ic *adj.* מזרז
cat′amaran′ *n.* רפסודה, סירה
cat′apult′ *n.* מרגמה, בליסטרה; מָעוֹט; מיקלעת
catapult *v.* להזניק, להעיף; לזנק

cat′aract′ *n.* מפל-מים; יָרוֹד (מחלה), קאטאראקט
catarrh′ (-tär) *n.* נזלת
catas′trophe′ (-rəfē) *n.* אסון, קטסטרופה, שואה
cat′astroph′ic *adj.* קטסטרופי
cat burglar פורץ (המטפס כחתול)
catcall *n.* שריקת-בוז
catch *v.* לתפוס; להבין; ללכוד; להידבק ב-; להכות; להיאחז, להסתבך
- catch as catch can תפוס כפי יכולתך, מכל הבא ליד
- catch at לנסות לתפוס, להיאחז
- catch at a straw להיאחז בקש
- catch fire להידלק, להתלקח; להתלהב
- catch his attention למשוך תשומת-ליבו
- catch his eye למשוך תשומת-ליבו
- catch hold of לתפוס
- catch on להתפרסם; להבין
- catch one's breath לעצור נשימתו
- catch out לתפוס בקלקלתו
- catch sight of לראות לרגע, להבחין
- catch the sun להשתזף (יותר מדי)
- catch up (with) להשיג, להדביק
- catch-22 מילכוד 22, סיבוך
- caught short נקלע למצב דחוק
- caught up שקוע, נסחף ב-; מסתבך
- you'll catch it! תקבל מנה!
catch *n.* תפיסה; שלל; בריח; עוקץ, טריק, מילכוד; שאלה מכשילה, משהו חשוד
- a good catch "שידוך" טוב
catchall *n.* סל גדול
catch crop יבול מהיר-גידול
catcher *n.* תופס (בבייסבול)
catching *adj.* מִידַבֵּק, מְנַגֵּעַ
catchment area אגן-נהר; איזור, תחום שירות
catchpenny *adj.* חסר-ערך, צעקני
catchphrase *n.* אימרת-כנף
catchword *n.* סיסמה, מלת-מפתח
catchy *adj.* מושך; קל לזכרו, קליט; ערמומי, מוליך שולל
cat door דלת כנף (לחתול)
cat′echism′ (-k-) *n.* מדריך בצורת שאלות ותשובות, קטכיסיס
cat′echize′ (-k-) *v.* ללמד בשיטת שאלות ותשובות; לבחון, לחקור
cat′egor′ical *adj.* מוחלט, פסקני,

קטגורי
cat′egorize′ *v.* להכליל בקטגוריה
cat′ego′ry *n.* קטגוריה, סוג
ca′ter *v.* לספק, לספק (מזון, בידור), לארגן שירותי הסעדה
- cater to להתחשב ב-, לספק רצון-
caterer *n.* ספק-מזון, מיסעדן
catering *n.* הסעדה, קייטרינג
cat′erpil′lar *n.* תולעת, זחל
caterpillar tractor טרקטור-זחל
cat′erwaul′ *n.* יללת-חתול
caterwaul *v.* ליילל כחתול, לריב
catfish *n.* שפמנון (דג)
cat flap דלת כנף/מתנפנפת (לחתול)
catgut *n.* מיתר-נגינה, מיתר
cathar′sis *n.* היטהרות, זיכוך הנפש; מתן פורקן לבעיות נפשיות
cathar′tic *adj&n.* (סם) משלשל
cathe′dra *n.* קתדרה
cathe′dral *n.* כנסייה ראשית, קתדרלה
Cath′erine wheel (-rin) גלגל זיקוקין די נור
cath′eter *n.* קתטר, צנתר
cath′eterize′ *v.* לצנתר
cath′ode *n.* קתודה
cath′olic *adj.* כללי, רחב, מקיף
Cath′olic *adj&n.* קתולי
Cathol′icism′ *n.* קתוליות
cath′olic′ity *n.* כלליות, רוחב-דעת
cat-house *n.* *בית בושת
cat′kin *n.* עגיל (תיפרחת)
catlick *n.* *רחצה שיטחית
catlike *adj.* חתולי, כחתול; בגניבה
cat′nap′ *n.* תנומה קלה
cat-o'-nine-tails שוט, מגלב
cat's cradle *n.* עריסת-חתול (מישחק בחוט הכרוך על האצבעות)
cat's eye עין-חתול, מחזירור-כביש
cat's paw כלי-שרת בידי הזולת; רוח קלה; לולאה
cat suit בגד מהודק, בגד-גוף
cat′sup *n.* קטשופ, מיץ עגבניות
cat′tle *n-pl.* בקר, בהמות
cattle cake מזון-בהמות
catty, cattish *adj.* חתולי, ערמומי
cat-walk שביל צר; במת-אופנה
Cauca′sian (-zhən) *n.* קווקזי, לבן
Cau′casus *n.* קווקז
cau′cus *n.* ועידה מפלגתית
caucus *v.* לכנס ועידה מפלגתית
cau′dal *adj.* של הזנב, זנבי

caught = p of catch (kôt)
caul *n.* עטיפת העובר, מעטה הוולד
caul′dron *n.* יוֹרָה, קדירה
cau′liflow′er *n.* כרובית
cauliflower ear אוזן נפוחה
caulk (kôk) *v.* לסתום (סדקים)
caus′al (-z-) *adj.* סיבתי, גורם
causal′ity (-z-) *n.* סיבתיות
causa′tion (-z-) *n.* סיבתיות
cau′sative (-z-) *n&adj.* בניין הִפעִיל; גורם
cause (-z) *n.* סיבה, גורם; עניין, מטרה, עיקרון; עילה, עילה לתביעה
- cause of action עילה לתביעה
- in the cause of לטובת, למטרת-
- make common cause with him לתמוך בו, להתייצב לצידו
- show cause לבוא ולנמק בבי"ד; לתת סיבה טובה
cause *v.* לגרום ל-, להביא
cause (koz) *conj&adv.* *בגלל, מכיוון ש-
causeless *adj.* חסר-סיבה
cau′serie′ (kō′zərē′) *n.* שיחה קלה
cause′way′ (kôz′wā) *n.* שביל מורם (בשטח בוצי), דרך מוגבהת
caus′tic *adj.* שורף, צורב, חריף
caustic soda נתר מְאַכֵּל, סודה קאוסטית
cau′terize′ *v.* לצרוב (פצע, נכישה)
cau′tion *n&v.* זהירות; אזהרה; התראה;
caut′ion להזהיר, להתרות ב-
cautionary *adj.* מזהיר, מתרה, מדריך
cau′tious (-shəs) *adj.* זהיר
cav′alcade′ *n.* תהלוכה, צעדת פרשים
cav′alier′ (-lir) *n&adj.* פרש, אביר; יהיר, אנוכי, מזלזל
cav′alry *n.* חיל-פרשים; שיריון קל
cave *n&v.* מערה
- cave in להתמוטט, לקרוס; למוטט
ca′ve·at′ *n.* הפסקת הליכים; אזהרה
ca′ve·at′ emp′tor′ ייזהר הקונה!
cave-in *n.* התמוטטות, קריסה
caveman *n.* איש-מערות; *חסר נימוס
cav′ern *n.* מערה (גדולה)
cav′ernous *adj.* עמוק; מלא מערות
- cavernous eyes עיניים שקועות

cav′iar′ *n.* קוויאר, ביצי דגים
- caviar to the general רק לאניני-טעם
cav′il *v.* לחפש פגמים; להתאונן
cav′ity *n.* חלל, חור, חריר, קבית
cavity wall קיר חלול (לבידוד)
cavort′ *v.* *לקפץ, לכרכר
ca′vy *n.* חזיר-ים
caw *n&v.* צריחת עורב; לצרוח
cay·enne′ *n.* פילפל אדום
cc. = cubic centimeter
CD קומפקט דיסק, תקליטור; הג"א
CD-ROM סי-די רום
cease *v&n.* להפסיק, לחדול
- cease and desist order צו הפסקת פעולה, צו מניעה
- without cease בלי הרף, ללא הפסק
ceasefire *n.* הפסקת-אש
ceaseless *adj.* מתמיד, לא פוסק
ce′dar *n.* ארז (עץ)
cede *v.* לוותר על, להעביר (שטח)
ce·dil′la *n.* סדילה (סימן מתחת לאות סי)
ceil (sēl) *v.* להתקין תיקרה; לְצַפּוֹת
ceil′ing (sēl-) *n.* תיקרה
ce·leb′ *n.* *סֶלֶב, ידוען, אדם מפורסם
cel′ebrant *n.* מנהל טקס (כומר)
cel′ebrate′ *v.* לחגוג; להלל, לפאר
celebrated *adj.* מפורסם
cel′ebra′tion *n.* חגיגה, שימחה
celeb′rity *n.* ידוען; פירסום
celer′ity *n.* מהירות
cel′ery *n.* כרפס, סלרי
celes′tial (-schəl) *adj.* שמיימי
ce′liac′ disease צליאק (כָּרֶסֶת)
cel′ibacy *n.* רווקות, פרישות
cel′ibate *n.* רווק
cell *n.* תא
cel′lar *n.* מרתף, מחסן-יינות
cel′larage *n.* שטח המרתף; דמי איחסון
cel′list (ch-) *n.* צ׳לן, נגן צ׳לו
cel′lo (ch-) *n.* צ׳לו, בטנונית
cel′lophane′ *n.* צלופן (נייר)
cellphone *n.* טלפון סלולרי, פלפון
cel′lu·lar *adj.* תאי, נקבובי; סלולרי
cellular phone טלפון סלולרי
cel′lu·loid′ *n.* צלולואיד, ציבית; סרט
cel′lu·lose′ *n.* תאית, צלולוזה
Cel′sius *n.* צלסיוס
Cel′tic *n.* קלטית (שפה)

cem′balo′ (chem-) *n.* צ׳מבלו
ce·ment′ *n.* מלט; מילוי; לכסות במלט, למלט; לחזק
ce′men·ta′tion *n.* חיזוק, גיבוש; התחזקות
cement mixer מערבל (מכונה)
cem′eter′y *n.* בית-קברות
cen′otaph′ *n.* מצבת-זיכרון, יד
cen′ser *n.* מחתה, מַקְטֵר
cen′sor *n.* צנזור, בַּדָק
censor *v.* לצנזר, לבדק
cen·sor′ious *adj.* ביקורתי, מחפש פגמים
cen′sorship *n.* צנזורה, ביקורת, בידוקת
cen′sure (-shər) *n.* ביקורת, גינוי
censure *v.* לגנות, לבקר, לנזוף
cen′sus *n.* מיפקד
cent *n.* סנט (מטבע)
- per cent אחוז, למאה
cen′taur *n.* קנטאור (אדם-סוס)
cen′tena′rian *n&adj.* בן מאה שנה (או יותר)
cen·ten′ary *n.* מאה שנה; יובל המאה
cen·ten′nial *n&adj.* חגיגות יובל המאה; של יובל המאה
cen′ter *n.* אמצע, מרכז; שחקן מרכז
- center of attention מוקד ההתעניינות
- off center משונה, מוזר; לא באמצע
center *v.* להתרכז; לשים במרכז; להעביר כדור למרכז השדה; לְמַרְכֵּז
- center upon להתרכז ב-, להתמקד
center bit מקדח-מירכוז
centerboard *n.* לוח איזון (בסירה)
center forward חלוץ מרכזי
center of gravity מרכז הכובד
centerpiece *n.* קישוט מרכזי; פריט עיקרי
center spread עמודי האמצע
center stage מרכז הבמה; מוקד ההתעניינות
cen′tigrade′ *adj.* בעל 100 מעלות; צלסיוס
cen′tigram′ *n.* סנטיגרם
centime (sän′tēm) *n.* מאית פרנק
cen′time′ter *n.* סנטימטר
cen′tipede′ *n.* נדל (רמש טורף)
cen′tral *adj.* מרכזי, עיקרי
central *n.* מרכזייה; מרכזן
central heating הסקה מרכזית

cen'tralism' *n.* ריכוז, מירכוז
cen'traliza'tion *n.* מירכוז
cen'tralize' *v.* לְמַרְכֵּז; להתרכז
central processing unit יחידת עיבוד מרכזית
central reservation שטח הפרדה (בכביש), רצועה מכוסה דשא
cen'tre = center (-tər)
cen·trif'u·gal *adj.* צנטריפוגלי, סירכוזי
cen'trifuge' *n.* מפרדה, צנטריפוגה, סרכזת
cen·trip'etal *adj.* צנטריפטלי
cen'trist *n.* איש המרכז, מתון
cen'tury (-'ch-) *n.* מאה שנה
- the 20th century המאה העשרים
CEO נשיא, יו"ר, מנכ"ל
ce·phal'ic *adj.* של הראש
ce·ram'ic *adj.* של קַדָרוּת, של קרמיקה
ce·ram'ics *n-pl.* קרמיקה, כלי חרס
ce're·al *n.* דגן, תבואה; דייסה
cer'ebel'lum *n.* המוח הקטן
cere'bral *adj.* של המוח, מוחי
cer'ebra'tion *n.* פעולת המוח, חשיבה
cere'brum *n.* המוח הגדול
cer'emo'nial *adj.* טיקסי, רישמי
ceremonial *n.* טקס, נוהג
cer'emo'nious *adj.* טיקסי
cer'emo'ny *n.* טקס, רישמיות
- master of ceremonies ראש הטקס
- stand on ceremony להקפיד על טיקסיות יתירה
cerise' (-rēz') *adj.* אדום-בהיר
cert *n.* *ודאות, דבר ודאי; תעודה
- a dead cert ודאות מוחלטת
cert. = certificate, certified
cer'tain (-tən) *adj.* בטוח; מסויים
- for certain בלי ספק, בוודאות
- make certain לוודא
certainly *adv.* בלי ספק; כמובן!
- certainly not כמובן שלא!
cer'tainty (-tən-) *n.* ודאות
- for a certainty בביטחון
cer'tifi'able *adj.* בר-אישור; *משוגע
certif'icate *n.* תעודה, אישור, נייר
certif'icate' *v.* לאמת, לאשר
certif'ica'ted *adj.* מוסמך, מדופלם
cer'tifica'tion *n.* אימות, אישור
certified *adj.* מוסמך; מאושר
certified mail דואר רשום
certified public accountant רואה חשבון
cer'tify' *v.* לאשר; להסמיך; לדפלם; להצהיר כבלתי-שפוי
cer'tiorar'i (-'shər-) *n.* צו בירור, צו לערכאה נמוכה להמציא מיסמכים לבירור
cer'titude' *n.* ביטחון, ודאות
ceru'le·an *adj.* תכלתי, תכול
cer'vical *adj.* של הצוואר; של צוואר הרחם
cer'vix *n.* צוואר; צוואר הרחם
Cesarean = Caesarean
ces·sa'tion *adj.* הפסקה, הפוגה
ces'ser *n.* סיום, הפסקה
ces'sion *n.* ויתור, מסירת שטחים
cess'pit', cesspool בור שפכין
ce·ta'cean (-shən) *n.* יונק ימי; לווייתן
c.f. = carried forward הועבר לדף הבא
cf. = compare השווה
chafe *v.* לשפשף, לחכך; להשתפשף
- chafe at/under להתעצבן
chafe *n.* חכך (מקום מחוכך בעור)
chaff *n.* מוץ; חציר; ליגלוג
chaff *v.* ללגלג
chaf'fer *v.* להתמקח, להתווכח
chaf'finch *n.* פרוש (ציפור-שיר)
cha'fing dish צלחת חימום
chagrin' (sh-) *n.* אכזבה, מפח-נפש
chagrin *v.* לצער, לאכזב
chain *n.* שרשרת; 20 מטר
- in chains אסור, כבול, באזיקים
chain *v.* לכבול, לאסור
chain gang קבוצת אסירים כבולים
chain mail/armor שיריון קשקשים
chain reaction תגובת שרשרת
chain saw מסור-שרשרת
chain-smoker מעשן בשרשרת
chain stitch תפירת-שרשרת
chain stores רשת חנויות
chair *n.* כיסא; כיסא היושב-ראש; יושב ראש; קתדרה; כיסא חשמלי
- leave the chair לסיים ישיבה
- take a chair קח כיסא, שב
- take the chair לנהל ישיבה
chair *v.* לנהל ישיבה; להרים, לשאת על כיסא
chair lift רכבל-כיסאות

chairman *n.* יושב-ראש
chairmanship *n.* מעמד היושב-ראש
chairperson *n.* יושב ראש, יו"ר
chairwoman *n.* יושבת-ראש
chaise (shāz) *n.* כירכרה
chaise longue/lounge (shāz lông) *n.* כיסא משענת, מיטת שמש, ספה
Chal'de•ans (kal-) *n-pl.* כַּשְׂדִּים
chalet' (shala') *n.* צריף כפרי
chal'ice (-lis) *n.* גביע, קוּבַּעַת
chalk (chôk) *n.* גיר
- as chalk and cheese שונים מאוד
- not by a long chalk בהחלט לא
chalk *v.* לכתוב בגיר, לסמן בגיר
- chalk out לתאר בצורה כללית
- chalk up לזקוף לחשבונו
chalkboard *n.* לוח (של כיתה)
chalk-striped *adj.* מפוספס (בקווים לבנים על רקע שחור)
chalky *adj.* גירי, כמו גיר
chal'lah (hä'lə) *n.* חלה
chal'lenge (-linj) *v.* להזמין, לקרוא, לְאַתְגֵר; להוות אתגר; לדרוש שיזדהה; לפקפק ב-
- challenge a juror לבקש לפסול מושבע
challenge *n.* הזמנה, אתגר; הוראה לעצור ולהזדהות; התנגדות למושבע
- challenge for cause טענת פסלות על סמך נימוק
- peremptory challenge טענת פסלות בלי צורך לנמק
challenger *n.* טוען לכתר האליפות
challenging *adj.* מעורר אתגר, מקסים
cham'ber (chām'-) *n.* חדר, חדר-שינה; לישכה; גוף מחוקק; בית-מחוקקים; תא
- chamber of commerce לישכת מיסחר
- chambers לישכת-שופט; מערכת חדרים
cha'mberlain (-lən) *n.* חצרן, מנהל הלישכה
chambermaid *n.* חדרנית
chamber music מוסיקה קאמרית
chamber orchestra תיזמורת קאמרית
chamber pot משתן, עביט
chame'le•on (k-) *n.* זיקית
cham'fer *n.* פינה מלוכסנת, שיפוע
cham'my (sh-) *n.* עור-יעל
chamois (sham'i) *n.* יעל; עור-יעל
champ *v.* ללעוס; לגרוס; לגלות קוצר-רוח
- champ at the bit לגלות קוצר-רוח
champ *n.* *אלוף
cham•pagne' (shampān') *n.* שמפנייה
cham•paign' (shampān') *n.* מישור
cham'pers (sham-z) *n-pl.* *שמפנייה
cham'perty *n.* קנוניה משפטית, קניית דין
cham'pion *n.* אלוף; תומך, דוגל, לוחם
champion *v.* להגן על, לדגול ב-
champion *adj.* *מצויין, כביר
championship *n.* אליפות; דגילה
chance *n.* הזדמנות, שעת-כושר, כושרה; מיקרה, מזל; סיכון, סיכוי, אפשרות
- by chance במיקרה, באקראי
- chances are רבים הסיכויים
- game of chance מישחק מזל
- on the chance of בתיקווה ש-
- stands a chance יש לו סיכוי
- take a chance להסתכן, לנסות מזלו
- the main chance הסיכוי להתעשרות
chance *v.* להזדמן, לקרות; לסכן
- chance it *להסתכן
- chance on להיתקל ב-
- it chanced that קרה ש-, אירע ש-
chance *adj.* מיקרי, לא צפוי
chan'cel *n.* מיזרח הכנסייה
chan'cellery *n.* מעמד הקנצלר, משרד הקנצלר, קנצלריה; שגרירות
chan'cellor *n.* קנצלר; מזכיר השגרירות; נשיא אוניברסיטה
- Chancellor of the Exchequer שר האוצר
- Lord Chancellor שופט עליון
chan'cery *n.* בית מישפט גבוה לצדק; גנזך
- ward in chancery קטין באפיטרופסות השופט העליון
chan'cy *adj.* *כרוך בסיכון, מסוכן
chan'delier' (sh-lir) *n.* ניברשת
chan'dler *n.* רוכל; יצרן נרות
change (chānj) *v.* לשנות, להחליף, להחליף בגדים, לפרוט כסף;

להשתנות
- change a baby להחליף חיתול לתינוק
- change a bed להחליף מצע-המיטה
- change color להסמיק, להחוויר
- change down לעבור להילוך נמוך
- change gear להחליף הילוך
- change hands להחליף בעלים
- change into להחליף (בגדים)
- change off להתחלף
- change one's mind לשנות דעתו
- change one's tune לשנות את הטון
- change over לעבור שינוי
- change step להחליף צעד (בצעידה)
- change up לעבור להילוך גבוה
change *n.* שינוי, החלפה, המרה; כסף קטן; עודף
- a change for the better שינוי לטובה
- change of clothes בגדים להחלפה
- change of heart שינוי בעמדה
- change of life תקופת המעבר, בלות
- change of venue שינוי אתר השיפוט
- for a change לשם שינוי
- get no change out of him לא לקבל מידע ממנו; לא להפיק תועלת ממנו
- ring the changes לשנות, לגוון
- small change כסף קטן
changeable *adj.* מתחלף; חליף; הפכפך
changeful *adj.* מתחלף; הפכפך
changeless *adj.* לא משתנה, יציב
change'ling (chānj'l-) *n.* ילד מוחלף
changeover *n.* תמורה, מַהפָּך
chan'nel *n.* תעלה; ערוץ, אפיק
- channels צינורות, דרכים
channel *v.* לכוון, להפנות; לתעל, להעביר בתעלה
chant *n&v.* פיזמון, שיר; לשיר, לזמר
chan'tey (sh-) *n.* שיר ימאים
chan'ticleer' *n.* תרנגול
chan'try *n.* חדר תפילה; תשלום לכומר
chan'ty (sh-) *n.* שיר ימאים
cha'os' (k-) *n.* תוהו ובוהו
cha·ot'ic (k-) *adj.* בעירבוביה, הפוך
chap *v.* להיסדק, להתבקע; לסדוק
chap *n.* סדק, בקיע; *ברנש, בחור
- chaps לְסָתוֹת, לְחָיַיִם; מכנסי עור
chap. = chapter פרק
chapbook *n.* ספר מעשיות
chap'el *n.* מקום תפילה, קפלה; תפילה; איגוד עובדי-דפוס
chaperon (shap'ərōn') *n.* בת-לוויה (לנערה), משגיחה
chaperon *v.* לשמש כמשגיחה כנ"ל
chapfallen *adj.* עצוב, נפול-פנים
chap'lain (-lən) *n.* רב צבאי; כומר
chaplaincy *n.* כמורה
chap'let *n.* זֵר, מחרוזת; תפילה
chap'ter *n.* פרק; תקופה; סניף, כינוס דתי, אסיפת כמרים
- chapter and verse מקור מדוייק, ציטטה מדוייקת, ברחל בתך הקטנה
- chapter of accidents מסכת תקלות
chapter house אולם האסיפות
char *v.* לחרוך; להיחרך; להשחיר
char *v.* לעבוד כפועלת-ניקיון
char *n.* פועלת ניקיון; *תה
char'acter (k-) *n.* אופי, טבע; פירסום, שם; דמות, טיפוס; תעודת-אופי; אות, סימן, תו
- character actor שחקן אופי
- character assassination רצח אופי
- in character אופייני, מתאים
- out of character לא אופייני
character evidence עדות אופי
char'acteris'tic (k-) *adj.* אופייני
characteristic *n.* מאפיין, תכונה
char'acter'iza'tion (k-) *n.* איפיון
char'acterize' (k-) *v.* לאפיין
characterless *adj.* חסר-אופי, רגיל
character witness עד אופי
charade' (sh-) *n.* חידון תנועות, מציאת מלה ע"י פנטומימה
char'coal' *n.* פחם; ציור פחם
chard *n.* סלק שווייצי
charge *v.* לדרוש מחיר; לחייב; לצוות על; להתנפל; להטעין, למלא; להצהיר
- charge a gun לטעון רובה
- charge a jury להדריך המושבעים
- charge him with להאשימו ב-
- charge it to- לזקוף זאת ל-
- charge off לבטל, לרשום כהפסד
- charge oneself with לקבל עליו
- charge with להפקיד בידיו, לתת
charge *n.* מחיר; אחריות; פיקוח,

טיפול; שיעבוד; פיקדון; הוראה; חובה; התנפלות; אשמה; חומר-נפץ; מיטען; נטל; משא
- bring a charge against להאשים
- face a charge להיות מואשם ב-
- give in charge להסגיר למשטרה
- in charge אחראי, ממונה
- in his charge תחת פיקוחו
- lay to his charge להאשימו ב-
- take charge of להיות אחראי ל-
chargeable *adj.* בר-האשמה; נזקק ל-; חייב מס
charge account חשבון הקפה
charge card כרטיס אשראי
charged *adj.* מואשם; טעון, מלא, רווי
charge d'affaires (shärzä'dəfär') ממלא מקום השגריר, מיופה-כוח
charge-off *n.* ביטול, מחיקה
charger *n.* מַטְעֵן; סוס-מלחמה
charge sheet גיליון אישום
chariness *n.* זהירות, חסכנות
char'iot *n.* רכב ברזל; כירכרה
char'ioteer' *n.* רַכָּב
charis'ma (kəriz-) *n.* כריזמה
char'ismat'ic (kariz-) *adj.* כריזמטי
char'itable *adj.* נדיב לב; אדיב; של צדקה
char'ity *n.* נדיבות-לב, רחמים, צדקה; גמילות חסד; מוסד צדקה
- Sister of Charity חברה באירגון-צדקה
charlady *n.* פועלת ניקיון
char'latan (sh-) *n.* נוכל, שרלטן
Char'leston (-ls-) *n.* צ'רלסטון
char'ley horse התכווצות שריר
char'lock *n.* חרדל בר
char'lotte (shär'lət) *n.* עוגת פירות, תפוח אפוי
charm *n.* משיכה, יופי; קסם; קמיע
- work like a charm לפעול כבמטה-קסם
charm *v.* להקסים, לכשף
- a charmed life חיי ניסים
- charm away להפיג כבמטה קסם
charmer *n.* אדם מקסים; קוסם
charming *adj.* מקסים, נחמד
char'nel house חדר-מתים
chart *n.* מפה, תרשים
- the charts מיצעד הפיזמונים
chart *v.* לשרטט, לערוך תרשים

char'ter *n.* צ'רטר, אישור, כתב-זכויות, זיכיון; הצהרת-יסוד; שֶׂכֶר, חכירה
charter *v.* להעניק צ'רטר/זיכיון; לשכור
chartered accountant רואה חשבון
charter flight טיסת שֶׂכֶר
charter member חבר מייסד
charter-party שכירות-אונייה
char·treuse' (shärtrōōz') *n.* ירוק-צהוב; שרטרז (ליקר)
chart-topper *n.* מוביל מיצעד הפיזמונים
chart-topping *adj.* בראש מיצעד הפיזמונים
charwoman *n.* פועלת ניקיון
cha'ry *adj.* זהיר, חסכן
chase *v.* לרדוף אחרי; לגרש; *לרוץ
- chase around להסתובב, להתרוצץ
- chase up *לרדוף אחרי, לנדנד
- go chase yourself! הסתלק!
chase *n.* מירדף, רדיפה; חיה נרדפת, דבר נרדף; איזור ציד
- give chase לרדוף אחרי
- the chase ספורט הציד
- wild goose chase רדיפת-רוח
chase *n.* קנה-רובה; חריץ
chase *v.* לחרות במתכת, לחקוק
chaser *n.* רודף; משקה קל
chasm (kaz'əm) *n.* בקיע, פער, תהום
chassis (shas'i) *n.* בסיס, תושבת, מיסגרת, שילדה, שאסי
chaste (chāst) *adj.* פרוש, טהור, פשוט, צנוע
chas'ten (chā'sən) *v.* לייסר, לטהר
chas·tise' (-z) *v.* להעניש; להלקות
chastisement *n.* ענישה חמורה
chas'tity *n.* טוהר, צניעות
chastity belt חגורת צניעות
chas'u·ble (-z-) *n.* גלימת כומר
chat *n.* שיחה, פיטפוט, רכילות
chat *v.* לפטפט, לשוחח, לגלגל שיחה
- chat up *לשוחח כדי להתיידד
chateau (shatō') *n.* טירה, ארמון
chat'elaine' (sh-) *n.* בעלת הארמון
chat show תוכנית ראיונות, טוקשואו
chat'tels *n-pl.* מיטלטלים, חפצים
chat'ter *v.* לפטפט, לנקוש, לתקתק
chatter *n.* פיטפוט; נקישות,

תיקתוק
chatterbox *n.* פטפטן, קשקשן
chatty *adj.* אוהב לפטפט
chauffeur (shōfûr′) *n.* נהג
chau′vinism′ (shō′v-) *n.* לאומנות
chau′vinist (shō′v-) *n.* לאומני, שוביניסט
- male chauvinist קנאי המין החזק
chau′vinis′tic (shōv-) *adj.* לאומני
chaw *n&v.* *לעיסה; ללעוס
cheap *adj&adv.* זול; בזול
- feel cheap לחוש השפלה
- hold cheap לזלזל ב-
- make oneself cheap להשפיל עצמו
- on the cheap *בזול, במחיר נמוך
cheapen *v.* להוזיל; לזלזל ב-
cheap-jack *n&adj.* רוכל; זול, גרוע
cheap skate קמצן
cheat *v.* לרמות, להונות; *לבגוד
- cheat death להערים על המוות
- cheat on *לבגוד ב- (בן זוג)
cheat *n.* רמאי, רמאות
check *v.* לבדוק, לאמת; לעצור, לבלום; לאיים שח!; למסור, להפקיד
- check (up) on לבדוק, לחקור
- check in להירשם (בכניסה), להגיע
- check off לסמן (בבדיקה); לנכות
- check out לסלק החשבון, ללכת, לעזוב; לרשום; לבדוק; *למות
- check over לבדוק, לאמת
- check through לבדוק, לאמת
check *n.* מעצור, בלימה; פתק-פיקדון, קבלה; צ׳ק, המחאה; בדיקה, אימות; חשבון-מיסעדה; אריג משובץ
- cross a check לשרטט צ׳ק
- in check באיום שח
- keep in check לרסן, לבלום
checkbook *n.* פינקס צ׳קים
checked *adj.* משובץ
check′er *v.* לגוון, לשבץ
checkerboard *n.* לוח דמקה
checkered *adj.* מְגוּוָן, רב-תהפוכות
check′ers (-z) *n.* דמקה
check-in *n.* רישום כניסה, קבלה
checking account חשבון עו״ש/שיקים
checklist *n.* רשימה, קטלוג
check′mate′ *v.* לתת מט, להביס
check′mate′ *n.* מט; תבוסה, מפלה
checkoff *n.* ניכוי מהמשכורת
checkout *n.* ביקורת-יציאה; סיום, פינוי (מלון); נקודת תשלום; קופה
checkpoint *n.* נקודת ביקורת
checkrein *n.* עורפית, רסן-העורף
checkroom *n.* מלתחה
checkup *n.* בדיקה (רפואית) כללית
Ched′dar *n.* גבינת צ׳דאר
cheek *n.* לחי; *חוצפה; ישבן
- cheek by jowl בצוותא; בצפיפות
- tongue in cheek אחד בפה ואחד בלב, לא רציני, אירוני
- turn the other cheek להפנות את הלחי השנייה
cheek *v.* להתחצף אל-
cheekbone *n.* עצם-הלסת/-הלחי
cheeked *adj.* בעל לחיים
- rosy-cheeked אדום-לחיים
cheeky *adj.* חוצפני, חצוף
cheep *n&v.* ציוץ; לצייץ
cheer *n.* תרועה; שימחה, עליזות
- cheers! *לחיים!, תודה; שלום! הידד!
- good cheer מטעמים; חגיגה
- words of cheer מילות-עידוד
cheer *v.* להריע, לעודד
- cheer up לעודד; להתעודד
cheerful *adj.* עליז, צוהל, שמח
cheer′io′ *interj.* *שלום!, להתראות!
cheerleader *n.* מארגן התרועות
cheerless *adj.* עגום, קודר
cheery *adj.* עליז, שמח, קורן
cheese (-z) *n&v.* גבינה; *אישיות
- big cheese *אישיות חשובה
- cheesed off *נמאס לו, נשבר לו
cheeseboard *n.* מגש גבינות
cheese-cake *n.* עוגת גבינה; *תמונת נערה (החושפת חמוקיה)
cheese-cloth *n.* אריג מרושת, גזה
cheese-paring *n.* קמצנות
chee′tah (-tə) *n.* צ׳יטה, ברדלס
chef (shef) *n.* אשף מיטבח, טַבָּח
chef d'oeuvre (shādûv′rə) *n.* יצירה מצויינת, פאר יצירתו
chem. = chemical
chem′ical (k-) *adj.* כימי
chemicals *n-pl.* כימיקלים
chemical warfare לוחמה כימית
chemical weapon נשק כימי
chemise′ (shəmēz′) *n.* כותונת-אישה, תחתונית
chem′ist (k-) *n.* כימאי; רוקח

chem′istry (k-) *n.* כימיה
chem′o·ther′apy (k-) *n.* כימותרפיה, ריפוי בחומרים כימיים
chenille′ (shənēl′) *n.* חוטי-קישוט
cheque (see check) (chek) *n.* המחאה
chequer = checker
cher′imoy′a *n.* אנונה (פרי)
cher′ish *n.* לאהוב, לפנק; לשמור בליבו, לטפח (תיקווה, אשלייה)
cheroot′ (shəro͞ot′) *n.* סיגר
cher′ry *n&adj.* דובדבן; אדום
cherry picker מנוף
cher′ub *n.* מלאך, כרוב
cheru′bic *adj.* מלאכי; יפהפה, תמים
cher′ubim′ *n-pl.* כרובים
cher′vil *n.* סוג תבלין
Cheshire (chesh′ər) *n.* צ׳שייר (גבינה)
- like a Cheshire cat כמו חתול צ׳שייר, בעל חיוך רחב וקבוע
chess *n.* שחמט, מישחק המלכים
chessboard *n.* לוח שחמט
chessman *n.* כְּלִי שחמט
chess set *n.* מערכת שחמט
chest *n.* ארגז, שידה; חזה, בית-החזה; קופת מוסד ציבורי
- close to one's chest קרוב לחזהו, סודי,
- flat-chested שטוחת-חזה
- off one's chest אבן נגולה מעל ליבו, השתפך
- on one's chest מעיק עליו
ches′terfield′ (-fēld) *n.* מעיל גבר; ספה מרופדת
chest′nut′ (-sn-) *n&adj.* ערמון; סוס ערמוני; ערמוני; *בדיחה נדושה
chest of drawers שידה (לבגדים)
chesty *adj.* *בעלת חזה שופע
cheval′ glass (sh-) *n.* ראי (גדול)
chev′alier′ (sh-lir) *n.* אביר
chev′ron (sh-) *n.* סרט, סימן-דרגה
chev′y *v.* להציק, להקניט
chew (cho͞o) *v&n.* ללעוס; לעיסה
- chew out *לגעור ב-, לנזוף ב-
- chew over להרהר, להפוך בדבר
- chew the fat *לשוחח, לפטפט
- chew the rag *לפטפט, להתאונן
- chewed up *דואג; מוטרד
chewing gum מסטיק, גומי לעיסה
chewy *adj.* מצריך לעיסה; לעיס

chiar′oscu′ro (kiä-) *n.* ציור-אורצל
chic (shēk) *n.* שיק, הדר, טעם טוב
chic *adj.* אופנתי, מהודר
chica′nery (sh-) *n.* רמאות, הונאה
chichi (shē′shē) *adj.* *אופנתי, מגונדר, צעקני, מעושה
chick *n.* אפרוח, פרגית; *ילד; נערה
chick′en *n&v.* תרנגולת, פרגית; בשר-עוף; *פחדן
- chicken out לחדול מתוך פחד
- no chicken כבר אינה צעירה
chicken-and-egg *adj.* הביצה והתרנגולת, (שאלת) מי קדם למי
chickenfeed *n.* *סכום כסף זעום
chickenhearted *adj.* מוג-לב, פחדן
chicken-livered *adj.* מוג-לב, פחדן
chicken pox אבעבועות רוח
chickpea *n.* חימצה, חומוס
chic′ory *n.* ציקוריה, עולש
chide *v.* לנזוף ב-, לגעור ב-
chief (chēf) *n.* ראש, מנהיג; *בוס
- commander-in-chief מפקד עליון, רמטכ״ל
- in chief בעיקר, בייחוד
chief *adj.* ראשי, עיקרי, עליון
chief constable מפכ״ל משטרה
chief executive ראש מדינה
chief inspector פקד (במשטרה)
chief justice נשיא בית משפט עליון
chiefly *adv.* בעיקר, בייחוד
Chief of Staff רמטכ״ל
chief superintendent סגן ניצב
chief′tain (chēf′tən) *n.* מנהיג, ראש
chieftaincy *n.* ראשות, מנהיגות
chief warrant officer רב נגד
chiffon′ (sh-) *n.* אריג-משי, שיפון
chif′fonier′ (sh-nir) *n.* שידה
chignon (shēn′yon) *n.* צמה צנופה
chihua′hua (chiwä′wə) *n.* צ׳יוואווה (כלב)
chil′blain′ *n.* אבעבועות קור
child (chīld) *n.* תינוק, ילד, בן
- with child בהיריון, הרה
child abuse התעללות בילדים, ניצול (מיני של) ילדים
child allowance קיצבת ילדים
childbearing *n.* לידה
childbed *n.* לידה
child benefit קיצבת ילדים
childbirth *n.* לידה
childhood *n.* ילדות, גיל הילדות
- second childhood זיקנה, סניליות

childish *adj.* ילדותי, טיפשי
childless *adj.* חשוך-בנים
childlike *adj.* ילדותי, תמים
childminder *n.* מטפל בילדים
child molester מתעלל (מינית) בילדים
childproof *adj.* חסין ילדים, בטוח לילדים
chil'dren = pl of child
child's play משחק ילדים, דבר קל
chile (chil'i) *n.* פילפל אדום; צ׳ילי
chil'i *n.* פילפל אדום, צ׳ילי
chil'iad' (k-) *n.* אלף, אלף שנים
chill *n.* קור; צמרמורת; קַדרוּת
- catch a chill להצטנן
- take the chill off להתחמם במיקצת
chill *adj.* קריר, צונן
chill *v.* להצן, לצנן, לקרר; להתקרר
- chill out *להירגע
chiller *n.* מצנן; סיפור מתח
chil'li *n.* פילפל אדום, צ׳ילי
chillingly *adv.* בקור, ברוח צוננת
chilly *adj.* קר, קריר, צונן
chime *n&v.* צילצול-פעמונים; צילצול; מערכת פעמונים; הרמוניה; לצלצל; לעלות בקנה אחד עם
- chime in להתערב בשיחה; להצטרף
- chime in with להתאים, להלום את
chi·me'ra (k-) *n.* חימרה, מיפלצת אגדית; חזון-תעתועים, דימיון כוזב
chi·mer'ical (k-) *adj.* דימיוני
chim'ney *n.* ארובה; אח; זכוכית-עששית; מעלה צר, שביל צר
chimneybreast *n.* קיר האח
chimney corner פינת האח
chimneypiece *n.* קישוט האח
chimney-pot כובע הארובה
chimneystack *n.* מעשנה; קבוצת כובעי-ארובה
chimney-sweep(er) מנקה ארובות
chimp *n.* *שימפנזה
chim'pan·zee' *n.* שימפנזה
chin *n&v.* סנטר
- chin up! התעודד! בראש זקוף!
- double chin פימה; סנטר כפול
- take it on the chin *לספוג מכה
chi'na *n.* חרסינה, כלי חרסינה
- bull in a china shop פיל בחנות-חרסינה
China *n.* סין
china clay *n.* קאולין, טין לבן
china closet ארון כלי-חרסינה
chinaware *n.* כלי חרסינה
chinchil'la *n.* שינשילה (מכרסם)
chine *n.* עמוד השידרה
Chi·nese' (-z) *n&adj.* סיני
chink *n.* סדק; קישקוש, צילצול
- chink of light אלומת-אור
chink *v.* לצלצל; לסתום סדקים
Chink *n.* *סִינִי
chinless *adj.* חסר-סנטר; *פחדני
chinstrap *n.* רצועת-סנטר
chin'wag' *n.* *שיחה קלה, פיטפוט
chip *n.* חתיכה, קיסם, נתח, שבב; אסימון-מישחק; בקיע, סדק
- chip off the old block התפוח אינו נופל הרחק מן העץ, כָּאָב - כֵּן הַבֵּן
- chips טוגני תפוחי-אדמה, צ׳יפס
- has a chip on his shoulder במצב-רוח קרבי, כועס, רוגז
- in the chips *עשיר
- when the chips are down בשעה גורלית, בשעת משבר
chip *v.* לשבור חתיכה, לבקוע; להישבר; לפלח טוגנים; לפסל
- chip at לשבב, לקצץ
- chip in *להתפרץ לשיחה; לתרום
chipboard *n.* קרש, לוח-עץ/-סיבית
Chip'pendale' *n.* צ׳יפנדייל (ריהוט)
chip'per *adj.* *עליז; מצוחצח
chippings *n-pl.* אבני-תשתית, חצץ
chi'roman'cy (k-) *n.* חכמת-היד
chirop'odist (k-) *n.* רופא רגליים
chirop'ody (k-) *n.* ריפוי רגליים
chi'roprac'tic (k-) *n.* כירופרקטיקה, ריפוי ע״י טיפול בעמוד השידרה
chi'ropractor (k-) *n.* כירופרקט
chirp *n&v.* ציוץ; צירצור; לצייץ
chir'py *adj.* עליז, שמח
chir'rup *n&v.* ציוץ; לצייץ
chis'el (-z-) *n.* איזמל, מַפסֶלֶת
chisel *v.* לפסל, לסתת; *לרמות
chiseled *adj.* חטוב, מחוטב
chiseler *n.* *רמאי, נוכל
chit *n.* ילדונת; פתק; תיזכורת
chit-chat *n.* *שיחה קלה, רכילות
chiv'alrous (sh-) *adj.* אבירי, אדיב
chiv'alry (sh-) *n.* אבירות, אדיבות
chive *n.* תבלין, מין בצלצל
chiv'vy, chiv'y *v.* *להציק, להקניט
chlo'ride (k-) *n.* כלוריד

chlo′rinate′ (k-) *v.* להכליר, לטהר
chlo′rina′tion (k-) *n.* הכלרה
chlo′rine (klô′rēn) *n.* כלור
chlo′roform′ (k-) *n.* כלורופורם
chloroform *v.* לאלחש בכלורופורם
chlo′rophyll′ (k-) *n.* כלורופיל, ירק-עלה
choc *n.* *שוקולד
choc′-ice *n.* *ארטיק-שוקולד
chock *n.* יתד, מעצור, טריז
chock *v.* לשים מעצור ל-; לדחוס
chock′a *adj.* *מלא, דחוס
chock′-a-block′ *adj.* מלא, דחוס
chock-full *adj.* מלא, דחוס
choc′ohol′ic *n.* מכור לשוקולד
choc′olate *n.* שוקולד
chocolate-box *adj.* יפה, סנטימנטלי, קיטשי
choice *n.* בחירה, ברירה, מיבחר
- Hobson's choice הברירה היחידה
- by choice מתוך בחירה, מרצונו
- for choice אם עליו לבחור, כעדיף
- take one's choice לבחור כרצונו
choice *adj.* מובחר, משובח
choir (kwīr) *n.* מקהלה; מחיצת המקהלה (שטח המקהלה בכנסייה)
choirboy *n.* נער מקהלה
choirgirl *n.* נערת מקהלה
choirmaster *n.* מנצח המקהלה
choir screen מחיצת המקהלה
choke *v.* לחנוק; לדחוס; להיחנק; להיסתם
- choke back/down לדכא, לשלוט ב-
- choke off לשים קץ; לנזוף ב-; להיפטר מ-
choke *n.* חניקה; משנק (במכונית)
cho′ker *n.* מחרוזת מהודקת (לצוואר); צווארון גבוה
cho′ky, cho′key *n.* *בית-סוהר
chol′er (k-) *n.* כעס, חימה
chol′era (k-) *n.* כולירה, חולירע
chol′eric (k-) *adj.* רתחן, כעסן
choles′terol′ (k-ôl) *n.* כולסטרול
chomp *v.* ללעוס
choose (-z) *v.* לבחור; להחליט; להעדיף; לחפוץ
- cannot choose but חייב, נאלץ ל-
choo′sy, choo′sey (-z-) *adj.* בררן
chop *v.* לגדוע, לחטוב, לקצוץ, לחתוך
- chop about להחליף כיוון לפתע
- chop and change לשנות (דעתו) תמיד
- chop at לכוון מכה חדה
- chop logic להתפלפל
chop *n.* מכת-גרזן, מהלומה; נתח-בשר, צלעית
- get the chop *לעוף מהעבודה
chop *n.* חותמת, חתימה; מותג
- first-chop מסוג משובח
chop = chap
chop-chop *adv.* *מהר, צ'יק-צ'אק
chophouse *n.* מיסעדת-בשר
chop′per *n.* מַקְצֵץ; *הליקופטר
- choppers *שיניים
chop′py *adj.* גלי, רוגש; מתחלף, הפכפך
chop′sticks′ *n-pl.* מקלות סיניים
chop su′ey *n.* צ'ופסואי, תבשיל סיני
chor′al (k-) *adj.* מקהלתי, כורלי
chorale (kəräl′) *n.* כורל, שיר מקהלתי
choral society מקהלה
chord (k-) *n.* מיתר; אקורד, תצליל
- strike a chord להזכיר; להביע סימפתיה
- touch the right chord לפרוט על המיתר הנכון
chore *n.* עבודה יומיומית; משימה לא נעימה
chor′e·og′rapher (k-) *n.* כוריאוגרף; תעוגאי
chor′e·og′raphy (k-) *n.* כוריאוגרפיה, תעוגה, אמנות הריקוד
cho′rine (kôr′ēn) *n.* נערת-מקהלה
chor′ister (k-) *n.* חבר-מקהלה
chor′tle *v&n.* לצחוק בקול; צחוק רם
chor′us (k-) *n.* מקהלה; להקה; שיר-מקהלה; פזמון חוזר
- in chorus במקהלה, הכל ביחד
chorus *v.* לשיר במקהלה
chorus girl נערת-מקהלה
chose = pt of choose (-z)
chose (shōz) *n.* דבר, חפץ
- chose in action דבר שנתבעה זכות עליו
- chose in possession דבר מוחזק (בבעלותו)
cho′sen = pp of choose (-z-)
chow *n.* כלב סיני; *מזון, אוכל
chow′der *n.* מרק דגים, מרק סמיך

chow line *תור לאוכל
Christ (krīst) *n.* ישו
chris′ten (kris′ən) *v.* להטביל, לנצר; לקרוא שם; לחנוך (ספינה)
Christendom *n.* העולם הנוצרי
christening *n.* טקס הטבילה לנצרות
Chris′tian (kris′chən) *n&adj.* נוצרי
Christian Era הספירה הנוצרית
Chris′tian′ity (krischi-) *n.* נצרות
Chris′tiani·za′tion (krischə-) *n.* התנצרות
Chris′tianize′ (kris′chən-) *v.* לנצר; להתנצר
Christian name שם פרטי
Christlike *adj.* כמו ישו
Christ′mas (kris′m-) *n.* חג המולד
Christmas box שי חג-המולד
Christmas card כרטיס שנה-טובה
Christmas Day חג המולד
Christmas Eve ערב חג המולד
Christmastide *n.* תקופת חג המולד
Christmastime *n.* תקופת חג המולד
Christmas tree אשוח (לחג המולד)
chromat′ic (k-) *adj.* ציבעוני, ציבעי, כרומאטי
chromatic scale הסולם הכרומאטי
chrome (k-) *n.* כרום
chro′mium (k-) *n.* כרום
chro′mosome′ (k-) *n.* כרומוזום
chron′ic (k-) *adj.* כרוני, ממושך; *רע
chron·ic′ity *n.* כרוניות
chron′icle (k-) *n.* דברי-הימים, קורות, כרוניקה, היסטוריה
chronicle *v.* לרשום קורות
Chronicles דברי-הימים (בתנ"ך)
chron′ograph′ (k-) *n.* רשמזמן
chron′olog′ical (k-) *adj.* כרונולוגי
chronol′ogy (k-) *n.* כרונולוגיה
chronom′eter (k-) *n.* מד-זמן
chrys′alis (k-) *n.* גולם (של פרפר)
chrysan′themum (k-) *n.* חרצית
chub′by *adj.* שמנמן
chuck *n.* מלחציים; *בשר-העורף
- give the chuck *לפטר מהעבודה
chuck *v.* לזרוק; ללטף, לטפוח קלות
- chuck it! חדל! הפסק!
- chuck out להשליך החוצה
- chuck up *לנטוש, לזרוק; לוותר על

chucker-out *n.* מעיף מתפרעים
chuck′le *v.* לצחוק בקירבו, לגחך
chuckle *n.* צחוק חרישי
chucklehead *n.* *טיפש
chuckleheaded *adj.* *טיפשי
chuffed (chuft) *adj.* *מרוצה, מבסוט
chug *n.* טירטור (של מנוע)
chug *v.* לנוע תוך השמעת טירטורים
chum *n&v.* *ידיד, חבר לחדר
- chum up *להתיידד, להתחבר
chum′my *adj.* *ידידותי
chump *n.* בול-עץ; נתח בשר; *טיפש
- off one's chump *יצא מדעתו
chunk *n.* גוש, חתיכה, נתח
chunk′y *adj.* חסון, מוצק, עבה
chun′ter *v.* *למלמל, לנהום, לרטון
church *n.* כנסייה; נוצרים, ציבור המאמינים; תפילה בכנסייה
- enter the church להיעשות לכומר
church *v.* (לגבי יולדת) להתפלל
churchgoer *n.* מתפלל בכנסייה
Church of England הכנסייה האנגליקנית
churchwarden *n.* נציג הכנסייה
churchyard *n.* בית-קברות כנסייתי
churl *n.* גס, לא מחונך, איכר
churlish *adj.* גס, לא מחונך
churn *n.* מחבצה; כד חלב
churn *v.* לחבץ שמנת; לעשות חמאה; להקציף גלים, להניע, להתסיס; לסעור
- churn out ליצור הרבה
churr *n.* צירצור
chute (sho͞ot) *n.* תללה (מיתקן להחלקת חפצים), מיגלש; מפל-מים; *מצנח
chut′ney *n.* תבלין, סלט חריף
chutz′pah (hoots′pə) *n.* *חוצפה
CIA=Central Intelligence Agency
ciao (chou) *interj.* *צ'או, בַּיי
cibo′rium *n.* חופה, כיפת מיזבח; קופסה קמורת-מיכסה
cica′da *n.* צרצר, ציקדה
cic′atrice′ (-ris) *n.* צלקת
cic′atrix′ *n.* צלקת
cic′ero′ne (-rō′ni) *n.* מורה-דרך
CID=Criminal Investigation Dep.
ci′der *n.* מיץ תפוחים, סיידר
cider press מסחטת תפוחים
cif = cost insurance and freight סי"פ, כולל הובלה וביטוח

cigar′ *n.* סיגר
cig′aret′ *n.* סיגרייה
cig′arette′ *n.* סיגרייה
cigarette case קופסת סיגריות
cigarette end בדל סיגרייה
cigarette holder מחזיק סיגריות, פומית
cig′gy *n.* *סיגרייה
C-in-C = Commander-in-Chief
cinch *n.* חבק, חגורת האוכף; *דבר ודאי, ודאות, דבר קל ובטוח
cinc′ture *n.* חגורה
cin′der *n.* גחלת, אפר
- burnt to a cinder נשרף לחלוטין
Cin′derel′la *n.* סינדרלה, ליכלוכית
cine- (sin′ə-) (תחילית) של קולנוע
cine-camera *n.* מסרטה
cine-film *n.* סרט (של מסרטה)
cin′ema *n.* סרט; בית-קולנוע; קולנוע, אמנות הקולנוע
cin′ematheque′ (-tek) *n.* סינמטק
cin′emat′ic *adj.* קולנועי
cine-mat′ograph′ *n.* מטולנוע
cin′ematog′raphy *n.* הפקת סרטים
cin′ephile′ *n.* שוחר קולנוע
cine-projector *n.* מטולנוע
cin′namon *n.* קינמון
cinque′foil′ (singk′f-) *n.* צמח בעל עלים מחומשים, קישוט מחומש
ci′pher *n.* אפס, 0; סיפרה; פחות-ערך; צופן, כתב-סתרים
cipher *v.* לצפן, לחשב
cir′ca *prep.* בערך, בסביבות שנת-
cir•ca′dian *adj.* של יממה
Circas′sian (-kash′ən) *n.* צ׳רקסי
cir′cle *n.* עיגול, מעגל; טבעת; חוג; מחזור; גוש מושבים, יציע
- come full circle לחזור לנקודת המוצא
- in a circle במעגל, ללא התקדמות
- political circles חוגים פוליטיים
- run round in circles להתרוצץ הרבה וללא תוצאות
- square the circle לרבע העיגול
- vicious circle מעגל-קסמים
circle *v.* להקיף; להסתובב, לחוג
cir′clet *n.* צמיד, עטרה, טבעת
cir′cuit (-kət) *n.* סיבוב, היקף, הקפה, מעגל; מסלול, סיור, נסיעה
- circuit court בית-דין נייד
- circuit rider מטיף נודד
- closed circuit מעגל סגור
- make a circuit of להקיף
- short circuit קצר חשמלי
circuit breaker מפסק חשמלי
cir•cu′itous *adj.* עוקף
cir′cuitry (-′kət-) *n.* מערכת מעגלים חשמליים
cir′cu•lar *adj&n.* חוזר, מיכתב חוזר; עיגולי, מסתובב, עקיף
cir′cu•larize′ *v.* להפיץ חוזר
cir′cu•late′ *v.* לנוע בחופשיות, להסתובב, לזרום; להפיץ; להתפשט
circulating library ספריית השאלה
cir′cu•la′tion *n.* הפצה, תפוצה; מחזור-הדם; מחזור; הסתובבות
- out of circulation לא פעיל
cir′cu•latory *adj.* של מחזור הדם
cir′cumcise′ (-z) *v.* למול (הערלה)
cir′cumci′sion (-sizh′ən) *n.* מילה
circum′ference *n.* היקף
circum′feren′tial *adj.* היקפי
cir′cumflex′ *n.* תג (על אות)
cir′cumlo•cu′tion *n.* גיבוב מלים
cir′cumnav′igate′ *v.* להקיף (באונייה את כדור הארץ)
cir′cumnav′iga′tion *n.* הקפה
cir′cumscribe′ *v.* להגביל; להקיף
cir′cumscrip′tion *n.* הגבלה; תיחום; כתובת (על מטבע)
cir′cumspect′ *adj.* זהיר, שקול, מחושב
cir′cumspec′tion *n.* זהירות
cir′cumstance′ *n.* עובדה, פרט, מיקרה, מצב; טקס, טיקסיות
- circumstances תנאים, נסיבות; מצב כספי
- in reduced circumstances בעוני
- in/under no circumstances בשום אופן, לעולם לא
- in/under the circumstances לנוכח התנאים, במצב הקיים
cir′cumstan′tial *adj.* מפורט, נסיבתי
circumstantial evidence עדות נסיבתית
cir′cumvent′ *v.* להערים על, לעקוף
cir′cumven′tion *n.* הערמה, עקיפה
cir′cus *n.* קירקס; כיכר; צומת
cirrho′sis (-rō′-) *n.* צַמֶקֶת, שַחֶמֶת
cir′rus *n.* ענני-נוצה, צירוס
cis′sy *n.* גבר נשי; פחדן
cis′tern *n.* מְכָל, מכל-הדחה

cit′adel *n.* מצודה, מיבצר, מעוז
ci·ta′tion *n.* ציטטה, ציטוט, איזכור, מובאה; ציון לשבח; הזמנה לדין
cite *v.* לצטט; לציין לשבח; להזמין לדין
cit′ified′ (-fīd) *adj.* *עירוני
cit′izen *n.* אזרח
- citizen of the world אזרח העולם
citizens' band פס תקשורת אזרחי
citizenship *n.* אזרחות
cit′ric acid מלח לימון
cit′ron *n.* אתרוג
cit′rous *adj.* של פרי-הדר
cit′rus *n.* הדר, ציטרוס
cit′y *n.* עיר; תושבי עיר
- the City הרובע המסחרי בלונדון
city desk מדור החדשות המקומיות
city editor עורך החדשות המקומיות; עורך החדשות הפיננסיות
city father אב-עיר (מאבות-העיר)
cit′yfied′ (-fīd) *adj.* *עירוני
city hall עירייה, בית העירייה
city manager מנכ"ל עירייה
city-state עיר-מדינה (בעבר)
civ′et *n.* סיביט (חומר-בשמים)
civ′ic *adj.* עירוני, אזרחי
- civic center איזור משרדי העירייה
civ′ics *n.* מדע האזרחות
civ′ies (-iz) *n-pl.* ביגדי-אזרח
civ′il *adj.* אזרחי; אדיב, מנומס
civil action תביעה אזרחית
civil aviation תעופה אזרחית
civil defense הג"א, הגנה אזרחית
civil disobedience מרי אזרחי
civil engineering הנדסה אזרחית
civil′ian *adj&n.* אזרח; אזרחי
civil′ianiza′tion *n.* איזרוח
civil′ianize′ *v.* לְאַזְרֵחַ
civil′ity *n.* אדיבות, נימוס
civ′iliza′tion *n.* ציוויליזציה
civ′ilize′ *v.* לתרבת, לחנך, לאלף
civilized *adj.* מתורבת, מתקדם
civil law החוק האזרחי
civil list קצובה קבועה למלך
civ′illy *adv.* בנימוס, כבן-תרבות
civil marriage נישואים אזרחיים
civil rights זכויות אזרחיות
civil servant עובד מדינה
civil service שירות המדינה
civil war מילחמת אזרחים
civ′vies (-ēz) *n-pl.* ביגדי-אזרח
Civ′vy Street *החיים האזרחיים

clack *n.* נקישה, תיקתוק; פיטפוט
clack *v.* להקיש, לתקתק; לפטפט
clad *adj.* עטוי, לבוש, מכוסה
cladding *n.* ציפוי, כיסוי, מעטה
claim *v.* לדרוש, לתבוע; לטעון; לחייב
- claim attention לחייב תשומת-לב
claim *n.* דרישה, תביעה, טענה; זכות, דרישת בעלות; דבר נתבע
- has a claim זכאי, זכותו לדרוש
- jump a claim לתפוס שטח הנתבע ע"י אדם אחר
- lay claim to לתבוע זכות על
- put in a claim להגיש תביעה
- stake a claim לסמן תחומי שטח, לתבוע בעלות
claimant *n.* תובע
clairvoy′ance *n.* ראייה על-טיבעית, צחזות
clairvoy′ant *n.* צחזאי
clam *n&v.* צידפה; *שתקן; לאסוף צדפות
- clam up *להשתתק, להיאלם דום
clam′bake′ *n.* פיקניק-חוף
clam′ber *v&n.* לטפס; עלייה מפרכת
clam′my *adj.* דביק, לח וקר
clam′or *n.* רעש, מחאה, זעקה
clamor *v.* לזעוק, לתבוע בקול
clam′orous *adj.* צעקני, תובעני
clamp *n&v.* מלחציים, מלחצת, כליבה; סנדל (רכב); להדק (לוחות) במלחצת; לסנדל (רכב)
- clamp down *להפסיק, ללחוץ, להגביל
clamp *n.* ערימת תפוחי-אדמה וכ'
clampdown *n.* *מניעה, איסור, מיגבלה
clamshell *n.* קשוות-הצידפה
clan *n.* שבט, כת, מישפחה גדולה
clan·des′tine (-tin) *adj.* סודי
clang *n&v.* צילצול; לצלצל
clan′ger (-g-) *n.* *שגיאה גסה
- drop a clanger *לפגוע, להעליב
clang′or *n.* צילצול, הקשה
clan′gorous *adj.* מצלצל, מרעיש
clank *n&v.* צילצול; נקישה; לצלצל, לקשקש
clannish *adj.* עדתי, כיתתי, שיבטי
clans′man (-z-) *n.* בן שבט
clap *v.* למחוא כפיים; לטפוח; להטיל במהירות, להשליך

- clap eyes on לראות
- clap in prison להשליך לכלא
- clap one's hat on לחבוש כובעו במהירות
clap *n.* קול נפץ; טפיחה; מחיאת כפיים; *זיבה (מחלה)
clapboard *n.* לוח-עץ, קרש
clapped-out *adj.* *עייף; חבוט; משומש
clap′per *n.* עינבל; רעשן
clapperboard *n.* קרש-הקשה (של במאים, לסימון תחילת ההסרטה)
claptrap *n.* שטויות, מלים ריקות
claque (klak) *n.* קבוצת מחאנים
clar′et *n&adj.* יין אדום; אדום
clar′ifica′tion *n.* הבהרה
clar′ify′ *v.* להבהיר; להתבהר; לצלל, לזכך, לטהר
clar′inet′ *n.* קלרינט, קלרנית
clarinetist *n.* קלרניתן
clar′ion *n.* קול רם וצלול
clar′ity *n.* בהירות, צלילות
clash *v.* להקיש, להרעיש; להתנגש
clash *n.* נקישה; התנגשות; עימות
clasp *n.* אבזם, מנעולון; עיטור; לחיצת-יד; חיבוק; לפיתה
clasp *v.* לחבק, ללפות; להדק, לְאַבְזֵם
- clasp hands ללחוץ ידיים בחמימות
- clasp one's hands לשלב אצבעותיו
clasp knife אולר-כיס
class *n.* כיתה; מחלקה; מעמד; סוג, מין; קבוצה; שיעור; מחזור
- class war מלחמת מעמדות
- first class מחלקה ראשונה; סוג א'; ציון א'
- in a class of its own אין דומה לו
- no class *חסר איכות, לא משהו
- she's got class *היא "משהו"
class *v.* לסווג, למיין, לשייך
class action תביעה ייצוגית
class-conscious חדור הכרה מעמדית
clas′sic *adj.* קלאסי, מעולה, מופתי
classic *n.* יצירה קלאסית; סופר-מופת, קלאסיקון; מאורע קלאסי
- the classics ספרות יוון ורומי
clas′sical *adj.* קלאסי, מעולה; מסורתי
classical music מוסיקה קלאסית
clas′sicism′ *n.* קלסיות, קלסיציזם
clas′sicist *n.* קלסיקון, סופר-מופת
classifiable *adj.* ניתן לסיווג
class′ifica′tion *n.* מיון, סיווג
classified *adj.* ממויין; מְסוּוָג; סודי
classified ad מודעה (בעיתון)
class′ify′ *v.* לסווג, למיין
classless *adj.* ללא מעמדות
class list רשימת הציונים
classmate *n.* חבר לכיתה
classroom *n.* כיתה
class struggle מילחמת מעמדות
classy *adj.* *אופנתי; מהַמעמד הגבוה
clat′ter *n.* נקישות, רעש, המולה
clatter *v.* להקיש, להרעיש, לקשקש
clause (-z) *n.* סעיף, פיסקה; (בדקדוק) משפט טפל, פסוקית
claus′tropho′bia *n.* קלאוסטרופוביה, בַּעַת-סְגוֹר
claus′tropho′bic *n&adj.* סובל מקלאוסטרופוביה
clav′ichord′ (-k-) *n.* קלאוויכורד (כלי-נגינה)
clav′icle *n.* עצם הבריח
claw *n.* ציפורן, טופר; צבת-הסרטן
claw *v.* לקרוע, לתפוס בציפורניים
- claw back לרכוש בחזרה
claw-hammer פטיש (לשליפת מסמרים)
clay *n.* חומר, טיט
clay′ey *adj.* של טיט, כמו טיט
clay pigeon מטרה מעופפת
clean *adj.* נקי, טהור; חלק; מושלם; כשר
- clean animal חיה טהורה/כשרה
- clean sweep שינוי גמור, מהפכה; טיאטוא כללי, היפטרות טוטאלית; טיהור יסודי; ניצחון סוחף
- has clean hands נקי-כפיים
- make a clean job of לבצע בצורה יסודית
clean *adv.* לגמרי, לחלוטין
- come clean להודות, לגלות האמת
clean *v&n.* לנקות; להתנקות; ניקוי
- clean down להבריש, לטאטא
- clean out לנקות, לרוקן, להציגו ככלי ריק
- clean up להתנקות; לנקות, לבער; *לגרוף סכום הגון, לעשות כסף
- cleaned out *נותר ללא פרוטה
clean-cut *adj.* ברור, חד; נאה; נקי

cleaner *n.* מנקה; מכבסה
- take to the cleaners להרוס
clean-limbed *n.* נאה, חטוב, גבוה
cleanly (klen′-) *adj.* נקי
cleanly (klē′-) *adv.* בצורה נקייה
cleanse (klenz) *v.* לנקות, לטהר
cleanser *n.* מנקה; חומר ניקוי
clean-shaven *adj.* מגולח למישעי
clean sheet/slate דף חלק, עבר נקי
cleansing cream קרם ניקוי
clean-up *n.* ניקוי; זכייה גדולה
clear *adj.* בהיר, ברור, צלול, נקי; ריק; ודאי, בטוח; שלם, תמים
- 1000 clear אלף נטו
- clear and present danger סכנה ברורה ומיידית
- in the clear חופשי, משוחרר
- it is clear that ברור ש-
- make oneself clear להבהיר דבריו
clear *adv.* ברורות; לגמרי; במרחק; בלי לנגוע
- keep clear of להתרחק מ-
clear *v.* להבהיר; להתבהר; לנקות; לטהר; לדלג; לשחרר
- clear 1000 להרוויח 1000 נטו
- clear a check לפדות צ'ק במיסלקה
- clear a debt לסלק כל החוב
- clear away לסלק; לנקות השולחן
- clear away/off לסלק; להסתלק
- clear customs להשתחרר במכס
- clear off לסלק; *להסתלק
- clear one's throat לכחכח, לחכחך
- clear out לנקות, לרוקן; *להסתלק
- clear the air לטהר את האווירה
- clear the deck להתכונן לפעולה
- clear up להתבהר; להבהיר; לנקות; לסדר; לפתור; לרפא; להתרפא
clearance *n.* שיחרור; ניקוי; טיהור; מירווח; שטח חופשי; פדיון במיסלקה; הרחקה
clearance order צו הריסה
clearance sale מכירת חיסול
clear-cut *adj.* ברור, חלק
clear-eyed *adj.* צלול-ראייה
clear-headed *adj.* בעל מוח צלול
clearing *n.* קרחת (ביער), מיברא; סילוקין, סליקה
clearing-hospital *n.* בי"ח שדה
clearing-house *n.* מיסלקה
clearly *adv.* ברורות, בלי ספק
clear-out *n.* סילוק/ניקיון כללי
clear-sighted *adj.* צלול-ראייה
clear title זכות נקייה
clear-up *n.* ניקוי, פענוח פשעים
clearway *n.* כביש
cleat *n.* זיז (בנעל, למניעת החלקה); יתד (לקשירת חבל); קרש-חיזוק
cleav′age *n.* התבקעות, הסתדקות; חלוקה; *חריץ בין השדיים
cleave *v.* לבקע; להתבקע, להתפצל
- cleave a path לפלס דרך
- cleave to לדבוק ב-, להיצמד ל-
cleav′er *n.* סכין-קצבים, קופיץ, מַקְצֵץ
clef *n.* (במוסיקה) מפתח
cleft *n.* סדק, בקיע, פער
cleft = p of cleave
- caught in a cleft stick נתון בין הפטיש ובין הסדן
cleft palate חך שסוע
clem′atis *n.* זלזלת (צמח מטפס)
clem′ency *n.* רחמים; נוחות, נעימות
clem′ent *adj.* רחמן; נוח, נעים
clench *v.* להדק, לסגור, ללפות
- clenched fist אגרוף קמוץ
cle′resto′ry *n.* קיר עליון (בכנסייה)
cler′gy *n.* כמורה, כמרים
clergyman *n.* כומר
cler′ic *n.* כומר
cler′ical *adj.* קלאריקלי, של כמורה; של פקיד, פקידותי, מישרדי
clerical error טעות סופרים
cler′ihew′ (-hū) *n.* מרובע קל (שיר)
clerk *n.* פקיד; מזכיר; זבן; כומר
- articled clerk מתמחה
clerk *v.* לעבוד בפקידות, ללבלר
clerk of the works מנהל עבודה
clev′er *adj.* פיקח, פיקחי, שנון, זריז
clever Dick *"חכם גדול", ידען
clew (kloo͞) *n.* פקעת חוטים; לולאה, טבעת; כנף-המיפרש
clew *v.* לגולל מיפרש, לגולל פקעת
cliche (klēshā′) *n.* ביטוי נדוש, קלישה
cliche-ridden *adj.* זרוע קלישאות
click *n.* נקישה, הקשה, קליק
click *v.* להקיש; *לדפוק, להצליח, לקצור הצלחה; להתיידד מהר
- it all clicked *הכל היה ברור/דפק
cli′ent *n.* לקוח, קונה, קליינט, מרשה
cli′entele′ (-tel) *n.* קליינטורה, לקוחות

client state מדינת-חסות, גרורה
cliff *n.* צוק, שן-סלע, מצוק
cliffhanger *n.* סיפור מותח, מותחן
cli·mac'teric *n.* נקודת מיפנה
cli·mac'tic *adj.* של פיסגה, של שיא
cli'mate *n.* אקלים
climate of opinion עמדת הציבור
cli·mat'ic *adj.* אקלימי, של אקלים
cli'matol'ogy *n.* אקלימאות
cli'max' *n.* שיא, פיסגה, קלימקס
climax *v.* להגיע לפיסגה
climb (klīm) *v.* לטפס, לעלות
- climb down להודות בטעות; לרדת
climb *n.* עלייה, מַעֲלֶה, טיפוס
climbdown *n.* נסיגה, הודאה
climber *n.* מטפס; שואף להתקדם
climbing frame מיתקן טיפוס
climbing irons מיטפסיים
clime *n.* אקלים, איזור
clinch *v.* להדק; להסדיר; להתחבק
- clinch a deal לסכם עיסקה
- clinch an argument לסיים ויכוח
clinch *n.* תפיסה, לפיתה; חיבוק
clinch'er *n.* *נימוק מכריע
cling *v.* להיצמד, לדבוק, להיאחז
cling film ניילון נצמד (לאריזה)
clinging *adj.* צמוד, תלוי ב-
clinging vine אישה התלויה בבעלה
clin'ic *n.* מירפאה, קליניקה
clin'ical *adj.* קליני, רפואי
clinical death מוות קליני
clinical psychologist פסיכולוג קליני
clinical psychology פסיכולוגיה קלינית
clinical thermometer מדחום רפואי
clink *n.* צילצול, נקישה; *בית-סוהר
clink *v.* להקיש, לצלצל
clink'er *n.* פסולת-פחם; *כישלון
clinker-built *adj.* מרועף-לוחות
clip *n.* קליפ, סרטון; מהדק, אטב, רתק; מַאֲחֵז; מטען-כדורים; גזיזה, גֵז; מכה; מהירות
clip *v.* להדק, להצמיד; להיצמד; לגזור, לקצץ; להבליע מלים; לנקב; לפגום; *להכות
- clip his wings לקצץ את כנפיו
- clip out לגזור (קטעי עיתונים)
clipboard *n.* לוח-רתק
clip-clop *n&v.* (להשמיע) נקישת פרסות

clip joint מועדון לילה (לא הגון)
clip-on *adj.* ניתן להדקו (בסיכה)
clip'per *n.* מיפרשית מהירה
- clippers קוצץ-ציפורניים; מגזזה
clipping *n.* קטע-עיתון, תגזיר
clique (klēk) *n.* כת, קבוצה, חוג, קליקה
cliq'uish (-kish) *adj.* מתבדל
clit'oris *n.* דגדגן
clo·a'ca *n.* פי-הטבעת
cloak *n.* גלימה, מעטה, מסווה
cloak *v.* להסתיר, לכסות
cloak-and-dagger הרפתקני, בלשי
cloakroom *n.* מלתחה; שירותים
clob'ber *v.* *להכות, להלום, להביס
clobber *n.* *בגדים, חפצים
cloche (klōsh) *n.* כובע-נשים מהודק; כיסוי לצמחים
clock *n.* שעון; קישוט-גרב; *פרצוף
- kill the clock להחזיק בכדור, "לשחק על הזמן"
- put the clock back להחזיר מחוגי השעון
- round the clock מסביב לשעון
- watch the clock לייחל לסיום העבודה
- work against the clock לנהל מירוץ עם הזמן
clock *v.* למדוד זמן, לקבוע זמן
- clock him one *לתת לו מכה
- clock in/out להחתים הכרטיס עם הכניסה/היציאה
- clock up לזקוף לחשבונו; להגיע ל-
clock tower מיגדל שעון
clockwatcher *n.* מְצַפֶּה לסיום העבודה
clockwise *adj.* בכיוון השעון
clockwork *n.* מנגנון-השעון
- like clockwork באופן חלק, בקלות
clockwork toys צעצועים מכאניים
clod *n.* גוש עפר, רגב; *טיפש
clod'hop'per *n.* מגושם, כפרי
- clodhoppers נעליים כבדות
clog *v.* לסתום; להיסתם; להכביד, להעמיס
clog *n.* קבקב, נעל-עץ; בול-עץ (קשור לרגל, להכבדת התנועה)
clog'gy *adj.* גושי, דביק
cloi'sonne' (-zənā') *n.* אמייל מקושט
clois'ter *n.* סטיו, אכסדרה; מינזר
cloister *v.* לסגור במינזר, לבודד

clone *n.* שיכפול; שיבוט; העתק
clone *v.* לשכפל, לשבט; להעתיק
cloning *n.* שיבוט
close (-s) *adj.* קרוב; צר, צפוף, מעיק; קפדני; סודי; סגור, מוגבל; קמצן
- close argument טענה בנוייה יפה
- close at hand קרוב, בהישג-יד
- close attention תשומת-לב רבה
- close call כמעט תאונה, ממש נס
- close contest מאבק צמוד
- close on/upon קרוב ל-, כמעט
- close shave היחלצות בדרך נס
- close thing כמעט אסון, ממש נס
- close to home *קרוב לאמת
- close watch שמירה קפדנית
- keep close להסתתר; לשמור בסוד
- sailed close to the wind כמעט שעבר עבירה
close (-s) *adv.* קרוב
close (-z) *v.* לסגור, לגמור; להיסגר
- close a deal לסכם עיסקה
- close down לסגור, לנעול; להיסגר
- close in להתקצר; להתקרב
- close in on להקיף, להתקרב
- close one's eyes to להעלים עין
- close out לערוך מכירת חיסול
- close ranks לסגור רווחים; להתאחד
- close up לסגור; לסגור רווחים
- close up shop לסגור העסק; לסיים
- close with להתקרב; להיאבק; להסכים
close (-z) *n.* סוף, סגירה, שלהי
- bring to a close לסיים
close (-s) *n.* חצר, מיגרש; סימטה
close-cropped/cut *adj.* (שיער) קצר
closed (klōzd) *adj.* סגור, בלעדי
closed book ספר חתום, דבר סתום
closed circuit מעגל סגור
closed-door *adj.* בדלתיים סגורות
closedown (-z-) *n.* סגירה, נעילה
closed season עונה סגורה לציד
closed shop מוסד בלעדי (המעסיק רק חברי איגוד מיקצועי)
close-fisted *adj.* קמצן
close-fitting *adj.* מהודק, צמוד
close-grained *adj.* צפוף קווי-טבעות
close-hauled *adj.* נגד הרוח
close-knit *adj.* קרוב, מהודק
close-lipped *adj.* שתקן
closely (-s-) *adv.* בקפדנות; כמעט
close-mouthed *adj.* שתקן
closeness (-s-) *n.* קירבה; צפיפות
closeout (-z-) *n.* מכירת-חיסול
close quarters מגע, קרב-מגע
close-range *adj.* קרוב, מטווח קצר
close-set *adj.* קרוב, צמוד
clos'et (-z-) *n.* חדרון, מזווה; ארון; בית שימוש, שירותים
closet *v.* להתייחד, להסתגר
close-up *n.* צילום מיקרב, תקריב
closing *n.* סיום, סגירה, נעילה
closing prices שערי-נעילה
closing time שעת הסגירה
clo'sure (-zhər) *n.* סגירה; סיום הדיון ועריכת ההצבעה; סְגֵר
clot *n&v.* גוש, קריש-דם; *טיפש; להקריש
cloth (klôth) *n.* אריג, בד, מטלית
- table cloth מפת שולחן
- the cloth הכמורה, הכמרים
clothe (klōdh) *v.* להלביש, לכסות
clothes (klōz) *n-pl.* בגדים
clothes-basket *n.* סל-כבסים
clothes-horse *n.* מתלה-ייבוש
clothes-line *n.* חבל-כביסה
clothes-pin, -peg *n.* אטב כביסה
clothes tree מקלב
cloth'ier (klōdh'-) *n.* סוחר בדים
cloth'ing (klōdh'-) *n.* הלבשה
clotted cream זיבדה, שמנת סמיכה
cloud *n.* ענן, עננה; כתם, צל
- cloud on title זכות מסופקת, תביעה להטלת ספק בבעלות
- in the clouds ראשו בעננים
- on cloud nine *ברקיע השביעי, מאושר
- under a cloud חשוד, ששמו הועב
cloud *v.* לענן, להעיב, להקדיר; לטשטש
cloud-bank *n.* עננה נמוכה
cloud-burst *n.* שבר-ענן
cloud-capped *adj.* עטור-עננים
cloud-cuc'koo-land (-kōō'kōō-) *n.* ארץ החלומות
cloudless *adj.* בהיר, ללא עננים
cloudy *adj.* מעונן, מעורפל; עכור
clout *n.* מטלית; *מהלומה, השפעה
clout *v.* *להכות
clove = pt of cleave
clove *n.* שן-שום; ציפורן (תבלין)

clove hitch קשר, לולאה
clo′ven = pp of cleave שסוע
cloven hoof פרסה שסועה
clo′ver *n.* תילתן
- in clover במותרות, בעושר, בנוחיות
clover-leaf *n.* צומת תילתן
clown *n.* מוקיון, ליצן; גס
clown *v.* להתנהג כמוקיון
clownish *adj.* מוקיוני, נלעג
cloy *v.* לפטם; לסתום תיאבון; להתפטם
cloze *n.* הכנסת מילה, תרגיל מילוי, מבחן מילוי
club *n&v.* מועדון; אלה, מקל; קלף-תילתן; להכות, לחבוט
- club together להתאגד, להשתתף
- in the club הרה, בהיריון
club′bable *adj.* ראוי להתקבל למועדון
clubber *n.* קְלַבֶּר, מבקר במועדונים
clubfoot *n.* כף-רגל עקומה, רגל עבה
clubhouse *n.* מועדון
cluck *n&v.* קירקור; לקרקר
clue (kloo) *n&v.* סימן, רמז, מפתח
- clue him in *לתת לו רמז
- has not a clue *אין לו מושג
clue = clew
clued *adj.* מעודכן, מתמצא
clueless *adj.* *חסר-אונים; טיפשי
clump *n.* סבך-שיחים; גוש; קול, חבטה; לפסוע בכבדות; לשתול בקבוצות; להתקבץ לגוש, להתאשכל
clum′sy (-zi) *adj.* מגושם, גס
clung = p of cling
clunk *n&v.* נקישה; להקיש
clus′ter *n.* קבוצה, אשכול, צְבִיר
cluster *v.* להתקבץ; להתקהל; להתאשכל
cluster-bomb פיצצת מיצרר
clutch *v.* לאחוז, ללפות, לתפוס
- clutch at להשתדל לתפוס
clutch *n.* לפיתה, אחיזה; מצמד, קלאץ'; קבוצת אפרוחים, מידגר
- in the clutches of בידי, בציפורני
clut′ter *v.* לבלבל, להפוך
clutter *n.* אי-סדר, עירבוביה
cm. = centimeter
CO *n.* פחמן חד-חמצני
c/o = care of הגר, שכתובתו-
co- (תחילית) יחד-, שותף
coach *n.* מאמן; מורה; אוטובוס; כירכרה; קרון-רכבת
- drive coach and horses through לגלות פירצה רחבה (בחוק)
coach *v.* לאמן, להדריך
coach-builder *n.* מרכיב מכוניות
coachload *n.* נוסעי אוטובוס
coachman *n.* נהג כירכרה
coach station תחנת אוטובוסים
co·ad′jutor *n.* עוזר, סגן
co·ag′u·late′ *v.* להקריש, להקפיא
co·ag′u·la′tion *n.* הקרשה, הקפאה
coal *n.* פחם; גחלת
- haul over the coals לגעור, לנזוף
coal *v.* לספק פחם, להטעין פחם
coal-black *adj.* שחור כפחם
coal-bunker *n.* מחסן-פחם
co′alesce′ (-les) *v.* להתמזג
coalescence *n.* התמזגות
coalescent *adj.* מתמזג, מתחבר
coalface *n.* פני מירבץ-פחם
coalfield *n.* שדה-פחם
co′ali′tion (-li-) *n.* קואליציה
coalmine, -pit *n.* מיכרה פחם
coal oil נפט
coal-scuttle *n.* כלי לפחם
coal-seam *n.* מירבץ פחם
coal tar עיטרן
coarse *adj.* גס; מחוספס
coarsen *v.* לחספס; להתחספס
coast *n.* חוף-ים; מידרון, מורד
- the coast is clear אין איש בסביבה, אין סכנה
coast *v.* לשייט לאורך החוף; להחליק במידרון, לגלוש ללא דיווש
coastal *adj.* של חוף, חופי
coaster *n.* סירת-חופים; תחתית
coastguard *n.* שוטר מישמר החופים
coastline *n.* קו החוף
coastwise *adv.* לאורך החוף
coat *n.* מעיל; שיער, פרווה; שיכבה
- coat of mail שיריון קשקשים
- turn one's coat להפוך עורו
coat *v.* לכסות, לצפות, לעטוף
coatee′ *n.* מעיל קצר
coat hanger קולב
coating *n.* שיכבה, ציפוי
coatroom *n.* מלתחה
coat tails זנבות-המעיל
- on his coat tails בעזרת הזולת
co-au′thor *n.* מחבר-שותף
coax *v.* לפתות, לשדל, לשכנע
cob *n.* ברבור; סוס קצר-רגליים;

שיזרת התירס; מין אגוז
co′balt (-bôlt) *n.* קובלט
cob′ble *v.* לרצף באבנים חלקות; לתקן נעליים; לתקן בגסות; לארגן
cobbler *n.* סנדלר; פשטידה; משקה
cobblestone *n.* אבן-ריצוף (עגולה)
co′bra *n.* קוברה (נחש)
cob′web′ *n.* קורי עכביש
co′ca-co′la *n.* קוקה-קולה
co•caine′ *n.* קוקאין
coc′cyx *n.* עצם העוקץ
coch′ineal′ *n.* שָׁנִי, אדום
coch′le•a (-k-) *n.* שבלול-האוזן
cock *n.* תרנגול; עוף זכר; ברז; נוקר, פטיש; נוקר דרוך; ערימת חציר; ביטחון מופרז; *איבר המין
- at full cock דרוך לירייה
- cock of the walk בעל שררה
cock *v.* לדרוך רובה; לזקוף; להזדקף; להטות מעט; לערום
- cock one's eyes at להציץ ב-
- cock up *לבלבל, להפוך; לקלקל
cock′-a-doo′dle-doo′ קוקוריקו
cock′-a-hoop′ (-hōōp) *adj.* עליז; באי-סדר
cock-and-bull story סיפור בדים
cock′atoo′ *n.* קקדו (תוכי)
cockcrow *n.* עלות-השחר
cocked hat כובע תלת·פינתי
- knock into a cocked hat להכות שוק על ירך
cock′er *n.* כלב-ציד
cock′erel *n.* תרנגול צעיר
cock-eyed *n.* *פוזל; טיפש, עקום
cock-fighting *n.* קרב-תרנגולים
cockhorse *n.* סוס-עץ (מתנדנד)
cock′le *n.* צידפה; סירה קטנה
- warm the cockles of the heart ליהנות; לגרום קורת-רוח
cockle-shell *n.* קשוות-הצידפה
cock′ney *n&adj.* קוקני, לונדוני
cockpit *n.* תא הטייס; זירת-קרב
cock′roach′ *n.* מַקָק, תִּיקָן
cockscomb *n.* כרבולת; כובע הליצן
cock′sure′ (-shoor) *adj.* בעל ביטחון מופרז
cock′tail′ *n.* קוקטייל, מימסך
cocktail lounge אולם קוקטייל
cock-up *n.* אות מוגבהת; *באלגאן
cocky *adj.* *בטוח בעצמו, חצוף
co′co *n.* קוקוס, עץ הקוקוס
co′coa *n.* קקאו
co′conut′ *n.* קוקוס, אגוז הודו
coconut palm דקל הקוקוס
cocoon′ (-kōōn) *n&v.* קליפת הגולם, פקעת; לכסות, לעטוף, להגן
cod *v.* *לשטות ב-, להתל ב-
C.o.D. = Cash on Delivery
cod, cod′fish′ *n.* בקלה (דג)
co′da *n.* (במוסיקה) קודה, יֶסֶף
cod′dle *v.* לפנק; לבשל באיטיות
code *n.* קוד, צופן; קובץ חוקים; כללים, עקרונות
- break a code לפענח צופן
code *v.* לצפן, לקודד
co′deine (-dēn) *n.* קודאין (סם)
co′dex′ *n.* כתב-יד עתיק, מיצחף, קודקס
codg′er *n.* *ברנש מוזר
co′dices′ = pl of codex (-sēz)
cod′icil *n.* ניספח לצוואה
cod′ifica′tion *n.* קודיפיקציה
cod′ify′ *v.* לערוך חוקים בקובץ
cod-liver oil שמן דגים
codswallop *n.* *שטויות, חנטריש
co′ed′ *n.* תלמידה (בבי״ס מעורב)
co′ed•uca′tion (-ej-) *n.* חינוך מעורב
co′effi′cient (-ifish′ənt) *n.* מְקַדֵּם
co′e′qual *adj.* שווה (בדרגה) ל-
co•erce′ *v.* להכריח, לאלץ, לדכא
co•er′cion (-zhən) *n.* כפייה
co•er′cive (-siv) *adj.* כפייתי
co•e′val *adj.* בן גילו, בן דורו
co′exist′ (-igz-) *v.* להתקיים יחד
coexistence *n.* דו-קיום
cof′fee (kôf′-) *n.* קפה; ספל קפה
- white coffee קפה בחלב
coffee bar בית קפה, מיזנון מהיר
coffee break הפסקה (ללגימת קפה)
coffee house בית קפה
coffee mill/grinder מטחנת קפה
coffee-pot *n.* קנקן קפה
coffee shop בית קפה
coffee-table book ספר תמונות
cof′fer *n.* תיבה, כספת
- coffers אוצר, קרנות
cofferdam *n.* מיבנה אטים-מים
cof′fin (kôf′-) *n.* ארון-מתים
cog *n.* שן (בגלגל משונן)
- cog in the machine ״בורג קטן״
co′gency *n.* עוצמה (של טענה)
co′gent *adj.* כבד-מישקל, משכנע
co′gitate′ *v.* לחשוב, להרהר ב-

co'gita'tion *n.* מחשבה, הירהור
cognac (kon'yak) *n.* קוניאק
cog'nate' *adj&n.* מאותו מקור, קרוב
cog·ni'tion (-ni-) *n.* הכרה, ידיעה
cog'nitive *adj.* הכרתי, של ידיעה
cog'nizance *n.* הכרה, מוּדעוּת, ידיעה
- take cognizance of לשים לב ל-, לרשום לפניו
- within his cognizance בתחום שיפוטו, בתחום טיפולו
cog'nizant *adj.* מכיר, מודע ל-
cog'nomen *n.* שם משפחה; כינוי
cognoscenti (kon'yəshen'ti) *n.* מבינים, מומחים, בעלי הטעם הטוב
cog railway רכבת משוננת
cogwheel *n.* גלגל שיניים
co·hab'it *v.* לחיות יחד (כזוג נשוי)
co·hab'ita'tion *n.* חיים בצוותא
co-heir *n.* יורש במשותף
co·here' *v.* להתלכד; להיות עיקבי
coherence *n.* התלכדות; עיקביות
coherent *adj.* מחובר, עיקבי, הגיוני
co·he'sion (-zhən) *n.* התלכדות
co·he'sive *adj.* מתלכד; מלכד
co'hort' *n.* קבוצה, פלוגה; חבר
coif *n.* כובע מהודק, שביס
coiffeur (kwäfûr') *n.* סַפָּר
coiffure' (kwäf-) *n.* תיסרוקת
coign of van'tage (koin-) נקודת תצפית טובה
coil *v.* לגלגל, לכרוך; להתפתל
coil *n.* סליל, גליל, טבעת; התקן תוך-רחמי; ליפוף
coin *n.* מטבע
- pay him in his own coin להשיב לו כגמולו, להחזיר לו באותו מטבע
coin *v.* לטבוע מטבע; להמציא מלה
- coin a phrase לטבוע מטבע-לשון
- coin money לעשות הון, לגרוף כסף
coin'age *n.* טביעת מטבעות; מטבע; מטבע-לשון
co'incide' *v.* להתרחש באותו זמן, לחפוף; לעלות בקנה אחד
co·in'cidence *n.* צירוף מיקרים
co·in'cident *adj.* תואם; חופף
co·in'ciden'tal *adj.* של צירוף מיקרים
coiner *n.* זייפן מטבעות
co'insur'ance (-shoor-) *n.* ביטוח במשותף
co·i'tion (kōish'ən) *n.* הזדווגות
co'itus *n.* הזדווגות
coke *n.* *קוקאין; קוקה קולה; קוקס (פחם)
Col. = Colonel *n.* אלוף מישנה
co'la *n.* קולה (משקה)
col'ander *n.* מיסננת
cold (kōld) *adj.* קר, צונן
- I'm cold קר לי
- give him the cold shoulder להפגין יחס צונן כלפיו
- have cold feet לפחוד, לקבל רגליים קרות
- leaves him cold לא מתלהב מזה
- out cold מתעלף
cold *n.* קור, הצטננות; נזלת
- catch cold/take cold להצטנן
- out in the cold עזוב, לא רצוי
cold-blooded *adj.* אכזרי; בעל דם קר
cold comfort נחמה עלובה
cold cream מישחת-עור
cold cuts פרוסות בשר קרות
cold frame חממה, מינבטה
cold-hearted *adj.* אדיש, לא לבבי
cold-shoulder *v.* להפגין יחס צונן
cold steel נשק קר, פגיון
cold storage אחסנה בקירור
cold turkey גמילה פתאומית (מסם); מיחוש-ראש; אמת מרה; לשון בוטה
cold war מילחמה קרה
cole'slaw' (kōl's-) *n.* סלט-כרוב
col'ic *n.* מעיינה, כאב-בטן
coli'tis *n.* דלקת המעי הגס
collab'orate' *v.* לשתף פעולה
collab'ora'tion *n.* שיתוף פעולה
collage (-läzh') *n.* קולאז', הֶדבֵּק
collapse' *v.* להתמוטט, לקרוס, ליפול, להתקפל; למוטט, לקפל
collapse *n.* התמוטטות, נפילה; תֶּמֶט (התמוטטות איבר)
collapsible *adj.* מתקפל
col'lar *n.* צווארון; קולר; מחרוזת
collar *v.* לתפוס בצווארונו, *לסחוב
collarbone *n.* עצם-הבריח
collate' *v.* להשוות, להתאים, לבדוק
collat'eral *adj.* צדדי, מישני, מקביל, עקיף; נוסף, טפל
- collateral relative קרוב, דודן
- collateral security ערבון; בַּטוּחָה
collateral *n.* ערבון, משכון
collateral attack תקיפה עקיפה (על פס"ד/צו)

collateral estoppel השתק עקיף
collateral heir יורש עקיף
colla'tion *n.* ארוחה קלה; השוואה
col'league (-lēg) *n.* עמית, קולגה
collect' *v.* לאסוף; לגבות; להתאסף
- collect one's thoughts/oneself למשול ברוחו, ליישב הדעת
collect' *adv.* לתשלום בגוביינא
collect call שיחת גוביינה
collected *adj.* שולט בעצמו, שליו
collec'tion *n.* אוסֶף, קולקציה; ערימה; גבייה
collec'tive *adj.* קולקטיבי, קיבוצי
collective *n.* קולקטיב, צוות, סגל
collective farm משק שיתופי
collective noun שם קיבוצי
collec'tivism' *n.* קיבוצנות
collec'tiviza'tion *n.* הלאמה
collec'tivize' *v.* להלאים
collec'tor *n.* גוֹבֶה; אספן, אגרן
col'leen *n.* צעירה, בחורה
col'lege (-lij) *n.* מיכללה; מועצה
colle'giate *adj.* של קולג'
collide' *v.* להתנגש
col'lie *n.* כלב רועים, קוֹלִי
col'lier (-yər) *n.* כורה פחם; ספינת פחם
col'liery (-yər-) *n.* מיכרה-פחם
colli'sion (-lizh'ən) *n.* התנגשות
collision course מסלול התנגשות
col'locate' *v.* ללוות באופן טיבעי; (לגבי מלים) לסדר זה בצד זה
col'loca'tion *n.* שכנות, קולוקציה, צירוף מלים טיבעי
collo'quial *adj.* דיבורי, של שיחה
collo'quialism' *n.* ביטוי דיבורי
collo'quium (-kwiəm) *n.* כנס אקדמי
col'loquy *n.* שיחה, דיון
collude' *v.* לשתף פעולה, לחבור
collu'sion (-zhən) *n.* קנוניה
collu'sive *adj.* של מזימה
col'lywob'bles (-bəlz) *n.* *כאב-בטן
cologne (-lōn') *n.* מי-בושם; מי-קולון
co'lon *n.* נקודתיים (:); המעי הגס
colonel (kûr'nəl) *n.* קולונל, אל"מ
colo'nial *adj.* קולוניאלי
colonial *n.* תושב מושבה
colo'nialism' *n.* קולוניאליזם
col'onist *n.* מתיישב, מתנחל
col'oniza'tion *n.* יישוב, התנחלות
col'onize' *v.* לייסד מושבה; ליישב
col'onnade' *n.* אכסדרה, סטיו, שורת עמודים
col'ony *n.* מושבה, קולוניה
col'or (kul-) *n.* צבע, גוון; גיוון; מראית עין; מֶעֵין
- a man of color ציבעוני, כושי
- color of title מֵעֵין זכות
- colors דגל, מולדת; כובע (כְּסֶמֶל)
- give a false color to לסלף
- give/lend color to לגוון, להוסיף צבע ל-, לחזק, לאמת, לאשר
- has a high color סמוק-פנים
- in its true colors כמות שהוא
- lose color להחוויר
- lower one's colors לוותר, להיכנע
- off color *חש ברע; לא מנומס
- stick to one's colors להיות איתן בדעתו
- with flying colors בהצלחה רבה
color *v.* לצבוע; לגוון; לקבל גוון; לשנות, לסלף; להסמיק
colorable *adj.* למראית עין, מזוייף
col'ora'tion (kul-) *n.* גיוון, צביעה
color bar מחסום הצבע, גזענות
color-blind *adj.* עיוור צבעים
colorcast *n.* שידור בצבעים
colored *adj.* כושי, ציבעוני
colorfast *adj.* יציב, שאינו דוהה
colorful *adj.* ססגוני, רבגוני
color guard מישמר הדגל
coloring *n.* צֶבַע, צביעה
colorless *adj.* חסר-צבע, חיוור
color line מחסום ההפרדה הגזעית
colos'sal *adj.* כביר, עצום, ענקי
colos'sus *n.* פסל ענק, ענק
colour = color
col'por'teur (-tər) *n.* מפיץ תנ"כים
colt (kōlt) *n.* סייח; טירון; אקדח קולט
col'ter (kōl-) *n.* סכין המחרשה
Colum'bian *adj.* של קולומבוס
col'umn (-m) *n.* עמוד, טור, עמודה
col'umnist *n.* בעל טור
co'ma *n.* חוסר-הכרה, תרדמת
- go into a coma לאבד ההכרה
co'matose' *adj.* חסר-הכרה
comb (kōm) *n.* מסרק; מגרדת; כרבולת; חלת-דבש
comb *v.* לסרוק; להסתרק; להתנפץ
- comb out לסלק (פקידים מיותרים)

com′bat′ *n.* קרב, מילחמה, מאבק
- single combat דו-קרב
combat′ *v.* להילחם ב-, להיאבק ב-
combat′ant *adj&n.* לוחם
combat fatigue הלם קרב
com′bative *adj.* שש לקרב
comber (kōm′ər) *n.* גל ארוך
com′bina′tion *n.* קומבינציה, צירוף, איחוד; אופנוע עם סירה
- combinations מיצרפת, קומביניזון
combine′ *v.* לאחד, לצרף; להתאחד
com′bine *n.* קצרדש; איגוד
combine harvester קומביין, קצרדש
comb-out *n.* סילוק, פיטורים
combus′tible *adj.* דליק; מתלקח
combustible *n.* חומר דליק
combus′tion (-chən) *n.* בעירה
come (kum) *v.* לבוא; להגיע; לקרות; להתחיל; להיעשות, להפוך
- came across my mind עלה בדעתי
- come about לקרות, להתרחש
- come across להיתקל ב-, לפגוש
- come across with לספק, לתת
- come again *חזור, מה אמרת?
- come along להתקדם; להופיע, לבוא
- come along/on! קדימה! נו!
- come apart להתפורר, להתפרק
- come at להגיע; להתנפל על; להבין
- come away להיפרד, להינתק
- come back לחזור; להחזיר (תשובה)
- come between להפריד בין, להפריע
- come by להשיג, לרכוש, לקבל
- come down להתמוטט; לרדת; לשלם
- come down in the world לרדת במעמדו, לרדת מנכסיו
- come down on "לרדת" על, לגעור ב-
- come down to להסתכם ב-, להצטמצם
- come down with a cold להצטנן
- come for להתקרב, להתנפל
- come forward להציע עצמו
- come home to להתחוור, להתברר
- come in להיכנס, להופיע, להגיע; להיבחר; לגאות; להשתתף
- come in for לקבל, לָרֶשֶׁת; לספוג ביקורת; להוות מטרה ל-
- come in handy/useful להיות שימושי
- come in on להשתתף ב-
- come into להתחיל ב-; להגיע ל-
- come into flower ללבלב, לפרוח
- come into money לזכות בכסף
- come into sight להופיע, להיראות
- come of age להגיע לבגרות
- come off להינתק מ-, ליפול; להתגשם, להתבצע, להצליח
- come off it! הפסק! רד מזה!
- come on לבוא; להתקדם; להגיע; להתחיל; לעלות לדיון; להיתקל ב-
- come on! בוא! קדימה! אנא!
- come one's way לקרות/להזדמן לו
- come out לצאת, להופיע; להתברר; להיפתר; לשבות; להימחק, להיעלם
- come out for לצאת בתמיכה ב-
- come out with להגיד, לומר, להציע
- come over לעבור על, לעבור ל-
- come over ill לחלות
- come round לבקר; לחזור; לשנות דעתו; להסכים; להתאושש
- come through להגיע, לעבור
- come to להתאושש
- come to blows להתחיל להתקוטט
- come to light לצאת לאור
- come to nothing לעלות בתוהו
- come to one's senses להתאושש
- come to oneself להתאושש
- come to pass לקרות, להתרחש
- come to terms להגיע לידי הסדר
- come true להתאמת, להתגשם
- come under להשתייך ל-, כפוף ל-
- come unstuck להיתקל בקשיים
- come up לעלות; להתרחש; להגיע
- come up against להיתקל ב-
- come up to להשתוות ל-
- come up with להשיג; למצוא (תשובה); לחשוב על; לספק; להציע
- come upon לתקוף; לתבוע; להיות למעמסה על-; להיתקל ב-
- come what may יקרה אשר יקרה
- how come? כיצד? היאך?
- is coming 6 יהיה בן 6 בקרוב
- to come הבא, שיבוא, בעתיד
- when it comes to- כשמדובר ב-
come-at-able (kumat′-) *adj.* *נגיש
comeback *n.* התאוששות, קאמבק; מענה חריף
come′dian *n.* קומיקן, ליצן
come′dienne′ *n.* קומיקאית

comedown *n.* נפילה, אכזבה
com′edy *n.* קומדיה
comely (kum′li) *adj.* נאה, נעים
come-on *n.* *פיתוי, הזמנה
comer *n.* בא; מרשים, מבטיח
comes′tible *n&adj.* דבר-מאכל; אכיל
com′et *n.* כוכב שביט
come-uppance (kumup′-) *n.* *עונש ראוי
com′fit (kum-) *n.* סוכרייה, ממתק
com′fort (kum-) *n.* נוחיות; נחמה
comfort *v.* לנחם, לעודד
comfortable *adj.* נוח; אמיד
comfortably off אמיד
comforter *n.* סודר, שמיכה; מוצץ
comfortless *adj.* חסר-נוחיות
comfort station שירותים ציבוריים
com′fy (kum-) *adj.* *נוח
comic *n.* עיתון מצוייר; קומיקן
com′ic, com′ical *adj.* מצחיק, קומי
comic strip סיפור מצוייר
coming *n.* הופעה, ביאה, התקרבות
- comings and goings התרחשויות
- got what was coming to him קיבל המגיע לו
- had it coming קיבל כגמולו
coming *adj.* הבא; מצליח, מבטיח
- coming and going במצב ביש, חסר אונים; בשני הכיוונים
coming-out *n.* הופעה ראשונה
com′ity *n.* אדיבות, נימוס, כבוד
comity of nations כיבוד חוקי המדינות ומינהגיהן
com′ma *n.* פסיק, (,)
- inverted commas מרכאות
command′ *v.* לצוות, להורות; לשלוט; לחלוש על; לעורר בליבו
command *n.* פקודה; פיקוד, שליטה
- at his command לפקודתו; ברשותו
- in command of שולט על
com′mandant′ *n.* מְפַקֵד
com′mandeer′ *v.* להפקיע, להחרים
comman′der *n.* מנהיג, מפקד
commander in chief מפקד עליון, רמטכ״ל
commanding *adj.* שולט; מְצַוֶּה
command′ment *n.* דיבר, מיצווה
- the Ten Commandments עשרת הדיברות

comman′do *n.* קומנדו
command post חפ״ק, חבורת פיקוד קדמית, עמדת-פיקוד
comme il faut (kōm′ēlfō′) נאה, מקובל בחברה
commem′orate′ *v.* להנציח
commem′ora′tion *n.* אזכרה
commem′ora′tive *adj.* של זיכרון
commemorative stamp בול זיכרון
commence′ *v.* להתחיל, לפתוח ב-
commencement *n.* התחלה, רישא; טקס חלוקת תארים
commend′ *v.* להלל, לשבח; להמליץ על; להפקיד בידי
commendable *adj.* ראוי לשבח
com′menda′tion *n.* הסכמה, הערכה; שבח; ציון לשבח
commen′dato′ry *adj.* מהלל
commen′surable (-sh-) *n.* בר-השוואה, בעל מכנה משותף
commen′surate (-sh-) *adj.* הולם, תואם, שווה, פרופורציונלי
com′ment′ *n.* הערה; פירוש
- no comment! אין תגובה!
comment *v.* להעיר; להגיב; לפרש
com′mentar′y (-teri) *n.* פרשנות
- a running commentary פרשנות אגב שידור חי
com′mentate′ *v.* לשמש כפרשן
com′menta′tor *n.* פרשן
com′merce *n.* מיסחר
commer′cial *adj.* מיסחרי
commercial *n.* תשדיר פירסומת
commer′cialize′ (-shəl-) *v.* לְמַסְחֵר
commercial law מישפט מיסחרי
commercial traveler סוכן-נוסע
commercial vehicle רכב מיסחרי
com′mie *n.* *קומוניסט
com′mina′tion *n.* תוכחה, אִיּוּם
com′minato′ry *adj.* מאיים
comming′le *v.* למזג; להתמזג
commis′erate′ (-z-) *v.* להשתתף בצער, להביע צערו על
commis′era′tion (-z-) *n.* רחמים
com′missar′ *n.* קומיסאר
com′missa′riat *n.* אספקה; חיל-אספקה
com′missar′y (-seri) *n.* חנות, מיזנון, שק״ם, שיקמית
commissary general קצין אספקה

commis′sion *n.* יפוי-כוח; תפקיד; ביצוע; עמלה, עמילות, קומיסיון; ועדה, הסמכה לקצונה
- commission of crime ביצוע פשע
- in commission בכושר, בשימוש
- out of commission לא בשימוש
commission *v.* להטיל תפקיד על, להזמין; להסמיך לקצונה
commis′sionaire′ (-mishən-) *n.* שוער, שומר
commissioned *adj.* בעל מינוי
commissioned officer קצין
commis′sioner (-mish′ən-) *n.* חבר-ועדה; מנהל, ממונה; נציב; נציג
commit′ *v.* לעשות, לבצע; למסור, להעביר; לשלוח (לכלא, למוסד)
- commit oneself להתחייב; להביע דעתו
- commit suicide להתאבד
- commit to memory ללמוד על-פה
- commit to paper להעלות על הנייר
commitment *n.* התחייבות; מחוייבות; ביצוע; העברה; מעצר
commit′tal *n.* העברה (למוסד)
committed *adj.* מסור, נאמן; מתחייב; מחוייב
commit′tee *n.* ועדה
commode′ *n.* שידה; ארון
commo′dious *n.* נוח, מְרוּוָח
commod′ity *n.* מיצרך, חפץ
com′modore′ *n.* מפקד ימי
com′mon *adj.* משותף; ציבורי, כללי; רגיל, מצוי; פשוט, גס
- common ground מכנה משותף
- common nuisance מיטרד ציבורי
- common-or-garden רגיל
- it's common knowledge ידוע לכל
- the common good טובת הכלל
common *n.* שטח ציבורי
- commons ההמון; מיצרכי-מזון
- in common במשותף
- in common with כמו, בדומה ל-
- out of the common יוצא דופן
- short commons מזון בצימצום
- the Commons בית הנבחרים
com′monalty *n.* ההמון, העם
common area רכוש משותף
common carrier מוביל
common denominator מכנה משותף
com′moner *n.* אדם פשוט
common fraction שבר פשוט
common land אדמה ציבורית
common law המשפט המקובל, נוֹהַג
common-law wife ידועה בציבור
commonly *adv.* בדרך כלל; בגסות
common noun שם-עצם כללי
com′monplace′ *adj&n.* רגיל, שיטחי, נדוש; דבר רגיל, שיגרה
common room מועדון כללי
common sense היגיון, שכל ישר
common stock מניות רגילות
commonweal *n.* טובת הכלל
commonwealth *n.* קהילייה
commo′tion *n.* תסיסה, תכונה
commu′nal *adj.* עדתי; ציבורי
com′mune *n.* קומונה, קבוצה
commune′ *v.* לשוחח, להסתודד
commu′nicable *adj.* מידבק, עובר
commu′nicate′ *v.* להעביר, למסור; להידבר, להתקשר; להתחבר
commu′nica′tion *n.* קשר, קומוניקציה; ידיעה, מסר
- communications תחבורה, תיקשורת
communication cord שרשרת חירום (לעצירת הרכבת)
commu′nica′tive *adj.* פתוח, דברני; תיקשורתי
commu′nion *n.* קֶשֶר, שיתוף; דו-שיח; כת דתית; אכילת הלחם הקדוש (בנצרות)
- hold communion with oneself לעשות חשבון-הנפש
commu′nique′ (-nikā′) *n.* הודעה, תמסיר
com′mu·nism′ *n.* קומוניזם
com′mu·nist *n.* קומוניסט
commu′nity *n.* קהילה; ציבור; שיתוף, שותפות; קירבה, דימיון
- the community הציבור, הכלל
community center מרכז קהילתי
community chest קרן סעד
community property רכוש משותף (של בני זוג)
community service עבודות שירות
community singing שירה בציבור
commu′table *adj.* חליף, בר-המרה
com′mu·ta′tion *n.* חליפין; המרת עונש, המתקה; נסיעה בקביעות
commutation ticket כרטיס מנוי, כרטיסיית-נסיעה
com′mu·ta′tor *n.* מְחַלֵף (בחשמל)
commute′ *v.* להחליף; להמיר;

להמתיק עונש; לנסוע בקביעות
commuter *n.* נוסע בקביעות
compact′ *adj.* קומפאקטי, מרוכז
com′pact′ *v.* לכרות ברית
com′pact′ *n.* חוזה, הסכם; פודרייה; מכונית קטנה
compact′ *v.* לדחוס; להדק; לחבר
com′pact′ disc תקליטור
compact′ed *adj.* מהודק, מרוכז
compan′ion *n.* שותף, חבר; בן-לווייה, בן-זוג; מדריך, ספר שימושי
companionable *adj.* חברותי
companionship *n.* יְדִידוּת, חֲבֵרוּת
companionway *n.* מדרגות (מהסיפון לתאים)
com′pany (kum-) *n.* חֶבְרָה; חבורה; אורחים; קבוצה; צוות; להקה; פלוגה
- and company ושות׳
- for company לשם ליווי
- in company בחברה, בציבור
- in company with בליווי, בחברת
- keep company להתחבר, "לצאת איתו"
- part company with להיפרד מ-
company manners נימוסי חברה
com′parable *adj.* בר-השוואה, דומה
compar′ative *adj.* משווה, השוואתי, יחסי, לא מוחלט
comparative *n.* ערך היתרון
comparatively *adv.* יחסית
compare′ *v&n.* להשוות; להידמות ל-
- beyond/past compare אין כמוהו
- compare notes להחליף דעות
- without compare אין דומה לו
compar′ison *n.* השוואה, דימיון
- bear comparison with להשתוות
- beyond comparison אין דומה לו
- in comparison with בהשוואה ל-
- stand comparison with להשתוות
compart′ment *n.* תא, מחלקה
com′pass (kum-) *n.* מצפן; תחום, גבול
- compasses מחוגה
- within the compass of בתחום-
compass *v.* להקיף; להשיג; להבין
compas′sion *n.* רחמים
compas′sionate (-shən-) *adj.* מרחם

compat′ible *adj&n.* מתאים, תואם, הולם
- IBM compatible תואם איי בי אם
compa′triot *n.* בן-ארצו
com′peer *n.* שווה-מעמד; חָבֵר
compel′ *v.* לאלץ, להכריח
compelling *adj.* מרשים; משכנע
compen′dious *adj.* תמציתי, קצר
compen′dium *n.* קיצור; אוֹסֶף
com′pensate′ *v.* לְפַצּוֹת
com′pensa′tion *n.* פיצוי
compen′sato′ry *adj.* מפצה
com′pere (-pār) *n.* מנחה, מגיש
compere *v.* להגיש, להנחות
compete′ *v.* להתחרות, להתמודד
com′petence *n.* כישרון, יכולת; הכנסה נוחה; סמכות; כשרות
com′petent *adj.* מוכשר, כשיר, מתאים, מוסמך
com′peti′tion (-ti-) *n.* הִתְחָרוּת
compet′itive *adj.* תחרותי, מתחרה
compet′itor *n.* מתחרה
com′pila′tion *n.* ליקוט; קובץ
compile′ *v.* לאסוף, לחבר (מילון)
compiler *n.* אוֹסֵף; מְחַבֵּר; מהדיר
compla′cency *n.* שלווה, שאננות
compla′cent *adj.* שאנן, מרוצה מעצמו
complain′ *v.* להתלונן
complain′ant *n.* מתלונן, תובע
complaint′ *n.* קבילה, תלונה, תביעה; מחלה
- lodge a complaint להגיש תלונה
complais′ance (-z-) *n.* אדיבות
complais′ant (-z-) *adj.* אדיב, נוח
com′plement *n.* השלמה, משלים; תקן מלא
com′plement′ *v.* להשלים
com′plemen′tary *adj.* משלים
complete′ *adj.* שלם, גמור, מוחלט
complete *v.* להשלים; לסיים
completely *adv.* לגמרי, כליל
comple′tion *n.* השלמה, סיום
complex′ *adj.* מורכב, מסובך
com′plex′ *n.* תסביך; מערכת מורכבת, קומפלקס; מערכת מיבנים, מיתחם; תשלובת
complex′ion (-kshən) *n.* גון הפנים; פני הדברים; אופי כללי
complex′ity *n.* סיבוך; מוּרְכָּבוּת
compli′ance *n.* ציות, נִכְנָעוּת
- in compliance with בהתאם ל-

compli′ant *adj.* מסכים, נכנע
com′plicate′ *v.* לסבך
complicated *adj.* מסובך, מורכב
com′plica′tion *n.* סיבוך
complic′ity *n.* שותפות (לפשע)
com′pliment *n.* מחמאה
- compliments ברכות
- pay a compliment לחלוק מחמאה
com′pliment′ *v.* להחמיא
com′plimen′tary *adj.* מְשַׁבֵּחַ
complimentary ticket כרטיס הזמנה
comply′ *v.* להיענות ל-, לציית ל-
com′po *n.* תערובת
compo′nent *n.* מרכיב, רכיב, פריט
comport′ *v.* להתנהג
- comport with להתאים, להלום
comportment *n.* התנהגות
compose′ (-z) *v.* להרכיב, ליצור, לחבר; להלחין; להרגיע; לסדר
- compose oneself לשלוט ברוחו
composed *adj.* שליו, מושל ברוחו
composer (-z-) *n.* מלחין
compos′ite (-zit) *adj.* מורכב
com′posi′tion (-zi-) *n.* יצירה; חיבור; הרכב; תערובת; קומפוזיציה, מיצור; הלחנה; פשרה
compos′itor (-z-) *n.* סַדָּר (בדפוס)
com′pos men′tis *adj.* שפוי בדעתו
com′post (-pōst) *n.* קומפוסט, זבל
compo′sure (-zhər) *n.* קור-רוח
com′pote *n.* ליפתן, קומפוט
com′pound *adj&n.* מורכב; תירכובת, מלה מורכבת
compound′ *v.* להרכיב, לערבב; להגדיל; להחמיר; להגיע להסדר
com′pound *n.* שטח מגודר
compound interest ריבית דריבית
com′pre·hend′ *v.* להבין; לכלול
com′pre·hen′sible *adj.* מובן, נתפס
com′pre·hen′sion *n.* הבנה
com′pre·hen′sive *adj.* מקיף, מלא
comprehensive school בית-ספר מקיף
compress′ *v.* לדחוס, לכווץ, לתמצת
com′press′ *n.* רטייה, תחבושת
compressible *adj.* דחיס
compres′sion *n.* דחיסה, לחיצה
compres′sor *n.* מדחס, קומפרסור
comprise′ (-z) *v.* להיות מורכב מ-, לכלול
com′promise′ (-z) *n.* פשרה
compromise *v.* להתפשר; לסכן
comptrol′ler (kəntrōl-) *n.* מבקר
compul′sion *n.* כפייה, הכרח
compul′sive *adj.* כופה; משועבד
compul′sory *adj.* כפייתי, של חובה
compunc′tion *n.* נקיפת מצפון
com′pu·ta′tion *n.* חישוב, הערכה
compute′ *v.* לחשב
compu′ter *n.* מחשב
compu′terize′ *v.* למכן, למחשב
com′rade (-rad) *n.* חָבֵר
- comrade in arms חבר לנשק
comradeship *n.* חֲברוּת, יְדידוּת
coms (komz) *n.* מיצרפת, קומבינזון
con *v.* ללמוד על-פה; *להונות
con *n.* *הונאה, רמאות; *אסיר
con *n&adv.* מתנגד; נגד
con·cat′enate′ *v.* לשרשר, לחבר
con·cat′ena′tion *n.* שירשור, חיבור
concave′ *adj.* קעור, שקערורי
concav′ity *n.* שקערוריות
conceal′ *v.* להסתיר, להחביא
concealment *n.* הסתרה; מחבוא
concede′ *v.* לוותר על; להודות
conceit′ (-sēt) *n.* יהירות; הערכה עצמית מופרזת; דימוי, ביטוי מבדח
- in one's own conceit בעיניו
conceited *adj.* יהיר, גא
conceivable *adj.* מתקבל על הדעת
conceive′ (-sēv) *v.* להגות רעיון; להבין, לתאר, להאמין; להרות
- conceive a dislike לרחוש טינה
con′centrate′ *v.* לרכז; להתרכז
con′centrate′ *n.* תרכיז
concentrated *adj.* מרוכז
con′centra′tion *n.* ריכוז
concentration camp מחנה-ריכוז
concen′tric *adj.* משותף-מרכז
- concentric circles מעגלים מרכזיים
con′cept′ *n.* רעיון, מושג
concep′tion *n.* הגיית רעיון; תפיסה; מושג, קונצפציה; היריון
concep′tual (-chōōəl) *adj.* של מושג
concep′tualize′ (-chōōəl-) *v.* להמשיג, ליצור מושג מ-
concern′ *n.* דאגה; עסק; עניין; חֵלֶק, שותפות, מיפעל, קונצרן
- a going concern עסק מצליח
- a paying concern עסק משתלם

- it isn't my concern אין זה ענייני
concern *v.* לנגוע ל-, לעסוק ב-, להתייחס; לְעַנְיֵן; להדאיג
- as concerns באשר ל-
- concern oneself with להתעסק ב-
- to whom it may concern לכל המעוניין
concerned *adj.* מודאג; מעורב; מעוניין
- as far as I'm concerned מצידי
- where he's concerned כשמדובר בו
concerning *prep.* באשר ל-
con'cert *n.* קונצרט, מיפע; תיאום
- at concert pitch בכוננות מלאה
- in concert בצוותא, בהרמוניה
concert'ed *adj.* מתוכנן; משותף; מרוכז; מתואם
concert grand פסנתר כנף
concert hall אולם קונצרטים
con'certi'na (-tē'-) *n&v.* קונצרטינה, מפוחית-יד; למעוך, למחוץ, לדחוס
concertmaster *n.* נגן ראשי
concer'to (-cher-) *n.* קונצ׳רטו
conces'sion *n.* ויתור, כניעה; הנחה; זיכיון
conces'sionaire' (-shən-) *n.* זכיין
conces'sive *adj.* של ויתור
conch (-k) *n.* קונכייה
con'chy (-shi) *n.* *סרבן מלחמה
con'cierge' (-siûrzh') *n.* שוער
concil'iate' *v.* להרגיע, לפייס
concil'ia'tion *n.* פיוס, הרגעה; פשרה, תיווך
concil'ia'tor *n.* מתווך, בורר, מפשר
concil'iato'ry *adj.* פייסני, מפייס
concise' *adj.* מקוצר, תמציתי
conci'sion (-sizh'ən) *n.* תמציתיות
con'clave *n.* כנס חשמנים
- sit in conclave לנהל ישיבה סגורה
conclude' *v.* לגמור, לסכם, להסדיר; להסיק, להחליט
conclu'sion (-zhən) *n.* מסקנה; סיום, סיכום, הסדר; עריכה
- a foregone conclusion ודאות, תוצאה חזויה מראש
- in conclusion בקיצור, בסיכום
- jump to conclusions להיחפז להסיק
conclu'sive *adj.* משכנע, מכריע
concoct' *v.* להכין תבשיל; להמציא
concoc'tion *n.* תבשיל; המצאה
concom'itant *n&adj.* צמוד, מְלַוֶּה; מתלווה
con'cord' *n.* התאמה, הרמוניה; הסכם
concord'ance *n.* התאמה, הרמוניה; קונקורדנציה, מתאימון
concord'ant *adj.* מתאים, הרמוני
concor'dat' *n.* קונקורדט, חוזה
con'course (-kôrs) *n.* התקהלות, כינוס, מיפגש; רחבה
con'crete *n.* בטון, חומר בנייה
concrete *adj.* ממשי, קונקרטי
concrete *v.* להתלכד לגוש; להתגבש
concrete mixer מערבל
concre'tion *n.* התקרשות; ליכוד; גוש, תלכיד, תצביר
con·cu'binage *n.* פִּילַגְשׁוּת
con'cu·bine' *n.* פילגש
concu'piscence *n.* תאווה מינית
concur' *v.* להסכים; לתאום; להתרחש בו-זמנית; להצטרף
concurrence *n.* הסכמה, תמימות-דעים, שיתוף-פעולה; צירוף-מיקרים
concurrent *adj.* מתאים, מסכים, תמים-דעים; חל בו-זמנית, חופף
concurrent jurisdiction סמכות שיפוט מקבילה
concurrently *adv.* בעת ובעונה אחת
concuss' *v.* לזעזע, לגרום הלם
concus'sion *n.* זעזוע-מוח, הלם
condemn' (-m) *v.* לגנות; לדון; להרשיע; לפסול; להחרים, לחלט
- the condemned הנידונים למיתה
con'demna'tion *n.* גינוי, הרשעה; החרמה
condem'nato'ry *adj.* מגנה
condemned cell תא הנידונים למוות
con'densa'tion *n.* עיבוי, טיפות, אדים; קיצור, ריכוז
condense' *v.* לעבות; להתעבות; לרכז, לתמצת
conden'ser *n.* מְעַבֶּה, קַבָּל
con'de·scend' *v.* למחול על כבודו, להואיל להשפיל עצמו; להתנשא
con'de·scen'sion *n.* מחילה על כבודו, יחס של עליונות
condign' (-dīn') *adj.* ראוי, יאה
con'diment *n.* תבלין

condi′tion (-di-) *n.* מצב, תנאי; כושר גופני; מעמד
- conditions תנאים, נסיבות
- in condition בקו הבריאות, בכושר
- on condition that בתנאי ש-
- on no condition בשום אופן
- on one condition בתנאי אחד
- out of condition לא בכושר
condition *v.* להכשיר, לאלף; להתאים; להתנות, לקבוע
- be conditioned by תלוי, מותנה
- condition oneself לשפר כושרו
conditional *adj.* מותנה, תלוי ב-; על תנאי
conditioned *adj.* מותנה; בכושר
conditioned reflex רפלקס מותנה
conditioner *n.* קונדישנר, מייצב שיער, מרכך שיער
condition precedent תנאי מיקדמי
condition subsequent תנאי שלאחר מעשה
con′do *n.* *בית משותף
condole′ *v.* לנחם, להביע צערו
condo′lence *n.* צער, תנחומים
con′dom *n.* כובעון
con′domin′ium *n.* שלטון משותף, קונדומיניון; דירת בית משותף
con′dona′tion *n.* מחילה, סליחה
condone′ *v.* למחול, להעלים עין; לאשר; לפצות על
conduce′ *v.* לגרום, לתרום ל-
condu′cive *adj.* גורם ל-, מביא
conduct′ *v.* להוביל, לנהל; לנצח על
- conduct heat להוליך חום
- conduct oneself להתנהג
con′duct′ *n.* התנהגות; ניהול
conducted tour סיור מודרך
conduc′tion *n.* העברה, הובלה; הולכה
conduc′tive *adj.* מוליך (חשמל)
con′duc·tiv′ity *n.* מוֹליכוּת
conduc′tor *n.* מנצח; כרטיסן; מוליך
con′duit (-dōōit) *n.* תעלה, צינור
cone *n&v.* חרוט, חדודית, קונוס; גביע גלידה; איצטרובל
- cone off לחסום (כביש) בקונוסים
co′ney *n.* שפן
con′fab′ *n.* *שיחה קלה
confab′ *v.* *לשוחח, לפטפט
confab′u·late′ *v.* לשוחח
confab′u·la′tion *n.* שיחה

ידידותית
confec′tion *n.* הלבשה, קונפקציה; מיני-מתיקה, רקיחת ממתק
confec′tioner (-′shən-) *n.* קונדיטור
confectioner's sugar אבקת סוכר
confectionery *n.* ממתקים; מיגדניה, קונדיטוריה, קונדיטאות
confed′eracy *n.* קונפדרציה, ברית
confed′erate *n&adj.* בעל-ברית
confed′erate′ *v.* להצטרף לברית
confed′era′tion *n.* איחוד, ליגה; קונפדרציה
confer′ *v.* להיוועץ; להעניק, לתת
con′feree′ *n.* משתתף בדיון
con′ference *n.* ישיבה, ועידה, דיון
confer′ment *n.* הענקה, האצלה
confess′ *v.* להודות ב-, להתוודות; לוודות, לשמוע ווידוי
confessed *adj.* גלוי, מוצהר
confes′sion *n.* הודאה; התוודות
confessional *n.* תא הווידויים
confessor *n.* כומר וידויים
confet′ti *n.* גזגזים, קונפטי
con′fidant′ *n.* ידיד נאמן
confide′ *v.* לגלות, לספר בסוד; להפקיד בידי, להעביר, למסור
- confide in לבטוח ב-
con′fidence *n.* ביטחון, אמון; סוד
- in confidence בסוד
confidence game/trick רמאות
confidence man רמאי, נוכל
con′fident *adj.* בטוח, בטוח בעצמו
con′fiden′tial *adj.* סודי; פרטי, מהימן; מפגין ביטחון
con′fiden′tial′ity (-shial′-) *n.* סודיות, חשאיות
confiding *adj.* מאמין, בוטח בזולת
config′u·ra′tion *n.* צורה, מיבנה, קונפיגורציה, תצורה; מערך
confine′ *v.* להגביל; לרתק, לכלוא
- be confined לשכב לפני הלידה
con′fine *n.* גבול, תחום
confined′ (-fīnd) *adj.* צר; מצומצם, מוגבל
confinement *n.* מאסר; ריתוק; לידה
confirm′ *v.* לאמת, לחזק; לאשר
con′firma′tion (-fər-) *n.* אישור
confirmed *adj.* מאושר; ללא תקנה, מושבע
con′fiscate′ *v.* להחרים, לעקל

con'fisca'tion *n.* עיקול
con'flagra'tion *n.* דליקה, שריפה
conflate' *v.* לחבר, לצרף
con'flict *n.* סיכסוך, מאבק, ניגוד, עימות
- conflict of interest ניגוד עניינים
- conflict of laws ברירת דין, הבדלים בחוקים
conflict' *v.* לסתור; להתנגש עם
conflicting *adj.* מנוגד, סותר
con'fluence (-lōōəns) *n* זרימה ביחד; צומת נהרות
con'fluent (-lōōənt) *adj.* מתלכד, מתאחד
conform' *v.* להתאים, לציית, לפעול לפי, ללכת בתלם
conformable *adj.* נכנע, מציית; הולם, עולה בקנה אחד עם
con'for·ma'tion *n.* צורה, מיבנה
confor'mist *n.* קורפורמיסט
confor'mity *n.* קונפורמיזם; קבלת מרות, ציות למוסכמות; תואמנות
- in conformity with בהתאם ל-
confound' *v.* לבלבל, להדהים; לערבב
- confound it! לעזאזל!
confounded *adj.* ארור
con'frater'nity *n.* אגודה דתית
con'frere (-rār) *n.* חבר, עמית
confront' (-unt) *v.* לעמוד מול
- confront him with לעמתו עם
con'fronta'tion *n.* עימות, הקבלה
confuse' (-z) *v.* לבלבל, לערבב
confused *adj.* מבולבל
confu'sion (-zhən) *n.* בילבול, מבוכה, מהומה
con'fu·ta'tion (-fyoo-) *n.* הפרכה
confute' *v.* להפריך, לסתור
con'ge (-zhā) *n.* פרידה
- took his conge נפרד, ביקש ללכת
congeal' *v.* להקפיא, להקריש
conge'nial *adj.* חביב, נעים; מתאים, קרוב ללִיבו
congen'ital *adj.* קיים מלידה, מוּלָד
congest' *v.* לדחוס
congested *adj.* דחוס; מלא-דם
conges'tion (-schən) *n.* צפיפות
conglom'erate *n.* גוש, תלכיד; תשלובת
conglom'erate *adj.* מאושכל, מגובב
conglom'erate' *v.* לגבב; להתאשכל
conglom'era'tion *n.* גיבוב; אוסף
congrats' *interj.* מזל-טוב!
congrat'ulate' (-ch'-) *v.* לברך; לאחל
- congratulate oneself לשמוח, להתגאות, לראות עצמו בר-מזל
congrat'ula'tion (-ch'-) *n.* ברכה
- congratulations איחולים
congrat'ulato'ry (-ch'-) *adj.* מאחל
con'gregate' *v.* להתקהל; להקהיל
con'grega'tion *n.* התקהלות; קהל
con'gress *n.* קונגרס; ועידה
congressman *n.* חבר הקונגרס
con'gruence (-rōōəns) *n.* חפיפה
con'gruent (-rōōənt) *adj.* מתאים, יאה; חופף
congru'ity *n.* התאמה, חפיפות
con'gruous (-rōōəs) *adj.* מתאים, הולם, יאה
con'ic, con'ical *adj.* חרוטי, חדודי
con'ifer *n.* עץ מחט, איצטרובל
conif'erous *adj.* מחטני
conjec'tural (-ch-) *adj.* משוער
conjec'ture *n.* השערה, ניחוש
conjecture *v.* לשער, לנחש
conjoin' *v.* לאחד; להתאחד
conjoint' *adj.* משותף, מאוחד
con'jugal *adj.* של נישואים, של הזוג
con'jugate *adj.* מחובר, זוגי, צמוד
con'jugate' *v.* להטות פעלים
con'juga'tion *n.* הטיית פעלים
conjunc'tion *n.* צירוף; מילת-חיבור
- in conjunction with ביחד עם
con'junc·ti'va *n.* לחמית
conjunc'tive *adj.* של חיבור, מקשר
conjunctive *n.* מילת-חיבור
conjunc'tivi'tis *n.* דלקת הלחמית
conjunc'ture *n.* צירוף מסיבות; קוניוקטורה
con'jura'tion *n.* הפצרה; כישוף
conjure' *v.* להפציר, להתחנן
con'jure (-jər) *v.* להעלות בכישוף; לאחז העיניים
- a name to conjure with שם עולמי
- conjure up להעלות, לעורר בדימיון
con'juror *n.* להטוטן
conk *n&v.* *אף, חוטם; *להכות
- conk out *להתקלקל; ליפול

מהרגליים
con-man *n.* *רמאי, נוכל
con'nate' *adj.* מלידה, טבוע, בו-זמני
connect' *v.* לחבר, לקשר; להתחבר
connected *adj.* קרוב, קשור; מתקשר; משותף
- well-connected בעל קשרים
connecting rod טַלטָל (במכונה)
connec'tion *n.* חיבור; קשר; מעבר (מרכבת לרכבת); תחבורה
- connections קשרים; קליינטורה
- in connection with בקשר ל-
- in this connection בהקשר זה
connec'tive *adj&n.* מקשר; מילת-חיבור
con'ning tower צריח, גשר-הפיקוד
conni'vance *n.* העלמת עין
connive' *v.* לעשות קנוניה, לזום
- connive at להעלים עין מ-
con'noisseur' (-nəsûr') *n.* בעל טעם טוב, מבין
con'nota'tion *n.* משמעות לוואי, קונוטציה
connote' *v.* לרמוז על
connu'bial *adj.* של בני-זוג
con'quer (-kər) *v.* לכבוש; לנצח
conqueror *n.* כובש
con'quest *n.* כיבוש; אדמה כבושה
- make a conquest לכבוש את ליבו
con'san·guin'e·ous (-gwin-) *adj.* קרוב
con'san·guin'ity (-gwin-) *n.* קירבת-מישפחה
con'science (-'shəns) *n.* מצפון
- for conscience' sake להרגעת מצפונו
- guilty conscience מצפון לא נקי
- in all conscience *באמת, ברצינות
- on one's conscience רובץ על מצפונו, חש אשמה
- upon my conscience בחיי!
conscience money מתן בסתר (להשקטת המצפון)
conscience-smitten מיוסר-מצפון
conscience-stricken נקוף-מצפון
con'scien'tious (-'shien'shəs) *adj.* מצפוני; מסור, רציני
conscientious objector סרבן-מילחמה (מטעמי מצפון)
con'scious (-'shəs) *adj.* בהכרה, ער, מכיר, יודע, מוּדָע; בכוונה, ביודעים

consciousness *n.* הכרה, מוּדָעות, תודעה
conscript' *v.* לגייס לצבא
con'script *n.* מגוייס
conscrip'tion *n.* גיוס; הפקעת רכוש
con'secrate' *v.* להקדיש; לקדש
con'secra'tion *n.* הקדשה; קידוש
consec'u·tive *adj.* רצוף, עוקב
consen'sus *n.* קונסנסוס, הסכמה כללית
consent' *v.* להסכים
consent *n.* הסכמה
- silence gives consent שתיקה כהודאה
- with one consent פה אחד
consent decree צו מוסכם
consent judgment פסק דין מוסכם
con'sequence *n.* תוצאה; חשיבות
- in consequence כתוצאה, עקב, לכן
- take the consequences לשאת בתוצאות
con'sequent *adj.* נוצר מ-, בא אחרי
con'sequen'tial *adj.* בא כתוצאה, עקיב; עקיף; מחשיב עצמו; חשוב
con'sequently *adv.* וכתוצאה; לכן
con'serva'tion *n.* שימור, השגחה
- conservation of energy חוק שימור האנרגיה
conservation area שמורה
conser'vatism' *n.* שמרנות
conser'vative *adj.* שמרני; צנוע
conservative *n.* שמרן
conser'vatoire' (-twär) *n.* קונסרווטוריון
conser'vator *n.* מגן, שומר; אפוטרופוס
conser'vato'ry *n.* חממה; קונסרווטוריון
conserve' *v.* לשמר
con'serve' *n.* שימורים; ריבה
consid'er *v.* לחשוב, לשקול; לקחת בחשבון; לחשוב ל-, להתייחס כ-
- all things considered בהתחשב בכול
- considered opinion דיעה שקולה
considerable *adj.* גדול, חשוב, ניכר
considerably *adv.* הרבה, בהרבה
consid'erate *adj.* מתחשב (בזולת)
consid'era'tion *n.* התחשבות; שיקול, גורם; תשלום; תמורה

- in consideration of בהתחשב ב-
- leave out of consideration להשמיט, לא להביא בחשבון
- of no consideration חסר חשיבות
- on no consideration בשום אופן
- take into consideration להביא בחשבון
- under consideration בעיון
considered *adj.* שקול
considering *prep.* בהתחשב ב-
considering *adv.* בהתחשב בכול
consign′ (-sīn′) *v.* לשלוח, לשגר; להפקיד בידי, למסור
con′signee′ (-sīn-) *n.* נִשגָר
consignment *n.* מישלוח, מישגור
consignor *n.* משגר הסחורה, שוגר
consist′ *v.* להיות מורכב מ-
- consists in מבוסס על, מושתת על
consistence *n.* עיקביות, עקיבות, יציבות; צפיפות, סמיכות
consistency *n.* עיקביות, עקיבות, יציבות; צפיפות, סמיכות
consistent *adj.* עיקבי, יציב
- consistent with הולם, מתאים
conso′lable *adj.* ניתן לנחמו
con′sola′tion *n.* נחמה, תנחומים
consolation prize פרס תנחומים
consol′ato′ry *adj.* מנחם
console′ *v.* לנחם, לעודד
con′sole *n.* זווית-מדף; לוח-בקרה; ארון רדיו/טלוויזיה
console table שולחן-קיר
consol′idate′ *v.* לחזק, לגבש; למזג; להתמזג
consol′ida′tion *n.* גיבוש, מיזוג
con′somme′ (-səmā′) *n.* מרק בשר
con′sonance *n.* התאמה, תיאום
con′sonant *n.* עיצור
consonant *adj.* מתאים; הרמוני
con′sonan′tal *adj.* עיצורי
con′sort′ *n.* בן-זוג; ספינת-ליווי
- prince consort בעל המלכה
- queen consort רעיית המלך
consort′ *v.* להתחבר, להתרועע; להלום את, לעלות בקנה אחד עם
consor′tium (-′sh-) *n.* שוּתָפוּת
conspec′tus *n.* סקירה, פתשגן, קונספקט, תמצית, תקציר
conspic′uous (-′ūəs) *adj.* ברור
- make oneself conspicuous להתבלט
conspir′acy *n.* קנוניה, קשר, קונספירציה
conspiracy of silence קשר שתיקה
conspir′ator *n.* קושר, חורש רעה
conspire′ *v.* לקשור, לתכנן בחשאי
- events conspired המיקרים נצטרפו
con′stable *n.* שוטר; אחראי על טירה
con′stancy *n.* יציבות, נאמנות
con′stant *adj.* רצוף, קבוע, יציב, נאמן
constant *n.* גודל קבוע, קונסטאנטה
constantly *adv.* בקביעות, תכופות
con′stella′tion *n.* קבוצת-כוכבים
con′sterna′tion *n.* תדהמה, חרדה
con′stipate′ *v.* לעצר (המעיים)
con′stipa′tion *n.* עצירות
constit′uency (-ch′ōōənsi) *n.* מחוז בחירות; ציבור הבוחרים
constit′uent (-ch′ōōənt) *n&adj.* בוחר, מצביע; מרכיב, חלק יסודי
constituent assembly אסיפה מכוננת
con′stitute′ *v.* להוות, ליצור; לייסד, להקים, לְמַנּוֹת, להסמיך
con′stitu′tion *n.* חוקה; מצב גופני; מערוכת; מיבנה, הֶרכֵּב
constitutional *adj.* חוקתי
constitutional *n.* טיול קצר
constitutionally *adv.* לפי החוקה
con′stitu′tive *adj.* יסודי, מרכיב, יוצר
constrain′ *v.* לאלץ, להכריח
constrained *adj.* מאולץ, מעושה
constraint′ *n.* אילוץ; מעצור, מבוכה
constrict′ *v.* לכווץ, להצר, לצמצם
constric′tion *n.* כיווץ; תעוקה
constrictor *n.* מכווץ (שריר); חַנָק
construct′ *v.* לבנות, להרכיב
con′struct′ *n.* תבנית, מושג
construc′tion *n.* בניין, מיבנה, בנייה; פירוש, פרשנות, משמעות
construc′tive *adj.* קונסטרוקטיבי, מועיל, בונה; להלכה, לפי רוח החוק
- constructive fraud תרמית להלכה
constructor *n.* בונה, מרכיב
construe′ (-rōō) *v.* לפרש, להבין; לנתח מישפט
con′sul *n.* קונסול
con′sular *adj.* קונסולרי
con′sulate *n.* קונסוליה
consult′ *v.* להיוועץ ב-; להתחשב ב-

- consult a map לעיין במפה
- consult for לשמש כיועץ
consul'tant *n.* מייעץ; רופא מומחה
con'sulta'tion *n.* ייעוץ, התייעצות
consul'tative *adj.* יועץ, מייעץ
consulting *adj.* יועץ, מייעץ
consu'mable *n&adj.* מיצרך; ניתן לצריכה
consume' *v.* לאכול, לצרוך, לכלות
- consume away לבזבז
- consumed by hate אכול שינאה
- consuming ambition שאיפה בוערת
consumer *n.* צרכן
consumer goods/items מיצרכים
consu'merism' *n.* הגנת הצרכן
consumer price index מדד המחירים לצרכן
consum'mate *adj.* מושלם, מומחה
- consummate liar שקרן מובהק
con'summate' *v.* להשלים, להגשים
con'summa'tion *n.* השלמה, הגשמה, גמר, סיום
consump'tion *n.* צריכה; שחפת
consump'tive *adj.* שחפני
cont. = contents, continued
con'tact' *n.* מגע, קונטאקט, קשר
- be in contact להיות בקשר
- break contact לנתק זרם
- make contact לחבר זרם
contact *v.* להתקשר עם, ליצור קשר
contact lenses עדשות-מגע
conta'gion (-jən) *n.* התפשטות (של מחלה, פחד); מחלה מידבקת
conta'gious (-jəs) *adj.* מידבק
contain' *v.* להכיל, לכלול; לעצור בעד, לרסן; להתאפק; להבליג
contained *adj.* מאופק, שליו
container *n.* כלי-קיבול; מכולה; מכל
contain'erize' להוביל במכולות
contam'inate' *v.* לזהם, לטמא
contam'ina'tion *n.* זיהום, מזהם
contemn' (-m) *v.* לבוז ל-
con'template' *v.* להתבונן, לעיין, לבחון; לשקול, להתכוון; לצפּוֹת ל-
con'templa'tion *n.* שקיעה במחשבות
contem'plative *adj.* מהורהר, עיוני
contem'pora'ne·ous *adj.* קיים באותה עת, בו-זמני, חופף
contem'porar'y (-reri) *adj&n.* בן-זמנו, בן-גילו; מודרני, עכשווי
contempt' *n.* בוז, התעלמות
- contempt of court ביזיון בית-דין
- hold in contempt לבוז
- in contempt of בבוז, בהתעלמות
contemptible *adj.* נִבְזֶה
contemp'tuous (-'choo̅əs) *adj.* בז
contend' *v.* להתחרות, להתמודד, להיאבק; לטעון
- contended passions רגשות מתלבטים
contender *n.* טוען לכתר (אליפות)
content' *adj.* שבע-רצון; שמח
content' *n.* שביעות-רצון, מְרוּצוּת
- to one's heart's content לשביעות-רצונו, כאוות-נפשו
content' *v.* לגרום שביעות-רצון
- content oneself with להסתפק ב-
con'tent' *n.* תוכן, תכולה
- contents תוכן העניינים; תכולה
content'ed *adj.* מרוצה, שבע-רצון
conten'tion *n.* ריב; טענה
- my contention is אני טוען ש-
conten'tious (-shəs) *adj.* פולמוסי
content'ment *n.* שביעות-רצון
conter'minous *adj.* גובל
contest' *v.* להתמודד, להיאבק על; לערער על, לחלוק על
con'test' *n.* תחרות
contes'tant *n.* מתחרה; מערער
con'text' *n.* קונטקסט, הֶקְשֵר
contex'tual (-kscho̅o̅əl) *adj.* לפי ההקשר
con'tigu'ity *n.* קירבה, סמיכות
contig'uous (-'ūəs) *adj.* גובל, קרוב
con'tinence *n.* התאפקות
con'tinent *adj.* מתאפק, כובש יצרו
continent *n.* יבשת; יבשת אירופה
con'tinen'tal *adj&n.* יבשתי; אירופי, קונטיננטאלי
- not worth a continental חסר-ערך
contin'gency *n.* אפשרות, מיקרה
contingency plans תוכניות חירום
contin'gent *adj.* מיקרי, אפשרי; מותנה, על תנאי
- contingent on תלוי ב-
contingent *n.* תיגבורת; נציגות
contin'ual (-nūəl) *adj.* נמשך, מתמיד, לא פוסק
continually *adv.* בלי הרף
contin'uance (-nūəns) *n.* המשך; דחיית הליך לעתיד

- for the continuance of במשך
contin'ua'tion (-nūa'-) *n.* המשך, הארכה, הימשכות
contin'ue (-nū) *v.* להמשיך, להוסיף; להישאר, להימשך; להשאיר; לדחות הליך לעתיד
con'tinu'ity *n.* המשכיות; רצף; סצינאריו, תסריט
continuity girl נערת רצף
contin'uous (-nūəs) *adj.* נמשך, רצוף, מתמיד
contin'uum (-nūəm) *n.* רֶצֶף
contort' *v.* לעקם, לעוות, לסלף
contor'tion *n.* עיקום, התפתלות
contortionist *n.* איש-גומי
con'tour (-toor) *n.* מיתאר, קו-גבול, קו מקיף, קו-גובה, קונטור
contour *v.* לשרטט מיתאר; לסלול לאורך מיתאר
contour line קו-גובה
contour map מפת קווי-גובה, מפת מיתאר
con'tra- (תחילית) נגד, מול
con'traband' *n&adj.* הברחה; מוברח
contraband goods סחורה מוברחת, מיברח
con'trabass' (-bās) *n.* בטנון
con'tracep'tion *n.* מניעת הריון
con'tracep'tive *adj&n.* מונע הריון; אמצעי מניעה
con'tract' *n.* הסכם, חוזה
- enter into a contract with לערוך חוזה עם
- implied contract חוזה להלכה
- unilateral contract חוזה חד-צדדי
contract' *v.* לערוך הסכם, להסדיר ע"י חוזה; לרכוש, ליצור, לקבל; לכווץ, לקצר; להתכווץ
- contract an illness לחלות
- contract debts לשקוע בחובות
- contract in- להתחייב, לקחת חלק ב-
- contract out למשוך ידו, להשתחרר
contrac'tible *adj.* כוויץ
contrac'tile (-təl) *adj.* כוויץ
contrac'tion *n.* קיצור; התכווצות, ציר
contract'or *n.* קבלן, חברה קבלנית
contrac'tual (-choo͞oəl) *adj.* חוזי
con'tradict' *v.* להכחיש; לסתור
con'tradic'tion *n.* הכחשה, סתירה
- contradiction in terms דבר והיפוכו, מלים סותרות
con'tradic'tory *adj.* מנוגד, סותר
con'tradistinc'tion *n.* ניגוד
con'tradistin'guish (-gwish) *v.* לעמת, להקביל
contraflow *n.* זרימה בכיוון נגדי
con'trail *n.* שובל-אדים (של מטוס)
contral'to *n.* אלט נמוך
contrap'tion *n.* *מכשיר מוזר
con'trari'ety *n.* ניגוד, ניגודיות
con'trariwise' (-reriwīz) *adv.* להיפך, לעומת זאת, מאידך
con'trar'y (-reri) *adj.* מנוגד, נגדי
- contrary to בניגוד ל-
contrary *adj.* עקשן, סרבן
contrary *n.* היפך, ניגוד
- by contraries בניגוד למצופה
- on the contrary להיפך, אדרבה
- to the contrary להיפך, היפך מזה
con'trast' *n.* ניגוד, קונטראסט
- by contrast with לעומת
contrast' *v.* לעמת, להקביל, להשוות
con'travene' *v.* לעבור על, להפר; לערער על, לחלוק על; להתנגש
con'traven'tion *v.* הפרה, עבירה
con'tretemps' (-täng) *n.* תקלה
contrib'ute *v.* לתרום; לגרום ל-
con'tribu'tion *n.* תרוּמה
- lay under contribution להטיל יהב
contrib'u·tor *n.* תורם
contrib'u·to'ry *adj.* תורם, מסייע
- contributory negligence רשלנות תורמת
con-trick *n.* *רמאות, הולכת שולל
con'trite *adj.* חש אשמה
contri'tion (-ri-) *n.* מוסר-כליות, חרטה
contri'vance *n.* אמצאה, מיתקן; כושר המצאה; תחבולה
contrive' *v.* לתכנן, להמציא, להצליח
contrived *adj.* מאולץ, מעושה
contriver *n.* מתכנן; עקרת בית; מסתדר
control' (-rōl) *n.* שליטה; פיקוח, בקרה; לוח-בקרה; קנה-מידה; רסן
- bring under control להשתלט על
- in control אחראי, ממונה
- in the control of בידי, בפיקוח
- out of control ללא שליטה

- price controls פיקוח על המחירים
control *v.* לשלוט, לרסן, לפקח; לבדוק, לאמת
- control oneself לשלוט ברוחו
controllable *adj.* בר-שליטה
controller *n.* מבקר, מפקח
controlling interest שליטה, בעלות על רוב המניות
control room חדר-בקרה
control tower מיגדל פיקוח
con'trover'sial *adj.* פולמוסי, וכחני, שנוי במחלוקת
con'trover'sy *n.* מחלוקת, ויכוח
con'trovert' *v.* לחלוק על, להתנגד
con'tuma'cious (-shəs) *adj.* עקשן, מתמרד, מתעקש
contu'macy *n.* עקשנות, עיקשות
con'tume'lious *adj.* חצוף, מעליב
contu'mely *n.* גסות; עלבון
contuse' (-z) *v.* לחבול, להכות
contu'sion (-zhən) *n.* חבלה
conun'drum *n.* בעיה, חידה
con'ur·ba'tion *n.* גוש ערים
con'valesce' (-les) *v.* להחלים
convalescence *n.* החלמה, הבראה
convalescent *n&adj.* מחלים
convalescent home בית החלמה
convec'tion *n.* זרימת חום
convec'tor *n.* קונבקטור, מפזר חום
convene' *v.* לְכַנֵס, לְזַמֵן; להתכנס
convener *n.* מְכַנֵס, מְזַמֵן
conven'ience (-vēn'-) *n.* נוחות, נוחיות; שעה נוחה; שירותים
- at your convenience כשנוח לך
- make a convenience of לנצל
convenience food מזון מוכן, מזון מהיר הכנה
conven'ient (-vēn'-) *adj.* נוח, מתאים, קרוב
con'vent' *n.* מינזר
conven'ticle *n.* אסיפה חשאית
conven'tion *n.* ועידה; הסכם, אמנה; נוהג, שיגרה; מוסכמה
conventional *adj.* שיגרתי, רגיל
- conventional weapons נשק קונבנציונלי
converge' *v.* להיפגש בנקודה אחת, להתלכד, להתמקד, להתכנס
convergence *n.* היפגשות, התמקדות, התכנסות
convergent *adj.* נפגש, מתמקד
conver'sant *adj.* בקי, יודע
con'versa'tion *n.* שיחה, דיבור
conversational *adj.* דיבורי
conversation piece חפץ מדובר
con'versazio'ne (-sätsiō'ni) *n.* סימפוזיון
converse' *v.* לשוחח, לדבר
converse' *adj.* הפוך, מנוגד, נגדי
con'verse' *n.* היפך, ניגוד; שיחה
conver'sion (-zhən) *n.* המרה, החלפה, שינוי; המרת דת, גיור; עוולה, גֶזֶל
convert' *v.* להמיר, להחליף, לשנות, להפוך; להמיר דתו
con'vert' *n.* מומר, גר
conver'ter *n.* ממיר
conver'tibil'ity *n.* הֲפיכוּת
conver'tible *adj.* הפיך, בר-המרה
convertible *n.* מכונית בעלת גג מתקפל
conver'tor *n.* ממיר
con'vex' *adj.* קמור
convex'ity *n.* קמירות
convey' (-vā') *v.* להעביר, למסור
conveyance *n.* העברה; רכב-הובלה; תעודת-העברה; העברת בעלות
conveyer *n.* מוביל, מעביר
conveyer belt רצועת תימסורת
conveyor *n.* מסוע
convict' *v.* להרשיע; להאשים
con'vict *n.* אסיר
convic'tion *n.* הרשעה; שיכנוע; הכרה, אמונה
- carry conviction להיות משכנע
convince' *v.* לשכנע
convinced *adj.* משוכנע, בטוח
convincible *adj.* ניתן לשיכנוע
convincing *adj.* משכנע
conviv'ial *adj.* עליז, הוללני
conviv'ial'ity *adj.* עליזות, שימחה
con'voca'tion *n.* כינוס, אסיפה
convoke' *v.* לְכַנֵס, לְזַמֵן
con'volute' *v.* לפתל, לגולל
convoluted *adj.* מפותל, מסובך
con'volu'tion *n.* פיתול, התפתלות
convol'vu·lus *n.* חבלבל (צמח)
con'voy *v.* ללוות (ספינה), להגן
convoy *n.* ליווי; שיירה מוגנת
- sail in convoy להפליג בשיירה
- under convoy בליווי הגנה
convulse' *v.* לזעזע, לטלטל, לנענע
convul'sion *n.* זעזוע, עווית, התכווצות, התפתלות

convul′sive *adj.* עוויתי, של זעזוע
co′ny, co′ney *n.* שפן, פרוות שפן
coo *v.* להמות כיונה, למלמל, ללחוש
coo *n.* הֲמָיָה, מילמול, לחישה
cook *n.* טבח, טבחית
cook *v.* לבשל, לצלות, לאפות, לטגן; להתבשל; לזייף, לטפל ב-
- cook his goose לחסל אותו
- cook the books לזייף הספרים
- cook up *לבשל, להמציא
- what's cooking? מה קורה?
cookbook *n.* ספר בישול
cooker *n.* תנור, כיריים; פרי-בישול
cook′ery *n.* בישול, הכנת אוכל
cook-house *n.* מיטבח
cook′ie, cook′y *n.* עוגייה; *ברנש
cooking *n.* בישול, טבחות
cookout *n.* פיקניק, סעודת-חוץ
cool (kōōl) *adj.* קריר, צונן, קר-רוח; חצוף; *ממש; *מצויין, גזעי
- a cool 5000 5000 טבין ותקילין
- a cool head קר-רוח
cool *n.* קור, צינה; *שלוות-נפש
cool *v.* לקרר; להתקרר; לשכוך
- cool down/off להירגע, להרגיע
- cool it *להירגע, "תרגיעו!"
- cool one's heels להמתין, לחכות
coo′lant *n.* נוזל-צינון
cool bag/box צידנית
cooler *n.* כלי-קירור; *בית-סוהר
cool-headed *adj.* קר-רוח
coo′lie *n.* קוּלִי, פועל פשוט
cooling-off צינון, הרגעת רוחות
coon (kōōn) *n.* *כושי, שחור
coon's age עידן ועידנים
coop (kōōp) *n&v.* לול, כלוב
- coop up לכלוא, לשים בלול
- fly the coop *לברוח, להסתלק
co′-op′ *n.* *צרכנייה
coo′per *n.* חבתן, עושה חביות
co•op′erate′ *v.* לשתף פעולה
co•op′era′tion *n.* שיתוף-פעולה
co•op′erative *adj.* עוזר, משתף פעולה; קואופרטיבי, משותף
cooperative *n.* קואופרטיב
cooperative society קואופרטיב
co-operator *n.* משתף-פעולה
co•opt′ *v.* לצרף (לוועדה), לספח
co•or′dinate *adj&n.* שווה-ערך, שווה-דרגה; קואורדינטה
co•or′dinate′ *v.* לתאם פעולות, להתאים, לשלב
co•or′dina′tion *n.* תיאום, הסדר, קואורדינציה, הרמוניה
coot (kōōt) *n.* אגמית; *טיפש
- bald as a coot קירח לחלוטין
co-own *v.* להיות שותף בבעלות
cop *n.* *שוטר; תפיסה, לכידה
- not much cop *לא שווה במיוחד
cop *v.* *לתפוס, ללכוד
- cop a plea *להודות בעבירה
- cop it *לקבל מנה, להיענש
- cop out *להתחמק, להשתמט
co′pacet′ic *adj.* *מצויין
co•part′ner *n.* שותף
copartnership *n.* שוּתָפוּת
cope *n.* גלימה
cope *v.* להתמודד, להתגבר על
co′peck′ *n.* קופיקה (מטבע)
co′per *n.* סוחר סוסים
copier *n.* מעתיק; מכונת צילום
co′pi′lot *n.* טייס-מישנה
co′ping *n.* נידבך עליון
coping-stone *n.* גולת-הכותרת
co′pious *adj.* שופע, רב, פורה
cop-out *n.* *התחמקות, השתמטות
cop′per *n.* נחושת; מטבע; דוד-הרתחה; *שוטר
copper *v.* לצפות בנחושת
copper-bottomed *adj.* בטוח, מוגן
copperplate *n.* גלופת-נחושת
- copperplate writing כתיבה תמה
coppersmith *n.* חרש-נחושת
cop′pice (-pis) *n.* חורשה, סבך
copse *n.* חורשה, סבך
cop′ter *n.* *מסוק, הליקופטר
Cop′tic *n.* קופטי
cop′u•la *n.* אוגד (בדקדוק)
cop′u•late′ *v.* להזדווג
cop′u•la′tion *n.* הזדווגות
cop′u•la′tive *adj.* מחבר, מקשר
copulative *n.* אוגד (בדקדוק)
cop′y *n.* עותק; חומר להדפסה
- fair copy טיוטה סופית
- good copy חומר מעניין, סנסציה
- rough copy טיוטה ראשונה
copy *v.* להעתיק, לחקות
- copy out להעתיק במלואו
copybook *n.* מחברת
- blot one's copybook להכתים שמו
copybook *adj.* מדוייק; שיגרתי
- copybook maxims פיתגמים נדושים
copy boy נער שליח (במערכת)

copy cat *n.* *חקיין
copy desk שולחן המערכת
copy editor עורך מישנה
copyhold *n.* החזקת קרקע
copyholder *n.* מחזיק בקרקע; טיוטן
copyist *n.* מעתיק
copyright *n.* זכות יוצרים
copyright *v.* להבטיח זכות יוצרים
copywriter *n.* מסגנן, רעיונאי
co·quet′ (-ket) *v.* להתחנחן
co′quetry (-k-) *n.* קוקטיות, עגבנות, התחנחנות, התעסקות
co·quette′ (-ket) *n.* קוֹקֶטִית, עגבנית
coquettish *adj.* מתחנחן, קוקטי
cor′acle *n.* סירת נצרים
cor′al *n.* קורל, אלמוג
coral *adj.* אדום, אדמדם, ורוד
coral island אי-אלמוגים
coral reef שונית אלמוגים
cor anglais (-änglā′) קרן אנגלית
cor′bel *n.* זיז (הבולט מקיר)
cord *n.* חוט, משיחה, מיתר, פתיל; אריג קורדורוי; כמות עצי-הסקה
- cords *מיכנסי קורדורוי
- spinal cord חוט השידרה
- vocal cords מיתרי הקול
cord *v.* לקשור בחוט
cord′age *n.* חבלים, חבלי ספינה
cor′dial (-jəl) *n.* לבבי, חם, עמוק
cordial *n.* משקה מרענן, ליקר
cor′dial′ity (-′j-) *n.* לבביות
cordless *adj.* אלחוטי
cor′don *n&v.* חגורת ביטחון; סרט-כבוד; עץ גזום
- cordon off להקיף בטבעת-ביטחון
cordon bleu (-blə′) *n.* אשף-מיטבח
cor′duroy′ *n.* קורדורוי
- corduroys מיכנסי קורדורוי
core *n.* תוך-הפרי; מרכז, לב
- to the core עד לב-ליבו
core *v.* לגלען, להוציא את תוך-הפרי
cor′er *n.* סכין (להוצאת תוך-הפרי)
co′re·spon′dent *n.* אשם בניאוף
co′rian′der *n.* גד, כוסבר (תבלין)
cork *n&v.* שעם, פקק; לפקוק
- cork up לסתום, לעצור (רגשות)
cork′age *n.* דמי הגשת משקאות
corked *adj.* שטעמו פגום; *שתוי
cork′er *n.* *מצויין; טענה ניצחת
cork-screw *n.* מַחלֵץ, חולץ-פקקים
cork-screw *v.* להתברג, להתחלזן
cork-screw *adj.* בורגי, לולייני
corm *n.* פקעת, בולבוס
cor′morant *n.* קורמורן (עוף-מים)
corn *n.* דגן, תבואה, תירס; גרעין, יבלת
- corn on the cob קלח תירס מבושל
- tread on his corns לדרוך על יבלותיו
corn *v.* לשמר (בשר) במלח
corn bread לחם-תירס
corn-cob *n.* שיזרת-התירס
cor′ne·a *n.* קרנית
cor′ner *n.* פינה, זווית; קרן; מחבוא; עמדת-שליטה, מונופול
- cut off a corner לעשות קפנדריה
- drive into a corner ללחוץ אל הפינה
- make a corner in להשתלט על
- round the corner מעבר לפינה
- the four corners of the earth ארבע כנפות הארץ
- tight corner מצב קשה, מצוקה
- turn the corner לעבור את המשבר
corner *v.* ללחוץ אל הקיר; להשתלט על השוק; לִפנות, לעשות פנייה
corner *adj.* פינתי
cornered *adj.* בעל פינות; לכוד
corner kick בעיטת קרן
cornerstone *n.* אבן-יסוד, אבן-פינה
cor′net *n.* קורנית; גביע, שקיק
corn-exchange *n.* בורסת-תבואה
corn-field *n.* שדה-תבואה
cornflakes *n-pl.* פתיתי-תירס
cornflour *n.* קמח-תירס, קורנפלור
cornflower *n.* דגנייה (פרח)
cor′nice (-nis) *n.* כרכוב; גוש-שלג
corn pone לחם תירס
cornstarch *n.* קמח-תירס, קורנפלור
cor′nuco′pia *n.* שפע; קרן השפע
corn′y *adj.* *נדוש, מיושן
corol′la *n.* כותרת (של פרח)
cor′ollar′y (-leri) *n.* תוצאה, מסקנה
coro′na *n.* הילה, עטרה
cor′onar′y (-neri) *adj.* כלילי
coronary *n.* פקקת (בעורק כלילי)
coronary bypass ניתוח מעקפים
cor′ona′tion *n.* הכתרה
cor′oner *n.* חוקר מיקרי מוות
cor′onet *n.* נזר, זֵר, עטרה

cor′poral *adj.* גופני
corporal *n.* רב-טוראי, קורפוראל
corporal punishment עונש גופני; מלקות
cor′porate *adj.* משותף; מאוחד
cor′pora′tion *n.* חֶבְרָה, תאגיד; מועצת-עיר; *בטן גדולה, כרס
cor•por′e•al *adj.* גופני, גשמי
corps (kôr) *n.* חַיִל, גַיִס, סגל
- diplomatic corps הסגל הדיפלומטי
corpse *n.* גווייה, גופה
cor′pu•lence *n.* שומן
cor′pu•lent *adj.* שָמֵן, בעל גוף
cor′pus *n.* אוסף, קובץ
cor′puscle (-pəsəl) *n.* גופיף, כדורית דם
corral′ *n.* מיכלאה; טבעת עגלות
corral *v.* לכלוא; ליצור טבעת עגלות
correct′ *v.* לתקן; להעניש
correct *adj.* נכון, מדוייק; יאה, הוגן
correc′tion *n.* תיקון; ענישה
- house of correction בית-סוהר
correction fluid נוזל תיקון, טיפקס
correc′titude′ *n.* התנהגות הולמת
correc′tive *adj.* מחזיר למוטב
cor′relate′ *v.* לקשר ביחס-גומלין; לגלות קשר הדדי, לתאם, להקביל
cor′relate′ *adj.* קשור הדדית
cor′rela′tion *n.* מיתאם, קשר הדדי
correl′ative *adj.* בעלי קשר הדדי
cor′respond′ *v.* להתאים, להלום; להקביל, להיות דומה; להתכתב
correspondence *n.* התאמה, דימיון; התכתבות, קורספונדנציה
correspondence course קורס בהתכתבות
correspondent *adj.* מקביל, דומה
correspondent *n.* מתכתב; כַּתָּב
corresponding *adj.* מקביל, דומה
cor′ridor′ *n.* מיסדרון
cor′rigen′da *n-pl.* תיקוני טעויות
cor′rigible *adj.* בר-תקנה
corrob′orate′ *v.* לחזק, לאשר
corrob′ora′tion *n.* חיזוק, אימות
corrob′orative *adj.* מחזק, מאשר
corrode′ *v.* לאכל, להחליד, לשתך
corro′sion (-zhən) *n.* איכול, שיתוך, קורוזיה
corro′sive *adj.* מְאַכֵּל, הורס, חד
cor′rugate′ *v.* לְתַלֵּם; להיחרץ
corrugated cardboard קרטון גלי
cor′ruga′tion *n.* קימוט, קמט
corrupt′ *adj.* מושחת; מקולקל
- corrupt practices שחיתות, שוחד
corrupt *v.* להשחית; לשחד; להתקלקל
corrup′tibil′ity *n.* השחתה
corrup′tible *adj.* מושחת, שחיד
corrup′tion *n.* שחיתות, ריקבון; שיבוש-הלשון
cor•sage′ (-säzh) *n.* צרור-פרחים; חזייה; חלק הבגד העליון
corse *n.* גופה, גווייה
corse′let (kôrs′lət) *n.* שיריון-חזה
cor′set *n.* מחוך, קורסט
cor•tege′ (-tezh) *n.* פמליה, לוויה
cor′tex′ *n.* קליפה
cor′tical *n.* קליפתי, של קליפה
cor′tisone′ *n.* קורטיזון (הורמון)
cor′uscate′ *v.* להבריק, לנצנץ
cor′usca′tion *n.* הברקה
cor•vette′ *n.* קורבטה (ספינת-קרב)
cos *n.* קוסינוס; חסה ארוכת-עלים
cos = because (kəz) *conj.* *בגלל
cosh *n&v.* *אַלַת-מתכת, אַלַת-גומי; *להכות, לחבוט
co•sig′nato′ry *n.* חותֵם (שותף)
co′sine′ *n.* קוסינוס
cos•met′ic (-z-) *adj.* קוסמטי
cos′meti′cian (-zmətish′ən) *n.* תמרוקן
cosmetics *n-pl.* קוסמטיקה
cos′mic (-z-) *adj.* קוסמי
cos•mol′ogy (-z-) *n.* מדע היקום
cos′mopol′itan (-z-) *adj&n.* אזרח-העולם; כלל-עולמי
cos′mos (-z-) *n.* קוסמוס, יקום
Cos′sack *n&adj.* קוזק; קוזקי
cos′set *v.* לפנק, לטפל ברוך
cost (kôst) *n.* מחיר; עלות, יציאות
- at all costs בכל מחיר
- at cost במחיר הקרן, במחיר העלות
- at the cost of במחיר-
- cost of living יוקר המִחְיָה
- costs הוצאות משפט
- count the cost לשקול הסיכונים
- to one's cost מניסיונו המר
cost *v.* לעלות; לקבוע מחיר; לתמחר
cost accountant/clerk תמחירן
cost accounting תמחיר
co-star *n.* כוכב (המככב לצידו)
co-star *v.* לככב (לצד כוכב)
cost-benefit *adj.* של עלות התועלת
cost-effective *adj.* רווחי, משתלם

cos'termon'ger (-g-) *n.* רוכל
costing *n.* תמחיר; תִּימחור
cos'tive *adj.* סובל מעצירות
costly *adj.* יקר
cost price מחיר העלות
cos'tume *n.* תילבושת; חליפת-אישה
costume jewellery תכשיטים מלאכותיים
costu'mier *n.* תופר תילבושות
co'sy (-z-) *adj.* נוח, חמים
cosy *n.* כיסוי, מַטמֵן (לשמירת חום)
cot *n.* מיטת תינוק; מיטה מתקפלת
cot *n.* דיר, ביתן, ביקתה; קוטנגנס
co·tan'gent *n.* קוטנגנס
cot death מוות בעריסה
cote *n.* צריף, דיר, שובך
co·ten'ant *n.* דייר משותף
co'terie *n.* חוג, קבוצה, כת
co·ter'minous *adj.* משותף-גבול
cot'tage *n.* צריף, קוטג׳
cottage cheese גבינת קוטג׳
cottage industry תעשיית בית
cottage loaf לחם דו-קומתי
cottage pie פשטידת בשר ותפו״א
cot'tar, cot'ter *n.* איכר, אריס
cot'ton *n&v.* צמר-גפן, כותנה
- cotton on *להבין
- cotton to *להתחבב על, להתיידד
cotton batting צמר-גפן
cotton-cake *n.* כוספה (מכותנה)
cotton candy צמר-גפן מתוק
cotton gin מנפטה
cotton-tail *n.* שפן
cotton wool צמר-גפן
cot'yle'don *n.* פסיג
couch *n.* ספה, מיטה
couch *v.* לנסח, להביע; להרכין; להתכופף לקראת זינוק
couchant *adj.* רובץ (זקוף-ראש)
couch doctor *פסיכיאטר
couch grass אגרופירון
cou'gar (kōō'-) *n.* פומה (נמר)
cough (kôf) *v.* להשתעל; *להודות
- cough up *למסור בלי רצון, לספר
cough *n.* שיעול; *הודאה בפשע
could = pt of can (kood)
- could you come? התוכל לבוא?
couldn't = could not (kood'ənt)
couldst = could (koodst)
coul'ter (kōl'-) *n.* סכין המחרשה
coun'cil (-səl) *n.* מועצה
council-board *n.* שולחן המועצה
council house דירה להשכרה
coun'cilor *n.* חבר-המועצה
coun'sel *n.* עצה, ייעוץ; פרקליט
- counsel for the defense נציגי ההגנה, הסניגור, הסניגורים
- hold/take counsel להתייעץ
- take counsel together להתייעץ
counsel *v.* לייעץ, להמליץ על
coun'selor *n.* יועץ; עורך דין
count *v.* לספור, לְמנות; לכלול, להביא בחשבון; לראות, לחשוב את
- be counted among להימנות עם-
- count against him לזקוף לחובתו
- count down לספור לאחור
- count heads/noses לספור אנשים
- count in לכלול, להביא בחשבון
- count off להתפקד; להפריש
- count on/upon לסמוך על
- count oneself לראות עצמו כ-
- count out לספור אחד-אחד; לספור עד 10 (באיגרוף); לא לכלול
- count the cost לשקול הסיכונים
- count up לְמנות, לספור
- counts for nothing חסר ערך
- every word counts כל מלה חשובה
- he doesn't count אין להתחשב בו
count *n.* ספירה; סעיף-אשמה; רוזן
- be out for the count לספוג נוק-אאוט
- keep count לזכור המיספר המדוייק
- lose count לשכוח המיספר המדוייק
- take no count of להתעלם מ-
- take some count of להתחשב ב-
- take the count לספוג נוק-אאוט
countable *adj.* סָפִיר, אפשר לספרו
countdown *n.* ספירה לאחור
coun'tenance *n.* פנים, פרצוף, ארשת, הופעה; תמיכה, עידוד
- change countenance להחליף ארשת הפנים
- keep one's countenance לשמור על הבעה מאופקת
- put out of countenance להביך
countenance *v.* להרשות, לעודד
coun'ter *n.* דלפק, דוכן; אסימון-מישחק; מונה, מד-
- under the counter מתחת לשולחן
counter *v.* לגמול במכה, להגיב
counter *adv.* בניגוד, נגד
counter- (תחילית) נגד
coun'teract' *v.* לפעול נגד, לבטל

coun′terac′tion *n.* ביטול
coun′terattack′ *n.* התקפת-נגד
coun′terbal′ance *n.* מישקל נגדי
coun′terbal′ance *v.* לאזן
coun′terblast′ *n.* תגובה חריפה
coun′terclaim′ *n.* תביעה נגדית
coun′terclock′wise (-z) *adj.* נגד השעון
coun′teres′pionage *n.* ריגול נגדי
coun′terfeit′ (-fit) *adj.* מזוייף
counterfeit *v.* לזייף
coun′terfoil′ *n.* חֲבוּר, קבלה
coun′terintel′ligence מודיעין נגדי
coun′terman′ *n.* דלפקן, מגיש
coun′termand′ *v.* לבטל פקודה
coun′termea′sure (-mezhər) *n.* צעד נגדי, תגובה
coun′termine′ *n.* מוקש נגדי; קֶשֶׁר נגדי
coun′teroffen′sive *n.* התקפת-נגד
coun′terpane′ *n.* כיסוי מיטה
coun′terpart′ *n.* מקביל, דומה
coun′terplot′ *n.* קֶשֶׁר נגדי
coun′terpoise′ (-z) *n.* מישקל נגדי
counterpoise *v.* לאזן
coun′terrev′olu′tion (-r-r-) *n.* מהפכת-נגד
coun′tersign′ (-sīn) *n.* סיסמה
countersign *v.* להוסיף חתימה
coun′tersink′ *v.* להרחיב חור; לתחוב (בורג לבל יבלוט), לשקע
coun′terten′or *n.* טנור גבוה, אלט
coun′tervail′ *v.* לפעול נגד; לאזן
coun′terweight′ (-wāt) *n.* מישקל נגד
coun′tess *n.* רוזנת
counting frame חשבונייה
counting-house *n.* מדור חשבונות
countless *adj.* עצום, לאין ספור
coun′trified′ (kun′trifīd) *adj.* קרתני, גס
coun′try (kun-) *n.* מדינה, עם, ארץ; אדמה, שטח
- go to the country ללכת אל העם
- the country איזורי הכפר, מחוץ לעיר
- unknown country שטח זר
country *adj.* כפרי, של כפר
country club מועדון, קאנטריקלב
country gentleman בעל אחוזה
countryman *n.* בן אותה ארץ; כפרי
countryside *n.* איזורי הכפר

coun′ty *n.* מחוז
county court בית-מישפט מחוזי
county town/seat עיר המחוז
coup (kōō) *n.* צעד מזהיר; הפיכה
- pull off a coup לעשות צעד יפה
coup de grace (kōō′dəgräs′) *n.* מכת-חסד, מהלומה סופית
coup d'etat (kōō′dātä′) הפיכה
coupe (kōōpā′) *n.* כירכרה סגורה; מכונית דו-דלתית
coup′le (kup-) *n.* זוג
couple *v.* לקשר, לשלב; להזדווג
- couple on לצרף, להוסיף, לחבר
coup′let (kup-) *n.* צמד חרוזים
coupling *n.* בריח (לחיבור כלי-רכב)
cou′pon′ (kōō′-) תלוש, טופס, קוּפּוֹן
cour′age (kûr-) *n.* אומץ-לב
- lose courage ליפול רוחו
- pluck/screw up one's courage לאזור אומץ
- summon up courage לאזור אומץ
coura′geous (kərā′jəs) *adj.* אמיץ
courgette (koorzhet′) *n.* קישוא
cou′rier (koo-) *n.* רץ, שליח; מלווה-תיירים
course (kôrs) *n.* התקדמות; מסלול, כיוון; קורס; מנה; סידרה; נידבך
- a golf course מיגרש גולף
- a matter of course דבר טיבעי
- course of events מהלך האירועים
- in course of בתהליך-
- in course of time במרוצת הימים
- in due course בבוא הזמן, בעיתו
- in the course of במרוצת-, במשך
- of course כמובן ש-, כמובן
- off course לא בכיוון הנכון
- on course בכיוון הנכון
- run/take its course להתפתח כרגיל, ללכת בדרכו
- stay the course להמשיך עד הסוף
course *v.* לזרום; לצוד ארנבות
courser *n.* סוס מהיר
courseware *n.* לומדה
coursing *n.* ציד-ארנבות
court (kôrt) *n.* חצר; בית-מישפט; ארמון-מלך; אנשי-החצר; קבלת-פנים
- court of appeals בית דין לעירעורים
- court of inquiry ועדת חקירה
- court of small claims בית מישפט לתביעות קטנות

- hold court לנהל מישפט/אסיפה; להתנהג כמלך
- pay court to לחזור אחרי
- put out of court לפסול (בבימ"ש)
- take to court לפתוח בהליכים
- tennis court מיגרש טניס
court *v.* לחזור אחרי
- court danger להסתכן ביותר
- court popularity לרדוף פירסומת
court-card *n.* קלף-תמונה
cour'te·ous (kûr'-) *n.* אדיב
cour'tesan (kôr'təzən) *n.* יצאנית, זונת-צמרת
cour'tesy (kûr'-) *n.* אדיבות
- by courtesy of באדיבותו של-
courtesy call ביקור נימוסין
courtesy light פנס פנימי (ברכב)
courthouse *n.* בניין בית-המישפט
court'ier (kôrt-) *n.* חצרן, איש חצר
courting *adj.* מחזר, אוהב
court'ly (kôrt-) *adj.* מנומס, אצילי
court-martial *n.* בית-דין צבאי
court-martial *v.* לשפוט בבי"ד צבאי
court of law בית מישפט
court order צו בית מישפט
courtroom *n.* אולם מישפטים
courtship *n.* חיזור, תקופת החיזור
courtyard *n.* חצר
cousin (kuz'ən) *n.* דודן; קרוב
- first cousin דודן, בן-דוד
- second cousin דודן משנה
couture (kōōtoor') *n.* הלבשה
couturier (kōōtoor'iər) *n.* מעצב אופנה
cove *n.* מיפרץ קטן, מיפרצון; *ברנש
cov'enant (kuv-) *n.* חוזה; התחייבות; אמנה, ברית
- Ark of the Covenant ארון הברית
covenant *v.* להתחייב בכתב
Cov'entry *n.* קובנטרי (עיר)
- send to Coventry להחרים
cov'er (kuv-) *v.* לכסות; לסקר; לחפות על; להגן על; לכלול; לבטח
- cover 20 miles לעבור 20 מילים
- cover for him למלא מקומו
- cover in לסגור, לסתום
- cover oneself להביא על עצמו
- cover over לכסות, לְצַפּוֹת
- cover up להסתיר, לכסות; לחפות
cover *n.* כיסוי, חיפוי; מִיכְסֶה; מעטפה; כריכה; שמיכה; מחסה; ביטוח; שולחן ערוך (לאיש אחד)
- break cover להגיח ממחבוא
- from cover to cover מא' עד ת'
- take cover למצוא מחסה, להסתתר
- under cover בחשאי, בסוד
- under cover of במסווה של, בחסות
- under separate cover במעטפה נפרדת
cov'erage (kuv-) *n.* כיסוי; סיקור
cover charge דמי שירות במיסעדה
cover girl נערת-שער
covering *n.* כיסוי, מיכסה
cov'erlet (kuv-) *n.* כיסוי-מיטה
cover note פוליסה זמנית
cover story כתבת שער
co'vert *adj.* סודי, כמוס, נסתר
cov'ert (kuv-) *n.* חורשת-שיחים
- draw a covert לסרוק חורשה
cover-up *n.* כיסוי, חיפוי, אליבי
cov'et (kuv-) *v.* לחמוד
cov'etous (kuv-) *adj.* חמדני
cov'ey (kuv-) *n.* להקת-ציפורים
cow *n.* פרה; פילה; נקבה; *אישה
- till the cows come home *לעד
cow *v.* להפחיד, לדכא
cow'ard *n.* פחדן
cow'ardice (-dis) *n.* פחדנות
cowardly *adj.* פחדני, שפל
cowbell *n.* פעמון-פרה
cowboy *n.* בּוֹקֵר, קאובוי
cow college מידרשה חקלאית
cow'er *v.* להשתוחח; להתכווץ בפחד
cowgirl *n.* בוקרת
cowhand, cowherd *n.* רועה-בקר
cowhide *n.* עור-פרה; שוט
cowl *n.* בורנס; כובע-המעשנה
cow'lick' *n.* קווצת-שיער, תלתלון
cowl'ing *n.* חיפת המנוע (במטוס)
cowman *n.* רועה-בקר, בּוֹקֵר, רפתן
co-worker *n.* חבר לעבודה
cowpat *n.* גלל, צואת פרה, רעי
cowpox *n.* אבעבועות הפרות
cowshed, cowhouse *n.* רפת
cox, cox'swain' *n.* הגאי-סירה
cox, coxswain *v.* להשיט סירה
coxcomb *n.* גנדרן, רברבן
coy *adj.* ביישנית, מצטנעת
coyote (kīō'tē) *n.* זאב-ערבות
coy'pu (-pōō) *n.* נוטרייה (מכרסם)
coz'en (kuz-) *v.* להוציא במירמה
- cozen into לפתות, לשדל
co'zy *adj.* נוח, חמים

CPA רואה חשבון
CPI מדד המחירים לצרכן
cps = characters per second
CPU יחידת עיבוד מרכזית
crab *n.* סרטן; *רגזן, נרגן
- catch a crab לפספס במכת-חתירה
crab *v.* לצוד סרטנים; למרר; *להתאונן, להטיל דופי
crab apple תפוח חמוץ
crab'bed *adj.* מר-נפש; לא-קריא
crab'by *adj.* רגזן, מר-נפש
crab louse כינת הערווה
crack *n.* סדק, בקיע; קול נפץ; צליף; מהלומה; הערה שנונה, בדיחה; קראק (סם)
- crack of dawn הפצעת השחר
- crack of doom אחרית הימים
- fair crack of the whip הזדמנות
- have a crack at לנסות
crack *v.* לסדוק; להיסדק; לפצח, להשמיע קול נפץ; להצליף; לפתוח
- crack a book לפתוח ספר
- crack a bottle *לפתוח בקבוק
- crack a joke *לספר בדיחה
- crack a smile לחייך
- crack down לנקוט יד קשה, לדכא
- crack oil לזקק נפט
- crack open לפצח, לפרוץ; להיפתח
- crack up להתמוטט; להישבר; להתרסק; לשבח, להלל
- get cracking להירתם לעבודה
- his voice cracked קולו נשבר/התחלף
- not as it's cracked up to be *לא משובח כל כך, לא מי-יודע-מה
crack *adj.* מעולה, מצויין
crackbrained *adj.* מטורף
crack-down *n.* דיכוי
cracked *adj.* מטורף
crack'er *n.* רקיק, פַּכְסָם, קְרֶיקֶר; מצייה; זיקוקין-די-נור; *חתיכה
crack'ers (-z) *adj.* *מטורף
crackers *n-pl.* מפצח-אגוזים
cracking plant בית-זיקוק
crack'le *v&n.* להשמיע קולות התפצחות; קולות נפץ, נקישות
crackleware *n.* חרסינה מרושתת
crackpot *n.* *מטורף
cracksman *n.* פורץ, גנב
crack-up *n.* *התמוטטות, קריסה
cra'dle *n.* עריסה, ערש; פיגום; כַּן
- cradle of culture ערש-התרבות
cradle *v.* להשכיב (כאילו) בעריסה
craft *n.* אוּמָנוּת; איגוד מיקצועי; ספינה, מטוס; ערמומיות
craftsman *n.* אוּמָן, מומחה
craftsmanship *n.* אוּמָנוּת
craft union איגוד מיקצועי
crafty *adj.* ערמומי
crag *n.* צוק, שן-סלע, ראש צור, מתלול
craggy *adj.* מסולע; קשוח
cram *v.* לדחוס, לפטם; להתפטם
cram-full *adj.* מלא ודחוס
crammer *n.* מתפטם; מפטם
cramp *n.* התכווצות שרירים, עווית
- cramps כאבי בטן עזים
- writer's cramp עווית סופרים
cramp *v.* לעצור, להגביל, להצר; לכווץ; להדק במלחצת
cramp, cramp-iron *n.* מלחצת, כליבה
cramped *adj.* צר, צפוף
cram'pon *n.* מיטפסיים; מלקחי-הרמה
crane *n.* עגורן; עגור (עוף)
crane *v.* לשרבב צוואר
crane fly "עכביש" ארך רגליים
cra'nial *adj.* של הגולגולת, גולגולתי
cra'nium *n.* גולגולת
crank *n&v.* ארכובה, מנוף; *טיפוס מוזר; לסובב, להתניע בארכובה
crankshaft *n.* גל, ידית הארכובה
cran'ky *adj.* מוזר; רעוע; רגזן
crannied *adj.* מלא חורים, מסודק
cran'ny *n.* נקיק, חור, סדק
crap *n&v.* *חרא; שטויות; לחרבן
crape *n.* סרט שחור; קרפ
craps *n-pl.* מישחק קוביות
- shoot craps לשחק בקוביות
crash *v.* להתנגש; להתרסק; לנפץ; לנוע ברעש; להתפרץ; להתמוטט
- crash a party "להתפלח" למסיבה
crash *n.* רעש; התרסקות; התמוטטות; אריג גס (למגבות)
crash *adv.* בקול-נפץ, ברעש, טראח!
crash *adj.* מהיר, דראסטי, מאומץ
crash barrier מעקה-ביטחון
crash course קורס מזורז
crash diet דיאטת כאסאח
crash-dive *n.* צלילת-פתע
crash-dive *v.* לצלול צלילת-פתע
crash halt/stop עצירת פתאום

crash helmet קסדת-מגן
crashing *adj.* *מושלם, כביר
crash-land *v.* לנחות נחיתת ריסוק
crash-landing נחיתת ריסוק
crass *adj.* גס, גמור, מושלם
crate *n&v.* תיבה; *גרוטה, מכונית ישנה; לארוז בתיבה
cra'ter *n.* לוע-הר-געש; מכתש
cravat' *n.* עניבת-פרפר; צעיף-צוואר
crave *v.* להשתוקק ל-; להתחנן
cra'ven *n&adj.* פחדן, שפל
craving *n.* תשוקה
craw *n.* זפק; קיבה
craw'fish *n.* סרטן-הנהרות
crawl *v.* לזחול; לשרוץ; להתרפס
- it made my flesh crawl סמרמורת תקפתני, שערותי נסתמרו
crawl *n.* זחילה; שחיית חתירה
crawler *n.* *מתרפס, לקקן, זחלן
- crawlers מיצרפת-תינוק
cray'fish *n.* סרטן-הנהרות
cray'on *n.* עפרון-גיר, עפרון-צבע
crayon *v.* לצייר בעפרון-גיר
craze *v.* לשגע; לסדוק
craze *n.* שיגעון האופנה
cra'zy *adj.* מטורף, משוגע
- crazy building בניין רעוע
- crazy paving מרצפת מגוונת
creak *v&n.* לחרוק; חריקה
creaky *adj.* חורק, חרקני
cream *n.* שמנת; שומן; קצפת; קרם; קציפה; מישחה; עידית
- cream of society החברה הגבוהה
- cream of the cream עידית דעידית
cream *v.* להקציף; להוסיף שמנת; להסיר השמנת; *להביס
- cream off לבחור, לקחת לעצמו
cream *n&adj.* קרם (צבע); קָרוֹם
cream cheese גבינה שמנה
creamer *n.* כלי לשמנת
cream'ery *n.* מחלבה
cream puff פחזנית; חלש-אופי
cream tea תה מינחה (ארוחה)
creamy *adj.* כמו שמנת, שָמֵן
crease *n&v.* קמט, קיפול; לקמט; להתקמט; לגהץ פס
cre•ate' *v.* ליצור, לברוא; *להרעיש
- create a part לגלם דמות לראשונה
cre•a'tion *n.* בריאה; יצירה; עולם
- the Creation בריאת העולם
cre•a'tive *adj.* יוצר, חדשני
cre'a•tiv'ity *n.* יצירתיות, חדשנות
cre•a'tor *n.* יוצר, בורא
- the Creator הבורא
crea'ture *n.* יצור, ברייה; עבד נרצע
- creature comforts צרכים גשמיים
creche (kresh) *n.* פעוטון, מעון-תינוקות; תמונת ישו התינוק
cred *n.* *אֵמוּן, אמינות
cre'dence *n.* אמון
- letter of credence מיכתב-המלצה
cre•den'tial *n.* מיכתב-המלצה
- credentials כתב-האמנה
cred'ibil'ity *n.* אמון, אמינות
credibility gap פער אמון
cred'ible *adj.* מהימן, אמין
cred'it *n.* אמון; אשראי, הקפה; זכות; כבוד; נקודת-זכות; קרדיט
- a credit to מקור-גאווה ל-
- buy on credit לקנות בהקפה
- do credit to להוסיף לשמו הטוב
- get credit לזקוף לזכותו
- give credit להעריך, לכבד, להאמין
- lend credit to לחזק האימון ב-
- letter of credit מיכתב-אשראי
credit *v.* להאמין; לזקוף לזכותו
- credit with לייחס ל-, להאמין
creditable *adj.* ראוי להוקרה
credit account חשבון הקפה
credit card כרטיס אשראי
credit line קו אשראי
credit note זיכוי, פתק זיכוי
creditor *n.* נושה, מלווה
credits *n-pl.* (תודה ל-) משתתפים
credit sales מכירות בהקפה
credit squeeze הגבלת אשראי
credit titles רשימת המשתתפים
credit union קופת תגמולים
credit-worthy *adj.* ראוי לאשראי
cre'do *n.* אמונה, דת
cre•du'lity *n.* פתיות, תמימות
cred'ulous (-j'-) *adj.* מאמין, תמים
creed *n.* אמונה, עקרונות-דת
creek *n.* נחל, פלג; מיפרצון
- up the creek *במצב ביש
creel *n.* סל לדגים
creep *v.* לזחול; להתגנב; לטפס
- creep in להתגנב פנימה
- it made my flesh creep שערותי הסתמרו, תקפתני סמרמורת
creep *n.* זחילה; *מתרפס, חלאה
- give him the creeps להעביר בו צמרמורת
creeper *n.* צמח מטפס; זוחל

- creepers נעלי-גומי; מיצרפת-תינוק
creepy *adj.* מפחיד, מצמרר
creepy crawly *חרק זוחל, שרץ
cre′mate *v.* לשרוף גופת-מת
cre•ma′tion *n.* שריפת מת
cre′mator′ium *n.* כיבשן, מישרפה
cre′mato′ry *n.* כיבשן, מישרפה
creme de la creme הטוב ביותר
creme de menthe′ (-mint) *n.* מנתה (משקה)
cren′ela′ted *adj.* בעל חרכי-ירי
crepe (krāp) *n.* מלמלה, קרפ
crepe rubber קרפ (לסוליות)
crep′itate′ *v.* להשמיע קולות-נפץ
crep′ita′tion *n.* קולות נפץ
crept = p of creep
cre•scen′do (-shen-) *adv.* קרשנדו, בעלייה; הולך וגובר
cres′cent *n.* חצי-סהר, קשת
crest *n.* ציצת-נוצות, כרבולת; פיסגה; סמל (של פירמה)
- on the crest of a wave במרום הפיסגה
crested *adj.* מכותר, מעוטר, מצויץ
crestfallen *adj.* מדוכדך, מאוכזב
cre•ta′ceous (-shəs) *adj.* גירי
cre′tin *n.* מפגר, אידיוט, מיפלצת
cre′tinous *adj.* מפגר
cre′tonne′ *n.* קְרֶטוֹן (אריג כותנה)
cre•vasse′ *n.* סדק, בקיע
crev′ice (-vis) *n.* סדק, בקיע צר
crew (kro͞o) *n.* צוות
- ground crew צוות-קרקע
crew *v.* לפעול כצוות
crew cut תיספורת קצרה
crewman *n.* איש-צוות
crib *n.* מיטת-תינוק; תמונת ישו התינוק; איבוס; תיבה; מחסן, חדרון
crib *n.* העתקה, גניבה; תרגום
crib *v.* לגנוב; לכלוא, לסגור
crib′bage *n.* מישחק-קלפים
crib death מוות בעריסה
crick *n.* התכווצות שרירי העורף
crick *v.* לגרום להתכווצות כנ״ל
crick′et *n.* צרצר; קריקט
- not cricket לא הוגן, לא מכובד
cricketer *n.* שחקן קריקט
cri′er *n.* כָּרוֹז, מכריז; בכיין
cri′key *interj.* *קריאת הפתעה
crime *n.* פֶּשַׁע, פשיעה, חֵטא
crime sheet גליון התנהגות
crim′inal *adj.* של פשע, קרימינלי, פלילי
criminal *n.* פושע
criminal case תיק פלילי
criminal law דיני העונשין
criminal negligence רשלנות פושעת
criminal record עבר פלילי
crim′inol′ogist *n.* קרימינולוג
crim′inol′ogy *n.* קרימינולוגיה
crimp *v&n.* לסלסל, לקפל, לגהץ
- crimps שיער מתולתל
crim′son (-z-) *n&adj.* אדום, ארגמן
crimson *v.* להאדים, להסמיק
crimson lake צבע אדום
cringe *v.* להירתע, להתכווץ; להתרפס; *להיתקף גועל
crin′gle *n.* עניבת-חבל, עֲיָק
crin′kle *n.* קמט, קיפול
crinkle *v.* לקמט; להתקמט
crinkly *adj.* מקומט; מתולתל, גלי
crin′oline (-lin) *n.* קרינולינה, שימלה רחבה; חישוק הקרינולינה
cripes (krīps) *interj.* *לעזאזל!
crip′ple *n.* נכה, בעל מום
cripple *v.* להטיל מום; לשבש, לפגוע
cri′ses = pl of crisis (-sēz)
cri′sis *n.* משבר, שעה גורלית
crisp *adj.* פריך; טרי, רענן, קר; מתולתל; מהיר, חד, ברור
crisp *n.* טוגן תפוח-אדמה
- burn to a crisp לשרוף (אוכל)
crisp *v.* לעשותו פריך; להתקשות
crisp′y *adj.* פריך, קשה, טרי, רענן
criss′cross′ (-rôs) *adv.* במצולב
crisscross *adj.* מצולב, מצטלב
crisscross *n.* שתי וערב
crisscross *v.* לְרַשֵׁת; להצטלב
cri•te′ria *n-pl.* קריטריונים
cri•te′rion *n.* קריטריון, קנה-מידה
crit′ic *n.* מבקר; מוצא פגמים
crit′ical *adj.* קריטי, גורלי; ביקורתי
crit′icism′ *n.* ביקורתיות, ביקורת
crit′icize′ *v.* למתוח ביקורת, לבקר
critique′ (-tēk) *n.* מאמר-ביקורת
crit′ter *n.* *יצור, בריה
croak *n.* צריחה, קירקור
croak *v.* לקרקר; לנבא רעות; *למות
croc *n.* *תנין
cro•chet′ (-shā′) *n.* צנירה
crochet *v.* לסרוג בצינורית

crochet-hook *n.* צינורית
crock *n.* כלי-חרס; חרס
crock *n&v.* *"סוס מת", גרוטה
- crock up *להיחלש; לקלקל
crock′ery *n.* כלי-חרס
croc′odile′ *n.* תנין; טור ילדים
crocodile tears דמעות תנין
crocs *n-pl.* *קרוקס (נעליים)
cro′cus *n.* כרכום (צמח)
croft (krôft) *n.* חווה קטנה
crofter *n.* אריס, חוכר
croissant (krwäsäng′) *n.* קרואסון, סהרון, סהרית
crone *n.* זקנה בלה
cro′ny *n.* ידיד, חבר
crook *n.* מקל רועים; עיקום; *נוכל
- on the crook *במירמה
crook *v.* לכופף, לעקם; להתעקם
crookbacked *adj.* גיבן
crook′ed *adj.* עקום; *רמאי
croon (-o͞on) *v.* לזמזם, לזמר
crooner *n.* זַמַר שירי-נשמה
crop *n.* יבול, תוצרת; קבוצה, צרור; זפק; שוט; תיספורת קצרה
- under crop בעיבוד
crop *v.* ללחוך; לגזוז, לספר; לנטוע, לזרוע; להניב
- crop up/out לבצבץ, להופיע, לעלות
crop-dusting *n.* ריסוס שדות
cropper *n.* מוציא יבול; צמח מניב
- come a cropper להיכשל, ליפול
cro·quet′ (-kā′) *n.* קרוקט (מישחק)
cro·quette′ (-ket) *n.* קציצה
cross (krôs) *n.* צלב; ייסורים; בן-כילאיים, תערובת; צומת
- bear one's cross לשאת סיבלו
- on the cross באלכסון
- take the cross לצאת למסע צלב
- took up his cross סבל בדומייה
cross *v.* לחצות; להעביר קו; להצליב; להכשיל; להתנגד, להרגיז
- cross a check לשרטט צ'ק
- cross his palm לשלם, לשחד
- cross his path לפגוש, להיתקל ב-
- cross my heart *בהן צדק
- cross off/out לבטל, למחוק
- cross one's mind לחלוף במוחו
- cross oneself להצטלב
- cross swords להתנצח
- cross the line לחצות את הקו; לעבור את הגבול
- cross the t's and dot the i's לדקדק ביותר
- cross up *לבלבל, לשבש; להונות
- crossed in love אהבתו הכזיבה
cross *adj.* כועס, רוגז; מנוגד, נגדי
- as cross as two sticks מלא זעם
cross action תביעה נגדית
crossbar *n.* משקוף-השער; מוט רוחב
crossbeam *n.* קורה
cross-bencher *n.* ציר בלתי-תלוי
crossbenches *n-pl.* מושבי הלא-תלויים
crossbones *n-pl.* עצמות מצליבות
- skull and crossbones סמל המוות
crossbow *n.* קשת (עתיקה)
crossbred *adj.* מוצלב, מוכלא
crossbreed *n.* מוצלב, בן-כלאיים
crossbreed *v.* להצליב, להכליא
cross-check *n.* אימות (נגדי)
cross-check *v.* לאמת, לוודא
cross claim תביעה נגדית
crosscountry *adj.* דרך שדות
cross-cultural *adj.* של תרבויות שונות
crosscurrent *n.* זרם נגדי
crosscut *n.* חיתוך אלכסוני
crosscut saw משור לנסירת עץ
crosse (krôs) *n.* מחבט
crossed check צ'ק משורטט
cross-examination *n.* חקירה נגדית, חקירה צולבת
cross-examine *v.* לחקור חקירה נגדית
cross-eyed *adj.* פוזל
cross-fertilization הצלבה
cross-fertilize *v.* להצליב
cross-fire *n.* אש צולבת
cross-grained *adj.* עקשן, קשה לרצותו; (עץ) שסיביו רוחביים
cross-hatch *v.* לקווקוו קטע
cross-heading *n.* כותרת-מישנה
cross-index *v.* להוסיף (בספר) מפתח של מראי-מקומות
crossing *n.* חצייה, מיצלב; הצטלבות, תיצלובת
- level crossing צומת (ללא גשר)
- street crossing מעבר-חצייה
cross-legged *adv.* ברגליים שלובות, ישוב רגל על רגל
crossover *n.* צומת; מעבר חצייה; מסילת-עיתוק
crosspatch *n.* *רגזן, כעסן

cross-pollinate *v.* להצליב
cross-purpose *n.* מטרה מנוגדת
cross-question *v.* לחקור חקירת שתי וערב
cross-reference *n.* מראה-מקום
crossroad *n.* רחוב חוצה
crossroads *n.* צומת, מיצלב
- at the crossroads על פרשת-דרכים
cross-section *n.* חתך-רוחב
cross-stitch *n.* תפר מצולב
cross-talk *n.* ציחצוח-מלים; הפרעה
crosstree *n.* קורת-רוחב (בתורן)
crosswalk *n.* מעבר-חצייה, תַּחֲצָה
crosswind *n.* רוח רוחבית; רוח צד
crosswise *adv.* לרוחב, במצולב
crossword puzzle תשבץ
crotch *n.* מיסעף (בעץ); מיפשעה
crotch′et *n.* רבע תו; רעיון מוזר
crotch′ety *adj.* מוזר; רגזן
crouch *v.* להתכופף; להתכווץ
crouch *n.* התכופפות, התקפלות
croup (kro͞op) *n.* עכוז; אסכרה
croupier (kro͞o′piər) *n.* קופאי, קרופייה
crou′ton (kro͞o′ton) *n.* קרוטון
crow (-ō) *n.* עורב; קריאת תרנגול
- as the crow flies בקו ישר
- had to eat crow *נאלץ להודות שטעה, "אכל אותה"
- has a crow to pluck עליו לשוחח על דבר לא נעים
crow *v.* לקרוא, לקרקר; להתרברב
- crow over לצהול על
crowbar *n.* קַנְטָר, מוט-הרמה
crowd *n.* קהל; חבורה; ערימה
- above the crowd משיכמו ומעלה
- follow the crowd ללכת בתלם
- the crowd ההמון, הציבור
crowd *v.* למלא; להצטופף; לדחוס; *ללחוץ על, לנגוש
- be crowded out להישאר בחוץ
- crowd in לדחוס; להידחק
- crowd round להתקהל סביב-
crowded *adv.* צפוף, דחוס, מלא
crown *n.* כתר; זֵר, עטרה; מלך, שילטון; ראש, פיסגה, גולת-הכותרת
- succeed to the crown לעלות לכס-המלוכה
crown *v.* להכתיר, לעטר (ראש, פיסגה); לשים כתר על שן
- crowned with success מוכתר בהצלחה
- to crown it all לא זו אף זו, השיא הוא-
crown cap פקק (ממתכת)
crowned head מלך, מלכה
crowning *adj.* משלים, מביא לשלימות
crown prince יורש-עצר, נסיך הכתר
crow's feet קמטים (בצידי העיניים)
crow's nest תא-תצפית
cro′zier (-zhər) *n.* שרביט הבישוף
cru′cial *adj.* מכריע, קריטי
cru′cible *n.* כור-היתוך; מיבחן רציני
cru′cifix′ *n.* צלב
cru′cifix′ion (-kshən) *n.* צליבה
- the Crucifixion צליבת-ישו
cru′ciform′ *adj.* מצולב, דמוי-צלב
cru′cify′ *v.* לצלוב
crud *n.* *פסולת, דבר מאוס
crude *adj.* גס; לא-מעובד
- crude facts העובדות כמות שהן
crude *n.* נפט גולמי; *שטויות
cru′dity *n.* גסות, גולמיות
cru′el *adj.* אכזרי
cru′elty *n.* אכזריות, התאכזרות
cru′et *n.* בקבוקון, צינצנת
cruet stand מערכת צינצנות
cruise (kro͞oz) *n&v.* הפלגה, שיוט; לשייט; לנוע במהירות בינונית
cruise missile טיל שיוט
cruiser *n.* סיירת, ספינת-קרב
- cabin cruiser סירת-טיולים
cruising speed מהירות חסכונית
crumb (-m) *n.* פירור; תוך הלחם
crum′ble *v.* לפורר, לפותת; להתפורר, להימוג
crumbly *adj.* פריר, פריך
crum′my *adj.* *גרוע, רע, דל
crum′pet *n.* לחמניה קלויה; *חתיכה
crum′ple *v.* לקמט; להתקמט
- crumple up למוטט; להתמוטט
crunch *v.* ללעוס; לגרוס; לחרוק
crunch *n.* לעיסה, קול חריקה
- when it comes to the crunch *בהגיע השעה המכרעת
crun′chy *adj.* פריך, ניתן לפוררו
crup′per *n.* רצועת-הזנב; עכוז
cru·sade′ (kro͞o-) *n.* מסע-צלב
crusade *v.* לערוך מסע-צלב
crusader *n.* צלבן, לוחם

cruse (-z) *n.* צפחת, כד
crush *v.* למעוך, למחוץ; לדחוס; לדכא, לחסל; לקמט; להתקמט
- crush into להידחק ל-
- crush out לסחוט
- crush up לכתוש
crush *n.* דוֹחַק, הצטופפות; מיץ
- get a crush on *להתאהב ב-
crush barrier מחסום, מעקה
crushing *adj.* מוחץ, מכריע, נִיצַחַת
crust *n&v.* קרום, קליפה; להקרים
- crust over לקרום, להגליד
crus·ta′cean (-shən) *n.* סרטן
crust′ed *adj.* נוקשה, עתיק; מושרש
crust′y *adj.* קשה-קליפה; קשוח, רגזן
crutch *n.* קב; מישענת; מיפשעה
crux *n.* לב הבעייה, עיקר (הקושי)
cry *v.* לבכות; לצעוק; לקרוא; להכריז על
- cry (out) for לזעוק, לשווע, לדרוש
- cry down להמעיט ב-, לזלזל ב-
- cry for the moon לדרוש את הבלתי אפשרי
- cry off למשוך ידו מן, לסגת
- cry one's eyes out למרר בבכי
- cry one's heart out למרר בבכי
- cry oneself to sleep להירדם תוך בכי
- cry out לצעוק
- cry out against להתמרמר על
- cry up להלל, לשבח
cry *n.* קריאה; צעקה; בכי; סיסמה
- a far cry אין להשוות כלל
- great cry and little wool ההר הוליד עכבר, הרבה זמר ומעט צמר
- have a good cry להתפרק ע״י בכי
- in full cry נובח, מתקיף קשות
- within cry במרחק-שמיעה
crybaby *n.* בכיין
crying *adj.* משווע, דחוף, בולט לעין
crypt *n.* אולם תת-קרקעי, קריפטה
cryp′tic *adj.* סודי, נסתר, כמוס
cryp′to- (תחילית) סודי, נסתר
cryp′togram′ *n.* הודעה בצופן
cryptog′raphy *n.* כתב-סתרים
crys′tal *n.* בדולח; גביש, קריסטל; זכוכית-השעון
- crystal clear צלול; ברור, מובן
crystal gazing הגדת-עתידות בעזרת כדור-בדולח
crys′talline (-lən) *adj.* בדולחי, צח
crys′talliza′tion *n.* גיבוש
crys′tallize′ *v.* לגבש; להתגבש; להתבדלח; לְצַפּוֹת בסוכר, לזגג
crystal set מַקלֵט גבישים
cu. = cubic
cub *n.* גור; צופה; פירחח; טירון
cub′by-hole′ *n.* מקום סגור ונוח
cube *n.* קובייה; חזקה שלישית
cube *v.* לעקב, להעלות בחזקה השלישית
cube root שורש מעוקב
cu′bic *adj.* מעוקב, דמוי-קובייה
cu′bical *adj.* דמוי-קובייה
cu′bicle *n.* חדרון, תא
cu′bism′ *n.* קוביזם (באמנות)
cu′bist *n.* אמן קוביסטי
cu′bit *n.* אמה (מידת-אורך)
cub reporter עיתונאי טירון
cuck′old *n.* בעל אישה בוגדת
cuckold *v.* להצמיח קרניים
cuckoo (ko͞o′ko͞o) *n.* קוקייה; *טיפש
cuckoo clock שעון קוקייה
cu′cum′ber *n.* מלפפון
cud *n.* גֵירָה
- chew the cud להרהר, לשקול היטב
cud′dle *v.* ללטף; להתגפף
- cuddle up להצטנף; לשכב בנוחיות
cuddle *n.* ליטוף, גיפוף, חיבוק
cuddly, cuddlesome *adj.* לטיף, שנעים ללטפו
cud′gel *n.* אלה; מקל עבה
- take up the cudgels for להילחם, לצאת למאבק למען
cudgel *v.* להכות, להלום
- cudgel one's brains לשבור את הראש
cue (kū) *n&v.* אות (לשחקן), רמז, דוגמה, מופת; מקל ביליארד
- cue in לסמן (לשחקן); לעדכן במידע
- follow his cue לקחת דוגמא מ-
- take one's cue from לקחת דוגמא מ-
cuff *n.* שולי-השרוול; חפת-המיכנס
- cuffs *אזיקים
- off the cuff מִנֵיהּ וּבֵיהּ, ללא הכנה
- on the cuff *באשראי, בהקפה
cuff *n&v.* לסטור; סטירה
cuff link כפתור-חפתים
cuirass′ (kwir-) *n.* שיריון חזה
cuisine (kwizēn′) *n.* בישול, טבחות
cul′-de-sac′ *n.* מבוי סתום

cul′inar′y (-neri) *adj.* של בישול
cull *v.* ללקט; לקטול החלשים
cull *n.* המתת החלשים; חיה קטולה
cul′lender *n.* מיסננת
cul′minate′ *v.* להסתיים, להגיע לשיא
cul′mina′tion *n.* שיא, פיסגה
culottes (kūlots′) *n-pl.* חצאית-מיכנסיים
cul′pa *n.* אשמה, רשלנות
cul′pabil′ity *n.* אשמה
cul′pable *adj.* ראוי לעונש, אשם
culpable negligence רשלנות פושעת
cul′prit *n.* נאשם, פושע
cult *n.* פולחן, כת
cul′tivable *adj.* בר-עיבוד
cul′tivate′ *v.* לעבד; לפתח; לטפח; לטפח יחסי ידידות
cultivated *adj.* מנומס, תרבותי
cul′tiva′tion *n.* עיבוד, טיפוח
cul′tiva′tor *n.* קלטרת, מתחחה
cul′tural (-′ch-) *adj.* תרבותי
cul′ture *n.* פיתוח; עיבוד; תרבות; גידול בעל-חיים, תרבית, תירבות
cultured *adj.* מעובד, תרבותי
cul′vert *n.* תעלה, צינור תת-קרקעי, מיפלש מים
cum- *prep.* יחד עם
cum′ber *v.* להכביד, להעמיס
cumbersome *adj.* מגושם, מסורבל
cum′brous *adj.* מגושם, מסורבל
cum′in *n.* כמון (צמח)
cum′merbund′ *n.* אבנט, חגורה
cu′mu·lative *adj.* מצטבר
cu′mu·lus *n.* קומולוס, ענן-ערימה
cu′ne·iform′ *n.* כתב-היתדות
cun′ning *adj.* עָרום, פיקח; חמוד
cunning *n.* ערמומיות; כישרון
cunt *n.* *נקבה; נרתיקה; טיפש
cup *n.* ספל; גביע; כוס, גורל
- cup of sorrow כוס-היגונים
- in one's cups בגילופין
- not my cup of tea *לא לטעמי
cup *v.* לחפון, להקיף בכף היד; להצמיד כוסות-רוח
cupbearer *n.* שר המשקים, מלצר
cupboard (kub′ərd) *n.* מיזנון, ארון
cupboard love אהבה התלויה בדבר
cup final גמר הגביע
cup′ful′ (-fool) *n.* מלוא הספל
Cu′pid *n.* קופידון, סמל האהבה
cu·pid′ity (kū-) *n.* חמדנות
cu′pola *n.* כיפת-גג
cup′pa *n.* *ספל תה
cup′ping *n.* הצמדת כוסות-רוח
cupping-glass *n.* כוס-רוח
cu′pric *adj.* נחושתי
cup-tie *n.* מישחק גביע
cur *n.* כלב; פחדן, נבזה
cu′rabil′ity *n.* רפיאות
cu′rable *adj.* שניתן לרפאו, רפיא
cu′racy *n.* מעמד-הכומר, כמורה
cu′rate *n.* כומר
cu′rative *adj.* מְרַפֵּא, של מַרְפֵּא
cu·ra′tor (kyoo-) *n.* ממונה, מפקח
curb *n.* רסן; אבן-שפה
curb *v.* לרסן, לבלום
curb service שירות לנוסעים ברכב
curd *n.* קום, גוש חלב חמוץ
cur′dle *v.* להקריש, להקפיא; להתגבן
cure *n.* ריפוי; תרופה; מישרת כומר
cure *v.* לרפא; לתקן; לשמר (מזון)
- cure unemployment לחסל אבטלה
cure-all *n.* תרופת-פלא
cur′few (-fū) *n.* עוֹצֶר; שעת כיבוי אורות
Cu′ria *n.* האפיפיור וצוות עוזריו
cu′rio′ *n.* חפץ עתיק, דבר נדיר
cu′rios′ity *n.* סקרנות; דבר נדיר
cu′rious *adj.* סקרן; מוזר; נדיר
- curiously enough מוזר, אבל-
curl *n.* תלתל, סליל, סילסול
- curl of the lips עיוות הפה בבוז
curl *v.* לסלסל; להסתלסל; להתאבך
- curl up להתפתל, להצטנף; למוטט
curler *n.* גלגילון-סילסול (לשיער)
cur′licue′ (-kū) *n.* סילסול (מתחת לחתימה)
curling irons/tongs צבת-סילסול (לסילסול השיער או להחלקתו)
curling-pins מכבנות
curly *adj.* מסולסל, מתולתל
cur·mud′geon (-jən) *n.* קמצן, רע
cur′rant (kûr-) *n.* דמדמנית, צימוק
cur′rency (kûr-) *n.* נוהג, תפוצה; מחזור; מטבע, כסף
- gain currency להתהלך, להיות מופץ
- give currency to לפרסם, להפיץ

currency fluctuation ניוד המטבע
cur′rent (kûr-) *adj.* שוטף, נוכחי; במחזור
current *n.* זרם; מהלך; תהליך; מגמה
- current of thought נטייה כללית
current account חשבון עובר ושב
current assets רכוש שוטף
currently *adv.* בימים אלה, כיום
curric′u·lum *n.* תוכנית לימודים
curriculum vi′tae (-tī) תולדות חיים (תיאור קצר)
cur′rish (kûr-) *adj.* פחדן, שפל
cur′ry (kûr-) *v.* לקרצף, לעבד עורות
- curry favor להחניף, לכרכר לפני
curry *n.* קארי, תבשיל (בשר) חריף
curry *v.* לתבל בקארי
currycomb *n.* קרצפת, מגרדת
curse *n.* קללה; *וסת
- not care a curse *לא איכפת כלל
- under a curse מקולל, ארור
curse *v.* לקלל
- cursed with נגוע ב-, סובל מ-
cursed *adj.* ארור
cur′sive *adj.* קורסיבי, רהוט, שוטף
cur′sor *n.* סַמָן (על מסך מחשב)
cur′sory *adj.* שיטחי, מהיר, קָצָר
curst *adj.* ארור
curt *adj.* קָצָר, מדבר קצרות, גס
curtail′ *v.* לקצץ, להפחית
curtailment *n.* קיצוץ, הפחתה
cur′tain (-tən) *n.* מסך, וילון
- curtains *מוות; אסון
- draw a curtain over להטיל איפול
curtain *v.* לוולן, לכסות בווילון
- curtain off לחייץ בווילון
curtain call הופעת השחקנים בסיום ההצגה
curtain raiser מערכון (לפני ההצגה)
curt′sey *n.* קידה, מיכרוע
curtsey *v.* לקוד קידה
curt′sy *n.* קידה, מיכרוע
curtsy *v.* לקוד קידה
cur·va′ceous (-shəs) *adj.* *חטובה
cur′vature *n.* עקמומיות
curve *v.* לעקם; להתעקם, לנטות
curve *n.* קו עקום; סיבוב, פנייה
- throw a curve להטיל כדור מסובב
cur′vy *adj.* רב עיקולים; חטובה
cush′ion (koosh′ən) *n.* כר
cushion *v.* לרפד; להפחית, לרכך
- cushioned against מחוסן מפני
cush′y (koo-) *adj.* *נוח, קל
cusp *n.* חוד, קצה חד
cus′pidor′ *n.* רקקית, מרקקה
cuss *n&v.* *ברנש, טיפוס; קללה; *לקלל
cuss′ed *adj.* *עקשן, ארור
cus′tard *n.* רפרפת ביצים, חביצה
custard pie עוגת קצפת
custo′dial *adj.* תחת השגחה
custo′dian *n.* ממונה; אפיטרופוס
cus′tody *n.* פיקוח, השגחה; שמירה, מישמרת; מישמורת; מעצר
- take into custody לעצור
cus′tom *n.* מינהג, הרגל, נוהג; קנייה קבועה; לקוח קבוע
custom- *adj.* לפי הזמנת הלקוח
- custom-built מורכב לפי הזמנה
- custom-made תפור לפי הזמנה
cus′tomar′ily (-mer-) *adv.* כנהוג
cus′tomar′y (-meri) *adj.* נהוג
cus′tomer *n.* לקוח, קונה; *טיפוס
- an odd customer טיפוס מוזר
custom house בית-המכס
customize *v.* להתאים לדרישות הקונה, לייצר לפי הזמנה
customs *n.* מכס
customs duty מכס
customs union הסכם מכס
cut *v.* לחתוך, לקצור, לקצץ; לחצוב; לפצוע; לנתק; להיחתך; להפסיק
- cut a record להוציא תקליט
- cut across לחצות; לסתור, לנגוד
- cut and run *לברוח, להסתלק
- cut at לכוון מכה חדה, להכות
- cut away לחתוך, להסיר
- cut back לגזום, לקצץ
- cut both ways לפעול בשני הכיוונים
- cut corners לחסוך בהוצאות
- cut down לכרות, לגדוע; לקצץ, להפחית; להרוג; לפצוע
- cut down to size *להעמידו במקומו, להנמיך קומתו
- cut him dead להתעלם מ-, להתנכר
- cut in להתפרץ, להפריע; לעקוף בצורה מסוכנת, לחתוך פנימה
- cut it fine לחשב במדוייק
- cut it out! הפסק!
- cut loose/free להתיר; לשחרר
- cut no ice לא להשפיע, לא להרשים
- cut off לחתוך; לנתק, לבודד; להפסיק; לשלול ירושה

- cut one's losses למנוע עוד הפסדים; לבלום הדרדרות כספית
- cut one's teeth להצמיח שיניים
- cut one's teeth on לרכוש ניסיון
- cut open לפתוח, לסדוק
- cut out לגזור; לחצוב; להפסיק; להפסיק לפעול; לסלק, להביס; "לחתוך" החוצה (בנסיעה)
- cut out dead wood לסלק דברים מיותרים (לשם ייעול)
- cut out for "תפור ל-", מתאים ל-
- cut school להיעדר מבית-ספר
- cut short לקצץ, להפסיק, לשסע
- cut the ground from under him להשמיט הקרקע מתחת לרגליו
- cut to pieces לקרוע לגזרים
- cut up לקצוץ; להרוס; לקטול; לפגוע; להשתולל, להשתטות
- cut up rough *לזעום, להתרגז
- cut up well להניח ירושה הגונה
- cut! קאט! הפסק! (שאגת הבמאי)

cut *n.* חתך; חיתוך, פצע; נתח; קיצוץ; גזירה; פגיעה; גֵז
- a cut above *למעלה מ-, טוב מ-
- cut and thrust ציחצוח-מלים, ריב
- give the cut direct להתנכר לו
- short cut דרך קצרה, קפנדריה

cut *adj.* חתוך, קצוץ, מוזל
- cut and dried קבוע מראש, מגובש
- cut price/rate במחיר מוזל

cu•ta'ne•ous *adj.* של העור
cutaway *n.* מעיל זנב, פְּרָק
cutback *n.* צימצום, קיצוץ, הפחתה
cute *adj.* פיקח; *חמוד, נחמד
cut glass זכוכית מעוטרת
cu'ticle *n.* עור קשה (בציפורן)
cut'lass *n.* פיגיון, חרב קצרה
cut'ler *n.* מוכר סכינים
cut'lery *n.* סכו"ם, כלי-אוכל
cut'let *n.* פרוסת-בשר, קציצה
cutoff *n.* קיצוץ; מפסק; וסת-זרם; קיצור דרך
- cut-offs מיכנסיים חתוכים

cut-out *n.* מפסק חשמלי; קטע גזור
cut'purse' *n.* כייס, גונב ארנקים
cut'ter *n.* סירה מהירה; גזרן; מיגזרי-תיל; מֵקַד
cut'throat' *n.* רוצח
cutthroat *adj.* אכזרי, חסר-רחמים
cutthroat razor סכין-גילוח פתוח
cutting *n.* מעבר חצוב; קטע-עיתון, תגזיר; ייחור; עריכת סרטים
cutting *adj.* חד, פוגע, עוקץ
cutting-edge *adj.* חלוץ, מתקדם
cutting room חדר-עריכה (לסרט)
cut'tle-fish' *n.* דיונון
CV. קורות חיים
cwt = hundredweight
cy'anide' *n.* ציאניד (רעל)
cy'ano'sis *n.* ציאנוסיס (כיחלון)
cy'bernet'ics *n.* קיברנטיקה
cy'berspace' *n.* עולם המחשב, מציאות מדומה
cy'clamate' *n.* ציקלמאט
cyc'lamen *n.* רקפת (צמח)
cy'cle *n.* מעגל, מחזור, תקופה; קובץ-שירים; אופניים
cycle *v.* לרכוב על אופניים
cycle track מסלול לרוכבי אופניים
cycleway *n.* מסלול לרוכבי אופניים
cy'clic, cy'clical *adj.* מחזורי
cy'clist *n.* אופנן, רוכב-אופניים
cy'clone *n.* ציקלון (סערה)
Cy•clo'pe•an *adj.* ענקי
cy'clope'dia *n.* אנציקלופדיה
cy'clops *n.* ציקלופ (ענק)
cy'clostyle' *n.* מכונת-שיכפול
cyclostyle *v.* לשכפל
cy'der = cider
cyg'net *n.* ברבור צעיר
cyl'inder *n.* גליל, צילינדר
- on all cylinders במלוא הקיטור

cylin'drical *adj.* גלילי
cym'bals *n-pl.* מצילתיים
cyn'ic *n.* ציני, לגלגן
cyn'ical *adj.* ציני, לעגני
cyn'icism' *n.* ציניות; הערה לעגנית
cy'nosure' (-shoor) *n.* מוקד-ההתעניינות
cy'pher = cipher
cy pres (sī prā') בקירוב עד כמה שאפשר, ביצוע צוואה לפי כוונה כללית
cy'press *n.* ברוש (עץ)
cyst *n.* ציסטה, שלפוחית, כיסתה
cys'tic fi•bro'sis סיסטיק פיברוזיס, לייפת כיסתית
cysti'tis *n.* דלקת שלפוחית-השתן
cys'toscope' *n.* ציסטוסקופ, מכשיר החודר לשלפוחית
cy•tol'ogy *n.* חקר-התאים
czar (zär) *n.* צאר
czari'na (zärē'-) *n.* אשת הצאר
Czech (chek) *n.* צ'כי; צ'כית

D

D רה (צליל)
- 3D = 3 dimensional
'd, he'd = he would, he had
DA תובע מחוזי; תסרוקת ברווז
dab *v.* לטפוח, לנגוע קלות, למרוח
dab *n.* נגיעה, טפיחה; מעט, קורטוב
- dabs *טביעת אצבעות
dab *n.* מין דג שטוח; *מומחה
- a dab hand *מומחה, מיומן
dab'ble *v.* לטפוח במים, להתיז
- dabble in להתעסק בשיטחיות ב-
dabbler *n.* חובבן, שיטחי
da ca'po (dä kä-) מהתחלה
dace *n.* דֵייס (דג קטן)
dachshund (dak'sənd) *n.* תחש
dac'tyl (-təl) *n.* דאקטיל, מֵרִים
dad, dad'dy *n.* *אבא
daddy-longlegs עכביש ארך-רגליים
da'do *n.* חלק הקיר התחתון
dae'mon = demon (dē'-) *n.* שֵד
daf'fodil' *n.* נרקיס
daf'fy *adj.* *טיפשי
daft *adj.* *טיפש, טיפשי
- daft as a brush *טיפש כמו קרש
dag'ger *n.* פגיון, חרב; צלבון (סימן)
- at daggers drawn עומדים להיאבק
- look daggers at לנעוץ מבט זועם
- shoot daggers at לנעוץ מבט זועם
da'go *n.* *איטלקי, ספרדי, פורטוגלי
dahl'ia (dal-) *n.* דליה (צמח)
dai'ly *adj.* יומי, יומיומי
daily *adv.* יום-יום, מדי יום, יומית
daily *n.* יומון, עיתון; *עוזרת-בית
daily bread לחם-חוקו; פרנסה
daily dozen התעמלות יומית
dain'ty *n.* מעדן, מאכל טעים
dainty *adj.* טעים; עדין, יפה; בררן
dair'y *n&adj.* מחלבה, חנות למוצרי חלב; של (מוצרי) חלב
dairy cattle פרות חלב, חולבות
dairy farm משק חלב
dairy farming חלבנות
dairying *n.* חלבנות, ניהול מחלבה
dairymaid *n.* פועלת-מחלבה
dairy-man *n.* חלבן, בעל מחלבה
dais *n.* דוכן, בימה
dai'sy (-zi) *n.* חיננית (פרח)
- pushing up the daisies *מת
daisy wheel ראש מניפה, גלגל הדפסה
dale *n.* עמק, בקעה
dal'liance *n.* אהבהבים, פלירט
dal'ly *v.* להתמזמז; לפלרטט
- dally with an idea להשתעשע ברעיון
Dal·ma'tian (-shən) *n.* כלב דלמאטי
dam *n.* סכר; אם (בבעלי-חיים)
dam *v.* לסכור, לבנות סכר
- dam up לסכור; לבלום, לרסן
dam'age *n.* נזק, הפסד
- actual damages פיצויים ממשיים
- consequential damages פיצויים לנזק עקיף
- damages דמי-נזק, פיצויים
- exemplary damages פיצויים לדוגמה
- liquidated damages פיצויים מוסכמים (בחוזה)
- nominal damages פיצויים סימליים
- punitive damages פיצויי עונשין
- what's the damage? *מה הנזק?
damage *v.* לגרום נזק ל-, להזיק
dam'ascene' *adj.* מעוטר, מקושט
Damas'cus *n.* דמשק
dam'ask *n.* אריג מעוטר, בד משי
damask *adj.* מעוטר; ורוד; דמשקי
dame *n.* אישה, גברת, אצילה
Dame Fortune אלילת הגורל
dame school בית-ספר פרטי
dam'fool (-fōōl) *adj.* *מטומטם
damn (dam) *v.* להשליך לגיהינום; לגנות, לקטול; להרוס, לקלל
- I'll be damned! תיפח רוחי!
- damn it (all)! *לעזאזל!
damn *n.* קללה
- not give a damn לא איכפת כלל
- not worth a damn לא שווה כלום
damn *adj&adv.* *ארור; לעזאזל
- damn all *כלום, שום דבר, אפס
- knows damn well ועוד איך יודע!
dam'nable *adj.* *שנוא, ארור
dam·na'tion *n.* קללה, דין גיהינום
damned (damd) *adj.* *ארור
- damned hot *חם מאוד, לוהט
- do one's damnedest *לעשות כל שביכלתו

Dam′ocles (-lēz) *n.* דמוקלס
- sword of Damocles חרב דמוקלס
damp *adj&n.* לח, רטוב; לחות
- cast a damp over להשרות דיכאון
damp *v.* ללחלח, לעמעם; לדכא
- damp down לעמעם אש/צליל
damp course שיכבת בידוד (בקיר)
damp′en *v.* ללחלח; לנסוך דיכדוך; להחליש; להחניק
damp′er *n.* וַסַּת-אוויר; עמעמת
- put a damper להעכיר אווירה
dampish *adj.* לחלוחי
damp squib ניסיון לא מוצלח
dam′sel (-z-) *n.* עלמה, בחורה
dam′son (-z-) *n.* שזיף דמשק; סגול כהה
dance *n.* ריקוד; נשף ריקודים
- lead him a dance לטלטלו הנה והנה, לגרום לו צרות
dance *v.* לרקוד, לפזז; להרקיד
- dance attendance on לכרכר סביב-
- dance to another tune לשנות את הטון, להתנהג אחרת
dance band תיזמורת ריקודים
dance floor רחבת ריקודים
dance hall אולם ריקודים
dancer *n.* רקדן, רקדנית
dancing *n.* ריקוד, מחול
dancing master מורה למחול
dan′deli′on *n.* שן-הארי, שינן
dan′der *n.* *כעס
- get his dander up להרגיזו
- get one's dander up להתרגז
dandified *adj.* מגונדר
dan′dify′ *v.* לגנדר
dan′dle *v.* לנענע תינוק
dan′druff *n.* קשקשים, קשקשת
dan′dy *n.* גנדרן, מתהדר
dandy *adj.* *מצוין, טוב מאוד
Dane *n.* דני, תושב דנמרק
dan′ger (dān′-) *n.* סכנה
- out of danger יצא מכלל סכנה
danger list רשימת החולים המסוכנים
danger money תוספת סיכון
dan′gerous (dān′-) *adj.* מסוכן
dan′gle *v.* לתלות, להתנדנד; לנדנד
- dangle before להציע, לפתות
- keep dangling להחזיק במתח
Da′nish *n&adj.* דני; דנית (שפה)
dank *adj.* לח, טחוב, קר

daph′ne (-ni) *n.* דפנה (שיח)
dap′per *adj.* נאה, זריז, פעיל
dap′ple *v.* לנמר
dappled *adj.* מנומר, חברבור, מגוון
dapple-gray *adj.* (סוס) חברבר
Dar′by and Joan′ זוג אוהבים
dare *v.* להעז, להרהיב עוז; לעמוד מול; להזמין, לאתגר
- I dare say סבורני, חוששני
- I dare you! אדרבה! נראה שתעז!
dare *n.* אתגר, הזמנה
dare-devil *n.* נועז, נמהר, "שד"
daring *adj.* אמיץ, נועז, חצוף
daring *n.* אומץ, העזה
dark *adj.* חשוך; כהה; קודר, עגום; עמום, אפל, סודי; מעורפל
- keep it dark להטיל עליו איפול
dark *n.* חושך; שחוֹר
- a leap in the dark קפיצה לתוך העלטה, הימור נועז
- a shot in the dark ניחוש בעלמא
- a stab in the dark ניחוש בעלמא
- after dark בלילה
- be in the dark לגשש באפילה
- before dark בערב
- keep in the dark להטיל איפול
Dark Ages ימי הביניים
Dark Continent אפריקה
dark′en *v.* להחשיך, להקדיר
- never darken my door again בל תדרוך כף רגלך על מיפתן ביתי
dark′ey *n.* *כושי
dark horse נעלם, מתמודד העשוי לנצח
darkness *n.* חושך, אפילה
darkroom *n.* חדר-חושך (בצילום)
dark′y *n.* *כושי
dar′ling *n&adj.* אהוב, יקר, יקירי; *נחמד, מקסים
darn *v.* לתקן גרביים
darn *n.* תיקון בגרביים, טלאי
darn = damn *לעזאזל
darning *n.* גרביים הטעונים תיקון
darning needle צינורית, צינורה
dart *n.* זינוק; חץ, חץ נוצי
- darts קליעה בחיצים נוציים
dart *v.* לזנק; לזרוק, להטיל
- dart about להתרוצץ
dartboard *n.* לוח מטרה (לחיצים)
dash *n.* קורטוב, מעט; מפריד (-)
dash *n.* זינוק, הסתערות; מירוץ, מאוץ; פעלתנות, מרץ; מַשַּׁק-מים

- cut a dash להרשים, להבריק
dash *v.* לזנק, להגיח; לנפץ; להתנפץ; להשליך, להטיל; להתיז
- dash it all! *לעזאזל
- dash off לשרבט; להסתלק
dashboard *n.* לוח מחוונים, דָשבּוֹרד
dashed *adj.* מאוכזב, מדוכא; *ארור
dashing *adj.* נמרץ, פעיל, נועז
dash light מנורת המחוונים
das'tard *n.* מוג-לב, רע-לב
da'ta *n.* נתונים, פרטים
data bank מאגר נתונים
database בסיס נתונים
da'table *adj.* ניתן לתארך אותו
data processing עיבוד נתונים
date *n.* תאריך; תקופה; ראיון, פגישה; *חָבֵר, חֲבֵרָה
- bring up to date לעדכן
- dates תאריכי הולדת ומוות
- go out of date לצאת מכלל שימוש
- out of date מיושן, עבר זמנו
- past his sell-by date עבר זמנו
- to date עד כה, עד היום
- up to date מעודכן, עדכני, חדיש
date *v.* לתארך; ליישן; להתיישן; להיפגש; "לצאת עם"
- dates back to/from קיים מ-
date *n.* תמר; דקל
dated *adj.* מיושן, לא בשימוש
- long-dated (אג"ח) ארוכות מועד
- short-dated קצר-מועד
dateless *adj.* ניצחי, קיים לעד
date-line *n.* שורת התאריך (בעיתון); קו התאריך הבינלאומי
date palm דקל
date stamp תאריכון
da'tive *n.* מושא עקיף, יחסת אל
da'tum *n.* נתון, פרט
daub *v&n.* למרוח, לצבוע, ללכלך; טיח, ציפוי; קישקוש, מריחה
dauber *n.* מרחן
daugh'ter (dô'-) *n.* בת
daughter-in-law *n.* כלה, אשת הבן
daughterly *adj.* של בת
daunt *v.* להרתיע, להפחיד
- nothing daunted לא נשברה רוחו
dauntless *adj.* עשוי לבלי חת
dau'phin *n.* יורש-עצר (צרפתי)
dav'enport' *n.* ספה; מיכתבה
dav'it *n.* מדלה, מנוף להרמת סירות
daw *n.* קאק (עורב); *טיפש
daw'dle *v.* להתבטל, להתמזמז
- dawdle away לבזבז (זמן)
dawdler *n.* בטלן
dawn *n.* שחר, זריחה; הופעה
- a false dawn אכזבה
- dawn is breaking השחר מפציע
dawn *v.* לעלות (עמוד השחר), לזרוח
- dawn on להתבהר, לחדור להכרה
dawn chorus מקהלת ציפורים
day *n.* יום; תחרות
- all in a day's work שיגרתי, צפוי
- at the end of the day *סיכומו של דבר
- before day לפני עלות השחר
- better days שעות יפות (בחיים)
- by day בשעות היום, יומם
- call it a day לסיים יום עבודה; לפרוש, להתפטר
- day after day יום אחר יום
- day and night יומם ולילה
- day by day מדי יום, בכל יום
- day in, day out יום יום
- fall on evil days להגיע לזמנים קשים
- from day to day מדי יום
- good day! שלום!
- he's had his day ירד מגדולתו
- his days are numbered ימיו ספורים
- in a few days' time תוך כמה ימים
- in days of old בימי-קדם
- in days to come בעתיד
- in my day בצעירותי, בזמני
- in these days היום, כיום
- in those days אז
- make a day of it לבלות יום שלם
- make his day *להסב לו נחת-רוח, "עשה לו את היום"
- one of these days לא ירחק היום
- pass the time of day להחליף כמה מלים
- some day/one day באחד הימים
- that'll be the day! זה לעולם לא יקרה!
- the day after the fair מאוחר מדי
- the day after tomorrow מחרתיים
- the day before yesterday שילשום
- the day is mine! ניצחתי!
- the other day לפני כמה ימים
- the present day היום, כיום
- this day week היום בעוד שבוע
- to the day בדיוק

- to this day עד היום, עד כה
- win/lose the day לנצח/להפסיד
day bed ספה
day-book *n.* יומן
day-boy *n.* תלמיד-יום (הלן בביתו)
daybreak *n.* עלות השחר
day care השגחה במעון יום
day center מעון יום (לקשישים)
daydream *n.* חלום בהקיץ
daydream *v.* לשגות בהזיות
day-laborer *n.* פועל יומי
daylight *n.* אור היום
- daylights *שכל, בינה
- in broad daylight לאור היום
- see daylight לראות את האור (שבקצה המינהרה); להבין
daylight robbery שוד לאור היום
daylight saving time שעון קיץ
day-long *adj.* במשך כל היום
day nursery מעון-יום, גן
day off יום חופשה
day of reckoning יום הדין
day return כרטיס הלוך ושוב
dayroom *n.* מועדון, חדר-תרבות
days (-z) *adv.* יומית, בכל יום
day school בית-ספר יום
day-spring *n.* עלות-השחר
day ticket כרטיס הלוך ושוב
daytime *n.* שעות היום
day-to-day *adj.* יומיומי
day trip טיול יומי, יום טיול
daze *v&n.* לבלבל, להמם
- in a daze במבוכה, בהלם
daz′zle *v&n.* לסנוור; סִינווּר
DC = direct current
D-day *n.* שעה ש׳, שעת האפס
dea′con *n.* כומר
de·ac′tivate′ *v.* להוציא מכלל פעולה, לנטרל
dead (ded) *adj.* מת, חסר-תחושה; משומש; לא-פועל; כבד, עמום; מוחלט; מדוייק
- dead calm רוֹגַע, דממה גמורה
- dead faint עילפון עמוק
- dead loss הפסד גמור
- dead matter דוֹמֵם
- dead of winter עיצומו של החורף
- dead on his feet *נופל מהרגליים
- dead silence שקט מוחלט
- dead sleep שינה עמוקה
- dead stop עצירה מוחלטת
- dead to pity חסר-רחמים
- dead to the world בשינה עמוקה
- the dead המתים
dead *adv.* לגמרי, פתאום; בהחלט
- catch him dead לתפוס אותו פיתאום (בקלקלתו)
- dead ahead הלאה, היישר בדיוק
- dead certain בטוח לגמרי
- dead tired עייף מאוד
- knock him dead *להרשים אותו ביותר; להפיל אותו מהכיסא
dead beat עצלן, ביטניק; לא פורע חוב; *עייף, רצוץ
dead center המרכז המדויק, בול
dead duck *לא יוצלח; דבר אבוד
dead′en (ded′ən) *v.* להחליש; להרדים
dead end מבוי סתום, קיפאון
dead-end *adj.* חסר סיכויי קידום
dead-end kids ילדי מצוקה
deadhead *n.* אדם משעמם/יבש
dead heat מירוץ-תיקו
dead letter אות מתה, חוק לא תקף
deadline *n.* מועד אחרון, מועד סופי
deadlock *n.* קיפאון, מבוי סתום
dead loss *הפסד גמור; לא שווה
deadly *adj.* קטלני; כמוות; מוחלט
- deadly enemy שונא בנפש
deadly *adv.* כמוות; עד מאוד
dead march מארש אֵבֶל
dead nettle נְזמִית
dead′pan′ (ded-) *adj.* חסר-הבעה
Dead Sea ים המלח
dead set התקפה מחושבת
dead shot צלף מעולה; קליעת בול
dead weight משא כבד
dead wood דברים מיותרים
deaf (def) *adj.* חירש
- deaf to אוטם אוזנו ל-
- turn a deaf ear לאטום אוזן
deaf-aid *n.* מכשיר-שמיעה
deaf′en (def-) *v.* להחריש, להרעיש
deaf-mute *n.* חירש-אילם
deal *n.* סכום, כמות, כמות הגונה
- a good/great deal הרבה, בהרבה
deal *n.* חלוקת-קלפים, תור לחלק
- new deal רפורמה, תוכנית חדשה
- raw deal יחס רע
- square deal יחס הוגן, יחס טוב
deal *v.* לחלק, לתת, לספק
- deal a blow להנחית מכה
- deal at לשאת ולתת עם, לעסוק עם
- deal in לסחור ב-

- deal justice to לעשות צדק עם
- deal out לחלק, לתת
- deal with לנהל עסקים עם, לשאת ולתת עם, לעסוק ב-, לטפל ב-
- is well dealt by נוהגים בו יפה
deal *n.* עסק, הסכם, עיסקה
- a done deal עיסקה סגורה
- it's a deal עשינו עסק! אני מסכים
- no deal! לא! לא מסכים!
- package deal עסקת חבילה
deal *n.* עץ אורן (לרהיטים)
dealer *n.* מחלק קלפים; עוסק
dealing *n.* התנהגות, גישה; חלוקה
- dealings עסקים, יחסים
dealt = p of deal (delt)
dean *n.* כומר ראשי; דקן פקולטה
dean′ery *n.* כהונת הדקן, דקנות
dear *adj.* יקר; אהוב, נחמד
- Dear Sir א.נ., נכבדי
- hold it dear להוקיר זאת
dear *adv.* במחיר גבוה, ביוקר
dear *n.* יקר, יקיר, יקירי
dear *interj.* אוי! אהה!
- Oh Dear!, dear me! אוי! אהה!
dear′ie *n.* *יקירי
dearly *adv.* מאוד; ביוקר
dearness *n.* יוקר, יַקרוּת
dearth (dûrth) *n.* מחסור
dear′y *n.* *יקירי
death (deth) *n.* מוות; הרס
- at death's door על סף המוות
- be the death of להרוג, לחסל
- catch one's death *לחלות מאוד
- death of my hopes קץ לתיקוותי
- in at the death נוכח בסיום הַצַיִד
- is death on *מחמיר עם, מתנגד
- living death חיים גרועים ממוות
- looks like death warmed up "נראה כמו מת", חולה מאוד
- put to death להוציא להורג
- sick to death of נקעה נפשו מ-
- stone to death לסקול
- the death knell of סתם הגולל על
- to death עד מוות, עד מאוד
- work him to death להעבידו בפרך
death-bed *n.* ערש מוות
death-blow *n.* מכת-מוות, מהלומה
death certificate תעודת פטירה
death duty/tax מס עיזבון
deathless *adj.* אלמותי, ניצחי
deathlike *adj.* של מוות, כמוות
deathly *adj&adv.* כמוות

death mask תבליט פני מת
death penalty עונש מוות
death rate תמותה
death rattle חירחורי גסיסה
death roll רשימת החללים
death's head גולגולת-מת
death toll קציר-דמים
death trap מלכודת מוות
death warrant פקודת מוות; גזר דין מוות; חיסול, קץ
deb = debutante
de·ba′cle (-bä′-) *n.* מנוסה, בהלה; התמוטטות, כישלון, אסון
de·bar′ *v.* לשלול, למנוע
de·bark′ *v.* לעלות ליבשה
de·base′ *v.* להשפיל; לזייף מטבע
debasement *n.* השפלה
debatable *adj.* נתון לוויכוח
de·bate′ *n.* ויכוח, דיון
debate *v.* להתווכח, לדון, לשקול
debater *n.* משתתף בדיון; פולמוסן
de·bauch′ *v.* להדיח, להשחית, להתעות
debauch *n.* הילולה, אורגייה
de′bauchee′ *n.* הולל, מושחת
de·bauch′ery *n.* הוללות
de·ben′ture *n.* איגרת חוב
de·bil′itate′ *v.* להתיש, להחליש
de·bil′ity *n.* חולשה, תשישות
deb′it *n.* חובה; חיוב
debit *v.* לחייב, לזקוף לחובת-
debit side חובה, טור החובה
deb′onair′ *adj.* עליז, מקסים; אדיב
de′bone′ *v.* להוציא העצמות, לגרם
de·bouch′ (-bōōsh) *v.* לצאת, להגיח
de′brief′ (-brēf) *v.* לתחקר, לתשאל
debris′ (-brē′) *n.* עיי-חורבות, שפוכת
debt (det) *n.* חוב
- in debt חייב כספים, שקוע בחובות
- in his debt חייב לו טובה
- out of debt משוחרר מחובות
- run into debt לשקוע בחובות
debt′or (det-) *n.* חייב, לווה
de·bug′ *v.* לסלק (טעויות), לנפות
de·bunk′ *v.* *לחשוף, לגלות האמת
debut (dābū′) *n.* הופעת בכורה
deb′u·tante′ (-tänt) *n.* מַתחִילָה
Dec. = December
dec′a (תחילית) עשר, 10
dec′ade *n.* עשור, 10 שנים; מִניָין

dec′adence *n.* שקיעה, התנוונות
dec′adent *adj&n.* מתנוון
de′caf′ *adj.* נטול קפאין
de·caf′feina′ted (-fənā′-) *adj.* נטול קפאין
dec′agon′ *n.* מעושר, בעל עשר צלעות
Dec′alogue′ (-lôg) *n.* עשרת הדיברות
de·camp′ *v.* לנטוש מחנה, לברוח
de·cant′ *v.* לצקת (יין, בלי המישקע) לכלי אחר, לשפות
de·cant′er *n.* בקבוק (ליין)
de·cap′itate′ *v.* לערוף, להסיר ראש
de·cap′ita′tion *n.* עריפה
de′car′bonize′ *v.* לסלק פחמן
de·cath′lon *n.* קרב-עשר
de·cay′ *v.* להרקיב, להתנוון
decay *n.* ריקבון; דעיכה
- fall into decay להתנוון
de·cease′ *n.* מוות
deceased *adj&n.* מת, המנוח
de·ce′dent *n.* מת, נפטר
de·ceit′ (-sēt) *n.* רמאות, הונאה
deceitful *adj.* רמאי, מוליך שולל
de·ceive′ (-sēv) *v.* לרמות, להתעות
- be deceived in לטעות, ללכת שולל
deceiver *n.* רמאי
de′cel′erate′ *v.* להאט
de·cel′era′tion *n.* האטה
De·cem′ber *n.* דצמבר
de′cency *n.* הגינות, צניעות
- decencies נימוסים, הליכות נאות
de·cen′nium *n.* עשור, עשר שנים
de′cent *adj.* צנוע, הגון, נאה, מכובד
de′cen′traliza′tion *n.* ביזור
de′cen′tralize′ *v.* לְבַזֵּר
de·cep′tion *n.* רמאות, הולכת שולל
de·cep′tive *adj.* מטעה, מוליך שולל
dec′i- (תחילית) עשירית, 1/10
dec′ibel′ *n.* דציבל (יחידה של עוצמת הקול)
de·cide′ *v.* להחליט, לפסוק, להכריע
- decide him to להביאו להחליט ש-
- decide in favor of להכריע לטובת
decided *adj.* ברור, החלטי, פסקני
decidedly *adv.* בהחלט, החלטית
decider *n.* משחק מכריע
de·cid′uous (-j′ōōəs) *adj.* (עץ) נשיר
dec′igram′ *n.* דציגרם, עשירית גרם
dec′ili′ter (-lē′tər) *n.* דציליטר
dec′imal *adj&n.* (שבר) עשרוני
decimal fraction שבר עשרוני
dec′imaliza′tion *n.* המרה לשיטה העשרונית
decimal point הנקודה העשרונית
dec′imate′ *v.* להשמיד חלק ניכר מ-
dec′ima′tion *n.* השמדת חלק ניכר
dec′ime′ter *n.* דצימטר
de·ci′pher *v.* לפענח, לגלות
decipherable *adj.* פתיר, בר-פיענוח
de·ci′sion (-sizh′ən) *n.* החלטה; החלטיות
decision-making *n.* קבלת החלטות
de·ci′sive *adj.* מכריע, מוחלט
deck *v.* לקשט; להתקין סיפון
- decked out in מקושט ב-
deck *n.* סיפון, קומה (באוטובוס); חפיסת קלפים
- double-deck דו-קומתי
- hit the deck *לקום, להירתם לעבודה; ליפול ארצה
- on deck מוכן ומזומן
deck chair כיסא-נוח
deck′er *n.* בעל קומות (או שכבות)
deck hand סיפונאי
deck′le-edged *adj.* מחוספס קצוות
de·claim′ *v.* לדקלם
- declaim against לתקוף, לדבר בלהט
dec′lama′tion *n.* דיקלום; נאום
de·clam′ato′ry *adj.* דיקלומי
declarable *adj.* טעון מיצהר
dec′lara′tion *n.* הצהרה; מיצהר; תצהיר; הכרזה
- declaration of intentions הצהרת כוונות
de·clar′ato′ry *adj.* הצהרתי
de·clare′ *v.* להצהיר, להכריז, לומר
- I declare! ברצינות! (בהפתעה)
- declare against להביע התנגדות
- declare for להביע תמיכה ב-
- declare oneself להבהיר עצמו
- declare war להכריז מילחמה
- it declares him to be- הדבר מעיד עליו שהוא-
declared *adj.* מוצהר, מובהק
de′clas′sify′ *v.* להסיר הגבלת הסודיות (ממיסמך מסווג)
de·clen′sion *n.* (בדקדוק) נטייה
dec′lina′tion *n.* זווית הסטייה (במצפן); סירוב, מיאון
de·cline′ *v.* לסרב, לדחות; לרדת,

להידרדר, לשקוע; (בדקדוק) להטות
- declining years זיקנה
decline *n.* שקיעה, ירידה
- fall into a decline להידרדר
- on the decline הולך ופוחת
de·cliv′ity *n.* מידרון, מוֹרָד
de′clutch′ *v.* ללחוץ על המצמד
de·coc′tion *n.* תמצית; מירתח
de′code′ *v.* לפענח צופן
decolletage (dā′koltäzh′) *n.* מחשוף עמוק
decollete (dā′koltā′) *adj.* עמוקת-מחשוף
de′col′oniza′tion *n.* דקולוניזציה
de′col′onize′ *v.* להעניק עצמאות
de′commis′sion *v.* לסגור, לפרק, להוציא משימוש
de′compose′ (-z) *v.* להפריד, לשבור קרני אור, לפרק; להרקיב
de′com′posi′tion (-zi-) *n.* פירוק
de′compress′ *v.* להפחית הלחץ
de′compres′sion *n.* הורדת הלחץ
de′conges′tant *n.* משחרר גודש
de′contam′inate′ *v.* לטהר, לחטא
de′contam′ina′tion *n.* טיהור
de′control′ (-rōl) *v.* להסיר הפיקוח
decontrol *n.* הסרת הפיקוח
decor′ (dā-) *n.* תפאורה
dec′orate′ *v.* לקשט, לעטר; לצבוע
dec′ora′tion *n.* קישוט, ייפוי; עיטור; תפאורה; דקורציה
dec′orative *adj.* קישוטי, דקורטיבי
dec′ora′tor *n.* תפאורן, דקורטור
dec′orous *adj.* הולם, הוגן, לא פוגע
de·co′rum *n.* הגינות, צניעות
- decorums גינונים, נימוסים
de′coy′ *n.* פיתיון; מלכודת
de·coy′ *v.* להפיל במלכודת, לפתות
de·crease′ *v.* להפחית, לצמצם; לרדת
de′crease′ *n.* הפחתה, ירידה
- on the decrease הולך ופוחת
de·cree′ *n.* צו, פקודה; פסק-דין
decree *v.* להוציא צו, לפסוק, לגזור
decree absolute צו מוחלט
decree ni′si (-sī) צו על תנאי
dec′rement *n.* הפחתה
de·crep′it *adj.* חלוש, תשוש
de·crep′itude′ *n.* תשישות
de·cry′ *v.* לזלזל ב-, לגנות
ded′icate′ *v.* להקדיש
dedicated *adj.* מסור, דבק במטרה
ded′ica′tion *n.* הקדשה; מסירות
de·duce′ *v.* להסיק (מסקנה)
de·duct′ *v.* להפחית, לנכות
deductible *adj.* שאפשר לנכותו
de·duc′tion *n.* הפחתה; מסקנה
de·duc′tive *adj.* מסקני, דדוקטיבי
deed *n.* מעשה, עשייה; מיסמך, תעודה; שטר
- in word and deed להלכה ולמעשה
deed-box *n.* כספת מיסמכים
deed of covenant שטר קניין
deed of trust שטר נאמנות
deed poll תצהיר רישמי
deem *v.* לסבור, להאמין, להעריך
- deem fit לחשוב לנכון, לשקול בחיוב
deep *adj&adv.* עמוק
- deep green ירוק עז
- deep in a book מתעמק בספר
- deep in debt שקוע בחובות
- deep learning התעמקות, עמקנות
- deep person אדם שקשה להבינו
- deep secret סוד כמוס
- deep thinker עמקן
- go off the deep end *להתפרץ בזעם, להתלקח; לפעול בפזיזות
- goes deep להיות חזק/רציני ביותר
- in deep בבוץ, בצרה, בתיסבוכת
- in deep debt בחובות כבדים
- in deep water באו מים עד נפש
- runs deep להיות חזק/רציני ביותר
- still waters run deep מים שקטים חודרים עמוק
- the deep הים, האוקיינוס
deep′en *v.* להעמיק
deep-freeze *v.* להקפיא (מזון)
deep freeze *n.* הקפאה עמוקה
deep-fry *v.* לטגן בשמן עמוק
deep-laid *adj.* מתוכנן בסודיות
deeply *adv.* עמוק, מאוד
deep-rooted *adj.* מושרש, עמוק
deep-seated *adj.* מושרש, עמוק
deep throat גרון עמוק (מדליף)
deep-water/sea *adj.* של לב-הים
deer *n.* צבי, צבאים
deerskin *n.* עור-צבי
de′-es′calate′ *v.* להפחית, לצמצם
de′-es′cala′tion *n.* צימצום, הורדה
def. = definite, definition
de·face′ *v.* להשחית צורה, לטשטש
defacement *n.* השחתה, טישטוש
de′ fac′to דה פאקטו, למעשה
de′fal·ca′tion *n.* מעילה

def'ama'tion *n.* השמצה
de•fam'ato'ry *adj.* משמיץ
de•fame' *v.* להשמיץ, להלעיז
de•fault' *v.* להשתמט; לא להופיע
default *n.* השתמטות, התחמקות, אי-מילוי הבטחה; היעדרות, אי-הופעה; מחדל
- in default of בהיעדר-, ללא-
- win by default לזכות עקב אי-הופעת היריב
defaulter *n.* עבריין (בצבא)
default judgment פס"ד בהיעדר הנאשם
de•fea'sance (-z-) *n.* ביטול, סיום
de•fea'sible (-z-) *adj.* בר-ביטול
de•feat' *n.* מפלה, תבוסה; ביטול
defeat *v.* להביס; לסכל; לבטל
de•feat'ist *n.* תבוסן, תבוסתן
def'ecate' *v.* לעשות צרכיו
def'eca'tion *n.* עשיית צרכים
de'fect' *n.* פגם, חסרון, דפקט
de•fect' *v.* לערוק (למחנה הנגדי)
de•fec'tion *n.* עריקה
de•fec'tive *adj.* פגום; לוקה בשכלו
defectiveness *n.* דפקטיביות, לקות
defector *n.* עריק
defence = defense הגנה
de•fend' *v.* להגן על
de•fend'ant *n.* ניתבע, נאשם
defender *n.* מגן, סניגור
de•fense' *n.* הגנה; מגן
- self-defense הגנה עצמית
defenseless *adj.* חסר-הגנה
defense mechanism מנגנון הגנה
de•fen'sible *adj.* בר-הגנה
de•fen'sive *adj.* מגן, הגנתי
- on the defensive בעמדת התגוננות
defensive lockout השבתת מגן
de•fer' *v.* לדחות (לעתיד), לעכב
- defer to להיכנע ל-, לקבל דעתו
def'erence *n.* יחס-כבוד, כיבוד
- in deference to מתוך כיבוד-
def'eren'tial *adj.* מכבד
de•fer'ment *n.* דחייה, עיכוב
de•fer'ral *n.* דחייה
de•fer'red *adj.* דחוי
deferring judgment הלנת דין
de•fi'ance *n.* התנגדות, אי-ציות
- bid defiance to להתקומם
- in defiance of בניגוד, למרות, חרף
- set at defiance לבוז, להתעלם מ-
de•fi'ant *adj.* מתנגד, לא מציית, בז

de•fi'ciency (-fish'ən-) *n.* חוסר, מחסור; פגם, ליקוי
deficiency disease חֶסֶר (מחלה)
de•fi'cient (-fish'ənt) *adj.* חסר, לקוי; נטול-, נעדר, לא מספיק; מפגר
def'icit *n.* גירעון, דפיציט
de•file' *v.* ללכלך, לטנף, לזהם
de'file' *v.* לצעוד בטור
de'file' *n.* מעבר צר (בין הרים)
defilement *n.* ליכלוך, זיהום
de•fine' *v.* להגדיר; לתחום תחומים
- clearly defined מוגדר היטב, ברור
def'inite (-nit) *adj.* מוגדר, מוחלט, ברור; פסקני, החלטי
definite article = the
definitely *adv.* בהחלט; כן
def'ini'tion (-ni-) *n.* הגדרה; צלילות
de•fin'itive *adj.* סופי, מוחלט
de•flate' *v.* להוציא האוויר מ-, להנמיך קומתו; לצמצם מחזור הכסף
de•fla'tion *n.* דפלציה, צימצום מחזור הכסף
de•fla'tionar'y (-shəneri) *adj.* דפלציוני
de•flect' *v.* להטות; לסטות
de•flec'tion *n.* סטייה; הטייה
de•flow'er *v.* לגזול בתולים
de'fo'liant *n.* משיר עלים (כימיקל)
de'fo'liate' *v.* להשיר עלים
de'fo'lia'tion *n.* השרת עלים
de'for'est *v.* לברא, לעקור עצים
de'for'esta'tion *n.* בירוא
de•form' *v.* לעוות, להשחית צורה
de'for•ma'tion *n.* שינוי צורה, שינוי לרעה; מום, עיוות, עיווי
deformed *adj.* מְעוּוָת, בעל מום
de•for'mity *n.* מום, עיוות
de•fraud' *v.* לרמות
de•fray' *v.* לשלם
defrayal *n.* סילוק חשבון
defrayment *n.* סילוק חשבון
de'frock' *v.* להסיר המדים מ-
de•frost' (-rôst) *v.* להפשיר
defroster *n.* מפשיר
deft *adj.* זריז, מוכשר
de•funct' *adj.* מת, לא קיים
- the defunct המנוח
de'fuse' (-z) *v.* לנטרל (פצצה)
de•fy' *v.* להמרות; לזלזל, לעמוד מול, לאתגר; "לצפצף על"
- I defy you! אדרבה! נראה אותך!

- defies description בל יתואר
de·gen′eracy *n.* התנוונות, דילדול
de·gen′erate′ *v.* להתנוון, להידרדר
de·gen′erate *adj.* מְנוּוָן, מקולקל
de·gen′erate *n.* דגנראט, מפגר
de·gen′era′tion *n.* התנוונות
de·gen′era′tive *adj.* מתנוון
deg′rada′tion *n.* קלון; ירידה
de·grade′ *v.* להשפיל, לבזות
de·gree′ *n.* מידה, דרגה, מַעֲלָה; תואר
- by degrees בהדרגה
- degree of proof משקל הראיות
- first degree דרגה א׳, חמור
- not in the slightest degree כלל לא, לגמרי לא
- third degree חקירת עינויים
- to a (high) degree *מאוד, ביותר
- to the nth degree מאוד, ביותר
de·gres′sive *adj.* (שיעור מס) יורד
de′horn′ *v.* לגדוע קרניים
de′hu′manize′ *v.* ליטול צלם-אנוש
de′hy′drate′ *v.* לסלק המים, לייבש
de′hy·dra′ted *adj.* יבש, מיובש
de′hy·dra′tion *n.* אל-מיום, הובשה, צִיחָיוֹן, התייבשות
de′ice′ *v.* להסיר הקרח מ-
de′ifica′tion *n.* האלהה
de′ify′ *v.* לְהָאֲלִיהַּ, לסגוד ל-
deign (dān) *v.* להשפיל עצמו
- does not deign לא נאה לו, מתנשא
de′ism′ *n.* דיאיזם, אמונה באל
de′ity *n.* אלוהות, אלוהים
deja vu (dā′zhä′ vōō′) *n.* דז׳ה וו, חוויה מדומה
de·jec′ted *adj.* מדוכא, עצוב
de·jec′tion *n.* דיכאון, עצבות
de′ ju′re (-ri) דה יורה, להלכה
dek′ko *n.* *מבט
- have a dekko להעיף מבט
de·lay′ *n.* דחייה, עיכוב, שהייה
- without delay מיד, ללא דיחוי
delay *v.* לדחות, לעכב; להשתהות
de·lec′table *adj.* טעים, נעים, נחמד
de′lec·ta′tion *n.* עונג, בידור
del′egacy *n.* מינוי ציר; ייפוי כוח, הסמכה; נציגות
del′egate *n.* ציר, בא-כוח, נציג
del′egate′ *v.* לְמַנּוֹת ציר; להסמיך
del′ega′tion *n.* משלחת, נציגות; הסמכה; האצלה
de′legit′ima′tion *n.* דה-לגיטימציה

de·lete′ *v.* למחוק
del′e·te′rious *adj.* מזיק
de·le′tion *n.* מחיקה
delft, delf *n.* דלפט (חרס)
del′i *n.* *מעדנייה
de·lib′erate *adj.* מְכֻוָּן, בכוונה; מחושב, שקול, מדוד
de·lib′erate′ *v.* לשקול היטב, לדון
deliberately *adv.* בכוונה, מדודות
de·lib′era′tion *n.* דיון, שַׁקְלָא וְטַרְיָא; מתינות, זהירות
de·lib′era′tive *adj.* דיוני; מתוכנן
del′icacy *n.* עדינות, רגישות; מעדן
del′icate *adj.* עדין, רגיש
del′icates′sen *n.* מעדנים; מעדנייה
de·li′cious (-lish′əs) *adj.* טעים
de·lict′ *n.* עבירה, פשע
de·light′ *n.* הנאה, שימחה, תענוג
- take delight in ליהנות מ-
delight *v.* לענג, לשמח; ליהנות
- delight in להפיק הנאה מ-
delighted *adj.* שמח, נהנה
delightful *adj.* מענג, נעים
de·lim′it *v.* לקבוע גבולות, לתחום
de·lim′itate′ *v.* לקבוע גבולות
de·lim′ita′tion *n.* תיחום
de·lin′e·ate′ *v.* לתאר, לשרטט
de·lin′e·a′tion *n.* תיאור, שירטוט
de·lin′quency *n.* עבריינות; עבירה
de·lin′quent *n.* עבריין
delinquent *adj.* משתמט ממילוי חובה
del′iques′cent *adj.* נמס
de·lir′ious *adj.* מטורף, נרגש
de·lir′ium *n.* טירוף, הזייה, תזזית
de·liv′er *v.* להעביר, למסור, לתת; לומר, להביע; ליילד
- be delivered of ללדת
- deliver from לשחרר מ-, לגאול
- deliver oneself of לומר, להביע
- deliver the goods לקיים הבטחה, לפעול כמצופה, לספק את הסחורה
- deliver up להסגיר, למסור
deliverance *n.* שיחרור; גילוי דעת
deliverer *n.* משחרר, גואל
de·liv′ery *n.* העברה, מסירה; חלוקת מיכתבים; שיחרור, גאולה; סיגנון; לידה
- on delivery (לתשלום) עם המסירה
delivery note תעודת מישלוח
dell *n.* עמק, ביקעה
de′louse′ *v.* לסלק הכינים, לפלות

Del′phic *adj.* מעורפל, לא ברור
del•phin′ium *n.* דרבנית (צמח)
del′ta *n.* דלתה; דלתא
delta-winged *adj.* בעל כנפי דלתה
de•lude′ *v.* לרמות, להוליך שולל
del′uge (-′ūj) *n.* מבול
deluge *v.* להציף, להמטיר
de•lu′sion (-zhən) *n.* אשליה, הזייה; רמאות
de•lu′sive *adj.* מַשלֶה; מטעה
de•luxe′ (-looks) דה-לוקס, מפואר
delve *v.* להתעמק; לצלול
de′mag′netize′ *v.* למחוק המיגנוט
dem′agog′ic *adj.* דמגוגי
dem′agogue′ (-gôg) *n.* דמגוג
dem′agogu′ery (-gog′əri) *n.* דמגוגיה
dem′agog′y *n.* דמגוגיה
de•mand′ *n.* דרישה, תביעה; ביקוש
- is in demand יש לו ביקוש
- it makes demands on my time הדבר גוזל מזמני
- on demand לתשלום עם הדרישה
demand *v.* לתבוע, לדרוש; להצריך
- demand his business לשאול מה חפצו
demanding *adj.* דורש תשומת-לב
demand note דרישת תשלום
de•mar′cate *v.* לציין גבולות, לתחום
de′mar•ca′tion *n.* תחימה, סימון גבולות; הבחנה; הגדרה ברורה
de•mean′ *v.* להשפיל, לבזות
- demean oneself להשפיל עצמו; להתנהג
de•mea′nor *n.* התנהגות
de•men′ted *adj.* מטורף
de•men′tia (-men′shə) *n.* שיטיון, דמנציה; טירוף
de′mer′it *n.* חיסרון
de•mesne′ (-mān′) *n.* אחוזה, בעלות
dem′i- (תחילית) חצי
dem′igod′ *n.* חצי-אל, אליל
dem′ijohn′ (-jon) *n.* בקבוק גדול
de′mil′itariza′tion *n.* פירוז
de′mil′itarize′ *v.* לפרז
dem′imonde′ *n.* עולם הנשים שבשולי החברה המכובדת
de•mise′ (-z) *n&v.* מוות; העברת בעלות; להעביר בעלות; למות
de′mist′ *v.* להסיר האדים מ-
dem′itasse′ *n.* ספל קפה קטן
dem′o *n.* *הפגנה; הדגמה
de•mob′ *v.* לשחרר משירות (בצבא)
de•mo′biliza′tion *n.* שיחרור מהצבא
de•mo′bilize′ *v.* לשחרר מהצבא
de•moc′racy *n.* דמוקרטיה
dem′ocrat′ *n.* דמוקרט
dem′ocrat′ic *adj.* דמוקרטי
de•moc′ratiza′tion *n.* דמוקרטיזציה
de•moc′ratize′ *v.* להנהיג דמוקרטיה
demode (dā′mōdā′) *adj.* מיושן
dem′ograph′ic *adj.* דמוגרפי
de′mog′raphy *n.* דמוגרפיה
de•mol′ish *v.* להרוס, לחסל
dem′oli′tion (-li-) *n.* הֶרֶס, חיסול
- demolitions חומרי נפץ
de′mon *n.* שֵד, שטן; "שד משחת"
- a demon for work עובד כמו שד
de′mon′etize′ *v.* להוציא מהמחזור
de′moni′acal *adj.* שטני
de•mon′ic *adj.* שטני
de′moniza′tion *n.* דמוניזציה, השמצה, התייחסות כאל שטן
de•mon′strable *adj.* יכיח, ברור
dem′onstrate′ *v.* להוכיח, להראות, להדגים, להציג; להפגין
dem′onstra′tion *n.* הוכחה; הפגנה
de•mon′strative *adj.* מפגין רגשות, גלוי, פתוח; הפגנתי
demonstrative pronoun כינוי רומז
dem′onstra′tor *n.* מפגין; מדגים
de•mor′aliza′tion *n.* דמורליזציה
de•mor′alize′ *v.* להשחית, לקלקל; להוריד המוראל
de•mote′ *v.* להוריד בדרגה
de•mot′ic *n.* עממי, של העם
de•mo′tion *n.* הורדה בדרגה
de•mur′ *v.* להתנגד, לערער על
demur *n.* התנגדות, עירעור
de•mure′ *adj.* צנוע, רציני; מצטנע
de•mur′rer *n.* טענת דחייה על הסף
de′mys′tify′ *v.* להסיר המיסתורין
den *n.* מאורה; *חדר פרטי
de′nary *adj.* עשרוני, עשורי
de′na′tionalize′ (-nash′ən-) *v.* לבטל הלאמה
de′na′ture *v.* לפגל, להשחית טעמו
denatured alcohol כוהל מפוגל

de·ni′able *adj.* ניתן להכחישו
de·ni′al *n.* שלילה, סירוב; הכחשה
- self-denial הקרבה-עצמית, הינזרות
denier′ (-nir) *n.* דנייר (מידת דַקוּת)
den′igrate′ *v.* להשמיץ
den′igra′tion *n.* השמצה
den′im *n.* דנים (אריג כותנה חזק)
- denims מיכנסי ג׳ינס
den′izen *n.* תושב, שוכן-, חי ב-
de·nom′inate′ *v.* לכנות, לקרוא
de·nom′ina′tion *n.* כינוי, שם; כת, עדה; סוג, מין, ערך; מכנה
denominational *adj.* כיתתי, עדתי
de·nom′ina′tor *n.* מכנה (של שבר)
de′no·ta′tion *n.* ציון, סימול
de·note′ *v.* לציין, לסמל
denouement (dā′nōōmäng′) *n.* סוף המעשה, שלב סופי, התבהרות
de·nounce′ *v.* לגנות; להלשין, להאשים; להודיע על סיום ההסכם
dense *adj.* סמיך, דחוס; מטומטם
den′sity *n.* צפיפות, דחיסות
dent *n.* גומה, שקע (ממכה); פגיעה
- make/put a dent in להפחית במיקצת, לגרוע מ-
- not make a dent in לא להקטין כהוא זה
dent *v.* לגרום לשקע, לעשות גומות; להיווצר בו שקעים
den′tal *adj.* של השיניים, שיני
dental floss חוט דנטאלי
dental hygienist שיננית
dental plate שיניים תותבות
dental surgeon רופא שיניים
dental technician טכנאי שיניים
den′tifrice (-fris) *n.* משחת-שיניים
den′tist *n.* רופא שיניים
den′tistry *n.* ריפוי שיניים
den′ture *n.* שיניים תותבות
- dentures שיניים תותבות
de′nu·da′tion (-nōō-) *n.* הפשטה; חשיפה
de·nude′ *v.* להפשיט; לחשוף
de·nun′cia′tion *n.* גינוי, האשמה
de·ny′ *v.* להכחיש; להתכחש, לנער חוצנו מ-; לשלול, למנוע, לחשוך
- deny oneself למנוע מעצמו, להינזר
de′o′dorant *n.* דאודורנט, מפיג ריח
de′o′dorize′ *v.* לסלק ריח רע
dep. = department, deputy
de·part′ *v.* לעזוב, לצאת, להיפרד
- depart from לסטות מ-, לחרוג
- depart this life למות
departed *adj.* שהלך לבלי שוב
- the departed המנוח, המתים
de·part′ment *n.* מישרד (ממשלתי); מחלקה, אגף; מחוז; תחום, שטח
- not my department לא התחום שלי, איני אחראי לכך
de′part·men′tal *adj.* מחלקתי, מישרדי
de·part′men′taliza′tion *n.* מידור
de·part′men′talize′ *v.* לְמַדֵר
departmentalized ממודר
department store חנות כל-בו
de·par′ture *n.* עזיבה, פרידה, יציאה; סטייה, חריגה
- take one's departure ללכת, לצאת
de·pend′ *v.* להיות תלוי ב-
- depend on להיות תלוי ב-/מותנה ב-; לסמוך על
- depend upon it הֱיֵה בטוח בכך
- that depends זה תלוי, ייתכן
dependable *adj.* שאפשר לסמוך עליו
dependant *n.* תלוי, מכולכל
dependence *n.* תלות; ביטחון
de·pen′dency *n.* מדינת חסות
de·pend′ent *adj.* תלוי ב-, מותנה ב-; תלותי
de·pict′ *v.* לתאר, להראות, לצייר
de·pic′tion *n.* תיאור
de·pil′ato′ry *adj.* מַנשִיר
de′plane′ *v.* לרדת ממטוס
de·plete′ *v.* לרוקן, להריק
de·ple′tion *n.* הרקה
deplorable *adj.* מצער; רע, גרוע
de·plore′ *v.* להצטער, להביע צער; לגנות
de·ploy′ *v.* לפרוס הכוחות, להתפרס
deployment *n.* פריסה
de·po′nent *n.* עד (הכותב תצהיר)
de′pop′u·late′ *v.* להפחית התושבים
de′pop′u·la′tion *n.* הפחתת מיספר התושבים, חיסול, השמדה
de·port′ *v.* להגלות; לגרש; להתנהג
- deport oneself להתנהג, לנהוג כ-
de′por·ta′tion *n.* גירוש, הגליה
de′por·tee′ *n.* גוֹלֶה, נידון לגירוש
de·port′ment *n.* התנהגות; הילוך
de·pose′ (-z) *v.* להדיח (שליט); להעיד, להצהיר
de·pos′it (-z-) *n.* פיקדון;

דמי-קדימה; שיכבה; מישקע, סחופת
- money on deposit פיקדון
deposit *v.* להטיל, לשים; להפקיד, להשליש; להניח סחופת
dep′osi′tion (-zi-) *n.* הדחה; תצהיר
de·pos′itor (-z-) *n.* מפקיד
de·pos′ito′ry (-z-) *n.* מחסן; אוצר
deposit safe כספת
de′pot (-pō) *n.* תחנת-רכבת; מחנה קלט; מחסן
dep′rava′tion *n.* השחתה; דירדור
de·prave′ *v.* להשחית, לקלקל
depraved *adj.* מושחת
de·prav′ity *n.* שחיתות, קלקלה
dep′recate′ *v.* לגנות, להביע התנגדות; לא לראות בעין יפה
dep′reca′tion *n.* גינוי, מחאה
dep′recato′ry *adj.* מתנצל; מגנה
de·pre′ciate′ (-shi-) *v.* למעט, לזלזל ב; לרדת בערכו
de·pre′cia′tion (-shi-) *n.* ירידת ערך, פחת
de·pre′ciato′ry (-shi-) *adj.* מזלזל
dep′reda′tion *n.* הרס, ביזה
de·press′ *v.* ללחוץ על, להקיש; לדכא; להוריד, להפחית
depressant *n.* מדכא, סם הרגעה
depressed *adj.* מדוכא; נחות, ירוד
depressed area איזור מצוקה
depressing *adj.* מדכא
de·pres′sion *n.* דיכאון; שקע, גומה; תקופת שפל; שקע בארומטרי
de·pres′sive *adj&n.* מדכא, לוחץ; סובל מדיכאון
de·pres′sor *n.* לוחץ, מלחץ (מכשיר)
de·pres′surize′ (-presh′-) *v.* להפחית לחץ
dep′riva′tion *n.* שלילה; מחסור
de·prive′ *v.* למנוע, לשלול, ליטול
- deprived of נטול-, משולל-
deprived *adj.* מקופח
dept. = department
depth *n.* עומק
- beyond one's depth במים עמוקים מדי; נשגב מבינתו, עמוק
- in depth לעומק; בהתעמקות
- in the depths of winter בעיצומו של החורף
- out of one's depth במים מעל לראשו; במשימה קשה עבורו
- plumb the depths of לרדת לעומק-, להבין, להגיע עד שורשי-
depth charge פיצצת עומק (במים)
dep′u·ta′tion *n.* מישלחת; נציגות
de·pute′ *v.* לייפות כוחו, להסמיך
dep′u·tize′ *v.* למנות/לשמש כנציג
dep′u·ty *n.* בא-כוח; סגן, ממלא מקום; נבחר
deputy minister סגן שר
de′rail′ *v.* להוריד מהפסים
derailment *n.* הורדה מהפסים
de·range′ (-rānj) *v.* לבלבל; לשגע
deranged *adj.* לקוי בשיכלו, מופרע
derangement *n.* בילבול, אי-סדר
der′by *n.* מיגבעת, כובע
Der′by *n.* מירוץ סוסים; דרבי
de′reg′u·late′ *v.* להסיר הפיקוח מן
der′elict′ *adj.* נטוש, מוזנח, מופקר
der′elic′tion *n.* הזנחה; חורבן
de′req′uisi′tion (-zi-) *v.* לשחרר רכוש מוחרם
de′re·strict′ *v.* לבטל ההגבלה
de·ride′ *v.* ללעוג ל-, לצחוק
de rigueur (dərigûr′) הכרחי, חייב, צו האופנה
de·ri′sion (-rizh′ən) *n.* לַעַג
- hold in derision ללעוג ל-
de·ri′sive *adj.* מלגלג, לועג; מגוחך
de·ri′sory *adj.* מלגלג, לועג; מגוחך
der′iva′tion *n.* מקור, מקור מלה
de·riv′ative *adj.* ניגזר, לא מקורי
derivative *n.* ניגזר, תולדה; ניגזרת
de·rive′ *v.* להפיק, לקבל, לשאוב
- derived from נגזר מ-, השתלשל
der′mati′tis *n.* דלקת העור
der′matol′ogist *n.* רופא עור
der′matol′ogy *n.* ריפוי מחלות עור
der′ogate′ *v.* להפחית מערך, לפגום ב-, לפגוע בכבוד-
der′oga′tion *n.* הפחתה, המעטה
de·rog′ato′ry *adj.* משפיל, מזלזל
der′rick *n.* עגורן, מיגדל קידוח
der′ring-do′ (-dōō) *n.* העזה, אומץ
derv *n.* סולר (לרכב)
de′sal′inate′ *v.* להתפיל (מי-ים)
de′sal′ina′tion *n.* התפלה
de′salt′ (-sôlt) *v.* להתפיל
de′scale′ *v.* להסיר אבנית
des′cant′ *n.* נעימה, ליווי; סופראנו
des·cant′ *v.* לנגן ליווי; להרחיב הדיבור על
de·scend′ *v.* לרדת; לעבור בירושה
- descend on/upon להסתער על

- descend to להשפיל עצמו עד
- descend to particulars להיכנס לפרטים
- descended from מתייחס על, מצאצאי
descendant, descendent *n.* צאצא
de•scent′ *n.* ירידה, הידרדרות; מוֹצָא, שושלת; התנפלות; הורשה
de•scribe′ *v.* לתאר, לשרטט
- describe as לכנות, להתייחס אליו
de•scrip′tion *n.* תיאור; סוג
de•scrip′tive *adj.* תיאורי, ציירני
de•scry′ *v.* לראות, להבחין מרחוק
des′ecrate′ *v.* לְחַלֵּל
des′ecra′tion *n.* חילול
de′seg′regate′ *v.* לבטל ההפרדה הגיזעית, להנהיג אינטגרציה
de′seg′rega′tion *n.* ביטול ההפרדה
de′sen′sitize′ *v.* להפחית הרגישות
de•sert′ (-z-) *v.* לנטוש; לערוק
des′ert (-z-) *n.* מידבר
des′ert (-z-) *adj.* מידברי; שומם
de•ser′ter (-z-) *n.* עריק
de•ser′tion (-z-) *n.* נטישה; עריקה
de•serts′ (-z-) *n-pl.* גמול
- just deserts עונש צודק
- one's deserts המגיע לו
de•serve′ (-z-) *v.* להיות ראוי ל-
- deserves ill ראוי לייחס רע
- deserves well זכאי לייחס טוב
de•serv′edly (-z-) *adv.* כיאות, בצדק
deserving *adj.* ראוי לעזרה, זכאי
des′habille′ (dez′əbēl′) *n&adj.* לבוש מרושל; טרם התלבש
des′iccant *n.* מייבש, סופג לחות
des′iccate′ *v.* לייבש (פירות, מזון)
de•sid′era′ta *n-pl.* נחוצות
de•sid′era′tum *n.* דבר נחוץ
de•sign′ (-zīn) *n.* תוכנית, תרשים; דוגמה; מידגם, מודל; תיכנון; עיצוב
- by design במזיד, בכוונה
- have designs לתכנן; לחמוד
design *v.* לתכנן, לשרטט; לעצב
des′ignate (-z-) *adj.* המיועד
des′ignate′ (-z-) *v.* לציין, לסמן; לְמַנּוֹת, לבחור, לייעד
des′igna′tion (-z-) *n.* מינוי, בחירה; כינוי, תואר; ייעוד
designed *adj.* מיועד, מתוכנן
de•sign′edly (-zīn′-) *adv.* בכוונה
designer *n.* משרטט; מעצב; מתכנן
designing *n.* תיכנון; עיצוב
designing *adj.* נוכל, חורש רעה
desirable *adj.* רצוי; נחמד
de•sire′ (-z-) *v&n.* לרצות, לחפוץ, לבקש; להשתוקק; תשוקה; רצון, בקשה
- I desire you to אבקשך ל-
- to his heart's desire כאוות-נפשו
de•si′rous (-z-) *adj.* רוצה, חָפֵץ
de•sist′ *v.* לחדול, להפסיק
desk *n.* שולחן; דסק; מדור
desk clerk פקיד קבלה
desktop *n&adj.* מישטח שולחן; מחשב שולחן; שולחני
deskwork *n.* פְּקִידוּת
des′olate *adj.* שומם, עזוב; אומלל
des′olate′ *v.* להזניח; לאמלל
des′ola′tion *n.* חורבן, שַׁמָּה
de•spair′ *n.* ייאוש; גורם מפח-נפש
- he's the despair of his mother הוא תוגת אימו
despair *v.* להתייאש
despatch = dispatch
des′pera′do (-rä-) *n.* פושע
des′perate *adj.* מיואש, נואש; מסוכן; חמור
desperately *adv.* נואשות, עד מאוד
des′pera′tion *n.* ייאוש
- drive to desperation לשגע
de•spic′able *adj.* ניבזה, ניבזי
de•spise′ (-z) *v.* לבוז, לתעב
de•spite′ *prep.* למרות, חרף
de•spoil′ *v.* לבזוז, לשדוד
de•spon′dency *n.* דיכאון
de•spon′dent *adj.* מדוכא
des′pot *n.* עריץ, רודן
de•spot′ic *adj.* רודני, עריצי
des′potism′ *n.* רודנות, עריצות
dessert′ (diz-) *n.* ליפתן, פרפרת
dessert bowl ליפתנית
dessertspoon *n.* כפית פרפרת
de′sta′bilize′ *v.* לערער יציבות; לחתור תחת
des′tina′tion *n.* מחוז-חפץ, יעד
des′tine (-tin) *v.* להועיד
- destined מיועד; ניגזר (משמיים)
des′tiny *n.* גורל, מזל, ייעוד
des′titute′ *adj.* חסר-כול, עני
- destitute of נטול-, חסר-, משולל-
des′titu′tion *n.* עוני, מחסור
de•stroy′ *v.* להרוס, להשמיד, לחסל
destroyer *n.* משחתת

de•struct′ *n.* השמדה (של טיל)
de•struc′tible *adj.* בר-השמדה
de•struc′tion *n.* הרס, השמדה
de•struc′tive *adj.* הורס, הרסני
des′uetude′ (-swət-) *n.* אי-שימוש
- fall into desuetude להתיישן
des′ulto′ry *adj.* שיטחי, לא שיטתי
de•tach′ *v.* לנתק, להפריד; להפריש
detachable *adj.* נתיק
detached *adj.* לא משוחד
- detached house בית נפרד/בודד
detachment *n.* הינתקות; אובייקטיביות; אדישות; פלוגה
de•tail′ *n.* פרט; פלגה, יחידה
- go into details להיכנס לפרטים
- in detail בפרוטרוט
detail *v.* להקצות
detailed *adj.* מפורט
de•tain′ *v.* לעכב, לעצור, לכלוא
de′tainee′ *n.* עצור, עציר
de•tain′er *n.* מעצר
de•tain′ment *n.* מעצר
de•tect′ *v.* לגלות, להבחין ב-
detectable *adj.* שניתן לגלותו
de•tec′tion *n.* גילוי, חשיפה
de•tec′tive *n.* בלש
detective story סיפור בלשי
detector *n.* מגלה, גלאי, דטקטור
detente (dātänt′) *n.* דיטאנט, הפגת מתיחות
de•ten′tion *n.* מעצר, עיכוב, ריתוק
- administrative detention מעצר מינהלי
- detention home בית מעצר לנוער
de•ter′ *v.* להרתיע, לעצור בעד
de•ter′gent *n.* דטרגנט, תכשיר ניקוי
de•te′riorate′ *v.* לקלקל; להתקלקל; להידרדר; להחמיר
de•te′riora′tion *n.* הידרדרות
de•ter′minable *adj.* בר הגדרה
de•ter′minant *adj.* קובע, מכריע
de•ter′minate *adj.* מוגדר, קבוע
de•ter′mina′tion *n.* החלטה נחושה; החלטה סופית; החלטיות; הגדרה, קביעה; מציאה, חישוב
de•ter′minative *adj.* מְכַוֵּן, מגדיר
de•ter′mine (-min) *v.* להחליט; לקבוע; לחשב, למצוא
- determine him to להביאו לכלל החלטה ש-
determined *adj.* נחוש בדעתו
determiner *n.* (בדקדוק) מגביל

de•ter′minism′ *n.* דטרמיניזם
de•ter′rence *n.* הרתעה
de•ter′rent *n&adj.* מרתיע
de•test′ *v.* לשנוא, לתעב
de•test′able *adj.* מתועב
de′tes•ta′tion *n.* תיעוב
de•throne′ *v.* להדיח (מלך)
dethronement *n.* הדחה
det′onate′ *v.* לפוצץ; להתפוצץ
det′ona′tion *n.* פיצוץ, ניפוץ
det′ona′tor *n.* נַפָּץ, דטונטור, פצץ
de•tour′ (-toor) *n.* מעקף, עקיפה
- make a detour לנסוע במעקף
detour *v.* לנסוע במעקף, לעקוף
de′tox′ify′ *v.* לסלק רעלים; לגמול
de•tract′ *v.* לגרוע, לפגום; לזלזל
de•trac′tion *n.* הפחתה; זילזול
de•trac′tor *n.* משפיל, מעליל
de′train′ *v.* לרדת מרכבת
det′riment *n.* נזק, פגיעה; רעה
- to the detriment of בהיזק ל-
det′rimen′tal *adj.* מזיק, פוגע
de•tri′tus *n.* שחק, נשורת
de trop (dətrō′) מפריע, מיותר
deuce (dōōs) *n.* (קלף, קובייה) שניים; (בטניס) שוויון; שטן, שד
- the deuce = the devil *לעזאזל
deuced, deucedly *ארור, מאוד
Deu′teron′omy (dōōt-) *n.* דברים (חומש)
Deutschmark (doich′märk′) *n.* מרק גרמני
de′val′uate′ (-lūāt) *v.* לפחת
de′val′ua′tion (-lūā′-) *n.* פיחות
de′val′ue (-lū) *v.* לפחת
dev′astate′ *v.* להרוס, להחריב
devastating *adj.* הורס; *מצויין
dev′asta′tion *n.* הרס, חורבן
de•vel′op *v.* להתפתח; לפתח
developer *n.* (בצילום) מְפַתֵּחַ
developing country ארץ מתפתחת
development *n.* התפתחות; פיתוח
de•vel′opmen′tal *adj.* התפתחותי
de′viant, de′viate *adj&n.* סוטה
de′viate′ *v.* לסטות, לחרוג
de′via′tion *n.* סטייה, נליזה
deviationist *n.* סוטה (בדיעותיו)
de•vice′ *n.* תחבולה, תוכנית; מיתקן, מכשיר; סמל, ציור
- leave him to his own devices לעזבו לנפשו
dev′il (-vəl) *n.* שטן, שד; "ממזר";

אומלל; נער-שליח
- better the devil you know אם כבר - אזי הרע במיעוטו
- between the devil and the deep בין הפטיש והסדן
- give the devil his due לעשות צדק עם הכל, להודות שהלה מוכשר
- go to the devil להיהרס, להידרדר
- go to the devil! לך לעזאזל!
- like the devil כמו שד
- play the devil with להרוס, לקלקל
- poor devil מיסכן, ביש-מזל
- raise the devil להקים רעש
- speak/talk of the devil חבל שלא הזכרנו את המשיח!
- the devil of a *ארור, לעזאזל
- the devil of it *הגרוע מכל
- the devil to pay צרות באופק
- the devil's advocate פרקליטו של השטן
- what the devil- מה, לכל הרוחות-
devil *v.* לטגן; להציק, לענות
devilish *adj.* שטני, אכזרי, רע
devilish *adv.* *מאוד, ביותר
devil-may-care *adj.* פזיז, עליז, ציפור דרור
devilment *n.* תעלול; שדיות, עליזות
dev'ilry *n.* תעלול; שדיות, עליזות
de'vious *adj.* עקלקל; ערמומי
de•vise' (-z) *v.* להמציא, לתכנן; להוריש, להנחיל
dev'isee' (-zē) *n.* יורש
dev'isor' (-z-) *n.* מוריש (בצוואה)
de'vi'talize' *v.* לשלול החיוניות
de•void' *adj.* ריק; חסר, נעדר-
dev'olu'tion *n.* ייפוי כוח, הסמכה
de•volve' *v.* להעביר, להטיל, לגלגל, להסמיך, לעבור
de•vote' *v.* להקדיש
- devote oneself to להתמסר ל-
devoted *adj.* מסור, נאמן, מתמסר
dev'otee' *n.* חסיד, חובב; קנאי
de•vo'tion *n.* מסירות; התמסרות
- devotions תפילות, תפילה
devotional *adj.* של תפילה
de•vour' *v.* לטרוף; לאכול, לזלול
- devoured by hate אכול-שינאה
de•vout' *adj.* אדוק, דתי, רציני
devoutly *adv.* בכנות, ברצינות
dew (do͞o) *n.* טל
dewdrop *n.* אגל-טל
dew'lap' (do͞o-) *n.* פימה, סנטר כפול

dewy *adj.* מטולל, מלוחלח
dewy-eyed *adj.* נאיבי, רגשני
dex•ter'ity *n.* מיומנות
dex'terous *n.* זריז, מומחה
dex'trose *n.* סוכר ענבים
dex'trous *n.* זריז, מומחה
DG = director general מנכ"ל
di'abe'tes *n.* סוכרת, מחלת הסוכר
di'abet'ic *n&adj.* חולה סוכרת; דיאבטי
di'abol'ic *adj.* שטני
di'adem' *n.* כתר, נזר, עטרה
di'agnose' *v.* לאבחן
di'agno'sis *n.* דיאגנוזה, אבחנה
di'agnos'tic *adj.* דיאגנוסטי
di'agnos'tics *n.* תורת האיבחון
di•ag'onal *n&adj.* אלכסון; אלכסוני
di'agram' *n.* דיאגרמה, תרשים
di'agrammat'ic *adj.* של תרשים
di'al *n.* חוגה; לוח השעון; לוח
dial *v.* לחייג
di'alect' *n.* דיאלקט, ניב
di'alect'al *adj.* דיאלקטי, ניבי
di'alec'tic *n.* דיאלקטיקה
di'alec'tical *adj.* דיאלקטי, ניבי
di'alec•ti'cian (-tish'ən) *n.* דיאלקטיקן, וכחן
dialing code קידומת, איזור חיוג
di'alogue' (-lôg) *n.* דיאלוג, שיחה
dial tone צליל חיוג
di•al'ysis *n.* דיאליזה, הפרדה
diamante (di'əman'tā') *adj.* מקושט בנצנצים
di•am'eter *n.* קוטר
- magnify 30 diameters להגדיל פי 30 (עצמים זעירים)
di'amet'rical *adj.* של קוטר; קוטבי, מנוגד
diametrically *adv.* בקוטביות, לגמרי
di'amond *n&adj.* יהלום; מעוין, רומבוס; של יום השנה ה-60/ה-75
di'apa'son *n.* דיאפזון, מיגבול, טווח; קולן; קול, געייה
di'aper *n.* חיתול; בד כותנה משובץ
di•aph'anous *adj.* שקוף
di'aphragm' (-ram) *n.* סרעפת; תופית; דיאפרגמה, צַמְצָם (במצלמה)
di•ar'chy (-ki) *n.* דו-שילטון
di'arist *adj.* יומנאי
di'arrhe'a (-rē'ə) *n.* שילשול

di'arrhoe'a (-rē'ə) *n.* שילשול
di'ary *n.* יומן
Di·as'pora *n.* גלות, יהדות התפוצות, הפזורה היהודית בגולה
di'astol'ic *adj.* דיאסטולי, נמוך
di'aton'ic scale סולם דיאטוני
di'atribe' *n.* התקפה חריפה, הצלפה
dib'ber *n.* דֶקֶר, כלי-חפירה קטן
dib'ble *n.* דֶקֶר, כלי-חפירה קטן
dibble *v.* לשתול בעזרת דקר
dice *n.* קובייה, קוביות
- no dice *לא ולא; אין מזל
- the dice are loaded against הכול פועל לרעת-
dice *v.* לשחק בקוביות; לחתוך (מזון) לקוביות, לקצוץ
- dice away להפסיד כספו במישחקים
- dice with death לשחק באש
di'cey *adj.* *מסוכן, לא בטוח
di·chot'omy (-k-) *n.* התפצלות
dick *n.* *בלש; *איבר המין הגברי
dick'ens (-z) *n.* שֵד, שטן
- what the dickens- *מה, לעזאזל-
dick'er *v.* *להתמקח
dick'ey, dick'y, dick'ie *n.* צווארון; חולצה מזוייפת; מושב קטן; *ציפור
dick'y *adj.* *חלוש, רעוע
dicky-bird *n.* *ציפור, ציפורה
di'cot'yle'don *n.* דו-פסיגי
dic'taphone' *n.* דיקטאפון
dictate' *v.* להכתיב
- be dictated to לקבל תכתיב
dic'tate' *n.* תכתיב, צו, דיקטאט
dicta'tion *n.* הכתבה, תכתיב
dic'ta'tor *n.* רודן, דיקטטור
dic'tato'rial *adj.* רודני, דיקטטורי
dicta'torship *n.* רודנות
dic'tion *n.* דיקציה, סיגנון; מיבטא
dic'tionar'y (-'shəneri) *n.* מילון
dic'tum *n.* פיתגם; חוות דעת
did = pt of do
di·dac'tic *adj.* דידאקטי, לימודי
di·dac'tics *n.* דידאקטיקה, פדגוגיה
did'dle *v.* *לרמות, להונות
didn't = did not (did'ənt)
di'do *n.* *תעלול, מעשה קונדס
didst, thou didst עשית
die (dī) *v.* למות; לדעוך
- be dying for "למות", להתאוות ל-
- die away לדעוך, להימוג, לגווע
- die back לקמול רק עד השורשים
- die by one's own hand להתאבד
- die down לדעוך, לגווע; לקמול
- die game למות מות גיבורים
- die hard לעמוד על נפשו
- die in harness למות בעודו עובד
- die in one's bed למות מוות טבעי
- die in the last ditch להילחם עד טיפת-דמו האחרונה
- die off למות בזה אחר זה
- die out להיעלם כליל, להיכחד
- dying wish רצונו האחרון
- never say die! אל תרים ידיים!, לעולם אל תאמר די!
die *n.* קובייה; מטבעת, מטריצה
- the die is cast הפור נפל
die-cast *adj.* מוטבע, עשוי בהטבעה
die-hard *n.* עקשן; שמרן
- die-hard fan אוהד שרוף, "מורעל"
di·er'esis *n.* נקודות דיאקריטיות
die'sel (dē'z-) *n.* דיזל
diesel oil סולר
di'et *n.* דיאטה, תפריט, תזונה, ברות
- on a diet שומר על דיאטה
diet *v.* לצוות/לשמור על דיאטה
diet *n.* ועידה, אסיפה
di'etar'y (-teri) *adj.* דיאטי
dietary laws דיני כשרות
di'etet'ic *adj.* תזונתי, דיאטטי
dietetics *n.* תזונה
di'eti'cian (-tish'ən) *n.* תזונאי
di'eti'tian (-tish'ən) *n.* תזונאי
diet sheet תפריט דיאטי
dif'fer *v.* להיות שונה; לחלוק על
- agree to differ לחדול מוויכוח
- differ from/with לחלוק על
- tastes differ כל אחד וטעמו שלו
dif'ference *n.* שוני, הבדל; הפרש; אי הסכמה
- it makes a difference זה מְשַנֶה
- make a difference between להפלות בין
- makes no difference לא משנה
- split the difference להתפשר על מחצית ההפרש
dif'ferent *adj.* שונה; מיוחד
dif'feren'tial *adj&n.* מְשתַנֶה; שונה; הפרשיות; דיפרנציאל
differential calculus חשבון דיפרנציאלי
differential gear (במכונית) דיפרנציאל
dif'feren'tiate' (-'sh-) *v.* להבחין, להבדיל; להפלות

dif'feren'tia'tion (-'sh-) *n.* הבחנה, הבדלה, הפרדה; מיון
dif'ficult *adj.* קשה
dif'ficulty *n.* קושי
dif'fidence *n.* ביישנות
dif'fident *adj.* ביישן, חסר-ביטחון
diffract' *v.* לשבור (קרן-אור)
diffrac'tion *n.* השתברות קרן-אור, דיפרקציה, סטייה
diffuse' (-s) *adj.* מכביר מילים, להגני; מפוזר, מתפשט
diffuse' (-z) *v.* להתפשט; להפיץ
diffu'sion (-zhən) *n.* הפצה; דיפוזיה, פיעפוע, דיות, התחדרות
dig *v.* לחפור, לעדור; *לחבב, להבין
- dig at him לשלוח עקיצה לעברו
- dig down *לשלם מכספו
- dig for gold לחפש זהב
- dig him in the ribs לתקוע מרפק בצלעותיו
- dig in להתכבד, להתחיל לאכול; לערבב בעפר; להתחפר; לעמול
- dig into לחדור, לבדוק היטב; לתקוע
- dig oneself in להתחפר, להתבצר
- dig oneself out of a hole להיחלץ מקושי
- dig out למצוא, לחשוף; למהר, להסתלק
- dig over *לשקול, להרהר שנית
- dig up לגלות, לחשוף; *לגייס כסף
dig *n.* חפירה, אתר; דחיפה; *עקיצה
- a dig at me עקיצה לעברי
- digs *מגורים, מעונות
di'gest' *n.* תמצית, תקציר; תלקיט
di·gest' *v.* לעכל; להתעכל; להבין
di·ges'tibil'ity *n.* התעכלות
di·ges'tible *adj.* מתעכל
diges'tion (-chən) *n.* עיכול
diges'tive *n.* עיכולי
digestive system צינור העיכול
digger *n.* חופר, מחפר
diggings *n-pl.* חפירות, מיכרה; *מגורים
dig'it *n.* סיפרה; אצבע
dig'ital *adj.* סיפרתי, דיגיטאלי; של אצבע
digital computer מחשב סיפרתי
dig'itiza'tion *n.* הפיכה לדיגיטאלי
dig'itize' *v.* להפוך לדיגיטאלי
dignified *adj.* מרשים, מעורר כבוד
dig'nify' *v.* לכבד, להאדיר, לנפח

dig'nitar'y (-teri) *n.* נכבד, איש-כמורה
dig'nity *n.* כבוד, אצילות, מעמד
- beneath one's dignity למטה מכבודו
- stand on one's dignity לדרוש יחס כבוד
di'graph' *n.* דיגראף, צמד אותיות
di·gress' *v.* לסטות, לחרוג
di·gres'sion *n.* סטייה, חריגה
dike *n.* דַייק, סוללה, תעלה; לסבית
dike *v.* להקים סוללה
dilap'ida'ted *adj.* רעוע, הרוס
dilap'ida'tion *n.* רעיעות
- dilapidations דמי-נזיקין
di·late' *v.* להרחיב, לפעור; להתרחב
- dilate on להרחיב את הדיבור על
di·la'tion *n.* הרחבה, התרחבות
dil'ato'ry *adj.* רשלני, איטי, מעכב
dilem'ma *n.* דילמה, תיסבוכת
dil'ettan'te (-tänti) *n&adj.* חובבן, דילטאנט, שיטחי
dil'igence *n.* התמדה, שקדנות
diligence *n.* דיליז'אנס, כירכרה
dil'igent *n.* מתמיד, שקדן
dill *n.* שֶבֶת (צמח-תבלין)
dil'ly *adj.* *מצויין, מוזר, מטורף
dil'ly-dal'ly *v.* לבזבז זמן, להסס
di·lute' *v.* לדלל, להחליש חוזק
dilute *adj.* דליל
di·lu'tion *n.* דילול; נוזל מדולל
dilu'vial *adj.* של מבול
dim *adj.* עמום, מטושטש; *טיפש
- take a dim view of להתייחס בהסתייגות ל-
dim *v.* לעמעם; להתעמעם
dime *n.* דיים (10 סנטים)
- a dime a dozen בזיל הזול, תריסר בפרוטה
dime novel רומן זול
dimen'sion *n.* מימד
dimensional *adj.* ממדי
- 3-dimensional תלת-ממדי
dimin'ish *v.* להפחית; לִפחות
diminished capacity כשרות מוגבלת (של נאשם)
dimin'uen'do (-nūen-) *n.* החלשה הדרגתית
dim'inu'tion *n.* הפחתה, הקטנה
dimin'u·tive *adj.* זעיר, קטנטן
diminutive *n.* מילת הקטנה
dim'ity *n.* דימיטי (בד כותנה)

dim'mer *n.* מעמעם; עממור
dim'out' *n.* עימעום; האפלה
dim'ple *n.* גומת-חן
dimple *v.* ליצור/להיווצר גומות
dim-witted *adj.* *טיפשי
din *n.* רעש, שאון
- kick up a din להקים רעש
din *v.* לרעוש, להרעיש
- din into him לשנן, להטיף באוזניו
dinar' *n.* דינר
dine *v.* לסעוד, לאכול ארוחה
- dine and wine לכבד בסעודה
- dine in לאכול בבית
- dine off לסעוד, לאכול
- dine out לאכול בחוץ
di'ner *n.* סועד; קרון-מיזנון
di·nette' *n.* פינת אוכל
ding *n&v.* צילצול; לצלצל
ding'-dong' (-dông) *n.* צילצול
ding-dong battle קרב שבו עובר היתרון מצד לצד, קרב מטוטלת
din'ghy (-gi) *n.* סירה קטנה
din'gle *n.* ביקעה, עמק
din'gy *adj.* מלוכלך; קודר
dining car קרון מיזנון
dining room חדר אוכל
din'ky *adj.* *חמוד, מקסים; קטנטן
din'ner *n.* ארוחת היום העיקרית
- have/eat dinner לסעוד
- hold a dinner לערוך מסיבה
dinner bell צילצול (לארוחה)
dinner jacket סמוקינג, מיקטורן
dinner party ארוחה חגיגית
dinner service מערכת כלי שולחן
di'nosaur' *n.* דינוזאור
dint *n.* שקע, גומה
- by dint of באמצעות, על-ידי
di'ocese' *n.* מחוז הבישוף, בישופות
di·ox'ide *n.* דו-תחמוצת
dip *v.* לשרות, לטבול; לשקוע; להוריד
- dip a flag להוריד דגל (בהצדעה)
- dip a garment לצבוע בגד (בנוזל)
- dip into a book לרפרף בספר
- dip into one's pocket להוציא כסף
- dip the headlights לעמם האורות
- dip up/out לדלות, לשאוב
dip *n.* טבילה; ירידה, שיפוע; הורדה; נוזל חיטוי; מישרה לטבילת רקיק
diphthe'ria *n.* דיפתריה, אסכרה
diph'thong' *n.* דו-תנועה, דיפתונג
diplo'ma *n.* דיפלומה; תעודת-גמר
diplo'macy *n.* מדינאות
dip'lomat' *n.* דיפלומט, מדינאי
dip'lomat'ic *adj.* דיפלומטי; טאקטי
diplo'matist *n.* דיפלומט
dip'per *n.* מצקת, תרווד
dip'py *adj.* *מטורף, מוזר, תמהוני
dip'soma'nia *n.* שַׁכֶּרֶת
dip'soma'niac' *n.* חולה שכרת
dip-stick *n.* קנה-טבילה
dipswitch *n.* עממור
dip'tych (-tik) *n.* דיפטיכון, ציור על לוחות מתקפלים
dire *adj.* נורא, מפחיד
- in dire need זקוק בדחיפות
direct' *adj.* ישר, ישיר; ברור
- the direct opposite ההיפך הגמור
direct *adv.* ישר, ישירות, היישר
direct *v.* להנחות, להדריך, להפנות, לכוון; לפקח, לנהל; לצוות, להורות
- direct a film לביים סרט
- direct a letter לְמַעֵן מיכתב
- direct an orchestra לנצח על תיזמורת
direct action פעולה ישירה, שביתה
direct current זרם ישר
direct dialing חיוג ישיר
direct evidence עדות ישירה
direct examination חקירה ראשית
direc'tion *n.* כיוון; הדרכה, פיקוח; ניצוח; הנהלה
- directions הוראות, הנחיות; מען
- sense of direction חוש כיוון
direc'tional (-rek'shənəl) *adj.* כיווני
direc'tive *n.* הנחייה, הוראות
directive *adj.* מדריך, מנחה
directly *adv.* ישירות, היישר; ברורות; מיד, תיכף ומיד
directly *conj.* *ברגע ש-, אך
direct mail/mailing דיוור ישיר
direct object מושא ישיר
director *n.* מנהל; דירקטור; במאי
direct'orate *n.* הנהלה; דירקטוריון
director-general *n.* מנכ"ל
direc'to'rial *adj.* של דירקטור/במאי
directorship *n.* מְנַהֲלוּת
direct'ory *n.* מדריך (ספר)
directory assistance שירות מודיעין
direct speech דיבור ישיר

direct tax מס ישיר
direful *adj.* נורא, איום
dirge *n.* קינה
dir′igible *n.* ספינת אוויר
dirigible *adj.* בר-ניווט
dirk *n.* פיגיון
dirn′dl (-dəl) *n.* שימלה רחבה
dirt *n.* ליכלוך; עפר; ניבול פה
- as cheap as dirt גס, המוני
- dig for dirt *להפוך כל רגב, לחפש פגמים
- dirt cheap *בזיל הזול
- dish the dirt *לרכל, להטיל בוץ
- do him dirt *לנהוג בו בניבזות
- fling dirt at להטיל בוץ ב-
- treat like dirt לזלזל, לרמוס
dirt farmer איכר (עצמאי)
dirt road דרך עפר
dirt track מסלול (לתחרויות)
dirt′y *adj.* מלוכלך; סוער, סגרירי
- a dirty look מבט המביע שאט-נפש
- dirty work עבודה שחורה
- play a dirty trick לנהוג בשפלות
dirty *v.* ללכלך; להתלכלך
dis- (תחילית) לא, אי-, לבטל, לשלול
dis′abil′ity *n.* מום, נכות, ליקוי; אי-יכולת (מישפטית)
disability allowance קיצבת נכות
dis•a′ble *v.* להטיל מום; לפסול
disabled *adj.* נכה, בעל מום
disablement *n.* גרימת נכות
dis′abuse′ (-z) *v.* לשחרר מרעיונות מוטעים, לפקוח עיניים
dis′accord′ *v.* לחלוק על
dis′accord′ *n.* אי התאמה
dis′advan′tage *n.* מיגרעת, חיסרון
- at a disadvantage בעמדה נחותה
- to his disadvantage לרעתו, נגדו
disadvantaged *adj.* מקופח, נחות
dis•ad′vanta′geous (-jəs) *adj.* לא נוח, נחות
dis′affec′ted *adj.* לא מרוצה; לא נאמן
dis′affec′tion *n.* חוסר נאמנות
dis′affil′iate′ *v.* לנתק; להתפלג
dis′affor′est *v.* לכרות עצי היער
dis′agree′ *v.* לא להסכים, לחלוק על; לא להתאים/להזיק לבריאות
disagreeable *adj.* לא נעים; רגזן
disagreement *n.* חילוקי-דיעות; אי-התאמה, הבדל

dis′allow′ *v.* לדחות, לפסול
dis′appear′ *v.* להיעלם; להיכחד
disappearance *n.* היעלמות
dis′appoint′ *v.* לאכזב
disappointed *adj.* מאוכזב
disappointing *adj.* מאכזב
disappointment *n.* אכזבה
dis•ap′proba′tion = disapproval
dis′approv′al (-ro͞ov-) *n.* אי-הסכמה, הסתייגות, מורת-רוח
- to his disapproval למורת רוחו
dis′approve′ (-ro͞ov) *v.* להתייחס בשלילה; להסתייג, להביע מורת-רוח
dis•arm′ *v.* לפרק/להתפרק מנישקו; להפיג, להרגיע, לסלק כעס
- disarming smile חיוך מפיג רוגז
dis•ar′mament *n* פירוק נשק
dis′arrange′ (-rānj) *v.* לבלבל, להכניס אי-סדר, להפוך, לפרוע
disarrangement *n.* אי-סדר
dis′array′ *n.* בילבול, אי-סדר
disarray *v.* לבלבל, לעשות אי-סדר
dis′asso′ciate = dissociate
disas′ter (-zas-) *n.* אסון
disas′trous (-zas-) *adj.* ממיט שואה
dis′avow′ *v.* לכפור, לדחות, לשלול כל קשר
disavowal *n.* דחייה, הכחשה
dis•band′ *v.* לפרק, לשחרר; להתפרק
disbandment *n.* פירוק
dis•bar′ *v.* לשלול (מעו״ד) רישיון
disbarment *n.* השעיית עו״ד
dis′be•lief′ (-lēf) *n.* חוסר אמון, כפירה
dis′be•lieve′ (-lēv) *v.* לא להאמין, לכפור
dis•bur′den *v.* לפרוק משא מ-
dis•burse′ *v.* להוציא כסף, לשלם
disbursement *n.* הוצאה, תשלום
disc, disk *n.* דיסק, דיסקה, דיסקוס; עיגול; תקליט
discard′ *v.* להשליך, להיפטר, לגרוט
dis′card′ *n.* קלף מושלך; גרט
discern′ *v.* להבחין, לראות
discernible *adj.* ניכר
discerning *adj.* מבחין, מבין
discernment *n.* הבחנה, מְבִינוּת
dis•charge′ *v.* לפרוק מיטען; להוציא; לפטר; לשלוח; לירות
- discharge a debt לסלק חוב

- discharge a duty למלא חובה
- discharge itself להישפך לים
discharge *n.* פריקה; פליטה; הפטר, שיחרור, סילוק חוב; ירייה
discharged bankrupt פושט רגל משוחרר
disci′ple *n.* תלמיד, מעריץ, חסיד
dis′ciplina′rian *n.* משליט מישמעת
dis′ciplinar′y (-neri) *adj.* מישמעתי; תחומי
- interdisciplinary בין-תחומי
- multidisciplinary רב-תחומי
dis′cipline (-lin) *n.* מישמעת; עונש; שיטה, דרך; מיקצוע מדעי, תחום
discipline *v.* לְמַשְׁמֵעַ, להעניש, לאלף
dis·claim′ *v.* לוותר על תביעה, לנער חוצנו מ-
disclaimer *n.* כתב-ויתור
disclose′ (-z) *v.* לגלות, לחשוף
disclo′sure (-zhər) *n.* גילוי
dis′co *n.* *דיסקו; דיסקוטק
dis·col′or (-kul-) *v.* לשנות צבע; לדהות; לטשטש
dis·col′ora′tion (-kul-) *n.* שינוי צבע, דיהוי; טישטוש, כתם
dis·com′fit (-kum-) *v.* להביך; לסכל
dis·com′fiture (-kum-) *n.* מבוכה
dis·com′fort (-kum-) *n.* אי-נוחות; מבוכה; טירדה, קושי
dis′commode′ *v.* לגרום לאי-נוחות
dis′compose′ (-z) *v.* לערער שלווה
dis′compo′sure (-zhər) *n.* מבוכה
dis′concert′ *v.* להביך, להדאיג; לסכל
dis′connect′ *v.* לנתק
disconnected *adj.* מנותק
dis′connec′tion *n.* ניתוק
dis·con′solate *adj.* אומלל
dis′content′ *n.* אי-שביעות-רצון
discontented *adj.* לא-מרוצה
discontinuance *adj.* הפסקה
dis′contin′ue (-nū) *v.* להפסיק
dis′con·tinu′ity *adj.* אי-רציפות
dis′contin′uous (-nūəs) *adj.* לא נמשך; מקוטע
dis′cord′ *n.* חוסר-הרמוניה, מחלוקת; צריר, תצרום
dis·cor′dance *n.* חוסר הרמוניה
dis·cor′dant *adj.* לא-תואם; צורם
dis′cotheque′ (-tek) *n.* דיסקוטק
dis′count′ *n.* הנחה; ניכיון
- at a discount בהנחה, ערכו ירד
discount *v.* לנכות, לנכות שטר; לפקפק בנכונות, לזלזל
discount broker מתווך קניות
dis·coun′tenance *v.* להסתייג מ-
discount of bills ניכיון שטרות
dis·cour′age (-kûr′-) *v.* לרפות ידי-, להרתיע, לייאש; לערום קשיים
- discourage from להניא, למנוע
discouragement *n.* מניעה, הרתעה
dis′course′ (-kôrs) *n.* הרצאה, נאום; שיחה, דיון
discourse′ (-kôrs) *v.* להרצות
dis·cour′te·ous (-kûr′-) *n.* לא-נימוסי, לא אדיב
dis·cour′tesy (-kûr′-) *n.* חוסר אדיבות; מעשה גס
dis·cov′er (-kuv-) *v.* לגלות, למצוא
discoverer *n.* מגלה
dis·cov′ery (-kuv-) *n.* גילוי; תגלית; גילוי מסמכים
dis·cred′it *v.* לערער האמון; לפקפק באמיתות, לא להאמין, לפסול
discredit *n.* חוסר-אמון; עירעור האמון; פיקפוק; כתם, חרפה
- throw discredit on להטיל ספק ב-
discreditable *adj.* מביש, מחפיר
discreet′ *adj.* דיסקרטי, זהיר
dis·crep′ancy *n.* אי-התאמה
discrete′ *adj.* לא-רציף; נפרד
discre′tion (-resh′ən) *n.* זהירות, תבונה; שיפוט, שיקול-דעת
- at one's discretion כראות עיניו
- years of discretion גיל הבגירות
discre′tionar′y (-resh′əneri) *adj.* לפי שיקול דעתו
discrim′inate′ *v.* להבחין, להבדיל
- discriminate against להפלות לרעה
discriminating *adj.* מבחין; מַפְלֶה
discrim′ina′tion *n.* הבחנה; אפלייה
discrim′inato′ry *adj.* מַפְלֶה
discur′sive *adj.* קופץ מנושא לנושא, מקוטע, לא מתוכנן
dis′cus *n.* דיסקוס
discuss′ *v.* לדון, לשוחח, להתווכח
discus′sion *n.* ויכוח, דיון
- come up for discussion לעלות לדיון
- hold a discussion לנהל דיון
- under discussion בדיון

disdain′ *v.* לבוז ל-, לדחות בבוז
disdain *n.* בוז
disdainful *adj.* בז, מתייחס בבוז
disease′ (-zēz) *n.* מחלה
diseased *adj.* חולה, נגוע
dis′embark′ *v.* לנחות; להנחית
dis·em′bar·ka′tion *n.* נחיתה
dis′embar′rass *v.* לחלץ ממבוכה, לפרוק מעליו, לשחרר
disembarrassment *n.* שיחרור ממבוכה
disembodied *adj.* חסר-גוף
dis′embod′y *v.* לנתק מהגוף
dis′embow′el *v.* להוציא מעיים
dis′embroil′ *v.* לחלץ מתיסבוכת
dis′enchant′ *v.* לשחרר מחבלי-קסם
disenchanted *adj.* מפוכח
disenchantment *n.* התפכחות
dis′encum′ber *v.* לשחרר מנטל
dis′endow′ *v.* לשלול מענק
dis·enfran′chise (-z) *v.* לשלול זכות בחירה מ-
dis′engage′ *v.* לנתק; להינתק; לנתק מגע, להסתלק
disengaged *adj.* פנוי, לא טרוד
disengagement *n.* הינתקות, התנתקות
dis′entan′gle *v.* לשחרר, להתיר, לחלץ מהסבך; להשתחרר
disentanglement *n.* התרה, שיחרור
dis·e′quilib′rium *n.* חוסר-איזון
dis′estab′lish *v.* לשלול ההכרה
dis·fa′vor *n.* חוסר-אהדה, הסתייגות
- incur his disfavor לסור חינו בעיניו
disfavor *v.* להתייחס בשלילה, להסתייג, לראות בעין רעה
dis·fig′ure (-gyər) *v.* לכער
disfigurement *n.* כיעור; הכערה
dis·for′est *v.* לעקור עצי יער, לברא
dis·fran′chise (-z) *v.* לשלול זכות בחירה מ-
disfranchisement *n.* שלילת זכות בחירה
dis·frock′ *v.* להסיר מדים
dis·gorge′ *v.* להקיא; להישפך לים; להחזיר לבעלים
dis·grace′ *n.* בושה, חרפה; קלון
- fall into disgrace להיות לחרפה
- is in disgrace סר חינו, נכלם
disgrace *v.* להמיט חרפה על; לבייש
disgraceful *adj.* מביש, מחפיר
dis·grun′tle *v.* לאכזב
disgruntled *adj.* מאוכזב, ממורמר
dis·guise′ (-gīz) *v.* להסתיר, להסוות, לתחפש; להעלים
- disguise oneself להתחפש
- there's no disguising the fact אין להסתיר ש-
disguise *n.* מסווה; התחזות
disgust′ *n.* תיעוב, שאט-נפש
disgust *v.* לעורר גועל, להגעיל
disgusted *adj.* תקוף-בחילה
disgusting *adj.* גועלי, מגעיל
dish *n.* קערה; צלחת; תבשיל, מאכל, מנה; רפלקטור ענק; *חתיכה
- dishes כלים, כלי-אוכל
dish *v.* *להרוס, לסכל, להביס
- dish out לחלק, לתת; *לבקר קשות
- dish up להגיש אוכל; להכין; להציג עובדות
dis′habille′ (-səbēl) *n.* לבוש מרושל, לבוש חלקי; טרם התלבש
dis′har·mo′nious *n.* לא הרמוני
dis·har′mony *n.* חוסר-הרמוניה
dishcloth *n.* מטלית-כלים
dis·heart′en (-här-) *v.* לרפות ידיים, להרתיע, לייאש, לערער ביטחון
dishev′eled (-vəld) *adj.* פרוע
dish′ful′ (-fool) *n.* מלוא הצלחת
dis·hon′est (-son-) *adj.* לא הוגן, רמאי
dishonesty *n.* מירמה, חוסר-הגינות
dis·hon′or (-son-) *n.* חרפה, קלון
dishonor *v.* לבייש; לא לכבד (צ׳ק)
dishonorable *adj.* מביש, מגונה
dishonoring a bill חילול שטר
dishwasher *n.* מדיח כלים
dishwater *n.* מי כלים (מלוכלכים)
dish′y *adj.* *מושך, סקסי
dis′illu′sion (-zhən) *v.* לערער אשליה, לשחרר מאמונה, לאכזב
disillusioned *adj.* מאוכזב, מתפכח
disillusionment *n.* התפכחות
dis′incen′tive *n.* גורם מרתיע, מרפה ידיים, גורע מהמאמץ
dis·in′clina′tion *n.* אי-רצון; חוסר נטייה
dis′incline′ *v.* להסב לב מ-; לסרב
disinclined *adj.* לא רוצה, לא נוטה, לא מתלהב, מסרב, מתנגד
dis′infect′ *v.* לְחַטֵא, לטהר

disinfectant *n.* מחטא
dis'infec'tion *n.* חיטוי, דיזינפקציה
dis'infest' *v.* להדביר מזיקים
dis·in'festa'tion *n.* הדברה
dis'infla'tion *n.* דפלציה, יציבות
dis'in'forma'tion *n.* מידע מסולף, דיסאיפורמציה
dis'ingen'uous (-nūəs) *n.* לא הוגן
dis'inher'it *v.* לנשל מירושה
disinheritance *n.* שלילת ירושה
dis·in'tegrate' *v.* לפורר; להתפורר
dis·in'tegra'tion *n.* התפוררות
dis'inter' *v.* להוציא מן הקבר
dis·in'terest'ed *adj.* לא משוחד; אדיש
disinterment *n.* הוצאה מהקבר
dis·join' *v.* להפריד, לפלג
dis·joint' *v.* לפרק (לחלקים)
disjointed *adj.* חסר-קשר, מקוטע
disjunc'tive *n.* מילת ברירה
disk, disc *n.* דיסק, דיסקה, דיסקוס; עיגול; תקליט
disk drive כונן דיסקים
diskette' *n.* תקליטון
disk harrow מַדְפֵּן
disk jockey מגיש להיטים, דִי גֵ'י
dis·like' *v.* לא לחבב, לשנוא
dislike *n.* סלידה, חוסר-חיבה
- took a dislike to טיפח שינאה בליבו ל-
dis'lo·cate' *v.* לנקע עצם; להזיז; לשבש, לבלבל, לגרום לאי-סדר
dis'lo·ca'tion *n.* נקע, חריגה; שיבושים
dis·lodge' *v.* להוציא, לחלץ, לעקור, לסלק, לגרש
dislodgement *n.* סילוק, גירוש
dis·loy'al *adj.* לא נאמן, לא מסור
dis·loy'alty *n.* אי-מסירות, בגידה
dis'mal (-z-) *adj.* עצוב, קודר
disman'tle *v.* לפרק; לפנות ציוד
dis·mast' *v.* לעקור את התורן
dismay' *v.* להפחיד, להטיל אימה
dismay *n.* פחד, אימה
dis·mem'ber *v.* לְבַתֵּר; לחלק
dismemberment *n.* ביתור, חלוקה
dismiss' *v.* לפטר; לשלח, לשחרר; לדחות (אשמה); לפטור
- case dismissed זכאי, התיק נסגר
dismiss'al *n.* פיטורים; דחייה
dismis'sive *adj.* מבטל, מזלזל
dis·mount' *v.* לרדת (מסוס); להוריד (תותח) מכנו; להפיל פרש
dis'obe'dience *n.* אי-ציות
dis'obe'dient *adj.* לא מציית, סרבן
dis'obey' (-bā) *v.* לא לציית ל-
dis'oblige' *v.* לאכזב, לפגוע ב-, לא לעזור, לא להיענות ל-
dis·or'der *n.* אי-סדר, אנדרלמוסיה, הפרת-סדר; ליקוי, הפרעה; מחלה
disorder *v.* לגרום אי-סדר
disordered *adj.* מבולבל, מופרע
dis·or'derly *adj.* פרוע, לא מסודר
disorderly house בית בושת
dis·or'ganiza'tion *n.* שיבושים
dis·or'ganize' *v.* לשבש, לבלבל
dis·or'ient' *v.* לבלבל
dis·or'ienta'ted *adj.* מבולבל
dis·own' (-ōn) *v.* להתכחש ל-, לנער חוצנו מ-, לשלול כל קשר עם
dis·par'age *v.* לזלזל ב-, להמעיט
disparagement *n.* זילזול, המעטה
dis'parate *adj.* שונה לגמרי
dis·par'ity *n.* שוני, הבדל
dis·pas'sionate (-shən-) *adj.* שליו, לא נרגש; לא מצדד, אובייקטיבי
dispatch' *v.* לשלוח, להריץ, לשגר; לחסל, לגמור; להרוג
dispatch *n.* מישלוח, שיגור; שֶׁדֶר, מיברק; יעילות, מהירות; חיסול
- mentioned in dispatches צויין לשבח (בשדה-הקרב)
dispatch rider רץ, שליח מהיר
dispel' *v.* לפזר, להפיג, לסלק
dispen'sable *adj.* שאפשר לוותר עליו
dispen'sary *n.* מירפאה; בית מירקחת
dis'pensa'tion *n.* חלוקה, מתן; היתר, פְּטוֹר; יד ההשגחה; תורה
dispense' *v.* לחלק, לתת; לוותר
- dispense justice לעשות דין צדק
- dispense medicines להכין תרופות
- dispense with לוותר על, לעשותו למיותר; להסתדר בלעדיו
dispenser *n.* רוקח; מַנְפֵּק
dispensing chemist רוקח
disper'sal *n.* פיזור; התפזרות
disperse' *v.* לפזר; להתפזר
disper'sion (-zhən) *n.* פיזור, פירוד
- the Dispersion יהדות התפוצות
dispir'it *v.* לרפות ידים
dispirited *adj.* מדוכא, נפול-רוח
dis·place' *v.* לגרש, לדחוק, לתפוס

מקומו; להזיז, לעקור, לנקע (עצם)
displaced person עקור
displacement *n.* סילוק; דחיקה; תפוסה
display′ *v.* להראות, לגלות, לחשוף
display *n.* הצגה, גילוי, ראווה; צג; מיצג, מצגת
- fashion display תצוגת אופנה
dis·please′ (-z) *v.* להרגיז, להכעיס
- displeased with מתרעם על
dis·pleas′ure (-plezh′ər) *n.* רוֹגֶז
disport′ *v.* לשעשע; להשתעשע
dispo′sable (-z-) *adj.* לשימוש חד-פעמי; עומד לרשותו, לשימושו
disposable income הכנסה פנוייה
dispo′sal (-zəl) *n.* חיסול, היפטרות; חלוקה, סידור; מערך, פריסה; פיקוח, שליטה
- at one's disposal לרשותו, לשימושו
dispose′ (-z) *v.* לפרוס כוחות, לערוך; לסדר; להסדיר; להעביר
- dispose of להיפטר מ-; לחסל; לטפל ב-; להפריך
- dispose to להטות לב, להביא ל-
disposed *adj.* נוטה, רוצה, מוכן
- ill disposed מתייחס בשלילה
- well disposed מתייחס בחיוב
dis′posi′tion (-zi-) *n.* נטייה, זיקה; תכונה, אופי; מערך, פריסה, סידור; הסדר; שליטה; העברה
dis′possess′ (-zes) *v.* לנשל, לגרש
dispossessed *adj.* מנושל, מקופח
dis′posses′sion (-zesh′ən) *n.* נישול, גירוש
dis·proof′ (-o͞of) *n.* הפרכה, הכחשה
dis′propor′tion *n.* דיספרופורציה
dis′propor′tionate (-shən-) *adj.* חסר-פרופורציה; ללא יחס נכון
dis·prove′ (-ro͞ov) *v.* להפריך
dispu′table *adj.* שנוי במחלוקת
dispu′tant *n.* מתווכח
dis′pu·ta′tion *n.* ויכוח, מחלוקת
dispute′ *v.* להתווכח, לדון ב-; לערער על; להתנגד, להיאבק
dispute *n.* ויכוח, דיון; ריב, סיכסוך
- beyond/past dispute ללא כל ספק
- in/under dispute שנוי במחלוקת
- without dispute ללא כל ספק
dis·qual′ifica′tion (-kwol-) *n.* פסילה; דבר פוסל, פגם
dis·qual′ify′ (-kwol-) *v.* לפסול
dis·qui′et *v.* להדאיג, לעורר דאגה
disquiet *n.* דאגה, אי-שקט
dis·qui′etude′ *n.* דאגה
dis′quisi′tion (-zi-) *n.* הרצאה ארוכה, חיבור מקיף, מסה, מחקר
dis′re·gard′ *v.* להתעלם מ-
disregard *n.* התעלמות; הזנחה
dis·rel′ish *v.* לסלוד מ-, לשנוא
disrelish *n.* סלידה, שינאה
dis′re·pair′ *n.* מצב הדורש תיקון
dis·rep′u·table *adj.* ידוע לשימצה, רע; מרופט, מלוכלך
dis′re·pute′ *n.* שם רע
- fall into disrepute להיות לשימצה
dis′re·spect′ *n.* חוסר כבוד, גסות
disrespectful *adj.* חסר נימוס
dis·robe′ *v.* להתפשט; לפשוט
disrupt′ *v.* לשסע, לנפץ; לפלג; לשבש
disrup′tion *n.* התפוררות; קרע
disruption of proceeding שיבוש הליכים
disrup′tive *adj.* מְפוֹרֵר, הורס
dis·sat′isfac′tion *n.* מורת רוח
dissatisfied *adj.* ממורמר, מאוכזב
dis·sat′isfy′ *v.* לגרום לאי שביעות רצון, להרגיז, לעורר תרעומת
dissect′ *v.* לבתר; לנתח, לבחון היטב
dissec′tion *n.* ביתור; ניתוח
dis·sem′ble *v.* להסוות; להעמיד פנים
dis·sem′inate *v.* להפיץ, לפזר
dis·sem′ina′tion *n.* הפצה, פיזור
dissen′sion *n.* מחלוקת, ריב
dissent′ *v.* לחלוק על, לא להסכים
dissent *n.* התנגדות, אי-הסכמה
dissenter *n.* פורש, מתנגד
dissenting opinion דעת מיעוט
dis′serta′tion *n.* הרצאה, מחקר
dis·ser′vice (-vis) *n.* נזק, רעה
dis·sev′er *v.* לנתק, להפריד
dis′sidence *n.* אי-הסכמה, התנגדות
dis′sident *adj&n.* מתנגד, פורש
dis·sim′ilar *adj.* שונה, לא דומה
dis·sim′ilar′ity *n.* שוני, אי-דימיון
dis′simil′itude′ *n.* שוני
dis·sim′u·late′ *v.* להעמיד פנים
dis·sim′u·la′tion *n.* העמדת פנים
dis′sipate′ *v.* לפזר, לגרש; להתפזר; לבזבז; לשקוע בחיי הוללות
dissipated *adj.* הולל, הוללני
dis′sipa′tion *n.* פיזור; הוללות
dis·so′ciate′ *v.* להפריד, לנתק

- dissociate oneself from לנער חוצנו מ-
dis•so'cia′tion *n.* ניתוק
dis•sol′u•bil′ity *n.* מסיסות
dis•sol′u•ble *adj.* מסיס, נמס
dis′solute′ *adj.* הולל, מושחת
dis′solu′tion *n.* פירוד, פירוק; פיזור הפרלמנט; מוות, שקיעה
dissolve′ (-zolv) *v.* להמס; להתמוסס; להיעלם; לפרק, לפזר
- dissolve in tears להתמוגג בדמעות
dis′sonance *n.* דיסונאנס, צריר
dis′sonant *adj.* צורמני, לא-הרמוני
dissuade′ (-swād) *v.* להניא, לייעץ לבל, לנסות לעכב, להסב לב
dissua′sion (-swā′zhən) *n.* עיכוב
dis′syllab′ic *adj.* דו-הֲבָרָתִי
dissyl′lable *n.* מילה דו-הֲבָרָתִית
dis′taff′ *n.* פלך, כישור
- on the distaff side מצד האם
dis′tance *n.* מרחק; דיסטאנץ
- a good distance off רחוק מאוד
- go the distance להמשיך עד הסוף
- keep at a distance להפגין קרירות כלפי, לשמור על דיסטאנץ
- keep one's distance להתרחק
- some distance רחוק למדי
- within spitting distance במרחק יריקה, קרוב מאוד
- within striking distance קרוב מאוד
distance *v.* לחלוף, להשאיר מאחור; להרחיק
dis′tant *adj.* רחוק; מתרחק, צונן
- distant relations קרובים רחוקים
distantly *adv.* מרחוק, בקרירות
dis•taste′ *n.* סלידה, שאט-נפש
distasteful *adj.* לא נעים, חסר-טעם
dis•tem′per *n.* סיד, צֶבַע (לקיר)
distemper *v.* לצבוע (קירות), לסייד
distemper *n.* מחלה (בכלבים)
distend′ *v.* להתנפח; לנפח
disten′tion *n.* התנפחות
distill′ *v.* לזקק, להתפיל; להטיף, להרעיף; לטפטף; לתמצת
dis′tilla′tion *n.* זיקוק; תזקיק
distiller *n.* מזקק (משקאות)
distil′lery *adj.* מזקקה (למשקאות)
distinct′ *adj.* ברור, ניכר, נראה היטב; נפרד, שונה
distinc′tion *n.* שוני, הבדל, הבחנה, ייחוד; שם, הצטיינות; תואר כבוד

- distinction without difference אין הבדל למעשה
- draw a distinction להבחין
distinc′tive *adj.* מיוחד, שונה
distinctly *adv.* ברורות, במפורש
distin′guish (-gwish) *v.* להבחין
- distinguish from לייחד, לאפיין
- distinguish oneself להצטיין
distinguishable *adj.* ניתן להבחין בו/ביניהם, שונה
distinguished *adj.* מפורסם, מצויין
distort′ *v.* לעוות; לעקם; לסלף
distor′tion *n.* עיוות
dis•tract′ *v.* להסיח דעת, להפריע
distracted *adj.* מבולבל, מודאג
dis•trac′tion *n.* הסחת דעת; בילבול, טירוף, הפרעה; בידור, שעשוע
- love to distraction לאהוב עד טירוף
distrain′ *v.* לעקל נכסים
distraint′ *n.* עיקול
distrait (-rā′) *adj.* מפוזר, מבולבל
distraught′ (-rôt) *adj.* מבולבל, מטורף
distress′ *n&v.* צער, סבל; מצוקה; סכנה; עיקול; לצער, לגרום סבל
distressful, distressing *adj.* מְצַעֵר
dis•trib′ute לחלק, לפזר, להפיץ
dis′tribu′tion *n.* חלוקה; תפוצה; התפלגות
dis•trib′u•tive *adj.* של חלוקה
distributive *n.* מילת פילוג
dis•trib′u•tor *n.* (במכונית) מפלג
dis′trict *n.* איזור, מחוז
district attorney תובע מחוזי
district court בית משפט מחוזי
dis•trust′ *v&n.* לא לסמוך על, לפקפק ב-; חוסר אמון, חשד
distrustful *adj.* לא בוטח, חשדן
disturb′ *v.* להפריע; לבלבל; להדאיג
- disturb the peace להפר סדר
- don't disturb yourself אל תטרח
disturbance *n.* הפרעה; תסיסה
disturbed *adj.* מופרע
dis•u′nion (-sū′-) *n.* פירוד, ניתוק
dis′u•nite′ (-sū-) *v.* להפריד; להינתק
dis•u′nity (-sū′-) *n.* חוסר אחדות
dis•use′ (-sūs) *n.* אי-שימוּש
- fall into disuse לצאת מכלל שימוש
dis•used′ (-sūzd′) *adj.* לא בשימוש
ditch *adj.* תעלה, ערוץ

- dull as ditch water משעמם מאוד
ditch *v.* לחפור תעלה; להשליך לתעלה; לנטוש; לנחות על הים
dith′er (-dh-) *v.* לרעוד, להסס
dither *n.* רעדה, התרגשות
- have the dithers *לרעוד, להסס
dit′to *n.* כנ"ל, אותו הדבר
- say ditto to להסכים עם
ditto marks גרשיים, מרכאות, (")
dit′ty *n.* שיר קצר, שיר פשוט
di′u•ret′ic *adj.* גורם מתן שתן, מְשַתֵּן
di•ur′nal *adj.* יומי, של היום
div = divine, dividend, division
di′vagate′ *v.* לסטות (מהנושא)
di′vaga′tion *n.* סטייה
di′van′ *n.* ספה, דרגש; מועצת המדינה, אולם המועצה
divan bed מיטת-ספה
dive *v&n.* לצלול; לשקוע ב-; להכניס יד; צלילה; מועדון מפוקפק
divebomb *v.* להפציץ תוך צלילה
diver *n.* אמודאי, צולל
di•verge′ *v.* לסטות, לנטות הצידה
divergence, divergency *n.* סטייה
di′vers (-z) *adj.* שונים, אחדים
di•verse′ *adj.* שונה, מְגוּוָן
di•ver′sifica′tion *n.* מתן גיוון
di•ver′sify′ *v.* לגוון, לתת גיוון
di•ver′sion (-zhən) *n.* הטייה, הפנייה; הסחה, פעולת הסחה; בידור
di•ver′sionar′y (-zhəneri) *adj.* של הסחה
di•ver′sity *n.* גיוון, מיגוון
di•vert′ *v.* להטות, להפנות; להסיח דעת; לבדר
diver′timen′to *n.* דיברטימנטו
diverting *adj.* משעשע
di•vest′ *v.* להפשיט, לשלול, ליטול
- divest oneself להיפטר, להתנער
divide′ *v.* לחלק; להפריד; לחצות; להתחלק, להתפלג
- divide and rule הפרד ומשול
- divide the House לערוך הצבעה
divide *n.* פרשת מים; חלוקה
divided highway כביש בעל שטח הפרדה
divided skirt חצאית מכנסיים
div′idend *n.* דיבידנד; מחולק
- pay dividends להשתלם, להועיל
divider *n.* מְחַלֵּק; מחיצה
- dividers מחוגת מדידה
div′ina′tion *n.* הגדת עתידות
divine′ *adj.* אלוהי, שמיימי; *מצויין
divine *n.* כומר, תיאולוג
divine *v.* לנבא, לגלות; לנחש
diviner *n.* מגלה מים
divine service תפילה; עבודת ה'
diving bell פעמון צלילה
diving board מקפצה
diving suit חליפת אמודאי
divin′ity *n.* אלוהות; תיאולוגיה
- the Divinity אלוהים
divis′ible (-z-) *adj.* מתחלק, חליק
divi′sion (-vizh′ən) *n.* חלוקה, חילוק, פילוג; דיביזיה, אוגדה, חטיבה; ליגה; מחלקה
division of labor חלוקת עבודה
division sign סימן החילוק
divi′sive *adj.* פלגני, מפלג
divi′sor (-z-) *n.* מְחַלֵּק
divorce′ *n.* גירושין, גט; הפרדה
- limited divorce גירושין מוגבלים, גירושין ללא אפשרות להתחתן
divorce *v.* לגרש; להתגרש, להיפרד
- a divorced man גָרוּש
divor′cee′ *n.* גרושה
div′ot *n.* (בגולף) גושיש דשא
divulge′ *v.* לְגַלּוֹת
divulgence *n.* גילוי
div′vy *v&n.* *לחלק; דיבידנד; טיפש
dix′ie *n.* סיר גדול, דוּד, יוֹרָה
diz′zy *adj.* סחרחר; מסחרר
dizzy *v.* לסחרר, לבלבל
DJ מקטורן ערב; מגיש תקליטים, דיסק ג'וקי, די ג'יי
DNA דנ"א, בעל מאפיין גנטי
do (dōō) *v.* לעשות, לפעול; לטפל ב-; להספיק; להציג, לשחק; לרמות; לבקר ב-; לחשב; לפתור; לסיים
- I could do with אני זקוק/רוצה
- I do go אני כן הולך
- be doing well להתקדם יפה
- can't do with לא סובל
- do away with לחסל; לבטל
- do better להצליח יותר
- do down *לרמות; להשמיץ, לרכל
- do for *לשמש כעוזרת; להסתדר עם; לחסל; להתאים, לשמש כ-
- do go! אנא לֵךְ!
- do in *לחסל
- do it yourself עשה זאת בעצמך
- do one's best לעשות כמיטב יכולתו

- do one's hair לסדר שערו, להסתרק
- do out לנקות, לסדר
- do out of להערים עליו, לקפח
- do over לעשות מחדש; *להתנפל על
- do the flowers לסדר את הפרחים
- do up לתקן; להדק, לרכוס; לעטוף, לקשור; לכבס; לנקות; להתלבש
- do well by להתייחס יפה אל
- do with להסתדר עם; להזדקק ל-
- do without להסתדר בלי/בלעדי
- do wonders לחולל פלאים
- do-or-die-spirit רוח קרב, הקרבה
- done for *מחוסל, אבוד
- done in/up *מחוסל, "הרוג", עייף
- done! עשינו עסק! אני מסכים!
- hard done by זוכה לייחס רע
- has been done רימוהו, סידרו אותו
- has to do with יש לזה קשר עם
- have/be done (with) לסיים
- how are you doing? מה שלומך?
- how do you do? מה שלומך?
- it doesn't do to אין זה יאה
- it'll do him good/well הדבר יהיה לו לעזור, זה ימלא צרכיו
- make do להסתפק ב-, להסתדר עם
- no sooner said than done מתבצע מיד, אומר ועושה
- nothing doing! *לא!
- over and done with חסל!
- that does it! זהו זה!, חסל!
- that isn't done מעשה שלא ייעשה
- that will do זה מספיק
- well done! טוב מאוד!, כל הכבוד!
- what do you do for a living? מה עיסוקך?
- what's doing? מה מתרחש?
- you go, don't you? אתה הולך, לא כן?

do (dōō) *n.* *רמאות; מסיבה
- dos and don'ts מיצוות עשה ולא-תעשה, כללים

do (dō) *n.* דו (צליל)
do = ditto (dit′ō)
do′able (dōō′-) *adj.* שניתן לעשותו
dob′bin *n.* סוס-עבודה
doc = doctor, document
do′cent *n.* דוצנט, מרצה
doc′ile (-səl) *n.* צייתן, נוח
doc·il′ity *n.* צייתנות, נוחות
dock *n.* רציף; מיבדוק; מיספנה
- floating dock מיבדוק צף

dock *v.* להיכנס למיספנה, להספין; להצמיד חלליות בחלל
dock *n.* תא הנאשמים; חומעה
dock *v&n.* לקצץ; זנב; בשר הזנב
dock′er *n.* סוור; עובד מיספנה
dock′et *n.* תמצית (של דו"ח); רשימה (של תיקים); תווית, פתק
docket *v.* לכלול ברשימה; להדביק תווית, לסמן
dockyard *n.* מיספנה
doc′tor *n&v.* דוקטור; רופא; לטפל ב-, לתקן, לזייף; לסרס
doc′toral *adj.* של דוקטור
doc′torate *n.* דוקטוראט
doc′trinaire′ *n&adj.* דוקטרינר, שקוע בהלכה, מתעלם מהמציאות
doc′trinal *adj.* של דוקטרינה
doc′trina′rian *n.* דוקטרינר
doc′trine (-rin) *n.* דוקטרינה, תורה
doc′u·dra′ma (-drä-) *n.* דרמה תיעודית, סרט דוקומנטרי
doc′u·ment *n.* מיסמך, תעודה
- discovery of documents גילוי מיסמכים

doc′u·ment′ *v.* להוכיח במיסמכים
doc′u·men′tary *adj.* תיעודי, תעודתי, מיסמכי, דוקומנטארי
documentary film סרט תיעודי
doc′u·menta′tion *n.* תיעוד
dod′der *v.* להיחלש; לרעוד; להשתרך
dod′dery *adj.* רועד; חלוש
dod′dle *n.* *משימה קלה, משחק ילדים
dodge *v.* לזוז הצידה, לעקוף; להתחמק, להשתמט, להערים על
dodge *n.* תנועה חטופה הצידה; *התחמקות, תחבולה
dod′gem *n.* *מכונית חשמלית (קטנה)
dodger *n.* מתחמק, משתמט
dodg′y *adj.* *שתמטן; מסוכן
do′do *n.* דודו (עוף), טיפש, מיושן
- dead as a dodo מת לגמרי

doe (dō) *n.* איילה; ארנבת
do′er (dōō′-) *n.* עושה, איש מעשה
- evil-doer עושה רע, רָשָׁע

doeskin *n.* עור צבי
doesn't = does not (duz′ənt)
doff *v.* להסיר (מעיל, כובע)
dog (dôg) *n.* כלב; מלקחיים; *ברנש
- dog eat dog אדם לאדם זאב
- dog in the manger רע-לב, זה לא

נהנה וזה חסר, סדומי
- dog's age *יובלות, עידן ועידנים
- dog's life חיי כלב
- dogs משען (לעצי-הסקה באח), סבכה, סורג; *מירוצי כלבים; רגליים
- dressed like a dog's dinner מגונדר
- go to the dogs להיהרס, להידרדר
- not a dog's chance בלי כל סיכוי
- put on the dog *להתרברב
- the under-dog המקופח, הדפוק
- throw to the dogs לזרוק לכלבים
- top dog מנצח, ידו על העליונה
dog *v.* לעקוב, להיצמד ל-
dog biscuit רקיקי-כלבים
dogcart *n.* כירכרה (לשניים)
dog collar *צווארון כומר
dog days תקופת החום
dog-eared *adj.* (ספר) מקופל פינות
dogface *n.* *חייל (בצבא ארה"ב)
dogfight *n.* קרב אווירי
dog′ged (dôg-) *adj.* עקשני
dog′gerel (dôg-) *n.* חרזנות
dog′gie (dôg-) *n.* *כלבלב
dog′go (dôg-) *adv.* *ללא תנועה
doggone (dô′gôn) *interj.* *לעזאזל
dog′gy (dôg-) *n.* *כלבלב
doggy bag שקית לשאריות
doghouse *n.* בית כלבים
- in the doghouse נזוף, מבוייש
dogleg *n.* פנייה חדה, סיבוב
dog-like *adj.* כלבי, כמו כלב
dog′ma *n.* דוֹגמָה, עיקר, הנחה מוסכמת
dog•mat′ic *adj.* דוגמטי
dog′matize′ *v.* להתבטא בהחלטיות
do-gooder *n.* שואף שיפור
dog paddle שחיית כלב
dogsbody *n.* עובד עבודה משעממת
dog-tired *adj.* *עייף, סחוט
dogtrot *n.* ריצה קלה, דהרור
dogwatch *n.* משמרת ערב
dogwood *n.* מורן (שיח)
doh (dō) *n.* דו (צליל)
doi′ly *n.* מפית שולחן, מפיונת
do′ings (do͞o′-) *n-pl.* *מעשים
dol′drums *n-pl.* חוסר-פעילות
- in the doldrums מדוכדך, מדוכא
dole *n&v.* נדבה, צדקה
- be on the dole לקבל קיצבת אבטלה
- dole out לחלק נדבות
doleful *adj.* עצוב, מדכא
doll *n&v.* בובה
- doll up *להתגנדר; לקשט
dol′lar *n.* דולר
dol′lariza′tion *n.* דולריזציה
dollar sign/mark סימן הדולר
dollhouse *n.* בית בובות
dol′lop *n.* *כמות, גוש; קורטוב
dol′ly *n.* בובה; עגלת-הובלה
dol′men *n.* מצבת-אבן, יד, דולמן
do′lor *n.* צער, יגון
do′lorous *adj.* עצוב, מעציב
dol′phin *adj.* דולפין
dolt (dōlt) *n.* טיפש
doltish *adj.* טיפשי
do•main′ *n.* ריבונות, אדנות; תחום
- public domain רשות הרבים
dome *n.* כיפה, קימרון; ארמון
domed (dōmd) *adj.* בעל כיפה
domes′tic *adj.* ביתי, משפחתי; מקומי, פנימי; מבויית
domestic *n.* עוזרת בית
domestic animal חיית בית
domes′ticate′ *v.* לביית
domesticated *adj.* אוהב עבודות בית
domes′tica′tion *n.* ביות
domestic commerce סחר-פנים
do′mes•tic′ity *n.* חיי משפחה
domestic science משק בית
domestic service עבודות-בית
dom′icile′ *n.* בית, מגורים
domiciled *adj.* גר, שוכן
dom′icil′iar′y (-lieri) *adj.* ביתי
domiciliary visit ביקור בית
dom′inance *n.* שליטה
dom′inant *adj.* שולט, שליט, חולש על, דומינאנטי, שולטני
dominant *n.* (במוסיקה) דומיננטה
dom′inate′ *v.* לשלוט על, למשול
dom′ina′tion *n.* שליטה
dom′ineer′ *v.* להשתלט, להתנשא
domineering *adj.* שתלטן, מתנשא
domin′ion *n.* שליטה, סמכות, ריבונות, אדנות; דומיניון
dom′ino′ *n.* טבלת-דומינו; מעיל רחב
domino effect אפקט הדומינו, אירוע גורר אירוע, סדרת מפולות
dominoes *n.* דומינו (מישחק)
don *n.* דון, אדון; מרצה

don *v.* ללבוש, לעטות; לחבוש
do′nate *v.* לתרום, לנדב
do·na′tion *n.* תרומה, נדבה
done = pp of do (dun)
done *adj.* עשוי, גמור; צלוי כדבעי; מקובל בחברה, יאה
don′jon *n.* צריח, מיגדל
Don Ju′an דון ז'ואן, קוטל נשים
don′key *n.* חֲמוֹר
donkey engine מנוע קטן
donkey jacket מעיל עבה
donkey's years *עידן ועידנים
donkey-work *n.* עבודה קשה
don′nish *adj.* למדני; של מרצה
do′nor *n.* תורם, מנדב
- blood donor תורם דם
don't = do not (dōnt)
do′nut *n.* סופגנייה, סופגנית
doo′dad′ *n.* *דבר, חפץ יפה, קישוט
doo′dah (-dä) *n.* *דבר, קישוט
- all of a doodah נרגש
doo′dle *v.* *לקשקש, לשרבט
doodle *n.* קישקוש, שירבוט
doodlebug *n.* *פצצה, טיל
doom (dōōm) *n.* גורל מר, אבדון; מוות
- pronounce his doom לחרוץ דינו לשבט
doom *v.* לחרוץ דין, לגזור על
- doomed to failure נדון לכישלון
doomsday *n.* קץ הימים; יום הדין
- till doomsday עד עולם
door (dôr) *n.* דלת, פתח; בית
- 3 doors away במרחק 3 בתים
- answer the door לפתוח את הדלת
- at one's door קרוב, מתחת לחוטמו
- close the door to לנעול דלת בפני-
- front door כניסה ראשית
- lay at his door להטיל האחריות עליו, לגלגל לפיתחו
- next door בבית הסמוך
- next door to כמעט, בבחינת
- open the door to לפתוח שער ל-
- out of doors בחוץ
- show him the door לבקשו לצאת
- show him to the door ללוותו החוצה
- within doors בבית
doorbell *n.* פעמון הדלת
door-keeper *n.* שוער
door-knob ידית הדלת, גולת-דלת
door knocker מטרק דלת; מבקר, רוכל
doorman *n.* שוער
doormat *n.* מידרסה, שפשפת
door-nail *n.* מסמר (לקישוט) דלת
- dead as a doornail ללא רוח חיים
doorplate *n.* שלט-דלת, לוחית-דלת
door-post *n.* מזוזה
doorstep *n.* מדרגת דלת, סף
doorstopper *n.* מַעֲצֵר-דֶלֶת
doorway *n.* פתח, כניסה
dope *n.* שמן סיכה, צבע מגן; *סם משכר; מידע; טיפש
dope *v.* לתת סם משכר ל-
- dope out *להבין, לגלות, לחשב
do′py, do′pey *adj.* *מסומם
Dor′ic *adj.* דורי, פשוט
dorm *n.* *חדר שינה; מעונות
dor′mant *adj.* לא פעיל, ישן, רדום
dor′mer *n.* חלון-גג
dor′mito′ry *n.* חדר שינה; מעונות
dor′mouse′ *n.* מרמוטה
dor′sal *adj.* גבי, של הגב
dor′y *n.* סירה קלה; דג מאכל
do′sage *n.* מינון, מנה
dose *n&v.* מנת-תרופה, מנה; *מחלת מין; למנן, לתת מנה
doss *n&v.* *שינה חטופה
- doss down *לשכב לישון
doss-house *n.* *מלון זול
dos′sier′ (-siā) *n.* תיק
dost, thou dost = you do (dust)
dot *n.* נקודה; נדוניה
- on the dot *בדיוק, "על השנייה"
dot *v.* לנקד; לסמן בנקודה; *להכות
- dot the i's and cross the t's לדקדק ביותר
do′tage *n.* טיפשות, סניליות
- in one's dotage עובר בטל
do′tard *n.* עובר בטל, טיפש
dote *v.* לאהוב עד מאוד
doth = does (duth)
do′ting *adj.* אוהב
dot matrix printer מדפסת נקודות
dotted *adj.* מנוקד, מסומן בנקודות
- dotted with stars זרוע כוכבים
- sign on the dotted line להסכים מיד
dot′tle *n.* טבק (שנותר במיקטרת)
dot′ty *adj.* *שוטה; דלוק על
doub′le (dub′-) *adj.* כפול, זוגי
- double entendre ביטוי דו-משמעי, מלה דו-משמעית

double *adv.* פי שניים; בזוגות
- sleep double לישון 2 במיטה
double *n.* כפול; כפיל; תפנית חדה
- at the double בריצה קלה
- double or quits רווח כפול או הפסד (בהימור)
- doubles מישחק-זוגות
- mixed doubles זוגות מעורבים
- on the double מהר
double *v.* להכפיל; להיכפל; לקפל; לפנות לאחור; לרוץ; להקיף, לעקוף
- double as למלא תפקיד נוסף של
- double back לפנות אחורה; לקפל
- double in brass לשמש בשני תפקידים
- double over לקפל
- double up להתקפל; לקפל; לגור יחד
- double up with laughter להתפתל בצחוק
double agent סוכן כפול
double-barreled *adj.* כפול-קנה; דו-משמעי; מחובר במקף, מוקף
double bass בטנון
double bed מיטה כפולה
double bill הצגה כפולה
double bind דילמה
double-breasted *adj.* (מעיל) בעל שולים קידמיים רחבים וחופפים
double-check *v.* לבדוק פעמיים
double chin פימה; סנטר כפול
double-cross *v.* לרמות
double-cross *n.* רמאות; בגידה
double date פגישת שני זוגות
double-dealer *n.* רמאי
double-dealing *n.* רמאות
double-decker *n.* אוטובוס דו-קומתי; כריך דו-קומתי
double Dutch דיבורים סתומים; קפיצת שני חבלים
double-dyed *adj.* מוחלט, מובהק
double-edged *adj.* כפול-להב; דו-משמעי
double entry רישום כפול
double-faced *adj.* דו-פרצופי
double feature הצגת שני סרטים
double figures מספרים דו-ספרתיים
double first מצויין בשני מיקצועות
double glazing זיגוג כפול
double-headed nail מסמר דו-ראשי (שניתן לחלצו בקלות)
double header תחרות כפולה
double-jointed *adj.* גמיש מיפרקים
double-park *v.* לחנות לצד מכונית
double-quick *adv.* מהר מאוד
double standard מוסר כפול
doub'let (dub-) *n.* מלה שמוצאה מאותו מקור; חולצה מהודקת
double take תגובה מאוחרת
double-talk *n.* דיבור דו-משמעי
double taxation כפל מס
double-think *n.* חשיבה כפולה, אמונה בשתי תורות מנוגדות
double time שכר שעות נוספות
doubloon' (dublo͞on') *n.* דובלון; *כסף
doubly *adv.* פעמיים, כפליים
doubt (dout) *n.* ספק, פיקפוק
- have one's doubts לפקפק ב-
- in doubt מסופק, לא בטוח
- no doubt אין ספק
- throw doubt upon להטיל ספק ב-
- without doubt ללא כל ספק
doubt *v.* לפקפק ב-, להטיל ספק
- I don't doubt אין לי ספק
doubtful *adj.* בספק; מפוקפק
doubtless *adv.* בלי ספק
douche (do͞osh) *n.* מיקלחת
dough (dō) *n.* עיסה, בצק; *כסף
doughnut *n.* סופגנייה, סופגנית
dough'ty (dou'-) *adj.* אמיץ
doughy (dō'i) *adj.* בצקי, רך
dour (door) *adj.* קודר, רציני
douse *v.* להטביל; להתיז; *לְכַבּוֹת
dove (duv) *n.* יונה
dove = pt of dive (dōv)
dovecote *n.* שובך
- flutter the dovecotes להחריד אנשים שאננים
dovetail *n&v.* חיבור-שגם; שגם; לשגם; לשלב, לחבר; להשתלב
dov'ish (duv-) *adj.* יוני, פשרני
dow'ager *n.* אישה כבודה, יורשת
dow'dy *adj.* רשלני, מרושל
dow'el *n.* פין, זיז, שגם
dowel pin מיתד, דיבל
dow'er *n.* ניכסי האלמנה, ניכסי מלוג; נדוניה; מתת-אל
dower *v.* לתת נדוניה
down *adv.* למטה; שוכב; דרומה; בכתב, על הנייר; בחוזקה; במזומנים
- I am down אני כלול ברשימה

- I have it down זה רשום אצלי
- down to עד ל-, ועד בכלל
- down to the ground לגמרי
- down with הלאה!, בוז ל-!
- get down לבלוע; לקצר; לרדת
- get down to work להירתם לעבודה
- go down לרדת; להיבלע
- put down לכתוב, לרשום
- shout down להחריש, להשתיק
- sit down לשבת
- the sea is down הים שקט
down *adj.* יורד; מדוכדך; בשפל; גמור
- be down on לנטור טינה, לכעוס על
- down and out ספג נוק-אאוט
- down at heel משופשף-עקבים; עני
- down in the dumps *מדוכא
- down on one's luck *במזל ביש
down *prep.* בכיוון יורד, למטה, עַד
- down the years על פני השנים
- down wind עם הרוח
down *v.* להפיל, להביס; לבלוע
- down tools לשבות, להפסיק לעבוד
down *n.* ירידה; פלומה
- have a down on לנטור טינה
- ups and downs עליות וירידות
down-and-out חסר-מזל, חסר-כל
downbeat *n.* פעמה ראשונה
downbeat *adj.* פסימי; מדוכא
downcast *adj.* מדוכא; מושפל
downdraft *n.* זרם אוויר יורד
downer *n.* מאורע/סם מדכא
downfall *n.* נפילה, ירידה, הרס; גשם כבד, מבול
downgrade *v&n.* להוריד בדרגה; מוֹרָד; הידרדרות; החלשה
downhearted *adj.* עצוב, מדוכדך
downhill *adv.* במורד ההר
- go downhill להידרדר
Downing Street ממשלת בריטניה
download *v.* להוריד (ממחשב)
downmarket *adj.* *זול
down payment תשלום במזומנים
downplay *v.* להמעיט בחשיבות
downpour *n.* גשם כבד, מבול
downright *adj.* ישר, הוגן; מוחלט
downright *adv.* לגמרי
Down's syndrome תסמונת דאון
downstage *adv.* בקדמת הבימה
downstairs *adv.* בקומה מתחת, למטה; של קומת קרקע
downstream *adv.* במורד הנהר
down-to-earth *adj.* מציאותי
downtown *adv.* למרכז העיר
downtrodden *adj.* נרמס, מקופח
downturn *n.* שקיעה בפעילות
down under אוסטרליה, ניו זילנד
downward *adj.* יורד, מידרדר
downwards *adv.* כלפי מטה
downwind *adj&adv.* בכיוון הרוח
downy *adj.* פלומי, פלומתי
dow'ry *n.* נדוניה; כישרון טיבעי
dowse (-s) *v.* להטביל; להתיז; *לְכַבּוֹת
dowse (-z) *v.* לחפש מים
dowsing *n.* חיפוש מים
dox·ol'ogy *n.* מיזמור (בכנסייה)
doy'en *n.* זקן הסגל, זקן החברים
doy'ley *n.* מפית שולחן, מפיונת
doze *v&n.* לנמנם; תנומה
- doze off לנמנם
doz'en (duz-) *n.* תריסר
- dozens of הרבה, המון
- talk nineteen to the dozen לדבר בשוטפת
do'zy *adj.* נמנמני; מרדים; *טיפש
DP = displaced person עקור
Dr. = doctor
drab *adj.* חום-בוצי; משעמם
drab *n.* זונה, יצאנית
drach'ma (-k-) *n.* דרכמון (מטבע)
draco'nian *adj.* דרקוני, אכזרי
draft *n.* טיוטה, תרשים; מימשך בנקאי, גיוס; יחידה; רוח פרצים; שוקֶע (של אונייה)
draft *v.* לערוך טיוטה, לטייט; לנסח, לחבר, להכין
draft = draught
draft card צו גיוס
draft dodger משתמט מגיוס
draft·ee' *n.* מגוייס
draftsman *n.* שַׂרְטָט; נַסָּח-חוקים
drafty *adj.* מנושב, קריר
drag *n.* סחיבה; משדדה; כירכרה; גורם מעכב, מעצור; *מציצת סיגריה; דראג, בגדי אישה על גבר (ולהיפך)
- in drag בלבוש דראג (כנ"ל)
drag *v.* למשוך, לסחוב; להשתרך
- drag a river לסרוק קרקעית נהר
- drag in לגרור (נושא זר)
- drag on/out למשוך; להאריך; להימשך
- drag one's feet להתקדם בכבדות,

לשרוך רגליו
- drag up לחנך בצורה מוזנחת
drag′gle *v.* ללכלך, להכפיש
drag′gy *adj.* *משעמם, לא נעים
drag hunt ציד בעזרת כלב-גישוש
drag′net′ *n.* מיכמורת; מלכודת
drag′oman *n.* מתורגמן
drag′on *n.* דרקון; מירשעת
dragonfly *n.* שפירית (חרק)
dragoon′ (-gōōn) *n.* פרש
dragoon *v.* לכפות, להכריח
drain *v.* לנקז; להתנקז; לייבש; להתייבש; לרוקן; להתרוקן; לאזול
- drain away/off לנקז; להתנקז
- drain dry לייבש לחלוטין
- drain the cup of לשתות את כוס
drain *n.* תעלה; ניקוז, נקז; הרקת שפכין; גורם מכלה/סוחט; *לגימה
- go down the drain לרדת לטימיון
drain′age *n.* ניקוז, תיעול; שפכין
drainage basin אגן נהר
draining board לוח-ייבוש (לכלים)
drainpipe *n.* צינור ניקוז; גישמה
drainpipe trousers מיכנסיים הדוקים
drake *n.* ברווז זכר
dram *n.* דרכמון (מישקל); *לגימה
dra′ma (drä′-) *n.* דְרָמָה
dramat′ic *adj.* דרמאתי
dramat′ics *n-pl.* דרמה; דרמאתיות
dram′atis perso′nae (-ni) הדמויות במחזה
dram′atist *n.* מחזאי
dram′atiza′tion *n.* הַמחָזָה
dram′atize′ *v.* להמחיז; להיות דרמאתי; להגזים
dram′aturge′ *n.* דרמטורג, מחזאי
drank = pt of drink
drape *v.* לוולן, לכסות בווילונות; לקשט בקפלים; לתלות בריפיון
drape *n.* סידור בקפלים; גיזור; וילון
dra′per *n.* סוחר בדים
dra′pery *n.* בדים; בדי וילונות; בדים גליים; וילונות
dras′tic *adj.* דראסטי, נמרץ
drat *interj.* *לעזאזל
draught (draft) *n.* רוח פרצים; משב; לגימה; שוֹקע (של אונייה); שלל-דיג
- beasts of draught בהמות-משא
- beer on draught בירה מהחבית
- draughts דמקה (מישחק)
- sleeping draught שיקוי שינה
draught beer בירה מהחבית
draughtboard *n.* לוח דמקה
draughtsman *n.* שַרטָט, נַסָח; אבן-דמקה
draughty *adj.* קריר, מנושב
draw *n.* משיכה; הגרלה; תיקו; מושך קהל
- quick on the draw מהיר שליפה
draw *v.* למשוך; להוציא; לשלוף; לצייר, לתאר, לשרטט; להכין (מיסמך); לנוע לקראת
- draw a bow למשוך בקשת
- draw a check למשוך צ׳ק
- draw a chicken להוציא מעי-העוף
- draw a comparison להשוות
- draw a conclusion להסיק
- draw a game לסיים מישחק בתיקו
- draw apart להתרחק, להיפרד
- draw attention למשוך תשומת-לב
- draw away לחמוק; להרחיק
- draw back לסגת, להירתע
- draw blood להקיז דם
- draw breath לנשום
- draw fire למשוך האש, להוות מטרה
- draw in להחשיך; להתקצר; להגיע
- draw interest לשאת ריבית
- draw it mild לא להגזים
- draw lots/draw for להפיל גורל
- draw near להתקרב
- draw off להתרחק; להסיר (כפפות)
- draw on להתקרב; להשתמש ב-; למשוך; ללבוש (גרביים)
- draw oneself up להזדקף
- draw out למתוח, להאריך; לדובב; למשוך; למשות; לערוך תוכנית
- draw tears לסחוט דמעות
- draw the line למתוח קו
- draw the winner לשלוף כרטיס זכייה
- draw to its close להתקרב לקיצו
- draw up לערוך (תוכנית, מערך); להקריב; להתקרב ולעצור
- the ship draws 9 feet of water שוקע הספינה הוא 9 רגליים
- the tea drew התה התמַצָה
drawback *n.* חיסרון; קוֹשִי; הישבון
drawbridge *n.* גשר מתרומם
draw•ee′ *n.* נִמשָך
draw′er *n.* מושך; צייר; שרטט

- refer to drawer נא לפנות למושך
drawer (drôr) *n.* מגירה
- drawers תחתונים
- out of the top drawer מהמעמד העליון
drawing *n.* ציור, רישום
drawing board לוח שירטוט
drawing card מושך קהל, אטרקציה
drawing pin נעץ
drawing room חדר אורחים; תא פרטי
drawl *v&n.* לדבר לאט; דיבור איטי
drawn *adj.* נמשך, מתוח
- a drawn game משחק תיקו
- long drawn out מתמשך, ארוך
drawn = pp of draw
drawstring *n.* חוט גומי
dray *n.* עגלת-משא
dread (dred) *n.* פחד, אימה
dread *v.* לפחוד, לירוא
dread *adj.* נורא
dreadful *adj.* נורא, איום
dreadlocks *n-pl.* תלתלי חבל
dream *n&v.* חלום; לחלום
- dream away "לחלום", לבזבז זמן
- dream up *להמציא
dreamboat *n.* *דבר חלומי
dreamer *n.* חולם, הוזה
dreamland *n.* ארץ החלומות
dreamless *adj.* ללא חלומות
dreamlike *adj.* חלומי
dreamt = p of dream (dremt)
dream ticket זוג מועמדים אידיאלי
dream world עולם הדימיון
dreamy *adj.* חלומי; מהורהר; מעורפל
drear'y *adj.* קודר, מעציב, משעמם
dredge *n.* מַחפֵּר (המעלה מהים)
dredge *v.* לחפור/להעלות (במחפר)
dredge *v.* לבזוק, לזרות, לגלגל
dredger *n.* מַבזֵק; סירת מחפר
dregs *n-pl.* מישקע; פסולת
drench *v.* להרטיב
- got a drenching ספג גשם שוטף
dress *n.* שימלה; תילבושת, לְבוּש
- evening dress תילבושת ערב
- full dress תילבושת חגיגית
dress *adj.* חגיגי, רישמי; של לבוש
dress *v.* להלביש; להתלבש; להסתדר בשורה; להכין; לקשט
- dress a wound לחבוש פצע
- dress down לנזוף; להבריש, לשפשף
- dress one's hair לעשות תסרוקת
- dress up להתחפש; להתהדר
- dressed in לבוש, עוטה
- dressed to kill *מגונדר
dressage (-säzh') *n.* אימון סוסים
dress circle המושבים הקידמיים
dress coat מיקטורן
dresser *n.* חובש, עוזר-מנתח; ארון מיטבח; שולחן טואלט; מתלבש
dressing *n.* לבוש; תחבושת, מִשְחָה; תערובת (לסלט); מילוי, מלית; רוטב
dressing down נזיפה
dressing gown חלוק
dressing station תחנת טיפול
dressing table שולחן טואלט
dressmaker *n.* תופרת
dress rehearsal חזרה סופית
dress shirt חולצה חגיגית
dressy *adj.* גנדרן, מגונדר
drew = pt of draw (drōō)
drib'ble *n.* לטפטף, לזוב; לכדרר
dribble *n.* טיפה; טיפטוף; כידרור
drib'let *n.* טיפה; כמות זעומה
dribs and drabs מנות קטנטנות
dried = p of dry
dried fruit פירות יבשים
drier = dryer מייבש
drift *n.* תנועה, כיוון, נטייה, מגמה; סחף, היסחפות; ערימה; משמעות
drift *v.* להינשא (עם הזרם); לסחוף; לנוע ללא מטרה; להיערם
drift'age *n.* היסחפות; סטייה
drifter *n.* בטלן; סירת דייגים
drift ice גושי קרח נסחפים
drift-net *n.* מיכמורת, רשת דייגים
drill *v.* לקדוח חור, לקדוח ב-
drill *n.* מקדח, מקדחה
drill *n.* אימון, תירגול, תרגיל
- fire drill תרגיל כיבוי אש
drill *v.* לאמן, לתרגל; להתאמן
drill *n.* תלם, מַזרֵעָה, מַתלֵם, טורית
drill *v.* לזרוע בטורים-טורים
drill *n.* שֶלֶש (אריג כותנה חזק)
drily = dryly ביובש
drink *v.* לשתות; לספוג
- drink down/off לשתות עד תום
- drink in לשתות בצמא (דבריו)
- drink oneself to death למות מהתמכרות לשתייה
- drink to לשתות לחיי-, להרים כוס

drink *n.* משקה, משקאות; שתייה
- in drink מבוסם, בגילופין
- take to drink להתמכר לשתייה
- the drink *הים
drinkable *adj.* ראוי לשתייה
drinker *n.* שתיין
drinking *n.* שתייה
drinking fountain בירזייה
drinking water מי שתייה
drip *v.* לנטוף, לטפטף, לדלוף; להזיל
- dripping wet רטוב מאוד
drip *n.* טיפטוף; *אדם יבש, משעמם
drip-dry *n.* ייבוש כבסים בתלייה
drip-dry *v.* לייבש כבסים בתלייה
drip feed הזנה בטפטוף, אינפוזיה
dripping *n.* שומן (מבשר צלוי)
- drippings טיפות, נטפים
drip sprinkler טפטפת
drive *v.* לרדוף; להריץ; להסיע, להוביל; להניע; לנהוג, לנסוע; להטיל; לתקוע, לנעוץ; לדחוף
- be driving at לרמוז, לשאוף
- drive a hard bargain להתמקח
- drive a nail לנעוץ מסמר
- drive a tunnel לחצוב מינהרה
- drive away לגרש; לעבוד קשה
- drive him hard להעבידו בפרך
- drive him mad להוציאו מדעתו
- drive home להחדיר לראשו, לשכנעו
- drive in לנעוץ, להחדיר
- drive into a corner ללחוץ אל הפינה
- drive to distraction לשגע
- let drive at לכוון (מכה) לעבר-
- the rain was driving הגשם ניתך
drive *n.* נסיעה, טיול; העפת כדור; כביש פרטי; משלב; מיבצע, התקפה; מרץ, יוזמה, דחף; כונן
- front-wheel drive הינע קידמי
drive-in *n.* דרייב-אין, קולנוע-רכב
driv′el *v.* לדבר שטויות, לקשקש
drivel *n.* שטויות, פיטפוטי סרק
driv′en = pp of drive
- driven snow ערימות שלג
driver *n.* נהג; מקל גולף
driver's license רשיון נהיגה
driver's test מיבחן נהיגה, טסט
driveway *n.* כביש פרטי
driving *adj.* מניע, נמרץ; של נהיגה
driving school בי״ס לנהיגה
driving test מיבחן נהיגה, טסט
driz′zle *v&n.* (לטפטף) גשם דקיק
driz′zly *adj.* (גשם) דקיק
drogue (drōg) *n.* עוגן (בצורת שק); מטרה (הקשורה למטוס); מצנח
droll (drōl) *adj.* מצחיק, מגוחך
droll′ery (drōl′-) *n.* ליצנות; דבר מצחיק; סיפור מבדח
drom′edar′y (-deri) *n.* גמל
drone *n.* זכר הדבורה; בטלן, טפיל; זמזום; נואם משעמם; מטוס מונחה
drone *v.* לזמזם; לדבר בחדגוניות
drool (drōōl) *v.* לְרַיֵּר מהפה; לפטפט
droop (drōōp) *v.* ליפול, לצנוח; ליפול ברוחו; להשפיל, להוריד
droop *n.* שקיעה, נטייה למטה
drop *n.* נטיף, טיפה; סוכרייה; נפילה, ירידה; דבר נופל/מוצנח
- a drop in the bucket טיפה בים
- at the drop of a hat מיד, לאלתר
- eyedrops טיפות עיניים
- get the drop on him ליהנות מעדיפות עליו
- had a drop too much שתוי
- in drops טיפין טיפין
- mail drop תיבה לשילשול מיכתבים
drop *v.* ליפול; להפיל; להוריד; לרדת; להצניח; לנטוש
- drop a hint לזרוק/לתת רמז
- drop a lamb להמליט טלה
- drop a line לכתוב כמה מלים
- drop a note לשרבט פתק קצר
- drop a word לזרוק/להפטיר מילה
- drop back/behind לפגר, לסגת
- drop by/in לבקר, ״לקפוץ״
- drop dead! התפגר!, הסתלק!
- drop money להפסיד כסף
- drop off להירדם; להוריד נוסע
- drop off/away לרדת, להתמעט
- drop out לנשור מתחרות, להסתלק
drop hammer קורנס
drop-kick *n.* בעיטה בכדור עם התרוממותו מהארץ
drop-leaf *adj.* בעל מדף עם ציר
drop′let *n.* טיפונת, טיפה
dropout *n.* נשירה, נושר (מכיתתה)
dropper *n.* טפטפת, טפי, מנטף
droppings *n-pl.* גללים, לישלשת
drop press קורנס
drop′sical *adj.* של מיימת
drop′sy *n.* מיימת (מחלה)
dross (drôs) *n.* פסולת, סיג
drought (drout) *n.* בצורת, יובש

drove = pt of drive
drove *n.* עדר, קהל נוהר
dro′ver *n.* מוביל בקר, נוהג בקר
drown *v.* לטבוע; להטביע, להציף
- drown one's sorrows להשכיח יגונו בשתייה
- drown oneself in-להשקיע עצמו ב
- drown out להחריש, להשתיק
- drowned in sleep בשינה עמוקה
drowse (-z) *v&n.* לנמנם; נימנום
- drowse away לנמנם, להתבטל
drow′sy (-zi) *adj.* רדום; מרדים
drub *v.* להכות, להלום
- a good drubbing מכה רצינית
drudge *v.* לעבוד עבודה קשה/משעממת
drudge *n.* עובד עבודה קשה/משעממת
drudg′ery *n.* עבודה קשה ומשעממת
drug *n.* סם; תרופה; סם מסוכן
- drug on the market סחורה שאין עליה קופצים
drug *v.* לסמם, להרעיל; להוסיף סם
drug addict מכור לסמים, נרקומן
drug′get *n.* מרבד, שטיח (מצמר גס)
drug′gist *n.* רוקח; בעל חנות
drugstore *n.* חנות כל-בו, דראגסטור
drum *n&v.* תוף; תיפוף; לתופף; להקיש
- drum into להחדיר לראשו, לשנן לו
- drum out לגרש, לסלק
- drum up ליצור, לקבל, לגייס
drumbeat *n.* תיפוף
drumfire *n.* הרעשה כבדה
drumhead *n.* עור התוף, יריעת תוף
drumhead court-martial משפט צבאי מהיר
drum major מנצח התיזמורת, שרביטאי
drum majorette שרביטאית
drummer *n.* מתופף; *סוכן-נוסע
drumstick *n.* מקל-תיפוף; רגל עוף
drunk *adj&n.* שיכור, שתוי
- dead/blind drunk שיכור כלוט
- drunk with success שיכור הצלחה
- get drunk להשתכר
drunk = pp of drink
drunk′ard *n.* שיכור
drunk′en *adj.* שיכור; של שיכרות
drupe *n.* פרי גלעיני

Druse, Druze (-z) *n.* דרוזי
dry *adj.* יבש; מצמיא; צמא
- a dry cow פרה שחדלה לחלוב
- dry facts עובדות יבשות
- dry law חוק היובש, חוק האוסר מכירת משקאות חריפים
- dry measure מידת היבש
- dry wine יין יבש
dry *v.* לייבש, לנגב; להתייבש
- dry out להיגמל משיכרות; להתייבש לגמרי
- dry up לייבש; להתייבש; להיעלם
- dry up! בלום פיך!
dry-clean *v.* לנקות ניקוי יבש
dry cleaning ניקוי יבש
dry′er, dri′er *n.* מייבש
dry-eyed *adj.* לא בוכה, ללא דמעות
dry goods אריגים, בדים, טקסטיל
dry land יַבָּשָׁה
dry′ly, dri′ly *adj.* ביובש
dryness *n.* יובש
dry nurse אומנת לא מיניקה
dry rot ריקבון, ריקבון כמוס
dry run *חזרה
dry-shod *adj.* בלא להרטיב רגליו
dry wall קיר אבנים (לא מטויח)
dt's *n.* טירפון, רטט (משתייה)
du′al *adj.* זוגי, כפול, דו-
dual carriageway כביש בעל שטח הפרדה
dual-purpose *adj.* דו-תכליתי
dub *v.* לכנות, לקרוא, להעניק תואר
- dub him knight להעניק לו אבירות
dub *v.* לדבב, לשנות שפה בפסקול
dub′bin *n.* מישחה (למוצרי עור)
dubbing *n.* דיבוב; הענקת תואר
du·bi′ety (dōō-) *n.* פיקפוק, ספקות
du′bious *adj.* מפוקפק; מפקפק
du′cal *adj.* של דוכס, כמו דוכס
duc′at *n.* דוקאט, אָדום (מטבע)
duch′ess *n.* דוכסית
duch′y *n.* דוכסות
duck *n.* ברווז; *חביב, מותק; רכב אמפיבי; אפס נקודות
- ducks and drakes הטלת אבנים על פני מים
- like a duck to water כדג במים
- like water off a duck's back בלי כל השפעה
- play ducks and drakes with,לפזר לבזבז (כסף)
duck *n.* אריג כותנה חזק

- ducks מיכנסיים (מהאריג הנ"ל)
duck *v.* לכופף; להתכופף; להטביל
- duck out of *להתחמק מ-
duck *n.* התכופפות; טבילה
duck boards לוחות-מעבר (על בוץ)
duck′ling *n.* ברווזון
duck soup *דבר קל, מישחק ילדים
duckweed *n.* ירוֹקה, ירוקת
duck′y *n.* *יקיר, מותק; מצויין
duct *n.* תעלה, צינור; צינור-איוורור
duc′tile (-til) *n.* רקיע; גמיש
duc·til′ity *n.* רקיעות; גמישות
dud *n&adj.* *דבר חסר-ערך; כישלון
- duds *בגדים, בלואים, סחבות
dude *n.* *גנדרן
dude ranch חוות נופשים
dud′geon (-jən) *n.* רוֹגז
- in high dudgeon רוֹגז, ממורמר
due (dōō) *adj&n.* מגיע, יש לפרעו; מתאים, נאות, נכון; אמור להגיע
- I am due for אני מצפה ל-
- I am due to אני עומד ל-
- due date יום הפירעון; יום תשלום
- due north היישר צפונה
- due to בגלל, מחמת; עומד ל-
- dues אגרה, מס
- give him his due לתת המגיע לו
- in due course בשעה המתאימה
- the train is due at 4 הרכבת צריכה להגיע ב-4
du′el *n&v.* דו-קרב; לצאת לדו-קרב
du·et′ (dōō-) *n.* דואט, צימדה, דוּזֶמֶר
duff *n.* בצק
duf′fel *n.* דופל (אריג צמר גס)
duf′fer *n.* טיפש, לא-יוצלח
duf′fle *n.* דופל (אריג צמר גס)
duffle bag תרמיל, קיטבג, מיזווד
duffle coat מעיל דופל
dug = p of dig
dug *n.* עטין, פיטמה
dug-out *n.* חפירה; סירה קלה
duke *n.* דוכס
- dukes *אגרופים
dukedom *n.* דוכסות
dul′cet *adj.* מתוק, נעים
dull *adj.* עמום, קהה, קודר; קשה-הבנה; טיפש; משעמם
- dull of hearing כבד-אוזן
dull *v.* להקהות; לעמעם
dull′ard *n.* מטומטם

du′ly *adv.* בזמן; כראוי, נכונה
dumb (dum) *adj.* אילם; שותק; *טיפש
- in dumb show בפנטומימה
- strike dumb להכותו באלם
dumbbell *n.* מישקולת (לשרירי היד)
dumb′found′ (dumf-) *v.* לְהַמֵם
dumb′wait′er (dum′-) *n.* שולחנון מסתובב (להגשת אוכל); מעלית מזון
dum′dum′ bullet כדור דום-דום
dum′found′ *v.* לְהַמֵם, להדהים
dum′my *n.* דֶמֶה, מידמה; זיוף; אימום; מנקין; ממלא מקום; מוצץ; נציג חשאי
dummy run הרצה ניסיונית
dump *v.* להשליך, לזרוק; להיפטר מ-; להריק; למכור סחורה בזול
dump *n.* מיזבלה; מחסן, מיצבור
- in the dumps *עצוב, מדוכדך
dump′er *n.* משאית-פריקה
dump′ing *n.* דאמפינג, היצף
dump′ling *n.* כופתה
dump truck משאית-פריקה
dum′py *adj.* גוץ, שמנמן
dun *n&adj.* סוס (חום-אפור)
dun *v.* לתבוע סילוק החוב
dun *n.* נושה; תביעה לתשלום חוב
dunce *n.* קשה-תפיסה; טיפש
dun′derhead′ (-hed) *n.* טיפש
dune *n.* דיונה, חולית
dung *n.* גללים, זבל פרות
dun′garee′ *n.* דאנגרי (אריג גס)
- dungarees סרבל, בגדי עבודה
dun′geon (-jən) *n.* צינוק, בור
dunghill *n.* ערימת זבל
dunk *v&n.* לטבול (עוגה בקפה); להטביע (בכדורסל); הטבעה
du′o *n.* דואט, דואית; צמד, זוג
du′ode′nal *adj.* של התריסריין
du′ode′num *n.* תריסריין
du′ologue′ (dū′əlog′) *n.* דיאלוג
dupe *v.* לרמות, להוליך שולל
dupe *n.* קורבן, מרומה, פתי
du′plex′ *adj.* כפול, זוגי
duplex apartment דירת דופלקס, דירה דו-מיפלסית
du′plicate *adj.* כפול, זהה
duplicate *n.* העתק, עותק, כפולה
- in duplicate בשני עותקים
du′plicate′ *v.* לשכפל; לעשות העתק
du′plica′tion *n.* שיכפול

duplicator *n.* מכונת שיכפול
du·plic′ity (dōō-) *n.* רמאות, צביעות
du′rabil′ity *n.* יציבות
du′rable *adj&n.* נמשך, בר-קיימא; יציב
- durables מוצרים בני-קיימא
du·ra′tion (doo-) *n.* מֶשֶך זמן
- for the duration of למשך-
- of short duration נמשך זמן קצר
du·ress′ (doo-) *n.* אִיום, לחץ
du′ring *prep.* במשך, בשעת, בעת
durst = pt of dare
dusk *n.* בין הערביים, עם חשיכה
dusky *adj.* חשוך, כהה
dust *n.* אבק, עפר; מת, עצמות-מת; מהומה, מבוכה; *כסף
- dust and ashes עפר ואפר
- in the dust מת, בקבר; מוכה
- kick up a dust *להקים רעש
- lay the dust להרביץ את האבק
- shake the dust off one's feet להסתלק בזעם
- throw dust in his eyes לזרות חול בעיניו
dust *v.* להסיר האבק, לְאַבֵּק; לבזוק
- dust off לנער מאבק
dustbin *n.* פח אשפה
dust-bowl *n.* איזור סופות חול
dust-cart *n.* מכונית איסוף-אשפה
duster *n.* מטלית אבק
dust jacket עטיפת-ספר
dustman *n.* פועל ניקיון
dustpan *n.* יעה, כף-אשפה
dust sheet/cover כיסוי (נגד אבק)
dust-up *n.* *ריב, קטטה
dusty *adj.* מאובק, כמו אבק, יבש
- dusty answer תשובה מעורפלת
- not so dusty *לא רע, בסדר
Dutch *adj&n.* הולנדי; הולנדית
- Dutch courage אומץ הבא משתייה
- Dutch treat כיבוד הולנדי (שלפיו כל משתתף משלם את הוצאותיו)
- go Dutch להתחלק בהוצאות
- in Dutch *בצרות, במצב ביש
- talk like a Dutch uncle להוכיח, לנזוף
Dutch auction מכירה פומבית (במחיר יורד)
Dutch cap דיאפרגמה
du′te·ous *adj.* ממלא חובתו, צייתן
du′tiable *adj.* חייב במכס/במס
du′tiful *adj.* ממלא חובתו, צייתן
du′ty *n.* חובה; מס; מכס
- do duty for לשמש כ-, לשרת כ-
- double duty שתי מלאכות
- duty bound חייב (מבחינה מוסרית)
- duty visit/call ביקור חובה, ביקור מצפוני, ביקור מוסרי
- on/off duty בתפקיד/לא בתפקיד
duty-free *n.* פטור ממכס
duty officer קצין תורן
duvet (dōōvā′) *n.* שמיכת-נוצות
dwarf (dwôrf) *n.* גמד
dwarf *v.* לגמד; לעכב צמיחה
dweeb *n.* *אדם משעמם, שקדן
dwell *v.* לגור, להתגורר
- dwell on להרהר ב-; להדגיש
dweller *n.* גר, שוכן
dwelling *n.* בית, דירה, מעון
dwelling house בית מגורים
dwelling place מקום מגורים
dwelt = p of dwell
dwin′dle *v.* להתדלדל, לִפחות
dy′ar·chy (-k-) *n.* דו-שילטון
dyb′buk *n.* דיבוק
dye (dī) *n.* צבע, חומר צביעה
- of the deepest dye הרע ביותר
dye *v.* לצבוע, להיצבע
dyed-in-the-wool *adj.* מובהק
dyer *n.* צַבָּע, צובע
dye-stuff *n.* צֶבַע, חומר צביעה
dye-works *n.* מיצבעה
dy′ing *adj.* מת, גוסס, שכיב מרע
dyke *n.* דָיֵיק, סוללה, תעלה; לסבית
dyke *v.* להקים סוללה
dy·nam′ic *adj.* דינמי; פעיל, נמרץ
dynamic *n.* דחף, כוח מוסרי
- dynamics דינמיקה
dy′namism′ *n.* דינמיזם, דינמיות
dy′namite′ *n.* דינמיט, ברד
dynamite *v.* לפוצץ בדינמיט
dy′namo′ *n.* דינמו
dy′nast′ *n.* מושל, מלך
dy·nas′tic *adj.* של שושלת מלכים
dy′nasty *n.* שושלת מלכים
d'you = do you (jə)
dys′enter′y *n.* דיזנטריה, בורדם
dysfunc′tion *n.* תיפקוד לקוי
dyslec′tic, dyslex′ic *adj.* דיסלקטי
dyslex′ia *n.* דיסלקסיה, קשיי קריאה וכתיבה
dyspep′sia *n.* הפרעה בעיכול
dyspep′tic *n.* סובל מהפרעה בעיכול
dys′trophy *n.* התנוונות; ניוון

E

E מי (צליל)
- E flat מי במול
each *adj&prep.* כל, כל אחד
- each and every כל אחד (להדגשה)
- each of them כל אחד מהם
- each other זה את זה, זה לזה
- they each כל אחד מהם
ea'ger (-g-) *adj.* להוט, משתוקק
eager beaver שקדן, נלהב, שאפתן
ea'gle *n.* עיט; נשר
eagle-eyed *adj.* חד-עין; לוטש עין
ea'glet *n.* עיט צעיר; נישרון
ear *n.* אוזן; שמיעה; שיבולת
- I'm all ears כולי אוזן
- bend his ear לנדנד לו
- catch/win his ear להעיר אוזנו
- dry behind the ears מנוסה, מיומן
- fall on deaf ears ליפול על אוזניים ערלות
- give one's ears לשלם כל מחיר
- give/lend an ear להטות אוזן
- had a word in his ear גלה אוזנו
- has it coming out of his ears *לצאת לו מהאוזניים, להימאס עליו
- has nothing between his ears טיפש
- has something between the ears יש לו שכל
- have his ear לכבוש ליבו
- his ears are burning מדברים עליו
- keep an ear to the ground להיות ער להתרחשויות
- listen with half an ear לא להקשיב היטב
- out on ear *עף מהעבודה
- play by ear לנגן לפי שמיעה
- play it by ear לפעול בלי תיכנון
- prick up one's ears לזקוף אוזניו
- set them by the ears לסכסכם זה בזה
- up to one's ears in work שקוע ראשו ורובו בעבודה
- wet behind the ears טירון, תמים
earache *n.* כאב אוזניים
eardrop *n.* עגיל
eardrum *n.* תוף האוזן
eared *adj.* בעל אוזניים
- long-eared ארך-אוזניים
- sharp-eared חד-שמיעה
ear'ful' (-fool) *n.* נזיפה, מנה הגונה; חדשות, רכילות
earl (ûrl) *n.* רוזן, אציל
earldom *n.* רוֹזנוּת
ear lobe תנוך האוזן
ear'ly (ûr'-) *adj&adv.* מוקדם; בהקדם; בשעה מוקדמת
- at the earliest לכל המוקדם
- early on בשלב מוקדם, בראשית
- early riser משכים קום
- keep early hours לישון מוקדם
early bird *מקדים, משכים קום
early closing day יום סגור אחה"צ
early retirement פרישה מוקדמת
early warning התראה מוקדמת
earmark *n.* סימן בעלות (על אוזן)
earmark *v.* לתקצב, לשריין, לייעד
earmuff *n.* כיסוי אוזניים, בית אוזן
earn (ûrn) *v.* להרוויח; להיות ראוי/זכאי ל-
- earn him a title לְזַכּוֹתוֹ בתואר
earned income הכנסה מיגיעה
ear'nest (ûr'-) *adj&n.* רציני
- in earnest/earnestly ברצינות
earnest *n.* דמי קדימה, עירבון
- as an earnest of כאות, להבטחת
earnest money עירבון
earnings *n.* שכר; רווחים
earphone *n.* אוזנית
earpiece *n.* אפרכסת
earplug *n.* פקק אוזן, אטם אוזן
ear'ring (-r-r-) *n.* עגיל
earshot *n.* טווח שמיעה
earsplitting *adj.* מחריש אוזניים
earth (ûrth) *n.* כדור הארץ, ארץ; אדמה, עפר; מאורה; ארקה; עפרה
- come down to earth לחזור אל קרקע המציאות
- down to earth מעשי, הוגן
- go to earth להסתתר
- move heaven and earth להפוך עולמות
- promise the earth להבטיח הרים וגבעות
- run to earth למצוא לאחר חיפוש
- what on earth... מה, לעזאזל
earth *v.* להאריק, לחבר לאדמה
- earth up לכסות בעפר
earthbound *adj.* גשמי, ארצי
earthen *adj.* עשוי עפר, עשוי חומר

earthenware *n.* כלי חרס
earthly *adj.* ארצי
- hasn't an earthly *אין לו סיכוי
- no earthly *כלל לא, אין שום-
earthnut *n.* אגוז אדמה
earthquake *n.* רעידת אדמה
earth-shattering *adj.* מהמם
earthwork *n.* ביצורים, סוללה
earthworm *n.* שילשול, תולעת
earthy *adj.* ארצי, גשמי
earwax *n.* דונג האוזן, שעוות האוזן
ear'wig' *n.* צבתן (חרק)
ease (-z) *n.* נוחות, שלווה, קלות
- at ease רגוע, בלי מתח
- ill at ease מודאג, עצבני
- put him at his ease להרגיעו
- stand at ease! עמוד נוח!
- take one's ease לנוח, להירגע
- with ease בקלות, בנקל
ease *v.* להרגיע, להקל, לשחרר
- ease off/up להרפות, להיחלש
ea'sel (-z-) *n.* חצובה, כן-ציור
ease'ment (ēz'-) *n.* זיקת הנאה
easily *adv.* בקלות; בהחלט
east *n&adj.* מיזרח; מיזרחי
- the Middle East המיזרח התיכון
east, eastwards *adv.* מיזרחה
east'bound' *adj.* נוסע מיזרחה
East'er *n.* חג הפסחא
east'erly *adj.* מיזרחי
east'ern *adj.* מיזרחי
east'erner *n.* תושב המיזרח
easternmost *adj.* המיזרחי ביותר
ea'sy (-zi) *adj.* קל; נוח; חסר-דאגות
- easy circumstances חיי רווחה
- easy goods סחורה מצוייה
- easy manners חביבות, קלילות
- easy mark/victim פתי, טרף קל
- easy money כסף קל, רווח מהיר
- easy on the eye *שובה עין
- easy virtue מוסר מפוקפק
- on easy street *מבוסס; נוח
- on easy terms בתשלומים
easy *adv.* בקלות, בנקל
- easy come, easy go בא בקלות - הולך בקלות, כבולעו - כך פולטו
- easy does it! *לאט!, בזהירות!
- easy! לאט לך!, בעדינות!
- go easy on לא להפריז ב-
- got off easy נפטר בעונש קל
- stand easy! חופשי!
- take it easy! קח זאת בקלות!, לאט!
easy chair כיסא נוח, כורסה
easygoing *adj.* עצלן; נוח
easy touch פתי, ניתן לסחיטה
eat *v.* לאכול; להרוס; לשתך
- eat away לְאַכֵּל, לכרסם, לשתך
- eat dirt לגלות הכנעה, להרכין ראש
- eat its head off לאכול הרבה, יצא שכרו בהפסדו
- eat one's cake and have it too ליהנות משני העולמות
- eat one's heart out לאכול את עצמו, לסבול, לאכול את הלב שלו
- eat one's words לחזור בו מדבריו
- eat out לאכול בחוץ
- eat up לאכול, לאכול הכל, לבלוע
- eaten up with jealousy אכול קינאה
eatable *adj.* ראוי לאכילה, אכיל
eatables *n-pl.* מיצרכי מזון
eat'en = pp of eat
eater *n.* אכלן; תפוח חי
eat'ery *n.* *מיסעדה, מיזללה
eating apple תפוח חי
eating-house *adj.* מיסעדה
eats *n-pl.* *אוֹכֶל, מזון
eau de cologne (ō'dəkəlōn') מי קולון
eaves (ēvz) *n-pl.* שולי גג, מרזב
eavesdrop *v.* לצותת
eavesdropper *n.* מצותת בחשאי
eavesdropping *n.* האזנת סתר
ebb *n.* שֵׁפֶל; ירידה
- at a low ebb בשפל
ebb *v.* לרדת, להתמעט, לדעוך
ebb tide שֵׁפֶל, זמן השפל
eb'onite' *n.* הובנית, גומי מגופר
eb'ony *n&adj.* הובנה, שחור
e•bul'lience *n.* התלהבות, התרגשות
e•bul'lient *adj.* נלהב, נרגש; שופע
ec•cen'tric *adj&n.* מוזר; לא מעגלי; לא משותף-מרכז; משנה-תנועה
ec'cen•tric'ity *n.* מוּזָרוּת
eccle'sias'tic (iklēzi-) *n.* כומר
ecclesiastical *adj.* כנסייתי
ECG אק״ג
ech'elon' (esh-) *n.* תדריג, תבנית מדרגות, מערך אלכסוני; רמה, דרג
ech'o (ek-) *n.* הד; חיקוי, חקיין
- to the echo בתרועות
echo *v.* להדהד; לחזור כהד,

להחרות-להחזיק אחרי-
e'cho·la'lia *n.* הֲדִיוּת
eclair' (āk-) *n.* עוגייה
eclat (āclä') *n.* הצלחה כבירה
ec·lec'tic *adj.* מלוקט, אקלקטי
eclectic *n.* אקלקטיקן, לקטן
ec·lipse' *n&v.* ליקוי מאורות; לגרום לליקוי מאורות; להטיל צל על
ec·lip'tic *n.* מילקה, קו הליקויים
ec'logue' (-lôg) *n.* שיר קצר
ec'olog'ical *adj.* אקולוגי
e·col'ogy *n.* אקולוגיה, תורת הסביבה
e'conom'ic *adj.* כלכלי; ריווחי
e'conom'ical *adj.* חסכוני
e'conom'ics *n.* כלכלה
e·con'omist *n.* כלכלן
e·con'omize' *v.* לחסוך
e·con'omy *n.* חיסכון; כלכלה
economy *adj.* חסכוני, זול
economy class מחלקה זולה
ecru (ākrōō') *n.* חום בהיר, בז'
ec'stasy *n.* אקסטאזה, התלהבות
ec·stat'ic *adj.* אקסטאטי, מתלהב
ec·top'ic pregnancy היריון מחוץ לרחם
ec'u·men'ical *adj.* אקומני, עולמי
ec'zema (eks-) *n.* אקזמה, גָרָב
e·da'cious (-shəs) *adj.* זולל, טורף
ed'dy *n.* מערבולת
eddy *v.* להתערבל, לנוע במעגלים
e·dem'a *n.* בצקת (מחלה)
E'den *n.* גן-עדן
edge *n.* חוד, להב; קצה, שפה
- edge on בכיוון הקצה
- fray at the edges להיחלש
- give the edge of one's tongue לנזוף קשות
- has the edge on יש לו יתרון על
- lost his edge אינו כתמול שלשום
- on edge מתוח, עצבני
- on the edge of על סף
- put an edge on לחדד
- set his teeth on edge לעצבנו
- take the edge off להקהות, לשכך
edge *v.* לְשַׁפּוֹת, להתקין שוליים, לחדד; להתקדם לאט; להוביל לאט
- edge in להתקדם לאט, להידחק
- edge one's way לפלס דרכו
- edge out לדחוק רגליו
- edged with green ירוק-שוליים
edgeways, -wise *adv.* בכיוון החוד
- couldn't get a word in edgeways לא הצליח לומר מילה
edging *n.* שפה, שוליים
edg'y *adj.* מתוח, עצבני
ed'ibil'ity רְאוּיוּת לאכילה
ed'ible *adj.* אכיל, ראוי לאכילה
edibles *n-pl.* דברי מאכל
e'dict *n.* צו, פקודה
ed'ifica'tion *n.* חיזוק הרוח, חינוך
ed'ifice (-is) *n.* בניין, ארמון
ed'ify' *v.* לחזק המוסר, לחנך, לשפר
ed'it *v.* לערוך; להכין לדפוס
- edit out לצנזר, למחוק, להוציא
e·di'tion (-di-) *n.* מהדורה; הוצאה
ed'itor *n.* עורך
ed'ito'rial *adj.* של עורך, של עריכה
editorial *n.* מאמר המערכת
ed'ucate' (ej'-) *v.* לחנך, ללמד
educated *adj.* מחונך
ed'uca'tion (ej-) *n.* חינוך
educational *adj.* חינוכי
educationist *n.* מחנך
ed'uca'tor (ej'-) *n.* מחנך, מורה
e·duce' *v.* להוציא, להסיק, לפתח
e·duc'tion *n.* מסקנה
eel *n.* צלופח
eelworm עַלֶקֶת
e'en = even (ēn)
e'er = ever (ār)
ee'rie *adj.* מפחיד, מוזר, מיסתורי
efface' (i-) *v.* למחוק, למחות
- efface oneself להיחבא אל הכלים
effacement *n.* מחיקה
effect' (i-) *n.* השפעה, תוצאה, תולדה; אפקט, רושם; פעלול
- effects חפצים; פעלולים
- give effect to להוציא לפועל
- in effect למעשה; בתוקף, תקף, חל
- into effect לְשַׁלֵב הפעלה
- no effects אין כיסוי (להמחאה)
- of no effect לבלי הועיל, לשווא
- put into effect להפעיל, לבצע
- take effect לפעול, להיכנס לתוקפו
- to that effect ברוח זו, במובן זה
- to the effect that לֵאמוֹר, שמשמעו
effect *v.* להוציא לפועל, לבצע
effec'tive (i-) *adj.* אפקטיבי, יעיל; מרשים; ממשי, ריאלי, קיים
effectives *n-pl.* כוחות צבא פעילים
effec'tual (ifek'chōōəl) *adj.* יעיל
effec'tuate' (ifek'chōōāt) *v.* לבצע
effec'tua'tion (-chəwa'-) *n.* ביצוע

effem′inacy (i-) *n.* נשיות
effem′inate (i-) *adj.* נשי
ef′fervesce′ (-ves) *v.* לתסוס, לבעבע; להתרגש, לשפוע גיל
effervescence *n.* תסיסה
effervescent *adj.* תוסס
ef•fete′ *adj.* חלש, בלה, מנוון
ef′fica′cious (-shəs) *adj.* יעיל
ef′ficacy *n.* יעילות
effi′ciency (ifish′ənsi) *n.* יעילות
effi′cient (ifish′ənt) *adj.* יעיל
ef′figy *n.* בובה
- burn in effigy להעלות בובתו באש
ef′flores′cence *n.* פריחה
ef′flores′cent *adj.* פורח
ef′fluent (-lōōənt) *n.* נחל; שפכין
ef′flux′ *n.* זרימה, יציאה
ef′fort *n.* מאמץ; ניסיון; מיבצע
- a good effort! כל הכבוד!
effortless *adj.* קל, ללא מאמץ
effron′tery (ifrun-) *n.* חוצפה
efful′gence (i-) *n.* זוֹהַר, זיו
efful′gent (i-) *adj.* זוֹהֵר, מבהיק
effu′sion (ifū′zhən) *n.* השתפכות
effu′sive (i-) *adj.* משתפך, שופע
e.g. כגון, לדוגמה
e•gal′ita′rian *adj.* שיוויוני
egg *n&v.* בֵּיצָה; *אדם, ברנש
- as sure as eggs is eggs *מאה אחוז
- bad egg אדם רע, טיפוס רע
- egg on לדרבן, לעודד
- get egg on his face *להיות נבוך
- in the egg בעודו באיבו
- lay an egg *להיכשל לחלוטין
- tread/walk on eggs להלך על ביצים, להיזהר
eggbeater *n.* מקצף ביצים, מטרף
eggcup *n.* גביע לביצים
egghead *n.* ראש-ביצה, משכיל
egg-nog/-flip *n.* גוגל-מוגל
egg′plant′ *n.* חציל
eggshell *n.* קליפת הביצה
eggshell china חרסינה עדינה
egg whisk מקצף ביצים, מטרף
egg white חלבון הביצה
e′gis = aegis חסות
e′go *n.* אגו, ה"אני"
e′go•cen′tric *adj.* אגוצנטרי, אנוכי
e′go•ism′ *n.* אגואיזם, אנוכיות
e′go•ist *n.* אגואיסט, אנוכי
e′go•is′tic *adj.* אגואיסטי
e′gotism′ *n.* אגוטיזם, אנוכיות
ego trip אגו טריפ, ניפוח עצמי
e•gre′gious (-′jəs) *adj.* בלתי-רגיל, גס, מובהק
e′gress′ *n.* יציאה
e′gret *n.* אנפה (עוף)
E′gypt *n.* מצריים
E•gyp′tian (-shən) *adj&n.* מצרי
eh (ā) *interj.* אה, מה (קריאה)
ei′der (ī′-) *n.* ברווז ימי
eiderdown *n.* שמיכת נוצות
eight (āt) *adj&n.* שמונה, 8
- one over the eight שתוי
eighteen (ātēn′) *n.* שמונה עשרה
eighteenth *adj.* (החלק) ה-18
eighth (ātth) *adj.* (החלק) השמיני
eightieth (ā′tiəth) *adj.* (החלק) השמונים
eighty (ā′ti) *adj&n.* שמונים, 80
- the eighties שנות השמונים
ei′ther (ē′dh-) *adj&pron.* אחד משניהם, זה או זה; זה וגם זה
- in either event בכל מיקרה
- on either side of משני צידי
either *adv.* גם כן (לא)
- either... or... או... או...
e•jac′u•late′ *v.* לקרוא, לומר לפתע, להפליט בקצרה; לפלוט (זרע)
e•jac′u•la′tion *n.* קריאה
e•ject′ *v.* לגרש; לפלוט
e•jec′tion *n.* גירוש; פליטה
ejectment *n.* גירוש; תביעת פינוי/פיצוי
ejector *n.* מַפלֵט (בכלי יריה)
ejector seat כיסא מפלט (במטוס)
eke *v.* להגדיל, להאריך
- eke out להשלים, להוסיף, להאריך
- eke out a living להתפרנס בדוחק
EKG אק"ג
el = elevated railway
e•lab′orate *adj.* משוכלל, מעובד
e•lab′orate′ *v.* להוסיף פרטים, לתכנן בפרוטרוט, לעבד, לשכלל
e•lab′ora′tion *n.* עיבוד, שיכלול
elan (āläng′) *n.* התלהבות
e•lapse′ *v.* לעבור, לחלוף
e•las′tic *adj.* גמיש, אלאסטי, מתיח
elastic *n.* חומר גמיש; קפיץ, גומי
elastic band גומייה
e•las′tic′ity *n.* גמישות, אלאסטיות
e•late′ *v.* לרומם רוח, לנסוך גאווה
elated *adj.* מרומם, עליז, גאה
e•la′tion *n.* התרוממות רוח

el′bow (-bō) *n.* מרפק; זווית-צינור
- at one's elbow על ידו, קרוב
- lift one's elbow לשתות לשכרה
- out at elbows לבוש סחבות
- rub elbows with להתחכך ב-
- up to the elbows שקוע ב-
elbow *v.* לדחוק במרפקים, למרפק
elbow grease עבודת פרך
elbowroom *n.* מרחב פעולה
el′der *n.* סמבוק (שיח נוי)
elder *adj&n.* גדול, מבוגר; קשיש
- one's elders הזקנים ממנו
el′derly *adj.* קשיש, מזדקן
elder statesman מדינאי מנוסה
eld′est *adj.* הבכור, הגדול ביותר
El Dorado (-rä′-) *n.* אלדורדו; ארץ אגדית, ארץ החלומות
e•lect′ *adj.* נבחר
- president elect הנשיא הנבחר
- the elect המובחרים, עם סגולה
elect *v.* לבחור; להעדיף, להחליט
e•lec′tion *n.* בחירות
e•lec′tioneer′ (-shən-) *v.* לנהל תעמולת בחירות
e•lec′tive *adj.* מתמנה בבחירות; מוסמך לבחור; לפי בחירה, לא חובה
elector *n.* בוחר; אלקטור
electoral *adj.* של בחירות/אלקטורים
electoral roll רשימת הבוחרים
electoral threshold אחוז החסימה
e•lec′torate *n.* ציבור הבוחרים
e•lec′tric, e•lec′trical *adj.* חשמלי
electric blanket שמיכה חשמלית
electric chair כיסא חשמל
electric eye עין אלקטרונית
electric fence גדר חשמלית
electric guitar גיטרה חשמלית
e•lec′tri′cian (-rish′ən) *n.* חשמלאי
e•lec′tric′ity *n.* חשמל
electric shaver/razor מכונת גילוח חשמלית
electric shock הלם חשמלי
e•lec′trifica′tion *n.* חישמול
e•lec′trify′ *v.* לחשמל
e•lec′tro- (תחילית) חשמלי
e•lec′tro•car′diogram′ אק"ג
e•lec′trocute′ *v.* לחשמל (למוות)
e•lec′trocu′tion *n.* חישמול
e•lec′trode *n.* אלקטרוד
e•lec′tro•dy•nam′ics *n.* אלקטרודינמיקה
e•lec′trol′ysis *n.* אלקטרוליזה
e•lec′tro•mag′net *n.* אלקטרומגנט
e•lec′tron′ *n.* אלקטרון
e•lec′tron′ic *adj.* אלקטרוני
electronic mail דואר אלקטרוני
electronics *n.* אלקטרוניקה
e•lec′troplate′ *v.* לצפות (בכסף) ע"י אלקטרוליזה, להכסיף
e•lec′troscope′ *n.* אלקטרוסקופ
el′e•emos′ynar′y (-neri) *adj.* של נדבות
el′egance *n.* אלגנטיות, הידור
el′egant *adj.* אלגנטי, הדור, נאה
el′egi′ac *adj.* נוּגה, עצוב
elegiacs *n-pl.* חרוזי קינה
el′egy *n.* אלגיה, קינה
el′ement *n.* אלמנט, יסוד, עיקר
- in one's element כדג במים
- out of one's element בשטח זר
- the 4 elements 4 היסודות
- the Elements (בנצרות) הלחם והיין
- the elements איתני הטבע
- the elements of יסודות, עִיקְרֵי ה-
el′emen′tal *adj.* של איתני הטבע
el′emen′tary *adj.* אלמנטרי
elementary school בית ספר יסודי
el′ephant *n.* פיל
- a white elephant פיל לבן
el′ephanti′asis *n.* פִּיֶּלֶת (מחלה)
el′ephan′tine (-tēn) *adj.* כמו פיל
el′evate′ *v.* להרים, לרומם, להגביה
elevated *adj.* אצילי, עדין; מורם
elevated railway רכבת עילית
el′eva′tion *n.* הרמה, הגבהה; אצילות, כבוד; גיבעה, רמה; תרשים צד-הבניין; מיגבה, זווית-גובה, גובה
el′eva′tor *n.* מעלית; מנוף אסם
e•lev′en *n&adj.* אחת עשרה, 11
e•lev′enses (-siz) *n.* ארוחת 11
eleventh *adj.* (החלק) האחד עשר
- at the eleventh hour ברגע האחרון
elf *n.* שדון, שדונת, פֵּיָה קטנה
el′fin, el′fish *adj.* שדוני, שובבי
e•lic′it *v.* להוציא, למשוך, להפיק
e•lic′ita′tion *n.* הוצאה, הפקה
e•lide′ *v.* להשמיט, להבליע
el′igibil′ity *n.* התאמה, כשירות
el′igible *adj.* ראוי, כשיר, מתאים
e•lim′inate′ *v.* לסלק, להוציא
e•lim′ina′tion *n.* סילוק, הוצאה, השמטה, אלימינציה
e•li′sion (-lizh′ən) *n.* השמטה,

הבלעה
e•lite′ (ilēt′) *n.* עילית, מובחר; אליטה, הסולת והשמן
e•lit′ism′ (ilēt′-) *n.* טיפוח המוכשרים; שילטון המובחרים
e•lix′ir (-sər) *n.* שיקוי פלא
E•liz′abe′than *adj.* של אליזבת
elk *n.* אַיָּל גדול
ell *n.* אמה (כ-45 אינטש)
ellipse′ (i-) *n.* אליפסה
ellip′sis (i-) *n.* הֶשמֵט, השמטת מלה
ellip′tic (i-) *adj.* אליפסי, סגלגל
ellip′tical (i-) *adj.* מכיל השמט
elm *n.* בוקיצה (עץ-נוי)
el′ocu′tion *n.* אמנות הנאום
elocutionary *adj.* של אמנות הנאום
elocutionist *n.* אמן הנאום
e•lon′gate′ *v.* להאריך
e•lon′ga′tion *n.* הארכה
e•lope′ *v.* לברוח (עם אהובה)
elopement *n.* בריחה (עם אהובה)
el′oquence *n.* צחות הלשון
el′oquent *adj.* אמן הדיבור; משכנע
- eloquent of מביע, משקף היטב
else *adv.* אחר, נוסף על, עוד; באופן אחר, אחרת, וָלא
- or else וָלא, פן; או ש-
- somebody else מישהו אחר
- who else- מי זולתו, מי עוד-
elsewhere *adv.* במקום אחר
e•lu′cidate′ *v.* להסביר, להבהיר
e•lu′cida′tion *n.* הבהרה
e•lude′ *v.* להתחמק מ-, להשתמט מ-
e•lu′sive *adj.* חמקמק
elves = pl of elf (elvz)
el′vish *adj.* שדוני, שובבי
E•ly′sium (-lizh′əm) *n.* גן-עדן
’em = them (əm)
e•ma′ciate′ (-′sh-) *v.* להרזות
e•ma′cia′tion (-′sh-) *n.* רזון
e-mail *n.* דואר אלקטרוני
em′anate′ *v.* לנבוע, לצאת מ-
em′ana′tion *n.* נביעה, יציאה
e•man′cipate′ *v.* לשחרר, לגאול
e•man′cipa′tion *n.* שיחרור, חירות, אמנציפציה
e•mas′cu•late′ *v.* לסרס; להתיש
e•mas′cu•la′tion *n.* סירוס
em•balm′ (-bäm) *v.* לחנוט, לשמור בזיכרון, להנציח; לבשם
embalmment *n.* חניטה
em•bank′ment *n.* סכר, סוללה
em•bar′go *n&v.* אמבארגו, הסגר, מעצר; להטיל אמבארגו על
- lay under embargo להטיל אמבארגו
em•bark′ *v.* לעלות לאונייה
- embark on להתחיל ב-, לפתוח ב-
em′bar•ka′tion *n.* עלייה על אונייה
em•bar′rass *v.* להביך; להדאיג, להטריד; להכביד, לעכב
embarrassment *n.* מבוכה; הטרדה
em′bassy *n.* שגרירות
em•bat′tle *v.* לערוך לקרב; לְכַתֵּר
embattled *adj.* ערוך לקרב; מאושנב; מותקף; שנוי במחלוקת
em•bed′ded *adj.* משובץ, נעוץ
em•bel′lish *v.* לקשט, לייפות
embellishment *n.* קישוט; תקשיט
em′ber *n.* גחלת, אפר
ember days ימי צום ותפילה
em•bez′zle *v.* למעול
embezzlement *n.* מעילה
em•bit′ter *v.* לגרום התמרמרות
embitterment *n.* התמרמרות
em•bla′zon *v.* לקשט; להלל, לפאר
em′blem *n.* סמל, סימן
em′blemat′ic *adj.* סימלי, סימבולי
em•bod′iment *n.* התגלמות
em•bod′y *v.* לגבש, להביע, להמחיש, לגלם; להכיל, לכלול
em•bold′en (-bōl-) *v.* לחזק, לאמץ
em′bolism′ *n.* תסחיף, קריש-דם
embonpoint (änbänpwä′) *n.* שׁוֹמֶן
em•bos′om (-booz′-) *v.* לחבק, להקיף
em•boss′ (-bôs) *v.* לתבלט, להבליט
em•bow′er *v.* להקיף בעצים, לסוכך
em•brace′ *v&n.* לחבק; להתחבק; לקבל, לאמץ; להקיף, לכלול; חיבוק
em•bra′sure (-zhər) *n.* אשנב-ירי; פתח, צוהר
em′broca′tion *n.* מישחה רפואית
em•broi′der *v.* לרקום, לקשט
em•broi′dery *n.* ריקמה; תירקומת
em•broil′ *v.* לסבך, להסתבך בריב
em′bryo′ *n.* עוּבָּר
- in embryo בחיתוליו, באיבו
em′bryon′ic *adj.* בראשית התהוותו
em′cee′ *n.* ראש הטקס; מַנְחֶה
e•mend′ *v.* לתקן, להגיה
e′menda′tion *n.* תיקון, הגהה

em′erald *n.* ברקת, איזמרגד
e•merge′ *v.* להופיע, להתגלות
emergence *n.* הופעה, התגלות
e•mer′gency *n&adj.* (של) שעת חירום
emergency call-up צו שמונה
emergency exit יציאת חירום
emergency landing נחיתת חירום
emergency ration מנת חירום
emergency room חדר מיון
emergency ward חדר מיון
e•mer′gent *adj.* עולה, מבצבץ; דחוף
e•mer′itus *adj.* בדימוס
em′ery *n.* שמיר (לשיוף ומירוק)
emery board פצירת ציפורניים
emery-paper *n.* נייר זכוכית
e•met′ic *n.* שיקוי הקאה
em′igrant *n.* מהגר, יורד
em′igrate′ *v.* להגר
em′igra′tion *n.* הגירה, ירידה
em′igre′ (-grā′) *n.* מהגר, גוֹלֶה
em′inence *n.* מעמד רם; רמה
- win eminence להתפרסם, להתבלט
- your eminence הוד מעלתך
em′inent *adj.* מפורסם, בולט
eminent domain זכות השלטון להפקיע רכוש
eminently *adv.* מאוד, בהחלט
emir′ (-mir) *adj.* אָמִיר, מושל
emir′ate *n.* אמירות
em′issar′y (-seri) *n.* שליח
e•mis′sion *n.* הוצאה, פליטה; אמיסיה, הנפקה
e•mit′ *v.* להוציא, לפלוט
e•mol′lient *n.* מישחת עור
e•mol′u•ment *n.* משכורת, הטבה
e•mote′ *v.* *להביע ברגשנות
e•mo′tion *n.* רגש, ריגוש, אמוציה
emotional *adj.* אמוציונלי, ריגושי
e•mo′tive *adj.* ריגושי
em•pan′el *v.* לצרף לחבר-המושבעים
em′pathy *n.* הזדהות גמורה, אמפתיה
em′peror *n.* קיסר
em′phasis *n.* הדגשה, הבלטה
em′phasize′ *v.* להדגיש
em•phat′ic *adj.* תקיף, ודאי, מודגש
emphatically *adv.* בהחלט
em′physe′ma *n.* נַפַּחַת
em′pire *n.* אימפריה, שילטון
em•pir′ic *adj.* אמפירי, ניסיוני
em•pir′icism′ *n.* ניסיוניות
em•place′ *v.* להציב בעמדה
emplacement *n.* עמדת-תותח
em•plane′ *v.* לעלות על מטוס
em•ploy′ *v&n.* להעסיק; להשתמש ב-, להפעיל
- employ one's time לנצל זמנו
- in the employ of מועסק אצל
employable *adj.* בר-העסקה
em′ployee′ *n.* עובד, פועל
em•ploy′er *n.* מעביד; מעסיק
employment *n.* עבודה, תעסוקה
- out of employment מובטל
employment exchange לישכת עבודה
em•po′rium *n.* מרכז מיסחרי
em•pow′er *v.* לייפות כוחו, להסמיך
em′press *n.* קיסרית
emp′tiness *n.* ריקנות
emp′tor′ *n.* קונה
emp′ty *adj.* רֵיק; *רָעֵב
- empties בקבוקים/ארגזים ריקים
- running on empty עבר זמנו, אזלו משאביו; עייף ורעב, על בטן ריקה
empty *v.* לרוקן; להתרוקן
empty-handed *adj.* בידיים ריקות
empty-headed *adj.* טיפש
em•pur′ple *v.* להאדים, לְאַדֵּם
em′pyre′an *n.* רקיע, שמיים
e′mu (-mū) *n.* אמו (עוף גדול)
em′u•late′ *v.* לחקות, ללכת בדרכיו
em′u•la′tion *n.* חיקוי
em′u•lous *adj.* מחקה, שואף, רודף
e•mul′sify′ *v.* לתחלב
e•mul′sion *n.* תחליב, אמולסיה
en•a′ble *v.* לאפשר; להסמיך
enabling act/statute חוק מסמיך
en•act′ *v.* לחוקק; לגלם במחזה
enactment *n.* חקיקה; חוק
e•nam′el *n.* אמייל, זגוגית, תזגיג
enamel *v.* לאמל, לצפות באמייל
enamel ware כלי אמייל
en•am′or *v.* להקסים, לשבות לב
enamored *adj.* מאוהב
en bloc′ במיכלול אחד, אן-בלוק
en•camp′ *v.* לחנות, להקים מחנה
encampment *n.* מחנה
en•cap′sulate′ *v.* לתמצת, לסכם; לעטוף, לבודד, לסגור
en•case′ *v.* לארוז, לכסות, לעטוף
en•caus′tic *adj.* בצבעים שרופים

enceinte (ensänt′) *adj.* הרה
en•ceph′ali′tis *n.* דלקת המוח
en•chain′ *v.* לכבול, לרתק
en•chant′ *v.* להקסים; לכשף
enchanter *n.* מכשף
enchantment *n.* קסם
en•cir′cle *v.* להקיף, לכתר
encirclement *n.* הקפה, כיתור
encl. = enclosed, enclosure
en clair′ (än-) בשפה פשוטה
en′clave *n.* מובלעת
en•close′ (-z) *v.* להקיף, לסגור, לגדור; לצרף למיכתב
- enclosed, please find רצ״ב
en•clo′sure (-zhər) *n.* סגירת שטח; שטח מגודר; דבר מצורף
en•code′ *v.* לכתוב בצופן, לצפן
en•co′mium *n.* הלל, תהילה
en•com′pass (-kum-) *v.* להקיף
en′core (än-) *n&interj.* הדרן
encore *v.* לבקש הדרן מ-
en•coun′ter *v.* להיתקל ב-
encounter *n.* היתקלות
en•cour′age (-kûr′-) *v.* לעודד
encouragement *n.* עידוד
en•croach′ *v.* להסיג גבול, לפלוש
encroacher *n.* פולש, מסיג גבול
encroachment *n.* הסגת גבול
en•crust′ *v.* לְצַפּוֹת, לכסות
en•cum′ber *v.* להכביד; לשעבד
encumbered *adj.* מטופל; עמוס
en•cum′brance *n.* משא; שיעבוד
en•cyc′lical *n.* איגרת האפיפיור
en•cy′clope′dia *n.* אנציקלופדיה
en•cy′clope′dic *adj.* אנציקלופדי
end *n.* סוף, קצה; מטרה, תכלית; מוות
- 3 hours on end 3 שעות רצופות
- at an end נגמר, נסתיים
- at loose ends מתבטל, לא עסוק; תוהה, מבולבל
- begin at the wrong end להתחיל ברגל שמאל
- draw to an end להתקרב לקיצו
- end in itself מטרה בפני עצמה
- end of the road/line סוף הדרך
- end of the world סוף העולם
- end on (התנגשות) חזיתית
- end to end קצה אל קצה
- for this end לשם כך
- get the wrong end of the stick לטעות לחלוטין
- in the end לבסוף
- keep one's end up להחזיק מעמד
- loose ends פרטים שלא הושלמו
- make (both) ends meet להרוויח כדי מחייתו
- make an end of לסיים, לשים קץ
- no end (of) *המון, לאין שיעור
- on end על קצהו, על הצד; ברציפות
- put an end to לשים קץ ל-
- to no end לשווא
- to the end that כדי ל-
- turn end for end להתהפך
- win one's ends להשיג את מטרתו
- without end ללא קץ
end *v.* להסתיים; לסיים, לגמור
- end it (all) להתאבד
- end off/up לסיים, לגמור
en•dan′ger (-dān′-) *v.* לסכן
en•dear′ *v.* לחבב על; להתחבב על
endearing *adj.* חביב, מושך
endearment *n.* ביטוי אהבה, חיבה
en•deav′or *v.* להשתדל, להתאמץ
endeavor *n.* ניסיון, מאמץ
en•dem′ic *adj.* מוגבל, מקומי
endgame *n.* שלב אחרון (בשחמט)
ending *n.* סוף, סיום
en′dive *n.* עולש, ציקוריה
endless *adj.* אין-סופי
endless belt חגורה אין-סופית
en′do•crine′ *adj.* אנדוקריני, של הפרשה פנימית
en•dorse′ *v.* להסב (שק); לחתום מעבר למיסמך; לאשר, להביע תמיכה
- endorse a driving license לרשום עבירת תנועה ברישיון
endorsement *n.* הסבה, אישור, היסב; רישום עבירת תנועה
endorser *n.* מסב (שטר/שיק)
en•dow′ *v.* לתרום, להקדיש, להעניק
- endowed with מחונן ב-, נתברך ב-
endowment *n.* תרומה; הקדשה; כישרון
endowment assurance ביטוח מעורב
endpaper *n.* דף ריק (בתחילת הספר)
end product מוצר סופי
en•due′ (-dōō′) *v.* להעניק, לחונן
endurable *adj.* נסבל
endurance *n.* כוח סבל, סבלנות
- past endurance לא נסבל

en·dure′ *v.* לסבול; לשאת; להימשך
- endure for ever להתקיים לעד
enduring *adj.* קיים, מתמיד, ניצחי
end user צרכן המוצר הסופי
endways, endwise *adv.* קצה אל קצה, מכיוון/בכיוון הקצה
en′ema *n.* חוקן
en′emy *n.* אויב, שונא
en′erget′ic *adj.* נמרץ, אנרגטי
en′ergize′ *v.* להפעיל; להמריץ
en′ergy *n.* מרץ, אנרגיה
en′ervate′ *v.* להחליש, להתיש
en famille (än′famē′) בחוג המשפחה
enfant terrible (änfänterēb′lə) שובב, הילד הנורא
en·fee′ble *v.* להחליש, להתיש
en′filade′ *n.* אש אנפילדית
en·fold′ (-fōld) *v.* לחבק, לעטוף
en·force′ *v.* לכפות, לאכוף; לחזק
enforceable *adj.* אכיף
enforcement *n.* אכיפה
en·fran′chise (-z) *v.* להעניק זכות בחירה; לשחרר, להוציא לחרות
enfranchisement *n.* שיחרור
en·gage′ *v.* להעסיק, לשכור; להזמין; להתקיף; לחבר, לשלב; להתקשר
- engage (oneself) in לעסוק ב-
- engage (oneself) to להתחייב ל-
- engage attention למשוך תשומת-לב
- engage for לערוב ל-, להתחייב
- engage the clutch לשלב המצמד
engaged *adj.* עסוק, לא פנוי; מאורס
engagement *n.* התחייבות; אירוסין; התקפה; קרב; התקשרות
engagement ring טבעת אירוסין
engaging *adj.* מקסים, מרתק
en·gen′der *v.* להוליד, לגרום
en′gine (-jən) *n.* מנוע; קטר
engine driver נהג הקטר; קטראי
en′gineer′ *n.* מהנדס; קטראי; פַּלָּס
engineer *v.* לתכנן; לעבוד כמהנדס
engineering *n.* הנדסה; תיכנון
Eng′lish (ing′-) *n.* אנגלית
- in plain English בשפה פשוטה
- the king's English אנגלית נכונה
English *adj.* אנגלי
- the English האנגלים
English horn קרן אנגלית
Englishman *n.* אנגלי
en·graft′ *v.* להרכיב (ענף); להחדיר
en·grave′ *v.* לחרות, לחקוק, לגלף
engraver *v.* גלף, גלופאי
engraving *n.* גילוף, תגליף
en·gross′ (-rōs) *v.* לכתוב באותיות גדולות
- engrossed in שקוע ראשו ורובו ב-
engrossing *adj.* מרתק
en·gulf′ *v.* לבלוע; להטביע
en·hance′ *v.* להגדיל, להגביר, להעלות ערך
e·nig′ma *n.* חידה, תעלומה
en′igmat′ic *adj.* מסתורי, סתום
en·join′ *v.* לצוות, להטיל, לחייב
- enjoin from לאסור, לא להתיר
en·joy′ *v.* ליהנות מ-
- enjoy oneself ליהנות, להתענג
enjoyable *adj.* מהנה, מענג
enjoyment *n.* הנאה
- in the enjoyment of good health נתברך בבריאות תקינה
en·kin′dle *v.* להצית, ללבות
en·large′ *v.* להגדיל, להרחיב
- enlarge upon להרחיב הדיבור על
enlargement *n.* הגדלה
en·light′en (-līt′-) *v.* להסביר, לבאר, להבין
enlightened *adj.* נאור
enlightenment *n.* השכלה; הבהרה
en·list′ *v.* לגייס; להתגייס
enlisted man חוגר
enlistment *n.* גיוס
en·li′ven *v.* להחיות, לעורר
en masse (enmas′) כאיש אחד
en·mesh′ *v.* ללכוד, להפיל ברשת
en′mity *n.* שנאה, טינה
en·no′ble *v.* לעדן, לאצל; להאציל
ennoblement *n.* איצול
ennui (änwē′) *n.* שעמום, עייפות
e·nor′mity *n.* מעשה-זוועה, פשע; גודל, קושי רב
e·nor′mous *adj.* עצום, גדול, כביר
enormously *adv.* במידה רבה
e·nough′ (inuf′) *adj&adv.* די, מספיק; למדי
- I've had enough of נמאס לי מ-
- enough and to spare די והותר
- fair enough בסדר גמור, או קיי
- man enough מתנהג כגבר
- more than enough יותר מדי
- strangely enough מוזר למדי

- sure enough כנראה, לָבֶטַח
- well enough די טוב
en·plane′ *v.* להעלות/לעלות למטוס
enquire′ = inquire *v.* לחקור
en·rage′ *v.* להרגיז
en·rap′ture *v.* להלהיב, למלא גיל
en·rich′ *v.* להעשיר, להשביח, לשפר
enriched uranium אורניום מועשר
enrichment *n.* העשרה, השבחה
en·roll′ (-rōl) *v.* להכניס לרשימה, לרשום; להירשם כחבר
enrollment *n.* רשימה; הרשמה
en route (änroot′) בדרך
en·san′guined (-gwind) *adj.* מוכתם בדם, עקוב מדם
en·sconce′ *v.* להטמין; להתבסס במקום, להתרווח (בכיסא)
ensem′ble (änsäm-) *n.* אנסמבל, להקה אמנותית; מראה כללי
en·shrine′ *v.* לשמור במקום קדוש
en·shroud′ *v.* לעטוף, לאפוף
en′sign (-sən) *n.* דגל-אונייה; סמל, סימן; סגן-משנה (בחיל הים)
en′silage *n.* תחמיץ (השמור בסילו)
en·slave′ *v.* לשעבד
enslavement *n.* שיעבוד, עבדות
en·snare′ *v.* ללכוד, להפיל ברשת
en·sue′ (-soo) *v.* לנבוע, להיגרם, לעקוב, לבוא אחרי
- the ensuing year השנה הבאה
en suite (än swēt′) כיחידה אחת, עם שירותים צמודים
en·sure′ (-shoor) *v.* להבטיח
ENT = ear, nose, throat אא״ג
en·tail′ *v.* לגרור, להצריך, לדרוש, לחייב; להוריש, להנחיל
en′tail *n.* ירושה, עיזבון; הורשה
en·tan′gle *v.* לסבך
- entangle oneself להסתבך
entanglement *n.* סיבוך, תסבוכת
- entanglements גדר תיל
entente (äntänt′) *n.* הבנה, יחסי ידידות; גוש מדינות ידידותיות
en′ter *v.* להיכנס; להצטרף; לרשום
- enter (oneself) for להירשם ל-
- enter into להיכנס ל-, לפתוח ב-
- enter on להתחיל ב-; לזכות, ליהנות
- enter up לרשום
en·ter′ic *adj.* של המעיים
en′teri′tis *n.* דלקת המעיים
en′terprise′ (-z) *n.* מיבצע, יוזמה, אומץ; עסק, מפעל
- private enterprise יוזמה פרטית
enterprising *adj.* בעל יוזמה, נמרץ
en′tertain′ *v.* לְאָרֵחַ; לבדר, לשעשע; לשקול; לנטור; לקבל, להיענות ל-
- entertain a proposal לשקול הצעה
- entertain an action להיענות לתובענה
- entertains doubts יש לו ספקות
entertainer *n.* בדרן
entertaining *adj.* משעשע, מעניין
entertainment *n.* אירוח; בידור
en·thral′ (-rôl) *v.* לרתק, להקסים
en·throne′ *v.* להושיב על כס-מלכות
- enthroned in our hearts חרות על לוח-ליבנו
enthronement *n.* הַמְלָכָה
en·thuse′ (-z) *v.* *להתלהב
en·thu′siasm′ (-′ziaz′əm) *n.* התלהבות
en·thu′siast (-′z-) *n.* מתלהב, חסיד
en·thu′sias′tic (-′z-) *adj.* מתלהב
en·tice′ *v.* לפתות, להדיח
enticement *n.* פיתוי, הדחה
en·tire′ *adj.* כולל, שלם, גמור, מלא
entirely *adv.* לחלוטין, לגמרי, כליל
en·tire′ty (-tīr′-) *n.* שלמות, סך הכול
- in its entirety בכללותו
en·ti′tle *v.* לקרוא, לתת שם, לכנות; לְזַכּוֹת, להקנות זכות
entitled *adj.* רשאי, זכאי
entitlement *n.* זכאות
en′tity *n.* ישות, מציאות
en·tomb′ (-toom) *v.* לקבור
en′tomol′ogist *n.* חרקן
en′tomol′ogy *n.* חרקנות, חקר חרקים
entourage (än′toorāzh′) *n.* פמליה
entr′acte (än′trakt) *n.* הפסקה
en′trails *n-pl.* מעיים, קרביים
en·train′ *v.* לעלות/להעלות לרכבת
en′trance *n.* כניסה, פתח
en·trance′ *v.* להפנט, להכניס לטראנס; להקסים, לרתק
en′trant *n.* נכנס, מצטרף, מתמודד
en·trap′ *v.* ללכוד, להפיל בפח
en·treat′ *v.* להפציר, להתחנן
en·trea′ty *n.* הפצרה; בקשה
en′trecote′ (än′-) *n.* סטייק צלע
entree (än′trā) *n.* זכות כניסה, דלת פתוחה; מנה אמצעית (בארוחה)
en·trench′ *v.* לחפור חפירה, לבצר

- entrench oneself להתחפר
entrenched *adj.* מושרש, קבוע
entrenchment *n.* חפירה, התחפרות
entrepot (än'trəpō) *n.* מרכז שיווק, מחסני ערובה
entrepreneur (än'trəpənûr') *n.* יזם; קבלן
en'tresol' (än-) *n.* אינטרסול, עליית ביניים, יציע
en'tropy *n.* אנטרופיה, אי סדר
en·trust' *v.* להפקיד בידי, להטיל
en'try *n.* כניסה; ערך, מלה (במילון); רישום; פרט; מתמודד; רשימון
en'tryism' *n.* הסתננות, חתרנות
entryphone *n.* אינטרקום
entry visa אשרת כניסה
en·twine' *v.* לקלוע, לשזור, לשלב
e·nu'merate' *v.* לספור, למנות
e·nu'mera'tion *n.* רשימה; ספירה
e·nun'ciate' *v.* לבטא, להביע ברורות
e·nun'cia'tion *n.* ביטוי, הבעה
en·vel'op *v.* לעטוף
en'velope' *n.* מעטפה
en·vel'opment *n.* עטיפה, אפיפה
en·ven'om *v.* להרעיל
en'viable *adj.* מעורר קנאה; מצויין
en'vious *adj.* מקנא, אכול קנאה
en·vi'ron *v.* להקיף
en·vi'ronment *n.* (איכות ה-) סביבה
en·vi'ronmen'tal *adj.* סביבתי
en·vi'ronmen'talist *n.* דוגל באיכות הסביבה
en·vi'rons *n-pl.* פרברים
en·vis'age (-z-) *v.* לראות, לחזות
en·vi'sion (-vi'zhən) *v.* לראות, לחזות, לצפות
en'voy *n.* שליח, ציר; סיום שיר
en'vy *n&v.* קינאה; לקנא ב-
- be the envy of לעורר קינאת-
en'zyme *n.* אנזים, חומר מתסיס
e'on *n.* עידן, תקופה ארוכה
ep'aulette' (epəlet') *n.* כיתפה, כותפת
epee (āpā') *n.* סַיִף
e'phah (-fə) *n.* איפה (מידת היבש)
e·phem'eral *adj.* קיקיוני, בן-חלוף
ep'ic *n.* אפוס, שיר-עלילה, אפופיה
epic *adj.* אֶפִּי, רב-עלילה
ep'icen'ter *n.* מוקד הרעש
ep'icure' *n.* אנין טעם, מבין באוכל
ep'icu're·an *adj.* רודף תענוגות
ep'idem'ic *n.* מגיפה, אפידמיה
epidemic *adj.* אפידמי, מגיפתי
ep'ider'mis *n.* קרום העור (בבע"ח)
ep'idi'ascope' *n.* אפידיאסקופ, מטול תמונות
ep'idu'ral *n.* אפידורל (סם אילחוש)
ep'igram' *n.* פתגם, מימרה, מיכתם
ep'igrammat'ic *adj.* שנון, חריף
ep'igraph' *n.* כתובת, כותרת
ep'ilep'sy *n.* אפילפסיה, כיפיון
ep'ilep'tic *adj&n.* חולה נפילה
ep'ilogue' (-lôg) *n.* אפילוג, סיום
E·piph'any *n.* חג ההתגלות
e·pis'copal *adj.* בישופי
ep'isode' *n.* אפיזודה, מיקרה
ep'isod'ic *adj.* אפיזודי, מיקרי
e·pis'tle (-səl) *n.* מכתב
- the Epistles איגרות השליחים
ep'itaph' *n.* כתובת (על מצבה)
- write one's own epitaph לסתום את הגולל על תוכניותיו (שלו)
ep'ithet' *n.* כינוי, תואר
e·pit'ome (-təmi) *n.* תמצית; עיקר
e·pit'omize' *v.* למצות, להוות עיקר
ep'och (-k) *n.* עידן, מאורע חשוב
epoch-making *adj.* פותח עידן
ep'onym' *n.* שם, מקום על שם, כינוי
Ep'som salts מלח אנגלי
eq'uabil'ity *n.* אחידות, יציבות
eq'uable *adj.* אחיד, יציב, קבוע
e'qual *adj.* שווה, זהה; מסוגל, מוכשר
- equal to the occasion מטפל היטב בדבר, מתמודד כראוי עם הבעיה
- he has no equal אין דומה לו
- on equal terms באותם התנאים
- one's equal בן מעמדו, שווה לו
- with equal ease באותה קלות
equal *v.* להיות שווה ל-, להידמות
e·qual'ita'rian (-kwol-) *n&adj.* דוגל בשיוויון, שיוויוני
e·qual'ity (-kwol-) *n.* שיוויון
- on an equality שווה מעמד
e'qualiza'tion *n.* השוואה
e'qualize' *v.* להשוות
equalizer *n.* משווה, שער משווה; כלי נשק
equally *adv.* במידה שווה, בד בבד
equal opportunity הזדמנות שווה
equals sign סימן השיוויון, (=)

eq′uanim′ity *n.* קור-רוח, שלווה
e•quate′ *v.* להשוות
e•qua′tion *n.* משוואה; השוואה
- equation in two unknowns משוואה בשני נעלמים
e•qua′tor *n.* קו-המשווה, משוון
e′quato′rial *adj.* משווני, חם, לוהט
eq′uerry *n.* חצרן, מאנשי החצר
e•ques′trian *adj&n.* (של) פרש
equi- (תחילית) שווה
e′quidis′tant *adj.* שווה-מרחק
e′quilat′eral *adj.* שווה-צלעות
e′quilib′rium *n.* שיווי משקל
e′quine *adj.* סוסי, של סוס
e′quinoc′tial *n.* של שיווין היום והלילה, סמוך לראשית האביב/הסתיו
e′quinox′ *n.* שיווין יום ולילה, אקווינוקס, נקודת האביב/הסתיו
- autumnal equinox השוואת החורף (21 במרץ)
- vernal equinox השוואת הקיץ (23 בספטמבר)
e•quip′ *v.* לצייד
- well equipped מצוייד כהלכה
eq′uipage *n.* כרכרה (עם פמליה)
e•quip′ment *n.* ציוד
e′quipoise′ (-z) *n.* שיווי משקל
eq′uitable *adj.* צודק, ישר, הוגן
eq′uita′tion *n.* פרשות, רכיבה
eq′uity *n.* צדק, הגינות; הון עצמי
- equities מניות רגילות
e•quiv′alence *n.* שיווין ערך, שקילות
e•quiv′alent *adj&n.* שווה-ערך, שקול; תמורה שוות-ערך
e•quiv′ocal *adj.* דו-משמעי, מפוקפק
e•quiv′ocate′ *v.* לערפל, להוליך שולל
e•quiv′oca′tion *n.* ביטוי דו-משמעי; הולכת שולל
e′ra *n.* תקופה, עידן
e•rad′icate′ *v.* להשמיד, לשרש
e•rad′ica′tion *n.* השמדה, ביעור
e•rase′ *v.* למחוק
e•ra′ser *n.* מַחַק, מוחק
e•ra′sure (-zhər) *n.* מחיקה
ere (ār) *prep.* לפני, טרם, קודם
e•rect′ *adj.* זקוף
erect *v.* לבנות, להקים, להעמיד
e•rec′tile (-til) *adj.* ניתן להתקשות
erec′tion *n.* הקמה, בניין; זיקפה
er′emite′ *n.* נזיר
erg *n.* ארג (יחידת עבודה ואנרגיה)
er′go *adv.* לכן, לפיכך
er′gonom′ics *n.* ארגונומיקה; הנדסת אנוש
er′mine (-min) *n.* (טורף קטן בעל) פרווה לבנה; פרוות שופט
e•rode′ *v.* לְאַכֵּל, לכרסם, לסחוף; להישחק
e•rog′enous *adj.* רגיש לגירוי מיני
e•ro′sion (-zhən) *n.* ארוזיה, סחף, שחיקה, עֲרָצוֹן
e•ro′sive *adj.* סוחפני
e•rot′ic *adj.* ארוטי, תשוקתי
e•rot′ica *n-pl.* ספרי מין
e•rot′icism′ *n.* ארוטיות
err *v.* לטעות, לשגות
- err on the side of mercy לנהוג לפנים משורת הדין
er′rand *n.* שליחות קצרה
- fool's errand שליחות מיותרת
- go on/run errands לבצע שליחויות
errand-boy *n.* נער-שליחויות
er′rant *adj.* טועה; בורח מהבית; תועה
- errant husband בעל בוגד
erra′ta *n-pl.* תיקוני טעויות
errat′ic *adj.* לא-יציב, לא-קבוע
erra′tum *n.* טעות דפוס
erro′ne•ous *adj.* מוטעה, של טעות
er′ror *n.* טעות, שגיאה
- errors excepted טעות לעולם חוזרת
- in error בטעות, בשוגג
- lead into error להטעות
er′satz′ (-säts) *n.* תחליף
Erse *n.* אירית (שפה)
erst′while′ *adj.* קודם; לפנים
e•ruc′ta′tion *n.* גיהוק, פליטה
er′udite′ *adj.* למדני, מלומד, ידען
er′udi′tion (-di-) *n.* למדנות, בקיאות
e•rupt′ *v.* להתפרץ (הר געש)
e•rup′tion *n.* התפרצות; פריחה בעור
er′ysip′elas *n.* שושנה (זיהום עור)
es′calate′ *v.* להסלים, להחריף
es′cala′tion *n.* הסלמה, החרפה
es′cala′tor *n.* דרגנוע, מדרגות נעות
es′calope′ *n.* פרוסת בשר-עגל
es′capade′ *n.* מיבצע, הרפתקה

es·cape′ *n.* בריחה; דליפה; מיפלט
- fire-escape יציאת חירום
- narrow escape הינצלות בנס
escape *v.* לברוח, להימלט; לדלוף, להיפלט; להיחלץ, לחמוק, להינצל מ-
- his name escapes me שמו פרח מזכרוני
escape clause סעיף היחלצות
es·ca′pee′ *n.* אסיר נמלט
escape hatch פתח מילוט
es·cape′ment (-kāp′m-) *n.* מַחגֵר
es·ca′pism′ *n.* ערקנות, אסקאפיזם
es·carp′ment *n.* מַתלוּל, מידרון
es′chatol′ogy (-k-) *n.* אסכטולוגיה, חזון אחרית הימים
es·chew′ (-cho͞o) *v.* להתרחק מ-
es′cort′ *n.* משמר, ליווי, בן-לוויה
es·cort′ *v.* לְלַווֹת
escort girl נערת ליווי
es′critoire′ (-twär′) *n.* מכתבה
es′crow′ (-krō) *n.* (קרן) נאמנות
es′cu·lent *adj.* אכיל, ראוי לאכילה
es·cutch′eon (-chən) *n.* מגן מעוטר
- blot on one's escutcheon כתם על שמו
Es′kimo′ *adj.* אסקימוסי
e·soph′agus *n.* ושט
es′oter′ic *adj.* סודי, סתום, מוגבל לחוג מצומצם, אזוטרי
es·pal′ier *n.* עריס, שיח מודלה
es·pe′cial (-pesh′əl) *adj.* מיוחד
- in especial בייחוד, במיוחד
especially *adv.* בייחוד, במיוחד
Es′peran′to *n.* אספרנטו (שפה)
es′pionage′ (-näzh) *n.* ריגול
es′planade′ *n.* טיילת (על החוף)
es·pous′al (-z-) *n.* תמיכה, דגילה; נישואין, אירוסין
es·pouse′ (-z) *v.* לתמוך ב-; להתחתן
es·pres′so *n.* אספרסו, קפה
esprit de corps (esprē′dəkôr′) נאמנות, רוח צוות, אחווה; גאוות יחידה
es·py′ *v.* לראות, להבחין ב-
Esq., Esq·uire′ *n.* אדון, מר, הנכבד
es·say′ *v.* לנסות
es′say *n.* בחינה, ניסיון; חיבור
es′say·ist *n.* מסאי
es′sence *n.* תמצית, עיקר
- in essence ביסודו, בעיקרו
essen′tial (i-) *adj.* נחוץ, חיוני; יסודי, עיקרי; תמציתי
essentially *adv.* ביסודו, בעיקרו
- not essentially לא בהכרח
essentials *n-pl.* יסודות, עיקרים; דברים חיוניים
es·tab′lish *v.* לייסד, להקים; לבסס; לקבוע; למסד
- establish oneself להתבסס
established *adj.* מבוסס, מושרש, מוּכָּר; ממוסד; רישמי
establishment *n.* הקמה, ייסוד; מוסד; עסק, מפעל; בית; מימסד
es·tam′inet′ (-nā′) *n.* בית-קפה
es·tate′ *n.* אחוזה, חלקה; רכוש, נכסים; מצב, מעמד; עיזבון
- 4th estate המעצמה ה-4, העיתונות
- housing estate איזור בניינים
- industrial estate איזור תעשייה
- personal estate מיטלטלין
- real estate נכסי דלא ניידי
estate agent מתווך נדל"ן
estate car מכונית סטיישן
es·teem′ *v.* לכבד, להעריך; לחשוב
esteem *n.* הערכה, כבוד
es′thete *n.* אסתטיקן, בעל טעם טוב
es·thet′ic *adj.* אסתטי, יפה
esthetics *n-pl.* אסתטיקה, טוב טעם
es′timable *adj.* ראוי להערכה
es′timate′ *v.* להעריך, לאמוד
es′timate *n.* הערכה, אומדן, שומה
- a rough estimate אומדן גס
- estimates הצעות מחיר
es′tima′tion *n.* הערכה, שומה; דעה
es′tima′tor *n.* שמאי
es·top′pel *n.* הֶשתֵּק
es·trange′ (-rānj) *v.* לגרום להתנכרות, להרחיק מעליו, להפריד
estrangement *n.* התנכרות, ניכור
es′trogen *n.* אסטרוגן (הורמון)
es′tuar′y (-′cho͞oeri) *n.* שפך-נהר
et al′ והאחרים
etc., et cet′era וכו', וכד'
etch *v.* לחרוט, לחרות
etcher *n.* חָרָט, גלופאי
etching *n.* חריטה; הדפס גלופה
e·ter′nal *adj.* נצחי, אין-סופי
eternally *adv.* לעד, לעולמים
eternal triangle המשולש הנצחי
e·ter′nity *n.* נצח, עַד; עולם האמת
e′ther *n.* אֶתֶר; סם הרדמה
e·the′re·al *adj.* אוורירי, עדין, שמיימי

eth′ic *n.* כללי התנהגות
eth′ical *adj.* אתי, מוסרי
eth′ics *n-pl.* אתיקה, תורת המידות
E′thio′pian *n&adj.* אתיופי
eth′nic *adj.* אתני, גזעי, עדתי, שבטי
ethnic cleansing טיהור אתני
eth·nog′raphy *n.* אתנוגרפיה, תיאור העמים, ידע-עם
eth·nol′ogy *n.* אתנולוגיה, תורת העמים
e′thos′ *n.* אתוס, מכלול התכונות
et′iol′ogy *n.* חקר סיבות המחלה, אטיולוגיה
et′iquette′ (-ket) *n.* כללי התנהגות, אתיקטה
et′ymolog′ical *adj.* גִיזרוֹנִי
et′ymol′ogy *n.* אטימולוגיה, גִיזָרוֹן, תולדות המלים
EU האיחוד האירופי
eu′calyp′tus (ū-) *n.* איקליפטוס
Eu′charist (ū′k-) *n.* סעודת-ישו
Eu·clid′e·an (ū-) *adj.* אוקלידי
eu·gen′ics (ū-) *n.* אבגניקה, שיפור הגזע
eu′logist (ū-) *n.* מהלל, מְשַׁבֵּחַ
eu′logis′tic (ū-) *adj.* מהלל
eu′logize′ (ū-) *v.* להלל, לְשַׁבֵּחַ
eu′logy (ū-) *n.* הלל, שבחים
eu′nuch (ū′nək) *n.* סריס
eu′phemism′ (ū-) *n.* לשון נקייה
eu′phemis′tic (ū-) *adj.* נקי-לשון
eu·pho′nious (ū-) *adj.* ערב לאוזן
eu′phony (ū-) *n.* תנעומה
eu·phor′ia (ū-) *n.* תחושה נעימה, אופוריה, התרוממות רוח
eu·phor′ic (ū-) *adj.* של תחושה נעימה
Euphra′tes (yoofrā′tēz) *n.* פְּרָת
Eur·a′sia (yoorā′zhə) *n.* אֵירַסְיָה
eu·re′ka (yoor-) *interj.* מצאתי!
eu·rhyth′mics (yooridh-) *n.* אֵירִיתְמִיקָה
eu′ro (yoor′ō) *n.* יורו, אֵירוֹ
Eu′ro·dol′lar (yoor-) *n.* יורודולר
Eu′rope (yoo′rəp) *n.* אירופה
Eu′rope′an (yoor-) *adj.* אירופי
eu·thana′sia (ū-zhə) *n.* המתת חסד
e·vac′uate′ (-kūāt) *v.* לְפַנּוֹת (אנשים, מקום); לעשות צרכיו
e·vac′ua′tion (-kūā′-) *n.* פינוי
e·vac′uee′ (-kūē′) *n.* מפונה
e·vade′ *v.* להתחמק מ-, להשתמט
- evade a question להתחמק מתשובה
- evade tax להעלים מס
e·val′uate′ (-lūāt) *v.* להעריך
e·val′ua′tion (-lūā′-) *n.* הערכה
ev′anes′cence *n.* היעלמות, הסתלקות
ev′anes′cent *adj.* נעלם, חולף
E·van′gel *n.* ספרי הבשורה
e′van·gel′ic *adj.* של האוונגליון
evangelical *n.* אוונגלי
e·van′gelist *n.* מטיף (נוצרי)
e·vap′orate′ *v.* לאדות; להתנדף
evaporated milk חלב מרוכז
e·vap′ora′tion *n.* אידוי, התנדפות
e·va′sion (-zhən) *n.* התחמקות
- tax evasion התחמקות מתשלום מס
e·va′sive *adj.* מתחמק, חמקמק
- take evasive action להתחמק
Eve *n.* חווה (אשת אדם הראשון)
eve *n.* עֶרֶב, היום שלפני
- Christmas Eve ערב חג המולד
- on the eve of ערב, על סף
eve, e′ven *n.* ערב, לפנות ערב
e′ven *adj.* חלק, ישר; קבוע, יציב; שווה, זהה
- even number מספר זוגי
- even odds/chance סיכויים שקולים
- get even with לנקום, לגמול
- we are even אנו במצב תיקו
even *v.* להשוות, ליישר
- even up/out לאזן, להשוות
even *adv.* אפילו
- even as ממש ברגע ש-, אך
- even if/though אף אם, למרות ש-
- even so אף על פי כן
- even then/now אפילו אז, אעפ״כ
even-handed *adj.* ללא משוא פנים
eve′ning (ēv′n-) *n.* עֶרֶב
evening dress שמלת ערב
evening prayer תפילת ערבית
evenings *adv.* בכל ערב
evening star נוגה (כוכב)
even money הימורים שווה בשווה, שקול, סכום זהה
e′vens *n-pl.* הימורים שווה בשווה, שקול, סכום זהה
evensong *n.* תפילת ערב
e·vent′ *n.* מקרה, אירוע, תחרות
- at all events בכל אופן, בכל זאת
- in any event בכל מקרה

- in either event בכל מקרה
- in that event במקרה זה, אם כך
- in the event לבסוף, למעשה
- in the event of במקרה ש-, אם
- in the natural course of events בדרך הטבע
- quite an event מאורע יוצא דופן
even-tempered *adj.* מיושב, קר רוח
eventful *adj.* רב אירועים
e'ventide' *n.* עֶרֶב
e•ven'tual (-chōōəl) *adj.* סופי, תוצאתי
e•ven'tual'ity (-chōōal'-) *n.* מקרה, אפשרות
eventually *adv.* לבסוף
e•ven'tuate' (-chəwāt) *v.* להסתיים, לצאת בסופו של דבר
ev'er *adv.* בזמן כל שהוא, אי פעם, מעודו, מעולם, בכלל
- do you ever? האם מעודך?
- ever after מאז ואילך
- ever and anon/again מדי פעם
- ever since מאז
- ever so/ever such מאוד
- for ever (and ever) לעולם, לעד
- if ever אם בכלל
- never ever *אף פעם
- why ever למה בכלל/לעזאזל
- yours ever שלך לנצח
evergreen *n&adj.* (עץ) ירוק-עד
everlasting *adj.* נצחי, אין סופי
- the Everlasting אלוהים, שוכן עד
ev'ermore' *adv.* לעולם, לעד
every (ev'ri) *adj.* כול, בכול
- every bit as... as ממש כמו
- every bit of הכול, עד הסוף
- every last man כל איש ואיש
- every now and again מפעם לפעם
- every now and then מפעם לפעם
- every one of ללא יוצא מן הכלל
- every other day כל יומיים
- every so often לעיתים קרובות
- every time תמיד; כל אימת ש-
- every which way *לכל הכיוונים
- his every word כל מלה שלו
- in every way מכל הבחינות
everybody *pron.* הכול, כל אחד
everyday *adj.* יומיומי, רגיל
everyone *pron.* הכול, כל אחד
everyplace *adv.* *בכל מקום
everything *pron.* הכול, כל דבר
- and everything *והכול, וכל זה, וכו'
- you are everything to me אַתְּ הכל בשבילי
everywhere *adv.* בכל מקום
e•vict' *v.* לגרש (בצו פינוי)
e•vic'tee' *n.* מגורש, מפונה
e•vic'tion *n.* גירוש, פינוי
ev'idence *n.* עדות, הוכחה, ראיה
- State's evidence עד המדינה
- be in evidence להיראות, להתבלט
- bear evidence of להעיד על
- evidences הוכחות, סימנים
- fabrication of evidence בידוי ראיות
- rules of evidence דיני ראיות
evidence *v.* להעיד על, להוכיח
evidence law דיני ראיות
ev'ident *adj.* ברור, ניכר, נראה
evidently *adv.* ברור ש-, אין ספק
e'vil (-vəl) *adj.* רע, מושחת
- evil tongue לשון הרע
- fell on evil days צרות פגעו בו
- in an evil hour בשעה ארורה
- put off the evil day/hour לדחות את הקץ
- the Evil One השטן
evil *n.* רע, רוע; אסון
- the lesser of two evils הרע במיעוטו
evil-doer *n.* עושה רע
evil eye עין הרע
evil-minded *adj.* זומם רעות
e•vince' *v.* להראות, להפגין, לגלות
e•vis'cerate' *v.* להוציא המעיים
ev'oca'tion *n.* העלאה
e•voc'ative *adj.* מעורר, מזכיר
e•voke' *v.* להעלות, לעורר
ev'olu'tion *n.* התפתחות; אבולוציה
- evolutions תנועות; תימרונים
ev'olu'tionar'y (-shəneri) *adj.* התפתחותי
e•volve' *v.* לפתח; להתפתח
ewe (ū) *n.* כבשה
ew'er (ū-) *n.* כד, כלי, קיתון
ex *prep.* מ-, מתוך, מכוח, בהתאם
- ex gratia מתוך חובה מוסרית
- ex libris מִסִפְרֵי-, שייך ל-
- ex officio בתוקף תפקידו
- ex parte חד צדדי, במעמד צד אחד
ex- מי שהיה, לשעבר, אקס

- ex-minister שר לשעבר
ex·ac′erbate′ *v.* להרע, להחמיר
ex·ac′erba′tion *n.* החמרה
ex·act′ (egz-) *adj.* מדוייק, דייקני
exact *v.* לסחוט, לתבוע, לגבות; להצריך, לדרוש, לחייב
exactable *adj.* שניתן לחייבו/להכריחו
exacting *adj.* סוחט, מייגע; קפדן
ex·ac′tion (egz-) *n.* סחיטה, עוֹשֶק
ex·ac′titude′ (egz-) *n.* דייקנות
exactly *adv.* בדיוק
exactness *n.* דיוק, דייקנות
ex·ag′gerate′ (egzaj′ər-) *v.* להגזים
ex·ag′gera′tion (egzajər-) *n.* הגזמה; גוזמה
ex·alt′ (egzôlt′) *v.* להעלות, לרומם; להלל, לשבח
ex′alta′tion (egzôl-) *n.* התעלות
exalted *adj.* רם; שיכור הצלחה
exam′ (egzam′) *n.* *בחינה, מיבחן
ex·am′ina′tion (egz-) *n.* מיבחן, בחינה, בדיקה; חקירת-עד
- cross-examination חקירה נגדית, חקירת שתי וערב, חקירה צולבת
- examination paper גליון-בחינה
- under examination בבדיקה
ex·am′ine (egzam′in) *v.* לבחון, לבדוק; לחקור (עד)
- he needs his head examined *אין לו שכל
ex·am′inee′ (egzaminē′) *n.* נִבְחָן; נֶחְקָר
examiner *n.* בוחן, בודק
- examiner of banks המפקח על הבנקים
examining magistrate שופט חוקר
ex·am′ple (egz-) *n.* דוגמה; אזהרה
- be an example לשמש דוגמה
- follow his example לעשות כדוגמתו
- for example לדוגמה, כגון
- make an example of להענישו
- set an example לשמש דוגמה
- without example ללא תקדים
ex·as′perate′ (egz-) *v.* להרגיז
ex·as′pera′tion (egz-) *n.* כעס
ex′cavate′ *v.* לחפור, לגלות עתיקות
ex′cava′tion *n.* חפירה
ex′cava′tor *n.* עוסק בחפירות; מחפר

ex·ceed′ *v.* לעלות על, לעבור
- exceed one's authority לחרוג מסמכותו
exceedingly *adv.* מאוד, ביותר
ex·cel′ *v.* להצטיין; לעלות על
ex′cellence *n.* הצטיינות; סגולה
- His Excellency הוד מעלתו
ex′cellent *adj.* מצויין
ex·cel′sior *n.* נסורת, שבבי-אריזה
ex·cept′ *prep.* חוץ מ-, פרט ל-
- except for פרט ל-; לולא
except *conj.* אלא ש-
except *v.* להוציא; לא לכלול
excepted *adj.* חוץ מ-; לא כלול
- nobody excepted ללא יוצא מהכלל
- present company excepted פרט לנוכחים
excepting *prep.* חוץ מ-
- always excepting חוץ מ-
- without/not excepting כולל, גם
ex·cep′tion *n.* יוצא מן הכלל; חריג; התנגדות
- make an exception לחרוג מהרגיל
- take exception להיעלב; להתנגד; למחות, להסתייג
- with the exception of חוץ מ-
- without exception ללא יוצא מן הכלל
exceptionable *adj.* מעורר מחאה, פוגע
exceptional *adj.* בלתי רגיל
ex′cerpt′ *n.* קטע (מספר)
ex·cess′ *n.* עודף, מוֹתָר; יֶסֶף; הפרזה
- excesses מעשי-זוועה, פשעים
- in excess of מעבר ל-, מעל ל-
- to excess יותר מדי
ex′cess′ *adj.* נוסף, יותר מהרגיל
- excess luggage מיטען עודף
- excess profits רווחים מופרזים
ex·ces′sive *adj.* מוגזם, יותר מדי
ex·change′ (-chānj) *n.* חילופים; המרה, חליפין; בורסה
- exchange of shots חילופי אש
- in exchange for תמורת
- labor exchange לשכת עבודה
- rate of exchange שער החליפין
- stock exchange בורסה
- telephone exchange מרכזייה, מירכזת
exchange *v.* להחליף, להמיר
- exchange words להתנצח

exchangeable *adj.* חליף
exchange rate insurance ביטוח שער
ex•cheq′uer (-kər) *n.* אוֹצָר
ex′cise (-z) *n.* בלו (מס)
ex•cise′ (-z) *v.* לקצץ, לחתוך; לסלק
ex•ci′sion (-sizh′ən) *n.* כריתה
ex•ci′tabil′ity *n.* רגשנות
exci′table *adj.* רגשני; בר עירור
ex′cita′tion עִירוּר
ex•cite′ *v.* לעורר, לרגש, להלהיב
- excite envy לעורר קנאה
- excite oneself להתרגש
excited *adj.* נרגש
excitement *n.* התרגשות
exciting *adj.* מלהיב, מרגש, מרתק
ex•claim′ *v.* לקרוא, לצעוק
- exclaim against למתוח ביקורת
ex′clama′tion *n.* קריאה
- exclamation mark/point סימן קריאה, (!)
ex•clam′ato′ry *adj.* של קריאה
ex•clude′ *v.* לשלול, למנוע; לגרש, להרחיק; לא לכלול; להוריד מהפרק
excluding *prep.* להוציא, לא כולל
ex•clu′sion (-zhən) *n.* מניעה, הרחקה
- to the exclusion of חוץ מן
ex•clu′sive *adj.* אכסקלוסיבי, בלעדי; מיוחד, ייחודי; סגור, מתרחק
- exclusive of חוץ מן, לא כולל
exclusive *n.* סקופ, כתבה מיוחדת
exclusively *adv.* אך ורק, בלעדית
ex•cog′itate′ *v.* לחשוב, להמציא
ex•cog′ita′tion *n.* המצאה
ex′commu′nicate′ *v.* לנדות
ex′commu′nica′tion *n.* נידוי
ex•cor′iate′ *v.* לקלף, להפשיט העור; לבקר קשות, לגנות
ex•cor′ia′tion *n.* ביקורת חריפה
ex′crement *n.* צואה
ex•cres′cence *n.* תפיחה, בליטה
ex•cre′ta *n-pl.* הפרשה, צואה, זיעה
ex•crete′ *v.* להפריש, להוציא
ex•cre′tion *n.* הפרשה
ex•cru′cia′ting (-′sh-) *adj.* (כאב) עז
ex′cul•pate′ *v.* לזכות (מאשמה)
ex′cul•pa′tion *n.* זיכוי
ex•cur′sion (-zhən) *n.* טיול קצר
excursionist *n.* טַיָּל, מטייל
excursion ticket כרטיס הלוך ושוב

ex•cur′sive *adj.* סוטה, חורג, מתפתל
excusable *adj.* בר-סליחה, סליח
ex•cuse′ (-s) *n.* תירוץ, אמתלה; התנצלות, סליחה; הצדקה
- in excuse of כתירוץ ל-, להצדקת
- make excuses להתנצל, להצטדק
ex•cuse′ (-z) *v.* לסלוח; לפטור; להשתחרר; להצדיק
- be excused להשתחרר, לקבל פטור
- excuse me סליחה!
- excuse oneself להתנצל, להצטדק, להצדיק עצמו
ex-directory *n.* חסוי (טלפון)
ex•ec′ (egzek′) *n.* *מנהל, מוציא לפועל
ex′e•crable *adj.* נתעב, גרוע
ex′e•crate′ *v.* לתעב, לשנוא, לקלל
ex′e•cra′tion *n.* תיעוב, סלידה
ex•ec′u•tant (egz-) *n.* מְבַצֵּעַ
ex′e•cute′ *v.* לבצע; להוציא לפועל; להוציא להורג; לתת תוקף ל-
- execute a will לקיים צוואה
ex′e•cu′tion *n.* ביצוע; הוצאה להורג
- do execution להפיל חללים, לחסל
- put/carry into execution לבצע
ex′e•cu′tioner (-shənər) *n.* מוציא לפועל; תליין
ex•ec′u•tive (egz-) *adj.* ביצועי
- executive ability כושר ביצוע
- executive branch הזרוע המבצעת
executive *n.* מְנַהֵל; מינהלה; ועד הפועל; מוציא לפועל
ex•ec′u•tor (egz-) *n.* אפיטרופוס (לביצוע צוואה)
ex•ec′u•trix′ (egz-) *n.* אפיטרופסית
ex′ege′sis *n.* פירוש (לתנ"ך)
ex•em′plar (egz-) *n.* עותק, דוגמה
ex•em′plary (egz-) *adj.* מופתי
exemplary damages פיצויים לדוגמה, פיצויי עונשין
ex•em′plifica′tion (egz-) *n.* הדגמה; דוגמה
ex•em′plify′ (egz-) *v.* להדגים
ex•empt′ (egz-) *v.* לפטור, לשחרר
exempt *adj.* פטור, משוחרר מ-
ex•emp′tion (egz-) *n.* שיחרור
ex′ercise′ (-z) *n.* אימון, תרגול; הפעלה; מימוש; התעמלות; תרגיל
- exercises תמרונים; טקסים

- spiritual exercises תפילות
- take exercise להתעמל
exercise *v.* להתעמל; להתאמן; לאמן, לתרגל; לנהוג ב-, להשתמש ב-
- be exercised להיות מודאג
- exercise one's rights להפעיל זכויותיו
- exercise patience לנהוג סבלנות
exercise book מחברת, ספר תרגילים
Ex'ercy'cle *n.* אופני כושר
ex•ert' (egz-) *v.* להפעיל, להשתמש
- exert oneself להתאמץ, להשתדל
ex•er'tion (egz-) *n.* הפעלה; מאמץ
ex'e•unt הם יוצאים (מהבימה)
ex'hala'tion *n.* נשיפה; אד
ex•hale' *v.* לנשוף
ex•haust' (egzôst') *v.* לעייף, להחליש; לרוקן, לְכַלּוֹת, למצות
exhaust *n.* גז נפלט; מַפלֵט
ex•haus'tion (egzôs'chən) *n.* לאות, עייפות; אזילה, הרקה
ex•haus'tive (egzôs'-) *adj.* מקיף, ממצה, שלם
exhaustless *adj.* בלתי נדלה
exhaust pipe מפלט, צינור פליטה
ex•hib'it (egzib'-) *n.* להראות, להפגין; להציג בתערוכה
exhibit *n.* מוצג; תערוכה
ex•hibi'tion (eksibi-) *n.* תערוכה; גילוי, הפגנה; מילגה, מענק
- make an exhibition of oneself להתנהג כשוטה
exhibitionism *n.* התראוות, התערטלות
exhibitor *n.* מציג, משתתף בתערוכה
ex•hil'arate' (egzil-) *v.* לשמח, לרומם רוח
ex•hil'ara'tion (egzil-) *n.* שימחה
ex•hort' (egzôrt') *v.* להוכיח, להטיף, לדרוש מ-
ex'horta'tion (egzôr-) *n.* תוכחה
ex'hu•ma'tion (-hūm-) *n.* הוצאה מהקבר
ex•hume' *v.* להוציא מהקבר
ex•ig'ency *n.* מצב חירום
ex'igent *adj.* דחוף, דוחק, לוחץ
ex•ig'uous (egzig'ūəs) *adj.* זעום
ex'ile (egz-) *n.* גלות; גוֹלֶה
exile *v.* לגרש, להגלות
ex•ist' (egz-) *v.* להתקיים, להיות
existence *n.* קיום, מציאות; חיים
- in existence קיים
existent *adj.* קיים, ישנו
ex•isten'tialism' (egz-shəlizəm) *n.* קיומיות, אקזיסטנציאליזם
existing *adj.* קיים, נוכחי
ex'it (egz-) *n&v.* יציאה; לצאת
- exit Othello אותלו יוצא
- make one's exit לצאת
exit visa אשרת יציאה
ex'odus *n.* יציאה, נהירה המונית
Exodus *n.* שמות (חומש); יציאת מצריים
ex•og'enous *adj.* חיצוני
ex•on'erate' (egz-) *v.* לְזַכּוֹת
ex•on'era'tion (egz-) *n.* זיכוי
ex•or'bitance (egz-) *n.* הפרזה; הפקעת שער
ex•or'bitant (egz-) *adj.* מופרז
ex'or•cism' *n.* גירוש רוחות
ex'or•cize' *v.* לגרש רוחות
ex•ot'ic (egz-) *adj.* אקזוטי, זר
ex•pand' *v.* להתפשט, לגדול; להרחיב; להיפתח, להתיידד
- expand on להרחיב הדיבור על
ex•panse' *n.* מרחב, שטח
ex•pan'sion *n.* התפשטות; פיתוח
expansion card/board כרטיס הרחבה (במחשב)
ex•pan'sive *adj.* מתפשט; פתוח, ידידותי
ex'pat' *n.* *גולה, מגורש, יורד
ex•pa'tiate' (-'sh-) *v.* להרחיב את הדיבור
ex•pa'triate' *v.* לגרש, להגלות
ex•pa'triate *n.* גולה, מגורש; יורד
ex•pect' *v.* לקוות, לְצַפּוֹת; *לשער
- it's to be expected זה צפוי
- she's expecting היא מצפה לתינוק
ex•pec'tancy *n.* ציפייה; תקווה
- life expectancy תוחלת חיים
ex•pec'tant *adj.* מקווה, מצפה
expectant mother אם לעתיד, הרה
ex'pecta'tion *n.* תקווה, סיכוי; ציפייה
- beyond expectation למעלה מהמצופה
- contrary to expectation בניגוד למצופה
- expectation of life תוחלת חיים
- expectations ירושה (שמצפים לה)
- in expectation of בציפייה ל-,

לקראת
ex·pec′torate′ *v.* לירוק, לרקוק
ex·pe′diency *n.* תכליתיות, תועלתיות, נחיצות; אינטרסנטיות
ex·pe′dient *adj.* תועלתי, כדאי, רצוי
expedient *n.* אמצעי, תחבולה
ex′pedite′ *v.* להחיש, לזרז, לקדם
ex′pedi′tion (-di-) *n.* משלחת; מסע; מהירות, זריזות
expeditionary *adj.* של משלחת
expeditionary force חיל משלוח
ex′pedi′tious (-dish′əs) *adj.* מהיר, זריז, מיידי
ex·pel′ *v.* להוציא, לגרש
ex·pend′ *v.* לבזבז, להוציא, לְכַלוֹת
ex·pend′able *adj.* ראוי להקריבו
ex·pen′diture *n.* הוצאה (כספית)
ex·pense′ *n.* מחיר, הוצאה, הוצאות
- at his expense על חשבונו
- at the expense of במחיר
- expenses הוצאות
- go to the expense of לבזבז על
- put him to the expense of לגרום לו הוצאה כספית
- spare no expense לא לקמץ בהוצאות
expense account הוצאות אש"ל
ex·pen′sive *adj.* יקר
ex·pe′rience *n.* ניסיון; חוויה
experience *v.* להתנסות, לחוות, לחוש
- experience defeat לנחול תבוסה
experienced *adj.* מְנוּסֶה
ex·pe′rien′tial *adj.* חווייתי
ex·per′iment *n&v.* ניסוי, מיבחן, אקפרימנט; לערוך ניסויים
ex·per′imen′tal *adj.* ניסויי
ex′pert′ *n&adj.* מומחה, ידען
ex′pertise′ (-tēz) *n.* מומחיות; חוות-דעת, תמחית, אקספרטיזה
expert witness עד מומחה
ex′piate′ *v.* לכפר על
ex′pia′tion *n.* כפרה, כיפור
ex′pira′tion *n.* גמר, פקיעה; נשיפה
ex·pire′ *v.* לפקוע, להסתיים; למות
ex·pi′ry *n.* גמר, תפוגה, פקיעה
ex·plain′ *v.* להסביר
- explain away לתרץ, להסביר
- explain oneself להבהיר את עצמו; להסביר את התנהגותו
ex′plana′tion *n.* הסבר
ex·plan′ato′ry *adj.* מסביר
ex′pletive *n.* מלת סרק; קללה
ex·plic′able *adj.* ניתן להסבר
ex′plicate′ *v.* להסביר, לנתח
ex·plic′it *adj.* ברור, מובע ברורות
explicitly *adv.* ברורות, במפורש
ex·plode′ *v.* להתפוצץ; לפוצץ
- explode a belief לנפץ אמונה
- explode a bombshell *להדהים
- explode with rage להתפרץ בזעם
ex′ploit *n.* מיבצע, מעשה נועז
ex·ploit′ *v.* לנצל
ex′ploita′tion *n.* ניצול, נצלנות
ex′plora′tion *n.* חקירה, בדיקה
ex·plor′ato′ry *adj.* מחקרי, לימודי
ex·plore′ *v.* לחקור (ארץ, נושא)
explorer *n.* חוקר
ex·plo′sion (-zhən) *n.* התפוצצות
ex·plo′sive *adj.* מתפרץ
- explosive question בעייה הטעונה חומר נפץ
explosive *n.* חומר נפץ
- high explosives חומר נפץ מרסק
ex′po *n.* תערוכה בינלאומית
ex·po′nent *n.* מְפָרֵש; מעריך, חֶזקָה
ex′ponen′tial *adj.* של מעריך; מהיר ביותר
ex′port′ *n.* יצוא; ייצוא
ex·port′ *v.* לייצא
ex·port′able *adj.* בר ייצוא
ex′por·ta′tion *n.* ייצוא
ex·por′ter *n.* יצואן
ex·pose′ (-z) *v.* לגלות, לחשוף, להציג לראווה; להפקיר, לנטוש
- exposed to joking מטרה ללעג
ex′po·se′ (-pōzā′) *n.* הרצאה; חשיפה
ex′posi′tion (-zi-) *n.* הבהרה, הסבר, פיתוח נושא, היצג; תערוכה
ex·pos′tulate′ (-′ch-) *v.* למחות, לנזוף, להתווכח
ex·pos′tula′tion (-′ch-) *n.* מחאה
ex·po′sure (-zhər) *n.* גילוי, חשיפה, הוקעה; תמונה; צד, כיוון
ex·pound′ *v.* להסביר, להרצות
ex·press′ *adj.* ברור, מפורש; מדוייק, זהה; מהיר, אקספרס
- send express לשלוח באקספרס
express *n.* אקספרס (שירות, רכבת)
express *v.* לבטא, להביע; לשלוח, לשגר באקספרס; לסחוט, להוציא
- express oneself להתבטא

ex·pres′sion *n.* ביטוי, מלה; הבעה; הטעמה; מבע, מראה
- find expression in להתבטא ב-
- past expression בל יתואר
expressionism *n.* אקספרסיוניזם
expressionless *adj.* חסר-הבעה
ex·pres′sive *adj.* מביע, משמעותי
expressly *adv.* במפורש; במיוחד
expressway *n.* כביש מהיר
ex·pro′priate′ *v.* להפקיע, להחרים
ex·pro′pria′tion *n.* הפקעה
ex·pul′sion *n.* גירוש
expulsion order צו גירוש
ex·punge′ *v.* למחוק
ex′purgate′ *v.* לטהר, לצנזר
ex′purga′tion *n.* טיהור
ex′quisite (-zit) *adj.* מושלם, מצויין; חד, חריף; רגיש, עדין
ex-service *adj.* משוחרר (מהצבא)
ex·tant′ *adj.* קיים, עדיין נמצא
ex·tem′pora′ne·ous *adj.* מאולתר
ex·tem′pora′ry (-reri) *adj.* מאולתר
ex·tem′pore (-pəri) *adj.* מאולתר, מְנִיהּ וּבֵיהּ
ex·tem′porize′ *v.* לאלתר
ex·tend′ *v.* להגיע, להשתרע; להאריך, להגדיל; למתוח; לתת
- extend a hand להושיט יד
- fully extended אזל כוחו, סחוט
ex·ten′sion *n.* התפשטות; הארכה, תוספת, שלוחה
extension cord חוט מאריך
extension course לימודי חוץ
extension table שולחן שחיל
ex·ten′sive *adj.* מקיף, גדול, נרחב
ex·tent′ *n.* היקף, גודל; מידה
- to some extent במידה מסויימת
ex·ten′u·ate′ (-nūāt) *v.* להקל, להפחית
- extenuating circumstances נסיבות מקילות
ex·ten′u·a′tion (-nūā′-) *n.* הקלה
ex·te′rior *adj.* חיצוני
exterior *n.* חיצוניות, מראה חיצוני
ex·te′riorize′ *v.* להחצין
ex·ter′minate′ *v.* להשמיד, לחסל
ex·ter′mina′tion *n.* השמדה
ex·ter′nal *adj&n.* חיצוני, זר
- externals חיצוניות, מראה חיצוני
ex·ter′naliza′tion *n.* החצנה
ex·ter′nalize′ *v.* להחצין

ex′ter·rito′rial *adj.* אקסטריטוריאלי
ex·tinct′ *adj.* לא קיים; נעלם, מת
- extinct volcano הר-געש כבוי/רָגֵעַ
ex·tinc′tion *n.* כיבוי; השמדה
ex·tin′guish (-gwish) *v.* לְכַבּוֹת
- extinguish a debt לסלק חוב
extinguisher *n.* מטפה
ex′tirpate′ *v.* להשמיד, לעקור
ex′tirpa′tion *n.* השמדה
ex·tol′ (-tōl) *v.* להלל, לשבח
ex·tort′ *v.* לסחוט, להוציא בכוח
ex·tor′tion *n.* סחיטה
ex·tor′tionate (-shən-) *adj.* סחטני
ex′tra *adj.* נוסף, אקסטרה, מיוחד
extra *n.* דבר נוסף, תשלום מיוחד; ניצב (בסרט); הוצאה מיוחדת
ex·tract′ *v.* להוציא, לחלץ; לסחוט; להעתיק קטעים מספר
ex′tract′ *n.* תמצית; קטע; נסח
ex·trac′tion *n.* הוצאה, עקירה, סחיטה; מוצא, מקור, ייחוס
extractor *n.* מסחטה, מסלק ריח רע, מאוורר
ex′tracurric′u·lar *adj.* (בבי״ס) שמחוץ לתוכנית הלימודים הרגילה
ex′tradite′ *v.* להסגיר
ex′tradi′tion (-di-) *n.* הסגרה
ex′traju·di′cial (-jōōdi′-) *adj.* מעבר לסמכות ביה״ד, מחוץ לסמכות החוק
ex′tramar′ital *adj.* מחוץ לנישואין
ex′tramu′ral *adj.* מחוץ לעיר; מחוץ לכותלי ביה״ס
ex·tra′ne·ous *adj.* חיצוני; לא שייך
ex·traor′dinar′y (-trôr′dineri) בלתי רגיל, יוצא מן הכלל
ex·trap′olate′ *v.* לנחש, לשער; לחייץ
ex·trap′ol′ation *n.* חִיּוּץ
ex′trasen′sory *adj.* שמעבר לחושים
ex′traterres′trial *adj&n.* מהחלל החיצון; חייזר, חוצן
ex′trater′rito′rial *adj.* אקסטריטוריאלי
extra time הארכה, זמן הארכה
ex·trav′agance *n.* פזרנות
ex·trav′agant *adj.* פזרני, בזבזן; יקר; לא מרוסן, מוגזם
ex·trav′agan′za *n.* יצירה מבדחת
ex·treme′ *adj.* קיצוני; רב
- extreme old age זיקנה מופלגת

extreme *n.* קיצוניות; ניגוד גמור
- extremes ניגודים, הפכים
- go to extremes לנהוג בקיצוניות
- in the extreme עד מאוד
extremely *adv.* עד מאוד
ex·tre′mist *n.* קיצוני (בדיעותיו)
ex·trem′ity *n.* קיצוניות; מצב חמור
- extremities גפיים; מעשים חמורים
ex·tric′able *adj.* שניתן לחלצו
ex′tricate′ *v.* לחלץ, לשחרר
ex′trica′tion *n.* חילוץ
ex·trin′sic *adj.* חיצוני, זר
ex′trover′sion (-zhən) *n.* החצנה
ex′trovert′ *n.* מוחצן, לא מסתגר
ex·trude′ *v.* להוציא, לדחוס החוצה, לגרש; לעצב חומר
ex·tru′sion (-zhən) *n.* הוצאה, גירוש
ex·u′berance (egzōō′-) *n.* שפע, חיות, עירנות; התרוממות רוח
ex·u′berant (egzōō′-) *adj.* שופע חיים, שופע מרץ; גדל בשפע
ex·ude′ (egz-) *v.* להזיע; להוציא, להפיק; להפריש; לגלות, להפגין
ex·ult′ (egz-) *v.* לצהול, לשמוח
exultant *adj.* צוהל
ex′ulta′tion (egz-) *n.* צהלה
eye (ī) *n.* עין
- all eyes כולו עין
- an eye for an eye עין תחת עין
- be all eyes להביט בשבע עיניים
- before one's eyes לנגד עיניו
- believe one's eye להאמין למראה עיניו
- black his eye לעשות לו פנס בעין
- cast a cool eye on לתת חוות דעת צוננת על
- eyes front! לחזית שור!
- eyes only פרטי, למכותב בלבד
- fasten one's eyes on לנעוץ מבטו
- find favor in his eyes למצוא חן בעיניו
- give the eye לנעוץ מבט
- had his eyes open פקח עיניו
- has an eye for יש לו חוש ל-
- has an eye to/on רוצה, חפץ, שואף
- in his eyes בעיניו, לדעתו
- in one's mind's eye בעיני רוחו
- in the eye of the law בעיני החוק
- keep an eye on להשגיח על
- lay eyes on לראות
- make eyes at לנעוץ מבטים ב-
- meet one's eye להתגלות לעיניו
- mind your eye שים לבך!
- my eye! חי נפשי! (קריאת הפתעה)
- naked eye עין בלתי מזויינת
- not take one's eyes off לא לגרוע עין מ-
- one in the eye for *מכה ניצחת ל-
- open his eyes לפקוח עיניו
- see eye to eye להיות תמים דעים
- see with half an eye לראות מיד
- to the eye למראית עין
- up to one's eyes in שקוע ב-
- with an eye out משגיח היטב
- with an eye to במטרה ל-
- with my own eyes במו עיניי
- with open eyes בעיניים פקוחות
eye *v.* להביט, לנעוץ מבט, ללטוש עין
eyeball *n.* גלגל העין
- eyeball to eyeball פנים אל פנים
eyebrow *n.* גבה
- raise eyebrows להרים גבה, להדהים
eye-catching *adj.* מושך עין, מצודד
eye contact קשר עין
eyed *adj.* בעל עיני-
- blue-eyed תכול-עיניים
eyedrops *n-pl.* טיפות עיניים
eye-filling *adj.* מרהיב-עין
eyeful (ī′fool′) *n.* *חתיכה
- get an eyeful להזין עיניו
eyeglasses *n-pl.* משקפיים
eyelash *n.* ריס
eyelet *n.* לולאה
eye-level *adj.* בגובה העיניים
eyelid *n.* עפעף, שמורת העין
- hangs on by his eyelids מצבו חמור
eyeliner *n.* פוך, כחל, צבע
eye-opener *n.* פוער-עיניים, הפתעה
eyepatch *n.* רטייה, רטיית-עין
eyepiece *n.* עדשת העין, עינית
eyeshade *n.* מיצחייה, מגן עיניים
eyeshadow *n.* צבע, צללית עיניים
eyeshot *n.* טווח-ראייה
eyesight *n.* ראייה, ראות
eyesore *n.* חפץ מכוער, מראה דוחה
eyestrain *n.* עייפות העיניים
eyetooth *n.* שן העין
eyewash *n.* הטעייה; תרחיץ עיניים
eye-witness *n.* עד ראייה
eyewitness evidence עדות ראייה
eyrie, eyry (ī′əri) *n.* קן נשר

F

F *n.* פה (צליל)
- F clef מפתח פה
F = Fahrenheit
fab *adj.* *אגדי, נפלא, מצוין
Fa′bian *adj.* מתון, מעכב, מתיש
fa′ble *n.* משל, אגדה; בדותה
fab′ric *n.* אריג; מיבנה, מערכת
fab′ricate′ *v.* ליצור; לזייף, לפברק
fab′rica′tion *n.* פבריקציה, בידוי
fabric softener מרכך כביסה
fab′u·lous *adj.* אגדי; *נפלא
facade (fəsäd′) *n.* חזית; חזות
face *n.* פרצוף, פנים
- blue in the face נרגש מאוד
- face down עם הפנים למטה
- face to face פנים אל פנים
- face up עם הפנים למעלה
- have the face to להעז ל-
- in his face בפניו; לפתע
- in the face of מול, בפני-; למרות
- in-your-face *פרובוקטיבי, להכעיס
- lost face with סר חינו בעיני
- make faces לעוות פניו
- on the face of it למראית עין, "על פניו"
- pull a long face ללבוש ארשת עצבות
- put a bold face להפגין אומץ לב
- saved his face כבודו ניצל
- set one's face against להתנגד
- the face of פני-, חזית-
- to his face בפניו, גלויות
face *v.* להיות מול; להתייצב מול; לעמוד בפני; לכסות, לְצַפּוֹת
- face out לטפל בדבר באומץ
- face the music לא להירתע
- face up to לקבל זאת באומץ
- left face! שמאלה פנה!
- let's face it נהיה מציאותיים
face-ache *n.* *פרצוף צנע; מרגיז
facebook *n.* פֵּייסבּוּק (רשת חברתית)
face-card *n.* קלף-תמונה
face-cloth *n.* מגבת, מטלית פנים
face cream קרם פנים, מישחת פנים
faced *adj.* בעל פני-
- red-faced סמוק-פנים
faceless *adj.* ללא פנים, אלמוני
face-lift *n.* מתיחת פָּנִים
face pack מישחת פנים
face-saving *adj.* מציל יוקרה
fac′et *n.* פאה; צד; נקודת-ראות
face′tious (-shəs) *adj.* מבדח
face value ערך נקוב
- at its face value לפי מראהו
fa′cial *adj.* של הפנים, של הפרצוף
facial *n.* עיסוי פנים
fac′ile (-səl) *adj.* קל, מהיר, קליל; שטחי, נוח, נעים
facil′itate′ *v.* להקל, להפחית קושי
facil′ita′tion *n.* הקלה
facil′ity *n.* קלות; כישרון; נוחיות
- facilities אמצעים, מיתקנים, כלים
facing *n.* ציפוי, כיסוי
- facings צווארון וחפתים
fac′sim′ile (-mili) *n.* מַעְתֵּק, פאקסימילה, העתק מדויק; פקס
fact *n.* עובדה, מציאות; מעשה, פשע
- as a matter of fact למעשה
- facts and figures פרטים מדוייקים
- facts of life עובדות החיים
- in (point of) fact למעשה
- matter of fact אמת, אומנם
fact-finding *n.* מימצא העובדות
fac′tion *n.* סיעה, פלג; חילוקי דעות
fac′tious (-shəs) *adj.* פלגני, חרחרני
fac·ti′tious (-tish′əs) *adj.* מלאכותי
facto: de′ fac′to למעשה
facto: ip′so fac′to בעובדה עצמה
fac′toid′ *n.* פריט מידע
fac′tor *n.* גורם; סוכן, עמיל
fac′torize′ *v.* לפרק לגורמים
fac′tory *n.* בית-חרושת, מיפעל
factory farm משק בעלי חיים
factory floor הפועלים
fac·to′tum *n.* משרת
fact sheet גיליון מידע
fac′tual (-cho͞oəl) *adj.* עובדתי
fac′ulta′tive *adj.* עשוי להתרחש
fac′ulty *n.* כישרון, יכולת; פקולטה
fad *n.* שיגעון חולף, תחביב זמני
fad′dy, fad′dish *adj.* שיגעוני
fade *v.* לדעוך; לדהות; להימוג
- fade in להתחזק בהדרגה (קול)
- fade out לגווע (קול, תמונה)
faery (fār′i) *adj.* קסום
faff *v&n.* * (להקים) מהומה
fag *n.* עָמָל; *סיגרייה; הומו
fag *v.* לעמול; לשרת תלמיד מבוגר

- fagged out עייף, סחוט
fag-end *n.* שארית; בדל-סיגריה
fag′got, fag′ot *n.* צרור עצים; קציצה, לביבה; *הומו
Fahrenheit (far′ənhīt′) *n.* פרנהייט
faience (fäänsʹ) *n.* חרסינה מקושטת
fail *v&n.* להיכשל; להכשיל, לפסול; לא לבצע; להיחלש; לאכזב
- he failed to come הוא לא בא
- not fail to להקפיד ל-, לזכור ל-
- without fail לעולם, בדיוק, לָבֶטַח
- words fail me אין מלים בפי
failing *n.* פגם, חולשה
failing *prep.* בהיעדר, באין-, ללא-
- failing this אם זה לא יקרה
fail-safe *adj.* מונע תקלות, אל-כשל
fail′ure (-lyər) *n.* כישלון; אי-יכולת, אי-ביצוע, חוסר; פשיטת רגל
- failure of issue מוות בלי ילדים
fain *adv.* ברצון, מעדיף
faint *adj.* חלש, רפה, קלוש; דהוי
- feels faint עומד להתעלף
faint *v&n.* להתעלף; התעלפות
faint-hearted *adj.* פחדן, מוג-לב
fair *adj.* הוגן, צודק; בינוני, ממוצע; נאה; בהיר; ברור; נקי
- fair (market) value ערך השוק ההוגן
- fair copy העתק נקי וברור
- fair dos *חלוקה הוגנת
- fair hair שיער בהיר/בלונדי
- fair shake הגינות, יחס הוגן
- fair's fair נהיה הוגנים
- for fair *לגמרי
- in a fair way to בדרכו ל-
- play fair לנהוג בהגינות
- the fair sex המין היפה
fair *adv.* בהגינות; היישר אל
- fair and square בהגינות, בצדק
- fair enough הוגן, די בסדר
fair *n.* יריד
- after the fair מאוחר מדי
fair game ציד חוקי; מטרה ללעג
fair ground מיגרש היריד
fair-haired boy חביב, אהוב
fairly *adv.* בהגינות; לגמרי, בהחלט
- fairly well די טוב
fair-minded *adj.* הוגן, צודק
fair play מישחק הוגן, צדק
fairway *n.* מסלול ימי; מסלול גולף
fair-weather friend נוטש ידידו

בעת צרה, מישענת קנה רצוץ
fair′y *n.* פֵּיָה; *הומו
fairy godmother המלאך הטוב
fairy lamp נורה צבעונית
fairy-land *n.* עולם קסום
fairy tale אגדה, סיפור בדים
fait accompli (fāt′äkongplēʹ) *n.* עובדה מוגמרת (שאין לשנותה)
faith *n.* אמונה; דת; אֵמוּן
- in faith באמת, באמונה
- in good faith בתום לב, בהגינות
- keep faith with לשמור אמונים
- on faith מתוך אמונה בדבריו
faithful *adj.* נאמן, מסור; מדוייק
- the faithful המאמינים
- yours faithfully שלך בנאמנות
faith healing ריפוי בתפילה
faithless *adj.* לא נאמן; לא מאמין
fake *n&adj.* זיוף; בלוף; רמאי, מתחזה; מזוייף
fake *v.* לזייף, להתחזות כ-; להמציא
fakir′ (-kir) *n.* פאקיר
Fala′sha (-lä-) *n.* פלשמורה
fal′con *n.* בז (עוף דורס)
falconry *n.* ציד בבזים, בזיירות
fall (fôl) *v.* ליפול; לרדת; להיעשות ל-, להפוך ל-; לחול
- fall about *להתגלגל מצחוק
- fall all over להעריץ, להתלהב
- fall asleep להירדם
- fall away להיעלם, להסתלק
- fall back לסגת
- fall back on להסתמך; להיעזר ב-
- fall down on להיכשל ב-
- fall due לחול מועד פרעונו
- fall flat להיכשל, לא להצליח
- fall for להתאהב; ליפול בפח
- fall foul of להתנגש ב-; להסתבך
- fall ill לחלות, ליפול למישכב
- fall in להתמוטט; להסתדר בשורה; לפוג תוקפו; להגיע זמן פרעונו
- fall in for לקבל, לזכות ב-, לספוג
- fall in love להתאהב
- fall in with להיתקל ב-; להסכים
- fall into לשקוע ב-; להתחלק ל-
- fall into line להסכים; ללכת בתלם
- fall off לִפחות, להתמעט, לנשור
- fall on one's feet לנחות על רגליו
- fall on/upon להתנפל על
- fall out לקרות; (במיסדר) להתפזר
- fall out with לריב, להתקוטט
- fall over oneself להיות להוט מדי

- fall over/down ליפול
- fall short לא להגיע למטרה
- fall through להיכשל
- fall to להתחיל ב-; להתנפל על האוכל
- fall under להיכלל בסוג מסויים
- his eyes fell השפיל מבטו
- his face fell נפלו פניו
- let fall להפיל; לומר, לבטא, לפלוט

fall *n.* נפילה; ירידה; מפולת; סתיו
- falls מפל-מים
- ride for a fall להסתכן
- the Fall of Man החטא הקדמון

falla'cious (-shəs) *adj.* מוטעה
fal'lacy *n.* טעות, אשליה
fallback *n&adj.* נסיגה; עתודה, תחליף; לשעת חירום; מינימלי
fall'en (fôl'-) *adj.* נופל; החללים
- fallen woman אישה לא צנועה

fall guy *פתי, קורבן
fal'lible *adj.* עלול לטעות
falling-out *n.* ריב, ויכוח
falling star מטאור
fall-off *n.* ירידה, נסיגה
Fallo'pian tube חצוצרת הרחם
fall-out *n.* נשירה; נשורת
fal'low (-ō) *adj&n.* שדה-בּוּר
false (fôls) *adj.* מוטעה; מזוייף, מלאכותי; לא נאמן, משקר; כוזב
- false alarm אזעקת שווא
- false arrest מעצר בלתי-חוקי
- false bottom תחתית כפולה
- false face מסיכה
- play false לרמות, לבגוד ב-
- sail under false colors להתחזות
- take a false step למעוד

false-hearted *adj.* חסר-כנות, נוכל
falsehood *n.* שקר, שקרנות, כזב
false pretenses התחזות, רמאות
false start זינוק פסול
false teeth שינים תותבות
falset'to (fôl-) *n.* סלפית, פאלסט
fal'sies (fôl'siz) *n-pl.* *חזייה ממולאת, שדיים מלאכותיים
fal'sifica'tion (fôl-) *n.* זיוף
fal'sify' (fôl-) *v.* לזייף, לסלף
fal'sity (fôl-) *n.* שקר, רמאות
fal'ter (fôl-) *v.* לגמגם, להסס; להתנודד
fame *n.* פרסום, שם, תהילה
famed *adj.* מפורסם
famil'ial *adj.* משפחתי
famil'iar *adj.* שכיח, רגיל; מוכר, ידוע; קל, פשוט, ידידותי; משפחתי
- familiar with בקי ב-

familiar *n.* ידיד
famil'iar'ity *n.* בקיאות, ידידות; חופשיות, חוסר-גינונים
famil'iarize' *v.* לפרסם
- familiarize with ללמד, להכיר

fam'ily *n.* משפחה
- in the family way *בהיריון

family allowance קצובת משפחה
family circle חוג המשפחה
family doctor רופא כללי
family law דיני משפחה
family man איש משפחה
family planning תכנון המשפחה
family status מצב משפחתי
family tree אילן היחס
fam'ine (-min) *n.* רָעָב; מחסור
fam'ish *v.* לסבול מרעב, לרעוב
fa'mous *adj.* מפורסם; *מצויין
famously *adv.* יפה, היטב
fan *n.* מְאַוורֵר; מניפה; אוהד, מעריץ
fan *v.* לְאוורר; ללבות (אש, זעם)
- fan out להתפרס, להתפזר
- fan the flames להוסיף שמן למדורה

fanat'ic *n.* קנאי, פנאטי
fanatical *adj.* קנאי, פנאטי
fanat'icism' *n.* קנאות, פנאטיות
fan belt חגורת המאוורר
fancied *adj.* מדומה, דימיוני
fan'cier *n.* מומחה ל-, חובב
fan'ciful *adj.* דימיוני; מוזר
fan club מועדון מעריצים
fan'cy *n.* דימיון; משיכה, כמיהה
- passing fancy שיגיון זמני
- take a fancy to להימשך אל
- take the fancy of לכבוש את לב-

fancy *adj.* מקושט, דימיוני, לא רגיל
- fancy goods חפצי נוי
- fancy price מחיר מופרז

fancy *v.* לתאר לעצמו, להעלות בדימיונו; להאמין, לחשוב; לאהוב
- I fancy that- נדמה לי ש-
- fancy oneself להחשיב עצמו
- fancy! תאר לעצמך!, הייתכן!

fancy dress תחפושת
fancy-free *adj.* ציפור-דרור
fancy man מאהב
fancy woman *מאהבת, פילגש
fancy work מירקם, מעשה-ריקמה

fan·dan′go *n.* פנדאנגו; שטויות
fan′fare′ *n.* תרועת חצוצרות
fang *n.* שן כלב, שן נחש, ניב
fan heater מפזר חום (חשמלי)
fanlight *n.* אשנב (מעל לדלת), צוהר
fan mail מכתבי מעריצות (לזמר)
fan′ny *n.* ישבן*
fanny pack תיק חגורה, פאוץ'*
fan·ta′sia (-zhə) *n.* פנטזיה
fan′tasize′ *v.* לפנטז
fan·tas′tic *adj.* פנטסטי, דמיוני
fan′tasy *n.* פנטזיה, דמיון
fan′zine′ (-zēn) *n.* עיתון-אוהדים
far *adv&adj.* רחוק, הרחק; במידה ניכרת; בהרבה, מאוד
- (so) far from לא זו בלבד שלא
- as far as עד כמה ש-; עד ל-
- by far בהחלט, במידה ניכרת
- far and away מאוד, בהחלט
- far and wide בכל מקום
- far be it from me חלילה לי מ-
- far from לגמרי לא, רחוק מ-
- far from it אדרבה, כלל לא
- far off/away רחוק
- from far and near מקרוב ומרחוק
- go far להגיע רחוק; להרחיק לכת; להצליח; להיות לעזר, לעזור
- how far עד היכן
- in so far as במידה ש-
- so far so good עד כה הכל בסדר
- so far, thus far עד כה, עד כאן
- take/go/carry too far להגזים
- the Far East המזרח הרחוק
far-away *adj.* רחוק; מנותק
farce *n.* פארסה, קומדיה, בדחית
far′cical *adj.* קומי, אבסורדי
fare *v.* להתקדם, להצליח
- fare badly לא להצליח
- it fared well with me הצלחתי
fare *n.* דמי נסיעה; נוסע (במונית)
fare *n.* מזון, ארוחה
fare′well′ (fārw-) *interj.* שלום!
farewell *n.* פרידה
far-famed *adj.* מפורסם
far-fetched *adj.* דחוק, לא סביר, לא הגיוני, לא טיבעי, חסר-קשר
far-flung *adj.* משתרע, נרחב
far gone במצב חמור, שקוע ב-
far′ina′ceous (-shəs) *adj.* עמילני
farm *n.* חווה, משק; בית המשק
- buy the farm למות*
farm *v.* לעבד אדמה, לנהל משק
- farm out למסור לאחרים
farm′er *n.* חוואי, איכר, חקלאי
farmhand *n.* עובד משק
farmhouse *n.* בית החוואי
farming *n.* חקלאות, חוואות
farmyard *n.* חצר המשק
far-off *adj.* רחוק
farouche′ (fərōōsh′) *adj.* ביישן
far-out *adj.* רחוק; *מוזר; מצויין
farra′go *n.* תערובת
far-reaching *adj.* מרחיק-לכת, מקיף
far′rier *n.* פרזל-סוסים
far′row (-ō) *v.* להמליט חזירונים
farrow *n.* המלטה; גורי חזיר
far-seeing *adj.* מרחיק ראות
far-sighted *adj.* רחוק-ראייה
fart *v&n.* נפיחה; להפליץ*
far′ther (-dh-) *adj&adv.* יותר רחוק, הלאה; היותר רחוק
far′thest (-dh-) *adj.* הכי רחוק
- at farthest הכי רחוק, מקסימום
far′thing (-th-) *n.* (בעבר) פרוטה
- not care a farthing לא אכפת כלל
fa′scia (-shə) *n.* לוח, סרט
fas′cinate′ *v.* להקסים
fas′cina′tion *n.* קסם
- have a fascination for להקסים
fas′cism′ (fash′iz′əm) *n.* פאשיזם
fas′cist (fash′ist) *n.* פאשיסט
fash′ion (fash′ən) *n.* אופנה, מנהג; צורה, דרך
- after a fashion ככה-ככה, בינוני
- after the fashion of כדוגמת
- follow the fashion ללכת בתלם
- man of fashion מהחברה הגבוהה
- set a fashion לשמש דוגמה
fashion *v.* ליצור, לעצב
fashionable *adj.* אופנתי, מקובל
fashion designer מעצב אופנה
fashion plate ציור אופנה
fast *adj.* מהיר, ממהר; רודף תענוגות
- pull a fast one on לרמות
fast *adv.* מהר; בהוללות; בקרבת-
fast *adj.* קבוע; חזק, איתן; לא דוהה
fast *adv.* בחוזקה, במהודק
- fast and furious פראי, חסר-רסן; במהירות
- fast asleep בתרדמה עמוקה
- play fast and loose לשחק ב-
- stand fast לעמוד איתן

- stick fast להיתקע במקום, לא לזוז
fast *v&n.* לצום; צום
fas′ten (-sən) *v.* להדק, להדביק, להצמיד, לסגור; להיסגר, להירכס
- fasten it on him לטפול זאת עליו
- fasten on the idea לאמץ הרעיון
- fasten one's eyes on לנעוץ מבטו
fastener *n.* מהדק; רוכסן
fastening *n.* מהדק; בריח
fast food מזון מהיר
fast forward קידום (קלטת) מהיר
fas·tid′ious *adj.* איסטניס, בררן
fastness *n.* מצודה, מיבצר; יציבות
fast-talk *v.* לשכנע בחלקת לשון
fast time שעון קיץ
fast track מסלול מהיר
fat *adj.* שָׁמֵן, עבה; (אדמה) פורייה
- a fat lot (באירוניה) *הרבה
- fat cat *עשיר, תורם למפלגה
- fat chance *שום סיכוי (לא)
fat *n.* שומן
- live on the fat of the land לחיות בעושר, לאכול מטעמים
- the fat is in the fire השגיאה נעשתה, הצרות יבואו
fa′tal *adj.* קטלני, גורלי, פטאלי
fa′talism′ *n.* פטאליות, פטאליזם
fatal′ity *n.* גורליות; מוות, אסון
fate *n.* גורל; מוות
- as sure as fate אין מנוס, בטוח
- meet one's fate למות
- the Fates אלות הגורל
fated *adj.* נגזר עליו, גורלו נחרץ
fateful *adj.* גורלי; נבואי
fat-head *n.* מטומטם
fa′ther (fä′dhər) *n.* אב
- like father like son כאב - כן בנו
- the Holy Father האפיפיור
father *v.* להוליד; להודות באבהות
- father it on him לייחס זאת לו
Father Christmas סנטה קלאוס
father figure דמות אב, כמו אב
fatherhood *n.* אבהות
father-in-law *n.* חם, חותן
fatherland *n.* ארץ אבות
fatherless *adj.* יתום, אין לו אב
fatherly *adj.* אבהי
fath′om (-dh-) *n&v.* פאתום (1.8 מטר); לרדת לעומק, להבין
fathomless *adj.* עמוק, תהומי
fatigue (-tēg′) *n&v.* לעייף
fatigue′ עייפות, חוסר-אונים; תורנות, עבודות
- fatigue party כיתת תורנים (בצבא)
- fatigue uniform בגדי עבודה
- fatigues בגדי עבודה
fat′ted *adj.* מפוטם
- kill the fatted calf לקבל אורח בשמחה
fatted goose liver paste פָּטֶה (ממרח כבד אווז)
fat′ten *v.* לפטם, להשמין
fat′tish *adj.* שמנמן
fat′ty *adj.* מכיל שומן
fatu′ity *n.* טיפשות, טמטום
fat′uous (fach′o͞oəs) *adj.* מטומטם
fau′cet *n.* ברז
faugh (fô) *interj.* פוי!
fault *n.* ליקוי, פגם; טעות; עבירה; אשמה; בקע גיאולוגי
- at fault לא בסדר; אשם, נבוך
- find fault with לחפש פגמים
- the fault lies with me אני אשם
- to a fault יותר מדי, מאוד
fault *v.* לחפש פגמים, להתלונן על
fault-finding *n.* חיפוש פגמים
faultless *adj.* מושלם, ללא פגם
faulty *adj.* פגום, לקוי
faun *n.* פן (אל היער)
fau′na *n.* פאונה, ממלכת החי
faux pas (fōpä′) *n.* משגה, טעות
fa′vor *n.* אהדה, משוא פנים, יחס מועדף; טובה, חסד; סרט, סמל
- bestow her favors להעניק חסדיה
- by favor of באמצעות-
- find favor in his eyes למצוא חן בעיניו
- in favor of בעד, מחייב; לפקודת-
- in favor with מוצא חן בעיני-
- in his favor לטובתו, לזכותו
- out of favor סר חינו
- win his favor לזכות באהדתו
favor *v.* לראות בעין יפה, לתמוך, להפלות לטובה, להקל
- favor him with להואיל לתת לו
- the baby favors her father התינוקת דומה יותר לאביה
favorable *adj.* רצוי, חיובי; מגלה אהדה, מסייע, מעודד
favored *adj.* חביב, מועדף; נתברך
- favored beneficiary מוטב מועדף
- ill-favored מכוער
- well-favored נאה
fa′vorite (-rit) *n&adj.* אהוב;

מופלה לטובה; פייבוריט, בעל הסיכויים לנצח
fa′voritism′ *n.* פרוטקציה
fawn *n.* עופר; חום-צהבהב
fawn *v.* לכרכר סביב-, להחניף
fax *v&n.* (לשלוח) פקס; לפקסס
fay *n.* פֵּיָה
faze *v.* *להפחיד, להדהים
fe′alty *n.* נאמנות, אמונים
fear *n&v.* פחד, חשש; לפחוד
- I fear חוששני ש-
- fear and trembling חיל ורעדה
- fear for him להיות חרד לשלומו
- for fear מרוב פחד
- for fear of/that מחשש, פן-
- in fear of חושש לשלום-
- no fear! בהחלט לא, אין פחד
- without fear or favor ללא מורא, ללא משוא פנים
fear′ful *adj.* איום; "נורא"; פוחד
fearless *adj.* לא פוחד; אמיץ
fearsome *adj.* מפחיד
fea′sibil′ity (-z-) *n.* אפשרות ביצוע
feasibility study מחקר יְשִׂימוּת
fea′sible (-z-) *adj.* בר-ביצוע, אפשרי, ישים; סביר
feast *n.* סעודה, מישתה; חג
- enough is as good as a feast "איזהו עשיר? השמח בחלקו"
- feast or famine או שפע או מחסור
feast *v.* לסעוד; לערוך משתה
- feast one's eyes on לזון עיניו
Feast of Weeks חג השבועות
feat *n.* מיבצע, מעשה גבורה
feath′er (fedh′-) *n&v.* נוצה; לכסות בנוצות; להחליק משוט
- a feather in one's cap משהו להתפאר בו, נוצה להתהדר בה
- feather one's nest להתעשר
- in high feather במצב רוח מרומם
- ruffle his feathers להרגיז אותו
- show the white feather לפחוד
feather-bed *n.* מזרן-נוצות
feather-bed *v.* לפנק, לסבסד
featherbrained *adj.* טיפש
featherweight *n.* משקל-נוצה
feathery *adj.* נוצי, קל, רך, ספוגני
fea′ture *n.* תכונה מיוחדת, תופעה; מאמר, כתבה, סרט-קולנוע
- features פנים, תווי-פנים
feature *v.* לככב, להציג; לאפיין
featured *adj.* מובלט, מיוחד
- fine-featured בעל פנים נאות
featureless *adj.* משעמם
feb′rile (-rəl) *adj.* של קדחת
Feb′ru·ar′y (-rōōeri) *n.* פברואר
fe′ces (-sēz) *n.* צואה
feck′less *adj.* חלש; בלתי-אחראי
fe′cund *adj.* פורה, יוצר
fe·cund′ity *n.* פוריות
fed = p of feed
fed′eral *adj.* פדראלי, מרכזי
fed′eralism′ *n.* פדראליזם
fed′erate′ *v.* להתאחד לפדרציה
fed′era′tion *n.* פדרציה, איחוד
fee *n.* תשלום, אגרה, שכר
- hold in fee להחזיק בבעלות מלאה
fee *v.* לשכור, לשלם ל-
fee′ble *adj.* חלש
feeble-minded *adj.* רפה-שכל
feed *v.* להאכיל; לאכול; להזין
- I'm fed up נמאס לי
- feed on להיזון מ-, לחיות על
- feed up לספק מזון עשיר, לפטם
feed *n.* ארוחה; מזון; הספקה; מיספוא; כלי-הזנה
- off feed לא חש טוב
feedback *n.* היזון חוזר, משוב
feeder *n.* אכלן; כלי-הזנה; בקבוק הזנה; סינר; זרוע, נתיב קישור
- poor feeder ממעט באכילה
feeding bottle בקבוק הזנה
feel *v.* לחוש, להרגיש; למשש, לגשש; להצטער על, לסבול מ-
- I don't feel like אין לי חשק ל-
- feel (like) oneself להיות כתמול שלשום
- feel a draft לחוש ביחס צונן
- feel for לגשש, לחפש
- feel for him להשתתף בצערו
- feel one's way לגשש, לחפש דרך
- feel out למשש את הדופק
- feel up to *להיות מסוגל ל-
- he feels sad הוא עצוב
- my hands feel cold ידי קרות
feel *n.* מגע, הרגשה, מישוש
- get the feel of לחוש, להתרגל
feeler *n.* מחוש (של חרק)
- put out feelers למשש את הדופק
feeling *n.* הרגשה, תחושה, רגש; התרגשות, התמרמרות
- bad/ill feeling טינה, מרירות
- good feeling ידידות
- no hard feelings בלי טינה בלבב

feeling *adj.* מלא-רגש
fee simple עיזבון בלתי מוגבל
feet = pl of foot
fee tail עיזבון מוגבל
feign (fān) *v.* להעמיד פנים, להתחזות; להמציא, לבדות
feint (fānt) *n.* תרגיל הסחה
feint *v.* לערוך תרגיל הסחה, להטעות
fei′sty (fī′-) *adj.* תוקפני; רגיש
fe•lic′itate′ *v.* לאחל, לברך
fe•lic′ita′tion *n.* איחולים
fe•lic′itous *adj.* מתאים, הולם
fe•lic′ity *n.* אושר; כושר הבעה
fe′line *adj.* חתולי, כמו חתול
fell *n.* עור חיה; אדמת טרשים
fell *adj.* איום, מסוכן, אכזרי
fell *v.* להפיל ארצה; לכרות עץ
fell = pt of fall
fel′lah (-lə) *n.* פלח (ערבי)
fella′tio (-′shēō) *n.* מין אורלי
fel′low (-ō) *n.* חבר, ידיד; ברנש; בן-זוג; חבר אקדמיה
fellow *adj.* מסוג אחד; חבר ל-
- fellow workers חברים לעבודה
fellow feeling אהדה, סימפתיה
fellowship *n.* אחווה; חברה; עמותה; חברות בקולג'; מילגה
fellowship society עמותה
fellow traveler אוהד מפלגה
fel′on *n.* פושע, עבריין
felo′nious *adj.* פושע, פשעי, פלילי
fel′ony *n.* פשע, עבירה חמורה
felt *n.* לֶבֶד
felt = p of feel
felt-tip pen עט לבד, עט לורד
feluc′ca *n.* מפרשית, סירת משוטים
fe′male *n.* נקבה; *אישה
female *adj.* של נקבה, נקבי; חלול
- female workers פועלות
fem′inine (-nin) *adj.* נשי, נקבי
feminine gender מין נקבה
fem′inin′ity *n.* נשיות
fem′inism′ *n.* פמיניזם, נשיות
fem′inist *n.* פמיניסט
femme fatale (fam′fətäl′) *n.* פאם פאטאל, קוטלת גברים
fe′mur *n.* עצם הירך, קולית
fen *n.* אדמת בִּיצָה
fence *n.* גדר
- mend one's fences לעשות בדק בית
- sit on the fence לשבת על הגדר
fence *v.* לגדור; להקים גדר מסביב
- fence in לכלוא, לכבול ידיו
fence *n.* סוחר בסחורה גנובה
fence *v.* לסייף; להסתייף
- fence with להתחמק (מתשובה)
fencer *n.* סייף, אמן-סיוף
fence-sitter *n.* יושב על הגדר
fencing *n.* סיוף; גידור
fend *v.* להדוף
- fend for oneself לדאוג לעצמו
- fend off להדוף
fend′er *n.* מעקה האח; פגוש; כנף; מגן
fen′nel *n.* שומר (עשב, תבלין)
fen′u•greek′ *n.* חילבה, גרגרנית יוונית
fe′ral *adj.* פראי
ferment′ *v.* לתסוס; להסית
fer′ment′ *n.* תסיסה; שמרים; תסס
fer′menta′tion *n.* תסיסה; התססה
fern *n.* שרך, שרכים (צמחים)
ferny *adj.* מלא שרכים
fero′cious (-shəs) *adj.* אכזרי
feroc′ity *n.* אכזריות, מעשה אכזרי
fer′ret *n&v.* סמור (חיית-טרף); לצוד בעזרת סמורים; לחטט
- ferret out להוציא לאור, לחשוף
Fer′ris wheel גלגל ענק (בירידי)
fer′ro•con′crete *n.* בטון מזויין
fer′rous *adj.* מכיל ברזל
fer′rule (fer′əl) *n.* כיפת-מתכת (בקצה מטרייה); טבעת-חיזוק
fer′ry *v.* להעביר במעבורת, להסיע
ferry *n.* (תחנת) מעבורת
ferryboat *n.* מעבורת
ferryman *n.* מעבוראי
fer′tile (-təl) *adj.* פורה, יוצר; שופע
Fertile Crescent הסהר הפורה
fertil′ity *n.* פוריות
fer′tiliza′tion *n.* הפראה
fer′tilize′ *v.* להפרות; לזבל
fertilizer *n.* דשן, זבל כימי
fer′ule (fer′əl) *n.* מקל, סרגל
fer′vency *n.* להט, חום
fer′vent *adj.* לוהט, חם, עז
fer′vid *adj.* לוהט, נלהב
fer′vor *n.* להט, חום
fes′tal *adj.* חגיגי, עליז
fes′ter *v.* להתמגל; להימלא מוגלה
fes′tival *n.* פסטיבל, חג, חגיגה
Festival of Lights חג האורים
fes′tive *adj.* חגיגי, של חג
festive board שולחן ערוך

fes·tiv′ity *n.* חגיגה, שימחה
fes·toon′ (-tōōn′) *n.* שרשרת-קישוט
festoon *v.* לקשט (חדר) בשרשרות
fe′tal *adj.* של עוּבָּר, עוברי
fetch *v.* להזעיק, להביא; למשוך; לפלוט, להוציא, לגרום שיופיע
- fetch a blow להנחית מכה
- fetch and carry for לשרת את
- fetch up להופיע, להגיע
- fetched 100 NIS זה הכניס 100 ש"ח
fetching *adj.* מקסים, מושך
fete (fāt) *n.* מסיבה, חגיגה
fete *v.* לערוך מסיבה ל-
fet′id *adj.* מסריח
fet′ish *n.* פֶטִיש, אליל
fet′lock′ *n.* רגל הסוס; תלתל הרגל
fet′ter *n&v.* כבלים; לכבול
fet′tle *n.* מצב, בריאות
fe′tus *n.* עוּבָּר, שליל
feud (fūd) *n.* משטמה, ריב משפחות
feu′dal (fū′-) *adj.* פיאודלי
feu′dalism′ (fū′-) *n.* פיאודליות
feu′dato′ry (fū′-) *n.* אריס, עבד
fe′ver *n.* חום; קדחת; מתח, עצבנות
- at fever pitch בשיא ההתרגשות
fevered *adj.* סובל מחום, קדחתני
fever heat חום, חום גבוה
feverish *adj.* קודח; גורם לקדחת
few (fū) *adj.* מעט, מעטים, כמה
- a few words כמה מלים
- a good few מספר ניכר, לא מעט
- few and far between נדירים
- few words מעט מאוד מלים
- no fewer than לא פחות מ-
- not a few לא מעט, די הרבה
- quite a few מספר ניכר, לא מעט
- some few מספר ניכר, לא מעט
- the few המיעוט
fey (fā) *adj.* גוסס; מוזר; קסום
fez *n.* תרבוש
ff. = and the following והלאה
fiance (fē′änsā′) *n.* ארוס
fiancee (fē′änsā′) *n.* ארוסה
fias′co *n.* פיאסקו, כישלון, מַפָּלָה
fi′at *n.* צו, פקודה
fib *n&v.* *שקר, בדותה; לשקר
fibber *n.* שקרן
fi′ber *n.* סיב, חוט; מיבנה; אופי
fiberboard *n.* לוח סיבית
fiberglass *n.* סיבי זכוכית
fi′brous *adj.* סיבי, כמו סיבים, ליפי

fib′u·la *n.* שוקית (מעצמות השוק)
fiche (fēsh) *n.* מיקרופיש
fick′le *adj.* קל-דעת, הפכפך
fic′tion *n.* סיפורת; פיקציה; מיבדה
fic′tionalize′ (-shənəl-) *v.* לבדות
ficti′tious (-tish′əs) *adj.* בדוי
fic′tive *adj.* פיקטיבי, בדוי
fid′dle *n.* כינור; *רמאות
- a face as long as a fiddle פנים עצובות
- be on the fiddle *להוליך שולל
- fit as a fiddle בריא מאוד
- second fiddle כינור שני (למישהו)
fiddle *v.* לכנר, לנגן בכינור; להתבטל; לטפל בספרים, לזייף
- fiddle with- לשחק ב-, להשתעשע ב-
fiddler *n.* כנר
fiddlestick *n.* קשת-הכינור
fiddlesticks *interj.* שטויות
fid′dling *adj.* חסר-ערך, זעיר
fid′dly *adj.* קשה, מורכב, מעייף
fidel′ity *n.* נאמנות; אמונים; דיוק
fidg′et *v&n.* להתנועע בעצבנות, לנוע בקוצר-רוח; לעצבן; *נודניק
- get the fidgets להתעצבן
fidgety *adj.* עצבני
fidu′ciary (-dōō′shəri) *n.* נאמן, אפיטרופוס
fie (fī) *interj.* בושה וחרפה!, פוי!
fief (fēf) *n.* אחוזה פיאודלית
field (fēld) *n.* שדה; מיגרש; שטח, תחום; המשתתפים בתחרות
- hold the field לעמוד איתן
- in the field בשדה, באופן מעשי
- out of left field *באופן בלתי צפוי
- outside my field לא בתחום שלי
- take the field לצאת למלחמה
field *v.* להעלות למגרש; לקלוט כדור
field day יום ספורט; מאורע חשוב
- have a field day *לחגוג בגדול
fielder *n.* קולט כדורים; שחקן שדה
field event מופע ספורט (לא מירוץ)
field glasses משקפת שדה
field gun תותח קל
field hospital בית-חולים שדה
field marshal פילדמארשל
field officer קצין בכיר; קצין שדה
field of vision שדה-ראייה
field sports ספורט שדה
field test ניסוי שדה (בשטח)
field work עבודת-שדה, בדיקה בשטח; ביצורים זמניים

fiend (fēnd) *n.* שטן, רשע; משוגע ל-
fiendish *adj.* שטני; *כביר, גאוני
fiendishly *adv.* *מאוד
fierce (firs) *adj.* אכזרי; זועף, פראי; עז; לוהט
fi'ery *adj.* לוהט, כמו אש; מתלקח
fies'ta *n.* חג, פסטיבל
fife *n.* חליל
fif•teen' *adj.* חמש עשרה, 15
fifteenth *adj&n.* (החלק) ה-15
fifth *adj&n.* החמישי; חמישית
- take the fifth לא לענות, לשתוק
fifth column גַיס חמישי
fifthly *adv.* חמישית, ה'
fifth wheel גלגל חמישי, אדם מיותר
fif'tieth *adj&n.* (החלק) ה-50
fif'ty *n&adj.* חמישים, 50
- the fifties שנות החמישים
fifty-fifty *adv.* שווה בשווה
fig *n.* תאנה; *תילבושת; מצב
- not care a fig לא איכפת כלל
- not worth a fig לא שווה כלום
fight *v.* להילחם (ב-); להיאבק
- fight back להשיב מלחמה שערה
- fight down לדכא, להתגבר על
- fight it out להכריע הריב בקרב
- fight off להדוף, להילחם ב-
- fight one's way לפלס דרכו
- fight shy of להתרחק, להתחמק
fight *n.* קרב, מלחמה; רוח-קרב
- show fight להפגין רוח-קרב
fighter *n.* לוחם; מטוס-קרב
fighting chance סיכוי כלשהו
fighting fit כשיר להיאבק
fig leaf עלה תאנה
fig'ment *n.* המצאה (של הדימיון)
fig'u•rative *adj.* ציורי, סימלי, מושאל
fig'ure (-gyər) *n.* סיפרה, מספר; מחיר; צורה, דמות; אדם, אישיות; גוף; תארית
- 4-figure בעל 4 ספרות
- a fine figure of a man איש נאה
- cut a good figure להרשים בהופעה
- figure of eight צורת 8
- figures חשבון, חישובים
figure *v.* להופיע (בספר, במחזה); להאמין, לחשוב, לתאר
- figure in לכלול, לקחת בחשבון
- figure on לסמוך על; לתכנן, לחשוב
- figure out לפענח, להבין אותו
figured *adj.* מקושט, מעוטר

figurehead *n.* בובה; פסלון
figure of speech ניב ציורי
figure skating החלקה אמנותית
fig'u•rine' (-rēn') *n.* פסלון
fil'ament *n.* תיל דק (בנורת חשמל)
fil'ature *n.* מטוואה, מטווייה
fil'bert *n.* אגוז
filch *v.* לגנוב
file *n.* פצירה, שופין
file *v.* לפצור, לשייף, ללטש, להשחיז
file *n.* תיק; תיקייה, כרטסת; קובץ
- on file רשום בתיק, מתוייק
file *v.* לתייק; להגיש רשמית
- file a claim להגיש תביעה
file *n.* שורה עורפית
- in single file בשורה עורפית
file *v.* לצעוד בשורה עורפית
fil'ial *adj.* של בן, של בת
filial piety כיבוד אב ואם
fil'ia'tion *n.* יחסי בן-אב; קביעת אבהות
fil'ibus'ter *n.* פיליבסטר, נואם ארוכות (כדי לעכב חוק)
fil'igree' *n.* פיליגרן, רקימה בחוטי זהב
filing cabinet תיקייה
filing clerk פקיד-תיוק
fi'lings *n-pl.* נישופת, גרודת
Filipi'na (-pē-) *n.* פיליפינית
Filipi'no (-pē-) *n.* פיליפיני
fill *v.* למלא; להתמלא; למלא תפקיד
- fill a tooth לסתום חור בשן
- fill his shoes להיכנס לנעליו
- fill in למלא, לרשום; למלא מקום
- fill out להתנפח; למלא טופס
- fill up למלא; להתמלא
fill *n.* מילוי
- have one's fill למלא כרסו
filler *n.* מילוי, חומר מילוי
filler cap מיכסה מכל הדלק
fil'let *n.* סרט-שיער; פילה (בשר, דג)
fillet *v.* להוציא העצמות, לגרם
fill-in *n.* *ממלא מקום
filling *n.* מילוי, מלית; סתימה
filling station תחנת דלק
fil'lip *n.* מכת אצבע; עידוד, דחיפה
fil'ly *n.* סייחה, סוסה צעירה
film *n.* סרט; שכבה, קרום, דוק
film *v.* להסריט; להתאים להסרטה
- film over להיטשטש, להתכסות קרום
filmable *adj.* ראוי להסרטה

film premiere הצגת בכורה
film star כוכב קולנוע
film stock סרט חדש
film-strip *n.* סרט שקופיות
film test מיבחן בד
filmy *adj.* שקוף; מעורפל; מכוסה דוק
fil′ter *n.* מסנן, פילטר; רמזור
filter *v.* לסנן; להסתנן, לחדור; לווסת תנועה
filter tip פיית-סינון (בסיגריה)
filth *n.* לכלוך; טינופת; גסות
filthy *adj.* מלוכלך, מטונף; *מאוד
fil′trate′ *v&n.* לסנן; תסנין
fin *n.* סנפיר; *חמישה דולרים
fi′nable *adj.* צפוי לקנס
fina′gle *v.* *לתחמן, להונות
fi′nal *adj.* סופי, אחרון
final *n.* מהדורה אחרונה (של עיתון)
- finals משחקי גמר; בחינות גמר
finale (-näl′i) *n.* פינאלה, סיום
fi′nalist *n.* (בספורט) עולה לגמר
fi·nal′ity *n.* פסקנות, החלטיות
fi′nalize′ *v.* לגבש סופית, לסיים
fi′nally *adv.* לבסוף, אחת ולתמיד
fi′nance′ *v.* לממן
finance *n.* מימון
- Minister of Finance שר האוצר
- finances כספים, ממונות
fi·nan′cial *adj.* פיננסי, כספי
- financial statement דו"ח כספי
financial year שנת כספים
fin′ancier′ (-sir) *n.* ממונאי, מממן
financing *n.* מימון
find (fīnd) *v&n.* למצוא, לגלות; לספק; להחליט, לפסוק; מציאה
- all found בתוספת אש"ל
- be found להימצא, ישנו
- find for לפסוק לטובת
- find him in לספק לו, להמציא לו
- find one's feet לעמוד על רגליו
- find one's voice לפצות פיו
- find oneself לגלות את ייעודו
- find out לגלות, לחשוף
- you don't/won't find אין
finder *n.* מוֹצא (אבידה); מגלה
- finders keepers *כל המוצא הרי זה שלו
fin de siecle (fan′dəsyek′əl) סוף המאה התשע עשרה
finding *n.* הכרעת דין; מימצא
fine *n&v.* קנס; לקנוס
- fine down לצרוף; לזקק; להידוק
- in fine בקיצור, בסיכומו של דבר
fine *adj.* נאה, יפה; דק; עדין
- I'm fine אני מרגיש מצויין
- fine gold זהב טהור
- fine print אותיות זעירות
- fine state מצב מצויין (באירוניה)
- one fine day ביום בהיר אחד
fine *adv.* היטב, יפה; עד דק
fineable *adj.* צפוי לקנס
fine arts האמנויות היפות
finely *adv.* יפה; בעדינות; עד דק
fi′nery *n.* בגדי פאר; מחלצות
finesse′ *n.* עדינות, טאקט; תחבולה, עורמה, פיקחות
fine-tooth comb מסרק דק-שיניים
fine tuning תיאום עדין, כיוון עדין
fin′ger (-ngg-) *n.* אצבע
- have a finger in every pie להיות מעורב בכול, לרקוד בכל החתונות
- his fingers are all thumbs בטלן
- keep one's fingers crossed להתפלל, לקוות; להחזיק אצבעות
- lay one's finger on להצביע על
- lift a finger לנקוף אצבע
- not lay a finger on לא לגעת ב-
- not raise a finger לא לנקוף אצבע
- with one's finger on the pulse עם אצבע על הדופק
- work one's fingers to the bone לעבוד בפרך
finger *v.* למשש באצבעות; לנגן
fingerboard *n.* צוואר הגיטרה
finger bowl קערית (לרחיצת אצבעות)
finger-mark *n.* סימן-אצבע, כתם
fingernail *n.* ציפורן
- hang on by one's fingernails להיאחז בציפורניים ב-
finger-post תמרור, מורה-דרך
fingerprint *n.* טביעת אצבעות
fingerstall *n.* כיסוי (לאצבע פצועה)
fingertip *n.* קצה האצבע
- cling on by one's fingertips להיאחז בציפורניים
- has it at his fingertips בהישג ידו
- to the fingertips בכל רמ"ח איבריו
fin′ical *adj.* איסטניס, עדין, קפדן
fin′icky *adj.* איסטניס, עדין, קפדן
fin′is *n.* סוף
fin′ish *v&n.* לגמור; להיגמר; לתגמר, לשפץ; לחסל; סיום; גימור

- fight to the finish מלחמה עד הסוף
- finish off/up לחסל, לשים קץ ל-
finished *adj.* גמור, מושלם; מומחה
fi'nite *adj.* מוגבל, סופי
fink *n.* *מפר שביתה; מלשין
Finn *n.* פיני
fin'nan *n.* דג מעושן
Fin'nish *n.* פינית (שפה)
fiord (fyôrd) *n.* פיורד
fir *n.* אשוח, עץ אשוח
fire *n.* אש, שריפה; התלהבות
- ball of fire שד משחת, מוכשר
- between 2 fires באש צולבת, במיצר
- breathe fire לשפוך אש וגופרית
- catch/take fire להתלקח
- cease fire להפסיק הלחימה
- hang fire לפעול לאט מדי
- hold fire להימנע מלדבר
- lay a fire להכין אש
- make up a fire להוסיף עצים למדורה
- on fire בוער, בלהבות
- open fire לפתוח באש
- play with fire לשחק באש
- running fire מטר אש/שאלות
- set fire to להדליק, להצית
- set on fire להעלות באש, להצית
- set the world on fire לעשות משהו רציני, להרשים
- under fire באש, תחת אש
- with fire in the belly *בהתלהבות
fire *v.* לירות; להבעיר; לשרוף; לשלהב; *לפטר
- fire away לירות בלי הרף
- fire away! בבקשה!, קדימה!
- fire up להתלקח
- oil-fired (תנור) פועל על נפט
fire alarm פעמון אזעקה, מזעק
firearm *n.* נשק, רובה, אקדח
fireball *n.* כדור-אש; *שד משחת
firebomb *n.* פצצת תבערה
firebox *n.* תא האש
firebrand *n.* אוד; מחרחר, מסית
firebreak *n.* מונע אש, רצועת אדמה קירחת; קיר חסין-אש
firebrick *n.* לבינה חסינת-אש
fire brigade מכבי אש
fire-bug *n.* מצית (בזדון)
fire control בקרת-אש
fire-cracker *n.* פצצת-רעש
firedamp *n.* גאז מכרות
firedog *n.* סבכה (באח לעצים)
fire drill תרגול שריפה
fire-eater *n.* רגזן, שש לריב
fire engine מכונית כיבוי-אש
fire escape מדרגות-חירום/מילוט
fire extinguisher מטפה, מטף
fire fighter כבאי
firefly *n.* גחלילית
fireguard *n.* מעקה האח
fire-hose *n.* זרנוק
fire hydrant ברז כיבוי אש
fire irons כלי האח
firelight *n.* אור האח
fire lighter חומר הצתה
fireman *n.* כבאי
fireplace *n.* אח
fireproof *adj.* חסין אש
fire-raising *n.* הצתה (בזדון)
fireside *n.* קרבת האח; חיי משפחה
fire station תחנת כיבוי אש
firetrap *n.* מלכודת אש
fire-walking *n.* הליכה על גחלים
fire-water *n.* *משקאות חריפים
firewood *n.* עצי-הסקה
firework *n.* זיקוקין-די-נור
- fireworks זיקוקים; אש וגופרית
firing line קו-אש
firing squad כיתת יורים
fir'kin *n.* חביונת, חבית קטנה
firm *adj&adv.* חזק, איתן, יציב; קשה, מוצק; תקיף
- firm ground בסיס איתן
- hold firm לעמוד איתן
firm *v.* למצק, להקריש, לייצב
firm *n.* חברה, עסק מסחרי, פירמה
fir'mament *n.* שמיים, רקיע
first *adv.* תחילה; לראשונה
- come in first להגיע ראשון
- first and foremost בראש ובראשונה
- first of all קודם-כל
- first off *ראשית כל
first *adj&pron.* ראשון, עיקרי
- at first בתחילה
- at first sight ממבט ראשון
- first and last בסך הכול, בכללותו
- first instance ערכאה ראשונה
- first things first סדר עדיפויות נכון
- from first to last מא' עד ת'
- from the first מהרגע הראשון
- in the first place קודם כול, קודם
first *n.* מצוין (ציון)
- firsts מיצרכים מאיכות משובחת

first aid עזרה ראשונה
firstborn *n.* בכור
first-class *adj.* מעולה, משובח
first class מחלקה ראשונה
first-degree *adj.* בדרגה ראשונה
first floor קומת קרקע
first-fruits ביכורים, פירות ראשונים
first-hand *adv.* ממקור ראשון
first lady הגברת הראשונה
first lieutenant סגן (דרגה)
first light אור ראשון, בוקר
firstly *adv.* ראשית, א׳
first mental aid עזרה ראשונה נפשית, ער״ן
first name שם פרטי
first night הצגת בכורה
first offender עבריין לראשונה
first person גוף ראשון, מדבר
first-rate *adj.* מעולה, מצויין
first refusal זכות סירוב ראשונה
first-run *adj.* חדש, מוצג לראשונה
first sergeant רב-סמל ראשון
first-string *adj.* בהרכב הראשון; מצויין
first violin כנר ראשי
fis'cal *adj.* פיסקלי, כספי
fish *n.* דג, דגים
- a big fish *דג שמן, אישיות חשובה
- big fish in a small pond ראש לשועלים, גדול בין קטנים
- cold fish *טיפוס מוזר, לא מעורה
- has other fish to fry יש לו דברים יותר דחופים
- neither fish nor fowl לא זה ולא זה, דבר מוזר, ברייה משונה
- pretty kettle of fish *עסק ביש
fish *v.* לדוג; לנסות להשיג, לחפש
- fish in troubled waters לדוג במים עכורים
- fish or cut bait להחליט לכאן או לכאן
- fish out/up למשות, לשלוף, להוציא
fishball, fishcake *n.* קציצה
fish'erman *n.* דייג
fish'ery *n.* דַיִג, איזור דיג
fish fry פיקניק דגים
fish-hook *n.* קרס החכה
fishing *n.* דַיִג
fishing-line *n.* חוט-החכה
fishing-rod *n.* קנה-החכה
fishing tackle ציוד דיג
fishmonger (-mung-) *n.* מוכר דגים
fishnet stockings גרבי רשת
fish slice סכין דגים; כף טיגון
fish story *גוזמה, בדותה
fishwife *n.* מוכרת דגים
fishy *adj.* של דגים; מפוקפק, חשוד
fis'sile (-səl) *adj.* סדיק, בקיע
fis'sion *n.* ביקוע; התפלגות
fissionable *adj.* ניתן לביקוע, בקיע
fissip'arous *adj.* מתפלג
fis'sure (fish'ər) *n.* סדק; חרץ
fist *n.* אגרוף
fis'ticuffs' *n-pl.* איגרוף
fis'tula (-'ch-) *n.* פצע, בֶּתֶר
fit *adj.* ראוי, מתאים, הולם, יאה; בריא, בכושר טוב
- fit to drop עומד ליפול
- keep fit לשמור על הכושר
- think/see fit to למצוא לנכון
fit *n.* התקף, התפרצות; שבץ; מצב-רוח; מידת ההתאמה
- a tight fit צר מדי
- give him fits להרגיזו, לזעזעו
- have a fit להזדעזע; להתפרץ
- in fits and starts לא בקביעות
fit *v.* להתאים; להתקין, להכשיר
- fit in להתאים, להלום; לתאם
- fit out לצייד, לספק כל הנחוץ
- fit up לצייד, להכשיר
- have it fitted להתקין זאת
fitful *adj.* לא סדיר, הפכפך
fit'ment *n.* מיתקן, רהיט, קבועה
fitness *n.* התאמה, הלימות; כושר
fitted *adj.* מצוייד; קבוע
fit'ter *n.* מסגר; חייט, מתקן בגדים
fitting *adj.* מתאים, ראוי, יאה
fitting *n.* מדידת בגד; ציוד, ריהוט; מיתקנים
five *adj&n.* חמש, 5
fivefold *adj.* פי חמישה
fi'ver *n.* *5 דולרים, חמישייה
fix *v.* לקבוע; לסדר, לתקן; להכין; לייצב; *לשחד, לקבוע תוצאה מראש
- I'll fix him *אטפל בו, אסדר אותו
- fix him up לארגן לו (לינה)
- fix his attention לרתק תשומת ליבו
- fix on להחליט על; לנעוץ מבט ב-
- fix up לתקן
fix *n.* מצב ביש, סבך; איתור, מיקום; *זריקת סמים
- no quick fix *אין פיתרון פשוט

fixa′tion *n.* קיבעון, היצמדות; ייצוב, מיקבע; קיבוע, פיקסציה
fix′ative *n.* מייצב, קובע, מחזיק
fixed *adj.* קבוע, יציב; נקבע מראש
- fixed assets נכסים קבועים
- fixed income הכנסה קבועה
fixed idea אידיאה פיקס, שיגיון
fixedly *adv.* בלא לגרוע עין מ-
fixed star כוכב שבת
fixings *n-pl.* אבזרים, קישוטים
fix′ity *n.* יציבות, קביעות
fix′ture *n.* קבועה, מיתקן, אביזר קבוע; מופע ספורט; מועד התחרות
fizz *v.* לתסוס, להשמיע קול תסיסה
fizz *n.* קול תסיסה; *שמפניה
fiz′zle *v.* להשמיע קול תסיסה
- fizzle out לעלות בתוהו, להיכשל
fjord (fyôrd) *n.* פיורד
flab *n.* שומן, מפלי בשר
flab′bergast′ *v.* להדהים
flab′by *adj.* חלש, רפוי; רך, רפה
flac′cid *adj.* רך, רפה
flac·cid′ity *n.* רכות, ריפיון
flag *n.* דגל; אבן-ריצוף; איריס
- a red flag before a bull סדין אדום מול פר, מרגיז
- show the white flag להיכנע
- strike one's flag להיכנע
flag *v.* לקשט בדגלים, להדגיל; לרצף
- flag down לאותת (למכונית) לעצור
flag *v.* להיחלש, לדעוך, לקמול
flag day יום ההתרמה
flag′ellant *n.* מלקה; סופג מלקות
flag′ellate′ *v.* להלקות
flag′ella′tion *n.* הלקאה, מלקות
flag′ellum *n.* שוטון (שלוחה דקה)
flag′eolet′ (-jəl-) *n.* חליל קטן
flagi′tious (-jish′əs) *adj.* אכזרי
flag′on *n.* בקבוק (גדול); כד
flagpole *n.* מוט הדגל
- run it up the flagpole להציע זאת לציבור, למשש את הדופק
fla′grancy *n.* שערורייה, חרפה
fla′grant *adj.* מביש, חסר-בושה
flagship *n.* אוניית הדגל
flagstaff *n.* מוט הדגל
flagstone *n.* מרצפת, אריח
flag-waving *n.* נפנוף בדגל, גל התלהבות לאומנית
flail *n.* כלי-דישה (לתבואה), מחבטה
flail *v.* לחבוט, להכות, לדוש
flair *n.* חוש טבעי, כישרון
flak *n.* אש נגד-מטוסים; ביקורת
flake *n.* פתית, רסיס, שבב
flake *v.* להתקלף, לנשור בפתיתים
- flake out *להתמוטט, להתעלף
flak jacket אפוד מגן, שכפ"ץ
fla′ky *adj.* עשוי עלים-עלים, קשקשי
flaky pastry בצק עלים
flambe (fläm′bā) *v&adj.* להגיש (מזון) בלהבה; פְלַמבֶּה
flam′beau (-bō) *n.* לפיד
flam·boy′ance *n.* צעקנות
flam·boy′ant *adj.* צעקני, מצועצע
flame *n.* להבה, אש; זוֹהַר
- burst into flames להתלקח
- go up in flames לעלות בלהבות
- old flame אהובה בעבר
- shoot down in flames *לבקר קשות
flame *v.* לבעור, להבהיק
- flame up/out להתפרץ; להתלקח
flamen′co *n.* פלמנקו (ריקוד)
flame-thrower *n.* להביור
flaming *adj.* בוער; * (טיפש) גמור
flamin′go *n.* פלמינגו, שקיטן
flam′mable *adj.* מתלקח
flan *n.* עוגת גבינה, עוגת פירות
flange *n.* אוגן (של גלגל)
flank *n.* אגף, צד, יציע; כסל
flank *v.* לאגף, להקיף מצד האגף
flan′nel *n.* פלנל; מטלית; *שטויות
- flannels מכנסי ספורט
flan′nelette′ *n.* פלנלית
flap *n.* חבטה, סטירה; דש, כנף, לשון המעטפה, שפה
- get in a flap *להתרגש
flap *v.* להכות, לנפנף; להתנפנף, לעוף; *להתרגש
flap′jack′ *n.* עוגיה שטוחה, לביבה
flapper *n.* מחבט-זבובים; סנפיר
flare *v.* לבעור, להבהיק
- flare up להתלקח
flare *n.* להבה, אור מבהיק
flare *n.* התרחבות הדרגתית
flare *v.* להתרחב כלפי מטה
flared skirt חצאית מתרחבת
flare path מסלול מואר
flare-up *n.* התלקחות
flash *n.* נצנוץ, רשף, הבזק, חזיז; מברק; מבזק, פלאש; תג, סמל
- flash in the pan דבר חולף
- in a flash כהרף עין
flash *v.* להבהב, לנצנץ; לחלוף, לנוע;

להבריק מברק; לזרוק, לשלוח
flash *adj.* *מרשים, צעקני
flashback *n.* הבזק לאחור
flashbulb *n.* נורת פלאש
flashcube *n.* קוביית פלאש
flasher *n.* מאותת; פנס איתות; *חושף אברי מינו
flashgun *n.* פנס פלאש
flashlight *n.* פנס; אור-איתות
flash point נקודת ההתלקחות
flash'y *adj.* צעקני, מרשים
flask *n.* בקבוק, בקבוקון; תרמוס
flat *adj.* שטוח, חלק, שרוע; תפל, שטחי; מוחלט, מפורש; במול, נחת
- flat battery סוללה ריקה
- flat tyre צמיג חסר-אוויר
- lay flat להרוס, להחריב
- that's flat! *זהו זהו!, נקודה!
flat *adv.* בהחלט, גלויות
- flat broke חסר פרוטה
- flat out במהירות, במלוא הקיטור; גלויות; *סחוט, הרוג
- sing flat לזייף (בחצי טון)
flat *n.* דירה; מישטח; צד; צמיג מנוקר; תפאורה זחיחה; נחת, במול
flat-car *n.* קרון-רכבת שטוח
flatfish *n.* דגים שטוחים
flatfoot *n.* *שוטר
flat-footed *adj.* שטוח-רגל; *מוחלט, פסקני; לא מוכן, לא ערוך
flat-iron *n.* מגהץ
flat'let *n.* דירה קטנה
flatly *adv.* בהחלט, החלטית
flat racing מירוץ על מישור
flat rate מחיר אחיד (ללא תוספת)
flat spin סיחרור (של מטוס נופל); מבוכה, בלבול
flat'ten *v.* לְשַטֵחַ; לפחוס; להיפחס
flat'ter *v.* להחניף, להחמיא
flat'tery *n.* חנופה, מחמאה
flattop *n.* *נושאת מטוסים
flat'ulence (-ch'-) *n.* גזים בבטן
flaunt *v.* לנפנף, להציג לראווה
flau'tist *n.* חלילן
fla'vor *n.* טעם, טעם מיוחד, ריח
flavor *v.* לתבל, לתת טעם ל-, לבסם
flavoring *n.* תבלין
flaw *v&n.* לפגום; סדק; פגם
flawless *adj.* מושלם, ללא פגם
flax *n.* פישתן, פישתה
flax'en *adj.* פישתני, זהוב, בהיר
flay *v.* לפשוט העור מ-, להצליף ב-
flea *n.* פרעוש
- a flea in his ear חפוי-ראש, נזוף
fleabag *n.* *לכלוך; מלון זול
flea-bite *n.* אי-נוחיות קלה
flea market שוק פשפשים
fleapit *n.* *מקום בידור מטונף
fleck *n.* כתם; גרגיר זעיר
fleck *v.* לכסות בכתמים, להכתים
fled = p of flee
fledge *v.* להצמיח נוצות
fledged *adj.* מנוצה, מסוגל לעוף
fledg'ling *n.* אפרוח, טירון
flee *v.* לברוח, להימלט מ-
fleece *n.* צמר, גיזה
fleece *v.* לעשוק, לגזול
fleecy *adj.* צימרי, דומה לצמר
fleer *v.* לצחוק, ללעוג
fleet *n.* צי; צי-מלחמה, ימייה
fleet *adj.* מהיר
fleeting *adj.* חולף, קצר
Fleet Street העיתונות הבריטית
flesh *n.* בשר; ציפה
- flesh and blood בשר ודם
- go the way of all flesh למות
- in the flesh בחיים, במציאות
- pound of flesh ליטרת הבשר
- the flesh תשוקות הגוף
flesh *v.* להסיר בשר (מעור)
- flesh out להשמין; להוסיף, להגדיל, למלא, להאריך
fleshing *n.* לבוש הדוק, בגד-גוף
flesh'ly *adj.* גופני, חושני
fleshpot *n.* סיר הבשר, מקום שפע
flesh wound פצע חיצוני (בבשר)
fleshy *adj.* בשרי, שמן
fleur-de-lis (flûr'dəlē') *n.* אירוס, חבצלת
flew = pt of fly (flo͞o)
flex *n.* חוט חשמל, תיל חשמלי
flex *v.* לכופף, לעקם, להניע
- flex one's muscles להפגין כוחו
flex'ibil'ity *n.* גמישות
flex'ible *adj.* גמיש
flex'time' *n.* שעות עבודה גמישות
flib'bertigib'bet *n.* קשקשן
flick *n.* מכה קלה, הצלפה, פליק
- flicks *סרט, קולנוע
flick *v.* להצליף, לתת מכה קלה
- flick away לסלק בנגיעה קלה
- flick through לדפדף; לרפרף
flick'er *v.* להבהב, להבליח; לעפעף
flicker *n.* הבהוב, זיק (תקווה)

flick knife סכין קפיצית
fli′er *n.* טייס; *עלון פרסומת
flight *n.* מנוסה; טיסה, תעופה; התעלות; להקה; גף; מערכת מדרגות
- flight of imagination הפלגת הדימיון
- flight of time חלוף הזמן
- in the first flight צועד בראש
- put to flight להניס
- take to flight לנוס

flight attendant דיילת
flight deck סיפון המראה; תא הטייס
flightless *adj.* שאינו יכול לעוף
flight lieutenant סרן (בח"א)
flight sergeant סמל (בח"א)
flight test טיסת ניסוי
flight ticket כרטיס טיסה
flighty *adj.* קל-דעת
flim′flam′ *n.* *רמאות; שטויות
flim′sy (-zi) *n.* נייר דק
flimsy *adj.* דק, שביר; חלש; קלוש
flinch *v.* להירתע, לגלות פחד
fling *v.* להטיל, להשליך; לזנק
- fling in his face להטיח בפניו
- fling off לברוח, לחמוק מ-
- fling open לפתוח בתנופה
- fling out of לצאת בזעם מ-

fling *n.* הטלה, השלכה
- have a fling at לנסות כוחו ב-
- have one's fling "לעשות חיים"

flint *n.* צור, חלמיש, אבן-אש
flinty *adj.* קשה כאבן, חלמישי
flip *v.* להעיף, להטיל; *להשתגע
- flip one's lid *לצאת מדעתו
- flip through לרפרף, לעיין ברפרוף

flip *n.* מכה קלה; העפה; מזג יין וביצה
flip-flop *n.* תפנית, שינוי מקום
flip-flops *n-pl.* סנדלי-אצבע
flip′pancy *n.* קלות דעת, זלזול
flip′pant *adj.* קל דעת, מזלזל
flip′per *n.* סנפיר
flipping *adj.* *ארור, מזופת
flip side *הצד השני (של תקליט)
flirt *v.* להתעסק, לפלרטט
- flirt with the idea להשתעשע ברעיון

flirt *n.* מתעסקת, מפלרטטת; *סטוץ
flir·ta′tion *n.* פלירט, רומן קצר
flir·ta′tious (-shəs) *adj.* מפלרטטת
flit *v&n.* להתעופף, לעוף
- do a flit *לעבור דירה בחשאי

flitch *n.* ירך-חזיר מעושנת
fliv′ver *n.* מכונית קטנה וזולה
float *n.* מצוף, מכל-אוויר (להחזקת מטוס על המים); קרון-תצוגה; כסף
float *v.* לצוף; להשיט; לרחף; לייסד חברה; להציף שער-מטבע; לנייד
floata′tion *n.* מימון עסק מסחרי
floater *n.* צף, קול צף, מחליף עבודות, *שגיאה
floating *adj.* צף; לא-קבוע, נע ונד
floating bridge גשר סירות
floating dock מבדוק צף
floating lien שיעבוד צף
floating vote קולות צפים
flock *n.* עדר, להקה; צאן מרעית
- flocks and herds צאן ובקר

flock *v.* להתקהל, להתקבץ; לנהור
flock *n.* צמר, שיער (למילוי כרים)
floe (flō) *n.* גוש קרח צף
flog *v.* להלקות; *למכור
- flog a dead horse ברכה לבטלה
- flog it to death לחזור על כך עד לזרא

flogging *n.* הלקאה
flood (flud) *n.* מבול, שיטפון
- in flood עובר על גדותיו

flood *v.* להציף; לעבור על גדותיו
- be flooded out לנוס משיטפונות
- flood in לזרום פנימה

flood gate סכר
floodlight *n.* תאורת זרקורים
floodlight *v.* להאיר בזרקורים
flood tide גיאות
floor (flôr) *n.* רצפה; קומה; קרקע; אולם; מישטח
- fall through the floor לצנוח
- take the floor לנאום בדיון; להתחיל לרקוד
- wipe/mop the floor with להביס

floor *v.* לרצף; להביס; להביך
floorboard *n.* לוח-ריצוף
floor cloth סמרטוט רצפה, סחבה
flooring *n.* חומר-ריצוף
floor show מופעי בידור (במועדון)
floor-walker *n.* פקח (בחנות)
floo′zy *n.* *פרוצה
flop *v.* לפרפר, לנוע כגולם; *להיכשל
- flop down ליפול/להפיל בחבטה

flop *n&adv.* חבטה; *כישלון
- fall flop ליפול בקול חבטה

flop′py *adj.* תלוי בריפיון, רפוי

floppy disk דיסקט, תקליטון
flo′ra *n.* פלורה, צמחייה
flo′ral *adj.* פרחוני, של פרחים
flo•res′cence *n.* פריחה
flo′ricul′ture *n.* גידול פרחים
flor′id *adj.* מליצי; אדום, סמוק
flor′in *n.* פלורין (מטבע)
flor′ist *n.* בעל חנות פרחים
floss (flôs) *n.* משי גס; חוט דנטלי
flo•ta′tion *n.* גיוס כסף, מימון
flo•til′la *n.* שייטת משחתות
flot′sam *n.* שרידי אונייה טרופה
flotsam and jetsam חפצים זרוקים; מסכנים, נעים ונדים
flounce *v.* לנוע בעצבנות
- flounce out of לצאת בכעס מ-
flounce *n.* נפנפת, אימרה, פס-נוי
flounce *v.* לקשט (שימלה) בנפנפת
floun′der *v.* לפרפר, להתחבט, לנוע בכבדות; לגמגם, להתבלבל
flounder *n.* דג הסנדל
flour *n&v.* קמח; לבזוק קמח
flour′ish (flûr′-) *v.* לנפנף; לנופף; לפרוח, לשגשג, להצליח
flourish *n.* תנועת-ראווה; סלסול; תרועת חצוצרות
flour′y *adj.* קימחי, אבקי
flout *v.* לזלזל ב-, להתייחס בבוז
flow (flō) *v.* לזרום, לגלוש, לתלות ברפיון; לגאות; לנבוע מ-
flow *n.* זרם, זרימה; גיאות
- go with the flow לשחות עם הזרם
flowchart *n.* תרשים זרימה
flow′er *n&v.* פרח; פאר; לפרוח
- flowers of speech מליצות
flowerbed *n.* ערוגת פרחים
flowered *adj.* פרחוני
flower garden גינת פרחים
flowering *n.* פריחה
flowerless *adj.* חסר-פרחים
flowerpot *n.* עציץ
flowery *adj.* פירחוני; גדוש מליצות
flown = pp of fly (flōn)
flu (flo͞o) *n.* *שפעת
flub *v&n.* *לפשל, לקלקל; פשלה
fluc′tuate′ (-′cho͞oāt) *v.* להתנדנד
fluc′tua′tion (-′cho͞oā′-) *n.* תנודה
flue (flo͞o) *n.* ארובה
flu′ency *n.* שטף-הדיבור, רהיטות
flu′ent *adj.* רהוט, מדבר בשטף
fluff *n.* מוך, פלומה; *פיספוס, טעות
fluff *v.* לנפח (שיער, כר); *לפספס

flu′id *adj.* נוזלי, גמיש, משתנה
fluid *n.* נוזל, גאז
flu•id′ity (flo͞oid′-) *n.* נזילות
fluke *n.* כף העוגן; אונת הזנב; קרס הצלצל; טפיל; תולעת; מזל, הצלחה מקרית
flu′ky *n.* של מזל, מיקרי
flume *n.* תעלה מלאכותית
flum′mery *n.* מליצות נבובות
flum′mox *v.* *לבלבל, להביך
flung = p of fling
flunk *v.* להיכשל/לפסול בבחינה
- flunk out *"לעוף" מבית-ספר
flun′key *n.* משרת, מתרפס
flu′ores′cent lamp נורת ניאון
flu′oridate′ *v.* להוסיף פלואור
flu′oride′ *n.* פלואוריד
flur′ry (flûr′i) *n.* התרגשות, מתח; סופה קצרה
flurry *v.* לבלבל, לעצבן, להרגיז
flush *v.* להתרומם, לעוף, להסתלק
- flush out להבריח ממחבוא; לחשוף
flush *adj.* שטוח, לא בולט; עשיר
- flush with money גדוש בכסף
flush *n.* זרם מים; שטיפה; הסמקה; התלהבות; פריחה; רצף קלפים
- the first flush עת הפריחה
flush *v.* להסמיק, להאדים; לשלהב; לזרום בשטף; לשטוף (האסלה)
- flush it *להיכשל
- flushed with success שיכור הצלחה
flus′ter *v.* לבלבל, להביך
fluster *n.* בלבול, מבוכה
flute *n&v.* חליל; לחרץ, לקשט בחריצים
flu′ting *n.* חריצים, חריצי-קישוט
flu′tist *n.* חלילן
flut′ter *v.* לנפנף; לנופף; להתנופף; לדפוק (לב), להלום; להתרוצץ
flutter *n.* נפנוף; התרגשות; תנודה, תקלה; רעד; *הימור
flu′vial *adj.* של נהרות
flux *n.* זרימה; זרם; חומר ריתוך
- in a state of flux בשינוי מתמיד
fly *n.* זבוב; פתיון דמוי-חרק
- fly in the ointment קוץ בְּאַלְיָה
- no flies on him אינו טיפש
- on the fly עסוק, מתרוצץ; בנסיעה
fly *v.* לעוף, לטוס; להטיס; להתעופף; לרוץ, לברוח; לחלוף; לחצות
- fly a flag להניף דגל

- fly a kite למשש הדופק
- fly at לזנק בזעם לעבר-, להתנפל על
- fly high לשאוף לגדולות
- fly in the face of להמרות פי-; להתריס; לסתור, להיות נוגד ל-
- fly into a rage להתלקח, להתקצף
- fly open להיפתח בתנופה
- let fly להתקיף קשות; לירות
- make the feathers/fur fly להקים שערורייה, לצעוק, להתנפל על
- make the money fly לבזבז כסף
- the bird is flown והילד איננו
fly *n.* יריעת-הפתח (באוהל); קצה יריעת הדגל; דש ה"חנות"
- flies דש ה"חנות" במכנסיים
fly *adj.* *ערמומי, עירני; נאה
flyaway *adj.* מתנפנף, מרפרף
fly-blown *adj.* מכיל ביצי זבוב
flyby *n.* מיפגן אווירי
fly-by-night *n.* בורח באישון לילה
flyer *n.* טייס; עלון פרסומת; שאפתן
fly-fish *v.* לדוג בפתיוני-זבוב
flying *adj.* מעופף; קצר, חטוף
- a flying visit ביקור חטוף
- flying high *ברקיע השביעי, מאושר
- send him flying להעיף אותו במכה
flying *n.* טיסה, תעופה
flying boat מטוס-ים
flying bomb טיל
flying buttress מיתמך משופע
flying colors דגלים מתנופפים
- come off with flying colors להצליח
flying fish דג מעופף
flying officer סגן (בח"א)
flying saucer צלחת מעופפת
flying squad ניידת-משטרה
flying start זינוק טוב
flyleaf *n.* דף ריק (בקצה הספר)
flyover *n.* מפגן אווירי; גשר עילי
fly paper נייר דביק (לוכד זבובים)
flypast *n.* מפגן אווירי
flyswatter *n.* מחבט זבובים
flyweight *n.* משקל זבוב
flywheel *n.* גלגל תנופה
FM = frequency modulation
foal *n.* סייח, סייחה
- with/in foal מעוברת
foal *v.* (לגבי סוסה) להמליט
foam *n.* קצף; גומי-ריפוד, ספוג
foam *v.* להעלות קצף, לקצוף
- foam at the mouth להתקצף

foam rubber גומאוויר, ספוג
fob *n.* כיס-שעון, כיסון
fob *v.* להתעלם מ-; להונות, לתחוב
- fob off לנפנף הצידה; להוליך שולל
fob = free on board פו"ב
fo′cal *adj.* של פוקוס, מוקדי
focal point נקודת המוקד
fo'c'sle = forecastle
fo′cus *n.* מוקד, פוקוס, מֶרכָּז
focus *v.* למקד; לְמַרכֵּז; להתמקד
fod′der *n.* מספוא, חציר, מזון
foe (fō) *n.* אויב
foetus = fetus *n.* עוּבָּר, שליל
fog (fôg) *n.* ערפל; כתם (בסרט)
- in a fog במבוכה, מבולבל
fog *v.* לכסות בערפל, לערפל
fogbank *n.* ערפל כבד (על הים)
fogbound *adj.* מעוכב בערפל
fo′gey, fo′gy (-gi) *n.* מאובן-דיעות
foggy *adj.* מעורפל
- I haven't the foggiest *לא יודע
foghorn *n.* צופר-ערפל
foglamp *n.* פנס-ערפל (במכונית)
fog of war ערפל קרב
foi′ble *n.* נקודת תורפה; שיגיון
foil *v&n.* לסכל, להפר; סַיִף; ריקוע, נייר אלומיניום; ניגוד
foist *v.* להוליך שולל, לתחוב
fold (fōld) *v.* לקפל; להתקפל; לעטוף; לערבב, לבחוש
- fold one's arms לשלב ידיו
- fold up להתמוטט; להתקפל
fold *n.* קמט, קיפול; גיא, קפל קרקע
fold *n.* דיר, מכלאה; צאן מרעית
- return to the fold לשוב לביתו
-fold (סופית) פי-
- threefold פי שלושה
foldaway *adj.* מתקפל
fold′er (fōld′-) *n.* עוטפן, חובקן, תיק; עלון
folding money *שטרות כסף
fo′liage (-liij) *n.* עלווה
fo′lio′ *n.* פוליו, גיליון; דף
folk (fōk) *n.* אנשים; עם
- folks משפחה, הורים, "חֶבְרֶה"
folk *adj.* עממי, שבטי
folk dance ריקוד-עם
folk′lore′ (fōk′lôr) *n.* פולקלור
folk songs שירי עם
folksy (fōk′si) *adj.* *עממי, פשוט
folktale *n.* אגדת-עם
folkways *n.* התנהגות הציבור

fol'licle *n.* זְקִיק
fol'low (-ō) *v.* ללכת/לבוא אחרי; להמשיך בכיוון-; לעקוב; לפעול לפי; לנבוע (מסקנה), לעסוק במקצוע
- I didn't follow לא הבנתי
- as follows כדלהלן, כדלקמן
- follow on להמשיך, לבוא (אחרי הפסקה); לנבוע מ-
- follow out להמשיך עד תום
- follow suit לעשות כמוהו
- follow the law ללמוד משפטים
- follow through להמשיך עד הסוף
- follow up לפעול הלאה; לעקוב; לגלות
- it follows מכאן ש-, זאת אומרת
- to follow אחרי כן, המנה הבאה
follower *n.* חסיד, מעריץ
following *adj.* הבא, דלקמן
- on the following day למחרת
following *n.* קהל מעריצים
follow-up *n.* פעולת-המשך; מעקב
fol'ly *n.* שטות, טיפשות
fo•ment' *v.* לטפח (איבה); לחרחר; לחבוש, לשים רטייה חמה
fo'men•ta'tion *n.* הסתה; תחבושת
fond *adj.* מחבב; מפריז באהבתו
- be fond of לאהוב
- fond hope/belief אשליה
fon'dant *n.* יַצֶקֶת (ממתק), פונדן
fon'dle *v.* ללטף
fondly *adv.* באהבה; מתוך אשלייה
font *n.* אגן, קוּבַּעַת, כלי; אותיות דפוס מסוג אחד, גופן, פונט; מקור
- font of wisdom מעיין החוכמה
food (fōōd) *n.* מזון, מאכל
- food for thought חומר למחשבה
food additives תוספי מזון
food chain שרשרת מזון
food'ie (fōōd'i) *n.* *אנין טעם
food poisoning הרעלת מזון
food processor מעבד מזון
food-stuff מצרכי מזון
food value ערך תזונתי
fool (fōōl) *n.* טיפש; ליצן
- All Fools' Day האחד באפריל
- a fool's errand ברכה לבטלה
- fool's mate מט סנדלרים
- fool's paradise גן-עדן של שוטים
- make a fool of לרמות, לשטות ב-
- nobody's fool קשה לסדר אותו
- play the fool להשתטות
fool *v.* לשטות, לרמות; להשתטות
- fool around/about להתבטל
- fool away לבזבז
- fool with להשתעשע ב-, לשחק ב-
fool'ery (fōōl'-) *n.* שטות, טיפשות
foolhardy *adj.* נמהר, פזיז, נועז
foolish *adj.* טיפשי, שטותי
foolproof *adj.* פשוט מאוד, חייב להצליח, חסין-תקלות
foolscap *n.* גיליון (16 על 13 אינטש)
foot *n.* רגל, כף הרגל; תחתית; צעד
- at one's feet לרגליו, נתון לחסדיו
- feet of clay חולשה, פגם סמוי
- get a foot in להשיג דריסת רגל
- get off on the wrong foot להתחיל ברגל שמאל
- get one's feet wet להתחיל
- get one's foot in the door לעשות צעד ראשון
- get to one's feet לעמוד, לקום
- has his feet on the ground מציאותי, עיניו בראשו
- keep one's feet לעמוד על רגליו
- my foot! שטויות!
- on foot בהכנה, בפעולה; ברגל
- put one's best foot forward להתקדם מהר; להתאמץ מאוד
- put one's feet up *לנוח
- put one's foot down להיות תקיף
- put one's foot in it לשגות גסות
- set foot ללכת, לצעוד
- sweep him off his feet להלהיבו
- under one's feet מסתובב בין הרגליים, מפריע
foot *v.* להתקין סוליה
- foot it *ללכת ברגל
foot'age *n.* מידה (ברגליים); סרט
foot-and-mouth disease מחלת הפה והטלפיים
football *n.* כדורגל; רגבי
football pools טוטו כדורגל
foot-bath *n.* אמבט-רגליים
footboard *n.* משען-רגל (לנהג)
footbridge *n.* גשר להולכי רגל
footed *adj.* בעל רגליים
footer *n&adj.* *כדורגל
- a six-footer שגובהו 6 רגליים
foot-fall *n.* צעד; קול פסיעה, פעם
foot fault (בטניס) פסול-פסע
foot-hill *n.* גיבעה (למרגלות הר)
foothold *n.* מאחז, דריסת-רגל
footing *n.* עמידה, בסיס; מעמד,

מצב, מערך; יחסים; דריסת-רגל
- lose one's footing למעוד
foo′tle *v.* *להתבטל, להשתטות
- footle away *לבזבז
footlights *n-pl.* אורות הבימה
foot′ling (fo͞ot′-) *adj.* חסר-ערך
footloose *adj.* חופשי, ציפור דרור
footman *n.* משרת
footnote *n.* הערה (בתחתית הדף)
footpath *n.* שביל, משעול
footplate *n.* דוכן הקטראי (ברכבת)
footprint *n.* עקב, טביעת רגל
foot-race *n.* מירוץ
foot rule סרגל (של 12 אינטש)
foot′sie, foot′sy *n.* *מזמוז ברגל
footslog *v.* לצעוד מרחקים ארוכים
footsore *adj.* סובל מכאב רגליים
footstep *n.* צעד, קול פסיעה, פעם
- follow in his footsteps ללכת בעיקבותיו
footstool *n.* הדום, שרפרף
footsure *n.* יציב-רגל, צועד איתן
footwear *n.* תנעולת, הנעלה
footwork *n.* רגלול, עבודת רגליים
fop *n.* גנדרן, מתגנדר
foppish *adj.* מגונדר, מתגנדר
for *prep.* ל-, עבור, למען, לשם, כדי ל-, לגבי, בעד, בגלל, למשך, לאורך
- be for it ליתן את הדין, להיענש
- for all למרות כל-, חרף
- for all I know למיטב ידיעתי
- for anything/the world בשום אופן
- for my part לדידי, מצידי
- for one thing... and for another קודם כל... וחוץ מזה
- take him for לטעות בו, לחשבו ל-
- what for לאיזו תכלית, למה
for *conj.* כי, מכיוון ש-
for′age *n&v.* מספוא, חציר; חיפוש; לחפש
for′asmuch′ (-z-) *conj.* הואיל ו-
for′ay *n&v.* פשיטה, הסתערות; לפשוט על
forbade′ = pt of forbid
for·bear′ (-bār) *v.* להימנע מ-, להתאפק; לוותר, להתייחס בסבלנות
forbearance *n.* סבלנות, התאפקות
forbid′ *v.* לאסור על, לשלול מ-
- God forbid! השם ישמור!, חלילה!
forbid′den *adj.* אסור
- forbidden fruit פרי אסור
forbidding *adj.* דוחה, מאיים
for·bore′ = pt of forbear
for·borne′ = pp of forbear
- forborne from התאפק מ-
force *n.* כוח; תוקף; משמעות
- by force of בכוח ה-, בתוקף ה-
- come into force להיכנס לתוקפו
- forces צבא, כוחות, חילות
- in force בכוחות גדולים; בתוקף
- join forces להתאחד
- put into force להפעיל, להחיל
force *v.* להכריח, לאלץ; להוציא בכוח; ללחוץ; לפרוץ, לשבור
- force his hand לדחוק בו, לאלצו
- force one's way להבקיע דרך
- force open לפרוץ, לשבר
- force the pace להזדרז; לזרז
forced *adj.* מאולץ, מעושה
forced landing נחיתת אונס
forced march מסע מזורז
forced sale מֶכֶר כפוי
force-feed *v.* להאכיל בכוח
forceful (-fəl) *adj.* חזק, תקיף
force majeure (-məzhûr′) *n.* כוח עליון
forcemeat *n.* בשר קצוץ, בשר-מלית
for′ceps *n.* מלקחיים
forceps delivery לידת מלקחיים
for′cible *adj.* משכנע; חזק
- forcible entry פריצה בכוח
forcibly *adv.* בכוח, בחוזקה
ford *n.* מעברה (בנהר)
ford *v.* לחצות נהר (ברגל)
fordable *adj.* עביר, ניתן לחצותו
fore *adj.* קידמי, קדומני
fore *adv.* קדימה, בחזית הספינה
fore *n.* חזית (הספינה)
- come to the fore להתבלט
- fore and aft לאורך הספינה
- to the fore נמצא במקום, מוכן
fore- (תחילית) מראש, קידמי
fore′arm′ (fôr′-) *n.* אמת היד, זרוע
forearm′ (fôrärm′) *n.* לצייד מראש
fore′bear′ (fôr′bār) *n.* אב קדמון
forebode′ (fôrbōd′) *v.* לבשר רע, להוות אות, לחוש מראש
foreboding *n.* תחושת רעה קרבה
fore′cast′ (fôr′-) *v.* לנבא
forecast *n.* תחזית
fore′cas′tle (fôr′kasəl) *n.* חרטום הספינה
foreclose′ (fôrklōz′) *v.* לעקל, לחלט

foreclosure (fôrklōzh′ər) *n.* עיקול
fore′court′ (fôr′kôrt) *n.* חצר קידמית, קדמה
foredoomed′ (fôrdōōmd′) *adj.* נדון מראש
fore′fath′er (fôr′fädhər) *n.* אב קדמון
fore′fin′ger (fôr′finggər) *n.* אצבע
fore′foot′ (fôr′-) *n.* רגל קידמית
fore front *n.* חזית קידמית
forego′ (fôrgō′) *v.* לבוא לפני
foregoing *adj.* הנ"ל, האמור
fore′gone′ (fôr′gôn) *adj.* קוֹדֶם
foregone conclusion מסקנה צפויה, תוצאה מחוייבת המציאות
fore′ground′ (fôr′-) *n.* החלק הקרוב, עמדה בולטת, קדמה
fore′hand′ (fôr′-) *n.* (בטניס) חבטה כפית
fore′head′ (fôr′hed) *n.* מצח
for′eign (-rin) *adj.* זר, נוכרי
- foreign body גוף זר
- foreign to one's nature זר לרוחו
foreign aid סיוע חוץ
foreigner *n.* זר, נוכרי
foreign language שפה זרה
Foreign Office משרד החוץ
foreign trade סחר חוץ
foreknowl′edge (fôrnol′ij) *n.* ידיעה מראש
fore′leg′ (fôr′-) *n.* רגל קידמית
fore′lock′ (fôr′-) *n.* בלורית, תלתל-מצח
- take time by the forelock לנצל את ההזדמנות
fore′man (fôr′-) *n.* מנהל עבודה, ראש חבר המושבעים
fore′most′ (fôr′mōst) *adj.* בולט
fore′name′ (fôr′-) *n.* שם פרטי
fore′noon′ (fôr′nōōn) *n.* לפני הצהריים
foren′sic *adj.* משפטי
forensic medicine רפואה משפטית
fore′or·dain′ (fôr′-) *v.* לחרוץ מראש
fore′part′ (fôr′-) *n.* חלק קידמי
fore′play′ (fôr′-) *n.* מישחק מקדים
fore′run′ner (fôr′-) *n.* מבשר, אות, סימן; חלוץ, קודם
fore′sail′ (fôr′-) *n.* מיפרש קידמי
foresee′ (fôrsē′) *v.* לחזות, לִצפּוֹת
foreseeable *adj.* צפוי
- in the foreseeable future בעתיד הנראה לעין
foreshad′ow (fôrshad′ō) *v.* לְבַשֵׂר
fore′shore′ (fôr′-) *n.* רצועת החוף
fore′sight′ (fôr′-) *n.* מחשבה תחילה, ראיית הנולד; כוונת קידמית
fore′skin′ (fôr′-) *n.* עורלה
for′est (-rist) *n.* יער
forestall′ (fôrstôl′) *v.* להקדים; לסכל
forester *n.* יערן
forestry *n.* יערנות
fore′taste′ (fôr′-) *n.* ניסיון-מה, טעימה
foretell′ (fôrtel′) *v.* לנבא
fore′thought′ (fôr′thôt) *n.* מחשבה תחילה
foretold = p of foretell
for·ev′er *adv.* לעד, לנצח
- forever and a day *לעד, לעולם
- forever and ever לעד, לצמיתות
forewarn′ (fôrwôrn′) *v.* להזהיר מראש, להתרות
fore′wom′an (fôr′woo-) *n.* מנהלת עבודה
fore′word′ (fôr′wûrd) *n.* הקדמה
for′feit (-fit) *v&n.* לאבד, להפסיד; לחלט; קנס, הפסד, מחיר
for′feiture (-fichər) *n.* חילוט
for·gath′er (-dh-) *v.* להתקבץ
forgave′ = pt of forgive
forge *n.* נפחייה, כור
forge *v.* לעצב, לחשל, לגבש; לזייף
- forge ahead להתקדם, להוביל
forger *n.* זייפן
for′gery *n.* זיוף
forget′ (-g-) *v.* לשכוח
- forget oneself לצאת מכליו; לאבד עשתונותיו; לשכוח את עצמו
forgetful *adj.* שכחן
forget-me-not זיכריני (צמח)
forgivable *adj.* בר-מחילה, סליח
forgive′ (-giv) *v.* לסלוח, למחול
forgiveness *n.* סליחה, סלחנות
for·go′ *v.* לוותר על
forgot′ = pt of forget
forgot′ten = pp of forget
fork *n.* מזלג, קלשון; מסעף
fork *v.* לחפור בקלשון; להסתעף
- fork out/up *לשלם (בלי רצון)
forked *adj.* ממוזלג, מתפלג, מסועף
fork-lift *n.* מלגזה

fork supper ארוחת שירות עצמי
forlorn′ *adj.* נטוש; אומלל
forlorn hope תוכנית חסרת סיכוי
form *n.* צורה, דמות; נוֹהַג; טופס; כושר; מצב-רוח; ספסל; כיתה
- a matter of form עניין של נוהג
- bad form חוסר נימוס; לא בכושר
- for form's sake כי כן הנוהג
- in the form of בצורת, בדמות
- out of form לא בכושר
- take form ללבוש צורה, להתגבש
form *v.* ליצור, להרכיב; לעצב; להוות; להתהוות; להיערך
- form into a line להסתדר בשורה
- form part of להיות חלק מ-
- form up להסתדר בשורות
-form (סופית) בצורת-, דמוי-
- multiform רב-צורות
for′mal *adj.* רשמי; חיצוני, טקסי; קפדני; סימטרי; צורתי, צורני
for′malin *n.* פורמלין (לחיטוי)
for′malism′ *n.* פורמליזם, קפדנות
for·mal′ity *n.* פורמליות, רשמיות, טקסיות, נוהל, הליך
for′maliza′tion *n.* הצרנה
for′malize′ *v.* לעשותו לרשמי; להצרין
for′mat′ *n&v.* פורמט, תבנית; לפרמט; לְתַסדֵר
for·ma′tion *n.* עיצוב, גיבוש; מערך, מבנה; עוצבה; היווצרות; תצורה
- formation flying טיסה במבנה
for′mative *adj.* מעצב, מתפתח
for′mer *adj.* קוֹדֵם; הראשון
- in former times בימים עברו, בעבר
- like one's former self כתמול שילשום
formerly *adv.* בעבר, בימים עברו
For·mi′ca *n.* פורמייקה
for′mic acid חומצת נמלים
for′mica′tion *n.* נמלול
for′midable *adj.* מפחיד, נורא
formless *adj.* נטול-צורה
for′mu·la *n.* נוסחה, מירשם
for′mu·late′ *v.* לנסח
for′mu·la′tion *n.* ניסוח
for′nica′tion *n.* ניאוף, זנות
for′rader *adv.* קדימה, הלאה
for·sake′ *v.* לזנוח, לנטוש
for·sook′ = pt of forsake
for·sooth′ (-sōōth′) *adv.* אומנם
for·swear′ (-swār) *v.* לוותר
- forswear oneself להישבע לשקר
fort *n.* מבצר, מעוז
forte *n.* צד חזק, תחום הצטיינות
for′te (-tā) *adj.* פורטה, חזק
forth *adv.* החוצה; הלאה, קדימה
- and so forth וכן הלאה
- from this day forth מהיום והלאה
forth·com′ing (-kum′-) *adj.* הבא, הַקָרֵב; מוצע, ניתן; מוכן, עוזר
forth′right′ *adj.* ישר, גלוי
forth·with′ *adv.* מיד, תכף, לאלתר
for′tieth *adj&n.* (החלק) ה-40
for′tifica′tion *n.* חיזוק; ביצורים
for′tify′ *v.* לחזק, לבצר
for·tis′simo′ *adv.* פורטיסימו, חזק
for′titude′ *n.* אומץ; קור-רוח
fort′night′ *n.* שבועיים
fortnightly *adv.* אחת לשבועיים
for′tress *n.* מבצר, מצודה
for·tu′itous *adj.* מקרי; *בר-מזל
for′tunate (-′ch-) *adj.* בר-מזל
fortunately *adv.* למרבה המזל
for′tune (-chən) *n.* מזל, מקרה; עושר; הון עתק; אלילת הגורל
- a small fortune סכום נכבד
- fortunes of war טלטלות המלחמה
- tell fortunes להגיד עתידות
fortune hunter מחפש עושר
fortune teller מגיד עתידות
for′ty *n&adj.* ארבעים, 40
- have forty winks לנמנם
- the forties שנות הארבעים
fo′rum *n.* במה, פורום (לדיונים)
for′ward *adj.* קדמי, חזיתי; מתקדם; מוקדם; מוכן; נועז; עתידי
- forward planning תכנון מראש
forward *adv.* קדימה, הלאה
- bring forward להקדים (תאריך); להסב לב; להעלות, להציג
- come forward להציע את עצמו
forward *v.* לשגר, לשלוח; לקדם
forward *n.* חלוץ (בכדורגל)
forwarding *n.* משלוח, העברה
forwarding address מען חדש
forwardness *n.* התקדמות; חוצפה
forwards *adv.* הלאה; חזיתית
for·went′ = pt of forgo
fosse *n.* חפיר, תעלה, חֵיל
fos′sil (-səl) *n.* מאובן
- old fossil מאובן דיעות
fos′siliza′tion *n.* התאבנות
fos′silize′ *v.* לאבן; להתאבן

fos′ter *v.* לגדל, לאמון (ילד); לטפל ב-; לפתח, לטפח, לעודד
foster- אוֹמֶן; שנמסר לאומנה
- foster-son בן אָמוּן
fos′terage *n.* אומנה
foster family משפחה אומנת
fought = p of fight (fôt)
foul *adj.* מלוכלך, מסריח, מגעיל; גס, רע; סתום
- a foul weather מזג אוויר קשה
- by fair means or foul בכל האמצעים
foul *n.* עבירה (בספורט)
- through fair and foul בכל עת
foul *v.* ללכלך; להתלכלך; לסתום, לבצע עבירה; להסתבך, להתנגש
- foul up *לקלקל, לשבש; לטנף
foul-mouthed מנבל פיו
foul play רצח, פשע; עבירה
foul-up *n.* *שיבוש, טעות, בילבול
found *v.* לייסד, להקים; להתיך
- found on לבסס על
found = p of find
founda′tion *n.* יִיסוד, הקמה; מוסד, קרן; בסיס, יסוד
foundation course קורס הכנה
foundation cream מישחת יסוד
foundation garment מחוך, חגורה
foundation stone אבן-פינה
found′er *n.* מייסד, בונה
founder *v.* לטבוע, להתמלא מים, לשקוע; להיכשל, למעוד; להפיל
founders' shares מניות יסוד
found′ling *n.* אסופי, ילד נטוש
foun′dry *n.* בית יציקה
fount *n.* מעיין, מקור
fount *n.* גופן, פונט, אותיות דפוס
foun′tain (-tən) *n.* מעיין; מזרקה; מקור; בירזייה
fountain-head *n.* מקור ראשון
fountain pen עט נובע
four (fôr) *n&adj.* ארבע, 4
- on all fours על ארבע
- to the four winds לכל עבר
four-eyes *n.* *משקפופר
four-footed *adj.* בעל ארבע רגליים
four-in-hand *n.* עניבה; כרכרה
four-letter word מלה גסה
four-part *adj.* של 4 קולות
four-poster *adj.* מיטת-אפיריון
fourscore *n.* שמונים
foursome *n.* תחרות זוגות
foursquare *adj.* ריבועי; איתן, חזק
four·teen′ (fôr-) *n&adj.* ארבע עשרה, 14
fourteenth *adj&n.* (החלק) ה-14
fourth (fôrth) *n.* רביעי; רבע
- the Fourth יום העצמאות
fourth estate העיתונות
fowl *n.* עוף, תרנגולת
fowling *n.* ציד-עופות
fowling piece רובה-ציד
fowl pest מגיפה (בעופות)
fox *n&v.* שועל; לבלבל, להביך, לרמות; להתחזות
foxglove *n.* אצבעונית (צמח-נוי)
foxhole *n.* שוחה, חפירה
foxhound *n.* כלב-ציד
foxhunt *n.* ציד-שועלים
fox terrier שפלן, כלב קטן
foxtrot *n.* פוקסטרוט, צעדי-שועל
foxy *adj.* ערמומי, שועלי
foy′er *n.* טרקלין, פוֹיֶיה
Fr = Father, franc, French
fra′cas *n.* מהומה, תגרה
frac′tion *n.* חלק, חלקיק, שבר
fractional *adj.* של שבר; זעום, קטן
frac′tious (-shəs) *adj.* רגזן, עצבני
frac′ture *n.* שבר, סדק (בעצם)
fracture *v.* לשבור; להיסדק
frag′ile (-jəl) *adj.* שביר, חלש
fragil′ity *n.* שבירות
frag′ment *n.* רסיס, קטע, חלק
frag′ment′ *v.* להתרסק; לקטוע
frag′mentar′y (-teri) *adj.* מקוטע
frag′menta′tion *n.* התרסקות, ריסוק; חלוקה, קיטוע; רֶסֶס
fra′grance *n.* ניחוחיות, ריח ניחוח
fra′grant *adj.* ריחני, נעים
frail *adj.* חלש, שביר, רופף
frail′ty *n.* חולשה, שבירות
frame *n.* מסגרת, שלד, גוף; חממה; תמונה (של סרט)
- frame of mind מצב רוח
- frames מסגרת משקפיים
frame *v.* לְמַסגֵר; להרכיב, לבנות; להפיל בפח, להפליל
frame house בית עץ
frame-up *n.* *ביום אשמה, הפללה
framework *n.* מסגרת, שלד
franc *n.* פרנק (מטבע)
France *n.* צרפת
fran′chise (-z) *n.* זכות בחירה;

זיכיון, מתן מונופול
Fran′co- (תחילית) צרפתי
frank *adj.* גלוי, כן, פתוח, הוגן
frank *v.* להחתים (מכתב) בחותמת
frank′furter *n.* נקניקית
frank′incense′ *n.* לבונה, שרף
frankly *adv.* בכנות, גלויות
fran′tic *adj.* יוצא מגדרו, מטורף
frap·pe′ (-pā′) *adj.* צונן, קפוא
frater′nal *adj.* של אחים; ידידותי
frater′nity *n.* אחווה; אגודה
frat′ernize′ *v.* להתיידד, להתחבר
frat′ricide′ *n.* רֶצַח אח; רוצח אח
Frau (frou) *n.* גברת
fraud *n.* הונאה, מעילה; רמאי
fraud′ulent (-j′-) *n.* רמאי
fraught (frôt) *adj.* מלא, גדוש, כרוך
Fraulein (froi′līn) *n.* עלמה
fray *n.* מריבה, תגרה
fray *v.* לבלות, לקרוע; להישחק; להשתפשף; למרוט עצבים
fraz′zle *n.* לאות, עייפות; בלות
freak *n.* קפריזה; אדם/רעיון משונה; *משוגע; מסומם; הומו
- film-freak *משוגע על סרטים
- freak of nature בריה משונה
freak *adj.* מוזר, לא רגיל
freak *v.* *להיות מסומם; לסמם
freakish *adj.* קפריזי; משונה
freak-out *n.* מסומם; טריפ; *חוויה
freck′le *n.* נמש, בהרת-קיץ
freckled *adj.* מנומש, מכוסה נמשים
free *adj.* חופשי, פנוי; פטור, חינם, שופע, בזבזני; גס, לא מרוסן
- for free בחינם, ללא תשלום
- free and easy לא רשמי, חופשי
- free from ללא; נקי, פטור מ-
- free of ללא; מחוץ ל-, רחוק מ-
- make free with לנהוג בחופשיות
- post free ללא תוספת דמי משלוח
- set free לשחרר, להוציא לחופשי
- work itself free להתרופף, להינתק
free *v.* לשחרר, לחלץ
free agent חופשי לפעול כרצונו
free′bie, free′bee *n.* *שי חינם
freeboard *n.* צידון; גובה הצידון
free′boo′ter *n.* שודד-ים, פיראט
freeborn *adj.* בן-חורין
freedman *n.* עבד משוחרר
free′dom *n.* חופש, חירות, חופשיות
- freedom of a city אזרחות כבוד
free enterprise יוזמה חופשית
free fall צניחה חופשית
free fight קטטה, מהומה
free-for-all *n.* ויכוח המוני
free hand יד חופשית
freehanded *adj.* נדיב, שידו פתוחה
freehold *n.* בעלות מלאה
freeholder *n.* בעל אחוזה
free kick בעיטת עונשין
free-lance *n&v.* (לעבוד כ-) עיתונאי חופשי, סופר חופשי
free-list *n.* רשימת פְּטוֹר
free-living *n.* הוללות, זלילה
freeload *v.* *לחיות כטפיל
freely *adv.* באופן חופשי; גלויות
freeman *n.* אזרח כבוד
free market שוק חופשי
freemason *n.* בונה חופשי
freemasonry *n.* בונים חופשים; הבנה
free on board = fob (במסחר) פוב
free pass כרטיס נסיעה חופשי
free-range hens תרנגולות חופשיות
free rein התרת הרסן, דרור
free speech חופש הדיבור
free-spoken *adj.* גלוי, מדבר גלויות
free-standing *adj.* חופשי, לא מחובר
freestone *n.* אבן חול
freestyle *n.* סגנון חופשי
free-thinking *adj.* רציונליסטי
free throw זריקה חופשית
free trade סחר חופשי
free verse שירה בפרוזה
freeway *n.* כביש מהיר
freewheel *v.* לנוע חופשית (במורד)
free will בחירה חופשית, רצון חופשי
free-will *adj.* מרצונו החופשי
freeze *v.* לקפוא; להקפיא
- be frozen in להיתקע בכפור
- freeze on to להיצמד בחוזקה
- freeze out להרחיק, לא לשתף
- freeze over לקפוא, להתכסות כפור
- freeze prices להקפיא מחירים
- freeze up להיאלם, להתאבן
freeze *n.* קור עז, קיפאון; הקפאה
- deep-freeze מקפיא עמוק
freezer *n.* מקפיא; תא-הקפאה
freezing point נקודת קיפאון
freight (frāt) *n.* מיטען; הובלה
freight *v.* להטעין בסחורה, לשגר
freight car קרון-משא
freighter *n.* מטוס הובלה; ספינת

משא
freightliner *n.* רכבת משא
French *adj&n.* צרפתי; צרפתית
French chalk גיר (לסימון על בד)
French dressing תבל (חומץ ושמן)
French fries טוגנים, צ׳יפס
French horn קרן צרפתית
French leave היעדרות ללא רשות
French letter *כובעון
Frenchman *n.* צרפתי
frenet′ic *adj.* מטורף, משתולל
frenzied *adj.* מטורף, משתולל
fren′zy *n.* טירוף, השתוללות
fre′quency *n.* תכיפות, תדר
frequency distribution התפלגות שכיחויות
fre′quent *adj.* שכיח, מצוי, רגיל
fre·quent′ *v.* לבקר תדיר, להימצא
fre′quently *adv.* לעיתים קרובות
fres′co *n.* פרסקו, ציור קיר, תמשיח
fresco *v.* לצייר פרסקו
fresh *adj.* טרי, חדש, קריר, רענן
- be fresh out of למכור כל המלאי
- break fresh ground לפתוח פרק חדש
- fresh paint צבע לח
- fresh water מים מתוקים
- get fresh with *להתחיל, להתעסק איתה
- in the fresh air בחוץ
fresh- לאחרונה, זה עתה
freshen *v.* לרענן; להתרענן
fresh′er *n.* תלמיד שנה ראשונה
fresh′et *n.* פלג-מים
freshly *adv.* לאחרונה, אך אתמול
freshman *n.* תלמיד שנה ראשונה
freshwater *adj.* של מים מתוקים
fret *v&n.* להדאיג, להרגיז; להתרגז, להתעצבן; לכרסם; לשפשף; להישחק; רוגֶז, התעצבנות
fret *v&n.* לקשט, לגלף בעץ; קו-האיצבוע (בשחיף-גיטארה)
fretful *adj.* רגזני, כועס
fret′saw′ *n.* מסורית, משור-נימה
fretwork *n.* עיטורי-עץ
Freudian (froid′-) *adj.* של פרויד
Freudian slip טעות פרוידיסטית
Fri. = Friday
fri′abil′ity *n.* פריכות
fri′able *adj.* פריך, שביר
fri′ar *n.* נזיר
fric′assee′ *n.* נזיד בשר
fric′ative *n.* הגה חוכך
fric′tion *n.* חיכוך
Fri′day *n.* יום שישי
- Good Friday יום ו׳ לפני הפסחא
- Man Friday ששת, משרת נאמן
fridge *n.* *מקרר
friend (frend) *n.* חבר, ידיד; שוחר, תומך, עוזר; קווייקר
- be friends with להתיידד עם
- friend of the court ידיד בית המישפט
- make friends לרקום יחסי ידידות
- make friends again להשלים
friendless *adj.* חסר-ידידים, גלמוד
friendly *adj.* ידידותי; מוכן ל-; נוח
friendly society אגודה הדדית; עמותה
friendship *n.* ידידות
fri′er *n.* עוף-טיגון; מטגן
frieze (frēz) *n.* רצועת-עיטור, כרכוב
frig′ate *n.* פריגטה; ספינת ליווי
fright *n.* אימה, פחד
- give a fright להפחיד
- looks a fright נראה ״ממש זוועה״
- take fright להיבהל
frighten *v.* להפחיד, להבהיל
- frighten into לאלץ תוך הפחדה
- frighten off/away להבריח
- frighten out להניא תוך הפחדה
frightened *adj.* פוחד, נבהל
frightful *adj.* מפחיד, מזעזע; *נורא
frightfully *adv.* *נורא, מאוד
frig′id *adj.* קר, צונן
frigid′ity *n.* קור, קרירות
frill *n.* ציצה, גדיל, מלל
- frills קישוטי סרק, הצטעצעות
frilled *adj.* מצוייץ, בעל מלל
frilly *adj.* מצוייץ, מסולסל
fringe *n&v.* ציצית, מלל; שפה, קצה; פוני (תספורת); לשמש כקצה ל-, לעטר
- fringes פיפים, גדילים
- the right fringe שולי הימין
fringe benefits הטבות שונות
fringe group פלג קיצוני, פלג שולי
frip′pery *n.* קישוט, תכשיט זול
fris′bee (-z-) *n.* פריזבי, צלחת מעופפת (מישחק)
frisk *v.* לקפץ, לכרכר; לחפש, לבדוק
frisky *adj.* שופע חיים, עליז
fris′son′ *n.* ריגוש, רטט
frit′ter *n&v.* טיגנית

- fritter away לבזבז
friv'ol *v.* לבזבז; להתבטל
frivol'ity *n.* קלות-דעת; שטות
friv'olous *adj.* קל-דעת; בַּלייָן
frizz *v.* לסלסל שיער
friz'zle *v.* לרחוש (בטיגון), לטגן
frizzle *v.* לסלסל; להסתלסל (שיער)
frizzy *adj.* מתולתל
fro: to and fro הלוך ושוב
frock *n.* מעיל, גלימה
frock-coat *n.* מִכנָף, פראק
frog (frôg) *n.* צפרדע; כפתור מוארך, אבזם-מעיל; *צרפתי
- a frog in the throat צרידות
- little frog in a big pond זנב לאריות, קטן בין גדולים
frogman *n.* איש-צפרדע
frogmarch *v.* לשאת אסיר כשפניו כלפי מטה; להוביל בכוח
frol'ic *v.* לקפץ, לכרכר, לשחק
frolic *n.* עליזות, השתובבות
frolicsome *adj.* עליז, שמח
from *prep.* מן, מ-
- from day to day מיום ליום
- from time to time מפעם לפעם
- from... to... מ... ועד...
frond *n.* עלה, עלה-שרך
front (frunt) *n.* פָּנים, חזית, קדמה; מסווה, כיסוי; שפת-הים
- come to the front להתבלט
- have the front להעז פנים
- home front חזית הפנים (במלחמה)
- in front קדימה; בצד הקדמי
- in front of בנוכחות, לפני, קֳבָל
- out front *בין קהל הצופים
- sea front שפת הים, טיילת
front *adj.* קדמי, חזיתי; *מוסווה
- front page עמוד ראשון
- front rank מהשורה הראשונה
front *v.* לפנות לעבר-, לעמוד מול
front'age (frunt'-) *n.* חזית
front'al (frunt'-) *adj.* חזיתי, קדמי
front benches הספסלים הקדמיים
front company חברת קש
front door כניסה ראשית
frontier' (fruntir') *n.* גבול
frontiersman (-z-) *n.* תושב-ספר
front'ispiece' (frun'tispēs) *n.* תמונת השער (בספר)
front line קו החזית
frontman *n.* מנהיג, ראש; נציג; איש קש, איש חיפוי; מגיש (תוכנית)

front office *ההנהלה, המנהלים
front-page *adj.* של העמוד הראשון
frontrunner *n.* מוביל (בתחרות)
frost (frôst) *n.* קור, כפור; כישלון
- 2 degrees of frost מינוס 2 מעלות
frost *v.* להתכסות בכפור; להשמיד בכפור; לעמם זכוכית; לְאַבֵּק
- frost over להתכסות כפור
frost-bite *n.* אבעבועות חורף
frost-bitten *adj.* מוכה כפור
frost-bound *adj.* מוקשה מְקוֹר
frosting *n.* קציפה, ציפוי, זיגוג
frosty *adj.* קר מאוד, צונן
froth (frôth) *v.* להעלות קצף
froth *n.* קופי, קצף; הבלים
frothy *adj.* מעלה קצף; שיטחי
frown *v.* לקמט המצח, לכווץ הגבות, להקדיר המצח, לזעוף; לאיים
- frown on לראות בעין רעה
frown *n.* מבט זועם; קמטי-מצח
frows'ty *adj.* מעיק, מחניק, חם
frow'zy *adj.* מלוכלך, מעופש
froze = pt of freeze
fro'zen = pp of freeze קפוא, קר
fruc'tifica'tion *n.* מתן פירות
fruc'tify' *v.* לשאת פרי
fruc'tose *n.* סוכר פירות
fru'gal *adj.* חסכני, מקמץ, דל
fru·gal'ity (froo-) *n.* חיסכון
fruit (froot) *n.* פרי; פירות
- bear fruit לשאת פרי, להצליח
- the fruit of פרי, תוצאת-
fruit *v.* לשאת פרי
fruitcake *n.* עוגת פירות
fruit'erer (froot-) *n.* מוכר פירות
fruitful *adj.* נושא פרי, פורה
fru·i'tion (frooish'ən) *n.* הגשמה
- come to fruition להתממש
fruitless *adj.* ללא תוצאות
fruit machine מכונת הימורים
fruit sugar סוכר פירות
fruity *adj.* כמו פירות, עסיסי
frump *n.* מרושל-לבוש
frus'trate' *v.* לתסכל, לסכל, לאכזב
frus·tra'tion *n.* תיסכול, אכזבה
fry *v&n.* לטגן; להיטגן; דגי-רקק
- small fry דגי רקק
fry'er *n.* עוף-טיגון; מטגן
frying pan מחבת, מרחשת
- out of frying pan into fire מן הפח אל הפחת
fry-up *n.* *מנת מזון מטוגן

ft. = **foot, feet**
fuck *n&v.* *מישגל; לקיים יחסים
- fuck off! *הסתלק, עוף מפה!
fucker *n.* *טיפש
fucking *adj.* *לעזאזל, ארור
fud′dle *v.* לשכר, לטמטם
fud′dy-dud′dy *n.* *מחזיק בנושנות
fudge *n.* ממתק; *רמאות; שטויות
fudge *v.* לפעול ברשלנות; לגבב
fu′el *n.* דלק
- add fuel to the flames להוסיף שמן למדורה
fuel *v.* לתדלק; ללבות; להגביר
fug *n.* אוויר מחניק
fug′gy *adj.* מחניק, מעופש
fu′gitive *adj&n.* נמלט, בורח; חומק, זמני; פליט, עריק
fugue (fūg) *n.* פוגה, רדיפת קולות
ful′crum *n.* נקודת המישען
fulfil′, fulfill′ (fool-) *v.* לקיים, לבצע, למלא, להגשים
- fulfil oneself לממש סגולותיו
fulfilment, fulfillment *n.* קיום, ביצוע, הגשמה; סיפוק
full (fool) *adj.* מלא, שלם; שופע
- at full speed במירב המהירות
- full coverage כיסוי מלא
- full length לכל אורכו
- full of שקוע ראשו ורובו ב-
- full of it *רע, עושה צרות
- full of oneself אנוכי
- full skirt חצאית רחבה
- full up מלא על כל גדותיו
- in full במלואו, בשלמותו
- to the full מאוד, לגמרי
- wine with a full body יין חזק
full *adv.* מאוד; ישר, היישר
- full on his face היישר בפרצוף
- full well יפה, היטב
full-back *n.* מגן (בכדורגל)
full-blooded *adj.* גיזעי, נמרץ, חזק
full-blown *adj.* במלוא פריחתו
full board פנסיון מלא
full-bodied *adj.* (יין) חזק
full dress תלבושת רשמית
- full-dress debate דיון רשמי
ful′ler (fool-) *n.* מנקה בדים
fuller's earth אבקת-ניקוי
full-face *adv.* עם הפנים לחזית
full-fashioned *adj.* תואם את צורת הגוף
full-fledged *adj.* מנוסה, מיומן; שלם; יכול לעוף, מנוצה במלואו
full-grown *adj.* מבוגר
full house אולם מלא
full-length *adj.* באורך מלא
fullness *n.* מלוא, מלאות; שובע
- in the fullness of time בבוא היום
full-page *adj.* על פני עמוד שלם
full-scale *adj.* מקיף; בגודל טבעי
full stop נקודה; עצירה מוחלטת
full-time *adj.* של יום עבודה מלא
full time גמר המשחק, 90 דקות
fully *adv.* לְפָחות; במלואו, לגמרי
ful′minate′ *v.* לְמחות, להתקיף
ful′mina′tion *n.* גינוי, התקפה מרה
ful′some (fool′səm) *adj.* מוגזם, מבחיל
fum′ble *v.* למשש, לגשש; לפספס
fume *n.* זעם, קצף
- fumes עשן, אדים
fume *v.* לזעום; להעלות עשן
fu′migate′ *v.* לחטא באדים
fu′miga′tion *n.* חיטוי
fun *n.* צחוק, שעשוע, בידור, תענוג
- fun and games מעשי שובבות; *מסיבה; מיזמוזים, התעלסויות
- in fun, for fun בצחוק, לא ברצינות
- make fun of לצחוק על, ללעוג
- poke fun at לצחוק על, ללעוג
- what fun! איזה בידור!, איזה כיף!
fun *adj.* משעשע, מבדר
func′tion *n&v.* תפקיד; טקס, אירוע חגיגי; פונקציה; לפעול; לתפקד
functional *adj.* שימושי, פרקטי; תיפקודי, פונקציונלי
func′tionar′y (-shəneri) *n.* פקיד, פונקציונר
fund *n.* קרן, הון; אוצר, מלאי
- funds כספים, מזומנים
- no funds אין כיסוי (להמחאה)
- pension fund קרן פנסיה
- provident fund קופת תגמולים
- trusteeship fund קרן נאמנות
fund *v.* לממן; לפרוס (חוב); להפריש סכומים
fun′damen′tal *adj.* בסיסי, יסודי
fun′damen′talism′ *n.* קנאות דתית, פונדמנטליזם
fun′damen′talist פונדמנטליסט
fundamentally *adv.* עקרונית
fundamentals *n-pl.* עיקרים
fund-raising *n.* גיוס כסף

fu′neral *n.* הלוויה, לוויית-המת
- that's your funeral *זו בעייה שלך
funeral march מארש אבל
funeral parlor משרד קבורה
funeral pile/pyre ערימת עצים (לשריפת המת)
fu·ne′re·al (fū-) *adj.* של לוויה
funfair *n.* יריד שעשועים
fun′gicide′ *n.* קוטל פטריות
fun′goid, fun′gous *adj.* פיטרייתי
fun′gus, (pl = fungi) פטרייה
fu·nic′u·lar (fū-) *n.* רכבל
funk *n.* *פחד; פחדן; *פאנק
funk *v.* לפחוד, להתחמק מ-
funky *adj.* *של פאנק; אופנתי; מדהים, לא רגיל; מדיף ריח עז
fun′nel *n.* ארובה, מעשנה; משפך
funnel *v.* לשפוך/לעבור במשפך
fun′ny *adj.* מצחיק, משעשע; מוזר
- don't get funny *אל תתחכם
- funnily enough מוזר למדי
- the funnies *עמודי הבידור
funny bone עצם המרפק; *חוש הומור
fur *n.* פרווה; אבנית, מישקע, קרד; דוק-הלשון, שיכבה על הלשון
- fur and feather חיות ועופות
fur *v.* לכסות/להתכסות באבנית
fur′below′ (-ō) *n.* קישוט צעקני, נפנפת
fur′bish *v.* לצחצח, להבריק, לחדש
fu′rious *adj.* רוגז, מלא זעם, פראי
furl *v.* לקפל; להתקפל
fur′long (-lông) *n.* פרלונג (201 מטר)
fur′lough (-lō) *n.* חופשה
fur′nace (-nis) *n.* כבשן
fur′nish *v.* לרהט; לצייד; לספק
furnishings *n-pl.* ריהוט, ציוד
fur′niture *n.* רהיטים, ריהוט
fu′ror′ *n.* התלהבות; זעם
fur′rier (fûr′-) *n.* פרוון, מוכר פרוות
fur′row (fûr′ō) *n.* תלם, חריץ, קמט
furrow *v.* לתלם, לעשות חריצים ב-
fur′ry (fûr′i) *adj.* דמוי פרווה; מכוסה פרווה
fur′ther (-dh-) *adj&adv.* הלאה, יותר רחוק; עוד, נוסף; חוץ מזה
- I'll see you further first לא ולא!
- further to בהמשך ל-
- go further להוסיף על כך
- until further notice עד להודעה חדשה
further *v.* לקדם, לעודד, לעזור ל-
furtherance *n.* קידום, עידוד
further education חינוך משלים
furthermore *adv.* נוסף על כך
furthermost *adj.* הרחוק ביותר
fur′thest (-dhist) *adj.* הרחוק ביותר
fur′tive *adj.* חשאי, חומק, חטוף
fu′run′cle *n.* פורונקול, סֶמֶט
fu′ry *n.* זעם, חימה; סערה, התרגשות; כעסנית
- fly into a fury להתלקח
- fury of battle סערת הקרב
- like fury *"כמו משוגע", במרץ
furze *n.* רותם, אולקס (שיח קוצני)
fuse (-z) *n.* פתיל, מרעום, נתיך; קֶצֶר
- blow a fuse *להתלקח, להתפרץ
fuse *v.* להתיך; להינתך; לאחד, למזג; לגרום לקצר; לקרות קצר
fu′selage′ (-läzh) *n.* גוף המטוס
fuse wire נתיך
fu′silier′ (-lir) *n.* רובאי
fu′sillade′ *n.* מטר-אש
fu′sion (-zhən) *n.* התכה, מיזוג
fusion bomb פצצת מימן
fuss *n.* התרגשות, מהומה, רעש
- fuss and feathers התרגשות, רעש
- make a fuss להקים רעש, להפוך עולמות; לכרכר סביב, לפנק
fuss *v.* להתרגש, להקים רעש; לעצבן
fusspot *n.* *קפדן, מדקדק; עצבני
fussy *adj.* קפדן; עצבני; מגונדר
fus′tian (-chən) *n.* פשתן; אריג גס; מליצות נבובות
fus′ty *adj.* מסריח, מעופש; מיושן
fu′tile (-til) *adj.* חסר-תועלת, כושל, שעלה בתוהו; הבלי; ריק; לא-יוצלח
fu·til′ity (fū-) *n.* הבל, אפס
fu′ture *n&adj.* עתיד
- future life העולם הבא
- futures סחורה עתידית
- my future wife אישתי בעתיד
futureless *adj.* ללא עתיד
fu′turism′ (-′ch-) *n.* פוטוריזם
fu·tu′rity (fū-) *n.* העתיד
fu′turol′ogy (-chər-) *n.* עתידנות
fuze *n.* מרעום
fuzz *n.* פלומה, מוך; *משטרה
fuzzy *adj.* מסולסל, מתולתל; מטושטש, מעורפל; רך, פלומתי

G

G *n.* סול (צליל)
- G clef מפתח סול
G *n.* 1000* דולר
G = giga-
gab *n&v.* *דיבור, פטפוט; לדבר
- gift of gab *כוח הדיבור
gab′ardine′ (-dēn) *n.* גברדין
gab′ble *v&n.* למלמל; פיטפוט
gab′by *adj.* *פטפטני, דברני
ga′ble *n.* גמלון (קיר)
gad *v.* *לשוטט, לנסוע, לתייר
gad′about′ *n.* *משוטט
gad′fly′ *n.* זבוב הבקר; מחפש פגמים
gad′get *n.* כלי, אבזר, מכשיר
gadgetry *n.* כלים, מכשירים
Gael′ic (gā′-) *n&adj.* גאלית; קלטי
gaff *n.* חַכָּה; צִלְצָל
- blow the gaff לגלות סוד
- stand the gaff לעמוד בקשיים
gaff *v.* לדקור בצלצל, למשות בצלצל
gaffe *n.* טעות, מישגה גס
gaf′fer *n.* *זקן; בוס, ממונה
gag *n.* מחסום (לפה); בדיחה
gag *v.* לסתום פה; להיתקע בגרונו, להתחיל להקיא; לשבץ בדיחות
gaga (gä′gä) *n.* עובר בטל, שוטה
gage *n.* עירבון; כסייה, כפפה; אתגר
gage *v.* לעבוט, לתת בעירבון
gage = gauge
gag′gle *n.* להקת אווזים; פטפטניות
gag order צו איסור פירסום
gai′ety *n.* שימחה, עליזות
gai′ly *adv.* בשימחה, בעליזות
gain *n.* רווח, יתרון; תוספת
- gains מתח רווחים
gain *v.* להשיג, לרכוש; להגיע ל-
- gain ground להתקדם
- gain in weight לעלות במשקל
- gain on להתקדם, לצמצם המרחק
- gain speed להגביר מהירות
- gain the upper hand לגבור, לנצח
- gain time להרוויח זמן
- the watch gains השעון ממהר
gainful *adj.* מפיק רווחים, מכניס
gainsay′ *v.* להכחיש, להפריך
gait *n.* הילוך, צורת הליכה
gai′ter *n.* קרסולית, מוק, חותלת
gal *n.* *נערה
gal. = gallon(s) *n.* גלונים
ga′la *n&adj.* תפארת, חגיגיות, גאלה; חגיגי
galac′tic *adj.* גלקסי, גלקטי
gal′axy *n.* גלאקסיה; שביל החלב; קבוצת אישים, נערות זוהר
gale *n.* סופה, סערה
- gale of laughter גל צחוק
Gal′ilee′ *n.* גליל
gall (gôl) *n.* מרה; התמרמרות; חכך, פצע בעור; עפץ, נפיחות בעץ; *חוצפה
- dip the pen in gall לכתוב במרירות
gall *v.* להכאיב, להעליב, לפגוע
gal′lant *n&adj.* אביר; אמיץ, אדיב; הדור
gallantry *n.* אבירות; אומץ; חיזור
gall bladder כיס המרה
gal′le·on *n.* ספינה; מיפרשית
gal′lery *n.* גלריה, מוזיאון; יציע; אכסדרה, אולם; ניקבה, מנהרה
- play to the gallery לחזור אחרי ההמונים, לעשות רושם, לערוך הצגה
gal′ley *n.* גלרה, ספינת עבדים; מיטבח-אונייה; (בדפוס) מגש סְדָר
galley proof יריעת הגהה
galley slave חותר בספינה
Gal′lic *adj.* גאלי; צרפתי
gall′ing (gôl′-) *adj.* מכאיב, מרגיז
- galling defeat תבוסה צורבת
gal′livant′ *v.* לשוטט, להסתובב
gal′lon *n.* גלון
gal′lop *v&n.* לדהור; להידרדר, להחמיר; דהירה
- galloping inflation אינפלציה דוהרת
gal′lows (-lōz) *n.* גרדום
gallows bird ראוי לתלייה
gallows humor הומור שטני
gallstone *n.* אבן-מרה
Gal′lup poll מישאל גאלופ
galore′ *adv.* הרבה, בשפע
galosh′ *n.* ערדל
galumph′ *v.* לפזז (בצהלת ניצחון)
gal·van′ic *adj.* גלוואני, מחושמל
gal′vaniza′tion *n.* איבוץ
gal′vanize′ *v.* לגלוון, לחשמל, לאבץ
gam′bit *n.* גאמביט, מַעַד, פתיחה
gam′ble *v.* לשחק בקלפים, להמר
- gamble away להפסיד כסף בהימור

gamble *n.* הימור מסוכן
gambler *n.* מהמר, קלפן
gambling *n.* משחקי מזל, הימור
gambling den מועדון הימורים
gam·boge′ *n.* גאמבוז', צבע צהוב
gam′bol *n.* קפיצה, כירכור, פיזוז
gambol *v.* לקפץ, לפזז
game *v.* לשחק בקלפים, להמר
game *n.* מישחק; תוכנית; צַיִד
- ahead of the game *מקדים
- game all תיקו
- games תחרויות אתלטיקה
- make game of- לצחוק על, להתל ב-
- off one's game לא בכושר
- on one's game בכושר, משחק היטב
- on the game *עוסקת בזנות, גנב
- play the game לשחק מישחק הוגן
- the game's up המישחק נגמר
game *adj.* אמיץ; מוכן, חפץ, רוצה
- die game למות כגיבור
game *adj.* פגוע, צולע, נכה
gamecock *n.* תרנגול-קרב
gamefowl *n.* תרנגול-קרב
gamekeeper *n.* שומר ציד
game laws חוקי ציד
game license רישיון ציד
gamely *adv.* באומץ
game park חייבר
gamesmanship *n.* אמנות המשחק
gamesome *adj.* שמח, עליז
gamester (gām′s-) *n.* שחקן, מהמר
game warden פקח ציד
gaming table שולחן הימורים
gam′ma *n.* גאמה (אות יוונית)
gamma rays קרני גאמה
gam′mon *n.* קותל חזיר; שטויות
gam′my *adj.* * (רגל) פגועה, נכה
gamp *n.* *מטריה (גדולה)
gam′ut *n.* (במוסיקה) סולם; היקף מלא, מִנעָד
ga′my *adj.* (בעל טעם) של צַיִד
gan′der *n.* אווז; *מבט חטוף
gang *n&v.* קבוצה, חבורה, כנופיה
- gang up להתחבר לחבור על, לקשור,
gang bang *אונס קבוצתי
ganger *n.* מנהל עבודה, מנהיג קבוצה
gangland *n.* עולם הפשע
gang′ling *adj.* רזה, גבוה
gang′lion *n.* גנגליון, חרצוב; מוקד
gangplank *n.* גמלה (גשר בין סירות)
gang rape אונס קבוצתי
gan′grene′ *n.* גאנגרינה, מֶקֶק, נמק
gan′grenous *adj.* נגוע בגאנגרינה
gang′ster *n.* גאנגסטר, פושע, בירִיון
gang′way′ *n.* גמלה, פתח הכבש; מעבר (בין שורות)
gant′let = gauntlet
gan′try *n.* מיסגרת, חישוק-מתכת; פיגום נע (להרכבת חללית)
gaol = jail (jāl) (לכלוא ב-) כלא
gap *n.* פירצה; פער; מרחק
- bridge/stop a gap לסתום פירצה
gape *v.* לפעור פה; לפהק; להיפתח
- gape open להיפער, להיפתח
gape *n.* פעירת פה
- the gapes התקף פיהוק, פהקת
gapped *adj.* מפורץ, בעל פרצות
gap′py *adj.* מפורץ, בעל פרצות
gap-toothed *adj.* מפורץ-שיניים
garage′ (-räzh) *n&v.* מוסך; תחנת דלק; להכניס למוסך
garb *n&v.* בגדים; להלביש
gar′bage *n&v.* פסולת; אשפה; זבל
- garbage down *לזלול, לבלוע
- garbage in, garbage out *תייצר זבל - תקבל זבל
garbage can פח-אשפה
garbage disposal unit מגרסת אשפה
gar′ble *v.* לסרס, לתאר בראי עקום
gar′den *n.* גן, גינה; פארק
- garden-variety רגיל
- lead him up the garden path להוליכו שולל
garden *v.* לעבוד בגינה
garden apartment דירה עם גינה
garden center מישתלה
garden city עיר (משובצת) גנים
gardener *n.* גנן
gar·de′nia *n.* גרדניה (שיח, פרח)
gardening *n.* גינון, גננות
garden party מסיבת-גן
garden suburb שכונת גנים
gar·gan′tuan (-′chōōən) *adj.* ענקי
gar′gle *v.* לגרגר, לשטוף בגירגור
gargle *n.* גירגור; תשטיף (לגירגור)
gar′goyle *n.* פי-המרזב (דמוי-מפלצת, בכנסיות גותיות)
ga′rish *adj.* (צבע) רועש, צעקני
gar′land *n&v.* זֵר, מיקלעת פרחים, עטרה; לקשט בזר פרחים,

לעטר
gar′lic *n.* שום
gar′ment *n.* בגד, מלבוש; הלבשה
gar′ner *v&n.* לאגור; אסם
gar′net *n.* נופך, אבן יקרה; אדום עז
gar′nish *v&n.* לקשט (מנה), ללפת; לעקל; קישוט, תוספות
gar′nishee′ *n.* מעקל; מעוקל
garnishment *n.* עיקול
gar′ret *n.* עליית-גג
gar′rison *n&v.* חיל משמר; מחנה צבאי; להציב חיל משמר
garrotte′ *v&n.* לחנוק; חניקה
garru′lity *n.* פטפטנות, להג
gar′ru•lous *adj.* פטפטן
gar′ter *n.* בירית, בירית-גרב
gas *n.* גאז; בנזין; חומר מאלחש; *פיטפוט, "רוח"; כיף, תענוג
- run out of gas להפסיק, להיכשל
- step on the gas להגביר מהירות
gas *v.* להרעיל בגאז; לפטפט
- gas up *למלא דלק, לתדלק
gas-bag *n.* *פטפטן, קשקשן
gas chamber תא גאזים
gas-cooker *n.* תנור גאז
gas′e•ous *adj.* גאזי
gas-fired *adj.* פועל על גאז
gas fitter מתקין גאז
gas-fittings *n-pl.* מיתקני גאז
gash *v&n.* לחתוך; חתך, פצע
gas-holder *n.* מכל גאז (גדול)
gas′ifica′tion *n.* הפיכה לגאז
gas′ify′ *v.* להפוך/ליהפך לגאז
gas′ket *n.* אֶטֶם (לאוגנים); רצועה
- blow a gasket להתפרץ, להתלקח
gaslight *n.* אור גאז; מנורת גאז
gasman *n.* טכנאי גאז
gas mask מסכת גאז, מסכת אב"כ
gas-meter *n.* מד-גאז, מונה גאז
gas oil סולר
gas′olene′ *n.* בנזין, גאזולין
gasom′eter *n.* מכל גאז (גדול)
gasp *v.* להתנשף, להתנשם
- gasp out לדבר/לפלוט בהתנשפות
gasp *n.* התנשפות, נשימה בכבדות
- at one's last gasp על סף המוות
gasp′er *n.* *סיגרייה
gas ring טבעת הלהבה, טבעת גאז
gas station תחנת דלק
gas′sy *adj.* מלא גז; מנופח, ריק
gas′tric *adj.* קיבתי, השייך לקיבה
gas•tri′tis *n.* דלקת הקיבה
gas′tro•en•teri′tis *n.* דלקת הקיבה והמעיים
gas′tro•en•terol′ogy *n.* גסטרולוגיה
gas′tronom′ic *adj.* גסטרונומי
gas•tron′omy *n.* גסטרונומיה, אמנות הטבחות והאכילה
gasworks *n.* מיפעל לייצור גאז
gat *n.* *אקדח
gate *n.* שער, פתח; מיפתק; מספר הצופים
- give the gate *להעיף, לפטר
gateau (gätō′) *n.* עוגה
gatecrash *v.* *להתפלח (למסיבה)
gate-keeper *n.* שומר, שוער
gate-legged table שולחן בעל לוח מתקפל
gate money הכנסות מן המישחק
gatepost *n.* מזוזת השער
- between you me and the gatepost בינינו לבין עצמנו
gateway *n.* שער; כניסה
gath′er (-dh-) *v.* לקבץ; לאסוף; להתאסף; להבין, להסיק; להתמגל
- be gathered to one's fathers להיאסף אל אבותיו
- gather speed לצבור מהירות
- gather up לאסוף
- gathered skirt חצאית מקובצת
gather *n.* קיבוץ (בבגד)
gathering *n.* מיקבצת; אסיפה, התקהלות; מוגלה
gauche (gōsh) *n.* לא-יוצלח, בטלן
gaud *n.* תכשיט ראוותני
gau′dy *adj.* צעקני, ראוותני, רועש
gauge (gāj) *n.* מכשיר מדידה, מדיד, מונה; קנה-מידה; עובי, קוטר
- standard gauge מסילה תיקנית
- take the gauge of להעריך, לשפוט
gauge *v.* למדוד, להעריך, לאמוד
gaunt *adj.* רזה, כחוש; שומם, קודר
gaunt′let *n.* כפפה, כסייה
- pick up the gauntlet להיענות לאתגר, להרים את הכפפה
- run the gauntlet להיחשף לסכנה
- throw down the gauntlet לזרוק את הכפפה, להזמין לדו-קרב
gauze *n.* גאזה, מלמלה; רשת
gau′zy *adj.* שקוף, כמו גאזה
gave = pt of give
gav′el *n.* פטיש היושב-ראש
gavotte′ *n.* גבוט (ריקוד)

gawk *n.* לא-יוצלח, מגושם
gawk *v.* להסתכל כגולם
gaw′ky *adj.* כבד-תנועה, מגושם
gawp *v.* לנעוץ מבט טיפשי
gay *adj.* עליז, שמח; *הומו
gay′ety *n.* שימחה, עליזות
Ga′za Strip (gä-) רצועת עזה
gaze *v&n.* להסתכל; מבט
gaze′bo *n.* בית-קיץ
gazelle′ *n.* צבי
gazette′ *n&v.* עיתון; לפרסם ברשומות
gaz′etteer′ *n.* אינדקס גיאוגרפי
gazump′ *v.* להעלות המחיר
GB = Great Britain
GDP = gross domestic product
gear (g-) *n.* מערכת הילוכים, גיר; כלים, ציוד; מנגנון; *בגדים
- bottom gear הילוך נמוך
- high gear הילוך גבוה
- in gear בהילוך
- out of gear בהילוך סרק, בניוטרל
- throw out of gear לבלבל; לשבש
gear *v.* להרכיב גלגלי שיניים
- gear to לתאם, לקשר, להצמיד
- gear up לשלב להילוך גבוה
- geared up מתוח, בציפייה
gearbox, gearcase *n.* תיבת הילוכים
gear shift/stick מוט הילוכים
geck′o (g-) *n.* שממית, לטאה
gee *interj.* ג׳י! (קריאת-הפתעה)
- gee up קדימה! (לסוס)
gee′-gee′ *n.* *סוס
geese = pl of goose (g-)
gee-string *n.* חוטיני
gee′zer (g-) *n.* *ברנש, משונה
Gei′ger counter (gī′g-) *n.* מונה גייגר
gei′sha (gā′-) *n.* גיישה
gel *n.* קריש, ג׳ל, חצי-מוצק
gel *v.* להקריש, להגליד; להצליח
gel′atine′ (-tēn) *n.* ג׳לטין, מיקפית
geld (g-) *v.* לסרס, לעקר
gelding *n.* סוס מסורס
gel′ignite′ *n.* ג׳ליגניט, חומר-נפץ
gem *n.* אבן יקרה, פנינה
gem′inate′ *v.* להכפיל; לערוך בזוגות
Gem′ini′ *n.* מזל תאומים
gen *n&v.* *מידע מקיף
- gen up *ללמוד; ללמד, לעדכן

gendarme (zhän′därm) *n.* שוטר
gen′der *n.* (בדקדוק) מין, מיגדר
gene *n.* גֶן, גורם תורשתי
ge′ne•alog′ical *adj.* גיניאלוגי
genealogical tree אילן יוחסין
ge′ne•al′ogy *n.* גיניאולוגיה, חקר ההתפתחות, שלשלת היוחסין
gene pool מאגר הַגֶנִים
gen′era = pl of genus סוגים
gen′eral *adj.* כללי, כולל, גנראלי
- as a general rule בדרך כלל
- general idea מושג כללי
- general interest אינטרס ציבורי
- general meeting אסיפה כללית
- in general בדרך כלל
general *n.* גנראל, רב-אלוף, אלוף
general anesthetic הרדמה כללית
General Assembly עצרת האו״ם
general assignment המחאה כללית
general delivery דואר שמור
general election בחירות כלליות
gen′eral′ity *n.* כלליות, הכללה
- the generality הרוב, הכלל
gen′eraliza′tion *n.* הכללה
gen′eralize′ *v.* להכליל; להסיק
generally *adv.* בדרך כלל, כללית
general practitioner רופא כללי
general-purpose *adj.* רב-שימושי
general staff המטה הכללי
general strike שביתה כללית
gen′erate′ *v.* ליצור, להוליד
gen′era′tion *n.* דור; יצירה
generation gap פער הדורות
gen′era′tive *adj.* מוליד, יוצר, בונה
gen′era′tor *n.* גנראטור, מחולל
gener′ic *adj.* של מין; סוגי, משותף לכל הקבוצה
gen′eros′ity *n.* רוחב-לב, נדיבות
gen′erous *adj.* נדיב; פזרן; רב, שופע
gen′esis *n.* מקור; היווצרות, לידה
Genesis *n.* בראשית (חומש)
genet′ic *adj.* גנטי, של גֶנים, תורשתי, של גנטיקה
genetic code צופן גנטי
genetic engineering הנדסה גנטית
genet′icist *n.* חוקר גנטיקה
genet′ics *n.* גנטיקה, מדע התורשה
ge′nial *adj.* עליז, שמח, חמים, נעים
ge′nial′ity *n.* עליזות, שימחה
ge′nie (pl = genii) *n.* שֵד, רוח

gen′ital *adj.* של איברי המין
genitals *n-pl.* איברי המין
gen′itive case יחס הקניין
ge′nius *n.* גאונות; גאון; כישרון, גניוס; אופי, תכונה טיפוסית; מלאך
genius lo′ci (-sī) אווירת המקום
genned up *מעודכן
gen′ocide′ *n.* ג׳נוסייד, רצח עם
genre (zhän′rə) *n.* ז׳אנר, סוּגָה; ציור
gent *n.* *ג׳נטלמן
- gents שירותי גברים
gen·teel′ *adj.* נימוסי, מחונך
gen′tile *adj&n.* גוי, לא יהודי
gen·til′ity *n.* נימוסיות, חינוך
gen′tle *adj.* עדין; רך, מתון; אציל
gentlefolk *n-pl.* מיוחסים, אצילים
gentleman *n.* ג׳נטלמן; אדיב; אדון
- gentlemen! רבותיי!, חברים!
gentlemanly *adj.* ג׳נטלמני, אדיב
gentleman's agreement הסכם ג׳נטלמני
gentleman's gentleman משרת
gentle sex המין היפה, המין החלש
gentlewoman *n.* גברת, ליידי
gently *adv.* בעדינות, מתון-מתון
gen′try *n.* בני מעמד גבוה
gen′u·flect′ *v.* לכרוע ברך, לקוד
gen′u·flec′tion *n.* כריעת ברך
gen′uine (-nūin) *adj.* אמיתי, מקורי, לא-מלאכותי
ge′nus *n.* סוג (בתורת המיון)
ge′o- (תחילית) ארץ
ge′o·cen′tric *adj.* גיאוצנטרי
ge·og′rapher *n.* גיאוגרף
ge′ograph′ical *adj.* גיאוגרפי
ge·og′raphy *n.* גיאוגרפיה
ge′olog′ical *adj.* גיאולוגי
ge·ol′ogist *n.* גיאולוג
ge·ol′ogy *n.* גיאולוגיה
ge′omet′ric(al) *adj.* גיאומטרי, הנדסי
geometrical series סדרה הנדסית
geometric mean ממוצע גיאומטרי
geometric progression טור הנדסי
ge·om′etry *n.* גיאומטריה, הנדסה
ge′o·phys′ics (-z-) *n.* גיאופיסיקה
ge′o·pol′itics *n.* גיאופוליטיקה
George (jôrj) *n.* ג׳ורג׳
- by George! חי נפשי!
Georgian (jôr′jən) *adj.* גרוזיני; של המלך ג׳ורג׳; גיאורגיאני
gera′nium *n.* גרניון, גרניום

ger′iat′ric *adj.* גריאטרי
ger′iat′rics *n.* רפואת הזיקנה
germ *n.* חיידק, נבט; התהוות
Ger′man *adj&n.* גרמני; גרמנית
ger·mane′ *adj.* נוגע, רלוואנטי
German measles אדמת
ger′micide′ *n.* קוטל חיידקים
ger′minal *adj.* בראשית התפתחותו
ger′minate′ *v.* לנבוט; להתפתח
ger′mina′tion *n.* נביטה; התפתחות
germ warfare מלחמה ביולוגית
ger′ontol′ogy *n.* גרונטולוגיה, מדע הזיקנה
ger′ryman′der *v.* לחלק מחוז-בחירות באופן לא הוגן, לסלף
ger′und *n.* שם הפעולה, שם פועלי
ges·ta′tion *n.* היריון, נשיאת העובּר
ges·tic′u·late′ *v.* להניע הידיים והראש (תוך כדי דיבור)
ges·tic′u·la′tion *n.* ג׳סטיקולציה
ges′ture *n.* מחווה, ג׳סטה; תנועה
gesture *v.* להניע הידיים/הראש
get (g-) *v.* לקבל, להשיג, לרכוש, לקחת; לבוא, להגיע; להיות, להיעשות; לגרום, להביא ל-; להבין
- I've got you! תפסתיך!, הפסדת!
- be getting on *להזדקן
- be getting on for להתקרב ל- (גיל)
- get about להסתובב, להתהלך, לנוע
- get across לעבור, להעביר; להיקלט, לתפוס (נאום, בדיחה)
- get after לרדוף, לתקוף, לגעור
- get ahead לעלות על, לעבור; להתקדם
- get along להסתדר; להתקדם; לזוז
- get along with you! *לך!, כלך לך!
- get around להתפנות; להסתובב; להתפשט; לעקוף, להערים על
- get at להגיע ל-; לרמוז, להתכוון; *לשחד; ללעוג, להתגרות
- get away להסתלק; להשתחרר
- get away with it להיפטר בלא עונש
- get back להחזיר; לחזור; לנקום
- get behind לפגר; לתמוך; לחשוף
- get better/well להשתפר, להחלים
- get by לעבור; להתקיים; לחיות; להיחלץ מעונש
- get down לרדת; להוריד; לבלוע; לרשום; לדכא; לקום מן השולחן
- get down to work להירתם לעבודה
- get even with להחזיר לו כגמולו
- get going לזוז; להזיז; להרגיז

- get him off להרדים; לחלץ מעונש
- get hold of להבין; להחזיק; לרכוש
- get home לחדור לראש, להיקלט
- get in להגיע; להכניס; להיכנס; לצבור, לאסוף; לקרוא, להזעיק
- get into להיכנס; להכניס
- get it off לשלוח; להסיר
- get it over להיות כבר אחרי זה
- get it? *מובן?, הבנת?
- get lost! הסתלק!, עוף!
- get off לרדת; להוריד; לזוז, לצאת; להתחמק מעונש; לסיים העבודה
- get off my back! רד ממני!
- get off with להתיידד עם
- get on לעלות על; להתקדם, להמשיך, להסתדר; להתנפל על
- get on for להתקרב ל-
- get on to/onto להתקשר, לטלפן; "לעלות עליו", לחשוף פרצופו
- get one's own back לנקום
- get out לצאת; להוציא; לברוח
- get outside *לאכול, לשתות
- get over להתגבר על; לשכוח; לסיים
- get round לעקוף, להערים על; להתפנות, למצוא זמן; לשכנע, לשדל
- get somewhere להגיע לאן-שהוא
- get there *להגשים מטרה, להצליח
- get through להגיע; להשיג (בטלפון) להעביר; לעבור; להבין; לגמור
- get to להתחיל ל-, להגיע לשלב-; להצליח
- get to be להיעשות, להפוך ל-
- get to know להכיר, ללמוד, לדעת
- get together להיוועד, להתאסף; לארגן, לסדר; להגיע להסכם
- get told off *לספוג נזיפה
- get up לקום; להקים; להתעורר; לארגן, להכין; להלביש; להתגנדר
- get up to להגיע ל-; להשיג, להדביק
- get with it *להתעורר לחיים; להיות עירני, לשים לב
- has got יש לו, הוא בעל-
- has got to הוא חייב, הוא מוכרח
- it gets me *זה פוגע/מעליב
- you'll get it! תקבל מנה!

get-at'-able *adj.* ניתן להשיגו, נגיש

get-away *n&adj.* (של) בריחה, הסתלקות

get-together *n.* מסיבה

get-up *n.* *מראה חיצוני; תלבושת

get-up-and-go *n.* *מרץ, התלהבות

gew'gaw' (gū'-) *n.* תכשיט צעקני

gey'ser (gī'z-) *n.* גייזר; מיתקן חימום

ghas'tly (gas-) *adj.* חיוור, כמו מת; נורא, מזעזע

gher'kin (gûr'-) *n.* מלפפון (קטן)

ghet'to (ge-) *n.* גטו

ghost (gōst) *n.* רוח, שד; צל

- give up the ghost לחדול מכך; למות
- hasn't the ghost of a chance אין לו אף צל של סיכוי

ghost *v.* לשמש כסופר-צללים

ghostbuster מְגָרֵשׁ שדים

ghostly *adj.* כמו רוח/שד; רוחני

ghost town עיר רפאים

ghost train רכבת שדים

ghost-writer *n.* סופר-צללים

ghoul (gōōl) *n.* שֵׁד; אדם מתועב

ghoulish *adj.* נתעב, דוחה

GHQ = General Headquarters

GI (gē'ī') *n&v.* חייל; לנקות

gi'ant *n&adj.* ענק; ענקי

giantess *n.* ענקית

gib'ber *v.* למלמל, לקשקש

gib'berish *n.* מילמול, קישקוש

gib'bet *n.* עץ התלייה

gibbet *v.* לתלות; להוקיע

gib'bon (g-) *n.* גיבון (קוף)

gib'bous (g-) *adj.* גבנוני, מקומר

gibe *n.* ליגלוג; הערה לעגנית

gibe *v.* ללגלג, לצחוק

gib'lets *n-pl.* טפלי-עוף (כבד, לב)

gid'dy (g-) *adj.* מסוחרר; מסחרר; קל-דעת, לא-רציני; אוהב בילויים

gift (g-) *n.* שי, מתנה; כישרון טבעי; זכות ההקניה; *מציאה

- a free gift שי לקונה

gifted *adj.* מחונן, נתברך ב-

gift token/voucher תלוש שי

gig (g-) *n.* כרכרה; סירה קטנה; *עבודה, ג'וב; מופע

giga- (jig'ə) (תחילית) מיליארד

gigabyte *n.* גיגבייט, מיליארד בתים

gi·gan'tic *adj.* ענקי, כביר

gig'gle (g-) *v.* לגחך, לצחקק

giggle *n.* גיחוך, ציחקוק, צחוק

gig'olo' *n.* ג'יגולו, בן-זוג

gild (g-) *v.* לצפות בזהב, להזהיב

- gild the lily לייפות דבר יפה,לקלקל
- gild the pill להמתיק הגלולה

gilded youth נוער זהב, נערי זוהר

gilder *n.* מצפה בזהב, מזהיב

gilding *n.* חומר זיהוב, הזהבה
gill (g-) *n.* זים
- white about the gills חיוור מאוד
gill (j-) *n.* רבע פיינט (מידה)
gilt (g-) *n.* ציפוי זהב
gilt-edged *adj.* (ניירות ערך) בטוחים
gim′crack′ *adj.* חסר-ערך, צעקני
gim′let (g-) *n.* מרצע, מקדח
gimlet eye מבט נוקב, עין חדה
gim′mick (g-) *n.* *גימיק, טריק, אביזר-פרסומת, פעלול
gimmickry *n.* גימיקים
gimp (g-) *n.* חוט, פתיל; חוט החכה
gimp *v&n.* *לצלוע; צולע; טיפש
gin *n.* מנפטה; מלכודת; ג'ין (משקה)
gin *v.* לנפט כותנה; ללכוד
gin′ger *n.* זנגביל; חִיוּת, פעילות; אדמוני, ג'ינג'י, חלמוני
ginger *v.* להכניס חיים ב-, לחזק
ginger ale/beer משקה זנגביל
gingerbread *n.* עוגת זנגביל
- the gilt is off the gingerbread פג הודו, לא כתמול שילשום
ginger group סיעה אקטיביסטית
gin′gerly *adj&adv.* זהיר; בזהירות
ginger nut/snap עוגיית זנגביל
gingham (ging′əm) *n.* גינגאם (בד)
gin′givi′tis *n.* דלקת החניכיים
gip′sy *n.* צועני
giraffe′ *n.* ג'ירף, ג'ירפה
gird (g-) *v.* להקיף, לאזור; ללעוג
- gird on/up לחגור, לחבר בחגורה
- gird one's loins לשנס מותניו
gir′der (g-) *n.* קורה, קורת פלדה
gir′dle (g-) *n&v.* חגורה, אבנט; חגורת בטן, מחוך; טבעת
gir′dle להקיף
girl (g-) *n.* נערה, ילדה; *אישה; עוזרת; פועלת, עובדת
girl Friday עובדת, עוזרת
girl friend חברה, ידידה
girl guide צוֹפָה
girlhood *n.* תקופת הילדות
girlish *adj.* של נערה
girly *adj.* גדוש תצלומי נערות
gi′ro *n.* העברה בנקאית
girt = p of gird (g-) מוקף; חגור
girth (g-) *n.* היקף, היקף המותניים; חבק, רצועת האוכף
gis′mo (giz′-) *n.* *מכשיר, פטנט

gist *n.* תמצית, נקודות עיקריות
give (giv) *v.* לתת; למסור; להיכנע, להיחלש; להתכופף; לערוך; לגרום
- I give you that נכון, אני מודה
- I give you the king לחיי המלך
- be given over לשקוע ב-, להתמכר
- give a hand להושיט יד
- give as good as one gets להחזיר באותו מטבע, להשיב מלחמה שערה
- give away לתת; לבזבז; להסגיר; לגלות; למסור (את הכלה לחתן)
- give back להחזיר
- give birth to ללדת, ליצור
- give forth להוציא, לפלוט
- give him up (for lost) להתייאש ממנו
- give him what for *לתת לו מנה
- give in להיכנע; למסור, לתת
- give it to him לתת לו מנה
- give me אני מעדיף, הייתי רוצה
- give of oneself להקדיש מעצמו לזולת
- give off להוציא, לפלוט
- give on to להשקיף על, להיות מול
- give one's all נתן את כל כולו
- give oneself להתמסר, למסור גופה
- give oneself away להסגיר עצמו
- give oneself over להתמסר ל-
- give oneself up להסגיר עצמו; לשקוע ב-
- give or take פחות או יותר
- give out לחלק, לתת; להודיע; לאזול; להוציא, לפלוט; לקרוס
- give over לתת, להסגיר; להקדיש; *לחדול, להפסיק
- give rise to לעורר, להביא ל-
- give to understand לתת להבין
- give up לחדול, לנטוש, לוותר, להתייאש; להסגיר, למסור
- give way להיכנע, לוותר, להישבר; לסגת; לתת זכות קדימה, לפנות דרך
- what gives *מה קורה?, מה חדש?
give *n.* גמישות
give and take תן וקח, ויתור; ציחצוחי מלים
give-away *n.* הסגרה, גילוי-סוד; שי
given *adj.* נתון, מוסכם, מסויים; נכתב, נערך; אם יקבל-
- given (that-) בהנחה ש-; בהתחשב
- is given to נוטה ל-, רגיל; מכור ל-
given name שם פרטי
giver *n.* נותן, נדבן

giz′mo (giz′-) *n.* *מכשיר, פטנט
giz′zard (g-) *n.* קורקבן
- it sticks to my gizzard "עומד לי בגרון", לא לרוחי
glace (glasā′) *adj.* מצופה בסוכר, מְסוּכָּר; חלק, מבריק
gla′cial *adj.* של קרח/קרחונים; קר
gla′cier (-shər) *n.* קרחון
glad *adj.* שמח; משמח
- give the glad eye *לקרוץ
- give the glad hand *לקבל פניו בלבביות
- glad rags *בגדי חג
gladden *v.* לשמח, לשמח לב
glade *n.* קרחת-יער; מיברא
glad′ia′tor *n.* גלאדיאטור, לודר
glad′io′lus *n.* גלדיולה, סֵיפָן
gladly *adv.* בשימחה, בחפץ לב
glam′or *n.* זוֹהַר, קסם, חן
glam′orize′ *v.* לאפוף בזוהר
glam′orous *adj.* אפוף זוֹהַר
glance *v.* להעיף מבט, להציץ; להבהיק, להבריק
- glance off/away להחליק הצידה
- glance one's eye להעיף מבט
glance *n.* מבט חטוף; קריצה, ניצנוץ
- see at a glance לראות מיד
gland *n.* בלוטה
glan′dular (-′j-) *adj.* של בלוטה
glare *n.* אור חזק, אור מסנוור; מבט חודר, מבט זועם
glare *v.* להבהיק, לסנוור; לנעוץ מבט נוקב/זועף
glaring *adj.* מסנוור; בולט; זועם
- glaring colors צבעים רועשים
- glaring mistake טעות גסה
glass *n.* זכוכית; כוס; משקפת; ראי; ברומטר; שעון-חול; כלי זכוכית
- glasses משקפיים; משקפת
- had a glass too much שתה לשכרה
- magnifying glass זכוכית מגדלת
glass *v.* לזגג
- glass in לזגג, לכסות בזכוכית
glass-blower *n.* מנפח זכוכית
glass-cutter *n.* זַגָג, חותך זכוכית
glass fiber פיברגלס, סיבי זכוכית
glass′ful′ (-fool) *n.* מלוא הכוס
glasshouse *n.* בית-זכוכית; חממה
glasspaper *n.* נייר זכוכית
glassware *n.* כלי זכוכית
glass wool סיבי-זכוכית
glassworks *n.* מיזגגה
glassy *adj.* זגוגי; חסר-הבעה
glauco′ma *n.* גלוקומה, ברקית
glau′cous *adj.* אפרפר-כחול; (פרי) מכוסה אבקה
glaze *v.* לזגג; לצפות בְּזֶגֶג; לכסות בזכוכית; להזדגג
- glaze over להזדגג
glaze *n.* זֶגֶג; ציפוי זגוגי
gla′zier (-zhər) *n.* זַגָג
glazing *n.* זגגות, הזגה; שימשה
gleam *n.* קרן-אור, זוֹהַר; זיק, שביב
gleam *v.* לנצנץ, לזרוח
glean *v.* לאסוף (תבואה); ללקט
gleanings *n-pl.* לקט; אוסף ידיעות
glebe *n.* אחוזת-כומר; אדמה
glee *n.* גיל, צהלה; שיר מקהלה
gleeful *adj.* שמח, צוהל
glen *n.* גיא
glib *adj.* קל-לשון, מהיר-דיבור; חלק, לא רציני, לא אמיתי
glide *v.* לדאות; לגלוש, להחליק
glide *n.* דאייה; גלישה
glider *n.* דאון; דואה
gliding *n.* דאייה, הטסת דאונים
glim′mer *v.* לנצנץ, להבהב
glimmer *n.* היבהוב; זיק, שביב
glimpse *n.* מראה חטוף, מבט קצר
- catch a glimpse לראות לרגע קט
glimpse *v.* לראות לרגע, להבחין
glint *n.* ניצנוץ, ברק
glint *v.* לנצנץ, להבריק, לזרוח
glissade′ *n.* גלישה על שלג, החלקה
glis′ten (-sən) *v.* להבריק, לזהור
glitch *n.* *תקלה, פעולה לקויה
glit′ter *v.* להבריק, לנצנץ
glitter *n.* ברק, ניצנוץ
glittering *adj.* מזהיר, זוֹהֵר
glitz *n.* *זוֹהַר, צעקנות
gloam′ing *n.* דימדומי-ערב
gloat *v.* לצהול; להסתכל בחמדה
glob *n.* טיפה; גוש
glo′bal *adj.* גלובאלי, כוללני, מקיף
globe *n.* גלובוס, כדור, אהיל
globe artichoke (ראש ה-) ארטישוק
globe-trot *v.* לסייר ברחבי העולם
globetrotter *n.* מסייר בעולם
glob′u·lar *adj.* כדורי; דמוי-טיפה
glob′ule *n.* טיפה, נטף, כדורית
glock′enspiel′ (-pēl) *n.* פעמונייה
glomer′ulus *n.* פַּקְעִית (גוש נימיות

דם)
gloom (gloom) *n.* קדרות, עצב
gloo′my *adj.* קודר, עצוב
glor′ifica′tion *n.* הלל; הערצה
glorified *adj.* מרשים, מצועצע
glor′ify′ *v.* להלל, להודות לאל; לפאר, לייפות, להאדיר
glor′ious *adj.* נהדר, מפואר
glo′ry *n.* הדר, כבוד, הלל; יופי
- go to glory *למות
- in one's glory מרוצה, שמח
- send to glory *להרוג
glory *v.* להתפאר
- glory in להתפאר ב-, לשמוח
glory hole חדר עמוס חפצים
gloss (glôs) *n.* ברק, שטח חלק; מסווה, העמדת פנים; פירוש, הערה
- put a gloss on it להוסיף לו ברק, לטייח
gloss *v.* לפרש, להוסיף הערות
- gloss over לכסות; להחליק
glos′sary *n.* מילון, גלוסריון, אגרון
gloss′y *adj.* מבריק, חלק
glot′tal *adj.* של פתח-הקול
glot′tis *n.* פתח-הקול (בגרון)
glove (gluv) *n&v.* כפפה; ללבוש כפפות
- hand in glove with יד ביד
- handle with kid gloves לטפל בכפפות משי
- take the gloves off להסיר הכפפות
- throw down the glove לזרוק את הכפפה
- with the gloves off ללא רחמים
glove compartment תא הכפפות
glove puppet בובת כפפה
glow (glō) *v.* ללהוט; לזהור
glow *n.* להט, חום; סומק
glow′er *v.* לזעוף, להביט בזעם
glowing *adj.* לוהט, נלהב
glow-worm *n.* גחלילית
glu′cose *n.* גלוקוזה, סוכר-ענבים
glue (gloo) *n.* דֶבֶק
glue *v.* להדביק, להצמיד
gluey *adj.* דביק
glum *adj.* עצוב
glut *n.* שפע, עודף-היצע
glut *v.* להציף, להלעיט
glu′ten *n.* גלוטן
glu′tinous *adj.* דביק
glut′ton *n.* זוללן; להוט אחרי
glut′tonous *adj.* זולל; רעב ל-
glut′tony *n.* זלילה
glyc′erin *n.* גליצרין, מתקית
gm. = gram
G-man *n.* *בלש
GMT = Greenwich Mean Time
gnarled (närld) *adj.* מחוספס, מפותל, מלא-בליטות, מיוּבָּל, מסוקס
gnash (n-) *v.* לחרוק (בשיניים)
gnat (n-) *n.* יתוש
- strain at a gnat להקפיד על זוטות
gnaw (n-) *v.* לכרסם; לכסוס
gnome (n-) *n.* שד (שומר אוצרות)
GNP = Gross National Product תל"ג, תוצר לאומי גולמי
gnu (noo) *n.* גנו (בע"ח מעלה גירה)
go *v.* ללכת; לנסוע; להגיע; להיעשות, להיות; להשמיע קול; להתהלך
- 5 days to go נותרו 5 ימים
- as things go בהשוואה לממוצע
- be going on for להתקרב לגיל-
- be going to הולך ל-, עומד ל-
- be gone on *להיות מאוהב ב-
- be gone! הסתלק!, לך!
- go a long way לעשות בו שימוש רב; לעשות כברת דרך ארוכה
- go about להסתובב, להתהלך; לטפל
- go after/for לרדוף אחרי
- go against להתנגד; לנטות לרעת-
- go ahead להמשיך, להתקדם; קדימה!
- go along להמשיך; להסכים; לתמוך
- go along with you! *עזוב אותי
- go around להתהלך, להסתובב; להספיק לכול
- go at להתקיף, לטפל במרץ
- go away ללכת, להסתלק
- go back לחזור
- go back on לא לקיים; לבגוד ב-
- go beyond לעבור, לעלות על
- go by לעבור, לחלוף; לפעול לפי; לשפוט לפי
- go by the name of להיקרא
- go down לרדת; לשקוע; להירשם, להיזכר; להיבלע; *להישלח לכלא
- go down before להיות מוכרע בידי-
- go down to להימשך, להגיע ל-
- go down well with להתקבל על
- go far להגיע רחוק, להצליח
- go for להתייחס, לנגוע; לנסות להשיג
- go for nothing ברכה לבטלה

- go for/at להימכר תמורת; להתקיף
- go halves/shares להתחלק שווה בשווה
- go in להיכנס
- go in for לחבב, להתעניין ב-; להשתתף ב-
- go in with להצטרף ל-
- go into להיכנס ל-, לחקור היטב
- go it לפעול; למהר; לזוז; לחיות
- go off להתקלקל; להתפוצץ; לירות; להירדם; ללכת, להסתלק, להיפרד
- go off tea להפסיק לאהוב תה
- go off well להצליח, לעבור יפה
- go on להמשיך; להתרחש, לקרות; לעבור, לחלוף; להתנהג
- go on at להציק, לנדנד ל-, לגעור
- go on for להתקרב לגיל-; להסתדר עם
- go on it להסתמך/להתבסס על כך
- go on with you! *לךָ, שטויות!
- go one better לעלות על-
- go one's way להמשיך בדרכו
- go out לצאת; לשבות; לִכבּוֹת; לצאת מן האופנה; *לאבד ההכרה
- go over לעבור; לבדוק; לחזור על
- go over well להתקבל,לעשות רושם
- go round להסתובב; להספיק לכולם
- go shopping לערוך קניות
- go slow לשבות שביתת האטה
- go so far as להרחיק לכת עד-
- go steady לצאת בקביעות עם חבר
- go through לעבור; להתנסות ב-; לקיים
- go through with להשלים, לבצע
- go to him ליפול בחלקו
- go together ללכת עם
- go too far להגזים, להרחיק לכת
- go under להתמוטט; לשקוע
- go up לעלות; להיבנות; להיהרס
- go up in flames לעלות באש
- go with להסכים עם; לְלַווֹת
- go with her *לצאת איתה
- go with the tide לשחות עם הזרם
- go without להסתדר בלעדי
- going! gone! פעם שנייה! שלישית! נמכר!
- how goes it? מה נשמע?
- is going on 8 כמעט 8
- it goes without saying ברור ש-
- let oneself go להתפקר, להתפרק
- my heart goes out ליבי כלה ל-

go *n.* *מרץ; פעילות; ניסיון; התקף
- all the go *"הולך", באופנה
- from the word go מן ההתחלה
- have a go at *לנסות כוחו ב-
- make a go of להצליח ב-
- no go *לא!, זה לא ילך
- on the go *עסוק, פעיל

goad *n&v.* מַלמָד, מרדע; גורם מדרבן, דרבן; לדחוף, לדרבן, לעורר
go-ahead *n.* *אות/רשות לפעול
go-ahead *adj.* מתקדם
goal *n.* מטרה, יעד; שער, גול
- an own goal גול עצמי
- score a goal לכבוש/להבקיע שער

goalkeeper, goalie *n.* שוער
goal line קו השער
goalpost *n.* קורת השער
go-as-you-please חופשי, לא לכוד
goat *n.* תיש, עז
- act the goat *להשתטות
- get his goat *להרגיזו
- he-goat תיש
- play the giddy goat להשתטות
- she-goat עז

goatee′ *n.* זקן-תיש
goat-herd *n.* רועה עזים, רועה צאן
goat′s-beard זקן התיש (צמח)
goatskin *n.* עור-עזים
gob *n.* *כיח, רוק; מַלָּח, ימאי; פֶּה
- gobs of money *המון כסף

gob′bet *n.* חתיכה, נתח
gob′ble *v.* לזלול, לקרקר
gob′bledygook′ (-ld-) *n.* שפת-פקידים
gob′bler *n.* תרנגול הודו
Go′belin (tapestry) גובלן
go-between *n.* מתווך, איש-ביניים
gob′let *n.* גביע
gob′lin *n.* שד, רוח רעה
go-by *n.* הימנעות, התנכרות
- give the go-by להתעלם, להתנכר

go-cart *n.* הליכון; קרונית; מכונית מירוץ; עגלת-יד
God *n.* אלוהים, הבורא
- God forbid חס וחלילה
- God knows אלוהים יודע, מי יודע
- God willing אם ירצה השם, אי"ה
- thank God תודה לאל

god *n.* אליל
- little tin god מתנפח, מתרברב
- make a god of לסגוד ל-
- the gods מושבי היציע

godchild *n.* ילד-סנדקאות

goddamned (god′amd′) *adj.* *ארור
god′dess *n.* אלילה
godfather *n.* סנדק
God-fearing *adj.* ירא-שמיים
God-forsaken *adj.* שכוח-אל
Godhead *n.* אלוהות
godless *adj.* רשע, כופר
godlike *adj.* אלוהי, שמיימי
godly *adj.* ירא-שמיים, אדוק
godmother *n.* סנדקית
godparent *n.* סנדק
godsend *n.* מזל, מתת-אל
godson *n.* בן-סנדקאות
godspeed *n.* "דרך צלחה", ברכה
-goer הולך, מבקר בקביעות ב-
- theater-goer מבקר בתיאטרון
go′fer *n.* *שליח, רץ
go-getter *n.* נמרץ, מצליחן
gog′gle *v.* לפעור/לגלגל עיניים
goggle-box *n.* *טלוויזיה
goggle-eyed *adj.* פעור-עיניים; בעל עיניים בולטות
goggles *n-pl.* משקפי-מגן
go-go *adj.* נמרץ; ללא רסן
go-go girl נערת גוגו
going *n.* הליכה, הסתלקות; תנאי הנסיעה/הדרך; מהירות הנסיעה
going *adj.* קיים, זמין; רווח; פועל
- going concern עסק הולך/מכניס
- going for him פועל למענו
- to be going on with לעת עתה
going-over *n.* *בדיקה כללית; מנה הגונה
goings-on *n-pl.* התרחשויות, מעשים
goi′ter *n.* זפקת (מחלה)
go′kart′ *n.* מכונית מירוץ פתוחה
Go′lan Heights *n.* רמת הגולן
gold (gōld) *n.* זהב
- a heart of gold לב זהב
- all that glitters is not gold לא כל הנוצץ זהב
- as good as gold מצויין, נפלא
gold-beater *n.* מְרַקֵּעַ זהב, זהבי
gold-digger *n.* כורה-זהב, מחפש זהב; *רודפת עשירים
gold-dust *n.* אבקת זהב
golden *adj.* זהוב, זהבי; יקר
- golden opportunity הזדמנות פז
golden age תור-הזהב, ימי הזוהר
golden calf עגל הזהב
golden handshake מענק פרישה
golden jubilee יובל הזהב, יובל החמישים
golden mean שביל הזהב
golden rule כלל זהב (בהתנהגות)
golden wedding חתונת הזהב
gold-field *n.* עפרת-זהב
goldfinch *n.* חוחית (ציפור-שיר)
goldfish *n.* דג זהב
goldfish bowl כלי זכוכית לדגי זהב; מקום נטול-פרטיות
gold leaf עלה זהב, זהב מרוקע
gold medal מדלית זהב
goldmine *n.* מכרה זהב
gold plate כלי זהב; ציפוי זהב
gold rush בהלה לזהב
goldsmith *n.* צורף
go′lem *n.* גולם
golf *n&v.* גולף; לשחק בגולף
golf club מקל גולף; מועדון גולף
golf course/links מגרש גולף
golfer *n.* שחקן גולף
goli′ath *n.* גוליית, ענק
gol′liwog′ *n.* בובה (שחורת-פרצוף)
gol′ly *interj.* *או! (קריאה)
go′nad′ *n.* בלוטת-המין
gon′dola *n.* גונדולה; פיגום
gon′dolier′ (-lir) *n.* גונדולייר
gone (gôn) *adj.* כלה, אזל; הסתלק, מת; הרוס, אבוד
gone = pp of go
gon′er *n.* חשוב כמת, אבוד
gong *n.* גונג, מקוש
gon′na = going to
gon′orrhe′a (-rē′ə) *n.* זיבה
goo *n.* *חומר דביק; רגשנות
good *adj.* טוב; נעים, מהנה; שלם, ניכר, הגון, רציני; לא פחות מ-
- a good deal כמות הגונה
- a good debt חוב טוב, חוב בטוח
- a good few/many מספר ניכר, הרבה
- a good hour שעה תמימה/שלימה
- as good as למעשה, כמעט, בעצם, חשוב כ-
- as good as gold מתנהג למופת
- be so good as הואל בטובך
- good and- *לגמרי, מאוד
- good cause עילה מספקת
- good day שלום!
- good for כל הכבוד ל-; רוצה לשלם
- good money טבין ותקילין

- good morning בוקר טוב
- in good faith בתום לב, בהגינות
- in good time בעיתו, מוקדם
- it's a good thing that מזל ש-
- make good להצליח, להתעשר; לקיים
- make it good לְפַצוֹת, להשלים, לתקן
- take in good part לא להיפגע, לקבל ברוח טובה
- the good book התנ"ך
good *n.* טוב; טובה; תועלת
- be to the good להרוויח נטו
- do good לעשות טוב, לעזור; להועיל
- for good (and all) לעולם
- for your (own) good לטובתך
- in good with אהוב, מקובל על
- no good/not much good אין ערך, אין תועלת, לבלי הועיל
- the good הטובים, הצדיקים
- to the good ברווח
- up to no good חורש רעה
good′bye′ (-bī′) *interj.* שלום!
good-for-nothing *n.* בטלן
Good Friday יום השישי הטוב (לפני הפסחא)
good-hearted *adj.* טוב-לב
good-humored *adj.* עליז, חביב
goodish *adj.* די גדול; טוב למדיי
good-looking *adj.* נאה, יפה, מושך
good′ly *adj.* יפה, נאה; גדול, ניכר
good-natured *adj.* טוב-לב, נוח
goodness *n.* טוב, טוב-לב; תמצית, כוח; השם, אלוהים
- for goodness' sake למען השם
- goodness gracious!/me! אלוהים אדירים!
- have the goodness to הואל נא
goodnight′! *interj.* לילה טוב!
goods *n-pl.* סחורה; מיטלטלין; מיטען
- deliver the goods *לעשות כצפוי/כנדרש, לספק את הסחורה
goods and chattels חפצים אישיים
good sense כושר שיפוט, חוכמה
goodwill′ *n.* רצון טוב; מוניטין
good′y *n.* ממתק
goody-goody *adj.* מתחסד, צבוע
goo′ey *adj.* דביק, מתוק; סנטימנטלי
goof (go͞of) *n.* *טיפש; שגיאה טיפשית
goof-off *n.* *בטלן, שתמטן
goo′fy *adj.* טיפש
goo′gly *n.* (בקריקט) כדור מטעה
goon (go͞on) *n.* *טיפש; בריון שכיר
goose *n.* אווז; בשר-אווז; *טיפש
- can't say boo to a goose פחדן
- gone goose *אבוד, חסר-תקנה
gooseberry *n.* דמדמנית, חזרזר
- play gooseberry לשמש פרימוס, לכפות נוכחותו על זוג אוהבים
goose bumps/pimples סמרמורת
goose-flesh *n.* סמרמורת
goose-foot *n.* כף אווז (צמח בר)
goose-step *n.* צעידת-אווז, איווזוז
go′pher *n.* סנאי כיס
Gor′dian knot קשר גורדי
gore *n.* דם קרוש; חתיכת בד טריזית
gore *v.* לנגוח, לפצוע בנגיחה
gorge *n&v.* ערוץ; גרון; זלילה
- gorge on/with לזלול; להתפטם
- his gorge rose נתקף בחילה/זעם
gor′geous (-jəs) *adj.* נהדר, נפלא
gor′gon *n.* מכשפה, מפלצת
Gor′gonzo′la *n.* גבינת גורגונזולה
goril′la *n.* גורילה
gor′mandize′ *v.* לזלול, לטרוף
gorm′less *adj.* *טיפשי, חסר-תבונה
gorse *n.* אולקס (שיח קוצני)
gor′y *adj.* עקוב מדם, מכוסה דם
gosh, by gosh *interj.* בשם השם!
gos′ling (-z-) *n.* אווזון
go-slow *adj.* של שביתת האטה
go-slow strike שביתה איטלקית
gos′pel *n.* תורה; כלל, עיקרון
Gospel *n.* ספרי הבשורה, אוונגליון
gospel truth אמת מוחלטת
gos′samer *n.* קורי-עכביש; אריג דק
gos′sip *n.* רכילות; רכלן
- have a gossip לפטפט
gossip *v.* לרכל, לכתוב רכילות
got = p of get
Goth′ic *adj.* גותי
got′ta = got to *צריך, חייב
got′ten = pp of get
gouache (gwäsh) *n.* גואש
gouge *n.* מפסלת
gouge *v.* לחרוט במפסלת; לנקר עין
gou′lash (go͞o′läsh) *n.* גולאש
gourd (goord) *n.* דלעת; כלי (מקליפת) דלעת
gour′mand (goor′-) *n.* זוללן
gourmet (goor′mā) *n.* אנין הטעם

gout *n.* צינית, שיגדון, פודגרה
gouty *adj.* סובל מצינית
gov'ern (guv-) *v.* למשול, לשלוט ב-; לקבוע, להשפיע על
governess *n.* מוֹרָה, מחנכת
governing *adj.* מושל, מנהל
gov'ernment (guv'ərmənt) *n.* ממשלה; שלטון
- minority government ממשלת מיעוט
gov'ernmen'tal (guv-) *adj.* ממשלתי
governor *n.* מושל; נגיד; חבר הנהלה; אב; בוס; וַסָּת (במכונית)
governor-general *n.* מושל כללי, נציב הכתר
gown *n.* גלימה; שמלה; חלוק
gowned *adj.* עוטה גלימה
GP = general practitioner
GPO = general post office
Graaf'ian follicle (graf'-) *n.* זקיק גרף
grab *v&n.* לתפוס, לחטוף; חטיפה
- grab off לחטוף
- up for grabs *כל הקודם זוכה, לרכישה
grab bag הגרלה (מתוך שקית)
grabber *n.* חוטף; תאב-בצע
grace *n.* חן, נועם; רצון טוב; דחייה, ארכה; ברכת המזון; חסדי אל
- Your Grace הוד מעלתך
- a week's grace ארכה של שבוע
- act of grace מֶחווָה, חסד
- airs and graces עשיית רושם, רוח
- fall from grace לסור חינו; להידרדר, לחזור לסורו
- had the grace to היה די הגון ל-
- in his good graces מוצא חן בעיניו
- in the year of grace בשנת-
- the Graces אלילות החן והקסם
- with bad grace בלי רצון
- with good grace ברצון, ברוח טובה
grace *v.* לקשט, לכבד (בנוכחותו)
graceful *adj.* חינני, מובע בחן
graceless *adj.* חסר-חן, גס
gra'cious (-shəs) *adj.* אדיב, נעים; רחום
- gracious me! אלוהים אדירים!
gra•da'tion *n.* שלב, שינוי הדרגתי, מעבר בשלבים, הדרגתיות; דריגה
grade *n.* דרגה, סוג; כיתה; ציון; שיפוע
- make the grade להגיע לרמה הדרושה, להצליח
- on the down grade מידרדר
- on the up grade עולה, משתפר
- the grades בית-ספר יסודי
- up to grade תיקני
grade *v.* לסווג, להדריג, לחלק לדרגות; לדרג; ליישר שטח; להשביח
grade crossing צומת מישורי
grade school בית ספר יסודי
gra'dient *n.* שיפוע; שיעור השיפוע
grad'ual (-jo͞oəl) *adj.* הדרגתי
gradual devaluation פיחות זוחל
gradually *adv.* בהדרגה
grad'uate (-jo͞oit) *adj.* בוגר (בי"ס)
grad'uate' (-jo͞oāt) *v.* לסיים לימודים; להעניק תואר; לסמן מידות, לְשַׁנֵּת, לְכַיֵּיל; לסווג
grad'ua'tion (-jo͞oa'-) *n.* טקס הענקת תארים, סיום; סיווג; שינות
graffi'ti (-fē'ti) *n.* גרפיטי, ציור-קיר
graft *n.* שֶׁתֶל, רוכב (בהרכבה); רקמה מושתלת; שוחד, ניצול השפעה
graft *v.* להרכיב, להשתיל; לקחת שוחד, לנצל קשרים
grail *n.* הגביע הקדוש
grain *n.* גרעין; דגן, תבואה; אורז; גרגיר; קורטוב; מערך הסיבים
- against the grain בניגוד לנטיית-ליבו
- in grain ביסודו, מטבעו
- take it with a grain of salt להטיל ספק קל בדבר
gram, gramme (gram) *n.* גראם
gram'mar *n.* דקדוק
gramma'rian *n.* מדקדק
grammar school בית-ספר יסודי
grammat'ical *n.* דקדוקי
gram'ophone' *n.* פטיפון, מקול
gram'pus *n.* גראמפוס (דולפין); נושם בקול
gran *n.* *סבתא
gran'ary *n.* אסם, מחסן תבואה
grand *adj.* גדול; נפלא, מרשים; ראשי, חשוב; שלם, כולל
- grand total סיכום כולל
grand *n.* *פסנתר-כנף; אלף דולר
grandchild, grandson *n.* נכד
grand-dad (gran'dad') *n.* *סבא
granddaughter *n.* נכדה
gran•dee' *n.* אציל (ספרדי)
gran'deur (-jər) *n.* גדולה, הוד

grandfather *n.* סבא
grandfather clock שעון מטוטלת
gran·dil′oquence *n.* מליצות, עתק
gran·dil′oquent *adj.* נמלץ, מתנפח
gran′diose′ *adj.* מפואר, מרשים
grand′ma (-nmä) *n.* סבתא*
grand master רב-אמן; ראש אירגון
grandmother *n.* סבתא
grand opera אופרה גדולה (שתמלילה מושר כולו)
grand′pa (-npä) *n.* סבא*
grandparent *n.* סבא, סבתא
grand piano פסנתר כנף
Grand Prix (-prē′) *n.* מירוץ מכוניות בינלאומי
grandstand *n.* יציע הקהל
grange (grānj) *n.* חווה; משק
gran′ite (-nit) *n.* גרניט, שחם
gran′ny, gran′nie *n.* סבתא*
grano′la *n.* גראנולה
grant *v.* לתת, להעניק; להיענות ל-; להודות, להסכים
- granted כן, אכן
- granted that נניח ש-, אומנם
- take for granted לקבל כמובן מאליו
grant *n.* מענק, קצבה, מלגה
grant·ee′ *n.* מקבל המענק
gran′u·lar *adj.* גרעיני, מגורען; מחוספס
gran′u·late′ *v.* לפורר/להתפורר לגרגרים; לחספס
granulated sugar סוכר (מפורר)
gran′ule (-nūl) *n.* גרגירון
grape *n.* ענב
- sour grapes עינבי-בוסר (זילזול בדבר שחפצים בו ואין להשיגו)
grapefruit *n.* אשכולית
grape shot צרור פגזים, מטח
grape-vine *n.* גפן; הפצת ידיעות; מקור סודי
graph *n.* גרף, עקומה, תרשים, רישמה
graph′ic(al) *adj.* כתבי, גרפי, של הכתב, של ציור; ברור, ציורי, חי
graphically *adv.* בצורה חיה, באופן ברור; בצורה גרפית
graphics *n-pl.* גרפיקה
graph′ite *n.* גרפיט
graph′olog′ical *adj.* גרפולוגי
graph·ol′ogist *n.* גרפולוג
graph·ol′ogy *n.* גרפולוגיה

graph paper נייר גראפים (משובץ)
grap′nel *n.* עוגן קרסים, כלי סריקה; אונקל
grap′ple *v.* להיאבק, להתגושש
grappling iron = grapnel
grasp *v.* ללפות; לתפוס; להבין; לקפוץ על, לקבל בלהיטות
- grasp at a straw להיאחז בקש
grasp *n.* אחיזה, תפיסה; השגה
- beyond my grasp נשגב מבינתי
- in the grasp of בציפורני, בידי
- within one's grasp בהישג ידו
grasping *adj.* רודף בצע
grass *n.* עשב, דשא; *חשיש; מודיע
- let grass grow under one's feet לפעול בעצלתיים, לבזבז זמן
- put/turn out to grass לרעות (בקר); לפטר מעבודה
- watch grass grow להשתעמם ביותר
grass *v.* לכסות בעשב; *להלשין
grass′hop′per *n.* חגב
grassland *n.* כר, שדה-מרעה
grass roots ההמון, הציבור; עובדות-היסוד
grass widow אלמנת קש, עגונה
grassy *adj.* מכוסה עשב, מדשיא
grate *n.* אח; שבכה (להחזקת הגחלים)
grate *v.* לגרד; לפורר, לגרר (במיגררת); לחרוק, לצרום; לעצבן
grateful *adj.* אסיר תודה; נעים
gratefully *adv.* מתוך הכרת תודה
gra′ter *n.* מגררת, פומפייה
grat′ifica′tion *n.* סיפוק; הנאה
grat′ify′ *v.* לספק; לגרום עונג, להשביע רצון
gratifying *adj.* מספק, גורם סיפוק
gra′ting *n.* סורג
grating *adj.* חורק, צורמני
gra′tis *adj.* חינם, בלי תשלום
grat′itude′ *n.* הכרת טובה, תודה
gratu′itous *adj.* ניתן בחינם, חופשי; ללא סיבה, מיותר, בלי טעם
gratu′ity *n.* דמי-שירות, טיפ; מענק
grave *adj.* רציני, חמור, חמור-סבר
grave *n.* קבר
- silent as the grave פיו חתום
- turn in one's grave להתהפך בקברו
grave *v.* לחרות, לחקוק
gravedigger *n.* כורה קברים, קברן

grav′el *n.* חצץ, חול וחצץ; אבנים
gravel *v.* לכסות בחצץ; *להביך
gravel-blind *adj.* עיוור כמעט לגמרי
gravelly *adj.* מכוסה בחצץ; צורמני
gravestone *n.* מצבה
graveyard *n.* בית קברות
gra′ving dock מבדוק יבש (לניקוי תחתית האונייה)
grav′itas′ *n.* רצינות
grav′itate′ *v.* לנוע, להימשך אל
grav′ita′tion *n.* תנועה, משיכה; כוח הכובד, כבידה, גרביטציה
grav′ity *n.* כוח המשיכה, (כוח ה-) כבידה; חומרה, רצינות, כובד ראש
- specific gravity משקל סגולי
gravure′ *n.* הדפס גלופה, פיתוח
gra′vy *n.* רוטב בשר, מרק בשר; *רווחים קלים
- get on the gravy train *לעשות כסף קל
gravy boat קערית לרוטב
gray *n&adj.* אפור, כסוף, מכסיף
- get gray להכסיף (שיער)
gray *v.* להאפיר, להכסיף (שיער)
graybeard *n.* זָקֵן
grayheaded *n.* זָקֵן, כסוף-שיער
grayhound *n.* זרזיר (כלב ציד)
grayish *adj.* אפרפר
gray market שוק אפור
gray matter מוח; תאים אפורים
graze *v&n.* לרעות; לשרוט, לשפשף; לנגוע ולחלוף; שריטה, שיפשוף
grazing-land *n.* אחו, שדה-מרעה
grease *n.* שומן; מישחה; דוהן; גריז
grease *v.* לשמן, למרוח, לגרז
- grease his palm לשחדו
- grease the wheels לגרז את הגלגלים; לארגן, לסדר, להפעיל
- like greased lightning מהר, כברק
grease gun מזרק גריז
grease-paint *n.* משחת-איפור
greaseproof *adj.* אטים שומן, (נייר) פרגמנט
greaser *adj.* מגרז מכונות
greasy *adj.* מכוסה שומן; חלקלק
great (grāt) *adj.* גדול; חשוב; רב; *כביר, מצויין
- Great Bear דובה גדולה
- a great deal/many הרבה
- great Scott! אלוהים אדירים!
- great and small מקטון ועד גדול
- great big גדול, כביר
- great with child הרה, בהיריון
- the great הגדולים, החשובים
Great Britain בריטניה הגדולה
great-coat *n.* מעיל עליון
great-grandfather *n.* אבי הסב, רבסב, סבא רבא
great-grandson *n.* נין
greatly *adv.* מאוד, הרבה, בהרבה
great seal חותמת רשמית
greave *n.* מגן שוקיים
grebe *n.* טבלן (עוף)
Gre′cian (-shən) *adj.* יווני
Gre′co- יוון, יווני
Greece *n.* יוון
greed *n.* תאווה, אהבת בצע
greedy *adj.* תאוותני, צמא, להוט
Greek *adj&n.* יווני; יוונית
- it's Greek to me הדבר למעלה מהשגתי
green *adj.* ירוק; לא בשל, של בוסר; חולני; טירון; טרי, רענן
- get the green light *לקבל אור ירוק
- green in his eye תמימות, פתיות
- green with envy אכול קנאה
green *n&v.* ירוק; מגרש; כר דשא; להוריק
- greens ירקות
greenback *n.* שטר כסף
green bean שעועית ירוקה
green belt חגורת ירק
green card אשרת שהייה
green′ery *n.* ירק, עלים ירוקים
green-eyed *adj.* מקנא, קנאי
green fingers *גננות
greenfly *n.* כנימת העלה
green′gage′ *n.* גרינגייג׳ (שזיף קטן)
greengrocer *n.* ירקן
greenhorn *n.* *פתי; מתחיל, טירון
greenhouse *n.* חממה
greenhouse effect אפקט החממה
greenish *adj.* ירקרק
Green party מפלגת הירוקים
green pepper פילפל ירוק
green revolution המהפכה הירוקה, גידול ביבול
greenroom *n.* חדר מנוחה
green tea תה ירוק
green thumb גננות
Green′wich time (grin′ij) שעון

גרינוויץ'
greenwood *n.* חורשה, יער
greet *v.* לקדם פניו, לקבל, לברך
greeting *n.* ברכה; פנייה (במכתב)
- greetings ברכות, איחולים
gre·ga'rious *adj.* עדרי, חי בעדר, קיבוצי; אוהב חברה
Gre·go'rian *adj.* גריגוריאני
grem'lin *n.* שֵד, רוח רעה
gre·nade' *n.* רימון-יד
gren'adier' (-dir) *n.* רמן, מטיל רימונים
grew = pt of grow (groo)
grey = gray (grā) אפור
grid *n.* אסכלה, שבכה; רשת (במפה); רשת חשמל; סריג; סורג; גגון-מכונית
grid'dle *n.* מחבת-אפייה
grid'i'ron (-ī'ərn) *n.* אסכלה, שבכה; מגרש כדורגל
gridlock *n.* פקק תנועה, קיפאון
grief (grēf) *n.* צער, עצב; יגון
- bring to grief להמיט אסון
- come to grief להיכשל
- good grief! בשם אלוהים!
griev'ance (grēv'-) *n.* תלונה, התמרמרות
- nurse a grievance לטפח רגש התמרמרות, לנטור הרגשת קיפוח
grieve (grēv) *v.* להצטער; להתאבל; לצער
griev'ous (grēv'-) *adj.* מצער, מכאיב, חמור
grievous bodily harm נזק גופני חמור
grif'fin *n.* גריפין (מפלצת אגדית)
grill *n.* גריל, אסכלה, סרד; מכבר; צלי; מנגל; חדר-גריל
grill *v.* לצלות; לחקור קשות, להציק
grille *n.* סורג, מחיצה, אשנב
grim *adj.* אכזרי, מפחיד, נורא, שטני
- grim smile חיוך מר
- hold on like grim death להיאחז בצפורניים
grim'ace (-mis) *n.* העוויה
grimace *v.* לעשות העוויות
grime *n&v.* לכלוך; ללכלך
grim reaper מוות, מלאך המוות
gri'my *adj.* מלוכלך
grin *v.* לחייך חיוך רחב, לצחוק
- grin and bear it לסבול בדומייה
grin *n.* חיוך רחב, צחוק מאולץ
grind (grīnd) *v.* לטחון; להיטחן; להשחיז; לשפשף; ללחוץ; לדכא; לסובב בידית
- grind away/for ללמוד בשקידה
- grind down לדכא
- grind one's teeth לחרוק שיניים
- grind out להוציא/ליצור במכאניות
- grind to a halt לעצור בחריקה
grind *n.* טחינה; עבודה קשה/משעממת
grinder *n.* שן טוחנת; מטחנה
grindstone *n.* אבן-משחזת
- keep his nose to the grindstone להעבידו בפרך
grin'go *n.* נוכרי, זר
grip *v.* לתפוס, לאחוז, לרתק
grip *n.* אחיזה, תפיסה; שליטה; הבנה; מזוודה; מתפס, ידית
- get a grip on oneself למשול ברוחו
- get/come to grips with להתגושש, להיאבק, לתקוף, לטפל ברצינות
- in the grip of נשלט על ידי-
gripe *n.* *תלונה
- gripes כאבי בטן עזים
gripe *v.* לכאוב (הבטן); *להתלונן
grippe *n.* *שפעת
gris'ly (-z-) *adj.* איום, זוועתי
grist *n.* גרעיני תבואה (לטחינה)
- it's all grist to his mill הוא מנצל כל הזדמנות להרוויח
gris'tle (-səl) *n.* סחוס, חסחוס
grit *n&v.* חצץ, חול; אומץ, כוח סבל
- grit the teeth לחרוק שיניים
- grits גרגרי שיבולת-שועל, גריסים
grit'ty *adj.* חולי, כמו חול
griz'zle *v.* *לבכות, לייבב
griz'zled (-zəld) *adj.* אפור, מכסיף
griz'zly *n.* דוב
groan *v.* להיאנח, להיאנק
- groan down להשתיק, להסות בגניחות
- groan out לדבר תוך גניחות
groan *n.* אנחה, גניחה
groat *n.* (בעבר) גרואוט, מטבע
- groats גרעיני-תבואה, גריסים
gro'cer *n.* בעל חנות-מכולת
grocery *n.* חנות מכולת
- groceries מכולת, מצרכים
grog *n.* משקה חריף (מהול במים)
grog'gy *adj.* כושל, לא-יציב, חלוש

groin *n.* מפשעה; מיפגש קימרונות
groom *v.* לטפל ב-, לנקות, לסדר, לטפח; להכין, לגדל
groom *n.* סייס, מטפל בסוסים; חתן
groove *n.* חריץ, מסילה; אורח-חיים
- get into a groove להיכנס למסלול, לקיים אורח-חיים קבוע
- in the groove מושלם, במיטבו
groove *v.* לחרץ, לעשות חריצים
groo′ver *n.* *מודרני, נעים
groo′vy *adj.* *מודרני, נעים
grope *v&n.* למשש, לגשש, לחפש; מישוש
- grope one's way לגשש דרכו
gropingly *adv.* בגישוש, תוך מישוש
gro′schen (-′shən) *n.* גרושן (מטבע)
gro′sgrain′ (grō′grān′) *n.* אריג משי עבה
gross (grōs) *n.* גרוס, 144
- gross vegetation צמחייה שופעת
- in the gross בסיטונות; בסך הכל
gross *v.* להרוויח ברוטו
- gross up לגלם
- grossed up מגולם
gross *adj.* גס; בולט, שמן; דוחה, מגושם, המוני; כולל, ברוטו, גולמי
- gross income הכנסה כוללת
- gross negligence רשלנות חמורה
gross domestic product תוצר מקומי גולמי
gross national product תוצר לאומי גולמי, תל״ג
gro·tesque′ (-tesk) *adj.* מגוחך
grotesque *n.* גרוטסקה, דמות נלעגת
- the grotesque הסגנון הגרוטסקי
grot′to *n.* מערה
grot′ty *adj.* *מלוכלך, לא-נעים
grouch *v.* להתלונן, להתרעם
grouch *n.* תלונה, טרוניה; רטנן
ground *n.* קרקע, ארץ; קרקע-הים; שטח, מגרש; בסיס, רקע; נימוק
- above ground חי, בחיים
- below ground מת, בקבר
- break fresh ground לפתוח פרק חדש, לעבד קרקע בתולה
- common ground בסיס משותף
- cover ground לעבור כברת דרך, להשתרע על פני שטח רחב
- cut the ground from under him להשמיט את הקרקע מתחת לרגליו
- down to the ground לחלוטין
- fall to the ground להיכשל
- forbidden ground תחום האסור בכניסה; נושא אסור
- from the ground up לגמרי
- gain ground להתקדם; להתקרב
- get off the ground להמריא; לזוז
- give ground לסגת, לנטוש עמדה
- go to ground להתחבא
- grounds משקע; סיבה, סיבות
- hold/stand one's ground לעמוד איתן
- into the ground יותר מדי
- keep one's feet on the ground לעמוד איתן
- lose ground לסגת, להפסיד; להיחלש
- make ground להתקדם; להתקרב
- middle ground שביל זהב, פשרה
- on the grounds of/that בגלל
- run into the ground לנצח, להביס; להגזים, להפריז
- shift one's ground לשנות טיעוניו
ground *v.* לעלות על שרטון; לקרקע; לבסס; להאריק
- ground arms להניח נשק
- ground in ללמד יסודות
- well grounded מבוסס היטב
ground = p of grind טחון
ground cloth/sheet בד קרקע (אטים למים, שפורשים על הארץ)
ground control בקרת קרקע
ground crew/staff צוות קרקע
ground floor קומת קרקע
- get in on the ground floor להיכנס לעסק בשלבים מוקדמים
ground glass זכוכית עמומה
grounding *n.* לימוד היסודות
groundless *adj.* נטול יסוד, חסר שחר
ground level גובה פני הקרקע
ground′ling *n.* איש קרקע, נחות
groundnut *n.* אגוז אדמה
ground plan תוכנית כללית
ground rent דמי חכירה
ground rule עיקרון בסיסי
ground′sel *n.* סביון (צמח בר)
groundsman *n.* אחראי על מיגרש
ground speed מהירות קרקע
ground swell גלים כבדים (לאחר

סערה); התפשטות (רעיון)
ground-to-air (טיל) קרקע-אוויר
ground troops כוחות קרקע
ground-work *n.* בסיס, יסוד; עבודת הכנה
group (grōōp) *n.* קבוצה; להקה; להק
group *v.* לחלק לקבוצות; לקבץ, לסווג, למיין; להתקבץ
group captain ראש-להק
grou'pie (grōō'pi) *n.* *אוהד, גרופי
grouping *n.* הקבצה, סידור בקבוצות
group therapy רפואה קבוצתית
grouse *n.* תרנגול-בר, שכווי; *טרוניה
grouse *v.* *להתלונן, לרטון
grout *n.* מלט-אריחים; מישקע
grove *n.* חורשה
grov'el *v.* לזחול, להתרפס
groveler *n.* מתרפס
grow (grō) *v.* לצמוח, לגדול; לגדל, להצמיח; להיעשות, להיות
- grow into להיעשות ל-; להתרגל ל-
- grow on לכבוש את ליבו אט-אט
- grow out of לגדול במידותיו; לזנוח (מנהג רע); לצמוח, להתפתח מ-
- grow to be להיעשות בהדרגה
- grow to like it לחבבו עם הזמן
- grow up להתבגר, להתפתח
- grow up! התנהג כמבוגר!
grower *n.* מְגַדֵל (צמחים); צמח
- rapid grower צמח מהיר-גידול
growing pains כאבי גדילה; בעיות התפתחות; כל התחלות קשות
growl *v.* לרטון, לנהום
growl *n.* ריטון, נהמה; טרוניה
growler *n.* קרחון קטן, *כלב
grown = pp of grow (grōn) מבוגר
grown-up *adj&n.* מבוגר
growth (grōth) *n.* צמיחה; גידול; התפתחות
- of foreign growth גדל בחו"ל
growth shares מניות הצפויות לעלות בערכן
groyne *n.* סוללה, שובר-גלים
grub *n.* זחל, דרן; *מזון
grub *v.* לחפור, לעדור; לנכש, לעשב
grubber *n.* *צובר, אוסף, מנכש
grub'by *adj.* מלוכלך, שורץ זחלים, מתולע
grubstake *n.* השקעה בעסק תמורת רווחים
grudge *v.* לתת בלי רצון, לא לפרגן; לנטור טינה, לקנא
- not grudge לפרגן, למחול
grudge *n.* קנאה, טינה
- owe/bear a grudge לנטור טינה
grudging *adj.* מקמץ; נותן בלי רצון
gru'el *n.* דייסה
gru'eling *adj.* קשה, מציק, מפרך
grue'some (grōō'səm) *adj.* אָיום
gruff *adj.* קשה, צרוד, מחוספס, גס
grum'ble *v.* להתלונן, לרטון, לנהום
grumble *n.* תלונה, ריטון, נהמה
grumbler *n.* רטנן, מלא טרוניות
grump'y *adj.* כועס, סר וזעף
grunge *n.* לכלוך, מוסיקת גרנג'
grunt *v.* לנחור, לחרחר, לנהום
grunt *n.* נחירה, חרחור, נהמה
gryph'on *n.* גריפין (מפלצת אגדית)
G-string *n.* מיתר סול; חוטיני
gua'no (gwä'-) *n.* לשלשת (לזיבול)
guar'antee' (gar-) *n.* ערבות; עָרֵב; ערובה; ביטחון, בטוחה, עירבון
guarantee *v.* לערוב ל-, להבטיח
guaranteed income הבטחת הכנסה
guar'antor' (gar-) *n.* עָרֵב
guar'anty (gar-) *n.* ערבות; ביטחון; משכון
guard (gärd) *n.* מישמר; שמירה; עמדת הגנה; עירנות; שומר, סוהר; מגן
- guard of honor מישמר כבוד
- keep/stand guard לשמור
- lower one's guard להפחית העירנות נגד התקפה
- mount guard לשמור, לצאת לשמירה
- off guard לא מוכן, לא עירני
- on guard על המישמר, עירני
- raise one's guard להגביר העירנות נגד התקפה
guard *v.* לשמור, לשמור על
- guard against להישמר מ-, למנוע
guarded *adj.* זהיר
guardhouse *n.* בית מישמר
guard'ian (gär-) *n.* שומר, אפיטרופוס
guardian angel מלאך שומר
guardianship *n.* אפיטרופסות
guard-rail *n.* מעקה, מעקה בטיחות
guardroom *n.* חדר מישמר

guard-ship *n.* אוניית מישמר
guardsman *n.* שומר, זקיף
gua'va (gwä-) *n.* גוייבה
gu'bernato'rial *adj.* של מושל
gudg'eon (-jən) *n.* פתי; קברנון (דג)
guerril'la (gər-) *n.* לוחם גרילה
guerrilla war גרילה, לוחמה זעירה
guess (ges) *v.* לנחש, לשער
- I guess חושבני ש-, דומני ש-
guess *n.* ניחוש, השערה
- at a guess/by guess לפי ניחוש
- it's anybody's guess אין לדעת בוודאות
- keep him guessing *לעכב מידע
guess'timate' (ges'-) *n.* *הערכת-ניחוש
guesswork *n.* ניחוש, השערה
guest (gest) *n.* אורח, קרוא
- be my guest! *בבקשה
- paying guest מתאכסן בתשלום
guest *v.* להופיע כאורח (בתוכנית)
guesthouse *n.* בית הארחה
guest night מסיבת-אורחים (שמשתתפים בה גם לא-חברים)
guestroom *n.* חדר-אורחים
guest worker עובד זר
guff *n.* *שטויות, הבלים
guffaw' *n.* צחוק רם, צחוק גס
guffaw *v.* לפרוץ בצחוק רם
guid'ance (gīd-) *n.* הנחיה, הדרכה; עצה
guide (gīd) *n.* מורה-דרך; מדריך; מנחה; מְכַוֵּן
guide *v.* להדריך; להנחות
guide book מדריך
guided missile טיל מונחה
guide dog כלב נחייה
guided tour סיור מודרך
guide lines קווים מנחים
guidepost *n.* תמרור
gui'don (gī'-) *n.* דגל, דגלון
guild (gild) *n.* גילדה, איגוד
guil'der (gil-) *n.* גילדר (מטבע)
guild-hall *n.* בית-העירייה
guile (gīl) *n.* רמאות, מירמה
guileful *adj.* רמאי, ערמומי
guileless *adj.* תמים, ישר
guil'lotine' (gil'ətēn) *n.* גיליוטינה, מערפת; מכונת חיתוך
guillotine *v.* לערוף בגיליוטינה
guilt (gilt) *n.* אשמה
guiltless *adj.* חף מפשע
guilty (gil'-) *adj.* אשם
- guilty conscience מצפון מייסר
- plead guilty להודות באשמה
guinea (gin'i) *n.* גיני; 21 שילינג
guinea fowl פניניה (עוף)
guinea pig חזיר-ים, קבייה; שפן-ניסיונות
guise (gīz) *n.* תלבושת, הופעה
- the same thing in a new guise אותה הגברת בשינוי האדרת
- under the guise of במסווה של-
guitar' (git-) *n.* גיטארה, קתרוס
guitarist *n.* גיטריסט
gulch *n.* גיא, קניון
gul'den (gōōl-) *n.* גילדר (מטבע)
gulf *n.* מיפרץ; תהום, פער
Gulf Stream זרם הגולף
Gulf War מלחמת המיפרץ
gull *n.* שחף (עוף-ים); פתי
gull *v.* לרמות, לפתות
gul'let *n.* גרון, ושט
gul'ley *n.* תעלה, ערוץ
gul'libil'ity *n.* פתיות, תמימוּת
gul'lible *adj.* פתי; קל לרמותו; תם
gul'ly *n.* ערוץ; תעלה
gulp *v.* לבלוע, לגמוע בשקיקה
- gulp back/down לעצור, להחניק
gulp *n.* בליעה, לגימה
- at one gulp בלגימה אחת
gum *n.* גומי; סוכריה; מסטיק, גומי-לעיסה; דבק; עץ-שרף
- by gum! *בשם השם!
- gums חניכיים
gum *v.* להדביק
- gum up לשבש, לקלקל
gum'bo *n.* מרק במיה
gumboil *n.* מורסה בחניכיים
gum boots מגפיים
gum drop סוכרית גומי
gum'my *adj.* דביק
gump'tion *n.* *תבונה, שכל, תושייה
gumshoe *n.* נעל גומי; *בלש
gum tree עץ גומי, עץ שרף
- up a gum tree במצב ביש, במיצר
gun *n.* רובה; אקדח; תותח; מזרק
- big gun "תותח כבד", אישיות
- give it the gun להגביר מהירות
- go great guns לעבוד ביעילות
- jump the gun לזנק לפני האות
- son of a gun *ממזר, נבל

- spike his guns לשבש תוכניותיו
- stick to one's guns לדבוק בעמדתו
- till the last gun is fired עד הרגע האחרון

gun *v.* לירות; להגביר המהירות
- gun down להפיל/להרוג בירייה
- gun for לחפש, לבקש; לרדוף אחרי

gun-boat *n.* ספינת-תותחים
gun-boat diplomacy דיפלומטיה מלווה באיומים, שפת הכוח
gun carriage כן-תותח
gun cotton חומר נפץ
gun dog כלב ציד
gunfight *n.* קרב יריות
gunfire *n.* ירייה, הפגזה, הרעשה
gunge *n.* חומר דביק, זוהמה
gung ho *נלהב
gunlock *n.* ניצרה
gunman *n.* שודד, אקדחן, פושע; מחבל, טרוריסט
gun metal נתך של נחושת ואבץ
gun′nel *n.* לזבז, שפת הצידון
gunner *n.* תותחן; קצין תותחנים
gunnery *n.* תותחנות
gun′ny *n.* גוני (בד גס לשקים)
gunplay *n.* חילופי יריות
gunpoint *n.* פי-האקדח
- at gunpoint באיום אקדח

gunpowder *n.* אבק-שריפה
gunroom *n.* חדר קצינים זוטרים
gun-runner *n.* מבריח נשק
gun-running *n.* הברחת נשק
gunship *n.* מסוק קרב חמוש
gunshot *n.* טווח-אש; ירייה; כדור
gun′shy′ *adj.* נבהל מקולות-ירי
gunsmith *n.* נַשָּק, מְתַקֵּן נֶשֶק
gun′wale (-nəl) *n.* לזבז הסירה; שפת הצידון
gur′gle *v.* לגרגר, לבעבע, לפכפך
gurgle *n.* גרגור, בעבוע, פכפוך
guru (goor′o͞o) *n.* גורו, מורה
gush *v.* לזרום, לפרוץ, להשתפך
- gush over לדבר בהערצה על

gush *n.* התפרצות, זרם
gush′er *n.* באר-נפט
gushing *adj.* משתפך, מלא-הערצה
gush′y *adj.* משתפך
gus′set *n.* חתיכת-בד (שמוסיפים לבגד להרחיבו); מחבר-מתכת
gust *n.* רוח חזקה, משב; התפרצות
gus·ta′tion *n.* טעימה, חוש הטעם
gus′tato′ry *adj.* של חוש הטעם
gus′to *n.* התלהבות, להיטות
gust′y *adj.* סופתי, סוער, מתפרץ
gut *n.* מעיים; מיתר, גיד
- I hate his guts *אני שונא אותו שנאת מוות
- guts מעיים; *אומץ; תוכן, ערך
- sweat/work one's guts out *לעבוד קשה, להזיע כמו סוס

gut *v.* להוציא המעיים; לרוקן, להרוס, לכַלות באש
gutless *adj.* פחדן, חסר-אומץ
gut′sy *adj.* *אמיץ; חמדן
gut′ta-per′cha *n.* גוטפרשה (חומר כעין גומי המשמש לבידוד)
gut′ter *n.* תעלה, מרזב, גישמה; שכונות עוני
gutter *v.* לבעור, להבליח (לגבי נר)
gutter press עיתונות צהובה
guttersnipe *n.* ילד-רחוב, זאטוט
gut′tural *adj.* גרוני
guv′nor *n.* *בוס, מנהל-עבודה
guy (gī) *n.* חבל, שרשרת; *איש, ברנש; בובת-אדם; אדם מגוחך
guy *v.* ללעוג ל-, לעשותו ללעג
guz′zle *v.* לזלול, לשתות, לסבוא
guzzler *n.* זולל, סובא
gym *n.* *אולם התעמלות, מכון כושר; התעמלות
gymna′sium (-z-) *n.* אולם התעמלות
gym′nast *n.* מורה להתעמלות, מד"ס
gymnas′tic *adj.* של התעמלות
gymnastics *n-pl.* התעמלות
gym′nosperms′ *n-pl.* חשופי הזרע
gymslip *n.* טוניקה חסרת שרוולים
gy′necolog′ical (g-) *adj.* גיניקולוגי
gy′necol′ogist (g-) *n.* גיניקולוג, רופא-נשים
gy′necol′ogy (g-) *n.* גיניקולוגיה
gyp *n.* *רמאות, הונאה
- give him gyp *להכאיב, להעניש

gyp *v.* לרמות, להונות
gyp′sum *n.* גבס
gyp′sy *n.* צועני
gy′rate *v.* להסתובב
gy·ra′tion *n.* הסתובבות
gy′ro *n.* *גירוסקופ
gy′roscope′ *n.* גירוסקופ
gyve *n.* שלשלת, כבל
- gyves אזיקים, נחושתיים

H

H = hydrogen
ha (hä) *interj.* אה (קריאה)
ha′be·as cor′pus הביאס קורפוס, צו הבאה (של אסיר לפני שופט)
hab′erdash′er *n.* מוכר בגדי גברים; מוכר מיני סדקית; סדקי
haberdashery *n.* סדקית, גלנטריה
habil′iment *n.* לְבוּשׁ, תלבושת
hab′it *n.* מנהג, הרגל; תלבושת
- habit of mind מצב-רוח
- out of habit מתוך הרגל
hab′itable *adj.* ראוי למגורים
hab′itat′ *n.* בית, בית טיבעי, מישכן
hab′ita′tion *n.* מגורים; בית
habit-forming *adj.* מְמַכֵּר
habit′u·al (-choo͞oəl) *adj.* רגיל; מוּעָד
habit′u·ate′ (-choo͞-) *v.* להרגיל
hab′itude′ *n.* הרגל, מנהג
habit′u·e′ (-choo͞ā′) *n.* מבקר בקביעות, אורח קבוע
ha′cien′da (hä-) *n.* חווה, אחוזה
hack *v.* לקצץ; להכות; לפלס דרך; לפרוץ למחשב; להצליח; לסבול; להפוך לנדוש; לנהוג במונית; לרכוב
hack *n&adj.* מהלומה; חתך; שיעול יבש; מונית; סוס להשכרה; סוס זקן; כתבן שכיר; נדוש, חדגוני
hack′er *n.* האקר, פורץ מחשבים
hacking cough שיעול יבש
hack′le *n.* נוצת-צוואר
- with one's hackles up נכון לקרב
hack′ney *n.* סוס רכיבה
hackney *v.* להפוך (ביטוי) לנדוש
hackney carriage מונית; כרכרה
hackneyed *adj.* נדוש, חבוט
hacksaw *n.* מסור (לניסור) מתכת
hackwork *n.* עבודה משעממת, כתבנות
had = p of have
had′dock *n.* חמור הים (דג)
Ha′des (-dēz) *n.* גיהינום
hadn't = had not (had′ənt)
haemo- = hemo
haft *n.* ידית, ניצב, בית-אחיזה
hag *n.* מכשפה, זקנה, מרשעת
Hagga′da (-gä-) *n.* הגדה; אגדה
hag′gard *adj.* עייף, כחוש
hag′gle *v.* להתמקח, להתווכח
Hag′iog′rapha *n.* כתובים (בתנ"ך)
hag′iol′ogy (hag-) *n.* ספרות הקדושים, אגדות הקדושים
hag-ridden *adj.* אחוז סיוטים
ha-ha (hä′hä′) *n.* תעלת-גבול
ha-ha *interj.* חה-חה (קול צחוק)
hail *n.* ברד; קריאת שלום, ברכה
- hail-fellow-well-met מתיידד מהר
- within hail בטווח-שמיעה
hail *v.* לרדת (ברד); להמטיר
- it hailed ירד ברד
hail *v.* לברך, לקרוא, להריע
- hail a taxi לעצור מונית
- hail from לבוא מ-, להיות ביתו ב-
- hail him as להכיר בו כ-
hailstone *n.* אבן ברד, כדור ברד
hailstorm *n.* סופת-ברד
hair *n.* שערה, שיער
- by a hair's breadth כחוט השערה
- curl his hair להפחידו, לסמר שערו
- get him by the short hairs *להשתלט עליו
- get in his hair להרגיזו
- keep your hair on משול ברוחך
- let one's hair down להתנהג בחופשיות
- lose one's hair להקריח; לרגוז
- make his hair stand on end לסמר שערותיו
- not turn a hair לא להניד עפעף
- out of one's hair נפטר מטירדה
- split hairs לדקדק דקדוקי עניות
- to a hair בדייקנות מרובה
hair-breadth *adj.* כחוט השערה
- within a hair's breadth of על סף, רחוק כחוט השערה מ-
hairbrush *n.* מברשת שיער
haircare *n.* טיפול בשיער
hair conditioner מייצב שיער, מרכך שיער
haircut *n.* תספורת
hair-do *n.* תסרוקת
hairdresser *n.* סַפַּר-נשים, סַפָּר
hairdrier *n.* מייבש שיער
hair-dye *n.* צבע-שיער
hairgrip *n.* מכבנה, סיכת-ראש
hairless *adj.* חסר-שיער, קירח
hairline *n.* קו השיער (במצח); קו דקיק, סדק
hairnet *n.* רשת (לשיער)
hair-oil *n.* שמן-שיער

hairpiece *n.* פאה נוכרית, קפלט
hairpin *n.* מכבנה, סיכת ראש
hairpin bend סיבוב חד, פנייה חדה
hair-raising *adj.* מסמר שיער, נורא
hair-restorer *n.* מצמיח שיער
hair shirt כתונת-שיער (לסגפנים)
hair slide סיכת-שיער
hair-splitting *n.* דקדוקי-עניות
hairspring *n.* קפיץ דקיק (בשעון)
hairstyle *n.* עיצוב שיער
hairstylist *n.* מעצב שיער
hair trigger הדק עדין
hairy *adj.* שעיר; מכוסה שיער
hajj'i *n.* חאג' (מוסלמי שביקר במכה)
hake *n.* זאב-הים (דג), בקלה
hal'cyon *adj.* שקט, נוח, שליו
hale *adj.* בריא
- hale and hearty בריא וחזק
half (haf) *n&adj&adv.* חצי, מחצית; קשָר (בכדורגל); *חצי פיינט; כרטיס חצי מחיר; לחצאין, בחלקו
- by half במידה ניכרת
- cut in half לחתוך לשניים, לחצות
- do it by halves לעשות חצי עבודה
- go halves להתחלק שווה בשווה
- half a dozen שש, חצי תריסר
- half an eye מבט חטוף
- half and half חצי-חצי
- half the battle מרבית המלאכה
- not half bad כלל לא רע
- not half! *מאוד!
- too clever by half פיקח מאוד
halfback *n.* קשָר (בכדורגל)
half-baked *adj.* טיפשי, לא-שקול, דל
half-blood *n.* אח חורג
half board חצי פנסיון
half-breed *n.* בן-תערובת, בן-כלאיים
half-brother *n.* אח חורג
half-caste *n.* בן-תערובת
half cock דריכה למחצה (של רובה); בילבול, חוסר תיכנון
- go off at half cock להתחיל לפעול מוקדם מדי
half-hardy *adj.* לא-עמיד (בתנאי כפור), חסין בחלקו
half-hearted *adj.* בלי התלהבות
half-holiday *n.* חופשת חצי יום
half-length *adj.* של חצי הגוף העליון
half-light *n.* אור עמום
half measures צעדים לא מספיקים, פשרה מפוקפקת
half-pay *n.* שכר מוקטן
halfpence *n-pl.* חצאי פני
halfpenny *n.* חצי פני (מטבע)
half-pint *n.* חצי פיינט; איש נמוך
half-seas-over מבוסם למחצה
half-sister *n.* אחות חורגת
half-timbered *adj.* (בית) בעל קירות עץ ואבן
half time הפסקה, מחצית
half-tone *n.* תמונה בשחור-לבן; חצי טון
half-track *n.* זחלם
half-truth *n.* חצי אמת
half-way *adj&adv.* (ממוקם) במחצית הדרך, אמצע; חלקי
halfway house פשרה, מחצית הדרך; מוסד שיקומי; פונדק
half-wit *n.* מטומטם, חסר-שכל
hal'ibut *n.* פוטית (דג שטוח)
hal'ito'sis *n.* באשת (ריח רע מהפה)
hall (hôl) *n.* אולם; פרוזדור, הול; חדר-אוכל; מעון; בית, בניין
- hall of residence מעון סטודנטים
hal'lelu'jah (-yə) *interj.* הללויה
hallmark *n&v.* סימן, אות; תו איכות; להטביע תו איכות על
hallo' *interj.* הלו!
hal'low (-lō) *v.* לקדש, להעריץ
hallowed *adj.* מקודש, קדוש
Hal'loween' (-ləw-) *n.* ליל כל הקדושים (31 באוקטובר)
hallstand *n.* מקלב
hallu'cinate' *v.* להזות
hallu'cina'tion *n.* הזיה
hallu'cinato'ry *adj.* הזייתי, הזוי
hallu'cinogen'ic *adj.* גורם הזיות
hallway *n.* מסדרון, פרוזדור
ha'lo *n.* הילה, עטרת-אור
hal'ogen lamp נורת הלוגן
halt (hôlt) *v.* לעצור; להסס, לפקפק
halt *n.* עצירה; תחנה; חנייה
- come to a halt לעצור
halt *adj.* צולע
hal'ter (hôl'-) *n&v.* אפסר; חבל; רצועת-צוואר; חולצת רצועה; חבל-תליה; לשים אפסר; לתלות
halter-neck *adj.* קשור ברצועת צוואר
hal'vah (häl'vä) *n.* חלבה

halve (hav) *v.* לחצות, לחלק לשניים; להפחית בחצי
halves = pl of half (havz)
hal'yard *n.* חבל (להנפת מיפרש)
ham *n.* ירך-חזיר, ירך; שחקן רע; אלחוטן חובב
ham *v.* לשחק שלא בטבעיות
- ham up לשחק בהגזמה
ham'adry'ad *n.* נימפת-העץ; קוברה
ham'burg'er (-g-) *n.* המבורגר
ham-fisted, -handed *adj.* לא-יוצלח
ham'let *n.* כפר קטן, כפרון
ham'mer *n&v.* פטיש; להכות, להביס
- come under the hammer להימכר במכירה פומבית
- go at it hammer and tongs להילחם בהקרבה, להתווכח בלהט
- hammer away להכות בלי הרף; להדגיש
- hammer in להחדיר, לשנן לו
- hammer out לרקע, לעצב, לגבש
hammerhead *n.* פטישן (כריש)
hammer throw זריקת פטיש
ham'mock *n.* ערסל
ham'per *v.* לעכב, להכביד
hamper *n.* סל; סל כבסים
ham'ster *n.* אוגר (מכרסם)
ham'string' *v&n.* (לחתוך את) מיתר הברך; להטיל מום; להכשיל
hand *n.* יד; כתב-יד; מחוג; 4 אינטשים; קלפים; פועל, מַלָּח
- (come) to hand להתקבל, להגיע
- a dead hand מניעת התקדמות, חוסר שינוי
- a good hand at מומחה ב-
- a heavy hand יד ברזל/קשה
- all hands כל כוח האדם; כל הצוות
- an old hand מנוסה, ותיק
- at first hand באופן בלתי אמצעי
- at hand קרוב; בהישג יד, זמין
- at his hands ממנו, בגללו
- at second hand באופן בלתי ישיר
- at the hands of מפעולת-, מידי-
- be in hand לקבל טיפול נאות
- bring up by hand לגדל בהזנה מבקבוק
- by hand ביד
- eats out of her hand לשירותה המידי, סר לפקודתה
- fight hand to hand להילחם בקרב-מגע
- from hand to hand מיד ליד
- get a hand לקצור תשואות
- get the upper hand לגבור על
- give a hand לעזור, להושיט יד; למחוא כפיים
- hand in glove (עושים) יד אחת
- hand in hand יד ביד
- hand over fist/hand מהר מאוד
- hands off! אל תיגעו!, הרף!
- hands up! ידיים למעלה!
- has a hand in יש לו יד/חלק ב-
- has a light hand ידיו קלות
- has his hands full עסוק מאוד
- have in hand לטפל כיאות ב-
- in hand תחת ידו
- in the hands of בידי-
- join hands לעשות יד אחת
- keep/get one's hand in להתאמן, לתרגל, לשמור על כושר; לא להזניח
- lay hands on לתפוס, לשים יד על
- lend a hand לעזור, להושיט יד
- money/cash in hand מזומנים
- not do a hand's turn לא לנקוף אצבע
- off one's hands פטור מאחריות
- on (the) one hand מצד אחד
- on all hands מכל עבר
- on every hand בכל הכיוונים
- on hand זמין, תחת ידו; קרוב, נמצא
- on one's hands רובץ עליו (כחובה)
- on the other hand מאידך
- out of hand תיכף ומיד; מחוץ לשליטה
- play a good hand לשחק היטב
- play into his hands לשחק לידיו
- put one's hand to לשים ידו על, להתחיל לעבוד ב-, להירתם ל-
- raise one's hand להרים יד על
- shake his hand ללחוץ ידו
- show one's hand לגלות את קלפיו
- sit on one's hands לשבת בחיבוק ידיים
- take in hand לרסן, לקחת לידיים
- throw in one's hand להיכנע
- tie his hands לכבול את ידיו
- to hand זמין, בהישג-יד
- try one's hand לנסות כוחו ב-
- turn one's hand to לשים ידו על, להתחיל לעבוד ב-, להירתם ל-

- wait on him hand and foot לשרתו בכול
- wash one's hands of להתנער מ-, לרחוץ בניקיון כפיו
- win hands down לנצח בנקל
- won her hand הסכימה להינשא לו
hand *v.* לתת, למסור; לעזור
- hand around להעביר מיד ליד
- hand back להחזיר, למסור בחזרה
- hand down למסור; להעביר מדור לדור; (לגבי בי"ד) לנסח, להודיע
- hand in למסור, לתת
- hand on להעביר הלאה
- hand out לחלק, לתת
- hand over להסגיר, להעביר
- you have to hand it to her *כל הכבוד לה
handbag *n.* ארנק, תיק
handball *n.* כדור-יד
hand-barrow *n.* מריצה, עגלת-יד
handbill *n.* עלון פרסומת
handbook *n.* ספר שימושי, מדריך
handbrake *n.* בלם-יד, בלם עזר
handbreadth *n.* טפח
handcart *n.* עגלת-יד
handclap *n.* מחיאות כפיים
- a slow handclap מחיאות כפיים קצובות (להבעת קוצר-רוח)
hand cream קרם ידיים
handcuff *v.* לאזוק, לכבול באזיקים
handcuffs *n-pl.* אזיקים, אזיקונים
handful *n&adj.* מלוא-היד, חופן; מעט, לא הרבה; שובב, קשה שליטה
hand glass זכוכית מגדלת; ראי קטן
hand grenade רימון יד
handgrip *n.* ידית, תפיסה ביד
hand-gun *n.* אקדח
handheld *adj&n.* נאחז ביד; מחשב נישא
hand-hold *n.* מאחז (להיאחז בו)
hand′icap′ *n.* מכשול, מגרעת; עמדה נחותה, נטל נוסף (בתחרות)
handicap *v.* להגביל, לעכב
handicapped *adj.* מוגבל
hand′icraft′ *n.* מלאכת-יד
hand′iwork′ *n.* עבודת-יד, יצירה
hand′kerchief (hang′kərchif) *n.* ממחטה, מטפחת
han′dle *n.* ידית; *תואר, כינוי
- fly off the handle לצאת מכליו
- give him a handle against לתת עילה נגד, לספק נשק בידי-

handle *v.* לנגוע, למשש; לטפל ב-, להתייחס ל-; לסחור ב-
handlebar moustache שפם עבות
handlebars *n-pl.* הגה-אופניים
handler *n.* מאמן, מאלף; מפעיל
handloom *n.* נול-יד
hand luggage מזוודות קלות
hand-made *adj.* של עבודת-יד
handmaid *n.* שפחה, עוזרת
hand-me-down *n.* בגד משומש
hand-organ *n.* תיבת-נגינה
hand-out *n.* נדבה, מתנה לעני; תמסיר, הודעה, עלון
hand-over *n.* העברה, מסירה
hand-pick *v.* לבחור, לברור
handrail *n.* מעקה
handset *n.* שפופרת טלפון
handshake *n.* לחיצת-יד
hands-off *adj.* לא מתערב
hand′some (han′səm) *adj.* נאה, גברי, מושך; נדיב, הגון; ניכר
hands-on *adj.* מתערב, מאפשר נגיעה בידיים, שימושי, מעשי
handstand *n.* עמידה על הידיים
handwork *n.* עבודת-יד
handwriting *n.* כתב-יד
- the handwriting on the wall הכתובת על הקיר
handwritten *adj.* כתוב ביד
hand′y *adj.* שימושי, נוח; זריז, חרוץ; קרוב, לא-רחוק
handyman *n.* עושה כל מלאכה
hang *v.* לתלות, להיות תלוי
- I'll be hanged if תיפח רוחי אם
- be hung up להידחות; לחוש תסכול
- go hang ללכת לעזאזל
- hang about/around להסתובב, לחכות באפס מעשה
- hang back/off/behind להירתע, לגלות הססנות
- hang by a thread/hair (חייו) תלויים לו מנגד
- hang fire לפעול באיטיות
- hang him out to dry לנטוש אותו
- hang it! לכל הרוחות!
- hang on לאחוז בחוזקה; להישאר על קו הטלפון; להמשיך; לחכות
- hang on a minute! חכה רגע!
- hang on his lips/words להקשיב בדריכות למוצא-שפתיו
- hang one on *להלום; לשתות לשכרה

- hang out לתלות (כבסים) לייבוש; לגור, להתגורר; לבלות, להתבטל
- hang over לאיים על, לרחף על
- hang the head לכבוש פניו בקרקע
- hang together להיות מלוכדים; להתאים, להיות עיקבי
- hang up לסיים שיחת-טלפון; להיתקע
- hang up a record להציב שיא
- hanging in the air תלוי ועומד
- hangs in the balance תלוי ועומד

hang *n.* צורת התלייה
- get the hang of להבין הרעיון
- not care a hang לא איכפת כלל

han'gar *n.* מוסך-מטוסים, האנגאר
hangdog *adj.* נבזה,ביישני
hanger *n.* קולב, מתלה
hanger-on *n.* גרור, טפיל, נדחק; תלותי
hang-glider *n.* גלשון
hanging *n.* תלייה, מוות בתלייה
- hanging matter פשע שדינו תלייה
- hangings וילונות, טפטים

hangman *n.* תליין
hang-out *n.* *מקום מגורים; מקום בילוי
hangover *n.* כאב-ראש, הנגאובר, חמרמורת, זנבת הסביאה; שארית
hang-up *n.* תיסכול, טראומה; עיכוב
hank *n.* סליל, פקעת חוטים/צמר
han'ker *v.* להשתוקק ל-, לחמוד
hankering *n.* רצון עז, תשוקה
han'ky *n.* *מטפחת, ממחטה
hank'y-pank'y *n.* רמאות, הונאה
Han'sard *n.* רשומות (הפרלמנט)
han'som *n.* כרכרה
hap *v.* לקרות, להתרחש
hap'haz'ard *adj.* מקרי, לא-מתוכנן
hap'less *adj.* אומלל, חסר-מזל
hap'ly *adv.* אולי
hap'orth (hāp'-) *n.* חצי פני
hap'pen *v.* לקרות, להתרחש; להזדמן, לגרום לו מזלו
- as it happens אינה הגורל
- happen on להיתקל, לפגוש
- it happened that אינה הגורל

happening *n.* מקרה, מאורע; הפנינג, אירעון
hap'penstance' *n.* דבר מקרי
hap'pily *adv.* בשמחה; למזלו
hap'piness *n.* שמחה, אושר
hap'py *adj.* שמח, מאושר, בר-מזל; קולע, הולם
- happy event הולדת בן

happy-go-lucky *adj.* לא דואג
happy hour שעת המחירים הזולים
happy medium/mean שביל הזהב
har'a-kir'i *n.* חרקירי
harangue' (-rang') *n&v.* נאום, תוכחה; לשאת נאום ארוך
har'ass *v.* להציק, להטריד
harassment *n.* הטרדה; מצוקה
- sexual harassment הטרדה מינית

har'binger *n.* מבשר, מודיע
har'bor *n.* נמל, חוף-מבטחים
harbor *v.* להעניק מחסה ל-, להסתיר; לשמור בלב; לטפח; לעגון
harborage *n.* מעגן; חוף-מבטחים
hard *adj.* קשה
- as hard as nails קשה כפלדה
- be hard on לגלות יחס קשה כלפי
- give a hard time לְעַנוֹת, להציק
- hard and fast (חוק) קבוע, נוקשה
- hard drink/liquor משקה חריף
- hard drinker שתיין, מרבה לשתות
- hard feelings תרעומת, טינה
- hard of hearing כבד-שמיעה
- hard times ימים טרופים
- hard words מלים קשות; קשות
- play hard to get להעמיד פנים

hard *adv.* קשה, במאמץ, בפרך, בעוז; בצמוד ל-, בסמוך ל-, בעיקבות
- be hard hit לספוג מכה קשה
- feel hard done by לחוש נפגע
- hard at it משקיע בו כל מרצו
- hard by קרוב מאוד
- hard on/upon מיד אחרי
- hard put (to it) במצב קשה
- hard up דחוק (בכסף), זקוק ל-
- it comes hard to קשה ל-
- it goes hard with קשה ל-, אבוי ל-
- look hard at להתבונן היטב ב-

hardback *n.* ספר קשה-כריכה
hardball *v&n.* *ללחוץ, לאלץ; שיטות קשות; קשיחות; בייסבול
- play hardball לעשות כל שביכולתו

hard-bitten *adj.* קשוח, עקשן
hardboard *n.* לוח עץ (דמוי-דיקט)
hard-boiled *adj.* קשה; קשוח
hardbound *adj.* קשה-כריכה
hard cash מזומנים
hard copy הדפס, תדפיס
hard core תשתית, גרעין, יסוד

hard court מגרש טניס
hardcovered *adj.* קשה-כריכה
hard currency מטבע קשה
hard disk דיסק קשיח
hard'en *v.* להקשות; להתקשות; להקשיח; לחשל; להתחשל
hard-fisted *adj.* חזק; קשוח; קמצן
hard hat קסדה; פועל בניין; שמרן
hard-headed *adj.* מעשי, החלטי
hard-hearted *adj.* קשוח-לב
hard-hitting *adj.* קשה, נמרץ, פעיל
hardihood *n.* אומץ, העזה
hardiness *n.* אומץ, העזה
hard labor עבודת-פרך
hard line עמדה נוקשה, קו תקיף
hard-liner *n.* אינו מתפשר, נוקשה
hard luck/lines מזל רע
hardly *adv.* בקושי, כמעט שלא; כלל לא, בלתי-הגיוני
- hardly ever לעיתים נדירות מאוד
- hardly had I arrived when- אך הגעתי והנה-
hardness *n.* קושי; מוצקות
hard-nosed *adj.* קשוח
hard-pressed *adj.* בקשיים; לחוץ
hardship *n.* קושי, מצוקה, סבל
hard shoulder שולי הכביש
hard standing משטח קשה
hard-top *n.* מכונית בעלת גג קשיח
hardware *n.* כלי בית וגינה; כלי מלחמה; גוף המחשב, חומרה
hardwood *n.* עץ קשה (לרהיטים)
hardy *adj.* חזק, נועז; חסין-קור
hare *n&v.* ארנבת
- hare off לרוץ מהר, לברוח
- mad as a March hare מטורף
- start a hare לסטות מן הוויכוח
harebell *n.* פעמונית (כחולת-פרח)
hare-brained *adj.* פזיז, טיפשי
harelip *n.* שפה שסועה
har'em *n.* הרמון, נשי ההרמון
har'icot' (-kō) *n.* סוג של שעועית
hark *v.* לשמוע, להאזין
- hark back לחזור לדבר שקרה בעבר
har'lequin *n.* מוקיון, ליצן
har'lequinade' *n.* מופע המוקיון
har'lot *n.* זונה, פרוצה
harlotry *n.* זנות
harm *n&v.* נזק, הפסד; להזיק, לפגוע
- come to no harm לא להיפגע
- do harm לפגוע, להזיק
- means no harm לא מתכוון לפגוע
- no harm done לא נורא, אין דבר
- out of harm's way מחוץ לכלל סכנה, בחוף מבטחים
harmful *adj.* מזיק, פוגע
harmless *adj.* לא מזיק; חף, תמים
har•mon'ic *n.* צליל הרמוני
har•mon'ica *n.* מפוחית-פה
har•mo'nious *adj.* הרמוני, מתמזג
har'moniza'tion *n.* הירמון
har'monize' *v.* להרמן; להתהרמן; להתאים; למזג/להתמזג יפה
har'mony *n.* הרמוניה
- be in harmony להתאים, לתאום
har'ness *n&v.* רתמה; לרתום
- die in harness למות בעודו עובד
- run/work in double harness לעבוד עם שותף/בן-זוג
harp *n&v.* (לפרוט על) נֵבֶל
- harp on לדבר שוב ושוב על
harpist *n.* נַבלָן, נִבלַאי
har•poon' (-pōōn') *n.* צִלְצָל
harpoon *v.* להטיל צלצל (בכריש)
harp'sichord' (-k-) *n.* צ'מבלו
har'py *n.* מפלצת, מרשעת
har'ridan *n.* מרשעת, מכשפה
har'rier *n.* כלב-ציד; רץ למרחקים ארוכים
har'row (-ō) *n.* משדדה
harrow *v.* לשדד; להציק, להכאיב
har'ry *v.* לבזוז, להחריב; להטריד
harsh *adj.* קשה, גס; צורם; אכזרי
hart *n.* צבי, אַיָּל
ha'rum-sca'rum *adj&n.* פזיז; מבולגן
har'vest *n.* קציר, אסיף; יבול
- reap the harvest לקטוף את הפירות
harvest *v.* לקצור, לאסוף
harvester *n.* קוֹצֵר, אוֹסֵף; מקצרה
harvest festival תפילת הודיה (לאחר האסיף)
harvest home חג/חגיגת האסיף
harvest moon ירח מלא (בסתיו)
has = pres. 3rd sing. of have (haz)
has-been *n.* מי שהיה, שכוכבו דעך*
hash *v.* לקצוץ (בשר)
- hash out לדון ב-, ליישב, להסדיר*
- hash up להזכיר, לעורר*
hash *n.* בשר קצוץ; חשיש*
- make a hash of it לקלקל, לבלבל
- settle his hash לטפל בו, לחסלו

hash house *מיסעדה זולה
hash′ish *n.* חשיש
Has′mone′an (haz-) *n.* חשמונאי
hasn't = has not (haz′ənt)
hasp *n.* בריח (הנסגר על חַת)
has′sle *n&v.* *צרה; אי נעימות; ריב; ויכוח; להציק; לריב; להתווכח
has′sock *n.* כרית (לכריעה)
hast, thou hast = you have
haste (hāst) *n.* חיפזון
- make haste להזדרז
has′ten (hā′sən) *v.* למהר, להחיש
ha′sty *adj.* מהיר, נמהר, פזיז
hat *n.* כובע, מגבעת
- at the drop of a hat לפתע, מיד
- hang up one's hat לחדול לעבוד
- hat in hand בהכנעה, בהתרפסות
- hold your hat! היכון להפתעה!
- keep under one's hat לשמור בסוד
- my hat! שטויות!, איני מאמין
- old hat *לא באופנה, מיושן
- pass the hat round לאסוף תרומות
- take one's hat off to להסיר הכובע בפני-
- talk through one's hat *לדבר שטויות, לקשקש
hat-band *n.* סרט מגבעת
hatch *n.* פתח בסיפון; דלת, צוהר
- batten down the hatches להיערך לקראת מצב קשה, להתגונן בפני
- under hatches מתחת לסיפון
hatch *v.* לבקוע מביצתו; להיבקע; להדגיר; לתכנן, לזום
hatchback *n.* מכונית דו-שימושית
hatch′ery *n.* מדגרה (לביצי-דגים)
hatch′et *n.* גרזן, כילף
hatchet-faced *adj.* צר-פרצוף
hatchet job *התקפה חריפה
hatchet man רוצח שכיר; רוצח אופי
hatching *n.* קווים מקבילים, רשת
hatchway *n.* פתח (בסיפון)
hate *v&n.* לשנוא; שנאה
- pet hate *דבר שנוא ביותר
hateful *adj.* שנוא, דוחה, נתעב
hate mail מכתבי נאצה
hath = has
hatless *adj.* גלוי-ראש
hatpin *n.* סיכת-כובע
ha′tred *n.* שנאה, איבה
hatstand *n.* קולב כובעים
hat′ter *n.* כובען
- as mad as a hatter מטורף לחלוטין
hat trick ניצחון משולש, שלושער
hau′berk′ *n.* שריון קשקשים
haugh′ty (hô′-) *adj.* יהיר, גא
haul *v.* למשוך, לגרור; לשנות כיוון
- haul down the colors להיכנע
- haul off להרים יד; לנוע פתאום
- haul up/in להזמינו להופיע
haul *n.* משיכה, גרירה; מרחק הגרירה; שלל-דיג, שלל-גניבה
- long haul כיברת דרך ארוכה; זמן רב, טווח ארוך
haulage *n.* הובלה, משיכה
hauler *n.* מוביל, חברת הובלה
haul′ier *n.* מוביל, חברת הובלה
haulm (hôm) *n.* גבעולים
haunch *n.* מותן, ירך, אחוריים
haunt *v.* לבקר תדיר; לפקוד; להציק, להטריד, להדאיג
haunt *n.* מקום ביקורים
haunted *adj.* (מקום) רדוף רוחות
haunting *adj.* פוקד, מנקר במוח
haut′boy′ (hō′boi) *n.* אבוב
haute couture (ōt′kootoor′) *n.* אופנה עילית
haute cuisine (ōt′kwizēn′) *n.* טבחות משובחת
hauteur (hōtûr′) *n.* גאוותנות
have (hav) *v.* להיות לו, יש לו; לקבל, לקחת; עליו ל-; לגרום; להרשות, לסבול; "לסדר", לרמות
- I have (got) to אני חייב ל-, עלי ל-
- I have it! מצאתי!, זהו!
- I won't/can't have it לא אסבול זאת
- I would have you know ברצוני שתדע
- I've (got) a pen יש לי עט
- had I- לו הייתי-
- had better/best מוטב ש-
- has to do with קשור/עוסק ב-
- have a baby ללדת
- have a look לראות
- have a swim לשחות
- have done (with) לחסל; לגמור
- have got = have
- have him down/up לארחו
- have him in להזמינו
- have him on לרמותו, לסדר אותו
- have in לשמור בבית (מלאי)
- have it in for לרחוש טינה ל-
- have it off ללמוד על-פה; *לשכב

- have it out לריב, להסדיר; להוציא
- have it over- לעלות על-
- have nothing on him אין משהו (מפליל) נגדו
- have on ללבוש; להיות עסוק/טרוד
- have over him *לעלות עליו ב-
- have something on him לדעת משהו עליו; לעלות על-
- he was had up הועמד לדין
- she/rumor has it that היא/השמועה אומרת ש-
- you have me there אחד אפס לטובתך
- you've been had סידרו אותך
- you've had it *סידרו אותך; מספיק לך, די!, הרי לך!
have *n.* רמאות; "סידור"
- the have-nots העניים
- the haves העשירים
ha′ven *n.* נמל, חוף מבטחים
haven't = have not (hav′ənt)
hav′ersack′ *n.* תרמיל
hav′oc *n.* הרס, אנדרלמוסיה
- cry havoc לתת האות לביזה והרס
- play havoc with לעשות שַׁמּוֹת ב-
haw *n.* עוזרד; חהו! (קול צחוק)
hawk *n.* נץ
hawk *v.* לעסוק ברוכלות; להפיץ
hawker *n.* רוכל
hawk-eyed *adj.* חד-ראייה
hawkish, hawklike *adj.* ניצי
haw′ser (-z-) *n.* חבל, כבל
haw′thorn′ *n.* עוזרד
hay *n.* חציר, שחת, מספוא
- hit the hay *ללכת לישון
- it ain't hay *זה סכום נכבד
- make hay להפוך השחת (לייבוש)
- make hay of לבלבל, להטיל מבוכה
- make hay while the sun shines להכות על הברזל בעודו חם
haycock *n.* ערימת שחת
hay fever קדחת השחת
hay-fork *n.* קלשון
hay-maker *n.* מכין מספוא; מהלומה
hayrick *n.* ערימת-שחת
haystack *n.* ערימת-שחת
haywire *n.* חוט (לאגירת) שחת
- go haywire להשתגע, להשתבש
haz′ard *n.* סכנה, סיכון; משחק-מזל
- at all hazards חרף כל הסיכונים
hazard *v.* לסכן; להעז, להסתכן ב-
haz′ardous *adj.* מסוכן
haze *n.* אובך, ערפל; טשטוש
haze *v.* להציק, להשפיל (טירון)
ha′zel *n.* אילסר, אגוז; חום-אדמדם
ha′zy *adj.* מעורפל, אביך; מבולבל
H-bomb *n.* פצצת מימן
hcf = highest common factor
he (hē) *pron&adj.* הוא; זָכָר
- he who מי ש-, האיש אשר
head (hed) *n.* ראש
- 2 a head 2 לכל אחד
- a bad head כאב ראש
- a good head for כישרון ל-
- a head of cabbage קולס כרוב
- a swelled head מנופח, גא
- above my head למעלה מהשגתי
- at the head of the בראש ה-
- beat into his head להחדיר לראשו
- bring to a head להביא לנקודת משבר
- cannot make head or tail of לא מבין כלום ב-, לא מוצא ידיו ורגליו
- come to a head להגיע לנקודת משבר
- get into one's head להיכנס לראשו, להבין
- get one's head down *ללכת לישון
- give him his head להניח לו לעשות כאוות-נפשו
- go over his head לעקפו
- go to one's head להסתחרר, להשתכר (מהצלחה)
- has his head in the clouds ראשו בעננים
- head and shoulders above משכמו ומעלה
- head of a bed מראשות המיטה
- head of hair רעמת שיער
- head over heels in- שקוע ב-
- heads or tails? פנים או אחור?
- heads up! שימו לב!, זהירות!
- heads will roll *יעופו ראשים
- hold up one's head לזקוף ראש
- it cost him his head זה עלה לו בחייו
- keep one's head down *להנמיך פרופיל
- keep one's head להישאר שליו
- keep one's head above water לא לשקוע בחובות, לא להסתבך
- laugh one's head off לצחוק בלי הרף

- lose one's head לאבד עשתונותיו
- make head against לעמוד יפה נגד
- off one's head מטורף, יצא מדעתו
- off the top of one's head מבלי לחשוב, במהירות
- on my head על ראשי, על אחריותי
- out of one's head יצא מדעתו
- over his head מעל לראשו, עוקפו
- over one's head נשגב מבינתו
- per head לגלגולת, לכל אחד
- put heads together להיוועץ, לשבת על המדוכה
- put it into his head להעלות לו (רעיון)
- shout one's head off לצרוח בלי הרף
- standing on one's head בקלות
- take it into one's head להחליט לפתע, להאמין
- talk his head off לעייפו במלים
- the head on beer קצף של בירה
- turn his head לסחרר את ראשו
head *adj.* ראשי, עיקרי
head *v.* להוביל, לעמוד בראש
- head a ball לנגוח כדור
- head back לפנות לאחור, לחזור
- head for לנוע בכיוון-; להזמין
- head for the hills להימלט
- head off למנוע, לחסום; להפנות הצידה
- head out to להועיד פניו אל
- head up להוביל
headache *n.* כאב ראש
headband *n.* סרט, סרט-מצח
headboard *n.* לוח ראש-מיטה
head-butt *v&n.* לנגוח; נגיחה
headcheese *n.* בשר-חזיר
headcount *n.* מספר הנפשות
headdress *n.* שביס, כיסוי ראש
headed *adj.* בעל ראש
- empty-headed נבוב, ריק מדעת
header *n.* קפיצת ראש; נגיחה
headfirst, headlong *adv.* בראש נטוי קדימה; בקלות-דעת; בחיפזון
head′gear′ (hed′gir) *n.* כובע
head-hunter *n.* צייד-כשרונות
heading *n.* כותרת, ראש
headlamp *n.* פנס קדמי
headland *n.* כֵּף, לשון יַבָּשָׁה
headless *adj.* חסר-ראש
headlight *n.* פנס קדמי
headline *n&v.* כותרת; להיות בכותרות
- headlines עיקר החדשות
headlong *adj.* פזיז, חפוז
headlong dive קפיצת ראש
headman *n.* מנהיג, ראש
headmaster *n.* מנהל, מורה-מנהל
headmistress *n.* מנהלת
headnote *n.* הערה בראש מסמך; סיכום, תמצית
head-on *adj.* חזיתי, פנים אל פנים
headphone *n.* אוזנית
headpiece *n.* קסדה; שכל, מוח; כותרת מעוטרת
headquarters *n.* מפקדה, מטה
head-rest *n.* משען-ראש
headroom *n.* מרווח-גובה
headset *n.* מערכת אוזניות
headship *n.* ראשות, מְנַהֲלוּת
head shrinker *n.* *פסיכיאטר
headstall *n.* רתמת-ראש, רסן
headstand *n.* עמידת ראש
head start יתרון, מיקדם, "פור"
headstone *n.* אבן הראשה, מצבה
headstrong *adj.* עקשן
headway *n.* התקדמות
- make headway להתקדם
headwind *n.* רוח נגדית
headword *n.* מלה ראשית, ערך
headwork *n.* מאמץ שכלי
heady (hed′i) *adj.* פזיז, קל-דעת; מסחרר, משכר
heal *v.* לרפא; להירפא; להגליד
- heal over/up להירפא
healer *n.* מְרַפֵּא, תרופה
healing *n.* הילינג (סוג ריפוי)
health (helth) *n.* בריאות
- clean bill of health תעודת בריאות
- drink his health/a health to להרים כוס לכבוד-, לשתות לחיי-
- in poor health בבריאות לקויה
health bar חטיף בריאות
health food מזון בריאות
healthful *adj.* מבריא, יפה לבריאות
health insurance ביטוח בריאות
health visitor אחות לביקורי בית
healthy *adj.* בריא
heap *n&v.* ערימה; לערום, לצבור; למלא, לגדוש
- a heap/heaps of *המון, רב
- heap coals of fire on his head לגמול טובה תחת רעה, לחתות גחלים על ראשו

- heap on him להרעיף/להמטיר עליו
- heap up לצבור, לאסוף, לערום
- heaps better *הרבה יותר טוב
- heaps more *הרבה, עוד המון
- lying in a heap מגובב בערימה
- struck/knocked all of a heap *נדהם, מבולבל

hear *v.* לשמוע
- I've heard tell of שמעתי, אומרים
- hear from him לשמוע ממנו
- hear me out שמעני עד תום
- hear! hear! שמעתם?

hearer *n.* שומע, מאזין
hearing *n.* שמיעה; טווח שמיעה; דיון, משפט; שימוע
- gain a hearing לזכות לאוזן קשבת
- out of hearing מחוץ לטווח-שמיעה
- within hearing בטווח-שמיעה

hearing aid מכשיר-שמיעה
hark'en (härk'-) *v.* להקשיב
hear'say' *n.* שמועה, דיבורים, רכילות, שמיעה
hearsay evidence עדות מפי השמועה
hearse (hûrs) *n.* קרון-המת
heart (härt) *n.* לב
- a man after my own heart איש כלבבי
- at heart בתוך-תוכו, בעומק ליבו
- by heart בעל-פה
- close to one's heart קרוב לליבו
- couldn't find it in his heart לא מלאו ליבו
- do one's heart good להרנין ליבו
- eat one's heart out לאכול את עצמו
- from the bottom of my heart מעומק ליבי
- get to the heart of the matter להיכנס לעובי הקורה
- give one's heart to להתאהב ב-
- had his heart in his mouth פג ליבו
- had the heart מלאו ליבו, העז
- have a heart! רחם!
- have it at heart לדאוג לכך בכל ליבו
- have one's heart in להתעניין ב-, לחבב
- heart and soul בלב ונפש
- heart of gold לב זהב
- heart of oak לב אמיץ
- heart of stone לב אבן
- heart to heart מלב אל לב, גלויות
- heart's blood דם-ליבו, חיים
- his heart bled ליבו שתת דם
- his heart is in the right place הוא בעל לב טוב
- his heart sank נפל ליבו
- his heart stood still דמו קפא בעורקיו
- in one's heart of hearts בעמקי-ליבו
- lose heart להתייאש, ליפול ברוחו
- lose one's heart to להתאהב ב-
- near one's heart קרוב לליבו
- open heart לב פתוח, לב רחב
- open one's heart לפתוח סגור-ליבו
- out of heart במצב רע; מדוכדך
- set one's heart to להשתוקק ל-
- take heart לקוות, לאזור עוז
- take it to heart לקחת ללב
- the heart of- לב-, תוך-
- to one's heart's content כאוות-נפשו
- with all my heart בכל ליבי
- wore his heart on his sleeve הפגין רגשותיו ברבים

heartache *n.* כאב לב
heart attack התקף לב
heartbeat *n.* דופק, פעימת-הלב
heartbreak *n.* שברון-לב
heart breaker שוברת לבבות
heartbreaking *adj.* שובר לב
heartbroken *n.* שבור-לב
heartburn *n.* צרבת
heart disease מחלת לב
-hearted בעל לב-
- broken-hearted שבור-לב

heart'en (härt'-) *v.* לעודד
heart failure אי ספיקת הלב
heartfelt *adj.* עמוק, כן, רציני
hearth (härth) *n.* אח, מוקד, סביבת האח, מחיצת האח; בית, משפחה
hearth-rug *n.* שטיחון-האח
heartily *adv.* בכל-לב, במרץ; מאוד
- heartily sick of נמאס לו מ-

heartland *n.* לב האיזור
heartless *adj.* חסר-לב, אכזרי
heart-lung machine מכונת לב-ריאה
heart-rending *adj.* קורע לב
heart-searching *n.* חשבון נפש
heartsick *adj.* מדוכדך

heartstrings *n-pl.* מיתרי הלב
- touch his heartstrings לנגוע עד ליבו
heartthrob *n.* *קוטל נשים
heart-to-heart *adj.* גלוי-לב, מלב-אל-לב
heart transplantation השתלת לב
heart-warming *adj.* מחמם לב
heart-whole *adj.* שליבו לא נכבש
heartwood *n.* ליבה, לב העץ
hearty *adj.* לבבי, כן, בריא, חזק
- a hearty meal ארוחה הגונה
heat *n.* חום, להט; תחרות מוקדמת
- in heat/on heat בעונת הייחום
- in the heat of the moment בעידנא דריתחא
- in the heat of the- בלהט ה-
- turn the heat on למקד ההתקפה על
heat *v.* לחמם; להתחמם
heated *adj.* מחומם, לוהט; זועם
heater *n.* תנור; מיתקן חימום
heat-flash *n.* גל-חום
heath *n.* שדה-בור; שיח, אברש
hea'then (-dh-) *n.* עובד-אלילים; ברברי, פרא-אדם
heathenish *adj.* של עובדי-אלילים
heath'er (hedh'-) *n.* אברש (שיח)
heating *n.* הסקה, חימום
heat pump משאבת חום
heat-seeking *adj.* מתביית על חום/קרינה (טיל)
heat shield מגן חום (על חללית)
heat spot תפיחת-חום (בעור)
heat stroke מכת-חום
heat wave גל-חום, שרב
heave *v.* להרים, למשוך; להתרומם ולשקוע קצובות; להוציא; *לזרוק
- heave a sigh לפלוט אנחה
- heave at/on למשוך
- heave ho! משכו! (קריאת מלחים)
- heave in view/sight להתגלות לעין
- heave up להקיא, לפלוט
- the ship hove to הספינה עצרה
heave *n.* הרמה, משיכה; התרוממות
heav'en (hev'-) *n.* שמיים; אושר, גן-עדן; אלוהים
- Good Heavens! אלי שבשמיים!
- Heaven forbid! ישמרנו האל!
- in seventh heaven ברקיע השביעי
- move heaven and earth להרעיש עולמות, לא לנוח ולא לשקוט
- the heavens opened נפתחו ארובות השמיים
heavenly *adj.* שמיימי; *נפלא
- heavenly bodies גרמי השמיים
heaven-sent *adj.* השגחי, משמיים, בעיתו
heavenwards *adv.* השמיימה
heav'y (hev'i) *adj&adv.* כבד; קשה
- drink heavily להרבות בשתייה
- hang heavy לעבור לאט (כגון זמן)
- hang heavy on להכביד על
- heavy crop יבול רב/מבורך
- heavy going קשה, כבד, משעמם
- heavy heart לב כבד
- heavy news חדשות רעות
- heavy on צורך הרבה, "זולל"
- heavy sea ים גועש
- heavy sky שמיים קודרים
- heavy smoker מרבה לעשן, עשנן
- heavy water מים כבדים
- lie heavy on להכביד על
heavy *n.* טיפוס רע (במחזה)
heavy-duty *adj.* עמיד, חזק
heavy-footed *adj.* כבד-צעד, מסורבל
heavy-handed *adj.* מגושם, כבד-תנועה; מכביד ידו
heavy-hearted *adj.* עצוב, מדוכא
heavy industry תעשייה כבדה
heavy-laden *adj.* עמוס לעייפה
heavy metal תותחים כבדים; רוק כבד
heavy-set *adj.* חסון, מוצק
heavyweight *n.* משקל כבד
heb·dom'adal *adj.* שבועי
He·bra'ic *adj.* עברי
He'brew (-broo) *adj&n.* עברי, יהודי; עברית
hec'atomb' (-toom) *n.* טֶבַח, זבח
heck *interj.* *לעזאזל!
heck'le *v.* להפריע, לשסע (נואם)
hec'tare *n.* הקטאר (10 דונמים)
hec'tic *adj.* קדחתני, אדמומי, סמוק
hec'to- (תחילית) מאה
hec'tor *v.* להציק, לנגוש; להתרברב
he'd = he had, he would (hēd)
hedge *n.* גדר-שיחים, משוכה
- a hedge against- הגנה בפני-, סייג
hedge *v.* לגדור, לתחום, להגביל; להתחמק (מתשובה ברורה)
- hedge around/in להקיף, להגביל

- hedge one's bets להמר בזהירות, לבטח עצמו מפני הפסד
hedge fund קרן גידור
hedge′hog′ (hej′hôg) *n.* קיפוד
hedgehop *v.* להנמיך טוס
hedgerow *n.* שדירת-שיחים, משוכה
hedging *n.* עסקת מגן
he′donism′ *n.* הדוניזם, נהנתנות
he′donist *n.* הדוניסט, נהנתן
hee′bie-jee′bies (-bēz) *n-pl.* *עצבנות, סמרמורת
heed *v.* להקשיב ל-, לשים לב ל-
heed *n.* תשומת-לב
- give/pay heed לשים לב, להשגיח
- take heed of לשים לב, להשגיח
heedful *adj.* מקשיב, שם לב ל-
heedless *adj.* לא זהיר, מזלזל
hee′haw′ *n.* נעירת חמור; צחוק גס
heel *n.* עָקֵב; נָבָל, אדם שפל
- at his heels בעיקבותיו
- bring to heel להכניע, להשתלט
- come to heel ללכת בעקבות; להיכנע, לציית
- dig in one's heels להתחפר בעמדותיו
- down at heel משופשף עקבים, לבוש בלואים, מוזנח
- hard/hot on the heels of מיד לאחר-
- kick one's heels להיאלץ לחכות
- kick up one's heels לכרכר, להתפרק בשמחה
- lay by the heels לעצור, לכלוא
- on his heels בעיקבותיו
- set back on his heels להדהימו
- show a clean pair of heels לברוח
- take to one's heels לברוח
- turn on one's heel לפנות אחורה פתאום, לשוב על עקביו
- under the heel of נרמס, משועבד
heel *v.* להתקין עקב; לצעוד בעיקבות
- heel over לנטות על הצד (אונייה)
- well-heeled *עשיר
hef′ty *adj.* גדול, חזק, כבד
he·gem′ony *n.* הגמוניה, מנהיגות
heif′er (hef′-) *n.* עֶגלָה, פרה רכה
heigh′-ho′ (hā′-) *interj.* הוי!
height (hīt) *n.* גובה, רום; שיא
- at/in the height of בשיא ה-
- mountain heights מרומי ההר
heighten *v.* להגביה; לגדול; להגביר
hei′nous (hā′-) *adj.* נתעב, שפל
heir (ār) *n.* יורש
- heir apparent יורש מוחלט/ודאי
- heir presumptive יורש על תנאי
- heir to the throne יורש-עצר
heiress *n.* יורשת
heir′loom′ (ār′lo͞om) *n.* נכס משפחתי (מורש מדור לדור)
heist (hīst) *v&n.* *לשדוד; שוד, גניבה
Hej′ira, Heg′ira *n.* הג'רה (בריחת מוחמד ב-622 לסה"נ)
held = p of hold
he′lical *adj.* חלזוני
hel′ichry′sum (-krī′-) *n.* דם המכבים (צמח)
hel′icop′ter *n.* מסוק, הליקופטר
he′lio·cen′tric *adj.* מתייחס לשמש כמרכז
hel′iograph′ *n.* הליוגרף
he′liotrope′ *n.* עוקץ-העקרב (צמח)
hel′ipad′ *n.* מינחת מסוקים
hel′iport′ *n.* מינחת מסוקים
he′lium *n.* הליום (גאז)
he′lix *n.* קו חלזוני
hell *n.* גיהינום; *לעזאזל, ארור
- (by) hell! לעזאזל!
- a hell of a- *ועוד איך, נורא
- a living hell חיים גרועים ממוות
- beat the hell out of *להכות חזק
- come hell or high water יקרה אשר יקרה, באש ובמים
- for the hell of it *בשביל הכיף
- give hell *לתת מנה הגונה
- go to hell! לך לעזאזל!
- hell for leather *מהר מאוד
- hell on earth גיהינום עלי אדמות
- hell to pay צרות צרורות
- like hell! בוודאי שלא!
- play hell with לגרום נזק ל-
- raise hell להפוך עולמות
- what the hell מה, לכל הרוחות-
- work like hell *לעבוד כמו משוגע
he'll = he will/shall (hēl)
hell-bent *adj.* נחוש בדעתו; פזיז
hellcat *n.* מכשפה, מרשעת
Hel′lene *n.* יווני
Hel·len′ic *adj.* יווני
hel′lenize *v.* להתייוון
hellhole *n.* מקום בלתי נסבל
hell′ish *adj.* נורא, איום, שטני

hello′! הלו!
helm *n.* הגה (של ספינה/שלטון)
hel′met *n.* קסדה
helmeted *adj.* חבוש קסדה
helmsman (-z-) *n.* הגאי
hel′ot *n.* עבד; נחות-מעמד
help *n.* עזרה, סיוע, עזר; תועלת; עוזר, עוזרת; משרתות
- help! הצילו!
- is of some help עוזר, מועיל
- there's no help for it אין למנוע זאת, אין תרופה לכך
help *v.* לעזור, לסייע; לרפא, לתקן
- I can't help it זו לא אשמתי, אין בידי למנוע זאת
- can't help saying לא יכול שלא לומר, חייב לומר
- help down לעזור לרדת
- help oneself להתכבד, לקחת
- help out להושיט עזרה, לחלץ
- help up לעזור לעלות
- it can't be helped אין למנוע זאת
- not do more than one can help לעשות רק את המינימום
- so help me (God) חי נפשי!
helpful *adj.* עוזר, מועיל
helping *n.* מנה (בארוחה)
helping hand סיוע, עזרה
helpless *adj.* חסר-ישע; אין אונים
helpline *n.* שירות עזרה טלפוני
help′mate′ *n.* בת-זוג, אישה
help′meet′ *n.* בת-זוג, אישה
hel′ter-skel′ter *adv.* בבהילות, בחיפזון; תוך אי-סדר
helter-skelter *n.* מגלשה לוליינית
helve *n.* ידית (הגרזן)
hem *n.* מכפלת, שפה, שולי-הבגד
hem *v.* להתקין מכפלת, לְשַׁפּוֹת
- hem in/around להקיף, לכתר
hem *interj.* הממ-, (קול המהום)
hem *v.* להמהם, לגמגם
- hem and haw לגמגם, לכחכח
he-man *n.* גבר, גבר חסון
he′matol′ogy *n.* המטולוגיה (חקר הדם)
hem′isphere′ *n.* חצי-כדור (הארץ)
hemline *n.* קו השוליים, אורך השימלה
- raise the hemline לקצר השמלה
hem′lock′ *n.* ראש, רוש (צמח רעלי)
he′moglo′bin *n.* המוגלובין
he′moly′sis *n.* המוליזה (תֶּמֶס דם)
he′mophil′ia *n.* דממת, המופיליה
he′mophil′iac′ *adj.* סובל מדממת
hem′orrhage (-rij) *n.* דימום
hem′orrhoid′ (-roid) *n.* טחורים
hemp *n.* קנבוס, חשיש
hempen *adj.* של קנבוס
hemstitch *n.* שִׁיפּוּי, מישלפת
hen *n.* תרנגולת; נקבה (בעוף)
hen′bane′ *n.* שיכרון (צמח רעלי)
hence *adv.* לכן, לפיכך, מכאן; מעתה, מהיום
- a year hence בעוד שנה
henceforth *adv.* מעתה ולהבא
henceforward *adv.* מעתה ולהבא
hench′man *n.* חסיד נלהב, גרור
hen-coop *n.* לול
hen house לול, בית-עופות
hen′na *n.* חינה; חום-אדמדם
hen party *מסיבת נשים
hen′peck′ *v.* לרדות (בבעל)
hep *n.* *בקי, מעודכן בנעשה
hep′ati′tis *n.* דלקת הכבד
hep′tagon′ *n.* מְשֻׁבָּע
hep·tath′lon *n.* קרב שבע
her *pron.* שלה; אותה; לה
her′ald *n.* שליח, רץ, מבשר
herald *v.* לבשר (את בוא-)
her·al′dic *adj.* של שלטי-גיבורים
her′aldry *n.* מדע שלטי-הגיבורים
herb *n.* עשב; צמח תבלין
her·ba′ceous (-shəs) *adj.* עֶשְׂבּוֹנִי
herb′age *n.* עשב, דשא-עשב; יָרָק
herb′al *adj.* עשבוני, של עשב
herb′alist *n.* עשבונאי
her′bicide′ *n.* קוטל עשבים
her·biv′orous *adj.* אוכל עשב
Her′cu·le′an *adj.* של הרקולס, אדיר
herd *n.* עדר; ההמון; רועה
herd *v.* להתאסף; לקבץ; לנהוג עדר
herdsman *n.* רועה
here *adv.* כאן, פה; הִנֵּה, הרי; הֵנָּה
- here and now מיד, פה ועכשיו; היום
- here and there פה ושם
- here goes! הבה ננסה!, קדימה!
- here you are בבקשה, הא לך
- here's to you לחיים!
- look here שים לב, ראה נא
- near here קרוב לכאן, בסביבה
- neither here nor there לא לעניין, לא חשוב; לא פה ולא שם

- this man here האיש הזה
here′about(s)′ (hir′-) *adv.* בסביבה
here′af′ter (hir′-) *n&adv.* העולם הבא; בעתיד, בעולם הבא
here′by′ (hir′-) *adv.* בזאת (הנני-)
her′edit′ament *n.* נכס בר-הורשה; ירושה
hered′itar′y (-teri) *adj.* תורשתי; מורש
hered′ity *n.* תורשה, ירושה
here′in′ (hir′-) *adv.* בזאת, כאן
here′in·af′ter (hir′-) *adv.* להלן
here′of′ (hirov′) *adv.* של זה
her′esy *n.* כפירה
her′etic *n.* כופר
heret′ical *adj.* כופר, אפיקורסי
here′to′ (hirtōō′) *adv.* לזאת; עד כה
here′tofore′ (hir′-) *adv.* עד כה
here′un′der (hir′-) *adv.* להלן
here′upon′ (hir′-) *adv.* בזה, על כך; בנקודה זו, ברגע זה; אחר כך
here′with′ (hir′-) *adv.* בזה
her′itable *adj.* עובר בירושה, תורשתי
her′itage *n.* ירושה, נחלה
her·maph′rodite′ *n.* אנדרוגינוס
her·maph′rodit′ic *adj.* אנדרוגיני
her·met′ic *adj.* הרמטי, אטום
her′mit *n.* נזיר
her′mitage *n.* בית-הנזיר
her′nia *n.* שֶׁבֶר, בֶּקַע
he′ro *n.* גיבור
he·ro′ic *adj.* הירואי, נועז; כביר, גדל-ממדים; מליצי, מנופח
heroics *n-pl.* עתק, מליצות נבובות
her′o·in *n.* הרואין (סם משכר)
he′roine (-rəwin) *n.* גיבורה
her′o·ism′ *n.* גבורה, הירואיות
he′ro·ize′ *v.* להאדיר, לעשותו גיבור
her′on *n.* אנפה (עוף)
heronry *n.* מקום קינון אנפות
her′pes (-pēz) *n.* שלבקת, בֶּרֶץ
her′ring *n.* מליח, דג מלוח
- red herring מסיח דעת
herringbone *n.* דגם שדרת דג, דגם אידרה, דגם קווים מזוגזגים
hers (-z) *pron.* שלה; השייך לה
her·self′ *pron.* (את-/ל-/ב-/מ-) עצמה
- by herself לבדה, בעצמה
- she herself היא בעצמה
- she's not herself חל בה שינוי, אין להכירה, אינה כתמול שלשום
hertz *n.* הרץ (יחידת-תכף)
he's = he is, he has (hēz)
hes′itance (-z-) *n.* הססנות
hes′itancy (-z-) *n.* הססנות
hes′itant (-z-) *adj.* מהסס, הססן
hes′itate′ (-z-) *v.* להסס, לפקפק
hes′ita′tion (-z-) *n.* היסוס
hes′sian (-shən) *n.* אריג עבה, בד יוטה; נעל גבוהה
het′erodox′ *adj.* אפיקורסי, כופר
het′erodox′y *n.* כפירה
het′eroge′ne·ous *adj.* הטרוגני, לא-אחיד, מגוון
het′erosex′ual (-sek′shōōəl) *adj.* הטרוסקסואלי, נמשך אל המין הנגדי
het-up′ *adj.* נרגש, נלהב
heu·ris′tic (hyoo-) *adj.* מתוך ניסיון, המתגלה בכוחות עצמו
hew (hū) *v.* לקצץ, לכרות, לחצוב
- hew down a tree לכרות עץ
- hew one's way לפלס דרכו
- hew out לחצוב; לבנות בעמל רב
hewer *n.* חוטב עצים; כורה פחם
hex *n&v.* כישוף; קללה; לכשף
hex′agon′ *n.* משושה (מצולע)
hex·ag′onal *adj.* בעל שש צלעות
hex′agram′ *n.* מגן דוד
hex·am′eter *n.* הקסמטר (שורה בעלת 6 קצבים)
hey (hā) *interj.* היי! הלו!
hey′day′ (hā′-) *n.* פסגה; שעת הפריחה, תקופת השגשוג
hey pres′to! (hā-) הוקוס פוקוס!
Hez′bollah′ (-lä) *n.* חיזבאללה
HF תדירות גבוהה; חצי
hi (hī) *interj.* היי! הלו!
hi·a′tus *n.* פרצה, חור; הפסקה, פעירה
hi′bernate′ *v.* לחרוף, לישון בחורף
hi′berna′tion *n.* תרדמת חורף
Hi·ber′nian *adj.* אירי
hi·bis′cus *n.* היביסקוס (שיח)
hic′cough (-kup) *n.* שיהוק
hiccough *v.* לשהק
hic′cup (-kup) *n.* שיהוק; שהקת
hiccup *v.* לשהק
hick *n.* *כפרי, קרתני, בער
hick′ey *n.* *מכשיר; סימן בעור
hick′ory *n.* אגוז אמריקני
hid = pt of hide

hid′den = pp of hide חבוי, כמוס
hide *v.* להחביא, להסתיר; להתחבא
- hide one's face לכבוש פניו בקרקע
- hide oneself להתחבא, להסתתר
hide *n.* מחבוא, מקום מעקב (אחרי חיות); עור (של חיה); *עור אדם
- have his hide *להענישו קשות
- neither hide nor hair of him *אין סימן ממנו, והילד איננו
- save one's hide להציל את עורו
- tan his hide להלקותו
hide-and-seek *n.* מחבואים
hide-away *n.* *מיקלט, מחבוא
hidebound *adj.* צר-אופק, מאובן-דיעות, שמרן; קשה-עור
hid′e·ous *adj.* נתעב, זוועתי, נורא
hide-out *n.* *מקלט, מחבוא
hiding *n.* הסתתרות, מחבוא; *מלקות
hiding place מקום מיסתור
hie (hī) *v.* למהר, להזדרז
hi′erar′chy (-ki) *n.* היררכיה
hi′eroglyph′ *n.* הירוגליף, כתב-החרטומים; כתב לא-ברור
hi′eroglyph′ic *adj.* של הירוגליפים
hi′-fi′ = high fidelity
hig′gledy-pig′gledy (-gəldi-gəldi) בערבוביה
high (hī) *adj.* גבוה, רם; נעלה, אצילי; *שיכור, מסומם, "הַיי"
- high and dry חסר-ישע, נטוש
- high and mighty רברבן
- high circles חוגים רמי-דרג
- high color סמוק, אדמדם
- high food מזון מקולקל
- high sign רמז, ברכה, אזהרה
- high society החברה הגבוהה
- high spirits מצב-רוח מרומם
- high summer אמצע הקיץ
- high wind רוח עזה
- it's high time הגיע הזמן ש-
- you'll be for the high jump יתלו אותך
high *adv.* גבוה, למעלה
- aim/fly high לשאוף לגדולות
- feelings ran high הרגשות נשתלהבו, היצרים התחממו
- flying high *ברקיע השביעי, מאושר
- high and low בכל מקום
- hold one's head high להפגין גאווה/זקיפות-קומה
- live high לחיות חיי-מותרות
- riding high פופולרי, מצליח
high *n.* מרומים; הילוך גבוה
- reach a new high לשבור שיא
highball *n.* ויסקי עם סודה
highborn *adj.* מיוחס, בן-ייחוס
highboy *n.* ארון-מגרות (גבוה)
highbrow *n.* ידען, איש-רוח, סנוב
highchair *n.* כיסא גבוה (לתינוק)
High Church הכנסייה הגבוהה
high-class *adj.* מצויין; ממעמד רם
high commissioner נציג, שגריר
high court בית משפט עליון, בג"ץ
highdays *n-pl.* חגים
higher education השכלה גבוהה
higher-ups *n-pl.* החלונות הגבוהים
high explosive חומר-נפץ מרסק
high-falu′tin *adj.* *מנופח עד-כדי גיחוך, מנסה להרשים
high fashion אופנה עילית
high fidelity נאמנות מרבית, (הקלטה) נאמנה למקור
high finance עיסקאות עתירות סכומים
high five *היי-פייב, הבעת שמחה, טפיחת כפיים גבוהה
high-flown *adj.* מליצי, מנופח
high-flyer *n.* שואף לגדולות
high-flying *adj.* שאפתני
high frequency תדר גבוה
high-grade *adj.* מעולה, מצויין
high ground עמדת יתרון
high-handed *adj.* ביד קשה
high-hat *v&adj.* להתנשא, לנהוג זילזול ב-; סנובי
high′jack′ (hī′-) *v.* לחטוף (מטוס)
high jinks שימחה קולנית
high jump קפיצת-גובה
high-keyed *adj.* נלהב, חמום-מזג
highland *n.* רמה, איזור הררי
high-level *adj.* רם-דרג; (שפת-מחשב) עילית
high life רמת חיים גבוהה
highlight *n&v.* מִבהָק (בתמונה) פרט בולט; עיקר; להבליט, להדגיש
highlighter *n.* עט סימון, עט זוהר
highly *adv.* מאוד, במידה רבה
- highly paid יקר; משתכר יפה
- speak highly of להפליג בשבחו
highly-strung *adj.* עצבני, מתוח
High Mass מיסה גדולה (תפילה)
high-minded *adj.* נעלה-עקרונות
highness *n.* גובה, רום; אצילות

- Your Highness הוד מעלתך
high noon צהריים, אמצע היום
high-pitched *adj.* צרחני, גבוה
- high pitched roof גג חד-שיפוע
high point נקודת השיא
high-powered *adj.* רב-כוח; נמרץ
high-pressure *adj.* של לחץ גבוה; נמרץ
high-priced *adj.* יקר
high priest כומר ראשי
high-principled *adj.* נעלה-עקרונות
high-profile *n.* פרופיל גבוה, חשיפה תקשורתית
high-ranking *adj.* בכיר, רם-דרג
high-rise *adj.* של בניין רב-קומות, גבוה
highroad *n.* כביש ראשי, דרך
high-roller *n.* *אוהב להמר, בזבזן
high school בי"ס תיכון
high seas לב-ים, מחוץ למי-החופין
high season עונה בוערת (בעסקים)
high-sounding *adj.* מנופח, יומרני
high-speed *adj.* מהיר
high-spirited *adj.* אמיץ; עליז, מלא-חיים
high spot מאורע בולט, חוויה
high street רחוב ראשי
high table שולחן אוכל (למרצים)
hightail *v.* *לנהוג במהירות, למהר
high tea ארוחת מינחה
high tech היי-טק, תעשייה עילית, טכנולוגיה עילית
high technology טכנולוגיה עילית, היי טק
high-tension *adj.* בעל מתח גבוה
high tide גיאות הים
high-toned *adj.* גבוה, אצילי, מכובד
high treason בגידה (במולדת)
high-up *n.* חשוב, רם-דרג
high water גיאות הים
high water mark שיא, גולת הכותרת
highway *n.* כביש ראשי; דרך
- highway robbery שוד לאור היום
Highway Code חוקי התנועה
highwayman *n.* שודד דרכים
hi'jack' *v.* לחטוף (מטוס); לגזול
hijack *n.* חטיפה
hijacker *n.* חוטף (מטוס)
hike *v&n.* לטייל, לצעוד; להרים; להעלות; טיול; עלייה, התייקרות
hiker *n.* מטייל
hila'rious *adj.* עליז, שמח; מצחיק
hila'rity *n.* עליזות
hill *n.* גבעה; תלולית; שיפוע, מעלה
- go over the hill לברוח (ממאסר)
- old as the hills ישן מאוד
- over the hill כבר אינו חזק/פעיל
- up hill and down dale מול מכשולים רבים
hill'bil'ly *n.* *כפרי, איכר, בור
hill'ock *n.* תלולית, גבעונת
hillside *n.* צלע גבעה
hilltop *n.* ראש הגבעה
hilly *adj.* רב-גבעות, משופע
hilt *n.* ניצב-החרב, ידית
- up to the hilt לגמרי; עד צוואר
him *pron.* אותו; לו; *הוא
himself' *pron.* (את-/ל-/ב-/מ-) עצמו
- by himself לבדו, בעצמו
- he himself בכבודו ובעצמו
- he's not himself חל בו שינוי, אין להכירו, אינו כתמול שילשום
hind (hīnd) *adj.* אחורי, שמאחור
hind *n.* איילה, צבייה
hin'der *v.* לעכב; להפריע; למנוע
hindmost *adj.* האחרון, אחורני
hindquarters *n-pl.* החלקים האחוריים (בגוף בע"ח)
hin'drance *n.* עיכוב, מעצור
hindsight *n.* ראייה לאחור, חכמה שלאחר מעשה
Hin'du (-dōō) *n.* הודי; הינדו
Hinduism *n.* הינדואיזם
hinge *n&v.* ציר; לתלות על צירים
- it hinges on- זה תלוי ב-
hint *n.* רמז, סימן קל; עצה
- broad hint רמז שקוף
- take a hint לתפוס את הרמז
hint *v.* לרמוז
hin'terland' *n.* תוך הארץ, עורף
hip *n.* ירך, מיפרק הירך; מותן; פרי הוורד
hip *interj.* הידד!
- hip, hip, hooray! הידד!
hip *adj.* *בקי, מעודכן בנעשה, מודרני
hipbath *n.* אמבטיית-ישיבה
hip bone עצם הירך
hip flask בקבוקון-כיס (למשקה)
hip'pie *n.* היפי

hip′po *n.* סוס-היאור, היפופוטם
Hip′pocrat′ic oath שבועת הרופאים
hip′podrome′ *n.* כיכר (למרוצי-סוסים)
hip′popot′amus *n.* סוס-היאור, היפופוטם
hip′py *n.* היפי
hip′ster *n.* מעודכן בנעשה
hipster *adj.* (מכנסיים) חגורים סביב הירכיים
hire *v.* לשכור, לחכור
- hire out להשכיר; למכור שירותיו
hire *n.* שכירות; השכרה; דמי-שכירות; חכירה; החכרה
- for hire פנוי, להשכיר
hire car רכב להשכרה
hire′ling (hīr′l-) *n.* שכיר, מוכר שירותיו
hire purchase קנייה בתשלומים, שכר מכר
hirer *n.* שוכר; חוכר
hir′sute *n.* שעיר; פרוע-ראש
his (-z) *pron&adj.* שלו
hiss *v.* לשרוק, ללחוש, לנשוף
- hiss off לגרש (מהבמה) בשריקות
hiss *n.* שריקה; לחישה
hist *interj.* הס! שקט!
his′tamine′ (-mēn) *n.* היסטמין
his′togram′ *n.* תרשים עמודות
histol′ogy *n.* תורת רקמות-הגוף
histo′rian *n.* היסטוריון
histor′ic *adj.* היסטורי, רב-חשיבות
historical *adj.* היסטורי
historic present זמן הווה (בסיפור)
his′tory *n.* היסטוריה, דברי הימים
- make history לעשות היסטוריה
- natural history ידיעת הטבע
his′trion′ic *adj.* תיאטרלי, דרמאתי
histrionics *n-pl.* אמנות המשחק, תיאטרליות
hit *v.* להכות; לפגוע ב-; להגיע ל-, למצוא
- hit back לגמול, להגיב בחריפות
- hit between the eyes להמם
- hit him hard לפגוע בו קשות
- hit him where it hurts לפגוע בציפור נפשו
- hit it לקלוע למטרה
- hit it off להסתדר יפה, להתאים
- hit off לחקות; לתאר בדיוק
- hit on/upon למצוא, להיתקל ב-
- hit or miss בעלמא, בלא תיכנון
- hit out להתקיף, להכות קשות
- hit the books *ללמוד
- hit the bottle *להתמכר לשתייה
- hit the hay/sack *ללכת לישון
- hit the headlines לעלות לכותרות
- hit the nail on the head לקלוע למטרה
- hit the road *לצאת לדרך
- hit the roof *להתרתח, להתרגז
hit *n.* מכה, מהלומה; פגיעה; להיט; הצלחה; הערה עוקצנית
- make a hit לקצור הצלחה
hit-and-miss *adj.* אקראי, לא תמיד מוצלח
hit-and-run *adj.* פגע וברח
hitch *v.* לקשור, לחבר; להתחבר
- be hitched *להתחתן
- hitch a ride לבקש טרמפ
- hitch up להרים, למשוך כלפי מעלה
hitch *n.* משיכה, הרמה בתנופה; מכשול, תקלה; קשר, לולאה
hitch′hike′ *v.* לנסוע בטרמפים
hitchhiker *n.* טרמפיסט
hi-tech *n.* היי-טק, תעשייה עילית, טכנולוגיה עילית
hith′er (-dh-) *adj.* לכאן, הֵנָּה
- hither and thither פה ושם
hith′erto′ (hidh′ərtōō) *adv.* עד כה
hit man רוצח שכיר
hit-or-miss *adj.* מקרי, לא-מתוכנן
hit parade מצעד הפזמונים
HIV נגיף האיידס
hive *n.* כוורת; מקום הומה
hive *v.* להכניס/להיכנס לכוורת; לחיות בצוותא; לאגור דבש
- hive off להיפרד, להפוך לעצמאי
hives *n-pl.* חרלת (מחלת-עור)
h'm *interj.* הממ-- (מלמול)
HM = His Majesty המלך
ho *interj.* הו!
hoar *adj.* אפור, לבן, כסוף-שיער
hoard *v.* לאגור, לצבור
hoard *n.* אוצר, מטמון
hoarding *n.* אגירה; גדר; לוח מודעות
hoarfrost *n.* כפור לבן, טל קפוא
hoarse *adj.* צרוד
hoar′y *adj.* אפור, לבן, עתיק
hoax *n.* מתיחה, שיטוי, תעלול
hoax *v.* למתוח, לשטות, לרמות
hob *n.* מדף-מתכת, משטח חימום

- play hob with *לבלבל, לשבש
hob'ble *v.* לצלוע, לגרור רגליו
- hobble a horse לקשור רגלי סוס
hob'ble·de·hoy' (-bldi-) *n.* *צעיר מגושם; חוליגן
hobble skirt חצאית צרה/הדוקה
hob'by *n.* תחביב, הובי
hobbyhorse *n.* סוס-עץ (למשחק); נושא אהוב, שיגיון
hob'gob'lin *n.* שד, רוח, מזיק
hob'nail' *n.* מסמר קטן (עב-ראש)
hobnailed *adj.* (נעל) מסומרת
hob'nob' *v.* להתרועע, להתיידד
ho'bo *n.* *נווד, פועל מובטל
Hobson's choice חוסר ברירה, הברירה היחידה
hock *n.* קרסול; קֶפֶץ (מיפרק ברגל); יין הוק; *משכון
- in hock *ממושכן; בכלא
hock'ey *n.* הוקי
- field hockey הוקי
- hockey stick מקל הוקי
- ice hockey הוקי קרח
ho'cus-po'cus *n.* הוקוס פוקוס
hod *n.* ארגז (לנשיאת לבינים/פחם)
hodgepodge (hoj'poj') *n.* בליל, ערבוביה
hoe (hō) *n.* מעדר, מכוש
hoe *v.* לעדור, לתחח, לנכש
hog *n.* חזיר
- eat high on the hog *לזלול
- go hog wild להתיר הרסן
- go the whole hog לעשות דבר בשלמותו/היטב
hog *v.* להתנהג כחזיר, לחטוף הכל
- hog the road לנהוג באמצע הכביש
hoggish *adj.* חזירי, גס, אנוכיי
hog'manay' *n.* ערב ראש השנה
hogs'head' (hogz'hed) *n.* חבית, מידת הלח (63 גאלונים)
hog-tie *v.* לעקוד, לכפות, לכבול
hogwash *n.* זבל, שטויות
hoi polloi' *n.* ההמון, האספסוף
hoist *v.* להרים, להעלות, להניף
hoist *n.* מנוף; הנפה
hoi'ty-toi'ty *adj.* *גא, יהיר, מנופח
ho'kum *n.* *רגשנות, חנטריש
hold (hōld) *v.* להחזיק; לאחוז; להשאיר; להכיל; לשמור; לחשוב, להאמין; לנהל, לערוך; להיות לו
- I hold (that-) לדעתי
- be left holding the bag למצוא עצמו נושא באחריות
- hold a meeting לנהל ישיבה
- hold aloof להתרחק, לא להתערות
- hold back לעצור, לבלום; למנוע, לרסן; להסס, להימנע; להסתיר
- hold by לדבוק ב-; לתמוך, להסכים
- hold cheap לזלזל, לתעב
- hold court לקבל פני מעריצים
- hold dear להוקיר, להעריך
- hold down לדכא, לרסן, לבלום
- hold down a job להחזיק במשרה
- hold forth לנאום; להציע
- hold hands להחזיק ידיים, לתמוך
- hold him up as להציגו כ-
- hold in לרסן, להגביל, לעצור
- hold in high esteem להוקיר
- hold it! עצור!, אל תזוז!
- hold off לעצור; להתרחק; להרחיק; לדחות
- hold on להחזיק מעמד, להמשיך; לחכות על הקו, לא לנתק
- hold on to לתפוס בחוזקה
- hold on! עצור!, חכה רגע!
- hold one's breath לעצור נשימתו
- hold one's ground לעמוד איתן
- hold one's hand להימנע; להשהות
- hold one's head up לזקוף ראשו
- hold one's own לעמוד איתן
- hold one's tongue/peace לשתוק
- hold oneself in readiness להיות מוכן (לבשורה רעה)
- hold out להציע, להושיט; להחזיק מעמד
- hold out for לעמוד בתוקף על
- hold out on him לסרב להיענות לו; להסתיר מפניו
- hold over לדחות; להמשיך; לאיים
- hold the fort לנהל את העניינים
- hold the line להמתין על הקו; למנוע הידרדרות
- hold to לדבוק ב-, להיות נאמן ל-
- hold together להחזיק במצב שלם/לבל יתפרק; להיות מאוחדים
- hold true להיות נכון, להיות כך
- hold up לעכב; לעצור כדי לשדוד; לתמוך; להרים; להחזיק מעמד
- hold water להיות הגיוני/סביר
- hold with להסכים ל-
- hold yourself (still) אל תזוז
- holds good מתאים, ניתן ליישמו
- holds the road יציב על הכביש
- it still holds זה עומד בעינו

hold *n.* אחיזה, תפיסה; השפעה; בית אחיזה; ספנה (בספינה)
- catch/take/get hold of לתפוס
- have a hold over him לשלוט בו
- on hold ממתין (על הקו); לא פעיל זמנית; זוכה לתשומת לב מעטה
- take hold להתבסס, להתמסד
- with no holds barred ללא הגבלה

hold-all *n.* תרמיל (לטיולים)
holder *n.* מחזיק, תופס, מחזק; בעלים
- holder in due course אוחז כשורה
- shareholder בעל-מניות

holding *n.* נכסים; קרקע; מניות; אחזקה
holding company חברת גג, חברת אם
holding operation השארת הסטטוס קוו
holdout *n.* עמידה איתנה, מסרב להשתתף
holdover *n.* דבר הנמשך מעבר לצפוי, שריד
hold-up *n.* שוד מזוין; עצירה
hole *n.* חור; גומה; מאורה; כוך
- get in the hole לשקוע בחובות
- hole in the wall כוך, חור; *מנפק כסף
- in a hole במצב קשה
- make a hole in his money לבזבז כספו, לגרום לחסרון-כיס
- out of the hole נחלץ מחובות
- pick holes in למצוא פגם ב-

hole *v.* לנקב, לעשות חור ב-
- hole out לגלגל (כדור גולף) לגומה
- hole up/in *להתחבא, להסתתר

hole-and-corner *adj.* חשאי
hol'iday' *n.* חג; יום מנוחה; פגרה
- on holiday בחופשה, נופֵש

holiday camp מחנה נופֶש
holiday-maker *n.* נופֵש, בחופשה
holier-than-thou' *adj.* *מתחסד
ho'liness *n.* קדושה
- His Holiness הוד קדושתו

ho'lism' *n.* הוליזם
ho·lis'tic *adj.* הוליסטי, של מיכלול
hol'land *n.* הולנד (אריג גס)
hol'ler *v.* *לצרוח, לצעוק
hol'low (-lō) *adj.* חלול, נבוב; ריקני; לא כן, מזוייף
- hollow cheeks לחיים שקועות

hollow *n.* חור, חלל; בור, מכתש
hollow *v.* לנבב, לעשות נבוב; לחפור
hollow-eyed *adj.* שקוע-עיניים
hol'ly *n.* צינית (שיח ירוק-עד)
hollyhock *n.* חוטמית תרבותית
hol'ocaust' *n.* שואה; שריפה
- the Holocaust השואה

hol'ogram' *n.* הולוגרמה
hol'ograph' *n.* הולוגרף (מיסמך הכתוב בידי החתום עליו)
hols *n-pl.* *ימי חופשה
hol'ster (hōl'-) *n.* נרתיק (האקדח)
ho'ly *adj&n.* קדוש
- holy of holies קודש הקודשים
- holy terror *ילד רע, טיפוס איום

Holy Father האפיפיור
Holy Ghost/Spirit הרוח הקדושה
Holy Office האינקוויזיציה
Holy See הכס הקדוש, אפיפיורות
holystone *n.* אבן-חול (למירוק)
Holy Week השבוע הקדוש (שלפני הפסחא)
Holy Writ כתבי-הקודש
hom'age *n.* כבוד, הערכה
- do/pay homage לחלוק כבוד

hom'burg' *n.* כובע רחב-אוגן
home *n.* בית
- at home בבית; מקבל פני אורחים
- at-home מסיבה, קבלת אורחים
- children's home מוסד לילדים
- close to home (לפגוע) עמוקות
- feel at home in להרגיש נוח ב-
- home and dry המטרה הוגשמה, הגיע הביתה בשלום
- home life חיי משפחה
- is at home in מתמצא ב-, בקי ב-
- leave home לעזוב את משפחתו, להתחיל בחיים חדשים
- make yourself at home! הרגש עצמך כמו בבית!
- nothing to write home about *לא משהו מיוחד, אין להתלהב מכך

home *adj.* ביתי, משפחתי, פנימי
- home trade סחר-פנים

home *adv.* הביתה; בבית, אל היעד
- bring it home to להחדיר למוחו
- drive/strike home לנעוץ פנימה; לחדור עמוק
- it came home to me נתחוור לי

home *v.* לשוב הביתה/לבסיס; להתביית
home-baked *adj.* ביתי, אפוי בבית
homebody *n.* אוהב להישאר בבית,

"אשרי יושבי ביתך"
homebound *adj.* נוסע הבייתה; מרותק לבית
home brew בירה ביתית
home-coming *n.* שיבה הבייתה
home economics כלכלת הבית
home front חזית-הפנים; חזית העורף
home-grown *adj.* מתוצרת הארץ
Home Guard (חבר ב-) משמר לאומי
home help מטפלת, עוזרת
homeland *n.* מולדת
homeless *adj.* חסר-בית, הומלס
homelike *adj.* ביתי, משפחתי
home'ly (hōm'-) *adj.* פשוט, לא רב-רושם; מכוער; ביתי, משפחתי
home-made *adj.* ביתי, עשוי בבית
homemaker *n.* עקרת בית
home match/game מישחק ביתי
Home Office משרד הפנים
ho'me·opath' הומיאופת
ho'me·opath'ic הומיאופתי
ho'me·op'athy *n.* הומיאופתיה (שיטת ריפוי)
homeowner *n.* בעל בית, דר בביתו
home plate תחנת הבית (בכדור בסיס)
Ho·mer'ic *adj.* הומרי, של הומרוס
Homeric laughter צחוק הומרי (רם)
home rule שלטון עצמי, אוטונומיה
home run הקפה שלמה (בכדור בסיס)
Home Secretary שר הפנים
homesick *adj.* מתגעגע הבייתה
homespun *adj&n.* (אריג) טווי בבית; (דבר) פשוט/רגיל
home'stead' (hōm'sted) *n.* אחוזה, משק חקלאי; קרקע ניתנת כדי שיעבדוה
home stretch/straight קטע הסיום (במסלול)
home team קבוצה מארחת
home thrust התקפת מחץ
home town עיר מגורים, עיר מולדת
home truth האמת המרה, תוכחה
homeward(s) *adv.* הבייתה
homework *n.* שיעורי-בית; הכנות
home'y (hō'mi) *adj.* *ביתי, נוח
hom'ici'dal *adj.* רצחני, של רצח
hom'icide' *n.* הֶרֶג; רֶצַח; רוצח

hom'ilet'ic *adj.* תוכחתי
homiletics *n-pl.* דרשנות
hom'ily *n.* דרשה, הטפת מוסר
ho'ming *adj.* שב הבייתה; מתביית
homing pigeon יונת-דואר
hom'inoid' *adj.* דומה לאדם
hom'iny *n.* תירס, דייסת תירס
ho'mo- (-mə) (תחילית) דומה, שווה
ho'mo *n.* אדם, איש
ho'mogene'ity *n.* הומוגניות
ho'moge'ne·ous *adj.* הומוגני, אחיד
homog'enize' *v.* לעשות להומוגני
hom'ograph' *n.* הומוגראף, צימוד (מלים השוות בכתיבן ושונות במשמעותן)
hom'onym' *n.* צימוד, הומונים
ho'mopho'bia *n.* שנאת הומוסקסואלים
hom'ophone' *n.* מלה שוות-היגוי, הומופון
Ho'mo sa'piens (-z) הומו ספיינס, האדם המודרני, האדם הנבון
ho'mo·sex'u·al (-sek'shōōəl) *adj&n.* הומוסקסואלי; הומוסקסואל
ho'mo·sex'u·al'ity (-sekshōōal'-) *n.* הומוסקסואליות
ho'my *adj.* *ביתי, נוח
hone *n&v.* אבן משחזת; להשחיז
hon'est (on-) *adj.* הוגן, ישר
- honest to goodness בהן צדק
- make an honest living להתפרנס ביושר
- make an honest women of her להתחתן עמה
- to be quite honest about it ייאמר גלויות
- turn/earn an honest penny להרוויח כספו ביושר
honest broker מתווך
honestly *adv.* בהן-צדק, באמונה
- come by honestly *להיות תורשתי
honesty *n.* הגינות, יושר
hon'ey (hun'i) *n.* דבש; *מותק; יקירי
honeybee *n.* דבורה
honeycomb *n.* חלת-דבש
honeycombed *adj.* עשוי תאים-תאים
honeydew *n.* טל דבש; טבק ממותק
honeydew melon מלון

(חלק-קליפה)
honeyed *adj.* מתוק; מחמיא
honeymoon *n.* ירח דבש
honeymoon *v.* לבלות ירח דבש
honey pot כלי דבש, דבר מפתה
honeysuckle *n.* יערה (שיח מטפס)
honk *n.* צפירת מכונית; גיעגוע
honk *v.* לצפור; לגעגע
hon'kie, hon'ky *n.* *לבן (כינוי גנאי)
honk'y-tonk' *n.* *מועדון לילה זול
hon'or (on-) *n.* כבוד
- Your/His honor כבוד השופט
- debt of honor חוב של כבוד
- do him honor לחלוק לו כבוד
- do the honors לארח, להציע משקה
- have the honor to להתכבד ל-
- honor bound חב חוב מוסרי
- honors אותות הצטיינות; ציונים גבוהים; קלפים חזקים
- in honor of לכבוד, לזכר
- lost her honor איבדה צניעותה
- maid of honor שושבינת המלכה
- military honors טקסים צבאיים
- point of honor עניין של כבוד
- put him on his honor לסמוך על דיברתו
- word of honor מלת כבוד, דיברה
- would you do me the honor of- התואיל ל-?, האם תסכים ל-?
honor *v.* לכבד; להעריך; לקיים
- honor a check לכבד שק
honorable *adj.* מכובד
honorable mention ציון לשבח
hon'ora'rium (on-) *n.* שכר, תשלום (בעד שירות מיקצועי)
hon'orar'y (on'əreri) *adj.* של כבוד
honorary president נשיא כבוד
hon'orif'ic (on-) *adj.* חולק כבוד
honour = honor
hooch (ho͞och) *n.* *משקה חריף
hood *n.* כובע, בורנס, ברדס; גג זחיח; חיפת המנוע; *פושע
hooded *adj.* מבורדס, חבוש כובע
- hooded eyes עיניים עצומות למחצה
hood'lum *n.* *פושע מסוכן, בריון
hoo'doo' *n.* מזל רע
hoodoo *v.* להביא מזל רע ל-
hood'wink' *v.* לרמות, להוליך שולל
hoo'ey *n.* *שטויות
hoof *n&v.* פרסה
- hoof it *ללכת ברגל; לרקוד
- on the hoof חי, שטרם נשחט
hoofer *n.* *רקדן מקצועי
hoo'-ha' (-hä) *n.* *המולה
hook *n.* וו, קרס; מתלה; מכת מגל; עיקול; לשון-יַבָּשָׁה עקומה
- by hook or by crook בכל האמצעים
- give the hook *לפטר, לשלח
- off the hook נחלץ ממצב קשה
- on the hook במצב קשה
- reaping-hook מגל
- sling one's hook *להסתלק
- swallow hook line and sinker לבלוע הכל, להאמין כפתי
hook *v.* ללכוד, להעלות בחכה; לתלות על וו; לכופף; לרכוס
- hook it *לברוח
- hook up לחבר למערכת מרכזית
- hook up with להתחבר, להתאחד
hook'ah (-kə) *n.* נרגילה
hooked *adj.* כפוף, מאונקל; בעל ווים
- hooked on *מכור ל-, להוט אחרי
hook'er *n.* *זונה
hook-nosed *adj.* בעל אף נשרי
hook-up *n.* התחברות של רשת תחנות שידור (לשידור תוכנית)
hookworm *n.* כרץ (תולעת מעיים)
hook'y *adj&n.* דמוי קרס
- play hooky להשתמט מבית-ספר
hoo'ligan *n.* חוליגן, בריון
hooliganism *n.* חוליגניות
hoop *n&v.* גלגל, חישוק; לחשק (חבית)
- go through the hoops לעבור תקופה קשה
hoop'-la (-lä) *n.* משחק קליעה (של טבעות על חפצים); קריאות התלהבות
hooray' *interj.* הידד!
hoosegow (ho͞os'gou') *n.* *בית סוהר
hoot (ho͞ot) *n.* שריקת הינשוף; צפירה; קריאת בוז; צחוק לעגני
- not care a hoot *לא איכפת כלל
hoot *v.* לצפור; לשרוק; לצעוק בוז
- hoot down/out/off/away לגרש (נואם מהבמה) בקריאות בוז
hoo'ter *n.* צופר; *חוטם
hoo'ver *n&v.* (לנקות ב-) שואב אבק

hooves = pl of hoof (hoovz)
hop *v.* לקפץ, לדדות, לנתר; לדלג
- hop in/out *היכנס/צא (מהרכב)
- hop it *הסתלק!
- hop the twig *להסתלק; למות
- hop to it! קדימה!
- hopping mad *רותח מזעם
hop *n.* ניתור, קפיצה; טיסה; *מסיבת-ריקודים; כשות (צמח בר)
- hop step and jump קפיצה משולשת
- keep him on the hop להחזיקו בתנועה/בפעילות מתמדת
- on the hop *בפעילות, עסוק; לא מוכן
hope *n.* תקווה, ציפייה
- beyond/past hope לאחר ייאוש
- hold out hope לתת סיכוי/תקווה
- in the hope of בתקווה ש-
- live in hope לחיות בתקווה
- not a hope! *שום סיכוי!
- raise his hopes לטפח תקווה בליבו
hope *v.* לקוות, לייחל
- hope against hope לקוות (חרף הסיכוי האפסי)
- hope for the best לקוות לטוב
hope chest ארגז התקווה, חפצים שהנערה שומרת לקראת נישואיה
hopeful *adj.* מקווה; מבטיח
- a young hopeful צעיר מבטיח
hopefully *adv.* בתקווה, נקווה ש-
hopeless *adj.* חסר-תקווה, לאחר ייאוש, אבוד, ללא תקנה
hopped-up *adj.* * (מנוע) מוגבר; מסומם
hop′per *n.* מרזב, אפרכסת (מיתקן דמוי משפך); פרעוש, חגב
hop-picker *n.* קוטף כשות
hop pole כלונס (להדליית) כשות
hop-scotch *n.* ארץ (משחק באבן ובמשבצות מסומנות על הקרקע)
horde *n.* המון, קהל; שבט נודד
hori′zon *n.* אופק
hor′izon′tal *adj&n.* אופקי, מאוזן
horizontal bar מתח (בהתעמלות)
hor′mone *n.* הורמון
horn *n&v.* קרן; חומר קרני; צופר; שופר
- English horn קרן אנגלית
- blow one's own horn לטפוח על שכמו, להתפאר
- draw in one's horn להפגין פחות להיטות, לסגת
- horn in להתערב, לתחוב אפו
- horn of plenty קרן השפע
- on the horns of a dilemma נתון בין הפטיש והסדן
hornbill *n.* מַקּוֹר-הקרן (עוף)
horned *adj.* מקרין, בעל קרניים
hor′net *n.* צרעה, דבור
- stir up a hornet's nest להמיט צרות, לעורר קן-צרעות, להרגיז
hornlike *adj.* קרני, דומה לקרן
hornpipe *n.* ריקוד הקרן (של ימאים)
horn-rimmed *adj.* (משקפיים) ממוסגרי-קרן
horny *adj.* קשה, קרני, מחוספס; *תאב
horol′ogy *n.* שענות
hor′oscope′ *n.* הורוסקופ
hor•ren′dous *adj.* נורא, מזעזע
hor′rible *adj.* נורא, איום; *מגעיל
hor′rid *adj.* נורא, איום
hor•rif′ic *adj.* מחריד, מזעזע
hor′rify′ *v.* להחריד, לזעזע
hor′ror *n.* אימה, חלחלה, זוועה
- have a horror of לתעב
- have the horrors לסבול מביעותים
- horror films סרטי זוועה
horror-stricken *adj.* אחוז אימה
horror-struck *adj.* מזועזע, מלא-פחד
hors de combat (ordəkōnbä′) לא כשיר ללחימה, נכה
hors d'oeuvre (ôrdûrv′) *n.* מְתַאֲבֵן
horse *n&v.* סוס; חמור (בהתעמלות); פרשים; הרואין
- a dark horse נעלם, מתחרה שסיכוייו לא ידועים
- a horse of another color עניין אחר לחלוטין
- a willing horse עובד מסור
- back the wrong horse להמר על הצד המפסיד
- be on one's high horse לדרוש יחס כבוד, להתנשא
- clothes horse מתלה-ייבוש
- from the horse's mouth ממקור ראשון, מהנוגע בדבר, מפי הסוס
- hold your horses חכה, גלה איפוק
- horse and foot פרשים ורגלים
- horse around לשחק, להתהולל

horse-and-buggy *adj.* ישן, מימי מתושלח, שמלפני המצאת המכונית
horseback *n.* גב הסוס, על הסוס
- a man on horseback רודן, מנהיג
horsebox *n.* כלי-רכב להובלת סוס
horse chestnut מין ערמון
horseflesh *n.* בשר סוס
horsefly *n.* זבוב הסוס
horsehair *n.* שער-סוס
horse-laugh *n.* צחוק גס, צחוק רם
horseman *n.* פרש, סייס
horsemanship *n.* פרשות
horsemeat *n.* בשר-סוס
horse opera *מערבון
horse-play *n.* משחק גס, משחק פרוע
horsepower *n.* כוח סוס
horserace *n.* מירוץ סוסים
horseradish *n.* חזרת (ירק)
horse sense שכל ישר, היגיון
horseshoe *n.* פרסה, פרסת-ברזל
horse trade סחר-סוסים
horse-trading *n.* מיקח וממכר
horsewhip *n.* שוט, מגלב
horsewhip *v.* להצליף, להלקות
horsewoman *n.* רוכבת, פרשית
hors'y *adj.* סוסי; שוחר רכיבה
hor'tative *adj.* מעודד, מעורר
hor'tato'ry *adj.* מעודד, מעורר
hor'ticul'tural (-'ch-) *adj.* של גננות
hor'ticul'ture *n.* גננות, בוסתנאות
hor'ticul'turist (-'ch-) *n.* גנן
ho·san'na (-z-) *interj.* הושענא, הללויה
hose (-z) *n.* גובתה, צינור, זרנוק; גרביים
hose *v.* להשקות/לשטוף בצינור
- hose down להשקות/לשטוף בצינור
hosepipe *n.* צינור, זרנוק, קולח
ho'sier (-zhər) *n.* מוכר גרביים ולבנים
hosiery *n.* גרביים ולבנים
hos'pice (-pis) *n.* פונדק, אכסניה; הוספיס
hos'pitable *adj.* מסביר פנים, מארח
hos'pital *n.* בית-חולים
hos'pital'ity *n.* סבר פנים יפות
hos'pitaliza'tion *n.* אשפוז
hos'pitalize' *v.* לאשפז
hoss (hôs) *n.* *סוס

host (hōst) *n.* מארח; פונדקאי; מַנְחֶה
- reckon without one's host לתכנן מבלי לשתף את הנוגע בדבר
host *n.* המון, הרבה, צבא
- the Host הלחם הקדוש (בנצרות)
host *v.* לארח; להנחות
hos'tage *n.* בן-ערובה
- give hostages to fortune לעשות צעד העשוי לכבול ידיו בעתיד
- take hostage לחטוף בן-ערובה
hos'tel *n.* אכסניה, פנימייה
- youth hostel אכסנית נוער
hosteler *n.* אכסנאי (באכסניות נוער)
hostess *n.* מארחת, בת-זוג לריקוד
- air hostess דיילת
hos'tile *adj.* איבה, עוין, מתנגד
hostile witness עד עוין
hos·til'ity *n.* איבה, שנאה
- hostilities מעשי איבה, קרבות
hot *adj&v.* חם, לוהט; חריף; טרי, חדש; נלהב, מגורה
- a hot one יוצא דופן, מיוחד
- blow hot and cold להיות הפכפך
- get hot להתקרב, לנחש כמעט נכונה
- give it him hot להענישו
- go hot and cold לחוש חום וקור חליפות
- hot and bothered מתרגש, מאוכזב
- hot and heavy נמרץ, נלהב, חזק
- hot articles *חפצים גנובים (שהמשטרה מבקשת)
- hot flash גל חום (העובר בגוף)
- hot news חדשות של הרגע האחרון
- hot on his trail/tracks עומד להדביקו, קרוב להשיגו
- hot on the heels בא מיד אחרי
- hot under the collar מתרגז
- hot up לחמם; להתחמם
- in hot water בצרות
- make it hot for him לעשות את המקום לבלתי נסבל, להבריחו, להענישו
- not so hot *לא-מי-יודע-מה, בינוני
hot air מלים ריקות, הבל
hotbed *n.* חממה; מקום גידול
hot-blooded *adj.* חמום מוח, חם מזג
hotch'potch' *n.* ערבוביה, בליל
hot cross bun לחמנית (הנאכלת בלנט)

hot dog נקניקית (בתוך לחמנייה)
hot dog! *interj.* האומנם?! (קריאה)
ho•tel′ *n.* מלון, בית-מלון
ho•tel′ier (-lyā) *n.* מלונאי
hot flush גל חום
hotfoot *adv&v.* מהר, בהתלהבות
- hotfoot it למהר, ללכת מהר, לרוץ
hothead *n.* חמום-מוח, לא מיושב
hotheaded *adj.* חמום-מוח
hothouse *n.* חממה
- hothouse plant אדם רגיש המצריך תשומת-לב מיוחדת
hot line קו ישיר (בטלפון האדום)
hotly *adv.* בחום, בהתרגשות, בכעס
hotplate *n.* לוח-בישול, משפת
hotpot *n.* תבשיל בשר ותפוחי-אדמה
hot potato תפוח אדמה לוהט, דבר מסוכן/קשה לטיפול
hot rod מכונית משופצת (גבוהת-מהירות)
hot seat כיסא חשמל; מצב שבו חייבים לקבל החלטות קשות
hotshot *n.* *אישיות חשובה, מומחה, אדם מוכשר, קלע מצטיין
hot spot מקום חם (על סף מלחמה)
hot spring מעיין מים חמים
hot stuff *דבר מעולה
hot-tempered *adj.* חמום-מזג
Hot′tentot′ *adj.* הוטנטוטי
hot-water bottle בקבוק מים חמים (מגומי)
hot-wire *v.* *להתניע רכב בחוט, לעקוף המתנע
hound *n.* כלב-ציד; נבל, מנוול
- follow the hounds לצאת לציד
- ride to hounds לצאת לציד
hound *v.* לצוד, לרדוף, להציק
hour (our) *n.* שעה; זמן
- after hours לאחר שעות העבודה
- at all hours במשך כל השעות
- at the eleventh hour ברגע האחרון
- for hours במשך שעות ארוכות
- in an evil hour במזל ביש
- in the hour of בשעת-
- keep late/bad hours לשכב לישון בשעה מאוחרת/לא קבועה
- office hours שעות העבודה (במשרד)
- on the hour בשעה, בכל שעה שלמה (ב-1, ב-2 וכ׳)
- out of hours לא בשעות הרגילות
- question of the hour בעיית השעה
- the small hours השעות הקטנות
- zero hour שעת האפס
hourglass *n.* שעון חול (האוזל בשעה)
hour hand מחוג השעות
hou′ri (hoor′i) *n.* יפהפייה
hour-long *adv.* למשך שעה
hourly *adv.* בכל שעה, מדי שעה
- expect hourly לצפות לו בכל רגע
hourly *adj.* פועל בכל שעה
house (-s) *n.* בית; בית-נבחרים; תיאטרון; קהל; אולם; הצגה; בית-מסחר
- bring the house down לקצור תשואות רמות
- eat him out of house and home לזלול את כל האוכל (של המארח)
- enter the House להיבחר לפרלמנט
- get on like a house on fire להתיידד מהר
- get one's house in order לעשות סדר בביתו, לסדר ענייניו
- house of cards בניין קלפים
- keep (to) the house להישאר בבית
- keep house לנהל משק בית
- keep open house לפתוח ביתו לכול
- like a house on fire במרץ, מהר; מצויין
- on the house על חשבון בעל הבית
- safe as houses בטוח ביותר
- set up house לחיות בבית נפרד
- under house arrest במעצר בית
house (-z) *v.* לשכן, לאכסן; לאחסן
house agent מתווך בתים
houseboat *n.* סירת מגורים
housebound *adj.* מרותק לבית
houseboy *n.* משרת
housebreaker *n.* פורץ, גנב
housebroken *adj.* (כלב) מאולף (להטיל מימיו בחוץ)
house call ביקור בית
housecoat *n.* חלוק בית
housecraft *n.* ניהול משק בית
house detective בלש העסק
housedog *n.* כלב שמירה
housefather *n.* מנהל מוסד, אב בית
housefly *n.* זבוב הבית
houseful *n.* מלוא הבית
household *n.* דרי הבית, בני בית

household *adj.* ביתי, של בית
household equipment כלי בית
householder *n.* בעל בית
household word/name שם שגור, שם ידוע
house husband עקרת בית (גבר)
housekeeper *n.* מנהלת משק הבית
housekeeping *n.* ניהול בית; ניהול המערכת
house lights אורות האולם
housemaid *n.* עוזרת, פועלת ניקיון
housemaid's knee דלקת הברך
houseman *n.* רופא מתמחה
housemaster *n.* מנהל פנימייה
housemother *n.* אם הבית
House of Commons בית הנבחרים
House of correction בית-סוהר
House of Representatives בית הנבחרים
house party אירוח בכפר לכמה ימים
house physician רופא בית (הגר בבי"ח)
house-proud *adj.* עקרת בית קפדנית
houseroom *n.* מקום, שטח בבית
- not give it houseroom לא להכניס זאת לבית, לא לקבלו אפילו כמתנה
house surgeon מנתח (הגר בבי"ח)
house-to-house *adj.* מבית לבית
housetop *n.* גג הבית
- shout from the housetops לפרסם לכול, להודיע בפומבי
house-trained *adj.* (כלב) מאולף (להטיל מימיו בחוץ)
house-warming *n.* חנוכת בית
housewife *n.* עקרת בית
housewifery *n.* ניהול הבית
housework *n.* עבודות הבית
hous'ing (-z-) *n.* דיור; שיכונים; תיבה, בית (לאביזר במכונה)
housing estate/development איזור בתים, שיכון
housing project פרוייקט שיכון
hove = p of heave
hov'el *n.* בית עלוב, צריפון
hov'er *v.* לרחף; לשהות בסביבה
hovercraft *n.* רחפת, רחפה, ספינת-רחף
how *adv.* איך, כיצד; באיזו מידה
- a fine how-d'ye-do מצב ביש
- and how *ועוד איך! בטח!
- how about- מה דעתך על/ש-
- how are you? מה שלומך?
- how come *מדוע זה? איך ייתכן?
- how do you do? מה שלומך?; נעים להכירך
- how long כמה זמן
- how much/many כמה
- how often? כל כמה זמן?
- how old בן כמה, מה גילו?
- how so? איך זה? הכיצד? למה?
- how's that? איך זה? מה אמרת?
how'dah (-də) *n.* אפיריון (על) פיל
how'dy *interj.* הלו!
how•ev'er *adv&conj.* בכל אופן, אעפ"כ; בכל מידה/דרך ש-; *כיצד? איך?
- however far it is יהיה המרחק אשר יהיה
how'itzer (-ts-) *n.* הוביצר (תותח)
howl *v.* ליילל, לייבב, לזעוק
- howl down להשתיק, להחריש (נואם)
- howl with laughter לגעות בצחוק
howl *n.* יללה, יבבה, זעקה
howler *n.* *טעות טיפשית/מצחיקה
howling *adj.* *גדול מאוד, כביר
how'so•ev'er *adv.* בכל דרך שהיא
how-to *n.* מדריך, שיטה מעשית
hoy'den *n.* נערה פראית, גסה
Hoyle *n.* הויל (ספר מישחקים)
- according to Hoyle חוקי, נאה, כהלכה
HP = horsepower, hire purchase
HQ = headquarters
hr = hour
ht = height
hub *n.* טבור האופן; מרכז, מוקד
hub'ble-bub'ble *n.* נרגילה
hub'bub' *n.* המולה, שאון
hub'by *n.* *בעל
hubcap *n.* כובע הטבור (בגלגל), צלחת
hu'bris *n.* ביטחון מופרז, גאווה
huck'aback' *n.* אריג גס (למגבות)
huck'leber'ry (-lb-) *n.* אוכמנית
huck'ster *n.* רוכל; *פרסומאי
hud'dle *v.* להצטופף; לדחוס
huddle *n.* קהל, ערב רב; ערבוביה
- go into a huddle לערוך התייעצות
hue (hū) *n.* צבע, גוון
- hue and cry מחאה, זעקה

hued (hūd) *adj.* בעל גוון-
huff *v.* להתנשף; להכות כלי (בדמקה)
huff *n.* רוגז, היפגעות, עלבון
- go into a huff להיפגע
huff'ish *adj.* פגיע, נעלב
huff'y *adj.* פגיע, נעלב
hug *v.* לחבק; לאחוז; להצמיד לגופו
- hug an opinion לאמץ דיעה
- hug oneself לטפוח על שכמו
- hug the shore להיצמד לחוף
- hug the thought להשתעשע במחשבה
hug *n.* חיבוק
huge *adj.* גדול, כביר, ענקי
hugely *adv.* הרבה מאוד
hug'ger-mug'ger *n.* בילבול; סוד
hu'la (hōō'-) *n.* הולהולה (ריקוד)
hulk *adj&n.* כבד, מגושם; גוות-אונייה
hulking *adj.* גדול, מגושם, כבד
hull *n.* גוף האונייה; תובת הטנק
hull *n.* קליפת התרמיל, קליפת הפרי
hull *v.* לקלף
hul'labaloo' *n.* רעש, מהומה
hullo' *interj.* הלו!
hum *v.* לזמזם; לנוע, לפעול; *להסריח
- hum and haw לגמגם, להסס
- make things hum להזיז העניינים
hum *n.* זמזום
hu'man *adj.* אנושי, של האדם
human being אדם, יצור אנושי
Human Dignity and Freedom כבוד האדם וחירותו
hu•mane' (hū-) *adj.* אנושי, הומני, טוב-לב, עדין
humane killer ממית מיתת-חסד, מכשיר קוטל חיות ללא כאבים
human engineering הנדסת אנוש
human interest עניין אנושי
hu'manism' *n.* הומניות, אנושיות
hu'manist *n.* הומניסט, עוסק במקצועות הומניסטיים
hu•man'ita'rian (hū-) *adj.* הומניטארי, אנושי, אוהב הבריות
humanitarianism *n.* אהבת-הבריות
hu•man'ity (hū-) *n.* אֱנושות, משפחת האדם; אנושיות, אהבת האדם
- humanities מדעי הרוח
hu'manize' *v.* לאנש, לעשות לאנושי
humankind *n.* המין האנושי
humanly *adv.* כאדם, בכוחות אנוש
hu'manoid' *adj.* דמוי אדם
human relations יחסי אנוש
human rights זכויות האדם
hum'ble *adj.* צנוע, עניו; עלוב, דל
- eat humble pie להתנצל בהכנעה
- your humble servant עבדך הנאמן
humble *v.* להשפיל, להכניע, לדכא
hum'bug' *n.* רמאות, אחיזת-עיניים; שטויות; רמאי; ממתק בטעם מנתה
humbug *v.* להונות, להוליך שולל
hum'ding'er (-ng-) *n.* דבר מצוין
hum'drum' *adj.* משעמם, מונוטוני
hu'merus *n.* עצם הזרוע
hu'mid *adj.* לח, רטוב
hu•mid'ify' (hū-) *v.* ללחלח
hu•mid'ity (hū-) *n.* לחות
hu'midor' *n.* תיבת לחות
hu•mil'iate' (hū-) *v.* להשפיל
hu•mil'ia'tion (hū-) *n.* השפלה
hu•mil'ity (hū-) *n.* ענווה, שפלות-רוח, כניעות, נכנעות
hum'mingbird' *n.* יונק-הדבש
hum'mock *n.* תלולית, גבעונת
hum'mus (hoom-) *n.* חומוס
hu•mon'gous *adj.* *כביר, ענקי
hu'mor *n.* הומור, היתול; מצב-רוח
- out of humor במצב-רוח רע
- sense of humor חוש הומור
humor *v.* למלא את רצון-, לפנק
hu'moresque' (-resk) *n.* הומורסקה
hu'morist *n.* הומוריסטן, בדחן
hu'morous *adj.* הומוריסטי, היתולי
hump *n.* חטוטרת, דבשת
- give the hump *להשרות דיכאון
- over the hump עבר את המשבר
hump *v.* לקמר, לגבנן; להתקמר
humpback *n.* גיבן; גב מגובנן
humpbacked *adj.* מגובנן
humph *interj.* שטויות! (מלמול של הסתייגות או פקפוק)
hu'mus *n.* רקבובית, הומוס
Hun *n.* הוני; *גרמני
hunch *n.* חטוטרת, גוש; חשש, תחושה, תחושת בטן
- I have a hunch *חוששני, סבורני
hunch *v.* לגבנן, לקמר
hunchback *n.* גיבן; גב מגובנן
hun'dred *n.* מאה, 100

hundredfold *adv.* פי מאה
hundredth *adj.* ה-100; מאי, מאית
hundredweight *n.* מאה ליטראות
hung = p of hang
Hun′gar′ian *n&adj.* הונגרי
hun′ger (-ng-) *n.* רָעָב
hunger *v.* לרעוב, להשתוקק
hunger march מצעד רעב (של מובטלים)
hunger strike שביתת-רעב
hung-over *adj.* סובל מכאב ראש, סובל מחמרמורת
hun′gry *adj.* רָעֵב; גורם רעב, מרעיב
- go hungry להישאר רעב, להסתובב רעב
hunk *n.* חתיכה גדולה, נתח
hunk′er *v.* להתיישב על העקבים
- hunker down להירתם, להתמסר
hun′kers *n-pl.* עכוז, ירכיים, אחוריים
hun′ky-do′ry *adj.* *מצויין, מעולה
hunt *v.* לצוד, לערוך ציד; לחפש
- go hunting לצאת לציד
- hunt and peck "חפש והקש", הקשה באצבע (אחת, במכונת-כתיבה)
- hunt down ללכוד, לחפש ולתפוס
- hunt for לחפש
- hunt high and low לחפש בכל מקום
- hunt off/out of לגרש, להבריח
- hunt one's dogs לצוד בעזרת כלבים
- hunt out למצוא לאחר חיפוש
- hunt up/out לחפש, לאתר
hunt *n.* צַיִד; מצוד; חיפוש; ארגון ציידים; איזור ציד
hunt ball נשף ציידים
hunter *n.* צַיָּד; סוס-ציד; שעון-כיס
hunting *n.* צַיִד
hunting ground אתר-ציד
- happy hunting ground גן עדן
hunting pink ורוד (של ציידים)
huntress *n.* ציידת
huntsman *n.* צַיָּד
hur′dle *n.* משוכה; מחיצה מיטלטלת (להקמת גדר); קושי
hurdle *v.* להשתתף במירוץ משוכות
- hurdle off לגדור, לחייץ
hurdler *n.* משתתף במירוץ משוכות
hur′dy-gur′dy *n.* תיבת נגינה
hurl *v.* להשליך, להטיל
- hurl curses להמטיר קללות
hur′ly-bur′ly *n.* המולה, שאון
hurray′ (hoor-) *interj.* הידד!
hur′ricane′ (hûr′-) *n.* סופת הוריקן
hurricane lamp פנס רוח
hurried *adj.* חפוז
hur′ry (hûr′-) *v.* למהר, לחוש; להאיץ, להחיש
- hurry up להזדרז; לזרז
hurry *n.* חיפזון, מהירות; דחיפות
- in a hurry בחיפזון, בחופזה; אץ, להוט; *בקלות; מהר, ברצון
- in no hurry לא ממהר
hurt *v.* להכאיב, לפצוע; לפגוע; לכאוב
- it won't hurt לא יזיק (אם)
hurt *n.* פגיעה, עלבון
hurtful *adj.* פוגע, מזיק
hur′tle *v.* לנוע בעוצמה, להתעופף
hus′band (-z-) *n.* בעל
husband *v.* לחסוך, לקמץ
- husband one's resources לנצל ביעילות המשאבים העומדים לרשותו
husbandry *n.* חקלאות, ניהול; חיסכון
hush *v.* להשתיק; לשתוק
- hush up להשתיק, לטשטש, להעלים
hush *n.* שקט, דממה
hush-hush *adj.* חשאי, סודי
hush money דמי שתיקה
hush-up *n.* השתקה, טשטוש, העלמה
husk *n&v.* קליפה, מוץ; לקלף
hus′ky *adj.* צרוד, יבש; חסון, חזק
husky *n.* כלב אסקימוסי
hussar′ (həz-) *n.* פרש
hus′sy *n.* אישה קלת-דעת
hus′tings *n-pl.* תעמולת בחירות
hus′tle (-səl) *v.* לדחוף, לדחוק, לזרז; לפעול/למכור במרץ; *לעסוק בזנות
hustle *n.* המולה, פעילות; *רמאות
hustler *n.* פעלתן; *יצאנית
hut *n.* צריף, בקתה
hutch *n.* תיבה, לול, כלוב
hut′ment *n.* מחנה צריפים
hutted *adj.* (מחנה) בעל צריפים
hy′acinth′ *n.* יקינטון
hy′brid *n.* היבריד, בן-כלאיים
hy′bridiza′tion *n.* היברידיזציה, הכלאה
hy′bridize′ *v.* להצליב, להכליא

hy′dra *n.* הידרה, מפלצת
hy′drant *n.* הידראנט, ברז-שריפה
hy′drate′ *n.* הידראט, מימה, תירכובת המכילה מים
hy•draul′ic *adj.* הידרולי, של לחץ מים
hydraulics *n-pl.* הידרוליקה
hy′dro *n.* *אתר ריפוי במים
hy′drocar′bon *n.* פחמימן
hy′droceph′alus *n.* מיימת הראש
hy′drochlor′ic acid (-kl-) *n.* חומצת-כלור
hy′dro•e•lec′tric *adj.* הידרואלקטרי, מפיק חשמל ע״י תנועת מים
hy′dro•e•lec•tric′ity *n.* הידרוחשמל, הפקת חשמל ע״י תנועת מים
hy′drofoil′ *n.* רחפת, ספינת-רחף
hy′drogen *n.* מימן
hydrogen bomb פצצת מימן
hydrogen peroxide מי חמצן
hy′drolog′ic cycle מחזור המים
hy•drom′eter *n.* הידרומטר, מד משקל סגולי
hy•drop′athy *n.* ריפוי במים
hy′dropho′bia *n.* בעת-מים, כלבת
hy′drophyte′ *n.* צמח מים
hy′droplane′ *n.* סירת-מנוע מהירה; מטוס-ים, הידרופלאן
hy′dropon′ics *n-pl.* הידרופוניקה, גידול צמחים בתוך מים
hy′dropow′er *n.* הידרוחשמל, הפקת חשמל ע״י תנועת מים
hy′dro•ther′apy *n.* ריפוי במים
hy•e′na *n.* צָבוֹעַ
hy′giene (-jēn) *n.* היגיינה, גהות
hy′gien′ic *adj.* היגייני, גהותי
hy′men *n.* (קרום ה-) בתולים
hymn (him) *n.* המנון, פיוט
hymn *v.* להודות (לאל) בשירה
hym′nal *n.* ספר פיוטים
hype *v&n.* *לרמות, לקדם מכירות; פרסומת רעשנית; רמאות; מכור לסם; מזרק
- hyped up מלא מרץ (מזריקה)
hy′per- (תחילית) מעל, יותר מדי
hyper *adj.* *היפראקטיבי, נמרץ
hy′perac′tive *adj.* היפראקטיבי
hy•per′bola *n.* היפרבולה (עקומה)
hy•per′bole (-bəli) *n.* היפרבולה, הפרזה
hy′percrit′ical *adj.* בקרני יותר מדי, מחפש פגמים
hy′perinfla′tion *n.* אינפלציה דוהרת
hy′permar′ket *n.* היפרשוק
hy′persen′sitive *adj.* רגיש מאוד
hy′perten′sion *n.* מתח רב, יתר לחץ דם
hy′perven′tilate′ *v.* לנשום במהירות
hy′phen *n.* מקף, (-)
hy′phenate′ *v.* לחבר במקף, למקף
hypno′sis *n.* היפנוזה
hypnot′ic *adj.* מהופנט, היפנוטי
hyp′notism′ *n.* היפנוזה, היפנוטיזם
hyp′notist *n.* מהפנט
hyp′notize′ *v.* להפנט
hy′po- (תחילית) תת-, מתחת ל-
- hypodermis שיכבה תת-עורית
hy′po *n.* זריקה, תזריק; היפוסולפיט
hy′pochon′dria (-k-) *n.* היפוכונדריה, דכדוך, פחד מפני מחלות מדומות
hy′pochon′driac′ (-k-) *adj.* היפוכונדר
hypoc′risy *n.* צביעות
hyp′ocrite′ (-rit) *n.* צָבוּעַ, מתחסד
hyp′ocrit′ical *adj.* צָבוּעַ
hy′poder′mic *n&adj.* (זריקה) תת-עורית
hy′po•gly•ce′mia *n.* תת סוכר דם
hy•poph′ysis *n.* יותרת המוח
hy•pot′enuse′ *n.* יתר (במשולש ישר-זווית)
hy•poth′ec *n.* משכנתא, ערבות, אפותיקאי
hy•poth′ecate′ *v.* למשכן, לתת כמשכון
hy′po•ther′mia *n.* מיעוט חום (בגוף)
hy•poth′esis *n.* היפותיזה, הנחה
hy•poth′esize′ *v.* להניח הנחה
hy′pothet′ical *adj.* היפותיטי, משוער
hys′sop *n.* איזוב
hys′terec′tomy *n.* כריתת הרחם
hyster′ia *n.* היסטריה
hyster′ical *adj.* היסטרי
hyster′ics *n-pl.* התפרצויות היסטריות
Hz = hertz

I

I *pron.* אני
i *n.* מספר מדומה
I = iodine
i′amb′ *n.* יאמבוס, יורד
i•am′bic *adj.* יאמבי, של יאמבוס
I•be′rian *adj.* איברי, של ספרד ופורטוגל
i′bex′ *n.* יעל, אקו, עז-הבר
ib′id., ib′idem′ *adv.* הנ"ל, שם
i′bis *n.* איביס (עוף גדול)
ice *n.* קרח; גלידה, שלגון
- keep it on ice לשמור במקרר
- on ice מושעה, מונח בצד
ice *v.* להקפיא, לקרר; לצפות, לזגג
- ice up/over להתכסות קרח
ice age תקופת הקרח
ice axe גרזן קרח (של מטפסי הרים)
ice bag רטיית קרח (להורדת החום)
ice′berg′ (īs′-) *n.* קרחון
iceboat *n.* סירת קרח
icebound *adj.* (נמל) חסום בקרח
icebox *n.* מקרר, ארון קרח
ice-breaker *n.* שוברת-קרח
ice cap כיפת קרח (בקטבים)
ice-cold *adj.* קר כקרח
ice cream גלידה
ice cube קוביית קרח
iced *adj.* קפוא
icefall *n.* מפל-קרח (גוש קרח זקוף)
ice field שדה קרח (בים)
ice floe שכבת קרח צפה
ice-free *adj.* (נמל) פנוי מקרח
ice hockey הוקי קרח
icehouse *n.* בית קירור
ice-lolly *n.* שלגון
ice-man *n.* מוכר קרח
ice pack רטיית קרח; שדה קרח
ice pick מכוש קרח, אזמל קרח
icerink *n.* חלקלקה, רחבת קרח
ice-show *n.* מופע על קרח
ice-skate *v.* להחליק על קרח
ice skates מחליקיים
ice water מי-קרח, מים קרים
ichneu′mon (iknōō′-) *n.* נמייה
i′cicle *n.* נטיף קרח
i′cing *n.* ציפוי לעוגה, קצפת, זיגוג
icing sugar אבקת סוכר
i′con *n.* איקונין, צלם, פסל
i•con′oclast′ *n.* מנפץ אלילים; מורד במוסכמות
ic′terus *n.* צהבת
icy *adj.* קר כקרח; מכוסה קרח
I'd = I had, I would (īd)
ID card = identity card
i•de′a *n.* רעיון; מושג; תוכנית; דיעה; אידיאה, מחשבה
- I've an idea that- נראה לי ש-
- has no idea אין לו מושג
- the idea! what an idea! איזו חוצפה!, איזו שטות!
i•de′al *adj.* אידיאלי; דימיוני
ideal *n.* אידיאל, חזון, משא-נפש
i•de′alism′ *n.* אידיאליזם
i•de′alist *n.* אידיאליסט
i′de•alist′ic *adj.* אידיאלי
i•de′alize′ *v.* להציגו כאידיאל
id′em *pron.* הנ"ל, שם
i•den′tical *adj.* זהה, שווה; אותו
identical twins תאומים זהים
i•den′tifica′tion *n.* זיהוי
identification parade מיסדר זיהוי
i•den′tify′ *v.* לזהות; להשוות
- be identified with להיות מזוהה
- identify oneself להזדהות (עם)
i•den′tikit′ *n.* קלסתרון
i•den′tity *n.* זהות
identity card תעודת זהות
identity crisis משבר זהות
identity disk דיסקית זיהוי
identity parade מסדר זיהוי
id′e•ogram′ *n.* סמל, אידיאוגרמה, סימנית
id′e•ograph′ *n.* סמל, אידיאוגרמה, תמונה המסמלת מלה
i′de•olog′ical *adj.* אידיאולוגי
i′de•ol′ogist *n.* אידיאולוג
i′de•ol′ogy *n.* אידיאולוגיה
Ides of March (īdz) 15 במרץ
id est′ כלומר, זאת אומרת
IDF צה"ל, צבא הגנה לישראל
id′iocy *n.* אידיוטיות, טיפשות
id′iom *n.* אידיום; ניב, צירוף מלים
id′iomat′ic *adj.* אידיומטי
id′iosyn′crasy *n.* אופיינות, ייחודיות; מזג מיוחד, רגישות-יתר
id′iosyncrat′ic *adj.* ייחודי, מוזר
id′iot *n.* אידיוט; שוטה
idiot board *מקראה (לקריין)

idiot box *מכשיר טלוויזיה
id'iot'ic *adj.* אידיוטי, חסר-היגיון
idiot savant *מלומד אידיוט
i'dle *adj.* בטל, לא עובד; עצל; חסר-תועלת, חסר-ערך
- idle gossip דברים בטלים
- idle hours שעות בטלה
idle *v.* להתבטל; לפעול בהילוך סרק
- idle away לבזבז (זמן)
idler *n.* בטלן, מתבטל
i'dol *n.* אליל, פסל
i·dol'ater *n.* עובד-אלילים; מעריץ
i·dol'atrous *adj.* פולחני, סוגד
i·dol'atry *n.* עבודת-אלילים, פולחן
i'doliza'tion *n.* הערצה, סגידה
i'dolize' *v.* להעריץ, לסגוד ל-
i'dyll (-dəl) *n.* אידיליה
i·dyl'lic *adj.* אידילי, שליו, פשוט
i.e. = id est (īē') כלומר
if *conj.* אם; אילו; כש-; למרות
- a strong if old man איש חזק הגם זקן
- as if כאילו
- even if גם אם, אם גם, אפילו
- if I were you- (הייתי) אני במקומך
- if anything אם כבר
- if not אם לא, ואפילו, ואוליי
- if only לו!, הלוואי!, אילו רק!
- if so אם כך
- if you like אם תרצה, "הייתי אומר"
- it isn't as if לא נכון ש-
if'fy *adj.* *לא ודאי, מפוקפק
ig'loo *n.* איגלו, בית האסקימו
ig'ne·ous *adj.* וולקני, של אש
ignite' *v.* להדליק; להתלקח
igni'tion (-ni-) *n.* הצתה; התלקחות
ignition key מפתח הצתה
ig·no'ble *adj.* שפל, נבזה, מביש
ig'nomin'ious *adj.* בזוי, מחפיר
ig'nomin'y *n.* חרפה, ביזיון
ig'nora'mus *n.* בּוּר, בער, עם-הארץ
ig'norance *n.* אי-ידיעה, בורות
- ignorance of law אי-ידיעת החוק
ig'norant *adj.* לא-יודע, בּוּר; של בּוּר
ignore' *v.* להתעלם מ-, להתנכר ל-
igua'na (igwä'-) *n.* איגואנה
i'kon = icon *n.* איקונין
ilk *n.* סוג, מעמד
- of that ilk מאותו סוג/מעמד
ill *adj.* חולה; רע, לא טוב, ביש
- be taken ill ליפול למשכב
- do an ill turn to להזיק ל-
- ill health בריאות לא תקינה
ill *adv.* באופן רע; בקושי; בעין רעה
- can ill afford it יכול בקושי להרשות לעצמו
- ill at ease במבוכה, לא נוח
- it ill becomes him to- אין זה יאה לו ל-
- speak ill of להשמיץ, לדבר בגנות
ill *n.* מחלה, צרה, פגע, רעה
I'll = I will, I shall (īl)
ill-advised *adj.* לא נבון, לא פיקחי
ill-affected *adj.* לא-נוטה, לא-אוהד
ill-assorted *adj.* לא מתאימים
ill-bred *adj.* גס, לא מחונך
ill-breeding *n.* גסות
ill-conceived *adj.* שלא תוכנן היטב
ill-considered *adj.* שלא נשקל היטב
ill-defined *adj.* לא ברור
ill-disposed *adj.* עוין; לא נוטה
il·le'gal *adj.* לא-חוקי
il'le·gal'ity *n.* אי חוקיות; מעשה בלתי-חוקי
il'le'galiza'tion *n.* איסור, פסילה
il'le'galize' *v.* לאסור, לפסול
il·leg'ibil'ity *n.* אי-קריאות
il·leg'ible *adj.* לא-קריא
il'le·git'imacy *n.* אי-חוקיות
il'le·git'imate *adj.* לא-חוקי
illegitimate *n.* ממזר
ill-equipped *adj.* שלא צוייד כהלכה
ill fame שם רע, שימצה
ill-fated *adj.* ביש-מזל
ill-favored *adj.* מכוער, דוחה
ill feeling איבה, טינה
ill-fitting *adj.* לא מתאים
ill-founded *adj.* חסר יסוד
ill-gotten *adj.* שנרכש במרמה
ill humor מצב רוח רע
ill-humored *adj.* מדוכא
il·lib'eral *adj.* לא ליבראלי; קמצן
il·lib'eral'ity *n.* חוסר ליבראליות
il·lic'it *adj.* לא-חוקי
il·lim'itable *adj.* חסר-גבולות
ill-informed *adj.* לא מיודע כראוי
illiq'uid *adj.* לא נזיל (נכס)
il·lit'eracy *n.* אנאלפביתיות
il·lit'erate *adj.* אנאלפביתי, בּוּר
ill-judged *adj.* בעיתוי לא מתאים,

חסר שיקול נכון
ill-mannered *adj.* גס, לא מנומס
ill-natured *adj.* רע, רע-לב
illness *n.* מחלה
il·log′ical *adj.* לא הגיוני
ill-omened *adj.* ביש-מזל; מבשר רע
ill-prepared *adj.* שלא הוכן כראוי
ill-starred *adj.* ביש-מזל
ill-tempered *adj.* רע-מזג, רגזן
ill-timed *adj.* לא בעיתו
ill-treat *v.* להתאכזר, להתעלל
ill-treatment *n.* התאכזרות
illu′minate′ *v.* להאיר; לקשט בתאורה; להבהיר, להסביר
illuminating *adj.* מסביר, שופך אור
illu′mina′tion *n.* הארה, תאורה; הבהרה; אילומינציה
- illuminations תאורה חגיגית
illu′mine (-min) *v.* להאיר
ill-usage *n.* התאכזרות
ill-use *v.* להתאכזר, להתעלל
illu′sion (-zhən) *n.* אילוזיה, אשליה
- cherish an illusion לטפח אשליה
- optical illusion טעות אופטית
- under an illusion חי באשליה
illusionist *n.* להטוטן
illu′sive *adj.* משלה, כוזב; מוטעה
illu′sory *adj.* משלה, כוזב; מוטעה
il′lustrate′ *v.* לבאר (בעזרת תמונות); לאייר; להסביר, להדגים
il′lustra′tion *n.* ביאור, הסברה; הדגמה; איור, תמונה, אילוסטרציה
illus′trative *adj.* מסביר, מדגים
il′lustra′tor *n.* אַיָּר, מאייר
illus′trious *adj.* מפורסם, מזהיר
ill will שנאה, איבה
ill wind רוח רעה, מצב מבשר רע
I'm = I am (īm) אני, הנני
im′age *n.* דמות, תמונה; דימוי, תדמית; משל, מטפורה; בבואה
- the very image of דומה מאוד ל-
image *v.* לצייר דמות, לדמות
image adviser תדמיתן
im′agery (im′ijri) *n.* דימויים
imag′inable *adj.* שאפשר להעלות על הדעת
imag′inar′y (-neri) *adj.* דמיוני, הזוי
imaginary unit מספר מדומה
imag′ina′tion *n.* דמיון
imag′ina′tive *adj.* של דמיון יוצר
imag′ine (-jin) *v.* לדמות, לדמיין, לחשוב, לתאר לעצמו
imag′inings *n-pl.* דימיונות, פנטזיות
imam′ (-mäm′) *n.* אימאם, חזן מוסלמי
im·bal′ance *n.* חוסר-איזון
im′becile (-sil) *n&adj.* אימבצילי, טיפש, קהה-שכל
im′becil′ity *n.* טמטום, טיפשות
imbed′ = embed *v.* לשבץ
imbibe′ *v.* לשתות, לספוג, לקלוט
im′bricate′ *v.* לרעף, לכסות בחלקו
im′bricate *adj.* מרועף, קשקשי
imbro′glio′ (-brōl′yō) *n.* בילבול
imbue′ (-bū′) *v.* למלא, להחדיר
- imbued with hatred אכול שנאה
IMF קרן המטבע הבינלאומית
im′itate′ *v.* לחקות; להיראות כ-
im′ita′tion *n.* חיקוי, חקיינות
- imitation jewellery תכשיטים מלאכותיים
im′ita′tive *adj.* מחקה, חקייני
im′ita′tor *n.* חקיין
im·mac′u·late *adj.* טהור, ללא רבב
im′manence *n.* פנימיות, תוכיות
im′manent *adj.* פנימי, טבוע בפנים
im′mate′rial *adj.* לא חשוב, חסר-ערך, לא מהותי; רוחני
im′mature′ (-toor′) *adj.* לא בשל
im′matur′ity (-toor′-) *n.* חוסר בשלות
im·meas′urable (-mezh′-) *adj.* בלתי מדיד, אינסופי
imme′diacy *n.* מיידיות, תכיפות
imme′diate *adj.* מיידי, נעשה לאלתר; הקרוב ביותר; לא-אמצעי; ישיר
immediately *adv.* מייד, ללא דיחוי
im′memo′rial *adj.* קדום
- from time immemorial מימי קדם
immense′ *adj.* כביר, עצום
immensely *adv.* מאוד-מאוד
immen′sity *n.* ענקיות, גודל, עוצם
immerse′ *v.* להטביל, להשקיע
- immersed in work שקוע בעבודה
immer′sion (-zhən) *n.* טבילה, השתקעות
immersion heater מזלג חשמלי
im′migrant *n.* מהגר, עולה

im′migrate′ *v.* להגר, לעלות
im′migra′tion *n.* הגירה, עלייה
Immigration Authority מינהלת ההגירה
im′minence *n.* קירבה, בוא
im′minent *adj.* קרוב, עומד לקרות
im•mis′cible *adj.* לא מתערבב
im•mo′bile (-bil) *adj.* לא זז, יציב
im′mobil′ity *n.* יציבות, אי-תזוזה
immo′biliza′tion *n.* ניוח
immo′bilize′ *v.* לנייח, להפסיק התנועה, להעמיד, להדמים; להשבית מנוע
immobilizer *n.* מַשבֵּת מנוע, אימוביליזר
im•mod′erate *adj.* מופרז, מוגזם
im•mod′est *adj.* לא צנוע, גס, חצוף
immodesty *n.* חוסר צניעות; חוצפה
im′molate′ *v.* להקריב (קורבן)
im′mola′tion *n.* הקרבה; קורבן
im•mor′al *adj.* לא-מוסרי, מושחת
im′moral′ity *n.* שחיתות
im•mor′tal *adj&n.* אלמותי
- the Immortals אלי יוון ורומי
im′mor•tal′ity *n.* אלמוות, נצחיות
im•mor′talize′ *v.* להנציח
im•mov′able (imōōv′-) *adj.* שאי אפשר להזיזו, קבוע; מוצק, איתן
- immovables נכסי דלא ניידי
immune′ *adj.* מחוסן, חסין
immune system מערכת החיסון
immu′nity *n.* חסינות; פטור, שחרור; חיסיון
im′mu•niza′tion *n.* חיסון
im′mu•nize′ *v.* לחסן, להרכיב
im′mu•nol′ogy *n.* תורת החיסון
immure′ *v.* לכלוא
- immure oneself להסתגר
im•mu′tabil′ity *n.* אי-שינוי
im•mu′table *adj.* שאי אפשר לשנותו
imp *n.* שדון, שד קטן
im′pact′ *n.* התנגשות; רושם, השפעה, אימפקט
impact′ *v.* לדחוס, ללחוץ, לנעוץ
impact′ed *adj.* דחוס, לחוץ
impair′ *v.* לקלקל, להחליש, לפגום
impairment *n.* קלקול, החלשה
impale′ *v.* לדקור, לנעוץ, לפלח
impalement *n.* דקירה, נעיצה
im•pal′pable *adj.* לא-מוחשי, לא נתפס
impan′el *v.* לצרף לחבר המושבעים
impart′ *v.* לתת, למסור, להקנות
im•par′tial *adj.* הוגן, לא נושא פנים
im•par′tial′ity (-′sh-) *n.* הגינות, יושר; אי משוא פנים
impartially *adv.* ללא משוא פנים
im•pass′able *adj.* לא-עביר, חסום
im′passe′ *n.* מבוי סתום
impas′sible *adj.* חסר רגשות
impas′sion *v.* להלהיב, לשלהב
impassioned *adj.* נלהב, מלא רגש
im•pas′sive *adj.* חסר רגש, שאנן
im′pas•siv′ity *n.* שלווה, אדישות
im•pa′tience (-shəns) *n.* קוצר-רוח
im•pa′tient (-shənt) *adj.* קצר-רוח
impeach′ *v.* להטיל ספקות, לפקפק ב-; להאשים; להדיח (מכהונה)
impeachment *n.* הטלת ספק; האשמה; הדחה
im•pec′cable *adj.* טהור, ללא רבב
im′pe•cu′nious *adj.* עני
impe′dance *n.* עיכוב; עכבה
impede′ *v.* לעכב, למנוע, לעצור
imped′iment *n.* עיכוב, מעצור; מום, פגם
imped′imen′ta *n-pl.* מטען צבאי, כבודה, חפצים, חבילות
impel′ *v.* לדחוף, להמריץ, לזרז
impend′ *v.* לעמוד לקרות, לאיים
- impend over להיות תלוי ממעל
impend′ing *adj.* מתקרב
im•pen′etrable *adj.* בלתי-חדיר
- impenetrable darkness עלטה כבדה
im•pen′itence *n.* קשיחות-לב
im•pen′itent *adj.* רשע, קשוח-לב
imper′ative *adj.* הכרחי, חיוני; מְצַוֶּה, סמכותי; (בדקדוק) של ציווי
imperative *n.* ציווי (בדקדוק)
im′percep′tibil′ity *n.* אי-מוחשיות
im′percep′tible *adj.* לא-מורגש
im•per′fect (-fikt) *adj.* לא-מושלם, פגום
imperfect (tense) עבר לא נשלם
im′perfec′tion *n.* אי-שלמות, פגם
impe′rial *adj.* קיסרי, מלכותי
imperial *n.* זקנקן מחודד
impe′rialism′ *n.* אימפריאליזם
impe′rialist *n.* אימפריאליסט
impe′rialis′tic *adj.* אימפריאליסטי
imper′il *v.* לסכן, להעמיד בסכנה
impe′rious *adj.* מְצַוֶּה, תקיף,

מתנשא; הכרחי, דחוף
im·per′ishable *adj.* לא מתקלקל, בר-קיימא, נצחי
impe′rium *n.* כוח אבסולוטי
im·per′manence *n.* ארעיות
im·per′manent *adj.* ארעי
im·per′me·able *adj.* אטים
im′permis′sible *adj.* שאין להרשותו
im·per′sonal *adj.* לא-אישי; על-אנושי; סתמי
imper′sonate′ *v.* לשחק/לגלם דמות; להתחזות כ-; לחקות; לרמות
imper′sona′tion *n.* גילום דמות
im·per′tinence *n.* חוצפה
im·per′tinent *adj.* חצוף; לא רלוואנטי
im′perturb′abil′ity *n.* קור-רוח
im′perturb′able *adj.* קר-רוח
im·per′vious *adj.* לא חדיר, אטים
im′peti′go *n.* סעפת (מחלה)
impet′u·os′ity (-cho͞o-) *n.* פזיזות
impet′u·ous (-cho͞oəs) *adj.* פזיז, מתפרץ
im′petus *n.* דחף, דחיפה, תנופה
im·pi′ety *n.* חוסר כבוד, כפירה
impinge′ *v.* להתנגש; להשפיע
- impinge on לגבול ב-, להגיע ל-; להסיג גבול; להתנגש ב-
impingement *n.* השפעה; הסגת גבול
im′pious *adj.* לא דתי; כופר
imp′ish *adj.* שדוני, שובבני
im·plac′able *adj.* שאין לפייסו
implant′ *v.* להחדיר, להשריש
im′plant′ *n.* השתלה, שֶׁתֶל
im·plau′sible (-z-) *adj.* לא סביר
implead′ *v.* לתבוע, להעמיד לדין
im′plement *n.* כלי, מכשיר
im′plement′ *v.* לבצע, ליישם
im′plementa′tion *n.* ביצוע, יישום
im′plicate′ *v.* לערב, לסבך, לגרור
im′plica′tion *n.* סיבוך; הסתבכות; רמז, אימפליקציה, משמעות, כוונה
implic′it *adj.* משתמע, נרמז; שלם, מוחלט
implied′ (implīd′) *adj.* מרומז, משתמע, להלכה, מכללא
implode′ *v.* להתפוצץ כלפי פנים
implore′ *v.* להתחנן, להפציר ב-
implo′sion (-zhən) *n.* פיצוץ פנימה
imply′ *v.* לרמוז, להביע בעקיפין
im′polite′ *adj.* לא מנומס, גס
im·pol′itic *adj.* לא נבון
im·pon′derable *adj&n.* (גורם) זעיר-משקל
import′ *v.* לייבא; לרמוז, להתכוון
- it imports us to know חשוב שנדע
im′port′ *n.* יבוא; ייבוא; משמעות, כוונה; חשיבות
impor′tance *n.* חשיבות, ערך
impor′tant *adj.* חשוב, רב ערך
im′por·ta′tion *n.* ייבוא, יבוא
impor′ter *n.* יבואן
impor′tunate (-′ch-) *adj.* מפציר, תובע בלי-הרף; דחוף, דוחק
im′portune′ *v.* להפציר, לנדנד
im′portu′nity *n.* הפצרה, נדנדנות
impose′ (-z) *v.* להטיל (מס), להשית; לאכוף, לחייב; לכפות עצמו, להידחק, להכביד בנוכחותו
- impose upon/on לנצל
imposing *adj.* מרשים, רב-רושם
im′posi′tion (-zi-) *n.* הטלה; הכבדה; מס, עונש; רמאות; ניצול
im·pos′sibil′ity *n.* אי-אפשרות
im·pos′sible *adj.* בלתי אפשרי
im′post′ (-pōst) *n.* מס; משקולת; כותרת העמוד
impos′tor *n.* רמאי, נוכל, מתחזה
impos′ture *n.* רמאות, התחזות
im′potence *n.* אימפוטנטיות, תשישות; אין-אונות
im′potent *adj.* חסר-אונים; אימפוטנט
impound′ *v.* לתפוס, להחרים; לכלוא
impov′erish *v.* לרושש, לדלדל
impoverishment *n.* התרוששות
im·prac′ticabil′ity *n.* אי-מעשיות
im·prac′ticable *adj.* לא-מעשי
im·prac′tical *adj.* לא-מעשי
im′pre·cate′ *v.* לקלל
im′pre·ca′tion *n.* קללה
im′pre·cise′ *adj.* לא מדוייק
im′pre·ci′sion (-sizh′ən) *n.* אי-דיוק
im·preg′nabil′ity *n.* איתנות
im·preg′nable *adj.* שאין לכבשו, שאין לערערו, מוצק, איתן
impreg′nate *v.* להפרות; להספיג, להחדיר, למלא
im′presar′io′ (-sär-) *n.* אמרגן
impress′ *v.* להטביע; להחתים;

להרשים, להשפיע; להשאיר רישומו
- impress the importance of- להדגיש/להבהיר את חשיבות-
im'press' *n.* רושם, סימן, טביעה
impress' *v.* לגייס בכוח; להפקיע
impres'sion *n.* טביעה, הטבעה; סימן; רושם, התרשמות; הדפסה
impressionable *adj.* מושפע בקלות
impressionism *n.* אימפרסיוניזם
impressionist *n.* אימפרסיוניסט
impres'sive *adj.* רב רושם, מרשים
im'prima'tur *adj.* רישיון, הסכמה, אישור
imprint' *v.* להדפיס, להחתים, להטביע
- imprint on the mind לחרות במוח
im'print' *n.* חותם, סימן; שם המו"ל
impris'on (-z-) *v.* לאסור, לכלוא
imprisonment *n.* מאסר, כליאה
- life imprisonment מאסר עולם
im'pro *n.* *אילתור
im·prob'abil'ity *n.* אי-סבירות
im·prob'able *adj.* לא סביר, לא מתקבל על הדעת, לא ייתכן
im·prob'ity *n.* אי-הגינות, עוול
impromp'tu (-to͞o) *adj&adv.* מאולתר; מְנֵיהּ וּבֵיהּ
impromptu *n.* יצירה מאולתרת
im·prop'er *adj.* לא הוגן; לא מתאים; לא נכון; מוטעה; גס, מגונה
improper fraction שבר מדומה
im'propri'ety *n.* אי נכונות, חוסר הגינות; אי התאמה; מעשה לא יאה
improve' (-ro͞ov') *v.* לשפר; להשתפר; להשביח, להעלות ערכו; לנצל
- improve upon/on ליצור דבר טוב מן
improvement *n.* שיפור; השבחה
im·prov'idence *n.* בזבזנות
im·prov'ident *adj.* בזבזן
im'provisa'tion (-z-) *n.* אילתור, אימפרוביזציה
im'provise' (-z) *v.* לאלתר
im·pru'dence *n.* נמהרות
im·pru'dent *adj.* לא נבון, נמהר
im'pu·dence *n.* חוצפה, עזות
im'pu·dent *adj.* חצוף, חסר-בושה
impugn' (-pūn') *v.* לפקפק ב-, לקרוא תגר על
im'pulse' *n.* דחף, אימפולס; מיתקף
impul'sion *n.* דחיפה, דחף
impul'sive *adj.* אימפולסיבי, מתפרץ, דחפוני, פרצני
im·pu'nity *n.* פטור מעונש
- with impunity ללא הסתכנות בעונש
im·pure' *adj.* לא טהור, מזוהם
im·pu'rity *n.* אי טהרה, זוהמה
im'pu·ta'tion *n.* ייחוס, האשמה
impute' *v.* לייחס, לתלות הקולר ב-
in *prep.* ב-, בתוך
- in all בסך הכל
- in itself בפני עצמו, כשלעצמו
- in so far as במידה ש-
- in that מכיוון ש-, בזאת ש-
in *adv.* בפנים, בתוכו, בבית; באופנה, "אִין"; נבחר; מכהן
- be in at להיות נוכח ב-
- be in for להיות צפוי (לדבר רע), לפני (צרה); להירשם/להיכלל
- be in on *לקחת חלק ב-, לדעת
- have it in for him לחכות להזדמנות להרע לו
- in and out תכופות יוצא ונכנס
- in with ביחסי-ידידות
- the crop is in היבול נאסף
- the fire is still in האש בוערת
- the party is in המפלגה ניצחה
- the train is in הרכבת הגיעה
in *n&adj.* פנימי, נכנס
- in-patient חולה-פְּנִים, מאושפז
- the in tray מגש "דואר נכנס"
- the ins and outs כל הפרטים
in- (תחילית) לא, אי-, חוסר-
in'abil'ity *n.* אי יכולת
in'acces'sibil'ity *n.* אי-נגישות
in'acces'sible *adj.* לא בר-גישה
in·ac'cu·racy *n.* אי-דיוק
in·ac'cu·rate *adj.* לא מדוייק
in·ac'tion *n.* אי פעולה, אפס מעשה
in·ac'tivate' *v.* להרוס, להשבית
in·ac'tive *adj.* לא פעיל, מנוטרל
in'ac·tiv'ity *n.* חוסר פעילות
in·ad'equacy *n.* חוסר כשירות, אי התאמה; מחסור; ליקוי
in·ad'equate *adj.* לא מספיק; לא כשיר, לא מתאים; לקוי
in'admis'sibil'ity *n.* אי קבילות
in'admis'sible *adj.* לא קביל
in'adver'tence *n.* אי-שימת לב
in'adver'tent *adj.* שלא בכוונה, בשוגג; שבהיסח הדעת; רשלני
inadvertently *adv.* בשוגג, בלא יודעין

in'advis'able (-vī'z-) *adj.* לא מומלץ
in•a'lienable *adj.* שאין להעבירו
- inalienable rights זכויות מושרשות
in•al'terable (-ôl'-) *adj.* שאין לשנותו
inane' *adj.* ריק, טיפשי
in•an'imate *adj.* דומם, חסר-חיים
in'ani'tion (-ni-) *n.* חולשה; תשישות; ריקנות
inan'ity *n.* שטות, טיפשות
in•ap'plicable *adj.* לא ישים
in'appre'ciable (-shəb-) *adj.* זעיר
in'approach'able *adj.* לא נגיש
in'appro'priate *adj.* לא הולם
in•apt' *adj.* לא הולם; לא מוכשר
in•ap'titude' *n.* אי התאמה; אי יכולת
in'ar•tic'u•late *adj.* לא מובע בבירור; לא בנוי כהלכה; מגומגם
in'art•is'tic *adj.* לא אמנותי
in'asmuch' (-z-) *conj.* כיוון ש-
in'atten'tion *n.* חוסר תשומת לב
in'atten'tive *adj.* לא שם לב
in•au'dibil'ity *n.* אי-שמיעות
in•au'dible *adj.* שאין לשמעו
inau'gu•ral *adj.* חונך, של חנוכה
inaugural *n.* נאום פתיחה
inau'gu•rate' *v.* להכניס למשרה (בטקס); לחנוך; לפתוח, להתחיל
inau'gu•ra'tion *n.* חנוכה, פתיחה
in'auspi'cious (-pish'əs) *adj.* מבשר רע
in'be•tween' *adj.* של ביניים, בינאי
in'board' *adj.* פנימי, שבתוך האונייה
in'born' *adj.* שמלידה, טבוע בדמו
in'bound' *adj.* שפניו מועדות הבייתה
in'breathe' (-brēdh) *v.* לשאוף
in'bred' *adj.* שמלידה, טבעי
in'breed'ing *n.* הרבעה, הרכבה
in'built' (-bilt) *adj.* מובנה, בנוי בתוכו
Inc. = incorporated
in•cal'cu•lable *adj.* שאין לחשבו; בלתי מדיד; שאין לחזותו; הפכפך
in'candes'cence *n.* להט, זוֹהַר
in'candes'cent *adj.* לוהט, זוֹהֵר
incandescent lamp נורת חשמל
in'can•ta'tion *n.* לחש, כישוף
in•ca'pabil'ity *n.* חוסר יכולת
in•ca'pable *adj.* לא מסוגל, לא יכול
- drunk and incapable שיכור כלוט
in'capac'itate' *v.* לשלול יכולת
incapacitated *adj.* משולל יכולת
in'capac'ity *n.* אי יכולת; נבצרות; פסלות
incar'cerate' *v.* לכלוא, לאסור
incar'cera'tion *n.* מאסר
incar'nate *adj.* בצורת אדם, בהתגלמות
- devil incarnate השטן בהתגלמותו
incar'nate *v.* לגלם, להלביש גוף
in'car•na'tion *n.* התגלמות
- former incarnation גלגול קודם
in•cau'tion *n.* חוסר זהירות
in•cau'tious (-shəs) *adj.* לא זהיר
incen'diarism' *n.* הצתה; הסתה
incen'diar'y (-eri) *adj&n.* מבעיר, שולח אש; פצצת תבערה
in'cense' *n.* קטורת
incense' *v.* להרגיז, להכעיס
incen'tive *n.* עידוד, דחיפה; תמריץ
incep'tion *n.* התחלה, פתיחה
in•cer'titude' *n.* אי-ודאות
in•ces'sant *adj.* לא חדל, מתמיד
in'cest' *n.* גילוי עריות
inces'tu•ous (-chōōəs) *adj.* של גילוי עריות
inch *n.* אינץ'; מידה זעומה
- by inches אט-אט, טיפין-טיפין
- every inch כולו, בכל רמ"ח אבריו
- inch by inch טיפין טיפין
- miss by inches להחטיא כחוט השערה
- not give/yield an inch לא לוותר מאומה
- within an inch of על סף ה-
inch *v.* לנוע/להתקדם באיטיות
- inch one's way לפלס דרכו באיטיות
incho'ate (-k-) *adj.* בראשית ההתפתחות, התחלי, לא שלם
in'cidence *n.* תחולה, היקף, שכיחות
in'cident *adj.* כרוך ב-, מהווה חלק מ-, קשור ל-
incident *n.* מאורע, תקרית
in'ciden'tal *adj.* מקרי, משני, טפל; עלול לקרות, כרוך ב-, נלווה, נגרר
- incidental expenses הוצאות קטנות, הוצאות נלוות

- incidental music מוסיקת ליווי/רקע
in'ciden'tally *adv.* אגב
incidentals *n-pl.* הוצאות קטנות
incin'erate' *v.* לשרוף לאפר
incin'era'tion *n.* שריפה
incin'era'tor *n.* משרפת (לאשפה)
incip'ience *n.* התחלה, ראשית
incip'iency *n.* התחלה, ראשית
incip'ient *adj.* מתחיל
incise' (-z) *v.* לחתוך; לחרוט
inci'sion (-sizh'ən) *n.* חתך; חיתוך
inci'sive *adj.* חותך, חד, שנון
inci'sor (-zər) *n.* שן חותכת
in'cita'tion *n.* הסתה; המרצה
incite' *v.* להסית, להמריד; לעורר
incitement *n.* הסתה; דחיפה
in'civil'ity *n.* חוסר נימוס
in·clem'ency *n.* חוסר רחמים
in·clem'ent *adj.* (מזג אוויר) קשה
in'clina'tion *n.* שיפוע, מוֹרָד; הרכנה, כפיפה; נטייה, רצון
incline' *v.* לכופף, להרכין; להטות; לנטות; להטות לב, להשפיע
- be/feel inclined לנטות, לרצות
- inclined to believe נוטה להאמין
- inclines to fatness נוטה להשמנה
in'cline' *n.* שיפוע, מדרון
inclined' (-klīnd') *adj.* נוטה, משופע
inclose' (-z) *v.* לסגור, להקיף; להכיל
include' *v.* לכלול
included *adj.* כולל, כלול (במחיר)
including *prep.* ובכלל זה, לרבות
inclu'sion (-zhən) *n.* הכללה
inclu'sive *adj.* כולל הכל; ועד בכלל
- inclusive of כולל
incog', incog'nito' *adv.* אינקוגניטו, באלמוניות, בעילום-שם
in'co·he'rence *n.* חוסר קשר
in'co·he'rent *adj.* חסר קשר
in'combus'tible *adj.* לא דליק
in'come' (-kum) *n.* הכנסה
- live within/beyond one's income לצרוך פחות/יותר מן ההכנסה
in'comer (-kumər) *n.* נכנס, פולש
income statement דו"ח הכנסות
income support השלמת הכנסה
income tax מס הכנסה
income tax brackets מדרגות מס הכנסה
income tax commission נציבות מס הכנסה
income tax commissioner נציב מס הכנסה
in'com'ing (-kum-) *adj.* נכנס, בא
in'commen'surable *adj.* לא בר השוואה, חסר מידה משותפת
in'commen'surate (-'sh-) *adj.* לא מתאים, קטן בהשוואה ל-
in'commode' *v.* לגרום אי-נעימות
in'commo'dious *adj.* לא נוח
in·com'parable *adj.* אין דומה לו
in'compat'ibil'ity *n.* אי התאמה
in'compat'ible *adj.* לא מתאים, מנוגד
in·com'petence *n.* חוסר יכולת
in·com'petent *adj.* לא מסוגל
- incompetent evidence עדות בלתי קבילה
in'complete' *adj.* לא מושלם, פגום
in·com'pre·hen'sibil'ity *n.* אי-הבנה
in·com'pre·hen'sible *adj.* לא מובן
in·com'pre·hen'sion *n.* אי הבנה
in'conceiv'able (-sēv'-) *adj.* לא-יאומן; לא מתקבל על הדעת
in'conclu'sive *adj.* לא מכריע, לא משכנע
in'congru'ity *n.* אי התאמה
in·con'gru·ous (-rōōəs) *adj.* לא מתאים, לא הרמוני
in·con'sequent *adj.* לא עקיב, לא שייך לעניין
in·con'sequen'tial *adj.* חסר חשיבות
in'consid'erable *adj.* קל ערך
in'consid'erate *adj.* לא מתחשב
in'consis'tency *n.* אי התאמה
in'consis'tent *adj.* לא מתאים, לא עולה בקנה אחד, הפכפך, סותר
in'conso'lable *adj.* שאין לנחמו
in'conspic'u·ous (-ūəs) *adj.* לא בולט, לא מורגש
in·con'stancy *n.* חוסר עקביות
in·con'stant *adj.* לא עקיב, הפכפך
in'contest'able *adj.* שאין לערער עליו, שאין לסתור אותו
in·con'tinence *n.* אי התאפקות
in·con'tinent *adj.* לא יכול להתאפק
in·con'trovert'ible *adj.* שאין

לערער עליו, שאין להפריכו
in'conve'nience *n.* אי נוחות
inconvenience *v.* לגרום אי נוחות
in'conve'nient *adj.* לא נוח
in'convert'ible *adj.* שאין להמירו
incor'porate' *v.* לאחד; להתאחד; למזג; להתמזג; לאגד, לכלול
incor'porate *adj.* מאוגד (לחברה)
incor'pora'tion *n.* איחוד, מיזוג; תאגיד, חברה
in'cor•por'e•al *adj.* לא חומרי, חסר-גוף
in'correct' *adj.* לא מדוייק, לא נכון
in•cor'rigible *adj.* ללא תקנה
in'corrup'tibil'ity *n.* ניקיון כפיים
in'corrup'tible *adj.* לא נרקב, לא מושחת; נקי כפיים, ישר, הוגן
in'crease' *n.* גידול, תוספת, הוספה
- on the increase גובר והולך
increase' *v.* לגדול; להרבות; להגביר
increasingly *adv.* יותר ויותר
in•cred'ibil'ity *n.* חוסר סבירות
in•cred'ible *adj.* לא יאומן, מוזר; *נפלא, כביר
in'credu'lity *n.* ספקנות, אי אימון
in•cred'ulous (-krej'-) *adj.* לא מאמין, מפקפק, מפגין ספקנות
in'crement *n.* גידול, תוספת
- unearned increment רווח ללא מאמץ (מהתייקרות נכס)
incrim'inate' *v.* להפליל, להאשים
incrim'ina'tion *n.* הפללה, האשמה
in'crus•ta'tion *n.* ציפוי, קרום; הקרמה; שיבוץ (אבני חן)
in'cu•bate' *v.* לדגור; להדגיר
in'cu•ba'tion *n.* דגירה; הדגרה
in'cu•ba'tor *n.* אינקובטור, מדגרה
in'cu•bus *n.* סיוט, מועקה, נטל
incul'cate *v.* להחדיר, לשנן, לטעת
in'cul•ca'tion *n.* החדרה, שינון
in•cul'pable *adj.* חף מפשע
incul'pate *v.* להאשים, להפליל
incum'bency *n.* כהונה, תפקיד, חובה
incum'bent *adj.* חובה על; המכהן
- incumbent president הנשיא המכהן
- it's incumbent upon- שומה על-
incumbent *n.* כומר; מחזיק במשרה
in•cum'ber *v.* להכביד; לשעבד
incur' *v.* לגרום ל-, להביא על ראשו, להמיט על עצמו, להיכנס ל-
- incur debts לשקוע בחובות
in•cu'rable *adj&n.* חשוך-מרפא
in•cu'rious *adj.* לא מגלה סקרנות
incur'sion (-zhən) *n.* פלישה, התקפת-פתע, פשיטה
in•curve' *v.* לעקם פנימה
indebt'ed (-det'-) *adj.* אסיר תודה
indebtedness *n.* חבות
in•de'cency *n.* חוסר צניעות, גסות
in•de'cent *adj.* לא צנוע, גס, פוגעני
indecent assault/act מעשה מגונה
indecent exposure התראוות
in'de•ci'pherable *adj.* לא פתיר
in'de•ci'sion (-sizh'ən) *n.* חוסר החלטה, הססנות
in'de•ci'sive *adj.* לא מוכרע; לא החלטי, הססני
in•dec'orous *adj.* לא נימוסי
in'de•cor'um *n.* חוסר נימוס
indeed' *adv.* אומנם, אכן; למעשה
- indeed! האומנם?, לא יאומן!
- very much indeed מאוד מאוד
in'de•fat'igable *adj.* שאינו מתעייף
in'de•fea'sible (-z-) *adj.* שאין לבטלו, שאין להפר אותו
in'de•fen'sible *adj.* שאין להגן עליו
in'de•fi'nable *adj.* לא בר-הגדרה
in•def'inite (-nit) *adj.* לא ברור, לא מסויים, סתמי
indefinite article = a, an
indefinitely *adv.* ללא גבול
in•del'ible *adj.* שאי אפשר למחקו
- indelible stain כתם בל יימחה
in•del'icacy *n.* חוסר צניעות, גסות
in•del'icate *adj.* לא מעודן, גס
indem'nifica'tion *n.* פיצויים; שיפוי, ביטוח
indem'nify' *v.* לְפַצוֹת; לשפות, לבטח
indem'nity *n.* פיצויים; שיפוי; ביטוח
indent' *v.* לשנן, לחרוק, לעשות סימן נגיסה ב-; להרחיק שורה; להזיח, לעשות זיח
- indent for להזמין (סחורה)
in'dent' *n.* הזמנת סחורה
in'denta'tion *n.* שינון, חירוק; מפרץ; רווח; הזחה, זיח, פתיח
inden'ture *n&v.* הסכם (בשני העתקים); לקשור (עפ״י הסכם)

in'de·pen'dence *n.* עצמאות
Independence Day יום העצמאות
in'de·pen'dent *adj&n.* עצמאי
- independent of לא תלוי ב-
- independents הבלתי-תלויים
in-depth *adj.* מקיף, יסודי
in'de·scri'bable *adj.* בל יתואר
in'de·struc'tible *adj.* שאין להשמידו
in'de·ter'minable *adj.* שאין להגדירו
in'de·ter'minacy *n.* חוסר-קביעות
in'de·ter'minate *adj.* לא ברור, מעורפל, לא מוגדר, לא קבוע
in'deter'mina'tion *n.* חוסר החלטיות
in'dex' *n.* מפתח, אינדקס; מדד; סימן, עדות, אות; מעריך
- the Index רשימת ספרים אסורים
- the index finger האצבע
index *v.* לערוך מפתח, למפתח
in'dexa'tion *n.* הצמדה (למדד)
indexer *n.* מפתחן, עורך מפתחות
index-linked *adj.* צמוד למדד
In'dian *adj&n.* הודי; אינדיאני
Indian club אַלָּה (בהתעמלות)
Indian corn תירס
Indian file שורה עורפית, טור עורפי
Indian hemp קנבוס
Indian ink טוש; דיות הודית
Indian red אדום-צהבהב
Indian summer קיץ הודי (בשלהי הסתיו); תחושת נעורים (לעת זקנה)
India paper נייר דק
India-rubber גומי, מחק
in'dicate' *v.* להראות, להצביע; לסמן; לרמוז שיש לנקוט-
- indicate right לאותת ימינה (רכב)
in'dica'tion *n.* סימן, אינדיקציה
indic'ative *adj.* מצביע, רומז על
indicative mood דרך החיווי
in'dica'tor *n.* מצביע, מחוון, מחוג; אור איתות, אינדיקטור, סימן
in'dices = pl of index (-sēz)
indict' (-dīt') *v.* להאשים
indictable *adj.* בר-אישום
indictment *n.* כתב אישום; האשמה
in'die (-di) *adj.* עצמאי*
in·dif'ference *n.* אדישות
- a matter of indifference דבר קל בעיניו, עניין חסר-חשיבות
in·dif'ferent *adj.* אדיש; לא איכפתי; בינוני, לא מצויין
in'digence *n.* עוני
indig'enous *adj.* יליד, בן-המקום
in'digent *adj.* עני
in'diges'tible *adj.* שאינו מתעכל
in'diges'tion (-chən) *n.* קושי בעיכול; כאב בטן
indig'nant *adj.* כועס, מתמרמר
in'digna'tion *n.* זעם, התמרמרות
in·dig'nity *n.* אובדן כבוד; השפלה
in'digo' *n.* אינדיגו, כחול כהה
in'direct' *adj.* לא ישיר, עקיף
indirect object מושא עקיף
indirect speech דיבור עקיף
indirect tax מס עקיף
in'discern'ible *adj.* שאין להבחין בו, זעיר, סמוי
in·dis'cipline (-lin) *n.* חוסר משמעת
in'discreet' *adj.* לא זהיר, לא טקטי
in'discrete' *adj.* לא מופרד, רצוף
in'discre'tion (-resh'ən) *n.* חוסר זהירות, חוסר טקט; מעשה לא נאה
in'discrim'inate *adj.* לא מבחין
indiscriminately *pron.* ללא הבחנה
in'dispen'sabil'ity *n.* הכרחיות
in'dispen'sable *adj.* הכרחי, חיוני
in'dispose' (-z) *v.* לגרום לאי-רצון; לדחות; להחלות
indisposed *adj.* לא מרגיש טוב, לא בקו הבריאות; לא נוטה, לא מתלהב
in·dis'posi'tion (-zi-) *n.* מחלה קלה; חוסר רצון, סירוב
in'dispu'table *adj.* שאין לערער עליו, ברור, ודאי
in'dissol'u·ble *adj.* לא נמס; יציב
in'distinct' *adj.* לא ברור, מעורפל
in'distin'guishable (-gwish-) *adj.* שאין להבחין/להבדיל ביניהם
indite' *v.* לחבר, לכתוב (שיר)
in'divid'ual (-j'ōōəl) *adj.* יחיד, מיוחד, אינדיבידואלי, יחידני
individual *n.* יחיד, פרט; *ברנש
individualism *n.* אינדיבידואליזם; אגואיזם; אנוכיות
in'divid'ual'ity (-vijōōal-) *n.* אינדיבידואליות, עצמיות, ייחודיות; מיוחדות; פרטנות
in'divid'ualize' (-vijōōəl-) *v.* לעשות למיוחד; לתת צורה אופיינית; להבחין; לציין

individually *adv.* בנפרד, אחד אחד
in'divis'ible (-z-) *adj.* לא מתחלק
in·do'cile (-sil) *adj.* סורר, ממרה
indoc'trinate' *v.* להחדיר, לשנן
indoc'trina'tion *n.* החדרת דיעות
in'dolence *n.* עצלות; בטלה
in'dolent *adj.* עצלן; לא כואב
in·dom'itable *adj.* לא נכנע, איתן
in'door' (-dôr) *adj.* בתוך הבית
in'doors' (-dôrz) *adv.* בפנים
indorse' = endorse *v.* להסב
indorsement *n.* הסבה, היסב
in'drawn' *adj.* משוך כלפי פנים
in·du'bitable *adj.* שאינו מוטל בספק
induce' *v.* להשפיע, לפתות; להמריץ; לגרום; לזרז לידה; להשרות (זרם)
inducement *n.* דחיפה, שידול
induct' *v.* להכניס לתפקיד; לגייס
induc'tion *n.* הכנסה לתפקיד, גיוס; זירוז לידה; השראה, אינדוקציה; הכרה, הכנה
induction coil סליל השראה
induc'tive *adj.* אינדוקטיבי; מבוסס על אינדוקציה; של השראה
indue' (-dōō') *v.* להעניק, לחונן
indulge' *v.* לפנק, להשביע רצונו, לוותר; לשקוע, להתמכר, להתפרק
- indulge in להתמכר; להתענג על
indul'gence *n.* התמכרות, שקיעה ב-; פינוק, מילוי תאווה; תענוג; מחילה, כפרה
indul'gent *adj.* אדיב; ותרן, מפנק
indulgently *n.* לפנים משורת הדין
in'durate' *v.* להקשות, להקשיח
indus'trial *adj.* תעשייתי
industrial action שביתה, עיצומים
industrial alcohol כוהל תעשייתי
industrial dispute סכסוך עבודה
industrial estate איזור תעשייה
indus'trialism' *n.* תעשיינות
indus'trialist *n.* תעשיין
indus'trial'iza'tion *n.* תיעוש
indus'trialize' *v.* לתעש
industrialized country מדינה מתועשת
industrial peace שקט תעשייתי
industrial relations יחסי עובד - מעביד
indus'trious *adj.* חרוץ, שקדן
in'dustry *n.* תעשייה; שקדנות
in·dwell' *v.* לשכון, להימצא בנפש
in'dwell'ing *adj.* נמצא בפנים
ine'briate' *v.* להשקות לשכרה
ine'briate *adj&n.* שיכור, שתוי
in·ed'ible *adj.* לא אכיל, לא למאכל
in·ef'fable *adj.* בל-יתואר, נפלא
- ineffable name שם המפורש
in'effec'tive *adj.* לא אפקטיבי
in'effec'tual (-chōōəl) *adj.* לא יעיל
in·ef'fica'cious (-shəs) *adj.* לא יעיל כמצופה
in'effi'ciency (-fish'ən-) *n.* אי יעילות
in'effi'cient (-fish'ənt) *adj.* לא יעיל, בזבזני
in'e·las'tic *adj.* לא גמיש
in·el'egance *n.* חוסר אלגנטיות
in·el'egant *adj.* לא אלגנטי
in·el'igibil'ity *n.* אי כשירות
in·el'igible *adj.* לא כשיר, פסול
in'e·luc'table *adj.* שאין מנוס מפניו
inept' *adj.* לא מתאים; שטותי
inept'itude' *n.* אי התאמה; שטות
in'e·qual'ity (-kwol'-) *n.* אי שוויון, הבדל, פער; אי מישוריות
in·eq'uitable *adj.* לא צודק, מַפלֶה
in·eq'uity *n.* אי צדק, איפה ואיפה
in'e·rad'icable *adj.* שאין לשרשו
inert' *adj.* לא נע; דומם; כבד, עצלן
- inert gases גאזים אצילים/אדישים
iner'tia (-shə) *n.* אינרציה, התמדה; הֶתמֵד; חוסר פעילות, עצלות, חוסר תנועה
inertia reel גלגילית חגורת בטיחות
inertia selling מכירת התמדה, דחיפת חומר לא מוזמן
in'esca'pable *adj.* שאין מנוס ממנו
in'essen'tial *adj.* לא חיוני
in·es'timable *adj.* שאין להעריכו, עצום
inev'itabil'ity *n.* כורח, הכרח
inev'itable *adj.* בלתי נמנע, ודאי, מחויב המציאות
- his inevitable hat *כובעו הנצחי
in'exact' (-gz-) *adj.* לא מדוייק
in'exact'itude' (-gz-) *n.* אי דיוק
in'excu'sable (-'z-) *adj.* בל-יכופר
in'exhaust'ible (-igzôst') *adj.* שאינו אוזל לעולם, בלתי נדלה
in·ex'orable *adj.* לא מרחם, קשוח
in'expe'diency *n.* אי-כדאיות
in'expe'dient *adj.* לא כדאי
in'expen'sive *adj.* זול, לא יקר

in'expe'rience *n.* חוסר-ניסיון
inexperienced *adj.* חסר-ניסיון
in•ex'pert' *adj.* חסר מומחיות
in•ex'piable *adj.* שלא יכופר; שאין לפייסו
in'explic'able *adj.* שאין להסבירו
in'expres'sible *adj.* שאין להביעו
in'expres'sive *adj.* חסר הבעה
in'extin'guishable (-gwish-) *adj.* שאין לכבותה (אש, אהבה), יוקד
in ex•tre'mis על סף המוות
in•ex'tricable *adj.* שקשה להיחלץ ממנו; מסובך, שאין להתירו
in•fal'libil'ity *n.* אי-טעייה
in•fal'lible *adj.* שאינו טועה; יעיל
infallibly *adv.* בוודאות, לעולם
in'famous *adj.* נודע לגנאי; מביש
in'famy *n.* בושה, קלון, חרפה
in'fancy *n.* יַלדוּת, יַנקוּת
in'fant *n&adj.* תינוק, ילד, קטין; של ילדים; בשלבי התפתחות
infant clinic טיפת חלב
infan'ticide' *n.* רצח תינוקות
in'fantile' *adj.* ילדותי, אינפנטילי
infantile paralysis שיתוק ילדים
infan'tilism' *n.* אינפנטיליות
infant prodigy ילד פלא
in'fantry *n.* חיל רגלים
infantryman *n.* חייל רגלי
infant school בית-ספר לפעוטות
in'farct' *n.* ריקמה מתה
infat'u•ate' (-chōōāt) *v.* להקסים
infatuated *adj.* מאוהב עד לשיגעון
infat'u•a'tion (-chōōā'-) *n.* אהבה עיוורת, דיבוק של אהבה
infect' *v.* לזהם; להדביק (במחלה)
infec'tion *n.* זיהום, אינפקציה
infec'tious (-shəs) *adj.* מידבק, מְנַגֵעַ; זיהומי
in'felic'itous *adj.* לא נאה, לא הולם
infer' *v.* להסיק, להגיע למסקנה
in'ference *n.* מסקנה, היסק, גזירה שווה
in'feren'tial *adj.* מסקני
infe'rior *adj&n.* נחות; גרוע; תחתון; זוטר; כפוף
infe'rior'ity *n.* נחיתות
inferiority complex תסביך נחיתות
infer'nal *adj.* של הגיהינום, שטני
infer'no *n.* גיהינום
in•fer'tile (-təl) *adj.* לא-פורה, עקר
in'fertil'ity *n.* אי-פוריות
infest' *v.* לשרוץ, לרחוש, לפשוט
in'festa'tion *n.* שריצה
in'fidel *n&adj.* כּוֹפֵר; אפיקורסי
in'fidel'ity *n.* אי נאמנות; בגידה
in'field' (-fēld) *n.* שדה פנימי
in-fighting *n.* קרב מגע; קרב צמוד; תחרות קשה; ריב פנימי
in'filtrate' *v.* להסתנן; להחדיר
in'filtra'tion *n.* הסתננות, חדירה
in'filtra'tor *n.* מסתנן
in'finite (-nit) *adj.* אינסופי, רב
- the Infinite אלוהים
in'finites'imal *adj.* זעיר מאוד, שואף לאפס
infin'itive *n.* (בדקדוק) מקור
infin'itude' *n.* אינסופיות
infin'ity *n.* אין-סוף, אינסופיות
infirm' *adj.* חלש; לוקה בשכלו
- infirm of purpose לא החלטי
infir'mary *n.* בית חולים, מרפאה
infir'mity *n.* חולשה
infix' *v.* לקבוע בפנים, לתחוב, לחרות, להכניס מוספית
inflame' *v.* להדליק; להרגיז; לשלהב
inflamed *adj.* אדום, נפוח, דלקתי
inflam'mable *adj.* דליק, מתלקח
in'flamma'tion *n.* דלקת
inflam'mato'ry *adj.* דלקתי; מלהיב
infla'table *adj&n.* שניתן לנפחו; סירת גומי
inflate' *v.* לנפח; לגרום לאינפלציה
inflated *adj.* נפוח, מנופח; יהיר
infla'tion *n.* ניפוח; התנפחות; אינפלציה, הצפה
infla'tionar'y (-shəneri) *adj.* אינפלציוני
inflationary spiral גלגל אינפלציוני
inflect' *v.* להטות (מלה); לגוון קול
inflec'tion *n.* הטייה, נטייה; גיוון קול; סופית (של נטייה)
inflectional *adj.* של נטייה
in•flex'ibil'ity *n.* אי גמישות
in•flex'ible *adj.* לא גמיש; עקשני
inflexion = inflection
inflict' *v.* להטיל, לתת, לגרום (סבל)
inflic'tion *n.* גרימת סבל, מכה
in-flight *adj.* בשעת הטיסה
in'flo•res'cence *n.* פריחה, תפרחת

in′flow′ (-flō) *n.* זרימה (פנימה)
in′flu•ence (-flōō-) *n&v.* השפעה; משפיע; להשפיע על
- under the influence *בגילופין
in′flu•en′tial (-flōō-) *adj.* משפיע
in′flu•en′za (-flōō-) *adj.* שפעת
in′flux′ *n.* זרימה, נהירה
in′fo *n.* *אינפורמציה, מידע
infold′ (-fōld) *v.* לעטוף, לחבוק
in′fomer′cial *n.* תשדיר פרסומת תיעודי
inform′ *v.* להודיע, למסור מידע
- inform against/on להלשין על
- keep him informed לעדכנו במידע
in•for′mal *adj.* לא רשמי, לא פורמאלי
in′for•mal′ity *n.* אי רשמיות
infor′mant *n.* מוסר מידע
in′format′ics *n.* תורת איחסון המידע
in′forma′tion *n.* מידע, אינפורמציה; הסברה
information retrieval איחזור מידע
information science תורת איחסון המידע
infor′mative *adj.* אינפורמטיבי, מאלף; מודיעיני
informed *adj.* מודע, בעל אינפומרציה
inform′er *n.* מודיע, מלשין
in′fo•tain′ment *n.* תשדיר מידע ובידור
in′fra *adv.* להלן (בספר)
infrac′tion *n.* הפרת חוק, עבירה
in′fra dig′ למטה מכבודו
in•fran′gible *adj.* לא שביר, שאין להפירו
in′frared′ *adj.* אינפרה-אדומות
in′frastruc′ture *n.* תת מבנה, תשתית
in•fre′quency *n.* נְדירוּת
in•fre′quent *adj.* לא שכיח, נדיר
infringe′ *v.* להפר (חוק)
- infringe on/upon להסיג גבול
infringement *n.* הפרה; הסגת גבול
infringement of rights פגיעה בזכויות
in′fun•dib′u•lar *adj.* דמוי משפך
infu′riate′ *v.* לעורר זעם, להכעיס
infuse′ (-z) *v.* לשפוך, לצקת, למלא; לחלוט (תה); להיחלט
- infuse life into להפיח חיים ב-
infu′sion (-zhən) *n.* חליטה; יציקה, מילוי, מזיגה; עירוי, אינפוזיה
in′gath′ering (-dh-) *n.* אסיף; כינוס, התקבצות
inge′nious *adj.* חכם, בעל כושר המצאה, חריף; תחבולני, מתוחכם
ingenue (än′jənōō′) *n.* נערה תמימה
in′genu′ity *n.* חריפות, כושר המצאה
ingen′u•ous (-ūəs) *adj.* תמים, כן
ingest′ *v.* להכניס (מזון) לקיבה
in′gle-nook′ *n.* פינה (ליד האח)
in•glo′rious *adj.* מחפיר, מביש
in′go′ing *adj.* נכנס, בא
in′got *n.* מטיל (של כסף, זהב)
ingraft′ = engraft
in•grain′ *v.* להשריש, לטבוע
ingrained *adj.* קבוע, עמוק, מושרש
in′grate′ *adj.* כפוי טובה
ingra′tiate′ (-′sh-) *v.* להשתדל למצוא חן בעיני-; להתחנף, להתרפס
in•grat′itude′ *n.* כפיות טובה
ingre′dient *n.* יסוד, מרכיב
in′gress′ *n.* כניסה, זכות כניסה
in-group *n.* קבוצה פנימית
in′grow′ing (-grō-) *adj.* צומח פנימה
in′grown′ (-grōn) *adj.* צומח כלפי פנים (לתוך הבשר); פנימי, טיבעי
ingrown toenail ציפורן חודרנית
inhab′it *v.* לגור, לחיות ב-
inhab′itable *adj.* ראוי למגורים
inhab′itant *n.* תושב; דייר
inha′lant *n.* חומר נשאף
in′hala′tion *n.* אינהלציה
inhale′ *v.* לשאוף, לנשום פנימה
inhaler *n.* משאף (מכשיר שאיפה)
in′har•mo′nious *adj.* לא הרמוני
inhere′ *v.* להיות חלק טבעי מ-
inher′ent *adj.* טבוע, פנימי, שרוי בו
inher′it *v.* לָרֶשֶׁת
inheritable *adj.* בר הורשה
inheritance *n.* עיזבון; ירושה
inheritance order צו ירושה
inheritance tax מס עיזבון
inher′itor *n.* יורש
inhib′it *v.* למנוע, לרסן; לדכא
inhibited *adj.* מעוצר, מרוסן
in′hibi′tion (-bi-) *n.* מעצור, עכבה
inhib′ito′ry *adj.* עוצר, מעכב
in•hos′pitable *adj.* לא מסביר פנים

in·hos'pital'ity *n.* אי הסברת פנים
in-house *adj&adv.* פנימי
in·hu'man *adj.* לא אנושי, אכזרי
in'hu·mane' (-hū-) *adj.* לא אנושי, אכזרי, לא הומני
in'hu·man'ity (-hū-) *n.* אכזריות
inhume' *v.* לקבור
inim'ical *adj.* עוין, שונא, מזיק
in·im'itable *adj.* שאין לחקותו
iniq'uitous *adj.* לא צודק, רָשָׁע
iniq'uity *n.* עוול, אי צדק, רֶשַׁע
ini'tial (-ni-) *adj.* ראשון, התחלתי
initial *n.* אות ראשונה (בשם אדם)
initial *v.* לחתום בראשי תיבות
initially *adv.* בתחילה, בהתחלה
ini'tiate' (inish'-) *v.* להכניס/לקבל כחבר; להקנות ידע, להכניס בסוד; ליזום; להתחיל, להפעיל
ini'tiate (inish'-) *n.* חבר (באגודה סודית); בעל ידע מיוחד
init'ia'tion (inish-) *n.* קבלה כחבר; טקס קבלה; הכנסה רשמית
init'iative (inish'ət-) *n.* יוזמה; צעד ראשון/פותח; התחלה
- on one's own initiative ביוזמתו
- take the initiative ליטול את היוזמה; לעשות את הצעד הראשון
inject' *v.* למלא; להזריק (זריקה); להחדיר; להזרים (כסף)
- inject new life להפיח חיים ב-
injec'tion *n.* הזרקה; זריקה; הזרמה
in'ju·di'cious (-jōōdish'əs) *adj.* לא נבון, לא פיקחי
injunc'tion *n.* פקודה, צו, צו מניעה
- mandatory injunction צו עשה, צו מחייב
in'jure (-jər) *v.* לפצוע, לפגוע
injured *adj.* נפגע; נעלב
injured party הצד הנפגע
inju'rious *adj.* מזיק, פוגע
in'jury *n.* פגיעה; נזק, חבלה
injury time זמן פציעות
in·jus'tice (-tis) *n.* אי צדק, עוול
- do him an injustice, לגרום לו עוול, לחשוד בכשרים
ink *n&v.* דיו; לדיית, להכתים
- ink in להשלים בדיו, לסמן בדיו
ink-blot test מיבחן רורשך
ink-bottle קסת, דיותה
ink-jet הזרקת דיו
ink'ling *n.* מושג-מה, רמז
ink-pad *n.* כרית דיו (לחותמות)
ink-pot *n.* קסת, דיותה
ink-stand *n.* כן לדיותות ועטים
ink-well *n.* דיותה, קסת (בשולחן)
inky *adj.* מוכתם בדיו, מדויית
- inky darkness חושך מצרים
in'laid' *adj.* משובץ (זהב וכ׳)
in'land *adj.* פנימי, תוך ארצי
inland *adv.* כלפי פנים/בפנים הארץ
inland revenue בלו (מס)
in-law *n.* חם, חותנת, גיס, קרוב
inlay' *v.* לשבץ, לקבוע (קישוט)
inlay *n.* שיבוץ, קישוט, מילואה; סתימה; מילוי (בשן)
in'let' *n.* מפרץ צר, לשון-ים; כניסה; דבר מוכנס/תחוב
in lo'co paren'tis במקום ההורה
in'mate' *n.* חבר לחדר, שכן; אסיר; חוסה, פנימאי
in memo'riam לזכר-, להנצחת שם-
in'most' (-mōst) *adj.* פנימי ביותר, תוך תוכי, עמוק; סודי, כמוס
inn *n.* פונדק, אכסניה
in'nards *n-pl.* מעיים, קרביים
innate' *adj.* שמלידה, טבוע בדמו
in'ner *adj.* פנימי
- inner circle חוג פנימי
- the inner man הנפש; *הקיבה
innermost = inmost פנימי ביותר
inner tube פנימון (צמיג), אבוב
inner'vate' *v.* לספק בעצבים
in'ning *n.* מחזור (בבייסבול)
innings *n.* תור, סיבוב (בקריקט); תקופת שלטון, חיים פעילים
- have a good innings *לחיות חיי אושר
inn-keeper *n.* בעל אכסניה
in'nocence *n.* חפות; תמימות
in'nocent *adj&n.* חף מפשע; לא מזיק, טהור, תם, תמים, פתי
innoc'u·ous (-ūəs) *adj.* לא פוגע
Inn of Court אגודת הפרקליטים
in'novate' *v.* לחדש, להמציא
in'nova'tion *n.* חידוש, המצאה
in'nova'tor *n.* חדשן, ממציא
in'nu·en'do (-nū-) *n.* רמיזה
innu'merable *adj.* לאין מיספר
in'obser'vance (-z-) *n.* היסח הדעת; אי קיום
inoc'u·late' *v.* להרכיב, לחסן
inoc'u·la'tion *n.* תרכיב; חיסון
in'offen'sive *adj.* לא פוגע

in·op′erable *adj.* שאין לנתחו, לא נתיח
in·op′erative *adj.* לא פעיל, לא יעיל
in·op′portune′ *adj.* שלא בעיתו, לא בזמן המתאים, לא הולם
in·or′dinate *adj.* מופרז, לא מרוסן
in′organ′ic *adj.* לא אורגני
inorganic chemistry כימיה אי אורגנית
in-patient *n.* חולה-פְּנִים, מאושפז
in′put′ (-poot) *n&v.* קֶלֶט (במחשב); תשומה; כניסה; כוח, אנרגיה; להכניס
input-output *n.* קלט-פלט
in′quest′ *n.* חקירה (לסיבת המוות)
in·qui′etude′ *n.* אי שקט, מתח
inquire′ *v.* לשאול, לחקור ולדרוש
- inquire after לשאול לשלום
- inquire for לבקש, לבקש לראות
- inquire into לחקור, ללמוד
- inquire upon/about לבקש מידע על
- inquire within שאל בפנים!
inquirer *n.* חוקר; חקרן
inquiring *adj.* חוקר, מגלה סקרנות
inqui′ry *n.* חקירה
in′quisi′tion (-zi-) *n.* חקירה, אינקוויזיציה
inquis′itive (-z-) *adj.* חקרני
inquis′itor (-z-) *n.* אינקוויזיטור, חוקר
inquis′ito′rial (-z-) *adj.* אינקוויזיטורי, חקירתי
in′road′ *n.* התקפה, פלישה, פשיטה
- make inroads on one's time לנגוס ב-/לגזול מזמנו
in′rush′ *n.* זרימה, נהירה
in′salu′brious *adj.* לא בריא
in·sane′ *adj.* מטורף, משוגע
in·san′itar′y (-teri) *adj.* לא תברואי
in·san′ity *n.* שיגעון
in·sa′tiable (-shəb-) *adj.* שאין להשביעו, רָעֵב, תאב
in·sa′tiate (-′sh-) *adj.* לא שָׂבֵעַ
inscribe′ *v.* לרשום, לחקוק, לחרות
- an inscribed book ספר מוקדש
- inscribed stock מניות על שם
inscrip′tion *n.* כתובת (חקוקה); רישום, הקדשה
in·scru′table *adj.* עמוק, סתום

in′sect′ *n.* חרק
insec′ticide′ *n.* מדביר חרקים
insec′tivore′ *n.* אוכל חרקים
in′sec·tiv′orous *adj.* אוכל חרקים
in′se·cure′ *adj.* לא בטוח, רעוע
in′se·cu′rity *n.* חוסר ביטחון
insem′inate′ *v.* להפרות, להזריע
insem′ina′tion *n.* הפראה, הזרעה
in·sen′sate *adj.* נטול-רגש
in·sen′sibil′ity *n.* חוסר הכרה; חוסר רגישות, העדר רגש
in·sen′sible *adj.* חסר הכרה; נטול רגש
- insensible change שינוי זעיר
- insensible of לא מודע ל-
- insensible to לא חש, אטום ל-
in·sen′sitive *adj.* לא רגיש, לא חש
in·sen′sitiv′ity *n.* אי רגישות
in·sen′tient (-shənt) *n.* חסר חיים
in·sep′arable *adj.* שאין להפרידו
insert′ *v.* להכניס, לתחוב, לשבץ
in′sert′ *n.* דף נוסף, גיליון פנימי
inser′tion *n.* הכנסה, תחיבה; דבר מוכנס, מודעה; תוספת
in-service *adj.* תוך כדי עבודה
in′set′ *n.* תוספת; דף נוסף; מפה קטנה (בצד מפה גדולה)
inset′ *v.* להכניס (תוספת כנ"ל)
in′shore′ *adj&adv.* קרוב לחוף; אל החוף
inside′ *n.* פְּנִים, תוך; פנים המדרכה (הרחק מהכביש); *מעיים
- inside out הפוך
- knows it inside out בקי בו היטב
in′side *adj.* פנימי
- inside job "עבודה פנימית"
- inside right/left קַשָּׁר ימני/שמאלי
- inside track עמדת יתרון
inside′ *adv.* בפנים, פנימה; *בכלא
inside′ *prep.* בתוך
- inside of 2 hours בתוך שעתיים
inside dealing/trading סחר פנימי
inside information מידע פנימי
insi′der *n.* איש פנים, קרוב לצלחת
insid′ious *adj.* חתרני, הרסני
in′sight′ *n.* ראייה חודרנית, הבחנה, בוננות, תובנה
insig′nia *n-pl.* סמלים, סימני דרגה
in′signif′icance *n.* חוסר חשיבות
in′signif′icant *adj.* חסר ערך, זעום
in′sincere′ *adj.* לא כן, מזוייף, צבוע
in′sincer′ity *n.* חוסר כנות, צביעות

insin′u·ate′ (-nū-) *v.* לרמוז
- insinuate oneself into למצוא מסילות בלב-; לכבוש בעורמה לב-
insin′u·a′tion (-nū-) *n.* רמיזה
in·sip′id *adj.* חסר טעם, תפל
in′sipid′ity *n.* חוסר טעם
insip′ient *adj.* טיפשי
insist′ *v.* להתעקש; לעמוד על (כך)
insistence *n.* התעקשות, עמידה על
insistent *adj.* מתעקש, דורש, עומד על כך; דחוף, לוחץ
in si′tu (-too) במקום האירוע
in′so·far′ *adv.* במידה ש-
in′sole′ *n.* סוליה פנימית, רפידה
in′solence *n.* חוצפה; העלבה
in′solent *adj.* חצוף; מעליב
in·sol′u·ble *adj.* לא מסיס; שאין לפתרו, בלתי-פתיר
in·solv′able *adj.* שאין לפתרו
in·sol′vency *n.* פשיטת רגל, חודל פירעון
in·sol′vent *adj.* פושט רגל, חדל פירעון
insom′nia *n.* נדודי שינה
insom′niac′ *n.* סובל מנדודי שינה
in′so·much′ *adv.* במידה ש-
in·sou′ciance (-soo′-) *n.* שאננות
in·sou′ciant (-soo′-) *adj.* חסר דאגה
inspect′ *v.* לבחון, לבדוק; לערוך ביקורת, לבקר; לפקח
inspec′tion *n.* בדיקה; פיקוח
inspector *n.* מפקח, משגיח; פקח
inspec′torate *n.* פיקוח; צוות פיקוח; מְפַקָּחוּת; איזור פיקוח
in′spira′tion *n.* השראה; מקור השראה; שאר-רוח; *רעיון מוצלח
in′spira′tor *n.* משאף, מנשים; ממריץ
inspire′ *v.* לעורר, להמריץ; להשרות על
- inspire hate in לעורר שנאה בלב
- inspire with hope להפיח תקווה
inspired *adj.* מלא השראה, מואצל
- inspired article מאמר מנכתב
inspir′it *v.* להפיח חיים, לעודד
inst. לחודש זה; מכון
in′stabil′ity *n.* חוסר יציבות
install′ (-tôl′) *v.* להכניס לתפקיד; להתקין (מיתקן); ליישב, למקם
- install oneself להתיישב, להתמקם
in′stalla′tion *n.* הכנסה לתפקיד; התקנה; מיתקן

install′ment (-stôl′-) *n.* תשלום (אחד), פרק (מתוך סדרה בהמשכים)
- in installments בהמשכים
installment plan רכישה בתשלומים
in′stance *n.* דוגמה; ערכאה, אינסטנציה, דרג
- at the instance of לפי דרישת
- for instance לדוגמה, למשל
- in the first instance ראשית כל
instance *v.* להביא כדוגמה, להדגים
in′stant *n.* רגע
- that instant/on the instant מייד
- the instant that- מייד כש-, אך
instant *adj.* מיידי, דחוף; בחודש זה
- in instant need זקוק בדחיפות ל-
in′stanta′ne·ous *adj.* מִיָּדִי
instant coffee נס-קפה
instantly *adv.* מייד, תכף ומייד
instant replay הקרנה חוזרת מיידית
instead′ (-sted) *adv.* במקום זאת
- instead of במקום-
in′step′ *n.* גב כף-הרגל, קמרון הרגל
in′stigate′ *v.* להסית; לעורר
in′stiga′tion *n.* הסתה; המרצה
in′stiga′tor *n.* מסית, ממריץ
instill′ *v.* להחדיר למוחו, לשנן
in′stilla′tion *n.* החדרה
in′stinct *n.* אינסטינקט, חוש טבעי
- instinct with מלא, חדור, שופע
instinc′tive *adj.* אינסטינקטיבי
in′stitute′ *n.* מוסד, מכון
institute *v.* לייסד; לקבוע; להתחיל
- institute a custom להנהיג מנהג
- institute actions לפתוח בהליכים
in′stitu′tion *n.* מוסד; מנהג קבוע
- institution of laws הנהגת חוקים
institutional *adj.* של מוסד, מוסדי
in′stitu′tionalize′ (-′shən-) *v.* למסד; לאשפז; לגרום לְתלוּת
instruct′ *v.* להורות, ללמד, להדריך; לצוות; להודיע
instruc′tion *n.* הוראה; הדרכה
instructional *adj.* חינוכי
instruc′tive *adj.* מאלף, מדריך
instructor *n.* מאמן, מורה, מדריך
in′strument *n.* מכשיר, כלי; מיסמך
- legal instrument מיסמך מישפטי
- musical instrument כלי נגינה
in′strumen′tal *adj.* של אמצעי, עוזר, מועיל, תורם; כֵּלִי, תיזמורתי

in'strumen'talist *n.* נגן
in'strumen·tal'ity *n.* אמצעים
- by the instrumentality of באמצעות, בסיוע
in'strumen·ta'tion *n.* תִּגנוּן; מיכשור
instrument panel לוח מחוונים
in'subor'dinate *adj.* מרדן
in'subor'dina'tion *n.* אי ציות
in'substan'tial *adj.* חסר בסיס, חלש; לא ממשי, חסר תוכן
in·suf'ferable *adj.* בלתי-נסבל
in'suffi'ciency (-fish'ən-) *n.* מחסור, מידה בלתי מספקת
in'suffi'cient (-fish'ənt) *adj.* לא מספיק
in'sular *adj.* של אי; צר אופק
in'sularism' *n.* צרות אופק
in'sular'ity *n.* צרות אופק
in'sulate' *v.* לבודד, להפריד
insulating tape סרט בידוד
in'sula'tion *n.* בידוד; חומר בידוד
in'sula'tor *n.* מבדד
in'sulin *n.* אינסולין
insult' *v.* להעליב, לפגוע ב-
in'sult' *n.* עלבון, פגיעה
- add insult to injury לזרות מלח על הפצעים
in·su'perable *adj.* שאין להתגבר עליו
in'support'able *adj.* קשה מנשוא, בלתי נסבל
insu'rance (-shoor'-) *n.* ביטוח
- life insurance ביטוח חיים
insurance agent/broker סוכן ביטוח
insurance company חברת ביטוח
insurance policy פוליסת ביטוח
insure' (-shoor') *v.* לְבַטֵחַ
insured *adj.* מבוטח
insured's participation השתתפות עצמית
insurer *n.* מְבַטֵחַ; חברת ביטוח
insur'gency *n.* מרידה, התקוממות
insur'gent *n&adj.* מתקומם
in'surmount'able *adj.* שאין להתגבר עליו
in'surrec'tion *n.* מרד, התקוממות
in'suscep'tible *adj.* לא רגיש, לא מושפע
intact' *adj.* שלם, בלי פגע, לא ניזק
inta'glio' (-täl'yō) *n.* חריתה, חקיקה; תחריט; אבן חן מפותחת

in'take' *n.* קליטה; מספר הנקלטים; פתח הכניסה; פי הצינור
in·tan'gibil'ity *n.* אי מוחשות
in·tan'gible *adj.* לא מוחש, לא נתפס, לא ניתן למישוש
in'teger *n.* מספר שלם (לא שבר)
in'tegral *adj.* אינטגרלי, בלתי נפרד; שלם; של מספר שלם
integral *n.* אינטגרל, אסכמת
integral calculus חשבון אינטגרלי
in'tegrate' *v.* לאחד, למזג; להתמזג; להנהיג אינטגרציה
in'tegra'ted *adj.* משולב, מורכב
in'tegra'tion *n.* מיזוג, אינטגרציה, כילול
integ'rity *n.* הגינות, יושרה; שלמות
integ'u·ment *n.* קליפה, עור
in'tellect' *n.* אינטלקט, כוח השפיטה, בינה, שכל; חכם, חכמים
in'tellec'tual (-cho͞oəl) *adj&n.* אינטלקטואלי, שכלי, עיוני; אינטלקטואל, איש רוח; משכיל
intellectual property קניין רוחני
intel'ligence *n.* אינטליגנציה, שכל, תבונה; מישכל; ביון, מודיעין
intelligence quotient מנת מישכל
intelligence test מיבחן מישכל
intel'ligent *adj.* אינטליגנטי, נבון
intel'ligent'sia *n.* המשכילים
intel'ligibil'ity *n.* מוּבָנוּת
intel'ligible *adj.* מובן, שקל להבינו
In'tel·post' (-pōst) *n.* דואר אלקטרוני, דואר בינלאומי
in·tem'perance *n.* חוסר ריסון
in·tem'perate *adj.* לא מרוסן, מפריז; שתיין
intend' *v.* להתכוון, לחשוב; לייעד
- intended for מיועד ל-
- my intended *אשתי לעתיד
inten'dant *n.* מנהל, מפקח
intendment *n.* כוונה אמיתית
intense' *adj.* חזק, עז, עמוק, לוהט, רציני, רגשני
inten'sifica'tion *n.* חיזוק; הגברה
inten'sifi'er *n.* מלת חיזוק; מַעֲצֵם
inten'sify' *v.* לחזק, להגביר, להחמיר, להעצים
inten'sity *n.* עוז, עוצמה, חוזק
inten'sive *adj.* אינטנסיבי, מרוכז
- intensive capital עתיר הון
intensive care טיפול נמרץ
intent' *adj.* מרוכז, רציני

- intent on מתרכז, ראשו ורובו ב-
intent *n.* כוונה; מטרה; רצון
- to all intents מכל הבחינות
inten'tion *n.* כוונה; מטרה
- intentions כוונות לגבי נישואים
intentional *adj.* שבמזיד, מתכוון
intentionally *adv.* במזיד, ביודעין
intentioned *adj.* בעל כוונות
- ill-intentioned בעל כוונות רעות
inter' *v.* לקבור
inter- (תחילית) בין
in'teract' *v.* לפעול זה על זה
in'terac'tion *n.* פעולת גומלין, הידוד
in'terac'tive *adj.* אינטראקטיבי, פועלים זה על זה, הידודי; הידברותי
in'ter a'lia בין היתר, בין השאר
in'terbank' *adj.* בין-בנקאי
in'terbreed' *v.* להצליב, להכליא
inter'calar'y (-leri) *adj.* מוכנס; (יום) נוסף בשנה; (שנה) מעוברת
inter'calate' *v.* להוסיף כנ"ל, לְעַבֵּר
in'tercede' *v.* להשתדל למען
- intercede with להשתדל אצל
in'tercept' *v.* לעצור; ליירט; לצותת
in'tercep'tion *n.* עצירה; יירוט
in'tercep'tor *n.* מטוס יירוט
in'terces'sion *n.* השתדלות; תפילה
in'terchange' (-chānj') *v.* להחליף
in'terchange' (-chānj) *n.* החלפה; מחלף (בכביש)
in'terchange'able (-chānj'-) *adj.* חליף, שניתן להחליפם זה בזה
in'tercolle'giate *adj.* בין מיכללות
in'tercom' *n.* אינטרקום, תקשורת פנים, קומוניקציה פנימית
in'tercom'mu·nal *adj.* בין עדתי
in'tercommu'nicate' *v.* להתקשר זה עם זה; להיות משותפי פתח
in'terconnect' *v.* להתחבר ביניהם
in'tercon'tinen'tal *adj.* בין יבשתי
in'tercourse' (-kôrs) *n.* מגע, יחסים; החלפת דיעות, הידברות
in'terde·nom'ina'tional *adj.* בין כיתתי
in'terde·part·men'tal בין מחלקתי
in'terde·pen'dence *n.* תלות הדדית
in'terdict' *v.* לאסור על, להחרים; להרוס (קו אספקה); למנוע
in'terdict *n.* איסור, חרם
in'terdis'ciplinary (-neri) *adj.* בין תחומי
in'terest *n.* עניין, התעניינות, תחביב; תועלת, טובה, אינטרס; זיקה; ריבית; השקעה, חלק בעסק
- in the interest of לטובת, למען
- interests קבוצה בעלת עניין משותף, ענף מסחרי
- return with interest להחזיר עם ריבית, להחזיר כפל כפליים
- take/show an interest להתעניין
interest *v.* לְעַנְיֵן, לעורר עניין
interested *adj.* מעוניין, מתעניין; אינטרסנטי, חד-צדדי; שותף
interested party צד מעוניין, נוגע בדבר
interest group קבוצה בעלת עניין משותף
interesting *adj.* מעניין, מרתק
interest rate שער הריבית
in'terface' *n&v.* מימשק; להשיק
in'terfaith' *adj.* בין דתות
in'terfere' *v.* להפריע, להתערב, לתחוב אפו; למנוע; להתנגש ב-
- interfere with להפריע; להתעסק
interference *n.* הפרעה; התערבות
in'tergrowth' (-grōth) *n.* צמיחה של זה בתוך זה
in'terim *n.* תקופת ביניים
- in the interim בינתיים, לפי שעה
interim *adj.* זמני, של ביניים
- interim order צו ביניים
- interim report דו"ח ביניים
inte'rior *n.* פְּנִים; פנים הארץ
- Ministry of the Interior משרד הפנים
interior *adj.* פנימי, של פנים הארץ
interior decoration עיצוב פְּנִים
interior decorator/designer מעצב פְּנִים
interior design עיצוב פְּנִים
in'terject' *v.* לשסע, להעיר לפתע
in'terjec'tion *n.* מלת קריאה, קריאה
in'terlace' *v.* לשזור, לשלב
in'terlard' *v.* לערבב, לשלב, לגוון
in'terleave' *v.* להכניס בין הדפים
in'terline' *v.* להוסיף בין השורות; לְבַטֵּן
in'terlink' *v.* לקשור יחדיו, לחבר
in'terlock' *v.* לשלב זה בזה
in'terlock' *n.* אינטרלוק (בד)
in'terloc'u·tor *n.* בן-שיחו, משוחח

in'terloc'u·to'ry *adj.* של ביניים
- interlocutory order צו ביניים
in'terlo'per *n.* דוחק עצמו, נדחק
in'terlude' *n.* הפוגה, הפסקה; אינטרלוד, נעימת ביניים
in'termar'riage (-rij) *n.* נישואי תערובת
in'termar'ry *v.* להתחתן ביניהם
in'terme'diar'y (-eri) *n&adj.* מתווך; מפשר; של ביניים
in'terme'diate *adj&n.* נמצא באמצע; (שלב) ביניים; מתווך
in'terme'diate' *v.* לתווך, לפשר
in'terme'dia'tion *n.* תיווך, פישור
inter'ment *n.* קבורה
in'termez'zo (-met'sō) *n.* אינטרמצו, נגינת ביניים
in·ter'minable *adj.* אינסופי, נצחי
in'termin'gle *v.* לערבב; להתמזג
in'termis'sion *n.* הפסקה, הפוגה
in'termit' *v.* להפסיק; להיפסק
in'termit'tent *adj.* בא והולך, לא רצוף, נפסק חליפות
in'termix' *v.* לערבב; להתמזג
in'termix'ture *n.* ערבוב
intern' *v.* לכלוא, להגביל התנועה
in'tern' *n.* רופא מתמחה, רופא פנימאי
inter'nal *adj.* פנימי; עצמוני
internal affairs ענייני פנים
internal combustion שריפה פנימית
inter'naliza'tion *n.* הפנמה
inter'nalize' *v.* להפנים; לכלול הוצאות בפנים
internal medicine רפואה פנימית
in'terna'tional (-nash'ənəl) *adj.* בינלאומי
international *n.* תחרות בינלאומית
- the International האינטרנציונל
in'terna'tionale' (-nashənal') *n.* האינטרנציונל
internationalism *n.* בינלאומיות
in'terna'tionaliza'tion (-nashənəl-) בנאום
in'terna'tionalize' (-nash'ənəl-) *v.* לבנאם
international law משפט בינלאומי
in'terne'cine (-sin) *adj.* גורם להשמדה הדדית, הרסני
in'tern·ee' *n.* כלוא, נתון במעצר
In'ternet' *n.* אינטרנט
Internet surfing גלישה באינטרנט
inter'nist *n.* מומחה למחלות פנימיות
intern'ment *n.* כליאה, מעצר
in'ternship' *n.* התמחות, סטאז'
in'terpel'late *v.* להגיש שאילתה
in'terpella'tion *n.* שאילתה
in'terpen'etrate' *v.* לחדור זה בזה
in'terper'sonal *adj.* בין אישיים
in'terphone' *n.* אינטרקום
in'terplay' *n.* פעולה הדדית
In'terpol' (-pōl) *n.* האינטרפול
inter'polate' *v.* להוסיף (חומר מטעה/חדש) בספר; לשבץ; לזייף
inter'pola'tion *n.* תוספת; זיוף
in'terpose' (-z) *v.* לשים באמצע; לעמוד בין; להפריע; לתווך
- interpose oneself between לתווך
in'terposi'tion (-zi-) *n.* כניסה בין, חציצה; הפרעה; תיווך
inter'pret *v.* לתרגם; להסביר; לפרש
- interpret a role לגלם תפקיד
inter'preta'tion *n.* תרגום; פרשנות
inter'preter *n.* מתורגמן; פרשן
inter'pretive *adj.* מתרגם; פרשני
in'terra'cial (-r-r-) *adj.* בין גזעי
in'terreg'num (-r-r-) *n.* תקופת מעבר (בין שלטון לשלטון); הפסקה
in'terre·late' (-r-r-) *v.* לקשור הדדית
in'terre·la'tion(ship) (-r-r-) *n.* קשר הדדי
inter'rogate' *v.* לחקור, לתשאל
inter'roga'tion *n.* חקירה, תישאול
interrogation mark סימן שאלה, (?)
in'terrog'ative *adj.* שואל
interrogative *n.* מלת שאלה
inter'roga'tor *n.* חוקר
in'terrog'ato'ry *adj.* של חקירה
interrogatory *n.* שאלה (רשמית)
in'terrupt' *v.* להפריע; להפסיק; לנתק; להסתיר
interrupter *n.* מתג, מַתֵּק חשמלי
in'terrup'tion *n.* הפרעה; הפסקה
in'tersect' *v.* לחתוך, לחצות; להצטלב
in'tersec'tion *n.* הצטלבות, חצייה
in'tersex' *n.* אנדרוגינוס
in'tersex'ual (-sek'shəwəl) *adj.* בין מיני; אנדרוגיני

in'terspace' *n.* רווח, מירווח
in'terspace' *v.* להכניס רווחים
in'tersperse' *v.* לפזר, לשים (עלים) בין (פרחים); לגוון, לתבל (בבדיחות)
in'terstate' *adj.* בין ארצי
in'terstel'lar *adj.* בין כוכבי
inter'stice (-tis) *n.* סדק, רווח קטן
in'tertri'bal *adj.* בין שבטי
in'tertwine' *v.* לשזור; להשתזר
in'terur'ban *n.* בין עירוני
in'terval *n.* הפסקה; שהות; רווח; אינטרוול, רווח שבין 2 צלילים
- at intervals במרחקים/בהבדלי זמן קבועים; מדי פעם; פה ושם
in'tervene' *v.* להתערב; להפריע; להפריד; להתרחש בינתיים
in'terven'tion *n.* התערבות; הצטרפות (צד ג')
in'terview' (-vū) *n.* ראיון
interview *v.* לראיין
in'terview'ee' (-vū'ē') *n.* מרואיין
interviewer *n.* מראיין
in'terweave' *v.* לשזור; להשתזר
intes'tate *adj.* (מת) בלי צוואה
intes'tinal *adj.* של המעיים
intes'tine (-tin) *n.* מעי
- intestines מעיים
In'tifa'da (-fä-) *n.* התקוממות
in'timacy *n.* אינטימיות; קרבה יתירה; יחסי מין; גיפופים, נשיקות
in'timate *adj.* אינטימי; אישי, פנימי
- intimate knowledge בקיאות רבה
- on intimate terms ביחסי קירבה
intimate *n.* ידיד נפש, איש סוד
in'timate' *v.* להודיע, לרמוז
in'tima'tion *n.* הודעה, רמז
intim'idate' *v.* להפחיד
intim'ida'tion *n.* הפחדה, אִיוּם
in'to (-to͞o) *prep.* לתוך, אל-, ל-
- 4 into 8 goes 2 8:4 = 2
in·tol'erable *adj.* בלתי נסבל
in·tol'erance *n.* אי-סובלנות
in·tol'erant *adj.* לא-סובלני
in'to·nate' *v.* לבטא בנגינה, להנגין
in'tona'tion *n.* אינטונציה, הנגנה
intone' *v.* לפזם (תפילה)
in to'to בסך הכל, לגמרי
intox'icant *adj&n.* מְשַׁכֵּר
intox'icate' *v.* לשכר
intoxicated *adj.* שיכור
intox'ica'tion *n.* שכרות

intra- (תחילית) תוך-, פנים-
in·trac'tabil'ity *n.* מרדנות
in·trac'table *adj.* מרדן, עקשני
in'tramu'ral *adj.* פנימי, שבין כותלי המוסד
in·tran'sigence *n.* אי פשרנות
in·tran'sigent *adj.* לא מתפשר
in·tran'sitive verb פּוֹעַל עומד
in'trapreneur' (-nûr') *n.* עובד-יזם
in'trastate' *adj.* של פנים המדינה
in'tra-u'terine' device התקן תוך-רחמי
in'trave'nous *adj.* ורידי
in·trep'id *adj.* אמיץ, עשוי לבלי חת
in'trepid'ity *n.* אומץ, חוסר פחד
in'tricacy *n.* סבך, סיבוך, מורכבות
in'tricate *adj.* מסובך, מורכב
intrigue' (-rēg') *v.* לְעַנְיֵן, לסקרן, להקסים; לעשות קנוניה, לְזוֹם
intrigue *n.* מזימה, קנוניה, רוגנה, אינטריגה; רומאן חשאי
intrin'sic *adj.* פנימי, עצמי, מהותי
int'ro. = introduction
in'troduce' *v.* להכניס; להנהיג; להציג; להתחיל, לפתוח
- introduce a bill להגיש חוק
- introduce into להחדיר, לתחוב
- introduce to להציג לפני, לוודע
in'troduc'tion *n.* הכנסה; הצגה; היכרות; הקדמה, מבוא; ספר לימוד
in'troduc'tory *adj.* פותח, מציג
in'trospec'tion *n.* הסתכלות פנימית, אינטרוספקציה
in'trospec'tive *adj.* בוחן עצמו
in'trover'sion (-zhən) *n.* סתגרנות
in'trovert' *n.* מופנם, סתגרן
introverted *adj.* מופנם, סתגרני
intrude' *v.* לדחוק; להידחק; להחדיר; לפרוץ; להתפרץ; להפריע
intruder *n.* מתפרץ, חודר, נדחק
intru'sion (-zhən) *n.* התפרצות; פריצה; הידחקות, הפרעה, התערבות
intru'sive *adj.* נדחק, מפריע
intrust' = entrust
intu'it *v.* לחוש באינטואיציה
in'tu·i'tion (-to͞oish'ən) *n.* אינטואיציה, טביעת-עין, בינת-הלב
intu'itive *adj.* אינטואיטיבי, בעל אינטואיציה
in'tu·mes'cence (-to͞o-) *n.* נפיחות, תפיחה; התנפחות
in'undate' *v.* להציף

in'unda'tion *n.* הצפה; מבול
inure' (-nyoor) *v.* להרגיל, לחסן, לחשל
inv. = invoice
invade' *v.* לפלוש, להסיג גבול
invader *n.* פולש, מסיג גבול
in'valid *n.* נכה, בעל-מום, חולה
in'valid *adj.* של נכים, עבור נכים
in'valid *v.* לשחרר בגלל נכות
in·val'id *adj.* פסול, לא-תקף, בטל
inval'idate' *v.* לפסול, לבטל תקפו
inval'ida'tion *n.* פסילה
in'validism' *n.* נכות
in'valid'ity *n.* חוסר-תוקף, פְּסוּל
in·val'u·able (-lū-) *adj.* יקר ביותר
in·va'riable *adj.* לא משתנה, קבוע
invariably *adv.* בקביעות, לעולם
inva'sion (-zhən) *n.* פלישה; הסגת גבול
inva'sive *adj.* פולש, פולשני, חודרני, מתפשט
invec'tive *n.* חירוף, גידוף, קללה
inveigh' (-vā') *v.* להתקיף קשות
invei'gle (-vā'g-) *v.* לפתות
invent' *v.* להמציא; לבדות מן הלב
inven'tion *n.* המצאה; בדותה
inven'tive *adj.* ממציא, מקורי
inventor *n.* ממציא
in'vento'ry *n&v.* אינוונטר, מצאי, מלאי, פרטה; לערוך אינוונטר
in'verse' *adj.* הפוך, נגדי
- in inverse proportion ביחס הפוך
inver'sion (-zhən) *n.* היפוך
invert' *v.* להפוך
in·ver'tebrate *n&adj.* חסר חוליות
inverted *adj.* הופכי
inverted commas מרכאות כפולות
invest' *v.* להשקיע; לרכוש, לקנות; לשים מצור על, לכתר
- invest with להעניק רשמית; לקשט
inves'tigate' *v.* לחקור
inves'tiga'tion *n.* חקירה; חיקור דין
inves'tiga'tive *adj.* של חקירה
inves'tiga'tor *n.* חוקר
inves'titure *n.* טקס הענקת סמכות, הכנסה לתפקיד
investment *n.* השקעה; מצור, כיתור
investor *n.* משקיע
invet'erate *adj.* מושרש, עמוק
- inveterate liar שקרן ללא תקנה
invid'ious *adj.* פוגע, לא הוגן
invig'ilate' *v.* להשגיח (בבחינה)
invig'ila'tion *n.* השגחה, פיקוח
invig'orate' *v.* לחזק, לעודד, להפיח חיים ב-, לרענן
in·vin'cibil'ity *n.* אי היכנעות
in·vin'cible *adj.* שאין להכניעו
in·vi'olabil'ity *n.* חוסר אפשרות לחללו
in·vi'olable *adj.* קדוש, שאין לחללו; שאסור להפר אותו
in·vi'olate *adj.* לא מופר, לא מחולל
- keep it inviolate לא להפר אותו
in·vis'ibil'ity (-z-) *n.* אי היראות
in·vis'ible (-z-) *adj.* אינו נראה
in'vita'tion *n.* הזמנה
invite' *v.* להזמין
- invite him in להזמינו (לביתו)
- invite questions/comments לבקש להציג שאלות/להעיר הערות
inviting *adj.* מזמין, מפתה
in vit'ro חוץ-גופי, במבחנה
in vitro fertilization הפריית מבחנה
in'voca'tion *n.* קריאה לעזרה; תפילה
in'voice' *n.* חשבון, חשבונית
invoice *v.* להכין חשבון (כנ"ל)
invoke' *v.* לקרוא לעזרה, לבקש; להתפלל, להעתיר; להעלות (רוחות)
in'volu'cre (-lōō'kər) *n.* מעטפת
in·vol'untar'ily (-ter'-) *adv.* מבלי משים
in·vol'untar'y (-teri) *adj.* לא רצוני
in'volute' *adj.* מסובך, מסולסל
in'volu'tion *n.* מעורבות, סבך
involve' *v.* לסבך, לערב, להצריך, לדרוש, להיות כרוך ב-
- get involved להסתבך
- involved in debt שקוע בחובות
involved *adj.* מסובך, מעורב ב-
involvement *n.* מעורבות, הסתבכות
in·vul'nerabil'ity *n.* אי פגיעות
in·vul'nerable *adj.* לא פגיע, חזק
in'ward *adj&adv.* פנימי; כלפי פנים
inward-looking *adj.* מסתכל פנימה, שקוע בעצמו, צר אופק
inwardly *adv.* פנימה, בתוך ליבו

inwardness *n.* פנימיות, עולם פנימי
inwards *adv.* כלפי פנים
inweave′ *v.* לשזור זה בזה, לשלב
in′wrought′ (in′rôt′) *adj.* (אריג) מקושט (בדוגמאות)
i′odine′ *n.* יוד (יסוד כימי)
i′odize′ *v.* לשים יוד, להוסיף יוד
i′on *n.* יון (אטום טעון חשמל)
I•on′ic *adj.* יוני (סגנון בארדיכלות)
i′oniza′tion *n.* יוניזציה, יינון
i′onize′ *v.* ליינן, להקרין יונים
ionizer *n.* מיינן; מטהר האוויר
i•on′osphere′ *n.* יונוספירה
i•o′ta *n.* יוטה (אות יוונית); שמץ
IOU שטר חוב, פתק "אני חייב לך"
IPS שב"ס = שירות בתי הסוהר
ip′so fac′to בעובדה עצמה
IQ = intelligence quotient
Ira′nian *adj&n.* אירני; פרסית
Iraq (iräk′) *n.* עירק
Ira′qi (irä′ki) *adj.* עירקי
iras′cibil′ity *n.* רגזנות, מזג חם
iras′cible *adj.* רגזן, מתלקח מהר
i•rate′ *adj.* כועס, זועם
ire *n.* כעס, זעם
ireful *adj.* כועס, מלא זעם
ir•ides′cence *n.* נצנוץ בשלל צבעים
ir•ides′cent *adj.* ססגוני, רב-צבעים
irid′ium *n.* אירידיום (מתכת)
i′ris *n.* אירוס (פרח); קשתית העין
I′rish *adj&n.* אירי; אירית (שפה)
irk *v.* להרגיז, לייגע
irksome *adj.* מרגיז, מייגע
i′ron (ī′ərn) *n.* ברזל; מגהץ
- a man of iron איש-ברזל
- an iron will רצון ברזל
- has several irons in the fire טרוד בעיסוקים שונים בבת אחת
- iron fist in a velvet glove אגרוף ברזל בכפפת משי
- irons שלשלאות, כבלים, נחושתיים; לוחות-חיזוק (לרגלי נכה)
- rule with a rod of iron לשלוט ביד ברזל
- strike while the iron is hot להכות על הברזל בעודו חם
iron *v.* לגהץ; להתגהץ
- iron out להחליק בגיהוץ, ליישר
- iron out the difficulties לסלק את הקשיים, ליישר את ההדורים
Iron Age תקופת הברזל
iron-bound *adj.* קשה, קשוח, סלעי
ironclad *adj.* משוריין
Iron Curtain מסך הברזל
iron foundry בית יציקה לברזל
iron-gray *adj.* אפור-ברזילי
iron horse קטר רכבת
i•ron′ic(al) *adj.* אירוני, מלגלג
ironing *n.* גיהוץ; בגדים לגיהוץ
ironing board קרש גיהוץ
i′ronist *n.* לגלגן, משתמש באירוניה
iron lung ריאת ברזל
ironmold *n.* כתם חלודה
i′ronmon′ger (ī′ərnmung-) *n.* סוחר בכלי מתכת/ברזל
iron rations מנות ברזל, מנות קרב
ironside *n.* אדם קשה, תקיף
ironstone *n.* עפרת-ברזל
ironware *n.* כלי ברזל
ironwork *n.* כלי ברזל; מעשה-ברזל
ironworks *n.* בית יציקה לברזל
i′rony *n.* אירוניה, לגלוג
- irony of fate צחוק הגורל
irra′diate′ *v.* להקרין; להטיל אור
- irradiated with joy קורן משמחה
ir•ra′tional (irash′ənəl) *adj.* אירציונלי, לא הגיוני, אבסורדי
ir•ra′tional′ity (irashən-) *n.* אירנציונליות, חוסר הגיון
ir•rec′onci′lable *adj.* שקשה לְרַצּוֹתוֹ
ir′re•cov′erable (-kuv′-) *adj.* שאין להחזירו, אבוד, מוחמץ
ir′re•deem′able *adj.* שאין לפדותו; שאין לתקנו; ללא תקנה
ir′re•den′tism *n.* אירידנטיות, שאיפה לסיפוח שטחים למולדת
ir′re•du′cible *adj.* שאין להקטינו
ir•ref′ragable *adj.* שאין להפריכו
ir′re•fran′gible *adj.* שאין להפר
ir′re•fu′table *adj.* שאין להפריכו
ir•reg′u•lar *adj.* לא סדיר; חריג
irregular *n.* חַיָּל לא סדיר
ir•reg′u•lar′ity *n.* חריגות
ir•rel′evance *n.* אי רלוואנטיות
ir•rel′evant *adj.* לא רלוואנטי
ir′re•li′gious (-lij′əs) *adj.* לא דתי
ir′re•me′diable *adj.* שאין לו תקנה
ir′re•mis′sible *adj.* בל יכופר
ir′re•mov′able (-mōōv′-) *adj.* שאין להזיזו, שאין לסלקו
ir•rep′arable *adj.* שלא ניתן לתיקון
ir′re•place′able (-plās′-) *adj.* שאין לו תחליף
ir′re•press′ible *adj.* שאין לרסנו

ir're·proach'able *adj.* ללא דופי
ir're·sis'tible (-zis'-) *adj.* שאין לעמוד בפניו, מגרה ביותר
ir·res'olute' (-rez'-) *adj.* לא החלטי, הססני
ir·res'olu'tion (-rez-) *n.* הססנות
ir're·spec'tive *adv.* בלי שים לב ל-
ir're·spon'sibil'ity *n.* חוסר אחריות
ir're·spon'sible *adj.* בלתי אחראי
ir're·triev'able (-trēv'-) *adj.* שאין להשיבו
ir·rev'erence *n.* חוסר כבוד
ir·rev'erent *adj.* לא חולק כבוד, מזלזל בערכים דתיים
ir're·vers'ible *adj.* בלתי הפיך
ir·rev'ocable *adj.* שאין לשנותו, סופי, בלתי חוזר
ir'rigate' *v.* להשקות; לשטוף
ir'riga'tion *n.* השקייה
ir'ritabil'ity *n.* עצבנות
ir'ritable *adj.* עצבני, נוח להתרגז
ir'ritant *adj&n.* מרגיז; מגרה
ir'ritate' *v.* להרגיז; לגרות (העור)
ir'rita'tion *n.* הרגזה; גירוי
irrupt' *v.* להתפרץ; לפרוץ
irrup'tion *n.* התפרצות
is, he is, it is (iz) הוא, הינו, זהו
Islam'ic (iz-) *adj.* מוסלמי
Is'lamize' *v.* לְאַסְלֵם
is'land (ī'l-) *n.* אי
- traffic/safety island אי תנועה
islander *n.* תושב אי
island-hop *v.* לקפוץ מאי לאי
isle (īl) *n.* אי
is'let (ī'l-) *n.* איון, אי קטן
ism (iz'əm) *n.* איזם, תורה
isn't = is not (iz'ənt)
- isn't it? לא כן?
i'so- (תחילית) שווה, באותו שיעור
i'sobar' *n.* איזובר, קו לחץ אוויר שווה
i'sogon'ic *adj.* שווה-זוויות
i'solate' *v.* לבודד
isolated *adj.* מבודד, מנותק; יחידי
i'sola'tion *n.* בידוד
isolationism *n.* בדלנות
isolationist *n.* בדלן
i'somet'ric *adj.* של אותה מידה
i'somet'rics *n-pl.* אימון שרירים
i·sos'celes' (-lēz) *adj.* (משולש) שווה-שוקיים
i'sotherm' *n.* איזותרם (במפה)
i'sotope' *n.* איזוטופ
Is'rael (iz'riəl) *n.* ישראל
Israe'li (izrā'li) *adj.* ישראלי
Is'raelite' (iz'riəl-) *adj.* מבני ישראל
Israel Prison Service = שב"ס שירות בתי הסוהר
is'sue (ish'ōō) *n.* יציאה, זרימה; הוצאה, הנפקה; הפצה, חלוקה; נושא, בעיה; תוצאה; מחלוקת
- die without issue למות חשוך-בנים
- issue of blood זיבת דם
- join/take issue with לחלוק על
- make an issue of לעשות עניין מ-
- point at issue הנושא השנוי במחלוקת, הסוגיה העומדת על הפרק
- today's issue גליון היום (עיתון)
issue *v.* לצאת; להוציא, להנפיק; לנפק; לחלק; להפיץ
- issue from לזרום מ-; לנבוע מ-
isth'mus (is'm-) *n.* מיצר, רצועת יבשה (המאחדת שתי יבשות)
it *pron.* זה, זאת, הוא; את זה, אותו
- go it! קדימה!
- if it weren't לולא, אלמלא
- it's a pity that חבל ש-
- it's he who הוא הוא (ולא אחר)
- it's hot חם, חם היום
- it's me זה אני
- it's raining יורד גשם
- it's said that אומרים ש-
- that's it! זהו זהו! זהו!
it *n.* *אדם חשוב, אישיות
Ital'ian *n.* איטלקי; איטלקית
ital'ic *n.* כתב קורסיב (משופע)
- italics אותיות מוטות
ital'icize' *v.* להדפיס בקורסיב
itch *n.* גירוי, עקצוץ; תשוקה, תאווה
itch *v.* לחוש עקצוץ; לגרות; "לגרד"
- an itching palm רודף בצע
- be itching for/to *להשתוקק ל-
itch'y *adj.* מגרה, מעקצץ, מגרד
- itchy feet נטייה לטייל
it'd = it had, it would (it'əd)
i'tem *n.* פריט, פרט
- news items ידיעות, חדשות
item *adv.* וכמו כן
i'temize' *v.* לפרט (ברשימה)
it'erate' *v.* לחזור על, לומר שוב
it'era'tion *n.* חזרה
i·tin'erant *adj.* נוסע, נודד

i·tin′erar′y (-reri) *n.* מסלול
i·tin′erate′ *v.* לנסוע ממקום למקום
it'll = it will, it shall (it′əl)
its *adj.* שלו, שלה
it's = it is, it has (its)
itself′ *pron.* (את) עצמו
- by itself בעצמו, לבדו
- in itself כשהוא לעצמו, בפני עצמו
it′sy-bit′sy *adj.* *זעיר, קטנטן
IUD = intra-uterine device התקן תוך-רחמי
I've = I have (īv)
IVF הפרייה חוץ-גופית, הפריית מבחנה
i′vied (-vid) *adj.* מכוסה קיסוס
i′vory *n.* שנהב
- ivories קלידי הפסנתר, מקלדת
ivory tower מגדל השן, התבודדות
i′vy *n.* קיסוס

J

jab *v.* להכות, לתקוע, לנעוץ; להיתקע
- jab out להוציא, לדחוק במכה
jab *n.* מכה; דקירה; *זריקה, חיסון
jab′ber *v.* לפטפט, למלמל, לקשקש
jabber *n.* פטפוט, מלמול, קשקוש
jabberer *n.* פטפטן
jab′berwoc′ky *n.* דברי שטות
jabot′ (zhəbō′) *n.* קישוט מלמלה
jack *n.* מַגְבֵּהַ, גֶ'ק; מנוף; דגל ספינה; כדורון לבן (בכדורת)
jack *v.* להרים במגבה, להניף
- jack in/up *לנטוש, לוותר על
- jack up להעלות (מחיר), לייקר
jack *n.* (בקלפים) נסיך, נער; *ברנש
- before he can say Jack Robinson כהרף-עין, תוך-כדי-דיבור
- every man jack כל אחד ואחד
jack′al *n.* תַּן
jack′anapes′ (-nāps) *n.* גאוותן; שובב
jack′ass′ *n.* טיפש; חמור (זכר)
jack-boot *n.* מגף (גבוה)
jack′daw′ *n.* קָאָק (עורב)
jack′et *n.* מותנייה, ז'קט, מעיל קצר; קליפת התפוד; עטיפה
- dust his jacket להלקותו
jacket potato תפו"א אפוי עם הקליפה
Jack Frost "מר כפור", קור
jackhammer *n.* פטיש אוויר נייד
Jack-in-the-box קופסת צעצוע (שמתוכה קופצת בובה)
jack-knife *n.* אולר גדול; קפיצת אולר (ממקפצה)
jack-knife *v.* להתקפל (כאולר)
jack-of-all-trades כול יכול
jack-o'-lan′tern (-kəl-) *n.* נר נתון בדלעת חלולה; אור מתעתע (בביצות)
jack plane מקצועה (להקצעה גסה)
jack plug תקע חד פיני
jackpot *n.* קופה מצטברת (בקלפים)
- hit the jackpot לנחול הצלחה רבה
jack-rabbit *n.* ארנב גדול
jackstraw *n.* דוּק (מישחק)
Jack the Lad *בטוח בעצמו, נמהר
jacu′zzi *n.* ג'קוזי, אמבט עיסוי
jade *n&v.* סוס בלה/עייף; *אישה; מין אבן טובה; לעייף; להתיש
jaded *adj.* עייף, תשוש
Jaf′fa *n.* יפו; תפוז יפו
jag *n.* בליטה, זיז; קרע
jag *v.* לשנן, לחרץ; לעשות זיזים
jag *n.* *תקופת התהוללות
jag′ged *adj.* משונן, מלא זיזים
jag′uar (-gwär) *n.* יגואר (חיה)
jail *n&v.* כלא, בית-סוהר; לכלוא
jail-bird *n.* אסיר (שישב הרבה)
jailbreak *n.* בריחה מהכלא
jail′or, jail′er *n.* סוֹהֵר
jalop′y *n.* *מכונית ישנה, גרוטה
jam *v.* למלא, לדחוס; להידחס; לדחוק; להידחק; ללחוץ; להיתקע
- jam a station להפריע לשידורים
- jam on the brakes ללחוץ על הבלמים
jam *n.* דוחק; צפיפות; מעצור, תקלה
- get into a jam להיקלע למצב ביש
- traffic jam פקק תנועה
jam *n.* ריבה, מימרחת, מירקחת
- money for jam משהו תמורת כלום
jamb (jam) *n.* מזוזה
jam′boree′ *n.* מסיבה עליזה
jam jar צנצנת ריבה; *מכונית
jam-jar, jam-pot *n.* צנצנת ריבה
jam′my *adj.* *בר מזל; קל
jam-packed *adj.* *דחוס, צפוף
jam session קונצרט ג'אז מאולתר
Jan = January

jan′gle *v&n.* לריב בקול; להשמיע צליל צורמני/מתכתי; צליל מתכתי
jan′itor *n.* שוער, שומר; חצרן, שרת
Jan′u·ar′y (-nūeri) *n.* ינואר
Ja′nus *n.* יאנוס (אל דו-פרצופי)
japan *v.* לצפות באמייל שחור
Jap′anese′ (-z) *n.* יפני; יפנית
japan ware כלי אמייל (כנ"ל)
jape *n.* בדיחה
jar *n.* צנצנת, כד, קנקן, פך, פכית; זעזוע; קול צורם, חריקה
- on the jar פתוח למחצה
jar *v.* לזעזע; לצרום, לא להלום
- jar on him לעצבנו, למרוט עצביו
jarful *n.* מלוא הצנצנת
jar′gon *n.* ז'רגון; שפה מקצועית
jarring *adj.* צורם, מתנגש
jas′mine (jaz′min) *n.* יסמין
jas′per *n.* ישפה (אבן טובה)
jaun′dice (-dis) *n.* צהבת (מחלה)
jaun′diced (-dist) *adj.* חולה צהבת
- a jaundiced eye/view קנאה, צרות עין, חשדנות
jaunt *v&n.* (לערוך) טיול קצר
jaunting car כרכרה קלה
jaun′ty *adj.* עליז, שבע רצון
jav′elin *n.* כידון (להטלה)
jaw *n.* לסת; סנטר; פטפוט, דברנות
- his jaw dropped *פער פיו, נדהם
- hold your jaw! בלום פיך!
- jaws מלחציים; פתח (של קניון)
- jaws of death מלתעות המוות
jaw *v.* לפטפט, להטיף מוסר
jaw-bone *n.* עצם הלסת
jaw-breaker *n.* *שוברת שיניים (מלה שקשה לבטאה), ממתק קשה
jay *n.* עורב; פטפטן
jay-walk *n.* לחצות כביש שלא כחוק
jazz *n&v.* (לנגן בסגנון) ג'ז
- jazz up להפיח רוח חיים ב-
jazzy *adj.* *של ג'ז; מרשים, צעקני
jeal′ous (jel′-) *adj.* מקנא, קנאי
- jealous God אל קנוא
- jealous of one's rights מקנא לזכויותיו, מקפיד על זכויותיו
jealousy *n.* קנאה
jean *adj.* של אריג ג'ינס
- jeans מכנסי ג'ינס
jeep *n.* ג'יפ
jeepers (creepers) וואו! (קריאה)
jeer *v&n.* ללעוג, ללגלג; לגלוג
je·june′ (-jo͞on′) *adj.* דל, יבש, לא מעניין; ילדותי
jell *v.* להקריש; להתגבש (רעיון)
jellied *adj.* קרוש, קפוא
jell′o *n.* מיקפא, קריש, ג'לי
jel′ly *n.* מיקפא, קריש, ג'לי
jelly bean סוכריית ג'לי
jelly-fish *n.* מדוזה
jelly roll עוגת רולדה
jem′my *n.* לום, מוט-פריצה
je ne sais quoi דבר שקשה לתארו (צרפתית)
jen′ny, spinning jenny *n.* מטווייה
jeop′ardize′ (jep′-) *v.* לסכן
jeop′ardy (jep′-) *n.* סכנה
jerbo′a *n.* ירבוע (מכרסם)
jer′emi′ad *n.* קינה
jerk *v.* למשוך/לדחוף בתנופה; לרטוט; להזדעזע; לנוע בטלטולים
- jerk out לשלוף בתנופה; לפלוט
jerk *n.* משיכת פתע; היזרקות; טלטול, זעזוע; *טיפש
- physical jerks *התעמלות
jerk *v.* לשמר בשר (ע"י ייבוש)
jer′kin *n.* מעיל קצר, מותנייה
jerky *adj.* מטלטל; מזדעזע; *טיפש
jer′ry *n.* *חייל גרמני; *עביט
jerry-build *v.* לבנות מהר וגרוע
jerry-built *adj.* בנוי כנ"ל
jerrycan *n.* ג'ריקן, קיבולית, דן
jer′sey (-zi) *n.* אפודת צמר; ג'רסי
Jeru′salem *n.* ירושלים
Jeru′salemite′ *adj.* ירושלמי
jest *n&v.* בדיחה; להתלוצץ, להתל
- in jest בצחוק, לא ברצינות
- jest with להקל ראש כנגד-
jester *n.* ליצן; ליצן החצר
jesting *adj.* מצחיק; נאמר בצחוק
Jes′u·it (jez′o͞oit) *n.* ישועי; צבוע
Jes′u·it′ical (-zo͞o-) *adj.* ערמומי
Je′sus (-zəs) *n.* ישו
jet *n.* סילון; פתח (ליציאת הגאז)
jet *v.* לטוס במטוס סילון; לקלוח, לפרוץ; לשטוף בזרם
jet *n.* מין מינרל שחור
jet aircraft/plane מטוס סילון
jet-black *adj.* שחור כזפת
jet engine מנוע סילון
jet lag יַעֶפֶת, עייפות מטיסה
jetliner *n.* מטוס סילוני
jet-propelled *adj.* מונע במנוע סילון
jet′sam *n.* מטען ספינה שהושלך לים

jet set חוגי הסילון (עשירים)
jet′tison *v.* להשליך; לנטוש
jet′ty *n.* מזח, רציף
Jew (jōō) *n.* יהודי
jew′el (jōō′-) *n.* תכשיט, אבן טובה
jeweled *adj.* משובץ באבנים טובות
jeweler *n.* תכשיטן, מוכר תכשיטים
jewelry, jewellery (jōō′əlri) *n.* תכשיטים
Jew′ess (jōō′is) *n.* יהודייה
Jewish *adj&n.* יהודי; אידיש
Jew′ry (joo′əri) *n.* יהודים; יהדות
Jez′ebel *n.* איזבל; מרשעת
jib *n.* מפרש קטן; זרוע העגורן
- cut of one's jib סגנונו, הופעתו
jib *v.* לעצור לפתע, לסרב להתקדם
- jib at להירתע מ-; לגלות אי רצון
jibe *v.* ללגלג
jif′fy *n.* *רגע
- in a jiffy *מייד, בן-רגע
jig *n.* ג׳יג (ריקוד מהיר)
- the jig is up המישחק נגמר
jig *v.* לרקוד ג׳יג; לנענע מעלה ומטה; לפזז, לכרכר, לדלג
jig′ger *n.* חרק טפילי; כּוֹסית (מידה)
jig′gered (-gərd) *adj.* *עייף, סחוט
- I'm jiggered! אני המום/נדהם
jig′gery-po′kery *n.* *הוקוס-פוקוס
jig′gle *v.* לנענע/להתנועע במהירות
jiggle *n.* נענוע, נדנוד
jig′saw′ *n.* מסורית מכנית
jigsaw puzzle מישחק הרכבה, פאזל
jihad′ *n.* ג׳יהאד, מלחמת קודש
jilt *v.* לנטוש; לסרב להינשא ל-
Jim Crow *כושי
jim′iny *interj.* ג׳ימיני (קריאה)
jim′jams *n-pl.* מתח, חרדה, עצבנות
- get the jimjams להיות מתוח
jim′my *n.* מוט-פריצה, לוֹם
jin′gle *n&v.* נקישה, צלצול; שיר, חרוזים, ג׳ינגל; לצלצל, לקשקש
jin′go *n.* לאומני, קנאי קיצוני
- by jingo! חי נפשי! (קריאה)
jingoism *n.* לאומנות
jin′go·is′tic *adj.* לאומני
jink *v.* להתחמק, לזוז הצידה
jinks, high jinks התהוללות
jinn, jin′ni *n.* רוח, שד
jinx *n.* מביא מזל רע; קללה
jit′ney *n.* *מונית
jit′ter *v.* לרעוד, לפעול בחרדה
jitterbug *n.* עצבני, פקעת עצבים
jit′ters *n-pl.* מתח, חרדה, עצבנות
- give the jitters להפחיד, להבהיל
jit′tery *adj.* עצבני, מתוח, פוחד
jiujitsu = jujitsu ג׳יאוג׳יטסו
jive *n.* ג׳ייב (מין ג׳ז); *שטויות
job *n.* עבודה, ג׳וב, משרה; משימה קשה; *פשע; *מכה; דבר; מוצר
- a job lot אוסף חפצים, חבילה
- a job of work *עבודה כראוי
- do a job on *להרוס, לקלקל
- fall down on the job *לעשות מלאכה גרועה
- give him up as a bad job להתייאש ממנו
- it's a good job (that) טוב ש-
- jobs for the boys עבודה לאנ״ש
- just the job *בדיוק מה שצריך
- lie down on the job *להתבטל
- make the best of a bad job לעשות ככל האפשר חרף התנאים
- odd jobs עבודות שונות/מגוונות
- odd-job man מתפרנס מעבודות שונות
- on the job *עובד, בפעולה; עובד קשה
- out of a job מובטל
- pay by the job לשלם בקבלנות
- pull a job *לבצע שוד
job *v.* לעשות עבודות שונות; לעבוד כסוכן בורסה; לנצל מעמדו
Job (jōb) *n.* איוב
- Job's comforter בא לעודד ונמצא מדכדך
job′ber *n.* סוכן; סיטונאי; מפיץ, מוכרן
jobbery *n.* שחיתות, פרוטקציוניזם
jobbing *adj.* מקבל עבודות קבלנות
job-hunt *v.* לחפש תעסוקה
jobless *adj.* מובטל, מחוסר עבודה
job sharing חלוקת העבודה
jobs′worth (-z-) *n.* *פקיד קטנוני
jock *n.* *סקוטי; רוכב על סוס; מגיש תקליטים, די ג׳יי; מגן אשכים
jock′ey *n.* רַוָּק, רוכב על סוס
jockey *v.* להונות, להשיג במרמה
- jockey for position להידחק קדימה, לתמרן כדי לזכות בעמדה
jockey club מועדון מירוצי הסוסים
jockstrap *n.* מגן אשכים; *חסון
jo·cose′ *adj.* עליז, מצחיק, מבדח
jo·cos′ity *n.* עליזות, צחוק
joc′u·lar *adj.* מבדח, מצחיק

joc'u·lar'ity *n.* התבדחות
joc'und *adj.* עליז
jocun'dity *n.* עליזות; התבדחות
jodh'purs (jod'pərz) *n-pl.* מכנסי רכיבה
Joe Doakes האזרח הממוצע
jog *v.* לדחוף קלילות; לטפוח; לנענע; להיטלטל; לרוץ באיטיות
- jog his memory להזכיר לו
- jog on/along להתקדם בכבדות
jog *n.* דחיפה; טלטול; ריצה קלה
jogger *n.* רץ ג'וגינג
jogging *n.* ג'וגינג, ריצה קלה
jog'gle *v.* לנענע; להתנועע
joggle *n.* נענוע קל; תנועה קלה
jog trot ריצה קלה, צעידה איטית
john (jon) *n.* *בית שימוש; מבקר אצל זונה
John Bull אנגליה; אנגלי טיפוסי
John Doe פלוני, אדם טיפוסי
John Hancock, John Henry חתימת-יד
john'ny (joni) *n.* *חבר, ברנש
Johnny-come-lately פנים חדשות
Johnny-on-the-spot נמצא במקום
joie de vivre (zhwä'dəvē'vrə) *n.* חדוות החיים
join *v.* לחבר, לקשור, לצרף, לאחד; להתחבר; להצטרף אל
- join battle להתחיל בקרב
- join hands לעשות יד אחת; לשלב ידיים
- join in (with) -להצטרף, להשתתף ב
- join the army, join up להתגייס
- join together/up לחבר, לאחד
join *n.* מקום החיבור
join'der *n.* איחוד, צירוף, חיבור
join'er *n.* נגר בניין
joinery *n.* נגרות בניין
joint *n.* חיבור; מקום החיבור; מיפרק; חוליה; נתח בשר; *מאורת קלפים; סיגרית חשיש
- joint and several ביחד ולחוד
- jointly and severally ביחד ולחוד
- out of joint נקוע, שחרג ממקומו
- put his nose out of joint לדחוק את רגליו, לנפץ תוכניותיו, להביכו
joint *adj.* משותף
joint *v.* לחבר במיפרקים; להתקין מיפרקים; לחלק (בשר) לנתחים
joint account חשבון בנק משותף
jointed *adj.* בעל מיפרקים
joint liability אחריות משותפת
joint-stock company חברת מניות
join'ture *n.* קיצבת אלמנה
joist *v.* קורה (התומכת ברצפה)
jojoba (həhō'bə) *n.* חוחובה (שיח)
joke *n&v.* בדיחה; להתבדח, להתל
- a practical joke מעשה קונדס
- can't take a joke לא סובל מתיחה
- have a joke with -לספר בדיחה ל
- it's no joke זה לא צחוק, זה רציני
- joking apart/aside *צחוק בצד
- make a joke about להתלוצץ על
- play a joke on "לסדר" אותו
jo'ker *n.* ליצן, לץ; ג'וקר
- joker in the pack גורם בלתי צפוי
jokingly *adv.* בצחוק, לא ברצינות
jol'lifica'tion *n.* עליזות, שמחה
jol'lity *n.* עליזות, שמחה
jol'ly *adj.* עליז, שמח; נעים; *שתוי
jolly *adv.* *מאוד, "נורא"
- jolly good fellow בחור כארז, *סחבק
- jolly well *בהחלט (ביטוי חיזוק)
jolly *v.* *לשמח; לשדלו לשתף פעולה
- jolly along לרומם רוחו
jolly boat סירה קטנה (של אונייה)
Jolly Roger דגל שודדי-ים
jolt (jōlt) *v.* לטלטל, לנענע, להקפיץ, לזעזע; להתנועע
jolt *n.* טלטול, נענוע; דחיפה
jolty *adj.* מטלטל; מתנועע
Jo'nah (-nə) *n.* יונה, מביא מזל רע
Jones, keep up with the Joneses לא לפגר אחרי השכן, להיות אופנתי
jon'quil *n.* נרקיס
Jor'dan *n.* ירדן; הירדן
Jor·da'nian *n&adj.* ירדני
jo'rum *n.* גביע (גדול)
josh *v.* לצחוק, להתלוצץ על
joss *n.* יוס, אליל סיני
jos'ser *n.* *טיפש; ברנש, טיפוס
joss-stick *n.* מקל קטורת
jos'tle (-səl) *v.* לדחוף; להידחק
jot *n&v.* שמץ, כמות זעומה
- jot down לרשום בקצרה, לשרבט
- not a jot of truth אין שמץ אמת
jot'ter *n.* פנקס (לרישום הערות)
jot'tings *n-pl.* הערות קצרות (כנ"ל)
jounce *v&n.* לטלטל; טילטול
jour'nal (jûr'-) *n.* עיתון; יומן
jour'nalese' (jûrnəlēz') *n.* סגנון

העתונות; ניבים נדושים
jour′nalism′ (jûr′-) *n.* עיתונאות
jour′nalist (jûr′-) *n.* עִיתּוֹנַאי
jour′nalis′tic (jûr-) *adj.* עִיתּוֹנָאִי
jour′ney (jûr′-) *n.* נסיעה, טיול
- break one's journey לקטוע טיול
- make a journey לערוך טיול
- one's journey's end יעד המסע; המוות
journey *v.* לנסוע, לערוך טיול
journeyman *n.* בעל מקצוע שכיר
joust *v.* להיאבק, להתחרות, להתנגח
Jove, by Jove! חי יופיטר!
jo′vial *adj.* עליז, מלא שמחה
jo′vial′ity *n.* עליזות, שמחה
jowl *n.* לסת; בשר הלחי, פימה
- heavy-jowled כבד לסת; בעל פימה
joy *n.* שמחה, עליזות; *הצלחה
- for joy מרוב שמחה, בגלל השמחה
joy *v.* לשמוח
joyful *adj.* שמח, עליז; משמח
joyless *adj.* חסר שמחה, עצוב
joy′ous *adj.* שמח, עליז; משמח
joy-ride *n.* *נסיעת-השתוללות, חרקה
joy-stick *n.* מוט היגוי, ג'וי-סטיק
JP = justice of the peace
jr = junior
ju′bilant *adj.* צוהל, של צהלה, שמח
ju′bilate′ *v.* לשמוח
ju′bila′tion *n.* צהלה, שמחה
ju′bilee′ *n.* יובל, חגיגת יובל
- diamond jubilee יובל היהלום, 60 שנה
- golden jubilee יובל הזהב, 50 שנה
- silver jubilee יובל הכסף, 25 שנה
Ju·da′ic (jōō-) *adj.* יהודי
Ju′da·ism′ *n.* יהדות; דת היהודים
Ju′das *n.* יהודה איש קריות, בוגד
Judas tree כליל החורש
jud′der *v.* לרעוד, להזדעזע
Ju·de′a (jōō-) *n.* יהודה
Ju·de′an (jōō-) *adj.* של יהודה
Judea Samaria and Gaza יש"ע
judge (juj) *n.* שופט; מבין, מומחה
- district court judge שופט בית משפט מחוזי
- no judge of art לא מבין באמנות
judge *v.* לשפוט, לשמש שופט; לפסוק; לחשוב, להעריך
- judge of להעריך, לגבש דיעה על
- judging from המסקנה הנובעת מ-

Judge Advocate General פרקליט צבאי ראשי
judgement *n.* משפט, דין; פסק-דין; שיפוט, שיקול דעת; דיעה
- a judgement on him! עונש משמיים!
- against my better judgement בניגוד לתחושתי שלי
- arrest of judgement עיכוב פסק דין
- form a judgement לגבש דיעה
- in my judgement לפי דעתי
- last judgement יום הדין
- pass judgement להוציא פסק דין
- sit in judgement לשבת בדין
judgemen′tal (jujmen′-) *adj.* שיפוטי
Judgement Day יום הדין
judgement seat כס המשפט
judgment = judgement
ju′dicato′ry *adj&n.* משפטי; בית-דין
ju′dica′ture *n.* מינהל משפטי, סמכות משפטית; שופטים
ju·di′cial (jōōdish′əl) *adj.* משפטי; שיפוטי; ביקורתי, בלי משוא פנים
judicial notice ידיעה שיפוטית, דבר ידוע
judicial proceedings הליכים
judicial review ביקורת שיפוטית
ju·di′ciar′y (jōōdish′ieri) *n.* המערכת המישפטית
ju·di′cious (jōōdish′əs) *n.* נבון
ju′do *n.* ג'ודו
ju′do·ist *n.* לוחם ג'ודו
jug *n.* כד; *בית סוהר, חד גדיא
jug *v.* לבשל בכד; *לאסור, לכלוא
jug-eared *adj.* בעל אוזניים בולטות
jugful *n.* מלוא הכד
Jug′gernaut′ *n.* מפלצת; אמונה התובעת קורבנות; *משאית ענקית
jug′gle *v.* ללהטט (בזריקת כדורים), לאחז עיניים; לרמות, לזייף, לטפל ב-
- juggle ideas להשתעשע ברעיונות
juggler *n.* להטוטן, מאחז עיניים
jug′u·lar *adj.* של הצוואר
jugular vein וריד הצוואר
jug′u·late *v.* לשסף; לעצור (מחלה)
juice (jōōs) *n.* מיץ; עסיס; *מקור כוח, דלק, חשמל
- digestive juices מיצי עיכול
juice *v.* להוציא מיץ מ-, לסחוט

- juice up *להפיח רוח חיים ב-
juice dealer מלווה בריבית קצוצה, איש העולם התחתון
juic'y (jōō'si) *adj.* עסיסי, מכיל מיץ; מעניין, מלא רכילות; מכניס כסף
ju·jit'su (jōōjit'sōō) *n.* ג'יאו-ג'יטסו
ju-ju (jōō'jōō) *n.* קמיע, קסם
ju'jube' *n.* שיזף; מין ממתק
juke-box *n.* אוטומט-תקליטים
Jul. = July
ju'lep *n.* משקה מנתה
Ju'lian *adj.* יוליאני (לוח)
julienne (jōōlien') *n.* רצועות ירקות
Ju·ly' (joo-) *n.* יולי
jum'ble *v&n.* לערבב; להתערבב; בלבול
jumble sale מכירת חפצים משומשים (שהכנסתה קודש לצדקה)
jum'bo *adj.* ענק, גדול מהרגיל
jumbo jet מטוס ג'מבו
jump *v.* לקפוץ; להקפיץ; לדלג מעל
- jump a claim לתפוס שטח בכוח
- jump a train לנסוע ברכבת באופן לא חוקי/מבלי לשלם
- jump at(הצעה) לקפוץ על, "לחטוף" (הצעה)
- jump bail לברוח אחרי מתן הערבות
- jump down his throat לשסע אותו בחריפות, לנזוף בו קשות
- jump out of one's skin להיחרד
- jump ship *לערוק מאונייה
- jump the gun לזנק מוקדם מדי
- jump the queue לקפוץ לראש התור
- jump the rails/track לרדת מהפסים
- jump through a hoop *ללכת באש ובמים
- jump to it למהר, להזדרז
- jump upon/on לנזוף; להתקיף
jump *n.* קפיצה, זינוק; חלחלה
- get the jump on לזכות ביתרון על
- give him a jump להפחיד, להחריד
- high/long jump קפיצת גובה/רוחק
- jumps עוויתות, רטט עצבנות
- on the jump *בתנועה; ממהר
- one jump ahead בשלב אחד לפניו
jump ball (בכדורסל) כדור ביניים
jumped-up *adj.* מנופח
jumper *n.* קופץ; אפודה, סוודר
jumper cables כבלי התנעה
jumping jack צעצוע זיקוקין, בובת אדם קטנה
jumping-off place נקודת זינוק; סוף העולם, מעבר להרי חושך
jump jet מטוס הממריא אנכית
jump leads כבלי התנעה
jump seat כיסא מתקפל במכונית
jump start התנעה בכבל
jumpsuit *n.* סרבל
jump'y *adj.* עצבני, מתוח
Jun. = June
junc'tion *n.* חיבור, מפגש, צומת
junction box קופסת-צומת
junc'ture *n.* חיבור; צומת
- at this juncture במצב זה, בשעה זו
June *n.* יוני
jun'gle *n.* ג'ונגל, יער; סבך
- law of the jungle חוק הג'ונגל
jungle gym מיתקן מישחקים
ju'nior *n&adj.* צעיר; זוטר; קטן; הצעיר, הבן; תלמיד שנה ג'
junior college מכללת צעירים
junior high school חטיבת ביניים
ju'niper *n.* ערער (שיח, עץ)
junk *n.* מפרשית סינית; גרוטאות; פסולת, זבל; *הרואין
junk bond אג"ח גבוהות תשואה; אג"ח זבל
jun'ket *n.* לְבֶּן ממותק; נסיעה, טיול
jun'keting *n.* עריכת מסיבה; פיקניק
junk food מזון זול, ג'אנק פוד
junk mail דואר שאין לו דורש; חומר פרסומת, דואר זבל
junk'y, junk'ie *n.* נרקומן
junkyard *n.* מגרש גרוטאות
Ju'no·esque' (-esk') *adj.* יָפָה, חטובה (כאלילה יונו)
jun'ta *n.* חונטה; ממשלה צבאית
jun'to *n.* גוף פוליטי (חשאי), כת
Ju'piter *n.* יופיטר, צדק
ju'ral *adj.* של חוק, חוקי
Ju·ras'sic *adj.* מתקופת היורה
ju'rat' (joor-) *n.* פקיד, שופט; נספח לתצהיר
ju·rid'ical (joor-) *adj.* משפטי
ju'risdic'tion *n.* סמכות משפטית; תחום שיפוט; שיפוט
ju'rispru'dence *n.* מדע המשפט
ju'rispru'dent *n.* משפטן
ju'rist *n.* משפטן, יוריסט
ju'ror *n.* חבר בחבר-מושבעים
ju'ry *n.* חבר מושבעים; צוות שופטים; פאנל

- the jury of public opinion הציבור כשופט, דעת הקהל
jury box תא המושבעים
juryman *n.* חבר בחבר המושבעים
jury mast תורן ארעי
just *adj.* צודק, הוגן; צדיק; מתאים, הולם, יאה; מדוייק
just *adv.* בדיוק, ממש, פשוט; זה עתה; אך ורק; בקושי, כמעט; *אנא
- I should just think כמובן ש-
- I'm just going אני כבר הולך/זז
- he just managed בקושי הצליח ל-
- just a moment *רק רגע!
- just about כמעט, בערך; כמעט שלא
- just as ממש כפי, ממש כש-
- just as well באותה מידה
- just in case על כל מיקרה
- just look! *רק תראה! ראה-נא!
- just my luck! אין לי מזלי!
- just now זה עתה, עכשיו
- just so בדיוק כך; מסודר בדייקנות
- just the same אעפ"י כן
- just the thing! לזאת התכוונתי!
- only just בקושי, כמעט שלא
jus′tice (-tis) *n.* צדק, יושר; שופט; שופט בימ"ש עליון
- bring to justice להביא לדין, לדון
- court of justice בית משפט
- do justice to להיות הוגן כלפי-; לעשות כראוי; לזלול
- do oneself justice לעשות צדק עם עצמו, להפגין יכולתו האמיתית
- in justice to מתוך הגינות כלפי
Justice Minister שר המשפטים
Justice of the Peace שופט שלום
justiceship *n.* שופטות, כהונת שופט
jus·tic′iable (-tish′əbəl) *adj.* שפיט
jus·ti′ciar′y (-tish′iery) *n.* שופט
jus′tifi′able *adj.* מוצדק
jus′tifica′tion *n.* הצדקה
jus′tify′ *v.* להצדיק; לתאם, להזיז (שורת דפוס)
justly *adv.* בצדק, בהגינות
jut *v.* לבלוט
jute *n.* יוטה (לייצור בד-יוטה)
ju′venes′cence *n.* חידוש נעורים
ju′venes′cent *adj.* מחדש נעוריו
ju′venile′ *adj&n.* צעיר; ל-/של נערים
juvenile delinquent עבריין צעיר
juvenile diabetes סוכרת נעורים
ju′venil′ity *n.* נַעֲרוּת, נעורים
jux′tapose′ (-z) *v.* לשים זה בצד זה
jux′taposi′tion (-zi-) *n.* הנחת זה ליד זה; סמיכות

K

k = kilogram
kab′ala *n.* קבלה
kad′dish (kä′-) *n.* קדיש
kaf′fir (-fər) *n.* קאפיר, כושי
kaf′tan′ *n.* גלימה; שמלה ארוכה
kail, kale *n.* זן של כרוב
kalei′doscope′ (-lī′-) *n.* קליידוסקופ
kalei′doscop′ic (-lī-) *adj.* קליידוסקופי, ססגוני
kalends = calends
kam′ika′ze (-kä′zi) *n.* קמיקזי, מתאבד
kan′garoo′ *n.* קנגורו
kangaroo court בית דין מהיר
ka′olin *n.* קאולין, טין לבן
kaput′ (-poot′) *adj.* *אבוד
kara′te (-rä′ti) *n.* קראטה
kar′ma *n.* קרמה, גורל, ייעוד
Kasbah (kaz′bä) *n.* קסבה (רובע)
kay′ak′ (kī′-) *n.* קאיאק (סירה)
kay′o′ *n.* נוקאאוט
kazoo′ *n.* קאזו (כלי נגינה)
KB קילובייט, אלף בתים
KC = King's Counsel
kebab′, kebob′ *n.* קבאב
kedg′eree′ *n.* קג'רי (אורז ודגים)
keel *n.* שדרית הספינה, קרין
- on an even keel יציב, בלי זעזועים
keel *v.* להטות (ספינה) על צידה
- keel over להתהפך; ליפול; להתעלף
keelhaul *v.* לגעור, לנזוף ב-; (בעבר) לגרור אדם מתחת לשדרית
keen *adj.* חד; חריף; נלהב, להוט, משתוקק; ער, פעיל
- be keen on *להשתוקק, "למות" על
- keen competition התחרות מרה
- keen frost קור עז
- keen sorrow צער עמוק
keen *n&v.* קינה; לקונן
keen-sighted *adj.* חד-עין
keep *v.* להחזיק; לשמור; לקיים; לפרנס; לנהל; להישאר, להמשיך
- I'm keeping well אני בסדר/בריא

- keep (to the) right לנוע בימין הדרך
- keep a fire under לאתר שריפה
- keep a gardener להעסיק גנן
- keep a secret לשמור סוד
- keep a shop לנהל/להיות בעל חנות
- keep accounts/books לנהל חשבונות
- keep after לשנן, לחזור ולומר
- keep an eye on להשגיח, לפקוח עין
- keep at it להתמיד בכך
- keep away להתרחק, להרחיק מ-
- keep back לעצור (התקדמות); לדכא, לרסן; להסתיר
- keep down לדכא; להכניע, לרסן
- keep down the food להתאפק מלהקיא
- keep from למנוע/להימנע מ-; להסתיר
- keep going להמשיך, להחזיק מעמד
- keep hens לגדל עופות, לנהל לול
- keep him going לעזור לו
- keep him in לרתקו למקום (כעונש)
- keep him waiting לאלצו לחכות
- keep in mind לזכור, לרשום לפניו
- keep in with להישאר ידידותי עם
- keep it back להסתיר; לשמור לעצמו
- keep it in לרסן, לעצור בעד
- keep off להתרחק; להרחיק; לא לקרות
- keep on להמשיך, להוסיף ולהחזיק
- keep on at him לנדנד לו, להציק לו
- keep oneself to oneself להתבודד
- keep out להרחיק; למנוע חדירתו
- keep out of להתרחק מ-
- keep quiet! שתוק!
- keep to לקיים, לכבד (הסכם)
- keep to the subject לא לסטות מהנושא
- keep under לדכא, לרסן
- keep up להמשיך; להחזיק על רמה, למנוע נפילה; להשאיר ער
- keep up with להתקדם באותו קצב
- keep warm להתלבש היטב
- keep your shirt on! אל תתרגש!
- the meat won't keep הבשר יתקלקל

keep *n.* פרנסה, אחזקה, תמיכה; מצודה
- for keeps *לעולם, לתמיד
- not earn one's keep אינו שווה את ההוצאות עליו, יצא שכרו בהפסדו

keeper *n.* שומר; שוער; אפוטרופוס
keep-fit *n.* התעמלות, שמירת כושר
keeping *n.* שמירה, השגחה
- in keeping with עולה בקנה אחד עם
- in safe keeping שמור היטב
- out of keeping סותר, לא תואם

keep'sake' *n.* מזכרת
keg *n.* חביונת, חבית קטנה
ken *n.* ידיעה, ידע; תחום הידיעות
ken'nel *n.* מלונה; מוסד לכלבים
kennel *v.* להכניס (כלב) למלונה
kep'i *n.* כובע צבאי (צרפתי)
kept = p of keep
- a kept woman פילגש

kerb *n.* אבן-שפה, שפת המדרכה
kerb-crawling *n.* נסיעה ליד המדרכה, הטרדת נשים עוברות
kerbstone *n.* אבן-שפה
ker'chief (-chif) *n.* מטפחת-ראש
kerfuf'fle *n.* *מהומה, תכונה
ker'nel *n.* גרעין, זרע; עיקר
ker'osene' *n.* נפט, קרוסין
ker'sey (-zi) *n.* קרסי (אריג צמר)
kes'trel *n.* בז (עוף דורס)
ketch *n.* מפרשית דו-תורנית
ketch'up *n.* קטשופ, מיתבל
ket'tle *n.* קומקום
- a pretty kettle of fish עסק ביש, תסבוכת, "דייסה"

kettledrum *n.* תוף הכיור, תונפן
key *n.* מפתח; קליד; מקש; סולם-קולות, טון, עוצמת ההבעה
- all in the same key מונוטונית
- in a minor key בטון מינורי, בעצב
- key man איש מפתח
- key position עמדת מפתח
- master key, skeleton key פותחת, מפתח-כל (הפותח מנעולים שונים)

key *v.* לכוון (כלי נגינה); להתאים; להקליד
- key up למתוח, להעלות המתח

key *n.* אי אלמוגים נמוך
keyboard *n.* מקלדת
keyboard *v.* להקיש, להקליד
keyboarder *n.* קלדנית; פסנתרן
keyboardist *n.* קלידן
keyhole *n.* חור המנעול
keyhole surgery ניתוח מינימלי
key money דמי מפתח
keynote *n.* צליל ראשי, צליל בסיסי;

רעיון מרכזי
keypad *n.* מקלדת זעירה
keypunch *n.* מנקבת
key-ring *n.* מחזיק מפתחות
keystone *n.* אבן הראשה, אבן פינה
keystroke *n.* הקשה על מקש
keyword *n.* מילת מפתח
kg = kilogram
khak′i (kak′i) *n.* חאקי
khan (kän) *n.* שליט, חאן; פונדק
kHz קילוהרץ
kibbutz′ (-boots) *n.* קיבוץ
kib′itzer *n.* קיביצר, משקיף, צופה במשחק ונותן עצות
ki′bosh′, put the kibosh on לסכל, לנפץ (תקווה); לשים קץ ל-
kick *n.* בעיטה; *סיפוק, תענוג שבמתח; כוח, עוצמה, חוזק
- get more kicks than halfpence לזכות בייחס גס תחת תודה
- has no kick left נס ליחו
- kick in the teeth *סטירת לחי
- kicks *עילה לתלונה; תענוג, מתח
kick *v.* לבעוט; להרתיע (אגב ירייה); *להתאונן, לרטון
- kick about/around להסתובב, לטייל; להתגלגל; להתייחס בגסות
- kick against/at למחות, להתמרמר
- kick in *לתרום חלקו
- kick it *להיגמל (מסמים)
- kick off לפתוח במשחק (כדורגל)
- kick one's heels לחכות שעה ארוכה
- kick oneself *להתחרט, לאכול עצמו
- kick out לגרש, "להעיף"
- kick the habit *להיגמל (מסמים)
- kick up *לעשות צרות, להתקלקל
- kick up a fuss/row/stink לגרום למהומה רבה, לעורר שערוריה
- kick upstairs לבעוט (פקיד) למעלה
kick′back′ *n.* *עמלה, שוחד
kicker *n.* בעטן
kick-off *n.* בעיטת הפתיחה
kick′shaw′ *n.* מעדן; צעצוע
kick-starter *n.* מתנע, דוושת התנעה
kid *n.* גדי; עור-גדי; *ילד; צעיר
- handle with kid gloves לטפל בכפפות משי
- kid-glove methods שיטות מקל-נועם
kid *v.* *לרמות, למתוח
- you're kidding! אתה מתלוצץ!
kid′die, kid′dy *n.* ילד
Kid′dush (-doosh) *n.* קידוש
kid′nap′ *v.* לחטוף (אדם)
kidnapper *n.* חוטף
kid′ney *n.* כִּלְיָה; סוג, טבע, טמפרמנט
kidney bean שעועית
kidney machine כלייה מלאכותית, מכשיר דיאליזה
kidskin *n.* עור-גדי
kids′ stuff דבר פשוט, מישחק ילדים
kike *n.* *יהודי, יהודון
kill *v.* להרוג, להמית, לחסל; לנטרל, להחליש האפקט
- dressed to kill מרשים בלבושו, מגונדר
- kill a bill לסכל הצעת חוק
- kill off להרוג, לחסל, להיפטר מ-
- kill time להרוג את הזמן
- kill two birds with one stone להרוג שתי ציפורים באבן אחת
- kill with kindness להרעיף חיבה
kill *n.* טרף, צַיִד; הריגה
- be in at the kill להיות נוכח בזמן ההריגה/בסיום המאבק
killer *n.* הורג, רוצח; *גדול, משהו
killing *adj&n.* *הורג; מצחיק מאוד
- make a killing להרוויח כסף רב
kill-joy *n.* משרה דיכאון
kiln *n.* תנור, כבשן
kil′o *n.* קילו
kilo- (תחילית) אלף
kil′obyte′ *n.* קילובייט
kil′ocy′cle *n.* קילוהרץ
kil′ogram′ *n.* קילוגרם
kil′ohertz′ *n.* קילוהרץ
kil′oli′ter (-lēt-) *n.* קילוליטר
kilom′eter *n.* קילומטר
kil′owatt′ (-wot) *n.* קילוואט
kilt *n.* חצאית סקוטית
kil′ter *n.* *מצב טוב, איזון
- out of kilter *לא בסדר, מקולקל
kimo′no *n.* קימונו, חלוק יפני
kin *n.* משפחה, קרובים; קרוב-משפחה
- next of kin שאר-בשרו הקרוב ביותר
kind (kīnd) *n.* סוג, מין
- I kind of hoped *קיוויתי איכשהו

- coffee of a kind *קפה גרוע, "גם כן קפה!"
- differ in kind להיות שונה באופי
- had a kind of feeling that היתה לו מין תחושה ש-
- he's her kind הוא הטיפוס שלה
- in kind בעין
- kind of *כאילו, כלומר
- nothing of the kind כלל לא
- of a kind מאותו מין, מסוג אחד
- payment in kind תשלום בשווה-כסף
- repay in kind להחזיר באותו מטבע
- something of the kind משהו מעין זה

kind *adj.* טוב, טוב-לב, אדיב
- be so kind as to- הואל נא ל-

ki'nda = kind of
kin'dergar'ten *n.* גן-ילדים
kind-hearted *adj.* טוב-לב
kin'dle *v.* להצית; לבעור; להתלקח
- kindle hatred להבעיר אש השנאה

kin'dling *n.* חומרים בעירים
kindly *adj.* חביב, נעים, ידידותי
kindly *adv.* באדיבות; אנא, בבקשה
- take kindly to לקבל ברצון/בקלות

kindness *n.* טוב-לב, אדיבות; טובה
- have the kindness to הואל נא-
- out of kindness מתוך טוב-לב

kin'dred *n.* קרבת משפחה, קרובים
kindred *adj.* קרוב, דומה
- kindred spirits טיפוסים דומים

kinet'ic *adj.* קינטי, של תנועה
kinetic energy אנרגיה קינטית
kinet'ics *n.* קינטיקה, תורת התנועה
kin'folk' (-fōk) *n-pl.* קרובים
king *n.* מלך
- King's English אנגלית צחה/נכונה
- Kings מלכים (בתנ"ך)
- king's evil חזירית (מחלה)
- oil king איל נפט
- turn king's evidence להפוך לעד המלך (עד המדינה)

king'cup' *n.* נורית (פרח)
kingdom *n.* מלוכה, ממלכה
- kingdom come עולם האמת

king'fish'er *n.* שלדג (עוף)
kingly, kinglike *adj.* מלכותי
kingmaker *n.* מכתיר מלכים/פקידים
kingpin *n.* ציר יד הסרן, קינגפין; האדם המרכזי/העיקרי, "המסמר"
kingship *n.* מלכות, מלוכה
king-sized *adj.* גדול, ענק
kink *n.* עיקול, כיפוף (בצינור, בחבל); תלתול, קרזול; מוח עקום
kink *v.* לעקם, להתעקם; לקרזל
kinky *adj.* מקורזל; מוזר, עקומוח
kins'folk' (-zfōk) *n-pl.* קרובים
kin'ship' *n.* קרבת משפחה; דמיון
kins'man (-z-) *n.* קרוב משפחה
kinswoman *n.* קרובת משפחה
ki'osk (kē'osk) *n.* קיוסק; תא טלפון
kip *n.* *שינה; מקום לינה
kip *n.* לישון, לפרוש לישון
kip'per *n.* דג מעושן
kirk *n.* כנסייה
kirsch *n.* קירש, ברנדי דובדבנים
kis'met (-z-) *n.* גורל
kiss *v&n.* לנשק; להתנשק; נשיקה
- kiss and tell לרוץ לספר לחברה
- kiss away tears למחות דמעות בנשיקות
- kiss goodbye to *להגיד שלום ל-
- kiss of life הנשמה מפה לפה
- kiss off *לפטר, להיפטר מ-; למות
- kiss the book לנשק התנ"ך ולהישבע
- kiss the dust/ground להיכנע; למות
- kiss the rod לקבל עונש בהכנעה

kisser *n.* *פה; פרצוף
kit *n&v.* ציוד, זווד, מערכת כלים; חלקים להרכבה
- kit out/up לצייד

kit-bag *n.* מזווד, קיטבג, שק חפצים
kitch'en *n.* מִטבח
kitch'enette' *n.* מטבחון
kitchen garden גינת ירקות ופירות
kitchen maid עוזרת מטבח
kitchen-sink *adj.* מתאר ריאליזם גס, המוני
kitchenware *n.* כלי-מטבח
kite *n.* עפיפון; דייה (עוף דורס)
- fly a kite להעיף עפיפון; לבדוק תגובת הציבור, למשש את הדופק
- go fly a kite! *הסתלק!

kith and kin קרובים, ידידים
kitsch (kich) *n.* קיטש, יצירה זולה
kit'ten *n.* חתלתול
- have kittens להיות מתוח/עצבני

kittenish *adj.* חתולי, מְשַׂחֵק
kit'tiwake' *n.* שחף (ארך-כנפיים)

kit′ty *n.* קופה (במשחק קלפים); קופה משותפת, קרן; חתלתול
ki′wi (kē′wē) *n.* קיווי (עוף); *ניו-זילנדי
klax′on *n.* צופר חזק; צפירה
kleen′ex′ *n.* מטפחת-נייר
klep′toma′nia *n.* קלפטומניה, דחף לגנוב
klep′toma′niac′ *n.* קלפטומן
klutz *n.* *גולם, בול-עץ, טיפש
km = kilometer
knack *n.* כישרון, מיומנות, זריזות
knack′er *n.* מחסל סוסים; סוחר בבשר-סוסים; הורס מבנים רעועים
knackered *adj.* *עייף, מחוסל
knap *v.* לנפץ (אבנים) בפטיש
knap′sack′ *n.* תרמיל גב
knave *n.* נסיך (בקלפים); נוכל
kna′very *n.* נוכלות
kna′vish *adj.* של נוכל, שפל
knead *v.* ללוש, לגבל; לעסות
knee *n.* ברך
- bend the knee לכרוע ברך
- bring him to his knees להכניעו
- go down on the knees ליפול על ברכיו
- gone at the knees (מכנסיים) מרופטי-ברך
- knee breeches מכנסי ברך
- on one's knees מתחנן; על סף משבר
kneecap *n.* פיקת-הברך; מגן ברך
knee-deep *adj.* עמוק עד הברכיים
knee-high *adj.* מגיע עד הברכיים
- knee-high to a duck נמוך מאוד; צוציק
knee-jerk *adj.* אוטומטי, צפוי, חזוי
knee jerk רפלקס הברך
kneel *v.* לכרוע, ליפול על ברכיו
knee-length *adj.* מגיע עד הברכיים
knees-up *n.* *מסיבה, הילולה
knell *n.* צלצול פעמון (בלוויה)
- sound the knell of one's hopes לבשר את קץ תקוותיו
knelt = p of kneel
Knes′set′ (knes-) *n.* הכנסת
knew = pt of know (no͞o)
knick′erbock′ers *n-pl.* אברקי-ברך
knick′ers *n-pl.* תחתונים; מכנסיים
knick′-knack′ *n.* קישוט; חפץ-נוי
knife *n.* סכין
- get one's knife into לחרוש עליו רעה, לארוב לו בפינה
- pocket knife אולר
- under the knife על שולחן הניתוחים
- war to the knife מלחמה עד חורמה
knife *v.* לדקור בסכין
knife-edge *n.* חורפת הסכין
- on a knife-edge מתוח (לקראת העתיד); במצב עדין, טרם הוכרע
knifepoint *n.* חוד הסכין
- at knifepoint באיומי סכין
knight *n.* אביר; פרש
knight *v.* להכתיר בתואר אבירות
knight′-er′rant *n.* אביר נודד
knighthood *n.* אַבִּירוּת; אבירים
knightly *adj.* אבירי, אצילי
knit *v.* לסרוג; לקשור, לאחות
- knit one's brows לזעוף, לקמט מצחו
- knit together לאחד, ללכד
- knit up לתקן/להשלים בסריגה
- well knit משולב יפה, מלוכד היטב
knitter *n.* סורג, סרג
knitting *n.* סריגה, אריג נסרג
- tend to your knitting! עסוק בדברים שלך!, אין זה עניינך!
knitting-machine *n.* מכונת סריגה
knitting-needle *n.* מסרגה, צינורה
knit′wear′ (-wâr) *n.* דברי סריגה
knives = pl of knife (nīvz)
knob *n.* גולה, ידית, כפתור; גבשושית, גוש, בליטה
- with knobs on ואף יותר מכך, ועוד כהנה וכהנה
knob′by *adj.* בעל בליטות
knock *n.* דפיקה, נקישה; *ביקורת
- take a knock לספוג מכה קשה
knock *v.* להכות, לדפוק, להקיש; *למתוח ביקורת, לקטול; להדהים
- be knocked down להיפגע (ע״י מכונית); להימכר במכירה פומבית
- knock (it) off! חדל!, הפסק!
- knock (on) wood הקש בעץ
- knock against להתנגש/להיתקל ב-
- knock around/about *להסתובב, לטייל, לנדוד; להכות, לפגוע, לפצוע
- knock back *לשתות; להדהים
- knock down להפיל, להרוס; לפרק; להוריד מחיר
- knock him cold לעלף; להדהים
- knock him off *לחסלו, לרצוח

אותו
- knock him off his feet להממו
- knock him up *להעירו משינה (בדפיקות); לעייפו, להתישו
- knock his block off להכותו מכות נמרצות
- knock in להכות פנימה; לנעוץ
- knock into him להחדיר (רעיון) לראש; להיתקל, לפגוש במקרה
- knock off לנכות, להפחית; לגמור; לחבר (לחן) במהירות; *לשדוד
- knock off (work) להפסיק לעבוד
- knock on the head לסכל, לחסל
- knock oneself out *להתאמץ ביותר
- knock out להנחית נוקאאוט; להעיף; להדהים; לרוקן ע״י טפיחה
- knock over *לשדוד, לגנוב
- knock sideways *להדהים
- knock spots off לעלות על, לגבור
- knock the bottom out of להשמיט את הקרקע מתחת ל-
- knock their heads together לאלצם להשלים ביניהם
- knock together להרכיב במהירות
- knock up *להקים/לארגן במהירות; לעשות כסף; לתרגל (לפני המישחק)

knock-about *adj.* (מחזה) מצחיק, רעשני; (בגד) מתאים לשימוש גס
knockdown *n.* מהלומה
knock-down *adj.* מהמם, מדהים
knock-down price מחיר נמוך ביותר
knocked-out *adj.* *שיכור, מטורף
knocker *n.* דופק; מקוש-דלת, מטרק
- knockers *שדיים
knock-kneed *adj.* עקום ברכיים
knock-knees ברכיים משיקות, רגלי איקס
knock-on effect השפעה עקיפה
knockout *n&adj.* נוקאאוט; מהמם, מרשים; *סם מרדים
knock-up *n.* חימום (לפני מישחק)
knoll (nōl) *n.* תל, גבעונת
knot *n.* קשר, לולאה; קישור; סיקוס; קבוצה, חבורה; קשר ימי
- marriage knot קשר הנישואים
- tie in knots לסבך; להדאיג
- tie the knot *להתחתן
knot *v.* לקשור; לעשות קשרים
knot-hole *n.* אם-הסיקוס, חור הסיקוס
knotty *n.* מסוקס, מסובך
knout *n.* שוט, מגלב
know (nō) *v&n.* לדעת, להכיר
- doesn't know him from Adam אינו מכירו כלל
- he knew grief ידע סבל
- in the know בסוד העניינים
- know a thing or two להיות בעל ידע, להבין דבר
- know about לדעת, להיות מודע ל-
- know better than to do it להבין שמוטב שלא לעשות זאת
- know of לדעת, לשמוע על
- know one's business להתמצא בעניינים
- know what's what להיות בעל ידע, להבין
- know... from... להבחין בין- ל-
- make it known להודיע, לפרסם
- make oneself known to להציג עצמו לפני, להתוודע אל
- not that I know of לא - למיטב ידיעתי
- there is no knowing- אין לדעת-
- you know "אתה יודע"
know-all *n.* ידען (כביכול)
know-how *n.* ידע מקצועי/מעשי
knowing *adj.* יודע, מבין, חריף
knowingly *adv.* בכוונה, ביודעין
know-it-all *n.* יודע-כל (כביכול)
knowl'edge (nol'ij) *n.* ידיעה, הכרה, יֶדַע, דעת
- come to his knowledge להיוודע לו
- to (the best of) my knowledge למיטב ידיעתי
knowledgeable *adj.* עתיר ידע
known (nōn) *adj.* ידוע
- well-known ידוע, מפורסם, מוכר
known = pp of know
know-nothing *adj.* בּוּר, בער
knuck'le *n&v.* מיפרק אצבע
- knuckle down להירתם לעבודה במרץ
- knuckle under להיכנע
- near the knuckle כמעט גס
- rap over the knuckles להכות על פרקי האצבע; להתקיף בחריפות
knuckle-duster *n.* אגרופן
KO = knockout (kāō')
kohl (kōl) *n.* כוחל, פוך

kohl′ra′bi (kōl′räbi) *n.* קולרבי, כרוב-הקלח
kook *n.* *קוקו, משוגע, תמהוני
ko′peck′ *n.* קופיקה (מאית הרובל)
kop′pie *n.* תל, גבעונת
Ko•ran′ (-rän) *n.* הקוראן
Ko•ran′ic (-rän-) *adj.* של הקוראן
ko′sher *adj.* כשר; הגון
kow′tow′, ko′tow′ *v.* להתרפס
kph קילומטרים לשעה, קמ״ש
Kraut *n.* *גרמני
kro′na *n.* קרונה, כתר (מטבע שוודי)
kro′ne (-nə) *n.* קרונה (מטבע בדנמרק ובנורווגיה)
kro′ner = pl of krone
kro′nor′ = pl of krona
ku′dos′ *n.* תהילה, כבוד
ku′lak (kōō′läk) *n.* קולאק, איכר עשיר
kum′mel (kim′-) *n.* ליקר-קימל
Kurd *n.* כורדי
Kur′dish *adj&n.* כורדי; כורדית
kurus′ (kooroosh′) *n.* גרוש (מטבע טורקי)
kvass (kväs) *n.* קוואס, תמד
kw. = kilowatt
ky•pho′sis *n.* עַקֶּמֶת

L

L ״ל״ (ללומדי נהיגה)
la (lä) *n.* לה (צליל)
laa′ger (lä′g-) *n.* לאגר, מחנה מוקף עגלות; חניון רכב משוריין
lab *n.* *מעבדה
lab animals חיות מעבדה
la′bel *n.* פתק, תווית; כינוי
label *v.* להדביק תווית; לכנות, לתייג
la′bial *adj.* שְׂפָתִי, של השפתיים
la′bor *n.* עבודה, עמל, מלאכה; מעמד הפועלים, פועלים; לידה
- Ministry of Labor משרד העבודה
- labor of love עבודה הנעשית באהבה
labor *v.* לעמול, לעבוד; לנוע בכבדות; להתעכב באריכות על
- labor the point להתעכב באריכות על הנושא
- labor under a mistake להיות קורבן טעות; לחיות בטעות
lab′orato′ry (-brə-) *n.* מעבדה
Labor Day יום העבודה (חג)
labor dispute סיכסוך עבודה
labored *adj.* איטי, כבד, מאולץ
laborer *n.* פועל
labor exchange לשכת עבודה
labor force כוח עבודה
labor-intensive *adj.* עתיר (הוצאות) עבודה
labo′rious *adj.* קשה, מפרך; עובד קשה, חרוץ; כבד, מאומץ, לא קולח
La′borite′ *n.* איש מפלגת העבודה
labor market שוק העבודה
labor organization אירגון עובדים
labor pains צירי לידה, חבלי לידה
Labor Party מפלגת העבודה
labor-saving *adj.* חוסך עמל, אוטומטי
labor union איגוד מקצועי
labour = labor
Lab′rador′ *n.* לברדור (כלב)
labur′num *n.* לבורנום (עץ-נוי)
lab′yrinth′ *n.* מבוך; תסבוכת
lab′yrin′thine (-thin) *adj.* מסובך
lace *n.* שרוך, פתיל; תחרה, סלסלה
lace *v.* לשרוך; להשחיל
- lace into him להכות/להצליף בו
- lace with למהול (במשקה חריף)
lac′erate′ *v.* לקרוע, לפצוע, לפגוע
lac′era′tion *n.* קריעה, פגיעה, פצע
lace-up *adj.* (נעל) קשורה בשרוך
lach′rymal (-k-) *adj.* של דמעות
lach′rymose′ (-k-) *adj.* בכייני; עצוב
lacing *n.* קישוטי תחרה; קשירה בשרוך; מהילה ביי״ש; *מכות
lack *v.* לחסור, להיות משולל/נטול-
- be lacking להיות חסר, לחסור
- lacks for nothing אינו חסר דבר
lack *n.* חוסר, מחסור, העדר
- for lack of מֵחוֹסֶר, בגלל העדר
lack′adai′sical (-z-) *adj.* אדיש
lack′ey *n.* משרת, מתרפס
lacking *adj.* חסר; *רפה-שכל
lack′lus′ter *adj.* חסר ברק, עמום
lacon′ic *adj.* לקוני, מובע בקצרה
lac′onism′ *n.* לקוניות, קִצְרוּת
lac′quer (-kər) *n&v.* (לְצַפּוֹת ב-) לכה
lac′quey = lackey (-ki)
lacrosse′ (-rôs) *n.* לקרוס (מישחק)

lac′tate *v.* להיניק, להניק
lac·ta′tion *n.* הנקה, תקופת ההנקה
lac′tic *adj.* חלבי, של חלב
lactic acid חומצת חלב
lac′tose *n.* לקטוז, סוכר חלב
lacu′na *n.* מקום ריק, קטע חסר, חלל, לאקונה
la′cy *adj.* של תחרה, משונץ
lad *n.* נער, בחור, עלם
lad′der *n.* סולם; רכבת (בגרב)
ladder *v.* להיווצר רכבות (בגרב)
lad′die *n.* נער
la′den *adj.* טעון, עמוס, כורע תחת-
la-di-da (lä′dēdä′) *n.* *סנוב, גנדרן
ladies' fingers במיה
la′ding *n.* מטען, משא
la′dle *n&v.* מצקת, תרווד
- ladle out לצקת (מרק) במצקת (לצלחות); לחלק, לתת, להעניק
la′dy *n.* גברת, אישה, ליידי
- Lady Day 25 במרס (חג)
- Our Lady מרים, אם ישו
- ladies שירותי נשים
- ladies and gentlemen גבירותי ורבותי
- ladies' man רודף נשים
- ladies' room שירותי נשים
ladybird *n.* פרת-משה-רבנו
ladybug *n.* פרת-משה-רבנו
ladyfinger *n.* עוגת אצבע
lady-help *n.* עוזרת
lady-in-waiting נערת המלכה
ladykiller *n.* קוטל נשים, דון ז'ואן
ladylike *adj.* כיאה לגברת, אצילית
ladyship *n.* הוד מעלתה
lady's maid משרתת גבירה
lag *v.* לפגר, להתקדם לאט; לבודד
- lag behind לפגר מאחור
lag *n.* פיגור, איחור; הבדל-זמן
- time lag הבדל-זמן, פיגור
lag *n.* *אסיר, פושע, עבריין
la′ger (lä′gər) *n.* לאגר (בירה)
lag′gard *n.* מפגר, מאחר, חסר-מרץ
lag′ging *n.* חומר-בידוד
lagoon′ (-go͞on′) *n.* לגונה, בריכה/לשון-ים רדודת-מים
lah′-di-dah′ (lädidä′) *adj.* גנדרן; יומרני, מעושה
la′ic *adj.* חילוני, לא דתי, הדיוט
la′icize′ *v.* להפוך לחילוני, לחלן
laid = p of lay
laid-back *adj.* *נינוח, לא מודאג

lain = pp of lie
lair *n.* מאורה (של חיה)
laird *n.* בעל אחוזה
laissez-faire (les′āfār′) *n.* לסה-פיר, יוזמה חופשית, אי התערבות
la′ity *n.* הדיוטות, חילונים, לא-מקצועיים
lake *n.* אגם, בריכה; צבע אדום
lam *v.* *להכות, להרביץ
- lam into him להתקיפו, להכותו
la′ma (lä′-) *n.* לאמה (נזיר טיבטי)
la′maser′y (lä′-) *n.* מנזר טיבטי
lamb (lam) *n&v.* טלה; בשר כבש; אדם עדין; להמליט טלאים
lam·baste′ (-bāst′) *v.* *להכות, להלקות, לנזוף
lam′bent *adj.* זוֹהֵר, מבליח, נוגע
- lambent humor הומור דק/מבריק
lamb′kin (lam′-) *n.* טלה רך
lamblike *adj.* עדין, כמו טלה
lambskin *n.* עור כבש
lame *adj.* צולע, נכה, חיגר
- lame excuse תירוץ צולע
lame *v.* לעשות לצולע, להצליע
lame′ (lämā′) *n.* לאמה (אריג שזור בחוטי זהב או כסף)
lame duck חסר אונים, "ברווז צולע", "סוס מת"; עסק כושל
lament′ *v.* לקונן, להתאבל על
- the late lamented המנוח
lament *n.* קינה, בכי, זעקה
lam′entable *adj.* מְצַעֵר, אומלל
lam′enta′tion *n.* קינה, הספד, נהי
- Lamentations איכה (מגילה)
lam′inate′ *v.* לְרַקֵעַ, לרבד, להניח רבדים-רבדים, ללבד
laminated *adj.* מרובד
lam′ina′tion *n.* למינציה
lam′ming *n.* *הכאה, הצלפה
lamp *n.* מנורה, נורה, פנס
lamp-black *n.* פיח (חומר צביעה)
lamplight *n.* אור המנורה
lam·poon′ (-po͞on′) *n&v.* סאטירה, היתול; לחבר סאטירה על
lamppost *n.* פנס רחוב, עמוד פנס
lampshade *n.* אהיל, מגינור
lance *n.* רומח, כידון, צִלְצָל
lance *v.* לפתוח/לדקור באזמל
lance corporal טוראי ראשון; רב שוטר
lanc′er *n.* נושא רומח
- lancers לאנסרס (ריקוד בזוגות)

lan′cet *n.* אזמל מנתחים
land *n.* יבשה, אדמה, קרקע, ארץ; מדינה; אחוזה
- land of nod עולם השינה, תרדמה
- land of the living העולם הזה
- make land להגיע לחוף
- see how the land lies לבדוק את מצב העניינים
- the Promised Land הארץ המובטחת
land *v.* לעלות ליבשה, לנחות; להנחית; *לזכות ב-, להשיג
- land a blow *להנחית מכה
- land a fish לדוג דג (ולהעלותו)
- land all over להתנפל על, לנזוף
- land him in trouble לסבכו בצרה
- land in jail לסיים בכלא
- land on להתנפל על, להתקיף, לגעור
- land on one's feet לנחות על רגליו, להיחלץ מקושי, להיות בר-מזל
- land up *למצוא עצמו, להגיע
land-agent *n.* סוכן מקרקעין; מנהל אחוזה
lan′dau (-dou) *n.* כירכרה, לנדו
land betterment tax מס שבח מקרקעין
landed *adj.* של קרקעות; בעל קרקעות
landfall *n.* התקרבות ליבשה
land forces כוחות יבשה
landholder *n.* אריס; בעל מקרקעין
landing *n.* נחיתה; הנחתה; רציף; רחבה (בין מדרגות); פרוזדור
landing craft נחתת, אסדת-נחיתה
landing field/strip מינחת
landing gear מתקן נחיתה (במטוס)
landing net רשת (בקצה מוט, להעלאת דג שנתפס בחכה)
landing pad מינחת מסוקים
landing party כיתת נחתים
landing ship נחתת, אסדת-נחיתה
landing stage לוח נחיתה, רציף צף
landlady *n.* בעלת בית
land law דיני קרקעות
landless *adj.* חסר קרקע, ללא מולדת
landline *n.* אמצעי תקשורת יבשתיים
landlocked *adj.* (מפרץ) מוקף יבשה; (מדינה) מנותקת מהים
landlord *n.* בעל בית; בעל אכסניה
land′lub′ber *n.* *אוהב יבשה ("גולם" שאינו רגיל לחיי-ים)
landmark *n.* סימנוף, דבר בולט; סימן גבול; ציון דרך; נקודת מפנה
landmine *n.* מוקש (יבשתי)
land-office business עסקים משגשגים
landowner *n.* בעל קרקעות
land rover לאנדרובר (כלי-רכב)
land′scape′ *n.* נוף; אמנות הנוף
landscape *v.* לשפר פני השטח, לשוות צורה נאה לנוף
landscape gardening גינון נוף
landslide *n.* מפולת אדמה; ניצחון סוחף (בבחירות)
landslip *n.* מפולת אדמה
landsman (-z-) *n.* איש יבשה
landward *adv.* לעבר היבשה
lane *n.* שביל, משעול, רחוב צר, סמטה; מסלול, נתיב
lan′guage (-gwij) *n.* שפה, לשון
- bad language קללות, מלים גסות
- strong language לשון חריפה
language laboratory מעבדת שפות
lan′guid (-gwid) *adj.* חסר-מרץ, איטי, חלש, רפה
lan′guish (-gwish) *v.* להיחלש, להתנוון, לאבד מרץ; לסבול ארוכות; להשתוקק, להתגעגע
languishing *adj.* נחלש; כָּמֵהַּ לאהבה
lan′guor (-gər) *n.* חולשה, עייפות, לאות; חוסר מרץ; עגמימות
languorous *adj.* חסר-מרץ, עייף
lank *adj.* דל-בשר, רזה וגבוה; (שיער) חלק ורפוי
lank′y *adj.* גבוה ורזה
lan′tern *n.* פנס, פנס רוח
lantern-jawed *adj.* ארך-פרצוף, שקוע-לחיים
lan′yard (-y-) *n.* חבל קצר (באונייה); שרוך (של משרוקית)
lap *n.* חיק, ברכיים, ירכיים
- in the lap of luxury מוקף מותרות
- in the lap of the gods בחיק הגורל
lap *v.* לעטוף; להשלים הקפה
- lap over לחפוף חלקית מעל, לרעף
lap *n.* הקפה; שלב בתוכנית
lap *v.* ללקלק, ללקוק; (לגבי מים) לשקשק, להשמיע מַשָּׁק
- lap up ללקלק; לקבל בלהיטות, לבלוע
lap *n.* לקלוק; משק מים (כנ"ל)
lap′aros′copy *n.* לפרוסקופיה

(בדיקת איברי הבטן)
lap-dog *n.* כלבלב
la′pel *n.* דש
lap′idar′y (-deri) *n.* חותך, לַטָש
lapidary *adj.* חרות, חקוק
lap′is laz′uli *n.* אבן תכלת; תכלת
lap of honor הקפת ניצחון
lapse *n.* משגה; פליטת פה/קולמוס; סטייה, עבירה; תפוגת-זכות, פקיעה
- lapse of time חלוף זמן, רווח זמן
lapse *v.* לשקוע, לעבור, להידרדר; לפוג, לפקוע
- lapse into crime להידרדר לפשע
lap-strap *n.* חגורת בטיחות
lap′top′ *n.* מחשב נישא/נייד
lap′wing′ *n.* קיווית (עוף בצה)
lar′board′ *n.* שמאל האונייה
lar′ceny *n.* גניבה
larch *n.* ארזית (עץ-מחט נשיר)
lard *v.* למרוח שומן-חזיר, לתבל בקותלי-חזיר; לשבץ, לקשט (נאום)
lar′der *n.* מזווה
lardhead *n.* *מטומטם
large *adj&n.* גדול; מרווח; נדיב, רחב, ליברלי
- as large as life בגודל טבעי, הוא בכבודו ובעצמו
- at large חופשי, נמלט, מסוכן; בכללותו, באופן כללי
- by and large כללית, בסך הכל
- larger than life גדול מהחיים
- talk at large להרחיב את הדיבור
large-eyed *adj.* פוער עיניים, נדהם
large-hearted *adj.* רחב-לב
large intestine המעי הגס
largely *adv.* במידה רבה; ביד נדיבה
large-minded *adj.* רחב-אופק
large-scale *adj.* בקנה-מידה גדול
lar′gess′ *n.* הענקה, נתינה, נדבנות
largish *adj.* גדול למדיי, גדלדל
lar′go *n&adv.* לארגו; ברחבות
lar′iat *n.* פלצור
lark *n.* עפרוני (ציפור-שיר)
lark *n&v.* שעשוע, צחוק, מעשה קונדס
- for a lark בצחוק
- lark about *להשתעשע, להשתולל
- what a lark! איזה בידור!
lark′spur′ *n.* דרבנית (צמח, פרח)
lar′rup *v.* *להכות
lar′va *n.* זחל
lar′vae = pl of larva (-vē)
lar′val *adj.* זחלי, של זחל
laryn′ge•al *adj.* גרוני
lar′yngi′tis *n.* דלקת הגרון
laryn′goscope′ *n.* ראי (לגרון)
lar′ynx *n.* גרון
lasagna (ləzän′yə) *n.* לזניה (פסטה)
lasciv′ious *adj.* שטוף-זימה; תאוותני; מעורר תאווה
lase (lāz) *v.* לשלוח קרני לייזר
la′ser (-z-) *n.* לייזר
laser printer מדפסת לייזר
lash *v.* להכות, להצליף, להלקות; להדק, לקשור
- lash down להדק, לקשור
- lash him into לעוררו ל-, לשלהב
- lash out להכות, להתקיף; *לבזבז
- lash the tail לכשכש בזנב
lash *n.* שוט, ערקה; הצלפה; ריס, עפעף
lashing *n.* הלקאה; חבל-הידוק
- lashings *המון, שפע, כמות רבה
lash-up *n.* כלי מאולתר/זמני
lass, lass′ie *n.* נערה; אהובה, חֲבֵרָה
las′situde′ *n.* עייפות, לאות, חולשה
las′so *n&v.* פלצור; ללכוד בפלצור
last *adj&n.* אחרון, האחרון, שעבר
- Last Supper הסעודה האחרונה
- at (long) last סוף-סוף, לבסוף
- breathe one's last לנפוח נשמתו
- every last הכול, עד האחרון שבהם
- last but not least אחרון אחרון חביב
- last but one אחד לפני האחרון
- last night אמש
- see the last of him לא לראותו עוד
- the last straw הקש ששבר את גב הגמל
- the last word המלה האחרונה
- the second last אחד לפני האחרון
- to the last עד הסוף
last *adv.* לאחרונה, בפעם האחרונה
last *v.* להימשך, לארוך; להתקיים; להתמיד; להספיק ל-
- last out להמשיך עד תום; להוסיף לחיות אחרי
last *n.* אימום (לנעל)
- stick to one's last לא לעסוק בדברים שאין הוא מבין בהם
last-ditch *adj.* של מאמץ אחרון, של קו נסיגה אחרון (לפני הכניעה)
lasting *adj.* ממושך, מתמיד, קיים,

נצחי
last judgment יום הדין
lastly *adv.* לבסוף
last name שם משפחה
lat. = latitude
latch *n.* בריח; מנעול (לדלת)
- have the latch-string out לקבל בסבר פנים יפות
- off the latch לא סגור, פתוח קמעה
- on the latch מוברח (אך לא נעול)
latch *v.* להבריח, לנעול; להינעל
- latch onto להיצמד ל-; להחזיק ב-; להבין, לתפוס
latchkey *n.* מפתח (לדלת)
latchkey child ילד עצמאי
late *adj.* מאוחר; מאחר; האחרון; שאירע לא-מכבר; החדש; המנוח
- at the latest לכל המאוחר
- be late לאחר
- her late father אביה המנוח
- in late summer בשלהי הקיץ
- keep late hours לאחר לשכב לישון
- of late בזמן האחרון, לאחרונה
- the latest החדשות האחרונות; המלה האחרונה, הצעקה האחרונה
late *adv.* באיחור; לאחרונה
- better late than never טוב במאוחר מלא כל-עיקר
- early and late תמיד, ביום ובלילה
- sooner or later במוקדם או במאוחר
latecomer *n.* מְאַחֵר, מגיע באיחור
lateen′ sail מפרש משולש
lately *adv.* לאחרונה, בזמן האחרון
la′tent *adj.* חבוי, כמוס, נסתר, סמוי מהעין, שבכוח, שבפוטנציה
later *adj.* לאחר מכן
- later on לאחר מכן; להלן
lat′eral *adj.* צדדי, של הצד, מן הצד
la′tex′ *n.* שרף-גומי
lath *n.* פסיסית, פסיס, לוח עץ דק
lathe (lādh) *n.* מחרטה
lath′er (-dh-) *n.* קֶצֶף
- in a lather *נסער, נרגש
lather *v.* להעלות קצף, להקציף, לכסות בקצף; *להכות, להצליף
Lat′in *n&adj.* לטיני; לטינית
Latin America אמריקה הלטינית
Lat′inize′ *v.* לתרגם ללטינית
la′tish *adj.* באיחור-מה
lat′itude′ *n.* רוחב גיאוגרפי, קו-רוחב; מרחב, חופש פעולה, חירות ההבעה
- high latitudes רחוק מקו המשווה
- latitudes אזורים (על כדור הארץ)
lat′itu′dinal *adj.* של קו-רוחב
lat′itu′dina′rian *adj&n.* סובלני
latrine′ (-rēn′) *n.* מחראה
lat′ter *n.* המאוחר, השני, המוזכר אחרון; האחרון, הקרוב לסוף
latter-day *adj.* מודרני, שלאחרונה
latterly *adv.* לאחרונה; בימינו
lat′tice (-tis) *n.* סורג, שבכה, רשת
latticed *adj.* מסורג
laud *v.* להלל, לשבח, לפאר
laudable *adj.* ראוי לתהילה
lau′danum *n.* סם הרגעה (אופיום)
lau′dato′ry *adj.* מהלל, מביע שבח
laugh (laf) *v.* לצחוק; להביע בצחוק
- laugh at ליהנות מ-; ללעוג, לבוז
- laugh away/off לבטל בצחוק
- laugh down להחריש בצחוק
- laugh him out of his bad mood להסיר דכאונו ע״י צחוק
- laugh in his face לצחוק לו בפרצוף
- laugh in one's beard לצחוק בחשאי, לצחוק מתחת לשפמו
- laugh on the wrong side of face להתאכזב, לעבור מצהלה לעצב
- laugh one's head off להתפקע מצחוק
- laugh up one's sleeve לצחוק מתחת לשפמו, לצחוק בקרבו
- laughed himself hoarse צחק עד שנצטרד
- no laughing matter לא צחוק
laugh *n.* צחוק
- a laugh a minute מצחיק מאוד
laugh′able (laf′-) *adj.* מצחיק
laughing gas גאז צחוק
laughingstock *n.* מטרה ללעג
laugh′ter (laf′-) *n.* צחוק
- burst into laughter לגעות בצחוק
launch *v.* להשיק (ספינה); לשלוח, לשגר (טיל); להטיל; לחנוך, להתחיל
- launch an attack לפתוח בהתקפה
- launch out/into לפתוח ב-, להתחיל ב-; לשקוע ראשו ורובו ב-
launch *n.* השקה; שיגור; סירת מנוע; אילפה
launcher *n.* מטול, משגר
launching pad כן-שיגור
launching site בסיס שיגור
laun′der *v.* לכבס (ולגהץ); להתכבס

- launder money *להלבין כסף
laun·derette′ (-dret) *n.* מכבסה אוטומטית
laun′dress *n.* כובסת
laun′dromat′ *n.* מכבסה אוטומטית
laun′dry *n.* מכבסה; כבסים, "כביסה"
laundry basket סל כבסים
laundryman *n.* אוֹסֵף כבסים
laur′e·ate *adj.* עטור זר דפנה
- poet laureate משורר המלוכה
laur′el *n.* (זר) דפנה; תהילה, כבוד
- gain one's laurels לנחול כבוד
- look to one's laurels לשמור על שמו הטוב; לעקוב אחרי יריביו פן יצליחו
- rest on one's laurels לנוח על זרי הדפנה
lav *n.* *בית שימוש, שירותים
la′va (lä′-) *n.* לבה
lav′age *n.* שטיפה, שטיפת קיבה
lav′ato′ry *n.* בית שימוש, שירותים
lavatory bowl אסלה
lavatory paper נייר טואלט
lave *v.* לרחוץ; לזרום
lav′ender *n&adj.* אזוביון; ארגמן-בהיר, סגול; *עדין, הומו
lavender water מי בושם
lav′ish *v.* לפזר; לבזבז; להרעיף
lavish *adj.* בזבזני, ניתן בשפע
law *n.* חוק; משפט, דין; מנהג; כלל, עיקרון
- Law תורת משה
- Law of the Return חוק השבות
- be a law unto oneself לעשות הישר בעיניו, לבוז לחוק
- case law דיני פסקים
- civil law החוק האזרחי
- common law המשפט המקובל
- criminal law דיני העונשין
- follow the law ללמוד משפטים
- go in for the law ללמוד משפטים
- go to law לפנות לערכאות
- have the law on him לתבעו לדין
- law and order חוק וסדר
- law of the jungle חוק הג'ונגל
- lay down the law לדבר בצורה סמכותית, להביע דעתו בתקיפות
- study/read law ללמוד משפטים
- the law החוק; *המשטרה
- the long arm of the law יד החוק
law-abiding *adj.* שומר חוק
law-breaker *n.* מפר חוק, עבריין
law court בית משפט
lawful *adj.* חוקי
law-giver *n.* מחוקק
lawless *adj.* לא חוקי; מופקר, חסר-חוק
lawmaker *n.* מחוקק
lawman *n.* איש חוק, שוטר, שריף
lawn *n.* מדשאה, כר-דשא, מגרש דשא; מין אריג עדין
lawn-mower *n.* מכסחה (לדשא)
lawn tennis טניס
lawsuit *n.* תביעה משפטית
law′yer (-yər) *n.* עורך-דין
lawyer-client privilege חסיון עורך-דין לקוח
lax *adj.* מרושל, רפה, לא מקפיד
- lax bowels שלשול, קיבה רכה
lax′ative *n&adj.* רַפֶּה, חומר משלשל; גורם לשילשול
lax′ity *n.* רפיון, רשלנות; אי הקפדה
lay *v.* להניח, לשים; להטיל; להשכיב; להשקיט; להמר; לכסות, לפרוש
- I'll lay you אתערב עמך, אני שָׂם-
- be laid in ruins להיחרב
- lay a fire לערוך (עצים ל-) אש
- lay a spirit לגרש רוח
- lay a tax on להטיל מס על
- lay a trap להניח/להכין מלכודת
- lay about להכות בכל הכיוונים
- lay an egg *להיכשל, לא לעניין
- lay aside/by לחסוך; לנטוש
- lay at his door להטיל האחריות עליו, להניח לפיתחו
- lay away להניח בצד; להביא למנוחות
- lay bare לחשוף; לשפוך (לבו)
- lay by the heels ללכוד, לכלוא
- lay down להניח; להשכיב; לבנות, לתכנן; לקבוע; להפוך לשדה-מרעה
- lay down one's life להקריב חייו
- lay down wine לאחסן יין
- lay eggs להטיל ביצים
- lay emphasis/stress on להדגיש
- lay flat להפיל ארצה
- lay for *לארוב
- lay great store on להעריכו מאוד
- lay hands on להניח ידיו על; להרים יד על; למצוא; להסמיך כומר
- lay him low להפילו; להפילו למשכב

- lay him under the necessity לחייבו
- lay him under- להטיל עליו, לאלצו
- lay hold of לתפוס, להחזיק ב-
- lay in לאגור, לצבור
- lay into להתקיף
- lay it on (thick) להגזים; להחניף
- lay off להשעות, לפטר; להפסיק לעבוד; לחדול; להשבית; לסמן, לתחום
- lay on לצייד, להתקין; לספק; *להכות
- lay oneself out להתאמץ ביותר
- lay open לגלות; לפתוח, לפצוע
- lay out לפרוש, לשטוח; לתכנן, לסדר; לבזבז; להכין לקבורה
- lay over לעשות חניה קצרה; לדחות
- lay the blame להטיל האשמה
- lay the dust להרביץ האבק
- lay the table לערוך השולחן
- lay to לעצור; להירתם לעבודה
- lay to rest לקבור; לחסל, להפסיק
- lay up לאגור, לצבור; לרתק למיטה; להוציא (זמנית) מכלל שימוש
- lay waste להחריב, להשמיד
- lay weight on לייחס לו משקל רב

lay *adj.* חילוני, לא איש-דת; לא מקצועי, של הדיוט
lay *n.* שיר; *מישגל; שותפת למיטה
- lay of the land צורת הקרקע, פני השטח; מצב העניינים

lay = pt of lie שכב
layabout *n.* *בטלן, הולך בטל
lay brother נזיר הדיוט, פועל במנזר
lay-by *n.* שטח חנייה
lay'er *n&v.* שכבה, רובד; ענף מוברך; (תרנגולת) מטילה; להבריך ענף
layer cake עוגת רבדים
lay•ette' *n.* מערכת חפצים לתינוק
lay figure בובה, מנקין
layman *n.* הדיוט, לא מקצועי
lay-off *n.* השעיה, פיטורים
lay-out *n.* סידור, תסדיר, תכנון; תבנית, תוכנית
layover *n.* חניה קצרה (בנסיעה)
layperson *n.* הדיוט, לא מקצועי
lay reader מנהל טקס דתי
laz'aret' *n.* בית חולים למצורעים
laze *v.* להתבטל, להתעצל
- laze away/around להתבטל

la'zy *adj.* עצל; משרה עצלות
lazy-bones *n.* עצלן
lazy eye עין עצלה
lb. = libra ליברה
l.c. = letter of credit מכתב אשראי
L-driver תלמיד נהיגה
lea *n.* אחו, כר-דשא
leach *v.* לסנן; לשטוף ע״י חלחול
lead *v.* להוביל; להוליך; להנחות; לנהל; להנהיג, לעמוד בראש; להביא ל-, לפתוח ב-; לשכנע
- lead an orchestra לנצח על תזמורת
- lead astray להטותו מדרך הישר
- lead him a dog's life למרר את חייו
- lead him by the nose למשוך אותו באף; לשלוט בו כליל
- lead off להתחיל, לפתוח ב-
- lead on לפתותו, לעודדו להמשיך
- lead the way להוביל
- lead up to להוביל ל-, להוות הכנה ל-; לכוון שיחה ל-

lead *n.* הנחיה, דוגמה, כיוון, רמז; פער המרחק; פותח במישחק; (בעל) תפקיד ראשי; פסקת מבוא; תעלה, מוביל; חוט חשמל; רצועת כלב
- follow his lead לעשות כמוהו
- give him a lead לעשות הצעד הראשון, לכוונו לפתרון הבעייה
- lead story החדשות המרכזיות
- take over the lead לתפוס המקום הראשון
- take the lead לעמוד בראש, לתת דוגמה, לפתוח בפעולה
- the lead המקום הראשון (במירוץ)

lead (led) *n.* עופרת; אנך, משקולת; גרפית; חצצה, לוחית-עופרת
- leads לוחות עופרת, פסי עופרת
- swing the lead *להתחלות, להשתמט מעבודה

lead (led) *v.* לכסות בעופרת
lead'en (led'-) *adj.* עשוי עופרת; אפור; כבד
lead'er *n.* מנהיג; מנצח, נגן ראשי; מאמר מערכת; פרקליט ראשי; גיד
leaderless *adj.* חסר מנהיג
leadership *n.* מנהיגות
lead-free *adj.* נטול עופרת
lead-in *n.* הערות-הקדמה; חוט אנטנה
leading *adj.* ראשי, עיקרי
- leading actor/man שחקן ראשי
- leading article מאמר מערכת

- leading case מקרח המשמש תקדים
- leading light אישיות בולטת
- leading question שאלה מנחה

leading (led′-) *n.* פסי עופרת; רווח בין שורות
leading lady שחקנית ראשית
leading reins מושכות (לסוס); הליכון-מושכות (לתינוק)
leading strings הליכון-מושכות; פיקוח מתמיד, הנחיה, הדרכה
lead time זמן ייצור מוצר
leaf *n.* עלה; דף; ריקוע-מתכת; כנף-שולחן (זחיחה/מתקפלת)
- come into leaf ללבלב
- in leaf מלבלב, מוציא עלים
- take a leaf out of his book לחקותו, לקחת דוגמה ממנו
- turn over a new leaf לפתוח דף חדש

leaf *v.* ללבלב, להוציא עלים
- leaf out להוציא עלים, ללבלב
- leaf through לדפדף, לרפרף, לעלעל

leaf′age *n.* עלווה, כלל העלים
leafless *adj.* חסר-עלים
leaf′let *n.* עלון; דף-פרסומת; עלעל
leaf mold אדמת עלים רקובים
leafy *adj.* מכוסה עלים, עלווני
league (lēg) *n.* ליגה, ברית, חֶבֶר
- in league בן-ברית, משתף פעולה
- league match משחק ליגה

league *v.* להתאגד בליגה, להצטרף
league table טבלת הליגה
leak *v.* לדלוף, לנזול; להדליף
- leaked out הודלפה (ידיעה)

leak *n.* חור; דליפה; הדלפה
leak′age *n.* דליפה, נזילה
leaky *adj.* דולף, שיש בו חור
lean *v.* לנטות; להישען; להשעין
- lean down/over לרכון, להתכופף
- lean on לסמוך על; *לסחוט, ללחוץ
- lean over backward לעשות כל מאמץ
- lean toward לנטות ל-, לצדד

lean *n.* נטייה; בשר רזה
lean *adj.* רזה, כחוש; דל
- lean years שנות מחסור

leaning *n.* נטייה, מגמה
lean-to *n.* מבנה צדדי, אגף נסמך
leap *v.* לקפוץ, לדלג; להקפיץ
- leap at the opportunity לקפוץ על ההזדמנות

leap *n.* קפיצה, דילוג, ניתור
- a leap in the dark קפיצה לתוך העלטה, הימור נועז
- by leaps and bounds בצעדי ענק

leapfrog *n.* מיפשק (משחק בקפיצות מעל שחקנים)
leapfrog *v.* לדלג כנ"ל; לעקוף זה את זה
leap year שנה מעוברת
learn (lûrn) *v.* ללמוד; לדעת; להיווכח, למצוא ש-; להיוודע
- learn by heart ללמוד על פה
- learn one's lesson ללמוד הלקח, להפיק לקחים

learn′ed (lûr′nid) *adj.* מלומד; ידעני
learner *n.* לומד, תלמיד
learner driver תלמיד נהיגה
learning *n.* בקיאות, ידע רחב
learning curve עקומת למידה, קצב ההתקדמות
lease *n.* חכירה, שכירות; הסכם חכירה
- by lease, on lease בחכירה
- new lease on life סיכוי לחיים טובים יותר, דם חדש בעורקיו

lease *v.* לחכור, להחכיר
leaseback *n.* החכרת הנכס למוכר
leasehold *adj&n.* (נכס) מוחכר
leaseholder *n.* חוכר
leash *n.* רצועת כלב
- hold in leash לשלוט, להחזיקו ברסן
- strain at the leash לגלות להיטות להיות חופשי

least *adj&n.* הקטן ביותר, הכי מעט
- at least לכל הפחות, לפחות
- not in the least כלל וכלל לא
- the least said the better סייג לחוכמה שתיקה
- to say the least (of it) אם ננקוט לשון המעטה, מבלי להגזים

least *adv.* במידה הכי קטנה
- least of all בייחוד לא, פחות מכל
- not least בחלקו, במידה רבה

leastways *adv.* לְפָחוֹת
leastwise *adv.* לְפָחוֹת
leath′er (ledh′-) *n&v.* עור; *להלקות
leath′erette′ (ledh-) *n.* חיקוי עור, סקאי
leatherneck *n.* *נֶחָת

leathery *adj.* עורי, קשה, גילדני
leave *v.* לצאת, לעזוב, להיפרד; להשאיר, להניח, לנטוש; להתפטר
- 5 from 8 leaves 3 8 - 5 = 3
- it leaves much to be desired טעון שיפור רב, רחוק מלהניח הדעת
- leave behind לשכוח, להשאיר בטעות
- leave flat *לנטוש לפתע
- leave go/hold of להרפות מ-
- leave him be! השאר אותו כך!
- leave him to his own devices להניחו לנפשו (שיעשה כרצונו)
- leave him/it alone להניח לו
- leave it at that להשאיר זאת כך
- leave it over until לדחות זאת ל-
- leave it with להשאיר זאת אצל
- leave off להפסיק; לחדול מללבוש
- leave one cold לא להתלהב
- leave out להשמיט, לפסוח על
- leave well (enough) alone להניח לדברים כמות שהם
- leave word with להשאיר הודעה אצל
- left at the post נוצח בתחילת התחרות
- left for dead ננטש כחסר סיכוי להצילו
- was nicely left *סידרוהו כהוגן
leave *n.* רשות, היתר; חופשה
- by your leave ברשותך
- leave of absence חופשה
- on leave בחופשה
- take leave להיפרד, לומר שלום
- take leave of one's senses להשתגע, לצאת מדעתו
leave *v.* ללבלב, להוציא עלים
leav'en (lev'-) *n.* שאור, שמרים; השפעה, דבר הגורם לשינוי
leaven *v.* להוסיף שאור, להשפיע
leavening *n.* שמרים, חומר מתפיח
leaves = pl of leaf (lēvz)
leave taking פרידה, עזיבה
leavings *n-pl.* שיירים, שיריים
Leb'anese' (-nēz') *n.* לבנוני
lech *n&v.* (להיות שטוף ב-) זימה
lech'er *n.* שטוף בזימה, תאוותן
lech'erous *adj.* תאוותני
lech'ery *n.* תאוותנות, מעשה זימה
lec'tern *n.* עמוד קריאה; סטנדר
lec'ture *n.* הרצאה, נאום; הטפה
lecture *v.* להרצות; להטיף מוסר
lecturer *n.* מרצה
lectureship *n.* מישרת מרצה
led = p of lead
ledge *n.* מדף; זיז; רכס סלעים
- window ledge אדן החלון
led'ger *n.* ספר ראשי (בחשבונאות)
ledger line קו עזר (במחמושת)
lee *n.* מחסה (מפני רוח)
- lee shore חוף שהרוח נושבת לעברו
- lee side צד שהרוח נושבת ממנו
- lee tide גיאות הים בכיוון הרוח
leech *n.* עלוקה; *רופא
leek *n.* כרישה (ירק דמוי-בצל)
leer *n.* מבט חשקני, מבט עויין
leer *v.* לנעוץ מבטים, לפזול
leery *adj.* *חשדני, חסר אמון ב-
lees (-z) *n-pl.* שמרים, משקע היין
- drink to the lees לשתות עד תום
lee'ward *adj.* לכיוון/עם הרוח
leeward = lee side
lee'way *n.* צדידה, היסחפות בשל רוח; זמן עודף, מרחב תמרון; פיגור
- make up leeway להדביק את הפיגור
left *n&adj.* שמאל; שמאלי
- left and right על ימין ועל שמאל
- out in left field *מופרע; טועה
left *adv.* שמאלה, לצד שמאל
left = p of leave
left-hand *adj.* שמאלי, שביד שמאל
left-handed *adj.* איטר, שמאלי
left-handed compliment מחמאה מפוקפקת
left-hander *n.* איטר; מַכָּה ביד שמאל
lef'tie *n.* *שמאלני; איטר
leftist *n.* שמאלני
left luggage office משרד לשמירת חפצים
leftovers *n-pl.* שיירים, שיריים
leftward *adj&adv.* שמאלי, שמאלה
left wing האגף השמאלי
lef'ty *n.* *שמאלני; איטר
leg *n&v.* רגל, כֶּרַע; קטע, שלב
- be on one's (hind) legs לקום על רגליו
- find one's legs לעמוד על רגליו
- give him a leg up לעזור לו
- has legs יש רגליים לדבר, זה נכון
- has no leg to stand on הושמטה הקרקע מתחתיו

- has the legs of her רץ מהר ממנה
- he is all legs הוא גבוה ורזה
- leg it למהר, לרוץ, לברוח
- never off one's legs תמיד עובד
- on one's last legs עייף, הולך למות
- pull his leg למתוח אותו, להתל בו
- run him off his legs להריץ אותו/להעביד אותו עד לעייפה
- shake a leg *לרקוד; למהר
- show a leg *לקום מן המיטה
- stretch one's legs לערוך טיול קצר
- take to one's legs לברוח
leg′acy *n.* ירושה, עיזבון; מוֹרָשָׁה
le′gal *adj.* חוקי; משפטי; ליגלי
- a legal offense עבירה על החוק
- legal instrument מסמך משפטי
- take legal action לנקוט אמצעים משפטיים
legal aid סעד משפטי
legal capacity כשרות מישפטית
legal ethics אתיקה מישפטית
legal fiction הנחה משפטית
le′galism′ *n.* דביקות יתירה בחוק
le·gal′ity *n.* חוקיות, ליגליות
le′galiza′tion *n.* ליגליזציה
le′galize′ *v.* לעשות לחוקי, להתיר
legally *adv.* באופן חוקי
legal tender מטבע חוקי, הילך חוקי
leg′ate *n.* שליח האפיפיור; ציר
leg′atee′ *n.* יורש, מקבל עיזבון
le·ga′tion *n.* צירות; לשכת הציר
leg′end *n.* אגדה, מיתוס; כתובת (על מטבע); מקרא (במפה)
leg′endar′y (-deri) *adj.* אגדי
leg′erdemain′ *n.* להטוטים
leg′er line קו עזר (במחמושת)
leg′ged (-legd) *adj.* בעל רגליים
- 3-legged בעל 3 רגליים, תלת-רגלי
leg′gings *n-pl.* חותלות, כיסוי שוקיים, מוקיים
leg′gy *adj.* ארך-רגליים
leg′horn′ *n.* לגהורן (תרנגולות)
leg′ibil′ity *n.* קְרִיאוּת
leg′ible *adj.* קריא, נוח לקריאה
le′gion (-jən) *n.* לגיון; המון
- foreign legion לגיון זרים
- their name is legion מספרם רב
legionary *n.* לגיונאי, לגיונר
le′gionnaire′ (-jənār′) *n.* לגיונר
leg′islate′ *v.* לחוקק חוקים
- legislate against לאסור; למנוע
leg′isla′tion *n.* חקיקה, תחיקה
leg′isla′tive *adj.* תחיקתי, מחוקק
leg′isla′tor *n.* מחוקק
leg′isla′ture *n.* בית מחוקקים
le·git′ *adj.* *חוקי, לגיטימי
le·git′imacy *n.* חוקיות, לגיטימיות
le·git′imate *adj.* חוקי, לגיטימי
- legitimate drama דרמה בימתית
- legitimate reason סיבה הגיונית
le·git′imate′ *v.* לתת תוקף חוקי
le·git′ima′tion *n.* לגיטימציה
le·git′imize′ *v.* לתת תוקף חוקי
legless *adj.* חסר רגליים; *שיכור
legman *n.* שליח; אוסף מידע
leg-pull *n.* *מתיחה, סידור
legroom *n.* מקום לרגליים
leg′ume (-gūm) *n.* קיטנית
le·gu′minous *adj.* של משפחת הקיטניות
leg-up *n.* עזרה, סיוע לגבור על קושי
leg work עבודה מעשית; שליחות
lei (lā) *n.* זר (מסביב לצוואר)
leish′mani′asis cu·ta′ne·a (lēsh-) שושנת יריחו (מחלה)
lei′sure (lē′zhər) *n.* פנאי
- at leisure פנוי, לא עסוק
- at one's leisure בזמנו החופשי
leisure center מרכז ספורט
leisured *adj.* פנוי, שיש לו פנאי
leisurely *adj.* מתון, איטי
leisurely *adv.* במתינות, לא בחיפזון
leisurewear *n.* לבוש קל
leitmotif (līt′mōtēf) *n.* לייטמוטיב, רעיון מרכזי, תנע תואר, חוט השני
lem′ming *n.* למינג (מכרסם קטן)
lem′on *n.* לימון; *דבר לא נעים, נערה מכוערת
lemon verbena לואיזה, לימונית
lem′onade′ *n.* לימונדה
lemon curd ריבת גבינה ולימון
lemon drop ממתק (חמצמץ)
lemon soda משקה לימון וסודה
lemon squash מיץ לימון ממותק
lemon squeezer מסחט
le′mur *n.* למור (קיפוף)
lend *v.* להלוות, להשאיל; להוסיף, לתרום; לתת, לעזור
- lend a hand לסייע, לעזור
- lend an ear להטות אוזן, להקשיב
- lend itself to להיות מתאים/נוח ל-
- lend oneself to לתת ידו, להסכים
lender *n.* מלווה, משאיל
lending library ספריית השאלה

length *n.* אורך; תקופה, משך-זמן; חתיכה (של חבל/בד); אורך (הסירה) בתחרות
- at full length (שרוע) מלוא קומתו
- at length לבסוף; ביסודיות, בפרוטרוט; באריכות
- go to any/all lengths to לעשות הכל כדי-
lengthen *v.* להאריך; להתארך
lengthways *adv.* לאורך
lengthwise *adv.* לאורך
lengthy *adj.* ארוך, ארוך ביותר
le′nience *n.* רוך, יד רכה, מקל-נועם
le′niency *n.* רוך, יד רכה, מקל-נועם
le′nient *adj.* מֵקֵל, לא מחמיר, רך
len′itive *adj.* (סם) מרגיע
len′ity *n.* רחמים, רכות, עדינות
lens (-z) *n.* עדשה; עדשת העין
Lent *n.* לנט (צום לפני הפסחא)
lent = p of lend
Lent′en *adj.* של תקופת לנט
len′til *n.* עדשה (קטנית)
len′to *adv.* לנטו, לאט, במתינות
Le′o *n.* מזל אריה
le′onine′ *adj.* של אריה, כמו אריה
leop′ard (lep′-) *n.* נמר
leop′ardess′ (lep-) *n.* נמרה
le′otard′ *n.* מצרפת הדוקה (לרקדנים), בגד-גוף
lep′er *n.* מצורע
lep′rosy *n.* צרעת
lep′rous *adj.* מצורע
les′bian (-z-) *adj&n.* לסבית
lesbianism *n.* לֶסְבִּיּוּת
lese′-maj′esty (lēz-) *n.* בגידה; *פגיעה בכבוד, התנהגות מחוצפת
le′sion (-zhən) *n.* פצע, פגיעה
less *adj&adv&n.* פָּחוֹת; פְּחוּת
- in less than no time כהרף עין
- it's nothing more or less than זה לא פחות מ-, זה ממש
- less and less פחות ופחות
- less of it! די!, מספיק!
- less than happy לא מאושר (בלשון המעטה)
- no less לא פחות, טבין ותקילין
- none the less בכל זאת, אעפ״כ
- not any the less לא פחות כלל, אותו דבר, היינו הך
- still/much/even less ודאי שלא
- the less you talk the better מוטב לדבר פחות
- think the less of him להעריכו פחות, לסור חינו בעיניו
less *prep.* פחות, בניכוי, מינוס
les•see′ *n.* חוכר, שוכר
less′en *v.* להפחית; להיחלש
lesser *adj.* הפחות, היותר קטן
les′son *n.* שיעור; לקח; פרק בתנ״ך
- teach him a lesson ללמדו לקח
les•sor′ *n.* מחכיר, משכיר
lest *conj.* פן, שמא, לבל-
let *v.* להרשות, לאפשר, להניח, לתת; להשכיר, להחכיר; נניח ש-
- let X be equal to 4= נניח ש-איקס 4
- let alone כל שכן/בוודאי שלא
- let blood להקיז דם
- let down לאכזב; לנטוש; להוריד; להאריך (בגד)
- let down easy לסרב בעדינות
- let drive לזרוק, להטיל; להכות
- let drop להפיל; לומר, לפלוט
- let fall להפיל; לומר, לפלוט
- let fly לירות; לפלוט; להתפרץ
- let go להרפות, לשחרר; לפלוט
- let him do it שיעשה זאת
- let him have it *לתת לו מנה
- let him into לשתפו, להכניסו
- let him know להודיע לו
- let him/it alone להניח לו, לעזוב אותו
- let him/it be להניח לו, לעזוב אותו
- let in להכניס; להצר (בגד)
- let it go at that להשאיר זאת כך
- let it pass לעבור על כך לסדר היום
- let loose לשחרר, לקרוא דרור ל-
- let me see רק רגע, הבה נראה
- let off לשחרר; לירות, לפוצץ
- let on *לגלות (סוד); להעמיד פנים
- let oneself go לתת פורקן ליצריו; לא להקפיד על הופעתו
- let oneself in for להסתבך ב-
- let out להשכיר; להרחיב (בגד); לפלוט, להוציא; לשחרר
- let out at להתקיף, להתפרץ כלפי-
- let slip להחמיץ (הזדמנות); לפלוט
- let there be no mistake שיהיה ברור, שלא תהיה אי-הבנה
- let through להעביר
- let up לחדול, להפסיק; להיחלש
- let up on לנהוג ביתר רכות כלפי-
- let us go, let's go הבה נלך, נזוז
- let well (enough) alone להניח

לדברים כמו שהם
- to let "להשכרה" (שלט)
let *n.* השכרה; דירה להשכיר; *שוכר; מעצור, עיכוב; (בטניס) חזור
- without let or hindrance ללא כל עיכוב
let-down *n.* אכזבה
le'thal *adj.* קטלני, גורם למוות
le·thar'gic *adj.* חסר-מרץ, אדיש
leth'argy *n.* עייפות; אדישות
let's = let us (lets)
let'ter *n.* אות (בא"ב); מכתב
- letter of intent הבנה בכתב
- letters ספרות
- man of letters משכיל, יודע ספר
- the letter of the law החוק ככתבו וכלשונו (בניגוד לרוח החוק)
- to the letter ככתוב, אות באות
letter *v.* לכתוב/לסמן באותיות
letter bomb מעטפת נפץ
letter-box *n.* תיבת מכתבים
letter-card *n.* איגרת דואר
lettered *adj.* מלומד, יודע ספר
letterhead *n.* כותרת מכתב (עם הפירמה); נייר מכתבים
lettering *n.* אותיות, מלים; איות
letter of comfort כתב ערבות
letter of credit מכתב אשראי
letter of recommendation מכתב המלצה
letter-perfect *adj.* מדוייק, בקי בע"פ
letterpress *n.* הדפסה ע"י סדר; תוכן הספר, טקסט (בניגוד לאיורים)
letter-quality *adj.* איכותי למכתבים
letters patent אישור פטנט
letting *n.* דירה מושכרת
let'tuce (-tis) *n.* חסה (ירק)
let-up *n.* הפוגה, הפסקה
leu'cocyte' (lōō'-) *n.* ליקוציט, כדורית לבנה
leu·ke'mia (lōōk-) *n.* ליקומיה, חִיוּור דם, סרטן הדם
leu'kocyte' (lōō'-) *n.* ליקוציט, כדורית לבנה
Levant' *n.* לבנט, המזרח הקרוב
levant *v.* לברוח, להסתלק
Lev'antine' *adj.* לבנטיני
lev'ee *n.* סכר, סוללה (למי נהר)
lev'el *n.* רמה; דרגה; משטח, שטח; גובה, רום; מפלס; פלס-מים, מפלסה
- find one's level למצוא את מקומו הנכון בחברה
- ministerial level דרג מיניסטריאלי
- on the level הוגן, ישר; בכנות
- sea level פני הים
- spirit level פלס מים
level *adj.* ישר, חלק, אופקי; שווה-רמה
- a level head דיעה מיושבת/שקולה
- a level look מבט יציב/מיישיר
- a level race מירוץ צמוד
- do one's level best לעשות כמיטב יכולתו
- level spoon כף מחוקה
level *v.* ליישר, לאזן, לפלס; להשתוות ברמה; להרוס, למחוק
- level a charge against להטיח אשמה ב-
- level at לכוון (רובה) לעבר
- level down להוריד, להשוות ברמתו
- level off/out להפסיק לנסוק, לטוס בגובה קבוע; לא להתקדם עוד בדרגה
- level up להרים, להשוות ברמתו
- level with לדבר בכנות, לא להסתיר
level crossing צומת מישורי
lev'eler *n.* דוגל בשוויון חברתי
level-headed *adj.* מיושב בדעתו
level pegging שוויון
lev'er *n&v.* מנוף; להניף; למנף
lev'erage *n.* הנפה, תנופה; השפעה
lev'eret *n.* ארנבת צעירה
le·vi'athan *n.* לוויתן; ענק
Levi's (lē'vīz') *n-pl.* ליוויס (ג'ינס)
lev'itate' *v.* להתרומם, לרחף באוויר
lev'ita'tion *n.* ריחוף; הרמה באוויר
Le'vite *n.* לוי
Le·vit'icus *n.* ויקרא (חומש)
lev'ity *n.* קלות ראש, זלזול
lev'y *v.* להטיל מס; לגבות; לגייס
- levy on להחרים, לעקל
- levy war לצאת למלחמה
levy *n.* מס, מכס; הטלת מס; גבייה; גיוס; מִכְסָה, כמות
- capital levy מס רכוש
lewd (lōōd) *adj.* גס; תאוותני
lex *n.* דין, חוק, מערכת חוקים
lex'ical *adj.* של מלים, מִילוֹנָאִי
lex'icog'rapher *n.* מִילוֹנַאי
lex'icog'raphy *n.* מילונאות
lex'icon *n.* מילון, לקסיקון
lex'is *n.* לקסיקה, אוצר מלים
li'abil'ity *n.* חבות, חובה; אחריות;

עלילות, נטייה; *נטל, מעמסה
- liabilities התחייבויות, חובות
li'able *adj.* אחראי, נושא באחריות
- liable to עלול ל-, עשוי ל-, צפוי ל-; נוטה ל-; סובל מ-
liaise' (liāz') *v.* לקשר, לשמור על קשר בין, לפעול בצוותא
li'aison' (lē'āzon) *n.* קשר (בין יחידות צבא); יחסי מין (לא חוקיים)
liaison officer קצין קישור
lian'a *n.* ליאנה (צמח מטפס)
li'ar *n.* שקרן
lib = liberation *שחרור
li·ba'tion *n.* נסך; *שתיית משקה
lib'ber *n.* *דוגל בשחרור (האישה)
li'bel *n.* דיבה, לעז, כתב פלסתר; עוול, חטא לאמת, תיאור לא הוגן
libel *v.* להוציא דיבה, להלעיז
li'belous *adj.* משמיץ, מרכל
libel suit תביעת דיבה
lib'eral *adj&n.* ליבראלי, חופשי, שופע, נדיב; מתקדם, ליבראל
- liberal table שולחן עמוס כל טוב
liberal arts המדעים החופשיים, מדעי הרוח
liberalism *n.* ליבראליזם
lib'eral'ity *n.* נדיבות, רוחב-לב, סובלנות, רוחב-אופק; מעשה צדקה
lib'eraliza'tion *n.* ליבראליזציה
lib'eralize' *v.* להנהיג ליבראליזציה
liberally *adv.* ביד רחבה, ברוחב לב
lib'erate' *v.* לשחרר
lib'era'ted *adj.* משוחרר, חופשי
lib'era'tion *n.* שחרור
lib'era'tor *n.* משחרר, גואל
lib'ero (lēb'-) *n.* ליברו (שחקן הגנה)
lib'erta'rian *n.* דוגל בחופש המחשבה; מאמין בבחירה חופשית
lib'ertine (-tēn) *n.* מופקר, שטוף בזימה, חסר מעצורים מוסריים
lib'erty *n.* חירות, חופש; חוצפה
- allow oneself the liberty להרשות לעצמו
- at liberty חופשי, רשאי ל-
- liberties זכויות מיוחדות
- liberty of conscience חופש המצפון
- liberty of speech חופש הדיבור
- liberty of the press חופש העיתונות
- set at liberty לשחרר
- take liberties with לנהוג בחופשיות; לשנות הכתוב, לשכתב
- take the liberty להרשות לעצמו
libid'inous *adj.* שטוף-תאווה
libi'do (-bē'-) *n.* ליבידו, אביונה
Li'bra (lē'-) *n.* מזל מאזניים
li·bra'rian *n.* ספרן
librarianship *n.* ספרנות
li'brary *n.* ספרייה
- public library ספרייה ציבורית
- reference library ספריית עיון
libret'tist *n.* כותב ליברית
libret'to *n.* ליברית, ליברטו, תמליל
Lib'ya *n.* לוב
lice = pl of louse כינים
licence = license
li'cense *n.* רשיון; רישוי; חופש, הפקרות, התפרעות, התרת הרסן
- driver's license רשיון נהיגה
- off-license רשיון למכירת משקאות ולקחתם
- on-license רשיון למכירת משקאות לשתייה במקום
license *v.* להעניק רשיון
licensed *adj.* בעל רשיון, מורשה
li'censee' *n.* בעל רשיון
license plate לוחית זיהוי (במכונית)
li·cen'tiate (-shiit) *n.* בעל רשיון
li·cen'tious (-shəs) *adj.* מופקר
li'chee (iē'chē) *n.* ליצ'י (עץ סיני)
lich'en *n.* חזזית (צמח)
lich-gate שער בית-עלמין (כנסייתי)
lic'it *adj.* חוקי, מותר, כשר
lick *v.* ללקק; ללחך; *להכות, להביס; לרוץ, למהר
- it licks me הדבר נשגב מבינתי
- lick his boots להתרפס, "ללקק לו"
- lick into shape לאמן, להדריך; לעצב, לתת צורה, לתגמר
- lick one's chops *ללקק שפתיו
- lick the dust לנחול תבוסה; למות
- lick up ללקלק, ללקק הכל
- that licks everything זה מדהים אותי
lick *n.* לקיקה; ניקוי קל
- a lick and a promise *ניקוי שטחי
- at a great lick *במהירות רבה
- salt lick מקום לקיקת מלח
lick'ety-split' *adv.* *חיש, מהר
licking *n.* *תבוסה; הצלפה
lick'spit'tle *n.* חנפן, מתרפס
lic'orice (-ris) *n.* שוש (משקה)

lid *n.* מיכסה; עפעף; *כובע
- blow the lid off לחשוף האמת
- put the lid on לשים קץ ל-; לעבור כל גבול
li'do (lē'-) *n.* בריכה פתוחה, לידו
lie (lī) *v.* לשכב; לנוח; לרבוץ; להיות, לשכון, להימצא, להשתרע
- as far as in me lies כמיטב יכולתי
- lie about להתבטל, להיות עצלן
- lie at his door לתלות בו הקולר, לרבוץ לפיתחו
- lie back להשתרע, לשכב, לנוח
- lie behind להסתתר מאחורי-
- lie down לשכב, לרבוץ
- lie down under לקבל זאת בלי להתנגד
- lie heavy on להכביד/להעיק על
- lie in לאחר לקום (בבוקר), להמשיך לשכב; לשכב ללדת
- lie in state להיות מונח לפני הקהל
- lie in wait *לארוב
- lie over להידחות לטיפול בעתיד
- lie to להגיע לעצירה כמעט מוחלטת
- lie up להיות מרותק למיטה; להסתתר
- lie with לחול על, להיות מוטל על, לרבוץ על; לשכב עם/את-
- take it lying down לבלוע זאת, לקבל זאת בלי למחות
- the appeal does not lie הערעור אינו מתקבל על הדעת
lie *n.* תנוחה, מצב
- the lie of the land פני השטח; מצב העניינים
lie *v&n.* לשקר, לרמות; שקר
- give the lie to להאשימו בדבר שקר; להזים
- nail a lie להפריך, לקבוע שזה שקר
- tell a lie לשקר
- white lie שקר לבן, שקר כשר
lie-abed *n.* עצל, מאחר לקום
lie detector מכונת אמת, גלאי שקר
lie-down *n.* מנוחה קצרה, שכיבה
lief (lēf) *adv.* בחפץ לב, בשמחה
liege (lēj) *n.* אדון
liege man וסל, משועבד
lie-in *n.* איחור לקום
lien (lēn) *n.* עיכבון, שעבוד
lieu, in lieu of (lo͞o) במקום, תחת
lieu·ten'ancy (lo͞ot-) *n.* סגנות
lieu·ten'ant (lo͞ot-) *n.* סגן (בצבא); סגן, ממלא מקום
- second lieutenant סגן-משנה
lieutenant colonel סגן-אלוף; סגן-גונדר
lieutenant general רב-גונדר
life *n.* חיים; נפש, חיות; פעילות; מודל חי (בציור); *מאסר עולם
- a good life בעל תוחלת חיים גבוהה
- a life for a life נפש תחת נפש
- as large as life ללא כל ספק
- bring to life להשיב לתחייה
- come to life לשוב להכרתו
- for (dear) life כדי להינצל ממוות
- for life למשך כל החיים, לצמיתות
- for the life of me כה אחיה!
- had the time of his life נהנה כפי שלא נהנה מעודו
- life imprisonment מאסר עולם
- life story ביוגרפיה, סיפור חיים
- not on your life! חס וחלילה!
- paint from life לצייר ממודל חי
- run for your life! נוס על נפשך!
- see life לראות עולם, לחוות חוויות
- take his life להרגו
- take one's life in one's hands לשים נפשו בכפו
- take one's own life להתאבד
- the life of the party הרוח החיה במסיבה
- the other/future life העולם הבא
- this life העולם הזה
- to the life בדיוק רב, כמו בחיים
- true to life אמיתי, נאמן למציאות
- way of life אורח חיים
life assurance ביטוח חיים
life belt חגורת הצלה
lifeblood *n.* דם החיים
life-boat *n.* סירת הצלה
life buoy גלגל הצלה
life cycle מחזור הגילגולים
life estate רכוש המוחזק במשך כל החיים, אחוזת חיים
life expectancy תוחלת חיים
life-giving *adj.* מחזק, מפיח חיים
lifeguard *n.* מציל; שומרי ראש
life history שלבי הגילגולים (בהתפתחות החרק); תולדות חיים
life insurance ביטוח חיים
life interest הכנסה מרכוש למשך החיים
life jacket חגורת הצלה
lifeless *adj.* חסר-חיים, מת
lifelike *adj.* כמו בחיים, כמו

במציאות
lifeline *n.* חבל הצלה, חבל אמודאים; עורק חיים; קו החיים (בכף היד)
lifelong *adj.* לאורך כל החיים
life member חבר לכל החיים
life-office *n.* משרד לביטוח חיים
life preserver חגורת הצלה
li'fer *n.* * (נדון ל-) מאסר עולם
- simple-lifer חי חיים פשוטים
life raft רפסודת הצלה
life-saver *n.* מציל (במקום רחצה)
life sciences מדעי החיים, ביולוגיה
life sentence מאסר עולם
life-size *adj.* (פסל) בגודל טבעי
life span אורך החיים
lifestyle אורח חיים
life-support *adj.* (ציוד) החייאה
lifetime *n.* ימי החיים (של האדם)
- chance of a lifetime הזדמנות חייו
life work מפעל חיים
lift *v.* להעלות, להרים, להגביה; לעלות; להתנדף, להימוג; לגנוב; להסיר, לבטל; להוציא מן האדמה
- lift a finger/hand לנקוף אצבע
- lift down להוריד
- lift off להמריא (חללית)
- lift up one's eyes לשאת עיניו
lift *n.* הרמה, העלאה; מעלית; הסעה, טרמפ; מצב רוח מרומם
liftboy *n.* נער-מעלית
liftman *n.* איש-מעלית
lift-off *n.* זינוק, המראה
lig'ament *n.* מיתר (המחבר עצמות)
lig'ature *n.* תחבושת, סרט; ליגטורה, אותיות מחוברות
light *n.* אור; אור יום; אש, גפרור; חלון, צוהר; אספקט; איש מופת
- according to one's lights במיטב יכולתו
- come to light להתגלות, להיוודע
- go out like a light להירדם; להתעלף
- in a bad light באור שלילי
- in a good light באור חיובי
- in the light of לאור-, בהתחשב-
- light at the end of the tunnel האור בקצה המנהרה
- look in a different light לראות (זאת) באור שונה
- see the light להיוולד; להתפרסם; להבין, לקבל, לראות האמת (ברעיון)
- shed/throw light on לשפוך אור
- shining light אדם מבריק, אישיות
- stand in his light לעמוד בדרכו
- stand in one's own light לפעול נגד האינטרסים שלו עצמו
- strike a light להדליק גפרור
- the light dawns on להתחוור לו
light *v.* להאיר; להדליק; להאיר דרך
- his face lit up אורו פניו
- light into להתנפל על, להתקיף
- light out *להסתלק, לברוח
- light up להאיר; להדליק
- light upon לגלות, למצוא; להיתקל
- lit up *שתוי, מבוסם
light *adj.* קל; קליל; עליז; קל-דעת
- get off light להיפטר בעונש קל
- give light weight לרמות במשקל
- light cake עוגה תפוחה/גבוהה
- light head ראש סחרחר
- light heart לב שמח, חסר דאגה
- light horse פרשים קלים
- light reading ספרות קלה
- light sleeper קל-שינה
- light weapons נשק קל
- light woman קלת-דעת, פרוצה
- make light of להקל ראש ב-
- travel light לנסוע במטען קל
light *adj.* מואר, שטוף-אור; בהיר
- light green ירוק בהיר
light-armed *adj.* חמוש בנשק קל
light bulb נורה
light'en *v.* להקל; לחוש הקלה
lighten *v.* להאיר; להתבהר; לזרוח
- it was lightening הבריקו ברקים
light'er *n.* מצית; דוברה, רפסודה
lighter *v.* להעביר סחורה בדוברה
lighterage *n.* דמי פריקה, סוורות
lightfast *adj.* יציב אור, לא דוהה
light-fingered *adj.* זריז-אצבע
light-footed *adj.* קל רגליים
light-handed *adj.* בעל יד קלה
light-headed *adj.* סחרחר; קל-דעת
light-hearted *adj.* שמח, עליז
light heavyweight משקל תת-כבד
lighthouse *n.* מגדלור
light industry תעשייה קלה
lighting *n.* תאורה, מאור
lighting-up time שעת הדלקת האורות
lightly *adv.* בעדינות; בזלזול
light meter מד-אור
light-minded *adj.* קל-דעת
lightness *n.* קלות, קלילות

light′ning *n.* ברק, בזק
- lightning does not strike twice לא כל יום פורים
lightning bug גחלילית
lightning conductor/rod כליא-ברק, כליא-רעם
lightning strike שביתת פתע
light-o'-love קלת דעת
light-pen *n.* עט-אור
lights *n-pl.* ריאות (של בעל-חיים)
lightship *n.* ספינת מגדלור
lightsome *adj.* עליז; קל-דעת; זריז
lights-out *n.* שעת כיבוי אורות
light-weight *n&adj.* משקל קל
light year שנת אור
lig′ne·ous *adj.* עצי, מעוצה
lig′nite *n.* פחם חום
likable, likeable *adj.* חביב, אהוב
like *v.* לאהוב, לחבב, לרצות
- I don't like to לא נעים לי ל-
- I like that! יופי! (באירוניה)
- I'd like to הייתי רוצה ל-
- as you like כרצונך
- how do you like- מה דעתך על-
- if you like אם טוב בעיניך, בבקשה
like *adj&adv.* דומה, דומים; שווה
- as like as not *קרוב לוודאי
- as like as- דומה, ממש כמו
- like enough קרוב לוודאי
- like father like son כָּאָב - כַּבֵּן
- like ideas רעיונות דומים
- what is he like? איזה אדם הוא?
like *prep&conj.* כמו, דומה ל-; אופייני/טיפוסי ל-; כגון, למשל; כפי ש-; "כאילו"
- I feel like מתחשק לי, הייתי רוצה
- it looks like rain נראה שירד גשם
- it's (just) like him to- אופייני לו ל-
- like anything מאוד, מהר, חזק וכ'
- shout like mad לצעוק כמו משוגע
- something like בערך, בסביבות
- there's nothing like אין כמו
like *n.* דבר דומה, אדם דומה
- and the like וכדומה
- likes and dislikes הדברים האהובים עליו והשנואים עליו
- see his like לראות אדם כמוהו
- see the like (of it) לראות דבר כזה
- the likes of us *אנשים כמונו
-like (סופית) דמוי, כמו-
- childlike ילדותי, כמו ילד

likelihood *n.* אפשרות, סבירות
- in all likelihood קרוב לוודאי
likely *adj&adv.* מתאים, הולם, סביר; עשוי, צפוי, עלול; אפשרי
- a likely story! ספר לסבתא!
- as likely as not קרוב לוודאי
- most likely קרוב לוודאי
- not likely! *בהחלט לא!
like-minded *adj.* בעל אותה כוונה, תמים-דעים
liken *v.* להשוות, לדמות, להקביל
likeness *n.* דמיון, שוויון; תמונה
- in the likeness of- בדמות-, בצורת-
likewise *adv&conj.* באותו אופן, אותו הדבר; כמו כן, יתר על כן
liking *n.* חיבה, נטייה
- to one's liking לפי טעמו
li′lac *n.* לילך (שיח); סגול-ורוד
lil′lipu′tian (-shən) *adj.* זעיר
li′lo *n.* מזרן-אוויר
lilt *n.* שיר ריתמי, מנגינה עליזה
lilt *v.* לנגן במקצב, לשיר בקצב
lil′y *n.* שושן, שושנה
- paint the lily לייפות דבר יפה
lily-livered *adj.* פחדן, מוג-לב
lily-white *adj.* לבן, טהור
limb (lim) *n.* איבר, גף, זרוע, רגל, כנף; ענף גדול; *שובב, ילד רע
- escape with life and limb להיחלץ בלי פגיעה רצינית
- out on a limb בדד, נטוש, פגיע
- tear limb from limb לקרוע איבריו
-limbed (limd) *adj.* בעל איברים
- long-limbed ארך-איברים
lim′ber *n.* ארגז תחמושת מתנייע
limber *v.* לחבר ארגז כנ"ל לתותח
limber *adj&v.* גמיש, כפיף
- limber up להגמיש, לרפות השרירים
lim′bo *n.* לימבו (לא גן-עדן ולא גיהינום); מצב של אי-ודאות
- in limbo תלוי ועומד, תלוי באוויר
lime *n&v.* סיד; להוסיף סיד
- slaked lime סיד כבוי
lime *n.* ליים (פרי דמוי-לימון)
lime-green *adj.* ירוק ליים (כנ"ל)
limekiln *n.* כבשן-סיד
limelight *n.* אורות הבימה; פרסומת, מוקד ההתעניינות
lim′erick *n.* חמשיר
limestone *n.* אבן סיד, גיר
li′mey *n.* *בריטי, מַלָּח בריטי
lim′inal *n.* סיפי, שולי

lim′it *n.* גבול, תחום; מגבלה
- off limits to- מחוץ לתחום ל-
- within limits עד גבול מסוים
- without limit בלי הגבלה
- you're the limit! *אתה עובר כל גבולו! אין לסבול אותך
limit *v.* להגביל; לצמצם
lim′ita′tion *n.* הגבלה, גבילה; מגבלה; התיישנות
lim′ited *adj.* מוגבל; מצומצם; בע"מ
limited liability בערבון מוגבל, אחריות מוגבלת
limitless *adj.* בלי גבול
limn (lim) *v.* לתאר, לצייר
lim′o *n.* *לימוזינה
lim′ousine′ (-məzēn) *n.* לימוזינה
limp *v&n.* לצלוע; לנוע בכבדות; צליעה
limp *adj.* רך, רפוי, חלש, תשוש
lim′pet *n.* צדפה (הנצמדת בחוזקה לסלעים); דבק לכסאו; נצמד לזולת
limpet mine מוקש אונייה
lim′pid *adj.* צלול, בהיר, שקוף
limpid′ity *n.* צלילות, שקיפות
limp-wristed *adj.* *רפה, רכרוכי
li′my *adj.* מכוסה סיד
linch′pin′ *n.* פין אופן; חלק חשוב, בורג מרכזי במערכת
lin′den *n.* טילייה (עץ)
line *n.* קו; שורה; חבל; חוט; גבול; קמט; תור; טור; שושלת; מתאר, תוכנית; מערך, קו הגנה, עסק, מקצוע; סוג
- all along the line לאורך כל הדרך
- bring into line להביא לידי התאמה
- bus line קו אוטובוסים
- come/fall into line לעלות בקנה אחד עם, לנהוג בהתאם לקו
- down the line לחלוטין; בהמשך הדרך
- get a line on *לגלות משהו על-
- give a line on *לספק מידע על
- in line בשורה, בקו ישר; מרוסן
- in line for הבא בתור ל-
- in line with עולה בקנה אחד עם
- in one's line בתחום התעניינותו
- keep to one's own line ללכת בדרכו שלו, להיות עצמאי
- lay on the line להציע תשלום; לסכן, להעמיד בסכנה; לומר גלויות
- line astern (אוניות) ערוכות בטור
- line of battle קו חזית, מערך
- lines המלים במחזה; משפטים להעתקה; שיר; קווים, שיטות
- marriage lines תעודת נישואים
- on the line בקו העין, נוח לראותו; על הקו (בטלפון); *בסכנה
- out of line לא בקו ישר; לא הולך בתלם; לא עולה בקנה אחד עם
- party line קו טלפון משותף
- reach the end of the line להגיע לקצה הדרך, להסתיים; להיכשל
- ship of the line אוניית קרב
- shoot a line *להתרברב, להתנפח
- take a line לנקוט קו/דרך
- the line of fire קו האש
- the party line קו המפלגה
- toe the line ללכת בתלם, לציית
line *v.* לסמן בקווים; לחרוש (פנים); להיערך בשורות
- line up לסדר/להסתדר בשורה; לעמוד בתור; להיערך; לארגן, לסדר
- line up behind להתייצב מאחורי
line *v.* לצפות בבטנה, לבטן, לרפד; למלא (כרסו/ארנקו); לרבד
lin′e•age (-niij) *n.* יחוס, מוצא
lin′e•al *adj.* מתייחס, (צאצא) ישיר
lin′e•ament *n.* פרט אופייני, צביון
- lineaments תווי הפנים
lin′e•ar *adj.* קווי, מקווקוו; של אורך
linear measure מידת אורך
lined paper נייר שורה
linefeed *n.* קידום נייר בשורה
lineman *n.* שופט קו; שחקן-התקפה; קוון, מתקין קווי טלפון
line manager מנהל ישיר
lin′en *n.* פשתן, בדי פשתן; לבנים
- wash one's dirty linen לכבס את כבסיו המלוכלכים בפומבי
linen basket סל-כבסים
linen-draper *n.* סוחר בדים
line of vision קו ראייה
line printer מדפסת שורות
li′ner *n.* מטוס/אוניית נוסעים; כחל, עפרון-פוך; כיסוי
liner train רכבת-משא
linesman (-z-) *n.* שופט-קו, קוון
line-up *n.* מערך; היערכות, מיסדר
ling *n.* לינג (דג מאכל)
lin′ger (-g-) *v.* להתמהמה, להתעכב
lingerie (lan′zhərā′) *n.* הלבשה תחתונה

lin′gering (-g-) *adj.* ממושך, נשאר
lin′go *n.* *שפה, לשון, ז׳רגון
lin′gual (-gwəl) *adj.* לשוני
lin′guist (-gwist) *n.* בלשן, לשונאי
linguist′ic (-gwist-) *adj.* בלשני
linguistics *n.* בלשנות, תורת הלשון
lin′iment *n.* משחה (לעיסוי, לריפוי)
li′ning *n.* בטנה, ציפוי פנימי
link *n.* חוליה; קשר; מידה (כ-20 ס״מ); רכס-חפתים; לפיד
- the missing link החוליה החסרה
link *v.* לקשר, לחבר, לשלב; להתחבר; להצמיד
- link up להתחבר, להתקשר
- linked צמוד ל-
link′age *n.* חיבור, שילוב; הצמדה
linkman *n.* קריין רצף; איש קשר; קַשָׁר; נושא הלפיד (בלילה)
links *n-pl.* מגרש גולף; משטח חולי
link-up *n.* קישור, נקודת-חיבור
lin′net *n.* פרוש (ציפור שיר)
li′no = linoleum
lino-cut *n.* חריטת תבליט בלינוליאום; הדפסה מתבליט כזה
lino′le·um *n.* לינוליאום, שעמנית
li′notype′ *n.* מסדרת שורות
lin′seed′ *n.* זרעי הפשתה
linseed oil שמן פשתים
lint *n.* רטייה מוכית (לחבישת פצע)
lin′tel *n.* משקוף
li′on *n.* אריה; אדם חשוב, אישיות
- the lion's share חלק הארי
lioness *n.* לביאה
lion-hearted *adj.* אמיץ
li′onize′ *v.* להעריץ, לכבד, לארח
lip *n.* שפה; פה; *חוצפה
- button one's lip *לבלום פיו
- curl one's lip לעוות שפתיו בבוז
- keep a stiff upper lip לשמור על הבעה קפואה, לא לגלות סימני פחד וכ׳
- lick/smack one's lips ללקק את שפתיו, לחכוך ידיים בהנאה
- my lips are sealed פי חתום
lip′id *n.* שומן, חלב
lip′osuc′tion *n.* שאיבת שומן
-lipped *adj.* בעל שפתיים
- red-lipped אדום-שפתיים
lip-read *v.* לקרוא תנועות שפתיים
lip-service *n.* מס-שפתיים
lipstick *n.* שפתון, ליפסטיק
liq′uefac′tion *n.* הנזלה, ניזול
liq′uefy′ *v.* להמיס, להפוך לנוזל
liques′cent *adj.* מסיס, הופך לנוזל
liqueur′ (-kûr′) *n.* ליקר
liqueur glass כוסית-ליקר
liq′uid *n.* נוזל; עיצור נמשך (ל׳, ר׳)
liquid *adj.* נוזלי, נזיל, שוטף; שקוף, צלול, זך, בהיר; לא-יציב, הפכפך
- liquid air אוויר (במצב של) נוזל
- liquid assets הון נזיל/זמין
- liquid food מזון נוזלי
liq′uidate′ *v.* לחסל; לפרק (חברה); לפשוט רגל; לסלק (חוב)
liq′uida′tion *n.* חיסול; סילוק (חוב); מחסול, ליקווידציה; פירוק
- go into liquidation לפשוט רגל
liq′uida′tor *n.* מפרק (חברה), חסלן
liquid′ity *n.* נזילות, זמינות
liq′uidize′ *v.* לרסק, למרס (פירות)
liquidizer *n.* ממרס, בלנדר
liq′uor (-kər) *n.* משקה; משקה חריף; מיץ
- in liquor שתוי, בגילופין
liquorice = licorice (lik′əris)
lir′a *n.* לירה (יחידת-כסף)
lisle (līl) *n.* לייל (אריג כותנה)
lisp *v.* לעלג, לבטא ת׳ במקום ס׳
lisp *n.* עילגות, שיפתות
lis′som *adj.* גמיש, זריז, נע בחן
list *n&v.* רשימה; לערוך רשימה
- active list רשימת קצינים (פעילים)
- free list רשימת הַפְּטוֹר
list *n&v.* נטייה לצד; לנטות
list *v.* לרצות, לבחור; להקשיב
lis′ten (-sən) *v.* להקשיב, להאזין
- listen in לצותת; להאזין לשידור
- listen out להקשיב היטב, לשים לב
- listen to me שמע בקולי
listenable *adj.* ראוי/נעים לשמעו
listener *n.* מאזין, קַשָּׁב
list′less *adj.* אדיש, תשוש, נרפה
list price מחיר רשום (לא מחייב)
lists *n-pl.* זירה למלחמות פרשים
- enter the lists לקרוא להתמודדות, לאתגר; להיענות לאתגר
lit=liter, literally, literature
lit = p of light
lit′any *n.* תפילה (בכנסייה)
li′tchi (lē′chē) *n.* ליצ׳י (עץ סיני)
li′ter (lē′-) *n.* ליטר
lit′eracy *n.* ידיעת קרוא וכתוב
lit′eral *adj.* מדוייק, מילולי, מלה במלה; של אותיות; פרוזאי, יבש

- literal error/mistake טעות דפוס
literal *n.* טעות דפוס
literally *adv.* מלה במלה, פשוטו כמשמעו; ממש, פשוט
lit'erar'y (-reri) *adj.* של ספרות
- literary man סופר; שוחר ספרות
- literary property הזכות לתמלוגים
literary criticism ביקורת ספרות
lit'erate *adj&n.* יודע קרוא וכתוב; לא-אנאלפביתי; מלומד, משכיל
lit'era'ti (-rä'-) *n-pl.* אנשי ספר
lit'erature *n.* ספרות; *פרוספקט
lithe (līdh) *adj.* גמיש, כפיף
lith'ic *adj.* אבני, של אבן
lith'ium *n.* ליתיום, אבנן
lith'ograph' *n&v.* דפוס-אבן, ליתוגרף; להדפיס מעל לוח-אבן
lithog'raphy *adj.* ליתוגרפיה
lit'igant *adj.* בעל-דין, טוען
lit'igate' *v.* להגיש תביעה משפטית; לטעון בבי"ד, להתדיין
lit'iga'tion *n.* התדיינות, משפט
lit'iga'tor *n.* מתדיין, טוען, עו"ד
liti'gious (-tij'əs) *adj.* מרבה להתדיין; נתון לדיון, שנוי במחלוקת
lit'mus *n.* לקמוס
litmus paper נייר-לקמוס
li'totes (-tēz) *n.* לשון המעטה (כגון "לא-חכם" במקום "טיפש")
litre = liter (lē'tər) *n.* ליטר
lit'ter *n.* אשפה, פסולת; אי-סדר; מצע-תבן; שכבת קש, רֶפֶד; אפיריון; אלונקה; גורים
litter *v.* לפזר (אשפה); להמליט
- litter down להכין מצע-תבן
lit'terateur' (-tûr') *n.* סופר
litter-bin/-bag *n.* פח אשפה
litter-lout/-bug *n.* לכלכן
lit'tle *adj&adv&n.* קטן; מעט; קצת; מעט מאוד, בקושי, כלל לא; זמן-מה; מרחק קצר
- Little Red Riding Hood כיפה אדומה
- a little bit *מעט, קצת
- after a little לאחר זמן-מה
- he little cares לא איכפת לו כלל
- in little בקנה מידה קטן
- little by little בהדרגה, מעט-מעט
- little does she know that היא כלל לא יודעת ש-
- little ones הקטנים, הילדים
- little or nothing בקושי משהו
- little people/folk הפיות
- little short of כמעט
- make little of להמעיט בחשיבות, לבטל, לזלזל; להבין מעט מאוד
- quite a little לא מעט, די הרבה
- the little finger הזרת
- the little woman *האישה
Little Dipper דובה קטנה
lit'toral *n&adj.* חוף; לאורך החוף
litur'gical *adj.* ליטורגי
lit'urgy *n.* ליטורגיה; סדרי התפילה, עבודת ה'; צורת הפולחן
liv'able *adj.* ראוי למגורים; מתאים לחיות בו; נסבל; שקל לדור עמו
live (liv) *v.* לחיות; לגור; להתקיים
- live a lie לשקר בלי מלים, לרמות ע"י אורח חיים
- live and learn! אני מופתע ללמוד זאת!
- live and let live חיה ותן לחיות
- live by לנהוג לפי; להשתכר מן
- live by one's wits לעשות כסף בתחבולות
- live down להשכיח, למחוק מלב
- live for the day when- לייחל ליום שבו
- live in לגור במקום עבודתו
- live it up ליהנות מהחיים
- live off one's father לחיות על כספי אביו, לנצל את אביו
- live on להתקיים על; להמשיך לחיות
- live out לגור שלא במקום עבודתו; לחיות עד סוף-, לעבור, לבלות ימיו
- live through לעבור, להישאר בחיים
- live to oneself לחיות בבדידות
- live to- לחיות עד, לזכות בחייו ל-
- live together לחיות כבעל ואישה
- live up to לחיות לפי, לקיים, לבצע
- live with לקבל, לסבול, לחיות עם
- living on borrowed time חי על זמן שאול
live (līv) *adj.* חי; מלא חיים; בוער; מלא-מרץ; רב-חשיבות; טעון חשמל
- a real live *ממש!
- live birth ולד חי
- live bomb פצצה חיה
- live broadcast שידור חי
- live wire אדם נמרץ, בעל יוזמה
live'able (liv'-) *adj.* ראוי למגורים; נסבל; שקל לדור עמו
lived-in *adj.* שגרים בו; נוח; מנוסה

live-in *adj.* דר עם בת הזוג; גר במקום עבודתו
live′lihood′ (līv′-) *n.* פרנסה, מחיה
live′liness (līv′-) *n.* חיות, עליזות
live′long′ (līv′lông) *adj.* כל (היום) כולו
live′ly (līv′li) *adj.* מלא-חיים, חי, עליז, שמח; ער, פעיל; מסוכן
- look lively להזדרז; להיות נמרץ
- make it lively "לעשות שמח"
li′ven *v.* להפיח חיים; להתעורר
liv′er *n.* כבד; חי (בצורה מסויימת)
- evil liver חי ברשעות, רשע
liveried *adj.* לבוש מדים
liv′erish, liv′ery *adj.* חולה כבד; רגזן, מדוכא
liver transplantation השתלת כבד
liv′erwurst′ *n.* נקניק-כבד
liv′ery *n.* מדים; לְבוש; אורוות סוסים
- in livery לָבוש מדים, במדים
liveryman *n.* בעל אורוות-סוסים
livery stable אורוות-סוסים
lives = pl of life (līvz) חיים; נפשות
live′stock′ (līv′-) *n.* משק החי (צאן ובקר); *כינים, פשפשים וכ׳
liv′id *adj.* כחול-אפור; זועם
liv′ing *adj.* חי, מלא חיים; קיים; פעיל
- knock the living daylights out *להכות מכות נמרצות
- living death חיים גרועים ממוות
- living fossil מאובן-דיעות
- the living האנשים החיים
- the living end *כביר, מצויין
- the living image of - דומה מאוד ל-
- within living memory בזכרון האנשים החיים עדיין
living *n.* פרנסה, מחיה; אורח חיים, רמת חיים; מישרת כומר
- living standard רמת-חיים
- living wage שכר מינימום (לקיום)
- make a living להתפרנס, להשתכר
- standard of living רמת-חיים
living room טרקלין, סלון
living space מרחב מחיה
liz′ard *n.* לטאה
ll = lines
lla′ma (lä′-) *n.* לאמה, גמל-הצאן
lo *interj.* הנה! הבט!
load *n.* משא, מטען, מעמסה; מועקה; כמות עבודה; עומס
- a load of nonsense *כמות רבה של שטויות
- get a load of *לראות; להקשיב
- loads of *המון
- take a load off his mind לגול אבן מעל ליבו
load *v.* להטעין, להעמיס; לטעון (תותח); להכביד
- load down להכביד, לעמוס
- load the dice לזייף הקוביות; לרמות, לסדר לעצמו עמדת יתרון
- load up להטעין
- load with gifts להציף במתנות
loaded *adj.* עמוס, טעון, מלא; מוכבד בעופרת, מזוייף; גדוש בכסף; שתוי
- loaded question שאלה המפילה בפח
load line קו העומס, קו השוקע
load-shedding *n.* הורדת העומס החשמלי, ניתוק זרם חלקי
loadstar = lodestar
loadstone *n.* מגנט
loaf *n.* כיכר לחם; *ראש, שכל
- meat loaf קציץ, כיכר בשר קצוץ
- sugar-loaf חרוט-סוכר
loaf *v.* להתבטל, להתמזמז
- loaf away one's time להתבטל
loafer *n.* הולך-בטל, בטלן; נעל עור
loaf-sugar *n.* קוביות סוכר
loam *n.* חומר, אדמה עשירה
loamy *adj.* (אדמה) מכילה חומר
loan *n.* הלוואה, מִלוֶוה; השאלה
- on loan בהשאלה
loan *v.* להלוות; להשאיל
loan collection אוסף מושאל
loan-office *n.* משרד הלוואות
loan shark *מַלוֶוה בריבית קצוצה
loan-word *n.* מלה שאולה
loath *adj.* מסרב, לא רוצה, לא נוטה
- nothing loath ברצון, בחפץ לב
loathe (lōdh) *v.* לשנוא, לתעב
loathing (-dh-) *n.* שנאה, תיעוב
loathsome (-dh-) *adj.* דוחה
loaves = pl of loaf (lōvz)
lob *v&n.* (בטניס) לחבוט כדור קשתי, לתלל, להקשית; תילול
lob′by *n.* לובי, מבואה; מסדרון, מעבר, מבוא; שדולה
lobby *v.* לשדל, לפעול בשיטת השדולה

lob′byist (-bi-ist) *n.* שדולן, לוביסט
lobe *n.* אונה; בדל-אוזן, תנוך, אליה
lobed *adj.* בעל אונות
lo·bot′omy *n.* כריתת אונת-המוח
lob′ster *n.* סרטן
lobster-pot *n.* מלכודת סרטנים
lo′cal *adj.* מקומי, לוקלי; איזורי; חלקי
- local anesthetic הרדמה מקומית
- local custom מנהג המקום
local *n.* תושב המקום; ידיעה מקומית; רכב מקומי; *מסבאה מקומית
local color פרטים מהווי-המקום
lo·cale′ (-kal′) *n.* מקום, אתר-העלילה
local government שלטון מקומי
lo′calism′ *n.* צרות-אופק; ניב מקומי
lo·cal′ity *n.* מקום, אתר-ההתרחשות
- sense of locality חוש ההתמצאות
lo′caliza′tion *n.* לוקליזציה, איתור
lo′calize′ *v.* לאתר, להגביל למקום
locally *adv.* במקום, בסביבה
local option זכות מקומית (להתיר או לאסור מכירת משקאות חריפים)
local time לפי שעון המקום
lo′cate *v.* למקם, לאתר, לאכן, להקים בית, להתיישב, להתנחל
located *adj.* נמצא, שוכן
lo·ca′tion *n.* מקום; אתר-הסרטה
loch (lok) *n.* אגם; לשון-ים
lo′ci′ = pl of locus
lock *n.* מנעול; בריח; סכר; היתקעות, המנע-התנועה; מעצור; דרגת סיבוב ההגה; תלתל
- lock, stock, and barrel הכל בכל; בשלמותו
- locks שערות, שער הראש
- under lock and key מאחורי מנעול ובריח, במקום נעול היטב
lock *v.* לנעול; להינעל; להיעצר, להיתקע
- lock away לשמור במקום נעול
- lock him in לסגרו בחדר, לכלאו
- lock horns להיאבק, להתמודד
- lock on to (לגבי טיל) להינעל על
- lock oneself in להסתגר, לסגור מבפנים
- lock out להשבית; לנעול הדלת בפני-, להשאיר בחוץ
- lock up לנעול כל הדלתות; לשמור במקום נעול; להכניס למוסד/לכלא
- lock up money להשקיע בהון לא זמין, להפקיד בחשבון סגור
- locked in conflict תקועים בסכסוך
lock′er *n.* תא (במלתחה), ארון
- Davy Jones's locker קרקע הים
locker room מלתחת תאים
lock′et *n.* משכית, קופסית-קישוט
lock′jaw′ *n.* צפדת, טטנוס (מחלה)
lock keeper שומר סכר, מפעיל הסכר
locknut *n.* אום חוסמת, אום נוספת
lock-out *n.* השבתה
locksmith *n.* מסגר, מתקן מנעולים
lock step צעידה צמודה
lockstitch *n.* תפר דו-חוטי (במכונת תפירה), תפר קצר-תכים
lock-up *n.* בית מעצר, כלא
lock-up *adj.* ניתן להינעל, נסגר
lo′co *adj.* מטורף
lo′como′tion *n.* תנועה, ניידות
lo′como′tive *adj.* נייד, נע
locomotive *n.* קטר
loc′u·lus *n.* מְגוּרָה
lo′cum *n.* מְמַלֵא מקום
lo′cum te′nens (-z) ממלא מקום
lo′cus *n.* מקום
lo′cus clas′sicus המקום הקלאסי, המובאה הידועה ביותר על נושא
lo′cust *n.* ארבה; חרוב; חרובית
lo·cu′tion *n.* אופן דיבור; ניב
lode *n.* עורק מתכת (במרבץ)
lodestar *n.* כוכב הצפון, עיקרון מנחה, מופת
lodestone *n.* מגנט, אבן שואבת
lodge *v.* להתאכסן; לגור בשכירות; לאכסן, לשכן; לשים, לנעוץ; להיתקע
- lodge a complaint להגיש תלונה
- lodge money להפקיד כסף (בבנק)
lodge *n.* ביתן, צריף, אכסניה; חדר-השומר; לשכה, מקום כינוס
lodgement, lodgment *n.* הצטברות, סתימה; הגשה רשמית (של תלונה); עמדה (שנכבשה בקרב)
lodger *n.* דייר, גר בשכירות
lodging *n.* אכסניה, מגורים; הגשה
- lodgings דירה שכורה, חדר שכור
lodging house בית להשכרת חדרים
lo′ess *n.* לס (אדמה), חמרה
loft (lôft) *n.* עליית גג; מחסן-תבן

(מתחת לגג), יציע (בכנסייה)
loft *v.* לחבוט (בכדור) לגובה, לתלל
lofted *adj.* (מקל גולף) לחבטות גבוהות
loftiness *n.* גובה; התנשאות
lofty *adj.* גבוה; אצילי; מתנשא, גא
log *n.* קורה, גזע כרות, בול-עץ; יומן-נסיעה; מנווט; יומן; לוגריתם
log *v.* לרשום ביומן; לחטוב עצים
- log in/on להתחיל העבודה
- log off לסיים העבודה במחשב
lo'ganber'ry *n.* לוגן (דובדבן)
log'arithm' (-ridhəm) *n.* לוגריתם
log'arith'mic (-ridh-) *adj.* לוגריתמי, מבוסס על לוגריתם
log book יומן-הנווט, יומן-מכונית
log cabin בקתת-קורות
loge (lōzh) *n.* תא (בתיאטרון)
logger *n.* חוטב עצים
loggerhead *n.* *טיפש, מטומטם
- at loggerheads בריב, במחלוקת
log'gia (loj'ə) *n.* אכסדרה
logging *n.* חטיבת עצים
log'ic *n.* היגיון, לוגיקה
log'ical *adj.* הגיוני, שכלי; סביר; לוגי
logically *adv.* לפי ההיגיון
lo·gi'cian (-jish'ən) *n.* בקי בלוגיקה, לוגיקן, הגיין
lo·gis'tic *adj.* לוגיסטי
logistics *n.* לוגיסטיקה, המדע העוסק בתנועות הצבא, שיכונו וציודו
log jam גוש-קורות צף; מבוי סתום
lo'go *n.* לוגו, סמל
log-rolling *n.* שמור לי ואשמור לך, הרעפת שבחים הדדית
loin *n.* נתח בשר-מותן, ירכה
- gird up one's loins לשנס מותניו
- loins מותניים, חלציים
loin-cloth *n.* כסות מותניים
loi'ter *v.* להתנהל לאיטו, לבטל זמן
- loiter with intent להסתובב למטרת פשע
loiterer *n.* בטלן; משוטט
loll *v.* לשבת בעצלתיים, לעמוד בנרפות, להסתרח
- loll the tongue לשרבב את הלשון
lol'lipop' *n.* סוכריה-על-מקל; שלגון
lollipop man מחזיק תמרור "עצור" (אדם המאפשר לחצות הכביש)
lol'lop *v.* *לצעוד בפסיעות גסות
lol'ly *n.* *סוכריה-על-מקל; שלגון; כסף
lone *adj.* בודד, יחיד; נידח
- lone wolf זאב בודד, פועל לבדו
- play a lone hand לפעול לבדו
loneliness *n.* בדידות
lonely *adj.* בודד, גלמוד, עצוב; עזוב
lonely heart בודד, מחפש שותף
lo'ner *n.* זאב בודד, מתבודד
lonesome *adj.* בודד, עזוב
long (lông) *adj.* ארוך
- come a long way להתקדם יפה
- in the long run בסופו של דבר, במרוצת הזמן
- long dozen שלוש עשרה
- long drink משקה בכוס גבוהה
- long face פנים עצובים
- long haul כיברת דרך ארוכה; זמן רב, טווח ארוך
- long odds סיכויים לא שקולים
- long shot הימור דל-סיכויים
- long ton טונה גדולה
- long vacation/vac החופש הגדול
- long vowel תנועה גדולה/ארוכה
- not be long about it/doing it לא להתמהמה, להזדרז ולעשות זאת
- not by a long chalk/shot כלל לא
- take the long view לראות לטווח ארוך
- will he be long? האם יתמהמה?
long *adv.* זמן רב, לזמן ממושך
- all day long במשך כל היום
- at long last סוף-סוף, לבסוף
- at longest לכל היותר, מכסימום
- he no longer loves her הוא אינו אוהב אותה עוד
- long ago לפני זמן רב
- so long *שלום, להתראות
- so/as long as כל עוד, בתנאי ש-
long *n.* זמן רב; תנועה גדולה
- before long בקרוב, בתוך זמן קצר
- take long לארוך/לגזול זמן רב
- the long and short of it סיכומו של דבר, בסך הכל, בקיצור
long *v.* להשתוקק, לכמוה
long. = longitude קו-אורך, מצהר
long-awaited *adj.* שחיכו לו זמן רב
longboat *n.* הסירה הגדולה
long bonds אג"ח ארוכות מועד
longbow *n.* קשת ארוכה
long-dated *adj.* (אג"ח) ארוכות מועד

long-distance *adj.* למרחקים ארוכים
long-distance call שיחת-חוץ
long-drawn-out *adj.* נמשך זמן רב מדי
lon•gev′ity *n.* אריכות ימים
longhaired *adj.* ארך-שיער, מאריך שיער; שוחר אמנות; אנטי ממסדי
longhand *n.* כתיבה רגילה (לא קצרנות)
long-headed *adj.* פיקח, נבון
longing *n.* געגועים, כמיהה
longing *adj.* משתוקק, כָּמֵהַּ
longish *adj.* ארכרך, ארוך במקצת
lon′gitude′ *n.* קו-אורך, מצהר
lon′gitu′dinal *adj.* של מצהר
long johns תחתוני-גבר ארוכים
long jump קפיצת-רוחק
long-lasting *adj.* מאריך ימים
long-life *adj.* עמיד, שומר על טריות
long-lived *adj.* מאריך ימים
long-lost *adj.* שאבד לפני זמן רב
long measure מידת אורך
long-playing *adj.* אריך-נגן
long-range *adj.* שלטווח רחוק
long-running *adj.* שנמשך זמן רב
longshoreman *n.* סוור
long-sighted *adj.* רחוק-ראייה
long-standing *adj.* יָשָׁן, עתיק-יומין
long-stay *adj.* שוהה זמן רב
long-suffering *adj.* סובל בדומייה
long suit דבר שאדם מצטיין בו
long-term *adj.* ארך-מועד; שלטווח רחוק
lon•gueur′ (-gûr′) *n.* קטע משעמם
long waves גלים ארוכים
longways *adv.* לאורך
longwinded (-win-) *adj.* משעמם, רב-מלל
longwise *adv.* לאורך
loo *n.* *שירותים
loo′fah (-fə) *n.* לופה (לרחצה)
look *v.* להסתכל, להביט, לראות; להיראות; לשים לב; להביע בעיניו
- good to look at עושה רושם טוב
- he wouldn't look at הוא דוחה את
- it looks as if נראה כאילו-
- it looks like- נראה כאילו שזה-; יש רושם שיהיה
- look about לחפש; להסתכל מסביב; לבדוק את מצב הדברים
- look after להשגיח על, לטפל ב-
- look after oneself לדאוג לעצמו
- look ahead להביט קדימה (לעתיד)
- look alive!/sharp! הזדרז!, קדימה!
- look at לראות, להביט; לבדוק
- look away להסב עיניו מ-
- look back להביט אחורה (לעבר)
- look black להיראות זועם
- look blue להיראות עצוב
- look down on לבוז, להסתכל מגבוה
- look down one's nose at לעקם חוטמו, להתייחס בבוז/במורת-רוח
- look for לחפש; להזמין (צרות); לצפות
- look forward to לצפות ל-
- look good להרשים, ליצור רושם טוב
- look here! הבט!, ראה!, שמע נא!
- look him in the eye/face להיישיר מבט, לא להשפיל עיניו, להתייצב מול
- look him up לבקרו, לסור אליו
- look in לערוך ביקור קצר; "לקפוץ" אל; לצפות בטלוויזיה
- look into לבדוק, לחדור לנבכי-
- look on לחזות, לצפות; להשקיף על
- look on him as/with להסתכל עליו ב-, להתייחס אליו כ-
- look on with him לקרוא בצוותא
- look one's best להיראות נאה ביותר
- look oneself להיראות כתמול שלשום, להיראות בקו-הבריאות
- look out להיזהר; לשים לב; לחפש, לבחור; להשקיף על
- look over לבדוק, לעבור על; לסלוח, להעלים עין
- look round לראות, להסתכל
- look through לעבור על, לבדוק
- look to לשים לב, להקפיד
- look to him for להשליך יהבו עליו
- look up להשתפר, לשגשג; לחפש (בספר)
- look up and down לבחון מכף רגל ועד ראש, להסתכל בבוז
- look up to לכבד, להוקיר
- looks well הוא מרשים, נראה טוב
- make him look small לגמד דמותו
- not much to look at לא מרשים כלל בהופעתו
- to look at him- לפי הופעתו-

- you don't look yourself אינך כתמול שלשום, פניך רעים
look *n.* מבט; הבעה; מַראֶה
- I don't like the look of it זה לא מוצא חן בעיני
- by the looks of it כפי הנראה
- have a look לראות, להעיף מבט
- looks יופי, הופעה נאה
look-alike *n.* דבר דומה, כפיל
looker *n.* אדם נאה, יפה תואר
- good looker יפה תואר
looker-on *n.* צופה, משקיף
look-in *n.* *סיכוי להצליח, הזדמנות להשתתף; ביקור קצר; מבט חטוף
looking glass מַראָה, ראי
look-out *n.* עמידה על המשמר, ערנות; מיצפה; שומר, זקיף; פני-העתיד
- that is his own look-out זאת הדאגה שלו, זה עסק שלו
look-over *n.* בדיקה, סקירה
loom (lōōm) *n.* נול, מכונת אריגה
loom *v.* להופיע, להגיח, להיראות במעורפל, ללבוש צורה מאיימת
loon (lōōn) *n.* טבלן (עוף); בטלן
loo′ny *n&adj.* *מטורף
loony bin *בית משוגעים
loop (lōōp) *n.* לולאה, עניבה; קו דמוי לולאה; שמינייה; התקן תוך רחמי
loop *v.* לעשות לולאה, לענוב
- loop the loop לעשות לולאה
loophole *n.* אשנב, סדק בקיר
- loophole in the law פירצה בחוק
loose *adj.* חופשי; רפוי, רופף; לא-מהודק; לא קשור; לא ארוז; חסר רסן; מרושל; לא מדוייק; לא בנוי כהלכה
- at a loose end ללא תעסוקה
- be on the loose להתפקר, להתהולל
- break loose להשתחרר, לברוח
- cast loose לשחרר, להרפות
- come loose להשתחרר, להינתק
- cut loose להינתק, להשתחרר
- has a screw loose *חסר לו בורג
- let/set loose לשחרר, להתיר הרסן
- loose bowels שלשול, קיבה רכה
- loose living/life חיי פריצות
- loose soil אדמה תחוחה/מפוררת
- loose tongue לשון פטפטנית
- loose translation תרגום חופשי/לא נאמן למקור
- loose woman אישה מופקרת

- ride with a loose rein לנהוג בוותרנות/בסלחנות
- work loose להשתחרר, להיעשות רופף
loose *v.* לשחרר, להתיר; לירות
loose box תא לסוס (להתהלך חופשי)
loose cannon גורם נזק שלא בכוונה
loose change כסף קטן
loose-fitting *adj.* לא-הדוק, רחב
loose-leaf *adj.* (פנקס) שדפיו לא כרוכים/ניתנים להחלפה
loo′sen *v.* לשחרר, להתיר, לרפות, לרופף, לקלש; להתרופף
loot (lōōt) *n.* שלל, ביזה
loot *v.* לבזוז, לגזול
lop *v.* לכרות, לגדוע; לתלות ברפיון
- lop off לקצץ; לבטל, להפסיק
lope *v.* לדהור (בצעדים ארוכים)
lope *n.* דהירה (בקפיצות ארוכות)
lop-eared *adj.* שאוזניו תלויות ברפיון
loppings *n-pl.* ענפים כרותים
lop-sided *adj.* נוטה לצד
lo·qua′cious (-shəs) *adj.* פטפטן, דברני
lo·quac′ity *n.* פטפטנות, דברנות
lo′quat′ *n.* שסק
lord *n.* ה', הבורא; לורד, אדון
- House of lords הבית העליון (בפרלמנט), בית הלורדים
- Lord Chancellor שופט עליון
- Lord Mayor ראש העיר
- Lord bless me! אלי! (קריאה)
- Lord's Supper סעודת ישו
- Lord's day יום א'
- cotton lords אילי הכותנה
- drunk as a lord שיכור כלוט
- her lord and master בעלה
- lords of creation בני האדם
lord *v.* למשול, לשלוט; להתנשא
- lord it over למשול ב-, לרדות ב-
lordly *adj.* אצילי, כלורד; מתנשא
lordship *n.* אדנות; אצילות
- your lordship כבוד הלורד
lore *n.* תורה, חכמה, ידע
lor·gnette′ (lôrnyet′) *n.* משקפי-אופרה (בעלי יצול ארוך)
lorn *adj.* עצוב, עזוב; גלמוד
lor′ry *n.* משאית
lose (lōōz) *v.* לאבד; להפסיד; לשכול; למות; לא לתפוס; לא לקלוט; לעלות

לו ב-
- a losing game משחק אבוד
- lose face לאבד כבודו, לסור חינו
- lose ground לסגת, להפסיד; להיחלש
- lose interest לחדול מלהתעניין ב-
- lose no time in- למהר ו-
- lose on להפסיד על, להפסיד ב-
- lose one's cool *לאבד שלוותו
- lose one's hair להקריח
- lose one's reason לצאת מדעתו
- lose one's temper להתלקח
- lose one's way לתעות בדרך
- lose oneself לתעות, לאבוד דרך
- lose oneself in לשקוע ראשו ורובו ב-
- lose out להפסיד
- lose sight of לא לראות, להתעלם
- lose the train לאחר לרכבת
- the watch loses השעון מפגר ב-
los'er (lo͞oz'ər) *n.* מפסידן, "לוּזֶר"
- good loser מפסיד ברוח טובה
loss (lôs) *n.* איבוד; אבידה; הפסד
- at a loss במבוכה, אובד עצות
- at a loss for words נעתקו מלים מפיו
- cut one's losses למנוע עוד הפסדים, לבלום הדרדרות כספית
- dead loss *הפסד גמור, חסר-תועלת
loss adjuster סוכן ביטוח, שמאי הפסדים
loss leader מצרך הנמכר במחיר הפסד (כדי למשוך קונים)
lost (lôst) *adj.* אבוד; תועה; מקולל
- be/get lost ללכת לאיבוד; לתעות
- get lost! *הסתלק! עוף מפה!
- lost cause עניין אבוד
- lost chance הזדמנות שהוחמצה
- lost in thought שקוע במחשבות
- lost on him לא משפיע עליו, ברכה לבטלה
- lost to לא חש את-, לא מושפע מ-
lost = p of lose
lost property office משרד אבידות ומציאות
lot *n.* כמות, כמות רבה, הרבה
- a lot of *המון
- a lot you care! כאילו שאכפת לך!
- lots (and lots) of *המון
- lots/a lot הרבה; בהרבה
- see a lot of him לראותו תכופות
- take the lot! קח הכל!
- the (whole) lot of you *כולכם
lot *n.* גורל, פור; מזל, מנת-חלקו; חלק; פריט; חלקה, מגרש; אולפן-הסרטה
- a bad lot *טיפוס רע, רשע
- cast/draw lots להטיל גורל
- throw in one's lot with להצטרף
loth = loath (lōth) לא רוצה
lo'tion *n.* תרחיץ, נוזל רפואי
lot'tery *n.* הגרלה; מזל
lot'to *n.* לוטו
lo'tus *n.* לוטוס (פרח)
lotus eater שוקע בחיי עצלות והזיה
louche (lo͞osh) *adj.* ידוע לשמצה, ערמומי
loud *adj.* רם, קולני, רועש, צעקני
loud *adv.* בקול רם
loud-hailer *n.* מגפון, מגביר-קול
loudmouthed *adj.* דברני, רברבן
loud-speaker *n.* רמקול
lough (lok) *n.* אגם, לשון-ים
lounge *v.* לעמוד/לשבת בעצלתיים, להישען; להתבטל באפס מעשה
lounge *n.* עמידה/ישיבה בטלנית; אולם-אורחים, טרקלין (במלון)
lounge-bar *n.* בר ממדרגה ראשונה
lounge-chair *n.* כורסה
lounger *n.* בטלן, הולך בטל
lounge suit חליפה (לשעות היום)
lour *v.* לזעוף, לרגוז; לקדור
louse *n.* כינה; *אדם שפל
louse *v.* *לקלקל, לסבך, לבלבל
lou'sy (-zi) *adj.* מכונם; *רע, נתעב
- lousy with *גדוש ב-, מלא-
lout *n.* גס, מגושם, בור
loutish *adj.* גס
lou'vers (lo͞o'-) *n-pl.* פסי-תריס מרועפים, רפפות אוורור
lov'able (luv'-) *adj.* נחמד, נעים
love (luv) *v.* לאהוב
- I'd love you to- אשמח אם אתה-
love *n.* אהבה, חיבה; אהובה; *דבר מקסים, מותק; אפס נקודות
- fall in love with להתאהב ב-
- for love מתוך אהבה; לשם ההנאה
- for the love of God! למען השם!
- give him my love מסור לו ד"ש
- in love with אוהב, מאוהב ב-
- love affair פרשת אהבים, רומן
- love all תיקו אפס
- love game (בטניס) מישחק אפס (שבו המפסיד לא זכה באף נקודה)

- make love להתעלס
- my love אהובתי; אהובי, יקירי
- no love lost between them אין אהבה ביניהם
- not for love nor money בשום אופן לא, לא בעד כל הון שבעולם
lovebird *n.* נער מאוהב; תוכי
love-child *n.* ממזר, ילד פרי-אהבה
loveless *adj.* חסר-אהבה
love-letter *n.* מכתב אהבה
loveliness *n.* חביבות; יופי, נועם
lovelorn *adj.* מיוסר-אהבה, מאוכזב
lovely *adj.* יפה, נעים; מהנה, נפלא
love-making *n.* התעלסות
love-match *n.* נישואי אהבה
love nest קן אוהבים
love-philter *n.* שיקוי-אהבה
love-potion *n.* שיקוי-אהבה
lover *n.* מאהב; אוהב, חובב, שוחר
- lovers אוהבים, מאוהבים, נאהבים
love seat ספסל לשניים
lovesick *adj.* חולה-אהבה
love-song *n.* שיר אהבה
love-story *n.* סיפור אהבה, רומן
love-token *n.* מזכרת-אהבה
lovey (luv′i) *n.* מותק, אהובה*
lovey-dovey (luv′i-duv′i) *adj.* אוהב, "קוצ'י-מוצ'י"*
loving *adj.* אוהב, מביע אהבה
loving cup גביע-יין (גדול)
loving-kindness *n.* חסד, רחמים
low (lō) *adj.* נמוך; חלש, תשוש, מדוכא; שפל, נחות, זול; גס; רדוד
- Low Countries ארצות השפלה
- Low Sunday יום א' שלאחר הפסחא
- a low opinion of דיעה שלילית על
- be/get/run low לאזול, להיגמר
- bring low להשפיל, להוריד בריאותו
- fall low להידרדר, לרדת
- in low water דחוק בכסף
- lay low להשכיב, להפיל
- lie low להסתתר, לשמור על פרופיל נמוך
- low birth מוצא נחות
- low profile פרופיל נמוך
- low season עונת-שפל (במסחר)
- low tide, low water שֵׁפֶל
low *adv.* נמוך, באופן נמוך; בזול
low *n.* דרגה נמוכה; שקע ברומטרי
low *v&n.* לגעות; געייה

low-born *adj.* נחות-מוצא
lowboy *n.* שידה נמוכה, שולחן נמוך
low-bred *adj.* גס, לא-מחונך
low-brow *n.* עם-הארץ, שוחר אמנות פשוטה/זולה
low comedy קומדיה זולה, פארסה
low-cut *adj.* (שמלה) עמוקת מחשוף
low-down *n.* העובדות האמיתיות, האמת הכמוסה*
low-down *adj.* שפל, נבזה*
low′er (lō′-) *v.* להפחית, להוריד, להנמיך; להחליש; לרדת
- lower away להוריד סירה/מפרש
- lower oneself להשפיל עצמו
- lower the boom on לשים קץ ל-
lower *adj.* תחתון, יותר נמוך
- lower case אותיות קטנות
low′er (lou′-) *v.* לזעוף; לקדור
Lower Chamber הבית התחתון
lower class המעמד הנמוך
lower deck סיפון תחתון; ימאים שאינם מפקדים
lowermost *adj.* הנמוך ביותר
low-fat *adj.* דל-שומן
low frequency תדר נמוך
low-grade *adj.* של איכות נמוכה
low-keyed *adj.* מרוסן, לא-צעקני; חלש
low-level *adj.* נמוך, של דרג נמוך
low life העולם התחתון
lowliness *n.* פשטות, שפלות
low′ly (lō′-) *adj&adv.* עניו, פשוט, נחות-דרגה; ברמה נמוכה, בצורה פשוטה/צנועה
low-lying *adj.* נמוך, של שפלה
low-minded *adj.* גס-רוח
low-necked *adj.* (בגד) עמוק-מחשוף
low-pitched *adj.* נמוך; נמוך-צליל
low-rise *adj.* נמוך, לא רב-קומות
low-spirited *adj.* מדוכא, מדוכדך
low water mark נקודת השפל
lox *n.* אילתית מעושנת, לקס; חמצן נוזלי
loy′al *adj.* נאמן, לויאלי
loyalist *n.* שומר אמונים (למשטר)
loyalty *n.* נאמנות, לויאליות
loz′enge (-zinj) *n.* גלולה, כדור, לכסנית, טבלית; מעוין, רומבוס
LP = long playing אריך-נגן
L-plate *n.* לוחית "ל" ללומדי נהיגה

LSD לס"ד (סם)
Lsd לירות, שילינגים, פנים; *כסף
lt. = lieutenant סֶגֶן
Ltd. = limited בע"מ
lub′ber *n.* גולם, מגושם
lubberly *adj.* כגולם, מגושם
lu′bricant *n.* שמן סיכה, גריז
lu′bricate′ *v.* לשמן, לגרז, לסוך
lu′brica′tion *n.* סיכה, גירוז
lu·bri′cious (lo͞obrish′əs) *adj.* גס, נבזה, שטוף זימה
lu′cent *adj.* מבריק, נוצץ
lu·cerne′ (lo͞osûrn′) *n.* אספסת
lu′cid *adj.* ברור, מובן; שקוף, בהיר
- lucid moments רגעים של דיעה צלולה
lu·cid′ity (lo͞o-) *n.* בהירות
Lu′cifer *n.* השטן, לוציפר; נוגה, ונוס
luck *n&v.* מזל, גורל
- as luck would have it למזלו (הרע)
- be in luck להיות בר מזל
- be out of luck להיות חסר מזל
- down on one's luck ביש-מזל
- for luck לשם מזל, לסימן טוב
- good luck! בהצלחה!
- hard luck חוסר מזל
- his luck is in הוא בר מזל
- his luck is out הוא חסר מזל
- just my luck! ! אין לי מזל (כרגיל)
- luck out *להיות בר-מזל
- press one's luck לדחוק בגורלו, לקוות שהמזל יאיר לו פנים
- try one's luck לנסות מזלו
- what luck! איזה מזל!
- worse luck חבל! לרוע המזל!
luckily *adv.* למרבה המזל
luckless *adj.* חסר-מזל
lucky *adj.* בר-מזל, מוצלח
- strike it lucky להיות בר מזל
lucky dip הגרלה (שבה תוחבים יד לתיבה ומעלים חפץ מתוכה)
lu′crative *adj.* נושא רווחים
lu′cre (-kər) *n.* בצע כסף
lu′dicrous *adj.* מגוחך, מצחיק
lu′do *n.* לודו (משחק ילדים)
luff *v.* להפנות הספינה לעבר הרוח
lug *v.* למשוך, לגרור, לסחוב
lug *n.* משיכה, סחיבה; ידית; זיז; מפרש מרובע; *אוזן; מגושם
lug′gage *n.* מיטען, מיזווד, כבודה
luggage rack מדף המזוודות
luggage van קרון-מזוודות
lug′ger *n.* ספינה (בעלת מפרשים מרובעים)
lug′hole′ *n.* *אוזן
lug′sail′ *n.* מפרש מרובע
lu·gu′brious (lo͞o-) *adj.* עצוב, מדוכא
lugworm *n.* תולעת פיתיון
luke′warm′ (lo͝ok′wôrm) *adj.* פושר
lull *v.* להרגיע, לשכך, ליישן, להרדים; להירגע, לשכוך
lull *n.* הפוגה, פוגה, תקופת-רגיעה
lul′laby′ *n.* שיר-ערש; רחש, רשרוש
lum·ba′go *n.* מתנת, לומבאגו
lum′bar *adj.* של המותניים
lumbar puncture ניקור מותני
lum′ber *n.* קורות, קרשים, עצים; גרוטאות; *מעמסה, דבר לא-רצוי
lumber *v.* לנסר עצים; לגבב, למלא בגרוטאות; לנוע בכבדות/בטרטור
lumberjack *n.* כורת עצים, סוחר עצים
lumberman *n.* כורת עצים, סוחר עצים
lumber-mill *n.* מנסרה
lumber-room *n.* חדר גרוטאות
lumber-yard *n.* מגרש עצים
lu′minar′y (-neri) *n.* גרם שמיימי, כוכב מאיר, שמש, ירח; אדם מזהיר
lu′mines′cence *n.* נהורנות
lu′minos′ity *n.* נוגה; נהירות, אוֹריוּת
lu′minous *adj.* זוהר, זורח; ברור, נהיר
lum′me (-mi) *interj.* ביטוי הפתעה
lum′mox *n.* *גולם, מגושם
lum′my (-mi) *interj.* ביטוי הפתעה
lump *n.* גוש, חתיכה; נפיחות, תפיחה; קוביית-סוכר; גולם, טיפש
- a lump in the throat תחושת לחץ בגרון (מהתרגשות)
- in the lump בסך הכל
- lump sum תשלום כולל (לסילוק חוב)
- take one's lumps *לחטוף מכה רצינית
lump *v.* להתגבש, להפוך לגושים
- lump together לכלול, לחבר, לצרף
- you'll have to lump it עליך לבלוע זאת, עליך להשלים בעל כורחך
lump′ec′tomy *n.* הסרת גידול מהשד

lump′ish *adj.* טיפש, מגושם
lump sugar סוכר בקוביות
lumpy *adj.* מלא גושים; טיפש, מגושם; גלי, מעלה אדווה
lu′nacy *n.* שיגעון
lu′nar *adj.* ירחי, של הלבנה
lunar month חודש הלבנה
lunar year שנת הלבנה
lu′nate′ *adj.* דמוי חצי-סהר
lu′natic *adj&n.* חולה-רוח
lunatic asylum בית משוגעים
lunatic fringe פלג קיצוני
lunch *n.* ארוחת צהריים
lunch *v.* לסעוד ארוחת צהריים; לספק/לארח לארוחת צהריים
lunch′eon (-chən) *n.* ארוחת צהריים
lun′cheonette′ (-chənet′) *n.* מסעדה לארוחות קלות
lunchtime *n.* שעת ארוחת-צהריים
lung *n.* ריאה
lunge *n.* תנופה, זינוק, דחיפה, תנועה נמרצת קדימה
lunge *v.* לזנק, לדחוף בתנופה
lung-power *n.* קול חזק
lu′pin *n.* תורמוס (צמח נוי)
lu′pine *adj.* זאבי, כמו זאב
lu′pus *n.* זאבת
- lupus erythematosus זאבת אדמנתית
lurch *v.* להתנודד, לנוע בטלטולים
lurch *n.* תנועת פתע הצידה, הטיה, נטייה, טלטול
- leave him in the lurch לנטשו בעת צרה
lurch′er *n.* כלב ציד
lure *n.* פיתוי, קסם, משיכה; פיתיון
lure *v.* לפתות, למשוך
lur′gy *n.* *מחלה
lu′rid *adj.* זורח, מבהיק; מזעזע, איום
lurk *v.* לארוב, להסתתר; להתגנב
lurking place מחבוא, מסתור
lus′cious (lush′əs) *adj.* מתוק, ריחני; מושך, יפה; בשל; שופע; חושני
lush *adj.* שופע, גדל בשפע, עשיר
lush *n.* *שיכור; משקה, אלכוהול
lust *n.* תאווה, תשוקה
lust *v.* להשתוקק, לחשוק
lus′ter *n.* ברק, זוהר; פרסום; נברשת
lustful *adj.* חושק, שטוף-תאווה
lus′trous *adj.* מבריק, נוצץ
lust′y *adj.* חסון, חזק, שופע און
lu′tanist *n.* קתרוסן
lute *n&v.* קתרוס; מֶרק (לסתימת חורים); לסתום (חורים במֶרֶק)
Lu′theran *adj&n.* לותרני
luv = love *מותק
luv′vie, luv′vy *n.* *מותק, אהובה
lux·u′riance (lugzhoor′-) *n.* שפע, עושר
lux·u′riant (lugzhoor′-) *adj.* שופע, גדל בשפע, עשיר, פורה; (סגנון) מקושט, מסולסל
lux·u′riate′ (lugzhoor′-) *v.* ליהנות, להתענג
lux·u′rious (lugzhoor′-) *adj.* מפואר, מובחר; אפוף מותרות, של לוקסוס; רודף מותרות
lux′ury (luk′shəri) *n.* מותרות, לוקסוס
lycee (lēsā′) *n.* בי"ס תיכון (בצרפת)
ly·ce′um *n.* מוסד ספרותי, אקדמיה
ly′chee *n.* ליצ'י (עץ פרי סיני)
lych-gate *n.* שער בית-קברות
ly′copo′dium *n.* כף זאב (צמח בר)
Lyd′da, Lod *n.* לוד
lye (lī) *n.* בורית, אפר, נוזל-ניקוי
ly′ing (see lie) שוכב; מקום לשכב; משקר, כוזב
lying-in *n.* שכיבת היולדת, לידה
lying-in-state *n.* הנחת ארון המת
lymph *n.* לימפה, ליבנה, נסיוב הדם
lymphat′ic *adj.* לימפתי; איטי, כבד
lynch *v.* לערוך משפט-לינץ'
lynch law משפט לינץ'
lynch′pin′ *n.* פין אופן (התקוע בקצה הסרן); חלק חשוב, בורג מרכזי במערכת
lynx *n.* חתול פרא
lynx-eyed *adj.* חד-ראייה
lyre *n.* נֵבֶל (קדום)
lyr′ic *n.* שיר לירי, ליריקה
- lyrics מלות השיר
lyric(al) *adj.* לירי, פיוטי; משתפך
lyrical *adj.* נלהב, נרגש, מתפעל
lyr′icism′ *n.* ליריות, השתפכות הנפש
lyr′icist *n.* ליריקן, משורר לירי
ly′rist *n.* מנגן בנֵבֶל
ly′sol (-sôl) *n.* ליזול (נוזל-חיטוי)

M

M = meters, miles, minutes
ma (mä) *n.* אמא*
MA = Master of Arts מ"א
ma'am (mam) *n.* גברת
mac *n.* חבר, אדוני; מעיל גשם*
macabre (-kä'bər) *adj.* מבעית, מקאברי
macad'am *n.* חצץ (לסלילת כביש)
macad'amize' *v.* לסלול בחצץ
macadam road כביש חצץ
mac'aro'ni *n.* איטריות, מקרוני
mac'aroon' (-rōōn) *n.* מקרון (עוגת שקדים)
Mac'cabe'an *adj.* מַכַּבִּי
mace *n.* שרביט; אַלָּה כבדה; מין תבלין; תרסיס נגד תוקף
mace-bearer *n.* נושא השרביט
mac'erate' *v.* להמיס, לרכך
Mach (mak) *n.* מאך (מהירות הקול באוויר)
machet' *n.* סכין
mach'iavel'lian (-k-) *adj.* מקיאבלי; לא בוחל בשום אמצעי
mach'ina'tion (-k-) *n.* מזימה
machine' (-shēn) *n.* מכונה; רובוט, כלי-שרת; מנגנון (מפלגתי)
machine *v.* לייצר/לתגמר במכונה
machine code שפת מחשב
machine-gun *n.* מַקלֵעַ
machine-made *adj.* מיוצר במכונה
machine-readable *adj.* קריא למחשב
machin'ery (-shēn-) *n.* מכונות, מנגנון; שיטות, אירגון
machine tool מכשיר מכאני
machin'ist (-shēn-) *n.* מכונאי
machis'mo (mächēz'-) *n.* מאצ'ואיזם, גבריות
ma'cho (mä-) *n.* מאצ'ו, גבר
mack *n.* מעיל גשם*
mack'erel *n.* מַקֶרֶל, קולייס (דג)
mack'intosh' *n.* מעיל גשם
mac'rame' (-rəmā) *n.* ציצית, מלמלה, מַקְרָמֶה
mac'ro *n.* מאקרו, מיכלל, גדול, רחב
mac'ro·bi·ot'ic *adj.* (מזון) מבריא, מכיל ירקות שגדלו ללא כימיקלים
mac'ro·cosm (-koz'əm) *n.* העולם, היקום, מאקרוקוסמוס
mac'roscop'ic *adj.* נראה לעין, בקנה-מידה רחב
mad *adj.* משוגע; רוגז, רותח מזעם
- go mad להשתגע
- mad about/for משוגע ל-
- mad as a March hare/hatter משוגע לגמרי
- mad dog כלב שוטה
- mad keen להוט ביותר*
- run/work like mad לרוץ/לעבוד כמו משוגע (מהר, במרץ)
mad'am *n.* גברת; מנהלת בית-בושת
madame' (-dam) *n.* גברת, מאדאם
mad'cap' *n&adj.* משוגע; פזיז
mad cow disease מחלת הפרה המשוגעת
mad'den *v.* לשגע; להרגיז
mad'der *n.* עשב מטפס; חומר-צביעה אדום
made *adj.* עשוי, נוצר
- made in Israel תוצרת ישראל
made = p of make
Madei'ra (-dēr'ə) *n.* יין מדירה
mad'emoiselle' (-dəməzel') *n.* עלמה, מדמואזל
made-to-measure *adj.* לפי הזמנה
made-up *adj.* בדוי, לא-אמיתי; מאופר; מוכן; סלול
madhouse *n.* בית-משוגעים
madly *adv.* כמו משוגע; *מאוד
madman *n.* משוגע
madness *n.* שיגעון, טירוף
mad'ras *n.* מדראס (אריג כותנה)
mad'rigal *n.* מדריגל, זמר רב-קולי
madwoman *n.* משוגעת
Maece'nas (misē'-) *n.* מצנס, פטרון יצירה
mael'strom (māl'-) *n.* מערבולת
maenad (mē'nad) *n.* משתוללת
maes'tro (mīs'-) *n.* מַאֶסטרוֹ, מנצח, מלחין
maf'fick *v.* לצהול, לעלוז, לחגוג
Maf'ia *n.* מאפיה, העולם התחתון
maf'io'so *n.* איש המאפיה, מאפיונר
mag *n.* מגאזין, כתב-עת*
mag'azine' (-zēn) *n.* מגאזין, כתב-עת; מחסן-תחמושת; מחסנית
magen'ta *n&adj.* ארגמן, אדום

mag′got *n.* רימה, תולעת, זחל
- has a maggot in his head נכנס לו זבוב בראש
mag′goty *adj.* שורץ זחלים, מתולע
mag′ic *n.* כשפים, קסם; להטוטים
- as if by/like magic כבמטה-קסם
magic, magical *adj.* קסום, מאגי
magic carpet מרבד קסמים
magic eye עין אלקטרונית
magi′cian (-jish′ən) *n.* מכשף
magic lantern פנס-קסם
magic square ריבוע קסם
mag′iste′rial *adj.* סמכותי; של בר-סמכא; של שופט-שלום
mag′istracy *n.* כהונת שופט-שלום
- the magistracy שופטי השלום
mag′istrate *n.* שופט שלום
magistrate's court בית משפט שלום
mag′ma *n.* מאגמה, חומר סלעי מותך
mag′nanim′ity *n.* רוחב לב, גדלות
mag·nan′imous *adj.* רחב לב
mag′nate *n.* בעל נכסים, אֵיל הון
mag·ne′sia (-shə) *n.* מגנסיה, תחמוצת מגניון
mag·ne′sium (-z-) *n.* מגניון, מגנזיום
mag′net *n.* מגנט
mag·net′ic *adj.* מגנטי, מושך; מקסים
magnetic field שדה מגנטי
magnetic mine מוקש מגנטי
magnetic pole קוטב מגנטי
magnetic tape סרט מגנטי
mag′netism *n.* מגנטיות; קסם אישי
mag′netize′ *v.* למגנט; להקסים
mag·ne′to *n.* מגנטו (ליצירת חשמל)
mag′nifica′tion *n.* הגדלה
mag·nif′icence *n.* הוד, רושם
mag·nif′icent *adj.* מפואר, נפלא
magnifier *n.* מכשיר הגדלה, מגדיל
mag′nify′ *v.* להגדיל (גוף, בעדשה); להלל, לשבח; להגזים
magnifying glass זכוכית מגדלת
mag·nil′oquence *n.* סיגנון מנופח, עתק
mag·nil′oquent *adj.* מנופח, נמלץ
mag′nitude′ *n.* גודל, חשיבות, ערך; כבוד (של כוכב)

mag·no′lia *n.* מגנוליה (עץ נוי)
mag′num *n.* בקבוק גדול
mag′num o′pus פאר יצירתו
mag′pie (-pī) *n.* עקעק, עורב-הנחלים; פטפטן; לקחן, לקטן
Mag′yar (-yär) *n.* מדיארי, הונגרי
maharaja (mähərä′jə) *n.* מאהראג'ה, נסיך הודי
mahat′ma *n.* מאהאטמה, חכם הודי
mahog′any *n.* מהגוני, תולענה (עץ)
maid *n.* נערה, בחורה; עוזרת
- old maid רווקה זקנה
maid′en *n.* נערה; סוס שטרם ניצח במירוץ; גיליוטינה
maiden *adj.* של נערה, לא נשואה; בתולי
- maiden flight טיסת בכורה
- maiden land קרקע בתולה
- maiden name שם שלפני הנישואים
- maiden speech נאום בתולין/בכורה
maidenhair *n.* שערות שולמית (שרך)
maidenhead *n.* בתולים
maidenhood *n.* נעורים, בתולים
maidenlike *adj.* עדינה, צנועה
maidenly *adj&adv.* בביישנות
maiden voyage הפלגת בכורה
maidservant *n.* עוזרת, משרתת
mail *n.* דואר, דברי-דואר; שִריון
mail *v.* לשלוח בדואר
mailbag *n.* שק דואר; ילקוט הדוור
mailbox *n.* תיבת-דואר
mail-coach *n.* מרכבת-דואר
mailed *adj.* משוריין
mailing-card *n.* גלויית דואר
mailing list רשימת נמענים
mailman *n.* דוור
mail order הזמנת משלוחים בדואר
mailshot *n.* הצפה בדברי דואר
mail train רכבת דואר
maim *v.* לגרום לנכות, להטיל מום
main *adj.* ראשי, עיקרי
- by main force בכוחות מרביים
- has an eye to the main chance לוטש עיניו לכסף, מבקש להתעשר
- main clause משפט עיקרי (בתחביר)
- main deck סיפון עליון
- main drag הרחוב הראשי
main *n.* צינור ראשי; כבל ראשי; מערכת החשמל; ים

- in the main בכלל, בעיקר, לרוב
- mains רשת החשמל; צינור ראשי
- mains set/radio מקלט רדיו הפועל על חשמל (ולא על סוללות)
main course מנה עיקרית
mainframe *n.* מערכת מחשב; עיבוד מרכזי
mainland *n.* יבשה, ארץ
main line עורק ראשי; קו רכבת ראשי; *וריד להזרקת סם
mainline *v.* *להזריק סם
mainly *adv.* בעיקר
mainmast *n.* תורן ראשי
mainsail *n.* מיפרש ראשי
mainspring *n.* קפיץ ראשי; מניע ראשי
main squeeze *בוס, מנהיג
mainstay *n.* חבל ראשי (מראש התורן); משען ראשי, מפרנס, תומך
mainstream *n.* מגמה שלטת, נטייה
mainstream *v.* לשבץ בכיתה רגילה
maintain′ *v.* להמשיך, להתמיד; להחזיק, לשמור; לתמוך, לפרנס; לתחזק; לטעון
- maintain one's health לשמור על בריאותו
- maintain one's right to- לעמוד על-זכותו ל-
- maintain order לקיים סדר
main′tenance *n.* אחזקה; תחזוקה; פרנסה; תמיכה; דמי-מזונות; התמדה, המשך
maintenance claim תביעת מזונות
maintenance order צו לתשלום דמי-מזונות
mai′sonnette′ (-z-) *n.* בית קטן; דירת מגורים (בתוך דירה)
maitre d′hotel מלצר מלון ראשי
maize *n.* תירס
maj. = major
majes′tic *adj.* מלכותי, מעורר כבוד
maj′esty *n.* מלכות, הוד, תפארת
- His Majesty (the King) המלך
ma′jor *adj.* ראשי, עיקרי, חשוב; גדול
- major operation ניתוח קשה
- major scale סולם מז׳ור, רביב, דור
major *n&v.* רב-סרן; בגיר, בוגר; מקצוע ראשי (באוניברסיטה)
- major in ללמוד כמקצוע ראשי
ma′jor-do′mo *n.* ראש המשרתים
ma′jorette′ *n.* שרביטאית
major general אלוף; ניצב; גונדר
major′ity *n.* רוב, רוב קולות; בגרות, בגירות; דרגת רב-סרן
majority leader מנהיג הרוב
majority opinion דעת הרוב
majority rule שלטון הרוב
make *v.* לעשות; ליצור; לגרום, להביא; לאלץ, להכריח; להגיע, להשיג; לתאר, להציג; להעריך, להסתכם ב-; להיות, להוות
- 3 and 2 make 5 **3 + 2 = 5**
- I made the train הגעתי לתחנת הרכבת בזמן
- I make you a present of it אני נותן זאת לך במתנה
- has it made *מצליח, לא חסר דבר
- he made (as if) to speak הוא עמד לדבר, נוצר רושם שידבר
- he made her *הוא התעלס עמה
- made himself heard השמיע קולו
- make (it) up with להתפייס, להשלים
- make a bed לסדר/להציע מיטה
- make a meal לאכול ארוחה, לסעוד
- make a pile *לגרוף הון
- make a will לכתוב/לערוך צוואה
- make after לרדוף אחרי
- make at לתקוף, להתנפל על
- make away with לחסל; לבזבז; לגנוב
- make for לנוע בכיוון; להתנפל על; להביא ל-, לתרום ל-; להוביל ל-
- make into להפכו ל-, לעשות ל-
- make it להגיע בזמן; להצליח
- make it clear that להבהיר ש-
- make it with להתקבל (לחברה)
- make it worth his while לגמול לו
- make land להגיע לחוף
- make little of להמעיט בחשיבות, לבטל, לזלזל; להבין מעט מאוד
- make love להתעלס
- make off לברוח, להסתלק
- make one's way ללכת, לשים פעמיו
- make or break/mar להמר על כל הקופה, או הצלחה או כישלון
- make out להבין, לפענח; לראות, להבחין; לרשום, לכתוב; *להתעלס
- make out (to be) לטעון, לומר, להעמיד פנים
- make out (with) להתקדם, להצליח, להסתדר עם

- make out a case for להעלות נימוקים למען-
- make over להעביר בעלות; לתת; לשנות, להחליף
- make the cards לערבב הקלפים
- make time למצוא זמן; *לחזר
- make towards לנוע בכיוון
- make up להתאפר; להמציא, לפברק; להרכיב, להכין; למלא החסר
- make up for לפצות על
- make up for lost time למהר, להדביק פיגור
- make up one's mind להחליט
- make up to לבקש קרבת-, לכרכר סביב-; לגמול, לפצות, לכפר
- she made him a good wife היא הייתה אישה טובה
- the ebb is making השפל מתחיל
- what am I to make of it? כיצד אבין זאת?, איך אפרש זאת?
- what time do you make it? מה השעה להערכתך?
make *n.* תוצרת, סוג
- on the make *להוט לעשות רווחים, שואף להתקדם; רודף מין
make-believe *n&adj.* העמדת פנים; דימיון; מעמיד פנים; דימיוני
makeover *n.* שינוי כללי, עיצוב מחדש
maker *n.* בורא, יוצר; הבורא
- meet one's Maker ללכת לעולמו
makeshift *n&adj.* תחליף; זמני, ארעי
make-up *n.* איפור; הרכב, מערוכת, מבנה; סידור, עימוד (בדפוס); בחינות מועד ב'
makeweight *n.* תוספת משקל; ממלא מקום, משלים החסר
making *n&adj.* עשייה; עושה, גורם
- in the making בתהליך הייצור
- it was the making of him זה פיתח אותו, הדבר חישל אותו
- makings תכונות, נתונים, סגולות
- sick-making מחליא, מבחיל
mal (תחילית) (באופן) רע
malac'ca cane מקל-הליכה
mal'achite' (-k-) *n.* מאלאכיט (מחצב)
mal'adjust'ed *adj.* לא מתאים; לא מסתגל
mal'adjust'ment *n.* חוסר הסתגלות
mal'admin'istra'tion *n.* ניהול רע
mal'adroit' *adj.* לא זריז, מגושם
mal'ady *n.* מחלה, חולי
mala fide (maləfī'də) *adv.* שלא בתום לב
malaise' (-z) *n.* תחושת מחלה, הרגשה רעה, תשישות
mal'aprop·ism *n.* שיבוש מלה
mal'ap·ropos' (-pō') *adj&adv.* לא במקומו; לא בעיתו; לא הולם
malar'ia *n.* קדחת הביצות, מלאריה
malarial *adj.* של קדחת הביצות
malar'key *n.* *שטויות, חנטריש
mal'content' *adj.* לא מרוצה, עלול למרוד
male *n&adj.* זכר; גברי
mal'edic'tion *n.* קללה
mal'efac'tor *n.* עושה רע, פושע
malef'icent *adj.* מזיק, עושה רע
malev'olence *n.* רוע-לב, רֶשַע
malev'olent *adj.* חורש רעה, רָשָע
mal·feas'ance (-z-) *n.* עבירה
mal'for·ma'tion *n.* עיוות צורה; איבר מעוות
mal'formed' (-fôrmd') *adj.* מְעוּוָת
mal·func'tion *n&v.* ליקוי בפעולה; לפעול בצורה גרועה
mal'ice (-lis) *n.* רשעות, רצון לפגוע
- bear malice לנטור איבה
- with malice aforethought בזדון
mali'cious (-lish'əs) *adj.* זדוני, רע
malign' (-līn) *adj.* מזיק, רע
malign *v.* להשמיץ, לדבר סרה ב-
malig'nancy *n.* זדון, רוע-לב
malig'nant *adj.* זדוני, רע; ממאיר
- malignant tumor גידול ממאיר
malig'nity *n.* רשעות, זדון, רוע-לב
malin'ger (-g-) *v.* להתחלות
malingerer *n.* מִתחַלֶה, מתחזה כחולה
mall (môl) *n.* שדירה; מידרחוב; קניון; איזור חנויות
mal'lard *n.* ברכייה (ברווז בר)
mal'le·abil'ity *n.* חשילות; סגילות
mal'le·able *adj.* חשיל, ניתן לעיצוב; ניתן לאילוף, סגיל
mal'let *n.* פטיש-עץ; מקל-פולו
mal'low (-lō) *n.* חלמית (פרח)
malmsey (mäm'zi) *n.* יין מדירה מתוק
mal·nour'ished (-nur'isht) *adj.*

סובל מתת תזונה
mal′nutri′tion (-nōōtrish′ən) *n.* תת-תזונה, תזונה לקויה
mal·o′dorous *adj.* מסריח
mal·prac′tice (-tis) *n.* פעילות לא חוקית, שחיתות; טיפול רע
malt (môlt) *n&v.* לֶתֶת, מאלט; ללתות (שעורים); להילתת
Maltese (môltēz′) *adj.* של מאלטה
Maltese cross צלב מאלטה (בעל זרועות ממוזלגות)
malthu′sian (-shən) *adj.* מאלתוסי, חרד מהתפוצצות האוכלוסיה
mal·treat′ *v.* להתאכזר, להתעלל
maltreatment *n.* התאכזרות
malt′ster (môlt′-) *n.* לַתָּת
mal′versa′tion *n.* שחיתות, מעילה
mama, mamma (mä′-) *n.* אמא
mam′ba *n.* מאמבה (נחש ארסי)
mam′bo *n.* מאמבו (ריקוד)
mam′mal *n.* יונק
mam·ma′lian *adj.* של יונקים
mam′mary *adj.* של השדיים
mammary gland בלוטת החלב
mam′mogram′ *n.* צילום שד
mam·mog′raphy *n.* ממוגרפיה
mam′mon *n.* ממון, עושר, רדיפת בצע
mam′moth *n&adj.* ממותה; ענקי
mam′my *n.* אמא; *מטפלת כושית
man *n.* איש, בן-אדם, גבר; הגזע האנושי; משרת, כפוף; כלי (בשחמט)
- a man of his word אומר ועושה
- as one man כאיש אחד
- be a man לנהוג כגבר, לא לחשוש
- every man jack כל אחד ואחד
- here's your man זה האיש
- is his own man הוא עצמאי
- man about town מבלה, בליין
- man and boy מילדות, כל חייו
- man and wife בעל ואישה, זוג נשוי
- man in the street האיש הממוצע
- man of God איש אלוהים
- man of the world איש העולם
- officers and men קצינים וחיילים
- play the man! היה גבר!
- to a man הכול, כולם, עד אחד
- to the last man עד לאחרון שבהם
man *v.* לאייש
man′acle *v.* לכבול באזיקים, לאזוק
manacles *n-pl.* אזיקים

man′age *v.* לנהל; לשלוט ב-; לטפל ב-; להסתדר; להצליח
- can manage להצליח להסתדר, לקבל, לנצל, לאכול
man′ageabil′ity (-nijəb-) *n.* נוחות הטיפול; צייתנות
manageable *adj.* קל לטפל בו; ניתן לניהול; צייתן
management *n.* ניהול; הנהלה; טיפול; תבונה, תחבולה
management fee דמי ניהול
man′ager (-ni-) *n.* מנהל; אמרגן
- a good manager בעלת-בית טובה
man′ageress (-ni-) *n.* מנהלת
man′age′rial *adj.* מינהלי
managing *adj.* חסכן; שתלטן
managing director מנהל; מנכ״ל
man′-at-arms′ (-z) *n.* חייל, פרש
man′atee′ *n.* פרת-ים
man′darin *n.* מנדרין, פקיד בכיר; סינית מדוברת; מנדרינה (פרי)
man′date (-dāt) *n&v.* מנדאט, ייפוי-כוח; למסור (ארץ) למנדאט
man′dato′ry *adj.* הכרחי, נחוץ; של חובה; מנדטורי
man′dible *n.* לסת, צבת (של סרטן)
man′dolin′ *n.* מנדולינה (כלי נגינה)
man·drag′ora *n.* דודא
man′drake′ *n.* דודא
man′drill *n.* מאנדריל (קוף)
mane *n.* רעמה
man-eater *n.* אוכל אדם; קניבאל; *בעלת מחזרים רבים, קוטלת גברים
maneu′ver (-nōō′-) *n&v.* תמרון; תכסיס; לערוך תמרונים, לתמרן
maneu′verabil′ity (-nōō′-) *n.* כושר תמרון
maneu′verable (-nōō′-) *adj.* ניתן לתמרון
man Friday ששת, עבד נאמן
man′ful *adj.* אמיץ, החלטי, גברי
man′ganese′ (-z) *n.* מנגן (מתכת)
mange (mānj) *n.* שחין (בכלבים)
man′gel-wur′zel (-g-) *n.* סלק-בהמות
man′ger (mān-) *n.* איבוס
man′gle *v.* למחוץ, לרסק; לפצוע; לקלקל, להשחית; לגהץ במעגילה
mangle *n.* מעגילה, זיירה
man′go *n.* מאנגו (עץ, פרי)
man′gosteen′ *n.* מאנגוסטין (פרי)
man′grove *n.* מאנגרובה (עץ)

ma′ngy *adj.* מוכה-שחין; מלוכלך, דוחה
man-handle *v.* להזיז בכוח; לטפל בגסות
man′hole′ *n.* בור (בכביש)
manhood *n.* בגרות; גבריות; הגברים
man-hour *n.* שעת-עבודה
manhunt *n.* ציד אדם
ma′nia *n.* שיגעון; תאווה, תשוקה
ma′niac′ *n.* משוגע, "מאניאק"
mani′acal, man′ic *adj.* שיגעוני
manic depression מַנְיָה דֶפְּרֶסְיָה
manic-depressive *adj.* סובל ממַנְיָה דֶפְּרֶסְיָה, שמח ומדוכא לסירוגין
man′icure′ *n&v.* מניקור; טיפול בידיים ובציפורניים; לעשות מניקור
manicurist *n.* מניקוראית
man′ifest′ *adj.* ברור, גלוי
manifest *v.* להראות, לגלות, להפגין
- manifest itself להופיע, להתגלות
manifest *n.* רשימת הסחורות, מיצהר
man′ifesta′tion *n.* הבהרה; גילוי, הפגנה, ביטוי
man′ifes′to *n.* מינשר, גילוי-דעת, מניפסט
man′ifold′ (-fōld) *adj.* רב, רבגוני, רב-צדדי
manifold *n.* סעפת (במכונית)
manifold *v.* לשכפל
man′ikin *n.* גמד; מנקין; אימום-אדם
manil′a *n.* מנילה, מוז הסיבים; סיגר
manila paper נייר מנילה (לאריזה)
manip′u·late′ *v.* להפעיל, לטפל ב-; לנהוג, להשפיע; להשתמש לצרכיו; לזייף
manip′u·la′tion *n.* הפעלה; טיפול; השפעה; זיוף, מאניפולציה, תִּכְסוּס
manip′u·la′tive *adj.* מניפולטיבי, נצלני
man′kind′ (-kīnd) *n.* האנושות, בני-האדם
manlike *adj.* של אדם, כמו גבר
manliness *n.* גבריות
manly *adj.* גברי, כגבר
man-made *adj.* עשוי בידי אדם
man′na *n.* מָן; דבר טוב הבא לפתע
manned (mand) *adj.* מאויישת

man′ne·quin (-kin) *n.* מנקין, בובה, דוגמן, אימום-אדם
man′ner *n.* אופן, צורה, שיטה, דרך; יחס לזולת; סגנון, מנהג; נימוס
- all manner of כל סוג
- as to the manner born כאילו נולד לכך, בטבעיות
- bad manners חוסר נימוס
- by no manner of means בשום אופן לא
- in a manner במובן מסויים
- in a manner of speaking אם אפשר לומר כך, "הייתי אומר"
- manners מנהגים, ארחות-חיים; דרך-ארץ, נימוסים
- what manner of- איזה מין-
mannered *adj.* מעושה בגינוניו
- ill-mannered לא מנומס
- well-mannered מנומס, אדיב
mannerism *n.* הרגל מיוחד, גינונים, מלאכותיות; חיקוי; מַנְיֶרִיזְם
mannerly *adj.* מנומס, אדיב
man′nish *adj.* גברי, אופייני לגבר
manoeuvre = maneuver
man′-of-war′ (-əv-wôr′) *n.* ספינת-קרב
manom′eter *n.* מד-לחץ, מנומטר
man′or *n.* אחוזה, משק, חווה; נפת משטרה
manor′ial *adj.* של אחוזה
manpower *n.* כוח אדם
manque (mänkā′) *adj.* שלא הצליח, שעשוי היה להיות
man′sard (-särd) *n.* גג בעל שני שיפועים, מאנסארד
manse *n.* בית הכומר
manservant *n.* משרת
man′sion *n.* בית גדול, ארמון
- mansions בית-דירות
man-sized *adj.* גדול, מתאים לגבר
manslaughter *n.* הריגה
man′tel (piece) *n.* מסגרת האח
mantelshelf *n.* מדף האח
man·til′la *n.* מטפחת ראש, רדיד
man′tis *n.* גמל-שלמה
man·tis′sa *n.* מנטיסה (בלוגריתם)
man′tle *n.* מעיל; כסות; כיסוי רשת (ללהבת-גאז)
mantle *v.* לכסות; להאדים
man′-to-man′ גלוי, ללא גינונים
man′tra *n.* מנטרה, מילה חוזרת
man′trap′ *n.* מלכודת (לעבריינים)

man′u·al (-yooəl) *adj.* ידי, ידני, של יד, של עבודת-כפיים
manual *n.* מדריך, ספר שימושי; מקלדת
man′u·fac′ture *n.* ייצור; תוצרת
manufacture *v.* לייצר; לבדות, לפברק
manufacturer *n.* יצרן, תעשיין
man′u·mis′sion *n.* שחרור (עבד)
man′u·mit′ *v.* להוציא לחופשי
manure′ *n&v.* זבל, דשן; לדשן
man′u·script′ *n.* כתב-יד
many (men′i) *adj&n.* הרבה, רבים; רב-
- a good/great many הרבה
- as many (again) כמספר הזה
- had one too many שתה לשכרה
- he's one too many for me איני יכול להתחרות בו, הוא פיקח ממני
- in so many words במלים ממש
- many a man אנשים רבים
- many-colored/-sided רבגוני, רב-צדדי
- many's the time תכופות
- one too many אחד יותר מהדרוש
- the many ההמונים, רוב הציבור
- too many יותר מדי, הרבה מדי
Mao′ri (mou-) *adj.* מאורי, ניו-זילנדי
map *n&v.* מפה; למפות
- map out לתכנן, לסדר
- off the map נידח; לא קיים
- put it on the map להציב על המפה
ma′ple *n.* אדר (עץ)
map-maker *n.* קרטוגרף
mapping *n.* מיפוי, מפאות
map-reader *n.* קורא מפות
mar *v.* לקלקל, לפגום, להשחית
mar′abou′ (-bōō) *n.* מאראבו (עוף)
mar′aschi′no (-shē′-) *n.* מרסקינו (משקה, שרי)
mar′athon′ *n.* מרתון
maraud′ *v.* לשדוד, לשחר לטרף
marauder *n.* שודד, משחר לטרף
mar′ble *n.* שיש; גוּלָה
marble *adj.* שיישי, קשה, חלק, קר
marbled *adj.* מְגוּוָן, כעין השיש
marbles *n-pl.* גולות-מישחק; פסלי שיש
- lose one's marbles *להשתגע
marc *n.* פסולת פירות סחוטים
march *v.* לצעוד; להצעיד, להוביל
- march with לגבול ב-
- quick march! קדימה צעד!
march *n.* צעדה, צעידה, מסע; מיצעד; התקדמות; מארש, שיר לכת; גבול, סְפָר
- line of march קו הצעידה/התנועה
- march past מיצעד הצדעה; מיצעד מיסקר
- on the march צועד קדימה
- steal a march on להקדים, להשיג יתרון על-, לעשות צעד מחוכם
March *n.* מרץ, מרס (חודש)
marching orders הוראות לנוע/לצאת לקרב; *מכתב פיטורים
mar′chioness′ (-shən-) *n.* מרקיזה
mare *n.* סוסה; אתון
- mare's nest מתיחה; אמצאת-שווא
mare (mä′rā) *n.* ים (על הירח)
mar′garine (-jərin) *n.* מרגרינה
marge *n.* *מרגרינה
mar′gin *n.* שוליים; שפה, קצה; רווח; מרווח-זמן, עודף; מצב גבולי; תחום; הפרש
mar′ginal *adj.* של שוליים, שולי
- marginal land זיבורית (אדמה)
- marginal life חיים מן היד אל הפה
- marginal notes הערות שוליים
- marginal seat מושב פרלמנטרי שנבחר ברוב זעום, מושב מתנדנד
mar′gina′lia *n-pl.* הערות שוליים
mar′ginalize′ *v.* לדחוק אל השוליים
mar′grave *n.* מרקיז (גרמני)
mar′guerite′ (-gərēt) *n.* חיננית
mar′igold′ (-gōld) *n.* ציפורני-החתול
mar′ihua′na (-riwä′-) *n.* מריחואנה
mar′ijua′na (-riwä′-) *n.* מריחואנה
marim′ba *n.* מרימבה (כעין כסילופון)
mari′na (-rē′-) *n.* מרינה, חוף סירות
mar′inade′ *n.* תחמיץ בשר/דגים
mar′inate′ *v.* לכבוש בשר/דגים
marine′ (-rēn) *adj.* ימי; של ספינות
marine *n.* נֶחָת, חייל המארינס
- marines corps נחתים, מארינס
- merchant marine צי-הסוחר
- tell it to the marines ספר לסבתא
mar′iner *n.* מַלָּח, ימאי
mar′ionette′ *n.* מריונטה, בובה

mar′ital *adj.* של נישואים, של בעל
marital status מצב משפחתי
mar′itime′ *adj.* ימי; שליד הים
mar′joram *n.* איזוב (צמח)
mark *n.* כתם, צלקת; סימן, עקב; אות, ציון, נקודה; סמל; מטרה; קו-הזינוק; צלב, חתימת אנאלפביתי; סוג, מידל; מארק
- as a mark of לאות- (הוקרה)
- below the mark מתחת לתקן הדרוש
- beside the mark לא רלוואנטי
- full marks 100 נקודות, 100%
- hit the mark לקלוע למטרה, להצליח
- make one's mark לעשות לו שם
- man of mark מצטיין, בעל שם
- not up to the mark לא בקו הבריאות, לא כתמול שילשום
- on your marks, get set, go! מוכנים, היכון, רוץ!
- price mark תווית מחיר
- question mark סימן שאלה (?)
- quick off the mark מהיר-תפיסה
- up to the mark ברמה הנאותה
- wide of the mark לא מדוייק כלל, לא קולע, לא שייך לנושא
mark *v.* לסמן, לציין; להותיר סימן; לתת ציון; לרשום; לשים לב ל-
- mark down/up להוזיל/לייקר
- mark off לתחום; להפריד; לסמן
- mark out לסמן, לציין; לתאר (שטח); לייחד, לייעד; לבחור
- mark time לדרוך במקום
- mark you! שים לב!
mark-down *n.* הוזלה, הנחה
marked *adj.* מסומן; מצויין; בולט, ניכר
- a marked man "נמצא על הכוונת"
marker *n.* מסמן; רושם נקודות; ציון; עט לורד, מרקר; סימנית; *פתק חוב
mar′ket *n.* שוק; מסחר; ביקוש
- bring eggs to a bad market לטעות בכתובת, להיכשל
- go to a bad market להיכשל
- in the market for מבקש לקנות
- on the market מוצע למכירה
- play the market לשחק במניות
- the market fell המחירים ירדו
market *v.* לשווק, למכור, לקנות
- go marketing לערוך קניות
marketable *adj.* שוויק
market basket סל קניות, סל לחישוב המדד
market-day *n.* יום השוק
market economy כלכלת שוק
mar′keteer′ *n.* שַוָק; משווק
marketer *n.* שַוָק; משווק
market garden גן ירק
marketing *n.* שיווק, הפצת סחורה
market-place *n.* שוק, כיכר השוק
market research תחקיר שיווק
market share נתח שוק
market town עיר יריד
market value ערך שוק
marking *n.* סימן, סימנים מגוונים
marking ink דיו-סימון
marks′man *n.* קַלָע, צַלָף
marksmanship *n.* קלעות
mark-up *n.* עלייה, ייקור
marl *n.* אדמת-סיד (לזיבול)
mar′lin *n.* דג החנית, מרלין
marlinspike *n.* צינורית-התרה
mar′malade′ *n.* מרמלדה
mar·mo′re·al *adj.* שיישי, קר, לבן
mar′moset′ (-z-) *n.* מרמוזט (קיפוף)
mar′mot *n.* מרמוטה (מכרסם)
maroon′ (-rōōn′) *n&adj.* חום, ערמוני; זיקוקית; עבד נמלט
maroon *v.* לנטוש אדם (על אי)
marque (märk) *n.* סוג, דגם, מודל
mar·quee′ (-kē′) *n.* אוהל גדול
mar′quetry (-k-) *n.* מעשה תשבץ, שיבוץ דוגמאות מגוונות בעץ
mar′quis, mar′quess *n.* מרקיז
mar′riage (-rij) *n.* נישואים
- give in marriage להשיא (בת)
marriageable *adj.* הגיע לפירקו
marriage bureau משרד שידוכים
marriage guidance ייעוץ נישואים
marriage lines תעודת נישואים
marriage settlement הסכם נישואים
married *adj.* נשוי; של נישואים
- young marrieds הזוג הצעיר
mar′row (-ō) *n.* לשד, מוח עצמות; תמצית; קישוא
- frozen to the marrow קפוא עד לשד עצמותיו
- vegetable marrow קישוא
marrowbone *n.* עֶצֶם-לְשַד
marrowfat (pea) *n.* אפונה גדולה

mar′ry *v.* להתחתן; להשיא
- marry money להתחתן עם עשירה
- marry off להשיא (את בתו)
Mars (-z) *n.* מארס; מאדים
Mar•sa′la (-sä-) *n.* יין מרסלה
Mar′seillaise′ (-səlāz) *n.* מרסלייזה, ההימנון הלאומי הצרפתי
marsh *n.* בִּיצָה
mar′shal *n.* מארשאל; שריף; ראש-הטקס; פקיד בי״ד; קצין משטרה/מכבי אש
marshal *v.* לסדר, לערוך; ללוות אדם למקומו (בטקס)
marshaling yard מיגרש עריכה
marshland *n.* אדמת ביצות
marsh′-mal′low (-lō) *n.* חוטמית (צמח); מרשמלו (ממתק)
marshy *adj.* ביצתי, מלא ביצות
mar•su′pial *adj&n.* של כיס; חיית כיס
mart *n.* שוק, מרכז מסחרי
mar′ten *n.* נמייה
mar′tial *adj.* צבאי, מלחמתי; שש לקרב
martial arts ספורט הלחימה
martial law משטר צבאי
Mar′tian *adj&n.* של המאדים; תושב המאדים
mar′tin *n.* סנונית
mar′tinet′ *n.* דורש משמעת, קפדן
mar•ti′ni (-tē-) *n.* מרטיני (מיסכה)
Mar′tinmas *n.* חג מרטין
mar′tyr (-tər) *n.* קדוש; קדוש מעונה
- be a martyr to- לסבול קשות מ-
- make a martyr of oneself להקריב עצמו, להעמיד פני קדוש
martyr *v.* להפוך לקדוש; לְעַנוֹת
martyrdom *n.* מות קדושים; סבל
mar′vel *n.* פלא, דבר נפלא, מופת
- do/work marvels לחולל נפלאות
marvel *v.* להתפלא; להשתומם
mar′velous *adj.* נפלא, מפליא
Marx′ism *n.* מרקסיזם
mar′zipan′ *n.* מרציפן
Masa′da (-sä-) *n.* מצדה
masc. = masculine
mas•ca′ra (-kä-) *n.* מסקרה, פוך, צבע לעיניים
mas′cot (-kot) *n.* קמיע
mas′cu•line (-lin) *adj.* זכר; גברי
mas′cu•lin′ity *n.* גבריות; זכרות

ma′ser (-z-) *n.* מייזר, מכשיר ליצירת גלי-מיקרו
mash *n.* תערובת (למאכל בהמות); מזג של מאלט ומים; מחית, פיורה
mash *v.* לרסק, לעשות מחית
masher *n.* מרסק (לתפוחי-אדמה)
mash′ie *n.* מקל גולף
mask *n.* מסיכה; מסווה; ראש שועל
- throw off the mask לחשוף פרצופו
- under a mask of במסווה של-
mask *v.* לכסות במסיכה; להסוות
masked *adj.* עוטה מסיכה; מוסווה
masked ball נשף מסיכות
masking tape סרט דביק, מסקינטייפ
mas′ochism (-k-) *n.* מאזוכיזם
mas′ochist (-k-) *n.* מאזוכיסט
ma′son *n.* בנאי, בונה; בונה חופשי
mason′ic *adj.* של הבונים החופשים
masonic *n.* מסיבת בונים חופשים
ma′sonry *n.* בנייה, בניין, בנאות
Maso′ra *n.* מסורה, מסורת
masque (mask) *n.* מחזה מוסיקלי
mas′querade′ (-kər-) *n.* נשף מסיכות; העמדת-פנים, התחזות
masquerade *v.* להתחפש, להתחזות
mass *n.* מיסה (תפילה נוצרית)
mass *n&adj.* גוש, כמות רבה; המון, אוסף, שפע; מסה; המוני
- he is a mass of bruises כולו פצע וחבורה
- in the mass בעיקרו, בכללו
- the masses ההמונים
mass *v.* לצבור; לרכז; להתקבץ
- mass troops לרכז כוחות/חיילים
mas′sacre (-kər) *n.* טֶבַח, פוגרום
massacre *v.* לערוך טבח, להשמיד
massage (-säzh′) *n.* עיסוי, מסאז׳
massage *v.* לעסות, לעשות מסאז׳; להחניף; לטפל ב-, לזייף (נתונים)
massage parlor מכון עיסוי
mass communication תקשורת המונים
mass destruction השמדה המונית
masseur′ (-sûr′) *n.* מסאז׳יסט, מְעַסֶּה
masseuse′ (-sōōz′) *n.* מְעַסָּה
mas•sif′ (-sēf) *n.* גוש הרים
mas′sive *adj.* מאסיבי, גדול, מוצק
mass media כלי-תקשורת להמונים
mass meeting כינוס המוני
mass-produce *v.* לייצר ייצור

המוני
mass production ייצור המוני
massy *n.* מאסיבי, כבד, מוצק
mast *n.* תורן; תורן האנטנה
mast *n.* פירות-עצים (מזון-חזירים)
mas·tec'tomy *n.* כריתת שד
mas'ter *n.* אדון, ראש; רב-חובל; מורה; מנהל; אמן; מעביד; מסטר (מוסמך)
- be master of לשלוט ב-/על
- master card קלף חזק
- master of the house בעל הבית
- one's own master אדון לעצמו
master *adj.* ראשי; שולט; מומחה
- Master Green האדון גרין הצעיר
master *v.* לשלוט; להיות בקי ב-
mas'ter-at-arms' (-z) *n.* קצין שיטור (באונייה)
master copy עותק ראשי, נוסח מתוקן
masterful *adj.* שתלטן; שולט
master key פותחת, מפתח כול
masterly *adj.* מומחה, אמנותי
master mariner קברניט
mastermind *n.* גאון, מתכנן
mastermind *v.* לתכנן, לארגן
Master of Arts מוסמך למדעי הרוח
master of ceremonies ראש הטקס
Master of Science מוסמך למדעי הטבע
masterpiece *n.* עבודה אמנותית, יצירת פאר
masterplan *n.* תוכנית אב
master's *תואר מ"א
master sergeant רב-סמל מתקדם
mastership *n.* שלטון, שליטה; בקיאות
masterstroke *n.* צעד גאוני (מדיני)
master switch מפסק ראשי
masterwork *n.* מלאכת מחשבת
mas'tery *n.* שלטון; שליטה, בקיאות
- get (the) mastery להשתלט על
mast-head *n.* ראש התורן; שם העיתון, פרטי העיתון (בעלים וכו')
mas'tic *n.* שרף (לייצור לכה)
mas'ticate' *n.* ללעוס
mas'tica'tion *n.* לעיסה
mas'tiff *n.* מסטיף (כלב גדול)
mas·ti'tis *n.* דלקת השדיים
mas'todon' *n.* מסטודון (פיל

שהוכחד)
mas'toidi'tis *n.* דלקת הזיז הפטמי
mas'turbate' *v.* לאונן
mas'turba'tion *n.* אוננות
mat *n.* מחצלת, מדרסה, שטיחון; מפית, תחתית (לכלי); סבך, גוש, קֶשֶר
- on the mat בצרה, סופג עונש
- welcome mat *קבלת פנים חמה
mat *v.* לסבך; להסתבך; לכסות במחצלות
mat *n.* עמום, לא מבריק, מאט
mat'ador' *n.* מאטאדור, הורג השור
match *n.* גפרור; תחרות; יריב שקול; בן זוג; דבר דומה/הולם; שידוך
- a good match (עשוי להיות) בעל טוב; דברים הולמים/מתמזגים יפה
- find/meet one's match להיתקל ביריב שקול; להיתקל באגוז קשה
- is a match for יכול להתמודד עם
- make a match (of it) להתחתן
- safety matches גפרורים
match *v.* להוות יריב שקול; להשתוות; להתאים; להעמיד בתחרות; להשיא
- match up to להתאים, להגיע לרמה
- well-matched מתאים, שווה
matchbox *n.* קופסת גפרורים
matching *adj.* מתאים
matchless *adj.* שאין דומה לו
matchmaker *n.* שדכן
matchmaking *n.* שדכנות
match point הנקודה המכרעת
matchstick *n.* גפרור
matchwood *n.* עץ גפרורים; קיסמים
- make matchwood of להרוס לגמרי
mate *n&v.* מט; לתת מט
mate *v.* לחתן, לזווג; להזדווג
mate *n.* חבר, עמית; בן-זוג; קצין-אונייה; עוזר, שוליה
mate'rial *adj.* גשמי, חומרי, גופני; חשוב, יסודי, מהותי
- material needs מצרכים יסודיים
material *n.* חומר; אריג, בד
- building materials חומרי בניין
- writing materials מכשירי כתיבה
mate'rialism *n.* חמרנות, מטריאליזם, גשמנות, חומריות
mate'rialist *n.* חמרן, מטריאליסט
mate'rialis'tic *adj.* חמרני

mate'rializa'tion *n.* התגשמות
mate'rialize' *v.* להתגשם; ללבוש צורה גשמית, להופיע
mater'nal *adj.* אימהי; שמצד האם
mater'nity *n.* אימהות
maternity dress שמלת הירָיון
maternity grant מענק לידה
maternity hospital בי"ח ליולדות
maternity leave חופשת לידה
ma'tey *adj.* *ידידותי, חברותי
math, maths *n.* *מתימטיקה
math'emat'ical *adj.* מתימטי
math'emati'cian (-tishən) *n.* מתימטיקאי
math'emat'ics *n.* מתימטיקה
mat'inee' (-nā) *n.* הצגה יומית
matinee coat בגד לתינוק
matinee idol שחקן נערץ
ma'ting *n.* הזדווגות
mat'ins *n-pl.* תפילת בוקר נוצרית
ma'triarch' (-k) *n.* אם שלטת
ma'triar'chal (-k-) *adj.* מטריארכלי, של ראשות האם
ma'triar'chy (-ki) *n.* מטריארכט, שלטון האם
matric' = matriculation
ma'trices = pl of matrix (-sēz)
mat'ricide' *n.* רֶצַח אם; הורג אם
matric'u·late' *v.* לרשום/להתקבל לאוניברסיטה
matric'u·la'tion *n.* כניסה לאוניברסיטה
ma'trilin'e·al *adj.* מצד האם
mat'rimo'nial *adj.* של נישואים
mat'rimo'ny *n.* נישואים
ma'trix *n.* מטריצה, אִימָה; טבלה
ma'tron *n.* מנהלת, אם בית; גברת, מטרונה
matronly *adj.* של גברת; כמטרונה
matron of honour שושבינת הכלה
matt, matte *n.* עמום, מאט
mat'ted *adj.* מסובך; מכוסה שטיח
mat'ter *n.* חומר; עניין, נושא; מוּגלה
- a matter of בערך, בסביבות, כ-
- a matter of life and death שאלת חיים ומוות
- a matter of opinion שאלה של השקפה
- for that matter בנוגע לזה
- in the matter of בנוגע ל-
- it makes no matter לא חשוב, לא מעניין, לא איכפת
- let the matter drop להניח לעניין
- make matters worse להחמיר המצב
- no laughing matter עניין רציני
- no matter לא חשוב, אין דבר
- no matter how/who/what לא חשוב איך/מי/מה, לא משנה
- nothing's the matter with לא קרה דבר ל-, הכל בסדר עם-
- printed matter דברי דפוס
- reading matter חומר קריאה
- subject matter נושא, תוכן
- what's the matter? מה קרה?
matter *v.* להיות חשוב; להתמגל
- it doesn't matter אין זה חשוב, לא נורא, לא אכפת
matter-of-course *adj.* צפוי, טבעי
matter-of-fact *adj.* מעשי, ענייני, קר
mat'ting *n.* חומר מחצלות, חומר אריזה
mat'tins *n.* תפילת בוקר נוצרית
mat'tock *n.* מעדר, חפרור, מכוש
mat'tress *n.* מיזרן, מיזרון
- spring mattress מיזרן קפיצים
mat'urate' (-ch'-) *v.* להבשיל
mat'ura'tion (-ch'-) *n.* הבשלה, גמילה, התבגרות
mature' (-choor) *adj.* מבוגר, מפותח, בשל; שקול, זהיר, יסודי
- mature bill שטר שחל זמן פרעונו
mature *v.* להבשיל, להתבגר; להתפתח; לחול מועד פרעונו
mature student סטודנט מבוגר
matu'rity *n.* בַּשלוּת, בגרות; תחולת פירעון
matu'tinal *adj.* של בוקר
maud'lin *adj.* רגשני, פורץ בבכי
maul *v.* לפצוע, למחוץ, לקרוע הבשר; לקטול קשות; לנהוג בגסות
maul'stick' *n.* מקל ציירים
maun'der *v.* לגמגם, למלמל; לפעול באדישות; לשוטט; להשתרך
Maun'dy money מתנות לאביונים
Maundy Thursday יום ה' הקדוש
mau'sole'um *n.* מאוסוליאום, קבר
mauve (mōv) *adj&n.* סגול בהיר
mav'erick *n.* עֶגלָה לא מסומנת; עצמאי, פורש, לא שוחה עם הזרם
maw *n.* זפק; קיבה; לוע פעור לטרוף
maw'kish *adj.* רגשני, משתפך,

מגוחך
max *v&n.* (לעשות את ה-) *
מקסימום
max′i *n.* מאקסי, חצאית ארוכה
max•il′la *n.* עצם הלסת
max′im *n.* פתגם, מימרה
max′imal *adj.* מְרַבִּי, מקסימאלי
max′imalist *n.* מקסימליסט, דוחה פשרות, דוגל בתגובה נמרצת
max′imiza′tion *n.* מירוב, מקסום
max′imize′ *v.* למרב, לְמַקְסֵם
max′imum *n&adj.* מקסימום, מירב; מְרַבִּי
may *v.* להיות יכול/מותר/אפשרי/עשוי; ייתכן, אולי; מי יתן, הלוואי
- and who may you be? ומי אתה (אם מותר לי לשאול) ?
- may (just) as well הגיוני ש-
- may well אפשרי מאוד, בהחלט יכול, מן הסתם
May *n.* מאי (חודש); תפרחת עוזרד
may′be (-bi) *adv.* ייתכן, אולי
- as soon as maybe מהר ככל האפשר
may-beetle/-bug *n.* חיפושית
may′day *n.* קריאת עזרה
May Day *n.* 1 במאי, חג הפועלים
may′fly′ *n.* בַּרִיּוֹם (חרק)
may′hem (-hem) *n.* פגיעה גופנית, הטלת מום; אנדרלמוסיה, אי-סדר
mayn't = may not (mānt)
may′o *n.* מיונז, מיונית
may′onnaise′ (-z) *n.* מיונית
may′or *n.* ראש עיר
may′oral *adj.* של ראש עיר
may′oralty *n.* ראשות עיר
maypole *n.* עמוד-מאי (שרוקדים סביבו)
May Queen מלכת ה-1 במאי
maze *n.* מבוך; מבוכה
mazed *adj.* נבוך, מבולבל
mazur′ka *n.* מזורקה (ריקוד)
MB מגבייט; בוגר רפואה
MBA מסטר במינהל עסקים
MC = master of ceremonies
mcCar′thyism (məkä′rthiiz'm) *n.* מקארתיזם
MD = Doctor of Medicine
me (mi) *pron.* אותי, לי; *אני
mead *n.* תמד, משקה דבש; אחו
meadow (med′ō) *n.* אחו, כר-מרעה
mea′ger, mea′gre (-gər) *adj.* רזה; דל, עלוב, זעום
meal *n.* ארוחה; קמח, דגן טחון
mea′lie *n.* תירס
meal ticket תלוש ארוחה; מקור הכנסה; תומך כספי
mealtime *n.* שעת הארוחה
mealy *adj.* מקומח, אבקי; חיוור
mealy-mouthed *adj.* מתבטא בצורה סתומה, לא מדבר ברורות
mean *adj.* עלוב, דל; רע, שפל, נבזה; קמצן, אנוכיי; נחות; ממוצע, אמצעי
- I feel mean *אני פשוט מתבייש
- no mean לא רע, מצויין
mean *n.* ממוצע, מצב ביניים
- golden/happy mean שביל הזהב
mean *v.* לציין, להורות, להיות פירושו; להתכוון; לייעד; להוות סימן, לבשר; להיות חשוב בעיני-
- I mean it! אני מתכוון לכך!, אני לא צוחק!
- he is meant to- הוא נועד ל-
- he means no harm לא מתכוון לפגוע
- he means well כוונותיו טובות
- mean mischief לחרוש רעה
- mean well by him להתכוון להיטיב עמו
- you're meant to עליך, אתה חייב
me•an′der *v.* להתפתל, לזרום בנחת; לשוטט; לדבר על דא ועל הא
meanderings *n-pl.* נתיב מתפתל
meaning *n.* כוונה, משמעות, מובן
meaning *adj.* משמעי, רב-משמעות
- ill-meaning מתכוון להרע
meaningful *adj.* משמעותי
meaningless *adj.* חסר משמעות
mean-minded *adj.* רע-לב
means (-z) *n&n-pl.* אמצעי, דרך; אמצעים, כסף, עושר, רכוש
- a means to an end אמצעי להשגת מטרה
- by all means בהחלט, בוודאי
- by means of באמצעות, בעזרת
- by no means בהחלט לא
- live beyond one's means לצרוך מעבר להכנסתו
- man of means בעל אמצעים
- the end justifies the means המטרה מקדשת את האמצעים
- ways and means שיטות שונות
means test בדיקת אמצעים

meant = p of mean (ment)
- well-meant שכוונתו טובה
mean′time′ *adv&n.* בינתיים
- in the meantime בינתיים
mean′while′ *adv.* בינתיים
mean′y, mean′ie *n.* *רע, קמצן
mea′sles (-zəls) *n-pl.* חצבת
meas′ly (-z-) *adj.* זעום, עלוב
meas′urable (mezh′-) *adj.* מדיד
meas′ure (mezh′ər) *n.* מידה; שיעור; כלי מדידה; אמצעי, צעד; חוק; משקל; קֶצֶב
- beyond measure גדול לאין שיעור
- for good measure כתוספת
- get the measure of him לעמוד על טיבו
- in a great measure במידה רבה
- in some measure במידה מסויימת
- liquid measure מידת הלח
- made to measure תפור לפי הזמנה
- set measures to להגביל
- short measure מידה חסרה
- take his measure לעמוד על טיבו
measure *v.* למדוד; לאמוד; להיות שיעור אורכו/רוחבו/גודלו
- measure off/out למדוד, להקציב
- measure one's length ליפול מלוא קומתו
- measure one's strength להתמודד
- measure swords להתחרות
- measure up to להתאים ל-, להפגין כישורים הולמים ל-, להגיע לרמה
measured *adj.* מדוד, זהיר, שקול
measureless *adj.* לאין שיעור
measurement *n.* מדידה; מידה
measuring tape סרט מידה
meat *n.* בשר; אוֹכֶל; ארוחה; תוכן
- fresh/frozen meat בשר טרי/קפוא
meatball *n.* כדור-בשר, קציצת-בשר
meatless *adj.* ללא בשר
meat-safe *n.* ארון בשר
meat tea ארוחת מינחה בשרית
meaty *adj.* בשרי; מלא תוכן
Mec′ca *n.* מֶכָּה; יעד, מטרה
mechan′ic (-k-) *n.* מכונאי
mechan′ical (-kan-) *adj.* מכאני, של מכונות; אוטומטי, ללא מחשבה
mechanical engineering הנדסת מכונות
mechan′ics (-kan-) *n.* מכניקה; מכונאות; מבנה, דרך הפעולה
mech′anism (-k-) *n.* מנגנון, מבנה, מכניות, מכניזם
mech′anis′tic (-k-) *n.* של מכניות
mech′aniza′tion (-k-) *n.* מיכון
mech′anize′ (-k-) *v.* לְמַכֵּן
med′al *n.* מדליה, עיטור, פְּאֵרָה
med′alist *n.* בעל מדליה
medal′lion *n.* מדליון, תליון
med′dle *v.* להתערב (בענייני הזולת)
meddlesome *adj.* אוהב להתערב
me′dia *n.* כלי-התקשורת
me′diae′val = medieval (-diē′-)
media event אירוע תקשורתי
me′dial *adj.* אמצעי, תיכון; ממוצע
media mogul אֵיל תקשורת
me′dian *adj&n.* אמצעי, תיכון; חציון
median strip רצועת הפרדה
me′diate′ *v.* לתווך; ליישב, להסדיר
me′dia′tion *n.* תיווך, פיוס, פישור
me′dia′tor *n.* מתווך, מפייס
med′ic *n.* *סטודנט לרפואה; חובש
med′ical *adj&n.* רפואי; תרופתי; *סטודנט לרפואה; בדיקה רפואית
medical board ועדה רפואית
med′icament *n.* תרופה, רפואה
Med′icare′ *n.* ביטוח רפואי לקשישים
med′icate′ *v.* להוסיף חומר רפואי
med′ica′tion *n.* תוספת חומר רפואי; תרופה; טיפול בתרופות
medic′inal *adj.* רפואי, תרופתי
medicinal plants צמחי מרפא
med′icine (-sən) *n.* רפואה; תרופה
- give him his own medicine לשלם לו את גמולו
- took his medicine *קיבל המגיע לו
medicine ball כדור התעמלות
medicine chest ארון תרופות
medicine man רופא אליל
med′ico *n.* *רופא; סטודנט לרפואה
me′die′val (-diē′-) *adj.* של ימי הביניים, בינאי, ביניימי; *עתיק, ישן
me′dio′cre (-kər) *adj.* בינוני
me′dioc′rity *n.* בינוניות
med′itate′ *v.* לחשוב; לשקוע במחשבות
med′ita′tion *n.* מחשבה, שקיעה בהרהורים; הגות; מדיטאציה
med′ita′tive *adj.* מהרהר; מהורהר
Med′iterra′ne·an *n&adj.* הים התיכון; ים תיכוני
me′dium *n.* אמצעי, כלי ביטוי;

סביבה; מתווך; מדיום
- happy medium שביל הזהב
- through the medium of באמצעות
medium *adj.* בינוני
medium dry חצי יבש (יין)
medium-range *adj.* לטווח בינוני
medium wave גל בינוני
med'lar *n.* שסק
med'ley *n.* ערבוביה; ערב-רב
meed *n.* גמול, פרס
meek *adj.* עניו, נכנע, צנוע, צייתן
meet *v.* לפגוש; להיפגש; להיתקל ב-; להתאסף; לקדם פני; להכיר; לפרוע; לנגוע; להירכס; לספק, לענות על
- make both ends meet להרוויח כדי מחייתו
- meet halfway להתפשר
- meet his eye להיתקל במבטו
- meet the case לענות על הדרישות
- meet the eye להיגלות לעין
- meet up with להיפגש, להיתקל ב-
- meet wishes להשביע רצון
- meet with approval לקבל אישור
- meet with success לנחול הצלחה
meet *n.* תחרות, מפגש (של ציידים)
meet *adj.* ראוי, יאה, מתאים
meeting *n.* פגישה; אסיפה; תחרות
meeting-house *n.* בית-תפילה נוצרי
meg'a- (תחילית) מיליון
megabuck *n.* *מיליון דולר
megabyte *n.* מגבייט, מיליון בתים
meg'acy'cle *n.* מגסייקל, מגהרץ
mega-deal *n.* עיסקת ענק
megadeath *n.* מות מיליון איש
megaflop *n.* יחידת מהירות גבוהה; כישלון ענק
meg'ahertz' *n.* מגסייקל, מגהרץ
meg'alith' *n.* מגלית, אבן גדולה
meg'alith'ic *adj.* מגליתי
meg'aloma'nia *n.* שיגעון הגדלות
meg'aloma'niac' *n.* מוכה שיגעון גדלות, מגאלומאן
meg'alop'olis *n.* עיר גדולה
meg'aphone' *n.* מגאפון, מגביר קול
meg'aton' (-tun) *n.* מגאטון, מיליון טונות
me'grim *n.* מיגרנה, כאב ראש, פּוּלְג
meio'sis (mīō'-) *n.* חלוקת גרעין התא
mel'ancho'lia (-k-) *n.* מרה שחורה
mel'anchol'y (-k-) *n&adj.* מרה שחורה, מלנכוליה; מדוכא; מדכא
melange (mālänzh') *n.* תערובת
mel'anin *n.* פיגמט כהה (בשיער)
mel'ano'ma *n.* מֶלָנוֹמָה, גידול בעור, שַׁחֲרוֹמֶת
meld *v&n.* (בקלפים) להכריז; הכרזה
melee (mā'lā) *n.* מהומה, תיגרה
me'liorate' *v.* לשפר; להשתפר
me'liora'tion *n.* שיפור; טיוב, השבחה
mellif'luous (-looəs) *adj.* מתוק, עָרֵב
mel'low (-lō) *adj.* מתוק, בשל, רך, נעים; מנוסה, חכם; עליז, שתוי
mellow *v.* להבשיל, לרכך; להחכים
melod'ic *adj.* מלודי, עָרֵב, לחין
melo'dious *adj.* מלודי, ערב לאוזן
mel'odra'ma (-rä'mə) *n.* מלודרמה
mel'odramat'ic *adj.* מלודרמתי, רגשני
mel'ody *n.* נעימה, לחן, מלודיה
mel'on *n.* מלון, אבטיח צהוב
melt *v.* להמס; להימס; להתמוסס; להימוג; להיעלם, לגווע
- melt away להיעלם, להימס
- melt down להתיך, לצקת מתכת
- melt into tears להתמוגג בבכי
meltdown *n.* היתוך; אסון; צניחת מניות
melting *adj.* רך, עדין; רגשני
melting point נקודת היתוך
melting pot כור היתוך
mem'ber *n.* חָבֵר; איבר
- male member איבר המין הגברי
membership *n.* חֲבֵרוּת
membership fee דמי חבר
mem'brane *n.* ממברנה, קרומית
mem'branous *adj.* קרומי
memen'to *n.* מזכרת
mem'o *n.* תזכיר, ממורנדום
mem'oir (-mwär) *n.* מאמר ביוגרפי, סיפור חיים; מסה, חיבור
- memoirs זיכרונות, אוטוביוגרפיה
mem'orabil'ia *n-pl.* דברים מעניינים (שראוי לזכרם)
mem'orable *adj.* שראוי לזכרו
mem'oran'dum *n.* תזכיר, ממורנדום, מיזכר
memo'rial *n.* מצבת זיכרון, יד; מפעל הנצחה; תזכיר
- memorials דברי הימים, קורות

Memorial Day יום זיכרון
memor′ialize′ *v.* להגיש תזכיר
memorial service אזכרה
mem′orize′ *v.* לשנן, ללמוד על פה
mem′ory *n.* זיכרון; זֵכֶר
- in memory of לזכר, להנצחת שם-
- of blessed memory זיכרו לברכה
- speak from memory לצטט מהזיכרון
- to the best of my memory עד כמה שאני זוכר, למיטב ידיעתי
- within his memory בזיכרונו, בחייו
- within living memory בזיכרון האנשים החיים
memory board לוח זיכרון; מיתקן איחסון נתיק
men = pl of man
- men's room שירותי גברים
men′ace (-nis) *n.* אִיוּם; סכנה
menace *v.* לאיים על, לסכן
menage (-näzh′) *n.* משק בית
menag′erie *n.* גן חיות; אוסף חיות
mend *v.* לתקן; להשתפר; *להחלים
- mend one's pace להחיש צעדיו
- mend one's ways לתקן דרכיו
mend *n.* תיקון
- on the mend מחלים, מצבו משתפר
men·da′cious (-shəs) *adj.* כוזב, שיקרי
men·dac′ity *n.* שקר, כזב; שקרנות
mender *n.* מְתַקֵן
men′dicant *n&adj.* קבצן, עני
mending *n.* תיקון; בגדים לתיקון
men′folk (-fōk) *n-pl.* *גברים
me′nial *n.* משרת; של משרת; בזוי
men′ingi′tis *n.* דלקת קרום המוח
menis′cus *n.* מניסקוס, סהרון, סחוס הברך; עדשה קמורה-קעורה
men′opause′ (-z) *n.* הפסקת הווסת, בלות, תקופת המעבר
men′ses (-sēz) *n.* וֶסֶת, אורח נשים
mens rea (menz′ rē′ə) כוונת פשע
men′stru·al (-roo-) *adj.* וִסתִּי
men′stru·ate′ (-roo-) *v.* לקבל וסת
men′stru·a′tion (-roo-) *n.* וֶסֶת
men′surable (-shər-) *adj.* מָדִיד
men′sura′tion (-shər-) *n.* מדידה
menswear *n.* בגדי גברים
men′tal *adj.* רוחני, שכלי, נפשי, מנטאלי; לא שפוי, מופרע
mental age גיל שכלי
mental arithmetic חישובים על פה
mental block מחסום נפשי
mental cruelty התאכזרות רוחנית
mental defective לוקה בשכלו
mental deficiency ליקוי שכלי
mental health בריאות הנפש
mental home/hospital בית-חולים לחולי רוח
mental illness מחלת נפש
men·tal′ity *n.* מנטליות; מהלך מחשבות, הגות, הלך-נפש
mental patient/case חולה רוח
mental reservation הסתייגות אילמת
mental specialist מומחה למחלות נפש
mental test מיבחן שיכלי
men′thol′ *n.* מנתול (כוהל)
men′thola′ted *adj.* מכיל מנתול
men′tion *v.* להזכיר; לומר; לרמוז
- don't mention it על לא דבר
- not to mention נוסף על
mention *n.* אזכור, הערה; אות-הערכה
- make no mention of לא להזכיר
mentioned *adj.* המוזכר
- below-mentioned המובא להלן
men′tor *n.* יועץ, מייעץ; מורה רוחני
men′u (-nū) *n.* תפריט
me·ow′ *n&v.* מייאו; ליילל
Meph′istophe′le·an *adj.* שטני
mer′cantile′ *adj.* מסחרי
mercantile marine צי הסוחר
mer′cenary (-ner′i) *n.* שכיר-חרב
mercenary *adj.* אוהב בצע
mer′cer *n.* סוחר בדים
mer′cerize′ *v.* להחליק, להבריק
mer′chandise′ (-z) *n.* סחורות
merchandise *v.* לסחור
mer′chant *n&adj.* סוחר; *להוט/מכור ל-
merchant bank בנק מסחרי
merchantman *n.* אוניית סוחר
merchant marine/navy צי הסוחר
merchant ship אוניית סוחר
merciful *adj.* רחום, רחמן
merciless *adj.* אכזרי, חסר-רחמים
mercu′rial *adj.* של כספית, כספיתני; ער, פעיל, תוסס; משתנה
mer′cu·ry *n.* כספית
Mercury *n.* כוכב (כוכב לכת)
mer′cy *n.* רחמים; מזל, הקלה

- at the mercy of נתון לחסדי-
- it's a mercy מזל ש-, תודה לאל ש-
- small mercies חסדים קטנים
- throw oneself on the mercy of לבקש רחמים מ-
mercy killing המתת חסד
mere *adj.* רק, בלבד, גרידא, לא יותר מ-
- the merest הזעיר ביותר
mere *n.* בריכה, אגם
merely *adv.* אך ורק, בלבד, גרידא, סתם
mere right זכות בעלמא
mer'etri'cious (-rish'əs) *adj.* צעקני, מרשים, מזוייף, חסר ערך
merge *v.* למזוג; להתמזג, להיבלע
merg'er *n.* התמזגות; מיזוג
merid'ian *n&adj.* מיצהר, קו-אורך; צהריים; תקופת זוהר
merid'ional *adj.* דרומי (באירופה)
meringue (-rang') *n.* מיקצפת
merino (-rē'-) *n.* מרינו (כבש/צמר)
mer'it *n.* ערך, הערכה, יתרון, מַעֲלָה; זכות
- on/according to its merits בהתאם לעניין עצמו, אובייקטיבית
merit *v.* להיות ראוי/זכאי ל-
mer'itoc'racy *n.* שלטון המוכשרים
mer'ito'rious *adj.* ראוי לשבח
mer'maid *n.* בתולת-הים
mer'riment *n.* שמחה, עליזות
mer'ry *adj.* שמח, עליז; *שתוי
- make merry לשמוח, לעשות חיים
- the more the merrier וכל המרבה הרי זה משובח
merry-go-round *n.* קרוסלה
merry-maker *n.* משמח, עליז, חוגג
merry-making *n.* שמחה, הילולה
mesal'liance (māzal'-) *n.* נישואים עם נחות-מעמד
mes'calin *n.* מסקלין (סם הזיות)
mesdames = pl of madame (mādäm') גבָרות
mesdemoiselles (mā'dəmwəzel') מדמואזלות, עלמות
me•seems' (-z) *v.* נראה לי, דומני
mesh *n.* רשת; עין (של רשת)
- in mesh מוצמד, משולב
mesh *v.* ללכוד ברשת; לשלב; להשתלב; לעלות בקנה אחד
mesmer'ic (-z-) *adj.* מהפנט
mes'merism (-z-) *n.* היפנוט
mes'merist (-z-) *n.* מהפנט
mes'merize' (-z-) *v.* להפנט
mes'omorph' (-z-) *n.* בעל גוף מוצק
Mes'opota'mia *n.* ארם נהריים
mess *n.* אי-סדר, לכלוך, בלבול; צרה; חדר אוכל; ארוחה; האוכלים בצוותא
- in a mess במצב ביש, מסתבך
- make a mess לשבש, לקלקל, להרוס
mess *v.* לאכול בצוותא; ללכלך
- don't mess with me! אל תעשה בעיות, אל תגרום צרות
- mess around/about להסתובב בעצלתיים; לנהוג בטפשות/בגסות
- mess up ללכלך; לקלקל; להכות
mes'sage *n.* הודעה; מסר; בשורה
- get the message לקלוט הַמֶסֶר
mes'senger *n.* שליח, נושא מסר
mess hall *n.* חדר אוכל
Messi'ah (-sī'ə) *n.* משיח
mes'sian'ic *adj.* משיחי
mes'sieurs (-sərz) *n.* האדונים
mess kit ערכת כלי אוכל, מסטינג
mess'mate' *n.* חבר לחדר אוכל
Mes'srs. (-sərz) *n.* האדונים
mess tin פינך (מסטינג)
mes'suage (-swij) *n.* אחוזה, חווה
mess-up *n.* בלבול, אי-סדר
messy *adj.* מבולבל; מלכלך
met = p of meet
met'a- (תחילית) מעל, מעבר
met'abol'ic *adj.* מטבולי
metab'olism *n.* מטבוליזם, חילוף החומרים בגוף
met'acar'pal *n.* עצם כף-היד
met'al *n.* מתכת; חצץ (לכביש)
- metals פסי-רכבת
metal *v.* לסלול (כביש) בחצץ
metal detector גלאי מתכות
metal'lic *adj.* מתכתי
metallic currency מטבעות
met'allur'gical *adj.* מטלורגי
metal'lurgist *n.* מטלורג
met'allurgy *n.* מטלורגיה, תורת המתכות
metal-work *n.* עבודת מתכת, מסגרות
metal-worker *n.* מסגר
metalwork shop מסגרייה
met'amor'phism *n.* הִתְמָרָה
met'amor'phose *v.* לשנות צורה

met′amor′phosis *n.* מטמורפוזה, תמורה, שינוי צורה, גלגול
met′aphor′ *n.* מטפורה, השאלה, העברה, הוראה שאולה
met′aphor′ical *adj.* מושאל
met′aphys′ical (-z-) *adj.* מטפיסי
met′aphys′ics (-z-) *n.* מטפיסיקה
met′atar′sal *n.* עצם כף-הרגל
mete *v.* לחלק, להקציב
- mete out לחלק, לתת, להטיל
metem′psycho′sis (-sik-) *n.* גלגול נשמה
me′te·or *n.* מטאור, כוכב נופל
me′te·or′ic *adj.* מטאורי; מזהיר
me′te·orite′ *n.* מטאוריט, מטאור
me′te·orolog′ical *adj.* מטאורולוגי
me′te·orol′ogist *n.* מטאורולוג
me′te·orol′ogy *n.* מטאורולוגיה, חזאות, תורת מזג האוויר
me′ter *n&v.* מטר; מונה, שעון, מד; למדוד
- electricity-meter מונה, מד-חשמל
- parking-meter מדחן
meter *n.* רגל, מקצב, משקל
meth′adone′ *n.* מתדון, סם הרדמה
meth′ane *n.* גאז הביצות, מתאן
me·thinks′ *v.* נראה לי, דומני
meth′od *n.* שיטה, מתודה
method′ical *adj.* שיטתי, מתודי
Meth′odism *n.* מתודיזם (כת נוצרית)
meth′odol′ogy *n.* מתודולוגיה, תורת השיטות המדעיות במחקר
me·thought′ = pt of methinks (-thôt) חשבתי
meths *n.* *כוהל מפוגל
Methu′selah (-zələ) *n.* מתושלח
methuselah *n.* בקבוק יין גדול
meth′yl alcohol כוהל מתילי
meth′yla′ted spirits כוהל מפוגל
metic′u·lous *adj.* קפדן, דקדקן
metier (metyā′) *n.* מקצוע
metre = meter
met′ric *adj.* מטרי, עשורי
met′rical *adj.* מקצבי, ריתמי
met′rica′tion *n.* הפיכה לשיטה המטרית, הנהגת השיטה העשורית
met′ricize′ *v.* להנהיג השיטה המטרית
metric system השיטה המטרית
metric ton טון, טונה (1000 ק״ג)
met′ro *n.* מטרו, רכבת תחתית

met′ronome′ *n.* מטרונום
metrop′olis *n.* מטרופולין, בירה
met′ropol′itan *adj&n.* של מטרופולין; מטרופוליט; בישוף עליון
met′tle *n.* אופי, עוז-רוח, אומץ
- show one's mettle להראות מאיזה חומר הוא קורץ, להפגין אומץ לב
- try his mettle לעמוד על טיבו
mettlesome *adj.* אמיץ
mew (mū) *n&v.* מייאו; ליילל
mewl (mūl) *v.* לייבב, ליילל
mews (mūz) *n.* אורוות
mez′zanine′ (-nēn) *n.* יציע תחתון (בתיאטרון); קומת ביניים
mez′zo (mets′ō) *adj.* בינוני
mezzo forte בחוזק בינוני
mezzo-soprano *n.* מצו-סופרן
mg = milligram
MHz מגהרץ
mi (mē) *n.* מי (צליל)
miaow (mēou′) *n.* מייאו
mias′ma (-z-) *n.* אדים רעילים
mi′ca *n.* נציץ, מיקה (מחצב שקוף)
mice = pl of mouse
Michaelmas (mik′əl-) *n.* חג מיכאל (החל ב-29/9)
Michaelmas daisy אֲסתֵר (פרח)
mick *n.* *אירי
Mick′ey (Finn) שיקוי מרדים
- take the Mickey out of him ללעוג לו
mickey mouse *טיפש, מגוחך
mi′cro- (תחילית) קטן, זעיר
mi′cro *n.* מיקרו-מחשב/-מעבד
mi′crobe *n.* מיקרוב, חיידק
mi′cro·bi·ol′ogy *n.* מיקרוביולוגיה
mi′cro·chip′ *n.* שבב זעיר
mi′cro·cir′cuit (-kət) *n.* מעגל זעיר
mi′cro·compu′ter *n.* מחשב זעיר
mi′cro·cosm (-koz′əm) *n.* מיקרוקוסמוס, עולם קטן; האדם
mi′cro·e·conom′ics *n.* כלכלת הפרט
mi′cro·e·lectron′ics *n.* מיקרואלקטרוניקה
mi′cro·fiche′ (-fēsh) *n.* מיקרופיש
mi′cro·film′ *n.* סרט-זיעור
mi′crogram′ *n.* מיליונית הגרם
mi′cro·mesh′ *n.* אריג-רשת עדין
mi·crom′eter *n.* מיקרומטר, מכשיר למדידת מרחקים זעירים
mi′cron (-ron) *n.* מיקרון, אלפית

מילימטר
mi′cro·or′ganism *n.* חיידק
mi′crophone′ *n.* מיקרופון
mi′cro·pro′ces′sor *n.* מיקרו-מעבד
mi′croscope′ *n.* מיקרוסקופ
mi′croscop′ic *adj.* מיקרוסקופי
mi′cro·sec′ond *n.* מיליונית שנייה
mi′cro·wave′ *n.* מיקרוגל
mid *adj&prep.* אמצע; בין, בתוך
- in mid air בשמיים, גבוה; לא מוכרע
mid′day′ (-d-d-) *n.* צהריים
mid′den *n.* ערימת אשפה
mid′dle *adj.* אמצעי, בינוני; ביניימי
middle *n.* אמצע; איזור המותניים
- in the middle of באמצע; עסוק ב-
middle age גיל העמידה
middle-aged *adj.* בגיל העמידה
Middle Ages ימי הביניים
middle age spread *התכרסות, השמנה, "צמיגים"
middlebrow *n.* שוחר אמנות בינונית
middle class המעמד הבינוני
middle course שביל הזהב
middle distance רוחק בינוני
Middle East המזרח התיכון
middle finger אמה (אצבע)
Middle Kingdom סין
middleman *n.* מתווך, איש ביניים
middle management הנהלת ביניים
middle name שם אמצעי, שם פרטי שני
middle-of-the-road *adj.* מתון
middle school בי"ס לגילאי 9 - 13, חטיבת ביניים
middle-sized *adj.* בעל גודל בינוני
middleweight *n.* משקל בינוני
mid′dling *adj&adv.* בינוני
- fair to middling *ככה-ככה, בינוני
- middling well טוב למדי
mid′dy *n.* פרח קצונה (בצי)
middy blouse חולצת מלחים
Mid′east′ *n.* המזרח התיכון
midfield *n.* אמצע המיגרש
midfielder *n.* קַשָׁר
midfield stripe קו האמצע
midge *n.* יבחוש, זבובון, יתוש
midg′et *n&adj.* ננס, גמד; ננסי
mid′i *n.* שמלת מידי
mid′land *adj.* של פנים הארץ
mid-life *adj.* של גיל העמידה

mid′most′ (-mōst) *adj.* בדיוק באמצע
mid′night′ *n.* חצות, אמצע הלילה
midnight blue כחול כהה
mid′point′ *n.* נקודת האמצע, אמצע
mid′riff *n.* סרעפת; איזור הבטן
mid′ship′man *n.* פרח קצונה (בצי)
mid′ships′ *adv.* באמצע האונייה
midst *n&prep.* אמצע; בתוך
- in our midst בקרבנו, בתוכנו
- in the midst of בתוך, באמצע, בין
mid′stream′ *n.* אמצע הנהר; אמצע הפעולה
mid′sum′mer *n.* אמצע הקיץ
Midsummer Day 24 ביוני
midsummer madness שיא הטירוף
mid′way′ *adj.* במחצית הדרך
mid′week′ *n.* אמצע השבוע
mid′wife′ *n.* מיילדת
midwifery *n.* מְיַלְּדוּת
mien (mēn) *n.* מַרְאֶה, הופעה, התנהגות
miff *v.* להרגיז, להעליב
might *n.* כוח, עוצמה רבה
- might is right הכוח הוא הצדק
- with might and main בכל הכוח
might (pt of may) *v.* להיות יכול/עשוי/עלול/אפשרי/צריך
might-have-been *n.* *אפשרות שהוחמצה; מי שעשוי היה להצליח
mightily *adv.* בכוח; "נורא"
mightn't = might not
mighty *adj.* חזק; גדול, אדיר
mighty *adv.* מאוד, "נורא"
mi′gnonette′ (min′yənet′) *n.* ריכפה (צמח בעל פרחים ריחניים)
mi′graine *n.* מיגרנה; פּוֹלֶג, צילחה
mi′grant *n.* מהגר; ציפור נודדת
mi′grate *v.* להגר, לנדוד (בלהקות)
mi·gra′tion *n.* הגירה; נדידה
mi′grato′ry *adj.* נודד
mike *n.* *מיקרופון
mila′dy *n.* גברת, ליידי, גבירתי
mi′lage = mileage
milch cow פרה חולבת; אדם שקל לסחוט ממנו כסף או טובת-הנאה
mild (mīld) *adj.* עדין, רך, נעים, קל
- draw it mild לא להגזים
mild and bitter מזג של בירה
mil′dew (-dōō) *n.* קימחון, עובש
mildew *v.* להעביש, להיפגע בקימחון

mildly *adv.* ברכות; במקצת
- to put it mildly בלשון המעטה
mildness *n.* רכות, נועם, עדינות
mile *n.* מייל, מרחק רב
- for miles (and miles) למרחקים
- miles away *שקוע במחשבות
- miles better *הרבה יותר טוב
- no one within miles of her אין
לה מתחרה, היא הטובה ביותר
mile′age (mī′lij) *n.* מרחק במילים;
מספר המילים; קצובת נסיעה, נְסוּעָה,
קילומטראז'; *רווח, תועלת
mileom′eter (mīlom-) *n.* מד-דרך
milepost *n.* תמרור מייל (במרחק);
ציון דרך, מאורע חשוב
miler *n.* רץ מייל (ספורטאי)
milestone *n.* ציון דרך; מאורע בולט
milieu (mēlū′) *n.* סביבה, הווי
mil′itancy *n.* מלחמתיות, רוח-קרב
mil′itant *adj&n.* מלחמתי, שש
לקרב; דוגל בשימוש בכוח
mil′itarism *n.* מיליטריזם, צבאנות
mil′itarist *n.* מיליטריסט
mil′itaris′tic *adj.* מיליטריסטי
mil′itarize′ *v.* לתת אופי צבאי ל-
mil′itary (-ter′i) *adj&n.* צבאי;
הצבא
Military Advocate General
פרקליט צבאי ראשי
military age גיל גיוס
military attache נספח צבאי
military echelon הדרג הצבאי
military honors אותות כבוד
צבאיים; מטחי כבוד
military police משטרה צבאית;
מ"צ
military policeman שוטר צבאי
military service שירות צבאי
mil′itate′ *v.* לפעול (נגד/לרעת)
militia (-lish′ə) *n.* מיליציה, משמר
אזרחי, חיל מתנדבים
militiaman *n.* איש המיליציה
milk *n.* חָלָב
- come home with the milk לחזור
הביתה עם שחר (לאחר ליל-בילויים)
- cry over spilt milk לבכות על חלב
שנשפך, להצטער על דבר אבוד
- in milk (פרה) חולבת
- milk of human kindness לב
אנושי, טוב לב
milk *v.* לחלוב; לסחוט; לתת חלב
milk and water חלש, חלוש, רפה

milk-bar *n.* מילקבר, מזנון חלבי
milk chocolate שוקולד חלב
milk-churn *n.* כד חלב
milker *n.* חולב; (פרה) חולבת
milk float מכונית לחלוקת חלב
milking machine מכונת חליבה
milk loaf לחם לבן מתוק
milk′maid′ *n.* פועלת מחלבה
milk′man′ *n.* חלבן, מחלק חלב
milk-powder *n.* אבקת חלב
milk pudding חביצת-חלב
milk round מסלול החלבן
milk run מסלול שגרתי
milk shake מילקשייק (חלב וגלידה)
milk′sop′ *adj.* עדין, רכרוכי
milk-tooth *n.* שן-חלב
milk-white *adj.* לבן כחלב, צחור
milky *adj.* חלבי; לא צלול
Milky Way שביל החלב
mill *n.* טחנה; בית חרושת; מטחנה
- be put through the mill
להשתפשף, לעבור אימונים
מפרכים/חוויה קשה
- paper mill בית חרושת לנייר
mill *v.* לטחון; לחתוך למוטות
- mill around/about להסתובב
באי-סדר
- milled edge (במטבע) שפה משוננת
mill′board′ *n.* קרטון עבה
mill-dam *n.* סכר-טחנה
mille-feuille (mēl-fwē′) *n.* עוגת
נפוליאון
mil′lena′rian *n.* (נוצרי) מאמין
בימות המשיח
millen′nial *adj.* של אלף שנה
millen′nium *n.* אלף שנה
millennium bug באג שנת אלפיים
mil′lepede′ *n.* מרבה-רגליים
mill′er *n.* טחן, טוחן, בעל טחנה
mil′let *n.* דוחן (סוג תבואה)
mill-girl *n.* פועלת בית-חרושת
mill-hand *n.* פועל בית-חרושת
mil′li- (תחילית) אלפית
mil′liard′ *n.* מיליארד
mil′libar′ *n.* מיליבר (יחידת לחץ)
mil′ligram′ *n.* מיליגראם
mil′lili′ter (-lē′t-) *n.* מיליליטר
mil′lime′ter *n.* מילימטר
mil′liner *n.* כובען-נשים
millinery *n.* כובעניית-נשים
milling *adj.* מתרוצץ הנה והנה
mil′lion *n.* מיליון

- like a million (dollars) *מצוין
mil'lionaire' *n.* מיליונר
mil'lionth *adj.* מיליונית; המיליון
mil'lipede *n.* מרבה-רגליים
mill-pond *n.* בריכת-טחנה
- like a mill-pond (ים) שקט, רוגע
mill-race *n.* זרם טחנת מים
millstone *n.* אבן ריחיים; נֵטֶל
- a millstone round one's neck ריחיים על צווארו, נטל על שכמו
- nether millstone שֶׁכֶב
- upper millstone רֶכֶב
millwheel *n.* אוֹפַן הטחנה
millwright *n.* בנאי טחנות
mi·lom'eter *n.* מד-דרך
milord' *n.* לורד, אדוני הלורד
milt *n.* חלב-הדג (בדג זכר); טחול
mime *n.* מימוס; פנטומימה; חקיין
mime *v.* לחקות; להביע בפנטומימה
mim'e·ograph' *n&v.* מכונת שכפול, מימיאוגרף; לשכפל
mimet'ic *adj.* מחקה, אוהב לחקות
mim'ic *adj.* חיקויי, מדומה; מסווה
- mimic coloring צבע הסוואה
mimic *n&v.* חקיין; לחקות
mim'icry *n.* חיקוי; הסוואה
mimo'sa *n.* מימוזה (צמח, פרח)
mimosa pudica מימוזה ביישנית
min. = minutes, minimum
min'aret' *n.* מינרט, צריח-מסגד
min'ato'ry *adj.* מאיים
mince *v.* לטחון, לקצוץ; להתנהג בעדינות מעושה; להלך בטפיפה
- mince matters/words לדבר בעדינות, למתוח ביקורת בלשון רכה
- not mince matters לדבר גלויות
mince *n.* בשר טחון; מלית-פירות
mincemeat *n.* מלית-פירות
- make mincemeat of להביס כליל; להפריך לחלוטין, לעשות עפר ואפר
mince pie פשטידת פירות
minc'er *n.* מטחנה (לבשר)
mincing *adj.* מצטעצע, עדין
mincing machine מטחנה (לבשר)
mind (mīnd) *n.* רוח, נפש; מוח, מחשבה; שכל, זיכרון; דיעה; כוונה
- be of one mind להיות תמימי דעים
- be of the same mind להחזיק באותה דיעה
- be of/in two minds לפסוח על שתי הסעיפים, להסס
- bear/keep in mind לזכור
- bend one's mind להשפיע על רוחו
- blow one's mind *לעורר הזיות
- cast one's mind back להיזכר
- come/spring to mind לעלות בדעתו
- from time out of mind מהעבר הרחוק
- give him a piece of one's mind לנזוף בו, לתת לו מנה הגונה
- go out of one's mind לפרוח מזכרונו
- has a good mind to בדעתו ל-, יש לו חשק רב ל-, החליט ל-
- has half a mind to נוטה/שוקל ל-
- has in mind בדעתו, מתכוון
- has it on his mind זה מעיק עליו
- have a mind of one's own להיות בעל דיעה עצמאית
- in his right mind דעתו שפויה
- in one's mind's eye בעיני רוחו
- keep one's mind on- להתרכז ב-
- know one's own mind לדעת מה רצונו, לא לפקפק
- make up one's mind (to) להגיע לכלל החלטה, להחליט; להשלים
- open (close) one's mind to להיות (בלתי) פתוח ל-
- out of one's mind יצא מדעתו
- out of sight - out of mind רחוק מן העין - רחוק מן הלב
- pass out of mind להישכח
- presence of mind צלילות דעת, תושייה, כושר לפעול במהירות
- put him in mind of it להזכיר לו זאת, זה מזכיר לו
- put/give one's mind לתת דעתו
- put/set his mind at rest להרגיעו
- set one's mind on להשתוקק ל-, לגמור אומר להשיג
- speak one's mind לומר גלויות
- take one's mind off להסיח דעתו
- to my mind לדעתי; לטעמי, לרוחי
mind (mīnd) *v.* להיזהר, לזכור, לשים לב; להשגיח, לטפל ב-
- I don't mind לא אכפת לי
- I wouldn't/shouldn't mind איני מתנגד, הייתי רוצה
- do you mind! *בבקשה!
- don't mind him אל תדאג לו; אל תשים לב אליו
- don't mind me *אל תתחשב בי, עשה כחפצך

- mind (you) שים לב, רְאֵה
- mind one's p's and q's להיות זהיר בלשונו ובמעשיו
- mind out להיזהר, לשים לב
- never mind אין דבר, לא נורא
- would you mind? do you mind? התרשה לי?, התואיל ל-?
mind-bending *adj.* משפיע על הנפש; קשה להבינו, מעבר להשגה
mind-blowing *adj.* מעורר הזיות, מרגש
mind-boggling *adj.* *מדהים
minded *adj.* נוטה, חפץ; בעל נפש-
- air-minded חובב-טיס
- evil-minded חורש רעה, רע-לב
minder *n.* משגיח, מטפל ב-
- baby-minder מטפלת בתינוקות
mind-expanding *adj.* *מחדד חושים
mindful *adj.* נותן דעתו, זוכר, יודע
mindless *adj.* חסר דיעה, טיפשי; לא משגיח ב-, לא זהיר, מתעלם מ-
mind reading קריאת מחשבות
mind-set *n.* דפוס חשיבה
mine *pron.* שלי
mine *n.* מִכְרֶה; מוקש; בור לפצצה; זיקוקין-די-נור
- plant mines להטמין מוקשים
mine *v.* לכרות, לחפור; למקש
- mined out שנוצלו מחצביו עד תום
mine detector מגלה מוקשים
mine disposal פירוק מוקשים
minefield *n.* שדה מוקשים
mine-layer *n.* מקשת, ספינת מיקוש
mine-laying *n.* מיקוש, הנחת מוקשים
miner *n.* כורה, חופר; מוקשאי
min'eral *n&adj.* מחצב, מינרל
mineral kingdom עולם הדומם
min'eral'ogist *n.* מינרלוג
min'eral'ogy *n.* מינרלוגיה, תורת המינרלים, מדע המחצבים
mineral pitch אספלט
mineral water מים מינרליים
min'estro'ne (-ni) *n.* מינסטרוני
mine-sweeper *n.* שולת-מוקשים
mine-sweeping *n.* שליית מוקשים
mineworker *n.* כורה (פחם)
min'gle *v.* לערבב; להתמזג
min'gy *n.* קמצן, כילי
min'i *n.* שמלת מיני; (תחילית) קטן
min'iature *n.* מיניאטורה, ציור זעיר, זוטה, זערורה, מיזערת
- in miniature בזעיר אנפין
miniature *adj.* מיניאטורי
min'ibar' *n.* מיניבר, ארונית משקאות
min'ibus' *n.* מיניבוס
minicab *n.* מונית
min'icompu'ter *n.* מיני-מחשב
min'im *n.* חצי תו (במוסיקה)
min'imal *adj.* מינימאלי, מיזערי
min'imalist *n.* מינימליסט, דוגל בצמצום הפעילות; מתון פוליטית
minimarket מרכולית
min'imiza'tion *n.* מיזעור
min'imize' *v.* להקטין, לְמַזְעֵר
min'imum *n.* מינימום, מִזְעָר
minimum wage שכר מינימום
mining *n.* כרייה, חציבת מינרלים
min'ion *n.* מְשָׁרֵת מִתְרַפֵּס
- minion of the law שוטר, סוהר
mini RPV מזל"ט (מטוס ללא טייס)
min'iscule' *adj.* זעיר, קטנטן
min'ise'ries (-rēz) *n.* סדרות קצרות
miniskirt *n.* חצאית מיני
min'ister *n.* שר; ציר; כומר
minister *v.* לשרת, להגיש עזרה
min'iste'rial *adj.* של שר, משרדי
ministering angel אחות מסורה
min'istrant *n.* משרת, מספק צרכים
min'istra'tion *n.* שירות, טיפול
min'istry *n.* משרד; כהונת שר; כמורה
min'iver *n.* פרווה
mink *n.* מינק, חורפן; פרוות מינק
min'now (-ō) *n.* דגיג
mi'nor *adj.* קטן, צעיר, משני, טפל, לא רציני; מינורי; מינור, זעיר; קטין
- F minor פה מינור
- John minor ג'ון הצעיר
- minor key מפתח מינורי; טון נוגה
- minor planet אסטרואיד (כוכב)
- minor prophets תרי עשר (בתנ"ך)
minor'ity *n&adj.* מיעוט; קבוצת מיעוט; קטינות; של המיעוט
- minority government ממשלת מיעוט
- minority opinion דעת מיעוט
- minority report דעת המיעוט
minority leader מנהיג המיעוט
min'ster *n.* כנסיית מינזר
min'strel *n.* בדרן, בדחן; זמר נודד

min′strelsy *n.* שירת זמרים נודדים
mint *n.* מינתה, נענה; מטבעה
- in mint condition כחדש, לא משומש
- mint of money הון תועפות
mint *v.* לטבוע, לצקת מטבע
- mint a phrase ליצור מטבע-לשון
- mint money לעשות כסף, לגרוף הון
min′u•end′ (-yəwend) *n.* מְחוּסָר
min′uet′ (-nū-) *n.* מינואט (ריקוד)
mi′nus *n&adj&prep.* מינוס; סימן החיסור, (-); שלילי; מתחת לאפס; פחות, חסר
min′uscule′ *adj.* זעיר, קטנטן
min′ute (-nit) *n&v.* דקה; פרוטוקול; זכרון דברים; לערוך פרוטוקול
- in a minute בתוך דקה, מיד
- just/wait a minute רק רגע
- minutes פרוטוקול, תקציר דיון
- the minute (that) מיד כש-, אך
- to the minute בדיוק, "על השעון"
- up to the minute מעודכן; מודרני
mi′nute′ *adj.* זעיר; מדוקדק
minute book ספר פרוטוקלים
minute hand מחוג הדקות
minutely *adv.* בדייקנות; בפרוטרוט; לחתיכות זעירות; במידה זעומה
minute steak אומצת-דקה (מהירה)
minu′tiae (-shēē′) *n-pl.* פרטי-פרטים
minx *n.* חוצפנית
mir′acle *n.* נס, פלא
- work miracles לחולל נפלאות
mirac′u•lous *adj.* פלאי, ניסי
mirage′ (-räzh) *n.* מיראז׳, מחזה-תעתועים; חזון-הבל; אשליה
mire *n&v.* בוץ; לשקוע בבוץ; ללכלך; לסבך; להסתבך
- drag him through the mire להכפיש שמו
- in the mire בבוץ עמוק, מסתבך
mir′ror *n.* מַרְאָה, ראי; בבואה
mirror *v.* לשקף בבואה
mirror finish מישטח מבהיק
mirror image דמות ראי
mirth *n.* שמחה, חדווה, צחוק
mirthful *adj.* שמח, עליז
mirthless *adj.* חסר שמחה
mi′ry *adj.* בוצי, מוכפש בבוץ
mis- (תחילית) לא-, אי-, רע

mis′adven′ture *n.* חוסר מזל; תאונה
mis′advise′ (-z) *v.* לתת עצה רעה
mis′alli′ance *n.* זיווג לא מוצלח
mis′anthrope′ *n.* מיזנתרופ, שונא אדם
mis′anthrop′ic *adj.* מיזנתרופי
misan′thropy *n.* שנאת הבריות
mis′ap•plica′tion *n.* שימוש לרעה
mis′apply′ *v.* להשתמש לרעה, ליישם בצורה לא נכונה
mis′ap•pre•hend′ *v.* להבין שלא כראוי, להבין בצורה מוטעית
mis′ap•pre•hen′sion *n.* אי-הבנה
mis′appro′priate′ *v.* למעול ב-
mis′appro′pria′tion *n.* מעילה
mis′be•got′ten *adj.* לא חוקי, ממזר; לא נבון, חסר-ערך
mis′be•have′ *v.* להתנהג בצורה לא נאותה, להתפרע
misbehaved *adj.* משתובב, מתפרע
mis′be•ha′vior *n.* התנהגות רעה
mis′be•lie′ver (-lēv′-) *n.* מאמין בהבל
mis′cal′cu•late′ *v.* לטעות בחישוב
mis′cal′cu•la′tion *n.* חישוב מוטעה
miscall′ (-kôl) *v.* לקרוא בשם לא נכון/לא הולם
mis•car′riage (-rij) *n.* הַפָּלָה; אי-הגעה ליעד; כישלון
miscarriage of justice עיוות דין
miscar′ry *v.* להפיל (עוּבָּר); להיכשל
miscast′ *v.* לשבץ/ללהק בתפקיד לא הולם; לטעות בחלוקת התפקידים
mis′cegena′tion *n.* נישואי תערובת
mis′cella′ne•ous *adj.* מְגוּוָן, רבגוני
mis′cella′ny *n.* קובץ, אנתולוגיה
mischance′ *n.* אסון, מזל ביש
mis′chief (-chēf) *n.* נזק, פגיעה; מעשה-קונדס; שובבות; שובב
- do a mischief להזיק, לפגוע
- get into mischief להשתובב
- make mischief לחרחר, לסכסך
- up to mischief זומם מעשה קונדס
mischief-maker *n.* חרחרן
mis′chievous (-chiv-) *adj.* מזיק, זדוני; שובבי, תעלולני
mis′conceive′ (-sēv) *v.* לא להבין נכונה
mis′concep′tion *n.* תפיסה מוטעית
miscon′duct (-dukt) *n.* התנהגות רעה/מגונה, ניאוף; ניהול גרוע

mis'conduct' *v.* לנהל בצורה גרועה
- misconduct oneself להתנהג שלא כיאות; לנאוף
mis'construc'tion *n.* הבנה לא מדוייקת, פירוש מוטעה
- open to misconstruction עלול להתפרש שלא כראוי
mis'construe' (-rōō') *v.* להבין/לפרש באופן מוטעה
miscount' *v.* לטעות בספירה
mis'count' *n.* טעות בספירה
mis'cre•ant *n.* רשע, נוכל, נבל
mis'cre•a'ted *adj.* מושחת צורה
miscue (-kū') *v.* לפספס בחבטה
misdate' *v.* לתארך מועד מוטעה
misdeed' *n.* פשע
mis'de•mea'nor *n.* עבירה
mis'direct' *v.* להתעות; לְמַעֵן שלא כראוי; לכוון לאפיק לא נכון
mis'direc'tion *n.* הנחיה מוטעית
misdo'ing (-dōō'-) *n.* פשע, עבירה
mise en scene (mēz'onsān') *n.* תפאורה, רקע, סביבה
mi'ser (-z-) *n.* קמצן
mis'erable (-z-) *adj.* אומלל, דל
miserliness *n.* קמצנות
mi'serly (-z-) *adj.* קמצני
mis'ery (-z-) *n.* מצוקה, כאב, צער; *מדוכא
- put out of its misery לגאול אותו מייסוריו
misfea'sance (-zəns) *n.* עבירה, מעילה בתפקיד
misfire' *v.* להיתקע; לא להידלק; להחטיא המטרה; להיכשל
misfire *n.* החטאה; אִיוּר
mis'fit *n.* דבר לא הולם
misfor'tune (-chən) *n.* מזל רע, צרה, תאונה, אסון
misgive' (-giv) *v.* לחשוש, לדאוג
misgiv'ing (-g-) *n.* חשש, דאגה
misgov'ern (-guv-) *v.* לשלוט בצורה גרועה, לנהל באופן רע
misgovernment *n.* ניהול כושל
misguid'ed (-gīd-) *adj.* מותעה, מוטעה, הולך שולל; טיפשי
mis'han'dle *v.* לטפל שלא כראוי
mis'hap' *n.* תאונה, פגיעה, תקרית
mis'hear' *v.* לא לשמוע נכונה
mis'hit' *v&n.* לפספס, לחבוט גרוע; פספוס, חבטה גרועה, החטאה
mish'mash' *n.* "סלט", ערבוביה

mis'inform' *v.* למסור מידע כוזב/לא מדוייק, להטעות
mis'informa'tion *n.* מידע מוטעה
mis'inter'pret *v.* לא לפרש נכונה
mis'inter'pre•ta'tion *n.* פירוש לא נכון
mis'judge' *v.* לא להעריך נכונה; לטעות בשיפוט
misjudgement *n.* שיפוט מוטעה
mis'lay' *v.* להניח ולשכוח היכן
mis'lead' *v.* להתעות, לרמות, להוליך שולל; להטות מדרך הישר
mis'led' = p of mislead
mis'man'age *v.* לנהל בצורה גרועה
mismanagement *n.* ניהול גרוע
mis'match' *v.* לא להתאים כראוי
mis'match' *n.* זיווג לא מתאים
mis'name' *v.* לקרוא בשם לא מתאים
mis'no'mer *n.* שם לא הולם
misog'ynist *n.* שונא נשים
misog'yny *n.* שנאת נשים
mis'place' *v.* להניח לא במקומו; לשים (מבטחו) באדם לא נכון
mis'print' *v.* לעשות טעות דפוס
mis'print' *n.* טעות דפוס
mis'pronounce' *v.* לבטא שלא כראוי
mis'pronun'cia'tion *n.* מבטא מוטעה
mis'quo•ta'tion *n.* ציטוט לא מדוייק
mis'quote' *v.* לא לצטט נכונה
mis'read' *v.* לקרוא שלא כהלכה
mis're•port' *v.* לדווח בצורה מסולפת
mis'rep're•sent' (-riz-) *v.* להציג בצורה מסולפת
mis'rep're•senta'tion (-riz-) *n.* תיאור מסולף, הצגה לא נכונה
mis'rule' *v&n.* (לנהל) שלטון רע
miss *n.* החטאה; הינצלות; מַפָּלָה
- a miss is as good as a mile שגיאה קטנה או גסה - היינו הך
- give it a miss להימנע מ-, לדלג על
- near miss קליעה כמעט למטרה
miss *v.* להחטיא; להחמיץ, לאחר, להפסיד; לחוש בחסרון-; להתגעגע
- he can't miss it לבטח ימצא זאת
- miss an accident להינצל מתאונה
- miss one's footing למעוד, להחליק
- miss one's guess לא לנחש נכונה

- miss out (on) להשמיט; לפסוח על; להפסיד, להחמיץ
- miss the mark להחטיא את המטרה
- miss the point לא לתפוס העוקץ
- miss the train לאחר לרכבת
Miss *n.* גברת; נערה; מלכת יופי
mis′sal *n.* ספר תפילות נוצרי
mis′shap′en (-s-shāp′) *adj.* מושחת צורה
mis′sile (-səl) *n.* טיל; קליע; חפץ מושלך, אבן, חץ
- missile base בסיס טילים
missing *adj.* חסר; נעדר
- missing link החוליה החסרה
- the missing הנעדרים
mis′sion *n.* משלחת; שליחות, משימה, מטלה; מיסיון
- mission in life ייעוד בחיים
mis′sionary (-ner′i) *n&adj.* מיסיונר; מיסיוני
mis′sis, mis′sus (-z) *n.* גברת*
mis′sive *n.* איגרת, מכתב ארוך
mis′spell′ (-s-s-) *v.* לטעות באיות
misspelling *n.* טעות באיות
mis′spend′ (-s-s-) *v.* לבזבז בלי טעם
mis′spent′ (-s-s-) *adj.* מבוזבז בלי טעם
mis′state′ (-s-s-) *v.* לא לציין נכונה
misstatement *n.* אי דיוק, סילוף
mis′step′ *n.* צעד מוטעה, משגה
mis′sy *n.* צעירה, נערה; חביבה'לה*
mist *n.* ערפל, דוק דמעות; טשטוש
- mists of the past נבכי העבר
mist *v.* לערפל; לכסות באדים
- mist over להתערפל, להתכסות דוק
mistake′ *n.* שגיאה, טעות
- and no mistake ללא כל ספק
- by mistake בטעות
- there is no mistake about it אין מקום לספק, זה ברור
mistake *v.* להבין שלא כהלכה
- I mistook him for his brother החלפתי אותו באחיו, טעיתי בו
mistaken *adj.* מוטעה; טועה; לא מובן נכונה; לא מתפרש כהלכה
Mis′ter *n.* מר, אדון
mis′time′ *v.* לשגות בעתוי
mistletoe (mis′əltō′) *n.* דִבקון
mistook′ = pt of mistake
mis′trans·late′ *v.* לא לתרגם נכון
mis′trans·la′tion *n.* תרגום משובש
mis′treat′ *v.* לנהוג בצורה רעה; להשחית; להתעלל ב-
mistreatment *n.* התעללות
mis′tress *n.* גברת, בעלת-בית; מומחית; פילגש, אהובה; מוֹרָה
mis′tri′al *n.* משפט פסול/לא תקף
mis′trust′ *v&n.* לא לבטוח ב-, לחשוד ב-; אי-אימון; חשדנות
mistrustful *n.* חשדני, לא סומך על
misty *n.* מעורפל; מכוסה דוק
misty-eyed *adj.* מכוסה דוק-דמעות
mis′un′derstand′ *v.* לא להבין כראוי; לא לפרש כהלכה; לא להבינו
misunderstanding *n.* אי-הבנה
mis′un′derstood′ *adj.* שלא הובן כהלכה
mis′use′ (-ūz) *v.* להשתמש בצורה לא נאותה; להשתמש לרעה ב-
mis′use′ (-ūs) *n.* שימוש לרעה
mite *n.* קטנטן, ילדון; מעט, פורתא; תרומה; פרוטה; אקרית (טפיל)
mi′ter *n.* מצנפת
mit′igate′ *v.* לשכך, להקל; להמתיק
mitigating circumstances נסיבות מקילות
mit′iga′tion *n.* הקלה; המתקה
mi·to′sis *n.* התפלגות תא, השתנצות
mi′tre = miter (-tər)
mitt *n.* כפפה, כסיה; *יד
mit′ten *n.* כפפה, כסיה
mix *v.* לערבב, לבלול, לגבל, לערבל; להתערבב; למזג; להתמזג
- he mixes well הוא חברותי, מעורה
- mix it (up) *להתחיל לריב
- mix me a salad הכן לי סלט
- mix up לבלבל, לערבב; להחליף
- mixed up מעורב, מסתבך; מבולבל
mix *n.* תערובת; עירבול, מיקס
- cake mix תערובת אפייה
mixed *adj.* מעורב; של שני המינים
mixed bag מיגוון (דברים)
mixed bathing רחצה מעורבת
mixed blessing אליה וקוץ בה
mixed doubles זוגות מעורבים
mixed economy משק מעורב
mixed farming משק מעורב
mixed feelings רגשות מעורבים
mixed grill בשר צלוי וירקות וכו׳
mixed marriage נישואי תערובת
mixed school בית-ספר מעורב
mixer *n.* מיקסר, מַבְלֵל, מערבב; מערבל; מערבל סרטים; מעורה

- bad mixer לא חברותי
- good mixer חברותי, מעורה בחברה
mix′ture *n.* תערובת; ערבוב; תמהיל
- mixture as before טיפול כבעבר
mix-up *n.* תסבוכת, מהומה
miz′zen *n.* מיפרש/תורן אחורי
mizzenmast *n.* תורן אחורי
miz′zle *v.* לטפטף (גשם דק), לזרזף
MK חבר כנסת, ח"כ
ml מיליליטר, מילים
mm = millimeters
Mme = madame גברת
mne•mon′ic (ni-) *adj.* מסייע לזכירה
mnemonics *n.* השבחת הזיכרון
MO = Medical Officer
mo = moment *n.* *רגע
- half a mo *רגע, רק רגע
MO = money order
moan *n.* אנחה, יללה; טרוניה
moan *v.* להיאנח; לגנוח; להתלונן
moat *n.* תעלה (מסביב למבצר), חֵל
moated *adj.* (מבצר) מוקף תעלה
mob *n.* אספסוף, המון
- mob law חוק ההמון, חוק הרחוב
- mob orator מלהיב ההמון, דמגוג
mob *v.* להתנפל על, להקיף מכל עבר
mob′cap′ *n.* כובע אישה, שביס
mo′bile (-bēl) *adj.* נייד, מתנייע, נע, מתחלף; (פנים) מחליפי הבעה
mobile *n.* מובייל, מִרְצֶדֶת
mobile home קרוואן
mobile library ספרייה ניידת
mobile phone טלפון נייד
mo•bil′ity *n.* ניידות, קלות התנועה
mo′biliza′tion *n.* גיוס
mobilization order צו גיוס
mo′bilize′ *v.* לגייס; להתגייס
mob′ster *n.* בריון, גנגסטר
moc′casin *n.* מוקסין (נעל)
mo′cha (-kə) *n.* מוקה (קפה)
mock *v.* ללעוג; לצחוק; ללגלג על; לחקות; לבוז, לבטל, לשים לאל
mock *adj&n.* מדומה, מבויים
- make a mock of לעשות ללעג
- mock chicken מרק בטעם עוף
mocker *n.* לגלגן, חקיין
- put the mockers *לקלקל, לשבש
mock′ery *n.* לעג, לגלוג, צחוק; מטרה ללעג; זיוף, "בדיחה"
- hold up to mockery לעשות ללעג
mockingbird *n.* ציפור חקיינית
mock-up *n.* דגם-דמה; תבנית
mod *n.* *מודרני, מצוחצח
- mod con *מִתקָן מודרני, נוחיות
- mods בחינות לתואר ב"א
mo′dal *adj.* צורתי, של מודוס
modal auxiliary פּוֹעַל עזר
mo•dal′ity *n.* אופנוּת
mode *n.* אופן, צורה; מודוס; תהליך; אופנה, סגנון; סולם-קולות
- mode of life אורח-חיים
mod′el *n.* דגם, תבנית; מודל; מופת, דוגמה; דוגמנית; דומה ל-, העתק
model *adj.* מופתי, מושלם, דוגמתי
model *v.* לשמש כדוגמן, לדגמן; להציג תלבושות; לכייר, לעצב, לעשות דגם, לדגם
- model oneself on לחקות, לנהוג כ-
modeled *adj.* חטוב, מעוצב
mod′eler *n.* תַּדְמָן
modeling *n.* דוגמנות; דיגום; כִּיוּר
mo′dem′ *n.* מודם (למחשב)
mod′erate *adj&n.* מתון; ממוצע; בינוני
mod′erate′ *v.* למתן; לרכך; להפחית; לרסן; להתמתן; לפחות
moderately *adv.* מתון-מתון
mod′era′tion *n.* מתינות, התאפקות, ריסון-עצמי; צמצום; הקלה, הפחתה
- in moderation באופן לא מופרז
- moderations בחינות לתואר ב"א
mod′era′to (-rä-) *adv.* מודראטו, בקצב איטי, במתינות, מדודות
mod′era′tor *n.* מתווך, בורר; יושב-ראש; בוחן ראשי
mod′ern *adj.* חדיש, של הזמן החדש; לא-קדום; מתקדם; מודרני
mod′ernism *n.* מודרניזם, חדשנות
mod′ernist *n.* מודרניסט, חדשן
mod′ernis′tic *adj.* חדשני
moder′nity *n.* מודרניות, חדישות
mod′erniza′tion *n.* מודרניזציה
mod′ernize′ *v.* לעשות למודרני
mod′est *adj.* צנוע; לא מפריז
mod′esty *adj.* צניעות, ענווה
- in all modesty מבלי להתפאר
mod′icum *n.* שמץ, מעט, קצת
mod′ifica′tion *n.* שינוי, מודיפיקציה, אופנייה
mod′ifi′er *n.* (בדקדוק) מגביל
mod′ify′ *v.* לשנות, להתאים, לסגל;

למתן, לרכך; להגביל (בתואר)
mo'dish *adj.* אופנתי, מודרני
mo•diste' (-dēst) *n.* אוֹפנתָנית
mod'ular (-j'-) *adj.* מודולרי
mod'ulate' (-j'-) *v.* לווסת, להתאים; לסלם, לערוך סילום, לְאַפנֵן
mod'ula'tion (-j'-) *n.* ויסות, מודולציה, אִפנוּן, סילום
mod'ule (-j'ōōl) *n.* מודול, יחידה סטנדרטית; מידה; חללית
- command module חללית האם
mo'dus op'eran'di שיטת פעולה
mo'dus viven'di אורח חיים, סובלנות, הסדר זמני, עמק השווה
mog'gy *n.* חתול*
mo'gul *n.* עשיר מופלג, אֵיל-הון
mo'hair *n.* מוהייר, אריג אנגורה
Mo•ham'medan *adj.* מוסלמי
Mohammedanism *n.* האיסלאם
moi'ety *n.* חצי, מחצית
moil *v.* לעמול, לעבוד קשה
moire (mwärā') *n.* משי מימי
moist *adj.* לח, רטוב, לחלוחי
moist'en (-sən) *v.* ללחלח; להרטיב
mois'ture *n.* לחות, לחלוחיות
mois'turize' (-'ch-) *v.* ללחלח
moke *n.* חמור*
mo'lar *n&adj.* (שן) טוחנת
molas'ses (-sēz) *n.* דִבשָה
mold (mōld) *n.* דפוס, תבנית (לעיצוב כלי); טבע, תכונה, אופי; עובש; אדמה עשירה ברקבובית
mold (mōld) *v.* לעצב, לצור צורה, לגבש; להתכסות עובש, להתעפש
mol'der (mōl'-) *v.* להרקיב, להתפורר
molding *n.* עיצוב; מוצר מעוצב; כרכוב
moldy *adj.* מעופש; מכוסה עובש; מעלה חלודה, מיושן; *רע, מזופת
mole *n.* שומה, כתם; חפרפרת, חולד; שובר-גלים, מזח
molec'u•lar *adj.* מוליקולרי
mol'ecule' *n.* מוליקולה, פרודה
mole-hill *n.* תלולית (של חולד)
mole-skin *n.* פרוות חולד
molest' *v.* להציק, להטריד (מינית)
mo'les•ta'tion *n.* הטרדה
moll *n.* פרוצה, נערת פושע*
mol'lifica'tion *n.* הרגעה, שיכוך
mol'lify' *v.* להרגיע, לשכך

mol'lusc, mol'lusk *n.* רכיכה
mol'lycod'dle *n&v.* מפונק; לפנק
Mo'loch (-lok) *n.* מולך (אליל)
Mol'otov' cocktail בקבוק מולוטוב
molt (mōlt) *v&n.* להשיר; לנשור; נשירה
mol'ten (mōl-) *adj.* מותך, יצוק
molten image פסל מסיכה (לפולחן)
mol'to *adv.* מולטו, מאוד
mom *n.* אם, אמא*
mo'ment *n.* רגע; חשיבות, מומנט
- at any moment בכל רגע; מיד
- at every moment כל הזמן
- at odd moments ברגעים פנויים
- at the moment עתה, בשעה זו
- in a moment מיד, בתוך רגע
- just a moment רק רגע, הִנֵה
- man of the moment איש השעה
- not for a moment כלל לא
- of (no) moment רב (חסר) חשיבות
- the (very) moment מיד כש-, אך
- this moment ברגע זה, זה עתה
mo'mentar'ily (-ter-) *adv.* לרגע
mo'mentary (-ter'i) *adj.* רגעי; נמשך, מתמיד
momen'tous *adj.* חשוב, רציני
momen'tum *n.* תנופה, מומנטום, מינוף, תנע
- gain momentum לקבל תנופה, להתעצם
mom'ma, mom'my *n.* אמא*
Mon = Monday יום שני
mon'arch (-k) *n.* מונרך, מלך
monar'chic (-k-) *adj.* מלוכני
mon'archism (-k-) *n.* מלוכנות
mon'archist (-k-) *n.* מלוכן
mon'archy (-ki) *n.* מונרכיה, מלכות, ממלכה
mon'aster'y *n.* מנזר, בית-נזירים
monas'tic *adj.* של נזירים
monas'ticism *n.* נְזירוּת, חיי הנזיר
mon•au'ral *adj.* לאוזן אחת, לא סטריאופוני; בעל אוזן אחת
Mon'day (mun-) *n.* יום שני
- Mondays בימי ב' (בשבוע)
mon'etarism' *n.* ויסות הכסף
mon'etary (-ter'i) *adj.* כספי, מוניטרי
mon'ey (muni) *n.* כסף

- bet any money להתערב על כל סכום
- for my money לפי דעתי
- get/have one's money's worth לקבל תמורה מלאה לכספו
- good money *מחיר יקר
- in the money *עשיר, זוכה בכסף
- made of money עשיר מופלג
- make money לעשות/לגרוף כסף
- money down במזומנים
- money to burn הון תועפות
- put money into- להשקיע כסף ב-
- raise money לגייס כסף
- ready money מזומנים
- throw one's money around לבזבז על ימין ועל שמאל

money-back *adj.* ניתן להחזיר הכסף
moneybag *n.* ארנק, תיק כסף
- moneybags *גדוש בכסף, עשיר

money-box *n.* קוּפָּה
money-changer *n.* חלפן, שולחני
moneyed *adj.* עשיר, של בעלי ההון
money-grubber *n.* אוהב בצע
money laundering הלבנת הון
money laws דיני ממונות
money-lender *n.* מלווה בריבית
moneyless *adj.* ללא פרוטה
money-maker *n.* גורף הון
money-market *n.* שוק הכספים
money order הוראת תשלום
money-spinner *n.* גורף רווחים
mon′ger (mung′g-) *n.* סוחר, עוסק, מפיץ
- gossip monger רכלן

Mon′gol *adj.* מונגולואיד; מונגולי
mon′grel *n.* בן תערובת, מעורב-דם
mon′iker *n.* *שם, כינוי
mo′nism *n.* מוניזם, תורת האחדות בבריאה
mon′itor *n.* קשב-רדיו; מוניטור, משגוח, בודק; חניך תורן
monitor *v.* להקשיב לשידורים
monitor screen מסך בקרה
monk (mungk) *n.* נזיר
mon′key (mung′ki) *n.&v.* קוף; *שובב; 500 ליש"ט
- get one's monkey up *להתרגז
- have a monkey on one's back *להיות מכור לסמים; לנטור איבה
- make a monkey of לשים לצחוק
- monkey around לשחק, להשתעשע
- put his monkey up *להרגיזו

monkey business/tricks רמאות, מונקי-ביזנס
monkey nut אגוז אדמה
monkey wrench מפתח אנגלי
monkish *adj.* של נזירים
mon′o *adj.* לא סטריאופוני, מכיוון אחד בלבד; (תחילית) אחד, מונו-
mon′o *n.* מונו, מחלת הנשיקה
mon′ochrome′ (-k-) *n&adj.* ציור/תמונה חד-צבעית; שחור-לבן
mon′ocle *n.* מונוקל, מישקף
mon′ocot′yle′donous *adj.* חד פסיגי
monog′amous *adj.* מונוגמי, נשוי לבן-זוג אחד
monog′amy *n.* מונוגמיה
mon′ogram′ *n.* מונוגרמה, מְשלֶבֶת
mon′ograph′ *n.* מונוגרפיה, חיבור מעמיק בנושא מסויים
mon′olin′gual (-gwəl) *adj.* חד-לשוני
mon′olith′ *n.* מונולית, מצבת-אבן
mon′olith′ic *adj.* מונוליתי, אחיד, שלם
mon′ologue′ (-lôg) *n.* מונולוג
mon′oma′nia *n.* מונומניה, שיגעון לדבר מסוים
mon′oma′niac′ *n.* מונומן
mon′omor′phic *adj.* חד-צורתי
mon′onu′cle·o′sis (-nōō-) *n.* מונו, מחלת הנשיקה
mon′ophon′ic *adj.* חד-קולי
monop′olist *n.* מונופוליסט
monop′olize′ *v.* לזכות במונופול, לשלוט על, להשתלט כליל על
monop′oly *n.* מונופול, שליטה
mon′orail′ *n.* מונורייל, מסילת פס
mon′osyllab′ic *adj.* חד הברתי; (תשובה) קצרה, גסה ("כן", "לא")
mon′osyl′lable *n.* מלה חד-הברתית
mon′othe·ism *n.* מונותיאיזם, אמונה באל אחד, אמונת הייחוד
mon′othe·ist *n.* מונותיאיסט
mon′otone′ *n.* צליל חד-גוני
monot′onous *adj.* מונוטוני, חדגוני
monot′ony *n.* מונוטוניות
mon′otype′ *n.* מסדרת אותיות
mon′ova′lent *adj.* חד-ערכי
monox′ide *n.* תחמוצת חד-חמצנית
Monroe (mun′rō) (דוקטרינת)

מונרו
Monsieur (məsyûr′) *n.* מר, אדון
Monsignor (mōn′sēnyôr′) *n.*
מונסיניור (תואר לכומר)
mon·soon′ (-sōōn) *n.* מונסון (גשמים)
mon′ster *n.* מפלצת; ענק, גדול
- green-eyed monster קנאה
mon′strance *n.* כלי ללחם הקדוש
mon·stros′ity *n.* מפלצת, זוועה
mon′strous *adj.* מפלצתי, ענקי; מזעזע; אבסורדי, מחפיר
mon·tage′ (-täzh) *n.* מונטאז׳, מיצרף, תמונה מורכבת מחלקים
month (munth) *n.* חודש
- month in, month out בכל חודש
- month of Sundays זמן רב
- this day month בעוד חודש
monthly *adj&adv.* חודשי; פעם בחודש
monthly *n.* ירחון; וֶסֶת
mon′u·ment *n.* אנדרטה, מצבת-זיכרון; ספר/מפעל/מחקר בעל ערך נצחי
- ancient monument אתר היסטורי
mon′u·men′tal *adj.* מונומנטלי; עצום, כביר
monumental mason מקים מצבות
moo *n&v.* לגעות; געייה
mooch (mōōch) *v.* *לבקש, לסחוט
- mooch around *לשוטט, להסתובב
moo-cow *n.* *פרה
mood (mōōd) *n.* מצב-רוח; דרך
- imperative mood דרך הציווי
- in the mood for במצב רוח מתאים
moodiness *n.* דיכדוך, כעס
moody *adj.* מצוברח, מדוכדך
moon (mōōn) *n.* ירח, לבנה; חודש
- cry/ask for the moon לבקש את הבלתי אפשרי
- dark of the moon ללא אור ירח
- full moon ירח מלא
- full of the moon הירח במילואו
- new moon מולד הירח, זמן המולד
- once in a blue moon פעם ביובל
- over the moon ברקיע השביעי
- promise the moon להבטיח הרים וגבעות
moon *v.* להזות, לחלום בהקיץ, לערוג
- moon around/about להסתובב בלי מטרה, לשוטט; לבהות בעיניו
- moon away לבטל (זמן) ללא מטרה
moonbeam *n.* קרן ירח (קרן אור)
moon buggy, moon rover רכב ירח
mooncalf *n.* מפלצת; רפה-שכל
moon-faced *adj.* בעל פני ירח
moonless *adj.* חסר-ירח, חשוך
moonlight *n.* אור ירח
moonlight *v.* לעבוד עבודה נוספת
moonlight flit בריחה באישון ליל
moonlit *adj.* מואר באור ירח, סהור
moonscape *n.* נוף ירח
moonshine *n.* משקה לא חוקי; אור ירח; שטויות
moonshot *n.* שיגור חללית לירח
moonstone *n.* אבן חן (לא יקרה)
moonstruck *adj.* סהרורי
moony *adj.* חולמני, מתבטל
moor *v.* לקשור, לרתק, להעגין
moor *n.* איזור צייד; אדמת בור
Moor *n.* מורי, ערבי-ברברי
moorcock *n.* תרנגול-בר
moorings *n-pl.* מעגן; כבלי קשירה, עוגנים; עקרונות מוסריים
Moorish *adj.* מוּרִי, של מוּרים
moorland *adj.* אדמת בּוּר
moose *n.* מוז, צבי (שטוח-קרניים)
moot (mōōt) *v.* להעלות (נושא) לדיון
moot point נקודה שנויה במחלוקת
moot question בעיה שטרם הוכרעה
mop *n.* מקל-שטיפה, סחבה, סמרטוט; מגב; סבך שיער, "מברשת"
mop *v.* לשטוף, לנקות, לנגב
- mop and mow לעשות העוויות
- mop the floor with להביס כליל
- mop up לנקות; לחסל, לבער
mope *v.* לשקוע בייאוש, להתדכדך
mope *n.* דכדוך, מרה שחורה
mo′ped (-ped) *n.* אופניים בעלי מנוע
mop′pet *n.* *ילדה, בובה׳לה
mop-up *n.* חיסול, ניקוי, ביעור
moraine′ *n.* מורינה, סחופת קרחון, גרור
mor′al *adj.* מוסרי; צדיק, טהר-מידות; בעל מוסר-השכל
- moral certainty ודאות כמעט גמורה
- moral lesson מוסר-השכל, לקח
- moral right זכות מוסרית

- moral sense חוש מוסרי
- moral support תמיכה מוסרית
- moral victory ניצחון מוסרי
moral *n.* מוסר, מוסר-השכל
- draw the moral ללמוד מוסר-השכל
- has no morals בז לערכי המוסר
- morals מידות, אורח חיים מוסרי
- of loose morals בעל מוסר מפוקפק
morale′ (-ral) *n.* מוראל, הלך-רוח
mor′alism *n.* מוסרנות, מוסריות
mor′alist *n.* מוסרן, מטיף מוסר
mor′alis′tic *adj.* מוסרני, מוסרי
moral′ity *n.* מוסריות, טוהר מידות
mor′alize′ *v.* להטיף מוסר; לדון בערכי המוסר; להפיק מוסר-השכל
morally *adv.* מבחינה מוסרית; קרוב לוודאי
morass′ *n.* בצה, בוץ; תסבוכת
mor′ator′ium *n.* מורטוריום, תדחית
mor′bid *adj.* חולני; נגוע; מדוכא
morbid anatomy אנטומיית רקמות חולות
mor•bid′ity *n.* חולניות; תחלואה
mor′dant *adj.* עוֹקֶץ, סרקאסטי
more *adj&adv&n.* יותר, עוד, נוסף
- and what is more יתר על כן
- far more הרבה יותר
- more and more יותר ויותר
- more often than not ברוב המקרים
- more or less פחות או יותר
- more's the pity! מה חבל!
- no more לא עוד, לא יותר; אף לא
- once more שוב, פעם נוספת
- see more of him לראותו לעיתים יותר תכופות; לראותו שוב
- some more/any more עוד
more′ish, mor′ish (môr′ish) *adj.* *טעים, בטעם של עוד
moreover (môrō′vər) *adv.* נוסף על כך, חוץ מזה, יתר על כן
mo′res (-rāz) *n-pl.* מנהגים
mor′ganat′ic marriage נישואי אציל עם אשה פשוטה
morgue (môrg) *n.* חדר-מתים; ארכיון לקטעי עיתונות
mor′ibund′ *n.* גוסס, גווע, דועך
Mor′mon *n.* מורמוני
morn *n.* בוקר, צפרא
mor′ning *n&adj.* בּוֹקֶר
- in the morning of one's life באביב ימיו
- mornings בשעות הבוקר, לבקרים
morning after *כאב ראש (משתייה), חמרמורת
morning-after pill גלולת הבוקר שלאחרי, גלולה למניעת הריון
morning dress תלבושת בוקר
morning glory לפופית (מטפס)
morning room סלון בוקר
morning sickness בחילת-בוקר
morning star איילת השחר, נוֹגַהּ
morning watch משמרת הבוקר
Moroc′can *n.* מרוקני
moroc′co *n.* עור-עיזים
mo′ron (-ron) *n.* אידיוט
moron′ic *adj.* מטומטם
morose′ *adj.* כעוס, מר-נפש, זועף
mor′pheme *n.* מורפימה, צוּרָן
mor•phe′mics *n.* מורפולוגיה
mor′phe•us *n.* מורפיאוס, אל השינה
- in the arms of Morpheus ישן, אחוז בקורי-השינה
mor′phia *n.* מורפיום
mor′phine (-fēn) *n.* מורפיום
mor′phing *n.* מורפינג, שינוי תמונה בשלבים
mor′pholog′ical *adj.* מורפולוגי, צורתי
mor•phol′ogy *n.* מורפולוגיה, חקר הצורנים; תורת הצורות בביולוגיה
mor′ris *n.* מוריס, ריקוד-עם אנגלי
Morris chair כיסא נוח
mor′row (-ō) *n.* מחר, המחר; בוקר
Morse code כתב-מורס
mor′sel *n.* חתיכה, נגיסה; שמץ
mor′tal *n.* בן-תמותה; *אדם
mortal *adj.* אנושי; אָנוּש, קטלני, של מוות; *גדול, נורא, רב
- do every mortal effort לעשות כל מאמץ אפשרי
- mortal agony ייסורי גסיסה
- mortal combat מאבק עד מוות
- mortal danger סכנת מוות
- mortal enemy אויב בנפש
- mortal fear אימת מוות
- mortal hatred שנאת מוות
- mortal sin חטא מוות (בנצרות)
mor•tal′ity *n.* תמותה
mortality table טבלת תוחלת חיים
mortally *adv.* אֲנוּשׁוֹת; עד מאוד

mor′tar *n&v.* מלט, טיח; מכתש, מדוכה; מרגמה; לטייח; להפגיז במרגמה
mortar-board *n.* לוח-מלט; כובע אקדמי
mort′gage (-rgij) *n&v.* משכנתה; למשכן
mort′gagee′ (-rgijē) *n.* מלווה כנגד משכנתה
mort′gager (-rgijər) *n.* ממשכן
mort′gagor (-rgijər) *n.* ממשכן
mor′tice = mortise (-tis)
mor•ti′cian (-tishən) *n.* קבלן-קבורה
mor′tifica′tion *n.* דאבון-לב, סבל; השפלה, פגיעה; סיגוף; מֶקֶק, נמק
mor′tify′ *v.* להשפיל, לפגוע, לְעַנוֹת; לסגף; להרקיב, להינגע במֶקֶק
- mortify the flesh להסתגף
mor′tise (-tis) *n.* גרז, שקע, חריץ
mortise *v.* לשגם, לחבר בגרז; לגרז
mortise lock מנעול גרז
mor′tuary (-chooer′i) *n&adj.* חדר מתים; של קבורה, של מוות
mo•sa′ic (-z-) *n.* מוזאיקה, פסיפס
Mosaic *adj.* של (תורת) משה
Mo′ses (-zis) *n.* משה רבינו
mo′sey (-zi) *v.* ללכת, לפסוע בנחת
Mos′lem (-z-) *n&adj.* מוסלמי
mosque (mosk) *n.* מסגד
mosqui′to (-kē′-) *n.* יתוש
mosquito net כילה (מעל למיטה)
moss (môs) *n.* טחב, איזוב
moss-grown *adj.* מכוסה טחב
mossy *adj.* מכוסה טחב, אזובי
most (mōst) *adj&adv&n.* הרב ביותר, הכי (גדול), הכי הרבה; מרבית, כמעט כל; מאוד
- at (the very) most לכל היותר, מקסימום
- for the most part לרוב, בדרך כלל
- make the most of להפיק את מירב התועלת מן, למצות, לנצל
- most certainly קרוב לוודאי
- most of all הכי הרבה, בעיקר
mostly *adv.* בעיקר, ברוב המקרים
MoT מיבחן לכלי רכב, טסט
mote *n.* גרגיר אבק
mo•tel′ *n.* מוטל, מלונוע
mo•tet′ *n.* מוטט, שירה רב-קולית
moth (môth) *n.* עש
mothball *n.* כדור נפתלין
- in mothballs מאוחסן, לא בשימוש
moth-eaten *adj.* אכול-עש; שיצא מן האופנה, מיושן; משומש
moth′er (mudh′-) *n.* אם, אמא; אם-בית
- every mother's son הכל, עד אחד
- the mother of אבי ה-, גורם
mother *v.* ללדת; לאמץ; לטפל כאם
motherboard *n.* לוח אם (במחשב)
Mother Carey's chickens יסעורים, עופות-הסערה; פתיתי-שלג
mother city עיר ואם, מטרופולין
mother country מולדת
Mother Goose rhyme שיר ילדים
motherhood *n.* אִימָהוּת
Mothering Sunday יום האם, יום א′ הרביעי בלנט
mother-in-law *n.* חמות, חותנת
motherland *n.* מולדת
motherless *adj.* יתום, חסר אם
motherlike *adj.* אימהי
motherly *adj.* אימהי
Mother Nature אמא טבע, הטבע
mother-of-pearl *n.* אם-המרגליות, צידפת הפנינים
Mother's Day יום האם, יום א′ השני במאי
mother ship אוניית אם
mother's ruin *ג'ין (משקה)
mother superior נזירה ראשית
mother-to-be *n.* בהיריון, מְצַפָּה
mother tongue שפת-אם
mother wit שכל טבעי
moth-proof *adj.* חסין-עש
moth-proof *v.* לחסן (אריג) נגד עש
mo•tif′ (-tēf) *n.* מוטיב, נושא, רעיון; תנע
mo′tion *n.* תנועה, ניע; הצעה (לדיון); פעולת מעיים, יציאה
- go through the motions לפעול כלאחר יד/כדי לצאת ידי חובה
- set in motion להפעיל, להניע
- slow motion הקרנה איטית
motion *v.* לסמן בתנועת יד, לרמוז
- motion away לרמוז שיסתלק
motionless *adj.* ללא תנועה
motion picture סרט קולנוע
motion sickness בחילת נסיעה
mo′tivate′ *v.* להניע, לגרום, להמריץ
mo′tiva′tion *n.* מוטיבציה, הנעה, מניע, אתנע

mo′tive *n&adj.* מניע, גורם, מוטיב, תנע
motiveless *adj.* ללא מניע
mot juste (mōzhōōst′) ביטוי קולע
mot′ley *adj&n.* מעורב, מְגוּוָן; (בגד) רבגוני; תלבושת ליצן
mo′to·cross (-krôs) *n.* מירוץ מכשולים לאופנועים
mo′tor *n.* מנוע; מכונית; שריר מוטורי
motor *adj.* ממונע, מוטורי, מנועי
motor *v.* לנסוע במכונית
motor-assisted *adj.* בעל מנוע-עזר
motorbike *n.* אופנוע קל, טילון
motorboat *n.* סירת מנוע
mo′torcade′ *n.* שיירת מכוניות
motorcar *n.* מכונית
motorcycle *n.* אופנוע
motorcyclist *n.* אופנוען
motor home קרון מגורים
motoring *n.* נסיעה במכונית
mo′torist *n.* נהג, בעל מכונית
mo′toriza′tion *n.* מינוע, מיכון
mo′torize′ *v.* למנע, למכן
motor lodge מוטל
motorman *n.* נהג חשמלית
motormouth *n.* *פטפטן, ברברן
motor racing מירוץ מכוניות
motor scooter קטנוע
motor vehicle רכב מנועי
motorway *n.* כביש מהיר
mot′tle *v.* לנמר, לגוון בכתמים
mottled *adj.* מנומר, רבגוני
mot′to *n.* מוטו, פתגם, סיסמה
mould (mōld) *n.* דפוס, תבנית (לעיצוב כלי); טבע, תכונה, אופי; עובש; אדמה עשירה ברקבובית
mould (mōld) *v.* לעצב, לצור צורה, לגבש; להתכסות עובש, להתעפש
moul′der (mōl′-) *v.* להרקיב, להתפורר
moulding *n.* עיצוב; מוצר מעוצב; כרכוב
mouldy *adj.* מעופש; מכוסה עובש; מעלה חלודה, מיושן; *רע, מזופת
moult (mōlt) *v&n.* להשיר; לנשור; נשירה
mound *n.* תל; סוללה; ערימה
mount *v.* לעלות על (סוס); לטפס; להעלות, להרכיב; לקבוע; להרביע
- mount a picture למסגר תמונה
- mount a play להעלות מחזה
- mount an attack לערוך מתקפה
- mount an insect להכין חרק לתצוגה
- mount guard לשמור, לשמש כזקיף
- mount the throne לעלות על כס המלכות
- mount up לעלות, לגדול, להצטבר
- mounted police פרשי המשטרה
mount *n.* הר; בהמת-רכיבה; כַּן, מקבע, מרכב; מסגרת, משבצת
- Mount Scopus הר הצופים
- Mount of Olives הר הזיתים
moun′tain (-tən) *n.* הר; המון
- mountain high גבוה מאוד
- move mountains להפוך שמים וארץ, לעשות כל מאמץ
mountain ash חוזרר (עץ)
mountain bike אופני הרים
mountain chain/range רכס הרים
mount′aineer′ (-tən-) *n.* מטפס הרים
mountain goat יעל, עז הבר
moun′tainous (-tən-) *adj.* הררי, עצום
mountainside *n.* צלע ההר
mountaintop *n.* פסגת ההר
moun′tebank′ *n.* רמאי
mounting *n.* כַּן, בסיס; משבצת
mourn (môrn) *v.* להתאבל (על)
mourner *n.* אָבֵל, משתתף בלוויה
mournful *adj.* עצוב, מלא צער
mourning *n.* אֵבֶל; בגדי-אבל
- in deep mourning באבל עמוק
mourning-band *n.* סרט-אבל
mouse (-s) *n.* עכבר; פחדן, ביישן
- poor as a church mouse עני מרוד
mouse (-z) *v.* ללכוד עכברים
mouse-colored *adj.* חום-אפרפר
mous′er (-z-) *n.* לוכד עכברים
mousetrap *n.* מלכודת עכברים
mousetrap cheese גבינה ישנה
moussaka (mōō′səkä′) *n.* מוּסָקָה
mousse (mōōs) *n.* מוּס, קְצִיפָה
moustache (mus′tash) *n.* שפם
mous′y *n.* עכברי; פחדן; שקט; חום
mouth (-th) *n.* פֶּה, פתח, כניסה
- by word of mouth בעל פה, בדיבור
- down in the mouth עצוב, מדוכא
- keep one's mouth shut לנצור פיו
- laugh on wrong side of mouth להתאכזב, לעבור מצהלה לעצב
- put the mouth on him לעשות לו

עין-הרע
- shut your mouth בלום פיך!
- stop his mouth להשתיקו
- well, shut my mouth! האומנם!
mouth (-dh) *v.* לבטא; להביע; למלמל; להכניס לפה; לגעת בפה
-mouthed (-dh-) *adj.* בַּעַל פֶּה-
- foul-mouthed מנבל פיו
mouthful *n.* מלוא הפה, לגימה; *הצהרה חשובה; מלה ארוכה
- say a mouthful *לומר דבר חשוב, לגלות את אמריקה
mouth-organ *n.* מפוחית-פה
mouthpiece *n.* פה; פומית; שופר, ביטאון; פרקליט-פושעים
mouth-to-mouth *adj.* מִפֶּה לְפֶה
mouthwash *n.* תשטיף פה
mouth-watering *adj.* עסיסי
movable (mo͞ov′-) *adj&n.* נייד, בר-תנועה, מתנייע; מיטלטל
- movables מיטלטלים, נכסי דניידי
move (mo͞ov) *v.* לנוע; להניע; לזוז; להזיז; לעבור; להעביר; לעבור דירה; להתקדם; להשפיע, לרגש; לגרום, לעורר; להציע; להעלות; לפעול
- move along להתקדם, לזוז
- move around/about לשוטט
- move away להרחיק, להעתיק ביתו
- move down להוֹריד, לרדת
- move for לבקש (רשמית)
- move house לעבור דירה
- move in להיכנס לדור (בבית חדש)
- move in on *להשתלט על, ליטול
- move in the high society להתחכך באנשי החברה הגבוהה
- move off לצאת לדרך
- move on לזוז; לעבור הלאה
- move out לצאת מדירה
- move over לפנות מקום, לזוז
- move the bowels לעשות צרכיו
- move up לעלות; להעלות
move (mo͞ov) *n.* תנועה, צעד; מסע, תור
- get a move on *לזוז, להזדרז
- make a move לעשות צעד, לזוז
- on the move בתנועה, מסתובב
movement *n.* תנועה; מנגנון; פעילות; פֶּרֶק; עשיית צרכים
mover *n.* נע; מניע; מציע הצעה; מוביל, מעביר
- prime mover יוזם ראשי, הרוח החיה

movie (mo͞ov′i) *n.* סרט, קולנוע
movie star כוכב קולנוע
moving *adj.* נע; מניע; מעורר רגש
- moving spirit הרוח החיה
moving picture סרט, קולנוע
moving staircase מדרגות נעות
mow (mō) *v.* לקצור, לקצוץ, לכסוח
- mow down לקצור, לחסל
mow (mō) *n.* ערימת/מחסן חציר
mow′er (mō′-) *n.* מכסחה
moz'zarel′la (mots′ə-) *n.* מוצרלה
MP = Member of Parliament
mpg = miles per gallon
mph = miles per hour
Mr. (mis′tər) *n.* מר, אדון
MRI הדמיית תהודה מגנטית
Mrs. (mis′iz) *n.* גברת (נשואה)
MS (miz) *n.* טרשת נפוצה
Ms. גברת
MS = manuscript
M.Sc. = Master of Science
Mt = mount הר
much *adj&n&adv.* הרבה; הרבה יותר; בהרבה; מאוד; כמעט
- a bit much *קצת יותר מדי, מוגזם
- as much כך; אותו דבר
- as much again שוב אותה כמות
- as much as כמות שווה, ממש כמו, כאילו, למעשה
- as much as I can do במיטב יכולתי
- for as much as הואיל ו-
- how much? כמה?, מה המחיר?
- make much of להעריך, לייחס חשיבות; להפריז; להבין, לקלוט
- much as למרות ש-, חרף
- much less ובוודאי שלא
- much like/the same as כמעט כמו
- much more כל שכן, קל וחומר
- much of a muchness כמעט זהים
- much the same כמעט אותו הדבר
- not much *הרבה מאוד; בוודאי שלא
- not much of a גרוע, לא טוב
- not see much of him לא לראותו
- not up to much לא שווה, גרוע
- so much כל כך
- so much the better מוטב כך
- that/this much דבר זה; כמות זו
- think much of להעריכו, להחשיבו
- too much יותר מדי; קשה מדי
- very much הרבה מאוד; מאוד
- without so much as אפילו ללא-

mu'cilage *n.* ריר, דבק צמחים
muck *n.* לכלוך, זוהמה; זבל, דומן
- make a muck of לטנף; לקלקל
muck *v.* לטנף; לזבל, לפזר דומן
- muck around/about *להתמזמז
- muck in לשתף פעולה
- muck out לנקות, לסלק זבל
- muck up *לטנף; לשבש, לקלקל
muck-heap *n.* ערימת-דומן
muck-rake *v.* לחטט, לחשוף שערוריות
muck-raker *n.* מגלה שערוריות
mucky *adj.* מטונף, מלוכלך
mu'cous *adj.* רירי, מפריש ריר
- mucous membrane קרומית רירית
mu'cus *n.* ריר, ליח; הפרשה רירית
mud *n.* בוץ, רפש, יוון
- his name is mud הוכפש שמו
- throw mud להטיל בוץ, להשמיץ
mud bath אמבטיית-בוץ
mud'dle *n.* ערבוביה, מבוכה, בלבול
muddle *v.* לבלבל; לקלקל, לשבש
- muddle through להיחלץ איכשהו
muddle-headed *adj.* מבולבל
mud'dy *adj.* בוצי, מרופש; מעורפל
muddy *v.* לרפש, ללכלך בבוץ
mudflap *n.* מגן בוץ (לאופן)
mud flat אדמה בוצית
mudguard *n.* כנף (מעל אופן הרכב)
mud'pack' *n.* מסיכת בוץ (לפנים)
mudslinger *n.* מטיל בוץ
mues'li (myo͞os'-) *n.* מוזלי (דייסה)
mu·ez'zin (mūez-) *n.* מואזין
muff *n.* ידונית, גליל פרווה; לא יוצלח; פספוס, אי קליטת כדור
muff *v.* להיכשל, לפספס, לא לקלוט
muf'fin *n.* לחמנייה, עוגת-תה
muf'fle *v.* לעמעם קול; לעטוף, לכרבל
muffler *n.* עמם-פליטה; צעיף, סודר
muf'ti *n.* מופתי; תלבושת אזרחית
mug *n.* ספל; *פרצוף; טיפש, פתי
- mug's game פעולה שאין רווח בצידה
mug *v.* לשדוד, לגזול, להתקיף
- mug up *ללמוד היטב, לשנן
mugger *n.* שודד, ליסטים
mug'gins (-z) *n.* *טיפש
mug'gy *adj.* (מזג-אוויר) לח וחם
mugshot *n.* *תמונה (של פָּנִים)
mug'wump' *n.* מדינאי; מתנפח
Mu·ham'madan (mo͞o-) *adj.* מוסלמי
mulat'to *n.* מולאט (בן לכושי ולבנה)
mul'ber'ry *n.* תות
mulct *v&n.* לקנוס; להונות, לסחוט; קנס
mule *n.* פרד; עקשן; נעל-בית; מטווייה
mu'leteer' *n.* נהג פרדות
mu'lish *adj.* עקשן
mull *v.* לחמם; להשביח הטעם; לשקול
- mull over it להרהר בדבר
mull *n.* לשון יַבָּשָׁה, צוק חוף
mul'lah (-lə) *n.* מולה (מלומד)
mul'lein (-lin) *n.* בוצין (צמח-בר)
mul'let *n.* מולית, קיפון, בורי
mul'lion *n.* מחיצה אנכית (בחלון)
mul'ti (תחילית) רב-, מולטי-
multi-access *n.* גישה בו-זמנית
multi-colored *adj.* רבגוני, ססגוני
mul'ticul'tural (-chərəl) *n.* רב-תרבותי
mul'tidis'ciplinary רב-תחומי
mul'tifa'rious *adj.* מְגוּוָן, רב-סוגים, רב-צדדי, שונים, רבים
mul'tiform' *adj.* רב-צורות
mul'tilat'eral *adj.* רב-צדדי
mul'tilin'gual (-gwəl) *adj.* רב-לשוני
mul'time'dia *n.* מולטימדיה, רב-תקשורתי
mul'timil'lionaire' *n.* מולטימיליונר
mul'tina'tional (-nash'ənəl) *adj&n.* רב-לאומי; חברה רב-לאומית
mul'tiple *adj.* מרובה, רב, הרבה
multiple *n.* כפולה
- common multiple כפולה משותפת
- multiple stores רשת חנויות
multiple-choice test מבחן רב-ברירה
multiple sclerosis טרשת נפוצה
mul'tiplex' *adj.* מְגוּוָן, רב-חלקים
mul'tiplica'tion *n.* הכפלה, כפל
multiplication sign סימן הכפל
multiplication table לוח הכפל
mul'tiplic'ity *n.* ריבוי, מספר רב
mul'tiply' *v.* להכפיל; להגדיל; להרבות ב-; להתרבות
mul'tiproc'essing *n.* עיבוד בו-זמני
multi-purpose *adj.* רב תכליתי

mul'tira'cial *adj.* רב-גזעי
mul'ti-stage' *adj.* רב-שלבי
mul'tistor'ey *adj.* רב-קומות
mul'titude' *n.* המון, מספר רב
- cover a multitude of sins לכסות פשעים רבים, להוות תירוץ טוב
- the multitude המון העם, הציבור
mul'titu'dinous *adj.* רב, עצום
multi-user *adj.* למשתמשים רבים
mul'tum in par'vo (mool-) מועט המחזיק את המרובה
mum *n.* שֶׁקֶט, דומייה; *אמא
- keep mum לשתוק, להחריש
- mum is the word! אף מלה!
mum'ble *v.* למלמל; ללעוס
mum'bo jum'bo נושא להערצה עיוורת; פולחן אווילי; הבלים
mum'mer *n.* פנטומימאי, שחקן
mum'mery *n.* הצגה, מִשְׂחָק, טקס
mum'mifica'tion *n.* חניטה, חינוט
mum'mify' *v.* לחנוט
mum'my *n.* חנוט, מומיה; *אמא
mumps *n.* חזרת (מחלה)
munch *v.* ללעוס (בקול), לגרוס
mun·dane' *adj.* של העולם הזה
mu·nic'ipal (mū-) *adj.* עירוני
- municipal tax ארנונה
mu·nic'ipal'ity (mū-) *n.* עירייה
mu·nif'icence (mū-) *n.* רוחב-לב
mu·nif'icent (mū-) *adj.* רחב-לב
mu'niments *n-pl.* מסמכים, שטרי-קניין
mu·ni'tion (mūnish'ən) *adj&v&n.* של תחמושת; לספק תחמושת
- munitions תחמושת
mu'ral *adj&n.* של קיר; ציור קיר, פרסקו, תמשיח
mur'der *n&v.* רֶצַח; לרצוח
- get away with murder *לא לתת את הדין, לעשות כאוות נפשו
murderer *n.* רוצח
murderess *n.* רוצחת
mur'derous *adj.* רצחני, קטלני
murk *n.* אפילה, חושך; קדרות
murky *adj.* חשוך, קודר
mur'mur *n.* מלמול, המיה; רשרוש, איוושה; קול פכפוך; תרעומת, ריטון
murmur *v.* למלמל, לרשרש; לרטון
mur'phy *n.* *תפוח-אדמה
Murphy's Law חוק מרפי, אם דבר רע עלול לקרות - אזי הוא יקרה
mur'rain (-rin) *n.* מחלת בהמות; מגיפה
mus'catel' *n.* מוסקט (יין, ענבים)
mus'cle (-səl) *n&v.* שריר; כוח
- muscle in להתמרפק
muscle-bound *adj.* קשוח-שרירים
muscled *adj.* בעל-שרירים
muscle-man *n.* איש שרירים, שרירן
mus'cu·lar *adj.* שרירי, חזק
muscular dystrophy ניוון שרירים
mus'cu·lature' *n.* מערכת השרירים
muse (-z) *n.* מוזה, בת השיר
muse *v.* לשקוע בהרהורים
mu·se'um (mūz-) *n.* מוזיאון
museum piece חפץ ראוי לתצוגה; *מיושן, שיצא מן האופנה
mush *n.* דייסה; בליל סמיך; רגשנות
mush'room *n&adj.* פטרייה; ארנה; צמיחה מהירה; גדל מהר
mushroom *v.* ללקוט פטריות; להתפתח מהר; להתפשט; להיתמר
mushroom cloud פטריית עשן
mush'y *adj.* דמוי-דייסה, רך; רגשני
mu'sic (-z-) *n.* מוזיקה, נגינה
- set to music להלחין, לחבר מנגינה
mu'sical (-z-) *adj.* מוזיקלי
musical *n.* קומדיה מוזיקלית, מחזמר
musical box תיבת נגינה
musical chairs כיסאות מוזיקליים
musical comedy קומדיה מוזיקלית, מחזמר
musical director מנהל מוזיקלי
musical instrument כלי נגינה
music box תיבת נגינה
music center מערכת רדיו טייפ וכו'
music hall מוזיקול; אולם בידור
mu·si'cian (mūzish'ən) *n.* מוזיקאי
mu'sicol'ogy (mūzikol'-) *n.* מוזיקולוגיה, תורת המוזיקה
music stand מעמד תווים
music stool שרפרף, כיסא פסנתר
musk *n.* מושק (לבשמים ורפואה)
musk deer מושק (חיה אסייתית)
mus'ket *n.* מוסקט (רובה ישן)
mus'keteer' *n.* חמוש במוסקט
mus'ketry *n.* רובאות
musk-melon *n.* סוג של מלון
musk-rat *n.* (פרוות) עכבר-המושק
musk rose ורד המושק
musk'y *adj.* בעל ריח מושק
Mus'lim (-z-) *n.* מוסלמי

mus'lin (-z-) *n.* מוסלין (בד עדין)
mus'quash = musk-rat (-kwosh)
muss *n.* אנדרלמוסיה, אי-סדר
muss *v.* לעשות אי-סדר, לפרוע
mus'sel *n.* צדפה שחורה
Mus'sulman *n.* מוסלמי
must *v.* להיות חייב/מוכרח/צריך
- he must be cold בטח קר לו
- must not אסור, אין רשות
must *n.* הכרח, חובה
must *n.* תירוש, מיץ ענבים
mus'tache (-tash) *n.* שפם
mus'tang (-tang) *n.* מוסטאנג, סוס פרא
mus'tard *n.* חרדל
- keen as mustard נלהב, להוט
mustard gas גאז החרדל
mustard plaster רטיית חרדל
mus'ter *v.* לאסוף, להזעיק; להתקבץ
- muster one's courage לאזור אומץ
muster *n.* מיפקד, מיסדר
- pass muster לעמוד בדרישה
mustn't = must not (mus'ənt)
mus'ty *adj.* מעופש, עבש; מיושן
mu'tabil'ity *n.* השתנות
mu'table *adj.* מִשְׁתַּנֶּה, בר-שינוי
mu'tant *n.* מוטאנט
mu'tate' *v.* לעבור מוטאציה
mu·ta'tion (mū-) *n.* שינוי, מוטאציה, גלגול, היווצרות יצור מסוג חדש
mute *adj.* שותק, מחריש
mute *n.* אילם; עמעמת
mute *v.* לעמעם, להחליש צליל
mute button כפתור השתקה
mu'tilate' *v.* לקטוע, לכרות; להטיל מום; להשחית, לעוות, לקלקל
mu'tila'tion *n.* קטיעה; השחתה
mu'tineer' *n.* מורד
mu'tinous *adj.* מורד, מרדני
mu'tiny *n&v.* מרד, התקוממות; למרוד
mutt *n.* *כלב; טיפש
mut'ter *n&v.* למלמל; לרטון; מלמול
mut'ton *n.* בשר כבש
- dead as mutton מת לגמרי
- mutton dressed as lamb מבוגרת המתגנדרת כצעירה
mutton-chops *n-pl.* זקן-לחיים
mutton-head *n.* טיפש, שוטה

mu'tual (-cho͞oəl) *adj.* הדדי; משותף
mutual fund קרן נאמנות, קרן הדדית, חברת השקעות
mu'tual'ity (-cho͞oal-) *n.* הדדיות
mutually *adv.* הדדית, זה את זה
- mutually exclusive מנוגדים זה לזה
muz'zle *n.* חרטום החיה, זרבובית; זמם, מחסום; לוע
muzzle *v.* לחסום בזמם; להשתיק
muzzle-loader *n.* נטען בלוע
muzzle velocity מהירות לוע
muz'zy *adj.* מבולבל, מעורפל
MW = medium wave
my *pron&interj.* שלי; אוי!
- oh my! קריאת שמחה וכ׳
my·col'ogy *n.* תורת הפטריות
my'eli'tis *n.* דלקת חוט השדרה
my'na *n.* ציפור חקיינית
my'ocar'dial infarct *n.* אוטם שריר הלב
my·o'ma *n.* שרירומת (גידול בשריר)
my·o'pia *n.* קוצר ראייה
my·op'ic *adj.* קצר ראייה
my'oso'tis *n.* זיכריני (פרח)
myr'iad *n.* הרבה, מספר רב
myr'midon' *n.* עֶבֶד
myrrh (mûr) *n.* מור, שרף-בשמים
myr'tle *n.* הדס
my·self' *pron.* אני, (ל-/ב-/את) עצמי
- I'm not myself איני כתמול שלשום
- by myself בעצמי, לבדי
myste'rious *adj.* מסתורי, נעלם
mys'tery *n.* מסתורין; תעלומה; פולחן מסתורי; מחזה נוצרי
mys'tic *n&adj.* מיסטיקן, מקובל
mys'tical *adj.* מיסטי, מסתורי
mys'ticism *n.* מיסטיות, תורת הנסתר
mys'tifica'tion *n.* מיסטיפיקאציה
mys'tify' *v.* להביך, לעטוף בסודיות
mystique' (-tēk) *n.* סוד אמנותי; מיסטיות, מסתורין; מיסטיקה
myth *n.* מיתוס, אגדה; דבר בדוי
myth'ical *adj.* אגדי, של מיתוס
myth'olog'ical *adj.* מיתולוגי
mythol'ogist *n.* מיתולוג
mythol'ogy *n.* מיתולוגיה, חקר המיתוס; אגדות עמי-הקדם
myx'ede'ma *n.* בצקת רירית

N

N = noun, north, number
NA = North America
nab *v.* ללכוד, לאסור; לתפוס
Nab′lus *n.* שְׁכֶם
na′bob′ *n.* עשיר, גביר
nacelle′ *n.* בית-המנוע (במטוס)
na′cre (-kər) *n.* אם המרגלית, צדפה
na′dir *n.* נדיר, נבך; נקודת השפל
naff *v.* הסתלק!, עוף!
naff *adj.* חסר טעם, חסר ערך
Naf′fy *n.* *שק"ם, קנטינה
nag *n.* *סוסון, סוס זקן; נודניק
nag *v.* להציק; לרטון; לנדנד
nagger *n.* מציק; נודניק
nai′ad *n.* נימפת-המים
nail *n.* מסמר; ציפורן
- fight tooth and nail להילחם בציפורניו
- pay on the nail לשלם בו במקום
- right as nails נכון בהחלט
nail *v.* למסמר; לרתק; לפגוע
- nail a lie to the counter להוקיע שקר
- nail down למסמר; לאלצו לדבר, לדובב; לסכם, להסדיר; להבטיח
- nail up למסמר, לסגור במסמרים
nail-biting *adj.* מותח, גורם מתח
nailbrush *n.* מברשת ציפורניים
nail file שופין-ציפורניים
nail scissors מספרי-ציפורניים
nail varnish/polish לַכַּת-ציפורניים
nain′sook *n.* ננסוק (אריג כותנה)
naive (näēv′) *adj.* נאיבי, תמים, תם
naivete (nä′ēvətā′) *n.* נאיביות
naivety (näēv′ti) *n.* נאיביות
na′ked *adj.* ערום, חשוף, גלוי
- naked eye עין בלתי מזויינת
- naked truth אמת לאמיתה
nakedness עירום, מערומים
nam′by-pam′by *adj.* רגשני, נשי
name *n.* שם; בעל-שם, אישיות
- big name אישיות חשובה
- by name ששמו; בשמו; אישית
- by the name of הַמְכוּנֶה-, בשם
- enter one's name for להירשם ל-
- in name בשם, בתואר בלבד
- in the name of the law בשם החוק
- lend one's name to להסכים להשתתף ב-, לתת ברכתו
- make one's name לעשות לו שם
- name names לנקוב בשמות
- not a penny to one's name חסר כול
- take his name in vain לשאת שמו לשווא; *להזכיר שמו
- the name of the game שם המישחק, פה קבור הכלב, העיקר
- to one's name בבעלותו, שלו
- win a name for oneself לקנות לו שם
- write under the name of להשתמש בשם (בדוי)
name *v.* לתת שם; לקרוא; לכנות; לְמַנּוֹת, לקבוע; לנקוב (שם, מחיר)
- be named after/for להיקרא על שם
- name the day לקבוע יום החתונה
name-drop *v.* לזרוק שמות (של אישים)
name-dropping *n.* זריקת שמות
nameless *adj.* ללא שם, אלמוני; בלי לנקוב בשמו; בל-יתואר; נורא
namely *adv.* כלומר, דהיינו
name-part *n.* תפקיד ראשי
name-plate *n.* לוחית-שם, שלט
namesake *n.* בעל שם דומה
nan *n.* לחם הודי; *סבתא
nan′a *n.* *טיפש; סבתא
nan′cy *n&adj.* נשי; הומוסקסואל
nan·keen′ *n.* אריג כותנה
nan′ny *n.* מטפלת
nanny goat עז, עיזה
nannying *adj.* *מפנק, דואג
nano- ננו- (מיליארדית)
nan′osec′ond *n.* מיליארדית השנייה
nap *n.* שינה קלה, נמנום; גבחת, הצד החלק; נאפ (משחק קלפים)
- take a nap לנמנם, לחטוף תנומה
nap *v.* לנמנם; *לנחש, לשער תוצאה
na′palm (-päm) *n.* נפאלם
nape *n.* מפרקת, עורף
na′pery *n.* מפות שולחן
nap hand עמדת זכייה
naph′tha *n.* נפט
naph′thalene′ *n.* נפתלין
nap′kin *n.* מפית (לסעודה); חיתול
napkin ring טבעת מפית

nap′per *n.* ראש, גולגולת*
nap′py *n.* חיתול*
nappy rash פריחה בעור התינוק
nar′cissism′ *n.* נרקיסיות, אהבה עצמית
nar′cissist *n.* נרקיסיסט
nar′cissus *n.* נרקיס (צמח-בר)
nar′colep′sy *n.* התקפי תרדמת
nar•co′sis *n.* נרקוזה
nar•cot′ic *adj&n.* נרקוטי, גורם לנרקוזה; מרדים; נרקומן
nares (nar′ēz) *n-pl.* נחיריים
nar′ghile (-gəli) *n.* נרגילה
nark *n.* מלשין, סוכן שתול*
nark *v.* להרגיז, להתמרמר, לרטון*
nark, narc *n.* שוטר לפשעי סמים*
nark′y *adj.* זועם, מעוצבן*
nar′rate *v.* לספר, לתאר; להקריא
nar•ra′tion *n.* סיפור, תיאור; קריאה
nar′rative *n.* סיפור, תיאור, נראטיב
narrative *adj.* סיפורי, נראטיבי
nar′ra•tor *n.* מְסַפֵּר, קורא
nar′row (-ō) *adj&n.* צר, מצומצם, מוגבל; קפדני; צר-אופק
- in the narrow meaning במובן הצר
- narrow circle חוג (מכרים) צר
- narrow circumstances דלות
- narrow majority רוב זעום
- narrow squeak הינצלות בנס
- narrows מיצר, רצועת מים
narrow *v.* להצר, לכווץ; להצטמצם
- narrow down להצר, להגביל
narrowcast *v&n.* לשדר לקהל יעד; שידור לקהל מצומצם
narrow gauge מסילת ברזל צרה
narrowly *adv.* בקושי, כמעט; במדוקדק
narrow-minded *adj.* צר-אופק
nar′thex′ *n.* מבוא, אכסדרה
nar′whal (-wəl) *n.* לווייתן ארקטי
na′ry *adj.* כלל לא, אף לא אחד*
na′sal (-z-) *adj.* חוטמי, אנפפני
na′saliza′tion (-z-) *n.* אנפוף
na′salize′ (-z-) *v.* לאנפף
nas′cent *adj.* מתהווה, מתחיל לצמוח, נולד, נוצר, בעל ניצני-
nastur′tium (-shəm) *n.* כובע הנזיר
nas′ty *adj.* מטונף; מגעיל, מכוער, נבזי; מרושע, רע; מסוכן, מאיים
- a nasty bit/piece of work טיפוס* דוחה
nasty-nice *adj.* פוגע בצורה מנומסת
na′tal *adj.* שמלידה, של לידה
natal′ity *n.* ילודה, שיעור הילודה
nata′tion *n.* (אמנות ה-) שחייה
na′tato′rial *adj.* של שחייה
natch *adv.* בדרך הטבע, כמובן*
na′tes (-tēz) *n-pl.* אחוריים, ישבן
na′tion *n.* אומה, עם
na′tional (nash′ən-) *adj&n.* לאומי; ארצי, כללי; אזרח, נתין
- National Guard משמר העם
- National Health Service שירות בריאות ממלכתי
- National Insurance ביטוח לאומי
- national anthem הימנון לאומי
- national debt חוב לאומי
na′tionalism′ (nash′ən-) *n.* לאומיות
na′tionalist (nash′ən-) *n&adj.* לאומי, לאומני
na′tionalis′tic (nashən-) *adj.* לאומני
na′tional′ity (nashən-) *n.* עם, אומה; לאומיות; אזרחות, נתינות
na′tionaliza′tion (nashən-) *n.* הלאמה
na′tionalize′ (nash′ən-) *v.* להלאים
national monument אתר לאומי
national park פארק לאומי
national service שירות חובה
National Socialism נאציזם
nationwide *adj.* כלל ארצי, כלל לאומי
na′tive *adj.* של מולדת; מקומי; גדל במקום; טבעי, מלידה; של ילידים
- go native לחיות כבני המקום
- native land ארץ מולדת
native *n.* יליד, בן המקום, תושב
Native American אינדיאני
native speaker דובר השפה מילדות
nativ′ity *n.* לידה; הולדת ישו
nat′ter *v&n.* לפטפט, לקשקש;* לרטון; קשקוש
nat′ty *adj.* מסודר, נקי, מצוחצח
nat′ural (-ch′-) *adj.* טבעי; עצמוני
- C natural דו בקר (לא דיאז)
- it comes natural to him הוא קולט זאת בקלות, זה טבוע בדמו
- natural child ילד לא-חוקי

- natural death מיתה טבעית
- natural forces איתני הטבע
- natural phenomena תופעות טבע
natural *n.* רפה-שכל; קליד לבן; סלקה, בָּקָר; אדם הולם/מתאים
natural abortion הפלה טבעית
natural-born *adj.* מלידה, טבעי
natural history ידיעת הטבע
nat′uralism′ (-ch′-) *n.* טבעיות; נטורליזם, טבעתנות
nat′uralist (-ch′-) *n.* חוקר טבע
nat′uraliza′tion (-ch′-) *n.* איזרוח; התאזרחות
nat′uralize′ (-ch′-) *v.* לאזרח; להתאזרח; לסגל; לשאול (מלה)
natural law חוק הטבע; חוק עולמי
naturally *adj.* בדרך הטבע; כמובן
naturalness *n.* טבעיות
natural philosophy פיסיקה
natural resources אוצרות-טבע
natural science מדעי הטבע
natural selection ברירה טבעית
na′ture *n.* טבע; אופי; סוג; סגולות
- by nature באופי, בטבע, מלידה
- good nature טוב-לב
- human nature טבע האדם
- in the course of nature בדרך הטבע
- in the nature of things מחוייב המציאות
- in/of the nature of ברוח-, דומה ל-
- let nature take its course להניח למאורעות לזרום
- nature cure ריפוי טבעוני
- nature study לימוד הטבע
- nature worship פולחן הטבע
- pay one's debt to nature למות
- state of nature עירום
nature reserve שמורת טבע
na′turism′ (-ch-) *n.* נודיזם
na′turist (-ch-) *n.* נודיסט
na′turopath′ (-′chər-) *n.* מרפא טבעוני
na′turopath′ic (-′chər-) *adj.* של ריפוי טבעוני
na′turop′athy (-′chər-) *n.* ריפוי טבעוני
naught (nôt) *n.* אפס, אין
- bring to naught לנפץ, לשים קץ ל-
- care naught לא איכפת כלל
- come to naught לעלות בתוהו
- go for naught להיכשל, ברכה לבטלה
- set at naught לבטל, לשים לאל
naugh′ty *adj.* שובב, סורר, לא צייתן, רע, גס, לא הגון
nau′se·a (-ziə) *n.* בחילה, תיעוב
nau′se·ate′ (-z-) *v.* לעורר בחילה
nauseating *adj.* מגעיל, מבחיל
nau′se·ous (-z-) *adj.* מבחיל
nau′tical *adj.* ימי, של מלחים
- nautical mile מיל ימי, 1852 מטר
nau′tilus *n.* נאוטילוס (רכיכה)
na′val *adj.* של צי, ימי
naval power מעצמה ימית
nave *n.* מקום המושבים
na′vel *n.* טבור
navel orange תפוז טבורי, ואשינגטון
nav′igabil′ity *n.* עֲבירוּת (של נהר)
nav′igable *adj.* עביר (נהר וכ'); בר-ניווט; כשיר להפלגה/לניווט
nav′igate′ *v.* לנווט; לנהוג בספינה/במטוס; להפליג, לטוס מעל
nav′iga′tion *n.* ניווט; שיט; תנועה
nav′iga′tor *n.* נווט; איש-ים
nav′vy *n.* פועל שחור
na′vy *n.* צי-מלחמה; חיל-הים; ימייה
- navy blue כחול כהה
nay *adv.* לא, יותר מכך, לא זו אף זו
- say him nay לומר לו לא
- the nays have it הרוב הצביע נגד
nay′say′ *v.* לומר לא, להכחיש
Naz′arene′ *n.* הנוצרי, איש נצרת
Nazi (nät′si) *n.* נאצי
Na′zism′ (nät′s-) *n.* נאציזם
NB נ"ב, נכתב בצד, נזכרתי במשהו
NCO = noncommissioned officer
-nd, 2nd = second
ne·an′derthal′ (-thôl) *adj.* (אדם) ניאנדרטאלי
neap *n&adj.* (גיאות-ים) נמוכה
Ne′apol′itan *adj.* נפוליטני; (גלידה) רבגונית
near *adj&adv&prep.* קרוב, קרוב ל-; כמעט; שמאלי; קמצן
- as near as קרוב עד כדי-
- as near as makes no difference בהבדל זעום ביותר
- draw near להתקרב
- far and near בכל מקום
- near and dear קרובים, יקירים

- near at hand קרוב, בהישג יד
- near by בקרבת מקום, בסביבה
- near miss כמעט קליעה למטרה
- near relation שאר בשר (אב, בן)
- near the knuckle *על סף הגסות
- near thing מזל, הינצלות בנס
- near upon/on כמעט, לפני
- nowhere near רחוק מ-, לגמרי לא
near *v.* להתקרב, להקריב, לקרוב
- near one's end לנטות למות
near'by' *adv.* קרוב, בקרבת מקום
near'by' *adj.* קרוב, במרחק קצר
nearly *adv.* כמעט, בקירוב
- not nearly רחוק מ-, כלל לא
nearside *adj.* שמאלי
nearsighted *adj.* קצר-ראייה
neat *adj.* מסודר, נקי; פשוט, לעניין; נאה למראה; פיקחי; טוב, מצויין
- drink it neat לשתותו לא מהול
'neath = beneath *prep.* מתחת ל-
neb'bish *n.* *נעבעך, מסכן
neb'u·la *n.* ערפילית
neb'u·lar *adj.* של ערפיליות
neb'u·lize' *v.* לרסס
neb'u·li'zer *n.* מרסס
neb'u·los'ity *n.* ערפול, אי-בהירות
neb'u·lous *adj.* מעורפל, מטושטש
nec'essar'ily (-ser-) *adv.* בהכרח
nec'essar'y (-seri) *adj&n.* הכרחי
- it's necessary for me אני חייב
- necessaries דברים חיוניים
- necessary evil רע הכרחי
neces'sitate' *v.* להצריך, לדרוש
neces'sitous *adj.* עני, נצרך, נזקק
neces'sity *n.* צורך, נחיצות, הכרח; נצרכות, עוני, מצרך חיוני
- by/of necessity בהכרח, מאין ברירה
- make a virtue of necessity לנצל המצב לטובה, להציג חובה כמיצווה
- under the necessity חייב, מוכרח
neck *n.* צוואר; גרון; לשון-ים/יבשה
- get it in the neck לקבל מנה הגונה
- had the neck *היתה לו החוצפה
- neck and crop לגמרי, מלוא קומתו
- neck and neck (מירוץ) צמוד
- neck of the woods איזור, סביבה
- neck or nothing הימור על הכל
- risk one's neck לשים נפשו בכפו
- save one's neck להציל את עורו
- stick one's neck out להסתכן
- up to one's neck שקוע ראשו ורובו
- win by a neck לנצח בהפרש זעום
neck *v.* *להתגפף, להתעלס
neckband *n.* צווארון
neckcloth *n.* עניבה
-necked בעל צווארון
- low-necked עמוקת-מחשוף
neck'erchief (-chif) *n.* סודר-צוואר, צעיף
neck'lace (-lis) *n.* מחרוזת, ענק
neck'let *n.* מחרוזת, ענק
neckline *n.* קו הצוואר (בשמלה)
neck'tie' (-tī) *n.* עניבה
necktie party *תלייה, משפט לינץ'
neckwear *n.* עניבות, מלבושי-צוואר
necrol'ogy *n.* רשימת המתים; מודעת אבל
nec'roman'cer *n.* דורש אל המתים
nec'roman'cy *n.* דרישה אל המתים
nec'rophil'ia *n.* אהבת גוויות
nec'rophil'iac' *n.* אוהב גוויות
necrop'olis *n.* בית-קברות
nec·rop'sy *n.* נתיחת גופה
necro'sis *n.* מות רקמות, נֶמֶק
nec'tar *n.* צוף; משקה טעים; נקטאר
nec'tarine' (-rēn) *n.* אפרשזיף, נקטרינה
nee (nā) *adj.* לבית-, ששמה הקודם
need *n.* צורך; מצוקה, נצרכות, עוני
- have need of להיות זקוק ל-
- if need be אם יהיה צורך בכך
- in need of זקוק ל-
- when the need arises בעת הצורך
need *v.* להצריך; להיות זקוק/צריך/חייב/חסר
- I needn't have לא הייתי צריך ל-
need'ful *adj.* נחוץ, דרוש, הכרחי
- the needful כסף; פעולה נחוצה
nee'dle *n.* מחט; מסרגה; אובליסק
- eye of a needle קוף המחט
- get the needle להתעצבן
- look for a needle in a haystack לחפש מחט בערימת שחת
- sharp as a needle חריף, שנון
needle *v.* לתפור; לדקור; לעקוץ
- needle one's way לפלס דרכו בקושי
needless *adj.* מיותר
- needless to say למותר לציין, ברור
needlessly *adv.* ללא סיבה, סתם

needlewoman *n.* תופרת
needlework *n.* תפירה, מעשה-מחט
needn't = need not (nēdnt)
needs (-z) *adv.* בהכרח
- he must needs do it הוא חייב לעשות זאת (באירוניה)
needy *adj.* עני, נצרך, מעוט-יכולת
ne'er = never (nār)
ne'er-do-well בטלן, לא יוצלח
nefa'rious *adj.* רע, נפשע
neg. = negative
ne·gate' *v.* לשלול, לבטל, לאפס, לנטרל; לסתור, להפריך, להכחיש
ne·ga'tion *n.* שלילה, ביטול; סתירה
neg'ative *adj.* שלילי, נגטיבי
- negative pole קוטב שלילי; קתוד
- negative sign סימן המינוס
negative *n&v.* שלילה; מלת שלילה; נגטיב, תשליל; לשלול, לדחות; להפריך
- in the negative בשלילה, לאו, נגד
neg'ativism *n.* נגטיביזם, כפירה במוסכמות, עמדה שלילית
ne·glect' *v.* לזנוח, להזניח; לשכוח
neglect *n.* הזנחה, רשלנות; שכחה
neglectful *adj.* מזניח, רשלני
neg'ligee' (-zhā) *n.* חלוק-שינה; חלוק רחב; תלבושת חופשית
neg'ligence *n.* הזנחה, רשלנות
neg'ligent *adj.* רשלני, מתרשל
neg'ligible *adj.* זעום, אפסי, זניח
ne·go'tiable (-shəb-) *adj.* פתוח למשא ומתן; עביר; בר-המרה, סחיר
- negotiable instrument שטר-חליפין; מסמך סחיר
ne·go'tiate' (-'sh-) *v.* לנהל מו"מ, לדון; להסדיר; לבצע; לעבור; להמיר
ne·go'tia'tion (-'sh-) *n.* משא ומתן, דיון; המרה
ne·go'tia'tor (-'sh-) *n.* מנהל מו"מ
Ne'gress *n.* כושית
Neg'ritude' *n.* כּוּשִׁיּוּת, מעמד הכושי
Ne'gro *n.* כושי, שחור
Ne'groid *adj.* כושי
ne'gus *n.* יין חם (מהול במים וסוכר)
neigh (nā) *v&n.* לצהול; צהלת-סוס
neigh'bor (nā'-) *n.* שכן
neighbor *v.* לגבול ב-
neighborhood *n.* שכונה, סביבה
- in the neighborhood of בערך, כ-
neighborly *adj.* ידידותי, של שכנים
nei'ther (nē'dh-) *adj&pron.* אף אחד (משניהם) לא; וגם לא
- me neither אף אני לא
- neither you nor I לא אתה ולא אני
nel'ly *n.* *טיפש, איש נשי
- not on your nelly *לא ולא
nel'son *n.* אחיזה, לפיתה (בהיאבקות)
nelson touch גישה חכמה לבעיה
nem'atode' *n.* נֵמַטוֹדָה (עיגולית)
nem con' פה אחד, בהסכמה כללית
nem'esis *n.* נקמה, עונש; נוקם
ne'o- (תחילית) חדש, מודרני
Ne'olith'ic *adj.* ניאוליתי, מתקופת האבן המאוחרת
ne·ol'ogism' *n.* ניאולוגיזם, מלה מחודשת, מלה חדשה
ne'on' *n.* ניאון (גאז)
ne'onate' *n.* תינוק, רך נולד
neon light/lamp נורת ניאון
neon sign שלט ניאון
ne'ophob'ia *n.* ניאופוביה, שנאת החדש
ne'ophyte' *n.* טירון, כומר מתחיל
ne'oplasm' (-z-) *n.* גידול
ne'oter'ic *adj.* חדיש, מודרני
neph'ew (-ū) *n.* אחיין, בן אח, בן גיס
ne·phol'ogy *n.* תורת העננים
ne·phrit'ic *adj.* של כליות
ne·phri'tis *n.* דלקת הכליות
ne plus ul'tra שיא, הדרגה העליונה
nep'otism' *n.* פרוטקציה לקרובים
Nep'tune *n.* נפטון (כוכב-לכת)
nerd *n.* *טיפש, טמבל
ne're·id *n.* נימפת-הים
ner'va'tion *n.* מערך עורקי-העלה
nerve *n&v.* עָצָב; אומץ, תעוזה; חוצפה; עורק-העלה
- get on his nerves לעצבנו
- get up the nerve לאזור אומץ
- hit/touch a nerve לגעת בנקודה רגישה
- lost his nerve איבד הבטחון העצמי
- nerve oneself for להתאזר לקראת
- nerves עצבים; עצבנות, מתח
- strain every nerve לעשות כל מאמץ
- war of nerves מלחמת עצבים
- what a nerve! איזו חוצפה!
nerve cell תא עצב

nerve center מרכז עצבים, חרצוב
nerve gas גאז עצבים
nerveless *adj.* רפה-כוח; קר-רוח
nerve-racking *adj.* מורט עצבים
ner'vous *adj.* עצבני, מתוח; מתרגש; חושש; עצבי; (סגנון) נמרץ
nervous breakdown התמוטטות עצבים
nervous system מערכת העצבים
nervous wreck *לחוץ נפשית, עומד להתמוטט
nerv'y *adj.* חצוף, נועז; עצבני
nes'cient *adj.* בור, חסר-ידיעה
ness *n.* כֵּף, לשון-יַבָּשָׁה
nest *n.* קן; בית; מקלט; מקום מוסתר; מערכת (חפצים דומים)
- foul one's own nest להכפיש ביתו
- nest of crime מאורת פשע
nest *v.* לקנן; לסדר זה בתוך זה
- go nesting לחפש (ביצי-) קינים
nest egg סכום משוריין (לעתיד)
nes'tle (-səl) *v.* לקנן, לשכון; להתרפק; להשעין; להחזיק כבעריסה
- nestle down לשכב בנוחות
- nestle up להתרפק, להתקרב
nest'ling *n.* גוֹזָל
Nes'tor *n.* יועץ; זקן, חכם
net *n&v.* רשת; מכמורת; מלכודת; אינטרנט; ללכוד, להעלות ברשת; לכסות ברשת; לרַשֵּׁת
- communication net רשת תקשורת
net *adj&v.* נטו, נקי; להרוויח נטו
- net price מחיר נטו (נמוך ביותר)
netball *n.* כדור רשת (מישחק)
neth'er (-dh-) *adj.* תחתון
- nether world/regions שאול
Neth'erlands (-dh-z) *n.* הולנד
nethermost *adj.* הנמוך ביותר
nett *n&v.* (להרוויח) נטו
net'ting *n.* התקנת רשתות; רשת
net'tle *n&v.* סרפד; להקניט
- grasp the nettle להוציא הערמונים מהאש; לטפל בנושא באומץ
nettlerash *n.* סרפדת, אבעבועה
network *n&v.* רשת, רשת תקשורת; לשדר ברשת; להקים רשת; לתקשר ברשת; ליצור קשרים
- spy network רשת ריגול
networker *n.* חבר ברשת מחשבים
neu'ral (noo-) *adj.* עֲצַבִּי
neural'gia (nooral'jə) *n.* נויראלגיה, כאב עצבים
neural'gic (noo-) *adj.* נויראלגי
neu'rasthe'nia (noo'-) *n.* נויראסתניה, חלישות עצבים
neuri'tis (noo-) *n.* נויריטיס, דלקת עצבים
neu'rolog'ical (noo-) *adj.* נוירולוגי
neurol'ogist (noo-) *n.* נוירולוג, רופא עצבים
neurol'ogy (noo-) *n.* נוירולוגיה
neu'ron (noo'ron) *n.* נוירון, תא עצב
neu'ropath' (noo'-) *n.* חולה עצבים
neuro'sis (noo-) *n.* נוירוזה, עצבת
neurot'ic (noo-) *adj&n.* נוירוטי
neu'ter (nōō'-) *n.* (בדקדוק) מין סתמי; מסורס
neuter *adj&v.* חסר מין, סתמי, נייטראלי; לסרס
neu'tral (nōō'-) *adj.* נייטראלי, אדיש, סתמי
neutral *n.* הילוך-סרק; אדם נייטראלי
neutral'ity (noo-) *n.* נייטראליות
neu'traliza'tion (noo-) *n.* ניטרול; פירוז
neu'tralize' (noo'-) *v.* לנטרל; לפרז
neu'tron' (noo'-) *n.* נייטרון
nev'er *adv.* לעולם לא, אף פעם לא
- never fear! אל דאגה!, אין פחד!
- never mind לא חשוב, אין דבר
- never so much as אפילו לא-
- on the never-never *בתשלומים
- this will never do לא בא בחשבון
- well, I never! לא יאומן!
never-ending *adj.* אינסופי
nev'ermore' *adv.* לא עוד
never never land *ארץ החלומות
nev'ertheless' (-dh-) *adv.* בכל זאת
new (nōō) *adj.* חדש; טרי
- New Testament הברית החדשה
- New World העולם החדש, אמריקה
- New Year's Day 1 בינואר
- New Year's Eve 31 בדצמבר
- happy new year! שנה טובה!
- new blood דם חדש, כוח חדש
- new deal תכנית (ממשלתית) חדשה
- new from- שמקרוב בא
- new rich עני שהתעשר, נובוריש

- new to- לא מכיר, לא רגיל, חדש ב-
- new wave הגל החדש
- new-laid eggs ביצים טריות
newborn *adj.* (הרך) הנולד
newcomer *n.* בא מקרוב, פנים חדשות
new'el (nōō'-) *n.* עמוד מרכזי במדרגות לוליניות, עמוד מעקה
new-fan'gled (nōō-ld) *adj.* חדש, מודרני, מיותר, חסר-ערך
new'foundland' (-nōō'fən-) *n.* ניופאונדלנד (כלב קנדי)
newly *adv.* לאחרונה; זה לא כבר; מחדש, בצורה חדשה
newly-weds *n-pl.* שזה עתה נישאו
newmarket *n.* נומרקט, מישחק קלפים
news (nōōz) *n.* חדשות, חדשה, ידיעה
- be in the news לעלות לכותרות
- break the news לבשר (בשורה)
- pieces of news חדשות
- that's (no) news זו (לא) חדשה לגבי
news agency סוכנות ידיעות
newsagent *n.* מוכר עיתונים
newsboy *n.* מחלק/מוכר עיתונים
newsbrief *n.* חדשה, מבזק חדשות
newscast *n.* מהדורת חדשות
newscaster/-reader *n.* קריין-חדשות
news conference מסיבת עיתונאים
newsdealer *n.* מוכר עיתונים
newsflash *n.* מבזק חדשות
news hound כתב, עיתונאי נמרץ
newsletter *n.* עלון חדשות
news magazine יומן חדשות
newsman *n.* עיתונאי, כַּתָּב
news media כלי-התקשורת
newsmonger (nōōz'mung'gər) *n.* רכלן
newspaper *n.* עיתון
Newspeak *n.* ניוספיק, שפת תעמולה
newsprint *n.* נייר עיתונים
newsreader *n.* קריין חדשות
newsreel *n.* יומן קולנוע, סרט חדשות
newsroom *n.* חדר החדשות; אולם עיתונים
newssheet *n.* גליון חדשות
newsstand *n.* דוכן עיתונים
newsvendor *n.* מוכר עיתונים

newsworthy *adj.* חדשותי, מעניין
news'y (nōōz'i) *adj.* *גדוש חדשות
newt (nōōt) *n.* סלמנדרה, טריטון
next *adj&adv.* הבא, הקרוב, שלאחר מכן; אחר כך, בפעם הבאה
- next best השני במעלה; הברירה השנייה
- next of kin שאר בשר, קרוב
- next to קרוב ל-; כמעט; אחרי
- next to nothing בקושי משהו, כמעט אפס
- next week בשבוע שלאחר מכן
- next! הבא בתור!
- the next day למחרת
- what next? ומה עוד?
next world העולם הבא
nex'us *n.* קֶשֶׁר, רשת מקושרת
nib *n.* ציפורן-עט
nib'ble *v&n.* לכרסם; להסכים, לגלות עניין, לנטות לקבל; כרסום
nib'lick *n.* מקל גולף
nibs (-z) *n.* *בוס, אדם מנופח
nice *adj.* נאה, נחמד, טוב; עדין, דק; קפדן; *רע, מזופת
- nice and healthy בריא לגמרי
- nice difference הבדל דק/עדין
- nice mess "בוץ", "דייסה"
- nice one/work *כל הכבוד
nicely *adv.* היטב, כיאות; בעדינות
- be doing nicely להתקדם יפה
ni'cety *n.* דיוק; עדינות; הבחנה
- niceties פרטי פרטים; דברים נאים
- to a nicety בדייקנות, כחוט השערה
niche (nich) *n.* גומחה, נישה; מקום; ג'וב נוח
nick *n.* חתך, סדק, חריץ; *כלא
- in good nick במצב תקין
- in the nick of time ברגע הקריטי
- old nick השטן
nick *v.* לחתוך, לחרוץ, לשרוט; *לדרוש מחיר; לגנוב; לעצור; לתפוס
nick'el *n.* ניקל (מתכת, מטבע)
nick'elo'de·on *n.* *אוטומט תקליטים
nickel-plate *v.* לצפות בניקל
nick'er *n.* *לירה-שטרלינג
nick'nack' *n.* קישוט קטן, חפץ-נוי
nick'name *n&v.* כינוי; לכנות
nic'otine' (-tēn) *n.* ניקוטין
nicotine fit בולמוס-עישון
nid'ify' *v.* לבנות קן
niece (nēs) *n.* אחיינית, בת-גיס

niff *n.* ‎*סירחון, ריח רע
nif′ty *adj.* ‎*יפה, אפקטיבי; מסריח
nig′gard *n.* קמצן
niggardly *adj.* קמצן, קמצני
nig′ger *n.* ‎*כושי, כושון
- nigger in the woodpile ‎*דבר חשוד
nig′gle *v.* לחטט, לשים לב לקטנות, לחפש פגמים; להציק; לרטון
niggling *adj.* קטנוני; מנקר (במוח)
nigh (nī) *adv&prep.* קרוב
- draw nigh להתקרב
- well nigh כמעט, קרוב ל-
night *n.* לילה; חשיכה
- all night (long) במשך כל הלילה
- at/by night בלילה
- had a bad night נדדה שנתו
- had a good night ערבה שנתו
- have a night out לצאת לבלות בלילה
- he works nights הוא עובד בלילות
- it's my night off הערב אני חופשי
- make a night of it לבלות בלילה
- night after night מדי לילה
- night and day יומם ולילה
night-bell *n.* פעמון-לילה
night bird עוף לילה; עובד לילה
night blindness עיוורון לילה
nightcap *n.* כובע-שינה; כוסית משקה (שלוגמים לפני השינה)
night clothes פיג׳מה, בגדי לילה
nightclub *n.* מועדון לילה
nightdress, nightgown *n.* כתונת-לילה
nightfall *n.* רדת הלילה
night-hawk *n.* עובד בלילות
night′ie *n.* ‎*כתונת-לילה
night′ingale′ *n.* זמיר
nightjar *n.* עוף לילה
night life חיי הלילה (במועדונים)
night-light *n.* נורת-לילה
night-line *n.* חכת-לילה (לדייג)
night-long *adv.* במשך כל הלילה
nightly *adj&adv.* לילי; בכל לילה
night′mare′ *n.* סיוט, חלום-בלהות
nightmarish *adj.* סיוטי, מסוייט
night owl עוף לילה; עובד בלילות
night porter שוער לילה (במלון)
nights *adv.* בלילות, בכל לילה
night safe כספת לילה
night school בית-ספר ערב
nightshade סולאנום (צמח)
night shift משמרת לילה
nightshirt *n.* חלוק שינה
night soil תוכן בורות-שפכין
nightspot *n.* ‎*מועדון לילה
nightstick *n.* אלת-שוטר
night stop חניית לילה
night-time *n.* שעות הלילה
night-walker *n.* משוטט בלילות
night watch משמרת לילה
night watchman שומר לילה
nightwear *n.* בגדי שינה
nighty *n.* ‎*כתונת-לילה
ni′hilism′ (nī′il-) *n.* ניהיליזם, כפירה במוסכמות
ni′hilist (nī′il-) *n.* ניהיליסט, אפסן
Nikkei (nik′ā) *n.* ניקיי (מדד טוקיו)
nil *n.* אפס
Nile *n.* נהר הנילוס
Ni·lot′ic *adj.* של הנילוס
nim′ble *adj.* זריז; קל-תנועה; שנון, מהיר-מחשבה, מהיר-תפיסה
nim′bus *n.* ענן קודר, נימבוס, ענני-צעיף; הילה, עטרת-אור
nim′iny-pim′iny *adj.* מלאכותי, מעושה; רפה
nin′compoop′ (-po͞op) *n.* ‎*טיפש
nine *adj&n.* תשעה, 9
- dressed up to the nines לבוש בהידור
- nine days' wonder פלא חולף
ninefold *adj&adv.* פי תשעה
ninepin *n.* בובת כדורת
- go down like a ninepin ליפול
- ninepins משחק הדומה לכדורת
nine′teen′ (nīnt-) *adj&n.* תשעה עשר, 19
nineteenth *adj&n.* (החלק) ה-19
ninetieth *adj&n.* (החלק) ה-90
nine′ty (nīn′ti) *adj&n.* תשעים, 90
- the nineties שנות ה-90
nin′ny *n.* ‎*טיפש
ninth (nīnth) *adj.* (החלק) התשיעי
nip *n.* קור; צביטה; נשיכה; טעם חריף; יציאה מהירה, גיחה; לגימה
- nip and tuck (מירוץ) צמוד
nip *v.* לצבוט; לנשוך; לקלקל; למהר, לצאת, להגיח, לקפוץ
- nip in להצר; ״לחתוך״ פנימה (רכב)
- nip off לגזור, לגזום

nip′per *n.* ילד*
- nippers צבת, מצבטיים, מלקחיים
nipping *adj.* צובט, עז, חד, שנון
nip′ple *n.* פיטמה; פִּיַּת-סִיכָה
Nip′pon′ *n.* יפן
nip′py *adj.* צובט, קר; חריף, זריז
- look nippy להזדרז
NIS ש"ח, שקל חדש
ni′si′ *conj.* אלא אם כן, על תנאי
nit *n.* ביצת כינה, אנבה; *טיפש
ni′ter, ni′tre (-tər) *n.* מלחת
nit′pick′ *n.* לחטט בקטנות
ni′trate *n.* חנקה, ניטראט
ni′tric *adj.* חנקני, מכיל חנקן
ni′trogen *n.* חנקן
ni′troglyc′erin *n.* ניטרוגליצרין
ni′trous *adj.* חנקתי, חנקני
nit′ty-grit′ty *n.* פרט מעשי, העובדות לאשורן
nit′wit′ *n.* טיפש*
nit′wit′ted *adj.* חסר-דעה
nix *n&adv.* *לא, לאו, לא כלום
nix *v.* *לבטל, לדחות, לשלול
no *adj&adv.* לא; כלל לא; אין
- he is no fool אינו טיפש כלל
- in no time מיד, מהר מאוד
- it's no go זה לא "ילך", לא יצליח
- it's no good/use אין תועלת
- no one אף אחד, אין איש ש-
- no smoking אין לעשן, אסור לעשן
- no way בשום אופן לא
- the noes have it אומרי הלאו ניצחו
- there's no saying/knowing אין לומר, קשה לומר, אין לדעת
- whether or no בין שכן ובין שלא
No. = number
no-account *n.* *בטלן, לא יוצלח
Noah's ark (nō′əz) תיבת נוח
nob *n.* *ראש; אציל
nob′ble *v.* *להשיג ברמאות; לרכוש לבו, לשחד; לרמות
- nobble a racehorse "לטפל" בסוס-מירוץ (כדי להכשילו)
No·bel′ *n.* נובל (פרס)
no·bil′ity *n.* אצילות; אצולה
no′ble *n&adj.* אציל; אצילי
- noble art איגרוף
- noble metals מתכות אצילות
nobleman/-woman *n.* אציל/אצילה
noble-minded *adj.* אציל, יפה-נפש
no·blesse′ *n.* אצולה, אצילות
noblesse oblige (-lēzh′) האצילות מחייבת
no′bly *adv.* בצורה אצילית/כאציל
no′bod′y *pron&n.* שום אדם (לא), אף אחד לא; אדם לא חשוב
- nobody home לא בסדר, לא שפוי; לא מקשיב, מהורהר
noc·tam′bu·list *n.* מוכה-ירח, סהרורי
noc·tur′nal *adj.* לילי, של הלילה
noc′turne′ *n.* נוקטורן, יצירה שקטה לפסנתר; ציור נוף לילי
noc′u·ous *adj.* מזיק, רע
nod *v.* להניע ראש (כאומר "כן"), להנהן; לסמן בראש, לנמנם בישיבה; להתכופף; לטעות
- Homer sometimes nods גם החכם טועה
nod *n.* הינד ראש, הנהון בראש
- get the nod להיבחר
- on the nod *בהקפה; בהסכמה מידית
no′dal *adj.* של בליטה, קשרי
nodding acquaintance היכרות שטחית
nod′dle *n.* *ראש
node *n.* בליטה; מִפְרָק; קֶשֶׁר
nod′ular (-j′-) *adj.* של גושיש
nod′ule (-jōōl) *n.* גושיש, בליטה, קשריר
No·el′ *n.* חג המולד
no-fly zone איזור אסור לטיסות
nog *n.* נוג (משקה חריף)
nog′gin *n.* לגימה, כוסית משקה, *ראש
no′-go′ *adj.* *לא בר-ביצוע, לא "הולך"
no-go area שטח חסום במתרסים
no′how′ *adv.* *בשום פנים (לא); כלל לא; לא תקין, לא בקו הבריאות
noise (-z) *n.* רעש, קול, רחש
- big noise אדם חשוב, אישיות
- make a noise להתלונן, להקים רעש
- make encouraging noises להביע עידוד
noise *v.* להפיץ, לפרסם
- it's noised abroad מתהלכת שמועה
- noise around לפרסם ברבים
noi′some (-səm) *adj.* דוחה, מסריח
nois′y (-zi) *adj.* רועש, הומה, סואן
no′mad′ *n.* נומד, נווד

no•mad′ic *adj.* של נומדים, נע ונד
no man's land שטח הפקר
nom′ de plume′ שם בדוי
no′mencla′ture *n.* מינוח, כינון
nom′inal *adj.* נומינלי, להלכה; זעום, סמלי; נקוב; שֵׁמָנִי; על שם
- nominal clause משפט שמני
- nominal list רשימה שמית
- nominal price/sum מחיר/סכום סמלי
- nominal value ערך נומינלי/נקוב
nom′inate′ *v.* לְמַנוֹת, לקבוע; להציע
nom′ina′tion *n.* מינוי, הצעת מועמד
nom′inative *adj&n.* (של) יחסת הנושא, נומינטיב, יחס הישר
nom′inee′ *n.* ממונה, מועמד
non- (תחילית) לא-, אינו-
no′nage *n.* קטינות, מעמד הקטין
no′nagena′rian *adj.* בשנות ה-90, מתקרב לגיל 100
non′aggres′sion *n.* אי-התקפה
non′aligned′ (-līnd) *adj.* (מדינה) בלתי מזדהה (עם מעצמות העל)
non-alignment *n.* אי-הזדהות
non-apearance *n.* אי-הופעה
nonce *n.* מיקרה מיוחד
- for the nonce לפי שעה, לזמן הנוכחי, להזדמנות זו
nonce word מלה חד-פעמית
non′chalance′ (-shəläns) *n.* אדישות
non′chalant′ (-shəlänt) *adj.* אדיש, קר-רוח, לא מתרגש
non′combat′ant *adj.* לא-קרבי
non′commis′sioned officer מש"ק
non′commit′tal *adj.* לא-מחייב
non′compli′ance *n.* אי-ציות
non com′pos men′tis לא שפוי
non′conduc′tor *n.* לא-מוליך
non′confor′mist *n&adj.* נונקונפורמיסט (בנצרות); לא צייתן
non′confor′mity *n.* נונקונפורמיזם
non′dair′y *adj.* לא מכיל חלב
non′de•script′ *adj.* חסר פרט מאפיין, שקשה לתארו, רגיל
none (nun) *adv.* אף אחד (לא), אף לא מקצת, כלום לא, כלל לא
- have none of לא לסבול, לא להסכים
- none at all כלל לא
- none but- רק, שום אדם זולת-
- none of that! חדל!, הפסק!
- none of your stupidity אל תשתטה
- none other than- (הוא) ולא אחר
- none the better/worse for- כלל לא יותר טוב/רע כתוצאה מ-
- none the less בכל זאת
- none the wiser לא יודע, לא מודע
- none too- לא ביותר; לגמרי לא
non•en′tity *n.* לא קיים; דמיוני; אדם לא חשוב, אפס
none′such′ (nun′s-) *n.* משכמו ומעלה
none′theless′ (nundh-) *adv.* בכל זאת
non′e•vent′ *n.* לא-מאורע, מופע-נפל, ההר הוליד עכבר
non′exis′tence (-zis′-) *n.* אי-קיום
non′exis′tent (-zis′-) *adj.* לא קיים
non′fea′sance (-zəns) *n.* מחדל, אי עשייה
non′fic′tion *n.* ספרות לא-דמיונית
non′flam′mable *adj.* לא דליק
non′in′terfe′rence *n.* אי-התערבות
non′in′terven′tion *n.* אי-התערבות
non-iron *adj.* ללא גיהוץ
non′mem′ber *n.* לא-חבר
non′metal′lic *adj.* אל-מתכתי
non′mor′al *adj.* חסר ערך מוסרי
non-negotiable *adj.* לא סחיר
non′nu′cle•ar *adj.* לא גרעיני
no-no *n.* *דבר בלתי אפשרי
non′obser′vance (-z-) *n.* אי-קיום
non′pareil′ (-rel) *n.* אין כמוהו
non′pay′ment *n.* אי-תשלום
non•plus′ *v.* להביך; להדהים
nonplused *adj.* מבולבל; המום
non′pre•scrip′tion *adj.* ללא מירשם
non′prof′it *adj.* לא נושא רווחים
non-profit organization מלכ"ר
non′prolif′era′tion *n.* אי-הפצה
non′res′ident (-z-) *n.* לא מתגורר במקום, לא אורח במלון
non′resis′tant (-zis′-) *adj.* לא עמיד, לא דוחה
non′re•turn′able *adj.* שאין להחזירו
non′sense′ *n.* שטויות, הבלים

- make nonsense לקלקל; לשים ללעג
non•sen′sical *adj.* שטותי
non seq′uitur מסקנה שאינה נובעת מההנחות, תוצאה פרדוקסלית
non′skid′ *adj.* בלתי-מחליק
non′slip′ *adj.* מונע החלקה
non′smo′ker *n.* לא מעשן; מקום אסור בעישון
non′stan′dard *adj.* לא תקני
non′start′er *adj&n.* חסר סיכויי הצלחה, לא יעיל; כישלון חרוץ
non′stick′ *adj.* מונע הידבקות
non′stop′ *adj.* ישיר, רצוף, ללא חנייה
non′suit′ (-sōōt) *n.* דחייה על הסף
nonsuit *v.* דחה על הסף
non′support′ *n.* אי תמיכה
non′-U′ (-ū′) *adj.* לא של המעמד הגבוה, המוני
non′u′nion (-ū′-) *adj.* (פועל) לא מאורגן; לא שייך לאיגוד מקצועי
non′ver′bal *adj.* לא מילולי
non′vi′olence *n.* התנגדות פאסיבית
non-white *n.* לא לבן
noo′dle *n.* איטרייה; טיפש; *ראש, מוח
nook *n.* פינה; מחבוא, מסתור
nook′ie, nook′y *n.* *פעילות מינית
noon (nōōn) *n.* צהריים
noonday, noontide *n.* צהריים
no one אף אחד לא, שום איש
noose *n.* לולאה, עניבת תלייה
noose *v.* ללכוד; לעשות לולאה
nope *interj.* לא!
nor *conj.* ואף לא, לא
- neither - nor - לא - ואף לא -
nor′ = north
Nor′dic *adj.* נורדי, סקנדינבי
Nor′folk jacket (-fək) ז'קט רחב
norm *n.* נורמה, מִכסָה, תקן
nor′mal *adj.* נורמלי, תקין, רגיל
normal curve עקומה נורמאלית
nor′malcy *n.* נורמליות
normal distribution התפלגות נורמאלית
nor•mal′ity *n.* נורמליות
nor′maliza′tion *n.* נורמליזציה
nor′malize′ *v.* לְנַרמֵל
nor′mally *adv.* באופן נורמלי, בדרך כלל, בתנאים רגילים

normal school מידרשה למורים
Nor′man *n.* נורמנדי
nor′mative *adj.* תיקני; לפי נורמה
Norse *adj&n.* נורווגי; נורווגית
north *n&adj&adv.* צפון; צפוני; צפונה
northbound *adj.* נוסע צפונה
north′east′ *n&adj&adv.* צפון-מזרח; צפון-מזרחי; צפונה-מזרחה
north′east′er *n.* רוח צפון-מזרחית
north′east′erly *adj.* צפון-מזרחי
north′east′ern *adj.* צפון-מזרחי
north′east′ward *adv.* צפונה-מזרחה
north′erly (-dh-) *adj.* צפוני
north′ern (-dh-) *adj.* צפוני
north′erner (-dh-) *n.* צפוני
northern lights זוהר צפוני
northernmost *adj.* הצפוני ביותר
North Pole קוטב צפוני
northward *adv.* צפונה
north′west′ *n&adj&adv.* צפון-מערב; צפון-מערבי; צפונה-מערבה
north′west′er *n.* רוח צפון-מערבית
north′west′erly *adj.* צפון-מערבי
north′west′ern *n.* צפון-מערבי
north′west′ward *adv.* צפונה-מערבה
Nor′way *n.* נורווגיה
Nor•we′gian (-jən) *adj.* נורווגי; נורווגית
Nos. = numbers
nose (-z) *n.* אף; חוש ריח; חרטום
- bite his nose off לענות לו בכעס
- cut off nose to spite face להזיק אך לעצמו (בשעת ריתחה)
- follow one's nose להתקדם ישר, ללכת לפי החוש
- has his nose in תוחב אפו
- has his nose in a book שקוע בספר
- keep his nose to the grindstone להעבידו בפרך
- keep one's nose out of/clean לא להתערב; לא לתחוב אפו
- on the nose היישר, במדוייק
- pay through the nose לשלם מחיר מופרז
- plain as the nose on one's face ברור מאוד, בולט לעין

- poke one's nose into לתחוב חוטמו ב-
- put his nose out of joint לדחוק רגליו, לתפוס מקומו; להביכו
- rub his nose in the dirt לזרות מלח על פצעיו, להזכיר לו שגיאותיו
- see beyond one's nose לראות לטווח רחוק
- snap his nose off לענות לו בכעס
- tell noses למנות מספר המצביעים
- turn up one's nose לעקם חוטמו
- under one's nose מתחת לחוטמו
nose *v.* לרחרח; להפנות חרטומו
- nose around/about לרחרח, לחפש
- nose in לנוע אט-אט קדימה
- nose into לתחוב חוטמו ב-
- nose its way להתקדם בזהירות
- nose out לגלות; לנצח בהפרש קטן
- nose over להתהפך
- nose up להפנות (החרטום) למעלה
nosebag *n.* שק-המזון (לסוס)
nosebleed *n.* דימום אף
nosecone *n.* ראש חץ; חרטום חללית
-nosed *adj.* בעל חוטם-
- snub-nosed בעל חוטם קצר וסולד
nosedive *n.* צלילת מטוס; נפילה
nosedive *v.* לצלול; ליפול, לצנוח
nose'gay' (nōz'gā) *n.* צרור פרחים
nosering *n.* חח
nosewheel *n.* גלגל קדמי (במטוס)
nos'ey (nōz'i) *adj.* תוחב אפו
nosey parker תוחב אפו
nosh *n&v.* *אכילה; מזון; נישנוש; לאכול; לנשנש
no-show *n.* שלא הופיע
nosh-up *n.* *ארוחה הגונה
nos·tal'gia (-jə) *n.* נוסטאלגיה, געגועים
nos·tal'gic *adj.* נוסטאלגי
nos'tril *n.* נחיר
nos'trum *n.* תרופה; תרופה מפוקפקת
nosy = nosey
not *adv.* לא; אין
- "thanks", "not at all" "תודה", "על לא דבר"
- I think not אני חושב שלא
- I'm afraid not חוששני שלא
- as likely as not קרוב לוודאי
- not a man אף לא אחד
- not at all לגמרי לא
- not but what למרות ש-
- not half *מאוד, ועוד איך!
- not once or twice תכופות
- not only - but also לא רק - אלא גם
- not that לא ש-, איני אומר ש-
- not that I know of לא - למיטב ידיעתי
- not to say ואולי גם
no'ta be'ne (-be'ni) נ"ב, נכתב בצד
no'tabil'ity *n.* אישיות נכבדה
no'table *adj&n.* נכבד, בולט
notably *adv.* בצורה בולטת; במיוחד
no·tar'ial (-ter-) *adj.* נוטריוני
no'tarize' *v.* לאשר ע"י נוטריון
no'tary (public) *n.* נוטריון
no·ta'tion *n.* סימון, תווייה, ציון
notch *n.* חריץ, חתך; דרגה, מדרגה; מעבר צר בין הרים
notch *v.* לחרוץ, לעשות חריץ ב-
- notch up לזכות, לרשום לזכותו
note *n.* הערה, הסבר; פתק; איגרת, מכתב; שטר; תו; נימה, צליל; סימן
- make a mental note לזכור
- person of note אישיות חשובה
- strike a false note לא לקלוע בדבריו, לפרוט על נימה לא נכונה
- strike a hopeful note להביע תקווה
- strike a warning note להזהיר
- strike the right note לקלוע בדבריו, לפרוט על המיתר הנכון
- take note of לשים לב ל-
- take notes לרשום
- worthy of note ראוי לתשומת לב
note *v.* לשים לב; להפנות שימת לב; לציין; לרשום לפניו
- note down לרשום
notebook *n.* פנקס; מחברת; מחשב זעיר
- keep a notebook לרשום בפנקס
noted *adj.* ידוע, מפורסם, בעל-שם
notepad *n.* פנקס הערות
notepaper *n.* נייר מכתבים
noteworthy *adj.* ראוי לתשומת לב
noth'ing (nuth-) *adv&n.* שום דבר (לא)
- can make nothing of לא מבין כלום
- care nothing לא איכפת כלל
- for nothing בחינם; לשווא

- go for nothing לא שווה כלום
- he has nothing on her אין לו הוכחה נגדה; אינו עולה עליה
- he's nothing to her אינו שום דבר בעיניה, לא מתייחסת אליו
- in nothing flat במהירות*
- is 6 foot nothing גובהו 6 רגל בדיוק
- nothing but שום דבר לא - מלבד
- nothing for it but אין ברירה אלא
- nothing if not מאוד, ביותר
- nothing less than כמוהו כ-, ממש
- nothing like כלל לא; אין כמו
- nothing near כלל לא, רחוק מכך
- nothing of the kind כלל וכלל לא
- nothing to do with אין שום קשר
- sweet nothings מלות אהבה
- there's nothing in אין אמת ב-
- there's nothing to אין משהו מיוחד ב-, אין קושי ב-
- think nothing of לראות בזה דבר רגיל, לא לייחס לזאת חשיבות
- think nothing of it! בבקשה!
- to say nothing of שלא להזכיר, וכמו כן

nothingness *n.* אינות; ריקנות
no′tice (-tis) *n.* הודעה (מוקדמת), התראה, הודעת פיטורים; מודעה; תשומת-לב; סיקורת, ביקורת
- 2 days' notice הודעה יומיים מראש
- at short notice תוך זמן קצר
- came to his notice הובא לידיעתו
- sit up and take notice להתעורר, להתעניין, להיות מופתע
- take notice לשים לב

notice *v.* להבחין, לראות, לשים לב; לסקור, לכתוב ביקורת
noticeable *adj.* ניכר
notice board לוח מודעות
no′tifi′able *adj.* שיש להודיע עליו
no′tifica′tion *n.* הודעה
no′tify′ *v.* להודיע, להודיע על
no′tion *n.* מושג; דעה, רעיון, אמונה
- has half a notion to נוטה ל-
- notions סדקית, גלנטריה
- take a notion לעלות על דעתו*

notional *adj.* מושגי, דמיוני, תיאורטי
no′tori′ety *n.* פרסום, שם רע
notor′ious *adj.* ידוע (לשמצה)
not′withstand′ing (-widh-) *prep.* למרות, חרף
notwithstanding *adv.* בכל זאת
nou′gat (nōō′-) *n.* נוגאט (ממתק)
nought = naught (nôt) אפס, 0
noughts and crosses איקס מיקס דריקס, טיקטאקטו
noun *n.* שם עצם
nourish (nûr′-) *v.* להזין, לכלכל; לטייב, לדשן; לטפח (תקווה), לנטור
nourishment *n.* מזון
nous *n.* שכל ישר*
nouveau riche (nōō′vōrēsh′) נובוריש, עשיר חדש
Nov. = November
no′va *n.* נובה, כוכב הבוהק לפתע
nov′el *adj.* חדש, מוזר
novel *n.* רומאן, סיפור
nov′elette′ *n.* נובלה, רומאן
nov′elet′tish *adj.* טיפוסי לנובלות
nov′elist *n.* נובליסט, סופר
no•vel′la *n.* נובלה, רומאן קצר
nov′elty *n.* חידוש; דבר חדש/לא רגיל; חפץ זול, מציאה
Novem′ber *n.* נובמבר
nov′ice (-vis) *n.* טירון
no•vi′ciate (-vish′iit) *n.* טירונות
no•vi′tiate (-vish′iit) *n.* טירונות
now *adv.* עכשיו, עתה; ובכן, הלוא
- as of now עכשיו; מרגע זה
- by now עכשיו, עתה, בשעה זו
- for now בינתיים, לעת עתה
- from now on(wards) מכאן ואילך
- it's now 5 years עברו 5 שנים
- now (that)- לאחר ש-, מאחר ש-
- now - now/then - פעם (כך) ופעם (כך)
- now now, now then ובכן
- now what happened? ובכן מה קרה?
- up to now עד כה, עד עתה

now′adays′ (-z) *adv.* כיום, בימינו
no′where′ (-wār) *adv.* בשום מקום לא
- $2 goes nowhere בקושי אפשר לקנות משהו ב-2 דולרים
- finish/come in nowhere לא לסיים בין הראשונים (בתחרות)
- get nowhere לא להתקדם, לא להפיק תועלת
- miles from nowhere "בסוף העולם"
- nowhere near רחוק מ-, כלל לא
- out of nowhere לפתע, מאי-שם

no-win *adj.* שלא ניתן להצליח בו
no'wise' (-z) *adv.* בשום פנים (לא)
nowt (nout) *n.* *שום דבר
nox'ious (-kshəs) *adj.* מזיק, רע
noz'zle *n.* פי צינור, זרבובית
NRP מפד"ל
nth (enth) *adj.* של הערך הגבוה ביותר
- for the nth time בפעם המי-יודע כמה
- to the nth degree/power בדרגה הגבוהה ביותר
nu'ance (-äns) *n.* ניואנס, שוני קל, גונית, בן-גוון, גוונון
nub *n.* גושיש; עיקר, תמצית
nu'bile (-bəl) *adj.* בשלה לנישואים
nu'cle•ar *adj.* גרעיני, של האטום
nuclear disarmament פירוק הנשק הגרעיני
nuclear fission ביקוע הגרעין
nuclear physics פיסיקה גרעינית
nuclear power מעצמה גרעינית
nuclear-proof *adj.* מוגן מפני פצצה גרעינית
nuclear warfare לוחמה גרעינית
nu'cle•a'tion *n.* גִרעוּן
nu'cle•us *n.* גרעין
nude *adj&n.* עָרום; עֵירוֹם
- in the nude ערום, ללא בגדים
nude beach חוף נודיסטים
nudge *v&n.* לתקוע קלות במרפק; לנוע, להידחק; דחיקת מרפק
nu'dism' *n.* נודיזם, עירום
nu'dist *n.* נודיסט
nu'dity *n.* עירום, חשפנות
nu'gato'ry *adj.* חסר-ערך
nug'get *n.* גוש (של מתכת גולמית)
nui'sance (nōō'-) *n.* מיטרד; טרדן
- commit no nuisance! אל תשליך פסולת!, לא להשתין פה!
- make a nuisance of oneself להטריד
nuke *v&n.* * (להפעיל) נשק גרעיני
null *adj.* אפסי, חסר-תוקף, בטל
- null and void בטל ומבוטל
null hypothesis השערת אפס
nul'lifica'tion *n.* ביטול, איון
nul'lify' *v.* לבטל, לאיין, לאפס
nul'lity *n.* ביטול, אפסות; חוסר-תוקף; ריקנות; ביטול נישואים
numb (num) *adj&v.* חסר תחושה, רדום; קופא (מפחד); לבטל התחושה, להרדים, לְאַבֵּן
num'ber *n.* מִספָּר; גיליון (של כתב-עת); קטע, שיר; *נערה; בגד
- Number 10 בית רה"מ באנגליה
- a number of מִספָּר, כמה
- any number of times *המון פעמים
- have his number לעמוד על טיבו
- his number is up יומו בא
- hot number *להיט, דבר פופולארי
- is one of our number הוא משלנו
- numbers חרוזים, משקל; תורת החשבון
- numbers of הרבה, מספר רב של
- opposite number עמית, קולגה
- times without number פעמים תכופות
- to the number of במספר
- we're 20 in number אנו 20 במספר
- without/beyond number לאין ספור
number *v.* לְמנות, לספור, להגיע לסך-; להימנות, לכלול; למספר
- number off לקרוא מספרו (במסדר)
number cruncher *טוחן מספרים
numberless *adj.* לאין ספור
number-plate *n.* לוחית מספר; לוחית זיהוי
Numbers *n.* במדבר (חומש)
numbers game *פעולת חישוב, לוטו, עיסוק במספרים
nu'merable *adj.* סָפִיר
nu'meracy *n.* כישורים מתימטיים
nu'meral *n&adj.* ספרה; מספרי
nu'merate' *v.* לְמנות, לספור
nu'mera'tion *n.* מיספור, ספירה, סיפרור, נומרציה
nu'mera'tor *n.* ממספר; מונה
nu•mer'ical (nōō-) *adj.* מספרי
nu'merol'ogy *n.* נומרולוגיה, תורת המספרים, גימטרייה
nu'merous *adj.* הרבה, רב
numerus clausus מִכסָה מוגבלת
nu'minous *adj.* אלוהי, מעורר ייראה
nu'mismat'ics (-z-) *n.* נומיסמטיקה, מטבענות
nu•mis'matist (-nōōmiz'-) *n.* נומיסמט, אספן מטבעות, מַטבְּעָן
num'skull' *n.* *טיפש, מטומטם
nun *n.* נזירה

nun′cio *n.* שליח האפיפיור, נונציוס
nun′nery *n.* מנזר
nup′tial *adj.* של נישואים
nuptial flight מעוף הכלולות
nuptials *n-pl.* כלולות, חתונה
nurse *n.* אחות (בבי״ח); מטפלת; טיפול המטפלת; מטפה, מגן
- male nurse אח, סניטר
- wet nurse מינקת
nurse *v.* להיניק; לינוק; לטפל (בחולה); לטפח, לנטור; ללטף
- nurse a grudge לנטור טינה
nurseling = nursling
nursemaid *n.* מטפלת
nur′sery *n.* חדר-ילדים; פעוטון; משתלה
- day nursery פעוטון, גן
nursery governess גננת, מטפלת
nurseryman *n.* בעל משתלה
nursery rhyme שיר ילדים
nursery school גן ילדים
nursing *n.* מקצוע האחות
nursing home בית החלמה
nurs′ling *n.* תינוק; בן-טיפוחים
nur′ture *n.* חינוך, טיפוח, אימון
nurture *v.* לגדל, לכלכל, לטפח, לאמן
nut *n&v.* אגוז; אום; גושיש פחם; *מטורף; משוגע ל-; ראש; סיפית (בכלי מיתרים); אשך
- can't for nuts *כלל לא יכול
- do one's nut *לכעוס
- go nutting לאסוף אגוזים
- hard nut to crack אגוז קשה
- nuts and bolts *דברים יסודיים, עובדות פשוטות; מנגנון המכונה
- off one's nut משוגע, יצא מדעתו
nut-brown *adj.* חום-כהה
nut′case *n.* *משוגע
nutcracker *n.* מפצח אגוזים
nuthouse *n.* *בית משוגעים
nut′meg′ *n.* מוסקט
nu′tria *n.* (פרוות) נוטרייה
nu′trient *adj&n.* מזין
- nutrients אבות המזון
nu′triment *n.* מזון
nu·tri′tion (nōōtri-) *n.* מזון, אוכל; תזונה, הזנה
nu·tri′tious (nōōtrish′əs) *adj.* מזין
nu′tritive *adj.* מזין; תזונתי
nuts *adj.* *משוגע
- go nuts *להשתגע, לצאת מדעתו
- nuts about/over משוגע ל-
- nuts! *שטויות!, לכל הרוחות!
nutshell *n.* קליפת האגוז
- in a nutshell בקצרה, בכמה מלים
nut′ter *n.* *משוגע, תמהוני
nut′ty *adj.* של אגוזים; *משוגע
nuz′zle *v.* לחכוך בחוטמו
NW = northwest
ny′lon′ *n.* ניילון
- nylons גרבי ניילון
nymph *n.* נימפה, יפהפייה; גולם
nymphet′ *n.* *ילדה מושכת
nym′pho *n.* *נימפומנית
nym′phoma′nia *n.* נימפומניה
nym′phoma′niac′ *n.* נימפומנית

O

O *n&interj.* אפס, 0; הו, אוי (קריאה)
o' = of של
oaf *n.* גולם, טיפש, מטומטם
oafish *adj.* כמו גולם
oak *n.* אלון
oak apple עפץ (ב״אלון העפצים״)
oak′en *adj.* עשוי מעץ אלון
oa′kum *n.* מוך-חבלים
OAP = old age pensioner
oar *n.* משוט
- pulls a good oar תופש משוט
- put one's oar in ״לתחוב אפו״
- rest on one's oars להפסיק לעבוד
oarlock *n.* בית-משוט, ציר משוט
oarsman (-z-) *n.* תופש משוט
oarsmanship *n.* שייטות, חתירה
o·a′sis *n.* נווה מידבר, נאת מידבר, אואזיס; חוויה מרעננת
oat *n.* שיבולת-שועל
oath *n.* שבועה; קללה
- on my oath על דברתי, בהן צדקי
- on/under oath בשבועה
- put under oath לחייבו להישבע
- swear/take/make an oath להישבע
oatmeal *n.* קמח שיבולת-שועל
oats *n-pl.* שיבולת שועל; דייסת קוואקר
- be off one's oats לאבד התיאבון
- feel one's oats *להרגיש מלא-חיים
ob′duracy *n.* עקשנות
ob′durate *adj.* עקשן

obe′dience *n.* צייתנות, משמעת
- in obedience to בהתאם ל-
obe′dient *adj.* צייתן, ממושמע
- your obedient servant עבדך הנאמן
o•bei′sance (-bā′-) *n.* קידה עמוקה
- make/pay obeisance להרכין ראש
ob′elisk′ *n.* אובליסק, מצבת-מחט
o•bese′ *adj.* שמן מאוד, בריא בשר
o•bes′ity *n.* שׁוֹמֶן, שמנות מרובה
obey′ (-bā′) *v.* לציית, לעשות כנדרש
ob′fuscate′ *v.* לבלבל; לערפל
ob′fusca′tion *n.* בלבול, ערפול
o′bi *n.* חגורה, אבנט
ob′iter dic′tum הערה צדדית
obit′uar′y (-chooeri) *n.* הודעה על מוות; מודעת אבל
ob′ject′ *n.* דבר, חפץ, אובייקט; גוף, עצם; נשוא; מטרה, יעד; מוּשָׂא
- no object לא חשוב, לא גורם מעכב
- object of pity מעורר חמלה, מִסכֵּן
object′ *v.* להתנגד, למחות, לערער
object glass עדשת העצם, עצמית
objec′tion *n.* התנגדות; פגם
- take objection להתנגד
objectionable *adj.* דוחה, לא נעים
objec′tive *adj.* אובייקטיבי, חיצוני, ענייני; (בתחביר) של מושא
objective *n.* מטרה, יעד; אובייקטיב, עצמית, עדשת העצם
ob′jec•tiv′ity *n.* אובייקטיביות
object lens עדשת העצם, עצמית
object lesson שיעור הדגמה; לקח
objec′tor *n.* מתנגד
ob′jurgate′ *v.* לנזוף, לגעור
ob′jurga′tion *n.* נזיפה, גערה
ob•late′ *adj.* פחוס, משוטח בקטבים
obla′tion *n.* קורבן (לה')
ob′ligate′ *v.* לחייב, לאלץ
ob′liga′tion *n.* חובה; חיוב; התחייבות; נדר
- place him under an obligation לחייבו, להטיל עליו חובה (מוסרית)
oblig′ato′ry *adj.* מחייב, הכרחי, כובל, של חובה
oblige′ *v.* לחייב, לעשות טובה
- much obliged to אסיר תודה ל-
- oblige him with להואיל לתת לו
obliging *adj.* אדיב, שש לעזור
oblique′ (-lēk) *adj.* משופע, אלכסוני; עקיף, לא ישיר
oblique angle זווית לא ישרה
oblique stroke קו נטוי, לוכסן
obliq′uity *n.* שיפוע; נטייה; סטייה
oblit′erate′ *v.* למחוק; להשמיד
oblit′era′tion *n.* מחיקה; השמדה
obliv′ion *n.* שכחה; השתכחות
obliv′ious *adj.* לא חש ב-, שוכח
ob′long (-lông) *n&adj.* מלבן; מלבני
ob′loquy *n.* גנאי, שמצה; גידופים
obnox′ious (-kshəs) *adj.* מגעיל
o′boe (-bō) *n.* אבוב (כלי נגינה)
o′bo•ist *n.* אובוָן, מנגן באבוב
obscene′ *adj.* גס, של תועבה
obscen′ity *n.* ניבול פה; מעשה מגונה; גסות
obscu′rantism′ *n.* ערפול, טשטוש האמת; שנאת הקידמה
obscure′ *adj.* מעורפל, לא ברור, חשוך, אפל; לא מוכר, אלמוני
obscure *v.* להסתיר; לטשטש
obscu′rity *n.* אי-בהירות; אלמוניות
ob′sequies (-kwēz) *n-pl.* טקסי-קבורה
obse′quious *adj.* מתרפס
obser′vable (-z-) *adj.* ניכר, ניתן להבחין בו; שראוי לשמרו/לקיימו
obser′vance (-z-) *n.* שמירה, הקפדה, קיום מיצוות; טקס
obser′vant (-z-) *adj.* שם לב, מבחין, מתבונן; מקיים, מקפיד
ob′serva′tion (-z-) *n.* שימת לב, התבוננות, השגחה; תצפית; הערה
- escape observation לחמוק מהעין
- under observation תחת עין פקוחה; במעקב, בשמירה
observation car קרון תצפית
observation post עמדת תצפית
obser′vato′ry (-z-) *n.* מצפה כוכבים
observe′ (-z-) *v.* להתבונן, להבחין, לראות; לקיים, להקפיד; להעיר
- observe the Sabbath לשמור שבת
observer *n.* מתבונן; שומר; משקיף
observing *adj.* פקוח-עין, שם לב
obsess′ *v.* להציק, להטריד, להדאיג
obses′sion *n.* שיגיון; רעיון מטריד; דיבוק, אובססיה, טֵירָדוֹן
obsessional *adj.* מציק; מוטרד במחשבות
obses′sive *adj.* שיגיוני, אובססיבי
ob′soles′cence התיישנות
ob′soles′cent *adj.* מתיישן, הולך

ונעלם

ob′solete′ *adj.* מיושן

ob′stacle *n.* מכשול, אבן-נגף

obstacle race מירוץ מכשולים

obstet′ric(al) *adj.* של לידה

ob′stetri′cian (-rish′ən) *n.* מיילד

obstet′rics *n-pl.* מְיַלְּדוּת

ob′stinacy *n.* עקשנות

ob′stinate *adj.* עקשן

obstrep′erous *adj.* מרעיש; מתפרע

obstruct′ *v.* לחסום; להסתיר, להפריע; להערים מכשולים, להקשות

- obstruct justice לשבש הליכים

obstruc′tion *n.* מכשול; הפרעה, חבלה; שיבוש; חסם

obstructionist *n.* מפריע, מחבל

obstruc′tive *adj.* מפריע, עוצר

obtain′ *v.* לקבל, לרכוש, להשיג; (לגבי מנהג) להיות קיים/רווח/שולט

obtainable *adj.* ניתן לרכישה

obtrude′ *v.* להתפרץ, להידחק; לכפות

obtru′sive *adj.* מתפרץ, נדחק

obtuse′ *adj.* קהה; טיפש, מטומטם

obtuse angle זווית קהה

ob′verse *n.* פני המטבע, הצד העיקרי; החלק המיועד להצגה

ob′viate′ *v.* להסיר, לסלק, להיפטר

ob′vious *adj.* ברור; פשוט

obviously *adv.* ברור, אין ספק ש-

occa′sion (-zhən) *n.* הזדמנות, מקרה; אירוע; סיבה; עילה, צורך

- no occasion for- זמן לא מתאים ל-

- no occasion to- אין סיבה ל-

- occasions עיסוקים, עניינים

- on occasion לפעמים; בעת הצורך

- on one occasion פעם, בעבר

- on the occasion of לרגל, בשעת

- on this occasion בזמן/במקרה זה

- rise to the occasion להתמודד עם הבעיה; להפגין כישורים הולמים למצב

- sense of occasion חוש הבחנה בין מקרים/מצבים מיוחדים

- take this occasion לנצל ההזדמנות

occasion *v.* לגרום, להמיט, להסב

occasional *adj.* מקרי, מדי פעם, לא קבוע; שנועד למקרה מיוחד

occasionally *adv.* לפעמים

Oc′cident *n.* המערב

oc′ciden′tal *n&adj.* מערבי

occlude′ *v.* לסתום, לסגור; לספוג

occult′ *adj.* סודי, ליודעי ח"ן בלבד, על-טבעי, מאגי, מסתורי

- the occult תורת הנסתר

oc′cu·pancy *n.* דיור, מגורים; היאחזות; תפוסה

oc′cu·pant *n.* דייר, שכן, מתנחל

oc′cu·pa′tion *n.* כיבוש, השתלטות; ישיבה, חֲזָקָה; מקצוע; תעסוקה

occupational *adj.* מקצועי; תעסוקתי

occupational hazard סיכון מקצועי

occupational therapy ריפוי בעיסוק

oc′cu·pi′er *n.* דייר, שכן; מתנחל

oc′cu·py′ *v.* לכבוש, להחזיק; לגור, לדור; לתפוס, לגזול (זמן); להעסיק

- be occupied להיות עסוק/שקוע ב-

- occupied territory שטח כבוש

- occupy a position למלא משרה

occur′ *v.* לקרות, להתרחש, להופיע

- it occurred to him חשב, חלף במוחו

occurrence *n.* מִקְרֶה, מאורע

- of rare occurrence נדיר

o′cean (-shən) *n.* אוקיינוס

- ocean lane נתיב ימי

- oceans of *המון, הרבה

ocean-going *adj.* להפלגה ימית

o′ce·an′ic (-sh-) *adj.* אוקיינוסי

o′ceanog′raphy (-shən-) *n.* אוקיינוגרפיה, מחקר האוקיינוסים

oc′elot′ *n.* החתול המנומר

o′chre, o′cher (-kər) *n&adj.* אוכרה; (חומר-צבע) חום-צהוב

o′clock′ (əklok′) *adv.* השעה, בשעה

- at 2 o'clock בשעה 2

Oct. = October

oc′tagon′ *n.* אוקטגון, מתומן

oc·tag′onal *adj.* מתומן-צלעות

oc′tane *n.* אוקטאן

oc′tave *n.* אוקטבה; שמינייה

oc·ta′vo *n.* אוקטבו, שמינית

oc·tet′ *n.* אוקטט, תמנית (8 נגנים)

Oc·to′ber *n.* אוקטובר

oc′togena′rian *n.* בן 80

oc′topus *n.* תמנון

oc′tosyllab′ic *adj.* בעל 8 הברות

oc′u·lar *adj.* של העיניים, של ראייה

ocular *n.* עינית, עדשת העין

oc′u·list *n.* אוקוליסט, רופא עיניים

OD *v&n.* (לקחת) מנת יתר (סם)
odd *adj.* מוזר; בודד (מתוך סדרה); לא קבוע, מזדמן; עודף, נשאר; ויותר
- 40-odd ארבעים ויותר
- odd man out ללא בן-זוג; מתבדל
- odd number פֶּרֶט, מספר לא-זוגי
- odd or even זוג או פרד
- odd pieces חפצים שונים, שאריות
- odd shoe נעל אחת
oddball *n.* *טיפוס מוזר
odd'ity *n.* מוזרות; דבר משונה
oddly *adv.* בצורה משונה
- oddly enough מוזר למדי
odd'ment *n.* שארית, חפץ נותר
odds *n-pl.* סיכויים, הסתברות; תנאי-הימור; אי-שוויון, יתרונות
- at odds במחלוקת, חלוקים
- by all odds ללא ספק, לבטח
- give odds לתת מיקדם ("פור")
- it makes no odds לאו נפקא מינה
- lay odds להציע יתרון, להמר
- odds and ends חפצים שונים
- shorten the odds לשפר הסיכויים
- what's the odds? מאי נפקא מינה?
odds-on *adj.* בעל סיכויים (לנצח)
ode *n.* אודה, שיר-תהילה
o'dious *adj.* נתעב, דוחה, שנוא
o'dium *n.* שנאה, שמצה, שם רע
- expose to odium להוקיע ברבים
o·dom'eter *n.* מד-רחק
o'don·tol'ogy *n.* אודונטולוגיה, רפואת שיניים
o'dor *n.* ריח; צחנה; שם, אהדה
- in bad odor לא נושא חן (בעיני)
o'dorif'erous *adj.* ריחני
odorless *adj.* נטול-ריח
o'dorous *adj.* ריחני
od'yssey *n.* אודיסיאה
oecumenical = ecumenical
Oed'ipus complex (ed-) תסביך אדיפוס
o'er = over (ôr)
oesophagus = esophagus
oestrogen = estrogen
oeuvre (ûv'rə) *n.* יצירות אמנות
of (ev, ov) *prep.* מן; של, בעל-, על
- a quarter of seven רבע לשבע
- fool of a man טיפש, ממש טיפש
- of an evening בערבים
- of itself מעצמו, לבד
- the four of us ארבעתנו
- what of- מה בנוגע-

off (ôf) *prep.* מן, מעל, הלאה מ-, במרחק-
- I'm off smoking נגמלתי מעישון
- off one's food חסר תיאבון
- off the coast מול החוף
off *adj&adv.* הלאה, מהמקום; מכובה, מנותק; בטל; ימני
- I'm off אני זז, אני הולך
- have it off להסיר זאת
- it's a bit off לא בסדר, לא יאה
- off and on מדי פעם, לא בקביעות
- off chance סיכוי קלוש, שמץ תקווה
- off with his head התיזו ראשו!
- off you go! קדימה!, זוז!, לך!
- right/straight off מיד, כהרף עין
- take time off לעשות פסק-זמן
- the fish is off הדג מקולקל
- the off season העונה המתה
- the off wheel הגלגל הימני
- this is one of my off days תפס אותי יום חלש
- voices off קולות מאחורי הקלעים
- well off עשיר, מבוסס
- with shoes off בלא נעליים, יחף
- worse off במצב יותר גרוע
of'fal *n.* פסולת; טפלֵי בהמה
off-beat *adj.* *לא רגיל, לא מקובל
off-day *n.* *יום חלש, יום ביש-מזל
offence' = offense עבירה, פשע
offend' *v.* להעליב; לעבור על, להפר
- offend the eye לצרום את העין
offender *n.* עבריין, עובר על החוק
- old offender עבריין ותיק/מוּעָד
offense' *n.* עבירה, פשע; עלבון, פגיעה; מטרד; פגע; התקפה
- cause/give offense לפגוע; להעליב
- take offense at להיפגע, להיעלב מ-
offenseless *adj.* לא מעליב
offen'sive *adj.* דוחה; מיתקפי
- offensive language לשון גסה
offensive *n.* אופנסיבה, מיתקפה
- peace offensive מתקפת שלום
- take the offensive לפתוח במתקפה
offensiveness *n.* פגיעה; תוקפנות
of'fer *v.* להציע, להגיש; להביע נכונות; לנסות; להזדמן, לקרות
- as occasion offers לפי ההזדמנות
- offer a prayer להתפלל
- offer battle להתגרות מלחמה
- offer itself להזדמן, לבוא, להיקרות
- offer one's hand לבקש את ידה; להושיט ידו לשלום

- offer resistance לגלות התנגדות
offer *n.* הצעה; נסיון; הבעת נכונות
- on offer מוצע למכירה
offering *n.* הצעה; מתנה; קורבן
of'ferto'ry *n.* איסוף תרומות
off-hand *adv&adj.* כלאחר יד, מְנֵיהּ וּבֵיהּ; מיד; חסר-נימוס
of'fice (-fis) *n.* משרד, לשכה; משרד ממשלתי; תפקיד, כהונה
- good offices שירותים, עזרה אדיבה
- hold office לכהן בתפקיד
- in (out of) office (לא) בשלטון
- last offices טקס האשכבה
office-bearer *n.* מכהן בתפקיד
office block בניין משרדים
office boy נער שליח, חניך במשרד
office-holder *n.* מכהן בתפקיד
of'ficer *n.* קצין; ממונה; שוטר
offi'cial (-fish'əl) *n.* פקיד
official *adj.* רישמי; סמכותי
officialdom *n.* פְּקִידוּת; הפקידים
offi'cialese' (-fishəlēz') *n.* שפת פקידים
officially *adv.* רישמית
official receiver כונס נכסים
offi'ciate' (-fish'iāt) *v.* לשמש, לכהן, למלא תפקיד; לערוך טקס
offi'cious (-fish'əs) *adj.* להוט להציע שירותיו, משיא עצות, מתערב
off'ing (ôf-) *n.* אופק הים
- in the offing באופק, עומד לקרות
off'ish (ôf-) *adj.* עומד מנגד, צונן
off-key *adj.* לא הוגן, משונה
off-limits *adj.* מחוץ לתחום
off-line *adj.* לא מקוון (מחשב)
off-load *v.* לפרוק, להוריד
off-peak *adj.* (עונת) שפל, לא שיא
off-print *n.* תדפיס
off-putting *adj.* מביך; לא-נעים
off-scourings *n-pl.* פסולת; חלאה
off'set' (ôf-) *n.* אופסט; קיזוז
offset *v.* לפצות, לקזז, לאזן
off'shoot' (ôf'sho͞ot) *n.* נצר, חוטר; ייחור; ענף
off-shore *adj.* מן החוף, מכיוון היבשה, לעבר הים; לחו"ל
off'side' (ôf-) *adj.* נבדל; ימני
off'spring' (ôf-) *n.* בן, צאצא; שֶׁגֶר
off-stage *adj.* מאחורי הקלעים
off-street *adj.* ברחובות צדדיים
off-the-cuff *adj.* מאולתר
off-the-peg/-rack *adj.* (בגד) מוכן
off-the-record *adj.* לא לפרוטוקול
off-the-wall *adj.* מוזר, לא שגרתי
off-white *adj.* לבנבן, אוף-וייט, לבן-אפור, לבן שבור
oft = often (ôft)
of'ten (ôf'ən) *adv.* תכופות
- as often as כל אימת ש-
- as often as not ברוב המקרים
- every so often מדי פעם
- how often? באיזו תדירות?
- more often than not לרוב
- often as- למרות שלעיתים קרובות-
o'gle *v&n.* לנעוץ מבט, לקרוץ, ללטוש עין; קריצת-עין
o'gre (-gər) *n.* מפלצת
o'greish (-gərish) *adj.* מפלצתי
oh (ō) *interj.* או!, הוי! (קריאה)
ohm (ōm) *n.* (בחשמל) אוהם, אום
o·ho' *interj.* אוהו! (קריאה)
oik *n.* *אדם דוחה, אידיוט
oil *n&v.* שֶׁמֶן; נפט; לשמן
- oil his palm לשחדו
- oil the wheels לגלגל העניינים
- oils צבעי שמן
- pour oil on the flame להוסיף שמן למדורה, להחריף את המצב
- pour oil on troubled waters להשכין שלום, ליישב מחלוקת
- smells of (midnight) oil נושא סימני-שקדנות, עשו בו לילות כימים
- strike oil לגלות נפט
oil-bearing *adj.* מכיל נפט
oil-burner *n.* פתילייה; מנוע-נפט; ספינה מונעת בנפט
oil-cake *n.* כוספה (מזון-בהמות)
oil-can *n.* אסוך (לסיכת מכונות)
oil-cloth *n.* שעוונית; לינוליאום
oil-colors *n-pl.* צבעי-שמן
oiled *adj.* שתוי, בגילופין
oiler *n.* מיכלית; אסוך (לסיכה)
oil-field *adj.* שדה-נפט
oilman *n.* שַׁמָּן, מוכר שמנים
oil painting ציור שֶׁמֶן
- no oil painting לא יפהפה
oil-paper *n.* נייר-שֶׁמֶן
oil-rig *n.* מתקן-קידוח (לנפט, בים)
oil-skin *n.* מעיל גשם; בד חסין-מים
oil slick שכבת נפט על הים
oil tanker מיכלית, מכלית-נפט
oil well באר נפט
oily *adj.* שַׁמְנִי, רווי-שמן; חנפן
oink *n&v.* נחירת-חזיר; לנחור

oint′ment *n.* מִשְחָה, משחת-עור
o·kay′, OK *adv&n.* אוקיי, בסדר, טוב, נכון; אישור
okay, OK *v.* לאשר, לתת אוקיי
o′kra *n.* במיה (ירק-מאכל)
old (ōld) *adj.* בן-, בגיל-; מבוגר; זקן; ישן; ותיק; של העבר; משומש
- Old Glory הדגל האמריקאי
- Old Nick/Harry/Scratch השטן
- Old Testament התנ"ך
- Old World העולם הישן; אירופה
- an old one בדיחה ידועה
- any old thing *כל דבר שהוא
- have a fine old time *לְבַלּוֹת
- of old שבעבר, מימי קדם
- of the old school מהאסכולה הישנה
- old age זיקנה
- old age pension קצבת זיקנה
- old and young מנער ועד זקן
- old as the hills ישן מאוד
- old boy תלמיד ביה"ס בעבר; חבר!
- old country מולדת, ארץ המוצא
- old fogy מיושן, מאובן-דיעות
- old friend ידיד ותיק
- old girl בוגרת ביה"ס; *קשישה
- old guard הגוורדיה הישנה
- old man *בעל; אב; קברניט; חבר!
- old master (יצירה של) צייר נודע
- old wives' tale סיפורי סבתא
- old woman/lady *אישה, אם
- the old הזקנים, הישישים
old-clothesman *n.* סמרטוטר
old′en (ōld′-) *n.* ישן; של העבר
old-fashioned *adj.* מיושן; שמרני
old fashioned קוקטייל ויסקי
oldish *adj.* ישן במקצת
old stager מְנוּסֶה
old′ster (ōld′-) *n.* זקן, קשיש
old-time *adj.* של העבר, עתיק, ישן
old timer ותיק; זקן
old-womanish *adj.* מתנהג כזקנה
old-world *adj.* של ימים עברו; אירופי
o′le·ag′inous *adj.* שַמְנִי, מפיק שמן
o′le·an′der *n.* הרדוף (שיח)
ol·fac′tory *adj.* של חוש הריח
ol′igarch′ (-k) *n.* אוליגרך
ol′igar′chy (-ki) *n.* אוליגרכיה
ol′ive (-liv) *n&adj.* זית; זיתי
olive drab ירוק-זיתי (למדים)
olive oil שמן זית
olive waste גפת
Olym′piad′ *n.* אולימפיאדה
Olym′pian *adj.* אולימפי
Olympian calm שלווה אולימפית
Olym′pic *adj.* אולימפי
Olympics *n.* המשחקים האולימפיים
om·buds′man (-z-) *n.* אומבודסמן
o·meg′a *n.* אומגה (אות)
om′elet, om′elette *n.* חביתה
o′men *n&v.* אות, סימן; לבשר
- bad omen מבשר רע
om′inous *adj.* מהווה סימן רע
omis′sion *n.* השמטה; אי-עשייה, מחדל
omit′ *v.* להשמיט, לפסוח; לזנוח
- not omit to do it לעשות זאת
om′ni (תחילית) הכול, כול
om′nibus′ *n.* קובץ, כתבים; אוטובוס
om′nifar′ious (-fer-) *adj.* רב-גוני
om·nip′otence *n.* יכולת אינסופית
om·nip′otent *adj.* כול-יכול
om′nipres′ent (-z-) *adj.* מלא עולם, שוכן בכל מקום
om·nis′cience (-nish′əns) *n.* ידיעת הכל
om·nis′cient (-nish′ənt) *adj.* יודע הכל
om·niv′orous *adj.* זולל הכל
on *prep.* על; ב-; לכיוון; על-יד; מ-
- (on) Monday ביום שני
- a drink on me משקה על חשבוני
- just on קרוב מאוד ל-, כמעט
- on a committee חבר בוועדה
- on seeing her I... בראותי אותה אני...
- on time בזמן
on *adj&adv.* קדימה, הלאה; עליו; פועל, פתוח, דלוק; נמשך; מתרחש
- and so on וכן הלאה, וכו'
- be on about לדון ב-, לקשקש
- be on at *לנדנד, לרטון כלפי
- be on to להיות מודע ל-, להבין
- on and off לסירוגים, מפעם לפעם
- on and on ללא הפוגה, בלי הפסק
- she had nothing on לא לבשה דבר
- with his hat on כשהוא חבוש כובע
- work on להמשיך לעבוד
once (wuns) *adv&conj.* פעם אחת; פעם, בעבר; ברגע ש-, אם אך-
- all at once פתאום

- at once מיד, ללא דיחוי; בעת ובעונה אחת, באותו זמן, בו-זמנית
- just the once, for once אך הפעם
- not/never once אף לא פעם
- once I see him ברגע שאראה אותו
- once a week אחת לשבוע
- once and again לפעמים, מ:די פעם
- once in a while לפעמים, מדי פעם
- once or twice פעם - פעמיים
- once upon a time הָיֹה הָיָה
once-over *n.* מבט חטוף/בוחן
on′colog′ical *n.* אונקולוגי
on•col′ogy *n.* אונקולוגיה, טיפול בגידולים
on′coming (-kum-) *adj.* מתקרב, קָרֵב
oncoming *n.* התקרבות, ביאה, הגעה
one (wun) *adj&n.* אחד, 1; מסוים; ראשון, א׳; אדם, כל אחד
- I, for one אני למשל-, לדידי
- a right one *טיפש
- as one man כאיש אחד
- be (at) one with להיות תמים דעים
- be made one להתחתן
- be one up להיות בעמדת יתרון
- by ones and twos מעט מעט
- for one thing קודם כל, דבר ראשון
- in one גם יחד, בבת אחת
- it's all one היינו הך, אין הבדל
- number one עצמו, האינטרסים שלו
- of one mind with תמים-דעים עם
- one and all כולם, כל אחד
- one and the same אותו ממש
- one by one אחד אחד
- one could see אפשר היה לראות
- one day ביום מן הימים
- the book is a good one הספר טוב
- the one (that) זה ש-, האיש אשר
- which one? איזה?
one-armed *adj.* גידם
one-armed bandit מכונת הימורים
one-eyed *adj.* בעל עין אחת
one-horse *adj.* רתום לסוס אחד
- one-horse town עיר קטנה
one-idea'd *adj.* שיגיוני, שוגה ברעיון
o•nei′roman′cy (-nī-) *n.* פתרון חלומות
one-legged *adj.* בעל רגל אחת
one-liner *n.* משפט קצר (וקולע)
one-man *adj.* של איש אחד
one-night stand מופע חד-פעמי
one-off *adj.* חד-פעמי
one-parent *adj.* חד-הורי
one-piece *adj.* מֵחֵלֶק אחד
on′erous *adj.* מכביד, מעיק, כבד
oneself′ (wunself′) *pron.* (את/ל-) עצמו
one-sided *adj.* חד-צדדי; לא הוגן
one-step *n.* וַן-סטפ (ריקוד)
one-time *adj.* לשעבר, בעבר
one-to-one *adj.* אחד לאחד
one-track *adj.* חד-נתיבי
one-track mind מוח מוגבל
one-up′manship (wun-) *n.* אמנות רכישת יתרון, הקדמת היריב
one-way *adj.* חד-סטרי; חד-כיווני
on′go′ing *adj&n.* ממשיך; התקדמות
on′ion (un′yən) *n.* בָּצָל
- knows his onions חכם, בעל ניסיון
on-line *adj.* מְקוּוָן (מחשב)
on′look′er *n.* משקיף, מתבונן
o′nly *adj&adv&conj.* יחיד; אך ורק, בלבד, גרידא; רק, אלא ש-
- an only son בן יחיד
- one and only האחד והיחיד
- only just בקושי; לפני רגע, זה עתה
- only too- מאוד, ביותר, בהחלט
- the only היחיד; הכי טוב
on′omat′opoe′ia (-pē-) *n.* אונומטופיה (שימוש במלים המחקות צלילים)
on′rush′ *n.* הסתערות, זרימה
on-screen *adj.* על הצג, על המסך
on′set′ *n.* התקפה; התחלה
on′shore′ *adj&adv.* לעבר החוף; קרוב לחוף
on′side′ *adj&adv.* לא בעמדת נבדל
on′slaught′ (-lôt) *n.* התקפה
on′stream′ *adv.* בייצור
on-the-job *adj.* תוך כדי עבודה
on′to (-tōō) *prep.* אל, על
o′nus *n.* אחריות, נטל, משא; אשמה
- the onus of proof rests with חובת ההוכחה על, עליו הראיה
on′ward *adj&adv.* מתקדם; קדימה
onwards *adv.* קדימה, הלאה; אילך
on′yx *n.* אנך, שוהם, קוורץ צבעוני
oo′dles (-lz) *n-pl.* *המון, הרבה
oof (ōōf) *n.* *כסף

oomph *n.* ‏*מרץ, סקס-אפיל
oops *interj.* ‏*אוּף!, אויה!, אוּפּס!
ooze *n.* ‏בוץ (בקרקע הנהר)
ooze *v.* ‏לטפטף, לזוב באיטיות
- ooze away ‏לפוג, להימוג
- oozing life ‏שותת דם עד מוות
oo′zy *adj.* ‏בוצי, נוזל
op = operation, opera, opus
o·pac′ity *n.* ‏אטימות, אי-שקיפות
o′pal *n.* ‏לֶשֶׁם (אבן יקרה), אוֹפָּל
o′pales′cent *adj.* ‏מבהיק, מנצנץ
o·paque′ (-pāk) *adj.* ‏אָטוּם
op art ‏אמנות אופטית
op. cit. ‏שָׁם, במקום המצוטט
ope *v.* ‏לפתוח
o′pen *adj.* ‏פתוח; גלוי; כן, הוגן
- in open court ‏בדלתיים פתוחות
- lay oneself open to ‏לחשוף עצמו
- open air ‏תחת כיפת השמיים, חוץ
- open book ‏כספר הפתוח, גלוי, ברור
- open city ‏עיר פרזות
- open country ‏שדה פתוח
- open hands ‏יד פתוחה, נדיבות
- open letter ‏מכתב גלוי
- open mind ‏ראש פתוח, רחב-אופק
- open season ‏עונה מותרת בציד
- open secret ‏סוד גלוי
- open to ‏פתוח ל-, לא מוגן מפני-
- open town ‏עיר חופשית
- open winter ‏חורף מתון
- the job is open ‏המשרה פנויה
open *v.* ‏לפתוח; להיפתח; להתחיל
- open fire ‏לפתוח באש
- open his eyes ‏לפקוח את עיניו
- open one's mind ‏לגלות דיעותיו
- open out ‏להיפתח; לדבר בחופשיות; להיגלות לעין; לפתוח; לפתח
- open up ‏לפתוח; להיפתח; לפתוח באש; להגביר מהירות
open *n.* ‏חוץ, תחת כיפת השמיים
- come out into the open ‏לפרסם; להיגלות לציבור (דיעות)
open-air *adj.* ‏בחוץ, תחת כיפת השמיים
open-and-shut *adj.* ‏ברור, מפורש
open-armed *adj.* ‏בזרועות פתוחות
open day *adj.* ‏יום פתוח (לביקורים)
open-ended *adj.* ‏שמטרתו הסופית לא נקבעה מראש, שלא הוגבל בזמן
opener *n.* ‏פותחן; פותח
open-eyed *adj&adv.* ‏פעור-עיניים, נדהם; פקוח-עין, ער
open-handed *adj.* ‏נדיב
open-hearted *adj.* ‏גלוי-לב
open-heart surgery ‏ניתוח-לב פתוח
open house ‏בית פתוח (למבקר)
opening *adj.* ‏ראשון, פותח
opening *n.* ‏פתיחה; פתח, פרצה; משרה פנויה; הזדמנות, סיכוי
opening time ‏שעת הפתיחה
openly *adj.* ‏גלויות, בפרהסיה
open market ‏שוק פתוח/חופשי
open-minded *adj.* ‏רחב-אופק, נכון להקשיב; פתוח לדיעות חדשניות
open-mouthed *adj.* ‏פעור פה
openness *n.* ‏פְּתִיחוּת
open-top *adj.* ‏(מכונית) פתוחת גג
open-work *n.* ‏מעשה-רשת
openwork stockings ‏גרבי רשת
op′era *n.* ‏אופרה
op′erable *adj.* ‏נתיח, ניתן לניתוח
opera cloak ‏שכמיית ערב
opera glasses ‏משקפת תיאטרון
opera hat ‏מגבע מתקפל
opera house ‏בית האופרה
op′erate′ *v.* ‏לפעול; להפעיל; לנתח
op′erat′ic *adj.* ‏של אופרה
operating system ‏מערכת הפעלה
operating table ‏שולחן ניתוחים
operating theater ‏חדר ניתוחים
op′era′tion *n.* ‏פעולה; תפעול; מבצע (צבאי); ניתוח
- come into operation ‏להתחיל לפעול
- in operation ‏מופעל, בפעולה
- military operation ‏מבצע צבאי
operational *adj.* ‏מבצעי; תפעולי; אופרטיבי; בפעולה, מוכן לשימוש
operational research ‏מחקר תפעולי
op′era′tive *n.* ‏פוֹעֵל, פועל מכונה
operative *adj.* ‏תקף, בתוקף, פועל, משפיע; חשוב; ניתוחי, כירורגי
op′era′tor *n.* ‏מפעיל, פועל; טלפונאי, מרכזנית; *אדם יעיל, מצליח
op′eret′ta *n.* ‏אופרטה, אופרית
oph·thal′mia *n.* ‏דלקת העין
oph·thal′mic *adj.* ‏של העיניים
oph′thal·mol′ogist *n.* ‏רופא עיניים
oph′thal·mol′ogy *n.* ‏תורת מחלות העיניים, אופתלמולוגיה
o′piate *n.* ‏סם שינה, סם מרגיע

o·pine′ *v.* לחשוב ש-, להביע דיעה
opin′ion *n.* דיעה, השקפה; דעת-הקהל; חוות-דעת
- be of the opinion that לסבור ש-
- high opinion הערכה, דיעה חיובית
- in my opinion לדעתי
- in the opinion of לדעת-
- public opinion דעת הקהל
opin′iona′ted *adj.* עקשן, דוגמאטי
opin′iona′tive *adj.* עקשן
opinion poll סקר דעת קהל
o′pium *n.* אופיום
opium den מאורת סמים
opos′sum *n.* אופוסום (חיית-כיס)
oppo′nent *n.* יריב
op′portune′ *adj.* מתאים, ברגע הנכון, בעיתו
op′portu′nism′ *n.* אופורטוניזם, סתגלנות
op′portu′nist *n.* אופורטוניסט
op′portu′nity *n.* הזדמנות
oppose′ (-z) *v.* להתנגד; להעמיד מול
- as opposed to בניגוד ל-
- be opposed to להתנגד ל-
op′posite (-zit) *adj&n.* נגדי; ממול; הפוך; מנוגד; ניגוד, היפך
op′posi′tion (-zi-) *n.* התנגדות, ניגוד; עימות; אופוזיציה
- in opposition בניגוד, בעימות
oppress′ *v.* לדכא; לרדות; להעיק
- feel oppressed להיתקף דכדוך
oppres′sion *n.* דיכוי; לחץ; מועקה
oppres′sive *adj.* מדכא; מעיק
oppres′sor *n.* עריץ, רודן
oppro′brious *adj.* מעליב; מֵבִיש
oppro′brium *n.* עלבון, בושה, גידוף
ops = operations מבצעים צבאיים
opt *v.* לבחור, לברור, להעדיף
- opt out of לבחור שלא להשתתף ב-
op′tative *adj.* מביע משאלה
op′tic *adj.* אופטי, של העין
op′tical *adj.* אופטי, ראייתי, חזותי
optical art אמנות אופטית
optical fiber סיב אופטי
optical illusion טעות אופטית
optical scanner סורק אופטי
op·ti′cian (-tish′ən) *n.* אופטיקאי
op′tics *n-pl.* אופטיקה, תורת האור
op′timal *adj.* אופטימלי, נוח ביותר
op′timism′ *n.* אופטימיות
op′timist *n.* אופטימיסט
op′timis′tic *adj.* אופטימי
op′timize′ *v.* לעשותו מיטבי
op′timum *adj.* אופטימלי, מיטבי
op′tion *n.* אופציה; ברירה, בחירה
- had no option לא נותרה לו ברירה
- option of a fine ברירת קנס
optional *adj.* של בחירה, לא חובה
op·tom′etrist *n.* אופטומטריסט, מומחה להתאמת משקפיים
op′u·lence *n.* עושר, שפע
op′u·lent *adj.* עשיר, שופע
o′pus *n.* אופוס, מיצור, קומפוזיציה
or *conj.* או; או ש-, וָלא
- a day or two יום - יומיים
- or else וָלא, פן; אוי ואבוי לך!
- or so בערך, בסביבות
- somewhere or other איפשהו
or′acle *n.* אורקל; בר-סמכא
orac′u·lar *adj.* נבואי; לא ברור
or′al *adj&n.* שבעל-פה; בפה; אורלי, של הפה; בחינה בעל-פה
orally *adv.* על-פה; דרך הפה
or′ange (-rinj) *n&adj.* תפוז; כתום
or′angeade′ (-jād) *n.* אורנג'דה
orange peel קליפת התפוז
orang′utan′ *n.* אורנג-אוטנג (קוף)
o·rate′ *v.* לנאום
o·ra′tion *n.* נאום
- funeral oration הספד
or′ator *n.* נואם
or′ator′ical *adj.* של נואם/נאום
or′ator′io′ *n.* אורטוריה
or′ato′ry *n.* בית תפילה (קתולי); תורת הנאום, רטוריקה
orb *n.* גרם-שמיים; עין
or·bic′u·lar *adj.* עגול, טבעתי
or′bit *n.* מסלול (של כוכב); טווח פעולה, תחום השפעה; ארובת העין
- go into orbit להיכנס למסלול; להתלקח
or′bit *v.* לשגר/לנוע/להקיף במסלול
orbital *adj.* של מסלול, מסלולי
or′chard *n.* פרדס, מטע עצי-פרי
or′chestra (-ki-) *n.* תזמורת
or′chestral (-ki-) *adj.* תזמורתי
orchestra pit תא התזמורת
orchestra stalls המושבים הקדמיים
or′chestrate′ (-ki-) *v.* לתזמר
or′chestra′tion (-ki-) *n.* תזמור

or′chid, or′chis (-k-) *n.* סחלב
or•dain′ *v.* להסמיך; להורות; לגזור
or•deal′ *n.* ניסיון, חוויה; מִבחָן
or′der *n.* סדר; הוראה, צו; הזמנה; מין, סוג; מחלקה; פקודה; מעמד; מיסדר דתי; מערך צבאי
- be under orders לקבל הוראות
- by order of לפי הוראת-
- in close/open order ברווחים קטנים/גדולים
- in good order בצורה מסודרת
- in order בסדר, במצב תקין
- in order to/that כדי ל-/ש-
- in short order מהר, ללא דיחוי
- in working order פועל כהלכה
- it's in order to זה בסדר ל-
- keep (in) order לשמור על הסדר
- large/tall order משימה קשה
- made to order לפי הזמנה (בגד)
- on order בהזמנה (לגבי סחורה)
- on the order of בסדר גודל של
- order of the day סדר היום
- order to view כתב-הרשאה (לבדיקת בית העומד למכירה)
- order! אני קורא אותך לסדר!
- orders are orders פקודות יש לבצע
- out of order לא בסדר, לא פועל
- postal order המחאת דואר
- set/put in order לסדר, להסדיר
order *v.* לצוות, לפקוד, להורות על; להזמין (סחורה/מונית); לסדר, לנהל
- order arms! הצג שקו! (בצבא)
- order around להציק, לטרטר
- order him out להורות לו לצאת
- order one's affairs לסדר ענייניו
order book ספר הזמנות (לסחורה)
ordered *adj.* מסודר
order form טופס הזמנה
orderliness *n.* סֵדֶר
or′derly *adj.* מסודר; צייתן
orderly *n.* שַמָש, רץ; אח, סניטר
orderly officer קצין תורן
orderly room משרד המחנה
or′dinal *adj&n.* סוֹדֵר; סידורי
or′dinance *n.* חוק, תקנה, צו
or′dinand′ *n.* מועמד לכמורה
or′dinar′ily (-ner-) *adv.* בצורה רגילה, כרגיל; בדרך כלל
or′dinar′y (-neri) *adj.* רגיל
- in an ordinary way בדרך כלל
- in ordinary (רופא) קבוע, אישי
- out of the ordinary יוצא דופן

ordinary share מניה רגילה
or′dinate *n.* אורדינאטה, פוסק
or′dina′tion *n.* הסמכה לכמורה
ord′nance *n.* תותחים, ארטילריה; תחמושת, חימוש
Ordnance Corps חיל חימוש
or′dure (-jər) *n.* צואה, זבל
ore *n.* עפרה, מחצב
oreg′ano′ *n.* אורגנו (תבלין)
or′gan *n.* איבר; כלי, מכשיר; ביטאון; עוגב, אורגן
- mouth organ מפוחית פה
- organs of public opinion מבטאי דעת הקהל, כלי-התקשורת
organ grinder מנגן בתיבת נגינה
or•gan′ic *adj.* אורגני, של החי, של האיברים; חיוני, בלתי נפרד
organic chemistry כימיה אורגנית
or′ganism′ *n.* אורגניזם, יצור, בריה; מנגנון, מערכת משולבת
or′ganist *n.* עוגבאי, מנגן בעוגב
or′ganiza′tion *n.* ארגון; גוף מאורגן, הסתדרות; מנגנון
or′ganiza′tional (-′shənəl) *adj.* אירגוני
or′ganize′ *v.* לארגן; לסדר; לאגד
organized *adj.* מאורגן
organizer *n.* מארגן, אורגניזטור
organ loft יציע העוגב
or′gasm′ (-gaz′əm) *n.* אורגזמה, תרגושת, ריוויון
or′gias′tic *adj.* של אורגיה, מתהולל
or′gy *n.* אורגיה, נשף-חשק, זימה
or′iel *n.* גבלית, חלון בולט
or′ient *n&adj.* מזרח; אסיה
- orient sun השמש העולה
orient = orientate
or′ien′tal *adj&n.* אוריינטלי, מזרחי
or′ien′talist *adj.* מזרחן
or′ientate′ *v.* להפנות/לבנות לכיוון מזרח; לאכן, לאתר; להנחות, לכוון
- orientate oneself להתמצא
or′ienta′tion *n.* אוריינטציה, התמצאות, התמזרחות; נטייה
or′ienteer′ing *n.* התמצאות בשטח
or′ifice (-fis) *n.* פתח, פה, נחיר
or′iga′mi (-gä-) *n.* אוריגמי, קיפול נייר
or′igin *n.* מָקוֹר, מוֹצָא
orig′inal *adj.* מקורי; ראשון
original *n.* מקור, אוריגינל

orig′inal′ity *n.* מקוריות
originally *adv.* במקורו; בתחילה
original sin החטא הקדמון
orig′inate′ *v.* להתחיל, לצמוח, לנבוע מ-; ליצור, להמציא
originator *n.* מתחיל, יוצר, מחולל
or′iole′ *n.* זהבן (ציפור-שיר)
or′ison (-z-) *n.* תפילה
or′lon′ *n.* אורלון, זהורית
or′lop′ *n.* הסיפון התחתון
or′nament *n.* קישוט, עיטור
or′nament′ *v.* לקשט, לעטר
or′namen′tal *adj.* קישוטי, עיטורי
or′namen•ta′tion *n.* קישוט
or•nate′ *adj.* מקושט, מליצי
or′nery *adj.* *עקשן, רע-מזג
or′nithol′ogist *n.* אורניתולוג, צַפָּר
or′nithol′ogy *n.* צַפָּרוּת
or′otund′ *adj.* יומרני; מרשים
- orotund voice קול חזק/מהדהד
or′phan *n&v.* יתום; לייתם
or′phanage *n.* בית-יתומים
or′rery *n.* פלנטאריום
or′ris *n.* איריס, אירוס
orrisroot *n.* שורש האירוס (בושם)
ortho- (תחילית) נכון, ישר
or′thodon′tics *n.* יישור שיניים
or′thodox′ *adj.* אורתודוכסי, אדוק
or′thodox′y *n.* אורתודוכסיות
or′thograph′ic *adj.* אורתוגרפי
or•thog′raphy *n.* אורתוגרפיה, כתיב נכון
or•thope′dic *adj.* אורתופדי
orthopedics *n.* אורתופדיה
or′tolan *n.* גיבתון (עוף-מאכל)
Os′car *n.* אוסקר (פרס)
os′cillate′ *v.* להיטלטל, להתנדנד; לנענע; להסס, לפקפק
os′cilla′tion *n.* תנודה; היסוס
os′cilla′tor *n.* מַתְנֵד, אוסילטור
oscil′lograph′ *n.* רושם תנודות
oscil′loscope′ *n.* מַשְׁקֵף
os′cu•la′tion *n.* נשיקה, נישוק
o′sier (-zhər) *n.* סוג ערבה
os•mo′sis (oz-) *n.* אוסמוזה, פעפוע
os′prey *n.* עיט-הדגים (עוף)
os′se•ous *adj.* גרמי, מורכב מעצם
os′sifica′tion *n.* התגרמות
os′sify′ *v.* להקשות כעצם; להתאבן
os•ten′sible *adj.* נראה, שלכאורה
ostensibly *adv.* למראית עין, כביכול
os′tenta′tion *n.* ראוותנות, התראוות, התפארות, הפגנה
os′tenta′tious (-shəs) *adj.* ראוותני
osteo- (תחילית) עצם
os′te•opath′ *n.* רופא עצמות
os′te•op′athy *n.* ריפוי עצמות
os′te•o•poro′sis *n.* נקבוביות העצם, אוסטיאופורוזיס
os′tler (-sl-) *n.* סַיָּס
os′tracism′ *n.* נידוי; הגליה
os′tracize′ *v.* לנדות; להגלות
os′trich *n.* יָעֵן, בת-יענה
oth′er (udh′-) *adj&adv.* אחר, שני, נוסף, שונה; אחרת
- every other כל שני; כל השאר
- nobody other than אין איש זולת-
- other than בדרך שונה מ-, מלבד; זולת, אלא
- some day or other ביום מן הימים
- some time or other בזמן מן הזמנים
- somehow or other בדרך כלשהי
- someone or other מאן דהו
otherwise *adv.* אחרת; וָלא; חוץ מזה, בשאר המובנים
- or otherwise -או לא, ואם לאו
otherworldly *adj.* של עולם אחר
o′tiose′ *adj.* מיותר
o•ti′tis *n.* דלקת האוזן
OTT *עובר כל גבול
ot′ter *n.* (פרוות) לוטרה, כלב נהר
ot′toman *n.* ספה (בעלת ארגז)
Ottoman *adj.* עותומאני
ou′bliette′ (o͞o-) *n.* צינוק, בור
ouch *interj.* אוי!
ought (ôt) *v.* להיות חייב/צריך
- there ought to be- צריך שיהיה
oughtn′t = ought not (ôt′ənt)
oui′ja (wē′jə) *n.* לוח ספיריטואליסטים
ounce *n.* אונקייה; שמץ; מין נמר
our *pron.* שלנו
Our Lady מרים (אם ישו)
ours (-z) *pron.* שלנו
ourselves′ (-selvz) *pron.* (את/ל-/ב-) עצמנו; אותנו
- (all) by ourselves לבדנו
oust *v.* לגרש, לסלק, לדחוק ממקומו
oust′er *n.* גירוש, הדחה
out *adj&adv.* החוצה; בחוץ; יצא; רחוק; לגמרי; טועה; לא נכון; בקול
- all out במלוא הקיטור, בכל הכוחות

- be out for לבקש את, לשאוף ל-
- feel/be out of it לא להיות מעורב בדבר, לחוש עצבות עקב כך
- have an evening out לצאת בערב
- he is out הוא יצא, הוא לא בבית
- is out to בכוונתו ל-, מנסה ל-
- my day out יום חופשה שלי
- out and about קם, מסתובב
- out and away בהחלט, במידה רבה
- out and out לגמרי; מובהק, גמור
- out from under *נחלץ, נפטר מכך
- out loud בקול רם
- out of מחוץ ל-; מתוך; מן; מבין; חסר-, ללא-, אזל
- out with it! דבר!, אמור זאת!
- the candle is out הנר לא דולק
- the contract is out פג תוקף החוזה
- the flower is out הפרח נפתח
- the out tray מגש "דואר יוצא"
- the party is out המפלגה לא בשלטון
- the workers are out הפועלים שובתים

out *v.* להוציא; לזרוק; לפרסם
- it will out זה יתפרסם

out *n.* חוץ; דרך למילוט; *תירוץ
- on the outs/at outs מסוכסכים

out- (תחילית) החוצה; לעלות/לעבור על
- outplay להיטיב לשחק מ-
- outsmart להיות פיקח מ-

out'age *n.* הפסקת חשמל
out'back' *n.* האיזורים המרוחקים
out'bal'ance *v.* להכריע במשקל
out'bid' *v.* להציע מחיר גבוה מ-
out'board' *n&adj.* (סירה) בעלת מנוע חיצוני
out'bound' *adj.* נוסע למדינה אחרת
out'brave' *v.* להילחם באומץ
out'break' (-brāk) *n.* התפרצות
out'buil'ding (-bil-) *n.* אגף, מבנה נוסף
out'burst' *n.* התפרצות
out'cast' *n&adj.* מנודה; חסר-בית; נע ונד
out'caste' *n.* מנודה, מגורש מהכת
out'class' *v.* לעלות (ברמתו) על-
out'come' (-kum) *n.* תוצאה
out'crop' *n.* צמיחה; גב הסלע
out'cry' *n.* צריחה; זעקה, מחאה
out'da'ted *adj.* מיושן
out'dis'tance *v.* לעבור, להותיר מאחור
out'do' (-dōō) *v.* לעלות (בביצוע) על-
- be outdone להיכשל, להפסיד
- outdo oneself לעלות על עצמו

out'door' (-dôr) *adj.* של חוץ, מתרחש בחוץ, לשימוש מחוץ לבית
outdoor advertising פרסום חוצות
out'doors' (-dôrz) *adv.* בחוץ
out'er *adj.* חיצוני, קיצוני, מרוחק
- outer man האדם כלפי חוץ

outermost *adj.* הקיצוני, המרוחק
outer space החלל החיצון
out'face' *v.* להעז פנים כלפי, לעמוד באומץ מול; להיישיר מבט, להביך
out'fall' (-fôl) *n.* שֶׁפֶך, מוֹצָא
out'field' (-fēld) *n.* השדה החיצון
outfielder *n.* שחקן שדה-חיצון
out'fight' *v.* להיטיב ללחום מ-
out'fit' *n.* ציוד; תלבושת; כלים; יחידה, קבוצה, צוות, חֶבְרָה
outfit *v.* לספק, לצייד (בבגדים)
outfitter *n.* בעל חנות בגדים
out'flank' *v.* לאגף, לרכוש יתרון
out'flow' (-ō) *n.* זרימה, שטף
out'fox' *v.* להערים, להשיג יתרון
out'gen'eral *v.* לנצח, לגבור על
out'go' *n.* הוצאה
outgoing *adj.* יוצא, פורש; מפליגה; חברותי, מעורה בחברה, ידידותי
outgoings *n-pl.* הוצאות
out'grow' (-ō) *v.* לגדול מהר מ-; לגבוה מ-; לנטוש, להיגמל מ-
out'growth' (-ōth) *n.* תוצאה; צמיחה
out-Her'od *v.* להתאכזר ביותר
out'house' *n.* בית-שימוש חיצוני; אגף
out'ing *n.* טיול נופש; אימון, תרגול; אִחצוּן
out·land'ish *adj.* מוזר, משונה
out'last' *v.* לחיות/לארוך יותר
out'law' *n.* פושע
outlaw *v.* להוציא אל מחוץ לחוק
outlawry *n.* הוצאה אל מחוץ לחוק
out'lay' *n&v.* הוצאה; בזבוז; שיקוע (במיפעל); להוציא
out'let' *n.* מוֹצָא, יציאה; פורקן; סוכנות, חנות; נקודת חשמל
out'line' *n.* מיתאר, קו מקיף; צורה כללית, מיתווה, תמצית
outline *v.* לתאר בקווים כלליים

out'live' (-liv) *v.* להאריך ימים מ-
out'look' *n.* מראה, מחזה, נוף; תחזית, סיכוי, תשקיף; השקפה
out'ly'ing *adj.* רחוק מהמרכז, נידח
out'maneu'ver (-noo'-) *v.* להיטיב לתמרן מ-, לצאת וידו על העליונה
out'match' *v.* להוות יריב עדיף, לעלות על, להתמודד בתנאים עדיפים
out'mo'ded *adj.* מיושן, לא באופנה
out'most' (-mōst) *adj.* הקיצוני, המרוחק ביותר
out'num'ber *v.* לעלות במספר על
out-of-court *adj.* מחוץ לבית המשפט
out-of-date *adj.* מיושן
out-of-door *adj.* בחוץ
out-of-doors *adv.* בחוץ
out-of-pocket expenses הוצאות-מזומנים, מעות כיס
out-of-the-way *adj.* רחוק, בודד, נידח; לא ידוע, לא רגיל
out'pace' *v.* להתקדם מהר מ-
out'pa'tient (-shənt) *n.* חולה-חוץ
out'play' *v.* להיטיב לשחק מ-
out'point' *v.* לנצח בנקודות
out'port' *n.* נמל-חוץ
out'post' (-pōst) *n.* מוצב-חוץ, מוצב; מאחז; עמדת-תצפית מרוחקת; יישוב מרוחק
out'pour'ing (-pôr-) *n.* השתפכות
out'put' (-poot) *n.* תפוקה, תוצרת; פֶּלֶט
out'rage' *n.* שערורייה, פשע, זוועה; פגיעה, עלבון
outrage *v.* לפגוע; להתאכזר; לאנוס
out•ra'geous (-jəs) *adj.* מזעזע, אכזרי, מחפיר, מביש; פוגע
out'range' (-rānj) *v.* לקלוע לטווח יותר רחוק, לכסות מרחק רב יותר
out'rank' *v.* לעלות בדרגתו על-
outre (ōōtrā') *adj.* מוזר, לא רגיל
out'ride' *v.* לרכוב טוב/מהר מ-
out'ri'der *n.* שוטר-אופנוען מלווה
out'rig'ger *n.* קורה צדדית
out'right' *adj.* ברור; גמור, מוחלט; ישר
out'right' *adv.* לגמרי; בבת-אחת, מיד, בו-במקום; גלויות
out'ri'val *v.* לעלות על (מתחרה)
out'run' *v.* לרוץ מהר/טוב מ-; לעבור על, להרחיק מעבר ל-
out'run'ner *n.* כלב מוביל

out'sail' *v.* לשוט מהר מ-
out'sell' *v.* למכור יותר/מהר מ-
out'set' *n.* התחלה, ראשית
out'shine' *v.* לזהור יותר, להאפיל
out'side' *n.* חוץ, הצד החיצוני
- at the outside לכל היותר
out'side' *adj.* חיצוני; שמבחוץ, של חוץ; מְרַבִּי, מכסימלי
- outside broadcast שידור חוץ
- outside chance סיכוי קלוש/קל
out'side' *adv&prep.* בחוץ; מחוץ ל-, מֵעֵבֶר ל-; למעלה מ-
- outside of מחוץ ל-, פרט ל-
out'si'der *n.* חיצוני, זר, לא חבר
out'size' *adj.* גדול מהמידה הרגילה
out'skirts' *n-pl.* פרברים, פאתי עיר
out'smart' *v.* להערים על-
out'spo'ken *adj.* גלוי, כן
out'spread' (-red) *adj.* פרוש
out'stand'ing *adj.* מצויין, בולט, ניכר; לפירעון, טרם נפרע; בטיפול
out'stay' *v.* להישאר זמן ארוך מ-
- outstay one's welcome להאריך שהותו יותר מדי, להכביד על מארחיו
out'stretch' *v.* למתוח, להושיט
outstretched *adj.* מתוח, פרוש, שרוע
out'strip' *v.* לחלוף על, לעבור
out'take' *n.* קטע שהוצא (בעריכה)
out'talk' (-t-tôk) *v.* להיטיב לדבר
out'vie' (-vī') *v.* לגבור בהתמודדות
out'vote' *v.* לזכות בקולות רבים מ-
out'ward *adj.* חיצוני; כלפי חוץ
- outward man האדם כלפי חוץ
- to all outward appearances כלפי חוץ, למראית עין
out'ward(s) *adv.* החוצה, לחוץ
out'wardly *adv.* כלפי חוץ, למראית עין
out'wear' (-wār') *v.* להאריך ימים יותר מ-, להיות שימושי זמן רב מ-
out'weigh' (-wā') *v.* להיות רב-משקל מ-; להכריע
out'wit' *v.* להערים על, לגבור על
out'work' (-wûrk) *n.* עבודת-חוץ; ביצורי חוץ
out'worn' *adj.* מיושן, בלה; נדוש
ou'zel (ōō'-) *n.* קיכלי (ציפור-שיר)
ou'zo (ōō'-) *n.* אוזו (משקה יווני)
o'va = pl of ovum
o'val *adj.* סגלגל, אליפסי, ביצי
o•var'ian *adj.* של שחלה

o'vary *n.* שחלה
o•va'tion *n.* תשואות
ov'en (uv'-) *n.* תנור, כבשן
ovenproof *adj.* חסין חום
oven-ready *adj.* לבישול מיידי בתנור
ovenware *n.* כלי-תנור (חסיני-אש)
o'ver *prep.* על, מעל ל-, על-פני; יותר מ-; במשך, תוך כדי; מעבר ל-
- over Saturday עד לאחר שבת
- over and above נוסף על, מחוץ ל-; מעל ומעבר ל-
- over the telephone בטלפון
- over the years במרוצת השנים
over *adv.* למטה, לגמרי; לצד האחר; מחדש, שוב, יותר מדי; עוֹדֶף
- (all) over again שוב, מחדש
- all over כולו, על פני כולו
- be over להיגמר, להסתיים
- get it over with להיפטר כבר מזה
- it's all over הכל נגמר
- not over בכלל לא, לא כל כך
- over against מול; בהשוואה
- over and over again שוב ושוב
- over here כאן, פה
- over there שם
- over with קץ, תם, חסל
- over! עבור! (באלחוט)
- that's him all over זה אופייני לו
- think it over לשקול בכובד ראש
over- (תחילית) יותר מדי; נוסף, מעל; עליון
- overactive פעיל מדי
- overcoat מעיל עליון
- overlong ארוך מדי (בזמן)
over-abundance *n.* שפע רב
o'veract' *v.* לשחק (תפקיד) בהגזמה
o'verage' *adj.* מעל לגיל, מבוגר מדי
o'verall' (-ôl) *adj&adv.* כולל, מקיף, מקצה עד קצה; בדרך כלל
o'verall' (-ôl) *n.* סרבל; בגד-עבודה
- overalls סרבל-עבודה
o'verarm' *adv.* בזרוע מונפת מעל לכתף
o'verawe' (-vərô') *v.* להטיל אימה
o'verbal'ance *v.* לאבד שיווי המשקל, ליפול; להפיל; להכריע במשקל
o'verbear' (-bār) *v.* לגבור, להשתלט
overbearing *adj.* שתלטני, שחצן
o'verbid' *v&n.* להציע מחיר גבוה מ-, להפריז בהצעה; הצעה גבוהה
o'verblown' (-lōn) *adj.* אחרי פריחה; מוגזם, בומבאסטי; יומרני
o'verboard' *adv.* מעבר לספינה, המימה
- go overboard for להתלהב מ-
- throw overboard להשליך, לא לתמוך
o'verbook' *v.* להנפיק יותר מדי כרטיסים
overbore = p of overbear
o'verbur'den *v.* להעמיס יותר מדי
o'vercall' (-kôl) *v.* להכריז יותר מדי (בברידג')
overcame = pt of overcome
o'vercap'italize' *v.* להפריז באומדן ההון; לממן יותר מהנדרש
o'vercast' *adj.* מעונן, קודר; עצוב
overcast *n.* שמים מעוננים
o'vercharge' *v.* לגבות מחיר מופרז; להעמיס/לטעון יותר מדי
o'vercharge' *n.* מחיר מופרז
o'vercloud' *v.* לקדור; להעיב
o'vercoat' *n.* מעיל עליון
o'vercome' (-kum) *v.* להתגבר, להכריע; להתיש, להחליש
o'vercom'pensa'tion *n.* פיצוי יתר
o'vercon'fident *adj.* בעל ביטחון מופרז
o'vercook' *v.* לבשל מִדַי, להקדיח
o'vercrop' *v.* להפריז בזריעה
o'vercrowd' *v.* לדחוס, לצופף
o'verdo' (-do͞o') *v.* להפריז; להגזים במשחק/בעשייה; לבשל יותר מדי
- overdo it להפריז, לעבור את הגבול
o'verdone' (-dun') *adj.* מבושל יותר מדי
o'verdose' *n&v.* מנת יתר (של סם); לתת/ליטול מנת יתר
o'verdraft' *n.* משיכת יתר, אוברדראפט
o'verdraw' *v.* למשוך מעל היתרה; להגזים, להפריז
o'verdrawn' *adj.* בעל משיכת יתר
o'verdress' *v.* להתגנדר (בלבוש)
o'verdrive' *n.* הילוך מופלג
o'verdue' (-doo) *adj.* שזמן פרעונו עבר; מאחר
o'vereat' *v.* לאכול יותר מדי
o'veres'timate' *v.* להפריז בהערכה
o'verexpose' (-z') *v.* לחשוף (לאור) יותר מדי

o′verflow′ (-ō) *n.* גלישה, שפע, בירוץ; עודף; צינור בירוץ
o′verflow′ (-ō) *v.* לגלוש, לעלות על גדותיו; להימלא, לשפוע
o′verfly′ *v.* לטוס מעל
o′vergrown′ (-ōn) *adj.* שגדל במהירות; מכוסה
o′vergrowth′ (-ōth) *n.* גידול יתר
o′verhand′ *adj.* ביד מונפת מעל לכתף
o′verhang′ *n.* בליטה, חלק בולט
o′verhang′ *v.* לבלוט; להיות תלוי ממעל; לאיים, לעמוד לקרות
o′verhaul′ *n.* שיפוץ, אוברול
o′verhaul′ *v.* לשפץ, לעשות אוברול; לבדוק; להשיג, להדביק
o′verhead′ (-hed) *adj&adv.* מעל לראש, בשמיים, מורם, עילי
overhead(s) *n.* הוצאות כלליות, תקורה
o′verhear′ *v.* לשמוע (במקרה)
o′verjoy′ *v.* לשמח עד מאוד
o′verkill′ *n.* קטל-יתר
o′verland′ *adj.* יבשתי
o′verlap′ *n.* חפיפה; שיעור הריעוף
o′verlap′ *v.* לחפוף; לרעף
o′verlay′ *n.* כיסוי; מפית שולחן
o′verlay′ *v.* לכסות, לצפות
o′verleaf′ *adv.* מעבר לדף
o′verleap′ *v.* לדלג, לקפוץ מעל
- overleap oneself להפריז, לשאוף יותר מדי, "לקפוץ מעל לפופיק"
o′verlie′ (-lī′) *v.* לשכב על; לחנוק
o′verload′ *n.* עומס יתר
o′verload′ *v.* להעמיס יותר מדי
o′verlook′ *v.* להשקיף; לוותר; להתעלם; להשגיח
o′verlord′ *n.* אדון
o′verly *adv.* יותר מדי; ביותר
o′verman′ *v.* לאייש איוש יתר
o′vermas′ter *v.* להשתלט, להתגבר
o′vermuch′ *adj&adv.* יותר מדי, הרבה
o′vernight′ *adj&adv.* במשך הלילה; לשעות הלילה; בֶּן לילה
overnight bag/case תיק נסיעה
o′verpass′ *n.* גשר, צומת עילי
o′verpay′ *v.* לשלם יותר מדי
o′verplay′ *v.* לשחק בהגזמה
- overplay one's hand להפריז בערך כוחו, להסתכן מדי, להיכשל
o′verplus′ *n.* עודף, יתרה
o′verpop′u·late′ *v.* לאכלס מדי
o′verpow′er *v.* להשתלט, להכניע
overpowering *adj.* משתלט, עז
o′verprice′ *v.* להפריז במחיר
o′verprint′ *v.* להדפיס מעל ל-
overran = pt of overrun
o′verrate′ (-r-r-) *v.* להפריז בהערכה
o′verreach′ (-r-r-) *v.* להערים, לגבור על
- overreach oneself להיות שאפתני מדי, לקלקל לעצמו, להיכשל
o′verride′ (-r-r-) *v.* לבטל, לדחוק הצידה, להתעלם מ-, לרמוס
- overriding importance חשיבות עליונה
o′verrule′ (-r-r-) *v.* לבטל, לפסוק נגד
- objection overruled ההתנגדות נדחית
o′verrun′ (-r-r-) *n.* התפשטות, גלישה (בזמן)
o′verrun′ (-r-r-) *v.* להתפשט, לפלוש, להציף; לגלוש
o′verseas′ (-sēz) *adj&adv.* מעבר לים, בנכר
o′versee′ *v.* לפקח, להשגיח, לנהל
o′verse′er *n.* מפקח, משגיח
o′versexed′ (-sekst) *adj.* שטוף תאווה מינית
o′vershad′ow (-ō) *v.* להטיל צל על, להאפיל על; להמעיט מחשיבות
o′vershoe′ (-shōō) *n.* ערדל
o′vershoot′ (-shōōt) *v.* לירות מעבר ל-
- overshoot the mark להחטיא המטרה, להרחיק לכת
o′verside′ *adv.* על הצד, מעבר לצד
o′versight′ *n.* השמטה, שכחה, אי שימת לב; השגחה, פיקוח
o′versim′plify′ *v.* לפשט מדי
o′versize′ *adj.* גדול מדי
o′verskirt′ *n.* חצאית עליונה
o′versleep′ *v.* לישון יותר מדי
o′verspill′ *n.* תושבים עודפים
o′verstate′ *v.* להפריז בהודעתו
overstatement *n.* הגזמה, הפרזה
o′verstay′ *v.* להאריך שהותו מדי
- overstay one's welcome להישאר יותר מדי, להכביד על מארחיו
o′versteer′ *v.* (לגבי הגה) לנטות לפנות בצורה חדה, "למשוך" הצידה

o′verstep′ *v.* לחרוג, לעבור (הגבול)
o′verstock′ *v.* לאגור מלאי רב מדי
o′verstrung′ *adj.* מתוח, עצבני
o′verstuff′ *v.* למלא יותר מדי
overstuffed *adj.* מרופד מדי
o′versubscribe′ *v.* לחתום יותר מדי
o·vert′ *adj.* גלוי, פומבי
o′vertake′ *v.* להשיג, לעקוף; לתקוף
o′vertax′ *v.* להטיל מס גבוה על; למתוח יותר מדי, לדרוש יותר מדי
over-the-top *adj.* מוגזם, שערורייתי
o′verthrow′ (-ō) *n.* נפילה, מהפך
o′verthrow′ (-ō) *v.* להפיל, לשים קץ ל-
o′vertime′ *n.* שעות נוספות
o′vertone′ *n.* צליל עליון (מלווה)
- overtones צלילים, רמזים
o′vertook′ = pt of overtake
o′vertop′ *v.* לעלות על
o′verture *n.* אוברטורה, פתיחה; גישוש, ניסיון הידברות
o′verturn′ *v.* להפוך, להפיל; לבטל
o′verview′ (-vū) *n.* סקירה כללית
o′verween′ing *adj.* יהיר, יומרני
o′verweight′ (-wāt) *n.* עודף מישקל
overweight *adj.* שוקל יותר מדי
overweight *v.* להכריע הכף
o′verwhelm′ (-welm) *v.* להציף, לכסות; להכריע, להכניע; לגבור
overwhelming *adj.* מכריע, מוחץ, סוחף
o′verwork′ (-wûrk) *n.* עבודה רבה מדי
o′verwork′ (-wûrk) *v.* לעבוד/להעביד קשה מדי; להשתמש יותר מדי ב-, לדוש
o′verwrite′ (-rīt) *v.* לכתוב על; למחוק; לכתוב יותר מדי
o′verwrought′ (-vərôt) *adj.* מעובד מדי; מרוט-עצבים, נרגש; עייף
o′viduct′ *n.* חצוצרת הרחם, צינור השחלה, צינור הביציות
o′vine′ *adj.* כמו כבש, של כבשים
o·vip′arous *adj.* מטיל ביצים
o′void *adj&n.* ביצי, דמוי-ביצה
ov′u·late′ *v.* לבייץ, ליצור ביציות
ov′u·la′tion *n.* ביוץ
o′vum (pl = o′va) *n.* ביצית; ביצה
ow *interj.* או!, אוי! (קריאה)
owe (ō) *v.* להיות חייב; לייחס ל-
ow′ing (ō′-) *adj.* מגיע, חייב, לא נפרע
- owing to בגלל, מפני, עקב
owl *n.* ינשוף
owl′et *n.* ינשוף קטן, ינשופון
owlish *adj.* ינשופי, בעל פני ינשוף
own (ōn) *adj.* שלו, של עצמו
- be one's own man להיות עצמאי
- have one's own back לנקום
- of one's (very) own משלו, רק שלו
- on one's own לבדו; בלא עזרה; בלא תלות; יחיד ומיוחד, מצויין
- one's own שלו, של עצמו, שייך לו
- own brother אח (בן אביו ואמו)
- with my own eyes במו עיני
own *v.* להיות הבעלים של-, להחזיק; להודות ב-/כי, להכיר
- own a child להודות באבהותו
- own oneself להודות, לראות עצמו
- own up להודות באשמה
own′er (ōn′-) *n.* בעלים, בעל, אדון
ownerless *adj.* חסר-בעלים, הפקר
owner occupier בעל בית, דר בדירתו שלו, לא דייר שכיר
ownership *n.* בעלות
own goal גול עצמי, שער עצמי
ox (pl = ox′en) *n.* שור
oxcart *n.* עגלה רתומה לשוורים
ox-eye *n.* עין-השור (צמחים)
ox-eyed *adj.* בעל עינים גדולות
ox′ford *n.* אוקספורד (נעל נמוכה)
ox′ide *n.* תחמוצת
ox′idiza′tion *n.* חמצון, התחמצנות
ox′idize′ *v.* לחמצן; להתחמצן; להחליד
Ox·o′nian *adj.* אוקספורדי
ox-tail *n.* זנב-שור (למרק)
ox′ygen *n.* חמצן
ox′ygenate′ *v.* לחמצן
ox′ygenize′ *v.* לחמצן
oxygen mask מסכת חמצן
oxygen tent אוהל חמצן
o′yez′ *interj.* הקשיבו!, שקט!
oy′ster *n.* צדפה
oyster bar מזנון צדפות
oyster bed, oysterbank מושבת צדפות
oyster catcher שולה צדפות (עוף)
oz = ounce
o′zone *n.* אוזון; אוויר צח/מרענן
ozone-friendly *adj.* ידידותי לאוזון
ozone layer שיכבת האוזון

P

P = page, penny, past
pa (pä) *n.* אבא*
PA הרשות הפלשתינית
PA = public address
pab′u•lum *n.* מזון; מזון רוחני
pace *n.* קֶצֶב; צעד, פסיעה
- change of pace שינוי קצב, הפוגה
- go the pace להתקדם מהר; לבזבז כסף
- keep pace with לא לפגר אחרי
- show one's paces להראות יכולתו
pace *v.* לצעוד; לקבוע המהירות
- pace off/out למדוד בצעדים
pa′ce (pā′si) *prep.* במחילה מכבוד-
pace-maker *n.* קובע קצב; קוצב לב
pace-setter *n.* קובע קצב
pach′yderm′ (-k-) *n.* בעל עור עבה
pacif′ic *adj.* אוהב שלום, שָקֵט
- Pacific Ocean האוקיאנוס השקט
pac′ifica′tion *n.* פיוס, השקטה
pac′ifi′er *n.* מרגיע רוחות; מוצץ
pac′ifism′ *n.* פציפיזם
pac′ifist *n.* פציפיסט, שוחר שלום
pac′ify′ *v.* להרגיע, להשכין שלום
pack *n.* חבילה; צרור; חפיסה; להקה; תחבושת; משחה, תמרוק
- pack of lies ערימת שקרים
pack *v.* לארוז; לדחוס; להצטופף; לְשַמֵר; לעטוף, ללפף
- pack a gun לשאת רובה
- pack a jury להרכיב חבר מושבעים משוחד לטובתו
- pack a punch להשתמש בלשון בוטה; לדעת להנחית מהלומת אגרוף
- pack in למשוך קהל רב; *להפסיק
- pack it in/up לחדול, "עזוב את זה"
- pack off לסלק, לשלוח
- pack up *להפסיק לעבוד/לפעול
- send him packing לפטר אותו
pack′age *n.* חבילה; אריזה
package *v.* לארוז, לעשות חבילה
package deal עיסקת חבילה
package tour סיור מאורגן
packaging *n.* אריזה
pack animal בהמת-משא
pack drill טירטור בחגור מלא
- no names no pack drill *שמור לשונך והימנע מעונש
packed (-out) *adj.* מלא, צפוף
packer *n.* אוֹרֵז, פועל אריזה
pack′et *n.* חבילה, חפיסה; *סכום נכבד
- catch/cop/stop a packet לספוג מכה; להסתבך בצרה
packet boat ספינת-דואר
packhorse *n.* סוס משא
pack ice גוש קרח צף
packing *n.* (חומרי) אריזה; אטימה, מילוי, ריפוד
packing case תיבת אריזה (גדולה)
packing needle מחט גדולה
pack′man *n.* רוכל
pack-saddle *n.* אוכף-משא
pack thread חוט אריזה (חזק)
pact *n.* חוזה, הסכם, ברית, אמנה
pad *n.* פנקס, בלוק-כתיבה; כר, כרית; עקב; *מעון, חדר
- inking pad כרית-חותמות
pad *v.* לרפד, למלא; ללכת, לצעוד
- pad out לנפח, להאריך (מאמר)
- pad the bill לנפח את החשבון
padded cell תא מרופד (למשוגעים)
pad′ding *n.* ריפוד; ניפוח (מאמר)
pad′dle *n.* משוט; חתירה; בחשה, כף בחישה; רגל הברווז; מחבט, רחת
- double paddle משוט דו-כפי
paddle *v.* לחתור קלות; לשכשך במים; ללכת יחף במים; *לסטור
- paddle one's own canoe להיות עצמאי, להסתדר יפה לבד
paddle steamer אוניית גלגלים
paddle wheel גלגל משוטים
paddling pool בריכת ילדים
pad′dock *n.* מגרש-דשא
pad′dy *n.* אוֹרֶז; כעס, התקף-זעם
Pad′dy *n.* *אירי
paddy wagon *מכונית אסירים
pad′lock′ *n&v.* מנעול; לנעול
padre (pä′drā) *n.* כומר
pa′gan *n&adj.* פָּגָן, פרא
pa′ganism′ *n.* עבודת אלילים
page *n.* עמוד, דף; משרת, נער; שולייה
page *v.* למספר עמודים, לעמד, לדפדף; לקרוא בשם, להכריז
pag′eant (-jənt) *n.* טקס, חיזיון, תהלוכה; מחזה; הפגנת ראווה
pageantry *n.* מחזה מרהיב-עין
pa′ger *n.* איתורית, ביפר

pag′ina′tion *n.* עימוד, דיפוף
pago′da *n.* פגודה (מסגד בודהיסטי)
pah (pä) *interj.* פוי!
paid = p of pay
paid-up *adj.* נפרע; *מסור לרעיון
pail *n.* דלי
pail′ful (-fool) *n.* מלוא הדלי
paillettes (pīyets′) *n-pl.* נצנצים, פַּיֶּטִים
pain *n.* כאב, צער, סבל; עונש
- be at pains להתאמץ, להשתדל
- feels no pain מבוסם, בגילופין
- for one's pains על (אף) מאמציו
- give a pain *להרגיז
- go to great pains להתאמץ מאוד
- he was in pain כאב לו
- on/under pain of צפוי לעונש-
- pain in the neck טרדן, נודניק
- pains צירי-לידה; מאמצים, טרחה
- spare no pains לעשות כל שביכולתו
- take (great) pains להתאמץ, להקפיד
pain *v.* לצער, להכאיב, לגרום סבל
pained *adj.* נעלב, נפגע; של כאב
pain′ful *adj.* כואב, מכאיב, מצער
painfully *adv.* למרבה הצער; בכאב
painkiller *n.* משכך כאבים
painless *adj.* ללא כאב; ללא מאמץ
painstaking *adj.* זהיר, מדקדק
paint *n&v.* צֶבַע; לצבוע; לצייר; לתאר; למרוח
- coat of paint שכבת צבע
- not so black as painted לא כה רע
- paint in oils לצבוע בצבעי שמן
- paint out לכסות בצבע, למחוק
- paint the town (red) להתהולל
- paints מערכת צבעים (של צייר)
- wet paint צבע לח! (אזהרה)
paint box קופסת-צבעים
paintbrush *n.* מברשת-צבע; מכחול
painter *n.* צַבָּע; צַיָּר; כבל-החרטום
- cut the painter להינתק; לנתק
painting *n.* ציור; תמונה; צבעות
paintwork *n.* שכבת צבע, ציפוי
pair *n.* זוג; צמד; בן-זוג מקוזז
- by/in pairs בזוגות
- happy pair הזוג המאושר
- pair of scissors מספריים
- pair of trousers מכנסיים
pair *v.* לזווג; לסדר/להסתדר בזוגות; להזדווג; להתקזז בהצבעה
- pair off לסדר בזוגות; לצאת שניים שניים; לחתן; להתחתן
- pair up לערוך/להיערך בזוגות
pais′ley (-z-) *n.* פייזלי (אריג עדין)
pajam′as *n-pl.* פיג׳מה
pal *n&v.* ידיד, חבר; ברנש
- pal up with להתיידד עם
pal′ace (-lis) *n.* ארמון
palace revolution הפיכת חצר
pal′adin *n.* אביר, לוחם, דוגל
pal′ankeen′ *n.* אפיריון
pal′anquin′ (-kēn′) *n.* אפיריון
pal′atable *adj.* טעים, עָרֵב, נעים
pal′atal *adj&n.* (הגה) חִיכִּי
palat′alize′ *v.* לבטא בחך, לחכך
pal′ate *n.* חך; חוש טעם
pala′tial *adj.* כמו ארמון, מפואר
palat′inate *n.* פלטינאט (רוזנות)
palav′er *n.* שיחות, משא ומתן; חנופה, קשקוש; *רעש, טרחה
palaver *v.* לפטפט, לקשקש, להחניף
pale *adj&v.* חיוור, חלש; להחוויר
- pale before/beside להחוויר לעומת
pale *n.* מוט; קרש, כלונס
- outside/beyond the pale מחוץ לחברה; עבר את הגבול, לא הוגן
paleface *n.* לבן (בפי האינדיאנים)
paleness *n.* חיוורון
pa′le·olith′ic *adj.* פליאוליתי, של תקופת האבן הקדומה
pa′le·on·tol′ogy *n.* פליאונטולוגיה, חקר המאובנים
Pal′estine′ *n.* פלשתינה
Pal′estin′ian *n.* פלשתיני
pal′ette (-lit) *n.* לוח צְבָעִים
palette knife אולר ציירים, מורחת
pal′frey (pôl-) *n.* סוס רכיבה
pal′imo′ny *n.* דמי פרידה (מבן-זוג)
pal′impsest′ *n.* פלימפססט (קלף)
pal′indrome′ *n.* פלינדרום (משפט הנקרא ישר והפוך)
pa′ling *n.* גדר-מוטות, גדר קרשים
pal′isade′ *n.* גדר; שורת צוקים
palisade *v.* לגדור, לבצר בגדרות
pa′lish *adj.* חוורוור
pall (pôl) *n.* ארון-מתים; כיסוי בד (על ארון המת); עטיפה, מעטה כבד
pall *v.* לעייף, לשעמם; להיעשות תפל
pall-bearer *n.* נושא ארון-המת
pal′let *n.* מזרן-קש; מיטה קשה; כף-יוצרים; לוח (להעברת) משאות

pal′liasse′ *n.* מזרן-קש
pal′liate′ *v.* להקל, לשכך; לרכך (פשע)
pal′lia′tion *n.* הקלה; מרגיע
pal′lia′tive *n&adj.* מרגיע
pal′lid *adj.* חיוור, לבן
pal′lor *n.* חיוורון
pal′ly *adj.* ידידותי
palm (päm) *n.* כף-יד; דקל, תמר; עלה-דקל, כף-תמר, סמל הניצחון
- bear/carry off the palm לנצח
- yield the palm להודות בתבוסה
palm *v.* להסתיר בכף-היד; לגנוב
- palm off למכור/לתחוב במרמה
palmer *n.* צליין, עולה-רגל; נזיר
palmist *n.* מנחש לפי כף-היד
palmistry *n.* חכמת-היד
Palm Sunday יום א׳ שלפני הפסחא
palm′top′ (päm′-) *n.* מחשב כף-יד
palmy (pä′mi) *adj.* משגשג, מצליח
pal′pable *adj.* מישיש, ממשי; ברור
pal′pate *v.* לבדוק, למשש
pal′pitate′ *v.* להלום (לב); לרעוד
pal′pita′tion *n.* הלמות-לב; רעד
palsied (pôl′zēd) *adj.* משותק
palsy (pôl′zi) *n.* שיתוק
pal′sy-wal′sy (-z-zi) *adj.* *ידידותי
pal′ter (pôl-) *v.* להונות; להקל-ראש
pal′try (pôl-) *adj.* חסר-ערך, זעום
pam′pas *n.* פאמפאס, ערבה
pam′per *v.* לפנק
pam′phlet *n.* פאמפלט, חוברת
pan *n.* מחבת; סיר; אסלה; כברה; אגן, שקע, בריכה; *פרצוף
- down the pan לא שווה, ירד לטמיון
- salt pan אגם מלח
pan *v.* לשטוף עפרה; לבקר קשות; לצלם פנורמה; לצלם גוף נע
- pan out להפיק זהב; להצליח
pan- (תחילית) פאן, כל- (פאן-ערבי)
pan′ace′a *n.* תרופת-כל
panache′ (-nash) *n.* ביטחון, יומרה
pancake *n.* לביבה, חמיטה, פנקייק
- flat as a pancake שטוח לגמרי
pancake *v.* לנחות נחיתה מאונכת
pancake landing נחיתת-חירום
pan′cre•as *n.* לבלב, פנקריאס, בלוטת הכרס
pan′cre•at′ic *adj.* של הלבלב
pan′da *n.* פנדה (חיה דמויית-דוב)
Panda car מכונית שיטור
Panda crossing מעבר חציה
pan•dem′ic *adj&n.* מקיף, נפוץ
pan′demo′nium *n.* אנדרלמוסיה
pan′der *n.* סרסור, רועה-זונות
pander *v.* לשמש כסרסור; לעודד, לספק; לפנות ליצרים, לנצל חולשות
pan′dit *n.* חכם (בהודו)
Pan•do′ra's box (-dôr′əz) *n.* תיבת פנדורה
pane *n.* שמשה, זגוגית-חלון
pan′egyr′ic *n.* הלל, שבח
pan′el *n.* פנל, סָפִין, שיפולת, לוח; רצועה, חתיכת בד; רשימה; צוות
- on a panel בצוות מושבעים
panel *v.* לספון, לקשט בפנלים
panel beater פחח רכב
paneling *n.* פנלים, ספינים
panelist *n.* משתתף בצוות
pang *n.* כאב עז, ייסורים
pan′han′dle *n.* רצועת אדמה צרה (כידית-מחבת), אצבע (הגליל)
panhandle *v.* לבקש נדבות
pan′ic *n.* פאניקה, פחד; שפל, ירידה פתאומית (במסחר); *מצחיק
- at panic stations מבולבל, בלחץ
panic *v.* להיתפס לבהלה; *להצחיק
panic button לחצן מצוקה
- push the panic button לפעול בפזיזות
pan′icky *adj.* אחוז פאניקה
panic-stricken *adj.* אחוז פאניקה
pan•jan′drum *n.* יהיר, מתנפח
pan′nier *n.* סל-משאות, תרמיל; חישוק-מותניים (לניפוח חצאית)
- panniers שקיים (ע״ג בהמה)
pan′nikin *n.* ספלון-מתכת
pan′oplied (-lēd) *adj.* עוטה שריון
pan′oply *n.* טקס מרהיב; חליפת-שריון
pan′oram′a *n.* פנורמה, נוף
pan′oram′ic *adj.* פנורמי
pan-pipe *n.* חליל קנים
pan′sy (-zi) *n.* אמנון ותמר (צמח); *צעיר נשי; הומוסקסואל
pant *v.* להתנשף; להשתוקק
pant *n.* נשימה מהירה, נשימה כבדה
pan′taloon′ (-lo͞on) *n.* ליצן, מוקיון
pantaloons מכנסיים
pan′the•ism′ *n.* פאנתיאיזם, אמונה באחדות האל והטבע
pan′the•on *n.* מקדש-אלים
pan′ther *n.* פנתר, פומה, נמר

pan′ties (-tēz) *n.* תחתונים
pan′tile *n.* רעף
pan′to *n.* *פנטומימה
pan′tograph′ *n.* פנטוגרף, גלפכול
pan′tomime′ *n.* פנטומימה
pan′try *n.* מזווה; חדר-כלי-אוכל
pants *n-pl.* מכנסיים; תחתונים
- ants in one's pants *קוצים בישבן
- fancy pants *נשי, מתנהג כבחורה
- in long pants *מבוגר, בשל
- in short pants *שטרם התבגר
pan′ty hose גרבונים
pap *n.* מזון-תינוקות, דייסה; פטמה; חומר קריאה קל
pa′pa (pä′-) *n.* *אבא
pa′pacy *n.* אפיפיורות
pa′pal *adj.* של אפיפיור
papaw′ *n.* פפיה (עץ)
papa′ya (-pī′ə) *n.* פפיה (עץ)
pa′per *n&adj.* נייר; עיתון; טפט, נייר-קיר; מבחן, שאלון; מסה, חיבור
- on paper על הנייר, להלכה
- paper profit רווח על הנייר
- paper tiger נמר-של-נייר, אפס
- papers מסמכים, תעודות, ניירות
- send in one's papers להתפטר
paper *v.* להדביק טפטים (על קיר)
- paper over להסתיר, לכסות
paperback *n.* כריכה רכה
paperbacked *adj.* (ספר) רך-כריכה
paper boy *n.* מחלק עיתונים
paper clip מהדק
paper hanger מדביק טפטים
paper knife סכין מכתבים
paper-mill *n.* בית-חרושת לנייר
paper money שטרי כסף
paper route חלוקת עיתונים
paper tape סרט נייר (במיחשוב)
paper-thin *adj.* דק מאוד
paperweight *n.* אבן-אכף, משקולת
paper-work *n.* ניהול ניירת
papery *adj.* ניירי, דומה לנייר
papier-mache (pā′permәshā′) *n.* עיסת-נייר, פַּפְּיֶיה-מַשֶׁה
pa′pist *n.* קתולי
papis′tical *adj.* קתולי
pap′py *n.* *אבא
papri′ka (-rē′-) *n.* פפריקה, פלפלת
papy′rus *n.* פפירוס, גומא, כתב-יד
par *n.* שווי; ערך נקוב; ערך ממוצע
- at par בערך הנקוב, בערך המקורי
- below par, not up to par לא בקו הבריאות; מתחת לשווי
- on a par (with) שווה, באותה רמה
- par for the course *טיפוסי, רגיל
- par of exchange שער החליפין
- par value ערך נקוב
par, para = paragraph
para-, par- (תחילית) כמו; מְחוּץ ל-
- paramilitary דומה לכוח צבאי
- parenteral מחוץ למעיים
par′able *n.* משל, פרבולה, אלגוריה
parab′ola *n.* (בהנדסה) פרבולה
par′abol′ical *adj.* מְשָׁלִי, במשלים
par′achute′ (-sho͞ot) *n.* מצנח
parachute *v.* לצנוח; להצניח
parachutist *n.* צנחן
parade′ *n.* מסדר, מצעד, תהלוכה; תצוגה, הפגנה; טיילת
- make a parade of להפגין, להציג לראווה, לנסות להרשים
parade *v.* לערוך מסדר/מצעד; להיערך במסדר; להפגין; לנפנף ב-
parade ground מגרש-מסדרים
par′adigm (-dim) *n.* תבנית, דוגמה, פרדיגמה, לוח נטיות (בדקדוק)
par′adise′ *n.* גן-עדן
par′adisi′ac(al) (-z-) *adj.* גן-עדני
par′adox′ *n.* פרדוקס; חידה
par′adox′ical *adj.* פרדוקסאלי
par′affin *n.* פרפין
- liquid paraffin שמן פרפין
paraffin oil נפט, קרוסין
paraffin wax שעוות פרפין
par′agon′ *n.* מופת, אדם מושלם
- paragon of virtue צדיק מושלם
par′agraph′ *n&v.* פסקה, סעיף; סימן-פסקה; לחלק לפסקאות
par′ale′gal *n.* של משפטים
par′allel′ *n&adj.* קו מקביל; הקבלה; מקביל, שווה
- draw a parallel לערוך השוואה
- parallel of latitude קו-רוחב
- without parallel אין דומה לו
parallel *v.* להקביל, להיות שווה ל-
parallel bars מקביליים
parallelism *n.* תקבולת, הֶקְבֵּל
par′allel′ogram′ *n.* מקבילית
parallelogram of forces מקבילית הכוחות
par′alyse′ (-z) *v.* לשתק
paral′ysis *n.* שיתוק
par′alyt′ic *adj&n.* משותק;

שתוי
- paralytic laughter צחוק פרוע
par′alyze′ *v.* לשתק
par′amed′ic *n.* חובש, פָּרָמֶדִיק
param′eter *n.* פָּרָמֶטֶר
par′amil′itar′y (-teri) *adj.* דומה לכוח צבאי; קשור/מסייע לצבא
par′amount′ *adj.* עליון, חשוב ביותר, ראשי, מעל לכל
par′amount′cy *n.* עליונות
par′amour′ (-moor) *n.* מאהב
par′anoi′a *n.* פָּרָנוֹיָה, שיגעון הרדיפה
par′anoi′ac′ *adj&n.* פָּרָנוֹאִידִי
par′anoid′ *n.* פָּרָנוֹאִיד
par′anor′mal *adj.* מֵעֵבֶר לנורמלי
par′apet′ *n.* מעקה, חומת-מגן; תל-חזה, סוללת-עפר
par′apherna′lia *n.* כלים, חפצים
par′aphrase′ (-z) *n&v.* (לעשות) פרפרזה, גרסה חופשית, ניסוח מחדש, תעקיף
par′apsy·col′ogy (-sī-) *n.* פרפסיכולוגיה
par′as (-z) *n-pl.* צנחנים
par′asite′ *n.* פרזיט, טפיל
par′asit′ic(al) *adj.* פרזיטי, טפילי
par′asol′ *n.* שמשייה
par′athy′roid מיצד בלוטת-התריס
par′atroo′per *n.* צנחן
paratroops *n-pl.* צנחנים
par′aty′phoid *n.* פרטיפוס
par′boil′ *v.* לחמם עד כדי בישול
par′cel *n&v.* חבילה; חֶלְקָה
- parcel of land חלקת-אדמה
- parcel out לחלק לחלקות/למנות
- parcel up לצרור, לכרוך לחבילה
- part and parcel חלק בלתי נפרד
parcel post דואר חבילות
parch *v.* לייבש, להצחיח; לקלות
parched *adj.* יבש; צחיח; קלוי
parch′ment *n.* קלף; נייר קלף
pard *n.* *שותף
par′don *n.* סליחה, מחילה; חנינה
pardon *v.* לסלוח, למחול; לחון
- pardon (me) סלח לי
pardonable *adj.* סליח, בר-מחילה
pare *v.* לקצוץ, לגזוז; לקלף
- pare down לקצוץ, להפחית
par′egor′ic *n.* תרופת הרגעה
par′ent *n.* הורה, אב, אם
- the parent of sins אם כל חטאת
par′entage *n.* הורות; מוצא
paren′tal *adj.* של הורים, הורי
parent company חברת-אם
paren′teral *adj.* לא בצינור העיכול
parenteral alimentation הזנה מלאכותית
paren′theses (-sēz) *n-pl.* סוגריים
paren′thesis *n.* סוגריים; מאמר מוסגר; (בתחביר) הסגר
par′enthet′ic *adj.* שבסוגריים
parenthood *n.* הורות
par′enting *n.* הורות
par′er *n.* מקלף, סכין-קילוף
par ex′cellence′ (-läns) *adv.* אין דומה לו, מצוין, פאר אקסלאנס
parfait (pärfā′) *n.* פַּרְפֶה (גלידה)
pari′ah (-′ə) *n.* מנודה; מצורע
parings *n-pl.* קליפות; גזיזים
par′i pas′su (-sōō) *adv.* באותו קצב, סימולטאנית
par′ish *n.* קהילה, איזור (ובו כומר וכנסייה משלו); כפר; שטח, תחום
- civil parish איזור שלטון מקומי
- go on the parish לקבל תמיכה כספית מן הקהילה
parish′ioner (-shən-) *n.* איש-הקהילה
parish-pump *adj.* של עניינים מקומיים
par′ity *n.* שווין; רמה שווה
- parity of exchange שער חליפין רשמי
park *n.* פארק, גן ציבורי; חניון
- national park פארק לאומי
park *v.* להחנות; לחנות; להניח
- be parked לחנות
- park oneself לשבת, להתיישב
par′ka *n.* מעיל, אנורק; דובון
parking *n.* חניה, שטח חניה
- no parking חניה אסורה
parking light אור חניה (ברכב)
parking lot מגרש חניה
parking meter מדחן
parking ticket דו"ח חניה
Par′kinson's disease מחלת פרקינסון, רטטת
parkland *n.* גן, פארק
parkway *n.* כביש; תחנת רכבת
par′ky *adj&n.* *קריר; שומר פארק
par′lance *n.* ניב, לשון, עגה
par′lay *v&n.* להמר בסכום הזכייה; לעלות בערכו; הימור
par′ley *n.* משא ומתן, דיון, כנס

parley *v.* לנהל משא ומתן
par′liament (-ləm-) *n.* ,פרלמנט
בית-מחוקקים, כנסת, מורשון
par′liamenta′rian (-ləm-) *n.*
פרלמנטר, חבר פרלמנט מנוסה
par′liamen′tary (-ləm-) *adj.*
פרלמנטרי, מורשוני
par′lor *n.* סלון, חדר-אורחים; חנות
parlor car קרון הטרקלין
parlor game משחק בית
parlor maid עוזרת, מגישה
par′lous *adj.* מסוכן
Par′mesan′ (-z-) *n.* גבינת פרמה
paro′chial (-kiəl) *adj.* ;קהילתי
נתמך ע"י גוף דתי; צר-אופק, מוגבל
parochialism *n.* צרות-אופק
par′odist *n.* מחבר פרודיות
par′ody *n.* פרודיה, חיקוי
parody *v.* לחבר פרודיה על
parole′ *n.* דיברה, הבטחה (של אסיר
שלא יברח); שחרור על תנאי
- break one's parole להפר הבטחתו
- no parole ללא שיחרור מוקדם, ללא
אפשרות חנינה
- on parole משוחרר על תנאי
parole *v.* לשחרר על תנאי
parole board ועדת שיחרורים
par′oxysm′ (-ksiz′əm) *n.* עווית
par·quet′ (-kā′) *n.* ,פארקט
מרצפת-עץ
par′ricide′ *n.* ,רצח אב; רוצח אב
רוצח קרוב
par′rot *n&v.* תוכי; לחקות
parrot-cry *n.* ביטוי נדוש
parrot fashion כתוכי, מבלי להבין
par′ry *v.* ,-להדוף, להתחמק מ
לתמנע
parry *n.* הדיפה, התחמקות, תימנוע
parse *v.* לנתח מלה/משפט
par′simo′nious *adj.* קמצן
par′simo′ny *n.* קמצנות, חסכנות
par′sley *n.* פטרוסיליה
par′snip *n.* גזר לבן
par′son *n.* (כומר (של קהילה
par′sonage *n.* בית-הכומר
parson's nose (אחורי העוף (בשר
part *n.* ;חֵלֶק; איזור; פרק; תפקיד
צד בהסכם; פרטית, קול; שבילה
- for my part מצידי, לדידי
- for the most part לרוב, על-פי-רוב
- in part בחלקו, במידת-מה
- in these parts באיזורים אלה
- man of parts אדם בעל כשרונות
- on his part מצידו, ממנו, על ידיו
- on the part of Smith מצד סמית
- parts of speech חלקי-הדיבור
- play a part לשחק תפקיד; להעמיד
פנים, לרמות
- spare parts חלקי-חילוף, חלפים
- take his part לצדד בו, לתמוך בו
- take in good part לקבל ברוח
טובה
- take part להשתתף, ליטול חלק
- take part with him לתמוך בו
- the greater part of רוב, חלק-הארי
part *v.* ;להפריד; להיפרד; לחלק
לחצות; להיחצות
- part friends להיפרד כידידים
- part with -לוותר על, להיפרד מ
part *adj&adv.* חלקי; בחלקו
par·take′ *v.* ;-לאכול, להתכבד ב
להשתתף ב-; לדבוק בו שמץ, לדמות
par·terre′ (-tār) *n.* משטח פרחים
ודשא; מושבים בתיאטרון, פארטר
part exchange ,עיסקת חליפין
טרייד אין
part-exchange *v.* לשלם בכסף
ובסחורה
par′theno·gen′esis *n.*
רביית-בתולים
Par′thian shot/shaft
הערת-פרידה, מענה סופי
par′tial *adj.* חלקי; משוחד, בעל
דיעה מוקדמת; נושא פנים; מחבב
par′tial′ity (-shi-) *n.* ,משוא-פנים
הפליה; חיבה, אהבה, נטייה
partially *adv.* חלקית; באופן
משוחד
par·tic′ipant *n.* משתתף
par·tic′ipate′ *v.* להשתתף
par·tic′ipa′tion *n.* השתתפות
par′ticip′ial *adj.* בינוני פוֹעַל
par′ticip′le *n.* בינוני פוֹעַל
par′ticle *n.* ;גרגיר, חלקיק, שמץ
מלית, מלת-יחס, מלת חיבור; טפולה
parti-colored = party-colored
partic′u·lar *adj&n.* מיוחד, לא
רגיל; מפורט; מדקדק, קפדן;
איסטניס; פרט
- go into particulars להיכנס
לפרטים
- in particular במיוחד, בפרט
- particulars פרטים, פרטי-פרטים
partic′u·lar′ity *n.* ;קפדנות, הקפדה

ייחוד, מְיוּחָדוּת
partic′u·larize′ *v.* לְפָרֵט
particularly *adv.* במיוחד, בפרט
parting *n.* פרידה; שבילה (בשיער)
- at the parting of the ways על פרשת דרכים
- parting kiss נשיקת פרידה
- parting shot הערה אחרונה, מענה סופי
par′tisan, par′tizan *n&adj.* פרטיזן, לוחם-גרילה; תומך, מצדד
partisanship *n.* תמיכה, צידוד
parti′tion (-ti-) *n&v.* חלוקה; מחיצה, חיץ; להפריד במחיצות, לחייץ
- partition off לחלק ע״י מחיצה
par′titive *n.* מלית חילוק
partly *adv.* חלקית, בחלקו
part′ner *n.* שותף; בן-זוג (לריקוד/במשחק); בעל, רעיה; חבר
- active partner שותף פעיל
- sleeping partner שותף רדום
partner *v.* לשמש כשותף ל-
- partner up להוות בן-זוג ל-; לזווג
partnership *n.* שותפות, שיתופה
par·took′ = pt of partake
part owner שותף (בבעלות)
par′tridge *n.* חוגלה, קורא (עוף)
part-singing *n.* שירה רב-קולית
part-song *n.* זמר רב-קולי
part-time *adj.* חלקי, לא מלא
part-timer *n.* עובד חלקי
par·tu′rient *n.* יולדת
par′turi′tion (-ri-) *n.* לידה
part-way *adv.* בחלק מהדרך
par′ty *n&adj.* מפלגה; קבוצה; מסיבה; צד (בהסכם); שותף; *אדם
- be party to ליטול חלק ב-, לתמוך
- firing party כיתת יורים
- give a party לערוך מסיבה
- party politics מדיניות מפלגתית
- party spirit רוח-צוות; דבקות במפלגה; מצב-רוח למסיבה
- throw a party *לערוך מסיבה
party *v.* לערוך/להשתתף במסיבה
party-colored *adj.* רבגוני, מגוון
party political תשדיר בחירות
party-poop *n.* *מקלקל מצב-רוח
party-spirited *adj.* מסור למפלגה
party wall קיר משותף
par′venu′ (-nōō) *n.* נחות-מעמד שעלה לגדולה, פארווניו

pas′chal (-skəl) *adj.* של פסח; של הפסחא
pash′a *n.* פחה, באשה (תואר)
pass *v.* לעבור; להעביר; לחלוף; לקרות; לעשות צרכיו; לתת, לאשר
- bring to pass לבצע, להביא לידי
- it passes belief לא יאומן
- pass a law להעביר/לאשר חוק
- pass a remark/comment להעיר
- pass a test לעמוד במבחן
- pass an opinion להביע דיעה
- pass away למות; להסתלק; לחדול; לעבור, לחלוף
- pass blood להפריש דם (בצואה)
- pass by לעבור (על פניו); להתעלם
- pass down למסור (לדורות הבאים)
- pass for/as להיחשב ל-
- pass in review להעביר במסדר/במסקר; לחלוף כתסריט
- pass off לעבור, להסתיים, להיפסק; לרמות, לתחוב
- pass on למסור, להעביר; לעבור; לעבור על; לשקול, לשפוט; למות
- pass one's eye להעיף עין, להציץ
- pass one's understanding להיות מעל להשגתו, להיות נשגב מבינתו
- pass one's word לתת דיברתו
- pass oneself off as- להציג עצמו כ-
- pass out להתעלף; לחלק, להפיץ; לסיים (בי״ס); למות
- pass over לעבור על; להתעלם מ-
- pass round, be passed round לעבור, להתפשט, להיות נפוץ
- pass sentence להוציא פסק-דין
- pass the time להעביר הזמן, לבלות
- pass through לעבור, להתנסות ב-
- pass under/by the name of להיות ידוע בשם-
- pass up להחמיץ, להזניח, לוותר
- pass water להטיל מימיו, להשתין
pass *n.* מעבר; הצלחה במבחן; מצב; תעודת מעבר; מסירת כדור
- a pretty/fine/sad pass מצב ביש
- hold the pass להגן (על רעיון)
- make a pass להסתער, להתקיף; ״להתחיל״, ״להתעסק״ עם
- pass degree ציון מעבר, ״מספיק״
- sell the pass לבגוד (ברעיון)
pass = passive
passable *adj.* עביר; מניח את הדעת; בינוני, מספק, לא רע
pas′sage *n.* מעבר; נסיעה; קטע,

פסקה; מסדרון; אישור חוק
- book one's passage להזמין טיסה
- force a passage לפלס דרך
- passage at arms צחצוח חרבות
- passage of time מרוצת-הזמן
- passages חילופי דברים
- rough passage ים סוער, שעה טרופה
- work one's passage לעבוד (באונייה) תמורת נסיעה
passageway *n.* מעבר, פרוזדור
passbook *n.* פנקס בנק
passe (pasā′) *adj.* מיושן; "פַּסֶה"
pas′senger *n.* נוסע
passe-partout (paspärtōō′) *n.* מפתח כללי; מסגרת תמונה
passer-by *n.* עובר-אורח
pas′sim *adv.* (מופיע) תכופות
passing *n.* צאת, יציאה; מוות
- in passing דרך אגב
passing *adj.* חולף, שטחי, קצר
passing *adv.* מאוד, ביותר
passing bell פעמון המוות
passing-out ceremony טקס סיום
pas′sion *n.* תאווה, להט; חימה
- the passion עינויי ישו ומותו, הפסיון של ישו
pas′sionate (-shən-) *adj.* מלא-תשוקה; נלהב, לוהט
passionately *adv.* בלהט; עד מאוד
passion-flower *n.* שְׁעוּנִית, פסיפלורה
passion fruit פרי השעונית
passionless *adj.* חסר-להט
passion play מחזה ייסורי ישו
Passion Sunday יום א' החמישי (בתקופת לנט)
pas′sive *adj&n.* פסיבי, סביל, בלתי-פעיל; נעדר-יוזמה, אדיש; נפעל
passive voice בניין נפעל
pas•siv′ity *n.* פסיביות, סבילות
passkey *n.* מפתח; מפתח כללי
passmark *n.* ציון עובר (בבחינה)
Pass′o′ver *n.* פסח, חג החירות
pass′port′ *n.* דרכון, פספורט
password *n.* סיסמה
past *adj.* שעבר, בעבר, שחלף, קודם
- for the past few days לאחרונה
- in years past לפני שנים (רבות)
past *n.* עבר, היסטוריה; זמן עבר
past *prep&adv.* אחרי, לאחר; מעבר ל- (כוחו, אפשרותו), לא מסוגל
- I wouldn't put it past him to לדעתי הוא מסוגל ל-
- go past לעבור, לחלוף
- past him/her אחריו/אחריה
- past it *כבר אינו מסוגל לכך
- run past לחלוף בריצה (על פניו)
pas′ta *n.* פסטה
paste (pāst) *n.* בצק; דבק; ממרח; משחה; חומר לייצור יהלומים
paste *v.* להדביק; להכות, להלום
- paste down/up להדביק
pasteboard *n.* קרטון
pas•tel′ *n.* פאסטל; עיפרון צבעוני
pastel shade גוון עדין/רך
pas′tern *n.* מִפְרַק הפרסה
paste-up *n.* קטעי נייר (מודבקים)
pas′teuriza′tion (-tər-) *n.* פִּסטוּר
pas′teurize′ (-tər-) *v.* לְפַסטֵר
pas•tiche′ (-tēsh) *n.* יצירת טלאים
pas•tille′ (-tēl) *n.* טבלית (למציצה)
pas′time′ *n.* בידור, בילוי, משחק
pasting *n.* מכה, מהלומה, מכות
past master מומחה, בקי במקצוע
pas′tor *n.* כומר, רועה רוחני
pas′toral *adj.* פסטורלי, של רועים, אידילי, שליו; של רועה רוחני
pastoral *n.* פסטורלה, רועית
pastoral (letter) איגרת הבישוף
pastoral care סעד רוחני
pas′torale′ (-räl) *n.* רועית
pastoral land אדמת מרעה
pastoral staff מטה הבישוף
pas′torate *n.* כהונת כומר; חבר כמרים
past participle עבר נשלם
past perfect עבר נשלם
pastra′mi (-trä-) *n.* פסטרמה
pa′stry *n.* בצק, עוגה, מאפה
pastry-cook *n.* אופה עוגות
pas′turage (-′ch-) *n.* מרעה; אדמת-מרעה; זכות מרעה
pas′ture *n.* שדה-מרעה; אחו
- put out to pasture *להוציא לפנסיה, להביא לפרישה מעבודה
pasture *v.* לרעות
pas′ty *n.* פשטידה, כיסן-בשר
pa′sty *adj.* בצקי, חיוור, לבן
pasty-faced *adj.* חיוור-פנים
pat *adj&adv.* מייד; מתאים
- come pat לבוא בעיתו, לקלוע
- have/know it pat לדעת על בוריו
- stand pat להיות נחוש בדעתו

pat *n.* טפיחה; גושיש
pat *v.* לטפוח; לחבוט קלות
- pat on the back לטפוח על השכם
pat′-a-cake′ *n.* מחיאות כפיים
pat-ball *n.* משחק (טניס) גרוע
patch *n.* טלאי; כתם; תחבושת; רטייה; חלקה, שטח קטן
- a bad patch עת מצוקה
- not a patch on נופל בהרבה מ-
patch *v.* להטליא; לשמש כטלאי
- patch up להטליא, לתקן, לסדר
patchiness *n.* טלאי על גבי טלאי
patch′ouli (-choo̅li) *n.* פצ׳ולי (בושם)
patch pocket כיס-טלאי (חיצוני)
patchwork *n.* מעשה טלאים
patch′y *adj.* טלוא, עשוי טלאי על גבי טלאי; לא מושלם; לא אחיד
pate *n.* *ראש; גולגולת
- -pated *בעל-ראש (כזה וכזה)
pate (pätā′) *n.* פשטידה, ממרח
pate de foie gras (-də fwä grä′) ממרח כבד-אווז, פָּטֶה
patel′la *n.* פיקת-הברך
pat′ent *adj.* ברור, נהיר, גלוי; מוגן ע״י פטנט; מקורי, מתוחכם
patent *n&v.* פטנט; לקבל פטנט על-
pat′entee′ *n.* בעל פטנט
patent leather עור מבריק (שחור)
patently *adv.* גלויות, בצורה ברורה
patent medicine רפואה פטנטית; תרופה מוגנת; ״תרופת פלא״
pa′ter *n.* *אב
pa′terfamil′ias′ ראש המשפחה
pater′nal *adj.* אבהי; מצד האב
pater′nalism′ *n.* שלטון אבהי, פטרונות, פטרנאליזם, אבהותיות
pater′nalis′tic *adj.* של שלטון אבהי
pater′nity *n.* אבהות; מקור
paternity suit תביעת אבהות
paternity test בדיקת אבהות
pat′ernos′ter *n.* אבינו (תפילה נוצרית); חרוז (במחרוזת); מעלית
path *n.* שביל, נתיב, דרך; מסלול
- beat a path לכבוש דרך
- stand in his path לעמוד בדרכו
pathet′ic *adj.* פתטי, מעורר חמלה
pathetic fallacy אינוש, האנשה
path-finder *n.* סייר, מגלה נתיבים, חלוץ; מטוס מנחה
pathless *adj.* חסר-דרכים, לא סלול
path′ogen *n.* גורם מחלה
path′olog′ical *adj.* פאתולוגי
pathol′ogist *n.* פאתולוג
pathol′ogy *n.* פאתולוגיה, חקר התופעות החולניות (בגוף)
pa′thos′ *n.* פאתוס, רגש, התלהבות
pathway *n.* דרך, שביל, נתיב
pa′tience (-shəns) *n.* סבלנות, אורך-רוח; פסיאנס (משחק קלפים)
- be out of patience with להיות חסר סבלנות כלפי-, לא לסבול עוד
- lost his patience פקעה סבלנותו
pa′tient (-shənt) *adj.* סבלני
patient *n.* חולה, פאציינט, מריע
pat′ina *n.* חלודת-נחושת/ארד; הופעה המקרינה ניסיון
pat′io′ *n.* פאטיו, אכסדרה
patis′serie *n.* מזנון עוגות צרפתי
pat′ois (-twä) *n.* דיאלקט איזורי
pat′ri- (תחילית) אב
pa′triarch′ (-k) *n.* אב; פטריארך, ראש בית-אב; זקן נשוא-פנים
pa′triar′chal (-k-) *adj.* פטריארכאלי, של שלטון הגברים
pa′triarch′ate (-k-) *n.* פטריארכאט, תחום הפטריארך
pa′triarch′y (-ki) *n.* פטריארכיה
patri′cian (-rish′ən) *n&adj.* אציל
pat′ricide′ *n.* רֶצַח אב; רוצח אביו
pat′rilin′e·al *adj.* מצד האב
pat′rimo′nial *adj.* שבירושה
pat′rimo′ny *n.* ירושה, עיזבון
pa′triot *n.* פטריוט, נאמן למולדת
pa′triot′ic *adj.* פטריוטי
pa′triotism′ *n.* פטריוטיות
patrol′ (-rōl) *n.* פטרול, משמר נייד, ניידת, סיור; סייר; צופים
patrol *v.* לפטרל, לסייר
patrol car ניידת משטרה
patrolman *n.* שוטר מקוף; סייר; מוסכניק נייד (למכוניות תקועות)
patrol wagon מכונית עצירים
pa′tron *n.* פטרון, אפוטרופוס, מצנט, תומך; לקוח קבוע
pat′ronage *n.* פטרונות, חסות, אדנות; תמיכה; לקוחות; זכות מינוי
pa′troness *n.* פטרונה, מטרונה
pat′ronize′ *v.* לשמש כפטרון; להיות לקוח; להתנשא
patron saint הקדוש הפטרון
pat′ronym′ic *adj.* נגזר משם האב

pat′sy *n.* *קורבן, מרומה, פתי
pat′ten *n.* קבקב, כפכף
pat′ter *v.* למלמל, לפלוט במהירות; לדפוק; לרוץ בנקישות רגליים
patter *n.* ז׳רגון, עגה; מלמול; נקישות צעדים, דפיקות
pat′tern *n.* דוגמה; מופת; דגם, הֶדגֵם; תבנית-קישוט; צורה, דרך
- behavior pattern דפוס התנהגות
- follow its usual pattern להתפתח כרגיל
pattern *v.* לקשט בדוגמה/בתבנית
- pattern oneself upon לחקות
patter song שיר מהיר-דיבור
pat′ty *n.* פשטידית
pau′city *n.* מחסור, צמצום, מיעוט
paunch *n.* כרס, בטן
paunchy *adj.* כרסתני
pau′per *n.* עני, אביון, נתמך
pau′perism′ *n.* עוני
pau′periza′tion *n.* התרוששות
pau′perize′ *v.* לדלדל, לרושש
pause (-z) *n.* הפסקה, הפוגה, אתנחתה
- give him pause לעורר ספק בלבו
pause *v.* להפסיק, לעצור לרגע
- pause on להתעכב על, להאריך
pave *v.* לסלול, לרצף
- pave the way להכשיר הקרקע ל-
paved *adj.* מרוצף; רצוף, מלא
pavement *n.* מדרכה, מרצפת, מִרצָף
pavement artist צייר מדרכות
pavil′ion *n.* ביתן; מבנה מקושט, פביליון, אפדן; אוהל
paving *n.* חומר ריצוף; מִרצָף
paving stone מרצפת
paw *n.* כף-רגל (של טורף), כפה
paw *v.* לנגוע, למשש, לשרוט בטפריו; להקיש בפרסה; *לשלוח ידיים
paw′ky *adj.* ערמומי, פיקחי
pawl *n.* תֶּפֶס, קרס-עצירה
pawn *n&v.* משכון, ערבון; (בשחמט) רגלי; כלי-משחק; למשכן; לסכן, להמר
- in pawn ממושכן
pawnbroker *n.* משכונאי
pawnshop *n.* בית-עבוט, מעבוט
paw′paw *n.* פפיה (עץ)
pax *n.* שלום
pay *v.* לשלם, לפרוע; להשתלם; להיות כדאי; לגמול, לתת, להגיש
- it pays to כדאי ל-, משתלם ל-
- make it pay לעשותו משתלם
- pay a debt לסלק חוב
- pay a visit/call לערוך ביקור
- pay as you go לשלם מיד
- pay back להחזיר; לגמול
- pay dearly לשלם ביוקר
- pay for לשלם; לתת את הדין על-
- pay into a bank להפקיד בבנק
- pay off לשלם; להחזיר; לשלם ולפטר; להצליח; להשתלם
- pay one's dues להצליח לאחר עמל
- pay one's last respects ללוות המת בדרכו האחרונה
- pay one's respects לכבד (בביקור)
- pay one's way לשלם עם הקנייה, לא להיכנס לחובות; להיות כדאי
- pay out לשלם; לנקום; לרפות חבל
- pay the fiddler לשאת בהוצאות
- pay through the nose לשלם מחיר מופרז
- pay up להחזיר, לשלם כל המגיע
- put paid to לחסל, לשים קץ ל-
pay *n.* שכר, משכורת
- in the pay of מועסק/עובד אצל
payable *adj.* בר-פרעון; לתשלום
pay-as-you-earn ניכוי מס במקור
payback *n.* החזר כספי, תגמול, רווח אחרי ההשקעה
paycheck *n.* שֶק משכורת; שכר
pay-day *n.* יום התשלום
pay dirt אדמת מחצב; מכרה זהב
PAYE = pay as you earn שיטת ניכוי מס הכנסה במקור
pay′ee′ *n.* מקבל התשלום, זכאי לתשלום
pay envelope/packet מעטפת המשכורת
payer *n.* שַלָּם; משלם
pay load המטען המשולם (במטוס)
paymaster *n.* שַלָּם
payment *n.* תשלום, שכר; גמול; עונש
- payment in kind תשלום בשווה-כסף
pay′nim *n.* עובד-אלילים, פגן
pay-off *n.* הסדרת חשבונות, סילוק חוב; סוף, קלימאקס; שוחד
payo′la *n.* שוחד (מסחרי)
payout *n.* תשלום, פיצוי
pay phone/station טלפון ציבורי
pay-roll *n.* גליון שכר, רשימת

מקבלי המשכורות: סך המשכורות
pay slip תלוש משכורת
PC = personal computer
PC = police constable
PE חינוך גופני
pea *n.* אפונה
- as two peas כשתי טיפות מים
pea-brain *n.* *טיפש, קטן-מוח
peace *n.* שלום; שֶקֶט, שלווה; סדר
- at peace בשלום, בהרמוניה
- at peace with oneself שליו, רגוע
- keep the peace לשמור על השקט
- live in peace לחיות בשלום
- make one's peace with להשלים עם
- make peace with לעשות שלום עם
- peace of mind שלוות הנפש
peaceable *adj.* שקט, אוהב שלום
peace corps חיל שלום
peaceful *adj.* שקט, אוהב שלום
peacekeeping *n.* שמירת השלום (ע"י כוח זר)
peacemaker *n.* משכין שלום
peace offering מתנת פיוס
peacetime *n.* ימי שלום
peach *n.* אפרסק; אדום-צהבהב; *דבר נפלא, נהדר; חתיכה
peach *v.* *להלשין
pea-chick *n.* טווסון, אפרוח-טווס
Peach Mel′ba אפרסק עם גלידה
pea′cock′ *n.* טווס
peacock blue כחול-ירקרק
pea-flour *n.* קמח-אפונה
pea-fowl *n.* טווס, טווסת
pea green ירוק בהיר
pea-hen *n.* טווסת
pea-jacket *n.* מעיל ימאים (מצמר)
peak *n.* פסגה, שיא; מצחייה; שיער מחודד; ירכתי-ספינה
- off-peak (שעות) של ירידה בלחץ
- peak hours שעות השיא
peak *v.* להגיע לשיא; לרזות, להימק
peak cap קַסקֶט
peaked *adj.* בעל פסגה; בעל מצחייה
peak load צריכת שיא (בחשמל)
pea′ky, peaked *adj.* חולה; כחוש
peal *n.* צלצול פעמונים; מערכת פעמונים; רעם; קול מתגלגל/מהדהד
- peals of laughter רעמי-צחוק
peal *v.* לצלצל; לרעום; להרעים
pea′nut′ *n.* אגוז-אדמה, בוטן
peanut butter חמאת בוטנים
peanuts *n-pl.* *סכום זעום ביותר
pear (pār) *n.* אגס
pear drop סוכרייה דמויית-אגס
pearl (pûrl) *n.* פנינה; צדף הפנינים; "יהלום"; אדם יקר
pearl *v.* לדלות פנינים, לחפש פנינים
pearl-barley *n.* גריסי פנינה
pearl diver/fisher דולה פנינים
pearl fishery מקום דליית פנינים
pearlies *n-pl.* תלבושת רוכל (מעוטרת בכפתורי פנינים); *שיניים
pearl-oyster *n.* צדפת-הפנינים
pearly *adj.* פניני; מקושט בפנינים
Pearly Gates שערי השמיים
pearly king רוכל מקושט בפנינים
pear′main (pār′-) *n.* תפוח פרמה
peasant (pez′-) *n.* איכר; בּוּר
peasantry *n.* האיכרים
pease (-z) *n.* אפונה
pea-shooter *n.* אקדח-אפונה
pea soup מרק אפונה
pea souper *ערפל סמיך
peat *n.* כבול (להסקה וזיבול)
peat bog בִּיצַת כבול, אדמת טורף
peaty *adj.* (בעל ריח) של כבול
peb′ble *n.* חלוק אבן, אבן חצץ
- not the only pebble on beach לא בן יחיד, יש רבים כמוהו
pebbledash *n.* מלט מעורב בחצץ
peb′bly *adj.* מכוסה חצץ
pe•can′ *n.* אגוז פיקאן
pec′cadil′lo *n.* חטא קל
pec′cary *n.* פקארי (חזיר בר)
peck *v.* לנקר; לאכול/לנשוך במקור; לחטט; *לנשק חטופות
- peck at one's food *לאכול כאפרוח/בלי תיאבון
peck *n.* ניקור, נקירה; נשיקה חטופה; פק (כ-9 ליטר); כמות רבה
- peck of trouble חבילת צרות
peck′er *n.* *אף, חוטם; אומץ-לב
- keep one's pecker up להחזיק מעמד, להישאר עליז
pecking order סולם הדרגות, היירארכיית הנקירות, שליטת החזק
peck′ish *adj.* *רָעֵב; עצבני
pec′tic *adj.* של פקטין, יוצר פקטין
pec′tin *n.* פקטין (חומר מקפא)
pec′toral *adj.* חזי, של החזה
pec′u•late′ *v.* למעול
pec′u•la′tion *n.* מעילה

pe•cu′liar *adj.* מיוחד; בלעדי, אופייני רק ל-; מוזר, משונה; *חולה
pe•cu′liar′ity *n.* מוזרות; תכונה אופיינית; דבר משונה
peculiarly *adv.* באופן מוזר
Peculiar People ישראל, עם סגולה
pe•cu′niar′y (-eri) *adj.* כספי
ped′agog′ic(al) *adj.* פדגוגי, חינוכי
ped′agog′ics *n-pl.* פדגוגיה
ped′agogue′ (-gôg) *n.* פדגוג, מחנך
ped′agog′y *n.* פדגוגיה, חינוך
ped′al *n.* דוושה
pedal *v.* לדווש; לנוע תוך דיווש
pedal *adj.* של הָרֶגֶל; של הדוושה
pedal bin פח אשפה בעל דוושה
pedal pusher *רוכב אופניים
pedal pushers מכנסי ברך
ped′ant *n.* פדנט, נוקדן, קפדן
pe•dan′tic *adj.* פדנטי, דקדקני
ped′antry *n.* פדנטיות, נוקדנות
ped′dle *v.* לרכול, למכור; להפיץ
peddler *n.* רוכל; סוחר סמים
ped′eras′ty *n.* מעשה סדום (בנער)
ped′estal *n.* בסיס, כן, מעמד
- knock him off his pedestal לנפץ תדמיתו המהוללת, להנמיך קומתו
- set him on a pedestal לסגוד לו
pedes′trian *n&adj.* הולך רגל; קשור בהליכה ברגל; משעמם
pedestrian crossing מעבר-חציה
pedes′trianize′ *v.* להגביל לשימוש הולכי רגל, להפוך למידרחוב
pedestrian precinct מידרחוב
pe′diatri′cian (-ri′shən) *n.* רופא ילדים
pe′diat′rics *n.* ריפוי ילדים
ped′icab′ *n.* תלת-אופן ציבורי
ped′icel, ped′icle *n.* ניצב, עוקץ, גבעול הפרח; זיז דמוי-גבעול (בחרק)
pe•dic′u•lo′sis *n.* כינמת
ped′icure′ *n.* פדיקור, טיפול ברגליים
ped′igree′ *n.* אילן-היחס, שושלת; ייחוס; מוצא, מקור; מיוחס, גזעי
ped′iment *n.* גמלון (בחזית בניין), משולש מעל לכניסה/לחלון
ped′lar *n.* רוכל
pe•dom′eter *n.* מד-צעד, פדומטר
pe′dophile′ *n.* אוהב ילדים, פדופיל
pe′dophil′ia *n.* תאוות ילדים
pee *n&v.* * (לעשות) פיפי
peek *n&v.* הצצה; להעיף מבט
peek′aboo′ *n.* "קוקו" (מישחק)
peel *v&n.* לקלף; להתקלף; קליפה
- keep one's eyes peeled להשגיח בשבע עיניים, להיות דרוך
- peel off לקלף; להתקלף; להתפשט
peeler *n.* מַקְלֵף; *שוטר
peeling *n.* פִּילִינג (טיפוח העור)
peelings *n-pl.* קליפות
peep *n.* הצצה, מבט חטוף; ציוץ; *צפירה
- have/take a peep להציץ
- peep of day שחר, נצנוצי בוקר
peep *v.* להציץ, להעיף מבט; להפציע, להופיע בהדרגה; לצייץ
peeper *n.* מציץ (בגניבה); *עין
peep-hole *n.* חור הצצה
peeping Tom מציצן
peep show פיפ-שו, הצגת תמונות
peer *n.* שווה-מעמד, שווה-דרגה, דומה, חבר; אציל
- one's peer אדם כמוהו
peer *v.* להתבונן, להתאמץ לראות
peer′age *n.* אצולה; ספר האצילים
- raise to the peerage להאציל
peer′ess *n.* אצילה
peer group קבוצת גילאים שווים; קבוצת בני אותו מעמד
peer′less *adj.* אין כמוהו, אין שני לו
peeve *v.* *להקניט, להרגיז, להציק
pee′vish *adj.* נרגז, כועס, עצבני
pee′wee *n.* קטן, ילד קטן
peg *n.* יתד, פין; וו-תלייה; אטב-כביסה; רגל (-עץ); פקק; כוסית-משקה
- off the peg (בגד) מוכן, לא בהזמנה
- peg to hang on בסיס (לתירוץ/טענה)
- take him down a peg להנמיך קומתו, להשפילו
- tuning peg יתד-כוונון (בכינור)
peg *v.* לחזק ביתד; להדק באטב; להקפיא (שכר), להחזיק במצב יציב
- peg away at לעבוד בשקדנות על
- peg down לחזק ביתדות; להצמיד לקו-פעולה מסוים, להגביל לנוהלים
- peg out לסמן (חלקת אדמה) ביתדות; לתלות באטבים; *למות
peg leg *רגל עץ; בעל רגל עץ
peignoir (pānwär′) *n.* חלוק-אשה
pe•jo′rative *adj.* מזלזל, שיש בו נימת גנאי; מידרדר, משתנה לרעה

peke *n.* פקינז (כלב סיני)
pe′kinese′ (-z) *n.* פקינז (כלב סיני)
pe′koe (-kō) *n.* תה משובח
pe•lag′ic *adj.* של אוקיינוס
pel′argo′nium *n.* גֶרַניוּם
pelf *n.* *כסף, עושר
pel′ican *n.* פליקן, שקנאי
pellag′ra *n.* פלגרה, הספסת (מחלה)
pel′let *n.* כדורית; כדור; קליע; גלולה
pel′licle *n.* קרומית, קרום דק
pell′mell′ *adv.* באי-סדר, בבלגן
pellu′cid *adj.* צלול, זך, שקוף
pel′met *n.* וילונית (להסתרת כרכוב)
pelo′ta *n.* פלוטה (מישחק כדור)
pelt *n.* פרווה, עור, שיער; שֶׁלַח
- at full pelt במהירות רבה
pelt *v.* להשליך; לרגום; להמטיר
- it's pelting ניתך גשם עז
pel′vic *adj.* של אגן-הירכיים
pel′vis *n.* אגן-הירכיים
pem′mican *n.* בשר מיובש
pen *n.* עט; סופר; סגנון כתיבה
- live by one's pen להתפרנס מכתיבה
- put pen to paper להתחיל לכתוב
- take up one's pen להתחיל לכתוב
pen *v.* לכתוב
pen *n&v.* גדרה, מכלאה; לול-תינוק
- pen up לכלוא במכלאה, לכנוס
- submarine pen מִקְלָט-צוללות
pe′nal *adj.* של עונש, בר-עונש, פלילי; קשה, חמור, לא-נעים
penal code החוק הפלילי
penal colony/settlement ארץ גזירה
pe′naliza′tion *n.* הענשה, ענישה
pe′nalize′ *v.* להעניש, להטיל עונש
penal law חוק העונשין
penal offense עבירה פלילית
penal servitude עבודת פרך
pen′alty *n.* עונש, קנס; בעיטת-עונשין
- penalty of fame סבל המוניטין
- under penalty of צפוי לעונש
penalty area רחבת-העונשין
penalty clause פִּסקת הקנס
penalty goal שער מבעיטת-עונשין
penalty kick בעיטת-עונשין, פנדל
penalty shootout הכרעה בבעיטות עונשין
penalty spot הנקודה הלבנה (במיגרש)
pen′ance *n.* עונש עצמי, סיגוף, תשובה
- do penance להסתגף, להיענש
pen-and-ink *adj.* משורטט בעט
pence = pl of penny
pen′chant *n.* חיבה, משיכה, נטייה
pen′cil (-səl) *n.* עיפרון
- eyebrow pencil עפרון גבות
pencil *v.* לכתוב; לסמן בעיפרון
pencil case קלמר
pencil sharpener מחדד עפרונות
pen′dant *n.* תליון; קישוט תלוי; דגל
pen′dent *adj.* תלוי; תלוי ועומד
pen′ding *prep.* עד ל-; במשך
- pending his return עד לשובו
pending *adj.* עומד להתרחש; מחכה להכרעה, תלוי ועומד
pen′dulous (-′j-) *adj.* תלוי (ברפיון), מתנודד, מדולדל
pen′dulum (-′j-) *n.* מטוטלת
- swing of the pendulum תנודות דעת-הקהל (מן הקצה אל הקצה)
pen′etrabil′ity *n.* חדירות
pen′etrable *adj.* חדיר
pen′etrate′ *v.* לחדור; לחלחל; לחדור לְנִבכי-; להבין, לקלוט
- penetrated with חדור-, מלא-
penetrating *adj.* חודר; מחלחל; שנון, מעמיק; (קול) חד, רם, ברור
pen′etra′tion *n.* חדירה; הבנה
pen′etra′tive *adj.* חודר; שנון
pen friend חבר לעט
pen′guin (-gwin) *n.* פינגווין
pen′icil′lin *n.* פניצילין
penin′sula *n.* חצי-אי
penin′sular *adj.* של חצי-אי
pe′nis *n.* איבר המין הגברי
pen′itence *n.* חרטה, חזרה בתשובה
pen′itent *adj&n.* מתחרט, חוזר בתשובה; מסתגף, מתענה
pen′iten′tial *adj.* של חרטה, של תשובה
pen′iten′tiary (-shəri) *adj&n.* של תשובה; של תיקון האסיר; בית-סוהר
penknife *n.* אולר
penman *n.* סופר, כתבן, תופס-עט
penmanship *n.* אמנות הכתיבה
pen name כינוי, שם בדוי, פסידונים

pen′nant *n.* דגל, נס
penniless *adj.* חסר-פרוטה, מרושש
pen′non *n.* דגל (של קבוצה); נס
pen′ny *n.* פֶּנִי; סנט; פרוטה
- a penny for your thoughts! על מה אתה חושב?
- a pretty penny סכום נכבד
- in for a penny in for a pound דבר שמתחילים בו - יש לסיימו
- penny wise and pound foolish חוסך פרוטות ומבזבז אלפים
- spend a penny *להשתין
- ten a penny עשרה בפרוטה, בזול
- the penny dropped ההערה הובנה, האסימון נפל, המסר נקלט
penny dreadful ספרות זולה
penny-halfpenny פני וחצי
penny pincher קמצן
pennyweight *n.* 1/20 של אונקייה
pennyworth *n.* שווה פֶּנִי
- good pennyworth מציאה, מיקח טוב
pe•nol′ogy *n.* תורת העונשין, תורת ניהול בתי-סוהר
pen pal חבר לעט
pen pusher *פקיד, לבלר
pen′sile *adj.* תלוי
pen′sion *n&v.* פנסיה, קיצבה, גימלה
- old age pension קיצבת זקנה
- pension off להוציא לגמלאות
pension (pänsyōn′) *n.* פנסיון
- en pension מתאכסן, בפנסיון
pensionable *adj.* זכאי לקיצבה
pensioner *n.* פנסיונר, גימלאי, קיצבאי
pen′sive *adj.* מהורהר, שקוע במחשבות
pen′stock′ *n.* שער-סכר
pen′tagon′ *n.* פנטגון, מחומש
pen•tag′onal *adj.* מחומש
pen′tagram′ *n.* כוכב מחומש
pen•tam′eter *n.* פנטמטר, טור בן 5 רגליים (בשירה)
Pen′tateuch′ (-to͞ok) *n.* תורה, חומש
pen•tath′lon *n.* קרב חמש
pen′tecost′ *n.* חג השבועות
pent′house′ *n.* פנטהאוז, דירת-גג; גנוגנת, גג משופע
pent-up *adj.* עצור, מסוגר
pe•nul′timate *adj.* שלפני האחרון; מלעילי
penum′bra *n.* פלג-צל, פנומברה
penu′rious *adj.* עני; קמצן
pen′u•ry *n.* עוני; קמצנות
pe′on *n.* פועל (העובד לפרעון חוב)
pe′onage *n.* שיעבוד, עבדות (כנ"ל)
pe′ony *n.* אדמונית (פרח)
peo′ple (pē′-) *n.* אנשים, בני-אדם; ההמון, עמך; עם, אומה
- go to the people ללכת אל העם, לערוך בחירות
- one's people קרובים, משפחה, הורים
people *v.* לאכלס, למלא באנשים
pep *n&v.* מרץ, זריזות, פעלתנות
- pep up להמריץ, לדרבן, לעודד
pep′per *n&v.* פילפל; לפלפל, לזרות פילפל; לרגום, להמטיר
pepper-and-salt נָקוֹד, שחור ולבן
pepper-box, -pot *n.* מבזק-פילפל
peppercorn *n.* גרגיר-פילפל; שכר-דירה סמלי
pepper-mill *n.* מטחנת-פילפל
peppermint *n.* נענע; מנתה
peppery *adj.* חריף, מפולפל; רגזן
pep pill גלולת-מרץ
pep′sin *n.* פפסין, אנזים-עיכול
pep talk נאום מדרבן/מלהיב
pep′tic *adj.* עיכולי, של מערכת העיכול
peptic ulcer אולקוס, כיב קיבה
per *prep.* לכל- (אחד), ל-; ע"י, באמצעות
- as per usual כרגיל
- per day ליום, ביום אחד
- per meter לכל מטר, המטר
per′adven′ture *adv&n.* אולי; ייתכן
- if peradventure במקרה, פן, שמא
- without peradventure בלי ספק
peram′bu•late′ *v.* ללכת (דרך-, סביב-), לסייר; להסתובב; לשוטט
peram′bu•la′tion *n.* הליכה, הסתובבות
peram′bu•la′tor *n.* עגלת-תינוק
per an′num לשנה
per cap′ita לגולגולת, לנפש
perceivable *adj.* מורגש
perceive′ (-sēv) *v.* להרגיש; להבחין
per cent′, percent′ אחוז, למאה
- 100 per cent מאה אחוז; לגמרי
percen′tage *n.* תאחוז, אחוז; חלק
- no percentage אין רווח, אין טעם

percen′tile *n.* אחוזון, מאון
percep′tibil′ity *n.* מוחשות
percep′tible *adj.* מורגש, מוחש, תפיס, ניכר
percep′tion *n.* הרגשה, תחושה; הבחנה, השגה; קיבול, פרצפציה
percep′tive *adj.* מבחין
perch *n.* ענף (שהעוף נח עליו); עמדה רמה, מקום בטוח
- come off your perch אל תעשה רוח
- knock him off his perch לנפץ תדמיתו, להורידו מגדולתו
perch *v.* לנחות, להתיישב; להושיב, להעמיד, להציב
- perched שוכן, יושב, נמצא
perch *n.* פרץ' (5.5 יארדים); דקר (דג)
perchance′ *n.* אולי, ייתכן
- if perchance במקרה
percip′ient *adj.* מהיר-תפיסה, מבחין
per′colate′ *v.* לחלחל, לפעפע; לסנן; לחלוט (קפה) במסננת; להסתנן
per′cola′tion *n.* חלחול, סינון
per′cola′tor *n.* מסננת-קפה
per con′tra בצד השני, בצד הנגדי
percuss′ *v.* להקיש קלות (בבדיקה)
percus′sion *n.* הקשה, דפיקה
percussion cap פיקת-הכדור
percussion instruments כלי-הקשה
percussionist *n.* נגן כלי-הקשה
percussion section נגני כלי-הקשה
per di′em (-dē′-) *adv.* ליום
perdi′tion (-di-) *n.* גיהינום, תופת; הרס, אבדון
perdu′rable *adj.* נצחי, תמידי
per′egrina′tion *n.* מסע, נדידה
per′egrine (-grin) *n.* הבז הנודד
peremp′tory *adj.* תקיף; שאין לערער עליו, החלטי, סופי
peren′nial *adj&n.* נמשך כל השנה; תמידי, נצחי; צמח רב-שנתי
per′fect (-fikt) *adj.* מושלם, שלם, מצויין, ללא פגם; מדוייק
- perfect murder רצח מושלם
- perfect nonsense שטות גמורה
- perfect stranger זר לגמרי
perfect′ *v.* לשכלל, לעשותו מושלם
- perfect oneself להשתלם
perfect binding כריכת הדבקה
perfec′tibil′ity *n.* אפשרות השכלול
perfec′tible *adj.* ניתן לשכלול
perfec′tion *n.* שלמות, מתום; שכלול; השתכללות, השתלמות
- to perfection בצורה מושלמת
perfectionist *n.* שואף לשלמות
per′fectly *adv.* באופן מושלם; לגמרי
perfect participle עבר נשלם
perfect tense זמן מושלם
perfer′vid *adj.* להוט, קנאי
perfid′ious *adj.* בוגד, מועל באמון
per′fidy *n.* בגידה, מעילה
per′forate′ *v.* לנקב, לנקבב, לחרר
perforated *adj.* מנוקב, מְחוֹרָר
per′fora′tion *n.* פרפורציה, ניקבוב
per′fora′tor *n.* מְחוֹרֵר
perforce′ *adv.* בהכרח
perform′ *v.* לעשות, לבצע; לשחק, להציג; לנגן; לערוך, לנהל; לפעול
- perform a promise לקיים הבטחה
- performing animal חיה מציגה
performance *n.* עשייה; ביצוע; משחק; הצגה; קונצרט; מבצע; פעולה
- what a performance! איזו התנהגות מחפירה!
performer *n.* מְבַצֵּעַ, נגן, שחקן
per′fume′ *n.* בושם, ריח ניחוח
perfume′ *v.* לבשם
perfu′mer *n.* בַּשָּׂם, מייצר בשמים
perfu′mery *n.* פרפומריה, תמרוקייה
perfunc′torily *adv.* כלאחר יד
perfunc′tory *adj.* שטחי, חפוז, נעשה כלאחר יד/לצאת ידי חובה
perfuse′ (-z) *v.* לרסס, להזרים
per′gola *n.* עריס, מקלעת שריגי גפן; פרגולה; מערכת לצמחים מטפסים
perhaps′ *adv.* אולי, אפשר, ייתכן
per′iapt′ *n.* קמיע
peric′ope (-rik′əpi) *n.* קטע, פרשה
per′il *n.* סכנה, סיכון
- at one's peril על אחריותו
- in peril of one's life בסכנת נפשות
per′ilous *adj.* מסוכן
perim′eter *n.* פרימטר, היקף
per′ina′tal *adj.* סמוך מאוד ללידה
pe′riod *n.* תקופה; עונה; משך-זמן; שיעור; וֶסֶת; נקודה; מחזור; הקפה; פריודה, מחזורת, משפט מלא
- of the period מהעת ההיא

- period piece חפץ היסטורי/השייך לתקופה מסויימת; *מיושן
- period! נקודה!, חסל!, זהו זה!
- periods סגנון נמלץ/מסולסל
- put a period to לשים קץ ל-
pe'riod'ic(al) *adj.* תקופתי, מחזורי, עונתי, פריודי, עיתי
periodical *n.* כתב-עת, מגאזין
pe'riodic'ity *n.* מחזוריות
periodic table הטבלה המחזורית
per'ipatet'ic *adj.* נודד, מתהלך
periph'eral *adj&n.* היקפי, שולי, חיצוני; ציוד היקפי
periph'ery *n.* פריפריה, היקף; קו היקפי; גבול חיצוני; קבוצה שולית
- periphery of a town עיבורה של עיר
periph'rasis *n.* פריפראזה, דיבור עקיף, סחור-סחור
per'iphras'tic *adj.* של דיבור עקיף
per'iscope' *n.* פריסקופ (של צוללת)
per'ish *v.* למות, להישמד; להרוס, לקלקל; להתקלקל
- perish the thought! חס וחלילה!
- perished with hunger "מת" מרעב
perishable *adj&n.* (מזון) מתקלקל מהר
perisher *n.* *אדם שנוא, "מזיק", "תכשיט"
perishing *adj&adv.* *ממית, ארור; מאוד
- perishing cold קור כלבים
per'istyle' *n.* מערכת עמודים המקיפה מיקדש; שטח מוקף עמודים
per'itone'um *n.* צֶפֶק
per'itoni'tis *n.* צפקת, דלקת-הצפק
per'iwig' *n.* פיאה נוכרית
per'iwin'kle *n.* פריווינקל; חלזון-ים, ליטורנה; וינקה (פרח)
per'jure (-jər) *v.* להישבע לשקר
- perjure oneself להישבע לשקר
perjurer *n.* נשבע לשקר, עד שקר
per'jury *n.* שבועת שקר; עדות שקר
perk *n.* *הטבה, הכנסה צדדית
perk *v.* לסנן; לחלחל; לחלוט במסננת
- perk up להיות עירני/פעיל/עליז; לגלות עניין; להרים ראש
perkiness *n.* עליזות; חוצפה
perky *adj.* עליז, מלא חיים; חצוף
perm *n&v.* (לעשות) סלסול תמידי (בשיער), לקרזל

per'mafrost' (-frôst) *n.* שכבת אדמה קפואה
per'manence *n.* תמידות, קבע
per'manency *n.* תמידות, קבע
per'manent *adj.* תמידי, קבוע, קיים
permanent (wave) סלסול תמידי
permanent injunction צו מניעה קבוע
permanently *adv.* לתמיד
permanent way מסילת-ברזל
perman'ganate *n.* פרמנגנט, מלח מחטא
per'me·abil'ity *n.* חדירות
per'me·able *adj.* חדיר
per'me·ate' *v.* לחלחל, לפעפע, לחדור, להתפשט
per'me·a'tion *n.* חלחול, התפשטות
permis'sible *adj.* מוּתָּר, מורשה
permis'sion *n.* היתר, רשות, הסכמה
permis'sive *adj.* מתיר, מרשה; מתירני
permissiveness *n.* מתירנות
permit' *v.* להתיר, להרשות; לאפשר
- permit of לאפשר, לתת מקום ל-
- weather permitting אם מזג-האוויר יאפשר -
per'mit *n.* רשיון, רשות, היתר
- building permit היתר בנייה
per'mu·ta'tion *n.* תמורה
permute' *v.* להחליף, לתמור
perni'cious (-nish'əs) *adj.* מזיק, משחית; ממאיר, רציני, קטלני
pernick'ety *adj.* מקפיד בקטנות
per'noc·tate' *v.* לבלות את הלילה
per'ora'tion *n.* החלק המסכם
per'oxide' *n.* מי חמצן
peroxide blonde בלודינית צבועה
per'pendic'u·lar *adj&n.* ניצב, אנכי, מאונך; אנך
per'petrate' *v.* לבצע (עבירה)
per'petra'tion *n.* עשייה, ביצוע; עבירה
per'petra'tor *n.* מְבַצֵּעַ; עבריין
perpet'ual (-cho͞o͞əl) *adj.* נצחי, תמידי, עולמי; לא פוסק
perpetual check שח תמידי
perpetually *adv.* לנצח, לעד
perpetual motion תנועה נצחית
perpet'uate' (-cho͞oāt) *v.* להנציח
perpet'ua'tion (-cho͞oā-) *n.* הנצחה

per′petu′ity *n.* נצח; קצבה תמידית
- in perpetuity לנצח, לצמיתות
perplex′ *v.* לבלבל, להביך; לסבך
perplexed *adj.* נבוך; מסובך
perplex′ity *n.* מבוכה, בלבול; תסבוכת
per′quisite (-zit) *n.* הטבה, הכנסה צדדית
per′ry *n.* משקה אגסים (תסוס)
per se (-sā′) כשלעצמו, במהותו
per′secute *v.* לרדוף; להציק, לענות
per′secu′tion *n.* רדיפה; הטרדה
per′secu′tor *n.* רודף, צר
per′seve′rance *n.* התמדה, שקדנות
per′severe′ *v.* להתמיד, לשקוד
persevering *adj.* מתמיד, שוקד
Per′sian (-shən) *adj&n.* פרסי; פרסית
per′siflage′ (-fläzh) *n.* לגלוג
persim′mon *n.* אפרסמון
persist′ *v.* להתעקש, להתמיד; להמשיך; להימשך
persistence *n.* התעקשות; התמדה; קיום, הימשכות
persistent *adj.* עקשן; מתמיד; נמשך
persnick′ety *adj.* מקפיד בקטנות
per′son *n.* בן-אדם, איש; גוף
- first/second/third person (בדקדוק) גוף ראשון/שני/שלישי
- in person אישית, באופן אישי
- offense against the person פגיעה גופנית, תקיפה
perso′na *n.* אדם, אישיות
persona (non) grata פרסונה (נון) גראטה, אישיות (בלתי) רצויה
per′sonable *adj.* יפה-תואר, נאה
per′sonage *n.* אישיות, אדם חשוב
per′sonal *adj.* אישי, פרטי; בכבודו ובעצמו; מיוחד; של הגוף, גופני
personal *n.* מודעה אישית
personal assistant מזכיר אישי
personal capital הון עצמי
personal column הטור האישי
personal computer = PC מחשב אישי
personal effects חפצים אישיים
personal estate מיטלטלין
per′sonal′ity *n.* אישיות
- personalities הערות פוגעניות
personality cult פולחן אישיות
per′sonalize′ *v.* לאנש; לעבור לפסים אישיים; להדפיס שמו על
personally *adv.* אישית
personal organizer יומן אישי
personal pronoun מלת-גוף
personal property מיטלטלין
personal stereo ווקמן, דיסקמן
personal touch גישה אישית
per′sonalty *n.* מיטלטלין, נכסי דניידי
per′sonate′ *v.* לגלם תפקיד; להתחזות
per′sona′tion *n.* גילום תפקיד; התחזות
person′ifica′tion *n.* האנשה, פרסוניפיקציה; התגלמות, סֶמֶל
person′ify′ *v.* לְאַנֵש, לייחס תכונות-אנוש; לגלם, להוות סמל
per′sonnel′ *n.* פרסונל, חבר עובדים, סגל, אנשי צוות; כוח אדם
personnel carrier נגמ"ש
perspec′tive *n.* פרספקטיבה, שקף, תישקופת; מַרְאֶה, מבט
- in perspective משורטט בהתאם לכללי הפרספקטיבה
- out of perspective משורטט שלא בהתאם לכללי הפרספקטיבה
- see it in the right perspective לראות זאת בפרספקטיבה הנכונה
per′spex′ *n.* פרספקס, חומר פלאסטי שקוף, תחליף-זכוכית
per′spica′cious (-shəs) *adj.* חד-תפיסה, מבין
per′spicac′ity *n.* חדות התפיסה
per′spicu′ity *n.* בהירות-הביטוי
per′spic′uous (-ūəs) *adj.* בהיר
per′spira′tion *n.* הזעה; זיעה
perspire′ *v.* להזיע
persuadable *adj.* ניתן לשכנוע
persuade′ (-swād) *v.* לשכנע, להשפיע, לשדל, לפתות
- persuade out of- להניא, לשדל לבל-
persua′sion (-swā′zhən) *n.* השפעה; (כושר) שכנוע; שידול; אמונה; כת; סוג, מין
- it's my persuasion אני משוכנע
persua′sive (-swā′-) *adj.* משכנע
pert *adj.* חצוף; עליז, מלא-חיים
pertain′ *v.* להיות שייך/קשור ל-
per′tina′cious (-shəs) *adj.* עקשן, מתמיד, דבק במטרה
per′tinac′ity *n.* עקשנות
per′tinence *n.* שייכות, רלוואנטיות

per′tinent *adj.* שייך, רלוואנטי
perturb′ *v.* להדאיג; להביך, לגרום להתרגשות, לערער שלוות-נפשו
per′turba′tion *n.* דאגה, מבוכה; הפרעה
pertus′sis *n.* שעלת
peruke′ *n.* פיאה נוכרית
peru′sal (-z-) *n.* קריאה בעיון
peruse′ (-z) *v.* לקרוא (בעיון)
pervade′ *v.* לחדור, להתפשט, למלא
perva′sion (-zhən) *n.* חדירה, התפשטות
perva′sive *adj.* חודר, פושה
perverse′ *adj.* עיקש, סוטה, נלוז; מנוגד, לא הגיוני, מסולף; רע
perver′sion (-zhən) *n.* סילוף, עיוות; סטייה; שימוש שלילי בדבר
perversion of justice הטיית דין
perver′sity *n.* עיקשות, סילוף
perver′sive *adj.* פרוורטי (סוטה)
pervert′ *v.* לסלף, לעוות; להשחית, להשפיע לרעה, להטות מדרך מישר
- pervert justice להטות את הדין
per′vert′ *n.* סוטה, מושחת; מעוות
per′vious *adj.* חדיר, עביר, פתוח
pese′ta (-sā′-) *n.* פזטה (מטבע)
pes′ky *adj.* *מטריד, מציק, מייגע
pe′so (pā′-) *n.* פזו (מטבע)
pes′sary *n.* התקן תוך-רחמי; פתילה
pes′simism′ *n.* פסימיות, פסימיזם
pes′simist *n.* פסימיסט
pes′simis′tic *adj.* פסימי
pest *n.* מזיק (לצמחים); נודניק
pes′ter *v.* להטריד, לנדנד (בדרישות)
pest-house *n.* בי"ח לחולי-דֶבֶר
pes′ticide′ *n.* מדביר מזיקים
pes·tif′erous *adj.* מביא מחלה, מדביק; משחית, מזיק; מטריד
pes′tilence *n.* מגיפה (קטלנית)
pes′tilent *adj.* מגיפתי, קטלני, מזיק; *ארור, מטריד
pes′tilen′tial *adj.* מגיפתי, קטלני
pes′tle (-səl) *n&v.* (לכתוש ב-) עלי
pet *n&adj.* חיית שעשועים; אהוב, חביב; מפונק; הכי (אהוב/שנוא); התקף-כעס
- a perfect pet *חמוד, מקסים
- in a pet מצוברח; נתון בהתקף-כעס
- one's pet hate שנוא נפשו
- pet animal חיית מחמד
pet *v.* ללטף; לפנק; לנשק; *להתגפף

pet′al *adj.* עלה-כותרת (בפרח)
petaled *adj.* בעל עלי-כותרת
pe·tard′ *n.* פצצה
- hoist with one's own petard ליפול בעצמו למלכודת שטמן לזולתו
Pe′ter *n.* פטרוס (משליחי ישו)
- rob Peter to pay Paul לקחת מזה כדי לתת לזה
pe′ter *v.* לאזול, לגווע
- peter out לאזול, להיעלם, לדעוך
petit′ (-tē) *adj.* קטן, זעיר
petit bourgeois (-boorzhwä′) *n&adj.* בורגני זעיר
petite′ (-tēt) *adj.* קטנה, עדינה
petit four (pet′ifôr′) פטיפור (עוגייה)
peti′tion (-ti-) *n.* פטיציה, עצומה; בקשה, עתירה; תפילה
petition *v.* להגיש עצומה; לעתור; לבקש; להפציר
petitioner *n.* עותר; תובע גט
petit mal′ (pətēm-) *n.* כיפיון מיזערי
pet name כינוי חיבה, שם חיבה
pet′rel *n.* יסעור (עוף-ים)
- stormy petrel גורם סערה/תסיסה
pet′rifac′tion *n.* איבון; הלם; מאובן
pet′rify′ *v.* לאבן; להתאבן; להקשות; לשתק, להפיל אימה
pet′ro·chem′ical (-kem-) *adj.* פטרוכימיקל
pet′rol *n.* בנזין
pet′rola′tum *n.* וזלין
petrol bomb בקבוק תבערה
pe·tro′le·um *n.* נפט, שמן-אדמה
petroleum jelly וזלין
pe·trol′ogy *n.* פטרולוגיה, חקר האבנים
petrol station תחנת דלק
pet′ticoat′ *n.* תחתונית
petticoat government שלטון נשים
pet′tifog′ging *adj.* קטנוני
pettiness *n.* קטנוניות
petting zoo פינת החי
pet′tish *adj.* כעסן, מהיר-חימה, רגזן; נפלט בעידנא דריתחא
pet′ty *adj.* קטן, זעיר, פעוט, פחות-ערך; זוטר; קטן-מוח, קטנוני
petty bourgeois בורגני זעיר
petty cash קופה קטנה

petty larceny גניבה פעוטה
petty officer מש"ק (בצי)
pet′ulance (-ch′-) *n.* רגזנות
pet′ulant (-ch′-) *adj.* רגזן
petu′nia *n.* פטוניה (צמח-נוי)
pew (pū) *n.* ספסל (בעל מיסעד), מושב
- take a pew קח כיסא, שב
pe′wit *n.* קיווית (עוף בִּיצָה)
pew′ter (pū′-) *n.* נתך עופרת ובדיל
pewter ware כלי עופרת-ובדיל
peyo′te (pāo′ti) *n.* מסקלין (סם)
pfen′nig (fen′ig) *n.* פניג (מטבע גרמני)
PG לילדים בהדרכת הורים
pha′eton *n.* פאטון, כרכרה קלה
phag′ocyte′ *n.* פגוציט, זוללן
phalan′ges = pl of phalanx (-jēz)
pha′lanx′ *n.* פלאנגה, גוש חיילים צפוף; ארגון, קבוצה; עצם באצבע
phal′lic *adj.* של איבר המין הגברי
phal′lus *n.* איבר המין הגברי
phan′tasm′ (-taz′əm) *n.* רוח, פרי הדמיון
phan•tas′mic (-z-) *adj.* דמיוני, של חזון-תעתועים
phan′tasy = fantasy *n.* פנטזיה
phan′tom *n&adj.* רוח, שד; חזון-תעתועים, יצור דמיוני
phantom pregnancy הירָיון מדומה
Pharaoh (fãr′ō) *n.* פרעה
phar′isa′ic(al) *adj.* פרושי, צבוע
phar′isee *n.* פרוש (בבית השני); צבוע
phar′maceu′tical (-sū′-) *adj.* של רוקחות
phar′macist *n.* רוקח
phar′macol′ogist *n.* מומחה לתרופות
phar′macol′ogy *n.* תורת התרופות
phar′macy *n.* בית מרקחת; רוקחות
pha′ros′ *n.* מגדלור
phar′yngi′tis *n.* דלקת הלוע
phar′ynx *n.* לוע
phase (-z) *n.* שלב (בהתפתחות); תקופה; פזה, צד; מופע; צורה (של הירח: חרמש, מילוא)
- in phase מחזק (זה את זה), משתלב
- out of phase מחליש (זה את זה)
- phase of the moon מופע הירח

phase *v.* לתכנן/לארגן בשלבים
- phase in להכניס בשלבים/בהדרגה
- phase out לבטל בשלבים/בהדרגה
PhD דוקטור לפילוסופיה
pheas′ant (fez′-) *n.* פסיון (עוף)
phe′no•bar′bital (-tôl) *n.* פנובארביטל (סם שינה)
phe′nol′ *n.* פנול, חומצה קארבולית
phe•nom′ *n.* *פנומן, גאון
phenom′ena=pl of phenomenon
phenom′enal *adj.* פנומנלי, לא-רגיל; נתפס ע"י החושים
phenomenally *adv.* בצורה לא-רגילה
phenom′enon′ *n.* פנומן; דבר לא רגיל, גאון; תופעה
phew (fū) *interj.* אוף!
phi *n.* פיי (אות יוונית)
phi′al *n.* בקבוקון, צלוחית
philan′der *v.* לפלרטט, להתעסק
philanderer *n.* מפלרטט
phil′anthrop′ic *adj.* פילנתרופי
philan′thropist *n.* פילנתרופ, נדבן
philan′thropy *n.* פילנתרופיה, אהבת הבריות, צדקה, נדבנות
phil′atel′ic *adj.* בּוּלָאִי, של בולים
philat′elist *n.* אספן-בולים, בּוּלָאִי
philat′ely *n.* בולאות, איסוף בולים
-phile (סופית) אוהב
- Anglophile אוהב אנגלים
phil′har•mon′ic *adj.* פילהרמוני, מוסיקלי, שוחר מוסיקה
phil•hel′lene *adj&n.* אוהב יוון
phil′hel•len′ic *adj.* אוהב יוון
-phil′ia (סופית) אהבה
- necrophilia אהבת גוויות
philip′pic *n.* נאום-התקפה חריף
Phil′istine′ (-tēn) *n&adj.* פלישתי; חסר-תרבות, גס, גשמן
phil′oden′dron *n.* פילודנדרון (צמח נוי)
philog′ynist *n.* אוהב נשים
phil′olog′ical *adj.* פילולוגי, בלשני
philol′ogist *n.* פילולוג, בלשן
philol′ogy *n.* פילולוגיה, בלשנות
philos′opher *n.* פילוסוף, הוגה-דיעות; קר-רוח, שקול
phil′osoph′ical *adj.* פילוסופי
philos′ophize′ *v.* להתפלסף
philos′ophy *n.* פילוסופיה, חוכמה; השקפת-עולם; קור-רוח, שלווה
- moral philosophy

פילוסופית-המוסר
phil′ter *n.* שיקוי אהבה
phiz′og′, phiz *n.* *פָּנִים, הבעה
phle·bi′tis *n.* דלקת הוורידים
phle·bot′omy *n.* הקזת דם
phlegm (flem) *n.* ליחה, כיח; איטיות, אדישות, כבדות
phleg·mat′ic *adj.* פלגמטי, איטי
phlox *n.* שלהבית (פרח)
pho′bia *n.* פוביה, בַּעַת
- hydrophobia בעת-מים, כלבת
phoe′nix (fē′-) *n.* פניקס, חול (עוף)
phone *n&v.* *טלפון; לטלפן
phone *n.* צליל-דיבור, הגה
phone book מדריך טלפון
phonebooth *n.* תא טלפון
phone-in *n.* תוכנית בהשתתפות המאזינים, שידור שאלות טלפוניות
pho′neme *n.* פונמה, הגה, הברה, יחידה קטנה במבנה הלשון
phone′mic *adj.* פונמי, של פונמות
phone-tapping *n.* ציתות טלפוני
phonet′ic *adj.* פונטי, הֶברוֹנִי, הֲגָאִי
pho′neti′cian (-tish′ən) *n.* פונטיקן
phonet′ics *n.* פונטיקה, הִיבָּרוֹן, תורת ההגייה
phonetic spelling כתיב פונטי
pho′ney, pho′ny *n&adj.* מזוייף, כוזב
phon′ic *adj.* קולי, של הגה, אקוסטי
phon′ics *n.* אקוסטיקה; שימוש בפונטיקה בהוראת הקריאה
pho′nograph′ *n.* פטיפון, מקול
phonol′ogy *n.* פונולוגיה
phoo′ey *interj.* פוי!, אה! (קריאה)
phos′phate (-fāt) *n.* פוספט, זרחה
phos′phores′cence *n.* זרחורנות
phos′phores′cent *adj.* זורח
phos·phor′ic *adj.* זרחני, זרחתי
phos′phorus *n.* זרחן, פוספור
pho′to *n.* תצלום, צילום, תמונה
photocopier *n.* מכונת צילום
pho′tocop′y *n.* צילום (של מסמך)
photocopy *v.* לצלם (מסמכים)
photo-electric *adj.* חשמלורי
photo-electric cell תא פוטואלקטרי; עין אלקטרונית
photo finish סיום צמוד (של מירוץ)
pho′tofit′ *n.* קלסתרון
pho′togen′ic *adj.* פוטוגני
pho′tograph′ *n.* תמונה, צילום
- take a photograph לצלם
photograph *v.* לצלם
photog′rapher *n.* צַלָּם
pho′tograph′ic *adj.* של צילום
- photographic memory זיכרון תמונתי, בור סוד שאינו מאבד טיפה
photog′raphy *n.* צילום
pho′tom′eter *n.* פוטומטר, מד-אור
pho′tomon·tage′ (-täzh) *n.* פוטומונטאז׳, מיצרף-תמונות
pho′ton′ *n.* פוטון (חלקיק אור)
photo opportunity צילום מוזמן
pho′tosen′sitive *adj.* רגיש לאור
pho′tosen′sitize′ *v.* לעשות רגיש לאור
pho′tostat′ *n&v.* פוטוסטאט, מכונת צילום; צילום, העתק; לצלם
pho′tostat′ic *adj.* (מסמך) מצולם
pho′tosyn′thesis *n.* פוטוסינתיזה, הטמעת הפחמן
phr. = phrase
phra′sal (-z-) *adj&n.* ניבי, מורכב ממלים אחדות; פועל ניבי
phrase (-z) *n.* ניב, ביטוי, צירוף מלים; פראזה, פתגם; פסוק
- coin a phrase לטבוע מטבע-לשון
- to coin a phrase כמאמר הפתגם
- turn a phrase לומר משפט מוצלח
phrase *v.* לנסח, להביע במלים
phrase-book *n.* ניבון, מילון-ניבים
phra′se·ol′ogy (-z-) *n.* פרזיאולוגיה, ניסוח, הרכבת המשפט
phrasing *n.* ניסוח; פיסוק שיר
phre·net′ic *adj.* מטורף, קנאי
phre·nol′ogist *n.* פרינולוג
phre·nol′ogy *n.* פרינולוגיה, קביעת האופי לפי צורת הגולגולת
phthi′sis (th-) *n.* שחפת הריאה
phut *n.* בום, קול התפוצצות (בלון)
- go phut *להתמוטט; לעלות בתוהו
phylac′tery *n.* תפילין, טוטפת
phyl′loxe′ra *n.* פילוקסרה (כנימה)
phy′lum *n.* מערכה (בממלכת החי)
phys′ic (-z-) *n&v.* (לתת) תרופה
phys′ical (-z-) *adj&n.* פיזי, גשמי; גופני; טבעי, לפי הטבע; פיזיקלי; בדיקה רפואית
physical education חינוך גופני
physical environment סביבה טבעית
physical examination בדיקה

רפואית
physical exercise התעמלות, ספורט
physical geography גיאוגרפיה פיזית
physical jerks *התעמלות, ספורט
physically *adv.* גופנית; לפי הטבע
- physically impossible כלל לא אפשרי
physical sciences מדעי הטבע
physical training אימון גופני
physi′cian (-zish′ən) *n.* רופא
phys′icist (fiz-) *n.* פיזיקאי
phys′ics (fiz-) *n.* פיזיקה
phys′io′ (-z-) *n.* *פיזיותרפיסט
phys′iog′nomy (-z-) *n.* חוכמת הפרצוף; פרצוף; פני-השטח
phys′iolog′ical (-z-) *adj.* פיזיולוגי
phys′iol′ogist (-z-) *n.* פיזיולוג
phys′iol′ogy (-z-) *n.* פיזיולוגיה, חקר פעולות הגוף
phys′io·ther′apist (fiz-) *n.* פיזיותרפיסט
phys′io·ther′apy (fiz-) *n.* פיזיותרפיה, ריפוי באמצאים פיזיים
physique′ (-zēk) *n.* מבנה גוף
pi *n.* פי (אות יוונית), (בגיאומטריה) יחס היקף המעגל לקוטר
pi′anis′simo′ (pi-) *adv.* פיאניסימו, בשקט מוחלט
pian′ist *n.* פסנתרן
pian′o *n&adv.* פסנתר; פיאנו, בשקט
- upright piano פסנתר זקוף
piano accordion אקורדיון
pian′ofor′te (-fôr′ti) *n.* פסנתר
piano′la *n.* פיאנולה, פסנתר אוטומטי
piano-tuner *n.* מכוון פסנתרים
pias′ter *n.* פיאסטר, גרוש
piaz′za (piat′sə) *n.* מרפסת; רחבת-שוק; כיכר, פיאצה (באיטליה)
pic *n.* *תמונה, סרט קולנוע
pi′ca *n.* פייקה (יחידת מידה בדפוס)
pic′ador′ *n.* פיקאדור
pic′aresque′ (-resk) *adj.* פיקארסקי, מתאר חיי הרפתקנים
pic′ayune′ (-kəūn′) *n.* *חמישה סנט; חסר-ערך, נבזה, קטנוני
pic′calil′li *n.* פיקלילי (מחמצים)
pic′colo′ *n.* פיקולו, חלילון
pick *v.* לבחור, לברור; לקטוף; לתלוש; לנקר; לאכול כציפור; לקרוע; לחטט
- pick a bone (clean) להסיר כל הבשר מהעצם (בכרסום)
- pick a fight with לחרחר ריב
- pick a guitar לפרוט על גיטרה
- pick a hole in לעשות חור ב-
- pick a lock לפתוח מנעול (בגניבה)
- pick a winner לקלוע בניחוש
- pick and choose לברור ארוכות
- pick and steal לגנוב
- pick apart לקרוע לגזרים, לבקר
- pick at לאכול בלי תיאבון; לבצע באדישות; לחפש פגמים; למשוך
- pick him up לאסוף (במכונית); להכיר, להתיידד; לתפוס, לעצור
- pick off לקטוף; להרוג אחד-אחד
- pick on לבחור ב-; להציק
- pick one's nose לחטט באף
- pick one's steps להתקדם בזהירות
- pick one's teeth לחצוץ השיניים
- pick one's way להתקדם בזהירות
- pick oneself up לקום על רגליו
- pick out לבחור; להבחין, לראות; להבין; לנגן לפי שמיעה
- pick over לברור, לבדוק ולבחור; לדבר שוב ושוב על-
- pick pockets לכייס, לגנוב מכיסים
- pick to pieces לקרוע לגזרים, לחפש פגמים
- pick up להרים; לאסוף; להשתפר; להשיג, לרכוש; להתחיל שוב; לקלוט; להתאסף; לראות, להבחין; להתיידד; לעצור, לאסור; להחלים
- pick up a living להתפרנס בדוחק
- pick up a room לנקות/לסדר חדר
- pick up and leave לארוז חפציו ולהסתלק
- pick up health להחלים
- pick up speed להגביר מהירות
- pick up the soil לעדור את האדמה
- pick up the tab לקבל על עצמו לשלם
- picks his words שוקל כל מלה
pick *n.* מעדר, מכוש; בחירה, ברירה; מיטב, מובחר; *מַפרֵט
- take your pick קח כטוב בעיניך
- the pick of the bunch הטוב מכולם
pick′aback′ *adv.* על הכתפיים
pick′anin′ny *n.* תינוק כושי
pick′ax′ *n.* מעדר, מכוש

picked *adj.* מובחר
picker *n.* מלקט, מקושש, אוסף
pick′erel *n.* פיקרל (דג)
pick′et *n.* שומר, זקיף; משמר; משמר-שובתים; יתד, מוט, כלונס
picket *v.* לשמור; להציב שומרים (סביב-); לגדור בכלונסאות
picket fence גדר כלונסאות
picket line משמר שובתים
picking *n.* בחירה; גניבה
- pickings שאריות, רווחים משאריות, גניבות, הכנסות צדדיות
pick′le *n.* מי-מלח, ציר; מלפפון חמוץ, בצל כבוש; צרה; שובב, קונדס
- a nice/pretty pickle *מצב ביש
- have a rod in pickle for him לשמור באמתחתו עונש עבורו
- pickles כבושים, חמוצים, מחמצים
pickle *v.* לכבוש, להחמיץ, לשמר
pickled *adj.* מצומת, כבוש; שתוי
picklock *n.* פורץ מנעולים
pick-me-up *n.* מחזק, מעודד
pickpocket *n.* כייס
pick-up *n.* תפיסה; ראש-מקול; טנדר, משאית; תאוצה; *מַכָּר מִקְרִי
pickup truck טנדר
pick′y *adj.* בררן, קפדן
pic′nic *n&v.* (לערוך) פיקניק
- no picnic כלל לא קל
pic′nick′er *n.* משתתף בפיקניק
pictor′ial *adj.* מצוייר, מצולם
pictorial *n.* כתב-עת מצולם
pic′ture *n.* תמונה, צילום; ציור; מַרְאֶה; שלמות, התגלמות; סרט
- a picture of health בריא למופת
- get the picture *להבין, לתפוס
- out of the picture לא בתמונה
- political picture תמונת-מצב פוליטית
- put him in the picture להכניסו לתמונה/לעניינים
- take his picture לצלם אותו
- the pictures הקולנוע
picture *v.* לצלם, לצייר; לתאר
- picture (to) oneself לדמיין לעצמו; לראות עצמו כ-
picture book ספר תמונות
picture card קלף-תמונה
picture frame מסגרת תמונה
picture gallery גלרית-ציורים
picture hat כובע-נשים (רחב-אוגן)
picture-postcard *n&adj.* גלוית-דואר; יפה, ציורי
pic′turesque′ (-chəresk) *adj.* ציורי, יפה, ראוי לציור; מוזר, יוצא-דופן, פיטורסקי
- picturesque language שפה ציורית
picture window חלון (בעל) נוף
pid′dle *n&v.* * (לעשות) פיפי
pid′dling *adj.* חסר-ערך, קטנטן
pid′gin *n.* ז׳רגון, תערובת-לשונות
- not my pidgin לא ענייני, לא עסקי
pie (pī) *n.* פשטידה, פַּאי
- easy as pie קל מאוד
- pie in the sky הרים וגבעות, חלום באספמיא
- sand pie עוגת-חול (מעשה-ילד)
piebald *adj.* מנומר, בעל חברבורות
piece (pēs) *n.* חתיכה; חלק; קטע; כלי; יצירה; מטבע; כמות; דוגמה; *חתיכה; ברנש
- 20-piece band תזמורת בת 20 כלים
- a piece of the action *חלק ברווחים/בהתלהבות
- come to pieces להתפרק לחלקים
- go to pieces להישבר, להתמוטט
- in one piece *שלם, לא ניזוק
- in pieces לחתיכות, לרסיסים
- of a piece (with) מאותו מין, דומים; עולה בקנה אחד עם
- pay by the piece לשלם לפי הכמות/העבודה/בקבלנות
- piece by piece בחלקים
- piece of advice עצה
- piece of furniture רהיט
- piece of goods/work ברנש
- piece of land חלקת-אדמה
- piece of music קטע מוסיקלי
- piece of paper פיסת-נייר; גליון
- piece of work עבודה, יצירה
- pull/take to pieces לקרוע לגזרים
- say one's piece לומר דברו, לדקלם
- take to pieces לפרק; להתפרק
- to pieces *ביותר, עד מאוד
piece *v.* לחבר, להרכיב מחתיכות
- piece out לצרף פרט לפרט
- piece together לחבר, לאחות, לצרף
piece de resistance; המנה העיקרית; הדבר העיקרי (צרפתית)
piece goods בדים בחתיכות
piece′meal′ (pēs′-) *adj&adv.* קצת-קצת
piece-work *n.* עבודה לפי יחידות
pie chart תרשים עוגה

pie-crust *n.* קרום הפשטידה
pied (pīd) *adj.* מנומר, חברבור
pied-a-terre (pied'ətār') דירה נוספת
pie-eyed *adj.* שתוי
pier (pir) *n.* מזח, רציף; עמוד-תומך
pierce (pirs) *v.* לדקור, לחדור, לנקב
- pierce one's way להבקיע דרכו
piercing *adj.* חודר, חד, עז
piercing *n.* פירסינג, ניקוב לעגילים
pier glass ראי גדול
Pierrot (pē'ərō') *n.* פיארו, ליצן
pieta (pi'ātä') *n.* פיאטה (תמונת מרים המחזיקה את גופת ישו)
pi'ety *n.* אֲדִיקוּת, דָתִיוּת, חֲסִידוּת
- filial piety כיבוד-אב-ואם
pi'e•zo'e•lec'tric *adj.* מופעל ע"י חשמל גבישי, פיאזואלקטרי
pif'fle *n&v.* * (לדבר) שטויות
pif'fling *adj.* חסר-ערך, פעוט
pig *n.* חזיר; ברזל יצוק; *שוטר
- a pig in a poke "חתול בשק"
- make a pig of oneself להתנהג כחזיר, לזלול
- make a pig's ear of *לפשל
- pigs might fly אם יתחולל נס, "כשיצמחו שערות על כף ידי"
pig *v.* להמליט חזירים
- pig it לחיות כחזיר (בזוהמה)
- pig out *לזלול, לאכול כמו חזיר
pigboat *n.* *צוללת
pi'geon (pij'ən) *n.* יונה; פתי, טיפש
- not my pigeon לא עסקי, לא ענייני
pigeon-breasted/-chested *adj.* בעל חזה בולט, צר-חזה
pigeonhole *n.* תא-מסמכים, תאון
pigeonhole *v.* לשים בתא; לזכור; לדחות, להתעלם, לשכוח, לדחוף למגירה; למיין
pigeon-toed *adj.* בעל רגלי-יונה
pig'gery *n.* חוות-חזירים
piggish *adj.* חזירי, זולל וסובא
piggy *n&adj.* חזירון; זולל
piggy-back *adv.* על הכתפיים
piggy bank קופה, קופסת חסכונות
pig-headed *adj.* עקשן
pig iron יצקת, ברזל יצוק
pig'let *n.* חזרזיר, חזירון
pig'ment *n.* פיגמנט, צִבְעָן
pig'my *n.* ננס, גמד
pig'nut' *n.* קרְיָה (אגוז)
pigpen *n.* דיר חזירים
pigskin *n.* עור חזיר; כדורגל; *אוכף
pig-sticking *n.* ציד-חזירים
pig'sty' *n.* דיר-חזירים
pigswill, pigwash *n.* פסולת, שיריים, מזון-חזירים
pigtail *n.* זנב-סוס, צמת-עורף
pike *n&v.* חנית, כידון; להכות בחנית
pike *n.* ראש גבעה; זאב-המים; כביש-אגרה, דרכייה; מחסום-מכס; מכס
- come down the pike להופיע בשטח, להבחין בו
pikestaff *n.* קנה-החנית
- plain as a pikestaff ברור כשמש
pilaf' (-läf) *n.* פילאף (אורז עם בשר)
pilas'ter *n.* עמוד מרובע
pilau' *n.* פילאף (אורז עם בשר)
pil'chard *n.* מליח קטן
pile *n.* ערימה; הון; בניין גבוה, גוש בניינים; סוללה; קורת-מסד; הצד השעיר והרך (בקטיפה/שטיח)
- piles טחורים
- piles of *המון, הרבה
pile *v.* לערום, לצבור, לגבב; להיערם
- pile arms להעמיד רובים במצובה
- pile in/out לנהור/להידחק פנימה/החוצה (באי-סדר)
- pile into a car להידחס למכונית
- pile it on *להגזים
- pile up לצבור; להיערם; להתנגש
pile driver תוקע קורות; מהלומה
pile-up *n.* התנגשות, תאונת שרשרת
pil'fer *v.* לגנוב, לסחוב, "להרים"
pil'ferage *n.* גניבה, סחיבה
pilferer *n.* גנב, גנבן, סחבן
pil'grim *n.* צליין, עולה-רגל, נוסע
pil'grimage *n.* עלייה לרגל, צליינות
pilgrim fathers החלוצים
pill *n.* גלולה; *כדור; טיפוס לא נעים
- bitter pill גלולה מרה
- on the pill לוקחת גלולות
- sugar the pill להמתיק את הגלולה
pil'lage *n&v.* ביזה; לבזוז, לשדוד
pillager *n.* בוזז
pil'lar *n.* עמוד; יד, מצבה; תומך
- driven from pillar to post נרדף ממקום למקום/מצרה לצרה
- pillar of smoke עמוד עשן (מיתמר)
pillar-box *n.* תיבת-דואר (ברחוב)

pillbox *n.* קופסית-גלולות; כובע דמוי-קופסה; מצד, מצדית, ביצור
pil'lion *n.* מושב אחורי (באופנוע)
- ride pillion לרכוב במושב האחורי
pil'lock *n.* *טיפש, נִקְלֶה
pil'lory *n&v.* סד (לראש ולידיים); לכבול בסד; לעשותו ללעג
pil'low (-ō) *n&v.* כר; להניח (ראשו) על כר; לשמש ככר
pillow-case, -slip *n.* ציפת-כר
pillow talk שיחה רומנטית במיטה
pill-popper *n.* *נוטל כדורים
pill'ule, pil'ule (-ūl) *n.* גלולה, טבלית
pi'lose' *adj.* שעיר, מכוסה שיער
pi'lot *n.* טייס; נווט; נתב-ספינות
- drop the pilot לסלק את היועץ
pilot *v.* לשמש כטייס; לנווט
- pilot through להעביר (חוק)
pilot *adj.* ניסיוני, ניסויי, של בדיקה
pilot engine קטר-בודק
pilot fish דג נווט (המלווה כרישים)
pilot light/burner להבית הצתה
pilot light/lamp נורת תמיד
pilot officer סגן-משנה (בח"א)
pilot plant מִפְעָל/מִתְקָן ניסיוני
pilot study מחקר ניסויי
pimen'to *n.* פימנטו (מין פלפל)
pimp *n.* סרסור-זונות; מודיע
pimp *v.* לספק זונות, לפעול כסרסור
pim'pernel *n.* מרגנית (צמח, פרח)
pimp'ing *adj.* קטן, חולני, קטנוני
pim'ple *n.* אבעבועה, חטט, פצעון
pim'ply, pimpled *adj.* מכוסה פצעונים
pin *n.* סיכה; סיכת-תכשיט; יתד, פין
- clean as a new pin נקי ביותר
- for two pins מבלי שיהיה צורך לשכנע, "כמו כלום"
- not care a pin/two pins *לא איכפת כלל
- pins *רגליים
- pins and needles קוצר-רוח, מתח, "על קוצים"; עיקצוצים
- safety-pin סיכת-ביטחון, פריפה
pin *v.* להדק בסיכה; לנעוץ; לרתק
- pin back one's ears להקשיב היטב; לנזוף, לגעור; להכות, להביס
- pin down לרתק, להצמיד למקום; לגלות במדוייק, למנוע מלהתחמק
- pin it on him לטפול (האשמה) עליו
- pin one's hopes on him לתלות בו תקוותו, להשליך יהבו עליו
- pin up לתלות (בנעץ, תמונה)
PIN מספר סודי (בכספומט)
pin'afore' *n.* סינר
pin-ball machine פִּינְבּוֹל (מִשְׂחָק)
pince-nez (pans'nā) *n.* מצבטיים, משקפי-חוטם, משקפי-צבט
pin'cer *n.* זרוע, צבת, מצבט
- pincers מלקחיים, צבת
pincer movement תנועת מלקחיים
pincette' *n.* מַלְקֶט, מלקחית, פינצטה
pinch *v.* לצבוט; ללחוץ; לקמץ, לחסוך; לגנוב; לעצור, לאסור
- pinch and scrape לחסוך ולקמץ
- pinched for money דחוק בכסף
- pinched his finger אצבעו נצבטה
- pinched with סובל מ-, מיוסר-
- where the shoe pinches מקור הקושי, היכן שלוחץ, פה קבור הכלב
pinch *n.* צביטה; לחיצה; כאב; קושי, מצוקה; שמץ, קורטוב
- at a pinch בשעת הדחק, באין ברירה
- if it comes to the pinch בשעת הדחק
pinch'beck' *n&adj.* זהב מלאכותי; מסג-נחושת-ואבץ; מזוייף
pinch-hit *v.* למלא מקום
pinchpenny *n.* קמצן
pincushion *n.* כרית-סיכות
pin-down *n.* הכנסת ילדים למוסד
pine *v.* להימק, להתנוון, לתשוש; לערוג, להשתוקק
pine *n.* אורן, צנובר; עץ אורן
pi'ne•al *adj.* איצטרובלי
pineapple *n.* אננס
pine cone איצטרובל, צנובר
pine mushroom אורנייה (פטרייה)
pine needle מחט, עלה-אורן
pinewood *n.* יער-אורנים; עץ אורן
pine'y (pī'ni) *adj.* של אורנים
ping *n&v.* פינג, צלצול, שריקה; להרעיש
ping'-pong' *n.* פינג-פונג, טניס-שולחן
pinhead *n.* ראש סיכה; *טיפש
pin'ion *n&v.* כנף; נוצה, אברה; לקצוץ (נוצות-) כנף; לכבול, לכפות
pink *adj&n.* ורוד; ציפורן (פרח); שיא; שמאלי, שמאלני
- in the pink (of health) בריא
- pink elephant הזיות, "עורב לבן"

pink *v.* לדקור, לדקרר, לפגוע; לקשט בנקבים; לגזור שוליים
- pinking scissors/shears מספרי-שוליים
pink *v.* (לגבי מנוע) להרעיש
pink eye דלקת הלחמית
pink'ie, pink'y *n.* זרת (אצבע)
pinkish *adj.* ורדרד
pin'ko *n.* (בפוליטיקה) שמאלני
pin money הוצאות קטנות
pin'nace (-nis) *n.* סירת-אונייה
pin'nacle *n.* צריח; צוק; שיא, פסגה
pinnacle *v.* לצייד בצריחים
pin'nate (-nāt) *adj.* (עלה) מנוצה
pinned *adj.* נתקע (בלי יכולת לזוז)
pin'ny *n.* *סינר
pinpoint *n.* חוד-סיכה, דבר זעיר
- pinpoint of light נקודת-אור
pinpoint *adj.* זעיר; מדוייק
pinpoint *v.* לתאר במדוייק, לאתר, לקלוע בדייקנות (במטרה זעירה)
pin-prick *n.* עקיצה; דקירת-סיכה
pin'stripe' *n.* בד מפוספס/מקווקוו; חליפת פסים
pint (pīnt) *n.* פיינט, 1/8 גאלון
pi'nta *n.* *פיינט חלב
pin-table = pinball machine
pint-size *adj.* קטן, חסר-ערך
pin-up *n.* תמונה (נעוצה בקיר)
pin-up girl נערת-תמונה (כנ"ל)
pin wheel גלגילון-רוח (מנייר, מסתובב ברוח); זיקוקין-די-נור
piny (pī'ni) *adj.* של אורנים
pi'oneer' *n&v.* חלוץ; (בצבא) פַּלָּס; להיחלץ; לסלול; ליזום
pi'ous *adj.* דתי, אדוק; מתחסד
pip *n.* חרצן, גרעין; אות-זמן, צפצוף; נקודה (על קלף וכו'); כוכב-דרגה
- the pip מחלת-עופות; מצב-רוח רע
pip *v.* *לנצח, להביס; להיכשל; להכשיל; לקלוע, לפגוע
- pipped at the post נוצח ברגע האחרון
pipe *n.* צינור; מקטרת; מלוא המקטרת; קנה, חליל; משרוקית; שריקה; חבית
- pipes חמת-חלילים
- put it in your pipe and smoke it עליך לבלוע זאת על כורחך
pipe *v.* להזרים בצינורות; לשרוק; לנגן, לצייץ; לקשט שולי שמלה/עוגה
- pipe down לשתוק; להנמיך הטון
- pipe up להתחיל לזמר/לדבר/לנגן
pipe clay חומר-מיקטרות; חומר הלבנה
pipe cleaner מנקה מקטרות
piped music מוסיקה מתמדת שקטה
pipe dream חלום באספמיא
pipeful (-fool) *n.* מלוא-המקטרת
pipe-line *n.* צינור; קו צינורות
- in the pipe-line בדרך, בטיפול
pipe opener אימון, חזרה
piper *n.* חלילן, מנגן בחמת-חלילים
- pay the piper לשאת בהוצאות
pipe rack כונן מקטרות
pipette' *n.* שפופרת, טפי, פיפטה
pipework *n.* צנרת
piping *n.* צנרת; צינורות; קישוט צינורי (בשוליים); חילול; שריקה
piping *adj.* שורק, צווחני
- piping hot חם מאוד
- piping times ימי-רגיעה
pip'it *n.* ציפור קטנה
pip'pin *n.* סוגי תפוחי-עץ
pip-squeak *n.* *אפס, חדל-אישים
pi'quancy (pē'kən-) *n.* פיקאנטיות
pi'quant (pē'kənt) *adj.* חריף, פיקאנטי
pique (pēk) *n&v.* היפגעות, עלבון, תרעומת; לפגוע, להרגיז; לעורר
- pique oneself on להתגאות ב-
pique (pikā') *n.* פיקה (אריג כותנה)
piquet' (-ket) *n.* פיקט (משחק קלפים)
pi'racy *n.* פיראטיות, שוד-ים; גניבה
pi'rate (-rit) *n.* (ספינת) פיראט, שודד-ים; גונב (זכות-יוצרים וכו')
pi'rate (-rit) *v.* לגנוב (כנ"ל)
pi·rat'ical *adj.* פיראטי
pir'ouette' (-ōōet') *v&n.* להסתחרר; (לעשות) פירואט, סחרור (על הבוהן)
pis aller (pēz'alā') *n.* מפלט אחרון
pis'cato'rial *adj.* של דַּיָג, חובב דיג
Pis'ces (-sēz) *n.* מזל דגים
pish *interj.* פִּישׁ! (קריאת בוז וכו')
piss *n&v.* * (לעשות) פיפי
- piss around *להתמזמז, להתבטל
- piss off *הסתלק!, להמאיס, לשעמם
- pissed *שתוי; מעוצבן, מדוכא
pissoir' (-swär') *n.* משתנה ציבורית
pista'chio' (-tash'-) *n.* פיסטוק

pistachio green ירקרק
pis′til (-təl) *n.* עלי (בפרח)
pis′tol *n.* אקדח
pistol-whip *v.* להכות באקדח
pis′ton *n.* בוכנה
piston engine מנוע-בוכנות
piston ring טבעת-הבוכנה
piston rod טלטל-הבוכנה
pit *n.* בור; מכרה; מלכודת; מוסך; בור-בדיקה במוסך; זירת-קרב לחיות; שקע; צלקת, גממית; מושבים אחוריים; מדור בבורסה
- dig a pit להטמין מלכודת
- pit of despair תהום היאוש
- pit of the stomach השקע מתחת למפתח-הלב
- the pit הגיהינום
- the pits המקום/המצב הכי גרוע
pit *n&v.* גלעין; לגלען
pit *v.* לעשות גומות; לצלק; להציב מול
- pitted מצולק, גמום; מלא בורות; מתייצב מול
pi′ta (pē′tə) *n.* פיתה
pit′-a-pat′ *n.* תקתוק, נקישות
- go pit-a-pat (לגבי לב) להלום
pitch *n.* זפת; מקום העסקים; גובה צליל, רמה, דרגה; זריקה, הטלה; מיגרש; טלטול; שיפוע
- dark as pitch חושך מצריים
- queer his pitch לסכל תוכניתו
- sales pitch שיטת-מכירה
pitch *v.* להקים, להציב; להטיל, לזרוק; לקבוע (רמה); ליפול; להיטלטל; לשפע; להשתפע; *לספר
- pitch in להירתם במרץ לעבודה; לתרום חלקו
- pitch into להסתער על, להתנפל על
- pitch upon לבחור (במקרה)
pitch-and-toss הטלת-מטבע
pitch-blende *n.* עפרת-ראדיום
pitch-dark *adj.* חושך-מצריים
pitched *adj.* משופע
pitched battle מערכה עזה
pitch′er *n.* כד; (בבייסבול) מגיש
pitchfork *n&v.* קלשון; להעמיס בקלשון; לדחוף (נגד רצונו), לכוף
- raining pitchforks ניתך גשם עז
pitch pine סוג אורן
pit′e·ous *adj.* מעורר חמלה
pitfall *n.* פח, מלכודת, מהמורה
pith *n.* חומר ספוגי; חוט השדרה; תמצית, עיקר, לשד; כוח, עוצמה
pithead *n.* פתח המכרה
pith helmet כובע קל
pithiness *n.* תמציתיות
pith′y *adj.* תמציתי, מלא-תוכן
pitiable *adj.* מסכן, מעורר חמלה
pitiful *adj.* מעורר חמלה; רחום
pitiless *adj.* אכזרי, חסר-חמלה
pitman *n.* כורה-פחם
pi′ton′ (pē-) *n.* יתד-מאחז (לטפסן)
pit pony סוסון מכרות
pit prop סמוכת-מכרה
pit′tance *n.* סכום פעוט
pit′ter-pat′ter = pit-a-pat
pitu′itar′y (-teri) *n.* בלוטת יותרת-המוח
pit′y *n&v.* רחמים, חמלה; לרחם
- felt pity for נכמרו רחמיו על
- for pity's sake למען השם, אנא
- it's a pity, what a pity חבל
- it's a thousand pities חבל
- out of pity מתוך רחמים
- take pity on לרחם על
piv′ot *n.* ציר; מרכז, מוקד
pivot *v.* לסוב על ציר; לקבוע על ציר
- pivot on להיות תלוי ב-
piv′otal *adj.* של ציר; מרכזי, חשוב
pix *n-pl.* *תמונות, סרטים
pix′el *n.* פיקסל, נקודה במסך
pix′ie, pix′y *n.* פֵיָה, שדונת
pix′ila′ted *adj.* *מטורף; שתוי
pizza (pēt′sə) *n.* פיצה
pizzazz′ *n.* *מרץ, חיות
piz′zeri′a (-rē′ə) *n.* פיצרייה
piz′zica′to (pitsikä′-) *adv.* פיציקאטו, בפרוט
pk. = park פארק
pl. = plural, place
plac′ard *n.* כרזה, מודעה, פלאקאט
placard *v.* להדביק מודעות
pla′cate *v.* לשכך, לפייס, להרגיע
pla′cato′ry *adj.* משכך, מרגיע
place *n.* מקום, איזור; מעמד; חובה; תפקיד; משרה; בית; אחד מ-3 הראשונים
- 3 decimal places 3 מקומות אחרי הנקודה
- all over the place בכל מקום
- come to my place בוא לביתי
- give place to לפנות מקום ל-
- go places *להצליח
- high places החלונות הגבוהים

- in place במקום; יאה, נאות
- in place of במקום-
- it's not my place אין זה חובתי
- knows his place מכיר את מקומו
- lay/set a place for לערוך מקום ליד השולחן (לסועד)
- make place for לפנות מקום ל-
- out of place לא במקום; לא הוגן
- pride of place מקום כבוד
- put/keep him in his place להעמידו במקומו
- take one's/its place לתפוס מקום
- take place לקרות, להתרחש
- take the place of למלא מקום-
place *v.* לשים, להניח; לסדר, לשכן; לְמַנּוֹת; להציב; להשקיע, להפקיד; למקם; לאתר; לזכור, לזהות; לסיים שני במירוץ
- be placed לסיים בין 3 הראשונים
- place an order with להזמין אצל
- place importance לייחס חשיבות
place bet הימור על אחד הראשונים
place′bo *n.* תרופת הרגעה; תרופת דמה, אֵינְבּוֹ
place card פתק-מקום (לאורח)
place kick בעיטה מהקרקע (בכדור)
placeman *n.* בעל משרה, פרוטקציונר
place mat מפית סועד
placement *n.* הנחה; הסדרת משרה
placen′ta *n.* שליה
placeseeker *n.* מחפש משרה
place setting עריכת שולחן (לסועד)
plac′id *adj.* שָׁקֵט, שליו, רוגע, רגוע
placid′ity *n.* שֶׁקֶט, שלווה, רגיעה
plack′et *n.* כיס-חצאית, פתח-חצאית
pla′giarism′ (-jər-) *n.* פלגיאט, גניבה ספרותית, גניבת רעיונות, גינוב
pla′giarist (-jər-) *n.* פלגיאטור
pla′giarize′ (-jər-) *v.* לגנוב (כנ״ל)
plague (plāg) *n&v.* דֶּבֶר, מגיפה; מכה; מטרד; טרדן; להציק; לענות
- plague of rats מכת עכברושים
- plague on him! ילך לעזאזל!
plague-spot *n.* כתם-דֶּבֶר; איזור נגוע; מקור-השחיתות
pla′guey (-gi) *adj.* *מרגיז
pla′guy (-gi) *adj.* *מרגיז
plaice *n.* סנדל, דג משה רבינו
plaid (plad) *n.* רדיד-צמר צבעוני (סקוטי); אריג משובץ

plain *adj.* פשוט, ברור; מכוער; חָלָק
- in plain words בשפה פשוטה
- plain as day ברור כשמש
- plain chocolate שוקולד דל-סוכר
- plain dealing הגינות (בעסקים)
- plain flour קמח לא תופח
- plain meal ארוחה פשוטה/צנועה
- plain paper נייר חלק (לא מקווקוו)
- plain sailing הפלגה שקטה; דרך-פעולה חלקה וחסרת-תקלות
- to be plain with you אומר גלויות
plain *adv.* ברור, בפשטות
plain *n.* מישור, ערבה
plainchant *n.* שיר פשוט (בכנסייה)
plain-clothes *adj.* (בלש/שוטר) בבגדי אזרח
plainly *adv.* ברור, בפשטות
plainsman (-z-) *n.* תושב-המישור
plainsong *n.* שיר פשוט (בכנסייה)
plain-spoken *adj.* דובר-גלויות, גלוי
plaint *n.* תביעה, תלונה; קינה
plain′tiff *n.* תובע, מאשים
plain′tive *adj.* עצוב, נוּגֶה, מתחנן
plait *n&v.* צמה, מקלעת; לקלוע
plan *n.* תוכנית; תרשים, שרטוט
plan *v.* לתכנן; לתרשם, לשרטט
- plan on להתכוון ל-; ״לבנות על״
plan•chette′ (-shet) *n.* לוח (בעל עיפרון ״הרושם הודעות מהמתים״)
plane *n.* מישור, משטח; רמה, דרגה; מקצועה; עץ דולב; מטוס
plane *v.* להקציע, להחליק; לדאות
- plane away לסלק, להחליק
- plane down לדאות, לגלוש באוויר
plane *adj.* מישורי, שטוח
plane geometry הנדסת המישור
planeload *n.* מלוא המטוס
plane sailing הפלגה מישורית
plan′et *n.* כוכב-לכת, פלאנטה
plan′eta′rium *n.* פלנטאריום
plan′etar′y (-teri) *adj.* של כוכב-לכת, פלנטארי
plan′gent *adj.* רוטט, עצוב, מהדהד
plan′ish *v.* לְרַקֵּעַ, לְשַׁטֵּחַ, לרדד
plank *n.* קרש; קורה, לוח; עיקרון במצע
- walk the plank ללכת על הקרש (הבולט מהאונייה, וליפול לים)
plank *v.* ללוות, לכסות בקרשים
- plank down לשלם מייד
planking *n.* לוחות, רצפת-קרשים

plank′ton *n.* פלנקטון, יצורים זעירים החיים במים, מזון-הדגים
planned *adj.* מתוכנן
planner *n.* מתכנן
planning *n.* תיכנון
planning permission היתר-בנייה
plant *n.* צמח, שתיל; מתקן, ציוד; מפעל, בית-חרושת; *רמאות; סוכן שתול
plant *v.* לטעת, לזרוע; לשתול; להשריש; לתקוע, להנחית; לייסד; ליישב; *לשתול (סוכן)
- plant oneself להתיישב/להיעמד בצורה איתנה
- plant out להעביר שתיל לאדמה
plan′tain (-tən) *n.* לחך, עשב רע; סוג בננה
plan′ta′tion *n.* מטע
planter *n.* מַטָּעָן, בעל מטעים; מכונת-נטיעה; עציץ, אדנית
plaque (plak) *n.* לוח, טבלה; סימן; מישקע
plash *n.* חבטה במים, מַשָּׁק
plash *v.* לשכשך, להבוט במים
plas′ma (-z-) *n.* פְּלַזְמָה
plas′ter *n.* טיח, גבס; רטייה
- in plaster נתון בגבס (איבר נקוע)
- sticking plaster אספלנית דביקה
plaster *v.* לטייח, לכסות; להדביק אספלנית; לגבס; *לנצח, להביס
- plaster over לטייח, לכסות, לצפות
plasterboard *n.* לוח-טיח; לוח גבס
plaster cast פסל-גבס; תחבושת-גבס
plastered *adj.* *שתוי, שיכור
plasterer *n.* טַיָּח, סַיָּד
plastering *n.* טיוח; *תבוסה
plaster of Paris גבס
plas′tic *adj&n.* (חומר) פלאסטי; גמיש, נוח לעיצוב/להשפעה, בר-שינוי; של כִּיּוּר
plastic arts האמנויות הפלאסטיות
plastic bomb פצצה פלאסטית
plas′ticine (-sēn) *n.* פלאסטלינה, כיורת, טינית
plas•tic′ity *n.* פלאסטיות, גמישות
plastic money *כרטיסי אשראי
plastics פלסטיק, פלסטיקה
plastic surgery כירורגיה פלסטית
plas′tron *n.* מגן-חזה (בסיף)
plat *n.* חלקת אדמה, מפת שטח
plat du jour (plä′doozhoor′) *n.* מאכל-היום, המנה המיוחדת
plate *n.* צלחת; מנה; כלי-שולחן (מזהב); צלחת-תרומות; ציפוי; לוחית-שם; פרס; מירוץ-סוסים; לוח, ריקוע; תמונה; גלופה
- give on a plate להגיש על מגש
- has too much on his plate עליו לטפל בעניינים רבים, עמוס עבודה
plate *v.* לכסות בלוחות; לְצַפּוֹת
- silver-plated מוכסף, מצופה כסף
plat•eau′ (-to′) *n.* רמה, מישור גבוה; דריכה במקום, קיפאון
plateful (-fool) *n.* מלוא-הצלחת
plate glass זכוכית רקועה
platelayer *n.* מניח פסי-רכבת
plate′let (plāt′lət) *n.* תרומבוציט, טסית הדם, תא מסייע להקרשה
plate rack כונן-צלחות, סריג-כלים
plat′form′ *n.* דוכן, בימה, פלאטפורמה; רציף; רחבה; מישורת; מצע מפלגתי
- platforms נעליים גבוהות-סוליה
plating *n.* ציפוי, ריקוע
plat′inum *n.* פלאטינה (מתכת)
platinum blonde בלונדית כסופת-שיער
plat′itude′ *n.* שטחיות, שגרתיות; אמרה חבוטה, משפט בנאלי
plat′itu′dinous *adj.* שטחי, נדוש
Pla′to *n.* אפלטון
platon′ic *adj.* אפלטוני, לא-חושני
platoon′ (-tōōn) *n.* מחלקה (בצבא)
plat′ter *n.* צלחת, פינכה; *תקליט
plat′ypus *n.* ברווזן (יונק)
plau′dit *n.* תשואות, שבחים
plau′sibil′ity (-z-) *n.* מהימנות
plau′sible (-z-) *adj.* מתקבל על הדעת, הגיוני; מהימן; מוליך שולל
play *n.* שעשוע, מִשְׂחָק; מחזה; תור (במשחק); ריצוד; הימור; חופש; רפיון; מרחב-תימרון
- at play מְשַׂחֵק, שקוע במשחק
- bring into play להפעיל
- come into play להתחיל לפעול
- give play לרפות, לשחרר קמעה
- good as a play מעניין, מבדר
- in play בצחוק, לא-ברצינות
- make a play for לפעול כדי להשיג
- play on words משחק-מלים
play *v.* להשתעשע, לשחק (ב-/נגד/על/כ-); להציג; לנגן, לשתף במשחק; לכוון, לירות, להתיז;

להמחיז; להעמיד פנים
- play along להעמיד פנים כמסכים
- play around/about להשתעשע
- play at לשחק ב-/כ-, להשתעשע ב-
- play back להשמיע מרשמקול
- play down להמעיט את חשיבותו
- play for safety לשחק בזהירות, לא להסתכן, לשחק "על בטוח"
- play for time להשהות, להרוויח זמן
- play guns on להפגיז, לירות על
- play hard לשחק במרץ
- play him a trick "לסדר" אותו
- play him for *להתייחס אליו כ-
- play in לנגן בשעת כניסתו; לתרגל
- play it one's own way לפעול בדרך הנראית לו
- play off לסיים (תחרויות); לשחק משחק נוסף, לשחק בפלייאוף
- play off against להציב (זה מול זה) כדי לזכות ביתרון
- play on לפרוט על (גיטרה/רגשות)
- play out לסיים; ללוות יציאתו בנגינה
- play safe לפעול בדרך הבטוחה, מה שבטוח - בטוח
- play the horses להמר (במירוצי-סוסים)
- play up להוסיף לחשיבותו, לנפח, להדגיש; להציק; לשחק במרץ
- play up to להחניף ל-
- play upon words לשחק במשחקי-מלים
- play water on להתיז מים על
- played out עייף, סחוט; מיושן
- plays the field יוצא עם כמה בנות
- the pitch plays well המגרש מתאים למשחק
playable *adj.* (מגרש) יפה למשחק
playact *v.* לשחק במחזה; להעמיד פנים
play-acting *n.* משחק, העמדת-פנים
play-back *n.* השמעת הקלטה מרשמקול; כפתור ההחזרה
playbill *n.* מודעת-הצגה
play-box *n.* ארגז-צעצועים
playboy *n.* פלייבוי, רודף תענוגות
play-by-play *adj.* בליווי שידור חי; מפורט
player *n.* שחקן; נגן
player piano פסנתר אוטומטי
playfellow *n.* חבר למשחק
playful *adj.* עליז, מלא-שחוק, שובבני; במשובה, שלא ברצינות
playgoer *n.* שוחר תיאטרון
playground *n.* מגרש-משחקים
play-group *n.* גן-ילדים, גנון
playhouse *n.* תיאטרון; בית-משחקים
playing card קלף
playing field מגרש כדורגל
play'let *n.* מחזה קצר
playmaker *n.* רכז
playmate *n.* חבר למשחק
play-off *n.* מישחק חוזר (לאחר תיקו), פלייאוף, מישחקים לקביעת האלוף
play-pen *n.* לול (לפעוטות)
playroom *n.* חדר-משחקים
play-school *n.* גנון, גן-ילדים
play-suit *n.* בגדי-משחק (לילד)
plaything *n.* צעצוע; כלי-משחק
playtime *n.* הפסקה, שעת-משחקים
playwright *n.* מחזאי
plaz'a *n.* כיכר, רחבת-שוק
plea *n.* בקשה, הפצרה; טענה, תירוץ; הצהרה, כתב-הגנה
plea bargain עיסקת טיעון
pleach *v.* לשלב ענפים; לשזור
plead *v.* להתחנן; לטעון; לתרץ; לסנגר, ללמד זכות; לענות על אשמה
- plead for לטעון מצד (בבי"ד)
- plead guilty להודות באשמה
- plead madness לטעון לאי-שפיות
- plead with להפציר ב-, לבקש מ-
pleader *n.* מבקש, פרקליט, טוען
- rabbinical pleader טוען רבני
pleading *n.* טענה, הצהרה, טיעון
pleas'ant (plez-) *adj.* נעים, נוח, טעים
pleas'antry (plez-) *n.* הלצה, הערה מבדחת; הומור, צחוק
please (-z) *v.* להשביע רצון, לגרום הנאה, לְהַנוֹת, לְרַצוֹת
- as you please כטוב בעיניך; *מאוד
- if you please בבקשה, אנא, ברשותך; כמובן (באירוניה)
- please God אם ירצה השם
- please yourself! עשה כחפצך
- please! אנא, בבקשה, הואל נא
- pleased (with) שמח, מרוצה (מ-)
pleas'ing (-z-) *adj.* מהנה, נוח, נעים
pleas'urable (plezh-) *adj.* נעים,

מהנה
pleasure (plezh′ər) *n.* הנאה, תענוג; תענוגות; רצון, חפץ
- at your pleasure כרצונך
- for pleasure כדי לבלות, להנאה
- may I have the pleasure of? התואיל ל-?, לעונג יהיה לי ל-
- my pleasure התענוג שלי, היה נעים
- take pleasure לשמוח, להפיק הנאה
- with pleasure ברצון, בחפץ-לב
pleasure boat סירת-שעשועים
pleasure ground מגרש-משחקים
pleat *v&n.* לקפל; קיפול (בחצאית)
pleb, ple·be′ian (-bē′ən) *n&adj.* פלבי, נחות-מעמד, פשוט-עם; גס
plebe *n.* טירון
pleb′iscite′ *n.* משאל-עם
plec′trum *n.* מַפְרֵט (התקן-פריטה)
pled = p of plead
pledge *n.* משכון, ערבון; הבטחה, התחייבות; אות, סימן
- as a pledge of לאות, כשי-
- in pledge ממושכן, בעבוט
- pledge of friendship אות-ידידות
- under pledge of secrecy תוך הבטחת סודיות
pledge *v.* להבטיח, להתחייב; למשכן, לתת בעבוט; לשתות לחיי-
- pledge one's word לתת דברתו
- pledge oneself להתחייב
- pledged to secrecy מתחייב לשמור סוד
ple′nary *adj.* מלא, מוחלט, לא-מוגבל
plenary session ישיבת המליאה
plen′ipoten′tiary (-shəri) *n&adj.* שגריר, ציר; נציג מוסמך; (ייפוי-כוח) מלא
plen′itude′ *n.* שפע, רוב, גודש
plen′te·ous *adj.* מלא, שופע
plen′tiful *adj.* מלא, שופע, עשיר, רב
plen′ty *n&adv.* שפע, עושר, כמות רבה; הרבה, מספיק, מאוד
- in plenty בשפע
- in plenty of time בעוד מועד
- live in plenty לחיות חיי רווחה
- plenty more עוד הרבה, עוד כמות
ple′num *n.* מליאה (של פרלמנט)
ple′onasm′ (-naz′əm) *n.* יתור, פליאונאזם, גיבוב-מלים, שפת-יתר
pleth′ora *n.* שפע רב, גודש
pleura (ploor′ə) *n.* צֶדֶר (קרום עוטף ריאות)
pleu′risy (ploor-) *n.* דלקת הצדר, דלקת עטיפת-הריאות
plex′us *n.* רשת עצבים וכלי-דם
pli′abil′ity *n.* גמישות, כפיפות
pli′able, pli′ant *adj.* גמיש, כפיף, נוח לעיצוב, קל להשפעה, צייתן
pli′ancy *n.* גמישות, כפיפות
pli′ers *n-pl.* מלקחיים, מלקחת, פלאייר
plight *n.* מצב; צרה, תסבוכת
plight *v.* להבטיח, להתחייב
- plight one's honor/word לתת דברתו
- plight one's troth להבטיח נישואים
Plim′soll line קו השוקע (בספינה)
plimsolls *n-pl.* נעלי ספורט
plinth *n.* בסיס-עמוד, אדן
PLO אש"ף
plod *v.* ללכת בכבדות, להשתרך; לעמול
- plod along/away לעבוד ללא הפוגה
- plod one's way להתקדם בכבדות
plodder *n.* שקדן, איטי (אך מצליח)
plonk *v.* לפרוט, לנגן סתם; ליפול (בשקשוק) למים; לצנוח
plonk *n&adv.* (ב-) קול נפילה למים
plonk *n.* יין זול
plop *v.* ליפול; ליפול למים
plop *n&adv.* (ב-) קול נפילה למים
plo′sive *n&adj.* (הגה) פוצץ
plot *n.* חלקה, מגרש; מפה, תרשים; עלילת-סיפור; קשר, קנוניה
plot *v.* לתכנן; לתרשם, למפות; לקשור, לעשות קנוניה
- plot a curve ליצור עקומה מנקודות
- plot out לחלק (אדמה) לחלקות
plotter *n.* קושר קשר, חורש רעה
plo′ver *n.* חופמי (עוף)
plow, plough (plou) *n.* מחרשה; אדמה חרושה
- Plough דובה גדולה (קבוצת כוכבים)
- put one's hand to the plow להירתם לעבודה
- under the plow (אדמה)

לגידולי-תבואה (ולא למרעה)
plow, plough *v.* לחרוש; להתאים לחרישה; להתקדם במאמץ; להכשיל, לפסול, לדחות
- plow a lonely furrow לעבוד ללא עזרה, לפעול לבד
- plow back להשקיע שוב (רווחים בעסק)
- plow into להסתער על; להתנגש
- plow one's way לפלס דרך
- plow the sand לעשות עבודה מיותרת
- plow through the book לעבור על הספר בקריאה מאומצת
- plow under לחרוש ולהשמיד, לקבור
plowboy *n.* נער-המחרשה
plowman *n.* חורש
plowshare *n.* סכין-המחרשה
ploy *n.* תכסיס, תחבולה
pluck *v.* למרוט; לתלוש; לקטוף; לפרוט על מיתרים; לפסול, להכשיל; לרמות
- pluck at למשוך (באצבעותיו)
- pluck up (courage) לאזור אומץ
pluck *n.* אומץ, תעוזה; משיכה; חלקי-בהמה (ריאות, כבד, לב)
plucky *adj.* אמיץ, נועז
plug *n.* פקק, מגופה; תקע; מצת; ברז-שריפה; חתיכת-טבק; פרסומת
- pull the plug (on) לנתק התקע; להפסיק האספקה; להרוס, לחסל; לחשוף מעשיו
- three-pin plug תקע משולש
plug *v.* לסתום, לפקוק; לפרסם (מוצר ברדיו); *לירות, להכות
- plug away at לעמול, לעבוד בשקדנות
- plug in לחבר לחשמל, להכניס תקע
- plug up לסתום, לפקוק
plughole *n.* פתח (הנסתם במגופה)
plug-ugly *n.* בריון
plum *n.* שזיף; *משהו טוב, ג'וב מצוין
plum′age *n.* נוצות
plumb (-m) *n.* אנך, משקולת
plumb *v.* למדוד (עומק/קיר) באנך; לאנך; (לנסות) להבין; לחבר לצנרת
plumb *adj&adv.* מאונך; אנכית; *בדיוק, ממש; מוחלט, גמור, לגמרי
- out of plumb לא מאונך
- plumb in the middle בדיוק במרכז
- plumb stupid טיפש גמור
plum·ba′go *n.* עופרית (צמח תכול-פרחים); גרפיט
plumb bob אנך, משקולת
plumb′er (-mər) *n.* שרברב
plumber's helper/friend משאבת-כיור (מגומי), פומפה
plumb′ing (-ming) *n.* שרברבות; רשת צינורות-המים (והביוב, בבניין)
plumb line חוט-האנך
plum cake עוגת-צימוקים
plum duff חביצת-צימוקים
plume *n.* נוצה; תימרה דמוית נוצה
- dressed in borrowed plumes מתקשט בנוצות זרות
- plume of smoke עמוד עשן
plume *v.* להחליק נוצות; לנקות עצמו
- plume oneself on להתגאות ב-
plum′met *n.* אנך, משקולת; חוט-האנך
plummet *v.* ליפול, לצלול, לרדת
plum′my *adj.* *טוב, (ג'וב) מצוין
- plummy voice קול רם/סנובי/מעושה
plump *adj&v.* שמנמן, מלא-בשר
- plump up למלא, לעגל; להשמין
plump *n&v&adv.* (בקול) נפילה, חבטה; פתאום, "טראח"; גלויות, בגסות
- a plump no לא באלף רבתי
- plump down להטיל ארצה; ליפול, לצנוח
- plump for לבחור, להצביע בעד
- tell him plump לומר לו בגלוי
plum pudding חביצת חג-המולד
plun′der *n&v.* שלל, ביזה; לשדוד
plunge *v.* להטיל פתאום; להיזרק; ליפול; לצלול; לרדת; להמר, לבזבז
- plunge in לקפוץ פנימה; להתפרץ
- plunge into לצלול; לשקוע; להתחיל פתאום; לנעוץ
- plunge into darkness להמיש חושך
- the road plunged הכביש השתפע חדות
plunge *n.* צלילה; קפיצה ממקפצה
- take the plunge להעז ולעשות הצעד
plung′er *n.* טובלן, בוכנת-משאבה; משאבת-כיור, "פומפה"; *מהמר
plunging *adj.* (קו-צוואר)

עמוק-מחשוף
plunk = plonk
plu·per′fect (ploo-fikt) *n.* עבר נשלם
plu′ral *n&adj.* רבים, צורת הריבוי
plu′ralism′ *n.* כהונה במשרות רבות; פלורליזם, עקרון החיים בצוותא
plu′ralist *n.* פלורליסט
plu·ral′ity (ploo-) *n.* ריבוי; רוב קולות; משרות רבות; תפקיד נוסף
plu′ralize′ *v.* להפוך לצורת הריבוי
plus *n&adj&prep.* פלוס; סימן החיבור (+); חיובי; מעל לאפס
- plus factor גורם שיש לברך עליו
plus fours מכנסי-גולף
plush *n.* פלוסין, קטיפה
plush, plushy *adj.* קטיפתי; מפואר
plus sign סימן החיבור
Plu′to *n.* פלוטו (כוכב-לכב)
plu·toc′racy (ploo-) *n.* שלטון העשירים, פלוטוקרטיה
plu′tocrat′ *n.* פלוטוקרט, עשיר
plu·to′nium (ploo-) *n.* פלוטוניום
plu′vial *adj.* גשום, של גשם
ply *v.* לנסוע במסלול קבוע (מונית, סירה); לעבוד ב-, להפעיל
- ply him with לספק לו, להציפו ב-
- ply one's needle לתפור
- ply one's trade לעסוק במלאכתו
- ply with questions להציק בשאלות
ply *n.* מידת-עובי (של חבל/קרש)
- 2-ply wool צמר דו-חוטי, צמר מס׳ 2
- 3-ply wood לביד, קרש תלת-שכבתי
plywood *n.* לביד, עץ-לבוד, דיקט
pm אחר הצהריים
PM = Prime Minister
pneu·mat′ic (noom-) *adj.* מלא אוויר; אווירי; מופעל ע״י לחץ-אוויר
pneumatic drill פטיש אוויר
pneu·mo′nia (noom-) *n.* דלקת ריאות
po *n.* *משתן, סיר-לילה
PO = post office, postal order
poach *v.* לשלוק ברותחים; להסיג גבול; לצוד ללא רשות הבעלים
- poached egg ביצה שלוקה/עלומה
poacher *n.* מסיג גבול; מחבת-שליקה
POB = Post Office Box
pock *n.* אבעבועה
pocked *adj.* מגומם, מצולק
pock′et *n.* כיס; כסף; שקיק; כיס עפרה/נפט (בקרקע); קטן
- be in each other's pocket להיות תמיד ביחד
- burns a hole in his pocket להוט לבזבז כספו
- has it in his pocket מונח בכיסו
- in pocket ברווח
- line one's pockets לעשות כסף
- out of pocket בהפסד, בחסרון-כיס
- pocket of resistance כיס-התנגדות
- pocket of unemployment כיס-אבטלה
- put his pride in his pocket מחל על כבודו, פעל למרות פחיתות-הכבוד
- puts his hand in his pocket נותן ביד רחבה
pocket *v.* לשלשל לכיס; לגלגל הכדור פנימה (בביליארד)
- pocket an insult לבלוע עלבון
- pocket one's pride למחול על כבודו
pocket-book *n.* ספר-כיס; ארנק; פנקס
pocketful (-fool) *n.* מלוא-הכיס
pocket-handkerchief *n&adj.* ממחטה; קטן
pocket knife אולר
pocket money דמי-כיס
pockmark *n.* גממית, סימן-אבעבועה
pockmarked *adj.* מגומם, מצולק
pod *n.* תרמיל; מכל-דלק (במטוס); חלק נתיק (בחללית)
- in pod *בהיריון
pod *v.* לתרמל; להוציא מתרמיל
podg′y *adj.* גוץ, שמן
podi′atrist *n.* רופא רגליים
podi′atry *n.* ריפוי רגליים
po′dium *n.* במה, דוכן, דוכן-מנצחים
po′em *n.* שיר, פואמה
po′esy *n.* שירה, פואסיה
po′et *n.* משורר, פייטן
po′etas′ter *n.* חרזן, כותב שירה
po′etess *n.* משוררת
po·et′ic(al) *adj.* שירי, פיוטי, פואטי
poetic justice צדק אידיאלי
poetic license חירות המשורר
poet laureate משורר המלוכה
po′etry *n.* שירה, פיוט; פיוטיות
po-faced *adj.* בעל הבעה מטומטמת

po′go stick עמוד ניתור (לילד)
pogrom′ *n.* פוגרום, פרעות
poignancy (poin′yənsi) *n.* חריפות
poignant (poin′yənt) *adj.* חריף, חד, עז; עמוק; מר
poinset′tia *n.* פוינסטיה (צמח)
point *n.* נקודה; חוד, עוקץ; כף; צוק; עיקר; תכלית; כוונה; עניין; צד, אופי; גודל-אות; שקע-חשמלי
- at all points בכל הנקודות, לגמרי
- at the point of death על סף המוות
- at this/that point בנקודה זו, ברגע זה, במקום זה
- away from the point לא לעניין
- carry/gain one's point להצליח לשכנע הזולת
- case/example in point מקרה המתאים לנושא, תקדים
- come/get to the point להגיע לעיקר, לדבר "תכלית"
- diligence isn't my strong point ההתמדה אינה מתכונותיי החזקות
- give him points לתת לו מקדמה ("פור") במשחק; לשחק טוב ממנו
- in point הולם, רלוואנטי
- in point of בעניין-, באשר ל-
- make a point of להקפיד, להתאמץ
- make one's point להוכיח טענתו
- not to put too fine a point on לדבר גלוויות
- off the point לא רלוואנטי
- on the point of עומד ל-
- point by point פרט אחר פרט
- point of land לשון-יבשה
- score a point (off) 0:1 לטובתו
- see the point להבין, לתפוס הכוונה
- stretch a point לנהוג לפנים משורת הדין
- take his point להבין/לקבל דבריו
- that's (not) the point (לא) זה העניין, (לא) זה העיקר
- there's no point in אין טעם ל-
- to the point לָעִניָין
- turning point נקודת-מפנה
- up to a point עד לנקודה מסויימת
- what's the point? מה הטעם ב-?
- when it came to the point ברגע המכריע, כשהגיעה העת לפעול
- win on points לנצח בנקודות
- you've got a point there יש משהו בדבריך, אתה צודק
point *v.* להצביע, להורות; לכוון, להפנות; להדגיש; למלא, לטייח; לחדד
- point out לציין, להצביע על
- point the finger להפנות אצבע מאשימה
- point to להצביע על, להוות סימן
- point up להדגיש, להבליט
- the dog pointed הכלב נעצר במחוות-ציד (בהצביעו בכיוון החיה)
point-blank *adj&adv.* (בירייה) מטווח קרוב; חד וחלק; מפורשות
point duty הכוונת תנועה (ע"י שוטר)
pointed *adj.* מחודד; חד; מופגן, הפגנתי, מְכוּוָן; שנון, חריף
pointer *n.* מַחֲוָוה, חוטר; מחוון, מחוג; פוינטר, כלב-ציד; רמז
point′illism′ *n.* ציור בנקודות
pointing *n.* מלט, טיח; טיוח
pointless *adj.* חסר-טעם, מיותר; חסר-מובן; שנסתיים בתיקו-אפס
point of no return נקודת האל-חזור; פרשת דרכים
point of order שאלה של נוהל
point of view נקודת-מבט
points *n-pl.* מסוט, פסי-מעבר; קצות הבהונות; גפי הסוס וזנבו
pointsman *n.* פועל-מסוט, עתק-רכבות
point-to-point מירוץ סוסים (ממקום למקום)
poise (-z) *v.* לאזן, לייצב, לתלות, להניח/להחזיק באופן מסוים
- poise oneself on לאזן גופו על
poise *n.* יציבות, איזון; שיקול-דעת; ביטחון עצמי; זקיפות הגוף/הראש
poised *adj.* מרחף, תלוי; מוכן; יציב
poi′son (-z-) *n&v.* רעל, ארס; להרעיל, לזהם, לאלח; להשחית
- poison his mind להרעיל נשמתו
- what's your poison? מה למזוג לך?
poison gas גאז מרעיל (קטלני)
poisonous *adj.* ארסי, רעלי; *גרוע
poison pen letter מכתב ארסי
poke *v.* לתחוב, לתקוע; להכות
- poke a hole לעשות חור, לנקב
- poke around/about לחטט, לחפש
- poke one's nose לתחוב אפו
- poke the fire לחתות הגחלים באש
poke *n.* דחיפה, תקיעה; מכה
- take a poke לכוון מכה

poke bonnet כובע (רחב-אוגן)
po′ker *n.* פוקר; מחתה, מוט-גחלים
poker face (בעל) פני פוקר
pokerwork *n.* מעשה-חריכה
po′key *n.* *בית סוהר
po′ky *adj.* קטן, מוגבל, צר
Po′lack′ *adj.* *פולני
po′lar *adj.* של הקוטב; קוטבי
polar bear הדוב הלבן
polar′ity *n.* קוטביות, קיטוב
po′lariza′tion *n.* קיטוב
po′larize′ *v.* לקטב, לבוא לידי קיטוב; לנטות, להיות מגמתו
Po′laroid′ *n.* פולרואיד, חומר מכהה זכוכית
Polaroids *n-pl.* משקפי-שמש
pole *n.* קוטב; ניגוד; מוט, עמוד; תורן; יצול; מידת אורך (כ-5 מ׳)
- poles apart כרחוק מזרח ממערב
- under bare poles במפרשים מקופלים
- up the pole מופרע; במבוכה, במצוקה
pole *v.* להניע סירה בעזרת מוט
Pole *n.* פולני
pole-ax *n&v.* גרזן-מלחמה; גרזן-שחיטה; להלום/לעלף בגרזן
pole′cat′ (pōl′-) *n.* בואש (חיה)
polem′ic(al) *adj.* פולמוסי, וכחני
polem′ic(s) *n.* פולמוס, אמנות הוויכוח, פולמיקה
pole star כוכב הצפון, פולאריס
pole-vault *v.* לקפוץ קפיצת-מוט
pole vault/jump קפיצת-מוט
police′ (-lēs) *n.* משטרה; שוטרים
police *v.* לפקח על, לשמור על הסדר
Police Chief/Commissioner מפכ״ל המשטרה
police constable שוטר (מן השורה)
police court בית-דין לעבירות קלות
police dog כלב-משטרה, כלב-גישוש
policeman, police officer שוטר
police office מטה משטרה
police state מדינת משטרה
police station תחנת משטרה
policewoman *n.* שוטרת
pol′icy *n.* מדיניות; חוכמה; פוליסה, תעודת-ביטוח
policy-holder *n.* בעל פוליסת-ביטוח
po′lio′ *n.* שיתוק ילדים, פוליו
po′lio·my′eli′tis *n.* שיתוק ילדים

pol′ish *v.* להבריק, לצחצח, ללטש; לעדן, לשפר
- polish off לסיים, לחסל, *להרוג
- polish the apple להחניף, להשתדל למצוא חן בעיני
- polish up להבריק, לשפר, ללטש
polish *n.* חומר-הברקה, משחה; צחצוח; ברק; עידון, ליטוש
Po′lish *n&adj.* פולני; פולנית
polished *adj.* מבריק, מלוטש
polisher *n.* לטש, מומחה לליטוש
polite′ *adj.* מנומס, אדיב; מעודן
pol′itic *adj.* נבון, שקול, זהיר
polit′ical *adj.* מדיני, פוליטי
political asylum מקלט מדיני
political echelon הדרג המדיני
political economy כלכלה מדינית
political gain הון פוליטי
political geography גיאוגרפיה מדינית
polit′icalize′ *v.* לעסוק בפוליטיקה; להכניס פוליטיזציה
politically correct טקטי, לא גזעני, פוליטיקל קורקט
political science מדע המדינה
pol′iti′cian (-tish′ən) *n.* פוליטיקאי, מדינאי; תחבלן
polit′iciza′tion *n.* פוליטיזציה
polit′icize′ *v.* לעסוק בפוליטיקה; להכניס פוליטיזציה
polit′ico′ *n.* פוליטיקן
pol′itics *n.* פוליטיקה, מדיניות
- play politics לסכסך, לחתור
pol′ity *n.* משטר, שלטון; מדינה
po′lka *n.* פולקה (ריקוד צ׳כי)
polka dots דגם של עיגולים (על בד)
poll (pōl) *n.* הצבעה; מספר המצביעים; רשימת הבוחרים; תא; משאל; *ראש
- declare the poll לפרסם (רשמית) תוצאות ההצבעה
- go to the polls להשתתף בבחירות
- heavy poll השתתפות ערה בבחירות
- light poll השתתפות דלה בבחירות
- opinion poll סקר דעת הקהל
- polls קלפי
poll (pōl) *v.* לקבל (קולות); להצביע; למנות הקולות; לערוך משאל/סקר
poll (pol) *n.* תוכי
poll (pōl) *v.* לגזום צמרת-עץ; לגדוע קרניים
pol′lard *n&v.* לגזום צמרת-עץ;

לגדוע קרניים; עץ גזום-צמרת
pol'len *n.* אבקה (הנוצרת בפרח)
pollen count שיעור אבקת-הפרחים
pol'linate' *v.* להאביק, להפרות פרח
pol'lina'tion *n.* האבקה
polling *n.* הצבעה, בחירות; עריכת סקר
poll'ster (pōl-) *n.* עורך סקר
poll tax מס גולגולת
pollu'tant *n.* חומר מזהם
pollute' *v.* לזהם, לטמא, להשחית
pollu'tion *n.* זיהום, חילול, השחתה
pol'lyan'na *n.* פוליאנה, אופטימיסט
po'lo *n.* פולו (הוקי על סוסים)
pol'onaise' (-z) *n.* פולונז (ריקוד)
polo-neck *adj.* (אפודה) גבוהת-צווארון
polo'ny *adj.* נקניק-חזיר
pol'tergeist' (pōl-gīst) *n.* שֵׁד
pol·troon' (-rōōn) *n.* פחדן
pol'y *n.* פוליטכניון, טכניון
poly- (תחילית) רב-, בעל הרבה-
pol'yan'drous *adj.* נשואה לכמה גברים; רב-אבקנים
pol'yan'dry *n.* ריבוי בעלים
pol'yan'thus *n.* בכור אביב (פרח)
pol'yes'ter *n.* פוליאסטר (אריג)
pol'yeth'ylene' *n.* פוליאתילן
polyg'amist *n.* פוליגמיסט
polyg'amous *adj.* פוליגמי
polyg'amy *n.* פוליגמיה, ריבוי נשים
pol'yglot' *adj&n.* פוליגלוט, בלשן, שולט/כתוב בהרבה שפות
pol'ygon' *n.* פוליגון, רב-צלעון
pol'ygraph' *n.* פוליגרף, גלאי שקר
pol'ymath' *n.* ידען, מלומד
pol'ymer *n.* פולימר, מולקולה מורכבת
pol'ymor'phous *adj.* רב-צורות, רב-שלבי (בהתפתחות)
pol'yno'mial *n.* רב-איבר
pol'yp *n.* פוליפ, תפיחה בחלל-האף
pol'yphon'ic *adj.* פוליפוני, רב-קולי, ססקולי
polyph'ony *n.* רב-קוליות
pol'ypus *n.* פוליפ, תפיחה בחלל-האף
pol'ysty'rene *n.* קַלְקַר
pol'ysyllab'ic *adj.* רב-הברתי
pol'ysyl'lable *n.* מלה רב-הברתית
pol'ytech'nic (-k-) *n.* פוליטכניון, טכניון
pol'ythe·ism' *n.* פוליתיאיזם, אמונה באלהויות רבות
pol'ythe·is'tic *adj.* פוליתיאיסטי
pol'ythene' *n.* פוליאתילן (חומר פלאסטי)
pom *n.* *מהגר בריטי (באוסטרליה)
po·made' *v&n.* (לבשם ב-) משחת-שיער
po·man'der *n.* מפיץ בושם
pom'egran'ate *n.* רימון
pom'elo' *n.* פומלו (ממיני ההדרים)
Pom'era'nian *n.* פומרני (כלב)
pom'mel *n&v.* תְּפוּס, חרטום האוכף; גולת-הניצב; לחבוט
pomp *n.* פאר, הוד, הדר
pom'pom' *n.* פומפון, גולת-צמר, ציצה
pom'pon' *n.* פומפון, גולת-צמר, ציצה
pom·pos'ity *n.* יהירות, התנפחות
pom'pous *adj.* יהיר, מתנפח
ponce *n.* סרסור, רועה-זונות
ponce *v.* לנהוג בצורה נשית/מרגיזה
pon'cho *n.* פונצ'ו (גלימה)
pond *n.* בריכה
pon'der *v.* לחשוב, להרהר, לשקול
ponderable *adj.* ניתן להערכה
pon'derous *adj.* מגושם; משעמם
pone *n.* לחם-תירס
pong *n&v.* סרחון; להסריח
pon·gee' *n.* פונג'י (משי)
pon'iard *n&v.* (לדקור ב-) פגיון
pon'tiff *n.* האפיפיור
pon·tif'ical *adj.* של האפיפיור; סמכותי, מתנשא, נוהג כאפיפיור
pontificals *n-pl.* בגדי-כמורה
pon·tif'icate *n.* כהונת האפיפיור
pon·tif'icate' *v.* לנהוג כאפיפיור, להתנפח, להתנשא
pon·toon' (-tōōn) *n.* פונטון, 21 (משחק קלפים); סירת-גשר; מתקן נחיתה במטוס-ים
pontoon bridge גשר סירות
po'ny *n.* פוני, סוסון; *העתקה (מתלמיד); 25 לי"ש; כוסית ליקר
pony-tail *n.* זנב-סוס (תסרוקת)
pony-trekking *n.* רכיבה על פונים
pooch (pōōch) *n.* *כלב
poo'dle *n.* פודל, צמרון (כלב)
poof, poove *n.* *הומוסקסואל
pooh (pōō) *interj.* פוי, פויה!

pooh-pooh (pōōpōō′) *v.* להתייחס בביטול/בבוז ל-
pool (pōōl) *n.* שלולית, בריכה; מעמקי-נהר
- pool of blood שלולית-דם
- swimming pool בריכת-שחייה
pool *n.* קרן משותפת, שירות מרכזי; התארגנות של מפעלים; קופה כללית, פול, חבור; פול (מין ביליארד)
- (football) pools טוטו כדורגל
- typing pool שירות כתבנות מרכזי
pool *v.* לצרף, להפקיד בקרן משותפת
poolroom *n.* אולם ביליארד
poop (pōōp) *n.* ירכתי-הספינה, אחרה
pooped (pōōpt) *adj.* *עייף, סחוט
poor *adj.* עני; מסכן; דל, עלוב
- in my poor opinion לעניות דעתי
- poor health בריאות לקויה
- poor man's ewe lamb כבשת הרש
- the poor העניים
poor box קופת-צדקה
poorhouse *n.* בית-מחסה, מוסד לעניים
poor laws חוקי-הסעד (לעניים)
poorly *adj&adv.* חולה, לא חש בטוב; בעוני; בצורה עלובה
- poorly off דחוק (בכסף)
- thinks poorly of דעתו שלילית על-
poorness *n.* עוני; איכות גרועה
poor-spirited *adj.* חסר-אומץ
pop *v.* להשמיע ניפוץ; לצאת; להיכנס; לשים פתאום; לירות; להכות
- his eyes popped out עיניו יצאו מחוריהן (מתדהמה)
- pop in/over לקפוץ (לביקור)
- pop maize לעשות פופקורן-תירס
- pop off להסתלק לפתע; למות
- pop out לצאת לרגע
- pop the question להציע נישואים
- pop up להתרחש פתאום, לצוץ
- popping in and out נכנס ויוצא
pop *n.* קול ניפוץ (כפקק נחלץ); גזוז; מוסיקת-פופ; *אבא, זקן
- go pop להשמיע קול ניפוץ
- in pop *בעבוט, ממושכן
- top of the pops תקליט-פופ רב-מכר
pop = popular עממי, פופולארי
pop art אמנות הפופ

pop concert קונצרט עממי
pop′corn′ *n.* פופקורן, תירס קלוי
pope *n.* אפיפיור
po′pery *n.* קאתוליות, אפיפיורות
pop-eyed *adj.* פעור-עיניים
pop festival פסטיבל פופ
pop-gun *n.* אקדח-צעצוע, רובה-פקקים
pop′injay′ *n.* שחצן, גנדרן
po′pish *adj.* קאתולי
pop′lar *n.* צפצפה (עץ-נוי)
pop′lin *n.* פופלין (אריג-כותנה)
pop music מוסיקת פופ
pop′o′ver *n.* פופאובר (עוגייה)
pop′pa *n.* אבא
pop′per *n.* לחצנית; מקלה-פופקורן
pop′pet *n.* *בובה'לה, מותק; שסתום
popping crease קו החובט (בקריקט)
pop′py *n.* פרג
poppycock *n.* *שטויות
popshop *n.* *בית-עבוט
Pop′sicle *n.* שלגון, ארטיק
pop′sy *n.* *נערה, חברה
pop′u·lace (-lis) *n.* ההמון הפשוט
pop′u·lar *adj.* עממי, פופולארי, אהוב, אהוד; מקובל; נפוץ
- popular front חזית עממית
- popular music מוסיקה עממית
- popular prices מחירים עממיים
pop′u·lar′ity *n.* פופולאריות
pop′u·lariza′tion *n.* הימון
pop′u·larize′ *v.* להפוך לפופולארי; לפשט; להפיץ ברבים
pop′u·larly *adv.* בציבור, בדרך כלל
pop′u·late′ *v.* לאכלס; ליישב
pop′u·la′tion *n.* אוכלוסיה
population explosion התפוצצות האוכלוסין
pop′u·lism′ *n.* פופוליזם, שימוש נלוז ברגשות העם
pop′u·list *n.* פופוליסט
pop′u·lous *adj.* צפוף-אוכלוסין
pop-up *adj.* קופץ, מזדקר
por′celain (-lin) *n.* (כלי) חרסינה, פורצלן
porch *n.* אכסדרה, סטיו, מבוא מקורה; מירפסת
por′cine *adj.* חזירי, דומה לחזיר
por′cu·pine′ *n.* דרבן
porcupine anteater קיפוד נמלים

pore *n.* נקבובית; נקבובית-זיעה
pore *v.* להתעמק, לקרוא בעיון
pork *n.* בשר-חזיר
pork barrel הקצבה ממשלתית המוענקת למטרות מדיניות
pork butcher קצב לבשר-חזיר
pork′er *n.* חזיר, חזיר מפוטם
pork pie פשטידת חזיר
porkpie hat מגבעת נמוכה
porky *adj.* שמן, בעל-בשר
porn *n.* *פורנוגרפיה
por′nograph′ic *adj.* פורנוגרפי
por•nog′raphy *n.* פורנוגרפיה
po•ros′ity *n.* נקבוביות
po′rous *adj.* נקבובי, מחולחל
por′phyry *n.* פורפיר, בהט
por′poise (-pəs) *n.* (סוג של) דולפין
por′ridge *n.* דייסה
- do porridge "לשבת" בכלא
por′ringer *n.* קערית-דייסה
port *n.* נמל; עיר-נמל; חוף-מבטחים
- any port in a storm היאחז בכל קרש-הצלה להיחלץ מהמיצר
- port of call תחנה, מקום ביקור
- port of entry נמל כניסה
port *n.* כניסה, פתח (בצידון); אשקף; כווה; שמאל (הספינה/המטוס); יציאה, נקודת חיבור (במחשב)
port *v.* להפנות (הספינה) שמאלה
port *v&n.* לאחוז, לשאת (רובה)
- at the port בנשיאה אלכסונית
- port arms! טול נשק
port *n.* יין פורט
por′tabil′ity *n.*ניידות
por′table *adj.* נישא, מיטלטל, נייד
por′tage *n.* הובלה; דמי הובלה
por′tal *n.* פתח, כניסה מפוארת
- at the portals of- על סף-
port•cul′lis *n.* שער סורגים
porte co•chere′ (-shār′) *n.* כניסה מקורה, אכסדרה
por•tend′ *v.* לבשר, להוות אות ל-
por′tent′ *n.* אות, סימן
por•ten′tous *adj.* מבשר, מנבא, מאיים; מרשים; נפלא; יהיר
por′ter *n.* שוער; סַבָּל; סדרן-רכבת; פורטר (בירה)
por′terage *n.* סבלות; דמי-סבלות
porterhouse (steak) אומצת בשר-בקר
porter's lodge חדר-השוער
port•fo′lio′ *n.* תיק; תיק ממשלתי; משרת שר; רשימת ניירות-הערך
- minister without portfolio שר בלי תיק
porthole *n.* אשקף, אשנב, חלון
por′tico′ *n.* אכסדרה, סטיו, כניסה
por•tiere′ (-tyār′) *n.* וילון-פתח
por′tion *n.* חלק; מנה; מנת-חלקו
- marriage portion נדוניה
portion *v.* לחלק; לתת חלק
port′land cement מלט צהבהב
port′ly *adj.* שמנמן, חסון, מרשים
port•man′teau (-tō) *n.* מזוודה
portmanteau word מלה מורכבת
por′trait (-rit) *n.* דיוקן, תמונה, פורטרט
por′traitist (-rit-) *n.* דיוקנאי
por′traiture (-rich-) *n.* דיוקנאות
por•tray′ *v.* לתאר, לצייר, לשרטט דיוקן; לגלם תפקיד (במחזה)
por•tray′al *n.* תיאור, ציור
Por′tuguese′ (-chəgēz) *adj.* פורטוגלי; פורטוגזית
pose (pōz) *v.* לעמוד/להעמיד/לשבת בפוזה (לצילום); להעלות, להציג
- pose a problem לעורר בעיה
- pose as להתחזות כ-, להעמיד פני
- pose for לשמש כדוגמן (לצייר)
pose (pōz) *n.* פוזה; תנוחה; תעמיד; מצג; העמדת פנים
pos′er (pōz-) *n.* בעיה קשה; דוגמן
po•seur′ (-zûr′) *n.* מנסה להרשים
posh *adj.* *הדור, מפואר, מצוחצח
pos′it (-z-) *v.* להניח (הנחה)
posi′tion (-zi-) *n.* מקום; עמדה; מצב; תנוחה; מעמד; משרה, עבודה
- in a position to במצב המאפשר ל-
- in position במקומו הנכון; במקומו
- maneuver for position לתמרן לעמדה טובה
- out of position שלא במקומו הנכון
- take a position לנקוט עמדה
position *v.* להעמיד; להציב במקומו
positional *adj.* של מקום
pos′itive (-z-) *adj.* חיובי; מפורש, מוחלט; מושלם; מעשי, קונסטרוקטיבי; בטוח בעצמו
- he's positive הוא בטוח/משוכנע
- positive change שינוי ניכר
- positive fool טיפש גמור
- positive! כן, בהחלט, חיובי!
positive *n.* (בצילום) פוזיטיב; ערך

השיווי/הדימיון; מספר חיובי
positive discrimination אפליה לטובת המקופחים
positive electricity חשמל חיובי
positively *adv.* בהחלט; מפורשות
positiveness *n.* ביטחון
positive pole קוטב חיובי, אנוד
pos′itivism′ (-zi-) *n.* פוזיטיביזם (הכרת העולם על פי העובדות המדעיות)
pos′itron′ (-z-) *n.* פוזיטרון (חלקיק)
poss. = possessive, possible
pos′se (-si) *n.* קבוצה, פלוגה, יחידה
possess′ (-zes) *v.* להיות לו, להחזיק ב-; לשלוט, להשתלט, להשפיע
- is possessed of בעל-, יש לו
- possess one's soul in peace למשול ברוחו, להפגין שלווה
- what possessed him to do that? מה הניעו לעשות זאת?
possessed *adj.* אחוז-דיבוק; משוגע
- like one possessed כאחוז-דיבוק
posses′sion (-zesh′ən) *n.* בעלות; שליטה; מושבה; אחיזת דיבוק
- come into possession of- לזכות ב-
- in full possession of his senses שפוי לגמרי
- in one's possession ברשותו
- in possession מחזיק (ברכוש)
- possession is 9/10 of the law המוציא מחבירו עליו הראיה
- possessions רכוש, נכסים
- take/enter into possession לתפוס; להשתלט
posses′sive (-zes-) *adj.* של בעלות; קנאי לרכושו; דורש תשומת-לב
possessive adjective תואר הקניין
possessive case יחס הקניין
possessive pronoun כינוי הקניין
possessor *n.* בעלים, שיש לו-
pos′set *n.* חלב חם (מזוג ביין)
pos′sibil′ity *n.* אפשרות, ייתכנות
pos′sible *adj.* אפשרי; ייתכן; פוטנציאלי, שבכוח; בא בחשבון
- as soon as possible בהקדם האפשרי
- if possible אם הדבר אפשרי
possible *n.* אדם/דבר הבא בחשבון
possibly *adv.* אפשר, שבאפשרותו; אולי

- can('t) possibly (לא) יכול
pos′sum *n.* אופוסום (חיית-כיס)
- play possum להעמיד פני ישן
post (pōst) *n.* עמוד; מזוזה; קורת-השער
- starting/finishing post נקודת הזינוק/הסיום (במירוץ-סוסים)
post *v.* להדביק (מודעות), לפרסם
- posted missing היעדרותו מתפרסמת
post *n.* דואר; תיבת דואר; תחנת דואר
- by return of post בדואר חוזר
post *v.* למעון, לשלוח בדואר; לנסוע בסוסי-דואר; לנסוע במהירות
- keep him posted לעדכנו בידיעות
- post up לרשום (מיומן) בספר ראשי
post *n.* עמדה, מוצב; משרה, תפקיד; (בצבא) תרועת-חצוצרה
- at one's post במקום משמרתו
- last post תרועת-אשכבה
- trading post מקום-מסחר נידח
post *v.* להציב (ליחידה/זקיף)
post- (תחילית) שלאחר-, אחרי-
po′stage *n.* דמי-דואר
postage meter מכונת ביול
postage stamp בול-דואר
po′stal *adj.* של דואר; שנשלח בדואר
postal order המחאת דואר
postbag *n.* תרמיל הדוור; שק-דואר
postbox *n.* תיבת-דואר
postcard *n.* גלוית-דואר
post chaise כרכרת-דואר
postcode *n.* מיקוד
post′date′ (pōst-) *v.* לרשום בתאריך מאוחר, לתארך באיחור
- postdate a check לרשום צ'ק דחוי
post′er (pōst-) *n.* מודעה; כרזה; מדביק מודעות
poste restante (pōst′restänt′) *n.* דואר למכתבים שמורים
pos•te′rior *adj&n.* בא אחרי, מאוחר; אחורי; *ישבן
pos′te•rio′ri *n.* סוף, אחרון
- a posteriori בדיעבד, אפוסטריורי
pos•ter′ity *n.* צאצאים; הדורות הבאים
pos′tern *n.* כניסה צדדית/אחורית
post exchange חנות צבאית, שקם
post-free *adj&adv.* כולל דמי-משלוח; דמי-משלוח שולמו;

פטור מדמי-דואר
post′grad′uate (pōst′graj′ōōit) *n.* (תלמיד) לאחר תואר ראשון
post-haste *adv.* במהירות, בחיפזון
post′humous (-chəm-) *adj.* לאחר המוות; נולד אחרי מות אביו
- posthumous book ספר שיצא לאור אחרי מות המחבר
post′ie (pōs′ti) *n.* *דוור, דוורית
postil′lion *n.* רוכב (על גבי סוס הרתום לכרכרה)
posting *n.* הצבה (ליחידה)
postman *n.* דוור, מחלק דואר
postmark *n&v.* (להחתים ב-) חותמת-דואר
postmaster *n.* מנהל משרד דואר
postmaster general מנכ"ל התקשורת
post meridiem = PM אחה"צ
postmistress *n.* מנהלת משרד דואר
post′mod′ern (pōst-) *adj.* פוסט-מודרני
post′mod′ernism (pōst-) *n.* פוסט-מודרניזם
post-mortem שלאחר המוות
post-natal *adj.* שלאחר הלידה
postnatal depression דיכאון שלאחר לידה
post office משרד דואר, סניף דואר
post office box = POB תא דואר
post-operative *adj.* שלאחר ניתוח
postpaid *adj.* דמי-משלוח שולמו
post′pone′ (pōst-) *v.* לדחות, להשהות
postponement *n.* דחייה, השהיה
post′pran′dial (pōst-) *adj.* שלאחר הארוחה
post′script′ = P.S. (pōst-) *n.* נכתב בצידו, נ"ב; הערה נוספת
pos′tulant (-′ch-) *adj.* מועמד
pos′tulate′ (-′ch-) *v.* להניח
pos′tulate (-′ch-) *n.* הנחה, דרישה, עיקרון-יסוד, אקסיומה, פוסטולאט
pos′ture *n.* צורת הגוף, אופן העמידה; פוזה, יציבה; מצב, עמדה
posture *v.* לעמוד/להעמיד בצורה מיוחדת/ראוותנית; להעמיד פנים
posturing *n.* גינוני ראווה, הצגות
postwar *adj.* בתר-מלחמתי
postwoman *n.* דוורית, מְחַלֶּקֶת דואר
post-Zionism פוסט-ציונות

po′sy (-zi) *n.* צרור פרחים
pot *n.* סיר, קדירה, כלי; קופה (בפוקר); גביע, פרס; חשיש
- a pot of money *המון כסף
- big pot אישיות, "תותח כבד"; כרסתן
- go to pot להיהרס, לרדת לטמיון
- pot calling kettle black כל הפוסל במומו פוסל, טול קורה מבין עיניך
- pots and pans כלי בישול
- take pot luck להתכבד בארוחה רגילה; לקחת בלא לברור הרבה
pot *v.* לשים בסיר; לשתול בעציץ; לירות, להרוג
- pot a baby להושיב פעוט על סיר
- pot the ball לגלגל כדור פנימה
po′table *adj.* ראוי לשתייה
pot′ash′ *n.* אשלג, אשלגן פחמתי
potas′sium *n.* אשלגן
po·ta′tion *n.* לגימה, טיפה מרה
pota′to *n.* תפוח-אדמה
- no small potato לא קטלא קניא
- sweet potato תפוד מתוק, בטטה
potato beetle חיפושית התפוד
potato chip טוגן תפוח-אדמה
pot-bellied *adj.* כרסתני; (כלי-קיבול) עגלגל, בולט
pot-belly *n.* כרס; כרסתן
pot-boiler *n.* יצירה גרועה
pot-bound *adj.* (שתיל) רווי-שורשים, ששרשיו מילאו העציץ
pot-boy *n.* עוזר, מלצר (במסבאה)
pot cheese גבינת קוטג'
poteen′, potheen′ *n.* ויסקי
po′tency *n.* כוח, עוצמה; פוטנציה
po′tent *n.* רב-כוח, חזק; משפיע, אפקטיבי, פועל; בעל כוח גברא
po′tentate′ *n.* חזק, רב-השפעה; שליט
poten′tial *adj&n.* פוטנציאלי, שבכוח, כוחני, גנוז, אפשרי; פוטנציאל; יכולת
poten′tial′ity (-′sh-) *n.* פוטנציה, כוח גנוז, סגולות כמוסות
poten′tiate′ (-′shiāt) *v.* לחזק, לאפשר
pot′ful′ (-fool) *adj.* מלוא הסיר; המון
pot-head *n.* *מעשן חשיש
poth′er (-dh-) *n.* רעש, מהומה
pot-herb *n.* ירק (בעל עלי-) בישול
pot-hole *n.* בור, חור, גומה, מערה

pot-hook *n.* אנקול (להחזקת) סיר
pot-house *n&adj.* בית-מרזח; גס
pot-hunter *n.* צייד-גביעים, רודף-פרסים; יורה לכל עבר
po′tion *n.* שיקוי, סם
pot-man *n.* עוזר, מלצר (במסבאה)
pot plant צֶמַח בעציץ
potpourri (pō′pərē′) *n.* פופורי, ערברב, יצירת חרוסת; תערובת
pot roast (נתח) בשר-בקר מבושל
potroast *v.* לבשל (בשר-בקר)
pot′sherd′ *n.* חרס, שבר
pot-shot *n.* יריה מטווח קרוב; ירייה פשוטה, ירייה מקרית
pot′tage *n.* מרק סמיך
pot′ted *adj.* משומר (בכלי); נתון בעציץ; (ספר) מקוצר; *שיכור
pot′ter *n.* קדר
potter = putter *v.* להתבטל
potter's wheel אובניים
pot′tery *n.* בית-מלאכה לְקַדָרוּת, בית-היוצר; קַדָרוּת; כלי-חרס
potting shed מחסן-כלים (לגינה)
pot′ty *adj.* *מופרע; קטנטן, קל-ערך
- drive him potty להוציאו מדעתו
- potty about משוגע על, "מת" על
potty *n.* סיר-לילה, עביט (לפעוט)
potty-trained *adj.* עושה (צרכיו) בסיר
pouch *n.* כיס; תיק; פאוץ' (נרתיק מותן); שקית (מתחת לעין)
pouf, pouffe (po͞of) *n.* כר-ישיבה, דרגש; *הומוסקסואל
poul′terer (pōl-) *n.* סוחר-עופות
poul′tice (pōl′tis) *n.* רטייה (חמה)
poul′try (pōl-) *n.* עופות; עוף
pounce *v.* לעוט על, להתנפל
pounce *n.* הסתערות, התנפלות
pound *n.* ליטרה, ליברה; ליש"ט; מקום-שמירה; מכלאה; חבטה
pound *v.* להכות, לדפוק; להלום; לכתוש; לנפץ; לשעוט, לנוע בכבדות
- pound away לחבוט בלי הרף
- pound out להפיק (צלילים) בהקשות
- pound the pavement להסתובב בכל מקום
pound′age *n.* תשלום לפי משקל (בליטראות); עמלה (על כל ליש"ט)
-pound′er שמשקלו (בליטראות)
pounding *n.* *מכה, מפלה, תבוסה
pound of flesh ליטרת הבשר
pour (pôr) *v.* לשפוך, לצקת, למזוג; ליזול; לזרום; להזרים; לפלוט
- it never rains but it pours צרות באות בחבילות
- pour cold water on לצנן התלהבותו, לרפות ידיו
- pour into/out of לנהור אל/מן
- pour it on להפליג בשבחים
- pour oil on the flames להוסיף שמן למדורה, להחמיר המצב
- pour oil on troubled waters להרגיע הרוחות, להשכין שלום
- pour out one's troubles לשפוך מרי-שיחו
- pour scorn on לשפוך בוז על
pouring *adj.* (יום) גשום
pout *v&n.* לשרבב/להבליט השפתיים; שרבוב/הבלטת השפתיים
pov′erty *n.* עוני, דלות, חסרון
poverty line קו העוני
poverty-stricken *adj.* מוכה-עוני
POW = prisoner of war
pow′der *n.* אבקה; אבק-שריפה
- keep one's powder dry להיות נכון לקרב, להיות מוכן לטפל ביריב
- take a powder *לברוח, להסתלק
powder *v.* לאבק; לפדר; לשחוק לאבק
powder blue כחול חיוור
powdered *adj.* מאובק, מיובש
powdered milk אבקת חלב
powder horn/flask כלי-קיבול לאבק-שריפה
powder keg חבית אבק-שריפה
powder magazine מחסן אבק-שריפה
powder puff כרית-פידור; *איש נשי
powder room שירותי-נשים
powdery *adj.* מאובק; אבקי
pow′er *n.* כוח, כושר, יכולת; עוצמה; סמכות; שליטה; חשמל; (במתימטיקה) חֶזקָה
- I have him in my power הוא בידיי
- did a power of good *היה מצויין
- exceed one's powers לחרוג מסמכותו
- fall into his power ליפול בידיו
- have power over him לשלוט בו
- in power בשלטון, שולט

- more power to your elbow
בהצלחה!, תחזקנה ידיך!
- my powers are failing תש כוחי
- powers כוחות פיסיים/רוחניים
- powers of darkness כוחות-השחור
- the Great Powers המעצמות
- the powers that be השלטונות*
power *v.* לספק כוח, להניע
power *adj.* מנועי, מכאני; חשמלי
power base בסיס כוח (פוליטי)
power-boat *n.* סירת-מנוע
power cut/failure הפסקת חשמל
power-dive *n.* צלילת-עוצמה
power drill מקדחה חשמלית
powered *adj.* ממונע, בעל עוצמה
- oil-powered מופעל ע"י נפט
powerful *adj.* חזק, רב-עוצמה
power house תחנת כוח; אדם נמרץ
powerless *adj.* חסר-אונים, קצר-יד
power of attorney ייפוי-כוח
power plant *n.* תחנת כוח; מִתקַן כוח
power point נקודת חשמל, שקע
power politics מדיניות הכוח
power station תחנת כוח
power steering היגוי כוח
pow'wow' *v&n.* (לנהל) אסיפה
pox *n.* אבעבועות; עגבת
- a pox on him! יקחהו אופל!
pp = pages, pianissimo
PR יחסי ציבור
prac'ticabil'ity *n.* מַעֲשִׂיוּת
prac'ticable *adj.* מעשי, שימושי
prac'tical *adj.* מעשי, פרקטי, תועלתי
- for all practical purposes למעשה
practical *n.* שיעור/מבחן מעשי
prac'tical'ity *n.* מַעֲשִׂיוּת, פרקטיות
practical joke מעשה קונדס
practically *adv.* למעשה; כמעט
practical nurse אחות מעשית
prac'tice (-tis) *n.* נוֹהַג, מנהג, הרגל; ניסיון, התמחות; תרגול, חזרה, אימון; פראקטיקה; משרד; רפואה, פרקליטות; קליינטורה
- in practice באופן מעשי; מתאמן
- make a practice להפוך להרגל
- out of practice לא מתאמן
- practices תוכניות, תחבולות
- put into practice להוציא לפועל
- sharp practice הונאה (במסחר)
practice *v.* לתרגל, להתאמן; להתמחות; לעשות; לעסוק ב-; לנצל
- practice law להיות עורך-דין
- practice on לנצל
- practice one's religion לקיים דתו
- practice patience לנהוג סבלנות
- practice what one preaches להיות נאה דורש ונאה מקיים
practiced *adj.* מנוסה, מיומן
practicing *adj.* עוסק, פעיל
practise = practice
prac·ti'tioner (-tish'ənər) *n.* עוסק במקצוע (הרפואה/הפרקליטות)
- general practitioner רופא כללי
prag·mat'ic *adj.* מעשי; דוגמטי
prag·mat'ics *n-pl.* בלשנות, שימוש השפה
prag'matism' *n.* פרגמטיות, מַעֲשִׂיוּת; דוגמטיזם; נוקדנות
prag'matist *n.* פרגמטי
prai'rie *n.* ערבה, פרריה
prairie dog כלב הערבה (מכרסם)
praise (-z) *v.* להלל, לשבח
praise *n.* תהילה, שבחים
- in praise of- בשבח ה-
- praise be! תודה לאל!
- sing him praises להפליג בשבחו
praiseworthy *adj.* ראוי לתהילה
pra'line (prä'lēn) *n.* ממתק אגוזים, פרלין, מולייה
pram *n.* עגלת תינוק, טיולון
prance *v.* לפזז, לטפוף בעליצות/ביהירות; לקפץ
prance *n.* פיזוז, טפיפה, קיפוץ
prank *n&v.* מעשה קונדס; לקשט
prank'ster *n.* שובב, קונדס
prat *n.* טיפש, מטומטם; עכוז*
prate *v.* לפטפט, לקשקש
pratfall *n.* נפילה על הישבן;* כישלון מחפיר
prat'tle *v&n.* לפטפט; פטפוט
prattler *n.* פטפטן, קשקשן
prawn *n&v.* סרטן (למאכל)
- go prawning לדוג סרטנים
prax'is *n.* מנהג, מעשיות
pray *v.* להתפלל, לבקש; להתחנן
- past praying for במצב נואש
- pray! אנא!, בבקשה!
pray'er *n.* מתפלל
prayer (prār) *n.* תפילה
- evening prayer תפילת ערבית
prayer book ספר תפילות, סידור
prayer meeting תפילה בציבור

prayer rug/mat שטיחון תפילה
prayer shawl טלית
praying mantis גמל-שלמה (חרק)
pre (תחילית) לפני, קדם-, מראש
preach *v.* להטיף, לדרוש, לנאום
preacher *n.* מטיף, דרשן
preach'ify' *v.* להטיף מוסר, לדרוש
pre'am'ble *n.* מבוא, הקדמה
pre'arrange' (-rānj) *v.* לסדר מראש
prearrangement *n.* סידור מראש
preb'end *n.* קיצבת-כומר
preb'endary *n.* כומר (מקבל קצבה)
pre•ca'rious *adj.* מסוכן, לא יציב, לא בטוח; תלוי במקרה; לא מבוסס
pre'cast' *adj.* (בטון) יצוק לגושים
pre•cau'tion *n.* (אמצעי) זהירות
pre•cau'tionar'y (-shəneri) *adj.* של זהירות
pre•cede' *v.* לבוא לפני, להקדים, לקדום; ללכת לפני
- preceded by כשלפניו, אחרי
prec'edence *n.* זכות עדיפות, משפט הבכורה; קְדִימָה, ראשונות, עליונות
- give precedence לתת קדימה
- order of precedence סדר עדיפויות, סדר המאורעות
- takes precedence עליון בחשיבות
prec'edent *n.* תקדים, בניין-אב
- set a precedent ליצור תקדים
preceding *adj.* קודם, שלפני כן
pre•cen'tor *n.* מנצח-מקהלה
pre'cept' *n.* מיצווה, הוראה, כלל
pre•cep'tor *n.* מורה
pre•ces'sion *n.* קדימה, שינוי כיוון, נקיפה
pre'cinct *n.* שטח, רחבה, חצר; איזור, סביבה; גבול, תחום
- shopping precinct איזור חנויות
- within the precincts of- בין כותלי-
pre'cios'ity (presh'ios-) *n.* דקדקנות, נוקדנות, מלאכותיות
pre'cious (presh'əs) *adj&adv.* יקר, רב-ערך; דקדקן, נוקדן, מלאכותי; *גמור; מאוד
- precious few מעט מאוד
- precious liar שקרן מובהק
precious stone אבן יקרה, אבן חן
prec'ipice (-pis) *n.* צוק, מורד תלול; סף התהום, סכנה
pre•cip'itate' *v.* לזרז, להחיש; להטיל, להשליך; לעבות (לטיפות)
- precipitate a substance להפריד חומר (מוצק מנוזל); לשקע
pre•cip'itate *n.* מִשְׁקָע; חומר מופרד
pre•cip'itate *adj.* נמהר, בבהילות
pre•cip'ita'tion *n.* חיפזון, פזיזות; הפרדה; מִשְׁקָע; גשם, ברד וכו'
precip'itous *adj.* תלול, גבוה
precis (prāsē') *n&v.* תמצית, שיכתוב מקוצר; לתמצת
pre•cise' *adj.* מדוייק; דייקן; נוקדן
precisely *adv.* בדיוק; בהחלט, כן
pre•ci'sion (-sizh'ən) *n.* דיוק
precision instrument מכשיר דיוק
precision landing נחיתה מדויקת
pre•clude' *v.* למנוע, לעשות לבלתי אפשרי, להוריד מהפרק, לעצור
pre•clu'sion (-zhən) *n.* מניעה, עצירה
pre•co'cious (-shəs) *adj.* (ילד) מפותח מן הרגיל
pre•coc'ity *n.* התפתחות מוקדמת
pre'cog•ni'tion (-ni-) *n.* ידיעה מראש, נבואה
pre'conceive' (-sēv) *v.* לחשוב מראש, לעצב (דיעה) מראש
pre'concep'tion *n.* דיעה מוקדמת
pre'concert' *v.* להסדיר מראש
pre'condi'tion (-di-) *n.* תנאי מוקדם
pre'cook' *v.* לבשל מראש
pre•cur'sor *n.* מקדים, מבשר, בא לפני
pre•cur'sory *adj.* מקדים, מבשר
pre•da'cious (-shəs) *adj.* טורף
pre'date' *v.* להתרחש לפני
pred'ator *n.* טורף, חיית-טרף
pred'ato'ry *adj.* טורף; שודד
pre'de•cease' *v.* למות לפני
pre'deces'sor *n.* קודם, בא לפני
pre•des'tinate' *v.* לגזור (מלמעלה)
pre•des'tina'tion *n.* גזירה, גורל-אנוש (שנחרץ מלמעלה)
pre•des'tine (-tin) *v.* לגזור, להועיד מראש
predestined *adj.* נגזר (מלמעלה); נועד, קבוע מראש, מחוייב המציאות
pre'de•ter'mina'tion *n.* קביעה מראש
pre'de•ter'mine (-min) *v.* לקבוע מראש; להשפיע, להטות מראש

pre·dic′ament *n.* מצב ביש
pred′icate′ *v.* לבסס על; לקבוע, להצהיר, לייחס ל-
pred′icate *n.* (בתחביר) נשוא
pred′ica′tive adjective תואר נשואי
pre·dict′ *v.* לנבא, לחזות, לְצַפּוֹת
pre·dic′tabil′ity *n.* אפשרות החיזוי
predictable *adj.* שניתן לנבאו, צפוי
pre·dic′tion *n.* נבואה, חיזוי
predictor *n.* מנבא, מכשיר חיזוי
pre′di·gest′ *v.* לעבד מראש
pred′ilec′tion *n.* נטייה, חיבה
pre′dispose′ (-z) *v.* להשפיע, להטות, לעשותו רגיש (למחלה)
- it predisposed him in her favor הדבר גרם שהיא תמצא חן בעיניו
pre′disposi′tion (-zi-) *n.* נטייה
pre·dom′inance *n.* עליונות, יתרון, רוב, שכיחות רבה
pre·dom′inant *adj.* עליון, בולט, שולט
predominantly *adv.* בעיקר, לרוב
pre·dom′inate′ *v.* לשלוט, לשרור; לבלוט, להיות רב-עוצמה/השפעה וכו׳
pre·em′inence *n.* עליונות, יתרון
pre·em′inent *adj.* עליון, בולט
preeminently *adv.* בראש ובראשונה
pre·empt′ *v.* לרכוש בדין-קדימה; לתפוס מקום; להשתלט על
pre·emp′tion *n.* דין-קדימה בקנייה; רכישה לפני הזולת; חֲזָקָה
pre·emp′tive *adj.* של דין-קדימה, של חזקה; של מנע
- preemptive attack מתקפת מנע
- preemptive bid הצעת-מנע
preen *v.* להחליק נוצות במקור
- preen oneself להתייפות; להתפאר ב-; להפגין שביעות-רצון עצמית
pre′ex·ist′ (-gz-) *v.* לחיות בגלגול קודם, להיות קיים קודם לכן
preexistence *n.* גלגול קודם
preexistent *adj.* חי בגלגול קודם
pre′fab′ *n.* בית טרומי, בניין טרומי
pre·fab′ricate′ *v.* לייצר (חלקים) לשם הרכבה; להמציא, לפברק
prefabricated *adj.* טרומי
pre·fab′rica′tion *n.* ייצור טרומי
pref′ace (-fis) *n.* מבוא, הקדמה
preface *v.* לפתוח, לשמש כמבוא
pref′ato′ry *adj.* של הקדמה, פותח

pre′fect′ *n.* פרפקט, ראש-משטרה; ממונה, תלמיד אחראי; מושל, נציב
pre·fec′ture *n.* פרפקטורה, כהונת הפרפקט; מחוז
pre·fer′ *v.* להעדיף, לבכר; לְמַנּוֹת, לקדם בתפקיד; להגיש, להביא לפני
- prefer charges against להאשים
pref′erable *adj.* עדיף על, טוב מ-
preferably *adv.* מוטב, בהעדפה
pref′erence *n.* העדפה; חיבה מיוחדת
- have a preference for להעדיף
- in preference to- בהעדפת-, על פני
preference shares מניות בכורה
pref′eren′tial *adj.* עדיף, מועדף
pre·fer′ment *n.* מינוי, קידום
preferred stock מניות בכורה
pre·fig′ure (-gyər) *v.* לתאר לעצמו, לדמיין מראש; לייצג, להוות אות
pre′fix *n.* תחילית; תואר; קידומת
pre·fix′ *v.* לטפול תחילית; להוסיף בראש (פרק)
preg′nancy *n.* הירין; פוריות; מלאות, שפע; משמעות
pregnancy supervision שמירת הירין
pregnancy test בדיקת-הירין
preg′nant *adj.* בהירין, הרה, מעוברת; רב-משמעות; נושא פרי
- fall pregnant להיכנס להירין
- pregnant imagination דמיון עשיר
- pregnant with הרה-, חדור, מלא
pre′heat′ *v.* לחמם מראש
pre′hen′sile (-sil) *adj.* תופס, לופת
pre′histor′ic(al) *adj.* פרהיסטורי
pre·his′tory *n.* פרהיסטוריה
pre′judge′ *v.* לפסוק מראש, לגבש דיעה (שלילית) קודם לכן
prejudgement *n.* קביעת עמדה מראש
prej′udice (-dis) *n.* דיעה קדומה
- to the prejudice of תוך פגיעה ב-
- without prejudice to בלי לפגוע בזכויות, בלי לגרוע מהזכויות
prejudice *v.* לפגוע, להזיק, להחליש; לשחד דעתו
prejudiced *adj.* משוחד, בעל דעה קדומה
prej′udi′cial (-di-) *adj.* מזיק, פוגע
prel′acy *n.* בישופות, כמורה בכירה
prel′ate *n.* בישוף, כומר בכיר
pre′lim *n.* *מבחן מוקדם

- prelims מבוא, תוכן, שער (בספר)
preliminaries *n-pl.* סידורים מוקדמים, פעולות הכנה
pre·lim′inar′y (-neri) *adj.* מוקדם, הקדמי, פותח, מיקדמי
- preliminary to קודם ל-, טרם
preliminary reading קריאה טרומית
pre·lit′erate *adj.* קדום, טרום-כתבי, שלא נרשמו קורותיו
prel′ude *n.* פתיחה; אקדמה, פרלוד
prelude *v.* לאקדם; להוות הקדמה
pre·mar′ital *adj.* שלפני הנישואים
pre′mature′ (-toor) *adj.* לפני זמנו, בטרם עת; נמהר, פזיז
premature baby/infant פג
premature birth לידה מוקדמת
pre′med′ *n.* *תרופה לפני טיפול; קורס רפואה
pre·med′itate′ *v.* לתכנן מראש
premeditated *adj.* מתוכנן, מְכֻוָּן
pre·med′ita′tion כוונה/מחשבה מראש
pre′men′strual (-strəl) *adj.* קדם-וסתי
premenstrual syndrome תסמונת טרום-וסתית
pre·mier′ (-mēr) *n.* ראש ממשלה
premier *adj.* ראשון, עליון (בחשיבותו)
pre·miere′ (-mēr) *n.* פרמיירה, הצגת בכורה
premier league ליגת העל
premiership *n.* ראשות ממשלה
prem′ise (-mis) *n&v.* (להניח) הנחה
- on the premise that בהנחה ש-
- premises שטח, חצר, חצרים, בניינים, משרדים; חלק ראשון בהסכם
- to be eaten on the premises שיש לאכלו במקום, שאין לקחתו עמו
pre′mium *n.* פרמיה; תוספת; הטבה; בונוס, פרס; שכר לימוד
- at a premium מעל לערך הנקוב; רב-ערך, יקר, קשה להשיגו
- put a premium on לעודד, להמריץ
premium bond אג"ח נושאת פרסים
pre′moni′tion (-ni-) *n.* הרגשה מוקדמת
pre·mon′ito′ry *adj.* מזהיר, מבשר רע
pre′na′tal *adj.* לפני לידה
pren′tice (-tis) *n.* שוליה, טירון
pre′nup′ *n.* הסכם ממון
pre·nup′tial (-shəl) *adj.* קדם-נישואין
prenuptial agreement הסכם ממון
pre·oc′cu·pa′tion *n.* העסקת-הדעת, השתקעות, חוסר-ריכוז; רעיון מעסיק
preoccupied *adj.* שקוע, מהורהר
pre·oc′cu·py′ *v.* להעסיק הדעת, לשקוע ראשו ורובו
pre′or·dain′ *v.* לגזור, לחרוץ מראש
pre′owned′ (-ōnd) *adj.* משומש
prep *n.* *שיעורי-בית; מכינה, אולפן
prep *v.* להכין מראש; להתכונן
pre′pack′ *v.* לארוז לפני המשלוח
pre·pack′age *v.* לארוז מראש
pre′paid′ *adj.* ששולם מראש
prep′ara′tion *n.* הכנה, סידור; מרקחת, תכשיר; שיעורי-בית
- in preparation בהכנה
pre·par′ative *adj.* מכין, מכשיר
pre·par′ato′ry *adj.* מכין, מכשיר
- preparatory to לפני, לקראת
preparatory school מכינה, אולפנא
pre·pare′ *v.* להכין; להכשיר; להתכונן
- prepare oneself להתכונן, להיערך
prepared *adj.* ערוך; מוכן מראש
preparedness *n.* נכונות, היערכות
pre′pay′ *v.* לשלם מראש
prepayment *n.* תשלום מקדמה
pre′plan′ *v.* לתכנן מראש
pre·pon′derance *n.* עליונות, עדיפות
pre·pon′derant *adj.* עליון, עדיף, רב-משקל, שולט, עיקרי, מכריע
pre·pon′derate′ *v.* לעלות על, להכריע (במשקל), לעלות בחשיבותו
pre′pone′ *v.* להקדים התאריך
prep′osi′tion (-zi-) *n.* מלת-יחס
prepositional *adj.* של מלת-יחס
prepositional phrase בטוי המשמש כמלת-יחס ("על-יד")
pre′possess′ (-zes) *v.* להעניק תחושה טובה, לרכוש לב, להקסים
prepossessed *adj.* מתרשם, מוקסם
prepossessing *adj.* מרשים,

מקסים
pre'posses'sion (-zesh'ən) *n.*
נטייה, התרשמות חיובית
pre·pos'terous *adj.* מגוחך
prep'py *n.* *תיכוניסט, נער "צפוני"
pre'pran'dial *adj.* לפני הארוחה
prep school מכינה, אולפנא
pre'puce *n.* עורלה
pre're·cord' *v.* להקליט (מראש)
pre'req'uisite (-zit) *adj&n.*
תנאי מוקדם
pre·rog'ative *n.* זכות מיוחדת,
פררוגטיבה, עדיפות, זכות בכורה
pres = president, present
pres'age *n.* אות/רגש מבשר רע
pre'sage' *v.* לבשר, להוות אות
pres'byter (-z-) *n.* כומר (קשיש)
Pres'byte'rian (-z-) *adj&n.* של
הכנסייה הפרסביטריאנית
pres'byter'y (-z-) *n.* מזרח
הכנסייה; מעון הכומר; בית-דין
preschool *adj.* שלפני גיל
בית-הספר
pre'science (-shiəns) *n.* ראיית
הנולד
pre'scient (-shiənt) *adj.* רואה את
הנולד
pre·scribe' *v.* לקבוע, לצוות,
להמליץ
- prescribe a medicine לרשום
תרופה
prescribed *adj.* קבוע; מומלץ
pre'script' *n&adj.* הוראה, צו;
קבוע
pre·scrip'tion *n.* הוראה, צו;
מרשם, תרופה; תביעת-חזקה (על
נכס); התיישנות
pre·scrip'tive *adj.* קובע כללים;
מושרש במנהג, מעוגן בחוק
pres'ence (-z-) *n.* נוכחות; הופעה,
רוֹשֶם; רוח, שכינה
- in his presence בנוכחותו
presence of mind צלילות דעת,
תושייה
pres'ent (-z-) *adj.* נוֹכֵחַ, קיים; הווה
- in the present case במקרה דנן
- present to my mind חרות בזכרוני
pres'ent (-z-) *n.* הווה, בינוני
- at present עתה, בשעה זו
- for the present לפי שעה, לעת עתה
- presents מיסמכים, תעודות
pres'ent (-z-) *n.* מתנה, שי, תשורה

- make him a present of it לתת לו
זאת במתנה
pre·sent' (-z-) *v.* לתת, להעניק,
להגיש; להציג (אדם); להפגין,
להראות
- it presents no difficulty אינו
מהווה כל קושי
- present a gun at לכוון אקדח לעבר
- present arms! דגל שק!, הצג שק!
- present itself לעלות בדעתו;
להזדמן
- present oneself להופיע, להתייצב
pre·sent' (-z-) *n.* דיגול נשק, הצדעה
pre·sen'table (-z-) *adj.* נאה, יאה
להופיע בו (בציבור); ראוי להציגו
pre'senta'tion (-z-) *n.* מתן,
הענקה; הגשה; הצגה; תנוחת העובר;
מצג
presentation copy עותק-שי
present-day *adj.* מודרני, נוכחי
pre·sen'timent (-z-) *n.* תחושה
מוקדמת, רגש מבשר רע
pres'ently (-z-) *adv.* בשעה זו, עתה;
מיד, בקרוב
pre·sent'ment (-z-) *n.* הצהרה,
הצגת מידע
present participle בינוני פועל
present perfect הווה נשלם
pre·ser'vable (-z-) *adj.* בר-שימור
pres'erva'tion (-z-) *n.* שמירה;
שימור
preservation order צו-שימור
pre·ser'vative (-z-) *n.* חומר-שימור
pre·serve' (-z-) *v.* לשמור, להגן על;
לשמר; לכבוש; להנציח
preserve *n.* שמורת-טבע; תחום
פרטי
- preserves שימורים; ריבה
preserved *adj.* משומר, שמור
preserver *n.* שומר, מגן, מציל
pre'set' *v.* לקבוע/לכוון מראש
pre'shrunk' *adj.* בלתי-כוויץ
pre·side' (-z-) *v.* לשבת בראש, לנהל
- presiding judge אב בית הדין
pres'idency (-z-) *n.* נשיאות
pres'ident (-z-) *n.* נשיא
president elect הנשיא הנבחר
pres'iden'tial (-z-) *adj.* נשיאותי
presidential year שנת הבחירות
לנשיאות (בארה"ב)
pre·sid'ium *n.* נשיאות, ועדה
קבועה

press *n.* עיתונות; דפוס; מכבש; מסחט; מגהץ; גיהוץ; לחץ; לחיצה; ארון; המון, קהל
- correct the press להגיה (דפוס)
- freedom of the press חופש העיתונות
- get a good press לזכות בביקורת חיובית בעיתונות
- go to press להתחיל בהדפסה
- in the press בהדפסה, בדפוס
- press of events לחץ המאורעות
- press of sail מירב המפרשים

press *v.* ללחוץ; לסחוט; לגהץ; להתגהץ; לדחוק; להידחק; לגייס, לחטוף לצבא; להחרים
- hard pressed נתון בלחץ כבד
- press an argument home לטעון טענה מכרעת, להביא נימוק משכנע
- press an attack להתקיף, ללחוץ
- press for ללחוץ, לדרוש, לתבוע
- press heavily on להוות נטל על
- press home ללחוץ בלי הרף
- press into service לגייס
- press it on him לתחוב לו בכוח
- press on/forward להמשיך, להתקדם
- press one's way לפלס דרך (בהמון)
- press the flesh ללחוץ ידיים
- press the point לעמוד על הנקודה
- pressed for money דחוק בכסף
- time presses השעה דוחקת, אין זמן

press agency סוכנות ידיעות, יחצנות
press agent קצין עיתונות, יחצן
press baron איל-עיתונות
press box תא עיתונאים
press conference מסיבת עיתונאים
press cutting קטע עיתון, תגזיר
pressed *adj.* לחוץ, דחוק; כבוש
press gallery יציע עיתונאים
pressgang *n.* חוטפים, כנופיית-גיוס
pressgang *v.* לאלץ, להכריח
pres'sie (prez'i) *n.* *מתנה, שי
press immunity חיסיון עיתונאי
pressing *n.* (עותק של) תקליט
pressing *adj.* לוחץ; מתעקש, מפציר
press lord איל-עיתונות
pressman *n.* עיתונאי; דַּפָּס
pressmark *n.* מִסְפַּר הספר
press photographer צלם עיתונות
press release תמסיר (לעיתונות)
press-stud *n.* לחצנית, תִּיקְתָּק
press-up *n.* שכיבת-סמיכה
pres'sure (-shər) *n.* לחץ; נטל, עול
- at high pressure במלוא הקיטור
- bring pressure to bear on him להפעיל עליו לחץ
- put pressure on ללחוץ על
- under pressure בלחץ; מתוך כפייה

pressure *v.* ללחוץ
pressure cabin תא מווסת לחץ-אוויר
pressure cooker סיר-לחץ
pressure gauge מד-לחץ
pressure group קבוצת לחץ, שדולה
pressure point נקודת לחיצה (על עורק-דם)
pres'surize' (-sh'-) *v.* ללחוץ, לאלץ; לווסת לחץ-האוויר
pres'tidig'ita'tion *n.* להטוטנות
pres·tige' (-tēzh) *n&adj.* פרסטיז'ה, יוקרה, מוניטין; יוקרתי
pres·tig'ious (-jəs) *adj.* יוקרתי
pres·tis'simo' *adv.* במהירות רבה
pres'to *adv.* פרסטו, במהירות
pre'stressed' (-st) *adj.* (בטון) מזויין
presumable *adj.* שניתן להניח
presumably *adv.* כפי הנראה
pre·sume' (-z-) *v.* להניח, לשער, לחשוב; להרשות לעצמו, להעז
- be presumed להיחשב, בבחינת
- presume on לנצל (לרעה)

presuming *adj.* נועז, מרשה לעצמו
pre·sump'tion (-z-) *n.* הנחה, השערה; חזקה; העזה, עזות, חוצפה
pre·sump'tive (-z-) *adj.* משוער, סביר
presumptive evidence ראיה נסיבתית
presumptive heir יורש על תנאי
pre·sump'tuous (-zump'chōōəs) בעל ביטחון עצמי מופרז, שחצן, חצוף
pre'suppose' (-z) *v.* להניח מראש; לרמז על, להעיד על, לדרוש מלכתחילה
pre'sup·posi'tion (-zi-) *n.* הנחה
pre-tax *adj.* לפני מס
pre-teen *adj.* למטה מגיל 13
pre'tence' = **pretense**
pre·tend' *v.* להעמיד פנים, להתחזות; להתיימר, לטעון; *להעז
- pretend to the crown לטעון לכתר

pretend *adj.* *מדומה, כביכול
pretended *adj.* מדומה, לא אמיתי
pretender *n.* תובע, טוען לכתר
pre′tense′ *n.* העמדת-פנים, התחזות, מסווה; יומרה; תביעה; אמתלה
pre′ten′sion *n.* יומרה; טענה
- make pretensions to לטעון ל-
pre•ten′tious (-shəs) *adj.* יומרני
pret′erit *n.* (בדקדוק) עבר
pre′termit′ *v.* להשמיט, להפסיק
pre′ternat′ural (-ch′-) *adj.* על-טבעי
pre′test′ *n.* מיבחן מוקדם
pre′text′ *n.* תירוץ, אמתלה
pre′tri′al *n.* קדם-מישפט
pret′tify′ (prit-) *v.* לייפות, לקשט
prettily *adv.* בצורה נאה, יפה
pret′ty (prit′i) *adj.* יפה, נחמד, מקסים; "נהדר" (באירוניה)
- pretty fortune סכום הגון
- pretty mess תסבוכת, "דייסה"
- sitting pretty במצב נוח, מבוסס
pretty *adv.* די-, למדי; מאוד
- pretty much/nearly כמעט
- pretty well לא רע, מצויין; כמעט
pretty-pretty *adj.* יפה מאוד
pretz′el *n.* כעך קלוע, שלובית
pre•vail′ *v.* לנצח, לגבור; לשלוט, לשרור; להיות נפוץ/רווח
- prevail on/upon לשכנע
prevailing *adj.* רווח, נפוץ, שכיח
prev′alence *n.* קיום נפוץ, שכיחות
prev′alent *adj.* רווח, נפוץ, שכיח
pre•var′icate′ *v.* לשקר, להסתיר האמת, לומר חצאי-אמת
pre•var′ica′tion *n.* הסתרת האמת
pre•vent′ *v.* למנוע; לעכב, להניא
preventable *adj.* מָנִיעַ
pre•ven′tative *n.* תרופה מונעת
pre•ven′tion *n.* מניעה, עיכוב
pre•ven′tive *adj.* מוֹנֵעַ
preventive custody מעצר מנע
preventive detention מעצר מנע
preventive medicine רפואה מונעת
preventive officer פקיד מכס
preventive war מלחמת מנע
pre′view (-vū) *n&v.* הצגה מוקדמת, מופע מוקדם; להעלות/לחזות בהצגה מוקדמת
pre′vious *adj.* קוֹדֵם; נמהר, פזיז
- previous to לפני, טרם
previous conviction הרשעה
קודמת
previously *adv.* לפני כן, קודם לכן
pre•vi′sion (-vizh′ən) *n.* ראייה מראש, נבואה
pre′war′ (-wôr) *adj.* טרום-מלחמתי
prex *n.* *נשיא (של מכללה)
prey (prā) *n&v.* טרף; קורבן; לטרוף
- become/fall prey to להיטרף, להיות טרף לשיני; ליפול קורבן ל-
- easy prey טרף קל, קורבן
- prey to fears תקוף-פחדים
- prey upon לטרוף, לשדוד; לפשוט על
- prey upon one's mind לנקר במוחו, להעיק עליו, להציק לו
prez′zie (prez′i) *n.* *מתנה, שי
price *n.* מחיר; ערך, שווי; שער, תנאי-הימור
- above/beyond/without price יקר מאוד, אין ערוך לו
- at a price במחיר גבוה
- at any price בכל מחיר
- not at any price בשום תנאי לא
- of a price עולים אותו סכום
- put a price on לאמוד מחירו
- quote a price לנקוב מחיר
- starting price שער פותח (בהימור)
- what price? *מה הסיכויים ל-, מה דעתך על? (בלעג)
price *v.* לְתַמְחֵר; לשאול למחירו
- price out of the market לתבוע מחיר מופרז
price-cutting *n.* קיצוץ מחירים
priceless *adj.* יקר מאוד, אין ערוך לו; *מצחיק, מגוחך
price list מחירון, לוח מחירים
price ring קבוצת קובעי מחיר
price tag תג מחיר; עלות, מחיר
price war מלחמת מחירים
pric′ey (prī′si) *adj.* *יקר
prick *n.* דקירה; כאב; חריר; *איבר המין; ברנש רע, דוחה
- kick against the prick לצעוק חי וקיים; להתנגד לשווא
- prick of conscience נקיפת מצפון
prick *v.* לדקור, לנקב; לחוש דקירות
- prick out/off לשתול (בעזרת דקר)
- prick up one's ears לזקוף אוזניו
pricker *n.* דוקר; דָקָר; מרצע
pricking *n.* דקירה, דקרור

prick′le *n.* קוץ, חוד; דקרור, עקצוץ
prickle *v.* לחוש דקירות, לעקצץ
prickly *adj.* דוקר; רגיש, עצבני
prickly heat חררה, עקצוץ בעור
prickly pear צבר (פרי)
pric′y (prī′si) *adj.* יקר
pride *n&v.* גאווה; התנשאות; תפארת, מקור-גאווה; פריחה
- a pride of lions להקת אריות
- false pride גאוות-שווא, התנפחות
- in the pride of youth באביב ימיו
- pride and joy נכס יקר
- pride of place מקום כבוד
- pride oneself on להתגאות ב-
- swallow one's pride למחול על כבודו, להרכין ראש
- take a pride in להתגאות ב-
prie-dieu′ (prēdyoo′) *n.* שולחן-תפילה (בעל שרפרף לכריעה)
priest (prēst) *n.* כומר; כוהן
priest′ess (prēst-) *n.* כוהנת
priesthood *n.* כמורה
priestlike *adj.* של כומר, כמו כומר
priestly *adj.* של כומר, כמו כומר
priest-ridden *adj.* נתון למרות כמרים
prig *n.* קפדן, דקדקן, צדיק בעיניו
priggish *adj.* קפדני, דקדקני
prim *adj.* מסודר, נקי; עדין, יפה-נפש
- prim and proper סולד מגסות
prim *v.* ללבוש ארשת צדקנית
pri′ma (-rē′-) *adj.* ראשי
prima ballerina רקדנית ראשית
pri′macy *n.* ראשונות; עליונות; מישרת ארכיבישוף
prima donna פרימדונה, זמרת ראשית
pri′ma fa′cie (-shi) *adj.* לכאורה, על פי התרשמות ראשונית
prima facie evidence הוכחה מספקת (אם לא תופרך)
pri′mal *adj.* קדמון, ראשוני, היולי; עיקרי, בעל חשיבות עליונה
pri′maries (-mərēz) *n-pl.* בחירות מקדימות
pri•mar′ily (-mer-) *adv.* בעיקר, קודם כל
pri′mary *adj.* מקורי, קדום, ראשון; עיקרי; בסיסי, יסודי
primary (election) בחירות מוקדמות (למינוי מועמדים)
primary accent/stress הטעמה ראשית
primary color צבע יסודי
primary education חינוך יסודי
primary school בית-ספר יסודי
pri′mate *n.* ארכיבישוף; יונק עילאי; פרימאט
prime *n.* שלמות, פריחה, אביב, שחר; מיטב, עידית; מספר ראשוני
- in the prime of life באביב ימיו
- the prime of the year האביב
prime *adj.* ראשי, עיקרי; מעולה, מובחר, סוג א׳; יסודי, ראשוני
- prime time שעות השיא (בצפייה)
prime *v.* להפעיל; להכין; לתחל; לספק מראש; לכסות בצבע-יסוד
- prime the pump;להכשיר המשאבה; להשקיע ב-/לשמן גלגלי עסק
- primed by his lawyer הודרך ע״י פרקליטו
prime cost עלות הייצור
primed *adj.* *שתוי, שָׂבֵעַ
prime meridian מצהר אפס
prime minister ראש ממשלה
prime number מספר ראשוני
prim′er *n.* ספר לימוד למתחיל
pri′mer, pri′ming *n.* צבע-יסוד; תֶּחֶל; מאיץ
prime rate ריבית פריים
pri•me′val *adj.* היולי, קדמון
primeval forest יער-בראשית
prim′itive *adj.* פרימיטיבי, קדמון, ראשיתי, קמאי; פשוט; גס; מיושן
pri′mogen′iture *n.* בכורה
pri•mor′dial *adj.* קדמון, היולי
primp *v.* לקשט; להתפרכס
prim′rose (-z) *n&adj.* רקפת; צהבהב
primrose path/way דרך התענוגות
prim′u•la *n.* בכור-אביב (פרח)
pri′mus *n&adj.* פרימוס; ראשון
pri′mus inter par′es (-ēz) ראשון בין שווים
prince *n.* נסיך, שליט, מלך
Prince Charming נסיך החלומות
prince consort בעל המלכה
princedom *n.* נְסִיכוּת
princely *adj.* של נסיך; אצילי, אדיב
Prince of Darkness השטן
Prince of Wales יורש העצר
prince royal בן המלך הבכור
prin′cess *n.* נסיכה

prin′cipal *adj.* ראשי, עיקרי
principal *n.* מנהל; ראש מוסד; נגן ראשי; קרן; קורת גג ראשית
prin′cipal′ity *n.* נסיכות
principally *adv.* בעיקר
prin′ciple *n.* עיקרון, פרינציפ, חוק
- first principles עיקרים, יסודות
- in principle עקרונית, להלכה
- man of principle איש עקרונות
- on principle עקרונית, מוסרית
principled *adj.* עקרוני
prink *n.* לקשט; להתגנדר
print *n.* דפוס; אותיות; הדפס; תמונה; עיתון; עקב, סימן
- in print בדפוס; מצוי בחנויות
- leave its print להותיר רישומו על
- out of print אזל (ספר)
- print dress שמלה מבד מודפס
- rush into print לאוץ לפרסם (ספר)
- small print אותיות זעירות
print *v.* להדפיס; לכתוב באותיות דפוס; לחרות; להותיר סימן
- print money להדפיס/להזרים כסף
- print out להוציא תדפיס
printable *adj.* דפיס, ניתן להדפסה
printed circuit מעגל מודפס
printed papers דברי דפוס, מידפס
printer *n.* מדפיס; מדפסת
printer's devil שוליית המדפיס
printing *n.* הדפסה; דפוס; מהדורה
printing house/office/shop בית-דפוס
printing ink דיו-הדפסה, חרתה
printing machine/press מכבש-הדפוס
print-out *n.* תדפיס (של מחשב)
pri′or *adj.* קודם, קודם בחשיבותו
- prior to קודם ל-, לפני, טרם
prior *n.* ראש מיסדר
prio′ri *n.* תחילה, ראשון
- a priori שמלכתחילה, אפריורי
pri•or′itize′ *v.* לתת עדיפות ל-
pri•or′ity *n.* עדיפות, (זכות) קדימה
- take priority over לזכות בעדיפות
- top priority עדיפות עליונה
pri′ory *n.* מנזר
prise (-z) *v.* לפתוח, לפרוץ, להוציא
prism (priz′əm) *n.* פריזמה, מנסרה
pris′on (-z-) *n.* בית סוהר
prison-breaking *n.* בריחה מכלא
prison camp מחנה שבויים
prisoner *n.* אסיר; עציר
prisoner of war שבוי מלחמה
prisons commissioner נציב בתי הסוהר
Prison Service שירות בתי הסוהר
pris′sy *adj.* קפדן (בצורה מרגיזה)
pris′tine (-tēn) *adj.* קדמוני, פרימיטיבי; מקורי, טהור, זך
prith′ee (-dh-) *interj.* אנא!
pri′vacy *n.* פרטיות, צנעה, חשאיות
- in privacy בחשאי; בבדידות
pri′vate *adj&n.* אישי; פרטי; סודי; טוראי
- in private בחשאי, לא בפומבי
- private person אדם פרטי; מתבודד
- privates איברי המין, מבושים
private account חשבון אישי/נפרד
private enterprise יוזמה פרטית
private eye/detective בלש פרטי
private house בית-מגורים, דירה
private member חבר פרלמנט
private member's bill הצעת חוק פרטית
private parts איברי המין, מבושים
private practice פרקטיקה פרטית
private school בית-ספר פרטי
private soldier טוראי
pri•va′tion *n.* מחסור, עוני, מצוקה, סבל; שלילה, מניעה
pri′vatiza′tion *n.* הפרטה
pri′vatize′ *v.* להפריט
priv′et *n.* ליגוסטרום (שיח-נוי)
priv′ilege (-lij) *n.* פריבילגיה, זכות, יתרון; יחסנות; טובה, הנאה; חסינות; חיסיון
privileged *adj.* בעל פריבילגיות; מיוחס, יחסן; חסוי, סודי
- under-privileged מעוט יכולת, דל
privily *adv.* באורח פרטי; בחשאי
priv′y *adj.* פרטי; חשאי; בעל מידע סודי
- privy to בא בסוד ה-
privy *n.* בית שימוש; בעל עניין
prize *n.* פרס; נכס יקר; שלל, שלל-ספינה; "מציאה" (נחטפת)
prize *v.* להוקיר מאוד, להעריך
- prized יקר, יקר-ערך
prize *adj.* שזכה בפרס; ראוי לפרס; מיוחד במינו; מוענק כפרס
prize *v.* לפתוח, לפרוץ, להוציא
- prize out להוציא, לסחוט (מידע)
prize-fight *n.* קרב איגרוף
prize-fighter *n.* מתאגרף (כנ"ל)

prizeman *n.* זוכה בפרס
prize-ring *n.* זירת איגרוף
prizewinner *n.* זוכה בפרס
pro *n&adv.* בעד, מחייב, תומך
- pro and con בעד ונגד
- pros and cons התומכים והשוללים
pro- תומך, מצדד; פועל בְּמקוֹם-
- proslavery תומך בעבדות
pro *n.* שחקן מקצועי; זונה
PRO = public relations officer
pro'-am' *adj.* למקצוענים וחובבים
prob'abil'ity *n.* קרבה לוודאות; סיכוי; הסתברות; אפשרות, ייתכנות
- in all probability קרוב לוודאי
prob'able *adj.* קרוב לוודאי, כמעט ודאי; צפוי, קרוב לאמת, מסתבר
probable *n.* מועמד כמעט ודאי (לנצח)
probably *adv.* קרוב לוודאי
pro'bate' *n.* אישור צוואה
probate *v.* לאשר צוואה
probate copy העתק צוואה מאושר
pro•ba'tion *n.* (תקופת) מבחן
- 2 years' probation (מאסר על תנאי) למשך שנתיים
- on probation בניסיון, למבחן
probational *adj.* של מבחן, לניסיון
probationary *adj.* של מבחן
probationer *n.* אחות מתמחה; עבריין ששוחרר לניסיון
probation officer קצין מבחן
probe *n.* חקירה, בדיקה; מַבְחֵן, מכשיר/מיתקן בדיקה; לוויין מחקר
probe *v.* לבדוק; לחקור, לחטט
pro'bity *n.* יושר, הגינות; שלמות
prob'lem *n&adj.* בעיה, שאלה; אדם קשה; עוסק בבעיות החברה
- no problem אין בעיה
- that's your problem זב"ש, זו בעיה שלך
prob'lemat'ic *adj.* בעייתי
pro bo'no pub'lico' לטובת הכלל
probos'cis *n.* חדק (הפיל); *אף
proce'dural (-'j-) *adj.* נוהלי, דיוני
proce'dure (-jər) *n.* נוהל, פרוצדורה, הליך, סדר דין
proceed' *v.* להמשיך; להתקדם; להתחיל
- proceed against לנקוט הליך נגד
- proceed from לנבוע מ-, לצמוח מ-
- proceed to לעבור (הלאה) ל-; להמשיך ל- (תואר שני)
- proceed with your story המשך בסיפורך; התחל בסיפורך
proceed'ing *n.* התנהגות; פעולה; מעשה; הליך
- proceedings התרחשויות; פרוטוקול
- start proceedings לפתוח בהליכים
- way of proceeding דרך פעולה
pro'ceeds *n-pl.* הכנסה, תשואה
proc'ess' *n.* תהליך; שיטה (בייצור); התקדמות; הזמנה לדין; זיז, בליטה
- in process מתקדם, בשלבי עשייה
- in process of בתהליך-; במשך-
proc'ess' *v.* לעבד; להכין, לבדוק
- process information לעבד נתונים
process' *v.* לצעוד בסך
proces'sion *n.* תהלוכה, מצעד; (בספורט) ניצחון קל, "טיול"
- funeral procession הלוויה
processional *adj&n.* של תהלוכה (דתית); מזמור תהלוכה
pro'cess'or *n.* מעבד
process server מחלק הזמנות לדין
pro'-choice' *adj.* בעד הפלה מרצון
proclaim' *v.* להכריז, להצהיר; להעיד על, לגלות, להוות אות
- proclaim war להכריז מלחמה
proc'lama'tion *n.* הכרזה, הצהרה
pro•cliv'ity *n.* נטייה
pro•con'sul *n.* נציב; פרוקונסול
pro•cras'tinate' *v.* לדחות (למחר)
pro•cras'tina'tion *n.* דחייה, סחבת
pro'cre•ate' *v.* להוליד; להתרבות
pro'cre•a'tion *n.* הולדה
proc'tor *n&v.* מפקח, משגיח; להשגיח
pro•cum'bent *adj.* אפיים ארצה, שוכב
procu'rable *adj.* בר-השגה, בר-רכישה
proc'u•ra'tor *n.* סוכן, מיופה-כוח
procure' *v.* להשיג, לרכוש; לסרסר לזנות; לגרום, להביא ל-
procurement *n.* רכישה, רכש
procurer *n.* סרסור, רועה זונות
procuress *n.* סרסורית
prod *v&n.* לדחוף, לתקוע (אצבע/מרפק); להמריץ, לעורר; דחיפה; מקל, מַלְמָד
prod'igal *adj&n.* בזבזני; נדיב, שופע, פורה, עשיר; בזבזן

prod'igal'ity *n.* בזבזנות; שפע
prodigal son הבן החוטא
prodi'gious (-dij'əs) *adj.* עצום, כביר; נפלא, מדהים
prod'igy *n.* פלא, דבר נפלא; עילוי
- child prodigy ילד פלא
produce' *v.* להציג, להראות; להוציא, לשלוף; להצמיח; ללדת; לייצר; להפיק; ליצור; לגרום; לחולל
- produce a film להפיק סרט
- produce a line להאריך קו
- produce eggs להטיל ביצים
- produce evidence להביא ראיות
- produce lambs להמליט טלאים
pro'duce *n.* תוצרת; יבול
produ'cer *n.* יצרן; מפיק
prod'uct *n.* תוצרת; מוצר, תוצר; פרי-יצירה; תוצאה, תולדה; מכפלה
produc'tion *n.* ייצור; יצירה; תפוקה; הפקה; הצגה
- production of a ticket הצגת כרטיס
production line קו ייצור
produc'tive *adj.* פרודוקטיבי, יוצר, פורה, יצרני; מועיל, מביא ברכה
- productive land אדמה פורייה
- productive of גורם, יוצר, מביא ל-
prod'uctiv'ity *n.* פרודוקטיביות, פוריות, פריון עבודה, יצרנות
pro'em' *n.* מבוא, הקדמה
prof = professor
prof'ana'tion *n.* חילול (הקודש)
profane' *v.* לחלל (הקודש); לטמא
profane *adj.* מחלל (הקודש), מגדף; גס; חילוני, לא מקודש
- profane art אמנות חילונית
profan'ity *n.* חילול הקודש, גסות
- profanities חירופים, נאצות
profess' *v.* לטעון; להתיימר; להאמין ב-; לעסוק ב-; ללמד
- profess Judaism להצהיר על אמונתו ביהדות
- profess a belief/an interest in לטעון שהוא מאמין/מתעניין ב-
- profess law לעסוק בעריכת דין
- profess mathematics להיות מרצה למתימטיקה
professed *adj.* מוצהר, מושבע; מעמיד פנים, מזוייף; מוסמך (למסדר)
professedly *adv.* לטענתו, כמוצהר
profes'sion *n.* מקצוע; אנשי המקצוע; הצהרה, הודאה
professional *adj&n.* מקצועי; מקצוען
- turn professional להפוך למקצוען
professionalism *n.* מקצוענות
profes'sionalize' (-fesh'ən-) *v.* לְמַקְצֵעַ
profes'sor *n.* פרופסור, מורה
prof'esso'rial *adj.* של פרופסור
professorship *n.* פרופסורה
prof'fer *v&n.* להציע; הצעה
profi'ciency (-fish'ən-) *n.* מומחיות
profi'cient (-fish'ənt) *adj.* מומחה, בקי
pro'file' *n.* פרופיל, צדודית, דיוקן
profile *v.* להציג בפרופיל; לשרטט דיוקן
prof'it *n.* רווח; תועלת, יתרון, טובה
- gross profit רווח ברוטו
- net profit רווח נטו
- read for profit/to one's profit לקרוא לשם רכישת השכלה
- sell at a profit למכור ברווח
profit *v.* להפיק רווח
- profit by/from להפיק תועלת מ-
- profited me nothing לא הועיל לי
profitable *adj.* רווחי; מועיל
profit and loss רווח והפסד
prof'iteer' *n&v.* רווחן, ספסר, מפקיע מחירים; להפקיע מחירים
profitless *adj.* חסר-תועלת
profit margin מתח רווחים
profit sharing חלוקת רווחים
profit-taking מימוש רווחים
prof'ligacy *n.* הוללות; בזבזנות
prof'ligate *adj&n.* מופקר; בזבזן
pro for'ma למען הסדר; לצאת ידי חובה; (חשבון) פרופורמה
profound' *adj.* עמוק, עז, רב
- profound silence שקט מוחלט
- profound thinker עמקן
profoundly *adv.* עמוקות, מעומק הלב
profun'dity *n.* עומק, מחשבה עמוקה
profuse' *adj.* שופע, רב, נדיב, פזרני
profu'sion (-zhən) *n.* שפע, ריבוי
pro·gen'itor *n.* אב קדמון; אב, יוצר (שיטה חדשה)
pro·gen'iture *n.* הולדה, צאצא

prog′eny *n.* צאצאים, פרי-בטן
pro•ges′terone′ *n.* פרוגסטרון (הורמון נקבי)
prog′nathous *adj.* לְסַתָּנִי
prog•no′sis *n.* פרוגנוזה, סָכוּת
prog•nos′tic *n&adj.* אות, מבשר, מנבא
prog•nos′ticate′ *v.* לנבא, לְצַפּוֹת
prog•nos′tica′tion *n.* ניבוי
pro′gram′ *n.* תוכנית; תוכנייה
program *v.* להתוות תוכנית; לתכנת
pro′grammat′ic *adj.* פרוגרמטי, תוכניתי
programme = program
programmed course קורס תוכניתי (בו מתקדמים בשלבים)
programme music מוסיקה תוכניתית
programme note תיאור קצר, הסבר קצר (בתוכנייה)
pro′gram′mer מתכנת, תוכניתן
prog′ress′ *n.* התקדמות; קדמה
- in progress מתקדם, בעיצומו
- make progress להתקדם
progress′ *v.* להתקדם
progres′sion *n.* התקדמות; טור
progres′sive *adj&n.* מתקדם, פרוגרסיבי; מודרני, בן-זמננו
- progressively better הולך ומשתפר
pro•hib′it *v.* לאסור; למנוע, לפסול
pro′hibi′tion (-bi-) *n.* איסור; צו-איסור
prohibitionist *n.* תומך באיסור מכירת משקאות חריפים
pro•hib′itive *adj.* אוסר, מונע
- prohibitive price מחיר מופרז
pro•hib′ito′ry *adj.* אוסר, מונע
proj′ect′ *n.* מיזם, פרוייקט; תוכנית; מפעל
project′ *v.* לתכנן; לבלוט; להבליט; להטיל, להשליך; להקרין; להציג תדמית
- project a map להטיל מפה, לעשות היטל/השלכה של מפה
- project a missile לשגר טיל
- project oneself ליצור תדמית חיובית
- project onto להטיל על (הזולת)
projected *adj.* מתוכנן
projec′tile (-til) *n&adj.* טיל, קליע; ניתן לשיגור, בר-שיגור
projecting *adj.* בולט
projec′tion *n.* תכנון; השלכה; הטלה; היטל; הקרנה; בליטה
projectionist *n.* מקרין, מטולן
projection room חדר הקרנה
projector *n.* מטול, מקרן, זרקור
pro•lapse′ *v.* לצנוח, להישמט, לשקוע
pro′lapse′ *n.* צניחה, שמיטה, שקיעה
prolapsed uterus רחם צנוח
prole *n.* פּוֹעֵל, חבר הפרוליטריון
pro′legom′ena *n.* הקדמה, מבוא
pro′leta′rian *adj&n.* פועל, פרוליטארי, חבר הפרוליטריון
pro′leta′riat *n.* פרולטריון
pro′-life′ *adj.* נגד הפלות
pro•lif′erate′ *v.* להתרבות במהירות
pro•lif′era′tion *n.* התרבות, התפשטות
- non-proliferation אי-הפצה (נשק)
pro•lif′ic *adj.* פורה, שופע; מתרבה
pro•lix′ *adj.* משעמם, ארוך, ארכן
pro•lix′ity *n.* ארכנות, רוב מלים
pro•log′ (-lôg) *n.* פרולוג, פתיחה
prologue = prolog
pro•long′ (-lông) *v.* להאריך
pro′lon•ga′tion (-lông-) *n.* הארכה
prolonged *adj.* ארוך, ממושך
prom = promenade
prom′enade′ *n.* נשף ריקודים; טיול; טיילת; רחבת-טיול (בתיאטרון), מטולה
promenade *v.* לטייל
promenade deck סיפון הטיילת
prom′inence *n.* התבלטות; בליטה
- bring into prominence להבליט
- come into prominence להתבלט
prom′inent *adj.* בולט; חשוב; ידוע
prom′iscu′ity *n.* ערבוב, אי-אבחנה; הפקרות, זנות, נאפופים
promis′cuous (-kūəs) *adj.* מעורבב, לא מבחין; מְגוּוָנִים; מופקר, נאפופי
prom′ise (-mis) *n&v.* הבטחה; תקווה; להבטיח; לבשר
- I promise you *אני מבטיח לך
- as good as one's promise נאה דורש ונאה מקיים
- break a promise להפר הבטחה
- bring promise לעורר תקווה
- it promises to be a fine day בטח יהיה יום נאה
- promise well לעורר ציפיות

- show promise להיות מבטיח, לעורר תקוות, לגלות סימני הצלחה
promising *adj.* מבטיח, בעל עתיד
prom'isso'ry *adj.* של הבטחה
promissory note שטר חוב
pro'mo *n.* פרומו, קדימון, פרסומת, בקרוב, קטעים מסרט, תשדיר
prom'onto'ry *n.* צוק, כֵּף, ראש יבשה
promote' *v.* לקדם (בדרגה); לסייע; לארגן; לייסד; לעודד, לעורר, לגרום
- promote a bill להגיש הצעת חוק
- promote a product לפרסם מוצר
- promote sales לקדם מכירות
promoter *n.* יוזם, יזם, מקדם
promo'tion *n.* קידום; סיוע; ארגון; ייסוד; עידוד; מוצר מתפרסם
- sales promotion קידום מכירות
prompt *adj.* מיידי, מוכן; זריז, מהיר
- at 12 prompt בשעה 12 בדיוק
prompt *v.* להניע, לדחוף; לעורר, לעודד; לעזור; ללחוש (לשחקן)
- prompt a witness לרמוז לעד כיצד להמשיך
- prompt thoughts לעורר מחשבות
prompt *n.* לחישה לשחקן
prompt box תא הלחשן
prompt copy עותק (שבידי) הלחשן
prompter *n.* לחשן
promp'titude' *n.* זריזות, נכונות
promptly *adv.* מיד, מהר; בדיוק
prompt-note *n.* תזכורת לתשלום
prom'ulgate' *v.* לפרסם רשמית; להפיץ
prom'ulga'tion *n.* פרסום, הפצה
prone *adj.* (שוכב) על בטנו, אפיים ארצה; נוטה ל-, מועד ל-
prong *n.* שן (של קלשון); חוד (של קרן); לדקור/להעמיס בקלשון
- 2-pronged attack התקפה בשני ראשים
pro'nom'inal *adj.* של כינוי-השם
pro'noun' *n.* כינוי-השם, כינוי
pronounce' *v.* לבטא; להודיע, להצהיר, להכריז; להביע דיעה; לפסוק
- pronounce for לפסוק לטובת
- pronounce oneself לחוות דעתו
pronounceable *adj.* בר-ביטוי
pronounced *adj.* מוגדר, מוצהר; מובהק, ניכר, בולט
pronouncement *n.* הודעה, הצהרה
pron'to *adv.* *מהר, תכף ומיד
pronun'ciamen'to *n.* הודעה, מיצהר
pronun'cia'tion *n.* מיבטא
proof (proo͞f) *n.* הוכחה; ראיה; מבחן; טיוטת הגהה; עוצמת-כוהל
- capable of proof בר-הוכחה, יכיח
- put to the proof להעמיד במבחן
- stand the proof לעמוד במבחן
proof *adj.* חסין, מחוסן, עמיד; אטים; של עוצמה (כוהלית)
proof *v.* לחסן, לאטם; להגיה
proofread *v.* להגיה
proofreader *n.* מַגִּיהַּ
proof sheet עלה-הגהה
proof spirit כוהל תקני
prop *n.* משענת, סמוכה, עמוד; תומך
- clothes prop עמוד (לחבל-) כביסה
- prop and stay תומך ומעודד
prop *v.* לתמוך, להשעין
- prop against להשעין על
- prop up לתמוך
prop=propeller, property מדחף; אבזר במה
prop'agan'da *n.* תעמולה
prop'agan'dist *n.* תעמלן, תועמלן
prop'agan'dize *v.* לנהל תעמולה
prop'agate' *v.* להפרות; להפיץ; להעביר; להתפשט; להתרבות
prop'aga'tion *n.* הפצה; התפשטות
propagator *n.* מפיץ
pro'pane *n.* פרופן (גאז)
propel' *v.* לדחוף, להניע קדימה
propel'lant *adj&n.* דוחף, הודף; חומר הדף (להזנקת טיל)
propellent = propellant
propel'ler *n.* מדחף, פרופלור
propelling pencil עיפרון מכאני
propen'sity *n.* נטייה, תכונה מיוחדת
prop'er *adj.* נכון, מתאים; יאה; נאה; הגון; מושלם; כהוגן; ממש, גופא
- a proper fool טיפש גמור
- proper time שעה מדויקת
- proper to שייך ל-, מיוחד ל-
proper fraction שבר אמיתי (פשוט)
properly *adv.* היטב, כהלכה; כהוגן
- properly speaking למען הדיוק

proper noun/name שם-עצם פרטי
propertied *adj.* בעל נכסים
prop'erty *n.* נכס; קניין; רכוש, מקרקעין; אחוזה; בעלות; תכונה, סגולה; אבזר במה
- common/public property נחלת הכלל
- man of property עתיר-נכסים
- real property מקרקעין, נדל"ן
property man/master אבזרן
proph'ecy *n.* נבואה
proph'esy' *v.* לנבא; להתנבא
proph'et *n.* נביא, חוזה; חלוץ-רעיון
- Prophets נביאים (בתנ"ך)
- prophet of doom רואה-שחורות
proph'etess *n.* נביאה
prophet'ic *adj.* נביאי; נבואי, חזוני
pro'phylac'tic *adj&n.* מונע מחלה; אמצעי מניעה, כובעון
pro'phylax'is *n.* טיפול מונע
pro·pin'quity *n.* קרבה, דמיון
propi'tiate' (-pish-) *v.* לפייס
propit'ia'tion (-pish-) *n.* פיוס
propit'iato'ry (-pish-) *adj.* מפייס
propi'tious (-pish'əs) *adj.* מתאים, נוח, נעים; (סימן) טוב, של רצון טוב
prop'jet' *n.* מדחף סילון-טורבינה
propo'nent *n.* תומך, חסיד; מציע
propor'tion *n.* פרופורציה, יחס; חלק, שיעור, אחוז; מתכונת
- in proportion בפרופורציה נכונה
- in proportion to לפי, ביחס ל-
- out of (all) proportion ללא כל פרופורציה
- proportions מידות, ממדים, גודל
proportion *v.* לתאם, להתאים
proportional *adj.* פרופורציונלי, יחסי, מתכונתי
proportionally *adv.* יחסית
proportional representation ייצוג יחסי, בחירות יחסיות
propor'tionate *adj.* פרופורציוני
propo'sal (-z-) *n.* הצעה; תוכנית; הצעת נישואים
propose' (-z) *v.* להציע; להתכוון, לתכנן; להציע נישואים
- propose a toast/his health לשתות לחיין, להרים כוסית
prop'osi'tion (-zi-) *n.* הצעה; תוכנית; בעיה; הנחה; (בהנדסה) משפט; טענה; הצעה מגונה
- tough proposition אגוז קשה

proposition *v.* *להציע הצעה מגונה
propound' *v.* להציע, להביא
- propound a riddle לחוד חידה
propri'etar'y (-teri) *adj.* של בעלים, קנייני; מתאדן, כמו אדון
proprietary medicine רפואה פטנטית
proprietary name שם מסחרי
propri'etor *n.* בעל, בעלים, אדון
propri'eto'rial *adj.* של בעלות/בעלים
propri'etress *n.* בעלה (בעלת-המלון)
propri'ety *n.* הגינות, קורקטיות, נימוס; התאמה, נכונות
- proprieties כללי התנהגות
propul'sion *n.* דחיפה, כוח הנעה
- jet propulsion הינע סילון
propul'sive *adj.* דוחף, מניע קדימה
pro'pylene' *n.* פרופילן (גאז)
pro ra'ta באופן יחסי, בפרופורציה
pro·rate' *v.* להקצות באופן יחסי
pro'roga'tion *n.* נעילת ישיבה
pro·rogue' (-rōg') *v.* לנעול ישיבה, לדחות (המשך) הדיון (למועד אחר)
pro·sa'ic (-z-) *adj.* פרוזאי, יבש, פשוט
pro·sce'nium *n.* קִדמַת הבימה
pro·scribe' *v.* לאסור, להחרים; להוציא אל מחוץ לחוק
pro·scrip'tion *n.* איסור, החרמה
prose (-z) *n.* פרוזה, סיפורת
pros'ecute' *v.* להעמיד לדין, לתבוע; לעסוק, לנהל, להמשיך, להתמיד ב-
pros'ecu'tion *n.* תביעה; המשכה
- in the prosecution of בעיסוקו כ-, במסגרת (תפקידו)
pros'ecu'tor *n.* תובע
pros'elyte' *n&v.* גֵר; מומר; עריק פוליטי; לגייר; להתגייר; להפוך עורו
pros'elytize' *v.* לגייר; לעשות נפשות
pros'ody *n.* תורת המשקל, פרוסודיה
pros'pect' *n.* תקווה, סיכוי, אפשרות סבירה; נוף; מראה, מחזה; (מועמד) צפוי; לקוח אפשרי
- in prospect צפוי, בעתיד הקרוב
prospect *v.* לחפש (זהב, נפט)
prospec'tive *adj.* צפוי, עתידי, אפשרי, (מועמד) כמעט ודאי
pros'pec'tor *n.* מחפש (זהב, נפט)

prospec′tus *n.* פרוספקט, תוכנייה, תסביר, תשקיף
pros′per *v.* להצליח, לשגשג, להתפתח
pros·per′ity *n.* הצלחה, שגשוג, שפע
pros′perous *adj.* מצליח, משגשג
pros′tate′ *n.* ערמונית, פרוסטאטה
pros·the′sis *n.* קביעת איברים תותבים; פרותיזה, איבר תותב
pros′titute′ *n&v.* זונה; לזנות; למכור (כישרון/כבוד) בעד בצע-כסף
- prostitute herself למכור גופה
pros′titu′tion *n.* זנות
pros′trate′ *adj.* משתטח, אפיים ארצה; מנוצח, חסר-אונים
- prostrate with grief הלום-יגון
prostrate *v.* להפיל; להכניע; להכריע
- prostrate oneself להשתחוות; להשתטח; להתרפס
pros·tra′tion *n.* אפיסת-כוחות; חוסר-אונים; השתחוויה; השתטחות
pros′y (prō′zi) *adj.* פרוזאי, משעמם
pro·tag′onist *n.* שחקן ראשי, גיבור; תומך (ברעיון), נושא דגל
pro·te′an *adj.* לובש צורות שונות
protect′ *v.* להגן על, לשמור; לבטח
protected *adj.* מוגן
protected housing דיור מוגן
protec′tion *n.* הגנה, שמירה; מגן; ביטוח; פרוטקשן, דמי-חסות
protectionism *n.* מדיניות-מגן
protection racket אירגון פרוטקשן
protec′tive *adj.* מגן, הגנתי
protective coloring/coloration צבע מגן, צבע הסוואה
protective custody מעצר הגנתי
protective foods מזון בריאות
protective tariff מכס-מגן
protector *n.* מגן, שומר
protec′torate *n.* ארץ-חסות
pro′tege (-təzhā) *n.* בן-חסות
pro′tegee (-təzhā) *n.* בת-חסות
pro′tein (-tēn) *n.* פרוטאין, חלבון
pro tem′(pore) (-ri) *adv.* זמנית
pro′test′ *n.* מחאה; פרוטסט, הֶעָדָה
- enter a protest להגיש מחאה
- under protest באי-רצון, מתוך מחאה
- without protest בדומייה
protest′ *v.* למחות (על); לטעון בתוקף, להצהיר
Prot′estant *n&adj.* פרוטסטנטי
Protestantism *n.* פרוטסטנטיות
prot′esta′tion *n.* הצהרה; מחאה
protest movement תנועת מחאה
pro′to- ראשון, אב-, קדם-
- prototype אב-טיפוס
pro′tocol′ *n.* פרוטוקול, תקנון-נוהג, זכרון-דברים, דו"ח
pro′ton′ *n.* פרוטון (חלקיק באטום)
pro′toplasm′ (-plaz′əm) *n.* פרוטופלזמה, אבחומר
pro′totype′ *n.* אב-טיפוס
pro′tozo′a *n-pl.* אבחיים, פרוטוזואה, חד-תאיים
pro′tozo′on *n.* אבחי, פרוטוזואן, קידומית
pro·tract′ *v.* להאריך, למתוח
protracted *adj.* ארוך, ממושך
pro·trac′tion *n.* הארכה, הימשכות
pro·trac′tor *adj.* מדזווית
pro·trude′ *v.* לבלוט; להבליט
pro·tru′sion (-zhən) *n.* הבלטה; היבלטות; בליטה
pro·tru′sive *adj.* בולט
pro·tu′berance *n.* בליטה; תפיחה
pro·tu′berant *adj.* בולט
proud *adj.* גא, גאה; יהיר, שחצן; נפלא, מרשים
- do proud למלא גאווה, לחלוק כבוד
- proud sight מחזה נהדר
proud flesh תפיחת בשר
provable *adj.* שאפשר להוכיחו
prove (pro͞ov) *v.* להוכיח; לבחון, לנסות; להראות; להימצא, להתברר
- it goes to prove זה מעיד/מוכיח
- prove a will לאמת (תקפות) צוואה
- proved true אומת, נמצא נכון
- the book proved (to be) good הספר טוב
prov′en (pro͞ov-) *adj.* מוכח, בדוק
- not proven לא הוכחה (אשמה)
prov′enance *n.* מוֹצָא, מקור
prov′ender *n.* מספוא; *מזון
prov′erb *n.* פתגם, מימרה; משל
- Proverbs משלי (בתנ"ך)
prover′bial *adj.* פתגמי; ידוע
provide′ *v.* לספק, לתת, להעניק; להפריש; להפריש למס; לקבוע
- provide against לנקוט צעדים לקראת/נגד; לאסור
- provide for לפרנס, לקיים, לדאוג

ל-; להכין ל-; לספק; להתיר, לאפשר
- the law provides החוק קובע (ש-)
provided *conj.* בתנאי ש-, רק אם-
prov′idence *n.* ההשגחה, אלוהים; מזל; דאגה, חיסכון; זהירות
prov′ident *adj.* דואג לעתיד, חסכני
provident fund קופת תגמולים
prov′iden′tial *adj.* השגחי; בר-מזל
provider *n.* מפרנס; סַפָּק
providing *conj.* בתנאי ש-, רק אם-
prov′ince *n.* מחוז, איזור; פרובינציה, מושבה; תחום, שטח
- the provinces ערי-השדה
provin′cial *adj&n.* פרובינציאלי, קרתני, כפרי, מוגבל, צר-אופק
provincialism *n.* קרתנות
proving ground שדה-ניסויים
provi′sion (-vizh′ən) *n.* הספקה; ציוד; הכנות, דאגה; אספקה; הפרשה (למס); מזון; תנאי; הוראה
- make provision לנקוט אמצעים, לדאוג; לעשות הכנות, להתכונן
- with the provision that בתנאי ש-
provision *v.* לצייד, לספק מזון
provi′sional (-vizh′ən-) *adj.* זמני, ארעי, פרוביזורי
provisionally *adv.* זמנית, לפי שעה
provi′so (-z-) *n.* תנאי, סייג
- with the proviso that בתנאי ש-
provi′sory (-z-) *adj.* כפוף לתנאי, מכיל תנאי; פרוביזורי, זמני
prov′oca′tion *n.* פרובוקציה, התגרות; עוקבה; שיסוי, גירוי
provoc′ative *adj.* מעורר; מגרה
provoke′ *v.* להרגיז, להתגרות ב-; לעורר, לגרום; לגרות
- provoke into להביא לידי, לאלץ
pro′vost *n.* ראש מכללה; ראש עיר
provost marshal מפקד משטרה צבאית
prow *n.* חרטום (הספינה)
prow′ess *n.* גבורה, אומץ; כישרון
prowl *v.* לשחר לטרף; לחפש, להסתובב
prowl *n.* חיפוש, סיבוב, שוטטות
- on the prowl משחר לטרף
prowl car מכונית שיטור, ניידת
prowler *n.* משוטט; גנב
prox *adj.* בחודש הבא, לחודש הבא
prox′imal *adj.* קרוב, מקורב, סמוך
prox′imate *adj.* הקרוב ביותר, סמוך
prox·im′ity *n.* קִרבָה, סמיכות
- in the proximity of קרוב ל-
prox′imo′ *adj.* שבחודש הבא
prox′y *n.* ייפוי כוח, הרשאה; בא-כוח
- by proxy באמצעות בא-כוח
prude *n.* מתחסד, מצטנע, אנין-נפש
pru′dence *n.* זהירות, פיקחות
pru′dent *adj.* זהיר, פיקח
pru·den′tial (proo-) *adj.* זהיר, פיקחי
pru′dery *n.* הצטנעות, אנינות-נפש
pru′dish *adj.* מצטנע, מפריז בצניעות, מזדעזע (כביכול)
prune *n.* שזיף מיובש; *טיפש
- full of prunes *טיפש
prune *v.* לגזום, לקצץ, לסלק
- prune away/back/down לגזום
pruners *n-pl.* מזמרה, מִספְּרֵי-גיזום
pruning *n.* גיזום, קיצוץ
pruning knife/hook מזמרה
pru′rience *n.* תאוותנות
pru′riency *n.* תאוותנות
pru′rient *n.* תאוותני, שטוף זימה
pru·ri′tus (proo-) *n.* עקצוץ, גירוי
Prus′sian (-shən) *adj.* פרוסי
prussian blue כחול עז
pry *v.* להציץ, לחטט בעסקי הזולת
- pry about להתבונן בסקרנות
- pry off/open לפתוח, לפרוץ, להסיר
- pry out להוציא, לסחוט (מידע)
ps = postscript, public school
psalm (säm) *n.* מזמור (בתהילים)
psalm′ist (säm-) *n.* מחבר מזמורים; דוד המלך, מחבר תהילים
psal′modize′ (säm-) *v.* לתהלל
psal′mody (säm-) *n.* (קריאת) פרקי תהילים, תהלילה
Psalms (sämz) *n-pl.* תהילים (בתנ"ך)
Psal′ter (sôl-) *n.* ספר תהילים
psal′tery (sôl-) *n.* נֵבֶל (קדום)
pse·phol′ogy (si-) *n.* מדע הבחירות, חקר המצביעים
pseud (so͞od) *n.* *מזוייף, מתיימר
pseu′do (so͞o′-) *adj.* פסידו-, מדומה, מזוייף, כביכול
pseu′donym (so͞o′-) *n.* שם בדוי
pshaw *interj.* אוף! (קריאה)
psori′asis (s-) *n.* ספחת, מחלת עור
psyche (sī′ki) *n&v.* נפש, פְּסִיכֶה
- psyche out לחדור לנשמת-;

להשתגע
- psyched up *דרוך, מוכן
psy'chedel'ic (sīk-) *adj&n.* פְּסִיכֶדֶלִי, משפיע על הנפש
psy'chiat'ric (sīk-) *adj.* פסיכיאטרי
psychi'atrist (sikī'-) *n.* פסיכיאטר
psychi'atry (sikī'-) *n.* פסיכיאטרייה, חקר מחלות הנפש
psy'chic (sī'k-) *n.* בעל כוח על-טבעי, מדיום, דורש אל המתים
psy'chic(al) (sī'k-) *adj.* פסיכי, נפשי, רוחני; על-טבעי, על-פיסי
psy'cho (sī'kō) *n.* פסיכי; נפשי
psy'cho·anal'ysis (sīk-) *n.* פסיכואנליזה
psy'cho·an'alyst (sīk-) *n.* פסיכואנליטיקאי
psy'cho·an'alyt'ic (sīk-) *adj.* פסיכואנליטי
psy'cholog'ical (sīk-) *adj.* פסיכולוגי
psychological warfare מלחמה פסיכולוגית
psychol'ogist (sīk-) *n.* פסיכולוג
psychol'ogy (sīk-) *n.* פסיכולוגיה, תורת הנפש; אופי, מנטליות
psy'chomet'ric (sīk-) *adj.* פסיכומטרי
psy'chopath' (sī'k-) *n.* פסיכופת
psy'chopath'ic (sīk-) *adj.* פסיכופתי
psy·cho'sis (sīk-) *n.* פסיכוזה, הפרעה נפשית
psy'cho·somat'ic (sīk-) *adj.* פסיכוסומטי, קשור בגוף ובנפש
psy'cho·ther'apy (sīk-) *n.* פסיכותרפיה
psy·chot'ic (sīk-) *adj.* מופרע
pt = part, payment, pint, point
PT = physical training
pto = please turn over
Ptol'ema'ic system (t-) שיטת תלמי (שלפיה הארץ במרכז היקום)
pto'maine (t-) *n.* פטומאין (רעל)
pub *n.* מסבאה, פאב; פונדק
pub-crawl *n&v.* * (לעשות) סיבוב במסבאות (ללגימת כוסית)
pu'berty *n.* בגרות מינית, התבגרות
pu·bes'cent (pū-) *adj.* מתבגר
pu'bic *adj.* של הערווה
pu'bis *n.* אגן הירכיים הקידמי

pub'lic *adj.* ציבורי, כללי; פומבי
- go public להפוך לחברה ציבורית
- make public לפרסם, להודיע לכל
public *n.* ציבור, קהל
- in public בפומבי, בפרהסיה
public-address system מערכת רמקולים, מערכת כריזה
pub'lican *n.* בעל בית-מרזח
public assistance תמיכה סוציאלית
pub'lica'tion *n.* פרסום, הוצאה לאור; ספר, כתב-עת
public bar בַּר עממי, מזנון זול
public company חברה ציבורית
public complaints commissioner נציב תלונות הציבור
public convenience שירותים
public defender סניגור ממונה/ציבורי
public enemy אויב העם, פושע
public health בריאות הציבור
public house מסבאה, פאב; פונדק
public interest טובת הציבור
pub'licist *n.* פובליציסט; עיתונאי
pub·lic'ity *n.* פרסום; פומבי
publicity agent סוכן פרסום, יחצן
pub'licize' *v.* לפרסם
public law/trial משפט ציבורי
public nuisance מטרד ציבורי
public opinion דעת הקהל
public opinion poll סקר דעת הקהל
public ownership בעלות המדינה
public peace שלום הציבור
public property רכוש ציבורי
public prosecutor תובע כללי
public purse קופת המדינה
public relations יחצנות
public relations man יחצן
public school (בארה"ב) בית-ספר ציבורי; (בבריטניה) בית-ספר פרטי
public sector המיגזר הציבורי
public security ביטחון פנים
public servant עובד מדינה
public service שירות המדינה
public spirit נפש ציבורית, נכונות לשרת את הציבור
public transport תובלה ציבורית
public utility חברה לאספקת שירות ציבורי
public works עבודות ציבוריות
public works department מע"צ

pub'lish *v.* להוציא לאור; לפרסם
publisher *n.* מוציא לאור, מו"ל
publishing *n.* הוצאה לאור
puce *n&adj.* חום-סגול, חום-ארגמן
puck *n.* דיסקוס-גומי; שֵד, קונדס
puck'er *v&n.* לכווץ (שפתיים); לקמט; להתקמט; קמט
puck'ish *adj.* שדוני, שובבני
pud (pood) *n.* *חביצה, פודינג
pud'ding (pood-) *n.* חביצה, פודינג, רפרפת; פשטידה; *עיסה, בוץ
pudding face פרצוף גדול ושמן
pudding head *טיפש
pudding stone תלכיד, קונגלומראט
pud'dle *n.* שלולית; טיט, תערובת
puddle *v.* לערבב; לגבול ברזל
puddler *n.* גבל-ברזל
pu'dency *n.* ביישנות, צניעות
pu·den'da (pū-) *n-pl.* איברי המין החיצוניים
pudg'y *adj.* גוץ, עבה, שמן
pu'erile (pyoor'il) *adj.* ילדותי
pu'eril'ity (pyoor-) *n.* ילדותיות
pu·er'peral (pū-) *adj.* של לידה
puff *n.* נשיפה, שאיפה; נשימה; פליטה (של עשן); דבר קל/מוכי/תפוח; שבח מופלג; עוגה ממולאת, פחזנית
- out of puff חסר-נשימה, מתנשף
- puff sleeve שרוול מנופח
puff *v.* לנשוף; להתנשם; לנפח; לעשן; לפלוט (עשן); לנוע בהתנשפות
- puff (away) at a pipe לעשן מקטרת (בלי הרף)
- puff a book להפליג בשבח הספר
- puff and blow/pant להתנשם
- puff out לנפח; לכבות בנשיפה
- puff up לנפח; להתנפח; לתפוח
- puffed up מנופח, חדור גאווה
puff box קופסת פידור
puffed *adj.* חסר-נשימה, מתנשם
puff'er *n.* דג-הכדור, *אבו-נפחה; *קטר
puff'ery *n.* האדרה, שבחים, ניפוח
puf'fin *n.* פרטרקולה (עוף-ים)
puff pastry בצק עלים
puff'y *adj.* נפוח, שמן; חסר-נשימה
pug *n.* פג (כלב דמוי-בולדוג); חמר, חומר; עקבות חיה; *מתאגרף
pug *v.* לגבול; למלא בחומר

pu'gilism *n.* איגרוף, התאגרפות
pu'gilist *n.* אגרופן, מתאגרף
pu'gilis'tic *adj.* של איגרוף
pug mill מגבלת-חומר
pug·na'cious (-shəs) *adj.* אוהב מדון, שש לקרב
pug·nac'ity *n.* אהבת מדון
pug nose אף סולד/קצר/רחב
pug-nosed *adj.* בעל אף סולד
puis'sance (pwis-) *n.* דילוג משוכות (של סוסים); כוח, עוצמה
puis'sant (pwis-) *adj.* חזק, גיבור
puke *v&n.* *להקיא; הקאה
pul'chritude' (-k-) *n.* יופי
pul'chritu'dinous (-k-) *adj.* יפה
pule *v.* לייבב, לבכות
pull (pool) *v.* למשוך, לגרור; להוציא; לקטוף; לחתור; לפספס; *לשדוד, לגנוב
- pull a gun on לשלוף ולכוון אקדח
- pull a muscle למתוח שריר
- pull a proof להדפיס טיוטת-הגהה
- pull about למשוך לכאן ולכאן; לטרטר
- pull ahead of לחלוף על פני-, לנסוע לפניו
- pull all the stops out לעשות מאמץ עליון
- pull apart לקרוע לגזרים (בביקורת)
- pull at למשוך ב-; למצוץ (מקטרת); ללגום (לגימה ארוכה) מ-
- pull away להשתחרר; להתרחק, להותיר מאחור; להתחיל לנוע
- pull back לסגת; לרסן ההוצאות
- pull down להרוס; להחליש, לערער הבריאות; לדכא; להרוויח; להפיל
- pull for לקוות להצלחת-, לתמוך
- pull in להיכנס לתחנה; להתקרב ולעצור; לאסור, לעצור
- pull in money לעשות כסף
- pull off להצליח; לזכות; לנוע לשולי-הכביש
- pull on/off ללבוש/לחלוץ
- pull one's weight למלא מכסת עבודתו, לעשות מלאכתו
- pull oneself in להכניס הכרס; להזדקף
- pull out לצאת; להוציא; להגיח; לתלוש; לנטוש, למשוך ידו
- pull over לנוע לצד הכביש
- pull round להתאושש; להשיב לאיתנו

- pull strings/wires למשוך בחוטים
- pull the trigger ללחוץ על ההדק
- pull through להצליח, להתגבר, להתאושש; להשיב לאיתנו; לעזור
- pull to pieces לקרוע לגזרים
- pull together לפעול בצוותא; לרסן עצמו; לקחת (עצמו/העסק) בידיים
- pull up לעצור; להדביק, להשיג; לשפר מצבו; לגעור, לנזוף

pull *n.* משיכה; עלייה, טיפוס; פרוטקציה, השפעה; שַׁיִט; פספוס, החטאה; טיוטת-הגהה; ידית-משיכה
- a pull at a bottle לגימה מבקבוק
- a pull at a pipe מציצה ממקטרת
- long pull זמן רב, מרחק רב

pull-back *n.* נסיגה
pul′let (pool-) *n.* פרגית
pul′ley (pool-) *n.* גלגילה, גלגלת
pulley block בית הגלגלת
pull-in *n.* מזנון (לנהגים) בצד הדרך
Pull′man (pool-) *n.* קרון שינה
pull-on *adj.* (בגד) נלבש במשיכה
pull-out *n.* דף תליש; נטישה, יציאה
pullover *n.* מפשול, אפודה, פולובר
pull-through *n.* משחולת
pul′lu·late′ *v.* להתרבות, לשרוץ
pull-up *n.* מזנון (לנהגים) בצד הדרך
pul′monar′y (-neri) *adj.* של הריאות
pulmonary embolism תסחיף ריאות/ריאתי
pulp *n.* ציפה, בשר-הפרי; כתש; דייסה; מחית; סחיט
- beat to a pulp "לרסק עצמותיו"
- pulp literature ספרות זולה
- reduce to a pulp לכתוש, לרכך; להכות מכה קשה

pulp *v.* להוציא ציפת הפרי; לכתוש, לעשות לעיסה (לייצור נייר)
pul′pit *n.* דוכן (למטיף בכנסייה)
- the pulpit מקצוע הטפה; הכמורה

pulpy *adj.* בשרי, מכיל ציפה
pul′sar′ *n.* פולסאר (כוכב פועם)
pul′sate′ *v.* לדפוק; להלום; לרעוד
pulsating *adj.* מרגש, עוצר נשימה
pul·sa′tion *n.* פעימה, הלמות-לב
pulse *n.* דופק; פעימה; קטנית
- stir his pulses לרגש, להפעים
- take/feel his pulse למשש הדופק

pulse *v.* לדפוק, להלום; לזרום, לרחוש; לשגר פעימות
pul′veriza′tion *n.* כתישה, הריסה
pul′verize′ *v.* לטחון, לכתוש; לנפץ, להרוס; לחבוט; להישחק
pu′ma *n.* פומה, אריה אמריקני
pum′ice (-is) *n.* אבן ספוג (לניקוי)
pum′mel *v.* להכות, לחבוט, להלום
pump *n.* משאבה; שאיבה
- all hands to the pump! תנו כתף!
- give his hand a pump ללחוץ ידו בכוח, לטלטל ידו מעלה ומטה

pump *v.* לשאוב; לנענע כמשאבה; לקלוח; להזרים (כסף); ללחוץ ידיים
- pump away להפעיל משאבה
- pump him full of lead למלא גופו בעופרת, לנקבו בכדורים
- pump into להחדיר (רעיונות) ל-
- pump iron *להרים משקולות
- pump out of לשאוב (מידע) מ-
- pump up a tyre לנפח צמיג

pump *n.* נעל קלה (לריקודים)
pum′pernick′el *n.* פומפרניקל, לחם שיפון גס
pumping station תחנת שאיבה
pump′kin *n.* דלעת
pump-priming *n.* הכשרת המשאבה; שימון גלגלי העסק
pun *n&v.* משחק מלים היתולי; לשון נופל על לצון; לשחק במלים
punch *v.* להלום, להכות, לחבוט; לנקב; להכות במקב
- punch in להחתים הכרטיס עם הכניסה; לתקוע (המסמר) פנימה
- punch out להחתים הכרטיס עם היציאה; לחלץ (בורג)

punch *n.* מכת-אגרוף; עוצמה; אפקטיביות; מקב; מקביים; מנקב; מטבעת; חולץ ברגים
- beat to the punch להקדים ולהכות
- not pull one's punches להכות, להתקיף, לא לטמון ידו בצלחת
- take a punch *לכוון מכה

punch *n.* פונש (משקה ממותק)
Punch *n.* פאנץ' (דמות במחזה)
- pleased as Punch מדושן עונג

punch ball שק איגרוף (לאימונים)
punch bowl קערת-פונש
punch-drunk *adj.* ספוג-מהלומות, הלום-חבטות, מטושטש
punched card כרטיס ניקוב
punched tape סרט ניקוב (למחשב)
punching bag שק איגרוף
punch line עוקץ, שורת המחץ
punch-up *n.* *תגרה, התכתשות

punch′y *adj.* הלום-חבטות, מטושטש; חזק, בעל עוצמה
punc·til′io′ *n.* דקדקנות, קטנוניות
punc·til′ious *adj.* דקדקני, זהיר
punc′tual *adj.* דייקני, מדייק
punc′tual′ity (-chōōal-) *n.* דיוק
punc′tuate′ (-chōōāt) *v.* לפסק, להטיל סימני פיסוק; לקטוע, לפרוץ ב-
punc′tua′tion (-chōōā′-) *n.* פיסוק; (הטלת) סימני-פיסוק
punctuation marks סימני-פיסוק
punc′ture *n.* נקב; פאנצ׳ר, תקר
puncture *v.* לנקב; להתהוות בו נקר; להוציא האוויר; לנפץ (תדמיתו)
pun′dit *n.* חכם, מלומד
pun′gency *n.* חריפות; עוקצנות
pun′gent *adj.* חריף; עוקץ, חד
Pu′nic *adj.* פוני, של קרתגו
pun′ish *v.* להעניש; להלום, להפליא מכותיו; לזלזל
punishable *adj.* עניש, בר-עונשין
punishing *adj&n.* מייגע, מפרך; הולם, חובט; נזק; תבוסה
punishment *n.* עונש; נזק, טיפול גס
pu′nitive *adj.* מעניש; קשה, כבד
punitive expedition כוח-עונשין
punk *n&adj.* עץ רקוב (להצתה); *פושע, חדל-אישים; הבלים; פאנק (מוסיקת רוק); הומו; רקוב, מזופת
pun′kah (-kə) *n.* מניפה (תלויה)
pun′net *n.* סל-פירות (מידה)
pun′ster *n.* מְשַׁחֵק במלים
punt *n&v.* סירה שטוחה; לשוט/להשיט בסירה שטוחה
punt *v.* להמר, להתערב
punt *v&n.* לבעוט בכדור (בעודו באוויר); בעיטת יעף
punter *n.* משיט סירה; מהמר
pu′ny *adj.* חלש, קטן
pup *n&v.* כלבלב, גור; יהיר; להמליט
- in pup (כלבה) בהיריון, מעוברת
- sell a pup לרמות, לתחוב
pu′pa *n.* גולם (גלגול של חרק)
pu′pal *adj.* (בשלב) של התגלמות
pu′pate *v.* להתגלם, להתגלגל לגולם
pu′pil (-pəl) *n.* תלמיד; אישון העין
pu′pillage *n.* מעמד התלמיד, התמחות בעריכת דין
pup′pet *n.* בובה, מריונטה
- string puppet בובת-חוטים
pup′peteer′ *n.* שחקן-בובות, מופיע עם בובה
puppet government ממשלת בובות
puppet show תיאטרון בובות
puppet state מדינת חסות
pup′py *n.* כלבלב, גור; שחצן, טיפש
puppy fat *שוּמֶן נעורים
puppy love אהבת נער, אהבת נערה
pup tent אוהל סיירים
pur′blind′ (-blīnd) *n.* כמעט עיוור; חסר-שכל
purchasable *adj.* ניתן לקנותו, מכיר
pur′chase (-chəs) *n.* קנייה, רכישה; מצרך שנקנה; מאחז, אחיזה; ערך
- not worth an hour's purchase על סף המוות, אין תקווה לחייו
purchase *v.* לקנות; לרכוש
purchaser *n.* קונה, לקוח
purchase tax מס קנייה
purchasing power כוח קנייה
pur′dah (-də) *n.* (שיטת ה-) פרגוד להסתרת נשים מעיני גברים
pure *adj.* טהור; נקי; מוחלט; גרידא
- by pure chance רק במקרה
- pure and simple מוחלט, גרידא, פשוט
- pure science מדע טהור/תיאורטי
- pure wickedness רשעות לשמה
pureblooded *adj.* טהר-גזע
purebred *adj.* גזעי, טהר-גזע
puree (pyoorā′) *n.* מחית, פיורה
purely *adv.* אך ורק, גרידא, לחלוטין
pur·ga′tion *n.* טיהור, הרקת מעיים
pur′gative *adj&n.* מטהר; משלשל
pur′gato′rial *adj.* מטהר, מצרף
pur′gato′ry *n.* מקום-טיהור, כור-מצרף, גיהינום; סבל זמני
purge *v.* לנקות, לטהר, לצרוף; לערוך טיהורים; לכפר; לשלשל
purge *n.* סם משלשל; טיהור
pu′rifica′tion *n.* טיהור, צריפה
purifier *n.* מטהר
pu′rify′ *v.* לטהר, לנקות
pu′rism′ *n.* פוריזם, טהרנות
pu′rist *n.* פוריסטן, טהרן
pu′ritan *n&adj.* פוריטני, דוגל

בצניעות ופשטות; איש-מוסר
pu'ritanism' *n.* פוריטניות
pu'rity, pureness *n.* טוהר
purl *n&v&adj.* (לסרוג) עין
הפוכה; סריגת שמאל; (עין) הפוכה
purl *n&v.* פכפוך; לזרום בפכפוך
purl'er *n.* נפילה; מכה, מהלומה
pur'lieu (-lōō) *n.* קצה, פאתי עיר
pur'lin *n.* קורה אופקית (של גג)
pur'loin *v.* לגנוב
pur'ple *adj&n.* סגול, ארגמן;
סמוק; בגדי חשמן; מלכות
- born in the purple בן למשפחה
מלכותית
purple heart גלולה (דמויית לב)
Purple Heart מדליה לפצועי
מלחמה
purple patch/passage קטע נמלץ
purplish *adj.* סגלגל (צבע), ארגמני
pur'port' *n.* משמעות כללית, כוונה
purport' *v.* לטעון (כביכול),
להתכוון, להתיימר, להיראות
pur'pose (-pəs) *n.* כוונה, מטרה,
תכלית; החלטיות, דבקות במטרה
- of set purpose בכוונה
- on purpose בכוונה, במזיד
- on purpose to בכוונה ל-, כדי
- to good/some purpose
לתועלת/לתכלית רבה/כלשהי
- to no/little purpose לתועלת
אפסית, ללא (שום) תועלת
- to the purpose לעניין, רלוואנטי
purpose *v.* להתכוון, להיות בדעתו
purpose-built *adj.* מתוכנן במיוחד,
בנוי/מורכב למטרה מסוימת
purposeful *adj.* תכליתי;
רב-משמעות
purposeless *adj.*
חסר-תכלית/-משמעות
purposely *adv.* בכוונה, במזיד
pur'posive *adj.* תכליתי; החלטי
purr *v&n.* לנהום (כחתול) בהנאה;
לטרטר; ריטון-הנאה; טרטור
purse *n.* ארנק; כסף; קרן, קופה;
סכום-כסף, פרס
- beyond/within one's purse (לא)
יכול להרשות לעצמו לקנות זאת
- hold the purse strings לשלוט
בהוצאות הכספיות
- line one's purse למלא ארנקו
- loosen/tighten his purse strings
להוציא ביד רחבה/קמוצה יותר

- make up a purse לאסוף כסף
purse *v.* לכווץ (השפתיים)
purs'er *n.* גזבר-אונייה; ממונה על
החדרים וכו'
purse-snatcher *n.* חטפן-ארנקים
pursu'ance *n.* ביצוע; המשך
- in pursuance of תוך ביצוע,
בהמשך
pursu'ant *adj.* ממשיך, רודף
- pursuant to בהתאם ל-, בעקבות
pursue' (-sōō') *v.* לרדוף אחרי;
להמשיך; להתמיד, לשקוד
pursuer *n.* רודף
pursuit' (-sōōt) *n.* רדיפה, מרדף;
פעילות, עיסוק, מקצוע
- hot pursuit רדיפה נמרצת בסמוך
לעקבותיו
pursuit plane מטוס רדיפה
pur'sy *adj.* מתנשף, בעל גוף
pu'rulence *n.* מוגלה
pu'rulent *adj.* מוגלתי
pur·vey' (-vā') *v.* לספק
purveyance *n.* אספקה, הספקת
מזון
purveyor *n.* סַפָּק
pur'view (-vū) *n.* תחום פעילות,
גבול, היקף
pus *n.* מוגלה
push (poosh) *v.* לדחוף; לדחוק ב-;
ללחוץ; לאלץ; למכור/לדחוף סמים
- is pushing 40 מתקרב לגיל 40*
- push ahead/along/forward/on
להמשיך
- push along להסתלק, ללכת
- push around/about להציק,
לטרטר; להשפיל
- push back להדוף, לכפות נסיגה
- push for ללחוץ, לדרוש בתוקף
- push in להפריע, לשסע
- push off להסתלק, להתחפף*
- push on למהר; להמריץ, להטיל על
- push one's luck להסתכן ביותר
- push one's way להידחק, לפלס
דרך
- push oneself להידחף; לגלות יוזמה,
להבליט עצמו; לאלץ עצמו
- push oneself forward להידחק,
להבליט עצמו
- push out לסלק, להיפטר מ-
- push over/down להפיל
- push through להעביר, לעזור
לעבור, להעביר במאמץ; לנבוט

- push up להעלות (מחיר), לייקר
push *n.* דחיפה; לחץ; התקפת מחץ; מאמץ עליון; סיוע; דחף, יוזמה
- at a push באין ברירה, בשעת הדחק
- give the push *לפטר, לסלק
- got the push *פוטר מעבודתו, הועף
- when it comes to the push בשעת מבחן, בהתעורר צורך מיוחד
- when push comes to shove כשצריך לפעול
push-bike *n.* אופניים, אופני-דיווש
push button לחיץ, מתג, כפתור
push-button war *adj.* מלחמת כפתורים
push-cart *n.* עגלה, עגלת-יד
push-chair *n.* עגלת-ילדים
pushed *adj.* לחוץ, נתון בקשיים
- pushed for money דחוק בכסף
pusher *n.* נדחק, נדחף; סוחר סמים
pushful *adj.* נדחק, נדחף, מבליט עצמו, כופה עצמו על הזולת
pushing *adj.* נדחק, נדחף, מבליט עצמו, כופה עצמו על הזולת
push-over *n.* דבר קל, משחק ילדים; פתי, טרף קל, מושפע/מובס בקלות
push-up *n.* שכיבת-סמיכה
pushy *adj.* דעתן, נדחק, אגרסיבי
pu'sillanim'ity *n.* פחדנות
pu'sillan'imous *adj.* פחדן
puss (poos) *n.* חתול; *נערה; פָּנִים
puss'y (poos-) *n.* חתול; *מישגל; נקבה
pussy-cat *n.* חתול; נערה
pussyfoot *v.* להתגנב, להסתובב בגניבה; לחשוש לפעול
pus'tular (-'ch-) *adj.* מוגלתי
pus'tule (-chōōl) *n.* תפיחה, מוגלית
put (poot) *v.* לשים; להניח; להכניס; להטיל; לסמן, לכתוב; להביע; להציע
- is put upon מנצלים אותו
- put a play on להעלות מחזה
- put a price on לנחש/לנקוב מחיר
- put a stop to לשים קץ ל-, לחסל
- put about לשנות כיוון; להפיץ שמועות; להטריד, להדאיג
- put across להעביר; להסביר יפה; לבצע בהצלחה; *לרמות, לתחוב
- put ahead להקדים, לגרום שיקדים
- put aside לחסוך; להניח; להתעלם
- put at 20 להעריך ב-20 (גיל, מחיר)
- put away להניח (במקומו); לחסוך; לנטוש (רעיון); *לחסל; לזלול
- put back לחזור; להחזיר; לעכב, לעצור התקדמות; לדחות (פגישה)
- put by לחסוך (לעתיד)
- put down להניח; לרשום; לדכא, להשתיק; לארוז, לאחסן; להנחית; ללחוץ
- put down as/for לחשוב (אותו ל-)
- put down to לייחס ל-; לזקוף ל-
- put forth להפעיל, להשתמש ב-; להוציא, להצמיח
- put forward להציע, להעלות; להקדים; לקדם; להבליט (עצמו)
- put forward/on לקדם (מחוגי-השעון)
- put her away לגרש (אישה); להכניסה (למוסד/לכלא)
- put him down להוריד נוסע; להשפיל
- put him on לשתפו; *לרמותו
- put him out להרגיז, להביך, לגרום אי-נעימות, להוציאו מכליו; לגרש
- put him through it להעבירו במבחן קשה; לענותו
- put him up לארח, לאכסן
- put him wise לגלות לו
- put in לומר, לשסע; להעביר, לבלות; לבחור ב-; לְמַנּוֹת; לטעת
- put in a blow להנחית מכה
- put in for לפנות רשמית; להמליץ
- put in his hands להפקיד בידיו
- put in/into להכניס; להיכנס; להקדיש, להשקיע (זמן/כסף)
- put into execution להוציא לפועל
- put it להביע, לומר, לנסח
- put it about *להתעסק עם גברים
- put it on *להפריז; להשמין; להתנפח, להתנהג ביומרנות
- put it there! נלחץ ידיים!, הוסכם!
- put off לדחות; להתחמק, לפטור; להיפטר; להפריע, להניא; להגעיל
- put off clothes לפשוט בגדים
- put off from להפליג מ-, לצאת מ-
- put on להעמיד פנים; ללבוש; להוסיף; להוסיף מישקל; להעסיק, להפעיל
- put on flesh להשמין
- put on the light להדליק את האור
- put on trial להעמיד לדין
- put on/upon him להכביד עליו
- put one's foot in one's mouth לעשות שגיאה מביכה

- put one's mind to לתת דעתו על
- put one's thoughts together לרכז מחשבותיו
- put oneself into it לשקוע ראשו ורובו ב-, להיכנס בעובי הקורה
- put out לכבות; להוציא; לנקע (עצם); לייצר; להפליג; להתעסק
- put out $10,000 at 10% להלוות 10000 דולר בריבית של 10 אחוז
- put out a statement לפרסם הודעה
- put over לנוע הצידה; להעביר בהצלחה; להסביר יפה; לדחות (ל'עתיד); לרמות, לתחוב
- put right/straight לתקן
- put the arm/bite on לבקש כסף
- put the make on לחזר אחרי, להתחיל עם
- put the shot להדוף כדור-ברזל
- put through להעביר; להשלים, לסיים; לקשר בטלפון, לצלצל
- put to להציג (שאלה) ל-
- put to bed להשכיב לישון
- put to good use לנצל לטובה
- put to the sword הומת בחרב
- put to use להשתמש, להפעיל
- put together לבנות, להרכיב; לצרף
- put up להקים; להרים; לייקר; להתאכסן; לספק; לארוז; להפגין, להראות; להכין, לערוך; לאכסן; לאחסן; להניח בצד
- put up a notice לתלות מודעה
- put up for להציג מועמדות ל-
- put up for sale להציע למכירה
- put up her hair לעשות תיסרוקת
- put up money לממן, לשלם
- put up to להסית; להודיע, להורות
- put up with לסבול, להשלים עם
- stay put להישאר במקומו

put *n.* הדיפת כדור-ברזל
pu'tative *adj.* ידוע כ-, מקובל
put-down *n.* *השפלה, ביטול, "שטיפה"
put-off *n.* התחמקות, דחייה, תירוץ
put-on *n.* התחזות, מִשְׂחָק, רמאות
pu'trefac'tion *n.* ריקבון
pu'trefac'tive *adj.* מרקיב
pu'trefy' *v.* להרקיב
pu·tres'cence (pū-) *n.* רקב, צחנה
pu·tres'cent (pū-) *adj.* מרקיב
pu'trid *adj.* רקוב; מסריח; *רע
putsch (pooch) *n.* פוטש, הפיכת נפל
putt *v&n.* (בגולף) לחבוט קלות בכדור; חבטה קלה
put'tee *n.* חותלת, מוק, מוקיים
putt'er *n.* מקל גולף שטוח-ראש
put'ter *v.* להתבטל
putting green ערוגת-הגומה
putting iron מקל גולף
put'ty *n&v.* מֶרֶק, טיט שמשות; לקבוע (שמשה) במֶרֶק; למלא במֶרֶק
- putty in his hands כחומר ביד היוצר, נתון לשליטתו

put-up job מעשה מתוכנן, רמאות
put-upon *adj.* מרומה, מנוצל
puz'zle *n.* חידה, תעלומה; בעיה; משחק הרכבה, פאזל, תַּצְרֵף; מבוכה
puzzle *v.* להפליא; להביך; להתמיה
- puzzle one's brain "לשבור ראשו"
- puzzle out לפתור, לפענח
- puzzle over/about להתעמק ב-

puzzled *adj.* נבוך
puzzlement *n.* מבוכה, פליאה
puzzler *n.* חידה, בעיה קשה
PVC פי וי סי
PX = post exchange חנות צבאית, שקם
pyg'my *n&adj.* ננס, גמד; זעיר
pyjam'a (pəj-) *adj&n.* של פיג'מה
- pyjama bottoms מכנסי-פיג'מה
- pyjamas פיג'מה; מכנסי מוסלמי

py'lon *n.* עמוד-חשמל; מגדל-הנחייה (למטוסים); שער
py'orrhe'a (pīərē'ə) *n.* מחלת חניכיים
pyr'amid' *n.* פירמידה, חדודית
pyramid *v.* לבנות כפירמידה; לעלות, להתייקר
pyre *n.* מדורה (לשריפת מת)
py'rex' *n.* פיירקס, זכוכית חסינת-אש
py·rex'ia *n.* קדחת, פירכסיה
pyri'tes (-tēz) *n.* סולפיד
py'roma'nia *n.* פירומניה, שיגעון-ההצתות
py'roma'niac' *n.* פירומן, גחמון
py'rotech'nic (-k-) *adj.* של פירוטכניקה
pyrotechnics *n.* פירוטכניקה, הפרחת זיקוקין-די-נור; מפגן מבריק
Pyr'rhic (-rik) *adj.* (ניצחון) פירוס
py'thon *n.* פיתון (נחש חונק)
pyx *n.* כלי ללחם הקדוש

Q

Q = question
QED זאת ביקשנו להוכיח
QM = quarter-master
qr. = quarter
qt., qty. = quantity
qt = quiet
- on the q.t. בחשאי, בסוד
qu = question
qua (kwä) *prep.* בתור שכזה, כשלעצמו
quack *v&n.* לגעגע (כברווז); געגוע
quack *n&adj.* רמאי, מתחזה
quack doctor רופא אליל
quack′ery *n.* רמאות, התחזות
quack-quack *n.* *ברווז
quad = quadrangle, quadruplet
Quad′rages′ima (kwod-) *n.* יום א׳ הראשון (בתקופת לנט)
quad′ran′gle (kwod-) *n.* מרובע, ריבוע; רחבה מרובעת (במכללה)
quad•ran′gu•lar (kwod-) *adj.* מרובע, ריבועי
quad′rant (kwod-) *n.* קוודראנט, רביע, רבע מעגל; רובע, מודד זוויות
quad′raphon′ic (kwod-) *adj.* של 4 ערוצים
quad′rate (kwod-) *adj&n.* רבוע; ריבוע
quad•rat′ic (kwod-) *adj.* ריבועי
quadratic equation משוואה ריבועית
quad′ri- (kwod-) (תחילית) ארבע-
quad′rilat′eral (kwod-) *adj&n.* (מצולע) מרובע
quad•rille′ (kwod-) *n.* קדריל, ריקוד ריבועי
quad•ril′lion (kwod-) *n.* קוודריליון (בארה"ב: 10 בחזקת 15; באנגליה: 10 בחזקת 24)
quad′riple′gic (kwod-) *n.* משותק בידיו וברגליו
quad′ruped′ (kwod-) *n.* הולך-על-ארבע
quad•ru′ple (kwod-) *v.* לרבע, לכפול/להיכפל ב-4
quadruple *adj&n.* מרובע, כפול ארבע
quad•rup′let (kwod-) *n.* אחד מרביעייה
- quadruplets רביעייה
quad•ru′plicate (kwod-) *adj&n.* מועתק 4 פעמים; פי ארבעה
- in quadruplicate ב-4 העתקים
quad•ru′plicate′ (kwod-) *v.* לכפול ב-4, לרבע
quaff *v.* ללגום, לשתות, לגמוע
quag′mire′ *n.* אדמת בוץ; בִּצָה; בוץ
quail *n.* שְׂלָיו (עוֹף)
quail *v.* לחרוד, להירתע, לגלות פחד
quaint *adj.* מוזר, יוצא-דופן, מעניין
quake *v&n.* לרעוד; רעדה; *רעידת אדמה
- earthquake רעידת אדמה
Qua′ker *n.* קווייקר (בן כת נוצרית)
qual′ifica′tion (kwol-) *n.* קוליפיקציה, כישור, כשירות, הכשרה; תעודה; הסתייגות, הגבלה
- qualifications כישורים, סגולות
qualified *adj.* מוגבל, מסוייג; מותנה; מוכשר, כשיר; מוסמך
qualifier *n.* כשיר, עונה על הדרישות; (בדקדוק) מגביל, מגדיר
qual′ify′ (kwol-) *v.* להכשיר; להסמיך; לרכוש הכשרה; להגיע (לגמר/לרמה הדרושה); להגביל
- qualify as להגדיר כ-, לתאר כ-
- qualify for/to להיות כשיר ל-
qualifying *adj.* של כשירות
qual′ita′tive (kwol-) *adj.* איכותי
qual′ity (kwol-) *n.* איכות, טיב; תכונה מיוחדת, סגולה
- man of quality איש סגולה
- the quality העילית, מסלתה ומשמנה
quality control בקרת איכות
quality of life איכות חיים
qualm (kwäm) *n.* נקיפת מצפון, פקפוק; בחילה; חולשה
quan′dary (kwon-) *n.* מבוכה, תהייה
quan′tifi′able (kwon-) *adj.* בר-כימוי
quan′tifica′tion (kwon-) *n.* כימוי; כימות
quan′tify′ (kwon-) *v.* למדוד הכמות, לְכַמֵּת
quan′tita′tive (kwon-) *adj.* כמותי

quan′tity (kwon-) *n.* כמות (רבה)
- an unknown quantity נעלם
- in quantities בכמויות, הרבה
quantity surveyor שמאי כמויות
quan′tum (kwon-) *n.* קוואנט, כמות
quantum jump/leap קפיצת ענק
quantum theory תורת הקוואנטים
quar′antine′ (kwôr′əntēn) *n&v.* הסגר, בידוד; להחזיק בהסגר
quar′rel (kwôr-) *n.* ריב, סכסוך, מחלוקת, קטטה; סיבה לתלונה
- fight his quarrel לריב את ריבו
- make up a quarrel להתפייס
- pick a quarrel לחפש עילה לריב
quarrel *v.* לריב; לחלוק על; להתלונן
quarrelsome *adj.* איש-מדון
quar′ry (kwôr-) *n&v.* חיה נרדפת; מחצבה; לחצוב; לחפש, לנבור
quarryman *n.* פועל-מחצבה
quart (kwôrt) *n.* קווארט, רבע גאלון
- put a quart into a pint pot לנסות את הבלתי אפשרי
quar′ter (kwôr′-) *n.* רבע; רביעית (מידה); רבעון; רבע שנה/חודש; רבע דולר; רובע, שכונה; מקום; כיוון; מקור; ירכתיים, אחרה
- a bad quarter of an hour שעה של אי-נעימות
- a quarter of six רבע לשש
- ask for quarter לבקש רחמים
- at close quarters מקום צפוף; פנים אל פנים; בסמיכות מקום
- close quarters מגע, קרב-מגע
- from all quarters מכל העברים
- give no quarter להילחם עד חורמה
- married quarters שיכון-חיילים
- quarter of beef נתח בשר עם רגל
- quarters מקום מגורים; עמדות קרב
- the quarter מירוץ רבע מיל
quarter *v.* לרבע, לחלק ל-4; לשכן
quarterback *n.* רכז; (בראגבי) רץ
quarter day יום התשלום התלת-חודשי
quarter-deck *n.* (סיפון-) המפקדים
quarter-final *n.* רבע הגמר
quartering *n.* חלוקה ל-4; אכסון
quarter-light *n.* חלון משולש (במכונית)
quarterly *adj&adv&n.* אחת לרבע שנה; תלת-חודשי; רבעון
quarter-master *n.* אפסנאי; הגאי
quarter-master-general *n.* אפסנאי ראשי
quar′tern (kwôr-) *n.* רבע פיינט; כיכר לחם (בן 4 ליטראות)
quarter note (במוסיקה) רבע תו
quarter plate לוח צילום
quarter sessions מושב תלת-חודשי
quar·tet′, quar·tette′ (kwôr-) *n.* קוורטט, רבעית, רביעייה
quar′to (kwôr-) *n.* קווארטו
quartz (kwôrts) *n.* קווארץ (מינרל)
quartz watch שעון קווארץ
qua′sar′ (-z-) *n.* קְוָזָר (גרם שמיימי)
quash (kwôsh) *v.* לבטל; לדכא
qua′si′- כאילו, מדומה, דומה ל-, מעין; בחציו
- quasi-judicial מעין שיפוטי
- quasi-success הצלחה מדומה
quat′ercen′tenar′y (kwot-neri) *n.* יובל ה-400 שנה
quat′rain (kwot-) *n.* שיר מרובע
qua′ver *v.* לרעוד; לזמר/לדבר בקול רועד; רעד; שמינית תו
quavery *adj.* רועד
quay (kē) *n.* מזח, רציף, מיגשה
quayside *n.* השטח הגובל ברציף
quean *n.* נערה חצופה, לא צנועה
quea′sy (-zi) *adj.* מבחיל; חש בחילה; עדין, רגיש, אנין; קפדן, ברנן
queen *n.* מלכה; *הומוסקסואל
- queen bee מלכת הדבורים; אישה שמכרכרים סביבה
- queen of hearts מלכה (קלף)
queen *v.* (בשחמט) להכתיר (רגלי)
- queen it לנהוג כמלכה, להתנשא
queen consort אשת המלך
queen dowager אלמנת המלך
queenly *adj.* של מלכה, יאה למלכה
queen mother המלכה האם
Queen's Bench בית המשפט העליון
Queen's Counsel פרקליט בכיר
queen's evidence עד המלך
queer *adj&n.* משונה, מוזר; *מופרע; מטורף; הומוסקסואל
- feels queer לא חש בטוב
- in queer street *שקוע בחובות; בצרה

queer *v.* לשבש, לקלקל
- queer his pitch לשבש תוכניותיו
quell *v.* לדכא, להכניע, לשכך
quench *v.* לְכַבּוֹת; להרוות; לצנן; לשים קץ ל-
quenchless *adj.* שלא ניתן לכבותו
quern *n.* מטחנת-יד
quer′ulous *adj.* מתלונן, נרגן
que′ry *n.* שאלה; ספק; סימן שאלה
query *v.* לשאול; לחקור; להטיל סימן שאלה; להביע ספקות לגבי
quest *n&v.* חיפוש; חקירה; לחפש
ques′tion (-′chən) *n.* שאלה; בעיה; ספק
- beg the question להתחמק מן הבעיה, להסתמך על דבר שטרם הוכח
- beside the question לא רלוואנטי
- beyond/past question מעל לכל ספק
- call in question להעלות ספקות לגבי-, להתנגד ל-
- come into question לעלות על הפרק
- explosive question בעיה הטעונה חומר נפץ
- in question הנדון; שדנים בו; בספק, שנוי במחלוקת
- leading question שאלה מַנְחָה
- out of the question לא בא בחשבון
- pop the question להציע נישואים
- put questions להציג שאלות
- put the question להצביע על ההצעה
- question of the hour בעיית השעה
- question! אל תסטה מהנושא!
- there's no question אין ספק ש-; לא ייתכן ש-; לא דנים ב-
- without question בלי ספק
question *v.* לשאול; להטיל ספק ב-
questionable *adj.* מוטל בספק
questioning *n.* שאלות; תישאול
question mark סימן שאלה, (?)
question master מנחה חידון
ques′tionnaire′ (-chən-) *n.* שאלון
question time שעת שאילתות
quetzal′ (ketsäl′) *n.* קווטצאל (עוף ארך-זנב; מטבע בגווטמאלה)
queue (kū) *n&v.* תור; שורה; טור מכוניות; צמת-גבר; לעמוד בתור
- queue (up) for לעמוד בתור ל-
queue-jump *v.* להידחף קדימה בתור
quib′ble *n&v.* התחמקות, התפלפלות; להתחמק (מתשובה); להתפלפל; להתווכח
quibbler *n.* מתפלפל, קטנוני
quiche (kēsh) *n.* קיש (פשטידה)
quick *adj.* מהיר; מהיר-תפיסה; זריז
- a quick child ילד פיקח
- a quick one כוסית, לגימה חטופה
- quick buck רווח קל/מהיר*
- quick march קדימה צעד!
- quick on the draw מהיר שליפה
quick *adv.* מהר, חיש, במהירות
quick *n.* בשר, בשר-הציפורניים
- cut/sting/touch to the quick לפגוע קשות, לפגוע בציפור נפשו, להעליבו עד עמקי נשמתו
- the quick (האנשים) החיים
quick-change *adj.* מחליף תלבושת חיש
quick′en *v.* למהר, להחיש; להחיות, לעורר; לגלות סימני חיים
quick-eyed *adj.* מהיר-מבט
quick-fire *adj.* (מענה) מהיר
quick fix פתרון חפוז
quick-freeze *v.* להקפיא במהירות
quick′ie *n.* יצירה חטופה, סרטון; חפוז*
quicklime *n.* סיד חי
quickly *adv.* מהר, חיש, מיד
quicksand *n.* חול טובעני
quickset hedge גדר-שיחים, גדר חיה
quicksilver *n.* כספית
quickstep *n.* קוויקסטפ (ריקוד)
quick-tempered *adj.* מהיר-חימה
quick time (בצבא) קצב צעידה (כ-120 צעדים בדקה)
quick-witted *adj.* מהיר-תפיסה
quid *n.* חתיכת טבק-לעיסה; *לירה שטרלינג
- quids in ברווח*
quid pro quo′ דבר תמורת דבר
qui·es′cence *n.* שֶׁקֶט, מנוחה, אי-פעילות
qui·es′cent *adj.* שָׁקֵט, נח, לְלא תנועה
qui′et *adj.* שָׁקֵט, חרישי, רגוע; חבוי
- keep quiet לשמור בסוד; לשתוק
- on the quiet בחשאי, בסוד

quiet *n.* שֶקֶט, שלווה; רגיעה
quiet *v.* להשתיק; להירגע; לשתוק
qui′eten *v.* להשתיק; להחריש
qui′etism′ *n.* שתקנות, קבלת הדברים בדומייה; שאננות, רגיעה
qui′etist *n.* שתקן, מתנזר מתאוות
qui′etude′ *n.* שֶקֶט, שלווה, דממה
qui·e′tus *n.* מוות; אי-פעילות
- give a quietus להמית
quiff *n.* בלורית, תלתל (על המצח)
quill *n.* נוצה (ארוכה); דרבון
quill pen קולמוס, עט-נוצה
quilt *n.* שמיכה, כסת, שמיכת-פוך
quilted *adj.* ממולא, מרופד, כסתני
quin, quint *n.* *אחד מחמישייה
quince *n.* חַבּוּש
qui′nine *n.* כינין (תרופה למלריה)
Quin′quages′ima *n.* יום א׳ לפני לנט
quin·quen′nial *adj.* אחת לחמש שנים
quin′sy (-zi) *n.* דלקת שקדים
quin′tal *n.* קווינטאל, 100 ק״ג
quintes′sence *n.* מופת, דוגמה מושלמת, התגלמות; תמצית, עיקר
quin′tessen′tial *adj.* תמציתי, מובהק
quintet′, quintette′ *n.* קווינטט, חמשית, חמישייה
quintup′let *n.* אחד מחמישייה
- quintuplets חמישייה
quip *n.* פלפול, הערה עוקצנית
quip *v.* להשתמש בחידודים; לעקוץ
quire *n.* 24 גליונות נייר, קווירה
quirk *n.* פלפול; הרגל משונה, תכונה מוזרה; מקרה מוזר; תחבולה
quirk′ish *adj.* מוזר, משונה
quirk′y *adj.* מוזר, משונה
quis′ling (-z-) *n.* קוויזלינג, בוגד
quit *v.* לנטוש, לעזוב; לחדול, להפסיק; להתפטר; להתנהג
- notice to quit הוראה לפנות דירה; הודעת פיטורים
quit *adj.* חופשי, משוחרר, נפטר מ-
quite *adv.* לגמרי, בהחלט; מאוד; די-, למדי; במידה מסויימת; פחות או יותר
- not quite לאו דווקא
- quite (so)! בהחלט!, אמנם כן!
- quite a boy/girl בחור כארז/נערה לא רגילה
- quite a few די הרבה, לא מעט
- quite a number מיספר ניכר
- quite a year ago לפחות לפני שנה
- quite something משהו לא רגיל
- quite the thing באופנה, הדבר הנכון
quits *adj.* שווה ל-, לא חייב ל-, מקוזז
- call it quits להסכים שחילוקי הדעות יושבו; לחדול, לנטוש זאת
- double or quits כפליים או אפס
- is quits with him פרע חובו ל-
quit′tance *n.* (כתב) פטור
- give him his quittance להורות לו לצאת
quitter *n.* נוטש; אומר נואש
quiv′er *n.* אשפת חיצים, תלי; רעד
quiver *v.* לרעוד, להזדעזע; להרעיד
qui vive? (kēvēv′) מי שם?
- on the qui vive על המשמר, עירני
quixot′ic *adj.* דון-קישוטי, אבירי
quiz *n.* חידון, תחרות שאלות; מיבחן
quiz *v.* לשאול, לבחון; לערוך חידון
quizmaster *n.* מנחה-חידון
quiz show שעשועון
quiz′zical *adj.* קומי, מצחיק; תוהה; נבוך; בּוֹחֵן; לעגני, מקנטר
quod *n.* *בית-סוהר, חד-גדיא
quoit *n.* טבעת (במשחק הטבעות)
- quoits משחק הטבעות
quon′dam *adj.* בעבר, לא עתה
Quon′set *n.* צריף גדול (דמוי מנהרה)
quor′ate *adj.* בעל מניין חוקי
quo′rum *n.* קוורום, מנין חוקי
quo′ta *n.* מִכְסָה, כמות מוגבלת
quo′table *adj.* בר-ציטוט
quo·ta′tion *n.* ציטוט, ציטטה, מובאה; מחיר; הצעת מחיר
quotation marks מרכאות (כפולות)
quote *v&n.* לצטט; לומר, להזכיר (כחיזוק לדבריו); לנקוב (מחיר)
- he said (quote) "I go" (unquote) הוא אמר (ציטוט) ״אני הולך״ (סוף ציטוט)
- in quotes *במרכאות
quoth (kwōth) *v.* אמר
quoth I אמרתי
quo·tid′ian *adj.* יומי, יומיומי
quo′tient (-shənt) *n.* מנה (בחילוק)
qv = quod vide עיין, ראה, ר׳

R

R = river, Rabbi, road
- the 3 R's קריאה, כתיבה, וחשבון
R&D מחקר ופיתוח (מו"פ)
rab′bi′ *n.* רבי, רב
rab′binate *n.* רבנות
rabbin′ical *adj.* רבני
- rabbinical pleader טוען רבני
rab′bit *n&v.* ארנב; פרוות-שפן; *שחקן גרוע; לצוד ארנבות; *לְקַטֵר
rabbit burrow נקיק-ארנב
rabbit hutch ארנבייה
rabbit punch מכת עורף (באגרוף)
rabbit warren חלקת ארנבות, שטח זרוע נקיקי ארנבות; מבוך סמטאות
rab′ble *n.* אספסוף; ההמון הפשוט
rabble-rousing *adj.* דמגוגי
Rab′elai′sian (-zhən) *adj.* ראבליאני, (הומור) גס
rab′id *adj.* (כלב) שוטה, נגוע-כלבת; קיצוני, קנאי, פנאטי, לוהט
rabid dog כלב שוטה
ra′bies (-bēz) *n.* כלבת
rac·coon′ (-ko͞on) *n.* ראקון, דביבון
race *n.* מירוץ; ריצה; זרם חזק; תנועה; מרוצת הזמן/החיים
- his race (of life) is nearly run חלפו ימי חלדו, יום מותו קרב
race *v.* לרוץ; להשתתף במירוץ; להתחרות; להעביר במהירות
- race by/along לחלוף מהר
race *n.* גזע, מין, זן; מוצא
- human race הגזע האנושי
- race relations יחסים בין-גזעיים
race card תוכניית מירוצי הסוסים
race-course *n.* מסלול-מירוץ
race-horse *n.* סוס-מירוץ
raceme′ *n.* אשכול-פרחים
race meeting מרוצי סוסים
racer *n.* סוס מירוץ; מכונית מירוץ
race-track *n.* מסלול-מירוץ
raceway *n.* מסלול מירוץ; תעלה
rachi′tis (-k-) *n.* רככת (מחלה)
ra′cial *adj.* גזעי, גזעני
racialism, ra′cism′ *n.* גזענות
racialist, ra′cist *n.* גזען
racily *adv.* נִמרצות, בצורה חיה
racing *adj.* של מירוצים
racing car מכונית מירוץ
rack *n.* כונן, מדף, סריג, מקלב; איבוס; פס שיניים; ענן נישא
- on the rack (בעבר) על מיתקן העינויים; סובל מאוד, מתענה
- rack and ruin הרס, ע״י חרבות
rack *v.* לענות, לייסר, ללחוץ; לסחוט
- rack up points לצבור נקודות
- racked by/with מתייסר ב-
rack′et *n.* רעש, מהומה, פעילות, התרוצצות; רמאות; סחיטה; עסק, מקצוע; מחבט, רחת
- on the racket מבלה, מתהולל
- rackets ראקטס (משחק דמוי-טניס)
- stand the racket לעמוד במבחן; לקבל עליו האחריות
racket *v.* לבלות יפה, להתהולל
rack′eteer′ *n.* סחטן, מאפיונר
racketeering *n.* סחטנות, עסקי סחיטה, "פרוטקשן"; רמאות
rack railway רכבת משוננת-פסים
rack rent שכר-דירה מופרז
rac′on·teur′ (-tûr′) *n.* מְסַפֵּר
racoon = raccoon
rac′quet (-kət) *n.* מחבט, רחת
ra′cy *adj.* מלא חיים, נמרץ, מבדר; מקורי; חריף
ra′dar′ *n.* ראדאר, מכ"ם
radar trap מכמונת מהירות
ra′dial *adj.* ראדיאלי, טבורי; מוקדי, מרכזי, של רדיוס
radial tyre צמיג ראדיאלי
ra′diance *n.* קרינה, זוֹהַר, קרינות
ra′diant *adj.* קורן; מקרין; זוֹהֵר
ra′diate′ *v.* לקרון; להקרין, להפיץ; להתפשט, להתפזר, לצאת ממוקד
ra′dia′tion *n.* קרינה
radiation sickness מחלת קרינה
ra′dia′tor *n.* רדיאטור; מקרן, מצנן
rad′ical *adj.* רדיקאלי, קיצוני, שורשי
radical *n.* רדיקאל, תובע תיקונים; שורש; קבוצת אטומים; שורשון
radical chic אופנתיות שמאלנית
radicalism *n.* רדיקאליות, יסודיות
rad′icalize *v.* לעשות לרדיקאלי
rad′icle *n.* שורשון
ra′dii′ = pl of radius (-diī)
ra′dio′ *n.* רדיו; אלחוט
- on the radio ברדיו, מְשֻדָר
radio *v.* לשדר ברדיו/באלחוט

ra'dio·ac'tive *adj.* רדיואקטיבי
radioactive fallout נשורת רדיואקטיבית
ra'dio·ac·tiv'ity *n.* רדיואקטיביות
radio beacon תחנת איתות
radio beam אותות רדיו (מהתחנה)
ra'dio·car'bon *n.* פחם רדיואקטיבי
radio cassette player רדיוטייפ
radio frequency תדר רדיו
ra'dio·gram' *n.* רדיוגראמה, מברק; רדיו-פטיפון; צילום-רנטגן
ra'dio·graph' *n.* צילום רנטגן
ra'diog'rapher *n.* עובד רנטגן
ra'diog'raphy *n.* צילומי רנטגן
radio link *n.* מַשדֵר משולב
ra'dio'lo·ca'tion *n.* ראדאר
ra'diol'ogist *n.* רדיולוג
ra'diol'ogy *n.* טיפול בהקרנה, רדיולוגיה
radio set מַקלֵט, רדיו
ra'dio·tel'ephone' *n.* רדיו-טלפון
ra'dio·ther'apist *n.* מטפל בהקרנה
ra'dio·ther'apy *n.* רדיותרפיה, ריפוי בהקרנות
rad'ish *n.* צנון; צנונית
ra'dium *n.* ראדיום, אורית
ra'dius *n.* רדיוס, מחוג; עצם אמת-היד
ra'don' *n.* ראדון (גז)
raf'fia *n.* רפיה, לכש
raf'fish *adj.* פראי, הולל, מביש
raf'fle *n.* הגרלה, מכירת-הגרלה
raffle *v.* למכור בהגרלה, להגריל
raft *n.* רפסודה, דוברה; המון, הרבה
raft *v.* לרפסד, לשוט/להשיט ברפסודה
raft'er *n.* קורת-רעפים, קורת-גג
raftered *adj.* (אולם, גג) בעל קורות-גג, חסר-תקרה
rafting *n.* רפטינג (ספורט שייט)
raftsman, rafter *n.* רפסודאי
rag *n.* סמרטוט, מטלית; חתיכה, פירור; עיתון זול; קרנבל; תעלול
- like a wet rag כמו סמרטוט, סחוט*
- rags בלואים, סחבות
rag *v.* להקניט, לקנטר; לשחק, להרעיש; לעשות מעשי-קונדס
rag'amuf'fin *n.* זאטוט לבוש-סחבות
rag-and-bone man סמרטוטר*
rag-bag *n.* שקית לסמרטוטים; תערובת, בליל, ערב-רב; מרושל-לבוש*
rag day יום הקרנבל
rag doll בובת סמרטוטים
rage *n.* זעם, חימה; סערה; תשוקה, התעניינות עזה; אופנה
- all the rage (המלה האחרונה) באופנה
rage *v.* לזעום, להיתקף חימה; לסעור; להשתולל
- rage out לעמוד מזעפו
rag'ged *adj.* קרוע, מרופט; בסחבות; מדובלל; מחוספס; חסר-שלמוּת
- run him ragged להלאותו, להתישו
rag'lan *n&adj.* ראגלאן, (מעיל, שרוול) חסר תפרי-כתף
ragout (ragōō') *n.* ראגו, תרביך
rag paper נייר-סמרטוטים (משובח)
rags-to-riches *adj.* שהפך מעני לעשיר
rag'tag' *n.* אספסוף
ragtag and bobtail האספסוף
rag'time' *n.* רגטיים (מוסיקה)
rag trade הלבשה, ענף הביגוד*
rag week שבוע הקרנבל
rah (rä) *interj.* !הידד
raid *n&v.* פשיטה; התקפה; הסתערות; הפצצה; שוד; לפשוט על
raider *n.* מתקיף; מפציץ
rail *n.* מעקה; מתלה; פס; רכבת
- by rail ברכבת
- off the rails ירד מן הפסים
rail *v.* לגדור; להקים מעקה (סביב)
rail *v.* להתמרמר; להטיח טענות
rail car קרון רכבת (ממונע)
railhead *n.* קצה מסילת-ברזל
railing *n.* תלונות, הטחת טענות
railings *n-pl.* מעקה, גדר
rail'lery *n.* קנטור, לגלוג, התבדחות
railroad *n&v.* רכבת; להעביר ברכבת; לאלץ, ללחוץ; להשליך לכלא
- railroad a bill להעביר חוק בחיפזון
railway *n.* רכבת
rai'ment *n.* בגד, לבוש
rain *n.* גשם, מטר
- rain of questions מטר שאלות
- rain or shine באש ובמים
- right as rain בקו הבריאות
- the rains עונת הגשמים
rain *v.* לרדת גשם, ליפול; להמטיר
- it never rains but it pours הצרות באות בחבילות

- it's raining, it rains יורד גשם
- rain down להמטיר, להציף; לזלוג
- rain off/out לחדול (הגשם)
- rained out בוטל בגלל הגשם
rainbow *n.* קשת (בשמיים)
rain check כרטיס למשחק חוזר (במקרה גשם); הזמנה מעותדת
raincoat *n.* מעיל גשם
raindrop *n.* טיפת גשם
rainfall *n.* כמות הגשמים, משקעים
rain forest יער עבות, יער טרופי
rain gauge מדגשם
rainless *adj.* חסר-גשם
rainmaker *n.* *מצליחן (בעסקים)
rainproof *adj.* חסין-גשם
rainstorm *n.* סופת-גשמים
rainwater *n.* מי-גשמים
rainy *adj.* גשום
- for a rainy day (לחסוך) לקראת ימים קשים, לעת הצורך
raise (-z) *v.* להרים, להעלות; לעורר; לגרום; לגדל; להקים; לגייס
- raise Cain/hell/the roof להרעיש/להפוך עולמות
- raise a dust להקים רעש
- raise a hand להושיט יד, לנקוף אצבע; להרים יד
- raise a laugh לעורר צחוק
- raise a point להעלות נקודה/נושא
- raise an embargo להסיר אמברגו
- raise children לגדל ילדים
- raise havoc with לעשות שמות ב-
- raise land לראות יבשה (מספינה)
- raise money לגייס כסף
- raise one's eyes לשאת עיניו
- raise one's glass להרים כוס
- raise the devil/heck לעורר מהומה
- raise to the power of להעלות בחזקת-
raise *n.* העלאה (במשכורת)
raised *adj.* מורם, מוגבה, בולט
-raiser *n.* מְגַדֵּל; גורם ל-
- fire-raiser מבעיר שריפות (בזדון)
rai'sin (-z-) *n.* צימוק
raison d'etre (rā'zōndet'rə) סיבת-קיום, תכלית חייו
raj (räj) *n.* ראג', שלטון
ra'ja (rä'-) *n.* ראג'ה, מושל
rake *v.* לגרוף; לאסוף; לסרוק; להמטיר אש-מקלעים לאורך-
- is raking it in *עושה כסף
- rake around/over לחפש, לחטט
- rake in *לגרוף, לעשות (הון)
- rake out/up לחשוף, לחטט ולמצוא
- rake over the coals לנזוף
- rake up an old quarrel לעורר ריב שנשכח, לגרד פצעים שהגלידו
rake *v&n.* לנטות/להטות לאחור; להשתפע; לשפע; שיפוע, נטייה
rake *n.* מופקר, רודף תענוגות, ריקא
rake *n.* מגרפה; מגוב
rake-off *n.* עמלה, תגמול
ra'kish *adj.* מופקר, מתהולל; עליז, שובבני; (ספינה) בנויה לשם מהירות
- at a rakish angle נטוי הצידה
ral'lentan'do *n.* האטה
ral'ly *v.* ללכד; להתלכד; לקבץ; להיערך מחדש; להתאושש
- rally round לבוא לעזרת-
rally *n.* כנס, אסיפה, מיפגן; ליכוד; התאוששות; מירוץ מכוניות; חילופי-כדור
rally *v.* להקניט, לקנטר, ללגלג
ram *n.* אַיִל; איל-ברזל; ספינת-כר; מיתקן דחיפה; משאבה; מזל טלה
ram *v.* לנגח; לדחוף; לבטוש; לתקוע
- ram home להחדיר למוחו
- ram it down his throat לחזור ולשנן לו, לכפות עליו רעיון
RAM זיכרון גישה אקראית
ram'ble *v.* לטייל, להסתובב; לדבר בבלבול; להשתרג, להתפשט
ramble *n.* טיול, סיור, סיבוב
rambler *n&adj.* טַיָּל; (ורד) מטפס, מתפשט
rambling *adj.* מבולבל, חסר-קשר; לא-מתוכנן; מפותל
ram·bunc'tious (-shəs) *adj.* פראי
ram'ekin *n.* צלחת מאפה; גבינה-עם-ביצים
ram'ifica'tion *n.* הסתעפות; ענף
ram'ify' *v.* להסתעף, להתענף
ram jet מנוע סילון (דוחס אוויר)
ramp *n.* כבש, מישור משופע; סוללה, רמפה; *סחיטה
ramp *n&v.* השתוללות; להתפרע
ram'page' *n&v.* השתוללות; להשתולל
- go on the rampage להשתולל
ram·pa'geous (-jəs) *adj.* משתולל
ram'pant *adj.* משתולל, נפוץ; שופע, פורה, מתפשט
ram'part' *n.* סוללה, דייק; הגנה, מגן

ram-raid *n.* פריצה לחלון ראווה, פריצה בעזרת רכב
ram′rod′ *n.* מדוך; חוטר-ניקוי
- stiff as a ramrod זקוף; קפדן
ram′shack′le *adj.* רעוע, מט ליפול
ran = pt of run
ranch *n.* חווה
rancher *n.* חוואי, בּוֹקֵר, פועל-חווה
ranch house בית חד-קומתי
ranch wagon מכונית סטיישן
ran′cid *adj.* מקולקל, מבאיש
ran·cid′ity *n.* קלקול, ריקבון
ran′cor *n.* שנאה, התמרמרות
ran′corous *adj.* שונא, מתמרמר
rand *n.* רנד (מטבע בדרום אפריקה)
R and D מחקר ופיתוח, מו"פ
ran′dom *adj&n.* אקראי, מקרי, בלי מטרה, סתם
- at random באקראי, בלי תכנון, לתומו
random access גישה אקראית
ran′domize′ *v.* לבחור באקראי
random sample מדגם אקראי
ran′dy *adj.* שטוף תאווה; מתפרע
ranee, rani (rānē′) *n.* נסיכה
rang = pt of ring
range (rānj) *n.* רכס, שורה; אחו; מטווח; טווח; תחום, מִנעָד; מקום מחייה; מיגוון; תנור
- at short range מטווח קרוב
- beyond/out of range מחוץ לטווח
- mountain range רכס הרים
- range of colors קשת של צבעים
- range of voice מגבול הקול
- within range בטווח ראייה/שמיעה
range *v.* לסדר בשורה; להגיע לטווח-; לנוע בין; להשתרע; לשוטט; לערוך, להציב
- ages ranging from 3 to 6 גילים הנעים בין 3 ל-6
- range cattle להחזיק חוות בקר
- range over להקיף, להשתרע על פני-
- range through לטייל, לשוטט ב-
range finder מד-טווח
ran′ger (rān′-) *n.* שומר-יערות; איש-חוק, שוטר; איש קומנדו; צופה
ra′ngy *adj.* גבוה ורזה
rank *n.* דרגה; מעמד חברתי; שורה
- break ranks לצאת מן השורות, להיווצר אי-סדר, להתבלבל
- keep ranks להישאר בשורות
- of the first rank מהשורה הראשונה
- pull one's rank לנצל לרעה את דרגתו
- rank and file החוגרים, החיילים; האנשים מן השורה, ההמון הפשוט
- reduce to the ranks לשלול דרגתו
- rise from the ranks לעלות לקצונה מדרגת טוראי
- taxi rank שורת מוניות (בתחנה)
- the ranks, other ranks חוגרים
rank *v.* לסדר בשורה; לכלול, לסווג, להימנות, לדרג; לעלות בדרגה על
- rank high לתפוס מקום נכבד
rank *adj.* מכוסה עשבים; פורה, עבות, גדל פרא; דוחה; גמור; גס
- rank liar שקרן מובהק
ranker *n.* שעלה לקצונה (מטוראי)
ranking *adj.* בעל הדרגה הגבוהה ביותר
ranking *n.* דירוג, סיווג
ran′kle *v.* לכרסם בלב
ranks scale סולם הדרגות
ran′sack′ *v.* לשדוד, לבזוז; לחפש ביסודיות, לחטט
ran′som *n.* כּוֹפֶר; כופר נפש
- king's ransom סכום הגון, הון רב
ransom *v.* לשחרר תמורת כופר
rant *v&n.* לדבר גבוהה-גבוהה, להשתמש במליצות; לדקלם; עתק
- rant and rave לצעוק ולגעוש
rap *v.* לדפוק, להקיש; לנזוף, לגעור, לגנות; לדבר בחופשיות ובקלילות; לנגן/לשיר ראפ
- rap out לפלוט; להביע בנקישות
rap *n.* נקישה; אשמה, אחריות
- beat the rap *לחמוק מעונש
- not give a rap *לא איכפת כלל
- rap on the knuckles נזיפה, גערה
- rap, rap music מוזיקת ראפ
- take a rap *לספוג מכה
- take the rap *להיענש, להינזף
rapa′cious (-shəs) *adj.* עוֹשֵק, גוזל, רודף-בצע; טורף
rapac′ity *n.* עוֹשֶק, חמס, אהבת-בצע
rape *v&n.* לאנוס; לחטוף, לשדוד; להרוס; אונס; חטיפה; שוד; הרס
rape *n.* גפת, פסולת ענבים; קָנוֹלָה (שמן)
rap′id *adj&n.* מהיר; תלול; אשד, זרם נהר
- shoot the rapids לשוט במורד האשד
rapid-fire *adj.* שוטף; בצרורות

rapid′ity *n.* מהירות, שטף
rapid transit תחבורה מהירה
ra′pier *n.* סַיִף
rapier thrust מענה חד/חריף
rap′ine (-pin) *n.* ביזה, שוד
ra′pist *n.* אנס; גזלן
rap′per *n.* ראפר (מוזיקאי)
rap•port′ (-pôr) *n.* יחסי-קרבה, הבנה
rap′por′teur′ (-tûr′) *n.* מכין דו"ח ועדה
rap•pro′chement′ (-shmän′) *n.* פיוס, התיידדות מחדש
rap•scal′lion *n.* נָבָל
rap sheet דו"ח מעצר
rapt *adj.* שקוע, מרותק, מתלהב
- rapt attention תשומת-לב רבה
rap′ture *n.* התלהבות, תרגושת גיל
rap′turous (-ch-) *adj.* נלהב; מלהיב
rare *adj.* נדיר; מצוין; דליל, קלוש; נא, מבושל בחלקו
- rare old *לא רגיל, מיוחד במינו
rare′bit (rār′-) *n.* טוסט-גבינה
rare earth עפרה נדירה
ra′refac′tion *n.* הקלשה; עידון
ra′refy′ *v.* לדלל, להקליש; לעדן, לטהר
- she moves in rarefied circles היא מתחככת באנשי החברה הגבוהה
rarely *adv.* לעיתים נדירות
ra′ring *adj.* *להוט, משתוקק
ra′rity *n.* נדירות; דבר נדיר
ras′cal *n.* נָבָל; *שובב, מזיק
ras•cal′ity *n.* מעשה-נבלה
rascally *adj.* נבזה, שפל
rash *adj.* פזיז, נמהר, לא שקול
rash *n.* פריחה אדומה (בעור); הופעה פתאומית, הצפה, בצבוץ
- come out in a rash להתכסות פריחה
rash′er *n.* פרוסת בשר מטוגנת
rasp *n.* משוף, פצירה גסה; צרימה
rasp *v.* לשייף; לגרד; לצרום, לחרוק
- rasp away/off לשייף, להסיר בשיוף
- rasp his nerves למרוט עצביו
- rasp out לפלוט בקול מחוספס
rasp′ber′ry (raz′beri) *n.* פטל, תות-סנה; *קול נפיחה (מלמטה/מהפה); תנועה מגונה
- blow a raspberry at *להפליץ על

rat *n.* חולדה, עכברוש; פחדן, מפר שביתה, בוגד
- rats! שטויות!
- smell a rat לחוש שמשהו לא בסדר
rat *v.* לסגת; להתחמק
- go ratting לצאת ללכוד חולדות
- rat out on לנטוש, לבגוד ב-
ratable = rateable
rat′-a-tat′ *n.* נקישות, הקשה
ratbag *n.* *אדם דוחה, חלאה
ratch′et *n.* גלגל משונן, מחגר
rate *n.* שיעור; מחיר; מהירות, קצב; מס, ארנונה; סוג
- at a fast rate במהירות גבוהה
- at any rate בכל אופן, בכל מקרה
- at that/this rate בקצב כזה
- bank rate ריבית בנקאית
- birth/death rate ילודה/תמותה
- rate of exchange שער החליפין
- second-rate בינוני, סוג ב'
rate *v.* לאמוד, לקבוע שומה; לדרג; להעריך, להחשיב, לכלול; לנזוף
rateable *adj.* ניתן להערכה; חייב במס
rateable value ערך לצרכי שומה
rate-cap *v.* לקבוע תיקרת מס
rate-payer *n.* משלם מיסים
rath′er (-dh-) *adv.* למדי, די-, במידת-מה; מוטב ש-; אדרבה
- I'd rather הייתי מעדיף
- or, rather ליתר דיוק
- rather than מאשר-, יותר מש-
rather *interj.* בהחלט!, אדרבה!, כן!
rat′ifica′tion *n.* אישור, אישרור
rat′ify′ *v.* לאשר (רשמית), לאשרר
ra′ting *n.* שומה, אומדן; דרגה; דירוג, סיווג; רייטינג, מידרוג
- ratings חוגרים, חיילים
rating *n.* נזיפה, תוכחה
ra′tio (-shō) *n.* יחס, פרופורציה
rat′ioc′ina′tion *n.* חשיבה שיטתית
ra′tion (rash′ən) *n.* מנה, מנת מזון
- short rations מנות מזון מקוצצות
ration *v.* להקציב; להטיל פיקוח
- ration out לחלק, לספק מנות
ra′tional (rash′ən-) *adj.* רציונאלי, נבון, שכלי; הגיוני, סביר; ממושכל
ra′tionale′ (rash′ənal′) *n.* בסיס הגיוני
ra′tionalism′ (rash′ən-) *n.* רציונאליזם, שכלתנות
ra′tionalist (rash′ən-) *n.* שכלתן

ra′tionalis′tic (rash′ən-) *adj.* שכלתני, רציונאליסטי
ra′tional′ity (rash′ən-) *n.* רציונאליות, הגיוניות
ra′tionaliza′tion (rash′ən-) *n.* שִׂכלוּן, הַתְרָצָה, רציונליזאציה
ra′tionalize′ (rash′ən-) *v.* לְשַׂכְלֵן, להסביר על דרך ההיגיון; לארגן מחדש, לייעל
ration book/card פנקס מזון
rat′lin *n.* שלב, חווק (בסולם)
rat race מירוץ לקידום; רמיסת הזולת
rat-run *n.* *מסלול עוקף פקקים
rattan′ *n.* דקל בעל חוטר גמיש; מקל-הליכה; מעשה-קליעה (מדקל)
rat′-tat′ *n.* נקישה, הקשה
rat′ter *n.* תופס עכברושים
rat′tle *v.* לדפוק, להקיש, לתקתק; לקשקש; לטרטר; למתוח, לעצבן
- my bones rattled רעדתי (מקור)
- rattle off לדקלם במהירות
- rattle on/away לדבר בשטף
- rattle through להעביר/לבצע מהר
rattle *n.* נקישות, תקתוק; קשקוש; פטפוט; רעשן
rattle-brain *n.* קשקשן, נבוב-מוח
rattle-pate *n.* קשקשן, טיפש
rattlesnake, rattler *n.* נחש הפעמונים, עַכְסָן
rattletrap *n.* מכונית טרטרנית
rattling *adj&adv.* *מהיר, מצויין; מאוד
rat′trap′ *n.* מלכודת עכברים; מצב ביש
rat′ty *adj.* שורץ עכברושים; מתרגז
rau′cous *adj.* צורמני, מחוספס
raunch′y *adj.* שטוף-תאווה
rav′age *v.* להרוס, להשמיד; לשדוד
ravage *n.* הרס, חורבן
rave *v.* לדבר בטירוף, להטיח צעקות; לזעוף, לגעוש, להשתולל
- rave about לדבר בהתלהבות על
- rave itself out לעמוד מזעפו
- rave oneself hoarse להצטרד מצעקות
rave *n&adj.* *שבח מופלג; מסיבה עליזה
- in a rave *מלא התלהבות
- rave notices ביקורות נלהבות
rav′el *v.* להיפרד, להיפרם; להתיר (קצה חבל); לסבך; להסתבך
ra′ven *n&adj.* עורב; שחור-מבריק
rav′en *v.* לזלול, לטרוף; לשחר לטרף
raven-haired *adj.* שחור-שיער
rav′ening *adj.* עז, מסוכן, רָעֵב
rav′enous *adj.* רעב, זוללני, להוט
ra′ver *n.* *הולל, בליין, מבלה במסיבות
rave-up *n.* *מסיבת-הוללות
ravine′ (-vēn) *n.* גיא, עמק צר
ra′ving *adj&adv&n.* מטורף, צועק כמשוגע; *מאוד; משגע
- raving mad משתולל כמשוגע
- ravings דברי טרוף, קשקושים
rav′io′li *n.* ראביולי, כיסני-בשר
rav′ish *v.* לאנוס; לחטוף; להקסים
- ravished by מוקסם, מלא התפעלות
ravishing *adj.* מרהיב עין, כובש לב
ravishment *n.* אוֹנֶס; חטיפה; הקסמה
raw *adj.* חי, לא מבושל; גולמי, טבעי; חסר-ניסיון; כואב, משופשף-עור; גס
- raw deal יחס גס, עוול
- raw materials חומרי גלם
- raw recruit טירון, "בשר טרי"
- raw spirit כוהל לא מהול
- raw weather מזג אוויר קר ולח
- raw wound פצע טרי, פצע פתוח
raw *n.* פצע, מקום רגיש (בעור)
- in the raw במצבו הטבעי; ערום
- touch on the raw לפגוע במקום רגיש, להזכיר נושא עדין ביותר
raw-boned *adj.* רזה, דל-בשר
raw′hide′ *n.* שֶׁלַח, עור גולמי; שוט, מגלב
raw meat בשר חי
ray *n.* קרן (אור); דג-ים שטוח
- ray of hope זיק תקווה
ray′on′ *n.* זהורית, משי מלאכותי
raze *v.* להרוס, להחריב עד היסוד
razed *adj.* מגולח
ra′zor *n.* סכין גילוח, תער
- razor's edge מצב קריטי
- safety razor מכשיר גילוח, מגלח
razorback *n.* סוג לוויתן; חזיר יער
razor-backed *adj.* בעל גב מחודד
razor-sharp *adj.* חד מאוד
raz′zle(-daz′zle) *n.* שמחה, הילולה; רעש, "סאמאתוכה"
- go on the razzle להתהולל
razz′matazz′ *n.* *הילולה; רעש;

חנטריש
RC. = Red Cross
-rd, 3rd = third
rd = road
re (rā) *n.* רה (צליל)
re (rē) *prep.* בנושא-, בעניין-
re- (תחילית) מחדש, שוב; לְשַׁ-
- rewrite/revaluate לשכתב/לשערך
're = are, we're = we are
reach *v.* להגיע ל-; להשיג; להושיט יד; להביא, לתת; להשתרע
- reach down להוריד (ממדף)
- reach for להושיט יד; להשתרע עד
- reach for the sky ידיים למעלה!
- reach out a hand להושיט יד
reach *n.* קטע (נהר) ישר (לא מפותל); הושטת-יד; הישג-יד; השגה
- a long reach (הושטת) יד ארוכה
- beyond/out of reach מחוץ להישג ידו, רחוק מ-, מעבר להשגתו, נשגב
- within (easy) reach קרוב ל-, סמוך ל-; בתחום השגתו
reachable *adj.* בר-השגה
reach-me-downs *בגדים משומשים; בגדים מוכנים
re•act' *v.* להגיב; לענות; להשפיע
- react against להגיב בשלילה
- react on לפעול על, להשפיע על
re•act'ance *n.* היגב
re•ac'tion *n.* תגובה; נסיגה, שינוי גמור; ריאקציה; נסגנות
re•ac'tionar'y (-shəneri) *n&adj.* ריאקציונר, חשוך; נסגן, נסגני
reaction time זמן תגובה
re•ac'tivate' *v.* להפעיל שוב, לשפעל
re•ac'tiva'tion *n.* שיפעול
re•ac'tive *adj.* מגיב, הֶיגֵבִי
re•ac'tor *n.* מגיב, תגובן; כור אטומי, מגוב, ריאקטור
read (rēd) *v.* לקרוא; להיקרא; להבין; ללמוד; להורות; לפרש
- be read as להתפרש כ-
- read a dream לפתור חלום
- read a lesson/lecture לנזוף
- read between the lines לקרוא בין השיטין
- read for ללמוד לקראת (תואר)
- read his mind לקרוא מחשבותיו
- read his palm לקרוא בכף ידו
- read into להסיק (בטעות), לפרש
- read my lips התבונן בשפתיי, אני מבטיח
- read out לקרוא; להקריא; לסלק
- read the time לקרוא את השעון
- read up on לקרוא, ללמוד על
- take it as read להניח שזה בסדר
- the thermometer read 38 המדחום הראה על 38
- this book reads well הספר הזה יפה לקריאה
read (rēd) *n.* קריאה
- a good read (ספר) יפה לקריאה; שעה של קריאה מהנה
read = p of read (red)
- widely-read (ספר) נקרא, נפוץ ביותר; שקרא הרבה, שמילא כרסו
read'abil'ity *n.* קְרִיאוּת
readable *adj.* קריא, נוח לקריאה
re'address' *v.* לְמַעֵן מחדש
read'er *n.* קורא; מַגִּיהַּ; מקראה, ספר לימוד למתחילים; מרצה
- publisher's reader קורא כתבי-יד
readership *n.* מספר קוראים, תפוצת-קריאה; כהונת מרצה
read'ily (red'-) *adv.* ברצון, בחפץ-לב, מיד; בלי פקפוק
read'iness (red'-) *n.* נכונות, רצון; מהירות, מידיות
- in readiness for ערוך, מוכן ל-
read'ing *n.* קריאה; השכלה; נוסחה, גרסה, פירוש; מידה (במדחום)
- 2nd reading קריאה שנייה (בכנסת)
reading comprehension הבנת הנקרא
reading desk עמוד קריאה
reading glasses משקפי-קריאה
reading lamp מנורת קריאה
reading room חדר קריאה
re'adjust' *v.* לסדר מחדש, להתקין מחדש; להתאים מחדש
readjustment *n.* סידור מחדש
re'admit' *v.* להכניס שוב
read'out' *n.* הצגת נתונים
ready (red'i) *adj.* נכון, מוכן, ערוך; נוטה, רוצה; מהיר, מיידי; בהישג-יד
- make ready להכין; להיערך
- ready cut מוכן בחתיכות
- ready tongue לשון מהירה, דברנות
- ready, steady, go! מוכנים, היכון, רוץ!
- too ready with/to להוט
ready *v.* להכין; להתכונן
ready-made *adj&n.* (בגד) מוכן, לא בהזמנה; שגרתי, לא מקורי

ready money/cash מזומנים
ready reckoner לוחות חישוב
ready-to-wear (בגד) מוכן
re'affirm' *v.* לאשר מחדש
re'affor'est *v.* לייער מחדש
re'affor'esta'tion *n.* ייעור מחדש
re·a'gent *n.* חומר מגיב (בכימייה)
re'al *adj&adv.* מציאותי, ממשי, אמיתי, מעשי, ריאלי; *באמת, מאוד
- for real *ברצינות
real (rääl') *n.* ריאל (מטבע)
real estate/property מקרקעין
real estate agent סוכן מקרקעין
re'align' (-līn') *v.* לערוך מחדש
re'alism' *n.* ריאליזם; מעשיות
re'alist *n.* ריאליסט; אדם מעשי
re'alis'tic *adj.* ריאליסטי; מציאותי
re·al'ity *n.* מציאות; ריאליטי
- in reality למעשה, באמת
realizable *adj.* בר-ביצוע, ממיש
re'aliza'tion *n.* הבנה; המחשה; הגשמה; התגשמות; מימוש
re'alize' *v.* להבין, לתפוס במלואו; להמחיש, להגשים; לממש; להתממש
- realize a profit on a house לצאת ברווח ממכירת בית
real-life *adj.* אמיתי, לא דמיוני
real live *אמיתי, ממש
really *adv.* באמת; ברצינות
realm (relm) *n.* ממלכה; עולם; תחום
real money טבין ותקילין
real'politik (rääl'politēk) *n.* ריאלפוליטיק, מדיניות ריאלית
real time זמן אמת
re'altor *n.* סוכן מקרקעין
re'alty *n.* מקרקעין, נדל"ן
ream *n.* חבילה, 500 גליונות נייר
- write reams of- *לכתוב המון-
ream'er *n.* מַקְדֵד; מסחטה
re·an'imate' *v.* להשיב לתחייה, להזרים כוח חדש, לעודד
reap *v.* לקצור, לאסוף; לזכות ב-
- reap a profit לצאת ברווח
reaper *n.* מקצרה; קוצר
reaper and binder מאלמת
reaphook *n.* חרמש
re'appear' *v.* להופיע שנית
re'appear'ance *n.* הופעה מחדש
re'apprais'al (-z-) *n.* בדיקה מחדש, הערכה מחדש; שיערוך
re'appraise' (-z) *v.* להעריך מחדש, לְשַׁעֲרֵךְ
rear *n&adj.* אחור; עורף; אחוריים; אחורי
- bring up the rear להיות אחרון
rear *v.* לגדל; להקים, לבנות, להציב; להרים; להתרומם
rear admiral סגן-אדמירל
rear end צד אחורי; אחוריים
rearguard *n.* יחידה עורפית, מאסף
rearguard action קרב מאסף
re·arm' *v.* לחמש/להתחמש מחדש
re·ar'mament *n.* חימוש מחדש
rearmost *adj.* האחורי ביותר
re'arrange' (-rānj') *v.* לסדר מחדש/אחרת, לְשַׁחְלֵף
rear sight כוונת אחורית
rear-view mirror מַרְאָה פנימית
rearward *adj&n.* האחורי
- to rearward of במרחק-מה מאחורי-
rearwards *adv.* אחורנית
rea'son (-z-) *n.* סיבה, טעם; שכל, תבונה; היגיון, שכל ישר
- by reason of בגלל, מסיבת
- in reason בהיגיון, לפי השכל הישר
- it stands to reason that סביר ש-
- listen to/hear reason להטות אוזן קשבת לקול ההיגיון
- past all reason לא הגיוני כלל
- see reason לראות את הצד ההגיוני
- with reason בצדק
reason *v.* לחשוב; לטעון, לנמק
- reason into לשכנע (שיפעל בהיגיון)
- reason out לפתור לאחר בחינת הנימוקים, לשבת על המדוכה
- reason out of לשכנע שיתנער, להניא
- reason with him לדבר על ליבו
reasonable *adj.* הגיוני; סביר; נבון
- reasonable doubt ספק סביר
reasonable force כוח סביר
reasonable ground יסוד סביר
reasoned *adj.* שקול
reasoning *n.* דרך-חשיבה
reasonless *adj.* חסר-היגיון
reassurance *n.* הרגעה, הבטחה
re'assure' (-shoor) *v.* להרגיע, לסלק פחדיו, להבטיח מחדש
re·bar'bative *adj.* דוחה, לא נעים
re'bate' *n&v.* הנחה, הפחתה; צמצום; החזר חלק מהסכום; להחזיר חלק מהתשלום

reb′el *n&adj.* מורד, מתקומם
re•bel′ *v.* למרוד, להתקומם
re•bel′lion *n.* מרד, התקוממות
re•bel′lious *adj.* מורד, מרדני
re′bind′ (-bīnd) *v.* לכרוך מחדש
re′birth′ *n.* תחייה, רנסאנס
re′boot′ (-bōōt) *v.* לְאַתְחֵל (מחדש)
re′born′ *adj.* (כאילו) נולד מחדש
re•bound′ *v.* לנתר לאחור, להיהדף, להיתקל ולחזור
- rebound upon לפגוע ב-, לפעול כבומראנג על
re′bound′ *n.* קפיצה לאחור, ריבאונד; כדור ניתר
- marry on the rebound להתחתן "דווקא" עם אחר (כתגובה לאכזבה)
re′bound′ *adj.* שנכרך מחדש
re•buff′ *v&n.* לדחות, לא להיענות; דחייה; אמירת לאו
re′build′ (-bild) *v.* לבנות מחדש
re′built′ (-bilt) *adj.* שנבנה מחדש
re•buke′ *v&n.* לגעור; נזיפה
- administer a rebuke לנזוף
re′bus *n.* רבוס, חידת ציורים
re•but′ *v.* לסתור, להפריך, להזם
re•but′tal *n.* סתירה, הפרכה
re•cal′citrance *n.* מרדנות, עקשנות
re•cal′citrant *adj.* מרדן, עקשן
re•call′ (-kôl) *v.* לזכור; להחזיר, לקרוא בחזרה, לבטל (הוראה)
recall *n.* זיכרון, זכירה; החזרה, ביטול; אות-השיבה, תרועת-החזרה
- beyond/past recall שאין לבטלו; אין להשיב
re•cant′ *v.* לוותר על, להתכחש, להתנכר, לכפור, לנטוש אמונה
re′can•ta′tion *n.* הצהרת-ויתור
re′cap′ *v&n.* (לסכם ב-) ראשי פרקים
re′cap′ *v.* לגפר, לחדש צמיג
re′capit′ulate (-ch′-) *v.* לחזור על עיקרי הדברים, לסכם
re′capit′ula′tion (-ch′-) *n.* סיכום
re′cap′ture *v.* לכבוש בחזרה; ללכוד מחדש; לזכור, להיזכר ב-; להזכיר
re′cast′ *v.* לעצב/לצקת מחדש; לשכתב; ללהק (שחקנים) מחדש
rec′ce (rek′i) *n.* *סיור
re•cede′ *v.* להיסוג; לסגת; לרדת; להתרחק; להשתפע אחורנית
re′ceipt′ (-sēt′) *n.* קבלה; מירשם, מתכון, רצפט
- make out a receipt לכתוב קבלה
- receipts הכנסות, תקבולים
- we are in receipt of קיבלנו
receipt *v.* לכתוב קבלה, לאשר
receipt book פנקס קבלות
receivable *adj&n.* ראוי להתקבל; שטל"ק
re•ceive′ (-sēv′) *v.* לקבל; לספוג; לקבל פני אורחים, לארח; לקלוט
- be received להתקבל (כחבר)
- on the receiving end מקבל, קולט
received *adj.* מקובל
receiver *n.* סוחר-גניבות; אוזנית, שפופרת; מַקְלֵט; כונס נכסים, מפרק
receivership *n.* תפקיד כונס נכסים
receiving *n.* תקבול; קניית סחורה גנובה
receiving line שורת מקבלי אורחים
receiving set מַקְלֵט
re•cen′sion *n.* רוויזיה, רצנזיה, עריכה, סיקורת; נוסח מתוקן
re′cent *adj.* חדש, שאירע לאחרונה
re′cently *adv.* לאחרונה, זה לא כבר
re•cep′tacle *n.* כלי-קיבול; מַצָּעִית
re•cep′tion *n.* קבלה; קבלת פנים; מסיבה; חדר-קבלה; קליטה
reception center מרכז קליטה
reception clerk פקיד-קבלה
reception desk דלפק-קבלה
receptionist *n.* פקיד-קבלה
reception room חדר-אורחים
re•cep′tive *adj.* פתוח (לרעיונות)
re′cep•tiv′ity *n.* פתיחות
re•cep′tor *n.* קולטן, רצפטור
re′cess′ *n.* חופשה, הפסקה; פגרה; גומחה; מגרעה; מקום עמוק, נבך
re•cess′ *v.* לצאת לחופשה; לְשַׁקֵּעַ
re•ces′sion *n.* נסיגה, שפל, מיתון
recessional *n&adj.* הימנון סיום (בכנסייה); של פגרה
re•ces′sive *adj.* נכנע, נסגני; רצסיבי
re′charge′ *v.* לטעון (סוללה) מחדש
rechargeable *adj.* נטען
recherche (rəshār′shā) *adj.* מובחר, נדיר, משונה, נברר בקפדנות
re•cid′ivism′ *n.* הישנות, חזרה
re•cid′ivist *n.* חוזר לסורו, פושע
rec′ipe′ (-sipi) *n.* מִרשָׁם, מתכון
re•cip′ient *n.* מקבל
re•cip′rocal *adj.* הדדי, משותף
re•cip′rocate′ *v.* להחזיר, להשיב, לגמול טובה; לנוע הלוך ושוב

reciprocating engine מנוע בוכנות
rec'iproca'tion *n.* הדדיות
rec'iproc'ity *n.* הדדיות
re•ci'tal *n.* רסיטאל, מיפע, מופע-יחיד; תיאור השתלשלות
rec'ita'tion *n.* קריאה; קטע; תיאור, סיפור; דקלום, חזרה
rec'itative' (-tēv) *n.* רציטאטיב, קטע מדוקלם (המשובץ באופרה)
re•cite' *v.* לספר, לקרוא, לדקלם; לְמנוֹת; לענות על שאלות המורה
reck *v.* לדאוג, לחשוש, לשים לב
- reck nothing of לא איכפת, בז ל-
reck'less *adj.* פזיז, נמהר
reckless driving נהיגה מסוכנת
reck'on *v.* לחשוב, להעריך, לכלול בין; לשער, לסבור; לחשב
- reckon in לכלול, לקחת בחשבון
- reckon on לסמוך על, לבטוח ב-
- reckon up לחשב, לסכם
- reckon with "לטפל" ב-, להיות לו עסק עם; להתחשב ב-
- reckon without לא להביא בחשבון
- to be reckoned with שאין להתעלם ממנו, שיש להביאו בחשבון
reckoner *n.* מְחַשֵב, טבלת חישובים
reckoning *n.* חישוב, חישובים; חשבון; חישוב מקום הספינה
- out in one's reckoning טועה בחשבון
re•claim' *v.* להחזיר למוטב; לדרוש בחזרה; להכשיר לשימוש
rec'lama'tion *n.* החזרה למוטב; דרישה, תביעה; הכשרה לשימוש
re•cline' *v.* לשכב, לנוח, להישען; להניח, להשעין
recliner *n.* כיסא מנוחה, כיסא נוח
rec'luse *n.* מתבודד, חי כנזיר
rec'ogni'tion (-ni-) *n.* הכרה; היכר; זיהוי; (שי-) הוקרה
recognizable *adj.* שניתן להכירו
re•cog'nizance *n.* התחייבות; ערבות
- on one's own recognizance בלא ערבות; על-פי הבטחתו
rec'ognize' *v.* לזהות; להכיר; להודות
recognized *adj.* מוּכָּר, מאושר
re•coil' *v.* להירתע, לרתוע, לסגת, לקפוץ אחורנית
- recoil on לפעול כבומראנג על
recoil *n.* נסיגה; רתיעה, רתע

rec'ollect' *v.* לזכור, להיזכר ב-
rec'ollec'tion *n.* זכירה, זיכרון
- to the best of my recollection למיטב זיכרוני
re•com'bina'tion *n.* שִחלוּף, צירוף מחדש (של גֶנִים)
re'combine' *v.* לְשַחלֵף
rec'ommend' *v.* להמליץ על; להציע, לייעץ; לעשותו חביב/מושך
- recommend to להפקיד בידי
rec'ommenda'tion *n.* המלצה; הצעה; תכונה חיובית, סגולה
re'commit' *v.* להחזיר לוועדה
rec'ompense' *n.* פיצוי, תמורה
recompense *v.* לפצות, לשלם, לגמול
reconcilable *adj.* ניתן לפיוס
rec'oncile' *v.* לפייס, לפשר, ליישב; להתאים, למצוא מכנה משותף, לגשר
- reconcile to להשלים עם (מצב)
rec'oncil'ia'tion *n.* פיוס
rec'ondite' *adj.* עמוק, נסתר
re'condi'tion (-di-) *v.* לחדש, לשפץ
re•con'naissance (-nəs-) *n.* סיור; סקר
rec'onnoi'ter *v.* לסייר
re'consid'er *v.* לשקול מחדש
re'con'stitute' *v.* להרכיב מחדש
re'construct' *v.* לבנות שוב; לשחזר
re'construc'tion *n.* שחזור, קימום; תחזורת
re•cord' *v.* לרשום; להקליט; (לגבי מחוון/מדחום) להראות (שיעור)
rec'ord *n.* רשימה, דו"ח; פרוטוקול; שם, רקורד, עבר; עדות; רשומה; שיא; תקליט
- bear record to להעיד על
- criminal record עבר פלילי
- for the record לידיעת הציבור, באופן רשמי
- get the record straight להעמיד דברים על דיוקם
- go/be on record להודיע בגלוי
- matter of record עובדה ידועה, רשום
- military record עבר צבאי
- off the record שלא לפרסום
- on record רשום, ידוע
- put/place on record לרשום,
rec'ord *adj.* של שיא
- a record number מספר שיא

record-breaking *adj.* שובר-שיא
record changer מחלף-תקליטים
recorded delivery דואר רשום
re·cord′er *n.* חלילית; שופט; רשמקול
re·cord′ing *n.* הקלטה
record jacket/sleeve עטיפת תקליט
record library ספריית תקליטים
record player פטיפון, מקול
re·count′ *v.* לספר, לתת דו"ח
re′count′ *v.* לְמנוֹת מחדש (קולות)
re′count′ *n.* ספירה חוזרת
re·coup′ (-ko͞op′) *v.* לקבל חזרה; לְפַצוֹת
re·course′ (-kôrs) *n.* עֶזֶר, מִפלָט
- have recourse to לְבַקש עזרה מ-, לפנות ל-, להיזקק ל-
re·cov′er (-kuv-) *v.* להשיב, להחזיר לעצמו, לקבל חזרה; להתאושש
- recover one's strength להתחזק, לשוב לאיתנו
- recover oneself לשלוט בעצמו
re′cov′er (-kuv-) *v.* לכסות מחדש
recoverable *adj.* שאפשר לקבלו בחזרה
recovery *n.* השבה, החזרה; החלמה
- recovery of expenses החזר הוצאות
recovery room חדר התאוששות
rec′re·ant *n.* פחדן, בוגד
re′cre·ate′ *v.* ליצור מחדש
rec′re·ate′ *v.* לשעשע; להשתעשע
rec′re·a′tion *n.* שעשועים, בילוי
recreational *adj.* משעשע, מבדר
recreation ground מגרש משחקים
recreation room חדר משחקים
re·crim′inate′ *v.* להטיח אשמה נגדית
re·crim′ina′tion *n.* האשמה נגדית, החזרת אשמה
re·crim′inato′ry *adj.* של אשמה נגדית
re′cru·des′cence (-kro͞o-) *n.* התפרצות מחדש
re·cruit′ (-kro͞ot) *n.* מגוייס, טירון, חבר חדש
recruit *v.* לגייס; להשיג, לצרף (חבר חדש); להקים; לשוב לאיתנו
recruiting office לשכת גיוס
recruitment *n.* גיוס

rec′tal *adj.* של הרקטום
rec′tan′gle *n.* מלבן
rec·tan′gu·lar *adj.* מלבני
rec′tifica′tion *n.* תיקון; זיקוק חוזר; יישור זרם, רקטיפיקציה
rec′tifi′er *n.* מְתַקֵן; מיישר
rec′tify′ *v.* לתקן; לזקק; ליישר (זרם)
rec′tilin′e·ar *adj.* של קו ישר
rec′titude′ *n.* יושר, מוסריות
rec′to *adj&n.* ימין-הספר; עמוד ימני
rec′tor *n.* רקטור; נשיא מכללה; כומר קהילה
rectory *n.* בית הכומר
rec′tum *n.* רקטום, חלחולת, פי-הטבעת
re·cum′bent *adj.* שוכב
re·cu′perate′ *v.* לשוב/להשיב לאיתנו; להחלים, להחליף כוח
re·cu′pera′tion *n.* החלמה, הבראה
re·cu′pera′tive *adj.* של החלמה
re·cur′ *v.* לשוב, לחזור ולהישנות, להופיע שוב
- let's recur to your idea הבה נחזור לרעיון שלך
- recurs to his mind עולה בדעתו
recurrence *n.* הישנות; תופעה חוזרת
recurrent *adj.* חוזר (ונשנה); (הוצאות) שוטפות, חוזרות
recurring decimal שבר מחזורי
re·curve′ *v.* לכפוף לאחור, לקמר
recurved *adj.* כפוף, מעוקם, קמור
rec′u·sancy (-z-) *n.* מרדנות
rec′u·sant (-z-) *n.* מרדן, לא מציית
re′cy′cle *v.* למחזר
red *adj&n.* אדום; אודם; רוסי, קומוניסט; חובה; גירעון, אוברדרפט
- in the red שקוע בחובות, בגירעון
- out of the red נחלץ מהחובות
- red hands ידיים מגואלות בדם
- see red להשתולל מזעם, להתלקח
- turn red להסמיק, להאדים
re·dact′ *v.* לערוך, להכין לדפוס
red alert כוננות שיא
red blood cell כדורית דם אדומה
red-blooded *adj.* חזק, גברי, נמרץ
redbreast *n.* אדום-החזה (ציפור)
redbrick *n.* אוניברסיטה (באנגליה)
redcap *n.* סבל-רכבת; שוטר צבאי
red carpet שטיח אדום

red cent "קליפת השום"
Red Crescent הסהר האדום
Red Cross הצלב האדום
red′cur′rant *n.* דמדמנית
red′den *v.* להסמיק, להאדים
red′dish *adj.* אדמדם
red duster *דגל אוניות הסוחר
re·dec′orate′ *v.* לחדש הדקורציה
re·deem′ *v.* לפדות; לגאול; לקיים, לבצע; לְפַצּוֹת, לכפר על
- redeem one's honor להחזיר את כבודו
redeemable *adj.* שאפשר לפדותו
redeeming feature סגולה מְכַפֶּרֶת
re·demp′tion *n.* פדיון; גאולה; ישועה; הצלה; קיום; כפרה; פיצוי
- beyond/past redemption ללא תקנה
redemption of mortgage פדיון משכנתה
redemption of prisoners פדיון שבויים
re·demp′tive *adj.* פודה, של גאולה
red ensign דגל אוניות-הסוחר
re′deploy′ *v.* לפרוס/לארגן מחדש
redeployment *n.* פריסה מחדש, רה-ארגון
red flag דגל המהפכה; המנון השמאל
red-handed *adj.* בעת ביצוע הפשע
redhead *n.* אדום-שיער
red herring מסיח דעת
red-hot *adj.* לוהט, נלהב; זועם; חדש, טרי
re′di′al *v&n.* לחייג שוב; חיוג חוזר
re′did′ = pt of redo
re′diffu′sion (-zhən) *n.* שידור תוכניות במקומות ציבוריים
Red Indian אינדיאני
re′direct′ *v.* לְמַעֵן שוב; לכוון מחדש
re′distrib′ute *v.* לחלק מחדש
red lead תחמוצת עופרת
red-letter day יום חג, יום מאושר
red light אור אדום, נורה אדומה
red-light district רובע הזונות
red meat בשר בקר, בשר כבש
redneck *n.* פועל לבן (באמריקה)
re′do′ (-dōō′) *v.* לעשות מחדש
red′olent *adj.* מדיף ריח, אפוף
re′done′ = pp of redo (-dun′)
re·doub′le (-dub-) *v.* להכפיל; להגביר; להתעצם, להתגבר, לגדול
re·doubt′ (-dout) *n.* ביצור, מעוז
re·doubt′able (-dout-) *adj.* נורא
re·dound′ *v.* להגדיל, לתרום, להוסיף
re′dox′ *n.* חִמְזוּר
red-pencil *v.* לצנזר; לתקן
red pepper פלפלת, פלפל אדום
re·dress′ *v.* לתקן (עוולה), לְפַצּוֹת
- redress the balance להשיב האיזון
re′dress′ *n.* תיקון, פיצוי
redskin *n.* אינדיאני
red tape ביורוקרטיה, סחבת
re·duce′ *v.* להפחית; לרזות, לרדת במשקל; להפוך; לפרק; לכבוש
- reduce 3/9 (to 1/3) לצמצם 3/9
- reduce to להביא לידי; להחליף; לפשט
- reduce to ashes להפוך לאפר
- reduce to writing להעלות על הנייר
- reduced to silence הושתק
reduced circumstances עוני, ירידה מנכסים
re·du′cible *adj.* שניתן להקטינו
re·duc′tion *n.* הקטנה, הפחתה; הנחה; צילום מוקטן, העתק מוקטן; חיזור
reductionism *n.* הַעֲמְדָתָנוּת
re·dun′dancy *n.* שפע, גודש, עודף; ייתור, פליאונזם; פיטורים
redundancy pay פיצויי פיטורים
re·dun′dant *adj.* שופע; גדוש, עודף, מיותר; יתיר; מפוטר
re·du′plicate′ *v.* להכפיל, לחזור על
re·du′plica′tion *n.* הכפלה
redwing *n.* קיכלי (אדום-כנף)
redwood *n.* סֶקוֹיָה; עץ מחטני
re·ech′o (-ek-) *v.* לחזור ולהדהד
reed *n.* קנה-סוף, אגמון; לשונית
- reeds קנים מיובשים (לסכך)
re′ed′ucate′ (-ej′-) *v.* לחנך מחדש
reedy *adj.* זרוע קנים, מלא קנים
- reedy voice קול צייצני, קול דק
reef *n.* שונית, שרטון; קצה הַמִפְרָשׂ
- take in a reef לקצר המפרש, להתקדם בזהירות
reef *v.* לגולל/לקפל חלק המפרש
reef′er *n.* מעיל ימאים; סיגרית חשיש
reef knot קשר מרובע/שטוח/כפול
reek *n.* סרחון, צחנה; עשן
reek *v.* לעשן, לפלוט עשן; להסריח,

להדיף צחנה, לעורר רושם של-
- reek with להיות מכוסה/שטוף-
- reeks of corruption אפוף שחיתות
reel *n.* סליל; אשווה; סליל-סרט
- off the reel בשטף, ללא הפסק
reel *v.* לגלגל, לגלול, לכרוך סביב-
- reel off להוציא (חוט) בגלגול;
לדקלם בשטף, לצטט ברציפות
- reel up למשות (דג) בחכה
reel *v.* להתנודד; להסתחרר
reel *n.* ריל (ריקוד סקוטי)
re'elect' *v.* לבחור שוב
re'enact' *v.* לשחזר; לחוקק מחדש
reenactment *n.* שחזור
re'en'try *n.* חזרה (לכדור הארץ)
reeve *n.* ראש מועצה עירונית;
(בעבר) שופט מחוזי ראשי
ref=referee, reference, referred
re'face' *v.* לְצַפּוֹת, לשים שכבה חדשה
re•fash'ion (-fash'ən) *v.* לעצב שוב
re•fec'tion *n.* ארוחה; מזון, משקה
re•fec'tory *n.* חדר-אוכל
re•fer' *v.* להתייחס; לייחס; לאזכר;
לפנות; להפנות; לעיין; להעביר
- refer to drawer נא לפנות למושך
- referring to בהתייחס ל-, בעניין-
ref'erable *adj.* ניתן לייחסו ל-
ref'eree' *n&v.* שופט; בורר;
לשפוט
ref'erence *n.* הערה, התייחסות,
אזכור; עיון; מראה-מקום; סימוכין;
הפנייה; המלצה; ממליץ
- in/with reference to בקשר ל-
- make reference to להתייחס ל-,
לאזכר, להעיר; לעיין, לפנות ל-
- within his terms of reference
בתחום הנושא שהוא מטפל/מעיין בו
- without reference to בלי קשר עם
reference book ספר עזר, ספר יַעַן
reference library ספריית-עיון
reference mark סימן הערה (בספר)
ref'eren'dum *n.* משאל עם
re•fer'ral *n.* הפניה
re'fill' *v.* למלא מחדש
re'fill' *n.* מילוי, מילוי לעט
re•fine' *v.* לזקק, לטהר; לצחצח
- refine upon לשכלל, ללטש; לעלות
refined *adj.* מזוקק; טהור; מעודן
refinement *n.* זיקוק; עידון; שכלול
- refinements שכלולים, תוספות
refiner *n.* מזקק, מכונת זיקוק
re•fi'nery *n.* בית-זיקוק

re•fit' *v.* לשפץ, להכין להפלגה
re'fit' *n.* תיקון; שיפוץ, טיפול
re•fla'tion *n.* ביטול הדפלציה
re•flect' *v.* להחזיר, להטיל חזרה
(אור); לשקף, לבטא; להרהר, לחשוב
- reflect credit להנחיל לו כבוד
- reflect on לשקול; להטיל דופי
reflecting telescope טלסקופ
מחזירור
re•flec'tion *n.* החזרה; בבואה;
מחשבה; רעיון, הערה; דופי; אשמה
- cast reflections להטיל דופי
- on reflection לאחר שיקול
re•flec'tive *adj.* שוקל, מעמיק
re•flec'tor *n.* רפלקטור, מחזירור
reflector stud מחזירור-כביש,
עין-חתול
re'flex' *n.* רפלקס, תגובה; החזר
- reflex angle זווית קמורה
re'flex'ive (-siv) *n.* רפלקסיבי,
חוזר אל עצמו
reflexive verb פועל חוזר, התפעל
re'float' *v.* להשיט/לשוט מחדש
ref'lu•ent (-lōō-) *adj.* זורם לאחור
re'flux' *n.* זרימה לאחור, שפל
re'foot' *v.* לחדש (הגרב) בסריגה
re•for'est *v.* לייער מחדש
re•for'esta'tion *n.* ייעור מחדש
re•form' *v.* לתקן; לשפר; להשתפר;
להחזיר למוטב; לשדד מערכות
re•form' *n.* רפורמה, תיקון, תקנה
re'form' *v.* ליצור מחדש, לגבש
מחדש; להסתדר/להיערך מחדש
ref'orma'tion *n.* רפורמציה; שינוי
ערכין; תנועת תיקונים דתית
re•for'mative *adj.* מְתַקֵּן
re•for'mato'ry *adj.* מְתַקֵּן
reformatory *n.* מוסד לעבריינים
reformed *adj.* שחזר לדרך הישר,
רפורמי
reformer *n.* רפורמטור, מְתַקֵּן
re•form'ist *adj.* רפורמיסטי
Reform Judaism יהדות רפורמית
reform school מוסד לעבריינים
re•fract' *v.* לשבור (קרני אור)
refracting telescope רפרקטור
re•frac'tion *n.* השתברות,
שבירת-אור
re•frac'tory *adj.* עקשן, מרדני;
(מחלה) קשת-ריפוי; קשה לְהַתָּכָה
refractory brick לבנת-כבשן
re•frain' *v.* להימנע, לעצור עצמו

refrain *n.* חיזורת, פזמון חוזר
re•fresh′ *v.* לרענן; להתרענן; לאכול, ללגום
refresher *n.* תוספת, תשלום נוסף לפרקליט; משקה, לגימה
refresher course קורס השתלמות
refreshing *adj.* מרענן, נדיר, מעניין
refreshment *n.* ריענון, אוכל, משקה
refreshment room מזנון
re•frig′erant *n.* (חומר) מקרר
re•frig′erate′ *v.* לקרר; להקפיא
re•frig′era′tion *n.* קירור
re•frig′era′tor *n.* מקרר
re′fu′el *v.* לתדלק
ref′uge *n.* מחסה, מפלט; אי-תנועה
- take refuge למצוא מחסה
ref′u•gee′ (-fū-) *n.* פליט
refugee camp מחנה פליטים
re•ful′gence *n.* נוֹגַהּ, זיו, זוֹהַר
re•ful′gent *adj.* זוֹהֵר, קורן, מבריק
re•fund′ *v.* להחזיר הכסף
re′fund′ *n.* החזר (של תשלום)
re•fur′bish *v.* לצחצח, ללטש
re•fus′al (-fūz′-) *n.* סירוב, דחייה
- first refusal אופציה, זכות-קדימה, זכות סירוב ראשונה
re•fuse′ (-z) *v.* לסרב; לדחות; לסרב לתת, לא להעניק; לסרב לקבל
ref′use *n.* אשפה, זבל
refuse collector פועל ניקיון
refuse dump מזבלה עירונית
re•fuse′nik (-fūz′-) *n.* מסורב-עלייה
re•fu′table *adj.* שאפשר להפריכו
ref′u•ta′tion (-fū-) *n.* הפרכה
re•fute′ *v.* להפריך, לסתור
re•gain′ *v.* לרכוש מחדש; להגיע בשנית
- regain one's footing/balance להתייצב על רגליו (לאחר מעידה)
- regain one's health לשוב לאיתנו
re′gal *adj.* מלכותי, מפואר
re•gale′ *v.* לשמח, להנות, לענג
re•ga′lia *n-pl.* אותות המלכות, סמלי המעמד, מחלצות
re•gard′ *n.* כבוד, הוקרה; שימת-לב, התחשבות; מבט
- have regard for להתחשב ב-
- hold in high regard להוקיר מאוד
- in this regard בעניין זה
- in/with regard to בנוגע ל-
- pay regard להקדיש תשומת לב
- regards איחולים, דרישות שלום
- with kind regards בברכה
regard *v.* להסתכל; להתייחס; להעריך; להקדיש תשומת-לב
- as regards ביחס ל-, אשר ל-
- is regarded מתייחסים אליו (כ-)
- regard him as להתייחס אליו כ-
regardful *adj.* מתחשב, מכבד
regarding *prep.* בנוגע ל-, ביחס ל-
regardless *adj&adv.* מתעלם; בלי תשומת-לב; יקרה אשר יקרה
re•gat′ta *n.* מירוץ סירות
re′gency *n.* עֶצֶר, כהונת העוצר
re•gen′erate *adj.* נולד מחדש, מתחדש
re•gen′erate′ *v.* לתקן (במוסריות); להשתפר; להפיח חיים; להתחדש
re•gen′era′tion *n.* חידוש, תחייה
re′gent *n&adj.* עוֹצֵר, רגנט; חבר-הנהלה
reg′gae (reg′ā) *n.* רגאיי (מוסיקה)
reg′icide′ *n.* הריגת מלך; הורג מלך
regime′ (-zhēm′) *n.* שלטון, משטר
reg′imen *n.* משטר בריאות
reg′iment *n.* חטיבה; עוצבה; גדוד; להקה
reg′iment′ *v.* לארגן; לְמַשְטֵר
reg′imen′tal *adj.* חטיבתי; גדודי
regimentals *n-pl.* מדים
reg′imen•ta′tion *n.* ארגון, משטור
regiment commander מפקד גדוד
Re•gi′na *n.* מלכה; המדינה
re′gion (-jən) *n.* איזור
- in the region of בסביבות, בערך
- lower regions גיהינום, שְאוֹל
regional *adj.* אזורי
reg′ister *n.* רשימה; פינקס; מישלב, מיגבול; וַסָת, מונה; סגנון, לשון
- cash register קופה רושמת
register *v.* לרשום; להראות, להורות; להביע (בפרצוף); לשלוח בדואר רשום; להירשם; *להרשים, להזיז לו
registered mail/post דואר רשום
registered nurse אחות מוסמכת
registered shares מניות על שם
reg′istrar′ *n.* רשם
reg′istra′tion *n.* הרשמה; רישום; מירשם
- vehicle registration document רשיון רכב
registration book יומן מכונית
registration number מספר

הרישוי
reg'istry *n.* משרד רישום, מרשמה; ארכיב; הרשמה; מירשם
registry office משרד רשם-נישואים
reg'nal *adj.* מלכותי, של שלטון
reg'nant *adj.* מולך; שולט
- queen regnant מלכה (מולכת)
re·gress' *v.* להיסוג (למצב נחשל)
re·gres'sion *n.* תסוגה, נסיגה, רגרס
re·gres'sive *adj.* רגרסיבי, נסוג
re·gret' *v&n.* להצטער; להיות חסר; להתחרט; צער
- (much) to my regret לצערי (הרב)
- has no regrets אינו מצטער
- it is to be regretted חבל
- regrets צער, התנצלויות (על דחייה)
regretful *adj.* דואב; מביע צער
regrettable *adj.* מצער
regrettably *adv.* למרבה הצער
re'group' (-grōōp') *v.* לערוך/להיערך מחדש (בקבוצות)
reg'u·lar *adj.* קבוע; רגיל; סדיר; וסית; מוּכָּר, מוסמך, מקובל; סימטרי; *מושלם
- keep regular hours לשמור על שעות קבועות, לנהל אורח חיים סדיר
- regular guy *בחור טוב, ברנש חביב
- regular rascal *נבל מושלם
regular *n.* חיל סדיר; לקוח קבוע
regular army צבא סדיר, צבא הקבע
regular clergy נזירים, נזורה
reg'u·lar'ity *n.* קביעות, סדירות
reg'u·lariza'tion *n.* הסדרה
reg'u·larize' *v.* להסדיר, לתקנן
regularly *adv.* בקביעות, סימטרית
reg'u·late' *v.* להסדיר, להביא למצב קבוע/תקין, לכוון, לכוונן, לווסת
- regulated family משפחה מסודרת
reg'u·la'tion *n&adj.* תקנה, חוק, כלל, תקנון; הסדרה, תיקון, ויסות; תקנוני, רשמי
reg'u·la'tor *n.* רגולטור, וַסָּת
reg'u·lato'ry *adj.* מווסת; של תקנה
reg'u·lo' *n.* דרגת חום (בתנור)
re·gur'gitate' *v.* להקיא, להעלות גירה; לזרום בחזרה
re·gur'gita'tion *n.* העלאת גירה
re'hab' *n.* *שיקום, טיהור שם
re'habil'itate' *v.* לשפץ; לשקם; לטהר שמו, להחזירו לתפקידו
re'habil'ita'tion *n.* ריהביליטציה, טיהור שם; שיקום, קימום
re·hash' *v.* לעבד, להשתמש שנית ב-
re'hash' *n.* חומר (ספרותי) מעובד
re'hear' *v.* לשמוע/לדון מחדש
re·hears'al (-hûrs'-) *n.* חזרה
re'hearse' (-hûrs') *v.* לחזור, להתאמן, לערוך חזרה; לספר, לתאר
re'house' (-z) *v.* לשכן בבית חדש
re'ify' *v.* להמחיש
reign (rān) *n.* (תקופת) שלטון
reign *v.* למלוך; לשלוט; לשרור
reign of terror משטר טרור
re'imburse' *v.* להחזיר (תשלום)
reimbursement *n.* החזר (הוצאות)
rein (rān) *n&v.* מושכה, רסן
- draw rein לעצור, להאיט, לרסן
- give (free) rein to להתיר הרסן
- keep a tight rein לרסן בתקיפות
- rein back/in/up לרסן, לבלום
- rein of government הגה השלטון
- take the reins לאחוז ברסן השלטון
re'incar'nate *v.* לגלגל (נשמה)
re'incar'nate *adj.* מגולגל
re'incar·na'tion *n.* גלגול
rein'deer' (rān-) *n.* אַיַּל הצפון
re'inforce' *v.* לחזק; לתגבר
reinforced concrete בטון מזוין
reinforcement *n.* חיזוק; תגבורת
re'instate' *v.* להשיב על כנו
reinstatement *n.* החזרה (לתפקיד)
reinsurance *n.* ביטוח משנה
re'insure' (-shoor') *v.* לבטח בביטוח משנה
re'is'sue (-ish'ōō) *v&n.* להוציא (לאור) מחדש; להדיר; הדפסה חדשה
re·it'erate' *v.* לחזור על, לומר שוב
re·it'era'tion *n.* חזרה, שינון
re·ject' *v.* לדחות; לזרוק; לפסול
- reject in limine לדחות על הסף
re'ject' *n.* פסול-שירות; מוצר פגום
re·jec'tion *n.* דחייה, סירוב, פסילה
rejection slip הודעת דחייה
re'jig' *v.* לצייד במיכון חדש
re·joice' *v.* לשמוח; לשמח
- rejoices in the name of- שמו-
rejoicing *n.* שמחה; חגיגה, הילולה
re·join' *v.* לענות; להשיב על; לשוב/להסתפח ליחידתו
re'join' *v.* לחבר מחדש; להתאחד שוב

re·join′der *n.* תשובה, מענה
re·ju′venate′ *v.* להשיב נעורים, להצעיר, לרענן
re·ju′vena′tion *n.* חידוש נעורים
re·kin′dle *v.* להצית/להידלק מחדש
re·laid′ = p of relay
re·lapse′ *v.* להידרדר שוב, לחזור
re′lapse′ *n.* הידרדרות, חזרה
re·late′ *v.* לספר; למצוא קשר
- relate to להתייחס ל-, לנגוע ל-; לקשר ל-; להסתדר (יפה) עם
related *adj.* קרוב; קרוב-משפחה
re·la′tion *n.* קרוב (-משפחה); יחס, קרבה, קשר, הקשר; סיפור
- bears no relation to לא עומד בשום פרופורציה ל-
- have relations with לקיים יחסים
- in/with relation to בקשר ל-
- out of all relation בלי שום יחס
- relations יחסים, קשרים
relationship *n.* קרבה; קשר
rel′ative *n.* קרוב-משפחה, קרוב
relative *adj.* יחסי, לא-מוחלט; קשור, שייך, נוגע ל-
- relative to באשר ל-; יחסית ל-
relative adverb תואר הזיקה
relative clause משפט זיקה
relatively *adv.* באופן יחסי, יחסית
relative pronoun כינוי זיקה
rel′ativism′ *n.* רלטיביות, יחסיות
rel′ativ′ity *n.* (תורת ה-) יחסות
re·lax′ *v.* להירגע, להיות נינוח; לרפות; להרגיע; להרפות; להתבדר
re′lax·a′tion *n.* רגיעה, נינוחות; הרפייה; שחרור, פורקן; בידור
relaxed *adj.* רגוע, נינוח
relaxing *adj.* מרגיע; (אקלים) מדכא מרץ, גורם לעצלות
re′lay′ *n.* משמרת; קבוצת-החלפה; ממסר, תווך; שידור מועבר
- work by relays לעבוד במשמרות
re′lay′ *v.* להעביר (שידור)
re′lay′ *v.* להניח (כבל) מחדש
relay race מירוץ שליחים
relay station תחנת שידור
re·lease′ *v.* לשחרר; להתיר לפרסום, להוציא לשוק (סרט/תקליט); לפטור
release *n.* שחרור; כתב שחרור; סרט חדש; פטור; תמסיר; מַתֵּר
- carriage release מתר-הגרר
- on general release מוקרן בקולנוע
- press release תמסיר (לעיתונות)
release on bail שחרור בערבות
rel′egate′ *v.* להעביר, למסור; להוריד (בדרגה/לליגה נמוכה)
rel′ega′tion *n.* העברה; הורדה
re·lent′ *v.* להתרכך לבו, לגלות רחמים, לפוג עקשנותו; לשכוך
relentless *adj.* אכזרי, קשוח, קשה
rel′evance *n.* רלוואנטיות, שייכות
rel′evancy *n.* רלוואנטיות, שייכות
rel′evant *adj.* רלוואנטי, שייך, קשור
re·li′abil′ity *n.* מהימנות, אמינות
re·li′able *adj.* מהימן, אמין, מוסמך
re·li′ance *n.* ביטחון, אמון; מִבְטָח; הסתמכות
- place reliance on לסמוך על
re·li′ant *adj.* סומך, בוטח ב-
rel′ic *n.* שריד (מהעבר); מזכרת-קודש
- relics עצמות-מת; שיורי-גופה
rel′ict *n&adj.* אלמנה; שריד
re·lief′ (-lēf′) *n.* הקלה, הרגעה; שחרור; סעד, עזרה; מחליף, ממלא מקום; הנחה; גיוון
- light relief שינוי/גיוון קליל
- on relief מקבל סעד ממשלתי
- relief of a town שחרור עיר
- sigh of relief אנחת-רווחה
- to my relief נגולה אבן מעל לבי
relief *n.* תבליט, רליף; בהירות
- high relief תבליט עמוק/בולט
- low relief תבליט רדוד/שטוח
- stand out in bold/strong relief לבלוט בברורות
relief fund קרן סעד
relief map מפת-תבליט
relief road כביש צדדי
relief works עבודות דחק
re·lieve′ (-lēv′) *v.* להקל, להרגיע; לסייע; להחליף; לחלץ; לשחרר; לגוון
- relieve (him) of לשחרר מ-, להקל על; לפטר, לשלח; *לגנוב, לסחוב
- relieve a guard להחליף משמר
- relieve one's feelings להתפרקן
- relieve oneself לעשות את צרכיו
relieved *adj.* רגוע, נושם לרווחה
relieving officer פקיד סעד
re·li′gion (-lij′ən) *n.* דת, אמונה; פולחן; חיי נזירות
re·li′gious (-lij′əs) *adj&n.* דתי, אדוק; קפדן, מחמיר; נזיר, נזירים

- religious care הקפדה יתירה
- religious council מועצה דתית
religious house מנזר
religious liberty חופש הדת
religiously *adv.* בדביקות, ברצינות
re'line' *v.* לבטן בבטנה חדשה
re·lin'quish *v.* לוותר על, לנטוש; להרפות מן
rel'iquar'y (-kweri) *n.* ארגז שרידים, כלי למזכרות-קודש
rel'ish *n.* עונג, הנאה; טעם מיוחד; תבלין, מחמצים, נותן טעם
- has no relish for לא מתלהב מ-
relish *v.* ליהנות, להתענג על
re'live' (-liv) *v.* לחיות מחדש
re'load' *v.* לטעון (רובה) מחדש
re·lo'cate *v.* להקים במקום חדש, לעקור ל-, לעבור ל-
re'lo·ca'tion *n.* עקירה, פינוי
re·luc'tance *n.* אי-רצון, אי-נטייה
re·luc'tant *adj.* לא רוצה
reluctantly *adv.* באי-רצון
re·ly' *v.* לסמוך על-
- rely on לסמוך על, לבטוח ב-
re'made' = p of remake
re·main' *v.* להישאר
- it remains to be seen נחיה ונראה
re·main'der *n.* שארית, יתרה
- the remainder השאר, היתר
remainder *v.* למכור (שאריות) בזול
remains *n-pl.* שיירים, שרידים; הריסות, חורבה; גופה, עצמות-מת
re'make' *v.* לעשות/להפיק מחדש
re'make' *n.* עשייה/הפקה חוזרת
re·mand' *v&n.* להחזיק במעצר (עד תום ההליכים); המשך המעצר
remand center בית מעצר
remand home בית-מעצר
re·mark' *v&n.* להעיר, לומר; להבחין, לראות; הערה; הבחנה, תשומת-לב
- can't escape remark ניכר, בולט
- pass a remark להשמיע הערה
- worthy of remark ראוי לתשומת-לב
remarkable *adj.* מצויין, נפלא
re'mar'ry *v.* להתחתן שוב
re·me'diable *adj.* רפיא; בר-תיקון
re·me'dial *adj.* רפואי, מְרַפֵּא; של פיצויים; של חינוך מיוחד, מְתַקֵּן
rem'edy *n.* תרופה, רפואה; תיקון, תקנה; פיצוי, סעד
- beyond remedy ללא תקנה
- evil past remedy רעה חולה
remedy *v.* לתקן, למצוא תקנה ל-
re·mem'ber *v.* לזכור; לתת שי
- remember her in one's will להזכירה בצוואתו
- remember me to her מסור לה ד"ש
re·mem'brance *n.* זיכרון; מזכרת
- in remembrance of לזכר
- remembrances ברכות, ד"ש
Remembrance Day יום הזיכרון
re'mil'itariza'tion *n.* חימוש מחדש
re'mil'itarize' *v.* לחמש מחדש
re·mind' (-mīnd) *v.* להזכיר
- he reminds me of- הוא מזכיר לי, הוא דומה ל-
reminder *n.* תזכורת
rem'inisce' (-nis) *v.* להעלות זכרונות, להחליף חוויות מן העבר
reminiscence *n.* זיכרון; היזכרות
- reminiscences זיכרונות
reminiscent *adj.* מזכיר, דומה ל-; זוכר, נזכר; מפליג בזכרונות העבר
re·mise' (-z) *v.* לוותר על תביעה
re·miss' *adj.* רשלני, מזניח
re·mis'sible *adj.* בר-מחילה
re·mis'sion *n.* מחילה; ויתור; הפוגה; הקלה; פטור; שחרור
re·mit' *v.* למחול; להעביר; לפטור, לשחרר; להפסיק זמנית; להפחית
- kindly remit הואל-נא לשלוח
- remit a debt למחול על חוב
- remit efforts להפחית מאמצים
- remit to להעביר (תיק לבי"ד)
remit *n.* ביטול; הקלה; סמכות ועדה
re·mit'tal *n.* מחילה; ויתור; פטור
re·mit'tance *n.* העברת כסף; תשלום
re·mit'tent *adj.* מרפה, שוכך זמנית
rem'nant *n.* שיור, שארית, שריד
re'mod'el *v.* לעצב מחדש
re'mold' (-mōld) *v.* לעצב מחדש
re·mon'strance *n.* מחאה, תוכחה
re·mon'strate *v.* למחות, להוכיח
re·morse' *n.* חרטה, צער, מוסר-כליות
- without remorse בלי רחמנות
remorseful *adj.* אכול חרטה
remorseless *adj.* אכזרי
re·mote' *adj.* רחוק; נידח; מתבדל,

שומר על מרחק
- has not the remotest idea אין לו כל מושג
- remote chance סיכוי קלוש/דל
remote control פיקוח מרחוק; שלט-רחוק
remotely *adv.* במידה מועטה; מרחוק
- not remotely לגמרי לא
- remotely related קרוב רחוק
remotely piloted vehicle מטוס ללא טייס
re•mould′ (-mōld) *v.* לעצב מחדש
re′mount′ *v.* לעלות שנית; לרכוב שוב; למסגר מחדש
re′mount′ *n.* סוס רענן; אספקת סוסים
removable *adj.* שניתן לסלקו
re•mov′al (-mōōv′-) *n.* הורדה, הסרה; סילוק; העברת דירה
removal van משאית-העברה
re•move′ (-mōōv′) *v.* להוריד, להסיר; לסלק; להעביר; להוציא; לפטר; לחסל; לעבור דירה
- remove one's shoes לחלוץ נעליו
remove *n.* דרגה, שלב; עלייה לכיתה
- only one remove from כפשע בינו ובין-
removed *adj.* רחוק; מרוחק בדור
- first cousin once removed בן דודן
- twice removed ראשון בשלישי
remover *n.* מעביר רהיטים; מסיר
re•mu′nerate′ *v.* לשלם; לְפַצּוֹת
re•mu′nera′tion *n.* תשלום; פיצוי
re•mu′nera′tive *adj.* משתלם
ren′aissance′ (-nəsäns′) *n.* תחייה; רנסאנס
re′nal *adj.* של (איזור) הכליות
renal insufficiency אי ספיקת כליות
re•name′ *v.* לתת שם חדש
re•nas′cence *n.* תחייה, רנסאנס
re•nas′cent *adj.* נולד מחדש, מחודש
rend *v.* לקרוע; לתלוש; להיקרע
- a cry rent the air זעקה פילחה את האוויר
ren′der *v.* לעשות, להפוך, להביא ל-; לבצע; לתת, למסור, לגמול; לטייח
- render an account להגיש חשבון
- render down להמס ולזכך (שומן)
- render helpless להותיר חסר-אונים
- render into לתרגם ל-
- render thanks להודות (לה')
- render up למסור, להסגיר
rendering *n.* (אופן) ביצוע; תרגום
rendezvous (rän′dəvōō′) *n&v.* מקום מפגש, (קביעת) פגישה; להיפגש
ren•di′tion (-di-) *n.* ביצוע; תרגום
ren′egade *n&v.* בוגד, מומר; עריק; להמיר דת; לערוק
re•nege′ (-g) *v.* להפר הבטחה, להתכחש; (בקלפים) להפר הכללים
renegue = renege
re•new′ (-nōō′) *v.* לחדש; לחזור שוב על; להתחדש
renewable *adj.* בר-חידוש
renewal *n.* חידוש
re•nounce′ *v.* לוותר על; להתנכר, להתכחש ל-; לנטוש; לנער חוצנו מן
- renounce the world לחיות כנזיר
ren′ovate′ *v.* לשפץ, לחדש
ren′ova′tion *n.* שיפוץ, חידוש
re•nown′ *n.* מוניטין, שם טוב, פרסום
renowned *adj.* מפורסם
rent *n.* שכר דירה; דמי שכירות; רנטה, מלוג; קֶרַע
- for rent להשכרה
- free of rent ללא שכ"ד, חינם
rent *v.* לשכור; להשכיר; לחכור
- rent out להשכיר
rent = p of rend
rentable *adj.* בר-השכרה
rent-a-crowd *שכירת קהל
rent′al *n.* (הכנסה מ-) דמי שכירות
rent boy נער להשכיר
rent-collector *n.* גוֹבֶה דמי-שכירות
rent control תקנת שכירות
rent-controlled *adj.* בשכ"ד מוגן
renter *n.* שוכר, משכיר (סרטים)
rent-free *adj.* פטור משכר-דירה
rentier (ron′tyā) *n.* בעל השקעות, מתקיים מהשכרת דירות, לא עובד
rent roll רשימת חייבי שכירות
rent strike סירוב לשלם שכ"ד
re•nun′cia′tion *n.* ויתור, התנכרות, התכחשות; נטישה; פרישות
re•o′pen *v.* לפתוח/להיפתח מחדש
re•or′ganiza′tion *n.* ריאורגניזציה, שרגון, רה-ארגון
re•or′ganize′ *v.* לארגן/להתארגן

מחדש, לשרגן; לערוך/להיערך מחדש
re·or′ient *v.* לכוון מחדש
rep, repp *n.* רפ, אריג-ריפוד
rep = repertory, republican
rep = reprobate *n.* רשע, מופקר*
re·paid′ = p of repay
re′paint′ *n.* צביעה מחדש
re·paint′ *v.* לצבוע מחדש
re·pair′ *v.* לתקן; להיות בר-תיקון
- repair to ללכת ל-, לבקר, לנהור אל
repair *n.* תיקון
- in bad repair במצב לא תקין
- in good repair במצב תקין
- under repair בתיקון
re·pair′able *adj.* ניתן לתיקון
re·pair′er *n.* מְתַקֵן
rep′arable *adj.* ניתן לתיקון
rep′ara′tion *n.* פיצוי; תיקון, שיפוץ
- reparations שילומים
rep′artee′ *n.* תשובה שנונה, מענה מהיר; צחצוח-מלים מבדח
re·past′ *n.* ארוחה, סעודה
re·pa′triate′ *v.* להחזיר למולדתו
re·pa′tria′tion *n.* חזרה למולדת
re·pay′ *v.* להחזיר, לשלם בחזרה, לפרוע, לגמול
repayable *adj.* שיש לפרעו, שניתן להחזירו, בר-סילוק
repayment *n.* החזר, פירעון, גמול
re·peal′ *v&n.* לבטל (חוק); ביטול
re·peat′ *v.* לחזור (על); לחזור ולומר; לְגַלוֹת; לדקלם; להשאיר טעם בפה
- not bear repeating (ניבול פה) שאין להעלותו על השפתיים
- repeat a year להישאר שנה (בכיתה)
- repeat an article לספק שנית מצרך
- repeat itself לחזור על עצמו
- repeat oneself לעשות (זאת) שוב
- the figures 52 repeat הספרות 52 חוזרות (בשבר מחזורי)
repeat *n.* חזרה, שידור חוזר; ביצוע חוזר; (במוסיקה) סימן חזרה
repeated *adj.* נשנה, חוזר
repeatedly *adv.* תכופות, שוב ושוב
repeater *n.* רובה אוטומאטי/מִיטָעֵן; מַהֲדֵר (טלפוני)
repeating clock אורלוגין מצלצל
repeat order הזמנה חוזרת (דומה)
re·pel′ *v.* להדוף; לדחות; להגעיל
re·pel′lent *adj&n.* דוחה, מעורר שאט-נפש; אטים; חומר דוחה
- water repellent אטים-מים
re·pent′ *v.* להתחרט, להימלא חרטה
repentance *n.* חרטה, צער
repentant *adj.* מתחרט, בעל תשובה
re′percus′sion *n.* הד; תהודה, גלים; תגובות; רתיעה, הטלה לאחור
rep′ertoire′ (-twär) *n.* רפרטואר
rep′erto′ry *n.* רפרטואר, מלאי, אוסף; מבחר; אוצר בלום
repertory theater תיאטרון בעל רפרטואר (של הצגות)
rep′eti′tion (-ti-) *n.* חזרה, הישנות; שינון על-פה; קטע ללימוד
rep′eti′tious (-tish′əs) *adj.* חוזר, משעמם, נשנה
re·pet′itive *adj.* חוזר, משעמם
re·phrase′ (-z) *v.* לנסח שוב
re·pine′ *v.* להתלונן, לרטון, לרגון
re·place′ *v.* להחזיר למקומו; למלא מקום-, לבוא במקום-, להחליף
replaceable *adj.* חליף
replacement *n.* החזרה למקום; החלפה; תחליף; ממלא מקום
re·plant′ *v.* לשנטע, לנטוע מחדש
re′plan·ta′tion *n.* נטיעה מחדש
re′play′ *v.* לערוך משחק חוזר; לנגן שנית
re′play′ *n.* מישחק חוזר; הקרנה חוזרת; הילוך חוזר; השמעה חוזרת
re·plen′ish *v.* לחדש המלאי
replenishment *n.* חידוש המלאי
re·plete′ *adj.* מלא, גדוש, דחוס; שָׂבֵעַ
re·ple′tion *n.* מלאות; שובע
re·plev′in *n.* שחרור סחורה מעוקלת
rep′lica *n.* העתק, רפליקה, רפרודוקציה
rep′licate′ *v.* לחזור על; לעשות העתק
rep′lica′tion *n.* תשובה; הד; רפרודוקציה, שיעתוק, שיכפול
re·ply′ *v&n.* לַעֲנוֹת; תשובה
- reply for לענות בשם
reply-paid *adj.* דמי-תשובה שולמו
re·point′ *v.* לטייח שנית
re·port′ *n.* דו"ח, דיווח; כתבה, ידיעה; תעודה; שמועה; קול-נפץ
- of evil report ידוע לשמצה
- of good report בעל שם טוב
- report has it אומרים ש-
report *v.* להודיע; לדווח; לכתוב; לרשום; להתלונן על; להתייצב

- it is reported that נמסר ש-
- report (oneself) to להתייצב בפני
- report back לדווח, להחזיר דיווח
- report for work להתייצב לעבודה
re·port′age *n.* דיווח; רפורטאז'ה, כתבה; כתיבה עיתונאית
report card תעודה (מבית-ספר)
reportedly *adv.* כפי שנמסר
reported speech דיבור עקיף
reporter *n.* כַּתָּב, עיתונאי; רשמן
re·pose′ (-z) *v.* לנוח, לשכב; להניח; להשעין; לנוח (בקבר), להיטמן
- repose in לשים (מבטחו) ב-, להשליך יהבו על, לתלות תקוותו ב-
- repose on להסתמך/להתבסס על
repose *n.* מנוחה, שינה; שלווה
reposeful *adj.* שָׁקֵט, שליו
re·pos′ito′ry (-z-) *n.* מחסן, מאגר, בית-קיבול; איש-סוד; קבר
re′possess′ (-zes) *v.* להחזיר לרשותו; לרכוש מחדש
re′pot′ *v.* להעביר לעציץ אחר
rep′re·hend′ *v.* לנזוף ב-, לגנות
rep′re·hen′sible *adj.* ראוי לגינוי
rep′re·hen′sion *n.* נזיפה, גינוי
rep′re·sent′ (-z-) *v.* לייצג; לסמל; לתאר; להציג
- represent oneself להציג עצמו
- represent to לומר, להציג בפני-
re′pre·sent′ (-z-) *v.* להציג שנית
rep′re·sen·ta′tion (-z-) *n.* ייצוג; תיאור; משחק, ביצוע; נציגות; מצג
- make representations להגיש מחאה
representational *adj.* תיאורי
rep′re·sen′tative (-z-) *adj.* ייצוגי; מייצג; טיפוסי; יציג
representative *n.* נציג, נבחר; בא-כוח; דוגמה
- house of representatives בית הנבחרים
representative government ממשלה נבחרת
representative rate שער יציג
representative sample מדגם מייצג
re·press′ *v.* לדכא (התקוממות); להדחיק; לרסן; לכבוש (יצר)
repressed *adj.* מדוכא; מודחק
re·pres′sion *n.* דיכוי; הדחקה
re·pres′sive *adj.* מדכא; תקיף, נוגש
re·prieve′ (-rēv′) *n.* דחייה (של הוצאה להורג); המתקה; פסק-זמן
reprieve *v.* לדחות; להמתיק; להקל
rep′rimand′ *v.* לנזוף; להוכיח
reprimand *n.* נזיפה; תוכחה
re′print′ *v.* להדפיס/להידפס שוב
re′print′ *n.* הדפסה חדשה
re·pri′sal (-z-) *n.* פעולת תגמול
re·prise′ (-rēz′) *n.* רפריזה, שנאי
re·proach′ *v&n.* להאשים, לנזוף, לגנות, להוכיח; האשמה; גערה; תוכחה; חרפה
- reproach oneself להאשים עצמו, להצטער, להתחרט
reproachful *adj.* מאשים, מוכיח
rep′robate′ *v&n&adj.* לגנות; להתייחס בשלילה; מופקר, מושחת
rep′roba′tion *n.* גינוי; הסתייגות
re·proc′ess′ *v.* לעבד מחדש
re′produce′ *v.* להוליד; להתרבות; ליצור/להצמיח מחדש; לשחזר; להעתיק; לראות/להשמיע שוב
reproducer *n.* מוליד; משעתק
re′produ′cible *adj.* בר-העתקה
re′produc′tion *n.* הולדה; רבייה; רפרודוקציה, שעתוק; שחזור
re′produc′tive *adj.* של העתקה, של שחזור; של רבייה
reproductive organs איברי-המין
re·proof′ (-ro͞of′) *n.* גערה, גינוי
re′proof′ (-ro͞of′) *v.* לחסן שנית, לאטם מחדש
re·prove′ (-pro͞ov′) *v.* לגעור, להוכיח
reproving *adj.* גוער, מגנה, מוכיח
rep′tile (-til) *n.* זוחל
rep·til′ian *adj&n.* של זוחל, דומה לזוחל; כמו צב/לטאה; זוחל
re·pub′lic *n.* רפובליקה, קהילייה
- republic of letters עולם הסופרים
re·pub′lican *adj&n.* רפובליקני
republicanism *n.* רפובליקניות
re·pu′diate′ *v.* להתכחש, לנער חוצנו מ-; לדחות; להכחיש; לסרב להכיר
- repudiate a debt להשתמט מחוב
- repudiate a son לנער חוצנו מבנו
- repudiate an offer לדחות הצעה
re·pu′dia′tion *n.* התכחשות, התנערות; דחייה; הכחשה
re·pug′nance *n.* שאט-נפש; התנגדות
re·pug′nant *adj.* דוחה, מעורר גועל
re·pulse′ *v.* להדוף; לדחות, לסרב

repulse *n.* הדיפה; דחייה, סירוב
re•pul′sion *n.* שאט-נפש; דחייה
re•pul′sive *adj.* דוחה
rep′u•table *adj.* בעל מוניטין
rep′u•ta′tion *n.* שם, מוניטין, כבוד, פירסום
- of bad reputation ידוע לשמצה
re•pute′ *n&v.* שם, מוניטין
- I know him by repute שמעתי עליו
- he is reputed as הוא ידוע כ-
- of repute שמו הולך לפניו
reputed *adj.* ידוע כ-, מפורסם
- reputed wife ידועה בציבור
reputedly *adv.* כפי שאומרים
re•quest′ *n.* בקשה, משאלה, דרישה
- at his request לפי בקשתו
- by request לפי בקשה (מיוחדת)
- grant his request למלא בקשתו
- in request מבוקש, פופולארי
- on request לפי בקשה, עם הבקשה
request *v.* לבקש, לדרוש
request stop תחנה (לפי בקשה)
req′uiem *n.* רקוויאם, תפילת אשכבה
re•quire′ *v.* לדרוש, לתבוע; להיות זקוק ל-, להצריך, לחייב
requirement *n.* דרישה, צורך
- meet his requirements לעשות כדרישתו; לענות על צרכיו
req′uisite (-zit) *adj&n.* נחוץ, דרוש; צורך, חפץ, אביזר, תקשיט
req′uisi′tion (-zi-) *n&v.* דרישה; צו-החרמה, עיקול; לדרוש; להחרים
- in/under requisition דרוש, נחוץ
re•qui′tal *n.* גמול, החזרה, נקמה
- in requital of תמורת-
re•quite′ *v.* לגמול, להחזיר, לנקום
re•read′ *v.* לקרוא שוב
rer′edos′ *n.* קיר מעוטר
re-•route′ (-rōōt′) *v.* לשלוח בנתיב אחר
re•run′ *v.* להציג שנית, להקרין שוב
re′run′ *n.* הקרנה/הצגה חוזרת
re•sat′ = p of resit
re•sched′ule (-skej′ool) *v.* לשנות את לוח הזמנים; לתכנן מחדש
re•scind′ *v.* לבטל
re•scis′sion (-zhən) *n.* ביטול
re′script′ *n.* צו, פקודה
res′cue (-kū) *v&n.* להציל; הצלה
- come to his rescue לבוא לעזרתו

rescuer *n.* מציל, משחרר
re•search′ (-sûrch′) *n&v.* מחקר, חקירה; לערוך מחקר של, לחקור
research and development מחקר ופיתוח, מו״פ
researcher *n.* חוקר, תחקירן
research work תחקיר, עבודת מחקר
re′seat′ *v.* לספק מושב חדש; להטליא המכנסיים; להושיב מחדש
re•sect′ *v.* לחתוך, לקצץ
re•sell′ *v.* למכור שוב (לאחר קנייה)
re•sem′blance (-z-) *n.* דימיון
re•sem′ble (-z-) *v.* להיות דומה ל-
re•sent′ (-z-) *v.* להתרעם
resentful *adj.* כועס, מתרעם, נעלב
resentment *n.* כעס, תרעומת, עלבון
res′erva′tion (-z-) *n.* הסתייגות; שמורה; הזמנת מקום מראש; סידורים; שמירה
- central reservation שטח הפרדה (בכביש), רצועה מכוסה דשא
- without reservation ללא סייג
re•serve′ (-z-) *v.* לשמור; להזמין מראש; להניח בצד, להפריש
- reserve judgment לדחות פסק-דין
reserve *n.* רזרבה, מלאי; מילואים; שמורה; איפוק; שחקן ספסל
- hold in reserve לשמור לעת הצורך
- nature reserve שמורת-טבע
- reserve price מחיר מינימום
- reserves חיל מילואים, עתודות
- without reserve בלי הסתייגות; כליל, ללא סייג; בלא להעלים דבר
reserved *adj.* מאופק, עצור; שמור
- reserved seat מקום/מושב שמור
reser′vist (-z-) *n.* איש-מילואים
reservist general אלוף במילואים
res′ervoir′ (-zərvär) *n.* בריכה, מאגר; כלי קיבול, מכל; מלאי, אוצר
re′set′ *v.* לאפס, לְאַתְחֵל; להחזיר שוב; לסדר שנית
re′set′ *n.* החזרה; אִתחוּל
re•set′tle *v.* ליישב/להתנחל מחדש
resettlement *n.* התיישבות חדשה
re•shape′ *v.* לעצב מחדש
re•ship′ *v.* לשגר שוב (מישלוח)
re′shuf′fle *v&n.* לטרוף (הקלפים) מחדש; לעשות חילופי-גברי; חלוקה מחדש
re•side′ (-z-) *v.* לגור, לדור, לחיות
- reside with/in להימצא בידי-

res′idence (-z-) *n.* מגורים; בית
- in residence דר במקום (במכללה)
- take up residence להשתקע (בדירה)
res′idency (-z-) *n.* בית-הנציב; בית, מגורים; תושבות; תקופת התמחות (של רופא)
res′ident (-z-) *n&adj.* רופא הגר בבי״ח; סוכן זר; תושב; דר במקום; נציב; מקומי
res′iden′tial (-z-) *adj.* של מגורים
residential qualification מגורים במקום, כשירות הדיור (להצבעה)
re•sid′ual (-zij′ōōəl) *adj&n.* נותר
re•sid′uar′y (-zij′ōōeri) *adj.* של שארית, של עודף
residuary legatee יורש השארית
res′idue (-zidōō) *n.* שארית; משקע; שארית העיזבון
re•sign′ (-zīn′) *v.* להתפטר, לוותר על; להיכנע
- resign him to- להפקידו בידי-
- resign oneself to לסבול בדומייה, להשלים עם; להפקיד רוחו בידי-
res′igna′tion (-z-) *n.* (מכתב) התפטרות; ויתור; השלמה, הכנעה
resigned *adj.* משלים, סובל
re•sil′ience (-z-) *n.* גמישות; עליזות
re•sil′ient (-z-) *adj.* גמיש; עליז, מתאושש מהר
res′in (-z-) *n.* שְׂרָף
res′ina′ted (-z-) *adj.* מעורבב בשרף
res′inous (-z-) *adj.* דומה לשרף
re•sist′ (-zist) *v.* להתנגד; לעמוד בפני; להימנע, להתאפק, לוותר על
- can't resist לא יכול להימנע מ-
resistance *n.* התנגדות; מחתרת
resistance movement תנועת התנגדות
resistant *adj.* מתנגד; חסין
resister *n.* מתנגד
resistible *adj.* שניתן לעמוד בפניו
resistless *adj.* שאין לעמוד בפניו
resistor *n.* (בחשמל) נַגָּד
re′sit′ *v.* להיבחן שוב
re′sit′ *n.* בחינה נוספת, מועד ב׳
re•sold′ = p of resell (-sōld′)
res′olute′ (-z-) *adj.* החלטי, תקיף
res′olu′tion (-z-) *n.* החלטיות, תקיפות; החלטה; פתרון, הסדרה; הפרדה, התפרקות; רזולוציה
- resolution of doubts הסרת ספקות
re•solv′able (-z-) *adj.* פריק; פתיר
re•solve′ (-z-) *v.* להחליט; לפתור, להסדיר, ליישב; להפיג
- resolve into להפריד; להתפרק ל-
- resolve into factors לפרק לגורמים
- resolve light להפריד אור
resolve *n.* החלטיות; החלטה נחושה
res′onance (-z-) *n.* תהודה
res′onant (-z-) *adj.* מהדהד, מצלצל, מלא
res′onate′ (-z-) *v.* ליצור תהודה
resonator *n.* מהוד, מגביר תהודה, הֶדָן
re•sort′ (-z-) *n.* מקום-ביקור; מקום נופש; שימוש, הזדקקות; מפלט, פנייה ל-
- as a last resort כאמצעי אחרון
- have resort to להשתמש ב-, לנקוט שיטה של, להזדקק ל-
- resort to force שימוש בכוח
resort *v.* להשתמש ב-, לפנות ל-; לבקר, להיכנס, ללכת
- resort to lying להיאחז בשקרים
re•sound′ (-z-) *v.* להדהד, לצלצל; להתפשט, להינשא בפי כל
resounding *adj.* מהדהד; כביר
re•source′ (-sôrs) *n.* אמצעי, מיפלט, בידור, מקור-נחמה; תושייה, יכולת
- as a last resource כאמצעי אחרון
- inner resources כוחות פנימיים
- leave him to his own resources להניחו לבלות זמנו כאוות-נפשו
- resources משאבים, עושר, מקורות, אוצרות, עתודות
resourceful *adj.* רב-תושייה
re•spect′ *n.* כבוד; הוקרה; תשומת-לב, התחשבות; נקודה, יחס, פרט; פָּן, היבט
- in all respects מכל הבחינות
- in respect of מבחינת-, בנוגע ל-; בתמורה, כתשלום
- in respect to מבחינת-, בנוגע ל-
- in some respect מכמה בחינות
- pay respect להקדיש תשומת-לב
- send him my respects דרוש בשלומו
- show respect for לחלוק כבוד
- with respect to בקשר ל-, בעניין
- without respect to בלי להתחשב
respect *v.* לכבד, לחלוק כבוד
- respects himself בעל כבוד עצמי

re•spec'tabil'ity *n.* מְכוּבָּדוּת, כבוד
re•spec'table *adj.* מכובד, הגון
- respectable income הכנסה נאה
respecter *n.* מכבד, חולק כבוד
respectful *adj.* רוחש כבוד
- yours respectfully שלך, בכבוד רב
respecting *prep.* בנוגע ל-, בעניין-
re•spec'tive *adj.* שלו, המתאים לו, השייך לו, המיוחד לו
respectively *adv.* בהתאמה
res'pira'tion *n.* נשימה; הנשמה
res'pira'tor *n.* מסכת-גז; מנשמה
res'pirator'y *adj.* של הנשימה
respiratory system מערכת הנשימה
re•spire' *v.* לנשום, לשאוף ולנשוף
res'pite (-pit) *n&v.* הפוגה, מנוחה; דחייה; להעניק ארכה
re•splen'dence *n.* זוֹהַר
re•splen'dency *n.* זוֹהַר
re•splen'dent *adj.* זוֹהֵר; מצוחצח
re•spond' *v.* לענות, להשיב; להגיב
re•spon'dent *n.* נתבע; משיב
respondent liability אחריות שילוחית
re•sponse' *n.* תגובה; היענות
- in response to בתשובה ל-
re•spon'sibil'ity *n.* אחריות
- on one's own responsibility על אחריותו, על דעת עצמו
re•spon'sible *adj.* אחראי; רב-אחריות
- responsible criticism ביקורת מתונה
- responsible to him אחראי כלפיו
re•spon'sion *n.* מבחן ראשון לב"א
re•spon'sive *adj.* נענה מהר, עונה בחום/בהבנה, מגיב בחיוב
rest *n.* מנוחה, נופש; הפסקה; משען, מסעד; דמימה; הפסק; מקום נופש
- at rest במנוחה; שליו; מת
- come to rest לעצור, להיעצר
- lay to rest לקבור, לטמון גופו
- parade rest (של מיסדר) עמידת נוח
- set his fears/mind at rest להרגיעו
rest *v.* לנוח, לפוש; לשכב; לתת/להמציא מנוחה; להניח, להשעין; לסיים; לעצור; להישאר
- his eyes rested on מבטו נפל על
- it rests with him to זה תלוי בו, הדבר בידיו, הוא אחראי ל-
- rest a case (במשפט) לסיים טיעונים
- rest against להשעין/להישען על
- rest assured הֱיֵה בטוח ש-
- rest in peace מנוחתו עדן
- rest on one's oars לפוש מעבודה
- rest on/upon להתבסס על; להיות תלוי ב-; להיות מוטל על
- the field rests השדה בשנת שמיטה
rest *n.* השאר, השארית, העודף
- for the rest ובנוגע לשאר
re'stage' *v.* להעלות (מחזה) מחדש
re'start' *v.* להתחיל מחדש
re'state' *v.* לומר שוב, לנסח מחדש
restatement *n.* הודעה נוספת
res'taurant (-tər-) *n.* מסעדה
res'taurateur' (-tərətûr') *n.* בעל מסעדה
rest center מרכז נופש
rest cure ריפוי במנוחה
restful *adj.* שָׁקֵט, מרגיע, נינוח
rest home בית החלמה; בית אבות
rest house אכסניית נוסעים
resting place קבר
res'titu'tion *n.* השבה, החזרה; פיצוי; הישבון
res'tive *adj.* עצבני, לא שקט; לא מציית, סורר, מרדני
restless *adj.* עצבני; קצר-רוח
re'stock' *v.* לספק מלאי חדש
res'tora'tion *n.* החזרה, השבה; בינוי, חידוש, שיקום, קימום; שחזור
re•stor'ative *n&adj.* תרופה; (מזון) מבריא, מחזק, מאושש; שיקומי
re•store' *v.* להחזיר, להשיב; להחזיר לקדמותו; לשחזר, לשקם
re•strain' *v.* לרסן, לעצור, להבליג
restrained *adj.* מרוסן, מאופק
re•straint' *n.* ריסון, איפוק; כליאה; הגבלה, כבל, מעצור
- under restraint בבית-חולי-רוח
- without restraint בצורה חופשית
re•strict' *v.* להגביל, לצמצם, לתחום
restricted *adj.* מוגבל, מצומצם
restricted area איזור מוגבל לזרים; איזור מהירות מוגבלת
re•stric'tion *n.* הגבלה, צמצום
re•stric'tive *adj.* מגביל, מצמצם
restrictive practice הסכם עסקי מגביל
rest room חדר-שירותים
re'struc'ture *v.* לבנות מחדש
re•sult' (-z-) *n.* תוצאה; *ניצחון

- as a result כתוצאה; לפיכך
- without result לשווא, בלי הצלחה
result *v.* לנבוע, לקרות; לבוא כתוצאה; להסתיים
- result from לנבוע מ-, להיגרם ע"י
- result in לגרום, להסתיים ב-
re•sul′tant (-z-) *adj&n.* נובע, מתרחש כתוצאה; תוצאה
re•sume′ (-z-) *v.* לחדש, להמשיך, להתחיל שוב; לתפוס שוב מקומו
resume (rez′oomā′) *n.* תקציר, תמצית; תולדות-חיים, רֶזוּמֶה
re•sump′tion (-z-) *n.* חידוש, המשך
re′sur′face (-fis) *v.* לצפות (כביש) מחדש; (לגבי צוללת) לצוף, לעלות
re•sur′gence *n.* תחייה, התעוררות
re•sur′gent *adj.* קם לתחייה, מתעורר
res′urrect′ (-z-) *v.* להחיות, להחזיר לשימוש; להוציא מהקבר; לחפור
res′urrec′tion (-z-) *n.* החייאה, חידוש, התחדשות; תחיית המתים
re•sus′citate′ *v.* להחיות; לשוב להכרה
re•sus′cita′tion *n.* החייאה
ret *v.* לרכך, להשרות במים
re′tail *n&adj&adv.* קמעונות; קמעוני; בקמעונות
retail *v.* למכור בקמעונות
- retails at נמכר ב-, מחירו לצרכן
re′tail′ *v.* לחזור על, להפיץ רכילות
re′tail′er *n.* קמעונאי, חנווני
re•tain′ *v.* לשמור; להחזיק
- retain a lawyer לשכור עורך-דין
- retain a memory of לזכור
retainer *n.* שכר טרחה; משרת; מחזיק, תומך; פלטת שיניים
retaining fee שכר עורך-דין
retaining wall קיר עוצר
re′take′ *v.* לקחת בחזרה; לצלם שוב; ללכוד בשנית
re′take′ *n.* צילום שני
re′ta′ken = pp of retake
re•tal′iate′ *v.* לגמול, להחזיר
re•tal′ia′tion *n.* גמול, נקמה
re•tal′ia′tive *adj.* גומל, נוקם
re•tal′iato′ry *adj.* גומל, נוקם
re•tard′ *v.* להאט, לעכב, לעצור
re′tar•da′tion *n.* האטה, עיכוב; פיגור
retarded *adj.* מפגר

retch *v.* לנסות להקיא (בלי הצלחה)
retd = returned, retired
re′tell′ *v.* לספר שוב (בצורה שונה)
re•ten′tion *n.* שמירה, החזקה; זיכרון
- retention of urine עצירת שתן
re•ten′tive *adj.* שומר, מחזיק; זוכר; (בור סוד) שאינו מאבד טיפה
re′think′ *v.* לשקול שנית
re′think′ *n.* שיקול-דעת נוסף
re′thought′ = p of rethink (-thôt)
ret′icence *n.* שתקנות
ret′icent *adj.* שתקן, ממעט בדיבור
re•tic′u•late′ *v.* לְרַשֵׁת; להתרשת
re•tic′u•late *adj.* מרושת; מכוסה משבצות, עשוי מעשה-תשבץ
re•tic′u•la′tion *n.* מעשה רשת
ret′icule′ *n.* ארנק, ארנקון
ret′ina *n.* רשתית-העין
ret′inal *adj.* של רשתית העין
ret′ini′tis *n.* דלקת הרשתית
ret′inue′ (-noo) *n.* פמליה, מלווים
re•tire′ *v.* ללכת, להסתלק, לפרוש; לסגת; לצאת לגמלאות; לפטר
- retire from the world להתבודד
- retire into oneself להסתגר
- retire to bed ללכת לישון
retire *n.* אות נסיגה
retired *adj.* בדימוס, שהתפטר, פורש; שקט, שליו, בודד
retired list רשימת קצינים בדימוס
retired pay פנסיה, גמלאות
re•ti′ree′ *n.* פורש, פנסיונר
retirement *n.* פרישה; נסיגה; התבודדות
retirement age גיל פרישה
retirement pension קיצבת זיקנה
retiring *adj.* מסתגר; של פרישה
retiring age גיל פרישה
re′told′ = p of retell (-tōld)
re′took′= pt of retake
re•tort′ *v&n.* לענות, להשיב, להחזיר; לגמול; תשובה, מענה; אביק, רטורטה
re•touch′ (-tuch) *n&v.* ריטוש, הגהת תצלום; לרטש, להגיה, לשפר
re•trace′ *v.* לחזור על, לשחזר במוחו
- retrace one's steps לשוב על עקבותיו
re•tract′ *v.* לחזור בו, לבטל; לסגת; להכניס, למשוך לאחור
retractable *adj.* שנמשך פנימה,

נסיג; בר-ביטול
re·trac′tile (-til) *adj.* נמשך פנימה
re·trac′tion *n.* חזרה, ביטול; נסיגה; משיכה פנימה
re·train′ *v.* לאמן שוב, להסב מיקצוע
re′tread′ (-red) *n.* צמיג מגופר
re′tread′ (-red) *v.* לגפר, לחדש
re·treat′ *v.* לסגת; להסתלק, להימלט; להשתפע לאחור
retreat *n.* (אות) נסיגה; תסוגה; מפלט, חוף מבטחים; מקום-מנוחה, מעון קַיִט; התבודדות; חשבון-נפש
- beat a retreat לסגת, להסתלק
- in full retreat נסוג, נס, נמלט
- make good one's retreat לבצע נסיגה מוצלחת
re·trench′ *v.* לחסוך; להצטמצם
retrenchment *n.* קיצוץ, קימוץ
re′tri′al *n.* משפט חוזר
ret′ribu′tion *n.* עונש, גמול
re·trib′u·tive *n.* של ענישה, מעניש
retrievable *adj.* בר-הצלה; בר-תקנה; שניתן לאחזר אותו
re′triev′al (-rēv-) *n.* חזרה; השבה; תיקון; אִחזוּר
- beyond/past retrieval ללא תקנה
retrieval system אִחזוּר מידע
re′trieve′ (-rēv) *v.* להחזיר, להשיב לעצמו; למצוא; לשלוף מידע, לאחזר; להציל; לתקן; לְפַצּוֹת; להחזיר ציד
retriever *n.* רטריוור, מחזיר-ציד (כלב)
retro- (תחילית) לאחור, למפרע
ret′ro·ac′tive *adj.* רטרואקטיבי
retroactively *adv.* רטרואקטיבית, למפרע, מפרעית
ret′rocede′ *v.* לחזור; להחזיר
ret′ro·fit′ *v.* להשביח, לפתח
ret′roflex′ *adj.* כפוף לאחור
ret′rograde′ *adj.* נסוג אחורה, מידרדר
retrograde *v.* להידרדר, להחמיר
ret′rogress′ *v.* להיסוג אחורה, להידרדר, ללכת ולהחמיר
ret′rogres′sion *n.* נסיגה
ret′rogres′sive *adj.* נסיג, הולך ורע
ret′ro·rock′et *n.* טיל-האטה
ret′rospect′ *n.* מבט לאחור
- in retrospect במבט לאחור
ret′rospec′tion *n.* מבט אל העבר
ret′rospec′tive *adj.* של העבר, של זכרונות, רטרוספקטיבי
ret′rousse′ (-rōōsā′) *adj.* (אף) סולד
ret′rover′sion (-zhən) *n.* פנייה לאחור
re′try′ *v.* לשפוט מחדש
retsi′na (retsē′nə) *n.* רצינה (יין)
re·turn′ *v.* לחזור; להחזיר; לענות; להודיע רשמית; להצהיר על; לתת; לבחור לפרלמנט
- return a favor לגמול טובה
- return details לתת פרטים, לפרט
- return him guilty לפסוק שהוא אשם
- return to dust לשוב אל עפר, למות
return *n&adj.* חזרה; החזרה; רווח, תשואה; דוח; הצהרה; גמול
- by return בדואר חוזר
- day return כרטיס הלוך ושוב
- elections return תוצאות הבחירות
- in return בתמורה; בתגובה
- many happy returns (of the day) ברכות ליום הולדתך!, עד 120!
- returns מחזור, פדיון; סיכומים
- tax return דו"ח מסים; החזר מס
returnable *adj.* בר החזרה
re·turn′ee′ *n.* חוזר (הבייתה)
return fare דמי נסיעה חזרה
return half תלוש הנסיעה חזרה
returning officer פקיד בחירות
return match משחק גומלין
return ticket כרטיס הלוך ושוב
return visit ביקור גומלין
re′type′ *v.* להדפיס מחדש
re′u′nifica′tion *n.* איחוד מחדש
re′u′nify′ *v.* לאחד (שטחים) מחדש
re·u′nion *n.* איחוד מחדש; מפגש
re′u·nite′ (-ū-) *v.* לאחד/להתאחד מחדש
re′use′ (-z) *v.* להכניס לשימוש חוזר
rev *n&v.* סיבוב
- rev up להגביר הסיבובים (במנוע)
Rev = Reverend
re′val′u·ate′ (-lū-) *v.* לשערך
re′val′u·a′tion (-lū-) *n.* שיערוך; ייסוף
re′val′ue (-lū) *v.* לשערך
re′vamp′ *v.* להתקין פנת חדשה; לחדש; לשפר
rev counter מונה סיבובים
re·veal′ *v.* להראות, לגלות, לחשוף
revealing *adj.* חושף, חושפני
rev′eille (-vəli) *n.* תרועת השכמה

rev′el *v.* להתהולל, לשמוח
- revel in להתענג על, ליהנות מ-
revel *n.* הילולה, שמחה
rev′ela′tion *n.* גילוי; חשיפה; גילוי-שכינה, התגלות
Revelation *n.* החיזיון (הספר האחרון בברית החדשה)
reveler *n.* מתהולל, חוגג
rev′elry *n.* הילולה, שמחה
re•venge′ *v&n.* לנקום; נקמה
- be revenged on לנקום, להינקם
- give him his revenge להתמודד במשחק גומלין
- out of revenge מתוך נקמה
- revenge oneself on לנקום
- take revenge לנקום, לקחת נקם
revengeful *adj.* נקמני, אכול נקמה
rev′enue′ (-nōō) *n.* הכנסה
revenue stamp בול הכנסה
re•ver′berant *adj.* מהדהד
re•ver′berate′ *v.* להדהד, להרעים
re•ver′bera′tion *n.* הדהוד, הד
re•vere′ *v.* להעריץ, לרחוש כבוד רב
rev′erence *n&v.* יראת כבוד, הערצה; אות כבוד, קידה, מיכרוע; לכבד, להעריץ
- His Reverence הוד קדושתו
- show reverence for להעריץ
rev′erend *adj.* נכבד, ראוי להערצה
Reverend *n.* כומר, איש-דת
- Right Reverend בישוף
rev′erent *adj.* מעריץ, רוחש כבוד
rev′eren′tial *adj.* מלא יראת-הכבוד
rev′erie *n.* חלום בהקיץ; הזיות, הרהורים; קטע מוסיקלי שקט
re•vers′ (-vir′) *n.* דש, בטנת הדש
re•vers′al *n.* היפך, היפוך, הפיכה; ביטול
re•verse′ *adj.* הפוך, אחורי, הופכי, מנוגד
- in reverse order בסדר הפוך
reverse *v.* להפוך; לנוע לאחור; להסתובב אחורה; לשנות, לבטל
- reverse arms להפוך הנשק
- reverse the charges לחייב בגובייינה (את מקבל שיחת-הטלפון)
reverse *n.* היפך; צד נגדי; רוורס, הילוך אחורי; מַפָּלָה, מַכָּה
- in reverse לאחור, אחורנית
- the reverse ההיפך; הצד השני
reverse discrimination אפליה הפוכה (נגד לבנים)
reverse gear הילוך אחורי
re•ver′sibil′ity *n.* הפיכות
re•vers′ible *adj.* הפיך, הדיר
- irreversible בלתי הפיך
reversing light אור הילוך אחורי
re•ver′sion (-zhən) *n.* חזרה (לבעלים קודמים/לסורו); זכות-בעלות (על עיזבון)
reversionary *adj.* של זכות-בעלות
re•vert′ *v.* לחזור (למצב קודם)
- revert to the state (לגבי נכסים) לעבור לבעלות המדינה
- revert to type לחזור לתכונתו המקורית, לגלות האופי הטבוע בו
- reverted to bad habits חזר לסורו
- reverting to נחזור ל- (רישא)
re•ver′tible *adj.* בר-חזרה
rev′ery = reverie
re•vet′ *v.* לְדַפֵּן
re•vet′ment *n.* קיר תומך, ציפוי-בטון
re•view′ (-vū′) *v.* לבחון, לשקול שוב; להעביר בדמיון; לערוך מיסקר; לסקור; לסקר; לכתוב סיקורות
review *n.* בחינה, שיקול; מיסקר; סיקור; סקירה; סיקורת, ביקורת, תסקיר; כתב-עת
- come under review להיבחן מחדש
- hold a review לערוך מיסקר
review copy עותק ביקורת
reviewer *n.* מבקר, כותב ביקורות
re•vile′ *v.* לגדף, להשמיץ, לגנות
re•vise′ (-z) *v.* לשנות; לתקן, לשפר; ללמוד שנית; לעיין מחדש; להגיה
revise *n.* עלה-הגהה מתוקן
Revised Version הנוסח המתוקן (של התנ"ך באנגלית)
reviser *n.* מַגִּיהַּ, מְתַקֵּן
re•vi′sion (-vizh′ən) *n.* שינוי, שיפור; עיון מחדש; רביזיה, בקרה, תיקון, עריכה; מהדורה
revisionism *n.* רביזיוניזם
revisionist *n.* רביזיוניסט
re•vis′it (-z-) *v.* לבקר שנית
re•vi′taliza′tion *n.* החייאה, תחייה
re•vi′talize′ *v.* להשיב לתחייה
re•vi′val *n.* תחייה, התעוררות; חידוש; כנס להגברת התודעה הדתית
revivalist *n.* מארגן כינוסי דת
Revival of Learning הרנסאנס
re•vive′ *v.* לקום/להשיב לתחייה; לחדש; להתחדש; להתאושש

re•viv′ify′ *v.* להחיות, לעורר לחיים
rev′ocable *adj.* שניתן לבטלו
rev′oca′tion *n.* ביטול; שלילה
re•voke′ *v&n.* לבטל; לשלול; להפר כללי המשחק; ביטול
re•volt′ (-vōlt) *n.* מרד, התקוממות
- in revolt בשאט-נפש; מתקומם
revolt *v.* למרוד, להתקומם; לזעזע, לעורר שאט-נפש; להזדעזע
revolting *adj.* מגעיל, מבחיל
rev′olute′ *adj.* (עלה) גלול לאחור
rev′olu′tion *n.* מהפכה; מהפך; סיבוב, הקפה; מחזור
- revolutions טורים
revolutionary *adj&n.* מהפכני; מהפכן
rev′olu′tionize′ *v.* להחדיר רעיונות מהפכניים; לשנות כליל
re•volve′ *v.* לסובב; להסתובב; להקיף
- revolve around להתמקד ב-
- revolve around/about להקיף
- revolve in one's mind לגלגל במוחו
re•volv′er *n.* אקדח
revolving-door *adj.* כדלת סובבת
revolving door דלת מסתובבת
revs *n-pl.* טורים
re•vue′ (-vū′) *n.* רביו, הצגה סאטירית
re•vul′sion *n.* בחילה, שאט-נפש; זעזוע; שינוי פתאומי
re•ward′ (-wôrd) *n&v.* פרס, גמול; פיצוי, שכר; לשלם, לְפַצּוֹת
rewarding *adj.* כדאי, ראוי לעשותו
re′wind′ (-wīnd′) *v.* לגלגל אחורה
re′wire′ *v.* לחדש חוטי חשמל; לחווט מחדש
re′word′ (-wûrd′) *v.* לנסח מחדש
re′work′ (-wûrk′) *v.* לעבד שוב; לשנות
re′write′ (-rīt) *v.* לכתוב מחדש, לשכתב
re′write′ (-rīt) *n.* כתיבה מחדש, שכתוב
re′writ′ten = pp of rewrite
re′wrote′ = pt of rewrite (-rōt)
Rex *n.* המלך; המדינה
rh = right hand
rhap′sodize′ (r-) *v.* להתלהב, לדבר בלהט, להפליג בשבחים
rhap′sody (r-) *n.* רפסודיה; התלהבות
- go into rhapsody להתלהב
rhe′a (r-) *n.* יען דרום-אמריקני
Rhen′ish (r-) *n.* יין הריין, הוק
rhe′ostat′ (r-) *n.* ריאוסטט, מכוון זרם
rhe′sus (r-) *n.* רזוס (קוף)
rhet′oric (r-) *n.* רטוריקה, אמנות הנאום; דברנות; לשון נמלצת
rhe•tor′ical (r-) *adj.* רטורי, נמלץ
rhetorical question שאלה רטורית
rhet′ori′cian (r-rish′ən) *n.* רטוריקן
rheum (ro͞om) *n.* ריר נזלתי, ליחה
rheu•mat′ic (ro͞o-) *adj&n.* של שיגרון, שיגרוני; חולה שיגרון
- rheumatics שיגרון, רימטיזם
rheumatic fever קדחת השיגרון
rheu′matism′ (ro͞o′-) *n.* שיגרון
rheu′matoid′ (ro͞o′-) *adj.* שיגרוני
rheumatoid arthritis דלקת פרקים כרונית
rheu′my (ro͞o-) *adj.* מפריש ריר
Rh factor גורם אר אייטש (בדם)
rhi′nal (r-) *adj.* אפי, חוטמי, נחירי
rhinestone *n.* קווארץ, אבן-צור מגובשת; יהלום מלאכותי
rhi•ni′tis (r-) *n.* דלקת האף
rhi•noc′eros, rhi′no (r-) *n.* קרנף
rhi′zome (r-) *n.* קנה-שורש
rho′doden′dron (r-) *n.* רודודנדרון
rhomb (rom) *n.* רומבוס, מעוין
rhom′boid (r-) *n&adj.* רומבואיד (מקבילית); דמוי-מעוין
rhom′bus (r-) *n.* רומבוס, מעוין
rhu′barb′ (ro͞o-) *n.* ריבס (צמח-מאכל); *המולה, ריב, ויכוח
rhyme (r-) *n.* חרוז; חריזה
- rhyme or reason היגיון, סיבה
- write in rhyme לכתוב בחרוזים
rhyme *v.* לחרוז; לכתוב שירה
rhymed *adj.* חרוז, מחורז
rhyme′ster (rīm′s-) *n.* חרזן
rhyming couplet צמד חרוזים
rhyming slang עגה חרזנית
rhythm (ridh′əm) *n.* קֶצֶב, מיקצב, מישקל, ריתמוס; מחזור קבוע
rhyth′mic(al) (ridh′-) *adj.* קצוב, ריתמי, קיצבי, מיקצבי
rhythm method פרישות בתקופת הביוץ, אי קיום יחסים
rial (rēäl′) *n.* ריאל (מטבע אירני)

rib *n.* צלע; עורק-עלה; פס בולט (באריג, בחול); קנה-מטרייה; לוח-חיזוק (בסירה)
- dig/poke in the ribs לתקוע (מרפק) בצלעותיו; לעורר תשומת-לבו
rib *v.* להתקין צלעות; לחזק בלוחות; לסמן פסים; לקנטר, ללעוג
rib′ald *adj.* גס, של ניבול פה
rib′aldry *n.* גסות, ניבול פה
rib′and *n.* סרט
ribbed *adj.* מפוספס
ribbing *n.* צלעות, פסים בולטים; קינטור
rib′bon *n.* סרט; רצועה; סרט-דיו
- ribbons מושכות; קרעים, גזרים
ribbon development רצועת מבנים (לאורך כביש)
rib cage בית החזה
rib-tickler *n.* בדיחה, משהו משעשע
rice *n.* אוֹרֶז
- ground rice אורז טחון
- polished rice אורז מקולף
rice paper *n.* נייר אורז; נייר אכיל
rich *adj.* עשיר; מפואר; מלא, עמוק
- rich and poor כעשיר כעני
- rich field קרקע פורייה
- rich in עשיר ב-, שופע
- rich voice קול מלא/עמוק
- strike it rich לגלות מיכרה זהב
- that's rich! זה כביר!; זה מגוחך!
- the rich העשירים
riches *n-pl.* עושר; שפע
richly *adv.* בשפע; בהידור
- richly deserves ראוי בהחלט ל-
richness *n.* עושר; פאר; פוריות
Rich′ter scale סולם ריכטר
rick *n&v.* גדיש; ערימת-חציר; לערום
rick *v.* לנקוע; למתוח (שריר)
rick′ets *n.* רַכֶּכֶת (התרככות העצמות)
rick′ety *adj.* רעוע, חלש, רופף
rick′sha (-shô) *n.* ריקשה
rick′shaw (-shô) *n.* ריקשה
ric′ochet′ (-shā′) *n&v.* נתז, נתיר; קליע חוזר; ניתור; לנתר; להינתז
rid *v.* לשחרר, לחלץ; לטהר
- get/be rid of להיפטר מ-
rid′dance *n.* היפטרות
- good riddance ברוך שפטרני!
rid′den = pp of ride נרדף, נשלט בידי, נתון לחסדי; סובל מ-, מלא
- guilt-ridden חדור רגשות אשמה
rid′dle *n&v.* חידה; לפתור
riddle *n&v.* כברה, נפה גדולה; לכבור, לנפות; לנקב; להפריך, לנפץ
- riddle a grate לנענע סבכה (באח)
- riddle with לעשותו ככברה, לנקב
ride *v.* לרכוב; לנסוע; לעבור ברכיבה; לשוט, לצוף; להרכיב; להציק
- let it ride להניח לזאת
- ride a race להתחרות במירוץ סוסים
- ride at anchor לעגון
- ride down להדביק ברכיבה; לרמוס
- ride for a fall לרכוב בצורה מסוכנת
- ride herd on לפקח, להשגיח על
- ride high ליהנות מפופולאריות
- ride out (a storm) לעבור את הסערה, להיחלץ מִמשבר
- ride the clutch ללחוץ על המצמד
- ride the wind לרחף באוויר
- ride to hounds לצאת לציד
- ride up לסוט ממקומו למעלה (בגד)
- rides 60 kg משקל הרוכב 60 ק"ג
- the course rides hard המסלול קשה
ride *n.* רכיבה; נסיעה; שביל; בהמת-רכיבה
- along for the ride משתתף למען הכיף בלבד, טפיל
- go for a ride לצאת לרכיבה
- take for a ride להונות, לרמות; לחטוף ולרצוח
rider *n.* רוכב, רוכב, פרש; נספח
riderless *adj.* ללא פרש
ridge *n.* רכס, קו-פסגה, ראש, קצה; קו-פרשת-מים; תלם, חריץ
ridge *v.* לתלם, לחרוש (קמטים)
ridge-pole *n.* קורה עליונה (באוהל)
ridge tile רעף עליון (לראש הגג)
rid′icule′ *n&v.* צחוק, לעג; ללעוג
- hold up to ridicule ללעוג ל-
- lay oneself open to ridicule לשים עצמו לצחוק
ridic′u·lous *adj.* מגוחך; אבסורדי
riding *n&adj.* (של) רכיבה; פרשות; מחוז
riding breeches מכנסי-רכיבה
riding habit חליפת רכיבה
riding light פנס-עגינה (של ספינה)
riding master מדריך רכיבה
rife *adj.* נפוץ, רווח; מלא, זרוע
riff *n.* קטע חוזר (במוסיקת-ג'ז), ריף
rif′fle *v&n.* לטרוף קלפים; לדפדף;

(להעלות) אדווה; טריפת קלפים
riff'raff *n.* האספסוף, חלאת אדם
ri'fle *n&v.* רובה; לחרוץ חריקים (בקדח); לשדוד, לחפש, לרוקן
- rifles רובאים, קלעים
rifleman *n.* רובאי
rifle range מטווח רובים; טווח רובה
rifle shot טווח רובה; קָלָע, צַלָף
ri'fling *n.* חריצת חריקים, חירוק
rift *n.* סדק; קרע
rift valley בקעה עמוקה, גיא עמוק
rig *v.* לצייד (ספינה) במעטה; להיערך (להפלגה); לרמות; לזייף, לסדר
- rig out לספק בגדים, להלביש
- rig the market לגרום לעליות/לירידות בשוק המניות
- rig up להרכיב, לבנות, להקים
rig *n.* מעטה, צורת החיבל; ציוד, מיתקן; משאית; *תלבושת, בגדים
rigger *n.* מותח חיבלים; מכונאי מטוס
rig'ging *n.* חיבל, מעטה (של ספינה)
right *adj.* ימני, ימיני; נכון; צודק, ישר, הוגן; מתאים; בריא, תקין
- a right one *טיפש, מטומטם
- all right בסדר גמור, או קיי
- get it right להבין זאת כהלכה
- get on the right side of לזכות באהדת-
- give one's right arm לשלם כל מחיר
- he was right in- הוא צדק כאשר-
- his right hand יד ימינו, עוזרו
- keep on the right side of law לשמור חוק
- on the right side of 30 פחות מבן 30
- put one's right hand to work להירתם לעבודה במרץ
- put/set right לסדר, לתקן; לרפא
- right angle זווית ישרה
- right enough משביע רצון, לא רע, טוב למדי; כמצופה
- right in the mind בסדר, שפוי
- right side צד ימין/חיצוני (בבגד)
- right you are! right oh! או קיי
right *adv.* ימינה; ישר, היישר; בדיוק, ממש; מיד; כהלכה; לגמרי
- eyes right! לימין - שור!
- right along במשך כל הזמן; הלאה
- right and left מכל העברים, על ימין ועל שמאל, בכל מקום
- right away/off מיד
- right now ברגע זה ממש, עתה
- right on *נכון, מדוייק
- right out גלויות, במפורש
- right through כליל, מא' ועד ת'
- right to- עד ל-, כל הדרך עד-
- right, left, and center מכל עבר
- serves him right מגיע לו
- too right נכון מאוד, מסכים!
right *n.* ימין; צדק; יושר; זכות
- all rights reserved כל הזכויות שמורות
- as of right מכוח הצדק
- by right of בזכות-, מכוח-, בגלל-
- by rights בצדק, על פי דין
- dead to rights *אשם בהחלט
- is in the right הצדק עמו
- put/set to rights לתקן; לרפא; להשליט סדר
- right of common זכות לשימוש בשטח
- right of primogeniture זכות בכורה
- right of way זכות קדימה; זכות מעבר
- right to remain silent זכות השתיקה
- the rights and the wrongs העובדות לאשורן, כל הבחינות
- within one's rights בגדר זכויותיו
right *v.* ליישר, לסדר, לתקן; לזקוף
- right itself להתיישר; להסתדר
right-about face/turn פנייה לאחור
- send to the rightabout לפטר
right-angled *adj.* ישר-זווית
right-down *adj&adv.* גמור, מובהק; לגמרי, מאוד
right'eous (rī'chəs) *adj.* צדיק; צודק
- the righteous הצדיקים
rightful *adj.* חוקי; הוגן
- rightful owner בעלים חוקיים
right-hand, right-handed *adj.* ימני
right-hander *n.* ימני, לא איטר; מכת (יד-) ימין
right-hand man יד-ימינו, עוזר
rightism *n.* ימניות (בפוליטיקה)
rightist *n.* ימני, איש-הימין

rightly *adv.* בצדק; נכון; *לבטח
right-minded *adj.* מאמין בצדק, הוגן, נוהג לפי הדין
righto (rīt'ō) *interj.* בסדר, טוב
right triangle משולש ישר-זווית
rightward *adj.* ימני
rightwards *adv.* ימינה
right wing אגף ימני; קיצוני ימני
right winger קיצוני ימני; ימני
rig'id *adj.* קשוח; קפדן; מאובן
- shake him rigid להקפיא דמו
rigid'ity *n.* קשיחות; קפדנות
rig'marole' *n.* פטפוט, סיפור מבולבל
rig'or *n.* חומרה, הקפדה, קשיחות; קפדנות, דייקנות; תנאים קשים
- the rigor of the law חומר הדין
rig'or mor'tis צפידת מוות
rig'orous *adj.* קשה; קפדני, מחמיר
rig-out *n.* *תלבושת, בגדים
rile *v.* *להרגיז
rill *n.* פלג קטן, פלגלג
rim *n&v.* שפה, קצה, זר, מסגרת, שוליים; חישוק; לעטר; לעשות שפה
rime *v&n.* (לכסות ב-) כפור
rime = rhyme חרוז
rimless *adj.* חסר-מסגרת
rimmed *adj.* ממוסגר, מוקף
rind (rīnd) *n.* קליפה
rin'derpest' *n.* דֶבֶר-בהמות
ring *n.* טבעת; מעגל; קבוצה, חוג; כנופיה; זירה; זירת-אגרוף; הימור
- engagement ring טבעת אירוסין
- make/run rings round him לעלות עליו בהרבה; לפעול מהר ממנו
- the ring סוכני-הימורים
- throw one's hat into the ring ליטול חלק בהתמודדות
ring *v.* להקיף; להטיל טבעת (במשחק); לשים טבעת על
- ring a bull לשים חח באף השור
ring *v.* לצלצל; להשמיע; להדהד
- his ears rang צללו אוזניו
- his story rings hollow סיפורו יוצר רושם שאין בו אמת (מצלצל כשקר)
- it rings true/false מתקבל הרושם שהדבר נכון/אמיתי/לא נכון/מזוייף
- ring back להחזיר צלצול
- ring off לסיים שיחת טלפון
- ring out לצלצל, להדהד; להחתים הכרטיס בסיום העבודה
- ring the bell להצליח
- ring the changes לגוון, לשנות
- ring the curtain up לצלצל להעלאת המסך; להתחיל
- ring the knell of- לבשר את קץ-
- ring up לטלפן; לרשום (בקופה)
ring *n.* צלצול; נעימה; צליל
- ring of truth נעימה (נימה) של אמת
ring-a-rosy *n.* עוגה-עוגה (מִשְׂחָק)
ring binder כורכן טבעות, קלסר
ringbolt *n.* בורג טבעת
ringer *n.* פעמונר; רמאי, כפיל
- dead ringer *כשתי טיפות מים
ring finger קמיצה
ring-leader *n.* מנהיג, ראש כנופיה
ring'let *n.* תלתל
ring main/circuit מעגל חשמלי
ring-master *n.* מנהל מופעי-קרקס
ring-pull *n.* טבעת משיכה (בפחית)
ring road כביש טבעת, מעקף
ringside *adj.* קרוב לזירה
ringside seat מושב קדמי
ringworm *n.* גזזת (מחלת עור)
rink *n.* חלקלקה; רחבת גלגיליות
rinse *v.* לשטוף, להדיח
- rinse down לבלוע (בעזרת משקה)
- rinse out/off לשטוף
rinse *n.* שטיפה; נוזל לצביעת שיער
ri'ot *n.* מהומה, התפרעות; רעש, הילולה; גילוי, התפרצות; הצלחה
- is a riot קוצר הצלחה כבירה
- riot of color שלל צבעים
- run riot להשתולל; לגדול פרא
riot *v.* להקים מהומות, להשתולל
- riot in לשקוע ב-, להתענג על
Riot Act חוק איסור מהומות
- read him the riot act לגעור בו
rioter *n.* פרוע, מתהולל, משתולל
ri'otous *adj.* פרוע, הולל; רעשני
riot police משטרת מהומות
rip *v.* לקרוע; להיקרע; לפרום; לנסר; לשוט/לנסוע מהר, "לקרוע הכביש"
- let rip *להתיר הרסן, להשתלח
- let things rip להניח להם להשתולל
- rip into לנזוף; להתנפל על, להתקיף
- rip off לקרוע, להסיר במהירות; *לגנוב; לדרוש מחיר מופקע
- rip up לקרוע לגזרים
rip *n.* קֶרַע; שיבולת-מים; קטע גועש; סוס בלה; *מופקר, הולל
RIP = rest in peace "ינוח בשלום על משכבו"
ripa'rian *adj.* של חוף, של גדות

riparian rights זכויות (על) חוף
rip cord *n.* חבל שחרור (למצנח)
ripe *adj.* בשל; ראוי לאכילה; מפותח, מנוסה; מבוגר; *גס
- of ripe age מבוגר, מנוסה
- of riper years בגיל מתקדם
- ripe for מוכן ל-, מתאים ל-
rip'en (rīp'-) *v.* להבשיל
rip-off *n.* *גניבה; הפקעת מחיר
riposte' (-pōst') *n&v.* מכת-סיף חוזרת; תשובה שנונה; להחזיר
rip'ping *adj.* *נהדר, נפלא
rip'ple *n&v.* אדווה, גלים קלים, רחש; להעלות אדווה; להתפכפך
- ripple of applause תשואות
rip-roaring *adj.* *מלהיב; רעשני
rip-saw *n.* מסור גס
rip-tide *n.* גיאות גועשת
rise (-z) *v.* לקום; לעלות; להתרומם; לסיים ישיבה; להתעורר; לתפוח; להתגבר; להופיע, להיראות
- rise above להתעלות מעל ל-
- rise again/from the dead לקום לתחייה
- rise up/against להתקומם, למרוד
- the river rises in- מוצא הנהר ב-
rise *n.* גבעונת; שיפוע, מַעֲלֶה; עלייה; העלאה; מוֹצָא, מקור; עליית דגים
- get a rise out of him להצליח להרגיזו
- give rise to לעורר, לגרום
- rise and fall עלייה ונפילה
- rise of day עלות היום
riser *n.* קם ממיטתו; גובה מדרגה, מִגְבָּה
ris'ibil'ity (-z-) *n.* נטייה לצחוק
ris'ible (-z-) *adj.* מצחיק; של צחוק
rising *n.* מרד, התקוממות; עלייה
rising *adj&prep.* עולה
- rising 30 מתקרב לגיל 30
rising damp רטיבות העולה בקירות
rising generation הדור הצעיר
risk *n.* סכנה; אחריות; מבוטח
- at one's own risk על אחריותו
- at the risk of תוך סיכון
- calculated risk סיכון מחושב
- poor risk אדם/חפץ שחבל לבטחו
- run/take a risk להסתכן
risk *v.* לסכן, לחשוף לסכנה, להסתכן
risk bonus תוספת סיכון
risky *adj.* מסוכן, הרה-סכנות
risot'to (-zô-) *n.* תבשיל אורז
risque' (riskā') *adj.* גס, נועז
ris'sole *n.* קציצה
rite *n.* טקס, מנהג
rit'ual (-ch-) *n&adj.* טקס, תהליך פולחני, מערכת מנהגים; של טקסים, דתי, ריטואלי
ritualism *n.* טקסיות, פולחן
ritualist *n.* מומחה לטקסים דתיים
rit'ualis'tic (-ch'-) *adj.* פולחני
ritually clean כשר
ritz'y *adj.* *מפואר, יקר
ri'val *n&adj.* מתחרה, יריב
rival *v.* להתחרות ב-, להשתוות אל
rivalry *n.* התחרות, תחרות
rive *v.* לשבור, לבקע, לקרוע
riv'en = pp of rive שבור, קרוע
riv'er *n.* נהר
- rivers of blood נהרי-נחלי-דם
- sell down the river לרמות, למעול
river basin אגן-נהר
river-bed *n.* אפיק-נהר, קרקע נהר
riverside *n.* גדה, שפת נהר
riv'et *n.* מסמרת, פין
rivet *v.* לסמרר, לחבר במסמרות; לרכז, לנעוץ (מבט), לרתק
- rivet on למקד (תשומת-לב) על
riveter *n.* מסמרר
riveting *adj.* מעניין, מרתק
riv'ier'a *n.* ריביירה, חוף נופש
riv'u·let *n.* נחל קטן, פלג, פלגלג
riyal' (rēyäl') *n.* ריאל (מטבע)
RN = Registered Nurse
roach *n.* מין קרפיון; מקק, תיקן; *בדל סיגרית-חשיש
road *n.* כביש, דרך; מעגן; מסילת ברזל
- by road ברכב, במכונית
- down the road בעתיד, לעתיד
- get out of the road *אל תפריע
- middle of the road מחצית הדרך
- no royal road to- הדרך ל- אינה סוגה בשושנים, יש לעמול כדי ל-
- on the road נוסע, בסיור; בסיבוב הופעות; בדרך ל-, לפני-
- rules of the road כללי נהיגה
- take the road להתחיל במסע
- take to the road לצאת לנדודים
- the road to הדרך ל-, האמצעי ל-
road accident תאונת דרכים
road-bed *n.* תשתית, יסוד הכביש
road-block *n.* מחסום-כביש, בריקדה

road gang עובדי כבישים
road hog חזיר דרכים
road-holding *n.* אחיזת כביש (של רכב)
road-house *n.* פונדק, מסעדה, מועדון (לנוסעים)
road'ie *n.* *עוזר להקה
road junction מסעף
roadless *adj.* חסר כבישים
roadman, -mender פועל כביש
road manager מנהל להקה ניידת
road map מפת דרכים
road metal חצץ
road pricing היטל כבישים
roads, roadstead (-sted) *n.* מעגן
road safety בטיחות בדרכים
road sense חוש למניעת תאונה
road show הצגה ניידת
roadside *n&adj.* שולי הכביש; בצד הדרך
roadside bomb זירת מיטען
roadside explosive charge מיטען צד
road sign תמרור דרכים
road'ster *n.* מכונית פתוחה
road test מיבחן נהיגה; מיבחן רכב
roadway *n.* כביש
roadworthy *adj.* כשיר לתנועה
roam *v.* לשוטט, לנדוד, לנוד
roan *n&adj.* חום-לבן, (סוס) מעורב-צבעים; עור כבש (לכריכה)
roar *v.* לשאוג; להרעיש; לזעוק
- roar down להחריש (נואם) בצעקות
- roar out לשאוג, להשמיע בקול רם
- roar past לחלוף ברעש (כגון רכב)
- roared himself hoarse ניחר גרונו מצעקות, צרח עד שנצטרד
roar *n.* שאגה, רעש, רעם, שאון
- set in a roar לעורר רעמי צחוק
roaring *adj&adv.* *מצוין, כביר
- do a roaring business לעשות חיל בעסקים, למכור סחורתו במהירות
- roaring drunk שיכור כלוט
- roaring success הצלחה עצומה
roast *v.* לצלות, לקלות; להיצלות; לחמם; לבקר קשות
- a fire fit to roast an ox אש גדולה
- roast in the sun להתחמם בשמש
roast *adj&n.* צלוי; צלי; פיקניק
roaster *n.* תנור-צלייה, אסכלה; מקלה-קפה; בשר-צלי
roasting *adj&n.* חם מאוד, לוהט
- give a roasting לנזוף קשות; למתוח ביקורת חריפה; לשים ללעג
rob *v.* לשדוד, לגזול
- rob the cradle להתחתן עם צעירה
robber *n.* שודד, גזלן
robbery *n.* שוד, גֶזֶל
robe *n.* גלימה; חלוק; כסות
robe *v.* להלביש, לעטות גלימה
rob'in (redbreast) *n.* אדום-החזה
ro'bot *n.* רובוט; בובה
ro·bot'ics *n-pl.* רובוטיקה
robust' *adj.* חסון; בריא; גס
rock *n.* אבן; סלע; ממתק; רוקנרול, רוק
- Rock of Israel צור ישראל
- between a rock and a hard place בין הפטיש והסדן, בדילמה
- has rocks in his head *מטומטם
- on the rocks על שרטון; במצוקה כספית; עם קוביות-קרח
- see rocks ahead להבחין במשבר קרב
rock *v.* לנענע, לנדנד; לזעזע; להתנועע; לרקוד רוקנרול
- rock the boat לטלטל את הסירה; להפריע להתקדמות
- rock to sleep להרדים בנענועים
rock and roll רוקנרול
rock bottom נקודת שפל
rock-bound *adj.* מוקף-סלעים, סלעי
rock cake עוגה קשה
rock crystal בדולח-סלע, קווארץ
rock'er *n.* כסנוע; מוסיקאי רוק
- off one's rocker יצא מדעתו
rock'ery *n.* גן טרשים
rock'et *n.* טיל; זיקוקית, רקטה
- give a rocket *לגעור קשות
rocket *v.* לעלות, להרקיע שחקים; לנוע במהירות, לדהור
rocket base בסיס טילים
rocket launcher משגר טילים
rocket range שדה טילים
rock'etry *n.* טילאות, מדע הטילים
rockfall *n.* מפולת סלעים
rock garden גן טרשים
rocking chair כסנוע
rocking horse סוס עץ, סוס מתנדנד
rock 'n' roll רוקנרול (ריקוד)
rock salt מלח (גבישי)
rocky *adj.* סלעי, מסולע, מלא טרשים; קשה כסלע; *רעוע, מתנועע

roco′co *adj.* רוקוקו, מצועצע ביותר
rod *n.* מוט, קנה, מקל; עונש; הכאה; רוד (כ-5 מטר); *אקדח
- has a rod in pickle for- שומר באמתחתו עונש עבור-
- make a rod for one's own back להזמין צרות לעצמו
- spare the rod & spoil the child חושך שבטו שונא בנו
rode = pt of ride
ro′dent *n.* מכרסם
ro′de•o *n.* רודיאו, מופע בוקרים
rod′omontade′ *n.* התרברבות
roe (rō) *n.* איילה; ביצי דגים
roebuck *n.* אַיָּל
roe deer איילה
roent′gen (ren′tgən) *n.* רנטגן
ro•ga′tion *n.* תפילה בכנסייה
rog′er *interj.* בסדר! (באלחוט)
rogue (rōg) *n&adj.* נוכל, נָבָל; שובב, קונדס; (פיל) מתבודד; נווד
roguery *n.* נוכלות; מעשה קונדס
rogues' gallery אלבום פושעים
ro′guish (-gish) *adj.* נוכל; שובבני
roil *v.* לעכור (נוזל); להרגיז, להציק
roi′ster *v.* להתהולל, להקים רעש
role *n.* תפקיד
role model איש למופת
role-play *v.* לשחק תפקיד של דמות אחרת
roll (rōl) *n.* גליל; גלילה, רולאדה; לחמנייה; רשימת שמות; מגילה; פינקס; גלגול, טלטול; רעש, רעם; שטרות כסף
- call the roll להקריא השמות
- on a roll *בסידרת הצלחות
- roll of honor מגילת החללים
- strike off the rolls למחוק שמו מרשימת החברים
roll *v.* לגלגל; להתגלגל; להתנודד; להתנועע; להיטלטל; לגלול; לכבוש (במכבש); להיכבש; להדהד, להרעים
- keep the ball rolling לגלגל את השיחה; להמשיך את פעילות העסק
- roll a drunk *לשדוד שיכור
- roll about להסתובב; להתגלגל מצחוק
- roll around (שנה) להסתובב; לנקוף
- roll back (מחירים) להדוף; להוריד
- roll by/on לעבור, לחלוף
- roll dice להטיל קוביות
- roll dough (במערוך) לגלגל בצק
- roll flat לשטח, לרקע, לכבוש
- roll in לבוא, לזרום פנימה; לעטוף
- roll in mud להתפלש בבוץ
- roll on להתגלגל; לחלוף; לזרום; לגרוב/להיגרב בגלילה (גרבונים)
- roll on! בואו, התקרב! (מופנה לזמן)
- roll one's r's לגלגל את הריש
- roll oneself up להצטנף
- roll out לרקע (במערוך); לערגל; לשטח, לרדד; להרעים, להשמיע; לייצר; לקום ממיטה; להציג למכירה
- roll over לדחות תשלום; לדון בתנאים; להשקיע מחדש; *להעיף
- roll up לבוא, להצטרף, להגיע; לקפל; לגלול; להפשיל; לאגוף
- roll up to (כרכרה) להתקרב ולעצור
- rolled into one הכל ביחד
roll bar מגן-גלגולים (במכונית)
roll call מיפקד, מיסדר נוכחות
rolled *adj.* מעורגל, מצופה שכבה
roll′er (rō′-) *n.* מכבש; מעגילה; מוט גלילי; מַגְלֵל; גליל-תלתול; גל, מִשְׁבָּר
- road roller מכבש
roller bandage גליל תחבושת
rollerblades גלגיליות להב
roller blind וילון מתגלגל
roller coaster רכבת שעשועים
roller-skate *v.* להחליק על גלגיליות
roller skate גלגילית, סקט
roller towel (על מתקן) מגבת גלולה
rol′licking *adj.* עליז, שמח, קולני
rolling *adj.* (שטח) גלי, עולה ויורד
- rolling in money עשיר מופלג
rolling mill מערגולת; מיפעל עירגול
rolling pin מערוך
rolling stock מערכת קרונות
rolling stone נע ונד, נווד
roll-on *n&adj.* גרבון; מחוך; (דאודורנט) בעל כדור מסתובב
roll-on roll-off (ספינה) שהרכב נכנס לתוכה ויוצא ממנה
roll-top desk שולחן כתיבה בעל מכסה (המחליק בתוך מסילות)
ro′ly-po′ly *n&adj.* פשטידה מגולגלת; שמנמן
ROM זיכרון קריאה בלבד
Ro•ma′ic *adj&n.* יוונית מודרנית
ro′maine′ *n.* רומיין, (סוג של) חסה
Ro′man *adj&n.* רומאי, רומי; קתולי; רומאן (אות רגילה/זקופה)

- Roman nose אף נשרי, אף קשתי
Roman arch קשת רומית
Roman candle נר רומאי (זיקוקין די-נור)
Roman Catholic קתולי
ro•mance′ *n.* רומאן; עלילת אהבה; הרפתקה; פרשה; רומאנסה; גוזמה
romance *v.* לנהל רומאן; לדמיין; להגזים, לתבל בשקרים
Romance *adj.* (לשון) רומנית
Ro′manesque′ (-sk) *adj.* רומי
Roman numerals ספרות רומיות
ro•man′tic *adj&n.* רומנטי, רגשי, דמיוני; רומנטיקן
ro•man′ticism′ *n.* רומנטיקה
ro•man′ticist *n.* רומנטיקן
ro•man′ticize′ *v.* לאפוף באווירה רומנטית; להגזים
Rom′any *n&adj.* צועני; שפת-הצוענים
Ro′mish *adj.* קתולי
romp *v.* להשתובב, להרעיש, לשחק
- romp home לנצח בקלות (במירוץ)
- romp through לעבור בקלות
romp *n.* השתובבות; מישחק עליז; שובב
romp′er, rompers *n.* מיצרפת-ילדים
ron′deau (-dō) *n.* רונדו (שיר קצר)
ron′do *n.* רונדו (יצירה מוסיקלית)
ront′gen (rent′gən) *n.* רנטגן
rood (rōōd) *n.* צלב (בכנסייה); רוד (יחידת שטח, רבע אקר)
rood-screen *n.* מחיצת הצלב
roof (rōōf) *n&v.* גג; קורת-גג; להתקין גג; לכסות
- go through the roof *להרקיע שחקים (מחיר)
- hit/raise the roof להפוך עולמות
- roof in/over לכסות בגג
- roof of the mouth חיך
roof garden גינת-גג
roofing *n.* חומרי-גג
roofless *adj.* חסר קורת-גג; חסר גג
roof rack גגון (במכונית)
rooftop *n.* גג
- shout it from the rooftops להוציא כביסה מלוכלכת
rooftree *n.* קורת הגג; בית
rook *n.* סוג עורב; (בשחמט) צריח
rook *n&v.* רמאי; קלפן; לרמות; להפקיע מחירים
rook′ery *n.* קיני עורבים; מושבה (של בעלי חיים); רובע מגורים מוזנח
rook′ie *n.* *טירון, "בשר טרי"
room *n&v.* חדר; מקום; לגור
- 4-roomed house בית בן 4 חדרים
- make room for לְפַנּוֹת מקום ל-
- no room for doubt אין מקום לספק
- room in להתגורר במקום עבודתו
- rooms דירה
room and board לינה וארוחות
roomer *n.* דייר (בחדר שכור)
rooming house בית-חדרים
room′mate′ (-m-m-) *n.* חבר לחדר
room service שירות חדרים
room′y *adj.* מְרוּוָח, רחב
roost (rōōst) *n&v.* מוט, ענף; לול; (לגבי עוף) לישון על מוט
- at roost נח על גבי מוט
- come home to roost (לגבי פשע) לפעול כבומראנג, לחזור אל ראשו
- rule the roost למשול בכיפה
roo′ster *n.* תרנגול
root (rōōt) *n.* שורש; מקור; בסיס
- get to the root of לרדת לשורש ה-
- pull up one's roots לעקור מביתו
- put down roots להשריש, להתערות
- root and branch כליל, עד תום
- root cause סיבת הסיבות
- root of all evil שורש הרע
- square root שורש מרובע
- strike/take root להכות שורש
root *v.* להשריש, להכות שורש; לשתול; לרתק, לְאַבֵּן; לנבור, לחטט
- root around/about לנבור, לחפש
- root for לעודד (קבוצתו), להריע
- root out לשרש, לעקור; למצוא
- root up לעקור על שורשיו
root beer שיכר שורשים
root-bound *adj.* רווי-שורשים; מושרש במקום
root canal (טיפול) שורש
root crop ירק שורשי (כגון גזר)
rooted *adj.* מושרש; מאובן, מרותק, קפוא
roo′tle *v.* לנבור, לחטט
rootless *adj.* חסר-שורשים, לא מעורה
rope *n.* חבל; מחרוזת; תלייה
- at the end of one's rope בקצה כוחותיו/סבלנותו, אובד עצות

- give him rope לתת חופש פעולה
- money for old rope רווח קל
- on the ropes נכשל, חסר-אונים
- the rope תלייה
- the ropes חבלי הזירה; כללים, מנהגים, עניינים, תהליך
rope *v.* לקשור, לכבול; להיקשר; להשתלשל בחבל; לפלצר
- rope in לשדל, לשכנע (שיתן יד)
- rope off להפריד, לסגור, להקיף
rope-dancer *n.* שוור, מהלך על חבל
rope ladder סולם חבלים
rope-walk *n.* בית מלאכה לחבלים
rope-walker *n.* מהלך על גבי חבל
ropeway *n.* רכבל-דליים
ro′pey, ro′py *adj.* *מאיכות ירודה
rope-yard *n.* ביח״ר לקליעת חבלים
rope-yarn *n.* חומר לקליעת חבלים
roque′fort (rōk′f-) *n.* גבינת רוקפור
Ror′schach test (-shäk) *n.* בּוֹחַן רורשך (ניתוח האופי ע״י כתמי דיו)
ro′sary (-z-) *n.* גן-שושנים; ספר תפילה (קתולי); תפילה; מחרוזת-תפילה
rose (-z) *n.* שושנה; ורד; דמוי ורד, ראש מזלף, משפך; צרור סרטים
- bed of roses מקום נעים, גן עדן
- gather life's roses לרדוף תענוגות
- no rose without a thorn אין שושנה בלי חוחים
- not all roses אליה וקוץ בה
- see with rose-colored glasses לראות ורודות, להיות אופטימי
- under the rose בחשאי
rose *adj.* ורוד
ro′se′ (-zā′) *n.* יין-רוזה
rose = pt of rise (-z)
ro′se·ate (-z-) *adj.* ורוד, שושני
rose-bed *n.* ערוגת ורדים
rose-bud *n.* ניצת ורד
rose bush שיח ורדים, מטע ורדים
rosed *adj.* דמוי-ורד, בעל משפך
rose hip פרי הוורד
rose-leaf *n.* עלה-ורד
rose′mar′y (rōz′māri) *n.* רוזמרין
rose of Jericho שושנת יריחו
rose-red *adj.* אדום כשושנה
rose-tinted *adj.* ורוד; אופטימי
ro·sette′ (-zet) *n.* רוזטה, שושנת; תוברה, טבעת-רצועות; צרור סרטים; תגליף שושנה
rose-water *n.* מי-ורדים
rose window חלון-שושנה (עגול)
rosewood *n.* (סוג) עץ קשה
ros′in (-z-) *n&v.* שְׂרָף (למשיחת מיתרי-כינור); למשוח בשרף
ros′ter *n.* לוח תורנויות
ros′trum *n.* במה, דוכן-נואמים
rosy (rōz′i) *adj.* ורוד (לחי, עתיד)
rot *v.* להרקיב; *לדבר שטויות
- rot away להרקיב
- rot off להרקיב ולנשור
rot *n.* רקב, ריקבון; נמק; סדרת מפלות; *שטויות
- dry rot ריקבון, ריקבון כמוס
ro′ta *n.* לוח תורנויות
Ro·ta′rian *n.* חבר מועדון רוטרי
ro′tary *adj.* סיבובי, רוטציוני
rotary *n.* אי-תנועה, כיכר, סובה
Rotary Club מועדון רוטרי
ro′tate *v.* להסתובב; לסובב; להחליף; להנהיג רוטאציה
ro·ta′tion *n.* סיבוב; מחזוריות; רוטאציה
- in rotation חליפות, במחזוריות
rotation of crops מחזור-זרעים
ro′tato′ry *adj.* סיבובי, רוטאציוני
rote *n.* שינון, שגרה
- by rote בעל-פה, בצורה מכאנית
rot′gut′ *n.* משקה חריף
ro·tis′serie *n.* שפוד מסתובב; מסעדת צלי
ro′tor *n.* רוטאטור, חלק מסתובב; מערכת מדחפים; רוטור, חוגה
rot′ten *adj.* רקוב, מקולקל; *רע, גרוע, מזופת; עייף, סחוט
rot′ter *n.* *נָבָל, חדל-אישים
Rott′wei′ler (-wī-) *n.* רוטוויילר
ro·tund′ *adj.* עגלגל, שמנמן; (קול) מלא, עשיר, עמוק; (סגנון) נמלץ
ro·tun′da *n.* רוטונדה, בניין עגול
ro·tun′dity *n.* עגלגלות; מלאות
rou′ble (rōō′-) *n.* רובל (מטבע רוסי)
roue (rōōā′) *n.* מופקר, נואף
rouge (rōōzh) *n&v.* אודם, פודרה, צבע; לפדר
rough (ruf) *adj.* קשה; מחוספס; גס; לא חלק; סוער, גועש; מתפרע; צורמני; לא מעובד; לא מלוטש
- give the rough side of tongue להצליף בלשונו, לדבר קשות
- it's rough on him איתרע מזלו
- rough and ready טוב למדי, פשוט, לא הכי נוח

- rough luck מזל ביש
- rough paper נייר-טיוטה/-שרבוט
- rough time שעה קשה, שעת מצוקה
- rough tongue לשון קשה/חריפה
- rough voice קול מחוספס/צורמני
rough *adv.* בצורה נוקשה, גַסוּת
- cut up rough *להתרגז
- live/sleep rough לחיות/לישון תחת כיפת השמיים
rough *n.* מצב קשה; מצוקה; משטח לא חלק/מלא עשבים; בריון; טיוטה
- in the rough במצב לא מתוגמר
rough *v.* לחספס; לפרוע (שיער); לערוך שרטוט ראשוני
- rough it לחיות בתנאים קשים
- rough up לנהוג בגסות; להתנפל על; לחספס, לפרוע
rough'age (ruf'-) *n.* מזון גס
rough-and-tumble *adj&n.* פרוע, אלים, קולני; מאבק פרוע
rough-cast *n&v.* (לְצַפּוֹת ב-) טיח גס
rough copy טיוטה
rough-dry *v.* לייבש ללא גיהוץ
rough'en (ruf'-) *v.* לחספס; להתחספס
rough-hewn *adj.* מסותת בגסות
roughhouse *n&v.* תגרה קולנית, מהומה; להתכתש, להקים מהומה
rough justice יחס לא הוגן
roughly *adv.* בערך; באופן גס, גַסוּת
- roughly speaking בהשערה גסה
rough-neck *n.* בריון; עובד בצוות קידוח
roughness *n.* חספוס; מקום מחוספס
rough ride שעה/חוויה קשה
rough-rider *n.* מאלף סוסי-פרא
roughshod *adj.* מסומר-פרסות
- ride roughshod over לרמוס; לנהוג בגסות/בזלזול; להתעלם, לבוז
rough-spoken *adj.* בעל לשון קשה
rough stuff אלימות, התפרעות
rou·lette' (rōōlet') *n.* רולטה
round *adj.* עגול; מעוגל; עגלגל, שמנמן; שלם, מלא; פשוט, גלוי, כן
- in round figures/numbers במספרים עגולים, בקירוב
- round dance ריקוד מעגלי; ריקוד סיבובי, ואלס, פולקה
- round dozen תריסר שלם
- round pace קצב מהיר/נמרץ
- round sum סכום נכבד
- round tone צליל מלא/נעים
round *adv.* בסיבוב; מסביב, בהיקף, בחזרה; מזה לזה; בסביבה; לביתו
- all round מסביב, בכל היקפו
- all the year round במשך כל השנה
- come round! בוא אלי, "קפוץ אלי"
- come/be round again לחזור
- go round להסתובב; להלך (שמועה); להספיק לכל; לבקר; להקיף
- go round and round להסתחרר
- hand round לחלק, להעביר לכולם
- it's the other way round להיפך!
- look round לראות, להזין עיניו
- right round בהיקף מלא
- round about בסביבה; בסביבות
- turn round לסובב; להסתובב
round *prep.* סביב-, מסביב ל-, סביב ה-; בסביבות, בקירוב
- round the bend *מטורף
round *n.* עיגול; מחזור; סיבוב; פרוסה; יריה; קנון; מערכה; סדרה; מקוף; שלב, חווק
- daily round עיסוקים יומיומיים
- go the rounds לעבור מפה לפה
- in the round מוצג במרכז
- make rounds לערוך סיבוב ביקורים
- milk round מסלול החלבן
- round of drinks משקה לכל המסובים
- rounds סיורים, סיבוב, ביקורת
round *v.* לעגל; להתעגל; להקיף
- round down לעגל כלפי מטה
- round off לעגל (מספר); לסיים כראוי, לקנח ב-
- round on לפנות נגד, להתקיף
- round out לעגל; להתעגל; להשלים
- round up לעגל כלפי מעלה; לקבץ, לאסוף; ללכוד (פושעים)
- round upon להסתער על
round = around
roundabout *adj.* סחור-סחור
roundabout *n.* סחרחרה, קרוסלה; אי-תנועה, כיכר, סובה
round-backed *adj.* גיבן, גבנוני
round brackets סוגריים עגולים
roun'del *n.* דיסקית-עיטור; עיגול
roun'delay' *n.* רונדלי (שיר קצר)
roun'ders *n-pl.* מעגלים; הקפות
round-eyed *adj.* פעור-עיניים
round-hand *n.* כתב-יד עגול
round-house *n.* מוסך-קטרים;

(בעבר) תא (בספינה); בית-סוהר
roundish *adj.* עגלגל
roundly *adv.* כליל, לגמרי; במלים קשות, בחריפות, נמרצות
roundness *n.* עגילות, עוגל
round robin עצומה (מעגלית); תחרות, טורניר; אסיפה, דיון
round-shot *n.* כדור תותח, פגז
round-shouldered *adj.* כפוף-גו
roundsman *n.* שליח, מחלק-סחורה, מקבל הזמנות
round table שולחן עגול
round-the-clock ביום ובלילה
round-trip *adj.* הלוך ושוב
round trip נסיעה הלוך ושוב
round-up *n.* איסוף; מצוד, לכידה
roundworm נמטודה (עיגולית)
roup (ro͞op) *n.* מחלת עופות
rouse (-z) *v.* להעיר; להקים; לעורר; להלהיב; להרגיז; להתעורר
- rouse to anger להרגיז, לעורר זעם
rousing *adj.* מלהיב; נלהב, חם; רם
- rousing cheers תשואות רמות
roust *v.* לעורר; *לטרטר
roust′about *adj.* פועל שחור
rout *n.* תבוסה מלאה, מנוסת בהלה; מהומה; מסיבה; התקהלות קולנית
- put to rout להביס, להכות קשות
rout *v.* להביס; להניס
- rout out לחשוף; לגרש; להוציא
route (ro͞ot) *n.* דרך, נתיב, מסלול
- en route בדרך
route *v.* לנתב; לתכנן נתיב
route march מסע אימונים
rou·tine′ (ro͞otēn′) *n&adj.* שגרה, רוטינה; קטע בימתי; שגרתי, רגיל
roux (ro͞o) *n.* תערובת שומן וקמח
rove *v.* לשוטט, לתור, לנוע
rover *n.* משוטט; צופה בכיר
roving commission היתר תנועה
roving eye לטישת עיניים, התעסקות
row (rō) *n.* שורה, טור; שיט, חתירה; רחוב
- hard row to hoe משימה קשה
- hoe one's own row לשאת לבדו בעול
- in a row בטור; *ברצף, בזה אחר זה
row (rō) *v.* לחתור; לשוט; לתפוש משוט; להשיט
- row a race להשתתף בתחרות חתירה
- rowed out עייף ממאמץ החתירה
row (rou) *n&v.* מריבה, ויכוח; רעש; לריב, להתקוטט; לנזוף, לגעור
- get into a row לספוג נזיפה
- kick up a row לעורר מהומה
row′an *n.* חוזרר
row-boat *n.* סירת-משוטים
row club מועדון משוטאים
row′dy *n&adj.* פרחח; פרחחי, קולני, מתפרע, גס
rowdyism *n.* פרחחות, התפרעות
row′el *n.* גלגילון-דרבן, דרבן
row′er (rō-) *n.* חותר, תופש משוט
rowhouse *n.* בית (בשורת בתים)
rowing *n.* שיוט, חתירה
rowing boat סירת משוטים
rowlock *n.* בית-משוט, ציר-משוט
roy′al *adj&n.* מלכותי; מפואר; ממלכתי; ממשפחת המלוכה
- His Royal Highness הוד מלכותו
- right royally כיאה למלך
- royal road to דרך המלך ל-
royal blue כחול סגלגל
royal commission ועדת חקירה ממלכתית
roy′alist *adj&n.* מלוכני
royal jelly מזון מְלָכוֹת (בתוך דבש)
Royal Society אגודה לקידום המדע
roy′alty *n.* משפחת המלוכה; מלכות; תמלוג, חלק ברווחים
roz′zer *n.* *שוטר
RPG אר-פי-ג'י (שפה/טיל)
rpm = revolutions per minute סיבובים לדקה
RSVP הואל-נא לענות (להזמנה)
rt. ימין; רדיו-טלפון
rub *v&n.* לשפשף, לחכוך; למרוח, למשוח; להשתפשף; שפשוף
- rub against להשתפשף ב-
- rub along להצליח איכשהו
- rub along together לחיות בצוותא
- rub away/off להסיר בשפשוף
- rub down לייבש בשפשוף; לקרצף; לשפשף, להחליק, ללטש; לעסות
- rub dry לייבש בשפשוף
- rub him up the wrong way להרגיזו
- rub in למרוח (פנימה) תוך שפשוף; לשנן, לחזור על, להחדיר
- rub it in לזרות מלח על הפצעים
- rub one's hands לחכוך ידיו בהנאה

- rub out למחוק; *לחסל, לרצוח
- rub shoulders/elbows with להתחכך ב-, לפגוש, להתרועע עם
- rub up לצחצח, למרק, ללטש; לרענן
- rub up against לפגוש, להיתקל ב-
- there's the rub פה טמון הקושי

rub'-a-dub' *n.* קול תיפוף
rub'ber *n&v.* משפשף; גומי; מחק; מטלית; *כובעון; לצפות בגומי
- rubbers ערדליים, נעלי-גומי

rubber *n.* סדרה, 3 משחקים רצופים; 2 נצחונות בסדרה; משחק מכריע
rubber band גומייה
rubber bullet כדור גומי
rubber check שיק בלי כיסוי
rub'berize' *v.* לצפות בגומי
rubberneck *n&v.* סקרן, תייר, להוט לראות; לשרבב צוואר; להסתכל; לטייל, לסייר
rubber sheath כובעון
rubber stamp חותמת גומי
rubber-stamp *v.* להוות חותמת-גומי, לאשר בלי שיקול דעת
rubber tree עץ הגומי
rubbery *adj.* כמו גומי
rubbing *n.* שפשוף (על תבליט)
rubbing alcohol כוהל (לשימוש חיצוני)
rub'bish *n&interj.* זבל; שטויות
rubbish bin פח אשפה
rubbishy *adj.* שטותי, חסר-ערך
rub'ble *n.* חצץ, שברי אבן
rub down שפשוף, ניגוב, קרצוף
ru•bel'la (rōō-) *n.* אדמת
Ru'bicon' *n.* רוביקון (נהר)
- cross/pass the Rubicon לחצות את הרוביקון, לעשות צעד גורלי

ru'bicund *adj.* אדום, סמוק-פנים
ru'ble *n.* רובל (מטבע רוסי)
ru'bric *n.* הוראה, הנחיה; כותרת
rub-up *n.* ליטוש, צחצוח
ru'by *n&adj.* אודם (אבן יקרה); אדום
ruche (rōōsh) *n.* סרט קישוט, שנץ
ruck *v&n.* לקמט; קמט
- ruck up להתקמט

ruck *n.* ההמון הפשוט; חיי שגרה; חבורת שחקנים המתגודדים על כדור
ruck'sack' *n.* תרמיל גב
ruck'us *n.* מהומה, רעש
ruc'tion *n.* מהומה, רעש
rud'der *n.* סנפיר הזנב (של ספינה); הגה; עיקרון מנחה
rud'dle *n&v.* אוכרה אדומה; לסמן באוכרה אדומה
rud'dy *adj&n.* אדום, סמוק, אדמדם; ארור, לכל הרוחות
rude *adj.* גס, לא מנומס; חצוף; פתאומי; חריף; פשוט, פרימיטיבי, גולמי, טבעי
- in rude health בריא לגמרי, איתן
- rude awakening יקיצה מרה, אכזבה
- rude shock הלם רציני

rudely *adv.* בגסות, בפשטות
ru'dimen'tary *adj.* יסודי, אלמנטרי; שלא התפתח
ru'diments *n-pl.* יסודות, עיקרים; ניצנים (שלא התפתחו), סימנים
rue (rōō) *v.* להתחרט, להצטער
- rue it להצטער על כך

rue *n.* פיגם (צמח רפואי)
rue'ful (rōō'-) *adj.* עצוב, מלא יגון
ruff *n.* צווארון מסולסל; טבעת נוצות; (בקלפים) טראמפ
ruf'fian *n.* בריון, חוליגן, פרחח
ruffianly *adj.* בריוני, חוליגני
ruf'fle *v.* להרגיז; להתרגז; לקמט; לפרוע (שיער/נוצות); להעלות אדווה
ruffle *n.* פריעה; שוליים מקובצים (בבגד); קפל מסולסל; אדווה
rug *n.* שטיח; מעטה-צמר
- pull the rug from under להשמיט הקרקע מתחת

rug'by *n.* רגבי
rugby league רגבי של 13 שחקנים
rugby union רגבי של 15 שחקנים
rug'ged *adj.* קשה, מוצק; גס, מחוספס; חרוש-קמטים; מסולע
rug'ger *n.* *רגבי
ru'in *n.* הרס, חורבן; מקור-ההרס; ממיט האסון; חורבה, בית חרב
- bring to ruin להמיט הרס על
- fall into ruin להיהרס, להיחרב
- in ruins הרוס (לגמרי)
- ruins הריסות; התמוטטות

ruin *v.* להרוס; להחריב; להשחית
ru'ina'tion *n.* הרס, חורבן
ruined *adj.* הרוס, שאיבד כל רכושו
ru'inous *adj.* הרסני; הרוס
rule *n.* כלל, חוק, תקנה; מנהג, הרגל קבוע; שלטון; סרגל

- according to/by rule לפי הכללים
- as a rule בדרך כלל
- bend/stretch the rules להגמיש הכללים, לנהוג לפנים משורת הדין
- rule of thumb שיטת פעולה המבוססת על הניסיון
- rules of evidence דיני הראיות
- work to rule לעבוד לפי הספר
rule *v.* לשלוט, למלוך; לפסוק, להחליט, לקבוע; לסרגל
- prices rule high המחירים גבוהים
- rule off למתוח קו, להפריד בקו
- rule out להוציא מכלל חשבון, להוריד מהפרק, לפסול, למנוע
- ruled by fear פועל מתוך פחד
- ruled paper נייר שורות
rule book תקנון, ספר כללים
ru'ler *n.* שליט, מלך; סרגל
ru'ling *n.* פסק-דין, קביעה; הלכה
ruling *adj.* שולט, שורר
- ruling passion תשוקה שולטת, דיבוק
rum *n&adj.* רום, משקה חריף; *משונה; קשה
rum'ba *n.* רומבה (ריקוד)
rum'ble *v.* להרעים; להרעיש, לנוע ברעש; *לגלות, להבין, לפענח
- his stomach rumbles קיבתו מקרקרת
rumble *n.* רעם, רעש; מושב אחורי; *תגרת רחוב
rum'bling *n.* שמועה, רינון; ריטון
rum·bus'tious (-chəs) *adj.* קולני
ru'minant *adj&n.* מעלה גירה
ru'minate' *v.* להעלות גירה; להרהר
ru'mina'tion *n.* העלאת גירה; שיקול
ru'mina'tive *adj.* מהרהר; מהורהר; שוקל
rum'mage *v&n.* לחפש, לפשפש; חיפוש יסודי; חפצים, בגדים ישנים
rum'my *adj&n.* רמי (משחק קלפים); *מוזר
ru'mor *n&v.* שמועה; להפיץ שמועה
- rumor has it מתהלכת שמועה
rumored *adj.* ידוע מפי השמועה
rumor-monger (-g-) *n.* מפיץ שמועות
rump *n.* עכוז; ישבן; שריד
rum'ple *v.* לקמט; לפרוע (שיער)
rum'pus *n.* מהומה, רעש, ריב
- kick up a rumpus לעורר מהומה
rumpus room חדר משחקים
rum-runner *n.* מבריח משקאות
run *v.* לרוץ; לברוח; לנוע; לחלוף; לנסוע; לשוט; להעביר; לנהל; לפעול; להפעיל; לזרום; לשפוך; להפוך, להיעשות; להימשך; להימס; להתפשט
- can't run to a car לא יכול להגיע למכונית, אין לו כסף לקנות מכונית
- feelings ran high הרוחות נשתלהבו
- he ran third הגיע שלישי (במירוץ)
- he runs a car יש לו מכונית
- his blood ran cold דמו קפא
- his nose was running חוטמו זב
- is run out עייף, חסר-נשימה
- ran up a bill צבר חשבון (בקניות)
- run a horse לשתף סוס במירוץ
- run a life/hotel לנהל חיים/מלון
- run a pen through למתוח קו על
- run a race לקיים/להשתתף במירוץ
- run a risk להסתכן
- run a temperature/fever לקבל חום
- run across להיתקל ב-, לפגוש
- run afoul/foul of להתנגש, להסתבך
- run against להתמודד עם; לפעול נגד; להיתקל לפתע ב-
- run along! הסתלק!, התחפף!
- run an engine להפעיל מנוע
- run arms להבריח נשק
- run around לצאת בחברת-, להסתובב
- run at להתנפל על
- run away לברוח; לגנוב ולהסתלק
- run away with לצאת לכלות הכסף; לצאת מכלל שליטה; לנצח בקלות
- run away with the idea להיחפז להניח, להיות נמהר במסקנתו
- run back לרדת (מניות); לגלגל לאחור
- run back over לסקור, לעבור שוב
- run candidates לְמַנּוֹת מועמדים
- run down להיעצר (שעון), לאזול; להוריד העומס, להפחית פעילות
- run for it לברוח, להימלט
- run him a bath למלא לו אמבטיה
- run him clean off his legs להריצו עד לאפיסת כוחות
- run him close להגיע כמעט לרמתו
- run him down לדרוס; לרדוף

למשפחה
- the stocking ran נוצרה רכבת בגרב
- the story runs סיפור המעשה הוא-
run *n.* ריצה; נסיעה; מסלול; מרחק; מגמה, נטייה; (בספורט) נקודה; פלג, יובל; ירידה, נפילה; סדרה, רציפות; שטח לבעלי-חיים
- a run for one's money תמורה לכספו; תחרות קשה למשהו
- at a run בריצה
- common run הטיפוס הרגיל
- go for a run לצאת לריצה
- in the long run בסופו של דבר
- in the short run לטווח קצר
- make a run for it לעשות "ויברח"
- on the run במנוסה; ממהר; מתרוצץ
- run in a stocking רכבת בגרב
- run of cards הקלפים שבידי השחקן
- run of salmon להקת סלמונים
- run on gold התנפלות/בהלה לזהב
- the run of a place חופש השימוש במקום, רשות לבקר במקום
run-about *n.* מכונית; סירה; מתרוצץ
run-around *n.* התחמקות, רמאות
- got the run-around נדחה בהלוך ושוב
runaway *adj&n.* בורח, נמלט; פליט
- runaway marriage נישואי זוג בורחים (מהוריהם)
- runaway prices מחירים דוהרים
run-down *n.* ירידה, צמצום; דוח מפורט
run-down *adj.* עייף, ירוד; רעוע
rune *n.* כתב-סתרים; מלות-קסם
rung *n.* שלב (בסולם), חווק; מדרגה; דרגה, רמה; פס-חיזוק, פסקית
rung = pp of ring
run-in *n.* *ריב, סכסוך; תקופת-הכנה, תקופת-הרצה
run'nel *n.* יוּבַל, פלגלג; תעלה
run'ner *n.* רץ; אצן; שליח; שטיח; מפה; פס-המחליקיים; מבריח; גבעול משתרג
- blockade-runner חומק ממצור
- gun-runner מבריח נשק
runner bean שעועית ירוקה
runner-up *n.* שני (בתחרות)
running *n.* ריצה, מירוץ
- in the running בעל סיכויים לזכות

ולתפוס; לבקרו קשות; להמעיט בערכו
- run him hard להשתוות אליו כמעט
- run him off להבריחו
- run in לבקר חטופות; להשגיר, להריץ (מנוע); לאסור, לעצור
- run into לנעוץ; להינעץ; להתנגש ב-; להיכנס, להסתבך ב-; להתערבב
- run into debt להיכנס לחובות
- run into him להיתקל בו, לפגוש
- run into hundreds להגיע למאות
- run into trouble להסתבך בצרה
- run it down להתנגש; לחפש ולמצוא
- run messages לעשות שליחויות
- run off לברוח; להפעיל מ-; לנקז, לרוקן; להדפיס, לכתוב; לצטט בשטף
- run off a race לערוך מירוץ נוסף
- run off him לא להשפיע עליו
- run off one's feet להיות עסוק ביותר, "ליפול מהרגליים"
- run on להמשיך; להימשך; לעבור, לחלוף; לחבר, לצרף (אותיות); לפטפט
- run on/upon להתגלגל (שיחה)
- run one's eyes להעביר מבטו
- run out לאזול, להיגמר; לבלוט, להזדקר; *לגרש
- run out a rope לגלגל/למשוך חבל
- run out on *לזנות, לנטוש
- run over לגלוש; לדרוס; לסקור, לחזור על; להעביר (מבטו) על
- run over/round לערוך ביקור חטוף
- run short לאזול, להיגמר
- run the chance/danger להסתכן
- run the show לפקח על העניינים
- run the streets לשחק ברחובות
- run through לנעוץ; להינעץ; לבזבז, לכלות; לרפרף; לעבור; להעביר
- run to להגיע ל-, להספיק ל-; לנטות ל-, להיות מגמתו ל-
- run to earth למצוא לאחר חיפוש
- run up לבנות/לתפור מהר; לגרום לעליית-; לצבור מהירות
- run up a flag להניף דגל
- run up against להיתקל ב-, לפגוש
- run upon להיתקל ב-, לפגוש
- run well להתנהל כשורה
- run wild להתפרע; לגדול פרא
- runs in the family אופייני

- make/take up the running לקבוע המהירות; להוביל
- out of the running אפסו סיכוייו

running *adj&adv.* רץ, בריצה; זורם; זב, נוזל; רצוף, לא חדל; (הוצאה/עלות) שוטפת
- 5 days running 5 ימים רצופים
- in running order פועל כהלכה
- per running meter למטר רץ
- running commentary שידור חי
- running fight קרב (תוך) מנוסה
- running fire מטר אש/שאלות
- running hand כתב-יד רצוף/מחובר
- running kick בעיטה תוך כדי ריצה
- running water מים זורמים, מי ברז
- take a running jump! הסתלק!

running board מדרגה (במכונית)
running head/title כותרת המשכית
running mate שותף למירוץ
running repairs תיקונים שוטפים
running sore פצע מוגלתי
running start התחלה נאה
run′ny *adj.* נוזל, ניגר*
run-off *n.* מירוץ קובע (לאחר תיקו)
run-of-the-mill *adj.* רגיל, בינוני
run-on *adj.* מצורף, נספח, המשכי
runs *n-pl.* שלשול*
runt *n.* ננס, לא מפותח
run-through *n.* חזרה, תשנון
run-up *n.* ריצת-צבירה (לפני קפיצה); תקופת הכנה/פעילות
run′way′ *n.* מסלול המראה, מימראה
ru·pee′ (rōō-) *n.* רופיה (מטבע)
ru·pi′ah (rōōpē′ə) *n.* רופיה (מטבע)
rup′ture *n.* שֶׁבֶר, קֶרַע, התפקעות; בֶּקַע
rupture *v.* להיקרע, להתפקע; לנתק
- rupture oneself לקבל שבר

ru′ral *adj.* כפרי, של כפר
Ru′rita′nia *n.* רוריטניה (ארץ דמיונית רווית הרפתקאות ותככים)
ruse *n.* תכסיס, תחבולה
rush *v.* למהר, לרוץ; להסתער; לכבוש בסערה; להחיש, להעביר
- rush for- לגבות מחיר מופרז עבור-
- rush him להאיץ בו, לדחוק בו
- rush into print לאוץ לפרסם
- rush off his feet להעביד בפרך
- rush one's fences לפעול בפזיזות
- rush out לייצר בכמויות גדולות
- rush something לעשות דבר בחופזה
- rush through להשלים מהר, להעביר במהירות, לסיים חיש
- rush to a conclusion להיחפז להסיק

rush *n.* מהירות, חיפזון, מהומה; הסתערות; בהלה; זינוק
- bum's rush השלכה החוצה
- gold rush בהלה לזהב
- rush hour שעת הדוחק
- rushes טיוטת-סרט (לפני העריכה)

rush *n.* קנה-סוף, אגמון
rush-light *n.* נר אגמון
rush′y *adj.* שופע קני-סוף
rusk *n.* צנים
rus′set *adj&n.* חום-זהבהב; תפוח חורפי
Rus′sian (rush′ən) *adj&n.* רוסי; רוסית
Rus′so- של רוסיה
rust *n&v.* חלודה; להחליד
- rust away/out להחליד כליל

rus′tic *adj&n.* פשוט, גס, מחוספס; כפרי, קרתני; איכר
rus′ticate′ *v.* לחיות בכפר; להרחיק זמנית; להשעות; לסתת בזיזים
rus′tica′tion *n.* חיי כפר; הרחקה, השעיה; חספוס; זיז, בליטה
rus·tic′ity *n.* כפריות
rus′tle (-səl) *v&n.* לרשרש; לנוע ברשרוש; *לגנוב, לסחוב; רשרוש
- rustle up *להכין, לארגן, לספק

rustler *n.* גונב בקר
rustless *adj.* לא חליד
rustling *n.* רשרוש; גניבת בקר
rustproof *adj.* חסין-חלודה
rustproof *v.* לחסן כנגד חלודה
rusty *adj.* חלוד; לא מלוטש, טעון רענון; דהוי
rut *n&v.* חריץ, עקבות אופן; (חיי) שגרה; להותיר חריצים
- get into a rut להיכנס לשגרה

rut *n&v.* עונת הייחום; להתייחם
ruth (rōōth) *n.* רחמים; צער
Ruth רות (מגילת רות)
ruthless *adj.* אכזרי, חסר-רחמים
rut′ting *adj&n.* מיוחם; התייחמות
rye (rī) *n.* שיפון; ויסקי שיפון; לחם שיפון
rye bread לחם קיבר, לחם שיפון

S

S = South, Sunday, Saturday
Sab′bata′rian *n.* שומר שבת
Sab′bath *n.* שבת; יום ראשון
- break the Sabbath לחלל השבת
sabbat′ical *adj.* שבתי, כמו שבת
sabbatical year שנת שבתון
sa′ber *n&v.* חרב כבדה (כפופת-להב), סיף; להכות בחרב
saber-rattling *n&adj.* ציחצוח חרבות; מלחמתי, שש לקרב
sa′ble *n&adj.* צובל (בע"ח); פרוות-צובל; שיער-צובל; שחור, קודר
- sables בגדי אבל, שחורים
sab′ot (-bō) *n.* נעל עץ, קבקב, כפכף
sab′otage′ (-tazh) *n&v.* סבוטאז', מעשה-חבלה; לחבל
sab′oteur′ (-tûr′) *n.* מחבל
sa′bra (sä′-) *n.* צבר, יליד ישראל
sabre = saber
sac *n.* כיס, שלפוחית, שק
sac′charin (-k-) *n.* סאכארין
sac′charine′ (-kərēn) *adj.* סאכאריני, מתקתק, מתוק מדי
sac′erdo′tal *adj.* של אנשי-דת
sacerdotalism *n.* שלטון אנשי-דת
sachet (sashā′) *n.* שקית בושם; אבקה ריחנית, עלים ריחניים
sack *n&v.* שק; סל-נייר; פיטורים; *מיטה; לפטר
- give the sack לפטר, לסלק
- got the sack *פוטר, הועף מעבודה
- left holding the sack *נותר נושא באחריות, נשאר עם הלשון בחוץ
- sack out/in *לשכב לישון
sack *v&n.* לשדוד; ביזה; הֶרֶג
sack *n.* סק, יין לבן
sack′but′ *n.* טרומבון קדום
sackcloth *n.* לבוש שק, אריג שק
sackcloth and ashes שק ואפר
sack dress שמלת שק
sack′ful′ (-fool) *n.* מלוא השק
sacking *n.* אריג שק
sack race מירוץ כשהרגליים בשק
sa′cral *adj.* דתי, של דת, פולחני
sac′rament *n.* סאקרמנט, טקס נוצרי, פולחן; הלחם הקדוש
sac′ramen′tal *adj.* פולחני, קדוש
sa′cred *adj.* קדוש, של הדת, דתי; מוקדש ל-; רציני, חגיגי
- sacred promise הבטחה חגיגית
sacred cow "פרה קדושה"
sacred music מוסיקה כנסייתית
sacredness *n.* קדושה
sacred writings כתבי הקודש
sac′rifice′ *n&v.* קורבן, הקרבה עצמית; ויתור, אובדן; להקריב
- sell at a sacrifice למכור בהפסד
sac′rifi′cial (-fish′əl) *adj.* של קורבן
sac′rilege (-lij) *n.* חילול קודש
sac′rile′gious (-lij′əs) *adj.* של חילול קודש
sac′ristan *n.* שַמַש-כנסייה
sac′risty *n.* חדר תשמישי-קדושה
sac′ro·il′iac′ *n.* איזור העצה
sac′ro·sanct′ *adj.* קדוש ביותר
sac′rum *n.* עצם העצה
sad *adj.* עצוב, מצער; מביש, רע
- sad color צבע כהה/קודר/משעמם
- sad to say מצער לומר, לדאבוני
sad′den *v.* להעציב; להיעצב
sad′dle *n.* אוכף; גב-בהמה; מושב-אופניים; אוכף-הרים
- in the saddle בשליטה, מפקח
- saddle of mutton נתח בשר-כבש
saddle *v.* לאכף, לשים אוכף על
- saddle on להטיל (האשמה) על
- saddle up לאכף, לחבוש סוס
- saddle with להעמיס, להטיל, לחייב
- saddled with debts שקוע בחובות
saddlebag *n.* אמתחת; כיס-המושב
- saddle-bags שַקַיִים, בית פגים
saddle horse סוס רכיבה
saddler *n.* אוכפן, עושה אוכפים
saddlery *n.* אוכפים, כלי-רתמה; בית מלאכה לאוכפים; ייצור אוכפים
saddle shoe נעל מאוכפת
saddle-sore *adj.* סובל מחככי-רכיבה
saddle stitch תפר קישוט (בשוליים); הידוק (חוברת) בסיכות-חיבור
Sad′du·cee′ *n.* צדוקי
sa′dism′ *n.* סאדיזם, אכזריות
sa′dist *n.* סאדיסט
sadis′tic *adj.* סאדיסטי
sadly *adv.* בעצב; לרוע המזל
- sadly mistaken טועה (לצערי)
sadness *n.* עצבות

sa'do·mas'ochism' (-kisəm) *n.* סאדומזוכיזם
sa'do·mas'ochist (-kist) *n.* סאדומזוכיסט
sad sack *לא יוצלח, בטלן
sae מעטפה מבויילת וממוענת
safa'ri (-fä'-) *n.* סאפארי, משלחת-ציד; טיול מאורגן
safe *adj.* בטוח; מוגן; לא-ניזוק, שלם; זהיר; לא מסוכן; ודאי
- on the safe side נוקט זהירות רבה
- play it safe לשחק בזהירות
- safe and sound בריא ושלם
- safe seat מקום בטוח (לכנסת)
- safe sex מין בטוח
safe *n.* כספת; ארון איוורור (למזון)
safe-breaker, -cracker *n.* פורץ קופות, מפצח כספות
safe-conduct *n.* חסינות רשמית, רשות מעבר (בשטח אויב)
safe deposit הפקדה בכספת; כספת
safe-deposit box כספת (בבנק)
safeguard *n&v.* אמצעי-בטיחות, מחסה; להגן, לשמור
safe house מקום מיפגש, מיקלט
safe-keeping *n.* שמירה בטוחה
safe'ty (sāf'-) *n.* ביטחון; בטיחות
- play for safety לשחק בזהירות
- safety first קודם כל - זהירות
safety belt חגורת בטיחות
safety bolt בריח-ביטחון
safety catch נצרה
safety curtain מסך (חסין-אש)
safety factor מרווח ביטחון
safety glass זכוכית ביטחון
safety island/zone אי-תנועה
safety lamp פנס-בטיחות
safety net רשת ביטחון
safety pin סיכת ביטחון, פריפה
safety razor מַגלֵחַ, מכונת גילוח
safety valve שסתום ביטחון; אמצעי-התפרקות (כגון ספורט)
saf'flow'er *n.* חריע
saf'fron *n.* זעפרן, כרכום; תַּפּוּז, כתום
sag *v&n.* לשקוע, לרדת, לצנוח, ליפול; לתלות ברפיון; שקיעה, ירידה
sa'ga (sä'-) *n.* סאגה, הגדה, סיפור
saga'cious (-shəs) *adj.* נבון, חכם
sagac'ity *n.* תבונה, חוכמה, חריפות
sage *adj&n.* חכם, מלומד, עתיר-ניסיון
sage *n.* מַרוָה; ירוק-אפור
sagebrush *n.* לענה (צמח-בר)
sag'gy *n.* צנוח, נפול, שקוע
Sag'itta'rius *n.* מזל קֶשֶׁת
sag'ittate' *adj.* חיצי, דמוי-חץ
sa'go *n.* סאגו, עמילן מדקל-הסאגו
sa'hib (sä'-) *n.* אדון (בהודו)
said = p of say (sed)
- the said האמור, הנ"ל
sail *n.* מיפרש; מיפרשית; ספינה; הפלגה; זרוע טחנת-רוח
- in full sail כשכל מיפרשיה פרושים
- make sail לפרוש מיפרשים, להפליג
- take in sail לקפל המיפרשים; למתן פעילותו
- take the wind out of his sails להוציא הרוח ממיפרשיו
- under sail שטה במיפרשים פרושים
sail *v.* לשוט; להשיט; להפליג; לנוע, לרחף, לעוף; לעבור, להשיג
- sail in להירתם במרץ (לעבודה)
- sail into him להתנפל עליו
sailboard *n.* גלשן-מיפרש
sail-boat *n.* מיפרשית
sailcloth *n.* אריג מיפרשים
sailing *n.* הפלגה; שיט-מיפרשית
sailing boat מיפרשית
sailing ship מיפרשית
sailing vessel מיפרשית
sailor *n.* מַלָּח, ימאי, יורד-ים
- bad sailor סובל ממחלת-ים
sailorly *adj.* כְּמַלָּח, מצוחצח
sailor suit חליפת ימאים
sail plane דאון
saint *n.* קדוש; צדיק; "מלאך"
Saint Bernard סיינט ברנארד (כלב)
sainted *adj.* קדוש, המנוח
sainthood *n.* קדושה, מעמד הקדוש
saintlike *adj.* קדוש, דומה לקדוש
saintliness *n.* קדושה, חסידות
saintly *adj.* קדוש, כיאה לקדוש
saith = says (seth) אומר
sake *n.* תועלת; טובה; מטרה
- for heaven's/mercy's sake! למען השם!
- for my sake למעני
- for the sake of למען, לטובת
sake, saki (sä'ki) *n.* סאקי (משקה)
salaam' (-läm) *n&v.* שלום; קידה עמוקה; לברך לשלום; לקוד
sal'able (sāl'-) *adj.* מָכִיר
sala'cious (-shəs) *adj.* תאוותני; גס

salac′ity *n.* תאוותנות; גסות
sal′ad *n.* סאלאט; תערובת; ירק
salad cream רוטב סאלאט סמיך
salad days נעורים, חוסר ניסיון
salad dressing מיונית,
רוטב-סאלאט
sal′aman′der *n.* סלמנדרה
sala′mi (-lä′-) *n.* סאלאמי (נקניק)
salaried *adj.* מקבל משכורת
sal′ary *n.* משכורת, שכר
sale *n.* מכירה, מֶכֶר; מכירה כללית
- for sale למכירה, מוצע למכירה
- no sale! לא!, בהחלט לא!
- on sale למכירה; במכירה כללית
- sale of work מכירת עבודות-בית
- sale or return מכירה על-תנאי
saleable *adj.* מָכִיר, ראוי למכירה
salep′ *n.* סחלב
sales chat דברי-שידול, שכנוע
sales clerk מוכר, זבן
sales department מחלקת מכירות
sales girl/lady מוכרת, זבנית
salesman *n.* סוכן מכירות, זבן
salesmanship *n.* זבנות
salesperson *n.* סוכן/סוכנת מכירות
sales resistance התנגדות לקנייה
salesroom *n.* אולם מכירות
sales slip/check קבלה
sales talk שידול הקונה, דברי שכנוע
sales tax מס מֶכֶר
saleswoman *n.* זבנית
sa′lience *n.* בליטה; חשיבות
sa′lient *adj&n.* בולט; חשוב;
ניכר; זווית בולטת; ראש-חץ, טריז
salif′erous *adj.* מלחי; מפיק מלח
sa′line *adj&n.* מלחי, מכיל מלח;
תמיסת מלח; מעיין מים מלוחים
salin′ity *n.* מליחות
sal′inom′eter *n.* מד-מליחות
Salis′bur′y steak (sôlz′beri) *n.*
פשטידית סולזברי
sali′va *n.* רוק
sal′ivar′y (-veri) *adj.* של רוק, רירי
salivary glands בלוטות הרוק
sal′ivate′ *v.* להפריש רוק, לְרַיֵּר
sal′low (-ō) *adj&v&n.* צהוב;
חולני; להצהיב; סוג של ערבה
sal′ly *n.* גיחה, הבקעה; התפרצות;
הערה שנונה; טיול, הרפתקה
sally *v.* לערוך גיחה, לפרוץ
- sally forth/out לצאת למסע/לטיול
Sal′ly Lunn′ סלי לאן (עוגייה)

salm′on (sam′-) *n.* סלמון, אלתית
sal′monel′la *n.* סלמונלה, הרעלת
מזון
salmon pink ורוד-צהבהב עז
salmon trout טרוטה
salon′ *n.* סלון, חדר-אורחים; כנס
אנשי רוח; בית אופנה
saloon′ (-lōōn) *n.* מסבאה, בַּר; אולם;
מכונית
- dancing saloon אולם ריקודים
saloon bar מיזנון משקאות (בבר)
saloon car מכונית, מכונית נוסעים
sal′sify′ *n.* זקן-תיש (צמח)
salt (sôlt) *n.* מֶלַח; מלחייה; מוסיף
טעם (לחיים); ימאי ותיק
- (not) worth one's salt (לא) ראוי
למשכורתו, (לא) כדאי להחזיקו
- back to salt mines *חזרה לעבודה
- common salt מלח בישול
- eat salt with להתארח אצל
- not made of salt לא עשוי מסוכר,
לא מודאג ממזג אוויר גשום
- put salt on the tail of ללכוד
- rub salt into his wounds לזרות
מלח על פצעיו
- salt of the earth מלח הארץ
- salts מלח שלשול, סם משלשל
- table salt מלח שולחן, מלח דק
salt *v.* למלוח, להמליח, להוסיף מלח;
לזרות מלח; לתבל (סיפור); לרמות
- salt away לחסוך (כסף)
- salt down לשמר במלח
salt *adj.* מלוח, מָלֵחַ
salt-cellar *n.* מלחייה, מבזק-מלח
salted sticks מקלות מלוחים
salt-pan *n.* בריכת-מלח
salt′pe′ter (sôlt-) *n.* מלחת
saltshaker *n.* מיבזקת-מלח
saltwater *adj.* של מים מלוחים
salt-works *n-pl.* מיפעל מלח
salty *adj.* מלוח, ממולח; *של הים
salu′brious *adj.* מבריא
salu′brity *n.* בריאות
sal′u·tar′y (-teri) *adj.* טוב, בריא
sal′u·ta′tion *n.* ברכה, אות-שלום;
פתיחה, פנייה (במכתב)
salu′tato′ry *adj.* מביע ברכה
salute′ *v.* להצדיע, לברך לשלום
salute *n.* הצדעה, הבעת כבוד,
מטח-כבוד, סאלוט, סילוד; ברכת
שלום; דיגול נשק; פצצת-רעש
- take the salute לקבל את המיסדר

sal′vage *n.* הצלת-רכוש; חילוץ ספינה; שכר הצלה; רכוש ניצל; ניצולת, שיירים
salvage *v.* להציל
sal•va′tion *n.* הצלה, ישועה, גאולה
Salvation Army צבא-הישע
salvationist *n.* איש צבא-הישע
salve (sav) *n&v.* מישחה, תרופה; מזור; להרגיע, להשקיט, לשכך
salve (salv) *v.* להציל
sal′ver *n.* מגש, טס
sal′via *n.* מרווה (פרח)
sal′vo *n.* מטח; התפרצות; תשואות
sal volat′ile (-tili) *n.* מלח הרחה
SAM טיל קרקע אוויר
sam′ara *n.* כַּנְפִית
Samar′itan *n.* שומרוני
- Good Samaritan צדיק, איש חסד
sam′ba *n.* סמבה (ריקוד)
same *adj&adv&pron.* זהה, שווה, אותו, אותו הדבר, הנ"ל; באופן דומה
- at the same time באותה שעה, בו-זמנית; בבת אחת; יחד עם זאת
- it's all the same היינו הך
- one and the same אותו איש עצמו
- same here *גם לי, גם אני; כנ"ל
- same to you! ברכות גם לך!
- the very same man אותו אדם ממש
sameness *n.* דימיון, זהות; חדגוניות
samo′sa סמוסה (כיסן הודי מתובל)
sam′ovar′ *n.* סמובר, מיחם
sam′ple *n.* דוגמה, דגם, מידגם
sample *v.* לבדוק מידגם, לטעום
sam′pler *n.* דוגמת מעשה-ריקמה
sampling *n.* דגימה
sampling error טעות מדגמית
sam′urai′ (-moorī) *n.* סמוראי
san′ative *adj.* מְרַפֵּא, בעל כוח לרפא
san′ator′ium *n.* סנאטוריום, בית-מרפא
sanc′tifica′tion *n.* קידוש
sanc′tify′ *v.* לקדש; לטהר מחטא
sanc′timo′nious *adj.* מתחסד, צבוע
sanc′tion *n.* אישור, רשות; עידוד; מֵנִיעַ; סנקציה, עונש; עיצומים
sanction *v.* לאשר, להרשות, לעודד
sanc′tity *n.* קדושה; דבר קדוש
sanc′tuary (-chooəri) *n.* מקום קדוש; מקום תפילה; מיקלט; מחסה; שמורת-חיות; בית המיקדש
sanc′tum *n.* מקום קדוש
sanctum sanc•to′rum קודש קודשים
Sanc′tus *n.* "הקדוש" (תפילה נוצרית)
sand *n.* חול; חוף-הים
- build on sand לבנות בחול (לחינם)
- sands חולות; החול בשעון-חול
sand *v.* לשפשף בחול; לכסות בחול
san′dal *n.* סנדל
sandaled *adj.* מסונדל, נעול סנדלים
sandalwood *n.* אלמוג (עץ); חום
sandbag *n&v.* שק-חול; לבצר בשקי-חול; לכפות, להכריח
sandbank *n.* תל-חול, שרטון
sandbar *n.* שרטון
sandblast *n&v.* זרם חול עז; לנקות/לחתוך/לחרות בזרם חול
sandbox *n.* ארגז חול (לפעוטות)
sandboy *n.* נער המשחק בחול
- happy as a sandboy עליז, מאושר
sand dune דיונה, חולית
sand′er *n.* מכונת ליטוש
sandglass *n.* שעון חול
sanding machine מכונת ליטוש
sand-lot *adj&n.* (מיגרש) של חובבים
sand′man′ *n.* שר השינה
sandpaper *n&v.* נייר-זכוכית, נייר-שמיר; לשפשף בנייר-שמיר
sand′pi′per *n.* ביצנית, עוף-בִּיצָה
sandpit *n.* ארגז-חול, בור-חול
sandshoe *n.* נעל טניס, נעל-ים
sandstone *n.* אבן-חול
sandstorm *n.* סופת-חול
sand trap גומת-מיכשול (בגולף)
sand′wich *n&v.* כריך, סנדוויץ; עוגת-רבדים; להרביד, לדחוק
sandwich boards לוחות פִּרסוּם
sandwich man נושא לוחות פִּרסוּם
sandy *adj&n.* חולי, מלא חול, מכיל חול; צהוב-אדמדם; *ג'ינג'י
sane *adj.* שפוי, הגיוני, שקול
San′forize′ *v.* לעשות לבלתי-כוויץ
sang = pt of sing
sangfroid (sänfrwä′) *n.* קור-רוח
san′guinar′y (-gwineri) *adj.* עקוב מדם; אכזרי; רווי קללות
san′guine (-gwin) *adj.* אופטימי, מלא-תיקווה; אדום, סמוק

san′ita′rium *n.* סנטוריום, בית-מרפא
san′itar′y (-teri) *adj.* נקי, סניטארי, תברואני, היגייני
sanitary napkin/towel תחבושת היגיינית, פד
san′ita′tion *n.* סניטאציה, תברואנות
san′itize′ *v.* לעשות היגייני; לחטא, לצנזר
san′ity *n.* שפיות, שיקול-דעת
sank = pt of sink
sans (sanz) *prep.* בלי, בלא
San′skrit *n.* סאנסקריט (שפה)
sans ser′if אות-דפוס חסרת-תגים
San′ta Claus (-z) *n.* סאנטה קלאוס
sap *n.* מוֹהַל, לשד-הצמח; כוח, און, חיות, מרץ; *טיפש, פתי; חפירה, מחתרת; חפץ להכות בו
sap *v.* להחליש, להתיש, להרוס, לחתור תחת-, לערער אושיות-
sap-head *n.* פתח-המחתרת, קצה החפירה
sa′pience *n.* חוכמה
sa′pient *adj.* חכם; "חכם בלילה"
sapless *adj.* חסר-חיות, יבש
sap′ling *n.* עץ צעיר; נער, עלם
sap′per *n.* חַפָּר, חייל בחיל-ההנדסה; חבלן, חודר למחנה האויב
Sap′phic (saf′-) *adj.* של סאפו; לסבית
sap′phire (saf′-) *n.* ספיר; כחול עז
sap′py *adj.* מלא חיות, נמרץ; *טיפש
sap′wood′ *n.* שיכבת העץ החיצונית
Sar′acen *n.* ערבי, מוסלמי
sar′casm′ (-kaz′əm) *n.* סרקאזם
sar·cas′tic *adj.* סרקאסטי, עוקצני
sar·co′ma *n.* סרקומה (גידול)
sar·coph′agus *n.* סרקופאג, גלוסקמה
sar·dine′ (-dēn′) *n.* סרדין, טרית
sar·don′ic *adj.* בז, ציני, לגלגני
sarge *n.* סרג'נט, סַמָל
sa′ri (sä′-) *n.* סארי, שימלה הודית
sar′ky *adj.* *סארקאסטי
sar′nie *כריך, סנדוויץ'
sarong′ *n.* סארונג, לבוש מלאיי
sar·tor′ial *adj.* של ביגדי גברים, של חייטות
sash *n.* אבנט; מסגרת השמשה
sa·shay′ (sa-) *v.* לנוע בקלילות
sash window חלון זחיח (עולה ויורד)
sass *n&v.* *חוצפה; להתחצף
sas′sy *adj.* *חצוף
sat = p of sit
Sat = Saturday
Sa′tan *n.* השטן
satan′ic *adj.* שטני, רע, אכזרי
Sa′tanism′ *n.* פולחן השטן
satch′el *n.* ילקוט
sate *v.* לפטם, להלעיט, להשביע
sateen′ *n.* סָטֶן, אריג מבריק
sat′ellite′ *n.* לוויין, ירח; חסיד, כרוך אחרי; גרורה, ארץ חסות
- communications satellite לוויין-תקשורת
satellite dish צלחת לוויין
satellite town עיר-לוויין, עיר-בת
sa′tiable (-shəbəl) *adj.* שניתן להשביעו
sa′tiate′ (-′sh-) *v.* לְהַשְׂבִּיעַ, לפטם
sati′ety *n.* שובע, שביעות, תקוצה
sat′in *n&adj.* סָטֶן; (אריג) משי
satinwood *n.* סטין (עץ חלק)
sat′iny *adj.* חלק, משיי, מבריק
sat′ire *n.* סאטירה
satir′ical *adj.* סאטירי
sat′irist *n.* סאטיריקן
sat′irize′ *v.* לתקוף בסאטירה, ללגלג
sat′isfac′tion *n.* שביעות רצון, סיפוק; קיום; פיצוי, תגמול, נקם
- demand satisfaction לתבוע פיצוי
- take satisfaction לשאוב סיפוק
- to one's satisfaction לשביעות רצונו
sat′isfac′tory *adj.* מספק, משביע רצון
satisfied *adj.* מרוצה; משוכנע
sat′isfy′ *v.* לספק; למלא, לענות על; להשביע רצון; לְפַצּוֹת; לשכנע; לְהַשְׂבִּיעַ; לקיים
- satisfy the examiners לעמוד בבחינה, לקבל "מספיק"
satisfying *adj.* משביע; מספק
sat′urate′ (-ch′-) *v.* להרוות; להספיג
saturated *adj.* רווי, ספוג
sat′ura′tion (-ch′-) *n.* רוויה; הספגה; בהירות צבע
saturation bombing הפצצה כבדה
saturation point נקודת רוויה

Sat′urday *n.* שבת
Saturdays *adv.* בשבתות
Sat′urn *n.* שבתאי (כוכב לכת)
sat′urna′lia *n.* הילולה, הוללות
sat′urnine′ *adj.* זועף, רציני, קודר
sat′yr (-tər) *n.* סאטיר, אל היער והפריצות; שטוף-תאווה, הולל, פרוץ
sauce *n.* רוטב; תבלין; רסק, מחית; *חוצפה
- hit the sauce *נתן בכוס עינו
- sauce for the goose מה שטוב לזה טוב לזה
sauce *v.* להתחצף כלפי; לתבל
sauce-boat *n.* קערית רוטב
saucepan *n.* סיר, קלחת, אילפס
sau′cer *n.* תחתית (לספל); צלחת
saucer-eyed *adj.* פעור-עיניים
sau′cy *adj.* חצוף; *נאה, נוצץ
Sau′di *adj.* של ערב הסעודית
sauer′kraut′ (sour′krout) *n.* כרוב כבוש
sau′na *n.* סאונה, מרחץ-אדים
saun′ter *v.* להלך בנחת, לפסוע לאט
saunter *n.* טיול-הנאה, הליכה בנחת
sau′rian *adj&n.* דמוי-לטאה; זוחל
sau′sage *n.* נקניק, נקניקית
sausage dog *כלב גרמני, תחש
sausage roll גליל-נקניקית
saute (sôtā′) *v&adj&n.* לטגן חטופות; (מטוגן) טיגון קצר, מוקפץ
sauteed, sauted *adj.* מוקפץ
sauternes′ (-tûrn′) *n.* סוטרן (יין)
sav′age *n&adj.* פרא, פרימיטיבי; פראי, אכזר, עז, גס; זועם, רותח
savage *v.* (לגבי חיה) לתקוף, לנשוך
savagery *n.* פראות, אכזריות
savan′na *n.* סוואנה, ערבה
savant′ (-vänt) *n.* מלומד, חכם
save *v.* להציל; לשמור; לחסוך; לגאול
- save appearances להפגין הופעה מכובדת
- save on לחסוך, להוציא מעט על-
- save one's breath לשתוק, להחריש
- save one's skin להינצל, להימלט
- save the day לנחול ניצחון, להציל
- save up לחסוך (לעתיד)
save *n.* הצלת שער (ע״י השוער)
save *prep.* חוץ מ-, פרט ל-
save-as-you-earn חיסכון מהשכר
sav′eloy′ *n.* נקניק חזיר

saver *n.* מציל; גואל; חוסך; חסכן
saving *n.* חיסכון; הצלה
- savings חסכונות
saving *adj.* מפצה, מְאַזֵן; מגביל
saving *prep.* חוץ מ-, פרט ל-
- saving your presence במחילה מכבודך
saving clause פיסקת הסתייגות
saving grace סגולה מפצה (פגמים)
sa′vior *n.* מציל; מושיע
sav′oir-faire′ (sav′wärfar′) *n.* טאקט, חוש מידה, התנהגות בטעם
sa′vor *n.* טעם, ריח, אופי, סממן
savor *v.* ליהנות, להתענג, לטעום
- savors of בעל טעם של, מדיף ריח
sa′vory *n.* צתרה (צמח-תבלין)
savory *adj&n.* טעים, מְתַאֲבֵן; נעים; מלוח; חריף; פרפרת מלוחה
savoy′ *n.* סבוי (כרוב)
sav′vy *v&n.* *להבין; הבנה, תבונה; יָדַע
saw *n.* מסור; פיתגם, מימרה
saw *v.* לנסר; להינסר; להניע כמסור
- saw off לנסר, להסיר בנסירה
- saw up לנסר לגזרים
- saw wood *לנחור
- sawed-off shotgun רובה קטום-קנה
saw = pt of see
sawbones *n.* *מנתח, רופא
sawbuck *n.* שטר בן 10 דולרים
sawdust *n.* נסורת
saw-horse *n.* שולחן-נסירה
saw-mill *n.* מנסרה
saw′yer (-yər) *n.* נַסָר
sax *n.* *סאקסופון
sax′horn′ *n.* קרן סאקס
Sax′on *n.* סאקסוני, אנגלו-סאקסי
sax′ophone′ *n.* סאקסופון
sax′opho′nist *n.* נגן סאקסופון
say *v&adv.* לומר; לדבר, להגיד, להביע; להעריך, לשער, לחשוב; נניח, לדוגמה
- I cannot say איני יודע
- I say(ביטוי סתמי) !שמע!, האומנם?! -
- I wouldn't say no לא אתנגד, כן
- I'd say הייתי אומר ש-, נראה לי
- I'll be there, say, 5.30 אהיה שם, נניח, ("בוא נאמר") ב-5:30
- I'll say *בטח, כמובן
- It says נאמר, רשום, כתוב
- It's said that אומרים ש-

- how say you? (למושבעים) מה החלטתם?
- let's say נניח
- not to say שלא לומר, ואפילו
- nothing to say for it אין מה לומר על כך, אין להצדיק זאת
- say much/something for זה אומר משהו על, זה מראה את ערכו
- say on! המשך!, הוסף לדבר!
- say out לומר גלויות
- say the word לומר כן, לתת האות
- say to oneself לומר בליבו, לחשוב
- say uncle להיכנע, להרים ידיים
- say what you like תגיד מה שתגיד
- says I/he *אמרתי/אמר
- says you *כך אתה אומר, מה פיתאום?
- that is to say כלומר, הווי אומר
- there's no saying אין לדעת
- they say אומרים, השמועה אומרת
- when all is said and done אחרי ככלות הכל
- you can say that again! נכון מאוד!
- you don't say! מה אתה סח!

say *n.* דיעה; זכות דיבור
- has a say יש מישקל למלתו
- say one's say לומר את דברו

saying *n.* פיתגם, מימרה
say-so *n.* אמירה, דיבור; צו; סמכות
scab *n.* גלד, קרום-פצע; גרדת; *מפר-שביתה, עובד לא מאורגן
scab′bard *n.* נדן
scab′by *n.* מכוסה-גלדים; מוכה-שחין
sca′bies (-bēz) *n.* גרדת, גרבת
sca′bious *adj.* של גרדת; מוכה שחין
sca′brous *adj.* מחוספס, דוקרני; לא צנוע, גס; מסובך, קשה
scads *n-pl.* *הרבה, מספר רב
scaf′fold *n.* פיגום; גרדום
- go to the scaffold לעלות לגרדום

scaffolding *n.* מערכת פיגומים
scag *n.* *הרואין
sca′lar *n&adj.* סְקָלָר; בַּר-כִּיוּל
scal′awag′ (-′əwag) *n.* *נָבָל, נבזה
scald (skôld) *v&n.* לכוות, להכוות; לנקות ברותחים; לחמם עד לרתיחה; לחלוט, למלוג; כוויה
scalding *adj.* צורב; מתקיף, חריף
- scalding tears דמעות רותחות

scale *n&v.* כף-המאזניים; לשקול
- (pair of) scales מאזניים
- hold the scales even לשפוט בצדק
- tip/turn the scales להכריע את הכף; לשקול

scale *n.* קשקשת; קליפה; אבנית; אבן-שיניים
- remove scales from his eyes לפקוח את עיניו
- scales קשקשים

scale *v.* להסיר קשקשים, לְקַשְׂקֵשׂ; לכסות באבנית
- scale off לקלף; להתקלף

scale *n.* סולם, סקאלה; סרגל; קנה-מידה; לוח-חלוקה (מכוייל); שיעור, מידה
- decimal scale השיטה העשרונית
- on a large scale בקנה-מידה גדול
- social scale סולם-החברה

scale *v.* לטפס; לעלות; לשרטט לפי קנה-מידה
- scale down להקטין בשיעור קבוע
- scale up להגדיל בשיעור קבוע

scale insect כנימת-מגן
sca′lene *n.* משולש שונה-צלעות
scaling ladder סולם-טיפוס
scal′lion *n.* בצל ירוק צעיר
scal′lop *n.* צדפה (מתולמת-קשוות); שוליים מסולסלים; דוגמה מתולמת
scallop *v.* לבשל ברוטב; לתלם שוליים; לקשט בחריצים
scal′lywag′ *n.* *נָבָל, נבזה
scalp *n.* קרקפת, עור הגולגולת
- call for his scalp לתבוע ראשו

scalp *v.* לקרקף; לספסר
scal′pel *n.* איזמל-ניתוחים
sca′ly *adj.* קשקשי; מתקלף
scam *v&n.* *להונות, למעול; תרמית; סיפור, שמועה
scamp *n.* נבל, חדל-אישים; מזיק
scamp *v.* לעשות בשטחיות/בחיפזון
scam′per *v&n.* לרוץ, לנוס; מנוסה
scam′pi *n-pl.* סרטנים
scan *v.* לבחון, לבדוק; לסרוק; לרפרף; לנתח (שיר); למפות
scan *n.* מבט בוחן; סריקה
scan′dal *n.* שערורייה; רכילות
scan′dalize′ *v.* לעורר שערורייה, לשערר; לפגוע ברגשות, לזעזע
scandalmonger *n.* שערורן
scan′dalous *adj.* שערורייתי; מרכל
scandal sheet עיתון שערוריות

scan′ner *n.* סורק; בּוֹחֵן, בודק
scanning *n.* סריקה; מיפוי
scan′sion *n.* ניתוח (של חרוז/שיר)
scant *adj.* מועט, מצומצם, בקושי
- scant of חסר-, מספיק בקושי
scant *v.* לקמץ, לצמצם, לקצץ
scan′ties (-tēz) *n-pl.* תחתוני אישה
scantily *adv.* בצמצום, בקושי
scant′ling *n.* קורה קטנה; קורטוב
scan′ty *adj.* מועט, מספיק בקושי
-scape נוף, מראה
- seascape נוף ימי
scapegoat *n.* שעיר לעזאזל
scapegrace *n.* שלומיאל, בן-בליעל
scap′u·la *n.* עצם השכם
scar *n&v.* צלקת; סימן; לצלק, להותיר צלקת; לסטף; להצטלק
scar′ab *n.* חיפושית-פרעה; חרפושית, חיפושית-זבל, זיבלית
scarce (skārs) *adj&adv.* מצומצם; נדיר, יקר-המציאות; בקושי, כמעט שלא
- make oneself scarce להסתלק
scarcely *adv.* בקושי, כמעט שלא
- scarcely ever לעיתים נדירות
- scarcely had I come, when- אך באתי והנה-
scar′city (skār-) *n.* חוסר, נדירות
scare *v&n.* להפחיד; להיבהל; בהלה
- give a scare להפחיד
- scare away/off להבריח; להרתיע
- scare stiff להפחיד עד מאוד
- scare up להשיג; להכין בבהילות
scare *adj.* מפחיד, גורם פחד
scarecrow *n.* דחליל
scared *adj.* נבהל, אחוז פחד
- scared out of his wits פוחד פחד-מוות
scaredy-cat (skûr′di-) *n.* *פחדן
scare headline כותרת רעשנית
scaremonger *n.* זורע בהלה, תבהלן
scarf *n.* צעיף, סודר, רדיד
scarf *v.* *לזלול, לאכול בלהיטות
scarf pin סיכת צעיף
scar′ify′ *v.* לתחח; לפורר; למתוח ביקורת חריפה; לחתוך בעור
scar′lati′na (-tē′-) *n.* שָׁנִית (מחלה)
scar′let *n&adj.* שָׁנִי; אדום
scarlet fever שָׁנִית (מחלה)
scarlet hat כובע החשמן
scarlet runner שעועית אדומת-פרחים
scarlet woman פרוצה, יצאנית
scarp *n.* מתלול; שורת-צוקים
scar′per *v.* *לברוח
scary *adj.* *מפחיד; פוחד
scat *v.* *להסתלק, להתחפף
scathe (skādh) *v&n.* לפגוע, להזיק; נזק
scath′ing (skādh′-) *adj.* פוגע, קטלני
scat′ter *v.* לפזר, להפיץ; להתפזר
scatter *n.* פיזור; כמות מעטה
scatterbrain *n.* מפוזר, פזור-נפש
scatterbrained *adj.* מפוזר
scattered *adj.* מפוזר, פזור
scattering *n.* כמות מעטה/פזורה
scattershot *adj.* אקראי, מקרי
scat′ty *adj.* *מפוזר; מטורף
scav′enge (-vinj) *v.* לנקות; לחטט באשפה, לחפש מזון; לנקות רחובות
scav′enger *n.* פועל-ניקיון, מנקה רחובות; חיה ניזונה מנבלות
scena′rio′ *n.* תסריט, תרחיש
scena′rist *n.* תסריטאי
scene *n.* מקום-אירוע, זירה; מראה, נוף; מחזה; תפאורה; סצינה; עלילה; תמונה; פרץ-רגשות
- come on the scene לעלות על הבמה
- make a scene לעשות סצינה, להתפרץ
- make the scene להיות נוכח
- political scene הבמה הפוליטית
- quit the scene למות; להיפרד
- steal the scene לגנוב את ההצגה
scene-painter *n.* תפאורן
sce′nery *n.* תפאורה; מראה-נוף
scene-shifter *n.* מחליף תפאורות
sce′nic *adj.* של נוף; של תפאורה
scent *v.* להריח; לחשוד, להרגיש; לבשם
scent *n.* ריח; בושם; חוש-ריח; חשד, תחושה; עקבות
- false scent עקבות מטעים
- on the scent בעקבות, בדרך הנכונה
- throw him off the scent להטעותו
scented *adj.* מדיף ריח (נעים)
scentless *adj.* נטול-ריח
scep′ter *n.* שרביט
scep′tic = skeptic (sk-)
sched′ule (skej′ool) *n&v.* רשימה; מחירון; לוח-זמנים; תוכנית;

לתכנן; לרשום בלוח-זמנים
- behind schedule באיחור, בפיגור
- on schedule בזמן, לא באיחור
scheduled *adj.* רשום, לפי לוח-זמנים
sche′ma (sk-) *n.* סכימה, שרטוט
sche·mat′ic (sk-) *adj.* סכימאתי, משורטט בקווים כלליים; מתורשם
sche′matize′ (sk-) *v.* לתאר בקווים כלליים
scheme (sk-) *n&v.* תוכנית, שיטה, סכימה; תחבולה, מזימה; לתכנן, לתחבל
schemer *n.* תחבולן
scher′zo (sker′tsō) *n.* סקרצו
schism (siz′əm) *n.* פילוג, שסע
schismat′ic (siz-) *adj.* פלגני; פלגן, בעל מחלוקת
schist (shist) *n.* צפחה (אבן פצילה)
schiz′o (skits-) *n.* *סכיזופרני
schiz′oid (skits-) *adj.* סכיזופרני
schiz′ophre′nia (skits-) *n.* סכיזופרניה, שסעת, פיצול האישיות
schiz′ophren′ic (skits-) *adj&n.* סכיזופרני
schlemiel′ (shləmēl′) *n.* שלומיאל
schlep (shlep) *v&n.* לסחוב, לגרור; בטלן, "שלפר"; מסע מעייף, מרחק רב
schlock (shlok) *adj.* *מאיכות גרועה, זבל
schmaltz (shmältz) *n.* שמאלץ, סנטימנטאליות; שוּמָן
schmooze (shmōōz) *v.* לפטפט
schnapps (sh-) *n.* שנפס (משקה)
schnitz′el (shnits-) *n.* שניצל, כתיתה
schnor′kel (sn-) *n.* שנורקל
schol′ar (sk-) *n.* מלומד; מלגאי; תלמיד; *יודע קרוא וכתוב; משכיל
scholarly *adj.* מלומד, ידעני
scholarship *n.* ידענות; מלגה
scholas′tic (sk-) *adj.* לימודי, של הוראה; סכולאסטי, פדאנטי
scholas′ticism′ (sk-) *n.* סכולאסטיקה, פילוסופיית ימי-הביניים
school (skōōl) *n.* בית-ספר; מיכללה, אוניברסיטה; שעות-לימוד; פאקולטה; אסכולה; להקת דגים
- of the old school מהאסכולה הישנה
- school of experience כור-ניסיון
- school of thought אסכולה
school *v.* לחנך, לאמן, לרסן
school age *n.* גיל בית-ספר
schoolbag *n.* ילקוט בית-ספר
school board מועצה חינוכית
school book ספר לימוד
schoolboy *n.* תלמיד
school-days ימי הלימודים
schoolfellow *n.* חבר לבית-ספר
schoolgirl *n.* תלמידה
schoolhouse *n.* בניין בית-הספר
schooling *n.* חינוך, השכלה
school leaver *n.* בוגר בית ספר
schoolman *n.* מורה (לסכולסטיקה)
schoolmarm (skōōl′märm′) *n.* מוֹרָה
schoolmaster *n.* מוֹרֶה
schoolmastering *n.* הוראה
schoolmate *n.* חבר לבית-ספר
schoolmistress *n.* מוֹרָה
school report תעודה (מבי"ס)
schoolroom *n.* כיתת בית-ספר
schoolteacher *n.* מורה
schooltime *n.* שעות הלימוד
schoolwork *n.* שיעורים
schoon′er (skōō′n-) *n.* מיפרשית; כוס גבוהה
schwa (shwä) *n.* שְׁוָא
sci·at′ic *adj.* של הירך
sci·at′ica *n.* נשית
sci′ence *n.* מדע; תורה; ידע
- social sciences מדעי החברה
science fiction מדע בידיוני
science park אתר למחקר מדעי
sci′entif′ic *adj.* מדעי, שיטתי
sci′entist *n.* מדען
sci′entol′ogy *n.* סיינטולוגיה, שיפור האישיות
sci-fi (sī′fī′) *n.* מדע בידיוני
scil′icet′ *adv.* כלומר, הווי אומר
scim′itar *n.* חרב כפופת-להב
scintil′la *n.* שביב, זיק; קורטוב
scin′tillate′ *v.* לנצנץ; להבריק
scin′tilla′tion *n.* נצנוץ, הברקה
sci′olism′ *n.* ידע מדומה/שיטחי
sci′on *n.* חוטר, נצר
scis′sors (-zərs) *n-pl.* מספריים
scissors-and-paste (מאמר) שחובר מפרי-עטם של אחרים
scissors kick בעיטת מספריים (בשחייה)

sclero′sis *n.* טרשת, סקלרוסיס
scoff *v.* ללגלג, להתייחס בבוז ל-; *לזלול, לאכול בלהיטות
scoff *n.* לעג; מטרה ללעג; *אוכל
scoffer *n.* לגלגן
scold (skōld) *v&n.* לגעור; לצעוק; צעקנית
scolding *n.* גערה, נזיפה; "שטיפה"
sco′lio′sis *n.* עקמת עמוד השדרה
scol′lop = scallop צדפה
sconce *n.* פמוט-קיר, נברשת; גולגולת
scone *n.* עוגייה, אפיפית, ביסקוויט
scoop (skōōp) *n.* יעה; כף; תרווד; גריפה; רווח הגון; סקופ עיתונאי
scoop *v.* לגרוף, להעלות בכף; להקדים; לזכות; לפרסם סקופ
- scoop a hole לעשות חור (בכף)
- scoop up/out להעלות בגריפה
scoopful *n.* מלוא הכף, מלוא היעה
scoot (skōōt) *v.* לרוץ; לברוח
scoo′ter *n.* קטנוע; קורקינט, גלגיליים
scope *n.* תחום, שטח; מרחב, כר-פעולה; מכשיר-ראייה
- outside the scope of מעבר לתחום
scor·bu′tic *adj.* חולה-צפדינה
scorch *v.* לחרוך; לשרוף; להישרף; לדהות; להצחיח; *לדהור (בכביש)
scorch *n.* מקום חרוך; *דהירה
scorched earth אדמה חרוכה
scorcher *n.* חם, חזק; יום לוהט
scorching *adj.* צורב, חם; רותח
score *n.* תוצאה, נקודת זכייה; נקד; שער; חתך, חריץ; סימן; חוב, חשבון; תכליל, פרטיטורה; עשרים
- keep the score לרשום את הנקודות
- know the score להבין המצב לאשורו
- make a score off him לענות לו תשובה ניצחת
- on more scores than one מסיבות שונות
- on the score of על בסיס-, בשל-
- on this/that score בשל כך
- run up a score להיכנס לחוב
- scores of המון, מספר רב
- settle a score להסדיר חשבון
score *v.* לזכות (ב-); להשיג; להעניק נקודות; לרשום הנקודות; לחרץ; לסמן; לבקר, לגנות; *לשכב עם
- score for לתזמר, לעבד ל-
- score high לזכות בציון גבוה
- score off להביס (במענה שנון)
- score through/out למחוק
- score up against לזקוף לחובתו
score-board *n.* לוח הנקודות
score-book *n.* פינקס נקודות
score-card *n.* כרטיס ניקוד
score-keeper *n.* רושם הנקודות
scoreless *adj.* ללא שערים
scoreline *n.* תוצאה, סך הנקודות
scorer *n.* כובש שערים; רושם נקודות
sco′ria *n.* לבה קרושה; סיגים
scorn *v.* לבוז, ללעוג; לדחות בבוז
scorn *n.* בוז, לעג; קורבן לעג
- laugh to scorn לשים ללעג וקלס
scornful *adj.* מלא-בוז, לעגני
Scor′pio *n.* מזל עקרב
scor′pion *n.* עקרב
scorpion grass זיכריני (צמח)
scot *n.* מס
- pay scot and lot לשלם כפי יכולתו
Scot, Scots *n.* סקוטי
scotch *v.* לחסל, לשים קץ ל-; לפצוע
Scotch *adj&n.* סקוטי; סקוטש, ויסקי
Scotch *n.* סקוטש, צמדן
Scotch broth מרק בשר וירקות וכו׳
Scotch egg ביצה קשה ונקניק מטוגנים
Scotchman, Scotsman *n.* סקוטי
Scotch mist ערפל כבד
Scotch tape נייר דבק (מצלופן)
scot-free *adj.* פטור; בלי פגע, שלם
Scot′tish *adj.* סקוטי; *קמצן
scoun′drel *n.* נוכל, נָבָל
scoundrelly *adj.* שפל, נבזה
scour *v.* לשפשף, לנקות, לצחצח; ליצור אגב סחף; לחפש; לסרוק
- scour after לרדוף אחרי
- scour away/off/out להסיר בשיפשוף
- scour down לשפשף; לנקות
scour *n.* שיפשוף, ניקוי, ציחצוח
scour′er *n.* מנקה, כרית שיפשוף
scourge (skûrj) *n.* שוט, מגלב; מכה, פורענות, מקור-סבל, שוט (איוב ט׳)
scourge *v.* להלקות; להכות; לייסר
scout *n.* צופה; סייר; גשש; חולץ מכוניות; סיור; תצפית; שרת
- good scout אדם טוב
- talent scout צייד כישרונות

scout *v.* לדחות בבוז, לפטור בלעג
- scout around לסייר, לחפש, לסרוק
- scout out לגלות (אגב סיור)
scoutmaster מדריך צופים
scow *n.* אַרְבָּה, סירת הובלה
scowl *v.* להזעיף פנים
scowl *n.* מבט זועף, הבעה מאיימת
scrab'ble *v.* לשרבט, לקשקש; לגרד, לזחול; לחטוף; להיאבק
scrabble *n.* שירבוט; טיפוס; היאבקות; חטיפה; גירוד; שבץ-נא
scrag *n.* כחוש, שחיף; צוואר-כבש
scrag *v.* לחנוק; לסובב הצוואר
scrag'gly *adj.* לא מסודר, פרוע
scrag'gy *adj.* כחוש, צנום
scram *interj.* הסתלק!, התחפף!
scram'ble *v.* לטפס; לערבב; לערבל; לדחוף, להידחק; להיאבק
- scramble a message לערבל הודעה
- scramble eggs לטרוף ביצים; לטגן חביתה
scramble *n.* טיפוס, תנועה בשטח קשה; מירוץ-מכשולים; הידחקות
scrambler *n.* מערבל, מַבְלֵל, מבלבל שדר
scrap *n.* חתיכה; קורטוב; גרוטה; פסולת; גזר-עיתון, תגזיר; מריבה
- not a scrap of אף לא שמץ-
- scrap of paper פיסת-נייר
- scraps שיירי-אוכל; שאריות
scrap *v.* לזרוק (כגרוטה); לריב
scrap-book *n.* ספר תגזירים
scrape *v.* לגרד, לשפשף; להסיר, לנקות; לקרצף; לשרוט
- scrape a living להתפרנס בדוחק
- scrape along/by להתקיים בקושי
- scrape an acquaintance with להידחק, להתחכך, להשתדל להכיר
- scrape out a hole לכרות בור
- scrape the bottom of the barrel לגרד את תחתית החבית, להשתמש באיכות הזולה ביותר
- scrape through לעבור בקושי
- scrape together/up לקבץ, לאסוף
scrape *n.* גירוד, שיפשוף; שריטה; צרה, תסבוכת, מצב ביש
scra'per *n.* מַגְרֵד; גרוד-בוץ, מגרדת
scrap heap ערימת פסולת
- put on the scrap heap להשליך ככלי אין חפץ בו
scra'pings *n-pl.* גרודת, גרודה
scrap-iron *n.* גרוטות-ברזל
scrap paper נייר טיוטה; פסולת נייר
scrap'py *adj.* עשוי טלאים, לא בנוי כהלכה; *אוהב מדון, שש לריב
scrapyard *n.* מיגרש גרוטאות
scratch *v.* לגרד; להתגרד; לשרוט; לשפשף; למחוק (מרשימה); לשרבט
- scratch a living להתפרנס בדוחק
- scratch about לחטט
- scratch along להתקיים איכשהו
- scratch my back שמור לי (ואשמור לך)
- scratch off/out למחוק, למתוח קו
- scratch one's head לחכוך בדעתו
- scratch the surface לטפל בשיטחיות
- scratch together/up לאסוף, "לגרד"
scratch *n.* גירוד; שריטה; חיכוך; קו-הזינוק; נמחק מתחרות; *כסף
- scratch of the pen שירבוט מספר מלים; חתימה; משיכת קולמוס
- start from scratch להתחיל מאפס
- up to scratch למצב תקין, ברמה הנאותה, מוכן כהלכה
- without a scratch בלא פגע
scratch *adj.* חסר-יתרון, מתחיל מאפס; חטוף, חפוז, מאולתר
scratch-pad *n.* פינקס שירבוטים
scratch paper נייר טיוטה
scratch race מירוץ שווה-תנאים
scratchy *adj.* מקושקש, משורבט; צורמני, חורק; מעקצץ, דוקרני
scrawl *v&n.* לקשקש, לשרבט, לכתוב חטופות; קישקוש, שירבוט
scraw'ny *adj.* רזה, צנום
scream *v.* לצעוק, לצרוח, ליילל
- scream one's head off לצווח
- the wind screamed הרוח יללה
scream *n.* צעקה, זעקה; צריחה; יללה; דבר מצחיק, אדם משעשע
screaming *adj.* צורח; מצחיק
- screamingly funny מצחיק ביותר
scree *n.* שברי-אבן (בצלע-הר)
screech *v&n.* לצרוח, לצווח; לחרוק; להחריק; צווחה; חריקה
- screeching halt עצירה חרקנית
screed *n.* נאום ארוך, מכתב משעמם
screen *n.* מחיצה; מסך; מגן; מסווה; מירקע, אקרן, בד, קולנוע; כברה; רשת
screen *v.* להסתיר; להגן; למסך;

לסוכך; לְרַשֵׁת; לסנן; לבדוק בקפדנות, לסרוק; להסריט, להקרין
- screen off לחייץ, להפריד במחיצה
- screen out לסנן, לסלק (במיבחן)
- screens well מתקבל יפה על המסך
screening *n.* הקרנה; סריקה
screen play תסריט
screen test מיבחן בד
screenwriter *n.* כותב תסריטים
screw (skrōō) *n.* בורג; הברגה; מדחף; לחץ; שקיק טבק/תה; *קמצן; משכורת; סוהר; סוס בלה; מישגל
- female screw בורג נקבה (פנימי)
- male screw בורג זכר (חיצוני)
- put the screw on להפעיל לחץ על
- turn of the screw הברגה; לחץ
screw *v.* להבריג; לסובב; לגלגל; ללחוץ; לסחוט; *לסדר; לבעול
- has his head screwed on right נוהג בהיגיון, ראשו על כתפיו
- screw around *להתמזמז, להתבטל
- screw up להדק בברגים; *לבלבל, לשבש, לפשל
- screw up one's eyes לכווץ עיניו
- screw up one's face לעוות פניו
screw-ball *n.* *מטורף
screw cap מיכסה בורגי; פתח בורגי
screwdriver *n.* מברג
screwed *adj.* *שיכור, שתוי
screw top מיכסה בורגי; פתח בורגי
screw-up *n.* *פשלה, בלגן
screwy *adj.* *מוזר, מטורף, מגוחך
scrib'ble *v&n.* לשרבט, לרשום קישקושים; שירבוט, קישקוש
scribbler *n.* סופר, מחבר גרוע
scribbling block בלוק שירבוטים
scribe *n.* סופר, לבלר, כתבן; חכם
scribe *v.* לחרות, לחקוק, לפתח
scri'ber *n.* חֶרֶט, מַכְתֵּב
scrim'mage *n.* תיגרה, מריבה; מישחק
scrimmage *v.* להתקוטט, לריב
scrimp *v.* לקמץ, לחסוך
scrim'shank' *v.* *להשתמט
scrim'shaw' *n.* תגליף, גילוף
scrip *n.* תעודת בעלות, ניירות, מיסמכים; שטר כסף זמני
script *n.* כתב-יד, כתב; עותק-קריאה
scripted *adj.* נקרא מן הכתב
scrip'tural (-'ch-) *adj.* מיקראי
Scrip'ture *n.* התנ"ך, כתבי הקודש
scriptwriter *n.* תסריטאי
scriv'ener *n.* סופר, כתבן, לבלר
scrof'u·la *n.* חזירית (מחלה)
scrof'u·lous *adj.* סובל מחזירית
scroll (skrōl) *n.* מגילה; קישוט שבלולי
scroll *v.* לגלגל, לגלול, לגולל
scrollwork *n.* עיטור שבלולי
scrooge *n.* קמצן
scro'tum *n.* כיס האשכים, מאשכה
scrounge *v.* *לחפש, לבקש; לשנורר
scrounger *n.* *קבצן, שנורר
scrub *n&adj.* בתה, צמחייה נמוכה; (עץ) ננסי; עלוב, גמוד
scrub *v&n.* לשפשף; לנקות, לשטוף; לבטל; שיפשוף; שטיפה
scrub'ber *n.* מיברשת; *זונה
scrub brush מיברשת קשה
scrub'by *adj.* קטן, גמוד, קל-ערך; עלוב; מכוסה שיחים; מכוסה זיפים
scruff *n.* עורף, אחורי הצוואר
scruf'fy *adj.* *מלוכלך, מוזנח
scrum', scrum'mage *n&v.* (ברגבי) היערכות דחוסה של שחקנים; תיגרה; להידחס
scrum'cap' *n.* קסדת-רגבי
scrum-half *n.* (ברגבי) רץ
scrump *v.* *לגנוב (פירות מפרדס)
scrump'tious (-shəs) *adj.* מצויין, טעים
scrunch *v&n.* למעוך; ללעוס, לגרוס; להישחק; מעיכה; גריסה
scru'ple *n.* היסוס, פיקפוק; נקיפת מצפון; 20 גרעינים (מישקל)
scruple *v.* להסס, לייסרו מצפונו
scru'pu·lous *adj.* בעל מצפון, איש מוסר; קפדני, דייקן, מדוקדק
scru'tineer' *n.* בודק, פקיד-קלפי
scru'tinize' *v.* לבחון, לבדוק
scru'tiny *n.* בדיקה קפדנית, בחינה יסודית; ספירה חוזרת של קולות
scu'ba (skōō'-) *n.* מכשיר נשימה תת-מימי, סקובה
scud *v&n.* להחליק, לשוט במהירות; תנועה מהירה; עננים חולפים; מטר
scuff *v&n.* לדשדש, לשרוך רגליו; לשחוק; להשתחק; שיפשוף
scuf'fle *n&v.* התכתשות; להתכתש
scuffmark *n.* סימן שחיקה, שיפשוף
scull *n&v.* משוט; סירת משוטים;

חתירה; לחתור
sculler *n.* תופש משוט, משוטאי
scul'lery *n.* חדר-שטיפה, חדר-כלים
scullery maid עוזרת-מיטבח
scul'lion *n.* (בעבר) עוזר מיטבח
sculpt *v.* לפסל, לגלף, לחקוק
sculp'tor *n.* פַּסָל, גלף
sculp'tress *n.* פסלת, גלפת
sculp'tural (-'ch-) *adj.* פיסולי
sculp'ture *n&v.* פֶּסֶל; תגליף;
פיסול; פְּסָלוּת; לפסל, לגלף, לחקוק
scum *n.* קופי, קֶצֶף, קרום,
דוק-זוהמה; שָׁפָל
- scum of the earth חלאת אדם
scum'bag' *n.* *חלאת-אדם, נמושה
scum'my *adj.* מכוסה דוק-זוהמה
scup'per *n&v.* פתח-הרקה
(בצידון הספינה); להטביע ספינה;
*להרוס, לחסל
scurf *n.* קשקשים, עור נושר
scurfy *adj.* מכוסה קשקשים
scurril'ity *n.* לשון גסה; גידופים
scur'rilous *adj.* גס, מלא גידופים
scur'ry *v&n.* לרוץ, למהר; ריצה,
נקישות צעדים, ענן-אבק, משב-שלג
scur'vy *adj&n.* שפל, נבזה;
צפדינה (מחלה)
scut *n.* זנבנב, זנב קצר וזקוף
scutch *v.* לנפץ (פישתן)
scutch'eon (-chən) *n.* מגן מעוטר
scut'tle *n.* כלי לפחם; פתח
(באונייה); ריצה, מנוסה, בריחה
scuttle *v.* להטביע ספינה; להרוס
- scuttle away/off לרוץ, לברוח
scuttlebutt *n.* מיתקן שתייה;
רכילות, שמועה
scuz'zy *adj.* *מלוכלך; מרופט
Scyl'la and Charyb'dis (-kərib'-)
סקילה וקריבדה (שתי מיפלצות),
(בין) הפטיש והסדן
scythe (sīdh) *n&v.* (לקצור ב-)
חרמש
SE = south-east
sea *n.* ים, אוקיינוס; גל, נחשול
- Sea of Galilee ים כינרת
- at sea בים; נבוך, אובד עצות
- beyond the sea מעבר לים
- follow the sea להיות ליורד-ים
- go to sea להיות לימאי
- half seas over *שיכור, שתוי
- not the only fish in the sea לא בן
יחיד, יש רבים כמותו
- on the sea על חוף הים
- put to sea להפליג, לצאת לים
- sea of flames ים להבות
sea anemone שושנת-ים
seabed *n.* קרקע הים
seaboard *n.* חוף הים, שפת הים
sea-boat *n.* כלי-שיט, ספינה
sea-borne *adj.* ימי, מובל באוניות
sea breeze רוח ימית
sea captain קברניט, רב-חובל
sea change שינוי גמור/פיתאומי
sea cow פרת-ים
sea cucumber מלפפון ים
sea dog כלב-ים; מלח ותיק
seafaring *adj.* של הפלגה, ימי
seafish *n.* דג-ים
sea fog ערפל ימי (הבא מן הים)
seafood *n.* דגים, פירות ים
sea-front *n.* חזית הים (של עיר)
sea-girt *adj.* מוקף ים
sea-going *adj.* של הפלגה, ימי
sea green ירוק-כחלחל
seagull *n.* שחף
sea-horse *n.* סוסון-הים
sea island סוג כותנה
seal *n&v.* כלב-ים; לצוד כלבי-ים
seal *n.* חותמת; חוֹתָם; אות, סימן;
ערובה, אישור; אֶטֶם
- seal of secrecy חותם הסודיות
- set the seal לתת גושפנקה
seal *v.* לחתום, לשים חותמת; לסגור,
לאטום; להשלים, לסיים
- seal his fate לחרוץ גורלו
- seal in לכלוא, לשמור בפנים
- seal off an area לסגור שטח
- seal up לאטום, לסגור
seal'ant *n.* חומר איטום
sealed orders הוראות כמוסות
sea legs רגליים יציבות
sealer *n.* אוטם, סוגר; צייד כלבי-ים;
ספינת-ציד
sealing *n.* צַיִד כלבי-ים
sealing wax שעוות-חותם
sea lion ארי-הים
seal ring טבעת חותם
sealskin *n.* פרוות כלב-ים
seam *n.* תפר, קו-תפר; קו-חיבור;
קמט; חריץ; מַשְׁקָ; שיכבת מירבץ
seam *v.* לחבר, לתפור; לחרץ, לתלם
seaman *n.* יורד-ים; ימאי פשוט
seamanlike *adj.* אופייני לימאי
seamanship *n.* ימאות; כושר ניווט

seamark *n.* קו חוף; סימנוף ימי
seamless *adj.* ללא תפר, מחתיכה אחת
seam′stress *n.* תופרת
seam′y *adj.* גרוע, פחות נעים
- seamy side of life הצד המכוער בחיים, העולם התחתון וכ׳
seance (sā′äns) *n.* ישיבה, פגישה; סיאנס (של ספיריטואליסטים)
seaplane *n.* מטוס-ים
seaport *n.* עיר נמל
sea power מעצמה ימית; כוח ימי
seaquake *n.* רעידת אדמה תת-ימית
sear *adj.* יבש, קמול, נובל
sear *v.* לצרוב, לכוות, לחרוך, לייבש; להקמיל; להקשיח (לב), לחשל
sear *n.* דוקרן
search (sûrch) *v&n.* לחפש; לחדור; חיפוש; חקירה; חדירה
- in search of בחיפוש אחר-
- search him לערוך חיפוש על גופו
- search me! איני יודע!
- search out לגלות לאחר חיפוש
- searched his soul עשה חשבון-נפש
search engine מנוע חיפוש
searcher *n.* מחפש, בודק
searching *adj.* בוחן, חודר, מקיף
searchlight *n.* זרקור
search party קבוצת מחפשים
search warrant צו-חיפוש
searing *n.* צורב; מרגש
searing iron מצרב
sea rover שודד-ים; ספינת שודדים
seascape *n.* נוף ימי
sea-shell *n.* קונכייה, קשוות-צדפה
seashore *n.* חוף-ים
seasick *n.* סובל ממחלת-ים
seasickness *n.* מחלת-ים
seaside *n.* שפת-ים
sea′son (-zən) *n.* עונה, תקופה, זמן; כרטיס מנוי
- a word in season דבר בעיתו
- for a season לשעה קלה
- in and out of season בכל עת
- in season בעונה; בעיתו; בעונת הייחום; בעונת הצייד
- out of season לא בעונה
- season's greetings איחולי חג שמח
season *v.* לתבל, להוסיף תבלין; לאקלם, להרגיל; להקשיח, "לשפשף" בניסיון
- season wood לייבש עץ
seasonable *adj.* עונתי; בעיתו, בזמן
seasonal *adj.* עונתי
seasoned *adj.* מתובל; *משופשף
seasoning *n.* תבלין; תיבול
season ticket כרטיס מנוי; כרטיס עונתי
seat *n.* מושב; כיסא; מקום; בית; מרכז; אחוריים; צורת רכיבה
- by the seat of one's pants מתוך ניסיון, לאחר דגירה; באינסטינקט
- have/take a seat! שב נא!
- in the driver's seat ליד ההגה
- keep one's seat להישאר במקומו
- seat of learning בית מדרש
- take a back seat לתפוס מושב אחורי; להמעיט בחשיבות עצמו
- win a seat לזכות במושב, להיבחר
seat *v.* להושיב, להכיל מושבים; לתקן המושב; לקבוע
- please be seated נא לשבת
- seat oneself לשבת, להתיישב
- seats 900 מכיל 900 מקומות ישיבה
seat belt חגורת בטיחות
-seater מושבי, בעל מושבים
- 2-seater דו-מושבי
seating *n.* סידור מקומות ישיבה
seating room מקומות ישיבה
sea urchin קיפוד-ים
sea-wall *n.* קיר-ים, שובר-גלים
seaward(s) *adj&adv.* כלפי הים
sea-water *n.* מי-ים
seaway *n.* נתיב ימי; התקדמות, הפלגה
seaweed *n.* אצה, אצת-ים
seaworthy *adj.* ראוי להפלגה
se·ba′ceous (-shəs) *adj.* שומני
sec = second, secretary
se′cant *n.* סקאנס
sec′ateurs′ (-tûrz) *n.* מזמרה
se·cede′ *v.* לפרוש, להיפרד, להתפלג
se·ces′sion *n.* פרישה, התבדלות
secessionist *n.* פורש
se·clude′ *v.* לבודד; להסתגר
secluded *adj.* בודד, מבודד, שקט
se·clu′sion (-zhən) *n.* בידוד; התבודדות; הסתגרות; מקום מבודד
se·clu′sive *adj.* מתבודד, מסתגר
sec′ond *adj&adv.* שֵני; נוסף, אחר; שֵנית
- in the second place שנית, ב׳
- second best שני במעלה
- second floor קומה ב׳

- second nature טבע שני, הרגל
- second teeth שיני קבע
- second to none אין טוב ממנו
sec′ond *n.* שנייה, רגע; שני; עוזר, נושא-כלים; תמיכה; סקונדה (במוזיקה)
- seconds סחורה סוג ב'; מנה נוספת
sec′ond *v.* לתמוך, לצדד ב-; להצביע בעד; לעזור, לשמש כעוזר
se·cond′ *v.* להעביר (זמנית) לתפקיד
sec′ondar′y (-deri) *adj.* שני, מישני, שניוני; צדדי; תיכון
secondary education חינוך תיכון
secondary school בי"ס תיכון, חטיבת ביניים
secondary stress טעם מישני, מתג
second ballot הצבעה שנייה
second chamber בית עליון
second-class *adj&adv&n.* מַדְרֵגָה שנייה, סוג ב', נחות; מחלקה שנייה; ציון בינוני
second-degree *adj.* ממדרגה שנייה
seconder *n.* תומך, מצדד
second-generation *adj.* של דור שני
second-guess *v.* *לנחש, לנבא, לשפוט בראייה לאחור
second-hand *adj.* משומש, מיד שנייה; מכלי שני, לא מהמקור
second hand מחוג השניות
second-in-command סְגַן מפקד
second lieutenant סֶגֶן מישנה
secondly *adv.* שנית, ב'
se·cond′ment *n.* העברה זמנית
second name שם משפחה
second nature טבע שני
second person גוף שני, נוכח
second-rate *adj.* בינוני, נחות
second sight ראיית העתיד, נבואה
second-string *adj.* בינוני, שחקן ספסל
second wind התאוששות; נשימה רגילה; מרץ חדש
se′crecy *n.* סודיות; שמירת סודות
se′cret *adj.* סודי, חשאי, נסתר, כמוס; שקט, מבודד
secret *n.* סוד; תעלומה, מיסתורין
- in secret בסוד, בסתר, בחשאי
- in the secret בין בעלי-הסוד
- keep a secret לשמור סוד
- let him into a secret להמתיק סוד עמו
secret agent סוכן חשאי, מרגל
sec′retaire′ *n.* מיכתבה
sec′reta′rial *adj.* של מזכיר
sec′reta′riat′ *n.* מזכירות
sec′retar′y (-teri) *n.* מזכיר; שר
secretary-general מזכיר כללי
Secretary of State שר החוץ, מזכיר המדינה
se·crete′ *v.* להפריש, לייצר; להסתיר
se·cre′tion *n.* הפרשה; הסתרה
se′cre·tive *adj.* סודי, שתקן
secret police משטרה חשאית
secret service השירות החשאי
sect *n.* כת, כיתה, פלג, סקטה
sec·ta′rian *adj&n.* כיתתי, צר-אופק, מפלגתי, קנאי
sectarianism *n.* כיתתיות
sec′tion *n.* קטע; חלק; איזור; פלח; פרק, חֲתָך; חיתוך; כיתה; מחלקה
- Cesarean section ניתוח קיסרי
section *v.* לחתוך, לחלק לקטעים
sectional *adj.* מתפרק, מורכב; מקומי, אזורי; עדתי; של חתך
sectionalism *n.* נאמנות לאינטרסים מקומיים, עדתיות
section gang/crew צֶוֶות קֶטַע
section mark סימן פיסקה
sec′tor *n.* גיזרה; מיגזר, סקטור, תחום
sec′u·lar *n.* חילוני; לא חי במינזר
secularism *n.* חילוניות
secularist *n.* חילוני
sec′u·lariza′tion *n.* חילון
sec′u·larize′ *v.* לְחַלֵן
se·cure′ *adj.* בטוח, מוגן; חסר-דאגה; ודאי, מובטח; סגור, נעול; חזק, איתן
secure *v.* להשיג, לרכוש; להבטיח, לאבטח; לסגור, לנעול
securities authority רשות ניירות ערך
se·cu′rity *n.* ביטחון; הגנה; אבטחה; בטיחות; עירבון; ערובה; בַּטּוּחָה
- securities ניירות-ערך, אג"ח, ביטחונות
security blanket איפול ביטחוני; פריט הרגעה לילד
Security Council מועצת הביטחון
security fence גדר ביטחון/המערכת
security forces כוחות הביטחון

security guard מאבטח
security risk סיכון ביטחוני
se•dan′ *n.* מכונית נוסעים; אפריון
sedan chair אפריון
se•date′ *adj.* שליו, שקט, רציני
sedate *v.* להרגיע, להשקיט
se•da′tion *n.* הרגעה; מצב רגוע
sed′ative *adj&n.* מרגיע; תרופת-הרגעה
sed′entar′y (-teri) *adj.* של ישיבה, במיושב; לא נודד; לא פעיל
sedge *n.* כריך (צמח-ביצות)
sedgy *adj.* מכוסה כריכים (כנ"ל)
sed′iment *n.* מישקע; סחופת
sed′imen′tary *adj.* של מישקע/סחופת
sedimentary rocks סלעי מישקע
sed′imenta′tion *n.* היווצרות מישקע
sedimentation rate שקיעת דם
se•di′tion (-di-) *n.* הסתה, חירחור ריב; שיסוי; המרדה
se•di′tious (-dish′əs) *adj.* מסית, מחרחר ריב, מדיח
se•duce′ *v.* לשדל; להדיח; להקסים
seducer *n.* מפתה, פתאי; מדיח
se•duc′tion *n.* פיתוי; הדחה, הסתה
se•duc′tive *adj.* מפתה; מדיח
sed′ulous (-j′-) *adj.* מתמיד, שקדני
se′dum *n.* צוּרִית (עשב בשרני)
see *v.* לראות; להבין; ללמוד, למצוא; לחוות, להתנסות; לדאוג ש-; לְלַווֹת
- I'll see you dead first לא באלף רבתי
- as I see it כפי שאני רואה זאת
- as far as I can see למיטב הבנתי
- he'll never see 30 again הוא עבר את גיל ה-30
- see a doctor לבקר אצל רופא
- see a lot of him לראותו הרבה
- see about לטפל ב-, לדאוג ל-; לשקול ב-; להיוועץ בנוגע ל-
- see after לדאוג ל-, להשגיח על
- see for oneself לראות במו עיניו
- see here! ראה נא!, שמע!
- see him home ללוותו הביתה
- see him through לתמוך בו עד תום
- see into להבין, לרדת לנבכי-
- see it through לטפל בזה עד תום
- see life לראות עולם, לחוות חוויות
- see nothing of him לא לראותו
- see off ללוות (עד היציאה); לעמוד איתן ב-
- see one's way clear to למצוא הדרך ל-, להיות חופשי ל-
- see out ללוות החוצה; להישאר עד הסוף
- see over לבדוק, לבחון, לבקר
- see reason לראות את הצד ההגיוני
- see stars "לראות כוכבים" (ממכה)
- see the back/last of להיפטר מ-, לגמור עם
- see the light of day להיוולד
- see the point להבין העוקץ/הנקודה
- see the sights לבקר, לסייר
- see things לראות מחזות-שווא
- see through לראות מבעד, לקרוא בין השיטין, לא ללכת שולל; להספיק
- see to לדאוג ל-, לטפל ב-
- see visions לחזות, לראות עתידות
- see you, be seeing you להתראות
- seeing is believing כשאראה - אאמין, אינו דומה ראייה לשמיעה
- seeing that- לאור העובדה, מכיוון ש-
- you see אתה מבין (ביטוי סתמי)
see *n.* כהונת הבישוף; מחוז הבישוף
- Holy See הכס הקדוש, אפיפיורות
seed *n&adj.* זרע; זֵירָעוֹן; גרעין; צאצאים; מקור; שחקן מוצב; זעיר; לזריעה
- go/run to seed להפסיק לפרוח; להידרדר, להפוך למוזנח
- in seed נושא זרעים
- seed pearls פנינים זעירות
- seeds גרעינים
- seeds of trouble זרע הפורענות
seed *v.* לזרוע; להוציא זרעים; לגרען; להציב שחקן (מול), לדרג
seed-bed *n.* מנבטה; קרקע נוחה
seed-cake *n.* עוגת-זרעונים
seed-corn *n.* זרעי-תבואה
seeded *adj.* מדורג (שחקן טניס)
seedless *adj.* חסר-זרעים
seed′ling *n.* שתיל
seedpearl *n.* פנינה זעירה
seed pod זִיר
seedsman *n.* סוחר זרעים; זורע
seedtime *n.* עונת הזריעה, זריע
seedy *adj.* זרעי, מלא זרעים; מרופט, מוזנח; *חולה, לא בקו-הבריאות
seek *v.* לחפש, לבקש; לדרוש; לנסות
- not far to seek אין צורך לחפש רחוק (אחר הסיבה), ברור
- seek advice לבקש עצה, להיוועץ

- seek after לדרוש, לחזור אחרי
- seek for לבקש, לרדוף אחרי
- seek out לחפש (ולמצוא)
seem *v.* להיראות, להופיע
- he seems to- כנראה שהוא-
- it seems, it would seem כנראה
seeming *adj.* נראה, יוצר רושם, מדומה
seemingly *adv.* כנראה, לכאורה
seem'ly *adj.* יאה, נאה; מכובד, הוגן
seen = pp of see
seep *v.* לנטוף, לדלוף, לחלחל, לחדור
seep'age *n.* טיפטוף, דליפה, חילחול
seer *n.* חוזה, נביא
seer'suck'er *n.* אריג מפוספס
see'saw' *n.* נדנדת-קרש; התנדנדות; התקדמות ונסיגה
seesaw *v.* להתנדנד, להיטלטל
seethe (-dh) *v.* לרתוח; לתסוס; לגעוש
see-through *adj.* שקוף, נראה
seg'ment *n.* קטע; פלח; מיקטע
segment *v.* לחלק לקטעים; להתחלק
seg'menta'tion *n.* חלוקה; התחלקות; פילוח
seg'regate' *v.* להפריד, לבודד
segregated *adj.* מופרד, נבדל
seg'rega'tion *n.* הפרדה (גיזעית)
segue (seg'wā) *n.* מעבר רצוף
seigneur (sēnyûr') *n.* אדון, סיניור
seine (sān) *n.* רשת, מכמורת
seis'mic (sīz'-) *adj.* רעשי, סיסמי
seis'mograph' (sīz'-) *n.* סיסמוגרף
seismol'ogist (sīz-) *n.* סיסמולוג
seismol'ogy (sīz-) *n.* סיסמולוגיה, מדע רעידות האדמה
seize (sēz) *v.* לתפוס; להשתלט על; לאחוז, להחזיק; לעקל; לתקוף
- seize on "לקפוץ" בהתלהבות על
- seize up להיתקע, להיעצר
- seized with pain תקוף כאב
sei'zure (sē'zhər) *n.* תפיסה, השתלטות; עיקול; התקף-לב, שבץ
sel'dom *adv.* לעיתים נדירות
- seldom if ever בקושי פעם ביובל
se·lect' *v.* לבחור, לברור
select *adj.* מובחר; בלעדי
select committee ועדה מיוחדת
se·lec'tion *n.* בחירה; מיבחר
selection committee ועדה בוחרת
se·lec'tive *adj.* של בחירה, סלקטיבי; לא כללי; בררני
selective service שירות חובה
se·lec'tiv'ity *n.* סלקטיביות
selector *n.* בורר, מרכיב קבוצה
se·len'ium *n.* סלניום (יסוד כימי)
sel'enol'ogy *n.* מדע הירח
self *n.* אני, עצמי; עצמיות, אישיות; האינדיבידואום, טובת עצמו
- not his old self לא כתמול שילשום
- one's better self האדם הטוב שבו
- thinks of self דואג לעצמו
- to self לעצמי, לחתום מטה
self- עצמי, את עצמו, מעצמו
self-abandon *n.* התרת רסן
self-abasement *n.* השפלה עצמית
self-abnegation *n.* הקרבה עצמית
self-absorbed *adj.* שקוע בעצמו
self-abuse *n.* אוננות
self-acting *adj.* אוטומטי
self-activating *adj.* מופעל מאליו
self-addressed *adj.* ממוען לשולח
self-appointed *adj.* שמינה עצמו
self-assembly *n.* הרכבה עצמית
self-assertion *n.* הבלטה עצמית; הידחפות; עמידה על זכויות
self-assertive *adj.* מתבלט
self-assurance *n.* ביטחון עצמי
self-assured *adj.* בעל ביטחון עצמי
self-begotten/-born *adj.* נוצר מעצמו, לא נוצר חיצונית
self-catering *n.* שירות עצמי
self-centered *adj.* מרוכז בעצמו
self-collected *adj.* קר-רוח, מיושב
self-colored *adj.* חד-צבעי, חד-גוני
self-command *n.* שליטה עצמית
self-complacent *adj.* מדושן-עונג
self-confessed *adj.* לפי דבריו, מוצהר
self-confidence *n.* ביטחון עצמי
self-confident *adj.* בעל ביטחון עצמי
self-congratulation *n.* שביעות רצון עצמית
self-conscious *adj.* מודע לעצמו; ביישן, נבוך, מתוח
self-contained *adj.* שולט בעצמו; מסתגר, מאופק; שלם, עצמאי
self-contradictory *adj.* סותר עצמו
self-control *n.* שליטה עצמית, איפוק
self-criticism *n.* ביקורת עצמית

self-deception *n.* הונאה עצמית
self-defeating *adj.* נדון מראש לכישלון
self-defense *n.* הגנה עצמית
self-denial *n.* הקרבה עצמית, הינזרות
self-denying *adj.* מתנזר
self-destruct *adj.* משמיד עצמו
self-determination *n.* הגדרה עצמית (של עם); קביעה עצמית
self-discipline *n.* מישטר עצמי
self-discovery *n.* גילוי עצמי, חשבון נפש פנימי
self-doubt *n.* חוסר ביטחון עצמי
self-drive *adj.* לנהיגה עצמית
self-educated *adj.* בעל חינוך עצמי
self-effacing *adj.* מצטנע
self-employed *adj.* עצמאי
self-esteem *n.* הערכה עצמית, גאווה
self-evident *adj.* ברור, מובן מאליו
self-examination *n.* ביקורת עצמית
self-explanatory *adj.* מסביר עצמו, ברור
self-expression *n.* ביטוי עצמי
self-fertile *adj.* מפרה עצמו
self-fulfillment *n.* הגשמה עצמית
self-government *n.* שלטון עצמי, אוטונומיה
self-help *n.* עזרה עצמית, אי-תלות
selfhood *n.* אישיות, ישות נפרדת
self-image *n.* דימוי עצמי
self-importance *n.* חשיבות עצמית
self-important *adj.* מחשיב עצמו
self-imposed *adj.* שקיבל עליו
self-indulgence *n.* התמכרות לתאוות
self-indulgent *adj.* מתמכר לתאוות
self-interest *n.* תועלת אישית, אינטרס עצמי, אנוכיות
self-interested *adj.* אנוכיי
selfish *adj.* אנוכיי
self-knowledge *n.* הכרת עצמו
selfless *adj.* דואג לזולת, לא אנוכיי
self-loading *adj.* נטען מעצמו
self-locking *adj.* ננעל אוטומאטית
self-made (man) *adj.* (אדם) שבנה את עצמו, שעלה בכוחות עצמו
self-mastery *n.* שליטה עצמית
self-opinionated *adj.* דבק בדעותיו, עקשן, איתן באמונתו
self-pity *n.* חמלה עצמית
self-portrait *n.* דיוקן עצמי
self-possessed *n.* קר-רוח, מיושב
self-possession *n.* קור-רוח, יישוב הדעת, שלווה, ביטחון עצמי
self-preservation *n.* שמירה עצמית
self-raising flour קמח תופח
self-regard *n.* הערכה עצמית, יהירות, אנוכיות
self-reliance *n.* הסתמכות עצמית, ביטחון עצמי, אי-תלות בזולת
self-reliant *adj.* בטוח בעצמו
self-respect *n.* כבוד עצמי
self-respecting *adj.* בעל כבוד עצמי
self-restraint *n.* שליטה עצמית
self-righteous *adj.* מאמין בצדקנותו
self-rising flour קמח תופח
self-rule *n.* שילטון עצמי
self-sacrifice *n.* הקרבה עצמית
self'same' *adj.* אותו ממש, זהה
self-satisfaction *n.* שביעות-רצון עצמית
self-satisfied *adj.* מדושן עונג
self-sealing *adj.* נאטם אוטומטית
self-seeker *adj.* דורש טובת עצמו
self-seeking *adj.* אנוכיי
self-service *n.* הגשה עצמית
self-serving *adj.* דורש טובת עצמו
self-sown *adj.* שנזרע מאליו
self-starter *n.* (רכב בעל) מתנע
self-styled *adj.* מכנה את עצמו, בעל תואר עצמי, מתחזה כ-
self-sufficiency *n.* עצמאות, אי-תלות; ביטחון מופרז
self-sufficient *adj.* עצמאי, לא-תלוי
self-sufficing *adj.* עצמאי, לא-תלוי
self-supporting *adj.* מפרנס עצמו
self-taught *adj.* שלמד בעצמו
self-will *n.* עקשנות, קשיות-עורף
self-willed *adj.* עקשן
self-winding *adj.* (שעון) מכנן עצמו, אוטומטי
sell *v.* למכור; להימכר; לסחור; למשוך קונים; *לרמות
- be sold out לאזול, להיחטף
- has been sold סידרו אותו, רימוהו
- is sold on it מכור לדבר, משוכנע בכך, מאמין בו, "נדלק עליו"
- it sells badly אין קופצים עליו

- it sells well יש לו קונים/שוק
- sell a pup לרמות, לתחוב דבר חסר-ערך; למכור יין ונמצא חומץ
- sell an excuse "למכור" תירוץ
- sell down the river לבגוד, להסגיר
- sell off למכור, להיפטר מהסחורה
- sell one's life dearly לגבות מחיר גבוה תמורת חייו, "תמות נפשי עם פלישתים"
- sell one's soul למכור נשמתו
- sell oneself להרשים, להציג עצמו בצורה משכנעת; למכור עצמו/כבודו
- sell out למכור הכול; למכור חלקו בעסק; לבגוד, להתכחש
- sell the pass לבגוד, למעול באימון
- sell up למכור נכסיו, לחסל העסק
sell *n.* מכירה; *אכזבה, רמאות
- hard sell מכירת לחץ (על הקונה)
- soft sell מכירה בשיכנוע עדין
sell-by date תאריך אחרון לשיווק; לא מָכִיר; כבר לא מושך
seller *n.* מוכר; סחורה מבוקשת
sellers' market שוק המוכרים
selling point סגולה, יתרון
selling price המחיר לצרכן
sell-off *n.* הפרטת חברה ממשלתית; מכירה כללית
sell'otape' *n&v.* (להדביק ב-) צלוטייפ
sell-out *n.* בגידה, הפרת-אמון; מישחק שכל כרטיסיו נמכרו
selt'zer (-sər) *n.* מי סודה
sel'vage, sel'vedge (-vij) *n.* שולי-בגד, שפת-האריג (מתוגמרת)
selves = pl of self (selvz)
se•man'teme *n.* מַשְׁמָעַן
se•man'tic *adj.* סמאנטי, משמעותי
se•man'tics *n.* סמאנטיקה, חקר משמעות המלים, תורת הסימנים
sem'aphore' *n.* סמאפור, תמרור-רכבת; איתות בדגלים
semaphore *v.* לאותת בדגלים
sem'blance *n.* דמיון, מראה, רושם, חזות
se'men *n.* זרע
se•mes'ter *n.* סמסטר
sem'i (תחילית) חצי-, חלקי-
sem'i *n.* *בית משותף-קיר; סמיטריילר; חצי-גמר
sem'ian'nu•al (-nū-) *adj.* חצי-שנתי
sem'ibreve' *n.* תו שלם, 4 רבעים
sem'icir'cle *n.* חצי-עיגול
sem'icir'cu•lar *adj.* חצי-עיגולי
sem'ico'lon *n.* נקודה ופסיק, (;)
sem'iconduc'tor *n.* מוליך למחצה
sem'icon'scious (-shəs) *adj.* בהכרה חלקית
sem'ide•tached' (-tacht') *adj&n.* (בית) בעל קיר משותף, חצי וילה
sem'ifi'nal *n.* חצי-גמר
sem'ifi'nalist *n.* מתחרה בחצי-גמר
sem'inal *adj.* של זרע; מקורי, בעל ניצנים, מצמיח, מוליד
sem'inar' *n.* סמינר, קורס
sem'ina'rian *n.* תלמיד מיכללה
sem'inarist *n.* תלמיד מיכללה
sem'inar'y (-neri) *n.* סמינר, בית-מדרש; מיכללת-כמרים
sem'ioffi'cial (-fish'əl) *adj.* חצי-רישמי
sem'iol'ogy *n.* סמיולוגיה, חקר הסימנים (של שפה)
semi-professional *adj.* חצי מיקצועני
sem'iqua'ver *n.* 1/16 של תו, טזית
Sem'ite *n&adj.* שֵׁמִי
Semit'ic *adj.* שמי, יהודי
sem'itone' *n.* חצי טון
sem'itrail'er *n.* סמיטריילר, מיגרר
sem'itrop'ical *adj.* סובטרופי
sem'ivow'el *n.* חצי-תנועה
sem'iweek'ly *n&adj&adv.* (עיתון) חצי-שבועי; פעמיים בשבוע
sem'oli'na (-lē-) *n.* סולת
semp'stress *n.* תופרת
Sen. = Senior, Senator
sen'ate *n.* סנאט; בית מחוקקים עליון
sen'ator *n.* סנאטור, חבר-סנאט
sen'ato'rial *adj.* של סנאט/סנאטור
send *v.* לשלוח, לשגר; לזרוק; לגרום, להביא, לעורר; *להקסים, לענג
- heaven send מי יתן, יהי רצון
- send away לשלוח; לפטר
- send away for להזמין בדואר
- send down להוריד; לגרש מאוניברסיטה; להשליך לכלא
- send flying להפיל, להטיל, להעיף
- send for להזמין, לקרוא, להזעיק
- send forth להוציא, להצמיח
- send in להגיש, לשלוח למוקד
- send mad/crazy להוציאו מדעתו
- send off לשלוח; ללוות (עד התחנה)

לשגר; להוציא שחקן מהמיגרש
- send off for להזמין (סחורה) בדואר
- send on למען ולשגר (מיכתב) הלאה; לשגר מראש
- send one's name in להציג עצמו
- send out להפיץ, לשלוח (ממוקד); להוציא, להצמיח; לקבל, להזמין
- send packing לשלח בבושת פנים
- send up להעלות; להטיל למעלה; לחקות; להשליך לכלא
- send word לשלוח הודעה
sender *n.* שולח, משגר
send-off *n.* שילוח, שיגור; ליווי; איחולי הצלחה למתחיל
send-up *n.* פארודיה, חיקוי
se·nes′cence *n.* הזדקנות
se·nes′cent *adj.* מזדקן
se′nile *adj.* סנילי, של זיקנה
se·nil′ity *n.* סניליות, זיקנה
se′nior *n&adj.* קשיש; בכיר; גדול; ותיק; האב; תלמיד שנה ד'
senior citizen קשיש, בגיל הפרישה, גימלאי
se′nior′ity *n.* קשישות, בגרות; ותק; בכירות בדרגה
sen′na *n.* קסיה (תרופה)
senor (senyôr′) *n.* אדון, סניור
senora (senyôr′ə) *n.* גברת, סניורה
senorita (sen′yərē′tə) *n.* עלמה
sen′sate′ *adj.* מסוגל לחוש
sen·sa′tion *n.* הרגשה, תחושה; סנסאציה; התרגשות, תירגושת
sensational *adj.* תחושתי; סנסאציוני; מכה גלים; *כביר, מצויין
sensationalism *n.* רדיפת-סנסאציות
sense *n.* חוש; הרגשה, תחושה; תבונה, חוכמה; משמעות, מובן
- business sense חוש מיסחרי
- in a sense במובן מסויים, בחלקו
- in one's senses שפוי, צלול-דיעה
- in the broad sense במובן הרחב
- in the strict sense במובן הצר
- lose one's senses לצאת מדעתו
- make sense להתקבל על הדעת; להיות משמעי/הגיוני
- make sense of להבין, למצוא משמעות
- out of one's senses יצא מדעתו
- sense of a meeting הדיעה הכללית בקרב המשתתפים, הנטייה באסיפה
- sense of smell חוש הריח
- senses חמשת החושים; צלילות הדעת
- talk sense לדבר בהיגיון
- there's no sense in- אין טעם ב-
- under a sense of wrong חש שנעשה עוול
sense *v.* לחוש, להרגיש; לגלות
senseless *adj.* חסר-הכרה, מעולף; חסר-טעם, אבסורדי, טיפשי
sense of humor חוש הומור
sense organ איבר חישה (כגון עין)
sen′sibil′ity *n.* רגישות; דקות-ההבחנה; מוּדָעוּת
sen′sible *adj.* הגיוני, נבון; מעשי, פראקטי; ניכר, משמעותי; מודע, חש
sen′sitive *adj.* רגיש; פגיע, מהיר להיעלב; עדין; כמוס, ביטחוני
sen′sitiv′ity *n.* רגישות
sen′sitize′ *v.* לעשות לרגיש
sen′sor *n.* מגלה, חיישן, חישן
sen′sory *adj.* חושי, של החושים
sensory system מערכת החישה
sen′sual (-sho͞oəl) *adj.* חושני, של תענוגות, תאוותני; חושי
sensualism *n.* חושניות; סנסואליזם
sensualist *n.* שטוף-תאווה
sen′sual′ity (-sho͞oal′-) *n.* תאוותנות
sen′suous (-sho͞oəs) *adj.* חושי, מהנה
sent = p of send
sen′tence *n&v.* פסק-דין, עונש; (בתחביר) מישפט; לדון, לגזור דין
- under sentence of death נדון למוות
sen·ten′tious (-shəs) *adj.* נמלץ, מנופח, מפגין חוכמתו; פיתגמי
sen′tience (-shəns) *n.* כושר חישה
sen′tient (-shənt) *adj.* מרגיש, חש
sen′timent *n.* סנטימנט, רגש; רגשיות; השקפה, נקודת-מבט; ביטוי
sen′timen′tal *adj.* סנטימטאלי
sentimentalism *n.* רגשנות
sentimentalist *n.* רגשני
sen′timental′ity *n.* רגשנות
sen′timen′talize′ *v.* להיות רגשני, להשתפך; להעניק סנטימנטאליות
sen′tinel *n.* זקיף, שומר
- stand sentinel לעמוד על המישמר
sen′try *n.* זקיף, שומר
- on sentry-go עומד על המישמר
sentry box תא-השומר, ביתן-הזקיף
sep′al *n.* עלה-גביע

sep′arabil′ity *n.* היפרדות, נתיקות
sep′arable *adj.* בר-הפרדה, נתיק
sep′arate *adj&n.* נפרד, נבדל; שונה; לחוד
- keep separate from להפריד מן
- live separate לחיות בנפרד
- separates פריטי לבוש שונים
sep′arate′ *v.* להפריד, להבדיל; לחלק; להתפלג; להיפרד; לפרוש
separated *adj.* פרוד (מאשתו)
sep′ara′tion *n.* הפרדה, הבדלה; פירוד, ניתוק; הבדל, רווח
separation allowance קצובת-פירוד (לנשי-ימאים וכ׳)
separation fence גדר הפרדה
separation order צו הפרדה (לזוג)
sep′aratism′ *n.* בדלנות
sep′aratist *n.* בדלן
sep′ara′tor *n.* מפרדה (לשמנת)
se′pia *n.* חום-כהה, דיו חומה
sep′sis *n.* אלח, אלח-הדם
Sept. = September
Sep·tem′ber *n.* ספטמבר
sep′tenar′y (-neri) *adj.* של 7
sep·ten′nial *adj.* חל פעם ב-7 שנים
sep·tet′ *n.* שַׁבְעִית, 7 כלים
sep′tic *adj.* אלוח, מזוהם; רקוב
sep′tice′mia *n.* הרעלת-דם
septic tank בור שפכין
sep′tuagena′rian (-cho͞oəj-) *n.* בן 70 (עד 80)
Sep′tuages′ima (-cho͞oəj-) *n.* יום א׳ השלישי לפני לנט
Sep′tuagint (-cho͞oəj-) *n.* תרגום השבעים, ספטואגינטה
sep′ulcher (-k-) *n.* קבר
- whited sepulcher צבוע
se·pul′chral (-k-) *adj.* של קבר, של קבורה; קודר, עצוב
sep′ulture *n.* קבורה, הטמנה בקבר
se·qua′cious (-shəs) *adj.* עקבי, הגיוני
se′quel *n.* תוצאה; עלילת-המשך
se′quence *n.* רצף, המשך, סידרה; עוקב, מעקובת, סקוונצה; סֵדֶר
- in sequence בסדר עוקב/רציף
- sequence of events סדר המאורעות
se′quencer *n.* סקוונסר, מסדר מעקובת, התקן לרצף נכון
se′quencing *n.* עריכה בסדר, סידרור
se′quent *adj.* עוקב, בא כתוצאה
se·quen′tial *adj.* עוקב, רצוף, רציף; בא אחרי; סקוונציאלי, סידרתי
se·ques′ter *v.* להפריד, לבודד, להרחיק; לפרוש; לעקל, לתפוס
sequestered *adj.* מבודד, שקט
se′questrate′ *v.* לעקל, להחרים
se′questra′tion *n.* עיקול, החרמה
se′quin *n.* דיסקית-עיטור, נצנצים
se·quoi′a *n.* סֶקְוֹויָה (עץ)
se·ra′glio′ (-ral′yō) *n.* הרמון, ארמון
ser′aph *n.* שָׂרָף, מלאך
se·raph′ic *adj.* של מלאך, מלאכי
sere *adj.* יבש, קמול
ser′enade′ *n&v.* סרנאדה, רמשית; לנגן סרנאדה
ser′endip′ity *n.* הצלחה בגילויים, כושר לגלות תגליות (בעזרת המזל)
serene′ *adj.* שָׁקֵט, שליו, רגוע; בהיר
- His Serene Highness הוד רוממותו
seren′ity *n.* שלווה; בהירות
serf *n.* איכר צמית, עבד, משועבד
serfdom *n.* עבדות, מעמד איכר
serge *n.* סרג׳ (אריג צמר)
ser′geant (sär′jənt) *n.* סַמָּל
sergeant at arms קצין טקסים
sergeant first class רב-סמל
sergeant major רב-סמל מתקדם
se′rial *adj.* סידורי, סודר, סדרתי; ערוך בהמשכים; טורני
serial *n.* סידרה, סידרון, עלילת-המשכים
se′rializa′tion *n.* פירסום בהמשכים
se′rialize′ *v.* לפרסם בהמשכים
serial killer רוצח סדרתי
serial number מיספר סידורי
serial rights זכות לפירסום בהמשכים
se′ria′tim *adv.* אחד-אחד
ser′icul′ture *n.* ייצור משי
se′ries (-rēz) *n.* סידרה, סריה, מערכה, שורה; טור; סידרה טלוויזיונית
- concert series סידרת קונצרטים
- series of mistakes שורת טעויות
ser′if *n.* תג (על אות); אות מתוייגת
se′rio·com′ic *adj.* רציני-קומי
se′rious *adj.* רציני; חמור
seriously *adv.* ברצינות

- take seriously להתייחס ברצינות
seriousness *n.* רצינות; חומרת-המצב
- in all seriousness בכל הרצינות
ser′mon *n.* דרשה, הטפת-מוסר
ser′monize′ *v.* לדרוש; להטיף מוסר
se′rous *adj.* של נסיוב; מימי
ser′pent *n.* נחש; רשע, נוכל; השטן
ser′pentine′ *adj.* נחשי, מתפתל
ser′ra·ted *adj.* משונן, מחוספס-שפה
ser′ried (-rēd) *adj.* דחוס, צמוד
se′rum *n.* נסיוב
ser′vant *n.* משרת; עוזרת
- domestic servant עוזרת-בית
- your humble servant עבדך הנאמן
serve *v.* לשרת; לשמש; לעבוד; לספק, לתת; להגיש לשולחן; להמציא; להגיש כדור; להרביע
- as occasion serves בהזדמנות מתאימה
- if memory serves למיטב זיכרוני
- serve (with) a summons לשלוח הזמנה מישפטית
- serve 8 years לשבת 8 שנים בכלא
- serve a sentence לְרַצוֹת מאסר
- serve as/for לשמש כ-
- serve dinner לערוך השולחן לארוחה
- serve fairly להתייחס בהגינות
- serve on a jury להשתתף בצוות מושבעים
- serve one's needs לענות על צרכיו
- serve one's time להשלים תקופתו
- serve out לחלק; לשלם, לגמול; למלא התקופה, לעבוד עד תום-
- serve the purpose לשרת המטרה
- serve time לשבת בכלא
- serve under לשרת תחת פיקודו של
- serve up להכין ולהגיש (אוכל)
- serves him right מגיע לו
serve *n.* חבטת הגשה
server *n.* מגיש; משרת; (בטניס) פותח; עוזר הכומר; כלי-הגשה, מגש
ser′vice (-vis) *n.* שירות; תפקיד; עזרה; שימוש; מערכת-כלים, סט; תפילה, טקס דתי; (בטניס) חבטת-פתיחה; מסירת הזמנה; המצאה; הרבעה
- at your service לשירותך
- bus service שירות אוטובוסים
- can I be of service to you? האוכל לעזור לך?
- go into service להיות לעוזרת-בית
- has seen good service שירת נאמנה
- see (active) service לשרת בשירות פעיל
- the (fighting) services זרועות-הצבא
service *adj.* לשירות העובדים
service *v.* לתת שירות (לרכב)
serviceable *adj.* שמיש, שימושי, יעיל; (בגד) חזק, מאריך ימים
service area תחנת שירות, תחנת דלק; איזור שידורי התחנה
service book ספר תפילה
service charge דמי שירות
service dress מדי-שירות
service flat דירה עם שירות
service line קו (גבול) ההגשה
serviceman *n.* חייל, איש-צבא
service rifle רובה צבאי
service road כביש מקומי (מסתעף)
service station תחנת-דלק
servicewoman *n.* חיילת
ser′viette′ *n.* מפית, מפיונת
ser′vile *adj.* מתרפס; של עבדים
servil′ity *n.* התרפסות, עבדות
ser′ving *n.* מנה; הגשת מסמכים
ser′vitor *n.* משרת
ser′vitude′ *n.* שיעבוד, עבדות; זיקת הנאה
ser′vo *n.* מנגנון עזר
ses′ame (-səmi) *n.* שומשום
- open sesame! שער - היפתח!
ses′qui- פעם וחצי, אחד וחצי
ses′quicen·ten′nial *n.* יובל ה-150
ses′quipe·da′lian *adj.* רבת-הברות
ses′sion *n.* מושב; ישיבה; עונת-לימודים, זמן; שעות-הלימוד
- sessions ישיבות בית-דין
set *v.* להניח, לשים; להציב; לקבוע; לעורר, לגרום; לערוך; לסדר; להכין; להטיל על; לכוון; להקריש; לגבש; לשבץ; לנטות; לזרום
- all set ערוך, מוכן ומזומן
- get set להיערך, להתכונן לפעולה
- her star has set כוכבה דעך
- set a bone לקבוע עצם (שבורה)
- set a day/price לקבוע יום/מחיר
- set a dye לייצב צבע (לבל ידהה)
- set a hen להדגיר תרנגולת
- set a match to להדליק גפרור

- set about להתחיל ב-, לטפל ב-; לתקוף, להכות; להפיץ (שמועות)
- set against להציב מול, להעמיד מול; לסכסך; לקזז, לאזן
- set at לתקוף, להסתער על
- set at ease להרגיע, לסלק חששות
- set back להרחיק, לעכב, לעצור; להחזיר לאחור; *לעלות (סכום הגון)
- set beside להשוות ל-
- set by לשים בצד, להפריש, להקציב
- set down להניח ארצה; להוריד (ממכונית) לכתוב, לרשום, לייחס ל-
- set down as לתאר כ-, לראותו כ-
- set eggs להדגיר ביצים; להקריש ביצים
- set forth לצאת לדרך; להודיע, לפרסם, לרשום; לפרוש, להסביר
- set hair לעשות תיסרוקת
- set her cap for him ניסתה לכבוש את ליבו
- set him a task להטיל עליו משימה
- set him off לעוררו ל-, להביאו ל-
- set him on his way ללוותו כיברת-דרך
- set him over- למנותו מפקד על-
- set him right להעלותו על דרך הישר; לאושש אותו, להשיבו לאיתנו
- set him up להשיבו לאיתנו, לאוששו; לסדרו, לציידו, לספק צרכיו
- set in להתחיל, להגיע; להתמקם (ריקבון/זוהמה); לזרום, לנשוב
- set in order לסדר, להכניס סדר
- set it going להפעילו, להניעו
- set it off לפוצץ, להפעיל; לגרום, לעורר; לקזז; להבליט; להפריד
- set it to- לקרבו ל-, להגיעו ל-
- set light/fire to להדליק, להבעיר
- set off לצאת לדרך; לפתוח ב-
- set on להתקדם; להתקיף, לשסות
- set on its feet להעמידו על רגליו
- set one's jaw/teeth להדק שיניו, להיות נחוש-החלטה; להקשות עורפו
- set one's seal להטביע חותמו
- set oneself to להחליט, להירתם ל-
- set out לערוך, לסדר; להציג; להצהיר, לפרסם; להפליג; להתחיל
- set pen to paper להתחיל לכתוב
- set right/to rights לתקן
- set sail להפליג, לצאת לדרך
- set store by/on להעריך, להחשיב
- set the ax to לגדוע, להרוס
- set the scene להעלות המסך על; להוביל, להכשיר את הקרקע
- set things straight להעמיד דברים על דיוקם
- set to להתחיל; להתחיל לאכול; להירתם לעבודה; לפתוח בריב
- set up להרכיב; להקים; להציב; לייסד; לגרום, ליצור; לסדר (בדפוס)
- set up a cry לפלוט צעקה
- set up as להתחיל לעסוק ב-; להתיימר, להציג עצמו כ-
- set up type לסדר אותיות-דפוס
- set upon להתנפל על; לשסות
- the dress sets well הבגד מונח טוב
- the sun set השמש שקעה
- the tree set העץ עשה פרי
- the wind set from הרוח נשבה מ-
- well set up מצוייד כראוי, שסיפקו צרכיו; בנוי היטב, חטוב-גוף

set *adj.* קבוע; יציב; קבוע מראש; עקשני; נחוש-דיעה; מוכן, ערוך
- set books ספרים לקריאה (למיבחן)
- set fair (מזג-אוויר) נאה
- set phrase ביטוי שיגרתי
- set procedure תהליך קבוע מראש
- set smile חיוך נצחי (שלא מש מפיו)
- set to go מוכן ללכת

set *n.* מערכה; סט; אנשים, חוג; קבוצה; מיבנה, תנוחה; כיוון; נטייה; התקרשות; מקלט; שתיל; אתר-הסרטה; תיסרוקת; מרצפת
- make a dead set at לחבור יחד על; לנסות לכבוש ליבו
- set of a dog הצבעת כלב (על ציד)
- set of a dress התאמת בגד (לגוף)
- set of sun שקיעת-החמה

set-aside *n.* הקצאה, הפרשה

setback *n.* עצירה, עיכוב; תבוסה

se·tif′erous *adj.* זיפי

setoff *n.* קישוט; פיצוי; קיזוז; יציאה (למסע); תביעה נגדית

set piece *n.* מעשה-אמנות, מלאכת-מחשבת; זיקוקין-די-נור

setscrew *n.* בורג הידוק

set-square *n.* משולש-שירטוט

sett *n.* מרצפת

set·tee′ *n.* ספה

set′ter *n.* קובע, מניח; סַדָּר; כלב-ציד
- bone-setter קובע עצמות (שבורות)

set theory תורת-הקבוצות

set′ting *n.* רקע; תפאורה; מיסגרת, מישבצת; לחן; מערכת כלי-אוכל

setting lotion נוזל לעיצוב שיער
setting-up exercises התעמלות בוקר
set′tle *v.* לסדר; לקבוע; להניח; להסדיר; ליישב; להתיישב; להתנחל; לרדת; לנחות; להרגיע; לשכון; להחליט; לשלם; לשקוע; להשקיע
- settle a dispute ליישב מחלוקת
- settle down להתרווח; להתיישב; להשתקע; להשקיט; להירגע; להתרגל; להתבסס
- settle down to להתרכז ב-
- settle for להסתפק ב-, להשלים עם
- settle in לשכן; להסתדר; להשתקע
- settle into להתרגל ל-, להסתגל ל-
- settle on/upon להחליט, לבחור; להעביר רכוש ל-, להעניק
- settle one's affairs להסדיר ענייניו
- settle oneself להתיישב; להתרווח
- settle out of court ליישב (סיכסוך) מחוץ לכותלי בית-המישפט
- settle the dust להרביץ האבק
- settle up להסדיר, לשלם (חשבון)
- settle wine להצליל יין
- settle with ליישב החשבון עם
- that settles it זה חורץ גורלו
settle *n.* ספסל גבה-מיסעד
settled *adj.* יציב, קבוע; מיושב, מאוכלס; מסודר, נפרע
settlement *n.* התיישבות; התנחלות; יישוב; הסדרה; סידור; הסדר; פירעון; שקיעה; הענקה, העברת-רכוש; מרכז קהילתי
settlement house מרכז קהילתי
settler *n.* מתיישב, מתנחל
set-to *n.* קטטה, תיגרה, התכתשות
set-up *n.* מיבנה, צורת אירגון; מישחק מכור; מלכודת, הפללה
sev′en *n&adj.* שבע, 7
sevenfold *adj&adv.* שבעתיים
sev′enteen′ *adj&n.* שבע-עשרה, 17
sev′enteenth′ *n&adj.* (החלק) ה-17
sev′enth *adj&n.* שביעי; שביעית
- Seventh Day שבת
- in the seventh heaven ברקיע השביעי, מאושר, שטוף-גיל
seventhly *adv.* שביעית, במקום השביעי
sev′entieth *n&adj.* (החלק) ה-70

sev′enty *n.* שבעים, 70
- the seventies שנות ה-70
seven-year itch משבר השנה השביעית (לאחר הנישואים)
sev′er *v.* לחתוך, לנתק; להינתק
sev′eral *adj&pron.* כמה, מיספר, אחדים; נפרד, לחוד; שונים
- went their several ways הלכו כל אחד לדרכו
severally *adv.* בנפרד, אחד-אחד
sev′erance *n.* ניתוק; הינתקות
severance pay פיצויי פיטורים
severe′ *adj.* חמור, קשה, רציני; נוקשה, מקפיד; חריף, נוקב; פשוט
- severe face פנים חמורי-סבר
- severe pain/cold כאב/קור עז
- severe style סיגנון פשוט
sever′ity *n.* חוּמרָה, רצינות
- severities תנאים קשים, סבל
sew (sō) *v.* לתפור
- sew up לתפור, לסגור בתפירה; לסגור, לסיים; לסדר; להשתלט על
- sew up a deal לסגור עיסקה
- sewed up סגור; תפור; מוכרע
sew′age (so͞o′-) *n.* שופכין, מי-ביוב
sewage farm/works מיפעל לטיהור מי שפכים
sew′er (sō′-) *n.* חייט, תופר
sew′er (so͞o′-) *n.* צינור-ביוב, תעלה
sew′erage (so͞o′-) *n.* מערכת ביוב
sewing *n.* תפירה
sewing machine מכונת-תפירה
sewn = pp of sew (sōn)
sex *n.* מין, סקס; יחסי-מין, זוויג
- have sex with לקיים יחסים עם
- the fair/gentle sex המין היפה
sex *v.* לברר מינו
sex abuse התעללות מינית
sex′agena′rian *adj&n.* בן 60 (עד 70)
Sex′ages′ima *n.* יום א' השני לפני לנט
sex appeal משיכה מינית, סקסאפיל
sexed *adj.* מיני
- over-sexed שטוף תאווה מינית
sexism *n.* סקסיזם, עליונות הגבר
sexist *n&adj.* סקסיסט
sex kitten חתולת מין
sexless *adj.* חסר-מין, לא סקסי
sex life חיי מין
sex object אובייקט מיני
sex·ol′ogist *n.* סקסולוג

sex·ol′ogy *n.* סקסולוגיה, מדע המיניות
sex′ploi′ta′tion *n.* *ניצול המין
sex′pot′ *n.* אישה סקסית
sex symbol טמל מין (אדם)
sex′tant *n.* סקסטאנט (מכשיר למדידת זוויות בין גופים שמימיים)
sex·tet′ *n.* שיתית, 6 כלים
sex′ton *n.* שַׁמָּש (בכנסייה)
sex·tup′let *n.* אחד משישייה
- sextuplets שישייה
sex′ual (sek′shōōəl) *adj.* מיני
sexual abuse ניצול מיני
sexual harassment הטרדה מינית
sexual intercourse מגע מיני
sex′ual′ity (sek′shōōal′-) *n.* מיניות
sexy *adj.* מיני, סקסי, מגרה
SF = science fiction
Sgt. סַמָּל, סרג׳נט
sh *interj.* ששש-, הס, שקט
shabbiness *n.* שפלות
shab′by *adj.* מרופט, בלוי, קרוע; לבוש בלואים; דל, עלוב, לא-הוגן
- shabby treatment יחס שפל
shabby-genteel *adj.* עני-מנומס
shack *n&v.* צריף, סוכה, ביתן, ביקתה
- shack up with להתגורר, לדור עם
shack′le *n&v.* אזק; חית-המנעול; לכבול
- shackles כבלים; אזיקים
shad *n.* עלוזה (דג-מאכל)
shad′dock *n.* פומלו
shade *n.* צל; עוצמת-צבע, גוון, ניואנס; אהיל; רוח, שד; מעט, משהו
- put in the shade להעיב על, להאפיל על, להעמיד בצל, לגמד
- shade of doubt ספק-מה
- shades דימדומים; *מישקפי-שמש
- shades of *זה מזכיר לי
- the shades מישכן הרוחות, שאול
shade *v.* לפרוש צל, להצל, לחפות, לסוכך, להאפיל; להשתנות (גונו)
- shade in (בציור) להכהות, לקווקוו
shade tree עץ-צל, עץ המטיל צל
shading *n.* שוני קל, גוון, ואריאציה; (בציור) הצללה, השחרה
shad′ow (-ō) *n.* צל; רוח, הבל, תעתועים; תחושת-מועקה; שמץ
- a shadow of doubt צל של ספק
- a shadow of one's former self צל של עצמו, כחוש, גל-עצמות
- cast a shadow להטיל צל, להצל
- one's shadow כצל שלו, לא מש ממנו
- shadows צללים, דימדומים
- worn to a shadow הפך לצל, סחוט
shadow *adj.* של מילואים, להפעלה בעת הצורך
shadow *v.* להטיל צל; לעקוב
shadowbox *v.* להתאגרף נגד רוח, להכות ביריב מדומה
shadow cabinet ממשלת צללים
shadow factory מיפעל צללים
shadowy *adj.* מוצל, מטיל צל; מעורפל, לא ברור; שרוי בצל
sha′dy *adj.* פורש צל, מצל, מוצל; צללי; מעורפל, מפוקפק; לא-הגון
shaft *n.* מוט, חנית; חץ; ידית, קת; יצול; (במכונה) גל; עמוד; פיר, חלל; מעבר; ארובה; קנה-נוצה
- get the shaft *לקבל ״חזוק״
- shaft of light קרן-אור
- shaft of wit חץ שנון
shaft *v.* *לסדר כהוגן, לתת ״חזוק״
shag *n&v.* טבק/סיב גס; שיער סבוך; לרדוף אחרי; *לקיים יחסים
shagged *adj.* *עייף, סחוט
shagginess *n.* גסות, חיספוס
shag′gy *adj.* גס, מחוספס; עבות, סבוך, שעיר; פרוע-שיער
shaggy-dog story בדיחה ארוכה
shagreen′ *n.* שאגרין, עור מחוספס
shah (shä) *n.* שח, מלך איראן
shake *v.* לנענע; להתנענע; לרעוד; לנער; לזעזע; להחליש
- (let's) shake! הבה נלחץ ידיים
- shake down להתרגל; להטיס טיסת-מיבחן; *לשכב, ללון; לסחוט כספים; לחפש
- shake his faith לערער אמונתו
- shake in one's boots/shoes לרעוד מפחד
- shake it up *להזדרז
- shake off להיפטר מ-, להשתחרר מ-
- shake one's head להניד בראשו
- shake out לפרוש, לנער; להתפזר
- shake up לנער; לארגן מחדש; להדאיג
shake *n.* נענוע; זעזוע; רעד; *רגע קט; יחס, טיפול; מילקשייק
- in two shakes מיד, כהרף-עין
- no great shakes *לא מי-יודע-מה
- the shakes *צמרמורת, רטט

shake-down *n.* טיסת-מיבחן; *מיטה; סחיטת כספים; חיפוש
shake-out *n.* שידוד מערכות, רה-אירגון, מהפך
shaker *n.* מנענע; מבזק-מלח; מנער
Shakespeare (shāk′spir′) *n.* שקספיר
Shake′spear′ean (shākspir′iən) *adj.* שקספירי
shake-up *n.* חילופי-גברי; רה-אירגון
shakiness *n.* חוסר-יציבות, רעיעות
shaking *n.* נענוע; זעזוע
shak′o *n.* שאקו, כובע צבאי
sha′ky *adj.* חלש, רעוע, רועד
shale *n.* ציפחה, אבן פצלתית
shall (shal) *v.* (פועל עזר לציון עתיד)
- I shall do it אעשה זאת
- you shall do it עליך לעשות זאת
shal′lop *n.* סירה קלה
shallot′ *n.* בצלצל, בצל-פרא
shal′low (-ō) *adj.* רדוד, לא-עמוק, שיטחי, חסר-עמקות, לא-רציני
shallow *v.* להירדד, להיעשות רדוד
shallows *n-pl.* מים רדודים, שטח רדוד
shalom′ (-lōm) *interj.* שלום!
shalt = shall
sham *v.* להתחזות; לזייף
sham *n&adj.* העמדת-פנים, שקר; מעמיד פנים; מזוייף, מדומה
sha′man *n.* שאמאן, רופא אליל
sham′ble *v&n.* ללכת בכבדות, להשתרך; גרירת רגליים, השתרכות
- make a shambles לבלבל, לבלגן
- shambles שדה-קטל; מקום הפוך, אי-סדר, תוהו ובוהו
sham•bol′ic *adj.* *מבולגן
shame *n.* בושה, חרפה, קלון
- cry shame on לומר התבייש לך
- feel shame להתבייש
- for shame! התבייש לך!
- put to shame להמיט חרפה על; להאפיל על, לעלות על
- shame on you! התבייש לך!
- shame! בושה!, בוז!
- what a shame! חבל!, מצער מאוד
shame *v.* לבייש, להמיט קלון על; להעמיד בצל, לעלות על
shamefaced *adj.* מבוייש, נבוך
shameful *adj.* מביש, מגונה, מחפיר
shameless *adj.* חסר-בושה, חצוף
sham′my *n.* יעל, עור-יעל
sham•poo′ *n&v.* שמפו; חפיפת-ראש; לחפוף הראש; לנקות (שטיח) בשמפו
sham′rock′ *n.* תילתן
sha′mus (shä′-) *n.* *שוטר; בלש פרטי
shan′dy *n.* מזג-שיכר
shandy gaff מזג-שיכר
shang′hai′ (-hī) *v.* לעלף ולחטוף; לאלץ בתחבולה, להערים
shan′gri-la′ (-lä) *n.* גן-עדן
shank *n.* שוק, נתח-רגל; קנה, חלק צר בכלי, קנה-המסמר (-המפתח וכ׳)
- go on shank's mare ללכת רגלי
shan't = shall not (shant)
shan′tung′ *n.* שנטון, בד משי
shan′ty *n.* ביקתה; שיר ימאים
shantytown *n.* מישכנות-עוני
shape *n.* צורה; דמות; מצב; אימום
- give shape להלביש צורה, לגלם
- in good shape במצב טוב, תקין, בכושר; משביע רצון
- in shape בכושר; במראה, בהופעה
- in the shape of בדמות-, בצורת-
- knock into shape לעצב, לתגמר
- knock out of shape לעוות צורתו
- not in any shape or form בשום צורה שהיא (לא)
- out of shape לא בכושר
- put into shape לגבש, לעצב, לערוך בצורה מסודרת
- take shape ללבוש צורה, להתגבש; למצוא את ביטויו ב-
shape *v.* לעצב, להצרין, לצור צורה; לגבש; להתגבש; ללבוש צורה
- is shaping well מתפתח יפה
- shape his future לעצב את עתידו
- shape one's course לכוון דרכו, לשים פעמיו
- shape up ללבוש צורה, להתפתח
shapeable *adj.* בר-עיצוב, נאה
shaped *adj.* בצורת-, דמוי-; (בגד) צמוד
shapeless *adj.* נטול-צורה, אמורפי
shapely *adj.* (גוף) חטוב, נאה
shard *n.* חרס, שבר
share *n.* חֵלֶק; מנה; מניה; סכין-מחרשה
- go shares להתחלק שווה בשווה
- has no share in אין לו חלק/יד ב-

- have a share להשתתף, ליטול חלק
- take share להשתתף, ליטול חלק
share *v.* לחלק; להתחלק; להשתתף, לקחת חלק; לתת חלק
- share and share alike להתחלק שווה בשווה
- share in להשתתף, להיות שותף ב-
- share out לחלק
- share with לשתף (בחוויה), לספר
share capital הון מניות
share certificate תעודת-מניה
share-cropper *n.* אריס, עובד אדמה
shareholder *n.* בעל מניות
share index מדד מניות
share-out *n.* חלוקה
share regulation ויסות מניות
shareware *n.* תוכנה לבדיקה, תוכנה לתשלום עתידי
shari'ah (-rē'ə) *n.* שַׁרִיעָה (החוק המוסלמי)
shark *n.* כריש; רמאי, נוכל; עשקן
sharkskin *n.* עור כריש (חלק)
sharp *adj.* חד; חריף; ברור; תלול; פיקח, ערמומי; עז; מהיר, נמרץ
- sharp (piece of) work עבודה נאה
- sharp as a tack מבריק; מצוחצח
- sharp lookout שמירה עירנית
- sharp practice תרמית, עסק מפוקפק
- sharp rise עליה תלולה (במחירים)
- sharp turn תפנית חדה
- sharp words דברים כדורבנות
sharp *adv.* בצורה חדה; לפתע; בדיוק; (לזייף) בחצי-טון, בדיאז
- at 12 sharp בשעה 12 בדיוק
sharp *n.* דיאז, נסק; רמאי
sharp'en *v.* לחדד, להשחיז; להתחדד
sharp end *חרטום הספינה; זירת הפעולה הישירה
sharpener *n.* מחדד, משחז
sharper *n.* רמאי, נוכל
sharp-eyed *adj.* חד-עין, חד-מבט
sharp'ish *adj&adv.* חד למדי; מהר
sharp-looking *adj.* בעל הופעה נאה
sharp-set *adj.* רעב
sharpshooter *n.* צלף
sharp-sighted *adj.* חד-עין
sharp-tongued *adj.* חד-לשון
sharp-witted *adj.* חריף-שכל
shat'ter *v.* לנפץ; להתנפץ; להרוס
shattered *adj.* הרוס, סחוט; מזועזע
shatter-proof *adj.* חסין שבירה
shave *v.* לגלח; להתגלח; להקציע; לשפשף, לחלוף קרוב ל-; להפחית
- shave off לקלף, לשבב, לְשַׁפּוֹת
shave *n.* גילוח, תיגלחת
- close/narrow shave הינצלות בנס
shaven (pp of shave) *adj.* מגולח
shaver *n.* מגלח, מכונת-גילוח; *נער
shaving *n.* גילוח
- shavings נסורת, שבבים
shaving brush מיברשת גילוח
shaving cream מישחת גילוח
shawl *n.* סודר, צעיף, רדיד
shay *n.* כירכרה, מרכבה
she *pron&n.* היא; נקבה
- she-goat/-bear עז/דובה
sheaf *n.* אלומה; חבילה, צרור
shear *v.* לגזוז; לספר; לחתוך; לשלול, להציגו ככלי ריק
- shorn of שאיבד, שניטל ממנו
shears *n-pl.* מיספריים; מזמרה
sheath *n.* נדן, נרתיק; בגד צמוד; כובעון
sheathe (shēdh) *v.* לשים בנדן; לנרתק; לְצַפּוֹת
- sheathe the sword להחזיר החרב לנדנה, להפסיק הלחימה
sheathing (-dh-) *n.* ציפוי לוחות
sheath knife סכין מנורתקת
sheaves = pl of sheaf (shēvz)
she·bang' *n.* *דבר, עניין, מצב
shebeen' *n.* בית-מרזח (לא-חוקי)
shed *v.* לשפוך; להשיר; להסיר; לדחות (מים); להפיץ; להקרין
- shed blood להקיז דם; לשפוך דם
- shed light on לשפוך אור על
- shed tears לשפוך דמעות
shed *n.* צריף, ביקתה; מחסן; דיר
she'd = she had/would (shēd)
sheen *n.* ברק; זוהר
sheep *n.* כבש; צאן
- cast/make sheep's eyes at לנעוץ מבטי אהבה, ללטוש עיני-אוהב
- the sheep and the goats הטובים והרעים
sheep-dip *n.* טבילת חיטוי לכבשים
sheep dog כלב רועים
sheep-fold *n.* דיר, מיכלאה
sheepish *adj.* נבוך, מבוייש, מפוחד

sheep run מקום מירעה (לצאן)
sheepskin *n.* עור-כבש; דיפלומה
sheer *adj.* מוחלט, גמור, אך ורק; טהור; שקוף, דק; תלול, מאונך
- sheer nonsense שטות גמורה
sheer *adv.* בצורה תלולה; לגמרי
sheer *v.* לשנות כיוון; לסטות ממסלול
- sheer off להתרחק; להסתלק
sheet *n.* סדין; גיליון; לוח; שיכבה; ריקוע; מישטח; חבל מיפרש; עיתון
- in sheets (גשם) ניתך בעוז; (ספר) בגיליונות, טרם נכרך
- white as a sheet חיוור כמו סיד
sheet anchor עוגן הצלה
sheeting *n.* בד-סדינים; ריקועים
sheet lightning ברק רחב
sheet metal ריקוע מתכת
sheet music מוסיקה בגיליונות
sheik, sheikh (shēk) *n.* שיך (ערבי)
sheikhdom *n.* איזור השיך
shei'la (shē'-) *n.* נערה*
shek'el *n.* שקל, כסף
shel'drake' *n.* ברווז בר
shelf *n.* מדף; בליטה, זיז
- on the shelf כאבן שאין לה הופכין, לא עובד; שאין מבקשים את ידה
shelf life חיי מדף (של פריט)
shelf room מקום על המדף
shell *n.* קליפה; קונכייה; קשווה; שלד-בניין; פגז; תרמיל; כדור; סירה
- retire into one's shell להיחבא אל הכלים, להסתגר בד' אמותיו
shell *v.* לקלף; להתקלף; להוציא מהקליפה; להפציץ, להרעיש
- easy as shelling peas קל ביותר
- shell out לשלם, לפרוע
she'll = she will/shall (shēl)
shellac' *n&v.* לכה; (לצפות ב-) להביס*
shellack'ing *n.* מכה, תבוסה*
shell corporation חברת קש
shellfire *n.* אש ארטילרית
shellfish *n.* רכיכה (עוטה קונכייה); פירות ים; סרטן
shell-proof *adj.* חסין-פגזים
shell-shock *n.* הלם-קרב
shell suit אימונית (אטימה)
shel'ter *n.* מחסה; מיקלט; ביתן; דיור
- take shelter למצוא מחסה
shelter *v.* לסוכך; להעניק מיקלט; לפרוש חסותו על; לתפוס מחסה
sheltered *adj.* מוגן, מְסוּכָּך
shelve *v.* למדף, לערוך על מדף; לדחות; לפטר; להשתפע בהדרגה
shelves = pl of shelf (shelvz)
shelving *n.* מדפים; חומר-מדפים
she·nan'igan *n.* מעשה-קונדס
shep'herd (-pərd) *n.* רועה צאן
shepherd *v.* לרעות; להוביל
shepherdess *n.* רועת-צאן
shepherd's pie בשר קצוץ עם מחית תפוחי-אדמה
shepherd's plaid דגם משבצות
shepherd's purse ילקוט (צמח-בר)
sheq'el (-k-) *n.* שקל
sher'bet *n.* שרבט, גלידת-פירות, משקה-פירות; אבקת-שתייה
sherd *n.* חרס, שבר
sher'iff *n.* שריף
sher'ry *n.* שרי (יין)
she's = she is, she has (shēz)
Shia (shē'ä) *n.* שיעה (זרם באיסלאם)
shib'boleth' *n.* שיבולת, סיסמה; ניב מיושן, מנהג עתיק; מאפיין
shied = p of shy
shield (shēld) *n.* מגן; תג שוטר
shield *v.* להגן על, לשמור, לחפות על
shift *n.* שינוי, העתקת-מקום, העברה, תזוזה; מישמרת; תחבולה, תכסיס; שימלה; מחליף הילוכים
- make shift להסתדר (איכשהו)
shift *v.* להעביר, להזיז, לשנות כיוון; לנוע, לזוז; להחליף הילוכים; להחליף בגדים
- shift for oneself להסתדר לבד
- shift off להיפטר, להסיר האחריות
shiftiness *n.* ערמומיות
shift key מקש האותיות הגדולות
shiftless *adj.* עצלן; לא-יוצלח
shift stick ידית הילוכים
shift work עבודה במישמרות
shift'y *adj.* ערמומי, תחבלני
Shi'ite (shē'īt) *n.* שיעי (מוסלמי)
shil'ling *n.* שילינג
shil'ly-shal'ly *v.* להסס
shim'mer *v&n.* לנצנץ; ניצנוץ
shim'my *v&n.* לרטוט; *תחתונית
shin *n&v.* שוק; לטפס, לעלות על
shin-bone *n.* שוקה (עצם שוק)
shin'dig' *n.* מסיבה עליזה; מהומה*

shin'dy *n.* ריב, מהומה, ויכוח*
shine *v.* לזרוח; להקרין; להזהיר, להבריק; להצטיין; לצחצח
- shine up to לנסות להתיידד עם*
shine *n.* זוֹהַר; ברק; ציחצוח
- come rain or shine יקרה אשר יקרה
- take a shine to "להידלק על"
shi'ner *n.* דבר זוהר; "פנס" (בעין)
shin'gle *n.* רעף, לוחית ציפוי; שלט; חלוקי-אבנים; תיספורת קצרה
- hang up one's shingle לפתוח מישרד
shingle *v.* לרעף; לעשות תיספורת קצרה
shingles *n-pl.* שלבקת חוגרת
shingly *adj.* זרוע חלוקי-אבנים
shin-guard/-pad *n.* מגן שוק
shining *adj.* מבריק, מזהיר; מצויין
shin'ny *v.* לטפס
shi'ny *adj.* מבריק
ship *n.* אונייה, ספינה; *מטוס
- give up the ship לוותר
- on board ship/on ship board באונייה, על אונייה
- take ship להפליג
- when my ship comes in לכשאתעשר
ship *v.* להעביר באונייה, לשגר (ברכבת, בדואר); לשרת באונייה
- ship oars להכניס המשוטים לסירה
- ship off לשלוח, להעביר
- ship out להפליג
- ship water להיות מוצף מים
ship biscuit מַצִייַת-מלחים
shipboard *adj.* על סיפון האונייה
ship-breaker סוחר ספינות ישנות
ship-broker *n.* סוכן חברת הובלה ימית; סוכן ביטוח ימי; סוחר ספינות
shipbuilding *n.* בניית אוניות
ship canal תעלת-אוניות
ship chandler ספק אבזרי-ספינות
shipload *n.* מיטען אונייה
ship'mate' *n.* חבר לספינה
shipment *n.* מישלוח; הטענה, מיטען
ship-owner *n.* בעל אונייה
shipper *n.* סוכן-מישלוחים, מוביל
shipping *n.* צי, כְּלֵי-שַיִט; מישלוח
shipping agent סוכן הובלה ימית
shipping office מישרד הובלה ימית
ship'shape' *adj.* מטופח, מצוחצח
ship'way' *n.* כבש אונייה, שיפוע לבניית אונייה
ship'wreck' (-rek) *n&v.* אסון-אונייה, טביעת-אונייה; להיטרף בים, להרוס, לנפץ
ship'wright' (-rīt) *n.* בונה-אוניות
ship'yard' *n.* מספנה, מבדוק
shire *n.* מחוז
shire horse סוס-משא
shirk *v.* להשתמט, להתחמק
shirker *n.* שתמטן
shirr *v.* לעשות קיבוצים, לכווץ בד
shirt *n.* חולצה, כותונת
- give the shirt off one's back לתת כל אשר לו
- lose one's shirt לאבד כל רכושו
- put one's shirt on a horse לשים כל כספו בהימור על סוס
- stuffed shirt טיפוס מנופח*
shirtfront *n.* חזית-החולצה
shirting *n.* אריג-כותונות
shirtsleeve *adj&n.* פשוט; חסר-רישמיות; בלי מעיל; שרוול-החולצה
shirttail *n.* שולי-החולצה
shirtwaist(er) *n.* חולצת-אישה
shirt'y *adj.* מרוגז*
shish kebab' קבאב
shit *n&v.* חרא; עשיית צרכים; חשיש; שטויות; לחרבן*
- not worth a shit לא שווה כלום*
- shit on him להודיע עליו*
- shits שילשול*
shiv'er *v&n.* לרעוד; רעד
- the shivers צמרמורת, חלחלה*
shiver *n&v.* רסיס; לשבור/להתנפץ לרסיסים
shivery *adj&adj.* רועד; קר
shoal *n&v.* שירטון, מקום רדוד; להירדד
- shoals סכנות חבויות, מהמורות
shoal *n.* להקת-דגים; מיספר רב
shoal *v.* להתלהק, ליצור להקות
shock *n.* הלם; זעזוע; מכת-חשמל; ערימת עומרים, אלומות
- shock of hair גוש שיער סבוך
shock *v.* לזעזע; להדהים; לחשמל
shock absorber בולם-זעזועים
shocker *adj.* מזעזע, רע, לא-מוסרי
shock-headed *adj.* סבוך-שיער
shocking *adj&adv.* מזעזע, רע, גרוע; מאוד

- shocking pink ורוד עז/זוהר
shockingly *adv.* *מאוד, נורא
shock-proof *adj.* חסין-זעזועים
shock tactics טאקטיקת-הלם
shock therapy ריפוי בהלם
shock treatment טיפול בהלם
shock troops יחידות-מחץ
shod (p of shoe) *adj.* נעול
shod′dy *adj.* זול, מזוייף; שפל
shoddy *n.* אריג זול; בגד משומש
shoe (shōō) *n&v.* נעל; פרסה; סנדל-הבלם; לנעול; להנעיל; לפרזל
- as an old shoe נוח, נעים; צנוע, חביב, פשוט
- if the shoe fits- אם סבור אתה שהכוונה אליך-
- in his shoes בנעליו, במקומו
- step into his shoes להיכנס לנעליו
- the shoe is on the other foot נתחלפו היוצרות, התהפך הסדר
shoeblack *n.* מצחצח נעליים
shoebox *n.* קופסת נעליים
shoehorn *n&v.* כף נעליים; לדחוק פנימה
shoelace *n.* שרוך נעל
shoeleather *n.* עור נעליים
shoemaker *n.* סנדלר, תופר נעליים
shoemaking *n.* סנדלרות
shoeshine *n.* ציחצוח נעליים
shoestring *n&adj.* שרוך נעל, סכום זעום; ארוך, דק, זעום
- on a shoestring באמצעים דלים
shoe-tree *n.* אימום נעל
sho′far שופר
shone = p of shine
shoo *v&interj.* *לגרש; קישטא!
shoo-in *n.* *מנצח ודאי, זוכה
shook = pt of shake
shoot (shōōt) *v.* לירות; לפגוע; לצוד; לפלוט; להטיל; לחלוף, לבעוט לשער; לעבור; לנוע ביעף; לצמוח; לנבוט
- shoot a bolt להבריח; למשוך בריח
- shoot a film להסריט סרט
- shoot a game of- לשחק ב-
- shoot a look לנעוץ מבט
- shoot ahead לפרוץ קדימה
- shoot away לירות בלי הרף, לקטוע (איבר) בירייה
- shoot dice להטיל קוביות
- shoot down להפיל (מטוס); לשלול, לדחות בתוקף
- shoot for/at לחתור ל-, לקבוע יעד
- shoot from the hip לירות מהמותן
- shoot off לקטוע (איבר) ביריות; לירות באוויר
- shoot off one's mouth/face להתיר הרסן מפיו, לפטפט
- shoot one's bolt/wad לעשות ככל שביכולתו
- shoot out לפלוט, להשליך; לקלוח; להכריע (סיכסוך) בקרב-יריות
- shoot questions להמטיר שאלות
- shoot rubbish לשפוך פסולת
- shoot square/straight לפעול בהגינות
- shoot the works להמר על כל כספו, לעשות מאמץ עליון
- shoot to kill לירות כדי להרוג
- shoot up לזנק, לעלות, לגדול; לירות בלי הבחנה, להשליט טרור
- shoot! קדימה!, דבר!, פתח פיך!
shoot *n.* חוטר, נצר; ירי; ציד; איזור-ציד; מגלש; אשד; שיגור-חללית
- the whole shoot *כל הדבר, הכל
shooter *n.* יורה
shooting *n&adj.* ירי; זכות ציד, צַיִד
- a shooting pain כאב דוקר
- the whole shooting match כל הדבר, כל העסק
shooting box ביקתת ציידים
shooting gallery אולם קליעה
shooting iron *נשק, אקדח
shooting range מיטווח
shooting star מטאור, כוכב נופל
shooting stick מקל-כיסא, מקל-הליכה ההופך למושב
shooting war מלחמה חמה
shoot-out *n.* קרב, חילופי-יריות
shop *n.* חנות; בית-מלאכה; מיקצוע, עסק
- all over the shop בכל מקום
- came to the wrong shop טעה בכתובת, לא פנה לאדם הנכון
- set up shop לפתוח עסק
- shop hours שעות המכירה
- shut up shop לנעול העסקים
- talk shop לדבר על עבודתו
shop *v.* לערוך קניות; לחפש בחנויות; *להלשין, להודיע
- shop around לסייר בחנויות; לחפש
shop′ahol′ic *n.* *קונה כפייתי
shop assistant זבן, מוכר

shopboy *n.* זבן, מוכר
shop floor חדר הסדנאות; אולם הפועלים
shop front חזית החנות
shopgirl *n.* זבנית, מוכרת
shopkeeper *n.* חנווני, בעל חנות
shoplift *v.* לגנוב מחנויות, "להרים"
shoplifting *n.* גניבה מחנויות
shoppe *n.* חנות
shopper *n.* קונה, מבקר בחנויות
shopping *n.* קניות, עריכת קניות
- window shopping הסתכלות בחלונות ראווה
shopping bag שקית קניות
shopping basket סל קניות
shopping cart עגלת קניות
shopping center מרכז קניות
shopping mall קניון, מרכז קניות
shop-soiled *adj.* פגום, מלוכלך
shop steward נציג הפועלים
shopwalker *n.* מדריך לקוחות
shop window חלון ראווה
shopworn *adj.* פגום, מלוכלך, בלוי (משמירה בחנות); ישן, שחוק, דהוי
shore *n.* חוף, יבשה; מיתמך, סמוכה
- on shore ליבשה, על החוף
shore *v.* לתמוך
shore leave חופשת-חוף
shorn = pp of shear
short *adj.* קצר; נמוך; חסר, לא מספיק, קטן, פחות; תמציתי; גס, קצר-רוח; קצר-מועד; פריר
- at short range מטווח קרוב
- for short לשם קיצור
- in short בקיצור
- in short order על רגל אחת, מיד
- in short supply בכמות מצומצמת
- in the short run לטווח קצר
- little/nothing short of לא פחות מ-, כמעט
- make short work of לחסל מהר
- on short time עובד פחות מהרגיל
- short and sweet קצר ולעניין
- short drink כוסית-משקה
- short for קיצור של, צורה מקוצרת
- short haul מרחק קצר
- short of לא מגיע ל-, על סף-, חסר; לפני; דחוק ב-; פחות מ-; פרט ל-
- short of breath חסר-נשימה
- short of money דחוק בכסף
- short on- *חסר-, נטול-, נעדר-
- short pastry בצק פריך
- short temper רגזנות, קוצר-רוח
- short vowel תנועה קצרה
- the short end החלק הגרוע ביותר
- win by a short head לנצח בהפרש זעום
short *adv.* פתאום, לפתע; בקצרה
- be taken/caught short לחוש צורך לעשות צרכיו
- fall short of לא להגיע ל-, לאכזב
- go short of לסבול מַחוֹסֶר-
- pull up short לעצור פתאום
- sell short למעט בערכו, לא להעריך כוחו; למכור (מניות) לפני רכישתן
- stop short לעצור לפתע
- take him up short לשסעו
short *n.* *סרטון; קצר חשמלי; לגימה
- shorts שורטס, (מיכנסיים) קצרים
short *v.* *לגרום לקֶצֶר; לרמות
short'age *n.* מחסור, חוסר, גירעון
short bond אג"ח קצרת מועד
shortbread *n.* עוגת-חמאה
shortcake *n.* עוגת-פירות
short-change *v&n.* להחזיר עודף חסר, לרמות במתן העודף; עודף חסר
short-circuit *n&v.* קֶצֶר; לגרום לקצר; לקרות קצר; לקצר, לפשט
shortcoming *n.* פגם, ליקוי, חיסרון
short cut קפנדריה, קיצור דרך
short-dated *adj.* קצר-מועד
short'en *v.* לקצר; להתקצר
short'ening *n.* שומן לבצק פריך
shortfall *n.* גירעון, דפיציט
short fuse *חימה, "פיוז קצר"
short'hand' *n.* קצרנות
short-handed *adj.* חסר-עובדים
shorthand typist קצרנית-כתבנית
short-haul *adj.* של מרחק קצר
shorthorn *n.* בקר קצר-קרניים
short'ie *n.* *גוץ, נמוך-קומה
shortish *adj.* נמוך במקצת
short list רשימת מועמדים (מנופה)
short-list *v.* לכלול ברשימה מנופה
short-lived *adj.* קצר-ימים
shortly *adv.* מיד, תכף; בקרוב, במהרה; בקיצור, קצרות; בגסות
short-order *adj.* מהיר-הכנה
short-range *adj.* לטווח קצר
short sight קוצר ראייה
shortsighted *adj.* קצר-ראות
short-spoken *adj.* קצר-מלים
short story סיפור קצר

short-tempered *adj.* קצר-רוח
short-term *adj.* קצר-מועד
short time עבודה חלקית
short wave גל קצר
short-winded *adj.* קצר-נשימה
shorty *n&adj.* נמוך-קומה; קצר
shot *n.* ירייה; צלף; ניסיון, פגיעה, ניחוש, קליעה, בעיטה; שיגור חללית; קליע; כדור; כדור-ברזל; צילום; סיכוי; *זריקה; תזריק; כוסית
- call one's shot *לנבא
- foul shot בעיטת עונשין
- have a shot at לנסות
- lead shot רסס, כדורי עופרת
- like a shot במהירות רבה, כחץ מקשת; בחפץ לב
- long shot ניסיון דל-סיכויים; צילום מרחוק; בעל סיכויים קלושים
- pay one's shot לשלם חשבונו
- shot in the arm זריקת עידוד
shot *adj.* מגוון; *הרוס, סחוט
- be shot of it להיפטר מזאת
- shot silk משי המשנה גונו
- shot through מגוון, מתובל, שזור
shot = p of shoot
shot-gun *n.* רובה-ציד
shotgun wedding חתונה חפוזה
shot put הדיפת כדור-ברזל
should (shood) *v.* צריך, חייב, עליו
- I said that I should go אמרתי שאלך (עתיד פשוט בדיבור עקיף)
- I should have come if- הייתי בא אילו-
- I should think not! בוודאי שלא!
- you should אתה חייב, עליך ל-
- you shouldn't אל לך, בל
should = pt of shall
shoul′der (shōl′-) *n.* כתף, שכם; כתף-הר, כתף-בקבוק; שולי-הכביש
- broad shoulders כתפיים רחבות
- put one's shoulder to the wheel להטות שכמו, להירתם לעבודה במרץ
- shoulder to shoulder שכם אל שכם, יד-ביד, בשיתוף פעולה
- straight from the shoulder גלויות
shoulder *v.* לכתף, לטעון על הכתף; לשאת על כתפיו, ליטול על עצמו
- shoulder arms! הכתף נשק!
- shoulder one's way לפלס דרך בכתפיו
shoulder blade עצם השיכמה
shoulder flash תג יחידה
shoulder pad כרית כתף
shoulder strap כותפת, כתפייה
shouldn't = should not
shout *v.* לצעוק, לזעוק, לצרוח
- shout down להחריש בצעקות
shout *n.* צעקה, זעקה, צריחה
- your shout *תורך להזמין משקה
shouting *n.* צעקות
- all over bar the shouting המיבצע הוכתר בהצלחה/נסתיים
- within shouting distance בטווח שמיעה
shove (shuv) *v&n.* לדחוף, לתחוב; דחיפה
- shove around להציק, לטרטר
- shove off להתרחק; *להסתלק
- shove over לזוז, להזיז עצמו
shov′el (shuv-) *n.* יעה, את, כף
shovel *v.* להעביר/לגרוף ביעה/בכף
shovel-board = shuffle board
shovelful (-fool) *n.* מלוא היעה
show (shō) *v.* להראות, להציג, לגלות; להדריך, להנחות; להוכיח, להעיד על; להסביר; להיראות, להופיע; לסיים שלישי
- has nothing to show for it אין לו שום רווח מכך
- it goes to show דבר זה מוכיח
- show case להראות עילה
- show him over/around להראות לו את הסביבה, לקחתו לביקור
- show in/out ללוותו פנימה/החוצה
- show itself להיראות, להיות ניכר
- show mercy/pity לרחם, לחמול
- show off להתפאר, לחשוף לראווה, לנסות להרשים, לנפנף ב-; להבליט
- show one's teeth לחשוף שיניו
- show oneself להיות נוכח
- show oneself brave להוכיח אומץ-ליבו
- show round להראות הסביבה
- show through להיראות
- show up להוקיע, לחשוף פרצופו; להיראות; להופיע; *להביך
show *n.* ראווה; גילוי; התחזות; הצגה; תצוגה, תערוכה; מיפגן; רושם, גנדרנות; *ביצוע, עסק, עניין; הזדמנות
- for show למען הרושם
- give the show away לגלות מה מסתתר מאחורי זה

- good show מלאכה נאה, ביצוע מוצלח
- good show! כל הכבוד!
- on show מוצג לראווה
- poor show ביצוע עלוב
- put on a show להציג הצגה
- run the show לנהל את העניינים
- show of force מיפגן כוח
- show of hands הצבעה בהרמת ידיים
- steal the show לגנוב את ההצגה
show biz עסקי שעשועים
show-boat *n.* ספינת-תיאטרון
show business עסקי שעשועים
showcase *n&v.* תיבת-תצוגה (מזכוכית); להציג בצורה מושכת
showdown *n.* הצהרת-כוונות; עימות; גילוי הקלפים
show'er *n.* מטר, מימטר, גשם; מקלחת, מקלח; מסיבת-מתנות; *חבורה מטונפת
shower *v.* לרדת גשם; להמטיר, להרעיף; להתקלח
shower bath מקלחת, התקלחות
showery *adj.* של מימטרים
show-girl *n.* נערת-להקה
showground *n.* אתר תערוכה
showiness *n.* ראוותנות
showing *n.* תצוגה; הצגה, הופעה; ביצוע; הכרת העובדות, הבנת המצב
- poor showing הופעה עלובה
show jumping דילוג-משוכות
showman *n.* מנהל מופעי-בידור, מפיק הצגות; שחקן תיאטרלי
showmanship *n.* מְשַׂחֵק
shown = pp of show (shōn)
show-off *n.* רודף רושם, ראוותן
showpiece *n.* מוצג מופתי
showplace *n.* מקום ראווה, אתר-תיירות
showroom *n.* חדר תצוגה
show-stopper *n.* מופע מצליח
show trial משפט ראווה
show-window *n.* חלון-ראווה
showy *adj.* ראוותני, צעקני, מצועצע
shrank = pt of shrink
shrap'nel *n.* פציצים, רסיסים
shred *n.* קֶרַע, פיסה, קטע; שמץ
- tear to shreds לקרוע לגזרים
shred *v.* לקרוע לגזרים, לגרוס
shred'der *n.* מכשיר קיצוץ; מגרסת נייר

shrew (shrōō) *n.* מירשעת, כלבתא; חַדַּף (בע"ח דומה לעכבר)
shrewd (shrōōd) *adj.* פיקח, ממולח, מחושב
shrewish *adj.* מרושע, חד-לשון
shrew-mouse חַדַּף (דומה לעכבר)
shriek (shrēk) *v&n.* לצרוח, לצעוק; צריחה
shrift *n.* וידוי
- give short shrift להקדיש תשומת-לב מעטה, להתייחס בזילזול
shrike *n.* חנקן (ציפור)
shrill *adj.* צורחני, צווח, חד
shrimp *n.* סרטן, שרימפ, חסילון; ננס, גוץ
shrine *n&v.* קבר; ארון עצמות-מת; מיקדש, מקום-פולחן; לשמור במקום קדוש
shrink *v&n.* לכווץ; להתכווץ; להצטמק; התכווצות; *פסיכיאטר
- shrink from- להירתע מ-, להימנע מ-
shrink'age *n.* התכווצות, ירידה
shrinking violet נחבא אל הכלים
shrink-wrap *v.* לעטוף בניילון צמוד, לניילן
shrive *v.* לשמוע וידוי ולמחול
shriv'el *v.* לצמק; להצטמק; להתייבש
shroud *n.* תכריכים; מעטה; רכסה, חבל-תורן; חבל-מצנח
shroud *v.* לכסות, לעטוף, לאפוף
shrove = pt of shrive
Shrove Tuesday ערב תקופת לנט
shrub *n.* שיח
shrub'bery *n.* חלקת-שיחים
shrug *v&n.* למשוך בכתפיו; משיכת כתפיים
- shrug off לבטל במשיכת כתפיים
- shrug one's shoulders למשוך בכתפיו
shrunk = pp of shrink
shrunk'en *adj.* מְכוּוָץ, מצומק
shuck *n&v.* קליפה, קשווה; לקלף
- shuck away/off להסיר, לפשוט
shucks *interj.* *שטויות!, חבל!, אוף!
shud'der *v&n.* לרעוד, להתחלחל, להזדעזע; רעד, חלחלה, צמרמורת
shuf'fle *v.* לערבב, לטרוף; לגבב; להשתרך; לארגן מחדש; להשתמט, להתחמק, לעשות בשטחיות

- shuffle off לפשוט, להסיר; להיפטר
- shuffle on ללבוש תוך פיזור-נפש
- shuffle one's feet להשתרך, לשרוך/לגרור רגליו
- shuffle the cards לטרוף הקלפים
shuffle *n.* עירבוב; השתרכות, גרירת רגליים; חילופי-גברי; הולכת-שולל
shuffleboard *n.* מישחק דיסקיות (שמזיזים אותן על לוח ממוספר)
shuffler *n.* מערבב; גורר רגליו
shuf′ty (shoof′-) *n.* *מבט חטוף
shun *v.* להימנע, להתרחק, להינזר
’shun = attention! הקשבו!
shunt *v&n.* לעתק, לעבור למסילה צדדית; להעביר, להסיט; לשים בצד; עיתוק; מעקף; *התנגשות
shunter *n.* עַתָּק, מעביר קרונות
shush *v&interj.* להסות; לשתוק; שקט!
shut *v.* לסגור; להיסגר; לנעול
- be shut of him *להיפטר ממנו
- shut down לשבות ממלאכה; להשבית
- shut in לכלוא; להקיף, לסגור
- shut off לנתק, להפסיק, לסגור
- shut one's eyes לעצום עיניים
- shut oneself away להסתגר
- shut out למנוע כניסתו, לחסום
- shut the door on לנעול דלת בפני
- shut up לסגור, לנעול; לכלוא; לשמור; *לשתוק; להשתיק
- shut up! *בלום פיך!
- shut your face/trap! *בלום פיך!
shut-down *n.* השבתה
shut-eye *n.* *תנומה, שינה
shut-in *n&adj.* מרותק (למוסד)
shut′ter *n&v.* תריס; להגיף תריסים
- put up the shutters לנעול העסק
- shuttered מוגף, מותרס
shut′tle *n.* בוכייר; תנועת הלוך ושוב; מסע דילוגים; מעבורת
- space shuttle מעבורת חלל
shuttle *v.* לנוע/להעביר הלוך ושוב
shuttlecock *n.* כדור-נוצות (במישחק הנוצית)
shuttle service שירות הלוך ושוב
shy *adj.* ביישן; פחדן; זהיר; *חסר
- once bitten, twice shy הנכווה ברותחין, נזהר בצוננין
- shy of מהסס ל-, זהיר ב-
- shy of money *דחוק בכסף

shy *v.* להירתע, להתחלחל, להיסוג; לפנות הצידה; להטיל, להשליך
- shy away/off להתחמק, להירתע
shy *n.* הטלה, זריקה; *ניסיון
- have a shy at לנסות כוחו ב-
shy′ster *n.* פרקליט חסר-מצפון, נוכל
si (sē) *n.* סי (צליל)
Si′amese′ *n.* סיאמי; חתול סיאמי
Siamese twins תאומי סיאם
sib *n.* אח, אחות, קרוב, שאר בשר
sib′ilant *n&adj.* עיצור שורק; שורקני
sib′ling *n.* אח, אחות, אחאים
sib′yl *n.* סיבילה, נביאה
sic *adv.* כך, כך כתוב, טעות סופר
sic, sick *v.* לשסות, להתקיף
sick *adj&v&n.* חולה, חולני; חש בחילה; מבחיל; מדוכדך; חש אי-נוחות; מתגעגע; *הקאה, קיא
- I'm sick (and tired) of it נמאס לי מזה
- be sick להקיא
- fall sick ליפול למישכב
- feel sick לחוש בחילה
- go/report sick להתייצב למיסדר חולים
- it makes me sick זה מגעיל אותי
- look sick להיראות חולה, להחוויר לעומת, ליפול בהרבה מ-
- on the sick list *חולה
- sick at heart עצוב, שבור-לב
- sick jokes בדיחות זוועה
- sick up להקיא
- take sick ליפול למישכב
- the sick החולים
sick-bay *n.* חדר-חולים, מירפאה
sickbed *n.* מיטת חולי, ערש דווי
sick benefit דמי מחלה
sick-berth *n.* חדר חולים, מירפאה
sick call מיסדר חולים
sick′en *v.* להבחיל, לעורר קבס; להיתקף בחילה; לחלות
- he sickened of נמאס לו מ-
sickening *adj.* מגעיל, קבסתני
sick headache כאב ראש, מיגרנה
sickish *adj.* לא חש בטוב
sick′le *n.* מגל
sick leave חופשת מחלה
sickle-bill *n.* מַגְלָן (עוף)
sick′ly *adj.* חולני, חלוש; חיוור; מעורר בחילה; אווילי, טיפשי

sickness *n.* מחלה; בחילה; הקאה
sickness benefit דמי מחלה
sick parade מיסדר חולים
sick pay דמי מחלה
sick-room *n.* חדר-חולה
side *n.* צד; צלע (של משולש/הר); בחינה, אספקט; קבוצת ספורט
- at one's side לצידו, לידו
- by the side of ליד, לעומת
- from every side מכל עבר
- let the side down לאכזב קבוצתו
- on all sides מכל העברים
- on my mother's side מצד אמי
- on one's bad side לא אהוד עליו
- on one's good side חביב עליו
- on side לא בעמדת נבדל
- on the high side גבוה
- on the right/wrong side of 40 מעל/מתחת לגיל 40
- on the side, צדדית, (הכנסה/עבודה) מהצד; בחשאי; נוסף על כך
- put on one side להניח בצד, לשמור לעתיד; לדחות
- put on side להתנשא, להתנפח
- side glance מבט מלוכסן
- split/burst/hold/one's sides להתפקע מצחוק
- take sides לצדד, לתמוך
side *adj.* צדדי; משני, של לוואי
side *v.* לתמוך, לצדד
- side against לחבור מול, להתנגד
- side with לצדד ב-
side-arms *n-pl.* נשק חגור
sideboard *n.* מיזנון, תרכוס
sideboards *n-pl.* פאות-לחיים
sideburns *n-pl.* פאות-לחיים
side-car *n.* סירה (של אופנוע)
side curls/locks פיאות
-sided מצולע, בעל צדדים
- one-sided חד-צדדי
side dish מנה נוספת, תוספת
side door דלת צדדית
side drum תוף-צד
side effect השפעה צדדית
side-face *adv.* בפרופיל, בצדודית
side issue בעיה מישנית
side-kick *n.* חבר, עוזר
sidelight *n.* פנס צדדי (ברכב); אור צדדי; חלון צדדי; מידע נוסף
side-line *n.* עבודה צדדית, עיסוק נוסף; סחורה מישנית; קו צד
- on the side-lines על הספסל
sidelong *adv&adj.* הצידה; מהצד; אלכסונית; מְצוּדָד
side-on *adj.* צידי, בצד הרכב
side order הזמנת תוספת
si·de′re·al *adj.* כוכבי, סידרי
sidereal month חודש סידרי (כ-27 יום)
side-road *n.* כביש צדדי
side-saddle *n&v.* אוכף-אישה, אוכף צד; (לרכוב) רכיבת-צד
side-show *n.* הצגה צדדית; דבר טפל
side-slip *n&v.* החלקה הצידה, גלישה קשתית; להחליק הצידה
sidesman *n.* גבאי-כנסייה
side-splitting *adj.* מצחיק ביותר
sidestep *v&n.* לפסוע הצידה; להתחמק; פסיעה הצידה, התחמקות
side street רחוב צדדי
side-stroke *n.* שחיית-צד
side-swipe *v&n.* לפגוע בצד; פגיעה בצד; הערת-אגב פוגענית
side table שולחן צד (צמוד לקיר)
side-track *v.* לעתק, להעביר למסילה צדדית; להטות, להסיח הדעת מהנושא
side-track *n.* מסילה צדדית; סטייה
side-view *n.* מראה מן הצד
sidewalk *n.* מדרכה
sideward *adj&adv.* מלוכסן, מְצוּדָד; לצד
sidewards *adv.* הצידה, במלוכסן
sideways *adv&adj.* הצידה, מהצד
side-wheeler *n.* אוניית גלגלים
side-whiskers *n.* זקן-לחיים
side wind רוח צד
side′wind′er (sīd′-) *n.* מהלומה מהצד; סוג נחש ארסי
sid′ing (sīd-) *n.* מסילת-עיתוק; לוחות ציפוי (על קיר)
si′dle *v.* ללכת במצודד, להתקדם בחשאי, לנוע בהססנות
SIDS סינדרום מוות בעריסה
siege (sēj) *n.* מצור
- lay siege to להטיל מצור, לכתר
- raise a siege להסיר מצור
sien′na (sien′-) *n.* סיאנה (צבע)
sier′ra (sier′-) *n.* רכס, שרשרת הרים
sies′ta (sies′-) *n.* סיאסטה, שנת-צהריים

sieve (siv) *n&v.* כברה, נפה; לנפות, לסנן
- head like a sieve זיכרון חלש
sift *v.* לנפות, לסנן, לכבור; לבזוק; לבדוק; להפריד; לברור; להסתנן
- sift through לבדוק ע״י סינון
sifter *n.* נפה, כברה
sigh (sī) *n&v.* אנחה; להיאנח; ליילל
- sigh for להתגעגע, להיכסף ל-
- sigh of relief אנחת רווחה
sight *n.* מראה, מחזה, נוף; ראייה; טווח-ראייה; נקודת-ראות; כִּיווּן; כוונת; מראה מגוחך; *הרבה
- a sight better *טוב בהרבה
- a sight for sore eyes מחזה משיב נפש
- a sight to see מחזה מרהיב עין
- at the sight of למראה-
- at/on sight עם ראייתו, מיד; (לתשלום) עם דרישה ראשונה
- has near sight קצר-ראייה
- have a sight of לראות
- he looks a sight! איך שהוא נראה! (מלוכלך, מגוחך וכ׳), ״צורה לו״
- in my sight לדעתי, אליבא דידי
- in one's sights על הכוונת שלו
- in sight בטווח ראייה, באופק
- in the sight of מנקודת ראות
- is within sight of יכול לראות
- keep sight of לשמור בטווח-ראייה
- know by sight להכיר מראייה בלבד
- lower one's sights להיות פחות שאפתני
- not by a long sight כלל לא
- out of my sight! הסתלק מידי!
- out of sight מחוץ לשדה-ראייה; *גבוה, מרקיע שחקים; כביר, נפלא
- play at sight לנגן ישר מהתווים
- set one's sights לכוון (מאמציו)
- sight unseen בלי לראות
- sights מקומות-סיור, אתרי-תיירות
- take a sight לכוון
sight *v.* לראות; לִצפּות; לכוון; לכוונן; להתקין כוונת
sight draft מימשך בנקאי לתשלום עם ההצגה
sighted *adj.* פיקח, לא עיוור
- nearsighted קצר-ראייה
sighting *n.* טיווח; ראייה
sightless *adj.* עיוור
sightly *adj.* נעים למראה
sightread *v.* לנגן ישר מהתווים
sightseeing *n.* סיור, ביקור, תיור
sightseer *n.* מבקר, תייר
sign (sīn) *n.* סימן; אות; מופת; שלט; רמז; תנועה; מזל
- Indian sign עין רעה, קללה
- sign and countersign מלים וסיסמאות
- sign of the cross סימן הצלב
- sign of the times מאותות הזמן
- sign of the zodiac מזל (בגלגל-המזלות)
- traffic sign, road sign תמרור
sign *v.* לחתום; לסמן, לרמוז; לאותת; להחתים
- sign away/over להעביר (בחתימה)
- sign in לחתום בבואו
- sign off לסיים, לחתום
- sign on לחתום; להחתים; להתגייס; לחתום בבואו; להתחיל במישרד
- sign out לחתום בצאתו
- sign up לחתום; להחתים; לגייס; להירשם
sig'nal *n.* אות, סימן, רמז; איתות; תמרור, רמזור; קליטה (של מקלט)
signal *v.* לאותת; לתת אות; לסמן
signal *adj.* בולט, יוצא דופן, מרשים
signal box מיגדל איתות (לרכבות)
Signal Corps חיל קשר
signaler *n.* אַתָּת, קַשָּׁר
sig'nalize' *v.* להבליט, לציין, לסמן
signally *adv.* בצורה בולטת
signalman *n.* אַתָּת, קַשָּׁר
signal tower מיגדל-איתות
sig'nato'ry *n.* חותם, חתום
sig'nature *n.* חתימה; אות; גיליון מקופל (בדפוס), קונטרס
- key signature סימן מפתח
signature tune אות המישדר
sign-board *n.* שֶׁלֶט
signee' (sī'nē') *n.* החתום, חותם
signer *n.* חוֹתֵם, חתום
sig'net *n.* חוֹתָם, חותמת
signet ring טבעת-חותם
signif'icance *n.* משמעות; חשיבות
signif'icant *adj.* משמעותי, ניכר, בולט, חשוב; משמעי, בעל משמעות
significant other בעל, אישה
sig'nifica'tion *n.* משמעות, הוראה
sig'nify' *v.* לציין; לסמן; לרמוז; להורות על; להודיע, להביע; להיות חשוב/משמעותי

- doesn't signify לא חשוב, לא משנה
sign language שפת סימנים
signor (sēnyôr′) *n.* סיניור, אדון
signora (sēnyôr′ə) *n.* גברת
signorina (sēn′yərē′nə) *n.* עלמה
sign-painter *n.* צייר-שלטים
signpost *n&v.* תמרור, עמוד-ציון; להציב תמרור; לציין, להראות
signposted *adj.* מתומרר, משולט
Sikh (sēk) *n.* סיקי (בהודו)
si′lage *n.* תחמיץ (השמור בסילו)
si′lence *n.* שֶׁקֶט, דומייה; שתיקה
- in silence בשקט, בדומייה
- reduce to silence להשתיק
silence *v.* להשתיק; להסות; לשתק
silencer *n.* עמעם; מַשְׁתֵּק; עמם-פליטה
si′lent *adj.* שֶׁקֶט, שותק, מחריש; אילם; חרישי; פוסח על, לא מזכיר
- keep silent לשתוק, להחריש
- silent film סרט אילם
- silent letter אות אילמת/עלומה
- silent majority הרוב הדומם
silent *n.* *סרט אילם
silent partner שותף רדום
sil′houette′ (-lōōet′) *n&v.* צללית, סילואט; מַרְאֶה; להראות בצללית
sil′ica *n.* סיליקה, צורן דו-חמצני
sil′icate *n.* סיליקאט, מלח חומצה צורנית
sil′icon *n.* צורן, סיליקון
sil′icone′ *n.* סיליקון
Silicon Valley עמק הסיליקון, מרכז תעשית היי-טק
sil′ico′sis *n.* צורנת, אֲבֶקֶת-ריאות
silk *n.* משי, חוט-משי; פרקליט-המלך
- silk and satins שש ומשי, מחלצות
- take silk להתמנות לפרקליט-המלך
silk *adj.* משיי, עדין כמשי
silken *adj.* משיי, רך, עדין
silk hat צילינדר, מיגבע
silk screen שיכפול בבד-משי
silkworm *n.* תולעת-המשי
silky *adj.* משיי, רך, עדין כמשי
sill *n.* אדן-חלון; סף
sil′labub′ *n.* מזג יין וחלב, סילבוב
sil′ly *adj&n.* טיפשי, מגוחך; רפה-שכל; הלום-חבטה; טיפש
- silly billy טיפש
silly season עונת הרכילות
si′lo *n.* סילו, מיגדל-החמצה; בסיס-טילים תת-קרקעי
silt *n&v.* סחופת, גרופת, אדמת-סחף
- silt up לסתום/להיסתם בסחופת
sil′van *adj.* יערי, של יער
sil′ver *n.* כסף (מתכת); מטבעות כסף, מצלצלים; כלי-כסף
- table silver כלי שולחן מכסף
- with a silver spoon (נולד) עם כפית של כסף (בפיו), בעושר
silver *adj.* כספי, עשוי כסף, כסוף, מוכסף; צלול, מצלצל; שני במעלה
- silver tongue פה מפיק מרגליות
silver *v.* להכסיף; להלבין; להאפיר
silver-fish *n.* דג-הכסף (חרק מזיק)
silver-gray *adj.* אפור-כסוף
silver medal מדליית כסף
sil′vern *adj.* כסוף, עשוי כסף; צלול
silver paper/foil נייר כסף
silver plate כלי מיכסף; מיכסף
silver screen מסך הכסף, מירקע
silverside *n.* נתח בשר-בקר משובח
silversmith *n.* כַּסָּף, צורף כסף
silver-tongued *adj.* פה מפיק מרגליות
silverware *n.* כלי-כסף
silver wedding חתונת הכסף
silvery *adj.* כסוף, מוכסף; מצלצל
sil′vicul′ture *n.* גידול עצים
sim′ian *adj&n.* כמו קוף; קוף
sim′ilar *adj.* דומה, בעל דימיון ל-
- similar triangles משולשים דומים
sim′ilar′ity *n.* דימיון, נקודת-דימיון
similarly *adv.* באופן דומה, במקביל
sim′ile (-məli) *n.* דימוי, השוואה מליצית (כגון: רץ כצבי)
simil′itude′ *n.* דמות, צורה; דימוי, משל; דימיון, השוואה
sim′mer *v.* להזיד, (להוסיף) לרתוח; להרתיח; לתסוס, לעמוד לפרוץ ב-
- simmer down להירגע; להפחית ברתיחה
- simmer with anger לרתוח מזעם
simmer *n.* רתיחה, רתיחה ממושכת
sim′ony *n.* מסחר במינויי-דת
simp *n.* *פתי, רפה-שכל
sim′per *v&n.* (לחייך) חיוך אווילי; חיוך מאולץ
sim′ple *adj.* פשוט; רגיל; ישר; תם; טיפש, פתי
- simple life חיי פשטות, חיי צנע

simple *n.* עשב מרפא
simple fraction שבר פשוט
simple fracture שבר פשוט בעצם
simple-hearted *adj.* גלוי, תמים
simple interest ריבית פשוטה
simple-minded *adj.* טיפשי; תמים
simple sentence משפט פשוט
sim'pleton (-pəltən) *n.* פתי
simplic'ity *n.* פשטות, תמימות
- simplicity itself קל מאוד, פשוט
sim'plifica'tion *n.* פישוט
sim'plify' *v.* לפשט
sim·plis'tic *adj.* פשטני (כביכול)
sim'ply *adv.* פשוט, בפשטות; אך ורק, גרידא; ממש, לגמרי
sim'u·la'crum *n.* דימיון, צֶלֶם
sim'u·late' *v.* להעמיד פנים, ללבוש ארשת של; לחקות, לזייף
simulated *adj.* מזוייף, מלאכותי
sim'u·la'tion *n.* העמדת פנים; חיקוי; סימולאציה, הדמיה
sim'u·la'tor *n.* סימולאטור, מַדמֶה, מיתקן-דמה
si'mulcast' *n.* שידור סימולטאני
si'multane'ity *n.* סימולטאניות
si'multa'ne·ous *adj.* סימולטאני, מתרחש בעת ובעונה אחת, בו-זמני
simultaneously *adv.* בו-זמנית
sin *n&v.* חטא, עבירה, פשע; לחטוא
- deadly sin חטא-מוות, אב-חטא
- live in sin לחיות כבעל ואישה
Si'nai (-nī) *n.* סיני
since *adv&prep&conj.* מאז, מהיום ההוא, לאחר מכן; לפני זמן רב; אחרי-, מ-
- how long since? לפני כמה זמן?
- long since לפני זמן רב
- since then מאז, מני אז
- since yesterday מאתמול
since *conj.* מכיוון ש-, הואיל ו-
sincere' *adj.* ישר, אמיתי, רציני, כן
sincerely *adv.* בכנות, ברצינות
- yours sincerely שלך בנאמנות
sincer'ity *n.* כנות, הגינות, יושר
sine *n.* סינוס (בטריגונומטריה)
si'ne (sī'ni) *prep.* בלי, ללא
si'necure *n.* סינקורה, מישרה בעלת הכנסה נאה
sine die (sī'ni dī'i) *adv.* בלי לקבוע תאריך
sine qua non' (sī'ni kwä-) *n.* תנאי יסודי, דבר נחוץ, שאין בלעדיו
sin'ew (-nū) *n.* גיד; שרירים, כוח פיזי, מרץ; מקור-עוצמה
- sinews of war כסף (למלחמה)
sin'ewy (-nūi) *adj.* מכיל גידים, מגוייד; חזק, שרירי
sin'ful *adj.* חוטא, *ראוי לגינוי
sing *v.* לשיר, לזמר; לשרוק, לזמזם; להלל בזמרה; *להלשין, להודיע
- my ears were singing צללו אוזני
- sing along לשיר עם, ללוות בשיר
- sing another tune לזמר זמירות חדשות, לשנות הטון
- sing away להוסיף לשיר, לזמזם בלי הרף; לסלק (דאגות) בזימרה
- sing his praises לזמר שבחיו
- sing out לצעוק; לשיר בקול
- sing small להנמיך הטון
- sing to sleep ליישן בשיר (ערש)
- sing up לשיר בקול רם
sing. = singular
singable *adj.* שניתן לשיר אותו
sing-along *n.* שירה בציבור
singe *v&n.* לחרוך; להיחרך; להבהב; חריכה
singer *n.* זַמָר, משורר; ציפור-שיר
singer-songwriter *n.* זַמָר משורר
singing *n.* שירה, זימרה; שריקה
sin'gle *adj.* יחיד, אחד, בודד; ליחיד; פנוי, רווק; נפרד
- every single כל אחד ואחד
- single bed מיטת יחיד
- single flower פרח חד-דורִי
- single life חיי רווקות
- single ticket כרטיס לכיוון אחד
- singles מישחק יחידים (בטניס)
single *n&v.* מישחק יחידים; כרטיס לכיוון אחד; חדר ליחיד; דולר אחד; תקליט קצר
- single out לברור, לבחור דווקא ב-
single-breasted *adj.* (מעיל) בעל שורת כפתורים אחת
single combat דו-קרב
single cream שמנת רזה
single-decker *n.* אוטובוס חד-קומתי
single-handed *adj&adv.* בודד; לבד, בלי עזרה, בכוחות עצמו
single-hearted *adj.* ישר, כן
single-minded *adj.* דבק במטרה אחת
singleness *n.* יְחִידוּת; התרכזות

- singleness of purpose דבקות במטרה
single-parent *adj.* חד-הורי
singles bar בר לפנויים ופנויות
single-stick *n.* היאבקות במקל
sin′glet *n.* גופייה
sin′gleton (-lt-) *n.* קלף בודד
single-track *adj.* חד-נתיבי; צר-אופק
singly *adv.* בנפרד, אחד אחד, יחידי; בכוחות עצמו, לבד
sing′song′ (-sông) *n.* קול חדגוני, טון עולה ויורד; מסיבת-שירה
sin′gu·lar *adj&n.* יחיד, יוצא מן הכלל; מוזר, משונה; לשון יחיד
sin′gu·lar′ity *n.* ייחודיות; מוזרות
sin′gu·larize′ *v.* לייחד
singularly *adv.* בצורה לא רגילה; במיוחד, מאוד
sin′ister *adj.* מבשר רע, מאיים, מרושע
sin′istral *adj.* שמאלי, לצד שמאל
sink *v.* לשקוע; להשקיע; לצלול; לטבוע; להטביע; ליפול, לצנוח, לרדת; להוריד; להניח באדמה; לשכוח; לסלק
- is sinking fast גווע, גוסס
- sink a well לחפור באר
- sink down לרדת, לשקוע, לדעוך
- sink his plans לשבש תוכניותיו
- sink in להיספג, לחדור, להיקלט
- sink into לנעוץ ב-; לשקוע ב-
- sink money להשקיע כסף
- sink or swim להמר על הכול
sink *n.* כִּיור; בור שופכין; מאורה, חממת-פושעים, מערת-פריצים
sinker *n.* מישקולת (לחכה/למיכמורת); סופגנייה
sinkhole *n.* בולען
sinking feeling תחושה רעה (בבטן)
sinking fund קרן לסילוק חוב
sinless *adj.* חף, נקי מחטא
sinner *n.* חוטא, עבריין
Si′no- של סין, סיני
Si·nol′ogist *n.* סינולוג
Si·nol′ogy *n.* סינולוגיה, מדע סין
sin′u·os′ity (-nū-) *n.* התפתלות
sin′uous (-nūəs) *adj.* מתפתל, נחשי
si′nus *n.* סינוס, גת, חלל בעצם, מערות האף
si′nusi′tis *n.* דלקת הגיתים, סינוסיטיס
sip *v&n.* ללגום; לגימה
si′phon *n&v.* סיפון, גישתה; לשאוב/להוציא בסיפון
- siphon off לשאוב, להעביר, להוציא
sir *n&adj.* אדון; אדוני; סֶר
- Dear Sir אדון נכבד, א.נ., נכבדי
sirdar′ *n.* סירדר, מפקד
sire *n&v.* אב; מוליד; אב קדמון; הוד מלכותך; להוליד, להיות הורה
si′ren *n.* סירנה, צופר; יפהפייה קטלנית
sir′loin′ *n.* בשר-מותניים, בשר-ורד
siroc′co *n.* סירוקו (רוח חמה)
sir′rah (-rə) *n.* בן-אדם (בבוז)
sir′up *n.* סירופ, שירוב
sis *n.* *אחות
si′sal *n.* סיסל, סיב-אגבות
sissified *adj.* נשי, מתנהג כילדה
sis′sify′ *v.* להפוך (גבר) לנשי
sis′sy *n&adj.* נשי, מתנהג כילדה
sis′ter *n.* אחות
sisterhood *n.* קירבת-אחיות; מיסדר נשים צדקניות
sis′ter-in-law′ *n.* גיסה
sisterly *adj.* של אחות, אוהב, מסור
sister ship אונייה-אחות
sit *v.* לשבת; להתיישב; להושיב; לדון; לשכון, להיות מונח; לעמוד לבחינה; לדגור
- sit around לשבת בחיבוק ידיים
- sit back להתיישב, להתרווח; לנוח, לא לעשות דבר; להימצא במרחק
- sit by לשבת בחיבוק ידיים; לשבת ליד-, לטפל ב-
- sit down לשבת, להתיישב; להושיב
- sit down under לקבל בדומייה
- sit for לשבת לפני (צייר, בפוזה); לגשת לבחינה; לייצג (בפרלמנט)
- sit in לפלוש ולתפוס (בניין)
- sit in for למלא מקומו בישיבה
- sit in on להשתתף (כמשקיף), לנכוח
- sit on להיות חבר (בצוות); לשבת, לדון, לחקור; *לדחות, לא לטפל
- sit on him *להשתיקו, לרסנו
- sit out/through לשבת עד תום-
- sit tight לשבת איתן במושבו
- sit under להיות נוכח (בהרצאה)
- sit up להתיישב; להרים; לשבת זקוף; לאחר לשכב לישון; להידהם
- sit up and take notice להתעורר, להתעניין; להיבהל, להידהם
- sit with להתיישב עם, להתקבל על

sitar′ *n.* סיטאר (כלי-מיתרים)
sit′com′ *n.* קומדיית מצבים, סיטקום
sit-down *n.* ישיבה; שביתת שבת
sit-down meal ארוחת-ישיבה
site *n&v.* מקום, אתר-בנייה; למקם
sit-in *n.* פלישה (לבניין)
sitter *n.* יושב, דוגמן; ציד קל, מישחק ילדים; דוגרת; שמרטף
sitting *n.* ישיבה; מושב; הסבה לסעודה; דגירה; מידגר-ביצים
sitting *adj.* מכהן
sitting duck/target טרף קל
sitting member בעל מושב (בכנסת)
sitting room סאלון, חדר אורחים
sitting tenant דייר (הגר בדירה)
si′tu (sī′to͞o) *n.* מקום, מצב
- in situ במקומו (המקורי)
sit′uate′ (sich′o͞oāt) *v.* למקם
situated *adj.* ממוקם, שוכן, נמצא; במצב, בתנאים
sit′ua′tion (sicho͞oā′-) *n.* מצב, סיטואציה; עמדה, סביבה, רקע; מישרה, עבודה
situation comedy קומדיית מצבים, סיטקום
sit-up *n.* כפיפת בטן (תרגיל)
sit-upon *n.* *ישבן, אחוריים
six *n&adj.* שש, 6
- at sixes and sevens מבולבל
- six bits 75 סנט
sixfold *n.* פי שישה, ששתיים
six-footer *n.* גבוה 6 רגליים
six-pack *n.* חצי-תריסר (בקבוקים)
sixpence *n.* 6 פנים
sixpenny *n.* ששוויו 6 פנים
six-shooter, sixgun *n.* אקדח תופי (בעל 6 כדורים)
six′teen′ *n.* שש עשרה, 16
sixteenth *n&adj.* ה-16; 1/16
sixteenth note 1/16 של תו, טזית
sixth *n.* שישי; שישית
sixth form הכיתה השישית
sixthly *adv.* שישית, ו׳
sixth sense החוש השישי, אינטואיציה
six′tieth *adj&n.* ה-60; 1/60
six′ty *n&adj.* שישים, 60
- like sixty במהירות רבה, בעוצמה
- sixty-four dollar question השאלה המרכזית, שאלת השאלות

- the sixties שנות ה-60
sizable = sizeable
size *n.* גודל, שיעור; מידה; דבק זגוגי
- of a size מאותו גודל
- of some size גדול למדי
- size 38 shoes נעליים מספר 38
- that's the size of it *כך הם פני הדברים
size *v.* לסדר לפי גודל; להדביק, לזגג בדבק
- size up להעריך, לגבש דעה לגבי-
sizeable *adj.* גדול למדי, ניכר
sized *adj.* בעל מידה, ששיעורו-
- small-sized קטן-ממדים
siz′zle *v&n.* לרחוש, לתסוס, ללהוט; רחישה, תסיסה
sizzler *n.* *יום חם, יום לוהט
skate *n.* גלגילית, סקט; תריסנית
- put one's skates on למהר, להזדרז
- skates מחליקיים; גלגיליות
skate *v.* להחליק (על קרח)
- skate on thin ice להלך על גבי חבל דק, לשוחח על נושא רגיש
- skate over/round לטפל בשיטחיות
skateboard *n.* סקטבורד, לוח גלגיליות
skater *n.* מחליקן
skating *n.* החלקה (על קרח)
skating rink רחבת-החלקה
ske•dad′dle *v.* להסתלק, לברוח
skeet *n.* אימוני קליעה (באוויר)
skein (skān) *n.* פקעת-חוטים, סליל-חוטים; להקת-אווזים
skel′etal *adj.* שלדי, דומה לשלד
skel′eton *n&adj.* שלד; מסגרת; שלד-אדם, כחוש; מצומצם, מינימלי
- skeleton in the closet סוד משפחתי (שמתביישים בו)
skel′etonize′ *v.* להפוך לשלד
skeleton key פותחת, פותח-כל
skep′tic *n.* ספקן, סקפטיקן
skep′tical *adj.* ספקני, סקפטי
skep′ticism′ *n.* ספקנות
sketch *n.* סקיצה, מיתווה; תיאור; שירטוט קל; מירשם; רשומת
sketch *v.* לשרטט, לתוות, לתאר
- sketch out/in לשרטט באופן כללי
sketchbook/-pad/-block פינקס שירטוטים
sketcher *n.* תּוֶה, רושם סקיצות
sketchily *adv.* בקווים כוללים
sketch map מפה כללית

sketchy *adj.* גס, כללי; לא מהוקצע
skew (skū) *adj.* נוטה לצד, עקום
- on the skew במלוכסן, בהטיה
skew *v.* לסטות הצידה; לפזול
skewbald *adj.* (סוס) חברבר, טלוא
skew'er (skū-) *n&v.* שפוד; לשפד
skew-eyed *adj.* פוזל, פוזלני
skew-whiff *adj.* נוטה לצד, מלוכסן
ski (skē) *n&v.* סקי, מיגלש; לגלוש, להחליק על שלג
ski-bob *n.* אופני-סקי
skid *v&n.* להחליק; החלקה; בלם, מעצור; התקן נחיתה; קורת החלקה
- on the skids מידרדר, דועך
- put the skids on לבלום, לעצור, לסכל; להאיץ, לזרז
skid lid *n.* קסדת-מגן
skidpan *n.* חלקלקת אימונים
skid row *משכנות עוני
skier *n.* גלשן, גלש, מיגלשן
skiff *n.* סירה קלה, סירת יחיד
skif'fle *n.* סקיפל (ג'אז ושירי-עם)
skiing *n.* גלישה, סקי
ski jump קפיצת סקי
ski lift רכבל-גלשנים
skill *n.* מומחיות, מיומנות, זריזות, כושר, מוכשרות, אומנות
skilled *adj.* מומחה, מיומן
skil'let *n.* מחבת
skillful *adj.* מומחה, מיומן, זריז
skim *v&n.* לקפות, להסיר שיכבה צפה (בכף/במקפה); לרחף; להרחיף; לזרוק; קופי, קרום, דוק
- skim through לרפרף (בספר)
skimmer *n.* מְקָפָּה, כף-קיפוי; עוף-ים
skim milk חלב רזה (מקופה)
skimmings *n.* קְפֶה, קיפוי, דוק
skimp *v.* לקמץ, לחסוך, לחוס
skimpiness *n.* עין רעה, קמצנות
skimpy *adj.* מועט, מצומצם
skin *n.* עור; קליפה; קרום; נאד, חמת; מישטח חיצוני, מסגרת חיצונית
- by the skin of one's teeth בעור-שיניו, בקושי
- get under his skin להרגיזו; להקסימו, להלהיבו
- in a whole skin בלי פגע, שלם
- no skin off his nose *לא עיסקו, לא ענייננו; לא יזיק לו
- thick skin עור עבה, "עור של פיל"
- thin skin עור דק, רגישות
- under the skin מתחת לחזות
skin *v.* לפשוט עור; לשרוט; *לרמות, לעשוק, להציגו ככלי ריק
- keep one's eyes skinned לפקוח עיניים, להיזהר
- skin alive *להביס, להרוג
- skin over להגליד, להעלות קרום
skin-deep *adj.* לא-עמוק, שיטחי
skin diving צלילת-עור
skin flick *סרט סקס
skin'flint' קמצן, כילי
skinful *n.* *לגימה יתירה (של יין)
skin game מישחק רמאות, הונאה
skin graft השתלת עור
skinhead *n.* פירחח מגולח-ראש
skink *n.* חומט
skinned *adj.* בעל עור
- thick-skinned עבה-עור, לא רגיש
skinny *adj.* רזה, דל-בשר; קמצן
skinny *n.* *מידע
skint *adj.* *חסר פרוטה לפורטה
skin-tight *adj.* (בגד) צמוד, הדוק
skip *v.* לקפוץ, לנתר, לכרכר; לדלג; לפסוח, להשמיט; להיעצר
- skip it! שכח מזה!, הניח לזאת!
- skip off/out להסתלק, לברוח
- skip rope לדלג בחבל-קפיצה
skip *n.* קפיצה, דילוג; ראש קבוצת כדורת; מעלית-מיכרה; כלוב; דלי
ski plane מטוס-מיגלשיים
ski pole מוט סקי
skip'per *n&v.* קברניט; ראש קבוצה; לשמש ראש קבוצה, להוביל
skipping rope חבל קפיצה, דלגית
skirl *n.* קול חד, קול צורחני
skir'mish *n&v.* התנגשות, תיגרה; ציחצוח-מלים; להתכתש
skirmisher *n.* סייר, לוחם
skirt *n.* חצאית, שימלנית; שפה, שוליים; פרוור; *אישה, חתיכה
- a bit of skirt *אישה, חתיכה
skirt *v.* לעבור מסביב, להקיף, לסבוב; להתחמק
skirting board פאנל, ספין, לוח (לאורך הקירות), שיפולת
ski run מדרון גלישה
ski stick מוט סקי
skit *n.* פארודיה, מערכון, מהתלה
skit'ter *v.* לרוץ, לרפרף, לרחף, להגליש
skit'tish *adj.* קלת-דעת, שובבנית; (לגבי סוס) עצבני, פחדן

skit′tle *n.* בובה, יתד (בכדורת)
- life is not all beer & skittles החיים אינם פיקניק, אדם לעמל יולד
- skittles סוג כדורת
skive *v.* להימנע מעבודה
skiv′vy *n&v.* *משרתת; *לשרת
- skivvies *גופייה ותחתוני גבר
sku′a *n.* סקואה (עוף-ים)
skulk *v.* להסתתר; לנוע בגניבה, לארוב
skull *n.* גולגולת; ראש, מוח
- has a thick skull מטומטם
- skull and cross-bones גולגולת וצלב-עצמות, סמל המוות
skull-cap *n.* כיפה
skull′dug′gery *n.* רמאות, תככים
skunk *n.* בואש (חיה); נבזה, חלאת-אדם
skunk *v.* להנחיל תבוסה, לנצח
sky *n.* שמיים, רקיע; אקלים
- out of the clear (blue) sky כרעם ביום בהיר
- praise to the skies להפליג בשבחו
- the sky's the limit לאין שיעור; השמיים הם הגבול
- under the open sky תחת כיפת השמיים
sky *v.* לחבוט (בכדור) לשחקים
sky blue תכלת, גון-השמיים
skycap *n.* סַבָּל (בשדה תעופה)
skydiving *n.* צניחה חופשית
sky-high *adv.* לגובה רב; לרסיסים
skyjack *v.* לחטוף (מטוס)
skylark *n.* עפרוני השדה, זרעית השדה
skylark *v.* להשתובב, להתהולל
skylight *n.* צוהר, אשנב-גג
skyline *n.* קו רקיע, אופק טבעי
sky pilot *כומר, איש-דת
sky-rocket *v.* להרקיע שחקים
skyscraper *n.* גורד שחקים
skywards *adv.* השמיימה, לשחקים
sky-writing *n.* רישומים ברקיע (בעזרת שובל-עשן ממטוס)
slab *n.* לוח, לוח-אבן; טבלה; פרוסה
slack *adj.* רפה, רפוי, חלש; קלוש; רשלני, איטי, חסר-מרץ, נרפה, עצלן
- at slack water כשהמים שקטים
- keep a slack rein לרפות הרסן
- slack season עונת שפל (במיסחר)
slack *v.* להתעצל, להתרשל, להתבטל
- slack off לרפות; להירפות; להאט
- slack up להאט
slack *n.* ריפיון, קלישות; אבק-פחם
- slacks מכנסיים, מכנסי יום-יום
- take up the slack למתוח החבל, להגביר הייצור
slack′en *v.* להאט, להחליש; להקליש; לרפות; להירפות
slack′er *n.* עצלן, שתמטן
slag *n.* סיגים, פסולת-מתכת; *מכוערת, זונה
slag-heap *n.* ערימת סיגים
slain = pp of slay
slake *v.* להשקיט, להשביע, להרוות, להפיג, לשכך; לכבות (סיד)
slaked lime סיד כבוי
sla′lom (slä′-) *n.* סלאלום, סקי זיגזאגי
slam *v.* לטרוק; להיטרק; לדחוף בעוצמה; להטיח; לתקוף בחריפות
slam *n.* טריקה; ביקורת חריפה
- grand/small slam (בברידג') זכייה גדולה/קטנה (12/13 לקיחות)
slam-bang *adj.* *חזק, מלהיב, נמרץ
slam dunk הטבעת כוח
slammer *n.* *בית סוהר, חד גדיא
slan′der *n.* דיבה, השמצה, שם רע
slander *v.* להוציא דיבה, להשמיץ
slanderer *n.* מוציא דיבה, רכלן
slan′derous *adj.* מוציא דיבה
slang *n.* סלנג, עגה, דיבור המוני
slang *v.* לגדף, לתקוף בגסות
slanging match החלפת גידופים
slangy *adj.* סלנגי, המוני, גס
slant *v.* לשפע; להשתפע; להטות; לנטות; לעוות, להציג במגמתיות
slant *n.* שיפוע; השקפה, נקודת-ראות
slanted *adj.* מגמתי, נוטה ל-
slantwise *adv.* במשופע, אלכסונית
slap *n&v.* סטירה; לסטור, לטפוח; להטיח
- slap down להטיח, להטיל בחבטה; לדכא, להשתיק; לשלול, לדחות
- slap in the face סטירת לחי
- slap on the back לטפוח על השכם
- slap on the wrist נזיפה ביד רכה
- slap together להכין בחופזה
slap *adv.* ישר, היישר, פתאום
slap and tickle *מיזמוזים
slap-bang *adv.* היישר, פתאום, בעוז

slap′dash′ *adj.* נמהר, פזיז
slap-happy *adj.* פזיז; לא דואג, עליז; טיפש; הלום-חבטות
slapstick *n.* סלפסטיק, קומדיה שטותית
slap-up *adj.* *מצויין
slash *v.* לחתוך, לפצוע, לשרוט, לקרוע; לקצץ, להוריד; להצליף, להכות; לתקוף, לבקר, לקטול
- slash taxes לקצץ במיסים
- slashed skirt חצאית מאושנבת
slash *n.* חתך, פצע, שריטה; לוכסן, קו נטוי, (/), *השתנה, הטלת מים
slat *n.* פס, לוח עץ דק, פסיס
slate *n.* ציפחה, רעף; לוח ציפחה; אפור-כחול; רשימת מועמדים
- wipe the slate clean לפתוח דף חדש
slate *v.* לרעף, להציע מועמדות; להועיד, לתכנן; לגנות, לתקוף
- slated מיועד, מוצע, נקבע
slate club מועדון-תרומות, גמ"ח
slate pencil חרט ציפחה
slath′er (-dh-) *v.* למרוח בשפע
slating *n.* ריעוף; ביקורת קשה
slat′ted *adj.* בעל פסים, עשוי לוחות
slat′tern *adj.* מרושלת-לבוש
sla′ty *adj.* דומה לציפחה, אפור-כחול
slaugh′ter (slô′) *n&v.* טֶבַח, קֶטֶל, שחיטה; תבוסה; לשחוט, לקטול
slaughter-house בית-מטבחיים
Slav (släv) *n&adj.* סלאבי
slave *n&v.* עבד, שיפחה; משועבד
- slave away לעבוד בפרך, לעמול
slave-bangle *n.* צמיד, צמיד-זרוע
slave driver מפקח על עבדים; מעביד בפרך, נוגש, רודה
slave labor עבודת-עבד, עבודת-פרך
sla′ver *n.* סוחר עבדים; ספינת עבדים
slav′er *n&v.* ריר; לְרַיֵּר, לזוב; להתלהב
sla′very *n.* עבדות; עבודה מפרכת
slave ship ספינת עבדים
slave trade/traffic סחר עבדים
sla′vey *n.* משרתת, עוזרת-בית
Slav′ic, Slavon′ic *adj.* סלאבי
sla′vish *adj.* כעבד, מתרפס, שפל
slavish translation תרגום נאמן מדי למקור/חסר מעוף
slaw *n.* סלאט כרוב

slay *v.* להרוג, להמית, לרצוח
slayer *n.* הורג, רוצח
slea′zy *adj.* מוזנח, זול, מלוכלך
sled *n.* מזחלת, מגררה, שלגית
sled *v.* לנסוע/להעביר במזחלת; לגלוש/להחליק במזחלת
sledding *n.* גלישה, נסיעה; התקדמות
sledge(-hammer) קורנס, פטיש כבד
sledge = sled *n&v.* (לנסוע ב-) מזחלת
sleek *adj.* חָלָק, מבריק; מצוחצח
sleek *v.* להחליק; להבריק; לצחצח
sleep *n.* שינה; הפרשת עיניים
- get to sleep להצליח להירדם
- go to sleep להירדם
- had his sleep out ישן כל צרכו
- lose sleep לנדוד שנתו
- put to sleep ליישן, להשכיב לישון
- the big sleep שנת-עולם, מוות
sleep *v.* לישון, להירדם; להלין
- let sleeping dogs lie שינה לרשעים - הנאה להם והנאה לעולם
- not sleep a wink לא לעצום עין
- sleep around "לקפוץ ממיטה למיטה"
- sleep away לבלות (זמן) בשינה
- sleep in ללון במקום עבודתו; לאחר קום
- sleep it off להפיג שכרות בשינה
- sleep like a log לישון כמו אבן
- sleep off לסלק (כאב-ראש) בשינה
- sleep on להוסיף לישון
- sleep on it להלין, לדחות למחר, לשקול במשך הלילה; "לישון על זה"
- sleep out ללון שלא במקום עבודתו; לישון תחת כיפת השמיים/בחוץ
- sleep through it לישון כשזה קורה
- sleep with לשכב עם, לשכב את
sleeper *n.* ישנן, יָשֵׁן; קרון-שינה; אדן, קורה; מיטה; עגיל; הצלחה פתאומית; פיג'מת תינוק; מרגל
- sound sleeper בעל שינה עמוקה
sleeping bag שק-שינה
Sleeping Beauty היפהפייה הנרדמת
sleeping car קרון-שינה
sleeping draught שיקוי שינה
sleeping partner שותף רדום
sleeping pill גלולת-שינה
sleeping policeman פסי האטה

sleeping sickness מחלת השינה
sleepless *adj.* ללא שינה, נדוד-שינה
sleepwalker *adj.* סהרורי
sleepwalking *n.* סהרוריות
sleepy *adj.* רדום, מנומנם; שָקֵט
- sleepy fruit פרי בשל מדי/רקוב
sleepy-head *adj.* מנומנם, חולמני
sleet *n&v.* (לרדת) שלג מעורב בגשם
sleety *adj.* של שלג מעורב בגשם
sleeve *n.* שרוול; שרוול-רוח; מעטפת-תקליט; נרתיק-ספר; גליל, תותב
- keep it up one's sleeve לשמור זאת באמתחתו/בציקלונו
- roll up one's sleeves להפשיל שרוולים, להירתם לעבודה
sleeved *adj.* משורוול, בעל שרוולים
- short-sleeved קצר-שרוולים
sleeveless *adj.* חסר-שרוולים
sleeve notes תוכן התקליט
sleigh (slā) *n&v.* מזחלת, מגררה, שלגית; להעביר/לנוע במזחלת
sleight of hand (slīt) להטוטנות
slen'der *adj.* רזה, דק; עדין; דל, מצומצם, לא מספיק, זעום, פעוט
slen'derize' *v.* לרזות, להכחיש
slept = p of sleep
sleuth (slo͞oth) *n.* *בלש; כלב-גישוש
slew (slo͞o) *v.* לסובב; להסתובב, לעשות תפנית
slew *n.* *הרבה, המון
slew = pt of slay
slewed (slo͞od) *adj.* *שתוי, מבוסם
slice *n.* פלח, פרוסה; חלק, נתח, מנה; כף-הגשה; פיספוס, חבטה גרועה
slice *v.* לפרוס, לבצוע, לחתוך, לפלח; לחבוט חבטה גרועה (בכדור)
- any way you slice it *בכל דרך שתראה זאת
slice of life סיפור מהחיים
slicer *n.* מחתכה, מבצעה, מפרסה
slick *adj&adv&v.* חלק; חלקלק; פיקחי, ערמומי; היישר, ישר, כליל; *מצויין
- slick down להחליק, להבריק
slick *n.* שיכבת נפט (על הים); כתב-עת מצולם
slick'er *n.* ערמומי, נוכל; מעיל-גשם
slid = p of slide
slide *v.* לגלוש; להחליק; לחמוק
- let things slide להניח לדברים לזרום
- slide around/over לעקוף, להשתמט
- slide into לשקוע ב-, לעבור למצב-
slide *n.* גלישה, החלקה; ירידה, מפולת; מיגלש; שקופית; חלק זחיח; זכוכית העצם (במיקרוסקופ)
- hair slide סיכת-שיער
slide rule סרגל-חישוב, גררה
sliding door דלת זחיחה, דלת זזה
sliding scale סולם נע (למשכורת)
sliding seat מושב זחיח
slight *adj.* דק, שברירי; חלש; קטן, זעום; קל, לא רציני
- not in the slightest כלל לא
slight *v.* לפגוע, להעליב
slight *n.* פגיעה, עלבון, הקלה בכבוד
slightly *adv.* מעט, קצת, קימעה
slim *adj.* דק, רזה; קטן, מצומצם, דל, קלוש
slim *v.* לרזות, להרזות, להכחיש
slime *n.* בוץ, רפש; הפרשה רירית
slimeball *n.* *טינופת, חלאת-אדם
slim'line' *adj.* רזה, לא משמין
slimmer *n.* עושה דיאטה, מרזה
sli'my *adj.* מטונף; חלק, רירי; מתרפס, מחניף; מעורר שאט-נפש
sling *v.* להטיל, לזרוק; לקלוע בקלע; לתלות (ברצועה/במענב)
- sling hash *לעבוד כמלצר
- sling mud להטיל בוץ ב-, להשמיץ
- sling one's hook *להסתלק
sling *n.* הטלה; קליעה; קֶלַע, מיקלעת; מענב; רצועת-רובה; מתלה-זרוע
sling-back *n.* נעל בעלת רצועת עקב
slinger *n.* קַלָע; יורה, מטיל, משליך
slings and arrows התקפות
slingshot *n.* מקלעת, קֶלַע
slink *v.* להתגנב, לחמוק
slinky *adj.* מתגנב, חמקמק; צמוד, הדוק, דק וחטוב
slip *v.* להחליק, ליפול, למעוד; לחמוק, לחלוף; להידרדר; להגניב; לשחרר; להשתחרר
- let slip לתת לחמוק; לפלוט
- slip a cog *לעשות טעות
- slip a disk לסבול מחוליה מוזחת
- slip away לחמוק, להסתלק
- slip by/past לחלוף, לחמוק, לעבור
- slip off להחליק; להסיר; לחמוק
- slip on/into ללבוש (בזריזות)

- slip one's mind לפרוח מראשו
- slip over on him "לסדר אותו"
- slip the memory לפרוח מהזיכרון
- slip up לשגות, להיכשל

slip *n.* החלקה, נפילה, מעידה; תחתונית, חמוקית; ציפית; בגד קל; כבש-ספינות; שחקן-קריקט
- give the slip לחמוק, להימלט
- pillow slip ציפית-כר
- slip of the pen פליטת-קולמוס
- slip of the tongue/lip פליטת-פה
- slips עמדות שחקני הקריקט; אחורי-הקלעים

slip *n.* פתק, פיסת-נייר; תלוש; ייחור, נצר; חומר-ציפוי (בקדרות)
- slip of a boy נער רזה

slip-carriage *n.* קרון-רכבת נתיק
slip-case *n.* קופסת-ספר
slip-cover כיסוי (מבד, לרהיט)
slip-knot *n.* לולאה זחיחה, קשר מתהדק; עניבה המותרת במשיכה
slip-on *adj.* מתלבש בנקל/מהר
slipover *n.* מיפשול, אפודה
slipped disk חוליה מוזחת, דיסקוס שמוט
slip′per *n.* נעל-בית; (במנוע) זחלן
slippered *adj.* נועל נעלי-בית
slip′pery *adj.* חלק, חלקלק, מועד להחלקה; נוכל, חמקמק
slip′py *adj.* חלקלק; ערמומי
- look slippy! הזדרז!

slip road כביש-גישה, רחוב צדדי
slip′shod′ *adj.* מרושל, מוזנח
slip-stream *n.* סילון-אוויר
slip-up *n.* מישגה, טעות, פליטת-פה
slipway *n.* כבש-ספינות, מיגלש
slit *n&v.* חתך, חריץ, סדק; לחתוך, לעשות חריץ; להיחתך
slith′er (-dh-) *v.* להחליק, לגלוש
slithery *adj.* חלק, חלקלק
sliv′er *n&v.* פרוסה, חתיכה; קיסם, רסיס; לפרוס; לנפץ; לשבב; להישבר
sliv′ovitz *n.* סליבוביץ, בראנדי-שזיפים
slob *n.* *מטונף, מרושל, גס
slob′ber *v.* לְרַיֵּר, להזיל רוק
- slobber over להשתפך; להרעיף נשיקות (רטובות)

slobber *n.* רוק, ריר; השתפכות
sloe (slō) *n.* שזיף בר
sloe-eyed *adj.* בעל עיני שזיף
slog *v.* לעמול, לעבוד בפרך; להתמיד; להתקדם בכבדות; לחבוט בעוצמה
- slog away להתנהל בכבדות; לעמול

slog *n.* חבטה עזה; עבודה מפרכת
slo′gan *n.* סיסמה
slogger *n.* חובט חבטה עזה
sloop (slo͞op) *n.* ספינה חד-תורנית; משחתת
slop *v.* לשפוך; להישפך; להרטיב; להתיז; ללכלך; לבוסס בבוץ
- slop about להסתובב בצורה מרושלת
- slop out לסלק השופכין (מחדר)
- slop over להשתפך ברגשנות

slop *n.* מזון נוזלי
- slops פסולת-מזון; מים דלוחים; צואה, שתן; בגדים זולים; כלי-מיטה

slop basin/bowl קערת משיירת, קערת כל-בו, ציבורית
slope *n.* שיפוע; מידרון; הכתפה
- at the slope (נשק) מוכתף

slope *v.* לשפע; להשתפע, לנטות
- slope arms להכתיף נשק
- slope off *להסתלק, לחמוק

slop pail דלי-שופכין
slop′py *adj.* רטוב, מלוכלך; מרושל, לא קפדני; רפוי; אווילי, משתפך
slop-shop חנות לבגדים זולים
slosh *v.* להתפלש, להשתכשך; לנענע; לנער; להתנענע; להתיז; *לחבוט
sloshed *adv.* *שתוי, בגילופין
slot *n.* חריץ, פתח צר; מקום במערכת, נישה, משבצת; עקבות חיה
slot *v.* לחרץ; לשים בחריץ; למצוא מקום (במערכת), לשבץ
sloth (slōth) *n.* עצלות; עצלן (בע"ח)
slothful *adj.* עצל, בטלן
slot machine מכונת מכירה אוטומאטית
slouch *n&v.* הליכה מרושלת, עמידה שמוטת-כתפיים; *בטלן; ללכת/לעמוד/לשבת ברשלנות
slouch hat מגבעת רכת-אוגן
slough (slou) *n.* בִּצָה; מצב ביש
- slough of despond דיכאון עמוק

slough (sluf) *n&v.* נֶשֶׁל, עור (נחש) נשול
- slough off להשיל, להיפטר, לנטוש

slov′en (sluv-) *n.* רשלן
slovenly *adj.* רשלני, מרושל-לבוש
slow (slō) *adj&adv.* איטי, מתמהמה; כבד; קשה-תפיסה;

משעמם; (שעון) מפגר; לאט, אט
- go slow להאט הקצב; לשבות שביתת-האטה
- slow and sure לאט אבל בטוח
- slow burn כעס גואה, התרתחות
- slow off the mark קשה-תפיסה
- slow on the uptake קשה-תפיסה
- slow surface מישטח מאט תנועה
- slow to anger קשה לכעוס
slow *v.* להאט
- slow down/up להאט
slow-coach *n.* איטי, מיושן-דעות
slow-down *n.* (השבתת-) האטה
slowly *adv.* לאט, אט-אט
slow march צעידת אבל (צבאית)
slow motion הילוך איטי
slow-poke *n.* איטי, כבד-תנועה
slow-witted *adj.* קשה-תפיסה
slow-worm *n.* קמטן (זוחל)
sludge *n.* בוץ, בוצה, רפש; שופכין; שמן (מנוע) מלוכלך
slue (slo͞o) *v.* לסובב; להסתובב
slug *n.* שבלול, חילזון חסר-קונכייה; אסימון; כדור, קליע; שורת-סְדָר
slug *v.* ללגום; *לחבוט בעוצמה
- slug it out להילחם עד הסוף
slug'gard *adj.* עצלן; איטי
slug'gish *n.* עצל, איטי, נרפה
sluice (slo͞os) *n&v.* סכר; תעלת-מים; זרם, שטיפה; להזרים; לשטוף; להציף
- sluice out לפרוץ בזרם
sluice valve מגוף סכר
sluice-way תעלת מים
slum *n.* משכנות עוני; מקום מלוכלך
- slums משכנות עוני, סלאמס
slum *v.* לבקר במשכנות עוני
- slum it לחיות חיי עוני
slum'ber *n&v.* שינה; לנום
- slumber away לבלות (זמן) בשינה
slumberer *n.* ישנן
slum'berous *adj.* רדום; מרדים; שקט
slum'my *adj.* של רובעי-עוני
slump *v&n.* ליפול; לצנוח; להתמוטט; נפילה; ירידה תלולה; תקופת שפל
slung = p of sling
slunk = p of slink
slur *v.* להדביק (מלים), להבליע; לבטא שלא-בבירור; לנגן לגאטו; לסמן חליק; להשמיץ, להטיל דופי
- slur over לנגוע בריפרוף, לטשטש
slur *n.* דיבור לא ברור; חליק, קשת-קישור; השמצה, דופי, רבב
slurp *v.* ללעוס/ללגום ברעש
slur'ry (slûr'i) *adj.* תערובת דלילה; מלט
slush *n.* שלג מימי; בוץ, רפש; רגשנות, ספרות משתפכת
slush fund קרן צדדית, שוחד פוליטי
slushy *adj.* בוצי, מרופש; *משתפך
slut *n.* זונה; לכלכנית
slut'tish *adj.* כזונה; מרושלת, מלוכלכת
sly *adj.* ערמומי, שובבני, קונדסי
- on the sly בחשאי, בגניבה
- sly dog הולל בחשאי
slyboots *n.* *שובב, קונדס
smack *n.* סטירה; (קול) חבטה; נשיקה מצלצלת; שיקשוק שפתיים
- have a smack at לנסות כוחו ב-
- smack in the eye מכה קשה
- smack of the whip צליף-השוט
smack *v.* לסטור; להטיל בחבטה
- smack one's lips לצקצק בשפתיים
smack *adv.* היישר, פתאום
smack *v&n.* להדיף ריח; טעם-לוואי; שמץ, פורתא, עקבות
- smacks of corruption מדיף ריח שחיתות
smack *n.* מיפרשית-דיג; *סם קשה
smack-dab *adv.* ישר, היישר
smack'er *n.* *נשיקה מצלצלת; דולר
smacking *n.* סטירה, סטירות
smacking *adj.* נמרץ, חריף, עז
small (smôl) *adj.* קטן; מצומצם, מועט; מעט; קטנוני; קל-ערך
- in a small way בלי יומרות, בפשטות, בצינעה
- on the small side קטן מדי
- small beer בירה חלשה; קוטל קנים
- small eater מתון באכילה
- small man איש נמוך; אדם קטנוני
- small shopkeeper חנווני זעיר
- small wonder לא פלא, מובן מאליו
small *n.* החלק הצר (של הגב)
- smalls חפצי-ביגוד (ממחטות)
small arms נשק קל
small change כסף קטן, מצלצלים, פרוטרוט; שיחה קלה
small claims court בית משפט לתביעות קטנות

small dealer עוסק זעיר
small fry דגי-רקק; איש קל-ערך
small holder חקלאי זעיר
small hours השעות הקטנות של הלילה
small intestines המעיים הדקים
small-minded *adj.* צר-אופק
smallpox *n.* אבעבועות שחורות
small print אותיות זעירות
small-scale *adj.* של קנה-מידה קטן
small screen טלוויזיה, המסך הקטן
small talk שיחה קלה
small-time *adj.* מוגבל, מצומצם; חסר-חשיבות, קל-ערך
small wheel tractor טרקטורון
smar′my *adj.* *מתרפס, מחניף
smart *adj.* פיקח, מבריק; מצוחצח, מטופח; נוצץ; אופנתי; מהיר, נמרץ, עז; קשה, מכאיב, חמור
- look smart! הזדרז!
- play it smart לפעול בחוכמה
- smart blow מכה חזקה
- smart set החוג הנוצץ
smart *v.* לכאוב; להכאיב; להתייסר
- smart for לסבול, לשלם בעד
smart *n.* כאב עז
smart aleck "חכם גדול", "ידען"
smart-ass *n.* "חכם גדול"
smart card כרטיס אשראי, כרטיס בנק, כרטיס חכם
smart′en *v.* לייפות, ללטש; להצטחצח
smart money קנס; שכר מומחה
smarty *n.* "חכם גדול"
smarty-pants, -boots *n.* "חכם גדול"
smash *v.* לנפץ; להתנפץ; לשבור; לרסק; להתרסק; להרוס; להביס; לפשוט את הרגל; (בטניס) להנחית
- smash into להתנגש בעוצמה ב-
- smash one's fist against לחבוט באגרופו בכוח ב- (שולחן)
smash *n.* ניפוץ, התנפצות; התנגשות; מכה, חבטה; התמוטטות; פשיטת רגל; הנחתה; *להיט
- go smash להיהרס
smash-and-grab (שוד תכשיטים) תוך ניפוץ חלון-ראווה
smashed *adj.* *שתוי, בגילופין
smasher *n.* מהלומה; מהמם, "פצצה"
smash hit *להיט; הצלחה כבירה
smashing *adj.* *מצוין, נפלא, כביר
smash-up *n.* התנגשות; התמוטטות
smat′ter *v&n.* (לדבר אגב) ידע מוגבל; מעט
smat′tering *n.* ידיעה שיטחית
smear *v.* למרוח; ללכלך; להכפיש, להשמיץ; לטשטש, למחוק
- smeared with blood מגואל בדם
smear *n.* כתם; הכפשת שם, השמצה
smear test מישטח (בדיקה)
smear word כינוי גנאי
smell *v.* להריח, לרחרח; להדיף ריח; לחוש ב-; להסריח, להצחין
- smell out לגלות בריחרוח; למלא צחנה
- smell round לרחרח, לחפש מידע
- smell up להדיף צחנה
- smells of the lamp ניכר שהושקע בו עמל רב, עשו לילות כימים בהכנתו
smell *n.* ריח, חוש-הריח; ריחרוח; צחנה
- take a smell להריח
smelling bottle בקבוקון הרחה
smelling salts מלחי הרחה
smelly *adj.* מסריח, מדיף צחנה
smelt *v.* להתיך, לצרוף, לזקק
smelt *n.* אוסמרוס (דג-מאכל קטן)
smelt = p of smell
smelt′er *n.* כור היתוך, מצרפה
smid′gen *n.* קורטוב, כמות זעומה
smi′lax′ *n.* קיסוסית (צמח מטפס)
smile *v&n.* לחייך; חיוך
- smile on/upon להאיר פנים ל-
- was all smiles אורו פניו, שָׂמַח
smirch *v.* ללכלך, להכתים, להכפיש
smirch *n.* ליכלוך, כתם, דופי
smirk *v&n.* (לחייך) חיוך מעושה; חיוך אווילי, חיוך שחצני
smite *v.* להכות, לחבוט, להלום; להשמיד, להביס; לייסר
- smitten with her charms שבוי בקסמיה
- smitten with terror אחוז אימה
smith *n.* נַפָּח, חרש-ברזל
smith′ereens′ (-dh-z) *n.* רסיסים
smith′y *n.* נפחייה, מפחה
smit′ten = pp of smite
smock *n.* מעפורת, סרבל, חלוק
smock′ing *n.* קישוט קפלים, קיבוצים תפורים
smog *n.* ערפיח, ערפל ועשן
smoke *n.* עשן; עישון; *סיגרייה

- end up in smoke להיגמר בלא כלום, לכלות כעשן
- go up in smoke להתנדף כעשן
- the Smoke *עיר גדולה, לונדון
smoke *v.* לפלוט עשן; להעלות עשן; לעשן (סיגרייה/דגים); לפייח
- smoke oneself sick לחלות מעישון
- smoke out לעשן (צמחים), להדביר בעשן; לגרש (ממחבוא), לְגַלּוֹת
- the pipe smokes poorly המיקטרת אינה נוחה לעישון
smoke bomb פצצת-עשן
smoke detector גלאי עשן
smoke-dried *adj.* (דג) מעושן
smokeless *adj.* ללא עשן
smoker *n.* מעשן, עשנן; קרון-עישון (למעשנים); מסיבת גברים
smoke-screen *n.* מסך-עשן
smoke-stack *n.* ארובה, מעשנה
smoking *n&adj.* עישון; מותר בעישון
smoking car קרון-עישון
smoking gun/pistol עדות מפלילה, הוכחה ניצחת, "אקדח מעשן"
smoking jacket מיקטורן ביתי
smoking room חדר עישון
smoky *adj.* עָשֵׁן, מעלה עשן
smol′der (smōl′-) *v&n.* לבעור בלא להבה; לבעור בקירבו; אש חסרת-להבה, בעירה סמויה
smoldering *adj.* בוער בחשאי, עצור
smooch (smo͞och) *v&n.* *להתנשק, להתגפף; נשיקה
smooth (smo͞odh) *adj.* חלק; חסר בליטות; יציב; שקט; ללא טילטולים; עָרֵב, נעים; חלקלק
- in smooth water נחלץ מצרה, על מי-מנוחות
- make smooth ליישר, לסלק מיכשולים
- smooth paste עיסה בלולה היטב/חסרת גושישים
smooth *v&n.* להחליק, לגהץ; החלקה
- smooth away להסיר, לסלק (קמטים)
- smooth down להחליק; להרגיע; להירגע
- smooth his path לסלול דרכו
- smooth over ליישר (הדורים), לזער
smooth-bore *adj.* חסר-חריק, חלק-קדח
smooth-faced *adj.* חלק-פנים; צבוע
smoo′thie, smoo′thy (-dhi) *adj.* בעל גינונים נאים; צבוע
smoothing-iron *n.* מגהץ
smoothing-plane *n.* מקצועה
smoothly *adv.* באופן חלק
smooth-spoken *adj.* חֲלַק-לשון
smooth-tongued *adj.* חֲלַק-לשון
smor′gasbord′ *n.* מיסעדת שירות עצמי, ארוחה מגוונת
smote = p of smite
smoth′er (smudh′-) *v.* להחניק; להיחנק; לדכא, לכבוש, לעצור (זעם); לכסות; לְכַבּוֹת
- smother with love להרעיף אהבה
smother *n.* הצפה, אפיפה
smoulder = smolder
smudge *v&n.* ללכלך, להכתים; כתם, ליכלוך; מדורה, עשן סמיך
smudgy *adj.* מלוכלך, מוכתם
smug *adj.* מדושן-עונג
smug′gle *v.* להבריח, להגניב
smuggler *n.* מבריח
smut *n.* גרגיר פיח, כתם, רבב; שידפון; ניבול-פה
smut *v.* לפייח, להכתים, ללכלך
smut′ty *adj.* מלוכלך, גס
snack *n.* ארוחה חפוזה; חטיף
snack *v.* לחטוף משהו (לפה)
snack bar מיזנון חטיפים
snaf′fle *n.* מתג (בפי הסוס)
snaffle *v.* לרסן במתג; *לגנוב
snafu′ (snafo͞o′) *adj.* *מבולגן
snag *n.* זיז מסוכן, עצם חד, מיכשול סמוי, מקור סכנה
snag *v.* להיתפס בזיז; לחטוף
- snag a profit *לעשות רווח מהיר
snail *n.* חילזון, שבלול
- snail's pace צעדי צב
snail mail *דואר רגיל (איטי)
snake *n.* נחש; קפיץ (לסתימות)
- see snakes לשקוע בהזיות
- snake in the grass נחש מסתתר
snake *v.* להתפתל כנחש, להתנחש
snakebite *n.* הכשת נחש
snake charmer קוסם נחשים
snake oil *תרופת שווא
snake pit מאורת נחשים
snaky *adj.* נחשי, מתפתל; ארסי
snap *v.* לחטוף בשניים; לסגור לסתות; לנשוך, להכיש; להקיש;

לשבור; להישבר; להיקרע; לדבר קצרות/בכעס; לצלם בחטף
- his nerves snapped עצביו התמוטטו
- snap a whip להצליף בשוט
- snap at לחטוף, לקפוץ על, לקבל בלהיטות; לענות בגסות, לשסע
- snap his head off לשסעו בגסות
- snap it up/snap to it! הזדרז!
- snap one's fingers להכות באצבע צרידה; לזלזל, להפגין בוז
- snap out לדבר בכעס, לנבוח
- snap out of it להתאושש, "לצאת מזה"
- snap up לחטוף (מציאה)
snap *n.* חטיפה; נשיכה; נקישה; שבירה; ניתוק; צליף; מרץ, חיות; רקיק, עוגייה; סנאפ (מישחק קלפים); לחצנית; תמונת-בזק; *משימה קלה
- cold snap גל קור, תקופת קור
snap *adj&adv.* מהיר, חפוז, ללא התראה; בקול פיצפוץ, פתע
snap′drag′on *n.* לוע-הארי (צמח)
snap fastener לחצנית, תיקתק
snapling *n.* סנפלינג (טיפוס בחבל)
snap′per *n.* לוטיינוס (דג)
snap′pish *adj.* עונה בגסות, חד-לשון, קצר-רוח, עצבני, גס
snap′py *adj.* נמרץ; אופנתי
- look snappy הזדרז!
- make it snappy הזדרז!
snapshot *n.* תמונת-בזק
snare *n.* מלכודת; מיתר תוף-צד
snare *v.* ללכוד; להעלות בחכתו
snare drum תוף צד
snarl *v&n.* לנהום, לרטון; לחשוף שיניו; נהימה, ריטון
snarl *v&n.* לסבך; להסתבך; תיסבוכת; פקק-תנועה
snarl-up *n.* תיסבוכת, פקק-תנועה
snatch *v.* לחטוף, לתפוס, לנסות לחטוף
snatch *n&adj.* חטיפה; תפיסה, מאמץ להשיג; קֶטַע, חֵלֶק; חטוף
- in snatches קטעים-קטעים
- make a snatch at לנסות לחטוף
snatcher *n.* חוטף
snaz′zy *adj.* נאה, מטופח, מצוחצח
sneak *v.* להתחמק, לחמוק, להתגנב; *לגנוב, לסחוב; להלשין
- sneak up להתגנב, לבוא כגנב
sneak *n.* חמקן, גנב; נבזה, שפל; לא צפוי, מפתיע; *מלשין
sneaker *n.* מתחמק, שתמטן
- sneakers נעלי התעמלות, נעלי טניס
sneaking *adj.* חשאי; מתגנב ללב
sneak preview הקרנה מוקדמת
sneak thief גנב, גנבן, סחבן
sneaky *adj.* מתגנב, חשאי, רמאי
sneer *v.* לגלג, ללעוג, לגחך, לבוז
sneer *n.* ליגלוג, לעג, הבעת בוז
sneeze *v&n.* להתעטש; התעטשות
- not to be sneezed at שאין לזלזל בו, ראוי להערכה
snick *n&v.* חתך, חריץ; סטייה קלה; לעשות חתך קטן; להסיט
snick′er *n&v.* לצחוק בציניות; לצהול; צחוק כבוש; צהלת-סוס
snide *adj.* לגלגני, פוגעני
sniff *v.* לרחרח; לשאוף באף; לחטום
- sniff at לזלזל, לדחות בבוז
- sniff out לרחרח, לגלות
sniff *n.* ריחרוח; שאיפה באף
sniffer *n.* *אף; מריח; מסניף
snif′fle *v&n.* לשאוף בחוטם, להעלות ריר האף (שוב ושוב); שאיפה בחוטם
- sniffles *נזלת
snif′fy *adj.* מעקם חוטמו, בז; מסריח
snif′ter *n.* כוסית משקה
snig′ger = snicker
snip *v.* לגזור, לחתוך במספריים
snip *n.* גְזִירָה, גזיזה; חתיכה, פיסה; *מציאה, מיקח טוב; ברנש, טיפוס
snipe *n.* חרטומן (עוף בצה)
snipe *v.* לצלוף, לפגוע ממארב
sniper *n.* צלף
snip′pet *n.* חתיכה, קטע, גזר
snipping *n.* חתיכה, קטע, פיסה
snip′py *adj.* מורכב מחתיכות; *גס
snips *n-pl.* מיספריים, מיספרי-פח
snit *n.* *רוֹגֶז, כעס
snitch *v.* *לגנוב, לסחוב; להלשין
snitch *n.* *גנב, מלשין; אף, חוטם
sniv′el *v.* לבכות, להתלונן, לרגון; לזוב מאפו; לחטום
sniveling *adj.* מתלונן; זב-חוטם
snob *n.* סנוב, יהיר, שחצן
snob′bery *n.* סנוביות
snob′bish, snob′by *adj.* סנובי
snog *n&v.* *נשיקה, גיפופים; להתנשק

snood (snōōd) *n.* רשת-שיער, שביס
snook *n.* תנועת בוז
- cock a snook להביע בוז (בכף-יד פרושה, כשהבוהן נוגעת באף)
snook′er *n.* סנוקר (מישחק ביליארד)
snooker *v.* להכניס למצב ביש
snoop (snōōp) *v&n.* לחטט, לרחרח, לתחוב חוטמו, לחפש הפרות חוק; חטטן, בלש
snooper *n.* חטטן, תוחב אפו
snoot (snōōt) *n.* *אף, חוטם; פרצוף
snoo′ty *adj.* שחצן, יהיר, סנובי
snooze *v&n.* (לחטוף) תנומה
snore *v&n.* לנחור; נחירה
snorer *n.* נחרן
snor′kel *n&v.* שנורקל, צַנְרָן, מכשיר נשימה לצוללים; לשחות עם שנורקל
snort *v.* לנחור, לחרחר; לפלוט בנחירה; לפרוץ בצחוק; להסניף
snort *n.* נחירה, חירחור; לגימה, גמיעת-משקה; שנורקל, צַנְרָן
snorter *n.* נחרן; סערה; *עצום, כביר, קשה במיוחד, חזק, נפלא וכו׳
snot *n.* *ריר-אף, ליחת-חוטם
snot′ty *adj.* *זב-חוטם; מנופח, סנוב
snotty-nosed *adj.* *מתנשא, מנופח, סנוב
snout *n.* חוטם, אף; זרבובית; *טאבאק; סיגרייה
snow (-ō) *n&v.* שלג; אבקת-קוקאין; (לגבי שלג) לרדת; *לשכנע, להרשים
- it's snowing יורד שלג
- snow in לבוא בכמויות, להציף
- snowed in/up כלוא/חסום בשלג
- snowed under כורע תחת, מוצף
snowball *n.* כדור-שלג
- snowball's chance in hell סיכוי אפסי
snowball *v.* להטיל כדורי-שלג; להתגלגל ככדור-שלג, לגדול במהירות
snowbank *n.* תל-שלג
snow-berry *n.* שיח לבן-גרגירים
snow-blind *adj.* מוכה עיוורון-שלג
snow-blindness *n.* עיוורון-שלג, הסתנוורות (מחמת) שלג
snow-bound *adj.* תקוע בשלג
snow-capped *adj.* (פיסגת-הר) מכוסה שלג
snow-clad *adj.* עוטה שלג, מושלג
snowdrift *n.* ערימת שלג, תל-שלג
snowdrop *n.* שלגייה (צמח-פקעת)
snowfall *n.* ירידת שלג, שליגה; כמות מישקעי-שלג
snowfield *n.* מישור מכוסה שלגי-עד
snowflake *n.* פתית-שלג
snow job גוזמה, הבאי, הבל
snow-line *n.* קו-השלג (שמעלה הימנו אין השלג נמס לעולם)
snowman *n.* בובת-שלג, איש-שלג
snow′mo·bile′ (snō′-bēl′) *n.* רכב שלג
snowplow *n.* דחפור-שלג, מפלסת
snowshoe *n.* נעל (להליכה ב-) שלג
snowslide *n.* מפולת שלגים
snowstorm *n.* סופת-שלג
snow-white *adj.* לבן כשלג, צחור
snowy *adj.* מכוסה שלג; לבן כשלג
- snowy weather מזג-אוויר שלוג
Snr = senior
snub *v&n.* להתייחס בזילזול; לדחות, להתעלם מ-; זילזול; השפלה
snub *adj.* (אף) סולד, קצר, פחוס
snub-nosed *adj.* בעל אף סולד; (אקדח) קצר-קנה
snuff *v.* למחוט, לסלק מוחט הנר, לחתוך קצה הפתילה (השרוף)
- snuff it *למות
- snuff out לְכַבּוֹת; לשים קץ; למות
snuff *n.* טאבאק-ריחה, אבקת הרחה
- up to snuff *פיקח, ממולח, לא ילדותי; בקו הבריאות; ברמה טובה
snuff = sniff *n&v.* לרחרח, לשאוף באף; ריחרוח, שאיפה באף
snuff-box *n.* קופסת-טבק, טבקייה
snuff-colored *adj.* חום-צהוב
snuff′er *n.* התקן לכיבוי נרות
- snuffers מיספרי-מוחט (לסילוק קצה הפתילה השרוף)
snuf′fle *v.* לשאוף בחוטם, להעלות ריר האף; לחטום, לאנפף
snuffle *n.* שאיפה בחוטם, חיטום, אינפוף; צביעות
snug *adj.* חם, נוח, נעים; בטוח, מוגן; נקי, מסודר; צמוד, מהודק
- snug income הכנסה מספקת
snug *n.* חדר קטן (במיסבאה)
snug-fitting *adj.* צמוד (לגוף)
snug′gery *n.* מקום נוח, חדר נעים
snug′gle *v.* להתרפק, לשכב בנוחות, להצטנף, להתקרב; לחבק, לקרב

so *adv&conj.* כך, ככה; כה, כל כך; כן, כמו כן; מאוד; ובכן; לכן
- and so on/forth וכו', וכד', וגו'
- if so אם כך, אם (אמנם) כן
- is that so? האומנם?
- it so happened that רצה המיקרה
- not so - as לא כל כך, לא עד כדי
- not so much as אפילו לא
- or so בערך, פחות או יותר
- so as to כך ש-, כדי ש-, באופן ש-
- so be it יהי כן, בסדר
- so far as I know למיטב ידיעתי
- so far from לא זו בלבד שלא-
- so long as כל זמן ש-, כל עוד
- so long! שלום!, להתראות!
- so much לגמרי, כליל, גרידא
- so much for him זה הכל לגביו
- so much so that עד כדי כך ש-
- so much the better מוטב כך
- so much/many כך וכך
- so that כך ש-; כדי ש-
- so to say/speak אם להתבטא כך, "הייתי אומר"
- so what? ובכן מה?, אז מה?
so, soh (sō) *n.* סול (צליל)
So. = South
soak *v.* לשרות; להישרות; להספיג; להטביל; לגבות מחיר מופרז, לסחוט
- soak in להיקלט, להיות מובן
- soak oneself in להשקיע עצמו ב-
- soak out לסלק (ליכלוך) בשרייה
- soak through לחלחל, לחדור בעד
- soak up לספוג (נוזלים, מכות)
- soaking wet רטוב עד העצמות
soak *n.* שרייה, הספגה; *שיכור
soaked *adj.* רטוב לגמרי; רווי, מלא, ספוג, אפוף; *שתוי, בגילופין
- soaked to the skin רטוב עד לשד עצמותיו
soaker *n.* *גשם כבד, מבול; שיכור
so-and-so *n.* פלוני, זה וזה; *רשע, גס
soap *n&v.* סבון; לסבן; *להחניף
- no soap *ללא הצלחה, ללא הועיל
soapbox *n.* דוכן נואם (מאולתר)
soapbox orator נואם רחוב
soap bubble בועת סבון
soap flakes פתיתי סבון
soapless soap אל-סבון
soap opera אופרת סבון
soap-suds *n-pl.* קצף סבון, מי-סבון
soapy *adj.* סבוני, מכיל סבון; חלק-לשון, מחניף; מלודרמאטי
soar *v.* להמריא, להרקיע שחקים; לרחף במרומים, לדאות; לנסוק
soaring *adj.* רם, מתנשא, מרקיע
- soaring imagination דימיון מפליג
soaring flight דאייה
sob *v&n.* לייבב; התייפחות
- sob one's heart out להתייפח מרה
- sob out לספר אגב התייפחות
- sob to sleep להירדם תוך בכי
so'ber *adj.* פיכח, צלול-דעת, לא שתוי; רציני, מיושב; שקט, מאופק
sober *v.* לפכח; לצלל דעת; להתפכח
- sober down/up לפכח; להתפכח
sober-minded *adj.* מפוכח, צלול
sobri'ety *n.* פיכחון, צלילות-דעת
so'briquet' (-kā) *n.* כינוי, שם-לוואי
sob story סיפור סוחט דמעות
sob stuff ספרות סוחטת דמעות
Soc. = Society, Socialist
so-called *adj.* הַמְכוּנֶה, הנקרא; כביכול, במרכאות, המפוקפק
soc'cer (sok'ər) *n.* כדורגל
so'ciabil'ity (-shəb-) *n.* חברותיות
so'ciable (-shəb-) *adj&n.* חברותי, איש חברה; מסיבה
so'cial *adj&n.* חברתי; ידידותי, של רֵעִים; של מעמד חברתי; מסיבה
- social evening ערב בין רעים
- social set בני אותו מעמד חברתי
social climber טפסן חברתי
social club מועדון חברים
social democrat סוציאל-דמוקראט
socialism *n.* סוציאליזם, שתפנות
socialist *n&adj.* סוציאליסט
so'cialite' (-shəl-) *n.* איש החוג הנוצץ
so'cializa'tion (-shəl-) *n.* חִברוּת, הַחבָּרָה
so'cialize' (-shəl-) *v.* לְחַבְרֵת, להלאים; להתרועע
socialized medicine רפואה ציבורית
social psychology פסיכולוגיה חברתית
social science/studies מדעי החברה
social security ביטוח לאומי; עזרה סוציאלית
social service עבודה סוציאלית;

שירותים ציבוריים, שירותי רווחה
social welfare עבודה סוציאלית, רווחה חברתית
social work עבודה סוציאלית
social worker עובד סוציאלי
soci′etal *adj.* של חֶבְרָה
soci′ety חֶבְרָה; החברה הגבוהה, החוג הנוצץ; חוג, מועדון
society occasion אירוע בחוג הנוצץ
so′cio (-shō) סוציו-, של חברה
so′cio•e′conom′ic (-shō-) *adj.* חברתי-כלכלי
so′ciolog′ical *adj.* סוציולוגי
so′ciol′ogist *n.* סוציולוג
so′ciol′ogy *n.* סוציולוגיה
so′ciopath′ *n.* סוציופת (מופרע)
sock *n.* גרב, מידרס; *מַכָּה
- blow one's socks off להדהים
- pull one's socks up לסדר עצמו, לשנס מותניו
- put a sock in it! *חדל לקשקש!
- take a sock at לכוון מכה לעבר
sock *v.* להכות; להטיל, להשליך
- sock away לחסוך, להשקיע
- sock it to him! תן לו מנה הגונה!
sock *adv.* *היישר, בדיוק, בעוצמה
sock′et *n.* בית, בית-נורה; שקע, חלל, חור; ארובת-העין
Socrat′ic *adj.* סוקראטי
sod *n.* אדמת-עשב; פיסת עשבה
sod *n&v.* *ברנש, טיפש, "חזיר"; סדומי
- not care a sod לא איכפת כלל
- sod it! לעזאזל!, לכל הרוחות!
- sod off! הסתלק!, עוף מפה!
- under the sod מת, בקבר
so′da *n.* סודה; גזוז; מי-סודה
- baking soda סודת-אפייה
- washing soda סודת-כביסה
soda biscuit/cracker אפיפית חלבית
soda fountain דלפק-משקאות
soda jerk מוכר גזוז
so•dal′ity *n.* אחווה, אגודה, חברה
soda pop משקה תוסס, גזוז
soda water מי-סודה
sod′den *adj.* רווי, ספוג, לח, רטוב; בצקי, לא אפוי; שתוי, מטומטם
so′dium *n.* נתרן (מתכת)
sodium bicarbonate סודה לשתייה
sodium carbonate נתרן פחמתי, סודת כביסה
sodium chloride מלח-הבישול
Sod′om *n.* סדום
sod′omite′ *n.* עושה מעשה-סדום
sod′omy *n.* מעשה-סדום
Sod's Law = Murphy's Law
so•ev′er *adv.* כלשהו, (מי) שלא יהיה
- howsoever איך שלא יהיה
- in any way soever בכל דרך שהיא
so′fa *n.* ספה
soft (sôft) *adj.* רך; חלק; עדין; נעים, נוח; חרישי; רפה; *מטורף, מאוהב
- soft C סי רכה (המבוטאת כ-אס)
- soft G ג'י רכה (המבוטאת כ-ג'יי)
- soft answer מענה רך
- soft breeze בריזה קלה, רוח קלה
- soft drink משקה קל (לא חריף)
- soft goods בדים, אריגים
- soft in the head רפה-שכל
- soft job ג'וב קל/מכניס
- soft light אור נעים (לא מסנוור)
- soft on- ידו רכה כלפי-
- soft tongue לשון רכה, רַכּוּת
- soft water מים רכים
soft-back/-cover *adj.* רך-כריכה
softball *n.* כדור-בסיס רך (מישחק)
soft-boiled egg ביצה רכה
soft-centered בעל מילוי רך; רך-לבב, רגיש
soft coal פחם ביטומני
soft currency מטבע רך, כסף לא יציב
soft drugs סמים רכים (לא קשים)
soft′en (sôf′ən) *v.* לרכך; להתרכך
- soften up לרכך (בהרעשה)
softener *n.* חומר מרכך, מרכך מים
softer sex המין החלש, המין היפה
soft-footed *adj.* פוסע בעדינות,
soft fruit פרי רך (חסר גלעין)
soft furnishings כלי-בד, וילונות, רֶפֶד
soft-headed *adj.* רפה-שכל
soft-hearted *n.* רך-לבב, רחום
soft′ie (sôf′ti) *n.* רכרוכי, טיפש
softish *adj.* רכרך, רך כלשהו
soft landing נחיתה רכה
soft line קו רך, מתינות
softly *adv.* ברוך, בנחת
softness *n.* רכות, עדינות
soft option ברירה הכרוכה במעט עבודה

soft palate החיך הרך, וילון
soft pedal דוושת העימעום
soft-pedal *v.* להמעיט ערכו, לבטל חשיבותו, לטשטש, לעמעם, לְמתן
soft sell מכירה בשיכנוע עדין
soft soap סבון נוזלי; חנופה
soft-soap *v.* להחניף
soft solder לַחַם (להלחמה) רך
soft-spoken *adj.* רך-לשון, נעים-דיבור
soft touch *טרף קל, פרייאר
software *n.* תוכנה
soft-witted *adj.* רפה-שכל
softwood *n.* עץ רך
softy *n.* רכרוכי; טיפש, פתי
sogginess *n.* רטיבות
sog′gy *adj.* רטוב, ספוג מים; חסר-חיים
soigne (swänyā′) *adj.* מסודר, מטופח, מצוחצח, לבוש בקפידה
soil *n.* אדמה, קרקע; ליכלוך; צואה
- good/poor soil עידית/זיבורית
- native soil מולדת, מכוֹרָה
soil *v.* ללכלך, לזהם; להתלכלך
- soil his reputation להכפיש שמו
soiled *adj.* מלוכלך, מזוהם, מגואל
soiree (swärā′) *n.* מסיבה, נשף
so′journ (-jûrn) *v&n.* להתגורר זמנית, לשהות; התגוררות; שהייה
sol (sōl) *n.* סול (צליל); הַשֶּׁמֶש, החמה
sol′ace (-lis) *n&v.* נחמה, מקור-נחמה, עידוד, הקלת סבל; לנחם, למצוא נחמה
so′lar *adj.* סולארי, שמשי
solar cell תא סולארי, תא-שמש
solar eclipse ליקוי חמה
solar energy אנרגיה סולארית
solar heater דוד שמש
solar′ium *n.* חדר-שמש, חדר-זכוכית
solar panel קולט שמש (בחללית)
solar plexus מקלעת חלל הבטן
solar power אנרגיית השמש
solar system מערכת השמש
solar year שנת החמה, שנה שמשית
so·la′tium (-′shiəm) *n.* פיצוי, דבר נחמה
sold = p of sell (sōld)
sol′der (sod′-) *n.* לַחַם, מתכת-הלחמה
solder *v.* להלחים, להדביק בְּלַחַם
soldering iron מַלְחֵם
sol′dier (sōl′jər) *n.* חייל, איש-צבא
- private soldier טוראי
- soldier in the cause of לוחם למען
- soldier of fortune שכיר-חרב
soldier *v.* לשרת בצבא
- soldier on להמשיך חרף הקשיים
soldiering *n.* חיי המשרת בצבא
soldier-like *adj.* כמו חייל, אמיץ
soldierly *adj.* אמיץ, בן-חיל
soldiery *n.* חיילים, אנשי-צבא
sole *n.* סוליה; כף הרגל
sole *v.* להתקין סוליה, לתפור סוליה
sole *n.* סנדל, דג-משה-רבינו, סולית (דג), סול
sole *adj.* יחיד; בלעדי, בלבדי
sol′ecism′ *n.* טעות-לשון, שגיאה; הפרת כללי התנהגות, מישגה
-soled (נעל) בעלת סוליה
- rubber-soled בעלת סולית גומי
solely *adv.* אך ורק, בלבד, גרידא
sol′emn (-m) *adj.* טקסי, חגיגי; קדוש, מעורר כבוד; רציני
- solemn duty חובה קדושה
- solemn warning אזהרה חמורה
solem′nity *n.* חגיגיות; טקס חגיגי; קדושה; רצינות
sol′emniza′tion *n.* חגיגה, עריכת טקס; הרצנה
sol′emnize′ *v.* לחגוג, לטקס, לערוך טקס; להעניק צביון חגיגי, להרצין
solemnly *adv.* חגיגית, ברצינות, בהן צדק
sol-fa *n.* סול-פה (שימוש בהברות דו-רה וכ׳ לייצוג צלילים)
sol·feg′gio (-fej′ō) *n.* סולפג׳, סולמיזציה
solic′it *v.* לבקש; לחזר אחרי, להפציר; (לגבי זונה) להציע גופה, לשדל; להזמין
solic′ita′tion *n.* בקשה, חיזור, הפצרה; שידול לקוח
solic′itor *n.* מבקש, מחזר (אחרי לקוחות/בוחרים); עורך-דין (זוטר)
solicitor general פרקליט המדינה
solic′itous *adj.* דואג ל-, חרד ל-; להוט, חפץ, משתוקק
solic′itude′ *n.* דאגה, חרדה; השתוקקות
sol′id *adj.* מוצק, קשה; מלא, לא חלול; חזק, איתן; מבוסס; רציני, שקול; סולידי; אחיד; תלת-ממדי

- 2 solid hours שעתיים תמימות
- solid argument טיעון/נימוק מבוסס
- solid backing תמיכה מאוחדת
- solid for/on/against תמימי-דעים, פה אחד, כאיש אחד בעד/נגד
- solid gold זהב טהור
- solid line of people שורה רצופה של אנשים (ללא רווחים ביניהם)

solid *n.* חומר מוצק; מזון מוצק; גוף תלת-ממדי
sol'idar'ity *n.* סולידאריות
solid geometry הנדסת המרחב
solid'ifica'tion *n.* מיצוק, גיבוש
solid'ify' *v.* למצק, לעשות למוצק; לגבש; להתמצק
solid'ity *n.* מוצקות, איתנות, יציבות
solid-state *adj.* פועל על סגולות חומר מוצק
sol'idus *n.* קו נטוי, לוכסן
solil'oquize' *v.* לשאת מונולוג, לנאום לעצמו, להרהר בקול
solil'oquy *n.* מונולוג, חד-שיח; הירהור בקול
sol'itaire' *n.* פאסיאנס, מישחק קלפים ליחיד; תכשיט בעל יהלום
sol'itar'y (-teri) *adj.* בודד, מתבודד, גלמוד; מבודד, נידח; אחד ויחיד
solitary *n.* נזיר; מתבודד; *צינוק
solitary confinement השלכה לצינוק
sol'itude' *n.* בדידות; מקום נידח
sol'miza'tion *n.* סולמיזציה
so'lo *n.* סולו, יצירה ליחיד; מיבצע יחיד; מישחק קלפים דמוי-ויסט
solo *adj&adv.* של סולו; ללא ליווי
solo *v.* לבצע (טיסת) סולו
so'lo·ist *n.* סוליסט, סולן
Sol'omon *n.* שלמה (המלך)
sol'stice (-tis) *n.* זמן ההיפוך, מיפנה השמש, סולסטיס

- summer solstice היפוך הקיץ (ב-21/6)
- winter solstice היפוך החורף (ב-22/12)

sol'u·bil'ity *n.* מסיסות; פתירה
sol'u·ble מסיס, עשוי להימס; פתיר
solu'tion *n.* פיתרון, פתירה; תשובה; תמיסה; המסה
solvable *adj.* פתיר, ניתן לפתרו
solve *v.* לפתור, לפענח
sol'vency *n.* כושר פירעון; מסיסות
sol'vent *adj.* בעל כושר פירעון; מסיס; ממוגג, ממס; חומר ממס
solvent abuse שאיפת חומר נדיף, הרחת דבק
som'ber *adj.* קודר, אפל; עצוב
sombrer'o (-rār'ō) *n.* סומברֶרו (מיגבעת)
some (sum) *adj&adv&pron.* קצת, מעט; כמה, אחדים; מסוימים, איזה-שהוא; בערך; *מצויין, כהלכה

- and then some ועוד, ויותר מכך
- for some time לזמן-מה; לפרק זמן ניכר
- go some way ללכת כיברת דרך
- some 20 or 30 כעשרים-שלושים
- some 30 years ago לפני כ-30 שנה
- some friend he is! גם כן ידיד! אוי לי מידיד כזה!
- some of these days באחד הימים
- some other time בזמן אחר
- some place or other היכן שהוא
- some say אומרים, הפיתגם אומר-

somebody *pron.* מישהו; אישיות
someday *adv.* באחד הימים, בעתיד
somehow *pron.* איכשהו, בדרך כלשהי; מסיבה כלשהי

- somehow or other איכשהו

someone *pron.* מישהו
someplace *adv.* היכן שהוא
som'ersault' (sum-) *v&n.* (לעשות) סאלטה, קפיצת התהפכות; גילגול באוויר
something *pron&adv.* משהו; משהו/מישהו חשוב

- has something going for him יש לו משהו מיוחד, בעל קשרים
- make something of it *להתחיל לריב על כך, לעשות מזה "עסק"
- or something או משהו דומה
- see something of him לראותו מדי פעם
- something of a במידה מסוימת, במידת-מה, משהו, מעין
- something to do with קשור ל-
- that's something! אין זה דבר של מה-בכך, זה משהו!
- there is something in it יש בזה משהו, יש דברים בגו

sometime *adv&adj.* באחד

הימים, פעם (בעבר/בעתיד); בעבר
- sometime actor שחקן לשעבר
sometimes *adv.* לפעמים, לעתים
someway *adv.* איכשהו
somewhat *adv.* משהו, במשהו, במידת-מה, קצת
- more than somewhat במידה רבה
- somewhat of a- משהו, מעין; במידת-מה, במידה מסוימת
somewhere *adv.* במקום כלשהו, היכן שהוא, איפשהו, אישהו, אישם
som•nam′bu•lism′ *n.* סהרוריות
som•nam′bu•list *n.* סהרורי
som•nif′erous *adj.* מרדים
som′nolence *n.* רדימות
som′nolent *adj.* רדים, מנומנם; מרדים
son (sun) *n.* בן
- favorite son מועמד לנשיאות
- son of a bitch *בן-כלבה, בן-זונה
- son of the soil בן-אדמה, איש-אדמה
so′nar *n.* סונאר (מיתקן תת-מימי)
sona′ta (-nä-) *n.* סוֹנָטָה
sonde *n.* זונדה (צינור הזנה)
son et lumiere (sonālo͞o′myûr) *n.* חיזיון אור-קולי
song (sông) *n.* שיר; שירה; מנגינה
- burst into song לפצוח בשיר
- for a song בזיל הזול
- nothing to make a song about דבר קל ערך, לא צריך להתלהב ממנו
- on song *ממש מצויין
- song and dance שטויות, הבלים
songbird *n.* ציפור-שיר
song-book *n.* ספר שירים
Song of Songs שיר השירים
song′ster (sông-) *n.* זַמָּר; משורר; ציפור-שיר
song′stress (sông-) *n.* זמרת; משוררת; ציפור-שיר
son′ic *adj.* קולי, של מהירות הקול
sonic boom/bang בום על-קולי
son′-in-law′ (sun′-) *n.* חתן, בעל הבת
son′net *n.* סוֹנֶטָה, שיר-זהב
son′ny (sun′i) *n.* *ילד, ילדי, בני
sonor′ity *n.* צוֹלְלוּת, בהירות הצליל
sonor′ous *adj.* מצלצל, עמוק, רם, מלא; רב-רושם
son′sy *adj.* נָאֶה, שמנמונת, עליזה
soon (so͞on) *adv.* מיד, בקרוב, בתוך זמן קצר, מהר; במהרה, בהקדם
- I'd just as soon הייתי מוכן/חפץ באותה מידה ל-, הייתי מעדיף
- I'd sooner die than marry her אעדיף למות מאשר להתחתן עמה
- as soon as מיד לאחר ש-, ברגע ש-
- as soon as not בחפץ לב
- as soon as possible בהקדם האפשרי
- at the soonest לכל המוקדם
- no sooner had I seen her than- אך ראיתיה והנה/וכבר-
- no sooner said than done הדבר נעשה תוך-כדי-דיבור/מיד
- soon after- מיד לאחר-
- sooner or later במוקדם או במאוחר
- the sooner the better מוטב מהר ככל האפשר
- too soon מהר מדיי, מוקדם מדיי
soot *n&v.* פיח; לכסות בפיח
sooth (so͞odh) *n.* אמת
- in sooth באמת, באמונה
soothe (so͞odh) *v.* להרגיע, לשכך
soothsayer *n.* מגיד עתידות
soot′y *adj.* מפוייח, שחור כפיח
sop *v.* להטביל, לשרות, להספיג, להרוות
- sop up לספוג, לקלוט נוזלים, לנגב
sop *n.* חתיכת לחם שרויה; מזון ספוג נוזלים; שוחד; מינחת פיוס
- sop to Cerberus שוחד, מתנת-פיוס
soph′ism′ *n.* סופיזם, פלפלנות כוזבת
soph′ist *n.* סופיסט, פלפלן, חכמן
sophis′ticate *adj.* מתוחכם
sophis′ticate′ *v.* להתפלפל; לסבך
sophis′tica′ted *adj.* מתוחכם, מסובך, מורכב; חריף, מפולפל; מְנוּסֶה
sophis′tica′tion *n.* סופיסטיקציה
soph′istry *n.* פלפלנות; הַטְעָאָה
soph′omore′ *n.* תלמיד השנה השנייה
sop′orif′ic *adj&n.* מרדים
sop′ping *adj&adv.* (רטוב) לגמרי
sop′py *adj.* רטוב מאוד; טיפשי, רגשני
sopran′o *n.* סופראנו (קול)
sor′bet = sherbet גלידת-פירות
sor′cerer *n.* מכשף, קוסם, מג

sorcerer's apprentice שוליית הקוסם
sor′ceress *n.* מכשפה, קוסמת
sor′cery *n.* כישוף; מעשה-כשפים
sor′did *adj.* מלוכלך, מטונף; נבזה, שפל; גס, אנוכיי
sore *adj&adv.* כואב; מכאיב, מצער; עצוב, עגום; נפגע; (באופן) חמור, קשה
- I'm sore כואב לי, גופי כואב
- feel/get sore להיפגע, לכעוס
- sore spot נקודה עדינה, נושא כאוב
- sore subject נושא רגיש/כאוב
sore *n.* פצע, דלקת; נושא כאוב
sorehead *n.* נוח לכעוס, רגזן
sorely *adv.* באופן חמור, מאוד
sore point נושא כאוב
sor′ghum (-g-) *n.* דורה, עסיס-דורה
soror′ity *n.* מועדון סטודנטיות
sor′rel *n.* חומעה (צמח), חמציץ
sorrel *n.* (סוס) חום-אדמדם
sor′row (-ō) *n&v.* צער, עצב; צרה; מקור-צער, גורם סבל; להצטער, להתאבל
sorrowful *adj.* עצוב, מצטער; מצער
sor′ry *adj.* מצטער; עצוב; מתחרט, עלוב, אומלל, מעורר חמלה
- I'm sorry אני מצטער, צר לי
- feel/be sorry for him לרחם עליו
- sorry! אני מצטער!, סליחה?
sort *n.* מין, סוג; אדם, ברנש, טיפוס
- after a sort במידה מסויימת
- it takes all sorts *קיימים כל מיני טיפוסים
- of a sort/of sorts מסוג נחות
- out of sorts לא חש בטוב; מצוברח
- sort of *במידת-מה, משהו, כעין
sort *v.* למיין, לסווג; לברור
- sort ill/well with (לא) להתאים/לעלות בקנה אחד עם
- sort out למיין; לברור; לפתור, לסדר, להסדיר, לטפל ב-
sorter *n.* מַיְיָן, ממיין, מְסַוֵּג
sor′tie *n.* גיחה, יציאה, התקפה
sort-out *n.* סידור, טיפול
SOS אס או אס!, הצילו!, קריאת עזרה
so-so *adj&adv.* ככה-ככה, לא הכי טוב
sot *n.* שיכור, שתיין, מטומטם
sot′tish *adj.* שיכור, מטומטם מיין
sot′to vo′ce (-vō′chi) *adv.* בחצי קול, בלחש
sou (sōō) *n.* סו, מטבע פחות-ערך
- hasn't a sou חסר כול, מרושש
sou•brette′ (sōōbret′) *n.* שובבנית
soubriquet = sobriquet
souffle (sōōflā′) *n.* תפיחה, תפיחית, סופלה, מאפה-ביצים וגבינה
sough (sou) *n&v.* רישרוש; לרשרש
sought = p of seek (sôt)
sought-after *adj.* מבוקש, נדרש
soul (sōl) *n.* נפש, נשמה, רוח; איש; התגלמות, מופת; לב, רגש עמוק
- 70 souls 70 נפש, 70 איש
- dear soul נשמה יקרה, "מלאך"
- has no soul חסר-לב, אנוכיי
- the life and soul of הרוח החיה ב-
- the soul of integrity התגלמות התום
- upon my soul! חי נפשי!
soul *adj.* *כושי, של כושים
- soul brother/sister כושי/כושית
soul-destroying *adj.* מדכא-רוח, משעמם
soulful *adj.* מלא-רגש, מביע רגש
soulless *adj.* נטול-רגש, חסר-לב
soulmate *n.* ידיד נפש
soul music מוסיקה כושית, שירי נשמה
soul-searching *n.* חשבון הנפש
soul-stirring *adj.* מלהיב, מרגש
sound *n.* קול; צליל, נימה; הגה
- consonant sound עיצור, צליל עיצורי
- vowel sound תנועה, צליל תנועי
- within the sound of בטווח קול
sound *v.* להישמע; ליצור רושם; לצלצל; להשמיע; לתקוע; לבדוק; להאזין; לבטא; לפרסם
- it sounds- זה מצלצל/נשמע כ-
- sound a chest לבדוק את בית-החזה
- sound a trumpet/horn לחצצר/לצפור
- sound off לבטא בקול, להטיח נגד
sound *v.* למדוד עומק (המים, בגשוש), לבדוק (ע"י כדור פורה)
- sound out למשש הדופק, לעמוד על טיבו, לתהות על קנקנו
sound *adj&adv.* בריא, שלם; חסון, חזק; הגיוני, שפוי; שקול;

מבוסס; יעיל
- sound asleep ישן שינה עמוקה
- sound character אופי הוגן
- sound investment השקעה בטוחה
- sound mind דעה שפויה
- sound thrashing מכה הגונה
sound *n.* מיצר, מיצר-ים
sound archives ארכיון מישדרים
sound barrier מחסום הקול
sound bite קטע קצר מראיון
sound box תיבת-תהודה
sound effects אפקטים קוליים
sound film סרט קול
sounding balloon כדור פורח (לבדיקות באטמוספירה)
sounding board לוח-תהודה; אמצעי להפצת רעיונות
sounding line גשוש, חבל-מדידה
sounding rod גשוש, מוט-מדידה
soundings *n-pl.* בדיקות-עומק; מידות עומק; קירבת החוף
soundless *adj.* חסר-קול; תהומי
soundproof *adj&v.* אטים-קול; לאטם, לעשות בלתי-חדיר לקול
sound recording הקלטת קול
sound system מערכת קול/צלילים
sound track פסקול; רצועת הקול
sound waves גלי קול
soup (sōōp) *n&v.* מָרָק
- from soup to nuts *מא' ועד ת'
- in the soup בצרה, בבוץ, בתיסבוכת
- soup up להגביר עוצמת מנוע, להתקין מדחס-גידוש; לעשותו מעניין
soupcon (sōōpsōn′) *n.* שמץ, משהו
soup kitchen בית-תמחוי
soupy (sōō′pi) *adj.* כמו מרק; רגשני
sour *adj.* חמוץ; רוגז, חמוץ-פנים
- go/turn sour להחמיץ; לאכזב
sour *v.* להחמיץ; להפוך מר-נפש
- sour on לשנות דעתו לגבי, להתנגד
sour *n.* ויסקי עם לימון וסוכר
source (sôrs) *n.* מָקוֹר; מוֹצָא, ראשית
- sources מקורות, צינורות-מידע
sour cream שמנת חמוצה
sourdough *n.* מחמצת, שאור; מחפש זהב
sour′ish *adj.* חמצמץ
sour′puss (-poos) *n.* *חמוץ-פנים
sou′saphone′ (sōōz-) *n.* סוזאפון (כלי נשיפה)
souse *v.* לשרות, להרטיב, לטבול, להרוות, להספיג; לכבוש, לשמר (דג)
soused *adj.* *שיכור, מבוסם
soutane (sōōtän′) *n.* גלימת-כומר
south *n&adj&adv.* דרום; דרומי; דרומה
south′bound′ *adj.* נוסע דרומה
south′east′ *n&adj.* דרום-מזרח; דרום-מזרחי; דרומה-מזרחה
south′east′er *n.* רוח דרום-מזרחית
south′east′erly *adj.* דרום-מזרחי
south′east′ern *adj.* דרום-מזרחי
south′east′ward *adv.* דרומה-מזרחה
south′erly (sudh-) *adj.* דרומי
south′ern (sudh-) *adj.* דרומי
south′erner (sudh-) *n.* דרומי
southern lights זוֹהַר דרומי
southernmost *adj.* הדרומי ביותר
south′paw′ *n.* ספורטאי שמאלי; *איטר
south pole קוטב דרומי
south′ward *adv.* דרומה
south′west′ *n&adj.* דרום-מערב; דרום-מערבי; דרומה-מערבה
south′west′er *n.* רוח דרום-מערבית
south′west′erly *adj.* דרום-מערבי
south′west′ern *n.* דרום-מערבי
south′west′ward *adv.* דרומה-מערבה
sou′venir′ (sōōvənēr′) *n.* מזכרת
sou′west′er *n.* כובע חסין-מים
sov′ereign (-rən) *n.* שליט, מלך; סוברן, מטבע-זהב
sovereign *adj.* ריבוני, עצמאי, סוברני; נפלא, מצוין, (תרופת) פלא
sovereignty *n.* סוברניות, ריבונות
so′viet′ *n&adj.* מועצת-פועלים; סובייט; סובייטי, של ברית-המועצות
sow (sō) *v.* לזרוע; לפזר, להפיץ
- sow hate לזרוע שינאה
sow (sou) *n.* חזירה
sox = socks גרביים
soy *n.* סויה, פולי-סויה
soy bean פול-סויה
soy sauce רוטב-סויה, סויה תסוסה
soz′zled (-ld) *adj.* *שיכור כלוט
spa (spä) *n.* אתר-מרפא; מעיין מרפא; ספא
space *n.* חלל, מרחב; רווח, מרחק, מירווח; מקום; פרק-זמן, תקופה
- open space שטח פנוי/לא בנוי
space *v.* לְרַוֵּחַ, לסדר ברווחים
- space out לפזר, לשים רווחים בין

space age עידן החלל
space bar מקש-הרווחים, מַבהֵן
spacecraft *n.* חללית
spaced out *מסומם
space heater מיתקן חימום, תנור
space helmet/suit קסדת/חליפת חלל
spaceman *n.* איש חלל
space probe חללית מחקר
spaceship *n.* חללית, ספינת חלל
space shuttle מעבורת חלל
space station תחנת חלל
space vehicle רכב חלל
space walk הליכה בחלל
spacey *adj.* מְרוּוָח, רחב
spacing *n.* רִיווּחַ (בין שורות)
- single/double spacing הדפסה בריווח רגיל/כפול
spa′cious (-shəs) *adj.* מְרוּוָח, רחב
spade *n.* את-חפירה; (בקלפים) עלה, פיק; *שחור, כושי
- call a spade a spade לדבר ברורות
spade *v.* לחפור/לעבוד באת
spadeful *n.* מלוא האת
spade-work *n.* עבודת הכנה מפרכת
spaghet′ti (-g-) *n.* סְפָּגֶטִי
spaghetti junction מחלף רב-מפלסי
spaghetti western מערבון ספגטי
Spain *n.* ספרד
spam *n.* ספאם, בשר חזיר מתובל; לוף
span *n.* סיט, זרת (כ-23 ס"מ); מימתח; מרחק (בין ירכתי גשר); אורך, משך, תקופה; צמד
span *v.* לגשר, להימתח מעל, לחצות; לכסות, להקיף, להשתרע; לזרת
span′gle *n.* דיסקית-עיטור, נצנצים
spangle *v.* לקשט בנצנצים; לנצנץ
Span′iard *n.* ספרדי
span′iel *n.* ספאנייל (כלב נמוך)
Span′ish *adj&n.* ספרדי; ספרדית
spank *v.* לסטור על הישבן, להכות; לפסוע/להפליג במהירות
spanking *n.* מכות על הישבן
spanking *adj&adv.* מהיר, זריז; מצויין, כביר, חזק; מאוד; כליל
span′ner *n.* מפתח-ברגים
- throw a spanner in the works לתקוע מקל בגלגליו, לסכל תוכניתו
span roof גג דו-שיפועי

spar *n.* קורה, מוט-מיפרש; פצלת
spar *v.* להתאגרף, להתאמן; לחבוט מהלומות קלות; להתנצח, להתפלמס
spare *v.* לחוס על, לחמול, לא לפגוע; לחסוך; לקמץ; לוותר; להואיל לתת
- be spared להישאר בחיים
- can be spared אפשר לוותר עליו
- can you spare me 10 minutes? התוכל להקדיש לי 10 דקות?
- nothing was spared לא חסכו מאמצים
- spare me the details אל תיכנס לפרטים
- spare oneself לחסוך לעצמו
- to spare שארית, עודף
spare *adj.* נוסף, רזרבי, לעת הצורך; פנוי, מיותר; רזה, צנום; זעום, דל
- go spare *להתרגז, להתרתח
- spare time פנאי, שעה פנויה
- spare wheel גלגל רזרבי
spare *n.* תחליף, חֵלֶף; צמיג רזרבי
sparely *adv.* בצימצום, בדוחק
spare parts חלפים, חלקי חילוף
spare-part surgery *השתלת איברים
spare-rib *n.* צלע-חזיר
spare tyre צמיג רזרבי; *מותניים עבים, "צמיגים"
sparing *adj.* חסכני, מקמץ
spark *n.* ניצוץ, רשף, גץ; זיק, שביב; שמץ; ברנש עליז
- Sparks חשמלאי, מפעיל רדיו
spark *v.* לפלוט ניצוצות, לרשוף; להצית, לעורר, לדרבן
- spark off להוביל ל-, לגרום, לעורר
spar′kle *v.* לנצנץ, להבריק; לתסוס
- sparkle with wit להבריק בפיקחות
sparkle *n.* ניצוץ; ניצנוץ; הברקה
sparkler *n.* זיקוק-ניצוצות; *יהלום
sparkling *adj.* מבריק; תוסס
spark plug מצת (במנוע), פְּלַג
sparring *n.* התאגרפות; ציחצוח-מלים
sparring partner יריב-אימונים
spar′row (-ō) *n.* דרור (ציפור)
sparse *adj.* דליל, קלוש, לא צפוף
spar′sity *n.* דלילות, קלישות
Spar′tan *adj.* ספרטאני, גיבור, צנוע, חי בפשטות; פשוט, קשה
spasm (spaz′əm) *n.* עווית, התכווצות, התקף; התפרצות
spas·mod′ic (-z-) *adj.* עוויתי;

לא-סדיר, לא-רצוף, פתאומי
spas′tic *n&adj.* חולה-עוויתות; *טיפש
spat *n.* מחפה, כסוי-רגל, בית-קרסול
spat *n&v.* ביצי-צדפות; לשרוץ
spat *n&v.* (לתת) סטירה קלה; ריב קל
spat = p of spit
spatch′cock′ *n&v.* עוף מבושל; *להכניס, להוסיף מלים/קטעים
spate *n.* שטף, מספר רב, מבול
- in spate (נהר) זורם בשטף
spa′tial *adj.* מרחבי
spat′ter *v&n.* להתיז, להזות, לפזר, לטפטף; להינתז; התזה; טיפטוף
spatterdock *n.* נוּפָר (שושני מים)
spat′ula (-ch′-) *n.* מרית, כף-מריחה
spav′in *n.* תפיחת קרסול (בסוס)
spavined *adj.* צולע
spawn *v.* לשרוץ; להוליד, להטיל ביצים
- spawn guesses להוליד ניחושים
spawn *n.* ביצי-דגים, פקעת-ביצים; תפטיר-פטריות
spay *v.* לעקר, לסרס
speak *v.* לדבר, לומר; להביע, לבטא; לנאום; להשמיע קול/צליל
- generally speaking מבחינה כללית, במובן הכולל של המלה
- not to speak of שלא לדבר על, נוסף על
- nothing to speak of לא ראוי להזכירו, לא משהו מיוחד
- on speaking terms ביחסי דיבור
- speak a piece לצטט קטע מהזיכרון
- speak for לדבר בשמו; להעיד על-
- speak out להתבטא בחופשיות
- speak to him לנזוף בו; לדבר לליבו, "לדבר אליו", לרתקו
- speak to the subject להיצמד לנושא
- speak up לדבר בקול, להרים קולו
- speak volumes להעיד כמאה עדים
- speak well for להוות עדות בשבחו
- speaks for itself מדבר בעדו, ברור
- spoken for (סחורה) מוזמנת
speak-easy *n.* חנות-משקאות מחתרתית
speaker *n.* נואם, דברן; דובר; יושב-ראש הפרלמנט; רמקול

speakership *n.* כהונת היושב-ראש
speaking *adj.* מדבר, דיבורי, קולי
- speaking likeness דימיון מרשים
speaking tube צינור דיבור
spear *n&v.* חנית; עלה מחודד; לדקור, לנעוץ, לשפוד; לנוע במהירות
spearhead *n.* כיתת-חוד, ראש-מחץ, חלוץ, ראש חנית
spearhead *v.* להוביל התקפה
spearman *n.* חניתאי, נושא-חנית
spearmint *n.* נענה; גומי-לעיסה
spec *n.* ספקולציה, הימור, סיכון
- on spec (קניית מניות) בספקולציה
spe′cial (spesh′əl) *adj.* מיוחד, לא-רגיל, יוצא-דופן, ספציאלי
- special effects פעלולים (בסרט)
special *n.* רכבת מיוחדת; מונית ספיישל; שוטר מיוחד; הוצאה מיוחדת
- on special מיצרך השבוע (בחנות)
special education חינוך מיוחד
spe′cialism′ (spesh′əliz′əm) *n.* התמחות, מומחיות
specialist *n.* מומחה; רופא מומחה
spe′cial′ity (spesh′ial′-) *n.* מומחיות, התמחות; ייחוד, מְיוּחָדוּת
spe′cializa′tion (spesh′əl-) *n.* התמחות, התמקצעות
spe′cialize′ (spesh′əl-) *v.* להתמחות, להתמקצע, להתרכז
specialized *adj.* מיוחד, מומחה
special license רשיון נישואים מיוחד
specially *adv.* במיוחד; באופן מיוחד
special pleading טיעון לא הוגן
special school בי"ס לחינוך מיוחד
spe′cialty (spesh′əl-) *n.* מומחיות, התמחות; ייחוד, מְיוּחָדוּת
spe′cie (-shi) *n.* מטבעות, מצלצלים
spe′cies (-shēz) *n.* מין, סוג; זן
- human species המין האנושי
spe·cif′ic *adj.* מדוייק, מפורט; מיוחד, ספציפי; סגולי, פרטי, אופייני
specific *n.* תרופה מיוחדת
- specifics פרטים, דברים ספציפיים
specifically *adv.* מפורשות, ספציפית, במיוחד, בייחוד
spec′ifica′tion *n.* פירוט, ציון, תיאור; מיפרט, הוראות
specific gravity מישקל סגולי
specific heat חום סגולי

spec′ific′ity *n.* ספציפיות, ייחוד
spec′ify′ *v.* לפרט, לציין, לתאר; לכלול במיפרט
spec′imen *n.* דוגמה, מידגם; פרט; דבר טיפוסי; דבר מגוחך
- specimen page דף לדוגמה
spe′cious (-shəs) *adj.* נכון לכאורה, הוגן כביכול, מזוייף
speck *n.* כתם זעיר, נקודה; שמץ
specked *adj.* מנומר, מנוקד, נקוד
speck′le *n.* נקודה, כתם זעיר
speckled *adj.* מנומר, נקוד
specs *n-pl.* *משקפיים
spec′tacle *n&adj.* מראה, מחזה, הצגה, מיפגן; של משקפיים
- make a spectacle of oneself להופיע בצורה נלעגת, להשתטות
- rose-colored spectacles משקפיים ורודים, ראייה אופטמית
- spectacles משקפיים
spectacled *adj.* ממושקף
spec·tac′u·lar *adj&n.* מרהיב-עין, מרתק, שובה-עין, ראוותני; הצגה, מחזה
spec′tate′ *v.* לִצְפּוֹת
spec′ta′tor *n.* צופה (בתחרות)
spectator sport ספורט לצופים
spec′ter *n.* רוח-רפאים, צל-בלהות
spec′tral *adj.* כמו רוח, של רפאים, מטיל אימה; של ספקטרום
spec′troscope′ *n.* ספקטרוסקופ
spec′trum *n.* ספקטרום, תחזית
- wide spectrum קשת רחבה, מיגוון
spec′u·late′ *v.* לשקול, להרהר; לעיין, להתבונן; לספסר, לעסוק בספקולציות
spec′u·la′tion *n.* שיקול-דעת, הירהור, התבוננות; ספסרות, ספקולציה
spec′u·la′tive *adj.* עיוני, הסתכלותי; ספסרי, ספקולטיבי
speculator *n.* ספקולאנט, ספסר
spec′u·lum *n.* מִפְשָׂק, ספקולום
sped = p of speed
speech *n.* דיבור; מיבטא, ניב; שפה, לשון; נאום, הרצאה
speech day יום חלוקת-התעודות
speech′ify′ *v.* לנאום, "לקשקש"
speechless *adj.* נאלם, נטול-דיבור
speech therapy ריפוי עילגות
speech-writer *n.* כותב נאומים
speed *n.* מהירות; הילוך; *קוקאין
- at speed מהר, במהירות גבוהה
- low speed הילוך נמוך (ברכב)
- more haste - less speed מחיפזון ייצא רזון
speed *v.* למהר, לאוץ, לנוע/לנסוע במהירות; לחלוף; לשלח, לשגר
- God speed you! דרך צלחה!
- speed up לאוץ; להגביר תאוצה
speed-boat *n.* סירת-מנוע מהירה
speed bump פס האטה (בכביש)
speed-cop *n.* *שוטר-תנועה
speeder *n.* נוהג במהירות מופרזת
speedily *adv.* מהר, במהירות רבה
speed-indicator *n.* מד-מהירות
speeding *n.* נהיגה במהירות מופרזת
speed limit גבול המהירות המותרת
speed merchant *נוהג במהירות מופרזת, עבריין-תנועה
spee′do *n.* *מד-מהירות, ספידומטר
speedom′eter *n.* מד-מהירות
speed trap מכמונת מהירות
speed-up *n.* תאוצה, הגברת הקצב
speedway *n.* כביש מהיר; מסלול-מירוץ
speed′well′ *n.* בירוניקה (צמח-נוי)
speedy *adj.* מהיר
spe′le·ol′ogist *n.* חוקר מערות
spe′le·ol′ogy *n.* חקר מערות
spell *n.* כישוף; מלות-קסם; הקסמה
- cast a spell on להקסים
- under a spell אחוז בחבלי-קסם
spell *n.* תקופה, פרק-זמן, תור, תורנות, משך-פעילות; התקף-מחלה
spell *v.* להחליף; למלא מקום
spell *v.* לאיית; לכתוב נכון; ליצור מלה; להביא ל-, להיות פירושו
- smoking spells death for him אם ימשיך לעשן - ימות
- spell out להסביר, לפרט; לקרוא באיטיות; לאיית, לאבגד
spellbind *v.* לרתק, להקסים
spellbinder *n.* נואם מרתק
spellbound *adj.* מרותק, מוקסם
spell-check *n.* בדיקת איות
speller *n.* מאיית, מאבגד
spelling *n.* איות, כתיב
spelling bee תחרות איות
spelt *n.* זן של חיטה
spelt = p of spell
spend *v.* להוציא, לשלם, לבזבז; לְכַלּוֹת, לצרוך; לְבַלּוֹת, להעביר
- spend an hour לבלות/להעביר שעה

- spend itself להתבזבז, לאזול
- spend money להוציא כסף, לבזבז
spender *n.* בזבזן, פזרן
spending money דמי-כיס
spendthrift *n.* בזבזן, פזרן
spent *adj.* עייף, סחוט; משומש
spent = p of spend
sperm *n.* זרע, תא-זרע, זרעון
sper'macet'i *n.* חֵלֶב לווייתן-הזרע
sper'matozo'a *n-pl.* תאי-זרע
sper'matozo'on *n.* תא-זרע, זרעון, חיזרע
sperm bank בנק זרע
sper'micide' *n.* קוטל זרע
sperm whale לווייתן-הזרע
spew (spū) *v.* להקיא; לפלוט
sphag'num *n.* ספאגנום, סוגי טחב
sphere *n.* כדור; גלובוס; כוכב; שמיים, גלגל; חוג, סביבה, היקף, סְפֵירָה
- sphere of influence תחום-השפעה
spher'ical *adj.* כדורי, עגול
sphe'roid *n.* ספירואיד, כדור אליפטי
sphinc'ter *n.* סוֹגֵר, שריר פי-הטבעת
- lack of sphincter control אי שליטה בסוגרים
sphinx *n.* ספינקס; אדם-חידה
sphyg'mo•manom'eter *n.* מד לחץ-דם
spic *n.* *מקסיקני, דובר ספרדית
spice *n&v.* תבלין; סממן, עקבות; לתבל
spiciness *n.* תבלין, תיבול
spick and span חדש, מצוחצח, מבריק
spi'cy *adj.* מתובל, של תבלין; פיקאנטי
spi'der *n.* עכביש; מחבת
spiderweb *n.* קורי עכביש
spi'derwort' *n.* יהודי נודד (צמח)
spidery *adj.* עכבישי; (כתב-יד) ארוך ודק, כרגלי עכביש
spied = p of spy
spiel (spēl) *n&v.* *נאום ארוך, שיחת-שיכנוע, סיפור; לדבר בשטף, לנאום, לספר
spiff'y *adj.* *מצויין, נאה
spig'ot *n.* מגופה, פקק; ברז
spike *n.* יתד, מסמר, חוד; נקודת-תפנית (בגראף); שיבולת
spike *v.* לתקוע יתדות; למסמר, לסמרר; לסכל; למהול במשקה חריף
spike heel עקב גבוה
spike'nard' (spīk'n-) *n.* נֵרְד
spi'ky *adj.* מחודד; דוקרני
spill *v.* לשפוך; להישפך; (לגבי סוס) להפיל רוכב; *לספר, להלשין; לגלות
- spill over לגלוש, לעלות על גדותיו
spill *n.* שפיכה; נפילה; פיסת-נייר מגולגלת; גזר-עץ, קיסם
spil'likins *n-pl.* דוק (מישחק)
spillover *n.* עודף, גודש
spillway *n.* מיגלש, תעלה, מיברץ
spilt = p of spill
spin *v.* לטוות, לארוג, לשזור; לסובב; להסתובב, להסתחרר
- spin a coin לסובב/להעיף מטבע
- spin a top לסובב סביבון
- spin a yarn/story לספר סיפור
- spin along לנוע במהירות
- spin out להאריך (ככל האפשר)
- spin round לפנות לאחור, להסתובב
spin *n.* סיבוב, סיחרור; נפילה, צלילה; נסיעה קצרה; הטיה, הטעיה, ספין (תקשורתי)
- take a spin לעשות "סיבוב" ברכב
spin'ach (-ich) *n.* תרד (ירק-גינה)
spi'nal *adj.* של עמוד השידרה
spinal column עמוד-שידרה
spinal cord חוט-השידרה
spin'dle *n.* כוש, כישור, פלך; ציר, סרן
spindle-legged *adj.* דק-רגליים
spindle shanks איש ארך-רגליים
spin'dly *adj.* דק, צנום, ארוך
spin doctor *דובר פוליטי, פרשן תקשורת אוהד, מומחה לספינים
spin drier מייבש כבסים, תוף מסתובב (במכונת-כביסה)
spin-dry *v.* לייבש כבסים (כנ"ל)
spine *n.* עמוד-השידרה; גב-הספר; קוץ, דרבן, מחט, עוקץ
spine-chilling *adj.* מְסַמֵר שיער
spineless *adj.* חסר שידרה; נטול אופי, הפכפך, לא יציב
spin'et *n.* צ'מבלו קטן, פסנתר
spine-tingling *adj.* מרגש, מלהיב
spin'naker *n.* מיפרש משולש
spinner *n.* טווה; כדור מסובב; חץ מסתובב (על לוח ספרות)
spin'ney *n.* חורשה
spinning jenny מכונת טווייה
spinning top סביבון

spinning wheel גלגל-טווייה
spin-off *n.* מוצר-לוואי; תוצאה צדדית
spin′ster *n.* רווקה, בתולה זקנה
spinsterhood *n.* רַוָקוּת
spi′ny *adj.* קוצני, מחטני, דוקרני
spi′ral *adj&n.* ספיראלי, בורגי, לולייני; סליל, תנועה בורגית
spiral *v.* להסתלסל, להתחלזן, לעלות
spire *n.* צריח, מיבנה חרוטי, מיגדל-מחט
spir′it *n.* נפש, נשמה, רוח; שד; אדם; כוונה, נטייה; מרץ, חיות; נאמנות; יי״ש; כוהל, ספירט
- in spirit בליבו, בנפשו, ברוחו
- in the spirit בנפשו, ברוחו
- low spirits דיכדוך, מצב-רוח ירוד
- out of spirits מדוכדך, מצוברח
- spirit of the age רוח הזמן
- spirits תמיסה כוהלית; יי״ש, משקה חריף; מצב-רוח
- the spirit of the law רוח-החוק
spirit *v.* לעורר, להמריץ, לעודד
- spirit away/off לסלק בחשאי, להבריח
spirited *adj.* נמרץ; אמיץ
- low-spirited במצב-רוח ירוד
spirit lamp מנורת ספירט
spiritless *adj.* חסר-חיים, נטול-מרץ; מדוכדך, מצוברח
spirit level פלס-מים
spirit rapper דורש אל המתים, מדיום
spirit rapping העלאת רוח מת
spir′itu·al (-cho͞oəl) *adj;* רוחני, נפשי; דתי; קדוש; על-טבעי
- lords spiritual בישופים
spiritual *n.* ספיריטואל, שיר כושי
spiritualism *n.* ספיריטואליזם, ספיריטיזם, דרישה אל המתים
spiritualist *n.* ספיריטואליסט
spir′itu·alis′tic (-cho͞o-) *adj.* ספיריטואליסטי
spir′itu·al′ity (-cho͞o-) *n.* רוחניות
spir′itu·aliza′tion (-cho͞o-) *n.* טיהור, צריפה מגשמיות
spir′itu·alize′ (-cho͞o-) *v.* לטהר, לצרוף מגשמיות; לתת צביון רוחני
spir′ituel′ (-cho͞oel′) *n.* עדינה, חיננית, אצילית
spir′ituelle′ (-cho͞oel′) *n.* עדינה, חיננית, אצילית
spir′ituous (-cho͞oəs) *adj.* כוהלי
spi′rograph′ *n.* רושם נשימות
spirt = spurt לפרוץ; התפרצות
spit *n.* שפוד; לְשוֹן-יַבָּשָה; עומק האת
spit *v.* לירוק; לפלוט; להטיח קללות; להשמיע קול-יריקה; לטפטף, לרעוף; לשפד, לשפוד, לדקור
- spit it out דבר!, שפוך מליך!
- spit out לירוק; לפלוט
- spit up לירוק; לפלוט; להקיא
spit *n.* רוק; יריקה; דימיון, זהות
- spit and image of/dead spit of העתק מדוייק, כשתי טיפות מים
- spit and polish ציחצוח והברקה
spite *n.* רוע-לב; טינה, איבה
- in spite of למרות, חרף
- out of spite מרוע-לב, להכעיס
spite *v.* להכעיס, להרגיז במתכוון
spiteful *adj.* רע-לב, רוצה להרע
spit′fire′ *n.* רתחן, חמום-מוח
spitting distance מרחק יריקה
spitting image העתק מדוייק, כפיל
spit′tle *n.* רוק
spittoon′ (-to͞on′) *n.* מרקקה
spiv *n.* *טיפוס, נוכל, פאראזיט
spivvy *adj.* *פאראזיטי, מפוקפק
splash *v.* לשכשך; להתיז, להזליף, להרטיב; להשתכשך, להתפלש
- splash a story להבליט כתבה
- splash down לנחות במים
- splash out/about לבזבז (כסף)
splash *n.* התזה, קול שיכשוך; כתם; הבלטה, סנסציה; תוספת מי-סודה
- make a splash להרשים, לרתק תשומת-לב
splash *adv.* בקול חבטה (במים)
splash-down *n.* נחיתת חללית בים
splash guard מגן בוץ
splashy *adj.* מושך תשומת-לב
splat *n.* פיסת עץ; קול חבטה
splat′ter *v.* להתיז
splay *v.* להרחיב; לשפע, להטות, ללכסן; להתרחב וללכת
splay *n.* התרחבות, התפשקות, שיפוע; מישטח משופע (בחלון)
splay *adj.* מתרחב והולך, מופנה הצידה
- splay feet רגליים שטוחות
splayfoot *n.* רגל שטוחה
spleen *n.* טחול; דיכדוך; כעס, זעם
- vent one's spleen לפרוק זעמו

splen′dent *adj.* מבריק; רב-רושם
splen′did *adj.* מצויין, נפלא; מפואר
splen·dif′erous *adj.* *מצויין, מפואר
splen′dor *n.* פאר, הדר, הוד
sple·net′ic *adj.* רתחן; מרושע; של הטחול
splice *v&n.* לחבר, לאחות, לשזור, לשלב, להדביק; חיבור, איחוי
- get spliced *להתחתן
- splice the main brace *ללגום/לחלק כוסית-משקה
splicer *n.* מְחַבֵּר, אביזר-חיבור
spliff *n.* *סיגריית חשיש
splint *n.* קישושת, גשיש, סַד (לְשֶׁבֶר)
splin′ter *n.* קיסם, שבב, רסיס
splinter *v.* לשבור/להישבר לשבבים, להתפלג, להתפצל
splinter group פלג, סיעה פורשת
splinter-proof *adj.* חסין-רסיסים
splintery *adj.* מלא רסיסים; פציל
split *v.* לפצל, לסדוק; לבקע; לחלק; לרסק; להתחלק; להיקרע; להיפרם
- he split with her הוא נפרד ממנה
- let's split *נסתלק, נלך
- split on *להלשין על
- split one's sides (מצחוק) להתפקע
- split the ticket להצביע עבור כמה מועמדים
- split the vote למשוך קולות ממועמד אחר
- split up לחלק, לפצל; להתפצל
split *n.* פילוג, פיצול; סדק, בקע; קרע; גלידת-בננה; חצי בקבוק
- splits פישוק רגליים רחב, שְׁפָּגָט
split *adj.* מפוצל, משוסע
split decision החלטה חלוקה (באיגרוף)
split ends קצוות מפוצלים (בשיער)
split infinitive (as: to hardly know) מקור מפוצל
split-level house בית בעל חצאי-מיפלסים
split peas אפונה יבשה (מפוצלת)
split personality שסעת, פיצול האישיות, סכיזופרניה
split pin פין מפציל (ממתכת)
split ring טבעת-מפתחות
split second חלקיק שנייה, כבזק
split shift משמרת מפוצלת
splitting *adj.* (כאב-ראש) חריף, עז
splodge, splotch *n.* כתם, מריחה
splosh *n.* קול שיכשוך; *כסף
splurge *v&n.* לבזבז; לעשות רושם; הפגנת ראווה
splut′ter *n.* התזה, קול שיכשוך; מילמול, גימגום
splutter *v.* להתיז, לפלוט, להטיח; למלמל, לגמגם
spoil *v.* לקלקל; להתקלקל; להשחית, להרוס; לפנק; לשדוד
- spoil for להשתוקק ל-; לגרום שימאס ב-/שלא יהיה מרוצה מן
- spoil him of his money לחמוס כספו
- spoiling for a fight שש לריב
- spoilt child בן תפנוקים
spoil *n.* שלל, ביזה; חפורת, עפר חפור
- spoils טובות הנאה, מישרות פוליטיות, פרוסה מעוגת השילטון
spoil′age *n.* קילקול; דבר שהושחת
spoiler *n.* ספוילר, מַחְבֵּל; מחזק אחיזת כביש; מונע העתקות; מרתק
spoil-sport *n.* משבית שימחה
spoilt = p of spoil מקולקל; מפונק; פסול
spoke *n.* חישור, זרוע-אופן; שלב, חווק
- put a spoke in his wheel לתקוע מקל בגלגליו, לסכל תוכניותיו
spoke = pt of speak
spoken *adj.* מובע, מבוטא; בעל-פה
spo′ken = pp of speak
spokeshave *n.* מעצד (מקצועה)
spokesman *n.* דובר
spokesperson *n.* דובר; דוברת
spo′lia′tion *n.* שוד, ביזה; השחתה
sponge (spunj) *n.* ספוג; נצלן, טפיל
- pass the sponge over למחוק, לשכוח
- throw in the sponge להודות במפלה
sponge *v.* לנקות/לנגב בספוג; לספוג; לסחוט, לנצל
- sponge down/off לשטוף בספוג
- sponge on him לחיות על חשבונו, להיטפל אליו כעלוקה, לנצלו
- sponge out למחוק בספוג; למחוק מליבו
- sponge up לספוג, לנגב בספוג
sponge bag נרתיק לכלי-רחצה
sponge bath רחיצת-ספוג (קלה)

sponge cake עוגה ספוגית, לובנן
sponger *n.* טפיל, נצלן, עלוקה
spongy *adj.* ספוגי
spon′sor *n.* אחראי; פטרון, סנדק; בעל-חסות (לתוכנית-רדיו)
sponsor *v.* ליטול תחת חסותו
sponsorship *n.* אחריות, חסות
spon′tane′ity *n.* ספונטאניות
spon·ta′ne·ous *adj.* ספונטאני, עצמוני
spoof (spōōf) *v&n.* לרמות, להתל, לסדר; רמאות, מתיחה; פארודיה
spook (spōōk) *n&v.* *רוח, שד; מרגל; להפחיד
spoo′ky *adj.* *מפחיד; מלא-רוחות
spool (spōōl) *n.* אשווה, מזרבה, סליל, גליל
spoon (spōōn) *n&v.* כף, כפית; להעביר בכף; *לתנות אהבים
- spoon up/out לחלק/לצקת בכף
spoonbill *n.* כַּפָּן (עוף מים)
spoo′nerism′ *n.* שיבוש-הברות (כגון "אמר גומר" במקום "גמר אומר")
spoon-feed *v.* להאכיל בכף; להגיש לפה, להסביר בשיטה קלה להבנה
spoonful *n.* מלוא הכף, כף
spoo′ny *adj.* *רגשני, משתפך, מאוהב
spoor *n.* עיקבות-חיה
sporad′ic *adj.* ספוראדי, לא-סדיר, מופיע מפעם לפעם
spore *n.* נבג
spor′ran *n.* כיס (של חצאית סקוטית)
sport *n.* ספורט; שעשוע, צחוק; אדם הוגן/ספורטיבי; יצור משונה
- in sport בצחוק, לא ברצינות
- make sport of- לצחוק על-, ללעוג ל-
- sport of fortune כדור-מישחק בידי הגורל
- sport of kings מירוצי-סוסים
- sports ספורט; תחרויות אתלטיקה; של ספורט, ספורטיבי
sport *v.* להשתעשע, לשחק; להתהדר ב-, להתפאר ב-, להציג לראווה
sporting *adj.* הוגן, בעל רוח ספורטיבית; שוחר ספורט
sporting blood העזה, הרפתקנות
sporting chance סיכוי-מה
spor′tive *adj.* עליז, שובבני
sports car מכונית ספורט
sportscast *n.* שידור ספורט
sports jacket מותניית ספורט
sportsman *n.* ספורטאי; שוחר ספורט; ספורטיבי, הוגן
sportsmanlike *adj.* ספורטיבי, הוגן
sportsmanship *n.* ספורטיביות
sportswear *n.* ביגדי ספורט
sportswriter *n.* כתב ספורט
sport′y *adj.* * (בגד) מהודר, צעקני
spot *n.* נקודה; מקום; כתם; חטטית; מישרה; רבב מוסרי; מקום בשידור; מעט, קורטוב, טיפה; זרקור
- change one's spots להפוך עורו
- hit the high spots להתרכז בראשי הפרקים; לסייר במקומות החשובים
- hit the spot לקלוע למטרה
- in a spot בצרה, במצב ביש
- on the spot מיד; לאלתר; על המקום, במקום; *בצרה, במצב ביש
- put him on the spot להעמידו במצב קשה; להוציא עליו גזר-דין מוות
- soft spot חולשה, חיבה
- tender spot מקום רגיש, נושא עדין
- weak spot נקודת תורפה, עקב אכילס
spot *v.* להכיר, לזהות; להבחין; להכתים; להתלכלך; למקם, לאתר; להציב; להסיר כתם; לתת יתרון (ליריב)
- spot out/up להסיר כתמים
- spotting with rain מטפטף גשם
spot *adj&adv.* מיידי, נעשה במקום; מזירת האירוע; לתשלום עם הקנייה; בדיוק
- spot on time *בדיוק בזמן
spot-check *n&v.* (לערוך) בדיקת מידגם, בדיקה מיקרית
spotless *adj.* נקי, ללא דופי
spotlight *n&v.* זרקור; מוקד ההתעניינות; להפנות הזרקור אל
spot-on *adj&adv.* *מדוייק; בדיוק
spotted *adj.* מנומר, מנוקד, חברבור
spotted dick/dog פשטידת דמדמניות
spotted fever קדחת אבבית
spotter *n.* צופה, מזהה, מְאַכֵּן, מאתר
spot′ty *adj.* מנוקד, מנומר; זרוע פצעונים; מטולא; לא אחיד, משתנה
spou′sal (-z-) *adj.* של נישואים

spouse *n.* בן-זוג, בעל, אישה
spout *v.* לפרוץ; לפלוט; לדקלם
spout *n.* זרבובית, צינור; מרזב; פרץ
- up the spout *ממושכן; אבוד, הרוס, בקשיים; בהיריון
sprain *v.* לנקע (מיפרק), לסובב
sprain *n.* נקע, סיבוב, תפיחה
sprang = pt of spring
sprat *n.* סלתנית (דג-מאכל)
sprawl *v.* להשתרע; לשבת/לשכב בפישוט איברים/בריפיון
- sprawl out להשתרע; להתפשט
sprawl *n.* השתרעות; תנוחת ריפיון; איזור (מיבנים) לא מסודר
spray *n&v.* תרסיס, ספריי; מרסס; טיפות זעירות; לרסס, לזלף
spray *n.* ענף קטן (בעל עלים ופרחים); קישוט דמוי-ענף
sprayer *n.* מרסס
spray gun מרסס, מכשיר ריסוס
spread (spred) *v.* לפרוש, לשטוח, לפשוט; למרוח; להפיץ; לפזר; לפרוס; להשתרע; להתפשט, להתרחב
- spread it on thick להחניף
- spread oneself לנסות להרשים; להתרווח; להרחיב הדיבור
- spread out לפרוש
- spread the table לערוך השולחן
spread *n.* התפשטות, גידול; תפוצה; רוחב; מוטה; שטח; פרישה; מפה; כיסוי; קטע ארוך (בעיתון); ארוחה, סעודה; מימרח
- spread of wings מוטת-כנפיים
spreadable *adj.* פריש, ניתן לפרישה
spread-eagle *adj&v.* (נשר) פרוש-כנפיים; מתנשא; להשתרע; לפשוט איברים
spread-eagled *adj.* שרוע בפישוט איברים
spreader *n.* מַמרֵחַ, כף מריחה
spread-over *n.* הסדרת שעות עבודה
spreadsheet *n.* גיליון אלקטרוני; טבלת מספרים
spree *n.* הילולה, סביאה
- shopping spree בולמוס קניות, הילולת קניות; ביזבוז כספים
sprig *n.* ענף, זלזל, שריג; נצר; צעיר, עלם; מסמר
sprigged *adj.* מעוטר בדגמי ענפים
spright'ly (sprīt'-) *adj.* עליז, מלא-חיים

spring *v.* לקפוץ, לנתר; להיווצר, להיוולד; להופיע; לנבוע, לבוא, לצמוח; לצוץ; לסדוק; להיסדק; להביא; להפעיל; *לשחרר מהכלא
- spring a leak להתחיל לדלוף
- spring a mine להפעיל מוקש
- spring a surprise on להפתיע
- spring from לצאת מ-, לנבוע מ-; להיות צאצא-, לצאת מחלציו
- spring into life להתעורר לחיים
- spring it on him להפתיעו בכך
- spring open להיפתח בתנופה
- spring up לצמוח, לצוץ, לעלות
spring *n.* קפיצה, ניתור; מַעיָן; מָקוֹר; מוֹצָא; קפיץ; קפיציות; אביב
spring *adj.* אביבי; קפיצי
spring-balance *n.* מאזני-קפיץ
spring-board *n.* מקפצה; קרש-קפיצה
spring'bok' *n.* צבי (קופצני)
spring chicken פרגית; *צעירה
spring-clean *v.* לנקות באורח יסודי
spring-cleaning *n.* ניקוי יסודי
springer spaniel כלב ספאנייל
springless *adj.* חסר-קפיצים
springlike *adj.* אביבי
spring roll אגרול (חטיף סיני)
springtail *n.* קפזנב, קפציץ (חרק)
springtide *n.* עונת האביב
spring tide גיאות מְרַבִּית
springtime *n.* עונת האביב
springy *adj.* קפיצי, גמיש
sprin'kle *v.* להתיז, להזליף, להמטיר; לפזר; לבזוק; לטפטף
sprinkle *n.* גשם קל; מעט, קומץ
sprinkler *n.* מזלף; ממטרה; צנרת-כיבוי אוטומאטית
sprinkling *adj.* מעט, קומץ (מפוזר)
sprint *n.* מאוץ, מאוץ-סיום; ריצה
sprint *v.* לרוץ במירב המהירות
sprinter *n.* אצן, גמאן
sprit *n.* מוט-תורן
sprite *n.* פֵּיָה, רוח, שד
spritsail *n.* מיפרש מוט-התורן
spritz'er *n.* ספריצר, יין וסודה
sprock'et *n.* שן (של אופן משונן)
sprocket wheel גלגל-שרשרת, גלגל-שיניים, גלגל-הינע, אופן משונן
sprout *v.* לנבוט, להוציא ניצנים; לגדול, ללבלב; לגדל, להצמיח
- sprout up לצמוח, לבצבץ

sprout *n.* נבט, נצר; *צעיר, בחור
spruce *adj&v.* נקי, מסודר, מצוחצח, מטופח; לסדר הופעתו
- spruce up להתהדר; לצחצח
spruce *n.* אשוחית (עץ מחטני)
sprung *adj.* קפיצי, בעל קפיצים
sprung = pp of spring
spry *adj.* מלא-חיים, פעיל, קל-תנועה
- look spry להזדרז
spud *n.* את צר-כף (לניכוש עשבים); *תפוח-אדמה
spue = spew (spū) *v.* להקיא
spume *n.* קצף
spun = p of spin
spun glass חוטי-זכוכית
spunk *n.* *אומץ, אומץ-לב
spunky *adj.* אמיץ
spun silk משי זול, משי שיירים
spur *n.* דרבן; תמריץ; גורם מזרז; שלוחה; בליטה ברגל עוף, פריש
- on the spur of the moment לפי דחף הרגע, בלא הכנה, לפתע
- win one's spurs לזכות לשם ולכבוד
spur *v.* לדרבן; לדהור, לרכוב מהר
- spur on לדרבן, להאיץ ב-
spu'rious *adj.* מזוייף, מלאכותי
spurn *v.* לדחות בבוז, לסרב ביוהרה
spurt *n.* התפרצות; זרם, סילון; פליטה; מאמץ מוגבר/פתאומי
spurt *v.* לפרוץ, לזרום, לקלוח; להיפלט; לעשות מאמץ מוגבר
sput'ter *v.* למלמל; להתיז, לירוק, לפלוט קולות ניפוץ
- sputter out לדעוך בהשמעת פיצפוצים
sputter *n.* גימגום; קול התזה
spu'tum *n.* רוק, כיח
spy *n.* מרגל, סוכן שתול
spy *v.* לראות, להבחין; לסייר; לרגל
- spy on/into לבלוש, להתחקות
- spy out לתור, לסייר; לגלות בחשאי
spyglass *n.* מישקפת, טלסקופ
spyhole *n.* חור הצצה
sq = square
squab (skwob) *n.* גוזל, עוף רך; מושב מרופד
squab'ble (skwob-) *v&n.* לריב, להתקוטט; ריב קולני, מהומה
squad (skwod) *n.* יחידה, כיתה, חוליה
- flying squad ניידת משטרה
squad car מכונית משטרה
squad commander מפקד כיתה
squad'die (skwod-) *n.* *טירון, טוראי
squad'ron (skwod-) *n.* גדוד, יחידה; טייסת, שייטת, אסקדרון
squadron leader מפקד טייסת
squal'id (skwol-) *adj.* מיסכן; מטונף
squall (skwôl) *v&n.* לצרוח; צריחה; סופת גשם, סופת שלג
squally *adj.* סגרירי, סוער, סופתי
squal'or (skwol-) *n.* ליכלוך
squan'der (skwon-) *v.* לבזבז
squanderer *n.* בזבזן, פזרן
squandermania *n.* תאוות-הביזבוז
square *n.* ריבוע; משבצת; מטפחת; זוויתון; רחבה, כיכר; בלוק-בניינים; חזקה שנייה; מערך ריבועי; שמרן
- L-square זוויתון-אל
- T-square זוויתון-טי
- on the square הוגן, בהגינות
- out of square לא בזווית ישרה
- square one נקודת המוצא
square *adj.* מרובע, רבוע; ישר-זווית; הוגן, כן; מוסדר; מאוזן; מסולק; בשוויון נקודות; *מיושן
- all square הכול מוסדר, אין חוב עוד
- get square להסדיר החשבון; לנקום
- square meal ארוחה משביעה
- square refusal סירוב מוחלט
square *adv.* בזווית ישרה, ישר, היישר; בהגינות, בכנות
square *v.* לרבע; ליישר (שיפוע); לשבץ; לאזן, להסדיר, לסלק; לשחד
- 3 squared = 9 3 בריבוע = 9
- square a debt לסלק חוב
- square an account להסדיר חשבון
- square away לסדר; להיערך לקרב
- square off לעמוד עמידת מתאגרף; לסמן במשבצות
- square one's shoulders לעמוד איתן, לאזור אומץ, לנהוג כגבר
- square up ליישר; לשלם, להסדיר
- square up to להתייצב מול
- square with להתאים ל-
square-bashing *n.* אימונים, תרגיל-צעידה
square brackets אריחיים (סוגריים)
square-built *adj.* רחב-כתפיים
square dance ריקוד מרובע

squared paper נייר משבצות
square-eyed *adj.* *מכור לטלוויזיה
square game מישחק הוגן
square knot קשר מרובע, קשר שטוח
squarely *adv.* בהגינות, בכנות; בניצב, בזווית ישרה; היישר מול
square measure מידת-שטח
square-rigged *adj.* (ספינה) מרובעת-מיפרשים
square root שורש ריבועי
square shooter אדם הוגן
square-shouldered *adj.* רחב-כתפיים
square-toed *adj.* (נעל) מרובעת-חרטום; שמרני, קפדני
square-toes *n.* שמרן, קפדן
squash (skwosh) *v.* למעוך; להימעך; לדחוס; להידחס; להידחק; להשתיק; לדכא
squash *n.* (קול) מעיכה; דוחק, קהל צפוף; סקווש; משקה פירות; דלעת; קישוא; קרא
squash rackets סקווש (מישחק)
squashy *adj.* מעיך; רטוב ורך
squat (skwot) *v.* לשבת ישיבה שפופה; להושיב על העקבים; לפלוש, לתפוס קרקע; לגחון; לרבוץ; *לשבת
squat *n.* ישיבה שפופה; *בית לפולשים
squat *adj.* נמוך; גוץ; שפוף
squatter *n.* פולש; מתנחל
squatter's rights חזקת הפולש
squawk *v&n.* לצרוח; לקרקר; *להתלונן; צריחה; קירקור; *תלונה
squawk box *רמקול, אינטרקום
squeak *v&n.* לחרוק; לצייץ; לצווח; להלשין; חריקה; ציוץ; צווחה
- narrow squeak הינצלות בנס
- squeak by לעבור/לנצח בקושי
- squeak through *לעבור בקושי
squeaker *n.* *מלשין
squeaky *adj.* חורק; צווחני; צייצני
- squeaky clean *נקי מאוד
squeal *v&n.* לצרוח; לחרוק; להלשין; צריחה; קול חרקני
squealer *n.* *מלשין
squeam'ish *adj.* עדין-נפש, איסטניס; רגיש, פגיע; קפדני, נוקדני
squee'gee *n&v.* מגב, מגב-שמשות; מגב-גליל; לנגב במגב

squeeze *v.* לסחוט; לדחוק; ללחוץ; לדחוס; לצבוט; להיסחט, להידחק
- squeeze one's way להידחק
- squeezed by taxes כורע תחת נטל המיסים
- squeezed his fingers אצבעותיו נצבטו
squeeze *n.* סחיטה; לחיצה; דוחק; צפיפות; לחץ, מצוקה; מיסוי גבוה; הגבלת אשראי
- squeeze of lemon קורטוב מיץ לימון
- tight squeeze היחלצות בנס/בקושי; דוחק רב
squeeze bottle מזלח, מרסס
squeeze-box *n.* *אקורדיון
squeezer *n.* מסחט, מסחטה
squelch *n&v.* לדכא, להשתיק; לרמוס; לבוסס; קול פסיעה בבוץ
squib *n.* זיקוק-די-נור; מאמר התקפה
- damp squib דבר שהחטיא מטרתו
squid *n.* סוג של דיונון
squidg'y *adj.* *רך, רטוב, כעיסה
squif'fy *adj.* *שתוי, בגילופין
squig'gle *n.* קו קטן, קו מתפתל
squill *n.* חצב
squint *v.* לפזול; להציץ; לצמצם עיניים; להביט אלכסונית
squint *n.* פזילה; הצצה
squint-eyed *adj.* פוזלני; עויין, רע
squi'rar'chy (-ki) *n.* מעמד בעלי האחוזות
squire *n.* שופט שלום; בעל אחוזה; נושא כלים; אביר, בן-לוויה
squire *v.* לשמש בן-לוויה ל- (אישה)
squirm *v&n.* לעוות גופו, להתפתל (במבוכה); התפתלות
squir'rel (skwûr'əl) *n&v.* סנאי; לאגור
squirt *v.* להתיז, להזליף; להזריק; לפרוץ בזרם דק
squirt *n.* קילוח, סילון; מזרק; *מנופח, "עושה רוח"
squirter *n.* מתיז קילוחים; אסוך
squish *n&v.* (להשמיע) קול מעיכה
Sr = senior, sir, sister
SS = steamship
SSE = south-south-east
SSW = south-south-west
-st, 1st = first

St = Saint, street
stab *v&n.* לדקור, לנעוץ, לתחוב; דקירה; פצע; *ניסיון
- make a stab at *לנסות כוחו ב-
- stab of regret ייסורי חרטה
stabber *n.* דוקר, סכינאי
stabbing *adj.* דוקר, (כאב) דוקרני
stabil′ity *n.* יציבות
sta′biliza′tion *n.* ייצוב
sta′bilize′ *v.* לייצב, להקנות יציבות
stabilizer *n.* מייצב
sta′ble *adj.* יציב, קבוע; החלטי
stable *n.* אורווה; סוסי-מירוץ
stable *v.* להכניס/לשמור באורווה
stable boy/lad/man אורוון, סייס
stablemate *n.* מאותו מקור/ארגון
stabling *n.* מקום באורווה
stacca′to (-kä-) *adv.* סטקאטו, נתוקות
stack *n.* ערימה; גדיש; מצובת-רובים; מדפי-ספרים; ארובה; ארובות; מאגר נתונים
- blow one's stack להתפרץ בזעם
- stacks of *המון, הרבה
stack *v.* לערום; לסוור; לחוג באוויר
- stack the cards לסדר הקלפים שלא כהוגן, להבטיח יתרון מראש
- stack up להתנהל, להתקדם; להשתוות ל-; ליצור תור ממתין
sta′dium *n.* איצטדיון
staff *n.* מקל, מטה, שרביט; מוט; משען; חֲמִשָּׁה, מחמושת; סגל, צוות
- 10 staff 10 אנשי סגל
- staff of life (מטה-) לחם
staff *v.* לספק עובדים, לְצַוֵּת; לאייש
- well staffed מצוייד כראוי בעובדים
staffer *n.* חבר צוות; עובד, פועל
staff officer קצין מטה
staffroom *n.* חדר הסגל, סגל
staff sergeant סמל ראשון
stag *n&adj.* צבי; ספסר מניות; לגברים בלבד; גדוש מין
stage *n.* במה, בימה; זירה, מוקד פעילות; שלב, תקופה; כירכרה; תחנה; מרחק בין תחנות; מיבנה-מדפים
- 3-stage תלת-שלבי
- at an early stage בשלב מוקדם
- be/go on the stage להיות שחקן
- by easy stages תוך חניות מרובות; לאט, בהדרגה
- hold the stage לגנוב את ההצגה
- set the stage להכשיר את הקרקע
- stage left/right שמאל/ימין השחקן
- the stage הבמה, התיאטרון
- the stage will come יגיע שלב
stage *v.* לביים, להציג לקהל; לארגן, לערוך, לבצע; להתאים להמחזה
stage-coach *n.* כירכרת-נוסעים
stage-craft *n.* אמנות הבמה
stage direction הוראות הביום
stage door כניסה אחורית (בבימה)
stage fright פחד קהל/במה
stagehand *n.* עובד במה
stage-manage *v.* לביים, לערוך, לארגן
stage manager מנהל במה, במאי
stage name שם במה
sta′ger *n.* בעל-ניסיון
stage-struck *adj.* נגוע בחיידק המישחק
stage whisper לחישה בקול רם
stagey (stā′ji) *adj.* תיאטרלי
stag′fla′tion *n.* סטגפלציה, סטגנציה ואינפלציה
stag′ger *v.* להתנודד, לנוע בחוסר-יציבות; לזעזע, לטלטל; לסדר (אירועים) בזמנים שונים
- stagger to one's feet להתנודד
- staggered to hear נדהם לשמוע
stagger *n.* התנודדות, התמוטטות
- staggers סחרחורת
staggering *adj.* מזעזע; מדהים
staging *n.* ביום, הַמְחָזָה; פיגום, פיגומים; נסיעה בכרכרות; היערכות
staging area שטח היערכות
staging post תחנת-ביניים
stag′nancy *n.* קיפאון, חוסר תנועה
stag′nant *adj.* לא זורם, עומד, מעופש; קופא על השמרים, לא מתפתח
stag′nate *v.* לעמוד, לא לזרום, לחדול לנוע; להבאיש; לדרוך במקום
stag·na′tion *n.* קפיאה; דריכה במקום
stag party/night מסיבת גברים
sta′gy *adj.* תיאטרלי, מלאכותי
staid *adj.* רציני, מתון, מיושב
stain *v&n.* להכתים, לגוון; לצבוע, להיכתם; כתם; דופי; צבע
- blood-stained מגואל בדם
stained glass זכוכית ציבעונית
stainless *adj.* חסר-כתם; ללא דופי

stainless steel פלדת אלחלד, נירוסטה
stair *n.* מדרגה
- above stairs למעלה, בחדרי האדונים
- below stairs למטה, במרתף
- flight of stairs מערכת מדרגות
- stairs מדרגות, מערכת מדרגות
staircase (-s) *n.* מערכת מדרגות
stairway *n.* מערכת מדרגות
stairwell *n.* (חלל) חדר המדרגות, פיר
stake *n.* יתד, כלונס, מוט; עמוד השריפה; מיתת שריפה; סכום הימור; השקעה; אינטרס, עניין
- at stake מוטל על כף המאזניים, בסכנה, לשבט או לחסד
- go to the stake לעלות על המוקד
- pull up stakes לעקור למקום אחר
- stakes מירוץ-סוסים; תחרות; פרס
stake *v.* להמר, לסכן, להתערב; לתמוך/לחזק במוטות
- stake out להציב (בלשים) במעקב
- stake out/off לתחום (שטח) ביתדות
- stake to לשלם בעד, לכבד ב-
stake-holder *n.* מחזיק דמי ההימורים; אפיטרופוס, נאמן זמני
stakeout *n.* מעקב, פיקוח צמוד
stalac'tite *n.* סטאלאקטיט, נטיף, אבן טיפין עילית
stalag'mite *n.* סטאלאגמיט, זקיף, אבן טיפין תחתית
stale *adj.* ישן, מקולקל; מסריח; משעמם, נדוש, תפל; שעבר זמנו
- get/become stale לרדת בכושר (מרוב מאמץ), להתנוון
stale *v.* להתיישן; להסריח; להימאס
stale'mate' (stāl'māt) *n.* (בשחמט) פאט, תיקו; קיפאון, מבוי סתום
stalemate *v.* להביא לידי קיפאון
staleness *n.* יוֹשֶן, אי-טריות
stalk (stôk) *v.* לעקוב אחרי, לצוד; לנוע חרש; לפסוע בגאווה
- pestilence stalked through- מגיפה פשטה ב-
stalk *n.* גיבעול
stalker *n.* צייד (העוקב אחרי טרפו)
stalking horse סוס מחפה (על הצייד); אמתלה, אמצעי הסוואה
stall (stôl) *n.* תא (לסוס), אורווה, רפת; תאון; דוכן, דלפק, ביתן; מושב-כומר (בכנסייה); כובעון-אצבע; איבוד שליטה (במטוס)
- stalls שורות קידמיות בתיאטרון
stall *v.* להכניס/לשמור באורווה; (לגבי מנוע) לִכבּוֹת; לְכַבּוֹת; לעצור; להיתקע; לאבד השליטה (במטוס)
stall *v.* לדחות; לעכב; להשהות; להתחמק, להשתמט
stall-fed *adj.* אבוס, מפוטם
stallholder *n.* בעל דוכן-מכירה
stal'lion *n.* סוס-הרבעה
stal'wart (stôl-) *n&adj.* חזק, חסון, איתן, שרירי; חסיד, תומך
sta'men *n.* אבקן
stam'ina *n.* כושר עמידה, סבולת
stam'mer *v&n.* לגמגם; גימגום
stammerer *n.* גמגמן, מגמגם
stamp *v.* לרמוס, לדרוך; לבטוש; לבייל; להחתים, להטביע
- stamp him as לציינו כ-, לייחדו כ-
- stamp one's foot לרקוע ברגליו
- stamp out לבער, לדכא, לשים קץ ל-; להטביע, לצור צורה, לעצב, ליצור
stamp *n.* בול; תו-קנייה; חותמת; סימן; בטישה, דריסה; סוג, מין
- postage stamp בול-דואר
- trading stamp בול קנייה, תו קנייה
stamp album אלבום בולים
stamp collector אספן בולים
stamp duty מס בולים, דמי ביול
stamped *adj.* מוחתם, מבוייל
stam·pede' *n&v.* מנוסת בהלה; ריצה מבוהלת; להניס/לנוס בבהלה
- be stampeded into לפעול מתוך בהילות, לעשות צעד נמהר
stamping ground מקום התקבצות, אתר ביקורים
stance *n.* צורת-עמידה; עמדה, השקפה, נקודת-מבט
stanch *v.* לעצור, לחסום, להפסיק
stanch *adj.* נאמן, מסור, איתן, חזק
stan'chion (-shən) *n.* עמוד, מוט, כלונס; מחסום-צוואר
stand *v.* לעמוד; להעמיד; לקום; להתייצב; להתנשא (לגובה); להישאר כמות שהוא; להיות, להימצא; לשאת, לסבול; לכבד; להזמין; לרוץ, להיות מועמד; להיות במצב-/במעמד-
- as it stands כמות שהוא, ללא שינוי
- can't stand her לא סובל אותה
- it stands to reason סביר ש-
- let it stand השאר זאת כמות שהוא

- no standing אין עצירה, אין חנייה
- stand aside לזוז הצידה; לעמוד באפס-מעשה, לשבת בחיבוק ידיים
- stand back לסגת, לזוז אחורה
- stand by להיות נוכח; לעמוד מהצד באפס-מעשה; לעמוד הכן לפעולה
- stand by one's promise לקיים הבטחתו
- stand clear of להתרחק מ-
- stand corrected לקבל את התיקונים
- stand down להסיר מועמדות; לרדת מדוכן העדים; לשחרר מתפקיד
- stand fast/firm לעמוד איתן
- stand for לייצג, לסמל, להיות פירושו; לדגול ב-; *לסבול, לשאת
- stand for president לרוץ לנשיאות
- stand in for him למלא מקומו
- stand in with להצטרף, להשתתף
- stand off להשעות, לפטר זמנית; לשמור מרחק; לעצור, להרחיק
- stand on להיות מבוסס על; לעמוד על, לדרוש בתוקף
- stand on me *סמוך עלי
- stand out לבלוט, להיות ניכר; לעמוד איתן, לא להיכנע
- stand out from להתרחק מ- (החוף)
- stand over לפקח על; להידחות
- stand pat להיות נחוש בדעתו
- stand prepared להיערך, להתכונן
- stand still לעמוד דום, לא לזוז
- stand to להיות בכוננות (צבאית)
- stand treat לשלם בעד כיבוד/בידור
- stand trial לעמוד לדין
- stand up לקום; להתקבל כנכון; *לא לבוא לפגישה
- stand up for להגן על, לתמוך
- stand up to להחזיק מעמד, לעמוד בפני, להיות חסין כנגד
- stand up with *לשמש שושבין
- stand with להיות ביחסים (טובים) עם
- stands a chance יש לו סיכוי
- stands to gain עשוי לזכות
- stands to lose עלול להפסיד
- still stands עומד בעינו, עדיין

stand *n.* עמידה, עצירה; עמדה; הגנה, הדיפה; תחנת-מוניות; דוכן, שולחנון; יבול
- come to a stand לעצור
- make a stand לעמוד איתן (מול)
- one-night stand הופעה חד-פעמית
- stands מושבי הצופים (באיצטדיון)
- take a stand לנקוט עמדה, להביע השקפה; לתפוס מקומו, לעמוד
- take the stand לעלות לדוכן העדים

stan'dard *n.* סטנדארד, תקן, מתכונת; קנה-מידה; רמה; דגל; מעמד, בסיס; כיתה; שיח זקוף; עמוד
- below standard תת-תיקני
- standard of revolt נס-המרד
- up to standard ברמה הנאותה

standard *adj.* סטנדארטי, תיקני, מתוקנן; רגיל, מקובל; נכון; טוב; משובח; זקוף

standard-bearer *n.* נושא הדגל

stan'dardiza'tion *n.* תיקנון

stan'dardize' *v.* לתקנן, לערוך לפי סטנדארד, לקבוע תקן, לדגם

standardized *adj.* מתוקנן

standard lamp מנורת עמוד

standard mark תו תקן

standard of living רמת-חיים

standard time זמן תיקני

stand-by *n&adj.* מצב הכן, כוננות; לעת הצורך, למקרה חירום

stand-in *n.* ממלא מקום, מחליף

standing *n.* מעמד, עמדה; משך-זמן
- of long standing ישן, רב-ימים
- of standing מכובד, רם-מעלה

standing *adj.* עומד; קבוע; מתמיד
- standing ovation תשואות בקימה

standing army צבא קבע

standing committee ועדה מתמדת

standing corn קמה

standing jump קפיצה מהמקום

standing order פקודת-קבע

standing room מקום בעמידה

stand'off' (-ôf) *n.* תיקו; התנשאות

stand'off'ish (-ôf-) *adj.* צונן, שומר דיסטאנץ, לא-ידידותי, פורמאלי

standout *adj.* בולט, מצויין

standpipe *n.* צינור מים, צינור שריפה

standpoint *n.* נקודת מבט, בחינה

standstill *n&adj.* עמידה, עצירה; חוסר-תנועה; (הסכם) הקפאה
- bring to a standstill לעצור

stand-up *adj.* זקוף, עומד; נעשה בעמידה; פראי, אלים

stand-up comedy מִצְחָק, מופע סְטֶנד-אפ

stank = pt of stink

stan′za *n.* (בשירה) בית, סטאנצה
sta′ple *n.* סיכת-הידוק, כליב; חית-מנעול; מסמר כפוף (דמוי-חית)
staple *v.* להדק בכליב
staple *n.* סחורה ראשית; מרכיב עיקרי; מיצרך; חוט, סיב
staple *adj.* עיקרי, ראשי
staple gun אקדח כליבים
stapler *n.* מכונת-הידוק, מכלב, שדכן
stapling machine מכונת-הידוק
star *n.* כוכב; מזל; כוכבית, (*); עיטור
- 3-star hotel מלון בעל 3 כוכבים
- Star of David מגן דוד
- Stars and Stripes דגל ארה"ב
- gets stars in his eyes מתלהב, ראשו בעננים
- his star set כוכבו דעך, ירד מגדולתו
- my stars! *חי נפשי!
star *v.* לעטר בכוכבים; לסמן בכוכבית; לככב
star′board (-bərd) *n&v.* ימין הספינה, ימין המטוס; להפנות ימינה
starch *n&v.* עמילן, מזון עמילני; נוקשות, קשיחות, קפדנות; לעמלן
- take the starch out of *להתיש
star chamber בית-דין חשאי
starchy *adj.* עמילני, קשוח, מקפיד
star-crossed *adj.* חסר-מזל
star′dom *n.* מעמד הכוכב (בקולנוע)
stardust *n.* הזיה, אבק פורח
stare *v.* לנעוץ מבט; לפעור עיניו
- make him stare להדהימו
- stare down/out לגרום שיסב עיניו בכוח מבטו, לנצח בִּקְרַב-מבטים
- stare into silence להשתיק במבט
- staring in the face קרוב מאוד, מתחת לחוטמו; בלתי נמנע, ודאי
stare *n.* מבט, לטישת-עיניים
- vacant stare מבט בוהה
starfish *n.* כוכב-ים
star-gazer *n.* *אסטרונום; אסטרולוג
star-gazing *n.* הזיה, חולמנות
staring *adj.* בולט, רועש, מסנוור
stark *adj&adv.* מוחלט, גמור; קשה, נוקשה
- stark naked ערום כביום היוולדו
- stark staring mad מטורף לגמרי
- stark truth האמת לאמיתה
star′kers (-z) *adj.* *ערום לגמרי

starless *adj.* בלי כוכבים
star′let *n.* כוכבת, כוכבנית
starlight *n.* אור הכוכבים
star′ling *n.* זרזיר (ציפור-שיר)
starlit *adj.* מואר באור הכוכבים
star-of-Bethlehem נץ החלב (צמח)
starred *adj.* ככוב, מכוכב, זרוע כוכבים; מסומן בכוכבית
starry *adj.* מכוכב; מנצנץ, מבריק
starry-eyed *adj.* תמים, הוזה, חדור תיקוות-שווא, נלהב, נאיבי
Star-Spangled Banner ההימנון הלאומי, דגל הלאום (של ארה"ב)
star-studded *adj.* משובץ כוכבים
start *v.* להתחיל; לפתוח ב-; לקפוץ, להזדעזע; לצאת לדרך; לפרוץ; לזרום; לרופף; להתרופף; לעורר; לגרום; לייסד; להתניע; להפעיל
- start a fire להבעיר אש
- start all over להתחיל שוב מא'
- start an engine להפעיל מנוע
- start for לצאת/ללכת לכיוון
- start in להתחיל
- start on להתחיל ב-, לפתוח ב-
- start out/off לצאת לדרך; להתחיל
- start something *לעשות צרות
- start up להתחיל; להפעיל; להתניע; לקפוץ (בפחד); לצמוח, לצוץ פתאום
- to start with ראשית כול, קודם כול
start *n.* התחלה; ראשית; קפיצה, זעזוע; יציאה לדרך; זינוק; יתרון
- for a start *קודם כול
- get a start לרכוש עמדת יתרון
- give a start להפתיע, לזעזע
- head start יתרון, פור
- twenty-foot start פור של 20 רגל
starter *n.* מתחיל במירוץ, יוצא לדרך; מריץ, מזניק; פותח; מתנע
- for starters *ראשית כול, א'
- starters *מנה ראשונה (בארוחה)
starting *adj.* מחריד, מזעזע; פותח; של זינוק
starting block אבן-הזינוק
starting point נקודת הזינוק
starting post עמדת-זינוק
start′le *v.* להחריד, להקפיץ, לזעזע
startling *adj.* מדהים, מזעזע
start-up *n.* התחלה, פתיחה, חנוכה, התנעה; סטארט-אפ; הֶזֵנֵק; תחילי
star turn כוכב הערב, מסמר המופע
star•va′tion *n.* רעב, מיתת רעב
- starvation wages משכורות רעב

starve *v.* לרעוב, למות מרעב; להרעיב
- be starved of- לרעוב ל-
- starving for love צמא-אהבה
starve′ling (stärv′l-) *n.* רזה, גל-עצמות, מזה-רעב
stash *v.* לאגור, לצבור, לגנוז
stash *n.* מקום מחבוא, סליק
sta′sis *n.* קיפאון, אי פעילות
stat *n.* סטטיסטיקה; *טרמוסטט
state *n.* מצב, מעמד, תנאים; מדינה; פאר, הדר; בילבול, בלגן
- get into a state *להתרגש
- in a bad state of repair טעון תיקון, מקולקל
- robes of state מחלצות
- state of affairs/things מצב העניינים
- state of mind מצב רוח
- the States ארצות הברית
state *adj.* ממלכתי, של המדינה, מדיני; טיקסי, רישמי
- state secrets סודות מדינה
- state visit/call ביקור ממלכתי
state *v.* לומר, להביע, לבטא, להצהיר; לקבוע; לציין
state commission of inquiry ועדת חקירה ממלכתית
state comptroller מבקר המדינה
state controller מבקר המדינה
statecraft *n.* מדינאות
stated *adj.* קבוע; אמור, מוצהר
State Department משרד החוץ
statehood *n.* מעמד מדינה
statehouse *n.* בית-מחוקקים
stateless *adj.* חסר-אזרחות
stateliness *n.* פאר, רושם
stately *adj.* מפואר, מרשים, אצילי
statement *n.* הצהרה; גילוי-דעת; הודעה; הבעה, התבטאות; דו"ח, חשבון; מאזן; כְּתב
state of the art השלב הנוכחי; של טכניקה מודרנית
state prosecutor פרקליט המדינה
State Registered Nurse אחות מוסמכת
State-Religious ממלכתי-דתי
stateroom *n.* תא, תא-שינה; אולם
state's evidence עדות (עד-) המדינה
stateside *adj&adv.* של/ב-/אל ארצות הברית

statesman *n.* מְדִינַאי
statesmanlike *adj.* מְדִינָאִי, נבון
statesmanship *n.* מדינאות
statewide *adj.* ברחבי המדינה
stat′ic *adj&n.* סטאטי, נייח, לא דינאמי; לא נע; הפרעות חשמל
static electricity חשמל סטאטי
statics *n.* סטאטיקה
sta′tion *n&v.* תחנה; עמדה; מעמד; בסיס צבאי; חווה; להציב
- marry beneath one's station להינשא לאדם ממעמד נחות יותר
sta′tionar′y (-shəneri) *adj.* יציב, נייח, עומד, קבוע
stationary bicycle אופני כושר
station break הפסקת תחנה
sta′tioner (-shənər) *n.* מוכר מכשירי כתיבה
sta′tioner′y (-shəneri) *n.* מכשירי-כתיבה, נייר מיכתבים
station house תחנת משטרה
station-master *n.* מנהל תחנת-רכבת
station wagon מכונית סטיישן
sta′tist *n.* סטטיסטיקן; תומך בריכוזיות הממשל
statis′tic *n.* מיספר סטאטיסטי
statis′tical *adj.* סטאטיסטי
stat′isti′cian (-tish′ən) *n.* סטאטיסטיקן
statis′tics *n.* סטאטיסטיקה
stat′uar′y (-chōōeri) *n&adj.* פסלים; פַּסָלוּת, פיסול; של פסלים
stat′ue (stach′ōō) *n.* פֶּסֶל
stat′uesque′ (-chōōesk′) *adj.* כפסל, נאה, חטוב, מעורר כבוד, לא נע
stat′uette′ (-chōōet′) *n.* פיסלון
stat′ure (stach′ər) *n.* קומה, גוֹבַהּ; רמה מוסרית, שיעור קומה
sta′tus *n.* סטאטוס, מִיצָב, מֵיצָב; עמדה, מעמד (רם); מצב
sta′tus quo′ סאטוס קוו, המצב הקיים
sta′tus quo an′te (-ti) המצב הקודם
stat′ute (stach′ōōt) *n.* חוק
statute-barred *adj.* שאין לאכוף אותו, מָנוּעַ עקב התיישנות
statute book ספר החוקים
statute law החוק, מיכלול החוקים
statute of limitations חוק ההתיישנות

stat'uto'ry (-ch'-) *adj.* מעוגן בחוק
statutory rape יחסים עם קטין
staunch *v.* לעצור, לחסום, להפסיק
staunch *adj.* נאמן, מסור, איתן
stave *n.* לימוד, לוח-חבית; חֲמִשָּׁה, מחמושת; בית, סטאנצה
stave *v.* לשבור; להיפרץ, להימעך
- stave in לפרוץ; לשבור; להיפרץ
- stave off לדחות, להרחיק, להדוף
stay *v.* להישאר; להתארח, לשהות; לחכות; להמשיך עד הסוף; להתמיד; לדחות, לעכב, לעצור
- come to stay להישאר לתמיד
- stay in להישאר בבית, להירתק
- stay on להישאר
- stay one's hand למשוך ידו, לעצור
- stay one's stomach/thirst לשבור זמנית רעבונו/להשקיט צימאונו
- stay out להמשיך בשביתה
- stay put להישאר במקומו
- stay up להישאר ער, לאחר לישון
- stay! עצור!, רגע!
stay *n.* שהייה; דחייה, עיכוב
stay *n.* חבל-תורן; עוזר; תומך
- her husband's stay עזר כנגדו
- stays מחוך
stay *v.* לתמוך (בחבל); להשעין
stay-at-home יושב-אוהל, אוהב בית, "אשרי יושבי ביתך"
stayer *n.* בעל סבולת
staying power סבולת, כושר עמידה
stay of proceedings עיכוב הליכים
St Bernard סיינט ברנארד (כלב)
std = standard
stead (sted) *n.* מקום
- in his stead במקומו, תחתיו
- stood him in good stead הועיל לו
stead'fast' (sted-) *adj.* מסור, נאמן; איתן, קבוע, יציב
steadiness *n.* יציבות, קביעות, התמדה
stead'y (sted'i) *adj.* יציב, קבוע, מתמיד; איתן, חזק; רציני
- steady hand יד יציבה (לא רועדת)
steady *v.* לייצב, לחזק; להתייצב
- steady on! זהירות!, שים לבך!
steady *interj.* זהירות! שים לב!
steady *n.* *חבר קבוע, חברה קבועה
steady-going *adj.* מתון, מפוכח
steak (stāk) *n.* סטייק, אומצה
steakhouse *n.* סטייקייה
steal *v.* לגנוב; לנוע בגניבה; להתגנב
- steal a look לשלוח מבט גנוב
- steal away להתגנב, להסתלק
- steal the show/scene/spotlight לגנוב את ההצגה
steal *n.* *"מציאה", מיקח מצוין
stealth (stelth) *n.* סֵתֶר, התגנבות
- by stealth בגניבה, באין רואים
stealthy *adj.* מתגנב, חשאי
steam *n.* אדים; (כוח) קיטור, הבל
- get up steam להתרגש; להתרתח; להתחיל לנוע; להגביר לחץ הקיטור
- let/work/blow off steam להתפרק, לשחרר מרץ; לתת פורקן
- run out of steam להתמצות
- under one's own steam בכוחות עצמו
steam *v.* להעלות אדים, לקטור, להבהיל; לאדות; לנוע בכוח קיטור
- steam ahead להתקדם במלוא הקיטור
- steam open לרכך/לפתוח באדים
- steam up להתכסות באדים
- steamed up *מתרגש, זועם, רותח
steamboat *n.* סירת-קיטור
steam-boiler *n.* דוד-קיטור
steam coal פחם לדודי-קיטור
steam engine קטר-רכבת
steamer *n.* אוניית-קיטור; סיר-לחץ
steam hammer פטיש-קיטור
steam heat חימום בקיטור
steam iron מגהץ-אדים
steam-roller *n&v.* מכבש-קיטור; כוח מדכא; לכבוש, למחוץ, לרמוס
steamship *n.* אוניית-קיטור
steam shovel מחפר
steamy *adj.* אדי, ספוג/מכוסה אדים; *ארוטי, תאוותני
steed *n.* סוס
steel *n.* פלדה; חרב; כוח
- has a mind like a steel trap חריף-שכל, בור סוד שאינו מאבד טיפה
steel *v.* להקשיח, להקשות, לחשל
- steel one's heart להכביד את ליבו
- steel oneself להתחזק, להקשיח עצמו
steel band תיזמורת כלי-הקשה
steel-clad *adj.* עוטה שריון-פלדה
steel-plated *adj.* מצופה-פלדה, משוריין
steel wool צמר פלדה
steelworks *n.* מיפעל-פלדה

steely *adj.* פַּלְדִי, מפולד, קשוח
steel'yard' *n.* מאזניים, פלס
steen'bok' *n.* אנטילופה קטנה
steep *adj.* תלול; *מוגזם, לא הגיוני
- steep rise עלייה תלולה (במחירים)
steep *v.* לשרות, להרוות, להספיג
- steeped in מלא/אפוף/שקוע ב-
steepen *v.* להתליל; להשתפע חדות
steepish *adj.* תלול למדי
stee'ple *n.* צריח-כנסייה
steeplechase *n.* מירוץ-מיכשולים (ל-3 ק"מ); מירוץ סוסים
steeplejack *n.* מְתַקֵּן צריחים; טפסן-ארובות
steer *v.* לנווט, להטות, להפנות, לנהוג, לכוון (הספינה); להתנווט
- steer clear of *להתרחק, להימנע
- steer for לעשות דרכו ל-
steer *n.* שור צעיר, בן-בקר
- bum steer עצה רעה, מידע מטעה
steer'age *n.* ירכתי הספינה; מחלקה זולה; מדור אונייה
steerage-way *n.* מהירות מינימאלית (של ספינה)
steering *n.* ניווט, היגוי
steering column צינור ההגה
steering committee ועדה מתמדת
steering gear מנגנון ההגה
steering wheel הגה
steersman (-z-) *n.* הגאי
stein (stīn) *n.* ספל (בירה) ענק
stele *n.* אסטלה, מַצֵּבָה, עמוד-זיכרון
stel'lar *adj.* כוכבי, של הכוכבים
stem *n.* גיבעול; פטוטרת; קנה-הגביע; זרוע-המיקטרת; שורש-מלה; קורת-החרטום; שושלת
- from stem to stern מקצה אל קצה
stem *v.* לנבוע מ-; לעצור, לסכור, לחסום; להדוף; להסיר גיבעול
stem cell תא גזע
stemmed *adj.* בעל גיבעול
- long-stemmed ארך-גיבעול/קנה
stem'ware *n.* גביעי-קנה
stench *n.* סירחון, צחנה
sten'cil (-səl) *n&v.* סטנסיל; שעווית; לשכפל בסטנסיל
Sten gun תת-מקלע סטן
stenog'rapher *n.* קצרן, סטנוגראף
stenog'raphy *n.* קצרנות
steno'sis *n.* היצרות
sten'oty'pist *n.* כתבנית-קצרנית
sten·to'rian *adj.* (קול) רם, חזק

step *n.* צעד; פסיעה; מרחק-מה; מדרגה; שלב; דרגה; מַעֲלָה
- get one's step לקבל דרגה
- in step צועד בקצב אחיד, בצעידה אחידה; שוחה עם הזרם
- keep step לצעוד בקצב אחיד
- long step צעד גדול, התקדמות רבה
- out of step שלא בקצב אחיד, חורג
- pair of steps סולם
- retrace one's steps לשוב על עקבותיו
- step by step צעד-צעד, בהדרגה
- steps סולם (רחב-שלבים)
- take steps לנקוט צעדים
- turn one's steps לשים פעמיו ל-
step *v.* ללכת; לעשות צעד; לדרוך
- step all over לרמוס, לנצל
- step aside לזוז הצידה
- step down להתפטר; להאיט; לרדת
- step in להיכנס; להתערב
- step into להיכנס, להתחיל
- step it לרקוד
- step it out לרקוד בעליזות
- step off למדוד (מרחק) בצעדים
- step on it להזדרז, להחיש צעדיו
- step out למדוד (מרחק) בצעדים; להחיש צעדיו; *להתהולל
- step out of line לעבור את הגבול
- step this way היכנס נא לכאן!
- step up להגדיל, להעלות, להגביר, להאיץ; לעלות; לגשת, להתקרב
step- (תחילית) חורג
stepbrother *n.* אח חורג
stepchild *n.* בן חורג, בת חורגת
stepdaughter *n.* בת חורגת
stepfather *n.* אב חורג
step-ladder *n.* סולם (רחב-שלבים)
stepmother *n.* אם חורגת
stepparent *n.* הורה חורג
steppe *n.* ערבה
stepping-stone *n.* אבן-חצייה (לעובר במים); קרש-קפיצה, אמצעי
stepsister *n.* אחות חורגת
stepson *n.* בן חורג
step-up *n.* עלייה, גידול, הסלמה
ster'e·o' *n&adj.* מערכת סטריאופונית; סטריאו; תלת-ממדי
ster'e·om'etry *n.* הנדסת המרחב
ster'e·ophon'ic *adj.* סטריאופוני
ster'e·oscope' *n.* סטריאוסקופ, מישקפיים תלת-ממדיים
ster'e·oscop'ic *adj.* סטריאוסקופי

ster′e•otype′ *n.* (בדפוס) סטריאוטיפ, אִימָה; דוגמה, דבר טיפוסי; דימוי כללי; דבר נדוש
stereotype *v.* להדפיס מסטריאוטיפ; להטפיס; להפוך לנדוש
ster′e•oty′pic *adj.* סטריאוטיפי, טיפוסי
ster′ile (-rəl) *adj.* סטרילי, מעוקר, מחוטא; עקר; סרק, חסר-מעוף
steril′ity *n.* עקרות; סטריליות
ster′iliza′tion *n.* עיקור
ster′ilize′ *v.* לעקר, לחטא
ster′ling *n.* שטרלינג (מטבע)
sterling *adj.* אמיתי, תיקני; מעולה
sterling area גוש השטרלינג
stern *adj.* קשוח; חמור; קפדני
stern *n.* ירכתי-הספינה, אחרה; *אחוריים
ster′num *n.* עצם-החזה
ster′oid *n.* סטרואיד
ster′torous *adj.* נחרני
stet *v.* (בהגהה) להתעלם מהתיקון, לא למחוק, לא לתקן, להשאיר כך
steth′oscope′ *n.* סטתוסקופ, מַסְכֵּת, אבוב-רופאים
stet′son *n.* כובע (קאובוי) רחב-אוגן
ste′vedore′ *n.* סוור, פורק מיטענים
stew (stōō) *v.* לבשל; להתבשל; להיות במתח
- stew in one's own juice "להתבשל במיץ של עצמו"
stew *n.* תבשיל, נזיד-בשר; בית-בושת
- in a stew נבוך, עצבני, מודאג
stew′ard (stōō′-) *n.* דייל, כַּלְכָּל; בן משק-הבית, מנהל-אחוזה; מארגן, מסדר תחרות
stew′ardess (stōō′-) *n* דיילת, כַּלְכֶּלֶת
stewardship *n.* ניהול משק-בית
stewed *adj.* מבושל; *שתוי, מבוסם
stick *n.* מקל; מקל-הליכה; ענף; קנה; חתיכה; *טיפוס משעמם
- dry old stick "עץ יבש" (אדם)
- give the stick להלקות
- out in the sticks רחוק ממרכז העניינים
- stick of rock ממתק
- sticks (of furniture) רהיטים פשוטים
- take stick לספוג עונש
- the big stick הכוח (כגורם מרתיע)
- the sticks איזורים כפריים
- up sticks *לעקור למקום אחר
stick *v.* לתמוך (שריג) במקל
stick *v.* לתקוע; לתחוב; לדקור; להדביק; להידבק; להינעץ; להיתקע; לשים, להניח; לסבול, לשאת
- be stuck להיתקע (במקום)
- can't stick him *לא סובל אותו
- is stuck with relatives נתקע עם קרוביו (אינו יכול להיפטר מהם)
- stick 'em up ידיים למעלה!
- stick a pig לנחור (לדקור) חזיר
- stick around להישאר בסביבה
- stick at להתמיד ב-, לשקוד על; להירתע מ-, להרפות ידיו
- stick by לדבוק ב-, להיות נאמן
- stick down להדביק; *לרשום; לשים, להניח
- stick in one's craw להרגיזו
- stick it on לגבות מחיר מופרז
- stick it out *להחזיק מעמד עד תום
- stick one's chin/neck out לסכן עצמו
- stick out לבלוט, להזדקר; להמשיך עד תום; להוציא, לשרבב (לשון)
- stick out for לעמוד בתוקף על
- stick to לדבוק ב-, להיות נאמן ל-; להיות צמוד ל-; להתמיד ב-
- stick together להיות בצוותא
- stick up להזדקר; להרים; לשדוד
- stick up for להגן, לתמוך ב-
- stick with לשמור אמונים ל-, לא לנטוש; לתחוב, לרמות
- sticks at nothing לא נרתע ממאומה
- sticks in the throat עומד כעצם בגרון; קשה לעכל/לקבל/לבטא/זאת
- sticks out a mile *בולט מאוד
- sticks to the ribs (מזון) משביע
stick′abil′ity *n.* *סבולת, התמדה
stick′er *n.* מדבקה, תווית דביקה; מתמיד; (אדם) נצמד, נדבק
sticking plaster איספלנית דביקה
sticking point אבן נגף
stick-in-the-mud נחשל, מאובן-דעות
stick′ler *n.* קפדן, עומד בתוקף על
stick-on *adj.* להדבקה, דביק
stickpin *n.* סיכת-עניבה
stick shift מוט הילוכים
stick-up *n.* שוד
stick′y *adj.* דביק; בוצי; קשה, לא נעים; מתנגד, לא עוזר

- has sticky fingers *גנב
- sticky end סוף מר, מוות קשה
- sticky wicket מצב ביש
stiff *adj.* קשה, קשוח, לא גמיש; צונן, מסוייג; מְאֻמָּץ; כואב; חזק
- it's stiff to- לא סביר ל-, מוגזם ל-
- stiff back גב "תפוס"/כואב
- stiff collar צווארון קשה/מעומלן
- stiff price מחיר מופרז
- stiff smile חיוך צונן/לא ידידותי
- stiff whisky ויסקי חזק
stiff *adv.* מאוד, כליל, עד מוות
- bore stiff לשעמם עד מוות
stiff *n.* *גופה, גווייה
- big stiff טיפש מטופש
stiffen *v.* להקשות; להתקשות
stiffener *n.* מקשה; מקשיח
stiffening *n.* חומר מקשה
stiff-necked *adj.* קשה-עורף
sti'fle *v.* לחנוק; להיחנק; לדכא; לעצור, לכבוש, לאפק
stifling *adj.* מחניק; מעיק
stig'ma *n.* אות-קלון, תחושת-בושה, סטיגמה; כתם, רבב; (בפרח) צלקת
stig'mata *n-pl.* פצעי ישו
stig'matize' *v.* להכפיש שמו
stile *n.* מדרגות-גדר, אמצעי-מעבר
- help a lame dog over a stile לעזור לאדם הנתון במצוקה
stilet'to *n.* פגיון; *נעל גבוהת-עקב
stiletto heel עקב גבוה וצר
still *adj.* שָׁקֵט; דומם; לא-נע; לא-תוסס
- keep still לא לנוע, לא לזוז
- still small voice קול המצפון
still *v.* להשקיט, להרגיע, לשכך
still *n.* דממה, דומייה, שֶׁקֶט; תמונה; מזקקה
- in the still of- בדומיית ה-
still *adv.* עדיין, עוד; אף-על-פי-כן, למרות זאת; ברם
- still and all *בכל זאת
- still colder עוד יותר קר
still-birth *n.* לידת ולד מת
still-born *adj.* נולד מת
still life ציור עצמים דוממים
stillness *n.* דום; דומייה, שֶׁקֶט
still-room *n.* מזקקה; מזווה, מחסן
stilly *adj.* שָׁקֵט, דוּמָם
stilt *n.* קב, כלונס-הליכה
stilt'ed *adj.* מאולץ, מלאכותי, מנופח

Stil'ton *n.* גבינת סטילטון
stim'u·lant *adj&n.* מעורר, מדרבן; סם פעילות; משקה מגרה; תמריץ
stim'u·late' *v.* לעורר, לדחוף, לדרבן, לגרות, להמריץ
stimulating *adj.* מעורר, מדרבן
stim'u·la'tion *n.* דירבון, המרצה
stim'u·li' = pl of stimulus
stim'u·lus *n.* גורם ממריץ, דחיפה
sti'my = stymie לעצור, לסכל
sting *v.* לעקוץ; לכאוב; להכאיב; לייסר; לעורר, לדרבן; לרמות
- sting for *לסחוט, "לסדר" ב-
sting *n.* עוֹקֶץ; סיב צורבני; עקיצה; כאב חד
- sting in its tail אליה וקוץ בה
- sting of remorse מוסר כליות
- sting of the tongue ארסיות-הלשון
stinger *n.* עוֹקֶץ; מכה חדה//כואבת
stingless *adj.* נטול עוקץ
sting-ray *n.* טריגון (דג ארסי)
stin'gy (-ji) *adj.* קמצן
stink *v&n.* להסריח; *להגעיל, להבחיל; סירחון; שערורייה
- her name stinks ידועה לשימצה
- raise a stink להקים שערורייה
- stink out למלא בצחנה; להספיג סירחון; להבריח בסירחון/בעשן
- stinks *כימייה
stink bomb פיצצת סירחון
stinker *n.* מסריח; *אדם שפל, נבזה, מלשין; דבר סתום; מיכתב חריף
stinking *adj.* מסריח; *רע, מזופת
- cry stinking fish לגנות מרכולתו
- stinking rich *עשיר מופלג
stint *v&n.* לקמץ, לחסוך, לצמצם; קימוץ; מיכסת עבודה; תפקיד
- without stint ללא הגבלה, בלי לחסוך מאמץ; ביד נדיבה, בעין יפה
sti'pend *n.* סטיפנדיה, מילגה; משכורת (של איש-דת)
sti·pen'diar'y (-dieri) *adj&n.* מקבל סטיפנדיה, מילגאי; מקבל משכורת; שופט
stip'ple *v.* לצייר בנקודות, לנמר
stip'u·late' *v.* להתנות, לקבוע תנאי, לדרוש (בסעיף בחוזה)
stip'u·la'tion *n.* תנאי; קביעת תנאי; תְּנִיָּה
stir *v.* לנוע, לזוז; להניע; להניד; לבחוש, לערבב; לעורר, לרגש;

להתעורר; להסתובב; *לחרחר
- stir a finger לנקוף אצבע
- stir an eyelid להניד עפעף
- stir his hair לפרוע שערותיו
- stir oneself להזיז עצמו, לפעול
- stir the blood להלהיב
- stir the fire לחתות האש
- stir up לעורר, להלהיב; להמריץ, לדרבן; לגרום; לחרחר
stir *n.* ניע, תנועה; בחישה; התרגשות, רעש, מהומה; *בית סוהר
stir-fry *v.* לטגן אגב בחישה
stirrer *n.* *חרחרן, סכסכן, תככן
stirring *adj.* מרגש, מלהיב, מעורר
stir'rup (stûr-) *n.* מישוורת, ארכוף, רכובה; עצם בתוך האוזן
stirrup cup *n.* כוס פרידה (ליוצא לדרך)
stitch *n.* תפר, תך; (בסריגה) עין; תפירה; *כאב חד (במותן); *בגדים
- in stitches מתפתל מצחוק
- not a stitch on ערום לחלוטין
stitch *v.* לתפור, להכליב, לכלב
- stitch up לתפור; *לסגור; להפליל
sti'ver *n.* סטייבר, פרוטה
- not care a stiver לא אכפת כלל
stoat *n.* סוג של סמור (טורף)
stock *n.* מלאי, סחורה; גזע-עץ; בול-עץ; כן, בסיס; קת; משק-החי; מניות; אג"ח; חומר-גלם; תמצית-מרק; כַּנָּה; שושלת, מוֹצָא; מנתור (פרח)
- fat stock בקר-שחיטה
- in stock במלאי, ניתן לקנותו
- on the stocks בשלבי בנייה
- out of stock אזל (מן המלאי)
- stock in trade סחורה; מלאי-העסק; דבר אופייני, תכונה מיוחדת
- stocks כבש בנייה, מיבדוק; ארכוף, סד
- stocks and stones עצמים דוממים
- take stock לספור המלאי; לערוך חשבון, להעריך, לשקול; להאמין
- take stock of him לעמוד על טיבו
stock *v.* לשמור במלאי, לצייד, לאגור
- stock up לאחסן, לאגור; להצטייד
- well stocked מצוייד היטב
stock *adj.* רגיל, שיגרתי, קבוע; מוחזק במלאי; ממוצע; נדוש
stock·ade' *n&v.* גדר-כלונסאות, קיר-הגנה; כלא; להגן, לבצר
stockbreeder *n.* מגדל בקר
stockbroker *n.* סוכן מניות, ברוקר
stockcar *n.* קרון-בקר; מכונית-מירוץ
stock company להקת-רפרטואר (קבוע); חברת מניות
stock cube קוביית-מרק
stock exchange בורסה
stock-farmer *n.* מגדל בקר
stockfish *n.* דג מיובש
stockholder *n.* בעל מניות
stockily *adv.* בצורה חסונה
stock'inet' *n.* אריג גמיש, בד לבנים
stock'ing *n.* גרב (ניילון); גמישון
- in one's stocking feet בגרביים, לא נועל נעליים
stocking cap כובע גרב
stockinged *adj.* בגרביים, מגורב
stocking filler/stuffer שי קטן
stock'ist *n.* מחזיק במלאי
stock'job'ber *n.* סוחר מניות
stock-list *n.* רשימת המלאי; לוח שערי המניות
stockman *n.* מנהל חווה; מנהל המלאי
stock market בורסה, שוק המניות
stockpile *n&v.* מאגר-מלאי; לאגור מלאי (לשעת חירום)
stockpot *n.* סיר, קלחת
stock-room *n.* מחסן סחורה
stock-still *adv.* ללא כל תנועה
stocktaking *n.* ספירת מלאי; הערכת מצב
stock'y *adj.* חסון, נמוך, מוצק
stockyard *n.* מיכלא-בקר
stodge *n.* *מזון סמיך, אוכל כבד; ספר משעמם
stodg'y *adj.* סמיך, כבד, קשה; משעמם; חסר-מרץ, חסר-מעוף
sto'ic *n&adj.* סטואיקן; סטואי, מושל ברוחו, אדיש לרגשות
sto'ical *adj.* סטואי, סובל בדומייה
sto'icism' *n.* סטואיות, כיבוש היצר
stoke *v.* לספק פחם, להוסיף דלק
- stoke up לחתות (אש), לספק פחם
stoke-hole/-hold *n.* חדר-הסקה
sto'ker *n.* מסיק, מיתקן הסקה
stole *n.* צעיף, סודר, רדיד
stole = pt of steal
sto'len = pp of steal
stol'id *adj.* נטול-הבעה, לא רגיש
stolid'ity *n.* אי-רגישות

stom′ach (stum′ək) *n&v.* קיבה;
בטן; תיאבון; לאכול, לעכל; לסבול
- can't stomach it לא סובל זאת
- has no stomach for אין לו
תיאבון/חשק ל-
- turn his stomach לעורר בו בחילה
stomach-ache *n.* כאב-בטן
stomachful *n.* מלוא הכרס, זרא
stomach pump משאבת-קיבה
stomach pumping שטיפת קיבה
stomp *v&n.* לדרוך, לרקוע,
לפסוע בצעדים כבדים; מחול-רקיעה
stone *n.* אבן; גלעין; אבן-חן, יהלום;
מצבה; ברד; סטון (14 ליטראות)
- leave no stone unturned לעשות
כל מאמץ, לנסות כל דרך
- rolling stone נע ונד, נווד
- stone's throw כמטחווי-אבן, קרוב
- throw stones להטיל דופי, להשמיץ
- up against a stone wall עומד מול
קיר אטום
stone *v.* לסקול, לרגום; לגלען,
להוציא הגלעינים
stone *adv.* לגמרי, לחלוטין
Stone Age תקופת האבן
stone-blind *adj.* עיוור לחלוטין
stonebreaker *n.* מנפץ אבנים
stone-cold *adj.* קר כקרח; לגמרי
stonecrop *n.* צוּרית (עשב בשרני)
stonecutter *n.* סתת, מקציע אבנים
stoned *adj.* מגולען; *שיכור
stone-dead *adj.* מת, ללא רוח חיים
stone-deaf *adj.* חירש גמור
stone fruit פרי גלעיני
stone-ground *adj.* טחון
באבן-ריחיים
stoneless *adj.* חסר גלעין, מגולען
stone mason סתת
stone-pit *n.* מחצבה
stone-wall *v.* להאריך בנאומים,
לעכב ההתקדמות; לשחק באיטיות
stoneware *n.* כלי-חרס
stonework *n.* סתתות; מעשה-אבן
stonily *adv.* בקרירות, באופן צונן
sto′ny *adj.* אבני, מטורש, מסולע;
קשה, קשוח; קר, צונן; חסר-כול
- stony broke *חסר-פרוטה
- stony heart לב אבן
stood = p of stand
stooge *n.* מוקיון, שוטה הבימה,
קורבן הקומיקאי; בובה, עבד נרצע
stooge *v.* לשמש כמוקיון, לספוג
הלעג; לנוע/לטוס אילך ואילך
stool (sto͞ol) *n.* שרפרף; הדום; צואה
- fall between two stools ליפול בין
הכיסאות, לצאת קירח מכאן ומכאן
stoo′lie *n.* *מלשין, מודיע משטרתי
stool-pigeon *n.* יונת-פיתיון; מלשין
stoop (sto͞op) *v.* לכופף; להתכופף;
לרכון; לעמוד שחוח; לעוט (על טרפו)
- stoop to לרדת ל- (שפל המדרגה)
stoop *n.* קומה כפופה; עמידה
שחוחה; מרפסת-כניסה, אכסדרה
stop *v.* לעצור; לחדול; למנוע; לעכב;
לשים קץ ל-; להפסיק; לסתום,
לחסום; להישאר, לשהות
- I stopped eating הפסקתי לאכול
- I stopped to eat עצרתי כדי לאכול
- stop a check לעכב/לבטל המחאה
- stop a tone לסתם צליל
- stop a tooth לסתום שן
- stop at nothing לא להירתע
ממאומה, לא לבחול בשום אמצעי
- stop by/round לעצור לביקור קצר
- stop dead/cold לעצור לפתע
- stop down להקטין פתח הצמצם
- stop off/over לעצור, לעשות חניה
- stop one's ears לאטום אוזניו
- stop out לנכות (ממשכורת)
- stop short לעצור לפתע; להימנע מ-
- stop up לחסום; לאחר לישון
stop *n.* עצירה; מניעה, עיכוב; קץ;
הפסקה; סתימה; תחנה; מסתם
צלילים; פקק; מגופה; סימן-פיסוק;
הגה פוצץ; (במצלמה) וסת-אור;
מעצר
- come to a stop לעצור, להיעצר
- pull all the stops out לעשות כל
המאמצים; לעורר כל הרגשות
- put a stop to לשים קץ ל-
stopcock *n.* ברז, וסת-מים, שסתום
stopgap *n.* תחליף ארעי
stop-go *n.* תקופת שינויים כלכליים
stop light/lamp פנס בלימה
stop-over *n.* שהייה, חניית ביניים
stoppable *adj.* שניתן לעצרו
stop′page *n.* עצירה; בלימה; עיכוב;
שביתה; מעצור; סתימה (בצינור)
stopper *n.* פקק, מגופה
- put the stopper on להפסיק
stopping *n.* סתימה (בשן)
stop press חדשות הרגע האחרון
stop-watch *n.* שעון-עצר, סטופר
stor′age *n.* אחסנה; מחסן; דמי

אחסנה
storage heater אוגר חום
store *v.* לאגור, לצבור; לאחסן, לשמור במחסן; לצייד
- store up/away לאגור, לצבור
store *n.* חנות; מחסן; מאגר, מלאי; אספקה; כמות רבה
- in store צפוי, עתיד לקרות
- keep in store להכין, לשמור
- set great store by להעריך, להוקיר
- set no store by לזלזל, לבטל
- stores סחורה; מלאי; מחסן; חנות כל-בו
store card כרטיס אשראי ללקוח
store-house *n.* מחסן, אוצר
storekeeper *n.* חנווני; אחראי מחסן
storeroom *n.* מחסן
sto′rey *n.* קומה, דיוטה, מיפלס
- the upper storey *הראש, המוח
sto′ried (-rid) *adj.* מסופר, נושא לסיפורים, מפורסם; בעל קומות
- 2-storied דו-קומתי, בעל 2 קומות
stork *n.* חסידה
storm *n.* סערה, סופה; התפרצות, געש, סערת-רגשות
- cause a storm לעורר סערה/תסיסה
- ride out a storm לצאת בשלום
- storm in a teacup סערה בצלוחית-מים, רוב מהומה על לא מאומה
- storm of arrows מטר חיצים
- take by storm לכבוש בסערה
storm *v.* לסעור, לגעוש; לכבוש בסערה; להסתער; להשתולל
storm-beaten *adj.* מוכה-סערות
storm-bound *adj.* תקוע מחמת סערות
storm center מוקד הסערה
storm cloud ענן-סופה; אות פורענות
storm lantern פנס-רוח
storm-proof *adj.* חסין-סערות
storm signal אות סערה (קרבה)
storm-tossed *adj.* מטולטל-סערות
storm trooper איש פלוגות הסער
storm troops פלוגות סער
stormy *adj.* סוער, גועש, מתפרץ
stormy petrel יסעור (עוף-ים); גורם סערָה/תסיסה
sto′ry *n.* סיפור; מעשה; עלילה; כתבה; סיפור-בדים; קומה, דיוטה
- old story דבר שכיח
- tall story גוזמה, סיפור מפוקפק
- tell stories "לספר סיפורים", לשקר
- the story goes אומרים ש-
- to make a long story short בקיצור
story line עלילה
story-teller *n.* מספר סיפורים; שקרן
stoup (stōōp) *n.* קוּבַּעַת, קערת מים קדושים; כד, כלי-שתייה
stout *adj.* שמן, שמנמן; חזק, חסון; נועז, אמיץ; החלטי, תקיף, עיקש
- stout resistance התנגדות עיקשת
- stout stick מקל חזק/לא שביר
stout *n.* שיכר חריף
stout-hearted *adj.* אמיץ-לב, תקיף
stove *n.* תנור, כיריים, כירה
stove = p of stave
stove-pipe *n.* מעשנה, ארובת-תנור; *מיגבע, צילינדר
stow (stō) *v.* לארוז; לטעון (מיטען); לאחסן; לסדר (חפצים, במיזוודה)
- stow away לארוז, לסדר, לאחסן; להסתתר (כנוסע סמוי)
- stow it! בלום פיך!
stow′age (stō-) *n.* אריזה, אחסנה, סידור; ספנה, מקום המיטען
stowaway *n.* נוסע סמוי
St. Peter′s fish *n.* אַמנון (דג)
Strad *n.* סטרדיבאריוס (כינור)
strad′dle *v.* לפשק רגליים; לשבת בפישוק רגליים; לפגוע מסביב למטרה
Strad′iva′rius *n.* סטרדיבאריוס (כינור)
strafe *v.* להפציץ; להוכיח, לייסר
strag′gle *v.* לפגר, להשתרך, להשתרג; לסטות; להתפשט באי-סדר
straggler *n.* מפגר, משתרך
strag′gly *adj.* מפוזר, סבוך, משתרג
straight (strāt) *adj.* ישר; מסודר; זקוף; ניצב; הוגן, כן, גלוי; טהור; סטרייט, לא הומו
- keep straight ללכת בדרך הישר
- put straight להכניס סדר ב-
- put the record straight לתאר אל נכון
- set things straight להעמיד דברים על נכונותם
- straight angle זווית שטוחה

- straight face פני פוקר
- straight fight דו-קרב
- straight hair שיער חלק
- straight tip עצה ממקור מהימן

straight *adv.* ישר, היישר, ישירות; מיד, ללא דיחוי; גלויות
- go straight ללכת בדרך הישר
- hit straight לפגוע בדיוק במטרה
- sit up straight לשבת בזקיפות
- straight away/off מיד, ללא דיחוי
- straight from the shoulder גלויות
- straight out גלויות, ללא היסוס
- straight up *באמת, אמנם כן
- tell straight לומר גלויות

straight *n.* יושר, יַשרוּת; קטע ישר
- on the straight and narrow שומר חוק, הולך בדרך הישר

straightaway *adv.* מיד, ללא דיחוי
straightedge *n.* סרגל
straighten *v.* ליישר, לסדר; להתיישר
- straighten out לסדר; להכניס סדר, ליישר הדורים, לתקן טעות; להזדקף
- straighten up להזדקף; לסדר

straight′for′ward (strāt-) *adj.* ישר, הוגן, כן, גלוי, לא חמקמק; קל, פשוט, ברור
straightjacket = strait-jacket
straightness *n.* יושר, יַשרוּת
straightway *adv.* מיד, ללא דיחוי
strain *v.* למתוח, למשוך; לאמץ; להתאמץ; להפריז במאמצים; לעוות, להוציא מידי פשוטו; לסנן
- strain a muscle למתוח שריר
- strain against ללחוץ בחוזקה על
- strain at למתוח, למשוך; לעשות מאמץ עליון; להסס
- strain every nerve לעשות כל שביכלתו, לעשות מאמץ עליון
- strain his nerves למתוח את עצביו
- strain off לסנן, להעביר במסננת
- strain one's authority לחרוג מסמכותו
- strain one's eyes לאמץ עיניו
- strain the heart לאמץ הלב
- strain the truth לאנוס את האמת
- strain to one's bosom לאמץ לחיקו

strain *n.* מתיחה; מתח; לחץ; מאמץ-יתר; נקיעה, נקע; עיבור (בפיזיקה)
strain *n.* לחן, נעימה; צליל, נימה, טון; רוח, מגמה; אופי, סיגנון; סוג; זן; מוֹצא, גזע; תכונה תורשתית
strained *adj.* מאולץ, מתוח
- strained face פנים מתוחים
- strained meaning פירוש דחוק
- strained relations יחסים מתוחים

strainer *n.* מסננת
strait *n.* מיצר, רצועת-ים; מצוקה
- straits מצרים; מצוקה, קשיים

strait *adj.* צר, קשה
strait′en *v.* להצר; להביא במצוקה
straitened *adj.* קשה, במצוקה
strait-jacket *n.* מעיל משוגעים; כובל, מונע התפתחות, מגביל תנועה
strait-jacket *v.* להגביל ביותר
strait-laced *adj.* קפדני, מוסרי
strand *n.* גדיל, חוט, שערה; קווצה; חוט-השתלשלות (בסיפור); חוף, גדה
strand *v.* לעלות/להעלות על שירטון; לעלות לחוף; להיתקע
stranded *adj.* נטוש, עזוב לאנחות
strange (strānj) *adj&adv.* מוזר, משונה; זר, נוכרי; לא רגיל; לא מוּכּר
- felt strange הרגיש לא טוב
- strange to say מוזר, אבל-, מעניין-

stran′ger (strān′-) *n.* זר, נוכרי
- no stranger to מנוסה ב-, מכיר
- you are quite a stranger זה זמן רב שלא ראינוך

stran′gle *v.* לחנוק (למוות)
strangle-hold *n.* לפיתת-חנק
stran′gu·late′ *v.* לשנק, לחסום זרם הדם
stran′gu·la′tion *n.* שינוק; חניקה
strap *n.* רצועה, סרט
- give the strap להלקות (ברצועה)

strap *v.* לקשור, להדק ברצועה; לחבוש; להלקות ברצועה
- strap up לקשור; לחבוש

strap-hanger *n.* נוסע בעמידה
strap-hanging *n.* נסיעה בעמידה
strapless *adj.* חסרת-כתפיות
strapped *adj.* חסר, דחוק ב-
strap′ping *adj.* חזק, חסון, גבוה
stra′ta = pl of stratum
strat′agem *n.* תחבולה, תכסיס
strate′gic(al) *adj.* אסטרטגי
- strategic threat איום אסטרטגי

strate′gics *n.* אסטרטגיה
strat′egist *n.* אסטרטג
strat′egy *n.* אסטרטגיה, תכסיסנות;

תכסיס, תחבולה
strat'ifica'tion *n.* ריבוד, עריכה בשכבות, הרבדה; התרבדות
strat'ify' *v.* לרבד, לערוך בשכבות
strat'osphere' *n.* סטראטוספירה
stra'tum *n.* שיכבה, רובד, מעמד חברתי
straw *n&adj.* קש, תבן; גיבעול; קשית; קש וגבבא; עשוי קש
- draw the short straw לעלות בגורל
- man of straw אפס, נמר של נייר
- not care a straw לא איכפת כלל
- straw in the wind רמז לבאות
strawberry *n&adj.* תות שדה, תות גינה; אדמדם
strawboard *n.* קרטון (עשוי קש)
straw boss מפקח מישנה
straw-colored *adj.* קשי, צהוב בהיר
straw man איש קש
straw poll/vote מישאל, סקר
stray *v.* לתעות; לסטות
stray *adj&n.* תועה; בודד; מיקרי; נראה פה ושם; ילד תועה
- waifs and strays ילדים הסרי-בית
stray bullet כדור תועה
streak *n.* קו, רצועה, פס; עקבות; נטייה; תכונה; תקופה, שעה; סידרה
- like a streak of lightning במהירות הבזק
- losing streak תקופת כישלונות
- winning streak סידרת ניצחונות
streak *v.* לנוע במהירות, לרוץ; לפספס, לסמן בפסים; לרוץ ערום
streaker *n.* רץ ערום ברחובות
streaky *adj.* מפוספס, בעל פסים
stream *n.* נחל, פלג; זרם, תנועה
- down stream במורד הנהר
- go with the stream לשחות עם הזרם
- on stream מייצר, פועל
- stream of consciousness זרם התודעה, שטף המחשבות
- up stream במעלה הנהר
stream *v.* לזרום, לשטוף, להינגר; לנהור; להתנופף; לגלוש
streamer *n.* נס, דיגלון; סרט
streamer headline כותרת ענק
stream'let *n.* פלג, יובל, פלגלג
streamline *v.* לעשות זָרִים, להחליק; לפשט, לייעל
streamlined *adj.* זָרִים, נוח לזרימה,

חלק; יעיל, שוטף
street *n.* רחוב, דרך
- be on the streets לעסוק בזנות
- not in the same street as לא מגיע לרמתו
- on/in the street ברחוב, מובטל; חופשי
- streets ahead of עולה בהרבה על
- up my street בתחום שלי
street Arab ילד רחוב, זאטוט רחוב
streetcar *n.* חשמלית
street door דלת (הפונה ל-) רחוב
street-girl *n.* נערת רחוב, יצאנית
street light/lamp פנס רחוב
street value מחיר הרחוב (של סם)
street-walker *n.* יצאנית
streetwise *adj.* מכיר את חיי העיר
strength *n.* חוזק, עוצמה, כוח, גבורה; תּוֹקֶף; מַצָּבָה, תקן
- below strength מתחת לתקן
- from strength to strength מחיל אל חיל
- in strength במיספר רב (של אנשים)
- on the strength בתקן
- on the strength of בתוקף-, מכוח-, על סמך-, על יסוד-
strength'en *v.* לחזק; להתחזק
stren'u·ous (-ūəs) *n.* דורש מאמץ; מְאַמֵּץ, קשה; נמרץ, פעיל
strep'tococ'cus *n.* סטרפטוקוקוס, נקד שרשרת (בקטריות)
strep'to·my'cin *n.* סטרפטומיצין
stress *n.* לחץ; מתיחות, מצוקה; דגש, חשיבות, מישקל; נגינה, טעם
- lay stress on לשים דגש על
- under financial stress במצוקה כספית
stress *v.* ללחוץ; להדגיש, להטעים
stressed out *מותש, מולחץ
stressful *adj.* של לחץ, מלחיץ
stress mark סימן הטעם; מתג
stretch *v.* למתוח; להימתח; למשוך; להימשך; להושיט; להשתרע, להתפשט; להגמיש; להתמתח
- fully stretched מפעיל כל כוחותיו
- stretch a law להגמיש חוק, לנהוג לפנים משורת הדין
- stretch a muscle למתוח שריר
- stretch a point לנהוג בגמישות
- stretch it a bit *להגזים
- stretch one's neck לשרבב צווארו
- stretch out להתמתח, לחלץ

עצמותיו; להשתרע; לפשוט, לשלוח; להושיט (יד)
- stretch over להימשך על פני, לארוך
- stretch the rules להגמיש הכללים, לנהוג לפנים משורת הדין
stretch *n.* מתיחה, חילוץ עצמות; מתיחות, גמישות; מישטח, מישור; קטע-מסלול; רצף, משך-זמן; *תקופת מאסר
- 3 hours at a stretch 3 שעות רצופות
- at full stretch עובד במלוא הקיטור
- stretch of the imagination הפלגת הדימיון
stretch *adj.* גמיש, מתיח
stretchable *adj.* מתיח, גמיש
stretcher *n.* אלונקה; מותח
stretcher-bearer *n.* אלונקאי
stretcher party כיתת אלונקאים
stretch marks סימני-עור
stretchy *adj.* גמיש, מתיח, אלסטי
strew (stro͞o) *v.* לפזר, לכסות, לבזוק
- strewn מפוזר על פני, זרוע
strewth (stro͞oth) *interj.* *לעזאזל
stri'a'ted *adj.* מפוספס, מתולם, מחורץ
stri·a'tion *n.* קו, חריץ; תילום
strick'en (= pp of strike) *adj.* מוכה, הֲלום-, אחוז, חדור; נגוע
- stricken in years זקן מופלג
strict *adj.* קפדן, מחמיר; חמור; מפורש, ברור; מדוייק; שלם, מוחלט
- in strict secrecy בסוד גמור
- in the strict sense במובן הצר
strictly *adv.* במפורש, בקפדנות
- strictly speaking במובן הצר של המלה
stric'ture *n.* ביקורת, תוכחה, נזיפה; (ברפואה) היצרות (צינור בגוף)
stride *v.* לפסוע, לצעוד; לחצות בפסיעה גסה; לשבת בפישוק רגליים
stride *n.* פסיעה גסה; צעד ארוך
- hit one's stride לרוץ במירב המהירות; להשתדל ביותר
- make great strides להתקדם יפה
- strides שיפור; *מכנסיים
- take it in his stride לעשות זאת בלא מאמץ מיוחד, לקבלו כדבר רגיל
stri'dence, stri'dency *n.* צרימה
stri'dent *adj.* צורמני, צרצרני
strid'ulate' (-j'-) *v.* לצרצר
strid'ula'tion (-j'-) *n.* צירצור

strife *n.* סיכסוך, חיכוך, ריב, מריבה
strike *n.* שביתה; התקפה, הפצצה; גילוי, מציאה, הצלחה, מזל
- go on strike לפתוח בשביתה
- has two strikes against him *במצב ביש, במצוקה
- lucky strike הצלחה פתאומית, מזל
- oil strike גילוי נפט
strike *v.* להכות, לחבוט, להלום; לפגוע; להתקיף; להסתער; להרשים; לעלות בדעתו; לחשב; להגיע ל-; למצוא, לגלות; לשבות; לִפנות
- be struck dumb להיאלם דום
- how does she strike you? איך היא נראית לך?
- it struck me that- צץ בראשי ש-
- strike (up)on להיתקל; לצוץ בראשו
- strike a coin לטבוע מטבע
- strike a flag להוריד דגל
- strike a match להדליק גפרור
- strike a note of לנקוט נימה של
- strike a pose לעשות תנוחה
- strike all of a heap להדהים
- strike down להפיל, להשכיב
- strike home לנעוץ פנימה; לחדור עמוק
- strike it rich להתעשר לפתע
- strike off למחוק, לסלק מרשימה; להדפיס; לִפנות; להתיז, לערוף
- strike oil לגלות נפט; האיר לו מזלו
- strike one's colors להיכנע
- strike out לצאת; לפנות, ללכת; לשחות נמרצות; לחבוט; למחוק
- strike out on one's own להיות עצמאי
- strike root להכות שורש
- strike tents לפרק אוהלים
- strike terror להפיל אימה
- strike the road למצוא את הדרך
- strike through למחוק
- strike up להתחיל, לפצוח (בזמר)
- strike up a friendship להתיידד
- the clock struck השעון צילצל
strike-bound *adj.* מוּשבָּת
strikebreaker *n.* מפר שביתה
strikebreaking *n.* הפרת שביתה
strike fund קרן שביתה
strike pay דמי שביתה
striker *n.* שובת; בועט, כובש שערים
striking *adj.* מרשים, שובה לב; מַכֶּה
- within striking distance קרוב

מאוד
striking force כוח פשיטה
string *n.* חוט, שרוך, פתיל; מיתר; מחרוזת; סידרה, מערכת, שורה; סיב
- harp on the same string לפרוט על אותה נימה, לדוש בנושא
- have him on a string למשול בו
- no strings attached בלא תנאים מגבילים
- play second string לנגן כינור שני
- string of curses צרור קללות
- strings כלי-מיתרים
string *v.* לקשור; לתלות; למתוח מיתרים; לחרוז (פנינים/מלים)
- highly strung רגיש ביותר, פגיע
- string along לרמות, להוליך שולל; לשתף פעולה; להילוות, להיצמד
- string out לפרוש (ברווחים) בשורה; למתוח, להאריך
- string up לקשור בחוט, לתלות; *להוציא להורג בתלייה
- strung out מכור לסמים, מסומם
- strung up מתוח, עצבני, מתרגש
string band תיזמורת כלי-מיתרים
string bean שעועית ירוקה; *רזה וגבוה
stringed instrument כלי-מיתרים
strin′gency *n.* חומרָה, קפדנות; מחסור
strin′gent *adj.* מחמיר, חמור, קפדני; מצומצם, מוגבל, דחוק בכסף
stringer *n.* *חורז; כתב, עיתונאי
string orchestra תיזמורת כלי-מיתרים
stringy (-ngi) *adj.* חוטני, סיבי
strip *v.* לפשוט; להפשיט; להתפשט; להסיר, לקלף; לפרק; לגזול; לרוקן
- strip a bolt לקלקל חריצי הבורג
- strip down a car לפרק מכונית
- strip off להסיר; להתפשט
- stripped of his rank נשללה דרגתו
strip *n.* רצועה, סרט, פס; תילבושת-שחקנים; סטריפטיז
strip cartoon סיפור מצוייר
strip club מועדון חשפנות
stripe *n.* רצועה, פס; סרט-דרגה; הלקאה, הצלפה, מכת-שוט
stripe *v.* לפספס
striped *adj.* מנומר, מפוספס
strip lighting תאורה בשפופרות-ניאון
strip′ling *n.* נער, עלם, בחור
strip′per *n.* חשפנית
strip search חיפוש בהסרת בגדים
strip show סטריפטיז, חשפנות
strip-tease *n.* סטריפטיז, חשפנות
stri′py *adj.* מנומר, מפוספס
strive *v.* לחתור, לשאוף, להיאבק, להילחם; להתאמץ, להשתדל, לנסות
striver *n.* חותר, נלחם; מתאמץ
strobe light אור הבזק; אור מהבהב
stro′boscope′ *n.* חַיינוֹעַ
strode = pp of stride
stroke *n.* מכה, חבטה; הצלפה; שבץ, אירוע מוחי; שחייה, חתירה; משוטאי אחורי; לטיפה; משיכת-קולמוס, תנועת-מיכחול; צילצול-שעון
- at the stroke of 7 בשעה 7
- hasn't done a stroke of work ישב בטל, לא עשה כלום
- off one's stroke לא כתמול שלשום
- on the stroke בדיוק, בשעה שנקבעה
- stroke of business עיסקה טובה
- stroke of genius הברקה גאונית
- stroke of luck הארת-מזל
stroke *v.* ללטף; לתפוס משוט אחורי; להכות, לחבוט
- stroke down להרגיע
- stroke the wrong way להרגיז
stroll (strōl) *v&n.* לטייל בנחת, לפסוע לאיטו; הליכה בנחת
stroller *n.* עגלת-ילדים; מטייל
strolling *adj.* מסייר, עורך מופעים
strong (-rông) *adj.* חזק, איתן; תקיף; עז; עולה, מאמיר; מסריח
- 1000 strong 1000 במיספר
- go it strong *להרחיק לכת, להגזים
- still going strong לא נס ליחו
- strong drink משקה חריף
- strong point נקודה חזקה, צד חזק
- strong verb פועל יוצא-דופן
strongarm *adj.* אלים, בריוני
strongbox *n.* כספת
stronghold *n.* מיבצר, מעוז
strongly *adv.* נִמרָצוֹת
strongman *n.* מנהיג חזק
strong-minded *adj.* תקיף בדעתו
strong room חדר מבוצר, כספת
stron′tium *n.* סטרונציום (יסוד מתכתי)
strop *n&v.* רצועת (להשחיז ב-) השחזה

strop′py *adj.* *עקשן, מרדני
strove = pt of strive
struck = p of strike
struc′tural (-′ch-) *adj.* מיבני, של בניין; סטרוקטוראלי, תבניתי
struc′ture *n&v.* מיבנה, בניין; לבנות; לגבש
stru′del *n.* כרוכית, שטרודל
strug′gle *v.* להיאבק; להתאמץ; לנסות להיחלץ; להתחבט; להתקדם בקושי
- struggle for להיאבק למען, לחתור
struggle *n.* מאבק, מלחמה; מאמץ
strum *n&v.* לפרוט, לנגן בעלמא/בצורה גרועה; פריטה גרועה
strum′pet *n.* יצאנית
strung = p of string
strut *v.* ללכת ביהירות, לטפוף
strut *n.* הילוך גאוותני; סמוך, סמוכה, יתד תומך
struth (strōōth) *interj.* *לעזאזל
strych′nine (-k-) *n.* סטריכנין
stub *n.* חֲבוּר, זנב, בדל, קצה, שארית
stub *v.* להיתקל; ללחוץ
- stub one's foot להיתקל ברגלו
- stub out לכבות (סיגרייה) במעיכה
stub′ble *n.* שֶׁלֶף, גיבעולים שנשארו אחרי הקציר; זיפי-זקן, שלפי-זקן
stub′bly *adj.* זיפי, מכוסה שֶׁלֶף
stub′born *adj.* עקשן, קשה לטיפול
stub′by *adj.* קצר ועבה
stuc′co *n.* טיח-קישוט, טיח-קירות
stuck (= p of stick) *adj.* תקוע; נתקע; דבוק
- get stuck in קדימה!, להתחיל במרץ
- is stuck on her מאוהב בה
stuck-up *adj.* מתנפח, מתנשא, שחצן, סנוב
stud *n.* כפתור (דו-ראשי); יתד, מסמר-קישוט, נעץ; ניט; עגיל; סוס-הרבעה; מערכת סוסים
stud *v.* לשבץ, לקשט, לפזר
stud-book *n.* ספר היוחסין
stu′dent *n.* תלמיד, סטודנט; חוקר
stud farm חוות-סוסים
stud horse סוס הרבעה
stud′ied (-did) *adj.* מכוּוָן, מתוכנן, מחושב
stu′dio′ *n.* סטודיו, אולפן
- studios אולפני-הסרטה
studio apartment/flat דירת-חדר
studio audience צופי-אולפן
studio couch ספה-מיטה
stu′dious *adj.* שקדן, מתמיד, שוחר-תורה; מכוּוָן, מחושב, קפדני
stud′y *n.* לימודים, מדרש, מחקר; חדר-עבודה; שירטוט; סקיצה
study *v.* ללמוד, לעיין, לשנן; לבדוק, לבחון, להתבונן; לדאוג, לתת הדעת
- study one's needs לדאוג לצרכיו
stuff *n.* חומר; אריג-צמר; דברים, חפצים; שטויות
- do one's stuff להראות כוחו, להפגין יכולתו, לעשות המוטל עליו
- doctor's stuff רפואות, תרופות
- knows his stuff בקי במלאכתו
- stuff and nonsense שטויות
- stuff of life תמצית החיים
- that's the stuff (to give them)! *כך צריך!, כך יאה להם!
- the stuff he is made of החומר שממנו הוא קורץ
stuff *v.* למלא, לדחוס, לדחוק; לפטם; לזולל; לפחלץ; לסתום
- get stuffed! לך לעזאזל!
- stuff a ballot box לזייף קולות
- stuff a chicken למלא עוף (במלית)
- stuff a person *לרמות, לקשקש במוח
- stuff oneself לזולל, למלא כרסו
- stuff up לסתום
- stuffed up nose אף סתום
stuffed *adj.* גדוש; ממולא; מפוחלץ
stuffed animal פוחלץ
stuffed shirt *טיפוס מתנפח
stuffing *n.* מלית, חומר מילוי
stuffy *adj.* מחניק, לא מאוורר; צר-אופק; משעמם; שמרני; רגזן
stul′tifica′tion *n.* עשייה לצחוק
stul′tify′ *v.* לעשות למגוחך, לשים ללעג, לסכל, לבטל
stum′ble *v&n.* להיכשל, למעוד; לגמגם; לנוע בחוסר-יציבות; מעידה
- stumble across/on להיתקל ב-
stumbling block מיכשול, אבן נגף
stump *n.* כּוֹרֶת, גֶּדֶם, גזע, איבר כרות; בדל, זנב, שורש; רגל-עץ; צעד כבד
- on the stump עוסק בתעמולת בחירות
- stir one's stumps ללכת, למהר
- up a stump *נבוך, מבולבל
stump *v.* לצעוד בכבדות; לשאת נאומי בחירות; להביך
- it stumps me אני נבוך, לא אבין

- stump up לשלם, לפרוע
stump′er *n.* שאלה קשה
stump speeches נאומי בחירות
stump′y *adj.* קצר ועבה
stun *v.* להמם (במכה); להדהים, לזעזע
stung = p of sting
stun gun רובה הלם
stunk = p of stink
stun′ner *n.* *אדם/דבר מקסים
stunning *adj.* מקסים, נפלא
stunt *v.* לעצור (צמיחה/התפתחות); לגמד, לעכב, לצמצם
stunt *n.* מיבצע; מעשה נועז; להטוט פירסומת; להטוט טיסה
stunted *adj.* מפגר; מגומד
stunt flying אווירובטיקה
stunt man כפיל
stu′pefac′tion *n.* טימטום, עירפול מחשבה, טישטוש חושים; תדהמה
stu′pefy′ *v.* לטמטם, לערפל המחשבה; להכות בתדהמה
stu·pen′dous (stōō-) *adj.* מדהים, נפלא, ענק, כביר, עצום
stu′pid *adj&n.* טיפשי, אווילי, מגוחך; טיפש; מעורפל-חושים
stu·pid′ity (stōō-) *n.* טיפשות
stu′por *n.* טימטום, קהות-חושים
stur′dy *adj.* חזק, חסון, נמרץ, בריא
- sturdy opposition התנגדות עיקשת
stur′geon (-jən) *n.* חידקן (דג)
stut′ter *v&n.* לגמגם; גימגום
sty *n.* דיר-חזירים; שעורה, דלקת בעפעף
Styg′ian *adj.* חשוך, קודר, אפל
style *n.* סיגנון, נוסח; אופנה; עיצוב; סוג, מין; תואר, כינוי; חֶרֶט, מַכְתֵּב; עמוד-העלי
- every style of pen כל סוגי העטים
- high style האופנה האחרונה
- in style בהידור, לפי צו-האופנה
- live in style לחיות ברמה גבוהה
style *v.* לתכנן, לעצב; לכנות, לקרוא
styleless *adj.* נטול סיגנון
sty′lish *adj.* אופנתי, מהודר
sty′list *n.* מסגנן, מעצב (אופנה)
sty·lis′tic *adj.* של סיגנון, סיגנוני
stylistics *n.* תורת הסיגנון
sty′liza′tion *n.* סיגנון, סטיליזציה
sty′lize *v.* לסגנן, לעצב בסיגנון מיוחד

sty′lus *n.* חֶרֶט, מַכְתֵּב; מחט-מקול
sty′mie *v.* לעצור, לסכל, לתסכל
styp′tic *adj.* עוצר דימום
sty′rofoam′ *n.* קלקר
Styx *n.* סטיקס, נהר-השאול
- cross the Styx למות
su′able *adj.* בר-תביעה
sua′sion (swā′zhən) *n.* שיכנוע
suave (swäv) *adj.* מנומס, נעים
suav′ity (swäv′-) *n.* נעימות
sub- (תחילית) תחת, למטה, מתחת ל-; תת, -מישנה
- subeditor עורך-מישנה
- substandard תת-תיקני
sub *n.* *צוללת; מיקדמה; עורך-מישנה; ממלא-מקום; קצין זוטר; סגן-מישנה; דמי-חבר
sub *v.* *לקבל/לתת מיקדמה; למלא מקום; לערוך עריכת-מישנה
sub·al′tern (-bôl′-) *n.* קצין זוטר
sub-aq′ua *adj.* תת-מימי
sub·a′que·ous *adj.* תת-מימי, רפה
sub-clause *n.* סעיף מישנה
sub′commit′tee *n.* ועדת-מישנה
sub·con′scious (-shəs) *n&adj.* תת-הכרה, תת-ידע; תת-הכרתי
sub·con′tinent *n.* תת-יבשת
sub·con′tract′ *n.* חוזה-מישנה
sub′contract′ *v.* להעסיק קבלן-מישנה
sub′contrac′tor *n.* קבלן-מישנה
sub′cul′ture *n.* תת-תרבות
sub′cu·ta′ne·ous (-kū-) *adj.* תת-עורי, שמתחת לעור
sub′divide′ *v.* לחלק לתת-חלקות
sub′divi′sion (-vizh′ən) *n.* תת-חלקה; חלוקת-מישנה
subdue′ (-dōō′) *v.* להכניע, לכבוש, להתגבר על, לדכא; לעדן, לרכך, להחליש; לעמעם
subdued *adj.* עמום; עצור, מאופק
sub·ed′it *v.* לשמש עורך-מישנה
sub·ed′itor *n.* עורך-מישנה
sub′group′ (-grōōp) *n.* תת-קבוצה
sub′head′ing (-hed-) *n.* כותרת-מישנה, תת-כותרת
sub·hu′man *adj.* תת-אנושי
sub′ject (-jikt) *n.* נתין, אזרח; חומר; נושא; עניין; מיקצוע, ענף; הֶגְלֶם; חַיָּה; אדם; (בתחביר) נושא
- nervous subject טיפוס עצבני
- subject for ridicule מטרה ללעג

sub′ject (-jikt) *adj.* כפוף; נשלט; נוטה; מותנה
- subject to כפוף/מותנה/תלוי ב-
- subject to allergy נוטה לאלרגיה
- subject to his approval מותנה באישורו, טעון אישורו
- subject to the law כפוף לחוק
subject′ *v.* להכניע, להשתלט על; לחשוף, להעביר; לגרום לחוויה
- subject to suffering לְעַנּוֹת
- subjected to heat נתון בחום
subjec′tion *n.* הכנעה, דיכוי
subjec′tive *adj.* סובייקטיבי; דימיוני; אישי; נושאי
subjective case יחסת הנושא
sub′jec·tiv′ity *n.* סובייקטיביות, נושאיות, יחס אישי
subject matter נושא, תוכן
subjoin′ *v.* להוסיף (הערה) בסוף
sub judice (soob′jōō′dikā′) סוב יודיצה, בשלב בירור משפטי
sub′jugate′ *v.* לכבוש, לשעבד
sub′juga′tion *n.* כיבוש, הכנעה
subjunc′tive *adj&n.* דרך המישאלה
sub·lease′ *v.* להשכיר שכירות מישנה
sub′lease′ *n.* שכירות (חכירת) מישנה
sub·let′ *v.* להשכיר לדייר-מישנה; להעביר לקבלן-מישנה
sub′lieu·ten′ant (-lōō-) *n.* סֶגֶן-מישנה
sub′limate′ *v.* להפוך מוצק לגאז, לצרוף, לזכך, לטהר, לעדן
sub′limate *n.* מוצק מזוכך
sub′lima′tion *n.* סובלימציה, המראה, הפיכת מוצק לגאז; זיכוך
sublime′ *adj&n.* נעלה, נשגב, שמיימי, אצילי; *מדהים, נורא, גמור
- the sublime הנעלה, הנשגב
sub·lim′inal *adj.* תת-סיפי
subliminal advertising פרסומת סמויה
sublim′ity *n.* עילאות, אצילות
sub′machine′ gun (-məshēn′) תת-מקלע
sub′marine′ (-rēn) *adj.* תת-ימי
submarine *n.* צוללת
submarine pen מחסה-צוללות
submariner *n.* צוללן
submerge′ *v.* לשקע; לכסות במים; להסתיר; לשקוע; לצלול
submerged tenth העשירון התחתון
submergence *n.* שיקוע; שקיעה; צלילה
submer′sible *adj.* בר-צלילה, שקיע
submer′sion (-zhən) *n.* שיקוע; שקיעה; צלילה
submis′sion *n.* כניעה; הכנעה; צייתנות; טענה, הצהרה; מסירה
submis′sive *adj.* נכנע, מקבל מרות
submit′ *v.* להיכנע, להשלים; להגיש, למסור, להציע; לטעון
- submit oneself לקבל מרות
- submit to להשלים עם, לעבור
sub·nor′mal *adj.* תת-נורמלי
sub·or′bital *adj.* תת-הקפי, תת-מסלולי
subor′dinate *adj&n.* נחות; נמוך, כפוף, טפל, מישני; זוטר; פָּקוּד
subor′dinate′ *v.* להכניע, לשעבד, לייחס חשיבות מישנית
subordinate clause מישפט טפל
subor′dina′tion *n.* שיעבוד, נחיתות
subor′dina′tive *adj.* משעבד, מנמיך
suborn′ *v.* להסית לדבר-עבירה
sub′or·na′tion *n.* הסתה לדבר-עבירה
subpe′na (səp-) *n&v.* (להוציא) כתב-הזמנה לבית-דין; זימון; לְזַמֵּן
sub′plot′ *n.* עלילה טפלה
sub′rogate′ *v.* להחליף, להעביר זכויות לצד ג'
sub ro′sa (-zə) בחשאי, בסוד
sub′routine′ (-rōōtēn′) *n.* תת-שיגרה
subscribe′ *v.* לחתום; לתרום, להיות מנוי; להבטיח, להתחייב
- subscribe oneself לחתום שמו
- subscribe to לתמוך ב-, להסכים
subscriber *n.* חוֹתֵם; מנוי
subscrip′tion *n.* חתימה; תרומה; (דמי-) מינוי; דמי-חבר; תמיכה, הסכמה; התחייבות
sub′sec′tion *n.* סעיף מישנה
sub′sequent *adj.* שבא לאחר מכן, מאוחר
- subsequent to אחרי-, לאחר-
subsequently *adv.* לאחר מכן
subserve′ *v.* להיות לעזר, להועיל
subser′vience *n.* התרפסות
subser′vient *adj.* מתרפס, כפוף;

מועיל; משמש אמצעי להשגת מטרה
subside′ *v.* לשקוע; לרדת; להירגע
- subside into a chair לצנוח לתוך כיסא
subsidence *n.* שקיעה, ירידה, רגיעה
subsid′iar′y (-dieri) *adj&n.*
עוזר, מסייע; מישני, טפל; חברת-בת
subsidiary company חברת-בת
sub′sidiza′tion *n.* סיבסוד
sub′sidize′ *v.* לסבסד
sub′sidy *n.* סובסידיה, סעד כספי
subsist′ *v.* להתקיים, לחיות על
subsistence *n.* קיום; פרנסה, מחיה; חיים מן היד אל הפה, פרנסה דחוקה
subsistence crop יבול-צריכה
subsistence level רמת קיום דחוקה
sub′soil′ *n.* תשתית, שיכבה תת-קרקעית
sub•son′ic *adj.* (מהירות) תת-קולית
sub′stance *n.* חומר; ישות; ממשות; תוכן; תמצית; חוזק; רכוש, ממון
- in substance בעצם, ביסודו של דבר
- man of substance בעל רכוש
substance abuse שימוש רע בסמים
sub•stan′dard *adj.* תת-תיקני
substan′tial *adj.* חזק, איתן; מוצק; ניכר, גדול, חשוב; יסודי, עיקרי, ממשי; ריאלי, מהותי; אמיד
- in substantial agreement תמימי דעים באופן עקרוני
- substantial meal ארוחה דשנה
- substantial success הצלחה ניכרת
substantially *adv.* באורח יסודי
substan′tiate′ (-′sh-) *v.* להוכיח
substan′tia′tion (-′sh-) *n.* הוכחה, אימות
sub′stanti′val *adj.* של שם עצם
sub′stantive *adj&n.* ישותי, עצמאי, ממשי, קיים; שם עצם
substantive rank דרגת-קבע
sub′sta′tion *n.* תחנת-מישנה
sub′stitute′ *n.* תחליף, ממלא מקום
substitute *v.* להחליף, למלא מקום; להשתמש בתחליף; לתחלף
sub′stitu′tion *n.* מילוי מקום, תחליף; תיחלוף
sub′stra′ta = pl of substratum
sub′stra′tum *n.* יסוד, בסיס, תשתית; רובד תחתי; תת שיכבה
sub′struc′ture *n.* תת-מיבנה, בסיס
תומך, יסוד
subsume′ *v.* לכלול, להכליל בסוג
sub•ten′ant *n.* דייר-מישנה
subtend′ *v.* (בהנדסה) להימצא מול
sub′terfuge′ *n.* תחבולה, תכסיס, השתמטות; אמתלה, תואנה
sub′terra′ne•an *adj.* תת-קרקעי
sub′ti′tle *n&v.* כותרת מישנית (של ספר); כתובית; להוסיף כתוביות
- subtitles תרגום בגוף הסרט
sub′tle (sut′əl) *adj.* עדין, דק, רך; חריף, שנון; מורכב, מתוחכם
- subtle smile חיוך מיסתורי
sub′tlety (sut′əlti) *n.* עדינות, דַקוּת; שנינות; מורכבות; הבחנה דקה
sub•to′pia *n.* איזור שיכונים
sub′to′tal *n.* סיכום ביניים
subtract′ *v.* לחסר, לנכות, להפחית
subtrac′tion *n.* חיסור
sub•trop′ical *adj.* סובטרופי
sub′urb′ *n.* פרוור, עיבורה של עיר
subur′ban *adj.* של פרוורים; חסר-מעוף
subur′banite′ *n.* תושב פרוור
subur′bia *n.* אורח החיים בפרוורים
subven′tion *n.* מענק, סעד כספי
subver′sion (-zhən) *n.* חתירה, חתרנות, עירעור
subver′sive *adj.* חתרני, הרסני
subvert′ *v.* לחתור תחת, לערער
sub′way′ *n.* (רכבת) תחתית; מינהרת-חציה
sub′-ze′ro *adj.* מתחת לאפס
succeed′ *v.* להצליח; לעלות יפה; לבוא אחרי, לבוא תחת-; לָרֶשֶׁת
- succeed to לרשת, לנחול
success′ *n.* הצלחה; (אדם) מצליח
successful *adj.* מצליח, עושה חיל
succes′sion *n.* רציפות; שורה, סידרה; (זכות) ירושה
- in succession בזה אחר זה
succes′sive *adj.* זה אחר זה
succes′sor *n.* יורש, בא בעקבותיו
succinct′ *adj.* תמציתי
suc′cor *n.* עזרה, סיוע בעת מצוקה
succor *v.* לעזור, לסייע
suc′cu•bus *n.* שֵׁדָה
suc′cu•lence *n.* עסיסיות
suc′cu•lent *adj.* עסיסי; בשרני
succumb′ (-m) *v.* להיכנע, לא לעמוד בפני; למות
such *adj&adv&pron.* כמו,

דומה; כה, עד כדי כך; כזה, כאלה
- and such וכיוצא בזה, וכדומה
- as such בתור שכזה, כשלעצמו, כזה
- some such thing כגון דא, מעין זה
- such a fool! טיפש כזה!
- such and such כזה וכזה, כך וכך
- such as כמו, כגון; כל כך, עד כדי
- such that כך ש-
suchlike *adj.* *כדומה, מסוג זה
suck *v.* לינוק; למצוץ; לבלוע; לסחוף
- suck dry למצוץ עד תום
- suck in/up לספוג, לקלוט; לשטות
- suck up to להתחנף ל-
suck *n.* יניקה, מציצה
- give suck to להיניק, להניק
suck'er *n.* יונק, מוצץ; שלוחת-שורש; איבר-מציצה, איבר-הצמדה; מתלה גומי (מוצמד בוואקום); סוכרייה על מקל; *מטומטם, פרייאר
sucking pig חזרזיר, חזירון יונק
suck'le *v.* להיניק, להניק
suck'ling *n.* תינוק, יונק
su'crose *n.* סוכר
suc'tion *n.* מציצה, יניקה; שאיבה, ספיגה; הצמדת-וואקום
suction pump משאבת-יניקה
sud'den *adj.* פתאומי, לא-צפוי
- all of a sudden פתאום, לפתע
suddenly *adv.* פתאום, לפתע
suds *n-pl.* קצף-סבון, בועות-סבון
sud'sy (-zi) *adj.* מלא קצף, סבוני
sue (sōō) *v.* לתבוע, להגיש תביעה משפטית; לבקש, להתחנן
suede (swād) *n.* זמש (עור רך)
su'et *n.* חֵלֶב-כליות
su'ety *adj.* מכיל חֵלֶב-כליות; חֶלְבִּי
suf'fer *v.* לסבול; להתענות; להיפגע, להינזק; להרשות, להניח
- can't suffer him לא סובל אותו
- suffer defeat לנחול מפלה
sufferable *adj.* נסבל
sufferance *n.* רְשוּת, היתר
- on sufferance ברשות (מסוייגת)
sufferer *n.* סובל (ממחלה)
suffering *n.* סבל, ייסורים
suffice' *v.* להספיק; להיות די; למלא צרכים, להשביע רצון, לספק
- suffice it to say אסתפק באומרי
suffic'iency (-fish'ənsi) *n.* כמות מספקת

suffic'ient (-fish'ənt) *adj.* מספיק, די
suf'fix *n.* סופית, סיומת (טפולה)
suf'focate' *v.* לחנוק; להיחנק
suf'foca'tion *n.* חניקה; היחנקות
suf'fragan *n.* עוזר-בישוף
suf'frage *n.* זכות-הצבעה, זכות-בחירה; הצבעת-הסכמה
suf'fragette' *n.* סופראז'יסטית, תועמלנית למען זכויות-נשים
suffuse' (-z) *v.* להתפשט על-פני, לכסות
suffu'sion (-zhən) *n.* התפשטות, כיסוי
sug'ar (shoog'-) *n.* סוכר; *מותק
sugar *v.* להוסיף סוכר, להמתיק
sugar beet סלק-סוכר
sugar-cane *n.* קנה-סוכר
sugar-coated *adj.* מסוכר, מצופה בסוכר, ממותק; מקושט, מוסווה
sugar-coated pill מַחְפִּית
sugar daddy *מאהב זקן
sugarless *adj.* נטול-סוכר
sugarloaf *n.* חרוט-סוכר; כובע חרוטי
sugar tongs מַלְקְחֵי-סוכר
sugary *adj.* מכיל סוכר; מתקתק
suggest' (səgjest') *v.* להציע; להמליץ; להעלות במחשבה, להזכיר, לתת סימנים, לרמוז
- suggest itself לצוץ במוחו (רעיון)
suggestible *adj.* בר-הַשָּאָה, מושפע
sugges'tion (səgjes'chən) *n.* הצעה; רמז, שמץ; סוגסטיה, הַשָּאָה
sugges'tive (səgjest'-) *adj.* מרמז, מעורר מחשבות; מגונה, גס, לא-צנוע
su'ici'dal *adj.* של התאבדות
su'icide' *n.* התאבדות; מתאבד
- suicide bomber מתאבד (בפיגוע)
sui gen'eris (sōōī-) *adj.* מסוגו, יחיד במינו
sui ju'ris (sōōī-) *adj.* בגיר, ברשות עצמו
suit (sōōt) *n.* חליפה; תביעה; משפט; בקשה, הפצרה; חיזור; (בקלפים) סידרה
- bring a suit לתבוע לדין
- press one's suit לחזר נמרצות
suit *v.* להתאים, להלום, להיות נוח/טוב ל-; לתאם; להשביע רצון
- suit oneself לעשות כאוות-נפשו
- suited to מתאים ל-, ראוי ל-

- suits the action to the word אומר ועושה
suit′abil′ity (so͞ot-) *n.* התאמה
suit′able (so͞ot′-) *adj.* מתאים, הולם
suit′case (so͞ot′-) *n.* מיזוודה
suite (swēt) *n.* סוויטה, מערכת חדרים/רהיטים; מדור; דירה; פמליה, סגל
suit′ing (so͞ot′-) *n.* אריג-חליפות
suit′or (so͞ot′-) *n.* מחזר; מגיש תביעה
sul′fa *n.* סולפה, סם-רפואה
sul′fate (-fāt) *n.* סולפאט, גופרה
sul′fide *n.* סולפיד, תרכובת-גופרית
sul·fon′amide′ *n.* סם סולפה
sul′fur *n.* גופרית
sul′furate′ *v.* לגפר
sul·fu′re·ous *adj.* גופריתי
sul·fu′ric *adj.* גופריתני, גופרתי
sulfuric acid חומצה גופריתנית
sul′furous *adj.* גופריתי
sulk *v&n.* לזעוף, לשתוק ברוגז
- be in the sulks לזעוף, למאן לדבר
sulk′y *adj.* זועף, רוגז, שותק; רגזן
sulky *n.* כירכרת-מירוץ (דו-אופנית)
sul′len *adj.* קודר; עצוב; זועף
sul′ly *v.* ללכלך, לטנף
- sully his name להכפיש שמו
sul′pha = sulfa
sul′phur = sulfur
sul′tan *n.* סולטאן (שליט מוסלמי)
sul·tan′a *n.* סולטאנה, סולטנית; צימוק-סולטאנה (חסר-חרצנים)
sul′tanate′ *n.* סולטָאנוּת
sul′try *adj.* חם, מחניק, מעיק; לוהט, אחוז-תאווה
sum *n&v.* סכום; סיכום; סך הכל; חישוב, חשבון; לסכם
- do sums לחשב, לעשות תרגילי-חשבון
- in sum בקיצור, בקצרה
- sum him up לגבש דעה עליו
- sum of money סכום כסף
- sum total סך הכל
- sum up לסכם
su′mach (-mak) *n.* סוג של אוג
sum′ma cum lau′de (-də) משובח ביותר
summarily *adv.* בקיצור, בקצרה
sum′marize′ *v.* לסכם, לתמצת
sum′mary *adj.* קצר, תמציתי, מתומצת; מזורז, מהיר, מיידי
summary *n.* תמצית, קיצור, סיכום
summary conviction הרשעה מהירה, פס"ד ללא חבר מושבעים
sum′mat *n.* *משהו, דבר
summa′tion *n.* סיכום; תמצית
sum′mer *n&adj.* קיץ; תקופת השיגשוג; קייצי
summer *v.* לבלות את הקיץ
summerhouse *n.* ביתן-קיץ
summer school קורס קיץ
summertime *n.* עונת הקיץ
summer time שעון קיץ
summer-weight *adj.* (בגד) קייצי
sum′mery *adj.* קייצי
summing up דברי סיכום
sum′mit *n.* שיא, פיסגה
summit meeting ועידת פיסגה
sum′mon *v.* לְזַמֵן; לקרוא; להזמין (לדין); לדרוש; להורות להופיע
- summon up strength לאזור כוח
sum′mons (-z) *n&v.* הזמנה, צו-הופעה; תביעה, דרישה; לשלוח צו-הופעה
su′mo (so͞o-) *n.* סומו, היאבקות יפנית
sump *n.* עוקה; עוקת-שמן; בור-ניקוז
sump′ter *n.* בהמת-משא
sump′tuar′y (-cho͞oeri) *adj.* מגביל הוצאות
sump′tuous (-cho͞oəs) *adj.* מפואר, יקר; נדיב
sun *n.* שֶׁמֶש; אור-שמש, חום-שמש
- a place in the sun מקום נוח
- get up with the sun להשכים קום
- under the sun על הארץ
sun *v.* לחמם/להתחמם בשמש
Sun. = Sunday יום ראשון
sunbaked *adj.* חרוך-שמש
sun bath השתזפות, אמבט-שמש
sunbeam *n.* קרן-שמש; זאטוט עליז
sunbed *n.* כיסא-/מיטת שיזוף
sunbird *n.* צוּפִית
sunblind *n.* צילון; סוכך; גגון
sunblock *n.* קרם הגנה נגד שמש
sun-bonnet *n.* כובע-שמש
sunburn *n.* השתזפות; כוויית-שמש
sunburnt *adj.* שזוף; צרוב-שמש
sunburst *n.* הפצעת קרני-השמש
sun′dae (-di) *n.* גלידת-פירות
Sun′day *n.* יום ראשון
- Sunday clothes בגדי שבת
- in one's Sunday best בבגדי שבת

Sunday painter צייר מתחיל
Sunday school בי"ס של ימי א'
sundeck *n.* סיפון עליון; גג שיזוף
sun′der *v.* להפריד, לחלק; לנתק
sun′dew′ (-dōō) *n.* טללית (צמח)
sundial *n.* שעון-שמש
sundown *n.* שקיעת-החמה
sundowner *n.* *לגימת-ערב
sundrenched *adj.* ספוג-שמש
sun dress שמלה קייצית
sundried *adj.* מיובש בשמש
sun′dries (-drēz) *n-pl.* שונות, פרטים שונים
sun′dry *adj.* שונים, כמה, אחדים
- all and sundry הכל, כל אדם
sunfast *adj.* לא דוהה בשמש
sunfish *n.* דג-השמש (דג כדורי)
sunflower *n.* חמנית (צמח-תרבות)
sung = p of sing
sunglasses *n-pl.* מישקפי-שמש
sun god אל-השמש
sun helmet כובע-שמש
sunk = p of sink
sunk′en *adj.* שקוע, טבוע; נמוך
- sunken cheeks לחיים שקועות
- sunken ship אונייה טבועה
sun-kissed *adj.* שחומם בשמש
sun-lamp *n.* מנורה כחולה (לריפוי)
sunless *adj.* חסר-שמש, נטול-אור
sunlight *n.* אור-שמש
sunlit *adj.* שטוף-שמש, מוצף שמש
sun lounge אולם שטוף-שמש
Sun′ni (soon′i) *adj&n.* סוּני
sun′ny *adj.* שטוף-שמש; בהיר, לא מעונן; עליז, שמח
sunny-side up ביצת-עין
sun parlor חדר מוצף שמש
sun porch מירפסת-זכוכית
sun-ray *n.* קרן אולטרה סגולית
sunray lamp מנורה כחולה (לריפוי)
sunrise *n.* זריחת השמש, הנץ החמה
sunrise industry תעשייה מבטיחה
sun-roof *n.* גג שטוח, גג פתוח
sunscreen *n.* מישחת שיזוף
sunset *n.* שקיעת השמש
sunshade *n.* שמשייה; גנוגנת, גגון
sunshine *n.* אור-שמש; מקום מוצף שמש; אושר, שימחה
- ray of sunshine קרן-אור; אדם עליז
sunshine roof גג זחיח (במכונית)
sunspot *n.* כתם-שמש; *אתר-נופש שטוף-שמש
sunstroke *n.* מכת-שמש
sun′tan′ *n.* שיזוף, השתזפות
suntanned *adj.* שזוף, שחום-עור
sun-trap *n.* מקום מוצף שמש
sun-up *n.* זריחת השמש, הנץ החמה
sun visor סך שמש (ברכב)
sun worship פולחן השמש
sup *v&n.* ללגום, לגמוע; לאכול ארוחת-ערב; לגימה, טעימת משקה
- sup on/off -לאכול ארוחת ערב של
su′per *n.* ניצב, סטאטיסט; רב-פקד; מפקח
super *adj.* *נפלא, מצוין, כביר
super- (תחילית) על, סוּפֶּר-, ביותר
superable *adj.* שניתן להכניעו
su′perabun′dance *n.* שפע רב
su′perabun′dant *adj.* שופע
su′peran′nu·ate′ (-nū-) *v.* להוציא לגימלאות, לפטר
superannuated *adj.* זקן מדי לעבודה, מיושן; יצא מן האופנה
su′peran′nu·a′tion (-nū-) *n.* יציאה/הוצאה לגימלאות; פנסיה
su·perb′ (soo-) *adj.* נפלא, מצוין
su′percar′go *n.* ממונה על המיטען
su′percharge′ *v.* לגדש, לדחוס
supercharged *adj.* מצוייד במדחס-גידוש; נמרץ, מלא-חיים
supercharger *n.* מדחס-גידוש
su′percil′ious *adj.* יהיר, מתנשא
su′percompu′ter *n.* מחשב-על
su′perconduc′tive *adj.* מוליך-על
su′perconduc′tor *n.* מוליך-על
su′perdu′per *adj.* *נפלא, נהדר
su′pere′go *adj.* האני העליון
su′perer′oga′tion *n.* עשייה מעבר לנדרש
su′pere·rog′ato′ry *adj.* לפנים משורת הדין, מעבר לנדרש
su′perfi′cial (-fish′əl) *adj.* שיטחי, לא עמוק
su′perfi′cial′ity (-fishial′-) *n.* שיטחיות
su′perfi′cies (-fish′ēz) *n.* שטח, פני השטח; הופעה חיצונית
su′perfine′ *adj.* עדין מאוד
su′perflu′ity *n.* שפע, עוֹדֶף
super′fluous (soopûr′flōōəs) *adj.* שוֹפֵעַ, עוֹדֵף; למעלה מהדרוש, מיותר
superglue *n.* דבק חזק
supergrass *n.* *מודיע משטרתי

superhighway *n.* כביש מהיר; העברת מידע מהירה
su'perhu'man *adj.* על-אנושי
su'perimpose' (-z) *v.* לשים על-
su'perintend' *v.* לפקח על-
superintendence *n.* פיקוח, השגחה
superintendent *n.* מפקח, משגיח, ממונה; (במישטרה) רב-פקד
- chief superintendent סגן ניצב
supe'rior *adj.* עליון; גבוה, רם; נעלה, משובח, טוב; רב, עדיף; יהיר, מתנשא
- rise superior to לעמוד מעל ל-
- superior to עולה על; טוב מ-; מעל ל-, מחוסן בפני, לא מושפע מ-
superior *n.* ממונה; גבוה בדרגה
- has no superior אין טוב הימנו
- one's superiors הממונים עליו
supe'rior'ity *n.* עליונות; עדיפות
superiority complex תסביך עליונות
super'lative *adj.* עילאי, מופלג, של הדרגה הגבוהה ביותר
superlative *n.* ערך-ההפלגה; סופרלאטיב, הפלגה בשבח
- talk in superlatives לדבר בסופרלאטיבים, להגזים
su'perman' *n.* אדם עליון, סופרמן
su'permar'ket *n.* מרכול
su'permod'el *n.* דוגמנית צמרת
su·per'nal (soo-) *adj.* שמיימי
su'pernat'ural (-ch'-) *adj.* על טיבעי
su'pernor'mal *adj.* על-נורמאלי
su'perno'va *n.* סופרנובה, התפוצצות כוכב
su'pernu'merar'y (-reri) *adj&n.* נוסף, מיותר; ניצב, סטאטיסט
su'perpow'er *n.* מעצמת-על
su'perscrip'tion *n.* כתובת עליונה, כותרת; כתובת, מען
su'persede' *v.* להחליף, לבוא במקום; להכניס אגב שיפור
su'perses'seion *n.* החלפה (כנ"ל)
su'person'ic *adj.* על-קולי
su'perstar' *n.* כוכב מזהיר, כוכב-על
su'persti'tion (-stish'ən) *n.* אמונה טפלה
su'persti'tious (-stish'əs) *adj.* של אמונות תפלות; חדור אמונות תפלות
superstore *n.* מרכול ענק
su'perstruc'ture *n.* עילית, מיבנה עליון; מיבנה-על
su'pertax' *n.* מס יסף, תוספת מס
su'pervene' *v.* לבוא לפתע; להתערב, להפריע, לגרום לשינוי
su'pervise' (-z) *v.* לפקח, להשגיח
su'pervi'sion (-vizh'ən) *n.* פיקוח, ניהול
su'pervi'sor (-z-) *n.* מפקח, מנהל
supervisor of banks המפקח על הבנקים
su'pervi'sory (-z-) *adj.* מפקח, ניהולי
su·pine' (soo-) *adj.* אפרקדן, על הגב; עצלן, איטי, נטול-מרץ
sup'per *n.* ארוחת-ערב
supplant' *v.* להחליף, לבוא במקום; להדיח ולתפוס מקום-
sup'ple *adj.* רך, גמיש, כפיף
- supple intellect תבונה דקה
sup'plement *n.* תוספת, נספח; מוסף
supplement *v.* להוסיף, להשלים
sup'plemen'tary *adj.* נוסף, משלים
supplementary angles זוויות צמודות, זוויות משלימות
supplementary benefit הטבת-סעד
sup'pliant *adj&n.* מבקש, מתחנן, מתפלל
sup'plicant *adj&n.* מבקש, מתחנן, מתפלל
sup'plicate' *v.* לבקש, להתחנן
sup'plica'tion *n.* בקשה, תפילה
supplier *n.* סַפָּק; חברת הספקה
supply' *v.* לספק, לצייד, לתת, להמציא
- supply a need לספק צורך
- supply the place of למלא מקום
supply *n.* הספקה; אספקה; מלאי
- in short supply מצומצם, חסר
- on supply כממלא מקום
- supplies אספקה; הקצבות
- supply and demand היצע וביקוש
supply line קו אספקה
supply-side *n.* של הקלת המיסוי, עידוד ההשקעות והיצור
supply teacher ממלא מקום
support' *v.* לתמוך, לשאת; לדגול; לסייע, לאשר; לחזק, לעודד; לפרנס
- can't support it לא סובל זאת
- support a theater לתמוך

בתיאטרון, לבקר בקביעות בהצגות
- supported by נשען על, מתבסס על
support *n.* תמיכה; סעד, סיוע; אישור, חיזוק; פרנסה; מפרנס
- in support of בעד, למען, בתמיכה
- means of support אמצעי מחייה
- the team gets a lot of support לקבוצה אוהדים רבים
supportable *adj.* נסבל
supporter *n.* תומך; דוגל, שוחר
supporting *adj.* תומך, מסייע; של סיוע; מישני; מְלַוֶּה
supporting program סירטון, סרט לוואי
supporting role תפקיד מישני
suppor'tive *adj.* תומך, מעודד
support price סובסידיה
suppose' (-z) *v.* לשער, להניח; לחשוב; לרמז על; לדרוש הנחה
- I suppose not אני משער שלא
- is not supposed to- אסור לו
- is supposed to- עליו ל-
- suppose- מה דעתך ש-; נניח ש-
supposed *adj.* משוער, מקובל
supposedly *adv.* כנראה
supposing *conj.* אם, בהנחה ש-
supposi'tion (-zish'ən) *n.* הנחה; השערה
suppos'ito'ry (-z-) *n.* נר, פתילה (לפי-הטבעת)
suppress' *v.* לדכא; לאפק, לעצור, להדחיק; להסתיר
- suppress a story/newspaper למנוע הפצת סיפור/עיתון
- suppress evidence להעלים עדות
suppres'sion *n.* דיכוי; הדחקה
suppres'sive *adj.* מדכא, עוצר
suppres'sor *n.* מְדַכֵּא (מונע הפרעות)
sup'pu·rate' *v.* להפריש מוגלה
sup'pu·ra'tion *n.* התמגלות
su'pra- (תחילית) על-, מעל ל-
su'prana'tional (-nash'ən-) *adj.* על-לאומי
suprem'acist *n.* דוגל בעליונות
suprem'acy *n.* עליונות
supreme' *adj.* עליון, עילאי, נעלה, סופי
- supreme sacrifice הקרבת החיים
Supreme Being ההשגחה, האל
Supreme Court בית המישפט העליון
Supreme Court Justice שופט בית משפט עליון
supre'mo *n.* שליט, מנהל, בוס
Supt. = Superintendent
sur·cease' *v&n.* לסיים; סיום, הפסקה
sur'charge' *v.* לתבוע תשלום נוסף; להעמיס יותר מדי
surcharge *n.* תוספת תשלום; סכום נוסף; קנס; ציון מחיר חדש (על בול)
sur'coat' *n.* מעיל עליון
surd *n.* מיספר אי-ראציונאלי
sure (shoor) *adj&adv.* בטוח; ודאי; מהימן, בדוק; בטח, בלי ספק
- feel sure להיות בטוח/משוכנע
- for sure בלי ספק, אמנם כן
- make sure לוודא, להבטיח, לשריין
- sure friend ידיד נאמן
- sure of oneself בטוח בעצמו
- sure thing *ודאות; ללא ספק
- to be sure אין ספק
sure-enough *adj.* אמיתי, לא מזוייף
sure-fire *adj.* שהצלחתו ודאית
sure-footed *adj.* יציב-רגל
surely *adv.* ללא ספק, בוודאי, בהחלט; כמובן; בביטחה, בביטחון
surety (shoor'əti) *n.* עָרֵב; עירבון, ערבות
- of a surety בוודאי, ללא ספק
- stand surety for לערוב ל-
surf *n.* גלים; קצף-גלים, מישברים
surf *v.* לגלוש
- surf ride לגלוש (על גלים)
- surf the Internet לגלוש באינטרנט
sur'face (-fis) *n.* שטח, פני-שטח, מישטח; פני-המים; פיאה (בקוביה)
- on the surface על פני-השטח; למראית עין, כלפי חוץ
surface *adj.* שיטחי, חיצוני
- go surface להישלח בדואר רגיל
- surface worker פועל-קרקע
surface *v.* לְצַפּוֹת; לסלול, ליישר; לעלות על פני המים; להופיע; להגיח
surface mail דואר רגיל (יבשה/ים)
surface-to-air *adj.* קרקע-אוויר
surf-board *n.* גלשן, קרש גלישה
surf-boat *n.* סירת-גלים
sur'feit (-fit) *n&v.* שפע; שובע, זלילה; זרא; להלעיט, לפטם; לזלול
surfer *n.* גולש; גלשן, גלש-מים
surfing *n.* גלישה; גלשנות
surf riding גלישה על מים

surge *v.* לנוע כגלים, להתנחשל, לגעוש; לזרום, לנהור; להתפרץ
surge *n.* נחשול; התפרצות
- surge of love פרץ-אהבה
sur′geon (-jən) *n.* מנתח; קצין-רפואה
sur′gery *n.* כירורגיה, מְנַתְּחוּת, מדע הניתוח; ניתוח; מירפאה
sur′gical *adj.* כירורגי, של ניתוח
surgical shoe נעל אורטופדית
surgical shunt ניתוח מעקפים
sur′ly *adj.* סר וזעף, גס, לא-ידידותי
surmise′ (-z) *n.* ניחוש, השערה
surmise *v.* לנחש, לשער
surmount′ *v.* להתגבר על, לנצח; לעבור מעל; להיות בראש/מעל
sur′name′ *n.* שם משפחה
surpass′ *v.* לעלות על, להצטיין
- surpass him in- לעלות עליו ב-
- surpasses understanding נשגב מבינה
surpassing *adj.* מצויין, אין כמוהו
surpassingly *adv.* מאוד, ביותר
sur′plice (-lis) *n.* גלימה
surpliced *adj.* עוטה גלימה
sur′plus′ *n.* עוֹדֶף, מוֹתָר, יתרה
surplus *adj.* עוֹדֵף, מיותר, יָתֵר
surprise′ (-z) *n.* הפתעה; תדהמה
- surprise attack התקפת-פתע
- take by surprise להפתיע
- to my surprise להפתעתי
surprise *v.* להפתיע; להדהים; לתקוף לפתע, להסתער פתאום
surprised *adj.* מופתע, נדהם
surprising *adj.* מפתיע
surre′al *adj.* סוריאליסטי, לא מציאותי
surre′alism′ *n.* סוריאליזם
surre′alist *n.* סוריאליסט
surren′der *v.* להיכנע; לוותר; לנטוש; להסגיר, למסור
- surrender a policy להפדות פוליסה
- surrender one's seat לוותר על מושבו (בכנסת)
- surrender oneself להיכנע
- surrender to bail להופיע אחר הערבות, לבוא אחר שחרור ערבות
surrender *n.* כניעה; מסירה
sur′repti′tious (sûrəptish′əs) *adj.* חשאי, מתגנב
surreptitiously *adv.* בגניבה
sur′rey (sûr′i) *n.* כירכרה, מרכבה

sur′rogate (sûr′-) *n&adj.* סגן, ממלא-מקום; תחליף, סורוגאט; פונדקאית
surrogate mother אם פונדקאית
surround′ *v.* להקיף, לכתר, לאפוף
- surrounded מוקף, מכותר; אפוף
surround *n.* (ציפוי) שולי-הריצפה
surrounding *adj.* סובב, מקיף, קרוב
surroundings *n-pl.* סביבה
sur′tax′ *n.* מס יסף, תוספת מס
surveil′lance (-vāl′-) *n.* פיקוח, השגחה; מעקב
survey′ (-vā′) *v.* לסקור; להשקיף; לבחון, לבדוק; למדוד, למפות
survey *n.* סקירה; סקר; בדיקה; מדידה; תרשים, שירטוט, מפה
surveyor *n.* סוקר; מודד; בודק; מעריך, שמאי; מפקח, משגיח
survi′val *n.* הישרדות, הישארות בחיים, נשארות, שרידות; שריד
- survival of the fittest ברירה טיבעית, הישרדות המתאימים ביותר
survival kit ערכת הישרדות
survive′ *v.* לשרוד, להוסיף להתקיים; להישאר בחיים
survivor *n.* שריד, ניצול, נשאר בחיים; שאיר, שְׁאֵר
sus = suss
suscep′tibil′ity *n.* רגישות, פגיעות; קבלת השפעה, התרשמות בנקל
suscep′tible *adj.* רגיש; מושפע/מתרשם בנקל; מתאהב מהר; ניתן ל-, בר-, מסוגל
su′shi (sōō′shi) *n.* סושי (מאכל)
suspect′ *v.* לחשוד; לסבור, להאמין, לחשוש; להטיל ספק ב-, לפקפק
- I suspect חוששני, סבורני
sus′pect′ *adj&n.* חשוד; מפוקפק
suspend′ *v.* לתלות; לעכב, לדחות ביצוע, להתלות; להפסיק, לחדול; להשהות; להשעות
- suspend a player להשעות שחקן
- suspended in a liquid מרחף בתוך נוזל (כגון חלקיקים)
suspended animation חוסר-הכרה, אי-מתן אות חיים
suspended sentence פס"ד מאסר על תנאי
suspender belt חגורת-גרביים
suspenders *n-pl.* כתפות, ביריות
suspense′ *n.* ציפייה, מתח, דריכות,

התרגשות; חוסר ודאות, אי-הכרעה
suspen′sion *n.* תלייה; עיכוב, דחיית ביצוע, הַתְלָיָה; הפסקה; השעיה; (במכונאות) מיתלה; תרחיף
suspension bridge גשר תלוי
suspi′cion (-pish′ən) *n.* חשד; חשדנות; חשש; שמץ, משהו, עקבות
- above suspicion ללא דופי
- under suspicion of חשוד ב-
suspi′cious (-pish′əs) *adj.* חשוד; מפוקפק; מעורר חשד; חשדני, חושד
suss *v&n.* *לחשוד; לחקור; להבין; לידע; חשוד; חשד
- on suss *בחשד ש-, חשוד ב-
- sussed *מוּדָע, מכיר היטב
sustain′ *v.* לשאת, לתמוך; לסבול; להאריך; לחזק; לקיים, להחזיק; לאשר, לאמת
- sustain a blow לספוג מהלומה
- sustain a defeat לנחול תבוסה
- sustain a note להאריך צליל
- sustain damage לסבול נזק
- sustain findings לאשר ממצאים
- sustain pressure לעמוד בפני לחץ
- sustained attempt ניסיון ממושך
- sustaining meal ארוחה מזינה
- the objection was sustained ההתנגדות נתקבלה
sus′tenance *n.* מזון; מִחיה; תמיכה
su′ture *n&v.* תֶּפֶר-פֶּצַע; קו-החיבור; לתפור (פצע)
su′zerain′ *n.* מושל; מדינה שלטת
su′zerain′ty *n.* שילטון
svelte *adj.* דקת-גו, חטובה
SW = southwest
swab (swob) *n.* סחבה, מטלית, חומר ספוגי; ליחה (לבדיקה), מישטח; *אדם מגושם
swab *v.* לשטוף, לנקות, לנגב; להוציא ליחה (לבדיקה)
swad′dle (swod-) *v.* לחתל, לעטוף בבד
- swaddling clothes/bands חיתולים; מיגבלות, אמצעים כובלים
swag *n.* *שלל, ביזה
swag′ger *v&n.* ללכת ביהירות; לדבר בהתנשאות; "להשוויץ"; יהירות, התנשאות
swaggerer *n.* גאוותן, "שוויצר"
swain *n.* צעיר, בן-כפר; מעריץ
swal′low (swol′ō) *v.* לבלוע; לבלוע רוקו; להאמין בלא פיקפוק
- swallow a lie לבלוע שקר
- swallow one's pride למחול על כבודו
- swallow one's words לחזור בו מדבריו; להבליע מליו
- swallow the bait לבלוע הפיתיון
- swallow up לבלוע, לכלות עד תום
swallow *n.* בליעה, לגימה; סנונית
- 1 swallow doesn't make a summer סנונית אחת אינה מבשרת את האביב
swallower *n.* בולען
swallowtailed *adj.* בעל זנב ממוזלג
swam = pt of swim
swamp (swomp) *n&v.* בִּצָה, בוץ; להציף; להכריע, להעמיס
swampy *adj.* בִּצָתִי, בוצי, טובעני
swan (swon) *n&v.* ברבור
- swan off *לנסוע, לטייל
swan dive צלילת-ברבור
swank *v.* *להתרברב, "להשוויץ"
swank *n.* *התרברבות; "שוויצר"
swanky *adj.* *מתגנדר; מרשים
swan's-down *n.* פלומת-ברבור
swan song שירת-הברבור
swap (swop) *v&n.* *להחליף; חליפין
swap meet שוק פישפשים
sward (swôrd) *n.* דשא
swarf (swôrf) *n.* שבבים
swarm (swôrm) *n.* נחיל, עדה, להקה נודדת; קהל, המון
swarm *v.* לשרוץ; לנוע בנחיל; לנהור; להתאסף; לטפס בידיו ורגליו
swarth′y (swôr′dhi) *adj.* שחום-עור
swash (swosh) *v&n.* להתיז; לשכשך; להתרברב; שיכשוך; רברבן
swash′buck′ler (swosh-) *n.* הרפתקן, שחצן, פוחז, נועז
swashbuckling *adj.* הרפתקני
swas′tika (swos′-) *n.* צלב-קרס
swat (swot) *v&n.* להצליף, לחבוט, לקטול; מכה, חבטה; מצלף
swatch (swoch) *n.* פיסת-אריג
swath (swoth) *n.* עומר, אלומה קצורה; נתיב (בעקבות המקצרה)
- cut a wide swath להרשים ביותר
swathe (swodh) *v.* לעטוף, לחבוש; להקיף, לאפוף
swat′ter (swot-) *n.* מצלף (-זבובים)

sway *v.* לנדנד; להתנדנד, להתנועע; לנטות; להטות; להשפיע; לשלוט
sway *n.* התנדנדות, טילטול; השפעה; שליטה, שילטון
swayback *n.* שקיעת הגב
swear (swer) *v.* להישבע; להצהיר בתוקף; לְהַשְׁבִּיעַ; לקלל, לנבל פיו
- swear (in) a witness להשביע עד
- swear a charge להאשים בשבועה
- swear blind *לטעון בכל תוקף
- swear by להישבע ב-/בשם-; להאמין ב-, לתת אמון ב-
- swear him in להשביעו לתפקיד
- swear off להישבע להינזר מ-
- swear out a warrant להשיג צו-מאסר בשבועה
- swear to it להישבע על כך
- swear to silence להשביעו לשתוק
swear-word *n.* קללה, נאצה, גידוף
sweat (swet) *n.* זיעה; הזעה; לחות, טיפות; עבודה מפרכת
- by the sweat of one's brow בזיעת אפיו
- cold sweat זיעה קרה, חרדה
- get into a sweat להתכסות זיעה, להימלא פחד, להיכנס למתח
- no sweat *אין בעיה!, אל פחד!
- old sweat חייל משופשף
sweat *v.* להזיע; לגרום להזעה; להעביד/לעבוד קשה; לפלוט טיפות
- sweat blood *לעמול, לעבוד קשה
- sweat bullets *להזיע כמו סוס
- sweat it out לעסוק בהתעמלות קשה; לסבול אי-נוחות עד לסיום
- sweat out לרפא (הצטננות) בהזעה; *להמתין בחרדה
sweat-band *n.* רצועה לספיגת זיעה
sweated *adj.* שטוף-זיעה; מיוצר בזיעת אפיים; מנוצל; הופק בניצול
sweated labor עבודה נצלנית
sweat′er (swet′-) *n.* אפודה, מיזע, סוודר
sweat gland בלוטת-זיעה
sweatpants *n-pl.* מכנסי טריינינג
sweat-shirt *n.* סווצ'ר, מיזע
sweat-shop *n.* מיפעל נצלני
sweatsuit *n.* חליפת טריינינג, אימונית
sweaty *adj.* מזיע, שטוף-זיעה; ספוג-זיעה; חם, גורם הזעה
swede *n.* סוג של לפת
Swe′dish *adj&n.* שוודי; שוודית

sweep *n.* טיאטוא; גריפה; תנועה חדה, תנופה; תחום, שטח; היקף; טווח; מרחב; מנקה ארובות; כנף טחנת-רוח; משוט; יציאה, הסתערות
- sweep of desert שטח מידברי
- sweep of hair קווצת-שיער גולשת הצידה
- sweeps הימורים (במירוץ-סוסים)
sweep *v.* לטאטא, לנקות; לגרוף, לסחוף; לבער, לטהר; לשטוף; לעבור על פני; להניע בתנופה; להימשך; להשתרע; לסרוק; לסקור, לבחון
- sweep a curtsey להחוות קידה
- sweep away לטאטא, לסלק; לסחוף
- sweep off/up לסלק בתנופה, לחטוף
- sweep under the carpet לטאטא אל מתחת לשטיח
- sweep up לנקות, לטאטא
- swept all before him נחל הצלחה סוחפת
- the party swept the country המיפלגה זכתה בניצחון סוחף
sweeper *n.* מטאטא, מנקה; מנקה-שטיחים; שחקן מחפה
sweeping *adj.* סוחף; מקיף, כללי, כוללני; מרחיק לכת; ללא הגבלה
sweepings *n-pl.* אשפה, פסולת
sweep-stake *n.* הימורים
sweet *adj.* מתוק; ערב; נעים, נוח; ריחני; מושך; טרי, רענן; טהור
- at one's own sweet will כרצונו החופשי, כאוות נפשו
- is sweet on her מאוהב בה
- short and sweet קצר ועינייני
- sweet singer זמר נעים-קול
- sweet talk חנופה, דברי חלקות
- sweet tooth אהבת ממתקים
- sweet water מי-שתייה
sweet *n.* סוכרייה, ממתק; מיני-מתיקה; ליפתן; מנה אחרונה
- my sweet יקירי, יקירתי; מותק
- sweets מיני מתיקה, מעדנים
sweet-and-sour *adj.* מתוק-חמצמץ
sweetbread *n.* לבלב-עגל (לאכילה)
sweet-briar *n.* סוג של ורד
sweet corn תירס מתוק
sweeten *v.* להמתיק; להנעים; לעדן
sweetener *n.* חומר ממתיק; *שוחד
sweetening *n.* מְמַתֵּק, חומר ממתיק
sweetheart *n.* אהוב, אהובה;

"מותק"
sweet'ie *n.* *אהוב, "מותק"
sweetish *adj.* מְתַקְתַּק
sweetmeat *n.* מַמְתָּק; פרי משומר בסוכר
sweetness *n.* מתיקות
sweet pea טוֹפַח, אפונה ריחנית
sweet pepper פילפל ירוק (מתוק)
sweet potato תפו"א מתוק, בטאטה
sweet-scented *adj.* ריחני
sweetshop *n.* חנות ממתקים
sweet-talk *v.* לשכנע בדברי חלקות
swell *v.* להתנפח, לתפוח; לגדול; להרחיב; לנפח; להתמלא גאווה
- happiness swelled his heart אושר הציף את ליבו
- swell up להתנפח, לתפוח
swell *n.* התנפחות; תפיחה; מלאות, עגלגלות; גאות המים ושקיעתם; התעצמות קול
swell *adj.* *מצוין, כביר; מפואר
swelled head "ראש נפוח", יהירות
swelling *n.* התנפחות, תפיחה; גידול
swel'ter *v.* להזיע, לסבול מחום
sweltering *adj.* חם, מעיק, מחניק
swept = p of sweep
swept-back *adj.* (כנפי מטוס) משוכות לאחור; מסורק הצידה
swerve *v&n.* לסטות; לעשות תפנית; סטייה; תפנית
swift *adj.* מהיר; מיידי; קצר, חטוף
- swift to- מהיר ל-, ממהר ל-, קל ל-
swift *n.* סיס (ציפור)
swig *v.* *לשתות, ללגום בשקיקה
swig *n.* *לגימה ארוכה
swill *v&n.* לשטוף; *ללגום; שטיפה; פסולת-מזון, מאכל-חזירים
swim *v&n.* לשחות; לצלוח בשחייה; לצוף; להציף; שחייה
- go for a swim ללכת לשחות
- her eyes swam with tears עיניה הוצפו דמעות
- in the swim מעורה, הולך בתלם
- my head swims ראשי עלי סחרחר
- swim a race להשתתף במישחה
- swim against the current לשחות נגד הזרם
- swim with the tide לשחות עם הזרם, ללכת בתלם
swimmer *n.* שחיין
swimming *n.* שחייה
swimming bath/pool בריכת-שחייה
swimming costume בגד-ים
swimmingly *adv.* בקלות, היטב
swimming trunks בגד-ים, מיכנסי-ים
swim-suit *n.* בגד-ים
swin'dle *n&v.* לרמות, להונות, להוליך שולל; רמאות; תרמית; זיוף
swindler *n.* רמאי, מוליך שולל, נוכל
swine *n.* חזיר; חזירים
swine flu שפעת החזירים
swineherd *n.* רועה-חזירים
swing *v.* לנדנד; להתנדנד; לנענע; להתנועע; להניע/לנוע בתנופה/בקשת; לנופף; לצעוד קלילות, לטפוף; לרקוד/לנגן סווינג
- swing one's weight להטיל מלוא כובד מישקלו
- swing round להסתובב אחורה
- the door swung to הדלת נטרקה בתנופה
- the gate swung shut השער נסגר בתנופה
- you'll swing *יתלו אותך
swing *n.* נענוע; טילטול; התנדנדות; תנופה; טווח תנועה קשתית; טפיפה; נדנדה; סווינג; שינוי, תפנית
- goes with a swing מתקדם יפה; (לחן) קל-מיקצב, ריתמי
- in full swing בתנופה רבה, פעיל
- ride on a swing להתנדנד בנדנדה
- swing of public opinion תנודת דעת-הקהל
swingeing (swin'jing) *adj.* גדול, ענק
swing'er (-ng-) *n.* עליז, חופשי, מתירני
swing'ing (-ng-) *adj.* *עליז, מלא-חיים; משוחרר; מודרני
swing shift משמרת ערב
swing-wing *adj.* (מטוס) בעל כנפיים מסתובבות
swi'nish *adj.* חזירי, מתועב, גס
swipe *v.* להכות; *לגנוב, לחטוף
swipe *n.* מכה, חבטה, מהלומה
swirl *v.* להסתובב, להתערבל; לערבל
- swirl away לסחוף במערבולת
swirl *n.* הסתובבות; מערבולת; שיבולת; דבר גלי/מסולסל
swish *v&n.* להצליף, להשמיע שריקה, לחלוף ברעש; לרשרש; רישרוש; צליף

swish *adj.* *מפואר, הדור, יוקרתי
Swiss *adj.* שווייצי, שווייצרי
Swiss chard סלק
Swiss roll רולאדה (עוגה)
switch *n.* מפסק, מַתֵּק, מתג; כפתור; מסוט; מעתק; שבט, מקל; תלתל (בפיאה נוכרית); שינוי; העברה
- asleep at the switch מחמיץ שעת-כושר
switch *v.* להסיט, לעתק; להכות, להצליף; להחליף, לשנות; לחטוף; להניע בתנופה
- switch off לְכַבּוֹת, לנתק, להפסיק
- switch on להדליק, להפעיל
- switch over לעבור/להעביר (לתחנה אחרת); לערוק (למיפלגה יריבה)
switchback *n.* רכבת (בגן-שעשועים); מסלול רב-פניות; דרך עולה ויורדת
switchblade אולר קפיצי
switchboard *n.* מרכזייה, רכזת, לוח בקרה
switched-on *adj.* *ער, נלהב, שמח; מודרני, מעורה; מסומם; דלוק
switching *n.* החלפה; מיתוג
switchman *n.* עתק-רכבות, פועל-מסוט
Switz'erland *n.* שווייץ
swiv'el *n.* סביבול, חח; כן בעל ציר
swivel *v.* להסתובב על סביבול
swivel chair כיסא מסתובב
swiz *n.* אכזבה מרה, רמאות
swiz'zle *n.* משקה מעורב, תמזיג
swizzle stick קנה-עירבוב
swob = swab
swol'len (-swōl'-) *adj.* נפוח; מנופח
swollen = pp of swell
swollen head "ראש נפוח", יהירות
swoon (swōōn) *v&n.* להתעלף; התעלפות
swoop (swōōp) *v&n.* לעוט, לנחות, להסתער; עיטה; פשיטה; חטיפה
- at one fell swoop בחטף, בבת אחת
- swoop up לחטוף; לסלק פתאום
swop (= swap) *v&n.* להחליף; החלפה
sword (sôrd) *n.* חֶרֶב
- at swords' points מצחצחים חרבות
- put to the sword להחרים לפי חרב
sword cane מקל-חרב
sword-cut *n.* פצע-חרב, צלקת-סיף
sword dance מחול חרבות
swordfish *n.* דג-החרב
sword-play *n.* סיוף; התנצחות, ציחצוח-חרבות; ציחצוח מלים
swordsman *n.* סַיָּף; נושא חרב
swordsmanship *n.* סַיָּף, סייפות
sword stick = sword cane
swore = pt of swear
sworn (= pp of swear) *adj.* מושבע, מובהק, גמור, מוחלט
swot *n&v.* שקדן, דגרן, מתמיד; עבודה קשה; לשקוד על לימודיו
- swot up לשקוד, לשנן לימודיו
swum = pp of swim
swung = p of swung
syb'arite' *n.* רודף תענוגות
syb'arit'ic *adj.* של חיי מותרות
syc'amore' *n.* שיקמה (עץ)
syc'ophancy *n.* התרפסות, חנופה
syc'ophant *n.* מתרפס, חנפן
syc'ophan'tic *adj.* מתרפס, חנפני
syl'labar'y (-beri) *n.* רשימת סימנים; אלף-בית הברתי
syllab'ic *adj.* הברתי, של הברה
syllab'icate' *v.* לחלק להברות
syllab'ica'tion *n.* חלוקה להברות
syllab'ifica'tion *n.* חלוקה להברות
syllab'ify' *v.* לחלק להברות
syl'lable *n.* הברה; שמץ, פירור
- closed syllable הברה סגורה
- open syllable הברה פתוחה
-syllabled *adj.* הברתי
- 2-syllabled word מלה דו-הברתית
syl'labub' *n.* מזג יין וחלב
syl'labus *n.* תוכנית לימודים, רשימת נושאים, תמצית
syl'logism' *n.* סילוגיזם, היקש
syl'logis'tic *adj.* סילוגיסטי, היקשי
sylph *n.* עלמה דקת-גו, יעלת-חן; סילפה, נערת-האוויר
sylph-like *adj.* חיננית, דקת-גו
syl'van *adj.* יערי, שבתוך היער
sym'bio'sis *n.* סימביוזה, חיי שיתוף, חיים הרמוניים
sym'bol *n.* סמל, סימן, סימבול
symbol'ic(al) *adj.* סימלי, סימבולי
sym'bolism' *n.* סימבוליזם, סימליות, הבעה בסמלים
sym'bolist *n.* סימבוליקן
sym'boliza'tion *n.* הַסְמָלָה
sym'bolize' *v.* לסמל, לייצג בסמלים

symmet′ric(al) *adj.* סימטרי, הרמוני, מתואם
sym′metry *n.* סימטרייה, תּוֹאַם, מיתאם, תאימות, התאמה
sym′pathet′ic *adj.* מביע אהדה, משתתף ברגשות הזולת, סימפאתי
sym′pathize′ *v.* לאהוד, לְסַמְפֵּת; לראות בעין יפה, להביע אהדה; להשתתף ברגשות
sympathizer *n.* אוהד, חסיד
sym′pathy *n.* סימפתיה, אהדה, השתתפות ברגשות; תנחומים; רחמים
- come out in sympathy לשבות שביתת-אהדה
- felt sympathy נכמרו רחמיו
- in sympathy with רואה בחיוב, אוהד
- my sympathies lie with אהדתי נתונה ל-
- you have my sympathy אני משתתף בצערך
symphon′ic *adj.* סימפוני
sym′phony *n.* סימפוניה
sympo′sium (-′z-) *n.* סימפוזיון
symp′tom *n.* סימפטום, תסמין, סימן-היכר, תופעת-תורפה
symp′tomat′ic *adj.* סימפטומאטי, מסמן
syn′agogue′ (-gog) *n.* בית-כנסת
synapse′ *n.* מִסְנָף, סִינַפְּסָה
sync *n.* סינכרוניזציה, תיאום זמנים
- in sync מתואם בזמן, מסונכרן
- out of sync לא מתואם בזמן
syn′chromesh′ (-k-) *n.* שילוב סינכרוני (של הילוכים)
syn′chronism′ (-k-) *n.* סינכרוניזם, תזמונת, התרחשות בו-זמנית; לוחות כרונולוגיים
syn′chroniza′tion (-k-) *n.* תיאום בו-זמני, סינכרון, סינכרוניזציה
syn′chronize′ (-k-) *v.* לסנכרן, לתאם; להתרחש בו-זמנית
- synchronize marchers לתאם פסיעות הצועדים
syn′chronous (-k-) *adj.* סינכרוני, בו-זמני, מתרחש בעת ובעונה אחת
syn′chrotron′ (-k-) *n.* סינכרוטרון, מאיץ חלקיקים
syn′cline′ *n.* סינקלינה, קער
syn′copate′ *v.* (במוסיקה) לשנות המיקצב, לנגן בסינקופה, לסנקף
syncopated *adj.* מסונקף
syn′copa′tion *n.* סינקופה, שינוי מיקצב; הטעמה של פעימות חלשות
syn′cope (-kəpi) *n.* סינקופה, השמטת הגה/אות באמצע המלה; איבוד-ההכרה, התעלפות
syn′dic *n.* נציג; חבר-ועדה; שופט
syn′dicalism′ *n.* סינדיקאליזם, ניהול המיפעלים ע״י איגודים מיקצועיים
syn′dicate *n.* סינדיקאט, איגוד בעלי-עסקים
syn′dicate′ *v.* למכור/לפרסם ע״י סינדיקאט; לאגד; להתאגד
syn′dica′tion *n.* התאגדות
syn′drome *n.* תיסמונת, סינדרום
syn′od *n.* סינוד, כנס גדולי הכנסייה
syn′onym *n.* סינונים, מלה נרדפת
synon′ymous *adj.* סינונימי, נרדף, קרוב במשמעותו
synon′ymy *n.* נִרְדָּפוּת, זהות מלים
synop′sis *n.* תמצית, סיכום מרוכז
synop′tic *adj.* תמציתי, סינופטי
synoptic chart מפה סינופטית
syntac′tic *adj.* תחבירי
syntag′ma *n.* תַּחְבִּירָן, סִינְטַגְמָה
syn′tax′ *n.* תחביר
syn′thesis *n.* סינתזה; תירכובת
syn′thesize′ *v.* לערוך סינתזה
syn′thesi′zer *n.* סינתיסייזר
synthet′ic *adj.* סינתטי; מלאכותי
syph′ilis *n.* עגבת, סיפיליס
syph′ilit′ic *adj.* חולה עגבת
sy′phon *n.* סיפון, גישתה
Syr′ian *adj&n.* סורי
syrin′ga *n.* לילך (שיח-נוי)
syringe′ *n&v.* מזרק; חוקן; להזריק
syr′up *n.* סירופ, שירו
syrupy *adj.* מתוק, סירופי
sys′tem *n.* מערכת, שיטה; שיטתיות; תוכנית; גוף, מערוכת; מחשב
- nervous system מערכת העצבים
sys′temat′ic *adj.* שיטתי, סיסטמאטי
systematics *n.* סיסטמאטיקה, מיון
sys′tematiza′tion *n.* שיווט
sys′tematize′ *v.* לשווט, לסדר בשיטה
system′ic *adj.* מַעֲרַכְתִּי, סיסטמי
systems analyst מנתח מערכות
systol′ic *adj.* (לחץ דם) סיסטולי

T

T דמוי-טי, בצורת טי
- T-shirt חולצת-טי (קצרת-שרוולים)
- to a T בדיוק, בצורה מושלמת
ta (tä) *interj.* *תודה
tab *n.* תווית, פיתקה; מתלה, לולאה; חשבון (לתשלום); טבלר, טאבולאטור
- keep a tab on להשגיח, לשים לב ל-
- pick up the tab לקבל על עצמו לשלם
tab′ard *n.* מעיל קצר (של אביר)
tab′by *n.* חתול חברבר; חתולה
tab′ernac′le *n.* המישכן, אוהל-מועד; בית-תפילה
- Feast of Tabernacles חג הסוכות
ta′ble *n.* שולחן; סעודה; מזון; מסובים; לוח; טבלה; לוח הכפל; רמה
- Tables of the Law לוחות הברית
- at table סועד, בשעת הסעודה
- lay on the table לדחות למועד מאוחר יותר
- on the table על שולחן הדיונים
- set the table לערוך השולחן
- table of contents תוכן העניינים
- turn the tables להפוך הקערה על פיה, לצאת וידו על העליונה
- under the table *מבוסם, בגילופין; מתחת לשולחן, בחשאי, בתורת שוחד
table *v.* להניח (הצעה) על השולחן; לדחות לעתיד; לְלַוֵּחַ, לערוך בלוחות
tab′leau (-lō) *n.* תמונה; סיטואציה דראמאטית
tablecloth *n.* מפת-שולחן
table-d'hote (tä′bəldōt′) (ארוחה) במחיר קבוע
table-knife *n.* סכין-שולחן
table-land *n.* רמה, מישור, טבלה
table linen מפות שולחן
table manners נימוסי-שולחן
table-mat *n.* תחתית (לצלחת חמה)
table napkin מפית שולחן
tablespoon *n.* כף, כף-מרק
tablespoonful *n.* כף, מלוא הכף
tab′let *n.* טבלית, גלולה; טבלה; לוחית; טבלת-זיכרון; פינקס; דפדפת
table talk שיחת-סעודה
table tennis טניס שולחן, פינג-פונג
tableware *n.* כלי-שולחן
tab′loid *n.* עיתון עממי (מצולם)
taboo′ *n&adj.* טאבו, חרם, איסור, הקדש; אסור במגע/בביטוי/בשימוש; קדוש
taboo *v.* לאסור, להחרים, להקדיש
ta′bor *n.* תוף קטן
tab′oret′ *n.* שרפרף, כיסא נמוך
tab′u·lar *adj.* מְלוּוָּח, ערוך בטבלאות
tab′u·la ra′sa (-rä′zə) *n.* דף חדש
tab′u·late′ *v.* לְלַוֵּחַ, לערוך בטבלה
tab′u·la′tion *n.* לִיוּוּחַ
tab′u·la′tor *n.* טבלר, טבולאטור, מְלַוַּחַת
tach′o (tak′ō) *n.* *מד מהירות
tacho′meter (-kom′-) *n.* מד מהירות
tac′it *adj.* ללא מלים, מובן, מרומז, לא כתוב; שותק, שבשתיקה
tac′iturn′ *adj.* שתקני
tac′itur′nity *n.* שתקנות
tack *n.* נעץ, מסמר שטוח-ראש; מיכלב, תפר ארעי; כיוון הספינה; פקימה; דרך, קו-פעולה
- go sit on a tack *חדל לקשקש!
- hard tack מציות, מרקועים
- on the right tack בדרך הנכונה
- on the wrong tack בדרך המוטעית
- thumb tack נעץ
tack *v.* לחבר בנעץ; להכליב; להפליג בזיגזגים; לפקום; לשנות כיוון
- tack down לחבר בנעץ; להכליב
- tack on להוסיף, לחבר, לצרף
tackiness *n.* דְבִיקוּת; *מוזנחות
tacking stitch מיכלב, תפר-מכליב
tack′le *n.* ציוד, כלים; חיבל; גלגילות; תיקול, בלימה, הפלה ארצה
- flying tackle הפלה אגב זינוק באוויר
tackle *v.* לטפל ב-; לבלום, להפיל, לתקל; לתפוס, לעצור
- tackle him about it לשוחח עמו על כך גלויות/בתקיפות
- tackle the matter לטפל בעניין
tack′y *adj.* דביק, לח; *מרושל
tact *n.* טאקט, נימוס, תבונה
tactful *adj.* טאקטי, מנומס
tac′tic *n.* טאקטיקה, תכסיס
tactical *adj.* טאקטי, תכסיסי
tac·ti′cian (-tish′ən) *n.* תכסיסן
tac′tics *n-pl.* טאקטיקה, תכסיסים

tac'tile (-til) *adj.* מישושי, של חוש המישוש
tactless *adj.* נעדר-טאקט
tac'tual (-chōōəl) *adj.* מישושי, של חוש המישוש
tad *n.* *ילד; כמות זעירה, מעט
tad'pole' *n.* ראשן
taf'feta *n.* טאפטה (אריג-משי)
taff'rail' *n.* מעקה-הירכתיים
taf'fy *n.* טופי (סוכריות)
tag *n.* תווית, מדבקה; חוד-הַשְׂחָלָה, קצוות-שרוך; ביטוי, קלישה; תלתל; שוליים מדובללים; תופסת (מישחק)
- question tag (as: "isn't it?") תוספת שאלה (כגון "אתה בא, לא כן?")
- tag end קצה, סוף
tag *v.* להדביק תווית; לצרף, לספח
- tag along להצטרף; לעקוב; להזדנב
tail *n.* זנב; שובל; קצה; *בלש; מרגל; נערה, חתיכה; ישבן; בעילה
- cow's tail *מפגר, אחרון
- on his tail מאחוריו, נצמד אליו
- tail of the eye זווית העין
- tails מעיל מזונב; אחורי המטבע
- turn tail להפוך עורף, לנוס
- wag the tail לכשכש בזנב
- with his tail between his legs מובס, כשזנבו מקופל, חפוי-ראש
- with his tail up במצב-רוח מרומם
tail *v.* לעקוב, לבלוש; להזדנב; לקשור הקצוות; לזנב, לקצץ
- tail away/off לִפְחוֹת וללכת
tail *adj.* אחורי, בא מאחור
tailback *n.* שורת מכוניות (בפקק)
tailboard *n.* דופן אחורי (במשאית)
tailcoat *n.* מעיל מזונב, מעיל-ערב
tailed *adj.* מזונב, בעל זנב
- long-tailed ארך-זנב
tail end קצה, סוף, שלהי
tailgate *n.* דופן אחורי (במשאית)
tailgate *v.* להיצמד מאחור (לרכב)
tailless *adj.* חסר-זנב
tail-light *n.* אור אחורי, פנס אחורי
tail'or *n&v.* חייט, תופר; לחייט, לתפור; לעבד, להתאים
tailor-made *adj.* מעשה-חייט, תפור במיוחד ללקוח; מתאים, הולם
tailpiece *n.* תוספת, נספח; עיטורת (בסוף פרק), קישוט בתחתית-עמוד
tailspin *n.* צלילה לוליינית, נפילה
- go into a tailspin *ליפול ברוחו, לשקוע ביאוש
tailwind *n.* רוח אחורית
taint *n.* כתם, רבב, דופי; ריקבון, אילוח; עקבות (של שיגעון)
taint *v.* להכתים, להכפיש; לזהם, להרקיב; להשחית
taintless *adj.* ללא דופי, טהור
take *v.* לקחת, ליטול; לקבל; לאחוז; לתפוס; לכבוש; ללכוד; לעשות; לקנות; לבחור; לקטול; להפחית; להבין, להסיק; לחשוב; להאמין
- I take it that אני מבין ש-
- be taken ill לחלות, ליפול למשכב
- has what it takes *יש לו מה שצריך
- it takes strength to דרוש כוח ל-
- not able to take it לא יכול (לסבול) יותר, נשבר
- she took it out on him היא שפכה כעסה עליו, היא פרקה זעמה עליו
- take 2 from 5 להפחית 2 מ-5
- take 3 hours לארוך 3 שעות
- take a bath לעשות אמבטיה; לאבד הון
- take a beating לספוג מכות
- take a newspaper לקנות עיתון (מסוים) בקביעות, לחתום על עיתון
- take a picture/photograph לצלם
- take a walk לטייל, להלך
- take after לדמות ל-; לרדוף אחרי
- take an oath להישבע
- take away להפחית; לקחת, לסלק
- take by surprise להפתיע
- take by the throat ללפות הגרון
- take coffee להתכבד בקפה
- take criticism לשאת ביקורת
- take down להוריד; לרשום; לפרק; לגמד קומתו
- take effect להיכנס לתוקף, לחול; לפעול, להשפיע
- take from לגרוע מ-, להפחית מ-
- take him for לחשוב אותו ל-
- take him in להכניסו, לארחו; לרמותו, לסדר אותו
- take him up לשמש לו פטרון, לסייע
- take in לקבל (עבודה) בבית; להבין, לעכל; לספוג בחושיו; לכלול, להקיף
- take in a dress להצר/לקצר שימלה
- take in a lie להאמין ל-/לבלוע שקר
- take in sail לגלול/לקפל המיפרשים
- take it להבין זאת; לקבל זאת; לסבול זאת

- take it from me! האמן לי!
- take it or leave it קבל זאת או משוך ידך; (מחיר) סופי
- take it out of him להותירו חסר אונים, למצות כוחו, להתישו
- take it out on לפרוק זעמו על
- take it seriously לקחת זאת ברצינות
- take it up with להעלות זאת בפני
- take measures לנקוט אמצעים
- take my word! על דברתי!
- take notes לרשום
- take off לרוץ; לפשוט; להוריד, לסלק; להפחית; לזנק; להמריא; לחקות
- take off from work לקחת חופשה מהעבודה
- take offense להיעלב, להיפגע
- take on להעביד, להעסיק; ליטול על עצמו; לקבל (תכונה); להתמודד מול; לצאת מול; להתקבל (באופנה); להתרגש; לכעוס; להעמיס
- take on the look of ללבוש צורת-
- take one's eyes from לגרוע עיניו מ-, להסיר מבטו מן
- take one's fancy לשבות דימיונו
- take one's time לא למהר, להתמזמז
- take out להוציא; לסלק; להסיר; להשיג, לקבל; לרוץ; לפתוח בריצה
- take over לקבל לידיו (הניהול)
- take part להשתתף, ליטול חלק
- take part with him לתמוך בו
- take place לקרות, להתרחש
- take pride in להתגאות ב-
- take root להכות שורש
- take sick לחלות
- take the cake *להיות ראשון; לעבור כל גבול
- take the place of למלא מקום-
- take to לחבב, להימשך ל-; לברוח, למצוא מחסה; להתחיל ב-, לעסוק
- take up להרים; להתחיל להתעניין ב-; להמשיך; להתחיל שוב; לאסוף; לספוג, לקלוט; להמס, למוסס
- take up room/time לתפוס מקום/זמן
- take up with להתיידד עם
- taken up with- מתעניין ב-, שקוע ב-
- the book took הספר נקלט/הצליח
- the bottle takes a liter - הבקבוק קיבולו ליטר אחד
- the color took הצבע נקלט/נספג
- the shop takes 500 NIS a day הכנסות החנות הן 500 ש"ח ליום
- took it for yes הבין זאת כ"הן"
- was taken by/with her כבשה ליבו

take *n.* מיקח, קבלה; הכנסה, שלל, רווח; צילום (בהסרטה)
- is on the take *רודף בצע

takeaway *n.* טייק-אווי, (חנות מזון) לקנות וללכת

take-home pay משכורת נטו

take-off *n.* המראה, זינוק; נקודת-הזינוק; חיקוי, קריקטורה

take-out *n.* טייק-אווי, (חנות מזון) לקנות וללכת

take-over *n.* שליטה, השתלטות; קבלת הפיקוד, העברת הניהול

take-up *n.* היענות, קבלה, הסכמה

taking *adj.* מושך, שובה-לב

taking *n.* לקיחה, גניבה

takings *n-pl.* הכנסות, רווחים

talc *n.* טאלק (מינראל פריך)

tal'cum powder אבקת טאלק

tale *n.* סיפור, מעשייה; בדותה, שקר
- tell tales לספר סיפורים, להלעיז

talebearer *n.* רכלן, מפיץ שמועות

tal'ent *n.* כישרון; בעלי כישרונות; כיכר, מטבע עתיק; *חתיכה

talented *adj.* בעל כישרון, מחונן

talent scout צייד-כישרונות

taleteller *n.* רכלן, מפיץ שמועות

tal'isman *n.* קמיע, טליסמה

talk (tôk) *n.* דיבור; שיחה; הרצאה
- have a talk לשוחח, לדון
- it's just talk אלו דברי-הבל
- talk of the town שיחת-היום

talk *v.* לדבר; לשוחח על; להביע
- talk away לדבר בלי הרף
- talk back לענות בגסות
- talk big להתרברב
- talk down a plane להנחית מטוס
- talk down to לדבר בהתנשאות
- talk him down להשתיקו, להחרישו
- talk him into לשדלו בדברים
- talk him out of להניאו מ-
- talk him over לשכנעו, לשדלו
- talk him round לשכנעו, לשדלו
- talk him through להסביר לו באריכות
- talk it over לדון בכך
- talk one's way out of להיחלץ

(מצרה) בעזרת פיו/בחלקת-לשונו
- talk out ליישב (מחלוקת) בשיחות; למצות עד תום; לשפוך ליבו
- talk out a law לסכל חוק בנאומים ארוכים
- talk round לדבר סחור-סחור
- talk to לדבר עם; לגעור, לנזוף
- talk to oneself לומר בליבו, לחשוב
- talk up לדבר בקול, לומר גלויות; ללמד זכות על
talk′ative (tôk-) *adj.* דברני, פטפטן
talkback *n.* טוקבק (תגובות גולשים)
talker *n.* דברן, מרבה מלים
talk′ie (tôk′i) *n.* סרט קולנוע
talking *n.* דיבור, שיחה
talking head *מגיש, שדרן
talking point נושא השיחה; נקודה משכנעת (בדיון)
talking-to *n.* נזיפה, גערה
- a good talking-to "מנה הגונה"
talk show טוק שואו, תוכנית אירוח
tall (tôl) *adj.* גבוה; מוגזם, מופרז
- talk tall להתגאות, להתפאר
tallboy *n.* שידה, ארון מגירות
tallish *adj.* גבוה למדי
tal′lith *n.* טלית
tall order משימה קשה
tal′low (-ō) *n.* חֵלֶב, חֵלֶב-נרות
tall story גוזמה, סיפור מפוקפק
tall tale גוזמה, סיפור מפוקפק
tal′ly *n.* תווית, פתק-זיהוי; חישוב, חשבון; מספר הנקודות; מקל מחורץ
tally *v.* לתאם; לחשב; לספור
tallyman *n.* מונה נקודות
Tal′mud *n.* תלמוד, תורה שבעל-פה
Tal·mu′dic *adj.* תלמודי
Tal′mudist *adj.* תלמודאי
tal′on *n.* טופר, ציפורן עוף דורס
ta′lus *n.* שְׁפִיעַ, גל-אבנים לרגלי צוק
tam *n.* כומתה סקוטית
ta′mable *adj.* ניתן לאילוף
tamale (-mä′li) *n.* טאמאלי (מאכל מקסיקני)
tam′arind′ *n.* תומר הודי, תמרהינדי
tam′arisk′ *n.* אשל (עץ, שיח)
tam′bour (-boor) *n.* תוף; תריס, מיכסה לרהיט; חישוקי-רקימה (להחזקת האריג)
tam′bourine′ (-bərēn′) *n.* טנבור, תוף-מרים
tame *adj.* מאולף, מבויית; צייתן, נכנע; חסר-מרץ; משעמם, לא מרתק
tame *v.* לאלף, לביית
tameable *adj.* ניתן לאילוף
tamer *n.* מאלף (חיות)
Tam′many (Hall) *n.* טאמאני הול, אירגון מושחת
tam′my *n.* כומתה סקוטית
tam-o'-shan′ter כומתה סקוטית
tamp *v.* לדחוס; לסתום; להפחית
tam′per *v.* לטפל ב-, להתעסק, להתערב; לזייף
tam′pon′ *n.* טמפון
tan *v.* לשזוף; להשתזף; להשחים; לעבד עור, לעפץ; להלקות, להצליף
tan *n&adj.* שיזוף; שיזפון; שזוף, חום-צהבהב, שחום
tan = tangent
tan′dem *n.* אופניים דו-מושביים
- in tandem זה מאחורי זה; בשיתוף
tandem *adv.* זה מאחורי זה
tang *n.* טעם חריף, ריח חריף; נימה
tan′gent *n.* משיק; טנגנס
- go/fly off at a tangent לסטות לפתע; לעשות תפנית
tan·gen′tial *adj.* משיק, נוגע; סוטה
tan′gerine (-rēn) *n.* מנדרינה
tan′gibil′ity *n.* מוחשיות, ממשות
tan′gible *adj.* משיש, ניתן למישוש; מוחשי; ממשי; ברור, מוגדר, ריאלי
tan′gle *n.* תסבוכת, פלונטר; ריב
tangle *v.* לסבך; להסתבך
tan′go *n&v.* טאנגו; לרקוד טאנגו
tan′gram *n.* טאנגראם (מישחק)
tank *n&v.* טנק; מְכָל, דוד
- tanked up שתוי, שיכור, מבוסם
tan′kard *n.* קנקן, ספל-בירה
tank car קרון-מְכָל, מְכָלִית
tank′er *n.* מְכָלִית; משאית-מְכָל
tank top חולצה חסרת שרוולים
tan′ner *n.* בורסקי, מעבד עורות
tannery *n.* בורסקי, מיפעל עורות
tan′nic acid, tan′nin *n.* טאנין, דיבעון, עפץ, חומר לעיבוד עורות
tan′ning *n.* בורסקאות; שיזוף; הלקאה
tan′talize′ *v.* להתעלל, לעורר תיקוות-שווא
tan′talus *n.* מעמד לבקבוקי-משקה
tan′tamount′ *adj.* כמוהו כ-, שקול כנגד, שווה-ערך ל-, בבחינת-
tan′trum *n.* השתוללות זעם

tap *n.* ברז; פקק; מגוף, מגופה; ציתות
- on tap מהחבית; מוכן ומזומן, זמין
tap *v.* לברז; להתקין מגופה; להוציא, לסחוט; לצותת, לחבר קו-ציתות
- tap out להפסיד כספו בהימורים
tap *n&v.* דפיקה; להקיש, לטפוח
- taps תרועת כיבוי אורות (במחנה)
tap dance סטפס, ריקוד נקישות
tape *n.* רצועה, שרוך; סרט; רשמקול; טייפ; סרט-מידה, מגלול, מטר
- breast the tape לנצח במירוץ
- red tape ביורוקרטיה, סחבת מישרדית
tape *v.* לקשור, לשרוך; לחבוש; להקליט
- have him taped *להבינו היטב
tape measure סרט-מידה, מגלול, מטר
ta'per *n&adj.* נר דקיק; היצרות, הפחתה בעובי; הולך וצר, מיותד
taper *v.* להתחדד, להשתחז וללכת, לרדת בהדרגה בעובי; להצר, לטרז
- taper off להתחדד; לפחות (וללכת)
tape-record *v.* להקליט (על סרט)
tape recorder רשמקול
tap'estry *n&v.* שטיח, מרבד; ציפוי-רהיט; לצפות במרבדים
tapeworm *n.* שרשור, תולעת טפילה
tap'io'ca *n.* טאפיוקה (מזון עמילני)
ta'pir (-pər) *n.* טפיר (יונק)
tap'pet *n.* דחיף (במנוע)
tap'room' *n.* מיסבאה, באר
tap-root *n.* שורש ראשי
tap'ster *n.* מוזג, מגיש משקאות
tap water מי ברז
tar *n&v.* זֶפֶת; מַלָּח, ימאי; לזפת
- tar and feather לצקת זפת (על אדם) ולכסותו בנוצות (כעונש)
- tarred with the same brush לוקה באותם החסרונות
taran'tula (-'ch-) *n.* עכשוב, עַקְרַבּוּת
tar·boosh' (-bōōsh') *n.* תרבוש
tardiness *n.* איטיות, השתהות
tar'dy *adj.* מאחר; איטי, משתהה
tare *n.* טארה (מישקל האריזה); עשב שוטה
tar'get (-g-) *n&v.* מטרה, יעד; לכוון אל
tar'iff *n.* תעריך; תעריפון; מכס-מגן
tariff wall מכס מגן
tar'mac *n&v.* טארמאק, תערובת זפת וחצץ; מסלול המראה
tar'macad'am *n.* תערובת זפת וחצץ
tarn *n.* אגם-הרים קטן
tar'nish *v.* לעמם, להכהות; להכתים; ללכלך; לפוג זוהרו, לכהות
- tarnish his name להכתים שמו
tarnish *n.* כהות; עימום; כתם
tar·pau'lin *n.* צדרה, ברזנט, אברזין
tar'pon *n.* טרפון (דג-ים גדול)
tar'ragon' *n.* טרגון, סוג של לענה
tar'ry *v.* לשהות, להתעכב; להישאר, לדור; להשתהות, להתמהמה
tar'ry (tär'i) *adj.* מרוח בזפת, מזופת
tar'sal *n&adj.* של שורש-הרגל; עצם-הקרסול
tar'sus *n.* שורש-הרגל, מיפרק כף הרגל
tart *n.* חריף, חמוץ, מר; עוקצני
tart *n&v.* פשטידת-פירות; עוגת-פירות; *זונה, יצאנית
- tart up לקשט בצורה צעקנית
tar'tan *n.* טארטאן (אריג סקוטי)
tar'tar *n.* אבן-שיניים; אבנית; מישקע-יין; חמום-מזג, פרא אדם, טאטארי
- catch a tartar לתפוס טאטארי, לשקוע בבוץ
- cream of tartar מישקע יין (מעובד, המשמש כמרכיב באבקת-אפייה)
tar·tar'ic acid חומצת טארטאר
tartar sauce סאלאט ירקות ומיונית
tartness *n.* חריפות; עוקצנות
task *n.* משימה, מטלה, עבודה
- take to task לנזוף, לגעור
task *v.* להטיל משימה; להכביד, לאמץ
task force כוח משימה
taskmaster *n.* מטיל משימות, מפקח קפדן
tas'sel *n.* ציצית, ציצה, מלל, גדיל
tasseled *adj.* מצוייץ, בעל ציצה
taste (tāst) *n.* טעם, חוש הטעם; טעימה, לגימה; טעם טוב, תבונה; חיבה, נטייה
- add salt to taste להוסיף מלח לפי הטעם
- bad/poor taste חוסר-טעם
- to my taste לטעמי, לרוחי
taste *v.* לטעום; להיות טעמו

(מר/מתוק וכ׳); להתנסות, לחוות
- taste power לטעום את טעם השררה
taste buds תאי הטעם (שבלשון)
tasteful *adj.* טעים, בעל טעם טוב
tasteless *adj.* חסר-טעם, תפל
taster *n.* טעמן, טועם (יינות)
tastily *adv.* בטוב-טעם
tasty *adj.* טעים, עָרֵב, מעניין
tat *v.* לרקום, לעשות תחרה
tat *n.* בד מרופט, אריג גס
ta-ta (tatä′) *interj&n.* *שלום!
- go ta-tas לצאת לטיול
tat′ter *n.* קֶרַע, חתיכה מדובללת
- tatters סחבות, בלואים, קרעים
tatter *v.* לקרוע; לרפט; להיקרע
tat′terdemal′ion *n.* לבוש בלואים
tattered *adj.* מרופט; לבוש בלואים
tat′ting *n.* תחרה, מלמלה
tat′tle *v.* לפטפט; לרכל; להלשין
tattle *n.* פיטפוט; רכילות
tattler *n.* פטפטן; רכלן
tattletale *n.* פטפטן; רכלן
tat·too′ *n.* כתובת קעקע; תיפוף, תרועה, כיבוי אורות; מיפגן, מיצעד לילי
- tattoo of rain תיקתוק טיפות גשם
tattoo *v.* לחרות כתובת קעקע, לקעקע
tattooist *n.* חורת כתובות-קעקע
tat′ty *adj.* מוזנח, מרופט
taught = p of teach (tôt)
taunt *n.* ליגלוג, קינטור, התגרות
taunt *v.* ללגלג, ללעוג, להקניט, לבוז
Tau′rus *n.* מזל שור
taut *adj.* מתוח; מסודר, נקי
tau′tolog′ical *adj.* של ייתור לשון
tau·tol′ogy *n.* טבטולוגיה, ייתור לשון, פליאונזם
tav′ern *n.* פונדק; מיסבאה
taw *n.* גולָה, גולת-מישחק
taw′dry *adj.* חסר טעם, צעקני, זול
taw′ny *adj.* שחמחם-צהוב
tax *n.* מס, היטל; מעמסה, מאמץ רב
tax *v.* לְמַסוֹת, להטיל מס; להכביד, לדרוש יותר מדי; לתבוע (מחיר); להאשים; לנזוף
- tax his patience להפקיע סבלנותו
- tax one's brain ״לשבור את ראשו״
tax′abil′ity *n.* אפשרות המיסוי
tax′able *adj.* חייב מס, טעון מס
tax adviser יועץ מס
tax·a′tion *n.* מיסוי, גביית מיסים
tax base בסיס מס
tax betterments הטבות מס
tax brackets מדרגות המס
tax break הנחה ממס
tax charge היטל מס
tax collector גובֵה מיסים
tax commissioner נציב מס הכנסה
tax credit זיכוי מס
tax deduction ניכוי מס
tax evasion התחמקות ממס
tax-free *adv.* פטור ממס
tax haven מיקלט מס (מדינה)
tax′i *n&v.* מונית; (לגבי מטוס) לנוע/להסיע על מסלול ההמראה
taxi-cab *n.* מונית
tax′ider′mist *n.* מתקין פוחלצים
tax′ider′my *n.* פיחלוץ
tax′ime′ter *n.* מונה, טאקסימטר
taxi rank/stand תחנת מוניות
taxman *n.* *איש מס הכנסה
tax·on′omy *n.* תורת המיון
tax payer משלם מיסים
tax penalty כופר מס
tax refund החזר מס
tax return הצהרת הכנסה, דו״ח מס; הישבון, החזר מס
tax shelter מיקלט מס, אמצעי להפחתת מס
Tay-Sachs (tā′saks′) *n.* טיי סאקס (מחלה)
T.B. = tuberculosis שחפת
T-bone אומצת-טי (בעלת עצם)
tea *n.* תה; כוס תה; ארוחת-מינחה
tea-bag *n.* שקית-תה
tea break הפסקת-תה
tea caddy קופסת-תה
tea cake עוגת תה
teacart *n.* שולחן-תה, עגלת-תה
teach *v.* ללמד, לחנך, להורות
teach′abil′ity *n.* למידות
teach′able *adj.* למיד, בר-לימוד
teach′er *n.* מורה, מדריך
teachers college סמינר למורים
tea chest תיבת תה
teach-in *n.* דיון בנושא אקטואלי
teaching *n.* הוראה, הדרכה; תורה
- teachings תורה, דוקטרינה
teaching hospital בית-ספר רפואי
teaching machine מחשב-לימוד
tea cloth מפת-שולחן; מטלית-ניגוב
tea cosy מטמן, כיסוי-תיון

teacup *n.* ספל-תה
- storm in a teacup סערה בכוס מים
teacupful *n.* מלוא-הספל
tea dance ריקוד מינחה
tea garden גן-תה, מטע תה
tea gown שימלת-מינחה
teahouse *n.* בית-תה
teak *n.* טיק, שנא (עץ)
teakettle *n.* קומקום, קומקום-תה
teal *n.* שרשיר (ברווז); כחול-ירוק
tea lady מְחַלֶּקֶת תה (במשרד)
tea-leaf *n.* עלה-תה; *גנב
team *n.* קבוצה (בתחרות); צוות; צמד, מערכת סוסים רתומים, עגלה
team *v.* לרתום; להעביר בעגלה
- team up לחבור יחדיו, לשתף פעולה
team *adj.* קבוצתי; של עבודת צוות
- team effort מאמץ קבוצתי
team-mate *n.* חבר לקבוצה
team spirit רוח צוות, רוח קבוצתית
team'ster *n.* עגלון; נהג משאית
teamwork *n.* עבודת-צוות
tea party מסיבת-תה, מסיבת-מינחה
teapot *n.* תיון, קומקומון-תה
tear (ter) *v.* לקרוע; לפצוע; לתלוש; לשסע; להיקרע; לרוץ בחיפזון
- cannot tear his eyes away לא יכול להסיר מבטו/לגרוע עיניו מן
- tear at לתלוש; לקרוע בפראות
- tear down להרוס, להחריב, לקעקע
- tear into להתקיף, להסתער
- tear it לשים קץ לתיקוות, לתסכל
- tear off a letter *לשרבט מיכתב במהירות
- tear oneself away לנתק עצמו
- tear out לתלוש, לקרוע
- tear to shreds לקרוע לגזרים
- tear up/apart לקרוע לגזרים
- that's torn it *זה קילקל העניינים
- was torn between- ליבו נקרע בין-
tear (ter) *n.* קֶרַע; קריעה; *הילולה
tear (tir) *n.* דימעה
- broke into tears פרץ בבכי
- in tears בוכה, מזיל דמעות
- shed tears להזיל דמעות
- tears דמעות, בכי
- without tears ללא מאמץ, בקלות
tear'away' (ter-) *adj.* *תוקפן, פירחח
tear-drop *n.* דימעה, אגל-דמע
tearful *adj.* בוכה, דומעני
tear gas גאז מדמיע
tearing *adj.* קורע; מכאיב; פראי; *מצויין
tear-jerker *n.* *סוחט דמעות
tearless *adj.* חסר דמעות
tear-off *adj.* תליש, ניתן לתלישה
tearoom *n.* מיזנון-תה, בית-קפה
tease (-z) *v.* להרגיז, להציק, לקנטר; להפריד לסיבים, לסרוק, להתפיח בהברשה
tease *n.* קנטרן, לגלגן
tea'sel, tea'zle (-zəl) *n.* קרדה, צמח קוצני לסריקת אריג
teaser *n.* קנטרן; *בעייה קשה; טיזר, גַרייָן, קדימון פירסומת
tea set, tea service מערכת תה
teaspoon *n.* כפית, כפית תה
teaspoonful *n.* מלוא הכפית
tea strainer מיסננת-תה
teat *n.* פיטמה, דד
tea table שולחן-תה, שולחנון-תה
tea-time *n.* שעת התה, שעת מינחה
tea towel מטלית-ניגוב
tea tray מגש-תה
tea trolley שולחן-תה, עגלת-תה
tea urn מיחם-תה
tea wagon שולחן-תה, עגלת-תה
tec = detective *בלש
tech (tek) *n.* בי"ס טכני, טכניון
tech'ie (tek'i) *n.* *מומחה לטכנולוגיה
tech'nical (-k'-) *adj.* טכני; מעשי
technical hitch תקלה טכנית
tech'nical'ity (tek-) *n.* טֶכנִיוּת
technical knockout נוק-אאוט טכני
technical offense עבירה טכנית
technical specification מִפרָט טכני
tech·ni'cian (teknish'ən) *n.* טכנאי
tech'nicol'or (tek'nicul-) *n.* טכניקולור
technique' (teknēk') *n.* טכניקה
tech'no (tek'-) *n.* טקנו (מוסיקה); שימוש בכלים אלקטרונים
tech·noc'racy (tek-) *n.* טכנוקרטיה
tech'nocrat' (tek-) *n.* טכנוקרט
tech'nolog'ical (tek-) *adj.* טכנולוגי
tech·nol'ogist (tek-) *n.* טכנולוג

tech•nol′ogy (tek-) *n.* טכנולוגיה
tech′y *adj.* רגזן, כעסן
tec•ton′ic *adj.* טקטוני, של מיבנים
ted *v.* לפזר, לייבש קש
ted′dy bear דובון (צעצוע)
Te De′um טה דאום (מיזמור נוצרי)
te′dious *adj.* משעמם, חדגוני
te′dium *n.* שיעמום, חדגוניות
tee *n&v.* (בגולף) תלולית, גבשושית; להניח הכדור על התלולית
- tee off לחבוט בכדור מהתלולית; להרגיז; להתקיף
- tee up להכין, לארגן, לסדר
- teed off עצבני, כועס
- to a tee בדיוק, באופן מושלם
teem *v.* לשפוע; לשרוץ, לרחוש; להיות מלא ב-; לרדת, להינתך
- teeming with רוחש, מלא ב-
- the rain teemed down הגשם ניתך
teen′age′ *adj.* של גיל-הָעֶשְׂרֵה
teenager *n.* בגיל העשרה, נער, נערה
teens *n-pl.* שנות הָעֶשְׂרֵה
teen′sy (-zi) *n.* זעיר, קטנטן
tee′ny *n.* זעיר, קטנטן
tee′ny-bop′per *n.* *מעריצת פופ
teeny weeny זעיר, קטנטן
tee shirt חולצת-טי (קצרת-שרוול)
tee′ter *v.* להתנדנד, להתנודד
teeter-totter *n.* נדנדה
teeth = pl of tooth שיניים
teethe (tēdh) *v.* להצמיח שיניים
teething troubles כאבי שיניים (של תינוק בעת צמיחתן); חבלי לידה
tee′to′tal *adj.* מתנזר (ממשקאות חריפים); לגמרי, כליל
teetotaler *n.* מתנזר (כנ״ל)
tee′to′tum *n.* סביבון-קובייה
tef′lon′ *n.* טפלון
teg′u•ment *n.* קליפה, עור, כיסוי
Tel. = telephone טלפון
tele- (תחילית) רחוק, למרחק, -רחק
tele (tel′i) *n.* *טלוויזיה
tel′e•bank′ing *n.* בנקאות טלפונית
tel′ecast′ *n&v.* שידור טלוויזיה; לשדר בטלוויזיה
tel′ecommu′nica′tion *n.* טלקומוניקציה, בזק, תיקשורת-רחק
tel′e•commute′ *v.* לעבוד דרך תקשורת
tel′e•coms′ (-z) *n.* טלקומוניקציה
tel′e•con′ference *n.* שיחת ועידה
tel′e•fax′ *n.* טלפקס
tel′ege′nic *adj.* פוטוגני בטלוויזיה
tel′egram′ *n.* מיברק
tel′egraph′ *n.* מיברקה, טלגראף
- bush telegraph העברת הודעות למרחקים ע״י אותות-עשן/תיפוף
telegraph *v.* להבריק, לטלגרף
teleg′rapher *n.* מיברקן, טלגרפאי
tel′egraphese′ (-z) *n.* סיגנון טלגרפי
tel′egraph′ic *adj.* טלגרפי
teleg′raphist *n.* מיברקן, טלגרפאי
telegraph pole עמוד טלגראף/טלפון
telegraph wire חוט טלגראף/טלפון
teleg′raphy *n.* טלגראפיה, טילגרוף
tel′e•kine′sis *n.* טלקינסיס, הזזת חפצים מרחוק
tel′emar′keting *n.* שיווק טלפוני
tel′emes′sage *n.* טלמסר
tel′eme′ter *n.* טלמטר, מד-רוחק
telem′etry *n.* טלמטרייה, מדידת-רוחק
tel′e•olog′ical *adj.* טלאולוגי
tel′e•ol′ogist *n.* טלאולוג
tel′e•ol′ogy *n.* טלאולוגיה, תכליתיות, תורת התכלית
tel′epath′ic *adj.* טלפאתי
telep′athist *n.* טלפאת
telep′athy *n.* טלפאתיה
tel′ephone′ *n.* טלפון; מכשיר טלפון
- on the telephone בטלפון, מצלצל
- over the telephone בטלפון
telephone *v.* לטלפן, לצלצל
telephone booth/box תא-טלפון
telephone directory/book מדריך טלפון
telephone exchange מירכזת
telephone operator טַלְפָן, טלפונאי
telephone receptionist מוקדן
tel′ephon′ic *adj.* טלפוני
teleph′onist *n.* טלפונאי, טלפן
teleph′ony *n.* טלפונאות
tel′epho′to *adj.* של צילום-רחק
tel′epho′tograph′ *n.* תמונת-רחק
tel′epho′tograph′ic *adj.* של צילום-רחק
tel′ephotog′raphy *n.* צילום-רחק
telephoto lens עדשת צילום-רחק
tel′eprin′ter *n.* טלפרינטר, מדפס-רחק
tel′epromp′ter *n.* טלפרומפטר, מִקְרָאָה, מיתקן הקראה לקריין

tel′e•sales′ (-sālz′) *n-pl.* מכירות בטלפון
tel′escope′ *n.* טלסקופ, מַקְרֶבֶת
telescope *v.* לקצר; להתקצר; להימעך; להישחל זה בתוך זה
tel′escop′ic *adj.* טלסקופי; מתקצר
tel′etext′ *n.* טלטקסט
tel′ethon′ *n.* טֶלֶתּרוֹם
tel′etype′writ′er (-tīp′rīt-) *n.* טלפרינטר
tel′e•view′er (-vū′-) *n.* צופה טלוויזיה
tel′evise′ (-z) *v.* לשדר בטלוויזיה
tel′evi′sion (-vizh′ən) *n.* טלוויזיה
- on television בטלוויזיה
television set מקלט טלוויזיה
tel′evi′sual (-vizh′ōōəl) *adj.* של טלוויזיה, טלוויזיוני
tel′e•work′ (-wûrk′) *v.* לעבוד דרך תקשורת
tel′ex′ *n&v.* (להעביר ב-) טלקס
tell *v.* לומר, לספר, להגיד; לדעת, להבחין; לגלות; להכיר; להורות, לצוות; לתת אותותיו; להשפיע; לְמנות, לספור
- I tell you! אני אומר לך!
- I told you! אמרתי לך!, הזהרתיך!
- do tell! האומנם?
- it is telling on him זה משפיע עליו
- tell a thing or two *להוכיח, לנזוף, לתת מנה
- tell against לפעול נגדו
- tell him from- להבחין בינו ובין-
- tell him where to get off לנזוף בו
- tell me another! ספר לסבתא!
- tell off לנזוף, לגעור; לְמַנות ולהקצות (למשימה), להפריש
- tell on להתיש, לעייף; *להלשין על
- tell the time לקרוא את השעון
- tell them apart להבחין ביניהם
- tell you what! אגיד לך משהו, שמע!
- there's no telling אין לדעת
- you never can tell אין לדעת
- you tell 'em *תן להם (מנה) !
- you're telling me? אתה מספר לי?
teller *n.* מונה (קולות); קופאי, כספר, טלר
telling *adj.* מרשים, אפקטיבי
telling-off *n.* *נזיפה, גערה
telltale *n.* רכלן, מגלה סוד
telltale *adj.* מגלה, מרמז, מעיד
tel′ly *n.* *טלוויזיה

tel′pher *n.* רכבל-משא (במחצבה)
tel′star′ *n.* לוויין תיקשורת
temer′ity *n.* העזה, פְּזִיזוּת, נִמְהָרוּת
temp *n&v.* *עובד זמני; טמפרטורה; בתקופתו של; לעבוד כעובד זמני
tem′per *n.* מצב-רוח, הלך-נפש; מזג, אופי; קשיות, קשיחות-מתכת
- fly into a temper להתלקח
- get into a temper להתלקח
- hold/keep one's temper לשמור על שלוות-נפשו, להתאפק
- in a (bad) temper במצב-רוח רע
- lose one's temper לאבד שלוות-נפשו, לאבד עשתונותיו
- out of temper כועס, זועם
temper *v.* לרכך, לרפות; למתן; למהול, לערבב; להקל, להמתיק
- temper justice with pity לגלות רחמים בדין
- temper steel לרפות פלדה
tem′pera *n.* טמפרה (צבע מעורבב בחלמון-ביצה ומים); ציור טמפרה
tem′perament *n.* טמפראמנט, מזג
tem′peramen′tal *adj.* מיזגי, טיבעי; הפכפך, סוער, נתון למצבי-רוח
tem′perance *n.* מתינות, איפוק, ריסון; כיבוש היצר
temperance hotel בית-מלון מתון (שאין מגישים בו משקאות חריפים)
tem′perate *adj.* מתון, מרוסן, מאופק; (אקלים/איזור) ממוזג
temperate climate אקלים ממוזג
tem′perature *n.* חום, טמפראטורה
- has a temperature יש לו חום
- ran a temperature קיבל חום
- take his temperature למדוד חומו
tempered *adj.* בעל מזג
- hot-tempered חם-מזג, חמום-מוח
tem′pest *n.* סערה, סופה; המולה
- tempest in a teapot סערה בכוס מים
tem•pes′tuous (-chōōəs) *adj.* סוער
tem′plate *n.* דפוסית; סרגל; מודד, הֶתקן מדידה
tem′ple *n.* מיקדש; בית-כנסת; רקה, צדע; כנסייה
- the Temple בית המיקדש
Temple Mount הר הבית
tem′po *n.* טמפו, קֶצֶב, מיפעם, זימנה
tem′poral *adj.* זמני, מוגבל בזמן;

חילוני, של חולין; של העולם הזה
temporal conjunction מלת-חיבור זמנית (כגון "כאשר", "בשעה ש-")
tem'poral'ity *n.* זמניות
- temporalities נכסי חולין
tem'porar'ily (-rer-) *adv.* זמנית
tem'porar'y (-reri) *adj.* זמני
temporary order הוראת שעה
tem'poriza'tion *n.* דחייה, השתמטות
tem'porize' *v.* לדחות (פעולה/החלטה), להשתמט מתשובה
tempt *v.* לפתות, לשדל; למשוך
- be tempted to להתפתות ל-
- tempt Providence להסתכן
- tempt fate להתגרות בגורל, להסתכן
temp·ta'tion *n.* פיתוי, משיכה
tempting *adj.* מפתה, מושך
tempt'ress *n.* אישה מפתה/מגרה
ten *n&adj.* עשר, 10
- count to ten להמתין, להירגע
- ten a penny לא יקר, זול
- ten to one קרוב לוודאי
- the Ten Commandments עשרת הדיברות
- upper ten העשירון העליון, האצולה
ten'abil'ity *n.* עמידות, החזקה
ten'able *adj.* עמיד, בר-הגנה, שאין לפצחו/להפריכו; שניתן להחזיק בו
- post tenable for 2 years משרה שניתן להחזיק בה במשך שנתיים
te·na'cious (-shəs) *adj.* מחזיק, תופס בחוזקה, לא מרפה; עקשן, לא מוותר, החלטי; דביק, מידבק
- tenacious memory זיכרון מצויין, בור-סוד שאינו מאבד טיפה
te·nac'ity *n.* החזקה; לפיתה; עקשנות
ten'ancy *n.* אריסות; (תקופת) שכירות, חכירה
ten'ant *n.* אריס; שוכר, חוכר; דייר
tenant *v.* לשכור, לחכור
tenant farmer אריס
ten'antry *n.* כלל האריסים
tench *n.* סוג של קרפיון
tend *v.* לנטות, להיות בעל מגמה/נטייה/כיוון/שאיפה ל-
- tend to לנטות ל-
tend *v.* לפקח, להשגיח; לנהל, לטפל ב-; לשרת לקוחות
- tend a machine להפעיל מכונה
- tend to להשגיח על, לטפל ב-
- tend to your own affairs *התעסק בעניינים שלך!
ten'dency *n.* נטייה, מגמה, כיוון
ten·den'tious (-shəs) *adj.* מגמתי
ten'der *adj.* עדין; רגיש; שביר; כואב
- tender age/years גיל רך
- tender beef בשר-בקר רך/לעיס
- tender touch מגע רך
tender *v.* להציע; להגיש (הצעה)
- tender money לשלם
- tender resignation להגיש התפטרות
tender *n.* מיכרז, הצעה למיכרז
- legal tender מטבע חוקי, הילך חוקי
tender *n.* מטפל, מפקח, משגיח; טנדר, קרון-משא; סירת-אספקה
tenderfoot *n.* מתחיל, טירון
tenderhearted *adj.* רחמן, רגשן
ten'derize' *v.* לרכך (בשר)
ten'derloin' *n.* בשר-אחוריים
tenderness *n.* עדינות, רוך
ten'don *n.* (באנטומיה) מיתר, גיד
ten'dril *n.* קנוקנת; תלתלון
ten'ebrous *adj.* קודר, חשוך
ten'ement *n.* דירה, בית; אחוזה; בית-משותף; בית-דירות; חֲזָקָה
ten'et *n.* עיקר, אמונה, דוקטרינה
tenfold *adv.* פי עשרה, עשר פעמים
ten-gallon hat כובע קאובוי
ten'ner *n.* *עשירייה, 10 ליש"ט
ten'nis *n.* טניס
tennis court מיגרש טניס
tennis elbow דלקת המרפק
ten'on *n.* מַחְבָּר, שגם
ten'or *n.* טנור (קול/כלי-נגינה); מגמה, כיוון, נטייה, רוח-הדברים
- the tenor of his life אורח-חייו
tenpence *n.* עשרה פֶּנִים
tenpin *n.* בובת-עץ (בכדורת)
tenpin bowling כדורת (מישחק)
tenpins *n-pl.* כדורת (מישחק)
tense *adj.* מתוח, דרוך, נרגש
tense *v.* למתוח; להימתח
- tensed up מתוח, במתיחות
tense *n.* (בדיקדוק) זמן
- present tense הווה, זמן בינוני
ten'sile *adj.* מתיח, של מְתִיחוּת
tensile strength כוח הַמְתִיחוּת, עמידות בפני קריעה
ten'sion *n.* מתיחה; לחץ-משיכה; מתיחות; התרגשות; מתח (חשמלי)

ten′sity *n.* מתיחות
tent *n&v.* אוהל; לשכון באוהל
- oxygen tent אוהל-חמצן
ten′tacle *n.* זרוע (של תמנון)
- tentacles of crime זרועות הפשע
ten′tative *adj.* ניסיוני, זמני; הססני
ten′ter *n.* מַמְתֵּחַ (למתיחת בדים)
tenterhook *n.* וו, אנקול, הדק-ממתח
- on tenterhooks מתוח, מודאג
tenth *adj&n.* עשירי; עשירית, מעשר
tent peg יתד-אוהל
te•nu′ity *n.* דקות, עדינות; דלילות
ten′uous (-nūəs) *adj.* דק, עדין; דליל, קלוש; חלש, לא משכנע
ten′ure (-nyər) *n.* חזקה; אחיזה, החזקה; תקופה, קדנציה; קביעות
te′pee′ *n.* טיפי, אוהל חרוטי
tep′id *adj.* פושר, לא חם
te•pid′ity *n.* פושרות
tequi′la (-kē′lə) *n.* טאקילה
ter′cen•ten′ary *n.* יובל ה-300
ter′giversate′ *v.* לשנות עמדותיו; לבגוד בעקרונות; לערוק; להיות הפכפך; להתחמק
ter′giversa′tion *n.* הפכפכנות
term *n.* מלה; ביטוי, מונח, מושג; תקופה, מועד; זמן, עונת-לימודים; מיתנה, תנאי; (באלגברה) איבר
- bring to terms לאלץ לקבל התנאים
- come to terms להגיע לידי הסכם; להשלים, לקבל
- getting near its term תאריך סיומו קרוב
- in no uncertain terms חד וחלק
- in terms of במונחי-, מבחינת
- in the long term לטווח ארוך
- make terms להגיע לידי הסכם
- not on speaking terms לא מדברים זה עם זה
- on friendly terms ביחסי ידידות
- on one's own terms בהתאם לרצונו, לפי דרכו
- short-term קצר-מועד
- terms תנאים, מיתנים; מונחים; יחסים
- terms of reference תחום הסמכות
- think in terms of לשקול (פעולה)
term *v.* לקרוא, לכנות
ter′magant *n.* אשת-מְהומות
ter′minable *adj.* בר-סיום
ter′minal *adj.* עונתי; סופי; קרוב לסיום; נגמר במוות, סופני; ממאיר
terminal *n.* מסוף; טרמינאל; תחנה סופית; נקודת-חיבור
ter′minate′ *v.* לסיים; להסתיים
ter′mina′tion *n.* סיום; תוצאה; סיומת
- put a termination to לשים קץ ל-
ter′minolog′ical *adj.* של מינוח
ter′minol′ogy *n.* מינוח, טרמינולוגיה
ter′minus *n.* מסוף, תחנה סופית
ter′mite′ *n.* טרמיט, נמלה לבנה
term paper עבודת גמר
tern *n.* שחפית (עוף-ים)
ter′nary *adj.* משולש, של שלושה
terp′sichore′an (-sik-) *adj.* ריקודי
ter′race (-ris) *n.* טראסה, מידרג; מדרגה (ביציע-הצופים); מירפסת פתוחה; שורת בתים
terrace *v.* למדרג, לבנות טראסות
terraced *adj.* ממודרג
ter′ra cot′ta כלי-חרס; חום-תַּפּוּז
ter′ra fir′ma יבשה, קרקע מוצקה
terrain′ *n.* שטח, פני-הקרקע
ter′ra incog′nita ארץ לא נודעת
ter′rapin′ *n.* צב-מים
terres′trial *adj.* יבשתי, ארצי; של העולם הזה; שוכן יבשה
ter′rible *adj.* איום, נורא; מזעזע; *נורא, גרוע ביותר, מזופת
terribly *adv.* *נורא, מאוד מאוד
ter′rier *n.* שפלן, טרייר (כלב נמוך)
terrif′ic *adj.* איום, נורא; *מצויין, גדול, עצום, כביר, משגע
terrifically *adv.* *נורא, מאוד
ter′rify′ *v.* להפחיד, למלא אימה
ter′rito′rial *adj&n.* טריטוריאלי, ארצי; חייל טריטוריאלי
territorial defense הגנה מרחבית
territorial waters מים טריטוריאליים
ter′rito′ry *n.* טריטוריה, חבל-ארץ; שטח-אדמה; תחום
ter′ror *n.* פחד, אימה; טרור; מטיל אימה, זורע בהלה; *מזיק, שובב
- strike terror להטיל אימה
ter′rorism′ *n.* טרוריזם, אימתנות
ter′rorist *n.* טרוריסט, מחבל
ter′rorize′ *v.* להפחיד, להשליט טרור

terror-stricken *adj.* אחוז-אימה
terror-struck *adj.* אחוז-אימה
ter′ry *n.* אריג-מגבות
terse *adj.* קצר; מְמֻעָט במלים
ter′tian (-′shən) *adj.* (קדחת) תוקפת אחת ליומיים
ter′tiar′y (-′shieri) *adj.* שלישי; שלישוני; חמור, בדרגה ג׳
Tertiary period עידן השלישון
ter′ylene′ *n.* טרילין (אריג)
tes′sellate′ *v.* לשבץ בפסיפס, לרצף במוזאיקה, לפספס
tessellated *adj.* רצוף פסיפס
test *n.* מיבחן, בּוֹחַן, בדיקה, טסט; ניסיון; אבן-בוחן, קריטריון
- (with)stand the test of time לעמוד במיבחן הזמן
- put to the test להעמיד למיבחן
test *v.* לבחון, לבדוק, לנסות
- test out as לגלות סגולות של
- testing times ימי ניסיון, עת קשה
tes′tament *n.* צוואה
- New Testament הברית החדשה
- Old Testament ספר התנ״ך
tes′tamen′tary *adj.* של צוואה
tes′tate′ *adj.* שכתב צוואה, המנוח
tes′ta′tor *n.* בעל צוואה
tes′ta′trix *n.* בעלת צוואה
test ban איסור ניסויים גרעיניים
test case מישפט לדוגמה, מישפט מיבחן, מישפט העשוי לשמש תקדים
test drive נסיעת-מיבחן
tester *n.* בּוֹחֵן; מַבְדֵק, מַבְחֵן
tes′tes = pl of testis (-tēz)
test flight טיסת מיבחן
tes′ticle *n.* אשך
tes′tify′ *v.* להעיד (על); להצהיר
testily *adv.* בקוצר רוח, בכעס
tes′timo′nial *n.* מיכתב-המלצה; תעודת-הוקרה, שי-פרידה, מתנת-הוקרה; עדות; הצהרה
tes′timo′ny *n.* עדות; הצהרה; הודעה; הוכחה, ראיה
- bear testimony להעיד
tes′tis *n.* אשך
test match מישחק מיבחן
tes·tos′terone′ *n.* טסטוסטרון, הורמון זכרי
test pilot טייס- (טיסות) מיבחן
test tube מבחנה
test-tube baby תינוק-מבחנה
tes′ty *adj.* רגזני, קצר-רוח

tet′anus *n.* צפדת, טטאנוס
tetch′y *adj.* רגזני, נוח לכעוס, רגיש
tete-a-tete (tāt′ ə tāt′) *n&adv.* שיחה אינטימית; פנים אל פנים
teth′er (-dh′-) *n.* אפסר, רצועה, חבל
- at the end of one's tether סבלנותו פוקעת, אינו יכול לסבול עוד
tether *v.* לקשור (בהמה) ברצועה
tet′rahe′dron *n.* ארבעון, טטראדר, פירמידה משולשת
tetral′ogy *n.* טטראלוגיה, סידרה של ארבע יצירות-אמנות
Teu·ton′ic (tōō-) *adj.* טבטוני, גרמני
text *n.* טקסט, מלים, פְּנִים, גירסה; מָקוֹר; תמליל; ספר-לימוד; מובאה
textbook *n&adj.* ספר-לימוד; קלאסי, מדוייק
tex′tile *n&adj.* (של) טקסטיל, אריג
tex′tual (-chōōəl) *adj.* של טקסט
tex′ture *n.* מיבנה, מטווה, טווי, מישזר, מירקם, ארג, מַאֲרָג, מַסֶכֶת
texture *v.* לארוג
- coarse-textured בעל אריגה גסה
-th (סופית) לציון מיספר סידורי
- 7th (החלק) השביעי; שביעית
Th. = Thursday יום חמישי
Thai (tī) *n.* תאילנדי; תאילנדית
thalas′sic *adj.* של הים, ימי
thalid′omide′ *n.* תאלידומיד (תרופה)
than (dh-) *conj&prep.* מ-, יותר מן, מאשר
- more than יותר מאשר, מאוד
- no ... other than שום ... זולת-
- no other than בכבודו ובעצמו
thane *n.* תין, אציל, בארון (בעבר)
thank *v.* להודות, להביע תודה
- I'll thank you אודה לך, אבקשך
- has only himself to thank for- הוא עצמו אשם ב-/אחראי ל-
- thank goodness/heaven תודה לאל
- thank you תודה!
thankful *adj.* אסיר-תודה
thankless *adj.* כפוי-תודה
thank offering קורבן תודה
thanks *n-pl&interj.* תודות; ברכות; רוב תודות!, תודה!
- small thanks to (באירוניה) ״תודה רבה ל-״

- thanks to הודות ל-, בגלל
thanksgiving *n.* הודיה, הבעת תודה
Thanksgiving Day יום ההודיה
thankyou *n.* תודה, הבעת תודה
that (dh-) *adj.* זה, הזה, זאת; ההוא; אותו; כזה
- after that אחר כך, לאחר מכן
- and (all) that "והכל", וכ'
- at that בנקודה זו, אז; נוסף על כך, וחוץ מזה, כמו כן
- at that point בנקודה זו, אז
- just like that בקלות, כמו כלום
- like that כך, באופן זה
- that is כלומר, דהיינו
- that is to say כלומר, במלים אחרות
- that's more like it זה כבר יותר טוב
- that's that! זהו זהו!, נקודה!
that *adv.* כה, כל כך, עד כדי כך
- I'm not that rich איני עשיר עד כדי כך
that *conj&pron.* ש-; כדי ש-
- Oh, that- מי יתן!, הלוואי ש-
- so that כך ש-, כדי ש-
thatch *n.* סכך, כיסוי קש; *סבך-שיער
thatch *v.* לכסות בסכך, לְסוך
thaw *v&n.* להפשיר, להימס, למוג; להתרכך; לרכך (קשיחות); הפשרה
the (dhə, dhē) *adj.* ה-, הא-היידוע
- $6 the dozen תריסר בשישה דולרים
- pay by the hour לשלם לפי שעות
- the impossible הבלתי-אפשרי
- the more... the more... ככל ש... כן...
- the rich/the poor העשירים/העניים
the *adv.* ככל ש-, במידה ש-
- the sooner the better יפה שעה אחת קודם, ככל שתקדים - טוב יותר
the′ater *n.* תיאטרון; זירה, שדה-התרחשות; אולם הרצאות; חדר-ניתוחים
- operating theater חדר-ניתוחים
- theater of war זירת מילחמה
theatergoer *n.* מבקר בהצגות, שוחר תיאטרון
theater sister אחות חדר ניתוח
the·at′rical *adj.* תיאטרוני, תיאטרלי, דרמאתי, מבויים, מזוייף
the·at′rical′ity *n.* תיאטרליות
theatricals *n-pl.* הצגות חובבים
thee (dh-) *pron.* אותך
theft *n.* גניבה
thegn = thane (thān)
their (dhār) *adj.* שלהם
theirs (dhārz) *pron.* שלהם
- a friend of theirs ידידם
the′ism′ *n.* תיאיזם, אמונה באל
the′ist *n.* תיאיסט, מאמין באל
the·is′tic *adj.* תיאיסטי, מאמין באל
them (dh-) *pron.* אותם; להם; *הם
the·mat′ic *adj.* תימאטי, נושאי
theme *n.* תימה, נושא; לחן חוזר
theme park גן שעשועים, פארק נושאי
theme tune/song לחן חוזר (בסרט); אות המישדר
themselves (dhəmselvz′) *pron.* (את-/ל-/ב-/מ-) עצמם
- by themselves לבדם, בעצמם
- came to themselves התאוששו
- they themselves הֵם הֵם
- were not themselves לא היו כתמול שילשום, חל בהם שינוי
- were themselves נהגו בטבעיות
then (dh-) *adv&adj&n.* אז; אחר כך, אחרי כן; אזי, אם כן; לכן, איפוא; חוץ מזה
- and then some ועוד כהנה וכהנה
- and then- וחוץ מזה-
- before then לפני כן
- but then ואולם, ברם, מאידך גיסא
- by then אז
- now and then מפעם לפעם
- now then ובכן
- since then מאז, מני אז
- sometimes... then... פעם... ופעם...
- the then king המלך בעת ההיא
- then and there בו במקום, מיד
thence (dhens) *adv.* מאז; משם; לכן, מכאן ש-
thenceforth *adv.* מאז; אחרי כן
thence′for′ward (dhens′-) *adv.* מאז; אחרי כן
the·oc′racy *n.* תיאוקראטיה, שילטון הדת
the′ocrat′ic *adj.* תיאוקראטי
the·od′olite′ *n.* תיאודוליט, מד-זווית

the′olo′gian (-jən) *n.* תיאולוג
the′olog′ical *adj.* תיאולוגי
the·ol′ogy *n.* תיאולוגיה, תורת האלוהות
the′orem *n.* משפט, כלל, תיאורמה
the′oret′ic(al) *adj.* תיאורטי, מופשט, עיוני, היפותיטי
theoretically *adv.* תיאורטית
the′oreti′cian (-tish′ən) *n.* תיאורטיקן
the′orist *n.* תיאורטיקן
the′orize′ *v.* ליצור תיאוריה
the′ory *n.* תיאוריה, תורה, דעה
- in theory להלכה, תיאורטית
the·os′ophist *n.* תיאוסוף
the·os′ophy *n.* תיאוסופיה, חוכמת האלוהים, הכרת האלוהות
ther′apeu′tic(al) (-pū-) *adj.* רפואי, טיפולי
ther′apeu′tics (-pū-) *n.* תורת הריפוי
ther′apist *n.* מְרַפֵּא, מומחה-ריפוי
ther′apy *n.* תראפיה, ריפוי
there (dhār) *adv.* שם, לשם, שמה; כאן, בנקודה זו; הִנֵּה
- I agree with you there בנקודה זו אני מסכים אתך
- I have been there before *בסרט הזה כבר הייתי
- get there להצליח, להשיג המטרה
- hello there! הלו!, שמע נא!
- here and there פה ושם
- there and then בו במקום
- there is/there was יש, ישנו/היה
- there you are הִנֵּה!, הרי לך!
- there! הִנֵּה!
- there, there לא נורא! (להרגעה)
- there's a good girl את ילדה טובה
there′abouts′ (dhār-) *adv.* פחות או יותר; בסביבה, בקירבת מקום
there·af′ter (dhār-) *adv.* לאחר מכן
there·at′ (dhār-) *adv.* באותו מקום/זמן, אז; לכן
there·by′ (dhār-) *adv.* על ידי זה, אגב כך; בקשר לזה, בהקשר זה
there′fore′ (dhār′-) *adv.* לכן, לפיכך
there·in′ (dhār-) *adv.* בזה; בדבר זה; בו; בפרט זה, בנקודה זו
there′in·af′ter (dhār-) *adv.* להלן
there·of′ (dhāruv′) *adv.* מזה, מכך
there·on′ (dhārôn′) *adv.* על כך, על זאת; מיד לאחר מכן
there·to (dhārtōō′) *adv.* נוסף על כך, כמו כן; לזה, אל זאת, לכך
there′tofore′ (dhār′-) *adv.* עד אז
there·un′der (dhār-) *adv.* מתחת לזה
there′upon′ (dhār′-) *adv.* כתוצאה מכך, לכן; מיד לאחר מכן, בו בזמן
there·with′ (dhārwidh′) *adv.* עם זאת; מיד לאחר מכן
therm *n.* תֶּרְם (יחידת חום)
ther′mal *adj.* תרמי, של חום, חומני
thermal *n.* זרם אוויר חם
thermal springs מעיינות חמים
ther′mion *n.* תרמיון, חלקיק טעון חשמל
ther′mion′ic *adj.* תרמיוני
thermionic tube/valve שפופרת תרמיונית
ther′mo·dy·nam′ics *n.* תרמודינמיקה
thermom′eter *n.* מדחום
ther′mo·nu′cle·ar *adj.* תרמוגרעיני
thermonuclear warfare מלחמה גרעינית
ther′moplas′tic *adj.* מתרכך בחום
ther′mos *n.* שמרחום, תרמוס
ther′mo·set′ting *adj.* (חומר פלאסטי) מתקשה לצמיתות
ther′mostat′ *n.* וסת-חום, תרמוסטאט
ther′mostat′ic *adj.* תרמוסטאטי
thesau′rus *n.* אוצר מלים, מילון למלים נרדפות, תֵּזָאוּרוּס
these = pl of this (dhēz) אלה, אלו
the′ses = pl of thesis (-sēz)
the′sis *n.* תיזה, הנחת-יסוד; מסה, מחקר, עבודה
- doctoral thesis עבודת דוקטור, דוקטורט
thes′pian *adj.* דרמאתי, של תיאטרון
thews (thōōz) *n-pl.* שרירים; כוח
they (dhā) *pron.* הם, הן; אנשים
- they say אומרים ש-
they'd = they had/would (dhād)
they'll = they will/shall (dhāl)
they're = they are (dhār)
they've = they have (dhāv)
thi′amin(e) (-min) *n.* תיאמין, ויטמין בי 1

thick *adj&adv.* עבה; סמיך; צפוף; דחוס; עכור, לא צלול; עמום; מלא, שופע; מטומטם; ידידותי; *מוגזם
- 3-feet thick בעובי 3 רגליים
- a bit thick מוגזם; בלתי נסבל
- as thick as thieves בידידות גמורה
- as thick as two short planks *טיפש גמור, גולם, בול-עץ
- give him a thick ear להכותו על אוזנו
- lay it thick לשפוע, להרעיף
- they're thick *הם ידידים בלב ונפש
- thick accent מיבטא ברור/בולט
- thick and fast במהירות, בשפע
- thick beard/forest זקן/יער עבות
- thick with שופע/מלא/מכוסה ב-
thick *n.* עובי, עבי, מעבה; זירת הפעילות המרכזית
- in the thick of במרכז-, בעבי-, בעיצומו של
- through thick and thin באש ובמים, בכל הנסיבות
thick'en *v.* לעבות; להתעבות; להרביך, להסמיך; לסבך; להסתבך
thickening *n.* עיבוי; רביכה, בְּלִילָה
thick'et *n.* סבך, חורש שיחים
thick-headed *adj.* מטומטם
thickness *n.* עובי; שיכבה, רובד
thick-set *adj.* חסון, רחב-גוף; צפוף
thick-skinned *adj.* עב-עור, נטול-רגש, קהה-רגש, בעל עור של פיל
thick-skulled *adj.* טיפש
thick-witted *adj.* מטוטמם
thief (thēf) *n.* גנב
thieve (thēv) *v.* לגנוב
thiev'ery (thēv'-) *n.* גניבה
thieves = pl of thief (thēvz)
thievish *adj.* גנבני, כגנב
thigh (thī) *n.* ירך
thighbone *n.* עצם-הירך, קולית
thill *n.* יצול
thim'ble *n.* אצבעון
thimbleful *n.* מלוא האצבעון, קורטוב
thin *adj&adv.* דק; רזה, כחוש; דליל, קלוש; דל, חלש, קטן, זעום; שקוף, מיימי
- out of thin air יש מאין
- thin excuse תירוץ חלש/לא משכנע
- thin gravy רוטב-בשר מיימי/דליל
- thin on the ground מצומצם, חסר
- thin on top מקריח
- thin time עת קשה, שעת מצוקה
- thin wine יין חלש
thin *v.* להרזות; להקליש; לדלל
- thin out/down להרזות; לדלל
thine (dh-) *pron&adj.* שלך
thing *n.* דבר, חפץ; מעשה, עניין; נושא; יצור; רעיון; בגד
- do one's own thing *לפעול לפי נטיותיו
- do things to *לעשות משהו ל-
- first thing מוקדם, לפני הכל
- for one thing ראשית כל
- has a thing for/about *יש לו שיגעון ל-/נרתע מפני-
- make a good thing of להפיק תועלת מן
- make a thing of לעשות "עניין" מ-
- poor thing מיסכן, יצור אומלל
- see things לראות חזיונות-שווא
- taking one thing with another בהתחשב בכל הדברים
- the thing האופנה האחרונה
- the thing is הבעיה היא, הדבר הוא
- things בגדים; כלים; חפצים
thing'amabob' *n.* *איך-קוראים-לו, ששמו פרח מזיכרוני
thing'amajig' *n.* *איך-קוראים-לו, ששמו פרח מזיכרוני
thing'ummy *n.* איך-קוראים-לו, מה-שמו
think *v.* לחשוב, להרהר; לסבור, להאמין; לזכור; להיזכר; לְצַפּוֹת
- I think not חושבני שלא
- I thought as much כך חשבתי
- can't think of לא יכול לזכור את
- can't think why/how- לא מבין/לא יודע מדוע/איך-
- come to think of it בהירהור שני
- he can think on his feet הוא מהיר-מחשבה
- think about לחשוב על, להרהר ב-
- think aloud להרהר בקול רם
- think back to להיזכר ב-
- think big לחשוב בגדול
- think highly/much/well/a lot of להחשיב ביותר, להעריך
- think little/poorly of לזלזל ב-
- think nothing of להמעיט ערכו
- think nothing of it "על לא דבר"
- think of לחשוב על, לשקול; להעלות על הדעת; לזכור, להיזכר
- think oneself לחשוב עצמו ל-

- think out/through לשקול היטב; להחליט לאחר עיון בדבר
- think over לשקול שוב
- think twice לחשוב פעמיים
- think up להמציא, לתכנן
- wouldn't think of לא יעלה על דעתו ל-
think *n.* מחשבה, הירהור
- he has another think coming הוא יצטרך להרהר שנית בכך
thinkable *adj.* מתקבל על הדעת
thinker *n.* הוגה דעות, מעמיק לחשוב
thinking *n.* חשיבה, מחשבה, דעה
- hard thinking מחשבה עמוקה
- put on one's thinking cap לחשוב בהתעמקות, לשקול בכובד-ראש
- way of thinking דרך-מחשבה
thinking *adj.* חושב, הוגה
think tank צוות-חשיבה
thinner *n.* חומר מדלל, טינר
thin-skinned *adj.* דק-קליפה; פגיע
third *adj&n.* שלישי; ג׳; שליש; טרצה
third age הגיל השלישי, זיקנה
third class מחלקה שלישית
third degree הדרגה השלישית, חקירת-עינויים
third-degree burn כווייה חמורה, כווייה מדרגה ג׳
thirdly *adv.* שלישית, ג׳
third party צד שלישי, צד ג׳
third person גוף שלישי, נסתר
third rail (בחשמלית) פס שלישי
third-rate *adj.* מסוג ג׳, דל-איכות
Third World העולם השלישי, גוש המדינות הבלתי מזדהות
thirst *n.* צָמָא, צימאון; תשוקה
thirst *v.* לִצמוא; להשתוקק
thirst′y *adj.* צָמֵא; תאב; מצמיא
thir′teen′ *adj&n.* שלוש עשרה, 13
thirteenth *adj&n.* (החלק) השלושה עשר
thir′tieth *adj&n.* (החלק) השלושים
thir′ty *adj&n.* שלושים, 30
- the thirties שנות ה-30
this (dh-) *pron&adj&adv.* זה, זאת; כך, כה
- like this כך, בדרך זו
- talking about this and that משוחח על דא ועל הא
- this day week היום בעוד שבוע
- this late/far כה מאוחר/רחוק
- this much כדי כך
this′tle (-səl) *n.* דרדר, קוץ
thistle-down *n.* מוך הדרדר
thith′er (-dhər) *n.* שמה, לשם
tho = though (dhō)
thole *n.* יתד-משוט, בית-משוט
tholepin *n.* יתד-משוט, בית-משוט
thong (thông) *n.* רצועת-עור, ערקה; סנדל-אצבע
tho′rax′ *n.* חזה
thorn *n.* קוץ; דרדר
- thorn in one's flesh כעצם בגרון
thorny *adj.* קוצני, דוקרני; קשה
thorough (thûr′ō) *adj.* מוחלט, גמור, מובהק; יסודי, קפדני
thoroughbred *n&adj.* (כלב) גיזעי; מתורבת, מחונך, מנומס
thoroughfare *n.* רחוב, מעבר
- no thoroughfare אין כניסה
thorough-going *adj.* מוחלט; יסודי
thoroughly *adv.* ביסודיות; כליל
thorough treatment טיפול שורש
those (dhōz) *adj&pron.* ההם, אותם, אלו
thou (dh-) *pron.* אתה, את
though (dhō) *conj&adv.* למרות, חרף; בכל זאת, אף על פי כן
thought (thôt) *n.* מחשבה; חשיבה; תשומת-לב; כוונה; רעיון; מעט
- a thought too much קצת יותר מדי
- has no thought of- אין בדעתו ל-
- take thought לדאוג ל-, לתת הדעת
thought = p of think
thoughtful *adj.* שקוע במחשבה, מהורהר; דואג, זהיר, מתחשב
thoughtless *adj.* חסר-מחשבה; לא מתחשב בזולת; פזיז, נמהר; אנוכיי
thought-out *adj.* מחושב
thought-provoking מעורר מחשבה
thoughtreader *n.* קורא מחשבות
thou′sand (-z-) *adj&n.* אֶלֶף, 1000
- one in a thousand אחד מני אלף
thousandfold *adj.* פי אלף
thousandth *adj&n.* האלף; אלפית

thrall (thrôl) *n.* עבד, משועבד
thralldom *n.* עבדות, שיעבוד
thrash *v.* להכות, לחבוט, להצליף; להביס; להניע; לפרפר; להתחבט
- thrash out לדון ביסודיות, להבהיר, להגיע לפיתרון לאחר עיון
- thrash over להפוך ב- (בעיה)
thrashing *n.* חבטה, הצלפה; תבוסה
thread (thred) *n.* חוט, משיחה, פתיל; חוט מקשר; תבריג, תיברוגת
- thread of light קרן אור
thread *v.* להשחיל (חוט/חרוזים); לתברג, לחרץ תיברוגת; לפספס
- the river threads הנהר מתפתל
- thread a film לשים סרט במטולנוע
- thread one's way לפלס דרכו
threadbare *adj.* בלה, מרופט; לבוש קרעים; נדוש, חבוט
threadlike *adj.* חוטי, ארוך, דק
threat (thret) *n.* אִיום, סכנה; אות מבשר רעות
threat′en (thret-) *v.* לאיים על; לסכן; לבשר, להוות אות
three *adj&n.* שלוש, שלושה, 3
- three sheets to the wind *שתוי
three-cornered *adj.* משולש-פינות; של 3 מתמודדים
three-D תלת-ממדי
three-decker *n.* אונייה תלת-סיפונית; כריך תלת-רובדי
three-dimensional *adj.* תלת-ממדי
three-figure *adj.* תלת-סיפרתי
threefold *adj&adv.* פי שלושה
three-halfpence *n.* פני וחצי
three-lane *adj.* (כביש) תלת-נתיבי
three-legged race מירוץ תלת-רגלי (של 2 רצים הקשורים זה לזה ברגל)
three-line whip צו להיות נוכח בהצבעה
threepence *n.* שלושה פֶּנִים
three-piece *adj.* של 3 חלקים
three-ply *adj.* תלת-רובדי; תלת-חוטי
three-point landing נחיתה בו-זמנית על 3 גלגלים
three-quarter *adj&n.* של שלושה רבעים; מגן (בראגבי)
three-ring circus בילבול, המולה, שאון, באלאגאן
three R's קריאה, כתיבה, וחשבון
three′score′ *n.* שישים (20 כפול 3)
threesome *n.* שלישייה, 3 אנשים
three-storeyed *adj.* תלת-קומתי
three-wheeled *adj.* בעל 3 אופנים
three-wheeler *n.* רכב תלת-אופני
thren′ody *n.* קינה, שיר-אבל
thresh *v.* לדוש, לחבוט שיבולים
thresh = thrash
thresher *n.* דַיָּש; מכונת-דישה; כריש ארך-זנב
threshing floor גורן
threshing machine מכונת דישה
thresh′old (-ōld) *n.* סף, מיפתן; גבול, קצה
- on the threshold of- על סף ה-
- pain threshold סף הכאב
threw = pt of throw (thro͞o)
thrice *adv.* פי שלושה, שלושתיים
thrift *n.* חסכנות, קימוץ
thriftless *adj.* בזבזני, לא חסכני
thrift store/shop חנות יד שנייה
thrifty *adj.* חסכני, מקמץ; משגשג
thrill *n.* רטט, התרגשות, חוויה עזה
thrill *v.* להרטיט, לרעוד, להתרגש; להזדעזע; להתחלחל; לזעזע; למתוח
thriller *n.* מרטיט; סרט מתח, מותחן
thrive *v.* להצליח, ללבלב, לשגשג
throat *n.* גרון, גרגרת; צוואר
- at each other's throats בריב עז
- cut one's own throat להתאבד; להיהרס, להמיט אסון על עצמו
- fly at/jump down his throat להתנפל עליו לפתע
- force/ram/shove down his throat לכפות עליו (דעתו), לאלצו להסכים
- lie in one's throat לשקר בגסות
- stick in one's throat להיתקע בגרון
- throat of a bottle צוואר-בקבוק
-throated *adj.* בעל גרון
- white-throated לבן-גרון
throaty *adj.* גרוני, צרוד
throb *v.* לדפוק, לפעום, להלום
throb *n.* דפיקה, פעימה, תיקתוק
throe (thrō) *n.* ייסורים, עווית-כאב
- in the throes of- נאבק עם, שקוע ב-
- throes חבלי-לידה; ייסורי גסיסה
throm′bocyte′ *n.* תרומבוציט, טסית הדם, תא מסייע להקרשה
throm•bo′sis *n.* תרומבוזה, פקקת, תקריש

throne *n.* כיסא כבוד; כס מלכות
- ascend the throne לעלות על כיסא המלוכה
- come to the throne להיות למלך
throng *n&v.* קהל, המון; להתקהל, להצטופף; לנהור
thros'tle (-səl) *n.* קיכלי, טרד
throt'tle *n&v.* משנק (במנוע); לחנוק, להחניק; לשנק, להשניק
- throttle back/down להפחית המהירות
through (thrōō) *prep.* דרך, בעד, מבעד; בתוך, ב-; בין; באמצעות, ע"י; עקב, בגלל; במשך
- Monday through Saturday מיום שני עד שבת (ועד בכלל)
- be through it לסיים זאת
- go through- לעבור, להתנסות, לחוות; לעבור על, לבדוק
through *adv.* מצד לצד, מא' עד ת'; עד לסיום; כליל, לחלוטין
- I'm through with it סיימתי זאת
- all through כל הזמן
- are you through? סיימת?
- get through לסיים בהצלחה
- put through לקשר טלפונית
- read through לקרוא (ספר) מתחילתו ועד סופו
- see it through לדאוג לכך עד הסוף
- through and through לחלוטין
- wet through רטוב עד לשד עצמותיו
through *adj.* ישיר, ללא תחנות ביניים; גמור, סיים
- through street רחוב בעל מעבר חופשי
through·out' (thrōō-) *prep&adv.* בכל-, ברחבי-; במשך, בכל תקופת-; כולו, בכל מקום, מא' עד ת'
throughput *n.* הספק-פלט
throughway *n.* כביש מהיר
throve = pt of thrive
throw (-ō) *v.* לזרוק, להטיל, להשליך; להפיל ארצה; לשזור; להמליט; לעצב; *להביך, להדהים
- threw himself at her head חיזר אחריה נמרצות
- threw its skin (הנחש) השיל עורו
- throw a blow להנחית מכה
- throw a curve להוליך שולל; להדהים
- throw a fit להתפרץ בזעם
- throw a game להפסיד מישחק במתכוון
- throw a party לערוך מסיבה
- throw around/about לפזר
- throw away להשליך, לזרוק; לבזבז
- throw back לעכב; לגלות תכונות תורשתיות
- throw back on לאלץ לחזור ל-; להיות תלוי ב-, להשתמש ב-
- throw cold water on לשפוך צוננים על, לקצץ כנפיו
- throw down להפיל
- throw down the gauntlet/glove לזרוק את הכפפה, להזמין לדו-קרב
- throw him out להשליכו החוצה; להסיח דעתו, להוציאו מריכוזו
- throw in להוסיף חינם; לזרוק פנימה
- throw in one's hand למשוך ידו
- throw in the towel/sponge להיכנע, לוותר
- throw into confusion להביך
- throw it in his face/teeth להטיח בפניו, להזכיר נשכחות
- throw light on לשפוך אור על
- throw off לפשוט במהירות; להיפטר מ-, להשתחרר מ-, לחבר בקלות
- throw on ללבוש במהירות
- throw one's weight around להשתלט על סביבתו; להתנפח
- throw oneself at לחזר נמרצות אחרי; להטיל עצמו על, להסתער על
- throw oneself down להשתטח מלוא קומתו
- throw oneself into להירתם במרץ לעבודה, להטיל עצמו למערכה
- throw oneself on- להשליך יהבו על-
- throw open לפתוח לקהל הרחב; לפתוח בתנופה
- throw out לדחות; לזרוק; לפלוט, לומר דרך אגב; להוסיף (אגף/מיבנה)
- throw over לנטוש, לסיים יחסים
- throw punches להחליף מהלומות
- throw together לחבר/להכין בחיפזון; להפגיש
- throw up לוותר, להתפטר; להוציא מקרבו; לבנות בחיפזון; להקיא
- throw up one's hands להרים ידיים, לוותר, להתייאש
- throwing the hammer זריקת-פטיש
throw *n.* זריקה, הטלה, השלכה; מרחק ההטלה; צעיף, רדיד; כיסוי

throwaway *n.* עלון-פירסומת
throwaway *adj.* לשימוש חד-פעמי; (הערה) מובעת כלאחר יד
throw-back *n.* גילוי תכונה תורשתית
throw-in *n.* זריקת-חוץ (בכדורגל)
throw rug שטיחון
thru = through
thrum *v.* לפרוט (על גיטרה) בחדגוניות/ברשלנות; להקיש; לתופף
thrush *n.* קיכלי, טרד; פטרת הפה
thrust *v.* לדחוף; לדחוק; לתחוב, לנעוץ, לתקוע; להידחק
- be thrust upon להיכפות על
- thrust one's way לפלס דרכו בכוח
- thrust oneself forward להידחק קדימה
thrust *n.* דחיפה; תחיבה; סַחַב; כוח מניע; לחץ; מכה, מהלומה; התקפה; עקיצה
thruster *n.* מרפקן, נדחק קדימה; טיל ויסות (בחללית)
thru'way' *n.* כביש מהיר
thud *n.* קול עמום, קול חבטה
thud *v.* להשמיע חבטה עמומה
thug *n.* בריון, אַלָם, פושע
thug'gery *n.* בריונות, אלימות
thumb (-m) *n.* אגודל, בוהן
- all thumbs "בעל ידיים שמאליות"
- thumbs up! מצויין!, נהדר! (קריאה)
- turn thumbs down לדחות, לסרב
- under his thumb נתון למרותו
thumb *v.* לדפדף, להפוך דפים, ללכלך באגודל; לבקש/לקבל הסעה
- thumb a ride *לנסוע בטרמפ
- thumb one's nose להביע בוז (בניפנוף אצבעות)
thumb index מַפְתֵּחַ בוהן (בספר)
thumbnail *n&adj.* ציפורן האגודל; קטן, זעיר; קצר
thumbnail sketch סקיצה חטופה
thumbscrew *n.* בורג-כנפיים
thumbtack *n.* נעץ
thump *v.* להכות, להלום, לחבוט
- thump along לפסוע בכבדות
thump *n.* מכה, מהלומה, חבטה
thump *adv.* בקול חבטה
thump'ing *adj.* *מאוד, כביר, עצום
thun'der *n.* רעם; רעש; זעם
- by thunder! חי נפשי!
- steal his thunder להקדימו, לגנוב שיטותיו, לסכל תוכניתו להרשים
- thunder of applause רעם מחיאות-כפיים
- why, in thunder- למה, לעזאזל-
thunder *v.* לרעום; להרעים בקולו
- thunder at לצאת בשצף-קצף נגד
thunderbolt *n.* חזיז, ברק; רעם ביום בהיר; אסון פיתאומי
thunderclap *n.* נפץ-רעם; מהלומה
thundercloud *n.* ענן-רעם, ענן-ברק
thundering *adj.* מאוד, כביר, עצום
thun'derous *adj.* רועם, מרעים
thunderstorm *n.* סופת-רעמים
thunderstruck *adj.* הלום-רעם; המום
thundery *adj.* מְלוּוֶה רעמים
thu'rible *n.* מַחְתָּה, מַקְטֵר
Thurs. = Thursday יום חמישי
Thurs'day (-z-) *n.* יום חמישי
- Thursdays בימי חמישי
thus (dh-) *adv.* כך, ככה; לכן
- thus and so כך וכך, בדרך זו
- thus far עד כה
thwack *v&n.* לחבוט; חבטה
thwart (thwôrt) *v&n.* לסכל, להניא, להכשיל; ספסל-משוטאי
thy (dhī) *adj.* שֶׁלְּךָ, שֶׁלָּךְ
thyme (t-) *n.* קורנית (צמח)
thy'roid gland בלוטת-התריס
thy•self' (dh-) *pron.* אתה בעצמך
ti (tē) *n.* סי (צליל)
tiar'a *n.* כתר, נזר, עטרה, טיארה
tib'ia *n.* שוקה, עצם השוק הפנימית
tic *n.* טיק, התכווצות-שרירים (בפנים)
tick *n.* טיקטוק, תיקתוק; סימן-בדיקה, סימן-אימות (וי), *רגע
tick *v.* לתקתק; לסמן, לאמת
- tick away לטקטק בלי הרף
- tick off לאמת; *לנזוף; להרגיז
- tick over לפעול בהילוך סרק, להמשיך בקצב איטי
- what makes him tick מה מריץ אותו
tick *n.* קרצית; "עלוקה"; אריג-כיסוי; ציפה; אשראי, הקפה
tick'er *n.* טיקר (רושם); *לב, שעון
ticker-tape סרט-נייר; פיסות-נייר
tick'et *n.* כרטיס; תווית; פתק; תעודה; דו"ח-תנועה; רשימת-מועמדים
- got the ticket *סולק מהצבא

- just the ticket הדבר הנכון/הנחוץ
- split ticket רשימה מפוצלת
- straight ticket רשימת מועמדי המיפלגה
ticket *v.* לשים פתק על; לייעד
ticket collector כרטיסן
ticket of leave שיחרור מוגבל
tick'ing *n.* אריג-ציפות
ticking off *נזיפה
tick'le *n&v.* לדגדג, לעקצץ; לגרות; לשעשע, להצחיק; דיגדוג
- tickle him pink/to death לשעשעו עד מאוד, להצחיקו
tick'ler *n.* בעיה קשה, מצב מיוחד
ticklish *adj.* רגיש לדיגדוג, נוח לצחוק; עדין, דורש טאקט/זהירות
tick-tack-toe *n.* טיקטאקטו, איקס-מיקס-דריקס (מישחק)
tick'tock' *n.* תיקתוק, טיק-טאק
ti'dal *adj.* של גיאות ושפל
tidal wave גל גואה; נחשול מסוכן
tid'bit' *n.* מנה יפה; ידיעה, רכילות
tid'dler *n.* *דגיג; תינוק, פעוט
tid'dly *adj.* *קטן, זעיר; בגילופין
tiddlywinks *n.* מישחק-דיסקיות (שבו מקפיצים אסימונים לתוך גביע)
tide *n.* גיאות ושפל, מועדי הים; זרם; נטייה, מגמה
- rising tide גל גואה
- turn of the tide מיפנה, תפנית
- turn the tide לחולל מיפנה
tide *v.* לזרום, לגאות
- tide over להתגבר; לסייע להיחלץ
tidemark *n.* קו-גיאות; *ליכלוך
tidewater *n.* מי-גיאות, מי-שיטפון; איזור חופי נמוך
tideway *n.* תעלת מי-גיאות
tidily *adv.* באופן מסודר/נקי
ti'dings *n-pl.* חדשות, בשורות
ti'dy *adj.* נקי, מסודר; נכבד, גדול
tidy *v.* לנקות, לסדר
- tidy up לנקות, לסדר
tidy *n.* ציפית; כלי לפסולת, תיבה
tie (tī) *n.* עניבה; חבל, שרוך; מוט-חיבור; אדן; קשר; דבר כובל; תיקו; שיוויון; קשת (מעל תווים)
tie *v.* לקשור, לחבר, להדק; להיקשר; לעשות לולאה; לסיים בתיקו; להשתוות; לחבר (תווים) בקשת
- fit to be tied *מאוד; זועם
- tie down לכבול; להגביל חופש
- tie his hands לכבול ידיו
- tie in לחבר, לקשר; להשתלב
- tie into להתנפל על, להתקיף
- tie on לקשור בשרוך
- tie the knot *להתחתן
- tie up; לקשור; לקשר; לעכב (תנועה); להגביל; להשקיע בחשבון סגור
- tie up a deal לסיים/לסכם עיסקה
- tied up קשור, כבול, טרוד, עסוק
tiebreak *n.* שובר שיוויון; חבטות הכרעה
tie-clip *n.* סיכת עניבה
tied *adj.* כבול, קשור, מוגבל בתנאים
tie-dye *n.* צביעת קשרים
tie-in *n.* קשר, הֶקשֵר; חפץ-לוואי; מכירה צמודה
tie-on *adj.* קשור, מהודק בשרוך
tiepin *n.* סיכת עניבה
tier (tir) *n.* שורה, נידבך, מדרגה
- triple-tiered בעל 3 שורות
tie-up *n.* קיפאון, שיתוק; *קשר
tiff *n.* מריבה קלה, ריב קל
ti'ger (-g-) *n.* נמר, טיגריס
- ride the tiger *לנהל אורח-חיים מסוכן
tigerish *adj.* נמרי, עז כנמר, אכזרי
tiger lily שושן מנומר (פרח)
tight *adj.* מהודק; מתוח; צמוד; לחוץ; צר; דחוס, דחוק; אטים; חסר, מצומצם, קשה להשיג; *שתוי
- tight boat סירה אטימת-מים
- tight control פיקוח חמור
- tight corner/spot מצב ביש
- tight feeling הרגשת מועקה
- tight market שוק דחוק
- tight race מירוץ צמוד
- tight rope חבל מתוח
- tight schedule לוח-זמנים עמוס
- tight squeeze דחוק, צפוף
tight *adv.* במהודק, בחוזקה, היטב
- sit tight לשבת איתן במושבו; לדבוק בעמדתו; להימנע מפעולה
- sleep tight לישון שינה עמוקה
tighten *v.* להדק; למתוח, לחזק
- tighten up להדק; להחמיר
tight-fisted *adj.* קמצן, קמוץ-יד
tight-fitting *adj.* (בגד) צמוד
tight-laced *adj.* קפדני, מוסרי
tight-lipped *adj.* חתום-פה, שתקני
tight-rope *n.* חבל מתוח (של לוליין)
tight-rope walker לוליין, מהלך על גבי חבל
tights *n-pl.* מיכנסי-גוף,

מיכנסי-לוליין; גמישונים, גרבונים
tight'wad' (-wod) *n.* *קמצן
ti'gress *n.* נמרה, נקבת-הטיגריס
Ti'gris *n.* חידקל (נהר)
tike = tyke *n.* ילדון, זאטוט
tila'pia *n.* טילאפיה (דג)
til'de (-də) *n.* טילדה, סימן מעל לאות, זרקא
tile *n.* רעף; אריח, מרצפת; טבלת-מישחק
- has a tile loose *מופרע, לא-שפוי
- on the tiles *מתהולל
tile *v.* לרעף; לרצף
ti'ler *adj.* רעפן, רַצָּף
till *prep&conj.* עַד, עד ל-, עד ש-
till *v.* לעבד אדמה, לחרוש
till *n.* קוּפָּה, מגירת-כסף
- rob the till למעול, לשלוח יד
til'lage *n.* עיבוד אדמה; אדמה חרושה
til'ler *n.* עובד אדמה, איכר; ידית-הסנפיר, ידית-ההגה (בסירה)
tilt *v.* להטות; להרכין; להרים קצה אחד; לנטות; לשפע; להשתפע
- tilt at לתקוף, להתנפל על
- tilt at windmills להילחם בטחנות-רוח
tilt *n.* שיפוע, ליכסון, הטיה; נטייה; הסתערות, התקפה
- full tilt במהירות רבה, בעוצמה
tilth *n.* נִיר, אדמה חרושה
tilt-yard *n.* שדה מילחמת-חניתות
tim'bal *n.* תונפן, תוף הכיור
tim'ber *n.* עצים, עצה, עצי-בנייה, עצי-נגרות; קורה; תכונות, סגולות
tim'ber'! זהירות!, עץ כרות נופל!
timbered *adj.* עשוי עץ; מכוסה עצים
timber line קו העצים (על הר)
tim'bre (-bər) *n.* טמבר, גון הקול, נעימה
tim'brel *n.* טנבורית, תוף מרים
time *n.* זמן, עת, תקופה, שעה; פעם; קצב, מיפעם, מישקל
- 2 times 4 = 8 שתי פעמים ארבע שווה לשמונה
- 3 times larger גדול פי שלושה
- against time נגד השעון, מהר
- ahead of one's time מקדים את תקופתו, נאור, חלוץ
- ahead of time מוקדם, בטרם עת
- all the time כל הזמן
- at one time פעם, בעבר
- at the same time בו-זמנית, בעת ובעונה אחת; יחד עם זאת, ברם
- at the time אז, באותה שעה
- behind time מפגר, מאחר
- big time *שעה נפלאה, בילוי מהנה
- do time לשבת בכלא
- each/every time בכל פעם
- easy time חיים קלים/נוחים
- every time I turn around *כל רגע
- for a time לזמן-מה
- get double time לקבל שכר כפול
- had the time of his life *עשה חיים
- half the time *ברוב המקרים
- have a (good) time לעשות חיים
- have a time לעבור שעה קשה
- his time is drawing near יומו קרוב
- in no time כהרף עין, מהר
- in one's time בימיו, בזמנו, בעבר
- in time בבוא היום, במרוצת הזמן; בזמן, לא באיחור; בקצב הנכון
- keep time (בצעדה) לשמור על הקצב; (לגבי שעון) לדייק
- last time בפעם האחרונה
- make good time להתקדם במהירות
- many a time תכופות, לא אחת
- march with the times לצעוד עם הזמן
- near her time עומדת ללדת
- not before time לא במהרה, בעיתו
- on time במועד, בשעה המדוייקת
- on/in one's own time מחוץ לשעות העבודה
- one at a time אחד אחד
- out of time לא בקצב
- pass one's time להעביר זמנו
- pressed for time דחוק בזמן
- take one's time לא למהר
- take up time לתפוס זמן, למלא זמן
- time after time פעם אחר פעם
- time and a half תשלום של פעם וחצי (לשעות נוספות)
- time is up תם הזמן
- time out of mind לפני זמן רב
- time was when היו זמנים כש-
- time will tell ימים יגידו
- times ימים, זמנים; פעמים; כפול
- took time לקח זמן, ארך זמן
- two at a time שניים שניים, בזוגות

- waltz time קצב הוואלס (3 רבעים)
- what is the time? מה השעה?
- work part time לעבוד עבודה חלקית
time *v.* לְעַתֵּת, לקבוע העיתוי; לתזמן; לכוון (זמן/קצב)
- well timed בעיתוי נכון
time bomb פצצת-זמן
time capsule ארגז חפצים (לגילוי בעתיד)
time card כרטיס נוכחות (לעובד)
time clock שעון נוכחות (לעובד)
time-consuming *adj.* גוזל זמן
time-expired *adj.* שסיים שירותו
time exposure (בצילום) חשיפה ריגעית (לאור)
time-frame *n.* מסגרת הזמן
time fuse מרעום זמן, שעון-השהיה
time-honored *adj.* מכובד מדור-דור, עתיק-יומין
timekeeper *n.* שופט-זמן (בתחרות); רשם-נוכחות (של עובדים); שעון
time-lapse *adj.* דולג-זמן
time-lapse photography צילום דולג-זמן
timeless *adj.* ניצחי
time limit הגבלת-זמן; מועד סופי
timeliness *n.* עיתוי נכון, דייקנות
timely *adj.* בעיתו, בשעה הנכונה
time off הפסקה, מנוחה
time out *n.* פסק-זמן
timepiece *n.* שעון
ti'mer *n.* שעון, קוצב זמן, שעון-עצר
timesaving *adj.* חוסך זמן
timescale *n.* פרק זמן
timeserver *n.* סתגלן, אופורטוניסט
time-sharing *n.* שיתוף זמנים
time sheet גיליון נוכחות (לעובד)
time signal אות הזמן (ברדיו)
time signature ציון הקצב
time switch מתג זמן (אוטומאטי)
timetable *n.* לוח זמנים
timetable *v.* לערוך לפי לוח זמנים
time-work *n.* עבודה לפי זמן
timeworn *adj.* בלה, אכול-שנים
time zone איזור שעה (רצועה ברוחב 15 מעלות בין קווי-האורך)
tim'id *adj.* ביישן, פחדן, רך-לבב
timid'ity *n.* ביישנות, פחדנות
timing *n.* עיתוי, תיזמון; תיאום קצב
tim'orous *adj.* פחדן, חסר-אומץ
tim'othy *n.* איטן (צמח-בר)
tim'pani *n.* מערכת תונפנים
tim'panist *n.* תונפנאי
tin *n.* בדיל; פח; פחית; קופסה; *כסף
tin *v.* לשמר בפחיות, לצפות בבדיל
tinc'ture *n.* מִשְׁרָה, תשרית; תמיסת-כהל; גוון, שמץ, קורטוב
tincture *v.* לצבוע, לגוון; לתבל
tin'der *n.* חומר דליק/מתלקח
tinderbox *n.* קופסת-הצתה; מצב מסוכן, "חבית חומר-נפץ"
tine *n.* שן, חוד, זיז
tin'foil' *n.* נייר כסף, נייר אלומיניום
ting *v&n.* (לצלצל) צילצול רם
ting'aling' *n.* צילצול פעמון
tinge *v&n.* לצבוע, לגוון, לתבל, להוסיף נופך; גוון; סימן, רמז, שמץ
tin'gle *v.* לחוש דקירות קלות; לרטוט
tingle *n.* תחושת דקירות קלות
tin hat *קסדה, קובע
tin'ker *n.* פחח, מתקן כלים; תיקון שלומיאלי; *שובב; בטלן
- not worth a tinker's damn לא שווה כלום
tinker *v.* לתקן כלי-בית; לטפל באופן חובבני; להתבטל, להתמזמז
tin'kle *v.* לצלצל, להקיש, לקשקש
tinkle *n.* צילצול, נקישות, קישקוש
tin'nitus *n.* צלצול באוזניים
tin'ny *adj.* של בדיל, מכיל בדיל; (צליל) מתכתי; *זול, חסר-ערך
tin opener פותחן-קופסאות
tin pan alley מלחיני המוסיקה העממית; תעשיית המוסיקה העממית
tin plate ריקועי מתכת מצופים פח
tinpot *adj.* *זול, עלוב, נחות
tin'sel *n.* פיסות מתכת נוצצות; נצנצים; קישוט צעקני; ברק מזוייף
tinsel *v.* לקשט בנצנצים
tinsmith *n.* פחח, חרש-פחים
tint *n&v.* צבע, גוון קל; לגוון; להוסיף צבע; לצבוע (שיער)
tin-tack *n.* נעץ-בדיל
tin'tinnab'u·la'tion *n.* צילצול
ti'ny *adj.* זעיר, קטנטן
tip *n&v.* קצה, חוד, עוקץ, בדל; פִּיָּה; להוסיף קצה/חוד ל-
- on the tip of one's tongue על קצה לשונו

- the tip of the iceberg קצה הקרחון
tip *v.* להטות; לנטות; לשפע; להפוך; להפיל; לשפוך; להשליך (פסולת)
- tip one's hat להרים הכובע
- tip over ליפול; להפיל; להפוך
- tip the scales/balance להטות את הכף
- tip up להטות, להרים הקצה; לנטות
tip *n.* דמי-שתייה, טיפ, תשר; עֵצָה; הצעת מומחה; רמז; שיפוע; מיזבלה
- straight tip מידע ממקור מהימן
tip *v.* להעניק תשר; לתת עצה/רמז; לראות כמועמד/כמנצח
- tip off להזהיר, לספק מידע; לרמוז
- tip the wink להזהיר, לתת מידע
tip *v&n.* לחבוט קלות; חבטה
tip-and-run (שוד של) פגע וברח
tip-off *n.* רמז, אזהרה, מידע
tipped *adj.* בעל קצה-; שקיבל טיפ
tip'pet *n.* סודר, צעיף, רדיד
tip'ple *v&n.* לשתות, לְהִשְׁתַּכֵּר; משקה חריף
tippler *n.* שתיין
tip'staff' *n.* שמש בית-המישפט
tip'ster *n.* מספק מידע (למהמרים)
tip'sy *adj.* שתוי, מבוסם
tip'toe' (-tō) *v&n.* להלך על קצות הבהונות
- on tiptoe על קצות הבהונות; נרגש
tip-top *adj&adv.* *מעולה, מצויין
tip-up seat *n.* כיסא מתקפל, כיסא בעל מושב מזדקף (כבתיאטרון)
ti·rade' *n.* תוכחה, נאום חריף, טיראדה
tire *v.* לעייף; להתעייף; לשעמם
- tire out להלאות, לעייף
tire = tyre *n.* צמיג
tired *adj.* עייף, לאה, יגע
- tired of עייף מ-, נמאס לו מ-
- tired out עייף מאוד, אזל כוחו
tireless *adj.* לא יודע ליאות, מתמיד
tiresome *adj.* מעייף, משעמם
tire valve ונטיל
ti'ring room חדר-הלבשה
ti'ro *n.* טירון, מתחיל
tis'sue (tish'o͞o) *n.* ריקמה; ממחטת נייר, מלמלית, טישו; אריג; מירקם, מַסֶּכֶת, סידרה
tissue paper נייר דק, נייר עטיפה
tit *n.* ירגזי (ציפור-שיר); *שַׁד, פיטמה, "ציץ"; טיפש
- get on one's tits *להרגיזו
- tit for tat עין תחת עין, תגמול
ti'tan *n.* טיטאן, ענק
ti·tan'ic *adj.* ענק, כביר, טיטאני
ti·ta'nium *n.* טיטאניום (יסוד כימי)
tit'bit' *n.* מנה יפה; ידיעה מעניינת
tit'chy *קטנטן, זעום
tit'fer *n.* *כובע
tithe (tīdh) *n&v.* מעשר, עשירית; לעשר
Ti'tian (tish'ən) *adj.* ערמוני
tit'illate' *v.* לדגדג, לגרות
tit'illa'tion *n.* דיגדוג, גירוי
tit'ivate' *v.* לקשט; להתגנדר
ti'tle *n.* תואר, כינוי-כבוד; שם, כותרת; זכות, בעלות, חֲזָקָה; אליפות
- a title to- זכות-בעלות על-
- title fight קרב אליפות
- titles רשימת המשתתפים
titled *adj.* בעל תואר (אצולה)
title deed שטר קניין
titleholder *n.* מחזיק התואר, אלוף
title page שער (הספר), עמוד השער
title role תפקיד השם (במחזה)
tit'mouse' *n.* ירגזי (ציפור-שיר)
ti·tra'tion *n.* טיטור (מדידת תמיסה)
tit'ter *v&n.* לצחקק, לגחך; ציחקוק, צחוק כבוש
tit'tle *n.* חלקיק, כמות זעומה
tittle-tattle *n&v.* רכילות, פיטפוט, קישקוש; לרכל, לפטפט
tit'ty *n.* *שַׁד, פיטמה, "ציצי"
tit'ular (tich'-) *adj.* תוארי, נומינאלי, חסר-סמכות; בעל תואר
titular character שחקן ראשי (הדמות המגלמת את תפקיד השם)
tiz'zy *n.* *התרגשות, מתח, מבוכה
T-junction *n.* צומת-טי, מסעף
TNT *n.* ט.נ.ט., חומר-נפץ
to (too, to͞o, tə) *prep.* אל-, ל-, לעבר-; עד ל-; לעומת, בהשוואה ל-; יחד עם; לכל-; כדי
- 2 to 1 1:2 (בתחרות)
- as to אשר ל-, בנוגע ל-
- to a man עד אחד, הכל
- to and fro הנה והנה, אילך ואילך
- to me לדידי, לגביי
to (to͞o) *adv.* למצב קודם, למצב סגור
- slam the door to לטרוק הדלת
toad *n.* קרפדה; שפל, נבזה
toadstool *n.* סוג של פיטרייה
toad'y *n&v.* מתרפס; להתרפס

toast *n.* לחם קלוי, טוסט; הרמת כוס, שתיית לחיים; חתן-המסיבה
toast *v.* לקלות (פת); לצנום; לחמם; להרים כוס, לשתות לחיים
toaster *n.* מצנם, מקלה, טוסטר
toaster oven תנורון
toasting fork מזלג-קלייה (ארוך)
toast-master *n.* מנחה-המסיבה
toas′ty *adj.* חמים, נעים
tobac′co *n.* טבק, עלי טבק
tobac′conist *n.* טבקאי, מוכר טבק
to-be *adj.* עתידי, לעתיד
tobog′gan *n&v.* מיזחלת-שלג, שלגית; לגלוש; להחליק; לרדת
to′by *n.* ספל-שתייה (בדמות שָמֵן)
tocca′ta (-kä′-) *n.* טוקאטה
toc′sin *n.* פעמון אזעקה; אזעקה
tod *n.* טוד (12.7 ק״ג)
- on one's tod *לבד, לבדו
today′ *adv&n.* היום; בזמן הזה
- today week היום בעוד שבוע
tod′dle *v.* להתנודד (בהליכה)
- toddle off/over *ללכת
toddler *n.* תינוק (הלומד ללכת)
tod′dy *n.* טודי (מזג של ויסקי ומים חמים); משקה-תמרים
to-do (tədōō′) *n.* המולה, התרגשות
toe (tō) *n.* בוהן, אצבע-הרגל; חרטום-הנעל; קצה-הגרב
- on one's toes ער, ערוך לפעולה
toe *v.* לנגוע בבהונות הרגל
- toe the line/mark לרכון בקו-הזינוק; ללכת בתלם
toe-cap *n.* חרטום-הנעל
toe-hold *n.* מאחז לרגל (למטפסים); דריסת רגל
toe-nail *n.* ציפורן הבוהן/הרגל
toff *v&n.* *להתגנדר; גנדרן
tof′fee, tof′fy *n.* טופי, סוכרייה
- can't for toffee *לא יכול כלל
toffee-nosed *adj.* סנוב
to′fu (-fōō) *n.* טופו (מחָלָב סויה)
tog *v&n.* ללבוש; להלביש
- togs *בגדים
to′ga *n.* טוגה, גלימה
togeth′er (-gedh-) *adv.* יחד, ביחד; בו-זמנית; בלי הרף, ברציפות
- 7 days together 7 ימים רצופים
- come together להיפגש; להתרחש בעת ובעונה אחת
- near together קרובים זה לזה
- put together יחד; להרכיב
- together with ביחד עם; וכן
togetherness *n.* אחדות; ״יחד״
tog′gle *n.* כפתור-עץ, כפתור מוארך
toggle switch מתג חשמלי
toil *n.* עמל, עבודה מפרכת; רשת
- toils רשת, מלכודת
toil *v.* לעמול, להתייגע, לטרוח הרבה; להתנהל בכבדות, לנוע בליאות
toi′let *n.* רחצה, התייפות; הופעה; סידור-שיער; שירותים; אסלה
- make one's toilet להתמרק
toilet paper/tissue נייר טואלט
toilet powder פודרה, אבקת-תמרוקים
toilet roll גליל נייר-טואלט
toi′letry *n.* אביזר-תמרוקים
toilet table שולחן-טואלט
toilet-train *v.* ללמד (פעוט) לעשות צרכיו באסלה
toilet water מי-קולון
toilsome *adj.* מעייף, מייגע
to-ing and fro-ing התרוצצות
to′ken *n&adj.* אות, סימן; מזכרת, עדות; אסימון; תו-קנייה, תלוש; סימלי
- by the same token באורח דומה
- in token of לאות-, להוכחת-
- token fee תשלום סימלי
tokenism *n.* סמליות, ייצוג סמלי
token money אסימון
token payment תשלום סמלי
token strike שביתה קצרה
token vote הקצבה סימלית
told = p of tell (tōld)
tol′erable *adj.* נסבל, טוב למדיי
tolerably *adv.* די, בשיעור מסויים
tol′erance *n.* סובלנות; סבולת, תיסבולת; כוח-סבל
tol′erant *adj.* סובלני
tol′erate′ *v.* לסבול, לשאת; להתיר, להרשות, לאפשר
tol′era′tion *n.* סובלנות
toll (tōl) *n.* מס, אגרה, היטל, אגרת-דרכים, מס-עגינה; מחיר; קציר-דמים; צילצול
toll *v.* לצלצל; להודיע (בצילצול)
toll bar מחסום-אגרה (כנ״ל)
toll-gate *n.* שער-אגרה (כנ״ל)
toll-house *n.* בית גובה-האגרה, דרכייה
toll road כביש אגרה
tom *n.* זכר, חתול זכר

Tom, Dick, and Harry מישהו, פלוני אלמוני
tom'ahawk' *n.* טומאהוק, גרזן קל
toma'to *n.* עגבנייה
tomb (tōōm) *n.* קבר
tom'boy' *n.* נערה נמרצת, שובבנית
tom'boy'ish *adj.* שובבה, נמרצת
tombstone *n.* מַצֵּבָה
tom'cat' *n.* חתול (זכר)
tome *n.* כרך עבה, ספר כבד
tom'fool' (-fōōl') *n&adj.* טיפש
tom'foo'lery *n.* טיפשות, שטות
Tom'my *n.* *טוראי בריטי
Tom'my gun טומיגאן, תת-מקלע
tom'my-rot' *n.* שטויות, הבלים
tomog'raphy *n.* טומוגרפיה, סריקת איברים בגוף
tomor'row (-ō) *adv&n.* מחר
- tomorrow week מחר בעוד שבוע
- tomorrow's world עולם המחר
tom'tit' *n.* ירגזי (ציפור-שיר)
tom'tom' *n.* טאם-טאם, תוף אפריקאי
ton (tun) *n.* טונה; 100 מיל בשעה
- short ton טונה אמריקאית (כ-907 ק"ג)
- tons of *המון, כמות עצומה
to'nal *adj.* צלילי, טוני, טונאלי
to•nal'ity *n.* צליליות, טונאליות
tone *n.* טון, צליל; נימה; אווירה, רוח; אופי, ציביון; גוון; תיפקוד תקין (של הגוף); גמישות
- tone of voice טון-דיבור, נימה
tone *v.* לשוות צליל/גוון מיוחד ל-
- tone down לרכך; להנמיך הטון; להחליש; לעדן, למתן
- tone in with להתאים, להשתלב עם
- tone up להגביר, לחזק, להמריץ
toned *adj.* בעל צליל (או גוון) של-
tone-deaf *adj.* חירש לצלילים, מזייף
tone language שפת צליל (שבה הצליל משנה את המשמעות)
toneless *adj.* חסר-גוון, יבש
tonepad *n.* טונפד, תקשורת צליל
tone poem פואימה סימפונית
to'ner *n.* טוֹנֶר (מְגַוֵּן)
tong *v.* לאחוז במלקחיים
tongs *n-pl.* מלקחיים
tongue (tung) *n.* לשון; שפה
- bite one's tongue off להצטער על דבריו
- couldn't find his tongue נאלם
- give tongue להרים קול
- has a ready tongue מהיר-תשובה
- keep a civil tongue לדבר בנימוס
- lost his tongue דבקה לשונו לחיכו
- set tongues wagging הפך לשיחת היום
- the cat got his tongue שתק
- tongue of flame לשון-אש
- tongue of land לשון-יַבָּשָׁה
- tongue of shoe לשון-נעל
tongued *adj.* בעל לשון
- fork-tongued ממוזלג-לשון
tongue lashing הצלפת-לשון, נזיפה
tongue-tied *adj.* נטול-דיבור, שתקן
tongue twister מלה קשת-ביטוי, ביטוי קשה-הגייה, "שובר שיניים"
ton'ic *n&adj.* טוניק, אַתָּן, סם חיזוק; יָסֵד, טון יסודי; מחזק, מרענן
tonic sol-fa טוניק סול-פה (שיטה בלימוד זימרה)
tonic water מי-כינין
tonight' *adv&n.* הלילה
ton'nage (tun-) *n.* טונאז', תפוסת-ספינה; דמי-הובלה
tonne (tun) *n.* טוֹנָה, טון
ton'sil (-səl) *n.* שקד (בלוטה)
ton'sillec'tomy *n.* ניתוח שקדים
ton'silli'tis *n.* דלקת-שקדים, אנגינה
ton•so'rial *adj.* של סַפָּר/תיספורת
ton'sure (-shər) *n&v.* גילוח הראש; גַּלַּחַת; לגלח הקרקפת
ton'tine (-tēn) *n.* טונטינה (קרן שאחרון החברים זוכה בכל הקופה)
ton-up *adj.* נוהג במהירות גבוהה
too *adv.* יותר מדיי; ביותר; גם כן, כמו כן; גם, אף
- I'll come, too גם אני אבוא
- all too soon מהר מדיי
- had one too many לגם כוסית יתירה
- not too sorry לא מצטער ביותר
- only too- מאוד, בהחלט, ביותר
- too much/too many יותר מדיי
took = pt of take
tool (tōōl) *n&v.* מכשיר, כלי; כלי-עבודה; אמצעי; כלי-שרת; לעצב; לקשט, לעטר
- tool along לנסוע; לנהוג
- tool up לצייד (מיפעל) בכלים
toolmaker *n.* מכשירן, מתקן

מכשירים

toolmaking *n.* מכשירנות

toot (tōōt) *n&v.* צפירה; לְצַפּוֹר

tooth (tōōth) *n.* שן; חוד, זיז

- armed to the teeth חמוש מכף רגל ועד ראש
- by the skin of one's teeth (להימלט) בעור שיניו, (להיחלץ) בנס
- cast it in his teeth לגעור בו
- get one's teeth into להתמסר במרץ ל-
- in the teeth of למרות, חרף
- lie in one's teeth לשקר בגסות
- long in the tooth זקן, ישיש
- pull his teeth לעקור שיניו, ליטול עוקצו, להותירו חסר-אונים
- sink one's teeth into לשקוע ראשו ורובו ב-, לתת כל מעייניו ב-
- sweet tooth לקקנות
- teeth שיניים, כוח אפקטיבי

toothache *n.* כאב-שיניים

toothbrush *n.* מיברשת-שיניים

tooth-comb *n.* מסרק צפוף-שיניים

toothed *adj.* בעל שיניים, משונן

toothless *adj.* חסר-שיניים

toothpaste *n.* מישחת-שיניים

toothpick *n.* קיסם-שיניים, מחצצה

toothpowder *n.* אבקת שיניים

toothsome *adj.* טעים, ערב

toothy *adj.* (חיוך) חושף שיניים

too'tle *v&n.* *לצפור (ממושכות); ללכת בנחת, לנהוג באיטיות; צפירה

toots, toot'sy *n.* *מותק, חביב; רגל; בוהן

top *n.* ראש; שיא, פיסגה; חלק עליון, צמרת; מִכסֶה; סביבון

- at the top of בראש ה-
- at the top of voice ברום קולו
- from top to bottom מא' ועד ת'
- from top to toe מכף רגל ועד ראש
- get back into top gear לחזור למיטבו
- go over the top לפעול במהירות
- in top (gear) בהילוך הגבוה ביותר
- off the top of one's head ללא מחשבה תחילה, ללא הכנה מראש
- on top למעלה; ידו על העליונה
- on top of מעל ל-, על-גבי; בראש
- on top of that נוסף על כך
- on top of the world ברקיע השביעי, מאושר, שופע גיל
- over the top מעבר ליעד; עבר כל גבול
- sleep like a top לישון כמו אבן
- to the top of one's bent עד לקצה גבול יכולתו; כאוות-נפשו המלאה
- top of the table ראש השולחן (מקום-כבוד); לוח השולחן
- top of the tree שיא הקריירה

top *v.* להגיע לפיסגה; לשמש חלק עליון ל-; לעלות על, להיות טוב מ-

- to top it all ומעל כל זאת
- top $1000 לעבור את אלף הדולרים
- top off להשלים, לסיים, לגמור
- top out לחגוג סיום, לחנוך
- top the bill לשחק בתפקיד הראשי
- top up למלא (כוסית/כלי), להוסיף
- topped by/with בראשו, עליו

top *adj.* ראשי, עליון, ראשון, מְרַבִּי

- top dog *מנצח, ידו על העליונה
- top people אנשי הצמרת
- top speed מהירות מְרַבִּית

to'paz' *n.* פיטדה, טופאז

top boot נעל גבוהה, נעל רכיבה

top brass *קצונה גבוהה

topcoat *n.* מעיל עליון; ציפוי עליון

top drawer * (מן) המעמד העליון

top-dress *v.* לזבל, לפזר דשן; לרצף

top-dressing *n.* זיבול; ריצוף

tope *v.* לשתות לשוכרה

to'pee', to'pi *n.* כובע-שמש

top-flight *adj.* מהשורה הראשונה

top-gallant *n.* תורן רם, מיפרש רם

top hat מיגבע, צילינדר

top-heavy *adj.* כבד למעלה, עלול ליפול

to'piar'y (-pieri) *n.* גננות-נוי

top'ic *n.* נושא, נושא לשיחה

top'ical *adj.* מקומי; מענייני דיומא, מבעיות השעה, אקטואלי

top'ical'ity *n.* נושא אקטואלי

topknot *n.* ציצת-קודקוד, בלורית

topless *adj.* חשופת-שדיים

top-level *adj.* עליון, רם מעלה

topmast *n.* תורן עילי

topmost *adj.* גבוה ביותר, עליון

top-notch *adj.* *מצויין, מעולה

top'ograph'ical *adj.* טופוגרפי

topog'raphy *n.* טופוגרפיה, תורת פני הקרקע

top'per *n.* *מיגבע, צילינדר

top'ping *n.* ציפוי עליון, קישוט

topping *adj.* *מצויין, משובח

top'ple *v.* ליפול, להתמוטט; להפיל

- topple over להתמוטט, לקרוס
top-ranking *adj.* מהשורה הראשונה
tops *adj&adv.* *הטוב ביותר; לכל היותר
topsail *n.* מיפרש עילי
top secret סודי ביותר
topside *n.* צידון, חלק עליון (בספינה); נתח מובחר (של בשר)
topsoil *n.* שיכבה עליונה (בקרקע)
topspin *n.* סיבוב הכדור קדימה
top'sy-tur'vy *n&adj.* תוהו ובוהו, אנדרלמוסיה; הפוך
toque (tōk) *n.* כובע-אישה (חסר-תיתורה)
tor *n.* גיבעה (מסולעת)
To'ra, To'rah (-rə) *n.* תורה
torch *n.* לפיד; מבער; פנס-יד
- carry a torch for להיות מאוהב ב-
- hand on the torch למסור (התורה) לדור הבא; לשמור על הגחלת
- put to the torch להשמיד באש
- torch of knowledge אור הדעת
torch *v.* להדליק (לפיד)
torchbearer *n.* לפידאי, נושא לפיד
torchlight *n.* אור-לפיד
torch singer זמרת שירי-אהבה
tore = pt of tear
tor'e·ador' *n.* טוריאדור, לוחם שוורים
tor'ment' *n.* כְּאֵב, סֵבֶל, ייסורים; גורם סבל, מרגיז
tor·ment' *v.* להכאיב, לייסר, לְעַנּוֹת
tor·men'tor *n.* מייסר, מענה
torn = pp of tear
tor·na'do *n.* טורנאדו, סופה עזה
tor·pe'do *n.* טורפדו, פגז תת-מימי
torpedo *v.* לטרפד; להשמיד; לסכל
torpedo boat טַרְפֶּדֶת
tor'pid *adj.* איטי, עצלתני; רדום, ישן; לא-פעיל; חסר-תחושה, לא נע
tor'por, tor·pid'ity *n.* איטיות, עצלנות; אי-פעילות; חוסר-תחושה
torque (tôrk) *n.* ענק, קולר; אצעדה; (במכניקה) מומנט הסיבוב
tor'rent *n.* זרם, שטף; מטר, מבול
torren'tial *adj.* זורם, שוטף; ניתך
tor'rid *adj.* חם, לוהט, צחיח; נלהב
torrid'ity *n.* חום, להט, צחיחות
tor'sion *n.* פיתול, עיקום
tor'so *n.* טורסו, גוף נטול ראש וגפיים; מיפעל שלא הושלם

tort *n.* עוול, עוולה, נזק
- tort of negligence עוולת רשלנות
- torts נזיקין
tor·til'la (-tē'yə) *n.* מצה עגולה
tor'tious (-shəs) *adj.* נזיקי
tor'toise (-təs) *n.* צב
tortoise shell שיריון הצב
tor'tuous (-'cho͞oəs) *adj.* מתפתל, עקום; לא ישר, סחור-סחור
tor'ture *n.* סבל, ייסורים, כְּאֵב; עינוי
torture *v.* לְעַנּוֹת, לגרום ייסורים
torturer *n.* מענה, מכאיב
Tor'y *n&adj.* טורי, שמרן
Toryism *n.* שמרנות
tosh *n.* *שטויות, הבלים
toss (tôs) *v.* לזרוק, להטיל; להפיל; לטלטל; להיטלטל; להתנפנף; לבחוש
- toss about להתהפך (על מישכבו)
- toss off ליצור במחי-יד, לשרבט; לגמוע בגמיעה אחת
- toss one's head לטלטל ראשו לאחור
- toss up/for להטיל מטבע (באוויר)
toss *n.* זריקה; הטלה; הטלת מטבע; הגרלה; טילטול
- take a toss ליפול מסוס
toss-up *n.* הטלת-מטבע; אפשרות שקולה
tot *n&v.* פעוט, תינוק; כּוֹסִית
- tiny tot פעוט, תינוק
- tot up לסכם, לחבר
- tot up to להסתכם ב-
to'tal *adj.* טוטאלי, מקיף, כוללני; שלם, גמור, מוחלט
- total eclipse ליקוי מלא
- total loss אובדן גמור, "טוטאל לוס"
total *n.* סך הכל, סיכום
- in total בסך הכל
total *v.* לסכם; להסתכם ב-; להגיע ל-; להרוס (מכונית) לגמרי
to·tal'ita'rian *adj.* רודני
totalitarianism *n.* רודנות
to·tal'ity *n.* שלמות; סך הכל
to'taliza'tor *n.* מכונת-סיכום
to'tally *adv.* לגמרי, כליל
total recall זיכרון מושלם
tote *v.* לשאת (נשק)
tote = totalizator
tote bag סל קניות
to'tem *n.* טוטם, אליל, עצם נערץ
to'to *n.* סך הכל
- in toto בסך הכל, בשלמותו

tot′ter *v.* להתנדנד; למעוד
tottery *adj.* לא-יציב, מתנדנד
tou′can′ (tōō′-) *n.* טוקאן (עוף)
touch (tuch) *v.* לנגוע; למשש; להגיע ל-; להקיש קלות; להשתוות אל; לעסוק/לדון ב-; לנגוע ללב; לקלקל; לפגוע ב-; להעביר מיכחול
- there's nothing to touch- אין כמו-
- touch at לעגון ב-, לעצור ב-
- touch bottom לנגוע בקרקע-הים; לרדת פלאים, להגיע לשפל המדרגה
- touch down לנחות; להניח (כדור רגבי) מעבר לשער, לבצע טאץ׳-דאון
- touch for *לסחוט, לשנורר
- touch off לגרום, להפעיל, להצית
- touch on/upon לנגוע ב-, להתייחס
- touch port להגיע לנמל
- touch the spot *להוות הדבר הנכון/הנחוץ, לקלוע למטרה
- touch up לשפץ, לתקן, לתגמר
- touch wood הקש בעץ, בלי עין הרע
- touched his heart נגע לליבו
- touched with gray (שיער) מכסיף
- you'll never touch him לעולם לא תשתווה אליו, אתה נופל ממנו
touch *n.* מגע, נגיעה; (חוש ה-) מישוש; התקף קל; מכה קלה; שיפור; קורטוב; נימה; סיגנון; העברת מיכחול; מגוע; (בכדורגל) חוץ
- at a touch בנגיעה קלה ביותר
- common touch מגע עם הקהל
- get/put in touch with ליצור קשר עם
- keep in touch לשמור על קשר
- lose touch לאבד הקשר
- near touch הינצלות בנס
- out of touch with מנותק מ-
- put the touch on *לשנורר מ-
- touch of genius אותות-גאוניות
- touch of irony נימה אירונית
- touch of the flu התקף שפעת קל
touchable *adj.* בר-נגיעה, משיש
touch-and-go (מצב) עדין; מסוכן, לא בטוח, תלוי באוויר
touchdown *n.* (ברגבי) שער, טאץ׳-דאון; נחיתה
touche (tōōsha′) *interj.* תשובה יפה!, 0:1 לטובתך!
touched *adj.* נרגש, נסער; מופרע
touching *adj.* מרגש, נוגע ללב
touching *prep.* בנוגע ל-, ביחס ל-
touch-line *n.* קו-צד, קו-חוץ
touchpaper *n.* נייר הצתה
touchstone *n.* אבן-בוחן, קריטריון
touch-type *n&v.* כתבנות עיוורת, דרך העילום; לתקתק בעל-פה
touch′y (tuch′i) *adj.* פגיע, עדין
tough (tuf) *adj&n&v.* חזק; קשה; קשוח; קשה לחיתוך, צמיג; עקשני; גס; פראי; אלים
- be tough on לנהוג בתקיפות כלפי-
- tough customer איש קשה
- tough it (out) *לעמוד בכך
- tough luck מזל ביש
toughen *v.* להתקשות; להקשיח
toughie (tuf′i) *n.* *אֲלָם, איש-זרוע
toupee (tōōpā′) *n.* פיאה נוכרית
tour (toor) *n.* טיול; סיור; תיור; סיבוב-הופעות; שירות בחו״ל
- conducted tours טיולים מאורגנים
- guided tour סיור מודרך
- on tour עורך סיבוב-הופעות
tour *v.* לטייל, לסייר
tour de force מעשה גבורה
tour′ism′ (toor′-) *n.* תיירות
tour′ist (toor′-) *n&adj.* תייר
tourist class מחלקת תיירים
tour′isty (toor′-) *adj.* של תיירים
tour′nament (toor′-) *n.* תחרות, טורניר; התמודדות-אבירים
tourney = tournament (toor′-)
tourniquet (toor′nikət) *n.* חֲסָם, חוסם-עורקים
tour operator סוכן טיולים
tou′sle (-zəl) *v.* לפרוע (שיער)
tout *v.* לשדל קונים, להציע סחורה; למכור מידע (על מירוצים); לספסר; לשבח, לפרסם; לכנות
tout *n.* משדל לקוחות
- ticket tout ספסר-כרטיסים
tout ensemble (tōōt änsän′bəl) *n.* מיכלול הפרטים; אפקט כללי
tow (tō) *v.* לגרור, למשוך, לסחוב
tow *n.* גרירה, משיכה, סחיבה; נעורת פישתים (לקליעת חבלים)
- on tow, in tow נגרר, בגרירה
toward, towards (tôrd(z)) *prep.* אל, לעבר, כלפי, לקראת, לגבי; לְשֵׁם, לְמַעַן; זמן קצר לפני
- toward morning לפנות בוקר
tow-colored *adj.* (שיער) בהיר
tow′el *n&v.* מגבת; מגבון; לנגב

towel horse מקלב-מגבות
toweling *n.* אריג-מגבות
towel rack/rail מתלה-מגבות
tow′er *n.* מיגדל, מצודה, צריח
- tower of strength מיבטח עוז
- water tower מיגדל מים
tower *v.* להתנשא, להתרומם
- tower over להיות משכמו ומעלה
tower block בניין רב-קומות
towering *adj.* רם, מתנשא; גדול
- towering rage חימה שפוכה
tow-headed *adj.* בהיר-שיער, פרוע-שיער
tow-line *n.* כבל-גרירה
town *n.* עיר, כרך
- go to town להתהולל, לבזבז
- on the town מבלה, מבקר במועדונים
- town and gown אזרחים ואקדמאים
town clerk מזכיר העיר
town council מועצת העירייה
town councillor חבר מועצת העירייה
town crier כָּרוֹז העיר
tow′nee *n.* עירוני, בן-כרך
town gas גאז ביתי (לבית ולתעשייה)
town hall בניין העירייה
town house בית עירוני; בית בעיר
townscape *n.* נוף-עיר (ציור)
townsfolk *n.* תושבי העיר, עירוניים
township *n.* עיר, עיירה, מחוז
townsman *n.* תושב עיר, בן-כרך
townspeople *n-pl.* תושבי עיר
tow-path *n.* שביל-גרירה
tow-rope *n.* כבל-גרירה
tox•e′mia *n.* רעלת-דם; רעלת-הירָיון
tox′ic *adj.* רעיל, טוקסי, רעלי
tox•ic′ity *n.* רעילות
tox′icol′ogist *n.* טוקסיקולוג
tox′icol′ogy *n.* טוקסיקולוגיה, תורת הרעל
tox′ico′sis *n.* רעלת
tox′in *n.* טוקסין, רעלן
toy *n&adj.* צעצוע; (כלב-שעשועים) קטן
toy *v.* לשחק; להשתעשע
- toy with an idea להשתעשע ברעיון
toyboy *n.* *מאהב צעיר
toyshop *n.* חנות-צעצועים

trace *n.* עקב; סימן, זֵכֶר; רושם; קורטוב; נימה; מושכה, ריתמה
- kick over/jump the traces לשלח מפניו רסן, לסרב לקבל מרות
- traces עקבות, סימנים
trace *v.* לעקוב, לעלות על עקבות; לגלות; למצוא; לחקור; לשרטט; להעקיב, להעתיק בגיליון שקוף
- trace back להתחקות על שורשי-; לגלות את המקור; להתייחס
- trace out לשרטט; לנתב (מסלול)
traceable *adj.* בר התחקות
trace element יסוד קורֶט
tracer *n.* עוקב, חוקר; כדור נותב
tra′cery *n.* עיטורים, מעשה-אבן; קישוט, מירקם
tra′che•a (-k-) *n.* קנה-הנשימה, גרגרת
tracho′ma (-k-) *n.* גרענת, טראכומה
tracing *n.* עיקוב, מעקב; התחקות; העתקה (של מפה) בנייר שקוף
tracing paper נייר שקוף (להעתקה)
track *n.* עקבות; מסלול, נתיב, דרך, מסילה; פסי-רכבת; זחל, שרשרת
- beaten track דרך כבושה/סלולה
- cover (up) one's tracks לטשטש עקבותיו
- follow in the same track ללכת בדרכו/בעקבותיו
- in one's tracks בו במקום, על עמדו
- keep track of לעקוב אחרי-
- lose track לאבד הקשר/המגע
- make tracks *להסתלק, לברוח
- make tracks for לשים פעמיו אל-
- off the track סוטה מהמסלול; חורג מהנושא; נוקט קו מוטעה
- on his track בעיקבותיו
- one-track mind מוח מוגבל
- the right track הדרך הנכונה
- the wrong track הדרך הלא נכונה
- track and field אתלטיקה קלה, אירועי ספורט (הליכה, ריצה, קפיצה, והטלה)
- track event תחרות ריצה, מירוץ
- tracks עקבות, טביעות-נעל; הגבול בין רובעי העניים והעשירים
- wrong side of the tracks משכנות-העוני
track *v.* לעקוב; ללכת בעקבות; להותיר עקבות; לנתב; לצלם תוך תנועה

- track down למצוא, לגלות לאחר מעקב
trackball *n.* טרקבול, מזיז סמן
tracked *adj.* זחלי, נע על זחלים
tracker *n.* גשש, עוקב אחרי חיות
tracker dog כלב-גישוש
track events תחרויות מסלול
tracking station תחנת-מעקב
tracklayer *n.* פועל מסילה
trackless *adj.* חסר-שבילים; ללא מסילה
trackman *n.* פועל מסילה
track record עבר, פוֹעַל, הישגים
track shoe נעל ריצה
tracksuit *n.* בגד-אימונים, אימונית
tract *n.* חיבור, חוברת, קונטרס; איזור, שטח, מרחב; מערכת (בגוף)
- urinary tract מערכת איברי-השתן
trac'tabil'ity *n.* צייתנות, נוחות
trac'table *adj.* צייתן, ממושמע, מקבל מרות, נוח; חשיל, בר-עיצוב
trac'tate' *n.* מַסֶכֶת, מסה, מחקר
trac'tion *n.* גרירה; (כוח-) משיכה
traction engine קטר-גרירה
trac'tor *n.* טרקטור
trad *adj.* (ג'אז) מסורתי
trade *n.* סַחַר; עסק, מיקצוע; עבודה, מלאכה; אומנות; סחר-חליפין
- the trade יצרני משקאות, סוחרי משקאות; אנשי העסק
- trades = trade winds
trade *v.* לסחור; להחליף; לקנות
- trade in להחליף (משומש בחדש); לתת כחלק מהתשלום
- trade off להחליף, לקזז, להתפשר
- trade on לנצל, להשתמש לרעה
trade deficit גירעון מיסחרי
trade discount הנחת סחר
trade fair יריד מיסחרי
trade gap פער מיסחרי
trade-in *n.* עיסקת-חליפין; טרייד-אין; החלפת משומש בחדש
trademark *n.* סימן מיסחרי; סימן היכר
trade name שם מיסחרי
trade-off *n.* איזון, קיזוז; פשרה
trade price מחיר סיטוני
trader *n.* סוחר; אוניית-סוחר
trade route נתיב מיסחרי
trade school בית ספר מיקצועי
trade secret סוד מיקצועי
tradesfolk *n.* סוחרים, חנוונים
tradesman *n.* סוחר, חנווני
tradespeople *n.* סוחרים, חנוונים
trade union איגוד מיקצועי
trade unionism התאגדות מיקצועית
trade unionist חבר איגוד מיקצועי
trade winds רוחות טרופיות
trading post חנות-סְפָר
trading stamp בול-קנייה, תווית-שי
tradi'tion (-di-) *n.* מסורת, מסורה
traditional *adj.* מסורתי
traditionalism *n.* מסורתיות
traditionalist *n.* שומר מסורת
traduce' *v.* להוציא דיבה, להשמיץ
traducer *n.* מוציא דיבה, משמיץ
traf'fic *n&v.* תעבורה, תחבורה, תנועה; סחר; עסקים; לסחור ב-
traffic circle אי-תנועה, כיכר, סובה
traffic court בית מישפט לתעבורה
traffic indicator נורת-איתות
traffic island אי תנועה
traffic jam פקק תנועה
traf'ficker *n.* סוחר, עוסק בסחר
traffic light/signal רמזור
traffic offense עבירת תנועה
traffic police משטרת התנועה
traffic police officer שוטר תנועה
traffic regulations תקנות תעבורה
traffic sign תמרור
traffic warden פקח תנועה/חניה
trage'dian *n.* טראגיקון, שחקן טראגדיות, מחבר טראגדיות
trage'dienne' *n.* טראגיקונית
trag'edy *n.* טראגדיה, חזיון תוגה
trag'ic *adj.* טראגי, מעציב, נוּגֶה
trag'icom'edy *n.* טראגיקומדיה
trag'icom'ic *adj.* טראגיקומי
trail *n.* עקב, עקבות, סימנים, שובל; נתיב, שביל
- hot on his trail עומד להדביקו
trail *v.* לגרור, למשוך; לעקוב; ללכת בעיקבות; להיגרר, להשתרך; לפגר
- trail along/behind להשתרך
- trail off לדעוך, להימוג, לגווע
- trail one's coat לחרחר ריב
- vines trailed גפנים השתרגו
trail-blazer *n.* חלוץ, ממציא
trail'er *n.* קרון-מגורים; גרור, נגררת, נגרר, מיגרר; קטעי-סרט; רוגלית, צמח מטפס/מתפשט
train *n.* רכבת; שיירה, תהלוכה;

פמליה; שובל, שוליים; סידרה
- bring in its train להביא בעיקבותיו
- in train בהכנה
- train of events שורת אירועים
- train of thought חוט-מחשבה
train *v.* לאמן, לאלף, לחנך; לתרגל; להכשיר; להתאמן
- train for להתאמן לקראת; להכשיר
- train hair/a plant לגדל שיער/צמח בכיוון רצוי, לכוון גידול
- train on/upon לכוון לעבר-
- train up לחנך
trainable *adj.* בר-אימון
trainbearer *n.* נושא שובל-שימלה
trained *adj.* מאומן, מוסמך, מכושר
trainee′ *n.* מתאמן, רוכש הכשרה, מתמחה; טירון, חניך, שוליה
traineeship *n.* התמחות
trainer *n.* מדריך, מאלף; מטוס-אימון; נעל ספורט
train ferry מעבורת-רכבות
training *n.* הכשרה; אימונים; תירגול
- go into training להתאמן
- in/out of training (לא) בכושר
training college סמינר למורים
training ship אוניית-אימונים
training shoe נעל ספורט
trainload *n.* מיטען הרכבת, נוסעי הרכבת
trainman *n.* פועל-רכבת
traipse *v.* לשוטט, להשתרך בליאות
trait *n.* תכונה, סגולה, מאפיין
trai′tor *n.* בוגד
trai′torous *adj.* בוגדני
trai′tress *n.* בוגדת
trajec′tory *n.* מסלול, נתיב
tram *n.* חשמלית; קרון-פחם
tramcar *n.* חשמלית
tramline *n.* מסילת-חשמלית; מסלול-חשמלית
- tramlines קווי אורך (בצידי מיגרש); *עקרונות קשוחים
tram′mel *v&n.* לכבול, לעצור, להכביד
- trammels כבלים, מעצור
tramp *v.* לצעוד בכבדות; ללכת, לשוטט, לעבור; לדרוך, לרמוס
tramp *n.* פסיעות כבדות; פעמי-רגל; טיול רגלי; קבצן נודד; יצאנית
tram′ple *v.* לדרוך, לרמוס; לפגוע
- trample down לרמוס; לדכא
trample *n.* רמיסה; מירמס
tram′poline′ (-lēn) *n.* טרמפולינה, קַפֶּצֶת, רשת-קפיצה
tramp steamer אוניית-משא משוטטת (חסרת נתיב קבוע)
tramway *n.* פסי חשמלית, מערכת חשמליות
trance *n.* טראנס, חרגון, היפנוט
tranche (tränsh) *n.* חלק, נתח; הכנסה ממניות
tran′ny *n.* *טראנזיסטור
tran′quil *adj.* שָׁקֵט, שליו, רגוע
tran•quil′ity *n.* שֶׁקֶט, שלווה, מרגוע
tran′quilize′ *v.* להשקיט, להרגיע
tranquilizer *n.* סם הרגעה, משאנן
trans- (תחילית) טראנס-, מעבר ל-
trans•act′ *v.* להוציא לפועל, לבצע, לנהל
trans•ac′tion *n.* ביצוע; עסק, עיסקה; דו"ח, פרוטוקול
transaction permit היתר עיסקא
trans•al′pine *adj.* מעבר להרי האלפים
trans′atlan′tic *adj.* טראנסאטלאנטי
trans•ceiv′er (-sē′-) *n.* מקמ"ש, מַקְלֵט-מַשדֵר
tran•scend′ *v.* להתעלות מעל, לעלות על, לעבור; להישגב מ-
tran•scend′ence, -cy *n.* טראנסצנדנטיות, עליונות
tran•scend′ent *adj.* טראנסצנדנטי, עילאי, נעלה, נשגב מבינת אנוש
tran′scen•den′tal *adj.* טראנסצנדנטאלי, מופלא; *מעורפל
transcendentalism *n.* טראנסצנדנטאליות
trans′con•tinen′tal *adj.* טראנס-יבשתי, עובר-יבשת
tran•scribe′ *v.* להעתיק, לתעתק; לשכתב; להקליט; לערוך תסדיר
tran′script′ *n.* תעתיק, העתק
tran•scrip′tion *n.* תיעתוק, תעתיק, טראנסקריפציה; הקלטה; תסדיר
trans•der′mal *adj.* מִלעוֹרִי (דרך העור)
tran′sept′ *n.* אגף-רוחבי, קטע הָעֵרֶב
trans•fer′ *v.* להעביר; למסור; לעבור
trans′fer *n.* העברה; טרנספר; מסירה; כרטיס-מעבר; דוגמה מועתקת
trans•fer′abil′ity *n.* עֲבִירוּת

trans′ferable *adj.* עביר
trans′ference *n.* העברה
transfer fee דמי העברה (לשחקן)
trans·fig′u·ra′tion *n.* שינוי צורה; חג ההשתנות (ב-6 באוגוסט)
trans·fig′ure (-gyər) *v.* לשנות צורה; להלביש ארשת-הוד, לעלות
trans·fix′ *v.* לדקור, לשפד; לסמר, לנעוץ; לשתק, לאבן, להקפיא (דם)
trans·form′ *v.* לשנות, להפוך
trans·form′able *adj.* בר-שינוי
trans·forma′tion *n.* שינוי, היפוך
trans·form′er *n.* טרנספורמטור, שנאי
trans·fuse′ (-z) *v.* לערות (דם)
trans·fu′sion (-zhən) *n.* עירוי
trans·gress′ *v.* להפר (חוק/זכויות), לעבור על; לחרוג
trans·gres′sion *n.* הפרה; עבירה; חריגה
trans·gres′sor *n.* מפר, עבריין
tran·ship′ = transship
tran′sience (-′shəns) *n.* ארעיות
tran′sient (-′shənt) *adj&n.* ארעי, ריגעי, חולף; מתאכסן זמני
tran·sis′tor (-zis-) *n.* טראנזיסטור
tran·sis′torize′ (-zis-) *v.* לצייד בטראנזיסטורים
tran′sit *n.* העברה, מעבר, טרנזיט
- in transit בדרך, בעת ההעברה
transit camp מחנה מעבר
tran·si′tion (-zi-) *n.* מעבר, שינוי
- period of transition תקופת-מעבר
transitional *adj.* חולף, של מעבר
transitional government ממשלת מעבר
tran′sitive verb פועל יוצא
tran′sito′ry *adj.* ארעי, ריגעי, חולף
transit visa אשרת מעבר
Trans·jor′dan *n.* עבר-הירדן
trans·la′table *adj.* בר-תירגום
trans·late′ *v.* לתרגם; להיתרגם; לפרש, להסביר; להעביר, להעתיק
trans·la′tion *n.* תרגום, תירגום
trans·la′tor *n.* מתרגם
trans·lit′erate′ *v.* לתעתק
trans·lit′era′tion *n.* תעתיק
trans·lu′cence *n.* שקיפות עמומה
trans·lu′cent *adj.* שקוף עמומות
trans′mi·gra′tion *n.* גילגול נשמה
trans·mis′sion *n.* העברה; מסירה; שידור; מימסרה
trans·mit′ *v.* להעביר; למסור; להוליך; לשדר; לשגר; להנחיל
- his face transmitted his anger פניו הסגירו את זעמו
trans·mit′ter *n.* מעביר; מַשדֵר
trans·mog′rifica′tion *n.* שינוי גמור
trans·mog′rify′ *v.* לשנות כליל
trans·mu′table *adj.* בר-שינוי
trans′mu·ta′tion *n.* שינוי, היפוך
trans·mute′ *v.* לשנות, להפוך
trans′o·ce·an′ic (-shi-) *adj.* טראנס-אוקיינוסי, חוצה-אוקיינוס
tran′som *n.* משקוף; חווק, קורת-רוחב; אשנב (מעל לדלת)
trans·par′ency *n.* שקיפות; שקופית
trans·par′ent *adj.* שקוף, חדיר לאור; ברור, פשוט; נהיר
tran·spira′tion *n.* הזעה, הפרשה, אידוי, פליטה, דיות
tran·spire′ *v.* להזיע, להפריש, לפלוט, לדיית; להתגלות, להתברר; לקרות, להתרחש
trans·plant′ *n.* השתלה; שתיל; שֶתֶל
transplant *v.* להשתיל, לשטנע; להעביר; להישתל; להיקלט
trans′plan·ta′tion *n.* השתלה
trans·po′lar *adj.* טראנס-קוטבי
tran·spon′der *n.* מַשדֵר-משיב
trans·port′ *v.* להוביל, להעביר; לשגר; להגלות, לגרש; להלהיב
trans′port′ *n.* תובלה, העברה, מישלוח; אמצעי-הובלה; רכב; מטוס-/ספינת-תובלה
- in a transport מלא-, אחוז-, נסחף
trans·port′able *adj.* בר-הובלה
trans′porta′tion *n.* הובלה, העברה; כלי-תובלה; הגליה, גירוש
trans′port′ cafe מיזנון דרכים
trans′port′er *n.* מוביל, רכב-תובלה
transporter bridge גשר תלוי (להעברת כלי-רכב), גשר נע
transporter crane עגורן נע
trans′pose′ (-z) *v.* לשנות סדר, להפוך; (במוסיקה) להשיא
trans′posi′tion (-zi-) *n.* חילוף, שינוי סדר; (במוסיקה) הֶשֵא
trans·sex′ual (-sek′shwəl) *n.* טרנסקסואל, מנותח-מין
trans·ship′ (-s-sh-) *v.* לשטען

transsshipment *n.* שיטעון
trans•verse′ *adj.* רוחבי
trans•vest′ism′ *n.* טרנסווסטיזם, נטייה להתלבש בבגדי המין האחר
trans•ves′tite *n.* טרנסווסטיסט
trap *n.* מלכודת; מארב; סִיפוֹן, גישתה; מרכבה; יורה-מטרה; כלוב-גיחה
- keep your trap shut! בלום פיך!
- traps חפצים אישיים, מיטען
trap *v.* ללכוד; לחסום, לסכור (זרם)
trapdoor *n.* דלת-ריצפה, דלת-תיקרה
trapeze′ *n.* טרפז; מתח נע
trape′zium *n.* מרובע; טרפז
trap′ezoid′ *n.* מרובע; טרפז
trap′per *n.* צַיָּד
trap′pings *n-pl.* עיטורים
Trap′pist *n.* שתקן (נזיר)
trapse = traipse (trāps)
trap-shooting *n.* קליעה למטרה עפה
trash *n.* זבל, פסולת, אשפה; הבלים, שטויות; נקלה, שפל-אנשים
trash *v.* להרוס; להתקיף; לקלקל; לזלזל, לקטול (בביקורת)
trash can פח אשפה
trash′y *adj.* חסר-ערך, ריק מתוכן
trau′ma *n.* טראומה, חבלה, פצע
traumat′ic *adj.* טראומאתי, חַבָּלָתִי
trau′matize′ *v.* לגרום לטראומה
travail′ *n&v.* עָמָל; צירי-לידה; לעמול
trav′el *v.* לנסוע; לשוטט, לסייר, לטייל; לנוע, לנדוד; *לנהוג במהירות
- travel in/for לעבוד כסוכן-נוסע
- travel light לנסוע במיטען קל
- travel over לעבור על פני, לבחון
travel *n.* נסיעה, מסע; סיור, טיול; תנועה; מחזור, שיעור התנועה
travel agency סוכנות נסיעות
travel agent סוכן נסיעות
travel bureau סוכנות נסיעות
traveled *adj.* שהרבה לנסוע; שהרבו לנסוע עליו/לבקרו
traveler *n.* נוסע; סוכן-נוסע
traveler's check המחאת-נוסעים
traveling *adj.* של נסיעות
traveling bag תיק נסיעות
traveling fellowship מענק נסיעה
traveling salesman סוכן-נוסע
trav′elog(ue)′ (-lôg) *n.* שיחה על (רישמי-) מסע; סרט-מסע
travel sickness מחלת-נסיעה; שילשול
travel-worn *adj.* מרופט נסיעות
traverse′ *v.* לעבור, לחצות; לבחון; לצדד (תותח); להפר, להתנגד; לכפור
trav′erse *n.* חצייה; טיפוס במצודד (על הרים); מעקול (בחפירה)
traverse′ *adj.* רוחבי, חוֹצֶה
traverse rod מוט (להסטת) וילונות
trav′esty *n&v.* פארודיה, חיקוי, סילוף, קאריקטורה; לשים ללעג
trawl *v.* לדוג במיכמורת; לכמור
trawl *n.* מיכמורת, רשת-דייגים
trawl′er *n.* ספינת מיכמורת
trawl line חבל רב-פיתיונים
tray *n.* מגש, טס
- in tray מגש דואר נכנס
- out tray מגש דואר יוצא
treach′erous (trech′-) *adj.* בוגדני; מסוכן, שאין לבטוח בו
treach′ery (trech′-) *n.* בגידה
trea′cle *n.* דיבשה, נוזל דיבשי
trea′cly *adj.* דביק; דיבשי, מתקתק
tread (tred) *v.* לדרוך, לצעוד, ללכת; לבטוש, לרמוס
- tread a path לכבוש שביל
- tread on air לרחף ברקיע השביעי
- tread on his heels ללכת בעיקבותיו
- tread on his toes/corns לדרוך על יבלותיו, לפגוע בו
- tread out לכבות (אש) בדריכה
- tread the boards להיות שחקן-במה
- tread water לשחות זקוף
tread *n.* דריכה; צעד; הילוך, מידרך; פני-מדרגה; מחרץ-הצמיג
tread′le (tred-) *n&v.* דוושה; לדווש
tread-mill *n.* מיתקן דיווש, חגורת דוושות אינסופית; עבודה חדגונית
trea′son (-z-) *n.* בגידה
treasonable *adj.* בוגדני
trea′sonous (-z-) *adj.* בוגד
trea′sure (trezh′ər) *n.* אוצר; מטמון; יקיר; להעריך, להוקיר
- treasure up לאצור, להטמין, לשמור
treasure house בית-גנזים, אוצר
treasure hunt חיפוש אוצר; מחפשים את המטמון (מישחק)
treas′urer (trezh′-) *n.* גזבר
treasure trove אוצר, מטמון

treas′ury (trezh′-) *n.* בית-אוצר, קופּה (ציבורית); טימיון; אוצר בלום
- Treasury משרד האוצר
treasury note שטר-האוצר
treat *v.* לנהוג ב-, להתייחס ל-; לטפל ב-; לעסוק; להזמין, לכבד; לעבד
- treat a patient/a disease לטפל בחולה/במחלה
- treat of לדון ב-, לעסוק ב-
- treat oneself to לכבד עצמו ב-
- treat to a meal לכבד בארוחה
- treat with לשאת ולתת עם
treat *n.* תענוג, מקור-הנאה; טיול; הזמנה, כיבוד, תיקרובת
- it's my treat תורי להזמין/לכבד
- stand treat לשלם עבור כולם
treat′able *adj.* בר-טיפול
trea′tise (-tis) *n.* מחקר, מסה
treatment *n.* טיפול; יחס, התנהגות
trea′ty *n.* חוזה, הסכם, ברית, אמנה
- in treaty with נושא ונותן עם
treaty port נמל פתוח
treb′le *n.* דיסקאנט, סופראנו
treble *adj&n.* פי שלושה
treble *v.* לשלש, להכפיל ב-3
treble clef מפתח סול
tree *n.* עץ; שיח; קורה
- at the top of the tree בצמרת
- up a tree במצב ביש, בבוץ
tree *v.* להבריח (חיה) אל עץ
tree fern שרך-עץ (שרך גדול)
tree house בית (בתוך) עץ (לילדים)
treeless *adj.* נטול-עצים, קירח
tree line = timber line
treetop *n.* צמרת
tree trunk גזע העץ
tre′foil′ *n.* תילתן, קישוט תילתני
trek *n&v.* מסע ארוך; לנסוע לאט
trel′lis *n&v.* סורג, סבכה, מסגרת כלונסאות; לתמוך בסורג
trem′ble *v.* לרעוד; להזדעזע; לחרוד
tremble *n.* רעדה, רעד; חרדה
- all of a tremble אחוז רעדה
tre·men′dous *adj.* גדול, עצום, כביר; נפלא, מצויין
trem′olo′ *n.* טרמולו, רעדוד
trem′or *n.* רעד, רעידה, זעזוע
trem′u·lous *adj.* רועד; נפחד, נבהל
trench *n&v.* חפירה, תעלה; לחפור חפירה/תעלה; להתחפר; לבצר בחפירות
- trench on להסיג גבול
tren′chancy *n.* נמרָצות, שנינות
tren′chant *adj.* נמרץ, עז, חריף
- trenchant repartee תשובה ניצחת
trench coat מעיל גשם
trench′er *n.* לוח, מגש; כובע (אקדמי) מרובע
trencherman *n.* אכלן, זללן
trend *n.* כיוון, נטייה, מגמה
- set the trend ליצור סיגנון חדש
trend *v.* לנטות, לפנות, להימשך
trend-setter *n.* חלוץ-אופנה, אופנתן
trend′y *adj.* אופנתי
tre·pan′, tre·phine′ *n&v.* מסור-מנתחים; לנסר עצמות
trep′ida′tion *n.* פחד, מתח; רעדה
tres′pass *v&n.* להסיג גבול, לחדור לתחום הזולת; הסגת גבול
- trespass upon his generosity לנצל את רוחב-ליבו
tress *n.* תלתל, קווצת-שיער, מחלפה
- tresses שער-אישה (גולש)
tres′tle (-səl) *n.* חמור, כן-שולחן, חצובת-שולחן; גשר-מיתמכים
trestle table שולחן-לוח
trews (trōōz) *n.* מיכנסי טארטאן
tri- תלת-, שלוש-, 3
tri′ad *n.* שלישייה, החוט המשולש
tri′al *n.* מישפט; מיבחן, בחינה; ניסיון, ניסוי; מצוקה; מקור-סבל
- give a trial לנסות, לבחון
- on trial לניסיון; בבדיקה; בדין
- put on trial להעמיד לדין
- put to trial לנסות, לבחון
- stand trial לעמוד לדין
- trial and error ניסוי וטעייה
trial balance מאזן-בוחן
trial balloon בלון ניסוי
trial flight טיסת-מיבחן
trial marriage נישואי-מיבחן
trial period תקופת-ניסיון
trial run הרצה ניסיונית
tri′an′gle *n.* משולש
- eternal triangle המשולש הניצחי
tri·an′gu·lar *n.* משולש
tri·an′gu·la′tion *n.* טריאנגולציה, חלוקת שטח למשולשים (למדידה)
tri·ath′lon *n.* קרב שלוש
tri′bal *adj.* שיבטי
tri′balism′ *n.* שיבטיות
tribe *n.* שבט, מישפחה; קבוצה, חוג
tribesman *n.* בן-שבט
trib′u·la′tion *n.* סֵבֶל, תלאה

tri•bu′nal *n.* בית-דין, מועצת-שופטים; טריבונאל; ועדה
trib′une *n.* מנהיג; טריבונה; דוכן, במה
trib′u•tar′y (-teri) *n.* פלג, יוּבַל, זרוע-נהר; משלם מס; מדינה משועבדת
tributary *adj.* (יוּבַל) נשפך אל נהר
trib′ute *n.* מס; שי; מחוות-הוקרה
- lay under tribute להטיל מס
- pay tribute לחלוק כבוד
trice *v&n.* למשוך ולהדק בחבל
- in a trice כהרף עין
tri′ceps′ *n.* שריר תלת-ראשי
trichol′ogy (-k-) *n.* טיפול בשיער
trick *n.* תכסיס, תחבולה; טריק, להטוט; תעלול; הרגל אופייני; (בקלפים) לקיחה/סיבוב; (בימאות) תורנות-הגה; *חמוד; לקוח
- a trick worth two of that דרך טובה יותר לעשות זאת
- dirty trick מעשה מביש/שפל
- do/turn the trick להשיג המטרה
- how's tricks *מה נשמע?
- not miss a trick לדעת כל הקורה
- play tricks לעשות מעשי-קונדס
- tricks of the trade סודות המיקצוע
- up to his tricks *מכיר את הקונצים שלו
trick *adj.* תחבלני, מטעה; חלש
- trick knee ברך חלשה/לא יציבה
trick *v.* לרמות, להוליך שולל
- trick him into- לשדלו במירמה ל-
- trick out/up לקשט, לגנדר
trick cyclist להטוטן אופניים; פסיכיאטר
trick′ery *n.* רמאות, הולכת-שולל
trick′le *v.* לטפטף; לזוב, לזרום
trickle *n.* טיפטוף; זרם
trickle irrigation השקיה בטפטפות
trick′ster *n.* רמאי, נוכל
trick′y *adj.* ערמומי, תחבלני; עדין, מסובך, מטעה, טומן קשיים
tri′col′or (-kul-) *n.* דגל תלת-גוני; דגל צרפת
tri′cot (trē′kō) *n.* טריקו (אריג)
tri′cycle *n.* תלת-אופן
tri′dent *n.* קילשון תלת-שיני
tried (p of try) *adj.* בדוק, מנוסה
tried-and-true *adj.* בדוק ומנוסה
tri•en′nial *adj.* תלת-שנתי
tri′er *n.* מנסה, נסיין, בוחן

tri′fle *n.* דבר קל-ערך, דבר פעוט; סכום זעום; קצת, משהו; עוגה
trifle *v.* לשחק, להשתעשע, לזלזל
- trifle away לבזבז
- trifle with לזלזל ב-; להקל ראש ב-
tri′fler *n.* מְשַחֵק; מקל ראש
tri′fling *adj.* חסר-ערך, פעוט, זעום
trig *adj.* נקי, מסודר, מטופח
trig′ger *n&v.* הדק; לעורר, להפעיל
- quick on the trigger שולף במהירות, יורה מהר; אומר ועושה
- trigger off לגרום, לעורר, להפעיל
trigger-happy *adj.* שש ללחוץ על ההדק, לא מרוסן
trig′onom′etry *n.* טריגונומטריה
trike *n.* תלת-אופן
tri•lat′eral *adj.* תלת-צדדי
tril′by (hat) *n.* כובע לֶבֶד
tri•lin′gual (-ngwəl) *adj.* תלת-לשוני
trill *n.* סילסול-קול, טריל, טירלול
trill *v.* לסלסל (קול), לטרלל
tril′lion *n.* טריליון
tri•lo′bate′ *adj.* (עלה) תלת-אונתי
tril′ogy *n.* טרילוגיה (3 יצירות)
trim *v.* לסדר, לגזוז, לגזום; לקשט, לעטר; לשנות עמדותיו, להתיישר לפי הקו; *להביס; לנזוף
- trim a boat לאזן/לשפע סירה
- trim a sail לכוון/לתאם מיפרש
- trim a wick להיטיב את הנר
- trim one's sails להתאים עצמו למצב
- trim the costs להפחית המחירים
trim *adj.* מסודר, מטופח, נקי
trim *n.* סידור, גיזום; סדר, מצב תקין, כשירות; הופעה, לבוש; אבזרי פנים המכונית; קישוט, עיטור; שוּפְּע
- in (good) trim במצב תקין, כשיר
- in fighting trim ערוך לקרב
- out of trim שלא במצב תקין
tri•mes′ter *n.* טרימסטר, רבע שנה
trim′mer *n.* מסדר, גוזם; משנה עמדותיו, סתגלן, אופורטוניסט
trimming *n.* סידור, גיזום; קישוט; גזומת, נסורת; קישוטי-ארוחה
trin′ity *n.* שלישייה; שילוש
- The Trinity השילוש הקדוש
Trinity Sunday יום א׳ שלאחר חג השבועות הנוצרי, יום א׳ של שילוש
trin′ket *n.* תכשיט (פחות-ערך)

tri′o (trē′-) *n.* טריו, שלישייה
tri′olet *n.* טריולט (שיר בן 8 שורות)
trip *v.* למעוד, להיכשל; להכשיל; להפיל; ללכת/לרוץ בצעדים קלילים
- trip a spring להפעיל/לשחרר קפיץ
- trip out *להפליג ב"טריפ" של סמים
- trip over a word לגמגם מלה
- trip up לטעות; להכשיל; להפיל בפח
trip *n.* מעידה; נפילה; הכשלה; טעות; מסע, טיול; התקן-הפעלה; *טריפ, הפלגת-הזיה
- trip of the tongue פליטת-פה
tri·par′tite *adj.* תלת-צדדי; בעל 3 חלקים
tripe *n.* כותל-קיבה; *שטויות
trip′le *adj.* משולש; פי 3; בן 3 חלקים
triple *v.* לשלש; להישלש
triple crown כתר-האפיפיור
triple jump קפיצה משולשת
trip′let *n.* שלישייה, מישלוש
- triplets שלישייה (שנולדה)
triple time מיקצב משולש
trip′lex′ *n&adj.* דירה תלת-מיפלסית; זכוכית לא-שבירה; משולש
trip′licate′ *v.* לשלש, להכפיל ב-3
trip′licate *adj&n.* (העתק) משולש; שְׁלָש
- in triplicate ב-3 העתקים
tri′pod′ *n.* חצובה, תלת-רגל
tri′pos′ *n.* מיבחן לתואר ב"א
trip′per *n.* טַיָּל; מפליג בטריפ-סמים
trip′ping *adj.* קל, קליל, זריז, מהיר
trip′tych (-k) *n.* טריפטיכון, תמונה משולשת, ציור מתקפל (מ-3 לוחות)
trip wire חוט-הפעלה (של מלכודת)
tri′reme *n.* טרירמה, ספינת-קרב
tri·sect′ *v.* לחלק (קטע) ל-3, לשלש
triste (trēst) *adj.* עצוב, קודר
trite *adj.* נדוש, חבוט, מיושן
trit′urate′ (trich′-) *v.* לטחון, לכתוש; ללעוס
tri′umph *n.* ניצחון; הצלחה מלאה; שימחת-ניצחון
triumph *v.* לנחול ניצחון; לצהול
tri·um′phal *adj.* של ניצחון, חגיגי
triumphal arch שער ניצחון
tri·um′phant *adj.* מנצח
tri·um′virate *n.* טריאומווירט; שלישיית-שליטים

tri′une (-ūn) *n.* שלושה באחד
triv′et *n.* חצובה (לסיר)
- as right as a trivet תקין, בריא
triv′ia *n-pl.* קְטַנּוֹת, דברים חסרי-ערך; טריוויה (מישחק)
triv′ial *adj.* קל-ערך, פעוט, חסר-חשיבות; רגיל, פשוט, שיטחי
triv′ial′ity *n.* דבר פעוט/נטול חשיבות; חוסר חשיבות
- trivialities קְטַנּוֹת, הבלים
triv′ialize′ *v.* להמעיט בחשיבות
tro·cha′ic (-k-) *adj.* של טרוכיאוס
tro′chee (-k-) *adj.* טרוכיאוס, עולה, קצב דו-הברתי
trod = p of tread
trod′den = pp of tread
trog′lodyte′ *n.* שוכן-מערות
troi′ka *n.* שלישייה שלטת
Tro′jan *n.* טרויאני, אמיץ
- work like a Trojan לעבוד בפרך
Trojan horse סוס טרויאני
troll (trōl) *v.* לדוג בחכה, לחכות מְסִירָה; לשיר זה אחר זה/במעגל
troll *n.* טרול; ענק; גמד
trol′ley *n.* עגלת-יד; שולחן-תה; קרונית-יד; גלגילון-מגע (בחשמלית)
- off one's trolley *מטורף
trolley (car) חשמלית
trolley bus טרוליבוס, אוטובוס חשמלי
trol′lop *n.* יצאנית; מרושלת
trom·bone′ *n.* טרומבון
trom·bo′nist *n.* טרומבונאי
troop (tro͞op) *n.* קבוצה, להקה; יחידה, פלוגה
- troops חיילים, אנשי-צבא
troop *v.* לצעוד בקבוצה, לנהור
- troop the color לשאת הדגל במיסדר
troop carrier (מטוס/ספינה) מוביל צבא, נושא גייסות
troo′per *n.* שוטר; פרש; שיריונאי
- swear like a trooper לקלל בשטף
troopship *n.* (אונייה) נושאת חיילים/גייסות
trope *n.* ביטוי ציורי, דימוי
tro′phy *n.* פְּרָס; מזכרת-ציד; שלל
trop′ic *n.* טרופיק, מהפך, חוג
- tropics האיזור הטרופי (החם)
trop′ical *adj.* טרופי, חם
Tropic of Cancer חוג הסרטן
Tropic of Capricorn חוג הגדי

trot *v.* לרהוט, לרוץ; להרהיט, להריץ; להוליך/להעביר מהר
- trot along למהר, להזדרז; להסתלק
- trot out *להראות, להפגין, להציג
trot *n.* רהיטה, ריצה, דיהרור; צעדים מהירים
- be on the trot *לסבול משילשול
- have the trots *לסבול משילשול
- on the trot בזה אחר זה; ברציפות; בתנועה, רץ ממקום למקום
troth *n.* נאמנות, כנות; אמת
- in troth באמת, באמונה
- plight one's troth להבטיח נישואים
trot'ter *n.* רהטן, סוס מהיר-הליכה; רגל חזיר (למאכל)
trou'badour' (trōō'bədôr) *n.* טרובאדור, פייטן נודד
troub'le (trub'-) *v.* להדאיג, להרגיז; להטריח; להכאיב; להעלות אדווה
- I'll trouble you to- אבקשך ל-
- can I trouble you-? התואיל ל-?
- don't trouble אל תטרח, אין צורך
- troubled מודאג, מוטרד
trouble *n.* צרה, צרות, דאגה, קושי; טירחה; אי-נעימות; אי-שקט; מיחוש, מחלה; תקלה
- ask/look for trouble להזמין צרות
- borrow trouble להזמין צרות
- get into trouble להסתבך בצרות; לסבך; להכניס להיריון
- go to/take the trouble לטרוח
- heart trouble מיחוש-לב
- in trouble בצרות, הסתבך
- put to trouble להטריח
- what's the trouble? מה הבעיה?
trouble-maker *n.* עושה-צרות
trouble-shooter *n.* מיישר-הדורים, מתווך; מגלה תקלות, מתקן פגמים
troublesome *adj.* מרגיז, מדאיג
trouble spot מוקד (של) צרות
troub'lous (trub') *adj.* של מצוקה
trough (trôf) *n.* איבוס, שוקת; מישארת, עריבה; תעלה, מרזב; שקע, אוכף
trounce *v.* להכות, להלקות; להביס
troupe (trōōp) *n.* להקה, קבוצה
troup'er (trōōp-) *n.* חבר-להקה; נאמן, חרוץ, שקדן; בחור-כארז
trou'ser (-z-) *adj.* של מיכנסיים
trouser-leg *n.* מיכנס
trou'sers (-z-) *n-pl.* מיכנסיים
- pair of trousers זוג מיכנסיים
- wear the trousers ללבוש את המיכנסיים, להיות השליט בבית
trouser suit חליפת מיכנסיים
trousseau (trōō'sō) *n.* חפצי-הכלה
trout *n.* טרוטה (דג); זקנה בלה
trow (-ō) *v.* לחשוב, להאמין, לסבור
trow'el *n.* כף-סיידים, מרית; כף-גננים (להוצאת שתילים)
troy weight מישקל טרוי
tru'ancy *n.* היעדרות, התפרפרות
tru'ant *n.* נעדר (מבי"ס), שתמטן
- play truant לברוח (מבי"ס)
truce *n.* הפוגה, הפסקת-אש
truck *n&v.* משאית; קרון-משא; עגלת-יד; חליפין; ירקות-שיווק; להוביל במשאית
- has no truck with אין לו עסק עם
trucker *n.* נהג משאית; חברת תובלה
truck farm משק ירקות-שיווק
trucking *n.* הובלה במשאיות
truck'le *v.* להיכנע, להתרפס
truckle bed מיטה תחתית, מיטה זחיחה
truckload *n.* מיטען משאית
- by the truckload *בכמויות
truck stop מיזנון דרכים
truck system תשלום בשווה-כסף
truc'u·lence *n.* אכזריות; עזות
truc'u·lency *n.* אכזריות; עזות
truc'u·lent *adj.* אכזרי, פראי; עז, חריף; נוקב; מאיים, שש לקרב
trudge *v&n.* ללכת בכבדות, להשתרך; הליכה מייגעת
true (trōō) *adj&n.* נכון, אמיתי, כן, נאמן; מקורי; מדוייק, מהימן; ודאי, בטוח; קבוע היטב, מותקן כהלכה
- come true להתגשם, להתממש
- in true מותאם, מותקן בדייקנות
- it rings true מתקבל הרושם שזה נכון
- out of true לא מותאם, לא במקום
- run true to form לפעול כצפוי
- true heir יורש חוקי
- true to life אמיתי, נאמן למציאות
- true to- נאמן ל-, מקיים
true *adv&v.* באמת; בדיוק
- breed true (לגבי צמח/בהמה) להיות נאמן למוצא

- true up לכוון/להתאים בדייקנות
true bill כתב אישום
true blue נאמן, אמיתי; שמרן
true-born *adj.* מבטן ומלידה, כשר, חוקי
true-hearted *adj.* ישר-לב, נאמן
true-life *adj.* אמיתי, עובדתי
true-love *n.* אהוב, אהובה
true north צפון אמיתי
truf'fle *n.* כְּמֵהָה, שְׁמַרקָע; ממתק
trug *n.* סל-גננים (לפרחים)
tru'ism *n.* אמיתה, אמת ברורה
tru'ly *adv.* באמת; בלב תמים; אליבא דאמת; נכונה; בדייקנות
- yours truly שלך בנאמנות
trump *n.* קלף-ניצחון; חצוצרה; בֶּן-חַיִל, חברה'מן, אדם מצויין
- holds all the trumps כל הקלפים בידיו
- last trump תרועת יום-הדין
- trump card קלף הניצחון, הקלף האחרון
- turn up trumps להתגלות כידידותי (דווקא); לשחק לו מזלו
trump *v.* לִזכּוֹת, לשחק בקלף הניצחון
- trump up להמציא, לבדות
trump'ery *adj.* צעקני, חסר-ערך
trum'pet *n.* חצוצרה; תקיעת חצוצרה; דבר דמוי חצוצרה; שאגה
- blow one's own trumpet להלל עצמו
trumpet *v.* לחצצר; להריע; לפרסם
trumpeter *n.* חצוצרן
trun'cate *v.* לקטום, לקצץ
trun'cheon (-chən) *n.* אַלָּה, מקל
trun'dle *v.* לגלגל; להתגלגל; לדחוף
trundle bed מיטה תחתית, מיטה זחיחה
trunk *n.* גזע; גופה, עיקר-השלד; מיזוודה; תא-המיטען; חדק-הפיל
- trunks מיכנסיים קצרים; בגד-ים
trunk call שיחת-חוץ (טלפונית)
trunk line קו-ראשי (ברכבת); קו-טלפון בינעירוני
trunk road כביש ראשי
truss *v.* לקשור, לאגוד, לצרור; לעקוד (צלי), לכפות; לתמוך (גג)
- truss up לקשור, לכבול; לאגוד
truss *n.* מיתמך, שלד תומך; חגורת-שבר; חבילה, צרור, אגד
trust *n.* ביטחון, אמון; פיקדון, שמירה; נאמנות; אפיטרופסות; הגבל עסקי; מונופול
- brains trust טראסט מוחות
- it is my trust that אני מאמין ש-
- leave in trust with להפקיד בידי-
- on trust בהקפה, באשראי
- put/place trust in לבטוח ב-
- take on trust לקבל, להאמין
trust *v.* לבטוח ב-, לסמוך על; להאמין ל-; להרשות; למכור בהקפה
- I trust אני בטוח/משוכנע/מקווה
- trust in לבטוח ב-, להאמין ל-
- trust to לסמוך על; להפקיד בידי
trus·tee' *n.* נאמן, ממונה, מפקח
trusteeship *n.* (שטח) נאמנות
trusteeship fund קרן נאמנות
trustful *adj.* מאמין, בוטח
trust fund קרן נאמנות
trusting *adj.* מאמין, בוטח
trust money כספי נאמנות
trustworthy *adj.* ראוי לאמון, אמין
trusty *adj&n.* מהימן, שניתן לסמוך עליו; אסיר מהימן
truth (trōōth) *n.* אמת, אמיתה; כנות, יושר; עיקרון, יסוד, עובדה
- in truth לאמיתו של דבר, למעשה
- tell the truth לומר את האמת
truthful *adj.* אמין, דובר אמת
truth table טבלת אמת
try *v.* לנסות; לבדוק, לבחון; לשפוט, לדון; לאמץ, למתוח; לצער, להרגיז
- try a fall with להתמודד עם
- try for לנסות לזכות, להתמודד על
- try for size לבדוק התאמה
- try his nerves למרוט עצביו
- try his patience למתוח סבלנותו
- try on למדוד (בגד); לעשות ניסיון מחוצף, להרחיק לכת בהתנהגותו
- try one's best לעשות כל שביכולתו
- try one's hand לנסות כוחו ב-
- try out לנסות, לבחון
- try out for להתמודד על (מקום)
- try the eyes לעייף/לאמץ העיניים
try *n.* ניסיון; בדיקה; (ברגבי) זכייה
- have a try לנסות, לעשות ניסיון
trying *adj.* קשה, מרגיז; מַלְאֶה, מְאַמֵּץ
try-on *n.* ניסיון מחוצף
try-out *n.* מיבחן התאמה (לתפקיד)
tryst *n.* פגישה, מקום מיפגש
tsar *n.* צאר (ברוסיה)
tsetse (tset'si) *n.* טסה-טסה (זבוב)
T-shirt *n.* חולצת טי (קצרת שרוול)

tsp = teaspoonful כפית, מלוא הכפית
T-square *n.* סרגל-טי, סרגל שירטוט
tsunami (tsōōnä'mi) *n.* צונמי (גל ענק)
TU = Trade Union איגוד מקצועי
Tu. = Tuesday יום שלישי
tub *n.* גיגית, קערה, עביט; *אמבט, אמבטיה; גוץ, שמן; סירה איטית
tub *v.* לעשות אמבטיה, להתאמבט
tu'ba *n.* טובה (כלי-נשיפה)
tub'by *adj.* דמוי-גיגית; גוץ, שמן
tube *n.* אבוב, שפופרת, צינור, קנה; נורת-רדיו; מינהרה, רכבת תחתית
- bronchial tubes סימפונות
- down the tube ירד לטמיון
- inner tube אבוב, פנימון, פנימית
tubeless *adj.* (צמיג) חסר-פנימון
tu'ber *n.* פקעת, גיבעול מעובה (כגון תפוח-אדמה)
tu·ber'cu·lar (tōō-) *adj.* שחפני
tu·ber'cu·lo'sis (tōō-) *n.* שחפת
tu·ber'cu·lous (tōō-) *adj.* שחפני
tubful *n.* מלוא-הגיגית
tu'bing *n.* צינורות, חומר צינורות
tub-thumper *n.* נואם מלהיב
tu'bu·lar *adj.* צינורי; בעל צינורות
tuck *v.* להכניס, לתחוב; לקפל, לַחפּות; לתפור חפתים
- tuck away לשמור, להסתיר; *לזלול
- tuck in לזלול, לאכול בתיאבון; לכסות היטב בשמיכה
- tuck up להתכרבל; להפשיל; לקפל
tuck *n.* קפל, חפת; *אוֹכֶל, ממתקים
tuck'er *n.* סודר, רדיד, צעיף
- best bib and tucker ביגדי חג
tucker *v.* *לעייף
tuck-in *n.* *ארוחה הגונה
tuck shop חנות-ממתקים
Tues'day (tōōz'-) *n.* יום שלישי
- Tuesdays בימי ג' (בשבוע)
tu'fa *n.* טוף (סלע אוורירי)
tuff *n.* טוף (סלע אוורירי)
tuft *n.* ציצה, צרור (שערות/נוצות)
tufted *adj.* מצויץ, בעל ציצת-שערות
tug *v.* למשוך; לסחוב, לגרור
tug *n.* משיכה, גרירה; ספינת-גרר
- tug of war משיכת-חבל (תחרות)
tug-boat *n.* ספינת-גרר
tug of love *מאבק על ילד

tu·i'tion (tōōish'ən) *n.* הוראה, לימוד; שכר לימוד; שיעורים
tu'lip *n.* ציבעוני (צמח, פרח)
tulle (tōōl) *n.* טול, אריג משי דק
tum'ble *v.* ליפול; להפיל; למעוד, להיכשל; להתגלגל; לנוע באי-סדר; לפרוע (שיער), לבלבל
- prices tumbled המחירים ירדו
- tumble down להתמוטט, לקרוס
- tumble in bed להתהפך על מישכבו
- tumble over ליפול, להתהפך
- tumble to *לתפוס, לקלוט, להבין
tumble *n.* נפילה, מעידה; אנדרלמוסיה
tumble-down *adj.* רעוע, נוטה ליפול
tumble-dry *v.* לייבש במכונת כביסה
tumble-dryer/-drier *n.* מייבש כביסה
tum'bler *n.* כוס; לוליין; "נחום תקום"; מנוף-המנעול; מייבש כביסה
tumble-weed *n.* ירבוז (צמח-בר)
tum'brel, tum'bril *n.* עֲגָלָה, עגלת-אסירים
tu·mes'cence (tōō-) *n.* תְּפִיחוּת
tu·mes'cent (tōō-) *adj.* תופח, נפוח
tu'mid *adj.* נפוח; (סיגנון) מנופח
tu·mid'ity (tōō-) *n.* נפיחות, תפיחות
tum'my *n.* *בטן
tu'mor *n.* גידול (בגוף), שאת
tu'mult *n.* רעש, המולה; מבוכה, ריגוש
tu·mul'tuous (tōōmul'chōōəs) *adj.* רועש, קולני; נרגש, סוער
tu'mu·lus *n.* גל, תל (על קבר)
tun *n.* חבית; טאן (252 גאלונים)
tu'na *n.* טוּנָה, טונוס, אטונס (דג)
tun'dra *n.* טונדרה, ערבה ארקטית
tune *n.* לחן, נעימה; הרמוניה
- call the tune למשול בכיפה
- change one's tune לשנות טון דיבורו, לזמר זמירות חדשות
- in tune בהרמוניה, משתלב; מְכוּוָנָן
- out of tune לא בהרמוניה; מזייף, לא מכוונן
- sing another tune לזמר זמירות חדשות
- to the tune of בסך, טבין ותקילין
tune *v.* לכוון, לכוונן, לתאם
- tune an engine לתאם/לכוון מנוע
- tune in לכוון (רדיו לגל מסוים);

להיות מודע לרחשי הציבור
- tune oneself to להסתגל ל-
- tune up לכוונן כלי נגינה
tuneful *adj.* נעים לאוזן, מלודי
tuneless *adj.* לא-מוסיקלי, צורמני
tu′ner *n.* כַּוונָן, מומחה לכיוונון
tune-up *n.* כיוונון, תיאום (מנוע)
tung oil שמן טאנג (להברקה)
tung′sten *n.* וולפראם, טונגסטן
tu′nic *n.* טוניקה (כותונת); מותנייה צבאית; עליונית; מעיל קצר; לסוטה
tuning fork *n.* מזלג-קול, קולן, מצלל
tun′nel *n.* מינהרה, ניקבה, מחילה
tunnel *v.* לחפור מינהרה
tun′neler *n.* חופר מינהרות
tunnel vision ראייה צרת אופק
tun′ny *n.* טוּנָה, טונוס, אטונס (דג)
tup *n.* אַיִל
tup′pence *n.* *שני פֶּנִים
tup′penny *n.* *שני פֶּנִים
tu quo′que (tōō kwō′kwā) אף אתה (עשית) כך!
tur′ban *n.* טורבאן, מיצנפת, צניף, תרבוש; כובע-נשים (צר-אוגן)
turbaned *adj.* מתורבש
tur′bid *adj.* בוצי, עכור, לא-צלול; מבולבל, מופרע; (עשן) סמיך, כבד
tur·bid′ity *n.* עכירות, דליחות
tur′bine *n.* טורבינה
tur′bo-jet′ *n.* (מטוס-סילון בעל) מנוע טורבינה
tur′bo-prop′ *n.* (מטוס בעל-) טורבינה המפעילה מדחף
tur′bot *n.* שיבוט (דג שטוח)
tur′bu·lence *n.* תסיסה, התפרעות, רעש
tur′bu·lent *adj.* תוסס, רוגש; נסער, פרוע, נטול-רסן
turd *n.* *חרא, צואה, גלל, רעי
tureen′ *n.* מגס, קערת-שולחן
turf *n.* טוֹרף, כָּבוּל; עשבה, אדמת-עשב, דשא; שטח שמור
- the turf (מסלול) מירוצי-סוסים
turf *v.* לכסות (חלקת-אדמה) בעשבה
- turf out *לזרוק, להשליך
turf accountant סוכן הימורים
tur′gid *adj.* נפוח; נמלץ, מנופח
tur·gid′ity *n.* נפיחות, תפיחות
Turk *n.* טורקי; *שובב, תכשיט
tur′key *n.* תרנגול-הודו; *כישלון
- cold turkey גמילה פתאומית (מסם); מיחוש-ראש; אמת מרה
- talk turkey לדבר גלויות/לעניין
Tur′kish *adj&n.* טורקי; טורקית
Turkish bath מרחץ זיעה
Turkish delight חלקום (ממתק)
Turkish towel מגבת טורקית (גסה)
tur′meric *n.* כַּרכּוּם, כּוּרכּוּם
tur′moil *n.* מבוכה, מהומה, אי-שקט
turn *v.* לסובב; להסתובב; להפנות; לפנות; לנטות; להפוך; להתהפך; להיות, להיעשות; לשנות; להשתנות; לכוון; להגיע; לעבור; ליצור, לעצב
- about turn! לאחור - פנה!
- has turned 60 הגיע לגיל 60
- his stomach turned נתקף בחילה
- it turned out נתברר, נמצא, נסתיים
- it's just turned 7 השעה כבר 7
- not turn a hair לא להניד עפעף
- not turn a hand לא לנקוף אצבע
- the milk turned החלב החמיץ
- turn (to the) right לפנות ימינה
- turn a blind eye להעלים עין
- turn a charge להדוף הסתערות
- turn a circle ליצור/לרשום מעגל
- turn a collar להפוך צווארון
- turn a corner לפנות בסיבוב
- turn a phrase לטבוע ביטוי נאה
- turn a profit להרוויח
- turn about/around להסתובב, לפנות לאחור
- turn away להסתלק, לסור מ-; להסב עיניו מ-; לגרש
- turn back לחזור, לשוב על עקבותיו; להחזיר; לקפל
- turn color להשתנות צבעו
- turn down לדחות, לא להיענות; להקטין, להנמיך; לקפל
- turn him adrift לשלחו לנוע ולנוד
- turn him from להניאו מ-
- turn him up *לגרום לבחילה
- turn his head לסחרר ראשו
- turn in לקפל; להחזיר, להשיב; למסור, לתת; להסגיר; *ללכת לישון
- turn in on oneself להתבודד
- turn inside out להפוך הַפְּנִים לחוץ
- turn into להפוך ל-, להיעשות ל-
- turn into English לתרגם לאנגלית
- turn loose לשחרר, להתיר הרסן
- turn off לשנות כיוון, לפנות (בצומת); לסגור; לְכַבּוֹת; לאבד עניין

אחר זה
- turn of the century סוף המאה
turnabout *n.* תפנית, שינוי-כיוון
turnaround *n.* הכנה להפלגה/ או לטיסה בחזרה; תפנית
turncoat *n.* עריק מפלגתי, בוגד
turncock *n.* ממונה על אספקת-המים; ברז
turn-down *adj.* מתקפל
turned *adj.* הפוך; מעוצב; מובע
- nicely-turned מובע יפה
- turned out לבוש; מצוייד
turn'er *n.* חרט, פועל מחרטה
turning *n.* פנייה, מיסעף
turning point נקודת-מיפנה
tur'nip *n.* לפת (ירק)
turnkey *n.* שומר המפתחות, סוהר
turnkey *adj.* מוכן לפעולה
turn-off *n.* כביש צדדי (מסתעף); *דבר דוחה/לא מעניין
turn-on *n.* *מדליק, מגרה
turn-out *n.* נוכחים, צופים; תילבושת; ציוד; פינוי, ניקוי; שביתה; קטע רחב (בכביש); תפוקה
turn-over *n.* שינוי, הפיכה; מחזור, פדיון; תחלופה; קיפולית (עוגה)
turn'pike' *n.* כביש מהיר; כביש אגרה
turn-round *n.* הכנה להפלגה/ או לטיסה בחזרה; תפנית
turn'spit' *n.* מסובב שפודים
turn'stile' *n.* שער מסתובב
turntable *n.* מישטח מסתובב (לקטרים); דיסקה מסתובבת (במקול)
turn-up *n.* חפת, קפל (בשולי-המיכנס); הפתעה, אירוע לא-צפוי
- turn-up for the book הפתעה
tur'pentine' *n.* טרפנטין, שמן האלה
tur'pitude' *n.* רישעות, שיפלות
turps *n.* טרפנטין
tur'quoise (-z) *n.* טורקיז, פרוזג, נופך
tur'ret (tûr'-) *n.* צריח
tur'tle *n.* צב, צב-ים
- turn turtle (לגבי ספינה) להתהפך
turtle-dove *n.* תור, יונת-בר
turtle-neck *n.* אפודה גבוהת-צווארון; צווארון גולף
tush *interj.* די! (הבעת קוצר-רוח)

- turn on לפתוח; להדליק; להפעיל; להיות תלוי ב-; *לענג, להלהיב
- turn on/upon להתקיף, להתנפל על
- turn one's ankle לעקם קרסולו
- turn one's coat להפוך את עורו
- turn one's eyes להפנות מבטו
- turn one's hand to ליטול על עצמו, לטפל ב-
- turn out לסגור; לְכַבּוֹת; להפוך; לרוקן; לנקות; לגרש, לפטר; להתאסף; להופיע; להפיק, לייצר; להתגלות; להיווכח, להתברר; להסתבר; *לקום מהמיטה
- turn over להפוך; להתהפך; (לגבי מנוע) להתחיל לפעול
- turn over $1000 (לגבי מחזור) להסתכם ב-1000 דולרים
- turn over in mind להרהר, לשקול
- turn over to למסור; להסגיר ל-
- turn pages לדפדף, לעלעל
- turn round להסתובב; לסובב; להקיף
- turn soil לחרוש, לתחח האדמה
- turn the corner לעבור את המשבר
- turn to לפנות אל; לעיין ב- (ספר); להירתם לעבודה
- turn to account להפיק תועלת
- turn up להופיע, להגיע; להתגלות, להימצא; למצוא, לגלות; לחשוף, לקפל, להפשיל; להגביר; לקרות
- turn up one's nose לעקם חוטמו
- turn wood לחרוט עץ (במחרטה)
turn *n.* סיבוב; פנייה; מיפנה; תור, סדר; הזדמנות; תורנות; מעשה; פעולה; מטרה; צורך; מופע; קטע; נטייה; *הלם, זעזוע; התקף; כישרון; טיול, הליכה
- a good turn טובה, מיצווה
- at every turn על כל צעד ושעל
- by turns חליפות, לסירוגין
- call the turn לנבא
- done to a turn מבושל כדבעי
- in turn לפי תור, בזה אחר זה
- it'll serve my turn הדבר יענה על דרישותיי
- on the turn על סף שינוי
- out of turn שלא בסדר הנכון, שלא לפי התור; לא בעיתו; לא בחוכמה
- take a turn להשתנות מצבו; לעשות סיבוב, ללכת ולבוא
- take turns להתחלף, לעשות חליפות
- turn and turn about חליפות, בזה

tush (toosh) *n.* ישבן*
tusk *n.* ניב; שן-הפיל, שנהב
tusk'er *n.* פיל; חזיר-בר
tus'sah (-sə) *n.* משי גס
tus'sle *v&n.* להילחם; תיגרה
tus'sock *n.* גבשושית-דשא
tut *interj.* נו-נו!, אוי!
tutee' (tōōtē') *n.* חניך, תלמיד
tu'telage *n.* אפיטרופסות, חסות, פטרונות; פיקוח, הדרכה
tu'telar *adj.* אפיטרופסי, מפקח, משגיח
tu'telar'y (-leri) *adj.* אפיטרופסי, מפקח, משגיח
tu'tor *n.* מורה פרטי; חונך, מדריך
tutor *v.* לשמש כמורה פרטי, לאמן
tu•to'rial (tōō-) *adj&n.* של מורה, של הוראה, לימודי; שיעור
tut'ti (tōō'ti) *adv.* כל כלי הנגינה ביחד
tut'ti-frut'ti (tōō-frōō-) *n.* טוטי-פרוטי, גלידת פירות
tut'-tut' אוף! (הבעת קוצר-רוח); נו-נו, לא, אסור!
tu'tu' *n.* חצאית-באלט
tux *n.* טוקסידו, סמוקינג*
tux•e'do *n.* טוקסידו, חליפה
TV = television טלוויזיה
twad'dle (twod-) *n&v.* שטויות, פיטפוט, קישקוש; לקשקש
twain *n.* שניים
twang *n.* צליל (של מיתר); אינפוף
twang *v.* להשמיע צליל; לאנפף
'twas = it was (twoz)
tweak *v.* לצבוט, למשוך, למרוט; לשפץ, לתקן קלות
tweak *n.* צביטה, משיכה, מריטה
twee *adj.* חמוד, מעושה, מלוקק*
tweed *n.* טוויד (אריג צמר רך)
- tweeds ביגדי-טוויד
tweedy *adj.* של טוויד, לובש ביגדי טוויד; לא רישמי, פשוט
'tween = between
tweet *n&v.* ציוץ; לצייץ
tweet'er *n.* רמקול (לתדירות גבוהה)
twee'zers *n-pl.* מַלקֵט, מלקטת; מלקחית; פינצטה
twelfth *adj&n.* (החלק) השנים-עשר
Twelfth day היום השנים-עשר (יום חג, החל ב-6 בינואר)
Twelfth night ערב היום השנים-עשר
twelve *adj&n.* שנים-עשר, תריסר
twelvemonth *n.* שנה, 12 חודש
twen'tieth *adj&n.* (החלק) העשרים
twen'ty *n.* עשרים, 20
- the twenties שנות העשרים
twenty-one *n.* 21 (מישחק קלפים)
twenty-twenty *adj.* (ראייה) תקינה
twerp *n.* טיפוס דוחה, דל-אישים*
twice *adv.* פעמיים, פי שניים
- think twice לחשוב פעמיים
twice-told *adj.* שסופר כבר, ידוע
twid'dle *v.* להשתעשע; לסובב, לגלגל
- twiddle one's thumbs להתבטל
twiddle *n.* סיבוב; גילגול
twig *n.* ענפנף, זלזל, זרד, שריג
twig *v.* להבין, לתפוס, לראות*
twiggy *adj.* רב-זלזלים
twi'light' *n.* דימדומי-ערב, ניצנוצי-שחר; בין-הערביים; תקופת-שקיעה
twilight zone איזור דימדומים
twill *n.* אריג מלוכסן-קווים
twilled *adj.* מלוכסן
twin *adj&n.* תאום; תאומי, זהה
- twins תאומים
twin *v.* ללדת תאומים; לקשר/לזווג עיר תאומה
twin beds זוג מיטות
twine *n.* חוט, פתיל, משיחה
twine *v.* לשזור, לפתל; לכרוך; להשתרג
twin-engined דו-מנועי
twinge *n&v.* כאב עז, צביטה; ייסורים; לחוש כאב
twin'kle *v&n.* לנצנץ, לזהור; למצמץ; ניצנוץ, זוהר; מיצמוץ
twinkling *n.* ניצנוץ; רגע קט
- in the twinkling of an eye כהרף עין
twin set מערכת חולצה ואפודה
twirl *v&n.* לסובב; להסתובב; לגלגל; לסלסל; סיבוב; הסתובבות
twirp *n.* נבזה, טיפוס דוחה*
twist *v.* לשזור, לפתל; לכרוך, לקלוע; לסובב; לגלגל; להתפתל; לעקם; לעוות; לסלף; לרקוד טוויסט
- twist his arm לעקם זרועו (מאחורי גבו); ללחוץ עליו; לכופף זרועו

- twist his words לסלף דבריו
- twist off לתלוש בסיבוב; לפתוח (מיכסה) בסיבוב
twist *n.* שזירה, פיתול, קליעה; פתיל, חבל; סיבוב, עיקול; עיוות; חלה קלועה; טוויסט
- round the twist *משוגע, מטורף
- sadistic twist נטייה סאדיסטית
- twist of paper שקית-נייר גלולת-קצוות
- twist of tobacco גלולית-טבק
twister *n.* רמאי, עקמן; בעיה קשה; טורנאדו, סופה; רקדן טוויסט
twisty *adj.* פתלתול, עקלקל
twit *v.* להקניט, ללגלג, לצחוק על
twit *n.* ליגלוג; נזיפה; *טיפש
twitch *v.* להניע, להרעיד; לזוע, לפרפר; להתעוות; למשוך, לחטוף
twitch *n.* עווית, טיק, זיע; משיכה
twit'ter *v.* לציין; לדבר בהתרגשות
twitter *n.* ציוץ; התרגשות
- all of a twitter נרגש
twixt = betwixt *prep.* בין
two (tōō) *adj&n.* שניים, שתיים, 2, דו
- by twos, in twos שניים - שניים
- in two לשניים, לשני חלקים
- one or two כמה, מספר מועט
- put two and two together לצרף אחד לאחד ולפתור הבעיה
- that makes two of us, *כמוני כמוך, זה נכון גם לגביי
- two cents *דבר חסר-ערך, סכום זעום; דעה, השקפה
two-bit *adj.* *חסר-ערך, זול
two-dimensional *adj.* דו-ממדי
two-edged *adj.* בעל שני להבים, בעל פיפיות; דו-משמעי, תרתי משמע
two-edged sword חרב פיפיות
two-faced *adj.* דו-פרצופי
two-family דו-משפחתי
twofold *adj&adv.* כפליים
two-handed *adj.* דו-ידי; בעל שתי ידיות; מצריך שתי ידיים
two-lane דו נתיבי
twopence *n.* שני פֶּנִים
- not care twopence לא איכפת כלל
twopenny *adj.* שמחירו 2 פֶּנִים; דל-ערך
twopenny-halfpenny *adj.* דל-ערך
two-piece *adj&n.* (חליפה/בגד-ים) בן שני חלקים
two-ply *adj.* דו-חוטי, דו-רובדי
two-seater *n.* דו-מושבי
twosome *n.* זוג, צמד, שניים
two-step *n.* טו-סטפ (ריקוד)
two-time *v.* לבגוד, לרמות
two-tone *adj.* דו-גוני, בעל 2 גוונים
two-way *adj.* דו-סיטרי; (מַקְלֵט) קולט ומשדר אותות
two-wheeler רכב דו-גלגלי
ty·coon' (-kōōn') *n.* איל-הון, טייקון
ty'ing (see tie) קושר, כובל
tyke *n.* זאטוט, "מזיק"; כלב
tym'panum *n.* תוף האוזן; אוזן תיכונית
type *n.* טיפוס, סוג, מין; דוגמה, צורה, תבנית; אותיות, סְדָר
- in type מסודר להדפסה
- true to type אופייני לטיפוס מסוגו
type *v.* להדפיס, לתקתק; לסווג, לקבוע סוג (דם); לייצג, לסמל
typecast *v.* ללהק שחקן בתפקיד אופייני לאישיותו
typescript *n.* חומר מודפס
typesetter *n.* סַדָּר, מסדר אותיות
typewriter *n.* מכונת-כתיבה
typewritten *adj.* מודפס במכונת-כתיבה
ty'phoid *n.* טיפוס-המעיים/-הבטן
ty·phoon' (-fōōn') *n.* טייפון (סערה)
ty'phus *n.* טיפוס-הבהרות
typ'ical *adj.* טיפוסי, אופייני
typically *adv.* בדרך אופיינית
typ'ify' *v.* לייצג, לסמל, לאפיין, להיות טיפוסי ל-
typing *n.* הדפסה, כתבנות
typing pool שירות כתבנות מרכזי
ty'pist *n.* כתבנית, כתבן
ty'po *n.* *טעות דפוס; דפס
ty·pog'rapher *n.* טיפוגראף, דפס
ty'pograph'ic *adj.* טיפוגראפי, דפוסי
ty·pog'raphy *n.* טיפוגרפיה, הדפסה, דפסות
tyran'nical *adj.* רודני, עריצי
tyr'annize' *v.* לִרְדּוֹת
tyr'annous *adj.* רודני, עריצי
tyr'anny *n.* רודנות, עריצות
ty'rant *n.* רודן, עריץ, טיראן
tyre = tire *n.* צמיג
ty'ro *n.* טירון, מתחיל, ירוק
tzar (zär) *n.* צאר (ברוסיה)
tzetze (tset'si) *n.* טסה-טסה (זבוב)

U

U *n&adj.* (סרט) לכל הגילים
- U-turn פניית-פרסה (בכביש)
u·biq′uitous (ū-) *adj.* נמצא בכל מקום
u·biq′uity (ū-) *n.* נוכחות בכל מקום
ud′der *n.* עטין
UFO עב"מ (עצם בלתי מזוהה)
ugh (ug) *interj.* אוף! (קריאה)
ug′lify′ *v.* לכער, להשחית היופי
ugliness *n.* כיעור
ug′ly *adj.* מכוער, דוחה; מאיים, מבשר-רע, קודר
- in an ugly mood במצב-רוח רע
- ugly customer טיפוס רע
ugly duckling הברווזון המכוער
UHF = ultra-high frequency
UK = United Kingdom בריטניה
u′kase′ *n.* צו רישמי
u′kule′le (-lā′li) *n.* גיטארה האוואית
ul′cer *n.* כיב, אולקוס; פצע; שחיתות
ul′cerate′ *v.* להתפתח כיב
ul′cera′tion *n.* כיוב, התכייבות
ul′cerous *adj.* כיבי
ul′lage *n.* כמות האוויר בבקבוק
ul′na *n.* קנה, עצם אמת-היד, גומד
ul′ster *n.* מעיל אלסטר (ארוך)
ult. *adj.* של החודש שעבר
ul·te′rior *adj.* כמוס, נסתר, חבוי; מרוחק, רחוק; שלאחר מכן
ul′timate *adj.* סופי, אחרון, קיצוני, מרוחק; מוחלט; אולטימטיבי
ultimately *adv.* בסופו של דבר
ul′tima′tum *n.* אולטימטום
ul′timo′ *adj.* של החודש שעבר
ul′tra *adj.* קיצוני, ביותר, אולטרה
ultra-high frequency תדר אולטרה-גבוה
ul′tramarine′ (-rēn′) *adj&n.* כחול-עז
ul′tramod′ern *n.* מודרני ביותר
ul′tramon·tane′ *adj.* שמעבר להרים; דוגל בסמכות האפיפיור
ul′tramun′dane *adj.* שמעבר לעולם הזה, לא מעלמא הדין
ul′traor′thodox′ *n.* אדוק ביותר
ul′trason′ic *adj.* על-קולי
ul′trasound′ *n.* אולטרה-סאונד, סריקה על-קולית
ul′travi′olet *adj.* אולטרה-סגול
ultraviolet rays קרני אולטרה
ul′tra vi′res (-rēz) מעבר לסמכות
ul′u·late′ *v.* לקונן, ליילל, לייבב
ul′u·la′tion *n.* יללה, יילול, ייבוב
um′ber *n&adj.* חום, חום-אדמדם
- burnt umber חום-אדמדם
um·bil′ical cord *n.* חבל הטבור
um′brage *n.* פגיעה, עלבון
- take umbrage להיפגע, להיעלב
um·brel′la *n&adj.* מיטרייה, סוכך; חיפוי, הגנה; כולל, מקיף
ump *n.* *שופט (במישחק)
um′pi·rage *n.* בוררות
um′pire *n.* שופט (במישחק); בורר
umpire *v.* לשפוט; לשמש כבורר
ump′teen′ *adj&n.* *הרבה, המון
- for the umpteenth time בפעם האלף
un- (תחילית) לא-, אי-, חסר-, נטול-
'un = one (ən)
- a good 'un טוב
UN = United Nations או"ם
un′abashed′ *adj.* לא נבוך
un′aba′ted *adj.* לא רוֹגֵע
un·a′ble *adj.* לא יכול, לא מסוגל
un′abridged′ *adj.* לא מקוצר
un′accept′able *adj.* לא רצוי; לא קביל
un′accom′panied′ (-kum′pənēd) בלי ליווי
un′account′able *adj.* נטול-הסבר
un′account′ed for *adj.* לא מוסבר
un′accus′tomed *adj.* לא מורגל, לא רגיל, מוזר
un′acquaint′ed *adj.* לא מַכִּיר
un′addressed′ *adj.* לא ממוען
un′adopt′ed *adj.* לא מאומץ
un′adult′era′ted *adj.* לא מהול, טהור
- unadulterated nonsense טיפשות גמורה
un′advised′ (-vīzd′) *adj.* לא נבון, נמהר, פזיז
un′affect′ed *adj.* טיבעי, לא מזוייף, לא מאולץ, אמיתי; לא מושפע מ-
un′afraid′ *adj.* לא פוחד, לא חושש
un·aid′ed *adj.* ללא עזרה, ללא סיוע
un′alloyed′ *adj.* לא מהול, טהור

un·al′terable (-ôl′-) *adj.* שאין לשנותו
un·al′tered (-ôl′tərd) *adj.* ללא שינוי
un′ambig′u·ous (-gūəs) *adj.* לא מעורפל, ברור
u′nanim′ity *n.* הסכמה מלאה, פה אחד, תמימות דעים
u·nan′imous (ū-) *adj.* תמימי דעים, פה אחד
un′announced′ *adj.* מופיע באורח בלתי צפוי, בלא הודעה על בואו
un·an′swerable (-sər-) *adj.* ללא מענה; שאין להפריכו
un′appeal′ing *adj.* לא מושך, דוחה
un′ap′peti′zing *adj.* לא מעורר תיאבון
un′appre′ciative (-′shət-) *adj.* לא מעריך
un′approach′able *adj.* לא נגיש; מגלה יחס צונן; שאין דומה לו
un·arg′u·able (-gū-) *adj.* שאין לחלוק עליו
un·armed′ *adj.* לא חמוש, ללא נשק; חסר אמצעי הגנה
un·asked′ *adj.* שלא נתבקש
un·assail′able *adj.* שאין להכחישו, שאין להפריכו; שאין להתקיפו
un′assist′ed *adj.* ללא עזרה
un′assu′ming *adj.* צנוע, לא מתבלט
un′attached′ *adj.* עצמאי, לא קשור; לא נשוי, לא מאורס
un′attain′able *adj.* לא בר השגה
un′attend′ed *adj.* ללא ליווי; לבד, בגפו; ללא השגחה; ללא נוכחים
un′attrac′tive *adj.* לא מושך, דוחה
un′authen′tic *adj.* לא אמיתי
un·auth′orized′ (-rīzd) *adj.* לא מוסמך, לא מאושר
un′avail′able *adj.* לא זמין
un′avail′ing *adj.* עקר, חסר-תועלת
un′avoid′able *adj.* בלתי-נמנע
un′aware′ (-awār′) *adj.* לא מודע
unawares *adv.* בלי משים
- take him unawares להפתיעו
un·backed′ *adj.* חסר תמיכה
un·bal′ance *v.* להוציאו משיווי מישקלו
unbalanced *adj.* לא מאוזן, לא שפוי
un·bar′ *v.* להסיר הבריח; לפתוח
un·bear′able (-bār′-) *adj.* בלתי נסבל
un′beat′able *adj.* בלתי מנוצח, מצוין
un·beat′en *adj.* בלתי מנוצח
un′be·com′ing (-kum′-) *adj.* לא יאה, לא נאות; לא הולם, לא מתאים
un′be·fit′ting *adj.* לא יאה, לא הולם
un′be·known′ (-binōn′-) *adj.* לא ידוע, בלי ידיעת-
un′be·lief′ (-lēf′) *n.* חוסר אמונה
un′be·liev′able (-lēv′-) *adj.* לא יאומן
un′be·liev′er (-lēv′-) *adj.* לא מאמין, כופר
un′be·liev′ing (-lēv′-) *adj.* לא מאמין, מפקפק
un·belt′ *v.* להסיר את החגורה
un·bend′ *v.* ליישר; לרכך, לרפות, להפיג; להגמיש, להתרכך
un·bend′ing *adj.* קשוח, תקיף
un·bi′ased *adj.* לא משוחד, הוגן, בלי משוא פנים
un·bid′den *adj.* שלא נתבקש, לא מְצוּוֶה; לא מוזמן; ספונטאני
un·bind′ (-bīnd′) *v.* להתיר, לשחרר
un·blem′ished *adj.* ללא דופי
un·blink′ing *adj.* לא מניד עפעף, קר רוח, לא מהסס
un·blush′ing *adj.* חסר-בושה
un·born′ *adj.* שטרם נולד, עתידי
un·bos′om (-booz′-) *v.* לשפוך שיחו, לגלות
un′bound′ *adj.* לא כרוך; לא קשור
un·bound′ed *adj.* בלתי מוגבל, בלי מיצרים, אינסופי
un·bowed′ (-boud) *adj.* בלתי מנוצח, לא כפוף, לא מורכן
un′break′able (-brāk-) *adj.* בלתי שביר
un·bridge′able (-brij′-) *adj.* לא ניתן לגישור
un·bri′dled *adj.* לא מרוסן
un·bro′ken *adj.* שלם, רצוף, לא משוסע; (שיא) שטרם נשבר
- unbroken horse סוס לא מאולף
un·buck′le *v.* להתיר האבזם
un′build′ (-bild) *v.* להרוס, לנתץ
un′built′ (-bilt) *adj.* שלא נבנה עדיין/עליו

un·bur′den *v.* לפרוק; לגלות
- unburden one's heart לשפוך ליבו
un′bus′inesslike′ (-biz′nəs-) *adj.* לא מעשי, לא מיקצועי
un·but′toned *adj.* לא מכופתר; לא רישמי, פתוח
un·called′-for′ (-kôld′-) *adj.* לא-נחוץ, מיותר, גס
un·can′ny *adj.* לא-טיבעי, מוזר
un·cared′-for′ (-kārd′-) *adj.* מוזנח
un′ca′ring *adj.* לא דואג
un·ceas′ing *adj.* לא פוסק, מתמיד
un′cer·emo′nious *adj.* לא רישמי, בלי גינונים; בחוסר נימוס
un·cer′tain (-tən) *adj.* לא בטוח, מפוקפק; מפקפק; הפכפך, לא יציב
- of uncertain age (אישה) שגילה לא ברור, לא צעירה
un·cer′tainty (-tən-) *n.* חוסר ביטחון, פיקפוק; הפכפכנות
un·chal′lenged (-linjd) *adj.* שלא קראו תיגר עליו, שאין לו מתחרה
un′change′able (-chānj-) *adj.* לא משתנה
un′changed′ (-chānjd) *adj.* ללא שינוי
un′char′acteris′tic (-kar-) *adj.* לא אופייני
un·char′itable *adj.* לא אדיב, לא סלחני, קשה, קשוח, קפדן, מחמיר
un·chart′ed *adj.* לא ממופה, לא מצויין במפה, שלא נחקר
un·chaste′ (-chāst′) *adj.* לא טהור, לא צנוע
un·checked′ *adj.* לא מרוסן, לא נעצר; לא נבדק
un·chris′tian (-kris′chən) *adj.* לא נוצרי; לא אדיב; לא נוח
un·cir′cumcised′ (-sīzd) *adj.* ערל, שלא נימול
un·civ′il *adj.* לא מנומס, גס
un′civ′ilized′ *adj.* לא מתורבת
un·clad′ *adj.* לא לבוש, ערום
un·claimed′ *adj.* שאין לו דורשים
un′clas′sified′ (-fīd) *adj.* בלתי מסווג, בלמ״ס
un′cle *n.* דוד; *משכונאי
- say/cry uncle להיכנע
un·clean′ *adj.* לא נקי; טמא, טָרֵף
un′clear′ *adj.* לא ברור, מעורפל
Uncle Sam הדוד סם, ארה״ב
Uncle Tom הדוד תום, עבד נאמן
un′cloak′ *v.* לחשוף, לפשוט מעיל
un·cloud′ed *adj.* בהיר, לא מועב
un′co *adj&n.* משונה, יוצא דופן, מאוד, זר; חדשות
un·col′ored (-kul′ərd) *adj.* פשוט, לא מיופה, ללא כחל ושרק
un·com′fortable (-kum′-) *adj.* לא נוח
un′commit′ted *adj.* לא מתחייב, לא מחוייב, עצמאי, חופשי, בלתי תלוי
un·com′mon *adj.* לא רגיל
uncommonly *adv.* בצורה בלתי רגילה; *מאוד, ביותר
un′commu′nica′tive *adj.* לא מְתַקְשֵר, לא מדבר, מסתגר
un′compet′itive *adj.* לא תחרותי
un′complain′ing *adj.* לא מתלונן
un′com′plimen′tary *adj.* לא מחמיא
un·com′promi′sing (-z-) *adj.* תקיף, לא ותרני, בלתי מתפשר
un′concealed′ *adj.* לא מוסתר
un′concern′ *n.* חוסר-עניין; אי-דאגה
unconcerned *adj.* לא מודאג, אדיש; לא מתעניין, לא נוטל חלק ב-
un′condi′tional (-dish′ən-) *adj.* ללא תנאים
un′condi′tioned (-dish′ənd) *adj.* לא מותנה
un′conge′nial *adj.* לא נעים, לא חביב
un′connec′ted *adj.* מנותק
un·con′scionable (-′shən-) *adj.* לא סביר, מופרז; לא מצפוני
un·con′scious (-shəs) *adj&n.* לא מודע; חסר-הכרה; לא מְכוּוָן
- the unconscious התת-מודע
unconsciousness *n.* חוסר הכרה
un′consid′ered *adj.* לא מחושב, לא שקול; לא נחשב, קל-ערך
un′con′stitu′tional (-shənəl) *adj.* לא חוקתי
un′contam′ina′ted *adj.* לא מזוהם
un′contes′ted *adj.* שאין חולקים עליו
un′control′lable *adj.* שאין שולטים בו
un′con′trover′sial (-shəl) *adj.* שאינו שנוי במחלוקת

un'conven'tional (-shənəl) *adj.* לא שגרתי, לא מקובל, יוצא דופן
un'convinc'ing *adj.* לא משכנע
un'cooked' *adj.* לא מבושל
un'co·op'erative *adj.* שאינו משתף פעולה
un'co·or'dina'ted *adj.* לא מתואם
un·cork' *v.* לחלוץ פקק
un'corrob'ora'ted *adj.* לא מאומת
un'count'able *adj.* לא סָפִיר; עצום
un'count'ed *adj.* לאין ספור
un·coup'le (-kup'-) *v.* להתיר, לנתק
un·couth' (-ko͞oth') *adj.* לא מנומס
un·cov'er (-kuv'-) *v.* להסיר המיכסה; לגלות, לחשוף
un·crit'ical *adj.* לא ביקורתי
un·crossed' *adj.* לא משורטט
un·crown' *v.* להסיר את הכתר
- the uncrowned king המלך הבלתי מוכתר
un·crush'able *adj.* לא מתקמט, לא קמיט; חזק, שאין להכניעו
unc'tion *n.* משיחה, יציקת-שמן; רצינות, התלהבות; העמדת פנים
- extreme unction משיחת הגוסס
unc'tuous (-cho͞oəs) *adj.* חלקלק; מפריז באדיבות, מנומס מדיי, מעושה
un'cul'tured (-chərd) *adj.* לא מתורבת
un·cut' *adj.* לא חתוך; לא מקוצר; לא מלוטש
un·da'ted *adj.* חסר תאריך
un·daunt'ed *adj.* עשוי לבלי חת
un'de·ceive' (-sēv') *v.* להעמידו על טעותו, לפקוח עיניו
un'de·ci'ded *adj.* מהסס, מפקפק, חוכך בדעתו; לא מוכרע, תיקו
un'de·clared' *adj.* לא מוצהר
un'de·feat'ed *adj.* בלתי מנוצח
un'de·fend'ed *adj.* חסר-הגנה
un'de·fined' (-fīnd) *adj.* לא מוגדר
un'deliv'ered *adj.* לא נמסר; לא שוחרר; שטרם ילדה; שטרם נולד
un'de·mand'ing *adj.* לא דורש, קל לספקו
un'de·mon'strative *adj.* עצור, מאופק
un'de·ni'able *adj.* שאין להכחישו
un'der *adv.* מטה, למטה, מתחת
- go under להיכשל; לשקוע
- keep under לדכא, לרסן

under *prep.* מתחת ל-; תחת-; למטה מ-; פחות מ-; לרגלי-, ב-; בתהליך-; לפי, בהתאם ל-; בימי-
- under age קטין, צעיר מדיי
- under control בפיקוח, בשליטה
- under repair בתיקון
- under rice (אדמה) זרועה אורז
- under sentence of נידון ל-
under- (תחילית) כפוף, תת-; מעט מדיי
un'derachieve' (-chēv) *v.* לבצע פחות מהצפוי
un'deract' *v.* לשחק בשיטחיות, לא להבליט התפקיד
un'derarm' *adj&adv.* ביד מונפת מעט; של בית-השחי, שחיי
un'derbel'ly *n.* שיפולי-בטן; "בטן רכה", עקב אכילס, נקודת תורפה
un'derbid' *v.* להציע פחות מ-
un'derbred' *adj.* חסר-נימוס, גס
un'derbrush' *n.* שיחים, סבך
un'dercar'riage (-rij) *n.* מערכת נחיתה (של מטוס); שילדה, תושבת
un'dercharge' *v.* לתבוע מחיר נמוך מדיי
un'dercharge' *n.* מחיר נמוך מדיי
un'derclothes' (-klōz) *n.* בגדים תחתונים, לבנים
un'derclo'thing (-dh-) *n.* בגדים תחתונים, לבנים
un'dercoat' *n.* שיכבה תחתית, צבע יסוד
un'dercov'er (-kuv'-) *adj.* חשאי, סודי, בגניבה
- undercover agent סוכן סמוי
un'dercur'rent (-kûr-) *n.* זרם תחתי; נימה מוסתרת, מגמה סמויה
un'dercut' *v.* להציע (שירות/סחורה) במחיר נמוך מ-; לערער, להחליש, לקצץ
undercut *n.* נתח בשר-אחוריים
un'derde·vel'oped *adj.* לא מפותח דיו
un'derdog' (-dôg) *n.* מקופח, מפסיד, מנוצח
un'derdone' (-dun') *adj.* לא מבושל כדבעי
un'deremployed' *adj.* לא מועסק במלואו
un'deres'timate' *v.* לא להעריך כו'אוי, לזלזל ב-; לאמוד בסכום נמוך
un'deres'timate *n.* הערכה נמוכה

מדיי
un′derex·pose′ (-z) *v.* לחשוף (צילום) לזמן קצר מדיי
un′derfed′ *adj.* חסר תזונה מספקת
underfloor *adj.* מתחת לריצפה
un′derfoot′ *adj.* מתחת לרגליים
un′dergar′ment *n.* בגד תחתון
un′dergo′ *v.* להתנסות ב-, לחוות; לשאת, לסבול, לעבור
undergone = pp of undergo
un′dergrad′ *n.* *סטודנט
un′dergrad′uate (-j′o͞oit) *n.* סטודנט, תלמיד, לומד לתואר ב"א
un′derground′ *adj&adv.* תת-קרקעי; תחתי; מחתרתי
- go underground לרדת למחתרת
underground *n.* מחתרת; רכבת תחתית
un′dergrowth′ (-grōth) *n.* שיחים, סבך
un′derhand′ *adv&adj.* ביד מונפת מעט; חשאי, ערמומי
un′derhand′ed *adj.* חשאי, ערמומי
un′derhung′ *adj.* (לסת) בולטת
un′derlay′ *v.* להניח מתחת/כבסיס
un′derlay′ *n.* רובד מונח מתחת
un′derlie′ (-lī′) *v.* להוות בסיס ל-; להסתתר מאחורי-
un′derline′ *v.* למתוח קו תחת-; להדגיש, להבליט
un′derline′ *n.* קו תחתי
un′derling *n.* כפוף, משועבד, נחות
un′derly′ing *adj.* מונח ביסוד, בסיסי, מסתתר מאחורי, ראשוני
un′dermanned′ *adj.* מאוייש למטה מהדרוש
un′dermen′tioned (-shənd) *adj.* דלהלן, דלקמן
un′dermine′ *v.* לערער, להרוס בהדרגה; לחתור תחת-
un′derneath′ *adv&prep.* מתחת
un′dernour′ish (-nûr′-) *v.* להזין למטה מהדרוש
undernourished *adj.* דל-תזונה
undernourishment *n.* תת-תזונה
un′derpants′ *n-pl.* תחתונים
un′derpass′ *n.* מעבר תחתי
un′derpay′ *v.* לשלם מעט מדיי
underpayment *n.* תשלום זעום
un′derpin′ *v.* לתמוך, להניח מיתמך, להשעין; לחזק; להוות בסיס ל-
un′derplay′ *v.* לשחק בשיטחיות; לא להדגיש ביותר, לא להבליט
- underplay one's hand לפעול בזהירות, להסתיר כוונותיו
un′derpop′u·la′ted *adj.* דל-אוכלוסין
un′derpriv′ileged (-lijd) *adj.* דל-זכויות, מקופח
un′derproduc′tion *n.* תפוקת-חסר
un′derproof′ (-o͞of′) *adj.* מכיל מעט מדיי כוהל
un′derquote′ *v.* להציע מחיר נמוך
un′derrate′ (-r-r-) *v.* לא להעריך כראוי
un′derscore′ *v.* למתוח קו תחת-; להדגיש, להבליט
un′dersec′retar′y (-teri) *n.* תת-מזכיר
un′dersell′ *v.* למכור במחיר נמוך
un′dersexed′ *adj.* דל-תשוקה מינית
un′dersher′iff *n.* סגן-שריף
un′dershirt′ *n.* גופייה
un′dershoot′ (-o͞ot′) *v.* לנחות לפני המסלול/המטרה
un′dershot′ *adj.* מופעל בזרם שמתחתיו; (לסת) בולטת
un′derside′ *n.* צד תחתון, פאה תחתית
un′dersign′ *v.* לחתום למטה
- the undersigned החתום מטה
un′dersized′ *adj.* קטן מהרגיל, גמוד
un′derskirt′ *n.* תחתונית
un′derslung′ *adj.* (שילדה) תת-סרנית
un′derstaffed′ *adj.* בעל סגל-עובדים קטן מדיי
un′derstand′ *v.* להבין, לתפוס; להסיק, ללמוד
- give to understand לתת להבין
- make oneself understood להסביר עצמו, להבהיר דבריו
understandable *adj.* שיש להבינו, מובן
understanding *adj.* מבין
understanding *n.* הבנה, תבונה, השגה; הסכם
- on the understanding that מתוך הבנה ש-
un′derstate′ *v.* להביע בלשון מאופקת; להפחית מחשיבות
understatement *n.* לשון המעטה;

התבטאות מאופקת; אנדרסטייטמנט

understock *v.* לספק מלאי קטן מהדרוש

un'derstood' *adj.* מובן

understood = p of understand

un'derstrap'per *n.* כפוף, נחות-דרגה

un'derstud'y *n&v.* מחליף, ממלא מקום; להחליף, לגלם תפקיד

un'dertake' *v.* ליטול על עצמו, להתחייב; להבטיח, לערוב ש-

un'derta'ken = pp of undertake

un'derta'ker *n.* עורך הלוויות, מסדר אשכבות; קברן

un'derta'king *n.* משימה, מיפעל, מיבצע; התחייבות, הבטחה; קַבְּרָנוּת

underthings *n.* *בגדים תחתונים

un'dertone' *n.* טון נמוך, נימה מאופקת; צליל מוסתר; גוון קל

un'dertook' = pt of undertake

un'dertow' (-tō) *n.* זרם תחתי

un'derused' (-ūzd) *adj.* לא מנוצל באופן מלא

un'derval'u•a'tion (-lū-) *n.* הערכת-חסר

un'derval'ue (-lū) *v.* להעריך בְּחֶסֶר

un'dervest' *n.* גופייה

un'derwat'er (-wôt'-) *adj&adv.* תת-מימי; מתחת למים

un'derwear' (-wār) *n.* הלבשה תחתונה

un'derweight' (-wāt) *adj.* מתחת למישקל (הנחוץ)

un'derwent' = pt of undergo

un'derwhelm' (-welm) *v.* *לא להרשים

un'derworld' (-wûrld) *n.* העולם התחתון

un'derwrite' (-rīt') *v.* להתחייב לרכוש עודפי המניות; להתחייב לממן, לְבַטֵּחַ, לשמש כְּחַתָּם, לערוב

un'derwrit'er (-rīt-) *n.* חַתָּם, סוכן ביטוח, מממן

un'de•scend'ed *adj.* (אשך) טמיר

un'de•served' (-zûrvd) *adj.* שלא מגיע לו

un'de•signed' (-zīnd') *adj.* לא מכוּוָן

un'de•sir'able (-zīr'-) *adj.* בלתי רצוי

un'de•tect'able *adj.* שאין לְגַלּוֹתוֹ

un'de•terred' *adj.* לא נרתע

un'de•vel'oped *adj.* לא מפותח

un•did' = pt of undo

un'dies (-dēz) *n-pl.* תחתונים

un'dig'nified' *adj.* בלתי מכובד

un'dip'lomat'ic *adj.* לא דיפלומטי, לא טקטי

un'discharged' *adj.* (חוב) לא מסולק

un'dis'ciplined *adj.* לא ממושמע

un'disclosed' *adj.* שלא נִגְלָה

un'discrim'ina'ting *adj.* לא מבחין, חסר טעם בשיפוט

un•disguised' (-gīzd) *adj.* גלוי

un'dispu'ted *adj.* שאין חולקים עליו

un'distin'guished (-gwisht) *adj.* לא מבריק, לא מצויין

un'disturbed' *adj.* בלי הפרעה

un'divi'ded *adj.* שלם, לא חלקי

un•do' (-dōō') *v.* להתיר, לפתוח, לשחרר; להרוס, לחסל; לקלקל

un•dock' *v.* לנתק מחללית

un•do'ing (-dōō'-) *n.* חיסול, הֶרֶס

un'domes'tica'ted *adj.* לא מאולף, לא מבויית; לא עוסק במשק-בית

un•done' (= pp of undo) (-dun') מותר, לא קשור; לא מושלם; הרוס

- I am undone! עולמי חרב עליי!
- come undone להינתק

un•doubt'ed (-dout-) *adj.* לא מוטל בספק, ודאי

undoubtedly *adv.* ללא ספק

un•dreamt' (-dremt') *adj.* שלא נחלם

- undreamt-of בל-יתואר

un•dress' *v&n.* לפשוט, להתפשט; עירום; תילבושת פשוטה

undressed *adj.* ערום, מעורטל

- undressed wound פצע לא חבוש

un'drink'able *adj.* לא לשתייה

un•due' (-dōō') *adj.* יותר מדיי, מופרז, מרחיק לכת; לא הוגן

- undue debt חוב שטרם חל מועד פרעונו

un'dulate' (-'j-) *v.* לנוע כגל, להתנחשל, לעלות ולרדת

undulating *adj.* גלי, עולה ויורד

un'dula'tion (-'j-) *n.* גַּלְיוּת

un•du'ly *adv.* יותר מדיי, ביותר

un•dy'ing *adj.* ניצחי, אלמותי

un•earned' (-ûrnd') *adj.* שזכה בו ללא עמל; שאינו ראוי לו

- unearned income הכנסה שלא מגיעה
- unearned increment עליית ערך הנכס ללא השקעה או מאמץ

un·earth′ (-ûrth′) *v.* לחפור; לחשוף
unearthly *adj.* על-טיבעי, לא מעלמא הדין; מיסתורי; מגוחך
- unearthly hour *שעה לא נוחה
un·ease′ (-z) *n.* אי-נוחות, עצבנות
un·eas′iness (-z-) *n.* אי-נוחות
un·eas′y (-z-) *adj.* לא-נוח, מודאג
un·eat′en *adj.* (אוכל) שלא נאכל
un′e·conom′ic *adj.* בזבזני
un·ed′ify′ing *adj.* לא מאלף, מבזה
un·ed′uca′ted (-j′-) *adj.* לא מחונך
un′em·ploy′able *adj.* שאי-אפשר להעסיקו
un′em·ployed′ *adj.* חסר-עבודה, מובטל
- the unemployed המובטלים
un′em·ploy′ment *n.* אבטלה
unemployment pay דמי אבטלה
un·end′ing *adj.* אינסופי, ניצחי
un′endu′rable *adj.* בלתי נסבל
un′enforce′able (-fôrs′-) *adj.* לא ניתן לאכיפה, בלתי אכיף
un′enjoy′able *adj.* לא מהנה
un′en·light′ened (-ənd) *adj.* בוּר, לא מחונך; טועה; בעל דעה קדומה
un′enthu′sias′tic (-′z-) *adj.* לא מתלהב
un·en′viable *adj.* שאין לקנא בו
un·e′qual *adj.* לא שווה, לא זהה; לא אחיד; לא מתאים, לא מסוגל ל-
unequaled *adj.* שאין שני לו, מצויין
un′e·quiv′ocal *adj.* חד-משמעי
un·err′ing *adj.* לא טועה, מדוייק
un′escort′ed *adj.* בלא ליווי
un·eth′ical *adj.* לא אֶתִי
un·e′ven *adj.* לא חלק, לא ישר; לא קבוע, לא קיצבי; לא אחיד; לא זוגי
un′e·vent′ful *adj.* נטול-אירועים, רגיל, משעמם
un′examp′led (-igzamp′əld) *adj.* ללא אח ורע, בלתי-רגיל
un′excep′tionable (-iksep′shən-) ללא דופי, מצויין
un′excep′tional (-shənəl) *adj.* רגיל
un′exci′ting *adj.* לא מלהיב
un′ex·pect′ed *adj.* לא צפוי
un′explained′ *adj.* לא מוסבר
un·ex′purga′ted *adj.* לא מצונזר
un·fail′ing *adj.* נאמן; לא-פוסק, תמידי, לא כלה, בלתי-נדלה
unfailingly *adj.* תמיד, לעולם
un·fair′ *adj.* לא הוגן, לא צודק
un·faith′ful *adj.* לא נאמן, בוגדני
un·fal′tering (-fôl-) *adj.* לא הססני
un′famil′iar *adj.* לא מוּכָּר; לא מַכִּיר, לא מתמצא ב-, זר
un′fash′ionable (-fash′ən-) *adj.* לא אופנתי
un′fas′ten (-sən) *v.* להתיר, לנתק
un·fath′omable (-dh-) *adj.* עמוק, תהומי, סתום, בלתי מובן
un′fath′omed (-dhəmd) *adj.* לא מובן, שאין לרדת לעומקו; (פשע) שלא פוענח
un·fa′vorable *adj.* לא-נוח; לא בעין-יפה, ביקורתי; שלילי
un′fazed′ (-fāzd) *adj.* *לא מוטרד
un′feas′ible (-z-) *adj.* לא בר ביצוע
un·feel′ing *adj.* חסר-לב, אכזרי
un·feigned′ (-fānd′) *adj.* לא-מעושה, כן
un·fet′ter *v.* לשחרר, להתיר כבלים
un′fil′ial *adj.* לא יאה לְבֵן
un′fin′ished (-nisht) *adj.* לא גמור
un·fit′ *adj.* לא מתאים, פסול
unfit *v.* לשלול כושרו
un·flag′ging *adj.* בלתי פוסק
un·flap′pable *adj.* *קר-רוח, שליו
un·fledged′ (-lejd′) *adj.* חסר-ניסיון; שטרם הצמיח נוצות
un·flinch′ing *adj.* ללא חת, החלטי
un′fo′cussed *adj.* לא ממוקד
un·fold′ (-fōld′) *v.* לפתוח, לגולל, לִפרוֹש; לְגַלוֹת, להבהיר; להתגלות
- unfold a story לגולל סיפור
un′fore′see′able (-fôrsē′-) *adj.* שלא נראה לעין
un′fore·seen′ (-fôrs-) *adj.* בלתי-צפוי
un′forget′table (-g-) *adj.* בלתי נשכח
un′forgiv′able *adj.* בלתי נסלח
un′forgiv′ing *adj.* שאינו סולח
un′formed′ *adj.* לא מעוצב, לא מגובש
un·for′tunate (-′ch-) *adj&n.* חסר-מזל; לא מוצלח; אומלל
unfortunately *adv.* לרוע המזל
un·found′ed *adj.* חסר-שחר

un'freeze' *v.* להפשיר
un'fre•quent'ed *adj.* לא מבוקר, שמבקרים בו לעיתים נדירות
un•friend'ly (-frend-) *adj.* עוין; לא נוח
un•fruit'ful (-ro͞ot'-) *adj.* לא נושא פרי
un'fulfilled' (-foolfild) *adj.* שלא הוגשם, שלא קויים
un•furl' *v.* לגולל, לפתוח, לפרוש
un•fur'nished *adj.* לא מרוהט
un•gain'ly *adj.* חסר-חן, מגושם
un•gen'erous *adj.* קמצן; לא הוגן
un•gird' (-g-) *v.* להתיר, לפתח
un•god'ly *adj.* לא ירא-אלוהים, כופר; *מרגיז, מזעזע, לא נוח
un•gov'ernable (-guv'-) *adj.* שאין לשלוט בו
un•gra'cious (-shəs) *adj.* לא מנומס
un'grammat'ical *adj.* לא דיקדוקי
un•grate'ful (-grāt'f-) *adj.* כפוי-טובה; (מלאכה) לא נעימה
un•grudg'ing *adj.* רחב-לב; מפרגן
un•guard'ed (-gärd'-) *adj.* לא-זהיר; נטול-שמירה
un'guent (-gwənt) *n.* מִשְׁחָה
un•hal'lowed (-lōd) *adj.* לא מקודש; מרושע
un•hand' *v.* לסלק ידיו מ-, להרפות
unhappily *adv.* לרוע המזל
unhappiness *n.* אומללות
un•hap'py *adj.* עצוב, נוגה; ביש-מזל; לא מתאים, לא טאקטי
un'harmed' *adj.* ללא פגע
un•health'y (-hel'-) *adj.* לא בריא, חולני; מזיק לבריאות; מסוכן
un•heard' (-hûrd') *adj.* לא נשמע; שלא דנו בו (בבית-מישפט)
- went unheard לא מצא אוזן קשבת
unheard-of *adj.* שלא נשמע כמוהו
un'heed'ed *adj.* שלא שמים לב אליו
un•hinge' *v.* להסיר מהצירים; לשגע, להוציא מדעתו
unhinged *adj.* מופרע, לא שפוי
un'hitch' *v.* להתיר, לשחרר
un•ho'ly *adj.* לא קדוש; רשע, מרושע; *נורא
un•hook' *v.* להסיר מאונקל; להתיר, לפתוח, לשחרר (לחצנית)
un•hoped' *adj.* לא צפוי; לא מיוחל
unhoped-for *adj.* לא צפוי
un•horse' *v.* להפיל מעל-גבי הסוס
un'hur'ried (-hûr'id) *adj.* לא ממהר
un'hurt' *adj.* בלא פגע, לא ניזוק
un'hy'gien'ic *adj.* לא היגייני
u'ni- (תחילית) חד-
u'nicorn' *n.* חַדְקֶרֶן (סוס בעל קרן)
un'i•den'tifi'able *adj.* שלא ניתן לזהותו
un'iden'tified' (-fīd) *adj.* בלתי מזוהה
unidentified flying object עצם בלתי מזוהה, עב"מ
u'nifica'tion *n.* איחוד
u'nified' (-fīd) *adj.* אחיד, מאוחד
u'niform' *adj.* אחיד, קבוע, בלתי-משתנה, מואחד, שווה-צורה
uniform *n.* מדים
- in uniform לבוש מדים; בצבא
- uniforms מדים
uniformed *adj.* לבוש מדים
u'niform'ity *n.* אחידות
u'nify' *v.* לאחד, להעניק צורה אחידה
u'nilat'eral *adj.* חד-צדדי
un'imag'inable *adj.* שלא ניתן להעלותו בדימיון
un'imag'ina'tive *adj.* נטול דימיון
un'impaired' *adj.* לא ניזוק, לא נפגם
un'impeach'able *adj.* שאין לפקפק בו, שאין להטיל בו דופי
un'impor'tant *adj.* לא חשוב
un'impressed' *adj.* שלא התרשם
un'impres'sive *adj.* לא מרשים
un'informed' *adj.* בּוּר, נטול-ידע; חסר-מידע; ללא ידיעה מספקת
un'inhab'itable *adj.* לא בר-יישוב
un'inhib'ited *adj.* לא מרוסן
un'inspired' *adj.* נטול-השראה
un'inspi'ring *adj.* לא מעורר השראה
un'intel'ligent *adj.* לא נבון
un'intel'ligible *adj.* שאינו מובן
un'intend'ed *adj.* לא מְכוּוָן
un'inten'tional (-shənəl) *adj.* לא מְכוּוָן
unintentionally *adv.* לא בכוונה, בשוגג
un•in'terest'ed *adj.* לא מעוניין, אדיש

un·in'terrupt'ed *adj.* רצוף
un'invi'ted *adj.* שלא הוזמן
un'invi'ting *adj.* לא מושך, דוחה
u'nion *n.* איגוד; איחוד; אחדות; נישואים; הרמוניה; מַחבֵּר-צינורות
unionism *n.* עקרונות האיגוד המיקצועי
unionist *n.* חבר איגוד מיקצועי
u'nionize' *v.* לאגד; להתאגד
Union Jack/Flag הדגל הבריטי
union suit מיצרפת
u·nique' (ūnēk') *adj.* יחיד במינו, יחיד ומיוחד; בלתי רגיל; אין מושלו
uniqueness *n.* מיוּחָדוּת
u'nisex' *adj.* חד-מיני; לשני המינים
u'nisex'ual (-kshōōəl) *adj.* חד-מיני
u'nison *n.* אוניסון; זהות בגובה-קולות; הרמוניה, התאמה
- answer in unison לענות כאיש אחד
u'nit *n.* יחידה; רהיט; מיתקן
- X-ray unit יחידת (צוות-) רנטגן
- army unit יחידה צבאית
- housing unit יחידת דיור
- unit of blood מנת דם
- unit of time יחידת זמן
u'nita'rian *adj.* אוניטארי, מאמין באל אחד, כופר באמונת השילוש
unitarianism *n.* אוניטאריות
u·nite' (ū-) *v.* לאחד; להתאחד; לחבר; ללכד; להתלכד; להתחתן
united *adj.* מאוחד; מלוכד; מחובר
United Kingdom בריטניה
United Nations האומות המאוחדות
United States ארצות-הברית
unit furniture ריהוט (עשוי) יחידות
unit trust חברת השקעות
u'nity *n.* איחוד; אחידות; אחדות; שלמות; הרמוניה, התאמה; אחד, 1
unity government ממשלת אחדות
u'niver'sal *adj.* אוניברסאלי, עולמי; כללי, מקיף
universal agent מיופה כוח כללי
universal donor תורם דם מסוג או
u'niversal'ity *n.* אוניברסאליות
universal joint מיפרק אוניברסאלי
universally *adv.* בכל מקום; ללא יוצא מן הכלל
u'niverse' *n.* עולם, יקום, תבל
u'niver'sity *n.* אוניברסיטה
un·just' *adj.* לא צודק; בלתי הוגן
un'jus'tifi'able *adj.* לא מוצדק
un'jus'tified *adj.* לא מוצדק
un·kempt' *adj.* לא נקי; לא מסורק
un·kind' (-kīnd') *adj.* לא אדיב, אכזרי
unkindly *adv.* בצורה פוגעת
- took it unkindly נפגע מכך
un·know'ing (-nō'-) *adj.* לא יודע, לא מכיר
unknowingly *adv.* בלי ידיעה
un·known' (-nōn') *adj&n.* לא ידוע; אלמוני; נעלם
un'la'dylike' *adj.* שלא כיאה לגברת
un·law'ful *adj.* בלתי-חוקי
un'lead'ed (-led'-) *adj.* נטול-עופרת
un·learn' (-lûrn') *v.* להשכיח מלב, להזניח
unlearned *adj.* לא מלומד, בּוּר; שלא נלמד; חסר-חינוך
un·leash' *v.* להתיר, לשחרר
- unleash one's anger לפרוק זעמו
un·leav'ened (-lev'ənd) *adj.* ללא שאור
unleavened bread מצה
un·less' *conj.* אלא אם כן, עד שלא
un·let'tered *adj.* לא מחונך, בּוּר, אנאלפביתי
un'lib'era'ted *adj.* לא משוחרר
un·like' *adj&prep.* לא דומה, שונה; שלא בדומה ל-
- it's unlike him to- אין זה אופייני/טיפוסי לו ל-
un·like'able (-līk'-) *adj.* לא חביב
unlikelihood *n.* אי-הסתברות
unlikely *adj.* לא עשוי, לא עלול, לא צפוי, לא נראה, לא סביר, מפוקפק
un'lim'ited *adj.* בלתי מוגבל, עצום
un'lined' (-līnd) *adj.* חסר ביטנה
un·list'ed *adj.* לא רשום (בבורסה)
un'lit' *adj.* לא מואר, לא הוצת
un·lived'-in (-livd'in) *adj.* שאין גרים בו
un·load' *v.* לפרוק; להיפטר מ-, למכור; להוציא (תחמושת מרובה)
- unload one's anger לפרוק זעמו
un·lock' *v.* לפתוח (מנעול)
un·looked'-for' *adj.* לא-צפוי
un·loose' *v.* לשחרר, לרפות, להתיר
un·loo'sen *v.* לשחרר, להתיר
un'loved' (-luvd) *adj.* לא אהוב
un'love'ly (-luv'li) *adj.* לא מושך,

דוחה
un'lov'ing (-luv-) *adj.* לא אוהב
un·luck'y *adj.* ביש-מזל
un·made' *adj.* (מיטה) לא מוצעת
un·make' *v.* לבטל; להפוך; להדיח (מלך); להרוס, להשמיד
un·man' *v.* לערער רוחו, לדכדך
un·man'ageable (-ijəbəl) *adj.* קשה לטיפול
un·man'ly *adj.* חלש, פחדני, נשי
un·manned' *adj.* לא מאוייש
un·man'nerly *adj.* לא-מנומס, גס
un'marked' *adj.* לא מסומן; לא מבחינים בו
un·mar'ried (-rid) *adj.* לא נשוי
un·mask' *v.* לחשוף, לגלות (פרצופו)
un·matched' *adj.* שאין מושלו
un·mean'ing *adj.* נטול-משמעות
un'meant' (-ment) *adj.* שלא התכוונו אליו
un·meas'ured (-mezh'ərd) *adj.* חסר מידה, לא-מרוסן; לאין שיעור
un·men'tionable (-shən-) *adj.* שאין להעלותו על דל-שפתיו, מחפיר
unmentionables *n-pl.* תחתונים
un'mer'ciful *adj.* חסר רחמים
un'mer'ited *adj.* לא ראוי/זכאי לו
un'met' *adj.* (מטרה) שלא הוגשמה
un·mind'ful (-mīnd'-) *adj.* שוכח, לא מתחשב ב-, לא זהיר; נמהר, פזיז
un'mista'kable *adj.* שאין לטעות בו, ברור, מובהק
un·mit'iga'ted *adj.* מוחלט, גמור, מושבע; שלא נחלש, שלא פג
un·moved' (-mōōvd') *adj.* לא-מושפע, שליו, אדיש
un'mu'sical *adj.* לא ערב לאוזן
un'named' (un-nāmd') *adj.* חסר שם, אלמוני
un·nat'ural (-ch'-) *adj.* לא טיבעי; לא-אנושי, מיפלצתי; מעושה
un·nec'essar'y (-seri) *adj.* מיותר
un·nerve' (-n-n-) *v.* לשלול ביטחונו העצמי, לערער שלוותו
un·no'ticed (un-nō'tist) *adj.* בלא שיבחינו בו
un·num'bered (un-num'bərd) *adj.* לא ממוספר; שלא ייספר מרוב
un'obser'vant (-z-) *adj.* לא מבחין; לא שומר
un'observed' (-zûrvd) *adj.* בלא שיבחינו בו
un'obtain'able *adj.* שלא ניתן להשיגו
un'obtru'sive *adj.* לא בולט, לא מתבלט
un'oc'cu·pied (-pīd) *adj.* לא מועסק, פנוי
un'offi'cial (-fish'əl) *adj.* לא-רישמי
un'o'pened *adj.* לא פתוח
un'opposed' *adj.* בלא שיתנגדו לו
un'or'ganized *adj.* בלתי מאורגן
un·or'thodox' *adj.* לא-דתי; לא שיגרתי, חורג מהמקובל
un·pack' *v.* לרוקן (מיזוודה); להוציא (מהאריזה); לפרוק משא
un'paid' *adj.* שלא שולם
un'pal'atable *adj.* לא טעים; שקשה לעכלו
un·par'alleled' *adj.* שאין כמוהו
un'par'donable בלתי נסלח
un'par·liament'ary (-ləm-) *adj.* לא פרלמנטרי
un'pa'triot'ic *adj.* לא פטריוטי
un'paved' (-pāvd) *adj.* לא סלול
un'per'son *adj.* לא-איש, אדם שאין מכירים בקיומו
un'perturb'ed *adj.* לא מודאג, לא נבוך
un·pick' *v.* להוציא תפרים מ-
un·placed' *adj.* לא בין 3 הראשונים
un·play'able *adj.* לא מתאים למישחקים; (תקליט) לא בר-נגן
un·pleas'ant (-plez'-) *adj.* לא-נעים; חפץ לריב, של מריבה
unpleasantness *n.* אי-נעימות; ריב
un'plug' *v.* להוציא השקע, לחלץ הפקק
un·plumbed' (-plumd') *adj.* שאין לרדת לעומקו
un'polished' *adj.* לא מצוחצח, גס
un'pollu'ted *adj.* לא מזוהם
un·pop'u·lar *adj.* לא פופולארי
un'prac'tical *adj.* לא מעשי; לא מיומן
un·prac'ticed *adj.* חסר-ניסיון, לא מיומן
un·prec'edent'ed *adj.* חסר-תקדים
un'predict'able *adj.* לא ניתן לנבאו
un·prej'udiced (-dist) *adj.* משוחרר מדעה קדומה, לא-משוחד

un'pre·pared' *adj.* לא מוכן, לא ערוך
un'pre·ten'tious (-shəs) *adj.* חסר-יומרות, צנוע, לא מתבלט
un·prin'cipled *adj.* בלתי-מוסרי; נטול-עקרונות; חסר-מצפון
un·print'able *adj.* לא ראוי לדפוס
un·priv'ileged (-lijd) *adj.* משולל-זכויות, מקופח
un'produc'tive *adj.* לא פרודוקטיבי, לא מועיל
un'profes'sional (-shən-) *adj.* לא-מיקצועי
un'prof'itable *adj.* לא ריווחי
un·prompt'ed *adj.* ספונטאני
un'protect'ed *adj.* לא מוגן
un'provi'ded *adj.* לא מצוייד; ללא אמצעי-מחיה
un'provoked' *adj.* ללא פרובוקציה
un'pun'ished *adj.* בלא עונש
un'put·down'able (-poot-) *adj.* *מרתק
un·qual'ified' (-kwol'ifīd) *adj.* לא מוגבל, לא מסוייג, מוחלט; לא כשיר, לא מוסמך
un·ques'tionable (-chən-) *adj.* שאינו מוטל בספק, ודאי
unquestionably *adv.* בלי ספק
un·ques'tioned (-chənd) *adj.* שאין עליו עוררין
un·ques'tioning (-chən-) *adj.* ללא פיקפוק
un·qui'et *adj.* לא שקט; לא-נוח
un·quote' *adv.* "סוף ציטוט"
un·rav'el *v.* להתיר, לפרום, לדבלל; לפתור; להבהיר, לפענח; להיפרם
un·read' (-red) *adj.* לא משכיל
un·read'able *adj.* בלתי-קריא
un·re'al *adj.* לא-אמיתי, לא-ריאלי
un're·al'ity *n.* חוסר מציאות
un·rea'sonable (-z-) *adj.* לא הגיוני, לא סביר, מופרז
un·rea'soning (-z-) *adj.* לא הגיוני, לא נשלט ע"י השכל, ללא מחשבה
un'rec'ogni'zable *adj.* שלא ניתן להכירו
un'rec'ognized' *adj.* לא מוּכָּר
un're·cord'ed *adj.* לא רשום
un'reel' *v.* להתיר; לגולל אחורה
un're·fined' *adj.* לא מזוקק; לא מעודן
un're·hearsed' (-hûrst) *adj.* שלא ערכו בו חזרה
un're·la'ted *adj.* לא קשור; לא קרוב
un'relent'ing *adj.* קשוח, קשה, תקיף; בלתי-פוסק, לא פג, לא פוחת
un're·li'able *adj.* שאין לסמוך עליו
un're·lieved' (-lēvd') *adj.* ללא הקלה, ללא גיוון, מתמיד, שלם, מלא
un're·mark'able *adj.* לא מצויין, לא מעניין
un're·marked' *adj.* בלי שיעירו עליו; בלא שיבחינו בו
un're·mit'ting *adj.* לא חדל
un're·peat'able *adj.* שאין לחזור עליו; גס ביותר
un're·pen'tant *adj.* לא חוזר בתשובה, קשוח לב
un'rep're·sent'ed (-z-) *adj.* לא מיוצג
un're·qui'ted *adj.* בלי גמול
- unrequited love אהבה לא הדדית
un're·served' (-zûrvd') *adj.* בלתי מסוייג, לא מוגבל, שלם; גלוי
unreservedly *adv.* ללא סייג
un're·solved' (-zolvd) *adj.* לא נחוש בדעתו; לא נפתר
un're·spon'sive *adj.* לא מגיב
un·rest' *n.* אי-שקט, תסיסה
un're·strained' *adj.* לא מאופק, לא מרוסן
un're·strict'ed *adj.* לא מוגבל
un're·ward'ed (-wôrd-) *adj.* לא זכה לגמול, לא פוּצָה
un·rip' *v.* לקרוע, לפרום
un·ripe' *adj.* לא בשל
unripe fruit פרי בוסר
un·ri'valed *adj.* שאין שני לו
un·roll' (-rōl') *v.* לגולל, לפרוש; להיפתח
un·ruf'fled (-fəld) *adj.* שָׁקֵט, שליו
un·ru'ly *adj.* שאין לשלוט בו; פרוע
un·sad'dle *v.* להוריד האוכף; להפיל (רוכב) מגב הבהמה
un'safe' *adj.* לא בטוח
un·said' (-sed) *adj.* לא אמור
- better left unsaid יפה לו שתיקה
un'sale'able (-sāl'-) *adj.* לא מָכִיר
un'sat'isfac'tory *adj.* לא מְסַפֵּק
un'sat'isfied' *adj.* לא שבע רצון
un'sat'isfy'ing *adj.* לא משביע רצון
un·sa'vory *adj.* לא נעים, דוחה, בלתי מוסרי

un·say′ *v.* לחזור בו, לבטל
un·scathed′ (-skādhd′) *adj.* לא נפגע, שלם, ללא פגע
un′scent′ed *adj.* לא מְבוּשָׂם
un′sched′uled (-skej′oold) *adj.* לא רשום (בלוח-זמנים)
un·schooled′ *adj.* לא מחונך, חסר הדרכה; לא נרכש, טיבעי
un′sci′entif′ic *adj.* לא מדעי
un·scram′ble *v.* לפענח, להבהיר
un·screw′ (-skrōō′) *v.* להוציא הברגים, לנתק; לפתוח בסיבוב
un·script′ed *adj.* לא מהכתב
un·scru′pu·lous *adj.* חסר-מצפון, נעדר עקרונות-מוסר
un′sealed′ *adj.* לא אטום; בלתי חתום
un′sea′sonable (-′z-) *adj.* לא עונתי; לא בעיתו
un·sea′soned (-zənd) *adj.* לא מתובל
un·seat′ *v.* להפיל; להדיח מכיסאו
un′seed′ed *adj.* לא מדורג
un·see′ing *adj.* לא מבחין, עיוור
un·seem′ly *adj.* לא יאה, לא נאות
un·seen′ *adj&n.* לא נראה; (במיבחן) קטע לתרגום, "אַנְסִין"
- the unseen עולם הרוחות
un′self·con′scious (-shəs) *adj.* לא נבוך, טבעי
un′self′ish *adj.* לא אנוכיי
un′sen′timen′tal *adj.* לא סנטימנטלי
un·ser′viceable (-səbl) *adj.* לא-שמיש
un·set′tle *v.* לבלבל, להדאיג; לשלול היציבות, ליטול שלווה; להזיק לבריאות
unsettled *adj.* לא מיושב; הפכפך
un·sex′ *v.* לשלול סגולות מיניות
un′sha′ded *adj.* לא מוצל; חסר אהיל
un·shak′able (-shāk′-) *adj.* איתן, לא מעורער
un′sha′ken *adj.* לא מזועזע, יציב
un′sha′ven *adj.* לא מגולח
un·shod′ *adj.* יחף; לא-מפורזל
un·sight′ly (-sīt-) *adj.* לא נעים למראה, דוחה, מכוער
un′signed′ (-sīnd) *adj.* לא חתום
un·skilled′ *adj.* לא מיומן, לא מיקצועי

un·so′ciable (-shəbl) *adj.* לא חברותי
un·so′cial *adj.* לא חברתי
un′sold′ (-sōld) *adj.* לא נמכר
un′solic′ited *adj.* מבלי שנתבקש, בהתנדבות
un′solved′ *adj.* שלא פוענח
un′sophis′tica′ted *adj.* לא מתוחכם, פשוט, נאיבי; חסר-ניסיון
un·sound′ *adj.* לא בקו-הבריאות, רעוע; חסר-יסוד; (שינה) לא-עמוקה
- of unsound mind לא שפוי בדעתו
un·spa′ring *adj.* חסר-רחמים, קשוח-לב; נדיב, רחב-יד, לא מקמץ
un·speak′able *adj.* שאין להביעו, בל-יתואר
un′spec′ified′ (-fīd) *adj.* לא מצויין, לא מפורט
un′spec·tec′u·lar *adj.* לא מרהיב עין
un′spoiled′ *adj.* לא מקולקל; לא מפונק
un′spo′ken *adj.* לא מובע במלים
un′sport′ing *adj.* לא ספורטיבי; לא הוגן
un·spot′ted *adj.* ללא רבב, טהור
un·sta′ble *adj.* לא יציב, רעוע
un′sta′ted *adj.* לא נאמר, לא הוצהר
un′stead′y (-sted′i) *v&adj.* (לעשותו) לא יציב; הפכפך
un′stint′ing *adj.* מפרגן, לא חוסך
un·stop′ *v.* לחלוץ מְגוּפָה, לפתוח, לשחרר סתימה
un′stop′pable *adj.* שאין לעצרו
un′strap′ *v.* להתיר, לפתוח הרצועה
un′struc′tured (-chərd) *adj.* לא מיבני
un·strung′ *adj.* נטול-מיתרים, רפה-מיתרים; חלש, לא שולט בעצביו
un·stuck′ *adj.* לא דבוק; פתוח
- come unstuck להשתבש, לא להצליח
un·stud′ied (-did) *adj.* טיבעי, לא מעושה, ספונטאני
un′substan′tia′ted (-′sh-) *adj.* שלא הוכח; שלא אומת
un′sub′tle (-sut′əl) *adj.* לא עדין; לא מתוחכם; מסורבל
un′success′ful *adj.* לא מוצלח
un′suit′able (-sōōt′-) *adj.* לא מתאים, לא הולם

un'suit'ed (-sŏŏt'əd) *adj.* לא מתאים
un·sul'lied (-lid) *adj.* ללא רבב, טהור
un·sung' *adj.* לא מהולל, שלא שרו לכבודו
un'support'able *adj.* בלתי נסבל
un'support'ed *adj.* לא נתמך
un'sure' (-shoor) *adj.* לא בטוח
un'surpassed' *adj.* שאין כמוהו, עליון
un'surpri'sing (-'z-) *adj.* לא מפתיע
un'suspect'ed *adj.* לא חשוד
un'suspect'ing *adj.* לא חושד
un'sweet'ened *adj.* לא ממותק
un·swerv'ing *adj.* איתן, נאמן; ישר
un'sym'pathet'ic *adj.* לא אוהד
un'sys'temat'ic *adj.* לא שיטתי
un'tamed' *adj.* לא מאולף, פראי
un·tan'gle *v.* להתיר הסבך, להחליק, ליישר; להבהיר
un·tapped' (-tapt') *adj.* לא מנוצל, שלא שאבו ממנו
un·ten'able *adj.* לא בר-הגנה, רופף, מופרך
un'test'ed *adj.* לא נוסה, לא נבדק
un·think'able *adj.* שאין להעלותו על הדעת, לא בא בחשבון
un·think'ing *adj.* ללא שיקול דעת; אי-זהיר, נמהר; לא מתחשב
un·thought'-of' (-thôt'ov) *adj.* שלא חשבו עליו, לא-צפוי כלל, שלא העלוהו בדימיון
un·ti'dy *adj.* לא מסודר, הפוך; לא נקי, מרושל
un·tie' (-tī') *v.* להתיר, לשחרר, לחלץ
un·til' *prep&conj.* עד, עד ש-
- not until לא לפני
un·time'ly (-tīm'li) *adj.* לא בעיתו; טרם זמנו, מוקדם
un·tinged' (-tinjd') *adj.* לא מתובל, לא מְגוּוָן
- not untinged with בעל סממנים של
un·ti'ring *adj.* שאינו יודע ליאות
un'to = to (-tōō) *prep.* ל-, אל
un·told' (-tōld') *adj.* שלא סוּפַּר; עצום, לאין שיעור, מופלג
un·touch'able (-tuch'-) *adj.* טמא
un'touched' *adj.* שלא נגעו בו
un·toward' (-tôrd') *adj.* לא-נעים, לא-נוח; ביש-מזל; לא יאה, לא נאות
un'trace'able (-trās'-) *adj.* שלא ניתן למעקב
un'trained' *adj.* לא מתורגל, לא מאולף
un'trans·la'table *adj.* לא בר תירגום
un'treat'ed *adj.* חסר טיפול; לא מעובד, גולמי
un'tried' (-trīd) *adj.* שלא נוסה
un'troub'led (-trub'əld) *adj.* לא מודאג
un'true' (-trōō) *adj.* לא אמיתי, לא נכון; לא נאמן
un'trust'wor'thy (-wûrdhi) *adj.* שאין לבטוח בו, לא אמין
un·truth' (-trōōth) *n.* שקר
untruthful *adj.* כזבני, משקר
un·tu'tored (-tərd) *adj.* חסר-הדרכה, לא-מחונך, בּוּר
un'us'able (-ūz-) *adj.* לא שימושי
un·used' (-ūzd') *adj.* חדש, לא משומש; לא בשימוש
- unused to לא מורגל ב-, לא רגיל ל-
un·u'sual (-ūzhōōəl) *adj.* בלתי רגיל
unusually *adv.* במידה בלתי רגילה
un·ut'terable *adj.* שאין להביעו, בל-יתואר; *נורא, גמור, שלם
un·var'nished (-nisht) *adj.* לא מיופה, פשוט
- unvarnished truth האמת הערומה
un'va'rying (-ri-ing) *adj.* לא משתנה
un·veil' (-vāl') *v.* לגלות, לחשוף; להסיר הלוט/הצעיף; להציג לראשונה
un·versed' (-vûrst') *adj.* לא מנוסה, לא בקי
un·voiced' *adj.* שלא הובע במלים
un'waged' (-wājd) *adj.* לא מקבל שכר, מובטל
un'want'ed (-wont'əd) *adj.* לא רצוי
un·war'ranted (-wôr-) *adj.* לא מוצדק; נטול יסוד
un'wa'ry *adj.* לא זהיר, לא חשדני
un'washed' (-wôsht) *adj.* לא רחוץ
un'wa'vering *adj.* לא מהסס
un'wel'come (-kəm) *adj.* לא רצוי; לא נעים
un·well' *adj.* חולה; בתקופת הווסת
un'whole'some (-hōl'səm) *adj.*

מזיק, לא יפה לבריאות; דוחה
un·wiel'dy (-wēl'-) *adj.* מסורבל
un'will'ing *adj.* לא רוצה, לא להוט
unwillingly *adv.* בחוסר רצון
un·wind' (-wīnd') *v.* לפתוח, להתיר (אשווה), לגולל; להיפתח; להתבהר; *להירגע
un'wise' (-z) *adj.* לא נבון, טיפשי
un·wit'ting *adj.* לא מְכוּוָן; לא יודע
un·wont'ed *adj.* בלתי רגיל, נדיר
un'work'able (-wûrk-) *adj.* לא מעשי, לא בר ביצוע
un'world'ly (-wûrld'-) *adj.* לא גשמי, לא מעלמא הדין
un'wor'thy (-wûr'dhi) *adj.* לא ראוי, לא כדאי
un'wrap' (-'rap') *v.* להסיר העטיפה
un·writ'ten (-rit'-) *adj.* לא כתוב, לא בכתב
- unwritten law החוק הבלתי כתוב
un'yield'ing (-yēld-) *adj.* בלתי מתפשר, קשוח
un·zip' *v.* לפתוח רוכסן
up *adv&adj.* למעלה, אל על; למצב זקוף; ער; עומד; לגמרי, כליל; תם, נגמר
- bring him up to date לעדכנו
- it's up to you הדבר תלוי בך; עליך ל-, חובתך ל-
- something is up משהו "מתבשל"
- the score is 3 up התוצאה היא 3:3
- time is up הזמן תם
- up against ניצב בפני (קשיים)
- up against it *בקשיים גדולים
- up and about/doing קם, מסתובב
- up and down מעלה ומטה; אילך ואילך
- up before עומד לפני (שופט)
- up for discussion עומד לדיון
- up for murder עומד לדין באשמת רצח
- up for sale מוצע למכירה
- up on, up in בקי ב-
- up the pole מופרע; במבוכה, במצוקה
- up the spout *ממושכן
- up to, עד, עד ל-, עד כדי-; טוב כדי-, מסוגל ל-; עומד ל-, על סף-
- up to date עדכני, מעודכן
- up to mischief זומם מעשה-קונדס
- up to no good חורש רעה
- up to now עד כה
- up to the mark ברמה הנאותה
- up to the minute מעודכן ביותר
- up with you! קום!, עמוד!
- what are you up to? מה אתה זומם לעשות?
- what's up? מה קורה?, מה העניינים?
up *prep.* בְּמַעֲלֵה-, מול הזרם; בהמשך-; לעבר פנים- (הארץ)
- paddle up a river לחתור במעלה הנהר
up *n.* עלייה, מַעֲלֶה; תנועה אל על
- on the up and up הוגן, ישר; משתפר, מצליח
- ups and downs עליות וירידות, הצלחות וכישלונות
up *v.* להעלות; לייקר; להגביר; להרים (שולי בגד); לקום (לפתע)
- the lovers upped and eloped האוהבים (קמו ו-) ברחו
- up production להגביר התפוקה
- up sticks *לעקור למקום אחר
up- (תחילית) כלפי מעלה
up-and-coming *adj.* מוכשר, מבטיח
up-beat *n.* פעמה רפה/אחרונה
upbeat *adj.* אופטימי, עליז
up·braid' *v.* לגעור, לנזוף
upbringing *n.* גידול-בנים, חינוך
up'chuck' *v.* *להקיא
upcoming *adj.* הבא, הקרוב
upcountry *n&adv&adj.* פנים-הארץ; אל פנים-הארץ; לא בן-תרבות
up·date' *v&n.* לעדכן; עידכון
up·end' *v.* להעמיד על קצהו; להפיל
up-front *adj.* חזיתי, גלוי, כן; משולם מראש
up'grade' *v&n.* לקדם בדרגה; לשפר, להשביח; לשדרג; עלייה, מַעֲלֶה; שיפור; שידרוג
- on the upgrade משתפר; מתקדם
up·heav'al *n.* התפרצות (הר-געש); מהפכה, מהפך; מהומה
up·held' = **p of uphold**
up·hill' *adj&adv.* קשה, מייגע, מפרך; עולה, משופע; במעלה ההר
up·hold' (-hōld') *v.* לתמוך; לקיים, לאשר; לראות בחיוב, לעודד
- uphold a decision לאשר החלטה
- uphold a tradition לקיים מסורת

up·hol'ster (-hōl'-) *v.* לרפד
- well upholstered (אדם) שמן *
upholsterer *n.* רַפָּד
upholstery *n.* רפדות; ריפוד
up'keep' *n.* (עלות ה-) אחזקה, תחזוקה
up'land *n&adj.* רמה; של רמה
up·lift' *v.* לרומם; להעלות; לעודד
up'lift' *n.* התרוממות-הרוח; הרמה; העלאה; עידוד
up'mar'ket *adv.* לכיוון השוק היקר
upmarket *adj.* משובח; ללקוחות עשירים
up'most' (-mōst) *adj.* עליון
upon' = on *prep.* על, על גבי; בשעת-
- once upon a time פעם אחת (היה)
- upon my arrival בהגיעי
- upon my word בהן צידקי
up'per *adj.* עליון; שוכן בפנים הארץ
- keep a stiff upper lip לשמור על הבעה קפואה, לא לגלות סימני פחד
- upper storey המוח
- upper ten העשירון העליון
upper *n.* פֶּנֶת, עור עליון בנעל; *סם משכר
- on one's uppers בלוי-נעליים, מרופט-סוליות; חסר פרוטה לפורטה
upper case (בדפוס) אותיות גדולות
upper class המעמד הגבוה
upper crust *העשירים
upper-cut *n.* סנוקרת (מכת-מגל מלמטה למעלה)
upper house/chamber הבית העליון
uppermost *adj&adv.* עליון, גבוה ביותר, שולט, במקום ראשון
- come uppermost לעלות על דעתו
- she's uppermost in his mind היא בראש מעייניו
up'pish *adj.* יהיר, שחצן, גבה-אף
up'pity *adj.* יהיר, שחצן, סנוב
up'raise' (-z) *v.* להרים, להעלות לרמה גבוהה
up'right' *adj&adv.* זקוף, אנכי, ניצב; הוגן, ישר; זקופנית
upright *n.* זקיפות; קורה אנכית
upright piano פסנתר זקוף
up'ri'sing (-z-) *n.* התקוממות, מרד
up'riv'er *adj&adv.* לכיוון מעלה הנהר

up'roar' *n.* רעש, מהומה, צעקות
up·roar'ious *adj.* רועש, עליז
up·root' (-ro͞ot') *v.* לשרש, להשמיד
- uproot oneself לעקור, להעתיק מגוריו
up'scale' *adj.* משובח; ללקוחות עשירים
up·set' *v.* להפוך; להתהפך; לקלקל, לשבש, לבלבל; להדאיג, לצער
- the food upset him האוכל קילקל קיבתו
- upset the milk להפוך/לשפוך החלב
up·set' *adj.* מודאג, מזועזע; מבולבל
- upset stomach קיבה מקולקלת
up'set' *n.* מהפיכה, בילבול; שיבוש; קילקול (קיבה); ריב; מצוקה נפשית
up'shot' *n.* תוצאה, תולדה
up'side' *n.* מגמת עלייה; פַּן חיובי
up'side' down' *adv.* הפוך, מהופך; מבולבל, מבולגן, באנדרלמוסיה
- turn upside down להפוך, לבלבל
up'stage' *adj.* יהיר, שחצן, סנוב
upstage *adv.* לעבר ירכתי הבימה
upstage *v.* להסיט תשומת-הלב אליו, להאפיל, לגנוב את ההצגה
up'stairs' (-z) *adv&adj&n.* למעלה, של/ב-/ל-/ קומה עליונה; הקומות העליונות
up·stand'ing *adj.* זקוף, חזק; ישר, הגון
up'start' *n.* אדם שעלה לגדולה
up·stream' *adv.* במעלה הנהר, מול הזרם
up'surge' *n.* גאות, גל, פרץ (רגשות)
up'swing' *n.* עלייה ניכרת, שיפור
up'take' *n.* תפיסה, הבנה
- quick on the uptake מהיר-תפיסה
- slow on the uptake קשה-תפיסה
up·tight' *adj.* *מתוח, עצבני
up'-to-date' *adj.* מעודכן, עדכני
up'town' *adj&adv.* אל/ב-/מעלה העיר, ברובע המגורים, לא במרכז המיסחרי
up'turn' *n.* שינוי לטובה; מגמת-עלייה
up·turn' *v.* להפנות למעלה; להפוך
- upturned nose חוטם סולד
up'ward *adj.* עולה, מופנה למעלה
upward, upwards *adv.* למעלה, יותר, והלאה; למצב טוב יותר
- 10$ and upward 10 דולרים ומעלה
- upwards of מעל ל-, יותר מ-

upwardly *adv.* לכיוון מַעלָה
upwardly mobile שואף/מסוגל להתקדם
upwardly mobility יכולת להתקדם בחברה
up'wind' *adv.* נגד כיוון הרוח
u·ra'nium (yoo-) *n.* אורניום
U'ranus *n.* אורנוס (כוכב-לכת)
ur'ban *adj.* עירוני, אורבני
urban building scheme תוכנית בניין ערים
ur·bane' *adj.* מנומס, אלגנטי
urban'ity *n.* אדיבות, נימוס
ur'baniza'tion *n.* עִיוּר, אורבניזציה
ur'banize' *v.* לעייר, להפוך לעירוני
ur'chin *n.* ילד, פירחח, זאטוט
u·re'a (yoo-) *n.* שְתָנָן, שֵׁינָן
u·re'mia (yoo-) *n.* אוּרֶמְיָה, רַעֶלֶת שֵׁינָן
u·re'thra (yoo-) *n.* שופכה
urge *v.* להמריץ, להאיץ, לזרז; לדחוק ב-, ללחוץ; לנסות לשכנע
- urge on לדרבן, להמריץ
- urge on him להדגיש בפניו, להטיף
urge *n.* דחף, יצר
ur'gency *n.* דחיפות, תכיפות
ur'gent *adj.* דחוף, מיידי, דוחֵק
u'ric *adj.* של שתן, נמצא בשתן
u'rinal *n.* משתן, עביט-שתן; מִשְׁתָּנָה
u'rinal'ysis (yoo-) *n.* בדיקת שתן
u'rinar'y (-neri) *adj.* של השתן
urinary system מערכת השתן
urinary tract דרכי השתן
u'rinate' *v.* להשתין
u'rina'tion *n.* הַשְׁתָּנָה
u'rine (-rin) *n.* שתן, מי-רגליים
urn *n.* קנקן, מיחם; כד-אפר (של מת)
u·rol'ogy (yoo-) *n.* אורולוגיה, חקר השתן
Ur'sa Major/Minor דובה גדולה/קטנה (קבוצות כוכבים)
us *pron.* אותנו, לנו
US, USA ארצות-הברית
us'abil'ity (ūz-) *n.* שמישות
us'able (ūz-) *adj.* שמיש, שימושי
us'age (ū'sij) *n.* שימוש, השתמשות; נוהג, דפוסי-התנהגות; שימוש-הלשון
- English usage שימוש הלשון האנגלית (הצורה המקובלת באנגלית)
use (ūs) *n.* שימוש; ניצול; תועלת, טעם, תכלית, יתרון; מינהג
- come into use להיכנס לשימוש
- fall out of use לצאת מכלל שימוש
- has no use for אינו מחבב
- in use בשימוש
- it's no use אין תועלת, אין טעם
- make use לנצל, להפיק תועלת
- of use to him תועלתי לגביו
- out of use (כבר) לא בשימוש
- put to use להשתמש ב-, ליישם
- what's the use of מה טעם ב-
use (ūz) *v.* להשתמש ב-; לנצל; לצרוך, לְכַלוֹת; להתייחס, לנהוג
- I could use *אשמח ל-; זה היה עוזר לי
- I used to dislike her לא חיבבתיה
- it used to be thought נהגו לחשוב
- there used to be פעם היה-
- use him ill/badly להתייחס אליו בצורה רעה
- use up לְכַלוֹת, לחסל
use-by date לשימוש עד תאריך
used (ūzd) *adj.* משומש, לא חדש
used (ūst) *adj.* רגיל, מורגל
- get used to להתרגל ל-
- used to רגיל ל-, מורגל ב-
use'ful (ūs'-) *adj.* מועיל, שימושי
use'less (ūs'-) *adj.* חסר-תועלת, נטול-ערך, לא-יעיל
us'er (ūz'-) *n.* משתמש; צוֹרֵך
user-friendly *adj.* ידידותי למשתמש
ush'er *n.* סדרן; שוער, שמש בית-דין
usher *v.* להכניס, להוביל, להנחות
- usher in להכניס, לפתוח, להביא
ush'erette' *n.* סדרנית
USSR ברית-המועצות (בעבר)
u'su·al (-zhōōəl) *adj.* רגיל, מקובל
- as usual כרגיל, כמקובל
usually *adv.* בדרך כלל, לרוב
u'sufruct' (ū'zə-) *n.* מלוג, זכות שימוש
u'surer (-zh-) *n.* מלווה בריבית קצוצה, נושך נשך
u·su'rious (ūzhoor'iəs) *adj.* של ריבית קצוצה; (מחיר) מופרז
u·surp' (ū-) *v.* לתפוס (כהונה/שילטון) שלא כחוק; ליטול בכוח הזרוע; לחמוס
u'surpa'tion *n.* תפיסת שילטון שלא כדין, חמסנות, אוזורפאציה
usurper *n.* תופס שילטון ללא חוק,

חמסן, אוזורפאטור
u'sury (-zh-) *n.* הלוואה בריבית קצוצה
u·ten'sil (ūten'səl) *n.* כלי; מכשיר
- kitchen utensils כלי-מיטבח
- writing utensils מכשירי-כתיבה
u'terine' *adj.* רחמי, של רחם; מאותה אם
- uterine sisters אחיות חורגות (מאותה אם), בנות אב חורג
uterine prolapse צניחת רחם
u'terus *n.* רֶחֶם
u·til'ita'rian (ū-) *n&adj.* תועלתן; תועלתי, אוטיליטארי, מעשי
utilitarianism *n.* תועלתנות
u·til'ity (ū-) *n.* תועלת; תועלתיות, שימושיות; שירות ציבורי (מים)
- public utility שירות ציבורי
utility *adj.* שימושי, רב-תכליתי; מחליף
utility room מחסן, חדר שירות
u'tili'zable *adj.* בר-ניצול, שניתן לנצלו, שאפשר להפיק ממנו תועלת
u'tiliza'tion *n.* ניצול, הפקת תועלת
u'tilize' *v.* לנצל, להפיק תועלת מן, ליישם בצורה מועילה
ut'most' (-mōst) *adj&n.* הגדול ביותר, רב, מרבי; עליון, קיצוני; מרב-האפשר
- do one's utmost לעשות כמיטב יכולתו
- to the utmost עד קצה הגבול
- utmost importance חשיבות עליונה
u·to'pia (ū-) *n.* אוטופיה, חברה אידיאלית
u·to'pian (ū-) *adj.* אוטופי, דימיוני, אידיאלי, לא מעשי, לא מציאותי
ut'ter *adj.* מוחלט, גמור, טוטאלי
utter *v.* לבטא, להביע; לפלוט, להוציא; להכניס למחזור
utterance *n.* ביטוי, הבעה; דבר, דיבור; אופן-דיבור
- give utterance to לתת ביטוי ל-
utterly *adv.* לגמרי, כליל, עד מאוד
uttermost = utmost
U-turn *n.* פניית פרסה
u'vu·la *n.* עינבל, להאה
u'vu·lar *adj&n.* (עיצור) עינבלי
ux·o'rious *adj.* מחבב אישתו חיבה יתירה, מסור לרעייתו במידה מופרזת
Uzi (o͞o'zi) *n.* עוזי (תת-מקלע)

V

V = victory (סמל) ניצחון, וי
v = versus, vide (= see)
vac = vacation חופשה, פגרה
va'cancy *n.* חלל ריק; מקום פנוי; מישרה פנויה; ריקות, העדר-מחשבה
va'cant *adj.* ריק; פנוי; בטל
- vacant look מבט בוהה/ריק
vacant possession כניסה מיידית
va'cate *v.* לְפַנּוֹת (דירה/מושב); להתפטר; לבטל (חוזה)
vaca'tion *n.* חופשה; פגרה; פינוי
- on vacation בחופשה, נופש
vacation *v.* לצאת לחופשה, לבלות
vacationer, vacationist *n.* נוֹפֵשׁ
vac'cinate' *v.* להרכיב, לחסן
vac'cina'tion *n.* הרכבה, חיסון
vac'cine (-ksin) *n.* תרכיב, תזריק
vac'illate' *v.* להתנועע, להיטלטל; להסס, לפסוח על שתי הסעיפים
vac'illa'tion *n.* התנועעות; היסוס
vacu'ity *n.* ריקות; חלל; העדר-תוכן
- vacuities הבלים
vac'u·ous (-kūəs) *adj.* ריק, נבוב, בוהה; נטול-תוכן, חסר-תכלית
vac'u·um (-kūəm) *n&v.* חלל ריק; רִיק, ואקום; לנקות בשואב-אבק
vacuum birth לידת ואקום
vacuum bottle תרמוס, שמרחום
vacuum cleaner שואב-אבק
vacuum flask תרמוס, שמרחום
vacuum-packed *adj.* ארוז אריזת-ואקום
vacuum pump משאבת-ואקום
vacuum tube שפופרת-ואקום
va'de me'cum (vā'di-) מדריך, סיפרון (לעיון בעת הצורך)
vag'abond' *n&adj.* נווד, נע ונד
va'gary *n.* קפריסה, גחמה, שיגעון
vagi'na *n.* נרתיקה, ואגינה, מבוא-הרחם
vag'inal *adj.* של הנרתיקה
va'grancy *n.* שוטטות, נוודות
va'grant *n&adj.* נע ונד, נווד, שוטטן, שַׁטָט; שוטטני
vague (vāg) *adj.* מטושטש, מעורפל, לא ברור, לא בטוח
- hasn't the vaguest idea אין לו כל

מושג
vain *adj.* שחצן, יהיר, מנופח; חסר-תועלת, שעלה בתוהו; ריק, הבלי
- in vain לשווא, חינם, לריק
- take his name in vain לשאת שמו לשווא; לדבר עליו בחוסר-כבוד
- vain promises הבטחות-שווא
vain'glo'rious *adj.* שחצן, יהיר
vain'glo'ry *n.* שחצנות, יהירות
vainly *adv.* לשווא, בְּכדי, ללא הועיל
val'ance *n.* וילונית, וילון קצר
vale *n.* עמק, ביקעה
- vale of tears עמק הבכא
val'edic'tion *n.* אמירת-שלום
val'edic'tory *adj.* של פרידה
va'lence, va'lency *n.* ערכיות
val'entine' *n.* (כרטיס-ברכה ל-) אהובה
Valentine's Day יום ואלנטינוס הקדוש
vale'rian *n.* ואלריאן (תרופה); ואלרינה (צמח)
val'et *n&v.* משרת, שַמָש; לשרת
val'etu'dina'rian *n&adj.* חולה, חולני
val'iant *adj.* אמיץ, של עוז-רוח
val'id *adj.* כשר, שָרִיר, בר-תוקף; מבוסס, הגיוני; נכון
val'idate' *v.* להשריר, לתת תוקף ל-
val'ida'tion *n.* תשריר, מתן תוקף
valid'ity *n.* תוֹקֶף, תקפות
valise' (-lēs') *n.* מיזוודית, מיזווד
Val'ium *n.* וליום (להרגעה)
val'ley *n.* עמק, ביקעה, גיא
val'or *n.* גבורה, אומץ, עוז-רוח
val'oriza'tion *n.* ייצוב מחיר
val'orize' *v.* לייקר, לייצב מחיר
val'orous *adj.* אמיץ, של עוז-רוח
valse (väls) *n.* ואלס (ריקוד)
val'u•able (-lū-) *adj&n.* בעל-ערך, רב-ערך, יקר, רב-חשיבות; חפץ-ערך
- valuables חפצי-ערך, תכשיטים
val'u•a'tion (-lū-) *n.* הערכה, שומה
val'ue (-lū) *n.* עֵרֶך; הערכה, חשיבות; שווי; תמורה; משך של תו; בהירות
- (poor) good value (לא) שווה את הכסף
- articles of value חפצי-ערך
- moral values ערכי-מוסר
- of great value רב-ערך
- of little value נטול-ערך, קל-ערך
- of value בר-ערך
- set a high/low value on לייחס חשיבות רבה/מעטה ל-
- value for money תמורה בעד כסף
value *v.* להעריך, לאמוד; להוקיר
- valued friend חבר יקר, חבר חשוב
value added ערך מוסף
value added tax מס ערך מוסף
value judgment שיפוט ערכי
valueless *adj.* חסר-ערך
valuer *n.* שמאי, מעריך
valu'ta *n.* ערך מטבע ביחס לאחר
valve *n.* שסתום; שסתום-הלב; נורת-רדיו/-טלוויזיה; קשוות-צידפה
val'vu•lar *adj.* של שסתום (הלב)
vamoose' *v.* *להסתלק, להתחפף
vamp *n.* חרטום-נעל, פנת; נגינה מאולתרת, קטע פותח; סחטנית
vamp *v.* להטליא, לשים פנת; לאלתר (לחן); לסחוט, לנצל (גבר)
- vamp up לחבר, להטליא; לבדות
vam'pire *n.* ערפד; עלוקה; סחטן
vampire bat ערפד (עטלף)
van *n.* טנדר, מכונית-מישלוח, מיטענית; קרון-רכבת; חלוץ
- in the van נחלץ, נחשון; בחזית
van'dal *n.* פרא, ואנדאלי, ברברי
vandalism *n.* ואנדאליות, ברבריות
van'dalize' *v.* להשחית, לחבל
vandyke' beard זָקָן מחודד
vane *n.* שבשבת; כנף (של מדחף)
van'guard' (-gärd) *n.* חיל חלוץ; חלוץ
- in the vanguard חלוץ, מוביל
vanil'la *n.* שנף, ואניל
van'ish *v.* להיעלם, לחלוף; להיכחד
- vanish into thin air להתנדף כעשן
vanishing cream מִשְחָה נספגת
vanishing point נקודת-מיפגש (של קווי-פרספקטיבה); נקודת-היעלמות
van'ity *n.* גאווה, התרברבות; הבל, הבלים; חוסר-ערך; שולחן-טואלט
- out of vanity מתוך גאווה
vanity bag תיק איפור
vanity case קופסת-תמרוקים
van'quish *v.* לנצח, להביס, לגבור
van'tage *n.* יתרון, עמדת-יתרון
- point of vantage עמדת-יתרון, עמדת-תצפית נוחה
vantage ground עמדת-יתרון
vantage point עמדת-יתרון, עמדת-תצפית נוחה; נקודת-ראות

vap′id *adj.* תפל, חסר-טעם
vapid′ity *n.* תיפלות; חוסר-טעם
va′por *n&v.* אדים, קיטור, הבל; דימיון, חזון-שווא; להתנדף
vapor bath מרחץ אדים
va′poriza′tion *n.* איוד; התאיידות
va′porize′ *v.* לאייד; להתאייד
va′porous *adj.* מעלה אדים, מהביל
vapor trail שובל-אדים (של מטוס)
va′riabil′ity *n.* (סגולת ה-) הִשְׁתַּנּוּת
va′riable *n&adj.* מִשְׁתַּנֶּה; ניתן לשינויים; לא-יציב; הפכפך
va′riance *n.* שינוי; ניגוד; מחלוקת
- at variance נוגד, סותר; במחלוקת
va′riant *adj.* שונה, אחר, משתנה
variant *n.* ואריאנט, נוסח שני, גירסה
va′ria′tion *n.* שינוי, השתנות; הבדל, שוני; ואריאציה; סטייה
var′icel′la *n.* אבעבועות רוח
var′icol′ored (-kul′ərd) *adj.* ססגוני
var′icose′ *adj.* של דָּלִיּוֹת, נפוח
varicose veins דָּלִיּוֹת, ורידים דליתיים
va′ried (-rid) *adj.* שונה, שונים, מסוגים שונים; מִשְׁתַּנֶּה, מְגוּוָּן
va′riegate′ *v.* לגוון
variegated *adj.* טלוא, מְגוּוָּן
va′riega′tion *n.* רבגוניות, גיוון
vari′ety *n.* גיוון, רבגוניות; מיגוון, מיבחר; סוג, זן; ורייאטי (הצגה)
- variety of items מספר פריטים
variety show הצגת-וראייטי, וודביל
va′riform′ *adj.* מְגוּוָּן, רב-צורות
var′iole *n.* גממית (מאבעבועות)
va′rio′rum *n.* סֵפֶר רַב-מְפָרְשִׁים
va′rious *adj.* שונה, שונים, מגוונים, אחדים, מיספר, כמה
variously *adv.* באופן שונה; בדרכים שונות; בזמנים שונים
var′mint *n.* שרצים; *מזיק, שובב
var′nish *n&v.* לכה, ברק, ציפוי; ברק חיצוני; לצפות בלכה, לייפות
- varnish over לייפות, להעלים
var′sity *n.* (קבוצת-) אוניברסיטה
va′ry *v.* לשנות; להשתנות; לגוון; להיות מגוונים; להתחלף
- vary from לסטות מ-
vas′cu·lar *adj.* צינורי, נימי, של כלי-הדם

vase *n.* אגרטל, ואזה, צינצנת-נוי
vas·ec′tomy *n.* ניתוח צינור-הזרע
vas′eline′ (-lēn) *n.* ואזלין
va′so·di·la′tion (-′zō-) *n.* התרחבות כלי הדם
vas′sal *n.* ואסאל, צמית; משועבד; עבד; משרת
vas′salage *n.* ואסאליות, שיעבוד
vassal state גרורה, מדינה משועבדת
vast *adj.* גדול, עצום, כביר, נרחב
vastly *adv.* בשיעור עצום
vat *n.* מיכל, דוד, חבית, גיגית
VAT = value added tax מע"מ
vau′deville *n.* וודביל, הצגת וראייטי, תוכנית בידור קלה
vault *n.* קשת, כיפה, תיקרת-קימרונות; מרתף; חדר-כספות; קבר
- vault of heaven כיפת השמיים
- wine vault מרתף-יינות
vault *v&n.* לקפוץ מעל (בתמיכת הידיים/מוט); קפיצה; קפיצת-מוט
vaulted *adj.* מקומר, מקושת; גבנוני
vaulter *n.* קופץ; קפצן-מוט
vaulting *n.* קימרונים, מיקמר
vaulting *adj.* קופץ; מופרז, מרחיק-לכת
vaulting horse חמור (בהתעמלות)
vaunt *v&n.* להתגאות; התפארות
VCR מכשיר וידיאו
VD = venereal disease
VDU מסוף, צג
veal *n.* בשר-עגל
vec′tor *n.* וקטור; חרק מעביר מחלה; נתיב-מטוס
veep *n.* *סגן נשיא
veer *v.* לִפְנוֹת, לשנות כיוון/נתיב, לסטות, לנטות; (לגבי הרוח) לחוג
veg (vej) *n.* *יָרָק, יְרָקוֹת
ve′gan (-jən) *n.* טיבעוני
veg′etable *n&adj.* יָרָק; צומח; צמח; בטלן; מחוסר-הכרה; צימחי
- vegetables ירקות
vegetable kingdom ממלכת הצומח
vegetable marrow קישוא
veg′eta′rian *n&adj.* צמחוני
vegetarianism *n.* צמחונות
veg′etate′ *v.* לצמוח; לחיות כצמח, לנהל חיי בטלה
veg′eta′tion *n.* צמחייה, צומח; צמיחה

veg'eta'tive *adj.* צמח (חולה)
veg'gie (vej'i) *adj.* *צמחוני; ירק
ve'hemence (vē'əm-) *n.* עוז; להט
ve'hement (vē'əm-) *adj.* חזק, עז, נמרץ, תקיף, נלהב
ve'hicle (vē'ik-) *n.* כלי-רכב; מכשיר, כלי-העברה; אמצעי-פירסום
- space vehicle רכב-חלל
ve•hic'u•lar *adj.* של כלי-רכב
veil (vāl) *n&v.* צעיף, רעלה; מעטה; מסווה; לכסות, להליט, להסתיר
- draw a veil over לאפוף בשתיקה
- take the veil להיות לנזירה
- under the veil of במסווה של
- veil of secrecy מעטה סודיות
veiled *adj.* מצועף, עוטה צעיף; מוסתר
- veiled threat איום כמוס
vein (vān) *n.* וריד; עורק; נימה; גיד; רצועה; מצב-רוח, אווירה
- isn't in the vein הוא מצוברח
- vein of sarcasm נימה סארקאסטית
- vein of silver עורק-כסף (במירבץ)
veined *adj.* מְעוֹרָק, מגוייד
veining *n.* תַּבנית עורקים
ve'lar *adj&n.* וילוני, של החיך הרך; הגה וילוני
Vel'cro *n.* צַמְדָן, סקוטש
veld, veldt (velt) *n.* ערבת-דשא
vel'lum *n.* קלף; נייר חלק ועבה
ve•loc'ipede' *n.* אופניים; אופני-ילד
ve•loc'ity *n.* מהירות
ve'lodrome' *n.* אתר מרוצי אופניים
ve•lour(s)' (-loor') *n.* ואלור, אריג קטיפתי
ve'lum *n.* החיך הרך
vel'vet *n&adj.* קטיפה; קטיפתי
- on velvet מצליח, חי בנוחיות
- velvet tread פסיעה רכה
vel'veteen' *n.* אריג כותנה קטיפתי
vel'vety *adj.* קטיפתי, רך, לטפני
ve'nal *adj.* שחיד, בר-שיחוד, מושחת, אוהב בצע
ve•nal'ity *n.* שחיתות, אהבת בצע
vend *v.* למכור, לרכול
vend•ee' *n.* קונה, לקוח
ven•det'ta *n.* גאולת-דם, נקמת-דם
vending machine מכונת-מכירה
vend'or, vend'er *n.* מוכר, רוכל

veneer' *n.* לביד, פורניר, ציפוי בלוח משובח; מסווה, כסות, ברק חיצוני
veneer *v.* ללבד, לצפות בלוח משובח
ven'erable *adj.* נכבד, נשוא-פנים; ראוי להערצה, מקודש (בכנסייה)
ven'erate' *v.* להעריץ, לכבד, להוקיר
ven'era'tion *n.* הערצה, הערכה
vene're•al *adj.* מיני, של יחסי-מין
venereal disease מחלת-מין
ve•ne'tian blind תריס ונציאני, תריס רפפות, צלון
venge'ance (ven'jəns) *n.* נקמה
- swear vengeance להישבע לנקום
- take vengeance לקחת נקם, לנקום
- with a vengeance בעוצמה רבה, כפל כפליים
venge'ful (venj'fəl) *adj.* נקמני
ve'nial *adj.* סליח, בר-מחילה, קל
ven'ison *n.* בשר-צבי
ven'om *n.* ארס, רעל
venomed *adj.* ארסי, חדור שינאה
ven'omous *adj.* ארסי, מרושע; "מזופת"
ve'nous *adj.* ורידי, בעל עורקים
vent *n.* אַוורָר, פתח; פה, נקב; מוצא; פתח אחורי (במעיל); פי-הטבעת
- find a vent לצאת, למצוא מוצא
- give vent to לתת ביטוי ל-; לפרוק
vent *v.* לתת ביטוי ל-, למצוא מוצא ל-; לפרוק (זעמו); להתקין פתח
vent-hole *n.* פתח-אוויר, ונטה
ven'tilate' *v.* לאוורר; להעלות לדיון פומבי, להביא לידיעת הציבור
ven'tila'tion *n.* איוורור; דיון
ven'tila'tor *n.* מאוורר
ven'tricle *n.* קבית, שקע בגוף, חלל; חדר-הלב
ven•tril'oquism' *n.* דיבור מהבטן
ven•tril'oquist *n.* פיתום, מדבר מהבטן
ven'ture *n.* סיכון, הימור, הרפתקה
- at a venture לתומו, בניחוש, במיקרה
venture *v.* לסכן; להסתכן; להעז; להֶהִין; להמר על
- nothing ventured nothing gained יגעת ומצאת תאמין
- venture a storm להסתכן (ולהפליג) בסערה
- venture an opinion להעז להביע דעה

- venture on להסתכן ב-, לנסות
- venture one's life לשים נפשו בכפו
venture capital הון סיכון
venturesome *adj.* נועז; מסוכן
ven'turous (-'ch-) *adj.* הרפתקני
ven'ue (-nū) *n.* זירת-הפשע; מקום המישפט; מקום מיפגש
ven'ule *n.* ורידון
vera'cious (-'shəs) *adj.* אמיתי
verac'ity *n.* אמיתיות, מהימנות
veran'da *n.* מירפסת, אכסדרה
verb *n.* (בדיקדוק) פּוֹעַל
ver'bal *adj.* שבעל-פה; מילולי, דיבורי; מלה במלה; של מלים; פועלי
- verbal skill אמנות המלים
verbal *n.* הודאה באשמה (בע"פ); ציחצוח מלים, התנצחות מילולית
ver'balize' *v.* להביע במלים
verbally *adv.* בעל-פה
verbal noun שם פעולה
verba'tim *adv.* מלה במלה
verbe'na *n.* ורבינה (פרח ססגוני)
ver'biage *n.* רוב מלל, גיבוב מלים
verbose' *adj.* רב-מלל, מכביר מלים
verbos'ity *n.* רוב מלל
ver'dancy *n.* יַרקוּת; תמימות
ver'dant *adj.* ירוק; תמים
ver'dict *n.* פסק-דין, מישפט; הכרעת דין; החלטה; דעה
ver'digris *n.* דוק ירוק (חלודה)
ver'dure (-jər) *n.* יַרקוּת, ליבלוב; רעננות; דשא
verge *n.* קצה, שוליים, סף; שרביט
- on the verge of על סף-, עומד ל-
verge *v.* לגבול ב-, להתקרב ל-
ver'ger *n.* שַׁמָּש-כנסייה; נושא-שרביט
veriest *adj.* הכי, הגדול ביותר
ver'ifi'able *adj.* שניתן לוודאו
ver'ifica'tion *n.* אימות, וידוא; הוכחה, אישור
ver'ify' *v.* לאמת, לוודא; להוכיח, לאשר
ver'ily *adv.* אומנם, אכן
ver'isimil'itude' *n.* הֵירָאוּת כאמת
ve'rism *n.* ריאליה, מציאותיות
ver'itable *adj.* ממשי, אמיתי
veritably *adv.* ממש, באמת
ver'ity *n.* אמת, אמיתה; אמיתיות
ver'micel'li *n.* ורמיצ'לי (איטריות)
ver'micide' *n.* קוטל תולעים
ver'miform' *adj.* תולעי, תולעתי
vermiform appendix תוספתן
ver'mifuge' *n.* (סם) מגרש תולעים
vermil'ion *n&adj.* שָׁנִי, אדום עז
ver'min *n.* חרקים טפילים, כינים וכו'; מזיק, פאראזיט; שרץ, נבזה
ver'minous *adj.* נגוע בכינים וכו', מכונם; שורץ רמשים; טפילי; *רע
vermouth' (-mōōth') *n.* ורמוט, יין-לענה
vernac'u·lar *adj&n.* מקומי, (של) שפת המקום; שפת הדיבור, ניב
ver'nal *adj.* אביבי, של האביב
ver'nier *n.* מַדִיד זחיח
veron'ica *n.* ברוניקה (צמח-נוי)
ver'sant *n.* שיפוע, מדרון
ver'satile (-til) *adj.* רב-צדדי; בקי בתחומים רבים, מגוון; רב-תכליתי
ver'satil'ity *n.* רב-צדדיות
verse *n.* חרוז, בית; שיר; שירה; פסוק
versed (vûrst) *adj.* בקי, מיומן
ver'sifica'tion *n.* חריזה, חרזנות; מיקצב, מישקל, תבנית השיר
ver'sify' *v.* לחרוז, לכתוב חרוזים
ver'sion (-zhən) *n.* גירסה; נוסח; תרגום; תרגום התנ"ך
ver'so *n.* שמאל-הספר, עמוד שמאלי; העבר השני (של דף/מטבע)
ver'sus *prep.* מול, נגד, לעומת
ver'tebra *n.* חוליה
ver'tebral *adj.* של חוליה, בעל חוליות
ver'tebrate *adj&n.* בעלי-חוליות
ver'tex' *n.* שיא, פיסגה, קודקוד
ver'tical *adj&n.* אנכי, זקוף; ניצב
- out of the vertical לא אנכי, נוטה
- vertical angles זוויות קודקודיות
- vertical takeoff נסיקה
ver'tices = pl of vertex (-sēz)
vertig'inous *adj.* מסחרר, גורם סחרחורת, של סחרחורת; מסתובב
ver'tigo' *n.* סחרחורת
verve *n.* התלהבות, להט; חִיוּת, רוח, מרץ, נִמְרָצוּת
ver'y *adj.* הוא הוא, אותו עצמו, ולא אחר, ממש; קיצוני; גמור, מוחלט
- that very thing דבר זה ממש
- the veriest fool הטיפש הכי גדול
- the very idea עצם הרעיון
very *adv.* מאוד, ביותר
- at the very latest לכל המאוחר

- for one's very own לעצמו בלבד
- very good טוב מאוד; בסדר, כמובן
- very much הרבה; מאוד
- very well טוב מאוד; או קיי
ves′icle *n.* שלחופית, ציסטה, בועית
ve·sic′u·lar *adj.* משולחף, שלפוחי
ves′per *adj.* של תפילת ערב נוצרית
vespers *n-pl.* תפילת ערב נוצרית
ves′sel *n.* כלי, כלי-קיבול; כלי-דם; אונייה, כלי-שַיִט, ספינה
vest *n.* חזייה, לסוטה, מותנייה, וסט, מעיל חסר-שרוולים; גופייה; איפוד מגן
vest *v.* ללבוש; להלביש; להעניק, לתת סמכות, להקנות; להשקיע
- vest rights להעניק סמכויות
- vested in מוענק ל-, נמצא בידי
- vested with full powers בעל סמכויות מלאות
ves′tal *adj.* בתולה, צנועה, טהורה
vested *adj.* עוטה; קבוע; מוקנה
vested interest עניין מיוחד, טובת-הנאה; גורם אינטרסנטי
ves′tibule′ *n.* פרוזדור; אולם-כניסה; תא (בקצה קרון-רכבת)
ves′tige (-tij) *n.* שריד, שארית; עיקבות, זכר, סימן; שמץ, קורטוב
- a vestige of truth שמץ אמת
ves·tig′ial *adj.* של זֵכֶר, של שריד
vest′ment *n.* בגד, גלימה
vest-pocket *n&adj.* כיס-חזייה; קטן
ves′try *n.* מלתחת כנסייה; חדר-תפילה נוצרי; אסיפה
vestryman *n.* חבר ועד הקהילה
ves′ture *n&v.* לְבוש; להלביש
vet *n&v.* *וטרינאר; חייל ותיק; לבדוק בדיקה רפואית; לבחון, לבדוק
vetch *n.* בקיה (ממשפחת הקיטניות)
vet′eran *adj&n.* ותיק, מנוסה; חייל ותיק; שועל-קרבות; יוצא-צבא
vet′erina′rian *n.* וטרינאר, רופא בהמות
vet′erinar′y (-neri) *adj.* וטרינארי
ve′to *n.* וטו, סמכות לבטל/לשלול/לדחות/למנוע
- put a veto להטיל וטו; לאסור
veto *v.* להטיל וטו, לבטל, לאסור
vex *v.* להרגיז, להציק; לְעַנות
vex·a′tion *n.* רוֹגֶז; הרגזה; דאגה
vex·a′tious (-shəs) *adj.* מרגיז
vexed (vekst) *adj.* רוֹגֵז, מרוגז
vexed question בעיה פולמוסית
VHF = very high frequency תג"ם, תדר גבוה מאוד
vi′a *prep.* דרך, באמצעות
- via Athens (לנסוע) דרך אתונה
vi′abil′ity *n.* יכולת הקיום
vi′able *adj.* יכול לחיות, מסוגל להתקיים, בן-חיים, בר-קיימא
vi′aduct′ *n.* גשר דרכים, ויאדוקט
vi′al *n.* בקבוקון, צלוחית
vi′a me′dia שביל הזהב
vi′ands *n-pl.* מיצרכי מזון, מעדנים
vibes = vibraphone (vībz)
vi′brancy *n.* חִיוּת, נִמְרָצוּת; ריטוט
vi′brant *adj.* מלא-חיים; נמרץ, עז, חזק; רועד, רטטני
vi′braphone′ *n.* ויבראפון
vi′brate *v.* להרעיד, להרטיט
vi·bra′tion *n.* רעד, זעזועים; רטט, ריטוט, ויבראציה; תנודה
vibra′to (-rä′-) *n.* תרטיט, ויבראטו
vi′bra·tor *n.* מַרטֵט, ויבראטור
vic′ar *n.* כוהן-דת; כומר-הקהילה; ממלא-מקום, נציג
vic′arage *n.* מעון-הכומר
vica′rious *adj.* עקיף, באמצעות הזולת; למען אחרים; ייצוגי; ממלא מקום; שליח
vicarious liability אחריות שילוחית
vicar of Christ האפיפיור
vice *n.* מידה מגונה; פשיעה, שחיתות; רישעות; פגם, מום; הרגל רע
vice- (תחילית) סגן-
vi′ce (vī′si) *prep.* במקום-
vice = vise *n.* מלחציים
vice-chairman *n.* סגן היושב-ראש
vicelike *adj.* איתן, כמו במלחציים
vi·cen′nial *adj.* אחת ל-20 שנה
vice-president *n.* סגן הנשיא
vice′re′gal (vīsrē′-) *adj.* של מישנה למלך
vice ring כנופית פשיעה
vice′roy′ (vīs′r-) *n.* מישנה למלך, נציב
vice squad חוליית שוטרים (ממחלק-המוסר)
vice ver′sa *adv.* להיפך, ולהיפך
vicin′ity *n.* שְכֵנוּת, קירבה, סמיכות-מקום; סביבה
- in the vicinity of- בסביבות-, בערך-

vi′cious (vish′əs) *adj.* רע, אכזרי, מרושע; מושחת; פגום, לקוי
- vicious dog כלב מסוכן, כלב נושך
vicious circle מעגל-קסמים
vicis′situde′ *n.* עליות וירידות, תהפוכות, תמורות, שינויים
vic′tim *n.* קורבן
- fall victim to ליפול קורבן ל-
vic′timiza′tion *n.* פגיעה, הענשה
vic′timize′ *v.* לפגוע, להעלות לקורבן, להעניש; לרמות
vic′tor *n.* מנצח
Victo′rian *adj.* ויקטוריאני
victo′rious *adj.* מנצח, של ניצחון
vic′tory *n.* ניצחון
victual (vit′əl) *n&v.* לצייד, לספק מיצרכי-מזון; להצטייד
- victuals מיצרכי-מזון
victualer *n.* ספק-מזונות
vi′de (vī′di) *v.* רְאֵה, עַיֵּן
- vide infra ראה להלן
- vide supra ראה לעיל
videl′icet′ *adv.* כלומר, דהיינו
vid′e·o′ *n&adj.* (של) וידיאו
video camera מצלמת וידיאו
video clip וידיאו קליפ
vid′e·o·con′ference *n.* שיחת ועידה בטלוויזיה
vid′e·ofit′ *n.* קלסתרון-מסך
video nasty *סרט אימה/גס
vid′e·ophone′ *n.* טלפון-צג
vid′e·otape′ *n.* וידיאוטייפ, וידיאו
videotape *v.* להקליט על וידיאוטייפ
vie (vī) *v.* להתחרות, להתמודד
view (vū) *n.* מַרְאֶה, מחזה; נוף; תמונה; (שדה-) ראייה; ראות, מבט; השקפה, דעה; תצוגה; סקירה; בחינה
- come in view of להתגלות לעיניו
- come into view להתגלות לעיניו
- fall in with/meet his views להסכים עמו, להיות תמים-דעים עמו
- form a view לגבש דעה
- in full view of לעיני כל ה-
- in my view לדעתי, לדידי
- in view בעיון; לנגד עיניו, בכוונתו
- in view of לאור-, בשים לב ל-
- keep in view לשמור בליבו (לעתיד)
- on view מוצג לראווה
- out of view מחוץ לשדה-הראייה
- with a view to במטרה/בתיקווה ל-
- within view בתחום שדה-הראייה
view *v.* לראות, לבחון, לבדוק; להסתכל, להשקיף; לצפות בטלוויזיה
- view it as לראות זאת כ-
viewer *n.* רואה; צופה-טלוויזיה
viewfinder *n.* כוונת, עדשת-התמונה
viewing *n.* צפייה; רְאִיָּה
viewless *adj.* חסר השקפות
viewpoint *n.* נקודת-ראות
vig′il *n.* ערות, אי-שינה; ערב חג
- keep vigil להישאר ער (בלילה)
vig′ilance *n.* ערנות, כוננות, דריכות
vigilance committee מישמר אזרחי
vig′ilant *adj.* ער, על המישמר, דרוך
vig′ilan′te (-lan′ti) *n.* איש המישמר האזרחי
vignette′ (vinyet′) *n.* ויניטה, תקשיט, עיטורת, ציור; דיוקן; תיאור
vig′or *n.* כוח, חוסן; מרץ, נִמְרָצוּת
vig′orous *adj.* חזק, חסון; נמרץ
vi′king *n.* ויקינג
vile *adj.* שפל, נתעב, דוחה; מרושע; גרוע, "מזופת"
vil′ifica′tion *n.* השמצה, לעז
vil′ify′ *v.* להשמיץ, להכפיש שם
vil′la *n.* וילה, חווילה, אחוזה
vil′lage *n.* כפר; אנשי הכפר
village idiot שוטה הכפר
villager *n.* כפרי; בן-כפר
vil′lain (-lən) *n.* בן-בליעל, נָבָל; פושע; *שובב, צמית, אריס
vil′lainous (-lən-) *adj.* מרושע, יאה לנבל; *רע, גרוע, "מזופת"
vil′lainy (-ləni) *n.* נבזות, רישעות
- villainies מעשים רעים, פשעים
vil′lein (-lən) *n.* צמית, אריס
vil′leinage (-lən-) *n.* אריסות
vim *n.* מרץ, נִמְרָצוּת, עוצמה, להט
vin′aigrette′ (-nigret′) *n.* תערובת חומץ, שמן, תבלינים וכו'
vin′cible *adj.* שאפשר לגבור עליו
vin′dicate′ *v.* להצדיק, להגן; לְזַכּוֹת, לנקות מאשמה; להוכיח, לאשר
vin′dica′tion *n.* הצדקה; הגנה; הוכחה
vin′dicative *adj.* מצדיק, מֵגֵן
vindic′tive *adj.* נקמני, תאב-נקמה
vindictive damages פיצויי עונשין
vine *n.* גפן; צמח מטפס
- die on the vine להיכשל בשלבים הראשונים

vin'egar *n.* חומץ
vin'egary *adj.* חמוץ; של חומץ; רוגז, מר
vi'nery *n.* חממת-גפנים, כרם
vine'yard (vin'yərd) *n.* כרם
vin'icul'ture *n.* גידול גפנים
vin'o *n.* יין זול
vi'nous *adj.* ייני
vin'tage *n.* בציר; עונת הבציר; שנת הבציר; יין משובח; תוצרת
- a car of 1930 vintage מכונית משנת **1930**
vintage *adj.* משובח; קלאסי
vint'ner *n.* יינן, סוחר יינות
vio'la *n.* ויאולה, כונרת
vi'ola *n.* סֶגֶל (סוג צמחי נוי)
vi'olate' *v.* להפר, לעבור על; לאנוס; לחלל; לפגוע; להפריע
vi'ola'tion *n.* הפרה, עבירה; אונס; חילול; פגיעה; הפרעה
vi'olence *n.* אלימות; עוצמה; עוז
- do violence to לפגוע, להזיק; לסלף
vi'olent *adj.* אלים; חזק, רב-עוצמה; פראי; מתפרע; חריף, עז
- violent death מיתה משונה
- violent language אלימות מילולית
vi'olet *n.* סגל, סיגלית (פרח); סגול
- modest violet אדם צנוע
vi'olin' *n.* כינור
vi'olin'ist *n.* כנר
vi'oloncel'list (-chel-) *n.* מנגן בבטנונית
vi'oloncel'lo (-chel-) *n.* צ'לו, ויאולונצ'לו, בטנונית
VIP = very important person אח"ם, אישיות חשובה מאוד
vi'per *n.* צפע (נחש ארסי)
vira'go *n.* מירשעת, כלבתא
vi'ral *adj.* נגיפי, ויראלי, של וירוס
vir'gin *n&adj.* בתולה; בתול; בתולי, תמים, טהור, שלא הושחת
- virgin forest יער בראשית/עד
- virgin snow שלג טהור (שלא נפגם)
- virgin soil קרקע בתולה
vir'ginal *adj.* בתולי, צנוע, טהור
virginal(s) *n.* צ'מבלו (קטן)
virgin'ity *n.* בתולים, טוהר
Vir'go *n.* מזל בתולה
vir'gule *n.* קו נטוי, לוכסן (/)
vir'ides'cent *adj.* ירקרק
vir'ile (vir'əl) *adj.* גברי, חזק; נמרץ, תקיף; בעל כוח-גברא
viril'ity *n.* גבריות, עוצמה, און
vi·rol'ogist *n.* וירולוג
vi·rol'ogy *n.* וירולוגיה, חקר הווירוסים
vir·tu' (-too') *n.* חפצי-אומנות; חיבה לעתיקות
- objects of virtu חפצי-אמנות
vir'tual (-cho͞oəl) *adj.* למעשה, במציאות, בעצם; מדומה, וירטואלי
virtually *adv.* למעשה, בעצם
virtual reality מציאות מדומה
vir'tue (-cho͞o) *n.* חסידות, יושר, מוסריות; מידה טובה; צניעות, טוהר; כוח; יעילות; יתרון, סגולה; מיצווה
- by/in virtue of בתוקף-, בגין-
- make a virtue of necessity להציג חובה כמיצווה
- woman of easy virtue פרוצה
vir'tu·os'ity (-cho͞o-) *n.* וירטואוזיות; ביצוע מעולה
vir'tu·o'so (-cho͞o-) *n.* וירטואוז, אמן הביצוע, אמן הטכניקה
vir'tu·ous (-cho͞oəs) *adj.* טוב, חסיד, ישר, מוסרי, צדיק
vir'ulence *n.* ארסיות; שינאה
vir'ulent *adj.* ארסי; מסוכן, קטלני; עז; מר; חדור-שינאה
vi'rus *n.* וירוס, נגיף
visa (vē'zə) *n&v.* ויזה, אשרה; לתת ויזה, להחתים אשרה (בדרכון)
vis'age (-z-) *n.* פָּנִים, פרצוף, מַרְאֶה
vis'aged (-zijd) *adj.* בעל פני
- dark-visaged כהה-פנים, כהה
vis-a-vis (vē'zəvē') *adv&prep.* פנים אל פנים, ממול; בהשוואה ל-
vis'cera *n.* קרביים, מעיים
vis'ceral *adj.* של הקרביים
vis'cid *adj.* צמיג, סמיך, דביק
vis'cose *n.* ויסקוזה (אריג סינתטי)
viscos'ity *n.* צמיגות, דביקות
vis'count' (vī'k-) *n.* ויקונט (אציל)
vis'count'cy (vī'k-) *n.* ויקונטיות
vis'cous *adj.* צמיג, סמיך, דביק
vise *n.* מלחציים
vise (vē'zā) *n&v.* ויזה, אשרה; לתת ויזה, להחתים אשרה (בדרכון)
vis'ibil'ity (-z-) *n.* היראות; ראות, רְאִיּוּת, דרגת השקיפות
vis'ible (-z-) *adj.* נראה; נראה לעין; ברור, גלוי
visibly *adv.* ברורות, באופן גלוי

vi′sion (vizh′ən) *n.* רְאִיָּה, ראות; חזון, מעוף; מַרְאֶה, מחזה מרהיב; דימיון, חלום, הזיה
vi′sionar′y (vizh′əneri) *adj&n.* דימיוני, הזייתי; חולם; איש חזון
vis′it (-z-) *v.* לבקר; להתארח; לערוך ביקורת; לתקוף, לבוא על
- visit on/upon לפקוד (עוון) על-
- visit with לשוחח עם
- visited by a dream חלם חלום
visit *n.* ביקור, התארחות; ביקורת
vis′itant (-z-) *n.* מבקר, אורח; רוח (הפוקדת אדם); ציפור נודדת
vis′ita′tion (-z-) *adj.* ביקור; עונש משמיים, גמול
visiting *n.* ביקור, ביקורים
visiting card כרטיס ביקור
visiting hours שעות הביקור
visitor *n.* מבקר; אורח; ציפור נודדת
visitors' book ספר האורחים
vi′sor (-z-) *n.* מיצחייה; מסיכה, סנוורת; מגן-פנים; מגן-שמש
vis′ta *adj.* מַרְאֶה, מחזה; נוף
- open up new vistas לִפְתּוֹחַ אופקים חדשים
vis′u•al (-zhōōəl) *adj.* חזותי, ראייתי, ויזואלי; של חוש הראייה
visual aids עזרים חזותיים
visual field שדה ראייה
vis′u•aliza′tion (-zhōōəl-) *n.* העלאה בדימיון, ראייה בעיני-הרוח
vis′u•alize′ (-zhōōəl-) *v.* לראות בעיני-הרוח, לדמיין, לראות בדימיון
visually *adv.* באופן חזותי; במראה, בהופעה; באמצעות עזרים חזותיים
visual memory זיכרון חזותי
vi′tal *adj&n.* חיוני, נחוץ, הכרחי; שופע-חיים, נמרץ, ויטאלי
- vitals האיברים החיוניים (בגוף)
vital force/principle כוח החיים, יסוד החִיּוּת
vi′talism′ *n.* ויטאליזם, תורת החיוניות
vi•tal′ity *n.* חִיּוּת, חיוניות, ויטאליות; כוח החיים, כושר הישרדות
vi′talize′ *v.* להפיח רוח חיים ב-, להחיות, למלא בְּחִיּוּת
vitally *adv.* נחוץ ביותר, מאוד
vital signs סימני חיים
vital statistics סטטיסטיקת החיים (לידות וכו'); *מידות (של גוף אישה)

vi′tamin *n.* ויטאמין
vit′iate′ (vish′-) *v.* להחליש, לפגום; לערער; להשחית; לבטל
vit′ia′tion (vish-) *n.* החלשה, קילקול, פגימה; השחתה
vit′icul′ture *n.* גידול גפנים
vit′ili′go *n.* בַּהֶרֶת (מחלה)
vit′re•ous *adj.* זגוגי, זכוכיתי
vit′rify′ *v.* לזגג; להזדגג
vit′riol *n.* חומצה גופרתית; סארקאזם
- blue vitriol גופרת נחושת
vit′riol′ic *adj.* מר, עוקצני, ארסי
vit′ro *n.* זכוכית (בלטינית)
- in vitro חוץ-גופי, במבחנה
vitu′perate′ *v.* להשמיץ, לגדף
vitu′pera′tion *n.* השמצה, נאצה
vitu′pera′tive *adj.* משמיץ, מגדף
vi′va (vē′-) *n.* בחינה בעל-פה
viva′ce (-vä′chā) *adv.* (במוסיקה) בערנות, ברוח-חיים
viva′cious (-shəs) *adj.* עליז, שופע חיים, מלא התלהבות
vivac′ity *n.* עליזות, חיים, התלהבות
viva′rium *n.* ביבר
vi′va vo′ce (-si) *adv&n.* על-פה; מיבחן בעל-פה
viv′id *adj.* חי, שופע חיים, נמרץ, עז; בהיר, מבריק
- vivid color צבע חי/עז/בהיר
- vivid description תיאור חי
viv′ify′ *v.* להחיות, להפיח חיים ב-
vi•vip′arous *adj.* ממליטה ולדות
viv′isect′ *v.* לנתח (ללימוד)
viv′isec′tion *n.* ויוויסקציה, ניתוח בעלי-חיים בעודם בחיים
viv′isec′tionist (-shən-) *n.* דוגל בוויוויסקציה; מנתח בעלי-חיים
vix′en *n.* שועלה; מירשעת
vix′enish *adj.* מירשעת, אשת-ריב
viz *adv.* דהיינו, כלומר
vizier′ (-zir′) *n.* ואזיר, שר טורקי
V-neck *n.* צווארון דמוי-וי
vo•cab′u•lar′y (-leri) *n.* אוצר מלים; מילון, אגרון, לקסיקון
vo′cal *adj&n.* קולי, של הקול; קולני, דברני, מתבטא; קטע מושר
vocal chords/cords מיתרי הקול
vo′calist *n.* זַמָּר
vo′caliza′tion *n.* התנעה
vo′calize′ *v.* לשיר, לזמר; לבטא,

להפוך (עיצור) לתנועה; להניע; לנקד
vo·ca′tion *n.* ייעוד; שליחות; מיקצוע; כישרון, התאמה; עבודה
vocational *adj.* מיקצועי; של עבודה
vocational counselor יועץ מיקצועי
vocational guidance הדרכה מיקצועית
voc′ative *adj&n.* יחסת-הַפְּנִיָּה
vo·cif′erate′ *v.* לצעוק, לדבּר בקול
vo·cif′era′tion *n.* צעקה; קולניות
vo·cif′erous *adj.* צעקני, קולני
vod′ka *n.* וודקה (משקה חריף)
vogue (vōg) *n.* אופנה, מוֹדָה; פירסום, פופולריות
- all the vogue המלה האחרונה (באופנה); פופולרי, חדיש
- come into vogue להיכנס לאופנה
- in vogue אופנתי, באופנה
- vogue words מלים רווחות
voice *n.* קול; הבעת דעה; הגה קולי/צלילי; (בדיקדוק) בניין
- give voice to להביע, לתת ביטוי ל-
- has a voice in בעל דעה ב-
- is in good voice מדבר/שר יפה
- sing by 2 voices לשיר בשני קולות
- voice of conscience קול המצפון
- with one voice קול אחד, פה אחד
voice *v.* להביע, לבטא
voice box גרון
voiced *adj.* בעל קול; (הגה) קולי
- sweet-voiced בעל קול ערב
voiceless *adj.* חסר-קול; נאלם; חסר-דעה, נטול-השפעה; לא קולי
voice mail תא קולי
voice-over *n.* קול-רקע (בסרט)
void *adj.* רֵיק; חסר-תוקף; פנוי
- void of ריק מ-, נטול, ללא
void *n.* חלל; החלל החיצון; רִיק
- left a void הותיר חלל ריק (בלב)
void *v.* לבטל (תוקף); לרוקן
void′able *adj.* בר-ביטול
voile *n.* אריג-שמלות דק
vol. = volume
vo′lant *adj.* מעופף; זריז, קליל
vol′atile (-təl) *adj.* נדיף, מתאדה בקלות; משתנה, הפכפך, קל-דעת
vol′atil′ity *n.* נדיפות; הפכפכנות
vol·can′ic *adj.* וולקאני, געשי
vol·ca′no *n.* הר-געש, וולקאן
vole *n.* עכברוש, חולדה, נברן השדה
vo·li′tion (-li-) *n.* רצון, בחירה
volitional *adj.* רצוני
vol′ley *n.* מטח, צרור, מטר, מבול; מכת-יעף, בעיטת-יעף
- half volley מכת חצי-יעף
- on the volley (לגבי כדור) באוויר
volley *v.* לירות מטח; להכות ביעף, לחבוט בכדור בעודו באוויר
volleyball *n.* כדור-עף
vol′plane′ *v&n.* לדאות; דאייה
volt (vōlt) *n.* (בחשמל) וולט
vol′tage (vōl-) *n.* (בחשמל) וולטאז'
volte-face (vôlt fäs′) פנייה לאחור
vol′u·bil′ity *n.* שטף-הלשון, רהיטות הדיבור, מללנות
vol′u·ble *adj.* מובע בלשון שוטפת; רהוט בדיבורו, מללן
vol′ume *n.* כֶּרֶךְ; סֵפֶר; כמות; נפח, תפוסה; שיפעה, רוב; עוצמת קול, צוֹלְלוּת
- volumes כמויות רבות
volu′minous *adj.* גדול, רב-כמות; רב-כרכים; רב-תכולה; פורה
- voluminous skirt חצאית עתירת-בד
- voluminous writer סופר פורה
vol′untar′y (-teri) *adj.* רצוני, חופשי, וולונטארי; לא-כפוי, התנדבותי; מרצון
- voluntary hospital בי"ח הנתמך בתרומות
voluntary *n.* קטע סולו לעוגב
vol′unteer′ *n&v.* מתנדב; להתנדב; להתגייס; לנדב, להציע
volup′tu·ar′y (-chōōeri) *n.* נהנתן, רודף תענוגות, שטוף-תאווה
volup′tu·ous (-chōōəs) *adj.* חושני, מעורר תאווה; רודף תענוגות; מהנה
volute′ *n.* עיטור חלזוני
voluted *adj.* חלזוני, סלילי; מקושט בעיטור חלזוני
vom′it *v&n.* להקיא; הקאה
voo′doo′ *n.* וודו, פולחן-כשפים
vora′cious (-shəs) *adj.* רעבתני, זולל
- voracious reader זולל ספרים
vorac′ity *n.* רעבתנות; זוללנות
vor′tex′ *n.* מערבולת; מצב סוחפני
vo′tary *n.* חסיד, מעריץ, סוגד
vote *n.* קול; הצבעה; פתק-הצבעה; דעה; החלטה; זכות הצבעה; מניין קולות; תקציב

- give one's vote לתת קולו, להצביע
- put to the vote להעמיד להצבעה
- record one's vote להצביע
- take a vote לערוך הצבעה
- vote of censure הצבעת אי אמון
- vote of confidence הצבעת אמון
- vote of thanks הצבעת תודה

vote *v.* להצביע; לבחור; להקציב; להצהיר, להכריז, להסכים
- I vote- *אני מציע ש-
- be voted out להפסיד בבחירות
- vote down לדחות/לסכל בהצבעה
- vote in לבחור
- vote off/out להדיח בהצבעה
- vote through לאשר (ברוב קולות)

vote contractor קבלן קולות
voteless *adj.* חסר זכות-הצבעה
voter *n.* מצביע, בוחר
vo′tive *adj.* מוקדש, של קיום נדר
vouch *v.* להעיד על, לערוב ל-, ליטול האחריות; להבטיח
vouch′er *n.* שובר, תלוש, מיסמך
- gift voucher תעודת-שי

vouch·safe′ *v.* לתת, להואיל לתת; להעניק (ברוב חסדו)
vow *n.* נֶדֶר, הבטחה חגיגית; הצהרה
- perform a vow לקיים נדר
- take vows להצטרף למיסדר דתי
- under a vow מודר (בתוקף נדר)

vow *v.* לנדור, להצהיר, להבטיח חגיגית, להתחייב, להישבע
- vow fidelity להישבע אמונים
- vow one's life להקדיש חייו

vow′el *n.* תנועה, ווקאל
vox *n.* קול
vox pop מישאל דעת-הקהל
vox pop′u·li′ דעת הקהל, קול המון
voy′age *n.* הפלגה; מסע; נסיעה
voyage *v.* להפליג, לנסוע
voyager *n.* נוסע, איש-מסעות
voyeur′ (vwäyûr′) *n.* מציצן
VS. = versus מול, נגד, לעומת
V-sign סימן-וי (להבעת ניצחון)
VTOL (vē′tōl) *adj.* ממריא אנכית
vul′canite′ *n.* גומי מגופר
vul′caniza′tion *n.* גיפור
vul′canize′ *v.* לגפר, לעבד בגופרית
vul′gar *adj.* גס, המוני, וולגארי; עממי, רוֹוֵחַ
vulgar fraction שבר פשוט
vulgar herd המון העם
vul·ga′rian *adj.* וולגארי, גס, המוני
vul′garism′ *n.* ביטוי המוני
vul·gar′ity *n.* וולגאריות, המוניות
vul′gariza′tion *n.* וולגאריזציה, הימון
vul′garize′ *v.* לעשות לוולגארי
Vul′gate *n.* וולגאטה (התרגום הלאטיני של התנ"ך)
vul′nerabil′ity *n.* פגיעות, תורפה
vul′nerable *adj.* פגיע, חלש
vulnerable spot נקודת תורפה
vul′pine′ *adj.* שועלי, ערמומי, פיקח
vul′ture *n.* נשר (עוף דורס); עשקן
vul′va *n.* פות, ערוות האישה
vy′ing (see vie) מתחרה, נאבק

W

w = watt, week, west
wack′o *n.* *מוזר, משוגע, מטורף
wack′y *adj.* *מוזר, תימהוני
wad (wod) *n.* גושיש רך/גמיש, רפיד; מוך; צרור, חבילה, כרוכת
wad *v.* לסתום, לרפד, לצרור, לכרוך
wad′ding (wod-) *n.* מילוי, ריפוד
wad′dle (wod-) *v&n.* לפסוע בצעדי ברווז, להתנדנד; הילוך ברווזי
wade *v.* לחצות, לפלס דרכו בכבדות
- wade in/into להירתם במרץ ל-, לשקוע ראשו ורובו ב-; להתנפל על
- wade through לסיים בקושי

wader *n.* חוצה, עובר בקושי; עוף ארך-רגליים (אנפה, עגור וכ')
- waders מגפיים גבוהים (לדייג)

wa′di, wa′dy (wä′di) *n.* ואדי, נחל
wading bird = wader
wa′fer *n.* אפיפית, מרקוע; פת; פרוסה; מדבקה
wafer-thin *adj&adv.* דק, דקיק
waf′fle (wof-) *n.* ואפל, אפיפית; עוגה מתולמת; *שטויות, הבלים
waffle *v.* *לקשקש, לדבר שטויות; *להסס, לפסוח על שתי הסעיפים
waffle iron תבנית אפיפיות
waft *v.* לשאת; להדיף, להפיץ; להינשא באוויר, לרחף
waft *n.* הינשאות; נֶדֶף; בריזה, רוח קלה; ניפנוף יד
wag *v.* לכשכש, לנענע; להתנועע
- their tongues wagged פיטפטו
- wag one's finger at להוכיחו

בתנועת אצבע, להניע אצבעו כנגד
- wags its tail (הכלב) מכשכש בזנבו
wag *n.* ניענוע; ליצן, תעלולן
wage *v.* לערוך, לנהל
- wage war לערוך מלחמה, להילחם
wage *n.* שכר, משכורת
- wages שכר, משכורת; גמול
wage claim תביעת שכר
waged *adj.* מועסק (בשכר)
wage earner עובד בשכר
wage freeze הקפאת שכר
wa'ger *n.* התערבות, הימור
wager *v.* להתערב; להמר (על)
wage scale סולם שכר
wages director הממונה על השכר
wage slave שכיר (בתנאי עבדות)
wag'gery *n.* ליצנות, קונדסות
wag'gish *adj.* ליצני, תעלולני
wag'gle *v.* לכשכש; לנענע; להתנועע
waggle *n.* כישכוש, ניענוע
wag'on, wag'gon *n.* קרון; עגלה
- fix his wagon *לנקום בו; להכותו
- hitch one's wagon to a star
לשאוף לגדולות
- off the wagon *הופך שוב לשתיין
- on the wagon *מתנזר ממשקאות
- tea wagon עגלת-תה
wag'oner *n.* עגלון
wag'onette' *n.* מרכבה קלה
wagon-lit (vag'ənlē') *n.* קרון-שינה
wag'tail' *n.* נחליאלי
Waha'bi (-hä-) *n.* והאבי (מוסלמי)
waif *n.* חסר-בית, זאטוט-רחוב
- waifs and strays עזובים ותועים
wail *v.* לבכות, לייבב, לקונן, ליילל
wail *n.* בכייה, בכי, יללה, קינה
Wailing Wall הכותל המערבי
wain'scot *n.* פאנל, סָפִּין; ליווח
wainscoted *adj.* מצופה בספינים
waist *n.* מותניים, חלציים;
מותני-כינור; אמצע האונייה; חולצה
waist-band *n.* חגורת מותניים
waistcoat (wes'kət) *n.* חזייה
waist-deep *adj&adv.* עד
המותניים
waist-high *adj&adv.* בגובה
המותניים
waist-line *n.* קו-המותניים
wait *v.* לחכות, להמתין; לדחות
- in waiting משמש, משרת
- no waiting אין חנייה (תמרור)
- wait and see נחכה ונראה
- wait dinner לדחות את הארוחה
- wait on him hand and foot
לשרתו בכל צרכיו
- wait on/at table להגיש, לשמש
כמלצר, לְמַלְצֵר
- wait on/upon לשרת, להגיש; לבקר;
לבוא אחרי; להיות תלוי ב-
- wait one's turn לחכות לשעת כושר
- wait up להישאר ער, לאחר לישון
- you wait! חכה-חכה! (באיום)
wait *n.* המתנה, ציפייה
- waits זמרי חג-המולד
wait'er *n.* מלצר
waiting game המתנה אסטרטגית
waiting list תור הממתינים
waiting room חדר המתנה
wait'ress *n.* מלצרית
waive *v.* לוותר על, לא לעמוד על
- waive a question לדחות הבעיה
waiv'er *n.* ויתור, כתב-ויתור
wake *v.* לעורר, להעיר; להתעורר;
להיות ער; להיות מודע ל-
- wake up לעורר; להתעורר; להקשיב
wake *n.* ליל-שימורים; שובל, עיקבה
- in the wake of בעיקבות-, אחרי-
wakeful *adj.* ער, לא ישן; ללא שינה
wa'ken *v.* להעיר, לעורר; להתעורר
waking *adj.* עֵר, של שעות הָעֵרוּת
wale *n.* חבורה, סימן-הצלפה; פס
בולט באריג (כגון בקורדרוי)
walk (wôk) *v.* ללכת, לפסוע, לצעוד;
לטייל; להוביל; להעביר; לְלַוּוֹת
- walk about לטייל, להסתובב
- walk all over *להביס בקלות; לנצל
- walk away from לצאת בשלום
(מתאונה), לנצח בקלות (במירוץ)
- walk away with לגנוב; לזכות
בפרס; לנצח בקלות
- walk him off his feet לעייפו
בהליכה
- walk in peace לחיות בשלום
- walk into לגעור, לנזוף; לצעוד
היישר ל-; לזלול, לאכול בלהיטות
- walk into a job לקבל עבודה
בקלות
- walk it לטייל רגלי; לנצח בקלות
- walk off להפחית (שומן) ע"י הליכה
- walk off with לגנוב; לזכות בפרס;
לנצח בקלות
- walk out לשבות, לקיים שביתה;
לצאת, לעזוב (במורת-רוח)
- walk out on לנטוש, לזנוח

- walk out with "לצאת עם" (חבר)
- walk over להביס; לרמוס, לנצל
- walk the boards להיות שחקן
- walk the chalk ללכת בתלם
- walk the floor לפסוע הנה והנה
- walk the hospitals ללמוד רפואה
- walk the streets להיות יצאנית
- walk up לגשת; להיכנס; ללכת
- walks on air הוא ברקיע השביעי

walk *n.* הליכה, צעידה, הילוך; טיול; שביל, דרך; מהירות נמוכה
- all walks of life כל חוגי הציבור
- walk of life אורח-חיים
- win in a walk לנצח בקלות/בהליכה

walk-about *n.* טיול; טיול בין ההמונים, התערבות בתוך הקהל

walkaway *n.* ניצחון קל*

walker *n.* הלכן; הליכון (לנכה)

walk'ies (wô'kiz) *n&interj.* טיול; יוצאים! (לכלב)*
- go walkies לצאת לטיול; להיעלם*

walk'ie-talk'ie (wô'ki tô'ki) *n.* ווקי-טוקי, משדר רדיו נייד

walk-in *adj.* גדול; (ניצחון) קל

walking *adj.* של טיול, להליכה

walking dictionary מילון מהלך, אדם בעל אוצר מלים גדול

walking-frame *n.* הליכון

walking papers מיכתב פיטורים

walking stick מקל הליכה

walking tour טיול ברגל, תיורגל

walk-on *n.* תפקיד אילם (על הבמה)

walk-out *n.* שביתה; יציאה הפגנתית

walk-over *n.* ניצחון קל

walk-up *n&adj.* חסר-מעלית

walkway *n.* טיילת; מעבר; שביל

wall (wôl) *n.* קיר, כותל, חומה, דופן
- climb the wall לצאת מדעתו*
- go to the wall לנחול תבוסה
- off the wall לא דתי, לא שגרתי*
- push to the wall ללחוץ אל הקיר
- up the wall רותח מזעם
- wall of people חומת אנשים
- wall of water נד-מים
- wall-to-wall מקיר לקיר

wall *v.* להקיף בחומה/בגדר; לאטום
- wall off להפריד במחיצה, לחייץ
- wall up לאטום (פתח/חלון)

wal'laby (wol-) *n.* וולאבי (חיה דמויית קנגורו)

wal'lah (wol'ə) *n.* עובד, ממונה על

wallchart *n.* תרשים-קיר

wal'let (wol-) *n.* ארנק, תיק

wall-eyed *adj.* פוזל (שאישוניו פונים החוצה); בעל לובן עין

wall-flower *n.* נערת-פינה (שאין מזמינים אותה לריקודים)

wal'lop (wol-) *v&n.* להכות,* להביס; מכה, מהלומה; בירה

walloping *n.* מכה, תבוסה, מפלה*

walloping *adj.* גדול, כביר, עצום*

wal'low (wol'ō) *v.* להתפלש, להתבוסס; לשכשך; להתענג

wallow *n.* (מקום) התפלשות

wall painting ציור קיר, פרסקו

wallpaper *n.* טפט, נייר-קיר

wallpaper *v.* לצפות (קיר) בטפטים

wa'lly *n.* טיפש, מטומטם*

wal'nut' (wôl-) *n.* אגוז, אגוז המלך

wal'rus (wôl-) *n.* ניבתן, סוס-ים
- walrus moustache שפם דמוי-חַית

waltz (wôlts) *n&v.* ואלס (ריקוד); לרקוד ואלס; לנוע בקלילות
- waltz off with לגנוב; לזכות* בקלות

wam'pum (wom-) *n.* חרוזים, צדפים; *כסף

wan (won) *adj.* חיוור; חלוש, עייף

wand (wond) *n.* שרביט; מטה-קסם

wan'der (won-) *v.* לשוטט, לנדוד; לטייל; לתעות; לסטות (מהנושא)
- the river wanders הנהר מתפתל
- wander in לקפוץ לביקור
- wander off לסטות

wanderer *n.* משוטט, נודד

wandering *adj.* נודד; מתפתל

wanderings *n-pl.* מסעות, נדודים

wanderlust *n.* בולמוס-נסיעות

wane *v.* להתמעט, לדעוך, לגווע

wane *n.* התמעטות, דעיכה
- on the wane דועך, פוחת והולך

wan'gle *v.* לסחוט; לשדל, לפתות;* לרמות; להיחלץ מקושי

wangle *n.* תחבולה; שידול, פיתוי

wan'na (won'ə) *n.* רוצה*

want (wont) *v.* לרצות, לחפוץ; להיות חסר /זקוק /דרוש/ צריך /חייב /נטול/ נעדר-; לסבול ממחסור
- I want you to go אני רוצה שתלך
- be wanted להיות רצוי/מבוקש
- it wants 5 minutes to 7 השעה 7

פחות 5 דקות
- it wants some doing הדבר מחייב פעולה של ממש
- want for לסבול ממחסור (של)
- wanted for murder מבוקש בעוון רצח
- wants experience חסר ניסיון
- wants for nothing לא חסר דבר
- you want to see a lawyer עליך להיוועץ בעורך-דין
want *n.* רצון, חפץ; מחסור, חוסר; צורך; עוני, דלות
- from/for want of מֵחוֹסֶר-
- is in want of צריך, זקוק ל-
- long-felt want דבר שזקוקים לו זה זמן רב
- wants צרכים, דרישות
want ad מודעת "דרוש" (בעיתון)
wanting *adj.* חסר, נעדר, לא מספיק
wanting *prep.* בלי; בהעדר; פחות
wan'ton (won'-) *n.* מופקר, מופקרת, פרוצה
wanton *adj.* שובבני, קפריזי; שופע, גדל פרא; זדוני, מרושע; מופקר
wanton *v.* להתהולל; לבזבז
war (wôr) *n&v.* מלחמה, מערכה, תורת הלחימה; להילחם, להיאבק
- at war במצב מלחמה, נלחמים
- been in the wars *יצא בשן ועין
- go to war לאסור מלחמה (על)
- make war לעשות מלחמה, להילחם
- war game מישחק מלחמה
war'ble (wôr-) *v&n.* לטרלל, לזמר בסילסול; סילסול, טירלול
war'bler (wôr-) *n.* סיבכי (ציפור)
war bride כלת מלחמה
war chest קרן מלחמה
war clouds ענני-מלחמה (באופק)
war correspondent כַּתָּב קרבי
war crimes פשעי-מלחמה
war criminal פושע מלחמה
war cry זעקת-הקרב; סיסמת-בחירות
ward (wôrd) *n.* מחלקה; חדר; ביתן; רובע מינהלי; בן-חסות; אפיטרופסות; שמירה; חריץ-המפתח
- keep watch and ward לשמור
ward *v.* למנוע, להדוף
- ward off למנוע, להדוף, לתמנע
-ward(s) (wərd(z)) לכיוון, -ה
- northward(s) לכיוון צפון, צפונה
- skyward(s) השמיימה

war dance מחול מלחמה, מחול קרב
war'den (wôr'-) *n.* סוהר, כלאי; רב-כלאי; מפקח; פקח; מנהל
- chief warden רב-כלאי
- traffic warden פקח-חנייה
ward'er (wôrd'-) *n.* שומר; סוהר; רב-כלאי
ward'robe' (wôrd'-) *n.* ארון-בגדים, מלתחה
ward'room' (wôrd'-) *n.* מגורי-קצינים
wardship *n.* אפיטרופסות
ware *n&v.* כלים; סחורה; לאחסן
- wares מוצרים, מרכולת, סחורה
ware *v.* להיזהר מ-
warehouse *n.* מחסן, מחסן-סחורות
warfare *n.* מלחמה, לוחמה
warhead *n.* ראש חץ, ראש טיל
warhorse *n.* סוס-מלחמה, שועל-קרבות
wa'rily *adv.* בזהירות
warlike *adj.* מלחמתי, ערוך למלחמה; שואף-קרבות, שש לקרב
warlord *n.* מצביא, מפקד צבאי
warm (wôrm) *adj.* חם, חמים; לבבי; לוהט, נלהב; חביב, נלבב
- he is warm חם לו, יש לו חום
- warm color צבע חם (אדום/צהוב/ורוד)
- warm trail עקבות טריים
- warm work עבודה מחממת; פעילות מסוכנת
- you're getting warm אתה מתקרב
warm *v.* לחמם; להתחמם
- warm over לחמם/להתחמם שוב; להשתמש שוב (באותו נימוק)
- warm the bench לחבוש את הספסל
- warm toward him להתחיל לחבבו
- warm up לחמם; להתחמם; להתיידד; לחמם שוב
warm-blooded *adj.* בעל דם חם
warm-hearted *adj.* חם-לב, לבבי
warmonger (-mung-) *n.* מחרחר מלחמה
warmth (wôrmth) *n.* חוֹם
warm-up *n.* חימום; התחממות
warn (wôrn) *v.* להזהיר; להודיע
- warn away/off להרחיק
warning *n&adj.* אזהרה; התראה; הודעה; מזהיר, מתרה
- take warning להיזהר

- warning remark הערת אזהרה
War of Independence מלחמת העצמאות
war of nerves מלחמת עצבים
warp (wôrp) *n.* (באריגה) שְׁתִי; עיקום; פיתול; כבל-גרירה
warp *v.* לעקם; להתעקם; לפתל, לעוות, לסלף; להסתלף
war paint צבע מלחמה (למריחה על הגוף); בגדי-שרד; *איפור, אודם
war-path *n.* דרך המלחמה
- on the war-path ערוך לקרב, במלחמה, נאבק; זועם, רותח
warplane *n.* מטוס קרב
war′rant (wôr′-) *n.* הצדקה, סמכות; הרשאה; ערובה; בטוחה; כְּתָב; צו; צו-חיפוש; פקודת מעצר; כְּתַב מינוי
warrant *v.* להצדיק; להרשות; לערוב ל-; להבטיח
- I warrant אני מבטיח (לך), אין ספק
war′rantee′ (wôr-) *n.* מיופה כוח; מקבל תעודת-אחריות
warrant officer רב סמל בכיר
war′rantor′ (wôr′-) *n.* נותן אחריות, עָרֵב
war′ranty (wôr′-) *n.* אחריות, תעודת אחריות; סמכות; ערבות
war′ren (wôr′-) *n.* ארנבייה, שפנייה; מבוך-סימטאות
warring *adj.* נלחם, נאבק
war′rior (wôr′-) *n.* לוחם
warship *n.* ספינת-קרב
wart (wôrt) *n.* יבלת; *אדם דוחה
- warts and all *בלי להסתיר פגמים
wart hog חזיר היבלות
wartime *n.* עת מלחמה
war-torn *adj.* (ארץ) שסועת-קרבות
wart′y (wôr′ti) *adj.* יבלני, מיובל
war widow אלמנת מלחמה
wa′ry *adj.* זהיר, חשדני
was = pt of be (wôz)
wash (wôsh) *v.* לרחוץ, לכבס, להדיח; לשטוף; להציף; לסחוף; להישטף; להתכבס יפה
- wash away/off לשטוף, לסחוף
- wash clean לשטוף, לרחוץ, לנקות
- wash down לשטוף (בסילון מים); לבלוע (גלולה) בעזרת משקה
- wash one's hands of להתנער מכל אחריות ל-, לרחוץ בניקיון כפיו
- wash out לכבס, לשטוף; להתכבס; להדהות/לדהות בכביסה; לגרוף; להיסחף; *לבטל
- wash up לשטוף (פנים/כלים)
- washed out race מירוץ שהופסק (עקב הצפה)
- your story won't wash (with me) איני מאמין לסיפורך, איני "בולער"
wash *n.* רחיצה, כביסה, שטיפה, סחיפה; כבסים; מַשַק-מים; גל; נוזל דליל; נוזל-שטיפה; מימשה; פסולת-מיטבח
- come out in the wash להיוודע ברבים; להסתיים בטוב
- in/at the wash בכביסה, בכבסים
wash *adj.* כביס, מתכבס יפה
wash′abil′ity (wôsh-) *n.* כְּבִיסוּת
wash′able (wosh′-) *adj.* כביס
wash-basin *n.* כיור
wash-board *n.* לוח-כביסה, כסכסת
wash-bowl *n.* כיור
wash-cloth *n.* מטלית-רחצה, מגבת
wash-down *n.* רחיצה, שטיפה
wash drawing ציור בצבעי-מים
washed-out *adj.* חיוור, דהה; עייף
washed-up *adj.* *מחוסל; עייף
washer *n.* רוחץ, שוטף; מכבס, מכונת כביסה; דיסקית (לבורג), טבעת מתכת, שַׁיֶּבָה
washerwoman *n.* כובסת
wash-house *n.* מיכבסה
washing *n.* רחיצה, כביסה; כבסים
washing machine מכונת כביסה
washing powder אבקת כביסה
washing soda סודה לכביסה
washing-up *n.* שטיפת כלים
wash-leather *n.* מטלית-ניקוי
wash-out *n.* חור, תעלה (בכביש, עקב סחף-מים); כישלון; לא-יוצלח
washrag *n.* מגבת, מטלית רחצה
washroom *n.* חדר-שירותים, נוחיות
wash-stand *n.* שולחן-רחיצה, כיור
wash-tub *n.* גיגית-כביסה
washwoman *n.* כובסת
wash′y (wosh′i) *adj.* דליל, מימי; חלש, חיוור; נטול-עוצמה
wasn't = was not (woz′ənt)
wasp (wosp) *n.* צירעה
waspish *adj.* דמוי-צירעה, צר-מותניים; עוקצני, חריף-מענה
wasp-waisted *adj.* צר-מותניים
was′sail (wos′əl) *n.* מסיבה,

מישתה; קריאת לחיים; משקה מתובל
wassail *v.* לשתות לחיים; ללגום במסיבה; לשיר שירים
wast = pt of be (wost) היית
wa′stage *n.* ביזבוז, אובדן, בלאי
waste (wāst) *n.* ביזבוז, איבוד; שממה, מידבר, שטח חדגוני; אשפה
- go/run to waste להתבזבז, לרדת לטמיון
waste *v.* לבזבז; לאבד; לְכַלּוֹת, לדלדל; להחריב; להשחית; להידלדל; להתבזבז
- waste away להידלדל, להתנוון
- waste not, want not חסוך היום, ולא תחסר מחר
- waste one's breath לשחת דבריו
waste *adj.* שומם, לא-מיושב, הרוס; מיותר, פגום; של פסולת
- waste land שממה, אדמת בּוּר
waste basket סל פסולת, סל אשפה
waste bin סל פסולת, פח אשפה
waste disposal unit טוחן אשפה
wasteful *adj.* בזבזני, פזרני
wasteland *n.* שממה; ריקנות
wastepaper *n.* פסולת-נייר
wastepaper basket סל פסולת
waste pipe צינור שפכין
waste product מוצר פסולת
waster *n.* בזבזן; משחית
wasting *adj.* מכלה, מדלדל; משחית
wa′strel *n.* בזבזן; בטלן, לא-יצלח
watch (woch) *n.* שעון, שעון-יד; שמירה; עירנות; שומרים, שוטרים; מישמר; מישמרת
- keep watch לעמוד על המישמר
- night watch שומרי לילה; אשמורת ליל
- on the watch על המישמר
- set a watch on להפקיד שמירה על
- the watches of the night שעות לילה ללא שינה, אשמורות הלילה
watch *v.* לראות, להתבונן, להסתכל; לחכות, לצפות; להשגיח, לשמור; לפקוח עין, להיזהר, לשים לב
- watch for לחכות ל-, להיות על המישמר
- watch it! היזהר!
- watch my smoke *שים לב למהירותי
- watch one's step להיזהר שלא למעוד
- watch one's time לחכות לשעת כושר
- watch out להיזהר
- watch out for לחפש, לבקש, לשים לב
- watch the clock לְצַפּוֹת לסיום העבודה
- watch the time לשים לב לשעה
watchband *n.* רצועת שעון-יד
watchdog *n.* כלב שמירה
watcher *n.* רואה, מתבונן, צופה
watchful *adj.* ער; זהיר, פוקח-עין
watch-glass *n.* זכוכית השעון
watch-guard *n.* רצועת-שעון
watch-key *n.* מפתח-שעון
watchmaker *n.* שען
watchman *n.* שומר
watch strap רצועת שעון
watch-tower *n.* מיגדל שמירה
watchword *n.* סיסמה
wat′er (wôt′-) *n.* מים; גובה מי-הים
- above water לא בקשיים
- by water בדרך הים, בהפלגה
- get into hot water להסתבך בצרה
- go on the water לשוט בסירה
- high/low water גיאות/שפל
- in smooth water נחלץ מצרה, על מי-מנוחות
- like a fish out of water כדג ביבשה, לא שרוי בסביבתו הטיבעית
- like water בכמויות, בשפע
- of the first water ממדרגה ראשונה
- open water מים פתוחים
- pass/make water להשתין
- throw cold water on לשפוך צוננים על, לקרר התלהבות
- under water מוצף
- water under the bridge חלב שנשפך
- waters מים; ימים; מי-מרפא
- written in water נשכח מהר, בן-חלוף
water *v.* להשקות (צמח/סוס); להזליף; להתיז; לדמוע, לְרַיֵּר; להנפיק מניות (בצורה מנופחת)
- the ship watered הספינה הצטיידה במים
- water down לְמַיֵּם, להחליש, לדלל
Water-bearer *n.* מזל דלי
waterbed *n.* מיטת מים
water bird עוף-מים
water biscuit מצייה (מקמח ומים)

water blister בועת-מים, פצע-מים
water-borne *adj.* מובל בדרך הים; (מחלות) מועברות במים מזוהמים
water bottle מימייה; כלי למים
water butt חבית (למי-גשם)
water cannon תותח מים
water closet בית שימוש, שירותים
watercolor *n.* (ציור ב-) צבעי-מים
watercool *v.* לצנן (מנוע) במים
watercourse *n.* נחל, תעלה; אפיק-מים
watercress *n.* גרגיר הנחלים
watered *adj.* מושקה; מרובץ
watered shares מניות מנופחות
watered silk מואר, משי גלי/מימי
waterfall *n.* מפל-מים, אשד
- waterfall of suggestions מבול הצעות
water-finder *n.* מחפש מים
water-fowl *n.* עוף-מים (לציד)
waterfront *n.* שטח החוף
- cover the waterfront לכסות הנושא מכל היבטיו
waterglass *n.* כוס מים; נוזל זכוכי
water gun/pistol אקדח מים
water heater מחמם מים (דוד)
water hole בריכה, שקע-מים
water ice שלגון, מיקפא רפרפת; שרבט
wateriness *n.* מֵימִיוּת
watering *n.* השקייה; הזלפה
watering can/pot מזלף (של גנן)
watering place;אתר מעיינות-מרפא; סְפָא; בריכה, שקע-מים; מקום אספקת-מים
water jacket חלוק-מים (למנוע)
water jump מיכשול מים (במירוץ)
water level גובה-מים, מיפלס-מים
water lily נימפיאה (צמח-מים)
waterline *n.* קו-המים (באונייה)
- load waterline קו השוקע
water-logged *adj.* מלא מים
wat'erloo' (wot-) *n.* תבוסה
water main צינור-מים ראשי
waterman *n.* מעבוראי, משכיר סירות
watermark *n.* סימן מיפלס המים; סימן-מים (טבוע בנייר)
water meadow שדה מוצף (תכופות)
watermelon *n.* אבטיח
water meter שעון מים
watermill *n.* טחנת-מים
water nymph נימפת-המים
water pipe צינור מים; נרגילה
water polo כדור-מים (מישחק)
waterproof *adj.* אטים-מים
waterproof *n.* מעיל-גשם
waterproof *v.* לעשות לחסין-מים
water rate אגרת מים
water-repellent *adj.* דוחה מים
water-resistant *adj.* דוחה מים
watershed *n.* פרשת-מים; קו מפריד; נקודת מיפנה
waterside *n.* חוף, גדה, גדת-נהר
water skiing סקי-מים
waterskin *n.* נאד, חמת-מים
water-spout *n.* צינור, גישמה, מזחילה; זרבובית; עמוד מים, טורנאדו
water table מיפלס המים
watertight *adj.* אטים-מים; ברור לחלוטין, לא מותיר מקום לטעות
water tower מיגדל מים
water vapor אדים, אדי-מים
water vole/rat חולדת-מים
water wagon עגלת מים
waterway *n.* נתיב-מים
waterwheel גלגל מים
waterwings מצופי-שחייה
waterworks *n-pl.* מיפעלי-מים; *מערכת השתן; דמעות
- turn on the waterworks *להתחיל לבכות
water-worn *adj.* שחוק-מים
watery *adj.* מימי, רווי-מים; דומע; חיוור, חלש; מבשר גשם
- find a watery grave לטבוע
watt (wot) *n.* ואט (בחשמל)
watt'age (wot-) *n.* וַטַאז', הֶספֵק
wat'tle (wot-) *n.* שבכה, מסגרת ענפים, מחיצה קלועה; שיטה (עץ); דילדול בשרי (בצוואר תרנגול-הודו)
wave *v.* להתנועע, להתנופף; לנענע, לנופף; לנפנף; לסלסל; להסתלסל
- wave aside לבטל, לדחות הצידה
- wave away לסלק בניפנוף יד
- wave down לסמן שיעצור
- wave good-by לנופף לשלום (ביד)
- wave hair לסלסל שיער
- wave him on לרמוז (ביד) שיתקדם
wave *n.* גל; ניפנוף יד; סילסול
- a wave of fear גל פחד
- in waves גלים-גלים

- long waves גלים ארוכים
- make waves *לעשות צרות, לעשות גלים, לעשות רוח
- waves ים
wave band תחום-גלים
wavelength אורך גל
- on different wavelengths לא משדרים על אותו גל
wa'ver *v.* להתנועע; להבליח; להסס, לפקפק; להתמוטט, להתחיל לקרוס
waverer *n.* מהסס, לא החלטי
wa'vy *adj.* גלי; מסולסל, מתולתל
wax *n.* דונג, שעווה; *זעם
- wax in his hands כחומר ביד היוצר
wax *v.* לדנג, למרוח שעווה; לגדול, להיות, להיעשות, להפוך
- wax and wane לעבור תהפוכות
- wax fat להשמין
wax doll בובת שעווה
wax'en *adj.* שעווי, דונגי; חיוור
wax paper נייר שעווה
waxwork *n.* בובת-שעווה
waxworks *n-pl.* מוזיאון שעווה
waxy *adj.* שעווי, חיוור; *זועם
way *n.* דרך, אורח, נתיב; אופן, שיטה, צורה; כיוון; *סביבה, מקום
- a long way מרחק ניכר; בהרבה
- a long way off רחוק; רחוק מ-
- across/over the way מול, נגד
- all the way לאורך כל הדרך, כל הזמן
- all the way from... to... בין... ל...
- any way בכל אופן, על כל פנים
- by the way דרך אגב; בעת הנסיעה
- by way of דרך; במקום, בצורת-, בכעין-, בכוונה ל-, במטרה ל-
- child on the way ילד בדרך, הרה
- do it this way לעשות זאת בדרך זו
- fall his way להזדמן לו
- from way back מזה שנים רבות
- gather way לצבור מהירות
- get in the way להפריע, לחסום
- get under way להתחיל להתקדם
- get/have one's own way לעשות כרצונו (למרות הכל)
- go all the way with להסכים לחלוטין עם
- go out of one's way לצאת מגדרו
- have it both ways להשיג 2 דברים מנוגדים, לאחוז החבל בשני קצותיו
- have way on להפליג במים
- he has a way with him יש לו קסם מיוחד, יש לו דרך משלו
- in a bad way במצב רע
- in a big way *"בגדול", ברוב רושם
- in a small way בקטן; בפשטות
- in a way במידה מסויימת
- in any way בדרך כלשהי
- in no way כלל לא
- in one's way בדרכו, חוסם, מפריע
- in the same way באופן דומה
- in this way בדרך זו, בשיטה זו
- look his way להסתכל לעברו
- lose way לאבד מהירות, להאט
- make one's way לפלס דרכו; ללכת; לשים פעמיו; להצליח
- make way להתקדם, לעשות דרכו
- make way for לפנות דרך ל-
- no way! *בשום אופן לא!
- on the way בדרך, לקראת
- on the way out בדרך החוצה
- out of the way בלתי רגיל; נידח, מרוחק; לא מפריע, לא חוסם
- parting of the ways פרשת-דרכים
- put him in the way of לתת לו הזדמנות ל-, לעזור לו להתחיל
- put out of the way לחסל, לרצוח
- right of way זכות מעבר
- that's only his way זו דרכו
- the whole way מא' ועד ת'
- there's no way אין שום דרך
- under way מתקדם; בביצוע
- way of life אורח חיים
- way of the world דרך העולם
- way of thinking דרך מחשבה, דעה
- ways כבש-השקה (לאוניות)
- ways and means אמצעים, דרכים
way *adv.* רחוק; הרבה מאוד
- way back *לפני זמן רב, מזמן
- way behind הרחק מאחור
way-ahead *adj.* מתקדם
waybill *n.* רשימת סחורות; רשימת נוסעים
wayfarer *n.* הֵלֶך, צועד, נוסע
wayfaring *n&adj.* צעידה; נסיעה; צועד
way'lay' *v.* לארוב, לתקוף; לגשת אל-
way-out *adj.* משונה, מוזר ביותר
-ways (wāz) *adv.* (סופית) לציון כיוון/אופן
- sideways הצידה, במצודד
wayside *n.* שולי הדרך, צד הכביש
- drop by the wayside להיכשל לפני

הסיום

way station ציון דרך

way′ward *adj.* עקשן, הפכפך

WC = water closet בית שימוש

we (wē) *pron.* אנו, אנחנו; אני

weak *adj.* חלש, רפה; מימי, דליל

weak′en *v.* להחליש; להיחלש

weaker sex המין החלש, האישה

weak form צורה חלשה (במיבטא)

weak-headed *adj.* רפה-שכל

weak-kneed *adj.* מוג-לב

weak′ling *adj&n.* (אדם) חלש

weakly *adj&adv.* חלש; בחולשה

weak-minded *adj.* רפה-שכל

weakness *n.* חולשה; פגם, חיסרון

weal *n.* אושר, הצלחה, טובה; פס-מלקות, סימן-חבטה, חבורת-פס

- in weal and woe בטוב וברע
- the general weal טובת הכלל

wealth (welth) *n.* עושר; שפע, רוב

wealth′y (welth′i) *adj.* עשיר

wean *v.* לגמול (מיניקה); להגמיל

weap′on (wep′-) *n.* נשק, כלי-נשק

weaponless *adj.* חסר-נשק

weap′onry (wep′-) *n.* כלי-נשק

wear (wer) *v.* ללבוש; לשאת; ללבוש ארשת; לבלות, לשחוק; להשתמר, להתקיים; *להסכים

- wear a hole ליצור חור (ע״י חיכוך)
- wear a path לכבוש דרך (בהליכה)
- wear away לשחוק; להישחק; לחלוף
- wear down לשחוק; להישחק; להחליש, לייגע, להתיש; לדלדל
- wear glasses להרכיב משקפיים
- wear his nerves למרוט עצביו
- wear off להימוג, להיעלם; לשחוק
- wear on להתקדם, להימשך, לעבור; להרגיז, להציק; לעייף
- wear out לשחוק; להישחק; להתבלות; לעייף; לפקוע (סבלנותו)
- wear thin להישחק; להשתפשף
- wear through לשחוק; להישחק; לבלות
- wear well להיראות צעיר (חרף גילו); להחזיק מעמד
- wears her hair long בעלת שיער ארוך

wear *n.* לבוש; הלבשה; שחיקה; התבלות; בלאי; יציבות, אי-בלייה

- wear and tear התבלות, פחת

wearable *adj.* לביש, בר-לבישה

wea′riness *n.* עייפות, ליאות

wear′ing (wer′-) *adj.* של מלבושים

wear′ing (wir′-) *adj.* מעייף

wearing apparel מלבושים, בגדים

wea′risome *adj.* מעייף; משעמם

wea′ry *adj.* עייף; מעייף, משעמם

weary *v.* לעייף; להתעייף; לשעמם

wea′sel (-z-) *n&v.* סמור (טורף)

- weasel (out) להיות חמקמק

weasel word מלה דו-משמעית

weath′er (wedh′-) *n.* מזג-אוויר

- keep a weather eye open להיות ערוך ל-, לעמוד על המישמר
- make heavy weather of it למצוא שהדבר קשה
- under the weather לא מרגיש בטוב, לא בקו-הבריאות; מבוסם, שתוי

weather *v.* לעבור בשלום, להחזיק מעמד, להתגבר על; לחשוף לאוויר; לדהות; להישחק; להפליג מצד הרוח

- weather out להחזיק מעמד, לעבור

weather-beaten *adj.* מוכה-רוחות, שזוף-שמש; (פנים) שחומים

weather-board *n.* ציפוי-לוחות (מרועפים, נגד גשם)

weather-bound *adj.* תקוע עקב מזג-אוויר, מעוכב בגלל מזג-אוויר

weather bureau שירות מטאורולוגי

weather chart/map מפה סינופטית

weathercock *n.* שבשבת; הפכפך

weather forecast תחזית מזג-האוויר

weatherglass *n.* בארומטר

weatherman *n.* חזאי

weatherproof *adj&v.* חסין-רוח, אטים-גשם; לחסן כנגד מזג-אוויר

weather ship אוניית-חיזוי

weather station תחנת-חיזוי

weather strip פס-אוטם

weatherstrip *v.* לאטם בפס-אוטם

weathervane שבשבת, נס הרוח

weatherwise *n.* חזאי, מומחה-חיזוי

weave *v.* לארוג, לטוות; לשזור; לבנות, להרכיב; לפתל; להתפתל

- get weaving *להירתם במרץ לעבודה
- weave a basket לקלוע סל
- weave a plan לרקום תוכנית
- weave a story לשזור סיפור
- weave into לשבץ, לשזור ב-
- weave one's way להתקדם

בפיתולים

weave *n.* מארג, מירקם, מטווה

weaver *n.* אורג, טוואי

web *n.* קורים; רשת, מסכת, מארג; קרום-שחייה; גליל-נייר; אינטרנט

- web of lies מסכת-שקרים

webbed *adj.* בעל קרומי-שחייה

web′bing *n.* אריג, רצועה, חגורה

web-footed, web-toed *adj.* בעל קרומי-שחייה

web offset הדפסה בגליל-נייר

Web site אתר אינטרנט

wed *v.* להתחתן, להינשא; להצמיד

Wed. = Wednesday

we'd = we would, we had (wēd)

wedded *adj.* נשוי; מחובר, צמוד; דָבֵק, מסור, מכור ל- (רעיון)

wed′ding *n.* חתונה, טקס-כלולות

- diamond wedding חתונת-יהלום (למלאת 75/60 שנה לנישואים)

wedding breakfast סעודת נישואים

wedding cake עוגת-כלולות

wedding march מארש חתונה

wedding ring טבעת נישואים

wedge *n.* יתד, טריז; פלח טריזי

- drive a wedge לתקוע טריז

- wedge of cake פרוסת עוגה

wedge *v.* לייתד, לטרז; לנעוץ (ב-) טריז; לדחוק; לדחוס

wedged *adj.* טריזי; תקוע, נתקע

wed′lock′ *n.* נישואים, נישואין

- born in wedlock נולד בנישואים

- worn out of wedlock נולד מחוץ לנישואים, בלתי-חוקי, ממזר

Wednes′day (wenz′d-) *n.* יום רביעי

- (on) Wednesday ביום רביעי

Wednesdays *adv.* בימי רביעי

Weds. = Wednesday

wee *adj.* קטן, קטנטן, זעיר

- a wee bit מעט, קצת, משהו

- wee hours השעות המוקדמות

wee, wee-wee *v&n.* * (לעשות) פיפי

weed *n&adj.* עשב רע; טבק, סיגריות; חשיש; כחוש וגבוה, חלש

weed *v.* לנכש (עשבים), לייבל, לעשב

- weed out לשרש, לסלק (המיותרים)

weedkiller *n.* קוטל עשבים

weeds *n-pl.* בגדי אַלְמָנוּת, שחורים

weed′y *adj.* מלא עשבים שוטים; חלש; רפה; גבוה ורזה

wee folk גמדים, פֵיוֹת וכ׳

week *n.* שבוע; שבוע עבודה

- 5-day week שבוע-עבודה בן 5 ימים

- Sunday week שבוע אחרי יום א׳

- a week on Friday שבוע מיום ו׳

- this day week שבוע מהיום

- tomorrow week מחר בעוד שבוע

- week in, week out במשך שבועות רצופים

weekday *n.* יום חול

- work weekdays לעבוד בימי חול

weekend *n.* סופשבוע, ויקאנד

weekend *v.* לבלות סופשבוע

weekender *n.* מבלה סופשבוע

week-long *adj.* שנמשך שבוע

weekly *adj&adv.* שבועי

weekly *n.* שבועון

weeknight *n.* ליל-חול

wee′ny *adj.* *קטנטן, זעיר

weep *v.* לבכות; לזלוג, לזוב

- weep bitter tears למרר בבכי

- weep one's fate לבכות על גורלו

- weep over- לבכות על-

weeping *adj.* (עץ) שחוח-ענפים

weepy *adj.* בכייני; סוחט דמעות

wee′vil (-vəl) *n.* חידקונית

weft *n.* עֵרֶב, חוטי-הרוחב

weigh (wā) *v.* לשקול

- weigh an idea לשקול רעיון

- weigh anchor להרים עוגן

- weigh down להכביד, לכופף

- weigh in להישקל לפני תחרות

- weigh in with להצטרף לוויכוח, להטיל למערכה (טענות/מידע)

- weigh into *לתקוף, להיכנס ב-

- weigh on- להכביד על-, להעיק על-

- weigh one's words לשקול דבריו

- weigh out לשקול, למדוד במישקל

- weigh up לשקול היטב; להבין

- weigh with him להיות רב-חשיבות בעיניו, להשפיע עליו

weigh-bridge *n.* מאזני-רכב, מאזני-גשר

weight (wāt) *n.* מישקל; מישקולת; משא, נטל; מעמסה

- have weight with להיות בעל מישקל בעיני

- lose weight לרדת במישקל, לרזות

- of great weight רב-חשיבות, כבד-מישקל

- over weight כבד מדיי

- pull one's weight להטות שכם
- put on weight לעלות במישקל
- throw one's weight around/about להשתלט על סביבתו, להתנפח
- under weight קל מדיי
weight *v.* להוסיף מישקל, להכביד, לעשות לכבד; להעניק יתרון; לשקלל
- weight against להעמיד בעמדה נחותה
- weight down להכביד, להעמיס; להעיק
- weight in favor of להעניק יתרון
weighted *adj.* כבד; משוקלל; נוטה
weighting *n.* תוספת, הטבה; שיקלול
weightless *adj.* נטול-מישקל
weightlessness *n.* חוסר-מישקל
weight lifter מרים משקלות
weight lifting הרמת-מישקלות
weight-watcher *n.* שומר מישקל
weighty *adj.* כבד-מישקל
weir (wir) *n.* סכר; מחסום, רשת, גדר-כלונסאות (במים, ללכידת דגים)
weird (wird) *adj.* משונה
weird'ie (wir'di) *n.* תימהוני
weird'o (wir-) *n.* תימהוני
welch *v.* להתחמק מתשלום
wel'come (-kəm) *adj.* רצוי, מתקבל; נעים; רשאי, חופשי
- "Thanks", "You're welcome" "תודה", "על לא דבר"
- is welcome to רשאי, מכובד ב-
- make him welcome לקדמו בחמימות
- welcome home ברוך בואך הבייתה
- you're welcome to try נסה!, אדרבה!
welcome *n.* קבלת-פנים
- hearty welcome קבלת פנים לבבית
- wear out one's welcome לשהות זמן רב מדיי, לבקר תכופות מדיי
welcome *v.* לקבל פנים (בשימחה)
- welcome advice לקבל עצה ברצון
weld *v.* לרתך; להצמיד; לחבר
weld *n.* ריתוך; חלק שחובר בריתוך
welder *n.* רַתָּךְ
wel'fare' *n.* אושר, טובה, רווחה; עזרה סוציאלית, סעד
welfare officer קצין סעד
welfare state מדינת סעד
welfare work עבודה סוציאלית
wel'kin *n.* שמיים, שחקים

well *n.* באר, באר-מים, באר-נפט; מקור, מעיין; פיר, ארובת-מעלית; מחיצת הפרקליטים
well *v.* לפרוץ, לזרום, לקלוח
- well out לפרוץ, לזוב, לנבוע
- well over לגלוש, לשפוע
- well up לעלות, לגאות, למלא
well *adv.* טוב, היטב, יפה; כראוי; בהרבה; במידה ניכרת; בצדק, בדין
- come off well להסתיים בטוב
- do oneself well לפנק עצמו
- do well להצליח, להתקדם
- do well out of לצאת ברווח מ-
- go well להלום, להתאים
- is doing well מחלים, מתאושש
- is well out of it "יצא מזה"
- just as well "לא נורא"; כמו כן
- may (just) as well עשוי באותה מידה ל-, היינו הך, מוטב ש-
- stand well with לשאת חן בעיני-
- well and good טוב, אוקיי
- well and truly כליל, לגמרי
- well away מתקדם; *שתוי
- well done! יפה מאוד!, כל הכבוד!
- well off עשיר, אמיד; בר-מזל
- well up in בקי ב-
- well worth ראוי בהחלט ל-
well *adj.* טוב, בריא; במצב טוב; בסדר; מוטב, רצוי
- all is not well with לא הכל בסדר אצל-
- get well להחלים, להבריא
- it's well that טוב ש-; רצוי ש-
well *n.* טוב, טובה, רווחה, אושר
well *interj.* ובכן, טוב, או קיי, בסדר
- well, well! יופי!, מצויין!, האומנם!
we'll = we will/shall (wēl)
well-adjusted *adj.* יציב מנטלית
well-advised *adj.* נבון, חכם
well-appointed *adj.* מצוייד כהלכה
well-balanced *adj.* מאוזן; שקול
well-behaved *adj.* מתנהג-כהלכה
well-being *n.* טוב, טובה, אושר, רווחה; בריאות
well-born *adj.* מיוחס, ממשפחה טובה
well-bred *adj.* מחונך, מנומס
well-built *adj.* בנוי כהלכה; חסון
well-chosen *adj.* הולם; קולע
well-connected *adj.* בעל קשרים טובים, מקורב לאנשים רבי-השפעה

well deck עימקה (על הסיפון)
well-defined *adj.* מוגדר ברורות
well-deserved *adj.* ראוי בהחלט ל-
well-disposed *adj.* ידידותי
well-doer *n.* צדיק, עושה טוב
well-doing *n.* חסידות, מעשים טובים
well-done *adj.* מבושל היטב
well-dressed *adj.* לבוש בקפידה
well-earned *adj.* ראוי, מגיע בצדק
well-established *adj.* מבוסס היטב
well-favored *adj.* יפה-תואר, נאה
well-fed *adj.* מוזן היטב, אוֹכֵל היטב
well-fixed *adj.* מבוסס (כספית)
well-found *adj.* מצוייד כראוי
well-founded *adj.* מבוסס
well-groomed *adj.* מצוחצח
well-grounded *adj.* מבוסס; בקי
well-head *n.* מָקוֹר, מַעְיָן
well-heeled *adj.* *עשיר
wel′lie *n.* *מגף, מגף ברך
well-informed *adj.* רחב-ידע
wel′lington *n.* מגף, מגף ברך
well-intentioned *adj.* מתכוון לטוב
well-kept *adj.* שמור היטב
well-knit *adj.* חסון, בנוי היטב
well-known *adj.* ידוע, מפורסם
well-lined *adj.* *גדוש בכסף
well-mannered *adj.* מנומס
well-marked *adj.* מסומן בבירור
well-meaning *adj.* בעל כוונות טובות
well-meant *adj.* מתכוון לטובה
well-nigh *adv.* כמעט
well-off *adj.* עשיר, אמיד
well-oiled *adj.* *שתוי, מבוסם
well-paid *adj.* מִשְׂתַּכֵּר היטב
well-preserved *adj.* שמור יפה
well-read *adj.* שקרא הרבה, שמילא כרסו בספרים; אוצר בלום
well-rounded *adj.* רחב-ידע, מגוון; חטוב; מושלם, סימטרי
well-set *adj.* בנוי כהלכה, מוצק
well-spoken *adj.* מנומס, אנין-לשון; אמור בטוב-טעם
wellspring *n.* מקור, מעיין המתגבר, מקור בלתי נדלה
well-thought-of *adj.* אהוד, נערץ
well-thought-out *adj.* מתוכנן היטב
well-timed *adj.* בעיתו, קולע
well-to-do *adj.* עשיר, אמיד
well-tried *adj.* בדוק ומנוסה
well-turned *adj.* מובע יפה
well water מי-באר
well-wisher *adj.* מאחל טוב, מברך
well-worn *adj.* משומש; נדוש
wel′ly *n.* *מגף, מגף ברך
Welsh *adj&n.* ולשי; ולשית
welsh *v.* להתחמק מתשלום; להשתמט; להפר הבטחה
welsher *n.* מתחמק, משתמט
Welsh rabbit גבינה מותכת (על טוסט)
welt *n.* פס-מלקות, חבורה; רצועת-עור (בנעל); פתיל-חיזוק
wel′ter *v.* להתבוסס, להתפלש
welter *n.* בילבול, ערבוביה; בליל
welterweight *n&adj.* חצי-כבד; (מתאגרף בעל) מישקל מצוע
wen *n.* תפיחה, ציסטה, גושיש
wench *n.* בחורה, נערת-כפר; פרוצה
wench *v.* להתחבר עם פרוצות
wend *v.* ללכת, לנסוע, לנוע
- wend one's way לשים פעמיו
went = pt of go
wept = p of weep
were = pt of be (wûr)
- as it were כביכול, כאילו
- if I were/were I אילו הייתי
we're = we are (wir)
weren't = were not (wûrnt)
were′wolf′ (wir′wŏŏlf) *n.* אדם-זאב
wert = were
west *n&adj&adv.* מערב; מערבי; מערבה
- go west *למות
- the West Bank הגדה המערבית, יו"ש, יהודה ושומרון
- west of- מערבה ל-
west′bound′ *adj.* נוסע מערבה
west′erly *adj&adv.* מערבי; מערבה
west′ern *adj&n.* מערבי; מערבון
west′erner *n.* איש-המערב
western hemisphere חצי הכדור המערבי
west′erniza′tion *n.* התמערבות
west′ernize′ *v.* למערב, להחדיר מערביות, להנהיג אורח-חיים מערבי
westernmost *adj.* המערבי ביותר
westward(s) *adj&adv.* מערבי; מערבה

wet *adj.* רטוב, לח; גשום, סגרירי; *חסר-מרץ, נרפה
- all wet *מבולבל; טועה לחלוטין
- wet through רטוב לגמרי, ספוג מים
wet *n.* רטיבות; גשם; *כּוֹסִית
wet *v.* להרטיב
wet blanket מדכא, מרפה ידיים
wet dream חלום רטוב
weth′er (-dh-) *n.* אַיִל מסורס
wet nurse מינקת
wet suit חליפת-צולל (חמה)
wetting *n.* הרטבה; הירטבות
wetting agent חומר מרטיב
we've = we have (vēv)
whack *v.* להכות, להלקות, להצליף
whack *n.* (קול) חבטה, הצלפה; *ניסיון; חֵלֶק
- have a whack at *לנסות
- have one's whack *ליטול חלקו
- out of whack *לא תקין; לא תואם
whacked *adj.* *עייף, סחוט
whack′er *n.* גדול, כביר; *שקר גס
whacking *n&adj.* מכות; *כביר
whale *n.* לוויתן; *דבר כביר/עצום
- whale of a time *בילוי מענג, כיף
whale *v.* לצוד לוויתנים
- whale away *להכות, להצליף
whalebone *n.* עצם לוויתן
whaler *n.* צַיָּד-לוויתנים; ספינת-לוויתנים
whaling *n.* צֵיד-לוויתנים
whaling gun רובה-צילצלים
wham *v&n.* *להלום; (קול) חבטה
wham′my *n.* *השפעה רעה, מזל רע
whang *n&adv.* (בקול) חבטה, צילצול; בדיוק, היישר
whang *v.* להכות, לחבוט
wharf (wôrf) *n.* רציף, מזח, מעגן
wharfage *n.* (דמי) שימוש ברציף
what (wot) *adj&adv&pron.* מה?, איזה?, איזו?, כמה?; מה ש-, הדבר ש-
- and what not וכדומה, וכולי, "ומה לא"
- and what's more יתר על כן
- give him what for לתת לו מנה הגונה, להענישו
- has what it takes יש לו נתונים להצליח, יש לו מה שצריך
- or/and what have you וכדומה
- so what? אז מה?, ומה בכך?
- what a fool is he! טיפש שכמותו!
- what a pity! חבל!
- what d'you call him "מה שמו", שמו פרח מזיכרוני
- what did he do that for? לשם מה/למה עשה זאת?
- what ever מה לעזאזל, מה בכלל
- what for? למה?, מדוע?, לשם מה?
- what if? מה (יקרה/תגיד) אם?
- what is he? מה הוא?, מה עיסוקו?
- what little he has המעט שיש לו
- what of it? ובכן, מה בכך?
- what though? ומה אם?, ומה בכך ש-?
- what with- עקב, מהסיבות (הבאות)-
- what's his name "מה-שמו"
- what's it "מה-שמו"
- what's she like? איך היא?
- what's up? מה קורה?, מה נשמע?
what·ev′er (wot-) *adj&pron.* כלשהו, איזשהו; לא חשוב איזה/מה; כל מה; מה; כלל
- no man whatever שום אדם (לא)
- or whatever *או מה שלא יהיה
- whatever! "מֵילא!", שיהיה!
what′not′ (wot′-) *n.* כל דבר, כל שתרצה; כוננית (לחפצי-נוי)
- and whatnot ומה לא, ומה שתרצה
what′so·ev′er = whatever (wot-)
wheat *n.* חיטה
wheat′en *adj.* של חיטה
wheat germ נבט חיטה
whee′dle *v.* לפתות, לשדל
- wheedle out לסחוט, להשיג בפיתוי
wheel *n.* גלגל, אופן; הגה; סיבוב
- at the wheel ליד ההגה, בשילטון
- steering wheel גלגל ההגה
- wheels כלי-רכב, אופניים
- wheels within wheels מניעים סמויים, מצב מורכב, סבך גורמים
wheel *v.* לגלגל, לדחוף, לגרור; להסיע; לפנות; להתגלגל; לחוג
- right wheel! ימינה פנה!
- wheel and deal לא לבחול בשום אמצעי; לעשות עסקים
- wheel around לסוב לאחור
wheelbarrow *n.* מריצה, חדופן
wheelbase *n.* רוחק הסרנים (ברכב)
wheelchair *n.* כיסא-גלגלים
wheel clamp סנדל רכב
wheeled *adj.* בעל גלגלים
wheeler *n.* מגלגל; בעל גלגלים

- 4-wheeler מכונית בעלת 4 גלגלים
wheeler-dealer *n.* עושה עסקים; מְתַכְמֵן
wheelhouse *n.* תא-ההגה (בספינה)
wheel′ie *n.* נסיעה על גלגלים אחוריים
wheelwright *n.* מְתַקֵן גלגלים, יוצר גלגלים, חרש-אופן
wheeze *v.* לנשום בקול (שורקני)
wheeze *n.* נשימה שורקנית; *בדיחה, רעיון מבריק, טריק
whelk *n.* שבלול (ימי)
whelp *n&v.* גור, כלבלב, כפיר; עזפנים, חסר-חינוך; להמליט
when *adv&conj&pron.* מתי?, בשעה ש-, כאשר-, כש-; (הזמן) שבו; ואז; למרות ש-
- since when? ממתי?, מאימתי?
- the when and where השעה והמקום
- until when? עד מתי?
whence *adv&conj.* מאין?, מִנַיִן?; מהיכן ש-, אשר משם-, שממנו; למקום ש-
- whence are you? מאין באת?
when•ev′er *conj&adv.* בכל שעה ש-, כל אימת ש-; לא חשוב מתי; מתי?
- or whenever *או בזמן כלשהו
where (wār) *adv&conj&pron.* איפה?, לאן?, היכן; במקום ש-; אך, ואילו
- where is he from? מִנַיִן הוא?
- where it's at *מצוין, כביר
- where to? לאן?
where′abouts′ (wār′-) *n&adv.* מקום, סביבה, מקום-מישכן; איפה?, באיזו סביבה?
where•as′ (wāraz′) *conj.* ואילו, אך; בעוד ש-; הואיל ו-
where•at′ (wārat′) *adv.* אשר בו; לפיכך
where•by′ (wārbī′) *adv.* שדרכו, שבאמצעותו; שלפיו
where′fore (wār′-) *adv&conj&n.* למה?, לכן
where•in′ (wārin′) *conj&adv.* אשר בו, במקום ש-, היכן ש-; היכן?, באיזה מובן?
where•of′ (wārov′) *adv.* שממנו; שעל-אודותיו
where•on′ (wāron′) *adv.* שעליו
where′so•ev′er = **wherever** (wār-)
where•to′ (wārtōō′) *adv.* לשם מה?, לאן?, להיכן?, שאליו, שלשם; שעל כך
where′upon′ (wār′-) *conj.* אשר על כן; ומיד אחר כך, ואז
wherev′er (wār-) *adv.* לכל מקום ש-, בכל מקום ש-; במקום כלשהו; איפה?
- wherever he goes - I go באשר ילך אלך
where•with′ (wār-) *adv.* במה?, במה ש-
where′withal′ (wār′widhôl′) *n.* אמצעים; כסף, מימון
wher′ry *n.* אֲרבָּה, סירת-משוטים
whet *v.* להשחיז; לעורר, לגרות
wheth′er (-dh-) *conj.* אִם; בין ש-; האם
- whether I walk or run בין שאלך ובין שארוץ
- whether by accident or design במיקרה או שלא במיקרה
- whether or no בכל מיקרה
whetstone *n.* אבן משחזת
whew (hū) *interj.* אוף!, יוּ! (קריאה)
whey (wā) *n.* מי-חלב
which *adj&pron.* איזה?, ב-/ל-/מאיזה? ש-, אשר-; שהוא-, שאותו, והוא-; וזאת
- at which שעליו, שלעברו, שבו
- by which שדרכו, שבאמצעותו
- during which time ובמשך זמן זה
- into which שבו, שבתוכו
- of which ממנו, מהם
- which is which איזה א′ ואיזה ב′
which•ev′er *adj&pron.* איזה; איזה שהוא; איזה ש-; כל מה ש-; לא חשוב איזה
whiff *n.* משב, ריח קל, נֶדֶף; שאיפה; מציצת-סיגאר
whiff *v.* לנשב; להדיף ריח; לשאוף; לנשוף
whiff′y *adj.* *מסריח, מצחין
while *n&v.* שעה, זמן; להעביר (זמן)
- (all) the while במשך (כל) הזמן
- a good/great while זמן ניכר
- a long while ago לפני זמן רב
- a short while ago לפני זמן-מה
- a while back לפני תקופה קצרה
- after while בתוך זמן קצר

- between whiles לפרקים
- for a while לזמן-מה
- in a (little) while בתוך זמן קצר
- once in a while מפעם לפעם
- while away להעביר הזמן; להתבטל
while *conj.* בשעה ש-, בעת-; כל עוד ש-; למרות ש-; אך, ואילו-
- while speaking תוך כדי דיבור
whilst = while (wīlst)
whim *n.* קפריזה, שיגעון, בולמוס
whim′per *v&n.* לייבב; יבבה
whim′sical (-z-) *adj.* קפריזי, שיגעוני, מוזר, חדור מושגים משונים
whim′sical′ity (-z-) *n.* קפריזה
whim′sy, whim′sey (-z-) *n.* קפריזה, שיגעון; מוזרות
whin *n.* אולקס (שיח קוצני)
whine *v.* לבכות, לייבב, ליילל
whine *n.* בכי, יבבה, יללה
whiner *n.* בכיין, בוכה, מתלונן
whinge *v.* *לבכות, לקטר
whin′ny *n&v.* צהלת-סוס, צניפה; לצהול, לצנוף
whip *n.* שוט; מצליף-סיעה; הזמנה להצביע; מיקצפת; מְרַכֵּז כלבי-ציד
- crack the whip *להעניש
- three-line whip הזמנה דחופה
whip *v.* להצליף; להכות; להביס; להקציף, לטרוף; לחטוף, לנוע/להניע בחטף; לדוג; לקשור, לתפור שוליים
- whip a top לסובב סביבון
- whip in לרכז (כלבי ציד), לאסוף
- whip off להסיר בחטף, לחטוף
- whip out לשלוף; לצאת מהר
- whip round להתרים, לאסוף תרומות; לכרוך, ללפף סביב
- whip up לעורר, להלהיב; להכין
whipcord *n.* חבל-שוט, ערקה; אריג צמרי חזק
whip hand *n.* שליטה, יתרון
whiplash *n.* הצלפה; הלם; חבלה בצוואר
whipped *adj.* מוקצף
whipped cream קצפת
whipper-in *n.* מְרַכֵּז כלבי-ציד
whipper-snapper *n.* אפס נפוח
whipping *n.* הצלפה, מלקות
whipping boy סופג המלקות, שעיר לעזאזל, קורבן
whipping cream שמנת (להקצפה)
whipping post עמוד המלקות
whipping top סביבון, כירכר

whip′poorwill′ (-pər-) *n.* (מין) ציפור-לילה
whip′py *adj.* גמיש, קפיצי
whip-round *n.* איסוף תרומות
whipsaw *v&n.* מסור; *לרמות
whir(r) *n&v.* רעש, מַשָּׁק, זימזום, רישרוש; לחלוף ברישרוש; לשקשק
whirl *v.* לסובב; להסתובב; להסתחרר; לנוע במהירות; להסיע
- my head whirls ראשי סחרחר
- whirl away/off להסתלק מהר
whirl *n.* סיבוב, הסתובבות; סחרחורת; בילבול; רצף פעילויות
- give it a whirl *לנסות זאת
whir′ligig′ (wûr′ligig) *n.* סביבון; סחרחרה; סיבוב, גלגל חוזר
whirlpool *n.* מערבולת
whirlwind *n&adj.* סופה, עלעול-רוח; מהיר, כמו סופה
- reap the whirlwind לקצור סופה
whirlybird (wûr′libûrd′) *n.* *הליקופטר
whisk *n.* מטאטא, מיברשת; מקצף, מטרף; תנועה חטופה, תנופה
whisk *v.* לטאטא; להבריש; להקציף, לטרוף; להניע חטופות; לסלק
- whisk away/off לסלק חיש, לחטוף
whisk′er *n.* שפם, זיף-מישוש
- whiskers זקן-לחיים, שער-הלחי
whiskered *adj.* משופם; עטור זקן-לחי
whis′ky, whis′key *n.* ויסקי
whis′per *v&n.* ללחוש; לאווש, לרשרש; לחישה, שמועה; איוושה
whispering campaign מסע-לחישות
whist *n.* ויסט (מישחק קלפים)
whist drive סידרת מישחקי ויסט
whis′tle (-səl) *n.* שריקה; משרוקית
- blow the whistle on *להלשין, לבגוד; לעצור, להפעיל יד קשה כלפי
- wet one's whistle *ללגום כוסית
whistle *v.* לשרוק, לצפצף
- whistle for it לרצות זאת ללא הועיל, "לשכוח מזה"
- whistle up להרכיב (מחומר דל)
whistle-blower *n.* מלשין, מדליף
whistle stop תחנת רכבת (קטנה); סיור/סיבוב בחירות רצוף תחנות
whit *n.* שמץ, קורטוב, משהו
- not a whit אף לא שמץ, כלל לא
Whit = Whitsun

white *adj.* לבן; צחור, צח; חיוור
- bleed white לדלדל, לרושש
- go white להפוך לבן; להחוויר
- white coffee קפה עם חלב
white *n.* גוון לבן; לובן; אדם לבן; לובן-שבעין; חלבון; לחמית
- whites בגדים לבנים, ביגדי-לבן
white alloy מסג לבן, סגסוגת זולה
white ant נמלה לבנה, טרמיט
whitebait *n.* דגיגי-מאכל
white bear הדוב הלבן
white blood cell ליקוציט, כדורית לבנה
whitecap *n.* מישבר, גל עטור-קצף
white-collar *adj.* של הצווארון הלבן
whited sepulcher עיט צבוע
white dwarf ננס לבן (כוכב)
white elephant פיל לבן, נכס יקר וחסר-תועלת
white ensign דגל הצי הבריטי
white feather פחדנות, ריפיון ידיים
white flag דגל לבן, אות כניעה
white goods מכשירי חשמל ביתיים
Whitehall *n.* הממשלה הבריטית
white heat חום לוהט; להט, רגש עז
white hope תיקווה גדולה (אדם)
white horse מישבר, גל עטור קצף
white-hot *adj.* לוהט, נלהב, רותח
white knight אביר לבן (חברה א׳ הרוכשת חברה ב׳ לפני חברה ג׳)
white lead עופרת לבנה
white lie שקר לבן, שקר כשר
white-livered *adj.* פחדני, מוג-לב
white magic כישוף לבן (למטרות טובות); מאגיה לבנה
white man האדם הלבן
white meat בשר לבן, בשר-עגל, בשר-חזיר, בשר-עוף
white metal מסג לבן, בַּעַץ, מתכת לבנה
whi'ten *v.* להלבין; להפוך לבן
whiteness *n.* לובן, צבע לבן, לַבְנוּת
whitening *n.* חומר הלבנה; הלבנה
white paper ספר לבן
white sale מכירת לבנים בהנחה
white scourge שחפת
white sheet גלימה לבנה
white slave נערה שנמכרה לזנות
white slavery סחר נשים
white supremacy עליונות הלבנים
whitethorn *n.* עוזרד

whitethroat *n.* סיבכי (לבן-צוואר)
white tie עניבת-פרפר (לבנה); תילבושת ערב
whitewash *n.* סיד; טיוח, העלמה
whitewash *v.* לסייד; לטייח, לחפות; להביס בלי לספוג שער
white water מים לבנים, מי קצף
white wedding חתונה לבנה (עם שימלת כלולות לבנה)
whi'tey *n.* *לבן, הלבנים
whith'er (-dh-) *adv.* לאן?, אנה?, להיכן, למקום ש-; לאן פניו
whi'ting *n.* עיט-הים; סיד, חומר הלבנה
whi'tish *adj.* לבנבן
whit'low (-ō) *n.* מורסה (באצבע)
Whit'sun *n.* חג השבועות הנוצרי
Whit Sunday חג השבועות הנוצרי
Whit'suntide' *n.* שבוע החג הנ״ל
whit'tle *v.* לחתוך, לקלוף, לגלף; לקצץ, לצמצם; לעצב
- whittle away/down לקצץ, להפחית
whi'ty *adj.* לבנבן
whiz *v&n.* לשרוק; לחלוף בשריקה; זימזום; שריקה; *מבריק, מוכשר, שֵׁד
whiz-kid *n.* ילד פלא, מבריק
who (hōō) *pron.* מי?, (האיש) ש-
- who's who מי הוא מי; מי ומי
WHO=world health organization
whoa (wō) *interj.* עצור! (לסוס)
who'd = who had/would (hōōd)
who·dun'it (hōō-) *n.* סיפור בלשי
who·ev'er (hōō-) *pron.* מי ש-; מי שלא יהיה, לא חשוב מי; *מי?
whole *adj&n.* שלם, תמים, כול; שלמות; יחידה, אחד
- a whole lot *המון; בהרבה
- as a whole כשלמות אחת; באופן כללי, בסך הכל
- on the whole בסך הכל, כללית
- the whole lot הכל, כליל
- the whole of כל ה-
- whole show *אישיות חשובה
wholefood *n.* מזון מלא
whole-hearted *adj.* בחפץ-לב; מסור, כֵּן, מלא, נלהב, ללא סייג
wholemeal *n.* חיטה מלאה
whole note תו שלם, 4 רבעים
whole number מיספר שלם
wholesale *n.* סיטונות

wholesale *adj&adv.* סיטוני; בסיטונות, בממדים גדולים
wholesaler *n.* סיטונאי
wholesome *adj.* בריא; טוב
wholewheat *adj.* של חיטה מלאה, של קיבר
wholewheat bread לחם חי/מלא
who'll = who will (hōōl)
whol'ly (hōl'-) *adv.* כליל, לחלוטין
whom (hōōm) *pron.* מי?, את מי?, שאותו, ש-, האיש אשר-
- of whom שממנו
- to whom למי?, שאליו
- with whom עם מי?, שאיתו, שעמו
whoop (hōōp) *v&n.* לצעוק; צעקה; קריאה; שאיפה שורקנית
- whoop it up *לעשות שמח, לכייף
whoop'ee (wōōp'-) *interj.* הידד!
- make whoopee *להתהולל
whooping-cough שעלת
whoops *interj.* *אופ!, אויה!
whoosh *v&n.* (לחלוף ב-) שריקה
whop *v&n.* *להביס; חבטה
whop'per *adj&n.* *גדול, כביר; שקר גס
whop'ping *adj.* *גדול, עצום
whore (hôr) *n.* זונה
who're = who are (hoor)
whorehouse *n.* בית-בושת
whoremaster *n.* זנאי
whoremonger (-mung-) *n.* זנאי
whorl (wûrl) *n.* דוּר (עלים/פרחים); קו סלילי (בקונכיה)
whorled *adj.* בעל דורים; חלזוני
whor'tleber'ry (wûr'təlberi) *n.* אוכמנית
who's = who is, who was (hōōz)
whose (hōōz) *pron.* של מי?, שלו
who've = who have (hōōv)
why (wī) *adv&conj&n.* למה, מדוע; הסיבה
- the whys and wherefores הסיבות
why *interj.* הִנֵה! (קריאה)
wick *n.* פתילה
- get on his wick *להציק לו
wick'ed *adj.* רע, רשע; זדוני
wick'er *adj&n.* (עשוי) מעשה-מיקלעת
wicker basket סל-נצרים
wickerwork *n.* מעשה-מיקלעת
wick'et *n.* פִּשְפָּש, שער קטן; אשנב; (בקריקט) איזור השער
- keep wicket להיות שוער
wicket gate/door פִּשְפָּש (פֶּתַח)
wicket keeper (בקריקט) שוער
wide *adj&adv.* רחב; נרחב; רחוק מהמטרה/מהאמת; *ממולח
- go wide להחטיא המטרה
- wide awake ער לגמרי
- wide eyes עיניים פעורות לרווחה
- wide open פתוח לרווחה, פעור
wide *n.* (כדור) מחטיא המטרה
wide-angle *adj.* רחב-זווית
wide-awake *adj.* ער לגמרי; פעור-עיניים; עירני, פוקח עין
wide boy *רמאי
wide-eyed *adj.* פעור-עיניים
widely *adj.* במידה ניכרת, בהרבה; בהיקף רחב; על פני שטח נרחב
- widely known נודע, ידוע ברבים
- widely read שקרא הרבה
wi'den *v.* להרחיב
wide-ranging *adj.* מקיף, נרחב
widespread *adj.* נפוץ, רוֹוֵחַ, נרחב
wid'geon (-jən) *n.* (מין) ברווז-בר
wid'get *n.* *אמצאה, מכשיר, פטנט
wid'ow (-ō) *n.* אלמנה
widowed *adj.* אלמן, שנתאלמן
widower *n.* אלמן
widowhood *n.* אַלְמְנוּת
widow's peak "חוד האלמנה", שְׂעַר הראש בצורת וְי
width *n.* רוחב; חתיכה (ברוחב מסויים)
wield (wēld) *v.* לתפוס, להחזיק; להשתמש ב-, להפעיל
wie'ner (wē'-) *n.* נקניקית
wife *n.* אישה
wifely, wifelike *adj.* כיאה לאישה
wig *n.* פאה נוכרית, קפלט
- big wig *אישיות חשובה, תותח כבד
wigged *adj.* חבוש פיאה נוכרית
wig'ging *n.* *נזיפה, מנה הגונה
wig'gle *v.* לנדנד; להניע; להתנועע; לזוע; להתפתל (בכיסא)
wiggle *n.* הנעה; נידנוד; התנועעות
wight *n.* אדם, ברנש
wig'wag' *v.* *לנוע הנה והנה, לנפנף
wig'wam' (-wom) *n.* ויגוואם, אוהל אינדיאני
wild (wīld) *adj&adv.* פראי; בר; שומם; פרוע; משתולל; רותח; לא שקול; מטורף; בפראות
- drive wild לשגע, להוציא מדעתו

- go wild להתלהב; להתרתח
- wild about מתלהב מ-
- wild and woolly גס, חסר רסן
- wild disorder אנדרלמוסיה גמורה
- wild flower פרח בר
- wild guess ניחוש בעלמא
- wild hair שיער פרוע
- wild idea רעיון מטורף, רעיון נמהר
- wild throw הטלה בלא לכוון

wild *n.* שממה, יער
- in the wild בטבע; בסביבה פראית

wild boar חזיר בר
wild card סימן מתאים לכל תו
wildcat *n&adj.* חתול בר; פרא-אדם; פראי; נמהר, מסוכן
wildcat strike שביתה פראית
wil'debeest' *n.* גנו (בעל חיים)
wil'derness *n.* מידבר, שממה; מרחב; שטח משתרע; מידבר פוליטי
- wilderness of houses יער בתים

wildfire *n.* אש משתוללת
- like wildfire כאש בשדה-קוצים

wildfowl *n.* עופות בר (לציד)
wild-goose chase מירדף סרק, ברכה לבטלה
wildlife *n.* חיות-פרא; צמחי-בר
wildlife park ספארי, חייבר
wildly *adv.* בפראות; בגוזמה
wile *n&v.* תכסיס, הונאה
- wile away לבלות (זמנו); לפתות

wil'ful = willful
will *n.* רצון; כוח-רצון; צוואה
- God's will רצון האל
- at will כרצונו, כאוות-נפשו
- good will רצון טוב, רצון להיטיב
- have one's will להשיג את מבוקשו
- ill will רצון רע, רצון להרע
- of one's own free will מרצונו הטוב
- with a will במרץ, בהתלהבות

will *v.* (פועל עזר לציון עתיד)
- sit down, will you? שב, בבקשה

will *v.* לִרצות, לחפוץ; להשפיע בכוח הרצון; לצוות, להוריש, להנחיל
- as you will כטוב בעיניך
- will oneself לאלץ עצמו ע״י הרצון

willed *adj.* בעל רצון
- strong-willed נחוש-רצון
- weak-willed רפה-רצון

will'ful *adj.* עיקש, עקשן; במכוון, מתוך כוונה, במזיד
wil'lies (-lēz) *n.* *עצבנות, חרדה
- gives the willies *מעביר צמרמורת

willing *adj.* רוצה, חפץ; משתוקק, להוט; נעשה בכל לב
- with a willing heart בחפץ לב

will-o'-the-wisp אור ביצות; אשליה; דבר מטעה; פאטה מורגאנה
wil'low (-lō) *n.* ערבה (עץ)
willow herb ערברבה (צמח)
willow pattern קישוט סִינִי
willowy *adj.* גמיש, חינני, תמיר
will-power *n.* כוח-רצון
wil'ly-nil'ly *adv&adj.* ברצון או שלא ברצון; הססני
wilt *v.* לנבול, לקמול; להקמיל; להיות נרפה, לפוג כוחו
wilt, thou wilt = you will
wi'ly *adj.* ערמומי, מלא תככים
wimp *n.* *חלשלוש, לא שווה
wim'ple *n.* כובע-נזירות, צניף
win *v.* לִזכּוֹת; לנצח; לרכוש, להשיג; לקנות; להגיע (במאמץ)
- win a reputation לקנות שם
- win a victory לנחול ניצחון
- win back לזכות בשנית, להשיב אליו
- win clear/free להיחלץ לבסוף
- win him over/round to לשכנעו, להשיג תמיכתו
- win out/through להצליח, לנצח
- win the day/field לנצח
- win the shore להגיע לחוף במאמץ

win *n.* זכייה; ניצחון
wince *v&n.* להירתע; להתכווץ; רתיעה
winch *n.* כננת, מיתקן הרמה
winch *v.* להניף; להרים בכננת
wind (wind) *n.* רוח; נשימה; גאזי-מעיים; דברי הבל; כלי-נשיפה
- before the wind בעזרת הרוח
- bend with the wind ללכת בתלם
- down the wind בכיוון הרוח
- get one's wind להחזיר נשימתו
- get wind of לקלוט אוזנו משהו
- gone with the wind חלף עם הרוח
- have the wind up להיבהל
- how the wind blows לאן נושבת הרוח, מהי דעת-הקהל
- in the wind באוויר, עומד להתרחש
- into the wind לקראת/מול הרוח
- like the wind (לרוץ) במהירות רבה
- off the wind כשהרוח בגבו
- put the wind up him להפחידו
- raise the wind להשיג הכסף הדרוש

- sail close to the wind להיות על ספ אי-ההגינות
- second wind נשימה מחדש, התאוששות
- sound in wind and limb בכושר מצויין, בריא אולם
- take the wind out of his sails להוציא הרוח ממיפרשיו
- the 4 winds ארבע רוחות השמיים
- the wind was rising הרוח התגברה
- there's something in the wind משהו מתבשל כאן
- throw to the winds לשלוח לכל הרוחות, לנטוש, לא להתחשב
- winds (נגני) כלי-נשיפה

wind (wind) *v.* לאבד/להכביד נשימה; להשיב רוח; להריח עיקבות

wind (wīnd) *v&n.* לסובב; לפתל; להתפתל; לכרוך; ללפף; לגלגל; לכונן; סיבוב; ליפוף

- wind a clock לכונן/למתוח שעון
- wind a horn לתקוע בשופר
- wind down לנוח, להירגע; להתחיל לפגר; לחסל (עסק); להוריד ע״י סיבוב; להתקרב לסיום
- wind him round one's finger לסובבו על אצבעו הקטנה
- wind in לגלגל פנימה (על אשווה)
- wind its way להתפתל בדרכו
- wind off לפתוח, להתיר (פקעת)
- wind round לכרוך; ללפף סביב
- wind up לחסל, לפרק; לסיים; להסתיים; למתוח (קפיץ); לסדר (עסקים); לעצבן, להרגיז
- wind wool לגלגל צמר (לפקעת)
- wound up מתוח, נרגש

wind'bag' *n.* פטפטן, מרבה לדבר

windbreak *n.* שובר-רוח, שברוח

windbreaker/-cheater *n.* מעיל-רוח, חרמונית

wind'er (wīn'-) *n.* מסובב; מנגנון למתיחת קפיץ

windfall *n.* נֶשֶר-רוח, פרי שנשר; ירושה בלתי-צפויה, מתת-פתע

windflower *n.* כלנית

wind gauge מד-רוח

windiness *n.* משב-רוחות, סערה

winding *adj.* מתפתל, לולייני

winding sheet תכריכים (למת)

winding stairway מדרגות לולייניות

winding up פירוק

wind instrument כלי-נשיפה

wind-jammer *n.* אוניית-מיפרשים

wind'lass *n.* כננת, מנוף

windless *adj.* חסר-רוחות

windmill *n.* טחנת-רוח; גלגילון רוח

win'dow (-ō) *n.* חלון, אשנב

window box אדנית

window dressing קישוט חלונות ראווה; אמצעי למשיכת לקוחות

window envelope מעטפת-חלון

window ledge אדן החלון

window-pane *n.* שימשה

window shade וילון, צילון

window-shop *v.* לסייר בחלונות-ראווה

window-sill *n.* אדן-חלון

windpipe *n.* קנה, צינור-הנשימה

wind rose שושנת הרוחות

windscreen *n.* שימשה קידמית

windscreen wiper מגב (במכונית)

windshield *n.* שימשה קידמית

wind sock שרוול-רוח

windstorm *n.* סערת-רוח

windsurf *v.* לגלוש בגלשן-מיפרש

wind-swept *adj.* חשוף לרוחות, סחוף-רוח; פרוע

wind tunnel מינהרת-אוויר

wind-up (wīnd'up') *n.* סיכום, סיום

windward *adj&n&adv.* צד הרוח; לעבר הרוח, נגד הרוח

- get to windward of להתמקם מצד הרוח; להיות בעמדת יתרון

wind'y *adj.* רב-רוחות, סוער; מכביר מלים; עושה רוח; *פחדן

wine *n&v.* יין; ללגום יין

- wine and dine לארח לסעודה ויין

winebibbing *n.* שתיינות, סביאה

wineglass *n.* כוס-יין

wine press גת, מכבש יין

wi'nery *n.* יקב

wineskin *n.* נאד יין

wine taster טועם יינות

wine vinegar חומץ יין

wing *n.* כנף; יחידת-טייסות; אגף; יציע; ירכתי הבמה; (בספורט) קיצוני

- in the wings נסתר, מחכה לפעולה
- lend wings to להצמיח כנפיים ל-
- on the wing עף, טס; נע הנה והנה
- right wing אגף הימין (במיפלגה)
- take wing לעוף; לחלוף

- under his wing בצל כנפיו, בחסותו
- wing of a building אגף בניין
- wings כנפי-טַיִס
wing *v.* לעוף, לטוס; להכניף; להצמיח כנפיים; לזרז; לפצוע בזרוע
- wing it לאלתר, לבצע בלי הכנה
wing chair כורסת-כנפיים
wing commander מפקד כנף
winged *adj.* מכניף, בעל כנפיים
winger (-ng-) *n.* (בספורט) קיצוני
- left-winger שמאלני, איש השמאל
wingless *adj.* חסר כנפיים
wing nut אום-כנפיים, אום מכונף
wing screw בורג-כנפיים
wing-span/-spread *n.* מוטת-כנפיים
wink *v.* לקרוץ; למצמץ; להבהב; לסלק (גוף זר מהעין) במיצמוץ
- wink at להעלים עין מ-
wink *n.* קריצה, מיצמוץ; איתות; היבהוב; רגע קט, שינה חטופה
- didn't sleep a wink לא עצם עין
- tip the wink *לרמוז, למסור מידע
wink'er *n.* נורת-היבהוב, פנס-איתות
win'kle *n&v.* חלזון-ים
- winkle out להוציא בכוח, לעקור
winner *n.* זוכה, מנצח
winning *adj.* מנצח; מושך, מקסים
winning post עמוד הסיום במירוץ
winnings *n-pl.* כספי הזכייה
win'now (-ō) *v.* לזרות (תבואה); לנפות; להפריד
wi'no *n.* *שתיין, אלכוהוליסט
win'some (-səm) *adj.* מקסים
win'ter *n&adj.* חורף; חורפי
winter *v.* לחרוף; לבלות חורף
winter garden חממה
winter sports ספורט החורף
wintertime *n.* עונת החורף
win'try *adj.* חורפי, קר, קודר
- wintry smile חיוך צונן/מסוייג
win-win *n.* ניצחון מוחלט
wi'ny *adj.* ייני
wipe *v.* לנגב, למחות, לנקות, לקנח; *להכות, לחבוט
- wipe away/off לסלק בניגוב
- wipe down לנגב (במטלית לחה)
- wipe dry לנגב, לייבש בניגוב
- wipe off a debt לסלק חוב
- wipe out לנגב, לנקות; להשמיד; למחות; להרוס; לחסל; לשכוח
- wipe the slate clean לפתוח דף חדש
- wipe up לנגב, לנקות; לספוג
wipe *n.* ניגוב, ניקוי, קינוח; בד/רפידה לניגוב
wiper *n.* מנגב, מנקה; מגב
wire *n.* תיל, חוט-מתכת; מיברק
- pull wires למשוך בחוטים
- under the wire בזמן
wire *v.* לתייל, להדק בתיל; לְחַוֵּט; לחרוז על תיל; לחבר לרשת-חשמל; להבריק
- wire a message להבריק הודעה
- wire in *להירתם במרץ לעבודה
wirecutters *n-pl.* מיגזריים
wire gauge מד-תיל
wire-haired *adj.* מסומר שיער
wireless *n&adj.* אלחוט; רדיו; אלחוטי
- on/over the wireless ברדיו
wireless operator אלחוטן
wireless set רדיו, מכשיר אלחוט
wire netting רשת תיל
wire-puller *n.* מושך בחוטים
wire rope כבל
wiretap *v.* לצותת (לטלפון)
wiretapping *n.* ציתות טלפוני
wire wool צמר-תיל (לניקוי)
wireworm *n.* תולעת התיל
wiring *n.* מערכת תילי-חשמל; תיול, חִיווּט
wi'ry *adj.* רזה, שרירי, חזק
wis'dom (-z-) *n.* חוכמה, תבונה
wisdom tooth שן-בינה
- cut one's wisdom teeth להגיע לבגרות
wise (-z) *adj&v.* חכם, נבון
- be/get wise to ללמוד, להבין, להיות מודע ל-
- none the wiser לא יודע עתה יותר
- put him wise to להסביר לו
- wise after the event חכם לאחר מעשה
- wise up להבין; להסביר, להודיע
wise *n.* אופן, צורה, דרך
- in no wise בשום אופן
-wise בכיוון-; כדרך-; *בנוגע
- likewise באופן דומה
- moneywise מבחינה כספית
- sidewise הצידה, במצודד
wiseacre (wīz'a'kər) *n.* "חכם"
wisecrack *n&v.* * (להעיר) הערה

שנונה/היתולית/סרקאסטית; חידוד
wise guy "חכם גדול"
wish *v.* לרצות; להשתוקק; לאחל, לברך; לבקש; להתפלל
- I wish הלוואי, מי יתן ו-
- I wish I were- לו הייתי-
- I wish him further הייתי רוצה שיסתלק מכאן/להיפטר ממנו
- I wish him joy of it יבוסם לו
- I wish him to go אני רוצה שילך
- wish (off) on להעביר, להטיל על-
- wish for לבקש, להתאוות, להתפלל
- wish him ill לדרוש רעתו, לקללו
- wish him well לאחל לו כל-טוב
- wish on להביע משאלה ב- (קמיע)
wish *n.* רצון; חפץ; מישאלה; איחול
- good/best wishes מיטב האיחולים
- make a wish להביע מישאלה
wishbone *n.* עצם הבריח (בעוף)
wishful *adj.* רוצה; נכסף, כָּמֵהַּ
wishful thinking מאוויי-לב
wish'y-wash'y (-wôsh'i) *adj.* חלש, מימי, רפה; רזה, כחוש; נרפה
wisp *n.* צרור, אגודה; חתיכה
- wisp of hair פקעת שיער
- wisp of smoke סליל-עשן
wisp'y *adj.* דק, קלוש; בצרורות
wist'ful *adj.* עצוב, מתגעגע, עורג
wit *n.* תבונה, הבנה, שכל; חריפות, פיקחות; אדם חריף
- at one's wits' end אובד-עצות
- has a ready wit פיקח, מהיר-תבונה
- has/keeps his wits about him עיניו בראשו, שומר על קור-רוח
- out of one's wits יצא מדעתו
- to wit דהיינו, כלומר
- wits שכל, תושיה; יישוב הדעת
witch *n&v.* מכשפה; לכשף
witchcraft *n.* כישוף, קסמים
witchdoctor *n.* רופא-אליל
witch'ery *n.* כישוף, קסם
witch hazel הממליס (שיח); תמיסת הממליס (לריפוי פצעים)
witch hunt ציד-מכשפות
witching *adj.* מכשף, מקסים
with (-dh) *prep.* עם-, בלוויית-, ב-, אצל-, מ-, את-, בעל-, לטובת-, למען-
- I'm with you *אני איתך, אני שומע
- away with! הלאה!, הקץ ל-!
- break with לנתק קשריו עם
- down with! הלאה!, הקץ ל-!
- in with חבר ל-, מתרועע עם
- leave it with me השאר זאת אצלי
- with all- למרות-, חרף, עם כל-
- with it *מודרני, אופנתי
- with that עם זאת, וכך, ואז
- with young/child מעוברת/הרה
withal' (-dhôl') *adv&prep.* נוסף על כך, כמו כן; עם
withdraw' *v.* למשוך, להוציא; לסגת, להסיג; להסתלק, לצאת; לקחת בחזרה
withdraw'al *n.* משיכה, הוצאה; נסיגה; לקיחה בחזרה; גמילה (מסם)
withdrawn' *adj.* מסתגר
withe (with) *n.* ענף, נצר, זרד-ערבה
with'er (-dh-) *v.* לקמול; לנבול; להתנוון; לגווע; להשתיק, להביך
- wither away להתנוון
- wither up להקמיל, להכמיש
withering *adj.* נובל; משתיק, מביך
with'ers (-dh-) *n-pl.* גבנון, מפרקת, עורף (הסוס)
with·hold' (-hōld') *v.* לעכב, למנוע; להימנע מלתת; לעצור (זעמו)
withholding tax ניכוי מס במקור
within' (-dh-) *adv&prep.* בפנים, פנימה; בתוך, בטווח-
- within hearing בטווח שמיעה
- within reach בהישג יד
- within the law במיסגרת החוק
without' (-dh-) *prep&adv.* ללא, בלעדי-; בלא ש-, חסר-, נטול-; בחוץ
- do without להסתדר בלי/בלעדי
- goes without saying לְמוֹתָר לומר
- without doubt בלי ספק
- without end בלי סוף, לעד
- without fail בכל מיקרה, לעולם
- without number לאין שיעור
without prejudice מבלי לפגוע בזכויות
withstand' *v.* לעמוד בפני
with'y (-dh-) *n.* ענף, נצר, זרד-ערבה
witless *adj.* טיפשי, טיפש
wit'ness *n.* עד; עדות; אות
witness *v.* לראות, להבחין; להיות עד (ראייה) ל-; להעיד על-, להראות
- witness to להעיד, למסור עדות ש-
witness box תא העדים
witness stand דוכן העדים
witted *adj.* בעל תפיסה, בעל שכל
- quick-witted מהיר-תפיסה
wit'ter *v.* *לפטפט, לקשקש

wit′ticism′ *n.* הערה שנונה, חידוד
wit′ting *adj.* נעשה ביודעין, מְכוּוָן
wittingly *adv.* במכוון, ביודעין
wit′ty *adj.* פיקח, חריף, שנון, מבדח
wives = pl of wife (wīvz)
wiz *n.* אשף, גאון
wiz′ard *n&adj.* מכשף, קוסם; אשף, גאון; *מצויין, כביר, נפלא
- financial wizard אשף-כספים
wiz′ardry *n.* מְכַשֵׁפוּת; מומחיות
wiz′en *v.* לנבול; להקמיל
wizened *adj.* נובל, קמול; בלה
wk. = week, work
woad *n.* צבע כחול (לצביעת הגוף)
wob′ble *v.* לנענע; להתנודד; להסס; לפסוח על שתי הסעיפים; לרעוד
wobble *n.* נענוע, התנודדות; רעד
wob′bly *adj.* מתנודד; מהסס; רועד
wodge *n.* *נתח, חתיכה הגונה
woe (wō) *n.* צער, יגון; צרה
- woe to אוי ל-, ארור יהא-
woe′be·gone′ (wō′bigôn) *adj.* עצוב, נוגה
woeful *adj.* עצוב; מעציב; אומלל
wog *n.* *זר, נוכרי; מחלה
woke = pt of wake
wo′ken = pp of wake
wold (wōld) *n.* יער, אדמת בּוּר
wolf (woolf) *n&v.* זאב; רודף נשים; לזלול, לאכול בלהיטות
- cry wolf לצעוק זאב זאב
- keep the wolf from the door למנוע רעב ומחסור
- wolf down לזלול, לבלוע מהר
wolf-cub *n.* גור-זאב, זאבאב
wolf-hound *n.* כלב-זאב, כלב-ציד
wolfish *adj.* זאבי, של זאב
wol′fram (wool′-) *n.* וולפראם, טונגסטן (מתכת)
wolf's-bane *n.* אקוניטון (צמח)
wolf whistle שריקת זאב (או גבר)
wolves = pl of wolf (woolvz)
wom′an (woom′-) *n&adj.* אישה, המין הנשי, האישה; גבר נשי
- single woman רווקה
- woman of the world אשת העולם
- woman physician רופאה
womanhood *n.* נשיות; בגרות
womanish *adj.* נשי
wom′anize′ (woom′-) *v.* לרדוף נשים, לנאוף
womanizer *n.* רודף נשים, נואף

womankind *n.* נשים, המין הנשי
womanlike *adj.* נשי, כיאה לאישה
womanly *adj.* נשי, כיאה לאישה
womb (wōōm) *n.* רֶחֶם
- womb of the future חיק-העתיד
wom′bat′ *n.* וומבאט (חיה)
wom′en = pl of woman (wim′-)
womenfolk *n-pl.* נשים, נשי משפחתו
women's lib *שיחרור האישה
won = p of win
won′der (wun′-) *n.* התפלאות, השתאות; פליאה, תמיהה; פלא, נס
- do/work wonders לחולל נפלאות
- for a wonder למרבה הפלא
- nine days' wonder פלא קיקיוני
- signs and wonders אותות ומופתים
wonder *v.* להתפלא, להשתאות; לתמוה; לשאול עצמו, לחפוץ לדעת
- I wonder אני תוהה
wonderful *adj.* נפלא, נהדר; מפליא
wonderland *n.* ארץ פלאות
wonderment *n.* פליאה, תימהון
won′drous (wun′-) *adj&adv.* נפלא; להפליא
won′ky *adj.* *רעוע, חלש, רופף
wont *n.* הרגל, מינהג, נוֹהַג
wont *adj.* רגיל, נוֹהֵג
won't = will not (wōnt)
- sit down, won't you? שב, בבקשה
- you'll come, won't you? תבוא, הלא כן?
wont′ed *adj.* רגיל, נהוג, מקובל
woo *v.* לחזר אחרי; לבקש; לרדוף
- pitch woo *להתעלס
wood *n&adj.* עץ; עצים; יער, חוֹרֶש; חבית; מקל גולף; עשוי עץ
- out of the woods נחלץ מצרה
- took to the woods *ברח, הסתתר
- wine from the wood יין מהחבית
- woods יער, חוֹרֶש, חורשה
wood alcohol כוהל מתילי
wood-block *n.* גלופת-עץ
woodcarving *n.* גילוף; תגליף-עץ
woodcock *n.* חרטומן (עוף)
woodcraft *n.* תורת היער, התמצאות ביער; אומנות העץ
woodcut *n.* הדפס-עץ; גלופת-עץ
woodcutter *n.* חוטב עצים
wooded *adj.* מיוער, מכוסה עצים
wood′en *adj.* עשוי עץ, מעוצה, עצי;

חסר-חום, צונן, נטול-הבעה; מסורבל
wooden-headed *adj.* מטומטם
woodenware *n.* כלי-עץ
woodland *n.* יער
wood louse כינת-העץ, טחבית
wood'peck'er *n.* נַקָר (עוף)
woodpile *n.* ערימת עצי-הסקה
wood pulp כתושת-עצים
woodshed *n.* מחסן-עצים
woodsman *n.* יערן; חוטב עצים
woodwind *n.* כלי (נשיפה עשוי) עץ
woodwork *n.* מלאכת-עץ; אומנות-העץ; מעשה-עץ; נגרות
- come out of the woodwork *להופיע, להגיח
woodworm *n.* תולעת-העץ
woody *adj.* מיוער, מכוסה עצים; עצי, מעוצה
woo'er *n.* מחזר; רודף
woof *n.* (באריגה) עֵרֶב; נביחה
woof'er *n.* רמקול
wool *n&adj.* צמר; לְבוּשׁ צמר; שיער צמרי; עשוי צמר, צמרי
- all wool and a yard wide בחור טוב
- dyed in the wool צבוע לפני האריגה; גמור, מוחלט, מובהק
- keep your wool on! הירגעו!
- lose one's wool *להתרגז, להתלקח
- pull the wool over his eyes לרמות, להוליך שולל; להטעות
woolen, woollen *adj.* צמרי,
woolens, woollens *n-pl.* אריגי-צמר, דברי-צמר
woolgathering *n&adj.* פיזור-דעת; מפוזר
wooly, woolly *adj.* צמרי, צמרירי, מכוסה צמר; מבולבל, מעורפל
- wild and woolly גס, חסר רסן
wooly, woolly *n.* אפודה, סוודר
wooly-headed *adj.* מעורפל-מחשבה
woosh *v&n.* (לחלוף ב-) שריקה
woo'zy *adj.* *שתוי; סחרחר
wop *n.* *זָר, איטלקי
word (wûrd) *n.* מלה; דבר, דיבור; ידיעה, הודעה; סיסמה; פקודה; דיברה, הבטחה
- as good as one's word עומד בדיבורו
- big words גבוהה-גבוהה, עתק
- break one's word להפר הבטחתו
- get the word *לקלוט המסר, להבין
- has no words to אין מלים בפיו ל-
- have a word with לשוחח עם
- have words with לריב
- in a word בקיצור
- in so many words ברורות, בדיוק
- in words of one syllable בפשטות
- man of few words ממעט במלים
- of many words מכביר מלים
- on the word מיד, בו במקום
- put into words לבטא במלים
- take him at his word להתייחס לדבריו ברצינות
- take his word for it לקבל דבריו
- waste words on לשחת דבריו על-
- word came הגיעה ידיעה
- word for word מלה במלה, מילולי
- word in season דבר בעיתו
word *v.* לנסח, לסגנן
word blindness עיוורון מלים
wordbook *n.* מילון, אגרון, ספר מלים
worded *adj.* מנוסח, מסוגנן
wordiness *n.* רוב מלל, להג
wording *n.* ניסוח, סיגנון
wordless *adj.* חסר-מלים; נטול-דיבר; שאין לבטאו במלים
word order סדר המלים (במישפט)
word painting תיאור חי במלים
word-perfect *adj.* בקי בעל פה; מדוייק, דייקני
word picture תיאור חי במלים
word-play *n.* מישחק מלים
word processor מעבד תמלילים
word-splitting *n.* פלפלנות
wordy *adj.* רב מלל, מכביר מלים
wore = pt of wear
work (wûrk) *n.* עבודה, מלאכה; מישלח-יד, מיקצוע; מעשה; יצירה, מוצר
- all in the day's work רגיל, כצפוי
- at work עובד, בעבודה; בביצוע
- give him the works *לחסל אותו
- good works מעשים טובים
- in the works בהכנה, בתיכנון
- in work מועסק, עובד
- make hard work of it למצוא קשיים (מדומים) בדבר
- make short work of לסיים חיש
- out of work מובטל, מחוסר עבודה
- set to work להתחיל, לגשת לעבודה
- work of art יצירת אומנות

- works יצירות, יצורה, כתבים; בית-חרושת, מיפעל; ביצורים; מנגנון
work *v.* לעבוד; לעשות, לפעול; להעביד; להפעיל; לנהל; להתקדם לאט; לחדור; לעצב, ליצור; להתעוות; לתסוס; לרקום, לתפור
- work a farm לנהל חווה
- work a machine להפעיל מכונה
- work a problem לפתור בעיה
- work against לפעול נגד
- work at לעבוד על (נושא)
- work away לעבוד בלי הרף
- work clay ללוש טיט
- work him hard להעבידו בפרך
- work in/into להכניס, לשבץ, לכלול; לחדור פנימה; להחדיר בשיפשוף
- work it *לארגן זאת, לסדר זאת
- work it out לחשב; לסיים; לפתור; להמציא, לפתח; לתכנן; לעבד
- work off לסלק; לחסל; לפרוק
- work on/upon לפעול על
- work one's way לפלס דרכו
- work one's way through school לעבוד בבית-ספר (כתשלום שכ״ל)
- work one's will on להפעיל רצונו
- work oneself (up) להתלהב, לשלהב עצמו
- work out להיפתר; להסתיים, להתפתח; לפתור; לעבד; להשתרבב החוצה
- work out at להסתכם ב-
- work out at the gym להתאמן באולם ההתעמלות
- work over להכות, לתקוף
- work round לשנות כיוון בהדרגה
- work through לחדור בהדרגה
- work up להלהיב, לעורר; לפתח, לבנות
- work up to להתקדם, להתפתח ל-
- worked out כָּלֶה, מרוקן, מנוצל
- worked up משולהב, נסער, תוסס
workable *adj.* שניתן לעבוד בו, עביד; מעשי, בר-ביצוע
- workable clay טיט בר-גיבול
work'aday' (wûrk'-) *adj.* רגיל, שיגרתי, יומיומי, יבש
work'ahol'ic (wûrk-) *n.* *מכור לעבודה, וורקָהוֹלִיק
workbag *n.* תיק כלי-תפירה
workbasket *n.* סל כלי-תפירה
workbench *n.* שולחן-עבודה
workbook *n.* יומן עבודה; חוברת הוראות; ספר תרגילים
workbox *n.* תיבת כלי-תפירה
workday *n.* יום עבודה, יום חול
worker *n.* פועל, עובד; פועל-כפיים
work force כוח אדם, כוח עבודה
workhorse *n.* סוס-עבודה
workhouse *n.* מוסד לעבריינים; בית-מחסה, בית-עבודה
work-in *n.* השתלטות פועלים
working *n.* דרך פעולה, תיפעול
- workings מיכרה, מחצבה
working *adj.* של עבודה, עובד, פועל; שימושי, מעשי
- in working order תקין
- working dinner ארוחה עסקית
- working hypothesis/theory היפותיזה/תיאוריה פועלת
working capital הון חוזר, הון פעיל
working class מעמד הפועלים
working clothes בגדי עבודה
working day יום עבודה, יום חול
working hours שעות העבודה
working knowledge ידע מעשי
working-out *n.* חישוב, פתירה; תיכנון
working party צוות ייעול, ועדת מחקר, קבוצת עבודה
working premise הנחת עבודה
working week שבוע עבודה
workload *n.* עומס עבודה
workman *n.* פועל, עובד; אוּמָן
workmanlike *adj.* מיקצועי
workmanship *n.* אוּמָנוּת, טיב-עבודה; אופן ביצוע; מוצר
work-out *n.* אִימוּן, תירגול; בדיקה
workpeople *n.* פועלים, עובדים
workplace *n.* מקום עבודה
workroom *n.* חדר-עבודה
worksheet *n.* גיליון עבודה
workshop *n.* סדנה, בית-מלאכה
work-shy *adj.* עצלן
workstation *n.* עמדת עבודה, עמדת מחשב
work study חקר פיריון העבודה
work surface מישטח עבודה
worktable *n.* שולחן-עבודה
worktop *n.* מישטח-עבודה
work-to-rule *n.* עבודה לפי הספר, שביתת האטה
world (wûrld) *n.* עולם, העולם; תבל; העולם הגשמי
- a/the world of הרבה, המון

- all the world כל העולם
- all the world over בכל העולם
- bring into the world להביא לעולם
- come into the world לבוא לעולם
- come up in the world לעלות, להתקדם, להצליח
- for all the world בעד כל הון שבעולם; בדיוק
- give up the world לנטוש עולם הגשמיות
- has the best of both worlds נהנה משני העולמות
- he is all the world to her הוא הכול בשבילה, הוא כל עולמה
- how goes the world with איך העניינים אצלך?, מה נשמע?
- make one's way in the world להצליח בחיים
- not for the world בשום אופן
- out of this world *כביר, נפלא, שמיימי, לא מעלמא הדין
- rise in the world להתקדם, לעלות
- the New World העולם החדש
- the Old World העולם הישן
- the next world העולם הבא
- the whole world הכול, כל העולם
- the world of today העולם הזה
- the world to come העולם הבא
- thinks the world of her מחשיב אותה עד מאוד
- this world העולם הזה
- to the world *כליל, לחלוטין
- what will the world say? מה יאמרו הבריות?
- where/what/who in the world איפה/מה/מי לכל הרוחות
- world of fashion עולם האופנה
- world without end לעולם ועד
- worlds apart שונים תכלית שינוי

world-beater *n.* שיאן עולמי
world champion אלוף עולם
world-class *adj.* מהטובים בעולם
World Cup גביע העולם
world-famous *adj.* מפורסם בכל העולם
worldliness *n.* גשמיות, ארציות
worldly *adj.* גשמי, חומרי, ארצי, של העולם הזה, חילוני
worldly-minded *adj.* שקוע בגשמיות
worldly wisdom תבונה בהליכות-עולם
worldly-wise *adj.* בקי בהליכות-עולם
world-old *adj.* משֵשת ימי בראשית
world power מעצמה עולמית
world-shaking *adj.* עולמי, בעל חשיבות עליונה
world war מלחמת עולם
world-weary *adj.* קָץ בחיים, קָץ בעולם
worldwide *adv&adj.* חובק עולם
worm (wûrm) *n.* תולעת, שילשול; שפל, פחדן; תבריג, הברגה

- worm of conscience מוסר-כליות

worm *v.* לתלע, להרחיק תולעים; לזחול, להזדחל, להתפתל, לחדור

- worm one's way לפלס דרכו
- worm oneself in להזדחל פנימה
- worm out a secret לסחוט סוד
- wormed his way into her favor מצא מסילות בליבה

worm-cast תלולית (של) שילשול
worm-eaten *adj.* אכול-תולעים, מתולע; *מיושן, שאבד עליו כלח
worm gear גלגל חלזוני, ממסרה חלזונית
wormhole חור-תולעת
worm wheel גלגל חלזוני
wormwood *n.* לענה (צמח); מרירות, סֵבֶל
wormy *adj.* מתולע, תלוע; תולעי
worn *adj.* שחוק, בלוי; עייף, לֵאֶה
worn = pp of wear
worn-out *adj.* שחוק, בלה; עייף
worried *adj.* מודאג, דואג
wor′risome (wûr′isəm) *adj.* מדאיג; מודאג
wor′ry (wûr′-) *v.* להדאיג, להציק, לנדנד; לדאוג; לחשוש; לנשוך, לקרוע בשיניים

- don't worry אל דאגה
- worry along להתקדם חרף הקשיים
- worry at למשוך, לקרוע בשיניים; להציק; לשקוד, להתמיד ב-
- worry out a problem לתקוף בעיה שוב ושוב עד לפיתרון
- worry to death למות מרוב דאגה

worry *n.* דאגה, מקור-דאגה, צרה
worrying *adj.* אכול-דאגות; מדאיג
worry-wart *n.* דאגן
worse (wûrs) *adj&adv&n.* יותר רע; בצורה גרועה מ-; דבר גרוע

- change for the worse שינוי לרעה
- get worse (לגבי מצב) להחמיר
- go from bad to worse להידרדר
- make worse להחמיר (את המצב)
- none the worse לא ניזוק; לא פחות
- the worse for wear שחוק עקב שימוש, בלה מרוב ימים; עייף, סחוט
- worse luck חבל!, לרוע המזל!
- worse off במצב יותר גרוע

wors′en (wûrs′-) *v.* להרע; להחמיר

wor′ship (wûr′-) *n.* פולחן, תפילה, הערצה, סגידה

- his Worship כבודו, כבוד (-השופט)

worship *v.* להעריץ, לסגוד; להתפלל

worshiper *n.* מעריץ; מתפלל

worshipful *n.* מעריץ; נכבד, מכובד

worst *n&adj&adv.* מירע, הרע ביותר; מירעי; בצורה הגרועה ביותר

- at worst במיקרה הכי גרוע
- come off worst לנחול מפלה
- do one's worst לעשות את הגרוע ביותר, להזיק ככל יכולתו; אדרבה!
- get the worst of it לנחול מפלה
- if the worst comes to the worst במיקרה הגרוע ביותר
- in the worst way *עד מאוד
- the worst of it is -הגרוע מכל הוא

worst *v.* לנצח, להביס

wor′sted (woos′tid) *n.* חוט צמר שזור; אריג צמר

wort (wûrt) *n.* תמצית לֶתֶת (לשיכר)

worth (wûrth) *adj.* שווה, ערכו; ראוי, כדאי; בעל שווי רכוש של

- for all he is worth בכל יכולתו
- for what it is worth בלי אחריות
- is worth it כדאי, שווה את המאמץ
- worth one's while כדאי, משתלם

worth *n.* עֵרֶך, חשיבות, שווי

- of great worth רב-ערך, רב-חשיבות

worthiness *n.* עֵרֶך, כדאיות, רְאוּיוּת

worthless *adj.* חסר-ערך; שפל

worthwhile *adj.* כדאי; משתלם

wor′thy (wûr′dhi) *adj.* ראוי, כדאי; בעל ערך/חשיבות; הגון, נכבד

worthy *n.* נכבד, אדם חשוב

wot *v.* לדעת

would = pt of will (wood)

- I would help you הייתי עוזר לך
- I would rather -הייתי מעדיף ל
- sit down, would you? התואיל לשבת?
- would heaven מי יתן, הלוואי
- would that- הלוואי!, לוּ!
- would you (be kind)- ?-התואיל ל

would-be *adj.* מתכוון להיות, עתיד להיות, שואף להיות; מתיימר

wouldn't = would not (wood′ənt)

wouldst = (you) would (woodst)

wound (wōōnd) *n&v.* פצע, מכה; פגיעה, עלבון; לפצוע, לפגוע ב-

- fatally wounded נפצע אנושות

wound = p of wind (wound)

wove = pt of weave

wo′ven = pp of weave

wow *n.* צלילים עולים ויורדים (ממקול פגום); *הצלחה כבירה

wow *interj.* *נפלא, מצויין, ואו!

wow *v.* *להלהיב, להרשים

WP מעבד תמלילים

wpm = words per minute

wrack *n.* צמח-ים (שנפלט לחוף); הרס, השמדה

- go to wrack and ruin להיהרס

wraith *n.* רוח-מת; שלד-אדם

wran′gle *v.* להתווכח, לריב בקול

wrangle *n.* ויכוח, ריב קולני

wrangler *n.* איש ריב; קאובוי, בּוֹקֵר

wrap *v.* לעטוף; לכרוך; לארוז

- wrap oneself להתעטף, להתכרבל
- wrap round לכרוך, לחבוק, לעטוף
- wrap up לעטוף; להתעטף; לאפוף; לסכם, לסיים (עיסקה)
- wrap up! שתוק!, בלום פיך!
- wrapped in fog אפוף ערפל
- wrapped up in שקוע ראשו ורובו ב-, כל מעייניו ב-; אפוף

wrap *n.* כיסוי, מעטה, מעיל, צעיף

- under wraps מוסתר, בסוד

wraparound *adj&n.* (בגד) עוטף, מקיף

- wraparound dress שימלת מעטפת

wrapper *n.* עטיפה; חלוק, מעטפת

wrapping *n.* עטיפה; אפיפה; מַעֲטָף

wrapping paper נייר אריזה

wrap-up *n.* תקציר חדשות

wrath *n.* זעם, חימה, חרון-אף

wrathful *adj.* זועם

wreak *v.* לפרוק, לתת ביטוי, לעשות

- wreak havoc לעשות שַׁמות
- wreak one's anger לשפוך חמתו
- wreak vengeance לקחת נקם

wreath *n.* זֵר, עטרה; טבעת, סליל

wreathe (rēdh) *v.* לעטוף, לאפוף, להקיף; לקלוע (זר)

- wreathe round לכרוך, ללפף; להתחלזן, לנוע בטבעות חלזוניות
- wreathed in smiles קורן חיוכים
wreck *n.* הרס, חורבן; ספינה שנטרפה; שבר-כלי; הריסה; גרוטה
wreck *v.* להרוס; לנפץ (תיקוות)
wreck′age *n.* הרס, חורבן; שרידים
wrecker *n.* הורס, מנתץ בניינים
wren *n.* גידרון (ציפור-שיר)
wrench *n.* עיקום, פיתול; משיכה; נֶקַע; סֵבֶל, כאב; מפתח ברגים
- throw a wrench לתקוע מקל בגלגלים
wrench *v.* לעקם; למשוך; לנקוע
- wrench facts לסלף עובדות
- wrench from לחלץ (בכוח) מ-
- wrench oneself לחלץ עצמו בכוח
- wrench open לפתוח במשיכה עזה
wrest *v.* להוציא בכוח, למשוך; לסחוט, להשיג בקושי; לעוות, לסלף
wres′tle (res′əl) *v.* להיאבק, להתגושש
- wrestle with a problem להתמודד עם בעיה
wrestler *n.* מתאבק
wrestling *n.* היאבקות
wretch *n.* אומלל, מיסכן; חדל-אישים, נבזה, שפל
wretch′ed *adj.* אומלל, מיסכן, עלוב; רע; גרוע; נבזה, נקלה
wrick *v&n.* לנקוע קלות; נקע קל
wrig′gle *v.* להתפתל; לנוע בפיתולים; לחוש אי-נוחות; לנענע; לפרכס
- wriggle out of להיחלץ, להתחמק
wriggle *n.* התפתלות; נענוע; פירכוס
wright *n.* חָרָש, פועל, עושה
wring *v&n.* לְעַקֵם, לסובב; ללחוץ; לסחוט; לחיצה; סחיטה
- wring his hand ללחוץ את ידו
- wring his heart לשבור את ליבו
- wring his neck למלוק ראשו
- wring one's hands להצמיד ידיו (בשעת צער), לספוק כפיו
- wring out לסחוט, להוציא
wringer *n.* מעגילה, מכבש-כבסים
wringing-wet *adj.* ספוג-מים
wrin′kle *n.* קמט; קפל; תחבולה, רעיון מקורי, עצה טובה
wrinkle *v.* לקמט; להתקמט
- wrinkle one's nose לעקם חוטמו
wrinkly *adj.* מקומט; מתקמט
wrist *n.* שורש היד, מיפרק כף-היד
wrist-band *n.* רצועת-יד, שרוולית
wrist′let *n.* רצועה למיפרק יד, רצועת-שעון; קישור, צמיד, חפת
wristlock *n.* לפיתת מיפרק-היד
wristwatch *n.* שעון-יד
writ *n.* צו, כתב; סמכות; כתוב
- Holy Writ כתבי הקודש
- his writ runs יש לו סמכות
- writ large ניכר באופן ברור, כתוב באותיות קידוש-לבנה
write *v.* לכתוב; לרשום; לחבר
- nothing to write home about *לא משהו מיוחד, אין להתלהב מכך
- write away for להזמין בדואר
- write down לכתוב, לרשום; להוריד מחיר, להפחית ערך
- write him down as לתארו כ-
- write in לפנות במיכתב, להזמין בכתב; להצביע בעד; להוסיף שמו
- write off למחוק, לבטל; להכיר כהפסד; לכתוב במהירות, לשרבט
- write off for להזמין בדואר
- write out לרשום; לכתוב במלואו
- write up, לשבח (בביקורת); להשלים, לעדכן; לתאר בפרוטרוט
- written large ניכר באופן ברור, כתוב באותיות קידוש-לבנה
write-down *n.* ירידת ערך (של נכס)
write-in *n.* הצבעה בעד (בכתב)
write-off *n.* דבר הרוס, גרוטה
writer *n.* כותב; סופר, מחבר; לבלר
writer's cramp עווית-סופרים
write-up *n.* ביקורת, מאמר, כתבה; עליית ערך (של נכס)
writhe (rīdh) *v.* להתפתל, להתייסר
writing *n.* כתיבה; סופרות, מְחַבְּרוּת; כתב-יד; יצירה
- Writings כתובים (בתנ"ך)
- put in writing להעלות על הכתב
- writing on the wall הכתובת על הקיר
- writings כתבים
writing desk מכתבה, שולחן-כתיבה
writing materials מכשירי כתיבה
writing pad בלוק כתיבה
writing paper נייר מיכתבים
writ′ten = pp of write
wrong (rông) *adj.* לא-טוב, לא-נכון; לא-צודק, לא-הוגן, לא-ישר; לא-תקין, לא בסדר; טועה; מוטעה
- caught on the wrong foot נתפס כשאינו מוכן

- get on the wrong side of- לסור חינו בעיני-
- get the wrong end of the stick להבין שלא כהלכה
- go down the wrong way להקדים קנה לוושט
- in the wrong box במקום לא מתאים
- on the wrong side of 50 מעל לגיל 50
- out of bed on the wrong side קם על צידו השמאלי
- wrong side צד הפוך (של בגד)
- wrong side out (לגבי בגד) הפוך

wrong *adv.* בצורה לא-נכונה; באורח מוטעה, שלא כראוי
- get it wrong להבין שלא כהלכה
- go wrong לטעות; להשתבש, להיכשל; להתקלקל; להידרדר

wrong *n.* רע; חטא, עוול; עבירה; טעות
- do wrong לעשות עוול, לחטוא
- in the wrong טועה; אחראי לטעות
- know right from wrong להבחין בין טוב לרע
- put him in the wrong להציגו כאחראי לטעות; להלביש עליו אשמה
- suffer wrong להיגרם לו עוול

wrong *v.* להיות לא-הוגן כלפי; לגרום עוול ל-; לנהוג שלא בצדק

wrongdoer *n.* עושה רע, חוטא

wrongdoing *n.* עשיית-רע; חטא

wrong-foot *v.* *לסכל, להביך, לתפסו לא מוכן

wrongful *adj.* לא צודק; לא חוקי; מוטעה

wrong-headed *adj.* טועה; עקשן

wrote = pt of write

wroth (rôth) *adj.* זועם, זועף

wrought (rôt) *adj.* עשוי, מעובד

wrought = p of work
- wrought up מתוח, נרגש, נסער
- wrought upon him פעל עליו

wrought iron ברזל מעובד (טהור)

wrung = p of wring

wry *adj.* מעוות, עקום; חמוץ, מר
- wry face פנים חמוצים
- wry smile חיוך מאולץ, חיוך מר

wt. = weight

wurst *n.* נקניק

wych elm אולמוס (עץ)

wych hazel = witch hazel

X

X (eks) *n.* איקס, נעלם; פלוני

x *v.* לסמן באיקס; למחוק

xenon (zen′on) *n.* קסנון (גאז)

xen′opho′bia (z-) *n.* קסנופוביה, בעת-זרים

xerog′raphy (z-) *n.* זירוגרפיה, העתקת מסמכים

xerox (zē′roks) *n&v.* צילום (של מיסמך); לצלם (מיסמכים)

Xerx′es (zûrk′zēs) *n.* אחשוורוש

Xmas = christmas (kris′məs)

X-rated *adj.* למבוגרים, פורנוגרפי

X ray *n.* קרן-רנטגן; צילום רנטגן, חוזי; טיפול הקרנה
- X rays קרני-רנטגן, קרני-איקס

X-ray *v.* לצלם בקרני-רנטגן; להקרין קרני-רנטגן

xy′lem (zī-) *n.* עֵצָה, ריקמת-עץ

xy′lograph′ (zī-) *n.* תגליף עץ

xy′lonite′ (z-) *n.* צלולואיד, תאית

xy′lophone′ (z-) *n.* קסילופון, מקושית

Y

Y = year, yard

yacht (yot) *n&v.* יאכטה; ספינת-מירוץ, ספינה קלה; לשייט/להתחרות ביאכטה

yacht club מועדון יאכטות

yachting *n.* שיוט (ביאכטה)

yachtsman *n.* בעל יאכטה; שוחר-שַׁיִט

yack *v&n.* *לפטפט; לקשקש; פיטפוט

ya′hoo′ *n.* יאהו, גס, נקלה, נתעב

yak *n.* יאק, שור טיבטי

yak *v&n.* *לפטפט; לקשקש; פיטפוט

yam *n.* בטאטה, תפוד מתוק

yam′mer *v.* *להתלונן, לבכות, לקטר; לפטפט, לקשקש

yank *v.* למשוך, לשלוף, לעקור

yank *n.* משיכה, שליפה, עקירה; *יאנקי

Yan′kee *n.* יאנקי, אמריקני צפוני
yap *v.* לנבוח; *לפטפט, לקשקש
yap *n.* נביחה חדה; פיטפוט, קישקוש
yard *n.* יארד (3 רגל); איסקריה, קורת-רוחב; חצר; מיגרש; מחסן; גינה
- cattle-yard מיכלא, גדרת-בקר
- the Yard הסקוטלאנד יארד
yard′age *n.* מידת היארדים
yard-arm *n.* זרוע-איסקריה
yard goods אריגים הנמכרים ביארדים
yardman *n.* גנן, חצרן
yard measure סרגל-יארד, סרט-יארד
yardstick *n.* סרגל-יארד; קנה-מידה; סטאנדארד (להערכה)
yar′mulka *n.* כיפה, ירמולקה
yarn *n.* מַטווֶה; חוט טווי; סיפור
yarn *v.* לספר סיפורים
yash′mak′ *n.* צעיף, רעלה
yaw *v.* לסטות מהמסלול
yaw *n.* (זווית ה-) סטייה
yawl *n.* ספינת-מיפרשים, מיפרשית; סירת-אונייה, יאול
yawn *v&n.* לפהק; להיפתח לרווחה, להיפער; פיהוק
yawning *adj.* פעור; עצום; מפהק
yawp *v.* לצרוח; *לקשקש, לפטפט
yaws (yôz) *n.* פטלת (מחלה)
yd. = yard
ye = the (dhē) ה-, הא היידוע
ye = you (yē) *pron.* אתם, אתן
yea (yā) *adv&n.* כן; אומר הן; מחייב
yeah (ye) *adv.* *כן
- oh yeah? *האומנם?
year *n.* שנה
- all the year round במשך כל השנה
- down the years על פני השנים
- get on in years להזדקן, להזקין
- he's 30 years of age הוא בן 30
- man of years קשיש, בא בימים
- old for his years מבוגר מכפי גילו
- year by year שנה בשנה
- year in, year out שנה-שנה
- year of grace לספירת הנוצרים
yearbook *n.* שנתון, ספר שנה
year′ling *n.* בן שנה, בן שנתו
year-long *adj.* נמשך שנה, של שנה
yearly *adj&adv.* שנתי, בכל שנה; שנתית, אחת לשנה
yearn (yûrn) *v.* להתגעגע, להשתוקק, לערוג
yearning *n.* געגועים, כיסופים
year-round *adj.* מתחילת השנה ועד סופה
yeast *n.* שמרים
yeast cake עוגת שמרים
yeasty *adj.* של שמרים, תוסס
yell *v&n.* לצעוק; לצרוח; צעקה, צריחה; שאגות-עידוד
yel′low (-ō) *adj&n.* צהוב; *פחדן
yellow *v.* להצהיב
yellow-bellied *adj.* *פחדן, מוג-לב
yellow fever קדחת צהובה
yellowish *adj.* צהבהב
Yellow Pages דפי זהב
yellow press עיתונות צהובה
yellow streak *פחדנות
yellow water lily נוּפָר
yelp *v&n.* לנבוח, ליילל; נביחה
Yem′en *n.* תימן
Yem′enite′ *adj&n.* תימני
yen *n&v.* ין (מטבע יפני); כיסופים, תשוקה; להשתוקק
yeo′man (yō′-) *n.* (בצי) סַמָל, לבלר; איכר עצמאי, עובד אדמתו; משרת
- Yeoman of the Guard שומר המלך
- yeoman service שירות יעיל
yeomanry *n.* מעמד האיכרים העצמאיים
yep *adv.* *כן
yes *adv&n.* כן, הן
yeshi′va (-shē′-) *n.* ישיבה
yes man אומר הן, עונה אמן; יסמן
yes′terday′ *adv&n.* אתמול
- the day before yesterday שלשום
- wasn't born yesterday לא נולד אתמול, לא פתי
- yesterday week לפני 8 ימים
yesteryear *n.* אשתקד; העבר
yet *adv.* עוד, עדיין; כבר; עד עתה; בעתיד, לבסוף; בנוסף
- as yet עד כה, עד עתה
- did he eat yet? האם אכל כבר?
- has never yet been late מעולם לא איחר, עד כה טרם איחר
- he has yet to- עליו עדיין ל-
- nor yet יתירה מזו, ואף לא
- not yet עוד לא, עדיין לא, טרם
- yet again שוּב, עוד פעם

yet *conj.* אבל, אך, ואולם, ברם, עם זאת, אפס
- and yet ועדיין, ובכל זאת
yet'i *n.* יטי, איש השלג הנתעב
yew (ū) *n.* טאקסוס (עץ)
Yid *n.* *יהודון
Yid'dish *n.* יידיש, אידיש
yield (yēld) *v.* להניב, להפיק; לשאת פרי; לוותר על; למסור; להעניק; להיכנע; לא לעמוד בפני, לקרוס
- yield 9% לתת תשואה של 9%
- yield a crop להניב יבול
- yield ground לסגת
- yield shelter להעניק מחסה
- yield up the ghost למות
yield *n.* תנובה, יבול; תשואה, תפוקה, רווח, הכנסה
yielding *adj.* נכנע, כנוע, צייתן
yip'pee *interj.* יופי! (קריאת שימחה)
yob, yob'bo *n.* *אדם גס, חוליגן
yo'del *n&v.* יודל; יידלול; ליידלל
yodeler *n.* זַמָּר-/זַמֶּרֶת-יודלים
yo'ga *n.* יוגה
yo'gi (-gi) *n.* יוגי, מורה ליוגה
yo'gurt *n.* יוגורט
yoke *n.* עול; צמד-בקר; אסל; כתף-הבגד, מותני-חצאית; קשר; שיעבוד
- throw off the yoke לפרוק העול
- under the yoke בעול, תחת שילטון
- yoke of friendship קשרי-ידידות
- yoke of oxen צמד-בקר
yoke *v.* לרתום בעול; לחבר, להצמיד
yokefellow *n.* בן-זוג, שותף
yo'kel *n.* איש-כפר, כפרי, בּוּר
yolk (yōlk) *n.* חלמון-הביצה
yomp *v.* *לצעוד עמוס ציוד כבד
yon = yonder
yon'der *adv&adj.* שָׁם, ההוא, שבמקום ההוא; בכיוון ההוא, שמה
yonks *n-pl.* *עידן ועידנים
yoo-hoo *interj.* יוּ-הוּ (קריאה)
yore *n.* העבר הרחוק, לפנים
- in days of yore בימים עברו
you (ū) *pron.* אתה, את, אתם; אותך, אתכם; לך, לכם
- you and yours לך ולבני ביתך; אתה וכל אשר לך
- you bet בטח, בוודאי
you-all *pron.* אתם
you'd = you had/would (yood)
you'll = you will/shall (yool)
young (yung) *adj.* צעיר; בתחילתו, בראשיתו; רענן; טרי; חסר-ניסיון
- a young hopeful צעיר מבטיח
- the young הצעירים
- the younger הצעיר, הבן
- young Mr. Smith מר סמית הבן
- young and old מנער ועד זקן
- young bird (food) עופיון
- young blood צעיר, צעירים
- young lady עלמה; חֲבֵרָה
- young man צעיר; חָבֵר
young *n-pl.* גורים, ולדות, צאצאים
- with young הרה, מעוברת
youngish *adj.* צעיר למדיי
young'ster (yung'-) *n.* צעיר, נער
your (yoor) *adj.* שלך, שלכם
- Your Honor כבוד מעלתך
you're = you are (yoor)
yours (yoorz) *pron.* שלך, שלכם
- a friend of yours אחד מידידיך
- yours truly שלך בנאמנות (בסיום מיכתב); אני, עבדך הנאמן
yourself' (yoor-) *pron.* (את/ל-/ב-/מ-) עצמך
- be yourself הֱיֵה אתה עצמך, התנהג בטבעיות
- by yourself לבדך, בעצמך
- enjoy yourself! ההנה, בלה יפה!
- you are not yourself today אינך כתמול שילשום, בריאותך לקויה
- you yourself אתה בעצמך
yourselves' (yoorselvz') *pron.* (את/ל-/ב-) עצמכם
youth (ūth) *n.* נעורים, שנות הנוער; צעיר, נער; נוער, הדור הצעיר
youth center/club מועדון נוער
youthful *adj.* צעיר, של נעורים, רענן
youth hostel אכסניית-נוער
you've = you have (yoov)
yowl *v&n.* ליילל, לייבב; יללה
yo'yo *n.* יו-יו (צעצוע)
yr. = year, years
yu'an *n.* יואן (מטבע סיני)
yuc'ca *n.* יוקה (צמח, פרח)
yuck/yuk *interj.* *איכס, מגעיל
Yule *n.* (תקופת) חג המולד
Yule log עץ (למדורת) חג-המולד
Yule-tide *n.* תקופת חג-המולד
yum'my *adj.* *טעים, נהדר
yup'pie *n.* *יאפי, מצליחן עירוני

Z

Zaf′ed *n.* צפת
za′ny *n&adj.* מוקיון, טיפש; טיפשי
zap *v&n.* *להרוג; להרוס; להכות; לנוע במהירות; לעבור מערוץ לערוץ, לזפזפ; לשנות, למחוק; מרץ
zapper *n.* *שלט-רחוק
zap′py *adj.* *מלא מרץ, תוסס
zeal *n.* קנאות, להיטות, התלהבות
zeal′ot (zel′-) *n.* קנאי, פאנאטי
zeal′otry (zel′-) *n.* פאנאטיות
zeal′ous (zel′-) *adj.* קנאי, נלהב
ze′bra *n.* זברה
zebra crossing מעבר חציה
ze′bu (-boo′) *n.* זבו (בהמה)
zed, zee *n.* שם האות זד
Zeit′geist′ (zīt′gīst) *n.* רוח הזמן
ze′nith *n.* זנית, צוהר, נקודת-קודקוד; שיא, פיסגה, גולת-הכותרת
ze′nithal *adj.* של זנית
zeph′yr (-fər) *n.* זפיר, רוח מערבית קלה
zep′pelin *n.* צפלין, ספינת-אוויר
ze′ro *n&v.* אפס, 0; לאפס
- reach zero לרדת לאפס
- zero in לאפס (רובה), לכוון; להתרכז, להתמקד
zero hour שעת האפס, שעת השין
zero option הצעה לפירוק נשק
zero-rate *v.* לפטור ממס ערך מוסף
zest *n.* התלהבות, חשק; הנאה; טעם, תבלין; קליפת לימון/תפוז
- add/give zest to להוסיף טעם ל-
zestful *adj.* מתלהב, מלא-התלהבות
zig′zag′ *n.* זיגזאג
zigzag *adj&adv.* זיגזאגי; בזיגזאג
zigzag *v.* לנוע בזיגזאג; לזגזג
zilch *n.* *שום דבר, לא כלום
zil′lion *n.* *מיליונים, המון
zim′mer *n.* *צימר, חדר להשכרה
zinc *n.* אבץ
zing *v&n.* *לחלוף בשריקה; מרץ, אנרגיה
zin′nia *n.* זינייה (צמח, פרח)
Zi′on *n.* ציון, ישראל
Zi′onism′ *n.* ציונות
Zi′onist *n.* ציוני
zip *n.* שריקה, צליף; מרץ, זריזות, פעלתנות; רוכסן, ריצ׳ראץ׳
zip *v.* לשרוק, לחלוף בשריקה; לרכוס ברוכסן
- zip open לפתוח (רוכסן)
- zip up/shut לרכוס, לסגור ברוכסן
zip code מיספר המיקוד
zip fastener רוכסן
zip′per *n.* רוכסן, ריצ׳ראץ׳
zip′py *adj.* נמרץ, זריז, פעלתני
zit *n.* *פצעון
zith′er (-dh-) *n.* ציתר (כלי-פריטה)
zizz *v&n.* * (לחטוף) תנומה קלה; זמזום
zo′diac′ *n.* זודיאק, גלגל-המזלות
zo•di′acal *adj.* של גלגל-המזלות
zom′bi *n.* זומבי, מת מהלך
zo′nal *adj.* אזורי
zone *n.* איזור; שטח, תחום; איזור דואר, איזור מיקוד
zone *v.* לחלק לאיזורים; להקצות איזור ל-
zone defense הגנה איזורית
zoning *n.* חלוקה לאיזורים
zonked (zonkt) *adj.* *מסומם; נרדם
zoo *n.* גן-חיות
zo′olog′ical *adj.* זואולוגי
zoological garden גן-חיות
zo•ol′ogist *n.* זואולוג
zo•ol′ogy *n.* זואולוגיה, תורת החי
zoom (zōōm) *v.* לנסוק אל-על; לנוע במהירות, לחלוף ביעף
- zoom in לעבור במהירות לצילום מקרוב
- zoom out לעבור במהירות לצילום מרחוק
zoom *n.* (קול) נסיקה מהירה; זום (בצילום)
zoom lens עדשה מהירת-מיקוד
zo′ophyte′ *n.* זואופיט, חי-צמח, צימחיי
zounds (-z) *interj.* לעזאזל!
zucchi′ni (zōōkē′ni) *n.* קישוא
Zu′lu′ *n&adj.* זולו (כושי, שפה)
zwie′back′ (zwē-) *n.* צנים
zy•mol′ogy *n.* תורת התסיסה

*****

ZILBERMAN'S DICTIONARIES

ISBN-978-965-90918-1-2
THE NEW COMPREHENSIVE DICTIONARY
ENGLISH-HEBREW / HEBREW-ENGLISH
89,000 ENTRIES

ISBN-965-90918-0-X
THE UP-TO-DATE
ENGLISH-HEBREW DICTIONARY
60,000 ENTRIES

ISBN-965-222-862-1
THE UP-TO-DATE DICTIONARY
ENGLISH-HEBREW / HEBREW-ENGLISH
82,000 ENTRIES

ISBN-965-222-778-1
THE COMPACT UP-TO-DATE DICTIONARY
ENGLISH-HEBREW / HEBREW-ENGLISH
55,000 ENTRIES

ISBN-965-222-779-X
THE UP-TO-DATE
HEBREW-ENGLISH DICTIONARY
27,000 ENTRIES

Published by Zilberman
P.O.B. 6119 Jerusalem
Tel./Fax 02-6524928
Printed in Israel

מילון
עברי - אנגלי
עדכני

בעריכת
שמעון זילברמן

THE UP-TO-DATE
HEBREW - ENGLISH
DICTIONARY

COMPILED BY
SHIMON ZILBERMAN

WITH
AN INTRODUCTION TO HEBREW

מילון עברי-אנגלי עדכני

הַתּוֹפָעוֹת הַשּׁוֹנוֹת שֶׁבְּעוֹלָמֵנוּ, וְהַחֲוָיוֹת שֶׁאָנוּ מִתְנַסִּים בָּהֶן חֲדָשִׁים לִבְקָרִים, כּוֹפוֹת עָלֵינוּ מִדֵּי פַּעַם בְּפַעַם לִטְבּוֹעַ תַּחְדִּישִׁים לְשׁוֹנִיִּים, הַנִּקְלָטִים בַּשָּׂפָה אַט־אַט וְהוֹפְכִים לְנַחֲלַת הַכְּלָל. לְפִיכָךְ מִתְעוֹרֵר בְּכָל פֶּרֶק־זְמַן הַצּוֹרֶךְ לְעַדְכֵּן אֶת הַמִּילוֹנִים וּלְשַׁבֵּץ בָּהֶם אֶת הַמּוּנָחִים הַחֲדָשִׁים.
הַמִּילוֹן הָעִבְרִי־אַנגלִי הָעַדְכָּנִי עוֹנֶה עַל דְּרִישָׁה זוֹ, שֶׁכֵּן הוּא כּוֹלֵל מִלִּים וּבִיטוּיִים שְׁכִיחִים, וְכֵן כָּאֵלֶּה שֶׁנִּתְחַדְּשׁוּ לָאַחֲרוֹנָה בַּלְּשׁוֹנוֹת הָעִבְרִית וְהָאַנגלִית בִּשְׂפַת הַיּוֹם־יוֹם, וּבִתְחוּמִים שׁוֹנִים, כְּגוֹן בְּעַנְפֵי הָרְפוּאָה, הַסְּפּוֹרט, הַמַּחְשְׁבִים וְעוֹד.
הַמִּילוֹן מְיוּעָד הֵן לַקּוֹרֵא הָעִבְרִי וְהֵן לַקּוֹרֵא הָאַנגלִי. הַמָּבוֹא לַשָּׂפָה הָעִבְרִית שֶׁנִּיתַּן לְהַלָּן עָשׂוּי לִהְיוֹת לְעֵזֶר לַלּוֹמֵד שֶׁשְּׂפַת אִמּוֹ אַנגלִית.
הַכְּתִיב בַּמִּילוֹן הוּא כְּתִיב מָלֵא. דָּגֵשׁ בָּא רַק בָּאוֹתִיּוֹת בּ, כּ, פּ, תּ. שִׁין יְמָנִית אֵינָהּ מְסוּמֶּנֶת; שִׂין שְׂמָאלִית מְסוּמֶּנֶת; שְׁוָא נָח אֵינוֹ מְסוּמָּן.
הַפּוֹעַל הָעִבְרִי מוּבָא בְּצוּרַת גּוּף יָחִיד, עָבָר, נִסְתָּר (בַּבִּנְיָן הַמַּתְאִים), כָּךְ לְמָשָׁל הַמְחַפֵּשׂ אֶת הַמִּלָּה "אֶשָּׁמֵר" יְאַתֵּר אוֹתָהּ בָּעֵרֶךְ "נִשְׁמַר"; כְּמוֹ כֵן יֵשׁ לְחַפֵּשׂ אֶת הַמִּלָּה "לָשֶׁבֶת" בָּעֵרֶךְ "יָשַׁב", וְכַדּוֹמֶה.

AN INTRODUCTION TO HEBREW

Hebrew is one of the most ancient languages in the world. The Bible was written in Hebrew, and the Jews uttered daily their prayers in this 'Holy Tongue' for thousands of years. With the revival of Zionism, Modern Hebrew became a commonly spoken language, and now it is the official language of Israel.

The next few pages present the basic characteristics of Hebrew (which is written from right to left), so that the reader may have the basis to expand his knowledge of this language. It must be noted that only the very essentials of Hebrew are given here, and the reader is advised to refer to more detailed books and to listen attentively to Hebrew-speakers.

For the sake of simplicity, the symbols used here for the transliteration of the various sounds (consonant-sounds and vowel-sounds), are of letters of the English alphabet without dots, signs etc. Sounds that are very close to one another, are given the same symbol.

TRANSLITERATION

The transliteration of the Hebrew consonant-sounds used here:
[b] as 'b' in 'boy': בן (בֵּן) [ben] (a son).
[ch] as 'ch' in 'chair': צ׳לו (צֶ׳לוֹ) [CHElo] (a cello).
[d] as 'd' in 'day': דגל (דֶּגֶל) [DEgel] (a flag).
[f] as 'f' in 'free': יפה (יָפֶה) [yaFE] (beautiful).
[g] as 'g' in 'good': בגד (בֶּגֶד) [BEged] (a garment).
[h] as 'h' in 'happy': הד (הֵד) [hed] (an echo).
[j] as 'j' in 'joy': ג׳יפ (ג׳יפּ) [jip] (a jeep).
[k] as 'k' in 'book': כן (כֵּן) [ken] (yes).
[kh] as 'ch' in the Scottish word 'loch': אחד (אֶחָד) [eKHAD] (one).
[l] as 'l' in 'glad': גל (גַּל) [gal] (a wave).
[m] as 'm' in 'merry': אמת (אֱמֶת) [eMET] (truth).
[n] as 'n' in 'not': אני (אֲנִי) [aNI] (I).
[p] as 'p' in 'please': פרח (פֶּרַח) [PErakh] (a flower).
[r] as 'r' in 'ring': רק (רַק) [rak] (only).
[s] as 's' in 'sorry': סולם (סוּלָם) [suLAM] (a ladder).
[sh] as 'sh' in 'shall': שם (שֵׁם) [shem] (a name).
[t] as 't' in 'tall': טוב (טוֹב) [tov] (good).
[ts] as 'ts' in 'its': צב (צָב) [tsav] (a tortoise).
[v] as 'v' in 'very': אב (אָב) [av] (a father).
[y] as 'y' in 'young': ילד (יֶלֶד) [YEled] (a child).
[z] as 'z' in 'zoo': זאב (זְאֵב) [zeEV] (a wolf).
[zh] as 's' in 'pleasure': בז׳ (בֶּז׳) [bezh] (beige).

The transliteration of the Hebrew vowel-sounds used here is:
[a] as 'a' in 'car': אב (אָב) [av] (a father).
[e] as 'e' in 'bed': בן (בֵּן) [ben] (a son).
[i] as 'ee' in 'keep': שיר (שִׁיר) [shir] (a song).
[o] as 'o' in 'more': טוב (טוֹב) [tov] (good).
[u] as 'oo' in 'zoo': הוא (הוּא) [hu] (he).

The diphthongs:
[ai] as 'y' in 'by': אולי (אוּלַי) [uLAI] (perhaps).
[ei] as 'a' in 'make': לפני (לִפְנֵי) [lifNEI] (before).
[oi] as 'oy' in 'boy': גוי (גּוֹי) [goi] (a nation).
[ui] as 'oi' in 'doings': בנוי (בָּנוּי) [baNUI] (built).

Note: [a], [e], [i], [o] and [u] retain their consonantal value at the beginning of a syllable: אך (אַךְ) [akh] (but); אש (אֵשׁ) [esh] (a fire); איש (אִישׁ) [ish] (a man); אור (אוֹר) [or] (light); אולי (אוּלַי) [uLAI] (maybe).

Words in the examples are given in this order: unpointed Hebrew, pointed Hebrew, transliteration, meaning. Accented syllables are written in capital letters.

THE CONSONANTS

There are 22 letters (consonants) in the Hebrew alphabet:
א, ב, ג, ד, ה, ו, ז, ח, ט, י, כ, ל, מ, נ, ס, ע, פ, צ, ק, ר, ש, ת.
1. א (אָלֶף) [Alef], as 'a' in 'all', or as 'h' in 'honest':
אדם (אָדָם) [aDAM] (a man); זאב (זְאֵב) [zeEV] (a wolf).
1.1. א at the end of a syllable is silent (i.e. not pronounced):
באתי (בָּאתִי) [BAti] (I came); לא (לֹא) [lo] (no).
2. בּ (בֵּית) [bet], as 'b' in 'ball':
בן (בֵּן) [ben] (a son); אבא (אַבָּא) [Aba] (father).
2.1. ב as 'v' in 'very':
אב (אָב) [av] (a father); אבן (אֶבֶן) [Even] (a stone).
3. ג (גִימֶל) [GImel], as 'g' in 'good':
גג (גַּג) [gag] (a roof); בגד (בֶּגֶד) [BEged] (a garment).
3.1. ג' as 'j' in 'jam':
ג'יפ (ג'יפּ) [jip] (a jeep); ג'וקר (ג'וֹקֶר) [JOker] (a joker).
4. ד (דָלֶת) [DAlet], as 'd' in 'good':
דגל (דֶגֶל) [DEgel] (a flag); בגד (בֶּגֶד) [BEged] (a garment).
5. ה (הֵא) [he], as 'h' in 'happy':
הד (הֵד) [hed] (an echo); אהב (אָהַב) [aHAV] (he loved).
5.1. ה at the end of a word is silent (i.e. not pronounced):
מה (מַה) [ma] (what); זה (זֶה) [ze] (this).
5.2. הּ (מַפִּיק הֵא) [maPIK he] occurs sometimes at the end of a word, to indicate that the הּ is audible, not silent:
גבה (גָּבַהּ) [gaVAH] (he became tall); לה (לָהּ) [lah] (to her).
6. ו (וָו) [vav], as 'v' in 'very':
וגם (וְגַם) [veGAM] (and also); ודאי (וַדַאי) [vaDAI] (of course).
6.1. וֹ is a vowel; it indicates the pronunciation [o]:
שור (שׁוֹר) [shor] (a bull); אור (אוֹר) [or] (light).
6.2. וּ is a vowel; it indicates the pronunciation [u]:
סוס (סוּס) [sus] (a horse); הוא (הוּא) [hu] (he).

6.3. וּ at the beginning of a word is pronounced [u] as 'oo' in 'ooze',
it means 'and', and it occurs before ב, ו, מ, פ, or before a schwa:
אב ובנו (אָב וּבְנוֹ) [av uvNO] (a father and his son).
6.4. When ו is a consonant, not a vowel, it is often doubled, so as not to mistake it for a vowel, and is written וו :
דוור (דַּוָּר) [daVAR] (a postman);
7. ז (זַיִן) [ZAyin], as 'z' in 'zero':
איזה (אֵיזֶה) [EIze] (which); זאב (זְאֵב) [zeEV] (a wolf).
7.1. ז' as 's' in 'treasure':
בז' (בֶּז') [bezh] (beige).
8. ח (חֵית) [khet], as 'ch' in the Scottish word 'loch':
אחד (אֶחָד) [eKHAD] (one); חג (חַג) [khag] (a holiday).
Note: Many Israelis pronounce ח more gutturally.
9. ט (טֵית) [tet], as 't' in 'tall':
טוב (טוֹב) [tov] (good); לאט (לְאַט) [leAT] (slowly).
10. י (יוּד) [yud], as 'y' in 'young':
ילד (יֶלֶד) [YEled] (a child); יד (יָד) [yad] (a hand).
10.1. י often appears after a khirik, especially in unpointed Hebrew, where it serves as a vowel, to indicate the pronunciation [i]:
דיבר (דִּיבֵּר) [diBER] (he talked); גילה (גִּילָּה) [giLA] (he discovered).
10.2. י sometimes serves as a vowel, especially in unpointed Hebrew, to indicate the pronunciation [ei]:
ביאור (בֵּאוּר) [beiUR] (explanation); אבידה (אֲבֵדָה) [aveiDA] (a loss).
10.3. When י is a consonant, not a vowel, it is often doubled, so as not to mistake it for a vowel:
בניין (בִּנְיָן) [binYAN] (a building);
11. כּ (כַּף) [kaf], as 'k' in 'bake':
כן (כֵּן) [ken] (yes); כי (כִּי) [ki] (because).
11.1. כ as 'ch' in the Scottish word 'loch':
אכל (אָכַל) [aKHAL] (he ate); שכח (שָׁכַח) [shaKHAKH] (he forgot).
11.2. כ at the end of a word is written ך :
דרך (דֶּרֶךְ) [DErekh] (a way); אביך (אָבִיךָ) [aviKHA] (your father);
12. ל (לָמֶד) [LAmed], as 'l' in 'play':
לילה (לַיְלָה) [LAIla] (night); גל (גַּל) [gal] (a wave).

13. מ (מֵם) [mem], as 'm' in 'mother':
מתי (מָתַי) [maTAI] (when); אמת (אֱמֶת) [eMET] (truth).
13.1. מ at the end of a word is written ם :
אם (אֵם) [em] (a mother); לחם (לֶחֶם) [LEkhem] (bread);
14. נ (נוּן) [nun], as 'n' in 'not':
אני (אֲנִי) [aNI] (I); גינה (גִינָה) [giNA] (a garden).
14.1. נ at the end of a word is written ן:
בן (בֵּן) [ben] (a son); אבן (אֶבֶן) [Even] (a stone);
15. ס (סָמֶךְ) [SAmekh], as 's' in 'small':
סולם (סוּלָם) [suLAM] (a ladder); סוס (סוּס) [sus] (a horse).
16. ע (עַיִן) [Ayin], as 'a' in 'all', or as 'h' in 'honest':
עלה (עָלֶה) [aLE] (a leaf); פועל (פּוֹעֵל) [poEL] (a worker).
Note: Many Israelis pronounce ע more gutturally.
17. פּ (פֵּא) [pe], as 'p' in 'play':
פרח (פֶּרַח) [PErakh] (a flower); פה (פֶּה) [pe] (a mouth).
17.1. פ as 'f' in 'free':
יפה (יָפֶה) [yaFE] (beautiful); שפם (שָׂפָם) [saFAM] (a mustache).
17.2. פ at the end of a word is written ף:
אף (אַף) [af] (a nose); חורף (חוֹרֶף) [KHOref] (winter).
18. צ (צָדֵי) [TSAdei], as 'ts' in 'its':
אצל (אֵצֶל) [Etsel] (by); צב (צָב) [tsav] (a tortoise).
18.1. צ׳ as 'ch' in 'chair':
צ׳לו (צֶ׳לוֹ) [CHElo] (a cello); ריצ׳רץ׳ (רִיצ׳רָץ׳) [RICHrach] (a zipper).
18.2 צ at the end of a word is written ץ:
חץ (חֵץ) [khets] (an arrow); ארץ (אֶרֶץ) [Erets] (a country).
19. ק (קוּף) [kuf], as 'k' in 'sake':
רק (רַק) [rak] (only); בוקר (בּוֹקֶר) [BOker] (morning).
20. ר (רֵישׁ) [resh], as 'r' in 'bring':
רק (רַק) [rak] (only); מחר (מָחָר) [maKHAR] (tomorrow).
21. ש (שִׁין) [shin], as 'sh' in 'push':
שם (שֵׁם) [shem] (a name); שם (שָׁם) [sham] (there).
Note: This ש is called שִׁין יְמָנִית [shin yemaNIT] (a right-handed 'shin'), as a dot is placed over its right-hand corner.
21.1. שׂ as 's' in 'same':
ישראל (יִשְׂרָאֵל) [israEL] (Israel); עשה (עָשָׂה) [aSA] (he made).
Note: This ש is called שִׂין שְׂמָאלִית [sin semaLIT] (a left-handed 'sin'), as a dot is placed over its left-hand corner.
22. תּ, or ת (תָּו) [tav], as 't' in 'tall':
אתה (אַתָּה) [aTA] (you); אותו (אוֹתוֹ) [oTO] (him).
Note: תּ and ת are both pronounced [t].

THE VOWELS

The vowels are signs placed below the letters, over them, or after them.

The five long vowels are:
(אָ) (קָמַץ) [kaMATS], vowel-sound [a] : זר (זָר) [zar] (a stranger).
(אֵ) (צֵירֶה) [tseRE], vowel-sound [e] : נר (נֵר) [ner] (a candle).
(אִי) (חִירִיק גָּדוֹל) [long khiRIK], vowel-sound [i]: כי (כִּי) [ki] (as).
(אוֹ) (חוֹלָם) [khoLAM], vowel-sound [o]: חול (חוֹל) [khol] (sand).
(אוּ) (שׁוּרוּק) [shuRUK], vowel-sound [u]: שוב (שׁוּב) [shuv] (again).

The five short vowels are (actually, the same sounds as above):
(אַ) (פַּתָּח) [paTAKH], vowel-sound [a]: חג (חַג) [khag] (a holiday).
(אֶ) (סֶגּוֹל) [seGOL], vowel-sound [e]: דרך (דֶּרֶךְ) [DErekh] (a way).
(אִ) (חִירִיק קָטָן) [short khiRIK], vowel-sound [i]: אם (אִם) [im] (if).
(אָ) (קָמַץ חָטוּף) [kaMATS khaTUF], vowel-sound [o]: תוכנית (תָּכְנִית) [tokhNIT] (a plan); כל (כָּל) [kol] (all).
(אֻ) (קֻבּוּץ) [kuBUTS], vowel-sound [u]: בובה (בֻּבָּה) [buBA] (a doll).

Note: Kholam occurs sometimes without a ו (short kholam): פה (פֹּה) [po] (here); לא (לֹא) [lo] (no).
Kamats khatuf is generally replaced by a kholam: חופשי (חָפְשִׁי) [khofSHI] (free).
Kubuts is generally replaced by a shuruk: סוכר (סֻכָּר) [suKAR] (sugar).

THE SCHWA

The schwa (אְ) (שְׁוָא) [sheVA] is placed below the letter. It indicates lack (or almost lack) of a vowel-sound. The schwa is of two kinds:
1. שְׁוָא נָע [sheva na] (vocal schwa), vowel-sound [e]; it occurs at the beginning of a syllable:
זְאֵב [zeEV] (a wolf); שָׁמְרָה [shameRA] (she has kept).
2. שְׁוָא נָח [sheva nakh] (silent schwa), indicates that the letter has no vowel-sound; it occurs at the end of a syllable. At the end of a word (now also at the end of a syllable), it is almost always omitted:
אָב [av] (a father); מִשְׁפָּט or מִשפָּט [mishPAT] (a sentence).

THE COMPOSITE SCHWA

The composite schwas are:
(אֳ) (חֲטַף קָמַץ) [khaTAF kaMATS], vowel-sound [o]:
צָהֳרַיִים [tsohoRAim] (noon).
(אֲ) (חֲטַף פַּתָּח) [khaTAF paTAKH], vowel-sound [a]:
אֲנִי [aNI] (I).
(אֱ) (חֲטַף סֶגוֹל) [khaTAF seGOL], vowel-sound [e]:
אֱמֶת [eMET] (truth).
The composite schwa replaces the vocal schwa under א, ה, ח, ע.

THE FURTIVE PATAKH

A patakh at the end of a word under הּ or under ח or under ע, is called פַּתַּח גְנוּבָה [patakh genuVA] (furtive (-letter) patakh).
This patakh at the end of a word under ח is pronounced אַח [akh], (not [kha]): רוח (רוּחַ) [RUakh] (a wind) (not [RUkha]).
גבוה (גָבוֹהַּ) [gaVOah] (high).
מזבח (מִזְבֵּחַ) [mizBEakh] (an altar) (not [mizBEkha]).
רוע (רוֹעַ) [ROa] (wickedness).

THE DAGESH

The daGESH is a dot inside a letter.
The dot may appear in all the letters except ר ,ע ,ח ,ה ,א.
However, only the dotted letters בּ ,כּ ,פּ ,תּ, are discussed here.

THE ACCENT

The accent in Hebrew occurs either on the last (ultimate) syllable, or on the next to last (penultimate) syllable. Hebrew words are generally accented on the last syllable. But nouns ending in a consonant pointed by a short vowel and followed by another consonant (a closed syllable), are generally accented on the penultimate syllable:
סֵפֶר [SEfer] (a book); נַעַר [NAar] (a boy).

THE NOUN

The noun in Hebrew is either masculine or feminine. A noun ending in a ה or ת is usually feminine; all other nouns are mostly masculine.
Generally, the plural of the masculine noun is formed by adding ים to the end of the noun (often accompanied by a change in the pointing of the singular form): יֶלֶד [YEled] (a boy); יְלָדִים [yelaDIM] (boys).
The plural of the feminine noun is generally formed by replacing the ה or ת with ות: יַלְדָּה [yalDA] (a girl); יְלָדוֹת [yelaDOT] (girls).

THE ADJECTIVE

The adjective in Hebrew appears after the noun, and the suffixes ה, ים, ות are added respectively to agree with the number and gender:
יֶלֶד טוֹב [-tov] (a good boy); יַלְדָּה טוֹבָה [-toVA] (a good girl); יְלָדִים טוֹבִים [-toVIM] (good boys); יְלָדוֹת טוֹבוֹת [-toVOT] (good girls).

THE CONSTRUCT STATE

Generally, when two nouns combine in Hebrew to form a new compound, the first noun is in the Construct State. For example, יַד אָדָם means 'hand of a man'. The first word יַד 'hand of' is in the Construct State, since it is dependent on the second word אָדָם 'a man'. Hebrew is rich in such compounds. Words in the Construct State most often change both in spelling and pointing of their Absolute State. Some main changes are:

1. Changes in the pointing:
שָׂדֶה (field), קְרָב (battle); שְׂדֵה קְרָב (battlefield).
2. The ending ָ-ה of the Absolute State becomes ַ-ת:
גִּינָה (garden), גַּג (roof); גִּינַת גַּג (roof garden).
3. The ending ים- of the Absolute State becomes ֵ-י:
מַיִם (water), יָם (sea); מֵי יָם (sea water).
צִיּוּרִים (paintings), שֶׁמֶן (oil); צִיּוּרֵי שֶׁמֶן (oil paintings).

The definite article (הַ) is prefixed to the genitive (i.e. the second word), not to the word in the construct state:
שְׂדֵה הַקְרָב (the battlefield); צִיּוּרֵי הַשֶּׁמֶן (the oil paintings).

THE VERB

The Hebrew verb consists of three letters that form the verb-root. The conjugation of the verb in tense, gender etc. is supplied by the vowels and affixes. The verb is conjugated in seven 'structures' (בִּנְיָנִים):

1. פָּעַל [paAL], also called קַל [kal] (Simple Active):
(שָׁמַר) [shaMAR] (he kept) verb-root: שמר.
2. נִפְעַל [nifAL] (Simple Passive):
(נִשְׁמַר) [nishMAR] (he was kept) verb-root: שמר.
3. פִּיעֵל [piEL] (Intensive Active):
(בִּיטֵל) [biTEL] (he canceled) verb-root: בטל.
4. פּוּעַל [puAL] (Intensive Passive):
(בּוּטַל) [buTAL] (he was canceled) verb-root: בטל.
5. הִפְעִיל [hifIL] (Causative Active):
(הִשְׁמִיד) [hishMID] (he destroyed) verb-root: שמד.
6. הוּפְעַל [hufAL] (Causative Passive):
(הוּשְׁמַד) [hushMAD] (he was destroyed) verb-root: שמד.
7. הִתְפַּעֵל [hitpaEL] (Reflexive):
(הִתְלַבֵּשׁ) [hitlaBESH] (he dressed himself) verb-root: לבש.

The verbs are classified in 'classes' (גְזָרוֹת) according to the type of the three root-letters, and are conjugated accordingly. The conjugations of the verbs are decided by strict rules. The above verbs are of the 'regular class' (גִזְרַת הַשְׁלֵמִים). But a verb in which one or more of its root-letters is 'weak' (א, ה, ו, י, or נ), or verbs that have double letters in their verb-root, deviate from the regular conjugations: changes occur in the vowels, root-letters drop, or are replaced by other letters according to the 'class' (גִזְרָה) of the verb. Such verbs are called 'weak verbs', since they do not follow the conjugations of the 'regular verb'.
The verb-root, for instance, of הִכִּיר [hiKIR] (he recognized) is נכר. Since its 'structure' is הִפְעִיל it loses the נ (of הִנְכִּיר).
The verb-root of קַמְתִּי [KAMti] (I got up) is קום; since its 'structure' is קַל, the ו of its verb-root drops in the past tense.
In dictionaries, the verb appears in its respective 'structure', in the past tense, 3rd person, singular, masculine:
קַמְתִּי is found at קָם [kam] (he got up). אֵשֵׁב [eSHEV] (I'll sit down) is found at יָשַׁב [yaSHAV] (he sat down).

AFFIXES

Prepositional, Conjunctive etc. Prefixes:
בְּ, or בּ 'in' or 'into': בְּסֵפֶר [beSEfer] (in a book).
בַּ, or בָּ 'in the': בַּיָּד [baYAD] (in the hand).
הַ, or הָ serves as the definite article: הַיָּם [haYAM] (the sea).
הֲ, or הַ an interrogative: ?הֲתֵלֵךְ [hateLEKH] (will you go?).
וְ, or וּ 'and': הוּא וְהִיא [hu veHI] (he and she).
כְּ, or כּ 'as': כְּאָדָם [keaDAM] (as a man).
כַּ, or כָּ 'as the': כַּצִּיפּוֹר [katsiPOR] (as the bird).
לְ, or לָ 'to': לְמָקוֹם [lemaKOM] (to a place).
לַ, or לָ 'to the': לַיָּם [laYAM] (to the sea).
מִ, or מֵ 'from': מִשָּׁם [miSHAM] (from there).
שֶׁ 'that' or 'which' or 'who': שֶׁכָּתַב [shekaTAV] (who wrote).

Pronominal Suffixes of Singular Masculine Nouns:
-ִי 'my': סִפְרִי [sifRI] (my book).
-ךָ 'your' (m. sing.): סִפְרְךָ [sifreKHA] (your book).
-ךְ 'your' (f. sing.): סִפְרֵךְ [sifREKH] (your book).
-וֹ 'his' (m. sing.): סִפְרוֹ [sifRO] (his book).
-ָהּ 'her' (f. sing.): סִפְרָהּ [sifRAH] (her book).

ֵ-נוּ 'our': סִפְרֵנוּ [sifREnu] (our book).
-כֶם 'your' (m. pl.): סִפְרְכֶם [sifreKHEM] (your book).
-כֶן 'your' (f. pl.): סִפְרְכֶן [sifreKHEN] (your book).
ָ-ם 'their' (m. pl.): סִפְרָם [sifRAM] (their book).
ָ-ן 'their' (f. pl.): סִפְרָן [sifRAN] (their book).

Pronominal Suffixes of Plural Masculine Nouns:
ַ-י 'my': סְפָרַי [sefaRAI] (my books).
ֶ-יךָ 'your' (m. sing.): סְפָרֶיךָ [sefaREkha] (your books).
ַ-יִךְ 'your' (f. sing.): סְפָרַיִךְ [sefaRAikh] (your books).
ָ-יו 'his' (m. sing.): סְפָרָיו [sefaRAV] (his books).
ֶ-יהָ 'her' (f. sing.): סְפָרֶיהָ [sefaREha] (her books).
ֵ-ינוּ 'our': סְפָרֵינוּ [sefaREInu] (our books).
ֵ-יכֶם 'your' (m. pl.): סִפְרֵיכֶם [sifreiKHEM] (your books).
ֵ-יכֶן 'your' (f. pl.): סִפְרֵיכֶן [sifreiKHEN] (your books).
ֵ-יהֶם 'their' (m. pl.): סִפְרֵיהֶם [sifreiHEM] (their books).
ֵ-יהֶן 'their' (f. pl.): סִפְרֵיהֶן [sifreiHEN] (their books).

Verb Affixes of בִּנְיַן פָּעַל, גִּזְרַת הַשְּׁלֵמִים, verb-root: שמר:

Past Tense Suffixes:
ָ-ַ-תִּי 'I have': שָׁמַרְתִּי [shaMARti] (I have kept).
ָ-ַ-תָּ 'you have' (m. sing.): שָׁמַרְתָּ [shaMARta] (you have kept).
ָ-ַ-תְּ 'you have' (f. sing.): שָׁמַרְתְּ [shaMART] (you have kept).
ָ-ַ- (no suffix) 'he has': שָׁמַר [shaMAR] (he has kept).
ָ-ְ-ָה 'she has': שָׁמְרָה [shameRA] (she has kept).
ָ-ַ-נוּ 'we have': שָׁמַרְנוּ [shaMARnu] (we have kept).
ְ-ַ-תֶּם 'you have' (m. pl.): שְׁמַרְתֶּם [shemarTEM] (you have kept).
ְ-ַ-תֶּן 'you have' (f. pl.): שְׁמַרְתֶּן [shemarTEN] (you have kept).
ָ-ְ-וּ 'they have': שָׁמְרוּ [shameRU] (they have kept).

Present Tense Affixes:
-וֹ-ֵ- (m. sing.): שׁוֹמֵר [shoMER] (I, you, he, keep(s)).
-וֹ-ֶ-ֶת (f. sing.): שׁוֹמֶרֶת [shoMEret] (I, you, she keep(s)).
-וֹ-ְ-ִים (m. pl.): שׁוֹמְרִים [shomeRIM] (we, you, they keep).
-וֹ-ְ-וֹת (f. pl.): שׁוֹמְרוֹת [shomeROT] (we, you, they keep).

Future Tense Affixes:
-אֶ--וֹ 'I will': אֶשמוֹר [eshMOR] (I will keep).
-תִּ--וֹ 'you will' (m. sing.): תִּשמוֹר [tishMOR] (you will keep).
תִּ---י 'you will' (f. sing.): תִּשמְרִי [tishmeRI] (you will keep).
-יִ--וֹ 'he will': יִשמוֹר [ishMOR] (he will keep).
-תִּ--וֹ 'she will': תִּשמוֹר [tishMOR] (she will keep).
-נִ--וֹ 'we will': נִשמוֹר [nishMOR] (we will keep).
תִּ---וּ 'you will' (m. pl.): תִּשמְרוּ [tishemRU] (you will keep).
תִּ--וֹ-נָה 'you will' (f. pl.): תִּשמוֹרנָה [tishMORna] (you will keep).
יִ---וּ 'they will' (m. pl.): יִשמְרוּ [ishmeRU] (they will keep).
תִּ--וֹ-נָה 'they will' (f. pl.): תִּשמוֹרנָה [tishMORna] (they will keep).

Imperative Affixes:
-ְ--וֹ (m. sing.): שְמוֹר [sheMOR] (keep!).
ִ---י (f. sing.): שִמרִי [shimRI] (keep!).
ִ---וּ (m. pl.): שִמרוּ [shimRU] (keep!).
ְ--וֹ-נָה (f. pl.): שְמוֹרנָה [sheMORna] (keep!).

Infinitive Affixes: -לִ--וֹ: לִשמוֹר [lishMOR] (to keep).

POINTED HEBREW AND UNPOINTED HEBREW

Pointed Hebrew is written with vowels, schwas, dagesh, dots, etc.
Unpointed Hebrew is written without these signs.

The apostrophe (') after ג, ז, and צ is retained in unpointed Hebrew:
ג'ימי נולד בצ'ילי [JImi noLAD beCHIli] (Jimmy was born in Chile).
Partially pointed Hebrew is sometimes used to clarify the meaning:
הוא שמֵח [hu saMEakh] (he is glad).
הוא שמַח [hu saMAKH] (he was glad).

The following text is written first in pointed Hebrew, then in unpointed Hebrew:

הַיְהוּדִים חָזְרוּ לְאֶרֶץ יִשְׂרָאֵל לְאַחַר שֶׁהוּגְלוּ מִשָּׁם בְּכוֹחַ וּלְאַחַר שֶׁשָּׁמְרוּ לָהּ אֱמוּנִים בְּמֶשֶׁךְ אַלְפֵי שָׁנִים. הֵם הֵקִימוּ אֶת מְדִינַת יִשְׂרָאֵל וְחִידְּשׁוּ בָּהּ אֶת חֵירוּתָם. תּוֹשָׁבֵי יִשְׂרָאֵל מוֹשִׁיטִים יָד לְשָׁלוֹם לְכָל מְדִינוֹת הָאֵיזוֹר, וְקוֹרְאִים אֶל הָעָם הַיְהוּדִי בָּעוֹלָם לְהִתְלַכֵּד סְבִיבָם וְלַעֲזוֹר בְּבִנְיַין הָאָרֶץ.

[hayehuDIM khazeRU leErets israEL leaKHAR shehugLU miSHAM beKHOakh uleaKHAR sheshameRU lah emuNIM beMEshekh alFEI shaNIM. hem heKImu et mediNAT israEL vekhideSHU bah et kheiruTAM. toshaVEI israEL moshiTIM yad leshaLOM leKHOL mediNOT haeiZOR, vekoreIM el haAM hayehuDI baoLAM lehitlaKED seviVAM velaaZOR bevinYAN haArets].

היהודים חזרו לארץ ישראל לאחר שהוגלו משם בכוח ולאחר ששמרו לה אמונים במשך אלפי שנים. הם הקימו את מדינת ישראל וחידשו בה את חירותם. תושבי ישראל מושיטים יד לשלום לכל מדינות האיזור, וקוראים אל העם היהודי בעולם להתלכד סביבם ולעזור בבניין הארץ.

The Jews returned to the Land of Israel after they were exiled from there by force and after they remained loyal to her during thousands of years. They established the State of Israel and renewed their freedom there. The residents of Israel extend a hand of peace to all the countries of the region, and call on the Jewish people in the world to rally around them and to help with the building of the Land. (From the Declaration of Independence)

FULL SPELLING AND SHORT SPELLING
(כתיב מלא וכתיב חסר)

Classical Hebrew had strict rules in writing. The use of 'short spelling', (i.e. the short khirik, short kholam and kubuts) was strictly kept. Words in unpointed Hebrew were spelled like those in pointed Hebrew. For example, חִוֵּר [khiVER] (pale) in pointed Hebrew, was written חור in unpointed Hebrew as well. But חור might be mistaken for [khor] (a hole). Since it was sometimes difficult for the reader to identify the meaning, the 'full spelling' was

introduced, and the letters ו and י were used instead of vowels. Thus חִוֵּר [khiVER] is now written חיוור in unpointed Hebrew. Moreover, this 'full spelling' is now used generally even in pointed Hebrew (חִוֵּר is written חִיוֵּר). Some dictionaries, however, still follow the strict rules of the 'short spelling', and the reader who is not familiar with the rules is advised to look up a word that has the vowel-sounds [i] or [o], or the consonant-sounds [y] or [v], in different places in the dictionary, where it may appear with or without a ו or י, or sometimes with two of them, e.g.וו.

The main rules of the full spelling are:

1. The vowel-sound [u] is always written with a ו:
שולחן (שֻׁלְחָן) [shulKHAN] (a table); בובה (בֻּבָּה) [buBA] (a doll).

2. The vowel-sound [o] is always written with a ו:
בוקר (בֹּקֶר) [BOker] (morning); חופשי (חָפְשִׁי) [khofSHI] (free).

3. The vowel-sound [i] (not before a silent schwa) is written with a י:
כיסא (כִּסֵּא) [kiSE] (a chair); דיבר (דִּבֵּר) [diBER] (he talked).

4. The vowel-sound [i] before a silent schwa is written without a י:
מכתב (מִכְתָּב) [mikhTAV] (a letter).

5. The consonant ו, consonant-sound [v], (only in the middle of the word) is doubled and written וו:
זווית (זָוִית) [zaVIT] (an angle).

6. The consonant י, consonant-sound [y], (usually in the middle of the word) is doubled:
בניין (בִּנְיָן) [binYAN] (a building).

ABBREVIATIONS

ז' - זָכָר - noun (masculine); נ' - נְקֵבָה - noun (feminine)
ז"ר - זָכָר רִיבּוּי - noun (masculine) plural
נ"ר - נְקֵבָה רִיבּוּי - noun (feminine) plural
מ"ג - מִלַּת גוּף - pronoun; מ"ח - מִלַּת חִיבּוּר - conjunction
מ"י - מִלַּת יַחַס - preposition
מ"ק - מִלַּת קְרִיאָה - interjection
פ' - פּוֹעַל - verb; ר"ת - רָאשֵׁי תֵּיבוֹת - acronym
ש"מ - שֵׁם מִספָּר - numeral; ת' - תּוֹאַר - adjective
תה"פ - תּוֹאַר הַפּוֹעַל - adverb; תח' - תְּחִילִית - prefix
m. - masculine; f. - feminine; sing. - singular; pl. - plural.
* (asterisk) - slang or colloquialism

א

א נ׳ — A
- מא׳ ועד ת׳ — from A to Z
א׳ — firstly
א״א — excellent, A1
א״א = אי-אפשר — impossible
אא״ג = אף-אוזן-גרון — ENT
*אָאוּט (חוץ; מבולבל) ז׳ — out
*אָאוּטסַיְידֶר (זר) ז׳ — outsider
אא״כ = אלא אם כן — unless
אָב ז׳ — father, Av (month)
- אב בית דין — president of court
- אב העורקים — aorta
- אב חורג — stepfather
- אב קדמון — ancestor, forebear
- אבות המזון — nutrients
אֵב ז׳ — young shoot, youth
- בעודו באיבו — untimely, in the prime of life
אַבָּא ז׳ — father, *dad, *papa
אָבַד פ׳ — be lost, be destroyed
- אבד עליו כלח — be outmoded
אב״ד=אב בית דין — presiding judge
אֲבַדּוֹן ז׳ — ruin, destruction
אָבָה פ׳ — want, desire, wish
אַבְהוּת נ׳ — fatherhood, paternity
אַבְהִי ת׳ — fatherly, paternal
*אַבּוּ אַרְבַּע ת׳ — four-eyes
אַבּוּב ז׳ — oboe, inner tube, hautboy
אַבּוּבָן ז׳ — oboist
אָבוּד ת׳ — hopeless, lost
אֲבוֹי מ״ק — alas, woe to
אֶבוֹלוּצְיָה נ׳ — evolution
אָבוֹקָדוֹ ז׳ — avocado
אֲבוּקָה נ׳ — torch
אַבְזָם ז׳ — buckle, clasp
אִבְזֵר פ׳ — accessorize
אַבְזָר ז׳ — accessory, gadget
אַבְזָרָן ז׳ — property man
אִבְחוּן ז׳ — diagnosis
אִבְחוּנִי ת׳ — diagnostic
אִבְחֵן פ׳ — diagnose
אַבְחָנָה נ׳ — diagnosis, distinction
- ללא אבחנה — indiscriminately
אִבְחַת חֶרֶב נ׳ — thrust of a sword
אִבְטַח פ׳ — secure, protect
אַבְטָחָה נ׳ — security, protection
אֲבַטִּיחַ ז׳ — watermelon
אַבְטִיפּוּס ז׳ — archetype
אַבְטָלָה נ׳ — unemployment
- אבטלה סמויה — hidden unemployment
אָבִיב ז׳ — spring
- כאביב ימיו — in the prime of life
אֲבִיבִי ת׳ — spring-like, vernal
אֲבֵידָה נ׳ — loss, casualty
אֶבְיוֹן ז׳ — poor man, beggar
אֲבִיוֹנָה נ׳ — libido, sexual urge
אֲבִיזָר ז׳ — accessory, gadget
אָבִיךְ ת׳ — hazy, misty
אַבִּיק ז׳ — retort
אַבִּיר ז׳ — knight, gallant
אַבִּירוּת נ׳ — knighthood, chivalry
אַבִּירִי ת׳ — chivalrous, knightly
אב״כ — atomic, biological, and chemical (warfare)
אֵבֶל ז׳ — mourning, grief
אֲבָל מ״ח — but, however, yet
אָבֵל ז׳ — mourner
- אבל וחפוי ראש — much ashamed
אֲבֵלוּת נ׳ — mourning
אֶבֶן נ׳ — rock, stone, boulder
- אבן בוחן — criterion
- אבן דרך — landmark
- אבן חן — precious stone, jewel
- אבן טובה — precious stone
- אבן יסוד — cornerstone, foundation stone
- אבן יקרה — gem, jewel
- אבן כליות — renal calculus
- אבן מרה — gallstone
- אבן משחזת — grindstone
- אבן נגולה מעל ליבו — feel relieved
- אבן נגף — obstacle
- אבן פינה — cornerstone
- אבן ריחיים — millstone
- אבן שיניים — scale, tartar, fur
- אבן שפה — kerbstone
- כאבן שאין לה הופכין — useless
אַבְנֵט ז׳ — girdle, sash, belt
אַבְנִי ת׳ — stony
אַבְנִית נ׳ — fur, scale, tartar
אַבְּסוֹלוּטִי (מוחלט) ת׳ — absolute
אַבְּסוּרד ז׳ — absurdity, nonsense
אַבְּסוּרדִי ת׳ — absurd, ridiculous
אַבְּסטרַקְטִי (מופשט) ת׳ — abstract

blister, boil, pustule, pimple, nettle-rash, pock אֲבַעְבּוּעָה נ׳
smallpox, pox - אבעבועות
chicken pox - אבעבועות רוח
smallpox - אבעבועות שחורות
zinc אָבָץ ז׳
dust, small amount אָבָק ז׳
gunpowder - אבק שריפה
powder, pollen אַבְקָה נ׳
baking powder - אבקת אפייה
milk-powder - אבקת חלב
buttonhole אִבְקָה נ׳
stamen אַבְקָן ז׳
tarpaulin אַבְּרְזִין (ברזנט) ז׳
young man אַבְרֵךְ ז׳
young haredi - אברך משי
breeches, knickers אַבְרָקַיִים ז״ר
heather, heath אַבְרָש (שיח) ז׳
agora אג׳ = אגורה
apropos, by the way אַגַּב תהי״פ
by the way - אגב אורחא
bunch, bandage אֶגֶד ז׳
adhesive bandage, plaster - אגד מידבק
fable, legend, myth אַגָּדָה נ׳
fabulous, legendary אַגָּדִי ת׳
fabulous, legendary אַגָּדָתִי ת׳
ego אֶגוֹ (ה״אני״) ז׳
egoism אֶגוֹאִיזם (אנוכיות) ז׳
egoist אֶגוֹאִיסט (אנוכי) ז׳
association אֲגוּדָה נ׳
thumb אֲגוּדָל ז׳
agudat Israel, ultra-orthodox party אֲגוּדַת יִשְׂרָאֵל
nut אֱגוֹז ז׳
peanut, earthnut - אגוז אדמה
walnut - אגוז המלך
pecan - אגוז פקן
hard nut to crack - אגוז קשה
nut tree אֱגוֹזָה נ׳
אגו״י = אגודת ישראל
egocentric אֶגוֹצֶנטְרִי (אנוכי) ת׳
collected, hoarded אָגוּר ת׳
agora, small coin אֲגוֹרָה נ׳
worthless thing - אגורה שחוקה
exhaust אֲגזוז (מַפלֵט) ז׳
bond, debenture אג״ח = איגרת חוב
accumulating אֲגִירָה נ׳
drop, bead אֶגֶל ז׳
dewdrop - אגל טל
lake, pond, pool אֲגַם ז׳
bulrush, reed, rush אַגְמוֹן ז׳
coot אַגְמִית נ׳
basin, font, pan אַגָּן ז׳
pelvis - אגן הירכיים
drainage basin - אגן נהר/ניקוז
pear אַגָּס ז׳
flank, outflank אָגַף פ׳
department, flank, outbuilding, wing אֲגַף ז׳
flanking, lateral אֲגַפִּי ת׳
hoard, store, stock up אָגַר פ׳
fee, toll, dues, tax אַגְרָה נ׳
egg roll אֶגְרוֹל ז׳
agronomist אַגְרוֹנוֹם (חקלאי) ז׳
fist אֶגְרוֹף ז׳
boxing, pugilism אִגְרוּף ז׳
knuckle-duster אֶגְרוֹפָן ז׳
vase, bowl, amphora אֲגַרְטָל ז׳
collector אַגְרָן ז׳
aggressive אַגְרֶסִיבִי (תוקפני) ת׳
aggression אַגְרֶסִיבִיּוּת נ׳
box, clench fist אִגְרֵף פ׳
agrarian אַגְרָרִי (חקלאי) ת׳
vapor, mist, steam אֵד ז׳
ad hoc אַד הוֹק (לשם כך) תהי״פ
adagio אֲדָג׳וֹ (באיטיות) תהי״פ
ripple, riffle, waves אַדְוָה נ׳
red, scarlet, crimson אָדוֹם ת׳
redbreast, robin - אדום החזה
sir, Mr., gentleman, lord, owner, *boss אָדוֹן ז׳
Dear Sir - אדון נכבד
messieurs, Messrs. - האדונים
sir, *mac אֲדוֹנִי מ״ק
devout, orthodox, pious אָדוּק ת׳
polite, courteous, kind אָדִיב ת׳
politeness, kindness אֲדִיבוּת נ׳
kindly, by courtesy of - באדיבות
devotion, piety אֲדִיקוּת נ׳
mighty, powerful אַדִּיר ת׳
apathetic, indifferent אָדִישׁ ת׳
apathy, indifference אֲדִישׁוּת נ׳
human being, person, man אָדָם ז׳
Adam - אדם הראשון
superman - אדם עליון
reddish, ruddy אֲדַמְדַּם ת׳
earth, land, soil, אֲדָמָה נ׳

country, ground
- אדמה חרוכה — scorched earth
אֲדַמְדַּם ת׳ — reddish, hectic
אַדְמוֹנִי ת׳ — red-haired, ginger
אַדְמוֹנִית (פרח) נ׳ — peony
אדמו״ר — our Rabbi
אַדְמִינִיסְטְרָטִיבִי (מִנְהָלִי) ת׳ — administrative
אַדְמִינִיסְטְרַצְיָה (מִנְהָל) נ׳ — administration
אַדְמִירָל ז׳ — admiral
אַדֶּמֶת נ׳ — rubella, German measles
אֶדֶן ז׳ — sill, base, plinth, sleeper
- אדן החלון — windowsill
אַדָנִית נ׳ — planter, window box
אֲדָר ז׳ — Adar (month)
אֶדֶר (עץ) ז׳ — maple
אַדְרַבָּה תה״פ — on the contrary, you're welcome to try
אִדְרָה נ׳ — fish bone, herringbone
אַדְרִיכָל ז׳ — architect
אַדְרִיכָלוּת נ׳ — architecture
אַדְרֶנָלִין (הורמון) ז׳ — adrenalin
אַדֶּרֶת נ׳ — overcoat, cloak
אֲדִשׁוֹנִי ת׳ — apathetic
אָהּ מ״ק — ah, oh
אָהַב פ׳ — like, love, *adore
אַהֲבָה נ׳ — love, affection
- אהבה חופשית — free love
- אהבה נכזבת — disappointed love
- אהבה עצמית — self-love
- אהבת בצע — avarice, greed
- אהבת הבריות — altruism
- אהבת נפש — profound love
- אהבת שלום — pacifism
אֲהַבְהָבִים ז״ר — dalliance, flirt
*אַהֲבָל ז׳ — fool
אָהַד פ׳ — like, sympathize
אֲהָדָה נ׳ — favor, sympathy
אֲהָהּ מ״ק — alas, dear, alack
אָהוּב ז׳ — beloved, darling, sweetheart, dear, love
אֲהוּבָה נ׳ — love, mistress, sweetheart
אָהוּד ת׳ — beloved, liked
אָהִיל ז׳ — lampshade, globe
*אַהֲלָן מ״ק — hello
אוֹ מ״ח — or
- או - או - — either - or -
- או אז — then

- או ש- — or else
אוֹ קֵיי מ״ק — OK, okay, well
אוֹאָזִיס (נווה מדבר) ז׳ — oasis
אוֹב ז׳ — necromancy
אוֹבֵד ת׳ — lost, stray
- אובד עצות — helpless, at a loss
אוֹבְדָן ז׳ — loss, destruction
אוּבְחַן פ׳ — be diagnosed
אוּבְטַח פ׳ — be protected
אוֹבִּייֶקְט ז׳ — object
אוֹבִּייֶקְטִיבִי ת׳ — objective, impartial, unbiased
אוֹבִּייֶקְטִיבִיּוּת נ׳ — objectivity
אוֹבִּייֶקְטִיבִית תה״פ — objectively
אוֹבֶךְ ז׳ — haze, haziness
אוּבָל ז׳ — aqueduct, water course
אוֹבָלִי (סגלגל) ת׳ — oval
אוֹבֶּלִיסְק (מצבה) ז׳ — obelisk
אוֹבְנַיִם ז״ר — potter's wheel
אוֹבְּסֶסִיבִי ת׳ — obsessive
אוֹבְּסֶסְיָה (טִירְדוֹן) נ׳ — obsession
אוֹבֶרדְרַפְט ז׳ — overdraft
אוֹבֶרוֹל (סרבל) ז׳ — overall
אוֹבֶרוֹל (תיקון) ז׳ — overhaul
אוֹגֵד (בדקדוק) ז׳ — copula, copulative
אוּגְדָּה נ׳ — division
אוּגְדוֹנָר ז׳ — division commander
אוֹגְדָן (קלסר) ז׳ — folder
אוּגְדָתִי ת׳ — divisional, division
אוֹגוּסְט ז׳ — August
אוֹגֶן ז׳ — brim, flange
אוּגַף פ׳ — be flanked
אוֹגֵר ז׳ — accumulator, hamster
אוּד ז׳ — brand, firebrand
- אוד מוצל מאש — survivor
אוֹדוֹת מ״י — concerning, about
- על אודות — regarding, about
אוֹדִיטוֹרְיוּם ז׳ — auditorium
אוֹדִיסֵיאָה נ׳ — odyssey
אוֹדִישֶׁן (מיבחן בד) ז׳ — audition
אוֹדֶם ז׳ — redness, lipstick, ruby
אוֹהֵב ת׳ — fond, lover, amorous
אוֹהֵד ת׳ — fan, sympathizer
*אוֹהוֹ מ״ק — oho
אוֹהֶל ז׳ — tent
- אוהל חמצן — oxygen tent
- אוהל מועד — tabernacle
- אוהל סיירים — pup tent
אוֹהם (בחשמל) ז׳ — ohm
אַוָּז ז׳ — gander, goose
אֱוִיל ז׳ — fool, stupid

אֱווילוּת נ׳ foolishness
אֱווילִי ת׳ stupid, foolish
אֲוויר ז׳ air, breath
- אוויר-אוויר (טיל) air-to-air
- אוויר-קרקע air-to-ground
- באוויר on the air, broadcast
אֲווירָה נ׳ air, atmosphere
אֲווירוֹבָּטִיקָה נ׳ aerobatics
אֲווירוֹדִינָמִיקָה נ׳ aerodynamics
אֲווירוֹן ז׳ airplane, aeroplane
אֲווירוֹנָאוּטִיקָה נ׳ aeronautics
אֲוורִי ת׳ aerial, airy
אֲווירִייָה נ׳ air force
אֲווירָנִי (אֵירוֹבִּי) ת׳ aerobic
אָוֶן ז׳ wickedness, evil
אֶוַונגֶלְיוֹן ז׳ Evangel, Gospel
אָוַונגַרד (מתקדם) ז׳ avant-garde
אִוורוּר ז׳ ventilation, airing
אַוורִירִי ת׳ airy, breezy
אוּורַר פ׳ be ventilated, be aired
אִוורֵר פ׳ fan, ventilate, air
אִוושָׁה נ׳ rustle, murmur, whisper
אַוות נֶפֶש נ׳ desire
- כאוות-נפשו to one's heart's content
אוזון (גז) ז׳ ozone
אוּזכַּר פ׳ be mentioned
אוזלַת יָד נ׳ helplessness
אוּזַן פ׳ be balanced
אוֹזֶן נ׳ ear, handle, *lug
- אוזן המן Purim pastry
- אוזניים לכותל walls have ears
- זכה לאוזן קשבת gain a hearing
- כולי אוזן I'm all ears
אוזנִית נ׳ earphone, auricle, headphone, receiver
אוֹחַ ז׳ eagle-owl
אוּחַד פ׳ be unified
אוּחָה פ׳ be pieced together
אוּחסַן פ׳ be stored
אוּחַר: לא יְאוּחַר מ- not later than
אוטו ז׳ car, auto, automobile
אוטובּוּס ז׳ bus, coach
- אוטובוס דו-קומתי double-decker
- אוטובוס מפרקי articulated bus
אוטוֹבִּיוֹגרָפִי ת׳ autobiographical
אוטוֹבִּיוֹגרַפְיָה נ׳ autobiography
אוטוֹמָט ז׳ automaton
- אוטומט מכירות vending machine
אוטוֹמָטִי ת׳ automatic
אוטוֹמָטִית תה״פ automatically
אוטוֹנוֹמִי ת׳ autonomous
אוטוֹנוֹמְיָה נ׳ autonomy, self-government, home rule
אוטוֹסוּגֶסטְיָה נ׳ autosuggestion
אוטוֹסטרָדָה נ׳ highway
אוטוֹפִּי ת׳ utopian
אוטוֹפְּיָה (דמיון) נ׳ utopia
אוטוֹקרַטְיָה נ׳ autocracy
אוטוֹרִיטָה (סמכות) נ׳ authority
אוֹטִיזְם (מחלה) ז׳ autism
אוֹטִיסט ז׳ autistic
אוֹטִיסטִי (מנותק) ת׳ autistic
אוֹטֶם ז׳ stoppage, obstruction
- אוטם שריר הלב myocardial infarct
אוֹי מ״ק alas, ouch, dear me
- אוי ואבוי alas, woe to
אוֹיֵב ז׳ enemy, foe
אוּיַד פ׳ be vaporized
אוֹיָה מ״ק alas
אוּיַר פ׳ be illustrated
אוּיַש פ׳ be manned
אוּיַת פ׳ be spelled
אוֹכֶל ז׳ food, meal, board
אוֹכֵל ת׳ eater
- אוכל אדם cannibal, man-eater
- אוכל בשר carnivorous
- אוכל הכול omnivorous
אוכלוּסִייָה נ׳ population
אוּכלַס פ׳ be populated
אוכמָנִית נ׳ blackberry, bilberry
אוּכסַן פ׳ be accommodated
אוּכָּף ז׳ saddle, trough
אוּלטִימָטוּם ז׳ ultimatum
אוּלטִימָטִיבִי ת׳ ultimate, last
אוּלטְרָה ת׳ ultra
- אולטרה-סגול ultraviolet
אוּלטְרָה-סָאוּנד ז׳ ultrasound
אוּלַי תה״פ perhaps, maybe
אוֹלִיגַרכְיָה נ׳ oligarchy
אוֹלִימפִּי ת׳ Olympian, Olympic
אוֹלִימפִּיאָדָה נ׳ Olympic Games
אוּלָם ז׳ hall, auditorium
- אולם התעמלות gymnasium

אולָם מ״ח but, however
אוּלַף פ׳ be trained
אוּלְפָּן ז׳ atelier, studio, preparatory school, *prep
אוּלַץ פ׳ be forced
אולקוס (כיב) ז׳ ulcer
אוֹלָר ז׳ penknife, pocketknife
אוּלְתַּר פ׳ be improvised
אום נ׳ nut
או״ם The UN
אומבודסמן ז׳ ombudsman
אוּמְדָן ז׳ estimate, appraisal
אוּמָה נ׳ people, nation
אוּמְלָל ת׳ wretched, miserable, disconsolate, unfortunate
אוּמַן פ׳ be trained
אוּמָן ז׳ artist
אוֹמֵן ז׳ trainer, foster-father
- משפחה אומנת foster family
אוּמָן ז׳ craftsman, expert
אוֹמְנָה נ׳ fosterage, custody
אוּמָנוּת נ׳ art, skill
- האמנויות היפות fine arts
אוּמָנוּת נ׳ skill, trade, craft
אוּמָנוּתִי ת׳ artistic, masterly
אוּמְנָם תה״פ indeed, granted that
- אומנם כן quite so!, quite!
- האומנם? is that so?
אוֹמֶנֶת נ׳ governess, nurse, nanny
אוּמַץ פ׳ be adopted
אוֹמֶץ (-לב) ז׳ courage, valor, fortitude, bravery, *guts
אוּמְצָה נ׳ beefsteak, steak
אוֹמֶר ז׳ speech, word
- בלי אומר ודברים unprotestingly
אוּמַת פ׳ be verified
אוֹן ז׳ strength, power, virility
און לַיין (מְקוּוָן) ת׳ on-line
אוּנָה פ׳ happen, befall
אוּנָה נ׳ lobe
אוֹנוּת נ׳ strength, power, potency
- אין אונות impotence
אוּנִיבֶרְסִיטָה נ׳ university
- אוניברסיטה פתוחה open university
אוּנִיבֶרְסָלִי ת׳ universal
אוֹנִיָּה נ׳ ship, vessel
- אוניית הדגל flagship
- אוניית סוחר merchantman, trader
- אוניית קיטור steamship
אוֹנֵן פ׳ masturbate
אוֹנֵן ז׳ mourner (before burial)
אוֹנָנוּת נ׳ masturbation
אוֹנֵס ז׳ violator, rapist
אוֹנֶס ז׳ rape, compulsion
- אונס קבוצתי gang rape
אונקולוג ז׳ oncologist
אונקולוגי ת׳ oncological
אונקולוגיה נ׳ oncology
אוּנְקִיָּה נ׳ ounce
אוּנְקָל ז׳ hook, grapnel
אוּנָתִי ת׳ lobed, of a lobe
אוֹסְטֵיאוֹפּוֹרוֹזִיס ז׳ osteoporosis
אוֹסְטְרִי ז׳ Austrian
אוֹסְטְרִיָּה נ׳ Austria
אוֹסְטְרָלִי ת׳ Australian
אוֹסְטְרַלְיָה נ׳ Australia
אוסמוֹזָה (פעפוע) נ׳ osmosis
אוֹסֶף ז׳ collection, repertory
אוּף מ״ק phew, ugh, *oops
אוֹפֶה ז׳ baker
אוֹפּוֹזִיצְיָה נ׳ opposition
אוֹפּוֹזִיצְיוֹנִי ת׳ oppositional
אוֹפּוּס (מיצור) ז׳ opus
אוֹפּוֹסוּם (חיית-כיס) ז׳ opossum
אוֹפּוֹרְטוּנִיזְם ז׳ opportunism
אוֹפּוֹרְטוּנִיסְט ז׳ opportunist
אוֹפְּטוֹמֶטְרִיסְט ז׳ optometrist
אוֹפְּטִי (של ראייה) ת׳ optic(al)
אוֹפְּטִימִי ת׳ optimistic
אוֹפְּטִימִיּוּת נ׳ optimism
אוֹפְּטִימִיסְט ז׳ optimist
אוֹפְּטִימָלִי ת׳ optimum, optimal
אוֹפְּטִיקַאי ז׳ optician
אוֹפְּטִיקָה (תורת האור) נ׳ optics
אוֹפִי ז׳ character, nature
אוֹפְּיוּם (סם משכר) ז׳ opium
אוּפְיַין פ׳ be characterized
אוֹפְיָינִי ת׳ characteristic, typical
- אופייני לו it's just like him
אוֹפֶל ז׳ darkness
- ייקחהו אופל The devil take him
אוֹפָּל (אבן יקרה) ז׳ opal
אוֹפֶן ז׳ manner, way, mode
- באופן ש- so as to
- באותו אופן likewise
- בכל אופן in any case,

anyway, however

- בשום אופן (לא) on no account, on no condition

אוֹפַן ז׳ wheel

אוֹפַנַּאי ז׳ fashion designer

אוֹפְנָה נ׳ style, fashion, mode

- באופנה in, in vogue

אוֹפַנּוֹעַ ז׳ motorcycle, motorbike

אוֹפַנּוֹעָן ז׳ motorcyclist

אוֹפְנוּת נ׳ modality

אוֹפַנַּיִם ז״ר bicycle, *bike

- אופני כושר stationary bicycle

אוֹפֶנְסִיבָה (מִתְקָפָה) נ׳ offensive

אוֹפֶנְסִיבִי (מִתְקָפִי) נ׳ offensive

אוֹפְנָתִי ת׳ stylish, fashionable

אוֹפְסַייד (נבדל) ז׳ offside

אוֹפֵף ת׳ surrounding, ambient

אוֹפְּצִיָה נ׳ option, first refusal

אוֹפֶק ז׳ horizon

- באופק in the offing, soon

אוֹפְקִי ת׳ horizontal, level

אוּפַּר פ׳ be made up

אוֹפֶּר (עוזרת) נ׳ au pair

אוֹפֶּרָה נ׳ opera

- אופרת סבון soap opera

אוֹפֶּרֶטָה נ׳ operetta, musical

אוֹפֶּרָטִיבִי ת׳ operational

אוּפְשַׁר פ׳ be made possible

אוֹצָר ז׳ treasure, treasury

- אוצר בלום large treasure, well-read

- אוצר מלים thesaurus, vocabulary

אוֹקְטָבָה נ׳ octave

אוֹקְטָגוֹן (מתומן) ז׳ octagon

אוֹקְטוֹבֶּר ז׳ October

אוֹקְטָן (מרכיב בבנזין) ז׳ octane

אוּקִיָּה (240 גרם) נ׳ ounce

אוֹקְיָנוֹס ז׳ ocean, sea, the deep

אוֹקְיָנוֹסִי, אוֹקְיָאנִי ת׳ oceanic

אוֹר פ׳ light up, shine

- אורו פניו/עיניו his face lit up

אוֹר ז׳ light

- אור ירוק green light

- אור ל- (יום) on the eve of

- אורות הבימה footlights, limelight

- באור חיובי in a good light

- האור בקצה המנהרה the light at the end of the tunnel

- לאור- in the light of

אוּרְבָּנִי (עירוני) נ׳ urban

אוֹרֵג ז׳ weaver

אוֹרְגַזְמָה (ריוויון) נ׳ orgasm

אוֹרְגִיָה נ׳ orgy, bacchanal

אוּרְגַּן פ׳ be organized

אוֹרְגָן ז׳ organ

אוֹרֶגָנוֹ (תבלין) ז׳ oregano

אוֹרְגָנִי ת׳ organic

אוֹרְגָנִיזם (יצור חי) ז׳ organism

אוֹרְגָנִיסט ז׳ organist

אוֹרְגָנִית נ׳ small organ

אוֹרְדִינָטָה (פוסק) נ׳ ordinate

אוֹרָה נ׳ light

אוּרְוָה נ׳ stable, stall

אוּרוֹלוֹג ז׳ urologist

אוּרוֹלוֹגְיָה נ׳ urology

אוֹרוֹרָה (זוהר) נ׳ aurora

אוֹרֶז ז׳ rice

- אורז טחון ground rice

- אורז מלא brown rice

אוֹרֵז ז׳ packer

אוֹרַח ז׳ manner, way

- אורח חיים way of life

- אורח נשים menstruation

אוֹרֵחַ ז׳ guest, visitor

- אורח כבוד guest of honor

אוֹרְחָה נ׳ caravan

אוּרֵיאָה (שֶׁתֶן) נ׳ urea

אוֹרִיגִינָלִי (מקורי) ת׳ original

אוֹרִיגָמִי (קיפולי נייר) ז׳ origami

אוֹרְיֶינְט (מזרח) ז׳ Orient

אוֹרְיֶינְטָלִי (מזרחי) ת׳ oriental

אוֹרְיֶינְטַצְיָה נ׳ orientation

אוֹרָיְתָא נ׳ Torah

אוּרִים וְתוּמִּים ז״ר oracle

אוֹרֶךְ ז׳ length, duration

- אורך גל wavelength

- אורך רוח patience

- לאורך כל הדרך all the way

אוֹרְכִּי ת׳ longitudinal

אוֹרְכִידֵיָה (סחלב) נ׳ orchid

אוֹרְלוֹגִין ז׳ clock

אוֹרָלִי ת׳ oral

אוּרֶמְיָה (רַעֶלֶת שֶׁתֶן) נ׳ uremia

אוֹרֶן ז׳ pine

אוֹרַנְג אוּטַנְג (קוף) ז׳ orangutan

אוֹרַנְגָ׳דָה נ׳ orangeade

אוּרַנְיוּם (מתכת) ז׳ uranium

- אורניום מועשר enriched uranium

אוֹרְנִיָּה (פטרייה) נ׳ pine

mushroom
אורְניתולוג (צִפָּר) ז׳ ornithologist
אורקוֹלִי ת׳ audio-visual
אורתוגרָפי ת׳ orthographic
אורתוגרַפיָה נ׳ orthography
אורתודוכּסי (אדוק) ת׳ orthodox
אורתודונט (מיישר שן) ז׳ orthodontist
אורתופֶּד ז׳ orthopedist
אורתופֶּדי ת׳ orthopedic
אושִיָה נ׳ foundation, chassis
אוּשפַּז פ׳ be hospitalized
אוּשַר פ׳ be confirmed
אושֶר ז׳ happiness, felicity
אוּשרַר פ׳ be ratified
אוֹשֵש פ׳ strengthen
אות ז׳ sign, signal, token, mark, decoration, medal
- אות הצטיינות decoration
- אות קין stigma, stain
- אות קלון stigma
- אותות ומופתים signs and wonders
- לאות- as a sign of
אות נ׳ letter, character
- אות באות to the letter
- אות גדולה capital letter
- אות מתה dead letter
- אות קטנה lower-case letter
- אות ראשונה (בשם) initial
- אותיות מוטות italics
אותו ת׳ identical, same
- אותו דבר the same, likewise
אותִי/אותְךָ וכ׳ ראה אֵת me/you etc.
אוֹתֶנטִי (אמיתי) ת׳ authentic
אוֹתֶנטִיוּת נ׳ authenticity
אוּתַר פ׳ be located
אוֹתֵת פ׳ signal, beckon, sign
אָז תה״פ then, at that point, so
- אז מה? so what?
- מאז since then
- מאז ומעולם since former times
אַזבֶּסט ז׳ asbestos
אַזבֶּסטון ז׳ asbestos hut
אַזהָרָה נ׳ caution, warning
אֵזוֹב ז׳ moss, hyssop, marjoram
אֵזוֹבִי ת׳ mossy
אֲזוֹבִיוֹן ז׳ lavender
אֶזוֹטֶרִי (למעטים) ת׳ esoteric
אֵזוֹר (ראה איזור) area
אֲזוֹרִי ת׳ regional, zonal
אֲזַי תה״פ then
אֲזִימוּת ז׳ azimuth
אֲזִיקוֹנִים ז״ר handcuffs
אֲזִיקִים ז״ר handcuffs, manacles, shackles
אִזכּוּר ז׳ reference, mention
אִזכֵּר פ׳ refer, make reference to, mention
אַזכָּרָה נ׳ memorial service
אָזַל פ׳ be sold out, be exhausted, out of stock
אִזמֵל ז׳ scalpel, lancet, chisel
אִזמָרַגד ז׳ emerald
אַזעָקָה נ׳ alarm, alert
- אזעקת שווא false alarm
אָזַק פ׳ manacle, fetter
אֶזֶק (רבים אזיקים) ז׳ shackle
אָזַר פ׳ gird, put on, summon up
- אזר אומץ muster one's courage
אִזרוּחַ ז׳ naturalization
אִזרַח פ׳ naturalize
אֶזרָח ז׳ citizen, civilian
- אזרח העולם cosmopolitan
- אזרח כבוד freeman
אֶזרָחוּת נ׳ citizenship
אֶזרָחִי ת׳ civil, civilian, civic
אָח ז׳ brother, male nurse, orderly
- אח חורג stepbrother
- אחים brothers, brethren
- ללא אח ורע unexampled
אָח נ׳ fireplace, hearth
אַחָא ז׳ brother
אַחָאִים ז״ר siblings
אֶחָד ש״מ one, 1, single
- אחד אחד one at a time
*- אחד אפס לטובתך you have me there
- אחד באפריל All Fools' Day
- אחד בפה ואחד בלב hypocritical
- אחד משניהם either
אַחַד עָשָׂר ש״מ eleven, 11
- (החלק) האחד עשר eleventh
אַחדוּת נ׳ unity, togetherness
אֲחָדִים ת׳ several, some
אחה"צ = אחר הצהריים

afternoon
אָחוּ ז׳ lea, meadow, pasture
אַחֲוָה נ׳ brotherhood, fellowship, fraternity
אָחוּז ז׳ per cent, percentage
- אחוז החסימה electoral threshold
אָחוּז ת׳ seized, stricken
- אחוז אימה horror-stricken
אֲחוּזָה נ׳ estate, property
אַחוּזוֹן ז׳ percentile
אָחוּי ת׳ mended, stitched
אָחוֹר ז׳ back, rear, buttock
- אחורי הקלעים backstage
אָחוֹרָה תה״פ back, backwards
אֲחוֹרִי ת׳ back, rear, hind
אֲחוֹרַיִים ז״ר buttocks, behind
אֲחוֹרַנִית תה״פ backwards
אָחוֹת נ׳ sister, nurse, *sis
- אחות חורגת stepsister
- אחות מוסמכת registered nurse
- אחות מעשית practical nurse
- אחות רחמנייה nurse
אָחַז פ׳ hold, grasp, catch
- אחז החבל בשני קצותיו have it both ways
אִחזוּר ז׳ retrieval
אַחֲזָקָה נ׳ maintenance, upkeep
אִחזֵר פ׳ retrieve
אָחִיד ת׳ uniform, homogeneous
אֲחִידוּת נ׳ uniformity
אֲחִיזָה נ׳ hold, grasp, grip
- אחיזת עיניים eyewash, bluff
אַחייָן ז׳ nephew
אַחייָנִית נ׳ niece
אח"כ = אחר כך afterwards
*אַחלָה מ״ק very good, great
אַחלָמָה (אבן יקרה) ז׳ amethyst
אח"ם very important person, VIP
אִחסוּן ז׳ storage, stowage
אִחסֵן פ׳ store, house, stow
אַחֵר ת׳ another, other, else
אַחַר מ״י after, behind
- אחר הצהריים afternoon, pm
- אחר כבוד disgracefully
- אחר כך afterwards, then, later
- לאחר מכן after that
- מאחר ש- since, because

אַחֲרַאי ז׳ in charge
אַחֲרָאִי ת׳ responsible, accountable, liable
אַחֲרָה נ׳ stern, poop
אַחֲרוֹן ת׳ final, last, ultimate
- אחרון אחרון חביב last but not least
- האחרון (מבין השניים) the latter
- לאחרונה lately, recently
אַחֲרֵי מ״י after, behind, past
- אחרי ככלות הכול after all
- אחרי כן then, afterwards, later
אַחֲרָיוּת נ׳ responsibility, liability, warranty
אַחֲרִית נ׳ end
- אחרית דבר epilogue
- אחרית הימים doomsday
אַחֶרֶת תה״פ else, otherwise
אַחַת ש״מ one, 1
- אחת היא לי it is all the same to me
- אחת ולתמיד once and for all
- אחת ושתיים immediately
- אחת לשבוע once a week
- באחת all at once
- בבת אחת all at once, at the same time
- לא אחת many a time
- על אחת כמה וכמה let alone
אַחַת עֶשרֵה ש״מ eleven, 11
אַט תה״פ slowly, slow
- אט אט slowly, by inches
אֶטֶב ז׳ clip, fastener, clothespin
אָטָד ז׳ bramble
אָטוֹם ז׳ atom
אָטוּם ת׳ sealed, shut, closed, opaque, dense, blockhead
אֲטוֹמִי ת׳ atomic
אֶטיוּד (קטע מוסיקלי) ז׳ etude
אָטִים ת׳ airtight, impermeable
אֲטִימָה נ׳ closing, sealing
אֶטִימוֹלוֹגיָה (חקר מלים) נ׳ etymology
אֲטִימוּת נ׳ impermeability
אִטלִיז ז׳ butcher's shop
אַטלַס ז׳ atlas
אָטַם פ׳ shut, seal, calk, wall up
אֶטֶם ז׳ gasket, seal
אַטמוֹספֵירָה נ׳ atmosphere

אַטְמוֹסְפֵירִי ת׳ — atmospheric
אִטְרִיּוֹת נ״ר — noodles, macaroni
אַטְרַקְטִיבִי (מושך) ת׳ — attractive
אַטְרַקְצְיָה (משיכה) נ׳ — attraction
אִי ז׳ — island, isle
- אי תנועה — traffic island
אֵי תה״פ — where
- אי אלו — some, several
- אי לזאת/אי לכך — therefore
- אי פעם — ever, sometime
- אי שם — somewhere
א״י = ארץ ישראל — Land of Israel
אִי (ראה גם חוסר) תח׳ — dis-, in-, un-
אִי אֵמוּן ז׳ — incredulity, mistrust, non-confidence
אִי אֶפְשָׁר תה״פ — impossible
אִי הֲבָנָה נ׳ — misunderstanding
אִי הַסְכָּמָה נ׳ — disagreement
אִי הַתְאָמָה נ׳ — disagreement, discrepancy
אִי הִתְעָרְבוּת נ׳ — noninterference
אִי וַדָּאוּת נ׳ — uncertainty
אִי חוּקִיּוּת נ׳ — illegitimacy
אִי יְדִיעָה נ׳ — ignorance
אִי יַצִּיבוּת נ׳ — instability
אִי לוֹחֲמָה נ׳ — non-belligerency
אִי נוֹחוּת נ׳ — discomfort
אִי נְעִימוּת נ׳ — inconvenience
אִי סֵדֶר ז׳ — disorder, mess
אִי סְפִיקַת הַלֵּב נ׳ — cardiac insufficiency, heart failure
אִי פְּעִילוּת נ׳ — inaction, inactivity
אִי שְׂבִיעוּת רָצוֹן נ׳ — discontent
אִי שֶׁקֶט ז׳ — disquiet, unrest
אִי תְּלוּת נ׳ — independence
אִיבֵּד פ׳ — lose, forfeit
- איבד עצמו לדעת — commit suicide
אֵיבָה נ׳ — animosity, hostility, antagonism, hate, hatred
אִיבּוּד ז׳ — loss, waste, ruin
אֵיבוּס ז׳ — trough, manger, rack
אִיבֵּן פ׳ — fossilize, petrify, numb
אֵיבָר ז׳ — limb, member, organ
- איבר (באלגברה) — term
- איבר המין הגברי — penis
- איברי המין — genitals
- בכל רמ״ח איבריו — to the fingertips, entirely
אִיגֵּד פ׳ — bind, tie, incorporate
אִיגוּאָנָה נ׳ — iguana
אִיגּוּד ז׳ — association, union
- איגוד מקצועי — trade union
אִיגּוּף ז׳ — flanking, outflanking
אִיגְלוּ (בית קרח) ז׳ — igloo
אִיגֵּף פ׳ — flank, outflank
אִיגֶּרֶת נ׳ — note, letter
- איגרת חוב — bond, debenture
אֵיד ז׳ — distress, misfortune
אִידָּה פ׳ — evaporate, vaporize
אִידּוּי ז׳ — evaporation
אִידֵיאָה (רעיון) נ׳ — idea
- אידיאה פיקס — fixed idea
אִידֵיאוֹלוֹג ז׳ — ideologist
אִידֵיאוֹלוֹגִי ת׳ — ideological
אִידֵיאוֹלוֹגְיָה נ׳ — ideology
אִידֵיאָל ז׳ — ideal
אִידֵיאָלִי ת׳ — idealistic, ideal
אִידֵיאָלִיסְט ז׳ — idealist
אִידְיוֹט ז׳ — idiot, cretin
אִידְיוֹטִי ת׳ — idiotic, softheaded
אִידְיוֹם (ניב) ז׳ — idiom
אִידִילִי (שקט) ת׳ — idyllic
אִידִילְיָה (רוֹגַע) נ׳ — idyll
אִידִישׁ נ׳ — Jewish, Yiddish
אִידָּשׁוֹן ז׳ — apathy
אַיֵּה תה״פ — where
אי״ה = אם ירצה השם — God willing
אִיּוֹב ז׳ — Job
אִיּוּד ז׳ — evaporation
אִיוֶּלֶת נ׳ — foolishness, folly
אִיּוּם ז׳ — menace, threat
אָיֹם ת׳ — terrible, fearful, awful
אִיּוֹן ז׳ — islet
אִיּוּן ז׳ — nullification
אִיּוּר ז׳ — illustration
אִיּוּשׁ ז׳ — manning
אִיּוּת ז׳ — spelling, lettering
אֵיזֶה מ״ג — which, which one?, who, what
- איזה יופי! — splendid!
- איזה כיף! — what fun!
- איזה מזל! — what luck!
- איזה שהוא — whichever, some
אֵיזֶהוּ מ״ג — which is, who is
אֵיזוֹ מ״ג — which, who, what
- איזו חוצפה! — what a nerve!
- איזו שהיא — whichever, some
אִיזוֹבָּר ז׳ — isobar
אֵיזוֹהִי מ״ג — which is, who is
אִיזוֹטוֹפּ ז׳ — isotope
אִיזּוּן ז׳ — balancing, balance

אֵיזוֹר ז׳ area, region, zone
- איזור הדמדומים twilight zone
- איזור חיוג dialing code
- איזור חיץ buffer zone
- איזור חנויות mall, shopping precinct
אֵיזוֹרִי (ראה אזורי) regional
אֵיזוֹשֶׁהִי מ״ג any, whatever
אִיזֵן פ׳ balance, level, poise
אֵיזֶשֶׁהוּ מ״ג any, whatever
אִיחֵד פ׳ unite, combine, join
אִיחָה פ׳ sew/piece together
אִיחוּד ז׳ unification, union, unity
אִיחוּי ז׳ stitching, fastening
אִיחוּל ז׳ wish, congratulation
- איחולים congratulations
אִיחוּר ז׳ lateness, delay
אִיחֵז הָעֵינַיִים פ׳ juggle, delude
אִיחֵל פ׳ wish, congratulate, bid
אִיחֵר פ׳ be late, miss
אִיטוּם ז׳ closing, sealing
אִיטִי ת׳ slow, tardy
אִיטִיוּת נ׳ slowness, tardiness
אִיטַלְיָה נ׳ Italy
אִיטַלְקִית (שפה) נ׳ Italian
אִיטֵר ת׳ left-handed
אִייֵד פ׳ vaporize, evaporate
אֵיידְס ז׳ AIDS
אַיָּה נ׳ buzzard, kite
אַיָּל ז׳ deer, buck, hart
- אייל הצפון reindeer
אַיָּלָה נ׳ doe, hind, roe deer
- איילת השחר dawn
אִייֵם פ׳ threaten, menace
אִייֵן פ׳ nullify
אִייֵר פ׳ illustrate
אִיָּר ז׳ Iyar (month)
אִייֵשׁ פ׳ man, staff
אִייֵת פ׳ spell, spell out
אֵיךְ תה״פ how, however
*- איך לא? no doubt
- איך שהוא somehow
- ועוד איך and how!
אֵיכָה (מגילה) נ׳ Lamentations
אִיכּוּל ז׳ corrosion, erosion
אִיכּוּן ז׳ locating
אֵיכוּת נ׳ quality
- איכות הסביבה environment
- איכות חיים quality of life
אֵיכוּתִי ת׳ qualitative

אִיכֵּל פ׳ consume, corrode, erode, eat away
אִיכֵּן פ׳ locate
*אִיכס מ״ק ugh
אִיכָּר ז׳ farmer, peasant
אֵיכשֶׁהוּ תה״פ anyhow, somehow, someway
אַיִל ז׳ ram
- איל ברזל battering ram, ram
- איל הון tycoon, magnate
- איל נפט oil king, oil tycoon
- איל עיתונות press baron
אִילוּ מ״ח if
- אילו הייתי if I were, were I
- אילו רק if only
- ואילו but, whereas, while
- כאילו as if/though, *sort of, like
אִילוּזִיה (אשליה) נ׳ illusion
אִילוּלֵא מ״ח but for, if not
אִילוּסטרַצְיָה (איור) נ׳ illustration
אִילוּף ז׳ taming, training
אִילוּץ ז׳ constraint, compulsion
אֵילָךְ תה״פ onwards
- אילך ואילך to and fro
- מכאן ואילך from now on
אִילֵם ת׳ dumb, mute, silent
אִילְמוּת נ׳ dumbness, muteness
אִילָן ז׳ tree
- אילן היחס family tree
אִילֵף פ׳ train, tame, break in
אִילֵץ פ׳ force, compel, coerce
אֵילַת נ׳ Eilat
אִימָא נ׳ mother, *mamma
אִימָאם ז׳ imam
אֵימָה נ׳ dismay, fright, horror
- אימת הציבור stage fright
- אימת מוות mortal fear
אִימָהוּת נ׳ motherhood
אִימָהִי ת׳ motherly
אִימוּם ז׳ manikin, block, last
אִימוּן ז׳ training, practice, drill
- אימון גופני physical training
- אימונים training, exercise
אֵימוּן = אֵמוּן ז׳ trust
אִימוּנִית נ׳ track-suit
אִימוּץ ז׳ adoption, straining
אִימוּת ז׳ verification, authentication
אֵימִים ז״ר terror

אִימֵן פ׳ train, coach, tutor
אִימפּוֹטֶנט (חסר און) ז׳ impotent
אִימפּוֹטֶנטיוּת נ׳ impotence
אִימפּוּלס (דחף) ז׳ impulse
אִימפּוּלסִיבִי ת׳ impulsive
אִימפּלִיקַצִיָה נ׳ implication
אִימפַּקט (השפעה) ז׳ impact
אִימפּרוֹבִיזַציָה נ׳ improvisation
אִימפֶּריָאלִיזם ז׳ imperialism
אִימפֶּריָה נ׳ empire
אִימֵץ פ׳ adopt, hug, strain, try
אִימֵת פ׳ verify, authenticate
אֵימַת: כָּל אֵימַת every time, whenever
אֵימָתַי תה״פ when
- מאימתי since when
אִימתָנוּת נ׳ terrorism, thuggery
אִימתָנִי ת׳ terroristic
אַיִן ז׳ no, there is not
- כאין וכאפס insignificant
אֵין תה״פ there is not, no, not
- אין אונות impotence
- אין אונים helpless
- אין בעד מה not at all, you're welcome
- אין דבר never mind
- אין כמוהו/מושלו unique
- אין סוף infinity
- אין סופי endless, eternal
- אין ספור without number
- אין ספק no doubt, evidently
- אין תגובה no comment
- אינו כתמול שלשום he's not himself
- איני/אינך וכו׳ I am not/you're not etc.
אִינגֶ׳ינֶר (מהנדס) ז׳ engineer
אִינדִיָאנִי ז׳ Indian, redskin
אִינדִיבִידוּאָלִי ת׳ individual
אִינדִיקַציָה (סימן) נ׳ indication
אִינדֶקס (מפתח) ז׳ index
אִינָה פ׳ cause
- אינה הגורל it happened that
אִינהָלַציָה נ׳ inhalation
אִינווֶנטָר (מצאי) ז׳ inventory
אִינוּס ז׳ rape, compulsion
אִינטֶגרִיטִי (יושרה) ז׳ integrity
אִינטֶגרָלִי (בלתי נפרד) ת׳ integral
אִינטֶגרַציָה (מיזוג) נ׳ integration
אִינטוּאִיצִיָה נ׳ intuition
אִינטִימִי ת׳ intimate
אִינטִימִיוּת נ׳ intimacy
אִינטֶלִיגֶנטִי ת׳ intelligent
אִינטֶלִיגֶנציָה נ׳ intelligence
אִינטֶלֶקט (בינה) ז׳ intellect
אִינטֶלֶקטוּאָל ז׳ intellectual
אִינטֶלֶקטוּאָלִי ת׳ intellectual
אִינטֶנסִיבִי ת׳ intensive
אִינטֶנסִיבִיוּת נ׳ intensiveness
אִינטֶראַקטִיבִי ת׳ interactive
אִינטרִיגָה (תככים) נ׳ intrigue
אִינטֶרלוּד ז׳ interlude
אִינטֶרמֶצוֹ ז׳ intermezzo
אִינטֶרנֶט ז׳ Internet
אִינטֶרֶס ז׳ interest
אִינטֶרסוֹל (עליית גג) ז׳ entresol
אִינטֶרֶסַנטִי ת׳ interested
אִינטֶרקוֹם ז׳ intercom
אֵינֶנָה = אֵינָהּ מ״ג she is not
אֵינֶנוּ מ״ג we are not, he is not
אֵינֶנִי = אֵינִי מ״ג I am not
אִינֵס פ׳ rape
אִינסוּלִין ז׳ insulin
אֵינסוֹפִי ת׳ infinite, endless
אֵינסוֹפִיוּת נ׳ infinitude
אִינסטִינקט ז׳ instinct
אִינסטִינקטִיבִי ת׳ instinctive
אִינסטָלָטוֹר (שרברב) ז׳ plumber
אִינסטָלַציָה נ׳ plumbing
אִינסטַנציָה (דרג) נ׳ instance
אִינפוּזיָה (עירוי) נ׳ infusion
אִינפוֹרמָטִיבִי ת׳ informative
אִינפוֹרמַציָה נ׳ information
אִינפלַציָה נ׳ inflation
אִינפלַציוֹנִי ת׳ inflationary
אִינפַנטִילִי (ילדותי) ת׳ infantile
אִינפֶקציָה (זיהום) נ׳ infection
אִינפרָה אָדוֹם ת׳ infrared
אִינץ׳ ז׳ inch
אִינקוּבָּטוֹר ז׳ incubator
אִינקוֹגנִיטוֹ תה״פ incognito
אִינקווִיזִיציָה נ׳ inquisition
אִינֶרציָה (התמדה) נ׳ inertia
אִינֵשׁ פ׳ humanize, personify
*אִינשַאלְלָה (אי״ה) מ״ק God willing
אִינתִיפָאדָה (מֶרִי) נ׳ Intifada
אִיסוּף ז׳ collection, assemblage
אִיסוּר ז׳ prohibition, ban
אִיסלָם ז׳ Islam
אִיסלַנד ז׳ Iceland
אֵיפָה נ׳ ephah (measure)
- איפה ואיפה partiality,

inequity, favoritism
אֵיפֹה תה״פ where
- איפה שהוא somewhere
אֵיפוֹא תה״פ then
- לכן איפוא therefore
אִיפּוּל ז׳ blackout, darkness
- הטיל איפול black out, keep in the dark
אִיפּוּס ז׳ zeroing
אִיפּוּק ז׳ restraint, self-control
אִיפּוּר ז׳ make-up, *war paint
אֵיפוֹרְיָה (הרגשה טובה) נ׳ euphoria
אִיפֵּס פ׳ zero, zero in
אִיפֵּר פ׳ make up
אִיקוֹנִין ז׳ icon, ikon
אֵיקְלִידִי ת׳ Euclidean
אֵיקָלִיפְּטוּס ז׳ eucalyptus
אִיקס מִיקס דְרִיקס ז׳ noughts and crosses, tick-tack-toe
אֵירוֹבָּטִיקָה נ׳ aerobatics
אֵירוֹבִּי ת׳ aerobic
אֵירוֹוִיזְיוֹן ז׳ Eurovision
אֵירוּחַ ז׳ entertainment
אִירוֹנִי ת׳ ironical, ironic
אִירוֹנְיָה נ׳ irony
אִירוּס (פרח) ז׳ iris, orris
אֵירוּסִין ז״ר betrothal, engagement
אֵירוּעַ ז׳ event, happening, act
- אירוע מוחי (brain) stroke
אֵירוֹפָּה נ׳ Europe
אֵירוֹפִּי ת׳ European
אֵירַח פ׳ entertain
אִירִי ת׳ Irishman
אִירִיס ז׳ iris, orris
אִירִית (שפה) נ׳ Irish
אִירְלַנְד נ׳ Ireland
אִירָן נ׳ Iran
אִירָנִי ת׳ Iranian
אֵירֵס פ׳ be engaged, affiance
אֵירַע פ׳ happen, occur
אִירַצְיוֹנָלִי ת׳ irrational
אִישׁ ז׳ man, person
- איש איש every man
- איש ביטחון security man
- איש גומי contortionist
- איש מילואים reservist
- איש מפתח key man
- איש משפחה family man
- איש עסקים businessman
- איש צבא soldier, serviceman
- איש צוות crewman, airman
- איש צפרדע frogman
- איש קש straw man
- איש רוח intellectual
- אנשי שלומנו our friends
- כאיש אחד as one man
אִשָּׁה נ׳ lady, wife, woman
- אישה מוכה battered wife
- אשת איש married woman
- אשת חיל successful woman
אִישּׁוּם ז׳ accusation, indictment, charge
אִישׁוֹן ז׳ pupil, bull's-eye
- אישון לילה darkness of night
- אישון עיני apple of my eye
אִישּׁוּר ז׳ confirmation, approval, endorsement, OK
אִישּׁוּשׁ ז׳ strengthening
אִישׁוּת נ׳ matrimony, marital relationship
אִישִׁי ת׳ personal, private
אִישִׁיּוּת נ׳ personality, personage, *big shot
- אישיות (לא) רצויה persona (non) grata
- אישיות חשובה מאוד VIP, very important person
אִישִׁית תה״פ in person
אִישֵּׁר פ׳ confirm, certify, OK, approve, endorse
אִישֵּׁשׁ פ׳ confirm, corroborate
אִיתּוּר ז׳ localization, location
אִיתּוּרִית נ׳ beeper
אִיתּוּת ז׳ signaling
אִיתִּי/אִיתְּךָ וכ׳ ראה אֵת
אֵיתָן ת׳ firm, strong
- איתני הטבע natural forces
- חזר לאיתנו recover
אֵיתָנוּת נ׳ firmness
אִיתֵּר פ׳ locate, localize
אִיתְּרַע מַזָּלוֹ unluckily
אַךְ תה״פ but, only, yet, as soon as, barely, scarcely
- אך ורק merely, only, solely
א״כ = אם כן if so
אכ״א = אגף כוח אדם
אַכָּדִית נ׳ Accadian, Akkadian
אָכוּל ת׳ eaten, consumed (by)
אִכְזֵב פ׳ disappoint, let down
אַכְזָב ת׳ deceptive
אַכְזָבָה נ׳ disappointment
אַכְזָר ת׳ brute, brutal, cruel

אַכְזָרִי ת׳	cruel, brutal
אַכְזָרִיּוּת נ׳	brutality, cruelty
אָכִיל ת׳	eatable, edible
אֲכִילָה נ׳	eating
אָכִיף ת׳	enforceable
אֲכִיפָה נ׳	enforcement
אָכַל פ׳	eat, consume, dine
*- אכל אותה (בגדול)	has been had, has had it
- אכל את עצמו	eat one's heart out
אִכְלוּס ז׳	populating
אַכְלָן ז׳	eater
אִכְלֵס פ׳	people, populate
אָכֵן תה״פ	indeed, granted
אַכְסַדְרָה נ׳	colonnade, porch
אִכְסוּן ז׳	accommodation
אִכְסֵן פ׳	accommodate, lodge
אַכְסַנְיָה נ׳	hostel, lodging, inn
- אכסניית נוער	youth hostel
אָכַף פ׳	enforce, compel
אִכְפַּת פ׳	concern, care
- אכפת לי	I care
- לא אכפת לי	I don't care
- מה אכפת לך	what do you care
אִכְפַּתִּי ת׳	careful
אִכְפַּתִּיּוּת נ׳	concern, care
אֵל ז׳	God
- אל אלוהים	my God!
אַל תה״פ	not, do not
*- אל תשאל !	very (bad/good)
אֶל מ״י	to, toward(s), into
- אל נכון	right, no doubt
- אל על	up
- אלי/אליך וכ׳	to me/to you etc.
אַל כֶּשֶׁל ת׳	failsafe
אֶלָּא תה״פ	but, except, only
- אלא אם כן	unless
*- אלא מה ?	no doubt
אַלְבּוֹם ז׳	album
אַלְבּוּמִין (חלבון) ז׳	albumen
אַלְבַּטְרוֹס (עוף גדול) ז׳	albatross
אַלְבִּינִיסְט (לַבְקָן) ז׳	albino
אַלְגֶּבְּרָה נ׳	algebra
אַלְגֶּבְּרִי ת׳	algebraic
אַלֵגוֹרְיָה (משל) נ׳	allegory
אַלְגִ׳ירִי ת׳	Algerian
אֶלֶגַנְטִי ת׳	elegant
אֶלֶגַנְטִיּוּת נ׳	elegance
אַלֶגְרוֹ (בעירנות) תה״פ	allegro
אַלָּה נ׳	bludgeon, baton, club
אָלָה נ׳	curse
אֵלָה נ׳	goddess, oak
אֵלֶּה, אֵלּוּ מ״ג	these, those
אֱלוֹהַּ ז׳	God
אֱלוֹהוּת נ׳	Godhead, deity
אֱלוֹהִי ת׳	divine, godlike
אֱלוֹהִים ז׳	God, the Almighty
- אלוהים אדירים !	my God!
אַלְוַי (צמח נוי) ז׳	aloe
אָלוּחַ ת׳	septic, infected
אֱלוּל ז׳	Elul (month)
אֲלוּמָה נ׳	sheaf, bundle, beam
אֲלוּמִינְיוּם (חמרן) ז׳	aluminum
אַלּוֹן ז׳	oak
אֲלוּנְטִית נ׳	towel
אֲלוּנְקַאי ז׳	stretcher-bearer
אֲלוּנְקָה נ׳	stretcher, litter
אַלּוּף ז׳	major general, champion, *champ
- אלוף משנה	colonel
אַלְחוּט ז׳	radio, wireless
אִלְחוּשׁ ז׳	anesthetizing
אַלְחֶלֶד ת׳	stainless, rustproof
אִלְחֵשׁ פ׳	anesthetize
אַלְט ז׳	alto
אַלְטְרוּאִיזְם ז׳	altruism
אַלְטֶרְנָטִיבָה נ׳	alternative
אַלְטֶרְנָטִיבִי ת׳	alternative
אַלִיבָּא תה״פ	according to
- אליבא דידי	in my opinion
אַלִיבִּי ז׳	alibi
אַלְיָה נ׳	lobe, tail of sheep
- אליה וקוץ בה	not all roses, a fly in the ointment
אֶלִיטָה (עילית) נ׳	elite
אֱלִיל ז׳	idol, demigod, god
אַלִּים ת׳	violent, strong-arm
- כל דאלים גבר	law of the jungle, might is right
אַלִּימוּת נ׳	violence, thuggery
- אלימות מילולית	violent language, verbal attack
אֶלִימִינַצְיָה נ׳	elimination
אַלִיפוּת נ׳	championship, title
אֶלִיפְּטִי, אֶלִיפְסִי ת׳	elliptic, oval
אֶלִיפְסָה נ׳	ellipse
אַלְכּוֹהוֹל ז׳	alcohol
אַלְכּוֹהוֹלִי ת׳	alcoholic
אַלְכִּימְיָה נ׳	alchemy
אֲלַכְסוֹן ז׳	diagonal
אֲלַכְסוֹנִי ת׳	diagonal, oblique

אַלְלָה ז׳	Allah, God
- אללה אכבר!	Allah is great!
אַלְלַי מ״ק	woe is me
אֵלֶם ז׳	dumbness, silence
- הכה באלם	dumbfound, strike dumb
אל״מ = אלוף משנה	colonel
אַלְמוֹג ז׳	coral
אַלְמָוֶת ז׳	immortality
אַלְמוֹנִי ת׳	anonymous, nameless, unknown
אַלְמוֹנִיּוּת נ׳	anonymity
אַלְמוֹתִי ת׳	deathless, immortal
אִלְמָלֵא מ״ח	but for, if it weren't
אַלְמָן ז׳	widower
- לא אלמן ישראל	there is hope
אַלְמָנָה נ׳	widow
- אלמנה שחורה	black widow
- אלמנת קש	grass widow
אַלְמְנוּת נ׳	widowhood
אֶלֶמֶנְט (יסוד) ז׳	element
אֶלֶמֶנְטָרִי (יסודי) ת׳	elementary
אַלְמָנָךְ ז׳	almanac
אַלְמַתֶּכֶת נ׳	nonmetal
אֶלַסְטִי ת׳	elastic, stretchy
אֶלַסְטִיּוּת נ׳	elasticity
אִלְסָר ז׳	hazel, hazelnut, filbert
אָלֶף נ׳	aleph (letter), alpha
- אלף בית	alphabet
- לא באלף רבתי	absolutely not
אֶלֶף ש״מ	thousand, 1000
- אלף דולר	*G, *grand
- האלף	thousandth
אַלְפְבֵּיתִי ת׳	alphabetical
אַלְפוֹן ז׳	alphabetical index
אַלְפִּיּוֹן ז׳	thousandth
- אלפיון עליון	upper class
*אַלְפִּיָּה נ׳	thousand (dollars)
אַלְפַּיִם ש״מ	two thousand, 2000
אַלְפִּית נ׳	thousandth
אִלְפָּס ז׳	casserole, pan
אַלְצְהַיְימֶר (מחלת-)	Alzheimer's disease
אֶלֶקְטוֹר (נציג בוחר) ז׳	elector
אֶלֶקְטוֹרָלִי ת׳	electoral
אֶלֶקְטְרוֹדָה נ׳	electrode
אֶלֶקְטְרוֹלִיזָה נ׳	electrolysis
אֶלֶקְטְרוֹן ז׳	electron
אֶלֶקְטְרוֹנִי ת׳	electronic
אֶלֶקְטְרוֹנִיקָה נ׳	electronics
אַלְקָלִי ז׳	alkali
אַלֶרְגִי (רגיש) ת׳	allergic
אַלֶרְגְיָה נ׳	allergy
אִלְתּוּר ז׳	improvisation
אִלְתִּית נ׳	salmon
אִלְתֵּר פ׳	ad-lib, improvise
אֵם נ׳	mother, *mom
- אם בית	matron
- אם הדרך	crossroads
- אם חורגת	stepmother
- אם פונדקאית	surrogate mother
אִם מ״ח	if, whether, in case of
- אם בכלל	if anything, if ever
- אם גם	even if
- אם ירצה השם	God willing
- אם כי	although
- אם כך ואם כך	anyway
- אם כך/אם כן	if so
- אם כן	if so
- ואם לאו	or otherwise
- שאם לא כן	otherwise
אִמָּא נ׳	mother, *ma, *mamma
אָמֶבָּה נ׳	ameba, amoeba
אַמְבּוּלַנְס ז׳	ambulance
אַמְבָּט ז׳	bathtub, *tub
אַמְבַּטְיָה נ׳	bath, bathroom
אָמֶבִּי ת׳	amebic
אַמְבִּיוָולֶנְטִי ת׳	ambivalent
אַמְבִּיצְיָה (שאיפה) נ׳	ambition
אֶמְבַּרְגוֹ ז׳	embargo
אָמַד פ׳	assess, estimate
אַמָּה נ׳	forearm, middle finger, cubit, ell
- אמת מידה	criterion
אַמְהָרִית נ׳	Amharic
אָמוֹדַאי ז׳	diver
אֶמוּלְסְיָה (תחליב) נ׳	emulsion
אֵמוּן ז׳	confidence, trust, credibility, faith
- אמונים	loyalty, fealty
אָמוּן ת׳	loyal, accustomed
אֱמוּנָה נ׳	belief, faith, religion
- אמונה טפלה	superstition
- באמונה	honestly, in faith
אֶמוֹצְיוֹנָלִי (ריגושי) ת׳	emotional
אָמוֹק (טירוף) ז׳	amok, amuck
אָמוּר ת׳	stated, said
אָמוֹרְפִי (חסר-צורה) ת׳	amorphous
אָמָזוֹנָה נ׳	amazon
אָמִיד ת׳	well-to-do, rich

אֶמַייל ז׳ enamel
אָמִין ת׳ authentic, believable, credible, reliable
אֲמִינוּת נ׳ credibility, reliability
אֶמִיסְיָה (הנפקה) נ׳ emission
אַמִּיץ ת׳ bold, brave, courageous
אָמִיר ז׳ amir, emir
אָמִיר ז׳ treetop
אֲמִירָה נ׳ saying, statement
אֲמִיתָּה נ׳ axiom, truth, verity
אֲמִיתּוּת נ׳ authenticity
אֲמִיתִּי ת׳ authentic, real, true
אֲמַלְגָּמָה נ׳ amalgam
אמל״ח = אמצעי לחימה
אִמְלֵל פ׳ make miserable
אָמַן פ׳ foster
אָמָן ז׳ artist, master
אָמֵן מ״ק amen
אמ״ן = אגף המודיעין
אֲמָנָה נ׳ pact, treaty
אַמְנוּן (דג) ז׳ St. Peter's fish
אַמְנוּן וְתָמָר (צמח) ז׳ pansy
אַמְנֶסְיָה (שיכחון) נ׳ amnesia
אֶמַנְצִיפַּצְיָה נ׳ emancipation
אַמְפּוּלָה (שפופרת) נ׳ ampulla
אַמְפִיבִּי (דו-חיי) ת׳ amphibious
אֶמְפִּירִי (ניסויי) ת׳ empiric
אַמְפִיתֵיאַטְרוֹן ז׳ amphitheater
אַמְפֵּר (יחידת זרם) ז׳ ampere
אַמְפֶּרְסַנְד ז׳ ampersand, (&)
אֶמְפַּתְיָה (הבנה) נ׳ empathy
אֶמְצַע ז׳ center, middle, midst
אֶמְצָעִי ז׳ means, tool
- אמצעי לחימה weapons
- אמצעי מניעה prophylactic
- אמצעים measures, means
אֶמְצָעִי ת׳ center, middle, mean
אָמַר פ׳ say, speak, state, tell
- אומרים some say, It's said
- אמר בליבו say to oneself, think
- אמר נואש abandon all hope
- הייתי אומר so to say
אֲמַרְגָּן ז׳ impresario, manager
אִמְרָה נ׳ flounce, hem, selvage, saying, statement
- אמרת כנף catch phrase
אֲמֶרִיקָה נ׳ America
אֲמֶרִיקָנִי ז׳ American
אֲמַרְכָּל ז׳ administrator
אֶמֶשׁ תה״פ last night

אֱמֶת נ׳ truth, truism, verity
- לאמיתו של דבר actually
אַמְתַּחַת נ׳ bag, saddlebag, sack
אֲמַתְלָה נ׳ excuse, pretext
א״נ = אדון נכבד dear Sir
אָנָא מ״ק please, come on
אַנַאלְפָבֵּית ז׳ illiterate
אַנְגִּינָה נ׳ angina, tonsillitis
אַנְגְּלוֹ סַקְסִי ת׳ Anglo-Saxon
אַנְגְּלִי ז׳ Englishman
אַנְגְּלִיָה נ׳ England
אַנְגְּלִיקָנִי ת׳ Anglican
אַנְגְּלִית נ׳ English
אֲנַגְרָמָה נ׳ anagram
אֶנְדֶמִי (מקומי) ת׳ endemic
אַנְדְּרוֹגִינוּס ז׳ hermaphrodite
אַנְדַּרְטָה נ׳ monument, statue
אַנְדְּרָלָמוּסְיָה נ׳ disorder
אָנָה תה״פ where, whither
- אנה ואנה to and fro
אָנוּ מ״ג we
אָנוֹכִי ת׳ selfish, egoist
אָנוֹכִי מ״ג I
אָנוֹכִיּוּת נ׳ egoism, self-interest
אֲנוֹנָה נ׳ annuity
אֲנוֹנִימִי ת׳ anonymous
אֲנוֹנִימִיּוּת נ׳ anonymity
אָנוּס ת׳ compelled, forced
אֲנוֹרֶקְטִי ת׳ anorectic
אֲנוֹרֶקְסְיָה נ׳ anorexia
אֱנוֹשׁ ז׳ man
אָנוּשׁ ת׳ mortal, severe
אֱנוֹשׁוּת נ׳ humanity, mankind
אֲנוּשׁוֹת תה״פ seriously
אֱנוֹשִׁי ת׳ human, humane
אֱנוֹשִׁיּוּת נ׳ humanism
אֶנְזִים ז׳ enzyme
אֲנָחָה נ׳ groan, sigh, moan
- אנחת רווחה sigh of relief
אֲנַחְנוּ מ״ג we
אַנְטַארְקְטִיקָה נ׳ Antarctica
אַנְטָגוֹנִיזְם (ניגוד) ז׳ antagonism
אֲנָטוֹמִי ת׳ anatomical
אֲנָטוֹמְיָה נ׳ anatomy
אַנְטוֹנִים ז׳ antonym
אַנְטִי ת׳ anti
אַנְטִיבְּיוֹטִי ת׳ antibiotic
אַנְטִיבְּיוֹטִיקָה נ׳ antibiotics
אַנְטִילוֹגָרִיתְם ז׳ antilogarithm
אַנְטִילוֹפָּה (צבי) נ׳ antelope
אַנְטִיפָּתִי ת׳ unpleasant
אַנְטִיפַּתְיָה נ׳ antipathy, dislike

אַנְטִישֵׁמִי ת׳	anti-Semite
אַנְטִישֵׁמִיּוּת נ׳	anti-Semitism
אַנְטִיתֶזָה (ניגוד) נ׳	antithesis
אַנְטֶנָּה נ׳	aerial, antenna
אֲנִי מ״ג	I
*- אני איתך	I follow you
- אני ואפסי עוד	no one like me
- אני תקווה	I hope
- זה אני	it's me
אֲנִימַצְיָה (הנפשה) נ׳	animation
אָנִין ת׳	dainty, fastidious
- אנין טעם	epicure, gourmet
אָנִיץ ז׳	fiber, thin stalk
אֲנָךְ ז׳	lead, plumb line, perpendicular, plummet
אֲנָכִי ת׳	perpendicular, vertical
אֲנָכִית תה״פ	vertically
אֲנָלוֹגִי (דומה) ת׳	analogical
אֲנָלוֹגְיָה (היקש) נ׳	analogy
אֲנָלִי (של פי הטבעת) ת׳	anal
אֲנָלִיזָה (ניתוח) נ׳	analysis
אֲנָלִיטִי ת׳	analytical
אֲנֶמִי ת׳	anemic
אֲנֶמְיָה (מיעוט דם) נ׳	anemia
אֲנָנָס ז׳	pineapple
אָנַס פ׳	compel, rape, ravish
אַנָּס ז׳	rapist
אֲנָפָה (עוף) נ׳	egret, heron
אִנְפּוּף ז׳	nasalization, snuffle
אַנְפִּין: בִּזְעֵיר אַנְפִּין	in miniature
אִנְפֵּף פ׳	nasalize, snuffle
אֶנְצִיקְלוֹפֶּדִי ת׳	encyclopedic
אֶנְצִיקְלוֹפֶּדְיָה נ׳	encyclopedia
אֲנֶקְדוֹטָה (מעשייה) נ׳	anecdote
אֲנָקָה נ׳	groan, sigh
אַנְקוֹל ז׳	hook
אַנְקוֹר ז׳	sparrow
אֶנֶרְגִי, אֶנֶרְגֶטִי (נמרץ) ת׳	energetic
אֶנֶרְגְיָה נ׳	energy
- אנרגיה קינטית	kinetic energy
אֲנַרְכִי ת׳	anarchic
אֲנַרְכְיָה (הפקרות) נ׳	anarchy
אַנְשׁוֹבִי (עפיין) ז׳	anchovy
אֲנָשִׁים ז״ר	people, men
אַנְתּוֹלוֹגְיָה (לקט) נ׳	anthology
אַס (קלף) ז׳	ace
אַסְדָּה נ׳	raft
אָסוּךְ (לסיכה) ז׳	oiler, squirter
אָסוֹן ז׳	disaster, calamity
אֲסוּפָה נ׳	collection
אֲסוּפִי ז׳	foundling
אַסוֹצְיַאצְיָה נ׳	association
אָסוּר ת׳	forbidden, imprisoned
אָסוּתָא מ״ק	your good health!
אִסְטְנִיס ת׳	fastidious
אַסְטֶרוֹאִיד (כוכב) ז׳	asteroid
אַסְטרוֹלוֹגְיָה נ׳	astrology
אַסְטרוֹנָאוּט ז׳	astronaut
אַסְטרוֹנוֹם ז׳	astronomer
אַסְטרוֹנוֹמִי ת׳	astronomical
אַסְטרוֹנוֹמְיָה נ׳	astronomy
אַסְטרוֹפִיזִיקָה נ׳	astrophysics
אַסְטרָטֶג ז׳	strategist
אַסְטרָטֶגִי ת׳	strategic(al)
אַסְטרָטֶגְיָה נ׳	strategy
אַסְיָה נ׳	Asia
אַסְיָיתִי ת׳	Asian
אֲסִימוֹן ז׳	token, slug, chip
- אסימון שחוק	worthless thing
*- ירד לו האסימון	understand
אַסִיסְטֶנְט ז׳	assistant
אָסִיף ז׳	harvest, ingathering
אֲסֵיפָה נ׳	gathering, meeting
אָסִיר ז׳	prisoner, convict, *con
- אסיר תודה	grateful
אַסְכּוֹלָה נ׳	school of thought
אַסְכָּרָה נ׳	croup, diphtheria
אֵסֶל ז׳	beam, yoke
אַסְלָה נ׳	lavatory bowl, pan
אָסָם ז׳	barn, granary
אַסְמַכְתָּה נ׳	support, voucher
אָסַף פ׳	collect, gather
אַסְפִּירִין ז׳	aspirin
אַסְפַלְט ז׳	asphalt
אִסְפְּלָנִית נ׳	adhesive tape
אַסְפַּמְיָה: חֲלוֹם בְּאַסְפַּמְיָה	castles in the air, day dream
אַסְפָן ז׳	collector
אֲסַפְסוּף ז׳	mob, rabble, ragtag
אַסְפֶּסֶת (צמח) נ׳	alfalfa, lucerne
אַסְפָּקָה נ׳	provision, supply
אַסְפֶּקְט (היבט) ז׳	aspect, side
אַסְפַּקְלַרְיָה נ׳	mirror, aspect
אַסְקוּפָּה נ׳	threshold, doorstep
אֶסְקִימוֹ ז׳	ice-lolly, Popsicle
אֶסְקִימוֹסִי ז׳	Eskimo
אָסַר פ׳	arrest, ban, forbid, imprison, incarcerate
- אסר מלחמה	go to war
אִסְרוּ חַג	day after holiday
אַסֶרְטִיבִי (דַעְתָּן) ת׳	assertive
אֶסְתֶּטִי ת׳	esthetic

אֶסתֶטִיקָה (יופי) נ׳ esthetics
אַסתְמָה (קצרת) נ׳ asthma
אַסתְמָטִי ת׳ asthmatic
אֶסתֵר (מגילה) נ׳ Esther
אַסתֵר (צמח) ז׳ aster
אע״פ = אף על פי although
אעפ״כ = אף על פי כן nevertheless
אַף ז׳ nose, *snout, *snoot
- אף-אוזן-גרון ENT, ear, nose and throat
- על אפו ועל חמתו unwillingly
אַף מ״ח also, even, too
- אף אחד no one, none
- אף אם even if, even though
- אף כי, אף ש- although
- אף על גב although
- אף על פי כן nevertheless
- אף על פי ש- although
- אף פעם never
- על אף despite
אָפָה פ׳ bake, cook
אֵפוֹא (ראה איפוא) תה״פ then
אֵפוֹד ז׳ vest, tunic
- אפוד מגן flak jacket, bulletproof vest
אֲפוּדָה נ׳ pullover, sweater
אַפּוֹטרוֹפּוֹס ז׳ custodian, guardian, patron
אַפּוֹטרוֹפּסוּת נ׳ guardianship
אָפוּי ת׳ baked
אֲפוּנָה נ׳ pea, peas
אֶפּוֹס (עלילה) ז׳ epic
אָפוּף ת׳ wrapped, surrounded
אַפּוֹקָלִיפּטִי ת׳ apocalyptic
אָפוֹר ת׳ gray, grey, ashen, ashy
אַפִּי ת׳ nasal
אֶפִּי (עלילתי) ת׳ epic
אֶפִּידוּרָל (זריקה) ז׳ epidural
אֶפִּידֶמיָה (מגפה) נ׳ epidemic
אִפיוּן ז׳ characterization
אֶפִּיזוֹדָה (מקרה) נ׳ episode
אֲפִייָה נ׳ baking
אַפַּיִם אַרצָה תה״פ prostrate
אִפייֵן פ׳ characterize, typify
אֲפֵלָה נ׳ darkness
אֲפִילוּ מ״ח even, even if
אֶפִּילוֹג (סוף) ז׳ epilogue
אֶפִּילֶפּסיָה נ׳ epilepsy
אֶפִּילַציָה (הסרת שיער) נ׳ epilation
אֲפִיסָה נ׳ end
- אפיסת כוחות weakness

אַפִּיפיוֹר ז׳ Pope, Pontiff
אֲפִיפִית נ׳ biscuit, wafer, waffle
אָפִיק ז׳ channel, riverbed
אֲפִיקוֹמָן ז׳ half matzah
אֶפִּיקוֹרוֹס ז׳ heretic
אֶפִּיקוֹרסוּת נ׳ heresy
אָפֵל ת׳ dark, obscure, murky
אֲפַלוּלִי ת׳ dim, dusky
אַפּלָטוֹן ז׳ Plato
אַפּלָטוֹנִי ת׳ Platonic
אַפלָיָה נ׳ discrimination
אַפּלִיקַציָה נ׳ application
אַפֶּנדִיצִיט ז׳ appendicitis
אִפנוּן ז׳ modulation
אִפנֵן פ׳ modulate
אָפֵס פ׳ end, be exhausted
אֶפֶס ז׳ cipher, nil, zero, O
*- אין אפס certainly
- אפס מעשה inaction
- אפס קצהו only a little part of it
- אפסים ואיקסים noughts and crosses, tick-tack-toe
- עד אפס מקום completely full
אֶפֶס תה״פ but, yet
אִפסוּן ז׳ store-keeping
אַפסוּת נ׳ nullity, worthlessness
אַפסִי ת׳ insignificant
אַפסְנָאוּת נ׳ store-keeping
אַפסְנַאי ז׳ quartermaster
אַפסָר ז׳ halter, tether
אֶפעֶה (נחש) ז׳ adder, asp, viper
אָפַף פ׳ surround, wrap up
אֶפֶקט ז׳ effect
- אפקט דופלר Doppler effect
- אפקט הדומינו domino effect
אֶפֶקטִיבִי ת׳ effective, telling
אֵפֶר ז׳ ash, ember, ashes
אֶפרוֹחַ ז׳ chick, chicken
אַפּרוֹפּוֹ תה״פ apropos
אַפרוּרִי ת׳ grayish, ashy
אַפַּרטהַייד ז׳ apartheid
אַפִּריוֹן ז׳ canopy, sedan
אַפּרִיוֹרִי תה״פ a priori
אַפֶּרִיטִיף (מְתַאֲבֵן) ז׳ aperitif
אַפּרִיל ז׳ April
אַפרִיקָנִי ת׳ African
אֲפַרכֶּסֶת נ׳ earpiece, receiver
אֲפַרסְמוֹן ז׳ persimmon
אֲפַרסֵק ז׳ peach
אֲפַרפַּר ת׳ grayish, greyish
אַפְרַקדָן תה״פ supine, on back

אֲפַרְשְׁזִיף ז׳ nectarine
אִפְשֵׁר פ׳ enable, let, permit
אֶפְשָׁר תה״פ perhaps, possible
אֶפְשָׁרוּת נ׳ chance, possibility
אֶפְשָׁרִי ת׳ possible, likely
אַפָּתִי (אדיש) ת׳ apathetic
אַפָּתְיָה נ׳ apathy
אָץ פ׳ hurry, rush, hasten
אֶצְבַּע נ׳ finger, digit, forefinger
- אצבע משולשת sign of contempt
- החזיק אצבעות cross one's fingers
אֶצְבָּעוֹן ז׳ thimble
אֶצְבְּעוֹנִית (צמח נוי) נ׳ foxglove
אַצָּה נ׳ seaweed, algae (pl.)
אֲצְוָה נ׳ batch, group
אֲצוּלָה נ׳ nobility, peerage
אִצְטַבָּה נ׳ ledge, shelf
אִצְטַגְנִין ז׳ astrologer
אִצְטַדְיוֹן ז׳ stadium, bowl
אֲצֶטוֹן ז׳ acetone
אִצְטְלָה נ׳ cloak, robe
אִצְטְרוֹבָּל ז׳ acorn, pine cone
אָצִיל ז׳ noble, nobleman, peer
אֲצִילָה נ׳ vesting, noblewoman
אֲצִילוּת נ׳ nobility, dignity
- האצילות מחייבת noblesse oblige
אֲצִילִי ת׳ courtly, noble, lordly
אָצַל פ׳ bestow, confer
אֵצֶל מ״י at, beside, by, near
- אצלי/אצלך וכו׳ at me/by me/at you etc.
אָצָן ז׳ runner, sprinter
אֶצְעָדָה נ׳ bangle, bracelet
אָצַר פ׳ collect, accumulate
אק״ג ECG
אֶקְדּוֹחָן ז׳ gunman
אֶקְדָּח ז׳ gun, pistol, revolver
אֲקָדֶמַאי ז׳ academic
אֲקָדֶמִי ת׳ academic
אֲקָדֶמְיָה נ׳ academy
אַקּוֹ ז׳ ibex
אַקְוַרְיוּם ז׳ aquarium
אַקּוּטִי (חריף) ת׳ acute
אֶקוֹלוֹגְיָה נ׳ ecology, environment
אֶקוֹנוֹמִי (משקי) ת׳ economic
אֶקוֹנוֹמְיָה (משק) נ׳ economy
אֲקוּסְטִי ת׳ acoustic
אֲקוּסְטִיקָה נ׳ acoustics
אַקּוֹרְד ז׳ chord
אַקּוֹרְדְיוֹן ז׳ accordion
אַקּוֹרְדְיוֹנִיסְט ז׳ accordionist
אֶקְזוֹטִי ת׳ exotic
אֶקְזֶמָה (גָּרָב) נ׳ eczema
אַקְט (מעשה) ז׳ act
אַקְטוּאָלִי ת׳ actual, current
אַקְטוּאַלְיָה נ׳ current events
אַקְטִיב ז׳ active, assets
אַקְטִיבִי ת׳ active
אִקְלוּם ז׳ acclimation
אַקְלִים ז׳ climate
אַקְלִימִי ת׳ climatic
אִקְלֵם פ׳ acclimate, season
*אֶקְס (בן-זוג בעבר) ז׳ ex
אֶקְסְטָזָה (ריגוש) נ׳ ecstasy
אֶקְסְטָטִי ת׳ ecstatic
אֶקְסְטְרָה ת׳ extra
אֶקְסְטֶרִיטוֹרְיָאלִי ת׳ exterritorial
אֶקְסְטֶרְנִי ת׳ external
אַקְסְיוֹמָה נ׳ axiom, postulate
אֶקְסְפְּרֶס תה״פ express
אֶקְסְפְּרֶסְיוֹנִיזְם ז׳ expressionism
אֶקְסְקְלוּסִיבִי ת׳ exclusive
אַקְר ז׳ acre
אַקְרָאִי ת׳ accidental, random
אַקְרוֹבָּט ז׳ acrobat, tumbler
אַקְרוֹבָּטִי ת׳ acrobatic
אַקְרוֹבָּטִיקָה נ׳ acrobatics
אֲקָרִית (טפיל) נ׳ mite
אֶקְרָן ז׳ screen
*אֶקְשֶׁן (פעילות) ז׳ action
אָרַב פ׳ ambush, waylay, lurk
אַרְבֶּה ז׳ locust
אַרְבָּה נ׳ barge
אַרְבַּע ש״מ four, 4
- ארבע כנפות fringed undershirt
אַרְבַּע עֶשְׂרֵה ש״מ fourteen, 14
אַרְבָּעָה ש״מ four, 4
אַרְבָּעָה עָשָׂר ש״מ fourteen, 14
- (החלק) הארבעה עשר fourteenth
אַרְבָּעוֹן ז׳ tetrahedron
אַרְבָּעִים ש״מ forty, 40
- (החלק) הארבעים fortieth
אָרַג פ׳ weave
אִרְגּוּן ז׳ organization
אִרְגּוּנִי ת׳ organizational
אַרְגָּז ז׳ box, chest, crate
אַרְגָּמָן ז׳ crimson, purple
אִרְגֵּן פ׳ organize, get together

אַרְגֶנְטִינָה נ׳ Argentina
אַרְגֶנְטִינִי ז׳ Argentine
אַרְגָעָה נ׳ all clear
אָרָד ז׳ bronze
אָרָה פ׳ gather, pick
ארה"ב = ארצות הברית USA
אֲרוּבָּה נ׳ chimney, flue, funnel
- ארובות השמים נפתחו rain hard
- ארובת העין eye socket
אָרוּג ת׳ woven
אָרוּז ת׳ packed
אֶרוֹזְיָה (שחיקה) נ׳ erosion
אֲרוּחָה נ׳ meal, dinner, repast
- ארוחת בוקר breakfast
- ארוחת בוקר מאוחרת brunch
- ארוחת ערב supper
- ארוחת צהריים lunch
אֶרוֹטִי ת׳ erotic
אָרוֹךְ ת׳ long, lengthy
- ארוך-טווח long-term
- ארך אפיים patient
אֲרוּכָה, הֶעֱלָה אֲרוּכָה cure, heal
אֲרוּכּוֹת תה"פ at length
אֲרוֹמָה (ניחוח) נ׳ aroma
אֲרוֹמָטִי (ריחני) ת׳ aromatic
אָרוֹן ז׳ cabinet, cupboard
- ארון בגדים wardrobe, closet
- ארון הברית Ark of the Covenant
- ארון המת bier, coffin
- ארון הקודש Holy Ark
- ארון ספרים bookcase
- ארון קיר closet, cupboard
- יצא מן הארון come out of the closet
אֲרוֹנִית נ׳ small cupboard
אָרוּס ז׳ bridegroom, fiance
אֲרוּסָה נ׳ betrothed, bride, fiancee
אָרוּר ת׳ bloody, cursed
אָרַז פ׳ pack
אֶרֶז (עץ) ז׳ cedar
אָרַח לְחֶבְרָה be the guest of
אָרְחֵי פָּרְחֵי bums, tramps
אַרְטִילֶרְיָה נ׳ artillery
אַרְטִיסְט (שחקן) ז׳ artist
אַרְטִיק ז׳ ice-lolly
אַרְטִישׁוֹק ז׳ artichoke
אֲרִי ז׳ lion
- ארי הים sea lion
- ארי שבחבורה dominant

person
אָרִי ת׳ Aryan
אָרִיג ז׳ cloth, fabric, material
אֲרִיגָה נ׳ weaving
אַרְיֵה ז׳ lion
אַרְיָה (שיר) נ׳ aria
אֲרִיזָה נ׳ package, packing
אָרִיחַ ז׳ brick, flagstone, tile
אָרִיךְ נֶגֶן ת׳ long-playing, LP
אֲרִיכוּת נ׳ length, lengthiness
- אריכות ימים longevity
אָרִיס ז׳ tenant, tenant farmer
אֲרִיסוּת נ׳ tenancy
אֲרִיסטוֹקְרָטִי ת׳ aristocratic
אֲרִיסטוֹקְרַטְיָה נ׳ aristocracy
אֲרִיתְמֶטִי ת׳ arithmetic
אֲרִיתְמֶטִיקָה נ׳ arithmetic
אָרַךְ פ׳ last, take time
אַרְכָאִי (מיושן) ת׳ archaic
אַרְכָּה נ׳ extension, grace
אַרְכּוּבָה נ׳ crank
אַרְכּוֹף ז׳ stirrup, caliper
אַרְכֵיאוֹלוֹג ז׳ archaeologist
אַרְכֵיאוֹלוֹגִי ת׳ archaeological
אַרְכֵיאוֹלוֹגְיָה נ׳ archaeology
אַרְכִיב ז׳ archives
אַרְכִיבִּישׁוֹף ז׳ archbishop
אַרְכִיבָר ז׳ archivist
אַרְכִיוֹן ז׳ archives
אַרְכִיטֶקְט ז׳ architect
אַרְכִיטֶקְטוֹנִי ת׳ architectonic
אַרְכִיטֶקְטוּרָה נ׳ architecture
אַרְכִיפֶּלֶג (קבוצת איים) ז׳ archipelago
אַרְכָן ת׳ prolonging, prolix
אַרְמָדָה נ׳ armada
אַרְמָדִיל (יונק) ז׳ armadillo
אַרְמוֹן ז׳ castle, palace
אַרְמִיָּיה נ׳ army
אֲרָמִית נ׳ Aramaic
אַרְנָב ז׳ rabbit
אַרְנָבִיָּיה נ׳ warren
אַרְנֶבֶת נ׳ bunny, hare
אַרְנוֹנָה נ׳ property tax, rate
אַרְנָק ז׳ bag, purse, wallet
אֶרֶס ז׳ poison, venom
אַרְסִי ת׳ poisonous, venomous
אַרְסִיּוּת נ׳ poisonousness
אַרְסָן (זרניך) ז׳ arsenic
אֲרָעִי ת׳ impermanent, temporary
אֲרָעִיּוּת נ׳ impermanence

אֲרָעִית תה״פ temporarily
אֶרֶץ נ׳ land, country, earth, ground, state
- ארץ (משחק) hopscotch
- ארץ ישראל Land of Israel
אַרְצָה תה״פ down, to Israel
אַרְצוֹת הַבְּרִית the United States
אַרְצִי ת׳ earthly, worldly
אַרְקָה נ׳ earth, ground
אַרְקְטִי ת׳ Arctic
אֲרֶשֶׁת נ׳ countenance
אֵשׁ נ׳ fire, flame, light
- אש וגופרית extreme anger
- אש צולבת cross-fire
- באש ובמים through fire and water, come hell or high water
אֶשְׁבּוֹל ז׳ corn cob
אֶשֶׁד ז׳ waterfall, rapid
אַשְׁוָה נ׳ bobbin, reel, spool
אַשׁוּחַ ז׳ fir tree, Christmas tree
אָשׁוּר ז׳ beech, step
- ידע דבר לאשורו know well
אֶשֶׁךְ ז׳ testicle, testis, *nut
- אשכים testicles
אַשְׁכָּבָה נ׳ burial, requiem
אֶשְׁכּוֹל ז׳ bunch, cluster
- איש אשכולות learned man
אֶשְׁכּוֹלִית ת׳ grapefruit
אַשְׁכְּנַזִּי ז׳ European Jew
*אַשְׁכָּרָה תה״פ really, great
אֵשֶׁל ז׳ tamarisk
אש״ל=אכילה שתיה לינה board and lodging, expenses
אַשְׁלָג ז׳ potash
אַשְׁלְגָן ז׳ potassium
אַשְׁלָיָה נ׳ delusion, illusion
אָשָׁם ז׳ blame, guilt
אָשֵׁם ת׳ guilty, culpable
אַשְׁמַאי ז׳ sinner
אַשְׁמָה נ׳ accusation, blame, guilt, charge
אַשְׁמוּרֶת נ׳ watch
אֶשְׁנָב ז׳ window, skylight
אַשָּׁף ז׳ wizard
- אשף מטבח chef
אש״ף PLO
אַשְׁפָּה נ׳ refuse, garbage
אִשְׁפּוּז ז׳ hospitalization
אִשְׁפֵּז פ׳ hospitalize
אַשְׁפָּתוֹן ז׳ garbage can

אֲשֶׁר מ״ח that, which, who
- אשר ל- as to, as regards
- אשר על כן whereupon
- יהיה אשר יהיה come what may
אַשְׁרַאי ז׳ credit, *tick
אַשְׁרָה נ׳ visa, permit
- אשרת יציאה exit visa
- אשרת כניסה entry visa
אִשְׁרוּר ז׳ ratification
אַשְׁרֵי מ״ק happy is the man
אִשְׁרֵר פ׳ ratify
אֵשֶׁת- (ראה אישה)
אֶשְׁתָּקַד תה״פ last year
אֵת ז׳ shovel, spade
אֶת מ״י (sign of direct object), with
- אותי/אותך וכו׳ me/you etc.
- איתי/איתך וכו׳ with me/with you etc.
- אתכם, אתכן you
אַתְּ (לנקבה) מ״ג you
אִתְגֵּר פ׳ challenge, dare, defy
אֶתְגָּר ז׳ challenge
אַתָּה מ״ג you, thou, you are
*- אתה מבין you know/see
אָתוֹן נ׳ she-ass, mare
אֶתוֹס (מאפיין מיוחד) ז׳ ethos
אִתְחוּל ז׳ booting, reset
אִתְחֵל פ׳ boot, reset, initialize
אֶתִּי ת׳ ethical
אֲתֵיאִיזם ז׳ atheism
אֲתֵיאִיסט ז׳ atheist
אֶתְיוֹפִּי ת׳ Ethiopian
אֶתִּיקָה (מוסר) נ׳ ethics
אַתְלֵט ז׳ athlete
אַתְלֵטִי ת׳ athletic
אַתְלֵטִיקָה נ׳ athletics
- אתלטיקה קלה light athletics, track and field
אַתֶּם (לזכרים) מ״ג you
אֶתְמוֹל תה״פ yesterday
אַתֶּן (לנקבות) מ״ג you
אַתְנַחְתָּה נ׳ pause, relief
אֶתְנִי ת׳ ethnic
אֶתְנָן ז׳ harlot's pay
אֲתַר ז׳ place, site
אֶתֶר ז׳ ether
אַתְרָאָה נ׳ alert, warning, ultimatum
אֶתְרוֹג ז׳ citron
אַתָּת ז׳ signaler

ב

בְּ מ״י at, by, in, into
- בי/בך וכו' in me/in you etc.
ב' תה״פ secondly
- יום ב' Monday
בָּא פ׳ come, arrive, enter, call
*- בא לו ל- feel like to
- בא לידי- come to, reach
בָּא ת׳ coming, next
- בא בימים aged, old
- בא כוח representative, attorney, proxy
- הבא following, next
ב"א (תואר) Bachelor of Arts
בָּאוּת כּוֹחַ נ׳ representation
בְּאִיבּוֹ תה״פ untimely
בְּאֵין תה״פ without
בְּאִם מ״ח if
בְּאֶמְצָעוּת מ״י through
בֶּאֱמֶת תה״פ really, truly
*בָּאסָה נ׳ despair, disappointment
בְּאַקְרַאי תה״פ by chance
בְּאֵר נ׳ well
בְּאֵר שֶׁבַע נ׳ Beersheba
בַּאֲשֶׁר לְ- מ״י as for, as to
בְּאֹשֶׁת נ׳ halitosis, bad breath
ב"ב = בני ביתו family
בָּבוּאָה נ׳ reflection, image
בַּבּוּן (קוף) ז׳ baboon
בַּבּוֹנָג ז׳ camomile
בָּבֶל נ׳ Babylonia
*בַּבְּלָת ז׳ nonsense, baloney
בְּבַקָּשָׁה תה״פ please
בְּבַת אַחַת תה״פ all at once
בָּבַת עַיִן נ׳ apple of the eye
בָּגָאז' ז׳ trunk
בָּגַד פ׳ betray, sell out, be unfaithful, cheat on
בֶּגֶד ז׳ garment, dress, raiment
- בגד גוף cat suit, fleshing
- בגד ים swimsuit
- בגדי עבודה working clothes
- בגדים clothes, clothing
בְּגֶדֶר תה״פ within the scope of
בְּגוֹ תה״פ in it
- דברים בגו there is some reason

בֶּגוֹנְיָה (צמח) נ׳ begonia
בָּגֶט ז׳ French loaf
בְּגִידָה נ׳ betrayal, treason, unfaithfulness, cheating
בְּגִילוּפִין ת׳ drunk
בְּגִין מ״י because of
בָּגִיר ז׳ adult, major
בַּגִירוּת נ׳ adulthood, majority
בִּגְלַל מ״י because of, for
בְּגַפּוֹ תה״פ alone, unattended
בג"ץ Supreme Court
בָּגַר פ׳ grow up, mature
בַּגְרוּת נ׳ adulthood, manhood
בַּד ז׳ cloth, material, screen
- בד בבד at the same time
בַּדַּאי ז׳ liar
בִּדְבַר מ״י about, concerning
בָּדָד תה״פ alone, solitary
בָּדָה פ׳ invent, fabricate
בֶּדוּאִי, בֶּדוּוִי ז׳ Bedouin
בָּדוּי ת׳ invented, false
בְּדוֹלַח ז׳ crystal
בָּדוּק ת׳ tested, checked
- בדוק ומנוסה tried-and-true
בְּדוּתָה נ׳ lie, fabrication
בִּדְחִילוּ וּרְחִימוּ תה״פ with awe
בַּדְחָן ז׳ humorist, jester
בַּדְחָנוּת נ׳ jesting, fun
בְּדִיד ז׳ small stick, small cube
בְּדִידוּת נ׳ loneliness, solitude
בְּדָיָה נ׳ lie, fabrication
בִּדְיוֹנִי ת׳ fictitious
בְּדִיּוּק תה״פ exactly, precisely
בְּדִיחָה נ׳ jest, joke
בְּדִיחוּת נ׳ joy, merriment
- בדיחות הדעת joy, jesting
בְּדִיל ז׳ tin
בְּדִימוֹס ת׳ retired, emeritus
בְּדִיעֲבַד תה״פ after the event
בְּדִיקָה נ׳ check, inspection, test, examination, probe
- בדיקה רפואית physical
- בדיקת דם blood test
- בדיקת היריון pregnancy test
בַּדִּית נ׳ small metal rod
בָּדָל ז׳ end, butt, stub, tip
- בדל אוזן lobe
בַּדְלָן ז׳ isolationist, separatist
בַּדְלָנוּת נ׳ isolationism
בִּדְמִי יָמָיו תה״פ in the prime of life
בד"ץ = בי"ד צדק Haredi Court

בָּדַק פ׳	check, examine, test
בֶּדֶק בַּיִת ז׳	house repair
בְּדֶרֶךְ כְּלָל תה״פ	usually
בַּדְרָן ז׳	entertainer
בַּדְרָנוּת נ׳	entertainment
בָּהּ מ״ג	in her
ב״ה=בעזרת השם	with God's help
בָּהָאִי ז׳	Baha'i
בה״ד = בסיס הדרכה	
בְּהַדְרָגָה תה״פ	gradually
בָּהָה פ׳	wonder, gape
בָּהוּל ת׳	hasty, urgent
בְּהִזְדַּמְּנוּת תה״פ	cheap, someday
בְּהֶחְלֵט תה״פ	absolutely
בַּהַט ז׳	alabaster, porphyry
בִּהְיוֹתִי/בִּהְיוֹתוֹ וכו׳ תה״פ	as I am/as he is etc., being
בְּהֵיחָבֵא תה״פ	secretly
בְּהִילוּת נ׳	haste, hurry
בְּהֶיסַח הַדַּעַת תה״פ	unawares
בְּהֵיעָדֵר מ״י	for lack of
בָּהִיר ת׳	bright, clear, fair
בְּהִירוּת נ׳	brightness, clarity
בְּהֶכְרֵחַ תה״פ	necessarily
בֶּהָלָה נ׳	rush, scare, panic
בָּהֶם, בָּהֶן מ״ג	in them
בְּהֵמָה נ׳	beast, animal, cattle
- בהמה גסה	large cattle
- בהמה דקה	small cattle
- בהמת משא	pack animal
בַּהֲמִי ת׳	brutish
בְּהֵן צֶדֶק תה״פ	honestly
בָּהַק פ׳	shine, glitter
בְּהֶקְדֵּם תה״פ	soon, early
- בהקדם האפשרי	as soon as possible
בְּהָקִיץ תה״פ	while awake
בַּהֶרֶת נ׳	bright spot
- בהרת קיץ	freckle
בְּהֶתְאֵם תה״פ	accordingly, by
- בהתאם ל-	according to
בְּהַתְאָמָה תה״פ	respectively
בּוֹ מ״ג	in him
- בו במקום	there and then
- בו זמנית	simultaneously
בּוֹא ז׳	coming, arrival
- בבוא העת/היום	in due course
בּוֹאֲכָה מ״י	on the way to
בּוֹאֵשׁ (חיה) ז׳	skunk
בּוּבָּה נ׳	puppet, doll
- בובת שלג	snowman
בּוֹגֵד ז׳	traitor, renegade
בּוֹגְדָנוּת נ׳	treachery, perfidy
בּוֹגְדָנִי ת׳	treacherous
בּוּגֶנְוִילֵיאָה נ׳	bougainvillea
בּוֹגֵר ז׳	graduate, adult
בּוֹדַד פ׳	be isolated
בּוֹדֵד פ׳	seclude, isolate
בּוֹדֵד ת׳	lonely, solitary, single
בּוּדְהִיזְם ז׳	Buddhism
בּוֹדֵק ז׳	tester, examiner
בּוֹהֵמָה נ׳	bohemian people
בּוֹהֶן נ׳	thumb, toe
- הילך על קצות הבהונות	tiptoe
בּוֹהֵק ת׳	bright, shining
בְּוַדַּאי תה״פ	certainly
בּוּז ז׳	scorn, contempt, disdain
- בוז ל-	down with, boo
בּוּזְבַּז פ׳	be wasted
בּוּזָּה פ׳	be scorned, be despised
בּוֹזֵז ז׳	plunderer, pillager
בּוֹחֵן ז׳	examiner, tester, trier
בּוֹחַן ז׳	test, examination, trial
בּוֹחֵר ז׳	elector, voter
בּוּטָּא פ׳	be expressed
בּוֹטֶה ת׳	harsh, biting, blatant
בּוֹטוּת נ׳	bluntness
בּוּטַּח פ׳	be insured
בּוּטִיק ז׳	boutique
בּוּטַּל פ׳	be canceled
בּוֹטֶן ז׳	peanut, pistachio
בּוֹטָנִי ת׳	botanical
בּוֹטָנִיקָה נ׳	botany
בּוּיַּל פ׳	be stamped
בּוֹילֶר ז׳	boiler
בּוּיַּם פ׳	be staged, be directed
בּוּיַּת פ׳	be domesticated
*בּוּכְטָה נ׳	a large amount
בּוּכְנָה נ׳	piston
בּוּכָרִי ת׳	Bukharan
בּוּל ז׳	stamp, bull's-eye
- בול דואר	postage stamp
- בול הכנסה	revenue stamp
- בול עץ	log, blockhead
בּוּלָאוּת נ׳	philately
בּוּלְבּוּל ז׳	bulbul, *penis
בּוּלְבּוּס ז׳	bulb, corm
בּוּלְדוֹג (כלב) ז׳	bulldog
בּוּלְדוֹזֶר ז׳	bulldozer
בּוֹלֵט ת׳	prominent
בּוֹלֵל פ׳	mix, assimilate
בּוֹלֵם זַעֲזוּעִים ז׳	shock absorber

desire, mania, bout — בּוּלְמוּס ז׳
be harmed — בּוּלַע (יבולע לו) פ׳
swallower, sinkhole — בּוֹלְעָן ז׳
*bullshit — *בּוּלְשִׁיט (שטויות) ז׳
secret police — בּוֹלֶשֶׁת נ׳
boom, prosperity — בּוֹם ז׳
sonic boom — בום על-קולי -
bomb, splendid — *בּוֹמְבָּה נ׳
bombastic, turgid — בּוֹמְבַּסְטִי ת׳
boomerang — בּוּמֶרַנְג ז׳
bon-bon, sweet — בּוֹנְבּוֹן ז׳
candy box — בּוֹנְבּוֹנְיֶירָה נ׳
bungalow — בּוּנְגָּלוֹ ז׳
beaver, builder — בּוֹנֶה ז׳
constructive — בּוֹנֶה ת׳
bonus, premium — בּוֹנוּס ז׳
insight — בּוֹנְנוּת נ׳
bunker — בּוּנְקֶר ז׳
boss, governor, *chief — בּוֹס ז׳
tread, trample — בּוֹסֵס פ׳
be based — בּוּסַס פ׳
unripe fruit — בּוֹסֶר ז׳
garden, orchard — בּוּסְתָּן ז׳
horticulture — בּוּסְתָּנָאוּת נ׳
blister, bubble — בּוּעָה נ׳
soap bubble — בועת סבון -
small blister — בּוּעִית נ׳
be exterminated — בּוֹעַר פ׳
burning, urgent — בּוֹעֵר ת׳
buffalo, bison — בּוּפָלוֹ ז׳
mud, mire, *nice mess — בּוֹץ ז׳
throw mud — הטיל בוץ -
muddy, miry — בּוּצִי, בּוֹצָנִי ת׳
mullein — בּוּצִין (צמח בר) ז׳
canoe, dinghy — בּוּצִית נ׳
be performed — בּוּצַע פ׳
be fortified — בּוּצַר פ׳
vintager — בּוֹצֵר ז׳
boxwood, beech — בּוּק (אשור) ז׳
he-goat — *בּוּק (טיפש) ז׳
disorder — בּוּקָה וּמְבוּקָה נ׳
elm — בּוּקִיצָה (עץ נוי) נ׳
boxer — בּוֹקְסֶר (כלב) ז׳
morning — בּוֹקֶר ז׳
every morning — בוקר בוקר -
good morning — בוקר טוב -
this morning — הבוקר -
cowboy, rancher — בּוֹקֵר ז׳
pit, hole — בּוֹר ז׳
cesspit, cesspool — בור שופכין -
ignorant, illiterate — בּוּר ת׳
very well, perfectly — על בוריו -

boron — בּוֹר (יסוד כימי) ז׳
God, Creator — בּוֹרֵא ז׳
bolt, screw — בּוֹרֶג ז׳
*has a screw loose — חסר לו בורג -
spiral, screw-like — בּוֹרְגִי ת׳
bourgeois — בּוּרְגָּנִי ז׳
Bordeaux, dark red — בּוֹרְדּוֹ ז׳
ignorance, illiteracy — בּוּרוּת נ׳
mullet — בּוּרִי (קיפון) ז׳
lye, soap — בּוֹרִית נ׳
be blessed, be endowed — בּוֹרַךְ פ׳
burlesque — בּוּרְלֶסְקָה נ׳
burnoose, cowl, hood — בּוּרְנָס ז׳
stock exchange — בּוּרְסָה נ׳
tannery, tanning — בּוּרְסְקָאוּת נ׳
burekas, flaky pastry with cheese — בּוּרֶקַס ז׳
arbitrator, selector — בּוֹרֵר ז׳
arbitration — בּוֹרְרוּת נ׳
compulsory arbitration — בוררות חובה -
be ashamed — בּוֹשׁ פ׳
wait a long time — חיכה עד בוש -
disgrace, shame — בּוּשָׁה נ׳
shame on you — בושה וחרפה -
be cooked — בּוּשַׁל פ׳
be perfumed — בּוּשַׂם פ׳
let him enjoy it! — יבושם לו! -
perfume, scent — בּוֹשֶׂם ז׳
be late, tarry — בּוֹשֵׁשׁ פ׳
shame — בּוֹשֶׁת פָּנִים נ׳
be cut off — בּוּתַּק פ׳
be cut — בּוּתַּר פ׳
despise, scorn, laugh at — בָּז פ׳
falcon, hawk, loot — בַּז ז׳
beige, ecru — בֵּז׳ ז׳
bazaar — בָּזָאר ז׳
waste, spending — בִּזְבּוּז ז׳
spend, squander, waste — בִּזְבֵּז פ׳
squanderer — בַּזְבְּזָן ז׳
improvidence — בַּזְבְּזָנוּת נ׳
despised, despicable — בָּזוּי ת׳
cheap, cheaply — בָּזוֹל תה״פ
plunder, rob, pillage — בָּזַז פ׳
very cheap — בְּזִיל הַזוֹל תה״פ
sprinkling, dusting — בְּזִיקָה נ׳
thanks to, due to — בִּזְכוּת מ״י
basalt — בַּזֶלֶת נ׳
in miniature — בִּזְעֵיר אַנְפִּין תה״פ
sprinkle, dust, strew — בָּזַק פ׳
lightning, flash — בָּזָק ז׳

בֶּזֶק ז׳ telecommunication
בְּתוֹכוֹ תה״פ inside, in it
בְּחוֹזְקָה תה״פ forcibly, tight
בְּחוֹפְזָה תה״פ in haste, hastily
בַּחוּץ תה״פ outside
בָּחוּר ז׳ boy, youth, lad
- בחור ישיבה Yeshiva student
- בחור כארז quite a boy
בַּחוּרָה נ׳ girl, maiden, *bird
*בַּחוּרצ׳יק ז׳ boy
בְּחֶזְקַת considered as
בַּחֲזָרָה תה״פ back
בְּחִיּוּב תה״פ positively
בְּחַיַּי מ״ק upon my word
בְּחַיֶּיךָ! מ״ק please!
בְּחִילָה נ׳ nausea, sickness
בְּחִינָה נ׳ examination, *exam, test, aspect, assay
- בבחינת like, in the sense of
- בחינת בגרות matriculation
בְּחִינָם תה״פ free, for nothing
בָּחִיר ת׳ chosen, elect, select
- בחירת ליבו sweetheart
בְּחִירָה נ׳ choice, selection
- בחירה חופשית free will
בְּחִירוֹת נ״ר election
- בחירות מקדימות primaries
בְּחִישָׁה נ׳ mixing, stir
בָּחַל פ׳ abhor, loathe
- לא בחל בשום אמצעי stop at nothing
בָּחַן פ׳ examine, scan, test
בָּחַר פ׳ choose, elect, pick, vote
בַּחֲרוּת נ׳ youth, adolescence
בָּחַשׁ פ׳ stir, fold, mix
בַּחֲשַׁאי תה״פ secretly
בַּחֲשָׁה נ׳ ladle, paddle
בָּטוּחַ ת׳ certain, confident, safe, secure, sure, convinced
- בטוחני I am sure
בְּטוּחָה נ׳ security, guarantee
בֶּטוֹן ז׳ concrete
בָּטַח פ׳ trust, rely, confide in
בֶּטַח תה״פ certainly, sure
בִּטְחָה נ׳ safety, certainty
בִּטְחוֹנִי ת׳ of security
בָּטָטָה נ׳ sweet potato, yam
*בַּטִּיחַ: ולא בטיח nothing at all
בְּטִיחוּת נ׳ safety, security
בְּטִיחוּתִי ת׳ safety
בָּטֵל ת׳ idle, void, null, invalid
- בטל בשישים a drop in the ocean
- בטל ומבוטל null and void
בַּטֶּלְדְּרֶס ז׳ battle-dress
בַּטָּלָה נ׳ idleness, indolence
בַּטְלָן ז׳ bum, idler
בַּטְלָנוּת נ׳ idleness
בֶּטֶן נ׳ belly, stomach
- בטן רכה underbelly
- מבטן ומלידה born, natural
*- על בטן ריקה hungry
*- עשה בטן גב idle
בִּטְנָה נ׳ lining
בַּטְנוּן ז׳ contrabass
בַּטְנוּנִית נ׳ cello, violoncello
בַּטֶּרִיָּה נ׳ battery
בְּטֶרֶם מ״י before
- בטרם עת before the proper time
בָּטַשׁ פ׳ trample, stamp, beat
בִּי מ״ג in me
בִּיאָה נ׳ coming, intercourse
בֵּיאוּר ז׳ explanation
*בְּיָאֵס פ׳ cause despair
בֵּיאֵר פ׳ explain
בִּיב ז׳ sewer, gutter
בִּיבְּלִיוֹגְרַפְיָה נ׳ bibliography
בִּיבָר ז׳ beaver
בִּיגוּד ז׳ clothing
בִּיגַמְיָה נ׳ bigamy
בִּיגַמִיסְט ז׳ bigamist
בי״ד = בית דין court
בְּיַד-, בִּידֵי- in the hands of, by
- אין בידו לעשות unable to do
בִּידֶה ז׳ bidet
בִּידּוּד ז׳ isolation, insulation
בִּידּוּי ז׳ fabrication, invention
בִּידּוּר ז׳ amusement, entertainment, fun, pastime
בִּידּוּרִי ת׳ entertaining
בִּידַּח פ׳ amuse, entertain
בִּידֵּר פ׳ entertain, amuse
ביה״ד = בית הדין court
ביהכ״נ = בית הכנסת synagogue
ביהמ״ש = בית המשפט court
ביה״ס = בית הספר school
בִּיּוּב ז׳ sewage, drainage
בְּיוֹגְרַפְיָה נ׳ biography
בְּיוֹדְעִין תה״פ knowingly
בְּיוֹטֶכְנוֹלוֹגְיָה נ׳ biotechnology
בְּיוֹכִימְיָה נ׳ biochemistry
בִּיּוּל ז׳ stamping, franking
בְּיוֹלוֹגִי ת׳ biological

בִּיוֹלוֹגְיָה נ׳ biology
בִּיוּם ז׳ staging, directing
- ביום אשמה *frame-up
בִּיוּן ז׳ intelligence
בִּיוֹפִיזִיקָה נ׳ biophysics
בִּיוּץ ז׳ ovulation
בְּיוֹקֶר תה״פ expensive, dear
בִּירוֹקְרָט ז׳ bureaucrat
בִּירוֹקְרַטְיָה נ׳ bureaucracy, red tape
בִּיּוּשׁ ז׳ causing shame
בִּיּוּת ז׳ domestication, homing
בְּיוֹתֵר תה״פ most, very much
בִּיזָה פ׳ despise, scorn
בִּיזָה נ׳ loot, plunder, spoil
בִּיזּוּי ז׳ despising, dishonor
בִּיזוֹן ז׳ bison, buffalo
בִּיזּוּר ז׳ decentralization
בִּיזָיוֹן ז׳ shame, contempt
- בזיון בית-דין contempt of court
בִּיזֵּר פ׳ decentralize
בי״ח = בית חולים hospital
בְּיַחַד תה״פ together
- ביחד ולחוד joint and several
ביח״ר = בית חרושת factory
בִּיט (סיבית) ז׳ bit
בִּיטֵא פ׳ pronounce, express
בִּיטָאוֹן ז׳ organ, mouthpiece
בִּיטּוּחַ ז׳ insurance
- ביטוח חובה compulsory insurance
- ביטוח לאומי National Insurance
- ביטוח צד ג׳ third-party insurance
- ביטוח שער exchange rate insurance
בִּיטּוּי ז׳ expression, phrase
בִּיטּוּל ז׳ abolition, cancellation
- בביטול scornfully
- ביטול זמן time wasting
בִּיטַּח פ׳ insure, cover
בִּיטָּחוֹן ז׳ confidence, safety, security, trust, assurance
- ביטחון פנים public security
- ביטחונות securities, guarantee
בִּיטֵּל פ׳ abolish, abrogate, call off, cancel
- ביטל זמן waste time, loiter
בִּיטֵּן פ׳ line, interline

בִּיטְנִיק ז׳ beatnik
בֵּייבִּיסִיטֶר ז׳ baby-sitter
בֵּייגֶל (כעך) ז׳ bagel
בְּייחוּד תה״פ especially, chiefly
בַּייט (בית) ז׳ byte
בִּייֵל פ׳ stamp, frank
בִּייֵם פ׳ stage, direct
בֵּייסבּוֹל ז׳ baseball
בִּייֵץ פ׳ thicken with yolk
- בייצה ovulate
בִּייֵשׁ פ׳ put to shame, disgrace
בַּיישָׁן ת׳ diffident, shy, coy
בַּיישָׁנוּת נ׳ diffidence, shyness
בִּייֵת פ׳ tame, domesticate
בִּיכָּה פ׳ lament, mourn
בִּיכּוּרִים ז״ר first fruits
ביכ״נ = בית כנסת synagogue
בִּיכֵּר פ׳ prefer, choose
בִּילָּה פ׳ spend time, wear out
בִּילּוּי ז׳ pastime, recreation
בִּילּוּשׁ ז׳ search, detection
בִּילְיַארד ז׳ billiards, pool
בִּילְיוֹן ז׳ billion
*בִּילֵּף פ׳ bluff, lie
בִּימַאי ז׳ stage manager
בִּימָה נ׳ stage, platform, dais
בִּימּוּי ז׳ staging, direction
בימ״ש = בית משפט court of law
בִּימָתִי ת׳ of the stage
בֵּין מ״י between, among
- בין היתר/השאר among other things, inter alia
- בין הערביים twilight
- בין כה (וכה) anyway, even so
- בין כך ובין כך in any event
- בין שכן ובין שלא whether or no
- בין... ובין... whether... or...
- ביני/בינך וכו׳ between me/you etc.
בֵּין תח׳ inter-
- בין-יבשתי intercontinental
- בין-עירוני interurban
- בין-תחומי interdisciplinary
בִּינָה נ׳ wisdom, intellect
- בינה מלאכותית artificial intelligence, AI
בִּינּוּי ז׳ construction
בֵּינוֹנִי ת׳ middle, mediocre, fair
- בינוני (בדקדוק) present
בֵּינוֹנִיּוּת נ׳ mediocrity
בֵּינֵיהֶם, בֵּינֵיהֶן מ״ג between

	them
בֵּינַיִים זו״ר	middle
בֵּינֵיכֶם, בֵּינֵיכֶן מ״ג	between you
בֵּינֵינוּ מ״ג	between us
בֵּינלְאוּמִי ת׳	international
בֵּינְתַיִים תה״פ	for the time being, meanwhile
ביה״ס = בית ספר	school
בִּיסוּס ז׳	basing, establishing
בִּיסֵס פ׳	establish, base
בִּיסקוויט ז׳	biscuit, scone
בִּיסֶקסוּאָל (דו-מיני) ז׳	bisexual
בִּיעוּר ז׳	clearing out
- ביעור חמץ	total removal
בִּיעוּת ז׳	horror, terror
בְּיָעָף תה״פ	in a hurry
בִּיעֵר פ׳	remove, eradicate
בִּיפֶּר (איתורית) ז׳	beeper
בִּיצָה נ׳	marsh, swamp, mire
בֵּיצָה נ׳	egg, ovum (pl - ova)
- ביצה קשה	hard-boiled egg
- ביצה רכה	soft-boiled egg
- ביצים	eggs, *testicles
- ביצת עין	sunny-side up
בִּיצוּעַ ז׳	achievement, performance, execution
בִּיצוּעִיסט ז׳	doer, maker
בִּיצוּר ז׳	fortification
בֵּיצִי ת׳	egg-like, oval, ovoid
בֵּיצִיָּה נ׳	sunny-side up
בֵּיצִית נ׳	ovule
בִּיצָנִית נ׳	sandpiper
בִּיצֵעַ פ׳	perform, achieve, carry out, commit, execute
- ביצע את זממו	commit a crime
בִּיצֵר פ׳	fortify, entrench
בִּיצָתִי ת׳	marshy, boggy
בִּיקוּעַ ז׳	splitting, fission
- ביקוע הגרעין	nuclear fission
בִּיקוּר ז׳	call, visit, visiting
- ביקור בית	domiciliary visit
- ביקור חולים	visiting the sick
- ביקור ממלכתי	state visit
בִּיקוֹרֶת נ׳	criticism, review, notice, inspection, check
- ביקורת המקרא	Bible criticism
- מתחת לכל ביקורת	very bad
בִּיקוֹרְתִּי ת׳	censorious, critical
בִּיקוּש ז׳	demand, market
בִּיקֵעַ פ׳	chop, cleave, split
בִּיקֵר פ׳	visit, call, criticize
בִּיקֵשׁ פ׳	ask, beg, seek, bid
- ביקש את ידה	offer one's hand, propose marriage
בֵּירֵא פ׳	deforest, disforest
בִּירָה נ׳	beer, ale, capital
- בירה מהחבית	barrelled beer
בֵּירוּא ז׳	deforestation
בֵּירוּץ ז׳	overflow, surplus
בֵּירוּר ז׳	clarification, selection
- בבירור	clearly
בֵּירוּת נ׳	Beirut
בִּירִית נ׳	garter, suspender
בֵּירַךְ פ׳	bless, greet, bid, wish
בֵּירֵר פ׳	clarify, ascertain
בִּישׁ ת׳	bad, awkward, ill
- ביש גדא/מזל	unlucky
בִּישׁוּל ז׳	cooking, cuisine
בִּישׂוּם ז׳	perfuming
בִּישׁוֹף (הגמון) ז׳	bishop, prelate
בִּישֵּׁל פ׳	cook, stew, boil
*- בישל דייסה	foul up, bungle
בִּישֵּׂם פ׳	perfume, scent
בִּישֵּׂר פ׳	augur, bring news
בַּיִת ז׳	home, house, domicile, door, dwelling, stanza
- בבית	indoors, at home
- בית טרומי	prefab
- הבייתה	home, homeward
- הבית הראשון/השני	First/Second Temple
- הבית התחתון	the lower house
בֵּית נ׳	beth (letter)
בֵּית אָב ז׳	family
בֵּית אָבוֹת ז׳	home for aged
בֵּית בַּד ז׳	oil press
בֵּית בּוֹשֶׁת ז׳	brothel
בֵּית בְּלִיעָה ז׳	throat, gullet
בֵּית גִידוּל ז׳	place of growth
בֵּית דִין ז׳	court, tribunal
- בית דין גבוה לצדק	Supreme Court
- בית דין צבאי	court martial
- בית דין צדק	haredi court
בֵּית דִירוֹת ז׳	apartment house
בֵּית דְפוּס ז׳	printing press
בֵּית הַאֲרָחָה ז׳	guest-house
בֵּית הַבְרָאָה ז׳	rest home
בֵּית הֶחָזֶה ז׳	chest, rib cage
בֵּית הַחֲלָמָה ז׳	convalescent home

בֵּית הַיּוֹצֵר ז׳ pottery, workshop
בֵּית הִילֵּל ז׳ tolerant attitude
בֵּית הַמִּקְדָּשׁ ז׳ Temple
בֵּית הַשֶּׁחִי ז׳ armpit
בֵּית זוֹנוֹת ז׳ brothel
בֵּית זִיקּוּק ז׳ refinery
בֵּית חוֹלִים ז׳ hospital
- בית חולי רוח asylum
- בית חולים שדה field hospital
בֵּית חֲרוֹשֶׁת ז׳ factory, plant
בֵּית יוֹלְדוֹת ז׳ maternity hospital
בֵּית יְצִיקָה ז׳ foundry
בֵּית יְתוֹמִים ז׳ orphanage
בֵּית כָּבוֹד ז׳ water closet
בֵּית כִּיסֵּא ז׳ water closet, toilet
בֵּית כְּנֶסֶת ז׳ synagogue
בֵּית לֶחֶם נ׳ Bethlehem
בֵּית מְגוּרִים ז׳ dwelling house
בֵּית מִדְרָשׁ ז׳ college, Talmud school
בֵּית מְחוֹקְקִים ז׳ legislature
בֵּית מַחֲסֶה ז׳ almshouse
בֵּית מִטְבָּחַיִים ז׳ slaughterhouse
בֵּית מְלָאכָה ז׳ workshop, shop
בֵּית מָלוֹן ז׳ hotel
בֵּית מִסְחָר ז׳ shop, store
בֵּית מַעֲצָר ז׳ detention house
בֵּית מַרְגּוֹעַ ז׳ rest home
בֵּית מַרְזֵחַ ז׳ public house, pub
בֵּית מֶרְחָץ ז׳ bathhouse
בֵּית מִרְקַחַת ז׳ pharmacy, dispensary, drug store
בֵּית מְשׁוּגָּעִים ז׳ madhouse
בֵּית מְשׁוּתָּף ז׳ apartment building
בֵּית מִשְׁפָּט ז׳ court of law, court
- בית משפט מחוזי district court
- בית משפט עליון Supreme Court
- בית משפט שלום magistrate's court
בֵּית נִבְחָרִים ז׳ parliament
בֵּית נוּרָה/מְנוֹרָה ז׳ socket
בֵּית נְתִיבוֹת ז׳ train station
בֵּית סוֹהַר/כֶּלֶא ז׳ jail, prison
בֵּית סֵפֶר ז׳ school
- בית ספר יסודי elementary school, grade school
- בית ספר תיכון secondary school, high school

*- לא בבית ספרנו not in our places
בֵּית עֲבוֹט ז׳ pawnshop
בֵּית עָלְמִין ז׳ cemetery
בֵּית עָם ז׳ community center
בֵּית קְבָרוֹת ז׳ cemetery
בֵּית קוֹלְנוֹעַ ז׳ cinema
בֵּית קִיבּוּל ז׳ receptacle
בֵּית קָפֶה ז׳ cafe, coffee house
בֵּית שִׁימּוּשׁ ז׳ lavatory, WC, water closet, toilet
בֵּית שַׁמַּאי ז׳ severe attitude
בֵּית תַּמְחוּי ז׳ public kitchen
בֵּית תְּפִילָּה ז׳ synagogue
בִּיתּוּק ז׳ severing, splitting
בִּיתּוּר ז׳ segmentation, dissection, dismemberment
בֵּיתִי ת׳ domestic, homemade
בֵּיתִיּוּת נ׳ home ground
בִּיתָן ז׳ booth, cabin, pavilion
בִּיתֵּק פ׳ cut, split
בִּיתֵּר פ׳ cut, bisect, dissect
בְּךָ, בָּךְ מ״ג in you
בִּכְדִי תה״פ in vain, vainly
בִּכְדֵי מ״י in order to
בָּכָה פ׳ cry, weep
- בכה על חלב שנשפך cry over spilt mink
בְּכַוָּונָה תה״פ deliberately, intentionally
- בכוונה תחילה aforethought
בְּכוֹחַ תה״פ by force, potentially
בְּכוֹר ז׳ firstborn, eldest
- בכור אביב primula, primrose
בַּכּוּרָה נ׳ early fruit
בְּכוֹרָה נ׳ birthright, primogeniture, priority
בְּכִי ז׳ crying, weeping, cry
בְּכִי טוֹב/בְּכִי רָע תה״פ well/badly
בְּכִיָּה נ׳ crying, weeping, wail
- בכייה לדורות eternal trouble
בַּכְיָין ז׳ crier, weeper, whiner
בַּכְיָינוּת נ׳ weeping
בָּכִיר ת׳ senior, high-ranking
בְּכָל אוֹפֶן תה״פ anyway
בְּכָל זֹאת תה״פ nevertheless
בִּכְלָל תה״פ in general, at all
- בכלל לא not at all
- ועד בכלל inclusive, down to
בָּכֶם, בָּכֶן מ״ג in you

בִּכְרָה נ׳	young camel
בַּל מ״ח	not, you shouldn't
- בל יכופר	inexcusable
- בל יתואר	indescribable
בְּלֹא תה״פ	without, wanting
בְּלָאו הָכֵי תה״פ	anyway, even so
בַּלָּאט תה״פ	stealthily
בְּלַאי ז׳	amortization, wear
בִּלְבַד תה״פ	mere, only, solely
- ובלבד ש-	only, on condition
בִּלְבַדִּי ת׳	exclusive, sole
בִּלְבּוּל ז׳	confusion, mess-up
- בלבול מוח	nonsense, palaver
בִּלְבֵּל פ׳	bewilder, confuse
- בלבל את היוצרות	disorder
- בלבל את המוח	talk nonsense
בֶּלְגְיָה נ׳	Belgium
*בִּלְגֵּן פ׳	disorder, mess up
*בָּלָגָן ז׳	disorder, mess-up
בַּלָּדָה נ׳	ballad
בַּלְדָּר ז׳	courier, messenger
בַּלְדָּרוּת נ׳	delivery
בָּלָה פ׳	be worn out
בַּלָּהָה נ׳	horror, dread
בְּלוֹ ז׳	excise, inland revenue
בְּלוֹאִים ז״ר	rags, tatters
בְּלוֹג (יומן אישי) ז׳	blog
בְּלְוָויַת מ״י	accompanied by
בְּלוּז (מוסיקה) ז׳	blues
בַּלּוּט ז׳	acorn
בַּלּוּטָה נ׳	gland
- בלוטות הרוק	salivary glands
- בלוטת הכרס	pancreas
- בלוטת הערמונית	prostate gland
- בלוטת התריס/המגן	thyroid gland
בָּלוּי ת׳	shabby, worn out
בָּלוּל ת׳	mixed
בָּלוּם ת׳	full, closed
בַּלּוֹן ז׳	balloon, bubble
- בלון ניסוי	trial balloon
בְּלוֹנְד ז׳	blond, blonde
בְּלוֹנְדִּינִית ת׳	blonde
*בְּלוֹף ז׳	bluff, fake, lie
*בְּלוֹפֶר ז׳	bluffer, liar
בְּלוֹק ז׳	bloc, block
- בלוק כתיבה	writing pad
בְּלוֹרִית נ׳	forelock, quiff
בְּלוֹת נ׳	change of life, menopause
בָּלַט פ׳	protrude, bulge, predominate, stand out
בַּלֶּט ז׳	ballet
בְּלִי תה״פ	without, wanting
- בלי הרף	without cease
- בלי לפגוע בזכויות	without prejudice
- בלי משים	unintentionally
- בלי ספק	no doubt, sure
- בלי עין הרע	touch wood!
בְּלִיטָה נ׳	projection, bulge
בְּלִייָה נ׳	wearing out
בַּלְיָין ז׳	socialite, reveler
בְּלִיל ז׳	mixture, hotchpotch
בְּלִילָה נ׳	mixing, thickening
בְּלִימָה נ׳	check, braking, stoppage, tackle
- תלוי על בלימה	insecure
בַּלִּיסְטִי ת׳	ballistic
בַּלִּיסְטְרָה נ׳	catapult
בְּלִיעָה נ׳	swallowing, gulp
בְּלֵית בְּרֵירָה	as there is no choice
בָּלַל פ׳	mix, mingle
בָּלַם פ׳	brake, stop, curb
- בלום פיך!	*shut up!
בֶּלֶם ז׳	brake, stop
- בלם יד	handbrake
בַּלָּם ז׳	center back, halfback
בלמ״ס = בלתי מסווג	unclassified
בַּלָּן ז׳	bath attendant
בְּלֶנְדֶּר (מַמְחָה) ז׳	blender
בָּלַע פ׳	swallow, gulp
בֶּלַע ז׳	slander
בִּלְעָדִי ת׳	exclusive, sole
בִּלְעֲדֵי מ״י	save, without
בִּלְעָדִיּוּת נ׳	exclusiveness
בְּלַעַז תה״פ	in a foreign language
בָּלַשׁ פ׳	search, detect, spy into
בַּלָּשׁ ז׳	detective, sleuth
בַּלָּשׁוּת נ׳	investigation
בַּלָּשִׁי ת׳	detective
בַּלְשָׁן ז׳	linguist, philologist
בַּלְשָׁנוּת נ׳	linguistics, philology
בִּלְתּוֹ: אֵין בִּלְתּוֹ	unique
בִּלְתִּי מ״י	not, except
- בלתי הפיך	final, irreversible
- בלתי חוזר	irrevocable
- בלתי נדלה	inexhaustible
- בלתי נמנע	unavoidable
- בלתי רגיל	unusual
בָּם מ״ג	in them

בַּמָאוּת נ׳ — direction
בַּמַאי ז׳ — director, stage manager
בַּמבּוּק (חִזרָן) ז׳ — bamboo
בַּמִדבָּר (חומש) ז׳ — Numbers
בִּמדוּיָק תהפ — exactly
בָּמָה נ׳ — podium, rostrum, stage
בַּמֶה תהפ — with what
בִּמהֵרָה תהפ — soon, shortly
בְּמוֹ מ״ח — with his own
- במו עיני — with my own eyes
בְּמוֹל (נַחַת) נ׳ — flat
בְּמֵזִיד תהפ — intentionally
בְּמַחִי יָד תהפ — at one blow
בְּמָטוּתָא מ״ק — please
בְּמִידָה שֶׁ- מ״י — according as/to
בְּמִידַת מָה תהפ — to some degree
בַּמִיָה (ירק מאכל) נ׳ — okra
בִּמיוּחָד תהפ — in particular
בְּמֵישָׁרִין תהפ — directly
בְּמַפגִיעַ תהפ — decidedly
בִּמפוֹרָשׁ תהפ — expressly, clearly
בְּמַקבִּיל תהפ — simultaneously
בִּמקוֹם תהפ — instead of
בְּמִקצָת תהפ — somewhat
בְּמִקרֶה תהפ — by chance, accidentally
- במקרה ש- — in case of
בְּמֶשֶׁך תהפ — during
בֵּן ז׳ — boy, child, son, aged, old
- בן אח/אחות — nephew
- בן גילו — of the same age
- בן זמנו — contemporary
- בן זקונים — youngest son
- בן חורג — stepson
- בן יחיד — only child
- בן כמה? — how old?
- בני ביתו — one's family
- בני ישראל — the children of Israel
- בני נוער — young people
- בני עשרה — teenagers
בֶּן אָדָם ז׳ — man, person
בֶּן בַּיִת ז׳ — familiar
בֶּן בְּלִיַעַל ז׳ — scoundrel
בֶּן בְּרִית ז׳ — ally, Jew, in league
בֶּן דוֹד/דוֹדָה ז׳ — cousin
בֶּן זוּג ז׳ — companion, mate, husband, spouse, partner
בֶּן זְקוּנִים ז׳ — youngest son
בֶּן חוֹרִין ז׳ — freeborn
בֶּן חַיִל ז׳ — brave man, soldierly

בֶּן חֲלוֹף ת׳ — ephemeral
בֶּן חָסוּת ז׳ — protege, ward
בֶּן טוֹבִים ז׳ — of good family
בֶּן כִּלאַיִים ז׳ — hybrid, crossbred
בֶּן לְוָויָה ז׳ — companion, escort
בִּן לַילָה תהפ — overnight
בֵּן סוֹרֵר וּמוֹרֶה ז׳ — intractable son
בֶּן עֲרוּבָּה ז׳ — hostage
בִּן רֶגַע תהפ — at once, *in a jiffy
בֶּן תְּמוּתָה ז׳ — mortal, man
בִּנאוּם ז׳ — internationalization
בַּנָאוּת נ׳ — building, masonry
בַּנַאי ז׳ — builder, mason
בִּנאֵם פ׳ — internationalize
בָּנָה פ׳ — build, construct
- בנה על — plan on, build on
בָּנוּ מ״ג — in us
בְּנוֹגֵעַ לְ- מ״י — regarding, as to
בָּנוּי ת׳ — built-up
בָּנוֹת נ״ר — daughters, girls
בֶּנזִין ז׳ — benzine, petrol, gas
בְּנִיגוּד לְ- תהפ — contrary to
בְּנִייָה נ׳ — construction, building
בִּניָין ז׳ — building, construction, structure, voice
- בניין הפעיל — causative
- בניין נפעל — passive voice
- בניין פעיל — active voice
בָּנָלִי ת׳ — banal, hackneyed
בַּנָנָה נ׳ — banana
בַּנק ז׳ — bank
- בנק דם — blood bank
- בנק זרע — sperm bank
בַּנקָאוּת נ׳ — banking
בַּנקַאי ז׳ — banker
בַּנקָאִי ת׳ — of a bank
בְּנָקֵל תהפ — easily
בַּס ז׳ — bass
בִּסבִיבָה תהפ — around
בִּסבִיבוֹת מ״י — about, around
בס״ד=בסיעתא דשמיא — with God's help
בְּסֵדֶר תהפ — all right, OK, well
- בסדר גמור — very well
- בסדר גודל של — on the order of
בסה״כ = בסך הכל — altogether
בְּסוֹמֶת נ׳ — aroma
*בַּסטָה נ׳ — market stall
בָּסִיס ז׳ — base, basis, foundation, alkali
- בסיס מס — tax base
- בסיס נתונים — data base

בְּסִיסִי ת׳ basic, fundamental
בְּסַךְ הַכּוֹל תה״פ all told, in total
בָּסָךְ: צָעַד בַּסָּךְ march in procession
בָּסַס פ׳ trample, tread
בִּעְבּוּעַ ז׳ bubble, gurgle
בַּעֲבוּר מ״י for, so that
בִּעְבֵּעַ פ׳ bubble, gurgle
בֶּעָבָר תה״פ in former times
בְּעַד מ״י pro, by, through, for
בע״ה = בעזרת השם with God's help
בְּעוֹד תה״פ after, while
- בעוד מועד in time, soon
בע״ח = בעל חיים animal
בָּעַט פ׳ kick, boot
בְּעֶטְיוֹ תה״פ because of
בְּעָיָה נ׳ problem, question
בְּעִיטָה נ׳ kick, shot, *boot
- בעיטת אחד עשר penalty kick
- בעיטת יעף punt, volley
- בעיטת עונשין penalty kick
- בעיטת קרן corner kick
בְּעָיָיתִי ת׳ problematic
בְּעִילָה נ׳ cohabitation
בְּעִילוּם שֵׁם תה״פ incognito
בְּעַיִן תה״פ clearly, in kind
בְּעִיצוּמוֹ מ״י in the middle of
בְּעִיקָּר תה״פ mainly, chiefly
בְּעֵירָבוֹן מוּגְבָּל תה״פ Ltd.
בְּעֵירָה נ׳ burning, combustion
בְּעִיתּוֹ תה״פ at one time
בָּעַל פ׳ have sexual intercourse
בַּעַל ז׳ husband, spouse, owner
- בעלים owner, possessor
בַּעַל מ״י having, of
בַּעַל אֶמְצָעִים ז׳ man of means
בַּעַל בַּיִת ז׳ householder
- בעלת בית landlady, mistress
בַּעַל בְּרִית ז׳ ally, confederate
בַּעַל בָּשָׂר ת׳ porky, fat
בַּעַל גוּף ת׳ corpulent, fat
בַּעַל דִּין ז׳ litigant, plaintiff
בַּעַל הוֹן ז׳ capitalist
בַּעַל חוֹב ז׳ debtor, creditor
בַּעַל חַיִּים ז׳ animal
בַּעַל טוּר ז׳ columnist
בַּעַל כּוֹחַ גַּבְרָא ת׳ potent, virile
בְּעַל כּוֹרְחוֹ תה״פ reluctantly
בַּעַל מוּם ז׳ invalid, disabled
בַּעַל מְלָאכָה ז׳ craftsman
בַּעַל מְנָיוֹת ז׳ shareholder
בַּעַל מִקְצוֹעַ ז׳ craftsman, expert
בַּעַל עֵסֶק ז׳ business owner
בַּעַל עֵרֶךְ ת׳ worthy, valuable
בְּעַל פֶּה תה״פ by heart, verbally
בַּעַל שְׁלִיטָה ז׳ controlling shareholder
בַּעַל שֵׁם ת׳ known, noted
בַּעַל תְּפִילָּה ז׳ cantor
בַּעֲלוּת נ׳ ownership, possession
בַּעֲלִיל תה״פ clearly, visibly
בְּעָלְמָא תה״פ unintentionally
בע״מ=בעירבון מוגבל limited, Ltd.
בע״פ = בעל פה by heart
בְּעֶצֶם תה״פ actually
- בעצמי/בעצמך וכו׳ by myself/yourself etc.
בְּעִקְבוֹת מ״י following, after
בַּעֲקִיפִין תה״פ indirectly
בָּעַר פ׳ burn, blaze, flame, flare
בַּעַר ת׳ ignorant, illiterate
בַּעֲרוּת נ׳ ignorance, illiteracy
בְּעֵרֶךְ תה״פ about, around
בַּעַת ז׳ phobia
- בעת מים rabies
- בעת סגור claustrophobia
בְּעֵת מ״י during, while
- בעת ובעונה אחת at the same time
בְּעָתָה נ׳ fear, horror
בְּפוּמְבֵּי תה״פ in public
בְּפוֹעַל תה״פ actually, acting
בְּפֵירוּשׁ תה״פ clearly, explicitly
בִּפְנֵי מ״י in front of, before
- בפני עצמו in itself, per se
בִּפְנִים תה״פ inside, within
בְּפַרְהֶסְיָה תה״פ in public
בִּפְרוֹטְרוֹט תה״פ in detail
בִּפְרָט תה״פ especially
בִּצְבּוּץ ז׳ sprouting, appearance
בִּצְבֵּץ פ׳ sprout, burst forth
בְּצַוְותָּא תה״פ together
בַּצּוֹרֶת נ׳ drought
בָּצִיר ז׳ grape harvest, vintage
בָּצָל ז׳ onion, bulb
בְּצַלְצָל ז׳ shallot, small onion
בְּצִמְצוּם תה״פ scantily, barely
בָּצַע פ׳ cut, slice
בֶּצַע ז׳ gain, profit
- מה בצע? of what avail?
בָּצֵק ז׳ dough, paste, duff
- בצק עלים flaky pastry
בַּצֶּקֶת נ׳ edema

בָּצַר פ׳ harvest grapes
בַּקְבּוּק ז׳ bottle, flask
- בקבוק גומי hot-water bottle
- בקבוק תבערה petrol bomb
בְּקוֹל תה״פ aloud, out
בְּקוֹשִׁי תה״פ barely, hardly
בַּקְטֶרְיוֹלוֹגְיָה נ׳ bacteriology
בָּקִי ת׳ expert, familiar, versed
בְּקִיאוּת נ׳ skill, mastership
בַּקִיָּה (צמח) נ׳ vetch
בְּקִיעַ ז׳ crack, breach, gap
בְּקִיעָה נ׳ splitting, breach
בְּקִיצּוּר תה״פ in brief, briefly
בְּקֵירוּב תה״פ approximately
בַּקָלָה (דג) נ׳ cod, codfish, hake
בְּקַלּוּת תה״פ easily, lightly
בָּקַע פ׳ hatch, cleave, split
בֶּקַע ז׳ rupture, split, hernia
בִּקְעָה נ׳ valley, basin
בִּקְצָרָה תה״פ in brief
בָּקָר ז׳ cattle, cows
בַּקָּר ז׳ controller, inspector
בֶּקָר (במוזיקה) ז׳ natural
בְּקֶרֶב מ״י among, inside
בַּקָּרָה נ׳ control, revision
בְּקָרוֹב תה״פ soon, shortly
בַּקָּשָׁה נ׳ application, request, appeal, desire, plea
*בַּקְשִׁישׁ ז׳ baksheesh, tip
בְּקֶשֶׁר לְ- מ״י regarding, as for
בִּקְתָּה נ׳ hut, shed, shack
בַּר ז׳ bar, barroom, saloon
בָּר ז׳ wilderness
בַּר ת׳ son of, -able
- בר עונשין punishable
- בר קיימא durable
בַּר אוֹרְיָין ז׳ scholar
בַּר דַּעַת ת׳ intelligent
בַּר מַזָּל ת׳ fortunate, lucky
בַּר מִינַן ת׳ deceased, corpse
בַּר מִצְוָה ז׳ bar mitzvah
בַּר סַמְכָא ז׳ authority, reliable
בַּר תּוֹקֶף ת׳ valid, effective
בָּרָא פ׳ create, call into being
בָּרֹאשׁ תה״פ leading, first
בְּרֵאשִׁית תה״פ in the beginning
בְּרֵאשִׁית (חומש) ז׳ Genesis
בַּרְבּוּר ז׳ swan
*בִּרְבּוּר ז׳ chatter, blabber
*בִּרְבֵּר פ׳ chatter, blabber
בַּרְבָּרִי ת׳ barbarian, vandal
בָּרָד ז׳ hail, hailstone

בַּרְדְּלָס ז׳ cheetah, panther
בַּרְדָס ז׳ cowl, hood
*בַּרְדָּק ז׳ disorder, mess
ברה״מ = ברית המועצות USSR
בָּרוּא ז׳ creature
בְּרוֹגֶז תה״פ on bad terms
בַּרְוָז ז׳ duck, false report
- ברווז צולע lame duck
בַּרְוָזָן (יונק) ז׳ platypus
בְּרוּטוֹ ז׳ gross, before tax
בְּרוּטָלִי ת׳ brutal
בְּרוּטָלִיוּת נ׳ brutality
*בְּרוֹךְ ז׳ failure, mishap
בָּרוּךְ ת׳ blessed
- ברוך הבא welcome
- ברוך השם thank God
- ברוך שפטרני ! good riddance
בְּרוֹם (יסוד כימי) ז׳ bromine
בָּרוֹמֶטֶר ז׳ barometer
בָּרוֹן ז׳ baron
בְּרוֹנְזָה (ארד) נ׳ bronze
בְּרוֹנְכִיטִיס ז׳ bronchitis
בְּרוֹקוֹלִי ז׳ broccoli
בְּרוֹקֶר ז׳ broker
בָּרוּר ת׳ obvious, clear, evident
- ברור כשמש very clear
בְּרוּרוֹת תה״פ clearly, distinctly
בְּרוֹשׁ (עץ) ז׳ cypress
בֶּרֶז ז׳ faucet, tap, cock
*- שם לו ברז run away
בֶּרְזִיָּה נ׳ drinking fountain
בַּרְזִילִי ת׳ ferrous
בַּרְזֶל ז׳ iron
- ברזל יציקה cast iron
בְּרֶזֶנְט (אַבְּרָזִין) ז׳ tarpaulin
בָּרַח פ׳ run away, flee, escape
*- עשה "ויברח" run away
בְּרַחֲבֵי מ״י throughout, all over
בַּרְחָשׁ ז׳ gnat, small mosquito
בֶּרֶט ז׳ beret
בָּרִי ת׳ certain, sure
בָּרִיא ת׳ healthy, sound, fit
- בריא אולם hale and hearty
*- תהיה לי בריא I don't like it
בְּרִיאָה נ׳ creation
- בריאת העולם the Creation
בְּרִיאוּת נ׳ health, well-being
- בקו הבריאות healthy
- בריאות הנפש mental health
- לבריאות ! be well!, enjoy it!
בְּרִיאוּתִי ת׳ sanitary
בְּרִידג' (משחק) ז׳ bridge

בַּרְיוֹם (חרק) ז׳ mayfly
בִּרְיוֹן ז׳ hooligan, thug
בִּרְיוֹנוּת נ׳ hooliganism
בְּרִיחַ ז׳ bar, bolt, latch
בְּרִיחָה נ׳ flight, escape, bolt
- בריחת מוחות brain drain
- בריחת סידן osteoporosis
בְּרִיטִי ת׳ British
בְּרִיטַנְיָה נ׳ Britain, UK
בְּרִיָּה נ׳ creature, person
- בריה משונה freak of nature
בְּרַייל (כתב עיוורים) ז׳ braille
בְּרֵיכָה נ׳ pond, pool, reservoir
- בריכת שחייה swimming pool
בָּרִיקָדָה נ׳ barricade
בְּרֵירָה נ׳ alternative, choice
- ברירה טבעית survival of the fittest
- ברירת מחדל default
- ברירת קנס option of a fine
בְּרֵיש גְּלֵי תה״פ in public
בְּרִית נ׳ alliance, confederacy, treaty, league, covenant
- ברית המועצות USSR
- ברית מילה circumcision
- הברית החדשה New Testament
*בְּרִיתָה נ׳ party for birth of girl
בֶּרֶךְ נ׳ knee, elbow
בְּרָכָה נ׳ blessing, greeting
- בברכה yours faithfully
- ברכה לבטלה waste of efforts
- ברכת הגומל thanks to God
- ברכת המזון grace
בְּרָכוֹן ז׳ small prayer book
בְּרַם תה״פ but, however, yet
בְּרַנְץ׳ (ארוחה) ז׳ brunch
בַּרְנָשׁ ז׳ person, fellow, guy
בִּרְצִינוּת תה״פ in earnest
בָּרָק ז׳ lightning, polish, shine
בַּרְקוֹד ז׳ bar code
בַּרְקִית נ׳ glaucoma
בַּרְקָן ז׳ thorn, briar
בָּרֶקֶת (אבן יקרה) ז׳ emerald
בֵּרֵר פ׳ pick, select, single out
*בְּרָרָה נ׳ low-quality fruit
בַּרְרָן ז׳ choosy, dainty, picky
בַּרְרָנוּת נ׳ choosing
בִּשְׁבִיל מ״י for, in order to
בִּשְׁגָגָה נ׳ in error, inadvertently
בְּשׁוּם אוֹפֶן/פָּנִים on no account
בְּשׁוּם מָקוֹם nowhere
בְּשׁוּם שֵׂכֶל reasonably, sensibly
בְּשׂוֹרָה נ׳ tidings, news
בָּשַׁל פ׳ ripen, mature
בָּשֵׁל ת׳ ripe, mature, mellow
בְּשֶׁל מ״י because of
בְּשֵׁלוּת נ׳ maturity, ripeness
בִּשְׁעַת תה״פ while, during
בִּשְׁעָתוֹ תה״פ at one time
בָּשָׂר ז׳ flesh, meat
- בשר בקר beef
- בשר ודם flesh and blood
- בשר חלק strictly kosher meat
- בשר טחון mince, hamburger
- בשר כבש mutton, lamb
- בשר מבשרו his kith and kin
- בשר קצוץ hash, forcemeat
- בשר תותחים cannon fodder
בְּשָׂרִי ת׳ carnal, fleshy, meaty
בַּת נ׳ daughter, girl, aged
- בת אח/אחות niece
- בת חורגת stepdaughter
- בת יחידה only daughter
- בת ישראל Jewish girl
בַּת דוֹד נ׳ cousin
בַּת זוּג נ׳ partner, spouse
בַּת יַעֲנָה נ׳ ostrich
בַּת קוֹל נ׳ echo
בְּתוֹךְ מ״י among, in, inside
- בתוך דקה in a minute
- בתוך כך in the meantime
- בתוך תוכו at heart
בְּתוֹכְכֵי מ״י in, inside
בְּתוּלָה נ׳ virgin, maid
- בתולת ים mermaid
בְּתוּלִי ת׳ virginal, maiden
בְּתוּלִים ז״ר hymen, maidenhood, virginity
בְּתוֹם לֵב in good faith
בְּתוֹקֶף תה״פ vigorously, valid, in force, by virtue of
בְּתוֹר, בְּתוֹרַת תה״פ like, as
- בתור שכזה as such
בַּתְּחִילָּה תה״פ at first
בְּתֵיאָבוֹן מ״ק enjoy your food!
בתי״ס = בתי ספר
בְּתַכְלִית תה״פ completely
בִּתְנַאי שֶׁ- מ״ח provided
בֶּתֶר ז׳ section, fistula
בָּתַר- תח׳ post-
- בתר-לידתי postnatal

ג

ג' תה"פ third, thirdly
- יום ג' Tuesday
גֵא, גֵאֶה ת' proud, arrogant, haughty, *gay, homosexual
גָאָה פ' rise, grow, mount
גַאֲוָה נ' pride, self-esteem
גַאַוותָן ת' boastful, swaggerer
גְאוּלָה נ' delivery, redemption
- גאולת דם vendetta
גָאוֹן ז' genius, mastermind
גְאוֹנוּת נ' genius
גְאוֹנִי ת' genius
גֵאוּת נ' flood tide, high tide
גָאזָה נ' gauze, cheesecloth
גָאַל פ' free, redeem, deliver
גָאנָה נ' Ghana
גַ'אנק פוּד (מזון זול) junk food
גַב ז' back, spine
- על הגב supine
גב' = גברת Mrs.
גַבָּאוּת נ' management of synagogue
גַבַּאי ז' manager of synagogue
גָבַהּ פ' be high, rise, mount
גָבָה פ' collect, levy, charge
- גבה עדות take evidence
גַבָּה נ' eyebrow
גַבהוּת (לֵב) נ' haughtiness
גָבוֹהַּ ת' high, tall, lofty
- גבה קומה tall
גְבוֹהָה נ' proud talk
גְבוּל ז' border, limit
גְבוּלִי ת' borderline, marginal
גַבּוֹן נ' Gabon
גְבוּרָה נ' strength, power
- הגיע לגבורות be eighty years old
גַבִּי ת' dorsal, backhanded
גְבִייָה נ' collection, levy, taking
- גביית עדות taking evidence
גְבִינָה נ' cheese
- גבינה רזה/כחושה lean cheese
גָבִיעַ ז' cup, goblet, calyx
- גביע גלידה ice-cream cornet
גְבִיר ז' rich man
גָבִיש ז' crystal
גְבִישִי ת' crystalline

גָבַל פ' abut, border on, knead
גַבנוּן ז' hump, hunch
גַבנוּנִי ת' hunchbacked
גֶבֶס ז' gypsum, plaster, cast
גִבעָה נ' hill, elevation
גִבעוֹל ז' stalk, stem, pedicel
גָבַר פ' increase, grow, mount
- גבר על defeat, overcome
גֶבֶר ז' man, male, cock
*- גבר גבר a real man
*- גבר לעניין quite a boy
גְבַרבַּר ז' young man
גַברִי ת' male, manly, virile
גַברִיוּת נ' manhood, virility
גְבֶרֶת נ' lady, madam, Mrs.
- אותה גברת בשנוי אדרת actually the same thing
- גבירותיי ורבותיי ladies and gentlemen
גְבַרתָּן ז' strong man
גַבשוּשִית נ' hillock, mound
גַג ז' roof, *maximum
גַגוֹן ז' awning, roof rack
גַד (כוסברה) ז' coriander
גָדָה נ' bank, brink, riverside
גְדוּד ז' battalion, regiment
גְדוּדִי ת' regimental
גָדוֹל ת' great, large, big
*- בגדול in a big way
*- גדול מהחיים wonderful
- גדולות ונצורות miracles
- מגדול ועד קטן everybody
גְדוּלָה נ' greatness, importance
גָדוּעַ ת' cut down, felled
גָדוּש ת' full, packed, brimming
גְדִי ז' kid, Capricorn
גָדִיל ז' fringe, strand, tassel
גְדִילָה נ' growth, increase
גְדִיעָה נ' cutting down, felling
גְדֵירָה נ' pen, sheepfold
גָדִיש ז' heap of corn, rick
גָדַל פ' increase, grow, wax
- גדל פרא grow wild, run wild
גַדלוּת נ' greatness
גֶדֶם ז' stub, stump
גדנ"ע = גדודי נוער cadet corps
גָדַע פ' cut off, fell, hew, lop
גָדַר פ' fence off, enclose, wall
גָדֵר נ' fence, limit, wall
- גדר ביטחון security fence
- גדר חיה, גדר שיחים hedge
- גדר תיל barbed-wire fence

יושב על הגדר - fence-sitter
יצא מגדרו - lose control
גִּדְרוֹן (ציפור שיר) ז' - wren
גָּדַשׁ פ' - heap, pile up, stuff
גֵּהָה נ' - remedy, cure, medicine
גֵּהוּת נ' - hygiene, sanitation
גְּהִירָה נ' - stooping
גָּהַר פ' - stoop, bow down
גַּו ז' - back, inside
השליך אחרי גוו - discard
גּוֹאֵל ז' - deliverer, liberator
גּוֹאַשׁ (צבע) ז' - gouache
*ג'וֹב ז' - job, *berth
גּוֹב, גּוֹב אֲרָיוֹת - lions' den
גּוּבָּה פ' - be backed up, be saved
גּוֹבַהּ ז' - altitude, height
גובה המים/פני הים - sea level
גּוֹבֶה ז' - collector
גּוֹבַיְינָה ת' - collect (call)
גּוֹבֵל ת' - bordering on
גּוֹבְּלֶן ז' - Gobelin (tapestry)
ג'וֹבְּנִיק ז' - noncombatant
גּוּבַּשׁ פ' - crystallize, be formed
ג'וֹגִינְג (ריצה) ז' - jogging
*גּוֹגְל מוֹגְל ז' - egg-nog, egg-flip
גּוּדַּל פ' - be brought up
גּוֹדֶל ז' - size, greatness
גודל נפש/רוח - generosity
גּוֹדֶשׁ ז' - surplus, overflow
גּוֹהַץ פ' - be ironed
*גֶּוַואלְד! מ"ק - help!
גְּוִוָה נ' - hulk, hull, body
גְּוִוִייָה נ' - carcass, corpse, *stiff
גְּוִויל ז' - parchment
גְּוִויעָה נ' - dying, death
גּוּוַן פ' - be colored, be tinted
גָּוֶון ז' - color, nuance, hue
גָּוַע פ' - die, wane, fade out
גּוַוַרְדִּיָה נ' - group, entourage
גּוֹזָל ז' - nestling, young bird
גּוּזְמָה נ' - exaggeration, tall tale
גּוֹי ז' - nation, gentile
גּוּיָיבָה נ' - guava
ג'וֹינְט (סיגריית-חשיש) ז' - joint
גּוּיַּס פ' - be mobilized
ג'וֹיסְטִיק (מוט היגוי) ז' - joystick
גּוּיַּר פ' - become a Jew
גּוֹל ז' - goal
גּוּלַג ז' - Gulag, labor camp
גּוּלְגּוֹלֶת נ' - cranium, head, skull
לגולגולת - per head
גּוּלְגּוֹלְתִּי ת' - cranial, cephalic

גּוֹלֶה ז' - exile, deportee
גּוּלָה נ' - knob, marble, ball
גּוּלַת הכותרת - coping-stone
גּוֹלָה נ' - exile, diaspora
גּוּלַּח פ' - be shaved
גּוֹלְיַית ז' - Goliath, giant
גּוֹלֵל פ' - roll, unfold, unroll
גּוֹלֵל ז' - tomb stone
גּוּלַּם פ' - be embodied, be enacted, be grossed up
גּוֹלֶם ז' - robot, idiot, clumsy, pupa, chrysalis
גּוֹלְמִי ת' - raw, crude, gross
גּוֹלָן: רמת הגולן - Golan Heights
גּוּלַּף פ' - be carved, be engraved
גּוֹלְף ז' - golf
גּוֹלֵשׁ ז' - surfer, skier
גּוּלָשׁ ז' - goulash
גּוֹמֶא ז' - papyrus, reed
גּוֹמאָווִיר ז' - foam rubber
גּוֹמֶד ז' - cubit, ulna
גּוּמָה נ' - dent, dimple, hole
גומת חן - dimple
גּוּמְחָה נ' - niche, recess, alcove
גּוּמִי ז' - gum, rubber, elastic
גומי לעיסה - chewing gum
גּוּמִייָה נ' - rubber band
גּוֹמֵל ת' - retaliative, retaliatory
גומל חסד - benefactor
גּוֹמְלִין: יַחֲסֵי גומלין - mutual relations
גּוֹנֵב לְאוֹזְנָיו - reach his ears
ג'וּנְגֶּל ז' - jungle
גּוּנְדָּה נ' - company, battery
גּוּנְדָּר ז' - major general
גונדר משנה - colonel
סגן גונדר - lieutenant colonel
רב-גונדר - lieutenant general
תת-גונדר - brigadier
גּוּנָּה פ' - be denounced
גּוֹנֵן פ' - shelter, protect
גּוֹסֵס ת' - dying, moribund
גּוֹעַל (נֶפֶשׁ) ז' - disgust, revulsion
גּוֹעֲלִי ת' - disgusting, revolting
גּוֹעֵשׁ ת' - stormy, tempestuous
גּוּף ז' - body, figure, object
גוף זר - foreign body
גוף ראשון - first person
גוף שלישי - third person
גוף שני - second person
לגופו של דבר - to the point
גּוּפָה נ' - corpse, cadaver, body

גוּפִיָּה נ׳ undershirt, singlet
גוּפִיף ז׳ corpuscle
גוֹפָן ז׳ font, fount, type style
גוּפָנִי ת׳ bodily, physical
גוֹפְרָה נ׳ sulfate, sulphate
גוֹפְרִית נ׳ brimstone, sulfur
גוֹפְרִיתִי ת׳ sulfurous, sulfuric
גוּץ ת׳ short, dumpy, squat
*ג׳וּק ז׳ cockroach
- ג׳וק בראש a bee in his bonnet
גוּר ז׳ cub, puppy, pup, whelp
גּוֹרֵד שְׁחָקִים ז׳ skyscraper
*ג׳וּרָה נ׳ cesspit
גּוֹרִילָּה נ׳ gorilla
גּוֹרָל ז׳ destiny, fate, lot, luck
גּוֹרָלִי ת׳ critical, fatal, fateful
גּוֹרֵם ז׳ cause, factor, agent
- גורם משותף common factor
גּוֹרֶן נ׳ threshing floor
גּוֹרֵף ת׳ total, comprehensive
גּוֹרֵר ז׳ tractor, tow tractor
גּוֹרֶרֶת נ׳ tugboat, towboat
גּוֹרַשׁ פ׳ be expelled
גּוּשׁ ז׳ block, lump, mass, body
גּוּשִׁי ת׳ agglomerate, massive
גּוּשִׁישׁ ז׳ small lump, nodule
גּוּשְׁפַּנְקָה נ׳ seal, approval
גּוֹתִי ת׳ Gothic
גַּז ז׳ gas
- גז הצחוק laughing gas
- גז מדמיע tear gas
- גז עצבים nerve gas
- גזים בבטן flatulence, wind
גֶ׳ז ז׳ jazz
גֵּז ז׳ shearing, cut, clip, fleece
גִּזְבָּר ז׳ treasurer, purser
גִּזְבָּרוּת נ׳ treasury
גְּזָזִים ז״ר confetti
גַּזּוֹז ז׳ soda pop, pop, soda
גָּזוּז ת׳ shorn, cut
גְּזוּזְטְרָה נ׳ balcony, porch
גָּזוּר ת׳ cut, shorn, derived
גָּזַז פ׳ cut, fleece, shear, pare
גַּזֶּזֶת (מחלת עור) נ׳ ringworm
גַּזִּי ת׳ gaseous, gassy
גְּזִיזָה נ׳ clipping, shearing, clip
גְּזֵילָה נ׳ loot, robbery
גְּזִיר ז׳ clipping, log
גְּזִירָה נ׳ cutting, shearing, snip
גְּזֵירָה נ׳ edict, decree, law, predestination
- גזירה שווה analogy
גָּזִית נ׳ hewn stone
גָּזַל פ׳ rob, plunder, mug
גָּזֶל ז׳ loot, robbery, mugging
גַּזְלָן ז׳ bandit, robber, mugger
גָּזַם פ׳ prune, trim
גֶּזַע ז׳ breed, race, stump
- גזע המוח brain stem
גִּזְעִי ת׳ racial, purebred, *cool
גִּזְעָן ז׳ racialist, racist
גִּזְעָנוּת נ׳ racialism, color line
גָּזַר פ׳ cut, clip, snip, decree
- גזר דין pass sentence
גֶּזֶר ז׳ carrot
- גזר גמדי baby carrot
- גזר לבן parsnip
גְּזַר דִּין ז׳ verdict, sentence
גִּזְרָה נ׳ figure, shape, cut, sector, zone, class of verbs
גָּחוֹן ז׳ belly, bottom
גְּחִינָה נ׳ stooping
גַּחְלִילִית נ׳ firefly, glowworm, lightning bug
גֶּחָלִים נ״ר embers, hot coals
גַּחֲלִית נ׳ carbuncle
גַּחֶלֶת נ׳ ember, cinder, coal
גַּחֶלֶת (מחלה) נ׳ anthrax
גַּחֲמָה נ׳ caprice, vagary, whim
גָּחַן פ׳ stoop, bend, bow over
גֵּט ז׳ divorce
גֶּטוֹ ז׳ ghetto
גַּיא ז׳ valley, gulch, ravine
גֵיאוֹגְרָפִי ת׳ geographical
גֵיאוֹגְרַפְיָה נ׳ geography
גֵיאוֹלוֹג ז׳ geologist
גֵיאוֹלוֹגִי ת׳ geological
גֵיאוֹלוֹגְיָה נ׳ geology
גֵיאוֹמֶטְרִי ת׳ geometric
גֵיאוֹמֶטְרִיָּה נ׳ geometry
גֵיאוֹפּוֹלִיטִי ת׳ geopolitical
גִּיבֵּב פ׳ heap, stack, pile up
- גיבב מלים babble, prattle
גִּיבָּה פ׳ back up, copy, save
גִּיבּוּב ז׳ piling up, heap
גִּיבּוּי ז׳ backing, backup
גִּיבּוֹן (קוף) ז׳ gibbon
גִּיבּוּס ז׳ plastering (a bone)
גִּיבּוֹר ז׳ hero, strong man
גִּיבּוּשׁ ז׳ formation, consolidation, crystallization
גִּיבּוּשׁוֹן ז׳ short training period

גִיבֵּל פ׳ knead, mix
גִיבֵּן ז׳ hunchback
*גִיבֶּנֶת נ׳ hump
גִיבֵּס פ׳ plaster (a bone)
גִיבֵּשׁ פ׳ crystallize, consolidate
גִיבְתוֹן ז׳ ortolan, bunting
גִיגָה (פי מיליארד) giga
ג׳יגוֹלוֹ ז׳ gigolo
גִיגִית נ׳ tub, washtub, vat
גִיד ז׳ sinew, tendon, gut, vein
גִידוּל ז׳ increase, raising, crop, tumor
- גידולי מים hydroponics
גִידוּף ז׳ curse, insult, swearword
גִידוּר ז׳ fencing, fencing off
- קרן גידור hedge fund
גִידֵל פ׳ bring up, raise, grow
גִידֵם ז׳ one-armed, amputee
גִידֵף פ׳ curse, insult, vituperate
גִידֵר פ׳ fence off, enclose
ג׳יהָאד ז׳ Jihad
גִיהוּץ ז׳ ironing, pressing
גִיהוּק ז׳ belch, burp
גֵיהִינוֹם ז׳ hell, inferno
גִיהֵץ פ׳ iron, press, smooth
גִיהֵק פ׳ belch, burp
גִיוֵון פ׳ checker, color, diversify, tinge, vary
גִיווּן ז׳ coloration, shade
גִיוּס ז׳ call-up, enlistment, mobilization, recruitment
- גיוס כסף raising money
גִיוּר ז׳ proselytizing, conversion to Judaism
גִיוֹרֶת נ׳ converted Jewess
גִיזָה נ׳ fleece
גִיזוּם ז׳ trimming, pruning
גִיזָרוֹן ז׳ etymology
גִיחָה נ׳ sally, sortie, foray
גִיחוּך ז׳ smile, giggle
גִיחֵך פ׳ giggle, sneer
גִיטָרָה נ׳ guitar
גִיטָרִיסט ז׳ guitarist
גִיֵּס פ׳ mobilize, enlist
- גייס כסף raise money
גִיֵּיר פ׳ convert to Judaism
גֵיישָׁה נ׳ geisha
גִיל ז׳ age, joy, happiness
- גיל ההסכמה age of consent
- גיל העמידה middle age
- גיל פרישה retiring age
- גיל רך tender age
- גיל שכלי mental age
גִילָאִי ת׳ of the same age
גִילָה פ׳ detect, disclose, discover, find, reveal
*- גילה את אמריקה reveal a famous fact, talk nonsense
- גילה התנגדות offer resistance
גִילָה נ׳ joy, happiness
גִילוּחַ ז׳ shave, shaving
גִילוּי ז׳ discovery, revelation
- בגילוי לב candidly, frankly
- בגילוי ראש bareheaded
- גילוי דעת manifesto
- גילוי מסמכים discovery (of documents)
- גילוי עריות incest
- גילוי שכינה divine revelation
גִילוּם ז׳ embodiment, grossing up
גִילוּף ז׳ carving, engraving
גִילַח פ׳ shave, raze
גִילְיוֹטִינָה נ׳ guillotine
גִילָיוֹן ז׳ sheet, newspaper
- גליון התנהגות conduct sheet
גִילֵם פ׳ embody, personify, give shape, gross up
- גילם תפקיד personate, enact
גִילֵף פ׳ engrave, carve
גִימֵד פ׳ reduce, dwarf, stunt
גִימוּד ז׳ dwarfing, reducing
גִימוּר ז׳ finish, finishing
גִימַטְרִיָה נ׳ value of letters
גִימִיק ז׳ gimmick, trick
גִימֶל נ׳ gimel (letter), *sick leave
גִימנַסְיָה נ׳ secondary school
גִימֵר פ׳ finish
ג׳ין (משקה אלכוהולי) ז׳ gin
ג׳ינג׳י ת׳ ginger, red-haired
ג׳ינגֶל (זמריר) ז׳ jingle
גִינָה פ׳ denounce, condemn
גִינָה נ׳ garden
גִינוּי ז׳ censure, denunciation, condemnation, reprimand
גִינוּן ז׳ gardening, horticulture
גִינוּנִים ז״ר manners, etiquette
גִינֵיקוֹלוֹג ז׳ gynecologist
גִינֵיקוֹלוֹגְיָה נ׳ gynecology
ג׳ינס ז׳ jeans
גַיִס ז׳ corps, column, force
גִיס ז׳ brother-in-law

sister-in-law	גִּיסָה נ'
jeep	ג'יפ ז'
embrace, cuddle, hug	גִּיפּוּף ז'
embrace, cuddle	גִּיפֵּף פ'
sulfurize, recap, retread	גִּיפֵּר פ'
chalk, limestone, gear	גִּיר ז'
scrape, scratch, *itch	גֵּירֵד פ'
stimulate, irritate, whet	גֵּירָה פ'
scrape, scratch, itch	גֵּירוּד ז'
greasing, lubrication	גֵּירוּז ז'
stimulation, itch	גֵּירוּי ז'
gyroscope, *gyro	גִּירוֹסקוֹפּ ז'
sweeping, raking	גֵּירוּף ז'
banishment	גֵּירוּש ז'
divorce	גֵּירוּשִׁין ז"ר
grease, lubricate	גֵּירֵז פ'
badger	גִּירִית נ'
bone, debone, fillet	גֵּירֵם פ'
deficit, lack, shortage	גֵּירָעוֹן ז'
sweep, rake	גֵּירֵף פ'
giraffe	ג'ירָף, ג'ירָפָה ז'
expel, deport, banish, drive away, divorce	גֵּירֵש פ'
apostrophe	גֵּירֵש ז'
access, approach	גִּישָׁה נ'
bridging	גִּישּׁוּר ז'
groping, searching	גִּישּׁוּש ז'
overtures	- גִּישׁוּשִׁים
bridge, reconcile, span	גִּישֵּׁר פ'
feel, grope, fumble	גִּישֵּׁשׁ פ'
also, as well	ג"כ = גם כן
wave, billow, heap, shaft	גַּל ז'
bag of bones	- גל עצמות
radio	- גלי האתר
military radio	- גלי צה"ל
new wave	- הגל החדש
on the same wavelength	- על אותו גל
gel	ג'ל (לעיצוב שיער) ז'
detector	גַּלַאי ז'
lie detector	- גלאי שקר
barber	גַּלָּב ז'
rolling, revolving, change, reincarnation	גַּלְגּוּל ז'
metempsychosis	- גלגול נשמה
pulley, wheel, roller	גַּלְגִּילָה נ'
roller, castor, wheel	גַּלְגִּלּוֹן ז'
pin wheel	- גלגילון רוח
scooter	גַּלְגִּלַּיִם ז"ר
castor, skate, wheel	גַּלְגִּלִּית נ'
roller skate	- גלגיליות
rollerblades	- גלגיליות להב

roll, revolve, turn, coil	גִּלְגֵּל פ'
act hypocritically	- גלגל עיניו לשמיים
chat, talk	- גלגל שיחה
wheel, hoop, sphere	גַּלְגַּל ז'
steering wheel	- גלגל ההגה
zodiac	- גלגל המזלות
spare tyre	- גלגל רזרבי
cogwheel	- גלגל שיניים
flywheel	- גלגל תנופה
block and tackle, pulley	גַּלְגֶּלֶת נ'
scab, skin, crust	גֶּלֶד ז'
gladiolus	גְּלַדִיּוֹלָה (סיפן) נ'
gelatine	גְּלָדִין ז'
go into exile	גָּלָה פ'
globe, sphere	גְּלוֹבּוּס ז'
global	גְּלוֹבָּלִי (כלל-עולמי) ת'
galvanize	גִּלְוֵון פ'
galvanization	גִּלְווּן ז'
gluten	גְּלוּטֶן ז'
apparent, frank, open	גָּלוּי ת'
openly, candidly	- בגלוי
known to all	- גלוי וידוע
candid, openhearted	- גלוי לב
bareheaded	- גלוי ראש
postcard, card	גְּלוּיָה נ'
openly, frankly	גְּלוּיוֹת תה"פ
capsule, pill, tablet	גְּלוּלָה נ'
contraceptive pill	- גלולה למניעת היריון
bitter pill	- גלולה מרה
pep pill	- גלולת מרץ
latent, embodied, grossed-up	גָּלוּם ת'
gallon	גָּלוֹן ז'
sarcophagus, chest	גְּלוֹסְקָמָה נ'
printing block, plate	גְּלוּפָה נ'
glucose	גְּלוּקוֹזָה נ'
glaucoma	גְּלוּקוֹמָה (בָּרֶקִית) נ'
exile, diaspora	גָּלוּת נ'
very long	- כאורך הגלות
downtrodden	גָּלוּתִי ת'
gelatine	גֶּ'לָטִין (גְּלָדִין) ז'
wavy, rolling	גַּלִּי ת'
jelly	גֶּ'לִי (מקפא) ז'
ice cream	גְּלִידָה נ'
ice-cream shop	*גְּלִידָרְיָיה נ'
waviness, undulation	גַּלִּיּוּת נ'
cylinder, district, gun, Galilee	גָּלִיל ז'
roll, rolling, scrolling	גְּלִילָה נ'

גְּלִילִי ת׳ — cylindrical, of Galilee
גְּלִימָה נ׳ — cloak, gown, robe
גְּלִיצֶרִין ז׳ — glycerin
גְּלִיש (גְּלִיסַנדו) ז׳ — glissando
גְּלִישָה נ׳ — overflow, sliding, skiing, gliding, surfing
גָּלַל פ׳ — roll, roll up, furl, reel
גְּלָלִים ז״ר — dung, cow-pat
גַּלְמוּד ת׳ — lonely, friendless
גָּלַנְטֶרְיָה נ׳ — haberdashery
גַּלְעֵד ז׳ — cairn, monument
גַּלְעִין ז׳ — pit, stone, kernel
גִּלְעֵן פ׳ — core, stone, pit
גַּלָף ז׳ — engraver, carver
גַּלְפְכוֹל ז׳ — pantograph
גָּלַקְטִי, גָּלַקְסִי ת׳ — galactic
גָּלַקְסִיָה נ׳ — galaxy
גָּלֶרְיָה נ׳ — gallery
גָּלַש פ׳ — boil over, overflow, ski, slide, glide, surf
גַּלְשׁוֹן ז׳ — glider, hang glider
גַּלְשָׁן ז׳ — surfboard, surfer, glider
- גלשן מפרש/רוח — sailboard
גַּלְשָׁנוּת נ׳ — surfriding
גַּם מ״ח — also, too, not excepting
- גם אם — even if
- גם זו לטובה — it is all for the best
- גם כן — also, as well, too
- וגם לא — neither, nor
- מה גם — especially that
גָּמָא פ׳ — swallow, sip, gulp
- גמא מרחק — run very fast
גַּמְאָן ז׳ — sprinter
גַּמְבָּה נ׳ — sweet pepper
גִּמְגוּם ז׳ — stammer, stutter
גִּמְגֵם פ׳ — stammer, falter
גַּמָד ז׳ — dwarf, midget, pygmy
גַּמְדִי ת׳ — dwarfish, stunted
גְּמוּל ז׳ — payment, reward
- השיב לו כגמולו — pay him in his own coin, repay in kind
גָּמוּר ת׳ — complete, finished, thorough, utter, *tired out
גָּמַז פ׳ — criticize, blast
גמ״ח = גמילות חסדים — charity
גְּמִיאָה נ׳ — drinking, run
גְּמִילָה נ׳ — weaning, ripening
גְּמִילוּת חֶסֶד נ׳ — charity, loan to the poor, benefaction

גְּמִיעָה נ׳ — sipping, swallowing
גְּמִירָה נ׳ — finish, end
גָּמִיש ת׳ — elastic, flexible, lithe
גְּמִישוֹן ז׳ — stocking
- גמישונים — tights
גְּמִישוּת נ׳ — flexibility, pliability
גָּמַל פ׳ — pay, retaliate, reward
- גמלה החלטה בליבו — decide
גָּמָל ז׳ — camel, dromedary
- גמל שלמה — praying mantis
גִּמְלָאוֹת נ״ר — retirement
גִּמְלַאי ז׳ — pensioner, retired
גִּמְלָה נ׳ — benefit, pension
גַּמְלוֹן ז׳ — gable, pediment
גַּמְלוֹנִי ת׳ — awkward, huge
גֻּמָּמִית נ׳ — hole, pockmark, pit
גָּמַע פ׳ — drink, swallow, sup
גָּמַר פ׳ — end, finish, complete
- גמר אומר/בדעתו/בליבו — decide, determine
גְּמָר ז׳ — end, finish, final, expiry
- גמר הגביע — cup final
גְּמָרָא נ׳ — Talmud, tractate
גַּן ז׳ — garden, park
- גן חיות — zoo
- גן ילדים — kindergarten
- גן עדן — paradise, heaven
- גן שעשועים — amusement park
גֵּן ז׳ — gene
ג״נ = גברת נכבדה — Dear Madam
גְּנַאי ז׳ — disgrace, shame
גָּנַב פ׳ — steal, pilfer, *nick
- גנב את ההצגה — steal the show
גַּנָב ז׳ — thief, pilferer
גַּנְגְּלִיּוֹן (חַרְצוֹב) ז׳ — ganglion
גַּנְגְּסְטֶר ז׳ — gangster, mobster
גַּנְגְּרֶנָה (נֶמֶק) נ׳ — gangrene
גִּנְדּוּר ז׳ — dressing up, show
גִּנְדֵּר פ׳ — adorn, trick up
גַּנְדְּרָן ז׳ — dandy, coxcomb, fop
גְּנוּ (אַנְטִילוֹפָה) ז׳ — wildebeest
גָּנוּב ת׳ — stolen, *mad on, *cool
גְּנוֹגֶנֶת נ׳ — awning, sun-blind
גָּנוּז ת׳ — hidden, latent
גְּנוֹם (גֶּנִים בָּאוֹרְגָנִיזְם) ז׳ — genome
גָּנוֹן ז׳ — nursery school
גֵּ׳נוֹסַייד (רֶצַח עַם) ז׳ — genocide
גְּנוּת נ׳ — disgrace, dishonor
גָּנַז פ׳ — hide, shelve, table, stash
גְּנַזַךְ ז׳ — archives, chancery
גָּנַח פ׳ — groan, moan, sigh
גַּנַּחַת נ׳ — asthma

גֶנֶטִי ת׳ genetic
ג׳נטלמן ז׳ gentleman
ג׳נטלמני ת׳ gentlemanly
גְנֵיבָה נ׳ theft, stolen thing
- בגניבה furtively, undercover
- גניבה ספרותית plagiarism
- גניבת דעת fraud, deceit
גְּנִיוּס (כישרון) ז׳ genius
גְנִיזָה נ׳ hiding, archives
גְנִיחָה נ׳ groan, moan, sigh
גַנָן ז׳ gardener, horticulturist
גַנָנוּת נ׳ gardening, horticulture
גַנֶנֶת נ׳ nursery governess
גֶנֶרָטוֹר ז׳ generator
גֶנֶרָל ז׳ general
גַס ת׳ abusive, coarse, crude, rude, rough, vulgar
גַסוּת נ׳ rudeness, indecency
- גסות רוח rudeness
ג׳סטה (מחווה) נ׳ gesture
גַסטרולוג (רופא קיבה) ז׳ gastroenterologist
גַסטרונום (אמן בישול) ז׳ gastronome
גַסטרונומיָה נ׳ gastronomy
גְסִיסָה נ׳ dying, agony
גָסַס פ׳ be dying, expire
גַעְגוּעִים ז״ר longing, yearning, nostalgia
גָעָה פ׳ low, moo, burst out
גְעִיָה נ׳ low, moo, weeping
גָעַר פ׳ chide, rebuke, scold
גְעָרָה נ׳ rebuke, reproach
גָעַש פ׳ storm, bluster, rave
גַעֲשִׁי ת׳ volcanic, vulcanic
גַעַת: אַל גַעַת! don't touch!
גַף ז׳ flight, limb, wing
גַפַּיִם נ״ר extremities, hands and feet, legs
גֶפֶן נ׳ vine, grapevine
גַפרור ז׳ match, safety match
גֶפֶת נ׳ rape, olive waste
גֵץ ז׳ spark, gleam, flicker
ג׳ק (מַגְבֵּהַ) ז׳ jack
ג׳קוּזִי ז׳ jacuzzi
גָר פ׳ dwell, live, reside, lodge
גֵר ז׳ proselyte, convert
גָרַב פ׳ wear stockings
גֶרֶב ז׳ stocking, sock
גָרָב ז׳ eczema
גַרבּיוֹנִים ז״ר tights, panty hose
גרגור ז׳ gargle, gurgle
גְרֶגוֹרִיָאנִי ז״ר Gregorian
גַרגִיר ז׳ berry, grain, particle
גרגר פ׳ gargle, gurgle
גַרגְרָן ז׳ glutton, trencherman
גַרגְרָנִית יְוָנִית (חִלְבָּה) נ׳ fenugreek
גַרגֶרֶת נ׳ throat, windpipe, trachea
גַרדוֹם ז׳ gallows, scaffold
גָרֶדֶת נ׳ scabies, pruritus, itching
גרוּזִינִי ת׳ Georgian
גרוּטָאָה נ׳ junk, scrap, *crock
גרוּטָה נ׳ junk, scrap, *crock
גְרוֹטֶסקִי (מגוחך) ת׳ grotesque
גָרוֹן ז׳ larynx, neck, throat
- גרון עמוק deep throat
גֶרוֹנטוֹלוֹג (חוקר זִקְנָה) ז׳ gerontologist
גְרוֹנִי ת׳ guttural, throaty
גָרוּעַ ת׳ bad, not much of a
- גרוע מן worse than
גרוּפִּי (מעריץ) ז׳ groupie
גְרוֹפֶת נ׳ gravel, silt, drift
גרור ז׳ trailer, henchman
גרוּרָה נ׳ satellite, vassal state
גרוּש ז׳ piaster, agora, kurus
גָרוּש ת׳ divorced
גרוּשָה נ׳ divorced, divorcee
גֵרוּת נ׳ conversion to Judaism
גֶרֶז ז׳ mortise
גָרָז׳ (מוסך) ז׳ garage
גַרזֶן ז׳ ax, axe, hatchet
גֶרִיאַטרִי (של זיקנה) ת׳ geriatric
גְרֵידָא תה״פ merely, solely
גְרִידָה נ׳ scraping, curettage
גְרִיז ז׳ grease
גְרִייֵן ז׳ teaser
גְרִיל ז׳ grill
גֶרִילָה נ׳ guerrilla
גְרִימָה נ׳ causing, causation
גְרִיסָה נ׳ milling, shredding
גְרִיסִים ז״ר grits, groats
גְרִיעָה נ׳ decrease, diminishing
גְרִיפָה נ׳ sweeping, raking
ג׳רִיקָן ז׳ jerrycan
גְרִירָה נ׳ dragging, tow, tug
גָרַם פ׳ cause, bring about
גְרַם ז׳ gram, gramme
גֶרֶם ז׳ body, bone
- גרם מדרגות stairwell, stairs
- גרמי השמיים heavenly

bodies
Germany גרמניה נ׳
granola גרנולה נ׳
geranium גרניום, גרניון (צמח) ז׳
granite גרניט ז׳
formulate, read, crush, grind, crunch גרס פ׳
version, text, release גרסה נ׳
subtract, withdraw גרע פ׳
not take one's eyes off - לא גרע עין
nucleation גרעון ז׳
of a deficit גרעוני ת׳
grain, kernel, pip, seed, sunflower seed, nucleus גרעין ז׳
seeds - גרעינים
nuclear, granular גרעיני ת׳
trachoma גרענת נ׳
rake, sweep, scour גרף פ׳
blow one's nose - גרף חוטמו
make money - גרף כסף
graph, bedpan גרף ז׳
graphology גרפולוגיה נ׳
graphic, graphical גרפי ת׳
graphite גרפיט ז׳
graffiti גרפיטי ז׳
graphic artist גרפיקאי ז׳
graphics גרפיקה נ׳
belch, burp *גרפץ ז׳
haul, drag, tug, entail גרר פ׳
drawing, carriage גרר ז׳
apostrophe, (') גרש ז׳
quotation marks, ('') גרשיים ז״ר
rainy, pouring, wet גשום ת׳
sounding rod גשוש ז׳
rain, shower גשם ז׳
heavy rain - גשם זלעפות
it's raining - יורד גשם
material, physical, worldly גשמי ת׳
materialism גשמיות נ׳
bridge, overpass גשר ז׳
bridge - גשר הפיקוד
suspension bridge - גשר תלוי
small bridge גשרון ז׳
bridge גשרית נ׳
tracker, pathfinder גשש ז׳
tracking גששות נ׳
space probe גששת נ׳
syphon, siphon, trap גשתה נ׳
sinus, wine press גת נ׳

ד

four, fourthly ד׳
Wednesday - יום ד׳
this, that דא מ״ג
that is the trouble - דא עקא
on this and that - על דא ועל הא
pine, grieve, be sad דאב פ׳
sadness, sorrow דאבון לב ז׳
unfortunately, sorry - לדאבוני
worry, care דאג פ׳
anxiety, care, worry דאגה נ׳
glide, plane, soar דאה פ׳
deodorant דאודורנט ז׳
showing off, swank *דאווין ז׳
glider, sail plane דאון ז׳
of those days דאז תה״פ
gliding, soaring flight דאייה נ׳
Chronicles דבה״י = דברי הימים
attached, glued, stuck דבוק ת׳
group, cluster, stick דבוקה נ׳
bee, honeybee דבורה נ׳
raccoon, racoon דביבון ז׳
fool, idiot *דביל ז׳
idiocy, foolishness דביליות נ׳
adhesive, gluey, sticky דביק ת׳
fig cake דבלה נ׳
ruffle, thinning out דבלול ז׳
tannin דבעון ז׳
adhere, cling, stick דבק פ׳
be speechless - דבקה לשונו לחיכו
adhesive, glue, paste דבק ז׳
adherent, clinging דבק ת׳
debka (Arab dance) דבקה נ׳
adhesion, devotion דבקות נ׳
sticky, adhesive דבקי ת׳
thing, something, word דבר ז׳
that's something! - אין זה דבר של מה-בכך
person concerned - בעל דבר
well arranged - דבר דבור על אופניו
a daily affair - דבר יום ביומו
something - דבר מה
there is a reason for it - דברים בגו
idle talk - דברים בטלים

*- דברים טובים sweets
- לא היו דברים מעולם it's a lie
- לדברי according to
דֶּבֶר ז׳ plague, pestilence
דִּבְרָה נ׳ speech
- על דברתי upon my word
דִּבְרֵי הַיָּמִים history, memorials
דִּבְרֵי הַיָּמִים (בתנ"ך) Chronicles
דְּבָרִים (חומש) Deuteronomy
דַּבְּרָן ז׳ speaker, talker, orator
דַּבְּרָנוּת נ׳ loquacity, rhetoric
*דַּבֶּרֶת נ׳ talkativeness
דְּבַשׁ ז׳ honey
*- לא ליקק דבש suffer
דִּבְשָׁה נ׳ molasses, treacle
דִּבְשִׁי ת׳ honeyed, sweet
דַּבֶּשֶׁת נ׳ hump
דַּבַּשְׁתִּי: דו-דבשתי ת׳ two-humped
דָּג פ׳ fish, go fishing, angle
דָּג ז׳ fish
- דג החרב swordfish
- דג זהב goldfish
- דג מלוח herring
- דג מלוח מעושן bloater
- דג משה רבנו plaice, sole
- דגי רקק small fry
- דגים ממולאים stuffed fish
- כדג במים in one's element
דִּגְדֵּג פ׳ tickle, titillate
דַּגְדְּגָן ז׳ clitoris
דִּגְדּוּג ז׳ tickle, titillation
דָּגָה נ׳ fish
דָּגוּל ת׳ outstanding, excellent
דָּגוּשׁ ת׳ stressed, emphasized
דָּגִיג ז׳ small fish, minnow
דְּגִילָה נ׳ espousal, support
דְּגִימָה נ׳ sampling
דְּגִירָה נ׳ brooding, *study
דָּגַל פ׳ advocate, support
דֶּגֶל ז׳ banner, flag, standard
דִּגְלוֹן ז׳ small flag, streamer
דַּגְלָן ז׳ flagbearer
דֶּגֶם ז׳ pattern, sample, model
דַּגְמָ"ח ז׳ working clothes
דִּגְמֵן פ׳ model, pose for
דָּגָן ז׳ cereal, corn, grain
דְּגָנִיִּים ז״ר cereal plants
*דֶּגֶנֶרָאט ז׳ idiot
דָּגַר פ׳ brood, incubate, *study
דָּגֵשׁ ז׳ emphasis, stress, accent
דַּד ז׳ brisket, teat, nipple

דֶּד לַיְין (מועד סופי) deadline
דֶּה יוּרֶה (להלכה) de jure
דֶּה לוּקס (משובח) deluxe
דֶּה פַקְטוֹ (למעשה) de facto
דָּהָה פ׳ fade, discolor, weather
דָּהוּי ת׳ faded, shopworn
דְּהִיָּה נ׳ fading, discoloration
דְּהַיְינוּ תה״פ namely, that is, i.e.
דְּהִירָה נ׳ gallop, career
דָּהַר פ׳ gallop, spur, career
- אינפלציה דוהרת galloping inflation
דוֹ ז׳ C, do, doh
- דו דיאז C sharp
- דו מז'ור C major
דּוּ ת׳ two, dual, bi-
דּוּ גַלְגַּלִּי ת׳ having two wheels
דּוּ חודשי ת׳ bimonthly
דּוּ יָדִי ת׳ ambidextrous
דּוּ כִּיווּנִי ת׳ two-way
דּוּ לְאוּמִי ת׳ binational
דּוּ לְשׁוֹנִי ת׳ bilingual
דּוּ מוֹקְדִי ת׳ bifocal
דּוּ מִינִי ת׳ bisexual
דּוּ מְמַדִּי ת׳ two-dimensional
דּוּ מִפְלַגְתִּי ת׳ bipartisan
דּוּ מִפְלָסִי ת׳ duplex
דּוּ מַשְׁמָעוּת נ׳ ambiguity
דּוּ מַשְׁמָעִי ת׳ equivocal
דּוּ מִשְׁפַּחְתִּי ת׳ two-family
דּוּ נְתִיבִי ת׳ two-lane
דּוּ סִטְרִי ת׳ two-way
דּוּ סִפְרָתִי ת׳ two-digit
דּוּ עֶרְכִּי ת׳ ambivalent
דּוּ פְּסִיגִי ת׳ dicotyledonous
דּוּ פַּרְצוּפִי ת׳ double-faced
דּוּ פַּרְצוּפִיּוּת נ׳ hypocrisy
דּוּ צְדָדִי ת׳ bilateral, bipartite
דּוּ קוֹמָתִי ת׳ double-deck
דּוּ קִיּוּם ז׳ coexistence
דּוּ קָנִי ת׳ double-barreled
דּוּ קְרָב ז׳ duel, affair of honor
דּוּ רַגְלִי ת׳ biped, two-legged
דּוּ שְׁבוּעוֹן ז׳ biweekly periodical
דּוּ שְׁבוּעִי ת׳ biweekly
דּוּ שִׂיחַ ז׳ dialogue, parley
דּוּ שִׁימוּשִׁי ת׳ dual-purpose
דּוּ שְׁנָתִי ת׳ biennial, biyearly
דּוּ תַּחְמוֹצֶת נ׳ dioxide
דּוּ תַּכְלִיתִי ת׳ dual-purpose
דּוּ תְּנוּעָה נ׳ diphthong

דוֹאֵב ת׳ — sad, painful
דוֹאֵג ת׳ — anxious, worried
דוּאֶט, דוּאִית — duet, duo
דוֹאַר ז׳ — post, mail
- דואר אוויר — airmail
- דואר אלקטרוני — e-mail
- דואר יוצא — outgoing post
- דואר נכנס — ingoing post
- דואר רשום — registered post
דוֹב ז׳ — bear
- דוב לבן — polar bear
- דוב נמלים — ant-bear
- לא דובים ולא יער — it's a lie!
דּוֹבֵב פ׳ — cause to speak
דּוּבְדְּבָן ז׳ — cherry
דּוּבָּה נ׳ — bear, she-bear
- דובה גדולה — Great Bear
- דובה קטנה — Little Bear
דּוּבּוֹן ז׳ — teddy bear, parka, anorak, windbreaker
דּוּבִּי ז׳ — *teddy bear
דּוּבַּר פ׳ — be spoken, be talked
דּוֹבֵר ז׳ — spokesman, speaker
דּוֹבְרָה נ׳ — raft, barge, lighter
דּוּבְשָׁנִית נ׳ — honey cake
דּוּגִית נ׳ — canoe, dinghy
דּוּגְמָה נ׳ — example, instance, model, pattern, sample
- כדוגמת — as, like
דּוֹגְמָה נ׳ — dogma
דּוֹגְמָטִי ת׳ — dogmatic, bigoted
דּוּגְמִית נ׳ — sample
דּוּגְמָן ז׳ — model, mannequin
דּוּגְמָנוּת נ׳ — modeling
דּוּגְמָנִית נ׳ — model, sitter
*דּוּגְרִי תה״פ — frankly, straight
דּוֹגֶרֶת נ׳ — brooder, sitter
דּוֹד ז׳ — uncle, lover
דּוּד ז׳ — tank, vat
- דוד חימום — boiler
- דוד שמש — solar heater
דּוּדָא ז׳ — mandrake
דּוֹדָה נ׳ — aunt, *auntie, *aunty
דּוֹדָן ז׳ — cousin, first cousin
דּוֹדָנִית נ׳ — cousin
דּוֹהַן ז׳ — grease
דָּוֶה ת׳ — sad, sick, mournful
דּוּוַּח פ׳ — be reported, be briefed
דַּוְקָא תה״פ — exactly so, for all that, regardless, just to spite
- דווקא הוא! — of all people!
דַּוָּר ז׳ — postman, mailman
דַּוְשָׁה נ׳ — pedal, treadle
- דוושת הדלק — accelerator
דּוּאֶמֶר ז׳ — duet
דו״ח = דין וחשבון — report
- דו״ח תנועה — ticket
דּוֹחֶה ת׳ — repulsive, repellent
- דוחה מים — water-repellent
דּוּחַי ז׳ — amphibian
דּוֹחַן (סוג תבואה) ז׳ — millet
דּוֹחַק ז׳ — jam, congestion
- בדוחק — hardly, not easily
דּוֹחֵק ת׳ — pressing, urgent
דּוּכָּא פ׳ — be oppressed
דּוּכִיפַת נ׳ — hoopoe
דּוּכָן ז׳ — dais, platform, pulpit, rostrum, podium, stand
דּוּכָּס ז׳ — duke
דּוּכָּסוּת נ׳ — duchy, dukedom
דּוֹלֶב ז׳ — plane tree
דּוֹלֶה ז׳ — drawer, diver
- דולה פנינים — pearl-diver
דּוּלַּל פ׳ — be thinned, be rarefied
דּוֹלְפִין ז׳ — dolphin, porpoise
דּוֹלְפִינַרְיוּם ז׳ — dolphinarium
דּוֹלָר ז׳ — dollar, *buck
דּוֹלָרִי ת׳ — dollar
דּוֹלָרִיזַצְיָה נ׳ — dollarization
דּוֹם מ״ק — attention
- עמד דום/ניצב דום — stand still
דּוֹם לֵב ז׳ — cardiac arrest
דּוֹמֶה ת׳ — alike, such, like, similar, it seems that
- אין דומה לו — incomparable
- באופן דומה — likewise
- בדומה ל- — as, like
דּוּמִיָּה נ׳ — quiet, silence
- דומיית מוות — dead silence
דּוֹמִינוֹ (מישחק) ז׳ — dominoes
דּוֹמִינִיקָנִי ז׳ — Dominican
דּוֹמִינַנְטִי ת׳ — dominant
דּוֹמֵם פ׳ — silence, quiet
דּוֹמֵם ז׳ — dead matter
דּוֹמֵם ת׳ — inanimate, still, silent
דּוּמָם תה״פ — in silence, silently
דּוֹמֶן ז׳ — manure, dung, muck
דּוֹמַנִי — it seems, I guess
דּוֹן קִישׁוֹט ז׳ — Don Quixote
דּוֹן קִישׁוֹטִי ת׳ — quixotic
דּוֹנַג ז׳ — wax
דּוּנָם ז׳ — dunam
דּוֹפִי ז׳ — blemish, stain, taint
- הטיל דופי — slur, blemish

דוּפְלֶקס (דירה) ז׳ duplex
דוֹפֶן נ׳ side, wall
דוֹפֶק ז׳ pulse, heartbeat
- עם אצבע על הדופק feeling the pulse
דוֹק ז׳ film, mist
דוֹק (מישחק) ז׳ jackstraw
דוֹקוּמֶנט (תעודה) ז׳ document
דוֹקוּמֶנטָרִי ת׳ documentary
דוֹקטוֹר ז׳ doctor, physician
- דוקטור כבוד honorary doctor
דוֹקטוֹרָט ז׳ doctorate
דוֹקטוֹרַנט ז׳ doctorate student
דוֹקטְרִינָה נ׳ doctrine, law
דוֹקְרָן ז׳ sear, punch
דוֹקְרָן ז׳ forked stick
דוֹקְרָנִי ת׳ barbed, prickly
דוֹר ז׳ age, generation
- לדורות forever, for good
דוּר ז׳ whorl, circle
דוֹרְבָן (ראה דרבן) ז׳ spur
דוֹרַג פ׳ be graded, be rated
דוּרֶגֶל ז׳ bipod
דוּרָה נ׳ sorghum
דוֹרוֹן ז׳ gift, present
דוֹרֵס ת׳ killing, running over
דוֹרְסָנוּת נ׳ ruthlessness
דוֹרְסָנִי ת׳ predatory, killing
דוֹרֵשׁ ז׳ insistent, demanding
דֶז'ה וּו (חוויה מהעבר) deja vu
דָחָה פ׳ delay, postpone, repel, defer, refuse, reject
- דחה על הסף refuse immediately, nonsuit
דָחוּי ת׳ postdated, postponed
דָחוּס ת׳ compact, dense, compressed, crowded
דָחוּף ת׳ urgent, instant
דָחוּק ת׳ in need, pressed
דֶחִי ז׳ failure, downfall
דְחִיָּה נ׳ delay, postponement, rejection, refusal, repulsion
*דַחִילְק מ״ק I beg you!
דְחִיסָה נ׳ compression, squeeze
דְחִיפָה נ׳ push, impulse, thrust
דְחִיפוּת נ׳ urgency, hurry
דְחִיקָה נ׳ pressing, jerk
דַחְלִיל ז׳ scarecrow, bogey
דָחַס פ׳ compress, cram, jam, squeeze, stuff, congest
דָחַף פ׳ push, drive, shove
דַחַף ז׳ impetus, impulse, urge
דַחְפּוֹר ז׳ bulldozer
דָחַק פ׳ push, urge, press
- דחק רגליו edge out, oust
דֹחַק ז׳ pressure, need, want
- עבודות דחק relief works
דַחַק (מתח נפשי, עקה) ז׳ stress
דַי תה״פ enough, adequate, sufficient, pretty, quite
*- די די (להרגעה) there, there
- די והותר enough and to spare
- דייה לצרה בשעתה no need to worry now
- דיינו it is enough
דִי אֶן אֵיי ז׳ DNA
דִי גֵ'יי ז׳ DJ, disk jockey
דִיאַבֶּטִי (סוכרתי) ת׳ diabetic
דִיאַגְנוֹזָה (אבחנה) נ׳ diagnosis
דִיאַגְרַמָה (תרשים) נ׳ diagram
דִיאֶז (נָסֵק) ז׳ sharp
דִיאֶטָה נ׳ diet
- דיאטת "כאסח" crash diet
דִיאֶטֶטִי ת׳ dietetic
דִיאָלוֹג (דו שיח) ז׳ dialogue
דִיאָלִיזָה (סינון הדם) נ׳ dialysis
דִיאָלֶקט (ניב) ז׳ dialect
דִיאָלֶקְטִיקָה נ׳ dialectic
דִיאָפְרַגְמָה נ׳ diaphragm
דִיבֵּב פ׳ dub, draw out, elicit
דִיבָּה נ׳ calumny, libel, slander
דִיבּוּב ז׳ dubbing, drawing out
דִיבּוּק ז׳ evil spirit, obsession
דִיבּוּר ז׳ speech, talking, talk
- דיבור ישיר direct speech
- דיבור עקיף reported speech
דִיבּוּרִי ת׳ colloquial
דִיבּוּרִית נ׳ handfree speaker
דִיבִידֶנד ז׳ dividend
דִיבִיזְיָה נ׳ division
דִיבֶּל ז׳ dowel pin
דִיבֵּר פ׳ say, speak, talk
- דיבר אל העצים/הקיר speak in vain
- דיבר על ליבו reason with him
*- זה לא מדבר אלי it does not attract me
דִיבֵּר ז׳ commandment, speech
דַיִג ז׳ fishing, fishery
דִיגוּל ז׳ raising the banner
- דיגול נשק presenting arms
דִיגוּם ז׳ modeling

דִיגִיטָלִי ת׳ — digital
דִיגֵל פ׳ — raise the banner
דִידָה פ׳ — stumble, hop
דִידַקטִי (לימודי) ת׳ — didactic
דַיָה (עוף דורס) נ׳ — kite
דְיוֹ ז׳ — ink
דִיוֵוחַ פ׳ — report, brief
דִיוּוּחַ ז׳ — report, reportage
דִיוּוּר ז׳ — mail, mailing
- דיוור ישיר — direct mail
דִיוֵושׁ פ׳ — pedal, treadle
דִיוּוּשׁ ז׳ — pedaling
דְיוֹטָה נ׳ — storey, floor
דְיוּטִי פְרִי — duty-free
דִיוּן ז׳ — discussion, deliberation, hearing, debate
דְיוּנָה נ׳ — dune, sand dune
דְיוֹנוּן ז׳ — cuttlefish, squid
דִיוּנִי ת׳ — deliberative
דִיוּק ז׳ — exactness, accuracy
דְיוֹקָן ז׳ — portrait, image, profile
- דיוקן עצמי — self-portrait
דְיוֹקְנָאוּת נ׳ — portraiture
דְיוֹקְנַאי ז׳ — portraitist
דִיוּר ז׳ — housing, lodging
דַיוּת נ׳ — adequacy, sufficiency
דִיוּת נ׳ — diffusion, transpiration
דִיזִינפֶקצִיָה נ׳ — disinfection
דִיזֶל ז׳ — diesel
דִיזֶנטֶריָה נ׳ — dysentery
דִיחוּי ז׳ — delay, postponement
- ללא דיחוי — immediately
דַייאֶט (דל-קלוריות) ת׳ — diet
דַייָג ז׳ — fisherman
דַייָל ז׳ — steward
דַייָלוּת נ׳ — stewardship
דַייֶלֶת נ׳ — hostess, stewardess
דַייָן ז׳ — judge, religious judge
דַייָנוּת נ׳ — office of judge
דַייסָה נ׳ — gruel, porridge, cereal, pap, *nice mess
- אכל הדייסה שהוא בישל — stew in one's own juice
דִייֵק פ׳ — be accurate, be precise
דָייֵק ז׳ — dyke, rampart
דַייקָן ז׳ — precise, punctual
דַייקָנוּת נ׳ — accuracy, exactness
דַייָר ז׳ — lodger, occupant
- דייר משנה — subtenant
דִיכֵּא פ׳ — oppress, repress
דִיכָּאוֹן ז׳ — dejection, depression
- דיכאון שלאחר לידה — postnatal depression
דִיכּוּי ז׳ — oppression, suppression, *clampdown
דִיל (עיסקה) ז׳ — deal
דִילֵג פ׳ — jump, skip, clear
דִילוּג ז׳ — omission, leap, skip
דִילוּל ז׳ — thinning, dilution
דִילֵל פ׳ — dilute, rarefy, thin out
דִילֶמָה נ׳ — dilemma
דִימָה פ׳ — fancy, imagine, liken
- דימה בליבו/בנפשו — imagine
דִימוּי ז׳ — comparison, likeness, image, simile
דִימוּם ז׳ — bleeding, hemorrhage
דִימוֹס ז׳ — freedom
דִימֵם פ׳ — bleed
דִין ז׳ — judgment, sentence, trial, verdict, law, rule
- בדין — well, rightfully
- דין ודברים — discussion, dealings
- דין וחשבון — account, report
- דין זה כדין זה — treat them alike
- דין תורה — Jewish law
- דינו כ- — tantamount, as good as
- דיני כשרות — dietary laws
- דיני משפחה — family law
- דיני נזיקין — tort law
- דיני נפשות — capital offenses law
- דיני עונשין — penal law
- דיני קרקעות — land law
- דיני ראיות — evidence law
- הדין עמו — he is right
- הוא הדין — the same refers to
- הזמין לדין — cite, summon
- כדין — according to the law
- מה דינו — what about him
- מן הדין ש- — it is proper that
דִינוֹזָאוּר ז׳ — dinosaur
דִינָמוֹ ז׳ — dynamo, generator
דִינָמוֹמֶטֶר ז׳ — dynamometer
דִינָמִי ת׳ — dynamic
דִינָמִיוּת נ׳ — dynamism
דִינָמִיט ז׳ — dynamite
דִינָמִיקָה נ׳ — dynamics
דִינָר ז׳ — dinar
דִיסהַרמוֹנִיָה נ׳ — disharmony
דִיסוֹנַנס (צְרִיר) נ׳ — dissonance
דִיסטַנס (ריחוק) ז׳ — distance

דיסטרוֹפְיָה (התנוונות) נ' dystrophy
דיסלֶקְטִי ת' dyslexic
דיסלֶקְסיה, דיסלֶקְצִיָה נ' dyslexia
דיסְפְּרוֹפּוֹרצְיָה נ' disproportion
דיסְצִיפְּלִינָה (תחום) נ' discipline
דיסק ז' disc, disk
- דיסק ג'וקי dj, disk jockey
- דיסק קשיח hard disk
דיסקוֹ ז' *disco
דיסקוֹטֶק ז' discotheque
דיסקוּס ז' discus, disc, disk
- דיסקוס שמוט slipped disk
דיסקֶט (תקליטון) ז' diskette
דיסקרֶטִי ת' discreet, careful
דיסקרֶטִיוּת נ' discretion
דיפוּזְיָה (פעפוע) נ' diffusion
דיפלוֹמָה נ' diploma
דיפלוֹמָט ז' diplomat
דיפלוֹמָטִי ת' diplomatic
דיפלוֹמַטְיָה נ' diplomacy
דיפֶרֶנצְיָאל ז' differential
דיפֶרֶנצְיָאלִי ת' differential
דיפֶּרֶסְיָה (דיכאון) נ' depression
דיפתוֹנג (דו-תנועה) נ' diphthong
דיפתֶרְיָה (אסכרה) נ' diphtheria
דיצָה נ' joy, happiness
דיקוּר ז' pricking
- דיקור השפיר amniocentesis
- דיקור סיני acupuncture
דיקט ז' plywood
דיקטָטוֹר ז' dictator
דיקטָטוּרָה נ' dictatorship
דיקטָטוֹרִי ת' dictatorial
דיקטָפוֹן ז' dictaphone
דיקָן ז' dean
דיקציָה (צורת הדיבור) נ' diction
דיר ז' shed, sheep pen, fold
- דיר חזירים pigsty, pigpen
דֵירָאוֹן ז' disgrace, shame
- דיראון עולם eternal disgrace
דֵירֵג פ' rate, gradate, rank
דירָה נ' flat, apartment
- דירת גג penthouse
דירוּג ז' grading, rating
דירֶקְטוֹר ז' director
דירֶקְטוֹרְיוֹן ז' directorate
דירָתִי ת' apartmental
דַיִשׁ ז' threshing (time)
דישָׁה נ' threshing
דִישוֹן ז' antelope
דִישוּן ז' fertilization
דִישֵׁן פ' fertilize, manure
דִכאוֹנִי ת' depressed
דִכדוּך ז' dejection, low spirits
דִכדֵך פ' depress, deject
דַל ת' poor, badly-off, low
- דל קלוריות low in calories
- דל שומן low-fat
- לא העלה על דל שפתיו dare not say
דַלְגִית נ' skipping rope
דִלדוּל ז' atrophy, impoverishment
דִלדֵל פ' impoverish, weaken
דָלָה פ' draw, draw water, raise
דִלְהַלָן תה"פ the following
דָלוּחַ ת' dirty, foul, muddy
דְלוּעִיים ז"ר the gourd family
דָלוּק ת' burning, on
*- דלוק על mad on, keen
דַלוּת נ' beggary, poverty, want
דְלִי ז' bucket, pail
- מזל דלי Aquarius
דַלְיָה (צמח) נ' dahlia
דַלְיוֹת נ' varicose veins
דְלִיחוּת נ' turbidity, pollution
דְלִיָיה נ' drawing water
דָלִיל ת' dilute, sparse, thin
דְלִילוּת נ' sparsity, tenuity
דְלִיפָה נ' leakage, leak, escape
דָלִיק ת' inflammable
דְלֵיקָה נ' fire, conflagration
*דֶלִיקָטֶס (מעדן) ז' delicacy
דִלְעֵיל תה"פ the above
דְלַעַת נ' pumpkin, gourd, squash
דָלַף פ' drip, leak, escape, seep
דַלְפוֹן ז' very poor
דֶלְפֵּק ז' bar, counter, desk
דָלַק פ' burn, chase, pursue
דֶלֶק ז' fuel, petrol, gas, *juice
דִלְקַמָן תה"פ the following
דַלֶקֶת נ' inflammation
- דלקת המפרקים arthritis
- דלקת הסמפונות bronchitis
- דלקת התוספתן appendicitis
- דלקת קרום המוח meningitis
- דלקת ריאות pneumonia
- דלקת שקדים tonsillitis
דַלַקְתִי ת' inflammatory
דֶלֶת נ' door, gate, hatch
- בדלתיים סגורות in camera
- בדלתיים פתוחות in open

court
sliding door - דלת הזזה
revolving door - דלת מסתובבת
daleth (letter) דָלֶת נ׳
the poor דַלַּת הָעָם נ׳
delta דֶלְתָּא נ׳
kite-shaped quadrangle דַלְתּוֹן ז׳
blood דָם ז׳
helichrysum - דם המכבים
fresh blood - דם חדש
risks his neck - דמו בראשו
make his blood run cold - הקפיא דמו
demagogue דֶמָגוֹג ז׳
demagogic דֶמָגוֹגִי ת׳
demagogy דֶמָגוֹגְיָה נ׳
twilight דִמדוּמִים ז״ר
red currant, bloodberry, gooseberry דַמדְמָנִית נ׳
be like, resemble, equal דָמָה פ׳
dummy דֶמֶה ז׳
demographic דֶמוֹגרָפִי ת׳
demography דֶמוֹגרַפְיָה נ׳
shaped, like, -form דְמוּי ת׳
ovoid, egg-shaped - דמוי ביצה
bell-shaped - דמוי פעמון
דֶמוֹנִיזַצְיָה (הצגה כשטן) נ׳ demonization
דָמוֹקְלֶס: חרב דמוקלס Damocles' sword
democrat דֶמוֹקְרָט ז׳
democratic דֶמוֹקְרָטִי ת׳
democracy דֶמוֹקְרַטְיָה נ׳
דֶמוֹקְרַטִיזַצְיָה נ׳ democratization
demoralization דֶמוֹרַלִיזַצְיָה נ׳
figure, shape, image דְמוּת נ׳
in the shape of - בדמות
fee, money דְמֵי (ראה דמים)
unemployment pay דְמֵי אַבטָלָה ז״ר
consent fee דְמֵי הַסכָּמָה ז״ר
membership fee דְמֵי חָבֵר ז״ר
protection דְמֵי חָסוּת ז״ר
pocket money דְמֵי כִּיס ז״ר
entrance fee דְמֵי כְּנִיסָה ז״ר
bribe דְמֵי לֹא יֶחֱרַץ ז״ר
sick pay דְמֵי מַחֲלָה ז״ר
key money דְמֵי מַפְתֵּחַ ז״ר
bank commission דְמֵי נִיהוּל ז״ר

earnest money, advance payment, deposit דְמֵי קְדִימָה ז״ר
tip דְמֵי שְׁתִיָּה ז״ר
hush money דְמֵי שְׁתִיקָה ז״ר
untimely, in the prime of life דְמִי: בדמי ימיו
fancy, imagination, likeness, resemblance דִמיוֹן ז׳
imaginary, unreal דִמיוֹנִי ת׳
fancy, imagine דִמייֵן פ׳
money, fee, blood דָמִים ז״ר
choroid, choroid coat דָמִית נ׳
be silent, be still דָמַם פ׳
bleeding דֶמֶם (ראה דימום) ז׳
silence, stillness, hush דְמָמָה נ׳
dead silence - דממת מוות
hemophilia דַמֶמֶת נ׳
dementia דֶמֶנצְיָה (שִׁיטָיוֹן) נ׳
shed tears, water דָמַע פ׳
tear, teardrop דִמעָה נ׳
crocodile tears - דמעות תנין
dumping דַמפִּינג (הֶיצֵף) ז׳
draughts, checkers דַמקָה נ׳
Damascus דַמֶשֶׂק נ׳
discuss, deliberate, judge, punish, sentence דָן פ׳
punish severely - דן ברותחין
acquit - דן לכף זכות
charge, blame - דן לכף חובה.
this, inst. דְנָא מ״ג
DNA דנ״א
dental דֶנטָלִי (של השיניים) ת׳
dental floss - חוט דנטלי
Danish דָנִי ז׳
Danish דָנִית נ׳
this דְנַן מ״ג
in this case - במקרה דנן
desk דֶסֶק ז׳
discus דִסקוּס (ראה דיסקוס) ז׳
washer דִסקִית נ׳
identity disk - דסקית זיהוי
discuss *דִסקֵס (שוחח) פ׳
opinion, mind, view דֵעָה נ׳
bias, prejudice - דעה קדומה
by all accounts - לכל הדעות
fading, decay, wane דְעִיכָה נ׳
fade, die out, wane דָעַך פ׳
knowledge, mind דַעַת נ׳
is about to - בדעתו ל-
public opinion - דעת הקהל
majority opinion - דעת הרוב
minority opinion - דעת מיעוט

- הוציאו מדעתו	drive him mad
- לדעתי	in my opinion
- לפי דעתי	in my opinion
- מה דעתך	what about
- מתקבל על הדעת	reasonable
- על דעתו של-	on behalf of
- עמד על דעתו	insist
- שלא מדעת	not intentionally
דַעְתָּן ז׳	assertive, resolute
דַעְתָּנוּת נ׳	assertiveness
דַעְתָּנִי ת׳	assertive
דַף ז׳	page, leaf, sheet, plank
- דף זיעור	microfiche
- דפי זהב	yellow pages
- פתח דף חדש	turn over a new leaf
דִפְדוּף ז׳	turning pages
דִפְדֵף פ׳	turn pages, riffle
דַפְדֶפֶת נ׳	notebook, notepad
דְפוּס ז׳	press, print, mold, mode, manner
- דפוס אבן	lithography
- דפוסי התנהגות	behavior
- דפוסי חיים	mode of life
- תחת מַכבש הדפוס	in print
דְפוּסִית נ׳	template
דָפוּק ת׳	beaten, down-and-out, deprived, *fool
*- דפוק בראש	fool, idiot
דֶפִיטִיסט (תבוסתן) ז׳	defeatist
דָפִיס ת׳	printable
דֶפִיצִיט (גירעון) ז׳	deficit
דְפִיקָה נ׳	beat, knock, blow
- דפיקות לב	heartbeat
דֶפְלַצְיָה נ׳	deflation
דַפְנָה נ׳	daphne, bay, laurel
- נח על זרי הדפנה	rest on one's laurels
דֶפֶנְסִיבָה (מגננה) נ׳	defensive
דַפָּס ז׳	printer, typographer
דַפָּסוּת נ׳	printing, typography
דָפַק פ׳	knock, beat, bang
*- דפק כמו שעון	perfectly done
*- דפק על השולחן	demand violently
*דֶפֶק ז׳	failure, *fix
דֶפֶקְט (פגם) ז׳	defect
דֶפֶקְטִיבִי ת׳	defective
ד"צ = דואר צבאי	military post
דֶצִיבֶּל (עוצמת רעש) ז׳	decibel
דֶצִיגְרָם ז׳	decigram
דֶצִילִיטֶר ז׳	deciliter
דֶצִימֶטֶר ז׳	decimeter
דֶצֶמְבֶּר ז׳	December
דַק ת׳	slender, thin, fine, slim
דֶקָגוֹן (מעושר) ז׳	decagon
דִקְדוּק ז׳	grammar
- דקדוקי עניות	pedantry
דִקְדוּקִי ת׳	grammatical
דִקְדֵק פ׳	be strict, be exact
דַקְדְקָן ז׳	pedant, meticulous
דַקְדְקָנוּת נ׳	meticulousness
דַקָה נ׳	minute
- בדקה התשעים	in the last minute
דֶקוֹרָטוֹר (מעטר) נ׳	decorator
דֶקוֹרָטִיבִי ת׳	decorative
דֶקוֹרַצְיָה נ׳	decoration
דַקוּת נ׳	fineness, delicacy, nuance
- דקויות	subtleties
דַקִיק ת׳	very thin, flimsy
דְקִירָה נ׳	prick, stab, thrust
דֶקֶל ז׳	date, palm, date palm
דִקְלוּם ז׳	declamation
דֶקָלִיטֶר (10 ליטר) נ׳	decaliter
דִקְלֵם פ׳	declaim, recite, repeat
דֶקָן ז׳	dean
דֶקָנוּת נ׳	deanery
דָקַר פ׳	prick, stab, knife, sting
דֶקֶר ז׳	pick, hoe, mattock
דַקָר (דג) ז׳	perch, Jaffa cod
דַקָתַיִים נ״ר	two minutes
דָר פ׳	dwell, live, reside, room
- דרי הבית	household
ד"ר = דוקטור	doctor, Dr.
דְרַאג (גבר בלבוש נשי) ז׳	drag
דִרְבּוּן ז׳	spur, stimulation
דַרְבּוּקָה נ׳	small drum
דֶרְבִּי נ׳	derby, local match
דִרְבֵּן פ׳	spur, urge, goad
דָרְבָן ז׳	goad, spike, quill
- דברים כדרבנות	sharp words
דַרְבָּן ז׳	porcupine
דֶרֶג ז׳	degree, grade, level, echelon, circle
- הדרג הצבאי	military echelon
דַרְגָה נ׳	degree, grade, rank
- דרגה אישית	personal grade
- דרגת חופש	degree of freedom
- הוריד בדרגה	demote
- קידם בדרגה	promote

escalator דְּרַגְנוֹעַ ז׳
step ladder דַּרְגָּשׁ ז׳
couch, sofa, bunk דַּרְגָּשׁ ז׳
deterioration דִּרְדּוּר ז׳
slipper, sandal דַּרְדָּס ז׳
infant, child, pupil דַּרְדַּק ז׳
roll down, worsen דִּרְדֵּר פ׳
thistle, thorn דַּרְדַּר ז׳
Darwinism דַּרְוִינִיזְם ז׳
dervish דֶּרְוִישׁ ז׳
Druze, Druse דְּרוּזִי ז׳
alert, ready, tense, cocked, drawn דָּרוּךְ ת׳
south דָּרוֹם ז׳
southeast - דרום מזרח
southeastern - דרום מזרחי
southwest - דרום מערב
southwestern - דרום מערבי
South America דְּרוֹם אֲמֶרִיקָה נ׳
South Africa דְּרוֹם אַפְרִיקָה נ׳
south, southward דָּרוֹמָה תה״פ
south of - דרומית ל-
south, southern דְּרוֹמִי ת׳
freedom, sparrow דְּרוֹר ז׳
sermon, speech דְּרוּשׁ ז׳
required, needed דָּרוּשׁ ת׳
want ads - מודעות דרושים
drive-in דְּרַייב אִין ז׳
treading, cocking דְּרִיכָה נ׳
marking time - דריכה במקום
suspense, vigilance, tension, readiness דְּרִיכוּת נ׳
running over, trampling, treading דְּרִיסָה נ׳
foothold, toehold - דריסת רגל
claim, demand דְּרִישָׁה נ׳
regards - דרישת שלום
tread, step, cock, stamp דָּרַךְ פ׳
mark time - דרך במקום
tread on his corns - דרך על יבלותיו
draw a bow - דרך קשת
be in the ascendant, be rising - כוכבו דרך
way, path, road, manner, means דֶּרֶךְ נ׳
by way of, as - בדרך
in this way - בדרך זו
usually, as a rule - בדרך כלל
somehow or other - בדרך כלשהי
by the way - דרך אגב
manners, courtesy - דרך ארץ
indicative mood - דרך החיווי
highway - דרך המלך
subjunctive - דרך המשאלה
way of the world - דרך העולם
imperative mood - דרך הציווי
hard/twisty way - דרך לא דרך
goodbye - דרך צלחה!
regularly - דרך קבע
as, by, in the way of - כדרך
in his usual way - כדרכו
as he is used to - כדרכו בקודש
by, through, via דֶּרֶךְ מ״י
passport דַּרְכּוֹן ז׳
drama, dramatics דְּרָמָה נ׳
dermatologist דֶּרְמָטוֹלוֹג (רופא עור) נ׳
dramaturge דְּרָמָטוּרְג (מחזאי) ז׳
dramatization דְּרָמָטִיזַצְיָה נ׳
dramatic, theatrical דְּרָמָתִי ת׳
dramatics דְּרָמָתִיּוּת נ׳
grub דֶּרֶן ז׳
run over, trample דָּרַס פ׳
drastic דְּרַסְטִי ת׳
dragon דְּרָקוֹן ז׳
draconian דְּרָקוֹנִי ת׳
claim, demand, ask, require, need, preach דָּרַשׁ פ׳
requires consideration - אומר דרשני
send his regards - דרש בשלומו
wish him ill - דרש רעתו
sermon, address דְּרָשָׁה נ׳
preacher דַּרְשָׁן ז׳
preaching דַּרְשָׁנוּת נ׳
thresh, deal repeatedly דָּשׁ פ׳
flap, lapel דַּשׁ ז׳
regards ד״ש = דרישת שלום
lawn, grass, sward דֶּשֶׁא ז׳
treading, shuffle דִּשְׁדּוּשׁ ז׳
tread, shuffle, scuff דִּשְׁדֵּשׁ פ׳
fertilizer, manure דֶּשֶׁן ז׳
fertile, fat דָּשֵׁן ת׳
fertility דַּשְׁנוּת נ׳
religion, faith, law, belief דָּת נ׳
established religion - דת רשמית
well - כדת
according to Jewish law - כדת משה וישראל
religious, pious, ritual דָּתִי ת׳
religiousness, piety דָּתִיּוּת נ׳

ה

הַ תח׳ — definite article, the
הֲ תח׳ — interrogative (prefix)
ה׳ — five, fifthly
- יום ה׳ — Thursday
ה׳ ז׳ — God
הֵא נ׳ — he (letter)
- הא הידיעה — definite article, the
הָא מ״ג — this, that
- הא ראיה — this is the proof
הֶאֱבִיק פ׳ — pollinate
הַאֲבָקָה נ׳ — pollination
הֶאְדִים פ׳ — redden, turn red
הֶאְדִיר פ׳ — glorify, dignify
הַאדָרָה נ׳ — glorifying
הֶאֱזִין פ׳ — listen, listen in
הַאֲזָנָה נ׳ — listening, auscultation
- האזנת סתר — tapping, covert monitoring
הֶאָח מ״ק — hurray, bravo
הֵאֵט פ׳ — slow down, decelerate
הָאָטָה נ׳ — slowing down
הֵאִיץ פ׳ — accelerate, quicken
הֵאִיר פ׳ — light, illuminate
- האיר לו מזלו — fortune smiled on him
- האיר פנים — welcome warmly
הֶאֱכִיל פ׳ — feed, nourish
הַאֲכָלָה נ׳ — feeding
הַאֲלָהָה נ׳ — deification
הַאִם מ״ח — is it?, whether
הֶאֱמִין פ׳ — believe, trust, think
- לא האמין למראה עיניו — not believe one's eyes
הֶאֱמִיר פ׳ — rise, soar, go up
הַאֲמָרָה נ׳ — rise, increase
הֶאֱפִיל פ׳ — darken, overshadow
הֶאֱפִיר פ׳ — turn gray, gray, silver
הַאֲפָלָה נ׳ — darkening, blackout
הָאָצָה נ׳ — urging, acceleration
הֶאֱצִיל פ׳ — impart, inspire
הַאֲצָלָה נ׳ — conferment, delegation
הַאקֶר (פורץ מחשבים) ז׳ — hacker
הָאָרָה נ׳ — lighting, illumination
הֶאֱרִיך פ׳ — lengthen, elongate
- האריך ימים — live long
הֶאֱרִיק פ׳ — earth, ground
הַאֲרָכָה נ׳ — lengthening, extension, extra time
הַאֲרָקָה נ׳ — earthing, ground
הֶאֱשִׁים פ׳ — accuse, blame, charge
הַאֲשָׁמָה נ׳ — charge, accusation
הַב פ׳ — give, give me
הֲבָאָה נ׳ — bringing, fetching
הֲבַאי ז׳ — nonsense, idle talk
הִבְאִישׁ פ׳ — stink, defame
הִבְדִיל פ׳ — distinguish, separate
הֶבְדֵל ז׳ — difference, distinction
הַבְדָלָה נ׳ — separation, distinction, prayer on Saturday night
הָבָה מ״ק — let us, let's
הִבְהֵב פ׳ — flicker, blink, singe
הִבְהוּב ז׳ — blink, flicker, wink
הִבְהִיל פ׳ — alarm, frighten, fetch, summon, call
הִבְהִיק פ׳ — blaze, shine, flash
הִבְהִיר פ׳ — brighten, clarify, make clear
הֶבְהֵק ז׳ — blaze, flash
הַבְהָרָה נ׳ — clarification
הָבוּ מ״ק — give, give us
הִבְזִיק פ׳ — flash, sprinkle
הֶבְזֵק ז׳ — flash
- הבזק לאחור — flashback
הִבְחִיל פ׳ — nauseate, ripen
הִבְחִין פ׳ — tell apart, discern, discriminate, distinguish, notice, observe
הַבְחָנָה נ׳ — discrimination, discernment, distinction
הַבָּטָה נ׳ — glance, look
הַבְטָחָה נ׳ — pledge, promise
- הבטחת הכנסה — income assurance
הִבְטִיחַ פ׳ — ensure, pledge, promise, make sure
- הבטיח הרים וגבעות — promise the moon
הֵבִיא פ׳ — bring, cause, make
- הביא בחשבון — take into account
הִבִּיט פ׳ — look, eye, look at
הֵבִיך פ׳ — bewilder, baffle
הֵבִין פ׳ — understand, get, see
הֵבִיס פ׳ — defeat, beat, rout
הִבִּיעַ פ׳ — express, utter, voice

bewildering הֲבָכָה נ׳
vapor, steam, nonsense הֶבֶל ז׳
vanity of vanities - הבל הבלים
restraint הַבְלָגָה נ׳
folly, nonsense הַבְלוּת נ׳
flickering, wavering הַבְלָחָה נ׳
emphasis, prominence הַבְלָטָה נ׳
contain, restrain הִבְלִיג פ׳
flicker, waver הִבְלִיחַ פ׳
emphasize, protrude הִבְלִיט פ׳
insert, conceal, elide הִבְלִיעַ פ׳
swallow words - הבליע מלים
understanding, comprehension הֲבָנָה נ׳
reading comprehension - הבנת הנקרא
defeat, rout הֲבָסָה נ׳
expression, look הַבָּעָה נ׳
acknowledgment - הבעת תודה
set fire, burn הִבְעִיר פ׳
terrify, frighten הִבְעִית פ׳
setting fire הַבְעָרָה נ׳
break through הִבְקִיעַ פ׳
score a goal - הבקיע שער
breakthrough, sally הַבְקָעָה נ׳
convalescence, recovery, recuperation הַבְרָאָה נ׳
screwing, thread הַבְרָגָה נ׳
syllable, phoneme, pronunciation, accent הֲבָרָה נ׳
disappearing *הַבְרָזָה נ׳
contraband, smuggling, driving away הַבְרָחָה נ׳
gunrunning - הברחת נשק
convalesce, recover, recuperate, get well הִבְרִיא פ׳
bolt, screw הִבְרִיג פ׳
run away, disappear *הִבְרִיז פ׳
bolt, latch, smuggle, chase away, drive away הִבְרִיחַ פ׳
glitter, polish, shine, cable, wire, telegraph הִבְרִיק פ׳
it was lightening - הבריקו ברקים
brush, whisk הִבְרִישׁ פ׳
brilliancy, shining הַבְרָקָה נ׳
brush הַבְרָשָׁה נ׳
syllabic, syllabled הֲבָרָתִי ת׳
ripen, mature הִבְשִׁיל פ׳
ripening, maturation הַבְשָׁלָה נ׳
civil defense הג"א = הגנה אזרחית

helmsman, navigator הַגַּאי ז׳
reaction, response הֲגָבָה נ׳
lifting, elevation הַגְבָּהָה נ׳
clean and jerk - הגבהה ודחיקה
raise, lift, elevate הִגְבִּיהַּ פ׳
limit, restrict, confine הִגְבִּיל פ׳
amplify, strengthen הִגְבִּיר פ׳
restriction הֶגְבֵּל ז׳
antitrust, trade restriction - הגבל עסקי
limitation, restriction הַגְבָּלָה נ׳
credit squeeze - הגבלת אשראי
birth control - הגבלת הילודה
strengthening הַגְבָּרָה נ׳
telling, tale, Haggada הַגָּדָה נ׳
fortune telling - הגדת עתידות
increase, enlarge הִגְדִּיל פ׳
achieve much - הגדיל לעשות
define, determine הִגְדִּיר פ׳
exaggerate הִגְדִּישׁ הַסְּאָה פ׳
magnification, increase, enlargement הַגְדָּלָה נ׳
definition הַגְדָּרָה נ׳
self-determination - הגדרה עצמית
exaggerating הַגְדָּשַׁת הַסְּאָה נ׳
meditate, think, pronounce, utter הָגָה פ׳
sound, word, phoneme, steering wheel, helm, tiller הֶגֶה ז׳
helm, rein of government - הגה השלטון
power steering - הגה כוח
proofreading הַגָּהָה נ׳
burp, wind הִגְהִיק (תינוק) פ׳
pronounced הָגוּי ת׳
honest, decent, fair, respectable, considerable הָגוּן ת׳
meditation, philosophy הָגוּת נ׳
exaggerate, go too far הִגְזִים פ׳
exaggeration הַגְזָמָה נ׳
react, respond הֵגִיב פ׳
thought הָגִיג ז׳
say, tell, come out with הִגִּיד פ׳
tell fortunes - הגיד עתידות
emend, proofread הִגִּיהַּ פ׳
logical, reasonable הֶגְיוֹנִי ת׳
sally forth, come out הֵגִיחַ פ׳
pronunciation הֲגִיָּה נ׳
decency, honesty הֲגִינוּת נ׳
arrive, come, reach הִגִּיעַ פ׳
deserve - הגיע לו

- הגיע לפרקו	be marriageable
- הגיע עד פת לחם	become poor
הֵגִיף פ׳	shut, close, bolt
הִגִּיר פ׳	pour out
הֲגִירָה נ׳	emigration, migration
הִגִּישׁ פ׳	present, offer, give, lend, serve, submit, wait on
הַגְלָדָה נ׳	healing
הִגְלָה פ׳	banish, deport, exile
הִגְלִיד פ׳	form a crust, heal
הַגְלָיָה נ׳	deportation, exile
הֲגַם תה״פ	although, much as
הֶגְמוֹן ז׳	bishop, cardinal
הֶגְמוֹנְיָה נ׳	hegemony
הִגְמִישׁ פ׳	make flexible, stretch
הַגְמָשָׁה נ׳	making flexible
הֵגֵן פ׳	protect, defend, shelter
הַגְנָבָה נ׳	smuggling, slipping
הֲגָנָה נ׳	protection, defense
- הגנה אזורית	zone defense
- הגנה אזרחית	civil defense
- הגנה עצמית	self-defense
הִגְנִיב פ׳	insert stealthily, slip
הֲגַנָּתִי ת׳	defensive, protective
הַגָּעָה נ׳	arrival, reaching
הִגְעִיל פ׳	cause disgust
הַגְעָלָה נ׳	rinsing in hot water
הֲגָפָה נ׳	shutting, closing
הִגְרִיל פ׳	draw lots, raffle
הַגְרָלָה נ׳	raffle, lottery, draw
הַגָּשָׁה נ׳	presentation, serving
- הגשה עצמית	self-service
הִגְשִׁים פ׳	carry out, realize, attain, fulfill
הַגְשָׁמָה נ׳	realization, fulfillment
הֵד ז׳	echo, repercussion
הִדְאִיג פ׳	trouble, worry
הִדְבִּיק פ׳	glue, stick, paste up, infect, overtake
הִדְבִּיר פ׳	subjugate, disinfest
הַדְבָּקָה נ׳	gluing, contagion
הַדְבָּרָה נ׳	killing pests, subduing
הִדְגִּים פ׳	demonstrate, exemplify, illustrate
הִדְגִּישׁ פ׳	emphasize, stress
הַדְגָּמָה נ׳	illustration, demonstration
הַדְגָּשָׁה נ׳	emphasis, stress
הֲדָדִי ת׳	reciprocal, mutual
הֲדָדִיּוּת נ׳	mutuality
הֲדָדִית תה״פ	mutually
הִדְהֵד פ׳	echo, resound
הִדְהָה פ׳	fade, wash out
הִדְהִים פ׳	amaze, astonish
הֲדוֹם ז׳	footstool, stool
הֶדוֹנִיזְם (נהנתנות) ז׳	hedonism
הֶדוֹנִיסְט (נהנתן) ז׳	hedonist
הָדוּק ת׳	tight, closefitting
הָדוּר ת׳	elegant, stately
הֲדוּרִים ז״ר	obstacles
- יישר ההדורים	iron out difficulties
הַדָּחָה נ׳	deposition, ousting, dismissal, leading astray
הֲדָחָה נ׳	washing, rinsing
הִדְחִיק פ׳	repress, suppress
הֶדְחֵק ז׳	displacement
הַדְחָקָה נ׳	suppression
הֶדְיוֹט ז׳	layman, common
הֲדִיּוּת נ׳	echolalia
הִדִּיחַ פ׳	oust, remove, seduce
הֵדִיחַ פ׳	wash, rinse
הִדִּיף פ׳	emit smell, waft
הֲדִיפָה נ׳	pushing back, repulse
הִדִּיר פ׳	prohibit, forbid
- הדיר רגליו	keep away
- הדיר שינה מעיניו	make him lose sleep
הָדִיר ת׳	changeable, reversible
הִדְלָה פ׳	trellis
הַדְלָיָה נ׳	trellising
הִדְלִיף פ׳	leak, reveal
הִדְלִיק פ׳	light, ignite, turn on
הַדְלָפָה נ׳	leakage, leaking, leak
הַדְלָקָה נ׳	lighting, kindling
- הדלקת נרות	lighting the candles
הַדְמָיָה נ׳	simulation
הִדְמִים פ׳	immobilize, silence
הֲדַס ז׳	myrtle
הָדַף פ׳	repel, repulse, fend
הֶדֶף ז׳	repulsion, blast
הִדְפִּיס פ׳	print, type, run off
הֶדְפֵּס ז׳	printout, offprint
- הדפס אבן	lithograph
הַדְפָּסָה נ׳	printing, typing
הֶדֶק ז׳	trigger, clip, clasp
הָדָר ז׳	citrus, glory, elegance
הַדְרָגָה נ׳	gradation
הַדְרָגָתִי ת׳	gradual
הִדְרִיךְ פ׳	guide, direct, instruct
- הדריך מנוחתו	disturb, upset

הִדְרִים פ׳ go south
הַדְרָכָה נ׳ guidance, direction
הַדְרָן: הופעת הדרן curtain call
הַדְרַת פָּנִים נ׳ majestic appearance
הָהּ מ״ק oh, ah
ה״ה=האדונים הנכבדים Messrs.
הֶהְבִּיל פ׳ steam, give out vapor
הֶהֱדִיר פ׳ reissue, compile
הַהוּא, הַהִיא that one, yonder
הֶהִין פ׳ dare, venture
הָהֵם, הָהֵן מ״ג those
הוֹ מ״ק O, why
הוּא מ״ג he, it, *him
- הוּא הוּא it's he who, the very
הוּאַט פ׳ be slowed down
הוֹאִיל פ׳ agree, consent
- הואל נא be so good, please!
הוֹאִיל וְ- מ״ח since
הוּאֲכַל פ׳ be fed, be nourished
הוּאַץ פ׳ be quickened
הוּאַר פ׳ be illuminated
הוּאֲרַךְ פ׳ be lengthened
הוּאֲשַׁם פ׳ be accused
הוּבָא פ׳ be brought
הוּבְדַּל פ׳ be separated
הוּבְהַל פ׳ be called urgently
הוּבְהַר פ׳ be made clear
הוּבְטַח פ׳ be promised
הוֹבִּי ז׳ avocation, hobby
הוֹבִיל פ׳ drive, lead, conduct
הוּבַךְ פ׳ be embarrassed
הוּבַל פ׳ be led, be guided
הוֹבָלָה נ׳ carriage, freight
הוּבְלַט פ׳ be emphasized
הוּבַן פ׳ be understood
הוֹבְנֶה ז׳ ebony
הוֹבְנִית נ׳ ebonite
הוּבַס פ׳ be defeated, be beaten
הוּבַּע פ׳ be expressed
הוּבְעַר פ׳ be burnt
הוּבְקַע פ׳ be broken through
הוּבְרַג פ׳ be screwed
הוּבְרַח פ׳ be smuggled
הוּבְרַק פ׳ be wired
הוּבְרַר פ׳ be made clear
הוּגְבַּהּ פ׳ be raised, be lifted
הוּגְבַּל פ׳ be limited
הוּגְבַּר פ׳ be strengthened
הוּגַּד פ׳ be said, be told
הוּגְדַּל פ׳ be increased
הוּגְדַּר פ׳ be defined

הוּגַּהּ פ׳ be proofread
הוֹגֶה ת׳ thinking
- הוגה דיעות philosopher
הוּגָה מִן הַמְּסִילָּה be eliminated
הוֹגִיעַ פ׳ weary, tire
הוּגְלָה פ׳ be deported, be exiled
הוּגְמַשׁ פ׳ be made flexible
הוּגַן פ׳ be protected
הוֹגֵן ת׳ fair, honest, just
הוּגְנַב פ׳ be slipped
הוּגַף פ׳ be closed, be shut
הוּגְרַל פ׳ be raffled, be drawn
הוּגַשׁ פ׳ be presented, be served
הוּגְשַׁם פ׳ be realized
הוֹד ז׳ magnificence, glory
הוּדְאַג פ׳ be worried
הוֹדָאָה נ׳ admission
הוּדְבַּק פ׳ be glued, be infected
הוּדְבַּר פ׳ be exterminated
הוּדְגַם פ׳ be demonstrated
הוּדְגַשׁ פ׳ be emphasized
הוֹדָה פ׳ confess, admit, own
הוֹדוּ נ׳ India
הוֹדוּ-סִין נ׳ Indochina
הוֹדוֹת לְ- תה״פ thanks to
הוּדַּח פ׳ be deposed, be seduced
הוּדְחַק פ׳ be repressed
הוֹדִי ז׳ Indian, hindu
הוֹדָיָה נ׳ thanksgiving
הוֹדִיעַ פ׳ inform, tell, announce
הוּדְלַף פ׳ leak out
הוֹדָעָה נ׳ announcement
הוּדְפַּס פ׳ be printed, be typed
הוּדְרַךְ פ׳ be guided, be led
הוֹוֶה ז׳ present, present tense
הַוָּה: לְהַווֹתִי unfortunately
הֲוָי ז׳ manner of life, milieu
הֱוֵי: הֱוֵי אוֹמֵר that is to say
הֲוָיָה נ׳ being, existence
הוּוַן פ׳ be capitalized
הוֹזֶה ז׳ dreamer, visionary
הוּזְהַר פ׳ be warned
הוּזַז פ׳ be moved, be removed
הוֹזִיל פ׳ cheapen, reduce
הוּזְכַּר פ׳ be mentioned
הוּזַל פ׳ be reduced, cheapen
הוֹזָלָה נ׳ markdown, reduction
הוּזַם פ׳ be contradicted
הוּזְמַן פ׳ be invited, be ordered
הוּזַן פ׳ be fed
הוּזְנַח פ׳ be neglected

הוּזְעַק פ׳	be sent for
הוּזְרַם פ׳	be injected
הוּזְרַק פ׳	be injected
הוּחְבָּא פ׳	be concealed
הוּחְדַּר פ׳	be inserted
הוּחְזַק פ׳	be held, be regarded
הוּחְזַר פ׳	be returned
הוֹחִיל פ׳	wait for, expect
הוּחְכַּר פ׳	be leased, be let
הוּחַל פ׳	be enforced
הוּחְלַט פ׳	be decided
הוּחְלַף פ׳	be switched
הוּחְמַץ פ׳	be missed, be lost
הוּחְמַר פ׳	get worse
הוּחְסַר פ׳	be deducted
הוּחַק פ׳	be legislated
הוּחְרַם פ׳	be confiscated
הוּחַשׁ פ׳	be hastened
הוּחְשַׁד פ׳	be suspected
הוּחְתַּם פ׳	be signed
הוּטַב פ׳	be improved
הוּטְבַּל פ׳	be soaked
הוּטְבַּע פ׳	be stamped
הוּטָה פ׳	be bent, be inclined
הוּטַח פ׳	be thrown, be struck
הוּטַל פ׳	be thrown, be imposed
הוּטְמַן פ׳	be concealed
הוּטְמַע פ׳	be absorbed
הוֹטֶנְטוֹטִי ז׳	Hottentot
הוּטַס פ׳	be flown
הוּטְעָה פ׳	be misled
הוּטְעַם פ׳	be emphasized
הוּטְעַן פ׳	be loaded
הוּטְרַד פ׳	be annoyed
הוּטְרַח פ׳	be troubled
הוֹי מ״ק	oh, woe, alas
הוּכְבַּד פ׳	become heavier
הוּכָּה פ׳	be hit, be beaten
הוּכַח פ׳	be proved
הוֹכָחָה נ׳	demonstration, evidence, proof
הוּכְחַשׁ פ׳	be denied
הוֹכִיחַ פ׳	admonish, demonstrate, prove, show
- הוֹכִיחַ אֶת עַצְמוֹ	act well
הוּכְלַל פ׳	be included
הוּכַן פ׳	be prepared, be made ready
הוּכְנַס פ׳	be admitted
הוּכְנַע פ׳	be subdued
הוּכְפַּל פ׳	be multiplied
הוּכְפַּשׁ פ׳	be soiled
הוּכַּר פ׳	be recognized
הוּכְרַז פ׳	be declared
הוּכְרַח פ׳	be forced
הוּכְרַע פ׳	be decided, be subdued
הוּכַּשׁ פ׳	be bitten
הוּכְשַׁל פ׳	be failed, be tripped
הוּכְשַׁר פ׳	be made kosher/fit
הוּכְתַּב פ׳	be dictated
הוּכְתַּם פ׳	be blotted
הוּכְתַּר פ׳	be crowned
- הוּכְתַּר בְּהַצְלָחָה	be crowned with success
הוֹל ז׳	hall
הוּלְאַם פ׳	be nationalized
הוּלְבַּן פ׳	be whitened, be laundered
הוּלְבַּשׁ פ׳	be dressed
הוֹלָדָה נ׳	giving birth, begetting
הוֹלֶדֶת נ׳	birth, delivery
הוֹלוֹגְרָמָה נ׳	hologram
הוּלְחַן פ׳	be set to music
הוֹלִיד פ׳	beget, cause, generate
הוֹלִיךְ פ׳	conduct, lead
- הוֹלִיךְ שׁוֹלָל	mislead, cheat
הוֹלֵךְ ז׳	walker, goer
- הוֹלֵךְ לְ-	is going to
- הוֹלֵךְ רֶגֶל	pedestrian
הוֹלַךְ שׁוֹלָל	be cheated
הוֹלָכָה נ׳	transport, conducting
- הוֹלָכַת שׁוֹלָל	deception
הוֹלֵל ז׳	profligate, debauchee
הוֹלֵלוּת נ׳	profligacy
הוֹלֵם ת׳	appropriate, suitable
הוֹלַנְד נ׳	the Netherlands
הוֹלַנְדִית נ׳	Dutch
הוּלְעַט פ׳	be crammed
הוֹמֶה ת׳	noisy, bustling
הוֹמוֹ ז׳	homosexual, gay, *fag
הוֹמוֹגֶנִי (אָחִיד) ת׳	homogeneous
הוֹמוֹסֶקְסוּאָל ז׳	homosexual
הוֹמוֹסֶקְסוּאָלִיוּת נ׳	homosexuality
הוֹמוֹפוֹב ז׳	homophobe
הוֹמוֹפוֹן ז׳	homophone
הוֹמוֹר ז׳	humor, pleasantry
הוֹמוֹרִיסְטִי ת׳	humorous
הוּמְחַז פ׳	be dramatized
הוּמְטַר פ׳	be showered upon
הוֹמִיאוֹפַּתְיָה נ׳	homeopathy
הוּמְלַךְ פ׳	be crowned
הוֹמְלֶס (חֲסַר בַּיִת) ז׳	homeless

הוּמְלַץ פ׳ be recommended
הוּמָנִי ת׳ humane
הוּמָנִיּוּת, הוּמָנִיזם humanism
הוּמָנִיטָרִי ת׳ humanitarian
הוּמַס פ׳ be melted
הוּמְצָא פ׳ be invented
הוּמַר פ׳ be changed
הוּמְרַץ פ׳ be urged
הוּמַת פ׳ be put to death
הוּמְתַּק פ׳ be sweetened, be commuted, be mitigated
הוֹן ז׳ capital, wealth, money
- הון סיכון venture capital
- הון עצמי equity, personal capital
- הון פוליטי political gain
- הון תועפות much money
הוֹנָאָה נ׳ deceit, fraud, *con
הוּנְגַרְיָה נ׳ Hungary
הוּנְגָרִית נ׳ Hungarian
הוֹנָה פ׳ deceive, cheat, swindle
הוּנְהַג פ׳ be established, be led
הוּנַח פ׳ be placed, be assumed
הוּנְחָה פ׳ be guided, be led
הוּנְמַךְ פ׳ be lowered
הוּנַס פ׳ be driven away
הוּנַף פ׳ be hoisted, be lifted
הוּנְפַּק פ׳ be issued
הוּנְצַח פ׳ be commemorated
הוּנְשַׁם פ׳ be breathed
הוּסַב פ׳ be endorsed
הוּסְבַּר פ׳ be explained
הוּסְגַּר פ׳ be extradited
הוּסְדַּר פ׳ be settled
הוּסְוָוה פ׳ be camouflaged
הוּסַט פ׳ be shifted, be moved
הוֹסִיף פ׳ add, continue
- הוסיף שמן למדורה add fuel to the fire
הוּסְכַּם פ׳ be agreed
הוּסְמַךְ פ׳ be authorized
הוּסַע פ׳ be driven
הוּסְפַּד פ׳ be mourned
הוֹסָפָה נ׳ addition, increase
הוּסַר פ׳ be removed
הוּסְרַט פ׳ be filmed, be shot
הוּסַת פ׳ be incited, be seduced
הוּסְתַּר פ׳ be hidden
הוֹעֲבַד פ׳ be employed
הוֹעֲבַר פ׳ be moved
הוֹעֲדַף פ׳ be preferred
הוֹעִיד פ׳ destine, summon
הוֹעִיל פ׳ be useful, benefit
- ללא הועיל vainly
הוֹעֲלָה פ׳ be raised, be lifted
הוּעַם פ׳ be dimmed
הוֹעֲמַד פ׳ be placed
- הועמד לדין be arraigned
הוֹעֲמַק פ׳ be deepened
הוֹעֲנַק פ׳ be awarded, be given
הוֹעֲסַק פ׳ be employed
הוּעַף פ׳ be flown, be sent flying
הוֹעֲרַךְ פ׳ be valued
הוֹעְתַּק פ׳ be copied
הוּפַג פ׳ be relieved, be allayed
הוּפְגַז פ׳ be shelled
הוּפְגַן פ׳ be demonstrated
הוּפְגַשׁ פ׳ be brought together
הוּפְחַת פ׳ be deducted
הוֹפִיעַ פ׳ appear, turn up
הוֹפְכִּי ת׳ reverse, inverted
הוּפַּל פ׳ be dropped
הוּפְלָה פ׳ be discriminated
הוּפְנָה פ׳ be referred
הוּפְנַט פ׳ be hypnotized
הוּפְנַם פ׳ be internalized
הוּפְסַק פ׳ be stopped
הוֹפָעָה נ׳ appearance, looks
הוּפְעַל פ׳ be activated
הוּפַץ פ׳ be distributed
הוּפְצַץ פ׳ be bombed
הוּפַק פ׳ be produced
הוּפְקַד פ׳ be deposited
הוּפְקַע פ׳ be requisitioned
הוּפְקַר פ׳ be abandoned
הוּפַר פ׳ be violated, be broken
הוּפְרַד פ׳ be separated
הוּפְרָה פ׳ be fertilized
הוּפְרַךְ פ׳ be refuted
הוּפְרַע פ׳ be disturbed
הוּפְשַׁל be rolled up
הוּפְשַׁר פ׳ be defrosted
הוּפְתַּע פ׳ be surprised
הוּצָא פ׳ be taken out, be spent
- הוצא להורג be put to death
הוֹצָאָה נ׳ taking out, expense, expenditure, publication
- הוצאה להורג execution
- הוצאה לפועל execution
- הוצאת דיבה defamation
- הוצאת ספרים publishing
הוֹצָאוֹת נ״ר expenses
- הוצאות הון capital expenditure

הוּצַב פ׳ be stationed, be placed
הוּצַג פ׳ be shown, be presented, be performed
הוּצְהַר פ׳ be declared, be stated
הוֹצִיא פ׳ take out, draw, spend, publish, emit, produce
- הוציא לאור bring to light, publish
- הוציא לפועל carry out
הוּצְמַד פ׳ be coupled, be linked
הוּצְנַח פ׳ be dropped
הוּצְנַע פ׳ be hidden, be reduced
הוּצַע פ׳ be offered
הוּצַף פ׳ be flooded, be washed
הוּצַר פ׳ be narrowed
הוּצַת פ׳ be ignited, be burnt
הוּקְדַם פ׳ be brought forward
הוּקְדַשׁ פ׳ be dedicated
הוּקַז פ׳ be bled, be shed blood
הוּקְטַן פ׳ be reduced
הוֹקִי ז׳ hockey
- הוקי קרח ice hockey
הוֹקִיעַ פ׳ denounce, condemn
הוֹקִיר פ׳ appreciate, respect
- הוקיר רגליו avoid visiting
הוּקַל פ׳ be light, be relieved
הוּקְלַט פ׳ be recorded, be taped
הוּקַם פ׳ be established
הוּקְסַם פ׳ be fascinated
הוּקַע פ׳ be denounced, be hanged
הוֹקָעָה נ׳ hanging, condemnation, exposure
הוּקַף פ׳ be surrounded
הוּקְפָּא פ׳ be frozen
הוּקְצַב פ׳ be allotted
הוּקְצָה פ׳ be assigned
הוּקְרָא פ׳ be read, be narrated
הוּקְרַב פ׳ be sacrificed
הוֹקָרָה נ׳ respect, esteem
הוּקְרַן פ׳ be screened
הוֹרָאָה נ׳ instruction, order, teaching, tuition, meaning
- הוראת קבע standing order
הוֹרֵג ז׳ killer, slayer
- הוציא להורג put to death
הוּרְגַל פ׳ be accustomed
הוּרְגַשׁ פ׳ be felt, be perceived
הוּרַד פ׳ be lowered
הוֹרָדָה נ׳ taking down, decrease, lowering, removal
- הורדה בדרגה demotion
- הורדת ידיים arm wrestling
הוּרְדַם פ׳ be put to sleep
הוֹרָה פ׳ order, teach, show
הוֹרֶה ז׳ parent, father
הוֹרָה נ׳ hora (dance)
הוֹרוֹסקוֹפּ ז׳ horoscope
הוֹרוּת נ׳ parenthood
הוּרְחַב פ׳ widen, be broadened
הוּרְחַק פ׳ be removed
הוֹרִיד פ׳ take down, reduce, drop, lower, remove
- הוריד מהפרק rule out
הוֹרִיק פ׳ turn green
הוֹרִיקָן ז׳ hurricane
הוֹרִישׁ פ׳ bequeath, leave
הוּרְכַּב פ׳ be composed
הוּרַם פ׳ be raised, be lifted
הוֹרמוֹן ז׳ hormone
הוּרַע פ׳ worsen, deteriorate
הוּרְעַב פ׳ be starved
הוּרְעַל פ׳ be poisoned
הוּרַץ פ׳ be run
הוֹרָקָה נ׳ becoming green
הוּרְשָׁה פ׳ be allowed
הוֹרָשָׁה נ׳ bequeathing, entail
הוּרְשַׁע פ׳ be convicted
הוֹרָתוֹ וְלֵידָתוֹ it was created
הוּשְׁאַל פ׳ be borrowed, be lent
הוּשַׁב פ׳ be returned
הוֹשָׁבָה נ׳ placing, seating
הוּשְׁבַּע פ׳ be sworn, be adjured
הוּשְׁבַּת פ׳ be locked out
הוּשַּׂג פ׳ be obtained
הוּשְׁוָה פ׳ be compared
הוּשְׁחַז פ׳ be sharpened
הוּשְׁחַת פ׳ be corrupted
הוּשַּׁט פ׳ be extended
הוֹשָׁטָה נ׳ extending, handing
הוֹשִׁיב פ׳ seat, settle, sit
הוֹשִׁיט פ׳ extend, outstretch
הוֹשִׁיעַ פ׳ help, save, rescue
הוּשְׂכַּר פ׳ be let, be hired out
הוּשְׁלַךְ פ׳ be thrown, be hurled
- הושלך הס silence reigned
הוּשְׁלַם פ׳ be completed
הוּשְׁלַשׁ פ׳ be deposited
הוּשַׂם פ׳ be placed
הוּשְׁמַד פ׳ be destroyed
הוּשְׁמַט פ׳ be omitted
הוּשְׁמַע פ׳ be announced
הוּשְׁעָה פ׳ be suspended
הוֹשַׁעְנָא מ״ק hosanna, willow

- הושענא חבוטה of no use
הוּשְׁפַּל פ׳ be humiliated
הוּשְׁפַּע פ׳ be influenced
הוּשְׁקַע פ׳ be invested, be sunk
הוּשְׁתַּל פ׳ be transplanted
הוּשְׁתַּק פ׳ be silenced
הוּתְאַם פ׳ be suited
הוֹתִיר פ׳ leave
הוּתַּךְ פ׳ be melted, be smelted
הוּתְנָה פ׳ be stipulated
הוּתְפַּל פ׳ be desalinated
הוּתְקַן פ׳ be installed, be fitted
הוּתְקַף פ׳ be attacked
הוּתַּר פ׳ be permitted
- הותר דמו be outlawed
הוּתַּשׁ פ׳ weaken, be enervated
הִזְדַּהָה פ׳ identify oneself
הִזְדַּהוּת פ׳ solidarity
הִזְדַּהֲמוּת נ׳ contamination
הִזְדַּוֵּג פ׳ copulate, mate
הִזְדַּוְּגוּת נ׳ copulation, mating
הִזְדַּחֵל פ׳ worm, crawl, creep
הִזְדַּיֵּן פ׳ arm oneself
הִזְדַּכָּה פ׳ return (equipment)
הִזְדַּכּוּת פ׳ giving back (arms)
הִזְדַּכֵּךְ פ׳ become pure
הִזְדַּמֵּן פ׳ chance, happen
הִזְדַּמְּנוּת נ׳ chance, opportunity, occasion
- בהזדמנות cheap, someday
הִזְדַּמְּנוּתִי bargain, cheap
הִזְדַּנֵּב פ׳ trail along, tail
הִזְדַּנְּבוּת נ׳ trailing along
הִזְדַּעֲזַע פ׳ be shocked, tremble
הִזְדַּעְזְעוּת נ׳ shock, start
הִזְדַּקֵּן פ׳ age, become old
הִזְדַּקְּנוּת נ׳ aging, senescence
הִזְדַּקֵּף פ׳ stand upright
הִזְדַּקְּפוּת נ׳ straightening up
הִזְדַּקֵּק פ׳ need, have recourse
הִזְדַּקֵּר פ׳ stand out, protrude
הִזְדַּקְּרוּת נ׳ protrusion
הִזְדָּרֵז פ׳ hurry up, make haste
הִזְדָּרְזוּת נ׳ hurry, haste
הָזָה פ׳ daydream, hallucinate
הִזְהִיב פ׳ brown, gild
הִזְהִיר פ׳ caution, warn, shine
הַזְהָרָה נ׳ warning, caution
הָזוּי ת׳ imaginary
הֲזָזָה נ׳ moving, shifting
הֵזִיד פ׳ simmer
הֲזָיָה נ׳ hallucination, daydream, fancy, delusion
הֵזִיז פ׳ budge, move, shift
- הזיז הרים וגבעות move heaven and earth
*- לא הזיז לו not impress him
הֵזִיחַ פ׳ move, displace, shift
הֲזָיָתִי ת׳ imaginary, visionary
הִזִּיל פ׳ shed, drop, drip
הֵזִים פ׳ refute, contradict
הֵזִין פ׳ feed, nourish, input
- הזין עיניו watch, look round
הֵזִיעַ פ׳ perspire, sweat
הִזִּיק פ׳ damage, harm
הִזְכִּיר פ׳ mention, remind
הַזְכָּרָה נ׳ reminder, mention
הִזְלִיף פ׳ spray, sprinkle, water
הַזְלָפָה נ׳ sprinkling, watering
הֲזַמָּה נ׳ refutation, rebuttal
הִזְמִין פ׳ book, call, invite, order, summon
הַזְמָנָה נ׳ invitation, order
הֲזָנָה נ׳ feeding, nutrition
- הזנה מלאכותית parenteral alimentation
הַזְנָחָה נ׳ neglect, negligence
- הזנחה פושעת criminal neglect
הִזְנִיחַ פ׳ neglect, abandon
הִזְנִיק פ׳ cause to take off
הֶזְנֵק ז׳ start-up
הַזְנָקָה נ׳ start, scrambling
הֲזָעָה נ׳ perspiration, sweat
הִזְעִיף פָּנִים פ׳ scowl, glower
הִזְעִיק פ׳ summon, call, fetch
הִזְקִין פ׳ grow old, age, get old
הִזְרִים פ׳ pour, inject, pump
הִזְרִיעַ פ׳ inseminate
הִזְרִיק פ׳ inject, syringe
הַזְרָמָה נ׳ causing to flow, injection
הַזְרָעָה נ׳ sowing, insemination
- הזרעה מלאכותית artificial insemination
הֶחְבִּיא פ׳ conceal, hide
הֶחְדִּיר פ׳ insert, instill, imbue
- החדיר למוחו instill
הַחְדָּרָה נ׳ insertion, piercing
הֶחֱוָה פ׳ show, gesticulate
הֶחֱוִיר פ׳ pale, whiten
- החוויר לעומת pale beside
הַחוּצָה תה״פ out, outward(s)
הֶחֱזִיק פ׳ hold, keep, maintain

- החזיק אצבעות	keep his fingers crossed
הֶחֱזִיר פ׳	bring back, give back, return, restore, reply
הַחזָקָה נ׳	holding, maintenance
הֶחזֵר ז׳	return, reflex, refund
- החזר מס	tax return
הַחזָרָה נ׳	return, restoration
הַחטָאָה נ׳	miss, misfire, mishit
הֶחֱטִיא פ׳	miss, cause to sin
*הֶחטִיף פ׳	hit, strike, land
הֶחֱיָה פ׳	revive, animate
הַחיָיאָה נ׳	revival, recovery
הֵחִיל פ׳	apply, enforce
הֵחִישׁ פ׳	hasten, speed up
- החיש צעדיו	go faster
הֶחכִּים פ׳	become wise
הֶחכִּיר פ׳	lease, let, rent
הַחכָּרָה נ׳	lease, renting
הֵחֵל פ׳	begin, start
הָחֵל מ-	as from, as of
הֲחָלָה נ׳	application
הַחלָטָה נ׳	decision, resolution
הֶחלֵטִי ת׳	definite, decisive
הֶחלֵטִיוּת נ׳	determination
הֶחֱלִיא פ׳	make sick, disgust
הֶחֱלִיד פ׳	rust, corrode
הֶחלִיט פ׳	decide, determine
הֶחֱלִים פ׳	recover, get better
הֶחֱלִיף פ׳	switch, change
- החליף בעלים	change hands
- החליף כוח	rest, recuperate
הֶחֱלִיק פ׳	slide, smooth, slip
הֶחֱלִישׁ פ׳	weaken, debilitate
הַחלָמָה נ׳	convalescence, recovery
הַחלָפָה נ׳	exchange, switch
הַחלָקָה נ׳	smoothing, slide, slip, skiing, skating, skid
- החלקה על קרח	ice-skating
הַחלָשָׁה נ׳	weakening, vitiation
הח״מ = החתום מטה	
הֶחֱמִיא פ׳	compliment, flatter
הֶחֱמִיץ פ׳	pickle, acidify, turn sour, miss, let slip
- החמיץ פנים	be angry/morose
הֶחמִיר פ׳	worsen, be strict
הַחמָצָה נ׳	souring, missing
הַחמָרָה נ׳	strictness, worsening
הֶחֱנָה פ׳	park
הֶחֱנִיף פ׳	flatter, curry favor
הֶחֱנִיק פ׳	strangle, stifle
הֶחסִיר פ׳	omit, subtract, miss
הַחסָרָה נ׳	subtraction, absence
הֶחצִין פ׳	externalize
הֶחֱצִיף פָּנִים פ׳	be impudent
הַחצָנָה נ׳	externalization
הַחרָבָה נ׳	destruction
הֶחָרָה הֶחֱזִיק אַחֲרֵי	follow suit
הֶחֱרִיב פ׳	destroy, ruin, raze
הֶחֱרִיד פ׳	terrify, startle, alarm
הֶחֱרִים פ׳	boycott, confiscate
הֶחֱרִיף פ׳	worsen, aggravate
הֶחֱרִישׁ פ׳	be silent, deafen
הַחרָמָה נ׳	confiscation, boycott
הַחרָפָה נ׳	worsening
הַחשָׁדָה נ׳	casting suspicion
הֶחֱשָׁה פ׳	be silent, be still
הָחָשָׁה נ׳	acceleration, speeding
הֶחשִׁיב פ׳	appreciate, respect
הֶחֱשִׁיד פ׳	cast suspicion on
הֶחשִׁיךְ פ׳	darken, grow dark
הֶחתִּים פ׳	sign up, stamp, frank
הַחתָּמָה נ׳	subscription, stamping
הֲטָבָה נ׳	improvement, bonus
- הטבת העדר תביעה	no claims bonus
הִטבִּיל פ׳	soak, dip, baptize
הִטבִּיעַ פ׳	drown, sink, stamp
- הטביע (בכדורסל)	dunk
הַטבָּלָה נ׳	dipping, baptism
הַטבָּעָה נ׳	drowning, stamping, imprinting, dunk
הֲטָחָה נ׳	striking, knocking
הַטָיָה נ׳	bending, diversion
- הטיית דין	perversion of justice
- הטיית פעלים	conjugation
הֵטִיחַ פ׳	strike, throw, fling
הֵטִיל פ׳	cast, throw, toss, hurl, impose, put, lay
- הטיל גורל	cast lots
- הטיל מים	urinate
- הטיל ספק	question, doubt
הֵטִיס פ׳	fly, pilot
הִטִיף פ׳	preach, exhort, drop
הֲטָלָה נ׳	imposition, throw, toss, laying, projection
- הטלת כידון	javelin throw
- הטלת מס	levy, taxation
- הטלת ספק	questioning

הִטְמִין פ׳ conceal, hide, bury
- הטמין מוקשים plant mines
הִטְמִיעַ פ׳ assimilate, absorb
הַטְמָנָה נ׳ concealing, burial
הַטְמָעָה נ׳ assimilation
- הטמעת הפחמן photosynthesis
הַטָסָה נ׳ flying
הִטְעָה פ׳ mislead, misdirect
הַטְעָיָה נ׳ misleading, eyewash
הִטְעִים פ׳ emphasize, stress
הִטְעִין פ׳ burden, charge, load
הַטְעָמָה נ׳ emphasis, accent
הֶטְעֵן ז׳ cathexis
הַטְעָנָה נ׳ loading, charging
הַטָפָה נ׳ preaching, lecture
הִטְפִּיחַ פ׳ baste
הַטְרָדָה נ׳ annoyance
- הטרדה מינית sexual harassment
הַטְרָחָה נ׳ troubling, bother
הִטְרִיד פ׳ annoy, bother, trouble, harass
הִטְרִיחַ פ׳ trouble, bother
הִטְרִים פ׳ anticipate
הִטְרִיף פ׳ pronounce not kosher
- הטריף דעתו craze, drive mad
הַטְרָמָה נ׳ anticipation
הֵי מ״ק hello!, you there!
הִיא מ״ג she, it
- היא הנותנת but this is the reason
- ולא היא yet this is not so
הֵיאָבְקוּת נ׳ wrestling, scrabble
- היאבקות חופשית freestyle, catch-as-catch-can
הֵיאָחֲזוּת נ׳ settling, settlement
הֵיאַךְ תה״פ how, how come
הִיבָּדְלוּת נ׳ separation
הֶיבֵּט ז׳ aspect
הִיבִּיסקוּס (שיח) ז׳ hibiscus
הֶיגֵב ז׳ reactance
הִיגוּי ז׳ pronunciation, steering
הִיגָיוֹן ז׳ logic, reason
הִיגְיֶינָה נ׳ hygiene
הִיגְיֶינִי ת׳ hygienic, sanitary
הִיגֵר פ׳ emigrate, immigrate
הִיגָרְרוּת נ׳ being dragged
הי״ד = ה׳ יקום דמו God revenge his blood

הִידַבְּקוּת נ׳ infection
הִידַבְּרוּת נ׳ talks
הֵידָד מ״ק bravo, hooray
הִידוּק ז׳ tightening, fastening
- הידוק החגורה tightening the belt
הִידוּר ז׳ adornment, elegance, compilation
הִידָחֲפוּת נ׳ rush, being pushed
הִידָחֲקוּת נ׳ intrusion, elbowing
הִידַלְדֵל פ׳ be impoverished
הִידַלְדְלוּת נ׳ impoverishment
הִידָמוּת נ׳ resemblance
הִידֵס פ׳ hop, leap, stagger
הִידֵק פ׳ fasten, tie, tighten
- הידק החגורה tighten the belt
הִידֵר פ׳ adorn, glorify, compile
הִידַרְדֵר פ׳ degenerate, deteriorate, roll down
הִידַרְדְרוּת נ׳ deterioration
הִידרוֹפוֹנִיקָה נ׳ hydroponics
הָיָה פ׳ be, exist, become, get
- היה היה once upon a time
*- היה ו- if, in case of
- היה לו have, hold, possess
- יהי כן so be it
- לא היו דברים מעולם it is a lie
*- שיהיה ! OK!, whatever!
הי״ו=ה׳ ישמרהו ויחיהו
הִיוָדַע ז׳ being known
הִיוָה פ׳ constitute, be
הִיוָלֵד ז׳ being born
הִיוֵן פ׳ capitalize
הִיוּן ז׳ capitalization
הִיוָצְרוּת נ׳ formation, forming
הִיוּלִי ת׳ primeval, primal
הַיוֹם תה״פ today, in these days
הֱיוֹת תה״פ being, since, as
הִיזָה פ׳ sprinkle, spray
הִיזוּן ז׳ feeding
- היזון חוזר feedback
הֶיזֵק ז׳ damage, harm
הִיזָקְקוּת נ׳ need, resort
הֵיחָלְצוּת נ׳ volunteering, helping, escape, deliverance
הֵיחָלְשוּת נ׳ weakening
הֵיחָשְׂפוּת נ׳ exposure
הֵיטֵב תה״פ well, properly
הִיטָה פ׳ bend, divert, incline
- היטה אוזן lend an ear
- היטה את הדין pervert justice
- היטה את הכף tip the scale

improve, do good הֵיטִיב פ׳
levy, tax, projection הֵיטֵל ז׳
wander, roll, bump הִיטַלְטֵל פ׳
assimilation הִיטָמְעוּת נ׳
joining, sticking הִיטָפְלוּת נ׳
high *הַיי (מסטול) ת׳
high tech הַיי טֶק
that is, namely הַיינוּ תה״פ
it's all the same - היינו הך
directly, straight הַיישֵׁר תה״פ
is it possible הֲיִיתָּכֵן מ״ק
beat, hit, knock, *lick הִיכָּה פ׳
make waves - היכה גלים
repent, regret - היכה על חטא
take root - היכה שורש
alert, stand-by הִיכּוֹן ז׳
palace, temple הֵיכָל ז׳
where, wherein הֵיכָן תה״פ
trademark הֶיכֵּר: סימן היכר ז׳
acquaintance הֶיכֵּרוּת נ׳
aura, corona, halo הִילָה נ׳
walking, gait, gear הִילוּךְ ז׳
out of gear - בהילוך סרק
merrymaking, spree הִילוּלָה נ׳
walk about, go round הִילֵּךְ פ׳
frighten, terrify - הילך אימים
fascinate - הילך קסם
legal tender הִילָּךְ חוּקִי ז׳
praise, acclaim, laud הִילֵּל פ׳
gamble, bet, wager הִימּוּר ז׳
turn right הֵימִין פ׳
escape, fleeing הִימָּלְטוּת נ׳
confound, stun, daze הִימֵּם פ׳
from him, from it הֵימֶנּוּ מ״ג
counting among הִימָּנוּת נ׳
abstention הִימָּנְעוּת נ׳
presence, existence הִימָּצְאוּת נ׳
bet, gamble, stake הִימֵּר פ׳
nod הֶינֵד ראש ז׳
bridal veil הִינוּמָה נ׳
abstinence הִינָּזְרוּת נ׳
suckle, give suck to הֵינִיקָה פ׳
motion, drive הֶינֵעַ ז׳
front-wheel drive - הינע קדמי
stroke, swing, swoop הֶינֵף ז׳
saving, escape הִינָּצְלוּת נ׳
endorsement הֶיסֵב ז׳
silence, shush, hush הִיסָּה פ׳
hesitation, scruple הִיסּוּס ז׳
diversion הֶיסַּח ז׳
absence of mind - היסח הדעת
being carried away הִיסָּחֲפוּת נ׳

shift, deviation הֶיסֵּט ז׳
historic, historical הִיסטוֹרִי ת׳
history, annals הִיסטוֹרְיָה נ׳
historian, annalist הִיסטוֹרְיוֹן ז׳
hysterical הִיסטֶרִי ת׳
hesitate, waver הִיסֵּס פ׳
transportation הֶיסֵּעַ ז׳
absence, want הֶיעְדֵּר ז׳
absence, truancy הֵיעָדְרוּת נ׳
disappearance הֵיעָלְמוּת נ׳
response, acceptance הֵיעָנוּת נ׳
alignment, deployment, lineup הֵיעָרְכוּת נ׳
consent, acceding הֵיעָתְרוּת נ׳
meeting הִיפָּגְשׁוּת ז׳
turning over, reverse, opposite, inversion הִיפּוּךְ ז׳
on the contrary - היפוכו של דבר
hypochondriac הִיפּוֹכוֹנְדֶר ז׳
hippopotamus, hippo הִיפּוֹפּוֹטָם ז׳
hypothesis הִיפּוֹתֵיזָה נ׳
hypothetical הִיפּוֹתֵיטִי ת׳
riddance, disposal הִיפָּטְרוּת נ׳
hippie, hippy הִיפִּי ז׳
contrary, opposite הֵיפֶךְ ז׳
to the contrary - להיפך
ejection, emission הִיפָּלְטוּת נ׳
hypnosis, hypnotism הִיפְּנוֹזָה נ׳
hypnotizing הִיפְּנוּט ז׳
hypnotic הִיפְּנוֹטִי ת׳
hypnotize, mesmerize הִיפְּנֵט פ׳
hyperactive הִיפֶּרְאַקְטִיבִי ת׳
hyperbola הִיפֶּרְבּוֹלָה (עקומה) נ׳
separation, parting הִיפָּרְדוּת נ׳
opening, openness הִיפָּתְחוּת נ׳
exposition, display הֶיצֵג ז׳
linkage, adherence הִיצָּמְדוּת נ׳
supply, offer הֶיצֵעַ ז׳
supply and demand - היצע וביקוש
dumping הֶיצֵף ז׳
narrowing, stricture הִיצָּרוּת נ׳
absorption הִיקָּלְטוּת נ׳
circuit, circumference, perimeter, scope, extent הֶיקֵּף ז׳
peripheral הֶיקֵּפִי ת׳
analogy, inference הֶיקֵּשׁ ז׳
calming down הֵירָגְעוּת נ׳
falling asleep הֵירָדְמוּת נ׳
hieroglyphs הִירוֹגְלִיפִים ז״ר

הֵירָטְבוּת נ׳	becoming wet
הֵירָיוֹן ז׳	pregnancy
- בהיריון	pregnant
- היריון מחוץ לרחם	ectopic pregnancy
הֵירָקְבוּת נ׳	decay, rotting
הִיֵרַרְכִיָה נ׳	hierarchy
הֵירָתְמוּת נ׳	being harnessed
הִישָׁאֲרוּת נ׳	staying, remaining
הֶישֵׂג ז׳	achievement
- בהישג יד	within reach
הֵישִׁיר פ׳	go straight
- הישיר מבט	stare at, outface
הִישָּׁנוּת נ׳	repetition
הִישָּׁעֲנוּת נ׳	reliance, leaning
הִישָּׂרְדוּת נ׳	survival
הִיתּוּךְ ז׳	melting
הִיתּוּל ז׳	ridicule, mockery
הִיתּוּלִי ת׳	humorous, facetious
הִיתּוֹסֵף פ׳	be added, increase
הִיתֵּל פ׳	mock, joke, jest
הִיתַּמֵּר פ׳	billow, go up
הִיתָּקְלוּת נ׳	encounter, meeting
הֶיתֵּר ז׳	permission, leave
- היתר עסקא	permit to take interest
הַכָּאָה נ׳	beating, hitting
הִכְאִיב פ׳	hurt, cause pain
הַכְבָּדָה נ׳	burdening, troubling
הִכְבִּיד פ׳	burden, lie heavy on
הִכְבִּיר מִלִּים פ׳	talk much
הִכְהָה פ׳	darken, shade in
הַכְוָונָה נ׳	direction, alignment
הַכּוֹל מ״ג	all, everybody, everyone, everything
- הכול בכול	lock stock and barrel
הִכְזִיב פ׳	disappoint, belie
הַכְחָדָה נ׳	annihilation
הִכְחִיד פ׳	annihilate, eradicate
הִכְחִישׁ פ׳	contradict, deny
הַכְחָשָׁה נ׳	contradiction, denial
- הכחשת השואה	Holocaust denial
הֲכִי מ״ח	is it?, most, veriest
- הכי הרבה	most of all
הֵכִיל פ׳	contain, include, hold
הֵכִין פ׳	fix, prepare
הֵכֵיצַד תה״פ	how so, how come
הִכִּיר פ׳	recognize, know, acquaint, acknowledge
הִכִּישׁ פ׳	bite, sting
הַכְלָאָה נ׳	hybridization
הֲכָלָה נ׳	containment
הִכְלִיא פ׳	hybridize, crossbreed
הִכְלִיב פ׳	baste, stitch, tack
הִכְלִיל פ׳	generalize, include
הִכְלִים פ׳	shame, insult
הַכְלָלָה נ׳	inclusion
הַכְלָמָה נ׳	causing shame
הָכֵן תה״פ	ready, on the alert
הֲכָנָה נ׳	preparation, readiness
הִכְנִיס פ׳	introduce, admit, bring in, let in
הִכְנִיעַ פ׳	subdue, subjugate
הַכְנָסָה נ׳	admission, income
- הכנסת אורחים	hospitality
- הכנסת כלה	marriage
הַכְנָעָה נ׳	submission, humility
הִכְסִיף פ׳	gray, silver
הִכְעִיס פ׳	anger, enrage
- להכעיס	out of spite
הִכְפִּיל פ׳	double, multiply
הִכְפִּישׁ פ׳	smear, taint, soil
- הכפיש שמו	sully his name
הַכְפָּלָה נ׳	multiplication
הַכְפָּשָׁה נ׳	smearing
הַכְּצַעֲקָתָהּ?	is it really so?
הַכָּרָה נ׳	consciousness, recognition
הַכְרָזָה נ׳	declaration
הֶכְרֵחַ ז׳	necessity, compulsion
- בהכרח	necessarily, perforce
הֶכְרֵחִי ת׳	necessary
הִכְרִיז פ׳	declare, proclaim
- הכריז מלחמה	declare war
הִכְרִיחַ פ׳	compel, force, coerce
הִכְרִיעַ פ׳	subject, decide
- הכריע את הכף	tip the scales
הַכְרָעָה נ׳	decision, subduing
- הכרעת הדין	verdict
הַכָּשָׁה נ׳	bite, blow
הִכְשִׁיל פ׳	cause to fail, trip up
הִכְשִׁיר פ׳	qualify, train, prepare, make kosher
- הכשיר הקרקע	pave the way
הַכְשָׁלָה נ׳	causing failure, trip
הֶכְשֵׁר ז׳	permit as kosher
הַכְשָׁרָה נ׳	training, preparation
הַכְתָּבָה נ׳	dictation
הִכְתִּיב פ׳	dictate
הִכְתִּים פ׳	blot, stain, tarnish
הִכְתִּיף פ׳	shoulder, slope
- הכתף נשק!	shoulder arms!

הִכְתִּיר פ׳	crown, cap, queen
הַכְתָּמָה נ׳	staining, tarnishing
הַכְתָּפָה נ׳	shouldering, slope
הַכְתָּרָה נ׳	coronation
הֶל (תבלין) ז׳	cardamom
הֲלֹא תה״פ	is it not, indeed, but
- הלא כן ?	is it not so?
הֶלְאָה פ׳	weary, tire, exhaust
הָלְאָה תה״פ	away, farther, forth, onwards, on
- והלאה	ff., and the following
הָלְאָה מ״ק	away with!
הִלְאִים פ׳	nationalize
הַלְאָמָה נ׳	nationalization
הִלְבִּין פ׳	bleach, whiten
- הלבין כסף	launder money
- הלבין פנים	insult, dishonor
הִלְבִּישׁ פ׳	clothe, dress, attire
הַלְבָּנָה נ׳	whitening
- הלבנת כספים	money laundering
הַלְבָּשָׁה נ׳	clothing, wear
הַלָּה מ״ג	that one
הִלְהִיב פ׳	inflame, excite
הִלְהִיט פ׳	inflame, enkindle
הַלוֹ מ״ק	hello, hey
הַלְוָאָה נ׳	loan, lending
הַלְוַאי מ״ק	I wish, if only
הִלְוָה פ׳	lend, loan
הַלְוָיָה נ׳	funeral (procession)
הָלוֹךְ וָשׁוֹב	to and fro
הָלוּם ת׳	struck, smitten
הֲלוֹם תה״פ	hither, here
הִלְחִים פ׳	solder
הִלְחִין פ׳	compose, set to music
*הִלְחִיץ פ׳	pressurize, unnerve
הַלְחָמָה נ׳	soldering
הַלְחָנָה נ׳	composition
הֶלְיוּם (גז) ז׳	helium
הֵלִיט פ׳	veil, cover, enclose
הָלִיךְ ז׳	procedure, action
- הליכים	proceedings
הֲלִיכָה נ׳	walk, going, carriage
הֲלִיכוֹן ז׳	walker
הֵלִין פ׳	complain, grumble
הֵלִין פ׳	accommodate, lodge
הֶלִיקוֹפְּטֶר ז׳	helicopter
הָלַךְ פ׳	go, walk, depart
*- הולך !	it's a deal!
- הלך בתלם	toe the line
- הלך ו-	become more and more
*- הלך לו	succeed, do well
- הלך לעולמו	die
*- הלך פייפן/קאקן	be ruined
- הלך שולל	be deceived in
- לך לעזאזל !	go to hell!
הֵלֶךְ ז׳	wanderer, wayfarer
הַלָּךְ ז׳	walker
הֲלָךְ רוּחַ ז׳	mood, morale
הֲלָכָה נ׳	Jewish law, law, rule
- הלכה למעשה	in practice
- כהלכה	well, properly
- להלכה	theoretically
הִלְכָתִי ת׳	of Jewish law
הַלֵּל ז׳	praise, glory
הַלָּלוּ מ״ג	these, those
הַלְלוּיָהּ מ״ק	hallelujah
הָלַם פ׳	strike, blow, fit, suit
הֶלֶם ז׳	blow, shock
- הלם העתיד	future shock
- הלם קרב	shell shock
הֲלָנָה נ׳	night's lodging
- הלנת דין	deferring judgment
- הלנת שכר	delaying wages
הַלְעָטָה נ׳	feeding, stuffing
הִלְעִיז פ׳	slander, libel
הִלְעִיט פ׳	feed, stuff, cram
הֲלָצָה נ׳	joke, jest, pleasantry
הַלְקָאָה נ׳	beating, flogging
הִלְקָה פ׳	whip, flog, lash
הֶלְקֵט ז׳	capsule
הִלְשִׁין פ׳	inform on, *squeak
הַלְשָׁנָה נ׳	informing, reporting
הֵם מ״ג	they
הִמְאִיס פ׳	make loathsome
הִמְדִּיר פ׳	bevel, slope
הָמָה פ׳	make noise, coo
- המה אדם	be bustling with people
הֵמָּה מ״ג	they
הֶמְהוּם ז׳	murmur, rustle
הִמְהֵם פ׳	hum, murmur, hem
הֲמֻלָּה נ׳	tumult, hustle
הֵמוֹלִיזָה (תֶּמֶס דָּם) נ׳	hemolysis
הָמוּם ת׳	shocked, stunned
הָמוֹן ז׳	crowd, mass, *lots of
- ההמונים	the masses
הֲמוֹנִי ת׳	common, vulgar
הֵמוֹפִילְיָה (דממת) נ׳	hemophilia
הַמּוֹצִיא ז׳	prayer over bread
הַמְחָאָה נ׳	check, assignment
- המחאת נוסעים	traveler's check

הִמְחָה פ׳ — assign
הַמְחָזָה נ׳ — staging
הִמְחִיז פ׳ — dramatize, stage
הִמְחִישׁ פ׳ — illustrate, realize
הַמְחָשָׁה נ׳ — realization
הִמְטִיר פ׳ — shower, rain, heap
הֶמְיָה נ׳ — coo, murmur, noise
הֵמִיט פ׳ — bring upon, cause
הֵמִיר פ׳ — convert, exchange
- המיר דת — convert
הֵמִית פ׳ — kill, put to death
הַמְלָטָה נ׳ — giving birth
הִמְלִיחַ פ׳ — salt
הִמְלִיטָה פ׳ — give birth, litter
הִמְלִיךְ פ׳ — crown, make king
הִמְלִיץ פ׳ — recommend, suggest
הַמְלָכָה נ׳ — enthronement
הַמְלָצָה נ׳ — recommendation
הֵמַם פ׳ — confound, stun, daze
הִמְנוֹן ז׳ — anthem, hymn
- המנון לאומי — national anthem
הֵמֵס פ׳ — melt, dissolve, liquefy
הֲמַסָּה נ׳ — melting, solution
הַמְעָטָה נ׳ — reducing
הִמְעִיט פ׳ — reduce, diminish
הַמְצָאָה נ׳ — invention
הִמְצִיא פ׳ — invent, supply
הַמְרָאָה נ׳ — sublimation, takeoff
הַמְרָדָה נ׳ — incitement to rebel
הֲמָרָה נ׳ — exchange, change
- המרת דת — conversion
הִמְרָה אֶת פִּיו פ׳ — defy, disobey
הִמְרִיא פ׳ — take off, soar
הִמְרִיד פ׳ — cause to rebel
הִמְרִיץ פ׳ — stimulate, urge, prod
הַמְרָצָה נ׳ — stimulation
הִמְשִׁיךְ פ׳ — carry on, continue
הֶמְשֵׁךְ ז׳ — continuation, sequel
- בהמשך ל- — further to
- בהמשכים — in installments
הֶמְשֵׁכִי ת׳ — continual, run-on
הֶמְשֵׁכִיּוּת נ׳ — continuity
הֲמָתָה נ׳ — killing, execution
- המתת חסד — euthanasia
הִמְתִּין פ׳ — wait, stay
הִמְתִּיק פ׳ — sweeten, mitigate
- המתיק את הגלולה — sugar the pill
- המתיק סוד — let into a secret
- המתיק עונש — commute
הַמְתָּנָה נ׳ — waiting, wait
הַמְתָּקָה נ׳ — sweetening

הֵן מ״ג — they
- הן זה והן זה — both of them
- הן צדק — word of honor
הֵן מ״ק — yes, surely, but
הֲנָאָה נ׳ — pleasure, delight
הֶנְגָאוֹבֶר (חמרמורת) ז׳ — hangover
הִנְגִּין פ׳ — intonate
הַנְדְּסָאוּת נ׳ — practical engineering
הַנְדְּסַאי ז׳ — practical engineer
הַנְדָּסָה נ׳ — engineering, geometry
- הנדסה גנטית — genetic engineering
- הנדסת אנוש — ergonomics
- הנדסת מכונות — mechanical engineering
הַנְדָּסִי ת׳ — geometrical
הֵנָּה תה״פ — here, hither
- הנה והנה — back and forth
- כהנה וכהנה — so much more
הִנֵּה מ״ק — here is, see, why
- הנה (כי) כן — thus, so
הַנְהָגָה נ׳ — leadership
הִנְהוּן ז׳ — nodding, nod
הנה״ח=הנהלת חשבונות
הִנְהִיג פ׳ — lead, make a custom
הַנְהָלָה נ׳ — management
- הנהלת חשבונות — bookkeeping
הִנְהֵן פ׳ — say yes, nod
הִנְחָה פ׳ — direct, guide, lead
הַנָּחָה נ׳ — assumption, presumption, laying, placing, reduction, discount
- בהנחה ש- — supposing
- הנחת עבודה — working assumption
הַנְחָיָה נ׳ — direction, guidance
הִנְחִיל פ׳ — bequeath, bring
הִנְחִית פ׳ — land, disembark, give
הַנְחָלַת הַלָּשׁוֹן נ׳ — language instruction
הַנְחָתָה נ׳ — landing, smash
הֵנִיא פ׳ — argue out of, dissuade
הֵנִיב פ׳ — produce, yield, bear
הֵנִיד פ׳ — move, shake, stir
הִנִּיחַ פ׳ — leave, let, lay, put, place, assume, suppose
הֵנִיחַ פ׳ — give rest, rest
- הניח דעתו — be satisfactory
הֵנִיס פ׳ — put to flight, rout
הֵנִיעַ פ׳ — move, stir, motivate

הֵנִיף פ׳ lift, wave, lever, hoist
הנ״ל = הנזכר לעיל the above-mentioned
הִנְמִיךְ פ׳ lower, take down
הַנְמָכָה נ׳ lowering
הַנְמָקָה נ׳ argumentation
הִנְנִי, הִנְּךָ, וכו׳ מ״ג I am, you are, etc.
הֲנָעָה נ׳ moving, propulsion
- הנעה קדמית front-wheel drive
הִנְעִיל פ׳ shoe, put shoes on
הִנְעִים פ׳ make pleasant
הַנְעָלָה נ׳ shoes, footwear
הֲנָפָה נ׳ lifting, leverage, waving, hoist, snatch
הִנְפִּיק פ׳ issue
הַנְפָּקָה נ׳ issue, emission
הַנְפָּשָׁה נ׳ animation
הֵנֵץ פ׳ sprout, bud
הָנֵץ הַחַמָּה ז׳ sunrise, sunup
הַנְצָחָה נ׳ commemoration
הִנְצִיחַ פ׳ commemorate, perpetuate
הֲנָקָה נ׳ breast feeding
הִנְשִׁים פ׳ cause to breathe
הַנְשָׁמָה נ׳ respiration
- הנשמה מפה לפה mouth to mouth resuscitation
הַס מ״ק quiet, silence
הֵסֵב פ׳ cause, bring, turn, endorse, recline, sit at table
- הסב תשומת לב call attention
הֲסָבָה נ׳ endorsement, change
- הסבה מקצועית professional retraining
הִסְבִּיר פ׳ explain, account for
- הסביר פנים greet warmly
הֶסְבֵּר ז׳ explanation, account
הַסְבָּרָה נ׳ explanation, information, propaganda
הִסְגִּיר פ׳ extradite, betray, hand over, give away
הֶסְגֵּר ז׳ blockade, quarantine
הַסְגָּרָה נ׳ betrayal, extradition
הַסָּגַת גְּבוּל encroachment
הִסְדִּיר פ׳ arrange, settle
הֶסְדֵּר ז׳ arrangement, yeshiva-military service
הַסְוָואָה נ׳ camouflage
הִסְוָוה פ׳ camouflage, mask
הֲסָחָה נ׳ diversion, distraction
- הסחת דעת distraction
הֲסָטָה נ׳ shifting, moving
הֵסִיג פ׳ withdraw, move back
- הסיג גבול encroach, trespass
הִסִּיחַ פ׳ divert, distract
- הסיח דעת distract, divert
הֵסִיט פ׳ shift, remove, shunt
הִסִּיעַ פ׳ drive, transport, taxi
הִסִּיק פ׳ infer, heat up
הֵסִיר פ׳ remove, lift, take off
הֵסִית פ׳ instigate, incite
הִסְכִּים פ׳ agree, consent
הִסְכִּין פ׳ be accustomed
הֶסְכֵּם ז׳ accord, agreement, compact, contract, deal
הַסְכָּמָה נ׳ agreement, consent
הַסְכֵּת וּשְׁמַע! hear, listen, hark
הִסְלִים פ׳ escalate, step up
הַסְלָמָה נ׳ escalation, step-up
הִסְמִיךְ פ׳ authorize, empower
הִסְמִיק פ׳ blush, redden, flush
הַסְמָכָה נ׳ authorization
הַסְמָקָה נ׳ blushing, flush
*הִסְנִיף פ׳ sniff up drugs
הַסְסָן ז׳ hesitant, indecisive
הַסְסָנוּת נ׳ hesitancy, indecision
הַסְעָדָה נ׳ catering
הַסָּעָה נ׳ transportation, lift
הִסְעִיר פ׳ agitate, enrage
הֶסְפֵּד ז׳ funeral oration
הִסְפִּיג פ׳ saturate, impregnate
הִסְפִּיד פ׳ eulogize, mourn
הִסְפִּיק פ׳ be enough, succeed
הֶסְפֵּק ז׳ output, capacity
הַסְפָּקָה נ׳ provision, supply
הַסָּקָה נ׳ heating, inference
- הסקה מרכזית central heating
הֲסָרָה נ׳ removal, taking off
הַסְרָטָה נ׳ filming
הִסְרִיחַ פ׳ stink, reek, smell
הִסְרִיט פ׳ film, screen, shoot
הִסְתָּאֵב פ׳ become corrupt
הִסְתָּאֲבוּת נ׳ corruption
הִסְתַּבֵּךְ פ׳ become complicated
הִסְתַּבְּכוּת נ׳ complication
הִסְתַּבֵּן פ׳ soap oneself
הִסְתַּבֵּר פ׳ be evident, turn out
הִסְתַּבְּרוּת נ׳ probability, likelihood, odds
הִסְתַּגֵּל פ׳ adapt oneself, adjust
הִסְתַּגְּלוּת נ׳ adaptation

הִסתַגֵר פ׳	shut oneself up
הִסתַגְרוּת נ׳	seclusion
הִסתַדֵר פ׳	be organized, manage, get along, make do
- הסתדר בשורה	line up
הִסתַדְרוּת נ׳	organization
הֲסָתָה נ׳	incitement, sedition
הִסתוֹבֵב פ׳	circle, revolve, rotate, turn, go with
הִסתוֹדֵד פ׳	confer secretly
הִסתוֹפֵף פ׳	visit often
הִסתַחרֵר פ׳	be dizzy, whirl
הִסתַיֵיג פ׳	disapprove, disfavor
הִסתַיְיגוּת נ׳	reservation, disapproval, disfavor
הִסתַיְידוּת עוֹרקִים	arteriosclerosis
הִסתַיֵים פ׳	end, terminate
הִסתַיֵיעַ פ׳	be assisted
- הסתייע בידו	succeed
הִסתִיר פ׳	conceal, hide
הִסתַכֵּל פ׳	gaze, look, watch
הִסתַכְּלוּת נ׳	looking
הִסתַכֵּם פ׳	add up to, amount
הִסתַכֵּן פ׳	risk, venture
הִסתַכסֵך פ׳	quarrel, dispute
*הִסתַלבֵּט פ׳	waste time, loaf
הִסתַלסֵל פ׳	curl, wave
הִסתַלֵק פ׳	leave, depart, die
הִסתַלְקוּת נ׳	departure, death
הִסתַמֵך פ׳	rely on, depend on
הִסתַמֵן פ׳	be apparent, form
הִסתַמֵר פ׳	bristle, stand on end
הִסתַנווֵר פ׳	be dazzled, be blind
הִסתַנֵן פ׳	filter, infiltrate
הִסתַנְנוּת נ׳	infiltration
הִסתָעֵף פ׳	branch, fork, ramify
הִסתָעֲפוּת נ׳	ramification
הִסתָעֵר פ׳	attack, assail, storm
הִסתַעֲרֵב פ׳	disguise as an Arab
הִסתָעֲרוּת נ׳	attack, onslaught
הִסתַפֵּחַ פ׳	be annexed, join
הִסתַפֵּק פ׳	be satisfied, content oneself, doubt
הִסתַפְּקוּת נ׳	contentment
הִסתַפֵּר פ׳	have a haircut
הִסתַקרֵן פ׳	wonder, be curious
הֶסתֵר ז׳	concealment, secrecy
הִסתַרבֵּל פ׳	be cumbersome
הַסתָרָה נ׳	concealment, hiding
הִסתָרֵק פ׳	comb one's hair
הִסתַתֵר פ׳	hide, lurk, lie low
הֶעֱבִיד פ׳	employ, work
הֶעֱבִיר פ׳	move, pass, transfer
הַעֲבָרָה נ׳	transference, hand-over
- העברת בעלות	conveyance, alienation
הֶעֱדִיף פ׳	prefer, choose, elect
הַעֲדָפָה נ׳	preference, choice
הֶעְדֵר ז׳	lack, absence
- בהעדר	wanting, failing
הֶעֱווה פָּנָיו	pull faces, mouth
הַעֲוָויָה נ׳	grimace, wry face
הֵעֵז פ׳	dare, presume, venture
הָעָזָה נ׳	daring, venture
הֵעִיב פ׳	cloud, eclipse
הֵעִיד פ׳	testify, witness, show
*הֵעִיז פ׳	dare, venture
- העיז פנים	be insolent
הֵעִיף פ׳	fly, send flying
- העיף מבט	have a look
הֵעִיק פ׳	oppress, lie heavy on
הֵעִיר פ׳	comment, remark, observe, rouse, wake
הֶעֱכִיר פ׳	befoul, make gloomy
הַעֲלָאָה נ׳	lift, raise, rise
- העלאה בדרגה	promotion
הַעֲלָבָה נ׳	insulting, offence
הֶעֱלָה פ׳	raise, lift, bring up
- העלה באש	set on fire
- העלה בדרגה	promote
- העלה גירה	regurgitate
- העלה על הדעת	imagine, think of
- העלה על הנייר	write down
- לא יעלה על הדעת	it is inconceivable
הֶעֱלִיב פ׳	insult, offend, affront
הֶעֱלִיל פ׳	slander, calumniate
הֶעֱלִים פ׳	hide, conceal
- העלים מס	evade tax
- העלים עין	overlook
הַעֲלָמָה נ׳	concealing, hush-up
- העלמת מס/הכנסה	tax evasion
הַעֲמָדָה נ׳	erection, setting up
- העמדת פנים	affectation, show
הֶעֱמִיד פ׳	establish, erect, put
- העמיד לדין	put on trial
- העמיד פנים	feign, pretend
הֶעֱמִיס פ׳	burden, load
הֶעֱמִיק פ׳	deepen, intensify

הַעֲמָסָה נ׳ loading, burdening
הַעֲמָקָה נ׳ deepening, delving
הֶעֱנִיק פ׳ award, grant, give
- העניקה חסדיה bestow her favors
הֶעֱנִישׁ פ׳ punish, penalize
הַעֲנָקָה נ׳ grant, bestowal
הַעֲנָשָׁה נ׳ punishing
הֶעֱסִיק פ׳ employ, engage
הַעֲסָקָה נ׳ employment
הֶעְפִּיל פ׳ climb, immigrate
הַעְפָּלָה נ׳ immigration
הֶעֱצִיב פ׳ sadden, cast down
הֶעֱרָה פ׳ pour, decant
הֶעָרָה נ׳ comment, remark
- הערת אזהרה warning note
הֶעֱרִיךְ פ׳ estimate, appreciate
הֶעֱרִים פ׳ go around, cheat
- הערים קשיים make difficulties
הֶעֱרִיץ פ׳ worship, admire
הַעֲרָכָה נ׳ estimate
הַעֲרָצָה נ׳ admiration, worship
הֶעֱשִׁיר פ׳ enrich, improve
הַעֲשָׁרָה נ׳ enrichment
הֶעְתִּיק פ׳ copy, reproduce
הֶעְתִּיר פ׳ entreat, beg, shower
הֶעְתֵּק ז׳ copy, duplicate
- העתק שמש blueprint
הַעְתָּקָה נ׳ copying, shift
הֲפָגָה נ׳ easing, abatement
הַפְגָּזָה נ׳ shelling
הִפְגִּיז פ׳ shell, bombard
הִפְגִּין פ׳ demonstrate, show
הִפְגִּישׁ פ׳ bring together
הַפְגָּנָה נ׳ demonstration, show
הַפְגָּנָתִי ת׳ demonstrative
הֲפוּגָה נ׳ pause, cease-fire, lull
הָפוּךְ ת׳ overturned, upside down, reverse, opposite
*- הפוך על הפוך absurd
הַפְחָדָה נ׳ intimidation, scaring
הֲפָחָה נ׳ blowing, inspiring
הִפְחִיד פ׳ frighten, scare
הִפְחִית פ׳ lessen, subtract
הַפְחָתָה נ׳ decrease, reduction
הִפְטִיר פ׳ release, say, let drop
הֶפְטֵר ז׳ discharge
הַפְטָרָה נ׳ Haftarah, excerpt from the Bible
הֵפִיג פ׳ ease, relieve, allay
הֵפִיחַ פ׳ blow, inspire, breathe
- הפיח חיים inject new life
הָפִיךְ ת׳ convertible, reversible
הֲפִיכָה נ׳ revolution
- הפיכת חצר palace revolution
הִפִּיל פ׳ drop, throw down, trip
- הפיל בפח entrap, frame
- הפילה (בהיריון) miscarry
הֵפִיס פ׳ appease, calm, pacify
הֵפִיץ פ׳ scatter, distribute
הֵפִיק פ׳ produce, derive, yield
- הפיק לקחים learn one's lesson, learn by experience
הָפַךְ פ׳ turn over, upset
- הפך הקערה על פיה turn the tables
- הפך ל- turn into, become
- הפך עולמות move heaven and earth, raise Cain
הֲפַכְפַּךְ ת׳ fickle, wayward
הַפְלֵא וָפֶלֶא מ״ק wonderful
הַפְלָגָה נ׳ cruise, sailing, voyage
הִפְלָה פ׳ discriminate
הַפָּלָה נ׳ abortion, miscarriage, dropping, bringing down
הִפְלִיא פ׳ amaze, surprise
הִפְלִיג פ׳ sail, exaggerate
הַפְלָיָה נ׳ discrimination
הִפְלִיל פ׳ incriminate, frame
*הִפְלִיץ פ׳ fart, break wind
*הִפְלִיק פ׳ strike, hit
הַפְלָלָה פ׳ incrimination
הִפְנָה פ׳ refer, turn, direct
הַפְנָיָה נ׳ turning, referring
הִפְנִים פ׳ internalize, realize
הַפְנָמָה נ׳ realization
הֶפְסֵד ז׳ damage, loss, defeat
הִפְסִיד פ׳ lose, forfeit, miss
הִפְסִיק פ׳ cease, pause, stop
הֶפְסֵק ז׳ stop, interruption
הַפְסָקָה נ׳ break, intermission
- הפסקת אש cease-fire, truce
- הפסקת חשמל power cut
הִפְעִיל פ׳ activate, operate
הַפְעָלָה נ׳ activation, exercise
הֲפָצָה נ׳ distribution
הִפְצִיעַ פ׳ break through, burst
הִפְצִיץ פ׳ bomb, blast, shell
הִפְצִיר פ׳ entreat, implore
הַפְצָצָה נ׳ bombardment, raid
הַפְצָרָה נ׳ entreaty, urging, plea
הַפְקָדָה נ׳ depositing
הֲפָקָה נ׳ production, elicitation

- הפקת לקחים learning one's lesson, drawing conclusions
הִפְקִיד פ׳ deposit, entrust
הִפְקִיעַ פ׳ requisition
- הפקיע מחירים overcharge
הִפְקִיר פ׳ abandon, desert
הַפְקָעָה נ׳ requisition
הֶפְקֵר ז׳ ownerless property, anarchy, lawlessness
הַפְקָרָה נ׳ abandonment
הֶפְקֵרוּת נ׳ lawlessness, anarchy
הֵפֵר פ׳ violate, break
הַפְרָדָה נ׳ separation, parting
הִפְרָה פ׳ fertilize, impregnate
הֲפָרָה נ׳ violation, breach
- הפרת חוק breach of the law
הַפְרָזָה נ׳ exaggeration, excess
הַפְרָטָה נ׳ privatization
הִפְרִיד פ׳ segregate, separate
הַפְרָיָה נ׳ fertilization
- הפריה חוץ-גופית in vitro fertilization
- הפריה מלאכותית artificial insemination
- הפריית מבחנה in vitro fertilization
הִפְרִיז פ׳ exaggerate, go too far
הִפְרִיחַ פ׳ fly, spread, flower
הִפְרִיט פ׳ privatize
הִפְרִיךְ פ׳ disprove, refute
הִפְרִיעַ פ׳ interfere, disturb
הִפְרִישׁ פ׳ set aside, excrete
הַפְרָכָה נ׳ confutation, disproof
הַפְרָעָה נ׳ interference, disturbance, disorder
הֶפְרֵשׁ ז׳ difference
- הפרשי הצמדה linkage differentials
- הפרשי שער rate differences
הַפְרָשָׁה נ׳ excretion, setting aside, allocation, allowance
הַפְשָׁטָה נ׳ abstraction, undressing
הִפְשִׁיט פ׳ undress, strip
הִפְשִׁיל פ׳ roll up, tuck up
הִפְשִׁיר פ׳ defrost, thaw
הַפְשָׁלָה נ׳ rolling up
הַפְשָׁרָה נ׳ melting, defrosting
הִפְתִּיעַ פ׳ surprise
הַפְתָּעָה נ׳ surprise
הַצָּבָה נ׳ stationing, placing
הִצְבִּיעַ פ׳ point, indicate, vote

הַצְבָּעָה נ׳ vote, poll, ballot
- הצבעת (אי) אמון vote of (no) confidence
הַצָּגָה נ׳ display, show, scene, introducing, presentation
הִצְדִּיעַ פ׳ salute
הִצְדִּיק פ׳ justify, excuse
הַצְדָּעָה נ׳ salute, saluting
הַצְדָּקָה נ׳ justification
הִצְהִיב פ׳ yellow, turn yellow
הִצְהִיר פ׳ declare, state, attest
הַצְהָרָה נ׳ declaration
- הצהרה בשבועה affidavit
- הצהרת כוונות declaration of intent
הִצְחִין פ׳ stink, smell
הִצְחִיק פ׳ amuse, make laugh
הַצְחָקָה נ׳ causing laugh
הִצְטַבֵּר פ׳ accumulate, accrue
הִצְטַבְּרוּת נ׳ accumulation
הִצְטַדֵּק פ׳ apologize
הִצְטַוָּה פ׳ be ordered
הִצְטוֹפֵף פ׳ crowd, huddle, pack
הִצְטַיֵּד פ׳ be equipped, arm
הִצְטַיְּדוּת נ׳ equipping oneself
הִצְטַיֵּן פ׳ be distinguished, excel
הִצְטַיְּנוּת נ׳ excellence
הִצְטַיֵּר פ׳ be portrayed
הִצְטַלֵּב פ׳ intersect, cross oneself
הִצְטַלְּבוּת נ׳ intersection
הִצְטַלֵּם פ׳ be photographed
הִצְטַמְצֵם פ׳ limit oneself
הִצְטַמֵּק פ׳ shrivel, shrink
הִצְטַנֵּן פ׳ catch cold, cool
הִצְטַנְּנוּת נ׳ cold, cooling
הִצְטַנֵּעַ פ׳ be modest
הִצְטַנֵּף פ׳ be wrapped, curl up
הִצְטַעֵר פ׳ be sorry, regret
הִצְטָרֵד פ׳ be hoarse
הִצְטָרֵךְ פ׳ need, have to
הִצְטָרֵף פ׳ join, join in
הִצְטָרְפוּת נ׳ joining
הִצִּיב פ׳ place, station, set up
הִצִּיג פ׳ perform, play, show, present, introduce
- הצג שק! (בצבא) order arms!
הַצִּידָה תה״פ aside, sidewards
הִצִּיל פ׳ rescue, save
- הציל את עורו save one's skin
הַצִּילוּ מ״ק help, SOS

הִצִּיעַ פ׳ offer, propose, suggest
- הציע את המיטה make the bed
הֵצִיף פ׳ flood, inundate, float
הֵצִיץ פ׳ peep, look, glance
- הציץ ונפגע become irreligious
הֵצִיק פ׳ annoy, bother, bully
הִצִּית פ׳ set fire, kindle, light
הַצְלָבָה נ׳ crossbreeding, match
הַצָּלָה נ׳ rescue, saving
הַצְלָחָה נ׳ success, prosperity
הִצְלִיב פ׳ cross, interbreed
הִצְלִיחַ פ׳ succeed, work
הִצְלִיף פ׳ lash, whip, flay
הַצְלָפָה נ׳ whipping, lash
הַצְמָדָה נ׳ linking, joining
הִצְמִיד פ׳ couple, link, fasten
הִצְמִיחַ פ׳ grow, produce
- הצמיח קרניים cuckold
- הצמיח שיניים cut one's teeth
הַצְנָחָה נ׳ airdrop, dropping
הִצְנִיחַ פ׳ drop, parachute
הִצְנִיעַ פ׳ conceal, hide
הַצָּעָה נ׳ offer, suggestion
הִצְעִיד פ׳ lead, march
הֲצָפָה נ׳ flooding, inundation
הִצְפִּין פ׳ hide, encode, go north
הַצְפָּנָה נ׳ hiding, encoding
הֲצָצָה נ׳ peep, peek, glance
הֵצֵר פ׳ narrow, limit, be sorry
- הצר צעדיו suppress
הֲצָרָה נ׳ narrowing
הַצְרָחָה נ׳ castling
הִצְרִיחַ פ׳ castle
הִצְרִיךְ פ׳ necessitate, need
הִצְרִין פ׳ shape, formalize
הַצְרָנָה נ׳ formalization
הַצָּתָה נ׳ ignition, arson
- הצתה לאחור backfire
- הצתה מאוחרת late ignition
הֲקָאָה נ׳ vomiting, sickness
הקב"ה=הקדוש ברוך הוא God
הִקְבִּיל פ׳ compare, parallel
- הקביל פנים welcome
הַקְבָּלָה נ׳ analogy, comparing
הַקְבָּצָה נ׳ grouping, banding
הַקָּדוֹשׁ בָּרוּךְ הוּא God
הִקְדִּיחַ תַּבְשִׁילוֹ go too far
הִקְדִּים פ׳ be early, anticipate
- הקדים קנה לוושט go down the wrong way
- הקדים רפואה למכה anticipate trouble
הִקְדִּיר פ׳ darken, cloud
הִקְדִּישׁ פ׳ consecrate, dedicate
הַקְדָּמָה נ׳ preface
הֶקְדֵּשׁ ז׳ consecration, taboo
הַקְדָּשָׁה נ׳ devoting, dedication
הִקְהָה פ׳ blunt, dull
הִקְהִיל פ׳ assemble, summon
הַקָּזַת דָּם נ׳ bloodletting
הִקְטִין פ׳ lessen, reduce
הִקְטִיר פ׳ burn incense
הַקְטָנָה נ׳ reduction, lessening
הֵקִיא פ׳ throw up, vomit
הִקִּיז דָּם פ׳ let blood, bleed
הֵקִים פ׳ establish, set up, found, erect, raise, make
הִקִּיף פ׳ give credit, revolve, encompass, comprise
הֵקִיץ פ׳ awaken, arouse
- הקיץ הקץ the end has come
הִקִּישׁ פ׳ knock, beat, strike, tap, analogize, compare
- הקש בעץ touch wood
הֵקֵל פ׳ alleviate, ease, relieve
- הקל ראש underestimate
הַקְלָדָה נ׳ keyboarding, typing
הֲקַלָּה נ׳ alleviation, easing
הַקְלָטָה נ׳ recording
הִקְלִיד פ׳ keyboard, type
הִקְלִיט פ׳ record, tape
הֲקָמָה נ׳ establishment, erecting
הִקְנָה פ׳ transfer, impart, give
הַקְנָטָה נ׳ teasing, bullying
הַקְנָיָה נ׳ transferring, giving
הִקְנִיט פ׳ tease, taunt, rag
הִקְסִים פ׳ captivate, charm
הַקְפָּאָה נ׳ coagulation, freeze
- הקפאה עמוקה deep freeze
הַקְפָּדָה נ׳ strictness
הַקָּפָה נ׳ credit, circuit, surrounding, revolution
הִקְפִּיא פ׳ congeal, freeze, ice
הִקְפִּיד פ׳ be strict, observe
הִקְפִּיץ פ׳ bounce, jump, startle
הַקְפָּצָה נ׳ bouncing, rise
הַקְצָאָה נ׳ allotment
הַקְצָבָה נ׳ allocation
הִקְצָה פ׳ set aside, allot, assign
הִקְצִיב פ׳ allocate, budget
הִקְצִין פ׳ be radical, be extreme

הִקְצִיעַ פ׳ plane, shave, smooth
הִקְצִיף פ׳ whisk, whip, anger
הַקְצָנָה נ׳ becoming radical
הַקְרָאָה נ׳ recitation, reading
הַקְרָבָה נ׳ sacrifice, good fight
הִקְרִיא פ׳ read, recite, narrate
הִקְרִיב פ׳ sacrifice, draw near
הִקְרִיחַ פ׳ become bald
הִקְרִין פ׳ screen, radiate, shine
הִקְרִישׁ פ׳ clot, coagulate
הַקְרָנָה נ׳ screening, radiotherapy
הַקְשָׁבָה נ׳ listening, attention
הִקְשָׁה פ׳ harden, make difficult, ask a question
הַקָּשָׁה נ׳ knock, tap
הַקְשָׁחָה נ׳ hardening
הִקְשִׁיב פ׳ listen, heed, monitor
- הקשב ! attention!, shun!
הִקְשִׁיחַ פ׳ harden, toughen
הֶקְשֵׁר ז׳ context, relation
הַר ז׳ mountain, mount
- הר געש volcano
- הר הבית Temple Mount
- הר הזיתים Mount of Olives
- הר הצופים Mount Scopus
הֶרְאָה פ׳ display, show
הִרְבָּה פ׳ do much, increase
הַרְבֵּה תה״פ many, much
הִרְבִּיעַ פ׳ mate, mount, serve
הִרְבִּיץ פ׳ strike, lay down, *eat
- הרביץ תורה teach, instruct
הָרַג פ׳ kill, slay
*- הרג את עצמו break one's neck
הֶרֶג ז׳ killing, slaughter
הַרְגָּזָה נ׳ angering, irritation
הִרְגִּיז פ׳ anger, tease, enrage
הִרְגִּיל פ׳ accustom, habituate
הִרְגִּיעַ פ׳ calm, soothe, allay
*- תרגיע ! calm down!
הִרְגִּישׁ פ׳ feel, perceive, sense
הֶרְגֵּל ז׳ custom, habit, practice
הַרְגָּעָה נ׳ calming
הַרְגָּשָׁה נ׳ feeling, sensation
הַרְדּוּף ז׳ oleander
הִרְדִּים פ׳ put to sleep, anesthetize
הַרְדָּמָה נ׳ anesthesia
- הרדמה מקומית/חלקית local anesthesia
הָרָה ת׳ pregnant
הָרֵה סַכָּנוֹת ת׳ risky
הַרְהָבָה נ׳ audacity, daring
הרה״ג = הרב הגאון
הִרְהוּר ז׳ thought, meditation
הִרְהִיב עֹז פ׳ dare, venture
הִרְהֵר פ׳ think, ponder, reflect
הֶרוֹאִי ת׳ heroic
הֶרוֹאִין ז׳ heroin, *junk
הָרוּג ת׳ slain, dead, *tired
הִרְוָה פ׳ saturate, quench
הִרְוִיחַ פ׳ profit, earn, gain
הָרוּס ת׳ ruined, broken, *tired
הִרְזָה פ׳ reduce weight, slim
הַרְזָיָה נ׳ reducing weight
הַרְחָבָה נ׳ expansion, widening
הֲרָחָה נ׳ smelling, scenting
הִרְחִיב פ׳ broaden, widen
- הרחיב הדיבור talk at large
הִרְחִיק פ׳ remove, go far
- הרחיק לכת go far, go too far
הַרְחֵק תה״פ far, far away
הַרְחָקָה נ׳ removal
הַרְטָבָה נ׳ wetting, moistening
הִרְטִיב פ׳ wet, moisten, bathe, urinate involuntarily
הִרְטִיט פ׳ thrill, vibrate
הֲרֵי מ״ק here is, look, but
- הרי זה/הוא, הריהו it's/he is
הֲרֵיגָה נ׳ killing, slaughter
הֵרִיחַ פ׳ smell, scent
הֵרִים פ׳ lift, pick up, raise
- הרים גבה raise eyebrows
- הרים ידיים give up
- הרים תרומה make a contribution
הֲרֵינִי מ״ג I am
הֲרִיסָה נ׳ destruction, ruin
הֵרִיעַ פ׳ cheer, shout, root for
הֵרִיץ פ׳ dispatch, run, run in
- הריץ מניות ramp shares
הֶרְכֵּב ז׳ composition, constitution, make-up
הַרְכָּבָה נ׳ assembly, grafting, vaccination, inoculation
הִרְכִּיב פ׳ assemble, compose, graft, form, ride
- הרכיב משקפיים wear glasses
הִרְכִּין פ׳ bend, bow, incline
הַרְכָּנָה נ׳ bowing, bending
הֲרָמָה נ׳ raising, lift, elevation
- הרמת כוס toast
- הרמת משקולות weight lifting

הַרמוֹן ז׳ harem, seraglio
הַרמוֹנִי ת׳ harmonious
הַרמוֹנְיָה נ׳ harmony
הֶרמֶטִי ת׳ hermetic
הִרנִין לֵב פ׳ do one's heart good
הָרַס פ׳ destroy, ruin, undo
הֶרֶס ז׳ destruction, ruin
הַרסָנִי ת׳ destructive, ruinous
הֵרַע פ׳ harm, worsen
הַרעָבָה נ׳ starving, starvation
הַרעָדָה נ׳ causing to shake
הֲרָעָה נ׳ worsening
הִרעִיב פ׳ starve, cause hunger
הִרעִיד פ׳ cause to shake, shiver
הִרעִיל פ׳ poison, envenom
הִרעִים פ׳ thunder, roar
הִרעִיף פ׳ drip, heap on, shower
הִרעִיש פ׳ bomb, make a noise
הַרעָלָה נ׳ poisoning
- הרעלת דם blood poisoning
הַרעָשָׁה נ׳ bombing
הֶרֶף ז׳ moment, instant
- כהרף עין in a trice, in a flash
הֶרֶף מ״ק hands off!, stop it!
הִרפָּה פ׳ leave, relax, let go
- הרפה ידיו discourage
הַרפָּיָה נ׳ relaxing, relaxation
הַרפַּתקָה נ׳ adventure
הַרפַּתקָן ז׳ adventurer
הַרצָאָה נ׳ lecture, discourse
הִרצָה פ׳ lecture, discourse
הֲרָצָה נ׳ running in, run-up
- הרצת מניות share ramping
הִרצִין פ׳ be serious, solemnize
הַרקָדָה נ׳ dancing
הֲרָקָה נ׳ emptying, depletion
הִרקִיב פ׳ decay, rot
הִרקִיד פ׳ make dance, dance
הִרקִיעַ פ׳ soar, rise high
- הרקיע שחקים rocket, soar
הֲרָרִי ת׳ mountainous, alpine
הַרשָׁאָה נ׳ authorization, permission, proxy
הִרשָׁה פ׳ allow, let, permit
- הרשה לעצמו can afford
הִרשִׁים פ׳ impress, strike
הִרשִׁיעַ פ׳ convict, find guilty
הִרשִׁית פ׳ net, score a goal
הַרשָׁמָה נ׳ registration
הַרשָׁעָה נ׳ conviction
הָרתָה פ׳ be pregnant, conceive
הַרתָּחָה נ׳ boiling, simmer
הִרתִּיחַ פ׳ boil, infuriate
- הרתיח את דמו make his blood boil
הִרתִּיעַ פ׳ deter, discourage
הַרתָּעָה נ׳ deterrence
הַשָּׂאָה נ׳ marrying off
הַשָּׁאָה נ׳ suggestion
הִשׁאִיל פ׳ lend, loan
הִשׁאִיר פ׳ leave, let
הַשׁאָלָה נ׳ lending, metaphor
הַשׁאָרָה נ׳ leaving
הֲשָׁבָה נ׳ restoring, returning
הַשׁבָּחָה נ׳ betterment
הִשׁבִּיחַ פ׳ improve, enrich
הִשׂבִּיעַ פ׳ satiate, satisfy, sate
- השביע רצון please, satisfy
הִשׁבִּיעַ פ׳ swear in, adjure
הִשׁבִּית פ׳ lock out, stop work
הַשׁבָּעָה נ׳ swearing in
הַשׁבָּתָה נ׳ lockout, shutdown
- השבתת מגן defensive lockout
הַשָּׂגָה נ׳ attainment, reach, overtaking, criticism, grasp
הַשׁגָּחָה נ׳ supervision, attention, custody
- השגחה פרטית Providence
הִשׁגִּיחַ פ׳ mind, watch, supervise, take care of
הִשׁהָה פ׳ delay, postpone
הַשׁהָיָה נ׳ delay, postponement
הַשׁווָאָה נ׳ comparison
- השוואת הקיץ vernal equinox
הִשׁווָה פ׳ compare, equalize
*הִשׁוִויץ פ׳ swagger, brag
הַשׁחָזָה נ׳ whetting, sharpening
הִשׁחִיז פ׳ sharpen, whet, hone
הִשׁחִיל פ׳ thread, lace, insert
הִשׁחִים פ׳ tan, turn brown
הִשׁחִיר פ׳ blacken, black
הִשׁחִית פ׳ corrupt, destroy
הַשׁחָלָה נ׳ threading, lacing
הַשׁחָרָה נ׳ blackening, shading
הַשׁחָתָה נ׳ destruction
הֲשָׁטָה נ׳ floating
הִשִּׂיא פ׳ marry off
- השיא עצה give advice
הֵשִׁיב פ׳ reply, return, restore
- השיב מלחמה שערה fight back
הִשִּׂיג פ׳ gain, get, reach, overtake, grasp, criticize
- השיגה ידו can afford

הֵשִׁיט פ׳ float, sail, row

הִשִּׁיל פ׳ slough, discard, throw

הִשִּׁיק פ׳ launch, touch

הִשִּׁיר פ׳ molt, shed, defoliate

הֵשִׁית פ׳ put, impose, place, lay

הַשְׁכָּבָה נ׳ laying down

הִשְׁכִּיב פ׳ lay down

הִשְׁכִּיחַ פ׳ make forget

הִשְׂכִּיל פ׳ be wise, be intelligent

הִשְׁכִּים פ׳ rise early

הִשְׁכִּין שָׁלוֹם פ׳ make peace

הִשְׂכִּיר פ׳ hire out, let, lease

הַשְׂכָּלָה נ׳ knowledge, learning

- השכלה יסודית elementary education

הַשְׁכֵּם תה״פ early

- השכם והערב day and night

הַשְׁכָּמָה נ׳ early rising

הַשְׁכָּנַת שָׁלוֹם נ׳ peacemaking

הַשְׂכָּרָה נ׳ hire, renting, leasing

הִשְׁלָה פ׳ delude, deceive

הַשְׁלָטָה נ׳ imposition

הִשְׁלִיט פ׳ impose, enforce

הִשְׁלִיךְ פ׳ cast, throw, hurl

- השליך יהבו על pin one's hopes on

הִשְׁלִים פ׳ complete, make peace, reconcile oneself

הִשְׁלִישׁ פ׳ deposit, place, give

הַשְׁלָכָה נ׳ projection, throw, implication, effect, bearings

הַשְׁלָמָה נ׳ completion, reconciliation, resignation

הַשְׁלָשָׁה נ׳ depositing, placing

הַשֵּׁם ז׳ God

- השם ישמור! God forbid!

הַשְׁמָדָה נ׳ destruction

- השמדה המונית mass destruction

הַשְׁמֵט ז׳ ellipsis

הַשְׁמָטָה נ׳ omission

הִשְׁמִיד פ׳ annihilate, destroy

הִשְׁמִיט פ׳ omit, skip, leave out

הִשְׁמִין פ׳ become fat, fatten

הִשְׁמִיעַ פ׳ announce, let hear

הִשְׁמִיץ פ׳ slander, speak ill of

הַשְׁמָנָה נ׳ growing fat

הַשְׁמָעָה נ׳ announcement

הַשְׁמָצָה נ׳ slander, defamation

הִשְׂנִיא פ׳ make hateful

הִשְׁעָה פ׳ suspend, lay off

הַשְׁעָיָה נ׳ layoff, suspension

הִשְׁעִין פ׳ lean against, rest

הַשְׁעָרָה נ׳ assumption, conjecture, guess

- השערת אפס null hypothesis

הִשְׁפִּיל פ׳ abase, humiliate

הִשְׁפִּיעַ פ׳ influence, persuade

הַשְׁפָּלָה נ׳ humiliation

הַשְׁפָּעָה נ׳ effect, influence

*הִשְׁפְּרִיץ פ׳ sprinkle, splash

הִשְׁקָה פ׳ water, irrigate

הַשָּׁקָה נ׳ launching, launch

הַשְׁקָטָה נ׳ calming

הַשְׁקָיָה נ׳ irrigation, watering

הִשְׁקִיט פ׳ calm, allay, silence

הִשְׁקִיעַ פ׳ invest, sink, immerse

הִשְׁקִיף פ׳ view, look, watch

הַשְׁקָעָה נ׳ investment, stake

הַשְׁקָפָה נ׳ view, opinion

- השקפת עולם view

הַשְׁרָאָה נ׳ inspiration

הִשְׁרָה פ׳ inspire, immerse

הִשְׁרִיץ פ׳ spawn, swarm

הִשְׁרִישׁ פ׳ strike roots, ingrain

הַשְׁרָצָה נ׳ spawning, breeding

הַשְׁרָשָׁה נ׳ striking roots

הִשְׁתָּאָה פ׳ wonder, be amazed

הִשְׁתָּאוּת נ׳ amazement

הִשְׁתַּבֵּץ פ׳ fit in, integrate

הִשְׁתַּבְּרוּת נ׳ refraction

הִשְׁתַּבֵּשׁ פ׳ go wrong

הִשְׁתַּגֵּעַ פ׳ go mad, be crazy

הִשְׁתַּדֵּךְ פ׳ make a match

הִשְׁתַּדֵּל פ׳ try hard, strive

הִשְׁתַּדְּלוּת נ׳ attempt

הִשְׁתַּהָה פ׳ delay, tarry

הִשְׁתַּהוּת נ׳ tardiness, delay

הִשְׁתּוֹבֵב פ׳ make mischief

הִשְׁתַּוָּה פ׳ be equal, match

הִשְׁתַּווּת נ׳ becoming equal

הִשְׁתּוֹלֵל פ׳ riot, run wild, rage

הִשְׁתּוֹלְלוּת נ׳ running wild

הִשְׁתּוֹמֵם פ׳ marvel, wonder

הִשְׁתּוֹקֵק פ׳ crave, wish, yearn

הִשְׁתּוֹקְקוּת נ׳ craving, yearning

הִשְׁתַּזֵּף פ׳ sunbathe, tan, bake

הִשְׁתַּזְּפוּת נ׳ sunbathing, suntan

הִשְׁתַּחֲוָה פ׳ bow, prostrate oneself

הִשְׁתַּחֵל פ׳ pass through

*הִשְׁתַּחְצֵן פ׳ boast, brag

הִשְׁתַּחְרֵר פ׳ be freed, be rid of, come loose

השתטה פ' play the fool
השתטות נ' foolishness
השתטח פ' prostrate oneself
השתייך פ' belong, be related
השתייכות נ' belonging
השתיל פ' transplant, graft
השתין פ' urinate, *pee
השתיק פ' silence, hush up
השתית פ' base, found
השתכלל פ' improve, be perfect
השתכללות נ' perfection
השתכן פ' set up home, settle
השתכנע פ' be convinced
השתכר פ' get drunk, *booze
השתכר פ' earn, get, gain
השתכשך פ' paddle, splash
השתלב פ' fit in, harmonize, integrate
השתלבות נ' integration
השתלה נ' transplantation, graft
- השתלת לב heart transplantation
- השתלת עור skin graft
השתלהב פ' flare up, get excited
השתלח פ' be insolent, attack
השתלחות נ' insolence
השתלט פ' take control, take over, dominate
השתלטות נ' takeover
- השתלטות עוינת hostile takeover
השתלם פ' specialize, pay, be worthwhile
השתלמות נ' study
השתלשל פ' develop, hang down
השתלשלות נ' development
השתמד פ' be Christian
השתמט פ' evade, elude, shirk
השתמטות נ' evasion, *cop-out
השתמע פ' be deduced, suggest
השתמר פ' be preserved
השתמש פ' use, employ
השתנה פ' change, be different
השתנה נ' urination, *pee
השתנות נ' change, variation
השתעבד פ' be enslaved
השתעבדות נ' enslavement
השתעל פ' cough, hack
השתעמם פ' be bored
השתעשע פ' play, amuse oneself
- השתעשע ברעיון toy with an idea
השתפך פ' empty, sentimentalize, slobber over
השתפכות נ' effusion
*השתפן פ' be afraid
השתפר פ' improve, get well
השתפרות נ' improvement
השתפשף פ' rub, *experience
השתק ז' estoppel
השתקה נ' silencing, hush-up
השתקם פ' be rehabilitated
השתקע פ' settle down
השתקף פ' be reflected
השתקפות נ' reflection
השתרבב פ' protrude, be misplaced, be mixed
השתרג פ' straggle, twine
השתרך פ' plod along, trail
השתרכות פ' trailing along
השתרע פ' extend, stretch, lie
השתרר פ' dominate, prevail
השתרש פ' strike root
השתתה נ' founding, basing
השתתף פ' participate, take part, take share
- השתתף בצער commiserate
השתתפות נ' participation
- השתתפות עצמית insured's participation
השתתק פ' be silent, *clam up
השתתקות פ' being silent
התאבד פ' commit suicide
התאבדות נ' suicide
התאבך פ' spiral up, billow, interfere
התאבכות פ' rising up, interference
התאבל פ' mourn, grieve
התאבן פ' fossilize, ossify
התאבנות נ' fossilization
התאבק פ' wrestle
התאגד פ' unite, unionize
התאגדות נ' association, union
התאגרף פ' box, spar
התאדה פ' vaporize, evaporate
התאדות נ' vaporization
התאהב פ' fall in love
התאווה פ' want, desire, crave
התאוורר פ' get fresh air
התאוות נ' craving, desire
התאונן פ' complain

הִתְאוֹשֵׁשׁ פ׳ recover, come to
הִתְאוֹשְׁשׁוּת נ׳ comeback, recovery
הִתְאַזֵּן פ׳ be balanced, balance
הִתְאַזְּנוּת נ׳ balancing
הִתְאַזֵּר פ׳ gird oneself
- התאזר בסבלנות be patient
הִתְאַזְרֵחַ פ׳ be naturalized
הִתְאַזְרְחוּת נ׳ naturalization
הִתְאַחֵד פ׳ combine, unite
הִתְאַחֲדוּת נ׳ association, union
הִתְאַחָה פ׳ be stitched, repair
הִתְאַחוּת נ׳ joining, repair
הִתְאַחֵר פ׳ be late
הִתְאַיֵּד פ׳ vaporize, evaporate
הִתְאַיְּדוּת נ׳ vaporization
הִתְאִים פ׳ fit, suit, match, correspond, adapt, adjust
הִתְאַכְזֵב פ׳ be disappointed
הִתְאַכְזֵר פ׳ be cruel, ill-treat
הִתְאַכְזְרוּת נ׳ cruelty
הִתְאַכְסֵן פ׳ lodge, put up
הִתְאַלְמֵן פ׳ become widowed
- התאלמנה become a widow
הַתְאָמָה נ׳ accord, agreement, adjustment, fitness
הִתְאַמֵּן פ׳ train, practice
הִתְאַמֵּץ פ׳ try hard, endeavor, strive
הִתְאַמְּצוּת נ׳ effort, exertion
הִתְאַמֵּת פ׳ come true
הִתְאַנָּה פ׳ provoke, tease
הִתְאַנּוּת נ׳ provocation
הִתְאַסְלֵם פ׳ become Moslem
הִתְאַסֵּף פ׳ assemble, gather
הִתְאַפְיֵן פ׳ be characterized
הִתְאַפֵּק פ׳ restrain oneself
הִתְאַפְּקוּת נ׳ restraint
הִתְאַפֵּר פ׳ make up
הִתְאַפְשֵׁר פ׳ be possible
הִתְאַקְלֵם פ׳ acclimate, adapt
הִתְאַקְלְמוּת נ׳ acclimation
הִתְאַרְגֵּן פ׳ be organized
הִתְאַרְגְּנוּת נ׳ organization
הִתְאָרֵחַ פ׳ stay as a guest
הִתְאָרֵךְ פ׳ be long, lengthen
הִתְאָרְכוּת נ׳ lengthening
הִתְאָרֵס פ׳ be engaged
הִתְאַשְׁכֵּל פ׳ cluster, clump
הִתְאַשְׁפֵּז פ׳ be hospitalized
*הִתְבָּאֵס פ׳ be disappointed
הִתְבָּאֵר פ׳ be explained

הִתְבַּגֵּר פ׳ mature, grow up
הִתְבַּגְּרוּת נ׳ adolescence
הִתְבַּדָּה פ׳ be proved false
הִתְבַּדּוּת נ׳ falsification
הִתְבַּדֵּחַ פ׳ joke, jest, banter
הִתְבַּדְּחוּת נ׳ joking, banter
הִתְבַּדְּלוּת נ׳ seclusion, isolation
הִתְבַּדֵּר פ׳ have fun, disperse
הִתְבַּהֵם פ׳ become brutalized
הִתְבַּהֵר פ׳ brighten, clear
הִתְבַּהֲרוּת נ׳ brightening
- התבהרות חלקית becoming partly cloudy
הִתְבּוֹדֵד פ׳ retire, be alone
הִתְבּוֹדְדוּת נ׳ seclusion
הִתְבּוֹלֵל פ׳ assimilate
הִתְבּוֹלְלוּת נ׳ assimilation
הִתְבּוֹנֵן פ׳ contemplate, watch
הִתְבּוֹנְנוּת נ׳ observation
הִתְבּוֹסֵס פ׳ roll, wallow, welter
הִתְבַּזְבֵּז פ׳ be wasted, be spent
הִתְבַּזָּה פ׳ degrade oneself
הִתְבַּזּוּת נ׳ degrading oneself
הִתְבַּטֵּא פ׳ express oneself
הִתְבַּטְּאוּת נ׳ expression
הִתְבַּטֵּל פ׳ loaf
הִתְבַּטְּלוּת נ׳ self disparagement
הִתְבַּיֵּשׁ פ׳ be ashamed
הִתְבַּיֵּת פ׳ home, home in
*הִתְבַּכְיֵין פ׳ weep, cry
*הִתְבַּכְיְינוּת נ׳ weeping
הִתְבַּלְבֵּל פ׳ be confused, addle
הִתְבַּלְבְּלוּת נ׳ confusion
*הִתְבַּלְגֵּן פ׳ be in disorder
הִתְבַּלָּה פ׳ wear out
הִתְבַּלּוּת נ׳ wear, wear and tear
הִתְבַּלֵּט פ׳ be prominent
הִתְבַּלְּטוּת נ׳ prominence
הִתְבַּסֵּם פ׳ get drunk
הִתְבַּסֵּס פ׳ be based, be founded, settle down
הִתְבַּסְּסוּת נ׳ basing
הִתְבַּצֵּעַ פ׳ be carried out
הִתְבַּצֵּר פ׳ fortify oneself
הִתְבַּצְּרוּת נ׳ fortification
הִתְבַּקֵּשׁ פ׳ be asked
הִתְבָּרֵג פ׳ worm one's way
הִתְבָּרְגוּת נ׳ worming one's way
*הִתְבַּרְדֵּק פ׳ loaf, waste time
הִתְבָּרֵךְ פ׳ be blessed
הִתְבָּרֵר פ׳ turn out, become clear

הִתְבַּשֵּׁל פ׳ cook, stew
- התבשל במיץ של עצמו stew in one's own juice
הִתְבַּשֵּׂם פ׳ perfume oneself
הִתְבַּשֵּׂר פ׳ receive tidings
הִתְגָּאָה פ׳ boast, take pride in
הִתְגָּאוּת נ׳ boasting, arrogance
הִתְגַּבֵּר פ׳ overcome, intensify
הִתְגַּבְּרוּת נ׳ increase, defeating
הִתְגַּבֵּשׁ פ׳ crystallize, take form
הִתְגּוֹדֵד פ׳ form groups, gather
הִתְגּוֹדְדוּת נ׳ gathering
הִתְגּוֹלֵל פ׳ roll, wallow, welter, attack, assault, charge
הִתְגּוֹנֵן פ׳ defend oneself
הִתְגּוֹנְנוּת נ׳ self defense
הִתְגּוֹרֵר פ׳ dwell, live, stay
הִתְגּוֹרְרוּת נ׳ sojourn, stay
הִתְגּוֹשֵׁשׁ פ׳ wrestle, *lock horns
הִתְגּוֹשְׁשׁוּת נ׳ wrestling
הִתְגַּיֵּס פ׳ enlist, join up
הִתְגַּיְּסוּת נ׳ enlisting
הִתְגַּיֵּר פ׳ become a Jew
הִתְגַּלְגֵּל פ׳ roll, wheel
- התגלגל לגולם pupate
הִתְגַּלָּה פ׳ be revealed, be exposed
הִתְגַּלּוּת נ׳ revelation
הִתְגַּלֵּחַ פ׳ shave, shave oneself
הִתְגַּלֵּם פ׳ be embodied, take form, pupate
הִתְגַּלְּמוּת נ׳ embodiment, incarnation
- הטמטום בהתגלמותו folly incarnate
הִתְגַּלֵּעַ פ׳ break out, burst
*הִתְגַּלֵּץ׳ פ׳ slide, slip, glide
הִתְגַּמֵּד פ׳ be dwarfed
הִתְגַּמֵּשׁ פ׳ become flexible
הִתְגַּנֵּב פ׳ sneak, creep, steal
הִתְגַּנְּבוּת נ׳ moving stealthily
הִתְגַּנְדֵּר פ׳ decorate oneself
הִתְגַּעְגֵּעַ פ׳ long, yearn, miss
הִתְגַּעְגְּעוּת נ׳ longing, yearning
הִתְגַּפֵּף פ׳ cuddle, hug, *neck
הִתְגַּפְּפוּת נ׳ hugging, caressing
הִתְגָּרֵד פ׳ scratch oneself
הִתְגָּרְדוּת נ׳ scratching oneself
הִתְגָּרָה פ׳ provoke, be stimulated
הִתְגָּרוּת נ׳ provocation
הִתְגָּרֵשׁ פ׳ divorce, separate

הִתְגַּשֵּׁם פ׳ be realized
הִתְגַּשְּׁמוּת נ׳ realization
הִתְדַּיֵּן פ׳ argue, litigate
הִתְדַּיְּנוּת נ׳ litigation, arguing
הִתְדַּלְדֵּל פ׳ be impoverished
הִתְדַּפֵּק פ׳ beat, knock, hit
הִתְדַּרְדֵּר פ׳ roll down, decline
הִתְהַדֵּק פ׳ tighten, be fastened
הִתְהַדְּקוּת נ׳ tightening
הִתְהַדֵּר פ׳ decorate oneself, dress up, boast
הִתְהַוָּה פ׳ be formed, arise, be
הִתְהַוּוּת נ׳ formation, forming
הִתְהוֹלֵל פ׳ behave wildly, revel
הִתְהוֹלְלוּת נ׳ revelry
הִתְהַלֵּךְ פ׳ go about/around
הִתְהַלֵּל פ׳ boast
הִתְהַפֵּךְ פ׳ turn over, capsize
הִתְהַפְּכוּת נ׳ turning over
הִתְוַדָּה פ׳ confess
הִתְוַדּוּת נ׳ confession
הִתְוַדַּע פ׳ get acquainted
הִתְוָה פ׳ mark, outline, plot
הַתְוָיָה נ׳ outline, marking
הִתְוַכֵּחַ פ׳ argue, debate
הִתְוַכְּחוּת נ׳ arguing, debating
הִתְוַסֵּף פ׳ be added, increase
הִתְוַסְּפוּת נ׳ addition, increase
הַתָּזָה נ׳ sprinkling, cutting
הִתְחַבֵּא פ׳ hide oneself
הִתְחַבְּאוּת נ׳ hiding
הִתְחַבֵּב פ׳ be liked
הִתְחַבֵּט פ׳ struggle, flounder
הִתְחַבְּטוּת נ׳ struggle, doubt
הִתְחַבֵּק פ׳ embrace, *canoodle
הִתְחַבְּקוּת נ׳ embracing
הִתְחַבֵּר פ׳ join, unite, associate
הִתְחַבְּרוּת נ׳ association
הִתְחַדֵּד פ׳ sharpen, taper off
הִתְחַדֵּשׁ פ׳ renew, revive
- תתחדש! use it in good health!
הִתְחַדְּשׁוּת נ׳ renewal
הִתְחַוֵּר פ׳ become clear
הִתְחוֹלֵל פ׳ take place, rage
הִתְחַזָּה פ׳ feign, pretend, sham
הִתְחַזּוּת נ׳ pretense, imposture
הִתְחַזֵּק פ׳ strengthen, brace up
הִתְחַזְּקוּת נ׳ strengthening
הִתְחַיֵּב פ׳ pledge, undertake, vow, commit oneself
- התחייב בנפשו risk one's life

התחייבות נ׳ pledge, commitment, obligation
- התחייבויות liabilities
התחייל פ׳ enlist, join the army
התחיל פ׳ begin, open, start
- התחיל ברגל שמאל begin unluckily
- התחיל עם flirt, *make a pass
התחכך פ׳ rub, brush
- התחכך ב- rub elbows with
התחכם פ׳ be a wise guy
התחכמות נ׳ display of wisdom
התחלה פ׳ feign illness
התחלה נ׳ beginning, start, outset
התחלות נ׳ feigning illness
התחלחל פ׳ be shocked
התחלף פ׳ change, alternate
התחלפות נ׳ changing
התחלק פ׳ share, split, segment, be divided, slip, slide
*- התחלק על השכל be mad
התחלתי ת׳ initial, inchoate
התחמם פ׳ heat, warm up
התחממות נ׳ warming, heating
התחמצן פ׳ oxidize
התחמק פ׳ evade, sneak, shirk
התחמקות נ׳ evasion
- התחמקות ממס tax evasion
התחמש פ׳ arm oneself
התחמשות נ׳ arming oneself
התחנחן פ׳ coquet, behave affectedly
התחנך פ׳ be educated, study
התחנן פ׳ beg, entreat, implore
התחננות נ׳ entreating
התחנף פ׳ flatter, fawn, toady
התחנפות נ׳ flattering
התחסד פ׳ feign piety
התחסדות נ׳ hypocrisy, cant
התחסן פ׳ be immunized
התחספס פ׳ roughen, coarsen
*התחפף פ׳ beat it, scram
התחפר פ׳ entrench oneself
התחפרות נ׳ entrenchment
התחפש פ׳ disguise oneself
התחצף פ׳ be insolent, be saucy
התחצפות נ׳ insolence
התחקה פ׳ investigate, trace
- התחקה על עקבותיו trace
- התחקה על שורשי- trace back
התחקות נ׳ tracing, searching

התחרד פ׳ become pious
התחרדות נ׳ becoming pious
התחרה פ׳ compete, vie
התחרות נ׳ competition, rivalry
התחרז פ׳ rhyme, be in rhyme
התחרט פ׳ regret, repent, rue
*התחרפן פ׳ be crazy
התחרש פ׳ become deaf
התחשב פ׳ take into account, reckon with, consider
- בהתחשב ב- considering
התחשבות נ׳ consideration
התחשבן פ׳ settle accounts
התחשל פ׳ harden, be forged
התחשמל פ׳ get an electric shock
*התחשק לו פ׳ feel like, fancy
התחתן פ׳ marry, take a wife
התיז פ׳ sprinkle, behead
התייאש פ׳ despair, give up
התייבש פ׳ dry, dry up
התייבשות נ׳ drying
התייגע פ׳ be tired
התיידד פ׳ become friends
התיידדות נ׳ fraternization
התייהד פ׳ become a Jew
התייהר פ׳ boast, brag
התייוון פ׳ Hellenize
התייחד פ׳ seclude oneself
התייחדות נ׳ communion, being alone with
התייחם פ׳ rut, be excited
התייחס פ׳ refer, apply, regard, relate to, treat
התייחסות נ׳ relation, bearing
התיימר פ׳ pretend, boast
התייסר פ׳ suffer, agonize
התייעל פ׳ be more efficient, be streamlined
התייעלות נ׳ streamlining
התייעץ פ׳ consult, take counsel
התייעצות נ׳ consultation
התייפה פ׳ preen oneself
התייפות נ׳ preening oneself
התייפח פ׳ sob, cry, weep
התייפחות נ׳ sob, weeping
*התייפייף פ׳ preen oneself
התייצב פ׳ stand, be stabilized, report, present oneself
- התייצב לצידו/לימינו support
התייצבות נ׳ stabilization, reporting

הִתְיַיקֵּר פ׳ rise in price
הִתְיַיקְּרוּת נ׳ rise in prices, hike
הִתְיַישֵּׁב פ׳ settle, locate, sit
- התיישב עם agree with
הִתְיַישְּׁבוּת נ׳ settlement
הִתְיַישֵּׁן פ׳ become obsolete
הִתְיַישְּׁנוּת נ׳ obsolescence
- חוק ההתיישנות statute of limitations
הִתְיַישֵּׁר פ׳ straighten
הִתְיַיתֵּם פ׳ become orphaned
הִתְיַיתְּמוּת נ׳ being orphaned
הִתִּיךְ פ׳ melt, fuse, smelt
הִתִּיק פ׳ move, shift
הִתִּיר פ׳ permit, loosen, untie
- התיר את דמו outlaw
- התיר הרסן give free rein
הִתִּישׁ פ׳ weaken, wear down
הִתְכַּבֵּד פ׳ help oneself, be honored
הִתְכַּדֵּר פ׳ ball, become spherical
הַתָּכָה נ׳ melting, fusion
הִתְכַּוֵּן פ׳ intend, aim, mean
- במתכוון intentionally
הִתְכַּוֵּץ פ׳ shrink, contract
הִתְכַּוְּצוּת נ׳ contraction
- התכווצות שרירים cramp
הִתְכּוֹנֵן פ׳ prepare oneself
הִתְכּוֹנְנוּת נ׳ preparation
הִתְכּוֹפֵף פ׳ bow, stoop, duck
הִתְכַּחֵשׁ פ׳ renounce, disown
הִתְכַּחֲשׁוּת נ׳ renunciation
הִתְכַּיְּיבוּת נ׳ ulceration
הִתְכַּנֵּס פ׳ assemble, convene
הִתְכַּנְּסוּת נ׳ meeting, convergence
הִתְכַּסָּה פ׳ be covered
*הִתְכַּסֵּחַ פ׳ quarrel
הִתְכַּעֵר פ׳ become ugly
הִתְכַּרְבֵּל פ׳ wrap up, tuck up
הִתְכַּתֵּב פ׳ correspond, write
הִתְכַּתְּבוּת נ׳ correspondence
הִתְכַּתֵּשׁ פ׳ fight, skirmish
הִתְכַּתְּשׁוּת נ׳ fight, scuffle
הִתְלַבֵּט פ׳ have doubts
הִתְלַבְּטוּת נ׳ struggle, doubt
הִתְלַבֵּן פ׳ become clear
הִתְלַבֵּשׁ פ׳ dress, put on
*- התלבש על buckle down to, set about, persecute, annoy
הִתְלָה פ׳ suspend

הִתְלַהֵב פ׳ get excited, *enthuse
הִתְלַהֲבוּת נ׳ ardor, enthusiasm
הִתְלַהֲטוּת נ׳ becoming hot
הִתְלַהֵם פ׳ be insolent, get excited
הִתְלַהֲמוּת נ׳ insolence
הִתְלַוָּה פ׳ accompany, escort
הִתְלוֹנֵן פ׳ complain, grumble
הִתְלוֹנְנוּת פ׳ complaining
הִתְלוֹצֵץ פ׳ jest, joke, banter
הִתְלוֹצְצוּת נ׳ jesting
הִתְלַחֵשׁ פ׳ whisper
הִתְלַחֲשׁוּת פ׳ whispering
הִתְלַחְשֵׁשׁ פ׳ whisper
הַתְלָיָה נ׳ suspension
הִתְלִיעַ פ׳ be full of worms
הִתְלַכֵּד פ׳ unite, rally, join up
הִתְלַכְּדוּת נ׳ uniting, coherence
הִתְלַכְלֵךְ פ׳ become dirty, soil
הִתְלַמֵּד פ׳ teach oneself
הִתְלַקֵּחַ פ׳ catch fire, flare up
הִתְלַקְּחוּת נ׳ blaze, flare-up
הִתְמַגֵּל פ׳ fester, suppurate
הַתְמָדָה נ׳ assiduity, diligence, persistence, inertia
הִתְמַהְמֵהַּ פ׳ linger, be late
הִתְמוֹגֵג פ׳ melt, dissolve
הִתְמוֹדֵד פ׳ compete, contest
הִתְמוֹדְדוּת נ׳ competition
הִתְמוֹטֵט פ׳ collapse, cave in
הִתְמוֹטְטוּת נ׳ collapse, fall
- התמוטטות עצבים nervous breakdown
הִתְמוֹסֵס פ׳ melt, dissolve
הִתְמַזֵּג פ׳ coalesce, merge
הִתְמַזֵּל מַזָּלוֹ be lucky
*הִתְמַזְמֵז פ׳ dally, flirt, loaf
הִתְמַחָה פ׳ practice, specialize
הִתְמַחוּת נ׳ specialization, practice, traineeship
הִתְמִיד פ׳ persist, persevere
הִתְמִיהַּ פ׳ astonish, puzzle
הִתְמַיֵּין פ׳ differentiate
הִתְמַיְּינוּת נ׳ differentiation
הִתְמַכֵּר פ׳ be addicted, indulge
הִתְמַכְּרוּת נ׳ addiction
הִתְמַלֵּא פ׳ be realized, be full
הִתְמַמֵּשׁ פ׳ be realized
הִתְמַמְּשׁוּת נ׳ realization
הִתְמַנָּה פ׳ be appointed
הִתְמַנּוּת נ׳ appointment
הִתְמַסֵּד פ׳ become established

*הִתמַסטֵל פ' be intoxicated
הִתמַסמֵס פ' be dissolved, melt
הִתמַסֵר פ' devote oneself
הִתמַסְרוּת נ' devotion
הִתמַעֵט פ' decrease, diminish
הִתמַעֲטוּת נ' decrease, wane
הִתמַעֲרֵב פ' be westernized
הִתמַצֵא פ' be familiar with
הִתמַצְאוּת נ' orientation, being familiar with
הִתמַצָה פ' come down to, be epitomized, be exhausted
הִתמַקֵד פ' focus, center
הִתמַקְדוּת נ' focusing
הִתמַקֵחַ פ' bargain, haggle
הִתמַקְחוּת נ' bargaining
הִתמַקֵם פ' be situated, settle
הִתמַקְמוּת נ' settling down
הִתמַקצֵעַ פ' specialize
הִתמָרֵד פ' rebel, revolt, mutiny
הִתמָרְדוּת נ' rebellion
הַתמָרָה נ' metamorphism
הִתמַרמֵר פ' resent, feel bitter
הִתמַרמְרוּת נ' embitterment, grievance, resentment
הִתמָרֵק פ' preen oneself
הִתמַשֵך פ' extend, last
הִתמַשְכוּת נ' prolongation
הִתמַתֵחַ פ' stretch out
הִתמַתֵן פ' become moderate
הִתמַתְנוּת נ' moderation
הִתנַבֵּא פ' prophesy, foresee
הִתנַבְּאוּת נ' prophesying
הִתנַגֵב פ' wipe oneself, dry oneself
הִתנַגֵד פ' object, oppose, resist
הִתנַגְדוּת נ' objection, opposition, resistance
הִתנַגֵחַ פ' contend, argue
הִתנַגֵן פ' be played
הִתנַגֵש פ' clash, collide, conflict
הִתנַגְשוּת נ' clash, collision
הִתנַדֵב פ' volunteer, come forward
הִתנַדְבוּת נ' volunteering
- בהתנדבות voluntarily
הִתנַדְבוּתִי ת' voluntary
הִתנַדנֵד פ' sway, swing, dangle
הִתנַדנְדוּת נ' sway, swing
הִתנַדֵף פ' evaporate, vanish
- התנדף כעשן melt into thin air
הִתנַדְפוּת נ' evaporation
הִתנָה פ' stipulate, condition
- התנה אהבים make love
הִתנַהֵג פ' behave, conduct oneself
הִתנַהֲגוּת נ' behavior, conduct
הִתנַהֲגוּתָנוּת נ' behaviorism
הִתנַהֵל נ' go, proceed, go on
הִתנַהֲלוּת נ' behavior, conduct
הִתנוֹדֵד פ' sway, oscillate, reel
הִתנַוֵון פ' degenerate, atrophy
הִתנַוְונוּת נ' atrophy, decadence
הִתנוֹסֵס פ' be hoisted, fly, wave
הִתנוֹעֵעַ פ' sway, move, rock
הִתנוֹפֵף פ' flutter, wave
הִתנַזֵר פ' abstain from, refrain
הִתנַזְרוּת נ' abstinence
הִתנַחֵל פ' settle, locate
הִתנַחֲלוּת נ' settlement, colonization
הִתנַחֵם פ' be consoled
הִתנַחשֵל פ' rise
הַתנָיָה נ' stipulation
הִתנִיעַ פ' start, start up
הִתנַכֵּל פ' plot, scheme
הִתנַכְּלוּת נ' plotting, scheming
הִתנַכֵּר פ' estrange, renounce
הִתנַסָה פ' experience, undergo
הִתנַסוּת נ' experience
הַתנָעָה נ' starting, starting up
הִתנַעֲנֵעַ פ' sway, swing, shake
הִתנַעֵר פ' shake off, renounce, repudiate, deny
הִתנַעֲרוּת נ' repudiation
הִתנַפֵּחַ פ' bulge, swell, dilate
הִתנַפְּחוּת נ' swelling
הִתנַפֵּל פ' attack, assault
הִתנַפְּלוּת נ' assault, attack
הִתנַפנֵף פ' flap
הִתנַפֵּץ פ' shatter, smash, dash
הִתנַפְּצוּת נ' smash
הִתנַצֵחַ פ' argue, dispute, spar
הִתנַצְחוּת נ' clash, verbal
הִתנַצֵל פ' apologize
הִתנַצְלוּת נ' apology, excuse
הִתנַצֵר פ' become Christian
הִתנַצְרוּת נ' christianization
הִתנַקָה פ' clean oneself
הִתנַקֵז פ' drain, drain off
הִתנַקֵם פ' take revenge, avenge
הִתנַקְמוּת נ' revenge
הִתנַקֵש פ' attempt to kill

התנקשות נ׳ assault, assassination

- התנקשות בחייו attempt on his life

התנשא פ׳ rise, tower, boast

התנשאות נ׳ loftiness, pride

התנשם פ׳ gasp, puff and pant

התנשמות פ׳ panting, gasp

התנשף פ׳ gasp, huff and puff

התנשפות נ׳ gasp, panting

התנשק פ׳ kiss, *smooch

התנתק פ׳ break loose, disengage

התנתקות נ׳ disengagement

התסיס פ׳ ferment, agitate

התססה נ׳ fermentation

התעבה פ׳ condense, thicken

התעבות נ׳ condensation

התעברה פ׳ become pregnant

התעברות נ׳ conception

התעגל פ׳ become round, ball

התעדכן פ׳ be updated

התעה פ׳ deceive, mislead

התעודד ט׳ cheer up, chin up!

התעוור פ׳ become blind

התעוות פ׳ be contorted, twitch

התעופף פ׳ fly about, flit

התעורר פ׳ arise, wake up, rise

התעוררות נ׳ awakening, revival

התעטף פ׳ wrap oneself

- התעטף בשתיקה keep silent

התעטש פ׳ sneeze

התעיה נ׳ misleading

התעייף פ׳ become tired, weary

התעייפות נ׳ fatigue

התעכב פ׳ tarry, delay, linger

התעכבות נ׳ delaying

התעכל פ׳ be digested

התעלה פ׳ rise, be above

התעלות נ׳ rising, elevation

התעלל פ׳ ill-treat, be cruel

התעללות נ׳ abuse, cruelty

התעלם פ׳ disregard, close one's eyes, overlook, ignore

התעלמות נ׳ disregard

התעלס פ׳ make love, *neck

התעלסות נ׳ lovemaking

התעלף פ׳ faint, swoon

התעלפות נ׳ faint, swoon

*התעלק על פ׳ cling to, annoy

התעמל פ׳ exercise

התעמלות נ׳ gymnastics

התעמק פ׳ think deeply, delve

התעמקות נ׳ deep study

התעמר פ׳ ill-treat, abuse

התעמרות פ׳ ill-treatment

התעמת פ׳ be confronted, face

התענג פ׳ enjoy, indulge in

התענגות נ׳ enjoyment

התענה פ׳ suffer

התעניין פ׳ be interested

התעניינות נ׳ interest

התעסק פ׳ occupy oneself, flirt

התעסקות נ׳ dealings

התעצב פ׳ become sad, sadden

התעצבן פ׳ get irritated, fret

התעצל פ׳ be lazy, laze, slack

התעצלות נ׳ laziness

התעצם פ׳ become strong

התעצמות נ׳ strengthening

התעקל פ׳ be twisted, wind

התעקם פ׳ curve, be bent

התעקמות נ׳ bending, twist

התעקש פ׳ be stubborn, insist

התעקשות נ׳ insistence

התערב פ׳ interfere, intervene, intercede, mix, bet, wager

התערבב פ׳ be mixed, jumble

התערבות נ׳ intervention, bet

התערבל פ׳ be mixed, eddy

התערה פ׳ strike roots, mingle

התערות נ׳ striking roots

התערטל פ׳ undress, strip

התערער פ׳ be shaken

התעשר פ׳ become rich

התעשת פ׳ recover, come to

התעשתות נ׳ recovery

התעתד פ׳ intend, be driving at

התפאר פ׳ boast, brag, show off

התפארות נ׳ boast

*התפגר פ׳ die, drop dead

התפוגג פ׳ dissolve

התפוגגות נ׳ dissolving

התפוטר פ׳ be forced to resign

התפוצץ פ׳ explode, burst

*- אפשר להתפוצץ it is intolerable

התפוצצות נ׳ blast, explosion

התפורר פ׳ crumble

התפוררות נ׳ disintegration

התפזר פ׳ disperse, scatter

התפזרות נ׳ dispersion

התפחה נ׳ puffing up

התפחם פ׳ be electrocuted

הִתְפַּטֵם פ׳ cloy, cram, gorge
הִתְפַּטֵר פ׳ abdicate, quit, resign
הִתְפַּטְרוּת נ׳ resignation
הִתְפִּיחַ פ׳ puff up, blow, inflate
הִתְפַּיֵּס פ׳ be reconciled
הִתְפַּיְּסוּת נ׳ reconciliation
הִתְפִּיל פ׳ desalinate, desalt
הִתְפַּכֵּחַ פ׳ become sober
הִתְפַּכְּחוּת נ׳ disillusionment
הִתְפַּלֵּא פ׳ marvel, wonder
הִתְפַּלֵּג פ׳ split, part, separate
הִתְפַּלְּגוּת נ׳ split, parting
- התפלגות נורמאלית normal distribution
- התפלגות שכיחויות frequency distribution
הַתְפָּלָה נ׳ desalination
*הִתְפַּלֵּחַ פ׳ gate-crash, crash
הִתְפַּלֵּל פ׳ pray, wish for
הִתְפַּלְמֵס פ׳ argue, dispute, spar
הִתְפַּלְסֵף פ׳ philosophize
הִתְפַּלְסְפוּת נ׳ philosophizing
הִתְפַּלְפֵּל פ׳ sophisticate
הִתְפַּלֵּשׁ פ׳ roll, wallow, welter
הִתְפַּנָּה פ׳ have time, relieve oneself
הִתְפַּנּוּת נ׳ being free
*הִתְפַּנְצֵ׳ר פ׳ be punctured
הִתְפַּנֵּק פ׳ pamper oneself, be spoilt, indulge oneself
*הִתְפַּסְפֵס פ׳ fail, go wrong
הִתְפַּעֵל פ׳ admire, be impressed
הִתְפַּעֲלוּת נ׳ wonder
הִתְפַּצֵּל פ׳ branch, split up
הִתְפַּצְּלוּת נ׳ splitting
הִתְפַּקֵּד פ׳ be numbered
הִתְפַּקְּדוּת נ׳ count
הִתְפַּקֵּעַ פ׳ burst, explode
- התפקע מצחוק split one's sides
הִתְפַּקְּעוּת נ׳ rupture, exploding
הִתְפַּקֵּר פ׳ become immoral
*הִתְפַּקְשֵׁשׁ פ׳ fail, go wrong
הִתְפָּרֵד פ׳ be separated
*הִתְפַּרְחֵחַ פ׳ misbehave
הִתְפַּרְכֵּס פ׳ preen oneself
הִתְפַּרְנֵס פ׳ make a living
הִתְפָּרֵס פ׳ deploy, fan out
הִתְפָּרְסוּת נ׳ deployment
הִתְפַּרְסֵם פ׳ be famous, be published
הִתְפָּרֵעַ פ׳ run wild, run riot
הִתְפָּרְעוּת נ׳ going wild, riot
*הִתְפַּרְפֵּר פ׳ play truant, flirt
הִתְפָּרֵץ פ׳ barge in, burst
הִתְפָּרְצוּת נ׳ outbreak, outburst
הִתְפָּרֵק פ׳ come apart, disband, break up, let off steam
- התפרק מנשקו disarm
הִתְפַּרְקֵד פ׳ lie on the back
הִתְפָּרְקוּת נ׳ relief, disarming, decomposition
הִתְפָּרֵשׁ פ׳ be interpreted
הִתְפַּשֵּׁט פ׳ undress, strip, expand, spread, stretch
הִתְפַּשְּׁטוּת נ׳ undressing, expansion, spreading
הִתְפַּשֵּׁר פ׳ compromise
- בלתי מתפשר uncompromising
הִתְפַּשְּׁרוּת נ׳ compromise
הִתְפַּתָּה פ׳ be seduced
הִתְפַּתּוּת נ׳ being seduced
הִתְפַּתֵּחַ פ׳ develop, evolve
הִתְפַּתְּחוּת נ׳ development, evolution, growth
הִתְפַּתֵּל פ׳ twist, wind, wriggle
הִתְפַּתְּלוּת נ׳ wriggle, twist
הִתְקַבֵּל פ׳ be received
- התקבל על הדעת make sense
הִתְקַבֵּץ פ׳ assemble, gather
הִתְקַבְּצוּת נ׳ gathering
הִתְקַדֵּם פ׳ make progress
הִתְקַדְּמוּת נ׳ advancement, progress
הִתְקַדֵּר פ׳ overcloud
הִתְקַדֵּשׁ פ׳ become holy
הַתָּקָה נ׳ moving, shifting
הִתְקַהֵל פ׳ assemble, rally
הִתְקַהֲלוּת נ׳ assembly, rally
הִתְקוֹטֵט פ׳ quarrel, brawl
הִתְקוֹטְטוּת נ׳ quarreling
הִתְקוֹמֵם פ׳ rebel, revolt
הִתְקוֹמְמוּת נ׳ rebellion
הִתְקַזֵּז פ׳ be offset, pair
הִתְקַיֵּם פ׳ exist, live, take place, come true
הִתְקִין פ׳ install, fit, adjust, arrange, establish, prepare
הִתְקִיף פ׳ attack, assault, raid
הִתְקַלֵּחַ פ׳ take a shower
הִתְקַלֵּף פ׳ peel, scale off
הִתְקַלְקֵל פ׳ be spoiled, go bad
הִתְקַמֵּט פ׳ crease, crumple

be stingy	*הִתְקַמְצֵן פ
arch, hunch	הִתְקַמֵּר פ
device, apparatus	הֶתְקֵן ז
- intrauterine device, IUD, coil	התקן תוך רחמי
envy, be envious	הִתְקַנֵּא פ
installation	הַתְקָנָה נ
attack, access, fit	הֶתְקֵף ז
- heart attack	התקף לב
attack, assault, raid	הַתְקָפָה נ
- blitz	התקפת בזק
- counterattack	התקפת נגד
offensive, attacking	הַתְקִפִי ת
fold, double up, retreat, give in	הִתְקַפֵּל פ
shorten, close in	הִתְקַצֵּר פ
approach, draw near	הִתְקָרֵב פ
approach, coming	הִתְקָרְבוּת נ
become bald	הִתְקָרֵחַ פ
becoming bald	הִתְקָרְחוּת פ
become corrupt	הִתְקַרְנֵף פ
cool, catch cold	הִתְקָרֵר פ
cooling, cold	הִתְקָרְרוּת נ
congeal, freeze	הִתְקָרֵשׁ פ
harden, toughen, stiffen, be difficult	הִתְקָשָׁה פ
hardening	הִתְקָשׁוּת נ
stiffen	הִתְקַשֵּׁחַ פ
hardening	הִתְקַשְׁחוּת נ
adorn oneself	הִתְקַשֵּׁט פ
adornment	הִתְקַשְׁטוּת נ
communicate, contact, telephone	הִתְקַשֵּׁר פ
connection, bond	הִתְקַשְּׁרוּת נ
see each other	הִתְרָאָה פ
warning, caution	הַתְרָאָה נ
be interviewed	הִתְרַאְיֵין פ
increase, multiply	הִתְרַבָּה פ
increase, breeding	הִתְרַבּוּת נ
brag, boast, *swank	הִתְרַבְרֵב פ
boast, vanity	הִתְרַבְרְבוּת נ
become angry, fret	הִתְרַגֵּז פ
anger	הִתְרַגְּזוּת נ
get used to	הִתְרַגֵּל פ
be excited	הִתְרַגֵּשׁ פ
- happen	התרגש עליו
excitement, feeling	הִתְרַגְּשׁוּת נ
caution, warn	הַתְרָה פ
untying, loosening, releasing	הַתָּרָה נ
- lawlessness	התרת הרסן
sit back	הִתְרַוֵּוחַ פ

rise, ascend	הִתְרוֹמֵם פ
rising, ascent	הִתְרוֹמְמוּת נ
- high spirits	התרוממות רוח
be friends, associate	הִתְרוֹעֵעַ פ
becoming friends	הִתְרוֹעֲעוּת נ
loosen, work loose	הִתְרוֹפֵף פ
loosening	הִתְרוֹפְפוּת נ
bustle, run around	הִתְרוֹצֵץ פ
rushing around	הִתְרוֹצְצוּת נ
empty, drain away	הִתְרוֹקֵן פ
emptying	הִתְרוֹקְנוּת נ
become poor	הִתְרוֹשֵׁשׁ פ
impoverishment	הִתְרוֹשְׁשׁוּת נ
broaden, dilate	הִתְרַחֵב פ
expansion, dilation	הִתְרַחֲבוּת נ
wash oneself, bathe	הִתְרַחֵץ פ
keep away, go far	הִתְרַחֵק פ
keeping away	הִתְרַחֲקוּת נ
happen, take place	הִתְרַחֵשׁ פ
occurrence	הִתְרַחֲשׁוּת נ
become wet	הִתְרַטֵּב פ
get him to contribute, whip round, raise money	הִתְרִים פ
defy, challenge	הִתְרִיס פ
protest against	הִתְרִיעַ פ
concentrate, focus	הִתְרַכֵּז פ
concentration	הִתְרַכְּזוּת נ
soften, become soft	הִתְרַכֵּךְ פ
money raising	הַתְרָמָה נ
defiance, objection	הַתְרָסָה נ
crash, smash	הִתְרַסֵּק פ
crash	הִתְרַסְּקוּת נ
protest, cry, warning	הַתְרָעָה נ
resent, grouch	הִתְרַעֵם פ
be refreshed, freshen	הִתְרַעֲנֵן פ
refreshing	הִתְרַעֲנְנוּת נ
be cured, heal	הִתְרַפֵּא פ
loosen, slacken	הִתְרַפָּה פ
bow and scrape	הִתְרַפֵּס פ
bootlicking	הִתְרַפְּסוּת נ
cuddle, hug, nestle	הִתְרַפֵּק פ
hugging	הִתְרַפְּקוּת נ
be reconciled	הִתְרַצָּה פ
rationalization	הַתְרָצָה נ
conciliation	הִתְרַצּוּת נ
be formed	הִתְרַקֵּם פ
be negligent, slack	הִתְרַשֵּׁל פ
negligence	הִתְרַשְׁלוּת נ
be impressed	הִתְרַשֵּׁם פ
impression	הִתְרַשְּׁמוּת נ
be angry, flare up	הִתְרַתֵּחַ פ
attrition, weakening	הַתָּשָׁה נ

ו

וְ מ״ח — and
- ו/או — and/or

ו׳ — six, sixthly
- יום ו׳ — Friday

וָאדִי ז׳ — wadi, wady
וְאוּלָם מ״ח — yet, but then
וָאט ז׳ — watt
וְאִילוּ מ״ח — but, however, while
וָאֵילָךְ: מכאן ואילך — from now on
וַאלס ז׳ — waltz
וְאִם לָאו תה״פ — or otherwise
וָאקוּם ז׳ — vacuum
וּבְכֵן מ״ח — so, well, now
וגו׳ = וְגוֹמֵר — and so on, etc.
וַדָּאוּת נ׳ — certainty, certitude
וַדָּאִי ת׳ — certain, sure
וַדַּאי תה״פ — certainly, surely
וַהָאבִּי (מוסלמי) ז׳ — Wahabi
וְהִנֵּה תה״פ — suddenly, then
וָו ז׳ — hook, peg, clasp
וַואלְלָה מ״ק — really, believe me!
ווֹדְבִיל ז׳ — variety show
וודו (דת פולחנית) ז׳ — voodoo
וולגרי (המוני) ת׳ — vulgar, common, coarse
וולונטרי (מתנדב) ת׳ — voluntary
וולט (מתח חשמלי) ז׳ — volt
ווליום (עוצמת צליל) ז׳ — volume
וולקני ת׳ — volcanic, igneous
ווּסַת פ׳ — be regulated
ווקי טוקי ז׳ — walkie-talkie
ווקלי (קולי) ת׳ — vocal
ווקמן ז׳ — walkman
וָזִיר ז׳ — vizier, minister
וָזֶלִין ז׳ — vaseline
וֶטוֹ ז׳ — veto
וֶטֶרִינָר ז׳ — veterinarian, *vet
וֶטֶרִינָרִי ת׳ — veterinary
וַי מ״ק — woe, alas
ויברטו (במוסיקה) ז׳ — vibrato
ויברטור ז׳ — vibrator
ויברציה (רטט) נ׳ — vibration
וִידֵּא פ׳ — make sure, ascertain
וידוא ז׳ — verification
- וידוא הריגה — ascertainment of death

וִידּוּי ז׳ — confession, shrift
וִידֵיאוֹ ז׳ — video
- וידיאו קליפ — video clip

וִידֵיאוֹטֵייפּ ז׳ — videotape
וִידֵיאוֹפוֹן ז׳ — videophone
וִידַּע פ׳ — introduce to, acquaint
וָיו נ׳ — waw (letter)
וִיוֹלָה נ׳ — viola
וִיוֹלָן ז׳ — viola player
וִיזָה (אשרה) נ׳ — visa
וִיזוּאָלִי (חזותי) ת׳ — visual
וִיטָלִי (חיוני) ת׳ — vital
וִיטָמִין ז׳ — vitamin
- ויטמין אי — vitamin E, tocopherol
- ויטמין איי — retinol
- ויטמין די — calciferol
- ויטמין סי — ascorbic acid
- ויטמין קיי — menadione

וִיטְרָאז׳ ז׳ — stained-glass window
וִיטְרִינָה נ׳ — shop window
וִיכּוּחַ ז׳ — argument, debate, discussion, dispute
וִיכּוּחִי ת׳ — argumentative
וִילָה נ׳ — villa
וִילוֹן ז׳ — curtain, drape, blind
וִילֵן פ׳ — curtain, drape
*וִינְקֶר (פנס איתות) ז׳ — winker
וִיסּוּת ז׳ — regulation
- ויסות מניות — share regulation

וִיסְקוֹזָה (אריג סינתטי) נ׳ — viscose
וִיסְקִי ז׳ — whisky, Scotch
וִיסֵּת פ׳ — regulate, modulate
וִיקֶאנְד (סופשבוע) ז׳ — weekend
וִיקִינְג ז׳ — Viking
וַיִּקְרָא (חומש) ז׳ — Leviticus
וִירוֹלוֹגְיָה נ׳ — virology
וִירוּס ז׳ — virus
- אנטי-וירוס — antivirus

וִירְטוּאוֹז (אמן גאוני) ז׳ — virtuoso
וִירְטוּאוֹזִי ת׳ — virtuosic
וִירְטוּאָלִי (מדומה) ת׳ — virtual
וִירָלִי ת׳ — viral
*וִישֶׁר (מגב) ז׳ — windscreen wiper
וִיתּוּר ז׳ — giving up, resignation, renunciation, waiver
וִיתֵּר פ׳ — yield, give up
וכד׳ = וְכַדּוֹמֶה — and the like
וכו׳ = וְכוּלֵי — etc., et cetera
וַכְּחָנוּת נ׳ — polemics, arguing
וַכְּחָנִי ת׳ — argumentative
וְכִי? — is it?, is there?

וכיו"ב = וכיוצא בזה and the like
וְכֵן מ"י plus, also, as well as
וָלא תה"פ otherwise, or else
וָלָד ז' child, embryo, young
וְלוּ מ"ח even, at least
וַנְדָלִיזְם (הרס) ז' vandalism
וֶנְטָה (מאוורר) נ' vent, vent-hole
וֶנְטִילָטוֹר (מאוורר) ז' ventilator
וָנִיל (שנף) ז' vanilla
וֶנֶצְיָה נ' Venice
וֶסְט (לְסוּטָה) ז' vest, waistcoat
וָסִית ת' regular
וַסָל ז' vassal, liege man
וַסָת ז' regulator, register
- וסת חום thermostat
וֶסֶת נ' menstruation, menses
וִסְתִּי ת' menstrual
- טרום-וסתי premenstrual
וַעַד ז' committee
- הוועד הפועל executive
- ועד העובדים workers' committee
וַעֲדָה נ' committee
- ועדה מתמדת standing committee
- ועדה קרוּאה appointed committee
- ועדת חקירה commission of inquiry
וְעוֹד מ"י plus, and more
- ועוד איך and how!
וְעִידָה נ' conference
- ועידת פסגה summit conference
וָפֶל ז' waffle, wafer
וַקְף (הקדש מוסלמי) ז' waqf
וֶרֶד ז' rose
וְרַדְרַד ת' pinkish
וָרוֹד ת' pink, rosy
וְרוּדוֹת תה"פ optimistically
וַרְיַאנְט (נוסח שונה) ז' variant
וַרְיַאצְיָה נ' variation
וְרִיד ז' vein
- ורידים דליתיים varicose veins
וְרִידוֹן ז' venule
וְרִידִי ת' venous
וֶרְמוּט (יין) ז' vermouth
וֶרְסִיָה (גירסה) נ' version
וַרְשָׁה נ' Warsaw
וְשׁוּת' and company, and Co.
וֶשֶׁט ז' esophagus, gullet
וָשִׁינְגְטוֹן navel orange
וְתוּ לא and no more
וָתִיק ת' veteran, senior
וָתִיקִין ז' early morning prayer
וָתִיקָן ז' Vatican
וֶתֶק ז' period of service, seniority
וַתְּרָן ז' lenient, compliant
וַתְּרָנוּת נ' leniency, indulgence

ז

ז' = זכר masculine, male
ז' seven, seventh
ז"א = זאת אומרת that is to say
זְאֵב ז' wolf
- זאב בעור כבש wolf in sheep's clothing
- זאב הים hake, wolf-fish
- זאב ערבות coyote
זְאֵבִי ת' wolfish
זְאֶבֶת נ' lupus
זַאֲטוּט ז' urchin, guttersnipe
זַ'אנְר (סוּגָה) ז' genre
זאת מ"ג it, that, this
- בזאת herein, hereby
- זאת אומרת that is to say, i.e.
- זאת ועוד moreover
זָב פ' ooze, flow, drip, trickle
- זב חוטם sniveling, *snotty
זֶבֶד הַבַּת party for birth of girl
זְבדָה נ' butterfat, sour cream
זְבוּב ז' fly
- זבוב הבית housefly
זְבוּבוֹן ז' small fly
זְבוֹרִית נ' ballast
זָבַח פ' slaughter, sacrifice
זֶבַח ז' slaughter, sacrifice
זְבִיל ז' bomb-holder
זֶבֶל ז' garbage, refuse, rubbish, manure, trash, fertilizer
זַבָּל ז' dustman, scavenger
זַבְלִית נ' scarab
זַבָּן ז' salesman, sales clerk
*זְבֶּנג ז' bang, blow
זַבָּנוּת נ' salesmanship
זֶבְּרָה נ' zebra
זב"ש = זו בעיה שלך *that's your funeral, that's your problem
זָג ז' grapeskin, peel

זַגָּג ז׳ glass-cutter, glazier
זַגָּגוּת נ׳ glazing
זְגוּגִי ת׳ glassy, vitreous
זְגוּגִית נ׳ glass, pane, enamel
זֵד ז׳ wicked, evildoer
זָדוֹן ז׳ malice, wickedness
זְדוֹנִי ת׳ malicious, wicked
זֶה מ״ג it, that, this
- בזה herein, hereupon
- זה את זה each other
- זה לא כבר newly, recently
*- זה מה יש have to make do with it
- זה מכבר long ago
- זה עתה just now
- זהו זה *that's flat!
זָהָב ז׳ gold
זְהַבְהַב ת׳ golden
זֶהָבִי ז׳ goldsmith
זַהֲבָן (ציפור שיר) ז׳ oriole
זֵהֶה ת׳ equal, identical, same
זֶהוּ מ״ג this is, that's it
זָהוֹב ת׳ golden
זֶהוּת נ׳ identity, sameness
זָהִיר ת׳ careful, cautious, wary
זְהִירָה נ׳ luminescence
זְהִירוּת נ׳ care, caution
זָהַר פ׳ shine, glow, glisten
זוֹ מ״ג this, it
זוֹאוֹלוֹג ז׳ zoologist
זוֹאוֹלוֹגְיָה נ׳ zoology
זוֹב דָם ז׳ bleeding
זוּג ז׳ brace, couple, pair
- זוג או פרד odd or even
- זוג משמיים happy pair
- זוגות doubles
- זוגות מעורבים mixed doubles
זוּגָה ("זוגתי") נ׳ wife, spouse
זוּגִי ת׳ even, double, dual
זוּגִיוּת נ׳ duality, parity, marital relations
זוֹדִיאָק (גלגל המזלות) ז׳ zodiac
זוּהָה פ׳ be identified
זוֹהִי מ״ג this is, that's it
זוּהַם פ׳ be contaminated
זוּהֲמָה נ׳ filth, dirt, squalor
זוֹהַר ז׳ brilliance, shine, Zohar (book of Kabbala)
- זוהר קוטבי aurora
זוֹהֵר ת׳ glittering, radiant
זְוָד ז׳ kit, package

זָוִית נ׳ angle, corner, aspect
- זוויות צמודות adjacent angles
- זווית האופק azimuth
- זווית חדה acute angle
- זווית קהה obtuse angle
- זווית ראייה point of view
זָוִיתִי ת׳ angular
זָוִיתָן ז׳ square, book end
זְוָעָה נ׳ atrocity, horror
זְוָעָתִי ת׳ horrible, hideous
זוֹחֵל ז׳ reptile, creeper
זוּטָא ת׳ tiny, small, minor
זוּטָה נ׳ bagatelle, miniature
זוּטָר ת׳ junior, inferior
זוּיַף פ׳ be forged
זוֹךְ ז׳ purity, clarity
זוּכָּה פ׳ be acquitted
זוֹכֶה ז׳ winner, champion
זוּכַּךְ פ׳ be purified, be cleansed
זוֹל ת׳ cheap, inexpensive, low
זוֹלֵל ת׳ gluttonous, voracious
- זולל וסובא piggish, guzzler
זוֹלְלָן ז׳ phagocyte, glutton
זוּלַת ז׳ the other, fellow man
זוּלַת מ״י except, other than
זוּלָתָנוּת נ׳ altruism
זוֹמְבִּי (מת מהלך) ז׳ zombie
זוֹמֵם ת׳ scheming, evil-minded
זוּמַּן פ׳ be invited
זוֹנְדָה (צינור הזנה) נ׳ sonde
זוֹנָה נ׳ prostitute, whore
- בן זונה *son of a bitch
- זונת צמרת courtesan
זוּעֲזַע פ׳ be shocked
זוֹעֵם ת׳ angry, irate, wrathful
זוֹעֵף ת׳ sullen, morose, sulky
זוּפַּת פ׳ be tarred, be asphalted
זוֹקֶן ז׳ old age
זוּקַּק פ׳ be distilled, be refined
זוֹרַז פ׳ be hurried, be urged
זוֹרֵחַ ת׳ luminous, radiant
זוֹרֵם ת׳ running, torrential
זוֹרֵעַ ז׳ seedsman
- זורע בהלה alarmist
זוֹרֵר פ׳ sneeze
זָז פ׳ budge, move, stir, shift
זָח פ׳ boast, brag
זְחוּחַ דַעַת ת׳ arrogant, haughty
זָחִיחַ ת׳ sliding, movable
זְחִיחוּת נ׳ movability, euphoria
- זחיחות דעת pride, arrogance

crawl, creeping — זְחִילָה נ׳
creep, crawl, grovel — זָחַל פ׳
larva, grub, maggot, caterpillar, track — זַחַל ז׳
halftrack — זַחְלָם ז׳
crawler, slider, slipper — זַחְלָן ז׳
oozing, gonorrhea — זִיבָה נ׳
manuring, fertilization — זִיבּוּל ז׳
nonsense — *- זיבולי שכל
poor soil — זִיבּוּרִית נ׳
manure, fertilize — זִיבֵּל פ׳
glass, glaze, frost, ice — זִיגֵג פ׳
glazing, icing, frosting — זִיגוּג ז׳
zigzag — זִיגְזַג, זִיגְזֵג
identify, recognize — זִיהָה פ׳
identification — זִיהוּי ז׳
contamination — זִיהוּם ז׳
infectious, pollutant — זִיהוּמִי ת׳
pollute, contaminate — זִיהֵם פ׳
brightness, luster — זִיו ז׳
warm welcome — זיו פנים -
pair, match, partner up — זִיוֵוג פ׳
match, matching — זִיווּג ז׳
angle — זִיוֵות פ׳
arming, armament, *lay — זִיוּן ז׳
fake, forgery — זִיוּף ז׳
projection, bracket — זִיז ז׳
indentation — זִיחַ ז׳
counter, chip — ז׳יטון ז׳
arm, reinforce, *screw — זִייֵן פ׳
forge, counterfeit — זִייֵף פ׳
counterfeiter, forger — זַייְפָן ז׳
acquit, credit — זִיכָּה פ׳
earn, award, grant — זיכה ב- -
crediting, acquittal — זִיכּוּי ז׳
tax credit — זיכוי מס -
purification, cleansing — זִיכּוּךְ ז׳
concession, franchise — זִיכָּיוֹן ז׳
purify, cleanse, clarify — זִיכֵּךְ פ׳
memory, recall — זִיכָּרוֹן ז׳
binder, memorandum, protocol — זכרון דברים -
of blessed memory — זכרונו לברכה -
memoirs — זכרונות -
cheapness, contempt — זִילוּת נ׳
contempt of court — זילות בית המשפט -
gill — זִים ז׳
lechery, pornography — זִימָה נ׳
invitation, summons, grace after meals — זִימוּן ז׳

beeper — זִימוּנִית נ׳
summon, invite, say grace after meals — זִימֵן פ׳
sing, chant, *cough up — זִימֵר פ׳
arms, weapons, *penis — זַיִן ז׳
zayin (letter) — זַיִן נ׳
dock, destroy the rear — זִינֵב פ׳
cutting off — זִינוּב ז׳
dart, jump, start — זִינוּק ז׳
jump, leap, dash — זִינֵק פ׳
movement, tremor — זִיעַ ז׳
perspiration, sweat — זֵיעָה נ׳
by the sweat of his brow — בזיעת אפיו -
miniaturization — זִיעוּר ז׳
miniaturize — זִיעֵר פ׳
bristle, stubble — זִיף ז׳
asphalting — זִיפוּת ז׳
coarse sand, gravel — זִיפְזִיף ז׳
zap — זִיפְזֵף פ׳
bristly, stubbly — זִיפִי ת׳
asphalt, tar — זִיפֵּת פ׳
bad, lousy — *זִיפְתְּ ת׳
spark, ray, glimmer — זִיק ז׳
tie, link, relation, connection, easement — זִיקָה נ׳
easement — זיקת הנאה -
refining, distillation — זִיקוּק ז׳
fireworks — זִיקוּקִים ז״ר
fireworks — זיקוקין די נור ז״ר
chameleon — זִיקִית נ׳
distill, refine — זִיקֵק פ׳
seed pod — זִיר ז׳
arena, rink, battlefield, ring, scene, theater — זִירָה נ׳
roadside bomb — זירת מטען -
theater of war — זירת קרב -
urging, spurring — זֵירוּז ז׳
urge, hurry up, hustle — זֵירֵז פ׳
spermatozoon, seed — זֵירְעוֹן ז׳
olive — זַיִת ז׳
olive — זֵיתִי ת׳
pure, clear, transparent — זַךְ ת׳
entitlement, eligibility — זַכָּאוּת נ׳
innocent, worthy, deserving, entitled, creditor — זַכַּאי ת׳
win, gain, be fortunate — זָכָה פ׳
thank you — תזכה למצוות! -
glass — זְכוּכִית נ׳
magnifying glass — זכוכית מגדלת -
I remember — זְכוּרַנִי

זְכוּת נ׳ credit, privilege, right
- בזכות- by right of, due to
- זכות בחירה franchise, vote
- זכות השתיקה right to remain silent
- זכות יוצרים copyright
- זכות סירוב ראשונה first refusal
- זכות קדימה priority, precedence, right of way
- כל הזכויות שמורות all rights reserved
זְכִיָּה נ׳ win, gaining
זַכְיָין ז׳ concessionaire
זְכִירָה נ׳ remembrance, recall
זָכַר פ׳ remember
זָכָר ז׳ male, masculine, he
זֵכֶר ז׳ memory, trace, vestige
- זכרו לברכה of blessed memory
זְכָרִי ת׳ manly, male
זְכָרִינִי (צמח) ז׳ forget-me-not
ז״ל = זכרונו לברכה
זָלַג פ׳ drip, flow, weep, run
זַלְדָּה נ׳ armored vehicle
זִלְזוּל ז׳ contempt, scorn
זִלְזֵל פ׳ disregard, underrate
זַלְזַל ז׳ twig, sprig
זַלְזֶלֶת (צמח מטפס) נ׳ clematis
זְלִילָה נ׳ gluttony, gorging
זָלַל פ׳ eat greedily, *tuck in
זַלְלָן ז׳ trencherman, glutton
זַלְלָנוּת נ׳ gluttony, voracity
זְמוֹרָה נ׳ branch, twig, sprig
זִמְזוּם ז׳ buzz, hum, drone
זִמְזֵם פ׳ hum, buzz, drone
זַמְזָם ז׳ buzzer
זָמִין ת׳ available, cashable
זְמִינוּת נ׳ availability, liquidity
זָמִיר ז׳ nightingale
זְמִירָה נ׳ pruning, clipping
זְמִירוֹת נ״ר songs
- זימר זמירות חדשות sing another tune
זָמַם פ׳ devise, scheme
זָמָם ז׳ muzzle
- ביצע את זממו carry out one's scheme
זְמַן ז׳ time, hour, while, term
- בו בזמן thereupon, then and there, simultaneously
- בזמן מן הזמנים at some time
- בזמן ש- while, when
- בזמנו once, at one time
- בן זמננו modern
- זמן (בדקדוק) tense
- זמן איכות quality time
- זמן אמת real time
- זמן מה little, awhile
- זמן פציעות injury time
- זמן שאול borrowed time
- כל זמן ש- as long as
- מזמן a long time ago
- עם הזמן in the course of time
זְמַנִּי ת׳ temporary, provisional
זְמַנִּית תה״פ temporarily
זמ״פ = ז״פ
זֶמֶר ז׳ song, singing, tune
זַמָּר ז׳ singer
- זמר נשמה crooner
זִמְרָה נ׳ singing
זַמֶּרֶת נ׳ singer, songstress
זַמְשׁ (עור רך) ז׳ suede
זָן פ׳ feed, nourish, feast
- זן עיניו feast one's eyes on
זַן ז׳ kind, sort, species, variety
זַנַּאי ז׳ adulterer, lecher
זָנָב ז׳ tail, stub, stump
- זנב סוס pigtail, ponytail
זַנְבְנָב ז׳ small tail, scut
זַנְגְּבִיל ז׳ ginger
זָנָה פ׳ commit adultery
זָנוּחַ ת׳ abandoned, deserted
זְנוּנִים ז״ר prostitution
- בן זנונים bastard
זְנוּת נ׳ harlotry, prostitution
זְנוּתִי ת׳ whorish, ugly
זוֹנָה / זנזונת נ׳ prostitute
זָנַח פ׳ neglect, abandon
זָנִיחַ ת׳ negligible, insignificant
זְנִיחָה נ׳ neglect, desertion
זֶנִית נ׳ zenith
זָנְתָה פ׳ be a harlot, prostitute
זָע פ׳ budge, move, stir
זְעוּם ת׳ scanty, paltry, angry
זָעוּף ת׳ angry, enraged
זַעֲזוּעַ ז׳ blow, shock, start
- זעזוע מוח concussion
זִעְזַע פ׳ shock, shake, startle
זָעִיר ת׳ petty, very small, tiny
- זעיר בורגני petit bourgeois
זָעַם פ׳ be angry, fume, rage
זַעַם ז׳ anger, fury, rage, wrath

whip snake	זַעֲמָן ז׳
be angry, glower, frown	זָעַף פ׳
anger, fury, storm	זַעַף ז׳
angry, cross, displeased	זָעֵף ת׳
saffron	זְעַפְרָן ז׳
scream, shout, cry out	זָעַק פ׳
scandalous	- זועק לשמיים
outcry, scream, shout	זְעָקָה נ׳
desperate cries	- זעקות שבר
battle cry	- זעקת קרב
tiny, very small	זַעֲרוּרִי ת׳
savory	זַעְתָּר ז׳
date of payment	ז״פ = זמן פירעון
blow, stroke	*זַפְטָה נ׳
craw, crop, maw	זֶפֶק ז׳
tar, pitch, asphalt	זֶפֶת ז׳
pitch worker	זַפָּת ז׳
of blessed memory	זצ״ל=זכר צדיק לברכה
erect, upright, vertical	זָקוּף ת׳
in need of, needing	זָקוּק ת׳
jacket	זַ׳קֶט ז׳
guardsman, sentinel, lookout, sentry, stalagmite	זָקִיף ז׳
charging	זְקִיפָה נ׳
erectness	זְקִיפוּת נ׳
uprightness, pride, self-confidence	- זקיפות קומה
follicle	זָקִיק ז׳
become old, age	זָקֵן פ׳
beard	זָקָן ז׳
side-whiskers	- זקן לחיים
goatee	- זקן תיש
aged, old, old man	זָקֵן ת׳
goat's-beard	זְקַן הַתַּיִשׁ (צמח) ז׳
age, old age, senility	זִקְנָה נ׳
old woman	זְקֵנָה נ׳
small beard, imperial	זְקַנְקַן ז׳
straighten, erect, raise up, lift, attribute, charge	זָקַף פ׳
prick up one's ears	- זקף אוזניו
erection	זְקִפָּה נ׳
lift, stand up, erect	זָקַר פ׳
garland, wreath, coronet	זֵר ז׳
laurels, bays	- זרי דפנה
alien, foreign, stranger	זָר ת׳
masculine plural	ז״ר = זכר ריבוי
disgust, stomachful	זָרָא ז׳
ad nauseam	- עד לזרא
muzzle, snout, spout	זַרְבּוּבִית נ׳
cant, jargon, pidgin	זַ׳רְגוֹן ז׳
twig, sprig	זֶרֶד ז׳
scatter, spread, winnow	זָרָה פ׳
mislead, cheat	- זרה חול בעיניו
arm, forearm, limb	זְרוֹעַ נ׳
with open arms	- בזרועות פתוחות
military forces	- זרועות הצבא
sown, rife, strewn	זָרוּעַ ת׳
thrown away, beatnik	זָרוּק ת׳
strangeness, anomaly	זָרוּת נ׳
catalyst	זָרָז ז׳
shower, raindrop	זַרְזִיף ז׳
starling, grayhound	זַרְזִיר ז׳
sensational writer	- זרזיר עט
drip, mizzle	זִרְזֵף פ׳
shine, dawn, radiate	זָרַח פ׳
phosphate	זַרְחָה נ׳
phosphorus	זַרְחָן ז׳
phosphoric	זַרְחָנִי ת׳
agile, skillful, quick	זָרִיז ת׳
quickness, skill	זְרִיזוּת נ׳
sunrise, sunup, dawn	זְרִיחָה נ׳
sprinkling, winnowing	זְרִיָּה נ׳
misleading	- זריית חול בעיניים
streamlined	זָרִים ת׳
flow, flux, issue	זְרִימָה נ׳
streamlining	זְרִימוּת נ׳
sowing, seeding	זְרִיעָה נ׳
hypodermic, injection, throw, throwing, toss, *shot	זְרִיקָה נ׳
free throw	- זריקה חופשית
throw-in	- זריקת חוץ
shot in the arm	- זריקת עידוד
stream, flow, run	זָרַם פ׳
current, flow, stream, torrent, flux	זֶרֶם ז׳
stream of consciousness	- זרם התודעה
alternating current, ac	- זרם חילופין
direct current, dc	- זרם ישר
fire-hose, hose	זַרְנוּק ז׳
seed, sow, plant	זָרַע פ׳
seed, semen, sperm	זֶרַע ז׳
seeds of trouble	- זרע הפורענות
throw, toss, cast, hurl	זָרַק פ׳
tilde	זַרְקָא ז׳
projector, searchlight, spotlight, spot	זַרְקוֹר ז׳
little finger, pinkie, pinky, span	זֶרֶת נ׳

ח

ח"א = חיל אוויר air force
חַאן ז׳ khan
חָאקִי ז׳ khaki
חָב פ׳ owe, incur debt
חָבוּט ת׳ beaten, hackneyed
חָבוּי ת׳ hidden, latent, secret
חָבוּל ת׳ beaten, wounded
חָבוּר ז׳ counterfoil, stub, pool
חַבּוּרָה נ׳ bruise, weal
חֲבוּרָה נ׳ group, company
- חבורת פיקוד קדמית command post
חַבּוּשׁ ז׳ quince
חָבוּשׁ ת׳ tied, bandaged, imprisoned, worn
חָבוּת נ׳ liability, debt
חָבַט פ׳ beat, strike, club, bat
חֲבָטָה נ׳ blow, hit, stroke, bang
- חבטת הגשה serve
חָבִיב ת׳ lovable, amiable
חֲבִיבוּת נ׳ amiability, affability
חֲבִילָה נ׳ package, parcel
חֲבִיצָה נ׳ custard, pudding
חֲבִירָה נ׳ joining, connecting
חֲבִישָׁה נ׳ bandaging, wearing (a hat), imprisonment
חָבִית נ׳ barrel, cask, butt, keg
חֲבִיתָה נ׳ omelet, omelette
חֲבִיתִית נ׳ pancake, blintze
חָבַל פ׳ bruise, wound, pawn
חֶבֶל ז׳ rope, cord, district
- חבל ארץ region, territory
- חבל הטבור umbilical cord
- חבל הצלה lifeline
- חבל כביסה clothesline
- חבל קפיצה skipping rope
- חבלי לידה throes, labor, birth pangs, teething troubles
- חבלי שינה bonds of sleep
חֲבָל מ״ק alas, *too bad
חֲבַלְבַּל ז׳ bindweed, convolvulus
חַבָּלָה נ׳ bruise, injury, harm, sabotage, destruction, trauma
חַבְּלָן ז׳ bomb disposal expert
חֲבַצֶּלֶת נ׳ lily, fleur-de-lis
חָבַק פ׳ hug, embrace
חֶבֶק ז׳ girth, band, banderole
חָבַר פ׳ unite, associate
חָבֵר ז׳ fellow, member, friend
- חבר כנסת Knesset Member, MK, parliamentarian
- חבר מועצה councilor
- חבר תזמורת bandsman
- חברים ! gentlemen!
חֶבֶר ז׳ company, group
- חבר מושבעים jury
חֲבַרְבּוּרָה נ׳ streak, stripe, spot
חֶבְרָה נ׳ company, corporation, firm, society
- החברה הגבוהה high society
- חברה קדישא burial society
- חברת אם parent company
- חברת ביטוח insurance company
- חברת בת subsidiary company
- חברת גג holding company
- חברת קש shell corporation
*חֶבְרֶה ז״ר friends, guys
חֲבֵרָה נ׳ girl friend, *date
חֲבֵרוּת נ׳ membership
חִבְרוּת נ׳ socialization
חַבְרוּתִי ת׳ sociable, *matey
חֲבֵרִי ת׳ friendly
*חֶבְרַיָה ז״ר friends, guys
*חֶבְרֶמָן ז׳ jolly fellow
חִבְרֵת פ׳ socialize
חֶבְרָתִי ת׳ social
חָבַשׁ פ׳ bandage, dress, wear (a hat), imprison
- חבש סוס saddle up
חָג פ׳ circle, go round, revolve
חַג ז׳ holiday, festival, feast
- חג האורים Festival of Lights
- חג החירות/האביב Passover
- חג המולד Christmas
- חג הסוכות Feast of Tabernacles
- חג השבועות Pentecost
- חג שמח ! Happy Holiday!
חָגָב ז׳ grasshopper, locust
חָגַג פ׳ celebrate, make merry
חָגוּ ז׳ ravine, cleft, crack
חֲגוֹר ז׳ belt-bag, gear, personal equipment, accouterments
חָגוּר ת׳ girded, girt, belted

חֲגוֹרָה נ׳ belt, girdle, webbing
- חגורת בטיחות safety belt
- חגורת הצלה life belt
- חגורת צניעות chastity belt
- חגורת שבר truss, hernia belt
חֲגִיגָה נ׳ celebration, festival
*- חגיגה לעיניים ravishing view
חֲגִיגִי ת׳ festive, solemn
חֲגִיגִית תה״פ solemnly
חֲגִירָה נ׳ girding, wearing a belt
חָגַר פ׳ gird, wear a belt
חָד פ׳ pose a riddle
חַד ת׳ acute, sharp, keen
- חד וחלק unequivocally
חַד ש״מ one, mono-, uni-
*חַד גַּדְיָא ז׳ prison, jail, *jug
חַד הוֹרִי ת׳ single-parent
חַד לָשׁוֹן ת׳ sharp-tongued
חַד מִינִי ת׳ unisexual
חַד מַשְׁמָעִי ת׳ unequivocal
חַד עַיִן ת׳ sharp-sighted
חַד עֶרְכִּי ת׳ univalent
חַד פַּעֲמִי ת׳ disposable
חַד צְדָדִי ת׳ unilateral
חַד שִׂיחַ ז׳ monologue
חַדְגוֹנִי ת׳ monotonous, tedious
חַדְגוֹנִיּוּת נ׳ monotony
חֶדְוָה נ׳ joy, happiness, mirth
חָדוּר ת׳ penetrated, full of
חַדּוּת נ׳ sharpness, keenness
חָדִיר ת׳ penetrable, permeable
חֲדִירָה נ׳ penetration
חֲדִירוּת נ׳ penetrability
חָדִישׁ ת׳ modern, brand-new
חָדַל פ׳ cease, stop, desist
חָדֵל ת׳ ceasing, pausing
- חדל אישים worthless man
- חדל פירעון insolvent
חַדַּף (דמוי עכבר) ז׳ shrew
חֶדֶק ז׳ proboscis, trunk, snout
חִדְקוֹנִית נ׳ weevil
חַדְקֶרֶן ז׳ unicorn
חָדַר פ׳ penetrate, pervade
חֶדֶר ז׳ room, chamber, religious school
- בחדרי חדרים in innermost places
- חדר אוכל dining room
- חדר אורחים salon
- חדר המדרגות stairwell
- חדר המתנה waiting room
- חדר התאוששות recovery room
- חדר חושך darkroom
- חדר לידה delivery room
- חדר מיון emergency room
- חדר מיטות bedroom
- חדר מתים mortuary
- חדר שינה bedroom
חַדְרוֹן ז׳ alcove, cubicle
חַדְרָנִית נ׳ chambermaid
חָדָשׁ ת׳ new, recent, novel
- חדשות לבקרים every day
חֲדָשָׁה נ׳ news, novelty
חֲדָשׁוֹת נ״ר news, news items
חַדְשׁוּתִי ת׳ newsworthy
חַדְשָׁן ז׳ innovator, modernist
ח״ו = חס וחלילה God forbid!
חוֹב ז׳ debt, obligation, bosom
- חוב אבוד/רע bad debt
חוֹבֵב ז׳ lover, amateur, fancier
חוֹבְבָן ז׳ dabbler, dilettante
חוֹבָה נ׳ debit, duty, liability
- חובה עליך you must
- יצא ידי חובה do one's duty
חוּבַּל פ׳ be sabotaged
חוֹבֵל ז׳ seaman, sailor
חוּבַּק פ׳ be hugged
חוֹבֵק עוֹלָם ת׳ universal
חוֹבְקָן פ׳ folder
חוּבַּר פ׳ be written, be added, be connected
חוֹבֶרֶת נ׳ booklet, brochure
חוֹבֵשׁ ז׳ paramedic, *medic
- חובש קרבי aidman
חוֹבְשׁוּת נ׳ wound dressing
חוּג ז׳ circle, sphere, tropic
- החוג הנוצץ smart set, jet set
- חוג הגדי Tropic of Capricorn
- חוג הסרטן Tropic of Cancer
- חוגים פוליטיים political circles
חוֹגֵג ז׳ celebrant, merrymaker
חוּגָה נ׳ dial, rotor
חוֹגְלָה נ׳ partridge
חוֹגֵר ז׳ enlisted man
- חוגרים the ranks
חוֹד ז׳ point, barb, edge, tooth
חוּדַּד פ׳ be sharpened
חוֹדֶל פֵּירָעוֹן insolvency
חוֹדֵר ת׳ penetrating, piercing
חוּדַּשׁ פ׳ be renewed

month חוֹדֶשׁ ז׳
monthly חוֹדְשִׁי ת׳
חוה"מ = חול המועד
farming חַוָואוּת נ׳
farmer, rancher חַוָואי ז׳
experience, undergo חָוָה פ׳
farm, ranch, grange חַוָה נ׳
Eve חַוָה (אשת אדם) נ׳
experience, affair חֲוָיָה נ׳
rung, transom, ratlin חָווֹק ז׳
become pale, whiten חָוַור פ׳
opinion, report חַוות דַעַת נ׳
contract, prophet חוֹזֶה ז׳
contractual חוֹזִי ת׳
be strengthened חוּזַק פ׳
intensity, strength חוֹזֶק ז׳
circular, repeating חוֹזֵר ז׳
- חוזר בתשובה Jew who became religious
thistle, briar, brier חוֹחַ ז׳
goldfinch חוֹחִית (ציפור שיר) נ׳
cord, string, thread, line חוּט ז׳
- חוט השני leitmotiv
- חוט חשמל electric wire
- חוט שדרה spinal cord
- כחוט השערה by a hair's breadth
be disinfected חוּטָא פ׳
sinner, wrongdoer חוֹטֵא ז׳
hewer, carver חוֹטֵב ז׳
- חוטב עצים woodcutter
threadlike חוּטִי, חוּטָנִי ת׳
gee-string, G-string חוּטִינִי ז׳
nose, snout, *snoot חוֹטֶם ז׳
marshmallow חוֹטְמִית נ׳
kidnapper, grabber חוֹטֵף ז׳
- חוטף מטוס hijacker
offshoot, scion, rod חוֹטֶר ז׳
- חוטר ניקרי ramrod
be obliged, be debited חוּיַב פ׳
be mobilized חוּיַל פ׳
laughing stock חוּכָא וְאִטלוּלָה
wisdom, sagacity חוֹכמָה נ׳
- חוכמת היד palmistry
leaseholder, tenant חוֹכֵר ז׳
sand, workaday, secular חוֹל ז׳
- חול המועד workdays (on holidays)
- חולות sands
- יום חול weekday
חו"ל = חוץ לארץ abroad
maladies חוֹלָאִים ז״ר

milker, dairyman חוֹלֵב ז׳
milch cow, milkmaid חוֹלֶבֶת נ׳
mole, ermine חוֹלֶד ז׳
rat חוּלְדָה נ׳
ill, patient, sick חוֹלֶה ת׳
- חולה אהבה lovesick
*- חולה הגה mad on driving
- חולה נפילה epileptic
- חולה נפש/רוח mad
sickness, illness חוֹלִי ז׳
sandy, gritty חוֹלִי ת׳
hooligan, ruffian חוּלִיגָן ז׳
hooliganism חוּלִיגָנִיוּת נ׳
link, vertebra, squad חוּלְיָה נ׳
secularism חוּלִין ז״ר
cholera חוֹלִירַע ז׳
dune, sand dune חוֹלִית נ׳
be desecrated חוּלַל פ׳
create, do, dance חוֹלֵל פ׳
O (Hebrew vowel) חוֹלָם ז׳
dreamer, visionary חוֹלֵם ת׳
dreamy, faraway חוֹלְמָנִי ת׳
morbid, sick חוֹלָנִי ת׳
morbidity, sickliness חוֹלָנִיוּת נ׳
evanescent, passing חוֹלֵף ת׳
be delivered, be freed חוּלַץ פ׳
pincers, extractor חוֹלֵץ ז׳
- חולץ פקקים corkscrew
blouse, shirt, waist חוּלְצָה נ׳
- חולצת טי T-shirt
be divided, be distributed חוּלַק פ׳
weakness, infirmity חוּלְשָה נ׳
heat, temperature חוֹם ז׳
- חום סגולי specific heat
brown חוּם ת׳
cute, charming *חוּמֶד ת׳
wall חוֹמָה נ׳
chickpea dish חוּמוּס ז׳
lizard, skink חוֹמֶט ז׳
be heated, be warmed חוּמַם פ׳
vinegar חוֹמֶץ ז׳
acid חוּמְצָה נ׳
acidic חוּמצִי, חוּמצָתִי ת׳
acidity חוּמצִיוּת נ׳
clay, material, matter, stuff, subject, substance חוֹמֶר ז׳
- חומר גלם raw material
- חומר הדין the rigor of the law
- חומר נפץ explosive
- כחומר ביד היוצר putty in his

hands
austerity, severity חוּמְרָה נ׳
hardware חוֹמְרָה נ׳
material, worldly חוֹמְרִי ת׳
materialism חוֹמְרָנוּת נ׳
be armed חוּמַשׁ פ׳
fifth, five years חוֹמֶשׁ ז׳
Pentateuch חוּמָשׁ ז׳
- חומש בראשית Genesis
- חומש שמות Exodus
- חומש ויקרא Leviticus
- חומש במדבר Numbers
- חומש דברים Deuteronomy
be educated, be taught חוּנַךְ פ׳
tutor, coach, trainer חוֹנֵךְ ז׳
tutorship חוֹנְכוּת נ׳
be blessed, be talented חוֹנַן פ׳
inmate, sheltered חוֹסֶה ז׳
be liquidated, be killed חוּסַל פ׳
tourniquet חוֹסֵם עוֹרְקִים ז׳
be immunized חוּסַן פ׳
strength, power חוֹסֶן ז׳
- לא לעולם חוסן accidents will happen
be subtracted חוּסַר פ׳
lack, absence, want חוֹסֶר ז׳
- חוסר אונים helplessness
- חוסר כוח גברא impotence
- חוסר כול poverty
- חוסר משקל weightlessness
- חוסר ניסיון inexperience
- חוסר פעילות/מעש inactivity
dis-, un- חוֹסֶר (ראה גם אי) תח׳
beach, shore, coast חוֹף ז׳
- חוף מבטחים haven
canopy, wedding ceremony חוּפָּה נ׳
coastal חוֹפִי ת׳
plover חוֹפְמִי (עוף) ז׳
handful חוֹפֶן ז׳
overlapping, congruent חוֹפֵף ת׳
freedom, liberty חוֹפֶשׁ ז׳
- החופש הגדול long vacation
- חופש העיתונות freedom of the press
- חופש פעולה freedom of action
leave, vacation, *vac חוּפְשָׁה נ׳
- חופשת לידה maternity leave
- חופשת מחלה sick leave
free, irreligious חוֹפְשִׁי ת׳
freedom, familiarity חוֹפְשִׁיּוּת נ׳
outside, out, open air חוּץ ז׳
- בחוץ out, outside, without
- החוצה out, outward(s)
- חוץ לארץ abroad
- חוץ מזה moreover, further
- חוץ מן apart from, except
quarryman חוֹצֵב ז׳
- חוצב להבות fiery, burning
bisector חוֹצֵה זָוִית ז׳
open places חוּצוֹת ז״ר
alien חוּצָן ז׳
insolence חוּצְפָּה נ׳
impudent, insolent חוּצְפָּן ז׳
buffer, divider חוֹצֵץ ז׳
- יצא חוצץ attack, denounce
act, law, regulation, rule, statute, enactment חוֹק ז׳
- חוק השבות Law of the Return
- חוק ולא יעבור hard-and-fast rule
- חוק וסדר law and order
- חוק יסוד basic law
constitution, law, rule חוּקָּה נ׳
lawful, legal חוּקִּי ת׳
legality, legitimacy חוּקִּיּוּת נ׳
enema, *punishment חוֹקֶן ז׳
legislate, enact חוֹקֵק פ׳
inquirer, investigator חוֹקֵר ז׳
- חוקר מקרי מוות coroner
constitutional חוּקָּתִי ת׳
aperture, hole, socket חוֹר ז׳
- חור שחור black hole
drought, aridity חוֹרֶב ז׳
ruined house, ruin חוּרְבָּה נ׳
ruin, destruction חוּרְבָּן ז׳
- חורבן הבית Destruction of Temples
step-, deviating חוֹרֵג ת׳
wrath, anger חוֹרִי אַף ז׳
extermination חוֹרְמָה נ׳
winter חוֹרֶף ז׳
blade, edge חוֹרְפָּה נ׳
wintry, winter חוֹרְפִּי ת׳
mink חוֹרְפָּן ז׳
creaky, grating חוֹרֵק ת׳
plowman, plougher חוֹרֵשׁ ז׳
- חורש רעה evil-minded
grove, wood, copse חוֹרֶשׁ ז׳
grove, wood, copse חוּרְשָׁה נ׳
artichoke חוֹרשָׁף ז׳

חוש ז׳ sense, feeling, flair
- חוש הומור sense of humor
חוּשַׁב פ׳ be calculated
*חוּשָׁה נ׳ poor hut/shed
חוּשְׁחָשׁ ז׳ bitter orange
חוּשִׁי ת׳ sensory, sensual
חוֹשֶׁךְ ז׳ darkness, dark, murk
- הרי חושך edge of the world
- חושך מצרים pitch-dark
חוּשַׁל פ׳ be inured, be forged
חוֹשֶׁם ז׳ fool, dolt, botcher
חוּשְׁמַל פ׳ be electrified
חוֹשֶׁן ז׳ breastplate
חוּשָׁנִי ת׳ carnal, sensual
חוֹשְׂפָנִי ת׳ revealing, exposing
חוֹשֵׁשׁ ת׳ afraid, nervous
- חוששני I'm afraid, I fear
חוֹתֵךְ ת׳ decisive, lapidary
חוּתַּל פ׳ be diapered
חוֹתֶלֶת נ׳ gaiter, puttee, legging
חוֹתָם ז׳ seal, imprint, stamp
חוֹתֵם ז׳ signer, subscriber
חוֹתֶמֶת נ׳ seal, stamp, signet
- חותמת גומי rubber stamp
חוֹתֵן ז׳ father-in-law
חוֹתֶנֶת נ׳ mother-in-law
חוֹתֵר ז׳ rower, striver
חַזָּאוּת נ׳ forecasting
חַזַּאי ז׳ weatherman
חָזָה פ׳ foresee, anticipate
חָזֶה ז׳ breast, chest
חָזוּי ת׳ expected, forecast
חָזוֹן ז׳ prophecy, vision
- חזון נפרץ a usual occurrence
- עוד חזון למועד time will tell
חָזוּת נ׳ appearance, vision, prospect, facade
- חזות הכול the main thing
- חזות קשה a grim future
חָזוּתִי ת׳ visual, optical
- חזותי שמיעתי audio-visual
חֲזִיז ז׳ bolt, flash, firecracker
- חזיז ורעם ! Good Heavens!
חֲזִיָּה נ׳ bra, brassiere
חֲזִיר ז׳ hog, pig, swine
- חזיר בר boar, wild boar
חֲזִירָה נ׳ sow
חֲזִירוֹן ז׳ piggy, piglet
חֲזִירוּת נ׳ swinishness
חֲזִירִי ת׳ hoggish, swinish
חֲזִירִית נ׳ king's evil, scrofula
חֲזִית נ׳ front, facade
- חזית הפנים home front
- חזית קרה cold front
חֲזִיתִי ת׳ frontal, head-on
חז״ל = חכמינו ז״ל our Sages
חַזָּן ז׳ cantor of synagogue
חַזָּנוּת נ׳ office of cantor
חָזַק פ׳ become strong
- חזק וברוך ! be blessed
חָזָק ת׳ strong, powerful, firm
חֲזָקָה נ׳ holding, possession
- חזקה עליו no doubt, he must
חֶזְקָה נ׳ power, exponent
- חזקה שנייה square
חָזַר פ׳ come back, be back, return, repeat, rehearse
- חזור let, *come again
- חזר בו regret, withdraw
*- חזר בשאלה become irreligious
חֲזָרָה נ׳ rehearsal, repetition, return
- חזרה בתשובה becoming religious
חֲזַרְזִיר ז׳ piggy, piglet
חִזְרָן ז׳ bamboo, cane
חֲזֶרֶת (ירק) נ׳ horseradish
חַזֶּרֶת (מחלה) נ׳ mumps
חָח ז׳ nose ring, swivel
חָט ז׳ tusk, incisor
חָטָא פ׳ sin, do wrong
חֵטְא ז׳ sin, fault, wrongdoing
חָטַב פ׳ cut, chop wood, log
חָטוּב ת׳ well shaped, carved
חֲטוֹטֶרֶת נ׳ hump, hunch
חָטוּף ת׳ snatched, abducted, quick, sudden, swift
חֲטוּפוֹת תה״פ swiftly, quickly
חֲטַט ז׳ blackhead, pimple
חַטְטָן ז׳ faultfinder, nosy
חֲטִיבָה נ׳ brigade, regiment, division, section
- חטיבת ביניים junior high school
חֲטִיבָתִי ת׳ regimental, of a brigade
חֲטִיף ז׳ snack, bite, nosh
- חטיף בריאות health bar
חֲטִיפָה נ׳ abduction, kidnapping, hijack, snatch
חָטַף פ׳ snatch, grab, hijack, skyjack, kidnap, *get
חֲטָף ז׳ haste, hurry, semivowel

חַי ת׳ live, living, alive, vivid
- חי ובועט alive and kicking
- חי וקיים alive, existing
- חי נפשי! upon my life!
חַי (ראה גם חָיָה) פ׳ live, dwell
חִיבֵּב פ׳ be fond of, like, love
חִיבָּה נ׳ affection, liking, love
חִיבּוּק ז׳ embrace, hug, clasp
- חיבוק דוב bear hug
- ישב בחיבוק ידיים be idle
חִיבּוּר ז׳ addition, connection, linkage, composition, essay
חִיבֵּל פ׳ damage, harm
- חיבל תחבולות scheme, devise
חִיבֵּץ שַׁמֶּנֶת פ׳ churn
חִיבֵּק פ׳ hug, embrace
חִיבֵּר פ׳ join, tie, connect, add, write, compose
חִיגֵּר ז׳ lame, limping
חִידֵּד פ׳ sharpen, edge, whet
חִידָה נ׳ puzzle, riddle, enigma
חִידּוּד ז׳ sharpening, wit, quip
חִידוֹן ז׳ quiz
חִידוֹנַאי ז׳ quizmaster
חִידּוּשׁ ז׳ innovation, renewal, resumption, renovation
- חידושי לשון new words
חִידֵּשׁ פ׳ resume, renew, invent
חָיָה פ׳ live, be alive, exist
חַיָּה נ׳ animal, beast, brute
- חיה רעה beast
- חיות מעבדה lab animals
- חיית טרף beast of prey
- חיית כיס marsupial
- חיית מחמד pet
חִיּוּב ז׳ debiting, charge, obligation, affirmation
חִיּוּבִי ת׳ positive, favorable
חִיּוּג ז׳ dialing
- חיוג חוזר redial
חִיוָּה פ׳ pronounce, state
חִיוֵּט פ׳ wire
חִיוּוּט ז׳ wiring, wirework
חִיוֵּר ת׳ pale, ashen, colorless
חִיוָּרוֹן ז׳ paleness, pallor
חִיּוּךְ ז׳ smile, chuckle, grin
חִיּוּל ז׳ enlistment
חִיּוּנִי ת׳ vital, necessary
חִיּוּנִיּוּת נ׳ vitality, necessity
חִיּוּץ ז׳ extrapolation
חִיּוּת נ׳ liveliness, vitality, sap
חִיזּוּי ז׳ prediction, forecasting

חִיזּוּק ז׳ strengthening
חִיזּוּר ז׳ courtship, wooing, reduction
חִיזָּיוֹן ז׳ vision, revelation
- חזיון תעתועים fata morgana
חִיזֵּן פ׳ sing as a cantor
חִיזֵּק פ׳ strengthen, fortify
- חיזק את ידיו encourage
חִיזֵּר פ׳ court, woo, canvass
- חיזר על הפתחים go begging
חִיטֵּא פ׳ disinfect, sterilize
חִיטָּה נ׳ wheat
- חיטה מלאה wholewheat
חִיטּוּב ז׳ carving, sculpture
חִיטּוּט ז׳ carping, picking
חִיטּוּי ז׳ disinfection
חִיטֵּט פ׳ scratch, snoop, carp
- חיטט באף pick one's nose
חִייֵּב פ׳ compel, force, charge, debit, convict, approve of
חַייָּב ת׳ should, must, obliged, debtor, guilty
- חייב במס taxable, dutiable
חַייְבָר ז׳ wildlife reserve
חִייֵּג פ׳ dial
חַייְגָן ז׳ dialer
חַיידַּק ז׳ microbe, germ
- חיידקים bacteria
חִייָּה פ׳ give life, revive
חַייזָר ז׳ alien
חַייָּט ז׳ tailor, sewer
חַייָּטוּת נ׳ tailoring
חִייֵּךְ פ׳ smile, chuckle, grin
חַייְכָנִי ת׳ smiling, smiler
חִייֵּל פ׳ enlist, mobilize
חַייָּל ז׳ soldier, GI, pawn
- חייל סדיר regular
- חייל שוקולד carpet-knight
- חיילים soldiery, troops
חַייֶּלֶת נ׳ woman soldier
חַיִּים ז״ר life
- בחיים alive, living
*- בחיים לא! never ever!
- חיי עולם eternal life
חַייעַד ז׳ everlasting
חִייֵּץ פ׳ partition, extrapolate
חַיישָׁן ז׳ sensor
חַייָּתִי ת׳ beastly, animal
חַייָּתִיּוּת נ׳ animalism
חִיכָּה פ׳ wait, expect, stay
חִיכּוּךְ ז׳ friction, rubbing
חִיכִּי ת׳ palatal, of the palate

חִיכֵּךְ פ׳ rub, scratch, chafe
חַיִל ז׳ strength, power, bravery, army, force, corps
- חיל אוויר air force
- חיל הנדסה engineering force
- חיל חימוש ordnance corps
- חיל ים navy
- חיל קשר signal corps
- חיל רגלים infantry
- חיל שריון armored corps
- מחיל אל חיל prospering
חִיל ז׳ fear, trembling
חִילָּה פָּנָיו פ׳ beg, entreat
חִילּוּט ז׳ forfeiture, foreclosure
חִילּוּל ז׳ desecration, profanity
- חילול הקודש sacrilege
- חילול השם blasphemy
- חילול שבת desecration of Sabbath
- חילול שטר dishonoring a bill
חִילּוֹנִי ת׳ secular, irreligious
חִילּוֹנִיּוּת נ׳ secularism
חִילּוּף ז׳ exchange, alternation
- חילוף חומרים metabolism
חִילּוּפִי ת׳ alternative
חִילּוּפֵי גַבְרֵי ז״ר reshuffle
חִילּוּץ ז׳ extrication, rescue
- חילוץ עצמות physical drill
חִילּוּק ז׳ division, dividing
- חילוקי דיעות disagreement
חִילָּזוֹן ז׳ snail, worm, slug
חִילֵּט פ׳ forfeit, foreclose
חִילֵּל פ׳ profane, desecrate, violate, play the flute
חִילֵּץ פ׳ free, deliver, remove, rescue, extricate, rid
- חילץ עצמות stretch one's legs
חִילֵּק פ׳ divide, distribute, give out, partition, deal out
חִימּוּם ז׳ warming, heating
*- חימום הקנה warm-up
חִימּוּשׁ ז׳ armament, ordnance
חִימֵּם פ׳ heat, warm, warm up
חִימֵּשׁ פ׳ equip, arm, munition
חִינָּה נ׳ henna
חִינּוּךְ ז׳ education, upbringing
- חינוך מיוחד special education
- חינוך מעורב coeducation
חִינּוּכִי ת׳ educational
חִינֵּךְ פ׳ bring up, educate
חִינָּם תה״פ free, gratis, in vain

חִינָּמוֹן ז׳ free newspaper
חִינָּנִי ת׳ graceful, charming
חִינָּנִיּוּת נ׳ gracefulness, charm
חִינָּנִית נ׳ daisy, marguerite
חִיסּוּי ז׳ shelter, refuge
חִיסּוּל ז׳ liquidation, elimination
- חיסול חשבונות settling accounts
חִיסּוּן ז׳ immunization
חִיסּוּנִי ת׳ immunological
חִיסּוּר ז׳ subtraction
חִיסָּיוֹן ז׳ immunity, privilege
- חיסיון עיתונאי press immunity
- חסיון עורך-דין לקוח lawyer-client privilege
חִיסָּכוֹן ז׳ saving, economy
חִיסֵּל פ׳ liquidate, cancel, annul, finish, kill
חִיסֵּן פ׳ immunize, vaccinate
חִיסֵּר פ׳ subtract, deduct
חִיסָּרוֹן ז׳ disadvantage, deficiency, defect, weakness
חִיפָּה פ׳ cover, protect, shield
חִיפּוּי ז׳ cover, cover-up
חִיפּוּשׂ ז׳ search, quest, frisk
חִיפּוּשִׁית נ׳ beetle, May-bug
- חיפושית זבל/פרעה scarab
חִיפָּזוֹן ז׳ haste, hurry, rush
*חִיפֵּף פ׳ do desultorily, botch
חִיפֵּשׂ פ׳ look for, search, seek
חַיִץ ז׳ barrier, buffer, partition
חִיצוֹנִי ת׳ external, outward
חִיצוֹנִיּוּת נ׳ exterior, outside
חֵיק ז׳ bosom, lap
חִיקָּה פ׳ imitate, copy, emulate
חִיקּוּי ז׳ imitation, mimicry
חִיקּוּק ז׳ statute, act, enacting
חִיקּוּר דִין ז׳ investigation
חי״ר = חיל רגלים infantry
חֵירוּם ז׳ emergency, exigency
חֵירוּף ז׳ curse, blasphemy
- חירוף נפש mortal danger
חִירוּק ז׳ grinding, rifling
- חירוק שיניים fury, effort
חִירוּר ז׳ perforating
חֵירוּת נ׳ freedom, liberty
- חירות הפרט personal liberty
חִירִיק ז׳ ee, (Hebrew vowel)
חֵירֵף פ׳ curse, blaspheme
- חירף נפשו risk one's life

חֵירֵר פ׳	perforate, bore
חֵירֵשׁ ז׳	deaf
- חירש אילם	deaf-mute
חֵירְשׁוּת נ׳	deafness
חִישׁ, חִישׁ קַל תה״פ	quickly
חִישֵׁב פ׳	calculate, compute
חִישָׁה נ׳	sensation, sense
חִישׁוּב ז׳	calculation
חִישׁוּל ז׳	forging, strengthening
חִישׁוּק ז׳	hoop, ring, rim
חִישֵׁל פ׳	anneal, harden
חִישֵׁק פ׳	hoop, gird, fasten
חֵית נ׳	heth (letter)
חִיתָּה: הִפִּיל חִיתָּתוֹ פ׳	terrorize
חִיתּוּךְ ז׳	cut, cutting, etching, carving, section, incision
- חיתוך דיבור	articulation
חִיתּוּל ז׳	diaper, napkin
חִיתּוּם ז׳	sealing, signing
חִיתּוּן ז׳	marrying off
חִיתֵּל פ׳	diaper, bandage
חִיתֵּן פ׳	marry off, wed
חֵךְ ז׳	palate
- החך הרך	soft palate
- חך שסוע	cleft palate
ח״כ = חבר כנסת	
חַכָּה נ׳	fishing rod, fishhook
- העלה בחכה	hook, angle
חָכוּר ת׳	hired, leased
חֲכִירָה נ׳	lease, tenancy, rent
חָכַךְ פ׳	rub, scratch
- חכך בדעתו	hesitate, meditate
חַכְלִילִי ת׳	reddish, ruddy
חָכַם פ׳	be clever, become wise
חָכָם ת׳	wise, clever, Rabbi
- חכם בלילה	*wise guy
- חכם גדול	*smart aleck
חֲכָמָה נ׳	wise woman
חָכַר פ׳	lease, hire, let, rent
חָל פ׳	apply, be due, occur
חֵל ז׳	moat, bulwark, rampart
חֶלְאָה נ׳	scum, dirt, filth
- חלאת אדם	riffraff, skunk
חָלַב פ׳	milk
חָלָב ז׳	milk
- חלב הדג	milt
חֵלֶב ז׳	tallow, fat, grease
חִלְבָּה נ׳	fenugreek
חַלְבָּה, חַלְוָוה נ׳	halvah
חֶלְבּוֹן ז׳	albumen, protein, egg white
חָלָבִי ת׳	lactic, milky
חַלְבָּן ז׳	milkman, dairyman
חֶלֶד ז׳	world, this life
חָלָה פ׳	be ill, fall sick
חַלָּה נ׳	halla, twist bread
- חלת דבש	honeycomb, comb
חָלוּד ת׳	rusty
חֲלוּדָה נ׳	rust
חָלוּט ת׳	scalded, final
חָלוּל ת׳	hollow
חֲלוֹם ז׳	dream, vision
*- בחלום!	never!
- חלום באספמיא	castles in Spain
- חלום בהקיץ	daydream
- חלום בלהות	nightmare
חֲלוֹמִי ת׳	*wonderful
חַלּוֹן ז׳	window, light
- החלונות הגבוהים	high places
- חלון ראווה	shop window
חֲלוֹף ז׳	vanishing, passing
- בחלוף הזמן	in course of time
חֲלוּפָה נ׳	alternative
חֲלוּפִי ת׳	alternative
חָלוּץ ז׳	pioneer, forward
- חלוץ מרכזי	center forward
חֲלוּצִי ת׳	pioneer, pioneering
חֲלוּצִיּוּת נ׳	pioneering
חָלוּק ז׳	gown, robe, housecoat
חָלוּק ת׳	disagreeing, differing
חֲלוּקָה נ׳	distribution, dealing, division, partition
חַלּוּקֵי אֶבֶן ז״ר	pebbles, shingle
חָלוּשׁ ת׳	weak, feeble, decrepit
חֲלוּשׁוֹת תה״פ	weakly, feebly
חָלוּת נ׳	application
חֶלְזוֹנִי ת׳	spiral, coiled, voluted
חִלְחוּל ז׳	percolation, permeation, penetration
חַלְחוֹלֶת נ׳	rectum
חִלְחֵל פ׳	penetrate, percolate
חַלְחָלָה נ׳	trembling, horror
חָלַט פ׳	brew, scald, pour boiling water, blanch
*חַלְטוּרָה נ׳	moonlighting, sideline, second job
חֲלִיבָה נ׳	milking
חֲלִיטָה נ׳	brew, scalding
חָלִיל ז׳	flute, fife, pipe
- חליל צד	flute
חֲלִילָה תה״פ	again and again
- וחוזר חלילה	again and again
חָלִילָה! מ״ק	God forbid!

חֲלִילוֹן ז׳	piccolo, flageolet
חֲלִילִית נ׳	recorder
חֲלִילָן ז׳	flautist, flutist, piper
חֲלִיפָה נ׳	suit, costume, tuxedo
חֲלִיפוֹת תה״פ	alternately
חֲלִיפִין ז״ר	barter, exchange
חֲלִיצָה נ׳	taking off, releasing brother-in-law
חֲלֵכָאִים ז״ר	wretched, poor
חָלָל ז׳	space, cosmos, hollow, vacuity, dead, fallen
- החלל החיצון	outer space
חֲלָלִית נ׳	spaceship, spacecraft
חָלַם פ׳	dream, *muse, laze
חֶלֶם ז׳	foolishness, stupidity
חֶלְמָאִי ת׳	foolish
חֶלְמוֹן ז׳	yolk
חַלָּמִיש ז׳	flint
חֶלְמִית (פרח) נ׳	mallow
*חֲלַס! מ״ק	enough!
חָלַף פ׳	pass by, go past, vanish
חֵלֶף תה״פ	in return for
חַלְפָן ז׳	money-changer
חָלַץ פ׳	remove, take off
- חלצה שד	suckle
חֲלָצַיִים ז״ר	loins, waist
חָלַק פ׳	divide, share
- חלק כבוד	respect
- חלק על	differ, disagree
- חלק שבחים	eulogize, praise
חֵלֶק ז׳	part, share, piece
- בחלקו	partly, in part
- חלק הארי	lion's share
- חלק כחלק	equally, fifty-fifty
- חלקי הדיבור	parts of speech
- חלקי חילוף	spare parts
חָלָק ת׳	smooth, blank, clean
חֶלְקָה נ׳	plot, lot, portion
- דברי חלקות	flattery, cajolery
- חלקת לשון	flattery, cajolery
חַלְקוּם ז׳	Turkish delight
חֶלְקִי ת׳	partial, fractional
חֶלְקִיק ז׳	particle, fraction
חֶלְקִית תה״פ	partially, partly
חֲלַקְלַק ת׳	smooth, hypocritical
חַלָּש ת׳	weak, feeble, frail
חָלַש עַל פ׳	dominate
*חַלַשְׁלוּש ת׳	weak, very weak
חָם ז׳	father-in-law
חַם ת׳	warm, hot, fervent
- חם מזג	hot-blooded
חֶמְאָה נ׳	butter
חָמַד פ׳	covet, desire, hanker
- חמד לצון	joke, jest
חֶמֶד ז׳	charm, grace
חֶמְדָּה נ׳	desire, love
חַמְדָן ז׳	greedy, covetous
חַמְדָנוּת נ׳	greed, covetousness
חַמָּה נ׳	sun
חֵמָה נ׳	anger, fury, rage
- חמה שפוכה	towering rage
- חמת זעם	great anger, fury
חָמוּד ת׳	charming, cute
חֲמוּלָה נ׳	clan, clique, sect
חֲמוּם מוֹחַ/מֶזֶג ת׳	hot-tempered
חָמוּץ ת׳	acid, sour, vinegary
חֲמוּצִים ז״ר	pickles
חַמּוּקִים ז״ר	hips, thighs
חֲמוֹר ז׳	donkey, ass, jackass
- חמור גרם	jackass, fool
- חמור (בהתעמלות)	horse
חָמוּר ת׳	serious, severe, grave
חֲמוֹרִי ת׳	asinine
חָמוּש ת׳	armed, equipped
חָמוֹת נ׳	mother-in-law
חִמְזוּר ז׳	redox
חָמִים ת׳	warm, cosy, cordial
חֲמִימוּת נ׳	warmth, heartiness
חָמִין ז״ר	hot water, cholent, Sabbath food
חֲמִיצָה נ׳	beetroot soup
חֲמִיצוּת נ׳	acidity, sourness
חֲמִישָּׁה ש״מ	five, 5
חֲמִישָּׁה עָשָׂר ש״מ	fifteen, 15
- החלק החמישה עשר	fifteenth
- החמישה עשר	fifteenth
חֲמִישִׁי ת׳	fifth
- יום חמישי	Thursday
חֲמִישִׁיָּה נ׳	quintet, quintuplets
חֲמִישִּׁים ש״מ	fifty, 50
- (החלק) החמישים	fiftieth
חֲמִישִׁית נ׳	fifth
חָמַל פ׳	have pity, spare
חמ״ל = חדר מלחמה	
חֶמְלָה נ׳	pity, mercy
חֲמָמָה נ׳	glasshouse, greenhouse, hotbed
חַמָּנִית נ׳	sunflower
חָמַס פ׳	rob, destroy, usurp
חָמָס ז׳	corruption, Hamas
חַמְסִין ז׳	heat wave, sirocco
חָמֵץ ז׳	leavened bread
חִמְצָה (קטנית) נ׳	chickpea
חִמְצוּן ז׳	oxidization

חַמְצִיץ ז׳	wood-sorrel
חֲמַצְמַץ ת׳	acidulous, sourish
חִמְצֵן פ׳	oxidize, oxygenate
חַמְצָן ז׳	oxygen
חַמְצָנִי ת׳	oxygenic
חָמַק פ׳	sneak, slip away
חֲמַקְמַק ת׳	elusive, evasive
חַמְקָן ז׳	slippery, evasive
חֵמָר ז׳	clay, asphalt, bitumen
חַמְרָה נ׳	red loam, loess
חַמַרְמוֹרֶת נ׳	hangover
חַמְרָן ז׳	aluminum
חָמֵשׁ ש״מ	five, 5
חֲמֵשׁ עֶשְׂרֵה ש״מ	fifteen, 15
- החמש עשרה	fifteenth
חֲמִשָּׁה נ׳	staff, stave
חַמְשִׁיר ז׳	limerick
חֵמֶת נ׳	skin bottle, skin
חֵמֶת חֲלִילִים נ׳	bagpipes
חֵן ז׳	grace, charm, favor
- חן חן	thank you
- יודעי ח״ן	occult, recondite
ח״ן = חיל נשים	women's corps
חִנְגָּא נ׳	feast, merrymaking
חָנָה פ׳	camp, stop, park
חֶנְוָנִי ז׳	storekeeper, retailer
חָנוּט ז׳	mummy, embalmed
חֲנוּכָּה נ׳	Hanukka, Festival of Lights, inauguration
- חנוכת בית	housewarming
חֲנוּכִּיָּה נ׳	Hanukka lamp
*חְנוּן ז׳	sucker, fool
חַנּוּן ת׳	merciful, gracious
חֲנוּפָּה נ׳	flattery, sycophancy
חָנוּק ת׳	choked, penniless
חֲנוּת נ׳	shop, store, fly
חָנַט פ׳	embalm, mummify
*חַנְטָרִישׁ ז׳	fake; gibberish
חֲנָיָה נ׳	parking, halt, stop
חַנְיוֹן ז׳	car park, campground
חֲנִיטָה נ׳	mummification
חֲנִיָּה נ׳	parking, halt, stop
חָנִיךְ ז׳	apprentice, trainee
- חניך תורן	monitor, in charge
חֲנִיכוּת נ׳	apprenticeship
חֲנִיכַיִים ז״ר	gums
חֲנִינָה נ׳	amnesty, pardon
חֲנִיקָה נ׳	strangling
חֲנִית נ׳	spear, lance, pike
חָנַךְ פ׳	inaugurate, launch
חָנַן פ׳	pardon, bestow, grant
חַנְפָן ז׳	flatterer, sycophant
חָנַק פ׳	strangle, suffocate
חֶנֶק ז׳	strangulation
חַנְקָן ז׳	nitrogen
חַנְקָנִי ת׳	nitric, nitrogenous
חַנְקָתִי ת׳	nitrous
חָס פ׳	pity, spare, skimp
חַס וְחָלִילָה! מ״ק	God forbid!
חַס וְשָׁלוֹם! מ״ק	God forbid!
חֶסֶד ז׳	favor, charity
*- בחסד	very good, gifted
חָסָה פ׳	find shelter
חַסָּה (ירק) נ׳	lettuce
חָסוּד ת׳	graceful, hypocritical
חָסוּי ת׳	sheltered, protected, privileged, confidential
חָסוּם ת׳	impassable, blocked
חָסוֹן ת׳	stout, strong, lusty
חָסוּת נ׳	aegis, auspices, patronage, sponsorship
- בחסות	under cover of
חָסִיד ת׳	adherent, fan, follower, pious, haredi
חֲסִידָה נ׳	stork
חֲסִידוּת נ׳	Hasiduth (Haredim)
חֲסִידִי ת׳	Hasidic, haredi
חֲסִילוֹן ז׳	shrimp
חֲסִימָה נ׳	blocking, restriction
חָסִין ת׳	immune, proof
- חסין אש	fireproof
- חסין מים	waterproof
חֲסִינוּת נ׳	immunity, privilege
חָסַךְ פ׳	save, economize, spare
- לא חסך שבטו	criticize
חֶסְכוֹנִי ת׳	economical
חַסְכָן ז׳	thrifty, saver, frugal
חֲסַל מ״ק	that's all
חָסַם פ׳	block, bar, stop, stem
חַסָּם ז׳	tourniquet
חֶסֶם ז׳	obstruction
חִסְפּוּס ז׳	roughness
חִסְפֵּס פ׳	roughen, coarsen
חַסָּקָה נ׳	surfboat
חָסַר פ׳	lack, miss, want
*- חסר לך ש- !	do not dare to
חָסֵר ת׳	lacking, without
חֲסַר אוֹנִים ת׳	helpless
חֲסַר בַּיִת ת׳	homeless, waif
חֲסַר בָּסִיס/יְסוֹד ת׳	baseless
חֲסַר דְּאָגוֹת ת׳	carefree, easy
חֲסַר דֵּעָה ת׳	mindless, witless
חֲסַר הַכָּרָה ת׳	unconscious
חֲסַר חַיִּים ת׳	inanimate, lifeless

חָסֵר טַעַם ת׳ pointless, tasteless
חָסֵר יֶשַׁע ת׳ helpless
חָסֵר כּוֹחַ גַּבְרָא ת׳ impotent
חָסֵר כּוֹל ת׳ destitute
חָסֵר מַזָּל ת׳ unfortunate
חָסֵר נְשִׁימָה ת׳ breathless
חָסֵר עֵרֶךְ ת׳ worthless
חָסֵר שַׁחַר ת׳ groundless
חָסֵר תַּקְדִּים ת׳ unprecedented
חַסְרֵי חוּלְיוֹת ז״ר invertebrates
חָף ז׳ tooth of a key
חַף מִפֶּשַׁע ת׳ innocent
חָפָּה ז׳ bract
חָפוּז ת׳ hasty, hurried
חֲפוּי ראש ת׳ ashamed
חַפּוּת נ׳ innocence, clean hands
חֲפִיסָה נ׳ pack, packet
*חַפִיף תה״פ perfunctorily, bad
חֲפִיפָה נ׳ overlapping, congruence, shampooing
חָפִיר ז׳ ditch, moat, trench
חֲפִירָה נ׳ ditch, digging, excavation
*חַפְלָה נ׳ party, feast
חָפַן פ׳ cup, take a handful
חָפַף פ׳ overlap, coincide, be congruent, shampoo, wash
חָפֵץ פ׳ desire, want, wish
חֵפֶץ ז׳ article, commodity, object, thing, desire, wish
- בחפץ לב with pleasure
- חפץ נוי knickknack
חפ״ק command post
חָפַר פ׳ dig, excavate, unearth
חֲפַרְפֶּרֶת נ׳ mole
חָפַת פ׳ roll up, turn up, tuck
חֵפֶת ז׳ cuff, fold, tuck, turnup
חֵץ ז׳ arrow, dart, shaft
- כחץ מקשת quickly, swiftly
חֲצָאִים ז״ר halves
חֲצָאִית נ׳ skirt
- חצאית מכנסיים culottes
- חצאית סקוטית kilt
חָצַב פ׳ quarry, hew, carve
חָצָב ז׳ squill
חַצֶּבֶת נ׳ measles, rubeola
חָצָה פ׳ divide, halve, cross
- חצה את הקווים go too far
חָצוּב ת׳ hewn, quarried
חֲצוּבָה נ׳ easel, tripod, stand
חָצוּי ת׳ halved, bisected
חָצוּף ת׳ impertinent, insolent
חֲצוֹצְרָה נ׳ bugle, trumpet
- חצוצרת הרחם Fallopian tube, oviduct
חֲצוֹצְרָן ז׳ bugler, trumpeter
חֲצוֹת נ׳ midnight, midday
חֲצִי ז׳ half, semi-, middle
*- חצי חצי equally, fifty-fifty
- חצי שנתי semiannual
- לחצאין half, by halves
- עד חצי המלכות whatever you ask
חֲצִי אִי ז׳ peninsula
חֲצִי גְמָר ז׳ semifinal
חֲצִי כַּדּוּר (הארץ) ז׳ hemisphere
חֲצִיבָה נ׳ quarrying, hewing
חֲצִיוֹן ז׳ median
חֲצִיָּה נ׳ bisection, crossing
חָצִיל ז׳ eggplant, aubergine
חֲצִיצָה נ׳ partitioning
חָצִיר ז׳ hay, fodder, forage
חָצַץ פ׳ partition, separate
- חצץ שיניו pick one's teeth
חָצָץ ז׳ rubble, gravel
חַצָּצִית נ׳ gravel throwing vehicle
חִצְצֵר פ׳ sound a trumpet
*חַצ׳קוּנִים ז״ר pimples, acne
חָצֵר נ׳ courtyard, yard
חֲצֵרִים נ״ר premises, precincts
חַצְרָן ז׳ janitor, courtier
*חִצְרֵץ פ׳ sound a trumpet
חָקוּק ת׳ carved, enacted
חַקְיָן ז׳ imitator, mimic
חַקְיָנוּת נ׳ imitation, mimicry
חֲקִיקָה נ׳ legislation, engraving
חֲקִירָה נ׳ inquiry, research, probe, investigation
- חקירת שתי וערב cross-examination
חַקְלָאוּת נ׳ agriculture, farming
חַקְלַאי ז׳ farmer
חַקְלָאִי ת׳ agricultural
חָקַק פ׳ legislate, carve
חָקַר פ׳ inquire, investigate
חֵקֶר ז׳ inquiry, study, research
- אין חקר immeasurably
- חקר ביצועים operations research
חַקְרָן ז׳ inquirer, examiner
*חָרָא ז׳ shit, crap
חָרַב פ׳ be ruined, dry up
- חרב עליו עולמו be ruined

חֶרֶב נ׳ sword, saber, cutlass
- חרב פיפיות two-edged sword
חָרֵב ת׳ destroyed, ruined
*חֻרְבָּה נ׳ ruin, ruined house
*חִרְבֵּן פ׳ spoil, *shit, blow
חָרַג פ׳ deviate, digress, exceed
חַרְגוֹל ז׳ grasshopper
חָרַד פ׳ tremble, be afraid
חָרֵד ת׳ anxious, afraid, pious
חֲרָדָה נ׳ alarm, anxiety, worry
- חרדת קודש awe, reverence
חַרְדּוֹן ז׳ agama
חֲרֵדִי ת׳ ultra-orthodox Jew
חַרְדָּל ז׳ mustard
חָרָה (אַפּוֹ) פ׳ be angry, resent
חָרוּב ז׳ carob
חָרוּז ז׳ bead, rhyme, verse
חָרוּז ת׳ rhymed, threaded
חָרוּט ז׳ cone
חָרוּט ת׳ engraved, carved
חֲרוּמַף ז׳ flat-nosed
חָרוֹן (אַף) ז׳ wrath, anger, fury
חֲרוֹסֶת נ׳ mixture, pot pourri, mixture for Passover
חָרוּץ ת׳ industrious, complete
חָרוּשׁ ת׳ plowed, furrowed
חֲרוֹשֶׁת נ׳ industry
- חרושת שמועות rumor, gossip
חָרוּת ת׳ carved, engraved
חָרַז פ׳ rhyme, versify, string
חָרְזָן ז׳ versifier, rhymester
חִרְחוּר ז׳ provocation, snort
- חרחור מלחמה aggression
- חרחור ריב aggression
חִרְחֵר פ׳ stir up, foment, grunt
חָרַט פ׳ etch, chisel, carve
חָרָט ז׳ etcher, carver, turner
חֲרָטָה נ׳ regret, remorse
*חַרְטָה (בַּרְטָה) gibberish
חַרְטוֹם ז׳ beak, bill, prow, bow
- חרטום נעל toe-cap
חַרְטוּמָן ז׳ snipe, woodcock
חָרָטוּת נ׳ turnery, engraving
חָרִיג ת׳ exceptional, irregular
חֲרִיגָה נ׳ digression, deviation
חֲרִיגוּת נ׳ irregularity, anomaly
חֲרִיזָה נ׳ rhyming, stringing
חֲרִיטָה נ׳ turnery, engraving
חֲרִיכָה נ׳ scorching, singe
חָרִיעַ ז׳ safflower
*חָרִיף ז׳ hot spice
חָרִיף ת׳ sharp, acute, hot

חֲרִיפָה נ׳ hibernation
חֲרִיפוּת נ׳ sharpness, wit
- בחריפות sharply, strongly
חָרִיץ ז׳ crack, notch, slot
חֲרִיצוּת נ׳ diligence, skill
חֲרִיצַת דִּין נ׳ verdict
חֲרִיקָה נ׳ grating, screech
חָרִיר ז׳ small hole, cavity
חָרִישׁ ז׳ plowing (season)
חֲרִישָׁה נ׳ plowing, ploughing
חֲרִישִׁי ת׳ silent, quiet, soft
חֲרִיתָה נ׳ engraving, etching
חָרַךְ פ׳ burn, char, scorch
חֲרַךְ יְרִי ז׳ firing loophole
חֵרֶם ז׳ anathema, boycott, ban, excommunication
חֶרְמוֹנִית נ׳ windbreaker
*חַרְמָן ז׳ lecher, lustful person
חֶרְמֵשׁ ז׳ reaphook, scythe
- חרמש הירח new moon
חרמ"ש mechanized infantry
חֶרֶס ז׳ potsherd, shard, clay
- העלה חרס בידו fail
חַרְסִינָה נ׳ china, porcelain
חַרְסִית נ׳ red soil, clay
חָרַף פ׳ hibernate, winter
חֵרֶף תה"פ despite, in spite of
חר"פ = חיל רפואה
חֶרְפָּה נ׳ disgrace, shame
- חרפות insults
- חרפת רעב starvation
חִרְפּוּשִׁית נ׳ scarab
חָרַץ פ׳ cut, notch, decide
- דמי "לא יחרץ" hush money
- חרץ דין sentence, adjudge
חַרְצוֹב ז׳ ganglion, nerve center
חַרְצֻבָּה נ׳ chain, shackle
חַרְצִית (פרח) נ׳ chrysanthemum
חַרְצָן ז׳ pip, stone, kernel
חָרַק פ׳ creak, grate, gnash
חָרָק ז׳ insect, bug
*חֲרָקָה נ׳ joyride
חָרָקִירִי ז׳ hara-kiri
חַרְקָן ז׳ entomologist
חַרְקָנוּת נ׳ entomology
חֲרָרָה נ׳ prickly heat, flat cake
חָרַשׁ פ׳ plough, plow, till
- חרש רעה devise evil
חָרָשׁ ז׳ craftsman, artisan
- חרש ברזל smith
- חרש נחושת coppersmith
חֶרֶשׁ תה"פ secretly, silently

חָרַת פ׳ engrave, carve, etch
חָשׁ פ׳ feel, sense, hurry, hasten
חֲשָׁאִי ת׳ secret, surreptitious
חֲשָׁאִיּוּת נ׳ secrecy, privacy
חָשַׁב פ׳ think, mean, intend
- חושבני ש- I think, I guess
- חשב בגדול think big
חַשָּׁב ז׳ accountant
- חשב כללי accountant general
חֶשְׁבּוֹן ז׳ account, reckoning, arithmetic, bill, invoice
- בא בחשבון possible
- חשבון אינטגרלי integral calculus
- חשבון בנק bank account
- חשבון נפש soul-searching
- חשבון עובר ושב current account
- על החשבון on account
- על חשבון הבית on the house
חֶשְׁבּוֹנָאוּת נ׳ accountancy
חֶשְׁבּוֹנַאי ז׳ accountant
חֶשְׁבּוֹנִי ת׳ arithmetical
חֶשְׁבּוֹנִיָּה נ׳ counting frame
חֶשְׁבּוֹנִית נ׳ sales slip, invoice
חִשְׁבֵּן פ׳ calculate, reckon
חָשַׁד פ׳ suspect, scent, mistrust
חָשָׁד ז׳ suspicion, distrust
חַשְׁדָן ז׳ suspicious, distrustful
חַשְׁדָנוּת נ׳ suspicion, mistrust
חָשָׁה פ׳ be silent, be still
חָשׁוּב ת׳ important
- חשוב כמת as good as dead
*- לא חשוב never mind
חָשׁוּד ת׳ suspected, suspect
חֶשְׁוָן ז׳ Heshvan (month)
חָשׁוּךְ ת׳ dark, dusky, obscure
חָשׂוּךְ ת׳ reactionary, lacking
- חשוך בנים childless
חָשׂוּף ת׳ exposed, bare, naked
- חשופי הזרע gymnosprems
חֲשִׁיבָה נ׳ thinking, reckoning
חֲשִׁיבוּת נ׳ importance
חֲשֵׁיכָה נ׳ darkness, night, dusk
חָשִׁיל ת׳ malleable, forgeable
חֲשִׂיפָה נ׳ exposure, laying bare
חֲשִׁישׁ ז׳ hashish, cannabis
חָשַׁךְ פ׳ become dark
- חשכו עיניו be stunned
חָשָׂךְ, בלי חשך ceaselessly
חִשְׁמוּל ז׳ electrification

חַשְׁמוֹנָאִי ז׳ Hasmonean
חִשְׁמֵל פ׳ electrify, shock
חַשְׁמַל ז׳ electricity, power
חַשְׁמַלָּאוּת נ׳ electricity
חַשְׁמַלַּאי ז׳ electrician
חַשְׁמַלּוֹרִי ת׳ photoelectric
חַשְׁמַלִּי ת׳ electric
חַשְׁמַלִּית נ׳ tram, trolley
חַשְׁמָן ז׳ cardinal
חָשַׂף פ׳ lay bare, uncover, disclose, expose, reveal
חַשְׂפָנוּת נ׳ striptease, strip show
חַשְׂפָנִית נ׳ stripper
חָשַׁק פ׳ desire, covet, crave
חֵשֶׁק ז׳ desire, lust, appetite
- אין לי חשק ל- I don't feel like
חַשְׁרַת עָבִים נ׳ bank of clouds
חָשַׁשׁ פ׳ be afraid, fear, worry
חָשָׁשׁ ז׳ anxiety, fear
חַשְׁשָׁן ז׳ hesitant, apprehensive
חַת, לבלי חת brave
חָתָה פ׳ rake, stir, stoke, gather
חָתוּךְ ת׳ cut, cut up
חָתוּל ז׳ cat, tom, *moggy
- חתול בשק pig in a poke
חֲתוּלִי ת׳ feline, catty, cattish
חָתוּם ת׳ stamped, sealed, signed, closed, subscriber
- החתום מטה the undersigned
חֲתוּנָּה נ׳ wedding, nuptials
חַתְחַתִּים ז״ר obstacles
*חָתִיךְ ז׳ handsome boy
חֲתִיכָה נ׳ bit, lump, piece, *pretty girl
חֲתִימָה נ׳ signature, end, sealing, subscription
- חתימת זקן trace of a beard
חֲתִירָה נ׳ rowing, stroke, effort, undermining, subversion
חָתַךְ פ׳ cut, intersect, incise
חֲתָךְ ז׳ cut, section, wound
- חתך רוחב cross-section
חֲתַלְתּוּל ז׳ kitten, kitty
חָתַם פ׳ seal, sign, subscribe, stamp, complete, finish
חַתָּם ז׳ underwriter
חָתָן ז׳ bridegroom, groom, son-in-law, prize winner
חָתַר פ׳ row, paddle, strive, aim
- חתר תחת subvert
חַתְרָן ז׳ subversive
חַתְרָנוּת נ׳ subversion

ט

טַאבּוּ ז׳ taboo, Land Registry Office
טָאטֵא פ׳ sweep, clean down
- טאטא אל מתחת לשטיח sweep under the carpet
טְאטוּא ז׳ sweep, sweeping
טָארָה (משקל האריזה) נ׳ tare
טָבוּל ת׳ dipped, immersed
טָבוּעַ ת׳ sunk, drowned, engraved, coined, inherent
טַבּוּר ז׳ navel, bellybutton, hub, center, middle
טָבַח פ׳ slaughter, kill
טֶבַח ז׳ carnage, massacre
טַבָּח ז׳ cook, chef, butcher
טַבָּחוּת נ׳ cooking, cuisine
טְבִילָה נ׳ dipping, immersion
- טבילת אש baptism of fire
טָבִין וּתְקִילִין ז״ר good money
טְבִיעָה נ׳ drowning, stamping
- טביעת אצבעות fingerprint
- טביעת עין intuition
טָבַל פ׳ immerse, dip, bathe
- טובל ושרץ בידו hypocrite
טַבְלָה נ׳ table, list, plate, board
- הטבלה המחזורית periodic table, element table
- טבלת שוקולד bar of chocolate
טַבְלִית נ׳ lozenge, tablet
טַבְלָן (עוף) ז׳ grebe, loon
טַבְלָר ז׳ tabulator, tab
טָבַע פ׳ drown, sink, stamp, impress, coin, mint
- טבע מטבע לשון coin a phrase
טֶבַע ז׳ nature, character
- בדרך הטבע naturally
- מטבעו by nature
טִבְעוֹנוּת נ׳ naturism
טִבְעוֹנִי ת׳ naturist, vegan
טִבְעִי ת׳ natural, unaffected
טִבְעִיּוּת נ׳ naturalism
- בטבעיות naturally
טַבַּעַת נ׳ ring, seal, IUD, coil
טַבַּעְתִּי ת׳ ringed, annular
טַבָּק ז׳ tobacco, snuff, *baccy
טְבֶרְיָה נ׳ Tiberias
טַבֶרְנָה (מסעדה) נ׳ taverna
טֵבֵת ז׳ Tebeth (month)
טָהוֹר ת׳ pure, clean, chaste
טָהֳרָה נ׳ purity, cleansing
- על טהרת purely, exclusively
טַהֲרָן ז׳ purist
טוּאטָא פ׳ be swept
טוּאָלֶט ז׳ toilet
טוּב ז׳ good, goodness
- הואל בטובך be so good as to
- טוב טעם good taste
- טוב לב kindness, goodness
- כל טוב ! all the best!
טוֹב ת׳ good, kind, nice, fine
- הטוב ביותר best
- טוב יותר better
- טוב לב kindhearted
- טוב מאוד very good
- לטוב או לרע in any case
טוֹב תה״פ well, okay
- כטוב בעיניך as you please
טוֹבָה נ׳ benefit, favor, kindness, welfare
- טובת הנאה benefit, profit
- לטובת on behalf of
טוּבָּה (כלי נשיפה) נ׳ tuba
טוּבִין ז״ר goods, merchandise
טוּבַּע פ׳ be drowned, be sunk
טוֹבְעָנִי ת׳ boggy, marshy
טוּגַּן פ׳ be fried
טוּגָנִים ז״ר chips, French fries
טוֹהַר פ׳ be purified, be cleared
טוֹהַר ז׳ purity, chastity
- טוהר מידות integrity
טַוַּאי הַמֶּשִׁי ז׳ silkworm
טָוָה פ׳ spin, weave
טְוָח ז׳ range, term, gunshot
- בטווח- within
- טווח שמיעה earshot, hearing
טָווּי ת׳ spun, woven
טְוִיָּה נ׳ spinning
טְוִיסְט (ריקוד) ז׳ twist
טַוָּס ז׳ peacock, peafowl
טַוֶּסֶת נ׳ peahen, peafowl
טוֹחֵן ז׳ miller
- טוחן אשפה waste disposal unit
טוֹחֶנֶת נ׳ molar tooth
טוֹטוֹ כַּדּוּרֶגֶל ז׳ football pools
טוֹטָלִי ת׳ total, utter, complete
טוֹטָלִיטָרִי (רודני) ת׳ totalitarian
טוֹטֶפֶת נ׳ phylactery, tress

טוּיַח פ׳ be whitewashed
טוּל (אריג בלט וכד׳) ז׳ tulle
טוּלְטַל פ׳ be rocked, be shaken
טוּמָא פ׳ be contaminated
טוּמְאָה נ׳ impurity, pollution
טוּמְטוּם ז׳ hermaphrodite, fool
טוֹן ז׳ ton, tone, key
- הנמיך הטון tone down
טוֹנָה נ׳ ton, metric ton
טוּנָה נ׳ tuna, tunny
טוֹנָז׳ ז׳ tonnage, burden
טוֹנִיק (תרופה) ז׳ tonic
טוּנִיקָה (כותונת) נ׳ tunic
טוּנַף פ׳ become dirty
טוֹנֶר (מְגַוֵּון) ז׳ toner
טוֹסְט ז׳ toast, rarebit
טוּסְטוּס ז׳ moped
טוֹסְטֶר ז׳ toaster
*טוּסִיק ז׳ buttocks, bottom
טוֹעֶה ת׳ mistaken, wrong
טוֹעֵם (יינות) ז׳ taster
טוֹעֵן ז׳ plaintiff, claimant
- טוען לכתר contender
- טוען רבני rabbinical lawyer
טוּף (סלע אוורירי) ז׳ tuff, tufa
טוֹפּוֹגְרָפִי ת׳ topographical
טוֹפּוֹגְרַפְיָה נ׳ topography
טוֹפָּז ז׳ topaz
טוּפַּח פ׳ be cherished
טוֹפִי ז׳ toffee, toffy, taffy
טוּפַּל פ׳ be handled, be treated
טוֹפֶס ז׳ form, copy
טוֹפֵף פ׳ walk mincingly, strut
טוֹפֶר ז׳ claw, talon
טוֹק שׁוֹאוּ (ראיון) ז׳ talk show
טוֹקְבֶּק ז׳ talkback
טוּקָן (עוף) ז׳ toucan
טוּר ז׳ column, row, line, file
- טור חשבוני arithmetic progression
- טור עורפי single file
טוּרַאי ז׳ private (soldier)
- טוראי ראשון lance corporal
טוּרְבִּינָה נ׳ turbine
טוֹרְדָנִי ת׳ worrying
טוֹרַח ז׳ trouble, bother
טוֹרְט ז׳ tart, pie
טוּרְטַר פ׳ be bullied
טוּרִי ת׳ arranged in a row
טוֹרֵיאָדוֹר ז׳ toreador
טוּרִייָה נ׳ hoe, wide hoe
*טוּרִים ז״ר revs, revolutions

טוֹרְנָדוֹ ז׳ tornado, twister
טוּרְנִיר ז׳ tournament, tourney
טוֹרֵף ז׳ carnivore, predator
טוּרְפַּד פ׳ be torpedoed
טוֹרְפֶּדוֹ ז׳ torpedo
טוּרְקִי ז׳ Turkish, Turk
טוּרְקִיָה נ׳ Turkey
טוּרְקִיז ז׳ turquoise
טוּרְקִית נ׳ Turkish
טוּשׁ ז׳ Indian ink, *shower
טוּשְׁטַשׁ פ׳ be blurred
טָח פ׳ plaster, coat, smear
- טחו עיניו מראות be blind
טַחַב ז׳ damp, humidity
טְחָב ז׳ moss, bryophyte
טְחוֹל ז׳ spleen, milt
טָחוּן ת׳ ground, milled
טְחוֹרִים ז״ר hemorrhoids, piles
טְחִינָה נ׳ grinding, sesame paste
טָחַן פ׳ grind, mill, crush
*- טחן מים repeat, prattle
טַחֲנָה נ׳ mill
- טחנת מים watermill
- טחנת רוח windmill
טֶטָנוּס (צפדת) ז׳ lockjaw
טָטָרִי (מונגולי נווד) ז׳ Tatar
טֵיאוּט ז׳ sweeping, sweep
טִיב ז׳ quality, nature, caliber
טִיבּוּל ז׳ dipping, immersion
טִיבּוּעַ ז׳ drowning, sinking
טִיבֵּל פ׳ dip, dunk, submerge
טִיבֵּעַ פ׳ drown, sink
טִיגּוּן ז׳ frying, frizzling
טִיגֵּן פ׳ fry, braise, frizzle
- טיגן טיגון עמוק deep-fry
טִיגְרִיס ז׳ tiger
טִיהוּר ז׳ purge, purification
- טיהור אתני ethnic cleansing
טִיהֵר פ׳ purify, purge, clear
טִיוּב ז׳ improvement
טִיוֵּחַ פ׳ range, find the range
טִיוּוּחַ ז׳ range finding
טִיוּחַ ז׳ plastering, whitewash
טְיוּטָה נ׳ draft, rough copy
טִיוּל ז׳ journey, tour, walk
טִיוּלוֹן ז׳ pram
טְיוּנֶר (מַכְוֵון) ז׳ tuner
טִיזֶר (גַּרְיָין) ז׳ teaser
טִיחַ ז׳ plaster, roughcast
טִיט ז׳ clay, loam, mud
טִיטוּל ז׳ paper diaper

טִייֵב פ׳ improve, better
טִייֵחַ פ׳ plaster, coat
טַיָיחוּת נ׳ plastering
טַייטס (גרבונים) ז׳ tights
טִייֵל פ׳ tour, walk, hike, travel
טַיָיל ז׳ tourist, rambler
טַייֶלֶת נ׳ promenade
טַיימִינג (עיתוי) ז׳ timing
טַיימֶר (קוצב זמן) ז׳ timer
טַיָיס ז׳ pilot, airman, aviator
- טייס חלל astronaut
טַייֶסֶת נ׳ squadron
טֵייפּ ז׳ tape
טִיכֵּס עֵצָה פ׳ seek advice
טִיל ז׳ missile, rocket
- טיל מונחה guided missile
- טיל שיוט cruise missile
טִילוֹן ז׳ moped, motorbike
טִילִיָה (עץ) נ׳ linden
טִימֵא פ׳ contaminate, profane
טִין ז׳ silt, clay, mud, loam
טִינָה נ׳ animosity, grudge
טִינוּף ז׳ filth, dirt, soiling
טִינוֹפֶת נ׳ filth, dirt, scum
טִינֵף פ׳ dirty, make filthy
טַיִס ז׳ flying, aviation
טִיסָה נ׳ flight, flying, *hop
- טיסה במבנה formation flying
- טיסת שכר charter flight
טִיעוּן ז׳ argument, pleading
טִיפּ (תשר) ז׳ tip, gratuity
טִיפָּה נ׳ drop, bead, a little
*- טיפ טיפה a little, trace
- טיפה מרה liquor, drink
- טיפת חלב infant clinic
- כשתי טיפות מים as two peas
טִיפּוּחַ ז׳ care, cultivation
- בן טיפוחיו his pampered child
טִיפּוּל ז׳ care, treatment
- טיפול בהלם shock treatment
- טיפול מונע preventive
- טיפול נמרץ intensive care
- טיפול שורש thorough treatment
טִיפּוּלִי ת׳ treating, therapeutic
טִיפּוֹנֶת נ׳ droplet, trace
טִיפּוּס ז׳ type, character, sort, *customer, ascent, climbing
טִיפוּס ז׳ typhus, typhoid
טִיפּוּסִי ת׳ characteristic

טִיפֵּחַ פ׳ cultivate, foster
*טִיפְטוֹפ תה״פ perfectly
טִיפִּין טִיפִּין תה״פ bit by bit
טִיפֵּל פ׳ handle, tackle, care for
טִיפֵּס פ׳ climb, scale, ascend
*- טיפס על הקירות make every effort
טִיפֶּקס (מחיקון) ז׳ Tippex
טִיפֵּש ז׳ fool, stupid
*- בן טיפש עשרה teenager
- טיפש מטופש a thorough fool
טִיפְּשוֹן ז׳ stupid, fool
טִיפְּשוּת נ׳ foolishness
טִיפְּשִי ת׳ foolish, silly, stupid
טִיק ז׳ teak, tic, twitch
טֵירָדוֹן (אוֹבְּסֶסְיָה) ז׳ obsession
טִירָה נ׳ castle, palace
טִירוֹן ז׳ novice, tyro, recruit
טִירוֹנוּת נ׳ basic training
טֵירוּף ז׳ madness, insanity, confusion, scrambling
- טירוף מערכות chaos
טִירָן ז׳ tyrant, dictator
טִישוּ ז׳ tissue
טֵית נ׳ teth (letter)
טֶכנָאוּת נ׳ technician's work
טֶכנַאי ז׳ technician, repairman
- טכנאי שיניים dental mechanic
טֶכנוֹלוֹגִי ת׳ technological
טֶכנוֹלוֹגיָה נ׳ technology
- טכנולוגיה עילית high tech
טֶכנוֹקְרָט ז׳ technocrat
טֶכנִי ת׳ technical
טֶכנִיוֹן ז׳ technical school
טֶכנִיקָה נ׳ technique, tactics
טַכסִיס (ראה תכסיס) ז׳ tactic
טַל ז׳ dew
טְלַאי ז׳ patch, darn
- טלאי על טלאי patchwork
טֶלֶגרַמָה נ׳ telegram, cable, wire
טֶלֶגרָף ז׳ telegraph
טֶלֶגרָפִי ת׳ telegraphic, briefly
טָלֶה ז׳ lamb, lambkin, Aries
טָלוּא ת׳ patchy, speckled
טֶלֶוִויזְיָה נ׳ television, TV
- טלוויזיה בכבלים cable TV
טֶלֶוִויזיוֹנִי ת׳ television
טל״ח=טעות לעולם חוזר
טִלטוּל ז׳ moving, rocking
טִלטֵל פ׳ move, shake, rock
טַלטֵלָה נ׳ hurling, shock

טַלְיָה נ׳ waistline, torso, trunk
טַלִּית נ׳ praying shawl, tallith
- טלית שכולה תכלת a virtuous man
טְלָלִים ז״ר dew drops
טֶלֶמַרְקֶטִינְג ז׳ telemarketing
טֶלֶסְקוֹפּ ז׳ telescope, spyglass
טֶלֶסְקוֹפִּי ת׳ telescopic
טֶלֶף ז׳ hoof, unguis
טֶלֶפוֹן ז׳ telephone, phone, ring
- טלפון נייד mobile phone
- טלפון ציבורי telephone-box
*- טלפון שבור misunderstanding
טֶלֶפוֹנָאוּת נ׳ telephony
טֶלֶפוֹנִי ת׳ telephonic
טִלְפֵּן פ׳ call, telephone, phone
טַלְפָן ז׳ telephone operator
טֶלֶפָּתִי ת׳ telepathic
טֶלֶפַּתְיָה נ׳ telepathy
טַלְק ז׳ talc
ט״מ = טוב מאוד very good
טָמֵא ת׳ unclean, contaminated
*טֶמְבֶּל ז׳ fool, stupid
טָמוּן ת׳ concealed, buried
טִמְטוּם ז׳ stupidity, dullness
טִמְטֵם פ׳ stupefy, make dull
טַמְיוֹן ז׳ treasury, coffers
טָמִיר ת׳ hidden, secret, latent
- אשך טמיר an undescended testis
טָמַן פ׳ conceal, hide, bury
- טמן בחובו keep inside
- לא טמן ידו בצלחת not pull one's punches, not sit idle
טֶמְפּוֹ ז׳ tempo, beat, pace
טַמְפּוֹן ז׳ tampon
טֶמְפֶּרָטוּרָה נ׳ temperature
טֶמְפֶּרָמֶנְט ז׳ temperament
טֶנֶא ז׳ wicker basket, basket
טַנְבּוּר ז׳ snare drum
טַנְגוֹ ז׳ tango
טַנְגֶּנְס ז׳ tangent, tan
טַנְדּוּ תה״פ in two, together
טֶנְדֶּר ז׳ pickup truck, tender
טֶנוֹר ז׳ tenor
טֶנִיס ז׳ tennis, lawn tennis
- טניס שולחן table tennis, ping-pong
טֶנִיסַאי ז׳ tennis player
טַנְק ז׳ tank
טַנְקִיסְט ז׳ tanker

טָס פ׳ fly, wing, pass swiftly
טַס ז׳ salver, tray, plate
טֶסְט ז׳ driving test, test, MOT
טֶסְטֶר ז׳ tester
טַסִּית נ׳ small tray, thrombocyte, blood platelet
טָעָה פ׳ err, mistake, be wrong
- טעה בכתובת bark up the wrong tree
טָעוּן ת׳ loaded, requiring
- טעון טיפוח deprived, lowly
טָעוּת נ׳ error, mistake, blunder
- טעות דפוס misprint, erratum
- טעות לעולם חוזרת errors excepted
- טעות סופר clerical error
טָעִים ת׳ delicious, tasty
טְעִימָה נ׳ tasting, gustation
טְעִינָה נ׳ loading, charging
טָעַם פ׳ taste, experience
טַעַם ז׳ taste, flavor, savor, reason, cause, stress, accent
- אין טעם there's no point
*- בלי טעם ובלי ריח tasteless
- טעם גן עדן very tasty
- טעם לוואי aftertaste, smack
- טעם לפגם improper
- טעמי המקרא Bible punctuation signs
- לטעמי I like it
- מטעם- in the name of-
טָעַן פ׳ allege, claim, plead, maintain, load, charge
טַעַן ז׳ charger, loader
- טען-קשר signaler-loader
טַעֲנָה נ׳ argument, claim, plea
- טענת שווא false plea
טַף ז׳ small children
טְפוּלָה נ׳ affix, prefix, suffix
טַפּוּת נ׳ infancy, babyhood
טָפַח פ׳ strike, pat, slap, dab
- טפח על פניו prove wrong
- טפח על שכמו pat on the back
טֶפַח ז׳ span, handbreadth
טַפֶּט ז׳ wallpaper, hangings
טִפְטוּף ז׳ dripping, dropping
טִפְטֵף פ׳ drip, drop, trickle
טַפְטֶפֶת נ׳ drip sprinkler
- השקיה בטפטפות trickle irrigation
טְפִיחָה נ׳ pat, slap, strike, dab
טַפִּיל ז׳ parasite, sponger

טְפִילַת אַשְׁמָה נ׳ blaming
טְפִיפָה נ׳ mincing walk, strut
טָפַל פ׳ attribute, ascribe, attach, paste, stick
טָפֵל ת׳ additional, secondary
טַפְסָן ז׳ molder, form maker, scaffolding erector
טַפְסָר ז׳ chief fireman
טָפַף פ׳ walk mincingly, strut
טַקְט ז׳ tact, savoir-faire
טַקְטִי ת׳ tactical, discreet
טַקְטִיקָה נ׳ tactics
טַקְטִיקָן ז׳ tactician
טַקִילָה (משקה) ז׳ tequila
טֶקֶס ז׳ ceremony, ritual, rite
טֶקְסְט ז׳ text, letterpress
טֶקְסְטִיל ז׳ textile, dry goods
טִקְסִי ת׳ ceremonious, ritual
טִקְסִיּוּת נ׳ ceremony, ritualism
טְרָאוּמָה נ׳ trauma, shock
טְרָאוּמָתִי נ׳ traumatic
טְרַאח! מ״ק bump!, bang!
טְרָגֶדְיָה נ׳ tragedy
טְרָגִי ת׳ tragic, tragical
טְרָגִיּוּת נ׳ tragedy
טְרָגִיקוֹמִי ת׳ tragicomic
טִרְדָּה נ׳ trouble, bother
טַרְדָן ז׳ nuisance, bothersome
טָרוּד ת׳ busy, preoccupied
טָרוּט ת׳ bleary-eyed
טְרוּטָה (דג) נ׳ trout
טְרוֹם תח׳ pre-, before
- טרום-וסתי premenstrual
טְרוֹמְבּוֹן ז׳ trombone
טְרוֹמִי ת׳ prefabricated
טְרוּנְיָה נ׳ complaint, grumble
טָרוּף ת׳ confused, mixed
- ימים טרופים hard times
טְרוֹפִּי ת׳ tropical
טֶרוֹר ז׳ terror, terrorism
טֶרוֹרִיסְט ז׳ terrorist, gunman
טַרְזָן ז׳ dandy, elegant, foppish
טָרַח פ׳ bother, trouble
טִרְחָה נ׳ bother, trouble, effort
טַרְחָן ז׳ nuisance, annoying
טִרְטוּר ז׳ rattle, noise, chug, *bull, ordering around
טִרְטֵר פ׳ rattle, chug, bully
טָרִי ת׳ fresh, new, young
טְרִיבּוּנָה נ׳ tribune
טְרִיבּוּנָל ז׳ tribunal, court
טְרִיגוֹנוֹמֶטְרִיָּה נ׳ trigonometry

טְרִיו (שלישייה) ז׳ trio
טְרִיוְויָאלִי ז׳ trivial
טְרִיּוּת נ׳ freshness, novelty
טְרִיז ז׳ wedge, salient, gusset
טְרִיזִי ת׳ wedged, tapering
טְרִיטוֹן ז׳ newt
טֶרִיטוֹרְיָאלִי ת׳ territorial
טֶרִיטוֹרְיָה נ׳ territory, *turf
טְרֵיילֶר (גרור) ז׳ trailer
טֶרְיֶיר (שַׁפְלָן) ז׳ terrier
טְרִילוֹגְיָה נ׳ trilogy
טְרִילְיוֹן ז׳ trillion
טֶרִילִין (אריג) ז׳ terylene
טְרִימֶסְטֶר ז׳ trimester
טְרִיפּ ז׳ freak-out, *trip
טְרִיפָה נ׳ shuffle, mixing
טְרֵפָה נ׳ not kosher food
טְרִיפְּטִיכוֹן (3 ציורים) ז׳ triptych
טְרִיק ז׳ trick, catch, *gimmick
טְרִיקָה נ׳ slam, banging, bang
טְרִיקוֹ (אריג) ז׳ tricot, textile
טְרָכוֹמָה (גַּרְעֶנֶת) נ׳ trachoma
טִרְלֵל פ׳ trill, *drive mad
טֶרֶם תה״פ before, not yet, ere
טֶרְמִיט ז׳ termite, white ant
טֶרְמִינוֹלוֹגְיָה נ׳ terminology
טֶרְמִינָל ז׳ terminal
טְרֶמְפּ ז׳ hitchhike, lift
טְרַמְפּוֹלִינָה (קַפֶּצֶת) נ׳ trampoline
טְרֶמְפִּיאָדָה נ׳ hitchhiker' station
טְרֶמְפִּיסְט ז׳ hitchhiker
טְרַנְזִיסְטוֹר ז׳ transistor
*טְרַנְטָה נ׳ battered car, old car
טְרֶנִינְג ז׳ track-suit
טְרַנְס ז׳ trance, hypnotic state
טְרַנְסְאַטְלַנְטִי ת׳ transatlantic
טְרַנְספּוֹרְט (הובלה) ז׳ transport
טְרַנְספוֹרְמָטוֹר ז׳ transformer
טְרַנְסְפֶר ז׳ deportation
טְרַנְסֶקְסוּאָל ז׳ transsexual
טֶרַסָה נ׳ terrace
טְרַסְט ז׳ trust
- טרסט מוחות brain trust
טָרַף פ׳ devour, prey upon, shuffle, mix, scramble
- טרף את הקלפים upset his plans
טֶרֶף ז׳ prey, food, kill, victim
- טרף קל easy victim
טְרֵף ת׳ forbidden, not kosher
טֶרֶף ז׳ leaf, blade

טָרְפֵּד פ — torpedo, wreck, ruin
טִרְפּוּד ז — destroying
טְרַפֵּז ז — trapeze, trapezium
טֶרְפֶּנְטִין ז — turpentine, *turps
טְרִצָה נ — third
טָרַק פ — slam, bang
טְרַקְטוֹר ז — tractor
טְרַקְטוֹרוֹן ז — small wheel tractor, all-terrain vehicle
טְרַקְלִין ז — living room, salon
*טָרָרַם ז — hoo-ha, commotion
טֶרֶשׁ ז — stone, rock, boulder
טר"ש = טוראי ראשון
טָרֶשֶׁת נ — sclerosis, arteriosclerosis
- טרשת נפוצה — multiple sclerosis
טִשְׁטוּשׁ ז — blurring, erasing, confusion
טִשְׁטֵשׁ פ — blur, erase, make indistinct, cover up

י

י"א = יש אומרים — some say
יָאֶה ת — becoming, fit, proper
יְאוֹר ז — river, the Nile
יָאוּת תה"פ — properly, right
יְבָבָה נ — sobbing, whimper
יִבּוּא ז — import, importation
יִבּוּאָן ז — importer
יְבוּל ז — crop, yield, produce
יַבְחוּשׁ ז — gnat, mosquito
יַבְּלִית נ — couch grass
יַבֶּלֶת נ — callus, corn, wart
יָבָם ז — husband's brother
יָבֵשׁ ת — dry, arid, dull
יַבָּשָׁה נ — dry land, land
יַבֶּשֶׁת נ — continent
יַבַּשְׁתִּי ת — continental, overland
יָגוּאָר (חיה) ז — jaguar
יָגוֹן ז — grief, sorrow, dolor
יָגוֹר פ — fear, be afraid
יְגִיעַ כַּפַּיִם ז — fruit of one's work
יְגִיעָה נ — effort, labor, toil
יָגַע פ — work, labor, toil
יֶגַע ז — effort, labor, toil
יָגֵעַ ת — tired, weary
יָד נ — arm, hand, handle, monument, share, portion

- יד ביד — hand in hand
- יד לפה! — silence!, quiet!
- ידו על העליונה — gain the upper hand
- עם יד על הלב — honestly
יָדָה פ — throw, cast, hurl
יָדוּעַ ת — known, noted, certain
- ידוע לשמצה — notorious
- ידועה בציבור — common-law wife
- כידוע — as is known
יָדִי ת — manual, -handed
יָדִיד ז — friend, fellow, pal
- ידיד נפש — bosom friend
יְדִידוּת נ — friendship, amity
יְדִידוּתִי ת — friendly, amiable
יְדִיעָה נ — knowledge, news
- ידיעת הארץ — geography
יִדִיעוֹן ז — bulletin, newsletter
יָדִית נ — handle, grip, haft, hilt
- ידית הילוכים — gear shift/stick
יָדָנִי ת — manual, hand-operated
יָדַע פ — know, be aware of
יֶדַע ז — knowledge, know-how
- ידע עם — ethnography
יַדְעָן ז — scholar, erudite
יְהֵא, יְהִי = יִהְיֶה פ — will be
יְהָב ז — burden, load, levy, hope
יַהֲדוּת נ — Jewry, Judaism
- יהדות התפוצות — Diaspora
יהודה — Judea
יְהוּדוֹן ז — *Yid, *kike
יְהוּדִי ז — Jew, Jewish, Judaic
- יהודי נודד (צמח) — spiderwort
יָהִיר ת — arrogant, proud
יְהִירוּת נ — arrogance, conceit
יַהֲלוֹם ז — diamond
- היהלום שבכתר — the most beautiful
יַהֲלוֹמָן ז — diamond merchant
יוֹ יוֹ (צעצוע) ז — yo-yo
יוֹבֵל ז — jubilee, anniversary
*- יובלות — ages
יוּבַל ז — stream, tributary
יוּבַּשׁ פ — be dried up, be drained
יוֹבֶשׁ ז — aridity, dryness
יוֹגֵב ז — farmer, husbandman
יוֹגוּרְט ז — yogurt
יוֹד נ — yod (letter)
יוֹד (יסוד כימי) ז — iodine
יוּדָאִיקָה נ — Judaica, Judaism
יוֹדְעֵי דָבָר — well-informed

יוֹהֲרָה נ׳	arrogance, pride
יָוֵן ז׳	mire, mud
יָוָן נ׳	Greece
יְוָנִי ת׳	Greek, Hellenic
יְוָנִית נ׳	Greek
יוֹזֵם ז׳	initiator, promoter
יוֹזְמָה נ׳	enterprise, initiative
- יוזמה חופשית	free enterprise
יוּחַס פ׳	be attributed
יוּחֲסִין ז״ר	genealogy, descent
יו״ט = יום טוב	holiday
יוּטָה נ׳	jute, burlap
יוֹלֶדֶת נ׳	woman in confinement, mother
יוּלִי ז׳	July
יוּלְיָאנִי (לוח) ת׳	Julian
יוֹם ז׳	day, time
- בו ביום	on that very day
- ביום מן הימים	one day
- היום	today, in these days
- יום הדין	day of reckoning
- יום הולדת	birthday
- יום העצמאות	Independence Day
- יום השנה	anniversary
- יום זיכרון	Remembrance day
- יום חול	weekday, workday
- יום טוב	holiday
- יום יום	daily, day by day
- יום כיפור	Day of Atonement
- ימי הביניים	Middle Ages
- ימים יגידו	time will tell
- לימים	after some time
- מימים ימימה	from long ago
- שיהיה לך יום נעים!	have a nice day!
- יום ראשון	Sunday
- יום שני	Monday
- יום שלישי	Tuesday
- יום רביעי	Wednesday
- יום חמישי	Thursday
- יום שישי	Friday
- יום שבת	Saturday, Sabbath
יוֹמוֹן ז׳	daily, newspaper
יוֹמִי ת׳	daily, diurnal
יומיום תה״פ	every day
יומיוֹמי ת׳	daily, everyday
יוֹמַיִם ז״ר	two days
יוֹמִית תה״פ	daily, by day
יוֹמָם תה״פ	daily, by day
- יומם ולילה	night and day
יוֹמָן ז׳	daybook, diary, log
- יומן חדשות	news magazine
יוֹמָנַאי ז׳	diarist
יוּמְרָה נ׳	pretension, pretense
יוּמְרָנִי ת׳	pretentious
יוֹן ז׳	pigeon, ion
יוֹנָה נ׳	dove, pigeon
- יונת דואר	carrier pigeon
יוּנִי ז׳	June
יוֹנִי ת׳	dovelike, dovish, Ionic
יוֹנֵק ז׳	mammal, suckling
- יונק הדבש	hummingbird
יוּעַד פ׳	be destined
יוֹעֵץ ז׳	adviser, counselor
- יועץ מס	tax adviser
- יועץ משפטי לממשלה	attorney general
יוֹפִי ז׳	beauty, charm
יוֹפִי מ״ק	I like that!, great!
יוּפִּיטֶר (צדק) ז׳	Jupiter
יוֹצֵא ת׳	outgoing, departing
- וכיוצא בו	and the like
- יוצא דופן	unusual, odd
- יוצא מזה	therefore
- יוצא מן הכלל	extraordinary
- יוצא צבא	liable for army service, veteran
- יוצאי חלציו	children
יוּצַג פ׳	be represented
יוֹצֵר ז׳	creator, maker, author
- החליף היוצרות	mix up
יוֹקֵד ת׳	burning
יוֹקֶר ז׳	expensiveness
- יוקר המחיה	cost of living
יוּקְרָה נ׳	prestige, renown
יוּקְרָתִי ת׳	prestigious, *swish
יו״ר = יושב ראש	chairman
יוֹרֵד ז׳	emigrant, expatriate
- יורד ים	sailor, seaman
יוֹרֶה ז׳	first rain, shooter
יוֹרָה נ׳	boiler, cauldron, pot
יוּרָה נ׳	Jurassic (era)
יוּרִידִי (משפטי) ת׳	juridical
*יוֹרָם	sucker, fool
יוֹרֵשׁ ז׳	heir, inheritor
- יורש עצר	crown prince
יו״ש = יהודה ושומרון	Judea and Samaria
יוּשַׁב פ׳	be settled, be solved
יוֹשֵׁב ז׳	inhabitant, sitter
- יושב קרנות	idler, loafer
- יושב ראש	chairman, speaker

יוּשַׂם פ׳ — be applied, be imposed
יוֹשֶׁן ז׳ — oldness, antiquity, age
יוֹשֶׁר ז׳ — straightness, honesty
יוֹשְׁרָה נ׳ — integrity
יוֹתֵר תה״פ — more, more than
- ארבעים ויותר — forty-odd
- יותר מדי — too much/many
- לכל היותר — at most
יוֹתֶרֶת הַכָּבֵד — lobe of the liver
יוֹתֶרֶת הַכִּלְיָה — adrenal gland
יִזְכּוֹר ז׳ — memorial prayer
יָזַם פ׳ — initiate, plan, pioneer
יָזָם ז׳ — initiator, entrepreneur
יֶזַע ז׳ — sweat, perspiration
יַחַד תה״פ — together, along
- יחד עם זאת — at the same time
יַחְדָּיו תה״פ — together
יְחִי מ״ק — long live-
יָחִיד ת׳ — single, sole, only, alone
- יחיד במינו — unique
- יחיד ומיוחד — unique
- יחידי סגולה — the best
יְחִידָה נ׳ — unit, detail, squad
- יחידה קרבית — combat unit
יְחִידוּת, בִּיחִידוּת — privately
יְחִידִי ת׳ — alone, single, sole
יְחִידָתִי ת׳ — of a military unit
יַחְמוּר ז׳ — fallow deer, roebuck
יַחַס ז׳ — attitude, relation, ratio, proportion, treatment
- ביחס ל- — in relation to
- יחס הפוך — inverse proportion
- יחס ישר — direct proportion
- יחסי מין — intercourse, sex
- יחסי ציבור — public relations
- יחסים — relations, intercourse
יַחֲסָה (בדקדוק) נ׳ — case
- יחסת את/המושא — accusative
- יחסת הנושא — nominative
- יחסת הקניין — genitive
יַחֲסוּת נ׳ — relativity
יַחֲסִי ת׳ — comparative, proportional, relative
יַחֲסִיּוּת נ׳ — relativity, relativism
יַחֲסִית תה״פ — comparatively
יַחְסָן ז׳ — privileged, man of good family
יָחֵף ת׳ — barefoot, unshod
יַחְפָן ז׳ — barefooted, tramp
יַחְצָן ז׳ — public relations man
יַחְצָנוּת נ׳ — public relations, PR
יֵיאוּשׁ ז׳ — despair, desperation
- לאחר ייאוש — hopeless
יֵיאֵשׁ פ׳ — cause despair
יִיבֵּא פ׳ — import
יִיבֵּב פ׳ — sob, whimper, wail
יִיבּוּם ז׳ — levirate marriage, taking a brother's widow
יִיבּוּשׁ ז׳ — drying, draining
יִיבֵּם פ׳ — marry a brother's widow
יִיבֵּשׁ פ׳ — dry, drain, desiccate
יִיגֵּעַ פ׳ — weary, tire out, exhaust
יִידָּה פ׳ — throw, cast, hurl
יִידּוּעַ ז׳ — notification, briefing
יִידִישׁ נ׳ — Yiddish, Jewish
יִידֵּעַ פ׳ — cause to know, notify
יִיהֵד פ׳ — convert to Judaism, populate with Jews
ייהוּד ז׳ — populating with Jews
ייזוּם ז׳ — initiating, promotion
יִיחֵד פ׳ — set apart, assign
- ייחד הדיבור על — enlarge upon
ייחוּד ז׳ — singularity, setting aside, uniqueness, privacy
ייחוּדִי ת׳ — exclusive, unique
ייחוּדִיּוּת נ׳ — singularity
ייחוּל ז׳ — expectation, hope
ייחוּם ז׳ — rut, heat, excitement
ייחוּס ז׳ — ancestry, lineage, good family, attribution
ייחוּר ז׳ — cutting, offshoot, slip
יִיחֵל פ׳ — hope, expect, wait
יִיחֵם פ׳ — rut, excite sexually
יִיחֵס פ׳ — attribute, ascribe
- ייחס חשיבות — place importance
יִיטַב פ׳ — will be good/better
יִילֵּד פ׳ — deliver, help bear
יִילוֹד ז׳ — newborn, infant, son
יִילֵּל פ׳ — howl, wail, weep, whine
יִמַּח שְׁמוֹ! מ״ק — of accursed memory
יַיִן ז׳ — wine
- יין נסך — not kosher wine
- יין נתזים — sparkling wine
- יין שולחני — table wine
- יין שרף — brandy, spirits
יִינּוּן ז׳ — ionization
יֵינִי ת׳ — winy, wine-colored
יֵינָן ז׳ — vintner, wine maker
יִיסֵּד פ׳ — establish, found, set up
ייסוּד ז׳ — establishing
ייסוּף ז׳ — revaluation, revaluing

suffering, torture	יִיסּוּרִים ז״ר
contrition	- יִיסּוּרֵי מצפון
revaluate, revalue	יִיסֵּף פ׳
admonish, torment	יִיסֵּר פ׳
appoint, intend	יִיעֵד פ׳
designation, appointment	יִיעוּד ז׳
making efficient	יִיעוּל ז׳
advice, consultation	יִיעוּץ ז׳
vocational counseling	- יִיעוּץ מקצועי
afforestation	יִיעוּר ז׳
make efficient, rationalize, streamline	יִיעֵל פ׳
advise, recommend	יִיעֵץ פ׳
afforest, plant trees	יִיעֵר פ׳
beautify, adorn	יִיפָּה פ׳
authorize	- ייפה כוחו
beautification	יִיפּוּי ז׳
power of attorney, proxy, mandate	- ייפוי כוח
export	יִיצֵא פ׳
stabilize, fix, steady	יִיצֵּב פ׳
represent, stand for	יִיצֵג פ׳
stabilization, fixation	יִיצוּב ז׳
representation	יִיצוּג ז׳
representative	יִיצוּגִי ת׳
manufacture	יִיצוּר ז׳
mass production	- ייצור המוני
manufacture, produce	יִיצֵּר פ׳
raising of price	יִיקּוּר ז׳
raise the price	יִיקֵּר פ׳
interception	יירוּט ז׳
intercept, head off	יִירֵט פ׳
brandy, arrack	יי״ש = יין שרף
settle, adjust, solve	יִישֵּׁב פ׳
settlement, population	יִישּׁוּב ז׳
composure	- יישוב דעת
uncivilized person	- לא מן היישוב
application	יִישּׂוּם ז׳
applied, applicable	יִישּׂוּמִי ת׳
straightening	יִישּׁוּר ז׳
orthodontics	- יישור שיניים
apply, put to use	יִישֵּׂם פ׳
straighten, align, level	יִישֵּׁר פ׳
thank you!	- יישר כוח !
come into line with	- יישר קו עם
excess, redundancy	יִיתּוּר ז׳
pleonasm	- ייתור לשון
possible, perhaps	יִיתָּכֵן תה״פ
make needless	יִיתֵּר פ׳
can, may, be able	יָכוֹל פ׳
overcome, beat, win	- יכול ל-
able, capable	יָכוֹל ת׳
unable, cannot	- לא יכול
ability, capability	יְכוֹלֶת נ׳
yacht	יַכְטָה נ׳
child, son, boy, *kid	יֶלֶד ז׳
the bird has flown	- והילד איננו
infant prodigy	- ילד פלא
girl, daughter	יַלְדָּה נ׳
bear, have a baby	יָלְדָה פ׳
little girl, chit	יַלְדּוֹנֶת נ׳
childhood, babyhood	יַלְדוּת נ׳
boyish, childish	יַלְדוּתִי ת׳
mortal, human	יְלוּד אִישָׁה ז׳
birth rate, birth	יְלוּדָה נ׳
native, born	יָלִיד ז׳
born in Israel	- יליד הארץ
howl, lament, wail	יְלָלָה נ׳
let's go!, *shoo	*יַלְלָה! מ״ק
locust larva	יֶלֶק ז׳
bag, anthology	יַלְקוּט ז׳
service record	- ילקוט שירות
sea, ocean	יָם ז׳
Mediterranean	- הים התיכון
Dead Sea	- ים המלח/המוות
Sea of Galilee	- ים כינרת
Red Sea	- ים סוף
seamanship	יַמָּאוּת נ׳
sailor, seaman	יַמַּאי ז׳
lake, closed sea	יַמָּה נ׳
westwards	יָמָּה תה״פ
days of, times of	יְמוֹת ז״ר
marine, nautical, naval	יַמִּי ת׳
days of	יְמֵי (ראה יום)
fleet, navy	יַמִּייָה נ׳
days, times	יָמִים (ראה יום) ז״ר
right, right hand	יָמִין ז׳
on all sides	- על ימין ועל שמאל
to the right, right	יָמִינָה תה״פ
a day and a night	יְמָמָה נ׳
right, rightist	יְמָנִי ת׳
	ימ״ש = ימח שמו
yen	יֵן (מטבע יפני) ז׳
January	יָנוּאָר ז׳
baby, child-Rabbi	יַנוּקָא ז׳
sucking, suction	יְנִיקָה נ׳
suck, imbibe, absorb	יָנַק פ׳
babyhood, infancy	יַנְקוּת נ׳
owl	יַנְשׁוּף ז׳

יָסַד פ׳	establish, set up, found
יְסוֹד ז׳	basis, element
- ביסודו	essentially
- ביסודו של דבר	basically
- יסודות קורט	trace elements
- על יסוד	on the basis of
יְסוֹדִי ת׳	basic, elementary, fundamental, thorough
יְסוֹדִיּוּת, בִּיסוֹדִיּוּת	thoroughly
יַסְמִין (שיח בר) ז׳	jasmine
*יֶסְמֶן (אומר הן) ז׳	yes-man
יַסְעוּר (עוף ים) ז׳	petrel
יָסַף פ׳	continue, add, go on
יָעַד פ׳	assign, designate
יַעַד ז׳	aim, destination, goal
יָעֶה ז׳	dustpan, scoop, shovel
יָעֵז ז׳	ibex-goat, gobex
יָעִיל ת׳	efficient, effective
יְעִילוּת נ׳	efficiency, efficacy
יָעֵל ז׳	chamois, mountain-goat
יַעֲלַת חֵן נ׳	charming woman
יָעֵן ז׳	ostrich
יַעַן (כִּי) תה״פ	because, as, since
*יַעֲנִי תה״פ	that is to say
יַעֶפֶת נ׳	jet lag
יָעַץ פ׳	advise, recommend
יַעַר ז׳	forest, jungle, wood
- יער בראשית/עד	virgin forest
יַעֲרָה נ׳	honeycomb
יַעֲרָן ז׳	forester, woodsman
יַעֲרָנוּת נ׳	forestry, woodcraft
יָפָה פ׳	be beautiful, bloom
יָפֶה ת׳	beautiful, lovely, pretty
- יפה ל-	suitable, good
- יפה נפש	noble-minded, prim
- יפה תואר	good-looking
יָפֶה תה״פ	well, properly, fine
יְפֵהפֶה ת׳	beauteous, beautiful
יְפֵהפִיָּה נ׳	beauty
יָפוֹ נ׳	Jaffa
*יְפִיוּף ז׳	good-looking boy
יַפָּן נ׳	Japan, Nippon
יַפָּנִי ז׳	Japanese
יַפָּנִית נ׳	Japanese
יִפְעָה נ׳	beauty, glory, splendor
יָצָא פ׳	come out, go out, get out, emerge, leave
- יצא בשן ועין	be defeated
- יצא לאור	come to light
*- יצא לו	happen, slip out
- יצא לפועל	be carried out
- יצא מדעתו	lose one's mind
*- יצא מזה	be well out of it
*- יצא ש-	it so happened that
- יצאה נשמתו	die
יַצְאָנִית נ׳	prostitute, whore
יִצְהָר ז׳	pure oil
יִצּוּא ז׳	export
יְצוּאָן ז׳	exporter
יָצוּל ז׳	beam, pole, shaft
יָצוּק ת׳	cast, molten, poured
יְצוּר ז׳	creature, organism
- יצור אנוש	human being
יְצִיאָה נ׳	going out, emptying the bowels, *utterance
- יציאת חירום	fire-escape
- יציאת מצרים	Exodus
יַצִּיב ת׳	stable, steady, firm, set
יְצִיבָה נ׳	standing, posture
יַצִּיבוּת נ׳	stability, steadiness
יָצִיעַ ז׳	gallery, balcony, stand
יְצִיקָה נ׳	casting, pouring
יְצִיר ז׳	creature, creation
- יציר כפיו	creation
יְצִירָה נ׳	creation, formation, work of art, composition
יְצִירָתִי ת׳	creative
יָצַק פ׳	cast, pour, infuse
- יצק מים על ידיו	serve him
יָצַר פ׳	create, make, form
יֵצֶר ז׳	instinct, urge, impulse
- יצר הטוב	good nature
- יצר הרע	urge to do evil
יַצְרָן ז׳	manufacturer
יַצְרָנִי ת׳	productive
יֶקֶב ז׳	wine cellar, wine press
יָקַד פ׳	burn, glow, blaze
*יֶקֶה ז׳	German Jew
יְקוּם ז׳	universe, cosmos
יַקִּינְטוֹן ז׳	hyacinth
יְקִיצָה נ׳	awakening
יַקִּיר ת׳	dear, beloved, darling
יְקָר ז׳	honor, dignity
יָקָר ת׳	dear, expensive
- יקר המציאות	rare, scarce
- יקר ערך	valuable, prized
יַקְרָן ז׳	profiteer, overcharging
יָרֵא ת׳	fearing, fearful, afraid
- ירא שמיים	God-fearing
יִרְאָה נ׳	fear, awe, dread
- יראת כבוד	reverence, respect
- יראת שמיים	piety
יַרְבּוּעַ (מכרסם) ז׳	jerboa
יַרְגָּזִי (ציפור שיר) ז׳	tit, titmouse

יָרַד פ׳ — go down, come down, descend, fall, emigrate
- ירד לחייו — annoy, torment
- ירד לטמיון — be lost
- ירד לסוף דעתו — understand
- ירד ממנו — *get off his back
- ירד מן הפסים — go off the rails
- ירד מנכסיו — become poor

*- ירד על — annoy

יָרָד ז׳ — yard

יַרְדֵּן נ׳ — Jordan

יָרָה פ׳ — fire, shoot, gun, loose
- ירה מהמותן — shoot indiscriminately

יָרוּד ת׳ — low, inferior, poor

יָרוֹד (מחלה) ז׳ — cataract

יָרוּי ת׳ — shot

יָרוֹק ת׳ — green, verdant, *dollar
- ירוק עד — evergreen

יְרוֹקֶת נ׳ — duckweed, verdigris
- ירוקת החמור — squirting cucumber

יְרוּשָּׁה נ׳ — heritage, inheritance

יְרוּשָׁלַיִם נ׳ — Jerusalem

יְרוּשַׁלְמִי ת׳ — Jerusalemite

יֶרַח ז׳ — month
- ירח דבש — honeymoon

יָרֵחַ ז׳ — moon, satellite

יַרְחוֹן ז׳ — monthly

יַרְחִי ת׳ — lunar, of the moon

יְרִי ז׳ — shooting, firing, shot

יָרִיב ז׳ — adversary, rival

יְרִיבוּת נ׳ — rivalry, contention

יָרִיד ז׳ — bazaar, fair, market

יְרִידָה נ׳ — descent, fall, going down, decline, emigration
- ירידת מים — bag of waters break

יְרִיחוֹ נ׳ — Jericho

יְרִיָּה נ׳ — shot, shooting, firing

יְרִיעָה נ׳ — sheet, tent-cloth

יְרִיקָה נ׳ — spitting, spit

יָרֵךְ נ׳ — hip, thigh, loin, haunch

יַרְכָּה נ׳ — loins, stern, end, rear

יַרְכְּתֵי הַסְּפִינָה נ״ר — stern, poop

יָרַק פ׳ — spit, expectorate

יֶרֶק ז׳ — green herbs, foliage
- ירק עלה — chlorophyll

יְרָקוֹת ז״ר — greens, vegetables

יַרְקָן ז׳ — greengrocer

יְרַקְרַק ת׳ — greenish, viridescent

יָרַשׁ פ׳ — inherit, possess

יֵשׁ תה״פ — there is, there are
- יש אומרים — some say
- יש ויש — enough and to spare
- יש לאל ידו — he is capable
- יש לי — I have, I possess
- יש מאין — out of thin air
- ישנו/ישנם וכו׳ — there is/there are etc.

*יֵשׁ מ״ק — hurrah!, yes!, bingo!

יָשַׁב פ׳ — sit, sit down, dwell
- ישב ראש — preside, chair

יַשְׁבָן ז׳ — behind, buttocks

יְשׁוּעָה נ׳ — salvation, help

יֵשׁוּעִי ת׳ — Jesuit

יֵשׁוּת נ׳ — being, entity, substance

יְשִׁיבָה נ׳ — sitting, meeting, session, dwelling, yeshiva
- ישיבה מזרחית — cross-legged sitting

יָשִׂים ת׳ — applicable, imposable

יְשִׁימוֹן ז׳ — waste, desert

יְשִׂימוּת נ׳ — applicability

יָשִׁיר ת׳ — direct, straight

יְשִׁירוֹת תה״פ — directly, straight

יָשִׁישׁ ז׳ — old man, aged, elderly

יָשַׁן פ׳ — sleep, slumber

יָשָׁן ת׳ — old, ancient

יָשֵׁן ת׳ — asleep, sleeping

יָשָׁן נוֹשָׁן ת׳ — very old

יַשְׁנוּנִי ת׳ — sleepy, drowsy

יש״ע — Judea Samaria and Gaza

יֶשַׁע, חֲסַר יֶשַׁע — helpless

יָשְׁפֵה (אבן טובה) ז׳ — jasper

יֹשֶׁר ז׳ — straight line

יָשָׁר ת׳ — straight, direct, honest
- ישר זווית — right-angled

יִשְׂרָאֵל נ׳ — Israel, Zion

יִשְׂרְאֵלִי ת׳ — Israeli

יָתֵד נ׳ — peg, pin, spike, wedge, chock, picket, stake

יָתוֹם ז׳ — orphan, fatherless

יַתּוּשׁ ז׳ — mosquito, gnat, midge

יַתְמוּת נ׳ — orphanage

יֶתֶר ז׳ — remainder, excess, surplus, hypotenuse
- יתר לחץ דם — hypertension
- ליתר דיוק — to be precise

יָתֵר ת׳ — superfluous, excessive
- יתר על כן — moreover
- יתרה מזו — moreover

יִתְרָה נ׳ — balance, remainder

יִתְרוֹן ז׳ — advantage, profit, gain

כ

כְּ- as, like, about, a matter of
כ"א = כל אחד every one, each
כָּאַב פ' ache, hurt, smart
כְּאֵב ז' ache, pain, torture
- כאב בטן bellyache
- כאב גב backache
- כאב לב heartache
- כאב ראש headache
כְּאִילוּ תה"פ as if, as though, *like, sort of, kind of
כָּאָמוּר תה"פ as aforesaid
כָּאן תה"פ here, in this place
- לכאן here, hither
כַּאֲשֶׁר מ"ח when, while, as
כַּבָּאוּת נ' fire fighting
כַּבַּאי ז' fire fighter, fireman
כָּבֵד ז' liver
כָּבֵד ת' heavy, weighty
- כבד שמיעה hard of hearing
כְּבֵדוּת, בִּכְבֵדוּת slowly
כָּבָה פ' go out, fade out
כָּבוֹד ז' dignity, honor, respect
- בכבוד רב yours respectfully
- בכבודו ובעצמו he himself
- כל הכבוד ! well done!, bravo!
כְּבוּדָה נ' luggage, burden
כָּבוּי ת' extinguished, off
כָּבוּל ז' peat, turf, dry land
כָּבוּשׁ ת' conquered, occupied, preserved, pickled, pressed
כְּבִידָה נ' gravitation, gravity
כִּבְיָכוֹל תה"פ as it were
כְּבִילָה נ' tying, restriction
כָּבִיס ת' washable
כְּבִיסָה נ' washing, laundry
כַּבִּיר ת' huge, *great
כְּבִישׁ ז' road, street, highway
- כביש מהיר expressway
- כביש ראשי highway
כָּבַל פ' tie, fetter, chain, bind
כֶּבֶל ז' cable, chain, restraint
כְּבָסִים ז"ר laundry, washing
כְּבָר תה"פ already, yet
- כבר לא no more
כְּבָרָה נ' riddle, screen, sieve
כִּבְרַת דֶּרֶךְ נ' some way
כָּבַשׁ פ' conquer, subdue, take, occupy, preserve, pickle
- כבש לב captivate
- כבש שער score a goal
כֶּבֶשׂ ז' sheep, lamb
כֶּבֶשׁ ז' ramp, gangplank
כִּבְשָׂה נ' ewe, sheep
- כבשה שחורה black sheep
כִּבְשָׁן ז' furnace, kiln
כְּגוֹן תה"פ such as, for example
כַּד ז' pitcher, jar, jug, ewer
כְּדַאי ת' advisable
- לא כדאי inadvisable
כְּדָאִי ת' worthwhile
כִּדְבָעֵי תה"פ well, properly
כַּדּוּר ז' ball, bullet, cartridge, round, sphere, globe, pill
- כדור בינַיים jump ball
- כדור בסיס baseball
- כדור הארץ Earth, globe
- כדור יד handball
- כדור מים (משחק) water polo
- כדור משחק ball, play ball
- כדור נותב tracer bullet
- כדור ניתר rebound
- כדור סרק blank cartridge
- כדור פורח balloon
- כדור שלג snowball
- כדור תועה stray bullet
כַּדּוּרֶגֶל ז' soccer, football
כַּדּוּרַגְלָן ז' soccer player
כַּדּוּרוֹן ז' small ball, pellet
כַּדּוּרִי ת' spherical, round
כַּדּוּרִית נ' corpuscle, globule
- כדורית לבנה leukocyte
כַּדּוּרְסַל ז' basketball
כַּדּוּרְסַלָּן ז' basketball player
כַּדּוּרְעָף ז' volleyball
כַּדּוֹרֶת נ' bowls, bowling
כְּדֵי תה"פ in order to, about
כִּדְלְהַלָּן תה"פ as follows
כִּדְלְקַמָּן תה"פ as follows
כִּדְרוּר ז' dribble, dribbling
כִּדְרֵר פ' dribble
כַּדָּת תה"פ properly, well, right
- כדת וכדין well
כֹּה תה"פ so, such, here, that
- כה אחיה ! for the life of me!
- כה לחי ! congratulations!
כְּהַאי לִישָׁנָא תה"פ in these words
כָּהָה פ' be dark, grow dim
כֵּהֶה ת' dark, dim, faint, dusky

כְּהוּא זֶה a little, (not) a bit
כַּהוֹגֶן תה״פ well, properly
כְּהוּנָּה נ׳ office, term of service, Jewish clergy
כֵּהוּת נ׳ darkness, dimness
כַּהֲלָכָה תה״פ well, properly
כּוֹאֵב ת׳ painful, sore, hurting
כּוּבַּד פ׳ be honored, be cleaned
כּוֹבֶד ז׳ weight, heaviness
- כובד ראש seriousness
כּוּבָּה פ׳ be extinguished
כּוֹבֵל ת׳ binding, tying down
כּוּבַּס פ׳ be laundered
כּוֹבֶסֶת נ׳ laundress
כּוֹבַע ז׳ cap, hat, headgear
- כובע גרב stocking cap
- כובע הנזיר (פרח) nasturtium
כּוֹבָעוֹן ז׳ condom, sheath
כּוֹבָעָן ז׳ hatter, hat-maker
כּוֹבֵשׁ ז׳ conqueror, subjugator
כּוֹהֶל ז׳ alcohol, spirit
- כוהל מפוגל methylated spirits
כּוֹהֲלִי ת׳ alcoholic, spirituous
כּוֹהֵן ז׳ Jewish clergyman
- הכוהנת הגדולה high priestess
כְּוִויָּה נ׳ blister, burn, scald
- כוויית שמש sunburn
כּוּוַן פ׳ be aimed, be directed
כַּוָּון ז׳ gunlayer
כַּוָּונָה נ׳ aim, intention
כִּוּונֵן פ׳ adjust, tune, regulate
כַּוֶּונֶת נ׳ sight, viewfinder
- כוונת קדמית foresight
*- על הכוונת marked, targeted
כּוּוַץ פ׳ be shrunk
כַּוֶּורֶן ז׳ apiarist, beekeeper
כַּוֶּורְנוּת נ׳ apiculture
כַּוֶּורֶת נ׳ beehive, hive, apiary
כַּוֶּות יְרִיָּה נ׳ port, porthole
כּוֹזֵב ת׳ false, lying, untruthful
כּוֹחַ ז׳ force, power, lizard
- כוח אדם manpower
- כוח גברא sexual potency
- כוח המשיכה gravity
- כוח סוס horsepower
- כוח עליון act of God
- כוח קנ״יה buying power
- כוח רצון willpower
- כוחו במותניו/עמו he is strong
- כוחו יפה be valid
- כוחות הביטחון security forces
- כוחות יבשה land forces
- כוחות סדירים regular soldiers
כּוֹחָנוּת נ׳ violence, forcefulness
כּוֹחָנִי ת׳ violent, forceful
כּוּיַּס פ׳ be pickpocketed
כּוּךְ ז׳ niche, catacomb, hole
כּוֹכָב ז׳ star, planet
- כוכב הצפון polestar, lodestar
- כוכב חמה Mercury
- כוכב ים starfish
- כוכב לכת planet
- כוכב נופל meteor
- כוכב קולנוע film star
- כוכב שביט comet
- כוכב שבת fixed star
כּוֹכָבִי ת׳ astral, stellar, sidereal
כּוֹכָבִית נ׳ asterisk, (*)
כּוֹל מ״ג all, any, each, whole
- כולי/כולך וכו׳ all of me/of you etc.
כּוֹל (ראה גם כָּל)
*כולבוֹיניק ז׳ slop bowl
כּוֹלֵל ז׳ religious fund
כּוֹלֵל ת׳ including, general
- לא כולל excluding
כּוֹלְלָנִי ת׳ comprehensive
כּוֹלֶסְטֶרוֹל ז׳ cholesterol
כּוֹלֶרָה נ׳ cholera
כּוֹמֶר ז׳ curate, priest
כּוּמְתָּה נ׳ beret
כּוּנָּה פ׳ be named
כּוֹנֵן פ׳ found, set up, wind
כּוֹנָן ז׳ rack, drive, on call
- כונן דיסקים disk drive
כּוֹנְנוּת נ׳ alert, vigilance
כּוֹנָנִית נ׳ bookcase, cabinet
כּוּנַּס פ׳ be convened
כּוֹנֵס נְכָסִים ז׳ official receiver
כּוֹנֶרֶת נ׳ viola
כּוֹס נ׳ glass, tumbler, goblet
- כוס התרעלה cup of bitterness
- כוס רוח cupping-glass
- נתן בכוס עינו *hit the bottle
כּוֹס (עוף) ז׳ owl
כּוּסְבָּר (גד - תבלין) ז׳ coriander
כּוּסָּה פ׳ be covered, be coated
כּוֹסִית נ׳ small glass
כּוּסֶּמֶת נ׳ buckwheat, spelt
כּוּסְפָּה (מזון בהמות) נ׳ oil-cake

כּוֹעֵס ת׳ angry, cross, mad
כּוֹפֵל ז׳ multiplier
כּוֹפֵף פ׳ bend, bow, stoop
- כופף לו את היד twist his arm
כּוֹפֵר ז׳ heretic, infidel, atheist
- כופר בעיקר unbeliever
כּוֹפֶר ז׳ ransom, forfeit, asphalt
כּוּפְתָּה נ׳ dumpling
כּוּר ז׳ melting pot, furnace
- כור אטומי reactor
- כור היתוך melting pot
כּוּרְדִי ז׳ Kurd, Kurdish
כּוֹרֶה ז׳ miner, collier, digger
כּוֹרַח ז׳ inevitability, necessity
כּוֹרֵיאוֹגְרָף ז׳ choreographer
כּוֹרֵךְ ז׳ binder, bookbinder
כּוּרְכּוּם ז׳ crocus, saffron
כּוֹרְכָן ז׳ binder
כּוּרְכָּר ז׳ limestone
כּוֹרֵם ז׳ vinegrower
כּוּרְסָה נ׳ armchair
כּוֹרֵת ז׳ cutter, woodcutter
- עלה עליו הכורת be killed
כּוּשִׁי ז׳ black, colored, Negro
כּוֹשֵׁל ת׳ failing, abortive, futile
כּוֹשֶׁר ז׳ ability, fitness, form, condition, power, skill
- בכושר in condition, in shape
- כושר פירעון solvency
- לא בכושר out of condition
כּוֹשָׁרָה נ׳ chance, opportunity
כּוֹתֵב ז׳ writer, scribe
כּוּתּוֹנֶת נ׳ shirt, blouse
- כתונת לילה nightgown
כּוֹתֶל ז׳ wall, side
- הכותל המערבי the Wailing Wall
כּוּתְנָה נ׳ cotton
כּוֹתֶפֶת נ׳ epaulet, shoulder strap
כּוּתַּר פ׳ be surrounded
כּוֹתָר ז׳ letterhead, title
כּוֹתֶרֶת נ׳ caption, headline
- כותרת הפרח corolla
- כותרת משנה subtitle
כָּזֹאת ת׳ like this, like that
כָּזָב ז׳ lie, deceit, falsehood
כַּזְבָן ז׳ liar, storyteller
כָּזֶה ת׳ that, such, like that
*- כזה או אחר something of the kind
כָּזוֹ ת׳ that, such, like that

כְּזַיִת ז׳ small amount
כָּחוֹל ת׳ blue
- כחול לבן made in Israel
כָּחוּשׁ ת׳ thin, skinny, lean
כִּחְכֵּחַ פ׳ clear one's throat
כָּחָל ז׳ kohl, liner, eye shadow
- בלא כחל ושרק plain, frankly
כְּחַלְחַל ת׳ bluish, blueish
כָּחַשׁ פ׳ become thin, emaciate
כַּחַשׁ ז׳ deceit, lying, bluff
כִּי מ״ח because, since, as, for
- כי אז then
- כי אם but, except, only
כַּיָּאוּת תה״פ well, properly
כִּיב ז׳ ulcer
כִּיבֵּד פ׳ honor, respect, offer
- כיבד שק honor a check
כִּיבָּה פ׳ extinguish, turn off
כִּיבּוּד ז׳ honoring, respect, refreshments, sweeping
- כיבוד אב ואם filial piety
כִּיבּוּי ז׳ extinguishing
- כיבוי אורות lights out
כִּיבּוּשׁ ז׳ conquest, occupation
- כיבוש היצר self-control
כִּיבִי ת׳ ulcerous
כִּיבֵּס פ׳ launder, wash
כְּיַד הַמֶּלֶךְ תה״פ abundantly
כִּידוֹן ז׳ bayonet, lance, javelin
- כידון האופניים handlebars
כִּיהֵן פ׳ hold office, serve
כִּיוֵּון פ׳ aim, direct, point
כִּיווּן ז׳ direction, aim, tuning
- בכיוון השעון clockwise
- כיווני אוויר directions (east etc.)
כֵּיוָון שֶׁ- תה״פ because, since, as
כִּיווּנִי ת׳ directional
- חד-כיווני one-way
כִּיוֵּוץ פ׳ contract, shrink
כִּיווּץ ז׳ constriction, shrinking
*- כיווצים gathering, gather
כִּיוּל ז׳ calibration, gauging
כַּיּוֹם תה״פ now, nowadays
כִּיּוּס ז׳ pickpocketing
*כִּיפּוּפִים ז״ר having fun
כִּיּוֹר ז׳ sink, basin, washbowl
כִּיּוּר ז׳ modeling, molding
כִּיזֵּב פ׳ lie, deceive, prevaricate
כִּיחַ ז׳ phlegm, sputum, *gob
כִּיחֵד פ׳ hide, deny, disown
כִּיחָלוֹן ז׳ cyanosis

כִּיֵּיל פ׳ calibrate, measure
כִּיֵּס פ׳ pick pockets
כַּיָּס ז׳ pickpocket
*כִּיֵּף פ׳ have fun, enjoy
כִּיֵּר פ׳ mold, model
כִּיכֵּב פ׳ star, feature, act, play
- בכיכובו של starring
כִּיכָּר נ׳ square, plaza, rotary, roundabout, traffic circle
- כיכר לחם loaf of bread
כִּילָּה פ׳ finish, destroy, exhaust, use, wreak
כִּילָּה נ׳ canopy, mosquito net
כִּילַי ז׳ miser, mean, stingy
כִּילָּיוֹן ז׳ extermination, ruin
- כליון עיניים yearning
כִּימַאי ז׳ chemist
כִּימּוּי, כִּימּוּת ז׳ quantification
כימוֹתֶרַפִּי ת׳ chemotherapeutic
כימוֹתֶרַפְּיָה chemotherapy
כִּימִי ת׳ chemical
כִּימְיָה נ׳ chemistry, sympathy
כִּימִיקָלִים ז״ר chemicals
כִּימְשׁוֹן (מחלת צמחים) ז׳ blight
כִּימֵּת פ׳ quantify
כִּינָּה פ׳ name, nickname, term
כִּינָּה נ׳ louse
- כינים lice, vermin
כִּינּוּי ז׳ nickname, alias
- כינוי הקניין possessive pronoun
- כינוי השם pronoun
כִּינּוּן ז׳ establishing, founding
כִּינּוּס ז׳ gathering, conference
- כינוס נכסים receivership
כִּינּוֹר ז׳ violin, fiddle
- כינור שני second fiddle
כִּינֶּמֶת נ׳ infestation with lice
כִּינֵּס פ׳ convene, summon
כִּיס ז׳ pocket, sac, pouch
- כיס אבטלה pocket of unemployment
- כיס אוויר air pocket
- כיס התנגדות pocket of resistance
*- שם אותו בכיס הקטן he's no match for him
כִּיסֵּא ז׳ chair, seat
- כיסא גלגלים wheelchair
- כיסא חשמל electric chair
- כיסא מתקפל folding chair
- כיסא נוח easy chair
- כיסאות מוזיקליים musical chairs
כִּיסָּה פ׳ cover, coat, veil, hide
כִּיסּוּחַ ז׳ mowing, *beating up
כִּיסּוּי ז׳ cover, blanket, cover-up, covering
- כיסוי מיטה bedspread
- כיסוי ראש hat, headdress
*- כיסוי תחת preparing an alibi
כִּיסּוּפִים ז״ר yearning, longing
כִּיסֵּחַ פ׳ mow, cut down, *beat
כִּיסָן ז׳ dumpling, pasty
כִּיעוּר ז׳ ugliness
כִּיעֵר פ׳ make ugly, uglify
*כֵּיף ז׳ fun, enjoyment
כִּיפָּה נ׳ canopy, dome, cupola, cap, skullcap
- כיפה אדומה (אגדה) Little Red Riding Hood
- תחת כיפת השמיים outdoors
כִּיפּוּף ז׳ bending, bend, curve
כִּיפּוּר, יום כיפור Yom Kippur
כִּיפֵּר פ׳ atone, pardon, expiate
כֵּיצַד תה״פ how, how come
כִּירָה נ׳ stove, cooker, griddle
כִּירוֹפְּרַקְטוֹר ז׳ chiropractor
כִּירוֹפְּרַקְטִיקָה נ׳ chiropractic
כִּירוּרְגִי ת׳ operative, surgical
כִּירַיִם ז״ר stove, cooker
כִּישּׁוּף ז׳ magic, spell
כִּישּׁוֹר ז׳ distaff, spindle
כִּישּׁוּרִים ז״ר qualifications
כִּישָּׁלוֹן ז׳ failure, fiasco, *bust
כִּישֵּׁף פ׳ bewitch, charm
כִּישָּׁרוֹן ז׳ ability, talent
כִּיתָּה נ׳ class, classroom, grade, form, section, sect, squad
- כיתת יורים firing squad
כִּיתּוּב ז׳ caption, write-up
כִּיתּוּר ז׳ surrounding
כִּיתּוּת רַגְלַיִים ז׳ tiring walk
כִּיתֵּר פ׳ encircle, surround
כִּיתֵּת רַגְלָיו פ׳ walk slowly
כִּיתָּתִי ת׳ sectarian, clannish
כִּיתָּתִיּוּת נ׳ sectarianism
כָּךְ תה״פ so, thus, like that
- כך או כך/אחרת in any case
- לא כל כך not so much
כ״כ = כמו כן likewise, as well
כָּכָה תה״פ so, thus, like that
- ככה ככה so-so, more or less

כְּכָל תה״פ	as, like, as much as
- ככל הנראה	probably
- ככל ש- כן-	the more- the more-
כָּל מ״ג	all, any, every, each
- בכול מכול כול	lock stock and barrel
- כול יכול	almighty
- ככלות הכול	after all
- כל אחד	each, everyone
- כל דבר	anything, everything
- כל דכפין	anybody, whoever
- כל הזמן	all the time
- כל כולו	all, the whole of it
- כל כך	so, so much
- כל עוד	as long as, so long as
- כל שכן	let alone, much more
- מכול וכול	entirely
כָּל (ראה גם כּוֹל) מ״ג	
כָּלָא פ׳	jail, imprison, lock in
כֶּלֶא ז׳	jail, prison, *nick
כִּלְאַחַר יָד תה״פ	perfunctorily
כַּלַּאי ז׳	jailor, warden, warder
כִּלְאַיִם ז״ר	crossbreeding
כֶּלֶב ז׳	dog, *bowwow
- כלב גזעי	pedigree dog
- כלב גישוש	tracker dog
- כלב זאב	German Shepherd
- כלב ים	seal, sea dog
- כלב נחייה	guide dog
- כלב ציד	hound, foxhound
- כלב שוטה	mad dog
- כלב שמירה	watchdog
כַּלְבָּה נ׳	bitch
כַּלְבִּי ת׳	canine, dog-like
כַּלְבִּייָה נ׳	dog shelter
כְּלַבְלָב ז׳	puppy, doggie
כַּלְבָן ז׳	dog-trainer
כַּלֶּבֶת נ׳	hydrophobia, rabies
כְּלַבְתָּא נ׳	bitch, shrew, virago
כָּלָה פ׳	end, run out, yearn
כַּלָּה נ׳	bride, daughter-in-law
כָּלֶה ת׳	transitory, yearning
כָּלָה וְנֶחֱרָצָה	resolute
כָּלוּא ת׳	imprisoned, internee
כְּלוּב ז׳	cage, coop, hutch
כָּלוּל ת׳	included
כְּלוּלוֹת נ״ר	wedding, nuptials
כְּלוּם ז׳	something, *nothing
*- כמו כלום	easily
כְּלוּם תה״פ	is it (not)?
כְּלוֹמַר תה״פ	namely, that is
כְּלוֹנָס ז׳	pole, stilt, pale, picket
כְּלוֹר ז׳	chlorine
כְּלוֹרוֹפוֹרם ז׳	chloroform
כְּלוֹרוֹפִיל ז׳	chlorophyll
כְּלוֹת נ׳	end
- עד כלות הנשימה	to death
כְּלִי ז׳	gadget, instrument, tool, utensil, vessel
- הוציאו מכליו	drive him crazy
- כלים שלובים	communicating vessels, connected vessels
כְּלֵי אוֹכֶל ז״ר	utensils
כְּלִי דָם ז׳	blood vessel
כְּלֵי הַקָּשָׁה ז״ר	percussion instruments
כְּלֵי זֶמֶר ז״ר	musical instruments
כְּלֵי חֶרֶס ז״ר	earthenware
כְּלִי טַיִס ז׳	aircraft
כְּלֵי כֶּסֶף ז״ר	silverware
כְּלֵי מִטְבָּח ז״ר	kitchenware
כְּלֵי מִיטָּה ז״ר	bedclothes
כְּלִי מִשְׂחָק ז׳	pawn, plaything
כְּלִי נְגִינָה ז׳	musical instrument
כְּלִי נְשִׁיפָה ז׳	wind instrument
כְּלֵי נֶשֶׁק ז״ר	weapons, arms
כְּלֵי עֲבוֹדָה ז״ר	tools
כְּלִי קִיבּוּל ז׳	receptacle, vessel
כְּלִי רֶכֶב ז׳	vehicle
כְּלֵי שׁוּלְחָן ז״ר	tableware
כְּלִי שַׁחְמָט ז׳	chessman, man
כְּלִי שַׁיִט ז׳	vessel, ship, boat
כְּלִי שָׁרֵת ז׳	tool, cat's paw
כְּלֵי תִּקְשׁוֹרֶת ז״ר	media
כַּלִּיא בָּרָק ז׳	lightning conductor
כְּלִיאָה נ׳	imprisonment
כְּלִיב ז׳	staple
כְּלָיָה נ׳	extermination
כִּלְיָה נ׳	kidney
כָּלִיל תה״פ	completely, entirely
- כליל החורש	Judas tree
- כלילת יופי	paragon of beauty
כְּלִילִי (עורק) ת׳	coronary
כְּלִימָה נ׳	shame, disgrace
כִּלְכֵּל פ׳	feed, maintain, nourish, handle, deal with
- כלכל מעשיו	act sensibly
כַּלְכָּל ז׳	steward
כַּלְכָּלָה נ׳	economics, economy
- כלכלת שוק	market economy

כַּלְכָּלִי ת׳ economic
כַּלְכְּלָן ז׳ economist
כָּלַל פ׳ include, comprise
כְּלָל ז׳ regulation, rule, total, whole, society, community
- הגיע/בא לכלל- arrive at
- ככלל as a rule, generally
- כלל (וכלל) לא not at all
- כללו של דבר in short
- לא כלל ועיקר not at all
כְּלָל עוֹלָמִי ת׳ worldwide
כְּלָלוּת, בִּכְלָלוּתוֹ generally
כְּלָלִי ת׳ common, general
כְּלָלִית תה״פ generally
כַּלָּנִית נ׳ anemone, windflower
כִּלְעוּמַּת שֶׁ- just as
כְּלַפֵּי מ״י toward, towards, at
כְּלָשֶׁהוּ תה״פ somewhat
כִּמְדוּמֶּה תה״פ it seems
כִּמְדוּמַּנִי תה״פ it seems to me
כָּמַהּ פ׳ yearn, long, pine
כָּמֵהַּ ת׳ yearning, longing
כַּמָּה תה״פ how much?, how many?, few, several, some
- כל כמה זמן? how often?
- כמה וכמה many
- על אחת כמה וכמה let alone
כְּמֵהָה (פטרייה) נ׳ truffle
כְּמוֹ מ״י as, like, such as
- כמו כן likewise, as well
- כמו שהוא as it is, as is
- כמוהו כ- same as
- כמוני/כמוך וכו׳ like me/like you etc.
כַּמּוּבָן תה״פ certainly, of course
כַּמּוֹן (צמח) ז׳ cumin
כָּמוּס ת׳ secret, hidden, covert
כְּמוּסָה נ׳ capsule, cachet
כְּמוּרָה נ׳ clergy, priesthood
כַּמּוּת נ׳ amount, lot, quantity
כְּמוֹת מ״י as, like
- כמות שהוא as it is, *as is
כַּמּוּתִי ת׳ quantitative
כְּמִיהָה נ׳ longing, yearning
כַּמְנוֹן ז׳ anise
כִּמְעַט תה״פ almost
- כמעט שלא hardly, scarcely
כָּמַשׁ פ׳ wither, dry up
כַּן ז׳ mount, pedestal, base
- השיב על כנו reinstate, restore
- כן שיגור launching pad
- כן תותח gun carriage
כֵּן ת׳ honest, frank, sincere
כֵּן תה״פ yes, so, thus, *yeah
- וכן הלאה and so on
כְּנֶגֶד מ״י against, opposite
כַּנָּה נ׳ stand, base, easel, stock
כָּנוּעַ ת׳ submissive, yielding
כְּנוּפְיָה נ׳ band, gang, mob
כֵּנוּת נ׳ sincerity, honesty
כְּנִימָה נ׳ aphid, greenfly
- כנימת מגן scale insect
כְּנִיסָה נ׳ admission, entrance
כְּנִיעָה נ׳ submission, surrender
כנ״ל = כנזכר לעיל ditto, as above
כַּנֶּנֶת נ׳ winch, windlass
כֶּנֶס ז׳ meeting, rally
כְּנֵסִיָּיה נ׳ church
כְּנֵסִיָּיתִי ת׳ ecclesiastical
כְּנֶסֶת נ׳ Knesset, parliament
כְּנַעַן נ׳ Canaan
כְּנַעֲנִי ת׳ Canaanite
כָּנָף נ׳ wing, mudguard, fender
- כנפי טיס wings
- עשתה לה כנפיים spread quickly
כַּנְפִית נ׳ samara
כַּנָּר ז׳ violinist, fiddler
כַּנִּרְאֶה תה״פ it seems
כַּנָּרִית נ׳ canary
כֵּס ז׳ chair, seat, throne
- הכס הקדוש the Holy See
כָּסוּף ת׳ argent, gray, silvery
- כסוף שיער gray-headed
כְּסוּת נ׳ garment, cover, cloth
- כסות עיניים excuse, pretext
*כַּסַּח ז׳ violence, clash, crash
כְּסָיָה נ׳ glove, mitten, mitt
כְּסִיל ז׳ fool, dunce, Orion
כְּסִילוּת נ׳ foolishness, folly
כְּסִיסָה נ׳ biting (nails)
כַּסִּיף ז׳ silver carp
כֶּסֶל ז׳ foolishness, flank, loin
כִּסְלֵו ז׳ Kislev (month)
כָּסַס פ׳ gnaw, bite (nails)
כֶּסֶף ז׳ silver, money, *bread
- כסף קטן change
- כספים finances, money
כַּספּוֹמָט ז׳ cash dispenser
כַּסְפִּי ת׳ financial, monetary
כַּסְפִּית נ׳ mercury, quicksilver
כַּסְפָּר ז׳ teller
כַּסֶּפֶת נ׳ safe, strongbox
כֶּסֶת נ׳ quilt

כַּעֲבוֹר מ״י after, later (in time)
כָּעוּס ת׳ angry, indignant
כְּעֵין מ״י like, sort of
כַּעַךְ ז׳ roll, bagel
כִּעְכֵּעַ פ׳ cough, clear the throat
כָּעַס פ׳ be furious, be angry
כַּעַס ז׳ anger, ire, fury, wrath
כַּעֲסָן ז׳ irascible, hot-tempered
כָּעֵת תה״פ now, nowadays
כֵּף ז׳ cape, rock, promontory
כַּף נ׳ spoon, tablespoon, palm
- כף אווז (צמח בר) goose-foot
- כף המאזניים scale
- כף הרגל foot, sole, paw
- כף זאב (צמח בר) lycopodium
- כף נעליים shoehorn
כַּף נ׳ kaf (letter)
כָּפָה פ׳ enforce, force, compel
כַּפָּה נ׳ palm, paw
כָּפוּי ת׳ forced, compelled
- כפוי טובה ungrateful
כָּפוּל ת׳ multiplied, double
- כפול ומכופל very much
כְּפוּלָּה נ׳ duplicate, multiple
כָּפוּף ת׳ subordinate, subject
כְּפוֹר ז׳ frost
כָּפוּת ת׳ tied, bound, trussed
כְּפִי תה״פ as, according to
- כפי הנראה apparently
כִּפְיוֹן ז׳ epilepsy
כְּפִיּוּת טוֹבָה נ׳ ingratitude
כְּפִיָּה נ׳ compulsion, coercion
כְּפִיָּתִי ת׳ compulsive
כָּפִיל ז׳ double, stunt man
כְּפִילוּת נ׳ duplication, duplicity
כָּפִיס ז׳ rafter, beam, stick
כְּפִיפָה, בכפיפה אחת together
כְּפִיפוּת נ׳ subordination
כְּפִיפַת בֶּטֶן נ׳ sit-up
כְּפִיר ז׳ young lion
כְּפִירָה נ׳ denial, heresy
- כפירה בעיקר atheism
כַּפִּית נ׳ teaspoon, teaspoonful
כְּפִיתָה נ׳ binding, tying
כַּפְכַּף ז׳ clog, patten, sabot
כָּפַל פ׳ multiply, double
כֶּפֶל ז׳ multiplication
- כפל כפליים with interest
- כפל לשון repetition
- כפל מס double taxation
כִּפְלַיִים תה״פ twice, double
כַּפָּן (עוף מים) ז׳ spoonbill

כְּפָפָה נ׳ glove, mitten, gauntlet
- בכפפות משי with kid gloves
כָּפַר פ׳ disbelieve, deny
כְּפָר ז׳ village, country, hamlet
כַּפָּרָה נ׳ atonement, *my dear!
- כפרות ritual before Yom Kippur
כַּפְרִי ת׳ rural, countryman
כָּפַת פ׳ bind, tie, truss, fetter
כַּפְתּוֹר ז׳ button, switch, bud
- כפתור ופרח ! wonderful!
כִּפְתּוּר ז׳ buttoning
כִּפְתֵּר פ׳ button, button up
כַּר ז׳ cushion, pillow, meadow
- כר דשא turf, meadow, pitch
- כר לפעולה scope for action
כָּרָאוּי תה״פ well, properly
כַּרְבּוֹלֶת נ׳ cockscomb, crest
כִּרְבֵּל פ׳ wrap up, muffle
כָּרָגִיל תה״פ as usual, ordinarily
כָּרֶגַע תה״פ now, at the moment
כָּרָה פ׳ dig, dig up, mine, hoe
- כרה אוזן hear, listen
כֵּרָה נ׳ feast, banquet
כְּרוּב ז׳ cabbage, cherub
- כרוב הקלח kohlrabi
כְּרוּבִית נ׳ cauliflower
כְּרַוְיָה (צמח) ז׳ caraway
כָּרוֹז ז׳ auctioneer, crier
כְּרוּז ז׳ proclamation
כָּרוּי ת׳ dug up, mined
כָּרוּךְ ת׳ bound, wrapped, involved, attached
כְּרוּכִית נ׳ strudel
כְּרוֹם ז׳ chrome, chromium
כְּרוֹמוֹזוֹם ז׳ chromosome
כְּרוֹמָטִי ת׳ chromatic
כְּרוֹנוֹלוֹגִי ת׳ chronological
כְּרוֹנוֹלוֹגְיָה נ׳ chronology
כְּרוֹנִי ת׳ chronic, incurable
כְּרוֹנִיקָה נ׳ chronicle, events
כָּרוּת ת׳ cut off, hewn, signed
כְּרָזָה נ׳ banner, placard, poster
כַּרְטִיס ז׳ card, ticket
- כרטיס אשראי credit card
- כרטיס ביקור calling card
- כרטיס טיסה flight ticket
- כרטיס ניקוב punch card
כַּרְטִיסִיָּה נ׳ season ticket
כַּרְטִיסָן ז׳ ticket collector
כִּרְטֵס פ׳ card-index
כַּרְטֶסֶת נ׳ card index, file

כְּרִיזָה נ׳	public address system
כָּרִיזְמָה נ׳	charisma
כָּרִיזְמָטִי ת׳	charismatic
כְּרִיזַנְטֶמָה נ׳	chrysanthemum
כְּרִיָּה נ׳	digging, mining
כָּרִיךְ ז׳	sandwich, sedge
כְּרִיכָה נ׳	binding, cover
- כריכה רכה	paperback
- קשה כריכה	hard-covered
כְּרִיכִיָּה נ׳	bookbindery
כְּרִיעָה נ׳	kneeling, genuflection
כָּרִישׁ ז׳	shark
כָּרִית נ׳	cushion, pillow, pad
- כרית אוויר	air bag
- כרית סיכות	pincushion
כְּרִיתָה נ׳	amputation
- כריתת ברית	making an agreement
- כריתת שד	mastectomy
כְּרִיתוּת נ׳	divorce
כָּרַךְ פ׳	bind, wrap, tie, connect
כֶּרֶךְ ז׳	volume, bunch
כְּרַךְ ז׳	town, city
כַּרְכּוֹב ז׳	cornice, rim, edge
כִּרְכּוּר ז׳	dance, caper, gambol
כִּרְכֵּר פ׳	dance, caper, frolic
- כרכר סביב-	dance attendance on
כִּרְכָּרָה נ׳	cab, carriage, coach
כַּרְכֶּשֶׁת נ׳	intestine, colon
כֶּרֶם ז׳	vineyard, vinery
כָּרֵס נ׳	belly, abdomen
- כרסה בין שיניה	pregnant
כִּרְסוּם ז׳	gnawing, nibble
כִּרְסֵם פ׳	gnaw, nibble, mill
כָּרֶסֶת נ׳	celiac disease
כַּרְסְתָנִי ת׳	big-bellied, paunchy
כָּרַע פ׳	kneel, bow down
- כרע ברך	bend the knee
- כרעה ללדת	give birth
כֶּרַע ז׳	leg
- על כרעי תרנגולת	unstable
- על כרעיו ועל קירבו	completely
כַּרְפַּס ז׳	celery, parsley
כֶּרֶץ (תולעת) ז׳	hookworm
כְּרֵשָׁה (ירק דמוי בצל) נ׳	leek
כָּרַת פ׳	cut down, cut off, fell, destroy, amputate, hew, lop
- כרת ברית	make an agreement
כָּרֵת ז׳	excommunication
כְּרֵתִים	Crete
כְּשֶׁ- (= כאשר) מ״ח	when, as
כַּשּׁוּרָה תה״פ	well, properly
כְּשׁוּת נ׳	hops, hop
כָּשִׁיר ת׳	eligible, qualified, fit
כְּשִׁירוּת נ׳	qualification, eligibility, fitness
כִּשְׁכּוּשׁ ז׳	wagging, wag, waggle
כִּשְׁכֵּשׁ פ׳	wag, waggle
כָּשַׁל פ׳	fail, stumble, fall, slip
כֶּשֶׁל ז׳	failure, mistake, slip
כְּשֶׁלְעַצְמוֹ תה״פ	in itself, per se
- אני כשלעצמי	I for one
כְּשֵׁם שֶׁ- מ״ח	just as
כְּשָׁפִים ז״ר	magic, miracles
כָּשֵׁר ת׳	fit, valid, allowed, kosher, ritually clean
כִּשְׁרוֹנִי ת׳	able, talented
כַּשְׁרוּת נ׳	validity, being kosher
כַּת נ׳	caste, clique, sect, group
כָּתַב פ׳	write, write down
כְּתָב ז׳	handwriting, writing, warrant, writ, document
- ככתבו וכלשונו	literally
- כתב היתדות	cuneiform
- כתב יד	handwriting
- כתב סתרים	cipher
- כתב עת	periodical
- כתב פלסתר	lampoon, libel
- כתבי הקודש	Bible
- כתבים	writings, works
כַּתָּב ז׳	correspondent, reporter
- כתב ספורט	sportswriter
כַּתָּבָה נ׳	reportage, report
- כתבת שער	cover story
כְּתָבִי ת׳	graphic, graphical
כַּתְבָן ז׳	typist, penman, scribe
כַּתְבָנוּת נ׳	typing
כַּתְבָנִית נ׳	typist
כָּתוּב ת׳	written, transcribed
כְּתוּבָּה נ׳	marriage contract
כְּתוּבִים (בתנ״ך) ז״ר	Hagiographa
כְּתוּבִית נ׳	subtitle
כְּתוֹבֶת נ׳	address, inscription
- הכתובת על הקיר	writing on the wall
- כתובת קעקע	tattoo
כָּתוֹם ת׳	orange
כָּתוּשׁ ת׳	ground, crushed
כָּתוּת ת׳	pounded, crushed
כְּתִיב ז׳	spelling, orthography

כְּתִיבָה נ׳ writing
- כתיבה וחתימה טובה Happy New Year
- כתיבה תמה calligraphy
כְּתִישָׁה נ׳ pounding
כְּתִיתָה נ׳ crushing, schnitzel
כֶּתֶם ז׳ blot, mark, stain, taint
- הכתם העיוור blind spot
- כתם לידה birthmark
- כתם שמש sunspot
כָּתֵף נ׳ shoulder
- כתף קרה cold shoulder
כְּתֵפִיָּה נ׳ cape, mantle, brace, suspender, shoulder strap
כֶּתֶר ז׳ crown, diadem, krona
כָּתַשׁ פ׳ pestle, crush, pound

ל

לְ- מ״י to, for, towards, per
- לי/לך וכו׳ to me/to you etc.
לֹא תה״פ no, not, nay, dis-, in-
- לא ולא definitely not
- לא זו אף זו moreover, again
- לא זו בלבד not only (but)
- לא יאומן unbelievable
- לא יצלח awkward
- לא כל שכן let alone
- לא כלום nothing
- לא כן? isn't it?
*- לא משנה never mind
- לא נורא never mind
- לא עליכם may it not happen to you
לֵאֶה ת׳ tired, weary, exhausted
לָאו תה״פ no, not
- לאו דווקא not necessarily
- לאו נפקא מינה it makes no odds
לְאוֹם ז׳ nation, people
לְאוּמִי ת׳ national, nationalist
לְאוּמִיּוּת נ׳ nationality
לְאוּמָנוּת נ׳ chauvinism, nationalism
לְאוּמָנִי ת׳ nationalistic
לָאוֹרֶךְ תה״פ along, longwise
לֵאוּת נ׳ weariness, exhaustion
לְאָחוֹר תה״פ back, backwards
לְאַחַר מ״י after, past
לְאַט תה״פ slowly, slow, *easy
לְאַלְתַּר תה״פ immediately
לֵאמוֹר תה״פ as follows, namely
לְאָן תה״פ where, whereto
- לאן שהוא somewhere
לֵב ז׳ heart, core, center
- אמר בליבו say to oneself
- בכל לב wholeheartedly
- בלב ולב insincerely
- בלב ונפש heart and soul
- בלב כבד heavyheartedly
- בלב שלם wholeheartedly
- בלי שים לב ל- irrespective
- בשים לב ל- in view of
- יש בליבו על be angry at
- לב ים high seas
- לב ליבו heart, core
לֵבָב ז׳ heart
- איש כלבבי a man after my own heart
לְבָבִי ת׳ cordial, hearty, warm
לְבָבִיּוּת נ׳ cordiality
לֶבֶד ז׳ felt
לְבַד תה״פ alone, by oneself
- לבד מ- apart from, except
- לבדו alone, by oneself
- לבדי/לבדך וכו׳ by myself/yourself etc.
לָבָה נ׳ lava
לְבוֹנָה נ׳ frankincense
לְבוּשׁ ז׳ garment, dress, attire
לָבוּשׁ ת׳ dressed, clad, clothed
לָבֶטַח תה״פ surely, no doubt
לְבָטִים ז״ר pains, doubts
לָבִיא ז׳ lion
לְבִיאָה נ׳ lioness
לְבִיבָה נ׳ pancake, flapjack
לָבִיד (דיקט) ז׳ plywood, veneer
לְבִישָׁה נ׳ dressing, wearing
לְבֵית ת׳ nee, maiden name
לְבַל תה״פ lest, so as not
לִבְלֵב פ׳ bloom, sprout, thrive
לַבְלָב ז׳ pancreas
לִבְלוּב ז׳ blooming, blossoming
לְבְלִי מ״י without, lacking
- לבלי הכר unrecognizably
- לבלי שוב not to return
לַבְלָר ז׳ clerk, writer
לַבְלָרוּת נ׳ office work
לֶבֶן ז׳ leben, sour milk, yogurt
לָבָן ת׳ white, pale
לְבַנְבַּן ת׳ off-white, whitish
לָבֶנְדֶר (אזוביון) ז׳ lavender

לִבְנֶה ז׳	birch, styrax
לְבֵנָה נ׳	brick, adobe
- לבנת חבלה	demolition block
לְבָנָה נ׳	moon
לְבָנוֹן נ׳	Lebanon
לַבְנוּן (דג) ז׳	bleak
לְבַנוּנִי ת׳	whitish
לְבָנוֹנִי ת׳	Lebanese
לְבַנְטִינִי ת׳	Levantine
לֶבֶּנִיָּה נ׳	sour milk, lebenia
לְבָנִים ז״ר	linen, underclothes
לַבְנִין הַכְּרוּב ז׳	cabbage butterfly
לְבַסּוֹף תה״פ	finally, eventually
לַבְקָן ז׳	albino
לַבְקָנוּת נ׳	albinism
לַבְּרָדוֹר ז׳	Labrador retriever
לִבְרִית נ׳	book, libretto
לָבַשׁ פ׳	wear, put on, don
- לבש צורה	take shape
לְגַבֵּי מ״י	regarding, as regards
לָגוּנָה נ׳	lagoon
לִגְיוֹן ז׳	legion
לִגְיוֹנֵר ז׳	legionary, legionnaire
לֶגִיטִימִי ת׳	legitimate, lawful
לֶגִיטִימִיּוּת נ׳	legitimacy, legality
לֶגִיטִימַצְיָה נ׳	legitimation
לְגִימָה נ׳	drink, gulp, sip, sup
לִגְלֵג פ׳	mock, sneer, jeer, scoff
לַגְלְגָן ז׳	mocker, scoffer, tease
לִגְלוּג ז׳	mockery, sneer, jeer
לֶגָלִי ת׳	legal, lawful, licit
לֶגָלִיּוּת נ׳	legality, lawfulness
לֶגָלִיזַצְיָה נ׳	legalization
לָגַם פ׳	sip, drink, gulp, sup
לְגַמְרֵי תה״פ	completely
לְדוּגְמָה תה״פ	for instance, e.g.
לְדִידִי תה״פ	for my part, to me
לָה (צליל) ז׳	la, A
לַהַב ז׳	blade, edge
לְהַבָּא תה״פ	in the future
לְהַבְדִּיל תה״פ	contrary to
לֶהָבָה נ׳	blaze, flame, flare
לַהֲבִיוֹר ז׳	flame-thrower
לֶהָבִית נ׳	pilot burner
לַהַג ז׳	wordiness, *blah
להד״ם	completely untrue
לָהוּט ת׳	eager, keen, avid
לְהוֹצִיא תה״פ	excluding, except
לָהַט פ׳	burn, blaze, flame
לַהַט ז׳	ardor, fervency, heat
לַהֲטוּט ז׳	jugglery, trick, magic
לַהֲטוּטָן ז׳	conjuror, juggler
לָהִיט ז׳	hit, *smash hit
לְהִיטוּת נ׳	avidity, ardor, enthusiasm
לְהֵיפֶךְ תה״פ	on the contrary
לְהַכְעִיס תה״פ	out of spite
לְהַלָּן תה״פ	below, as follows
לְהַפְלִיא תה״פ	wonderfully
לַהַק ז׳	group, wing, squadron
לַהֲקָה נ׳	group, band, flight
- להקת אריות	pride of lions
לְהִתְרָאוֹת! מ״ק	so long!
לוּ תה״פ	if only, Oh that
לוּאִיזָה (שיח) נ׳	lemon verbena
לוּב נ׳	Libya
לוֹבִּי ז׳	lobby, caucus
לוּבְיָה נ׳	black-eyed pea
לוּבַּן פ׳	be whitened
לוֹבֶן ז׳	whiteness, white
לוּבְנָן ז׳	sponge cake
לוֹגוֹ ז׳	logo, symbol, emblem
לוֹגִי ת׳	logical, rational
לוֹגִיסְטִי ת׳	logistic
לוֹגִיסְטִיקָה נ׳	logistics
לוֹגִיקָה נ׳	logic, reason, sense
לוֹגִיקָן ז׳	logician
לוֹגָרִיתם ז׳	logarithm, log
לוֹגָרִיתְמִי ת׳	logarithmic
לוּדָר ז׳	gladiator
לוֹהֵט ת׳	hot, burning, fervent
לוּהַק פ׳	be cast (in a play)
לִוּוּאִי ז׳	accompaniment
לוּוָה פ׳	be accompanied
לָוָה פ׳	take on loan, borrow
לֹוֶה ז׳	borrower, debtor
לֵוִי ז׳	Levite
לְוָיָה נ׳	funeral, escort
לַוְיָין ז׳	satellite
- לוויין תקשורת	communications satellite
לִוְיָתָן ז׳	leviathan, whale
לִוְיָתָנִית נ׳	whaler, whale boat
לִוְיַת חֵן נ׳	ornament, garnish
לוּז ז׳	hazel, hazelnut, almond
לו״ז = לוח זמנים	schedule
לוּזֶר (מפסידן) ז׳	loser
לוּחַ ז׳	plank, board, plate
- לוח הכפל	multiplication table
- לוח הסל	backboard
- לוח זמנים	timetable, schedule

- לוח כיתה — blackboard
- לוח מודעות — billboard
- לוח מחוונים — dashboard
- לוח מקשים — keyboard
- לוח פיקוד — control panel, console
- לוח שחמט — chessboard
- לוח שנה — calendar
- לוחות הברית — Tables of the Law

לוּחִית נ׳ — tablet, plate, template
- לוחית זיהוי — license plate

לוֹחֵם ז׳ — fighter, warrior
- לוחם שוורים — bullfighter

לוֹחָמָה נ׳ — warfare, fighting
- לוחמה זעירה — guerrilla war

לוֹחֵץ ת׳ — pressing, tight
לוּט ת׳ — enclosed, wrapped
- לוט בערפל — foggy, not clear

לוֹט, הסרת הלוט — unveiling (a statue)
לוֹטוֹ ז׳ — lotto, lottery
לוֹטוּס (פרח) ז׳ — lotus
לוֹטֶם ז׳ — rockrose, cistus
לוּטְרָה נ׳ — otter
לוּטַשׁ פ׳ — be polished, be honed
לֵוִי ז׳ — Levite
לוֹיָאלִי ת׳ — loyal, faithful, true
לוֹיָאלִיוּת נ׳ — loyalty, faithfulness
לוֹיקֶמְיָה (סרטן הדם) נ׳ — leukemia
לוֹכְסָן ז׳ — oblique, slash, (/)
לוּל ז׳ — coop, hen house, poultry house, playpen, pen
לוּלֵא מ״ח — but for, if it weren't
לוּלָאָה נ׳ — buttonhole, loop
לוֹלָב ז׳ — bolt
לוּלָב ז׳ — lulav, palm branch
לוּלְיָין ז׳ — acrobat, tumbler
לוּלְיָינוּת נ׳ — acrobatics
לוּלְיָינִי ת׳ — spiral, winding
לוּלָן ז׳ — poultry keeper
לוֹם ז׳ — crowbar, jimmy, jemmy
לוּמְבָּגוֹ (מַתְנֶת) ז׳ — lumbago
לוֹמֵד ז׳ — learner, student
לוֹמְדָה נ׳ — courseware
לוּנָה פַּארְק נ׳ — amusement park
לוֹעַ ז׳ — pharynx, throat, muzzle
- לוע הארי — antirrhinum, snapdragon
- לוע הר געש — crater

לוֹעֲזִי ת׳ — foreign, stranger
לוֹעֲזִית נ׳ — foreign language

לוּף ז׳ — arum, meat
לוּפָה נ׳ — loofah, loofah sponge
לוּפַּף פ׳ — be wrapped round
לוּקַט פ׳ — be collected
לוֹקָלִי (מקומי) ת׳ — local
לוּקְסוּס ז׳ — luxury, richness
לוּקַק פ׳ — be licked, *be flattered
*לוֹקְשׁ ז׳ — noodle, lie, pay slip
לוֹרְד ז׳ — lord, marker pen
לִזְבֵּז ז׳ — frame, rim
לְזוּת שְׂפָתַיִם נ׳ — slander, libel
לִזְכוּתוֹ — to his credit
לָזַנְיָה נ׳ — lasagna
לַח ת׳ — damp, moist, wet
לֵחַ, לא נס לחו — vigorous
לְחוֹבָתוֹ — against him, debited
לְחוּד תה״פ — alone, separately
לָחוּץ ת׳ — pressed, pushed, nervous, anxious, worried
לַחוּת נ׳ — damp, humidity
לְחִי נ׳ — cheek, jaw
לְחַיִּים! מ״ק — cheers!
לְחִימָה נ׳ — fighting, battle
לְחִיצָה נ׳ — pressing, urging
- לחיצת יד — handshake, clasp

לְחִישָׁה נ׳ — whisper, hiss
לָחַךְ פ׳ — lap, lick, crop
לַחְלוּחִי ת׳ — moist, dampish
לַחְלוּחִית נ׳ — moisture, damp
לַחֲלוּטִין תה״פ — entirely
לַחֲלוּפִין תה״פ — alternatively
לִחְלֵחַ פ׳ — humidify, moisten
לָחַם פ׳ — fight, make war, battle
לֶחֶם ז׳ — bread, loaf, food
- לחם חוק — daily bread
- לחם חי/מלא — wholewheat bread
- לחם חסד — charity, favor
- לחם שחור/אחיד — brown bread
- לחם שיפון — rye bread

לַחַם ז׳ — solder
לַחְמִית נ׳ — conjunctiva
- דלקת הלחמית — conjunctivitis

לַחְמָנִיָּה נ׳ — roll, bun, muffin
לַחַן ז׳ — melody, tune, strain
לָחַץ פ׳ — press, oppress, squeeze
- לחץ ידיים — shake hands

לַחַץ ז׳ — pressure, press, stress
- לחץ דם — blood pressure
- לחץ דם גבוה — hypertension

לַחְצָן ז׳ — switch, button, snap

לַחְצָנִית נ׳ press-stud, snap
לָחַשׁ פ׳ whisper, hiss
לַחַשׁ ז׳ whisper, spell
לַחֲשׁוּשׁ ז׳ whisper, murmur
לַחְשָׁן ז׳ whisperer, prompter
לְטָאָה נ׳ lizard, saurian
לְטוֹבַת מ״י in favor of
לָטִינִי ז׳ Latin
לָטִינִית נ׳ Latin
לְטִיפָה נ׳ caress, patting, stroke
לְטִישַׁת עֵינַיִם נ׳ staring
לַטָּשׁ ז׳ polisher, lapidary
לָטַשׁ עֵינַיִם פ׳ stare, covet
לִיבָּה פ׳ inflame, kindle, fan
לִיבָּה נ׳ heartwood, core
לִיבּוּי ז׳ inflaming, fanning
לִיבּוּן ז׳ whitening, clarifying
לִיבִּידוֹ ז׳ libido, sexual urge
לִיבֵּן פ׳ whiten, bleach, clarify
לִיבְרָה נ׳ pound, lb.
לִיבֶּרָלִי ת׳ liberal, broad, large
לִיבֶּרָלִיוּת נ׳ liberalism
לִיגָה נ׳ league, confederation
- ליגת העל premier league
לְיַד מ״י beside, by, about, at
לֵידָה נ׳ birth, childbirth, labor
- לידת ואקום vacuum birth
- לידת מלקחיים forceps delivery
- לידת עכוז breech delivery
לִידֵי מ״י to, to the hands of
לֵידָתִי: טְרוֹם-לֵידָתִי antenatal
לִיהוּק ז׳ casting
לִיהֵק פ׳ cast, choose actors
לִיוָּוה פ׳ escort, accompany
לִיוַּוח פ׳ tabulate, plank, plate
לִיוּוּי ז׳ accompaniment, escort
לִיזוֹל (נוזל חיטוי) ז׳ lysol
לֵיחָה נ׳ mucus, phlegm
לִיחֵךְ פ׳ lick, graze, chew
לִיחֵשׁ פ׳ whisper, gossip
לִיטָא נ׳ Lithuania
לִיטָאִי ז׳ Lithuanian, not Hasid
לִיטוּף ז׳ caress, patting, stroke
לִיטוּרְגִיָה נ׳ liturgy, worship
לִיטוּשׁ ז׳ polishing, honing
לִיטֵף פ׳ caress, pet, pat, stroke
לִיטֶר ז׳ liter, litre
לִיטְרָה נ׳ pound, lb.
- ליטרת הבשר pound of flesh
לִיטֵשׁ פ׳ polish, hone, brush up

לֵיידִי נ׳ lady, gentlewoman
לֵייזֶר ז׳ laser
לֵייטְמוֹטִיב ז׳ leitmotif
לֵייסְט (פְּסִיס) ז׳ lath
לַיֶּפֶת כִּיסְיָיתִית נ׳ cystic fibrosis
לִיכֵּד פ׳ unite, combine, rally
לִיכּוּד ז׳ unity, consolidation
לֵיל ז׳ night
- ליל מנוחה! good night!
- ליל שבת Friday night
- ליל שימורים vigil, wake
לַיְלָה ז׳ night
- הלילה tonight
לֵילִי ת׳ nightly, nocturnal
לִילִית נ׳ owl, night owl
לִילָךְ (שיח נוי) ז׳ lilac, syringa
לִימֵּד פ׳ instruct, teach, profess
- לימד זכות על say a good word for
- לימד לקח teach a lesson
לִימוּד ז׳ learning, study, teaching, tuition, stave
לִימוּדִי ת׳ didactic, tutorial
לִימוּזִינָה נ׳ limousine
לִימוֹן ז׳ lemon
לִימוֹנָדָה נ׳ lemonade
לִימוֹנִית נ׳ lemon verbena
לִימְפָה נ׳ lymph
לִימְפָתִי ת׳ lymphatic
לִינָה נ׳ staying overnight
- לינה וארוחת-בוקר b & b, bed and breakfast
לִינץ׳ ז׳ lynching, killing by mob
לִיף ז׳ fiber, fibre
לִיפָה נ׳ loofah, loofah sponge
לִיפּוּף ז׳ winding, coil
לִיפִּיָּה לִימוֹנִית נ׳ lemon verbena
לִיפְּסְטִיק (שְׂפָתוֹן) ז׳ lipstick
לִיפֵּף פ׳ wind, wrap round
לִיצִ׳י (עץ סיני) ז׳ lichee
לֵיצָן ז׳ jester, clown, buffoon
- ליצן החצר court jester
לֵיצָנוּת נ׳ buffoonery, silliness
לִיקּוּט ז׳ gathering
לִיקּוּי ז׳ blemish, fault, defect
- ליקוי חמה solar eclipse
- ליקוי ירח lunar eclipse
- ליקוי מאורות eclipse, decline
- ליקוי שכלי mental deficiency
לֵיקוֹצִיט ז׳ leukocyte, white blood cell

לִיקוּק ז׳ licking, lick, *flattery
לִיקֵט פ׳ gather, collect, pick
לִיקֵק פ׳ lick, lap, *flatter, fawn
לִיקֶר ז׳ liqueur
לִירָה נ׳ pound, lira
- לירה שטרלינג pound, *nicker
לִירִי ת׳ lyric, lyrical, emotional
לִירִיוּת נ׳ lyricism
לִירִיקָה נ׳ lyrics, lyric
לַיִשׁ ז׳ lion
לִישָׁה נ׳ kneading
ליש״ט = לירה שטרלינג pound
לֵית דִין וְלֵית דַיָּן no justice
לִיתוֹגְרָפִי ת׳ lithographic
לִיתוֹגְרַפְיָה נ׳ lithography
לִיתִיוּם (אֲבָנָן) ז׳ lithium
לכ׳ = לכבוד מ״י to
לִכְאוֹרָה תה״פ apparently
לִכְבוֹד מ״י to, in honor of
לָכַד פ׳ capture, catch, trap
לַכָּה נ׳ varnish, lacquer, polish
לָכוּד ת׳ captured, caught
לַכּוֹל תה״פ for everyone
- לכל המעוניין to whom it may concern
לְכִידָה נ׳ capture, roundup
לְכִידוּת נ׳ coherence
לְכָל הַיּוֹתֵר תה״פ at best, at most
לְכָל הַפָּחוֹת תה״פ at least
לִכְלוּךְ ז׳ dirt, filth, grime
לִכְלוּכִית נ׳ Cinderella, slut
לִכְלֵךְ פ׳ dirty, defile, soil
לַכְלְכָן ז׳ dirty person
לָכֵן תה״פ accordingly, so
לִכְסֵן פ׳ turn aside, squint
לַכְסָנִית נ׳ lozenge, pastille, pill
לִכְשֶׁ- מ״ח when, once
לֶכֶת ז׳ going, marching
לְכַתְּחִילָּה תה״פ at first, initially
לְלֹא מ״י without, free of
- ללא יוצא מהכלל without exception
לָמַד פ׳ learn, study
- למד לקח learn one's lesson
לָמֵד ת׳ learning, taught
לָמֶד נ׳ lamed (letter)
לְמַדַּי תה״פ enough, rather, sufficiently, quite, pretty
לַמְדָן ז׳ scholar, learned person
לַמְדָנוּת נ׳ scholarship
לָמָּה תה״פ why, wherefore
- למה לי? why should I?

*- למה ש- because, since
לָמָה (גמל הצאן) נ׳ llama
לְמוּד נִיסָּיוֹן ת׳ experienced
לַמּוֹחֳרָת תה״פ on the following day
למוכ״ז=למוסר כתב זה to bearer
לֶמוּר (קיפוף) ז׳ lemur
לְמַטָּה תה״פ beneath, below
לְמִי תה״פ to whom
לְמִידָה נ׳ learning, study
לָמִינַצְיָה נ׳ lamination
לְמֵישָׁרִין תה״פ well, properly
*לֶמֶךְ ז׳ idiot, moron, dope
לְמַכְבִּיר תה״פ much, profusely
לְמַעֵט תה״פ excluding, minus
לְמַעְלָה תה״פ above, up, upward, more than
לְמַעַן מ״י for the sake of
לְמַעֲשֶׂה תה״פ actually, in fact
לְמַפְרֵעַ תה״פ retroactively
לְמִצְעָר תה״פ at least
לְמַרְבֵּה הַמַּזָּל תה״פ fortunately
לַמְרוֹת מ״י in spite of
לְמָשָׁל תה״פ for instance, e.g.
לְמִשְׁעִי תה״פ cleanly, smoothly
לָן פ׳ stay overnight, sleep
לְנוֹכַח מ״י facing, considering
לָנֶצַח תה״פ forever, for good
לֶס (אדמה) ז׳ loess
לֶסְבִּיּוּת נ׳ lesbianism
לֶסְבִּית ת׳ lesbian, sapphic
לסד (סם) ז׳ LSD, *acid
לְסוּטָה נ׳ blouse, vest
לִסְטִים ז׳ robber, highwayman
לְסֵירוּגִין תה״פ alternately
לֶסֶת נ׳ jaw, jowl, mandible
לְעֵבֶר מ״י toward, towards, to
לָעַג פ׳ mock, ridicule, scorn
לַעַג ז׳ mockery, scorn
- לעג לרש poor excuse, insult
לַעֲגָנִי ת׳ deriding, mocking
לָעַד תה״פ forever, for good
לְעוֹלָם תה״פ forever, always
- לעולם ועד forever, for good
- לעולם לא never
לְעוּמַּת תה״פ compared with
- לעומת זאת contrariwise
לְעוּמָּתִי ת׳ contrastive
לָעוּס ת׳ chewed, hackneyed
לַעַז ז׳ libel, slander
לַעֲזָאזֵל! מ״ק hell!, damn it!
לְעֵיל תה״פ above, before, back

לְעֵילָא וּלְעֵילָא תה״פ the best
לְעִיסָה נ׳ chewing, crunch
לְעִתִּים תה״פ sometimes
- לעיתים קרובות often
- לעיתים רחוקות seldom
לַעֲנָה נ׳ wormwood, sagebrush
לָעַס פ׳ chew, crunch
לְעַצְמִי מ״ג myself, to self
לְעֵרֶךְ תה״פ about, nearly
לְעֵת תה״פ when, at the time
- לעת עתה for the time being
לְפוּפִית (מטפס) נ׳ morning glory
לְפָחוֹת תה״פ at least
לְפִי מ״י according to, because
- לפי שעה for the time being
לַפִּיד ז׳ torch, flambeau
לְפִיכָךְ תה״פ hence, therefore
לְפִיתָה נ׳ grasp, clinch, clutch
לִפְנוֹת בּוֹקֶר תה״פ at sunrise
לִפְנוֹת עֶרֶב תה״פ at sunset
לִפְנֵי תה״פ before
- לפני הספירה BC
- לפני הצהריים before noon
- לפני כן before, previously
לִפְנַי וְלִפְנִים the innermost place
לְפָנִים תה״פ in the past
לִפְעָמִים תה״פ sometimes
לָפָּרוֹסְקוֹפְּיָה נ׳ laparoscopy
לִפְרָקִים תה״פ sometimes
לָפַת פ׳ clutch, grasp, clasp
לֶפֶת (ירק) נ׳ turnip
לִפְתָּן ז׳ dessert, sweet, afters
לְפֶתַע תה״פ suddenly
- לפתע פתאום suddenly
לֵץ ז׳ joker, jester, clown
לְצַד מ״י beside, by, near
לָצוֹן ז׳ jesting, joking, banter
לִצְמִיתוּת תה״פ forever
לָקָה פ׳ be stricken, be afflicted
- לוקה בחסר wanting
- לוקה בשכלו mental defective
לָקוֹחַ ז׳ client, customer
לָקוּחַ ת׳ taken from
לָקוּי ת׳ defective, faulty
לָקוֹנִי ת׳ laconic, brief, short
לְקוּת נ׳ defectiveness
לָקַח פ׳ take, accept, assume
- לקח בחשבון take into account
- לקח זמן take time
*- לקח עצמו בידיים brace up
- קח זאת בקלות! take it easy!

לֶקַח ז׳ lesson, example, *cake
לֶקֶט ז׳ gleanings, collection
לַקְטוֹז (סוכר חלב) ז׳ lactose
לַקְטָן ז׳ collector, eclectic
לְקִיחָה נ׳ taking, assuming
לִקְלוּק ז׳ lap, licking, lick
לִקְלֵק פ׳ lap, lick, lick up
לַקְמוּס ז׳ litmus
לְקַמָּן תה״פ below, further
לֶקְסִיקוֹן ז׳ lexicon, vocabulary
לַקְקָן ז׳ sweet-tooth, *flatterer
לַקְקָנוּת נ׳ sweet tooth
לִקְרַאת מ״י towards, against
- בא לקראת meet halfway
לָרִאשׁוֹנָה תה״פ for the first time
לְרַבּוֹת תה״פ including, as well
לְרֶגֶל תה״פ owing to, because
לְרַגְלֵי מ״י at the foot of
לָרוֹב תה״פ mostly, usually
לָרִיק תה״פ in vain, to no end
לָשׁ פ׳ knead
לְשַׁד ז׳ marrow, sap, fat, juice
- עד לשד עצמותיו to the bone
לַשָּׁוְא תה״פ in vain, of no avail
לָשׁוֹן נ׳ tongue, language
- לשון המאזניים balance
- לשון המעטה understatement
- לשון הקודש Hebrew
- לשון הרע slander, gossip
- לשון יבשה cape
- לשון ים inlet, strip of water
*- עם הלשון בחוץ hopeless
לַשּׁוֹנַאי ז׳ philologist, linguist
לְשׁוֹנִי ת׳ lingual, linguistic
- דו-לשוני bilingual
- חד-לשוני monolingual
לְשׁוֹנִית נ׳ reed, tab
לְשִׁיעוּרִין תה״פ gradually
לִשְׁכָּה נ׳ bureau, office
- לשכת השופט chamber
- לשכת עבודה labor exchange
לַשְׁלֶשֶׁת נ׳ droppings, guano
לְשֵׁם תה״פ for the sake of, for
- לשם מה? what for?, why?
- לשם שינוי for a change
- לשם שמיים for Heaven's sake, altruistically
לֶשֶׁם (אבן יקרה) ז׳ opal
לְשֶׁעָבַר תה״פ formerly, ex-
לְתוֹךְ מ״י into, in
לְתוּמוֹ תה״פ at random
לֶתֶת ז׳ malt

מ

מִ- מ״י from, of, than, since
מְאַבְחֵן ת׳ diagnostic
מְאַבְטֵחַ ז׳ guard, security man
מַאֲבָק ז׳ combat, contest
מַאֲבָק (של פרח) ז׳ anther
מַאֲגָר ז׳ reservoir, store, bank
- מאגר נתונים data bank
מַאְדִים ז׳ Mars, turning red
מֵאָה ש״מ hundred, 100
- המאה hundredth
- למאה percent, per cent
*- מאה אחוז perfect, OK, yes
- מאה שנה century, centenary
- עד מאה ועשרים many happy returns
מְאַהֵב ז׳ lover, *fancy man
מַאֲהָל ז׳ encampment, bivouac
מְאוּבְזָר ת׳ accessorized
מְאוּבְטָח ת׳ secured, protected
מְאוּבָּן ז׳ fossil, stunned
מְאוּבָּק ת׳ dusty, powdered
מְאוּגָּד ת׳ associated
מְאוּגָּף ת׳ flanked, outflanked
מְאוֹד תה״פ very much
- בכל מאודו with all one's heart
- מאוד מאוד very much
מְאוּדֶּה ת׳ steamed, evaporated
מְאוֹהָב ת׳ in love, enamored
מַאֲוַויִים ז״ר wishes, desires
מְאַוורֵר ז׳ fan, ventilator
מְאוּורָר ת׳ ventilated, airy
מָאוּזוֹלֵיאוֹם ז׳ mausoleum
מְאוּזָּן ת׳ horizontal, balanced
מְאוּחָד ת׳ united, combined
מְאוּחֶה ת׳ united, stitched
מְאוּחְזָר ת׳ retrieved
מְאוּחְסָן ת׳ stored, in mothballs
מְאוּחָר ת׳ late, belated, latter
- לכל המאוחר at the latest
מְאוּיָּם ת׳ threatened
מְאוּיָּר ת׳ illustrated
מְאוּיָּשׁ ת׳ manned, staffed
מְאוּכְזָב ת׳ disappointed
מְאוּכְלָס ת׳ populated
מְאוּלָּף ת׳ trained, tame
מְאוּלָּץ ת׳ forced, affected
מְאוּלְתָּר ת׳ improvised
מְאוּמָה ז׳ something, *nothing
מְאוּמָּן ת׳ trained, coached
מְאוּמָּץ ת׳ adopted, forced
מְאוּמָּת ת׳ verified
מֵאוֹן ז׳ percentile
מְאוּנָּךְ ז׳ perpendicular, vertical
מָאוּס ת׳ loathsome, repulsive
מְאוּפְיָין ת׳ characterized
מְאוּפָּס ת׳ zeroed, *sober
מְאוּפָּק ת׳ reserved, restrained
מְאוּפָּר ת׳ made up
מָאוֹץ ז׳ sprint, dash
מָאוֹר ז׳ light, lighting
- מאור פנים welcome
מְאוּרְגָּן ת׳ organized, grouped
מְאוּרָה נ׳ den, hole, lair
מְאוֹרָס ת׳ engaged, fiance
מְאוֹרָע ז׳ event, incident, affair
- מאורעות דמים riots, pogrom
מְאוּשְׁנָב ת׳ windowed
מְאוּשְׁפָּז ת׳ hospitalized
מְאוּשָּׁר ת׳ happy, approved
מְאוּשָּׁשׁ ת׳ firm, strong, verified
מְאוּתָּר ת׳ localized, pinpointed
מְאוֹתֵת ז׳ signaler, indicator
מֵאָז תה״פ since then, ever after
- מאז ומעולם from time immemorial
מַאֲזִין ז׳ listener, hearer
מַאֲזָן ז׳ balance, balance sheet
- מאזן אימה balance of terror
- מאזן מסחרי balance of trade
- מאזן תשלומים balance of payments
מאזנַיִים ז״ר balance, pair of scales, steelyard, Libra
מֵאָחוֹר תה״פ from behind
מֵאֲחוֹרֵי מ״י behind, *back of
מַאֲחָז ז׳ settlement, hold
מְאַחֵז עֵינַיִים ז׳ juggler, deluder
מְאַחֵר ת׳ late, behind time
מֵאַחַר שֶׁ- since, because, as
מַאי ז׳ May
מַאי = מה תה״פ what
- מאי נפקא מינה what's the difference
מֵאִידָךְ תה״פ on the other hand
מְאַיֵּיד ז׳ carburetor, vaporizer
מְאַיֵּיר ז׳ illustrator
מְאַיֵּית ז׳ speller

מֵאֵימָתַי? תה"פ since when?
מֵאַיִן תה"פ wherefrom, whence
מֵאֵין כָּמוֹהוּ incomparable
מֵאֵיפֹה תה"פ wherefrom
מְאִיץ ז' accelerator, primer
מֵאִיר עֵינַיִים ת' conspicuous
מֵאִית נ' hundredth
מְאַכְזֵב ת' disappointing
מַאֲכָל ז' food, meal, comestible
- מאכל תאווה dainty
מְאַכֵּל ת' corrosive, erosive
מַאֲכֶלֶת נ' knife, butcher's knife
*מַאכֶר ז' maker, businessman
מְאַלְחֵשׁ ז' anesthetic
מַאלְט ז' malt
מֵאֵלָיו תה"פ by itself/himself
מְאַלֶּמֶת נ' reaper binder, baler
מְאַלֵּף ז' tamer, trainer, coach, instructive, edifying
מַאֲמִין ז' believer, faithful
מְאַמֵּן ז' coach, trainer
מַאֲמָץ ז' effort, pains, bid
- מאמץ עליון a vigorous effort
מְאַמֵּץ ת' adoptive, strenuous
מַאֲמָר ז' article, essay, feature
- מאמר מוסגר parenthesis
- מאמר ראשי editorial
מָאן דְּהוּ ז' someone, somebody
מָאַס פ' despise, detest, abhor
מָאֶסְטְרוֹ ז' maestro, conductor
מְאַסֵּף ז' rearguard, rear, slow public vehicle
מַאֲסָר ז' arrest, imprisonment
- מאסר עולם life sentence
- מאסר על תנאי suspended sentence
מַאֲפֶה ז' pastry, baked foods
מַאפְיָה נ' mafia
מַאֲפִיָּיה נ' bakery
מְאַפְיֵין ז' characteristic, trait
מְאַפֵּר ז' make-up person
מַאֲפֵרָה נ' ashtray
מָאצ'וֹ (גבר) ז' macho
מַאֲרָב ז' ambush, hiding place
מַאֲרָג ז' weave, fabric, texture
מְאַרְגֵּן ז' organizer, steward
מְאֵרָה נ' curse, imprecation
מַאֲרָז ז' computer case
מְאָרֵחַ ז' host, entertainer
מְאָרַחַת נ' hostess
מַאֲשִׁים ז' accuser, plaintiff
מַאֲשֵׁכָה נ' scrotum

מֵאֲשֶׁר מ"ח than, rather than
מֵאֵת מ"י from, by
מְאַתְגֵּר ת' challenging, difficult
מָאתַיִים ש"מ two hundred, 200
מַבְאִישׁ ת' stinking, smelly
מְבַדֵּד ז' insulator
מִבְדּוֹק ז' dock, shipyard
מְבַדֵּחַ ת' amusing, funny
מִבְדָּק ז' audit, checkup, test
מַבְהִיל ת' frightful, appalling
מַבְהִיק ת' shining, brilliant
מָבוֹא ז' foreword, preface, introduction, entrance
מְבוֹאָה נ' lobby
*מְבוֹאָס ת' depressed
מְבוֹאָר ת' explained
מְבוּגָּר ז' adult, grown-up, elder
מְבוּדָּד ת' isolated, secluded
מְבוּדָּח ת' amused, diverted
מְבוֹהָל ת' frightened, scared
מְבוּזְבָּז ת' wasted, spent
מְבוּזֶּה ת' despised, humiliated
מְבוּזָּר ת' decentralized
מְבוּטָּח ז' insured, insurant
מְבוּטָּל ת' canceled, annulled
- לא מבוטל significant
מָבוֹי סָתוּם dead end, impasse
מְבוּיָּל ת' stamped, franked
מְבוּיָּם ת' staged, directed, invented, false, mock
מְבוּיָּשׁ ת' ashamed
מְבוּיָּת ת' tame, domesticated
מָבוֹךְ ז' labyrinth, maze
מְבוּכָה נ' embarrassment, bewilderment, confusion
מַבּוּל ז' deluge, flood
מְבוּלְבָּל ת' confused, mixed up
מְבוּלְגָּן ת' in utter disorder
מְבוּסָּם ת' drunk, tipsy
מְבוּסָּס ת' established, based, well-grounded, rich
מְבוֹעָת ת' frightened, aghast
מְבוּצָּע ת' carried out
מְבוּצָּר ת' fortified, entrenched
מְבוּקָּר ת' checked, controlled
מְבוּקָּשׁ ת' wanted, required
*מְבוּרְדָּק ת' in disorder
מְבוֹרָךְ ת' blessed, endowed
מְבוּשִׁים ז"ר privates, genitals
מְבוּשָּׁל ת' cooked, done
מְבוּשָּׂם ת' perfumed, scented
מְבוּתָּר ת' cut up, dissected

מַבְזֵק ז׳ — flash, shaker, castor
מִבְזַק חֲדָשׁוֹת ז׳ — newsflash, flash
מִבְזֶקֶת מֶלַח נ׳ — saltshaker
מִבְזֶקֶת פִּלְפֵּל נ׳ — peppershaker
מִבַּחוּץ תה״פ — from without
מַבְחִיל ת׳ — nauseous, revolting
מִבְחָן ז׳ — examination, test
- העמיד במבחן — put to the test
- מבחן אמריקאי — multiple-choice test
- מבחן בד — screen test, film test
- מבחן בוזגלו — impartiality
מַבְחֵנָה נ׳ — test tube
מִבְחָר ז׳ — assortment, collection
מַבְחֵשׁ ז׳ — ladle, dasher
מַבָּט ז׳ — gaze, stare, look, view
- במבט לאחור — in retrospect
- במבט ראשון — at first sight
- מבט חטוף — glance, glimpse
מִבְטָא ז׳ — accent, pronunciation
מִבְטָח ז׳ — trust, reliance
מְבַטֵּחַ ז׳ — insurer
מַבְטִיחַ ת׳ — hopeful, promising
מֵבִיךְ ת׳ — embarrassing
מֵבִין ת׳ — understanding, expert
מִבֵּין מ״י — from, out of
מֵבִישׁ ת׳ — disgraceful, shameful
מִבַּיִת תה״פ — from within
מַבְכִּירָה נ׳ — delivering first baby
מַבְלֵט ז׳ — die, block
מִבְּלִי מ״י — without, lacking
מַבְלֵל ז׳ — mixer, scrambler
מִבַּלְעֲדֵי מ״י — except, save
מִבְנֶה ז׳ — construction, structure, building, formation, set
- מבנה טרומי — prefab
מִבְנִי ת׳ — structural
*מַבְסוּט ת׳ — contented, pleased
מַבָּע ז׳ — expression, look
מִבַּעַד לְ- מ״י — through, by
מִבְּעוֹד יוֹם תה״פ — before sunset
מַבְעִית ת׳ — frightful, appalling
מַבְעֵר ז׳ — burner, torch
מִבִּפְנִים תה״פ — from within
מִבְצָע ז׳ — achievement, operation, feat, campaign
- במבצע — cheaply, on offer
מְבַצֵּעַ ז׳ — performer, executant
מִבְצָעִי ת׳ — operational
מִבְצָר ז׳ — fortress, fort
מְבַקֵּר ז׳ — controller, critic, caller, visitor

- מבקר המדינה — state comptroller
מְבַקֵּשׁ ז׳ — applicant, petitioner
מִבְּרֵאשִׁית תה״פ — from the beginning
מַבְרֵג ז׳ — screwdriver
מַבְרֵגָה נ׳ — electric screwdriver
*מַבְרוּק מ״ק — congratulations
מַבְרִיא ת׳ — convalescent
מַבְרִיחַ ז׳ — smuggler, runner
מַבְרִיק ת׳ — brilliant, shining
מִבְרָץ ז׳ — spillway
מִבְרָק ז׳ — cable, telegram
מִבְרָקָה נ׳ — cable office
מִבְרֶשֶׁת נ׳ — brush
- מברשת שיניים — toothbrush
- מברשת שיער — hairbrush
מְבַשֵּׁל, מְבַשֶּׁלֶת — cook, chef
מִבְשֶׁלֶת שֵׁיכָר — brewery
מְבַשֵּׂר ז׳ — herald, messenger
- מבשר טוב — auspicious
- מבשר רע — ill-omened
מָג ז׳ — magician, sorcerer
מְגַ׳אדְרָה נ׳ — rice and lentils
מַגֵּב ז׳ — wiper, windshield wiper
מג״ב = משמר הגבול — border police
מַגְבֵּהַּ ז׳ — jack
מַגְבַּהּ ז׳ — height, elevation, riser
מִגְבּוֹל ז׳ — diapason, range
מַגְבּוֹן ז׳ — paper-towel, tissue
מֶגָבַּייט ז׳ — megabyte, MB
מַגְבִּיר קוֹל — megaphone
מַגְבִּית נ׳ — money raising
מִגְבָּלָה נ׳ — limitation, restriction
מִגְבַּעַת נ׳ — hat, felt hat, derby
מַגְבֵּר ז׳ — amplifier
מַגֶּבֶת נ׳ — towel
מֶגֶד ז׳ — sweetness
מג״ד = מפקד גדוד
מִגְדּוֹל ז׳ — pylon
מַגְדִּיר ז׳ — definer, guidebook
מִגְדָּל ז׳ — tower
- מגדל החמצה — silo
- מגדל מים — water tower
- מגדל פיקוח — control tower
- מגדל פעמון — belfry
- מגדל קידוח — derrick
- מגדל שן — ivory tower
- מגדלים פורחים באוויר — castles in the air
מְגַדֵּל ז׳ — grower, raiser, breeder
מִגְדַּלוֹר ז׳ — lighthouse, beacon

מִגְדָּנִיָּה נ׳ confectionery
מְגַדֵּף ת׳ abusive, insulter
מִגְדָּר ז׳ gender
מֶגָה ז׳ mega-, million
מַגְהֵץ ז׳ iron, flatiron
- מגהץ אדים steam iron
מְגוֹאָל ת׳ soiled, stained
מָגוֹב ז׳ reactor
מְגוּבָּב ת׳ heaped, stacked
מְגוּבָּשׁ ת׳ crystallized, consolidated, well-knit
מְגוּדָּל ת׳ large, grown, adult
מְגוּדָּר ת׳ fenced, enclosed
מְגוּהָץ ת׳ ironed, well-groomed
מִגְוָון ז׳ assortment, variety
מְגוּוָּן ת׳ diverse, colorful
מְגוּחָךְ ת׳ ridiculous, absurd
מְגוּיָּד ת׳ veined, sinewy, wiry
מְגוּיָּס ת׳ conscript, mobilized
מְגוּלְגָּל ת׳ rolled, reincarnate
מְגוּלֶּה ת׳ uncovered, visible
מְגוּלְוָן ת׳ galvanized
מְגוּלָּח ת׳ shaven, shaved, razed
- מגולח ראש skinhead
מְגוּלָּל ת׳ rolled up, unfurled
מְגוּלָּם ת׳ grossed up
מְגוּלָּף ת׳ engraved, carved
מְגוּמְגָּם ת׳ unclear, stammered
מְגוּמָּם ת׳ pockmarked, pocked
מְגוּנְדָּר ת׳ dandified, elegant
מְגוּנֶּה ת׳ improper, indecent
מָגוֹף ז׳ sluice, valve, tap
מְגוּפָה נ׳ bung, plug, stopper
מָגוֹר ז׳ fear, dread, terror
מְגוּרָב ת׳ wearing socks
מְגוּרָד ת׳ scratched, scraped
מְגוּרָה נ׳ loculus
מְגוֹרֶה ת׳ stimulated, excited
מְגוּרוֹן ז׳ caravan
מְגוּרִים ז״ר dwelling, residence
מְגוּרְעָן ת׳ granular, seeded
מְגוֹרָשׁ ת׳ exiled, expelled
מְגוּשָּׁם ת׳ awkward, clumsy
מְגוּשָּׁמוּת נ׳ clumsiness
מִגְזָזַיִים ז״ר shears, clippers
מַגָּזִין ז׳ magazine, periodical
מִגְזָר ז׳ sector, branch
- מגזר פרטי private sector
- מגזר ציבורי public sector
מַגְזֵרָה נ׳ guillotine
מֶגָטוֹן ז׳ megaton, million tons
מָגִי ת׳ magic, magical, occult

מֵגִיב ת׳ reactor
מַגִּיד ז׳ preacher, narrator
- מגיד עתידות fortune teller
מַגִּיהַּ ז׳ proofreader, reviser
מַגְיָה נ׳ magic, witchcraft
מְגִילָּה נ׳ roll, scroll, megillah
מָגִינוֹר ז׳ lampshade, shade
מְגִינַּת לֵב נ׳ sorrow, grief
מַגֵּיפָה נ׳ epidemic, pestilence
מַגֵּיפָתִי ת׳ epidemic, pestilent
מְגֵירָה נ׳ drawer, till
מַגִּישׁ ז׳ waiter, presenter, compere, server, pitcher
מַגָּל ז׳ sickle, scythe
מַגְלֵב ז׳ whip, lash, riding crop
מְגַלֶּה ז׳ discoverer, detector
- מגלה מוקשים mine detector
מַגְלוּל ("מטר") ז׳ tape measure
מֶגָלוֹמָן ז׳ megalomaniac
מֶגָלוֹמַנְיָה נ׳ megalomania
מֶגָלִית ז׳ megalith, large stone
מַגְלֵל ז׳ winder, roller
מַגְלָן (עוף) ז׳ sickle-bill
מַגְלֵשָׁה נ׳ chute, slide
- מגלשת מים water slide
מִגְלָשַׁיִים ז״ר runners, launchers
מְגַמְגֵּם ז׳ stammerer
מְגַמָּה נ׳ tendency, trend, aim, direction, course, stream
מַגְמָה נ׳ magma
מגמ״ק = מגלה מוקשים
מְגַמָּתִי ת׳ tendentious, biased
מְגַמָּתִיּוּת נ׳ tendentiousness
מָגֵן ז׳ shield, defense, guard
- מגן בוץ mudguard, mud flap
- מגן דוד Star of David
- מגן רוח wind-shield
- מגן שמש visor
מֵגֵן ז׳ defender, fullback, back
מְגַנֶּה ת׳ denouncing
מִגְנוּט ז׳ magnetization
מַגְנוֹלְיָה (עץ נוי) נ׳ magnolia
*מַג׳נוּן ת׳ crazy, mad, insane
מַגְנֶזְיוּם ז׳ magnesium
מִגְנֵט פ׳ magnetize
מַגְנֵט ז׳ magnet, loadstone
מַגְנֶטִי ת׳ magnetic
מַגְנֶטִיּוּת נ׳ magnetism
מַגְנִיב ת׳ slipping, *great, cool
מִגְנָנָה נ׳ defensive
מָגֵס ז׳ bowl, soup tureen

מַגָּע ז׳ contact, touch
- מגע מיני intercourse
מַגְעִיל ת׳ disgusting, revolting
מַגָּף ז׳ boot, jackboot
מֶגָפוֹן ז׳ megaphone
מַגְרֵד ז׳ grater, scraper
מְגָרֶה ת׳ stimulating, exciting
מַגְרֵסָה נ׳ crusher, shredder
- מגרסת אשפה garbage disposal unit
מִגְרַעַת נ׳ disadvantage, fault, defect, recess, niche
מַגְרֵפָה נ׳ rake
מִגְרָרָה נ׳ sleigh, sledge, sled
מִגְרָשׁ ז׳ field, court, plot, pitch, ground, lot, yard
- מגרש חניה car park
- מגרש טניס tennis court
- מגרש כדורגל football pitch
- מגרש משחקים playground
מְגָרֵשׁ שֵׁדִים *ghostbuster
מַגָּשׁ ז׳ salver, tray, server, dish
- על מגש של כסף without effort
מַגְשִׁים ז׳ realizer
מַד ז׳ gage, gauge, meter
מַד אוֹר ז׳ photometer
מַד אַמְפֶּר ז׳ ammeter
מַד גּוֹבַהּ ז׳ altimeter
מַד דֶּרֶךְ ז׳ mileometer
מַד חַשְׁמַל ז׳ electrometer
מַד טְוָוח ז׳ range finder
מַד לַחוּת ז׳ hygrometer
מַד לַחַץ-דָּם ז׳ sphygmomanometer
מַד מְהִירוּת ז׳ speedometer
מַד מֶתַח ז׳ voltmeter
מַד צַעַד ז׳ pedometer
מַד רוּחַ ז׳ anemometer
מַד רוֹחַק ז׳ telemeter
מַד רַעַשׁ ז׳ seismograph
מַד שֶׁטַח ז׳ planimeter
מַד שִׁכְרוּת ז׳ breathalyser
מד"א = מגן דוד אדום
מִדְאָה ז׳ gliding field
מַדְאִיג ת׳ troublesome
מַדְבִּיק ת׳ contagious, catching
- מדביק מודעות billposter
מַדְבִּיר ז׳ exterminator
- מדביר חרקים insecticide
מַדְבֵּקָה נ׳ sticker, tag, label
מִדְבָּר ז׳ desert, wilderness

מְדַבֵּר (גוף ראשון) ז׳ first person
מִדְבָּרִי ת׳ desert, waste, arid
מִדְגֶּה ז׳ fish breeding
מִדְגָּם ז׳ sample, specimen
- מדגם אקראי random sample
מִדְגָּמִי ת׳ sample, sampling
מַדְגֵּרָה נ׳ incubator, hatchery
מַדְגֶּשֶׁם ז׳ rain gauge, rain gage
מָדַד פ׳ measure, gauge, survey
- מדד את החום take the temperature
- מדד בגד try on a garment
מַדָּד ז׳ index
- מדד המחירים לצרכן consumer price index
- מדד יוקר המחיה cost of living index
מַדְהִים ת׳ amazing
מְדוּבְלָל ת׳ sparse, thin, ragged
מְדוּבָּר ת׳ said, discussed
- מדובר ב- it's about, we talk about
מָדוּד ת׳ measured, deliberate
מְדוּדוֹת תה"פ deliberately
מַדְוֶה ז׳ pain, affliction
מְדוּוָח ת׳ reported
מֶדוּזָה נ׳ jellyfish, medusa
מְדוּיָק ת׳ accurate, exact
מְדוּכָּא ת׳ dejected, depressed
מְדוּכְדָּךְ ת׳ dejected
מְדוֹכָה נ׳ canister, mortar
- ישבו על המדוכה put heads together
מְדוּלְדָּל ת׳ dangling, loose
מְדוּמֶּה ת׳ imaginary, seeming
מָדוֹן ז׳ quarrel, dispute, brawl
מַדּוּעַ תה"פ why, what for?
מְדוּפְלָם ת׳ certificated
*מְדוּפְרָס ת׳ depressed
מְדוּקְדָּק ת׳ accurate, thorough
מָדוֹר ז׳ department, section
מְדוּרָג ת׳ graded, rated, ranked, terraced, seeded
מְדוּרָה נ׳ bonfire, flame, fire
מְדוּשַּׁן עוֹנֶג ת׳ self-satisfied, smug, self-complacent
מַדְזָוִוית ז׳ protractor
מַדְזְמַן ז׳ chronometer
מַדְזֶרֶם ז׳ ammeter
מַדְחוֹם ז׳ thermometer
מַדְחָן ז׳ parking meter
מַדְחֵס ז׳ compressor

מַדְחֵף ז׳ airscrew, propeller
מִדַּי תה״פ too much, too many
מִדֵּי תה״פ whenever, every
- מדי יום ביומו every day
- מדי פעם occasionally
מַדִּיד ז׳ gage, gauge, measure
מָדִיד ת׳ measurable
מְדִידָה נ׳ measurement, survey
- מדידת בגד fitting, trying on
מֶדְיָה (כלי התקשורת) נ׳ media
מֶדְיוּם ז׳ medium, means, way
מַדִּיחַ ז׳ seducer, enticer
מֵדִיחַ כֵּלִים ז׳ dishwasher
מֶדִיטַצְיָה נ׳ meditation
מְדַיֵּק ת׳ precise, exact
מַדִּים ז״ר uniform, livery, strip
מְדִינָאוּת נ׳ diplomacy
מְדִינַאי ז׳ diplomat, statesman
מְדִינָה נ׳ state, country, land
- מדינת חוק law abiding state
- מדינת ישראל State of Israel
- מדינת משטרה police state
מְדִינוֹנֶת נ׳ (very) small country
מְדִינִי ת׳ political, state
מְדִינִיּוּת נ׳ policy, politics
- מדיניות הכוח power politics
מְדַכֵּא ת׳ depressing, dismal
מְדַכְדֵּךְ ת׳ depressing, gloomy
מַדְלֶה ז׳ derrick, crane, davit
מֶדַלְיָה נ׳ medal
- מדליית ארד bronze medal
- מדליית זהב gold medal
- מדליית כסף silver medal
מֶדַלְיוֹן ז׳ medallion, pendant
מַדְלִיף, מַדְלִיפָן ז׳ leaker
מַדְלִיק ת׳ lighting, *marvellous
מְדַלֵּל ז׳ thinner
מָדָם נ׳ madame, madam, lady
מַדְמֶה ז׳ simulator
מַדְמוּאָזֶל נ׳ mademoiselle
מְדַמֵּם ת׳ bleeding
מַדְמֵנָה נ׳ dunghill, dump
מְדָנִים ז״ר quarrel, contention
מד״ס = מדריך ספורט physical trainer
מַדָּע ז׳ science
- המדעים המדויקים exact sciences
- מדע בדיוני science fiction
- מדע שימושי applied science
- מדעי החברה social sciences
- מדעי הטבע natural sciences
- מדעי היהדות Jewish studies
- מדעי הרוח arts, humanities
מַדָּעִי ת׳ scientific
מַדְעָן ז׳ scientist, *boffin
מַדָּף ז׳ shelf, ledge, rack
מַדְפִּיס ז׳ printer, typist
מַדְפֵּס רַחַק ז׳ teleprinter, telex
מַדְפֶּסֶת נ׳ printer
מְדַקְדֵּק ת׳ grammarian, punctual, accurate, stickler
מַדְקֵרָה נ׳ stab, stabbing, cut
מְדַרְבֵּן ת׳ urging, stimulant
מִדְרֵג פ׳ rate, make terraces
מִדְרָג ז׳ stagger, hierarchy
מַדְרֵגָה נ׳ stair, step, degree
- מדרגות stairs, staircase
- מדרגות לולייניות winding stairway
- מדרגות נעות escalator
- מדרגת מס tax bracket
- ממדרגה ראשונה first-class
מִדְרוּג ז׳ rating
מִדְרוֹן ז׳ slope, declivity
מִדְרוֹנִי ת׳ sloping, inclined
מִדְרְחוֹב ז׳ mall, pedestrianized street
מַדְרִיךְ ז׳ guide, handbook, educator, trainer
- מדריך טלפון telephone directory
מִדְרָךְ ז׳ step, foothold
מִדְרָכָה נ׳ pavement, sidewalk
מִדְרָס ז׳ foot support
מִדְרָשׁ ז׳ learning, study
מִדְרָשָׁה נ׳ academy, college
מִדְשָׁאָה נ׳ lawn, green
מַה מ״ג what, some, whatever
- ויהי מה ! come what may
*- ומה לא and more
*- מה איתך? what happened to you?
- מה אתה סח !/אומר ! you don't say!
- מה דעתך ש- how about-
*- מה העניינים? what's up?
*- מה זאת אומרת ! how dare you!
*- מה זה very much, extremely, what?
- מה טוב ! very good!
- מה לי ול-? I've no connection with

- מה לעשות — you must admit
- מה נפשך — in either case
*- מה נשמע? — how do you do?
*- מה פתאום? — certainly not!
- מה שלומך? — how do you do?
*- מה שמו — what d'you call him
מְהַבְהֵב ת׳ — flickering, winking
מַהְבִּיל ת׳ — steamy, vaporous
מַהֲגוֹנִי ז׳ — mahogany
מְהַגֵּר ז׳ — emigrant, immigrant
מַהֲדוּרָה נ׳ — edition, printing
- מהדורת חדשות — newscast
מְהַדֵּק ז׳ — clip, fastener, stapler
מַהֲדֵר ז׳ — repeater, compiler
מְהַדְרִין ת׳ — religious, very (kosher)
מַהוּ מ״ג — what is he, what is it
מָהוֹד ז׳ — resonator
מְהוּדָק ת׳ — closefitting, tight
מְהוּדָר ת׳ — elegant, fancy, chic
מְהוּהַ ת׳ — shabby, worn out
מָהוּל ת׳ — mixed, blended, diluted, circumcised
מְהוּלָל ת׳ — praised, acclaimed
מְהוּמְגָן ת׳ — homogenized
מְהוּמָה נ׳ — riot, confusion, fuss
מְהוּסָס ת׳ — hesitant, wavering
מְהוּפָּך ת׳ — upside down, reverse
מְהוּפְּנָט ת׳ — hypnotized
מְהוּקְצָע ת׳ — polished, planed
מְהוּרְהָר ת׳ — thoughtful, absent
מַהוּת נ׳ — nature, being, essence
מַהוּתִי ת׳ — essential, substantial
מַהִי מ״ג — what is she, what is it
מֵהֵיכָן תה״פ — where from
מְהִילָה נ׳ — mixing, dilution
מְהֵימָן ת׳ — credible, faithful
מְהֵימָנוּת נ׳ — faithfulness
מָהִיר ת׳ — quick, rapid, fast
- מהיר חימה — quick-tempered
- מהיר תפיסה — quick-witted
מְהִירוּת נ׳ — speed, velocity
- במהירות — quickly, speedily
- מהירות לוע — muzzle velocity
מָהַל פ׳ — mix, blend, adulterate
מַהֲלוּמָה נ׳ — blow, hit, shock
מַהֲלָך ז׳ — move, step, walk
- במהלך — during, while
- מהלכים — free access
מָהֶם, מָהֶן מ״ג — what are they?
מֵהֶם, מֵהֶן מ״י — of/from them

מַהֲמוֹרָה נ׳ — pit, pitfall, pothole
מְהַמֵּם ת׳ — stunning, *gorgeous
מְהַמֵּר ז׳ — gambler, bettor
מְהַנְדֵּס ז׳ — engineer
מְהַנֶּה ת׳ — enjoyable, pleasing
מְהַסֵּס ת׳ — hesitant, waverer
מַהְפָּךְ ז׳ — revolution, changeover, tropic
מַהְפֵּכָה נ׳ — revolution, *disorder
מַהְפְּכָן ז׳ — revolutionary
מְהַפְּנֵט ז׳ — hypnotist, mesmerist
מַהֵר תה״פ — fast, quickly, soon
מַהֲתַלָּה נ׳ — joke, comedy, skit
מוּאַזִין ז׳ — muezzin
מוּאֳפָל ת׳ — blacked out
מוּאָץ ת׳ — quickened
מוּאָר ת׳ — illuminated, lighted
מוּאֳרָךְ ת׳ — prolonged
מוּאֳשָׁם ת׳ — accused, charged
מוּבָאָה נ׳ — quotation, excerpt
מוּבְהָק ת׳ — clear, obvious
מוּבְחָר ת׳ — choice, selected, best
מוּבְטָח ת׳ — promised, secure
- מובטח לו — may rest assured
- מובטחני — I am sure
מוּבְטָל ת׳ — unemployed, jobless
מוֹבַּייל (מִרְצֶדֶת) ז׳ — mobile
מוֹבִיל ז׳ — carrier, conveyor, conductor, leader
- מוביל מים — water conduit
מוּבְלָט ת׳ — prominent
מוּבְלַעַת נ׳ — enclave
מוּבָן ז׳ — meaning, sense
- במובן הצר — in the strict sense
מוּבָן ת׳ — understood
- מובן מאליו — self-evident
מוּבְנֶה ת׳ — built-in
מוּבָס ת׳ — defeated, beaten
מוּבָּע ת׳ — expressed, spoken
מוּבְרָח ת׳ — smuggled, bolted
מוּג לֵב ת׳ — coward
מוּגְבָּהּ ת׳ — raised, lifted
מוּגְבָּל ת׳ — finite, limited, retarded
מוּגְבָּר ת׳ — intensified, boosted
מוּגְדָּל ת׳ — enlarged, magnified
מוּגְדָּר ת׳ — defined, definite
מוּגָז ת׳ — sparkling, carbonated
מוּגְזָם ת׳ — exaggerated
מוּגְלָה נ׳ — pus, matter
מוּגְלָתִי ת׳ — abscessed, purulent
מוּגְמָר ת׳ — completed, finished

- בירך על המוגמר — finish it and be pleased
מוגן ת׳ — protected, safe, secure
מוגף ת׳ — closed, shut, shuttered
מוגר פ׳ — be defeated, be routed
מודאג ת׳ — worried, concerned
מודבק ת׳ — pasted, glued, stuck
מודגש ת׳ — emphasized, stressed
מודד ז׳ — surveyor, measuring
מודה נ׳ — mode, fashion, vogue
מודול ז׳ — module, unit
מודולציה (אפנון) נ׳ — modulation
מודולרי ת׳ — modular
מודוס ז׳ — modus, method
- מודוס ויוונדי (פשרה) — modus vivendi
מודח ת׳ — deposed, expelled
מודחק ת׳ — repressed
מודיע ז׳ — informer, stool pigeon
מודיעין ז׳ — intelligence, information
מודיעיני ת׳ — intelligence
מודל ז׳ — model, design, pattern
מודלף ת׳ — leaked out, disclosed
מודם ז׳ — modem
מודע ז׳ — acquaintance, friend
מודע ת׳ — aware, conscious
- במודע — consciously
מודעה נ׳ — advertisement, ad, notice, announcement
- מודעת אבל — obituary
- מודעת דרוש (בעיתון) — want ad
מודעות נ׳ — awareness
מודפס ת׳ — printed, typed
מודרך ת׳ — guided, directed, led
מודרני ת׳ — modern, *with it
מודרניות נ׳ — modernity, novelty
מודרניזציה נ׳ — modernization
מוהל ז׳ — circumciser
מוהל ז׳ — sap, juice
מוהר ז׳ — bride price, dowry
מווסת ת׳ — regulated, adjusted
מוות ז׳ — death, demise, passing
- מוות בעריסה — cot death
- מוות קליני — clinical death
מוזאיקה (פסיפס) נ׳ — mosaic
מוזג פ׳ — be merged, be mixed
מוזג ז׳ — barman, bartender
מוזה נ׳ — muse, inspiration
מוזהב ת׳ — gilded, gilt
מוזז ת׳ — removed, shifted
מוזיאון ז׳ — museum
מוזיאוני ת׳ — of a museum
מוזיקאי ז׳ — musician
מוזיקה נ׳ — music
- מוזיקה קלסית — classical music
- מוזיקה קמרית — chamber music
- מוזיקת נשמה — soul music
- מוזיקת פופ — pop music
- מוזיקת רקע — background music
מוזיקול ז׳ — music hall
מוזיקולוג ז׳ — musicologist
מוזיקולוגי ת׳ — musicological
מוזיקולוגיה נ׳ — musicology
מוזיקלי ת׳ — musical, melodious
מוזכר ת׳ — mentioned
מוזל ת׳ — cheaper, reduced, cut
מוזמן ת׳ — invited, ordered
מוזן ת׳ — fed, nourished, input
מוזנח ת׳ — neglected, derelict
מוזר ת׳ — strange, eccentric, odd, peculiar, queer, bizarre
מוזרות נ׳ — eccentricity
מוזרק ת׳ — injected, syringed
מוח ז׳ — brain, mind
- המוח הגדול — cerebrum
- המוח הקטן — cerebellum
- מוח של אפרוח — *birdbrained
מוחבא ת׳ — concealed, hidden
מוחזק ת׳ — held, regarded
מוחזר פ׳ — be recycled
מוחזר ת׳ — returned, restored
מוחט ז׳ — snuff, soot, cleaner
מוחי ת׳ — cerebral, brainy
מוחכר ת׳ — leased, hired, rented
מוחלט ת׳ — absolute, definite
מוחלף ת׳ — exchanged, switched
מוחלש ת׳ — weakened
מוחמץ ת׳ — irrecoverable, missed
מוחץ ת׳ — overwhelming
מוחצן ת׳ — extrovert
מוחק ז׳ — eraser
מוחרב ת׳ — destroyed, ruined
מוחרם ת׳ — banned, confiscated
מוחרת תה״פ — the following day
- מוחרתיים — the day after tomorrow
מוחשי ת׳ — perceptible, tangible
מוחשיות נ׳ — perceptibility
מוחשך ת׳ — darkened
מוחתם ת׳ — stamped, signed

מוט ז׳ beam, pole, rod, bar
- מוט היגוי joystick
- מוט הילוכים gear shift/stick
מוּטָב ז׳ beneficiary, payee
- לְמוטב בלבד for payee only
מוּטָב תה״פ rather, had better, had best, well, preferably
מוּטְבָּל ת׳ dipped, baptized
מוּטְבָּע ת׳ stamped, impressed
מוּטֶה ת׳ inclined, slanted, bent
מוֹטוֹ ז׳ motto, watchword
מוֹטוֹרִי ת׳ motor, of motion
מוֹטֵט פ׳ overthrow, topple
מוֹטִיב (תֶּנַע) ז׳ motif, motive
מוֹטִיבַצְיָה נ׳ motivation
מוּטָל ת׳ imposed, inflicted, put, laid, thrown, cast, placed
- מוטל בספק questionable
מוֹטֶל (מלונוע) ז׳ motel
מוּטַנְט (שעבר מוטציה) ז׳ mutant
מוּטָס ת׳ airborne, flown
מוּטְעֶה ת׳ mistaken, wrong
מוּטְעָם ת׳ stressed, emphatic
מוּטַצְיָה נ׳ mutation, change
מוּטְרָד ת׳ troubled, worried
מוֹטַת כְּנָפַיִם נ׳ wingspan
מוּיַּן פ׳ be sorted, be classified
מוֹךְ ז׳ down, cotton wool, fluff
מוּכֶּה ת׳ beaten, afflicted
- מוכה גורל wretched
- מוכה שחין scabious, scabby
- מוכה תדהמה stunned
מוכ״ז = מוסר כתב זה bearer
מוּכָח ת׳ proven, demonstrated
מוּכְחָשׁ ת׳ denied, contradicted
מוֹכִיחַ ת׳ admonitory
- מוכיח בשער preacher
מוּכָל ת׳ enclosed, contained
מוּכְלָא ת׳ crossbred
מוּכָן ת׳ prepared, ready
- מוכן ומזומן ready and waiting
- מוכנים היכון רוץ! ready steady go!
- מן המוכן immediate
מוּכָנוּת נ׳ readiness
מוּכְנָס ת׳ inserted, introduced
מוֹכֵס ז׳ customs-officer
מוֹכְסָן ז׳ tax collector
מוּכְסָף ת׳ silver-plated, silvery
מוּכְפָּל ת׳ double, multiplied
מוּכְפָּשׁ ת׳ soiled, smeared, miry

מוֹכֵר ז׳ seller, salesman
- מוכר ספרים bookseller
מוּכָּר ת׳ known, recognized
מוּכְרָז ת׳ declared, proclaimed
מוּכְרָח ת׳ must, compelled
מוֹכְרָן ז׳ salesman, jobber
מוּכְרָע ת׳ decided, defeated
מוֹכֶרֶת נ׳ saleswoman
- מוכרת פרחים flower girl
מוּכְשָׁל ת׳ tripped, failed
מוּכְשָׁר ת׳ able, capable, competent, made kosher
מוּכְתָּב ת׳ dictated, prescribed
מוּכְתָּם ת׳ stained, smeared
מוּכְתָּר ז׳ village leader
מוּכְתָּר ת׳ crowned, titled
מוּל מ״י against, in front of, opposite, versus
מו״ל = מוציא לאור publisher
מוּלָא פ׳ be filled, be fulfilled
מוּלְאָם ת׳ nationalized
מוּלְבָּשׁ ת׳ dressed, clothed
מוֹלָד ז׳ birth, new moon
מוּלָד ת׳ congenital, inborn
מוֹלֶדֶת נ׳ homeland
מוֹלוּת נ׳ publishing
מוּלְחָם ת׳ soldered, welded
מוּלְטִימֶדְיָה נ׳ multimedia
מוּלְטִימִילְיוֹנֶר ז׳ multimillionaire
מוֹלִיד ז׳ father, progenitor
מוּלְיָה נ׳ praline
מוֹלִיךְ ז׳ conductor
- מוליך על superconductor
- מוליך שולל deceitful
מוֹלִיכוּת נ׳ conductivity
מוּלִית (דג ים) ז׳ mullet
מוֹלֶךְ ז׳ Moloch, Molech
מוּלְכַּד פ׳ be booby-trapped
מוֹלֵל פ׳ rub, scrape, unravel
מוֹלֶקוּלָה (פרודה) נ׳ molecule
מוֹלֶקוּלָרִי ת׳ molecular
מוּם ז׳ defect, deformity
מו״מ = משא ומתן negotiation
מוּמְחֶה ז׳ expert, specialist
מוּמְחָז ת׳ dramatized, staged
מוּמְחִיּוּת נ׳ skill, speciality
מוּמְחָשׁ ת׳ realized, illustrated
מוּמְיָה נ׳ mummy
מוּמְלָץ ת׳ advisable
מוּמַּן פ׳ be financed, be funded
מוֹמֶנְט ז׳ moment

מוֹמֶנטוּם ז׳ momentum
מוּמָר ז׳ apostate, convert
מוּמָר ת׳ changed, converted
מוּמַשׁ פ׳ be realized
מוּמָת ת׳ executed, slain
מונגולוֹאִיד ז׳ mongoloid, having Down's syndrome
מונגוֹלִיזְם ז׳ Down's syndrome
מוּנָה פ׳ be appointed
מוֹנֶה ז׳ counter, gauge, numerator
מוּנְהָג ת׳ led, introduced
מוֹנוֹ ז׳ mononucleosis
מונוֹגַמְיָה נ׳ monogamy
מונוֹגְרַמָּה (מִשְׁלֶבֶת) נ׳ monogram
מונוֹגְרַפְיָה (מחקר) נ׳ monograph
מונוֹטוֹנִי ת׳ monotonous
מונוֹטוֹנִיּוּת נ׳ monotony
מונוֹלוֹג ז׳ monologue
מונוֹלִית ז׳ monolith
מונוּמֶנט ז׳ monument
מונוּמֶנטָלִי ת׳ colossal
מונוֹמַנְיָה נ׳ monomania, obsession
מונוֹפּוֹל ז׳ monopoly, corner
מונוֹפּוֹלִיסְטִי ת׳ monopolistic
מונוֹפוֹנִי ת׳ monophonic
מונוֹקֶל (מִשְׁקָף) ז׳ monocle
מונוֹתֵאִיזְם ז׳ monotheism, belief in only one God
מונוֹתֵאִיסְט ז׳ monotheist
מוּנָח ז׳ term
מוּנָח ת׳ put, placed, lying
מוּנְחֶה ת׳ guided, led, directed
מוּנְחָת ת׳ landed, disembarked
מוֹנְטָז׳ (מִצְרָף) ז׳ montage
מוֹנִיטוֹר (מַשְׁגּוֹחַ) ז׳ monitor
מוֹנִיטִין ז״ר goodwill, fame
מוֹנִיטָרִי ת׳ monetary, financial
מוֹנִים ז״ר times, -fold
מוּנִיצִיפָּלִי (עירוני) ת׳ municipal
מוֹנִית נ׳ cab, taxi, taxicab
מונסוּן (רוחות) ז׳ monsoon
מוֹנֵעַ ת׳ preventive, prohibitive
מוּנָע ת׳ driven, motivated
מוּנָף ת׳ hoisted, raised, lifted
מוּנְפַּק פ׳ issued
מוֹנְקִי בִּיזְנֶס monkey business
מוֹנַרְךְ ז׳ monarch, king
מוֹנַרְכְיָה נ׳ monarchy, kingdom
מוּס ז׳ mousse, creamy dessert
מוּסָב ת׳ endorsed, endorsee

מוּסְבָּר ת׳ explained
מוּסְגָּר ת׳ parenthetic, extradited, handed over
מוֹסָד ז׳ institution
מוֹסָדִי ת׳ institutional
מוּסְדָּר ת׳ settled, arranged
מוּסְוֶה ת׳ disguised, camouflaged
מוּסָט ת׳ shifted, moved
מוּסָךְ ז׳ garage, pit, hangar
מוּסְכָּם ת׳ agreed, accepted
מוּסְכָּמָה נ׳ convention, accepted rule
*מוּסַכְנִיק ז׳ garage worker
מוּסְלְמִי ת׳ Moslem, islamic
מוּסְמָךְ ת׳ authorized, certified, MA, qualified, authoritative
- מוסמך למדעי הטבע Master of Science
- מוסמך למדעי הרוח Master of Arts
מוֹסֵס פ׳ dissolve, soften, melt
מוּסָף ז׳ supplement, additional prayer, added
מוּסְפִּית נ׳ affix
מוּסָק ת׳ heated, concluded
מוּסָקָה (מאכל) נ׳ moussaka
מוּסְקָט ז׳ muscat, nutmeg
מוּסָר ז׳ moral, ethics, virtue
- מוסר השכל moral, lesson
- מוסר כליות contrition
מוֹסֵר ז׳ giver, informer
מוֹסְרוֹת הַשִּׁלְטוֹן reins of government
מוּסְרָט ת׳ filmed, screened
מוּסָרִי ת׳ moral, ethical
מוּסָרִיּוּת נ׳ morality, rectitude
מוּסְרָנוּת נ׳ moralism
מוּסְרָנִי ת׳ moralistic
מוּסָת ת׳ incited, provoked
מוּסְתָּר ת׳ hidden, concealed
מוּעָב ת׳ cloudy, eclipsed
מוּעֲבָר ת׳ transferred, moved
מוֹעֵד ז׳ time, term, holiday
- במועד on time, duly
- מועדים לשמחה! happy holiday!
מוּעָד ת׳ habitual, prone, dangerous, directed, bound
- מועד לתאונות accident-prone

מוֹעֲדוֹן ז׳ club, country club
- מועדון לילה nightclub
מוֹעֲדָף ת׳ favored, preferential
מוהע״ב=מועצת הביטחון
מוּעָט ת׳ small, few, little
מוֹעִיל ת׳ profitable, useful
מוֹעַל יָד ז׳ raised hand
מוּעֲמָד ז׳ applicant, candidate
מוּעֲמָדוּת נ׳ candidacy
מוּעֲנָק ת׳ awarded, given
מוּעֲסָק ת׳ employed, worker
מוֹעָצָה נ׳ council, board
- מועצה דתית religious council
- מועצת הביטחון Security Council
מוּעֲצָם ת׳ intensified
מוּעָקָה נ׳ distress, burden, load
מוּעֲשָׁר ת׳ enriched, improved
מוּעְתָּק ת׳ copied, transferred
מו״פ = מחקר ופיתוח R & D
מוּפְגָז ת׳ shelled, bombarded
מוּפְגָן ת׳ manifest
- במופגן ostentatiously
מוּפְחָת ת׳ lessened, reduced
מוּפְלָא ת׳ wonderful, mystical
מוּפְלָג ת׳ distant, very, untold
מוּפְלֶה ת׳ separated, favored, discriminated against
מוּפְנֶה ת׳ directed, turned
מוּפְנָם ת׳ introverted, introvert
מוֹפָע ז׳ show, event, phase (of the moon)
מוּפְעָל ת׳ activated, operated
מוּפָץ ת׳ distributed, spread
מוּפְצָץ ת׳ bombed, shelled
מוּפָק ת׳ produced, derived
מוּפְקָד ת׳ deposited, in charge
מוּפְקָע ת׳ confiscated, exorbitant, exaggerated
מוּפְקָר ת׳ abandoned, lawless
מוּפְקֶרֶת נ׳ prostitute, slut
מוּפָר ת׳ violated, broken
מוּפְרֶה ת׳ fertilized
מוּפְרָז ת׳ exaggerated
מוּפְרָךְ ת׳ groundless
- מופרך מעיקרו completely baseless
מוּפְרָע ת׳ disturbed, psychotic
מוּפְרָעוּת נ׳ derangement
מוּפְשָׁט ת׳ abstract, theoretical
מוּפְשָׁל ת׳ rolled up, turned up

מוּפְשָׁר ת׳ thawed, defrosted
מוֹפֵת ז׳ model, paragon, pattern, miracle, proof, sign
- למופת exemplary, perfect
מוּפְתִּי ז׳ mufti, Muslim judge
מוֹפְתִי ת׳ exemplary, ideal
מוּפְתָּע ת׳ surprised
מוֹץ ז׳ chaff, husk
מוֹצָא ז׳ ancestry, descent, origin, source, exit, outlet
- מוצא שפתיים/פיו word
מוֹצֵא ז׳ finder, locator
מוֹצָאֵי שַׁבָּת ז״ר Saturday night
מוּצָב ז׳ post, outpost, position
מוּצָב ת׳ stationed, placed, set
מוּצָג ז׳ exhibit, presented
מוּצְדָּק ת׳ justified, excused
מוּצָה פ׳ be exhausted
מוּצְהָר ת׳ declared, avowed
מוּצָא ת׳ taking out
- מוציא לאור publisher
- מוציא לפועל executive
מוּצָל ת׳ shadowy, shady
מוּצְלָח ת׳ successful, lucky
מוּצְנָח ת׳ parachuted, dropped
מוּצְנָע ת׳ hidden, concealed
מוּצָע ת׳ proposed, offered
מוּצַעַת ת׳ (bed) made
מוּצָף ת׳ flooded, inundated
מוּצְפָּן ת׳ encoded, hidden
מוֹצֵץ ז׳ comforter, pacifier
מוּצָק ת׳ solid, hard, firm
מוּצָקוּת נ׳ hardness, solidity
מוּצָר ז׳ product, work
מוצ״ש = מוצאי שבת
מוּצָת ת׳ ignited, burnt, lit
מוֹקֵד ז׳ focus, center, fire
מוֹקְדִי ת׳ focal, radial
מוּקְדָם ת׳ early, preliminary
- במוקדם או במאוחר sooner or later
- לכל המוקדם at the earliest
מוֹקְדָן ז׳ telephone receptionst
מוּקְדָּשׁ ת׳ dedicated, devoted
מוֹקָה (קפה) נ׳ mocha
מוּקְטָן ת׳ reduced, lessened
מוּקְיוֹן ז׳ buffoon, clown
מוּקְיוֹנִי ת׳ clownish, foolish
מוּקְלָט ת׳ recorded
מוּקְנֶה ת׳ vested, placed, given
מוֹקָסִין (נעל) ז׳ moccasin
מוּקָע ת׳ exposed, condemned

מוּקָף ת׳ surrounded
מוּקְפָּא ת׳ frozen, congealed
מוּקְפָּץ ת׳ sauteed, saute
מוּקְצָב ת׳ allocated
מוּקְצֶה ת׳ allotted, assigned
- מוקצה מחמת מיאוס loathsome
מוּקְצָף ת׳ whisked, whipped
מוּקְרָן ת׳ screened, radiated
מוֹקֵשׁ ז׳ mine, obstacle, trap
מוּקְשֶׁה ת׳ hardened, asked
מוֹר ז׳ myrrh
מוֹרָא ז׳ fear, awe, dread
מוּרְגָּל ת׳ accustomed, used
מוּרְגָּשׁ ת׳ felt, perceivable
מוֹרֵד ז׳ rebel, mutineer
מוֹרָד ז׳ slope, decline, descent
מוֹרֶה ז׳ teacher, tutor
- מורה דרך guide, cicerone
- מורה הוראה religious judge
- מוריי ורבותיי! gentlemen!
מוּרְחָב ת׳ widened, enlarged
מוֹרֵט עֲצַבִּים ת׳ nerve-racking
מוֹרִיק ת׳ turning green
מוֹרִישׁ ז׳ testator, bequeathing
מוֹרֶךְ לֵב ז׳ cowardice, timidity
מוּרְכָּב ת׳ complex, complicated, consisting
מוּרְכָּבוּת נ׳ complexity
מוּרְכָּן ת׳ bent, bowed
מוֹרָל ז׳ morale, spirit
מוֹרָלִי ת׳ moral
מוֹרְמוֹנִי ז׳ Mormon
מוֹרָן (שיח) ז׳ viburnum
מוֹרֶנָה (סחף חול) נ׳ moraine
מורס (כתב טלגרף) ז׳ Morse
מוּרְסָה נ׳ abscess, pus
מוּרְעָל ת׳ poisoned, venomous, *die-hard fan
מוֹרְפִיוּם ז׳ morphine, morphia
מוּרְשֶׁה ז׳ deputy, delegate
מוֹרָשָׁה נ׳ legacy, heritage
מוּרְשֶׁה ת׳ authorized, licensed
מוּרְשָׁע ת׳ convicted, guilty
מוֹרַת רוּחַ נ׳ discontent
מוּשָּׂא ז׳ object
מוֹשָׁב ז׳ seat, session, sitting, settlement, residence
- מושב אחורי back seat
- מושב זקנים home for aged
מוּשָׁב ת׳ returned, restored
מוֹשָׁבָה נ׳ colony, settlement

מוּשְׁבָּע ז׳ juror, sworn
מוּשְׁבָּת ת׳ locked out
מוּשָּׂג ז׳ idea, notion, concept
מוּשְׁחָז ת׳ sharpened, honed
מוּשְׁחָם ת׳ browned, tanned
מוּשְׁחָת ת׳ corrupt, spoiled, evil
מוּשָּׁט ת׳ extended, floated
מוֹשִׁיעַ ז׳ savior, helper, rescuer
מוֹשֵׁךְ ז׳ drawer, attractive
- מושך בחוטים wirepuller
מוֹשְׁכוֹת נ״ר reins, bridle
מוּשְׂכָּל ז׳ concept, idea
- מושכל ראשון axiom
מוּשְׁכַּן פ׳ be mortgaged
מוּשְׂכָּר ת׳ rented, let
מוֹשֵׁל ז׳ ruler, governor
מוּשְׁלָג ת׳ snowy, snow-clad
מוּשְׁלָם ת׳ complete, perfect
מוּשְׁמָץ ת׳ defamed, slandered
מוּשְׁעֶה ת׳ suspended
מוּשְׁפָּל ת׳ humiliated
מוּשְׁפָּע ת׳ influenced, affected
מושק (חיה) ז׳ musk deer
מוּשְׁקֶה ת׳ watered, irrigated
מוּשְׁקָע ת׳ invested, sunk
מוּשָׁר ת׳ sung
מוּשְׁרָשׁ ת׳ rooted, deep-seated
מוּשְׁתָּל ת׳ transplanted, *bugged
*מוּשְׁתָּן ת׳ skunk, a contemptible man
מוּשְׁתָּת ת׳ based, founded
מוֹת- the death of
מוּתְאָם ת׳ fitted, adjusted
מוּתָג ז׳ brand, brand name
מוֹתֵחַ ז׳ thrilling, suspenseful
מוֹתְחָן ז׳ cliffhanger, thriller
מוּתָּךְ ת׳ molten, liquefied
מוֹתֶן ז׳ loin, hip, waist
מוּתְנֶה ת׳ conditioned, subject
מוֹתְנִי ת׳ lumbar
מוֹתְנִייָה נ׳ jacket, vest
מוֹתְנַיִים ז״ר loins, waist
מוֹתְנִית נ׳ battle-dress, fillet
*מוֹתֶק מ״ק sweetheart, honey
מוּתְקָן ת׳ installed, fitted
מוּתְקָף ת׳ attacked, assailed
מוֹתָר ז׳ excess, remainder
- לְמוֹתר לציין needless to say
מוּתָּר ת׳ allowed, permitted
מוֹתָרוֹת ז״ר luxury, comfort
מוּתָּשׁ ת׳ weakened, tired

מִזְבֵּחַ ז׳ altar
מִזְבָּלָה נ׳ tip, refuse dump
מָזַג פ׳ mix, pour, blend
מֶזֶג ז׳ mixture, nature, temper
- מזג אוויר weather
מַזְגָן ז׳ air conditioner
מִזְדַּמֵּן ת׳ irregular, occasional
מְזֵה רָעָב ת׳ starving, hungry
מַזְהִיר ת׳ brilliant, warning
מזה"ת = המזרח התיכון
מָזוּג ת׳ poured, blended
מְזוּגָג ת׳ frosted, glazed, glace
מְזוּגְזָג ת׳ zigzag, zigzagged
מְזוֹהֶה ת׳ identified, spotted
מְזוֹהָם ת׳ contaminated, dirty
מִזְוָד ז׳ baggage, kitbag
מִזְוָדָה נ׳ suitcase, trunk, valise
מְזָוֶוה ז׳ pantry, larder
מַזְוִויעַ ת׳ shocking, terrible
מְזוּזָה נ׳ doorpost, mezuza
מָזוּט ז׳ crude oil
מְזוּיָּן ת׳ armed, *lousy
מְזוּיָּף ת׳ forged, affected, false
מָזוֹכִיזם ז׳ masochism
מָזוֹכִיסט ז׳ masochist
מְזוּמָּן ת׳ ready, prepared, cash
מְזוּמָּנִים ז״ר cash, ready money
מָזוֹן ז׳ food, nourishment
- מזון בריאות health food
- מזון מהיר fast food
מְזוֹנוֹת ז״ר alimony
מְזוֹעְזָע ת׳ shocked, alarmed
מְזוּפָּת ת׳ tarry, *rotten, lousy
מְזוּקָּן ת׳ bearded, unshaven
מְזוּקָּק ת׳ refined, distilled
מָזוֹר ז׳ remedy, salve, bandage
מָז'וֹר (סולם קולות) ז׳ major
מְזוֹרָז ת׳ quick, shortened
מֵזַח ז׳ quay, pier, jetty, wharf
מִזְחֶלֶת נ׳ sled, sleigh, toboggan
מְזִיגָה נ׳ mixture, blending
מְזוּיָּף ת׳ out of tune
מְזִימָּה נ׳ conspiracy, scheme
מֵזִין ת׳ nutritious, nutrient
מַזִּיק ת׳ harmful, pest
מַזְכִּיר ז׳ secretary, reminder
- מזכיר המדינה Secretary of State
- מזכירה אלקטרונית answering machine
מַזְכִּירוּת נ׳ secretariat
מִזְכָּר ז׳ memorandum, memo

מַזְכֶּרֶת נ׳ keepsake
מַזָּל ז׳ luck, fortune, fate, sign of the zodiac, *mercy
- למרבה המזל fortunately
- מזל אריה Leo
- מזל בתולה Virgo
- מזל גדי Capricorn
- מזל דגים Pisces
- מזל דלי Aquarius
- מזל טוב! congratulations!
- מזל טלה Aries, Ram
- מזל מאזניים Libra
- מזל סרטן Cancer
- מזל עקרב Scorpio
- מזל קשת Sagittarius
*- מזל ש- it's a good thing
- מזל שור Taurus
- מזל תאומים Gemini
מַזְלֵג ז׳ fork
- מזלג חשמלי immersion heater
מזל"ט (מטוס ללא טייס) remotely piloted vehicle, mini RPV
מִזְלָלָה נ׳ snack bar
מַזְלֵף ז׳ sprayer, watering pot
*מִזְמוּז ז׳ necking, lovemaking
מִזְמוֹר ז׳ song, hymn, psalm
*מִזְמֵז פ׳ flirt, neck, make love
מִזְּמַן תה״פ a long time ago
מַזְמֵרָה נ׳ pruning shears
מִזְנוֹן ז׳ buffet, cupboard, restaurant, bar
- מזנון מהיר snack bar
מַזְנִיק ז׳ starter
מִזְעוּר ז׳ miniaturization
מַזְעֲזֵעַ ת׳ shocking, terrible
מַזְעֵק ז׳ fire alarm
מִזְעֵר פ׳ miniaturize, minimize
מִזְעָר ז׳ little, least, minimum
מִזְעָרִי ת׳ minimal, minimum
מַזְקֵקָה נ׳ refinery, distillery
מִזְרוֹן (מִזְרָן) ז׳ mattress
מִזְרָח ז׳ east, the Orient
- המזרח הרחוק the Far East
- המזרח התיכון the Middle East
מִזְרָחָה תה״פ eastwards, east
מִזְרָחִי ת׳ eastern, east, oriental
- מזרחית ל- east of
מִזְרְחָן ז׳ orientalist
מִזְרְחָנוּת נ׳ orientalism
מִזְרָן ז׳ mattress, mat

- מזרן אוויר air mattress
מִזְרָעָה נ׳ drill, sowing machine
מִזְרֵק ז׳ syringe, gun, hypodermic syringe
מִזְרָקָה נ׳ fountain
מֵחַ עֲצָמוֹת ז׳ bone-marrow
מָחָא כַּף פ׳ clap, applaud
מְחָאָה נ׳ protest, objection
מַחֲבוֹא ז׳ hiding place
- מחבואים hide-and-seek
מַחְבּוֹשׁ ז׳ imprisonment
מַחְבֵּט ז׳ bat, racket, carpet-beater
מְחַבֵּל ז׳ terrorist, gunman
מְחַבֵּל ז׳ spoiler
מַחְבֵּצָה נ׳ churn
מְחַבֵּר ז׳ author, writer
מַחְבֵּר ז׳ connector, joint
מַחְבֶּרֶת נ׳ notebook, copybook, exercise book
מַחֲבַת נ׳ frying pan, pan
מַחְגֵּר ז׳ escapement, ratchet
מֵחַד תה״פ on the one hand
מְחַדֵּד ז׳ pencil sharpener
מֶחְדָּל ז׳ omission, default, oversight, failure
מְחַדֵּשׁ ז׳ innovator, inventor
מֵחָדָשׁ תה״פ anew, over again
מָחָה פ׳ erase, wipe, protest
מְחוּבָּק ת׳ embraced, hugged
מְחוּבָּר ת׳ joined, addend
מָחוֹג ז׳ hand, pointer, radius
- מחוג הדקות minute hand
מְחוּגָה נ׳ compasses, dividers
מְחוּדָּד ת׳ pointed, sharp
מְחוּדָּשׁ ת׳ renovated, renewed
מַחֲוֶה ז׳ pointer, indicator
מֶחֱוָה נ׳ gesture, act of grace
מַחֲוָן ז׳ index, indicator
מְחוּוָּר ת׳ clear, clarified
מָחוֹז ז׳ county, district
- מחוז בחירות constituency
- מחוז חפץ destination
מְחוֹזִי ת׳ district, regional
מְחוּזָּר ת׳ courted, wooed
מְחוּטָּא ת׳ sterile, disinfected
מְחוּטָּב ת׳ well-shaped, chiseled
מְחוּיָּב ת׳ obliged, committed
- מחויב המציאות inevitable
מְחוּיָּבוּת נ׳ commitment
מְחוּיָּט ת׳ tailored, sewn
מְחוּיָּךְ ת׳ smiling
מְחוּיָּל ת׳ mobilized, enlisted
מָחוֹךְ ז׳ corset, stays, girdle
מְחוּכָּם ת׳ clever, wise
מָחוֹל ז׳ dance, dancing
- מחול שדים fuss, brouhaha
מָחוּל ת׳ pardoned, forgiven
מְחוֹלִית נ׳ St Vitus's dance
מְחוֹלֵל ז׳ generator, performer, dancer
מְחוּלָּל ת׳ desecrated, profaned
מְחוּלָּק ת׳ divided, shared, dividend
מְחוּמָּם ת׳ heated
מְחוּמְצָן ת׳ oxidized, oxygenic
מְחוּמָּשׁ ת׳ fivefold, pentagon
מְחוּנָּךְ ת׳ educated, well-bred
מְחוֹנָן ת׳ gifted, talented
מְחוֹנָנוּת נ׳ giftedness, talent
מְחוּסָּל ת׳ finished, *done in
מְחוּסָּן ת׳ immune, proof
מְחוּסְפָּס ת׳ abrasive, rough
מְחוּסָּר ת׳ lacking, without
- מחוסר עבודה unemployed
מְחוּסָּר (בחשבון) ז׳ minuend
מְחוּפֶּה ת׳ covered, protected
מְחוּפָּר ת׳ dug in, entrenched
מְחוּפָּשׂ ת׳ disguised, masked
מָחוּץ ת׳ crushed, squashed
מִחוּץ תה״פ outside, out of
- מחוץ לארץ from abroad
מְחוּצָּף ת׳ impudent, insolent
מָחוּק ת׳ deleted, erased, (spoon) full to the brim, flat
מְחוֹקֵק ז׳ lawgiver, legislator
*מְחוּרְבָּן ת׳ lousy, bad, rotten
מְחוֹרָץ ת׳ grooved, jagged
מְחוֹרָר ת׳ full of holes
מָחוֹשׁ ז׳ feeler, antenna
מְחוּשָּׁב ת׳ calculated
מְחוּשָּׁל ת׳ forged, casehardened
מְחוּשְׁמָל ת׳ electrified
מְחוּתָּךְ ת׳ articulate, cut
מְחוּתָּל ת׳ wearing a nappy
מְחוּתָּן ז׳ father of son-in-law, daughter-in-law's father
- מחותנים parents-in-law
מַחֲזָאוּת נ׳ dramatics, dramaturgy, play-writing
מַחֲזַאי ז׳ dramatist, playwright
מַחֲזֶה ז׳ play, scene, show, sight, spectacle, view

מַחֲזוֹר ז׳ cycle, circuit, circulation, turnover, prayer-book, graduation class, menstruation
- מחזור הדם blood circulation, bloodstream
- מחזור עסקים business cycle
מִחזוּר ז׳ recycling
מַחֲזוֹרִי ת׳ circulatory, periodic, recurring
מַחֲזוֹרִיוּת נ׳ recurrence
מַחֲזִיק ז׳ holder, retentive
- מחזיק מפתחות key-ring
מַחֲזִירוֹר ז׳ reflector, cat's eye
מַחֲזֶמֶר ז׳ musical
מִחְזֵר פ׳ recycle, reprocess
מַחֲזֵר ז׳ reflector
מְחַזֵּר ת׳ courting, wooer
מָחַט פ׳ clean, trim, snuff
מַחַט נ׳ needle, stylus
מח״ט = מפקד חטיבה
מְחַטֵּא ת׳ disinfectant
מַחַטִי ת׳ needlelike
מַחְטָנִי ת׳ coniferous, spiny
מֶחְטָף ז׳ snatch, grab, catch
מְחִיאוֹת כַּפַּיִם נ״ר applause
מִחְיָה נ׳ living, subsistence
מְחַיֵּה נְפָשׁוֹת ת׳ refreshing
מְחַיֵּב ת׳ binding, obliging
מְחִילָה נ׳ forgiveness, pardon, absolution, tunnel, burrow
מְחִיצָה נ׳ partition, wall, neighborhood, proximity
מָחִיק ת׳ erasable, effaceable
מְחִיקָה נ׳ deletion, erasure
מְחִיר ז׳ cost, price, charge
- בכל מחיר at any price
*- מחירים של בית מרקחת very high prices
מְחִירוֹן ז׳ price list
מְחִית נ׳ mash, puree, pulp
מַחְכִּים ת׳ edifying, enlightened
מַחְכִּיר ז׳ lessor, renter
מָחַל פ׳ forgive, pardon, remit
- מחל על כבודו swallow one's pride
מַחְלָבָה נ׳ dairy, creamery
מַחֲלָה נ׳ disease, illness
- מחלת הנשיקה mononucleosis
- מחלת הפה והטלפיים foot-and-mouth disease
- מחלת ים seasickness
- מחלת מין venereal disease
- מחלת נפילה epilepsy
- מחלת נפש mental illness
מַחֲלוֹקֶת נ׳ quarrel, dispute
מַחְלִיא ת׳ sickening, disgusting
מַחְלִים ת׳ convalescent
מַחְלִיף ז׳ substitute, stand-in
מַחֲלִיקַיִם ז״ר ice skates, skates
מֶחְלָף ז׳ interchange, junction, intersection
מַחְלֵף ז׳ commutator, changer
- מחלף תקליטים record changer
מַחְלָפָה נ׳ plait, tress, braid
מַחֲלָצוֹת נ״ר fine garments
מְחַלֵּק ז׳ divisor, dealer
מֶחְלָק ז׳ squad
מַחְלָקָה נ׳ department, class, platoon, faculty, ward
- מחלקה ראשונה first class
מַחְלַקְתִּי ת׳ departmental
מַחֲמָאָה נ׳ compliment, flattery
מַחְמָד ז׳ sweetheart, darling
מַחְמִיר ת׳ austere, strict, harsh
מַחְמַל נֶפֶשׁ ז׳ darling, beloved
מְחַמֵּם ז׳ heater, warmer
מַחֲמַצִּים ז״ר pickles
מְחַמְצֵן ז׳ oxygenizer, oxidizer
מֵחֲמַת מ״י because of, due to
מַחֲנָאוּת נ׳ camping
מַחֲנֶה ז׳ camp, encampment
- מחנה מעבר transit camp
- מחנה פליטים refugee camp
- מחנה ריכוז concentration camp
מַחֲנַיִם ז״ר (a game like) dodgeball
מַחֲנִיף ת׳ flattering
מַחֲנִיק ת׳ stuffy, airless, fuggy
מְחַנֵּךְ ז׳ educator, tutor
מַחֲנָק ז׳ suffocation, fug
מַחְסֶה ז׳ refuge, cover, shelter
מַחְסוֹם ז׳ block, roadblock, checkpoint, barrier, bar, barricade
- מחסום הצבע color bar
מַחְסוֹר ז׳ shortage, want, lack
מַחְסָן ז׳ warehouse, store
- מחסן ערובה bonded warehouse
מַחְסָנָאוּת נ׳ storekeeping

מַחסְנַאי ז׳ storekeeper
מַחסָנִית נ׳ magazine, cartridge
מְחַסֵר ז׳ subtrahend, subtracting
מַחפּוֹרֶת נ׳ trench, dugout
מַחפִּיר ת׳ disgraceful, shameful
מַחפִּית נ׳ sugar-coated pill
מַחפֵּר ז׳ bulldozer, excavator
מְחַפֵּש ז׳ searcher, prospector
- מחפשים את המטמון treasure hunt
מָחַץ פ׳ crush, squash, wound
מַחַץ ז׳ blow, wound, brunt
- שורת המחץ punch line
מַחצָב ז׳ mineral, ore
מַחצָבָה נ׳ quarry, workings
מֶחֱצָה נ׳ half, moiety
- למחצה partially, by halves
- מחצה על מחצה fifty-fifty
מַחֲצִית נ׳ half, half time
- במחצית הדרך midway
מַחצֶלֶת נ׳ mat, doormat
מַחצֵצָה נ׳ toothpick
מָחַק פ׳ delete, erase, write off
מַחַק ז׳ eraser, rubber
מְחַקֶה ז׳ imitator, mimic
מֶחקָר ז׳ research, study
- מחקר ופיתוח (מו״פ) research and development, R&D
- מחקר שיווק/שווקים market research
מֶחקָרִי ת׳ research
מָחָר תה״פ tomorrow
מַחרָאָה נ׳ latrine, toilet, WC
מַחֲרוֹזֶת נ׳ necklace, collar, string, chain, beads, series
מְחַרחֵר מִלחָמָה ז׳ warmonger
מַחרֵטָה נ׳ lathe
מַחֲרִיב ז׳ destroyer, ruinous
מַחֲרִיד ת׳ shocking, terrible
מַחֲרִיש ת׳ deafening, silent
- מחריש אוזניים earsplitting
מְחָרֵף ת׳ blasphemous, profane
מַחֲרֵשָה נ׳ plow, plough
מָחֳרָת תה״פ the following day
מָחֳרָתַיִים תה״פ the day after tomorrow
מח״ש Police Investigation Dpt.
מִחשֵב פ׳ computerize
מַחשֵב ז׳ computer
- מחשב נייד/נישא laptop
- מחשב-על supercomputer
מַחֲשָבָה נ׳ thought, reflection
- במחשבה שנייה on second thought
- במחשבה תחילה deliberately
מַחשְבוֹן ז׳ calculator
מַחֲשַבתִּי ת׳ of thought
מִחשוּב ז׳ computerization
מַחשוֹף ז׳ neckline, exposure
מַחשָך ז׳ darkness, dark
מֵחֲשַש מ״ח for fear of
*מַחשָשָה נ׳ hashish-smokers' den
מַחתָּה נ׳ poker, fire iron
מַחתֶּרֶת נ׳ underground
- במחתרת secretly
מַחתַּרתִּי ת׳ underground
מַט ז׳ checkmate, matt, mat
- מט סנדלרים fool's mate
מָט לִיפּוֹל ramshackle
מֶטֶאוֹר ז׳ meteor, shooting star
מֶטֶאוֹרוֹלוֹגִי ת׳ meteorological
מֶטֶאוֹרִי ת׳ meteoric, brilliant
מֶטֶאוֹרִיט ז׳ meteorite
מַטאֲטֵא ז׳ broom
- מטאטא חדש *a new broom
מְטַאטֵא ז׳ sweeper, dustman
מֶטַבּוֹלִי ת׳ metabolic
מֶטַבּוֹלִיזם ז׳ metabolism, chemical processes
מִטבָּח ז׳ kitchen
מִטבָּחוֹן ז׳ kitchenette
מַטבִּיל ז׳ dipper, Baptist
מַטבֵּעַ ז׳ coin, currency, form
- החזיר באותו מטבע repay in kind
- מטבע זר foreign currency
- מטבע לשון idiom, coinage
מִטבָּעָה נ׳ mint
מַטבַּעַת נ׳ die, punch, swage
מַטָדוֹר ז׳ matador, bullfighter
מַטֶה ז׳ headquarters, staff, stick, rod
- המטה הכללי General Staff
- כבמטה קסם as if by magic
- מטה לחם staff of life, bread
מַטָה תה״פ down, under, below
מְטַהֵר ת׳ purgative, purifier
- מטהר אוויר air purifier
מְטוּאטָא ת׳ swept, cleaned
מְטוּגָן ת׳ fried, saute
מְטוֹהָר ת׳ purified, cleared

מַטְוֶה ז׳ yarn, texture, weave
מִטְוָח ז׳ shooting range, range
מְטוּוָח ת׳ ranged, aimed
מַטְוִויָּה נ׳ spinning mule/mill
מְטוּטֶלֶת נ׳ pendulum
מְטוּיָּח ת׳ whitewashed
מָטוֹל ז׳ projector, launcher
- מטול שקופיות slide projector
מְטוּלָּא ת׳ patched, spotty
מְטוּלָּל ת׳ dewy, bedewed
מְטוֹלָן ז׳ projectionist
מְטוֹלְנוֹעַ ז׳ movie projector
מְטוּמְטָם ת׳ stupid, fool
מְטוּנָּף ת׳ filthy, dirty, nasty
מָטוֹס ז׳ aircraft, airplane
- מטוס יירוט interceptor
- מטוס ים seaplane
- מטוס ללא טייס remotely piloted vehicle
- מטוס סילון jet plane
- מטוס קל light aircraft
- מטוס קרב combat aircraft
מְטוּפָּח ת׳ nursed, cherished, well-groomed
מְטוּפָּל ת׳ treated, burdened, encumbered
מְטוּפָּשׁ ת׳ stupid, foolish
*מְטוּרְלָל ת׳ disturbed, mad
מְטוֹרָף ת׳ crazy, insane, *nuts
מְטוּשְׁטָשׁ ת׳ dim, blurred
מַטָּח ז׳ salvo, volley
מט״ח = מטבע חוץ foreign currency
מְטַחֲוֵי קֶשֶׁת bowshot
מַטְחֵנָה נ׳ grinder, mincer
מְטַיֵּיל ז׳ tourist, hiker, walker
מְטִיל ז׳ bar, bullion, ingot
מְטִילָה (תרנגולת) נ׳ layer
מַטִּיף ז׳ preacher, moralist
מטכ״ל = מטה כללי General Staff
מַטָּלָה נ׳ task, assignment
מֶטַלּוּרְגְיָה נ׳ metallurgy
מֶטַלִּי (מתכתי) ת׳ metallic
מַטְלִית נ׳ cloth, rag, duster
מַטְמוֹן ז׳ treasure, cache
מֶטָמוֹרְפוֹזָה נ׳ metamorphosis, change, transfiguration
מַטָּס ז׳ flight, flyover, fly-past
מַטָּע ז׳ plantation, orchard
מַטְעֶה ת׳ deceptive, misleading
מִטַּעַם תה״פ on behalf of
מַטְעַמִּים ז״ר delicious food

מִטְעָן ז׳ baggage, cargo, freight, load, luggage, charge
- מטען חבלה demolition charge
- מטען עודף excess luggage
- מטען צד roadside charge
מַטְעֵן ז׳ charger, clip
מִטְעָנִית נ׳ pickup truck, tender
מַטְפֶּה, מַטָּף ז׳ fire extinguisher
מֶטָפוֹרָה נ׳ metaphor, image
מֶטָפוֹרִי ת׳ metaphorical
מִטְפַּחַת נ׳ handkerchief
- מטפחת ראש kerchief, scarf
מֶטָפִיזִי ת׳ metaphysical
מֶטָפִיזִיקָה נ׳ metaphysics
מְטַפֵּל ז׳ attendant, therapist
מְטַפֶּלֶת נ׳ nurse, nanny
מְטַפֵּס ז׳ creeper, climber
- מטפס הרים mountaineer
מט״ק = מפקד טנק
*מַטְקָה נ׳ bat
מָטָר ז׳ rain, shower, barrage
מֶטֶר ז׳ meter, *tape measure
- מטר מרובע square meter
*מֶטְרָאז׳ ז׳ square meters
מִטְרָד ז׳ nuisance, bother
מַטָּרָה נ׳ aim, end, goal, target
מֶטְרוֹ ז׳ metro, underground
מַטְרוֹנָה נ׳ matron, lady
מֶטְרוֹנוֹם ז׳ metronome
מֶטְרוֹפּוֹלִין נ׳ mother city
מֶטְרִי ת׳ metric
מֶטֶרְיָאלִיזְם (חוֹמְרָנוּת) ז׳ materialism
מַטְרִיאַרְכָלִי ת׳ matriarchal
מִטְרִיָּה נ׳ umbrella, *brolly
*מַטְרִיף ת׳ wonderful
מַטְרִיצָה נ׳ die, matrix
מַטְרֵף ז׳ eggbeater, whisk
מִי ז׳ E, mi
מִי מ״ג who, whom, whoever
- כל המי ומי all the celebrities
*- לא מי-יודע-מה no great shakes
- מי ומי who's who
- מי יתן I wish, Oh that-
- מי ש- whoever, he who
מ״י = מילת יחס preposition
מֵי (ראה מים) waters of
מֵיאוּן ז׳ declination, refusal
מִיאוּס ז׳ loathing
מֵיאֵן פ׳ refuse, decline

מִיגוּן ז׳ protection, defense
מִיגוּר ז׳ defeat, routing
מִיגֵן פ׳ protect, secure, defend
מִיגֵר פ׳ defeat, rout, vanquish
מִיגְרֶנָה (צְלָחָה) נ׳ migraine
מִיָד תה״פ at once, immediately
- מיד כש- as soon as
מִידַבֵּק ת׳ contagious
מִידָה נ׳ degree, extent, measure, type, size
- במידה moderately
- במידה מסוימת to some extent
- במידה ניכרת/רבה largely
- מידה כנגד מידה tit for tat
- מידת הדין strict justice
- מידת הרחמים leniency, pity
מִידוּר ז׳ keeping away, compartmentalization
מִידֵי מ״ח from, at the hands of
מִידִי (שמלה/חצאית) ז׳ midi
מֵידָע ז׳ information, tip, *gen
מִידֵר פ׳ keep away, compartmentalize
מִידַרדֵר ת׳ deteriorating
מִיהוּ, מִיהִי מ״ג who is he/she
מִיהֵם, מִיהֵן מ״ג who are they
מִיהֵר פ׳ hurry, hasten
מְיוֹאָש ת׳ desperate
מְיוּבָּא ת׳ imported, introduced
מְיוּבָּל ת׳ horny, warty, callous
מְיוּבָּש ת׳ dried, desiccated
מְיוּדָד ת׳ befriended, friendly
מְיוּדָע ת׳ acquaintance
מְיוּזָע ת׳ sweaty, perspiring
מְיוּחָד ת׳ particular, specific
- מיוחד במינו special, unique
מְיוּחָדוּת נ׳ uniqueness
מְיוּחָל ת׳ hoped for, expected
מְיוּחָם ת׳ rutted, in heat
מְיוּחָס ת׳ highborn, privileged, wellborn, attributed
מִיוּם ז׳ hydration, hydrating
מְיוּמָן ת׳ skillful, adept, versed
מְיוּמָנוּת נ׳ skill, dexterity
מִיוּן ז׳ classification, sorting
מָיוֹנֶז, מָיוֹנִית mayonnaise
מְיוּסָר ת׳ agonized, suffering
מְיוּעָד ת׳ intended, designed, destined, appointed
מְיוּעָר ת׳ afforested, wooded
מְיוּפֶּה כּוֹחַ ז׳ proxy

*מְיוּפְיָיף ת׳ beautified, prudish
מְיוּצָא ת׳ exported
מְיוּצָג ת׳ represented
מְיוּצָר ת׳ manufactured
מְיוּשָׁב ת׳ seated, calm, sedate, inhabited, settled
מְיוּשָׁן ת׳ out-of-date
מְיוּשָׁר ת׳ straightened, leveled
מְיוּתָּם ת׳ orphaned, isolated
מְיוּתָּר ת׳ needless, unnecessary
מִיזֵג פ׳ amalgamate, merge
מִיזוּג ז׳ amalgamation, merger
- מיזוג אוויר airconditioning
- מיזוג גלויות fusion of exiles
מֵיזָם ז׳ enterprise, project
מִיזַנתְּרוֹפּ ז׳ misanthrope, mankind-hater
מֵיזָע ז׳ sweatshirt, jumper
מִיחָה פ׳ protest, object, wipe
מֵיחוּשׁ ז׳ ache, pain, trouble
מֵיחַם ז׳ samovar, urn
מֵיטָב ז׳ best, prime, optimum
- לֹא - למיטב ידיעתי not that I know of
- למיטב ידיעתי so far as I know
מֵיטָבִי ת׳ best, optimal
מִיטָה נ׳ bed, couch, cot, berth
- מיטה דו קומתית bunkbed
- מיטה זוגית double bed
- מיטה מתקפלת camp bed
- מיטת סדום narrow place
- מיטת תינוק crib, cot
מֵיטִיב ז׳ benefactor, improver
- מיטיב לכת walks well
מִיטַלטֵל ת׳ portable, movable
מִיטַלטְלִין ז״ר chattels, goods
מִיטַעֵן ת׳ self-loading
מְיַיבֵּשׁ ז׳ drier, dryer, desiccant
- מייבש כביסה tumble dryer
- מייבש כלים drainboard
- מייבש שיער hair dryer
מְייַגֵעַ ת׳ tiresome, exhausting
מִייָד תה״פ immediately
מִייָדִי ת׳ immediate, prompt
מִייָדִית תה״פ immediately
מַייל ז׳ mile
מְייַלֵּד ז׳ obstetrician
מְייַלְּדוּת נ׳ midwifery
מְייַלֶּדֶת נ׳ midwife
מַיֶמֶת (מחלה) נ׳ dropsy
- מיימת הראש hydrocephalus

מִיֵּין פ׳ classify, sort, assort
מְיַיסֵּד ז׳ founder, establisher
מְיָיעֵץ ת׳ advisory, consultant
מְיַיצֵּב ז׳ stabilizer, outrigger
- מייצב שיער conditioner
מְיַיצֵּג ת׳ representing
מִיכּוּן ז׳ mechanization
מִיכֵּן פ׳ automate, mechanize
מִיל ז׳ mile
מיל׳ = מילואים
מִילֵּא פ׳ fill, fill in, fulfill, keep
- מילא את רצונו grant his wish
- מילא הבטחה keep a promise
- מילא טופס fill out a form
- מילא ידיו authorize
- מילא כרסו stuff oneself
- מילא מקום replace
- מילא פיו מים remain silent
- מילא תפקיד serve as
מֵילָא מ״ק never mind, OK
מִילָּה נ׳ word, entry, term
- במילים אחרות that is to say
- מילה במילה literally
- מילה נגדית antonym
- מילה נרדפת synonym
- מילה שאולה loanword
- מילת גוף pronoun
- מילת חיבור conjunction
- מילת יחס preposition
- מילת מפתח keyword
- מילת קריאה interjection
- מילת שאלה interrogative
- מילת שלילה negative
מִילָה נ׳ circumcision
מֵילָה (עץ) נ׳ ash
מִילּוּא הַיָּרֵחַ ז׳ full moon
מִילּוּאִים ז״ר army reserve, supplement, addition
*מִילּוּאִימְנִיק ז׳ reservist
מִילּוּט ז׳ escape, rescue
מִילּוּי ז׳ stuffing, filling, fulfillment, refill, inlay
- מילוי מקום replacement
מִילּוּלִי ת׳ literal, verbal
מִילּוֹן ז׳ dictionary, lexicon
- מילון מלים נרדפות thesaurus
מִילּוֹנָאוּת נ׳ lexicography
מִילּוֹנַאי ז׳ lexicographer
מִילּוֹנָאִי, מִילּוֹנִי ת׳ lexical
מִילֵּט פ׳ deliver, save, rescue
מִילְיַארְד ש״מ billion, milliard
מִילְיַארְדִּית ת׳ billionth

מִילְיַארְדֶּר ז׳ billionaire
מִילִיגְרָם ז׳ milligram
מִילְיוֹן ש״מ million, mega-
- המיליון millionth
מִילְיוֹנִית נ׳ millionth
מִילְיוֹנֶר ז׳ millionaire
מִילִיטַנְטִי ת׳ militant, warring
מִילִיטַנְטִיּוּת נ׳ militancy
מִילִיטָרִיזְם ז׳ militarism
מִילִימֶטֶר ז׳ millimeter
מִילִיצְיָה נ׳ militia, citizen army
מִילֵּל פ׳ say, speak, utter
מִילֶנְיוּם ז׳ millennium
מִילְקְשֵׁייק ז׳ milk shake
מַיִם ז״ר water, waters
- באו מים עד נפש in deep water
- מי בושם perfume
- מי חופין territorial waters
- מי חמצן hydrogen peroxide
- מי מלח salt water, brine
- מי קולון eau de cologne
- מי רגליים urine
- מי שופכין/ביוב sewage water
- מי שפיר amniotic fluid
- מי שתייה drinking water
- מי תהום ground water
- מים אחרונים washing after meal
- מים גנובים ימתקו stolen waters are sweet
- מים טריטוריאליים territorial waters
- מים כבדים heavy water
- מים מזוקקים distilled water
- מים מתוקים fresh water
- מים קשים hard water
- מים רכים soft water
- על מי מנוחות calmly
מֵימַד (ראה מֵמַד) ז׳ dimension
מִימוֹזָה (צמח) ז׳ mimosa
- מימוזה ביישנית mimosa pudica
מִימּוּן ז׳ financing, flotation
מִימּוּשׁ ז׳ realization, execution
- מימוש רווחים profit taking
מֵימִי ת׳ aquatic, watery
מֵימִיּוּת נ׳ wateriness
מֵימִיָּה נ׳ canteen, water bottle
מִיָּמִים יָמִימָה תה״פ of old
מִימִיקָה נ׳ mimicry, mimicking
מִימֵּן פ׳ finance, fund
מֵימָן ז׳ hydrogen

מֵימְרָה נ׳ saying, proverb
מִימֵשׁ פ׳ realize, execute
מִין ז׳ kind, sort, sex, species, class, heretic, gender
- המין האנושי humankind
- כל מיני all kinds of
- מין בטוח safe sex
- מיני מתיקה sweets
מִינָּה פ׳ appoint, nominate
מִינוּאֶט (ריקוד) ז׳ minuet
מִינוּחַ ז׳ terminology
מִינּוּי ז׳ appointment, nomination, subscription
מִינּוּן ז׳ dosage, apportionment
מִינוּס ז׳ less, minus, *disadvantage
מִינוֹר (סולם קולות) ז׳ minor
מִינוֹרִי ת׳ minor, inferior, sad
מִינוּת נ׳ heresy, impiety
מִינִי ת׳ sexual, venereal, small
מִינִי (שמלה/חצאית) ז׳ mini
מִינְיָאטוּרָה (מִזְעֶרֶת) נ׳ miniature
מִינְיָאטוּרִי ת׳ very small
מִינִיבּוּס ז׳ minibus
מִינִיוּת נ׳ sexuality, sexiness
מִינִימוּם ז׳ minimum, least
מִינִימָלִי ת׳ minimal, smallest
מִינִימַרְקֶט ז׳ minimarket
מִינִיסְטֶר (שר) ז׳ minister
מִינִיסְטֶרְיָאלִי ת׳ ministerial
מִינֵּן פ׳ dose, apportion
מִינְק (חורפן) ז׳ mink
מֵינֶקֶת נ׳ wet nurse, suckler
מִינֶרָל (מחצב) ז׳ mineral
מִינֶרָלוֹגְיָה נ׳ mineralogy
מֵיסַב ז׳ bearing
- מיסב גלילים roller bearing
- מיסב כדורי ball bearing
מִיסֵּד פ׳ establish, institutionalize
מִיסָּה פ׳ tax, impose a tax on
מִיסָה נ׳ Mass
מִיסּוּד ז׳ establishment
מִיסּוּי ז׳ taxation, levying taxes
מִיסּוּךְ ז׳ masking, screening
מִיסְטִי ת׳ mystical, mysterious
מִיסְטִיוּת נ׳ mysticism
מִיסְטִיקָה נ׳ mystique
מִיסְטֶר ז׳ Mister, Mr.
מִיסְיוֹן ז׳ mission
מִיסְיוֹנֶר ז׳ missionary
מִיסְיוֹנֶרִי ת׳ missionary

מִיסֵּךְ פ׳ screen, mask
מִיסְעָה נ׳ carriageway
מִיעוּט ז׳ minority, little
מִיעֵט פ׳ reduce, lessen, belittle
מִיעֵן פ׳ address, post, mail
מִיפָּה פ׳ map, plot, scan
מִיפּוּי ז׳ cartography, mapping
מִיץ ז׳ juice, squash, crush
מִיצָּב ז׳ status, standing
מֵיצָג ז׳ performance, display
מִיצָּה פ׳ extract, exhaust
- מיצה הדין עמו punish to the utmost
- מיצה עצמו express oneself entirely
מִיצּוּי ז׳ extraction, exhaustion
- מיצוי הדין strict punishment
מִיצּוּעַ ז׳ averaging, mean
מִיצּוּק ז׳ solidification
מִיצּוֹר ז׳ composition, opus
מִיצַּע פ׳ find the average
מִיצֵּק פ׳ firm, solidify
מֵיצַר ז׳ isthmus, strait, distress
- בין המצרים cornered
מִיקֵד פ׳ focus, concentrate
מִיקָה (נציץ) נ׳ mica
מִיקּוּד ז׳ zip code, focusing
מִיקּוּחַ ז׳ bargaining
מִיקּוּם ז׳ location, position
מִיקּוּשׁ ז׳ mine laying, mining
מִיקָּח ז׳ buying, purchase, take
- מיקח וממכר bargaining
- מיקח טעות bad bargain
- עמד על המיקח haggle
מִיקֵם פ׳ locate, place, station
מִיקְס (ערבול) ז׳ mix
מִיקְסֶר (מערבל) ז׳ mixer
מִיקֵּף פ׳ hyphen, hyphenate
מִיקְרוֹ ת׳ micro, very small
מִיקְרוֹבִּיוֹלוֹג ז׳ microbiologist
מִיקְרוֹבִּיוֹלוֹגִי ת׳ microbiological
מִיקְרוֹבִּיוֹלוֹגְיָה נ׳ microbiology
מִיקְרוֹגַל ז׳ microwave (oven)
מִיקְרוֹן (אלפית מ"מ) ז׳ micron
מִיקְרוֹסְקוֹפּ ז׳ microscope
מִיקְרוֹסְקוֹפִּי ת׳ microscopic
מִיקְרוֹפוֹן ז׳ microphone, *mike
- מיקרופון שתול *bug
מִיקְרוֹפִילְם ז׳ microfilm
מִיקְרוֹפִישׁ ז׳ microfiche
מִיקְרוֹקוֹסְמוֹס ז׳ microcosm
מִיקֵשׁ פ׳ mine, plant mines

מֵירוּב ז׳ maximization
מֵירוֹץ ז׳ race, running, run
- מירוץ החימוש arms race
- מירוץ מכוניות car race
- מירוץ מכשולים obstacle race
- מירוץ משוכות hurdle race
- מירוץ סוסים horse race
- מירוץ שליחים relay race
מֵירוּק ז׳ polishing
מֵירֵק פ׳ polish, scour, rub up
מֵירֵר פ׳ embitter, distress
- מירר בבכי weep bitterly
מִישֶׁהוּ מ״ג somebody
מִישֶׁהִי מ״ג somebody
מִישׁוֹר ז׳ plain, plane, level
- מישור משופע inclined plane
מִישׁוֹרִי ת׳ plane, level, flat
מִישׁוֹרֶת נ׳ platform, landing
מִישׁוּשׁ ז׳ feeling, touch, grope
- חוש המישוש sense of touch
*מִישְׁמָשׁ ז׳ mishmash, disorder
מִישָׁק ז׳ joint
מֵישָׁר ז׳ cadet
מֵישָׁרִים ז״ר justice, directly
מִישֵּׁשׁ פ׳ feel, grope, touch
מִיתֵּג פ׳ brand, switch, bridle
מֵיתָד ז׳ dowel pin
מִיתָה נ׳ death, execution
- מיתה משונה ugly death
- מיתת נשיקה easy death
מִיתּוּג ז׳ branding, switching
מִיתוֹלוֹגִי ת׳ mythological
מִיתוֹלוֹגְיָה נ׳ mythology, myths
מִיתּוּן ז׳ recession, moderation
מִיתוֹס ז׳ myth, legend
מִיתִי ת׳ mythic, legendary
מִיתַּמֵּם ת׳ pretending simplicity
מִיתֵּן פ׳ moderate, temper
מֵיתָר ז׳ chord, cord, catgut, gut, string, tendon
- מיתרי הקול vocal cords
מָךְ ז׳ poor, humble, Mach
מ״כ = מפקד כיתה
מַכְאוֹב ז׳ pain, ache, affliction
מַכְאִיב ת׳ painful, sore, smart
מִכָּאן תה״פ hence, from here
- מכאן ואילך from now on
- מכאן ולהבא from now on
מַכַּבִּי ת׳ Maccabean
מְכַבֵּי אֵשׁ fire brigade
מַכְבִּיר מִלִּים ת׳ verbose, wordy
מַכְבֵּנָה נ׳ brooch, hairpin
מִכְבָּסָה נ׳ laundry, cleaners
מַכְבֵּשׁ ז׳ press, roller
- מכבש דפוס printing press
מִכְּדֵי מ״י more than, less than
מַכָּה נ׳ hit, stroke, blow, *job
- במכה אחת at one blow
- מכות נאמנות heavy blows
- מכת חום heat stroke
- מכת מוות deathblow
- מכת שמש sunstroke
מְכַהֵן ת׳ incumbent, sitting
מְכוּבָּד ת׳ respectable
מְכוּבֶּה ת׳ off, extinguished
מְכוּבָּס ת׳ laundered, washed
מְכוּדָּן ת׳ bayoneted
מַכְוֵן ז׳ tuner, regulator, pilot
מְכוּוָּן ת׳ aimed, intentional
- במכוון deliberately
מְכוּוְנָן ת׳ in tune, adjusted
מְכוּוָּץ ת׳ shrunken, contracted
מְכַוֵּץ ת׳ constrictor
מִכְוֶורֶת נ׳ apiary, beehives
מִכּוֹחַ מ״י by right of
מְכוּיָּל ת׳ calibrated, gauged
מְכוּכָּב ת׳ starred, star-studded
מְכוּלָה נ׳ container
מְכוּלְכָּל ת׳ dependant
מַכּוֹלֶת נ׳ grocery, groceries
מָכוֹן ז׳ institute, faculty
- מכון יופי beauty parlor
- מכון כושר fitness club, gym
מְכוֹנָאוּת נ׳ mechanics
מְכוֹנַאי ז׳ machinist, mechanic
מְכוֹנָה נ׳ machine
- מכונת אמת lie detector
- מכונת גילוח electric razor
- מכונת זמן time machine
- מכונת חישוב calculator
- מכונת כביסה washing-machine
- מכונת כתיבה typewriter
- מכונת לב-ריאה heart-lung machine
- מכונת תפירה sewing machine
מְכוּנֶּה ת׳ named, called
מְכוֹנִית נ׳ car, vehicle
- מכונית מירוץ racing car
- מכונית ספורט sports car
- מכונית תופת booby-trapped car

מְכוּנָם ת׳ **lousy, lice-ridden**
מְכוֹנֵן ז׳ **founder, establisher**
- אסיפה מכוננת **constituent assembly**

מְכוּנָס ת׳ **gathered in**
- מכונס בעצמו **introvert**

מְכוּנָף ת׳ **winged**
מְכוּסֶה ת׳ **covered, thick with**
- מכוסי הזרע **angiosperm**

מְכוֹעָר ת׳ **ugly, nasty, plain**
מְכוּפָל ת׳ **multiplied, redoubled**
מְכוּפְתָּר ת׳ **buttoned up**
מָכוּר ת׳ **sold, addicted, *hooked on, setup (game)**
מְכוּרְבָּל ת׳ **wrapped up**
מְכוֹרָה נ׳ **homeland**
מְכוּרְכָּם ת׳ **saffron, suffering**
מַכּוֹשׁ ז׳ **hoe, pick, pickax**
מְכוּשָּׁף ת׳ **charmed, bewitched**
מְכוּתָּב ת׳ **addressee**
מְכוּתָּר ת׳ **surrounded**
מִכְחוֹל ז׳ **brush, paintbrush**
מִכֵּיוָון תה״פ **because, as, since**
מֵכִיל ת׳ **containing, holding**
מְכִינָה נ׳ **preparatory school**
מַכִּיר ז׳ **acquaintance, friend**
מָכִיר ת׳ **saleable, purchasable**
מְכִירָה נ׳ **selling, sale, sell**
- מכירה פומבית **auction, sale**
- מכירת חיסול **clearance sale**

מְכָל ז׳ **container, tank, cistern**
- מכל גז **gasholder, gasometer**
- מכל הדחה **cistern, flush tank**

מִכָּל מָקוֹם תה״פ **anyway**
מִכְלָאָה נ׳ **pen, fold, pound**
מַכְלֵב ז׳ **stapler, staple gun**
מִכְלוֹל ז׳ **generality, total, sum**
מְכָלִית נ׳ **tanker, tank truck**
מִכְלָל ז׳ **perfection, assembly**
מִכְּלָל מ״י **out of, from, so**
מִכְּלָלָא ת׳ **implied**
מִכְלָלָה נ׳ **college, university**
מכ״ם=מגלה כוון ומרחק **radar**
מִכֶּם, מִכֶּן מ״י **of you, from you**
מִכְמוֹנֶת נ׳ **trap, speed trap**
מִכְמוֹרֶת נ׳ **fishing net, trawl**
מִכְמַנִּים ז״ר **treasures, secrets**
מְכַנֶּה ז׳ **denominator, naming**
- מכנה משותף **common denominator**

מֵכָנִי ת׳ **mechanical**
מֵכָנִיּוּת נ׳ **mechanism**
מֶכָנִיזם (מנגנון) ז׳ **mechanism**
מַכְנִיס ת׳ **profitable**
- מכניס אורחים **hospitable**

מֶכָנִיקָה נ׳ **mechanics**
מִכְנָס ז׳ **breech, trouser-leg**
מִכְנָסוֹנִים ז״ר **shorts, bloomers**
מִכְנָסַיִים ז״ר **pants, trousers**
- מכנסי רכיבה **riding breeches**
- מכנסיים קצרים **shorts**

מִכְנָף ז׳ **frock, frock coat**
מֶכֶס ז׳ **customs, duty, tax, levy**
- מכס מגן **protective tariff**

מִכְסֶה ז׳ **cap, cover, lid, top**
מִכְסָה נ׳ **norm, quota, stint**
מַכְסֵחָה נ׳ **lawn-mower, mower**
מַכְסִיף ת׳ **gray, silvery**
מַכְפִּיל ז׳ **multiplier**
מַכְפֵּלָה נ׳ **product**
מַכְפֶּלֶת נ׳ **hem**
מָכַר פ׳ **sell, vend, betray**
מֶכֶר ז׳ **sale, merchandise**
מַכָּר ז׳ **acquaintance, friend**
מִכְרֶה ז׳ **mine, pit**
- מכרה זהב **goldmine**
- מכרה פחם **coalmine**

מִכְרָז ז׳ **tender, bid**
מַכְרִיעַ ת׳ **decisive, determinant**
מְכַרְסֵם ז׳ **rodent, nibbling**
מִכְשׁוֹל ז׳ **obstacle, obstruction**
מִכְשׁוּר ז׳ **instrumentation**
מַכְשִׁיר ז׳ **appliance, gadget, instrument, tool, vehicle**
- מכשיר שמיעה **hearing aid**
- מכשירי כתיבה **stationery**

מַכְשֵׁלָה נ׳ **obstacle, obstruction**
מְכַשֵּׁף ז׳ **magician, wizard**
מְכַשֵּׁפָה נ׳ **witch, sorceress**
מִכְתָּב ז׳ **letter, epistle**
- מכתב אשראי **letter of credit**
- מכתב רשום **registered letter**

מִכְתָּבָה נ׳ **desk, escritoire**
מִכְתָּם ז׳ **epigram, proverb**
מַכְתֵּשׁ ז׳ **crater, hollow, mortar**
מָל (הערלה) פ׳ **circumcise**
מָלֵא פ׳ **be full, overflow**
- במלאות לו **at the age of**
- מלאו ליבו **dare**

מָלֵא ת׳ **abundant, full, replete**
- מלא וגדוש **packed**
- מלא חיים **lively, perky**
- מלא מפה לפה **packed**
- מלא על גדותיו **brimful**

מַלְאֶה ת׳ tiresome, tedious
מְלֵאוּת נ׳ fullness, plenitude
מְלַאי ז׳ stock, supply
מַלְאָךְ ז׳ angel, messenger
מְלָאכָה נ׳ work, labor, craft
- מלאכת יד handicraft
- מלאכת מחשבת masterwork
מְלָאכוּתִי ת׳ artificial, affected
מְלָאכוּתִיוּת נ׳ artificiality
מְלָאכוּתִית תה״פ artificially
מַלְאָכִי ת׳ angelic, heavenly
מְלַבֵּב ת׳ attractive, fascinating
מִלְּבַד מ״י apart from, besides
מַלְבּוּשׁ ז׳ garment, clothing
מַלְבֵּן ז׳ rectangle
מַלְבֵּנִי ת׳ rectangular, oblong
מִלְּבַר תה״פ from outside
מְלַגַּאי ז׳ stipendiary, scholar
מִלְגָּה נ׳ grant, stipend
מִלְּגַו תה״פ from inside
מַלְגֵּזָה נ׳ forklift truck
מַלְהִיב ת׳ exciting, stirring
מלה״ע = מלחמת העולם
מְלוֹא ז׳ fullness, capacity
- במלוא הקיטור steam ahead
- כמלוא הנימה in the slightest
- מלוא החופן/חופניים plenty
- מלוא קומתו full height
מְלוּבָּה ת׳ inflamed, kindled
מְלוּבָּן ת׳ white-hot, clarified
מְלוֹג ז׳ usufruct, rent
מֶלוֹדִי ת׳ melodic, tuneful
מֶלוֹדְיָה נ׳ melody, tune, air
מֶלוֹדְרָמָתִי ת׳ melodramatic
מְלוּהָק ת׳ be cast (in a play)
מִלְוֶה ז׳ loan, lending
מְלַוֶּה ז׳ accompanist, escort
מְלוּוֶּה ת׳ accompanied
מַלְוֶה ז׳ lender, creditor
מָלוּחַ ת׳ salted, salty, briny
מַלּוּחַ (שיח בר) ז׳ saltbush
מְלוּטָּשׁ ת׳ honed, polished
מְלוּכָּד ת׳ united, combined
מְלוּכָה נ׳ kingdom, monarchy
מְלוּכְלָךְ ת׳ dirty, filthy, foul
מְלוּכָן ז׳ monarchist, royalist
מְלוּכְסָן ת׳ oblique, slanting
מְלוּמָּד ז׳ learned, scholar, sage
מָלוֹן ז׳ hotel
מֶלוֹן ז׳ melon
מְלוֹנָאוּת נ׳ hotelkeeping
מְלוֹנַאי ז׳ hotelier, hotelkeeper

מְלוּנָה נ׳ doghouse, kennel
מְלוֹנוֹעַ ז׳ motel
מְלוּפָּף ת׳ wrapped round
מְלוּקָּט ת׳ eclectic, collected
מְלוּקָּק ת׳ licked, *flattered
מֶלַח ז׳ salt
- מלח אנגלי Epsom salts
- מלח הארץ salt of the earth
- מלח לימון citric acid
מַלָּח ז׳ sailor, seaman, salt
מְלֵחָה נ׳ salt marsh
מִלְחִי ת׳ salty, saline, saliferous
מִלְחִיָּה נ׳ saltcellar, saltshaker
מַלְחִין ז׳ composer
מְלַחֵךְ פִּנְכָּה ז׳ bootlicker, toady
מַלְחֵם ז׳ soldering iron
מִלְחָמָה נ׳ war, battle, warfare
- מלחמת אזרחים civil war
- מלחמת הכוכבים Star Wars
- מלחמת המפרץ Gulf War
- מלחמת העולם השנייה Second World War, WWII
- מלחמת העצמאות War of Independence
- מלחמת התשה war of attrition
- מלחמת מנע preventive war
- מלחמת עצבים war of nerves
- מלחמת שוורים bullfight
מִלְחַמְתִּי ת׳ belligerent, warlike
מַלְחֵץ ז׳ clamp, vise, vice, press
מֶלְחָצַיִם ז״ר clamp, vise, vice
מַלְחֶצֶת נ׳ clamp, cramp-iron
מֶלֶט ז׳ cement, mortar
מִלְטָשָׁה נ׳ polishing workshop
מְלִיאָה נ׳ plenum, plenary meeting
מִלֵּידָה ת׳ born, congenital
מָלִיחַ ז׳ herring
מְלִיחָה נ׳ salting
מְלִיחוּת נ׳ salinity, saltiness
*מַלְיָין ז׳ rich, millionaire
מֵלִיץ (יוֹשֶׁר) ז׳ advocate
מְלִיצָה נ׳ figure of speech
מְלִיצִי ת׳ high-flown, florid
מְלִיקָה נ׳ wringing the neck
מִלִּית נ׳ particle
מְלִית נ׳ stuffing, filling
מָלַךְ פ׳ reign, rule, dominate
מֶלֶךְ ז׳ king, ruler, monarch
מַלְכָּ״ר ז׳ nonprofit organization

מְלַכֵּד פ׳ booby-trap, mine
מַלְכָּה נ׳ queen
- מלכת יופי beauty queen
מַלְכּוֹד ז׳ booby trap, catch
מַלְכּוֹדֶת נ׳ snare, trap, net, pit
- מלכודת אש fire trap
מַלְכוּת נ׳ kingdom, majesty
מַלְכוּתִי ת׳ kingly, majestic
מְלָכִים (בתנ״ך) Kings
מִלְכַתְּחִילָּה תה״פ from the start
מֶלֶל ז׳ talk, verbosity
מְלַמֵּד ז׳ religious teacher
- מכל מלמדיי השכלתי I learn from everybody
מַלְמָד ז׳ goad, prod
מִלְמוּל ז׳ muttering, murmur
מִלְמַטָּה תה״פ from below
מֶלָמִין ז׳ melamine (resin)
מִלְמֵל פ׳ mutter, murmur
מַלְמָלָה נ׳ muslin, batiste
מַלְמָלִית נ׳ tissue
מִלְמַעְלָה תה״פ from above
מֶלָנוֹמָה (שַׁחֲרוֹמֶת) נ׳ melanoma
מֶלַנְכּוֹלִי ת׳ melancholic
מֶלַנְכּוֹלְיָה נ׳ melancholy, gloom
מִלְעוֹרִי ת׳ transdermal
מִלְעֵיל ת׳ penultimate accent
מַלְעָן ז׳ husk, awn, beard
מִלִּפְנֵי מ״י before, from before
מְלָפְפוֹן ז׳ cucumber
- מלפפון ים sea cucumber
מֶלְצַר ז׳ waiter, barman
מֶלְצָרוּת נ׳ serving, waiting
מֶלְצָרִית נ׳ waitress, barmaid
מָלַק פ׳ wring the neck
מִלְקָה ז׳ ecliptic
מַלְקוֹחַ ז׳ plunder, loot, booty
מַלְקוֹשׁ ז׳ last rain
מַלְקוֹת נ״ר flogging
מֶלְקָחַיִם ז״ר forceps, pincers
מַלְקֶטֶת נ׳ pincette, tweezers
מָלַרְיָה נ׳ malaria
מִלְּרַע ת׳ ultimate accent
מַלְשִׁין ז׳ informer, *fink
*מַלְשִׁינוֹן ז׳ informing on tax evaders
מֶלְתָּחָה נ׳ wardrobe, cloakroom
מַלְתָּעָה נ׳ jaw, premolar
מֵם נ׳ mem (letter)
מ״מ = מפקד מחלקה
מַמְאִיר ת׳ cancerous, malignant
מֶמְבְּרָנָה (קרומית) נ׳ membrane
מַמְגּוּרָה נ׳ barn, granary
מֵמַד ז׳ dimension, proportions
ממ״ד = ממלכתי דתי
מְמַדִּי ת׳ dimensional
מָמוֹגְרַפְיָה נ׳ mammography
מְמוּדָּר ת׳ compartmentalized, kept away
מְמוּזָּג ת׳ airconditioned
מְמוּזְלָג ת׳ forked, bifurcate
*מְמוּזְמָז ת׳ wasted (time)
מְמוּחְזָר ת׳ recycled
מְמוּחְשָׁב ת׳ computerized
מְמוֹטָט ת׳ collapsing, shattered
מְמוּיָּן ת׳ classified, sorted
מְמוּכָּן ת׳ mechanized
מִמּוּל מ״י opposite, vis-a-vis
מְמוּלָּא ת׳ stuffed, filled
מְמוּלָּח ת׳ salty, shrewd, clever
מְמוּלְכָּד ת׳ booby-trapped
מְמוּמָּן ת׳ financed, funded
מָמוֹן ז׳ money, mammon
מְמוּנֶּה ז׳ in charge, appointed
מְמוּנָּע ת׳ motor, motorized
מְמוּסְגָּר ת׳ rimmed, framed
מְמוּסָּד ת׳ established
מְמוּסְפָּר ת׳ numbered
מְמוּצָּע ז׳ average, mean
- בממוצע on the average
- ממוצע אריתמטי arithmetic mean
מְמוּקָּד ת׳ focused, directed
מְמוּקָּם ת׳ placed, situated
מְמוּקָּשׁ ת׳ mined
מְמוֹרָט ת׳ polished, honed
מְמוּרְמָר ת׳ embittered
מְמוֹרָק ת׳ polished, honed
מְמוּשָּׁךְ ת׳ prolonged
מִמּוּשְׁכּוֹת תה״פ for a long time
מְמוּשְׁכָּן ת׳ pawned, mortgaged
מְמוּשְׁמָע ת׳ disciplined
מְמוּשְׁקָף ת׳ wearing glasses
מָמוּתָה נ׳ mammoth
מְמוּתָּק ת׳ sweetened, sugared
מַמְזֵר ז׳ bastard, *devil
מַמְזֵרוּת נ׳ bastardy
מַמְזֵרִי ת׳ bastard, shrewd
מַמְחֶה ז׳ assignor, blender
מִמְחָטָה נ׳ handkerchief
מִמְטָר ז׳ shower, light rain
מַמְטֵרָה נ׳ sprinkler

מְמַיֵּן ז׳ sorter, classifier
מְמִילָא תה״פ in any case
מֵמִיר ז׳ converter, transformer
מִמְכָּר ז׳ sale, selling
מְמַכֵּר ת׳ addictive
מְמַלֵּא מָקוֹם acting, substitute
מַמְלָכָה נ׳ kingdom, realm
- ממלכת החי animal kingdom
מַמְלַכְתִּי ת׳ state, royal
- ממלכתי-דתי State-Religious
מַמְלַכְתִּיּוּת נ׳ statehood
מִמֶּנִּי, מִמְּךָ וכו׳ מ״י from me/you etc.
מִמְסָד ז׳ estabiishment
מִמְסָדִי ת׳ of the establishment
מְמַסְפֵּר ז׳ numerator
מִמְסָר ז׳ relay
מִמְסָרָה נ׳ transmission, gear
מִמַּעַל תה״פ above, from above
מִמְצָא ז׳ finding, discovery
מְמַצֶּה ת׳ thorough, exhaustive
מַמְצִיא ז׳ innovator, inventor
ממ״ק=ממלא מקום קצין warrant officer
מִמְרָח ז׳ spread, paste
מַמָּשׁ תה״פ really, just, actually
*- ממש לא no, not at all
מַמָּשׁוּת נ׳ reality, substance
מַמָּשִׁי ת׳ actual, real, tangible
מִמְשָׁךְ בַּנְקָאִי ז׳ draft
מִמְשָׁל ז׳ administration
מֶמְשָׁלָה נ׳ cabinet, government
- ממשלת מעבר caretaker government
מֶמְשַׁלְתִּי ת׳ governmental
מְמַשְׁמֵשׁ וּבָא ת׳ imminent
מִמְשָׁק ז׳ interface
מִמָּתַי תה״פ since when?
מַמְתִּיק ת׳ sweetening
מַמְתָּק ז׳ candy, sweet
מָן ז׳ manna, delicious food
מִן מ״י from, of, than, out of
- למן from
- מן הדין it is proper
- מן הסתם probably
- מן הראוי it is proper
מִנְבָּטָה נ׳ seedbed, cold frame
מַנְגּוֹ (פרי) ז׳ mango
מַנְגִּינָה נ׳ tune, melody, air
מַנְגָּל ז׳ barbecue, grill
מְנַגֵּן ז׳ musician, player
מַנְגָּן (יסוד כימי) ז׳ manganese
מַנְגָּנוֹן ז׳ mechanism, machinery, staff, personnel
- מנגנון מפלגה party machine
מַנְגְּרוֹבִים ז״ר mangrove
מַנְדּוֹלִינָה (כלי נגינה) נ׳ mandolin
מַנְדָּט ז׳ mandate, authorization, seat
מַנְדָּטוֹרִי ת׳ of the British Mandate
מַנְדָּרִינָה נ׳ mandarin, tangerine
מָנָה פ׳ count, number
מָנָה נ׳ course, dish, dose, quotient, ration, share
*- מנה הגונה earful, what for
- מנות קרב iron rations
- מנת חלקו lot, portion, fate
- מנת יתר overdose
- מנת משכל intelligence quotient, IQ
מִנְהָג ז׳ custom, habit, manner
מנה״ח = מנהל חשבונות
מַנְהִיג ז׳ leader, captain, chief
מַנְהִיגוּת נ׳ leadership
מְנַהֵל ז׳ director, manager
- מנהל חשבונות bookkeeper
- מנהל כללי director-general
- מנהל עבודה foreman, ganger
מִנְהָל ז׳ administration
- מנהל עסקים business administration
מִנְהָלָה נ׳ directorate, executive
מִנְהָלִי ת׳ administrative
מִנְהָרָה נ׳ tunnel, subway
מְנוּגָּד ת׳ opposed, contrary
מְנוֹד ראש ז׳ shaking the head
מְנוּדֶּה ת׳ outcast, ostracized
מְנוּוָל ת׳ villain, *crook, ugly
מְנוּוָן ת׳ degenerate, decadent
מְנוּזָּל ת׳ having a cold
מָנוֹחַ ז׳ rest, peace, deceased
מְנוּחָה נ׳ rest, peace, respite
- הובא למנוחות be buried
- מנוחתו עדן May he rest in peace
מְנוּטְרָל ת׳ neutralized, inactive
מָנוּי ז׳ subscriber, counted
- מנוי וגמור firmly decided
מְנוּכֶּה ת׳ deducted, discounted
מְנוּכָּר ת׳ alienated, estranged
מְנוּמְנָם ת׳ sleepy, drowsy, dozy
מְנוּמָּס ת׳ polite, courteous
מְנוּמָּק ת׳ reasoned, argued

מְנוּמָר ת׳	spotted, mottled
מָנוֹס ז׳	escape, refuge, flight
- אין מנוס	it can't be helped
מְנוּסָה נ׳	flight, stampede, bolt
מְנוּסֶה ת׳	experienced, versed
מְנוּסָח ת׳	phrased, worded
מָנוֹעַ ז׳	engine, motor
- מנוע סילון	jet engine
מָנוּעַ ת׳	prevented, forbidden
מְנוֹעִי ת׳	motorized, motor
מָנוֹף ז׳	lever, crane, hoist
מְנוֹפַאי ז׳	crane operator
מְנוּפֶּה ת׳	sifted, sieved, clean
מְנוּפָּח ת׳	inflated, swollen
מְנוּפָּץ ת׳	shattered, carded
מְנוּצֶה ת׳	fledged, plumed
מְנוּצָּח ת׳	beaten, defeated
מְנוּצָּל ת׳	exploited, utilized
מְנוּקָד ת׳	vocalized, vowelized, pointed, dotted
מָנוֹר ז׳	boom, warp beam
מְנוֹרָה נ׳	lamp, light
- מנורה כחולה	sunlamp
מְנוּשָׁל ת׳	dispossessed, evicted
מְנוּתָּב ת׳	directed, tracked
מְנוּתָּח ת׳	operated, analyzed
מְנוּתָּץ ת׳	smashed, shattered
מְנוּתָּק ת׳	disconnected, faraway, off
*מֶנְזָה נ׳	cafeteria, snack bar
מִנְזָר ז׳	convent, monastery
מַנְחֶה ז׳	compere, host, presenter, guide
מִנְחָה נ׳	present, gift, afternoon prayer
מְנַחֵם ת׳	consolatory
מְנַחֵשׁ ז׳	fortune teller, diviner
מַנְחֵת ז׳	buffer, absorber
מִנְחָת ז׳	landing field
- מנחת מסוקים	heliport
מֶנְטָלִי ת׳	mental
מֶנְטָלִיּוּת נ׳	mentality
מַנְטְרָה (מילה חוזרת) נ׳	mantra
מִנִּי מ״י	of, from, since
- מני אז	ever after, since then
*מַנְיָאק ז׳	maniac, madman
מְנָיָה נ׳	share, stock
- מניה בטוחה/יקרה	blue chip
- מניות בכורה	preferred stock
- מניות יסוד	founders' shares
- מניות על שם	registered shares, inscribed stock
- מניית הטבה	bonus share
מַנְיָה נ׳	mania, mental illness
- מניה דפרסיה	manic depression, bipolar disorder
מִנֵּיהּ וּבֵיהּ תה״פ	off the cuff
מְנִיָּיה נ׳	counting, numbering
מִנְיָין ז׳	counting, decade, ten men, prayer
- למניינם	AD
- מן המניין	ordinary
- שלא מן המניין	extraordinary
מִנַּיִין תה״פ	where form, how
- מניין לך?	how do you know?
מָנִיֶירוּת נ״ר	affectation
מָנִיֶירִיזם ז׳	mannerism
מֶנִיסְקוּס (סהרון) ז׳	meniscus
מֵנִיעַ ז׳	motivation, motive
מְנִיעָה נ׳	prevention, hindrance
- מניעת הירון	contraception
מְנִיפָה נ׳	fan, punka
מָנִיפּוּלָטוֹר ז׳	manipulator
מָנִיפּוּלַצְיָה נ׳	manipulation
מָנִיפֶסְט (מִנְשָׁר) ז׳	manifesto
מָנִיקוּר ז׳	manicure
מָנִיקוּרִיסְטִית נ׳	manicurist
מנכ״ל = מנהל כללי	
מִנְסָרָה נ׳	sawmill, prism
מָנַע פ׳	keep from, prevent
מָנַע ז׳	preventive, pre-emptive
מִנְעָד ז׳	gamut, compass, range
מַנְעוּל ז׳	lock, padlock
מִנְעָל ז׳	shoe, footwear
מַנְעַמִּים ז״ר	pleasures, dainties
מַנְפֵּטָה נ׳	cotton gin, gin
מַנְפֵּק ז׳	dispenser
- מנפק כסף	cash dispenser
מְנַצֵּחַ ז׳	conductor, winner
מְנַקֵּב ז׳	punch, perforator
- מנקב כרטיסים	cardpunch
מְנַקֵּד ז׳	vowelizer, pointer
מְנַקֶּה ז׳	cleaner, sweeper
מְנַקֵּר ז׳	remover of veins
- מנקר עיניים	showy
מִנְשָׂא, מִנְשָׂאָה	carrier
מִנְשָׁך ז׳	bite, biting
מַנְשֵׁמָה נ׳	breathing apparatus
מִנְשָׁר ז׳	manifesto, declaration
מֶנְתָּה נ׳	mint, peppermint
מֶנְתּוֹל (מופק ממנתה) ז׳	menthol
מְנַתֵּחַ ז׳	surgeon, analyst
- מנתח מערכות	systems analyst

מַס ז׳ duty, levy, tax, toll, dues
- מס הכנסה income tax
- מס עיזבון inheritance tax
- מס ערך מוסף VAT, value added tax
- מס רווחי הון capital gains tax
- מס רכוש property tax
- מס שבח מקרקעין land betterment tax
- מס שפתיים lip service
מס׳ = מספר number
מַסַאי ז׳ essayist, writer
מֵסֵב ז׳ endorser, sitting
מֵסַב (ראה מיסב) ז׳ bearing
מִסְבָּאָה נ׳ bar, pub, tavern
מִסָּבִיב תה״פ about, around
מַסְבִּיר פָּנִים ת׳ hospitable
מִסְגָד ז׳ mosque
מִסְגוּר ז׳ framing
מְסַגְנֵן ז׳ stylist, editor
מִסְגֵר פ׳ frame, mount, bracket
מַסְגֵר ז׳ locksmith
מַסְגֵרוּת נ׳ metalwork
מִסְגֶרֶת נ׳ frame, framework, rim, compass, borders
מַסָד ז׳ basis, foundation
- מן המסד עד הטפחות from A to Z
מִסְדָר ז׳ parade, order
- מסדר זיהוי identification parade, lineup
- מסדר חולים sick parade
מִסְדְרוֹן ז׳ corridor, passage
מַסָה נ׳ trial, test, essay, mass
מְסוֹאָב ת׳ filthy, foul, corrupt
מְסוּבִּין ז״ר diners, at table
מְסוּבָּך ת׳ complicated
מְסוּבְסָד ת׳ subsidized
מְסוּגָל ת׳ able, capable, can
מְסוּגְנָן ת׳ styled, worded
מְסוּגָר ת׳ locked, introverted
מְסוּדָר ת׳ tidy, well-off
מְסוּוָג ת׳ classified, restricted
מַסְוֶוה ז׳ disguise, mask, veil
מְסוּחְרָר ת׳ giddy, dizzy
מְסוּיָג ת׳ reserved, restrained
מְסוּיָם ת׳ certain, known
מְסוּכָּך ת׳ covered, thatched
מְסוּכָּם ת׳ summed up, agreed
מְסוּכָּן ת׳ dangerous, risky
מְסוּכְסָך ת׳ in conflict
מְסוּכָּר ת׳ candied, glace
מְסוּלְסָל ת׳ curly, wavy
מְסוּלָף ת׳ false, distorted
מְסוּלָק ת׳ paid up, settled
מְסוּמָם ת׳ drugged, poisoned
מְסוּמָן ת׳ marked, labeled
מְסוּמָר ת׳ nailed, bristly
מְסוּנְדָל ת׳ sandaled, locked (wheel), clamped
מְסוּנווָר ת׳ dazzled, blinded
מַסוֹעַ ז׳ apron, conveyor
מְסוֹעָף ת׳ ramified, branched
מָסוֹף ז׳ terminal, terminus
מְסוּפָּק ת׳ doubtful, supplied
- מסופקני I doubt
מְסוּפָּר ת׳ told, (hair) cut
מַסּוֹק ז׳ helicopter, *chopper
מְסוּקָס ת׳ knotty, gnarled
מְסוּקְרָן ת׳ curious, interested
מַסּוֹר ז׳ saw
מָסוּר ת׳ devoted, faithful
מְסוּרַב עֲלִייָה ז׳ refusenik
מְסוּרְבָּל ת׳ awkward, clumsy
מְסוֹרָג ת׳ latticed, barred
מָסוֹרָה נ׳ Masora, tradition
מְסוֹרָס ת׳ castrated, distorted
מְסוֹרָק ת׳ combed, carded
מָסוֹרֶת נ׳ tradition, Masora
מָסוֹרְתִּי ת׳ religious
מְסוּתָּת ת׳ hewn, chiseled
מַסָז׳ (עיסוי) ז׳ massage
מַסָז׳יסט (מְעַסֶּה) ז׳ masseur
מִסְחוּר ז׳ commercialization
מַסְחֵטָה נ׳ squeezer, wringer
מִסְחֵר פ׳ commercialize
מִסְחָר ז׳ commerce, trade
*מַסְחָרָה נ׳ bluff, fake
מִסְחָרִי ת׳ commercial
מְסַחְרֵר ת׳ dizzying, giddy
*מַסְטוּל ת׳ drugged, crazy
*מֶסְטִינְג (פִּינְךְ) ז׳ mess-tin
*מַסְטִיק ז׳ chewing gum
מַסְטֶר (מוסמך) ז׳ master
מְסִיבָּה נ׳ party, banquet
- מסיבת עיתונאים press conference
מְסִיבּוֹת נ״ר circumstances
מַסִיבִי ת׳ massive, heavy
מַסִיג גְבוּל ז׳ trespasser
מְסַייֵעַ ת׳ auxiliary, helpful
מְסִילָה נ׳ track, path, groove
- מסילת ברזל railroad

- מצא מסילות בליבו — win his favor
מָסִיס ת׳ — soluble, solvent
מַסִּיק ז׳ — stoker, concluder
מָסִיק ז׳ — olive harvest
מְסִירָה נ׳ — handing over, delivery, pass, transmission
מְסִירוּת נ׳ — devotion, loyalty
- מסירות נפש — self-sacrifice
מֵסִית ז׳ — inciter, seditious
מָסַךְ פ׳ — pour, blend, mix
מָסָךְ ז׳ — curtain, screen
- מסך עשן — smoke screen
מַסֵּכָה נ׳ — mask, disguise
- מסכת גז/אב״כ — gas mask
- מסכת חמצן — oxygen mask
מִסְכֵּן ת׳ — miserable, wretched
מִסְכֵּנוּת נ׳ — misery
מַסְכֵּת ז׳ — stethoscope
מַסֶּכֶת נ׳ — tractate, series, set
מַסְלוּל ז׳ — orbit, path, track, course, itinerary, trajectory
- מסלול המראה — runway
מִסְלָקָה נ׳ — clearinghouse
מִסְמָךְ ז׳ — document, paper
מִסְמֵס פ׳ — melt, dissolve
מִסְמֵר פ׳ — nail, spike, nail down
מַסְמֵר ז׳ — nail, stud, peg
מְסַמֵּר שֵׂעָר ת׳ — shocking
מְסַנְוֵר ת׳ — dazzling, blinding
מְסַנֶּנֶת נ׳ — strainer, colander
מַסָּע ז׳ — march, travel, voyage, trip, campaign, drive, move
- מסע דילוגים — shuttle
- מסע מזורז — forced march
- מסע צלב — crusade
מִסְעָד ז׳ — back, rest, arm
מִסְעָדָה נ׳ — restaurant
מִסְעֲדָן ז׳ — caterer, restaurateur
מִסְעָף ז׳ — T-junction, fork
מַסְפֵּג ז׳ — blotter, pad, swab
מִסְפּוֹא ז׳ — fodder, provender
מִסְפּוּר ז׳ — numeration
מַסְפִּיק ת׳ — enough, adequate, sufficient, pass degree
מִסְפָּנָה נ׳ — dockyard, shipyard
מְסַפֵּק ת׳ — satisfactory, supplier
מִסְפֵּר פ׳ — numerate, number
מִסְפָּר ז׳ — number, figure, digit, some, several, a few, *fool
- לאין מספר — innumerable
*- מספר אחד/אחת — the best

- מספר אי-זוגי — odd number
- מספר זוגי — even number
- מספר ירוק — taxi registration number
- מספר מדומה — imaginary unit
- מספר סידורי — serial number
- מספר ראשוני — prime number
- מספר רישוי — registration number
- מספר שלם — integer
מְסַפֵּר ז׳ — story teller, narrator
מִסְפָּרָה נ׳ — barbershop
מִסְפָּרִי ת׳ — numerical, numeral
מִסְפָּרַיִם ז״ר — scissors, shears
מָסַק פ׳ — pick olives
מַסְקִינְגְטֵייפּ ז׳ — masking tape
מַסְקָנָה נ׳ — conclusion, inference
מִסְקָר ז׳ — review, parade
מַסְקָרָה נ׳ — mascara
מָסַר פ׳ — give, hand over, deliver, transmit, betray, pass
- מסר נפשו — sacrifice one's life
מֶסֶר ז׳ — message
מַסְרֵגָה נ׳ — knitting-needle
מִסְרוֹן ז׳ — SMS
מַסְרֵטָה נ׳ — movie camera
מְסַרְטֵן ת׳ — cancerous
מַסְרִיחַ ת׳ — stinking
מַסְרִיט ז׳ — cameraman
מַסְרֵק ז׳ — comb, card
מִסְתַּבֵּר תה״פ — it seems
מִסְתּוֹר ז׳ — hiding place
מִסְתּוֹרִי ת׳ — mysterious, hidden
מִסְתּוֹרִין ז״ר — mystery, secret
מִסְתַּיֵּג ת׳ — disapproving
מַסְתֵּם ז׳ — stopper, plug, valve
מִסְתָּמָא תה״פ — probably
מִסְתַּנֵּן ז׳ — infiltrator, pervasive
מִסְתַּעֲרֵב ז׳ — disguised as an Arab
מִסְתַּפֵּק ת׳ — content, satisfied
מִסְתָּרִים ז״ר — hiding places
מְעַבֵּד ז׳ — processor, adapter
- מעבד מזון — food processor
- מעבד נתונים — data processor
- מעבד תמלילים — word processor
מַעְבָּדָה נ׳ — laboratory, lab
מַעֲבֶה ז׳ — thickness, depth
מְעַבֶּה ז׳ — condenser, thickener
מַעְבּוֹרֶת נ׳ — ferry, ferryboat
- מעבורת חלל — space shuttle

מַעֲבִיד ז׳ employer, boss
מַעֲבָר ז׳ pass, passage, transition, aisle
- מעבר חצייה pedestrian crossing
מֵעֵבֶר לְ- מ״י beyond, past, over
- מעבר לדף overleaf
מַעְבָּרָה נ׳ transit camp
מַעגִילָה נ׳ wringer, mangle
מַעְגָּל ז׳ circle, circuit, ring
- מעגל קסמים vicious circle
- מעגלים מרכזיים concentric circles
מַעֲגָן ז׳ anchorage, roads
מָעַד פ׳ stumble, trip, totter
מַעֲדָן ז׳ delicacy, dainty, sweet
מַעֲדָנִיָּה נ׳ delicatessen
מַעְדֵּר ז׳ hoe, pickax, mattock
מְעוּבָּד ת׳ processed, adapted
מְעוּבֶּה ת׳ thickened, dense
מְעוּבֶּרֶת ת׳ pregnant
- שנה מעוברת leap year
מְעוּגָּל ת׳ circular, curved
מְעוּגָּן בַּחוֹק ת׳ statutory
מְעוּדָּד ת׳ encouraged
מְעוֹדֵד ת׳ encouraging, cheerer
מֵעוֹדוֹ תה״פ ever, at any time
מְעוּדְכָּן ת׳ up-to-date, *hip
מְעוּדָּן ת׳ delicate, graceful
מְעוּוָּת ת׳ distorted, deformed
מָעוֹז ז׳ post, stronghold
מָעוּט ת׳ scanty, small, limited
מְעוּטֵי יְכוֹלֶת ת׳ needy, poor
מְעוּטָּר ת׳ crowned, adorned
מְעוּיָּן ז׳ diamond, rhomb
מָעוּךְ ת׳ crushed, squashed
מְעוּכָּב ת׳ delayed, detained
מְעוּכָּל ת׳ digested, assimilated
מְעוּלֶּה ת׳ excellent, first-class
מֵעוֹלָם (לא) תה״פ never
מְעוּלָּף ת׳ fainting, wrapped
מְעוּמְלָן ת׳ starched
מְעוּמְעָם ת׳ dim, indistinct
מָעוֹן ז׳ residence, house
- מעון יום day nursery, creche
מְעוּנָּב ת׳ wearing a necktie
מְעוּנֶּה ת׳ tortured, afflicted
מְעוֹנוֹעַ ז׳ caravan, trailer
מְעוּנְיָין ת׳ interested
מְעוּנָּן ת׳ cloudy, overcast
מָעוֹף ז׳ flight, vision
- מעוף הכלולות nuptial flight

מְעוֹפֵף ת׳ flying, winged, volant
מְעוּפָּש ת׳ moldy, stinking
מְעוּצָּב ת׳ shaped, formed
מְעוּצְבָּן ת׳ nervous, fidgety
מְעוּצֶּה ת׳ woody, ligneous
מְעוּקָּב ת׳ cubic, cube
מְעוּקָּל ת׳ confiscated, seized
מְעוּקָּם ת׳ curved, crooked
מְעוּקָּר ת׳ sterile, pasteurized
מְעוֹרָב ת׳ mixed, involved
מְעוּרְבָּב ת׳ mixed, promiscuous
מְעוֹרָבוּת נ׳ involvement
מְעוֹרֶה ת׳ rooted, mixed
מְעוּרְטָל ת׳ naked, undressed
מְעוּרְעָר ת׳ shaken, mad
מְעוּרְפָּל ת׳ ambiguous, foggy
מְעוֹרֵר ת׳ stimulant, arousing
- מעורר חמלה pitiable
מְעוּשֶּׂה ת׳ artificial, forced
מְעוּשָּׁן ת׳ smoked, smoke-dried
מְעוּשָּׂר ת׳ decagon, tithed
מָעוֹת נ״ר money, coins
מְעוּתָּד ת׳ postdated
מָעַט פ׳ decrease, diminish
מְעַט ת׳ few, little, some
מַעֲטֶה ז׳ covering, wrap, veil
מַעֲטָפָה נ׳ envelope, cover
- מעטפת נפץ letter bomb
מַעֲטֶפֶת נ׳ casing, housing
מְעִי ז׳ intestine
- המעי הגס colon
- המעי הדק small intestine
- המעי העיוור appendix
מְעִידָה נ׳ stumble, slip, trip
מֵעַיִם ז״ר bowels, entrails
מַעְיָין ז׳ fountain, well, spring
- בראש מעייניו uppermost in one's mind
- כל מעייניו ב- engrossed in
- מעיין מתגבר never-ending flow
מְעַיֵּיף ת׳ tiresome, wearisome
מְעִיכָה נ׳ crushing, squash
מְעִיל ז׳ coat, robe, cloak
- מעיל גשם raincoat
- מעיל רוח wind jacket
מְעִילָה נ׳ embezzlement
- מעילה באמון breach of faith
מֵעֵין מ״י like, *kind of
מֵעִיק ת׳ burdensome
מֵעִיקָּרָא תה״פ from the start
מָעַךְ פ׳ crush, squash, squeeze

מָעַל פ׳ embezzle, break faith
מֵעַל מ״י above, over, on top of
- מעל ומעבר over and above
- מעל לכול above all
מַעֲלֶה ז׳ acclivity, ascent, rise
- במעלה הזרם upstream
מַעֲלָה נ׳ degree, merit
- ממעלה ראשונה of the highest class
מַעְלָה תה״פ up, upward
- ומעלה and more, and above
מַעֲלֶה גֵירָה ת׳ ruminant
מַעֲלִיב ת׳ insulting, offensive
מַעֲלִית נ׳ elevator, lift
מַעֲלָל ז׳ action, deed, feat
*מַעֲלֶש תה״פ never mind
מֵעִם מ״י from
מע״מ = מס ערך מוסף
מַעֲמָד ז׳ class, state, rank, status, position, posture
- במעמד in the presence of
מַעֲמִיק ת׳ profound, deep
מַעֲמָסָה נ׳ burden, load, weight
מַעֲמַקִּים ז״ר depths, bottom
מַעַן ז׳ address, direction
מְעַנֵּג ת׳ delightful, enjoyable
מַעֲנֶה ז׳ answer, reply
מְעַנְיֵין ת׳ interesting, arresting
מַעֲנָק ז׳ allowance, award, grant, bonus, scholarship
- מענק לידה maternity grant
מְעַסֶּה ז׳ masseur
מַעֲסִיק ז׳ employer
מַעְפִּיל ז׳ climber, immigrant
מע״צ public works department
מְעַצֵּב ז׳ designer, molder
- מעצב אופנה fashion designer
- מעצב שיער hairstylist
מְעַצְבֵּן ת׳ irritating, nagging
מַעֲצוֹר ז׳ brake, check, obstacle
מַעֲצִיב ת׳ sad, saddening
מַעֲצָמָה נ׳ power, world power
- מעצמת על superpower
מֵעַצְמוֹ מ״ג himself, of itself
מַעֲצָר ז׳ arrest, custody, detention, remand
- מעצר בית house arrest
- מעצר מינהלי administrative detention
מַעֲקָב ז׳ follow-up, tracing
מַעֲקֶה ז׳ balustrade, banister, parapet, rail, handrail
- מעקה ביטחון crash barrier
מַעֲקָף ז׳ bypass, detour
מַעֲרָב ז׳ west, the Occident
מַעֲרָבָה תה״פ westward
מְעַרְבּוֹלֶת נ׳ eddy, whirlpool
מַעֲרָבוֹן ז׳ western
מַעֲרָבִי ת׳ western, occidental
מְעַרְבֵּל ז׳ mixer, cement mixer
מַעֲרֶה ז׳ bare place, glade
מְעָרָה נ׳ cave, cavern
- מערות האף sinus
מַעֲרוֹך ז׳ rolling pin
מַעֲרוֹכֶת נ׳ constitution, system
מַעֲרוּמִּים ז״ר nakedness, nudity
מַעֲרִיב ז׳ evening prayer
מַעֲרִיךְ ז׳ assessor, exponent
מַעֲרִיץ ז׳ admirer, fan
מַעֲרָךְ ז׳ alignment, array, layout, formation, lineup
מַעֲרָכָה נ׳ campaign, battle, array, act, set, order, round
- מערכה מחזורית periodic table
מַעֲרְכוֹן ז׳ one-act play, skit
מַעֲרֶכֶת נ׳ editorial board, system, set, fabric
- מערכת העיכול digestive system
- מערכת השמש solar system
- מערכת כלים kit, service, set
- מערכת שעות timetable
מַעַרַכְתִּי ת׳ editorial, systemic
מְעַרְעֵר ז׳ appellant, contesting
מַעַשׂ ז׳ action, deed
מַעֲשֶׂה ז׳ act, action, story, tale
- בשעת מעשה in the act
- מעשה חלם stupid act
- מעשה מגונה indecent act
- מעשה מרכבה difficult task
- מעשה ניסים miracle, marvel
- מעשה סדום sodomy
- מעשה קונדס mischief, prank
- מעשה שהיה כך היה it was as follows
- מעשה שלא ייעשה that isn't done
- מעשי איבה hostilities
מַעֲשִׂי ת׳ practical, pragmatic
מַעֲשִׂיּוּת נ׳ practicality
מַעֲשִׂיָּיה נ׳ anecdote, story, tale
מַעֲשִׂית תה״פ actually, practically

מְעַשֵׁן ז׳ smoker, smoking
מַעֲשֵׂר ז׳ tenth, tithe
מֵעֵת לְעֵת תהי״פ at times, a day and a night, 24 hours
מֵעַתָּה תהי״פ hence, from now
מַעְתִּיק ז׳ copier, translator
מַעְתָּק ז׳ shift, switch, facsimile
מ״פ = מפקד פלוגה
מִפָּאוּת נ׳ mapping
מפא״י (old) Israel Labor party
מִפְּאַת מ״י owing to, because
מַפְגִּין ז׳ demonstrator
מִפְגָּן ז׳ demonstration, show
- מפגן אווירי flyover, fly-past
מִפְגָּע ז׳ nuisance, obstacle
מְפַגֵּעַ ז׳ terrorist, gunman
מְפַגֵּר ת׳ backward, retarded, behindhand, slow (clock)
מִפְגָּשׁ ז׳ meeting place, meeting
מפד״ל NRP
מַפָּה נ׳ map, chart, tablecloth
- מפה סינופטית synoptic chart
- מפת דרכים road map
- על המפה on the map
מְפוֹאָר ת׳ glorious, magnificent
מְפוּבְרָק ת׳ fabricated, false
מְפוּזָּר ת׳ scattered, absent-minded
מַפּוּחַ ז׳ bellows, blower
מְפוּחָד ת׳ frightened, scared
מַפּוּחִית פֶּה נ׳ harmonica
מְפוּחְלָץ ת׳ stuffed
מְפוּחָם ת׳ carbonized, sooty
מְפוּטָּם ת׳ stuffed, crammed
מְפוּטָּר ת׳ fired, dismissed
מְפוּיָּח ת׳ sooty, sooted
מְפוּיָּס ת׳ appeased, placated
מְפוּכָּח ת׳ sober-minded
מְפוּלְפָּל ת׳ peppery, sophistic
מְפוּלָּשׁ ת׳ open, unbarred
מַפּוֹלֶת נ׳ collapse, avalanche
- מפולת הרים landslide
- מפולת שלגים snowslide
*מְפוּנְדָּרָק ת׳ spoilt, pampered
מְפוּנֶּה ז׳ evacuee, vacated
מְפוּנָּק ת׳ pampered, spoilt
מְפוּסְטָר ת׳ pasteurized
מְפוּסְפָּס ת׳ striped, streaky
*מְפוּסְפָּס ת׳ failed, missed
מְפוּסָּק ת׳ punctuated, parted
מְפוּעְנָח ת׳ solved, deciphered
מְפוּצָּל ת׳ forked, split

מְפוּצָּץ ת׳ exploded, *chock-full
מְפוּקְפָּק ת׳ questionable
מְפוֹרָד ת׳ scattered, separated
מְפוֹרָז ת׳ demilitarized
מְפוֹרָט ת׳ detailed, specific
מְפוּרְכָּס ת׳ made-up, painted
מְפוּרְמָט ת׳ formatted
מְפוּרְסָם ת׳ famous, known
מְפוֹרָץ ת׳ having inlets
מְפוֹרָק ת׳ dismantled, liquidated
מְפוֹרָר ת׳ crumbled, loose
מְפוֹרָשׁ ת׳ explicit, explained, specific, express
מְפוֹרָשׁוֹת תהי״פ expressly
מְפוּשָּׂק ת׳ astride, apart, splay
מְפוּתָּח ת׳ developed, mature
מְפוּתָּל ת׳ curved, winding
מְפַזֵּר חוֹם ז׳ convector
מַפָּח ז׳ blow, frustration
- מפח נפש disappointment
מְפַחֵד ת׳ afraid, scared
מַפְחִיד ת׳ awful, frightful
מַפְטִיר ז׳ Haftarah reader
מֵפִיג ת׳ removing, relieving
- מפיג ריח deodorant
מַפְּיוֹן ז׳ serviette stand
מַפְיוֹנֶר ז׳ racketeer, ruffian
מַפִּיוֹנֶת נ׳ serviette, napkin
מֶפִיסְטוֹ ז׳ Mephistopheles
מֵפִיץ ז׳ distributor, jobber
מֵפִיק ז׳ producer, yielding
מַפִּיק ת׳ pronounced as h
מַפִּית נ׳ napkin, doily, mat
מפכ״ל = מפקח כללי Inspector General
- מפכ״ל המשטרה Police Chief
מַפָּל ז׳ fall, falls, waterfall
- מפלי בשר/שומן fat folds
מִפְלָג ז׳ detachment, squad
מַפְלֵג (במכונית) ז׳ distributor
מִפְלָגָה נ׳ party
מִפְלַגְתִּי ת׳ party, sectarian
מַפָּלָה נ׳ defeat, downfall
מִפְלָט ז׳ refuge, asylum, escape
מַפְלֵט ז׳ ejector, exhaust pipe
מֻפְלָא ת׳ marvelous
מִפְלָס ז׳ level, floor, storey
- דירה דו מפלסית duplex apartment
מְפַלֶּסֶת נ׳ snowplow, grader

מִפְלֶצֶת נ׳ monster, monstrosity
מִפְלַצְתִּי ת׳ monstrous, hideous
מִפְלָשׁ ז׳ passage, tunnel
- מפלש מים culvert
מִפְנֶה ז׳ turn, change
מִפְּנֵי מ״י because, from
- מפני מה? why?
- מפני ש- because, since, as
- מפניי/מפניך וכו׳ from me/from you etc.
מַפְסִידָן ז׳ loser, also-ran
מַפְסֶלֶת נ׳ chisel, gouge
מַפְסֵק ז׳ switch, cutoff
מַפְעִיל ז׳ operator, handler
מִפְעָל ז׳ concern, factory, plant, work, deed, enterprise
- מפעל חיים lifework
מִפְעָם ז׳ tempo, beat, time
מִפַּעַם לְפַעַם תה״פ from time to time
מַפָּץ ז׳ smashing, explosion
- המפץ הגדול the Big Bang
מַפְצִיץ ז׳ bomber, bombardier
מְפַקֵּד ז׳ captain, commander
- מפקד גדוד regiment commander
- מפקד חטיבה brigade commander
- מפקד טנק tank commander
- מפקד כיתה squad commander
- מפקד מחלקה platoon commander
- מפקד פלוגה company commander
מִפְקָד ז׳ census, roll call
מִפְקָדָה נ׳ headquarters
מְפַקֵּחַ ז׳ inspector, supervisor
- מפקח משנה sub-inspector
מַפְקִיד ז׳ depositor, entrusting
מְפַקְפֵּק ת׳ dubious, uncertain
מֵפֵר חוֹק ז׳ lawbreaker
מֵפֵר שְׁבִיתָה ז׳ strikebreaker
*מְפַרְגֵּן ת׳ ungrudging
מִפְרָט ז׳ specification, menu
מַפְרֵט ז׳ plectrum, pick
מַפְרִיד ז׳ dash, (-)
מַפְרִיס פַּרְסָה ת׳ hoofed
מְפָרֵךְ ת׳ arduous, hard
מְפַרְנֵס ז׳ breadwinner
מַפְרֵסָה נ׳ slicer
מְפַרְסֵם ז׳ advertiser, advertizer
מִפְרָעָה נ׳ advance payment
מִפְרָץ ז׳ bay, gulf, inlet
- מפרץ חניה parking bay
מִפְרָצוֹן ז׳ cove, creek, lay-by
מִפְרָק ז׳ joint, articulation
מְפָרֵק ז׳ liquidator, receiver
מַפְרֶקֶת נ׳ nape, neck
מִפְרָשׂ ז׳ sail, jib, standard
מְפָרֵשׁ ז׳ commentator
מִפְרָשִׂית נ׳ sailing ship, sailboat
מַפְשִׁיר ז׳ defroster, de-icer
מִפְשָׂעָה נ׳ groin, crotch, crutch
מִפְשָׂק ז׳ leapfrog, speculum
מַפְשֵׁר ז׳ defroster, de-icer
מְפַשֵּׁר ז׳ mediator
מְפַתֶּה ת׳ tempting, seductive
מַפְתֵּחַ ז׳ key, clef, index, clue
- מפתח עניינים index
- מפתח שוודי wrench, spanner
מִפְתָּח ז׳ opening, aperture
מַפְתִּיעַ ת׳ surprising, amazing
- במפתיע surprisingly
מִפְתָּן ז׳ threshold
מ״צ = משטרה צבאית MP
מָצָא פ׳ find, discover, get
- כמוצא שלל רב joyfully
- מצא חן בעיניו like him
- מצא לנכון see fit to
- מצאה ידו can afford
מְצַאי ז׳ inventory, stock
מַצָּב ז׳ circumstance, condition, state, situation
*- אין מצב! no way!
*- יש מצב ש-? is there any possibility
- מצב הכן standby, alert
- מצב חירום emergency
- מצב משפחתי family status
- מצב רוח mood, temper
מצ״ב = מצורף בזה enclosed
מַצֵּבָה נ׳ gravestone
- מצבת זיכרון cenotaph
מַצָּבָה נ׳ strength, number, list
מִצְבּוֹר ז׳ dump, store, heap
מַצְבֵּט ז׳ pincers, pincer, chela
מִצְבָּטַיִם ז״ר pince-nez
מַצְבִּיא ז׳ commander, warlord
מַצְבִּיעַ ז׳ voter, pointer
מִצְבָּעָה נ׳ dye-works
מַצְבֵּר ז׳ battery, accumulator
מֻצָּג ז׳ display, exposition
מַצֶּגֶת נ׳ display, screen

מִצַּד מ״י on the side/part of
- מצד (ראה גם צד)
מְצָד ז׳ pillbox, stronghold
מְצַדֵּד ז׳ supporter, advocate
מְצָדָה נ׳ Masada
מַצָּה נ׳ matzah, unleavened bread, quarrel, strife
מַצְהִיר ז׳ declarant
מִצְהָלוֹת נ״ר shouts of joy
מִצְהָר ז׳ declaration, meridian
מֶצוֹ סוֹפְּרָן ז׳ mezzo-soprano
*מְצוּבְרָח ת׳ moody, spiritless
מָצוֹד ז׳ hunt, chase, pursuit
מְצוֹדֵד ת׳ fascinating
מְצוּדָה נ׳ castle, fortress
מִצְוָה נ׳ commandment, precept, good act
- מצוות עשה ולא-תעשה do's and don'ts
מְצוּוֶּה ת׳ ordered, enjoined
מְצַוֶּה ת׳ commanding
מְצוּחְצָח ת׳ polished, shipshape
מָצוּי ת׳ common, available
מְצוּיָּד ת׳ equipped, armed
מְצוּיָּן ת׳ excellent, remarkable
מְצוּיָּנוּת נ׳ excellence
מְצוּיָּץ ת׳ tufted, frilled
מְצוּיָּר ת׳ drawn, painted
מְצוּלָּב ת׳ crisscross, crossed
מְצוּלָה נ׳ abyss, deep water
מְצוּלָּע ז׳ polygon, sided
מְצוּלָּק ת׳ scarred, pockmarked
מְצוּמְצָם ת׳ narrow, scarce
מְצוּמָּק ת׳ shriveled, shrunken
מְצוּנְזָר ת׳ censored
מְצוּנָּן ת׳ cooled, caught cold
מְצוּעָף ת׳ veiled, covered
מְצוּעְצָע ת׳ flamboyant, ornate
מָצוֹף ז׳ buoy, float, ball-cock
- מצופים water-wings
*מְצוּפֶּה ז׳ chocolate-coated waffle
מְצוּפֶּה ת׳ coated, expected
מָצוּץ ת׳ sucked
- מצוץ מן האצבע false, untrue
מָצוּק ז׳ cliff, precipice
מְצוּקָה נ׳ hardship, distress
*מְצ׳וּקְמָק ת׳ shriveled
מָצוֹר ז׳ siege, blockade
מְצוֹרָע ז׳ leper, leprous
מְצוֹרָף ת׳ enclosed, attached
מֵצַח ז׳ forehead, brow
- מצח נחושה impudence
מצ״ח = מ״צ - חקירות
מִצְחִיָּה נ׳ eye-shade, visor
מַצְחִיק ת׳ funny, amusing
מִצְחָף ז׳ manuscript, codex
מְצַחְצֵחַ נַעֲלַיִם ז׳ shoeblack
מִצְחָק ז׳ stand-up comedy
מְצַטַּיֵּן ת׳ skillful, very good
מִצְטַעֵר ת׳ sorry, sorrowful, sad
מְצִיאָה נ׳ bargain, find, finding
מְצִיאוּת נ׳ existence, reality
- מציאות מדומה virtual reality
מְצִיאוּתִי ת׳ real, realistic
מַצִּיג ז׳ exhibitor, introductory
מַצִּיָּה נ׳ cracker, crisp biscuit
מַצִּיל ז׳ lifeguard, saver
מְצִילָּה נ׳ bell, chime
מְצִיצָה נ׳ suck, suction
מְצִיצָן ז׳ peeping Tom, voyeur
מֵצִיק ת׳ bothersome
מַצִּית ז׳ lighter, arsonist
מֵצֵל ת׳ shady, shadowy
מִצְלוֹל ז׳ euphony, resonance
מַצְלִיב ת׳ cruciform, crossing
מַצְלִיחָן ז׳ go-getter, success
מַצְלִיף ז׳ whip, lashing
מַצְלֵמָה נ׳ camera
- מצלמה נסתרת candid camera
מַצְלֵף ז׳ swatter
מְצַלְצְלִים ז״ר coins, money
מְצִלְתַּיִם ז״ר cymbals
מַצְמֵד ז׳ clutch, coupler
מִצְמוּץ ז׳ blink, wink, twinkle
מַצְמִיא ת׳ thirsty, dry
מִצְמֵץ פ׳ blink, wink, bat
- מצמץ ראשון blink first
מְצַמְרֵר ת׳ shocking, terrible
מִצְמֶת ז׳ junction
מַצְנֵחַ ז׳ parachute, *chute
מַצְנִיעַ לֶכֶת ת׳ humble, modest
מַצְנֵן ז׳ radiator, cooler
מִצְנֶפֶת נ׳ bonnet, hat, miter
מַצָּע ז׳ platform, linen, bedding
מִצְעָד ז׳ march, parade
- מצעד הפזמונים hit parade
מַצָּעִית נ׳ receptacle, doily
מְצַעֵר ת׳ distressing, sad
מִצְפֶּה ז׳ watchtower, lookout
- מצפה כוכבים observatory
מַצְפּוּן ז׳ conscience, scruple

מַצְפּוּנִי ת׳ conscientious
מִצְפּוֹר ז׳ vantage point
מַצְפֵּן ז׳ compass
מָצַץ פ׳ suck, draw in
מַצֶּקֶת נ׳ dipper, ladle
מֶצֶר ז׳ boundary, border
- בר מצר, בר מצרא abutter
- ללא מצרים unbounded
מֵצַר ז׳ isthmus, distress, strait
- בין המצרים in straits
מִצְרִי ז׳ Egyptian
מִצְרַיִם נ׳ Egypt
מִצְרָךְ ז׳ commodity, article
- מצרך היכרות loss leader
- מצרכי מזון foodstuff
מִצְרָנִי ת׳ adjacent, bordering
מִצְרָף ז׳ montage
מַצְרֵף ז׳ crucible, melting pot
מִצְרֶפֶת נ׳ combination, slip
מִצְרָר ז׳ cluster
מַצָּת ז׳ plug, spark plug
מ״ק = מלת קריאה interjection
מַקְבִּיל ת׳ parallel
מַקְבִּילָה נ׳ parallel, equivalent
מַקְבִּילַיִם ז״ר parallel bars
מַקְבִּילִית נ׳ parallelogram
מְקַבֵּל ז׳ recipient, receiver
מִקְבָּץ ז׳ group, collection
מִקְבֶּצֶת נ׳ gathering, gather
מַקַבְּרִי ת׳ macabre, ghastly
מַקֶּבֶת נ׳ hammer, mallet
מַקְדֵד ז׳ reamer, borer, broach
מַקְדֵּחַ ז׳ bit, drill, auger, gimlet
מַקְדֵּחָה נ׳ drill
מְקַדֵּם ז׳ coefficient, promoter
מִקְדָּם ז׳ handicap, head start
מִקְדָּמָה נ׳ advance (payment)
מִקְדָּמִי ת׳ preliminary
מִקְדָּשׁ ז׳ temple, shrine
מַקְהֵלָה נ׳ choir, chorus
מַקְהֵלָתִי ת׳ choral
מְקוּבָּל ז׳ cabalist, mystic
מְקוּבָּל ת׳ accepted, customary
*- לא מקובל עלי I reject it
מְקוּבָּע ת׳ fixed, plastered, cast
מְקוּבָּץ ת׳ gathered, collected
מְקוּדָּשׁ ת׳ holy, hallowed
מִקְוֶה ז׳ ritual bath, pool
מְקוּוֶּה ת׳ hoped, expected
מְקוּוָּן (במחשבים) ת׳ on-line
מְקוּוקָו ת׳ lined, linear, striped
מְקוּזָּז ת׳ offset, paired

מְקוּטָּע ת׳ cut, discontinuous
מָקוֹל ז׳ record player
מְקוּלָּל ת׳ cursed, damned
מְקוּלָּף ת׳ peeled, shelled
מְקוּלְקָל ת׳ out of order, spoilt
מָקוֹם ז׳ place, room, space
- במקום דרוך! mark time!
- מקום גיאומטרי locus
- על המקום then and there
מְקוֹמוֹן ז׳ local newspaper
מְקוּמָּט ת׳ wrinkled, creased
מְקוֹמִי ת׳ local, native
מְקוֹמֵם ת׳ arousing resentment
מְקוֹנֵן ז׳ mourner, lamenter
מְקוּעְקָע ת׳ tattooed
מַקּוֹף ז׳ beat, round, path
מְקוּפָּח ת׳ deprived, underdog
מְקוּפָּל ת׳ folded, containing
מְקוּצָּר ת׳ abridged, shortened
מָקוֹר ז׳ source, origin, root
- מקור (בדקדוק) infinitive
מַקּוֹר ז׳ beak, bill
- מקור החסידה storksbill
מְקוֹרָב ת׳ familiar, friend
מְקוֹרֶה ת׳ roofed, sheltered
מְקוּרְזָל ת׳ curled, curly, wiry
מְקוֹרִי ת׳ original, genuine
מְקוֹרִיּוּת נ׳ originality
מְקוּרְקָע ת׳ grounded
מְקוֹרָר ת׳ cooled, caught cold
מַקּוֹשׁ ז׳ gong, drumstick
מְקוּשָּׁט ת׳ adorned, decorated
מַקּוֹשִׁית נ׳ xylophone
מְקוּשְׁקָשׁ ת׳ scribbled, scratchy
מְקוּשָּׁר ת׳ connected, tied
מֶקַח (ראה מִיקָח) ז׳ buying
מִקְטוֹרָה נ׳ cardigan
מִקְטוֹרֶן ז׳ jacket, tuxedo, coat
מִקְטָע ז׳ segment, section
מַקְטֵר ז׳ censer, thurible
*מְקַטֵּר ז׳ complainer
מִקְטֶרֶת נ׳ pipe
מַקִיאָבֶלִי ת׳ Machiavellian
מַקִּיף ת׳ comprehensive, broad
מַקֵּל ז׳ stick, rod, staff, cane
- מקל גולף wood, golf club
- מקל הליכה walking stick
- מקל כביסה clothes-peg
- מקל נועם leniency
- מקלות מלוחים salted sticks
- מקלות סיניים chopsticks
מֵקֵל ת׳ lenient, palliative

מַקלֵב ז׳ clothes tree, hallstand
מִקלֶדֶת נ׳ keyboard, *ivories
מַקלֶה ז׳ toaster
מַקלוֹן ז׳ small stick
מַקלֵחַ ז׳ shower head
מִקלַחַת נ׳ shower, douche
מִקלָט ז׳ shelter, asylum
- מקלט מדיני political asylum
מַקלֵט ז׳ receiver, set, recorder
- מקלט רדיו radio set
מַקלֵעַ ז׳ machine-gun
מַקלְעוֹן ז׳ automatic rifle
מַקלְעָן ז׳ machine-gunner
מִקלַעַת נ׳ braid, plait, sling, plexus
מַקלֵף ז׳ peeler, parer, stripper
מַקלֵפָה נ׳ peeling machine
מִקמֶרֶת נ׳ arcade
מקמ״ש = מקלט משדר transceiver
מְקַנֵא ת׳ envious, jealous
מִקנֶה ז׳ cattle, property
מִקסוּם (מירוב) ז׳ maximization
מַקסִי (שמלה/חצאית) ז׳ maxi
מַקסִים ת׳ charming
מַקסִימוּם ז׳ maximum, at most
מַקסִימָלִי ת׳ maximal, utmost
מִקסֵם פ׳ maximize
מִקסָם ז׳ magic, attraction
- מקסם שווא hallucination
מַקָף ז׳ hyphen
מִקפָּא ז׳ jelly, aspic
מְקַפָּה נ׳ skimmer
מַקפִּיא ז׳ freezer
- מקפיא דם bloodcurdling
מַקפִּיד ת׳ strict, severe
מַקפֵּצָה נ׳ diving board
מִקצָב ז׳ beat, rhythm, meter
מִקצָבִי ת׳ rhythmical, metrical
מִקצֶה ז׳ detail, heat
מִקצוֹעַ ז׳ calling, profession, trade, subject
מַקצוּעָה נ׳ smoothing-plane
מִקצוֹעִי ת׳ professional
מִקצוֹעָן ז׳ professional, *pro
מִקצוֹעָנוּת נ׳ professionalism
מַקצֵף ז׳ whisk, beater
מִקצֶפֶת נ׳ meringue, icing
מַקצֵץ ז׳ cleaver, chopper
מַקצֵצָה נ׳ chopping machine
מַקצֵרָה נ׳ harvester, reaper
מִקצָת תה״פ somewhat, a little
מַקָק ז׳ cockroach, roach

מִקרָא ז׳ Bible, reading, calling, text, legend
מִקרָאָה נ׳ anthology, reader, teleprompter
מִקרָאִי ת׳ biblical
מִקרָב ז׳ close-up, close range
מִקֶרֶב מ״י from, from among
- מקרב לב from the heart
מִקרֶה ז׳ case, occurrence, occasion, chance, event
- בכל מקרה in any case
*- מקרה אבוד lost cause
- מקרה גבול borderline case
מַקרוֹ ז׳ macro, on a large scale
מִקָרוֹב תה״פ recently, closely
מָקָרוֹנִים (פַּסטָה) ז״ר macaroni
מַקרוֹקוֹסמוֹס ז׳ macrocosm
מִקרִי ת׳ accidental, casual
מִקרִיוּת נ׳ chance, coincidence
מַקרִיחַ ת׳ bald, thin on top
מַקרִין ת׳ horned, radiant
מָקָרֶל (קולייס) ז׳ mackerel
מַקרֵן ז׳ radiator, projector
מַקרֵנָה נ׳ projector
מְקַרקְעִין ז״ר realty, real estate
מְקָרֵר ז׳ refrigerator, *fridge
מַקָש ז׳ key
- מקש הרווחים space bar
מִקשָה נ׳ watermelon field
- במקשה אחת as a whole
מְקַשֵר ת׳ connecting
מִקשָת ז׳ arcade
מַר ז׳ Mister, Mr.
מַר ת׳ bitter, acrimonious
- מר ונמהר very bitter
- מר נפש embittered, resentful
מ״ר = מטר מרובע square meter
מָרָא דְאַתרָא ז׳ the town rabbi
מַראֶה ז׳ appearance, look, scene, sight, view, vision
- מראה מקום cross-reference
מַראָה נ׳ mirror, looking glass
מְרַאֲיֵין ז׳ interviewer
מַרְאִית, לְמַרְאִית עַיִן apparently
מֵראש תה״פ in advance, ahead
מְרַאֲשוֹת נ״ר head of a bed
מֵרַב ז׳ maximum, utmost, top
מַרבָד ז׳ carpet, tapestry
- מרבד קסמים magic carpet
מַרבֶּה ת׳ great, doing much
- מרבה רגליים millipede
מְרַבִּי ת׳ maximal, maximum

מַרְבִּית נ׳ most, majority
מִרְבָּץ ז׳ deposit, stratum, seam
מַרְבֵּק ז׳ fattening stable
מַרְגּוֹעַ ז׳ rest, repose
מַרְגִּיעַ ת׳ relaxing, sedative
מְרַגֵּל ז׳ spy, *tail
מַרְגְּלוֹת נ״ר foot, bottom
מַרְגָּלִית נ׳ pearl, gem
מַרְגֵּמָה נ׳ mortar, catapult
מַרְגָּנִית (פרח) נ׳ pimpernel
מַרְגָּרִינָה נ׳ margarine, *marge
*מַרְגָּשׁ ז׳ feeling, mood
מְרַגֵּשׁ ת׳ exciting, touching
מָרַד פ׳ rebel, revolt, mutiny
מֶרֶד ז׳ mutiny, rebellion
מִרְדֶּה ז׳ honey collected
מַרְדֶּה ז׳ baker's shovel
מַרְדּוּת נ׳ punishment
- בן נעוות המרדות scoundrel
מַרְדִּים ת׳ narcotic, anesthetist
מַרְדָן ז׳ rebel, intractable
מַרְדָנוּת נ׳ rebelliousness
מַרְדֵּעַ ז׳ goad
מַרְדַּעַת נ׳ saddle cloth
מִרְדָּף ז׳ chase, pursuit
מָרָה נ׳ bile, gall
- מרה שחורה melancholy
מַרְהִיב (עַיִן) ת׳ spectacular
מְרוּאיָן ז׳ interviewed
מֵרוֹב מ״י because of (so much)
מְרוּבָּד ת׳ laminated, stratified
מְרוּבֶּה ת׳ much, numerous
מְרוּבָּע ז׳ quadrilateral, *square
מְרוּדָּד ת׳ flattened, beaten
מְרוּהָט ת׳ furnished, fitted
מַרְוָה נ׳ sage, salvia
מַרְוֶה ת׳ quenching, slaking
מִרְוָח ז׳ distance, space, span, gap, room, clearance
מְרוּוָּח ת׳ roomy, spacious
מַרְוֵחַ ז׳ spacer
מָרוּחַ ת׳ spread, smeared
מְרוּחָק ת׳ remote, distant, far
מָרוּט ת׳ plucked, polished
מְרוּכָּז ת׳ compact, concentrated, centered
מְרוּכָּך ת׳ softened, bombed
מָרוֹם ז׳ height, sky, heaven
מְרוּמֶּה ת׳ deceived, misled
מְרוּמָּז ת׳ hinted, implied, tacit
מְרוּמְזָר ת׳ having traffic lights
מְרוֹמִים ז״ר height, sky, heaven

מְרוֹמָם ת׳ high, exalted, elated
מְרוּסָּן ת׳ restrained, inhibited
מְרוּסָּס ת׳ sprayed, sprinkled
מְרוּסָּק ת׳ crushed, minced
מְרוּעָף ת׳ imbricate, tiled
מְרוּפָּד ת׳ upholstered, padded
מְרוּפָּט ת׳ shabby, tattered
מֵרוֹץ (ראה מירוץ) ז׳ race
מְרוּצָה נ׳ running, race, course
- במרוצת הזמן/הימים in time
מְרוּצֶּה ת׳ satisfied, pleased
- מרוצה מעצמו complacent
מְרוּצָּף ת׳ paved, tiled, floored
מְרוֹקָן ת׳ empty, drained
מָרוֹר ז׳ bitter herb
- האכיל מרורים oppress
- מרורים bitterness, bitter life
מְרוּשָּׁל ת׳ negligent, untidy
מְרוּשָּׁע ת׳ vicious, cruel
מְרוֹשָׁשׁ ת׳ impoverished
מְרוּשָּׁת ת׳ reticulate, netted
מָרוּת נ׳ authority, rule
מְרוּתָּק ת׳ confined, spellbound
מַרְזֵב ז׳ eaves, gutter
מָרַח פ׳ spread, smear, *bribe
מֶרְחָב ז׳ space, expanse, scope
- מרחב מחיה living space
- מרחב פעולה elbowroom
מֶרְחָבִי ת׳ spatial, spacial
מֵרָחוֹק תה״פ from a distance
מַרְחִיק רְאוֹת ת׳ farseeing
מֶרְחָץ ז׳ bath
- מרחץ דמים blood-bath
מֶרְחָק ז׳ distance, remote place
מַרְחֶשְׁוָן ז׳ Heshvan (month)
מַרְחֶשֶׁת נ׳ frying pan
מָרַט פ׳ pluck, pull out, tear
- מרט עצבים fray nerves
מַרְטֵט ז׳ vibrator
מַרְטִינִי (יי״ש ורמוט) ז׳ martini
מְרִי ז׳ mutiny, disobedience
מְרִיבָה נ׳ quarrel, broil, row
מְרִידָה נ׳ revolt, mutiny
מֶרִידְיָאן (מצהר) ז׳ meridian
מַרְיוֹנֶטָה נ׳ marionette, puppet
מְרִיחָה נ׳ smearing, daub, *bribe
מָרִיחוּאָנָה נ׳ marijuana, hemp
מְרִיטָה נ׳ plucking, tweak
- מריטת עצבים nerve-racking
מֵרִים ז׳ lifting, dactyl
- מרים משקולות weightlifter

מָרִינָה (מעגן יכטות) נ׳ marina
מָרִינס ז״ר marines corps
מְרִיצָה נ׳ wheelbarrow, barrow
מָרִיר ת׳ bitter, bittersweet
מְרִירוּת נ׳ bitterness, ill feeling
מָרִית נ׳ spatula, trowel, shovel
מֵרְכָאוֹת נ״ר inverted commas
- במרכאות so-called
- מרכאות כפולות quotation marks
מֶרְכָּב ז׳ mount, chassis, body, fuselage, cabinet, truck
מֶרְכָּבָה נ׳ carriage, chariot
מִרְכּוּז ז׳ centralization
מַרְכּוֹל ז׳ supermarket, store
מַרְכּוֹלִית נ׳ minimarket
מַרְכּוֹלֶת נ׳ merchandise, goods
מִרְכֵּז פ׳ centralize, center
מֶרְכָּז ז׳ center, middle, focus
- מרכז הכובד center of gravity
- מרכז קהילתי community center
מְרַכֵּז ז׳ organizer, center
מֶרְכָּזִי ת׳ central, middle, main
מִרְכֶּזֶת נ׳ telephone exchange
מַרְכִּיב ז׳ component
מְרַכֵּךְ ז׳ softener
- מרכך כביסה fabric softener
- מרכך שיער hair conditioner
מִרְמָה נ׳ fraud, deceit
מַרְמוּטָה נ׳ dormouse, marmot
מַרְמֶלָדָה נ׳ marmalade
מִרְמָס ז׳ trampling, crushing
מָרָן ז׳ our teacher, rabbi
מַרְנִין ת׳ gladdening, delightful
מָרָנָן וְרַבָּנָן our rabbis
מַרס ז׳ March, Mars
מַרְסֵס ז׳ sprayer, spray gun
מִרְעֶה ז׳ pasture, pasturage
מַרְעוֹם ז׳ fuse, fuze
מַרְעִים ת׳ thunderous
מַרְעִית נ׳ flock, pasture, fold
מְרַעֲנֵן ת׳ refreshing, bracing
מַרְפֵּא ז׳ cure, remedy
מְרַפֵּא ת׳ curative, healer
מִרְפָּאָה נ׳ clinic, infirmary
- מרפאת נשים antenatal clinic
מִרְפֶּסֶת נ׳ balcony, porch, veranda, patio, terrace
מַרְפֵּק ז׳ elbow
מַרְפְּקָן ז׳ thruster, pusher
מֶרֶץ ז׳ energy, vigor, drive

מֶרְץ ז׳ March
מִרְצֶדֶת נ׳ mobile
מַרְצֶה ז׳ lecturer, reader
מְרַצֵּחַ ז׳ murderer, killer
מַרְצִיפָּן ז׳ marzipan
מַרְצֵעַ ז׳ awl, bradawl, gimlet
- יצא המרצע מן השק the secret is out
מַרְצֶפֶת נ׳ flagstone, tile
מָרָק ז׳ soup, broth
מֶרֶק ז׳ putty, lute
מַרק (מטבע) ז׳ mark
מַרקוּעַ ז׳ biscuit, wafer
מֶרְקָחָה נ׳ commotion, mixture
- היה כמרקחה storm, rage
מִרְקַחַת נ׳ jam, mixture
מַרקיז ז׳ marquis, marquess
מְרָקִיָּה נ׳ soup bowl, tureen
מַרְקִיעַ שְׁחָקִים ת׳ skyrocketing
מִרְקָם ז׳ fabric, texture, weave
מַרקסִיזְם ז׳ Marxism
מַרקסיסט ז׳ Marxist
מִרְקָע ז׳ screen, background
מַרְקֵקָה נ׳ cuspidor, spittoon
מַרְקֵר (עט סימון) ז׳ marker
מַרש ז׳ march
- מרש אבל dead march
מַרְשֶׁה ז׳ client, lawyer's client
מַרְשִׁים ת׳ impressive
מַרְשָׁל ז׳ marshal
מִרְשָׁם ז׳ prescription, receipt, recipe, registration, formula
מַרשמֶלו ז׳ marshmallow
מִרְשַׁעַת נ׳ shrew, bitch, hag
מַרְשְׁרְשִׁים ז״ר paper money
מָרַת נ׳ Mrs., madam
מָרָתוֹן (מירוץ) ז׳ marathon
מָרָתוֹנִי ת׳ marathon
מַרְתִּיעַ ת׳ deterrent
מַרְתֵּף ז׳ cellar, basement, vault
מְרַתֵּק ת׳ thrilling, exciting
מָשׁ פ׳ move, stir, go away
מַשָּׂא ז׳ burden, cargo
- משא ומתן negotiation
מַשְׁאֵבָה נ׳ pump
מַשְׁאַבִּים ז״ר resources, means
- משאבי אנוש manpower
מַשָּׂאִית נ׳ truck, lorry
- משאית רכינה dump truck
מִשְׁאָל ז׳ poll, referendum
- משאל עם plebiscite
מִשְׁאָלָה נ׳ request, wish, desire

מַשְׁאֵף ז׳	inhaler, aspirator
מִשְׁאֶרֶת נ׳	kneading trough
מַשְׂאַת נֶפֶשׁ נ׳	ideal, ambition
מַשָּׁב ז׳	blow, breeze, gust
מַשְׂבִּיעַ ת׳	satisfying, satiating
- משביע רצון	satisfactory
מִשְׁבֶּצֶת נ׳	square, setting
מַשְׁבֵּר ז׳	crisis, critical stage
מִשְׁבָּר ז׳	breaker, wave, billow
מַשְׁבֵּת מָנוֹעַ ז׳	immobilizer
מִשְׂגָּב ז׳	fortress, safety, shelter
מִשְׁגֶּה ז׳	mistake, error
מַשְׁגּוֹחַ ז׳	monitor
מִשְׁגּוֹר ז׳	consignment
מַשְׁגִּיחַ ז׳	inspector, supervisor
מִשְׁגָּל ז׳	intercourse, coitus
*מְשַׁגֵּעַ ת׳	gorgeous, terrific
מַשְׁגֵּר ז׳	launcher
מְשַׁגֵּר ז׳	consignor, sender
מְשַׂגְשֵׂג ת׳	prosperous, thriving
מַשְׂדֵּדָה נ׳	harrow, drag
מִשְׁדָּר ז׳	broadcast, program
מַשְׁדֵּר ז׳	transmitter
מָשָׁה פ׳	draw out, pull, fish up
מֹשֶׁה רַבֵּנוּ ז׳	Moses
מַשֶּׁהוּ ז׳	something, aught, bit
*- לא משהו	not as cracked up to be, not impressive
*- משהו משהו !	wonderful!
מַשּׂוֹא פָּנִים ז׳	partiality, bias
מַשּׂוּאָה נ׳	beacon, fire signal
מָשׁוֹב ז׳	feedback
- משוב ביולוגי	biofeedback
מְשׁוֹבֵב נֶפֶשׁ ת׳	delightful
מְשׁוּבָה נ׳	mischief, folly
מְשׁוּבָּח ת׳	excellent, praised
מְשׁוּבָּט ת׳	cloned
מְשׁוּבָּע ז׳	heptagon
מְשׁוּבָּץ ת׳	checked, inlaid
מְשׁוּבָּשׁ ת׳	out of order, incorrect, impaired
מְשׁוּגָּע ת׳	crazy, insane, mad
*- משוגע על כל הראש	crazy
מְשׁוּדָּר ת׳	broadcast
מִשְׁוָאָה נ׳	equation
- משוואה ריבועית	quadratic equation
מַשְׁוֶה ז׳	equator, equalizer
מַשְׁוָן ז׳	equator
מְשַׁוֵּעַ ת׳	crying, shocking
מִשְׁוֶרֶת נ׳	stirrup
מָשׁוּחַ ת׳	anointed, smeared
מְשׁוּחָד ת׳	prejudiced, biased
מְשׁוּחְזָר ת׳	reconstructed, reenacted, restored
מְשׁוּחְרָר ת׳	free, released
- משוחרר בערבות	out on bail
מָשׁוֹט ז׳	oar, paddle, scull
מְשׁוֹטֵט ז׳	wanderer, rambler
מְשׁוּיָף ת׳	filed, smoothed
מָשׁוּךְ ת׳	drawn, pulled
מְשׂוּכָה נ׳	hurdle, hedge
מְשׁוּכְלָל ת׳	elaborate, perfect
מְשׁוּכְנָע ת׳	convinced, positive
מְשׁוּכְפָּל ת׳	duplicate, cloned
מָשׁוּל ת׳	resembling
מְשׁוּלָּב ת׳	linked, combined
מְשׁוּלְהָב ת׳	excited, aflame
מְשׁוּלָּח ת׳	envoy, sent away
- משולח רסן	unrestrained
מְשׁוּלָּל ת׳	lacking, without
מְשׁוּלָּשׁ ז׳	triangle
- משולש שווה צלעות	equilateral triangle
- משולש שווה שוקיים	isosceles triangle
מְשׁוּלָּשׁ ת׳	triangular, triple
מִשּׁוּם מ״י	more or less, sort of
- משום כך	therefore
- משום מה	for some reason
- משום ש-	because, since, as
מְשׁוּמָּד ז׳	convert, apostate
מְשׁוּמָּן ז׳	octagon, lubricated
מְשׁוּמָּר ת׳	preserved, canned
מְשׁוּמָּשׁ ת׳	used, secondhand
מְשׁוּנֶּה ת׳	strange, odd, queer
מְשׁוּנָּן ת׳	toothed, jagged
מְשׁוּעְבָּד ת׳	mortgaged
מְשׁוּעֲמָם ת׳	bored, weary
מְשׁוֹעָר ת׳	supposed, estimated
מְשׁוּעֲשָׁע ת׳	amused, diverted
מָשׁוֹף ז׳	rasp, file
מְשׁוּפֶּה ת׳	planed, indemnified
מְשׁוּפָּם ת׳	moustached
מְשׁוּפָּע ת׳	slanting, sloping, inclined, abundant, rich
מְשׁוּפָּץ ת׳	reconditioned
מְשׁוּפְשָׁף ת׳	experienced
מְשׁוּקְלָל ת׳	weighted
מְשׁוּקָּע ת׳	immersed, sunk
מְשׁוּקָּץ ת׳	repulsive, disgusting
מְשׁוּרְבָּב ת׳	misplaced, put in
מְשׂוּרָה נ׳	measuring cup
- במשורה	in a small degree

מְשׁוּרְטָט ת' drawn, sketched

- שיק משורטט crossed check

מְשׁוּרְיָן ת' armored, earmarked

מְשׁוֹרֵר ז' poet, lyricist

מָשׂוֹשׂ ז' gladness, joy

מְשׁוּשֶׁה ז' hexagon

מְשׁוֹשָׁה נ' aerial, antenna

מְשׁוּתָּף ת' common, joint

מְשׁוּתָּק ת' paralyzed, palsied

מִשְׁזָר ז' intertwining, texture

מָשַׁח פ' anoint, oil, smear

מִשְׂחֶה ז' swimming (race)

מִשְׁחָה נ' cream, salve

- משחת נעליים shoe polish

- משחת שיניים toothpaste

מִשְׁחוֹלֶת נ' pull-through

מַשְׁחֶזֶת נ' grinder, sharpener

מִשְׁחָטָה נ' slaughterhouse

מִשְׂחָק ז' match, game, play, performance, acting

- משחק גומלין return match

- משחק הרכבה jigsaw puzzle

- משחק חוץ away match

- משחק ילדים *piece of cake

- משחק מחשב computer game

- משחק מילים pun, word-play

- משחקי מזל gambling

מִשְׂחָקוֹן ז' game

מְשַׁחְרֵר ז' liberator, deliverer

מַשְׁחֶתֶת נ' destroyer

מַשָּׁט ז' cruise, flotilla, voyage

מִשְׁטָח ז' surface, plane, level

- משטח (ברפואה) smear, swab

מַשְׂטֵמָה נ' hatred, enmity

מִשְׁטֵר פ' regiment, discipline

מִשְׁטָר ז' regime, rule, reign

- משטר צבאי martial law

מִשְׁטָרָה נ' police

- משטרה צבאית military police, MP

- משטרת התנועה traffic police

מִשְׁטַרְתִּי ת' police

מֶשִׁי ז' silk

מֵשִׁיב נֶפֶשׁ ת' delightful

מְשִׁיבוֹן ז' answering machine

מַשִּׂיג ז' reacher, objector

מָשִׁיחַ ז' Messiah

מְשִׁיחָה נ' anointment, cord

מְשִׁיחִי ת' messianic

מְשִׁיחִיּוּת נ' messianism

מִשְׁיִי ת' silken, silk, silky

מְשִׁיכָה נ' attraction, appeal, draw, dragging, pull, tug

- משיכת חבל tug-of-war

- משיכת יתר overdraft

- משיכת כתפיים shrug

מְשִׂימָה נ' assignment, task

מְשִׁסָּה נ' loot, plunder

מַשִּׁיק ז' tangent, tan

מָשִׁישׁ ת' touchable, palpable

מָשַׁךְ פ' drag, draw, pull

- משך בחוטים pull strings

- משך בעול do the hard work

- משך בעט be a writer

- משך ידו withdraw, back out

- משך כסף withdraw money

- משך שק draw a check

מֶשֶׁךְ ז' duration, length

- משך זמן period of time

מִשְׁכָּב ז' bed, lying

- משכב זכר homosexuality

מַשְׁכּוֹן ז' pawn, pledge

מִשְׁכּוּן ז' pawning, mortgaging

מַשְׁכּוֹנַאי ז' pawnbroker, *uncle

מַשְׂכּוֹרֶת נ' salary, wage, pay

מַשְׂכִּיל ז' scholar, intellectual

מַשְׁכִּים (קום) ז' early riser

מַשְׂכִּיר ז' renter, lessor

מַשְׂכִּית נ' locket, ornament

מְשַׁכֵּךְ כְּאֵבִים ת' pain-killer

מִשְׂכָּל ז' intelligence

מִשְׁכֵּן פ' mortgage, pawn

מִשְׁכָּן ז' dwelling place, tabernacle

- משכנות עוני slums

מְשַׁכְנֵעַ ת' convincing

מַשְׁכַּנְתָּה נ' mortgage

מְשַׁכֵּר ת' intoxicating

מָשַׁל פ' rule, govern, dominate

- משל ברוחו collect oneself

מָשָׁל ז' allegory, fable, proverb

- משל ושנינה laughing stock

מִשְׁלֶבֶת נ' monogram, ligature

מַשְׁלֶה ת' delusive, illusive

מִשְׁלוֹחַ ז' shipment, delivery

מִשְׁלַח יָד ז' calling, occupation

מִשְׁלַחַת נ' delegation, expedition, mission

מִשְׁלָט ז' commanding post

מִשְׁלֵי (בתנ"ך) Proverbs

מַשְׁלִים ז' complement

מִשְׁלֶפֶת נ' hemstitch

מְשַׁלְשֵׁל ת' laxative, aperient

מִשמוֹרֶת נ׳ custody
מִשמוּש ז׳ touching, feeling
מְשַׂמֵּחַ ת׳ gladdening
מַשמִין ת׳ fattening
מַשמִיץ ת׳ slanderous, libelous
מַשמַנִים ז״ר delicacies, dainties
מִשמָע ז׳ hearing, ear
מַשמָע ז׳ meaning, sense
מַשמָע ש- תה״פ hence, therefore
מַשמָעוּת נ׳ meaning, sense, purport, significance
מַשמָעוּתִי ת׳ significant
מִשמַעַת נ׳ discipline, obedience
מִשמַעתִּי ת׳ disciplinary
מִשמָר ז׳ escort, guard, watch
- משמר אזרחי civil guard
- משמר הגבול border police
- משמר כבוד guard of honor
מִשמֶרֶת נ׳ shift, guard, watch
- משמרת לילה night shift
מִשמֵש פ׳ feel, touch, grope
מִשמֵש ז׳ apricot
מִשנֶה ז׳ twice, double, sub-
- במשנה תוקף very forcefully
- משנה זהירות great care
מִשנָה נ׳ Mishnah, doctrine
- משנה סדורה well-arranged doctrine
מִשנִי ת׳ secondary, minor
מַשנֵק ז׳ choke, throttle
מְשַעבֵּד ז׳ enslaver, mortgagor
מִשעוֹל ז׳ path, alley, lane
מְשַעֲמֵם ת׳ boring, dull, *drip
מִשעָן ז׳ support, rest, stay
מִשעֶנֶת נ׳ support, rest, arm, crutch, prop, staff, stick
- משענת קנה רצוץ broken reed
- משענת ראש headrest
מְשַעֲשֵעַ ת׳ amusing, funny
מִשפָּחָה נ׳ family, *folks
- משפחה אומנת foster family
מִשפַּחתּוֹן ז׳ nursery
מִשפַּחתִּי ת׳ family, home
מִשפָּט ז׳ judgement, trial, case, law, sentence, clause
- משפט אזרחי civil law
- משפט פלילי criminal law
- משפט צבאי court martial
- משפט ציבורי public law/trial
- משפט קדום prejudice, bias
- משפטים (באוניברסיטה) law
מִשפָּטִי ת׳ judicial, legal
מִשפְּטָן ז׳ jurist, expert in law
מִשפְּטָנוּת נ׳ jurisprudence
מַשפִּיל ז׳ anapest, humiliating
מַשפֵּך ז׳ funnel
מַשפֵּת ז׳ hotplate, plate
מֶשֶק ז׳ farm, economy, grange
- משק בית household
- משק החי livestock, stock
מַשָק ז׳ noise, rustle, whirr
מש״ק=מפקד שאינו קצין NCO, noncommissioned officer
מַשקֶה ז׳ beverage, drink
- משקה חריף strong drink
- משקה קל soft drink
מִשקוֹלֶת נ׳ weight, plummet
מַשקוֹף ז׳ crossbar, lintel
מִשקִי ת׳ economic, farm
מַשקִיעַ ז׳ investor
מַשקִיף ז׳ observer, onlooker
מִשקָל ז׳ weight, rhyme, meter
- משקל בינוני middleweight
- משקל זבוב flyweight
- משקל כבד heavyweight
- משקל נגד counterbalance
- משקל נוצה featherweight
- משקל סגולי specific gravity
- משקל קל lightweight
מִשקָע ז׳ deposit, sediment
- משקעים precipitation, rainfall, memories, feelings
*מִשקָפוֹפֶר ז׳ four-eyes
מִשקָפַיִים ז״ר glasses
- משקפי חוטם pince-nez
- משקפי שמש sunglasses
מִשקֶפֶת נ׳ binoculars, spyglass
- משקפת שדה field glasses
- משקפת תיאטרון opera glasses
מִשׂרָד ז׳ department, ministry, office, bureau
- משרד האוצר Treasury
- משרד הביטחון Defense Ministry
- משרד החוץ Foreign Office, Foreign Affairs Ministry
- משרד המשפטים Justice Ministry
- משרד הפנים Ministry of the Interior, Home Office
- משרד התחבורה Ministry of Transport
מִשׂרָדִי ת׳ office, departmental

מִשְׂרָה נ׳ tincture
מִשְׂרָה נ׳ job, post, position
מַשְׁרוֹקִית נ׳ whistle, pipe
מְשַׂרְטֵט ז׳ draftsman, designer
מִשְׂרַעַת נ׳ amplitude
מִשְׂרָפָה נ׳ crematorium
מְשָׁרֵת ז׳ servant, butler
מְשָׁרֶתֶת נ׳ maidservant, maid
מִשְׁתֶּה ז׳ banquet, feast
מִשְׁתּוֹקֵק ת׳ anxious, longing
מַשְׁתִּיק קוֹל ז׳ silencer, muffler
מִשְׁתָּלָה נ׳ plant nursery
מִשְׁתַּלֵּם ת׳ worthwhile
מִשְׁתַּמֵּט ז׳ evader, truant
מִשְׁתַּמֵּשׁ ז׳ user
מַשְׁתֵּן ז׳ urinal, urine pot, *po
מִשְׁתַּנֶּה ז׳ variable, changeable
מִשְׁתָּנָה נ׳ urinal
מְשַׁתֵּף פְּעוּלָּה ז׳ collaborator
משת״פ = משתף פעולה
מִשְׁתַּתֵּף ז׳ participant
מֵת פ׳ die, pass away, perish
מֵת ת׳ dead, deceased, dying
*- היה מת ל- want it badly
מִתְאַבֵּד ז׳ suicide (bomber)
מְתַאֲבֵן ז׳ appetizer
מִתְאַבֵּק ז׳ wrestler
מִתְאַגְרֵף ז׳ boxer, pugilist
מַתְאִים ת׳ fit, suitable
*- מתאים לו ל- it's like him to-
מַתְאֵם ז׳ adaptor, adjuster
מִתְאָם ז׳ correlation
מִתְאַמֵּן ז׳ trainee, practicing
מִתְאָר ז׳ contour, outline
מִתְבּוֹדֵד ז׳ recluse, hermit
מִתְבּוֹלֵל ז׳ assimilator
מִתְבַּיֵּשׁ ת׳ ashamed, shy
מִתְבָּל ז׳ ketchup, catchup
מַתְבֵּן ז׳ barn, hayloft
מֶתֶג ז׳ button, bit, bacillus
מִתְגָּרֶה ת׳ aggressive
מְתַדְלֵק ז׳ petrol station attendant, refueling
מְתוֹאָם ת׳ coordinated
מְתוֹאָר ת׳ described, depicted
מְתוֹאֲרָךְ ת׳ dated
מְתוּבָּל ת׳ seasoned, spicy
מְתוּגְמָל ת׳ rewarded
מֶתּוֹדָה נ׳ method, way, process
מֶתּוֹדִי ת׳ methodical
מִתְוֶוה outline, sketch
מְתַוֵּךְ ז׳ arbitrator, broker, mediator, agent
מְתוּזְמָן ת׳ timed, scheduled
מְתוּזְמָר ת׳ orchestrated
מָתוּחַ ת׳ tense, nervous
מְתוּחְכָּם ת׳ sophisticated
מְתוּיָּג ת׳ labeled
מְתוּיָּק ת׳ on file, filed
מִתּוֹךְ מ״י out of, from, from within, from among, since
- מתוך כך because of it
מְתוּכְנָן ת׳ planned, designed
מְתוּכְנָת ת׳ programmed
מְתוּלָּם ת׳ furrowed, striated
מְתוּלָּע ת׳ maggoty, wormy
מְתוּלְתָּל ת׳ curly, frizzy, wavy
מְתוֹם ז׳ perfection
- אין בו מתום mass of bruises
מְתוּמְחָר ת׳ priced, set a price
מְתוּמָּן ז׳ octagon
מְתוּמְצָת ת׳ summarized
מָתוּן ת׳ moderate, temperate
- מתון מתון gently
מְתוּנוֹת תה״פ gently
מְתוּסְבָּךְ ת׳ having complexes
מְתוּסְכָּל ת׳ frustrated, foiled
מְתוֹעָב ת׳ abominable
מְתוֹעָד ת׳ documented
מְתוֹפֵף ז׳ drummer
מָתוֹק ת׳ sweet
מְתוּקָּן ת׳ repaired, proper
מְתוּקְשָׁר ת׳ communicated, covered by the media
מְתוּרְבָּת ת׳ civilized, cultured
מְתוּרְגָּל ת׳ trained, accustomed
מְתוּרְגָּם ת׳ translated, rendered
מְתוּרְגְּמָן ז׳ translator
מְתוּשֶׁלַח ז׳ Methuselah
- בימי מתושלח in days of yore
מָתַח פ׳ stretch, strain, extend, pull his leg, hoax, *kid
- מתח את החבל go too far
- מתח ביקורת criticize
מֶתַח ז׳ voltage, tension, suspense, horizontal bar
- מתח רווחים profit margin
מִתְחַזֶּה ת׳ fake, impostor
מַתְחֵחָה נ׳ cultivator
מַתְחִיל ז׳ beginner, incipient
מִתְחַכֵּם ת׳ joking, *wise guy
מִתְחַלֶּה ז׳ malingerer
מִתְחָם ז׳ defined area, zone, site, precinct, complex

מִתחַמֵק ת׳ evasive
מִתחַסֵד ת׳ hypocrite
מִתחָרֶה ז׳ competitor, rival
מִתחַשֵב ת׳ considerate
מִתַּחַת מ״י beneath, under
- מתחת לכל ביקורת very bad
*- מתחת לשולחן under the counter
מָתַי תה״פ when, whenever
*- מתי ש- when
- עד מתי? till when?
מְתֵי מִספָּר ז״ר few people
מְתִיבתָּא (ישיבה) נ׳ yeshiva
מָתִיחַ ת׳ elastic, extensible
מְתִיחָה נ׳ stretch, hoax
- מתיחת ביקורת criticism
- מתיחת פנים face-lift
- מתיחת קו drawing a line
מְתִיחוּת נ׳ stress, tension
מִתיַיוֵן ז׳ Hellenist
מִתיַישֵב ז׳ settler, colonist, reconcilable, compatible
מְתִינוּת נ׳ moderation
מְתִיקָה, מִינֵי מְתִיקָה sweets
מְתִיקוּת נ׳ sweetness
מַתִירָנוּת נ׳ permissiveness
מַתִירָנִי ת׳ permissive, lenient
*מָתַישֶהוּ תה״פ sometime
מִתכַּוֵון ת׳ intentional, meaning
מִתכַּוונֵן ת׳ adjustable, tuneable
מַתכּוֹן ז׳ prescription, recipe
מַתכּוֹנֶת נ׳ standard, form, proportion, amount
מִתכַּלֶה ת׳ perishable
מְתַכנֵן ז׳ planner, designer
מְתַכנֵת ז׳ programmer
מַתֶּכֶת נ׳ metal
מִתכַּתֵב ז׳ correspondent
מַתַּכתִּי ת׳ metallic, brazen
מַתלֶה ז׳ hanger, hook, rack
- מתלה מִגבות towel rack
מִתלֶה ז׳ suspension
מִתלַהֵם ת׳ insolent, excited
מִתלוֹנֵן ז׳ complainant, whiner
מִתלַמֵד ז׳ learner, autodidact
מִתלַקֵחַ ת׳ inflammable
מִתמַחֶה ז׳ trainee, specializing
מָתֵמָטִי ת׳ mathematical
מָתֵמָטִיקַאי ז׳ mathematician
מָתֵמָטִיקָה נ׳ mathematics
מַתמִיד ת׳ diligent, ceaseless
מַתמִיהַּ ת׳ surprising, puzzling

מִתמַכֵּר (לסמים) ז׳ addict
מַתמֵר ז׳ transducer, converter
מַתָּן ז׳ giving, bestowal
- מתן בסתר secret almsgiving
- מתן תורה giving the Torah
מֶתָן ז׳ methane
מִתנַגֵד ז׳ objector, opponent
מַתנֵד ז׳ oscillator
מִתנַדֵב ז׳ volunteer
מַתָּנָה נ׳ gift, present, offering
מִתנַוֵון ת׳ decadent, degenerate
מִתנַחֵל ז׳ settler, colonist
מִתנַיֵיעַ ת׳ mobile, self-propelled
מתנ״ס youth center
מַתנֵעַ ז׳ starter, kick-starter
מִתנַצֵל ת׳ apologetic
מִתנַקֵש ז׳ assassin, *hit man
מִתנַשֵא ת׳ rising, arrogant
מַתֶּנֶת נ׳ lumbago
מְתַסכֵּל ת׳ frustrating
מִתעַמֵל ז׳ gymnast, exercising
מִתפַּלֵל ז׳ prayer, worshiper
מִתפָּרָה נ׳ sewing workshop
מִתפֶּרֶת (פֶּנס) נ׳ dart
מָתַק פ׳ be sweet, be tasty
מֶתֶק שְׂפָתַיִים ז׳ honeyed words
מִתקַבֵּל ת׳ acceptable
- מתקבל על הדעת conceivable
מִתקַדֵם ת׳ advanced, modern
מִתקוֹמֵם ת׳ up in arms, rebel
מַתקִיף ז׳ attacker, assailant
מִתקָן ז׳ apparatus, device, appliance, installation, plant, facility, site, precinct, complex
מְתַקֵן ז׳ mender, reformer
מִתקָפָה נ׳ offensive, attack
מִתקָפִי ת׳ offensive, attacking
מִתקַפֵּל ת׳ collapsible
מְתַקתַּק ת׳ sweetish, sugary
מְתַרגֵל ז׳ practicer, tutor
מְתַרגֵם ז׳ translator
מִתרוֹמֵם ת׳ rising, *homosexual
מִתרַחֵץ ז׳ bather
מַתרִים ז׳ fundraiser, collector
מִתרָס ז׳ barricade
מִתרַפֵּס ת׳ servile, obsequious
מִתרַשֵל ת׳ negligent, careless
מַתָּת נ׳ gift, present
- מתת אל godsend, windfall

נ

נָא ת׳ rare, raw, half-done
נָא מ״ק please, pray
*- נא באוזן! definitely not
נֶאֱבַד פ׳ be lost, be missing
נֶאֱבַק פ׳ fight, struggle, wrestle
נֹאד ז׳ water bag, *fart
*- נאד נפוח swollen with pride
נאדית (בריאות) נ׳ alveolus
נָאֶה ת׳ nice, good-looking
נֶאֱהָב ת׳ beloved, lover
נָאוֶה ת׳ beautiful, pretty
נְאוּם ז׳ address, speech
נָאוֹר ת׳ enlightened, civilized
נְאוֹרוּת נ׳ enlightenment
נָאוֹת ת׳ proper, decent, fit, due
נֶאֱחַז פ׳ cling, be held, hold on
- נאחז בצפורניים hold on like grim death
נֶאֱטַם פ׳ be sealed, be closed
נָאִיבִי ת׳ naive, credulous
נָאִיבִיוּת נ׳ naivete, simplicity
נֶאֱכַל פ׳ be eaten, be consumed
נֶאֱכַף פ׳ be enforced
נֶאֱלַח ת׳ dirty, loathsome
נֶאֱלַם ת׳ dumbfounded, silent
- נאלם דום be struck dumb
נֶאֱלַץ פ׳ be forced
נָאַם פ׳ deliver a speech, preach
נֶאֱמַד פ׳ be estimated
נֶאֱמָן ת׳ devoted, loyal, trustee
נֶאֱמָנָה תה״פ honestly, really
נֶאֱמָנוּת נ׳ loyalty, trusteeship
נֶאֱמַר פ׳ be said, be told
נֶאֱנַח פ׳ sigh, moan, groan
נֶאֱנַס פ׳ be forced, be raped
נֶאֱנַק פ׳ sigh, groan, moan
נֶאֱסַף פ׳ be collected
- נאסף אל אבותיו die
נֶאֱסַר פ׳ be arrested, be imprisoned, be forbidden
נָאַף פ׳ commit adultery
נֶאֱפָה פ׳ be baked
נַאֲפוּפִים ז״ר adultery
נְאָצָה נ׳ blasphemy, swearword
נָאצִי ז׳ Nazi
נֶאֱצַל ת׳ ennobled, bestowed
נְאָקָה נ׳ sigh, groan, moan
נָאקָה נ׳ female camel
נֶאֱרַג פ׳ be woven, be webbed
נֶאֱרַז פ׳ be packed
נֶאֱשַׁם פ׳ be accused
נֶאֱשָׁם ז׳ culprit, defendant
נ״ב = נכתב בצד postscript, NB
נִבְאַשׁ פ׳ stink, become odious
נֶבֶג ז׳ spore
נִבְגַּד ת׳ betrayed, cheated on
נִבְדָּל ת׳ offside, separate, different, distinct
- לא בעמדת נבדל onside
נִבְדַּק פ׳ be tested, be checked
נִבְהַל פ׳ be scared
נְבוּאָה נ׳ prediction, prophecy
נְבוּאִי ת׳ prophetic, oracular
נָבוּב ת׳ hollow, empty
*נַבּוּט ז׳ club, baton
נָבוֹךְ ת׳ confused, bewildered
נָבוּל ת׳ dried up, withered
נָבוֹן ת׳ wise, intelligent
נְבוֹנוּת נ׳ understanding, wit
נִבְזֶה ת׳ contemptible, mean
נִבְזוּת נ׳ meanness, villainy
נִבְזִי ת׳ despicable, nasty
נָבַח פ׳ bark, bay, yelp, yap
נִבְחַן פ׳ be examined, be tested
נִבְחָן ז׳ candidate, examinee
נִבְחָר ת׳ chosen, elect, picked, selected, representative
נִבְחֶרֶת נ׳ team, selected team
נָבַט פ׳ germinate, sprout
נֶבֶט ז׳ bud, sprout, germ
נָבִיא ז׳ prophet, seer, predictor
נְבִיאָה נ׳ prophetess
נְבִיאִי ת׳ prophetic
נְבִיאִים (בתנ״ך) Prophets
נְבִיבוּת נ׳ hollowness
נְבִיחָה נ׳ barking, bark, bay
נְבִיטָה נ׳ germination
נְבִיעָה נ׳ emanation, flow, gush
נְבִירָה נ׳ burrowing, carping
נֶבֶךְ ז׳ depth, recess, nadir
נָבַל פ׳ wither, decay, wilt
נָבָל ז׳ rascal, scoundrel
נֵבֶל ז׳ harp, lyre
נַבְלַאי ז׳ harpist
נְבָלָה נ׳ outrage, crime, evil
נְבֵלָה נ׳ carcass, *swine
*- זה נבלה וזה טריפה both are bad
נִבְלַם פ׳ be curbed, be checked

נִבְלַע פ׳ be swallowed
נִבְנָה פ׳ be built, be established
נָבַע פ׳ result, stem, flow
נִבְעַט פ׳ be kicked
נִבְעֲלָה פ׳ have sex
נִבְעָר ת׳ ignorant, silly, stupid
נִבְעַת פ׳ be frightened, startle
נִבְצַר פ׳ be unable, be difficult
- נבצר ממני להבין it is beyond me
נִבְקַע פ׳ be split, be broken
נָבַר פ׳ burrow, dig, carp, seek
נִבְרָא פ׳ be created, be formed
נַבְרָן ז׳ vole, field mouse
נִבְרַר פ׳ be selected, be chosen
נִבְרֶשֶׁת נ׳ chandelier, luster
נִגְאַל פ׳ be saved, be redeemed
נֶגֶב ז׳ south, the Negev
נִגְבָּה פ׳ be collected
נֶגְבָּה תה״פ southwards, south
נִגַּד פ׳ be against, oppose
נַגָּד ז׳ resistor, sergeant, sergeant-major
נֶגֶד מ״י against, opposite
- נגד השעון counterclockwise
- נגד טנקים antitank
- נגד מטוסים antiaircraft
נֶגְדִּי ת׳ opposite, contrary
נִגְדַּע פ׳ be cut off, be removed
נָגַהּ פ׳ shine, glow, shimmer
נָגוֹז פ׳ disappear, vanish
נָגוֹל פ׳ be lifted, unfold
נָגוּעַ ת׳ infected, stricken
נִגְזַז פ׳ be cut
נִגְזָל ת׳ robbed, *mugged
נִגְזַם פ׳ be cut, be pruned
נִגְזָר ת׳ cut, derived, determined, destined, fated
נִגְזֶרֶת נ׳ derivative
נָגַח פ׳ gore, butt, ram, head
נֶגָטִיב (תַּשְׁלִיל) ז׳ negative
נָגִיד ז׳ leader, director, governor, rector, rich man
- נגיד בנק governor of a bank
נָגִיד תה״פ let's say, assuming
נְגִיחָה נ׳ header, butt, goring
נְגִינָה נ׳ playing, melody, stress
- נגינת בינַיים intermezzo
נְגִיסָה נ׳ bite, biting, morsel
נְגִיעָה נ׳ touch, dab, connection
נְגִיף ז׳ virus, *bug
נְגִיפִי ת׳ viral

נָגִישׁ ת׳ accessible
נְגִישׁוּת נ׳ accessibility
- אי-נגישות inaccessibility
נִגְלָה פ׳ be revealed, appear
*נַגְלָה נ׳ round, circuit, travel
נֶגְלִיזֶ׳ה (חלוק-אישה) ז׳ negligee
נִגְלַל פ׳ be rolled, unfold
נִגְמַל פ׳ be weaned
נִגְמַר פ׳ end, finish, be over
נגמ״ש armored troop vehicle
נַגָּן ז׳ player, instrumentalist
נִגְנַב פ׳ be stolen, *be lifted
*- נגנב על be mad on, love
נִגְנַז פ׳ be hidden, be shelved
נָגַס פ׳ bite off, nibble
נָגַע פ׳ touch, adjoin, brush
- נגע ל- concern, regard
נֶגַע ז׳ plague, disease, fault
נִגְעַל פ׳ be disgusted
נֶגֶף ז׳ obstacle, plague
נַגָּר ז׳ carpenter, cabinetmaker
נַגָּרוּת נ׳ carpentry, woodwork
נַגָּרִייָה נ׳ carpenter's shop
נִגְרַם פ׳ be caused, be effected
נִגְרַס פ׳ be shredded
נִגְרַע פ׳ be diminished
נִגְרַף פ׳ be swept, be raked
נִגְרַר פ׳ be dragged, be towed
נָגַשׂ פ׳ oppress, persecute
נָד פ׳ roam, shake, lament
נֵד ז׳ wall, heap, bank
נָדַב פ׳ donate, contribute
נְדָבָה נ׳ charity, alms, donation
נִדְבָּךְ ז׳ layer, course, tier, prop
נַדְבָן ז׳ philanthropist, giver
נַדְבָנוּת נ׳ philanthropy, largess
נִדְבַּק פ׳ stick, be infected
נִדְבַּר פ׳ talk, communicate
נָדַד פ׳ roam, wander, travel
- נדדה שנתו couldn't sleep
נִדְהַם פ׳ be amazed, marvel
נְדוּדִים ז״ר wandering
- נדודי שינה insomnia
נָדוֹן פ׳ be discussed, be sentenced
- הנדון the subject
נְדוּנְיָה נ׳ dower, dowry, dot
נָדוֹשׁ ת׳ banal, hackneyed, trite
נִדְחָה פ׳ be postponed, be rejected
נִדְחַס פ׳ be compressed, be crowded

נִדחַף פ׳ push oneself, shove
נִדחַק פ׳ intrude, push, squeeze
נָדִיב ת׳ generous, donor
- נדיב לב bounteous
נְדִיבוּת נ׳ generosity, liberality
- נדיבות לב benevolence
נְדִידָה נ׳ wandering, migration
נָדִיף ת׳ volatile, evaporable
נְדִיפוּת נ׳ evaporability
נָדִיר ת׳ infrequent, rare, scarce
נָדִיר (נֵבֶך) ז׳ nadir
נְדִירוּת נ׳ infrequency, rarity
נִדכָּא ת׳ depressed, oppressed
נָדָל (רמש טורף) ז׳ centipede
נִדלָה פ׳ be exhausted
נִדלֶה ת׳ drawn out, raised
נדל"ן real property
נִדלַק פ׳ be lit, catch fire
*- נדלק על love
נָדַם פ׳ be silent, be speechless
נִדמָה פ׳ look like, resemble
נִדמֶה תה״פ it seems
*- נדמה לך! incorrect!
נָדָן ז׳ scabbard, sheath
נִדנֵד פ׳ sway, rock, swing, nag
נַדנֵדָה נ׳ swing, seesaw, teeter
נִדנוּד ז׳ rocking, nagging
נָדַף פ׳ spread, disperse, waft
נִדפַּס פ׳ be printed, be typed
נִדפַּק פ׳ be beaten, be knocked
*נִדפַּק פ׳ be fixed, be had
נִדקַר פ׳ be stabbed, be pricked
נָדַר פ׳ vow, undertake
נֶדֶר ז׳ vow, commitment
- בלי נדר God willing, I hope
נִדרַך פ׳ be cocked, become tense, be on the alert
נִדרַס פ׳ be run over, be hit
נִדרַשׁ פ׳ be wanted, be required
- נדרש ל- refer to, deal with
נָהַג פ׳ drive, conduct, lead, be used to, treat, behave, act
נֶהָג ז׳ driver, chauffeur
- נהג מונית cabdriver, *cabby
- נהג משאית truckdriver
נֶהֱגָה פ׳ be pronounced
נֶהדַף פ׳ be pushed back
נֶהדָר ת׳ wonderful, gorgeous
נָהָה פ׳ follow, long for
נָהוּג ת׳ customary, usual
נְהוֹרָנוּת נ׳ luminescence
נְהִי ז׳ lamentation, wailing

נְהִיגָה נ׳ driving
נִהיָה פ׳ be, become, happen
*- נהיה לי חושך בעיניים I fell into despair
נְהִייָה נ׳ following, longing
נָהִיר ת׳ clear, obvious, bright
נְהִירָה נ׳ flow, streaming
נָהַם פ׳ roar, growl, snarl, purr
נַהֲמָה נ׳ roar, growl, grunt
- נהמת לב deep sorrow
נֶהֱנָה פ׳ enjoy, relish, benefit
- נהנה מן הספק has the benefit of doubt
נֶהֱנֶה ז׳ beneficiary, recipient
נֶהֱנְתָן ז׳ hedonist, voluptuary
נֶהֱנְתָנוּת נ׳ hedonism
נֶהפַּך פ׳ become, be inverted
- נהפוך הוא on the contrary
נָהַר פ׳ stream, throng, shine
נָהָר ז׳ river, stream
- נהרי-נחלי-דם rivers of blood
נֶהֱרַג פ׳ be killed, be slain
נְהָרָה נ׳ light, brightness
נֶהֱרַס פ׳ be ruined
*נוּ מ״ק you see!, come on
- נו נו נו! don't!
נוֹאָל ת׳ foolish, stupid, absurd
נוֹאֵם ז׳ orator, speaker
נוֹאֵף ז׳ adulterer, womanizer
נוֹאֶפֶת נ׳ adulteress
נוֹאַשׁ פ׳ despair, give up
נוֹאָשׁ ת׳ desperate, hopeless
נוֹאָשׁוֹת תה״פ desperately
נוּבוֹרִישׁ ז׳ new rich
נוֹבֶּל (פרס) ז׳ Nobel
נוֹבֶלָה נ׳ novel, novelette, story
נוֹבֶלִיסט ז׳ novelist
נוֹבֶמבֶּר ז׳ November
נוֹבֵעַ ת׳ flowing, resulting
נוֹגֵד ת׳ contrasting, contrary
נוֹגְדָן ז׳ antibody
נוֹגַהּ ז׳ light, glory, Venus
נוּגֶה ת׳ sad, gloomy, plaintive
נוּגַן פ׳ be played
נוֹגֵעַ ת׳ touching, relevant
- נוגע בדבר interested
- נוגע לא נוגע slightly touching
- נוגע ללב touching, moving
נוֹדֵד ז׳ wanderer, migratory
נוּדָה פ׳ be excommunicated
נוּדִיזם ז׳ nudism, naturism
נוּדִיסט ז׳ nudist, naturist

*נוּדְנִיק ז׳ nag, nagger, pest
נוֹדַע פ׳ be known, learn
- לא נודעו עקבותיו disappear without traces
נוֹדָע ת׳ known, noted, famous
נוֹהַג ז׳ habit, custom
נוֹהַל פ׳ be directed, be run
נוֹהַל ז׳ procedure, formality
נוֹהֳלִי ת׳ procedural
נַוָּד ז׳ nomad, vagabond
נַוָּדוּת נ׳ nomadism
נָוֶה ז׳ dwelling place
- נווה מדבר oasis
- נווה קיץ summer resort
נוּוַט פ׳ be navigated, be piloted
נַוָּט ז׳ pilot, navigator
נַוָּטוּת נ׳ navigation, pilotage
נַוָּלוּת נ׳ ugliness
נוֹזֵל ז׳ fluid, liquid, flowing
נוֹזְלִי ת׳ fluid, liquid, liquefied
נוֹחַ ת׳ easy, pleasant, comfortable, convenient, affable, *comfy
- נוח לו ש- it is better to
- נוח לכעוס hot-tempered
נוֹחוּת נ׳ convenience, ease
נוֹחִיוּת נ׳ comfort, convenience, toilet, wc
נוּחַם פ׳ be consoled
נוֹטֶה ת׳ disposed, tending, inclined
נוֹטֵר ז׳ guard, grudging
נוֹטַריוֹן ז׳ notary
נוֹטַריוֹנִי ת׳ notarial
נוּטרִייָה (מכרסם) ז׳ coypu
נוֹטָרִיקוֹן ז׳ acronym, abbreviation
נוּטרַל פ׳ be neutralized
נוֹי ז׳ ornament, beauty
נוּיַּד פ׳ be floated
נוֹירוֹזָה (עצבנות) נ׳ neurosis
נוֹירוֹטִי (עצבני) ת׳ neurotic
נוֹירוֹלוֹג ז׳ neurologist
נוֹירוֹלוֹגִי ת׳ neurological
נוֹירוֹלוֹגְיָה נ׳ neurology
נוֹירוֹן (תא עצב) ז׳ neuron
נוֹירַלגְיָה (כאב בעצב) נ׳ neuralgia
נוּכָּה פ׳ be deducted
נוֹכַח פ׳ be convinced, realize
נוֹכֵחַ ת׳ present, second person
נוֹכַח מ״י opposite, facing, in light of, as
נוֹכְחוּת נ׳ attendance, presence
נוֹכְחִי ת׳ present, current
נוֹכֵל ז׳ scoundrel, crook
נוֹכְלוּת נ׳ roguery, fraud
נוֹכְרִי ז׳ foreigner, stranger
נוֹל ז׳ loom
נוֹלַד פ׳ be born, originate
- ביצה שלא נולדה not this day problem
נוֹלָד ת׳ born, result, outcome
נוֹמִינָלִי ת׳ nominal, theoretical
נוֹמֶך ז׳ shortness, lowness
נוּמַק פ׳ be explained
נוּמֶרוּס קְלָאוּזוּס numerus clausus, limited number
נוּמֶרָטוֹר (מְמַסְפֵּר) ז׳ numerator
נוּן נ׳ nun (letter)
נוֹן סטופ תה״פ non-stop
נוֹסַד פ׳ be founded
נוּסָּה פ׳ be tested, be tried
נוּסַּח פ׳ be formulated
נוּסָח ז׳ version, manner, style
- בנוסח in the manner of, a la
נוּסחָה נ׳ formula, version
נוֹסטַלגִי ת׳ nostalgic, homesick
נוֹסטַלגיָה נ׳ nostalgia, yearning
נוֹסֵעַ ז׳ traveler, passenger
- נוסע סמוי stowaway
נוֹסַף פ׳ be added, be affixed
נוֹסָף ת׳ additional, another
- נוסף ל- in addition to
- נוסף על כך moreover
נוֹעַ ז׳ movement, motion
נוֹעַד פ׳ meet, assemble, be designed, be destined
נוֹעָז ת׳ brave, bold, daring
נוֹעָזוּת נ׳ daring, boldness
נוֹעַם ז׳ grace, pleasantness
נוֹעַץ פ׳ consult, take advice
נוֹעַר ז׳ youth, boys, teenagers
- נוער שוליים street boys
נוֹף ז׳ landscape, scene, scenery, sight, view
נוּפָּה פ׳ be sieved, be removed
נוּפַּח פ׳ be inflated
נוֹפֶךְ ז׳ turquoise, touch
- הוסיף נופך tinge, garnish
- נופך משלו personal touch
נוֹפֵל ת׳ fallen, dead, killed
נוֹפֵף פ׳ flourish, wave
נוּפַּץ פ׳ smash, be shattered

be issued, be supplied	נוּפַּק פ׳
spatterdock	נוּפָר ז׳
rest, recreation	נוֹפֶשׁ ז׳
resting, vacationer	נוֹפֵשׁ ת׳
rest house	נוֹפשון ז׳
sweetness	נוֹפֶת צוּפִים
feather, plume, quill	נוֹצָה נ׳
borrowed plumes	- נוצות של זרים
be defeated, be beaten	נוּצַח פ׳
feathery	נוֹצִי ת׳
badminton	נוֹצִית נ׳
be exploited	נוּצַל פ׳
shining, sparkling	נוֹצֵץ ת׳
be poured, be cast	נוּצַק פ׳
be created, be formed	נוֹצַר פ׳
Christian	נוֹצְרִי ז׳
knockout, KO	נוֹקאָאוּט ז׳
penetrating, severe	נוֹקֵב ת׳
be vocalized, be dotted	נוּקַד פ׳
shepherd	נוֹקֵד ז׳
be cleaned, be purified	נוּקָה פ׳
nocturne	נוֹקטוּרנוֹ (לחן לירי) ז׳
vengeful, vindictive	נוֹקְמָנִי ת׳
cock, firing pin	נוֹקֵר ז׳
hard, rigid, stiff	נוּקְשֶׁה ת׳
rigidity, stiffness	נוּקְשׁוּת נ׳
flare, fire	נוּר ז׳
awesome, horrible, terrible, *very, *awfully	נוֹרָא ת׳
never mind	- לא נורא
terrible, formidable	*נוֹרָאִי ת׳
Nordic	נוֹרדִי (צפון-אירופי) ת׳
be shot, *be plugged	נוֹרָה פ׳
lamp, bulb, light, valve	נוּרָה נ׳
indicator	- נורת איתות
bulb	- נורת חשמל
fluorescent lamp	- נורת ניאון
flashbulb	- נורת פלש/מבזק
Norwegian, Norse	נוֹרווֶגִי ת׳
Norway	נוֹרווֶגיָה נ׳
buttercup, ranunculus	נוּרִית נ׳
norm, standard	נוֹרמָה נ׳
normative	נוֹרמָטִיבִי (תקני) ת׳
normal, usual	נוֹרמָלִי ת׳
abnormal, *mad, crazy, great, vast, splendid	- לא נורמלי
normality	נוֹרמָלִיוּת נ׳
carrier, bearer, subject, theme, topic, issue, matter	נוֹשֵׂא ז׳
armored troop vehicle, APC	- נושא גייסות משוריין
flag-bearer	- נושא דגל
squire	- נושא כלים
profitable	- נושא רווחים
aircraft carrier, flattop	- נושאת מטוסים
inhabited, settled	נוֹשָׁב ת׳
creditor, claimant	נוֹשֶׁה ז׳
be dispossessed	נוּשַׁל פ׳
ancient, old	נוֹשָׁן ת׳
be saved, be rescued	נוֹשַׁע פ׳
be routed, be directed	נוּתַּב פ׳
tracer	נוֹתֵב ז׳
be operated, be analyzed	נוּתַּח פ׳
be smashed	נוּתַּץ פ׳
be cut off, be severed	נוּתַּק פ׳
remain, be left	נוֹתַר פ׳
remainder, remnant	נוֹתָר ת׳
	נִזַּד- (פּוֹעַל) ראה הִזדַ-
	- נזדמן ראה הזדמן וכד׳
take care, beware	נִזהַר פ׳
reprimanded, rebuked	נָזוּף ת׳
broth, stew, soup	נָזִיד ז׳
very cheap	- בנזיד עדשים
liquid, solvent, fluid	נָזִיל ת׳
leak, flow, leakage	נְזִילָה נ׳
liquidity, solvency	נְזִילוּת נ׳
reprimand, rebuke	נְזִיפָה נ׳
tortious	נְזִיקִי ת׳
damages, torts	נְזִיקִין ז״ר
hermit, monk, friar	נָזִיר ז׳
nun, sister	נְזִירָה נ׳
nunhood	נְזִירוּת נ׳
call to mind, remember, recall, be mentioned	נִזכַּר פ׳
above-mentioned	- הנזכר לעיל
flow, drip, leak, ooze	נָזַל פ׳
catarrh, cold, *sniffles	נַזֶּלֶת נ׳
nose ring	נֶזֶם ז׳
lamium, dead nettle	נִזמִית נ׳
be abandoned	נִזנַח פ׳
angry, furious, *mad	נִזעָם ת׳
chide, rebuke, reproach	נָזַף פ׳
damage, harm, injury	נֶזֶק ז׳
what's the damage?	- מה הנזק?
be charged, be ascribed	נִזקַף פ׳
be in need of, need	נִזקַק פ׳
needy, poor	נִזקָק ת׳
crown, diadem, coronet	נֵזֶר ז׳
be sown, be seeded	נִזרַע פ׳
be thrown, be cast	נִזרַק פ׳

נָח פ׳ lie, rest, relax, repose
- ינוח בשלום על משכבו RIP
- נחה דעתו be pleased
נֹחַ (בתנ"ך) ז׳ Noah
נֶחְבָּא פ׳ hide, be hidden
- נחבא אל הכלים efface oneself
נֶחְבַּט פ׳ be beaten, be struck
נֶחְבַּל פ׳ be injured, be hurt
נֶחְבַּשׁ פ׳ be bandaged
נֶחְגַג פ׳ be celebrated
נֶחְגַר פ׳ be girded, be girt
נָחוֹג פ׳ be celebrated, revel
נַחוּם תָּקוּם ז׳ humpty-dumpty
נָחוּץ ת׳ essential, necessary
נָחוּשׁ ת׳ hard, adamant
נְחוֹשֶׁת נ׳ copper
נְחוּשְׁתִּי ת׳ cupreous, cupric
נְחוּשְׁתַּיִם ז״ר fetters, gyves
נָחוּת ת׳ inferior, low
נֶחֱזָה פ׳ be foreseen
נֶחְטַף פ׳ be kidnapped, be sold
נְחִיל ז׳ swarm, shoal
נְחִיצוּת נ׳ necessity, urgency
נְחִיר ז׳ nostril, spout, nozzle
נְחִירָה נ׳ snore, snorting, grunt
נְחִישׁוּת נ׳ resolve
נְחִיתָה נ׳ landing, alighting
- נחיתה רכה soft landing
- נחיתת אונס forced landing
- נחיתת חירום emergency landing
נְחִיתוּת נ׳ inferiority
נֶחְכַּר פ׳ be leased, be hired
נָחַל פ׳ inherit, possess, take possession, have, get
נַחַל ז׳ stream, rivulet, river
נח"ל=נוער חלוצי לוחם Nahal
נַחְלָאִי ז׳ Nahal soldier
נֶחֱלַב פ׳ be milked
נַחֲלָה נ׳ heritage, estate, calm
- נחלת אבות Land of Israel
- נחלת הכלל everybody's matter
- נחלת העבר it happened in the past
נֶחְלַט פ׳ be infused, be scalded
נַחֲלִיאֵלִי (ציפור שיר) ז׳ wagtail
נֶחֱלַץ פ׳ be delivered, escape
- נחלץ לעזרתו help him out
נֶחֱלַק פ׳ be divided
נֶחֱלַשׁ פ׳ be weak, weaken, flag
נֶחְמָד ת׳ lovely, cute, nice

נֶחָמָה נ׳ comfort, consolation
- נחמה פורתא some consolation
*נַחְנַח ז׳ coward, shy, sucker
נֶחֱנַט פ׳ be embalmed
נֶחֱנַךְ פ׳ be inaugurated, open
נֶחֱנַק פ׳ suffocate, choke, stifle
*נַחס ז׳ bad luck, scumbag
נֶחְסַךְ פ׳ be saved, be spared
נֶחְסַם פ׳ be closed, be blocked
נֶחְפַּז פ׳ hasten, rush, hurry
נֶחְפַּר פ׳ be dug, be excavated
נֶחְצַב פ׳ be hewn, be quarried
נֶחֱצָה פ׳ be halved, part, split
נֶחְקַק פ׳ be carved, be enacted
נֶחְקַר פ׳ be investigated, be interrogated, be explored
נֶחְקָר ז׳ investigated person
נָחַר פ׳ snore, snort, *saw wood
נֶחֱרַב פ׳ be destroyed
נֶחֱרַד פ׳ be terrified
נֶחֱרַט פ׳ be carved, be engraved
נֶחֱרַךְ פ׳ be scorched, singe
נַחְרָן ז׳ snorer, snorter
נֶחֱרַץ פ׳ be determined
נֶחֱרָץ ת׳ decisive, resolved
נֶחֱרָצוּת נ׳ decisiveness
נֶחֱרָצוֹת תה"פ absolutely
נֶחֱרַשׁ פ׳ be plowed, be tilled
נֶחֱרַת פ׳ be engraved
נָחָשׁ ז׳ snake, serpent
- נחש הפעמונים rattlesnake
- קפץ כנשוך נחש jump, start
נֶחְשַׁב פ׳ be considered
נֶחְשַׁד פ׳ be suspected
נַחְשׁוֹל ז׳ wave, billow, breaker
נַחְשׁוֹן ז׳ pioneer, daring
נַחְשׁוֹנִי ת׳ pioneer, daring
נְחָשִׁי ת׳ snaky, serpentine
נֶחֱשָׁל ת׳ backward, retarded
נֶחֱשָׁלוּת נ׳ backwardness
נֶחְשַׂף פ׳ be exposed
נֶחְשַׁק פ׳ be desired, be craved
נָחַת פ׳ land, alight, disembark
נֶחָת ז׳ marine, *leatherneck
- נחתים marine corps
נַחַת נ׳ quiet, satisfaction
- בנחת softly, gently, quietly
- נחת זרועו power, blow
- נחת רוח satisfaction
נָחֵת (בָּמוֹל) ז׳ flat
נַחְתּוֹם ז׳ baker

cut, be cut, be decided נֶחתַך פ׳
end, be sealed נֶחתַם פ׳
calm, relaxed נַחֲתָן ת׳
landing craft נַחֲתֶת נ׳
antitank נ״ט = נגד טנקים
be massacred נִטבַּח פ׳
be dipped, be baptized נִטבַּל פ׳
be coined, be stamped נִטבַּע פ׳
tend, turn, lean, bend נָטָה פ׳
be dying - נטה למות
net נֶטו ז׳
be spun, be woven נִטוָוה פ׳
bent, inclined נָטוּי ת׳
not finished - ועוד ידו נטויה
lacking, without נָטוּל ת׳
planted, instilled נָטוּעַ ת׳
ultra-orthodox נְטוּרֵי קַרתָּא
naturalist נָטוּרָלִיסט (טִבעָתָן) ז׳
abandoned, derelict נָטוּשׁ ת׳
be ground, be milled נִטחַן פ׳
inclination, tendency, liking, inflection נְטִייָה נ׳
taking, removing נְטִילָה נ׳
washing hands - נטילת ידיים
planting, instilling נְטִיעָה נ׳
stalactite, dumpling נָטִיף ז׳
bearing a grudge נְטִירָה נ׳
abandonment נְטִישָׁה נ׳
take, assume, remove נָטַל פ׳
see your own faults - טול קורה מבין עיניך
wash hands - נטל ידיים
burden, load, onus נֵטֶל ז׳
burden of proof - נטל ההוכחה
washing jug נַטלָה נ׳
be hidden, be buried נִטמַן פ׳
assimilate, merge נִטמַע פ׳
plant, implant נָטַע פ׳
plant, seedling נֶטַע ז׳
foreign thing - נטע זר
be loaded, be claimed נִטעַן פ׳
drip, drop, flow, seep נָטַף פ׳
drop, bead, globule נֶטֶף ז׳
stick, cling to, annoy נִטפַּל פ׳
guard, keep, watch, bear (a grudge), nurse נָטַר פ׳
neutralization נִטרוּל ז׳
neutralize, defuse נִטרֵל פ׳
be devoured, be wrecked, become not kosher נִטרַף פ׳
lose one's mind - נטרפה דעתו

be slammed, bang נִטרַק פ׳
desert, quit, abandon נָטַשׁ פ׳
may his light shine נ״י = נרו יאיר
new, modern נֵיאוֹ- תח׳
neon נֵיאוֹן ז׳
adultery, fornication נִיאוּף ז׳
blasphemy, cursing נִיאוּץ ז׳
agree, consent נֵיאוֹת פ׳
neanderthal נֵיאַנדֶרתָּאלִי ת׳
blaspheme, curse נִיאֵץ פ׳
accent, dialect, idiom, phrase, fang, canine tooth נִיב ז׳
foretell, predict נִיבֵּא פ׳
prediction נִיבּוּי ז׳
obscenity, ribaldry נִיבּוּל פֶּה ז׳
phrase-book נִיבוֹן ז׳
look, be seen, gaze נִיבַּט פ׳
phrasal, dialectic נִיבִי ת׳
talk obscenely נִיבֵּל פִּיו פ׳
walrus נִיבתָן ז׳
wipe, dry, mop נִיגֵּב פ׳
wipe with bread *- ניגב צלחת
drying, wipe, wiping נִיגוּב ז׳
contrast, opposition, antagonism, conflict נִיגוּד ז׳
contrary to - בניגוד ל-
conflict of interest - ניגוד עניינים
butting, criticism נִיגוּחַ ז׳
melody, tune, song נִיגוּן ז׳
nagging, annoyance *נִיג׳וּס ז׳
play, perform, finger נִיגֵּן פ׳
get on his nerves - ניגן על העצבים
nag, pester, annoy *נִיגֵ׳ס פ׳
infect, afflict, plague נִיגַּע פ׳
be beaten, be defeated נִיגַּף פ׳
flow, drip, stream, ooze נִיגַּר פ׳
approach, accost, begin נִיגַּשׁ פ׳
go to, participate in - ניגש ל-
motion, movement נִיד ז׳
nodding of the head - ניד ראש
donate, contribute נִידֵּב פ׳
expel, banish, excommunicate, ostracize נִידָּה פ׳
menstruating woman נִידָּה נ׳
ban, excommunication נִידּוּי ז׳
accused, sentenced, discussed, considered, topic נִידוֹן ת׳
in the present case - בנידון דידן
the subject - הנידון

נִידָח ת׳ remote, distant
נִידָף ת׳ scattered, blown
- קול עלה נידף the slightest noise
נִיהוּל ז׳ management, running, conducting
- ניהול חשבונות accounting
- ניהול ספרים bookkeeping
נִיהוּלִי ת׳ managerial
נִיהִילִיזם ז׳ nihilism, anarchy
נִיהֵל פ׳ manage, run, lead, conduct, hold, keep
- ניהל חשבונות keep accounts
- ניהל משא ומתן negotiate
ניוּאַנס ז׳ nuance, shade
נִיוּד ז׳ floating, fluctuation
- ניוד המטבע currency fluctuation
נִיוֵוט פ׳ navigate, steer, pilot
נִיווּט ז׳ navigation, pilotage
נִיוֵון פ׳ atrophy, degenerate
נִיווּן ז׳ atrophy, decadence
- ניוון שרירים muscular dystrophy
נִיוּטוֹן ז׳ Newton
נִיוּטרַל ז׳ neutral
נִיזוֹן פ׳ be fed, be nourished
נִיזוֹק פ׳ be damaged, be hurt
נִיזַק פ׳ be damaged, be hurt
נִיזַר פ׳ abstain, deny oneself
נִיחָא תה״פ well, good, OK
נִיחוֹחַ ת׳ pleasant, aromatic
נִיחוֹחִי ת׳ aromatic, fragrant
נִיחוּם ז׳ consolation, comfort
- ניחום אבלים consolation to mourners
נִיחוּש ז׳ guess, conjecture, shot
- ניחוש פראי wild guess
נִיחוּתָא - בְּנִיחוּתָא תה״פ calmly
נִיחֵם פ׳ console, solace
נֵיחַן פ׳ be blessed, be endowed
נִיחַר (גרון) ת׳ dry, hoarse
נִיחֵש פ׳ guess, conjecture
נִיחַת פ׳ land, pierce, penetrate
נִיט ז׳ stud
נִיטוּר ז׳ monitoring
נִיטַל פ׳ be taken, be removed
נִיטַע פ׳ be planted, be instilled
נִיטֵר פ׳ monitor
נִיטרוֹגלִיצֶרִין ז׳ nitroglycerin
נֵיטרוֹן ז׳ neutron
נִיטרָט (חַנקָה) ז׳ nitrate

נֵיטרָלִי ת׳ neutral, nonpartisan
נֵיטרָלִיוּת נ׳ neutrality
נִיטַש פ׳ be abandoned, extend
- קרבות ניטשו battles raged
נִייֵד פ׳ float, fluctuate
נַייָד ת׳ movable, portable
נַייָדוּת נ׳ locomotion, mobility
נַייֶדֶת נ׳ patrol car, flying squad
- ניידת טיפול נמרץ Intensive Care Ambulance
נַייָח ת׳ static, stationary
נַיילוֹן ז׳ nylon
נִיילֵן פ׳ wrap up in nylon
נְייָר ז׳ paper, document
- נייר זכוכית sandpaper
- נייר טואלט toilet paper
- נייר כסף tinfoil, silver paper
- נייר מילימטרי graph paper
- נייר סופג blotting paper
- נייר עבודה working paper
- נייר פחם carbon paper
- נייר רציף continuous paper
- נייר שורה lined paper
- ניירות papers, documents
- ניירות ערך securities
נַייֶרֶת נ׳ paperwork
נִיכָּה פ׳ deduct, discount
נִיכּוּי ז׳ deduction, discount
- ניכוי מס במקור PAYE, pay-as-you-earn
נִיכּוּס ז׳ acquisition, assumption
נִיכּוּר ז׳ alienation, estrangement
נִיכּוּש ז׳ weeding, weeding out
נִיכָּיוֹן ז׳ discount
- נכיון שטרות discount of bills
נִיכֵּס פ׳ acquire, assume
נִיכַּר פ׳ be recognized, be seen
נֵיכָר ז׳ foreign country
נִיכָּר ת׳ considerable
נִיכֵּש פ׳ weed, grub, hoe
נִילוּס ז׳ Nile
נִים ז׳ capillary
- בכל נימי נפשו with all his heart
- נימים/נימי דם capillaries
נִים וְלא נִים half asleep
נִימָה נ׳ capillary, hair, thread, tune, tone, note, trace
- נימת אמת ring of truth

נִימוֹל ת׳ circumcised
נִימוּס ז׳ civility, politeness
- נימוסי שולחן table manners
נִימוּק ז׳ reason, argument
נִימִי ת׳ capillary, vascular
נִימִיּוּת נ׳ capillarity
נִימפוֹמַנְיָה נ׳ nymphomania, excessive sexual desire
נִימפוֹמָנִית נ׳ nymphomaniac
נִימפֵיאָה (צמח מים) נ׳ water lily
נִימֵק פ׳ give reasons, argue
נִין ז׳ great grandson
נִינוֹחַ ת׳ relaxed, calm, restful
נִינוֹחוּת נ׳ relaxation
נִיסָּה פ׳ attempt, test, try, essay
- ניסה כוחו ב- try one's hand
נִיסּוּחַ ז׳ formulation, wording
נִיסּוּי ז׳ experiment, test, trial
- ניסוי וטעייה trial and error
- ניסוי שדה field test
נִיסּוּיִי ת׳ experimental, pilot
נִיסּוּךְ ז׳ libation, pouring-out
נִיסּוּר ז׳ sawing, sawing off
נִיסַּח פ׳ formulate, draft, put it
נִיסִּי ת׳ miraculous
נִיסָּיוֹן ז׳ attempt, trial, experience, experiment
- עמד בניסיון pass the test
נִיסֵּךְ פ׳ pour, pour libation
נִיסָן ז׳ Nisan (month)
נִיסֵּר פ׳ saw, saw off, trephine
נִיעַ ז׳ motion, movement, stir
נ״ע = ניירות ערך securities
נֵיעוֹר פ׳ wake up, arouse
נִיעוּר ז׳ shaking off
נִיעֵר פ׳ shake, beat, dust off
- ניער חוצנו מ- renounce
נִיפָּה פ׳ debug, sieve, sift, winnow, screen out, remove
נִיפּוּחַ ז׳ inflation, blowing up
נִיפּוּט ז׳ beating, ginning
נִיפּוּי ז׳ sifting, debugging
נִיפּוּץ ז׳ shattering, smash
נִיפּוּק ז׳ issue, supplying
נִיפַּח פ׳ blow, inflate, fan
נִיפֵּץ פ׳ shatter, smash, explode
נִיפֵּק פ׳ issue, equip, supply
נִיצַּב פ׳ stand, face, appear
נִיצָּב ז׳ perpendicular, upright
- ניצב (בסרט) extra
- ניצב (דרגה) major general
- ניצב החרב hilt, haft
- ניצב משנה commander
- סגן ניצב Chief Superintendent
- רב ניצב commissioner
- תת ניצב brigadier general
נִיצוֹד פ׳ be captured, be hunted
נִיצּוּחַ ז׳ conducting, direction
נִיצּוּל ז׳ exploitation
- ניצול לרעה abuse, misuse
- ניצול מיני sexual abuse
נִיצוֹל ז׳ survivor, rescued
- ניצול שואה Holocaust survivor
נִיצוֹץ ז׳ spark, sparkle, gleam
נִיצַּח פ׳ win, overcome, defeat
- ניצח על conduct, direct, lead
נִיצָּחוֹן ז׳ triumph, victory, win
- ניצחון מוחלט win-win
- נצחון פירוס Pyrrhic victory
נִיצַּחַת ת׳ crushing, sharp, final
נִיצִי ת׳ hawkish, hardliner
נִיצִיּוּת נ׳ hard line
נִיצֵּל פ׳ exploit, take advantage of, use, utilize
- ניצל לרעה abuse, misuse
נִיצַּל פ׳ survive, be rescued
נִיצָּן ז׳ bud, sprout, rudiment
נִיצַּת פ׳ be ignited, be kindled
נִיקֵּב פ׳ bore, punch, perforate
נִיקֵּד פ׳ dot, vowelize
נִיקָּה פ׳ clean, cleanse, clear
- ניקה את הגרון clear one's throat
- ניקה מאשמה vindicate
נִיקּוּב ז׳ perforation, punch
נִיקּוּד ז׳ vowelization, vocalization, score
נִיקּוּז ז׳ draining, canalization
נִיקוֹטִין ז׳ nicotine
נִיקּוּי ז׳ cleaning, cleanup
- ניקוי יבש dry cleaning
נִיקּוּר ז׳ jabbing, peck, porging
- ניקור מותני lumbar puncture
נִיקֵּז פ׳ drain, canalize
נִיקָּיוֹן ז׳ cleanliness, neatness
- נקיון כפיים innocence
נִיקֶל (מתכת/מטבע) ז׳ nickel
נִיקֵּר פ׳ peck, pick, jab, porge
- ניקר עיניים be ostentatious
נִיר ז׳ plowed field, tilth
נִירְוָונָה (דעיכת נשמה) נ׳ nirvana
נִירוֹסְטָה נ׳ stainless steel

נִישָׂא פ׳ be carried, be borne, be raised, marry
נִישָּׂא ת׳ high, lofty, portable
נִישֵּׁב פ׳ blow, puff, whiff
נִישָׁה נ׳ niche, recess, activity
נִישׂוּאִים ז״ר marriage, wedding
- נישואים אזרחיים civil marriage
נִישׁוּל ז׳ dispossession, eviction
נִישׁוֹם ז׳ taxpayer, assessed
נִישׁוּק ז׳ kissing, osculation
נִישֵּׁל פ׳ dispossess, deprive
נִישֵּׁק פ׳ kiss, *peck, *smooch
נִיתֵּב פ׳ route, trace, track
נִיתּוּב ז׳ tracking, routing
נִיתּוּחַ ז׳ analysis, operation, surgery
- ניתוח לב פתוח open-heart surgery
- ניתוח מעקפים bypass
- ניתוח מערכות systems analysis
- ניתוח קיסרי Cesarean section
- ניתוח שלאחר המוות autopsy
נִיתּוּחִי ת׳ operative, analytical
נִיתּוּץ ז׳ demolition, smashing
נִיתּוּק ז׳ disconnection
נִיתּוּר ז׳ jump, bounce, caper
נִיתַּז פ׳ be sprayed, ricochet
נִיתַּח פ׳ analyze, cut, dissect, operate, parse, scan
נִיתַּךְ פ׳ melt, fuse, pour down
נִיתַּן פ׳ be given, be possible, be placed, be put on
- ניתן ל- capable of, -able
נִיתֵּץ פ׳ smash, destroy, shatter
נִיתֵּק פ׳ sever, cut, disconnect
נִיתַּק פ׳ be cut off, come loose
נִיתֵּר פ׳ jump, leap, hop, bound
נִיתַּר פ׳ rebound, be released
נ״ךְ = נביאים וכתובים Prophets and Hagiographa
נָכֵא ת׳ depressed, dejected
נִכְבָּד ת׳ dignitary, honorable, venerable, great, significant
- נכבדי Dear Sir
נִכְבָּדוֹת נ״ר praise
נִכְבָּה פ׳ be extinguished, go off
נִכְבַּל פ׳ be bound, be chained
נִכְבַּשׁ פ׳ be conquered
נֶכֶד ז׳ grandson, grandchild

נֶכְדָה נ׳ granddaughter
נָכֶה ת׳ cripple, invalid
- נכה מלחמה war disabled
נִכְוָוה פ׳ be burnt, be scalded
נְכוֹחָה תה״פ straight, correctly
נָכוֹן פ׳ be ready, be expected
נָכוֹן ת׳ correct, right, ready
- אל נכון no doubt, certainly
- מצא/ראה לנכון see fit
- נכון לעכשיו now, by this time
נְכוֹנָה תה״פ correctly, truly
נְכוֹנוּת נ׳ readiness, truth
נָכוּת נ׳ disability, incapacity
נִכְזָב ת׳ disappointed (love)
נָכַח פ׳ attend, be present
נִכְחַד פ׳ be annihilated
נִכְלָא פ׳ be imprisoned
נַכְלוּלִי ת׳ cunning, deceptive
נִכְלַל פ׳ be included, fall under
נִכְלָם ת׳ ashamed, shamefaced
נִכְמְרוּ רַחֲמָיו have pity
נִכְנַס פ׳ come in, enter, get into
- נכנס לתוקף take effect
נִכְנַע פ׳ give in, surrender, yield
נִכְנָעוּת נ׳ submissiveness
נֶכֶס ז׳ asset, property
- נכסי דלא ניידי real estate
- נכסי דניידי movables
- נכסי צאן ברזל inalienable goods
- נכסים holdings, assets
נִכְסַף פ׳ yearn, long for, desire
נִכְפָּה פ׳ be compelled
נִכְפַּל פ׳ multiply
נִכְפָּל ז׳ multiplicand
נִכְפַּת פ׳ be tied, be bound
נִכְרָה פ׳ be dug, be mined
נִכְרַךְ פ׳ be bound, be wrapped
נִכְרַת פ׳ be cut off, be felled
נִכְשַׁל פ׳ fail, stumble, *flop
נִכְתַּב פ׳ be written, be recorded
נִכְתַּשׁ פ׳ be pounded
נִלְאָה ת׳ tired, weary, fatigued
- בלתי נלאה tireless
נִלְבָּב ת׳ lovely, cordial, warm
נלב״ע died, departed this life
נִלְגַּם פ׳ be sipped, be gulped
נִלְהָב ת׳ enthusiastic, ardent
נִלְוָוה פ׳ accompany, escort
נָלוֹז ת׳ perverse, crooked
נִלְחַם פ׳ fight, wage war
נִלְחַץ פ׳ be pressed

נִלְחַשׁ פ׳ be whispered
נִלְכַּד פ׳ be captured, be caught
נִלְמַד פ׳ be studied, be taught
נִלְעָג ת׳ ridiculous, absurd
נִלְעַס פ׳ be chewed
נִלְקַח פ׳ be taken
נִלְקַט פ׳ be collected
נָם פ׳ sleep, slumber, nap
נ"מ = נגד מטוסים antiaircraft
נִמְאַס פ׳ become loathsome
*- נמאס לי I'm fed up
נִמְדַּד פ׳ be measured
נִמְהַל פ׳ be mixed, be diluted
נִמְהָר ת׳ hasty, rash, reckless
נָמוֹג פ׳ melt, vanish, fade
נָמוּךְ ת׳ low, short, humble
- נמוך קומה short, small
*נְמוּשָׁה נ׳ weakling, scumbag
נְמוּשׁוֹת נ״ר worthless people
נִמְזַג פ׳ be mixed, be poured
נֶמֶזִיס (אלת הנקמה) נ׳ Nemesis
נִמְחָה פ׳ be erased, be wiped
נִמְחֶה ז׳ assignee, assigned
נִמְחַל פ׳ be forgiven
נִמְחַץ פ׳ be crushed
נִמְחַק פ׳ be deleted
נֶמָטוֹדָה (עִיגוּלִית) נ׳ nematode
נְמִיָּה נ׳ ichneumon, marten
נְמִיכוּת נ׳ lowness, humility
- נמיכות קומה shortness
נִמְכַּר פ׳ be sold, sell
נָמֵל ז׳ harbor, port, haven
- נמל תעופה/אוויר airport
נִמְלָא פ׳ be full, be filled
נְמָלָה נ׳ ant
- נמלה לבנה white ant, termite
נִמְלוּל ז׳ formication
נִמְלַט פ׳ escape, run away, flee
נִמְלַךְ פ׳ think over, consult
- נמלך בדעתו consider
נִמְלָץ ת׳ ornate, bombastic
נִמְנָה פ׳ be counted, rank
- נמנה עם be counted among
- נמנו וגמרו they decided
נִמְנוּם ז׳ slumber, doze, nap
נִמְנֵם פ׳ doze, take a nap
נַמְנְמָן ז׳ dormouse
נַמְנְמָנִי ת׳ sleepy, dozy
נִמְנַע פ׳ avoid, refrain, abstain
נִמְנָע ת׳ impossible, abstainer
- לא מן הנמנע it is possible
נָמַס פ׳ melt, dissolve, thaw

נִמְסַר פ׳ be given, be handed over, be notified
נִמְעַךְ פ׳ be crushed, squash
נִמְעָן ז׳ addressee, addressed
נִמְצָא פ׳ be found, be, exist, lie
- נמצא ש- it follows, hence
נִמְצַץ פ׳ be sucked
נָמַק פ׳ rot, decay, pine
נֶמֶק ז׳ gangrene, rot
נָמֵר ז׳ tiger, leopard, panther
נְמֵרָה נ׳ tigress, leopardess
נִמְרַח פ׳ be spread, be smeared
נִמְרַט פ׳ be plucked, be racked
נְמֵרִי ת׳ tigerish
נִמְרָץ ת׳ vigorous, energetic
- בקיצור נמרץ in brief, in short
נִמְרָצוֹת תה״פ vigorously
נֶמֶשׁ ז׳ freckle
נִמְשָׁה פ׳ be pulled out
נִמְשַׁח פ׳ be anointed
נִמְשַׁךְ פ׳ be pulled, be attracted, continue, last, run, drag on
נִמְשָׁךְ ת׳ continuous
נִמְשַׁל פ׳ resemble, be like
נִמְתַּח פ׳ be stretched
נִנְזַף פ׳ be rebuked, be lectured
נַנִּיחַ תה״פ say, let's say
- נניח ש- let, granted that
נַנָּס ז׳ dwarf, midget
- ננס לבן (כוכב) white dwarf
נַנָּסִי ת׳ dwarfish, midget
נִנְעַל פ׳ lock, adjourn
נִנְעַץ פ׳ be inserted, run into
נִנְקַט פ׳ be taken (measures)
נָס פ׳ flee, escape, bolt
- נס ליחו has no kick left
נֵס ז׳ banner, flag, miracle
- ניסים ונפלאות wonders
- נס-קפה instant coffee
נָסַב פ׳ turn, refer, touch
נִסְבָּל ת׳ bearable, tolerable
- בלתי נסבל intolerable
נַסְגָנִי ת׳ recessive, reactionary
נִסְגַּר פ׳ close, be closed, shut
נִסְדַּק פ׳ crack, be cracked
נָסוֹג פ׳ retreat, withdraw
נָסוֹג ת׳ regressive
נָסוּךְ ת׳ covered, spread
נְסוּעָה (קילומטראז׳) נ׳ mileage
נְסוֹרֶת נ׳ sawdust, shavings
נַסָּח ז׳ draftsman, copywriter
נֹסַח ז׳ extract, text

נִסחַב פ׳ be dragged, be drawn
נִסחַט פ׳ be squeezed, be blackmailed
נִסחַף פ׳ be swept, be carried away
נִסחַר פ׳ be marketed
נְסִיבּוֹת נ״ר circumstances
נְסִיבָּתִי ת׳ circumstantial
נְסִיגָה נ׳ regression, retreat
נַסיוּב ז׳ serum
נִסיוֹנִי ת׳ experimental, empirical
נָסִיך ז׳ prince, jack, knave
- נסיך הכתר crown prince
נְסִיכָה נ׳ princess
נְסִיכוּת נ׳ princedom
נְסִיעָה נ׳ journey, travel, drive
נְסִיקָה נ׳ vertical takeoff, zoom
נָסַך פ׳ pour, inspire, fill
נֶסֶך ז׳ libation
נִסלַח פ׳ be pardoned
נִסלַל פ׳ be paved, be beaten
נִסמָך ת׳ supported, leaning, construct state
נָסַע פ׳ go, travel, drive
נִסעָר ת׳ stormy, excited
נִספַּג פ׳ be absorbed, sink in
נִספָּה פ׳ be killed, fall, die
נִספָּח ז׳ attache, appendix, supplement, addendum
נִספַּר פ׳ be numbered
נָסַק פ׳ rise, ascend, climb
נַסֵק (דִיאֶז) ז׳ sharp
נִסקַל פ׳ be stoned
נִסקַר פ׳ be reviewed
נֶסֶר ז׳ board, plank
נִסרַג פ׳ be knitted
נִסרַק פ׳ be searched, be scanned
נִסתַּ- (פּוֹעַל) ראה הִסתַּ-
- נסתתר ראה הסתתר וכד׳
נִסתַּם פ׳ be blocked, be filled
- נסתם הגולל come to an end
נִסתָּר ז׳ third person, hidden
נָע פ׳ move, stir, wander, roam
- נע ונד nomadic, vagabond
- נעו אמות הסיפים there was a great shock
*נֶעבָּך ז׳ miserable, nebbish
נֶעֶבְרָה (עבירה) פ׳ be committed
נֶעדַר פ׳ be absent, be dug up
נֶעדָר ת׳ absent, lacking

נָעוּל ת׳ locked, wearing shoes
- נעול על locked on to, *keen
נָעוּץ ת׳ inserted, fixed
- נעוץ ב- resulting from
נְעוּרִים ז״ר boyhood, youth
נְעוֹרֶת נ׳ chaff, tow
נֶעֱזַב פ׳ be abandoned, be left
נֶעֱזַר פ׳ be helped, be assisted
נֶעֱטַף פ׳ be wrapped
נְעִילָה נ׳ adjournment, locking, close-down, wearing shoes, prayer on Yom Kippur
נָעִים ת׳ agreeable, pleasant
- היה נעים my pleasure
נְעִימָה נ׳ melody, tune, strain
- נעימת ביניים interlude
נְעִימוּת נ׳ pleasantness
נְעִיצָה נ׳ inserting, fixing, stab
נְעִירָה נ׳ bray, heehaw
נֶעְכָּר ת׳ dejected, muddied
נָעַל פ׳ bar, lock, shut, close, secure, adjourn, wear shoes
נַעַל נ׳ shoe, boot
- נעל אורטופדית surgical shoe
- נעל בית slipper, mule
- נעלי ספורט sneakers
נֶעֱלַב פ׳ be insulted
נַעֲלֶה ת׳ high, sublime
נֶעֱלַם פ׳ vanish, disappear
- לא נעלם מעיניו observe
- נעלמו עקבותיו vanish without a trace
נֶעְלָם ז׳ unknown, mysterious
- משוואה בשני נעלמים equation in two unknowns
נָעַם פ׳ be pleasant, be sweet
נֶעֱמַד פ׳ stand, stop, halt
נֶעֱנַד פ׳ be worn, be decorated
נַעֲנָה פ׳ agree, respond, be answered
נַעֲנָה נ׳ mint, peppermint
נִענוּעַ ז׳ movement, shake
נִענַע פ׳ shake, move, stir, swing
נֶעֱנַש פ׳ be punished
נָעַץ פ׳ insert, stick in, drive in
- נעץ מבט stare, glare
נַעַץ ז׳ drawing pin, thumbtack
נֶעֱצַב פ׳ sadden, be sad, rue
נֶעֱצַם פ׳ be closed, close, shut
נֶעֱצַר פ׳ stop, halt, be detained
נֶעֱקַד פ׳ be bound, be trussed
נֶעֱקַף פ׳ be overtaken

be stung, be bitten נֶעֱקַץ פ׳
be uprooted נֶעֱקַר פ׳
shake out, bray, heehaw נָעַר פ׳
boy, youth, teenager נַעַר ז׳
young and old - מנער ועד זקן
girl, maid, teenager נַעֲרָה נ׳
call girl - נערת טלפון
escort girl - נערת ליווי
cover girl - נערת שער
boyhood, youth נַעֲרוּת נ׳
boyish, juvenile נַעֲרִי ת׳
be prepared, line up, be edited, be estimated נֶעֱרַךְ פ׳
pile up, be heaped נֶעֱרַם פ׳
be decapitated נֶעֱרַף פ׳
respected, admired נַעֲרָץ ת׳
be made, be done, turn into, become, wax נַעֲשָׂה פ׳
be robbed נֶעֱשַׁק פ׳
be speechless נֶעֶתְּקוּ מִילִים מִפִּיו
grant a request נֶעְתַּר פ׳
be spoiled, be impaired נִפְגַם פ׳
be insulted, be knocked down, be injured נִפְגַע פ׳
casualty, injured, loss נִפְגָע ז׳
meet, encounter, date נִפְגַש פ׳
be redeemed, be ransomed, be cashed נִפְדָה פ׳
sieve, sifter, district נָפָה נ׳
inflated, swollen נָפוּחַ ת׳
fallen, downcast נָפוּל ת׳
fallout, dropout נְפוֹלֶת נ׳
spread, pass round נָפוֹץ פ׳
scattered, popular נָפוֹץ ת׳
blow, puff, breathe נָפַח פ׳
breathe one's last - נפח נשמתו
damn! - תיפח רוחי!
smith, blacksmith נַפָּח ז׳
bulk, volume נֶפַח ז׳
afraid, scared נִפְחָד ת׳
smithery נַפָּחוּת נ׳
emphysema נַפַּחַת (מחלה) נ׳
oil, kerosene נֵפְט ז׳
mothball נַפְטָלִין ז׳
die, get rid of, go away נִפְטַר פ׳
deceased, dead, late נִפְטָר ז׳
blowing, fart, wind נְפִיחָה נ׳
swelling, tumescence נְפִיחוּת נ׳
giant נָפִיל ז׳
fall, collapse, downfall נְפִילָה נ׳
explosive נָפִיץ ת׳
dispersion נְפִיצָה נ׳

distribution נְפִיצוּת נ׳
fall, die, happen, occur נָפַל פ׳
exhausted *- נופל מהרגליים
go to him - נפל בחלקו
she slanders him *- נפל בפה שלה
be deceived - נפל בפח
be dejected - נפל ברוחו
something happened - נפל דבר
go mad *- נפל על כל הראש
embrace, hug - נפל על צווארו
be downcast - נפלו פניו
abortion, failure, fiasco נֵפֶל ז׳
marvelous, wonderful נִפְלָא ת׳
wonders, miracles נִפְלָאוֹת נ״ר
escape, be emitted נִפְלַט פ׳
turn, address נִפְנָה פ׳
waving, flapping נִפְנוּף ז׳
flourish, wave, flutter נִפְנֵף פ׳
throw out *- נפנף החוצה
flounce, furbelow נַפְנֶפֶת נ׳
worthless, bad נִפְסָד ת׳
be disqualified נִפְסַל פ׳
pause, cease, stop, be ruled, be determined נִפְסַק פ׳
passive voice נִפְעַל ז׳
moved, amazed נִפְעָם ת׳
gape open, yawn נִפְעַר פ׳
explosion, bang, blast נֶפֶץ ז׳
detonator נַפָּץ ז׳
be injured נִפְצַע פ׳
difference, odds נַפְקָא מִינַּהּ
what's the difference - מאי נפקא מינה
missing, absentee, absent without leave, enumerated, counted נִפְקָד ת׳
absence, absenteeism נִפְקָדוּת נ׳
relation, relevance נַפְקוּת נ׳
be opened, open נִפְקַח פ׳
prostitute, whore נַפְקָנִית נ׳
depart, divorce, leave נִפְרַד פ׳
went their several ways - נפרדו דרכיהם
different, separate נִפְרָד ת׳
separate, apart - בנפרד
be changed (money) נִפְרַט פ׳
ravel, be untied, split נִפְרַם פ׳
deploy, be sliced נִפְרַס פ׳
be paid, be settled נִפְרַע פ׳
be broken, burst open נִפְרַץ פ׳

נִפְרַק פ׳ be unloaded, be vented
נִפְרַשׂ פ׳ be spread out
נָפַשׁ פ׳ relax, rest, vacation
נֶפֶשׁ נ׳ mind, soul, spirit, life
- בנפש חפצה with pleasure
- הנפשות הפועלות heroes, central figures
- השליך נפשו מנגד risk one's life
- כלות הנפש yearning, longing
- לנפש per capita, per person
- מה נפשך in either case
- נפשו יצאה אל crave, wish
נַפְשִׁי ת׳ mental, psychic
נִפְשָׁע ת׳ sinful, mean
נַפְתּוּלִים ז״ר twists
נִפְתַּח פ׳ open, open up, unroll
נִפְתָּל ת׳ twisted, distorted
נִפְתַּר פ׳ be solved, work out
נֵץ ז׳ hawk, hardliner
- נץ חלב star-of-Bethlehem
נִצְבַּט פ׳ be pinched, be nipped
- נצבט ליבו his heart bled
נִצְבַּע פ׳ be colored, be painted
נִצְבַּר פ׳ accumulate
נָצוּר ת׳ locked, besieged
נֶצַח ז׳ eternity, perpetuity
נִצְחִי ת׳ eternal, infinite
נִצְחִיּוּת נ׳ eternity, immortality
נַצְחָנוּת נ׳ polemics
נִצְטַ- (פּוֹעַל) ראה הִצְטַ-
- נצטחק ראה הצטחק וכד׳
נְצִיב ז׳ governor, commissioner
- נציב מס הכנסה income tax commissioner
נְצִיבוּת נ׳ commission
- נציבות שירות המדינה Civil Service Commission
נָצִיג ז׳ representative, delegate
נְצִיגוּת נ׳ representation
נְצִילוּת נ׳ efficiency
נָצִיץ ז׳ mica
נִצְלַב פ׳ be crucified
נִצְלָה פ׳ broil, be roasted, roast
נַצְלָן ז׳ exploiter, sponger
נַצְלָנוּת נ׳ exploitation
נַצְלָנִי ת׳ exploitative
נצ״מ = ניצב משנה commander
נִצְמַד פ׳ adhere, cling, stick
נִצְנוּץ ז׳ sparkle, flash, glitter
נִצְנֵץ פ׳ sparkle, twinkle, glitter

נִצָּנִים ז״ר sequins, spangles, paillettes
נִצְפָּה פ׳ be foreseen
נָצַץ פ׳ shine, glitter, sparkle
נָצַר פ׳ preserve, keep, lock
נֵצֶר ז׳ offspring, sprout, scion
נִצְרַב פ׳ be burnt, be scalded
נִצְרָה נ׳ safety catch, safety pin
נַצְרוּת נ׳ Christianity
נִצְרַךְ פ׳ be required
נִצְרָךְ ת׳ needy, poor, necessitous
נָקַב פ׳ name, say, specify, bore
נֶקֶב ז׳ hole, aperture, puncture
- נקבים excretion, urination
נְקֵבָה נ׳ female, feminine, she
נִקְבָּה נ׳ tunnel, gallery, adit
נַקְבּוּבִי ת׳ porous, perforated
נַקְבּוּבִיּוּת הָעֲצָם osteoporosis
נַקְבּוּבִית נ׳ pore, hole
נְקֵבִי ת׳ female, feminine
נִקְבַּע פ׳ be determined, be fixed, be placed, be agreed
נִקְבַּץ פ׳ gather, assemble, rally
נִקְבַּר פ׳ be buried, be interred
נֶקֶד ז׳ dot, coccus, score
- נקד שרשרת streptococcus
נִקְדַּח פ׳ be bored, be drilled
נַקְדָן ז׳ vocalizer, pedant
נִקְדַּשׁ פ׳ be hallowed
נִקְהַל פ׳ gather, assemble, rally
נָקוּב ת׳ named, nominal
נָקוּד ת׳ spotted, dotted
נְקוּדָה נ׳ point, dot, full stop, period, spot
- נקודה ופסיק semicolon, (;)
- נקודה עשרונית decimal point
- נקודת ביקורת checkpoint
- נקודת העונשין penalty spot
- נקודת חן beauty spot
- נקודת חשמל power point
- נקודת מבט point of view
- נקודת מוצא square one, base
- נקודת מפנה turning point
- נקודת ראות viewpoint
- נקודת תורפה foible
- נקודת תצפית vantage point
נְקוּדָתִי ת׳ focused, concentrated
נְקוּדָתַיִם נ״ר colon, (:)
נִקְוָה פ׳ be collected, gather
נָקוּט ת׳ taken, held, adopted

נָקוּעַ ת׳ out of joint, sprained
נָקַט פ׳ take (steps), adopt
- נקט אמצעים take measures
נִקְטַל פ׳ be killed, be blasted
נִקְטַם פ׳ be truncated
נִקְטַע פ׳ be cut off
נִקְטַף פ׳ be picked, be plucked
- נקטף באיבו die untimely
נֶקְטָר (משקה) ז׳ nectar
נֶקְטָרִינָה (אֲפַרְשְׁזִיף) נ׳ nectarine
נָקִי ת׳ clean, neat, tidy, net
- נקי כפיים incorruptible
נְקִיטָה נ׳ taking (measures)
- נשבע בנקיטת חפץ swear solemnly
נְקִיעָה נ׳ dislocation, sprain
נְקִיפָה נ׳ precession, beating
- נקיפת אצבע lifting a finger
- נקיפת מצפון compunction
נָקִיק ז׳ crevice, hole, cranny
נְקִירָה נ׳ peck, pecking
נְקִישָׁה נ׳ knock, tap
נָקֵל ת׳ easy, simple, easily
- בנקל easily, with ease
נִקְלָה פ׳ be roasted
נִקְלֶה ת׳ contemptible, base
נְקַלָּה - עַל נְקַלָּה תה״פ easily
נִקְלַט פ׳ be absorbed, be understood, strike roots
נִקְלַע פ׳ chance, get into, be braided, be plaited
נָקַם פ׳ avenge, take revenge
נָקָם ז׳ revenge, vengeance
נְקָמָה נ׳ revenge, vengeance
- נקמת דם vendetta
נַקְמָנוּת נ׳ revenge
נִקְנָה פ׳ be bought, be acquired
נַקְנִיק ז׳ sausage, wurst
נַקְנִיקִיָּה נ׳ hot dog, sausage
נִקְנַס פ׳ be fined
נָקַע פ׳ sprain, dislocate, rick
- נקעה נפשו מ- sick to death of
נֶקַע ז׳ sprain, dislocation
נָקַף פ׳ tap, knock, beat
- נקף אצבע lift a finger
- נקפה שנה a year passed
נִקְצַב פ׳ be allotted, be allocated, be rationed
נִקְצַץ פ׳ be cut, be chopped
נִקְצַר פ׳ be reaped
נֶקֶר ז׳ puncture, hole, pick
נַקָּר (עוף) ז׳ woodpecker

נִקְרָא פ׳ be called, be read
- נקרא לסדר be called to order
נִקְרָה פ׳ chance, happen, meet
נִקְרָה נ׳ crevice, cleft, hole
נִקְרַע פ׳ be torn, be ripped
נִקְרַשׁ פ׳ congeal, freeze
נָקַשׁ פ׳ knock, tap, beat
נִקְשַׁר פ׳ be tied, be connected
- נקשר אל be attached to, love
נֵר ז׳ candle, suppository
- נר לרגליו guiding principle
- נר נשמה/זיכרון memorial candle
- נרות שבת Sabbath candles
נִרְאָה פ׳ be seen, appear, look
נִרְאֶה ת׳ apparent, visible
*- זה נראה לי I like it
נִרְאֶה תה״פ probably, it seems
- נראה ש- apparently, it seems
נִרְגָּז ת׳ angry, enraged, peevish
נַרְגִּילָה נ׳ hookah
נִרְגַּם פ׳ be stoned
נִרְגָּן ת׳ complaining
נִרְגַּע פ׳ calm down, relax
נִרְגָּשׁ ת׳ moved, excited
נֵרְדְּ (צמח-בושם) ז׳ spikenard
נִרְדַּם פ׳ fall asleep, drop off
נִרְדָּף ת׳ persecuted, chased
נִרְחָב ת׳ spacious, wide, ample
נִרְחַץ פ׳ be washed, be bathed
נִרְטַב פ׳ become wet, moisten
נָרָטִיב (סיפור) ז׳ narrative
נִרְכַּס פ׳ button, be clasped
נִרְכַּשׁ פ׳ be acquired, be bought
נִרְמוּל ז׳ normalization
נִרְמַז פ׳ be hinted, be alluded
נִרְמֵל פ׳ normalize, standardize
נִרְמַס פ׳ be trodden
נִרְעַד פ׳ shake, tremble, shiver
נִרְעָשׁ ת׳ excited, upset
נִרְפָּא פ׳ heal, be cured, recover
נִרְפֶּה ת׳ slack, lazy, idle
נִרְפּוּת נ׳ slackness, listlessness
נִרְצָה פ׳ be accepted, be atoned
נִרְצַח פ׳ be murdered
נִרְצָח ת׳ murdered
נִרְצַע פ׳ be pierced, be bored
נִרְקַב פ׳ rot, rot away, decay
נַרְקוֹזָה (סם מרדים) נ׳ narcotic
נַרְקוֹטִי (מרדים) ת׳ narcotic

נַרְקוֹמָן ז׳ drug addict, *junkie
נַרְקִיס ז׳ amaryllis, daffodil, narcissus, jonquil
נַרְקִיסִיוּת נ׳ narcissism, self-love
נִרְקַם פ׳ be embroidered, be devised, be formed
נִרְשַׁם פ׳ be recorded, register
נַרְתִּיק ז׳ sheath, wallet, vagina
נִרְתַּם פ׳ be harnessed
- נרתם לעזרתו help him out
נִרְתַּע פ׳ recoil, draw back
נָשָׂא פ׳ carry, bear, endure, raise, have, get, make, take
- נשא אישה marry, take a wife
- נשא בעול/בנטל take on one's shoulders
- נשא ונתן negotiate, deal
- נשא עיניו lift up one's eyes
- נשא פנים be partial, favor
- נשא פרי bear fruit, succeed
- נשא ריבית bear interest
נַשָּׂא (של מחלה) ז׳ carrier
נִשְׁאַב פ׳ be pumped, be drawn
נִשְׁאַל פ׳ be asked, be borrowed
נִשְׁאַף פ׳ be inhaled
נִשְׁאַר פ׳ remain, stay, keep
נָשַׁב פ׳ blow, breathe, puff
נִשְׁבָּה פ׳ be captured, be taken
נִשְׁבַּע פ׳ swear, take an oath
- נשבע אמונים vow fidelity
- נשבע לשקר perjure oneself
נִשְׁבַּר פ׳ break, be broken, snap
*- נשבר לי I'm fed up
נִשְׂגָּב ת׳ lofty, sublime, beyond understanding
נִשְׁגָּר ז׳ consignee
נִשְׁדַּד פ׳ be robbed
נָשָׁה פ׳ claim a debt
נָשׂוּא ז׳ predicate
נָשׂוּא ת׳ carried, borne
- נשוא התביעה object of action
- נשוא פנים venerable
נְשׂוּאָה נ׳ married woman
נְשׂוּאִי ת׳ predicative
נָשׂוּי ת׳ married, wedded
נְשׁוֹרֶת נ׳ fallout, molt, detritus
נִשְׁזַר פ׳ be twined, be twisted
נִשְׁחַט פ׳ be butchered
נִשְׁחַק פ׳ erode, be pounded, shrink, wear down

נִשְׁחָת ת׳ corrupt, bad, spoilt
נִשְׁטַף פ׳ wash, be swept
נָשִׁי ת׳ effeminate, feminine
נָשִׂיא ז׳ president
- הנשיא הנבחר president elect
- נשיא כבוד honorary president
נְשִׂיאָה נ׳ carrying, bearing
- נשיאה בעול/בנטל bearing the burden
נְשִׂיאוּת נ׳ presidency
נְשִׂיאוּתִי ת׳ presidential
נָשִׁיוּת נ׳ womanhood
נְשִׁיָּה נ׳ oblivion, forgetfulness
נְשִׁיכָה נ׳ bite, biting, snap
נְשִׁילָה נ׳ sloughing, fall
נָשִׁים נ״ר women, ladies
- נשים מוכות battered women
נְשִׁימָה נ׳ breath, respiration
- בנשימה אחת in the same breath
- בנשימה עצורה with bated breath
- עד נשימתו האחרונה till death
- עוצר נשימה breathtaking
נְשִׁיפָה נ׳ breathing out, exhalation
נְשִׁיקָה נ׳ kiss, *smooch
נָשִׁיר ת׳ shedding leaves
נְשִׁירָה נ׳ dropping out, shedding
נָשִׁית (דלקת עצב-השת) נ׳ sciatica
נָשַׁךְ פ׳ bite, nip, worry
- נשך שפתיו bite one's lips
נֶשֶׁךְ ז׳ usury, interest
נִשְׁכַּב פ׳ lie down, fall
נִשְׁכַּח פ׳ be forgotten
נִשְׁכָּח ת׳ forgotten, forgettable
- בלתי נשכח unforgettable
נִשְׁכָּחוֹת נ״ר forgotten events
נַשְׁכָנִי ת׳ biting, stinging, sharp
נִשְׂכָּר ת׳ let, hired, rent, gaining
נָשַׁל פ׳ drop, fall, slough
נֶשֶׁל ז׳ sloughing, fall, falling
נִשְׁלָה פ׳ be drawn out
נִשְׁלַח פ׳ be sent, be transmitted
נִשְׁלַט פ׳ be governed, be ruled
נִשְׁלַל פ׳ be denied, be deprived
נִשְׁלַם פ׳ be completed, end
נִשְׁלַף פ׳ be drawn

נָשַׁם פ׳	breathe, gasp, respire
- נשם ונשף	pant
- נשם לרווחה	feel relief
נִשְׁמַד פ׳	be destroyed, perish
נְשָׁמָה נ׳	soul, spirit, *darling
*- בנשמה	in one's blood
- נשמתו עדן	may he rest in peace
נִשְׁמַט פ׳	drop, be omitted, slip
נִשְׁמַע פ׳	obey, be heard, sound
*- מה נשמע?	how do you do?
נִשְׁמַר פ׳	be kept, take care
נִשְׁנָה פ׳	recur, repeat
*נִשְׁנוּשׁ ז׳	nosh, snack
נִשְׁנַק פ׳	be choked
*נִשְׁנֵשׁ פ׳	nosh, eat a snack
נִשְׁעַן פ׳	lean, recline, depend on, rely on, rest on
נָשַׁף פ׳	blow, breathe, exhale
- נשף בעורפו	breathe down his neck
נֶשֶׁף ז׳	ball, party, soiree
- נשף מסכות	masked ball
נִשְׁפַּט פ׳	be sentenced
נִשְׁפַּךְ פ׳	spill, be poured, empty
נָשַׁק פ׳	kiss, *peck, *smooch, touch, meet, interface
*- שק לי!	I don't care
נֶשֶׁק ז׳	arms, weapon, firearm
- נשק חם	firearms
- נשק כימי	chemical weapon
- נשק קל	light weapons
- נשק קר	cold steel, knife
נַשָּׁק ז׳	gunsmith, armorer
נַשָּׁקִייה נ׳	armory, arsenal
נִשְׁקַל פ׳	be weighed
נִשְׁקַף פ׳	be seen, be reflected, appear, overlook
- נשקפה לו סכנה	be in danger
נָשַׁר פ׳	drop, be shed, molt
נֶשֶׁר ז׳	vulture, eagle
נִשְׂרַט פ׳	be scratched
נִשְׁרִי ת׳	aquiline, curved
נִשְׂרַף פ׳	burn, be burnt, scorch
נִשְׁתַּ- (פּוֹעַל) ראה הִשְׁתַּ-	
- נשתנה ראה השתנה וכד׳	
נִשְׁתַּל פ׳	be planted
נִת- (פּוֹעַל) ראה הִת-	
- נתרצה ראה התרצה וכד׳	
נַתָּב ז׳	tracker, pilot
נַתָּבוּת ז׳	tracking, pilotage
נִתְבַּע פ׳	be demanded, be sued
נִתְבָּע ז׳	defendant, respondent
נָתוּן ת׳	given, is, found, placed, situated, datum
נְתוּנִים ז״ר	data, qualities
נֶתֶז ז׳	ricochet, sprinkle
נֵתַח ז׳	cut, chunk, piece, slice
- נתח שוק	market share
נִתְחַב פ׳	be inserted, be shoved
נִתְחַם פ׳	be fixed, be delimited
נָתִיב ז׳	path, way, lane, track
- נתיב אוויר	air lane, airway
נָתִיחַ ת׳	operable
נְתִיחָה נ׳	dissection, analysis
- נתיחה שלאחר המוות	autopsy
נָתִיךְ ז׳	fuse, fuse wire
נָתִין ז׳	subject, citizen
- נתין זר	foreign citizen
נְתִינָה נ׳	giving, granting
נְתִינוּת נ׳	nationality, citizenship
נָתִיק ת׳	detachable, removable
נְתִיקוּת נ׳	separability
נֶתֶךְ ז׳	alloy, mixture
נִתְלָה פ׳	hang, be hanged
- נתלה באילן גדול	base on a famous person
נִתְלַשׁ פ׳	be plucked, be torn
נִתְמַךְ פ׳	be supported, get help
נִתְמָךְ ז׳	needy person
נָתַן פ׳	give, grant, let, put
- נתן את הדין	pay for
- נתן את כל כולו	give one's all
- נתן דעתו	pay attention
- נתן יד	lend a hand, take part
- נתן להבין	give to understand
*- נתן על הראש	rebuke
נִתְעָב ת׳	loathsome
נִתְפַּס פ׳	be seized, be caught, be grasped, be understood
נִתְפַּר פ׳	be sewn, be stitched
נֶתֶק ז׳	break, severance
נִתְקַל פ׳	meet, encounter
- נתקל בקיר אטום	not gain a hearing
נִתְקַע פ׳	be stuck, stick
נִתְקַף פ׳	be attacked, feel
נֶתֶר ז׳	niter, nitre, soda
נִתְרַם פ׳	be contributed
נַתְרָן (מתכת) ז׳	sodium
- נתרן כלורי	sodium chloride, salt
נַתְרָן מְאַכֵּל ז׳	caustic soda

ס

סָאגָה (סיפורי עלילה) נ׳ — saga
סְאָה נ׳ — seah (measure)
סָאוּנָה (מרחץ אדים) נ׳ — sauna
סא״ל = סגן אלוף
סַב פ׳ — turn, go round, encircle
סָב ז׳ — grandfather, old man
סָבָא פ׳ — drink to excess, guzzle
סַבָּא ז׳ — grandfather, *grandpa
- סבא רבא — great-grandfather
סָבַב פ׳ — go round, encircle
סֶבֶב ז׳ — revolution, circuit
*סַבַּבָּה מ״ק — wonderful, great
סַבּוֹטַז׳ (חַבָּלָה) ז׳ — sabotage
סָבוּךְ ת׳ — tangled, complicated
סְבוֹלֶת נ׳ — stamina, endurance
סַבּוֹן ז׳ — soap, *timid, softy
- סבון נוזלי — soft soap
סַבּוֹנִיָּה נ׳ — soap holder
סָבוּר ת׳ — thinking, believing
- סבורני — I think
סְבִיאָה נ׳ — drinking, boozing
סָבִיב מ״י — around, round
סְבִיבָה נ׳ — environment, neighborhood
- אין איש בסביבה — the coast is clear
- בסביבה — near by, around
- בסביבות — about, around
סְבִיבוֹל ז׳ — swivel
סְבִיבוֹן ז׳ — top, whipping top, whirligig, teetotum
סְבִיבָתִי ת׳ — environmental
סַבְיוֹן ז׳ — ragwort, groundsel
סָבִיל ת׳ — passive, tolerable
סָבִיר ת׳ — reasonable, logical
סְבִירוּת נ׳ — probability
סְבַךְ ז׳ — entanglement, thicket
סְבָכָה נ׳ — lattice, grill, trellis
סָבַל פ׳ — suffer, tolerate, bear
סֵבֶל ז׳ — suffering, affliction
סַבָּל ז׳ — porter, carrier
סַבָּלוּת נ׳ — porterage, carrying
סַבְלָנוּת נ׳ — patience, endurance
סַבְלָנִי ת׳ — patient, tolerant
סִבְסֵד פ׳ — subsidize
סִבְסוּב (סיבוב על ציר) ז׳ — yaw
סִבְסוּד ז׳ — subsidization

סָבַר פ׳ — think, suppose, hold
סֵבֶר פָּנִים יָפוֹת — hospitality
*סַבְּרָה ז׳ — prickly pear, Israeli
סְבָרָה נ׳ — opinion, belief
- סברת כרס — unfounded view
סַבְתָּא נ׳ — grandmother
סָגַד פ׳ — worship, idolize, adore
סֶגוֹל ז׳ — eh (Hebrew vowel)
סָגוֹל ת׳ — violet, purple
סְגוּלָה נ׳ — attribute, trait
סְגוּלִי ת׳ — specific
סָגוּף ת׳ — suffering, mortified
סָגוּר ת׳ — shut, barred, closed
- סגור ומסוגר — tightly closed
סְגוֹר לִיבּוֹ — burden, heavy heart
סַגִּי נְהוֹר ת׳ — blind, euphemism
- בלשון סגי נהור — ironically
סְגִידָה נ׳ — worship, idolization
סְגִירָה נ׳ — closing, shutting
- סגירת מעגל — coming full circle
סֶגֶל ז׳ — cadre, corps, staff
סֶגֶל (סוג צמחי נוי) ז׳ — viola
סְגַלְגַּל ת׳ — elliptic, oval
סג״מ = סגן משנה
סְגָן ז׳ — deputy, vice
- סגן אלוף — lieutenant colonel
- סגן נשיא — vice-president, VP
- סגן שר — deputy minister
סֶגֶן ז׳ — first lieutenant
- סגן משנה — second lieutenant
סִגְנוֹן ז׳ — style, manner, mode
סִגְנוּן ז׳ — styling, wording
סְגָנוּת נ׳ — deputizing
סִגְנֵן פ׳ — stylize, style, word
סִגְסֵג פ׳ — debase by mixing
סַגְסוֹגֶת נ׳ — alloy, mixture
סַגְפָן ז׳ — ascetic, self-denier
סַגְפָנוּת נ׳ — asceticism
סָגַר פ׳ — close, shut, block, bar
- סגר מעגל — come full circle
- סגר עסקה — sew up a deal
- סגר רווחים — close ranks
סֶגֶר ז׳ — closure, lock, shutter
סַגְרִיר ז׳ — heavy rain
סַגְרִירִי ת׳ — rainy, cold, wintry
סַד ז׳ — pillory, stocks
סַדוֹ-מָזוֹכִיזם ז׳ — sadomasochism
סְדוֹם נ׳ — Sodom
- מעשה סדום — sodomy
- סדום ועמורה — wickedness
סְדוֹמִי ז׳ — sodomite, corrupt

סָדוּק ת׳	cracked, cleft, split
סָדִיזם ז׳	sadism
סָדִין ז׳	sheet
- סדין אדום	red rag
- סדין חשמלי	electric sheet
סָדִיסט (אכזר) ז׳	sadist
סָדִיסטִי ת׳	sadistic, cruel
סָדִיר ת׳	regular, systematic
סְדִירוּת נ׳	regularity
סַדָן ז׳	anvil, breechblock
סַדָנָא דְאַרעָא חַד הוּא	it's the same everywhere
סַדְנָה נ׳	workshop, forge, shop
סָדַק פ׳	crack, split
סֶדֶק ז׳	crack, crevice, cleft
סִדקִית נ׳	haberdashery
סֵדֶר ז׳	order, arrangement
- בסדר גמור	all right
- בסדר יורד	in descending order
- בסדר עולה	in ascending order
- הפרת סדר	breach of the peace
- כסדרו	regularly, properly
- ליל הסדר	Passover night
- סדר הדין האזרחי	civil procedure
- סדר הניקור	pecking order
- סדר יום	agenda
- סדר מופתי	apple-pie order
- סדרי בראשית	laws of nature
סַדָר ז׳	typesetter, compositor
סִדֵר ז׳	type, setup type
סִדְרָה נ׳	sequence, series, course, military exercises
סַדְרָן ז׳	usher, *bouncer
סַדְרָנוּת נ׳	ushering, attendance
סַדְרָנִית נ׳	usherette
סִדְרָתִי ת׳	serial, sequential
ס״ה = סך הכול	total, sum total
סָהֲדִי בַּמְרוֹמִים! מ״ק	so help me!
סה״כ = סך הכול	total, sum total
סַהַר ז׳	moon, crescent
- הסהר האדום	Red Crescent
- הסהר הפורה	Fertile Crescent
סַהֲרוֹן ז׳	croissant, meniscus
סַהֲרוּרִי ת׳	moonstruck
סַהֲרוּרִיוּת נ׳	somnambulism
סַהֲרָנָה ז׳	Saharaneh, Kurdish Jews festival
סוֹאֵן ת׳	noisy, tumultuous
סוֹבֵא ז׳	drunkard, drinker
סוֹבֵב פ׳	turn, revolve, spin, rotate, go round, encircle
סוּבּטִילִי (מעודן) ת׳	subtle
סוּבּטרוֹפִּי ת׳	subtropical
סוּבּיוּדִיצֶה (בדיון)	sub judice
סוֹבייֶטִי ת׳	Soviet
סוּבּייֶקט ז׳	subject
סוּבּייֶקטִיבִי ת׳	subjective, personal
סוּבּייֶקטִיבִיוּת נ׳	subjectivity
סוּבִּין ז״ר	bran
סוּבַּךְ פ׳	be complicated
סוֹבֵל ת׳	suffering, bearing
- לא סובל דיחוי	urgent
סוּבּלִימַציָה נ׳	sublimation
סוֹבלָנוּת נ׳	toleration, tolerance
סוֹבלָנִי ת׳	tolerant
סוּבְּסַד פ׳	be subsidized
סוּבּסטַנציָה (מהות) נ׳	substance
סוּבּסִידיָה נ׳	subsidy
סוּבֶרֶנִי ת׳	sovereign
סוּג ז׳	category, class, kind, sort, type, brand, nature
- דרכו סוגה בשושנים	fares well
- סוג א׳	A-one, first-class
- סוג דם	blood group
סוּגָה (ז׳אנר) ז׳	genre
סוּגיָה נ׳	problem, issue, question, topic
סוּגֶסטיָה (הַשָׂאָה) נ׳	suggestion
סוֹגֵר ז׳	bracket, sphincter
- אי שליטה בסוגרים	lack of sphincter control
סוּגַר ז׳	cage, muzzle
סוֹגרַיִים ז״ר	parentheses, brackets
סוֹד ז׳	secret, confidence
- בסוד	in confidence, in secret
- בסוד העניינים	in the know
- בסודי סודות	in strict secrecy
- סוד גלוי	open secret
- סוד כמוס	deep secret
סוֹדָה נ׳	soda, soda water
- סודה לשתייה	bicarbonate, sodium bicarbonate
- סודה קאוסטית	caustic soda
- סודת אפייה	baking soda
- סודת כביסה	washing soda
סוֹדִי ת׳	secret, confidential
- סודי ביותר	top secret
סוֹדִיוּת נ׳	secrecy

סוּדַר פ׳ be arranged, *be had
סוּדָר ז׳ scarf, shawl, neckerchief
סוּדֵר ת׳ ordinal, serial
סוּדְרָן ז׳ index file
סוֹהֵר ז׳ jailor, warden, warder
- רב-סוהר warder first class
סָוָואנָה (ערבה) נ׳ savanna
סוּוַג פ׳ be classified, be sorted
סְוֶודֶר ז׳ sweater, jumper
סְוִויטָה (גם במוסיקה) נ׳ suite
סְווינג (מוסיקת ג׳ז) ז׳ swing
סְוִויץ׳ (מתג) ז׳ switch
סְוֶוצֶ׳ר (מיזע) ז׳ sweatshirt
סַוָּר ז׳ docker, stevedore
סַוָּרוּת נ׳ stevedoring
סוֹחֵט דְמָעוֹת weepy, *tear-jerker
סוֹחֵף ת׳ sweeping, overwhelming
סוֹחֵר ז׳ merchant, trader
- סוחר סמים peddler, pusher
סוֹטָה נ׳ faithless wife
סוֹטֶה ת׳ aberrant, deviating, divergent, deviant, pervert
סוֹיָה נ׳ soy, soya
סוּכָּה נ׳ thatched booth, hut
סוּכּוֹת נ״ר Feast of Tabernacles
סוֹכֵךְ פ׳ hide, protect, shelter
סוֹכֵךְ ז׳ awning, umbrella, shelter, screen, sunshade
סוּכַּל פ׳ be thwarted, be foiled
סוּכַּם פ׳ be added up, be concluded
סוּכַּן פ׳ be endangered
סוֹכֵן ז׳ agent, broker, factor
- סוכן ביטוח insurance broker
- סוכן הימורים bookmaker
- סוכן חשאי secret agent
- סוכן כפול double agent
- סוכן נוסע traveling salesman
- סוכן נסיעות travel agent
- סוכן סמוי undercover agent
סוֹכְנוּת נ׳ agency, bureau
- הסוכנות The Jewish Agency
- סוכנות ידיעות news agency
- סוכנות נסיעות travel agency
סוּכָּר ז׳ sugar
- סוכר דק caster sugar
- סוכר החלב lactose
- סוכר חתיכות lump-sugar
- סוכר ענבים glucose
- סוכר פירות fructose
- תת סוכר דם hypoglycemia
סוּכְּרָזִית נ׳ saccharine
סוּכָּרִייָה נ׳ candy, sweet, drop
- סוכרייה על מקל lollipop
סוּכֶּרֶת נ׳ diabetes
- סוכרת נעורים juvenile diabetes
סוּכְּרָתִי ת׳ diabetic
סוֹל ז׳ sol, G, sole
סוּלָא - לא יְסוּלָא ת׳ invaluable
סוֹלֵד ת׳ snub, feeling disgust
סוֹלוֹ (שירת יחיד) ז׳ solo
*סוּלְחָה נ׳ reconciliation
סוּלְטָן (שליט מוסלמי) ז׳ sultan
סוֹלִידִי ת׳ solid, reliable, upstanding
סוֹלִידָרִיוּת נ׳ solidarity, sympathy
סוּלְיָה נ׳ sole
סוֹלִיסְט (סולן) ז׳ soloist
סוּלִית (דג) נ׳ sole
סוֹלְלָה נ׳ battery, dike, embankment, rampart
סוּלָּם ז׳ ladder, scale
- סולם דיאטוני diatonic scale
- סולם הדרגות ranks scale
- סולם הקולות scale
- סולם חבלים rope ladder
- סולם נע (לשכר) sliding scale
- סולם ריכטר Richter scale
סוּלָּמִית נ׳ number symbol, (#)
סוֹלָן ז׳ soloist
סוֹלָנוּם ז׳ nightshade, solanum
סוּלַף פ׳ be distorted
סוֹלְפֶג׳ ז׳ solfeggio
סוּלְפָה (סמי רפואה) נ׳ sulfa
סוּלְפָט (גופרה) ז׳ sulfate
סוּלַק פ׳ be removed, be paid
סוֹלָר ז׳ diesel oil, gas oil, derv
סוֹלָרִי (שֶׁל הַשֶּׁמֶשׁ) ת׳ solar
סוֹלָרְיוּם (חדר שמש) ז׳ solarium
סוֹלֶת נ׳ semolina, fine flour
- סולתה ושמנה elite, best
סוּמָא ז׳ blind man
- כסומא בארובה in the dark
סוֹמְבְּרֶרוֹ (כובע קש) ז׳ sombrero
סוּמוֹ (היאבקות יפנית) ז׳ sumo
סוֹמֵךְ ז׳ prop, supporter, relying, part of compound
סוּמַל פ׳ be symbolized

סוּמַם פ׳ be drugged
סוּמַן פ׳ be marked
סוֹמֶק ז׳ blush, redness, rouge
סוּנדַל פ׳ be clamped (a car)
סוּנָה (באיסלאם) נ׳ Sunna
סוּנוור פ׳ be blinded
סוֹנָטָה (במוסיקה) נ׳ sonata
סוֹנֶטָה (שיר זהב) נ׳ sonnet
סוּנִי (באיסלאם) ז׳ Sunni
סוּנַן פ׳ be strained, be filtered
סוֹנָר (איתור תת מימי) ז׳ sonar
סוּס ז׳ horse, knight, licorice
- סוס היאור hippopotamus
- סוס טרויאני Trojan horse
- סוס מירוץ racehorse, racer
- סוס עבודה workhorse
- סוס עץ/נדנדה rocking horse
*- על הסוס riding high
סוּסוֹן ז׳ pony, small horse
- סוסון ים sea horse
סוֹעֵד ז׳ diner, at table
סוֹעֵר ת׳ stormy, tempestuous
סוֹף ז׳ end, close, finish
- בסופו של דבר eventually
- סוף דבר epilogue, afterword
- סוף הדרך end of the road
- סוף כל סוף at last
- סוף סוף at last, after all
- סוף פסוק end, finish, period
- סוף ציטוט unquote
- סוף שחור bitter end
סוּף ז׳ bulrush, rush, reed
סוֹפְגָנִי ת׳ absorbent, receptive
סוּפְגָנִיָּה נ׳ doughnut
סוּפָה נ׳ storm, gale, gust
- סופת ברד hailstorm
- סופת גשמים rainstorm
- סופת חול sandstorm
- סופת רעמים thunderstorm
- סופת שלג snowstorm
סוּפַּח פ׳ be annexed
סוֹפִי ת׳ final, ultimate
סוֹפִיוּת נ׳ finality, limit, end
סוֹפִיזם (הַטְעָאָה) ז׳ sophism
סוֹפִיסט (פלפלן) ז׳ sophist
סוֹפִית נ׳ suffix
סוֹפִית תה״פ once and for all, finally
סוּפְלֶה (תפיחית) ז׳ souffle
סוֹפָנִי ת׳ terminal, incurable
סוּפַּק פ׳ be supplied
סוּפַּר פ׳ be narrated, be cut

סוֹפֵר ז׳ author, writer, penman
- סופר סת״ם writer of Scriptures
- סופר צללים ghostwriter
סוּפֶּר super-, supermarket
סוּפֶּרלָטִיב ז׳ superlative
סוּפֶּרמֶן ז׳ superman
סוּפֶּרמַרקֶט ז׳ supermarket
סוֹפְרָן ז׳ descant, soprano
סוּפֶּרנוֹבָה ז׳ supernova
סוֹפֶרֶת נ׳ authoress
סוֹפְשָׁבוּעַ ז׳ weekend
סוּפָתִי ת׳ stormy, gusty
סוֹצְיָאלִי (חברתי) ת׳ social
סוֹצְיָאלִיזם ז׳ socialism
סוֹצְיָאלִיסט ז׳ socialist
סוֹציוֹבִּיוֹלוֹגְיָה נ׳ sociobiology
סוֹציוֹלוֹג ז׳ sociologist
סוֹציוֹלוֹגִי ת׳ sociological
סוֹציוֹלוֹגְיָה נ׳ sociology, study of human societies
סוֹציוֹמֶטרִיָה נ׳ sociometry
סוֹציוֹפָּת (מופרע) ז׳ sociopath
סוֹקֵר ז׳ reviewer, surveyor
סוֹר ז׳ origin, natural habit
- חזר לסורו revert to bad habits, backslide
- סורו רע of bad nature
סוֹרֵג ז׳ bars, grating, grid, grille, lattice, trellis, knitter
- מאחורי סורג ובריח behind bars
סוּרִי ז׳ Syrian
סוּרְיָה נ׳ Syria
סוֹרַס פ׳ be castrated
סוֹרַק פ׳ be combed, be carded
סוֹרֵק ז׳ scanner
- סורק אופטי optical scanner
סוֹרֵר ת׳ indocile, rebellious
- סורר ומורה extremely intractable
סוּשִׁי (מאכל יפני) ז׳ sushi
סוֹתֵר ת׳ contradictory
סוּתַּת פ׳ be cut (stones)
סֶזוֹן (רדיפת לוחמים) ז׳ Season
סָח פ׳ say, tell, speak
- מה אתה סח? You don't say!
סָחַב פ׳ drag, pull, draw, *steal
סַחַב (כוח מניע) ז׳ thrust
סְחָבָה נ׳ floor cloth, mop, rag
- סחבות shabby dress, tatters
סַחֲבָן ז׳ pilferer, sneak thief

*סַחבָּק ז׳ friend, jolly fellow
סַחֶבֶת נ׳ red tape, bureaucracy
סְחוּג ז׳ peppery mixture
סָחוּט ת׳ squeezed, tired, *beat
סְחוּס ז׳ cartilage, gristle
סְחוֹפֶת נ׳ deposit, sediment, alluvium, silt
סְחוֹר סְחוֹר תה״פ indirectly
סְחוֹרָה נ׳ goods, merchandise
סָחַט פ׳ blackmail, exact, wring, squeeze, extract
סַחטָן ז׳ blackmailer, extorter
סַחטָנוּת נ׳ blackmail
סְחִיבָה נ׳ drag, *pilfering
סָחִיט ת׳ squeezable
סְחִיטָה נ׳ blackmail, squeezing
סְחִיף ז׳ embolism, embolus
סְחִיפָה נ׳ erosion, sweeping
סָחִיר ת׳ negotiable
סַחלָב ז׳ salep, cornflour drink
סַחלָב (פרח) ז׳ orchid
סָחַף פ׳ carry away, wash, sweep
סַחַף ז׳ alluvium, erosion, silt
סָחַר פ׳ trade, deal in
סַחַר ז׳ commerce, trade, traffic
- סחר חוץ foreign trade
- סחר חליפין barter, trade
- סחר מכר trading, dealing
- סחר פנים home trade
סְחרוּר ז׳ spin, whirl, pirouette
סְחַרחוֹרֶת נ׳ dizziness, vertigo
סְחַרחַר ת׳ dizzy, whirling
סְחַרחֶרֶת נ׳ carousel, merry-go-round
סְחרֵר פ׳ dizzy, make giddy
סֶט ז׳ set, service
סְטַבִּילִיזַציָה (ייצוב) ז׳ stabilization
סְטַגנַציָה (קיפאון) נ׳ stagnation
סָטָה פ׳ digress, deviate
סְטוֹאִי ת׳ stoical, calm
סְטוּדיוֹ ז׳ atelier, studio
סְטוּדֶנט ז׳ student, undergraduate
סְטוֹפֶּר (שְׁעוֹן-עֶצֶר) ז׳ stopwatch
*סְטוּץ ז׳ affair, flirt
סְטַז׳ ז׳ training period
סְטַזֶ׳ר ז׳ articled clerk, trainee
סְטָטוּס ז׳ status, position
- סטטוס קוו status quo

סְטָטִי ת׳ static, unmoving
סְטָטִיסט ז׳ supernumerary, extra
סְטָטִיסטִי ת׳ statistical
סְטָטִיסטִיקָה נ׳ statistics
סְטָטִיסטִיקָן ז׳ statistician
סְטָטִיקָה (גופים נחים) נ׳ statics
סְטִיגמָה (אות קלון) נ׳ stigma
סְטִיָּיה נ׳ deviation, perversion
- סטיית תקן standard deviation
סְטַייל ז׳ style, *in the manner of
סְטַיילִיסט (מעצב) ז׳ stylist
סְטֵייק (אוּמצָה) ז׳ steak
סְטֵייקִיָּיה נ׳ steakhouse
סְטֵיישֶן ז׳ station wagon
סט״ל = ספינת טילים
סְטִיפֶּנדיָה נ׳ grant, stipend
סְטִיקֶר (תווית) ז׳ sticker
סְטִירָה נ׳ slap, smack, spat
- סטירת לחי slap in the face
סָטִירָה נ׳ satire, lampoon
סָטִירִי ת׳ satirical, mocking
סָטִירִיקָן ז׳ satirist, lampoonist
סְטָלַגמִיט (זקיף) ז׳ stalagmite
סְטָלִינִיזם (עריצות) ז׳ Stalinism
סְטָלַקטִיט (נטיף) ז׳ stalactite
סָטֶן ז׳ satin, sateen
סְטֶן ז׳ Sten gun
סְטֶנד אַפּ (מִצחָק) ז׳ stand-up
סְטֶנד בַּיי (היכון) standby
סְטֶנדֶר ז׳ stand (for a book)
סְטַנדַרד (תקן) ז׳ standard
סְטַנדַרטִי (תקני) ת׳ standard
סְטֶנוֹגרַפיָה נ׳ stenography
סְטֶנסִיל (שַׁעֲוונִית) ז׳ stencil
סְטַקָטוֹ (נְתוּקוֹת) תה״פ staccato
סָטַר פ׳ slap, smack, spat
סְטַרט-אַפּ (חברה) נ׳ start-up
סְטרָטוֹספֵירָה נ׳ stratosphere
סְטַרטֶר (מתנע) ז׳ starter
סִטרִי - חַד סִטרִי ת׳ one-way
סְטֶרֵיאוֹ ז׳ stereo
סְטֶרֵיאוֹטִיפּ ז׳ stereotype, pattern
סְטֶרֵיאוֹטִיפִּי ת׳ stereotypical
סְטֶרֵיאוֹמֶטרִיָּה נ׳ stereometry
סְטֶרֵיאוֹסקוֹפּ ז׳ stereoscope
סְטֶרֵיאוֹפוֹנִי ת׳ stereophonic
סְטרֵייט (לא הומו) ז׳ straight
סְטרִיכנִין (רעל) ז׳ strychnine

סְטֶרִילִי ת׳ sterile, germ-free
סְטֶרִילִיזַצְיָה נ׳ sterilization
סְטְרִיפְּטִיז ז׳ striptease
סְטְרֶפְּטוֹקוֹקוּס ז׳ streptococcus
סְטֶתוֹסקוֹפּ ז׳ stethoscope
סִי ז׳ B, ti, si
- סי במול B flat
סִי-טִי (סריקה רפואית) CT, computerized tomography
סֵיאוּב ז׳ defilement, soiling
סִיאָמִי ת׳ Siamese
סֵיאַנס (ישיבה) ז׳ seance
סִיאֶסְטָה (שנת אחה"צ) נ׳ siesta
סִיב ז׳ fiber, fibre, string
- סיב אופטי optical fiber
סִיבָּה נ׳ cause, reason, factor
סִיבּוּב ז׳ circuit, round, revolution, rotation, turn
סִיבּוּבִי ת׳ rotary, circular
סִיבּוּךְ ז׳ complication
סִיבִי ת׳ fibrous, stringy
סִיבִּיר נ׳ Siberia
סִיבִּית נ׳ bit
סִיבִית נ׳ fiberboard, chipboard
סִיבֵּךְ פ׳ embroil, complicate
סִיבְּכִי (ציפור) ז׳ warbler
סִיבֵּן פ׳ soap, *play a joke on
סִיבָּתִי ת׳ causal, causative
סִיבָּתִיוּת נ׳ causality, causation
סִיג ז׳ base metal, dross, slag
סִיגּוּף ז׳ penance, mortification
סִיגֵּל פ׳ adapt, adjust, modify
סִיגָלִית (פרח) נ׳ violet
סִיגֵּף פ׳ afflict, mortify, torture
סִיגָר ז׳ cigar, *smoke
סִיגַרְיָה נ׳ cigarette, *smoke
סִיד ז׳ lime, whitewash, plaster
סִידּוּר ז׳ arrangement, prayer book, *leg-pull
סִידּוּרִי ת׳ ordinal, serial
סִידָן ז׳ calcium
סִידֵּר פ׳ arrange, put in order, settle, *fix, cheat
סִיּוּד ז׳ whitewashing, painting
סִיוֵּג פ׳ sort, classify
סִיוּוּג ז׳ classification, bracket
- סיווג בטחוני security clearance
סִיוָן ז׳ Sivan (month)
סִיוּט ז׳ nightmare, bad dream
סִיּוּם ז׳ finish, end
סִיוֹמֶת נ׳ suffix, termination

סִיּוּעַ ז׳ aid, assistance, help
סִיּוּף ז׳ fencing, swordplay
סִיּוּר ז׳ patrol, tour
- סיור מאורגן package tour
סִיזִיפִי ת׳ Sisyphean, endless
*סִיח (שיפוד לצלייה) ז׳ sich, skewer with roasted meat
סִיטוּאַצְיָה נ׳ situation, state
סִיטוֹנַאי ז׳ wholesaler
סִיטוֹנוּת נ׳ wholesale
- בסיטונות *abundantly*
סִיטוֹנִי ת׳ wholesale
סִיטְקוֹם (קומדיה) ז׳ sitcom
סִייֵג פ׳ limit, restrict
סְיָיג ז׳ fence, hedge, restriction
- לְלֹא סייג without reservation
- סייג לחוכמה שתיקה the less said the better
סִייֵּד פ׳ whitewash, paint
סַיָּיד ז׳ whitewasher, plasterer
סַיידֶר ז׳ cider
סְיָיח ז׳ colt, foal
סְיָיחָה נ׳ filly
סִייֵּם פ׳ end, finish, terminate
סַיינטוֹלוֹגְיָה נ׳ scientology
סַיָּיס ז׳ ostler, stableman
סִייֵּעַ פ׳ help, aid, assist
סַייעָן ז׳ assistant, collaborator
סִיַּיעְתָּא דִשְׁמַיָא God's help
סַיָּיף ז׳ fencer, swordsman
סִייֵּר פ׳ patrol, tour, reconnoiter, visit, travel
סַיָּיר ז׳ scout, patrolman
סַיֶּירֶת נ׳ cruiser, reconnaissance unit
סִיכָּה נ׳ pin, clip, brooch
- סיכת ביטחון safety pin
- סיכת ראש hairpin, clip
*- על סיכות ants in his pants
סִיכָה נ׳ lubrication, greasing
סִיכּוּי ז׳ chance, prospect
- סיכויים odds
סִיכּוּל ז׳ frustration, foiling
סִיכּוּם ז׳ sum, total
- בסיכום in conclusion
- סיכום ביניים subtotal
- סיכומו של דבר the long and short of it, to sum up
סִיכּוּן ז׳ risk, endangering
- סיכון בטחוני security risk
- סיכון מחושב calculated risk

סִיכֵּך פ׳ cover, thatch, screen
סִיכֵּל פ׳ frustrate, thwart, foil
סִיכֵּם פ׳ sum up, add up
סִיכֵּן פ׳ endanger, risk
סִילְבֶסְטֶר ז׳ New Year's Eve
סִילוֹ (מִגְדַל הַחֲמָצָה) ז׳ silo
סִילוּאֶט (צללית) ז׳ silhouette
סִילוֹן ז׳ jet, jet-plane, squirt
סִילוּף ז׳ distortion, perversion
סִילוּק ז׳ elimination, removal
- סילוק חוב payment of a debt
סִילוּקִין ז״ר clearing
סִילִיקוֹן ז׳ silicone
סִילִיקָט (מחצב) ז׳ silicate
סִילֵף פ׳ distort, falsify, twist
סִילֵק פ׳ eliminate, remove, send away, pay
- סילק חוב pay a debt
- סילק חשבון settle an account
סִימֵּא פ׳ blind, dazzle
סִימְבּוֹלִי ת׳ symbolical
סִימְבִּיוֹזָה נ׳ symbiosis
סִימוּכִין ז״ר reference, support
סִימוּל ז׳ symbolization
סִימוּלָטוֹר (מַדְמֶה) ז׳ simulator
סִימוּלְטָנִי ת׳ simultaneous, synchronous, coinciding
סִימוּלְטָנִית תה״פ simultaneously
סִימוּלַצְיָה (הַדמָיָה) נ׳ simulation
סִימוּם ז׳ drugging, poisoning
סִימוּן ז׳ marking, signing
סִימוּר ז׳ bristling, nailing
סִימֶטְרִי (תּוֹאֵם) ת׳ symmetrical
סִימֶטְרִיָּה (תּוֹאַם) נ׳ symmetry
סִימֵּל פ׳ symbolize, signify
סִימֵּם פ׳ poison, drug, dope
סִימֵּן פ׳ mark, indicate
סִימָן ז׳ mark, sign, signal
- סימן החיבור plus sign, (+)
- סימן החילוק division sign
- סימן החיסור minus sign, (-)
- סימן היכר trademark, characteristic
- סימן הכפל multiplication sign, (x)
- סימן השוויון equals sign, (=)
- סימן טוב ומזל טוב! good luck!, congratulations!
- סימן קריאה exclamation mark, (!)
- סימן שאלה question mark
- סימני דרגה insignia
- סימני פיסוק punctuation marks
סִימָנִיָּה נ׳ bookmark
סִימָנִית נ׳ mark, ideogram
סִימֵּס (שלח מִסרון) פ׳ send SMS
סִימְפּוֹזְיוֹן ז׳ symposium
סִימְפוֹנוֹת ז״ר bronchial tubes
- דלקת הסימפונות bronchitis
סִימְפוֹנִי ת׳ symphonic
סִימְפוֹנְיָה (יצירה) נ׳ symphony
סִימְפְּטוֹם ז׳ symptom
סִימְפֵּת פ׳ sympathize
סִימְפָּתִי ת׳ nice, caring
סִימְפַּתְיָה נ׳ sympathy
סִימֵּר פ׳ harden, stiffen, nail
סִין נ׳ China
סִינְגוּלָרִיוּת נ׳ singularity
סִינְדִיקָט ז׳ syndicate
סִינְדְרוֹם (תסמונת) ז׳ syndrome
סִינוֹלוֹגְיָה (מדעי סין) נ׳ sinology
סִינּוּן ז׳ filtering, sifting
סִינוֹנִים ז׳ synonym
סִינוּס ז׳ sine, sinus
סִינוּסִיטִיס ז׳ sinusitis
סִינוֹפְּטִי ת׳ synoptic
סִינוֹפְּסִיס (סיכום) ז׳ synopsis
סִינוֹר ז׳ apron, pinafore, bib
סִינְטַקְס (תחביר) ז׳ syntax
סִינַי נ׳ Sinai
סִינִי ת׳ Chinese, Sino-
סִינִית נ׳ Chinese
סִינְכְּרוּן ז׳ synchronization, making simultaneous
סִינְכְּרֵן פ׳ synchronize
סִינֶמָה (קולנוע) נ׳ cinema
סִינֶמָטֶק ז׳ cinematheque
סִינֵּן פ׳ strain, filter, sift, utter
סִינֵּף פ׳ affiliate, annex
סִינַפְּסָה (מִסנָף) נ׳ synapse
סִינְקוֹפָּה (במוסיקה) נ׳ syncope
סִינָר ז׳ apron, pinafore, bib
- (קשור ל-) סינר אימו mother's apron strings
סִינְתֶּזָה (תרכובת) נ׳ synthesis
סִינְתֶּטִי (מורכב) ת׳ synthetic
סִינְתֶּסַייזֶר ז׳ synthesizer
סִיס (ציפור) ז׳ swift, swallow
סִיסְטוֹלִי (לחץ דם) ת׳ systolic
סִיסְטִיק פִיבְּרוֹזִיס ז׳ cystic fibrosis
סִיסְטֶמָטִי ת׳ systematic

סִיסמָה נ׳ — slogan, password, watchword, catchword
סֵיסמוֹגרָף ז׳ — seismograph
סֵיסמוֹלוֹגיָה נ׳ — seismology, study of earthquakes
סֵיסמִי ת׳ — seismic
סִיעָה נ׳ — faction, party, group
סִיעוּד ז׳ — nursing, care
סִיעוּדִי ת׳ — nursing
סִיעָתִי ת׳ — factional, party
סַיִף ז׳ — fencing, foil, sword
סֵיפָא נ׳ — end, final section
סִיפּוּחַ ז׳ — annexation
סִיפּוּן ז׳ — deck, ceiling
סִיפוֹן ז׳ — siphon, syphon, trap
סִיפּוּק ז׳ — satisfaction, gratification, supplying
סִיפּוּר ז׳ — tale, story, narrative
- סיפור בדים — *tall story
- סיפור קצר — short story
- סיפורי סבתא — old wives story
סִיפּוּרִי ת׳ — narrative
סִיפּוֹרֶת נ׳ — fiction, prose
סִיפֵּחַ פ׳ — annex, attach, coopt
סִיפִּי ז׳ — liminal, marginal
- תת-סיפי — subliminal
סִיפִילִיס (עַגֶבֶת) ז׳ — syphilis
סֵיפָן (פרח) ז׳ — gladiolus
סִיפֵּק פ׳ — please, satisfy, give
- סיפק את הסחורה — deliver the goods
סִיפֵּק ז׳ — enough time, ability
סִיפֵּר פ׳ — tell, relate, recite, narrate, cut hair, trim
סִיקוּל ז׳ — stone removal
סִיקוּס ז׳ — knot, gnarl
סִיקוּר ז׳ — covering, review
סִיקִי (חבר בכת הודית) ז׳ — Sikh
סִיקֵל פ׳ — remove stones
סִיקֵר פ׳ — survey, cover, review
סִיקָרִיקוֹן ז׳ — robber, bandit
סִיר ז׳ — pot
- סיר בשר — fleshpot, luxury
- סיר לחץ — pressure cooker
- סיר לילה — chamber pot, potty
- סיר פלא — baking pot
סֵירֵב פ׳ — decline, refuse
סִירָה נ׳ — boat, dinghy, sidecar
- בסירה אחת — in the same boat
- סירת הצלה — lifeboat, life raft
- סירת מנוע — motorboat
- סירת משוטים — rowboat

סֵירוּב ז׳ — refusal, declination
- סירוב פקודה — disobeying an order
סֵירוּס ז׳ — castration, distortion
סִירוֹפּ ז׳ — syrup, sirup
סֵירוּק ז׳ — combing, carding
סֵירָחוֹן ז׳ — stench, stink, reek
סִירֶנָה (צוֹפָר) נ׳ — siren
סֵירֵס פ׳ — castrate, distort, twist
סֵירֵק פ׳ — comb, card
סִיתּוּת ז׳ — stone cutting
סִיתֵּת פ׳ — chisel, cut stones
סָךְ פ׳ — lubricate, oil, grease
סָךְ ז׳ — amount, sum, crowd
- בסך הכול — altogether, only
- סך הכול — sum, total
- סך שמש — sun vizor
סָכוּךְ ת׳ — covered, thatched
סְכוֹלַסטִי ת׳ — scholastic
סְכוּם ז׳ — amount, sum
סכו"ם=סכין כף ומזלג — cutlery
סָכוּר ת׳ — dammed up, shut
סַכֵּי עֵינַיִים ז״ר — blinders
סְכִיזוֹפרֶן ז׳ — schizophrene
סְכִיזוֹפרֶנִי ת׳ — schizophrenic
סְכִיזוֹפרֶנְיָה נ׳ — schizophrenia, split personality
סַכִּין נ׳ — knife
- סכין גילוח — blade, razor blade
- סכין יפנית — Japanese knife
- סכין מטבח — kitchen knife
- סכין מכתבים — paper knife
- סכין קפיצית — flick-knife
סַכִּינָאוּת נ׳ — stabbing, knifing
סַכִּינַאי ז׳ — robber, stabber
סָכַךְ פ׳ — cover, thatch, screen
סְכָךְ ז׳ — thatch, cover
סְכָכָה נ׳ — shed, covered yard
סָכָל ז׳ — fool, stupid, silly
סִכלוּת נ׳ — folly, foolishness
סְכֵמָה נ׳ — scheme, sketch
סְכֵמָתִי ת׳ — schematic, outlined
סַכָּנָה נ׳ — danger, peril, risk
- סכנת חיים — mortal danger
- סכנת מוות — mortal danger
- סכנת נפשות — mortal danger
סִכסוּךְ ז׳ — conflict, quarrel
- סכסוך עבודה — labor dispute
סִכסֵךְ פ׳ — intrigue, incite, arouse quarrels, stir up, set against
סַכסְכָן ז׳ — quarrel-monger
סַכסְכָנוּת נ׳ — trouble making

סָכַר פ׳ dam, close, shut, stem
סֶכֶר ז׳ dam, sluice gate, weir
סָכָרִין ז׳ saccharin
סָכָרִינִי ת׳ overly sweet
סַל ז׳ basket, holdall, carryall
- סל כביסה laundry basket
- סל מזונות food basket
- סל מטבעות basket of currencies
- סל קניות shopping bag
סְלָאבִי ת׳ Slav, Slavic
סְלָאלוֹם (מסלול זיגזג) ז׳ slalom
*סֶלֶב (ידוען) ז׳ celeb, celebrity
סֶלֶבְּרִיטִי (ידוען) ז׳ celebrity
סָלַד פ׳ feel disgust at, abhor
סֶלָה תה״פ selah, forever
סָלוּל ת׳ paved, beaten
סֶלוּלָרִי ת׳ cellular
סָלוֹן ז׳ living room, salon
- סלון אווירי air show
סָלוֹנִי ת׳ ballroom
סָלַח פ׳ pardon, forgive, excuse
סַלְחָן ז׳ forgiver, remitter
סַלְחָנוּת נ׳ forgiveness
סָלָט ז׳ salad, *mishmash
סַלְטָה נ׳ somersault
סְלִידָה נ׳ aversion, disgust
סְלִיחָה נ׳ pardon, forgiveness
- סליחה ! excuse me!, sorry!
- סליחות prayers for atonement
סְלִיל ז׳ coil, spool, reel, spiral, intrauterine device, IUD
- סליל השראה induction coil
- סליל חוטים bobbin, skein
סְלִילָה נ׳ paving, road construction
סְלִילִי ת׳ spiral, voluted, coiled
סְלִיפּ (פיסת נייר) ז׳ slip
סְלִיק ז׳ cache, hiding place
סְלִיקָה נ׳ clearing
סָלַל פ׳ pave, build (roads)
סַלְמוֹן (אִלְתִּית) ז׳ salmon
סָלָמִי ז׳ salami, bit by bit
סָלָמַנְדְרָה נ׳ salamander, newt
סְלַמְס ז״ר shantytown, slums
סְלֶנְג (עָגָה) ז׳ slang
סַלְסָה (ריקוד ג'ז) נ׳ salsa
סִלְסוּל ז׳ curl, wave, flourish
- סלסול קול trill, coloratura
- סלסול תמידי permanent (wave)

סַלְסִילָה נ׳ small basket
סִלְסֵל פ׳ curl, wave, frizz, trill
סֶלַע ז׳ boulder, rock
- סלע המחלוקת bone of contention
סַלְעִי ת׳ rocky, stony, craggy
סַלְעִית (ציפור-שיר) נ׳ wheatear
סַלְפָן ז׳ distorter, liar, falsifier
סְלָפְּסְטִיק (קומדיה) ז׳ slapstick
סֶלֶק ז׳ beet, beetroot
- סלק סוכר sugar beet
סַלְקָה (בָּקָר) נ׳ natural
סֶלֶקְטִיבִי (בררני) ת׳ selective
סֶלֶקְטִיבִיוּת נ׳ selectivity
סַלְקַל ז׳ carrycot, bassinet
סֶלֶקְצְיָה נ׳ selection, choosing
סֶלֶרִי (כרפס) ז׳ celery
סְלֶשׁ (לוכסן) ז׳ slash, (/)
סַם ז׳ drug, poison, medicine
- סם מוות deadly poison
- סם מרץ amphetamine
- סמים קשים hard drugs
- סמים רכים soft drugs
ס"מ = סנטימטר cm, centimeter
סַמְבָּה (ריקוד) נ׳ samba
סמג"ד=סגן מפקד גדוד
סְמָדַר ז׳ blossom, bud
סָמוֹבָר (מיחם) ז׳ samovar
סָמוּי ת׳ concealed, latent
סָמוּךְ ת׳ close, near, adjacent
- בסמוך close, near
- סמוך ובטוח may rest assured
*סָמוּךְ - מדיניות הסמוך never fear, "trust me"
סְמוֹכָה נ׳ prop, support, brace
סָמוֹק ת׳ red, crimson, ruddy
סְמוֹקִינְג ז׳ tuxedo
סַמּוּר (טורף) ז׳ ferret, weasel
סמח"ט=סגן מפקד חטיבה
סֶמֶט ז׳ boil, furuncle
סִמְטָה נ׳ alley, alleyway, boil
*סָמְטוּחָה נ׳ razzle-dazzle, fuss
סֶמִיטְרֵיילֶר ז׳ semitrailer
סְמַיילִי (פרצוף מחייך) ז׳ smiley
סָמִיךְ ת׳ dense, thick, turbid
סְמִיכָה נ׳ support, leaning
סְמִיכוּת נ׳ proximity, nearness
- סמיכות לרבנות Rabbinical ordination
סֶמִינָר ז׳ seminary, college
סֶמִינַרְיוֹן ז׳ seminary, seminar
סֶמִינָרִיסְט ז׳ student

סָמַךְ פ׳ support, trust, depend
- סמך ידו authorize, approve
- סמך על depend on, rely on
סָמֶךְ נ׳ samekh (letter)
סָמֶךְ - בֶּן סָמֶךְ ז׳ authority
סָמֶךְ - עַל סְמַךְ on the basis of
סַמְכוּת נ׳ authority, right
- סמכות שיפוטית judicial competence, jurisdiction
סַמְכוּתִי ת׳ authoritative, imperative
סַמְכוּתִיּוּת נ׳ authoritativeness
סֵמֶל ז׳ symbol, emblem, badge, image, mark, sign
- סמל מסחרי trademark
סַמָּל ז׳ sergeant, *sarge
- סמל ראשון staff sergeant
- סמל שני (במשטרה) corporal
- סמל תורן duty sergeant
סִמְלִי ת׳ symbolic, token, small
סִמְלִיּוּת נ׳ symbolism
סַמְמָן ז׳ savor, spice, drug, flavor, perfume, ingredient
סַמָּן ז׳ marker, cursor, winger
- סמן ימני right-winger
סֵמַנְטִי ת׳ semantic, meaning
סֵמַנְטִיקָה נ׳ semantics
סֵמַנְטֶמָה (מַשְׁמָעָן) ז׳ semanteme
סמנכ"ל=סגן מנהל כללי deputy director general
סֶמֶסְטֶר (זמן) ז׳ semester
סמפכ"ל=סגן מפקח כללי
סמ"ק = סנטימטר מעוקב cubic centimeter, cc
סָמַר פ׳ bristle, stand on end
סמ"ר = סמל ראשון staff sergeant
סִמְרוּר ז׳ riveting, nailing
סְמַרְטוּט ז׳ cloth, rag, mop, *spineless person
- סמרטוט רצפה floorcloth
סְמַרְטוּטָר ז׳ junkman
סְמַרְמוֹרֶת נ׳ goose-flesh, shudder
סִמְרֵר פ׳ rivet, spike, nail
*סְמָתּוּכָה נ׳ razzle-dazzle, fuss
סְנָאִי ז׳ squirrel
סִנְגּוּר ז׳ defending, advocacy
סָנֵגוֹר ז׳ defender, advocate, defense counsel
- סנגור ציבורי public defender
סָנֵגוֹרְיָה נ׳ defense, advocacy
סִנְגֵּר פ׳ defend, advocate

סֶנְדְוִויץ׳ (כריך) ז׳ sandwich
סִנְדּוּל ז׳ clamping (a car)
סִנְדֵּל פ׳ lock (a wheel), clamp (a car), lock
סַנְדָּל ז׳ sandal, wheel clamp, Denver boot, plaice, sole
- סנדל אצבע flip-flop, toe-strap
סַנְדְּלָר ז׳ cobbler, shoemaker
סַנְדְּלָרוּת נ׳ shoe-mending
סַנְדְּלָרִיָּה ז׳ shoemaker's shop
סַנְדָּק ז׳ godfather, sponsor
סַנְדָּקוּת נ׳ godfather's function
סְנֶה ז׳ bush, bramble
סַנְהֶדְרִין נ׳ Sanhedrin, ancient tribunal
סְנוֹב ז׳ snob, *high-hat
סְנוֹבִּי ת׳ snobbish, snobby
סְנוֹבִּיּוּת נ׳ snobbery
סִנְוֵר פ׳ dazzle, blind, glare
סִנְוּוּר ז׳ dazzle, blinding
סַנְוֵרִים ז״ר blindness
סְנוּנִית נ׳ swallow, martin
- סנונית ראשונה one swallow, first sign
סְנוּקֶר ז׳ snooker
סְנוֹקֶרֶת נ׳ punch, blow
סָנַט פ׳ mock, tease, vex
סֶנָט (בית מחוקקים) ז׳ senate
סֶנְט (מטבע) ז׳ cent
סֶנָטוֹר ז׳ senator
סֶנְטִיגְרַם ז׳ centigram
סֶנְטִימֶטֶר ז׳ centimeter
- סנטימטר מעוקב cubic centimeter, cc
סֶנְטִימֶנְט ז׳ sentiment, feeling
סֶנְטִימֶנְטָלִי ת׳ sentimental
סֶנְטִימֶנְטָלִיּוּת נ׳ sentimentality
סַנְטֵר ז׳ chin
- סנטר כפול double chin
סֶנְיוֹר (אדון) ז׳ senor
סֶנְיוֹרָה (גברת) נ׳ senora
סֶנְיוֹרִיטָה (עלמה) נ׳ senorita
סְנִיטָה נ׳ mocking, sneering
סָנִיטַצְיָה (תברואה) נ׳ sanitation
סַנִּיטָר ז׳ hospital orderly
סָנִיטָרִי (תברואתי) ת׳ sanitary
סָנִיטָרִיּוּת נ׳ sanitariness
סֶנִילִי ת׳ senile, weak-minded
סֶנִילִיּוּת נ׳ senility, old age
סְנִיף ז׳ branch, chapter
סְנִיקֶרְס (נעליים) ז״ר sneakers

סֶנַסַצְיָה נ'	sensation, scoop
סֶנַסַצְיוֹנִי ת'	sensational
סְנַפִּיר ז'	fin, flipper, foil
סְנַפִּירִית נ'	hydrofoil (boat)
סְנָפְּלִינג ז'	snaplink
סנ"צ = סגן ניצב	
סַנְקְצִיוֹת נ"ר	sanctions
סַסְגּוֹנִי ת'	colorful, variegated
סַסְגּוֹנִיּוּת נ'	variegation
סָעַד פ'	dine, feast, support
סעד את ליבו -	dine, eat
סַעַד ז'	support, aid, welfare, relief, remedy
סעד משפטי -	legal aid
סְעוּדָה נ'	meal, feast, repast
סעודה מפסקת -	meal before a fast
סעודה שלישית -	third Sabbath meal
סָעוּדִי ת'	Saudi, Saudi Arabian
סָעוּדִיָּה נ'	Saudi Arabia
סָעִיף ז'	article, clause
* הביא לו את הסעיף	infuriate
סעיף היחלצות -	escape clause
סעיף משנה -	subclause
סַעֶפֶת נ'	impetigo, manifold
סָעַר פ'	storm, rage, bluster
סערו הרוחות -	feelings ran high
סְעָרָה נ'	storm, tempest, gale
סערה בכוס מים -	storm in a teacup
סערת רוחות -	strong excitement
סַף ז'	threshold, doorstep
דחה על הסף -	reject in limine
סף החלון -	window sill
על סף -	on the verge of
סָפָארִי ז'	safari, expedition
סָפַג פ'	absorb, blot, take, get
סְפָגֶטִי (אטריות) ז'	spaghetti
סָפַד פ'	mourn, lament, bewail
סַפָּה נ'	couch, sofa, divan
סְפוֹג ז'	sponge, foam rubber
סָפוּג ת'	saturated, soaked, full
סְפוֹגִי ת'	spongy, absorbent
סְפּוֹילֶר (מְחַבֵּל) ז'	spoiler
סָפוּן ת'	hidden, concealed
סְפוֹנְגָ'ה נ' *	mopping (floors)
סְפּוֹנְטָנִי ת'	spontaneous
סְפּוֹנְטָנִיּוּת נ'	spontaneity
סְפּוֹנְסוֹר (נותן חסות) ז'	sponsor

סָפוּר ת'	numbered, counted
ספורים -	few, some, not many
סָפוֹר - אֵין סָפוֹר תה"פ	countless
סְפּוֹרָדִי ת'	sporadic, irregular
סְפּוֹרְט ז'	sport, sports, exercise
סְפּוֹרְטַאי ז'	sportsman
סְפּוֹרְטִיבִי ת'	sports, casual
סְפַּזְמָה (עווית) ז'	spasm
סֶפַח ז'	addendum, stub
סַפַּחַת נ'	parasite, psoriasis
סֶפְּטֶמְבֶּר ז'	September
סְפִיגָה נ'	absorption, taking in
סְפִידוֹמֶטֶר ז'	speedometer
סָפִיחַ ז'	aftereffects
סְפִין ז'	panel, skirting board
סְפִּין (הטעיה תקשורתית) ז'	spin
סְפִינָה נ'	ship, vessel, boat
ספינת גרר -	tugboat, towboat
ספינת טילים -	missile-boat
ספינת מכמורת -	trawler
סְפִינְקס ז'	sphinx
סְפִיקָה נ'	capacity, sufficiency
סַפִּיר ז'	sapphire, lapis lazuli
סָפִיר ת'	countable, numerable
סְפִירָה נ'	counting
לספירה -	AD, year of grace
ספירה לאחור -	countdown
ספירת דם -	blood count
ספירת מלאי -	stocktaking
סְפֵירָה (סביבה) נ'	sphere
סְפִּירְט ז'	spirit, alcohol
סְפִּירִיטוּאָלִי ז'	spiritual
סְפִּירִיטוּאָלִיזם ז'	spiritualism, contact with the dead
סְפִּירָלָה (סליל) נ'	spiral
סְפִּירָלִי (חלזוני) ת'	spiral, coiled
סְפֵּישָל ז' *	ordered cab
סֵפֶל ז'	cup, beaker, mug
סִפְלוֹן ז'	small cup, demitasse
סַפָּן ז'	sailor, seaman, salt
סַפָּנוּת נ'	seamanship, sailing
סְפַּסְטִי (עוויתי) ת'	spastic
סַפְסָל ז'	bench, settle, form
ספסל אחורי -	backbench
על ספסל הנאשמים -	on trial
סְפְסֵר פ'	speculate, profiteer
סַפְסָר ז'	speculator, profiteer
סַפְסָרוּת נ'	profiteering
סְפֵּץ ז' *	expert, specialist, whiz
סְפֵּצִיאָלִי ת'	special, especial
סְפֵּצִיאָלִיסְט ז'	specialist
סְפֵּצִיפִי ת'	specific, particular

סָפֵק ז׳ doubt, question
- בלי ספק/אין ספק no doubt
- הטיל ספק throw doubt
- מעבר לכל ספק סביר beyond all reasonable doubt
סַפָּק ז׳ supplier, provider
סָפַק כַּפָּיו פ׳ wring one's hands
סְפֶּקוּלוּם (מִפְשָׂק) ז׳ speculum
סְפֶּקוּלָטִיבִי ת׳ speculative, risky
סְפֶּקוּלַנְט ז׳ speculator
סְפֶּקוּלַצְיָה נ׳ speculation, guess
סְפֶּקְטרוּם ז׳ spectrum, range
סְפֶּקְטרוֹסקוֹפּ ז׳ spectroscope
סַפְקָן ז׳ skeptic, doubter
סָפַר פ׳ count, number, tally
*- הוא לא סופר אותה he disregards her
סֵפֶר ז׳ book, volume
- ספר הספרים Old Testament
- ספר חתום closed book, enigma
- ספר טלפונים directory
- ספר כיס pocketbook
- ספר לבן white paper
- ספר לימוד textbook
- ספר עזר reference book
- ספר עיון reference book
- ספר פתוח open book
- ספר שימושי handbook
- ספר תורה Torah
- ספרי קודש religious books
- ספרים חיצוניים Apocrypha
סַפָּר ז׳ barber, hairdresser
סְפָר ז׳ frontier, border
סַפְרָא וְסַיְיפָא writer and fighter
סְפָרַד נ׳ Spain
סְפָרַדִּי ז׳ Spanish, Sephardi
סְפָרַדִּית נ׳ Spanish, Ladino
סִפְרָה נ׳ cipher, digit, number, figure, numeral
- ספרת ביקורת check digit
סִפְרוֹן ז׳ booklet, pamphlet
סִפְרוּת נ׳ literature, letters
- ספרות יפה belles-lettres
סַפָּרוּת נ׳ hairdressing
סִפְרוּתִי ת׳ literary, bookish
סְפְּרֵיי (תרסיס) ז׳ spray
סִפְרִיָּיה נ׳ library, *bookcase
- ספרייה ניידת bookmobile
סַפָּרִית נ׳ hairdresser, coiffeuse
סַפְרָן ז׳ librarian
סַפְרָנוּת נ׳ librarianship

סִפְרָתִי ת׳ digital
סְצֵינָה נ׳ scene, emotional display
סְצֵינַרְיוֹ (תסריט) ז׳ scenario
סְקַאי (דמוי עור) ז׳ leatherette
סְקָאלָה (סולם) נ׳ scale
סֶקְווֹיָה (עץ) ז׳ sequoia
סֶקְווֶנְצְיָאלִי ת׳ sequential
סְקווֹשׁ (מִשְׂחָק) ז׳ squash
סְקוֹטִי ת׳ Scot, Scottish
סְקוֹטלַנְד נ׳ Scotland
סְקוֹטשׁ (ויסקי סקוטי) ז׳ Scotch
סְקוֹטשׁ (צמדן זיפי) ז׳ Scotch, Velcro
סֶקוּנְדָה (במוסיקה) נ׳ second
סְקוּפּ ז׳ scoop, sensation
סְקֶטבּוֹרד ז׳ skateboard
סֶקְטוֹר (מִגְזָר) ז׳ sector
סֶקְטוֹרְיָאלִי ת׳ sectorial
סְקֶטִים ז״ר roller skates
סְקִי ז׳ ski, skiing
סְקִילָה נ׳ stoning (to death)
סְקִיצָה (מִתְוָוה) נ׳ sketch
סְקִירָה נ׳ review, survey
סָקַל פ׳ stone (to death)
סְקְלֶרוֹסִיס (טָרֶשֶׁת) ז׳ sclerosis
סְקַנְדִינַבְיָה נ׳ Scandinavia
סְקַנְדָל (שערורייה) ז׳ scandal
סֶקַנְס (בטריגונומטריה) ז׳ secant
סֶקְס (מין) ז׳ sex
סֶקְסאַפִּיל ז׳ sex appeal
סֶקְסוּאָלִי ת׳ sexual
סֶקְסוֹלוֹג ז׳ sexologist
סֶקְסוֹלוֹגְיָה נ׳ sexology
סַקְסוֹפוֹן ז׳ saxophone, *sax
סַקְסוֹפוֹנִיסְט ז׳ saxophonist
סֶקְסְטַנְט (לניווט) ז׳ sextant
סֶקְסִי ת׳ sexy
סֶקְסִיזְם (מִינָנוּת) ז׳ sexism
סֶקְסִיסְטִי ת׳ sexist
סְקֶפְּטִי ת׳ skeptical, doubtful
סְקֶפְּטִיוּת נ׳ skepticism
סְקֶץ׳ (מתווה) ז׳ sketch
סָקַר פ׳ survey, review, scan
סֶקֶר ז׳ review, survey
- סקר דעת קהל opinion poll
סְקַרְלָטִינָה (שָׁנִית) נ׳ scarlatina
סִקְרֵן פ׳ arouse curiosity
סַקְרָן ז׳ curious, inquisitive
סַקְרָנוּת נ׳ curiosity, *nosiness
סַקְרָנִי ת׳ inquisitive, curious
סְקֶרְצוֹ (במוסיקה) ז׳ scherzo

סָר פ׳ move, go away, depart, come in, drop in
- סר חינו fall from grace
- סר לפקודתו do as he bids
סַר וְזָעֵף ת׳ dejected, angry
סֶר (תואר) ז׳ sir
סִרְבּוּל ז׳ clumsiness, heaviness
סִרְבֵּל פ׳ make clumsy
סַרְבָּל ז׳ overall, jumpsuit
סָרְבָן ת׳ objector, stubborn
- סרבן מלחמה conscientious objector, *conchy
סָרְבָנוּת נ׳ stubbornness
סָרַג פ׳ knit, crochet, plait, lace
סַרְגֵל ז׳ rule, ruler, scale
- סרגל חישוב slide rule
סַרְגֶ'נְט (סַמָּל) ז׳ sergeant, *sarge
סַרְדִּין ז׳ sardine
סָרָה נ׳ slander, libel, falsehood
סָרוּג ת׳ knitted, crocheted
סָרוּחַ ת׳ stinking, sprawling
סָרוּק ת׳ combed, carded
סָרַח פ׳ stink, smell, sin, sprawl
סֶרַח הָעוֹדֵף ז׳ excess, surplus
*סַרְחָן ז׳ stinker, smelly
סֶרֶט ז׳ cinema, film, movie, picture, ribbon, band, strap
*- בסרט הזה כבר היינו that's no news to us
- סרט אילם silent film, *silent
- סרט וידיאו videotape
- סרט זיעור microfilm
- סרט מגנטי magnetic tape
- סרט מידה tape measure
- סרט מצויר animated cartoon
- סרט מתח thriller
- סרט נע conveyor belt, assembly line
- סרט קולנוע motion picture
- סרט שרוול armband
- סרט תיעודי documentary film
סִרְטוֹן ז׳ short, filmstrip
סַרְטָן ז׳ cancer, crab, crustacean, lobster, shrimp
- סרטן הדם leukemia
- סרטן השד breast cancer
סַרְטָנִי ת׳ cancerous
סְרִיג ז׳ knitwear, jersey
- סריג כלים plate rack
סְרִיגָה נ׳ knitting, knitwear

סִדְרָה נ׳ series, set, run
סָרִיס ז׳ eunuch, castrated
סְרִיקָה נ׳ combing, scan
- סריקה על-קולית ultrasound
סִרְכּוּז ז׳ centrifuging
סַרְכֶּזֶת נ׳ centrifuge
סֶרֶן ז׳ axle, spindle, captain
סֶרֶנָדָה (שיר אהבה) נ׳ serenade
סַרְסוּר ז׳ middleman, pimp
סַרְסָרוּת נ׳ procuration
סַרְעָף ז׳ thought, idea, opinion
סַרְעֶפֶת נ׳ diaphragm, midriff
סִרְפָּד ז׳ nettle
סִרְפֶּדֶת נ׳ nettle rash, hives
סַרְפָן ז׳ pinafore, jumper
סָרַק פ׳ scan, rake, comb, card
סְרָק ז׳ emptiness, neutral
- הילוך סרק neutral
סַרְקוֹפָג ז׳ sarcophagus
סַרְקָזם ז׳ sarcasm, irony
סַרְקַסְטִי ת׳ sarcastic, mordant
סְתַגְלָן ז׳ opportunist
סְתַגְרָן ז׳ introvert
סְתָווִי ת׳ autumnal
סִתְוָנִית נ׳ colchicum, autumn crocus
סָתוּם ת׳ blocked, stopped, obscure, vague, *fool
סְתָיו ז׳ autumn, fall
סְתִימָה נ׳ closing, blocking, stoppage, filling, inlay
- סתימת הגולל a nail in its coffin
- סתימת פה gagging, silencing
סְתִירָה נ׳ contradiction
סָתַם פ׳ close, block, stop, plug
- סתום את הפה ! shut up!
- סתם הגולל put an end to
- סתם חור בשן fill a tooth
סְתָם תה״פ just like that, mere
- מן הסתם probably
סת"ם holy Scriptures
סְתָמִי ת׳ undefined, vague, neutral, random
סְתָמִיּוּת נ׳ generality
סָתַר פ׳ refute, destroy
סֵתֶר ז׳ hiding place
- בסתר in secret, stealthily
- בסתר ליבו deep in one's heart
סַתָּת ז׳ stonecutter
סַתָּתוּת נ׳ stonecutting

ע

עָב ז׳ cloud
עָב ת׳ thick, fat
עב״ג=עם בת גילו with his fiancee
עָבַד פ׳ work, labor, serve
- עבד לפי הספר work to rule
*- עבד עליו (בעיניים) cheat
עֶבֶד ז׳ slave, servant, serf
- עבד נרצע submissive slave
- עבדך הנאמן yours faithfully
עַבדוּת נ׳ bondage, slavery
עַבדְקָן ז׳ thick-bearded man
עָבֶה ת׳ thick, fat
עֲבוֹדָה נ׳ labor, work
- עבודה זרה paganism
- עבודה לפי הספר work-to-rule
- עבודה סוציאלית social work
- עבודות שירות community service
- עבודת אדמה agriculture
- עבודת יד handiwork
- עבודת נמלים hard work
- עבודת פרך hard labor
עֲבוֹט ז׳ pawn, pledge
עֲבוּר מ״י for, in return for
עֲבוֹת נ׳ rope, tie, cable
- עבותות אהבה love ties
עָבוֹת: בּוֹקֶר לֹא עָבוֹת cloudless morning
עֲבָיָּה (גלימה) נ׳ aba (garment)
עֲבִיט ז׳ bedpan, chamber pot
עָבִיר ת׳ passable, navigable
עֲבֵירָה נ׳ offense, sin, foul
- עבירת תנועה traffic offense
עֲבִירוּת נ׳ passability
עב״ל=עם בחירת לבו with his beloved
עב״מ=עצם בלתי מזוהה UFO
עָבַר פ׳ move, pass, cross
- בשבוע שעבר last week
- עבור (באלחוט) ! over!
- עבר זמנו out of date
- עבר כל גבול go too far
- עבר עבירה sin, commit a crime
- עבר על go through
- עבר על החוק break the law
עָבָר ז׳ past, past tense, record
- עבר נשלם pluperfect, past perfect
- עבר צבאי military record
עֵבֶר ז׳ side
- מכל עבר on every side
עֵבֶר הַיַּרְדֵּן נ׳ Transjordan
עִברוּת נ׳ Hebraization
עִברִי ת׳ Hebrew, Hebraic
עֲבַריָין ז׳ offender, sinner, felon
עֲבַריָינוּת נ׳ delinquency
עִברִית נ׳ Hebrew
עִברֵת פ׳ Hebraize
עָבֵש ת׳ moldy, stale, musty
עָגַב פ׳ make love, desire, lust
עֲגָבוֹת נ״ר buttocks, behind
עַגבָנוּת נ׳ coquetry, lust, flirting
עַגבָנִיָּה נ׳ tomato
עַגבָנִית נ׳ coquette, flirtatious
עַגֶּבֶת נ׳ syphilis, *the pox
עָגָה נ׳ slang, dialect, jargon
עָגוֹל ת׳ round, circular
עָגוּם ת׳ sad, gloomy, cheerless
עֲגוּנָה נ׳ abandoned wife
עָגוּר (עוף) ז׳ crane
עֲגוּרָן ז׳ crane, derrick
עָגִיל ז׳ earring, eardrop, catkin
עֲגִינָה נ׳ anchorage, anchoring
עֲגִינוּת נ׳ abandonment
עֵגֶל ז׳ calf
- עגל הזהב greed for wealth
עֲגַלְגַּל ת׳ round, roundish
עֲגָלָה נ׳ cart, wagon, coach, pram, carriage, truck
- עגלה גדולה Great Bear
- עגלה קטנה Little Bear
- עגלת יד wheelbarrow
- עגלת תה tea trolley
- עגלת תינוק/ילדים pram
עֶגלָה נ׳ heifer
עַגלוּל ז׳ pram and playpen
עֶגלוֹן ז׳ carter, coachman
עַגמוּמִי ת׳ sad, gloomy
עַגמוּמִיוּת נ׳ sadness, grief
עָגַן פ׳ anchor, ride at anchor
עֵד ז׳ witness, testifier
- היה עד ל- witness, see
- עד אופי character witness
- עד הגנה witness for the defense
- עד המדינה State's evidence
- עד עוין hostile witness
- עד ראייה eyewitness

till, until, up to עַד מ״י
inclusive, down to - ועד בכלל
forever - עד אין קץ
thus far, no more - עד כאן
so much so that - עד כדי כך ש-
as yet, up to now - עד כה
very much - עד מאוד
till, until - עד ש-, עד אשר, עד כי
wear, adorn oneself עָדָה פ׳
community, group עֵדָה נ׳
the Sephardi community - עדות המזרח
evidence, testimony עֵדוּת נ׳
state's evidence - עדות מדינה
eyewitness evidence - עדות ראייה
hearsay evidence - עדות שמיעה
perjury - עדות שקר
jewel, adornment עֲדִי ז׳
still, yet עֲדַיִין תה״פ
not yet - עדיין לא
pendant, medallion עֲדִילְיוֹן ז׳
delicate, gentle, tender עָדִין ת׳
delicacy, tenderness עֲדִינוּת נ׳
gently, easy - בעדינות
preferable, better עָדִיף ת׳
priority, preference עֲדִיפוּת נ׳
hoeing, digging עֲדִירָה נ׳
updating, update עִדְכּוּן ז׳
update, keep posted עִדְכֵּן פ׳
up-to-date, updated עַדְכָּנִי ת׳
Purim carnival עַדְלָיָדַע נ׳
Eden, paradise עֵדֶן ז׳
pleasure, delight עֶדְנָה נ׳
dig, hoe, turn soil, grub עָדַר פ׳
flock, herd, drove עֵדֶר ז׳
gregarious עֶדְרִי ת׳
lentil, lens עֲדָשָׁה נ׳
contact lenses - עדשות מגע
lentils - עדשים
communal, ethnic עֲדָתִי ת׳
communal segregation עֲדָתִיּוּת נ׳
May he/she rest in peace ע״ה=עליו/עליה השלום
be adapted עוּבַּד פ׳
worker, employee עוֹבֵד ז׳
heathen, pagan - עובד אלילים
civil servant - עובד מדינה
social worker - עובד סוציאלי
fact, actuality, truth עוּבְדָה נ׳
accomplished fact - עובדה מוגמרת
facts of life - עובדות החיים
factual, true-life עוּבְדָתִי ת׳
thickness, gauge עוֹבִי ז׳
inner details - עובי הקורה
embryo, fetus, foetus עוּבָּר ז׳
passing, transient עוֹבֵר ת׳
passerby - עובר אורח
senile - עובר בטל
current account - עובר ושב
legal tender - עובר לסוחר
passers-by - עוברים ושבים
fetal, embryonic עוּבָּרִי ת׳
mold, mildew עוֹבֶשׁ ז׳
organ עוּגָב ז׳
cake, gateau, pastry עוּגָה נ׳
cheesecake - עוגת גבינה
fruitcake - עוגת פירות
yeast cake - עוגת שמרים
cookie, cooky, biscuit עוּגִייה נ׳
be rounded (up) עוּגַּל פ׳
sorrow, grief עוֹגְמַת נֶפֶשׁ נ׳
be established, be anchored, be enacted עוּגַּן פ׳
anchor, armature עוֹגֶן ז׳
lifeline - עוגן הצלה
more, yet, still, else עוֹד תה״פ
while, still being - בעודו
as long as, so long as - כל עוד
no more - לא עוד
before sunset - מבעוד יום
especially because - מה עוד ש-
again and again - עוד ועוד
not yet - עוד לא
soon, later - עוד מעט
again, once more - עוד פעם
he is still - עודנו
I am still - עודני
lawyer, advocate עו״ד = עורך דין
oud עוּד (כלי פריטה ערבי) ז׳
encourage, hearten עוֹדֵד פ׳
be updated עוּדְכַּן פ׳
change, excess, balance עוֹדֶף ז׳
surplus, extra עוֹדֵף ת׳
spasm, convulsion עֲווִית נ׳
writer's cramp - עווית סופרים
convulsive עֲווִיתִי ת׳
injustice, wrong עָוֶול ז׳
injustice, wrong, tort עַוְולָה נ׳
sin, crime, offense עָווֹן ז׳
be distorted, be warped עוּוַּת פ׳

עוֹז ז׳ strength, courage
- עוז רוח valor, daring
עוּזִי ז׳ uzzi, sub-machine gun
עוֹזנִיָּה נ׳ black vulture, osprey
עוֹזֵר ז׳ assistant, helpful
- עוזרת (בית) housemaid, help
עוּזְרָד ז׳ whitethorn, hawthorn
עוֹטְפָן ז׳ folder
עוֹיֵן ת׳ unfriendly, hostile
עוֹיְנוּת נ׳ hostility, enmity
עוּכַּל פ׳ be digested
עוֹכֵר ת׳ polluting, defiling
- היה בעוכריו ruined him
- עוכר ישראל villain
עוֹל ז׳ yoke, burden, pressure
עוּל יָמִים ז׳ boy, youngster
עוֹלֶה ז׳ immigrant, rising
- עולה חדש immigrant to Israel
- עולה רגל pilgrim
עוֹלָה נ׳ burnt offering
עוֹלֵל פ׳ do (wrong), ill-treat
עוֹלָל ז׳ baby, infant
עוֹלֵלוֹת נ״ר gleanings, tidbits
עוֹלָם ז׳ world, eternity
- העולם הבא the next world
- העולם החדש the New World
- העולם הישן the Old World
- העולם התחתון underworld
- לעולמי עולמים forever
- עולם האמת the next world
- עולם שכולו טוב the next world
עוֹלָמִי ת׳ universal, *wonderful
עוֹלָמִית תה״פ forever, for good
עוֹלֶשׁ ז׳ chicory, endive
עוֹמֵד ת׳ standing, up, stagnant
- עומד בדיבורו man of his word
- עומד בעינו still stands
- עומד ל- about to, going to
עוֹמֶס ז׳ load, burden
- עומס יתר overload
עוֹמֶק ז׳ depth, profundity
עוֹמֶר ז׳ swath, sheaf of corn
עוּמַת פ׳ be confronted
עוֹנֶג ז׳ pleasure, delight, relish
עוּנָּה פ׳ be tortured
עוֹנָה נ׳ period, season, term
- עונה בוערת high season
- עונה מתה low season
עוֹנִי ז׳ poverty, poorness

עוֹנֶשׁ ז׳ punishment, penalty
- עונש מוות capital punishment
עוֹנָשִׁין ז״ר punishment, penalty
- חוק העונשין penal law
עוֹנָתִי ת׳ seasonal, periodic
עוֹסֵק ז׳ dealer, has to do with
- עוסק זעיר small dealer
- עוסק מורשה licensed dealer
עוֹף ז׳ bird, fowl, poultry, hen
- עוף דורס bird of prey, raptor
- עוף החול phoenix
*- עוף מוזר an odd customer
עוֹפִיוֹן ז׳ young bird (food)
עוֹפֶל ז׳ citadel, castle
עוֹפֵף פ׳ fly, fly about
עוֹפֶר ז׳ fawn, young deer
עוֹפֶרֶת נ׳ lead
עוּצַּב פ׳ be shaped, be formed
עוּצְבָּה נ׳ formation, division
עוֹצֶם ז׳ power, strength
עוֹצְמָה נ׳ strength, force, power
- רב עוצמה strong, powerful
עוֹצֶר ז׳ curfew, closure
עוֹצֵר ז׳ regent, ruler, stopper
- עוצר נשימה breathtaking
עוֹקֵב ת׳ consecutive, tracer
עוּקְבָּה נ׳ group, cohort
עוֹקְדָן ז׳ classeur, file
עוּקַל פ׳ be foreclosed
עוֹקֶם ז׳ curvature, curve
עוֹקֵף ת׳ circuitous, bypassing
עוֹקֶץ ז׳ sting, catch, point
- עוקץ העקרב (צמח) heliotrope
עוֹקְצָנוּת נ׳ sarcasm, pungency
עוֹקְצָנִי ת׳ biting, sarcastic
עוּקַר פ׳ be sterilized
עוֹר ז׳ leather, skin, hide
- בעור שיניו by the skin of his teeth, narrowly
- הפך עורו change
- עור התוף eardrum
- עור ועצמות skin and bone
- עור של פיל thick skin
עוֹרֵב ז׳ crow, raven
- עורב הנחלים magpie
עוֹרְבָא פָּרַח nonsense, lie
עוּרְבַּב פ׳ be mixed, be blended
עוּרְבַּל פ׳ be mixed, be blended
עוֹרְבָנִי ז׳ jay
עוֹרֵג ת׳ yearning, longing
עוֹרִי ת׳ leathery, skinned

editor עוֹרֵךְ ז׳
lawyer, advocate - עורך דין
foreskin, prepuce, non-kasher fruit עוֹרְלָה נ׳
cunning, wisdom עוֹרמָה נ׳
neck, rear, nape, occiput, home front עוֹרֶף ז׳
rear, single (file) עוֹרְפִּי ת׳
checkrein, head-strap עוֹרְפִּית נ׳
artery, vein עוֹרֶק ז׳
coronary artery - עורק כלילי
arterial, veiny עוֹרְקִי ת׳
arteriole עוֹרקיק ז׳
arouse, wake up עוֹרֵר פ׳
appellant, claimant עוֹרֵר ז׳
contesters, opposers עוֹרְרִין ז״ר
current account עו״ש=עובר ושב
robbery, oppression עוֹשֶׁק ז׳
richness, wealth עוֹשֶׁר ז׳
copy, duplicate עוֹתֶק ז׳
petitioner, pleading עוֹתֵר ז׳
goat, she-goat עֵז נ׳
strong, sharp, intense עַז ת׳
impudent, insolent - עז פנים
leave, abandon, depart עָזַב פ׳
abandon - עזב אותו לאנחות
leave me alone! *- עזוב אותך!
Gaza עַזָּה נ׳
Gaza Strip - רצועת עזה
disorder, neglect עֲזוּבָה נ׳
insolence עַזּוּת (מֵצַח) נ׳
departure, leaving עֲזִיבָה נ׳
help, aid, assist, abet עָזַר פ׳
help, assistance, aid עֵזֶר ז׳
helpmate, wife - עזר כנגדו
help, aid, assistance עֶזְרָה נ׳
with God's help - בעזרת ה׳
welfare - עזרה סוציאלית
first aid - עזרה ראשונה
Temple court עֲזָרָה נ׳
women's gallery - עזרת נשים
swoop, pounce, dart עָט פ׳
pen עֵט ז׳
fountain pen - עט נובע
marker - עט סימון
wrap oneself, put on עָטָה פ׳
dressed, wrapped, clad עָטוּי ת׳
adorned, crowned עָטוּר ת׳
brisket, udder, dug עָטִין ז׳
cover, wrapping עֲטִיפָה נ׳
dust jacket - עטיפת ספר
bat עֲטַלֵּף ז׳

wrap, envelop, coat עָטַף פ׳
encircle, crown עָטַר פ׳
crown, wreath, garland, diadem, corona עֲטָרָה נ׳
reinstate it - החזיר עטרה ליושנה
tar, resin, coal tar עִטְרָן ז׳
by, through ע״י = על ידי
heap of ruins עִי חֳרָבוֹת ז׳
adapt, cultivate, work עִיבֵּד פ׳
thicken, condense עִיבָּה פ׳
adaptation, processing, cultivation, arrangement עִיבּוּד ז׳
data processing - עיבוד נתונים
word processing - עיבוד תמלילים
condensation עִיבּוּי ז׳
pregnancy, conception עִיבּוּר ז׳
strain - עיבור (בפיזיקה)
suburbs - עיבורה של עיר
intercalate עִיבֵּר פ׳
circle, rounding off עִיגוּל ז׳
nematode עִיגוּלִית נ׳
desertion of wife עִיגוּן ז׳
legalization - עיגון בחוק
round off, roll עִיגֵּל פ׳
round up - עיגל כלפי מעלה
desert a wife, anchor עִיגֵּן פ׳
enact, legalize - עיגן בחוק
encouragement עִידוּד ז׳
refinement, sublimation עִידוּן ז׳
cream, best, good soil עִידִית נ׳
cream of the cream - עידית דעידית
refine, make tender עִידֵּן פ׳
era, period, epoch, age עִידָּן ז׳
*ages, long time - עידן ועידנים
hour of anger - עידנא דריתחא
Holy City עיה״ק = עיר הקודש
distort, grimace עִיוָּה פ׳
blind, unseeing עִיוֵּר ת׳
colorblind - עיוור צבעים
blindness עִיוָּרוֹן ז׳
distort, pervert, twist עִיוֵּת פ׳
distortion, deformity עִיוּות ז׳
miscarriage of justice - עיוות דין
entering, writing עִיּוּל ז׳
study, consideration עִיּוּן ז׳
theoretical, speculative עִיּוּנִי ת׳
urbanization עִיּוּר ז׳

עִיזָבוֹן ז׳ inheritance, legacy
עַיִט ז׳ eagle, vulture
עִיטוּר ז׳ decoration, medal
עִיטֵר פ׳ decorate, adorn
עִיֵּיל ז׳ enter, write (details)
עִיֵּין פ׳ consider, study, peruse
- עיין ערך see, vide, qv
עִייֵּף פ׳ tire, weary, exhaust
עָייֵף ת׳ tired, weary, exhausted
עֲייֵפוּת נ׳ weariness, fatigue
עִייֵּר פ׳ urbanize
עֲיָירָה נ׳ small town, township
עִיכֵּב פ׳ delay, hinder, stop
עִיכּוּב ז׳ delay, hindrance, stay
- עיכוב הליכים stay of proceedings
עִיכּוּל ז׳ digestion, assimilation
עִיכּוּלִי ת׳ digestive, peptic
עִיכּוּס ז׳ strutting
עִיכֵּל פ׳ digest, assimilate
עִיכֵּס פ׳ strut, shake hips
עִילָּאִי ת׳ superlative, superb
עִילֵּג ז׳ lisper, stammerer
עִילְּגוּת נ׳ lisp, stammer
עִילָּה נ׳ cause, pretext
- עילה למלחמה casus belli
- עילת התביעה cause of action
עִילּוּי ז׳ prodigy, genius, elevation, buoyancy
עִילִּי ת׳ upper, top, higher
עִילִּית נ׳ elite, superstructure
עִילֵּף פ׳ cause to faint, floor
עִילָּפוֹן ז׳ faint, fainting, swoon
עִימֵּד פ׳ page, set up, paginate
עִימָּדִי מ״י with me, by me
עִימּוּד ז׳ pagination, paging
עִימּוּת ז׳ confrontation
עִימֵּם פ׳ dim, tarnish, dip
עִימֵּת פ׳ confront, contrast
עַיִן נ׳ eye, stitch, mesh, bud, color, spring, fountain
- בעין יפה generously
- בעיניו in his eyes, to him
- הביט בשבע עיניים be all eyes
- העלים עין shut one's eyes
- לעיני כול openly
- עין בלתי מזוינת naked eye
- עין הסערה storm center
- עין הרע evil eye
- עין חתול cat's eye
- עין עצלה lazy eye
- עין תחת עין an eye for an eye

- עינו צרה ב- be jealous of
- עיניו בראשו wise, prudent
עַיִן נ׳ ayin (letter)
עֵינָב (עֲנָבִים) ז׳ grape (grapes)
- ענבי שועל currants
עִינֵּג פ׳ please, delight, regale
עִינָּה פ׳ torment, torture, afflict
עִינּוּג ז׳ delight, pleasure, joy
עִינּוּי ז׳ torment, suffering
- עינוי דין prolonged trial
עֵינִי ת׳ of the eye, eyed
- תוך-עיני within the eyeball
עֵינִית נ׳ eyepiece, eyelet, ocular
עִיסָּה פ׳ massage, knead
עִיסָּה נ׳ dough, pulp, paste
- עיסת נייר papier-mache
עִיסּוּי ז׳ massage, rubdown
עִיסּוּק ז׳ business, occupation
עִיפָּרוֹן ז׳ pencil, liner
עִיצֵּב פ׳ shape, design, form
עִיצּוּב ז׳ shaping, designing
- עיצוב פנים interior design
- עיצוב שיער hairstyle
עִיצוּמִים ז״ר sanctions
עִיצּוּר ז׳ consonant
עִיצּוּרִי ת׳ consonantal
עִיקּוּב ז׳ tracing, following
עִיקּוּל ז׳ confiscation, foreclosure, bend, curve
עִיקּוּם ז׳ bending, twisting
עִיקּוּר ז׳ castration, sterilization, uprooting
עִיקֵּל פ׳ confiscate, foreclose
עִיקֵּם פ׳ bend, curve, distort
- עיקם חוטמו turn up one's nose
עִיקֵּר פ׳ sterilize, extract
עִיקָּר ז׳ element, essential, principle, basis
- לא כל עיקר not at all
- עיקר שכחתי NB, PS
עִיקָּרוֹן ז׳ principle, canon, law
- עקרונות principles, the ABC
עִיקָּרִי ת׳ basic, main, chief
עִיקֵּשׁ ת׳ stubborn, obstinate
עִיקְּשׁוּת נ׳ stubbornness
עַיִר ז׳ young donkey
עִיר נ׳ city, town
- העירה downtown, to town
- עיר ואם metropolis
- ערים = רבים של עיר cities
עֵירֵב פ׳ mix, blend, involve

earnest money, עֵירָבוֹן ז׳
guarantee, pawn, pledge
Ltd., limitedly - בעירבון מוגבל
pour, empty, transfuse עֵירָה פ׳
mixing, involvement, עֵירוּב ז׳
wire around a settlement
infusion, pouring עֵירוּי ז׳
blood transfusion - עירוי דם
nakedness, nudity עֵירוֹם ז׳
naked, undressed עֵירוֹם ת׳
municipal, urban עִירוֹנִי ת׳
excitation עִירוּר ז׳
municipality, city hall עִירִיָּה נ׳
asphodel עִירִית (פרח) נ׳
Iraq עִירָק נ׳
Iraqi עִירָקִי ת׳
weed, grub, root out עִישֵּׂב פ׳
smoking, puffing עִישּׁוּן ז׳
passive smoking - עישון פסיבי
smoke, puff, fumigate עִישֵּׁן פ׳
tithe, exact a tithe עִישֵּׂר פ׳
timing עִיתּוּי ז׳
newspaper, journal עִיתּוֹן ז׳
journalism עִיתּוֹנָאוּת נ׳
journalist, reporter עִיתּוֹנַאי ז׳
journalistic עִיתּוֹנָאִי ת׳
press עִיתּוֹנוּת נ׳
periodical עִיתִּי ת׳
inhibition, impedance עַכָּבָה נ׳
spider עַכָּבִישׁ ז׳
mouse עַכְבָּר ז׳
rat עַכְבְּרוֹשׁ ז׳
Acre, Akko עַכּוֹ נ׳
buttocks, rump, breech עַכּוּז ז׳
pagan עכו״ם = עובד כוכבים
muddy, dejected עָכוּר ת׳
in any case עכ״פ = על כל פנים
current, actual עַכְשָׁוִוי ת׳
now, just now עַכְשָׁיו תה״פ
here and now - כאן ועכשיו
on, over, above, about עַל מ״י
on all fours - על ארבע
for sure *- על בטוח
upon, on top of - על גבי
about, regarding - על דבר
defeated, ruined *- על הפנים
beside, near, by - על יד
by, through - על ידי
against his will - על כורחו
in any case - על כל פנים
therefore, so - על כן
not at all - על לא דבר

in order to, so that - על מנת
orally, by heart - על פה
according to, after - על פי
generally, usually - על פי רוב
across, over, on - על פני
he ought to - עליו ל-
super-, meta- עַל תח׳
superhuman - על אנושי
supernatural - על טבעי
great, excellent *עֲלָא כֵּיפַק
insult, offend, slight עָלַב פ׳
affront, insult עֶלְבּוֹן ז׳
go up, ascend, rise, cost, עָלָה פ׳
sell at, immigrate, come
come to mind - עלה בדעתו
manage, succeed - עלה בידו
go up in flames - עלה בלהבות
accord - עלה בקנה אחד עם
fail utterly - עלה בתוהו
succeed - עלה יפה
go on the air *- עלה לאוויר
exceed, excel, - עלה על
surpass, *capture, catch, get
overflow - עלה על גדותיו
be discussed - עלה על הפרק
leaf, sheet עָלֶה ז׳
sepal - עלה גביע
petal - עלה כותרת
fig leaf, cover - עלה תאנה
bay leaves - עלי דפנה
poor, wretched עָלוּב ת׳
foliage, leafage עָלְוָוה נ׳
likely, liable, may עָלוּל ת׳
hidden, unknown עָלוּם ת׳
anonymous - עלום שם
youth, young days עֲלוּמִים ז״ר
bulletin, leaflet עָלוֹן ז׳
leech, bloodsucker עֲלוּקָה נ׳
cost עֲלוּת נ׳
daybreak עֲלוֹת הַשַּׁחַר ז׳
rejoice, be merry, revel עָלַז פ׳
darkness, blackout עֲלָטָה נ׳
pestle, pistil עֱלִי ז׳
on, over עָלֵי = עַל מ״י
misery, wretchedness עֲלִיבוּת נ׳
down with *עֲלֵיהוּם! מ״ק
them!
supreme, upper עֶלְיוֹן ת׳
superiority עֶלְיוֹנוּת נ׳
over-blouse, tunic עֶלְיוֹנִית נ׳
cheerful, joyful, *gay עַלִּיז ת׳
gaiety, joy, fun עַלִּיזוּת נ׳

עֲלִייָה נ׳ immigration, rise, ascent, going up, attic
- עליות וירידות ups and downs
- עלייה לרגל pilgrimage
- עליית גג attic, garret, loft
עֲלִילָה נ׳ calumny, libel, story, scene, plot, deed, act, epic
- עלילת דם blood libel
עֲלִילָתִי ת׳ of a plot
עֲלִיצוּת נ׳ gaiety, joy
עֶלֶם ז׳ lad, youth, boy, sapling
עַלְמָה נ׳ Miss, damsel, girl
עִלְעוּל ז׳ browsing, leafing
עִלְעֵל פ׳ leaf, turn pages
עַלְעַל ז׳ bract, leaflet
עָלַץ פ׳ exult, rejoice, revel
עֲלֻקָּת נ׳ broomrape, eelworm
עַם ז׳ people, nation, folk
- עם הארץ ignoramus
- עם סגולה Israel
עִם מ״י with, together, by
- עם זאת, עם זה yet, still
עמ׳ = עמוד page
עָמַד פ׳ stand, rise, halt, stop
- עמד איתן stand firm
- עמד במבחן pass a test
- עמד בראש take the lead
- עמד דום stand still
- עמד ל- be going to
- עמד מנגד not intervene
- עמד נוח stand at ease
- עמד על טיבו assess his character
- עמד על כך insist, stand on
- עמד על שלו insist on his rights
- שאין לעמוד בפניו irresistible
עֶמְדָּה נ׳ attitude, position, post, station, posture
- עמדת מפתח key position
- עמדת פיקוד command post
עַמּוּד ז׳ page, column, pillar
- עמוד העלי style
- עמוד הקלון pillory
- עמוד השדרה spine
- עמוד השחר dawn, daybreak
- עמוד השער title page, goal post
- עמוד התווך mainstay
- עמוד חשמל pylon
עַמּוּדָה נ׳ column
עָמוּם ת׳ dim, unclear, dull

עָמוּס ת׳ loaded, burdened, full
עָמוֹק ת׳ deep, profound
עֲמוּתָה נ׳ non-profit association, group, club
עָמִיד ת׳ resistant, -proof
עֲמִידָה נ׳ standing, footing
- עמידת ידיים handstand
- עמידת ראש headstand
עֲמִידוּת נ׳ resistance, tenability
עָמִיל ז׳ commission agent
עֲמִילוּת נ׳ commission
עֲמִילָן ז׳ starch
עֲמִילָנִי ת׳ starchy, farinaceous
עֲמִימוּת נ׳ dullness, dimness
עָמִיר ז׳ sheaf, swath
עָמִית ז׳ colleague, counterpart
עַמְךָ ז״ר common people
עָמַל פ׳ work, labor, toil
עָמָל ז׳ labor, toil, travail
עָמֵל ז׳ workman, laborer
עַמָּלָה נ׳ commission, fee
עִמְלֵן פ׳ starch
עַמְלַץ כָּחוֹל ז׳ blue shark
עֲמָלֵק ז׳ Amalek, cruel nation
עֲמָמִי ת׳ popular, pop, folk
עֲמָמִיּוּת נ׳ popularity
עִמְעוּם ז׳ dimming, dipping
עִמְעֵם פ׳ dim, dip, dull, mute
עַמְעָם ז׳ silencer, dimmer
עֵמֶק ז׳ valley, dale, vale
- באו לעמק השווה compromise
- עמק הסיליקון Silicon Valley
עֲמִקּוּת נ׳ depth, profundity
עַמְקָן ז׳ deep thinker
עָנַב פ׳ tie, fasten, loop
עֲנָבָה נ׳ berry
עִנְבָּל ז׳ clapper, uvula
עִנְבָּר ז׳ amber
עָנַד פ׳ wear (jewels, medals)
עָנָה פ׳ reply, answer, respond
- ענה אמן say yes, agree
- ענה על meet, satisfy, answer
עָנוּב ת׳ wearing (a tie)
עָנוֹג ת׳ tender, delicate
עֲנָוָה נ׳ humility, modesty
עַנְוְתָן ת׳ humble, meek
*עִנְטְזָה פ׳ shake her hips
עָנִי ת׳ poor, pauper, indigent
- עני מרוד very poor
עֲנִיבָה נ׳ tie, necktie, loop
- עניבת חנק noose
- עניבת פרפר bow tie

עֲנִידָה נ׳ wearing (medals)
עָנָיו ת׳ humble, modest, meek
עֲנָיוּת נ׳ poverty, misery
- לעניות דעתי in my opinion
עִניין פ׳ concern, interest
עִניָין ז׳ affair, concern, business, interest
- בעניין- concerning
- בעניינים *in the know
- דיבר לעניין talk turkey
*- מה העניינים? what's up?
- ענייני דיומא current affairs
עִניָינִי ת׳ relevant, businesslike
עֲנִישָׁה נ׳ punishment
עָנָן ז׳ cloud
- ענני נוצה cirrus
- ראשו בעננים on cloud nine
עֲנָנָה נ׳ cloud, shadow, gloom
עֲנָנוּת נ׳ cloudiness, clouds
עָנָף ז׳ branch, bough, sector
עָנֵף ת׳ extensive, ramified
עֲנָק ז׳ giant, titan, necklace
- ענק אדום (כוכב) red giant
עֲנָקִי ת׳ huge, gigantic, colossal
עָנַשׁ פ׳ punish, penalize
עַנְתִּיקָה נ׳ *old article, antique
עָסוּק ת׳ busy, occupied
עָסִיס ז׳ juice, fruit juice
עֲסִיסִי ת׳ juicy, succulent, spicy
עֲסִיסִיּוּת נ׳ succulence
עָסַק פ׳ engage in, deal, treat
עֵסֶק ז׳ business, concern, affair, trade
- לא עסקך none of your business
- עסק ביש bad business, mess
- עסקים כרגיל business as usual
*- עשינו עסק done!, it's a deal
עִסְקָה נ׳ transaction, deal
- עסקת חבילה package deal
- עסקת חליפין trade-in, barter
- עסקת טיעון plea bargaining
עִסְקִי ת׳ businesslike, business
עָסְקִינַן we deal, we discuss
עַסְקָן ז׳ public worker, doer
עַסְקָנוּת נ׳ dealings
עָף פ׳ fly, take wing
עֲפִיָין (דגיג) ז׳ anchovy
עֲפִיפוֹן ז׳ kite
עִפְעוּף ז׳ winking, blinking
עִפְעֵף פ׳ wink, blink, flicker
עַפְעַף ז׳ eyelid, lid
עָפָץ ז׳ gallnut, gall, tannin
עָפָר ז׳ earth, dust, dirt
- עפר ואפר dust and ashes
עֲפְרָה נ׳ earth, ore
עֶפְרוֹנִי ז׳ lark
עֵץ ז׳ tree, wood, log, stick
- עץ חיים roller of Torah
- עץ לבוד plywood
- עץ מחט conifer
- עץ תלייה gibbet, gallows
עֶצֶב ז׳ grief, sorrow, pain
עָצָב (עֲצָבִּים) ז׳ nerve (nerves)
- דלקת עצבים neuritis
- מערכת העצבים nervous system
עַצְבוּת נ׳ sadness, grief, *blues
עֲצַבִּי ת׳ nervous, neural
עִצְבֵּן פ׳ make nervous, annoy
עַצְבָּנוּת נ׳ nervousness, unease
עַצְבָּנִי ת׳ nervous, jumpy, edgy
עָצֶה ז׳ croup, rump bone
עֵצָה נ׳ advice, counsel, tip, wood, xylem
- עצת אחיתופל wrong advice
עָצוּב ת׳ sad, unhappy, gloomy
עָצוּם ת׳ enormous, immense, *great, closed, shut
עֲצוּמָה נ׳ petition
עָצוּר ת׳ detained, restrained
עֲצִי ת׳ arboreal, wooden
עֲצִימָה נ׳ closing (one's eyes)
עָצִיץ ז׳ flowerpot, planter
עָצִיר ז׳ prisoner, detainee
עֲצִירָה נ׳ halt, stop, stoppage
- עצירת גשמים lack of rain
- עצירת שתן retention of urine
עֲצִירוּת נ׳ constipation
עָצֵל ת׳ lazy, indolent, sluggish
עַצְלוּת נ׳ laziness, indolence
עַצְלָן ז׳ lazy, idler, sloth
עַצְלָנוּת נ׳ laziness, indolence
עָצַם פ׳ shut, become strong
עֶצֶם ז׳ thing, object, essence
- בינם לבין עצמם among themselves
- בעצמי/בעצמך וכו׳ by myself/yourself etc.
- לעצמי/לעצמך וכו׳ for myself/yourself etc.
- עצמי/עצמך וכו׳ myself/yourself etc.

עֶצֶם נ׳ bone
- כעצם בגרון thorn in one's flesh
- עד העצם to the bone
- עצם הבריח collarbone
- עצם החזה breastbone
- עצם הירך femur, thighbone
- עצם העוקץ coccyx
- עצם העצה sacrum
- עצם השכמה shoulder blade
עַצְמָאוּת נ׳ independence
עַצְמָאִי ת׳ independent, business owner
עַצְמוֹנִי ת׳ natural, spontaneous
עַצְמִי ת׳ personal, self-, auto
- ביטחון עצמי self-confidence
- הקרבה עצמית self-sacrifice
- השאה עצמית autosuggestion
- שער עצמי own goal
עַצְמִית נ׳ objective, lens
עָצַר פ׳ arrest, apprehend, detain, check, halt, stop
- לא עצר כוח not able to
- עצר נשימתו hold one's breath
עֶצֶר ז׳ regency, rule, stoppage
עֲצֶרֶת נ׳ assembly, factorial
- עצרת האו״ם The UN General Assembly
עָקַב פ׳ follow, track, trace
עָקֵב ז׳ heel, footstep, footprint, trace, track, trail, rear
- עקב אכילס Achilles' heel
- עקב בצד אגודל slowly
- עקבות traces, tracks, marks
עֵקֶב מ״י because, owing to
עֲקָב (עוף דורס) ז׳ buzzard
עִקְבָה נ׳ trace, wake, footprint
עִקְבִי ת׳ consistent, coherent
עִקְבִיּוּת נ׳ consistency
עָקַד פ׳ bind, tie, truss, pinion
עָקוֹב מִדָּם ת׳ bloody, gory
עָקוֹם ת׳ bent, curved, crooked
עֲקוּמָה נ׳ graph, bend, curve
עָקוּר ז׳ displaced person, DP
עָקִיב ת׳ consistent
עֲקִיבוּת נ׳ consistence
עֲקֵדָה נ׳ sacrifice, binding
- עקידת יצחק Sacrifice of Isaac
עֲקִימַת אַף נ׳ turning up one's nose

עָקִיף ת׳ indirect, roundabout
עֲקִיפָה נ׳ going around, bypassing, overtaking
עֲקִיצָה נ׳ sting, gibe, jeer, dig
עֲקִירָה נ׳ uprooting, moving
עֲקַלְקַל ת׳ winding, twisty
עֲקַלָּתוֹן ת׳ winding, twisty
עַקְמוּמִי ת׳ crooked, curved
עַקֶּמֶת נ׳ kyphosis
עָקַף פ׳ bypass, go around, pass, circumvent, evade, overtake
עָקַץ פ׳ sting, bite, be sarcastic
עִקְצוּץ ז׳ itch, prickle, pruritus
עָקַר פ׳ uproot, extract, pull out, remove, move
עָקָר ת׳ barren, impotent, infertile, sterile, dud
עַקְרָב ז׳ scorpion, Scorpio
עֲקָרָה נ׳ barren woman
עֶקְרוֹנִי ת׳ principled, moral
עֶקְרוֹנִית תה״פ in principle
עֲקָרוּת נ׳ sterility, barrenness
עֲקֶרֶת בַּיִת נ׳ housewife
עַקְשָׁן ת׳ stubborn, obstinate
עַקְשָׁנוּת נ׳ obstinacy
עֵר ת׳ awake, conscious
- ער ל- aware of, alive to
עֲרָאִי = ארעי ת׳ temporary
עָרַב פ׳ guarantee, pledge, be sweet, be dark
עֶרֶב ז׳ evening, eve, the eve of
- הערב this evening
- ערב שבת Sabbath eve
עָרֵב ת׳ responsible, sweet
עָרֵב ז׳ guarantor, warrantor
עֵרֶב ז׳ weft, woof, mixture
- ערב רב mob, riffraff, medley
עִרְבֵּב פ׳ mix, shuffle, confuse
עֲרָבָה נ׳ willow, prairie, desert
עִרְבּוּב ז׳ mixing, shuffle
עִרְבּוּבְיָה נ׳ disorder, mess
עִרְבּוּל ז׳ mixing, scrambling
- ערבול צליל mix
עַרְבוּת נ׳ bail, surety, guarantee
עֲרָבִי ז׳ Arab, Arabian
עַרְבַּיִם ז״ר twilight, dusk
עֲרַבִיסְט ז׳ Arabist, student of Arab culture
עַרְבִית נ׳ evening prayer
עֲרָבִית נ׳ Arabic
עִרְבֵּל פ׳ mix, blend, scramble
עֲרַבֶּסְקָה נ׳ arabesque

yearn, desire, long, pine עָרַג פ׳
yearning, longing, yen עֲרָגָה נ׳
rolling עִרְגּוּל ז׳
roll (metal) עִרְגֵּל פ׳
galosh, overshoe עַרְדָּל ז׳
at twilight עָרוֹב - בערוב היום
at old age עָרוֹב - בערוב ימיו
guarantee, surety עֲרוּבָּה נ׳
flower bed, square עֲרוּגָה נ׳
nakedness, genitals עֶרְוָה נ׳
prepared, ready, arranged, set, edited עָרוּךְ ת׳
priceless עָרוּךְ - אֵין עֲרוֹךְ לוֹ
naked, bare, nude עָרוֹם ת׳
sly, shrewd, cunning עָרוּם ת׳
channel, canyon עָרוּץ ז׳
wakefulness, vigil עֵרוּת נ׳
abstract, theoretic עַרְטִילָאִי ת׳
strip, undress, denude עִרְטֵל פ׳
stark naked עֶרְיָה - עָרוֹם וְעֶרְיָה
arraying, arrangement, editing עֲרִיכָה נ׳
advocacy, law - עריכת דין
heap, pile, stack, rick עֲרֵמָה נ׳
espalier, pergola, trellis עָרִיס ז׳
cradle, cot, crib עֲרִיסָה נ׳
decapitation עֲרִיפָה נ׳
despot, tyrant עָרִיץ ז׳
despotism, tyranny עָרִיצוּת נ׳
renegade, deserter עָרִיק ז׳
desertion, defection עֲרִיקָה נ׳
childless, lonely עֲרִירִי ת׳
array, arrange, hold, make, prepare, edit עָרַךְ פ׳
value, price, worth, degree, order, set, entry עֵרֶךְ ז׳
absolute value - ערך מוחלט
added value - ערך מוסף
rule of three - ערך משולש
face value, nominal value, par value - ערך נקוב
calorific value - ערך קלורי
market value - ערך שוק
legal instance, court עַרְכָּאָה נ׳
kit, set, outfit עֶרְכָּה נ׳
gas mask - ערכת מגן
of (moral) values עֶרְכִּי ת׳
valence, valency עֶרְכִּיּוּת נ׳
uncircumcised, gentile עָרֵל ת׳
stubborn, stupid - ערל לב
stammerer - ערל שפתיים
pile up, heap, stack עָרַם פ׳

make difficulties - ערם קשיים
crafty, shrewd, sly עַרְמוּמִי ת׳
cunning, craft עַרְמוּמִיּוּת נ׳
chestnut עַרְמוֹן ז׳
grasp the nettle - הוציא הערמונים מהאש
chestnut, auburn עַרְמוֹנִי ת׳
castanets עַרְמוֹנִיּוֹת נ״ר
prostate (gland) עַרְמוֹנִית נ׳
first mental aid ער״ן
alertness, vigilance עֵרָנוּת נ׳
alert, vigilant עֵרָנִי ת׳
pimp, hooligan *עֵרֶס ז׳
hammock עַרְסָל ז׳
appeal, protest, subversion, undermining עִרְעוּר ז׳
appeal, undermine, shake, upset, subvert עִרְעֵר פ׳
juniper עַרְעָר (שיח) ז׳
decapitate, behead עָרַף פ׳
vampire עֲרָפָד ז׳
misting, ambiguity עִרְפּוּל ז׳
smog עַרְפִּיחַ ז׳
misty, vague, foggy עַרְפִּלִּי ת׳
nebula עַרְפִּלִּית נ׳
obscure, make vague עִרְפֵּל פ׳
fog, mist, vagueness עֲרָפֶל ז׳
fog of war - ערפל קרב
desert, defect עָרַק פ׳
arrack עָרָק (יין שרף) ז׳
lash, thong, whipcord עַרְקָה נ׳
appeal, contest, protest עָרַר פ׳
appeal, protest עָרָר ז׳
bed, cradle עֶרֶשׂ ז׳
sickbed, deathbed - ערש דווי
moth עָשׁ ז׳
grass, herb, weed עֵשֶׂב ז׳
tare, weed - עשב שוטה
herbaceous, grassy עִשְׂבּוֹנִי ת׳
herbarium עִשְׂבִּיָּה נ׳
do, make, commit, perform, perpetrate עָשָׂה פ׳
he did it! *- הוא עשה את זה!
act wisely *- עשה בשכל
disregard the law - עשה דין לעצמו
make way, go - עשה דרכו
do it yourself - עשה זאת בעצמך
think it over *- עשה חושבים
have a good time - עשה חיים
prosper, thrive - עשה חיל

- עשה כל שביכולתו	do one's best
- עשה כלים	do the dishes
- עשה לילות כימים	work at night
- עשה עצמו	pretend, affect
*- עשה רוח	put on airs
*- עשה שמח	make it lively
- עשו יד אחת	cooperate, unite
עָשׂוּי ת'	done, made, likely
עָשׂוֹר ז'	decade, ten years, ten
עֲשׂוֹרִי ת'	decimal, metric
עֲשִׂיָּה נ'	doing, making
עָשִׁיר ת'	rich, wealthy
עֲשִׁירוֹן עֶלְיוֹן ז'	the rich
עֲשִׂירִי ת'	tenth
עֲשִׂירִיָּה נ'	tenth, ten (NIS)
עֲשִׂירִית נ'	tenth, tithe, deci-
עָשָׁן ז'	smoke, fumes
עַשְׁנָן ז'	smoker, fumitory
עָשַׁק פ'	exploit, subdue, rob
עש"ק=ערב שבת קודש	Friday
עֶשֶׂר ש"מ	ten, 10, deca-
עֲשָׂרָה ש"מ	ten, 10, deca-
- עשרת הדיברות	Decalogue, Ten Commandments
עֶשְׂרוֹנִי ת'	decimal, denary
עֶשְׂרִים ש"מ	twenty, 20, score
- החלק העשרים	twentieth
- העשרים	twentieth
- עשרים ואחת	blackjack
עֲשָׁשִׁית נ'	lamp, oil-lamp
עַשֶּׁשֶׁת נ'	caries
עֶשְׁתּוֹנוֹת ז"ר	thoughts
- אבדו עשתונותיו	be confused
עֵת נ'	time, season, period
- בה בעת	at the same time
- בעיתו	at the right time
- לעת מצוא	at an opportune time
- לעת עתה	for the time being
עַתָּה תה"פ	now, at present
עַתּוּדַאי ז'	reservist
עֲתוּדָה נ'	reserve
- עתודות	reserves, resources
עָתִיד ז'	future, hereafter
עָתִיד ת'	ready, destined
עֲתִידוֹת ז"ר	future
עֲתִידִי ת'	future, coming
עֲתִידָנוּת נ'	futurism, futurology
עֲתִידָנִי ת'	futuristic
עַתִּיק ת'	ancient, archaic
- עתיק יומין	old, ancient
עַתִּיקוֹת נ"ר	antiquities
עָתִיר ת'	rich, abundant, full
- עתיר קלוריות	calorie-rich
עֲתִירָה נ'	petition, plea, request
עָתָק ז'	pride, big words
עָתֵק - הוֹן עָתֵק ז'	a large fortune
עָתַר פ'	petition, plead, appeal

פ

פֵּא נ'	pe (letter)
פָּאבּ ז'	pub, public house
פֵּאָה נ'	edge, side, facet, corner
- פאה נוכרית	wig, hairpiece
- פאות	side curls, side locks
- פאות לחיים	sideburns
פָּאוּץ' (נרתיק מותן) ז'	pouch
פָאזָה (מופע) נ'	phase, stage
פָּאזֶל ז'	jigsaw puzzle
פָאטָה מוֹרְגָאנָה נ'	illusion
פַּאי (מאפה) נ'	pie
פָאנִיקָה נ'	panic, fright
פָּאנֶל ז'	panel, jury, baseboard, skirting board, wainscot
פַּאנְק (מוסיקת רוק) ז'	punk
פָּאסוֹ דוֹבְּלֶה ז'	paso doble
פְּאֵר ז'	glory, splendor, pomp
- פאר יצירתו	magnum opus
פַּארְק ז'	park, public garden
- פארק לאומי	national park
פָּאתוֹס ז'	pathos, enthusiasm
פַּאֲתֵי עִיר נ"ר	outskirts
פֶבְּרוּאָר ז'	February
פִבְּרוּק ז'	fabrication, lie
פִבְּרֵק פ'	fabricate, invent
פָּג פ'	expire, end, melt, vanish
פַּג ז'	premature baby
פָּגָאן ז'	pagan, heathen
פַּגָּה נ'	unripe fig
פָּגוֹדָה נ'	pagoda
פָּגוֹט (כלי נשיפה) ז'	bassoon
פָּגוּם ת'	faulty, defective
פָּגוּעַ ת'	hit, hurt, afflicted
פָגוֹצִיט (תא בלען) ז'	phagocyte
פָּגוֹשׁ ז'	bumper, fender
פָּגָז ז'	shell, cannonball
פִּגְיוֹן ז'	dagger, poniard
פַּגִּיָּה נ'	premature infants' ward

פְּגִימָה נ' defect, flaw, spoiling
פָּגִיעַ ת' vulnerable, sensitive
פְּגִיעָה נ' affront, offense, insult, injury, attack, blow, hit
פְּגִיעוּת נ' vulnerability
פְּגִישָׁה נ' appointment, meeting, encounter, date
- פגישה עיוורת blind date
פָּגַם פ' spoil, blemish, impair
פְּגָם ז' blemish, defect, fault
פָּגַע פ' hit, hurt, injure, harm
- מבלי לפגוע בזכויות without prejudice
- פגע וברח hit-and-run
פֶּגַע ז' mishap, trouble
- בלי פגע intact, unhurt
- פגע רע nuisance, plague
פֶּגֶר ז' corpse, carrion, carcass
פַּגְרָה נ' holiday, vacation
פָּגַשׁ פ' meet, encounter
פֶּד ז' pad, sanitary napkin
פֶּדָגוֹג ז' pedagogue, educator
פֶּדָגוֹגִי ת' pedagogical
פֶּדָגוֹגְיָה נ' pedagogy, teaching
פָּדָה פ' redeem, ransom, cash, release, save, free
פָּדוּי ת' redeemed, ransomed
פֶּדוֹמֶטֶר (מד צעד) ז' pedometer
פֶּדוֹפִיל ז' pedophile
פֶּדוֹפִילְיָה נ' pedophilia
פְּדוּת נ' redemption
פַּדַּחַת נ' forehead
פִּדְיוֹן ז' ransom, redemption, proceeds, turnover, takings
- פדיון הבן redemption of firstborn
*פָּדִיחָה נ' joke, fake, trash
פְּדִיָּה נ' ransom, redemption
פֶּדִיקוּר ז' pedicure
פֶּדִיקוּרִיסְט ז' pedicurist
פֶּדַנְט (נוֹקְדָן) ז' pedant
פֶּדַנְטִי ת' pedantic, scholastic
פֶּדַנְטִיּוּת נ' pedantry, finicality
פֶּדֶרָלִי ת' federal
פֶּדֶרַצְיָה נ' federation, alliance
פֶּה ז' mouth, opening
- בכל פה definitely
- בפה oral, orally, by mouth
- מפה לאוזן secretly
- מפה לפה mouth-to-mouth
- פה אחד unanimously
- פה מפיק מרגליות silver tongue
פֹּה תה"פ here, over here
- פה ושם here and there
פָה (צליל) ז' F, fa
פוֹאֶטִי ת' poetic, poetical
פוֹאֶטִיקָה נ' poetics
פוֹאָיֶה ז' foyer, lobby
פוֹאֶמָה (שירה בחרוזים) נ' poem
פו"ב FOB - free on board
פוֹבְּיָה (בַּעַת) נ' phobia
פּוּבְּלִיצִיסְט ז' publicist
פוּגָה (יצירה מוסיקלית) נ' fugue
פּוֹגְעָנִי ת' offensive
פּוֹגְרוֹם ז' massacre, pogrom
פּוֹדַגְרָה (צינית) נ' podagra, gout
פּוּדִינְג (חביצה) ז' pudding
פּוּדֶל (כלב) ז' poodle
פּוּדְרָה נ' powder, face powder
פּוּדְרִיָּה נ' powder box
פּוֹזָה נ' pose, posture
פּוֹזִיטִיבִי (חיובי) ת' positive
פּוֹזִיטְרוֹן ז' positron
פּוֹזִיצְיָה נ' position
פּוֹזֵל ת' cross-eyed, squint
פּוּזְמָק ז' stocking, sock
פּוּזַּר פ' be scattered
פּוֹחֵד ת' afraid, frightened
פּוֹחֵז ת' reckless, rash
פּוֹחֵחַ ת' shabby, hooligan
פּוּחְלָץ ז' stuffed animal
פּוּחַת פ' be devaluated
פּוּטְבּוֹל ז' football, rugby
פּוֹטוֹ ז' photo, photography
פּוֹטוֹאֶלֶקְטְרִי ת' photoelectric
פּוֹטוֹגֶנִי ת' photogenic
פּוֹטוֹמוֹנְטָז' ז' photomontage
פּוֹטוֹמֶטֶר ז' photometer
פּוֹטוֹן (חלקיק אור) ז' photon
פּוֹטוֹסִינְתֶּזָה נ' photosynthesis
פוּטוּרִיזְם (עתידנות) ז' futurism
פּוּטִית נ' halibut, brill, flatfish
פּוֹטֶל ז' fauteuil, armchair
פּוּטַּם פ' be crammed
פּוֹטֶנְצְיָאל ז' potential, latent ability
פּוֹטֶנְצְיָאלִי ת' potential
פּוֹטֶנְצְיָה נ' potency, force
פּוּטַּר פ' be fired, *get the sack
פּוּטְשׁ (הפיכת נפל) ז' putsch
פוּי מ"ק faugh, shame on you!
פּוּךְ ז' eye shadow, eye-liner, kohl, mascara, down, duvet

פול ז׳ bean, broad bean
פול (ביליארד) ז׳ pool
פולו (הוקי על סוסים) ז׳ polo
פולובֶר (אפודה) ז׳ pullover
פולונֶז (ריקוד) ז׳ polonaise
פולחָן ז׳ cult, worship
- פולחן אישיות personality cult
פולחָני ת׳ ritual, idolatrous
פוליאֶסטֶר (אריג) ז׳ polyester
פוליגון (מצולע) ז׳ polygon
פוליגַמיָה נ׳ polygamy
פוליגרָף ז׳ polygraph
פוליו (גיליון) ז׳ folio
פוליו (שיתוק ילדים) ז׳ polio
פוליטורָה נ׳ varnish, lacquer
פוליטִי ת׳ political, state
פוליטִיזַציָה נ׳ politicization
פוליטִיקַאי ז׳ politician
פוליטִיקָה נ׳ politics, policy
פוליטִיקָלִי קורֶקט politically correct
פולימֶר (מולקולות) ז׳ polymer
פולין נ׳ Poland
פולינום (רב-איבר) ז׳ polynomial
פוליסָה נ׳ policy
- פוליסה זמנית cover note
- פוליסת ביטוח insurance policy
פוליפוני (ססקולי) ת׳ polyphonic
פוליפים ז״ר adenoids, polyps
פוליתֵיאִיזם ז׳ polytheism
פולמוס ז׳ controversy
פולמוסִי ת׳ controversial
פולמוסָן ז׳ disputant, debater
פולָני ז׳ Pole, Polish
פולָנית (שפה) נ׳ Polish
פולסָא דנורָא damnation
פולסָר (כוכב פועם) ז׳ pulsar
פולקָה (ריקוד צ׳כי) ז׳ polka
פולקלור (ידע עם) ז׳ folklore
פולקלורִי ת׳ folkloric
פולרואיד ז׳ Polaroid
פולָרִי (קוטבי) ת׳ polar
פולָרִיזַציָה נ׳ polarization
פולֵש ז׳ invader, trespasser
פולשָני ת׳ invasive
פו״מ = פיקוד ומטה command and staff
פומבִּי ת׳ public, open, overt
פומבִּיוּת נ׳ publicity, exposure
פומָה נ׳ cougar, puma
פומִית נ׳ mouthpiece, cigarette holder
פומֶלו ז׳ pomelo, shaddock
פומפָּה נ׳ plunger, *plumber's friend
פומפון, פונפון ז׳ pompon
פומפִּיָה נ׳ grater
פונדָה נ׳ cartridge belt
פונדָמֶנטָליזם ז׳ fundamentalism
פונדָמֶנטָליסט ז׳ fundamentalist, fanatic
פונדָק ז׳ inn, tavern
פונדְקָאוּת נ׳ surrogacy
פונדְקָאי ז׳ innkeeper, host
פונדְקָאִי ת׳ surrogate
פונדְקָאִית נ׳ surrogate mother
פונָה פ׳ be evacuated
פונולוגיָה נ׳ phonology, study of sound system
פונט (גופָן) ז׳ font, fount
פונֶטִי (הָגָאִי) ת׳ phonetic
פונֶטִיקָה (הִיגָּרון) נ׳ phonetics
פונִי ז׳ pony, fringe, bang
פונֶמָה (הגה) נ׳ phoneme
פונֶמִי ת׳ phonemic
פונץ׳ (משקה) ז׳ punch
פונַק פ׳ be spoiled
פונקציָה נ׳ function
פונקציונָלִי ת׳ functional
פונקציונֶר (פקיד) ז׳ functionary
פוסט- (אחרי, בָּתַר-) post-
פוסט-מורטֶם post-mortem
פוסט-ציונות ז׳ post-Zionism
*פוסטֶמָה נ׳ idiot, blockhead
פוסטֶר (כרזה) ז׳ poster
פוספור (זרחן) ז׳ phosphorus
פוספט (זרחה) ז׳ phosphate
פוסֵק ז׳ arbiter, decider, rabbi, normative, ordinate
פועַל ז׳ verb, work, action
- פועל חריג irregular verb
- פועל יוצא transitive verb, result
- פועל עומד intransitive verb
- פועל עזר modal auxiliary
פועֵל ז׳ worker, laborer
- פועל בניין construction worker
- פועל ניקיון refuse collector
- פועל שחור unskilled laborer
פועֳלִי ת׳ verbal
פוענַח פ׳ be solved

פוֹפ (מוסיקה) ז׳ pop
פּוֹפּוּלִיזם ז׳ populism
פּוֹפּוּלָרִי ת׳ popular, in request
פּוֹפּוּלָרִיוּת נ׳ popularity, fame
*פּוּפִּיק (טבור) ז׳ bellybutton
פּוֹפְּקוֹרן ז׳ popcorn
פּוּצָה פ׳ be compensated
פּוּצַח פ׳ be cracked, burst open
פּוּצַל פ׳ be split up, be divided
פּוֹצֵץ פ׳ explode, blow up
פּוֹקֵד ז׳ census holder, counter
פּוֹקוּס (מוקד) ז׳ focus
*פּוּקס - בְּפוּקס by chance
פּוֹקֶר (מִשְׂחַק קְלָפִים) ז׳ poker
פּוּר ז׳ lot, die, dice, fate
- הפור נפל the die is cast
*פּוֹר (מִקְדָם) ז׳ head start
פּוֹרֶה ת׳ fertile, prolific, fruitful
פּוֹרוּם ז׳ forum, meeting
פּוּרוּנְקֶל (סֶמֶט) ז׳ furuncle, boil
פּוֹרֵחַ ת׳ flourishing, flying
פּוֹרטוּגָזִית נ׳ Portuguese
פּוֹרטוּגָלִי ת׳ Portuguese
פּוֹרטפוֹליוֹ (תיק) ז׳ portfolio
פּוֹרטְרֶט (דְיוֹקָן) ז׳ portrait
פּוֹרִיוּת נ׳ fertility, productivity
פּוּרִיזם (טַהֲרָנוּת) ז׳ purism
פּוּרִיטָנִי ת׳ puritanical, strict
פּוּרִים ז׳ Purim (holiday)
פּוּרִימִי ז׳ of Purim, cheerful
פּוֹרמוּלָה (נוסחה) נ׳ formula
פּוֹרמָט (תבנית) ז׳ format
פּוֹרמַייקָה נ׳ Formica
פּוֹרמָלִי (רִשׁמִי) ת׳ formal
פּוֹרמָלִיוּת (רִשְׁמִיוּת) נ׳ formality
פּוֹרמַצְיָה (תצורה) נ׳ formation
פּוֹרנוֹ ז׳ porno, pornography
פּוֹרנוֹגְרָפִי ת׳ pornographic
פּוֹרנוֹגְרַפיָה נ׳ pornography
פּוּרנִיר (לָבִיד - קְלִיף) ז׳ veneer
פּוּרסַם פ׳ be published
פּוֹרֵעַ ז׳ rioter, hooligan
- פורע חוק lawbreaker
פּוּרְעָנוּת נ׳ trouble, calamity
פּוֹרפִיר (בַּהַט) ז׳ porphyry
פּוֹרפָן ז׳ buttonhook
פּוֹרֵץ ז׳ burglar, housebreaker
פּוֹרצֶלָן ז׳ porcelain
פּוֹרַק פ׳ be defused, be taken apart, be disarmed
פּוֹרֵק עוֹל ת׳ disobedient
פּוּרקָן ז׳ relief, outlet
- נתן פורקן ל- give vent to
פּוֹרֵר פ׳ crumble, disintegrate
פּוֹרֵשׁ ז׳ dissenter, retired
פּוּרתָּא נ׳ a little, bit, some
פּוֹשֵׁט ת׳ invader, extensor
- פושט יד beggar, pauper
- פושט עור profiteer, skinner
- פושט רגל bankrupt
*פּוֹשט, פּוֹשטָק ז׳ hooligan
פּוֹשֵׁעַ ז׳ criminal, sinner
- פושע מלחמה war criminal
פּוֹשֵׁר ת׳ lukewarm, tepid
- פושרין lukewarm water
פּוֹת ז׳ vulva, vagina
פּוּתָּה פ׳ be seduced, be enticed
פּוּתַּח פ׳ be developed
פּוֹתֵחַ ז׳ opener, server
פּוֹתְחָן ז׳ can opener, opener
פָּז ז׳ gold, pure gold
פָּזוּר ת׳ scattered, dispersed
- פזור נפש scatterbrained
פְּזוּרָה נ׳ Diaspora, dispersion
פָּזִיז ת׳ hasty, reckless
פְּזִיזוּת נ׳ impetuosity, haste
פְּזִילָה נ׳ squint, desire
פָּזַל פ׳ squint, skew, desire
פז״ם=פרק זמן מינימלי
פִּזמוֹן ז׳ song, refrain, burden
פִּזמוֹנַאי ז׳ songwriter
פַּזְרָן ז׳ spendthrift, squanderer
פַּזרָנוּת נ׳ squandering
פַּח ז׳ metal sheet, can, tin, trap, snare, pitfall
- מן הפח אל הפחת from bad to worse
- פח אשפה garbage can
פָּחַד פ׳ fear, be afraid, dread
פַּחַד ז׳ fear, fright, awe
- אל פחד! no fear!, never fear!
- פחד מוות mortal fear
- פחד קהל/במה stage fright
פַּחְדָן ז׳ coward, *chicken
פַּחְדָנוּת נ׳ cowardice, timidity
פֶּחָה ז׳ pasha, governor
פַּחוֹן ז׳ shack, tin hut
פָּחוּס ת׳ flattened, oblate, snub
פָּחוּת ת׳ inferior, less
פָּחוֹת תה״פ less, minus, least
- לא פחות ולא יותר exactly
- לכל הפחות at least
- פחות או יותר more or less
- פחות ופחות less and less

rashness, haste	פַּחַז ז׳
cream puff, puff	פַּחֲזָנִית נ׳
tinsmith, tinker	פֶּחָח ז׳
tinsmith's work	פֶּחָחוּת נ׳
vehicle	פחחות רכב -
bodywork, body shop	
tinware shop	פֶּחָחִייָה נ׳
disappointment	פַּחֵי נֶפֶש ז״ר
oblateness	פְּחִיסוּת נ׳
can, small tin	פַּחִית נ׳
decrease, reduction	פְּחִיתוּת נ׳
disrespect	פחיתות כבוד -
taxidermy	פִּחְלוּץ ז׳
stuff skins, stuff	פִּחְלֵץ פ׳
coal, charcoal	פֶּחָם ז׳
anthracite	פחם אבן -
carbonate	פַּחְמָה נ׳
carbonization	פִּחְמוּן ז׳
carbohydrate	פַּחְמֵימָה נ׳
hydrocarbon	פַּחְמֵימָן ז׳
carbon	פַּחְמָן ז׳
carbon dioxide	דו-תחמוצת הפחמן -
carbon dioxide	פחמן דו-חמצני -
carbonated	פַּחְמָתִי ת׳
flatten, compress	פָּחַס פ׳
lessen, diminish	פָּחַת פ׳
amortization	פְּחָת ז׳
trap, pit, snare	פַּחַת נ׳
in great danger	בעברי פי פחת -
stalemate	פַּט (בשחמט) ז׳
topaz	פִּטְדָה נ׳
pate de foie gras, fatted goose liver paste	פָּטֶה ז׳
petiole, stalk, stem	פְּטוֹטֶרֶת נ׳
petunia	פְּטוּנְיָה (צמח נוי) נ׳
exemption, release	פְּטוֹר ז׳
tax-free, duty-free	פטור ממס -
free, exempt, excused	פָּטוּר ת׳
patio	פַּטְיוֹ (חצר מרוצפת) ז׳
record player	פַּטִיפוֹן ז׳
petit four	פְּטִיפוּר (עוגית) ז׳
petition	פְּטִיצִיָה (עצומה) נ׳
death, decease	פְּטִירָה נ׳
hammer, cock, mallet	פַּטִיש ז׳
in a predicament	בין הפטיש והסדן -
hammer throw	זריקת פטיש -
air hammer, pneumatic hammer	פטיש אוויר -
gavel	פטיש היושב-ראש -
claw-hammer	פטיש חולץ -
fetish	פֶּטִיש (אליל) ז׳
small hammer	פַּטִישׁוֹן ז׳
hammerhead	פַּטִישָׁן (כריש) ז׳
raspberry	פֶּטֶל ז׳
fatal	פָּטָלִי (גורלי) ת׳
fatalism	פָּטָלִיוּת (גורליות) נ׳
fatalist	פָּטָלִיסְט ז׳
fattened livestock	פְּטָם ז׳
nipple, teat, *tit	פִּטְמָה נ׳
papilla	פִּטְמִית נ׳
patent, device, gadget	פָּטֶנְט ז׳
babble, chatter	פִּטְפּוּט ז׳
blabber, chatter, *yak	פִּטְפֵּט פ׳
chatterbox, *gasbag	פַּטְפְּטָן ז׳
chatter, *blah blah	פַּטְפְּטֶת נ׳
dismiss, exempt, excuse	פָּטַר פ׳
dismiss him empty-handed	פטר אותו בלא כלום -
firstborn	פֶּטֶר ז׳
parsley	פֶּטְרוֹזִילְיָה נ׳
petrochemistry	פֶּטְרוֹכִימְיָה נ׳
petrol, gasoline	פֶּטְרוֹל ז׳
patrolling, policing	פִּטְרוּל ז׳
patrol	פַּטְרוֹל (משמר נייד) ז׳
patron, sponsor	פַּטְרוֹן ז׳
patronage	פַּטְרוֹנוּת נ׳
patriarch	פַּטְרִיאַרְך (אב) ז׳
patriarchal, ruled by men	פַּטְרִיאַרְכָלִי ת׳
patriot	פַּטְרִיוֹט (נאמן למולדת) ז׳
patriotic, jingoist	פַּטְרִיוֹטִי ת׳
patriotism	פַּטְרִיוֹטִיוּת נ׳
mushroom, fungus	פִּטְרִייָה נ׳
mushroom cloud	פטריית עשן -
fungoid	פִּטְרִייָתִי ת׳
patrol, keep watch	פִּטְרֵל פ׳
thrush	פִּטֶרֶת הַפֶּה נ׳
athlete's foot	פִּטֶרֶת הָרַגְלַיִים נ׳
times, -fold, mouth of	פִּי תה״פ
many times	פי כמה -
ten times, tenfold	פי עשרה -
rectum, anus	פִּי הַטַבַּעַת ז׳
lord	פֵיאוֹדָל (בעל אחוזה) ז׳
feudal, lordly	פֵיאוֹדָלִי ת׳
glorification	פֵּיאוּר ז׳
piano	פִּיאָנוֹ (בשקט) תה״פ
pianissimo	פִּיאָנִיסִימוֹ תה״פ
fiasco	פִּיאַסְקוֹ (כישלון) ז׳
piazza	פִּיאָצָה (כיכר) נ׳
decorate, glorify, laud	פֵּיאֵר פ׳

פִיבֶּרגלַס ז׳ fiberglass
פִיגוּל ז׳ abomination, filth
פִיגוּם ז׳ scaffold, cradle
פִיגוּעַ ז׳ attack, hit, blow, strike
- פיגוע התאבדות suicide bombing
פִיגוּר ז׳ backwardness, time lag, retardation, arrears
פִיגוּרָה (דמות) נ׳ figure
פִיגֵל פ׳ spoil, pollute, denature
פִיגָ׳מָה נ׳ pajamas, pyjamas
פִיגמֶנט (צֶבַע) ז׳ pigment
פִיגֵר פ׳ fall behind, lag, be slow
פִידבֶּק (מָשׁוֹב) ז׳ feedback
פִידֵר פ׳ powder, apply powder
פֵיָה נ׳ fairy, fay, pixie, pixy
פִיהוּק ז׳ yawn, yawning
פִיהֵק פ׳ yawn, gape
פִיוּז (נתיך) ז׳ fuse
*- העלה לו את הפיוזים enrage
פִיוּט ז׳ hymn, poetry
פִיוּטִי ת׳ poetical, lyrical
פִיוּס ז׳ appeasement
פִיוֹרד (מפרץ צר) ז׳ fiord, fjord
פִיוֹת (ריבוי של פה) ז״ר mouths
פִיזוּז ז׳ prance, dancing
פִיזוּם ז׳ humming, singing
פִיזוּר ז׳ dispersal, scattering, squandering, dissemination
- פיזור נפש absent-mindedness
פִיזֵז פ׳ caper, dance, leap
פִיזִי ת׳ physical
פִיזיוֹלוֹגיָה נ׳ physiology, functions of organisms
פִיזיוֹתֶרַפּיָה נ׳ physiotherapy
פִיזיוֹתֶרַפּיסט ז׳ physiotherapist
פִיזִיקַאי ז׳ physicist
פִיזִיקָה נ׳ physics
פִיזִיקָלִי ת׳ physical
פִיזִית תה״פ physically, actually
פִיזֵם פ׳ hum, sing, intone
פִיזֵר פ׳ disperse, scatter, diffuse, squander, disband
פִיחַ ז׳ soot, lampblack
פִיחֵד פ׳ fear, be afraid
פִיחוּם ז׳ carbonization
פִיחוּת ז׳ devaluation
- פיחות זוחל gradual devaluation
פִיחֵם פ׳ carbonize, blacken
פִיחֵת פ׳ devaluate, reduce
פִיטוּם ז׳ stuffing, fattening
פִיטוּרִים ז״ר dismissal, discharge, layoff
פִיטֵם פ׳ cram, fatten, fill
פִיטָם ז׳ tip (on citron)
פִיטֵר פ׳ dismiss, fire, lay off
פֵייבוֹרִיט (חביב) ז׳ favorite, dear
פִייָה נ׳ mouthpiece, aperture
פַּייֶטִים (נצנצים) ז״ר paillettes
פַּייטָן ז׳ poet, hymnologist
*פַייטֶר ז׳ fighter, brave man
פִילֶית (מחלה) נ׳ elephantiasis
פִייֵס פ׳ appease, placate
פַּייסָנוּת נ׳ conciliation
פַּייסָנִי ת׳ conciliatory
פַּיירֶקס (סוג זכוכית) ז׳ pyrex
פִיכָּה פ׳ flow, gush, bubble
פִיכֵּחַ ת׳ sober, level-headed
פִיכְּחוּת נ׳ sobriety, soberness
פִיל ז׳ elephant
פִילֵג פ׳ split, divide, separate
פִילֶגֶש נ׳ concubine, mistress
פִילדמַרשָל ז׳ field marshal
פִילֶה (מותנית) ז׳ fillet
פִילהַרמוֹנִי ת׳ philharmonic
פִילוּג ז׳ split, separation
פִילוּחַ ז׳ slicing, piercing
פִילוֹלוֹג (בַּלשָן) ז׳ philologist
פִילוֹלוֹגיָה (בַּלשָנוּת) נ׳ philology
פִילוֹן ז׳ young elephant
פִילוּס ז׳ leveling, paving
פִילוֹסוֹף ז׳ philosopher
פִילוֹסוֹפִי ת׳ philosophical
פִילוֹסוֹפיָה נ׳ philosophy
פִילַח פ׳ slice, split, pierce
פִילטֶר (מַסנֵן) ז׳ filter
פִילִיבַּסטֶר ז׳ filibuster, long speeches, delaying tactics
פִילִיטוֹן ז׳ satire, feuilleton
פִילִיטוֹנִי ת׳ satirical
פִילִינג (טיפוח העור) ז׳ peeling
פִילִיפִּינִי ת׳ Filipino
פִילִיפִּינִית ת׳ Filipina
פִילֵל פ׳ believe, expect, pray
- מי פילל ומי מילל? whoever dreamt?
פִילם (סרט) ז׳ film
פִילַנתרוֹפִּי ת׳ philanthropic
פִילֵס פ׳ level, straighten
- פילס דרך pave a way
פִימָה נ׳ double chin
פִין ז׳ pin, peg, rivet, penis
פִינג פוֹנג ז׳ ping-pong

פִּינגווִין ז׳ penguin
פִּינגְ'ן ז׳ coffee cup, coffee pot
פִּינָּה פ׳ clear, vacate, evacuate
פִּינָּה נ׳ corner, recess, alcove
- פינת אוכל dinette
פִּינּוּי ז׳ evacuation, clearing
פִּינּוּק ז׳ pampering, spoiling
פִינִיש (גימור) ז׳ finish
פִינָלֶה (סיום) ז׳ finale
פִינָלִיסט (מגיע לגמר) ז׳ finalist
פִינַנְסִי (כספי) ת׳ financial
פִּינְצֶטָה (מַלְקֵט) נ׳ tweezers
פִּינְצֶ'ר (כלב) ז׳ affenpinscher
פִּינֵּק פ׳ pamper, spoil, pet
פִּינָּתִי ת׳ corner
פַּיִס ז׳ lottery, lot, raffle
פִּיסָּה נ׳ piece, bit, strip, shred
פִּיסּוּל ז׳ sculpture, engraving
פִּיסּוּלִי ת׳ sculptural
פִּיסּוּק ז׳ punctuation
פִּיסֵּחַ ת׳ lame, limping
פִּיסְּחוּת נ׳ lameness, limping
פִּיסְטוּלָה (בֶּתֶר) נ׳ fistula
פִּיסְטוּק ז׳ pistachio nut
פִּיסִיקָה; פִּיזִיקָה נ׳ physics
פִּיסֵּל פ׳ sculpture, hew, carve
פִּיסֵּק פ׳ punctuate
פִּיסְקָלִי ת׳ fiscal, financial
פִּיעֵם פ׳ beat, throb, strike
פִּיפֶּטָה (שפופרת צרה) נ׳ pipette
פִיפְטִי-פִיפְטִי תה״פ fifty-fifty
*פִּיפִּי ז׳ urine, piss, pee
פִּיפִיּוֹת two-edged (sword)
פִּיפִים (גדילים) ז״ר fringes
פִּיצָּה פ׳ compensate, indemnify, recompense
פִּיצָה נ׳ pizza
פִּיצּוּחַ ז׳ cracking, opening, fission
*- פיצוחים roasted seeds, peanuts
פִּיצּוּי ז׳ compensation
- פיצויי פיטורים severance pay
- פיצויים amends, damages
פִּיצּוּל ז׳ splitting, dividing
- פיצול האישיות schizophrenia
פִּיצּוּץ ז׳ explosion, blowing up
פִּיצֵּחַ פ׳ crack, break open
פִּיצֵּל פ׳ split, divide, part
פִּיצֶרִיָּה נ׳ pizzeria
פִּיק בִּרְכַּיִם ז׳ trembling
פִּיקֵּד פ׳ order, command

פִּיקָּדוֹן ז׳ deposit, pledge, trust
פִּיקָה נ׳ cap, cam, primer
- פיקת הברך patella, kneecap
- פיקת הגרגרת Adam's apple
פִּיקּוּד ז׳ command
פִּיקּוּדִי ת׳ of command
פִּיקּוּחַ ז׳ control, supervision
- פיקוח נפש saving of life
פִּיקוֹלוֹ (חֲלִילוֹן) ז׳ piccolo
פִיקוּס (עץ או שיח) ז׳ ficus
פִּיקֵּחַ פ׳ supervise, oversee
פִּיקֵּחַ ת׳ clever, not blind
פִּיקְּחוּת נ׳ cleverness, acumen
פִּיקְּחִי ת׳ clever, intelligent
פִיקְטִיבִי ת׳ fictitious, false
פִּיקַנְטִי ת׳ piquant, spicy
פִּיקַנְטִיוּת נ׳ piquancy
פִּיקְנִיק ז׳ picnic, barbecue
*פִּיקְס תה״פ perfectly
פִיקְצְיָה נ׳ fiction, invention, lie
פִּיר ז׳ shaft, pit, well, stairwell
פֵּיר (הוגן) ת׳ fair
פִּירָאט ז׳ pirate, freebooter
פִּירָאטִי ת׳ piratical
פִּירָאטִיּוּת נ׳ piracy
פִּירֶה (מְחִית) ז׳ mash, puree
פִּירוּאֶט (סְחרור) ז׳ pirouette
פֵּירוּד ז׳ separation, split
פֵּירוּז ז׳ demilitarization
פֵּירוּט ז׳ specification, detailing, itemization
פִּירוֹטֶכְנִיקָה נ׳ pyrotechnics
פִּירוֹמָן (מצית) ז׳ pyromaniac
פִּירוּס (נצחון-) ת׳ Pyrrhic (victory)
פֵּירוּק ז׳ dismantling, liquidation, defusing, dissolution, unloading
- פירוק לגורמים factorization
- פירוק נשק disarmament
פֵּירוּר ז׳ crumb, bit, crumbling
פֵּירוּשׁ ז׳ interpretation, meaning, explanation
- מה פירוש? is it possible?
פֵּירוֹת (רבים של פרי) ז״ר fruits
פֵּירֵז פ׳ demilitarize
פֵּירֵט פ׳ specify, detail, itemize
פִירְמָה נ׳ firm, concern
פִּירָמִידָה נ׳ pyramid
פִּירְסִינג (ניקוב איבר) ז׳ piercing
פֵּירָעוֹן ז׳ payment, settlement
- בר-פירעון payable

פֵּירֵק פ׳ take apart, dismantle, liquidate, decompose
- פירק לגורמים factorize
- פירק מנשקו disarm
פֵּירֵשׁ פ׳ annotate, comment, explain, interpret
פִּישׁוּט ז׳ simplification, outspread
*פִּישׁוּל נ׳ botch, bungle
פִּישׂוּק ז׳ opening wide
פִּישׁוּר ז׳ compromising, conciliation, mediation
פִּישֵׁט פ׳ simplify, streamline
*פִּישֵׁל פ׳ blow it, botch, bungle
פִּישֵׂק פ׳ open wide, straddle
פִּישֵׁר פ׳ compromise, mediate
פִּיתָּה פ׳ seduce, tempt, allure
פִּיתָּה נ׳ pitah, flat bread
פִּיתּוּחַ ז׳ development, engraving
פִּיתּוּי ז׳ temptation
פִּיתּוּל ז׳ twist, curve, bend
פִּיתּוֹם ז׳ ventriloquist
פִּיתוֹן (נחש) ז׳ python
פִּיתַּח פ׳ develop, engrave
פִּיתָּיוֹן ז׳ bait, decoy, lure
פִּיתֵּל פ׳ wind, twist, curve
פַּךְ ז׳ jar, can, jug, vessel
- פכים קטנים trivia, trifles
פַּכְסָם (רקיק) ז׳ cracker
פִּכְפּוּךְ ז׳ bubble, gush, flow
פִּכְפֵּךְ פ׳ bubble, gush, flow
פָּכַר יָדָיו פ׳ wring one's hands
פֶּלֶא ז׳ wonder, miracle
- לא פלא! no wonder
- מה הפלא? no wonder
- פלאי פלאים! wonderful!
פַּלָּאח ז׳ fellah, farmer
פִּלְאִי ת׳ miraculous, wonderful
פְּלָאיֶיר (מֶלְקַחַת) ז׳ pliers
פֶּלֶאפוֹן ז׳ cellular telephone
פָלָאפֶל ז׳ falafel, *star (rank)
פָלָאשִׁים (מאתיופיה) ז״ר Falasha
פִּלְבֵּל פ׳ roll eyes, goggle
פֶּלֶג ז׳ stream, brook, rivulet, faction, sect, splinter group
- פלג צל penumbra
פְּלַג (מַצָּת) ז׳ plug, spark plug
פְּלֻגָּה נ׳ detachment, detail
פְּלָגִיאָט ז׳ plagiarism, theft
פְלֶגְמָטִי ת׳ phlegmatic, listless
פְלֶגְמָטִיּוּת (אדישות) נ׳ phlegm

פַּלְגָנוּת נ׳ factionalism
פְּלָדָה נ׳ steel
- פלדת אל-חלד stainless steel
פְּלָדֶלֶת נ׳ steel-door
פִּלָּה פ׳ delouse, rid of lice
פְלוּאוֹר (יסוד כימי) ז׳ fluorine
פְלוּאוֹרִיד ז׳ fluoride
פְּלוּגָּה נ׳ company, detachment
- פלוגות סער storm troops
פְּלוּגְתָּא נ׳ dispute, conflict
- בר פלוגתא opponent
פְּלוּגָתִי ת׳ company
פְּלוּטוֹקְרַטְיָה נ׳ plutocracy, rule by the wealthy
פְּלוּמָה נ׳ down, fluff, fuzz
פְּלוּמִי, פְּלוּמָתִי ת׳ downy, fluffy
*פְלוֹנְטֶר ז׳ tangle, knot, tie
פְּלוֹנִי ז׳ someone, Mr. X
- פלוני אלמוני Mr. X, someone
פְּלוּס ז׳ plus, advantage
*- פלוס מינוס more or less
פְלוֹפ (כישלון חרוץ) ז׳ *flop
פְלוֹרָה (צמחייה) נ׳ flora
פְלוּרוֹסֶנְט fluorescent lamp
פְּלוּרָלִיזם ז׳ pluralism, independent groups
פְּלַזְמָה נ׳ plasma
פֶּלַח ז׳ slice, segment, section
פַּלְחָה נ׳ farming, field crops
פָּלַט פ׳ emit, discharge, say
פֶּלֶט ז׳ output, printout
פְּלַטָּה נ׳ dish, plate, platter, hot-plate, dental plate
פְּלָטִינָה (מתכת) נ׳ platinum
פְּלַטְפוּס ז׳ flatfoot, splayfoot
פְּלַטְפוֹרְמָה נ׳ platform, policy
פַּלְטֵרִין ז׳ palace
פְּלִיאָה נ׳ wonder, surprise
פָּלֵיאוֹנְטוֹלוֹגְיָה נ׳ paleontology, study of fossil animals
פַּלְיָאטִיבִי ת׳ palliative, sedative
פְּלִיז ז׳ brass
פָּלִיט ז׳ fugitive, refugee
פְּלִיטָה נ׳ emission, ejecting
- פליטת פה slip of the tongue
- פליטת קולמוס slip of the pen
פְּלֵיטָה נ׳ remnant, remains
פְּלֵייאוֹף ז׳ play-off
פְּלֵייבּוֹי ז׳ playboy, womanizer
פְּלֵייבֶּק ז׳ playback
פְּלִילִי ת׳ criminal, penal
פְּלִילִים ז״ר crime, felony, sin

palindrome פְּלִינדרוֹם ז׳
flick, slap, smack *פְלִיק ז׳
pelican פֶּלִיקָן (שַׂקְנַאי) ז׳
flirtation, coquetry פְלִירט ז׳
flirt, philander פְלִירְטֵט פ׳
intrusion, invasion פְּלִישָׁה נ׳
distaff, spindle, district פֶּלֶך ז׳
flambe פְלַמְבֶּה (מנה בלהבה)
bonito פַּלָמוּדָה (דג) נ׳
someone, so-and-so פְּלמוֹנִי ז׳
Palmach (Hagana force) פלמ״ח
flamingo פְלָמִינגוֹ (שְׁקִיטָן) ז׳
flamenco פְלָמֶנקוֹ (ריקוד) ז׳
phalanx פַּלַנְגָה (יחידה צבאית) נ׳
planet פְּלָנֶטָה (כוכב לכת) נ׳
planetary פְּלָנֶטָרִי ת׳
planetarium פְּלָנֶטריוּם ז׳
flannel פְלָנֶל (אריג רך) ז׳
flannelette פְלָנֶלִית נ׳
balance, scale, steelyard פֶּלֶס ז׳
spirit level, level - פלס מים
falsetto פַלְסֶט (סַלְפִית) ז׳
plastic פְּלַסְטִי ת׳
plastic arts - אמנויות פלסטיות
plastic surgery - ניתוח פלסטי
Palestinian פַּלַסְטִינִי ז׳
plastics פְּלַסְטִיק ז׳
plastics פְּלַסְטִיקָה נ׳
plasticine פְּלַסְטֶלִינָה (כִּיוֹרֶת) נ׳
adhesive bandage פְּלַסְטֶר ז׳
philosophizing *פִלְסֵף, פַלְסְפָנוּת
fraud, deceit, fake פְּלַסְתֵּר ז׳
casuistry, sophism פִּלְפּוּל ז׳
pepper פִּלְפֵּל ז׳
cayenne, chilli - פלפל אדום
allspice, pimento - פלפל אנגלי
casuistry, sophistry, hairsplitting פַּלְפְּלָנוּת נ׳
capsicum, paprika פִּלְפֶּלֶת נ׳
lasso, lariat פְּלָצוּר ז׳
horror, shock פַּלָּצוּת נ׳
placard, poster פְּלָקָט ז׳
invade, intrude, squat פָּלַשׁ פ׳
flash פְלֶשׁ (הֶבְזֵק) ז׳
flashback פְלֶשְׁבֶּק ז׳
Falasha פַלָשְׁמוּרָה (מאתיופיה) נ׳
Philistine פְּלִשְׁתִּי ת׳
Palestine פְּלֶשֶׁתִּינָה נ׳
candlestick, sconce פָּמוֹט ז׳
feminism פֶמִינִיזם ז׳
feminist פֶמִינִיסט ז׳
entourage, retinue פָּמַלְיָה נ׳
pamphlet, brochure פַּמְפְלֶט ז׳
pump, puff, gobble *פִּמְפֵּם פ׳
face, facet, aspect, side פָּן ז׳
lest, or else, in case, for fear פֶּן מ״ח
blow-dry *פֶן (תסרוקת) ז׳
here lies buried פ״נ = פה נטמן
leisure, free time פְּנַאי ז׳
panda פַּנְדָה (יונק דמוי דוב) נ׳
penalty kick *פֶּנְדֶל ז׳
turn, refer, apply פָּנָה פ׳
free, vacant, unmarried פָּנוּי ת׳
phenomenon, wonder פֶנוֹמֶן ז׳
phenomenal, unique פֶנוֹמֶנָלִי ת׳
panorama פָּנוֹרָמָה (מראה נוף) נ׳
panoramic פָּנוֹרָמִי ת׳
pentagon פֶּנְטָגוֹן (מְחוּמָשׁ) ז׳
penthouse פֶּנְטְהָאוּז (דירת גג) ז׳
phantom פַנטוֹם (רוח רפאים) ז׳
pantomimist פַּנטוֹמִימַאי ז׳
pantomime פַּנטוֹמִימָה נ׳
fantasize, daydream *פִנְטֵז פ׳
fantasy, imagination פַנְטַזְיָה נ׳
fanatic, zealot, bigot פָנָטִי ת׳
fanaticism, zealotry פָנָטִיוּת נ׳
fantastic, *great פַנטַסְטִי ת׳
penny פֶּנִי ז׳
the face of פְּנֵי- (ראה פָּנִים)
application, appeal, bend, curve, turn פְּנִיָּה נ׳
hairpin bend - פנייה חדה
U-turn - פניית פרסה
inside, interior פְּנִים ז׳
leniently - לפנים משורת הדין
face, features, front, facade, appearance פָּנִים ז״ר
not on any account - בשום פנים לא
defeated, ruined *- על הפנים
on the face of it *- על פניו
situation, status - פני הדברים
sea level - פני הים
poker face - פני פוקר
bound - פניו מועדות ל-
face to face - פנים אל פנים
equivocal - פנים לכאן ולכאן
boarder, inmate פְּנִימַאי ז׳
inside, within פְּנִימָה תה״פ
internal, inner, inside פְּנִימִי ת׳
inwardness פְּנִימִיּוּת נ׳
boarding school פְּנִימִיָּה נ׳
inner tube פְּנִימִית נ׳

פְּנִינָה נ׳ pearl, gem, witty remark
פְּנִינִיָּה נ׳ guinea fowl
פֶּנִיצִילִין ז׳ penicillin
פָּנִיקָה נ׳ panic, fright, hysteria
פֶנִיקְס (עוף החול) ז׳ phoenix
פִּנְכָּה נ׳ platter, dish
פָּנָס ז׳ lamp, lantern, light, torch, flashlight, *black eye
- פנס אחורי taillight, rear light
- פנס איתות winker
- פנס קדמי headlight
- פנס קסם magic lantern
פֶּנֶס (מִתְפֶּרֶת בבגד) ז׳ *dart
פֶּנְסִיָּה נ׳ pension
פֶּנְסִיוֹן ז׳ boarding house
פֶּנְסִיוֹנֶר ז׳ pensioner, retired
פַּנְצֶ׳ר (תֶּקֶר) ז׳ puncture, flat tire
פַּנְקֵייק (חמיטה) ז׳ pancake
פִּנְקָס ז׳ blotter, book, notebook, pad, ledger
- פנקס צ׳קים checkbook
פִּנְקְסָן ז׳ bookkeeper
פִּנְקְסָנוּת נ׳ bookkeeping
פַּנְקְרֵיאָס (לַבְלָב) ז׳ pancreas
פֶּנֶת ז׳ upper, vamp
פַּנְתֵּיאוֹן (מקדש) ז׳ pantheon
פַּנְתֵּיאִיזם ז׳ pantheism, worshiping all gods
פַּנְתֵּר ז׳ panther, puma
פַּס פ׳ disappear, end, cease
פַּס ז׳ stripe, line, band, rail
- פס אוטם weather strip
- פס ייצור production line
- פסי האטה speed bumps
- פסי רכבת rails, track
*- שם פס על not give a damn
פִּסְגָּה נ׳ top, peak, summit
פס״ד = פסק דין judgment
פְּסוֹל ז׳ flaw, fault, defect
פָּסוּל ת׳ unfit, disqualified
- פסול חיתון forbidden to marry
*פָּסוּלְיָה נ׳ beans
פְּסוֹלֶת נ׳ garbage, litter, waste
פָּסוּק ז׳ verse, sentence, phrase
פְּסוּקִית נ׳ clause
פְּסוֹקֶת (בשיער) נ׳ parting, part
פָּסַח פ׳ omit, skip, leave out
- פסח על שתי הסעיפים waver, hesitate
פֶּסַח ז׳ Passover

פַּסְחָא ז׳ Easter
פַּסְטָה (אטריות) נ׳ pasta
פִּסְטוּר ז׳ pasteurization
פַּסְטוֹרָלָה (רוֹעִית) נ׳ pastoral
פַּסְטוֹרָלִי ת׳ pastoral, idyllic
פֶסְטִיבָל ז׳ festival, celebration
פַּסְטֶל (ציור) ז׳ pastel
פִּסְטֵר פ׳ pasteurize
פַּסְטְרָאמָה נ׳ pastrami
פַּסְיַאנְס ז׳ solitaire, patience
פַּסִּיב ז׳ passive, assets
פַּסִּיבִי (סביל) ת׳ passive
פַּסִּיבִיּוּת נ׳ passiveness
פָּסִיג ז׳ cotyledon
פְּסִיגִי ת׳ cotyledonous
- דו-פסיגי dicotyledonous
- חד-פסיגי monocotyledonous
פְּסֵידוֹ ת׳ pseudo, false
פְּסֵידוֹנִים ז׳ pseudonym, pen name
פַּסְיוֹן (עוף) ז׳ pheasant
פְּסִיחָה נ׳ skipping, omitting
- פסיחה על שתי הסעיפים waver
פְּסִיכֶדֶלִי ת׳ psychedelic, hallucinatory
פְּסִיכוֹאֲנָלִיזָה נ׳ psychoanalysis
פְּסִיכוֹאֲנָלִיטִי ת׳ psychoanalytic
פְּסִיכוֹזָה נ׳ psychosis, mental disorder
פְּסִיכוֹטִי ת׳ psychotic
פְּסִיכוֹטֶכְנִי ת׳ psychotechnical
פְּסִיכוֹלוֹג ז׳ psychologist
- פסיכולוג קליני clinical psychologist, clinician
פְּסִיכוֹלוֹגִי ת׳ psychological
פְּסִיכוֹלוֹגְיָה נ׳ psychology
- פסיכולוגיה חברתית social psychology
- פסיכולוגיה קלינית clinical psychology
פְּסִיכוֹמֶטְרִי ת׳ psychometric
פְּסִיכוֹפָּת ז׳ psychopath, lunatic
פְּסִיכוֹפָּתִי ת׳ psychopathic
פְּסִיכוֹפַּתְיָה נ׳ psychopathy
פְּסִיכוֹתֶרַפְּיָה נ׳ psychotherapy
פְּסִיכִי ת׳ psychic, mental, *mad
פְּסִיכִיאָטֶר ז׳ psychiatrist, *shrink
פְּסִיכִיאַטְרִי ת׳ psychiatric
פְּסִיכִיאַטְרִיָּה נ׳ psychiatry

פְּסִילָה נ׳ disqualification
פֶּסִימִי ת׳ pessimistic
פֶּסִימִיּוּת נ׳ pessimism
פֶּסִימִיסט ז׳ pessimist, worrier
פְּסִיס ז׳ lath, board, slat
פְּסִיעָה נ׳ step, pace
פָּסִיפְלוֹרָה נ׳ passionflower
פְּסֵיפָס ז׳ mosaic
פְּסִיק ז׳ comma, (,)
פְּסִיקָה נ׳ verdict, judgment
פָּסַל פ׳ disqualify, reject, invalidate, chisel, carve
פֶּסֶל ז׳ statue, sculpture, icon
- פסל חזה bust
פַּסָּל ז׳ sculptor
פִּסְלוֹן ז׳ statuette
פַּסָּלוּת נ׳ sculpture, statuary
פְּסַנְתֵּר ז׳ piano
- פסנתר זקוף upright piano
- פסנתר כנף grand piano
פְּסַנְתְּרָן ז׳ pianist
פְּסַנְתְּרָנוּת נ׳ piano playing
פָּסַע פ׳ step, pace, walk, stride
פֶּסַע ז׳ step, brink, verge
*פִּספּוּס ז׳ miss, mishit, *fluff
פַּספּוֹרט (דרכון) ז׳ passport
*פִּספֵּס פ׳ miss the target, muff
פָּסַק פ׳ stop, cease, rule, decide
פְּסָק ז׳ decision, ruling
- פסק דין sentence, judgment
פֶּסֶק זְמַן ז׳ timeout, break
פִּסְקָה נ׳ clause, paragraph
פַּסְקוֹל ז׳ soundtrack
פַּסְקָנִי ת׳ decisive, definite
פָּעָה פ׳ baa, bleat
פָּעוֹט ז׳ baby, infant, tot
פָּעוּט ת׳ tiny, small, petty
פָּעוֹטוֹן ז׳ nursery, day nursery
פָּעוּל ת׳ passive, creature
פְּעוּלָה נ׳ act, action, deed, doing, operation
- פעולות איבה hostilities
- פעולת גומלין interaction
- פעולת מעיים excretion
- פעולת תגמול reprisal
פָּעוּר ת׳ agape, wide open
- פעור פה open-mouthed
פְּעִיָּה נ׳ bleat, baa
פָּעִיל ת׳ active, dynamic, lively
פְּעִילוּת נ׳ activity, hustle, life
- פעילות יתר overactivity
פְּעִימָה נ׳ stroke, beat, pulse
- החסיר פעימה stop beating
פְּעִירָה נ׳ hiatus, gape, gaping
פָּעַל פ׳ do, work, act, operate
פַּעֲלוּל ז׳ special effect, stunt
- פעלולים special effects
פַּעֲלוּלָן ז׳ stunt man
פַּעַלְתָּן ז׳ active person, doer
פַּעַלְתָּנוּת נ׳ activity
פָּעַם פ׳ beat, throb, strike
פַּעַם נ׳ time, beat, footstep
- הפעם this time
- לא פעם often, many a time
- פעם (כך) ופעם (כך) now (so) then (so)
- פעם אחר פעם time after time
- פעם אחת one time, once
- פעם ביובל once in a blue moon
- שם פעמיו turn one's steps
פַּעַם תה״פ once, sometime
פְּעָמָה נ׳ beat, step, footfall
פַּעֲמוֹן ז׳ bell
- פעמון צלילה diving bell
פַּעֲמוֹנִיָּה נ׳ glockenspiel
פַּעֲמוֹנִית נ׳ campanula, harebell
פַּעֲמַיִים תה״פ twice, doubly
פְּעָמִים תה״פ sometimes, times
פִּעְנוּחַ ז׳ deciphering, solving
פִּעְנֵחַ פ׳ decipher, decode, solve
פִּעְפּוּעַ ז׳ diffusion, osmosis
פִּעְפֵּעַ פ׳ penetrate, pervade
פָּעַר פ׳ open wide, gape, dilate
פַּעַר ז׳ gap, chasm, inequality
- פער אמון credibility gap
- פער הדורות generation gap
פַּפָּיָה (עץ) ז׳ papaw, papaya
פַּפְּיוֹן (עניבת פרפר) ז׳ bow tie
פַּפִּירוּס (גומא) ז׳ papyrus
פָּפָּרָאצִ׳י ז״ר paparazzi
פַּפְּרִיקָה (פִּלְפֶּלֶת) נ׳ paprika
פָּצָה פ׳ open (one's mouth)
- אין פוצה פה ומצפצף nobody protests
פָּצוּעַ ת׳ injured, wounded
פָּצַח פ׳ open, begin, start
פְּצִיחָה נ׳ cracking, opening
פַּצְיֶינְט (חולה) ז׳ patient
פְּצִיעָה נ׳ wound, injury
פָּצִיפִיזְם ז׳ pacifism
פָּצִיפִיסט (שוחר שלום) ז׳ pacifist
פְּצִירָה נ׳ file, rasp, filing
פַּצֶּלֶת (מחצב) נ׳ feldspar, spar

פָּצַע פ׳ wound, injure, hurt, cut
פֶּצַע ז׳ wound, cut, injury
- פצע לחץ bedsore
- פצעי בגרות acne, pimples
פִּצְעוֹן ז׳ small wound, pimple
*פִּצְפּוֹן ז׳ tiny, teeny-weeny
פִּצְפּוּץ ז׳ shattering, smashing
פִּצְפֵּץ פ׳ shatter, smash, crash
פְּצָצָה נ׳ bomb, *smasher
- פצצה ממולכדת booby trap
- פצצת אטום atomic bomb
- פצצת זמן time bomb
- פצצת מצרר cluster bomb
- פצצת עומק depth charge
- פצצת עשן smoke bomb
פָּצַר פ׳ file, entreat
פצ״ר judge advocate general
פֶּקָאן (אגוז) ז׳ pecan
פָּקַד פ׳ order, command, count, number, haunt
פַּקָּד ז׳ chief inspector
פָּקוּד (פְּקוּדִים) ז׳ subordinate
פְּקוּדָה נ׳ order, command
- לפקודת to the order of
- פקודת יום order of the day
- פקודת מעצר warrant
- פקודת קבע standing order
פָּקוּחַ ת׳ open, watchful
פָּקוּלְטָה נ׳ faculty, school
פַּקּוּעָה נ׳ agaric, mushroom
פָּקוּק ת׳ corked, jammed
פָּקַח פ׳ open, be watchful
- פקח עין keep an eye on
פַּקָּח ז׳ inspector, supervisor
פַּקָּחוּת נ׳ superintendence
פַּקְטוֹר (גורם) ז׳ factor
פָּקִיד ז׳ clerk, official
- פקיד קבלה receptionist
- פקיד שומה tax collection officer
פְּקִידָה נ׳ counting
- מפקידה לפקידה occasionally
פְּקִידוּת נ׳ office work
פֶּקִינֶז (כלב קטן) ז׳ Pekingese
פְּקִיעָה נ׳ expiry, crack
פָּקִיר (נזיר הודי) ז׳ fakir
פק״ל=פקודת קבע לקרב
פק״ם=פיקדון קצר מועד
פַּקְס ז׳ fax
פִּקְסֵס פ׳ fax, send a fax
פָּקַע פ׳ expire, split, burst
- פקעה סבלנותו lose one's patience
פַּקְעִית נ׳ glomerulus
פְּקַעַת נ׳ bulb, coil, spool, tuber
*- פקעת עצבים bundle of nerves
פְּקַעְתִּי ת׳ bulbous
פִּקְפּוּק ז׳ doubt, scruple
פִּקְפֵּק פ׳ doubt, hesitate, waver
פָּקַק פ׳ cork, plug, bung
פְּקָק ז׳ cork, bung, cap, plug
- פקק תנועה traffic jam
פַּקֶּקֶת נ׳ thrombosis, coronary
*פִּקְשׁוּשׁ ז׳ miss, muff, bungle
*פִּקְשֵׁשׁ פ׳ miss, blow it, botch
פַּר ז׳ bull
פֶּרֶא ז׳ barbarian, savage
- פרא אדם rude person, wild
פְּרָאוּת נ׳ savagery, wildness
- בפראות wildly
פְּרָאִי ת׳ savage, wild
*פְּרַאיֶיר ז׳ sucker, fall guy
פְּרָאק ז׳ cutaway, frock-coat
פָּרַבּוֹלָה (בהנדסה) נ׳ parabola
פָּרַבּוֹלָה (מָשָׁל) נ׳ parable
פַּרְבָּר ז׳ suburb, outskirts
פֶּרֶג, פְּרָג ז׳ poppy, poppy seed
פַּרְגּוֹד ז׳ screen, curtain
פַּרְגּוֹל ז׳ whip
פֶּרְגּוֹלָה (עריס) נ׳ pergola
*פִּרְגּוּן ז׳ indulgence, granting
פַּרְגִּית נ׳ chicken, pullet, chick
פְּרַגְמָטִי ת׳ pragmatic
פְּרַגְמָטִיּוּת נ׳ pragmatism
*פִּרְגֵּן פ׳ not grudge, grant
- לא פרגן grudge, envy
פֶּרֶד ז׳ mule, odd number
פִּרְדָּה נ׳ mule
פָּרָדוֹקְס ז׳ paradox
פָּרָדוֹקְסָלִי ת׳ paradoxical
פָּרָדִיגְמָה (תבנית) נ׳ paradigm
פַּרְדֵּס ז׳ orchard, citrus grove
פַּרְדְּסָן ז׳ citrus grower
פַּרְדְּסָנוּת נ׳ citrus growing
פָּרָה פ׳ be fertile, breed
- פרו ורבו be fruitful and multiply
פָּרָה נ׳ cow
- פרה חולבת milch cow
- פרה קדושה sacred cow
- פרת משה רבנו ladybird
פְּרֶהִיסְטוֹרִי ת׳ prehistorical
פְּרֶהִיסְטוֹרְיָה נ׳ prehistory

פְּרוֹבוֹקָטוֹר ז׳	provoker
פְּרוֹבוֹקָטִיבִי ת׳	provocative
פְּרוֹבוֹקַצְיָה נ׳	provocation
פְּרוֹבִיזוֹרִי (ארעי) ת׳	provisional
פְּרוֹבִינְצְיָאלִי ת׳	provincial
פְּרוֹבִינְצְיָה נ׳	province
פְּרוֹבְּלֶמָה (בעיה) נ׳	problem
פְּרוֹבְּלֶמָתִי ת׳	problematical
פְּרוֹגְנוֹזָה (חיזוי) נ׳	prognosis
פְּרוֹגְרֶסִיבִי ת׳	progressive
פָּרוּד (מאשתו) ת׳	separated
פְּרוּדָה נ׳	molecule
פְּרוֹדוּקְטִיבִי ת׳	productive
פְּרוֹדוּקְטִיבִיּוּת נ׳	productivity
פְּרוֹדוּקַצְיָה (הפקה) נ׳	production
פָּרוֹדְיָה נ׳	parody, burlesque
פַּרְוָה נ׳	fur, pelt
פַּרְוֶה ת׳	parve, neither milky nor meaty
פַּרְוָן ז׳	furrier, fur seller
פַּרְוָר (פרבר) ז׳	suburb
פֶּרְוֶרְט (סוטה) ז׳	pervert
פֶּרְוֶרְסְיָה (נליזות) נ׳	perversion
פְּרוֹזָאִי ת׳	prosaic, dry, flat
פְּרוֹזָאִיּוּת נ׳	prosaism
פְּרוֹזָאִיקָן ז׳	prose-writer
פְּרוֹזְבּוּל ז׳	prozbul, not canceling a loan
פִּרוּזָג (טורקיז) ז׳	turquoise
פְּרוֹזְדוֹר ז׳	corridor, hall
- פרוזדור הלב	auricle, atrium
פְּרוֹזָה (סיפורת) נ׳	prose
פְּרוֹטֶאָה (סוג שיחים) נ׳	protea
פְּרוֹטֶאִין (חלבון) ז׳	protein
פְּרוּטָה נ׳	small coin, penny
- חסר פרוטה לפורטה	penniless
פְּרוֹטוֹזוֹאָה (אבחיים) נ׳	protozoa
פְּרוֹטוֹזוֹאוֹן (אבחי) ז׳	protozoon
פְּרוֹטוֹטִיפּוּס ז׳	prototype
פְּרוֹטוֹמָה נ׳	bust
פְּרוֹטוֹן ז׳	proton
פְּרוֹטוֹפְּלַזְמָה נ׳	protoplasm
פְּרוֹטוֹקוֹל ז׳	minutes, protocol
פְּרוֹטֶסְטַנְטִי (נוצרי) ת׳	Protestant
פְּרוֹטֶסְטַנְטִיּוּת נ׳	Protestantism
פְּרוֹטֶקְצְיָה נ׳	favoritism, pull
פְּרוֹטֶקְצְיוֹנֶר ז׳	favorite
פְּרוֹטֶקְשֶׁן ז׳	protection, blackmail
פְרוֹידְיָאנִי ת׳	Freudian
- טעות פרוידיאנית	Freudian slip
פְּרוֹיֶקְט ז׳	project, enterprise
פָּרֹכֶת נ׳	curtain (of the Ark)
פְּרוֹלוֹג ז׳	prologue
פְּרוֹלֶיטָרִי ת׳	proletarian, *prole
פְּרוֹלֶיטַרְיוֹן ז׳	proletariat
פָּרוּם ת׳	unraveled, unstitched
פְּרוֹמוֹ (קדימון) ז׳	promo
פְּרוֹמִיל ז׳	a thousandth
פְּרוֹנְטָלִי ת׳	frontal, face to face
פָּרוּס ת׳	sliced, cut, deployed
פְּרוֹס - בִּפְרוֹס תה״פ	on the eve of
פְּרוּסָה נ׳	slice (of bread), piece
פְּרוֹסְטָטָה (ערמונית) נ׳	prostate
פְּרוֹסְפֶּקְט ז׳	prospectus
פָּרוּעַ ת׳	wild, disheveled
- המערב הפרוע	Wild West
פרופ׳ = פרופסור	professor, Prof.
פְּרוֹפּוֹרְצְיָה נ׳	proportion, ratio
פְּרוֹפּוֹרְצְיוֹנָלִי ת׳	proportional
פְּרוֹפִיל ז׳	profile, side view, outline, form, fitness
- פרופיל נמוך	low profile
פְּרוֹפֶּלֶר (מדחף) ז׳	propeller
פְּרוֹפֶסוֹר ז׳	professor, Prof.
פְּרוֹפֶסוּרָה נ׳	professorship
פָּרוּץ ת׳	broken open, wanton
פְּרוֹצֶדוּרָה (נוהל) נ׳	procedure
פְּרוֹצֶדוּרָלִי (נוהלי) ת׳	procedural
פְּרוּצָה נ׳	prostitute, whore
פְּרוּקֵי רַגְלַיִם	arthropoda
פָּרוּשׁ ז׳	chaffinch, Pharisee
פָּרוּשׁ ת׳	abstemious, chaste
פָּרוּשׂ ת׳	spread, outstretched
פְּרוּשִׁי ז׳	Pharisaic
פְּרוֹתֵיזָה נ׳	prosthesis, artificial limb
פְּרָזָה נ׳	phrase, bombast
פִּרְזוּל ז׳	shoeing horses
פְּרָזוֹת תה״פ	unwalled, open
פַּרְזִיט (טפיל) ז׳	parasite, pest
פַּרְזִיטִי ת׳	parasitical
פִּרְזֵל פ׳	shoe horses, shoe
פָּרַח פ׳	flourish, blossom, flower, spread over, fly
- פרח מזכרונו	slip his memory
- פרחה נשמתו	die, be scared
פֶּרַח ז׳	flower, bloom, novice
- פרח טיס	air force cadet
- פרח קצונה	cadet
פִּרְחוֹנִי ת׳	flowery, ornate
פִּרְחָח ז׳	hooligan, rowdy
פִּרְחָחוּת נ׳	hooliganism

פָּרַט פ׳ change money, play, harp, strum
פְּרָט ז׳ detail, element, item, individual, unit
- פרט ל- except for, save
- פרטי פרטים full details
פֶּרֶט ז׳ change, odd number
פְּרָטִי ת׳ private, personal
פְּרָטִיּוּת נ׳ privacy
פַּרְטִיזָן ז׳ partisan, guerrilla
פַּרְטִיטוּרָה (תכליל) נ׳ score
פְּרֶטֶנְזִיָּה (יומרה) נ׳ pretension
פַּרְטָנִי ת׳ individual
פַּרְטְנֶר (שותף) ז׳ partner
פְּרִי ז׳ fruit, result, product
- פירות ים shellfish
- פרי בטן progeny, offspring
- פרי הדר citrus fruit
פְּרִיבִילֶגְיָה (זכות יתר) נ׳ privilege
פְּרִיגִ׳ידֶר (מקרר) ז׳ refrigerator
פְּרֵידָה נ׳ departure, parting
פְּרִיָּה וּרְבִיָּה propagation
פֶּרְיוֹדִי (מחזורי) ת׳ periodical
פִּרְיוֹן ז׳ productivity, fertility
- פריון עבודה productivity
פְּרִיזְבִּי (צלחת משחק) ז׳ Frisbee
פְּרִיזוּרָה (תסרוקת) נ׳ hairdo
פְּרִיזְמָה (מנסרה) נ׳ prism
פְּרִיזֶר (מקפיא) ז׳ freezer
פְּרִיחָה נ׳ bloom, flowering, blossom, prosperity, rash
*פְרֵיחָה נ׳ wench, immoral girl
פְּרִיט ז׳ article, item, piece
פְּרִיטָה נ׳ playing, harping
פָּרִיטֶטִי (שווה בזכויות) ת׳ parity
פְּרַיְים טַיְים prime time
פְּרַיְימֶרִיז ז״ר primaries
פָּרִיךְ ת׳ crisp, brittle, friable
פְּרִיכוּת נ׳ brittleness, friability
פְּרִיכִיּוֹת אוֹרֶז נ״ר rice crackers
פְּרִילַנְס ז׳ freelance
פְּרִימָדוֹנָה נ׳ prima donna
פְּרִימָטִים (יונקים) ז״ר primates
פֶּרִימֶטֶר (היקף) ז׳ perimeter
פְּרִימִיטִיבִי ת׳ primitive, savage
פְּרִימִיטִיבִיּוּת נ׳ primitiveness
פְּרִינְצִיפּ (עיקרון) ז׳ principle
פְּרִינְצִיפְּיוֹנִי ת׳ principled
פְּרִיסָה נ׳ deployment
- פריסת חוב rescheduling of a debt
פֶּרִיסְקוֹפּ ז׳ periscope

פְּרִיעָה נ׳ disheveling, ruffle
פְּרִיפָה נ׳ safety pin, brooch
פֶּרִיפֶרְיָה נ׳ periphery, outskirts
פָּרִיץ ז׳ landowner
פְּרִיצָה נ׳ break-in, burglary
- פריצת דרך breakthrough
פְּרִיצוּת נ׳ licentiousness
פְּרִיק ז׳ freak, enthusiast
פָּרִיק ת׳ detachable, reducible
פְּרִיקָה נ׳ unloading, discharge
- פריקת עול licentiousness
פְּרִישָׁה נ׳ retirement, secession
פְּרִישָׂה נ׳ spreading, extending
פְּרִישׁוּת נ׳ abstinence
פֶּרֶךְ - בְּפָרֶךְ תה״פ hard
פְּרָכָה נ׳ refutation
פִּרְכּוּס ז׳ adornment, make-up
פִּרְכֵּס פ׳ adorn, struggle
פְּרֶלוּד ז׳ prelude, introduction
פְּרֶלִימִינָרִי ת׳ preliminary
פְּרָלִין (מוליה) ז׳ praline
פָּרָלֶלִי (מקביל) ת׳ parallel
פַּרְלָמֶנְט ז׳ parliament
פַּרְלָמֶנְטָר ז׳ parliamentarian
פַּרְלָמֶנְטָרִי ת׳ parliamentary
פָּרַם פ׳ unstitch, unravel, unrip
פָּרָמֶדִיק (חובש) ז׳ paramedic
פִּרְמוּט ז׳ formatting
פִּרְמֵט פ׳ format
פָּרָמֶטֶר ז׳ parameter, constant
פְּרֶמְיָה נ׳ premium, bonus, fee
פְּרֶמְיֶירָה נ׳ premiere
פָּרֶנְהַייט ז׳ Fahrenheit, F
פָּרָנוֹאִיד ז׳ paranoid
פָּרָנוֹיָה נ׳ paranoia
פְּרָנְזִים (גדילים) ז״ר fringes
פִּרְנֵס פ׳ maintain, support
פַּרְנָס ז׳ chief, head, leader
פַּרְנָסָה נ׳ maintenance, support
פְּרַנְק (מטבע) ז׳ franc
פָּרַס פ׳ cut, slice, deploy, dispose, spread, reschedule
פְּרָס ז׳ award, prize, reward
פֶּרֶס ז׳ bearded vulture
פָּרַס (איראן) נ׳ Persia, Iran
פַּרְסָה נ׳ horseshoe, hoof
פַּרְסָה נ׳ farce, comedy
פִּרְסוּם ז׳ advertising, publication, fame, publicity
פִּרְסוֹמֶת נ׳ advertising
- פרסומת סמויה subliminal advertising

פֶּרסוֹנֵל ז׳ personnel, staff
פֶּרסוֹנָלִי ת׳ personal, individual
פְּרֶסטִיזָ׳ה (יוקרה) נ׳ prestige
פַּרסִי ת׳ Iranian, Persian
פַּרסִית נ׳ Iranian, Persian
פִּרסֵם פ׳ advertise, publish
פֶּרספֶּקטִיבָה נ׳ perspective
פֶּרספֶּקס ז׳ perspex
פְרֶסקוֹ ז׳ fresco, wall painting
פָּרַע פ׳ pay, ruffle, dishevel
פַּרעֹה ז׳ Pharaoh
פַּרעוֹשׁ ז׳ flea, hopper
פְּרָעוֹת נ״ר pogrom, massacre
פַּרפֶה (גלידה) ז׳ parfait
פַּרפוּמֶריָה נ׳ perfumery
פִּרפּוּר ז׳ spasm, convulsion
פֶּרפוֹרַציָה (ניקוב) נ׳ perforation
פָּרָפִין ז׳ paraffin
פָּרַפּסִיכוֹלוֹגיָה נ׳ parapsychology
*פֶּרפֶקט (מושלם) תה״פ perfect
פֶּרפֶקציוֹנִיסט ז׳ perfectionist
פִּרפֵּר פ׳ struggle, shake, jerk
פַּרפַּר ז׳ butterfly, *playboy
*- יש לו פרפרים בבטן be nervous
פַּרפְּרָאוֹת נ״ר delightful things
פָּרַפרָזָה נ׳ paraphrase
פַּרפְּרָנִי (צמח) ת׳ papilionaceous
פָּרַץ פ׳ break, burst, erupt
פֶּרֶץ ז׳ outflow, gush, outburst
- אין פרץ ואין צווחה nobody protests
- עמד בפרץ defend, hold firm
פִּרצָה נ׳ breach, gap, opening
- פרצה בחוק loophole in the law
פַּרצוּף ז׳ face
פַּרצֶלַציָה נ׳ parceling
פָּרַק פ׳ unload, free, vent
- פרק כל עול throw off the yoke
פֶּרֶק ז׳ chapter, part, lesson, section, stage, joint
- לימד אותו פרק teach him a lesson
- על הפרק discussed, at issue
- פרק זמן period of time, spell
פְּרַקדָן תה״פ supine, on back
פַּרקֶט ז׳ parquet
פְּרַקטִי ת׳ practical, functional
פְּרַקטִיקָה נ׳ practice, workout
פַּרקִינסוֹן ז׳ Parkinson

פְּרַקלִיט ז׳ lawyer, attorney, advocate, barrister
- פרקליט המדינה state attorney, State Prosecutor
- פרקליט צבאי ראשי judge advocate general
פְּרַקלִיטוּת נ׳ advocacy
פְּרַקמַטיָה נ׳ goods, wares
פְּרֶרוֹגָטִיבָה (זכות) נ׳ prerogative
פָּרַשׁ פ׳ retire, withdraw, leave
פָּרָשׁ ז׳ horseman, rider, knight
פָּרַשׂ פ׳ spread out, unfold
- פרש חסותו על shelter
- פרש כנפיים spread its wings
פָּרָשָׁה נ׳ affair, case, section
- פרשת אהבים love affair
- פרשת דרכים crossroads
- פרשת השבוע weekly portion of Torah
פָּרָשׁוּת נ׳ horsemanship
פַּרשִׁיָה (ראה פרשה) נ׳ affair
*פִּרשֵׁן פ׳ comment, explain
פַּרשָׁן ז׳ commentator
פַּרשָׁנוּת נ׳ commentary
פְּרָת (נהר) ז׳ Euphrates
פָּשׁ פ׳ relax, rest
פָּשָׂה פ׳ spread, pervade
פְּשׁוּט ז׳ simple meaning
- פשוטו כמשמעו literally
- פשוטי עם common people
פָּשׁוּט ת׳ simple, plain
פָּשׁוּט תה״פ simply, just
פָּשׁוֹשׁ (ציפור שיר) ז׳ warbler
פָּשַׁט פ׳ take off, undress, strip, attack, stretch, spread
- פשט יד beg, call for alms
- פשט עור skin, profiteer
- פשט רגל go bankrupt
פְּשָׁט ז׳ literal meaning
פַּשטוּת נ׳ simplicity, plainness
- בפשטות bluntly, simply
פַּשטִידָה נ׳ pie, quiche, pastry
פַּשטָנוּת נ׳ simpleness
פַּשטָנִי ת׳ simplistic, plain
פָשִׁיזם (תנועה גזענית) ז׳ fascism
פְּשִׁיטָא תה״פ of course, surely
פְּשִׁיטָה נ׳ raid, inroad, attack
- פשיטת רגל bankruptcy
פָשִׁיסט (גזען) ז׳ fascist
פָשִׁיסטִי ת׳ fascistic
פְּשִׁיעָה נ׳ crime, offense, vice
פְּשִׂיקָה נ׳ opening (wide)

*פַּשְׁלָה נ׳ botch, bungle
פָּשַׁע פ׳ commit a crime, sin
פֶּשַׁע ז׳ crime, sin, felony, *job
- פשע מאורגן organized crime
- פשע נגד האנושות crime against humanity
- פשעי מלחמה war crimes
פֶּשַׂע - כפשע בינו לבין on the verge of
פִּשְׁפּוּשׁ ז׳ search, scrutiny
פִּשְׁפֵּשׁ פ׳ search, scrutinize
פִּשְׁפֵּשׁ ז׳ bedbug, bug, flea
פִּשְׁפָּשׁ ז׳ wicket, postern
פָּשַׂק פ׳ open wide, open
פֵּשֶׁר ז׳ meaning, sense
פְּשָׁרָה נ׳ compromise
פַּשְׁרָנִי ת׳ compromising
פִּשְׁתָּה נ׳ flax
פִּשְׁתָּן ז׳ flax, linen
פִּשְׁתָּנִי ת׳ flaxen, fustian
פַּת נ׳ bread, meal, slice, piece
- הגיע לפת לחם become penniless
פִּתְאוֹם תה״פ suddenly
*- מה פתאום? certainly not!
פִּתְאוֹמִי ת׳ sudden, unexpected
פַּתַּאי ז׳ seducer, tempter
פִּתְגָּם ז׳ saying, proverb
פִּתְגָּמִי ת׳ proverbial
פָּתוּחַ ת׳ open, accessible
- דלת פתוחה open door
פָּתוֹלוֹג ז׳ pathologist
פָּתוֹלוֹגִי ת׳ pathological
פָּתוֹלוֹגְיָה נ׳ pathology
פָּתוּר ת׳ solved
פָּתַח פ׳ open, start, begin
- פתח באש open fire
פֶּתַח ז׳ entrance, door, gate
- פתח דבר introduction
פַּתָּח ז׳ ah (Hebrew vowel)
פִּתְחוֹן פֶּה ז׳ excuse, pretext
פַּתֶּטִי ת׳ pathetic, touching
פֶּתִי (פתאים) ז׳ simpleton, fool
פִּתִּיחַ ז׳ indentation, preface
פְּתִיחָה נ׳ opening, start
פְּתִיחוּת נ׳ openness
פְּתִיל ז׳ cord, fuse, thread
- פתיל השהיה time fuse
*- פתיל קצר short fuse
פְּתִילָה נ׳ wick, suppository
פְּתִילִיָּה נ׳ paraffin stove
פָּתִיר ת׳ solvable, decipherable
פְּתִירָה נ׳ solving, working-out
פְּתִית ז׳ crumb, flake
- פתית שלג snowflake
פְּתַלְתּוֹל ת׳ winding, twisty
פֶּתֶן ז׳ cobra
פֶּתַע תה״פ suddenly
- התקפת פתע surprise attack
- לפתע (פתאום) suddenly
פִּתְפּוּתֵי בֵּיצִים ז״ר nonsense
פֶּתֶק ז׳ note, slip, label, ticket
- פתק הצבעה ballot paper
פִּתְקָה נ׳ note, slip, tab, chit
פִּתְקִית נ׳ ticket, label, sticker
פָּתַר פ׳ solve, work out
פִּתְרוֹן ז׳ answer, solution, key
- הפתרון הסופי the Final Solution
פַּתְשֶׁגֶן ז׳ conspectus, copy

צ

צֶאֱלוֹן ז׳ poinciana
צֶאֱלִים ז״ר shadow, acacia
צֹאן נ״ר sheep, flock, herd
- גמל הצאן llama, alpaca
- צאן מרעית flock, fold
צַ׳אנס ז׳ opportunity, chance
צֶאֱצָא ז׳ descendant, offspring
צָאר ז׳ czar, tzar, tsar
צֵאת going out, departure
צָב ז׳ tortoise, turtle
- צב ים sea turtle
צָבָא פ׳ assemble, throng
צָבָא ז׳ army, military, host
- צבא הגנה לישראל Israel Defense Forces, IDF
- צבא השמיים heavenly bodies
- צבא סדיר regular army
- צבא קבע standing army
צְבָאִי ת׳ military, martial
- דואר צבאי military post
צְבָאִיּוּת נ׳ militarism
צְבָאִים (רבים של צבי) ז״ר deer
צָבָה פ׳ swell, distend
צָבוֹעַ ז׳ hyena
צָבוּעַ ת׳ painted, hypocrite
צָבוּר ת׳ accumulated, piled up
צָבַט פ׳ nip, pinch, clamp
צְבִי ז׳ deer, gazelle, buck, stag

צִבְיוֹן ז׳ color, tint, nature
צְבִיטָה נ׳ nip, pinch, twinge
צְבִיָּה נ׳ hind
צְבָיִים (רבים של צבי) ז״ר deer
צְבִיעָה נ׳ coloration, painting
צְבִיעוּת נ׳ hypocrisy, cant
צְבִיר ז׳ group, cluster, clump
צְבִירָה נ׳ accumulation
- מצב צבירה physical state
צָבַע פ׳ paint, color, dye, tinge
צֶבַע ז׳ color, paint, dye, hue
- צבע יסוד undercoat, primer
- צבע מגן protective coloring
- צבע שיער hair-dye, tint
- צבעי שמן oils, oil-colors
צַבָּע ז׳ painter, dyer
צִבְעוֹנִי ז׳ tulip
צִבְעוֹנִי ת׳ chromatic, colored
צַבָּעוּת נ׳ painting
צִבְעִי ת׳ chromatic
צִבְעָן ז׳ pigment
צָבַר פ׳ accumulate, hoard
צַבָּר ז׳ cactus, prickly pear, sabra, Israel-born
צַבָּרִי ת׳ Israeli, prickly
צְבָת נ׳ pincers, tongs, nippers
- צבת הסרטן claw, mandibles
צָג ז׳ display, screen
צָד פ׳ hunt, capture, catch, bag
- צד את עינו catch his eye
צַד ז׳ side, flank, page, party
- בצד apart, aside
- מכל הצדדים from every side
- מצד אחד on the one hand
- מצד שני on the other hand
- מצידי for my part
- על הצד הטוב ביותר best
- צד בצד side by side
- צד ג׳/שלישי third party
צְדָדִי ת׳ lateral, incidental, side
- חד-צדדיות partiality
צְדָדִים (רבים של צד) ז״ר sides
צְדוּדִית (פרופיל) נ׳ profile
צְדוֹקִי ז׳ Sadducee
צָדִי, צָדִיק נ׳ sadhe (letter)
צַדִּיק ת׳ pious, virtuous, Rabbi
צַדִּיקוּת נ׳ righteousness, piety
צֶדַע ז׳ temple
צֶדֶף ז׳ shell
צִדְפָּה נ׳ clam, oyster, scallop
צָדַק פ׳ be right, be correct
צֶדֶק ז׳ justice, honesty, Jupiter

- בצדק deservedly, justly
- הצדק איתך you are right
צְדָקָה נ׳ alms, charity
צִדְקָנוּת נ׳ priggishness, piety
צַדֶּקֶת נ׳ righteous woman
צֶדֶר (עוטף ריאות) ז׳ pleura
צָ׳ה צָ׳ה צָ׳ה ז׳ cha-cha-cha
צְהַבְהַב ת׳ yellowish, yellowy
צַהֶבֶת נ׳ jaundice, yellows
צָהוֹב ת׳ yellow
צָהוּב ת׳ hostile, inimical
צְהוּבּוֹן ז׳ tabloid, yellow press
צָהַל פ׳ rejoice, exult, neigh
צה״ל=צבא הגנה לישראל IDF
צָהֳלָה נ׳ exultation, glee, neigh
צַהֲלִי ת׳ of the IDF
צַהֲרוֹן ז׳ midday newspaper, afternoon nursery
צָהֳרַיִים ז״ר noon, midday
- בצהרי היום at noon
צַו ז׳ decree, order, warrant
- צו איסור פרסום gag order
- צו ביניים interim injunction
- צו גיוס mobilization order
- צו הבאה habeas corpus
- צו החלטי absolute order
- צו השעה need of the hour
- צו חיפוש search warrant
- צו ירושה inheritance order
- צו מניעה injunction
- צו על תנאי order nisi
- צו קריאה call-up
- צו שמונה emergency call-up
צוֹאָה נ׳ excrement, feces, dung
צוֹאָתִי ת׳ fecal
צוֹבֶל (טורף) ז׳ sable
צוֹבֶר ז׳ bulk, pile, heap
- בצובר in bulk, loose
צוֹבֵר ז׳ accumulator
צוֹדֵד פ׳ capture, captivate
צוֹדֵק ת׳ just, right, fair
צוֹהֵל ת׳ joyful, exultant
צוֹהַר ז׳ window, skylight
צַוָּאָה נ׳ testament, will
- מת בלי צוואה die intestate
- צוואת שכיב מרע deathbed testament
צַוָּאר ז׳ neck, throat
- צוואר הבקבוק bottleneck
- צוואר הרחם cervix
- שקוע עד צוואר ב- up to the neck in

צַוָּארוֹן ז' collar
- צווארון גולף/נגלל turtleneck
- צווארון וי V-neck
- צווארון כחול blue collar
- צווארון לבן white collar
צוּוָּה פ' be ordered
צָוַח פ' scream, bellow, yell
צְוָחָה נ' shout, scream, yell
צַוְחָנִי ת' screaming, squeaky
צְוִיחָה נ' shout, scream, bawl
צֶוֶת ז' crew, panel, team, staff
- צוות אוויר air crew
- צוות קרקע ground crew
צוּטַט פ' be quoted, be cited
צוּיַד פ' be equipped
צוּיַן פ' be marked
- צוין לשבח be cited, mentioned in dispatches
צוּיַר פ' be drawn, be painted
צוֹלֵב ת' cross, crosswise
צוֹלֵל ז' diver, frogman, diving
צוֹלְלָן ז' submariner
צוֹלֶלֶת נ' submarine, *sub
צוּלַם פ' be filmed, be shot
צוֹלֵעַ ת' lame, limping, poor
צוֹם ז' fast, fasting
צוֹמֵחַ ת' growing, flora
צוּמַק פ' be shriveled
צוֹמֶת ז' crossroads, junction, intersection, crossing, node
- צומת טי T-junction
צוּנָאמִי (גל ענק) ז' tsunami
צוֹנֵן ת' chilly, cold, cool, aloof
- צוננים cold water
צוֹעֲנִי ז' gipsy, gypsy, romany
צוֹעֵר ז' cadet, assistant
צוּף ז' honeydew, nectar
צוּפָּה פ' be coated, be plated
צוֹפֶה ז' scout, spectator
צוּפִית נ' sunbird, hummingbird
צוֹפֶן ז' code, cipher
- צופן גנטי genetic code
צ'וֹפְּסוּאִי ז' chop suey
צוֹפֵף פ' press, compact
*צ'וּפְּצִ'יק ז' snout, jut, button
צוֹפָר ז' horn, siren, hooter
*צ'וּפָּר ז' bonus, gift, extra
*צוּצִיק ז' kid, rug rat, little one
צוּצֶלֶת נ' palm dove
צוּק ז' cliff, promontory, bluff
צ'וֹק (משנק) ז' choke

צוֹק הָעִיתִּים ז' hard times
צוּר ז' rock, cliff, fortress
- צור ישראל Rock of Israel
- צור מחצבתו origin, nativity
צוֹר ז' flint
צוֹרֵב ז' burner
צוֹרֵב ת' burning, scalding
צוּרָה נ' form, shape, manner
- צורה לו! ugly!
צוּרִית נ' sedum, stonecrop
צוֹרֶךְ ז' need, requirement
- כל צורכו sufficiently
- לצורך for the purpose of
- שלא לצורך needlessly
צוֹרֵם ת' dissonant, harsh
צוֹרְמָנִי ת' harsh, grating
צוּרָן (הברה) ז' morpheme
צוֹרָן (יסוד כימי) ז' silicon
צוּרָנִי ת' formal, modal
צוֹרַף פ' be added, be refined
צוֹרֵף ז' goldsmith, silversmith
צוֹרְפוּת נ' goldsmith's craft
צוֹרֵר ז' enemy, foe, oppressor
צוֹתֵת פ' eavesdrop, tap
צְזוּרָה (מִפְסָק) נ' cesura, caesura
צַח ת' white, pure, precise
צְחוֹק ז' laughter, laugh, fun
- בצחוק jokingly, in fun
- בת-צחוק smile
- צחוק בצד joking apart
- צחוק הגורל irony of fate
צָחוֹר ת' white, snow-white
צַחוּת נ' purity, accuracy
צַחֲזַאי ז' clairvoyant, seer
צַחֲזוּת נ' clairvoyance
צָחִיחַ ת' arid, parched, torrid
צְחִיחוּת נ' dryness, aridity
צַחֲנָה נ' stink, stench, smell
צִחְצוּחַ ז' polishing, brush
- צחצוח חרבות saber rattling
- צחצוח מלים polemics
- צחצוח נעליים shoeshine
צִחְצֵחַ פ' brush, polish, rub up
*צַ'חְצָ'ח ז' ill-bred man
צָחַק פ' laugh, smile, grin
- צחק אחרון have the last laugh
- צחק בקרבו laugh up one's sleeve
צִחְקוּק ז' giggle, chuckle, titter
צַחְקָן ז' laugher
צִחְקֵק פ' giggle, chuckle

צִי ז׳	fleet, navy, armada
- צי הסוחר	merchant marine
צִיאָנוֹזִיס (כיחלון) ז׳	cyanosis
צִיאָנִיד (רעל) ז׳	cyanide
צִיבּוּר ז׳	public, community
צִיבּוּרִי ת׳	public, common
- דמות ציבורית	public figure
צִיבּוּרִית (כולבויניק) נ׳	slop bowl
צַיִד ז׳	hunting, chase, game
- ציד מכשפות	witch hunt
צִידֵּד פ׳	support, traverse
צֵידָה נ׳	provisions, supplies
צִידּוּד ז׳	siding, supporting, partisanship, traverse
צִידּוּק ז׳	justification
צִידִּי ת׳	side, flanking, lateral
צֵידָנִית נ׳	picnic box, cooler
צִיּוּד ז׳	equipment, outfit, gear, provision, supplies, tackle
- ציוד היקפי	peripheral equipment
צִ'יוּוָאוּוָה ז׳	chihuahua
צִיוָּה פ׳	command, order, bid
צִיוּוּי ז׳	order, imperative
צִיוִילִיזַצְיָה נ׳	civilization
צִיוֵּת פ׳	staff, group, man
צִיוּוֹת ז׳	staffing, grouping
צִיּוּן ז׳	mark, note, grade
- ציון דרך	landmark
- ציון לשבח	citation
- ציון מגן	protective mark
צִיּוֹן נ׳	Zion, Israel
צִיּוֹנוּת נ׳	Zionism
צִיּוֹנִי ז׳	Zionist
צִיּוּץ ז׳	cheep, twitter, chirp
צִיּוּר ז׳	painting, drawing
- ציור קיר	fresco
- ציור שמן	oil painting
צִיּוּרִי ת׳	picturesque, figurative
צִיּוּרִיּוּת נ׳	picturesqueness
צִיּוּת ז׳	obedience, obeying
*צִ'יזְבֵּט פ׳	fabricate, fib, lie
*צִ'יזְבָּט ז׳	tall story, fib, lie
צִיחְיוֹן ז׳	dehydration
צִ'יטָה (ברדלס) נ׳	cheetah
צִיטוּט ז׳	quotation, citation
- סוף ציטוט	unquote
צִיטֵט פ׳	cite, quote, adduce
צִיטָטָה נ׳	quotation, citation
צִיֵּיד פ׳	equip, provide, supply
צַיָּיד ז׳	hunter, huntsman
- צייד כשרונות	talent scout
צִיָּה נ׳	dryness, desert, aridity
צִיֵּין פ׳	mark, signify, note
- ציין לשבח	cite, mention in dispatches
צִיֵּיץ פ׳	twitter, cheep, chirp
צִיֵּיר פ׳	draw, paint, describe
צַיָּיר ז׳	artist, painter
צִיֵּית פ׳	obey, comply, heed
צַיְיתָן ת׳	obedient, docile
צַיְיתָנוּת נ׳	obedience
צִ'ילֶה נ׳	Chile
צִילּוּם ז׳	photography, picture
- צילום דולג-זמן	time-lapse photography
- צילום מסמך	photocopy
- צילום מקרב/תקריב	close-up
- צילום רנטגן	X ray
צִילוֹן ז׳	roller shade
צִ'ילִי (תבלין חריף) ז׳	chili
צִילִינְדֶּר ז׳	cylinder, top hat
צִילֵּם פ׳	photograph, film, take, picture, shoot, photocopy
צִילֵּק פ׳	scar, traumatize
צִימָּאוֹן ז׳	thirst
צִימּוּד ז׳	homonym
צִימּוּק ז׳	raisin, anecdote
צִימּוּת ז׳	agglutination
צִימַּח פ׳	grow, sprout, produce
צִימֵּק פ׳	shrivel, dry, shrink
צִימֶר (חדר נופש) ז׳	Zimmer
צִינָּה נ׳	chill, cold, cool, shield
צִינּוּן ז׳	chilling, cooling-off
צִינוֹק ז׳	dungeon, prison cell
צִינּוֹר ז׳	hose, pipe, pipeline, tube, canal, drain, duct
- הצינורות המקובלים	the proper channels
- צינור בירוץ	overflow pipe
- צינור העיכול	alimentary canal
- צינור ניקוז	drainpipe
- צינור פליטה	exhaust pipe
צִינּוֹרָה נ׳	crochet-hook
צִינּוֹרִית נ׳	thin pipe
צִינִי ת׳	cynical, mocking
צִינִיּוּת נ׳	cynicism, sarcasm
צִינִיקָן ת׳	cynic
צִינִית נ׳	podagra, gout
צִינֵּן פ׳	cool, cool off, chill
צִ'ינְצִ'ילָה (מכרסם) נ׳	chinchilla
צִיסְטָה נ׳	cyst, sac, vesicle, wen
צִיעֵר פ׳	cause sorrow, sadden

צִיפָּה פ	expect, hope, coat
צִיפָּה נ	cover, bed cover, tick
צִיפָּה נ	pulp, flesh, buoyancy
צִיפּוּי ז	coating, plating, icing
צִיפּוּף ז	crowding, compacting
צִיפּוֹר נ	bird, *birdie
- פגע בציפור נפשו	cut to the quick
- ציפור גן עדן	bird of paradise
- ציפור דרור	fancy-free
- ציפור נודדת	bird of passage
- ציפור שיר	songbird
צִיפּוֹרֶן נ	fingernail, nail, claw
- בציפורני	in the clutches of
- ציפורן חודרנית	ingrown toenail
- ציפורן עט	nib
- ציפורני החתול	marigold
צִיפּוֹרֶן (צמח) ז	clove, carnation
צִיפּוֹרָנִית (פרח) נ	campion
צִיפִּייָה נ	anticipation
צִיפִּית נ	pillowcase, slip, tick
צִ'יפְּס ז"ר	French fries, chips
*צִ'יפֵּר פ	give a bonus
צִיץ ז	blossom, diadem
צִיצָה נ	frill, tuft, tassel
צִיצִית נ	fringe, tassel, zizith, fringed garment
*צִ'יק צַ'ק תה"פ	immediately
צִיקָדָה (חרק מצרצר) נ	cicada
צִיקוֹרְיָה נ	chicory, endive
צִיקְלוֹן (סערה) ז	cyclone
צִיקְלוֹפּ (ענק) ז	cyclops
צִיקְלָמָט (ממתיק) ז	cyclamate
צִיר ז	axis, pivot, hinge, pole, delegate, messenger, juice
- צירי לידה, צירים	birth pangs
צֵירָה ז	eh (Hebrew vowel)
צֵירוּף ז	combination, joining
- בצירוף	together with
- צירוף מילים/לשון	idiom, phrase
- צירוף מקרים	coincidence
צִירוּת נ	legation, consulate
צֵירֵף פ	combine, unite, add
צִיתוּת ז	eavesdropping, listening-in, wiretapping
צֶ'כִי ז	Czech
צֵל ז	shadow, shade, shelter
- צל צילו של	shadow, trace
- צל של ספק	a shadow of doubt

צ"ל = צריך להיות	should be
צָלַב פ	crucify
צְלָב ז	cross, crucifix, rood
- צלב הקרס	swastika
צַלְבּוֹן ז	dagger, obelisk, cross
צַלְבָּן ז	crusader
צָלָה פ	broil, grill, roast
צֶ'לוֹ (בטנונית) ז	cello
צָלוּב תי	crucified, Christ
צְלוֹחִית נ	saucer, vial, flask
צָלוּי תי	roast, roasted
צָלוּל תי	clear, limpid, sober
צֶלוּלוֹאִיד (צִיבִית) ז	celluloid
צְלוֹפָח ז	eel
צֶלוֹפָן (נייר שקוף) ז	cellophane
צֶלְזִיוּס ז	Celsius, centigrade
צָלַח פ	cross, pass, succeed
צְלָחָה נ	migraine, headache
צַלַחַת נ	dish, plate, hubcap
- צלחת מעופפת	flying saucer
צְלִי ז	barbecue, roast, grill
צֶלִיאָק (כְּרֶסֶת) ז	celiac disease
צְלִיבָה נ	crucifixion
צְלִיחָה נ	crossing (water)
צְלִייָה נ	roast, roasting
צַלְייָן ז	pilgrim, palmer
צַלְיינוּת נ	pilgrimage
צְלִיל ז	sound, tone, note
- צליל חיוג	dial tone
צְלִילָה נ	dive, diving, plunge
צְלִילוּת נ	clarity, lucidity
- צלילות דעת	presence of mind, sobriety
צְלִיעָה נ	limp, lameness
צְלִיפָה נ	sniping, shooting
צָלַל פ	dive, sink, plunge, delve
צְלָלִים ז"ר	shadows
צְלָלִית נ	silhouette
- צללית עיניים	eyeshadow
צַלָם ז	photographer
צֶלֶם ז	icon, idol, image
- בצלמו ובדמותו	exactly like him
- צלם אנוש	humanity
צַלְמָוֶת ז	inky darkness
צֶ'לָן ז	cellist
צָלַע פ	limp, halt, be lame
צֵלָע נ	rib, side
צָלַף פ	snipe, snipe at
צַלָף ז	marksman, sniper
צָלָף (שיח בר) ז	caper
צְלָפוּת נ	sniping

צִלְצוּל ז׳ — ringing, call, ring, toll
צִלְצֵל פ׳ — ring, call, telephone
צִלְצָל ז׳ — harpoon, cymbal
צַלֶּקֶת נ׳ — scar, mark, stigma
צל״ש = ציון לשבח — citation
צָם פ׳ — fast, refrain from food
צָמָא ז׳ — thirst, longing
צָמֵא ת׳ — thirsty, greedy, craving
- צמא דם — bloodthirsty
צֶ׳מבָּלוֹ ז׳ — harpsichord
צֶמֶג (קאוצ׳וק) ז׳ — caoutchouc
צֶמֶד ז׳ — brace, pair, couple
- צמד חמד — lovely pair
צַמְדָן (סקוץ׳) ז׳ — scotch, velcro
צַמָּה נ׳ — braid, plait, pigtail
צָמוּד ת׳ — attached, adjacent, clinging, closefitting, linked
- צמוד לדולר — dollar-linked
- צמוד למדד — index-linked
צָמַח פ׳ — grow, sprout, shoot
צֶמַח ז׳ — plant, growth
- צמח מים — hydrophyte
- צמחי מרפא — medicinal plants
צִמְחוֹנוּת נ׳ — vegetarianism
צִמְחוֹנִי ת׳ — vegetarian, vegan
צִמְחִי ת׳ — vegetable
צִמְחִיָּיה נ׳ — flora, vegetation
צָמִיג ז׳ — tyre, tire
- צמיג רדיאלי — radial tire
* - צמיגים — middle age spread
צְמִיגוּת נ׳ — viscosity, stickiness
צָמִיגִי ת׳ — viscous, sticky
צָמִיד ז׳ — bracelet, wristlet
צְמִידוּת נ׳ — linking, coupling
צְמִיחָה נ׳ — growth, growing
צָמִית ז׳ — villein, vassal
צִמְצוּם ז׳ — reduction, diminishing, poverty
צִמְצֵם פ׳ — diminish, limit, restrict, reduce, cancel
צַמְצָם ז׳ — diaphragm, shutter
צֶמֶר ז׳ — wool
- צמר גפן — cotton, cotton wool
- צמר גפן מתוק — candyfloss
- צמר סלעים — rock wool
- צמר פלדה — steel wool
צַמְרִי ת׳ — woolen, woolly, fleecy
צְמַרמוֹרֶת נ׳ — shiver, *creeps
צִמְרֵר פ׳ — shock, give the creeps
צַמֶּרֶת נ׳ — top, treetop, leadership
צְנוֹבָר ז׳ — pine, pine cone

צָנוּם ת׳ — thin, lean, skinny
צְנוֹן ז׳ — radish, rutabaga, swede
צְנוֹנִית נ׳ — small radish, radish
צָנוּעַ ת׳ — decent, humble
צָנוּף ת׳ — wrapped, rolled up
צֶנְזוּס (מפקד) ז׳ — census
צֶנְזוֹר ז׳ — censor
צֶנְזוּר ז׳ — censoring
צֶנְזוּרָה נ׳ — censorship
צִנְזֵר פ׳ — bowdlerize, censor
צָנַח פ׳ — parachute, sag, drop
צַנְחָן ז׳ — parachutist
צֶנְטְרִיפוּגָה (סַרְכֶּזֶת) נ׳ — separator
צֶנְטְרָלִיזם ז׳ — centralism
צֶנְטְרָלִיזַציָה נ׳ — centralization
צְנִיחָה נ׳ — parachuting, drop
- צניחה חופשית — free fall
- צניחת רחם — uterine prolapse
צָנִים ז׳ — rusk, toast
צְנִינִים ז״ר — thorn
צְנִיעוּת נ׳ — modesty, chastity
צָנִיף ז׳ — headdress, turban
צְנִיפָה נ׳ — neigh, whinny
צֶנַע ז׳ — austerity, modesty
צִנְעָה נ׳ — privacy, secrecy
- צנעת הפרט — privacy
צָנַף פ׳ — wrap, neigh, whinny
צִנְצֶנֶת נ׳ — jar, flask, bottle, cruet
צָנְרָן (שנורקל) ז׳ — snorkel
צַנֶּרֶת נ׳ — piping, pipe system
צִנְתּוּר ז׳ — catheterization
צִנְתֵּר פ׳ — catheterize
צַנְתֵּר ז׳ — catheter, pipe
צָעַד פ׳ — march, pace, step, walk
צַעַד ז׳ — pace, step, move
- נקט צעדים — take steps
- על כל צעד ושעל — at every turn
- צעד צעד — step by step
צְעָדָה נ׳ — march, walk
צְעִידָה נ׳ — march, walk
צָעִיף ז׳ — scarf, shawl, veil, stole
צָעִיר ת׳ — young, junior, youth
צְעִירָה נ׳ — young woman
צְעִירוּת נ׳ — youth, young days
צַעֲצוּעַ ז׳ — toy, plaything, trinket
צָעַק פ׳ — yell, cry, scream
- צעק חי וקיים — *bay at the moon
צְעָקָה נ׳ — cry, scream, shout
- הצעקה האחרונה — the latest
צַעֲקָנוּת נ׳ — flamboyance
צַעֲקָנִי ת׳ — flamboyant, noisy

צַעַר ז׳ sorrow, grief, pain
- לצערי to my sorrow, sorry
- צער בעלי חיים mercy to animals
צָף פ׳ float, buoy, surface
צָף ז׳ ball-cock, buoy, float
צָפַד פ׳ shrivel, dry up
צַפְדִּינָה (מחלה) נ׳ scurvy
צַפֶּדֶת נ׳ tetanus, lockjaw
צָפָה פ׳ watch, look, foresee
צָפוּי ת׳ expected, likely
צָפוֹן ז׳ north
- צפון מזרח northeast
- צפון מזרחי northeastern
- צפון מערב northwest
- צפון מערבי northwestern
צָפוּן ת׳ hidden, concealed
צָפוֹנָה תה״פ northward, north
צְפוֹנִי ת׳ northern, *snobbish
צָפוּף ת׳ crowded, dense, close
*צ׳פחה נ׳ slap, pat, strike
צִפְחָה נ׳ shale, slate, schist
צֶפִי ז׳ forecast, prognosis
צַפִּיחִית נ׳ wafer, cake
צְפִיָּה נ׳ watching, viewing
- צפיית שיא prime time
צְפִיפוּת נ׳ density, crowding
צָפִיר ז׳ goat, kid, tragus
צְפִירָה נ׳ blast, hooting, siren
צָפַן פ׳ hide, conceal
צֶפַע (נחש ארסי) ז׳ viper
צִפְעוֹנִי (משפחת נחשים) ז׳ viper
צִפְצוּף ז׳ whistle, hooting, *contempt, disregard
צִפְצֵף פ׳ whistle, twitter, *scorn
צְפַצְפָה נ׳ whistle
צַפְצָפָה (עץ נוי) נ׳ poplar
צֶפֶק (קרום הכרס) ז׳ peritoneum
צַפֶּקֶת נ׳ peritonitis
צָפַר פ׳ hoot, honk, whistle
צַפָּר ז׳ ornithologist
צַפְרָא ז׳ morn, morning
צְפַרְדֵּעַ נ׳ frog
צַפָּרוּת נ׳ ornithology
צַפְרִיר ז׳ morning breeze
צְפַת נ׳ Zafed
צָץ פ׳ appear, sprout up
צֶ׳ק (המחאה) ז׳ check, cheque
צִקְלוֹן פ׳ bag, knapsack
*צִקְצֵק פ׳ smack one's lips
צָר פ׳ shape, form, besiege
צַר ז׳ enemy, foe, persecutor

צַר ת׳ narrow, close, tight
- בצר לו in one's distress
- צר אופק narrow-minded
- צר לי I'm sorry
- צר עין envious, grudging
צָרַב פ׳ burn, sear, etch
צָרֶבֶת נ׳ heartburn
צָרָה נ׳ affliction, trouble
- על כל צרה שלא תבוא in case of trouble
- צרה צרורה serious trouble
צָרוּד ת׳ hoarse, husky, throaty
צָרוּף ת׳ pure, refined, purged
צְרוֹר ז׳ bundle, batch, bunch
- צרור יריות burst of fire
צָרוּת נ׳ narrowness, tightness
- צרות עין envy, grudge
צָרַח פ׳ shout, scream, yell
צַרְחָן ז׳ screamer, yeller
צֶ׳רְטֶר (הֶסְכֵּם שָׂכָר) ז׳ charter
צְרִיבָה נ׳ burn, scorching
צְרִידוּת נ׳ hoarseness
צְרִיחַ ז׳ tower, turret, rook
צְרִיחָה נ׳ shout, scream, shriek
צָרִיךְ ת׳ must, should, need, ought, necessary
צְרִיכָה נ׳ consumption, use
צְרִימָה נ׳ stridency, dissonance
צְרִיף ז׳ hut, shack, cottage
צְרִיפָה נ׳ purification, refining
צְרִיפוֹן ז׳ hovel, small hut
צְרִיר ז׳ dissonance, discord
צָרַךְ פ׳ consume, use, require
צְרָכִים ז״ר wants, needs
- עשה צרכיו move the bowels
צַרְכָן ז׳ consumer, user
צַרְכָנוּת נ׳ consumerism
צַרְכָנִיָּה נ׳ cooperative store
צָרַם פ׳ be strident, grate, jar
- צרם את העין offend the eye
צִרְעָה נ׳ hornet, wasp
צָרַעַת נ׳ leprosy
צָרַף פ׳ purify, refine, purge
צָרְפַת נ׳ France
צָרְפָתִי ת׳ French
צָרְפָתִית נ׳ French
צִרְצוּר ז׳ chirping, chirp
צִרְצֵר פ׳ chirp, cheep
צְרָצַר ז׳ cricket, cicada
צֶ׳רְקֶסִי ז׳ Circassian
צָרַר פ׳ pack, parcel, oppress
צַתְרָה (צמח) נ׳ savory

ק

קָאדִי ז׳ cadi, Muslim judge
קָאדֶר ז׳ cadre, key group
קָאוּבּוֹי ז׳ cowboy, wrangler
קָאוּנטרי קְלָאבּ country club
קָאוּצ׳וּק (צֶמֶג) ז׳ caoutchouc
קָאלט (אמנות פולחן) ז׳ cult
קָאמְבֶּק (שיבה) ז׳ comeback
קָאמֶרִי (במוזיקה) ת׳ chamber
קָאָק (עורב) ז׳ daw, jackdaw
קָארִי (מאכל חריף) ז׳ curry
קַב ז׳ crutch, stilt, measure
קַבַּאבּ ז׳ kebab, shish kebab
קָבוּעַ ת׳ fixed, permanent, steady, regular, constant
קְבוּעָה נ׳ fixture, fitment
קְבוּצָה נ׳ band, group, team
- קְבוצת כוכבים constellation
קְבוּצָתִי ת׳ collective, group
קָבוּר ת׳ buried, interred
- פה קבור הכלב there's the rub
קְבוּרָה נ׳ burial, interment
קב״ט = קצין ביטחון
קַבְיָה נ׳ cavy, guinea pig
קָבִיל ת׳ admissible, acceptable
קְבִילָה נ׳ complaint, charge
קְבִילוּת נ׳ admissibility
קַבִּינָה נ׳ cabin, cab
קַבִּינֶט ז׳ cabinet
קְבִיעָה נ׳ fixing, decision
קְבִיעוּת נ׳ regularity, constancy, permanence, tenure
קְבִירָה נ׳ burial, liquidation
קִבֵּל פ׳ complain, grumble
קַבָּל ז׳ condenser, capacitor
קֳבֵל תה״פ in front of
- קבל עם publicly, overtly
קַבָּלָה נ׳ receipt, reception, acceptance, cabala
- קבלת פנים welcome
- קבלת שבת reception of the Sabbath
קַבְּלָן ז׳ contractor
- קבלן קולות vote contractor
קַבְּלָנוּת נ׳ contracting
קב״ן=קצין בריאות נפש
קֶבֶס ז׳ nausea, disgust
קָבַע פ׳ fix, appoint, determine
קֶבַע ז׳ permanence, regularity, standing army
קַבְּצָן ז׳ beggar, cadger, pauper
קַבְּצָנוּת נ׳ beggary, poverty
קַבְקַב ז׳ clog, patten, sabot
קָבַר פ׳ bury, entomb, inter
קֶבֶר ז׳ tomb, grave, sepulcher
קַבָּרֶט ז׳ cabaret, floor show
קַבְּרָן ז׳ undertaker
קַבַּרְנִיט ז׳ skipper, captain
ק״ג = קילוגרם kg., kilogram
קַד (קידה) פ׳ curtsy, bow
קָדוּם ת׳ ancient, old
קְדוּמָנִי ת׳ frontal, advance
קָדוֹשׁ ת׳ holy, sacred, saint
- קדוש מעונה martyr
קְדוּשָּׁה נ׳ holiness, sacredness
קָדַח פ׳ drill, suffer from fever
קֶדַח ז׳ bore, caliber
קַדַּחַת נ׳ ague, fever, *not a bit
- קדחת השיגרון rheumatic fever
קַדַּחְתָּנוּת נ׳ ardor, fervor
קַדַּחְתָּנִי ת׳ feverish, hectic
קָדֶט (חניך ביה״ס צבאי) ז׳ cadet
קְדִיחָה נ׳ boring, drilling
קָדִים ז׳ east, east wind
קָדִימָה תה״פ ahead, onwards, forward, on, let's go!
קְדִימוֹן (פרומו) ז׳ promo
קְדִימוּת נ׳ priority, preference
קְדֵירָה נ׳ pot, cauldron
קַדִּישׁ ז׳ Kaddish, prayer
קָדַם פ׳ precede, come before
קֶדֶם ז׳ east, ancient times
קְדַם תח׳ pre-, ante-
- קדם-צבאי pre-military
קִדְמָה נ׳ advance, progress
קֵדְמָה תה״פ eastwards
קִדְמָה נ׳ forecourt, front
- קדמת הבימה apron
קַדְמוֹן ת׳ ancient, primeval
קַדְמוּת נ׳ previous position
קִדְמִי ת׳ frontal, forward, fore
קָדֶנְצָה (תֵּנַח) נ׳ cadence
קָדֶנְצְיָה נ׳ tenure, term of office
קָדַר פ׳ darken, be gloomy
קַדָּר ז׳ potter, ceramist
קַדְרוּת נ׳ gloom, depression
קַדָּרוּת נ׳ pottery, ceramics
קְדֵשָׁה נ׳ prostitute, harlot
קֵהָה פ׳ blunt, become dull

קֵהֶה ת׳ — blunt, dull, obtuse
קֵהוּי ת׳ — blunt, dull, matt
קֵהוּת נ׳ — bluntness, numbness
קְהִילָּה נ׳ — parish, community
קְהִילִיָּיה נ׳ — commonwealth
קְהִילָּתִי ת׳ — communal
קָהִיר נ׳ — Cairo
קָהָל ז׳ — audience, crowd, public
קַו ז׳ — line, policy, streak
- קו אורך — meridian, longitude
- קו אשראי — credit line
- קו החיים (בכף היד) — lifeline
- קו המשווה — equator
- קו השער — goal line
- קו נטוי — oblique, slash, (/)
- קו רוחב — latitude
- קו תפר — seam
קוֹאוֹפֶּרָטִיב ז׳ — cooperative
קוֹאוֹרדִינָטָה נ׳ — coordinate
קוֹאוֹרדִינַצְיָה נ׳ — coordination
קוֹאָלִיצְיָה נ׳ — coalition, alliance
קוּב ז׳ — cubic meter
קוּבָּה ז׳ — kube, croquette
קוּבּוּץ ז׳ — oo (Hebrew vowel)
קוּבְיוּסְטוּס ז׳ — gambler
קוּבִּיזְם (באמנות) ז׳ — cubism
קוּבִּיָּה נ׳ — cube, dice, die, brick
- קוביות — dice
קוֹבַּלְט (מתכת קשה) ז׳ — cobalt
קוּבְלָנָה נ׳ — complaint, charge
קוּבַּעַת נ׳ — chalice, font, goblet
קוֹבֶץ ז׳ — file, collection
קוֹבְּרָה (פתן) נ׳ — cobra
קוּגֶל (פשטידת אטריות) ז׳ — kugel
קוּגֶלְלָאגֶר ז׳ — ball bearing
קוֹגְנִיטִיבִי (הַכָּרָנִי) ת׳ — cognitive
קוֹד (צוֹפֶן) ז׳ — code
- קוד אתי — code of ethics
קוֹדֶאִין (סם מרגיע) ז׳ — codeine
קוֹדֵד פ׳ — code, encode
קוֹדֵם ת׳ — previous, former
קוֹדֶם תה״פ — previously, before
- מקודם — before, previously
- קודם כול — first of all
קודקוד ז׳ — head, skull, top
- זוויות קודקודיות — vertical angles
קוֹדֶקְס ז׳ — code, codex
קוֹדֵר ת׳ — gloomy, dark
קוֹדֶשׁ ז׳ — holiness, sanctity
- קודש ל- — dedicated to
- קודש קודשים — holy of holies

קוֹהֶלֶת — Ecclesiastes
קוֹהֶרֶנְטִי (קשור) ת׳ — coherent
קְוַאקֶר ז׳ — oats, oatmeal
קְוָזָאר (גרם שמיימי) ז׳ — quasar
קַוִּי ת׳ — linear, lined
קַוְיָאר (ביצי דגים) ז׳ — caviar
קַוָּן ז׳ — lineman, linesman
קְוַנְט (חלקיק) ז׳ — quantum
קְווּצַּת שֵׂיעָר נ׳ — lock, curl, tress
קִוְקֵו פ׳ — hatch, line, shade
קווקז — Caucasus
קְוֶוקֶר (בן כת נוצרית) ז׳ — quaker
קוורום (מניין מספיק) ז׳ — quorum
קְוַורְטֶט (רְבִיעִית) ז׳ — quartet
קְוַורץ (מינרל) ז׳ — quartz
קוֹזָק ז׳ — Cossack
- הקוזק הנגזל — robber begging for mercy
קוֹטֶב ז׳ — pole
- הקוטב הצפוני — the North Pole
קוֹטְבִּי ת׳ — polar, diametric
קוֹטְבִּיּוּת נ׳ — polarity, contrariety
קוֹטֶג׳ ז׳ — cottage, cottage cheese
קוֹטֵל ת׳ — lethal, killer, -cide
- קוטל נשים — lady-killer
- קוטל קנים — *small beer
קוֹטֶן ז׳ — smallness, little finger
קוֹטַנְגֶּנְס ז׳ — cotangent, cot
קוֹטֶר ז׳ — diameter, gage
קוֹל ז׳ — sound, voice, noise, vote
- אין קול ואין עונה — nobody answers
- בקולי קולות — loudly, noisily
- קול קורא — manifesto, appeal
- קולות צפים — floating vote
*קוּל (״גזעי״) ת׳ — cool
קוּלָּא נ׳ — leniency, clemency
קוֹלָאז׳ (הדבקת גזירים) ז׳ — collage
קוֹלָב ז׳ — coat hanger
קוֹלֶג׳ (מכללה) ז׳ — college
קוֹלֶגָה (עמית) ז׳ — colleague
קוֹלוֹנְיָאלִיזְם ז׳ — colonialism
קוֹלוֹנְיָה (מושבה) נ׳ — colony
קוֹלוֹנֶל (אלוף משנה) ז׳ — colonel
קוֹלוֹסָאלִי (עצום) ת׳ — colossal
קוֹלֵט ז׳ — solar collector
- קולט אדים — stove ventilator
קוֹלְטָן ז׳ — receptor
קוֹלִי ת׳ — sound, sonic, vocal
קוֹלְיָיס (דג) ז׳ — mackerel
קוּלִינָארִי (של בישול) ת׳ — culinary

קוּלִית נ' femur, thighbone
קוּלְמוּס ז' quill pen, pen
קוֹלָן ז' tuning fork
קוֹלְנוֹעַ ז' cinema, movie
קוֹלְנוֹעִי ת' movie, film
קוֹלָנִי ת' noisy, loud
קוֹלָנִיּוּת נ' noisiness
קוֹלָס ז' stalk, stem
קוֹלֵעַ ת' hitting, fit, apt
קוֹלֶקְטִיבִי ת' collective
קוֹלֶקְצְיָה (אוסף) נ' collection
קוֹלָר ז' collar, neckband
- תלה את הקולר ב- put the blame on
קוֹלְרַבִּי (כְּרוּב הַקֶּלַח) ז' kohlrabi
קוֹמְבַּיְן (קְצַרְדָּשׁ) ז' combine
*קוֹמְבִּינָה נ' combination, trick
קוֹמְבִּינִיזוֹן ז' slip, combinations
קוֹמְבִּינַצְיָה נ' combination
קוֹמֶדְיָה נ' comedy, slapstick
- קומדיית מצבים sitcom
קוֹמָה נ' floor, story, height
- קומת קרקע ground floor
קוֹמָה (תרדמת) ז' coma
קוֹמוֹדוֹר ז' commodore
קוּמוּלוּס (ענן ערימה) ז' cumulus
קוֹמוּנָה (קבוצה) נ' commune
קוֹמוּנִיזם ז' communism
קוֹמוּנִיסט ז' communist
קוֹמוּנִיקַצְיָה נ' communication
*קוּמְזִיץ ז' campfire picnic
קוֹמִי ת' comical, farcical
קוֹמִיסְיוֹן ז' commission
קוֹמִיסָר (מפקח) ז' commissar
קוֹמִיקַאי ז' comedian, comic
קוֹמִיקָאִית נ' comedienne
קוֹמִיקְס (עלילון) ז' comics
קוֹמֵם פ' rebuild, restore, raise
- קומם נגדו arouse against him
קוֹמְמִיּוּת נ' independence
קוֹמַנְדוֹ ז' commando
קוֹמַנְדְקָר ז' command car
קוֹמְפּוֹזִיטוֹר (מלחין) ז' composer
קוֹמְפּוֹזִיצְיָה נ' composition
קוֹמְפּוֹט (לפתן) ז' dessert
קוֹמְפּוֹסְט (זבל) ז' compost
קוֹמְפְּלִימֶנְט ז' compliment
קוֹמְפְּלֶקְס ז' complex
קוֹמְפַּקְט דִּיסְק ז' CD
קוֹמְפַּקְטִי ת' compact
קוֹמְפְּרֶסוֹר ז' compressor
קוֹמֶץ ז' handful, sprinkle
קוּמְקוּם ז' kettle
קוּמְקוּמוֹן ז' small kettle, teapot
קוֹמָתַיִם ת' two-storied
קוֹנְבֶנְצְיוֹנָלִי ת' conventional
קוֹנְבֶקְטוֹר ז' convector
קוֹנְגְרֶס ז' congress, legislature
קוֹנְדוֹם (כובעון) ז' condom
קוֹנְדוֹמִינְיוֹן ז' condominium
קוֹנְדִיטָאוּת נ' confectionery
קוֹנְדִיטוֹרְיָה נ' pastry shop
קוֹנְדִישֶׁנֶר ז' conditioner
קוּנְדֵס ז' prankster, rogue
קוּנְדֵסוּת נ' prank, mischief
קוֹנֶה ז' buyer, client, customer
קוֹנוֹטַצְיָה נ' connotation
קוֹנוּס (חרוט) ז' cone
קוֹנְטִינֶנְט (יבשת) ז' continent
קוֹנְטִינֶנְטָלִי ת' continental
קוֹנְטַקְט (מגע) ז' contact
קוֹנְטֶקְסְט (הֶקְשֵׁר) ז' context
קוֹנְטְרַבַּס (בַּטְנוּן) ז' contrabass
קוֹנְטְרוֹבֶרְסִיאָלִי ת' controversial
קוּנְטְרֵס ז' pamphlet, booklet, signature, folded sheet
קוֹנְטְרַסְט (ניגוד) ז' contrast
קוֹנִי (חרוטי) ת' conic, conical
קוֹנְיָאק ז' cognac, brandy
קוֹנְיוּנְקְטוּרָה נ' conjuncture
קוֹנְכִיָּה נ' conch, shell, seashell
קוֹנֵן פ' mourn, lament, bewail
קוֹנְסוּל ז' consul
קוֹנְסוֹלִידַצְיָה נ' consolidation
קוֹנְסוּלְיָה נ' consulate
קוֹנְסוּלָרִי ת' consular
קוֹנְסְטִיטוּצְיָה נ' constitution
קוֹנְסְטִיטוּצְיוֹנִי ת' constitutional
קוֹנְסְטֶלַצְיָה נ' constellation
קוֹנְסְטְרוּקְטִיבִי ת' constructive
קוֹנְסִיגְנַצְיָה נ' consignation
קוֹנְסִילְיוּם ז' consultation
קוֹנְסְפִּירַצְיָה (קֶשֶׁר) נ' conspiracy
קוֹנְסֶרְבָטִיבִי ת' conservative
קוֹנְסֶרְבִים ז"ר conserves
קוֹנְסֶרְוָטוֹרְיוֹן ז' conservatoire
קוֹנְפֶדֶרַצְיָה נ' confederacy
קוֹנְפוֹרְמִיזם ז' conformity
קוֹנְפוֹרְמִיסְט ז' conformist
קוֹנְפֶטִי (גְזִזִים) ז' confetti
קוֹנְפִיגוּרַצְיָה נ' configuration
קוֹנְפְלִיקְט (סכסוך) נ' conflict
קוֹנְפֶקְצְיָה (לבוש) נ' confection

*קוּנץ ז׳ trick, prank
קוֹנצֶנזוּס (הסכמה) ז׳ consensus
קוֹנצֶרט ז׳ concert
קוֹנצֶ׳רטוֹ ז׳ concerto
קוֹנצֶרטִינָה נ׳ concertina
קוֹנצֶרן ז׳ concern, business
קוֹנקוֹרדַנצִיָה נ׳ concordance
קוֹנקרֶטִי ת׳ concrete, actual
קוֹסִינוּס ז׳ cosine, cos
קוֹסֵם ז׳ magician, wizard
קוֹסמוֹנָאוּט ז׳ cosmonaut
קוֹסמוֹס ז׳ cosmos, universe
קוֹסמוֹפּוֹלִיטִי ת׳ cosmopolitan
קוֹסמֶטִי ת׳ cosmetic
קוֹסמֶטִיקַאי ז׳ beautician
קוֹסמֶטִיקָה נ׳ cosmetics
קוֹסמִי ת׳ cosmic, universal
קוּסקוּס ז׳ couscous (semolina)
קוֹף ז׳ monkey, simian, ape
קוֹף נ׳ qoph (letter)
קוֹף הַמַחַט ז׳ eye of a needle
קוּפַּאי ז׳ cashier, banker, teller
קוּפָּה נ׳ fund, cash, bank, till
- קופה קטנה petty cash
- קופה רושמת cash register
- קופת גמל/תמלוגים provident fund
קוּפּוֹן (תלוש) ז׳ coupon
- גזר קופון profit, benefit
קוֹפּטִי ת׳ Coptic, Copt
קוֹפִּי (העתק) ז׳ copy
קוּפִּידוֹן (אל האהבה) ז׳ Cupid
קוֹפִיף ז׳ little monkey
קוֹפִיץ ז׳ chopper, cleaver
קוֹפֵּיקָה (מאית הרובל) נ׳ kopeck
קוּפסָה נ׳ box, can, tin, canister
- קופסה שחורה black box
- קופסת גפרורים matchbox
קוֹפֵץ ז׳ jumper, vaulter, diver
- אין קופצים עליו it sells badly
- קופץ לגובה high jumper
- קופץ לרוחק long jumper
- קופץ מוט pole vaulter
קוֹץ ז׳ thistle, thorn, prickle
*- על קוצים impatient
- עמד על קוצו של יוד split hairs
קוֹצֵב זְמַן ז׳ timer
קוֹצֵב לֵב ז׳ pacer, pacemaker
קוֹצִי, קוֹצָנִי ת׳ thorny, prickly
קוֹצֵץ צִיפּוֹרנַיִים ז׳ clippers
קוֹצֶר ז׳ brevity, shortness
- קוצר יד helplessness
- קוצר נשימה difficult breathing
- קוצר ראייה shortsightedness
- קוצר רוח impatience
קוֹצֵר ז׳ reaper, harvester
קוֹקָאִין ז׳ cocaine, *coke
קוּקוּ ז׳ pony tail, *peekaboo, cuckoo, not all there
קוֹקוֹס ז׳ coconut, coco
*קוּקוּרִיקוּ cock-a-doodle-doo
קוֹקטֵיל (ממסך) ז׳ cocktail
קוֹקֶטִית (מפלרטטת) נ׳ coquette
קוּקִיָה נ׳ cuckoo
קוֹקנִי (ממזרח לונדון) ז׳ cockney
קוֹקסִינֶל ז׳ transsexual
קוֹר ז׳ chill, cold, coolness
- קור כלבים perishing cold
- קור רוח composure
קוֹרֵא ז׳ partridge, reader
קוּרְאָן ז׳ Koran
קוֹרבָּן ז׳ sacrifice, victim
קוֹרדְרוֹי ז׳ corduroy
קוֹרָה נ׳ beam, log, rafter
- קורה (בהתעמלות) balance beam
- קורת גג shelter, roof
- קורת השער goalpost, post
קוֹרוֹזיָה (שיתוך) נ׳ corrosion
קוֹרוֹת נ״ר history, events
- קורות חיים curriculum vitae
קוֹרֶט ז׳ particle, grain, trace
קוּרטוֹב ז׳ bit, touch, pinch
קוֹרטִיזוֹן (הורמון) ז׳ cortisone
קוּרֵי עַכָּבִיש ז״ר spiderweb
קוּרֵי שֵׁינָה ז״ר sleep rheum
קוּריוֹז ז׳ amusing event
קוֹרָל (אלמוג) ז׳ coral
קוֹרמוֹרָן (עוף מים) ז׳ cormorant
קוֹרֵן ת׳ shining, radiant
קוֹרָנִית (צמח) נ׳ thyme
קוּרְנָס ז׳ drop hammer
קוֹרנפלוֹר ז׳ corn flour
קוֹרנפלֶקס ז׳ cornflakes
קוּרס ז׳ course, seminar
קוֹרסֶט (מחוך) ז׳ corset
קוֹרֶספּוֹנדֶנצִיָה correspondence
קוֹרֵעַ לֵב ת׳ heart-rending
קוֹרפּוֹרָל (רב טוראי) ז׳ corporal
קוֹרַץ פ׳ be formed, be shaped
קוּרקְבָן ז׳ gizzard, crop, navel
קוֹרֶקטִי ת׳ correct, proper
קוֹרקִינֶט (גלגיליים) ז׳ scooter

קוּרקַע פ׳ be grounded
קוֹרַת רוּחַ נ׳ pleasure
קוּשְׁאָן ז׳ certificate of ownership
קוֹשִׁי ז׳ difficulty, hardness
קוּשְׁיָה נ׳ question, problem
קוֹשֵׁר ז׳ rebel, conspirator
קוֹשֵׁשׁ פ׳ gather straw, pick
קוֹתְלֵי חֲזִיר ז״ר bacon
קָזוּס בֶּלִי=עילה למלחמה casus belli
קָזֵיאִין (מרכיב בחלב) ז׳ casein
קָזִינוֹ ז׳ casino
קַט ת׳ small, little, tiny, mini
קָטֵגוֹר ז׳ prosecutor
קָטֵגוֹרִי ת׳ categorical, unqualified, decisive
קָטֵגוֹרְיָה נ׳ prosecution, category, group
קָטוֹנְתִּי I'm unworthy/small
קְטוֹרֶת נ׳ incense
קְטָטָה נ׳ quarrel, brawl, affray
קָטְיוּשָׁה נ׳ katyusha (launcher)
קְטִילָה נ׳ killing, pulling apart
קְטִימָה נ׳ lopping off
קָטִין ז׳ minor, under age
קְטִינוּת נ׳ minority, nonage
קְטִיעָה נ׳ cutting off
קָטִיף ז׳ fruit picking season
קְטִיפָה נ׳ velvet, plush, velour
קְטִיפָתִי ת׳ velvety, plushy
קָטַל פ׳ kill, pull to pieces
קֶטֶל ז׳ killing, slaughter
קָטְלָא קַנְיָא unimportant
קָטְלָב (מעצי החורש) ז׳ arbutus
קִטְלֵג פ׳ catalog, classify
קָטָלוֹג ז׳ catalog, list
קָטָלִיזָה (זירוז) נ׳ catalysis
קָטָלִיזָטוֹר (זָרָז) ז׳ catalyst
קַטְלָנִי ת׳ deadly, murderous
קָטַם פ׳ cut off, truncate
קָטָן ת׳ little, small, small boy
- קטנות petty matters
קָטֵן וְהוֹלֵךְ ת׳ growing smaller
קַטְנוּנִי ת׳ petty, captious
קַטְנוּנִיּוּת נ׳ pettiness, punctilio
קַטְנוֹעַ ז׳ motor scooter
קַטְנוּת נ׳ smallness, childhood
קְטַנְטַן ת׳ tiny, very small
קִטְנִית נ׳ legume, bean, pulse
*קְטַנְצִ׳יק ת׳ tiny, very small
קָטַסְטְרוֹפָה נ׳ catastrophe
קָטַסְטְרוֹפִי ת׳ disastrous
קָטַע פ׳ cut off, interrupt
קֶטַע ז׳ piece, section, passage, segment, portion, part
*- מה הקטע? what is it about?
קָטַף פ׳ pick, pluck, pull off
קָטָקוֹמְבָּה נ׳ catacomb, tomb
קַטָּר ז׳ engine, locomotive
קִטְרֵג פ׳ charge, accuse
קַטְרֶגֶל ז׳ minifootball
קִטְרוּג ז׳ charge, accusation
קָטָרַקְט (יָרוֹד) ז׳ cataract
קֶטְשׁוֹפּ ז׳ ketchup, catsup
קִיא ז׳ vomit
קָיָאק (סירה קלה) ז׳ kayak
קֵיבָה נ׳ stomach, *defecation
קִיבּוּל ז׳ capacity, acceptance
קִיבּוֹלֶת נ׳ capacity, volume
קִיבּוּעַ ז׳ fixation, installing
קִיבּוּץ ז׳ gathering, kibbutz, communal settlement
- קיבוץ גלויות gathering of the exiles
קִיבּוּצִי ת׳ collective
*קִיבּוּצְנִיק ז׳ kibbutz member
קִיבּוֹרֶת נ׳ biceps
קִיבֵּל פ׳ obtain, receive, get
- קיבל על עצמו undertake
- קיבל פנים welcome, greet
קִיבָּעוֹן ז׳ fixation, fixture
קִיבֵּץ פ׳ gather, collect, rally
- קיבץ נדבות beg (for) money
קִיבָּר ז׳ coarse flour
קִיבֶּרְנֶטִיקָה נ׳ cybernetics
קֵיבָתִי ת׳ gastric, stomachic
קִידָּה נ׳ bow, curtsy, curtsey
קִידּוּחַ ז׳ drilling, boring
קִידּוּם ז׳ promotion
- קידום מכירות sales promotion
קִידּוֹמֶת נ׳ dialing code
קִידּוּשׁ ז׳ Kiddush, Friday night blessing, meal
- אותיות של קידוש לבנה big letters
- קידוש השם martyrdom
קִידּוּשִׁין ז״ר marriage
קִידֵּם פ׳ advance, promote
- קידם פניו welcome, greet
קִידֵּשׁ פ׳ say Kiddush, sanctify
קִיוָּה פ׳ expect, hope, desire
קִיווִי (עוף) ז׳ kiwi

קיום ז׳ being, existence, subsistence, fulfillment
קיומי ת׳ existential, subsistent
קיוסק ז׳ kiosk, buffet
קיזוז ז׳ setoff, offset
קיזז פ׳ offset, cancel, reduce
קַיִט ז׳ summer vacation
קיטבג ז׳ kitbag, duffle bag
קיטוב ז׳ polarization, polarity
קיטור ז׳ steam, vapor, smoke
קיטל ז׳ kitel, white gown
קיטע ז׳ amputee, cripple
קיטר פ׳ burn incense, *complain, bellyache
קיטש ז׳ kitsch, vulgarized art
קייטן ז׳ summer vacationer
קייטנה נ׳ summer resort
קייטרינג (הסעדה) ז׳ catering
קיים פ׳ fulfill, carry out, maintain, confirm, hold
- קיים יחסים have relations
קיים ת׳ existing, there is
קיכלי ז׳ thrush, ouzel, throstle
קילו ז׳ kilo, 1000, kilogram, k
קילובייט ז׳ kilobyte, KB
קילוגרם ז׳ kilogram, kg
קילוואט ז׳ kilowatt, kW
קילוח ז׳ squirt, jet, flow, spurt
קילומטר ז׳ kilometer, km
קילומטראז׳ (נסועה) ז׳ mileage
קילוס ז׳ praise, acclaim, scorn
קילוף ז׳ peeling, paring
קילח פ׳ flow, stream, shower
קילל פ׳ curse, damn, swear
קילס פ׳ praise, acclaim, scorn
קילף פ׳ peel, pare, shell
קימה נ׳ rising, getting up
קימוט ז׳ creasing, fold
קימום ז׳ reconstruction
קימונו (חלוק יפני) ז׳ kimono
קימוץ ז׳ thrift, economy, stint
קימור ז׳ arching, vault, arch
קימורת נ׳ anticline, arch
קימח פ׳ flour, sprinkle, dredge
קימחון ז׳ mildew, blight, mold
קימט פ׳ crease, crinkle, crumple, fold, wrinkle
- קימט מצחו knit one's brows
קימל (כרוויה) ז׳ caraway
קימץ פ׳ save, economize
קימר פ׳ arch, vault, camber
קינא פ׳ envy, be jealous
קינה נ׳ lament, dirge, elegy
- קינות Lamentations
קינוח ז׳ wipe, cleaning
- קינוח סעודה dessert, afters
קינון ז׳ nesting, penetrating
קינח פ׳ wipe, eat dessert, finish
קינטי (תנועתי) ת׳ kinetic
קינטיקה (תנועה) נ׳ kinetics
קינמון ז׳ cinnamon
קינן פ׳ nestle, dwell, penetrate
קיסוס (צמח מטפס) ז׳ ivy
קיסוסית (צמח מטפס) ז׳ smilax
קיסם ז׳ splinter, sliver, chip
- קיסם שיניים toothpick
קיסר ז׳ emperor, Caesar
קיסרות נ׳ empire
קיסרי ת׳ imperial, Cesarean
קיעור ז׳ concavity
קיפאון ז׳ freeze, deadlock
קיפד פ׳ cut, truncate
- קיפד חייו take his life
קיפה פ׳ remove scum, skim
קיפוד ז׳ hedgehog
- קיפוד ים sea urchin
- קיפוד נמלים porcupine anteater
קיפוח ז׳ deprivation
קיפול ז׳ crinkle, fold, crease
קיפון (דג) ז׳ mullet
קיפח פ׳ deprive, discriminate
- קיפח חייו be killed
קיפח ת׳ very tall, lanky
קיפל פ׳ fold, double, include
קיפץ פ׳ jump, leap, caper
קַיִץ ז׳ summer
קיצוב ז׳ rationing, allotment
קיצוני ת׳ radical, extreme, extremist, utmost
- קיצוני (בספורט) wing
קיצוניות נ׳ radicalism
קיצוץ ז׳ cutting, reducing
קיצור ז׳ abridgment, brevity, shortening, summary
- קיצור דרך short cut
- קיצורו של דבר in brief
קיצי ת׳ summery, summer
קיצץ פ׳ cut, chop, dice, truncate, curtail, reduce, ax
- קיצץ את כנפיו clip his wings
קיצר פ׳ shorten, be brief
קיקיון ז׳ castor oil plant
קיקיוני ת׳ short-lived

קִיר ז׳ wall
- מקיר אל קיר wall-to-wall
קֵירֵב פ׳ draw near
קֵירָה פ׳ roof, make a roof
קֵירוּב ז׳ drawing near, nearness, proximity
- קירוב לבבות befriending
קֵירוּי ז׳ roofing, roofing over
קֵירוּר ז׳ cooling, freezing
קֵירֵחַ ת׳ bald, bare, baldhead
- יצא קירח מכאן ומכאן lose either way
קֵירחוּת נ׳ baldness
קֵירֵר פ׳ chill, cool, ice
קִישׁוּא ז׳ squash, marrow
קִישׁוּט ז׳ decoration
קִישׁוּטִי ת׳ decorative
קִישׁוּי ז׳ hardening
קִישׁוּר ז׳ tying, connection
קִישׁוּרִיּוּת נ׳ connectivity
קִישֵּׁט פ׳ decorate, ornament
קִישֵּׁר פ׳ associate, bond, connect, tie, join, link
קִישֵּׁת פ׳ arch, camber
קִיתוֹן ז׳ jug, ewer
- קיתונות shower, barrage
קַל ת׳ easy, simple, light
- קל דעת fickle, frivolous
- קל וחומר let alone
- קלי קלות piece of cake, easy
קְלָאסִי ת׳ classic, classical
קְלָאסִיקוֹן (אמן מופת) ז׳ classic
קְלָאץ׳ (מַצְמֵד) ז׳ clutch
*קַלֶבּוּש ז׳ prison, calaboose
*קַלַבָּר ז׳ clubber
קַלְגַס ז׳ soldier, subjugator
קַלְדָנוּת נ׳ keyboarding
קַלְדָנִית נ׳ keyboarder, typist
קָלָה פ׳ roast, toast, parch
קָלוּט ת׳ taken in, absorbed
- קלוט מן האוויר baseless
קָלוּי ת׳ roasted, toasted
קָלוֹן ז׳ dishonor, shame, infamy, moral turpitude
קָלוּעַ ת׳ twisted, plaited
קָלוּף ת׳ peeled, pared, shelled
קְלוֹקֵל ת׳ corrupt, poor, bad
קָלוֹרִי ת׳ caloric, calorific
קָלוֹרְיָה נ׳ calorie, calory
קָלוּשׁ ת׳ thin, weak, faint
קְלוֹשׁ (בגד פעמון) ז׳ cloche
קַלּוּת נ׳ agility, ease, lightness
- קלות דעת/ראש recklessness
קַלּוֹת תה״פ lightly, gently
קָלַח פ׳ flow, stream, gush
קֶלַח ז׳ stalk, stem
קַלַּחַת נ׳ commotion, turmoil
קָלַט פ׳ absorb, understand
קֶלֶט ז׳ input, reception center
קֶלְטִי ז׳ Gaelic, Celtic, Keltic
קַלְטֶרֶת נ׳ cultivator, tiller
קַלֶּטֶת נ׳ cassette
קָלִי ז׳ roasted grain, toast
קָלִיבֶּר ז׳ caliber, *big gun
קָלִיגְרַפְיָה נ׳ calligraphy
קָלִיד ז׳ key, manual, *ivory
קַלִידָן ז׳ keyboardist
קָלִיט ת׳ catchy
קְלִיטָה נ׳ absorption, taking in, understanding, grasping
קָלֵיידוֹסְקוֹפּ ז׳ kaleidoscope
קְלִיָּיה נ׳ roasting, toasting
קְלַייֶנְט ז׳ client, customer
קְלַייֶנְטוּרָה נ׳ clientele, clients
קָלִיל ת׳ light, easy, nimble
קַלִּילוּת נ׳ lightness
קַלִּילוּת תה״פ lightly, easily
קְלִימַקְס ז׳ climax, height
קְלִינַאי ז׳ clinician
- קלינאי תקשורת communications clinician
קְלִינִי (רפואי) ת׳ clinical
קְלִינִיקָה (מרפאה) נ׳ clinic
קָלִיעַ ז׳ bullet, slug, missile
קְלִיעָה נ׳ weaving, plaiting, shooting, sniping, shot
קְלִיפּ ז׳ clip
קְלִיפָּה נ׳ crust, peel, shell, rind
- כקליפת השום worthless
- קליפת עץ bark
קָלִיפְּסוֹ (ריקוד) ז׳ calypso
קְלִיק ז׳ click
קְלִיקָה (כנופיה) נ׳ clique
קְלִירִינְג (סליקה) ז׳ clearing
קְלִישָׁאָה נ׳ hackneyed phrase
קְלִישׁוּת נ׳ thinness, slack
קְלָלָה נ׳ curse, imprecation
קְלֶמֶנְטִינָה נ׳ clementine
קַלְמָר ז׳ pencil case
קַלְנוֹעַ ז׳ buggy, light vehicle
קֶלֶס ז׳ praise, scorn, mockery
קְלָסֵר ז׳ (clamp) binder
קְלַסְתֵּר פָּנִים ז׳ features, face
קְלַסְתְּרוֹן ז׳ identikit, photofit

קָלַע פ׳ braid, plait, weave, twist, shoot, hit
- קלע למטרה hit the mark
קֶלַע ז׳ bullet, slug, shot, sling
קַלָּע ז׳ marksman, shooter
קַלָּעוּת נ׳ marksmanship
קְלָעִים, מֵאֲחוֹרֵי הַקְּלָעִים behind the scenes
קָלַף פ׳ peel, pare, shell
קְלָף ז׳ card, parchment
- קלף חזק ace, trump card
- קלף מיקוח bargaining card
קְלֶפְּטוֹמָן ז׳ kleptomaniac
קְלֶפְּטוֹמַנְיָה נ׳ kleptomania
קַלְפִּי ז׳ ballot box, polls
קַלְפָן ז׳ cardplayer
קַלְפָנוּת נ׳ card playing
קַלְצְיוּם (סידן) ז׳ calcium
קִלְקוּל ז׳ spoiling, damage
- קלקול קיבה stomach upset
קִלְקֵל פ׳ spoil, damage, impair
קַלְקָלָה נ׳ failure, bad behavior
קַלְקָר ז׳ styrofoam
קְלַרִינֶט (קְלַרְנִית) ז׳ clarinet
קְלֶרִיקָלִי ת׳ clerical
קְלַרְנִיתָן ז׳ clarinetist
קִלְשׁוֹן ז׳ fork, pitchfork
קָם פ׳ get up, rise, stand up
- לא יקום ולא יהיה it will never happen
קָם ז׳ enemy, foe, riser
קַמָּאִי ת׳ ancient, primeval
קמב"ץ operations officer
קָמָה נ׳ standing corn
קָמוּט ת׳ crumpled, creased
קָמוּל ת׳ withered, wizened
קָמוּץ ת׳ clenched, closed, tight
קָמוּר ת׳ arched, convex
קֶמַח ז׳ flour, meal
קִמְחָא דְפִסְחָא Passover alms
קִמְחִי ת׳ floury, mealy
קֶמֶט ז׳ crease, crinkle, crumple, fold, wrinkle, line
קַמְטָר ז׳ chest of drawers
קָמִיט ת׳ wrinkly, crumply
קְמִילָה נ׳ withering, shriveling
קָמִין ז׳ oven, fireplace, stove
קָמִיסוֹל (בגד נשי) ז׳ camisole
קְמִיצָה נ׳ ring finger
קָמִיקָזָה (מתאבד) ז׳ kamikaze
קָמַל פ׳ wither, dry up, shrivel
קָמֵל ת׳ withered, faded, dry

קָמֶלְיָה נ׳ camellia, japonica
קָמֵעַ ז׳ amulet, charm
קִמְעָה תה"פ a bit, a little
- קמעה קמעה bit by bit
קִמְעוֹנַאי ז׳ retailer
קִמְעוֹנוּת נ׳ retail, retail trade
קִמְעוֹנִי ת׳ retail
קַמְפּוּס (קריה) ז׳ campus
קֶמְפִּינג (מחנאות) ז׳ camping
קָמַץ פ׳ take a handful, shut
קָמָץ ז׳ ah (Hebrew vowel)
קַמְצוּץ ז׳ pinch, touch, a bit
קַמְצָן ז׳ stingy, niggard
קַמְצָנוּת נ׳ stinginess
קמ"ר = קילומטר רבוע square kilometer
קִמְרוֹן ז׳ arch, dome, vault
קמ"ש = קילומטר לשעה kilometers per hour
קֵן ז׳ nest, cell
- קן צרעות hornet's nest
קִנְאָה נ׳ envy, jealousy, grudge
קַנָּאוּת נ׳ fanaticism, zeal, bigotry, fundamentalism
קַנַּאי ת׳ fanatic, jealous
קַנַּבּוּס ז׳ cannabis, hemp
קֶנְגוּרוּ ז׳ kangaroo
קַנָדִי ת׳ Canadian
קָנָה פ׳ buy, purchase, get, gain
- קנה עולמו succeed
- קנה שם win a reputation
קָנֶה ז׳ cane, rod, stick, reed
- קנה הנשימה windpipe
- קנה מידה criterion
- קנה סוכר sugar cane
- קנה רובה barrel
- קנה רצוץ broken reed
קָנוּ (סירת משוט קלה) נ׳ canoe
קָנוּי ת׳ bought, purchased
קָנוֹן ז׳ canon, round
קְנוּנְיָה נ׳ plot, conspiracy
קְנוֹקֶנֶת נ׳ tendril, bine, volute
קַנְטוֹן (מחוז) ז׳ canton
קַנְטוּר ז׳ taunt, teasing, raillery
קַנְטָטָה (במוסיקה) נ׳ cantata
קַנְטִינָה (חנות צבאית) נ׳ canteen
קַנְטֵר פ׳ vex, annoy, tease, rib
קַנְטְרָנִי ת׳ vexatious, annoying
קַנִּיבָּל ז׳ cannibal, maneater
קַנִּיבָּלִי ת׳ cannibalistic
קַנְיוֹן ז׳ mall, shopping center
קַנְיוֹן ז׳ canyon, gulch

קְנִיָּה נ׳ purchase, buy
- קניות shopping
קִנְיָן ז׳ property, ownership
- קניין רוחני intellectual property
קַנְיָן ז׳ buyer, purchaser
קִנְיָנִי ת׳ proprietary, acquired
קָנַס פ׳ fine, sentence, mulct
קְנָס ז׳ fine, forfeit, surcharge
קַנְצְלֶר ז׳ chancellor
קַנְקַן ז׳ jar, jug, coffeepot
קִנְרֵס ז׳ artichoke
קַסְבָּה (רובע מגורים) נ׳ Casbah
קַסְדָּה נ׳ helmet, headpiece
- קסדת מגן crash helmet
קָסוּם ת׳ magic, charmed
קַסֶּטָה נ׳ cassette, cartridge
קַסְטַנְיֶיטוֹת נ״ר castanets
קְסִילוֹפוֹן (מקושית) ז׳ xylophone
קָסַם פ׳ fascinate, charm
קֶסֶם ז׳ charm, fascination
קַסְקֶט ז׳ peak cap
קַסַרְקְטִין ז׳ barracks
קֶסֶת נ׳ inkbottle, inkwell
קָעוּר ת׳ concave, incurved
קַעְקוּעַ ז׳ tattoo, destruction
קִעְקַע פ׳ tattoo, destroy
קַעַר ז׳ concavity, syncline
קְעָרָה נ׳ basin, bowl, dish, tub
קְעָרִית נ׳ small bowl
קָפָא פ׳ freeze, congeal
- קפא על שמריו stand still
קָפֶאִין (אלקלואיד) ז׳ caffeine
קַפְדָן ת׳ strict, severe, pedant
קַפְדָנוּת נ׳ strictness, severity
קָפֶה ז׳ coffee, cafe
- קפה הפוך coffee with milk
- קפה נמס instant coffee
קָפוּא ת׳ frozen, iced
קַפּוֹטָה נ׳ long coat, capote
קָפוּץ ת׳ closefisted, clenched
קָפּוּצִ׳ין (מעיל) ז׳ capuchin
קָפּוּצִ׳ינוֹ ז׳ cappuccino
קָפַח פ׳ strike, beat, hit
קַפְטָן ז׳ kaftan, long coat
קָפֶטֶרְיָה (מזנון) נ׳ cafeteria
קְפִיאָה נ׳ freezing, congealing
קְפִידָה נ׳ strictness, rigor
קַפִּיטָל (הון) ז׳ capital
קַפִּיטָלִיסט (רכושן) ז׳ capitalist
קְפִיץ ז׳ spring, elastic, snake
קְפִיצָה נ׳ jump, leap, spring

- קפיצה משולשת triple jump
- קפיצת גובה high jump
- קפיצת הדרך short cut
- קפיצת מוט pole vault
- קפיצת ראש header, headlong dive
- קפיצת רוחק long jump
קְפִיצִי ת׳ elastic, springy
קֶפֶל ז׳ crease, fold, pleat, tuck
קַפֶּלָה (חדר תפילה) נ׳ chapel
קַפְלֶט ז׳ hairpiece, wig
קַפֶּנְדַרְיָה נ׳ short cut
קַפְסוּלַת נ׳ capsule, cachet
קָפַץ פ׳ spring, jump, leap
- קפץ ידו be tightfisted
- קפץ כיתה skip a class
קֶפֶץ (מפרק ברגל הסוס) ז׳ hock
קַפְצוֹן ז׳ cap
קַפֶּצֶת נ׳ trampoline
קַפְקָאִי ת׳ Kafkaesque
קַפְרִיזָה נ׳ caprice, freak, whim
קַפְרִיזִי ת׳ capricious, wayward
קַפְרִיסִין נ׳ Cyprus
קַפְּרִיצ׳וֹ ז׳ caprice, capriccio
קָץ פ׳ loathe, detest, wake up
קֵץ ז׳ end, termination, death
- כלו כל הקיצים no hope
- מקץ after, afterwards
- עד אין קץ endlessly
- קץ הימים doomsday
קָצַב פ׳ allot, allocate
- קצב עונש fix a sentence
קֶצֶב ז׳ rhythm, rate, pace
קַצָּב ז׳ butcher
קִצְבָּה נ׳ allowance, pension
- קצבת זקנה old age pension
- קצבת נכות disability allowance
קַצָּבוּת נ׳ butchery
קִצְבִּי ת׳ rhythmical
קָצֶה ז׳ border, brim, brink, edge, end, extremity, tip
- בקצה המזלג a bit, very little
- קצה הקרחון tip of the iceberg
- קצה חוט sign, clue, lead
- קצווי תבל ends of the earth
קָצוּב ת׳ fixed, allotted
קִצוּבָּה נ׳ allowance
קְצָווֹת (רבים של קצה) ז״ר ends
קְצוּנָה נ׳ officers' class, commission

קָצוּץ ת׳ cut, chopped, minced
קָצִין ז׳ officer
- קצין ביטחון security officer
- קצין מבחן probation officer
- קצין מטה staff officer
- קצין עיר town-major
- קצין קישור liaison officer
- קצין תורן orderly officer
קְצִיפָה נ׳ mousse, frosting
קְצִיצָה נ׳ croquette, cutlet, rissole, fish cake, meatball
קָצִיר ז׳ harvest, harvest-time
- קציר דמים death toll
קָצַף פ׳ be angry, be furious
קֶצֶף ז׳ foam, froth, fury
קַצֶּפֶת נ׳ whipped cream, icing
קָצַץ פ׳ chop, truncate, cut up
קָצַר פ׳ reap, harvest, mow
- קצר הצלחה have success
- קצרה ידו be powerless
- קצרה רוחו be impatient
קֶצֶר ז׳ short circuit, friction
קָצָר ת׳ short, brief, concise
- קצר ולעניין brief and to the point
- קצר ימים short-lived
- קצר מועד short-term
- קצר ראות shortsighted
- קצר ראייה shortsighted
- קצר רוח impatient, restless
קַצֵּרְדָשׁ ז׳ combine (harvester)
קְצָרוֹת תה״פ briefly, in short
קַצְרָן ז׳ stenographer
קַצְרָנוּת נ׳ shorthand
קְצַרְצַר ת׳ very short, *shortie
קַצֶּרֶת נ׳ asthma
קְצָת תה״פ bit, little, some
ק״ק holy community
קָקָאוֹ ז׳ cocoa, cacao
קָקָדוּ (תוכי) ז׳ cockatoo
קָקוֹפוֹנְיָה (תַּצְרוּם) נ׳ cacophony
קַקְטוּס (צָבָר) ז׳ cactus
קַר ת׳ cold, chilly, cool, frigid
- קר לי I'm cold
- קר מזג/רוח cold-tempered
קָרָא פ׳ call, name, read, cry, shout, proclaim, exclaim
- קרא דרור set at liberty
- קרא לסדר call to order
- קרא תיגר challenge, impugn
קָרָא (ממיני הדלעת) ז׳ squash
קָרָאִי ז׳ Karaite

קָרַב פ׳ approach, come near
קְרָב ז׳ battle, fight, combat
- קרב מגע hand-to-hand combat
- קרב עשר decathlon
קֶרֶב ז׳ interior, inside
קִרְבָה נ׳ nearness, proximity, kinship, relation
- בקרבת מקום near, close by
- קרבת דם kinship
קַרְבּוֹנָט (פַּחְמָה) ז׳ carbonate
קַרְבּוּרָטוֹר (מְאַיֵּד) ז׳ carburetor
קְרָבִי ת׳ battle, fighting
קְרָבִיּוּת נ׳ fighting spirit
קְרָבַיִים ז״ר bowels, entrails
קַרְדּוֹם ז׳ ax, axe, adze, hatchet
- עשהו קרדום לחפור בו turn it to his advantage
קַרְדְּיוֹגְרָמָה נ׳ cardiogram
קַרְדְּיוֹלוֹג ז׳ cardiologist
קְרֶדִיט (אשראי) ז׳ credit
קַרְדִּינָל (חשמן) ז׳ cardinal
קַרְדִּינָלִי (יסודי) ז׳ cardinal
קָרָה פ׳ happen, occur, chance
*- למה מה קרה? nothing happened!
*- מה קרה לך? you talk nonsense!
קָרָה נ׳ frost, cold
קָרוּא ז׳ guest, invited
קָרוֹא וּכְתוֹב reading and writing
קְרוּאָסוֹן (סַהֲרִית) ז׳ croissant
קָרוֹב ת׳ approximate, close, near, related, relative
- מקרוב recently, intimately
- קרוב ל- about, around, near
- קרוב לוודאי probably
קָרַוָון ז׳ caravan, mobile home
קְרוּטוֹן (קוביית לחם) ז׳ crouton
קָרוּי ת׳ called, named
קְרוּם ז׳ crust, skin, membrane
- קרום הבתולים hymen
- קרום שחייה web
קְרוּמִי ת׳ membranous
קָרוֹן ז׳ car, cart, coach, wagon
- קרון מסעדה dining car
- קרון משא freight car
- קרון נוסעים passenger car
- קרון רכבת car, carriage
- קרון שינה sleeping car
קְרוֹנִית נ׳ trolley, cart, go-cart

קְרוֹסִין ז׳ kerosene, paraffin oil
קָרוּסֶלָה נ׳ merry-go-round, roundabout, carousel
קָרוּעַ ת׳ torn, tattered, ragged
קְרוּפִּיֶה (קופאי) ז׳ croupier
קָרוּץ ת׳ formed, made, shaped
קְרוֹקֶט (מִשְׂחָק) ז׳ croquet
קָרוּשׁ ת׳ jellified, coagulated
קְרוֹשֶׁה (סריג) ז׳ crochet
קִרזוּל ז׳ curling, waving, kink
קֶרַח ז׳ ice
קַרחוֹן ז׳ glacier, iceberg, berg
קָרַחַת נ׳ baldness, bald spot
- קרחת יער glade, clearing
קָרָט (יחידת משקל) ז׳ carat
קָרָטֶה (שיטת התגוננות) ז׳ karate
קַרטוֹגרַפיָה נ׳ cartography
קַרטוֹן ז׳ cardboard, box
קַרטֶל ז׳ cartel, trust
קִרטֵעַ פ׳ fidget, limp, leap
קְרֵי ז׳ should be read as
קָרִיא ת׳ legible, readable
קְרִיאָה נ׳ call, cry, exclamation, naming, reading, appeal
- קריאת ביניים interjection
קְרִיאוּת נ׳ legibility, readability
קִריָה נ׳ city, district, campus
קָרִיוֹקִי ז׳ karaoke
*קְרִיזָה נ׳ shock, crisis, seizure
קְרִיטִי ת׳ critical, crucial
קְרִיטֶריוֹן (אבן בוחן) ז׳ criterion
קַרייָן ז׳ announcer
- קריין רצף anchorman
קַריָינוּת נ׳ announcing
קַרייֶרָה נ׳ career, occupation
קְרִימִינוֹלוֹגיָה נ׳ criminology
קְרִימִינָלִי (פלילי) ת׳ criminal
קְרִינָה נ׳ radiation, radiance
קְרִינוֹלִינָה נ׳ crinoline
קְרִיסָה נ׳ collapse, fall, cave-in
קְרִיסטָל ז׳ crystal
קְרִיעָה נ׳ tear, rending
- כקריעת ים סוף very difficult
קְרִיצָה נ׳ wink, glance, ogle
קְרִיקֶט (מִשׂחָק) ז׳ cricket
קָרִיקָטוּרָה נ׳ caricature
קָרִיקָטוּרִיסט ז׳ caricaturist
קָרִיר ת׳ chilly, cool, frigid
קְרִירוּת נ׳ coolness, frigidity
קָרִישׁ ז׳ aspic, jelly, gel
- קריש דם blood clot
קְרִישָׁה נ׳ jellying, clotting

קְרֶם ז׳ cream, icing, creme
קָרַם עוֹר וְגִידִים פ׳ take shape
קְרֶמָטוֹריוּם ז׳ crematorium
קֶרָמִיקָה (קַדָרוּת) נ׳ ceramics
קָרָמֶל (שֶׁזֶף סוּכָּר) ז׳ caramel
קָרֶמֶת (אסכרה) נ׳ diphtheria
קָרַן פ׳ shine, radiate, bloom
קֶרֶן נ׳ fund, capital, principal, horn, beam, ray, corner
- קרן אור ray of light, beam
- קרן אנגלית English horn
- קרן הצבי antler, dubious enterprise
- קרן השפע horn of plenty
- קרן השתלמות training fund
- קרן זווית corner
- קרן נאמנות trust fund
- קרן קיימת לישראל Jewish National Fund
- קרן שמש sunbeam
- קרני רנטגן X rays
קַרנָבָל ז׳ carnival, festival, rag
קַרנִי ת׳ horny, hornlike
קַרנִית נ׳ cornea
קַרנַף ז׳ rhinoceros, rhino
קָרַס פ׳ fall, collapse, cave in
קֶרֶס ז׳ hook, clasp, fishhook
קַרסוֹל ז׳ ankle
- לא מגיע לקרסולי- inferior to
קַרסוּלִית נ׳ gaiter, spat, legging
קָרַע פ׳ rend, rip, tear, lacerate
- קרע קריעה tear mourner's garment
קֶרַע ז׳ rent, tear, rip, tatter
קְרֶפ ז׳ crape, crepe
קַרפָּדָה נ׳ toad
קַרפִּיוֹן ז׳ carp
קָרַץ פ׳ wink, ogle, form, shape, cut out, divide dough
- קרץ לו attract, fascinate
קִרצוּף ז׳ scraping, currying
קַרצִייָה, קַרצִית נ׳ tick
קִרצֵף פ׳ brush, scrape, curry
קִרקוּעַ ז׳ grounding
קִרקוּר ז׳ cackle, croaking
קִרקָס ז׳ circus
קִרקַע פ׳ ground
קַרקַע נ׳ ground, land, soil
- קרקע בתולה virgin soil
- קרקע-אוויר ground-to-air
קַרקָעִי ת׳ soil, ground
קַרקָעִית נ׳ bottom, base, bed

קַרְקֵף פ׳ — scalp, behead
קַרְקֶפֶת נ׳ — scalp, head, pate
קִרְקֵר פ׳ — cackle, cluck, croak
קְרֵקֶר ז׳ — cracker, crisp biscuit
קֶרֶשׁ ז׳ — board, plank, batten
- קרש גיהוץ — ironing board
- קרש הצלה — lifesaver
- קרש קפיצה — springboard, diving board, steppingstone
- קרשי הבימה — the boards
קֶרֶת נ׳ — city, town
קַרְתָּנוּת נ׳ — provincialism
קַרְתָּנִי ת׳ — provincial, rustic
קַשׁ ז׳ — straw
- הקש ששבר את גב הגמל — the last straw
קַשָּׁב ז׳ — listener, monitor
קֶשֶׁב ז׳ — attention, listening
קָשָׁה פ׳ — harden, be difficult
קָשֶׁה ת׳ — difficult, hard, rough, rigid, tough, severe
- קשה יום — dejected, miserable
- קשה לכעוס — slow to anger
- קשה מנשוא — insupportable
- קשה עורף — stubborn
- קשה תפיסה — slow-witted
קָשׁוּב ת׳ — attentive, listening
קַשְׂוָה נ׳ — valve, shell, shuck
- קשוות הצדפה — clamshell
קָשׁוּחַ ת׳ — hard, callous, rigid
קָשׁוּר ת׳ — bound, tied, connected, related, relevant
קָשׁוֹת נ״ר — hard words
קָשְׁיוּ (אגוז) ז׳ — cashew
קַשְׁיוּת נ׳ — hardness, rigidity
קָשִׁיחַ ת׳ — hard, rigid
קְשִׁיחוּת נ׳ — hardness, rigidity
קְשִׁירָה נ׳ — tying, binding
- קשירת קשר — conspiracy, plot
קְשִׁירוּת נ׳ — cohesion
קָשִׁישׁ ת׳ — old, aged, elder
קְשִׁישׁוּת נ׳ — old age, seniority
קַשִּׁית נ׳ — straw
קִשְׁקוּשׁ ז׳ — scribble, *nonsense
קִשְׁקֵשׁ פ׳ — scribble, *prattle
*- קשקש בקומקום — talk nonsense
קַשְׂקַשִּׂי ת׳ — scaly, flaky
קַשְׂקַשִּׂים ז״ר — dandruff, scales
קַשְׁקְשָׁן ז׳ — chatterbox, prattler
קָשַׁר פ׳ — tie, bind, join, fasten
- קשר כתרים ל- — praise
- קשר קשר — conspire, plot
קֶשֶׁר ז׳ — tie, connection, knot, conspiracy, plot, joint
- קשר גורדי — Gordian knot
- קשר ימי — knot
- קשר עין — eye contact
קַשָּׁר ז׳ — signaler, liaison, midfield player, halfback
קִשְׁרִית נ׳ — nodule
קֶשֶׁת נ׳ — arc, bow, rainbow
- קשת רחבה — wide spectrum
קַשָּׁת ז׳ — bowman, archer
קַשָּׁתוּת נ׳ — archery
קַשְׁתִּי ת׳ — arched, vaulted
קַשְׁתִּית נ׳ — iris, fretsaw
קַת נ׳ — butt, handle, haft, shaft
קָתֶדְרָה נ׳ — cathedra, chair
קָתֶדְרָלָה נ׳ — cathedral
קָתוֹדָה נ׳ — cathode
קָתוֹלִי ת׳ — Catholic
קָתוֹלִיוּת נ׳ — Catholicism
קָתֶטֶר ז׳ — catheter
קַתְרוֹס ז׳ — guitar, lute
קָתַרְזִיס ז׳ — catharsis

ר

ר׳ = ראה — q.v., quod vide, see
ר׳ = רבי — rabbi
רָאגוּ (תַּרְבִּיךְ) ז׳ — ragout
רָאָה פ׳ — see, watch, look, perceive, notice, understand
- ראה בעין יפה — favor
- ראה לנכון — see fit
רַאֲוָה נ׳ — show, display
רַאַוְתָן ז׳ — showoff
רַאַוְתָנוּת נ׳ — ostentation
רָאוּי ת׳ — deserving, worthy, proper, suitable, fit
רֶאוֹרְגַנִיזַצְיָה נ׳ — reorganization
רְאוּת נ׳ — eyesight, vision
- כראות עיניו — as one sees fit
רְאִי ז׳ — mirror, looking glass
רְאָיָה נ׳ — proof, evidence
- הא ראיה — here is the proof
רֵאָיוֹן ז׳ — interviewing
רְאִיָּה נ׳ — eyesight, sight, seeing, looking, vision
- ראיית הנולד — foresight
רִאְיֵן פ׳ — interview

רְאֵם ז׳ oryx, antelope
רַאפ (מוזיקה קצבית) ז׳ rap
רַאפֶּר (מוזיקאי ראפ) ז׳ rapper
רֹאשׁ ז׳ head, top, leader, start
- בראש ובראשונה first and foremost
- בראש חוצות in public
- ראש גשר bridgehead
- ראש השנה New Year
- ראש חודש first day of month
- ראש חץ arrowhead, salient
*- ראש כרוב fool
- ראש ממשלה prime minister
- ראש נפץ גרעיני nuclear warhead
- ראש עיר mayor, mayoress
*- ראש קטן low profile
- ראשו בעננים on cloud nine
- ראשו ורובו ב- up to his neck
- ראשי תיבות acronym, abbreviation, initials
רִאשׁוֹן ת׳ first, former, initial
- יום ראשון Sunday
- מכלי ראשון from the horse's mouth
- ראשון בין שווים primus inter pares
רִאשׁוֹנָה תה״פ in the first place
רִאשׁוֹנִי ת׳ first, original, prime
רָאשׁוּת נ׳ leadership, head
- בראשותו headed by him
- ראשות ממשלה premiership
- ראשות עיר mayoralty
רָאשִׁי ת׳ chief, main, major
רֵאשִׁית נ׳ beginning, firstly
- ראשית כול first of all
ראשָׁן ז׳ tadpole
רָב פ׳ quarrel, fight, dispute
רַב ז׳ rabbi, teacher
- רב צבאי army chaplain
רַב ת׳ much, many, numerous, large, poly-, multi, -ful
- רב אלוף general, lieutenant-general
- רב אמן grand master
- רב חובל captain
- רב חשיבות all-important
- רב טבחים chef, murderer
- רב טוראי corporal
- רב כוח all-powerful, mighty
- רב כלאי warden, warder
- רב לשוני multilingual
- רב מכר best seller
- רב נגד chief warrant officer
- רב ניצב police commissioner
- רב סמל sergeant first class
- רב סמל בכיר warrant officer
- רב סמל מתקדם sergeant major
- רב סמל ראשון first sergeant
- רב סרן major
- רב ערך valuable, important
- רב פעלים doer, active person
- רב פקד superintendent
- רב צדדי all-round, versatile
- רב קומות high-rise
- רב רושם impressive
- רב שוטר lance corporal
- רב שיח symposium
- רב שימושי multipurpose
- רב שנתי perennial
- רב תכליתי all-purpose
רַב תה״פ enough, sufficiently
רְבָב ז׳ stain, blot, taint
רְבָבָה נ׳ ten thousand, 10,000
- רבבות thousands
רַבגוֹנִי ת׳ colorful
רַבגוֹנִיוּת נ׳ variety, variegation
רְבָדִים (רַבִּים שֶׁל רוֹבֶד) ז״ר strata
רָבָה פ׳ multiply, increase
רָבוּד ת׳ stratified, laminated
רֶבוֹלוּצְיָה (מהפכה) נ׳ revolution
רָבוּעַ ת׳ square, quadrate
רַבּוֹת תה״פ much, a great deal
רְבוּתָא נ׳ novelty, news
רַבּוֹתַי מ״ק gentlemen!
רב״ט = רב טוראי corporal
רַבִּי ז׳ rabbi, teacher, Mr.
רְבִיבִים ז״ר rain, shower
רָבִיד ז׳ necklace, scarf
רֶבְיוּ (תוכנית בידור) ז׳ revue
רָביוֹלִי (כיסן פסטה) ז׳ ravioli
רֶבִיזְיָה נ׳ revision, emendation
רֶבִיזְיוֹנִיזם ז׳ revisionism
רֶבִיזְיוֹנִיסט ז׳ revisionist
רְבִיָּה נ׳ increase, propagation
רְבִיכָה נ׳ thickening
רַבִּים ז״ר many, plural
- ברבים in public, openly
רְבִיעַ ז׳ quarter, quadrant
רְבִיעִי ת׳ fourth
- יום רביעי Wednesday
רְבִיעִיָּה נ׳ quadruplets, quartet
רְבִיעִית נ׳ quarter, fourthly

רְבִיצָה נ׳ lying, couching
רַבָּן ז׳ rabbi, champion
רַבָּנוּת נ׳ rabbinate
רַבָּנִי ת׳ rabbinical
רַבָּנָן ז״ר our rabbis
רֶבַע ז׳ fourth, quarter
- רבע גמר quarterfinal
רִבעוֹן ז׳ quarterly
רִבעוֹנִי ת׳ quarterly
רָבַץ פ׳ lie, couch, brood, squat
- רבץ לפתחו lie at his door
רַבְרְבָן ת׳ braggart, boastful
רַבָּתִי ת׳ large, capital
- לא בא׳ רבתי definitely not
רֶגֶב ז׳ clod, lump of earth
רַגְבִּי ז׳ football, rugby
רֶגוּלָטוֹר (וַסָּת) ז׳ regulator
רֶגוּלַצְיָה (הַסְדָּרָה) נ׳ regulation
רָגוּעַ ת׳ calm, relaxed, tranquil
רַגְזָן ת׳ ill-tempered person
רָגִיל ת׳ accustomed, used to, ordinary, common, usual
*רְגִילָה נ׳ four days vacation
רְגִימָה נ׳ stoning
רְגִיעָה נ׳ relaxation, quiet, repose, subsidence
רָגִישׁ ת׳ sensitive, allergic
רְגִישׁוּת נ׳ sensitivity
רֶגֶל נ׳ foot, leg, holiday
*- זה לא הולך ברגל no simple matter
- יש רגליים לדבר not totally baseless
- על רגל אחת quickly
- רגל שטוחה flatfoot
רַגְלִי ז׳ pedestrian, pawn, infantryman, on foot
רַגְלִית נ׳ trestle, leg, foot
רָגַם פ׳ stone, mortar, pelt
רַגָּם ז׳ mortarman, gunner
רָגַן פ׳ rail, complain, grumble
רֶגַע ז׳ instant, moment, second
- רגע קט twinkling, instant
רִגְעִי ת׳ momentary
רֶגְרֶסִיבִי (נסוג) ת׳ regressive
רֶגְרֶסְיָה (תסוגה) נ׳ regression
רָגַשׁ פ׳ storm, rage, be excited
רֶגֶשׁ ז׳ feeling, sentiment
- רגשי נחיתות inferiority complex
רִגְשִׁי ת׳ emotional
רִגְשִׁיּוּת נ׳ emotionality
רַגְשָׁנוּת נ׳ sentimentalism, slush
רַגְשָׁנִי ת׳ sentimental, maudlin
רָדָאר (מכ״ם) ז׳ radar
רָדָה פ׳ tyrannize, rule, remove
רָדוּד ת׳ shallow, flimsy, low
רָדוּם ת׳ sleepy, dormant
רָדוֹן (גז רדיואקטיבי) ז׳ radon
רָדוּף ת׳ persecuted, pursued
רַדְיָאטוֹר (מַקְרֵן) ז׳ radiator
רַדְיָאלִי (טַבּוּרִי) ת׳ radial
רְדִיד ז׳ scarf, shawl, veil, stole
רְדִידוּת נ׳ shallowness
רַדְיוֹ ז׳ radio, wireless
רַדְיוֹאַקְטִיבִי ת׳ radioactive
רַדְיוֹאַקְטִיבִיּוּת נ׳ radioactivity
רַדְיוּם (יסוד כימי) ז׳ radium
רַדְיוּס (מחוג) ז׳ radius
רַדְיוֹפוֹנִי ת׳ radiophonic
רְדִיָּה נ׳ removal (of honey)
רְדִיפָה נ׳ pursuit, persecution
- רדיפת בצע avarice, greed
רַדִּיקָלִי ת׳ radical, extremist
רַדִּיקָלִיּוּת נ׳ radicalism
רָדַף פ׳ persecute, chase, pursue, run after, seek for
רֶדֶת הַלַּיְלָה nightfall, sunset
רֶה (צליל) ז׳ D, re
רֶה אִרְגּוּן ז׳ reorganization
רַהַב ז׳ arrogance, boasting
רֶהַבִּילִיטַצְיָה rehabilitation
רָהוּט ת׳ fluent, flowing
רָהִיט ז׳ piece of furniture
- רהיטים furniture
רְהִיטוּת נ׳ fluency, volubility
רה״מ = ראש הממשלה
רוֹאֶה ז׳ seer, spectator
- רואה חשבון accountant
- רואה שחורות pessimist
רוּאְיַן פ׳ be interviewed
רוֹב ז׳ most, majority, plenty
- מרוב due to so many
- רוב קולות majority
- רוב רובו chiefly, mostly
- רובו ככולו almost all of it
רוֹבָאוּת נ׳ rifle shooting
רוֹבַאי ז׳ rifleman
רוֹבֶד ז׳ stratum, layer
רוֹבֶה ז׳ rifle, gun
- רובה אוויר air gun, air rifle
- רובה מיטען self-loading rifle
- רובה סער assault rifle
- רובה ציד hunting rifle

רוֹבּוֹט ז׳ robot, automaton
רוֹבּוֹטִיקָה נ׳ robotics
רוּבִּי, רוּבָּנִי ת׳ of the majority
רוּבִּיקוֹן (נהר) ז׳ Rubicon
- חצה את הרוביקון cross the Rubicon
רוּבָּל ז׳ rouble, ruble
רוֹבַע ז׳ quarter, district
רוֹגֶז ז׳ anger, rage, wrath, huff
רוֹגֵז ת׳ angry, irate, cross, mad
רוּגְזָה נ׳ anger, rage, concern
רוֹגַע ז׳ calm, tranquility
רוֹגֵעַ ת׳ calm, tranquil, still
רוֹגֵשׁ ת׳ astir, turbulent
רוֹדוֹדֶנְדְרוֹן ז׳ rhododendron
רוֹדֵיאוֹ (מופע בוקרים) ז׳ rodeo
רוֹדָן ז׳ dictator, tyrant
רוֹדָנוּת נ׳ dictatorship
רוֹדָנִי ת׳ despotic, dictatorial
רוֹדֵף ז׳ persecutor, pursuer
- רודף בצע avaricious, greedy
רוה"מ = ראש הממשלה
רָוָה פ׳ drink one's fill
- רווה נחת derive pleasure
רָוַח פ׳ feel relief, be current
רֶוַח ז׳ profit, gain, benefit, interval, space, separation
- רווח נקי net profit
- רווחי הון capital gains
רוֹוֵחַ ת׳ current, widespread
רְוָחָה נ׳ relief, welfare
- פתוח לרווחה wide open
רִוְחִי ת׳ profitable, lucrative
רִוְחִיּוּת נ׳ profitability
רָווּי ת׳ saturated, full
רְוָיָה נ׳ saturation, fill
- לרוויה! good health!
רַוָּק ז׳ bachelor, unmarried
רַוָּקוּת נ׳ bachelorhood
רֶוֶרְס ז׳ reverse
רוֹזֶטָה (שׁוֹשֶׁנֶת) נ׳ rosette
רוֹזְמָרִין (שיח נוי) ז׳ rosemary
רוֹזֵן ז׳ baron, count, earl
רוֹזְנוּת נ׳ barony, earldom
רוּחַ נ׳ wind, air, spirit, mind, soul, ghost, *gas, boasting
- ברוח טובה in good spirit
- לרוחו to his liking
- מי לכל הרוחות- who the devil-
- רוח הזמן spirit of the age
- רוח הקודש holy spirit
- רוח פרצים draft, draught
- רוח צד cross-wind
- רוח קלה breeze, breath
- רוח קרב fight, militancy
- רוח רעה madness, insanity
- רוח רפאים specter, phantom
רוֹחַב ז׳ breadth, width, spread
- רוחב גיאוגרפי latitude
- רוחב יד generosity
- רוחב לב magnanimity
רוֹחְבִּי ת׳ lateral, transverse
רוּחָנִי ת׳ mental, spiritual
רוּחָנִיּוּת נ׳ spirituality
רוֹחַק ז׳ distance
- רוחק ראות long-sightedness
רוֹטֶב ז׳ sauce, gravy
רוֹטוֹר (חוּגָה) ז׳ rotor
רוּטִינָה נ׳ routine, procedure
רוֹטַצְיָה נ׳ rotation, switching
רוֹטַצְיוֹנִי ת׳ rotatory, spinning
רוֹךְ ז׳ tenderness, softness
רוֹכֵב ז׳ rider, jockey, graft
- רוכב אופניים cyclist, cycler
רוֹכֵל ז׳ hawker, peddler
רוֹכלוּת נ׳ peddling, hawking
רוֹכְסָן ז׳ zipper, zip fastener
רוֹלָדָה (גלילה) נ׳ roll, Swiss roll
רוּלֶטָה נ׳ roulette
רוֹלֶר (מַגְלֵל) ז׳ roller
רוּם ז׳ height, highness
- עומדים ברומו של עולם very important
רוּם (משקה חריף) ז׳ rum
רוֹמָא נ׳ Rome
רוֹמָאִי ז׳ Roman
רוּמְבָּה (ריקוד) ז׳ rumba
רוֹמְבּוּס (מעוין) ז׳ rhomb
רוֹמֶה ז׳ discharger
רוֹמֵז ת׳ allusive, hinting
רוֹמַח ז׳ lance, spear
רוֹמִי ת׳ Roman, Romanesque
רוֹמֵם פ׳ raise, lift, praise
- רומם רוח exhilarate
רוֹמְמוּת נ׳ elevation, majesty
- רוממות רוח high spirits
רוֹמָן ז׳ love affair, novel
רוֹמַנְטִי ת׳ romantic
רוֹמַנְטִיקָה נ׳ romanticism
רוֹמַנְטִיקָן ז׳ romanticist
רוֹמָנִי, רוֹמָנִית Romanian
רוֹמַנְסָה (שיר) נ׳ romance
רוֹן ז׳ song, singing, music

רוּסִי, רוּסִית Russian
רוּסְיָה נ' Russia
רוֹעַ ז' wickedness, bad, evil
- רוע לב wickedness
רוֹעֶה ז' herdsman, herder, shepherd, pastor, leader
- רועה זונות pimp, pander
- רועה רוחני mentor, pastor
רוֹעֵם ת' thunderous
רוֹעֵץ, הָיָה לְרוֹעֵץ fail
רוֹעֵשׁ ת' loud, noisy
רוֹפֵא ז' doctor, physician
- רופא אליל quack doctor
- רופא בהמות veterinarian
- רופא ילדים pediatrician
- רופא כללי general practitioner, family doctor
- רופא נשים gynecologist
- רופא עור dermatologist
- רופא עצבים neurologist
- רופא שיניים dentist
רוּפִּיָה (מטבע) נ' rupee
רוֹפֵס ת' weak, soft
רוֹפֵף פ' weaken, loosen
רוֹפֵף ת' loose, weak, shaky
רוֹצֶה ת' willing, desirous
רוֹצֵחַ ז' assassin, murderer
- רוצח סדרתי serial killer
רוֹצֵץ פ' smash, crush, shatter
רוֹק ז' saliva, spit, spittle, rock
רוֹקֵחַ ז' druggist, chemist, dispenser, pharmacist
רוֹקְחוּת נ' pharmacy
רוֹקֵן פ' empty, deplete, drain
רוֹקֶנְרוֹל ז' rock 'n' roll, rock
רוֹרְשָׁךְ (מבחן) Rorschach test
רוֹשׁ ז' hemlock, poison
רוֹשֶׁם ז' effect, impression
- יש רושם ש- it seems that
רוֹשֵׁם ז' recorder, registrar
רוֹשֵׁשׁ פ' impoverish, beggar
רוּת (מגילת רות) Ruth
רוּת! מ"ק roger!, O.K.
רוֹתֵחַ ת' boiling, furious, *mad
רוֹתְחִין ז"ר boiling water
- דן ברותחין criticize sharply
רוֹתֶם (שיח) ז' broom, furze
רָז ז' secret, mystery
רָזָה פ' thin, lose weight
רָזֶה ת' skinny, slender, thin
- בשר רזה lean meat
רֶזוֹלוּצְיָה נ' resolution
רֶזוּמֶה (דו"ח קצר) ז' resume
רָזוֹן ז' thinness, leanness
רֶזוֹנַנְס (תהודה) ז' resonance
רֶזֶרְבָה נ' reserve, backup
רֶזֶרְבִי ת' spare, reserve
ר"ח = ראש חודש
רח' = רחוב st., street
רָחַב פ' broaden, widen
רָחָב ת' broad, wide, spacious
- רחב אופק broad-minded
- רחב גרם big-boned
- רחב ידיים spacious, roomy
- רחב לב generous
רַחַב - בְּרַחֲבֵי throughout
רְחָבָה נ' square, area
- רחבת העונשין penalty area
רַחֲבוּת נ' width, breadth
רְחוֹב ז' street, road
רַחוּם ת' merciful, pitiful
רָחוֹק ת' distant, far, remote
- רחוק ראות farsighted
רְחִיפָה נ' hovering, flying
רָחִיץ ת' washable
רְחִיצָה נ' washing, bath
רְחִישָׁה נ' moving, swarming
רָחֵל, רְחֵלָה נ' ewe, sheep
- ברחל בתך הקטנה unequivocally
רֶחֶם ז' uterus, womb
- רחם צנוח prolapsed uterus
רָחָם ז' Egyptian vulture
רַחְמִי ת' uterine, womblike
רַחֲמִים ז"ר pity, mercy
רַחֲמָן ת' clement, merciful
רַחֲמָנָא לִיצְלַן God forbid
רַחֲמָנוּת נ' mercy, pity
רָחַף פ' shake, tremble, hover
רַחֶפֶת נ' hydrofoil, air cushion vehicle, hovercraft
רָחַץ פ' wash, bathe
- רחץ בניקיון כפיו repudiate a charge
רַחְצָה נ' washing, bathing
רָחַק פ' be far, keep far from
- לא ירחק היום soon, shortly
רִחְרוּחַ ז' smelling, sniffing
רִחְרֵחַ פ' nose, smell, sniff
רָחַשׁ פ' move, stir, swarm, teem, sizzle, frizzle, feel
רַחַשׁ ז' noise, stir, rustle
- רחשי לב feelings, thoughts
רַחֲשׁוּשׁ ז' rustle, thought

רָטוֹב ת׳ wet, humid, damp
רְטוֹרִי ת׳ rhetorical, pompous
רֶטוֹרִיקָה נ׳ rhetoric, oratory
רֶטֶט ז׳ thrill, vibration
רַטֶטֶת נ׳ Parkinson's disease
רְטִיבוּת נ׳ damp, moisture, wet
רְטִיָּה נ׳ bandage, compress
רָטַן פ׳ grumble, growl
רֶטרוֹאַקטִיבִי ת׳ retroactive
רֶטרוֹאַקטִיבִית retroactively
רֶטרוֹספֶּקטִיבִי ת׳ retrospective
רֵיאָה נ׳ lung
רֵיאָיוֹן ז׳ interview
רֵיאָלִי ת׳ actual, real, existent
רֵיאָלִיוּת נ׳ reality, realism
רֵיאָלִיסטִי ת׳ pragmatic
רֵיאַקטוֹר (מָגוֹב) ז׳ reactor
רֵיאַקצִיָה נ׳ reaction
רֵיאַקצִיוֹנֶר ז׳ reactionary
רִיב ז׳ dispute, quarrel
רִיבָּאוּנד (כדור ניתר) ז׳ rebound
רִיבָה נ׳ girl, lass, wench
רִיבָּה נ׳ jam, jelly, preserves
רִיבּוֹא נ׳ ten thousand, 10,000
רִיבּוּד ז׳ stratification, layering
רִיבּוּי ז׳ increase, propagation, breeding, plural
- ריבוי טבעי natural increase
רִיבּוֹן ז׳ lord, master, sovereign
- ריבונו של עולם God
רִיבּוֹנוּת נ׳ sovereignty, domain
רִיבּוֹנִי ת׳ sovereign
רִיבּוּעַ ז׳ square, squaring
רִיבּוּעִי ת׳ quadratic, square
רִיבִיֶירָה נ׳ riviera
רִיבִּית נ׳ interest
- ריבית דריבית compound interest
- ריבית פריים prime interest rate
- ריבית פשוטה simple interest
- ריבית קצוצה usury
רִיבָּס (צמח מאכל) ז׳ rhubarb
רִיבֵּעַ פ׳ square, quadruple
רִיבֵּעַ ז׳ great-grandchild
רִיגּוּל ז׳ espionage, spying
- ריגול נגדי counterespionage
רִיגּוּשׁ ז׳ emotion, excitement
רִיגּוּשִׁי ת׳ emotional, ecstatic
רִיגֵּל פ׳ spy, spy on
רִיגֵּשׁ פ׳ excite, move, stir
רִידֵּד פ׳ flatten, roll out

רִידּוּד ז׳ flattening, shallowing
רִיהוּט ז׳ furniture, furnishing
רִיהֵט פ׳ furnish
רִיוּוַח פ׳ space, separate
רִיוּוּחַ ז׳ spacing
רֵיחַ ז׳ odor, scent, smell
- ריח גוף body odor, *BO
- ריח ניחוח fragrance
- ריח רע מהפה bad breath
רִיחוּף ז׳ hovering, flying
רִיחוּק ז׳ distance, remoteness
- ריחוק מקום distance
רֵיחַיִים ז״ר mill, millstone
- ריחיים על צווארו heavy burden
רִיחֵם פ׳ pity, have mercy
רֵיחָן (תבלין) ז׳ basil
רֵיחָנִי ת׳ fragrant, aromatic
רִיחֵף פ׳ hover, fly, flutter, float
רִיטוּאָל (טקס פולחני) ז׳ ritual
רִיטוּט ז׳ vibration, tremble
רִיטוּן ז׳ growl, grumbling
רִיטוּשׁ ז׳ retouching, crushing
רִיטֵשׁ פ׳ tear to pieces, retouch
רֵייטִינג (אחוז צפייה) ז׳ rating
רִייֵר פ׳ trickle saliva, slobber
רִיכּוּז ז׳ concentration
רִיכּוּזִי ת׳ centralized, compact
רִיכּוּזִיּוּת נ׳ centralization
רִיכּוּךְ ז׳ softening
רִיכֵּז פ׳ concentrate, focus
רִיכֵּךְ פ׳ soften, soften up, shell
רִיכֵל פ׳ gossip, chat, *jaw
רִימָּה פ׳ cheat, lie, swindle
רִימָּה נ׳ maggot, worm, larva
רִימּוֹן ז׳ grenade, pomegranate
- רימון יד hand-grenade
- רימונים לספר תורה rimonim
רִימֵּז פ׳ hint, beckon, allude
רֵימָטִיזם (שיגרון) ז׳ rheumatism
רִינָּה נ׳ song, singing, joy
רִינּוּן ז׳ singing, gossip, hearsay
רִינֵּן פ׳ sing, gossip, slander
רִיס ז׳ eyelash, lash
רִיסּוּן ז׳ restraint, curbing
רִיסּוּס ז׳ spraying, sprinkling
רִיסּוּק ז׳ crushing, mincing
רִיסֵּן פ׳ curb, restrain, check
רִיסֵּס פ׳ spray, sprinkle
רִיסֵּק פ׳ mash, mince, crush
- ריסק עצמותיו *beat to a pulp

רִיעֵף פ׳ tile, imbricate, overlap
רִיפֵּא פ׳ cure, heal, put right
רִיפֵּד פ׳ pad, upholster
רִיפָּה פ׳ slacken, loosen, relax
- ריפה ידיים discourage
רִיפּוּד ז׳ upholstery, padding
רִיפּוּי ז׳ therapy, cure, healing
- ריפוי בעיסוק occupational therapy
רִיפֵּט פ׳ tatter, wear out
רִיצֵד פ׳ jump, dance, flicker
רִיצָה פ׳ appease, pacify, repay
- ריצה עונש serve a sentence
רִיצָה נ׳ run, running, race
- ריצה קלה jogging, canter
רִיצוּד ז׳ dancing, play, flicker
רִיצוּי ז׳ placating, appeasing
רִיצוּף ז׳ paving, tiling, flooring
רִיצֵף פ׳ tile, pave, floor
רִיצֵץ פ׳ crush, smash, shatter
רִיצ׳רָץ׳ (רוכסן) ז׳ zipper
רִיק ז׳ emptiness, vacuum
רֵיק ת׳ empty, vacant, blank
רִיקָבוֹן ז׳ decay, rot
רִיקֵד פ׳ dance, caper
רִיקוּד ז׳ dance, dancing
- ריקוד בטן belly dance
- ריקוד עם folk dance
רִיקוּעַ ז׳ flattening, thin sheet
רֵיקוּת, רֵיקָנוּת נ׳ emptiness
רֵיקָם תה״פ empty-handed
רֵיקָנִי ת׳ hollow, empty
רִיקֵעַ פ׳ flatten, hammer out
רִיר ז׳ saliva, spit, mucus
רִירִי ת׳ mucous, salivary
רִירִית נ׳ mucous membrane
רֵישׁ נ׳ resh (letter)
רֵישָׁא ז׳ beginning, first part
רִישּׁוּי ז׳ license, licensing
רִישּׁוּל ז׳ negligence
רִישּׁוּם ז׳ registration, recording, drawing, mark
רִישּׁוּת ז׳ netting, screening
רִישָּׁיוֹן ז׳ license, permit
- רשיון נהיגה driver's license
רִישֵּׁת פ׳ net, reticulate, screen
רִיתּוּךְ ז׳ welding, soldering
רִיתּוּק ז׳ binding, confinement
רִיתֵּךְ פ׳ weld, solder
רִיתְמוּס (מִקְצָב) ז׳ rhythm
רִיתְמִי ת׳ rhythmical, metrical
רִיתֵּק פ׳ bind, chain, connect, confine, spellbind
רַךְ ת׳ mild, soft, tender, young
- הרך הנולד newborn baby
- רך לב coward, timid
רָכַב פ׳ ride, mount, hack
רֶכֶב ז׳ car, vehicle, transport
רַכֶּבֶל ז׳ cable car, funicular
רַכֶּבֶת נ׳ railway, train, railroad
*- רכבת (בגרב) ladder, run
- רכבת אווירית airlift
- רכבת תחתית metro, subway
רְכוּשׁ ז׳ capital, property
- רכוש קבוע fixed assets
- רכוש שוטף current assets
רְכוּשָׁן ז׳ capitalist
רְכוּשָׁנוּת נ׳ capitalism
רְכוּשָׁנִי ת׳ acquisitive
רַכּוּת נ׳ mildness, softness
רַכּוֹת תה״פ kind words, gently
רַכָּז ז׳ playmaker, center
רַכֶּזֶת נ׳ switchboard
רְכִיב ז׳ component
רְכִיבָה נ׳ ride, riding
רַכִּיכָה נ׳ mollusk, shellfish
רָכִיל - הולֵך רָכִיל ז׳ gossip
רְכִילַאי ז׳ slanderer, gossip
רְכִילוּת נ׳ slander, gossip
רְכִישָׁה נ׳ acquirement, acquisition, purchase
רַכֶּכֶת נ׳ rachitis, rickets
רַכְלָן ז׳ gossip, telltale
רַכְלָנוּת נ׳ gossip, hearsay, *jaw
רָכַן פ׳ stoop, bend, lean down
רָכַס פ׳ button, fasten, zip up
רֶכֶס ז׳ range, ridge, clasp
רִכְפָּה (צמח ריחני) נ׳ mignonette
רַכְרוּכִי ת׳ softy, weak, feeble
רַכְרוּכִיּוּת נ׳ softness, weakness
רָכַשׁ פ׳ acquire, gain, get
- רכש לב captivate, charm
רֶכֶשׁ ז׳ purchase, procurement
ר״ל = רחמנא לצלן God forbid
רֶלֶוַונְטִי ת׳ relevant, pertinent
רֶלֶוַונְטִיּוּת נ׳ relevancy
רָם ת׳ high, lofty, loud, ringing
- רם דרג high-level
- רם מעלה important person
ר״מ = ראש מתיבתא
רַמָּאוּת נ׳ deception, fraud
רַמַּאי ז׳ cheat, deceiver
רָמָה נ׳ height, level, standard
- רמת חיים standard of living

רָמַז פ׳ hint, allude, imply
רֶמֶז ז׳ hint, allusion, clue, cue
- רמז שקוף broad hint
רַמְזוֹר ז׳ traffic light
רְמַ"ח, בְּכָל רְמַ"ח אֵיבָרָיו the whole of him
רמטכ"ל=ראש מטה כללי Chief of Staff, commander in chief
רֶמִי (משחק קלפים) ז׳ rummy
רְמִיזָה נ׳ allusion, hint, wink
רְמִיָּה נ׳ deceit, cheating, fraud
רְמִיסָה נ׳ trample, treading
רַמָּן ז׳ grenadier
רָמַס פ׳ stamp, trample, tread
רַמְפָּה (כֶּבֶשׁ) נ׳ ramp
רֶמֶץ ז׳ ash, cinders, embers
רַמְקוֹל ז׳ loudspeaker, speaker
רֶמֶשׂ ז׳ insect
רֶנְטַבִּילִי ת׳ lucrative, profitable
רֶנְטגֶן ז׳ Roentgen, X-rays
רְנָנָה נ׳ song, singing, joy
רֶנֶסַנְס ז׳ renaissance, rebirth
רֶסִיטָל (מֵיפָע) ז׳ recital
רְסִיס ז׳ chip, splinter, fragment, shrapnel, drop
רס"ל = רב סמל
רס"ם = רב סמל מתקדם
רֶסֶן ז׳ bridle, curb, rein
רס"ן = רב סרן major
רֶסֶס ז׳ lead shot
רס"פ=רב סמל פלוגתי company sergeant major
רֶסֶק ז׳ mash, sauce, pulp
רס"ר = רב סמל ראשון
רַע ז׳ wickedness, evil, bad
רַע ת׳ bad, evil, wicked, *lousy
רֵעַ ז׳ friend, companion
- איש את רעהו one another
רָעַב פ׳ be hungry, starve
רָעָב ז׳ hunger, famine
רָעֵב ת׳ hungry, famished
רְעָבוֹן ז׳ hunger, famine
רַעַבְתָנוּת נ׳ voracity, hunger
רָעַד פ׳ shake, shiver, tremble
רַעַד, רְעָדָה tremble, shaking
רָעָה פ׳ graze, pasture, lead
רָעָה נ׳ evil, wickedness, wrong
- רעה חולה evil past remedy
רְעוּל פָּנִים ת׳ veiled, masked
רָעוּעַ ת׳ shaky, weak, unstable
רֵעוּת נ׳ friendship, fellowship
רְעוּת רוּחַ נ׳ vanity, folly

רְעִי ז׳ dung, droppings
רְעִידָה נ׳ tremble, shiver
- רעידת אדמה earthquake
רַעְיָה נ׳ wife, spouse
רַעְיוֹן ז׳ concept, idea, thought
רַעְיוֹנַאי ז׳ copywriter
רַעְיוֹנִי ת׳ conceptual
רְעִייָה נ׳ grazing, pasturing
רָעִיל ת׳ toxic, poisonous
רְעִילוּת נ׳ toxicity, virulence
רַעַל ז׳ poison, venom, bane
רְעָלָה נ׳ veil, yashmak
רַעֲלָן ז׳ toxin
רַעֶלֶת נ׳ toxicosis
- רעלת היריון preeclampsia
רָעַם פ׳ thunder, roar, boom
רַעַם ז׳ thunder, roar, boom
- רעם ביום בהיר a bolt from the blue
רַעְמָה נ׳ mane, shag
רְעָנוּן ז׳ refreshing, brush-up
רְעֲנֵן פ׳ refresh, brush up
רַעֲנָן ת׳ fresh, refreshed, young
רַעֲנַנּוּת נ׳ freshness, vigor
רַעַף ז׳ tile, slate, shingle
רָעַשׁ פ׳ make a noise, storm
רַעַשׁ ז׳ noise, din, earthquake
רַעֲשָׁן ז׳ rattler, clapper, rattle
רַעֲשָׁנִי ת׳ noisy, sensational
רַף ז׳ crossbar, bar, shelf
רָפָא פ׳ cure, heal
רְפָאִים ז״ר ghosts, phantoms
רַפָּד ז׳ upholsterer
רַפָּדוּת נ׳ upholstery
רָפָה פ׳ weaken, become lax
רָפֶה ת׳ weak, loose, slack
- רפה שכל feebleminded
רְפוּאָה נ׳ medicine, remedy
*- אין אף אדם לרפואה there's not even one man
- הקדים רפואה למכה anticipate trouble
- רפואה מונעת preventive medicine
- רפואה משפטית forensic medicine
רְפוּאִי ת׳ clinical, medical
רֶפּוּבְּלִיקָה נ׳ republic
- רפובליקת בננות banana republic
רֶפּוּבְּלִיקָנִי ת׳ republican
רָפוּי ת׳ lax, loose, slack, flabby

רַפּוֹרט ז׳ ticket, citation, report
רֶפּוֹרטָז׳ה נ׳ reportage, story
רֶפוֹרמָה נ׳ reform, amendment
רֶפוֹרמִי ת׳ reformist
רַפטִינג (שַיִט) ז׳ rafting
רְפִידָה נ׳ lining, insole, stratus
רַפיָה נ׳ bast, raffia
רִפיוֹן ז׳ weakness, laxity, slack
- רפיון ידיים weakness, apathy
רְפִיסוּת נ׳ softness, flaccidity
רֶפלֶקטוֹר (מחזירור) ז׳ reflector
רֶפלֶקס (תגובה בגוף) ז׳ reflex
- רפלקס מותנה conditioned reflex
רַפסוֹדָה נ׳ raft, catamaran
רַפסוֹדיָה (יצירה) נ׳ rhapsody
רְפָפָה נ׳ lath, slat, lattice work
- רפפות louver, louver boards
רפ״ק=רב פקד superintendent
רֶפּרוֹדוּקציָה נ׳ reproduction
רִפרוּף ז׳ hovering, glancing
רֶפֶּרטוּאָר ז׳ repertory
רִפרֵף פ׳ hover, flutter, scan
רַפרֶפֶת נ׳ mousse, creamy dessert
רֶפֶש ז׳ mud, mire, slime
רֶפֶת נ׳ cowshed, byre, stall
רַפתָן ז׳ cowman, dairyman
רָץ פ׳ run, rush, race, *leg it
רָץ ז׳ runner, envoy, bishop
רצ״ב = רצוף בזה enclosed
רָצָה פ׳ desire, want, wish
רָצוּי ת׳ desirable, welcome
רָצוֹן ז׳ desire, will, wish
- ברצון with pleasure
- יהי רצון I wish, Oh that...
- מרצון of one's own free will
- רצון טוב goodwill
רְצוֹנִי ת׳ voluntary, volitional
רְצוּעָה נ׳ band, ribbon, tape
- רצועת עזה Gaza Strip
רָצוּף ת׳ consecutive, continuous, enclosed
רָצוּץ ת׳ broken, exhausted
רָצַח פ׳ murder, kill
רֶצַח ז׳ murder, assassination
- רצח אופי character assassination
- רצח עם genocide
רַצחָנִי ת׳ murderous
רַציוֹנָלִי (הגיוני) ת׳ rational
רַציוֹנָליזם ז׳ rationalism

רְצִיחָה נ׳ murder, execution
רְצִייָה נ׳ will, volition
רְצִינוּת נ׳ seriousness, gravity
רְצִינִי ת׳ earnest, serious, severe, grave, sincere
רָצִיף ז׳ dock, quay, pier, wharf
רָצִיף ת׳ consecutive, continuous, sequential
רְצִיפוּת נ׳ continuity, succession
רָצַע פ׳ bore, pierce
רַצְעָן ז׳ shoemaker, saddler
רֶצֶף ז׳ sequence, stretch, continuity, streak
רַצָף ז׳ tiler, tile-layer, paver
רִצְפָּה נ׳ floor
רֶצֶפְּט (מִרשָם) ז׳ prescription
רָצַץ פ׳ crush, shatter, smash
רַק תה״פ only, just, but, except
רָקָב ז׳ decay, rot, corruption
רַקבּוּבִי ז׳ containing humus
רַקבּוּבִית נ׳ humus, rot, decay
רָקַד פ׳ dance
- רקד בכל החתונות meddle in every affair
רַקדָן, רַקדָנִית dancer
- רקדנית בטן belly dancer
רַקָה נ׳ temple
רָקוּב ת׳ decayed, rotten
רֶקוויאֶם ז׳ requiem
רָקוּם ת׳ embroidered
רָקַח פ׳ concoct, mix, dispense
רַקֶטָה נ׳ rocket, racket, bat
רֶקטוּם ז׳ rectum, back passage
רֶקטוֹר (ראש בי״ס גבוה) ז׳ rector
רְקִיחָה נ׳ concoction
רְקִימָה נ׳ embroidery, devising
רָקִיעַ ז׳ heaven, sky
- ברקיע השביעי happy
רְקִיעָה נ׳ stamping, striking
רָקִיק ז׳ wafer, biscuit, cracker
רָקַם פ׳ embroider, form, shape, design, devise, plan
רִקמָה נ׳ embroidery, tissue
רָקַע פ׳ stamp, tread, beat
רֶקַע ז׳ background
- על רקע against a background of
רַקֶפֶת נ׳ cyclamen, primrose
רָש ת׳ poor, beggar, pauper
רַשַאי ת׳ allowed, permitted
רָשוּם ת׳ registered, recorded

רְשׁוּמָה נ׳ record
רְשׁוּמוֹת נ״ר official records
רְשׁוּמֶת נ׳ sketch
רָשׁוּת נ׳ authority, territory
- רשות המיסים tax authority
- רשות מבצעת the executive
- רשות מחוקקת the legislature
- רשות מקומית local authority
- רשות שופטת the judiciary
רְשׁוּת נ׳ permission, ownership
- ברשותך by your leave
- רשות היחיד/הרבים private/ common domain
רְשִׁימָה נ׳ list, roll, report
רַשְׁלָן ז׳ sloven, lazy person
רַשְׁלָנוּת נ׳ neglect, negligence
- רשלנות פושעת criminal negligence
רָשַׁם פ׳ write, list, record, register, enter, draw, note
- רשם לפניו keep in mind
רַשָּׁם ז׳ registrar, recorder
רִשְׁמִי ת׳ formal, official, dress
רִשְׁמִיּוּת נ׳ formality, ceremony
רִשְׁמִית תה״פ officially
רַשְׁמְקוֹל ז׳ tape recorder
רִשְׁמַת לֵב חַשְׁמַלִּית ECG
רָשָׁע ת׳ wicked, evil, villain
- רשע מרושע extremely wicked
רֶשַׁע, רִשְׁעוּת wickedness
רֶשֶׁף ז׳ flash, spark
רִשְׁרוּשׁ ז׳ murmur, rustle
רִשְׁרֵשׁ פ׳ murmur, rustle
רֶשֶׁת נ׳ net, network, screen, lattice, mesh, grid
- רשת חנויות chain stores
רִשְׁתִּית נ׳ retina
ר״ת=ראשי תיבות acronym
רָתוּחַ ת׳ boiled
רָתוּם ת׳ harnessed, fastened
רָתוּק ת׳ confined, chained
רָתַח פ׳ boil, be furious, fume
רַתְחָן ז׳ hot-tempered man
רְתִיחָה נ׳ boiling, fury, simmer
רְתִיעָה נ׳ recoil, flinching
רַתָּךְ ז׳ welder, solderer
רַתָּכוּת נ׳ welding, soldering
רָתַם פ׳ harness, bind, yoke
רִתְמָה נ׳ harness
רֶתַע ז׳ recoil, recoiling
רֶתֶק ז׳ clip, hook, hold

ש

שֶׁ- = אשר that, which, who
שָׁאַב פ׳ pump, obtain, derive
שָׁאַג פ׳ roar, bellow, shout, yell
שְׁאָגָה נ׳ roar, bellow, shout
שְׁאוֹל ז׳ Sheol, hell, grave
- שאול תחתית nether world
שָׁאוּל ת׳ borrowed, lent
שָׁאוֹן ז׳ din, noise, tumult
שְׂאוֹר ז׳ leaven
- שאור שבעיסה main part
שְׁאָט נֶפֶשׁ ז׳ repulsion, disgust
שְׁאִיבָה נ׳ pump, obtaining
- שאיבת שומן liposuction
שְׁאִילָה נ׳ borrowing, asking
שְׁאִילְתָּה נ׳ interpellation
שְׁאִיפָה נ׳ ambition, inhalation
שָׁאִיר ז׳ relative, survivor
שָׁאַל פ׳ ask, question, borrow
שְׁאֵלָה נ׳ question, problem
- שאלה מנחה leading question
שְׁאֵלוֹן ז׳ questionnaire
שַׁאֲנָן ת׳ calm, complacent
שַׁאֲנַנּוּת נ׳ calm, tranquility
שָׁאַף פ׳ strive, aim, inhale, sniff
- שואף לאפס very small
שְׁאַפְתָּן ז׳ ambitious man
שְׁאַפְתָּנוּת נ׳ ambitiousness
שְׁאָר ז׳ rest, remainder
- שאר ירקות other things, etc.
- שאר רוח inspiration, genius
שְׁאֵר ז׳ relative, kinsman
- שאר בשר next of kin
שְׁאֵרִית נ׳ remainder, remnant
- שאריות odds and ends
שְׂאֵת נ׳ tumor
שְׂאֵת - בְּיֶתֶר שְׂאֵת with more force
שָׁב פ׳ return, repeat
*שַׁבַּאבּ young hooligans
שְׁבָב ז׳ splinter, chip, shaving
שָׁבָה פ׳ capture, take prisoner
שְׁבוֹ (אבן יקרה) ז׳ agate
שָׁבוּי ז׳ captive, prisoner of war
שָׁבוּעַ ז׳ week
- שבוע עבודה workweek
- שבועיים two weeks

שְׁבוּעָה נ׳	oath, sworn statement
- שבועת הרופאים	Hippocratic oath
- שבועת שקר	perjury
שְׁבוּעוֹן ז׳	weekly
שָׁבוּעוֹת	Shavuoth, Feast of Weeks
שְׁבוּעִי ת׳	weekly, hebdomadal
שָׁבוּר ת׳	broken, heartbroken
שֶׁבַח ז׳	praise, improvement
- שבח מקרקעין	land betterment
שֵׁבֶט ז׳	tribe, stick, rod, staff
- לשבט או לחסד	for good or for bad
שְׁבָט ז׳	Shevat (month)
שִׁבְטִי ת׳	tribal, clannish
שְׁבִי ז׳	captivity, prisoners
- הלך שבי אחרי	be captivated
שָׁבִיב ז׳	gleam, spark, glimmer
שָׁבִיט ז׳	comet
שְׁבִיל ז׳	path, lane, course, trail
- שביל הזהב	golden mean
- שביל החלב	Milky Way
שָׁבִיס ז׳	kerchief, hair net, coif
שְׂבִיעוּת רָצוֹן נ׳	satisfaction
שְׁבִיעִי ת׳	seventh, 7th
שְׁבִיעִית נ׳	seventh, Sabbatical year
שָׁבִיר ת׳	breakable, fragile
שְׁבִירָה נ׳	breaking, refraction
שְׁבִירוּת נ׳	fragility, frailty
שְׁבִיתָה נ׳	strike, walkout
- קנה שביתה	settle, take root
- שביתת האטה	go-slow strike
- שביתת נשק	armistice, truce
- שביתת רעב	hunger strike
- שביתת שבת	sit-down strike
שב״כ=שרות בטחון כללי	Shin Beth
שַׁבְּלוּל ז׳	snail, slug, cochlea
שַׁבְּלוֹנָה נ׳	mold, pattern, model
שַׁבְּלוֹנִי ת׳	hackneyed, routine
שָׂבַע פ׳	be satisfied, eat enough
שָׂבֵעַ ת׳	satisfied, not hungry
- שבע רצון	content, satisfied
שֶׁבַע ש״מ	seven, 7
- כשבע עיניים	carefully
- שבע ברכות	marriage blessing
שְׁבַע עֶשְׂרֵה ש״מ	seventeen, 17
- השבע עשרה	seventeenth
שִׁבְעָה ש״מ	seven, 7
- ישב שבעה	mourn for 7 days
- שבעה מדורי גיהינום	suffering
שִׁבְעָה עָשָׂר ש״מ	seventeen, 17
שִׁבְעִים ש״מ	seventy, 70
- (החלק) השבעים	seventieth
שִׁבְעָתַיִם תה״פ	sevenfold
שָׁבָץ ז׳	apoplexy, fit, stroke
שַׁבֵּץ נָא (מִשְׂחָק) ז׳	Scrabble
שָׁבַק חַיִּים	die, pass away
שָׁבַר פ׳	break, smash, bust
*- שבר את הכלים	break the rules
- שבר את הראש	rack one's brains
- שבר שיא	break a record
- שברה ליבו	break his heart
שֶׁבֶר ז׳	fragment, fracture, fraction, rupture, hernia
- שבר כלי	broken man, wreck
- שבר מדומה	improper fraction
- שבר ענן	cloudburst
- שבר עשרוני	decimal fraction
- שבר פשוט	simple fraction
שִׁבְרוֹן לֵב ז׳	heartbreak
שַׁבְרִיר ז׳	particle, splinter
- שבריר שנייה	split second
שַׁבְרִירִי ת׳	slight, fragile, weak
שַׁבְשֶׁבֶת נ׳	vane, weather vane
שֶׁבֶת	sitting, anise, dill
שָׁבַת פ׳	strike, walk out, cease
שַׁבָּת נ׳	Sabbath, Saturday
שַׁבְּתַאי (כוכב לכת) ז׳	Saturn
שַׁבָּתוֹן ז׳	complete rest, sabbatical
ש״ג=שוטר גדודי	regimental guard, ordinary person
שְׁגָגָה נ׳	unintentional sin
שָׁגָה פ׳	err, be engrossed in
שָׁגוּי ת׳	incorrect, wrong
שָׁגוּר ת׳	usual, fluent
שְׁגִיאָה נ׳	error, mistake
- שגיאת כתיב	misspelling
שִׁגְיוֹנִי ת׳	obsessive, capricious
שְׁגִירוּת נ׳	fluency, habit
שָׁגַל פ׳	lie with, rape
שִׁגְעוֹנִי ת׳	insane, mad, crazy
שֶׁגֶר ז׳	offspring, litter
שִׁגְרָה נ׳	convention, routine
שַׁגְרִיר ז׳	ambassador, envoy
שַׁגְרִירוּת נ׳	embassy
שִׁגְרָתִי ת׳	conventional, routine

שִׂגְשֵׂג פ׳ prosper, thrive
שִׂגְשׂוּג ז׳ prosperity, thriving
שֵׁד ז׳ demon, devil, ghost
*- השד יודע nobody knows
- מי לכל השדים והרוחות who the devil-
- שד משחת expert, whiz
שַׁד ז׳ breast
- שדיים breasts
שְׂדָאוּת נ׳ field training
שָׁדַד פ׳ rob, plunder, ravage
שָׂדֶה ז׳ field, ground
- שדה בור fallow, uncultivated field
- שדה מגנטי magnetic field
- שדה מוקשים minefield
- שדה פעולה scope for action
- שדה קרב battlefield
- שדה ראייה field of vision
- שדה תעופה airfield, airport
שָׁדוּד ת׳ robbed, *mugged
שְׁדוּלָה נ׳ lobby, pressure group
שְׁדוּלָן (לוביסט) ז׳ lobbyist
שֵׁדוֹן ז׳ elf, imp, sprite
שֵׁדוֹנִי ת׳ elfin, elfish
שָׁדוּף ת׳ empty, hollow
שַׁדַּי ז׳ the Almighty, God
שֵׁדִי ת׳ devilish, demoniacal
שַׁדְּכָן ז׳ matchmaker, *stapler
שַׁדְּכָנוּת נ׳ matchmaking
שֶׁדֶר ז׳ broadcast, message
שַׁדָּר ז׳ broadcaster
שִׁדְרֵג פ׳ upgrade
שִׁדְרָה נ׳ spine, backbone
שְׂדֵרָה נ׳ avenue, boulevard, column, rank, class, circle
- שדרת עמודים colonnade
שִׁדְרוּג ז׳ upgrading
שַׁדְרָן ז׳ broadcaster
שֶׂה ז׳ lamb, sheep
שָׁהָה פ׳ stay, live, linger, tarry
שָׁהוּת נ׳ interval, pause, time
שְׁהִיָּה נ׳ delay, sojourn, stay
שֶׁהַכֹּל blessing before drinking
שׁוֹאֵב אָבָק ז׳ vacuum cleaner
שׁוֹאָה נ׳ disaster, calamity
- השואה the Holocaust
שׁוֹאֵל ז׳ borrower, questioner
שׁוּב תה״פ again, anew, back
- שוב ושוב again and again
*- שוב פעם again, once more

שׁוֹבָב ז׳ mischief, prankster
שׁוֹבְבוּת נ׳ mischief
שׁוֹבָבִי, שׁוֹבְבָנִי ת׳ mischievous
שׁוֹבֶה ז׳ captor
- שובה לב fascinating
שׁוֹבִינִיזְם ז׳ chauvinism
שׁוֹבִינִיסְט ז׳ chauvinist
שׁוֹבָךְ ז׳ dovecote, cote, cot
שׁוֹבֶל ז׳ train, trail, wake, tail
- שובל אדים vapor trail
שׂוֹבַע, שׂוֹבְעָה satiety
- שאינו יודע שובעה insatiable
שׁוּבַּץ פ׳ be set, be placed
שׁוֹבֵר ז׳ voucher, receipt
- שובר גלים breakwater
- שובר לב heartbreaking
- שובר קופות box-office success
- שובר רוח windbreak
- שובר שוויון tie-break
- שובר שיניים jawbreaker
שׁוֹבֵת ז׳ striker
שׁוּגַּר פ׳ be sent, be launched
שׁוֹגֵר ז׳ consignor, consigner
שׁוֹד ז׳ robbery, plunder
- שוד ושבר! woe is me!, alas!
- שוד לאור היום daylight robbery
שׁוֹדֵד ז׳ bandit, robber
- שודד ים pirate, sea rover
שׁוּדַּר פ׳ be broadcast
שֹׁהַם (אבן טובה) ז׳ onyx
שָׁוְא ז׳ lie, untruth, vanity
שְׁוָא (בניקוד) ז׳ schwa
שְׁוָאִי ת׳ vocalized by schwa
שְׁוֶדִי, שְׁוֶדִית Swedish
שְׁוֶדְיָה נ׳ Sweden
שָׁוָה פ׳ be equal, be like
שָׁוֶה ת׳ equal, same, worth
- לא שווה *worthless
- צד שווה common characteristic
- שווה בשווה equally
- שווה לכל נפש not expensive
- שווה נפש indifferent
- שווה ערך equivalent
שׁוֹוִי ז׳ value, worth, price
שִׁוְויוֹן ז׳ equality, tie, deuce
- שוויון זכויות equal rights
- שוויון יום ולילה equinox
- שוויון נפש indifference
שִׁוְויוֹנִי ת׳ egalitarian

שְׁוַייץ, שְׁוֵיצַרְיָה נ׳ Switzerland
שְׁוַייצִי, שְׁוֵיצָרִי ת׳ Swiss
*שְׁוִויץ ז׳ swagger, showing off
*שְׁוִויצֶר ז׳ braggart, swank
שָׁוִויק ת׳ marketable, salable
שַׁוְועָה נ׳ cry, outcry
שׁוּחַד פ׳ be bribed
שׁוֹחַד ז׳ bribe, bribery, *graft
שׁוּחָה נ׳ pit, ditch, trench
שׁוּחזַר פ׳ be reconstructed
שׂוֹחַח פ׳ talk, discuss, chat
שׁוֹחֵט ז׳ butcher, slaughterer
שׁוֹחֵר ז׳ seeker, lover, cadet
- שוחר שלום pacifist
שׁוּחרַר פ׳ be liberated
- שוחרר בערבות be released on bail
שׁוֹט ז׳ whip, lash, scourge
שׁוֹטֶה ת׳ fool, silly, stupid
- כלב שוטה rabid dog
- שוטה הכפר village idiot
שוטון (שלוחה דקה) ז׳ flagellum
שׁוֹטֵט פ׳ roam, rove, wander
שׁוֹטְטוּת נ׳ vagrancy
שׁוֹטֵף ת׳ current, fluent, swift, flowing, running
- גשם שוטף downpour
שׁוֹטֵר ז׳ constable, cop, policeman, police officer
- שוטר חרש detective
- שוטר מקוף patrolman, patroller
- שוטר צבאי military policeman
- שוטר תנועה traffic policeman
שׁוֹךְ ז׳ calming down, end
שׁוּכלַל פ׳ be perfected
שׁוּכַּן פ׳ be housed, be settled
שׁוֹכֵן ת׳ located, situated
שׁוּכפַּל פ׳ be cloned
שׂוֹכֵר ז׳ hirer, renter, lessee
שׁוּלַח פ׳ be sent, be dismissed
שׁוֹלֵחַ ז׳ sender, principal
שׁוּלחָן ז׳ table, desk, board
- שולחן המערכת editor's desk
- שולחן טואלט dressing table
- שולחן כתיבה writing desk
- שולחן ניתוחים operating table
- שולחן ערוך set table, code of Jewish laws
- שולחן שחיל extension table
שׁוּלחָנִי ז׳ moneychanger
שׁוֹלֵט ת׳ commanding, dominant, master
שׁוֹלְטָנִי ת׳ dominant
שׁוּלִי ת׳ marginal, small
שׁוּליָה ז׳ apprentice, trainee
- שוליית הקוסם sorcerer's apprentice
שׁוּלַיִים ז״ר margin, edge, edging, brim, hem, fringes
- שולי הכביש roadside
שׁוֹלֵל ת׳ objector, denier
שׁוֹלָל - הוליך שוֹלָל mislead
שׁוּלַם פ׳ be paid, be settled
שׁוֹלַת מוֹקְשִׁים נ׳ mine sweeper
שׁוּם ז׳ garlic, something
- שום אדם (לא) nobody
- שום דבר (לא) nothing
שׁוּמָה נ׳ mole, valuation, assessment, appraisal
שׁוּמָה עַל it's incumbent upon-
שׁוֹמֵם ת׳ empty, desolate
שׁוּמָן ז׳ fat, schmaltz, dripping
שׁוֹמֶן ז׳ adiposity, fatness
שׁוּמָנִי ת׳ fatty, adipose, greasy
שׁוֹמֵעַ ז׳ hearer, listener
שׁוֹמֵר ז׳ guard, keeper
- שומר חוק law-abiding
- שומר מסורת traditionalist
- שומר מצוות religious
- שומר משקל weight watcher
- שומר ראש bodyguard
שׁוּמָר (תבלין) ז׳ fennel
שׁוֹמרוֹן ז׳ Samaria
שׁוֹמרוֹנִי ת׳ Samaritan
שׁוּמשׁוּם ז׳ sesame
שׁוּמשְׁמָנִית נ׳ sesame cookie
שׂוֹנֵא ז׳ enemy, foe, hater
- שונא ישראל anti-Semite
- שונא נשים misogynist
שׁוּנָה פ׳ be changed, be altered
שׁוֹנֶה ת׳ different, unlike
- שונים various, sundry
- שונים ומשונים various
שׁוֹנוּת נ׳ difference, variance
שׁוֹנוֹת נ״ר sundries
שׁוֹנִי ז׳ difference, distinction
שׁוּנִית נ׳ cliff, reef
- שונית אלמוגים coral reef
שׁוּנָר ז׳ lynx, wildcat
שׁוּנְרָא cat

שׁוּסַע פ׳ be interrupted, be rent
שׁוֹעַ ז׳ noble, magnate, rich
שׁוּעְבַּד פ׳ be mortgaged
שׁוּעָל ז׳ fox
- שועל קרבות battle-scarred
שׁוּעָלָה נ׳ vixen
שׁוּעָלִי ת׳ foxy, vulpine, sly
שׁוּעַר פ׳ be estimated
- בל ישוער unimaginable
שׁוֹעֵר ז׳ porter, gatekeeper, doorman, goalkeeper
שׁוּפָּה פ׳ be indemnified
שׁוֹפֵט ז׳ judge, justice, referee
- שופט חוקר examining magistrate
- שופט מחוזי district court judge
- שופט עליון justice, supreme court judge
- שופט קו linesman, lineman
- שופט שלום Justice of the Peace, magistrate
שׁוֹפְטוּת נ׳ judicature
שׁוֹפְטִים (בתנ"ך) Judges
שׁוֹפִין ז׳ file, nail file
שׁוֹפְכָה נ׳ penis, urethra
שׁוֹפְכִין ז"ר sewage, sludge
שׁוֹפֵעַ ת׳ affluent, abundant
שׁוֹפָר ז׳ shofar, ram's horn, trumpet, mouthpiece, organ
שׁוּפְרָא דְשׁוּפְרָא the best
שׁוּק ז׳ market, marketplace
- שוק אפור gray market
- שוק הכספים money market
- שוק העבודה labor market
- שוק חופשי free market
- שוק מוכרים sellers' market
- שוק מניות stock market
- שוק משותף common market
- שוק פשפשים flea market
- שוק קונים buyers' market
- שוק שחור black market
שׁוֹק ז׳ shank, shin, leg, calf, side, shock
- הוכה שוק על ירך severely beaten
שׁוֹקוֹ ז׳ chocolate
שׁוֹקוֹלָד ז׳ chocolate
שׁוֹקִית (מעצמות השוק) נ׳ fibula
שׁוּקְלַל פ׳ be weighted
שׁוּקַם פ׳ be rehabilitated
שׁוֹקֵק (חיים) ת׳ bustling, noisy

שׁוֹקֶת נ׳ drinking trough
- עומד בפני שוקת שבורה hopeless
שׁוֹר ז׳ bull, ox, Taurus
שׁוּרָה נ׳ line, row, file, series
- השורה התחתונה the bottom line
- לפנים משורת הדין leniently
- מן השורה average
- שורה עורפית single file
שׁוּרוֹן ז׳ lined sheet
שׁוּרוּק ז׳ oo (Hebrew vowel)
שׁוֹרְקָנִי ת׳ sibilant, piping
שׁוֹרֵר פ׳ sing, write poetry
שׁוֹרֵר ת׳ rife, prevalent, ruling
שׁוֹרַשׁ פ׳ be rooted out
שׁוֹרֶשׁ ז׳ root, source, stem
- שורש הרע the root of all evil
- שורש מעוקב cube root
- שורש ריבועי square root
שׁוֹרְשִׁי ת׳ radical, deep-rooted
שׁוֹרְשִׁיּוּת נ׳ fundamentality
שׁוֹשְׁבִין ז׳ best man, friend
שׁוֹשְׁבִינָה נ׳ bridesmaid
שׁוֹשֶׁלֶת נ׳ dynasty, genealogy
שׁוֹשָׁן ז׳ lily, rosette
שׁוֹשַׁנָּה נ׳ rose, lily
- שושנה (זיהום עור) erysipelas
- שושנת הרוחות compass card
- שושנת ים sea anemone
- שושנת יריחו leishmaniasis cutanea
שׁוֹשֶׁנֶת נ׳ rosette
שׁוּתָּף ז׳ partner, companion
- שותף לעבירה accessory
שׁוּתָּפוּת נ׳ partnership
שָׁזוּף ת׳ tanned, suntanned
שָׁזוּר ת׳ interwoven, twined
שְׁזִיף ז׳ plum, prune
שְׁזִירָה נ׳ interweaving, twist
שֶׁזֶף סוּכָּר ז׳ caramel
שָׁזַר פ׳ twine, interweave
שְׁזָרָה נ׳ cob, corncob, spine
שָׂח פ׳ speak, say, walk, stroll
- מה אתה שח? You don't say!
שַׁח ז׳ chess, check, Shah
שַׁח ת׳ bent, bowed, stooping
ש"ח = שקל חדש NIS, new shekel
שָׂחָה פ׳ swim, have a swim
- שחה עם הזרם go with the tide
שָׁחוּחַ ת׳ bent down, bowed

שָׁחוּם ת' brown, swarthy
שָׁחוּן ת' hot, dry, arid, torrid
שְׂחוֹק ז' laughter, game, play
שָׁחוּק ת' worn, crushed, trite
שְׁחוֹר ז' blackness, darkness
- ראה שחורות be pessimistic
שָׁחוֹר ת' black, dark
- שחור משחור pitch-black
- שחור על גבי לבן clearly
- שחורים black (clothes)
שִׁחזוּר ז' reconstruction, reenactment
שִׁחזֵר פ' reconstruct, reenact
שָׁחַט פ' butcher, slaughter
שָׁחִיד ת' bribable, venal
שְׁחִיטָה נ' butchery, slaughter
שְׂחִיָּה נ' swimming, swim
- שחיית גב backstroke
- שחיית חזה breaststroke
- שחיית כלב dog paddle
- שחיית פרפר butterfly
- שחיית צד sidestroke
שַׂחְיָן ז' swimmer
שָׁחִיל ת' telescopic, extension
שְׁחִין ז' boils, scabies, mange
שְׁחִיף ז' fingerboard, lath, lean
שְׁחִיקָה נ' attrition, erosion
שְׁחִיתוּת נ' corruption, abuse
שַׁחַל ז' lion
שַׁחֲלָה נ' ovary
שִׁחלוּף ז' recombination
שִׁחלֵף פ' recombine
שַׁחַם ז' granite
שְׁחַמְחַם ת' brownish, tawny
שַׁחְמָט ז' chess
שַׁחְמְטַאי ז' chess player
שַׁחֶמֶת (מחלה) נ' cirrhosis
שַׁחַף ז' gull, seagull
שַׁחֲפָנִי ת' tubercular
שַׁחֶפֶת נ' tuberculosis, TB
שַׁחֲצָן ז' arrogant, haughty
שַׁחֲצָנוּת נ' arrogance, vanity
שָׁחַק פ' grind, pulverize, crush
שְׁחָקִים ז"ר heavens, sky
שַׂחְקָן ז' actor, player, artist
- שחקן ספסל reserve
- שחקן שדה fielder
שַׂחְקָנִית נ' actress
שִׁחֵר פ' seek, search, love
שַׁחַר ז' dawn, daybreak, truth
- שחר ימיו prime of life
שַׁחֲרוֹמֶת נ' melanoma
שִׁחרוּר ז' liberation, release
שַׁחֲרוּר (ציפור שיר) ז' blackbird
שַׁחֲרוּת נ' youth, boyhood
שְׁחַרְחַר ת' dark, blackish
שַׁחֲרִית נ' morning (prayer)
שִׁחְרֵר פ' free, liberate, release, exempt, acquit, loosen
שַׁחַת נ' hay, grave, pitfall
שָׁט פ' sail, float, wander
שָׁטוּחַ ת' flat, leveled, plane
שְׁטוּיוֹת נ"ר nonsense, rubbish
שָׁטוּף ת' washed, full of
- שטוף זימה lecher, prurient
- שטוף שמש sunlit, sunny
שְׁטוּת נ' nonsense, folly
*- שטויות במיץ עגבניות sheer nonsense
שְׁטוּתִי ת' absurd, foolish
שָׁטַח פ' spread, express
שֶׁטַח ז' area, zone, surface
- שטח הפקר no man's land
- שטח שיפוט area of jurisdiction
- שטחים כבושים occupied territory
שִׁטְחִי ת' superficial, shallow
שִׁטְחִיּוּת נ' superficiality
*שְׁטִיבְּל ז' small synagogue
שָׁטִיחַ ז' carpet, rug
- שטיח אדום red carpet
שְׁטִיחוֹן ז' mat, small carpet
*שְׁטִינְקֶר ז' stinker, informer
שְׁטִיפָה נ' rinse, washing, flushing, *scolding
- שטיפת מוח brainwashing
- שטיפת קיבה stomach pumping
*שְׁטִיק (קונצים) ז' shtik, trick
שָׂטַם פ' hate, dislike
שָׂטָן ז' Satan, devil, fiend
שִׂטְנָה נ' hatred, denunciation
שְׂטָנִי ת' devilish, satanic
שְׁטָנִי ת' light brown
שְׂטָנִיּוּת נ' devilry, cruelty
*שְׁטַנְץ ז' mold, mould, pattern
שִׁטְעוּן ז' transshipment
שָׁטַף פ' rinse, wash, flood, sweep, *scold, tell off
שֶׁטֶף ז' flow, current, stream
- בשטף fluently, rapidly
- שטף דם hemorrhage
*שְׁטֶקֶר (תֶּקַע) ז' plug

שְׁטָר ז׳ bill, note, deed
- שטר חוב promissory note
- שטר חליפין bill of exchange
- שטר מטען bill of lading
- שטר מכר bill of sale
- שטרות לפירעון bills payable
- שטרות לקבל bills receivable
שְׁטרוּדֶל (כְּרוּכִית) ז׳ strudel
שְׁטרַיימֶל ז׳ shtreimel, fur hat
שְׁטֶרלִינג ז׳ sterling
שַׁי ז׳ gift, present, offering
שִׂיא ז׳ summit, peak, apex, climax, high, record, acme
שִׂיאָן ז׳ record holder
שִׁיאָצוּ (תרפיה יפנית) ז׳ shiatsu
שִׁיבָה נ׳ return, comeback
שֵׂיבָה נ׳ old age, gray hair
- בשיבה טובה at a ripe old age
שִׁיבּוּט ז׳ cloning
שִׁיבּוּט (דג) ז׳ turbot, cod
שִׁיבּוֹלֶת נ׳ ear of corn, swirl
- שיבולת שועל oats, oatmeal
שִׁיבּוּץ ז׳ setting, inlay, placing
שִׁיבּוּשׁ ז׳ mistake, error, disorder, confusion
- שיבוש הליכים proceedings disruption
שִׁיבַּח פ׳ praise, laud, improve
שִׁיבֵּט ז׳ clone
שִׁיבֵּץ פ׳ checker, inlay, insert, set, place, grade, post
שִׁיבֵּר פ׳ break, shatter
- שיבר האוזן make it clear
*שִׁיבֵּר ז׳ tap, faucet, valve
שִׁיבֵּשׁ פ׳ upset, make errors, spoil, disrupt, confuse
שִׁיגּוּעַ ז׳ maddening
שִׁיגּוּר ז׳ sending, launch
שִׁיגָּיוֹן ז׳ fixed idea, obsession
שִׁיגֵּעַ פ׳ madden, drive crazy
שִׁיגָּעוֹן ז׳ madness, *great!
- שגעון גדלות megalomania
שִׁיגֵּר פ׳ consign, send, launch
שִׁיגָּרוֹן ז׳ rheumatism
שִׂידֵּד פ׳ harrow, plow
שִׁידָּה נ׳ cabinet, dresser, chest of drawers, highboy
שִׂידּוּד ז׳ harrowing, plowing
- שידוד מערכות reshuffle
שִׁידּוּךְ ז׳ match, betrothal
שִׁידּוּל ז׳ persuasion, coaxing
שִׁידּוּר ז׳ broadcast
- שידור חוזר repeat
- שידור חי/ישיר live broadcast
שִׁידֵּךְ פ׳ arrange a marriage
שִׁידֵּל פ׳ persuade, tempt
שִׁידָּפוֹן ז׳ blight, smut
שִׁידֵּר פ׳ broadcast, transmit
*- שידרו על אותו גל agree
שִׁיהוּק ז׳ hiccup, hiccough
שִׁיהֵק פ׳ hiccup, hiccough
שִׁיוָוה פ׳ compare, give, render
- שווה בנפשך! just imagine!
- שיווה לעצמו fancy, imagine
שִׁיוּוּי ז׳ equalization, parity
- שיווי משקל equilibrium
שִׁיוַּוע פ׳ cry, shout, scream
שִׁיוֵּוק פ׳ market
שִׁיוּוּק ז׳ marketing
שִׁיוּט ז׳ cruise, rowing, sail
שִׁיוּךְ ז׳ attribution, connection
שִׁיוּף ז׳ filing, abrasion
שִׁיזּוּף ז׳ tan, suntan, tanning
שִׁיזֵּף פ׳ tan, brown, bronze
שֵׁיזָף (עץ פרי) ז׳ jujube
שִׂיחַ ז׳ bush, shrub, talk
- שיח ושיג business, talks
שִׁיחֵד פ׳ bribe, oil his palm
שִׂיחָה נ׳ chat, conversation, dialogue, talk, call, lecture
- שיחה ממתינה call waiting
- שיחת ועידה conference call
- שיחת חולין chat, *confab
שִׁיחוּד ז׳ bribing, buying off
שִׂיחוֹן ז׳ conversation book
שִׂיחֵק פ׳ play, toy, act, perform
*- שיחק אותה (בגדול) act, pretend, make it, succeed
- שיחק לו מזלו be lucky
שִׁיחֵר פ׳ search, visit, turn to
- שיחר לטרף prowl, maraud
שִׁיחֵת פ׳ spoil, waste, ruin
שַׁיִט ז׳ cruise, navigation
שִׁיטָּה פ׳ fool, ridicule, mock
שִׁיטָה נ׳ system, method
- בין השיטין between the lines
- שיטה עיוורת touch-typing
שִׁיטָּה (עץ) נ׳ acacia, wattle
שִׁיטוּר ז׳ policing, patrolling
שִׁיטֵּחַ פ׳ flatten, relate, present
שִׁיטָּיוֹן ז׳ dementia
שִׁיטָּפוֹן ז׳ flood, inundation
שִׁיטָתִי ת׳ systematic
שִׁיטָתִיוּת נ׳ orderliness, method

*שַׁייבָה נ'	washer, ring
שִׁיֵיט פ'	cruise, sail, row, yacht
שַׁיֶיטֶת נ'	fleet, squadron
שִׁיֵיך פ'	ascribe, connect, class
שַׁיָיך ת'	belonging, relevant
שַׁיָיכוּת נ'	relevancy, belonging
שִׁיֵיף פ'	file, rasp off, abrade
שַׁיָירָה נ'	caravan, convoy
שִׁיָירִים ז"ר	leftovers, remains
שֵׁיךְ (נכבד ערבי) ז'	sheik, sheikh
שִׁיכּוּךְ ז'	calming, mitigation
שִׁיכּוּל ז'	transposition
שִׁיכּוּן ז'	housing, lodging
שִׁיכּוֹר ז'	drunk, drunkard
- שיכור כלוט	dead drunk
שִׁיכֵּךְ פ'	appease, allay, soothe
שִׁיכֵּל פ'	bereave, kill (son)
שִׁיכֵּל פ'	cross, transpose
שִׁיכֵּן פ'	house, lodge, quarter
שִׁיכֵּר פ'	intoxicate, inebriate
שֵׁיכָר ז'	beer
שִׁילֵב פ'	combine, join, fit, attach, interlace, engage
- שילב ידיו	fold one's arms
שִׁילוּב ז'	combining, linking
שִׁילוּחַ ז'	sending, dismissal
שִׁילוּחִית (אחריות)	vicarious (liability)
שִׁילוּט ז'	making signposts
שִׁילוּמִים ז"ר	reparations
שִׁילוּשׁ ז'	tripling, Trinity
שִׁילַח פ'	send, dismiss, fire
שִׁילֵט פ'	signpost, fix signposts
שִׁילִינג ז'	shilling, *bob
שִׁילֵם פ'	pay, repay, requite
שִׁילֵשׁ פ'	treble, multiply by 3
שִׂימָה נ'	putting, placing
- שימת לב	regard, attention
שִׁימּוּן ז'	lubrication, greasing
שִׁימּוּעַ ז'	hearing
שִׁימּוּר ז'	conservation
- שימורים	conserves
שִׁימּוּשׁ ז'	use, service, usage
- שימוש לרעה	abuse, misuse
שִׁימּוּשִׁי ת'	handy, practical, useful, usable, applied
שִׂימַּח פ'	gladden, make merry
שִׁימָּמוֹן ז'	dejection, boredom
שִׁימֵּן פ'	lubricate, oil, grease
שִׁימְפַּנְזָה נ'	chimpanzee
שִׁימֵּר פ'	conserve, preserve
שִׁימֵּשׁ פ'	serve, act, be, use
שִׂין נ'	sin (letter)
שִׁין נ'	shin (letter)
שִׁינָּה פ'	change, alter
*- לא משנה	never mind
שֵׁינָה נ'	sleep, sleeping, nap
- שנת ישרים	sweet sleep
שִׁינּוּי ז'	change, amendment
שִׁינּוּן ז'	repetition, memorizing
שִׁינּוּס ז'	girding (one's loins)
שִׁינּוּעַ ז'	transshipment
שִׁינִּי ת'	dental, toothlike
שִׁינַּיִים (רבים של שֵׁן) נ"ר	teeth
- שיניים תותבות	dentures
שִׁינֵּן פ'	memorize, repeat
שֶׁתֶן (מצוי בשתן) ז'	urea
שִׁינָּנִית נ'	dental hygienist
שִׁינֵּס פ'	gird (one's loins)
שִׁינַּע פ'	transport, transship
שִׁינֵּת פ'	graduate, calibrate
שִׁיסָּה פ'	incite, instigate
שִׁיסּוּי ז'	inciting, setting on
שִׁיסּוּעַ ז'	tearing, interruption
שִׁיסּוּף נ'	cutting, tearing
שִׁיסַּע פ'	rend, rip, interrupt
שִׁיסֵּף פ'	tear, cut, rend, split
שִׁיעָה (זרם באיסלאם) נ'	Shia
שִׁיעוּל ז'	cough, hack
שִׁיעוּר ז'	lesson, measure, rate, size, proportion
- לשיעורין	gradually
- שיעור קומה	stature, caliber
- שיעורי בית	homework
שִׁיעִי (מוסלמי) ת'	Shiite
שִׁיעֵר פ'	guess, suppose, believe
- שער בנפשך!	imagine!
שֵׂיעָר ז'	hair
שִׁיפֵּד פ'	spit, stab, skewer
שִׁיפָּה פ'	smooth, indemnify
שִׁיפּוּד ז'	spit, skewer, spitting
שִׁיפּוּט ז'	judgment, jurisdiction
שִׁיפּוּטִי ת'	judicial, judiciary
שִׁיפּוּי ז'	indemnity, slope, tilt
שִׁיפּוּל ז'	lower part, fall
שִׁיפּוֹלֶת נ'	baseboard, panel
שִׁיפּוֹן ז'	rye
שִׁיפּוּעַ ז'	slope, incline, slant
שִׁיפּוּץ ז'	renovation, repair
*שִׁיפּוּצְנִיק ז'	renovator
שִׁיפּוּר ז'	improvement
שִׁיפַּע פ'	slant, slope, tilt, cant
שִׁיפֵּץ פ'	renovate, overhaul
שִׁיפֵּר פ'	improve, better

שִׁיק ז׳ chic, elegance
שִׁיקּוּי ז׳ drink, elixir
שִׁיקּוּל ז׳ consideration
- שיקול דעת judgment
שִׁיקּוּם ז׳ rehabilitation
שִׁיקּוּמִי ת׳ restorative
שִׁיקּוּעַ ז׳ sedimentation
שִׁיקּוּף ז׳ X-ray examination, reflecting
שִׁיקּוּץ ז׳ abhorrence
שִׁיקֵּם פ׳ rehabilitate, rebuild
שִׁיקַּע פ׳ sink, insert, drive
שִׁיקֵּף פ׳ reflect, show, mirror
שִׁיקֵּר פ׳ lie, swindle, cheat
שִׁיר ז׳ song, chant, poem
- שיר הלל acclaim, praise
- שיר השירים Canticles
- שיר לכת march
- שיר עם folk song
- שיר ערש lullaby
שִׁירָה נ׳ singing, poesy, poetry
- שירה בציבור community singing
- שירת הברבור swan song
שִׁירוֹן ז׳ song book
שֵׁירוּשׁ ז׳ uprooting, erasing
שֵׁירוּת ז׳ service, serving
- שירות בתי הסוהר Prison Service
- שירות דוב disservice, harm
- שירות המדינה civil service
- שירות חובה compulsory service
- שירות מטאורולוגי weather bureau
- שירות פעיל active service
- שירות ציבורי public utility
שֵׁירוּתִים ז״ר water closet, WC
שִׁירַיִים ז״ר leftovers, remains
שֵׁירֵךְ פ׳ twist, plod, go astray
שֵׁירֵשׁ פ׳ uproot, exterminate
שֵׁירֵת פ׳ serve, attend, wait on
שַׁיִשׁ ז׳ marble
*שִׁישַּׁבָּת ז׳ weekend
שִׁישָּׁה ש״מ six, 6
שִׁישָּׁה עָשָׂר ש״מ sixteen, 16
- (החלק) השישה עשר sixteenth
שִׁישִּׁי ת׳ sixth, 6th
- יום שישי Friday
שִׁישִׁיָּה נ׳ sextuplets, sextet, six
שִׁישִּׁים ש״מ sixty, 60
- (החלק) השישים sixtieth

שִׁישִּׁית תה״פ sixth, sixthly
שַׁיִת ז׳ thorn bush
שִׁיתּוּךְ ז׳ corrosion
שִׁיתּוּף ז׳ joining, sharing
- שיתוף פעולה collaboration
שִׁיתּוּפִי ת׳ collective
שִׁיתּוּק ז׳ paralysis, palsy
- שיתוק ילדים polio
שִׁיתֵּף פ׳ join, associate, include
- שיתף פעולה collaborate
שִׁיתֵּק פ׳ paralyze, silence
שָׁכַב פ׳ lie, lie down, sleep
- שכב עם אבותיו die
שִׁכְבָה נ׳ layer, stratum, coat, bed, group (of schoolboys)
שכ״ד = שכר דירה rent
שֶׂכְוִוי ז׳ cock, bantam, grouse
שָׁכוּחַ ת׳ forgotten, forsaken
- שכוח אל Godforsaken
שְׁכוֹל ז׳ bereavement
שַׁכּוּל ת׳ bereaved, bereft
שְׁכוּנָה נ׳ neighborhood
- שכונות עוני slums, gutter
שְׁכוּנָתִי ת׳ neighborhood
שָׁכַח פ׳ forget, forsake
שִׁכְחָה נ׳ forgetfulness, oblivion
שַׁכְחָן ז׳ forgetful, apt to forget
*שַׁכְטָה נ׳ drag, pull, smoke
שְׁכִיב מְרַע ז׳ dying, very ill
שְׁכִיבָה נ׳ lying, lie-down
- שכיבת סמיכה push-up
שְׂכִיּוֹת חֶמְדָּה נ״ר treasures
שָׁכִיחַ ת׳ common, frequent
שְׁכִיחוּת נ׳ frequency, incidence
שְׁכִינָה נ׳ God, inspiration
שָׂכִיר ז׳ hired worker, hireling
- שכיר חרב mercenary
שְׂכִירוּת נ׳ hire, rent, lease
שָׁכַךְ פ׳ abate, subside, calm
שָׁכַל פ׳ lose one's children
שֵׂכֶל ז׳ brains, intelligence
- שכל ישר common sense
שכ״ל = שכר לימוד tuition fee
שִׁכְלוּל ז׳ improvement
שִׂכְלִי ת׳ intellectual, rational
שִׁכְלֵל פ׳ elaborate, improve
שְׁכֶם ז׳ shoulder
- משכמו ומעלה outstanding
- שכם אחד as one man
שְׁכֶם נ׳ Nablus, Shechem
שִׁכְמָה נ׳ shoulder blade
שִׁכְמִיָּה נ׳ cape

שָׁכַן פ׳ live, dwell, abide, reside
שָׁכֵן ז׳ neighbor
שֶׁכֵּן מ״ח because, since, as, for
שִׁכְנוּעַ ז׳ persuasion
שְׁכֵנוּת נ׳ neighborhood
שִׁכְנֵעַ פ׳ convince, persuade
שִׁכְפּוּל ז׳ duplication, cloning
שִׁכְפֵּל פ׳ duplicate, clone
שַׁכְפָּץ ז׳ bulletproof vest
שָׂכַר פ׳ hire, rent, lease, charter
שָׂכָר ז׳ wages, salary, pay
- שכר דירה rent
שֶׂכֶר ז׳ charter
- שכר מכר leasing
שִׁכְרוּת נ׳ drunkenness
שִׁכְשׁוּךְ ז׳ splash, paddling
שִׁכְשֵׁךְ פ׳ splash, paddle, swash
שִׁכְתֵּב פ׳ rewrite, revise
שִׁכְתּוּב ז׳ rewriting, rewrite
שָׁל ז׳ scarf, shawl
שֶׁל מ״י of, belonging to
- שלי/שלו וכו׳ mine/his etc.
שְׁלָאגֶר (להיט) ז׳ hit
שָׁלָב ז׳ phase, step, stage, rung
שְׁלַבִּי, רַב-שְׁלַבִּי multistage
שַׁלְבֶּקֶת (מחלה) נ׳ herpes
- שלבקת חוגרת shingles
שֶׁלֶג ז׳ snow
- כשלג דאשתקד melted away
שַׁלְגּוֹן ז׳ ice-lolly, popsicle
שִׁלְגִּיָּה נ׳ Snow-white
שֶׁלֶד ז׳ frame, skeleton
שַׁלְדָּג (עוף) ז׳ kingfisher
שִׁלְדָּה נ׳ chassis, skeleton, body
שָׁלָה פ׳ draw out, fish out
שִׁלְהֵב פ׳ inflame, excite
שַׁלְהֶבֶת נ׳ flame, fire
שִׁלְהוּב ז׳ inflaming, kindling
שִׁלְהֵי ז״ר end, conclusion
שָׁלֵו ת׳ calm, quiet, tranquil
שָׁלוּב ת׳ combined, connected
- שלובי זרוע arm in arm
שַׁלְוָה נ׳ calm, peace, quiet
שָׁלוּחַ ת׳ sent, extended
- שלוח רסן unrestrained
שְׁלוּחָה נ׳ extension, range, siding, branch, shoot, spur
שְׁלוּלִית נ׳ pool, puddle
שָׁלוֹם ז׳ peace, safety, quiet, goodbye, shalom, so long!
- שלום בית internal peace
שְׁלוּמִיאֵל ז׳ bum, worthless

*שְׁלוּמְפֶּר ז׳ untidy, sloven
שָׁלוּף ת׳ drawn, unsheathed
שָׁלוּק ת׳ boiled, poached
שָׁלוֹשׁ ש״מ three, 3
שְׁלוֹשׁ עֶשְׂרֵה ש״מ thirteen, 13
- השלוש עשרה thirteenth
שְׁלוֹשָׁה ש״מ three, 3
שְׁלוֹשָׁה עָשָׂר ש״מ thirteen, 13
שְׁלוֹשִׁים ש״מ thirty, 30
- (החלק) השלושים thirtieth
שְׁלוֹשַׁעַר ז׳ hat trick
שָׁלַח פ׳ send, transfer, dismiss
- שלח יד steal, deal in
- שלח יד בנפשו commit suicide
שָׁלַט פ׳ master, rule, command
שֶׁלֶט ז׳ sign, signpost
שֶׁלֶט רָחוֹק ז׳ remote control
שִׁלְטוֹן ז׳ reign, rule, government
- שלטונות authorities
שִׁלְטֵט פ׳ zap
שַׁלֶּטֶת ת׳ dominant
שִׁלְיָה נ׳ placenta, afterbirth
שְׂלָיו ז׳ quail
שָׁלִיחַ ז׳ messenger, envoy, delegate, emissary, Apostle
- שליח ציבור cantor
שְׁלִיחוּת נ׳ mission, errand
שַׁלִּיט ז׳ ruler, dominant
שְׁלִיטַ״א may he live long
שְׁלִיטָה נ׳ command, control
שְׁלִייָה נ׳ drawing out, pull
שָׁלִיל ז׳ embryo, fetus, foetus
שְׁלִילָה נ׳ denial, negation, deprivation, rejection
שְׁלִילִי ת׳ negative, unfavorable
שְׁלִים מַזָּל ת׳ unlucky, bum
שְׁלִיפָה נ׳ drawing out, retrieval
שָׁלִישׁ ז׳ adjutant, aide
שְׁלִישׁ ז׳ third, trimester
שְׁלִישׁוֹן ז׳ triplet, the Tertiary
שָׁלִישׁוּת נ׳ adjutancy, manpower office
שְׁלִישִׁי ת׳ third, 3rd, tertiary
- יום שלישי Tuesday
שְׁלִישִׁיָּה נ׳ triplet, trio
שְׁלִישִׁית תה״פ thirdly
שָׁלָךְ ז׳ osprey
שַׁלֶּכֶת נ׳ falling of leaves, fall
שָׁלַל פ׳ negate, deprive, deny
שָׁלָל ז׳ spoils, plunder, loot
- שלל צבעים blaze of color

paymaster, payer שַׁלָּם ז׳
complete, full, entire, perfect, whole, intact, safe שָׁלֵם ת׳
bribe, bribery שַׁלמוֹנִים ז״ר
perfection, integrity שְׁלֵמוּת נ׳
peace offering שְׁלָמִים ז״ר
draw, unsheathe שָׁלַף פ׳
stubble שֶׁלֶף ז׳
cyst, sac, bladder שַׁלפּוּחִית נ׳
boil, poach, blanch שָׁלַק פ׳
row of three, triad שְׁלָשָׁה נ׳
diarrhea, loose bowels, earthworm, lowering, dropping שִׁלשׁוּל ז׳
the day before yesterday שִׁלשׁוֹם תה״פ
lower, drop, pocket, suffer from diarrhea, purge שִׁלשֵׁל פ׳
chain, cable שַׁלשֶׁלֶת נ׳
lay, place, put, set שָׂם פ׳
disregard him *- לא שם עליו
thwart, frustrate - שם לאל
mind, note, notice - שם לב
venture one's life - שם נפשו בכפו
name, noun, fame שֵׁם ז׳
for its own sake - לשמו
pseudonym - שם בדוי
famous, proverb - שם דבר
gerund - שם הפועל/פעולה
surname - שם משפחה
noun - שם עצם
common noun - שם עצם כללי
proper noun - שם עצם פרטי
first name - שם פרטי
famous - שמו הולך לפניו
there, yonder, ibid. שָׁם תה״פ
lest, perhaps, maybe שֶׁמָּא מ״ח
valuing, assessing שַׁמָּאוּת נ׳
assessor, appraiser שַׁמַּאי ז׳
left, left hand שְׂמֹאל ז׳
leftward, left שְׂמֹאלָה תה״פ
left, left-handed שְׂמָאלִי ת׳
leftism שְׂמֹאלָנוּת נ׳
leftist, *pink שְׂמֹאלָנִי ת׳
religious persecution שְׁמָד ז׳
there, yonder שָׁמָּה תה״פ
hanging loosely שָׁמוּט ת׳
eight, 8 שְׁמוֹנָה (לזכר) ש״מ
eight, 8 שְׁמוֹנֶה (לנקבה) ש״מ
eighteen, 18 שְׁמוֹנָה עָשָׂר ש״מ
eighteenth - השמונה עשר
eighteen, standing prayer שְׁמוֹנֶה עֶשְׂרֵה ש״מ
eighty, 80 שְׁמוֹנִים ש״מ
eightieth - (החלק) השמונים
rumor, gossip שְׁמוּעָה נ׳
guarded, kept, preserved, reserved שָׁמוּר ת׳
reservation, reserve, eyelid, guard שְׁמוּרָה נ׳
nature reserve - שמורת טבע
Exodus שְׁמוֹת (חומש) ז׳
destroy שַׁמּוֹת, עשה שמות
be glad, rejoice שָׂמַח פ׳
glad, happy, merry שָׂמֵחַ ת׳
joy, happiness, celebration שִׂמְחָה נ׳
no cause for joy! *- שמחה זקנתי!
Rejoicing of the Torah, Jewish holiday - שמחת תורה
drop, let fall, leave שָׁמַט פ׳
Semite, nominal שֵׁמִי ת׳
fallow year, dropping, leaving, prolapse שְׁמִיטָה נ׳
heaven, sky, God שָׁמַיִם ז״ר
my goodness! - שומו שמיים!
blanket, quilt, cover שְׂמִיכָה נ׳
celestial, heavenly שְׁמֵימִי ת׳
eighth, 8th שְׁמִינִי ת׳
eighth day of Succoth, Jewish holiday - שמיני עצרת
octave, octet, loop שְׁמִינִיָּה נ׳
try hard *- עשה שמיניות באוויר
eighth, twelfth grade שְׁמִינִית נ׳
hearing, ear שְׁמִיעָה נ׳
auditory, audio שְׁמִיעָתִי ת׳
emery, flint, thistle שָׁמִיר ז׳
protection, guarding שְׁמִירָה נ׳
zone defense - שמירה אזורית
pregnancy supervision - שמירת הריון
serviceable, usable שָׁמִישׁ ת׳
dress, garment שִׂמְלָה נ׳
maternity dress - שמלת הריון
wilderness, desert שְׁמָמָה נ׳
gecko, spider שְׂמָמִית נ׳
fatten, become fat שָׁמַן פ׳
oil, olive oil שֶׁמֶן ז׳
cod liver oil - שמן דגים
olive oil - שמן זית
castor oil - שמן קיק
fat, adipose, corpulent שָׁמֵן ת׳

oily, fat, greasy שַׁמְנוּנִי ת׳
nominal, of a noun שֵׁמָנִי ת׳
fat, chubby שְׁמַנְמַן ת׳
cream שַׁמֶנֶת נ׳
hear, listen, obey שָׁמַע פ׳
hearing, rumor, audio שֵׁמַע ז׳
shampoo שַׁמְפּוּ ז׳
champagne, *bubbly שַׁמְפַּנְיָה נ׳
particle, bit, touch, jot שֶׁמֶץ ז׳
disgrace, disrepute שִׁמְצָה נ׳
guard, keep, watch שָׁמַר פ׳
thermos שְׁמַרְחוֹם ז׳
baby-sitter, *sitter שְׁמַרְטַף ז׳
yeast, lees, ferment שְׁמָרִים ז״ר
conservatism שַׁמְרָנוּת נ׳
conservative שַׁמְרָנִי ת׳
attendant, janitor שַׁמָּשׁ ז׳
sun, star, luminary שֶׁמֶשׁ נ׳
windowpane שִׁמְשָׁה נ׳
solar, sunny שִׁמְשִׁי ת׳
parasol, sunshade שִׁמְשִׁיָּה נ׳
tooth, ivory, tine, cog שֵׁן נ׳
- שן בינה wisdom tooth
- שן הארי (צמח) dandelion
- שן חותכת incisor
- שן טוחנת grinder, molar
- שן שום clove
hate, dislike, detest שָׂנֵא פ׳
hate, hatred, dislike שִׂנְאָה נ׳
- שנאת מוות mortal hatred
transformer שַׁנַּאי ז׳
study, teach, repeat שָׁנָה פ׳
year שָׁנָה נ׳
- שנה בשנה year by year
- שנה מעוברת leap year
- שנות העשרה teens, teenage
- שנת אור light year
ivory, enamel, tusk שֶׁנְהָב ז׳
hated, disliked, odious שָׂנוּא ת׳
repeated, studied שָׁנוּי ת׳
- שנוי במחלוקת controversial
sharp, acute, clever שָׁנוּן ת׳
snorkel שְׁנוֹרְקֶל (צִנְרָן) ז׳
scrounge, beg *שְׁנוֹרֵר פ׳
scarlet, vermilion שָׁנִי ז׳
second, 2nd, other שֵׁנִי ת׳
- יום שני Monday
- כל שני וחמישי frequently
secondary, binary שְׁנִיּוֹנִי ת׳
dualism, duplicity שְׁנִיּוּת נ׳
second שְׁנִיָּה נ׳
two, 2, twosome שְׁנַיִם ש״מ
- שנינו/שניהם וכו׳ both of us/them etc.
twelve, 12 שְׁנֵים עָשָׂר ש״מ
- (החלק) השנים עשר twelfth
mockery, ridicule שְׁנִינָה נ׳
sharpness, acuity שְׁנִינוּת נ׳
schnitzel שְׁנִיצֶל (כְּתִיתָה) ז׳
scarlatina, scarlet fever שָׁנִית נ׳
again, secondly שֵׁנִית תה״פ
vanilla שֶׁנֶף ז׳
cord, lace, ribbon שְׁנֶץ ז׳
scale mark, notch שֶׁנֶת נ׳
almanac, annual, yearbook, age bracket שְׁנָתוֹן ז׳
annual, yearly שְׁנָתִי ת׳
two years שְׁנָתַיִם נ״ר
Talmud ש״ס = שישה סדרים
cloven, cleft, split שָׁסוּעַ ת׳
cleft, split, schism, vent שֶׁסַע ז׳
loquat, medlar שֶׁסֶק ז׳
valve, stopcock שַׁסְתּוֹם ז׳
enslave, mortgage שִׁעְבֵּד פ׳
mortgage, slavery שִׁעְבּוּד ז׳
heed, listen, notice שָׁעָה פ׳
hour, time, while שָׁעָה נ׳
- שעה קלה short while
- שעות נוספות overtime
- שעת האפס/השין zero hour
- שעת חירום emergency
- שעת כושר opportunity
wax, earwax שַׁעֲוָה נ׳
oilcloth, linoleum שַׁעֲוָנִית נ׳
clock, watch, timepiece שָׁעוֹן ז׳
- שעון חול sandglass
- שעון מעורר alarm clock
- שעון נוכחות time clock
- שעון עצר stopwatch, timer
- שעון קיץ daylight saving time
- שעון שמש sundial
supported, leaning שָׁעוּן ת׳
passionflower שְׁעוֹנִית נ׳
bean, beans שְׁעוּעִית נ׳
barley, sty, stye שְׂעוֹרָה נ׳
stamp, run, gallop שָׁעַט פ׳
stamping, gallop שְׁעָטָה נ׳
mixture שַׁעַטְנֵז ז׳
billy goat, satyr שָׂעִיר ז׳
- שעיר לעזאזל scapegoat
hairy, hirsute, shaggy שָׂעִיר ת׳
step, bit of land שַׁעַל ז׳
whooping cough שַׁעֶלֶת נ׳

שַׁעַם ז׳ cork
שְׁעָמוּם ז׳ boredom, dullness
שִׁעֲמֵם פ׳ bore, weary, tire
שָׁעָן ז׳ watchmaker
שָׁעָנוּת נ׳ watchmaking
שַׁעַר ז׳ gate, goal, title, rate
- שער חליפין rate of exchange
- שער יציג representative rate
- שער עצמי own goal
שַׂעֲרָה נ׳ hair, strand
שִׁעֲרוּךְ ז׳ revaluation, revaluing
שַׁעֲרוּרִיָּיה נ׳ scandal, outrage
שַׁעֲרוּרִיָּיתִי ת׳ scandalous
שִׁעֲרֵךְ פ׳ revalue, revaluate
שַׁעֲשׁוּעַ ז׳ amusement, fun
שַׁעֲשׁוּעוֹן ז׳ quiz show
שִׁעֲשַׁע פ׳ amuse, entertain
שִׁעְתֵּק פ׳ reproduce, replicate
שֶׁף (אשף מטבח) ז׳ chef
שָׂפָה נ׳ lip, language, bank, shore, margin, edge, rim
- שפה שסועה harelip
- שפת אם mother tongue
- שפת הים beach, seaside
- שפת סימנים sign language
שָׁפוּי ת׳ sane, sound, all there
שָׁפוּף ת׳ stooping, dejected
שְׁפוֹפֶרֶת נ׳ tube, receiver
שִׁפְחָה נ׳ maid servant, slave
שָׁפַט פ׳ judge, sentence, referee
שְׁפִיּוּת נ׳ sanity, reason
שָׁפִיט ת׳ judgeable, triable
שְׁפִיכָה נ׳ pouring, spill
שְׁפִיכוּת דָּמִים נ׳ bloodshed
שְׁפִיפוֹן ז׳ horned viper
שַׁפִּיר תה״פ well, fine, benign
שַׁפִּירִית (חרק) נ׳ dragonfly
שָׁפַךְ פ׳ pour, spill, shed, tip
- שפך אור על shed light on
שֶׁפֶךְ ז׳ estuary, outfall, mouth
שְׁפָכִים ז״ר sewage, drainage
שֵׁפֶל ז׳ ebb, lowliness
- שפל המדרגה deterioration
שָׁפָל ת׳ abject, base, mean
שְׁפֵלָה נ׳ lowland, plain
שִׁפְלוּת נ׳ baseness, lowliness
שָׂפָם ז׳ moustache, whiskers
שְׂפַמְנוּן (דג) ז׳ catfish
שָׁפָן ז׳ rabbit, bunny, *coward
- שפן ניסיונות guinea pig
שְׁפַנְפַנָּה נ׳ bunny girl
שָׁפַע פ׳ flow, abound in

שֶׁפַע ז׳ abundance, plenty
שִׁפְעוּל ז׳ reactivation
שַׁפַּעַת נ׳ influenza, flu, *grippe
- שפעת החזירים swine flu
- שפעת העופות avian flu
שָׁפַר פ׳ be good, be well, be fair
שֶׁפֶר - אִמְרֵי שֶׁפֶר good words
שִׁפְשׁוּף ז׳ scour, rub, ordeal
שִׁפְשֵׁף פ׳ scrub, rub, scrape
שָׁפַת פ׳ put on the fire
שְׂפָתוֹן ז׳ lipstick
שְׂפָתִי ת׳ labial, lingual
שְׂפָתַיִם נ״ר lips
ש״ץ = שליח ציבור cantor
שָׁצַף פ׳ flow, stream
שֶׁצֶף קֶצֶף ז׳ wrath, fury
שַׂק ז׳ sack, sackcloth, bag
- שק איגרוף punching bag
- שק חול sandbag
- שק שינה sleeping bag
ש״ק = שבת קודש holy Sabbath
שֶׁק (המחאה) ז׳ check, cheque
שָׁקַד פ׳ persevere, persist
שָׁקֵד ז׳ almond, tonsil
- שקדי מרק soup nuts
שְׁקֵדִי ת׳ almond shaped, oval
שְׁקֵדִיָּה נ׳ almond, almond tree
שַׁקְדָן ת׳ diligent, assiduous
שַׁקְדָנוּת נ׳ diligence
שָׁקוּל ת׳ balanced, deliberate
- שקול כנגד tantamount
שָׁקוּעַ ת׳ absorbed, sunken
שָׁקוּף ת׳ transparent, clear
שְׁקוּפִית נ׳ slide, transparency
שָׁקַט פ׳ be calm, be quiet
שֶׁקֶט ז׳ quiet, silence, calm
שָׁקֵט ת׳ quiet, silent, still, calm
שְׁקִידָה נ׳ diligence
שְׁקִילָה נ׳ weighing
שְׁקִיעָה נ׳ fall, sinking, sunset
- שקיעת דם sedimentation rate
שְׁקִיפוּת נ׳ transparency
שַׂקִּיק ז׳ small bag, cornet
שְׁקִיקָה נ׳ eagerness, avidity
שַׂקִּית נ׳ small bag, pouch
שָׁקַל פ׳ weigh, consider
שֶׁקֶל ז׳ shekel
- שקל חדש NIS
שַׁקְלָא וְטַרְיָא ז׳ discussion
שִׁקְלוּל ז׳ weighting
שִׁקְלֵל פ׳ weight

canteen, PX	שֶׁקֶם ז׳
sycamore	שִׁקְמָה (עץ) נ׳
military store	שְׁקָמִית נ׳
pelican	שַׁקְנַאי ז׳
sink, be absorbed	שָׁקַע פ׳
depression, socket	שֶׁקַע ז׳
concave	שְׁקַעֲרוּרִי ת׳
transparency	שֶׁקֶף ז׳
unclean insect, rake	שֶׁקֶץ ז׳
bustle, teem, run about	שָׁקַק פ׳
lie, untruth, fib	שֶׁקֶר ז׳
false, untrue	שִׁקְרִי ת׳
liar, storyteller	שַׁקְרָן ז׳
noise, rustle, fear	שִׁקְשׁוּק ז׳
scrambled eggs	*שַׁקְשׁוּקָה נ׳
rumble, tremble	שִׁקְשֵׁק פ׳
sing, chant, laud, see	שָׁר פ׳
minister, secretary, head	שַׂר ז׳
Foreign Minister, Secretary of State	- שר החוץ (ראה משרד)
general	- שר צבא
hot weather, broiler	שָׁרָב ז׳
stretch, misplace	שִׁרְבֵּב פ׳
extending, confusion	שִׁרְבּוּב ז׳
scribble, scrawl	שִׁרְבֵּט פ׳
very hot, broiling	שְׁרָבִי ת׳
scepter, wand, rod	שַׁרְבִיט ז׳
plumber	שְׁרַבְרָב ז׳
plumbing	שְׁרַבְרָבוּת נ׳
survive, remain, live on	שָׂרַד פ׳
service, ministerial	שְׂרָד ז׳
dip, soak, rest, be	שָׁרָה פ׳
sleeve, arm	שַׁרְווּל ז׳
windsock, drogue	- שרוול רוח
soaked, in a state	שָׁרוּי ת׳
lace, string, shoelace	שְׂרוֹך ז׳
outstretched, lying	שָׂרוּעַ ת׳
burnt, ardent, *keen	שָׂרוּף ת׳
scratch, abrade, scrape	שָׂרַט פ׳
sketch, design	שִׂרְטוּט ז׳
sandbank, sandbar	שִׂרְטוֹן ז׳
reach deadlock	- עלה על שרטון
draw, sketch, outline	שִׂרְטֵט פ׳
cross a check	- שרטט המחאה
sherry, cherry	שֶׁרִי (משקה) ז׳
tendril, twig, sprig	שָׂרִיג ז׳
survivor, vestige	שָׂרִיד ז׳
remains, debris	- שרידים
armor, armored force	שִׁרְיוֹן ז׳
shell, carapace	- שריון צב
coat of mail	- שריון קשקשים
earmarking, securing	שִׁרְיוּן ז׳
armored force soldier	שִׁרְיוֹנַאי ז׳
armored car	שִׁרְיוֹנִית נ׳
scratch, graze, scrape	שְׂרִיטָה נ׳
soaking, dipping	שְׁרִיָּה נ׳
armor, earmark	שִׁרְיֵן פ׳
shrimp	שְׁרִימְפּ (חֲסִילוֹן) ז׳
shariah	שַׁרִיעַה (באיסלם) ז׳
sheriff, marshal	שֶׁרִיף ז׳
fire, combustion	שְׂרֵיפָה נ׳
whistle, blast, hiss	שְׁרִיקָה נ׳
muscle	שְׁרִיר ז׳
valid, effective	שָׁרִיר ת׳
arbitrariness	שְׁרִירוּת לֵב נ׳
arbitrary, willful	שְׁרִירוּתִי ת׳
muscular, sinewy	שְׁרִירִי ת׳
muscle-man, myoma	שְׁרִירָן ז׳
lace, pull, drag	שָׂרַך פ׳
fern	שָׁרָך ז׳
charlatan, swindler	שַׁרְלָטָן ז׳
thoughts	שַׂרְעַפִּים ז״ר
burn, set on fire	שָׂרַף פ׳
seraph, angel	שָׂרָף ז׳
resin, frankincense	שְׂרָף ז׳
footstool, stool	שְׁרַפְרַף ז׳
abound, swarm, teem	שָׁרַץ פ׳
insects, vermin, villain	שֶׁרֶץ ז׳
whistle, catcall, hiss	שָׁרַק פ׳
bee-eater	שְׁרַקְרַק (ציפור) ז׳
reign, dominate	שָׂרַר פ׳
authority, rule	שְׂרָרָה נ׳
concatenation	שִׁרְשׁוּר ז׳
tapeworm	שַׁרְשׁוּר ז׳
concatenate, link	שִׁרְשֵׁר פ׳
chain, necklace	שַׁרְשֶׁרֶת נ׳
caretaker, janitor	שָׁרָת ז׳
maintenance, service	שָׁרָתוּת נ׳
be glad, rejoice, be eager	שָׂשׂ פ׳
six, 6, half a dozen	שֵׁשׁ ש״מ
backgammon	שֵׁשׁ בֵּשׁ (מִשְׂחָק) ז׳
sixteen, 16	שֵׁשׁ עֶשְׂרֵה ש״מ
joy, delight, rejoicing	שָׂשׂוֹן ז׳
put, place, lay, set	שָׁת פ׳
buttocks, bottom	שֵׁת ז׳
intercessor, lobbyist	שְׁתַדְּלָן ז׳
drink	שָׁתָה פ׳
drink his health	- שתה לחיי-
drunk, intoxicated	שָׁתוּי ת׳
planted, *bugged	שָׁתוּל ת׳
blind (in one eye)	שְׁתוּם עַיִן ת׳
warp	שְׁתִי ז׳
cross, crisscross	- שתי וערב

שְׁתִיָּה נ׳ drink, drinking
שְׁתַּיִם ש״מ two, 2
- שתינו/שתיהן וכו׳ both of us/them etc.
שַׁתְיָן ז׳ alcoholic, drinker
שְׁתִיל ז׳ seedling, plant, set
שְׁתִילָה נ׳ planting, setting
שְׁתֵּים עֶשְׂרֵה ש״מ twelve, 12
שְׁתִיקָה נ׳ silence, taciturnity
שָׁתַל פ׳ plant, set
שֶׁתֶל ז׳ graft, plant, set
שְׁתַלְטָן ז׳ domineering, bully
שְׁתַלְטָנוּת נ׳ domineering
שַׁתְלָן ז׳ nurseryman
שְׁתַמְטָן ז׳ evader, truant
שֶׁתֶן ז׳ urine
שֶׁתֶנָן ז׳ urea
שָׁתַק פ׳ be silent, be quiet
שַׁתְקָן ז׳ silent, reticent
שַׁתֶּקֶת (אפזיה) נ׳ aphasia
שָׁתַת פ׳ flow, bleed, ooze

ת

תָּא ז׳ cell, box, cabin, chamber, compartment
- תא גזים gas chamber
- תא גזע stem cell
- תא דואר post office box
- תא הטייס cockpit
- תא הכפפות glove compartment
- תא המטען trunk, boot
- תא זרע spermatozoon
- תא טלפון booth, call box, phonebooth
- תא קולי voice mail
- תאים אפורים gray matter
ת״א = תל אביב Tel Aviv
תָּאֵב ת׳ desirous, craving
תַּאֲגִיד ז׳ corporation
תְּאוֹ ז׳ buffalo, bison
תַּאֲוָה נ׳ lust, desire, passion
- תאווה לעיניים a gorgeous sight
- תאוות בצע avarice, greed
תַּאַוְתָן ז׳ voluptuary, lecher
תַּאַוְתָנוּת נ׳ lust, passion
תְּאוֹם ז׳ twin
- תאומי סיאם Siamese twins
- תאומים twins, Gemini
- תאומים זהים identical twins
תָּאוֹן ז׳ pigeonhole, stall
תְּאוּנָה נ׳ accident, mishap
- תאונת דרכים road accident
- תאונת שרשרת pileup
תְּאוּצָה נ׳ acceleration, pickup
תְּאוּרָה נ׳ illumination, lighting
תְּאוּרָן ז׳ lighting operator
תַּאֲחִיזָה נ׳ cohesion, adhesion
תָּאִי ת׳ cellular
תַּאִילַנְדִּי ת׳ Thai
תְּאִימוּת נ׳ compatibility
תָּאִית נ׳ cellulose, xylonite
תא״ל = תת-אלוף
תָּאַם פ׳ match, fit, suit, correspond, agree
תְּאֵנָה נ׳ fig
תַּאֲנִיָּה וַאֲנִיָּה crying, grief and sorrow
תַּאֲרִיךְ ז׳ date
תַּאֲרִיכוֹן ז׳ date stamp, dater
תְּאַשּׁוּר (עץ) ז׳ boxwood
תַּבְהֵלָה נ׳ panic, alarm, fright
תְּבוּאָה נ׳ corn, grain, crop, produce, yield
תְּבוּנָה נ׳ intelligence, reason, sense, wisdom
תְּבוּנִי ת׳ intelligent, rational
תְּבוּסָה נ׳ beating, defeat, rout
תְּבוּסְתָן ז׳ defeatist, quitter
תַּבְחִין ז׳ diagnosis, criterion
תְּבִיעָה נ׳ demand, claim, action, suit, lawsuit, prosecution
- תביעת דיבה libel suit
- תביעת ייצוגית class action
- תביעת נזיקין damages claim
תֵּבֵל נ׳ universe, world
תַּבְלוּל ז׳ membrane, cataract
תַּבְלִיט ז׳ relief
תַּבְלִיל ז׳ batter, mixture
תַּבְלִין ז׳ condiment, spice, flavoring, seasoning
תֶּבֶן ז׳ straw
תַּבְנִית נ׳ model, mold, shape, form, pattern, format, type
- תבנית אפייה baking pan
תַּבְנִיתִי ת׳ structural, modular
תָּבַע פ׳ claim, demand, require, prosecute, sue, take to court
תַּבְעֵרָה נ׳ fire, conflagration

תַּבְרוּאָה נ׳ sanitation
תַּבְרוּאִי ת׳ sanitary
תַּבְרוּאָן ז׳ sanitarian
תַּבְרוּאָנוּת נ׳ sanitation
תִּבְרוּג ז׳ threading (screws)
תַּבְרִיג ז׳ thread, screw thread
תַּבְשִׁיל ז׳ cooked food, stew
תָּג ז׳ label, tag, apostrophe
- תג יחידה shoulder flash
- תג מחיר price tag
תִּגְבּוּר ז׳ reinforcing
תִּגְבֹּרֶת נ׳ reinforcement, force
תִּגְבֵּר פ׳ reinforce, strengthen
תְּגוּבָה נ׳ reaction, response
- אין תגובה no comment
- תגובת שרשרת chain reaction
תַּגְזִיר ז׳ clipping, cutting
תִּגְלַחַת נ׳ shaving, shave
תַּגְלִיף ז׳ carving, relief
תַּגְלִית נ׳ discovery
תַּגְמוּל ז׳ reward, retaliation
תִּגְמֵל פ׳ reimburse, reward
תִּגְרָה נ׳ quarrel, affray
תַּגָּר ז׳ merchant, pedlar
תַּגְרָנוּת נ׳ bargaining, haggling
ת״ד = תא דואר post office box
תַּדְבִּיק ז׳ agglutination
תַּדְהֵמָה נ׳ amazement, surprise
תִּדְהָר ז׳ elm tree
תִּדְחִית נ׳ moratorium
תָּדִיר ת׳ frequent, regular
תְּדִירוּת נ׳ frequency, constancy
- תדירות שמע audio frequency
תִּדְלוּק ז׳ refueling, fill-up
תִּדְלֵק פ׳ fuel, refuel, tank up
תַּדְמִית נ׳ image, model
תַּדְמִיתָן נ׳ image adviser
תַּדְפִּיס ז׳ printout, offprint
תֶּדֶר ז׳ frequency
- תדר אולטרה-גבוה UHF
- תדר גבוה מאוד VHF
- תדר רדיו radio frequency
תִּדְרוּךְ ז׳ brief, briefing
תַּדְרִיךְ ז׳ briefing, instructions
תִּדְרֵךְ פ׳ brief, instruct
תֵּה ז׳ tea, *char
- לא כוס התה שלי not my cup of tea
- תה מנחה afternoon tea
תָּהָה פ׳ wonder, be amazed
- תהה על קנקנו sound him out
- תוהה ובוהה bewildered

תְּהוּדָה נ׳ repercussion, echo
תְּהוֹם נ׳ abyss, chasm, depth
- תהום הנשייה oblivion
תְּהוֹמִי ת׳ abysmal, deep, huge
תְּהִיָּה נ׳ wonder, amazement
תְּהִלָּה נ׳ praise, acclaim, fame
תְּהִלִּים (בתנ״ך) Psalms
תַּהֲלוּכָה נ׳ procession, parade
תַּהֲלִיךְ ז׳ process, procedure
תַּהְפּוּכוֹת נ״ר change, unstableness
תָּו ז׳ sign, label, note, character
- תו תקן standard mark
- תווי נגינה musical notes
- תווי פנים features
תּוֹאַם ז׳ harmony, symmetry
תּוֹאֵם ת׳ fit, suitable, harmonious, compatible
תּוֹאֲמוּת נ׳ conformity
תּוֹאֲמָן ז׳ conformist
תּוֹאֲנָה נ׳ pretext, excuse
תּוֹאַר פ׳ be described
- בל יתואר indescribable
תּוֹאַר ז׳ title, degree, form, appearance, adjective
- תואר הפועל adverb
- תואר השם adjective
תּוֹאֲרַךְ פ׳ be dated
תּוֹבָה נ׳ hull, main body, trunk
תּוֹבָלָה נ׳ transport
תּוֹבָנָה נ׳ insight
תּוֹבֵעַ ז׳ claimant, prosecutor, plaintiff
- תובע כללי public prosecutor
- תובע מחוזי district attorney
תּוֹבְעָנָה (תביעה) נ׳ action
תּוֹבְעָנִי ת׳ demanding
תּוּגָה נ׳ sorrow, grief, dolor
תּוּגְמַל פ׳ be rewarded
תּוֹדָה נ׳ thanks, thank-you, gratitude, acknowledgment
- רוב תודות thanks
- תודה לאל thank God
- תודה רבה Thank you
- תודות ל- thanks to, due to
תּוֹדָעָה נ׳ consciousness
תּוֹדָעָתִי ת׳ conscious
תּוּדְרַךְ פ׳ be briefed
תּוֹהוּ - עָלָה בְּתוֹהוּ come to nothing
תּוֹהוּ וָבוֹהוּ chaos, shambles

outline, feature תְּוַאי ז׳
drawing, plotting תְּוִייָה נ׳
score writer, plotter תַּוְויָן ז׳
label, mark, tab, tag תָּווִית נ׳
center, middle, medium תָּוֶךְ ז׳
expectation, hope תּוֹחֶלֶת נ׳
life expectancy - תוחלת חיים
delimitative, mark תּוֹחֵם ת׳
be filed (away) תּוּיַק פ׳
inside, center, middle, interior, midst תּוֹךְ ז׳
crumb - תוך הלחם
honest, sincere - תוכו כברו
within, in, at, intra תּוֹךְ מ״ח
intravenous, IV - תוך ורידי
before long - תוך זמן קצר
while, during - תוך כדי
immediately - תוך כדי דיבור
intrauterine - תוך רחמי
admonition, rebuke תּוֹכֵחָה נ׳
admonitory תּוֹכַחְתִּי ת׳
parrot תּוּכִּי ז׳
immanence, inwardness תּוֹכִיּוּת נ׳
infix תּוֹכִית (מוספית) נ׳
subject matter, substance תּוֹכֶן ז׳
contents - תוכן העניינים
astronomer תּוֹכֵן ז׳
software תּוֹכְנָה נ׳
program, prospectus תּוֹכְנִיָּיה נ׳
plan, program, project, scheme, design תּוֹכְנִית נ׳
master plan - תוכנית אב
talk show - תוכנית אירוח
urban building scheme - תוכנית בניין ערים
curriculum, syllabus - תוכנית לימודים
programmatic תּוֹכְנִיתִי ת׳
programmer תּוֹכְנִיתָן ז׳
outcome, result, upshot, consequence תּוֹלָדָה נ׳
annals, history תּוֹלָדוֹת נ״ר
life story, curriculum vitae, resume - תולדות חיים
worm, larva תּוֹלָעָה נ׳
mahogany תּוֹלַעְנָה (עץ) נ׳
worm, larva, maggot תּוֹלַעַת נ׳
silkworm - תולעת משי
bookworm - תולעת ספרים

תולר = תותח לא-רתע
innocence, purity, perfection, end, finish תּוֹם ז׳
at random - לתומו
good faith - תום לב
innocence, honesty תּוּמָּה נ׳
supporter, advocate תּוֹמֵךְ ז׳
beam, cantilever תּוֹמְכָה נ׳
date palm, palm tree תּוֹמֶר ז׳
kettledrum, timbal תּוּנְפָּן ז׳
fermenting, active, lively, fizzy, bubbly תּוֹסֵס ת׳
additive, foresail תּוֹסָף ז׳
food additives - תוספי מזון
addition, increase תּוֹסֶפֶת נ׳
cost of living bonus - תוספת יוקר
danger money - תוספת סיכון
appendix תּוֹסֶפְתָּן ז׳
appendicitis - דלקת התוספתן
abomination, ugly act תּוֹעֵבָה נ׳
stray, lost, errant תּוֹעֶה ת׳
advantage, benefit, profit, use, utility תּוֹעֶלֶת נ׳
useless - חסר תועלת
expedient, useful תּוֹעַלְתִּי ת׳
usefulness תּוֹעַלְתִּיּוּת נ׳
utilitarian תּוֹעַלְתָּן ז׳
campaigner תּוֹעַמְלָן ז׳
drum, tambour תּוֹף ז׳
timpani - תוף דוד
eardrum - תוף האוזן
kettledrum - תוף הכיור
tambourine - תוף מרים
side drum - תוף צד
(self-)rising תּוֹפֵחַ ת׳
biscuit, cookie תּוּפִּין ז׳
petits fours תּוּפִינִין ז״ר
diaphragm תּוֹפִית (דִיאַפְרַגְמָה) נ׳
holder, applicable תּוֹפֵס ת׳
oarsman - תופס משוט
archer, bowman - תופס קשת
tag תּוֹפֶסֶת (מִשְׂחָק) נ׳
phenomenon תּוֹפָעָה נ׳
drum, thrum, beat תּוֹפֵף פ׳
sewer, tailor תּוֹפֵר ז׳
seamstress תּוֹפֶרֶת נ׳
hell, bomb, booby trap תּוֹפֶת נ׳
effect תּוֹצָא ז׳
consequence, outcome, result, upshot תּוֹצָאָה נ׳
as a result - כתוצאה

תּוֹצָר ז׳ product
- תוצר לאומי גולמי gross national product
תּוֹצֶרֶת נ׳ manufacture, product, produce, make
תּוֹקֵעַ ז׳ trumpeter, shofar blower
תּוֹקֶף ז׳ force, validity
- בכל תוקף decidedly
- בתוקף היותו in his capacity
תּוֹקְפָנוּת נ׳ aggression
תּוֹקְפָנִי ת׳ aggressive, bellicose
תּוֹר ז׳ queue, line, turn, turtledove
- בתור as, in the sense of
- תור הזהב golden age
תּוּרְגְּמָן ז׳ translator
תּוֹרָה נ׳ doctrine, teaching, law, Pentateuch, Torah
- תורה שבכתב Bible
- תורה שבעל פה Talmud
- תורת המידות ethics
- תורת הנסתר mysticism
- תורת הקבוצות set theory
- תורת משה Torah
תּוּרְכִּי, תּוּרְכִּית Turkish
תּוּרְכִּיָּה נ׳ Turkey
תּוֹרֵם ז׳ contributor, donor
- תורם דם blood donor
תּוּרְמוּס (קטנית) ז׳ lupine
תּוֹרֶן ז׳ mast, pole
תּוֹרָן ז׳ person on duty
תּוֹרָנוּת נ׳ duty, turn of duty, tour of duty, fatigue
תּוֹרָנִי ת׳ religious, of the Torah
תּוֹרֶף ז׳ blank (of a bill)
תּוּרְפָּה נ׳ weakness, foible
תּוֹרָשָׁה נ׳ heredity
תּוֹרַשְׁתִּי ת׳ hereditary, genetic
תּוֹרַשְׁתִּיּוּת נ׳ atavism, heredity
תּוֹשָׁב ז׳ inhabitant, resident
תּוֹשָׁבוּת נ׳ residency, residence
תּוֹשֶׁבֶת נ׳ chassis, base, seat
תּוּשִׁיָּה נ׳ presence of mind, resource, wisdom
תּוּת ז׳ mulberry
- תות שדה strawberry
תּוֹתָב ת׳ fixed, artificial, false
תּוֹתֶבֶת נ׳ prosthesis
תּוֹתָח ז׳ cannon, gun
*- תותח כבד big gun
- תותח מים water cannon

תּוֹתְחָן ז׳ gunner, artilleryman
תּוֹתְחָנוּת נ׳ gunnery, artillery
ת"ז = תעודת זהות identity card
תֶּזָה (הנחת יסוד) נ׳ thesis
תְּזוּזָה נ׳ shift, movement
תְּזוּנַאי ז׳ dietitian, nutritionist
תְּזוּנָה נ׳ diet, dietetics, nourishment, nutrition
תְּזוּנָתִי ת׳ dietetic, dietary
תְּזָזִית נ׳ madness, delirium
תְּזָזִיתִי ת׳ mad, frantic
תִּזְכּוֹרֶת נ׳ reminder
תַּזְכִּיר ז׳ memorandum, memo
תִּזְמוּן ז׳ timing, regulating
תִּזְמוּר ז׳ orchestration, scoring
תִּזְמוֹרֶת נ׳ band, orchestra
- תזמורת ריקודים dance band
תִּזְמוֹרְתִּי ת׳ orchestral
תִּזְמֵן פ׳ time, set a time
תִּזְמֵר פ׳ orchestrate, score for
תַּזְקִיק ז׳ distillation, distillate
תַּזְרִים ז׳ flow
- תזרים מזומנים cash flow
תָּחַב פ׳ insert, thrust, foist
תַּחְבּוּלָה נ׳ device, trick
תַּחְבּוּלָנִי ת׳ ingenious, tactical
תַּחְבּוּרָה נ׳ communication, transport, traffic
- תחבורה ציבורית public transport
תַּחְבּוֹשֶׁת נ׳ bandage, dressing
- תחבושת היגיינית pad, sanitary napkin
תַּחְבִּיב ז׳ hobby, avocation
תַּחְבִּיר ז׳ syntax
תַּחְבִּירִי ת׳ syntactic
תַּחְבִּירָן (סינטגמה) ז׳ syntagma
תִּחְבֵּל פ׳ scheme, devise
תַּחְבְּלָנוּת נ׳ cunning
תַּחְבְּלָנִי ת׳ wily, crafty, tricky
תַּחְדִּישׁ ז׳ new word, neologism
תָּחוּב ת׳ inserted, thrust
תָּחוּחַ ת׳ loose, plowed
תְּחוּלָה נ׳ incidence, taking effect, coming into force
תְּחוּם ז׳ bound, border, limit, area, range, scope
תְּחוּמִי - רַב-תְּחוּמִי multidisciplinary
תְּחוּשָׁה נ׳ feeling, sense, perception, sensation
- תחושת בטן hunch, feeling

תְּחוּשָׁתִי ת׳ sensory, sensational
תַּחֲזוּקָה נ׳ maintenance
תַּחֲזוּקָן ז׳ maintenance man
תַּחֲזִית נ׳ forecast, outlook
- תחזית מזג האוויר weather forecast
תִּחְזֵק פ׳ maintain, keep up
תְּחִיבָה נ׳ insertion, thrusting
תְּחִיחוּת נ׳ looseness
תְּחִיָּה נ׳ renaissance, revival
- תחיית המתים resurrection
תְּחִילָּה נ׳ first, start, beginning
תְּחִילִּי ת׳ initial, preliminary
תְּחִילִּית נ׳ prefix
תְּחִימָה נ׳ demarcation
תְּחִינָּה נ׳ plea, supplication
תְּחִיקָה נ׳ legislation
תְּחִיקָתִי ת׳ legislative
תִּחְכּוּם ז׳ sophistication
תַּחֲלוּאָה נ׳ morbidity
תַּחֲלוּאִים ז״ר diseases, ailments
תַּחֲלוּפָה נ׳ substitution, replacement, change
תַּחֲלִיב ז׳ emulsion, lotion
תַּחֲלִיף ז׳ alternative, substitute
תָּחַם פ׳ demarcate, set limits
*תִּחְמוֹן ז׳ contrivance
תַּחְמוֹצֶת נ׳ oxide
תַּחְמוֹשֶׁת נ׳ ammunition
תַּחְמִיץ ז׳ silage, marinade
*תִּחְמֵן פ׳ maneuver, scheme
תַּחְמָס ז׳ falcon
תַּחֲנָה נ׳ base, station, stop
- תחנת אוטובוס bus stop
- תחנת דלק petrol station
- תחנת כוח power station
- תחנת מוניות cab rank
- תחנת משטרה police station
- תחנת רכבת railroad station
תַּחֲנוּן ז׳ plea, supplication
תַּחְפּוֹשֶׂת נ׳ disguise, fancy dress
תַּחְקוּר ז׳ debriefing
תַּחְקִיר ז׳ investigation, research
תַּחְקִירָן ז׳ investigator
תִּחְקֵר פ׳ interrogate, debrief
תַּחֲרָה נ׳ lacework, lace, tatting
תַּחֲרוּת נ׳ contest, competition
תַּחֲרוּתִי ת׳ competitive
תַּחְרִיט ז׳ engraving, etching
תַּחַשׁ ז׳ dachshund, badger
תִּחְשֵׁב פ׳ calculate

תַּחְשִׁיב ז׳ calculation
*תַּחַת ז׳ bottom, buttocks
תַּחַת מ״י beneath, instead
תַּחְתּוֹן ת׳ lower, inferior
תַּחְתּוֹנִים ז״ר underpants, briefs, panties, knickers
תַּחְתּוֹנִית נ׳ slip, underskirt
תַּחְתִּי ת׳ lower, underground
תַּחְתִּית נ׳ bottom, foot, saucer, mat, subway
תֵּיאָבוֹן ז׳ appetite, stomach
תֵּיאוֹלוֹג ז׳ theologist
תֵּיאוֹלוֹגְיָה נ׳ theology, divinity
תֵּיאוּם ז׳ coordination
- תיאום מנוע tune-up
- תיאום מס tax coordination
תֵּיאוֹקְרַטְיָה נ׳ theocracy
תֵּיאוּר ז׳ description, depiction
תֵּיאוֹרֶטִי ת׳ theoretical
תֵּיאוֹרֶטִית תה״פ theoretically
תֵּיאוּרִי ת׳ descriptive
תֵּיאוֹרְיָה נ׳ theory, hypothesis
תֵּיאַטְרוֹן ז׳ theater, the stage
- תיאטרון בובות puppet show
תֵּיאַטְרוֹנִי ת׳ theatrical, stage
תֵּיאַטְרָלִי ת׳ theatrical, affected
תֵּיאַטְרָלִיּוּת נ׳ theatricality
תֵּיאִיזְם ז׳ theism, belief in God
תֵּיאִיסְט ז׳ theist, believer
תֵּיאֵם פ׳ coordinate, harmonize
תֵּיאֵר פ׳ describe, portray, outline, draw, depict
- תיאר לעצמו fancy, imagine
תֵּיאֲרֵךְ פ׳ date, assign a date
תֵּיבָה נ׳ box, case, word, bar
- תיבת דואר postbox, POB
- תיבת הילוכים gearbox
- תיבת נגינה barrel organ
- תיבת נוח Noah's ark
- תיבת פנדורה Pandora's box
- תיבת תהודה sound box
תִּיבּוּל ז׳ seasoning, flavoring
תִּיבֵּל פ׳ flavor, season, spice
תִּיגָּר, קָרָא תִּיגָּר challenge
תָּיו נ׳ taw (letter)
תִּיוּג ז׳ labeling, ornamenting letters
תִּיוֵּךְ פ׳ arbitrate, mediate, intermediate, interpose
תִּיווּךְ ז׳ arbitration, mediation, brokerage

תֵּיוֹן ז׳ teapot
תִּיוּק ז׳ filing, filing documents
תִּיוּר ז׳ sightseeing, tour
תִּיוּרֶגֶל ז׳ walking tour
תִּיחוּחַ ז׳ plowing, loosening
תִּיחוּם ז׳ demarcation, delimitation
תִּיחֵחַ פ׳ break up, loosen
תִּיחֵם פ׳ delimit, set limits
תִּייֵג פ׳ label, ornament letters
תִּייֵק פ׳ file, place in a file
תִּייֵר פ׳ tour, travel round, visit
תַּייָר ז׳ tourist, sightseer
תַּייָרוּת נ׳ tourism
תִּיכוֹן ז׳ median, high school
תִּיכוֹן ת׳ middle, median
תִּיכוֹנִי ת׳ central, high school
*תִּיכוֹנִיסט ז׳ high school student
תִּיכֵּן פ׳ measure, design, plan
תֵּיכֶף תה״פ immediately, soon
- תיכף ומיד right away
תַּיִל ז׳ wire, flex, filament
- תיל דוקרני barbed wire
תִּילוּל ז׳ lob, steepening
תִּילוּם ז׳ furrowing, ridging
תִּילֵל פ׳ lob, loft, mound
תִּילֵם פ׳ furrow, ridge
תִּילֵעַ פ׳ worm, remove worms
תֵּימַהּ ז׳ wonder, surprise
תֵּימָה (נושא) נ׳ theme
תִּימָהוֹן ז׳ astonishment
תִּימוּכִין ז״ר backing, support
תֵּימָטִי (נושאי) ת׳ thematic
תֵּימָן נ׳ Yemen
תֵּימָנִי ת׳ Yemenite
תִּימְרוֹת עָשָׁן columns of smoke
תִּינָה פ׳ tell, relate, mourn
- תינה אהבים make love
תִּינוֹק ז׳ baby, infant, toddler
- תינוק מבחנה test-tube baby
תִּינוֹקִי ת׳ babyish, infantile
תִּינוֹקֶת נ׳ baby (girl)
תִּיסוּף ז׳ revaluation, revaluing
תִּיסֵף פ׳ revaluate, revalue
תִּיעֵב פ׳ despise, detest
תִּיעֵד פ׳ document, record
תִּיעוּב ז׳ abhorrence, disgust
תִּיעוּד ז׳ documentation
תִּיעוּדִי ת׳ documentary
תִּיעוּל ז׳ drainage, canalization
תִּיעוּשׁ ז׳ industrialization
תִּיעֵל פ׳ canalize, lay sewers
תִּיעֵשׁ פ׳ industrialize
תִּיפּוּף ז׳ drumming, drumbeat
תִּיק ז׳ bag, wallet, brief, case, file, dossier, portfolio
- תיק אישי personal file
- תיק ג׳ימס בונד attache case
- תיק פלילי criminal case
תֵּיקוּ ז׳ draw, tie, stalemate
תִּיקוּל ז׳ tackle
תִּיקוּן ז׳ repair, reform, amendment, correction
- תיקון סופרים unpointed Torah
תִּיקוּף ז׳ validation
תִּיקִייָה נ׳ filing cabinet, file
תִּיקֵל פ׳ tackle
תִּיקֵן פ׳ correct, mend, repair, darn, fix, reform, set right
תִּיקָן ז׳ cockroach, roach
*תִּיקְתָּק (לחצנית) ז׳ press-stud
תֵּירוּץ ז׳ excuse, pretext, *alibi
תִּירוֹשׁ ז׳ must, new wine
תִּירָס ז׳ corn, maize, hominy
תֵּירֵץ פ׳ explain (away), reply
תַּיִשׁ ז׳ he-goat, goat
תִּיתוֹרָה נ׳ brim, rim
תֵּיתֵי לוֹ Blessed be he
תַּךְ ז׳ stitch, seam, tack
תָּכוֹל ת׳ azure, sky blue
תְּכוּלָה נ׳ content, capacity
תְּכוּנָה נ׳ attribute, trait, quality, character, astronomy, commotion
תָּכוּף ת׳ successive, frequent
תְּכוּפוֹת תה״פ often, frequently
תְּכִיפוּת נ׳ frequency
תְּכָכִים ז״ר intrigues
תַּכְכָן ז׳ intriguer, *stirrer
תַּכְכָנוּת נ׳ intriguing
תִּכְלָה נ׳ purpose, end, limit
תַּכְלִיל ז׳ score
תַּכְלִית נ׳ end, purpose, object
- תכלית שנאה extreme hatred
תַּכְלִיתִי ת׳ purposeful, useful
תַּכְלִיתִיוּת נ׳ purposefulness
תְּכַלְכַּל ת׳ light blue, bluish
*תַּכְלֶס! מ״ק to the point!
תְּכֵלֶת ת׳ azure, sky blue
תֶּכֶן ז׳ design
תִּכנוּן ז׳ planning, design, layout, engineering

- תכנון המשפחה family planning
תִּכנוּת ז׳ programming
תִּכנֵן פ׳ plan, scheme, design
תָּכנִית נ׳ program, programme
תַּכסִיס ז׳ tactic, stratagem
תַּכסִיסִי ת׳ strategical, tactical
תַּכסִיסָן ז׳ tactician
תָּכַף פ׳ come frequently
תַּכרִיך ז׳ robe, bundle, shroud
- תכריכים shroud
תַּכשִׁיט ז׳ ornament, *mischief
- תכשיטים jewelry, jewellery
תַּכשִׁיר ז׳ preparation
תִּכתּוֹבֶת נ׳ correspondence
תַּכתִּיב ז׳ dictate, dictation
תֵּל ז׳ mound, bank, heap
- עומד על תילו standing firm
- תל חזה parapet
תֵּל אָבִיב נ׳ Tel Aviv
תֵּל אָבִיבִי ז׳ Tel Avivan
תְּלָאָה נ׳ hardship, trouble
תִּלבּוֹשֶׁת נ׳ dress, clothing
תל״ג=תוצר לאומי גלמי GNP
תָּלָה פ׳ hang, suspend, ascribe
- תלה תקוותו ב- pin one's hopes on
תָּלוּי ת׳ hanged, suspended, dependent
- תלוי ב- depending on
- תלוי ועומד undecided
*תָּלוּי תה״פ that depends
תָּלוּל ת׳ abrupt, steep, high
תְּלוּלִית נ׳ hillock, mound, tee
תְּלוּנָה נ׳ complaint, *gripe
תָּלוּעַ ת׳ wormy, maggoty
תְּלוּשׁ ז׳ coupon, counterfoil, token, voucher
- תלוש משכורת pay slip
תָּלוּשׁ ת׳ plucked, detached
תְּלוּת נ׳ dependence, reliance
תְּלוּתִי ת׳ dependent
תְּלִי ז׳ quiver, hanger, peg
תִּליוֹן ז׳ medallion, pendant
תְּלִיָּיה נ׳ hanging, scaffold
תַּלְיָין ז׳ hangman, executioner
תְּלִילוּת נ׳ steepness
תָּלִישׁ ת׳ detachable, looseleaf
תְּלִישָׁה נ׳ tearing out, plucking
תְּלִישׁוּת נ׳ detachment, aloofness, remoteness
תַּלכִּיד ז׳ conglomerate

תְּלָלָה נ׳ chute
תֶּלֶם ז׳ drill, furrow, ridge
- הלך בתלם toe the line
תַּלמוּד ז׳ Talmud, learning
- תלמוד תורה religious school
תַּלמוּדִי ת׳ Talmudic
תַּלמִיד ז׳ pupil, student
- תלמיד חכם learned, scholar
תַּלמִידָה נ׳ schoolgirl, co-ed
תַּלקִיט ז׳ digest
תָּלַשׁ פ׳ pick, pluck, tear, rend
תְּלַת ת׳ tri-, three-
- תלת אופן tricycle, trike
- תלת ממדי three-dimensional
תִּלתּוּל ז׳ curling, waving
תַּלתַּל ז׳ curl, lock, tress, kink
תַּלתַּלוֹן ז׳ tendril
תִּלתָּן ז׳ clover, trefoil, club
תִּלתָּנִי ת׳ trefoiled
תַּם פ׳ finish, be exhausted
תָּם ת׳ innocent, simple, naive
תֶּמֶד ז׳ mead, cheap wine
תָּמַהּ פ׳ wonder, be surprised
תָּמֵהַּ ת׳ wondering, surprised
- תמהני I wonder
תִּמהוֹנִי ת׳ queer, eccentric
תַּמהִיל ז׳ mixture
תָּמוּהַּ ת׳ strange, puzzling
תַּמּוּז ז׳ Tammuz (month)
תְּמוֹכָה נ׳ support, prop, brace
תְּמוֹל תה״פ yesterday
- איני כתמול שלשום I'm not myself
- תמול שלשום in the past
תְּמוּנָה נ׳ picture, photograph
- בתמונה in the picture
- תמונת מצב picture, situation
- תמונת שער cover picture
תְּמוּרָה נ׳ change, value, reward, recompense, apposition, permutation
- תמורת in exchange for, at
תְּמוּת נ׳ integrity, innocence
תְּמוּתָה נ׳ mortality, death
תַּמזִיג ז׳ mixture, blend
תַּמחוּי ז׳ public kitchen
תִּמחוּר ז׳ costing, pricing
תַּמחִיר ז׳ cost accounting
תַּמחִירָן ז׳ cost accountant
תַּמחִית נ׳ puree, mash
תִּמחֵר פ׳ price, set a price
תֶּמֶט (של איבר) ז׳ collapse

תָּמִיד תה״פ always, every time
תְּמִידִי ת׳ permanent, perpetual
תְּמִיהָה נ׳ wonder, surprise
תְּמִיכָה נ׳ backing, help, maintenance, support
תָּמִים ת׳ artless, innocent, naive, entire, whole
- תמים דעים of one mind
תְּמִימוּת נ׳ innocence, naivety
- תמימות דעים unanimity
תְּמִיסָה נ׳ solution, mixture
תָּמִיר ת׳ high, tall, towering
תְּמִירוּת נ׳ tallness, loftiness
תָּמַךְ פ׳ maintain, support, back, uphold, help
תַּמְלוּגִים ז״ר royalties
תַּמְלִיל ז׳ text, libretto, book
תְּמָנוּן ז׳ octopus
תֶּמֶס דָּם ז׳ hemolysis
תְּמסוֹרֶת נ׳ transmission
תִּמְסָח ז׳ crocodile
תַּמְסִיר ז׳ communique, handout, announcement
תַּמְצִית נ׳ essence, summary
תַּמְצִיתִי ת׳ concise, pithy
תִּמְצֵת פ׳ summarize, abstract
תָּמָר ז׳ date, palm
תַּמַרְהִינְדִּי ז׳ tamarind
תִּמְרוּן ז׳ maneuver
תִּמְרוּן ז׳ maneuvering
תַּמְרוּקִיָּה נ׳ perfumery
תַּמְרוּקִים ז״ר cosmetics
תַּמְרוּר ז׳ signpost, signal, sign, road sign, traffic sign
תַּמְרוּרִים, בְּכִי תַּמְרוּרִים bitter cry
תַּמְרִיץ ז׳ stimulus, incentive
תִּמְרֵן פ׳ maneuver, manoeuvre
תַּמְשִׁיחַ ז׳ fresco, mural
תַּן ז׳ jackal
תַּנָּא ז׳ tana, teacher
- תנא דמסייע support
תְּנַאי ז׳ condition, term, state, stipulation, provision
- על תנאי on condition
- תנאי בל יעבור must
- תנאי מוקדם prerequisite
- תנאים engagement, conditions, circumstances
תְּנגוֹדֶת נ׳ resistance
תְּנוּבָה נ׳ yield, produce, crop
תְּנוּדָה נ׳ vibration, oscillation, movement, fluctuation
תְּנוּחָה נ׳ pose, position
תְּנוּךְ ז׳ lobe, ear lobe
תְּנוּמָה נ׳ doze, slumber, nap
תְּנוּעָה נ׳ movement, motion, move, stir, traffic, vowel
- תנועה מזרחית/מגונה indecent gesture
- תנועת מלקחיים pincer movement
תְּנוּפָה נ׳ leverage, lifting, momentum, swing, sweep
תַּנּוּר ז׳ oven, stove, cooker
תַּנְחוּמִים ז״ר consolation
תְּנָיָה נ׳ stipulation
תִּנְיָנִי ת׳ secondary
תַּנִּין ז׳ alligator, crocodile
תנ״ך Bible, Old Testament
תַּנָ״כִי ת׳ biblical
תֶּנַע ז׳ momentum
תנ״צ = תת ניצב
תַּנְצְבָ״ה RIP, Rest In Peace
תִּנְשֶׁמֶת נ׳ owl
תִּסְבּוֹכֶת נ׳ complication
תַּסְבִּיךְ ז׳ complex
- תסביך נחיתות inferiority complex
תִּסְבֵּךְ פ׳ complicate, snarl up
תַּסְדִיר ז׳ formatting
תִּסְדֵּר (פירמט) פ׳ format
תְּסוּגָה נ׳ regression
תַּסְחִיף ז׳ embolism, embolus
- תסחיף ריאות pulmonary embolism
תְּסִיסָה נ׳ fermentation, agitation, unrest
תִּסְכּוּל ז׳ frustration, thwarting
תַּסְכִּית ז׳ sketch, radio play
תִּסְכֵּל פ׳ frustrate, stymie, foil
תִּסְמוֹנֶת נ׳ syndrome
- תסמונת דאון Down's syndrome
תַּסְמִין ז׳ symptom
תָּסַס פ׳ ferment, effervesce
תַּסָּס ז׳ enzyme, ferment
תִּסְפּוֹרֶת נ׳ haircut, hairstyle
- תספורת קצרה bob, crew cut
תַּסְקִיר ז׳ review, survey
תִּסְרוֹקֶת נ׳ hairdo, hairstyle
תַּסְרִיט ז׳ scenario, script, screen play
תַּסְרִיטַאי ז׳ scriptwriter

תַּעֲבוּרָה נ׳ traffic
תָּעָה פ׳ go astray, lose way
תְּעוּדָה נ׳ certificate, document, report card, school report
- תעודת בגרות high school diploma
- תעודת זהות identity card
- תעודת לידה birth certificate
- תעודת משלוח delivery note
- תעודת עניות shame, discredit

תְּעוּזָה נ׳ daring, courage, nerve
תְּעוּפָה נ׳ aviation, flight, flying
תְּעוּקָה נ׳ pressure, constriction
- תעוקת הלב angina pectoris

תְּעִייָה נ׳ going astray
תְּעָלָה נ׳ canal, channel, drain
- תעלת סואץ Suez Canal

תַּעֲלוּל ז׳ antic, prank, whim
תַּעֲלוּמָה נ׳ mystery, secret
תַּעֲמוּלָה נ׳ propaganda
תַּעֲנוּג ז׳ pleasure, delight
תַּעֲנִית נ׳ fast, fasting
תַּעֲסוּקָה נ׳ employment
תַּעֲסוּקָתִי ת׳ occupational
תַּעֲצוּמָה נ׳ power, strength
תַּעַר ז׳ razor, cutthroat, sheath
תַּעֲרוֹבֶת נ׳ mixture, blend
תַּעֲרוּכָה נ׳ exhibition
תַּעֲרִיף ז׳ tariff, price
תַּעֲרִיפוֹן ז׳ tariff, price list
תַּעַשׂ ז׳ military industry
תַּעֲשִׂיָּה נ׳ industry
תַּעֲשִׂיָּן ז׳ industrialist
תַּעֲשִׂיָּנוּת נ׳ industrialism
תַּעֲשִׂיָּתִי ת׳ industrial
תַּעְתּוּעַ ז׳ deceit, illusion
תַּעְתִּיק ז׳ transcription, transliteration
תִּעְתַּע פ׳ deceive, cheat
תַּפְאוּרָה נ׳ scenery, setting
תַּפְאוּרָן ז׳ scene-painter
תִּפְאֶרֶת נ׳ glory, splendor
- לתפארת gorgeous, great!

*תְּפַדַּל מ״ק please!
תְּפוּגָה נ׳ expiration, expiry
תַּפּוּד ז׳ potato, *spud
תַּפּוּז ז׳ orange
תַּפּוּחַ ז׳ apple
- תפוח אדמה potato, *spud
- תפוח זהב orange
- תפוח עץ apple

תָּפוּחַ ת׳ swollen, puffed up
תָּפוּס ת׳ occupied, busy, reserved, engaged
תְּפוּסָה נ׳ displacement, tonnage, occupancy
תְּפוּצָה נ׳ distribution, circulation, dispersion
- יהדות התפוצות the Diaspora

תְּפוּקָה נ׳ production, yield, output, turnout
תָּפוּר ת׳ sewn, tailored, cut out
תִּפְזוֹרֶת נ׳ bulk, loose cargo
תָּפַח פ׳ swell, rise, puff up
תַּפְטִיר ז׳ spawn, mycelium
תְּפִיחָה נ׳ swelling, souffle
תְּפִיחוּת נ׳ swell, tumescence
תְּפִלָּה נ׳ prayer, service
- אני תפילה I pray, Oh that

תְּפִלִּין נ״ר phylacteries
- תפילין של ראש frontlet

תָּפִיס ת׳ perceptible, graspable
תְּפִיסָה נ׳ capture, seizure, outlook, understanding
- תפיסת עולם opinion

תְּפִיסָתִי ת׳ conceptual
תְּפִירָה נ׳ needlework, sewing
תָּפֵל ת׳ insipid, tasteless, vapid
תְּפֵלוּת נ׳ tastelessness, vapidity
תִּפְלוּת נ׳ folly, foolishness
תַּפְנוּק ז׳ spoiling, pleasure
תַּפְנִית נ׳ turn, change, flip-flop
תָּפַס פ׳ capture, catch, grasp, grip, seize, understand
- תפוס כפי יכולתך catch as catch can

תֶּפֶס ז׳ catch, clasp, clip, pawl
תִּפְעוּל ז׳ operation, working
תִּפְעוּלִי ת׳ operational
תִּפְעֵל פ׳ operate, activate
תִּפְקֵד פ׳ function, act, operate
תִּפְקוּד ז׳ functioning
תִּפְקוּדִי ת׳ functional
תַּפְקִיד ז׳ function, role, part
- בתפקיד on duty

תָּפַר פ׳ sew, sew up, stitch
תֶּפֶר ז׳ seam, stitch
תִּפְרַחַת נ׳ inflorescence, rash
תַּפְרִיט ז׳ diet, menu
*תַּפְרָן ז׳ beggar, broke
תַּצְבִּיר ז׳ concretion
תַּצְהִיר ז׳ affidavit, statement
תְּצוּגָה נ׳ display, show
- תצוגת אופנה fashion display

תְּצוּרָה נ׳ formation, configuration
תַּצְלוֹבֶת נ׳ crossing, hybrid
תַּצְלוּם ז׳ picture, photograph
תַּצְלִיל (אקורד) ז׳ chord
תַּצְפִּית נ׳ lookout, forecast
תַּצְפִּיתָן ז׳ lookout, watcher
תִּצְרוֹכֶת נ׳ consumption
תַּצְרוּם ז׳ discord, cacophony
תַּצְרִיב ז׳ etching
תַּצְרֵף (פאזל) ז׳ puzzle
תַּקְבּוּל ז׳ receipt
תִּקְבּוֹלֶת נ׳ parallelism
תַּקְדִּים ז׳ precedent
תַּקְדִּימִי ת׳ precedential
תִּקְוָה נ׳ hope, expectation
- אני תקווה I hope
- התקווה Hatikvah, Israel's national anthem
תְּקוּמָה נ׳ recovery, revival
תָּקוּעַ ת׳ stuck, thrust, inserted
תְּקוּפָה נ׳ age, period, era, season, time, term, cycle
- תקופת המעבר menopause
- תקופת צינון cooling-off period
תְּקוּפוֹן ז׳ periodical
תְּקוּפָתִי ת׳ periodic, seasonal
תַּקִּין ת׳ normal, regular, correct, proper
תַּקִּינוּת נ׳ normality, regularity
תְּקִיעָה נ׳ blowing, insertion
- תקיעת כף handshake
תַּקִּיף ת׳ firm, strong, stern
תְּקִיפָה נ׳ assault, attack
תַּקִּיפוּת נ׳ firmness, resolve
*תָּקֶל ז׳ conflict, clash, tackle
תַּקָּלָה נ׳ accident, mishap, obstacle, fault, hitch
תַּקְלִיט ז׳ record, disk, *platter
תַּקְלִיטוֹן ז׳ diskette, single
תַּקְלִיטוֹר ז׳ compact disk, CD
תַּקְלִיטִיָּה נ׳ record library
תַּקְלִיטָן ז׳ disk jockey, DJ
תֶּקֶן ז׳ norm, standard
*- על תקן של acting as, as
תָּקַן (לִתְקוֹן) פ׳ be right
תַּקָּנָה נ׳ regulation, rule
- ללא תקנה hopeless
תַּקָּנוֹן ז׳ regulations, code
תִּקְנִי ת׳ standard, normal
תָּקַע פ׳ blow, sound, stick, insert, thrust, push, drive
- מי לידי יתקע? who can promise?
תֶּקַע ז׳ plug
תָּקַף פ׳ attack, assault
תָּקֵף ת׳ valid, in force, in effect
תֹּקֶף נ׳ validity, force
תִּקְצֵב פ׳ budget, allocate
תִּקְצוּב ז׳ budgeting
תַּקְצִיב ז׳ budget, allocation
תַּקְצִיבִי ת׳ budgetary
תַּקְצִיר ז׳ summary, synopsis
תֶּקֶר ז׳ flat tire, puncture
תִּקְרָה נ׳ ceiling
תִּקְרוֹבֶת נ׳ refreshments, treat
תַּקְרִית נ׳ incident, accident
תִּקְשׁוֹרֶת נ׳ communication, media
תִּקְשׁוֹרְתִּי ת׳ communicative
תַּקְשִׁיר ז׳ service regulations
תִּקְשֵׁר פ׳ communicate
תִּקְתּוּק ז׳ tick, ticktock, typing
תִּקְתֵּק פ׳ tick, tap, clack, type
תָּר פ׳ tour, travel, scan, survey
תַּרְבּוּשׁ ז׳ fez, tarboosh, turban
תִּרְבּוּת ז׳ cultivating, civilizing
תַּרְבּוּת נ׳ civilization, culture
- תרבות רעה corruption, evil
תַּרְבּוּתִי ת׳ civil, cultural
תַּרְבִּית נ׳ culture, breeding
תִּרְגּוּל ז׳ practice, exercise, drill
תִּרְגּוֹלֶת נ׳ drill, exercise
תַּרְגּוּם ז׳ translation, rendition
- תרגום השבעים Septuagint
תִּרְגּוּם ז׳ translating, rendering
תַּרְגִּיל ז׳ drill, exercise
תֻּרְגְּמָה נ׳ sweets
תִּרְגֵּל פ׳ drill, practice, exercise
תִּרְגֵּם פ׳ translate, interpret
תֶּרֶד (ירק גינה) ז׳ spinach
תַּרְדֵּמָה נ׳ sleep, lethargy
- תרדמת חורף hibernation
תַּרְדֶּמֶת נ׳ coma
תַּרְוָד ז׳ dipper, ladle, scoop
תְּרוֹמְבּוֹזָה (פַּקֶּקֶת) נ׳ thrombosis
תְּרוּמָה נ׳ contribution
תְּרוּעָה נ׳ blast, shout, cheer
תְּרוּפָה נ׳ medicine, remedy
תְּרוּפָתִי ת׳ medical, medicinal
תִּרְזָה נ׳ linden, birch
*תָּרַח ז׳ old man, old codger
תַּרְחִישׁ ז׳ scenario, happening

תְּרֵי עָשָׂר	Minor Prophets
תְּרִיס ז׳	shutter, blind, shield
תְּרֵיסָר ש״מ	dozen, 12, twelve
תְּרֵיסַרְיוֹן ז׳	duodenum
תִּרְכּוֹבֶת נ׳	compound
תַּרְכִּיב ז׳	vaccine, inoculation, serum
תַּרְכִּיז ז׳	concentrate
תָּרַם פ׳	contribute, donate
תֶּרֶם (יחידת חום) ז׳	therm
תֶּרְמוֹס ז׳	thermos
תֶּרְמוֹסְטָט ז׳	thermostat
תֶּרְמִי (חוּמָנִי) ת׳	thermal
תַּרְמִיל ז׳	cartridge case, pod, shell, hull, bag, carryall
- תרמיל גב	knapsack
תַּרְמִילַאי ז׳	backpacker
תַּרְמִית נ׳	fraud, deceit, swindle
תַּרְנְגוֹל ז׳	cock, rooster
- תרנגול הודו	turkey, *gobbler
תַּרְנְגוֹלֶת נ׳	chicken, hen, fowl
תַּרְסִיס ז׳	spray
תַּרְעוֹמֶת נ׳	resentment, grudge
תַּרְעֵלָה נ׳	poison
תֶּרַפְּיָה (ריפוי) נ׳	therapy
תְּרָפִים ז״ר	household idols
תַּרְשִׁים ז׳	design, diagram, sketch, graph, plan, chart
- תרשים זרימה	flowchart
תַּרְשִׁישׁ ז׳	aquamarine, beryl
תַּרְתֵּי ש״מ	two
- תרתי משמע	double meaning
תַּשׁ פ׳	weaken, be feeble
תִּשְׁאוּל ז׳	questioning
תִּשְׁאֵל פ׳	question, debrief
תִּשְׁבָּחוֹת נ״ר	praise, acclaim
תַּשְׁבֵּץ ז׳	crossword puzzle
תַּשְׁדִיר ז׳	program, broadcast
- תשדיר פרסומת	commercial
תְּשׁוּאָה נ׳	yield, return
תְּשׁוּאוֹת נ״ר	applause, ovation
- תשואות חן	applause, cheers
תְּשׁוּבָה נ׳	answer, reply, response, retort, repentance
תְּשׂוּמָה נ׳	input
- תשומת לב	attention, care
תְּשׁוּעָה נ׳	salvation, help
תְּשׁוּקָה נ׳	desire, passion, lust
תְּשׁוּרָה נ׳	present, gift
תָּשׁוּשׁ ת׳	weak, tired
תִּשְׁחוֹרֶת נ׳	youth, boyhood
תְּשִׁיעִי ת׳	ninth, 9th
תְּשִׁיעִית נ׳	ninth, ninthly
תְּשִׁישׁוּת נ׳	weakness, fatigue
תִּשְׁלוֹבֶת נ׳	gearing, complex, conglomerate, concern
תַּשְׁלוּם ז׳	payment, reward
- בתשלומים	by installments
תַּשְׁלִיל ז׳	negative
תַּשְׁמִישׁ ז׳	utensil, thing, article, sexual intercourse
תֵּשַׁע ש״מ	nine, 9
תְּשַׁע עֶשְׂרֵה ש״מ	nineteen, 19
תִּשְׁעָה ש״מ	nine, 9
תִּשְׁעָה עָשָׂר ש״מ	nineteen, 19
- התשעה עשר	nineteenth
תִּשְׁעִים ש״מ	ninety, 90
*- בדקה התשעים	at the last minute
- שנות התשעים	the nineties
- (החלק) התשעים	ninetieth
תִּשְׁפּוֹכֶת נ׳	outpouring
תִּשְׁקוֹפֶת נ׳	perspective
תַּשְׁקִיף ז׳	forecast, outlook
תֶּשֶׁר ז׳	tip, baksheesh
תִּשְׁרֵי ז׳	Tishri (month)
תָּשַׁשׁ פ׳	be feeble, weaken
תַּשְׁתִּית נ׳	infrastructure
תַּת תח׳	sub-, under-, hypo-
ת״ת = תלמוד תורה	
תַּת אַלּוּף ז׳	brigadier, brigadier general
תַּת אֱנוֹשִׁי ת׳	subhuman
תַּת הַכָּרָה נ׳	subconscious
תַּת הַכָּרָתִי ת׳	subconscious, subliminal
תַּת חֲלוּקָה נ׳	subdivision
תַּת יַבֶּשֶׁת נ׳	subcontinent
תַּת יַמִּי ת׳	submarine
תַּת מוּדָע ז׳	subconsciousness
תַּת מֵימִי ת׳	underwater
תַּת מַקְלֵעַ ז׳	submachine gun
תַּת נִיצָב ז׳	brigadier general
תַּת עוֹרִי ת׳	hypodermic
תַּת קוֹלִית (מהירות) ת׳	subsonic
תַּת קַרְקָעִי ת׳	underground
תַּת שַׂר ז׳	deputy minister
תַּת תְּזוּנָה נ׳	undernourishment
תַּת תִּקְנִי ת׳	substandard
תַּתְרוֹן הַמּוֹחַ ז׳	pituitary gland
תַּתְרָן ת׳	anosmic, lacking olfaction

****